中国企业改革发展优秀成果2020（第四届）上卷

THE COLLECTION FOR ACHIEVEMENTS OF CHINA ENTERPRISE REFORM AND DEVELOPMENT

中国企业改革与发展研究会◎编

中国商务出版社
CHINA COMMERCE AND TRADE PRESS

图书在版编目（CIP）数据

中国企业改革发展优秀成果．2020：第四届：上、下卷／中国企业改革与发展研究会编．-北京：中国商务出版社，2020.12
ISBN 978-7-5103-3656-0

Ⅰ.①中…　Ⅱ.①中…　Ⅲ.①企业管理-经济体制改革-研究-中国-2020　Ⅳ.①F279.21

中国版本图书馆 CIP 数据核字（2020）第 250807 号

中国企业改革发展优秀成果 2020（第四届）上卷

ZHONGGUO QIYE GAIGEFAZHAN YOUXIUCHENGGUO 2020（DISIJIE）SHANGJUAN

中国企业改革与发展研究会　编

出　　版：中国商务出版社
地　　址：北京市东城区安定门外大街东后巷 28 号　　邮　　编：100710
责任部门：数字出版事业部（010-64248236）
责任编辑：杨晨
总 发 行：中国商务出版社（010-64515150）
网　　址：http：//www.cctpress.com
邮　　箱：szcb2016cctp@163.com
排　　版：苑冬兴
印　　刷：天津联城印刷有限公司
开　　本：889 毫米×1194 毫米　1/16
印　　张：101　　字　　数：2631 千字
版　　次：2020 年 12 月第 1 版　　印　　次：2020 年 12 月第 1 次印刷
书　　号：ISBN 978-7-5103-3656-0
定　　价：398.00 元（上、下卷）

中国企业改革发展优秀成果2020编委会

（第四届）

贯彻新发展理念　构建新发展格局

在社会各界的广泛关注、积极支持和热情参与下，“2020（第四届）中国企业改革发展优秀成果”审定活动取得圆满成功，经过科学、规范、公平、公正的评审程序，审定结果已正式公开发布。本届审定活动呈现出影响力更大、关注程度更高、参与面更广、申报主体更多、结构质量更优等特点，共收到来自政府部门、各类企业、研究机构、高等院校、社团组织、新闻媒体等相关方面的申报成果455项，审定入选一等优秀成果60项、二等优秀成果85项，共计145项，现编撰为《中国企业改革发展优秀成果2020（第四届）》（以下简称《优秀成果》）。

《优秀成果》作为我国企业改革发展优秀理论和成功实践的分享型展示平台，在坚持问题导向、效果导向、示范导向、与时俱进的原则下，融入了更具前瞻性、战略性、时代性的元素。形成了战略管理、双循环发展及商业模式创新，深化国资管理体制改革及完善公司治理，财务、法务管理与风险控制，精益管理与高质量发展，自主创新、数字化发展与产业升级，人力资源与社会责任，企业党的建设与企业文化建设等七部分内容。包含有混合所有制改革深刻论述、国有资本投资集团试点探索创新、“双百行动”优秀实践、高质量发展典型案例、立体式扶贫丰硕成果、大数据新材料等产业战略实施……充分展示了我国企业改革的坚定步伐、发展的显著成效、社会的卓越贡献、未来的宏伟愿景。

2020年是极不平凡的一年，我国发展环境面临深刻复杂的变化。新冠肺炎疫情全球大流行，推动世界百年未有之大变局加速演进，保护主义、单边主义上升，国际贸易和投资大幅萎缩，全球产业链供应链遭受冲击，新冠肺炎疫情影响广泛深远，世界经济复苏道路充满着挑战。我国统筹疫情防控和经济社会发展已取得显著成效，同时，我国在创新发展、绿色发展、区域发展、扩大内需等重点领域不平衡不充分问题仍然突出，亟须在创新能力、产业结构、生产效率、企业效益等方面下大气力实现高质量发展，我国改革发展稳定任务比以往任何时期更加艰巨和繁重。

党的十九届五中全会审议通过了《中共中央关于制定国民经济和社会发展第十四个五年规划和二〇三五年远景目标的建议》。全会擘画的宏伟蓝图、全面精准的分析判断、务实科学的发展目标、有力有效的路径举措，为实现全面建成小康社会的目标后开启全面建设社会主义现代化国家新征程提供了根本遵循、指明了科学方向、坚定了强大信心、汇聚了磅礴力量。

我国企业在国家发展中始终发挥着中流砥柱的作用，特别是党的十八大以来，作为国民经济“顶梁柱”的作用日益凸显，自身发展也取得了历史性成就。2020年度世界500强企业中，中国大陆（含中国香港）入围公司数量达到124家，历史上第一次超过了美国（121家），加上中国台湾地区企业，中国共有133家企业上榜。胡润2020年全球独角兽榜上显示，今年全球一共有586家独角兽企业上榜，中国企业入选227家，比2019年增加21家。可以说，我国企业经过了改革开放四十多年的洗礼和淬炼，精神风貌、价值创造、创新发展、经营管理、世界地位、全球影响等方面已经发生了历史性变革，为我国经济社会高质量发展奠定了多方面的优势和条件。

历史的车轮始终滚滚向前，面向新发展阶段，推动改革大船破浪前行，我国企业改革发展必须更有作为，也必然大有可为。国企改革三年行动引领深化国资国企改革，在国有经济布局优化和结构调整、完善中国特色现代企业制度、深化国有企业混合所有制改革、健全管资本为主的国有资产监管体制等方面将取得更大进展。民营经济发展环境明显优化，非公有制经济和非公有制经济人士持续健康成长，民营企业产权、企业家权益依法得到平等保护，发展的法律环境和政策体系不断完善，弘扬企业家精神正成为共识和风尚。

“不枉时代、不负韶华”，中国企业改革与发展研究会将聚焦新阶段、新要求、新使命，坚持理论和实践相贯通、重点突破和系统提升相结合、继承和创新相统一，一如既往服务和推进我国企业改革发展事业。希望通过中国企业改革发展优秀成果审定发布系列活动，凝聚广泛共识、汇聚强大合力，不断推动企业贯彻新发展理念，加快建设世界一流企业，服务构建新发展格局，为我国经济社会高质量发展不断作出新的更大贡献。

宋志平

2020年12月

关于发布和推广
2020中国企业改革发展优秀成果的通知

各有关单位、各成果创造单位、各成果创造人：

我国已进入高质量发展阶段，顺利开启全面建设社会主义现代化国家新征程。为全面贯彻十九届五中全会精神，坚持新发展理念，坚持以供给侧结构性改革为主线，坚持以改革开放为动力推动高质量发展，促进我国企业为构建高水平社会主义市场经济体制贡献更多力量，中国企业改革与发展研究会（以下简称“中企研”）组织开展“2020中国企业改革发展优秀成果”申报审定发布活动（以下简称审定活动）。本届活动收到并受理申报成果455项，申报成果覆盖范围、体系结构合理性与整体质量水平在往届基础上实现新提升。经过审定活动办公室初审、专家审定委员会复审、中企研官方网站公示，共145项成果审定为“2020中国企业改革发展优秀成果”，其中一等60项，二等85项，现予以公布（名单详见附件）。

2020中国企业改革发展优秀成果是我国广大企业在新发展阶段、新历史任务、新环境条件下，通过深入研究、探索实践形成的创新理论与典型案例，具有重要的理论创新价值与积极的社会影响力，能够充分发挥引领示范作用，加快培育世界一流企业。结合本届优秀成果特色与创新点，中国企业改革发展优秀成果审定活动办公室将于近期汇编本届成果进行出版发布，供广大企业及研究人士学习借鉴。关于本届优秀成果奖励及宣传推广，具体建议如下：

1. 按照党的十九届五中全会精神，对具有创新价值的企业改革发展成果应给予积极支持鼓励，对中国企业改革发展优秀成果创造人的表彰、奖励可以参照中华人民共和国国务院第731号令公布的新版《国家科学技术奖励条例》及实施细则和地区、行业有关规定执行，也可按企业内部规定执行。

2. 2020年12月将召开“2020中国企业改革发展优秀成果发布会”，宣传展示我国企业改革发展的优秀成果，并为优秀成果创造人颁发荣誉证书。具体事宜另行通知。

3. 本届成果将分类汇编于《中国企业改革发展优秀成果2020（第四届）》及我会年度权威报告产品《中国企业改革发展2020蓝皮书》，中企研将联合新华网、人民网、中国经济网等主流媒体广泛宣传本届优秀成果，并围绕优秀成果组织开展系列专题研讨会或成果交流等，扩大优秀成果影响力。

4. 中国企业改革发展优秀成果创造企业、创造个人应以此次活动为平台，积极参与优秀成果宣传推广活动，加强相互学习交流，凝聚推动企业发展的强大合力，不断迈出新步伐，实现新进步，取得新成效。

附件：2020中国企业改革发展优秀成果名单

中国企业改革与发展研究会
2020年12月16日

附件：

2020中国企业改革发展优秀成果名单

等级	成果名称	申报单位（所在单位）	主要创造人	参与创造人
一等	深化混改要在四个字上下功夫	中国上市公司协会 中国企业改革与发展研究会	宋志平	
一等	基于国有资本投资公司试点改革的集团管控模式创新	中国铝业集团有限公司	姚　林 余德辉 陈　琪	杨燕青、张晓军、阚保勇、谭向国 陈一新、张红群、韩　露、王德国
一等	材料产业国有资本投资集团管控模式的实践与思考	中国建材集团有限公司	周育先	
一等	大型汽车集团基于价值共创的智能网联战略与实施	北京汽车集团有限公司	徐和谊 张夕勇	杨　钧、张　健、刘　乐、张先喆 张　旭、安永德、贾苗苗
一等	中央企业建立职业经理人制度研究	国务院国资委研究中心	周丽莎 李寒湜 胡　钰	王国义、肖　雪、付学博、王京波 孙王敏、牟　伟
一等	中国铁物综合施策成功脱困	中国铁路物资集团有限公司	朱碧新 廖家生	吴春权、杜　波、徐增堂、赵保辉、 赵　辛、郝文武、祝琳海、李鸿杰、 张鸿雁
一等	中国国资改革：困惑、误区与创新模式	中国政法大学	刘纪鹏	刘　彪、胡历芳
一等	下好混改“先手棋”实现华录新发展	中国华录集团有限公司	陈润生 张黎明	翟智群、徐忠华、王　立
一等	关于推进天津市管企业发展大数据产业思路举措的研究报告	天津市人民政府 国有资产监督管理委员会	洪全印 刘　超	张宾栋、罗　薇
一等	航天科工以国企改革“双百行动”为突破口深化国企改革的实践研究	中国航天科工集团有限公司	胡雪梅 徐　磊 张　帅	徐　鹏、张　颖

续表

等级	成果名称	申报单位 （所在单位）	主要 创造人	参与创造人
一等	立体式帮扶　全方位发力　助力扶贫县跑出脱贫“加速度”	中国诚通控股集团有限公司	王延胜	钱　曦、陈辉山
一等	基于培育世界一流黄金矿业企业的战略创新与实践成果	山东黄金集团有限公司	陈玉民	李国红、王立君、赵克文、奚凤群
一等	科研院所以集成创新驱动的产业链延伸战略实施	中建材蚌埠玻璃工业设计研究院有限公司	彭　寿 魏如山 张　健	陶立纲、夏　宁、谢浏莎、胡华波 王小飞、陶天训、余　郦、曹　欣 钱学君、成惠峰、郝志云、程丽丽
一等	高端能源智库创新实验室能力体系建设	国网能源研究院有限公司	鲁　刚 吕梦璇 元　博	刘　俊、伍声宇、焦冰琦、杨　捷 徐志成、冯君淑、李卓男、徐　波 闫晓卿、郑　宽、徐沈智、弭　辙 张晋芳、贾淯方、夏　鹏、张富强 金艳鸣、栗　楠、王晓晨、王　芃
一等	高质量高标准培育世界一流企业全面促进形成双循环新发展格局	国家发展和改革委员会市场与价格研究所	刘泉红 王　丹 胡　飞	
一等	以价值创造为导向的收入分配全流程管理体系建设	中国同辐股份有限公司	孟琰彬 李　振 管　荷	郭春临、王　豪、张　迪、胡巧荣 刘　丽、赵佳璐
一等	政府、市场与国有企业改革	北京大学	王曙光	王丹莉、郭　凯、王　彬、徐余江 雷雪飞
一等	数字经济时代全球价值链重构趋势及中国对策战略思考	中国商务出版社	郭周明	
一等	基于打赢“疫情防控、复工复产”双线战役管理模式的创新与实践	北京汽车集团有限公司	陈　江 彭　进	王　涛、褚　壮、江青云、李　凯 张建强、黎　彬、王春玉、张　蕊 许　伟、白云洁、屈艾龙、李　科 陈　敏、韩　超、桂　华、马　征 徐高鸣、王子迪、肖倩文
一等	中国石化“一键加油”实现无接触安全服务	中国石化销售股份有限公司	赵日峰	许卫东、徐旭日

续表

等级	成果名称	申报单位 （所在单位）	主要 创造人	参与创造人
一等	中央企业集团公司层面混合所有制改革研究	中国建材集团有限公司	魏如山 牛振华 司艳杰	干志平、金　星、李秀兰、丁　泉 张小翠、邱艾平
一等	以混改激活发展潜力　打造世界一流企业	双星集团有限责任公司	柴永森	张军华、郭　林
一等	“新冠”疫情应急医院工程项目集成管理实践	中建三局集团有限公司	陈卫国 魏德胜 赵　军	谢　华、李少军、崔　革、王　蕾
一等	地方政府资金资产资源“三资”整合研究 ——政府盘市场盘操作的有益探讨	重庆发展投资公司	冉　斌	邓经河、梁继平、谭斯介、冉江河 严俊伟、方　坤、陈　驰、黄晓升
一等	地方国有资本投资运营公司转型发展路径探索 ——以合肥产投集团改革创新发展实践为例	合肥市产业投资控股（集团）有限公司	王　晴 杨希娟 白玉静	
一等	物流企业联盟助力物流业降本增效实践与探索	天津克运集运集团股份有限公司	范金魁	
一等	以“三精工程”改革激发创新活力占领产业自主创新制高点	航天精工股份有限公司	赵　康	焦光明
一等	一体化的IT系统建设促进并购型企业集团财务业务的管控整合	南方水泥有限公司	肖家祥	赵旭飞、刘　鹏
一等	基于数据驱动平台的生产组织模式构建与实施	贵州航天电器股份有限公司	黄俊才 李忠奎 钱绘宇	曾安梅、令狐强、丁文彦、周小波 罗有亮、王代琴、房　震、徐晓东 王有根
一等	大型航空制造企业两化融合管理体系构建与实施	沈阳飞机工业（集团）有限公司	乔兴华 洪　杰 刘东初	刘赫桐、高兆钦

续表

等级	成果名称	申报单位（所在单位）	主要创造人	参与创造人
一等	新时代驱动中国制造业高质量发展的“四项变革”研究	中国铁路工程集团有限公司 北京林业大学	王士奇 萧新桥	余吉安、邓凯丹、李亚轩
一等	地方市属国有资本投资运营公司的改革与创新——洛阳国宏投资集团投资（运营）公司试点的典型经验	洛阳国宏投资集团有限公司	符同欣 郭义民	陈增仁、刘红俊、曲良波、马智慧 刘育章、王福田、刘潇雨
一等	大型发电企业投资管理体系改革创新与实践	中国大唐集团有限公司 投资合作部	于　岩 秦建明	高绍峰、江昔兵、董志锋、王海生 方世杰、于　渊、池　浩、方　伟 刘玉哲、赵建民、袁树玲、法　超
一等	海外电力投资“6655”要素管理研究与实践	中国电建集团海外 投资有限公司	盛玉明 杜春国	王晓林、曲　武、彭　锟、袁　洋 吕　毅、韩国芬、齐晓凡
一等	国资国企改革背景下资产经营2.0模式研究与实践——以中国诚通资产管理有限公司为例	中国诚通资产管理有限公司	张宝文	
一等	创新管理模式，探索跨越新材料“达尔文死海”	南京玻璃纤维研究设计院 有限公司	赵　谦 郭　伟 陈士洁	于守富、张文进、王　屹、唐　宇 何　宏、匡　宁、姚　迪、马　丹
一等	中金辐照股份有限公司股权激励的实践与探索	中金辐照股份有限公司	郑强国 张冬波 于　梅	汤清松、杨先刚、夏何琼
一等	管企业向管资本转变的内涵与路径	上海国有资本运营研究院 有限公司	罗新宇	李　郡、田志友
一等	能源革命背景下省级电网企业清洁转型发展的管理、技术创新与实践	国网青海省电力公司 清洁能源发展研究院	李红霞 张祥成 李　楠	张海宁、吴唯涤、许德操、李延和 李志青、马　雪、杨　帆、胡文保 李　芳
一等	深圳投控以综合改革推动转型发展的探索与实践——成功打造深圳市属国企首家世界500强	深圳市投资控股有限公司	王勇健 王文杰 刘征宇	甘卫斌、季　彤、杨　阳、吴　畏 邵留长、罗　达

续表

等级	成果名称	申报单位 （所在单位）	主要 创造人	参与创造人
一等	探索新时代国有企业混合所有制改革政策与实践研究	山西交控资本管理有限公司	封　毅	
一等	大型水泥企业集团以合同管理信息化手段防范运营风险的探索与研究	西南水泥有限公司	李晓虎	金　玲、李清波、孙志波、钟　波 安　然
一等	中国特色现代国有企业制度下党的领导融入公司治理研究	中国船舶工业 综合技术经济研究院	阎向民 刘　静 肖　雪	胡　钰、杨文勇、王国义、董卫民 黄文辉、贺　颖、张晓进、高　倩 付学博、高曙先、钱　程、田娟宁 何雨蓓、孙启豪
一等	军工总体基于“双轮驱动”的综合电子信息装备元器件自主可控管控体系构建	中国电子科技集团公司 电子科学研究院	叶海军	周晓龙、殷　毅
一等	大型科研院所“四位一体”项目导向型的岗位分红激励管理	中国电子科技集团公司 第三十八研究所	陈信平 陈学军 王亚青	梅晓春、胡国良、蒋　凌、王　慧 马明德、吴　立、李　忻、李　鹏 杨　悦、张　栋
一等	全方面深化改革　推动央企上市公司实现高质量发展	北新集团建材股份有限公司	王　兵	杨艳军、史可平、管　理、王远林 王　菲
一等	大型产业集团实施“科技+产业+服务”创新发展模式研究	中国建材集团有限公司 科技管理部	郅　晓 王茂生	张　静、张梅芳、顾桂江、刘　娟
一等	深化国企改革、匹配战略使命，以“7S”模型赋能公司改革和高质量发展	中海油田服务股份有限公司	齐美胜	黄　微、吴艳艳、赵　璧、王冬石 秦　天、时　超
一等	基于供应链管理的“三级采供”管理实践	山东山水水泥集团有限公司	张继武	陈永胜、左静雨、于小强、赵书林 刘成磊、孙学忠
一等	国有控股上市公司提升企业创新力的改革实践	凯盛科技股份有限公司	夏　宁 魏如山 周　鸣	倪植森、王　伟、张少波、王永和 欧木兰、那　嘉、孙　蕾、杨金发 马　迎、牛静雅、罗　丹、唐怡辛 年丽凤

续表

等级	成果名称	申报单位（所在单位）	主要创造人	参与创造人
一等	中科院合肥技术创新工程院：构建“四位一体”科技成果转化示范格局　聚力打造协同创新大平台	中科院（合肥）技术创新工程院有限公司	黄叙新	吴仲城、李　昂
一等	完善中国特色现代企业制度建设，规范治理，主动求变，走市场化改革之路	广东电网公司	贺金生 蔡　明 杜育斌	孙　辉、何利平、朱学刚、胡正莹 龚彩鳞、谭　科、黄海东
一等	构建数据资产组织赋能体系　推动企业数字化转型	北京交通大学经济管理学院数据资产与创新实验室	崔永梅 张莉莉 赵晓丽	苟娟琼、应文池、冯　瑶、曾德麟 郭　名
一等	基于资源合作的社会化联盟体构建与实施	中国航天科工集团第二研究院二八三厂	耿树庆 李建峰 张　伟	于超跃、李　靖、张秀秀、刘名洋 魏佳童、陈　峰、贾智超、徐学昊 陈忠伟、李凌峰
一等	资金管控体系的数字化转型与创新——以祁连山水泥为例	甘肃祁连山水泥集团股份有限公司	杨　虎	刘耀科、张高山、周　炜、郑　辉
一等	新时代企业家创新思维研究	新时代企业家创新思维研究课题组	温亚震 刘秉君	
一等	新经济背景下的全周期人力资本开发策略与制度安排研究	国研新经济研究院 北京体育大学	朱克力 冯　珺	
一等	国企混改：理论、模式与路径	中国人民大学出版社	郑志刚	
一等	逆全球化背景下逆向创新对中国经济的战略价值与启示	首都经济贸易大学	王永贵	王　娜
一等	中国建材总院科技人才培养“四个精准”模式的探索创新与实践	中国建筑材料科学研究总院	王益民 姚桂艳	李燕琦、葛兴泽、宋晓琪、田　红 李桂金、高　楠、郭　鑫、韩　琳 张力宏、王力波
二等	以深度赋能高质量发展为导向的新时代航天党支部建设体系构建与实施	中国航天科工集团有限公司	孙玉斌 李慧敏 李宏伟	孙　越、王玉华、范诗琴、李　杰 朱纪立、杨　庆、刘芳晓、董　扬

续表

等级	成果名称	申报单位（所在单位）	主要创造人	参与创造人
二等	发扬“支部建在连上”优良传统 创新“蓝天党小组”工作模式	中国东方航空集团有限公司	唐　兵	钱　锋
二等	大型国有企业集团“三位一体”战略导向型总部员工激励管理	中国同辐股份有限公司	王锁会 刘　丽 彭启慧	赵经洲、乔　亮、毛甲鑫、吴立村 张建雄、郭春林、管　荷、李　振 刘　文、马治宇、王梓然
二等	移动扫码签章技术在B2B供应链交易平台的创新应用	大唐电商技术有限公司	叶河云 马燕南 潘玉平	刘国林、台哲学、喻　疆、陆　磊 张嗣欣、赵　亮、张文玉、周东泽 程雅欐
二等	传统铁路装备运维企业向智慧铁路装备公司改革创新的探索与实践	神华铁路装备有限责任公司	康凤伟 石　兴	王文刚、于梦琦
二等	以谋发展、去产能、调结构、优管控、强党建为核心的铁路货车业务重组改革	中车长江运输设备集团有限公司	胡海平	李　炯、蔡德权、佘银生、易卫华
二等	用“五力”应对全球疫情下的粮食安全危机——以中储粮实践为例	中储粮培训中心有限公司	杨建国	
二等	传统电信运营商转型升级中的IT投资管理改革探索与创新	中移信息技术有限公司	徐海勇 刘　虹	陈　国、李天波、马拂晓、洪文静 宋小璇
二等	深铁运营城轨车辆“三位一体”维保管理体系创新与实践	深圳地铁运营集团有限公司	陈　琪 侯文军 傅思良	刘样平、黄赛英、段永魁、吴灿炎 段世龙、张清林、夏政雄、麦耀尹
二等	国有企业“8+1”劳动关系管理体系的创建与实施	中车齐车集团有限公司	李宏阁 刘红生 张　忠	张宝志、吴金保、李英波、寇祖兴 尹志强
二等	交通银行“资本市场生态圈”服务探索与实践	交通银行股份有限公司金融机构部	郭力璞 闫盘峰 朱　凯	

续表

等级	成果名称	申报单位 （所在单位）	主要 创造人	参与创造人
二等	基于大数据运用的公交智能化管理实践	深圳巴士集团股份有限公司	戴　斌 顾楠洲	高　波、黄焕亮、张天宇、何宏伟 罗海威、陈　纲、潘　琛、姜沛林
二等	构建满足市场化需求的价值管理体系 ——中国移动苏州研发中心智慧财务创新实践	中移（苏州）软件 技术有限公司	赵　军	姚天驰、陈哲余
二等	创新供应链融资助力产融结合服务实体经济的探索与实践	中铁建金融租赁有限公司	贺春雷	和立飞、刘艳华
二等	构建业财融合供应链管理系统　推动企业高质量转型发展	中国国际工程咨询有限公司	王瑞江	朱宏意、张莉莉、赵　宏、王文博
二等	军工科研院所基于智慧企业流程变革的数字化转型实践	北京机械设备研究所	杨小乐 范利明 王彦丰	黄　赟、薛　山、张　文、徐　磊 李　斌、王国锋、吴　凡、韩　永
二等	服务企业改革发展的流程优化重构模式创新与实践	中国移动通信集团 广东有限公司	杨大凯 应鸿伟	蔡伟文、苏卓生、巢　京、何　虹
二等	航天火化工企业提高安全保障能力的产品质量管理研究	中国航天科工集团公司 第六研究院8610厂	陈永钊	李九胜、何前明
二等	物料全周期智能条码管理系统及大数据分析	佳木斯电机股份有限公司	郝奉孝 杨长宇 孙继峰	杨怀海、李晓东、张东宇、李　兵 杨姗姗、秦万坤、邓守福、王玉龙
二等	以契约化管理为突破口 推进机制改革走深走实	中石化石油机械股份 有限公司	杜广义 谢永金 杨应忠	黎　明、贺鸿昌、彭会然、周　林 汪　鹏
二等	军工研究所批生产项目成本精准管控体系构建与实施	中国航天科工集团 第六研究院210所	蒲建军	杨立合、张志正
二等	面向价值创造的创新成果精萃提纯模型探索与实践	中国移动通信集团 广东有限公司	杨大凯 应鸿伟	蔡伟文、苏卓生、秦　蓁、黄　琦

续表

等级	成果名称	申报单位（所在单位）	主要创造人	参与创造人
二等	新能源企业发挥新时代党组织作用提升企业创效的创新实践	大唐黑龙江发电有限公司	王立岩 徐　光 李　志	张新斌、董佳斌、施元辉、乔　木 解伟锋
二等	坚持战略引领　着力改革创新　深入推进向工程产业集团转型发展	中国铁路设计集团有限公司	秦　伟	方　堃、吉晓辉
二等	中国移动软件造价成本管控体系构建与评价创新研究——以湖南移动公司为例	中国移动通信集团湖南有限公司	王　钋 张云龙	李志成、李　湘、刘威威、黄　伟 陈　霖
二等	基于预测性维护的设备管理模式构建与实施	贵州航天电器股份有限公司	刘　旭 曾安梅 刘　旭	蒙泳行、李　博、陈孟江、杜　洪 邢万青、常　晨
二等	基于物业管理　打造智慧社区服务生态——老旧小区可持续发展路径探索与实践	北京首华物业管理有限公司	李　忠	张　敏
二等	国际工程项目属地化管理实践与研究——以迪拜1013路桥项目为例	中国化学工程第七建设有限公司	易炳银 李思佳 涂巧英	袁　涛、白永江
二等	大型军工企业以价值创造为导向的流程型组织建设	成都飞机工业（集团）有限公司	蒋　敏 李国祥	胡洪贵、邓军波、文　远、程　忠 陈昕昕、刘　刚、刘艳君
二等	关于现阶段混合所有制改革中员工持股实践的若干思考	清华大学	王　悦	陈　可
二等	以装备体系化为牵引的军工科研院所科技创新管理实践	中国航天科工集团第三总体设计部	程　进 宁国栋 张　克	于长波、张永平、韩　冰、倪雪松 陈梦云、刘　杨
二等	长江内河港口“一城一港一主体”港口发展模式创新实践	黄石新港港口股份有限公司	李安民	刘卫东、张林中、曹文国、刘兆弟 陈晓玲

续表

等级	成果名称	申报单位 （所在单位）	主要 创造人	参与创造人
二等	深圳机场实施数字化转型打造智慧机场先行示范	深圳市机场（集团）有限公司	陈金祖 张立轩 黄　飙	张　超、李海静、陈　伟、林勤康 王毅仁、熊胜昌、颜昭昊、戴　炜 刘志刚、刘　明、吴　巍、常　文 皮玉志、焦　健、凌春峰、张世昕 陈进泉、杜光泽、李晓东
二等	中车株洲所依托“車”模型分类推动改革创新经验	中车株洲电力机车研究所有限公司	李东林 杨首一 王卫安	刘连根、何政军、黄　蓉、李华伟 胡文波、郭继军、吴昌云、王　力 邓青瑞、郭　慧、方光华、刘群欣 陈逢春、郑　伟、罗向荣、何红明
二等	大型电力企业投资咨询评估体系研究	南方电网能源发展研究院有限责任公司	吴鸿亮 戴志伟	王　玲、潘骏超、彭道鑫、林蔚颖 才　华、姚　鹏、魏志恒、陈　洋
二等	中国华能集团高效技术创新体系研究	中国华能集团有限公司	赵　毅 李晓轩 黄　斌	徐晓阳、梁昌乾、黄　中、文　军 申建汛、徐　然
二等	我国中小型保险机构治理质量研究——基于公司治理评价的视角	南开大学中国公司治理研究院	郝　臣	齐　岳、刘　琦、崔光耀、王　萍
二等	以高质量混改打造国际化矿业集团——洛钼集团两次混合所有制改革实现国际化腾飞的典型经验	洛阳栾川钼业集团股份有限公司	李朝春 符同欣 袁宏林	郭义民、许文辉、程云雷
二等	构建贯彻落实新发展理念的科创载体——大飞机创新谷建设的探索、成效与展望	中国商用飞机有限责任公司上海飞机设计研究院	沈　波 刘　丹 皮付见	栾　瑞、王君君、吴卜圣、霍西恒 罗继业、刘镇承
二等	国有企业境外投资“六维”管理实践研究	中国电建集团海外投资有限公司	盛玉明 杜春国 赵新华	李胜会、谭　毅、杜　菲、张一凡
二等	以"奋斗者为本"的生产经营管理理念，培育企业核心竞争力	巴基斯坦卡西姆港发电有限公司	郭广领 奚　鹏 康从钦	冯克锋、周高明

续表

等级	成果名称	申报单位（所在单位）	主要创造人	参与创造人
二等	粮食储备管理动态模式的探索改革	深圳市深粮控股股份有限公司	祝俊明	胡翔海、刘江克
二等	基于系统化设计的精益工厂建设	西安飞机工业（集团）有限责任公司	何胜强	吕　林、雷阎正
二等	助力海外投资高质量发展的价值创造型财务管理体系建设与实践	中国电建集团海外投资有限公司	卢洪波 袁子丽 熊　兰	陈　佳、滕华英、高群武、徐　莉 文　韬
二等	员工职业发展多通道在电力企业的创新实践	大唐国际发电股份有限公司	刘根乐	张爱军、赵立宇
二等	航天科研院所多产业融合经营与战略拓展实施	中国航天科工集团湖北航天技术研究院总体设计所	刘　鑫	陈　波、吴　明
二等	基于信息技术的合同风险管理体系建设	湖北三江航天万峰科技发展有限公司	蔡昭斌 张萌倩 张青华	庹　欢、王　宇、刘　杰、罗贵宾 沈　冲、黄　多、王　浩、张玖玖 孙大伟
二等	“一带一路”倡议下境外电力投资项目全方位属地化构建与实践	中国电建集团海外投资有限公司	俞祥荣 袁　洋 刘新峰	武夏宁、郭　伟、李　明、戴吉仙 訾志刚、徐爱兵、刘　蕾、葛玉萍
二等	混凝土制造企业智能化转型升级的创新与实践	徐州中联混凝土有限公司	祖庆贺	臧　军、马海平、高　丰、季婷婷 拾　莉、刘先国
二等	中央企业借力“双百行动”深化国企改革的实践与思考——以中化集团及其子企业为例	中国中化集团有限公司创新与战略部	刘福兴	李建华、周乃宁
二等	以“三单元”管理架构创新建立商品混凝土企业综合服务体系	南京中联混凝土有限公司	王盛伟	熊巧林、高　江
二等	坚持以供应链业务重塑为主线的新时期企业战略选择与跨越式发展——打造供应链服务龙头企业的探索与实践	深圳市怡亚通供应链股份有限公司	周国辉	陈伟民

续表

等级	成果名称	申报单位 （所在单位）	主要 创造人	参与创造人
二等	基于“投建运一体化”的海外电力投资项目全生命周期财务管理研究与实践	中国电建集团海外投资有限公司 孟加拉巴瑞萨发电有限公司	卢洪波 赵振庆 袁子丽	户宝磊、王家琨
二等	技能大师工作室运行机制及效能发挥实践研究——以中国水利水电第十四工程局有限公司为例	中国水利水电第十四工程局有限公司	郑修建 陈光霞 蒋　雷	孔祥辉、崔志森、杨庆文、杜　宁 王秀然、张明贤、白文芸、张晓东 吴瑞清
二等	大型集团化传统制造企业精益管理体系建设	万达集团股份有限公司	尚吉永 曲春林 闫圣利	赵新路、慈夫山
二等	全球优质农业食品资源对接国内市场管理实践	大康国际农业食品股份有限公司	葛俊杰	沈伟平
二等	国企混改的理论模型研究	上海西姆企业管理咨询有限公司	徐怀玉	宋　蕊
二等	投资型发电企业的转型创新发展模式研究——以华能国际电力开发公司为例	华能国际电力开发公司	陈自立	
二等	基于智慧管理的现代企业三会管理信息化、智能化建设研究成果报告	国电电力发展股份有限公司	徐伟中	陈兴华
二等	基于负荷批量控制功能及其创新应用的精益管理体系建设	国网四川省电力公司南充供电公司	杨紫苓	王先强、宋永娟
二等	以构建现代国铁企业制度管理体系为突破　全面推进企业治理体系和治理能力现代化——以兰州局集团公司为例	中国铁路兰州局集团有限公司	赵心蕊	杨　光、马微娜
二等	国资基金市场化运作模式研究	上海国有资本运营研究院有限公司	罗新宇	田志友、侯佳乐
二等	从“管资产”向“管资本”转变　高质量高标准打造一流国有资本投资平台	广东省广新控股集团有限公司	白　涛 白明韶	

续表

等级	成果名称	申报单位（所在单位）	主要创造人	参与创造人
二等	中电海康多元化中长期人才激励机制创新探索	中电海康集团有限公司	陈宗年	刘泳玉
二等	军工央企存量资产盘活处置“五个一”体系建设	中电科资产经营有限公司	岳　峰 李国中 卢蕴绮	谭建良、郭家豪、耿淑雅、季崇高 温　雯
二等	基于移动互联网的智能化实时动态运营管理综合平台建设与实践	中石油铁工油品销售有限公司	王之君 郭　斌 韩　笑	王文元、胡亚群、朱炎安、田　双 范占朋、魏晓驹、文　军、孙自强 齐　智、胡红岩、孙　航
二等	基于组织战略管理的虚拟“产业董事会”模式的创新与实践	中海油能源发展股份有限公司工程技术分公司	邓　凯 钟　峥	袁丽娜、黄　泾
二等	首都信息公司助力探索破解城市基层治理难题	首都信息发展股份有限公司	林艳坤 杨　超 陆　怡	马卓敏、贡　京、杨星星、王　菲 王鹏斐
二等	中国铁路兰州局集团有限公司法律风险防控体系的构建与实施	中国铁路兰州局集团有限公司	丁　朴	赵银龙、翟　磊
二等	中国移动浙江公司深化国企三项制度改革　激发队伍活力，打造人才发展新生态	中国移动通信集团浙江有限公司	郑　杰	黄　慧、陈　栩、陈　宏、项　捷 梁　芬、洪　燕、何　炜、李　强 王晓真、周辰炜
二等	坚持两个“一以贯之”全力打造南网能源深改模式	南方电网综合能源股份有限公司	秦　华 陈庆前 周　宇	詹　昕、陈　朴、翁军华、韩庆敏 雷　鸣、柯文彬、廖卫列、张　强 程国辉、林哲茜、曹　煜
二等	充分发挥国有企业党建作用　引领保障企业改革发展	中国建材集团有限公司	王广珍	
二等	新时期中央企业国际化业务管理模式创新转型与实践	国网能源研究院有限公司	张　勇 卢健飞 李　捷	刘　进、梁云丹、赵　晶、张新圣 石书德、李浩澜、张　义、刘小乐 左新强、张　园、张华磊、熊有坚 樊友平、宋小威、闫庆友、鲁　强 孟凡斌

续表

等级	成果名称	申报单位（所在单位）	主要创造人	参与创造人
二等	双轮驱动打造创新内核——“创意工场”的建立与实践	北京汽车股份有限公司汽车研究院	黄文炳	王　彬、刘　明、孙　军、张永刚、夏桂海、董　浩、裴晓苏、张文镝、笪　琦
二等	搭建北京奔驰财务信息化ABCD体系，助推业财融合深化落地	北京奔驰汽车有限公司	郭　锐	朱　霞、魏　洁、任思思、刘　畅、刘　旭，陈　嫣、刘　勃、杨　威
二等	新能源汽车企业基于大数据进化思维的研发能力提升及实践	北京新能源汽车股份有限公司	陈上华	杨子发、李玉军、侯艳丽、杜　珩、杨　冬、张庆浩、赵明怀、许广军、梁金海、王　亮、吕迎雪
二等	信息化、智能化在集团混凝土企业的应用研究	南方新材料科技有限公司	谭志雄	郑　维、徐宗望、谭　俊、尹征龙、万　博
二等	全面创新打造耐火材料转型升级新引擎	瑞泰马钢新材料科技有限公司	陈海山	卢咏明、郁书中
二等	中船精达国企混改与股权激励探索	中船九江海洋装备（集团）有限公司	程柏林 吴国亮 邓　军	
二等	国有企业基层党务干部教培模式的创新与实践——以国网山西省电力公司党建　“上考下送”项目为例	国网山西省电力公司	朱珊珊	
二等	地方社会信用体系法制化建设研究	南京市宏观经济研究中心	徐　锋	刘凡华
二等	国有资本投资公司改革研究	南方电网能源发展研究院有限责任公司	才　华 周志文 范晨鸣	王　威、林蔚颖、李海平、吴鸿亮、陈　洋、王　玲、彭道鑫
二等	大型汽车集团行业云平台创新与实践	北汽蓝谷信息技术有限公司	陈　江 李晓龙	姜建辉、崔立锋、高　凡、张　铎、曾　伟
二等	基于分合有度思想的厂办大集体改革实践	成都飞机工业（集团）有限公司	杨　萍 张静宏	李红军、程　忠、刘可为、刘敏全、岳　屹、尚　峥、朱婧婧、郭彦东、杨科程、边　政
二等	深圳燃气以混合所有制改革激发新机制新活力新动力　推动企业高质量发展的探索与实践	深圳市燃气集团股份有限公司	李　真	郭加京、杨　光、杨　玺、舒　适

目　　录

上　卷

战略管理、双循环发展及商业模式创新

深化国资管理体制改革及完善公司治理

财务、法务管理与风险控制

下　　卷

精益管理与高质量发展

自主创新、数字化发展与产业升级

人力资源与社会责任

企业党的建设与企业文化建设

战略管理、双循环发展及商业模式创新

深化混改要在四个字上下功夫

宋志平

早在中国共产党第十四届三中全会，我国就提出了混合所有制的概念。2013 年秋天，中共十八届三中全会的报告中正式提出积极发展混合所有制经济，从那时到现在也有七年多了。这段时间，大家根据 1+N 的方案，积极推进混合所有制改革，踏踏实实做试点，积极探索，总结经验。过去这些年，我们对混合所有制改革有了一定经验。如何进一步深化混合所有制改革，是我们今天面临的任务，也是国企改革三年行动的重要内容之一。

我在国有企业做了 40 年，从 1979 年做到 2019 年，正好四十年。1994 年，我在北新建材做“一把手”，那时候北新建材就是改革试点。到了 2014 年，我任职的两个单位——中国建材集团和国药集团，又都成为混合所有制的试点，而且是当时国务院国资委混合所有制经济仅有的两个试点。回顾更早一些的情况，北新建材从 1997 年上市起就是混合所有制企业，到现在公司上市已有近 24 年。2006 年，我在中国建材大规模推进和民营企业的混合，到现在也有 14 年的时间了。

结合国企改革三年行动，深化混改就要在四个字上下功夫。

一、在“宜”字上下功夫

混合所有制是指国有企业、集体企业和非公资本交叉持股、相互融合的所有制。混合所有制企业和其它股份公司是一样的，要符合共同的目标、战略，符合各个股东的要求才能混好。从微观上来看，混合所有制企业还是回到了做一个股份公司、做一个企业，通过做好企业推动经济的发展。推动混合所有制改革，要坚持“三因三宜三不”的原则，“宜”就是“宜独则独，宜控则控，宜参则参”。

什么企业宜独？公共保障、公益保障类的企业，这些企业不以盈利为主要目的，是以为社会提供服务为目的。前几年我去德国访问，和德国议会议员、交通部部长一起交流，他谈到德国在 20 世纪 90 年代一股脑把所有企业都私有化了，到后来发现不行，比如公交、自来水等事业，应该是公益保障类，是以质量为中心的。德国的地下自来水工程都是一百年以前建设的，现在还在使用，这些工程不是简单为了盈利，而是为社会全民服务，要以确保质量为目的，现在柏林和汉堡的这些公共事业又收归了国有。这些企业就是“宜独则独”，如果单纯追求经济效益就和公益保障的方向相悖了。

什么企业宜控？过去我做的中国建材和国药集团，这两家公司实际上是用控股的方式进行混合的。中国建材混合了上千家水泥公司，它的目的是要把小散乱的水泥企业整合起来，增加市场集中度，避免恶性竞争，形成健康良性的市场。中国建材在水泥行业的混合使得行业集中度从 2006 年的 6% 提高到去年的 70%，通过混合整合了水泥行业，同时也成就了中国建材连续十年荣登世界五百强企业榜单。

国家整合钢铁、煤炭行业有一定资金支持，但整合水泥行业并没有，主要靠大企业发挥引领作用。

中国建材运用市场的方法推动行业的整合，也就是“正三七”模式，中国建材集团旗下的中国建材股份在香港上市，在重组的企业里，中国建材股份持 70% 股份，民营企业持 30% 股份，保持一个绝对控股的比例。中国建材股份在香港是 H 股，必须保证 H 股的利润，企业有了利润才有市值。这就是“宜”的问题，宜控则控，运用这样的模式很巧妙地完成了重组。总体来看，中国建材大规模混合的效果很好。2006 年，整个水泥行业利润只有 80 亿元，而去年有 1000 多亿元，水泥行业成为健康运行的行业。

国药当时也是这么“混”的，国药用“宜控则控”的方式混合了医药分销体系。过去我国的医药分销体系是由一家一户构成的，虽有 2 万多家公司，但整体市场散乱，有的药品甚至还出现假冒伪劣的情况，也很难有大规模的物流、仓储、冷链设施。当时两会期间，政府工作报告提出要建立国家级的医药物流配送中心。这需要一定的资金，还要考虑由谁来建立，需要有一个主体。我去了国药集团后，就把中国建材混合水泥的方式复制过去，重组了 600 多家医药分销企业，建立了我国的医药配送网络，形成了国药集团发展壮大的基础。

中国建材集团、国药集团的混合，实际上都采取了“宜控则控”的方式，以中央企业作为平台来整合和重组民营企业，给民营企业留下一定股份，不是简单收购。我当时提出来“三盘牛肉”，第一盘就是价格公允；第二盘股权合作共享，我给很多分销企业的负责人说，“过去你持股 100%，大家打乱仗，结果亏损，现在你持股 30%，我们把市场整合好了，可以赚很多钱。”现在来看，混合的这些民营企业都赚了钱；第三个留心留人，保留经营团队并吸引创业者成为职业经理人，成为骨干团队。

关于宜控则控，说复杂也复杂，说简单也简单。不是为控而控，而是为了一个战略目标、为了整合市场，也为了在整个产业链上大家可以互利共赢。

关于宜参则参，举两个例子。一个是上海绿地，也是混合所有制改革非常成功的企业。绿地的股权构成是由上海国资委下属三家企业、职工合伙人持股公司的混合。上海国资委的下属三家企业承诺不做一致行动人，而让员工持股公司占大股，目的就是让张玉良这个创业者、企业家能够做董事长和法人代表。我和上海国资委的领导沟通过，为什么要这么设计？他们告诉我，因为企业家可遇不可求，绿地这家公司张玉良是带头人，混改要保证有这么一位优秀的企业家作为核心。最近绿地又进行了第二轮混改，上海国资委再拿出 17% 股份对外转让，这样员工持股公司成为真正的第一大股东。第二轮深度混改，目的还是要弘扬和保护企业家精神，这点非常重要。

前不久我到广西调研，广西建工刚刚和绿地集团完成混改。混改后，广西国资委在广西建工的持股比例由 100% 变为 34%，成为参股股东，而绿地则变为控股 51% 的第一大股东，同时还有员工持股，核心团队持股 15%。广西国资委的持股方式变成了宜参则参。为什么这么做？因为广西建工这次是增资，这么做较大幅度降低了企业的资产负债率，解决了广西建工多年来的高杠杆问题。

第二个案例是云南白药。云南白药经历了几个改革阶段，最早和红塔集团合作过，后来又和国药合作过，每次都不太成功。2015 年云南白药和福建新华都、江苏鱼跃合作，当时按照 45%：45%：10% 设置股权比例结构。经过第二次混改，现在云南白药的股权比例结构变成了云南国资委持 25. 4%，新华都持 25. 4%，江苏鱼跃持百分之几，剩下的是散户，混改后云南白药的市值翻了一番，效益很好。云南白药过去是正厅级单位，混改后从董事长开始大家都解除了原来国企干部身份，云南白药的党委书记是由国资委聘任退休的云南财大校长，并出任副董事长，这家企业高度市场化，为进一步机制改革，推行员工持股铺平了道路。

从以上两个“宜参则参”的例子，大家可以看到地方混改力度还是很大的。最初在推动混合所有制改革的时候，我还没有意识到它的全部优点，现在越来越觉得混合所有制是个好东西，特别适合我国社会主义市场经济多种所有制共同发展，在共同发展的过程中，混合所有制把国有企业和民营企业联系在一起。过去我们往往认为，国有企业和民营企业是竞争关系。现在看来，二者有市场上客观的竞争关系，但主要还是合作关系。这次国企改革三年行动，特别强调了国有企业要在整个行业产业链和供应链中发挥引领作用。因此，国企和民企之间不是简单的竞争关系，而是引领和带动的关系，国企对民企的发展也负有责任。前几年，不少民营企业遇到了高杠杆、高抵押等问题，后来绝大部分通过和央企、地方国企搞混合所有制，渡过了难关。这不是国进民退，而是国民共进，实现优势互补、取长补短。由此我们也看到，这是我国社会主义市场经济的一大特色，国有企业和民营企业互相帮助。

国企改革中比较难的是政企分开，尤其在全资、独资国有企业更为明显，让企业真正成为独立市场主体有难度。当然民企也要改革，改革改什么？就是规范治理，让一个家族公司完全按照《公司法》规范治理可能也有难度。如果用混合所有制把这两者结合起来，既解决了国有企业政企不分、难以成为独立市场主体的问题，同时又解决了民营企业治理不规范的问题，所以说混合所有制确确实实是好东西。

企业在混合的过程中要分层分类深化混改。央企里集团公司主体是宜控则控，但央企还有很多小企业怎么办？央企最近推动瘦身健体、减少法人户数，减掉了 1.4 万家。今后可以通过混合所有制，吸引社会资本进入，对于非主业的企业进行混改，央企可以不控股，参股就可以。这些企业在央企中可能是规模小，和民营企业混合了就可能是大企业。我们在处理这些问题的时候，不能只考虑“独”和“控”，还要学会“参”。

二、在“合”字上下功夫

搞混合所有制就要合在一起，也必须有合的思想准备。国企有国企的特点，民企有民企的特点，准备做混合，就要彼此接纳对方。民企担心跟国企混合了，是不是会被扫地出门；国企也有担心，国有资产会不会流失。其实，混合所有制是股权上的合作，不是谁吃掉谁，而是大家优势互补，在市场中组成一个新公司去合作。

经常有人会问到，“宋总，民企要找一个什么样的国企合作?”我说，“关键有三点，第一，要在战略上有关系，在产业链、供应链之间要有协同效应，这是前提。第二，要找一家有包容文化的公司，如果文化格格不入，不要轻易去混。第三，要有开明的领导。”这三点很重要。

那么，国有企业应该找什么样的民营企业进行混合？我说也是三点，第一，战略上要有协同效应，合作战略上要共赢，这是共同的。第二，能够理解国有企业的管控文化，体制内和体制外是不一样的，民营企业要愿意接受国企的文化，如果不接受大可不要混。第三，要接受国企的规范治理，包括董事会建设等等。过去民营企业在体制外比较自由，但混合以后就要接受规范治理。这和两口子结婚一样，谈朋友的时候彼此谈明白，谈明白了双方同意，心理也有准备，大家就在一起。如果谈不好，不要勉强，因为后边还要成家过日子。

在“合”这个方面，第一，目标的融合，双方的战略目标要融合。第二，产权的融合，股份制公司里大家以股权说话，如果国有控股，那就是国有控股说话，如果是国有参股，那就是民营控股说话，一切按照《公司法》，按照股权说话。第三，文化的融合，做混合所有制必须互相包容，如果都不包容就不要“混”了，“混”起来只能是一场乱仗。

三、在“改”字上下功夫

混合所有制最重要的不是“混”，而是“改”，改什么？一是国企要改机制，改成市场化机制，民企要改成规范化的治理。我在2006年就提出来一个公式，“央企的实力+民企的活力=企业的竞争力”，央企有央企的长处，民企也有民企的长处，这两个合起来才叫优势互补、取长补短。混合之后就要改，尤其是要将市场化机制引入企业。

二是三项制度改革。国企比较难的是三项制度改革，三项制度是我国改革之初提出来的，一直改了多年，仍然是没解决的问题。国企改革三年行动还是要改三项制度，在“三能”上下功夫，“能上能下、能进能出、能多能少”。三项制度的改革是解决效率问题，“能多能少”是在工资奖金上下功夫，提高职工的积极性，从而提高效率。今天我们到了一个科技时代、新经济时代，光有效率不行，还要公平。在传统经济时代，劳动力是成本，在新经济时代，人力是资本，我们要承认人力资本。所以在整个改革里，光改三项制度改革是不够的，我们还要推进员工持股、管理层股票计划、科技分红和超额利润分红权，我称“新三样”改革。“新三样”改革是让人力资本参与分红，进行财富再分配，这是它的要点。混合所有制改革，既然“混”了就要推进这些改革，才能有积极性，这次国企改革三年行动提出了超额利润分红权和跟投计划，这些都是非常好的政策。

四、在“优”字上下功夫

“优”就是效益。我们做混合所有制不是为“混”而“混”，我们要激发企业员工的活力，提高企业的竞争力，最终要获得良好的企业效益，这是我们的出发点。

发展混合所有制，一是要发挥机制的优势，结合国有企业和民营企业的优势。我过去插队时做过农业技术员，学习杂交育种，把两个品种的优势发挥出来。混合所有制是优势互补，不要搞劣势互补。举个例子，父母长得很一般，孩子长得很精神，这叫会长。父母长得很精神，孩子却长得一般，这就叫不太会长。搞混合所有制就是要把国有企业的优点和民营企业的优点结合起来，不要把国有企业过去常有的官僚主义、形式主义与民企的不规范这些弱点“混”到一起，如果那样混合就失败了。我们要发挥机制上的优势，同时还要做好企业。二是强化经营和管理，任何企业都要做好主业，突出主业，不要轻易分散经营。三是进行高质量的创新，创新有风险，企业要进行高质量的创新。这些方面都可以结合起来，最终产生良好的经济效益，推动企业高质量发展。

做混合所有制企业，前面“混”了也“改”了，如果经营上做得不够好，企业情况有可能会变得很糟糕。那么是改得不对，还是“混”得不对，亦或是经营得不对？作为中国上市公司协会会长，我发现有一些上市公司倒下了，不一定都是因为违规违法造成的。有的企业负责人还是想做好企业的，兢兢业业、勤勤恳恳地工作，其中的问题往往是因为偏离了主业，盲目投资，盲目创新，最后企业变得入不敷出，甚至有的还倒闭，都是因为经营做得不好。企业改革是要解决体制、制度、机制上的问题，但除了这些问题，经营的基本功也是企业必须要做好的。总之，深化混合所有制改革，我们既要“混”，又要“改”，还要“优”。

成果创造人：宋志平　中国上市公司协会　中国企业改革与发展研究会

大型汽车集团基于价值共创的智能网联战略与实施

北京汽车集团有限公司

北京汽车集团有限公司（简称“北汽集团”），成立于1958年，是中国主要的汽车集团之一，在国内汽车行业排名第四位。目前已发展成为涵盖整车（包括新能源汽车）研发与制造、汽车零部件制造、汽车服务贸易、通用航空、产业投融资等业务的国有大型汽车企业集团。北汽集团自成立以来，建立了中国汽车工业第一家整车制造合资企业，中国加入WTO以后第一家整车制造合资企业，收购了瑞典萨博汽车相关知识产权，在汽车行业进入新转折的时代又前瞻性的率先布局新能源与智能网联汽车，创造了中国汽车工业的多个第一。2019年北汽集团实现营业收入超过5000亿，成为北京市首家收入超过五千亿的国有企业，世界500强排名127位。

一、大型汽车集团基于价值共创的智能网联战略与实施背景

（一）汽车及相关产业大变革的时代要求

新世纪以来，全球互联网与通信技术高速发展，云计算、大数据、人工智能技术不断取的新的突破。尤其是海量数据的积累，新型算法的成熟，多媒体高算力芯片的创新，高精度传感器的问世，使得给汽车装上大脑和五官的技术越来越成熟。尤其在中国，数据、通信与各类软、硬件设施建设均以领先世界的速度高速发展。在数据方面，IBM商业研究院的数据显示，到2017年，仅中国在互联网上产生的数据量就高达7.85泽字节（ZB），相当于约70亿部时长为两小时的高清电影的数据量。这些电影，足够人类看160万年。而这样的数据量，还在以每年70%-80%的速度在高速增长。在通信方面，以华为技术为代表的中国通信企业，已经基本成为全球技术龙头，并在5G等新一代通信技术上取得领先地位。而在车规级芯片、算法以及高精地图、语音识别方面，地平线、百度、高德、科大讯飞等企业高速发展，为汽车的智能化创造了基础条件。在车本身层面，纯电动新能源汽车技术及相关产业快速推进，新一代汽车已经全部进入电驱动时代，为智能化以电信号为载体，落实到汽车这一平台，铺平了最后一公里道路。以多产业共同进步为基础，近年来国家出台了一系列政策推动汽车智能化。尤其在2017-2018年之间，工信部先后出台《国家车联网产业标准体系建设指南》《车联网（智能网联汽车）产业发展行动计划》，同时联合全国20多个部门和单位成立“国家制造强国建设领导小组”车联网产业发展专项委员会，发改委也在2018年发布《智能汽车创新发展战略（征求意见稿）》，强力推动智能网联汽车发展。与此同时，基于中国全球领先的基础设施建设能力和互联网与通信技术，中国汽车与包括政府与跨行业企业共同研究，基本确定了车内智能与车路协同并行，“人—车—路—云”共同推进的智能汽车发展路线，这一路线在全球范围内而言属于智能汽车发展的高阶阶段。可以说，借助中国产业的比较优

势，中国汽车推动智能化，实现在全球范围内引领性发展的机会已经出现。必须有企业积极建设，把握机会，实现创新性发展。

（二）原发式创新时代产业管理变革的要求

随着中国进入科技创新时代，企业由过去的模仿创新进入到自主颠覆性创新的时代。尤其是针对汽车产业来说，新能源、智能化等全新领域的技术探索，中国基本已经走到了与发达国家并驾齐驱的阶段，部分领域已经踏足“无人区”。没有既定路线与模式可循的发展道路上，我们必须超越当前阶段，开启原发式创新。在这样的发展背景下，传统战略理论中以企业当前资源的匹配情况决定战略目标的战略理念已经不能够满足时代发展的要求。为了实现充分创新，企业必须适当拔高自身目标，使战略目标高于当前企业内部资源所能达到的程度。由此产生战略目标与企业内部资源的资源缺口，需要企业开放自身边界，跨界融合外部资源，形成面向创新型目标的生态联盟，共同推进科技进步与产业进化。这就是价值共创的历史背景与必要性。纵观当前的全球汽车发展，部分在传统汽车领域具备优势的整车企业，过分依赖于自身已有资源制定战略，已经在新能源、智能网联等领域的战略布局出现落后现象。中国车企，必须依靠国内产业优势，以价值共创的全新管理模式，制定适度超前的发展战略，推动中国汽车的跨越式崛起。

（三）北汽集团推进转型升级发展的内在要求

作为国内排名前四的大型综合性汽车集团，北汽集团在乘用车、商用车、零部件、汽车服务贸易，共享出行等全价值链领域均有布局，技术与产业实力雄厚。尤其是在与智能网联汽车最亲和的新能源汽车上全国领先，同时较早落子互联网化转型，在车联网、大数据公司等方面均有较好的储备。战略层面，北汽较早确定了新能源与智能网联“双轮驱动”的发展战略，以新能源与智能网联为核心深入攻坚技术，持续开展跨产业合作，形成了较强的自主研发能力和资源整合能力。面向进一步向上发展的中国汽车产业，北汽集团既有能力也有需求，构建智能网联生态联盟，以平台型企业的方式推动价值共创，实现智能网联汽车科技创新引领性发展。

二、主要做法

基于价值共创的智能网联战略以这一基本事实为基础，即智能网联汽车的发展在市场层面是以“场景”为导向的。而某一场景是否有智能网联汽车需求，以及如何实现智能网联汽车技术的赋能，不仅需要整车企业创造价值，还需要消费者与厂商配合对场景需求进行定义与解决，共同创造价值。与此同时，作为上游供应链的客户，整车厂也必须要与包括传统零部件商和跨界人工智能、通信、半导体行业在内的各类供应商形成共创关系。由于汽车产业链以汽车整车为关键整合平台，当整车厂发挥自身的平台作用，进行全产业链整合，推动智能网联汽车产业落地，就产生了基于价值共创的智能网联汽车战略。

北汽集团推动基于价值共创的智能网联汽车战略与实施，首先以上述原理为基础，构建价值共创智能网联汽车发展战略的顶层架构，在此基础上率先打造自身核心竞争力，以核心技术的自主性突破，搭建多方参与，价值共创的基本支撑平台。完成平台的搭建后，北汽在基础平台之上开展三大价值共创工作：跨界价值共创，向汽车产业链向外延伸，与半导体、通信、人工智能等高科技公司形成智能网联模块价值共创；产业价值共创，依托新能源汽车这一汽车智能网联化的最佳载体，推动智能网联与新能源汽车双轮驱动战略；场景价值共创，与终端消费者，政府，机场、高速公路等公共事业单位，房产物业以及出行公司等对公客户共同开发智能网联汽车多场景应用，打造价值共创生态闭环。最后，再通过管理与架构支持的打造，为价值共创提供基础保障，由此形成基于价值共创的智能网联汽车战略完整体系。（见图1）

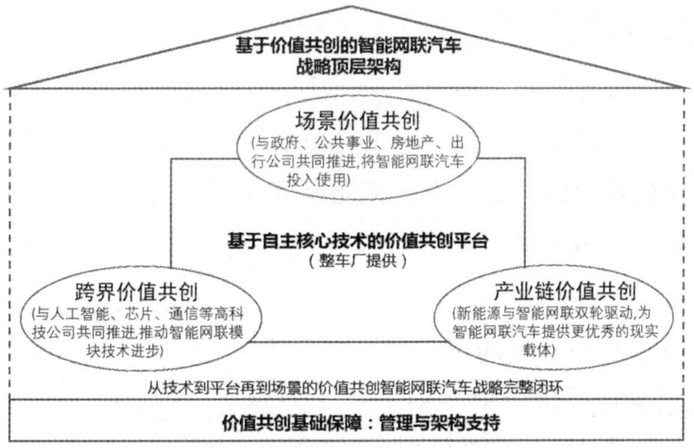

图 1　基于价值共创的智能网联汽车战略体系示意图

(一) 构建价值共创顶层架构

智能网联汽车的推进是一项系统工程。北汽集团自 2015 年提出汽车“新四化”概念以来，长期在智能网联领域积累经验。2015 年当年，以北汽新能源纯电动汽车为载体，北汽推出 i-Link 超级智能网联技术；2016 年，整合电动车与智能网联的一体化优势，北汽新能源发布“蜂鸟计划”，打造电动化、智能化、轻量化三位一体的智能电动发展战略。2017 年，北汽集团联合百度推出 NOVA-PLS 智能化发展战略，剑指智能汽车、车联网、L3 级智能驾驶、高精度地图以及云平台和大数据技术等多个领域，打造智能驾驶 Nova-Pilot、智能网联 Nova-Link、智能座舱 Nova-Space 三大核心技术。2018 年，整合多年积累的技术与经验为基础，北汽集团发布智能网联汽车顶层构架“海豚+”战略（DOLPH-in+）。该架构以保护（Defend）、优化（Optimize）、解放（Liberate）、个性（Personalize）、和谐（Harmonize）为关键词，推进“人—车—路—网—家”的多维度协调，打造“生活—工作—休闲”的全生态联动。重点聚焦智能技术、智能产品、智能生态、智能交通四大战略方向。在智能技术方面，围绕自动驾驶计算平台、高精地图、线控平台、电子电器架构、功能安全等关键技术，智能网联围绕安全网关、5G-V2X、云控平台、生物鉴权、AR-HUD 等关键技术，全力打造技术核心竞争力。在智能产品方面，全面推进 L2 及 L2.5 级智能驾驶规模化量产应用；加快建立电动智能网联汽车全新平台；开展 L4 级相关产品的开发、测试和示范。在智能生态方面，海内外跨界合作伙伴紧密合作，加强高性能传感器、域控制器、计算平台、自动驾驶系统、高精度地图等产业链布局，构建开放、共赢的智能新生态。在智能交通方面，结合 2022 年北京冬奥会、京雄高速、雄安新区和北京智慧城市等重点场景需求，开展自动驾驶系列技术推进。争取到 2022 年，北汽集团将实现所有产品具备“国内领先、世界一流”的智能驾驶和智能互联功能。集团整体成长为具有国际水平的智能网联科技创新中心与智能网联汽车企业（见图 2）。

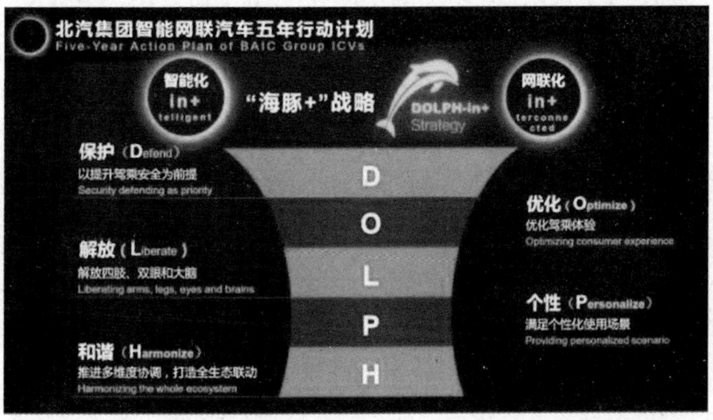

图 2　北汽集团智能网联汽车“海豚+”战略示意图

（二）核心技术突破：构架价值共创基础平台

价值共创整体构架的建立，必须以强大的自身实力为基础，才能打造多主体有意愿参与，能创造价值的基础平台，形成价值共创战略的关键支撑。为了充分打造核心竞争力，北汽集团围绕整车产品的整体构建，攻坚平台级技术。在整体架构方面，由于智能网联是对汽车整体的全面改造，必须重新对电子电器架构进行整体布局，才能保证各项技术按照科学的逻辑有序推进。北汽集团以智能网联 PMO 为统筹，各相关单位密切协调，对新型电子电器架构这一核心共性技术进行了联合策划、联合论证、联合评标。以此为基础，北汽股份构建了兼容汽油车、纯电动、混动等车型，包含高速车载 Ethernet/CANFD、L3 级智能驾驶系统所必需的域架构、中央安全网关、功能安全、信息安全等关键共性技术，以及基于 AUTOSAR 标准的基础软件平台。北汽蓝谷与华为联合研发的智能网关采用 A/B 分区，可实现无感刷写。以全新构架为基础，在商用车层面，北汽集团研究总院联合商用车公司福田汽车，以厢式货车（Van）图雅诺和重卡欧曼为核心平台，研发实现电动图雅诺队列智能驾驶功能 50 余项，开展 200 余项测试验证，实车测试里程达到 10 万公里，掌握电动商用车队列智能驾驶核心技术，部分技术指标接近或者达到世界先进水平。实现欧曼重卡队列智能驾驶功能 15 项，开展 100 余项测试验证，实车测试里程达到 1 万公里，达到国内先进水平。在乘用车层面，北汽集团研究总院联合北汽股份，基于燃油车智道平台，自主研发了 L3 级 HWP 高速公路智能驾驶系统、L4 级 AVP 代客泊车系统，完成 36 项功能开发，进行了 348 项测试，累计测试里程 21000 公里。北汽新能源基于纯电动 EU5 平台自主研发的城区 L4 级智能驾驶“鲸智”。在智能互联技术层面，北汽股份研发的新一代智能座舱系统，包括使用单一 SOC 通过 Hypervisor 虚拟化技术实现功能集成的智能座舱域控制器、智能车机软件系统通用接口。北汽蓝谷在 BE21 平台的 N60AB、N61AB 车型项目上开发了手机钥匙、车门、车窗、后尾门、电池加热，远程寻车等 6 大类远程控制交互功能，实现了全车 35 个控制器的远程刷写、43 个控制器的远程诊断。

（三）跨界价值共创：构建智能网联生态联盟平台

智能网联汽车是以汽车为平台，各模块均智能网联化的过程，其根本性的发展必须由各跨界单元广泛参与到整车企业构建的价值共创平台上去，共同发挥力量才能实现智能网联汽车真正的价值创造。因此在打造领先的整车级平台的基础上，北汽集团与产业链内，以及跨产业链团队，围绕“车”“路”“云”“网”“图”广泛协作，构建智能网联生态联盟。在高性能传感器领域，北汽集团与全球激光雷达一流供应商 Velodyne 战略签约；在中央计算平台领域，集团已与华为、紫光集团等战略签约，联合推进车规级芯片、自主操作系统（OS）的开发和测试；在高性能执行器领域，集团已与德国博世、采埃孚等战略签约，实现了 EPS、ESP、电子换挡等系统的产品化应用；在 V2X 领域，集团已与华为、中兴、大唐、新岸线、首发集团等战略签约，推进车载终端、路侧终端、5G 模组等技术研发和车规级测试应用；在智能互联及 HMI（人机界面）领域，集团已与百度、科大讯飞、京东方等战略签约，联合推进智能语音、车联网智能车机、OLED、AR-HUD 等的产品化应用；在高精度地图和定位领域，已经与百度、高德、千寻、华大北斗等进行紧密合作，联合开展技术研发与测试。除产业层面的合作外，北汽集团也通过投资的方式与行业内初创公司形成深入合作。北汽产投参股国内激光雷达领先者速腾聚创、禾赛科技，投资智能驾驶系统供应商智行者等，为未来更灵活的推动智能网联汽车发展注入了活力。

（四）产业价值共创：新能源与智能网联双轮驱动战略

作为智能网联汽车技术应用的最佳平台，必须充分发挥新能源汽车的全电路优势，加快推动智能网联汽车发展，同时促进新能源汽车获取竞争优势。借助十年新能源汽车发展经验，北汽集团开启新能源与智能网联“双轮驱动”战略，将智能网联汽车发展的关键环节内嵌入新能源汽车发展之中。在战略方面，北汽新能源汽车发展的核心战略“引领2025”战略，明确规定新能源汽车的智能网联发展目标。计划到2020年推动部分自动驾驶，到2025年实现L3-L4级别高度自动驾驶产业化应用（见图3）。

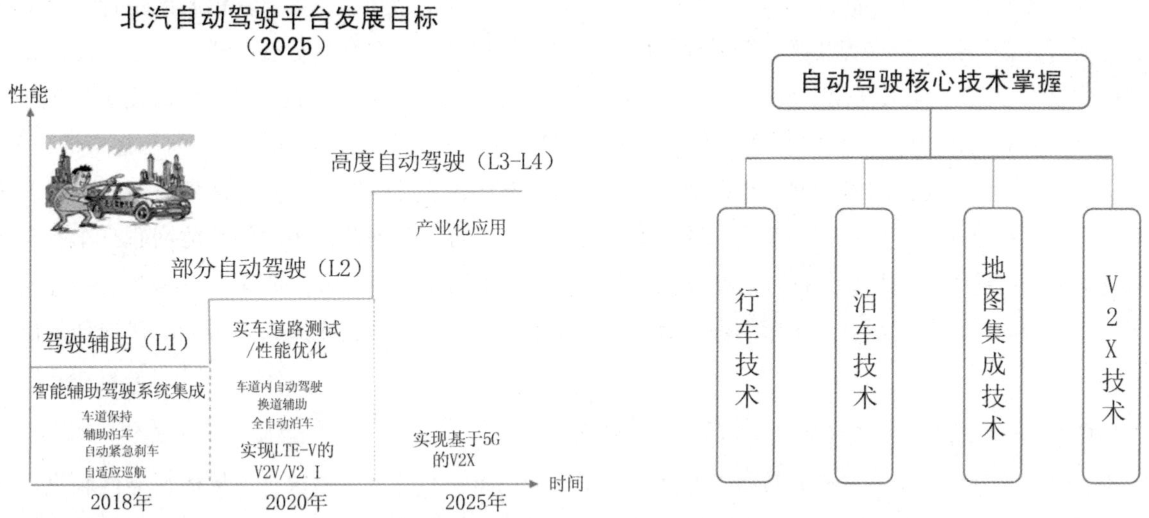

图3　新能源引领2025战略对自动驾驶的核心要求

在具体技术推进层面，以核心软件自主掌握，硬件产品战略合作的主基调。推挤自主掌握，道路、人/车/物、信号灯等实物感知和信息处理等环境感知系统；定位导航（GPS）、路径规划（地图）、车辆数据采集与分析、碰撞/偏离/盲区/疲劳预警等规划决策系统；速度、转向、换挡、灯光、变道、制动等控制指令的执行等运动控制系统；以及语音/手势/面部识别、自动泊位、自动巡航、限速识别、应急处理、娱乐服务等辅助驾驶系统。在雷达、传感器、摄像头、显示频等硬件领域推进战略合作（见图3）。

借助新能源汽车平台迭代速度快，创新活力高的优势，北汽集团以“解放人、愉悦人、自成长”为核心目标，联合百度、博世、哈曼等国内外一流合作伙伴合作孵化“达尔文系统”，已经实现了包括ADAS智能辅助驾驶系统、L3级自动驾驶、智能座舱监测、代客泊车等在内的智能驾驶功能，为用户解放双脚、双手、双眼。实现了高达98%的自然语音唤醒识别率、多达10种手势识别功能，以及面部识别、空调、灯光、坐姿联动、噪声消除等自动功能。以北汽新能源长期积累的20万用户群体产生的200TB的高价值数据为基础，整车搭载高达546个高性能芯片，未来将能够以数据为基础，为客户提供整车空中程序升级（Over-the-Air，简称OTA）功能，实现个性化的人工智能服务。目前基于“达尔文系统”的EU5、EU7等产品已经全面上市，为智能网联的发展开拓了一条加速落地的快车道。与此同时，北汽新能源还积极推进与华为的合作，与华为联合打造“1873戴维森实验室”，共同推动智能网联汽车建设，目前基于相关技术的高端车型ARCFOX已经正式亮相，即将推向市场。

（五）场景价值共创：智能网联尖兵突进

技术与产品必须落地到现实场景，才有发展的意义。对于全新领域的智能网联汽车技术更是如此。由于足够新、足够前沿，智能网联汽车无法像传统产品那样直接在市场上卖给用户，而是必须与用户一同发现有意义的应用场景，从而实现用户与企业一同进行的价值共创。在场景的开发上，北汽集团重点推进了北京世园会、冬奥会首钢园、顺义世界智能网联大会、全球5G大会等特殊关键场景的智能网联汽车运营工作，批量化落地自身智能网联技术，积累数据经验，并与相关客户一道推进智能网联技术与产品进步。在北京世园会上，北汽集团在园区内展示图雅诺商用队列自动驾驶技术，以智能网联产品服务园区接驳，并向百名车主交付了北汽集团智能 AI2.0 时代的“明星”产品——北京汽车智道 U7。在冬奥会首钢园，北汽展示了越野车 BJ80 列队自动驾驶，电动图雅诺列队自动驾驶以及智道 EU5 代客泊车，同时向社会开放预约试乘。北汽队列自动驾驶技术已成功在北京世园会、冬奥会首钢园区进行了常态化的示范运行，并已投入轻享等共享出行平台，逐步实现场景化应用。在世界智能网联大会上，北汽新能源“鲸智队”携 EU5 无人驾驶车型亮相大会，现场演示无人驾驶技术和智能网联技术，获得工信部部长苗圩等领导的高度评价。在全球 5G 大会上，北汽图雅诺队列自动驾驶车队，在大会期间承担摆渡任务，进入实际运营阶段。除此之外，北汽还在延崇高速极其服务区等实际道路场景对智能驾驶开展大规模测试和试运行，积累了充分的数据和经验。经过上述场景多次锤炼，目前北汽集团的智能网联汽车在高速干线物流、临港物流等商用场景已接近商业化示范运营。全集团正集中发力攻坚 2022 年冬奥会智能网联汽车场景，届时北汽将以深具未来感的智能网联汽车技术给全球与会嘉宾带来人工智能时代绝佳的出行体验。

（六）价值共创基础保障：管理与架构支持

为了推动全新的智能网联战略转型，北汽集团充分推动组织与管理价格改革，形成智能网联汽车价值共创的基础保障。在集团整体层面，北汽集团成立智能网联专项工作小组，由集团副总亲自挂帅指导工作，集团研究总院作为总体协调单位，新能源汽车模块北汽新能源汽车研究院，商用车板块北汽福田智能网联研究院，乘用车板块北汽股份研究院，特色车辆模块越野车公司电子电器部、零部件模块海纳川技术中心，前瞻技术模块新能源汽车国家创新中心和研究总院新技术研究中心，以及大数据模块的蓝谷信息公司与福田智科公司等，共同组建 PMO 项目工作组。以跨企业，矩阵式管理模式为架构，以重点项目为抓手，持续推进智能网联汽车技术与价值共创平台建设（见图 4）。

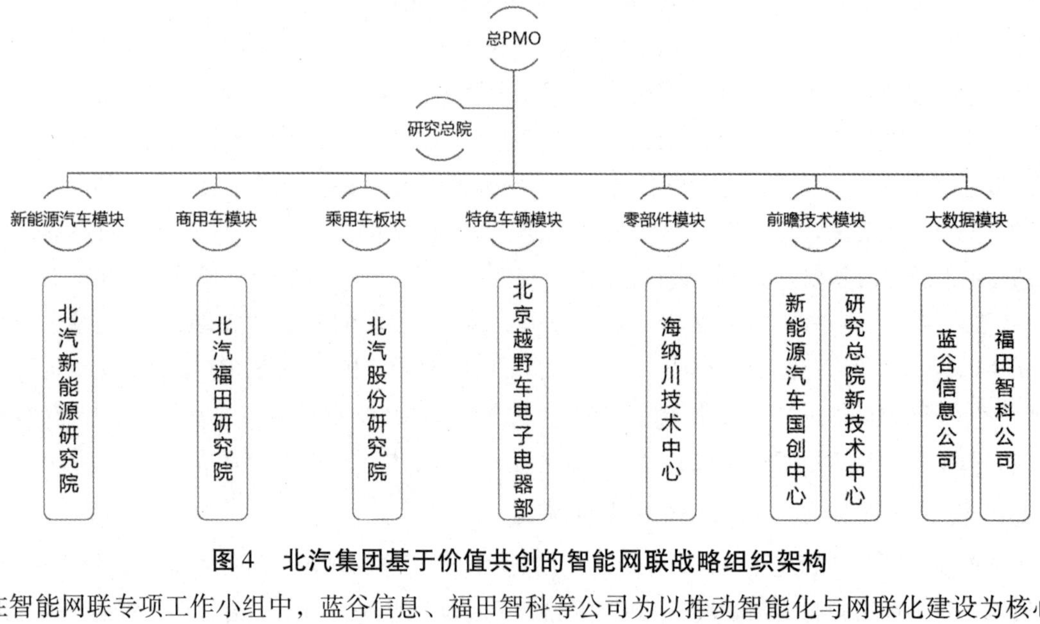

图 4　北汽集团基于价值共创的智能网联战略组织架构

在智能网联专项工作小组中，蓝谷信息、福田智科等公司为以推动智能化与网联化建设为核心倾力打造的信息技术公司，为北汽集团推动智能网联建设的尖兵团队。其中蓝谷信息技术有限公司，成立于 2018 年，是北汽集团智能网联战略的重要组成部分，以系统集成、工业互联网、车联网、云计算、大数据和信息安全六大业务为基础，协助北汽集团各整车平台，全面进入智能网联时代。过去一年间，蓝谷信息筹建完成北汽集团云计算数据中心，与西北工业大学共建“归藏”数据库实验室，与恩智浦、奇安信和京东等优秀企业合作，搭建车联生态体系，为北汽集团智能网联汽车发展提供了有力信息技术与系统支持。

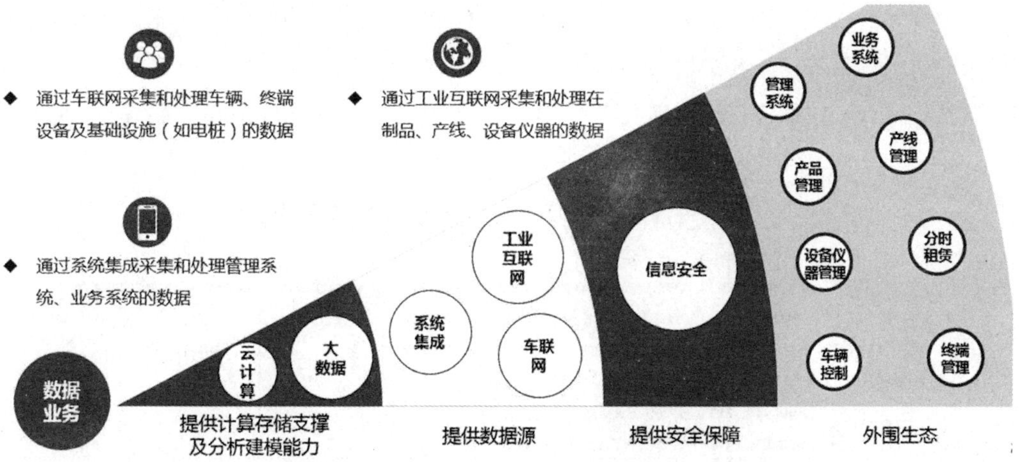

图 5　蓝谷信息支撑智能网联体系的六大业务示意图

福田智科信息技术服务公司有限公司成立于 2012 年，主要服务于商用车的智能网联化。通过实时监控车辆产品的运营状况，实现对车辆的全生命周期的服务管理，并建立起与客户互联互通的新桥梁，为客户提供增值性服务，增强客户的黏性；同时利用福田智科车联网大数据的分析，进一步提升整车企业、经销商、服务商及供应商的产品质量和服务水平。目前福田智科车联网产品已经搭载福田时代 M3、瑞沃 ES5、欧辉纯电动客车、欧曼重卡等全系产品，同时贯穿公司的金融服务、商品车物流等多个系统。2018 年，福田智科又与福田戴姆勒汽车、福田康明斯、福田智科、中集通华、海沃机械共同发布了“轿运车一体化解决方案”，逐步形成有强大支撑力的智能网联支撑平台。

通过柔性化矩阵式组织的构建和大数据信息技术公司的建立，北汽集团从组织结构层面为基于价值共创的智能网联战略奠定了有力基础。

三、成果实施效果

（一）技术快速突破，产品市场领先

北汽集团基于价值共创的智能网联战略实施一年来，相关技术取得快速突破。以高新技术支持的产品在市场上出现了全面领先的态势。北汽新能源基于 12 款新车型实现了 40 多项智能驾驶功能和 40 多项智能互联功能的产品化应用。畅销车型 EU5 实现了达尔文系统人工智能语音识别的技术突破，全国第一款量产“Duer OS”语音识别智能车机系统，实现了语音全局免唤醒功能；Beijing 品牌 EU7 全新开发方向盘回正提醒功能、手机无线快充功能，基于 BJEV 12. 3 寸全尺寸全液晶仪表和 12. 3 寸悬浮式中控系统，全新开发 2. 5D 人机交互 HMI，整合百度导航和百度丰富的生态资源，开启了北汽新能源达尔文进化的序曲；BE21 平台率先在国内同级别车型中量产搭载高速公路自动驾驶系统、全自动泊车、遥控泊车系统、人脸识别和手势识别等功能，集成强大的 Intel Apollo Lake 硬件平台，全新虚拟化软件架构，实现一机四屏交互架构设计，构建了语音、手势、触控等多模态全新交互体系。北汽股份基于 8 款新车型实现了 20 多项智能驾驶功能和 30 项智能互联功能的产品化应用，智能驾驶包括 ACC、AEB、IACC 等，通过 10 万公里 ADAS 高低里程试验，优化了客户体验；智能互联包括高清全景影像系统、在线语音、远

程控制、AR导航、面部识别、流媒体后视镜、无线充电、永不抛锚2.0系统、智能家居，以及与微软联合开发的情感化智能交互机器人等。北汽昌河基于3款车型开发智能驾驶和智能互联系统，实现车辆远程控制、远程诊断、车辆位置轨迹查询、手机蓝牙虚拟钥匙、高识别度车内语音控制、触屏控制、车机仪表多屏互动等功能。

在技术的有力支持下，北汽多款车型受到市场追捧，“达尔文系统”核心车型EU5，2019年以绝对优势，稳居新能源汽车销量榜首。其延续车型EU7于2019年推出，同样深得市场好评，成为北汽面向未来的爆款车型。

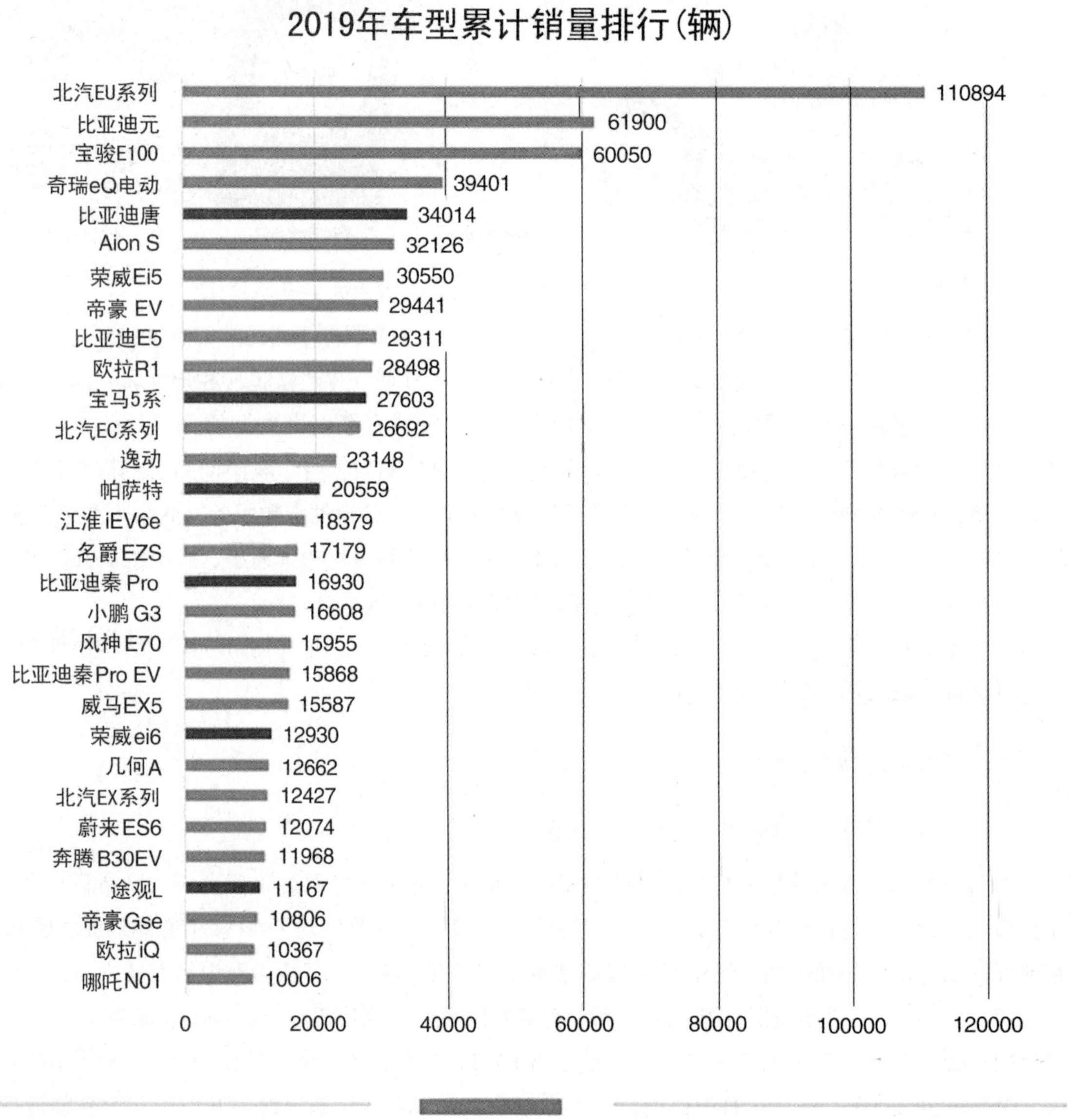

图6　北汽EU系列高居2019新能源汽车销量榜首

（二）支持企业快速发展，创造显著经济效益

受产品力提升的有利支持，北汽集团在企业发展上也取得了显著的成绩。基于价值共创的智能网联战略实施之后北汽新能源产品爆款频出，2019年，新能源汽车产品销售15.1万辆，卫冕七连冠。北汽

集团全年销售226万辆，在行业整体下滑的背景下，跑赢行业平均水平2.1个百分点，市场份额实现持续增长。全年实现营业收入首次突破5000亿元，同比增长4.3%，成为北京市首个营收突破5000亿元的国有企业；实现利润总额302.5亿元，同比增长0.5%，营业收入和利润均增速均优于行业平均水平。项目的实施显著增加了北汽集团的技术实力和产品竞争力，为集团不断提高竞争力打下了良好的基础。

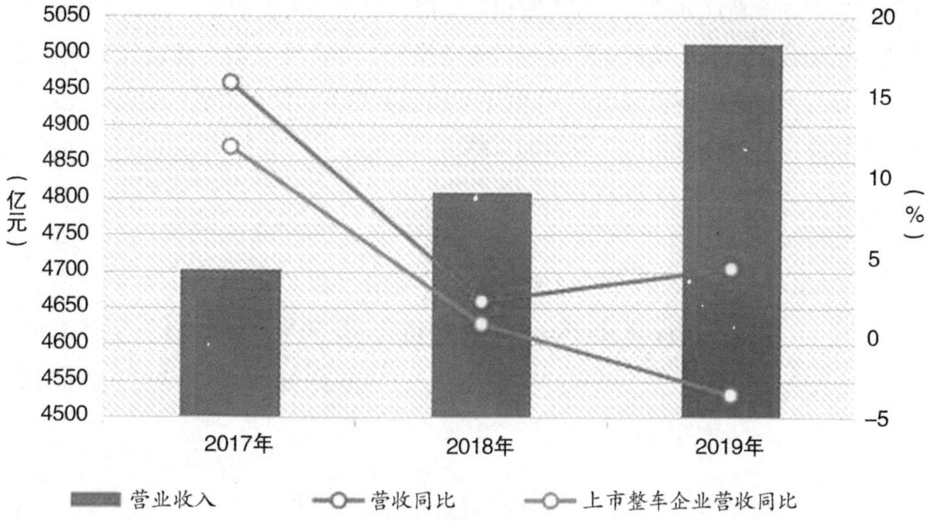

图7　北汽集团营收、增速及与行业对比（2017年—2019年）

（三）提升企业管理水平

通过全面新能源化战略实施，北汽集团智能网联化水平不断提高，发展效率显著提升。战略实施之前北汽集团缺乏系统性的智能网联构架，智能网联的推进分散在各车型、各项目团队之间进行，既缺乏协同效应，也缺乏统一的构建和技术能力形成有效的突破，更无力与跨界企业及场景需求方合作，真正实现智能网联汽车的有力发展。经过基于价值共创的智能网联战略的实施，北汽集团各领域研究力量协同不足，集团缺乏完整的智能网联技术构建，与外部力量合作缺乏主体与平台的现象得到了有效的解决，同时经过智能网联矩阵式PMO小组的推进，有力推动了集团组织能力的提升。过去几年，借助整个集团的智能网联升级，北汽集团全员劳动生产率不断提升，企业成长潜力逐步加大并获得了一批管理类奖项。北汽新能源获得2017年北京市“最具影响力创新企业奖”、2018中国汽车“智能网联创新力量50强”称号，北汽集团获得北京市第29、32届企业管理现代化创新成果一等奖、2018、2019中国企业改革发展优秀成果一等奖、国家第23、24届企业管理现代化创新成果一等奖以及中国企业管理最高奖“袁宝华管理金奖”等。

（四）获得广泛认可，推动社会发展

北汽集团创造经济效益的同时，也创造了巨大的社会效益。在科学技术方面，基于价值共创的智能网联战略落地的过程中北汽集团积累了大量的技术成果，2019年8月“智道”HWP高速公路智能驾驶系统参加了重庆I-Vista自动驾驶汽车挑战赛，在商业化进程挑战赛中获得两个第二名的好成绩。北汽蓝谷基于EU5自主研发的城区L4级智能驾驶“鲸智”参加了天津智能驾驶挑战赛，获得“两冠三亚一季”、“总成绩第二”的好成绩。与百度合作的智能网联产品，在美国Navigant Research智能驾驶排名中获得行业挑战者称号。与此同时，北汽集团的多项项目在2019年度“中国汽车工业科学技术奖”评奖中摘得奖项，荣获一等奖1项、二等奖1项、三等奖2项，成绩在国内车企中名列前茅。在商业模式方面，北汽集团推动的价值共创模式，有效整合了集团内部资源和跨行业资源，通过车与通信、半导体、人工智能等多个领域的碰撞，产生了一批引领行业的通用技术与成果，为后来者“栽树”，给国内整个行业快速发展，实现全球引领，贡献了自己的力量。在节能环保方面，北汽福田旗下的福田智科智能网联系统，最初诞生的目的就是为了有效监控商用车的安全问题和排放问题，提升产品安全性和节能减排效果。通过车联网体系的全产品线覆盖，北汽福田的节能减排效果大幅增强。而以“双轮驱动”为发展战略的北汽新能源借助智能网联的赋能，产品得以有效推广，并以纯电动产品的优势降低能耗，不断推动节能减排。当前通过分散在全国范围内的47万多辆纯电动汽车，仅在二氧化碳减排上就能达到162余万吨，为全国节能减排，环境保护作出了显著的贡献。

成果创造人：徐和谊、张夕勇、杨　钧、张　健、刘　乐、
张先喆、张　旭、安永德、贾苗苗

关于推进天津市管企业发展大数据产业思路举措的研究报告

天津市人民政府国有资产监督管理委员会

随着信息技术与经济社会的交汇融合，由社会管理、生产生活生成和积累的数据呈几何级数增长，这些数据之间存在一定的逻辑性、系统性、关联性，对经济运行机制、生产生活方式和国家治理能力等方面产生重要影响，有着非常可观的开发价值，全国各地都把大数据作为抢占时代发展先机的重要战略资源，不断加大大数据资源的研发、投入和布局力度。截至目前，全国已有一半以上的省级政府和省会城市组建了专业的大数据管理机构，各地纷纷组建了国有全资或控股的大数据产业集团，布局大数据产业已经成为各地方积蓄未来发展潜能的“主战场”和催生新经济新业态新模式的“先手棋”。

一、天津市管企业发展大数据产业的必要性

对于天津国资国企来说，在后混改时代探索布局和发展大数据产业，使之成为推动天津科技跨越发展、产业优化升级、生产力整体跃升的驱动力量，是顺应时代发展大势、优化调整国有资本布局、推进国企高质量发展的战略之举和必由之路。

（一）中央、我市有部署

党的十八大以来，党中央、国务院高度重视大数据的发展和应用，提出全面实施国家大数据战略，把推进大数据发展作为助力中国经济向高质量发展转型的重要手段，大力推动构建以数据为关键要素的数字经济。党的十九大报告提出，推动互联网、大数据、人工智能和实体经济深度融合，培育新增长点、形成新动能。党的十九届四中全会提出，建立健全运用互联网、大数据、人工智能等技术手段进行行政管理的制度规则。国务院出台了《促进大数据发展行动纲要》，作为实施国家大数据战略的纲领性文件。工信部配套印发了《大数据产业发展规划（2016-2020年）》，绘就了今后一个时期我国大数据应用和产业发展的蓝图。天津市委、市政府也对大数据产业发展和应用作出安排部署，市主要领导提出要全面提升大数据在政府管理、社会治理、公共服务等经济社会各领域的应用水平。市人大通过了《天津市促进大数据发展应用条例》，市委、市政府出台了《天津市大数据发展规划（2019-2022年）》和《天津市公共数据资源开放管理暂行办法》，为发挥大数据在提高社会治理能力、促进社会经济发展、服务改善和保障民生的积极作用，加快推进数字经济发展和建设智慧城市指明了方向。

（二）产业发展有基础

天津市管企业发展大数据产业具备便利的客观条件和资源禀赋，主要体现在三个方面：

1. 数据资源有积淀。市管企业涵盖工业、商贸物流、房产建筑、基础设施、公用事业等诸多国民经济和民计民生领域，在生产、流通、分配、消费等社会经济活动以及供水、供热、供气、公共交通、城市基础设施建设和投融资等领域积累了大量的产业数据、民生数据和金融数据，是市管企业独占的优势资源。管理开发好这些数据资源，对于提升国有企业保障民计民生能力、改变国有企业生产方式、激发新业态新模式、推动天津市信息化产业链的发展，有着积极的作用。

2. 项目建设有基础。天津市多数产业集团下均设有配套的科技型企业，在发展过程中承担过一定的信息化建设项目，保持了一定的研发投入和产品输出，在公共交通、农村产权交易、体育医疗健康和文化旅游等方面形成了一批具有发展前景的大数据应用，在信息基础设施和大数据项目建设等方面具备一定的发展基础。

3. 人才技术有支撑。天津市拥有南开、天大等多所全国知名高校，在计算机、数据结构等大数据相关学科人才培养方面实力比较雄厚。还与清华、北大、中科院等知名院所建有合作基地，在项目实践中培养了大批优秀的大数据人才。国家超算中心、曙光服务器、飞腾 CPU、麒麟操作系统、南大通用数据库等一批自主知识产权的信息化核心产品生产商集聚天津，其中一些企业已与天津市管企业建立了良好的合作基础，可为发展大数据产业提供宝贵的技术和人才资源。

（三）提升治理有需要

市管企业发展大数据产业有着非常积极的现实意义。

1. 这是提升城市治理能力和公共服务水平的需要。目前，着眼于推进政府决策科学化、社会治理精准化和公共服务便利化，市互联网和信息主管部门正在推进“互联网+政务服务”公共支撑一体化，致力于建立面向社会公众的全市信息资源统一开放平台。考虑到这些数据资源大多来源于政府机关和国有企业，具有一定私密性，是影响天津市未来发展的战略资源。国有企业作为市委市政府战略实施的重要抓手，有责任、有义务切实提升大数据归集、挖掘、关联分析和应用开发的能力，肩负起承接大数据平台建设、保障天津市大数据安全的使命，为推动城市治理和公共服务再上新台阶作出应有贡献。

2. 这是改进国资监管方式加快职能转变的需要。这轮国有资本授权经营体制改革的核心是“放”与“管”，在放权的基础上管住、管好国有企业，需要出资人代表机构转变过于依赖人工作业的传统履职方式，充分运用大数据技术等信息化手段，提升国有资本布局优化等决策水平，有效监测和预防国有企业重大风险，不断提高监管效能。而实现国资监管手段优化升级，必须要优化市管企业信息化水平，加快数据归集、存储和分析能力建设，打破国有企业“信息孤岛”，为发展大数据产业奠定基础。

3. 这是推进国有企业转型升级加快发展的需要。天津市管企业把大数据作为发展数字信息化产业的重要抓手，一方面可通过实施“工业互联网”、加快“两化融合”等方式，带动制造业等传统产业数字化升级，推动业务赋能、产品智能、生态智慧、数据增值，促进国有资产保值增值；另一方面可通过各类信息化基础设施建设以及大数据分析、人工智能等产业化应用，带动信息产业的快速崛起，为天津市经济发展打造新的增长点。

二、当前市管企业大数据产业发展存在的问题

对比各地做法，结合天津市实际情况，主要有四个方面问题制约了市管企业大数据产业的发展：

（一）产业资源分散

信息产业布局缺乏统筹规划，天津市现存的国有信息技术企业分散在不同的产业集团，又共同在市

场中寻找项目资源，布局领域和目标市场趋同，呈现一定的竞争关系，不利于市管企业大数据产业的协同发展。

（二）数据资源分散

鉴于以往的组织体制和经营主体等原因，海量的社会民生和企业经营等数据散落在不同的主体之中，缺乏统一的数据标准，数据资源没有得到全面有效的整合，也难以通过跨领域的综合分析充分发掘大数据的潜在价值。

（三）市场化运作不充分

发展大数据产业还以满足集团内部发展需要为主，资源的投入有局限，市场化资本运作的手段没跟上，缺乏以产业投资的思路和企业化运作的机制整合社会各方资源的战略性视野，大数据产业发展缺乏更广阔的视野和空间。

（四）市场主体“小、散、弱”

在市管企业中，处于大数据产业链中的企业往往是产业集团的配套企业，受限于技术、资本和人才等要素，缺乏具有竞争力的大数据产品，没有具备一定规模的大数据龙头企业。

三、发展目标和思路举措

针对大数据产业发展中存在的问题，下一步市管企业发展大数据产业总的思路是，坚持市场化导向，按照需求牵引、开放共享、创新驱动、夯实基础的原则，以构建市管企业民生大数据、产业大数据、金融大数据等数据体系为核心，以大数据平台和信息基础设施建设为重点，深化大数据产业融合，全面提升大数据治理能力和应用水平，建立健全数据流通价值体系和数据安全保障体系，把市管企业建设成为技术先进、应用发达、保障有力、生态繁荣的大数据“高地”。主要目标是，用3年时间，大数据核心产业蓬勃发展，在各行业的深度应用全面展开，信息基础设施指标达到全国领先水平。用5年时间，使大数据产业发展达到国内领先水平，形成千亿级大数据产业基地，带动云计算、人工智能、物联网等关联业态的信息化产业集群，研发一批具有自主知识产权的大数据核心产品，催生一批具有核心竞争力的大数据应用项目，培育一批具有国际影响力的大数据“独角兽”企业和上市公司。

（一）以组建大数据产业集团为龙头引领带动产业发展

参考贵阳、上海、南京、海南等外省市发展大数据产业的做法，以组建大数据产业集团为抓手，运用市场化方式推动大数据融合与产业发展，构建起行业主管部门管规则、龙头企业管平台、社会各方共开发的产业发展格局。建议由以公共服务资源运营为主的平台公司出资，与具有大数据技术和运营经验的有实力企业合资合作，组建国有控股的大数据产业集团，主要负责大数据资产的管理、运营、技术服务和相关产业投资，发起建立大数据交易平台、云计算中心和安全通讯网络，通过“科技驱动+资本运作”的模式，将大数据产业集团打造成为天津市数据来源“处理器”、数据资产价值“转换器”、数据资源开发共享“服务器”和大数据产业培育“孵化器”。

（二）以推动“三个聚集”为重点夯实产业发展基础

要发挥大数据作用，数据资源储备必须达到一定体量。要发展大数据产业，必须要推动优势资源形成整体合力。

1. 推动数据资源聚集。按照物理分散、逻辑集中的原则，运用区块链、云计算等技术，充分用好国有企业信用数据，建立企业大数据综合服务平台，按照统一的数据模型和数据标准对市管企业的民生、产业、金融等数据进行归集，形成相对完整、质量较高的大数据库，通过提供不同应用场景下的开放共享服务，推动数据内在价值最大化。同时，以整合信息资源为重点，以大数据应用为核心，建立企业关联关系子系统和风险预警子系统，利用业内先进的模型、算法及技术，构建企业关联关系谱系，全面评估企业风险，为不断提升企业风险管控能力奠定基础。

2. 推动技术力量聚集。一方面，充分发挥市管平台公司“投行+基金”的业务优势，率先整合相关市管企业所属的信息技术公司，统筹好数据资源、技术能力和人才队伍，强化民生领域大数据的应用和共享，促进相关企业管理、经营、服务的智能化提升。另一方面，加大新基建投入力度，提高信息基础设施、系统运维、数据服务的集约化程度，构建高速、移动、安全、泛在的新一代信息基础设施，通过设立国资大数据 IDC 和云信息中心，为国资系统各项数据、应用的存储与运行提供基础环境支撑和容灾备份能力，在系统环境、数据管理、系统运行维护、数据挖掘利用等环节，减少市管企业低水平重复投资建设，实现规模经济和集约效应。

3. 推动价值交换聚集。探索与大数据研究机构和信息服务企业合作建立国有控股的大数据交易所，按照合规透明、数控分离、实时互联的原则，在促进产业数据流通互联、政府数据与产业数据融合应用的同时，推动京津冀地区乃至全国数据交易机构的互联互通和深度合作，形成健全规范的数据流通、交换机制，促进数据应用和加工产品流通，充分释放数据资源红利，助推大数据产业发展。

（三）以挖掘“三个领域”应用价值为导向丰富产业业态和应用场景

应用场景是大数据产业价值的重要载体，对于天津市管企业而言，应重点推动大数据产业价值链在三个领域的拓展延伸。

1. 着力推动智慧民生保障。依托公共服务领域的市管企业，以政府数据和公共数据为基础，以数据汇集和共享为支撑，以提高民生服务能力为目标，建立涵盖教育、医疗、社会保障、养老服务等方面的公共服务基础数据库，加快大数据技术在公共服务领域的应用，为提高政府服务效能和创新社会治理提供强大的技术支撑。建立城市设施与公共服务领域基础数据服务平台和数字场景实验室，推动市管企业跨领域、跨行业、跨企业数据融合与创新应用，提升国资国企城市运营与公共服务水平。大力推进社会和民生领域的数字化、智慧化应用，打造惠民信息综合服务平台，逐步建立智慧社区、智慧就医、智能停车、驾驶员服务、远程教育等服务，推动公共服务线上业务办理一网通办，形成“数据驱动”的数字化民生服务体系，为全面改善经济社会发展环境和人民生活居住环境提供服务基础。

2. 着力推动智慧城市建设。运用云计算、物联网、大数据等技术，实现信息全面感知、大数据分析、智能决策、可视化智慧调度等功能，通过提供信息服务提升天津市城市治理能力和治理水平。构建“以数据信息为基础，以指挥调度为核心，以决策指挥为目标”的城市综合监管系统，集成地理信息、GPS 数据、建筑物三维数据、统计数据、摄像头采集画面等多类数据，融合打通市政、警务、消防、交通、通讯、水气热供应、商品流通等各部门各类型的数据，对城市运行的各类信息实现综合监管，为城市管理者进行科学有效的决策辅助支撑。全面打造“城市安全大脑”，建立融合创新的数字经济、精细精准的城市治理、全程全时的民生服务、纵深防御的安全体系和大数据分析、运营调度、运维管理为一体的智慧城市综合服务平台，发挥中枢管控作用，将集中化业务监管、可视化数据呈现的管理模式扩展至各项业务，全面提升城市综合竞争力和可持续发展能力，加快绿色、高效、便捷和全面感知的现代“智慧城市”建设。

3. 着力推动发展智慧党建。落实新时代党的建设总要求，应用新一代信息技术推动全面从严治党向纵深发展、向基层延伸，从党建工作体系、工作原理、工作方法、工作项目化管理四个方面发力，建设以业务效能和组织能聚力提高为导向，建设起集业务管理、信息统计、考核评价、宣传教育、党务公开于一体的规范化、流程化、可视化、数字化、网络化的综合党建业务管理平台，实现制度流程化、管理智能化、监控全域化、结果可视化，用数字化按键提升科学化党建。

（四）以建设大数据生态为抓手推动大数据产业发展提质量上水平

实现大数据产业蓬勃发展，需要加强市场主体培育，推进数据资源开放共享，构建起市场主体活跃、交易安全可靠、技术资本融合的大数据生态圈。

1. 加大“育”的力度。围绕培育产业新量，由津投资本与社会资本合作，设立专项产业基金，建设大数据加速综合体，通过提供财税、法务、金融和高端智库等优质服务，组织开展算法大赛、应用创新大赛等活动，吸引数据采集、网络服务、软硬件制造、应用研发等产业链上下游企业和人工智能、云计算、物联网等关联企业聚集，加快国有大数据企业与社会资本融合，打造大数据产业生态链。围绕培育人才智量，在注重以市场化方式加强人才引进、加强专业化团队建设的同时，积极与清华、南开、天大等高校和各类科研院所开展深度合作，由天津国资研究院牵头探索组建大数据研究所，建立大数据高端智库、推进大数据人才培养，为大数据产业发展提供可持续的智力保障。

2. 推进“融”的深度。推进大数据与制造业转型深度融合，加强工业大数据基础设施建设，推动大数据在工业设计、生产制造、售后服务等产品全生命周期和全产业链的应用，加快发展工业互联网和智能制造，建成一批智能工厂和智能车间。推进大数据与现代服务业深度融合，推动大数据在交通物流、文化旅游、人力资源、健康养老、绿色环保等领域的应用，开展“多式联运”大数据运用，推进数字创意产品发展，积极培育数字经济新业态、新模式。推进大数据与信用体系建设深度融合，围绕天津市商业和社会诚信体系建设，加强生产流通领域和金融领域各类大数据的归集和应用，为政府部门、金融机构和各类市场主体提供征信服务。

3. 抓好“管”的重点。加快推进数据标准体系建设，规范数据标准，制定和实施数据采集、指标口径、数据规格、数据质量、数据传输等关键共性标准，并持续维护更新，确保数据标准与业务需要相适应。建立科学高效的数据交易规则和产权保护机制，在数据提供者、数据开发者、成果使用者之间构建合理的利益分配关系，保障各参与主体的合法权益。强化数据安全管理，与国内领先的信息安全技术公司合作，建立大数据安全中心和信息安全服务基地，对重要数据实施容灾备份，为各类用户提供专业化的信息安全服务。

成果创造人：洪全印、刘　超、张宾栋、罗　薇

航天科工以国企改革“双百行动”为突破口深化国企改革的实践研究

中国航天科工集团有限公司

中国航天科工集团有限公司（以下简称航天科工）是战略性、高科技、国家级创新型企业，是我国航天事业和导弹工业发展的主力军，于1999年7月正式组建，现由总部，6个研究院，16个公司制、股份制企业构成，全级次共有500余户企事业单位，职工总数约15万人。航天科工始终坚持以“科技强军、航天报国”为己任，牢固树立“国家利益高于一切”的核心价值观，坚持“服务国家战略、服务国防建设、服务国计民生”的战略定位，大力发展防务装备、航天产业、信息技术、装备制造、现代服务业五大产业板块，承担了多个型号任务以及国家重大工程和重大专项任务，构建了较为完整的科研生产体系，积极以航天技术优势服务于国民经济建设，为支撑我国国防军队建设、推动科学技术进步、服务经济社会发展做出了突出贡献。

党的十八大以来，以习近平总书记为核心的党中央将全面深化改革作为国家“四个全面”战略布局之一来推进，对深化国企改革工作做了顶层部署，国务院国有企业改革领导小组就贯彻落实推动国有企业改革进行了全面部署，如何在新时期做好深化国企改革工作是摆在航天科工面前的一个新课题。在国资委的直接指导下，航天科工立足自身改革实际，扎实做好改革顶层设计，积极借力国企改革“双百行动”，开展了一系列的改革创新与实践，推动各项改革举措落地实施，取得了积极成效。

一、航天科工深化国企改革面临的新形势、新变化和新要求

自成立以来，航天科工改革发展各个方面取得了重要进展，经济运行质量和效益不断提高，完成了一系列国家重大任务，为提升我国国防实力、综合实力和国际影响力提供了重要支撑。新时期国家对国有企业赋予了新的战略定位与历史使命，航天科工深化国企改革面临着新的机遇和挑战。

（一）“航天强国”国家战略赋予新的政治担当

探索浩瀚宇宙，发展航天事业，建设航天强国，是我们不懈追求的航天梦。经过几代航天人的接续奋斗，我国航天事业创造了以“两弹一星”、载人航天等为代表的辉煌成就，走出了一条自力更生、自主创新的发展道路。党的十九大报告指出，中国特色社会主义进入新时代，意味着近代以来久经磨难的中华民族迎来了从站起来、富起来到强起来的伟大飞跃。在实现这三次飞跃的伟大征程中，我国航天事业将承担更加重要的使命责任，这对作为我国航天事业排头兵的航天科工而言，既是机遇也是挑战，需要以解放和发展社会生产力为标准，坚持稳中求进工作总基调，坚持新发展理念，坚持高质量发展，坚持以供给侧结构性改革为主线，不断深化国有企业改革，提升服务国家战略实施的支撑能力。

（二）“世界一流”发展目标赋予新的使命担当

国有企业是中国特色社会主义的重要物质基础和政治基础，是党执政兴国的重要支柱和依靠力量。党的十九大报告指出，要努力培育具有全球竞争力的世界一流企业。航天科工作为关系国家安全、国民经济命脉的重要行业和关键领域、主要承担重大专项任务的中央企业，始终坚持“融入国家规划、融入军方规划、融入地方规划”，制定了以“国际一流航天防务公司”为发展目标的一系列重大战略举措，这些战略措施的落实需要有相适应的管理体制和运行机制作为基础，才能够真正做到“一张蓝图绘到底”，不断提高国有资本效率，激发微观主体活力，实现做强做优做大目标。

（三）“高质量发展”内在需求赋予新的责任担当

航天科工前身为1956年10月成立的国防部第五研究院，先后经历了第七机械工业部、航天工业部、航空航天工业部、航天工业总公司、中国航天机电集团公司、中国航天科工集团公司的历史沿革，2017年11月完成公司制改制并更名为中国航天科工集团有限公司。在航天科工的所属单位中，事业单位、国有全资、股权多元化、上市公司等多种类型并存，分布在我国30个省市自治区及境外地区，受所处行业、地域整体形势影响，每个单位都带有明显的行业特色，存在的问题和发展需求也各有差异，发展不平衡、不充分的问题日益凸显。同时，为深入推进供给侧结构性改革，航天科工围绕商业航天、工业互联网与智能制造、新材料等战略新兴领域进行了布局和拓展，传统的管理体制机制难以在激烈的市场竞争中赢得主动，亟需打造改革尖兵并形成示范效应，通过改革创新激发企业内生动力，推动企业转型升级，实现航天科工整体高质量发展目标。

图1　航天科工是我国航天事业和导弹工业发展的主力军

二、航天科工深化国企改革的主要做法

航天科工深刻体会要推动落实好国企改革这个“全局”，有赖于国企改革“双百行动”在内的各个“局部”的顺利推进。因此，航天科工紧紧抓住国企改革“双百行动”的历史性机遇，围绕“五突破一加强”① 开展综合改革示范，为全面推进改革工作打开了局面并提供了有力支撑。

①“五突破一加强”是指：在股权多元化和混合所有制改革方面率先突破；在健全法人治理结构方面率先突破；在完善市场化经营机制方面率先突破；在健全激励约束机制方面率先突破；在解决历史遗留问题方面率先突破；全面加强党的领导、党的建设。

（一）系统谋划深化国企改革的顶层架构

航天科工深入学习贯彻习近平新时代中国特色社会主义思想，全面落实党中央、国务院有关部署要求，推动国企改革“1+N”政策文件落地，成立了全面深化改革工作领导小组，负责落实国家有关深化改革的重大方针、政策，研究集团公司重大改革方向；设立了改革工作办公室，负责深化国企改革的归口管理。

在全面深化改革工作领导小组的指导下，航天科工制定了《集团公司深化国有企业改革总体方案》（以下简称《总体方案》），明确以创新构建与“国际一流航天防务公司”相适应的管理体制和运行机制为中心任务，坚持做强做优做大国有企业改革方向，坚持市场经济规律和企业发展规律并重，坚持破旧立新与优化完善相结合，按照“战略引领、问题导向、规范有序、全面协调”的工作原则，推进分层分类推动企事业单位改革、发展混合所有制经济、深化人事制度改革、提高监、管、控能力和水平、剥离企业办社会职能和解决历史遗留问题、加强党对国有企业的领导、合理构建保障机制等 7 个方面、22 项重点任务。在《总体方案》的指引下，航天科工进一步出台了重点领域改革方案以及各二级单位改革实施方案，形成了上下协调、横向协同的立体式改革工作架构。按照《总体方案》，航天科工在 2015 年—2020 年分三个阶段推进实施国企改革工作。一是政策制定阶段（2015 年—2017 年）。深入学习领会国有企业改革政策文件精神，深刻剖析改革发展中存在的瓶颈与问题，结合集团公司实际，构建改革政策文件体系，明确深化国有企业改革工作路线图和时间表。二是试点示范阶段（2017 年—2018 年）。采取“试点先行、逐步推广”的原则积极稳妥推进深化国有企业改革，努力争取参与国家改革试点，着力在重点领域和关键环节先行取得突破。三是全面推进阶段（2019 年—2020 年）。在充分总结试点示范经验的基础上，全面推进深化国有企业改革各项工作，不断优化完善实施途径，各领域、各单位改革任务逐步落实到位，深化国企改革取得实效（见图 2）。

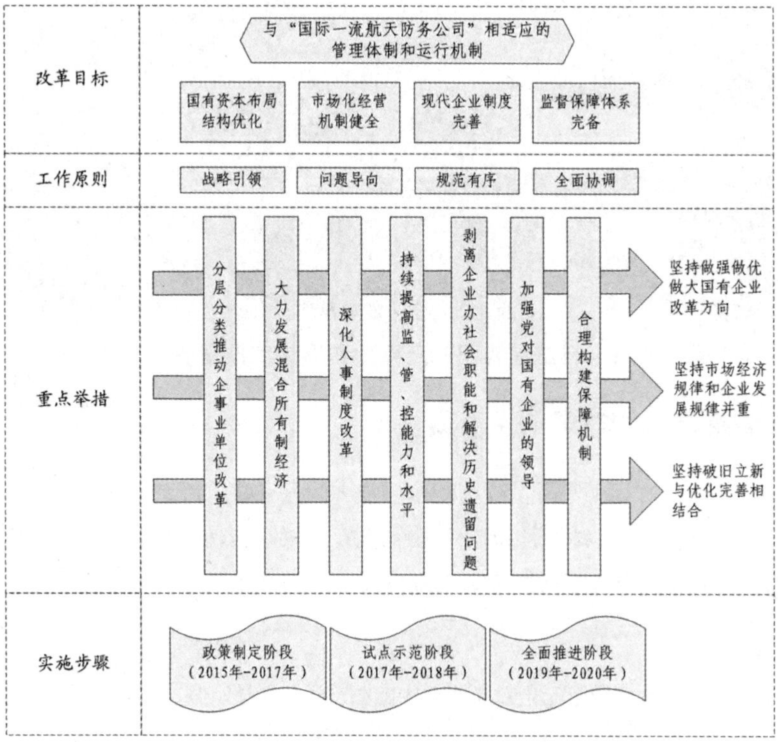

图 2　航天科工深化国企改革顶层架构

其中，政策制定阶段主要解决方针、原则、谋略、措施、对策的问题，主要工作是在充分学习理解国家政策的前提下，结合自身改革实际，明确改革的总体思路、工作目标及实施途径，主要目的是统一思想、统一步调、统一行动。试点示范阶段的主要作用是进行突破和带动，重点解决所属企业不敢改、不会改、不主动改等问题，既是对已出台政策科学性、系统性和可操作性的及时验证，形成“政策-实践-政策”的良性循环，同时也将对下一步的全面推进起到引领带动作用。全面推进阶段主要工作是充分利用试点示范成果形成改革整体预期成效。

同时，为形成接续推动的工作态势，航天科工每年结合国资委等上级部门年度工作要求和自身实际，研究制定年度改革工作要点，明确重点任务及工作台帐。以2020年为例，航天科工围绕年度改革工作主线明确了52项重点改革任务，在确保落实上级部门部署要求的同时，突出了年度工作的主线、重点和成效，将改革工作不断引向深入。

（二）着重突出国企改革“双百行动”的定位与特点

纵观整个改革过程，政策制定、试点示范、全面推进形成了工作闭环，在这其中试点示范起到了承上启下的作用，地位十分的重要特殊。在航天科工承担的各类试点示范当中，国企改革“双百行动”的要素最全、程度最深、影响最大，可以说，能不能把国企改革“双百行动”推进好、实践好，事关航天科工各项改革举措能否顺利落地以及整体成效能否顺利达成。因此，航天科工将国企改革“双百行动”摆在了非常重要和突出的位置上予以推进和实施。

国资委部署启动国企改革“双百行动”以来，航天科工高度重视，认真做好企业遴选，严把入口关，特别是考虑与集团公司主业符合度、企业规模及成长性、改革基础与改革意愿等因素，充分结合集团公司整体改革发展实际和所属单位实际诉求，按照“实事求是、注重实效，不搞一窝蜂、不搞大摊派”的原则，组织所属单位积极申报并最终实现5家单位成功入围“双百企业”名单，入选数量位居军工集团首位。5家“双百企业”分为三种类型：

第一类是具有强烈改革紧迫性和必要性的单位，主要指湖南航天有限责任公司（以下简称湖南航天）。

湖南航天前身〇六八基地成立于1970年，是周恩来总理亲自批准成立的军工科研生产三线基地，是航天科工所属二级单位，于2018年8月入围第一批“双百行动”试点单位，同时也是混合所有制改革试点中第一家军工二级单位。湖南航天历史上经过停缓建、三线调迁等沿革，积累了较多的遗留问题，困难企业多、人员身份复杂，所属部分企业规模较小，部分企业处于发展前期，盈利能力未得到充分体现，推动综合改革势在必行。湖南航天希望通过推进综合改革，有效解决产业结构分散、人才结构不合理、历史包袱沉重和公司转型发展乏力等改革发展深层次问题，推动企业实现跨越式发展。

第二类是为了适应新兴业态发展要求而进行积极探索的单位，包括：航天云网科技发展有限责任公司（以下简称航天云网）、航天科工空间工程发展有限公司（以下简称空间公司）、航天科工火箭技术有限公司（以下简称火箭公司）。

航天云网是航天科工深入贯彻制造强国、网络强国等国家战略，依托完整雄厚的航天工业体系和新一代信息技术领域的技术优势，整合航天科工及社会资源能力成立的工业互联网企业，航天云网是全球首批、中国首个工业互联网平台，于2015年6月15日正式上线运行。身处市场化程度较高的领域，航天云网需要在符合市场规律的、行业领先的、充满活力的、灵活高效的体制机制下实现创新发展，才能在市场上赢得竞争。

空间公司、火箭公司是航天科工为顺应商业航天发展趋势，抢抓商业发射服务市场机遇而设立的专业化公司，空间公司致力于开展空间工程研发、制造、应用服务和业务拓展，火箭公司主要从事运载火箭设计、研发、生产、销售以及航天器研制、生产、试验和发射。为了适应商业航天产业发展，两家单位着力推动综合改革，打造与传统航天单位不同的发展模式，逐步成为全球商业航天领域的领先企业。

第三类是指有充分改革意愿的单位，主要指海鹰航空通用装备有限责任公司（以下简称海鹰航空）。海鹰航空是航天科工唯一的无人机研发企业，形成了产品研制、维修保障和运营服务全产业链的完整布局。海鹰航空及主管二级单位非常重视国企改革“双百行动”，在第一轮没有申报的情况下，积极跟进“双百行动”有关情况，提前做好了申报“双百行动”的准备，并最终成功入围。

图3　“双百企业”引领带动航天科工战略新兴产业发展

（三）统筹制定国企改革“双百企业”的综合改革举措

为切实打造了一批治理结构科学完善、经营机制灵活高效、党的领导坚强有力、创新能力和市场竞争力显著提升的国企改革尖兵，航天科工认真研究落实国资委关于国企改革“双百行动”的系列部署要求，通过统筹推进“五突破一加强”改革任务，积极进行探索实践，为引领带动集团公司整体深化改革工作提供了改革样板和可复制可推广的宝贵经验。

一是加强改革总体部署、策划和实施。航天科工将国企改革“双百行动”重点工作列入年度改革工作要点，每年从全局层面进行部署安排。集团领导多次就“双百行动”改革工作做出指示批示并开展调研指导，以国企改革“双百行动”为专题组织召开多次专题推进会；总部部门与试点单位密切沟通协调、协同办公，对照各单位综合改革实施方案及工作台帐细化形成年度工作计划并严格计划管理，确保“双百行动”工作台帐、年度分解计划与各专项改革计划、各单位年度改革计划“四账统一”，共同推动“双百企业”综合改革深入推进。同时，鼓励各单位主动改革创新，对于与国企改革“双百行动”相关但未列入工作台帐的工作内容，同步纳入国企改革“双百行动”中进行统一管理、协调推进。

二是加强改革政策研究、对接和解读。航天科工认真研究解读上级部门出台的国企改革“双百行动”支持鼓励政策和操作指引，制定印发国企改革政策摘编及案例集1.0版，确保改革实施单位充分利用相关政策；持续与国资委就推动国企改革“双百行动”过程中有关工作进行沟通对接，并做好向基层单位进行解读。特别围绕国务院国有企业改革领导小组办公室印发的《关于支持鼓励“双百企业”进一步加大改革创新力度有关事项的通知》（国资改办〔2019〕302号），航天科工认真研究并逐项分解形成31项具体落实措施，例如：授权“双百企业”董事会自主研究制定本单位中长期发展规划，决策后向集团公司备案，集团公司总部重点关注其承担国家战略保障任务的规划情况；董事会对领导班子副职年薪分配方案进行审核，合理拉开收入分配差距；鼓励“双百企业”合理增加经理层中市场化选聘职业经理人的比例，指导“双百企业”建立经理层任期管理和考核制度；在工资总额增幅不超过利润总额增幅的前提下，“双百企业”探索实施工资总额预算备案制，对行业周期性特征明显的“双百企业”，探索实施工资总额预算周期制管理，企业内部薪酬分配方案由其自主确定；推动符合条件的“双百企业”实施各种中长期激励手段，不受试点名额限制，其科技人员确因特殊情况需要持有子企业股权的，报经集团公司批准后实施，并报国资委事后备案。相关政策有效激发了“双百企业”的改革创新活力，达到了试探政策的目的。

三是加强改革成效总结、推广和示范。航天科工及时组织总结提炼“双百企业”改革工作经验，积极推动湖南航天综合改革成效通过国资委《国企改革简报》刊发，湖南航天、海鹰航空改革案例入选国资委《改革样本-国企改革“双百行动”案例集》，航天科工综合改革成效获得积极肯定；组织开展“双百企业”内部改革工作经验座谈会，交流改革具体做法与经验启示，在“双百企业”相互启发的同时，给那些想改但不敢改、想改但不会改的企业加快深化改革的信心和决心，促进形成良好改革氛围；“双百企业”在健全法人治理结构、社会化融资、股权激励、剥离企业办社会职能等方面进行先行先试积累的实战经验，对于航天科工整体推动相关改革工作起到了较好的引导作用。过程中，上级机关多次前往湖南航天、航天云网、海鹰航空等进行现场调研，对综合改革工作给予指导，为“双百企业”撑腰鼓劲，进一步激发了干部职工改革创新的激情热情。

四是加强改革工作宣传、宣贯和引导。航天科工持续加强国企改革“1+N”系列文件与自行制定的改革文件的宣贯学习，组织近20次政策宣贯培训活动，2000余人次参加培训学习。制定综合改革方案过程中，积极指导“双百企业”按照“条件透明、标准一致、程序公正”的工作原则，坚持群众路线，充分发动群众，听取各方面、各层次的意见，避免改革方案措施出台后“炒夹生饭”、“走回头路”的现象。推动改革实施过程中，认真做好职工分流安置工作，维护职工合法权益，做好社会保障等接续工作，统筹处理好改革、发展与稳定的关系。

三、航天科工深化国企改革取得的主要成效

2018年以来，五家“双百企业”通过一系列改革创新实践，在混合所有制改革、健全法人治理结构、完善市场化经营机制、健全激励约束机制、解决历史遗留问题等方面率先取得了突破，经营质量大幅提升，营业收入利润率连续两年增幅达到10%以上（2018年为10.84%、2019年为27.70%），形成了良好的示范作用。在“双百企业”的示范引领下，航天科工深化国企改革工作逐步由单项改革向综合改革转变，改革突破性不强、改革系统性不够、改革支持政策不足等问题得到了有效化解，积累形成的“政策包”“工具箱”“样板间”牵引推动各项改革工作向纵深挺进，航天科工深化国企改革取得了系统性、整体性成效，逐步开创了改革发展的新局面。2019年，航天科工实现营业收入2597.88亿元，利润总额179.22亿元，资产总额3487.39亿元，所有者权益1786.45亿元，位列世界企业500强第332位，世界品牌500强第366位。

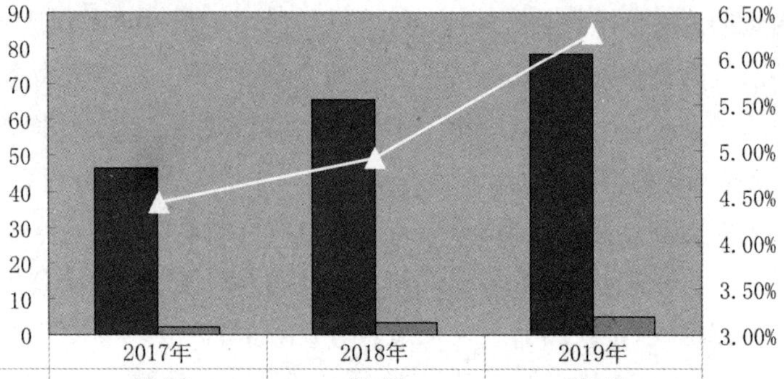

	2017年	2018年	2019年
营业收入	46.26	65.55	78.45
利润总额	2.05	3.22	4.92
营业收入利润率	4.43%	4.91%	6.27%

图4　“双百企业”2017年—2019年整体经营情况（单位：亿元）

（一）党的领导党的建设进一步加强

一是新时代党的建设总要求和新时代党的组织路线全面落实。航天科工将党建工作要求写入全部所属公司章程，坚持“四同步”“四对接”，完善“双向进入、交叉任职”领导体制，推进党组织书记、董事长“一肩挑”。全级次单位将党组织研究讨论作为董事会、经理层决策重大问题的前置程序，将党组织内嵌到公司治理结构之中，把党的领导融入公司治理各环节，健全完善与具有“中国特色现代国有企业制度”相适应的企业党建工作体制机制。构建并深化落实“12345”① 党的建设工作体系，制定加强党的政治建设的措施，及时制定（修订）党内规章制度，党内规章制度系统性、完整性、协调性和可操作性不断提高。

二是贯彻落实习近平总书记重要指示批示工作机制全面形成。航天科工成立了习近平总书记重要讲话和指示批示精神贯彻落实工作领导小组，从国企改革等七个方面形成台账并推动落实，充分发挥党的领导这一最大优势，弘扬优秀企业家精神，更好发挥企业家作用，推进党建工作与生产经营深度融合，以高质量党建引领高质量发展。在“双百企业”探索实践方面，湖南航天将国企改革“双百行动”作为推动实现高质量发展的“关键一招”，充分发挥党对改革工作的领导，成立由公司党政主要领导担任组长的改革工作领导小组推动工作，在国企改革“双百行动”方案整体框架下，进一步制定了1个混改方案和8个专项方案，倒排改革工作计划，每日召开调度会，协调推动重点、难点问题，为各项改革举措的落地实施提供了政治保证与组织保证。

三是纪检监察机构改革要求有效落实。航天科工制定了《集团公司党组推进纪检监察体制改革实施方案》，完成纪检监察组内设机构设立、人员“原地转身”等工作，制定印发请示报告、议事规则、来电来访管理、问题线索管理、案件审理、督办管理、廉政档案管理、专项经费管理、纪委书记提名考察和履职考核管理等一系列制度机制，纪检监察履职能力不断提升，党风廉政建设“两个责任”有效落实。

（二）国家政策性改革任务按要求推进完成

一是企业功能界定与分类正式确定。航天科工结合企业历史沿革和发展现状以及所处行业性质和业务特点，制定了集团整体及所属各级子企业功能界定与分类方案并获国资委批复，航天科工整体划分为

①“12345”是指：围绕一条主线，聚焦两大目标，狠抓三基建设，做到四个始终，深化五项机制。

"处于关系国家安全、国民经济命脉的重要行业和关键领域、主要承担重大专项任务的商业类企业"，所属全级次单位分类方案逐一确定，集团公司整体及所属单位的分类改革发展途径更加清晰明确。针对商业一类子企业，航天科工不断推动提高市场竞争力、品牌号召力和价值创造能力，大力发展混合所有制经济，优化资源配置；商业二类子企业坚持以保障国家安全和国民经济运行为首责，大力发展战略性前瞻性产业，不断提高履行承担国家重大任务的能力水平；公益类子企业不断提高公共产品和服务质量。通过分类推动股权多元化和混合所有制改革，航天科工所属子企业不断完善现代企业制度，健全企业法人治理结构，深化企业转换经营机制，国有资本配置和运营效率显著提升。

二是事业单位分类改革稳步推进。鉴于军工科研院所是特定历史背景下产生的事业单位，代表了我国军工科研体系的技术水平，航天科工坚持积极稳妥的原则推动军工科研院所改革工作，组织纳入首批转制范围的10家单位制定上报了转制方案，积极与国防科工局、人社部等上级部门进行积极沟通，持续完善转制方案并推动方案批复，不断优化军工领域资源配置，支撑建设中国特色先进国防科技工业体系。同时，航天科工大力推进培训疗养机构改革，12家培训疗养机构已完成撤销，通过社会购买服务满足相关教育培训需求，构建形成了符合企业实际的职业教育培训体系。

三是法人治理结构持续健全。在"双百企业"探索实践方面，航天云网不断完善现代企业制度，健全公司法人治理结构，全级次建立了严格的"三会"（股东大会、董事会和监事会）制度及职责清晰的决策授权体系，在规范公司治理的基础上，推动经营管理机制优化、审批链条简化，工作效率持续提升；海鹰航空持续推动董事会对企业中长期发展决策权、经理层成员选聘权、经理层成员业绩考核和薪酬分配权等权利落实，以授权放权清单为抓手推进授权放权工作，企业治理能效持续提高。在集团整体成效方面，航天科工不断推进规范董事会建设，制定（修订）了《董事会建设框架方案》和《董事会体制决策性会议权责划分方案》以及《董事会议事规则》《董事会授权管理办法》等一系列制度文件，及时修订集团公司章程，合理界定党组会、董事会、董事长办公会、总经理办公会的决策权限，逐步实现各司其职、各负其责、协调运转、有效制衡；大力推进完成"总部机关化"问题专项整治工作，对"三重一大"决策制度进行优化完善，调整后的决策事项减少44%，审批备案事项减少21.4%，在确保"管好"的同时实现了最大幅度的"放权"；所属各级子企业法人治理结构不断健全完善，244家二、三级子企业建立了董事会，已建立董事会的子企业户数占比92.42%，各治理主体依法履职，公司治理水平不断提升。

四是剥离企业办社会职能和解决历史遗留问题妥善化解。在"双百企业"探索实践方面，湖南航天大力推进土地确权及处置，利用土地处置资金进行新园区建设；率先完成"三供一业"分离移交，实现24.3万平方米、3252户职工家属区供水、供电、物业改造和移交地方政府管理；顺利完成1306位退休人员、636位社区党员移交地方政府的工作，各项历史遗留问题得到妥善解决，企业实现轻装上阵。在集团整体成效方面，航天科工全面完成11户二级单位231个家属区25.5万户"三供一业"移交协议签订和管理职能移交；制定了办教育机构专项改革方案，通过资源整合、移交地方、独立经营、关闭撤销等方式推动13家教育机构的分类处理；医疗机构改革方案获得国资委批复，对9家医院整合实施专业化管理，5家医院已改成内部医务室，1家医院已移交地方政府；全部完成11个办市政、3个社区及5家办消防机构改革任务，航天科工剥离企业办社会职能和解决历史遗留问题取得决定性成效，为集中资源做强主业创造了有利条件。

（三）体制机制改革创新取得积极成效

一是总部功能定位与机构设置持续优化。航天科工积极稳妥推动总部机构改革，近年来围绕落实习近平总书记强军思想、落实党中央关于纪检监察机构改革精神、强化干部监督工作和网络安全管理职责等对总部机构和职责进行了调整，进一步解决部分业务职责交叉问题。为快速适应外部市场环境变化，航天科工大力推进集团公司总部与二级本部职能整合与功能协同，优化“总部以战略管控为主、二级单位以运营管控为主、三级单位以实体经营为主”的职能定位，简化总部、二级单位本部的工作程序和管理流程，有效解决了总部与二级单位本部间部分职能交叉重叠问题，在合法合规前提下尽可能把决策权交给项目责任主体单位，做到了既“减负、减人”又“高效协同、快速运转”。

二是结构调整与重组成效明显。在“双百企业”探索实践方面，湖南航天聚焦航天装备、新材料、环境综合治理的“一主两翼”产业布局，剥离了2家非主业公司，清理退出了10家“小、散、弱”企业，处置了2批闲置资产，主业集中度由2016年的71%提高至2019年的90%以上，在此基础上，以“产业协同、创新协同、资源协同、人才协同”为导向，明确投资即“投人、投势、投诚、投心”，将“引机制、引资源、引智力、引资金”方针贯彻始终，成功引进了与自身产业具有较强协同性的4家投资人，引入社会资金13.37亿元；航天云网积极通过资本市场扩充资金实力，聚焦专业技术能力建设，实现首轮融资5.5亿元，同时通过收并购、新设合资公司等方式，组建专业公司和区域公司，在国内外产业布局方面迈出坚实步伐。在集团整体成效方面，航天科工将原航天系统公司、培训中心、服务中心三家二级单位重组整合为新系统公司，有力支撑“安康乐知科技创新平台”建设与运营，实现了现代服务产业创新发展；2016年5月-2019年5月累计压减企业法人336户，共清理企业214户，减少经营性亏损4.07亿元，盘活资产183.3亿元，回收资金48.97亿元，安置职工20804人，超额完成法人压减任务目标；积极稳妥推进重点领域、重点地区、重点单位社会化融资工作，2015年以来通过增资扩股实施股权融资项目54个，外部融资总额累计134.24亿元；积极稳妥推进混合所有制改革，全级次混合所有制企业171家，占比40.62%，2019年通过混合所有制改革引入非国有资本42.59亿元，有力助推了集团公司相关产业和企业的发展。

三是市场化经营机制更加完善。在“双百企业”探索实践方面，海鹰航空率先推行市场化选聘高级管理人员，成功引进1名职业经理人和3名市场总监，大力开展“领军、独挡一面、核心骨干”三类人才引进工作，2019年共引进到位45名社会成熟型人才，有效补充了专业技术和管理人才队伍；火箭公司坚持以市场为导向的选人用人机制，通过市场化公开招聘方式引进了固体运载火箭、液体运载火箭以及空间飞行器等各个专业技术人才，研发人员占比达到70.29%；湖南航天按照“试出边界”的总体要求，先行制定和推进本部（二级单位）骨干员工持股框架方案，拿出总股本的2%激励公司核心技术和经营管理人员，同时按照“因企施策、循序渐进”的原则，推动具备条件的9家所属企业实施股权激励；空间公司、海鹰航空、火箭公司积极推进股权激励、员工持股，着力推动形成员工与企业利益共享、风险共担的发展局面。在集团整体成效方面，航天科工持续完善领导人员晋升及退出机制，规范领导人员选用程序，综合分析年度考核、平时考核、任职考察等情况，区分不同情形，按程序实施职位调整；印发《建立职业经理人队伍的指导意见》，鼓励所属市场化程度高、以民品为主的三级、四级企业探索职业经理人制度，已累计有37户企业引进了104名职业经理人；全面推行公开招聘制度，指导所属单位统一发布信息、统一入职标准、统一录用程序、统一入职手续，加强劳动合同管理，强化全员业绩考核结果与个人收入、晋升等挂钩的力度，以收入能高能低为手段，逐步淘汰低绩效的冗员；深入实施“基于实际绩效的激励机制”，建立以岗位绩效工资为主的收入分配制度，绩效工资总额占比达到60%；不断丰富各类激励手段，研究制定中长期激励管理办法，推动符合条件的所属单位实施中长期激励，实现了员工个人利益与公司战略目标的深度绑定。

四是国资监督力度不断加大。航天科工认真开展党中央、国务院重大方针政策落实情况跟踪审计，围绕党组重大决策落实情况开展审计，落实经济责任审计全覆盖。深化总审计师制度试点工作，狠抓审计发现问题整改，推进审计工作“3+1”① 机制。贯彻落实国资委防范化解重大风险工作要求，制定风险内控体系建设与监督工作实施方案以及上市公司和收并购公司风险内控工作指引。印发重大风险提示单，加强风险监测和督导，推动落实各项经营风险防范化解措施。强化国企改革法律保障，推动实施诉讼案件分类处置，着力化解拖期积案，研究制定员工持股法律合规审核工作指引，保障重点任务依法合规、稳妥推进，防止国有资产流失。

航天科工以国企改革“双百行动”为突破口推动国企改革的实践取得了一系列成果和扎实成效，对航天科工整体在更深层次、更广范围、更大力度推动国有企业深化改革起到了非常重要的助推作用，为实现高质量发展提供了有力支撑。后续，航天科工将进一步推动国企改革“1+N”系列文件落地，全面落实国企改革三年行动方案，着力抓重点、补短板、强弱项，坚持和加强党对国有企业的全面领导，坚持和完善基本经济制度，坚持社会主义市场经济改革方向，不断健全现代企业制度、优化资源结构布局、完善市场化经营机制和激励约束机制、激发科技创新动能，在实现高质量发展和做强做优做大的同时，助推国有经济竞争力、创新力、控制力、影响力、抗风险能力进一步提升，为我国实现伟大的中国梦、航天梦提供坚强保障和有力支撑。

成果创造人：胡雪梅、徐　磊、张　帅、徐　鹏、张　颖

①“3+1”机制是指：审计问题备案机制、审计问题通报机制、审计整改跟踪机制和审计整改归零标准。

基于培育世界一流黄金矿业企业的战略创新与实践成果

山东黄金集团有限公司

始自2015年8月改建为国有资本投资公司，山东黄金集团有限公司（以下简称“山东黄金”或“集团”）积极适应新的功能定位，加快战略转型升级，深化企业内部改革，自身优势得以强化，内生活力激发和外部条件开拓良性互动，企业高质量、可持续发展资源更加丰裕，全球行业地位大幅提升，全球竞争实力显著增强，走出了一条具有山东黄金特色的战略创新和深化改革之路。本文是对山东黄金培育世界一流黄金矿业企业的战略创新与实践成果研究，对传统资源型国有企业打造世界一流的企业集团具有良好的示范作用。

一、企业基本情况

山东黄金成立于1975年，其前身是隶属山东省冶金厅的山东省黄金公司，1996年改制为国有独资公司，2015年改建为国有资本投资公司，2017年成为“中国第一产金企业”，2019年位列世界产金企业第10名。权属山东黄金矿业股份有限公司（以下简称“黄金股份”或“上市公司”）2003年在上海证券交易所上市，2018年在香港联交所上市，股票一度跃居沪深两市第一价位，是黄金行业内少数拥有A+H两个资本运作平台的综合黄金生产企业（股票代码：A股600547，H股1787）。

山东黄金注册资本13.19亿元，以黄金、有色矿业为主业。截至2019年底，权属企业117家，在职员工近2.5万人，资产规模1162亿元，拥有21家在产矿山，年产黄金近50吨，在全国黄金总产量中的占比为15.3%，产业布局涉及国内13个省（区、市），在阿根廷、澳大利亚、加拿大等国家搭建了海外业务平台，拥有世界级的黄金资源储备、先进的黄金采选冶技术和开放包容的企业文化理念，连续三年蝉联“中国第一产金企业”桂冠，是国内有色金属行业上市市值最大的企业集团，被国务院国企改革领导小组确定为“双百企业①”，是山东省委、省政府评定的“山东省优秀企业”。

2015年以来，山东黄金坚持以习近平新时代中国特色社会主义思想为指导，不断加强党对国有企业的领导，持续深化国有企业改革，企业整体运营管控水平、全球行业地位、国有资本保值增值能力和国有经济竞争力、创新力、控制力、影响力、抗风险能力显著提升。特别是2020年上半年，在矿业行业因

①2018年3月，国务院国有企业改革领导小组办公室选取百家中央企业子企业和百家地方国有骨干企业（简称“双百企业”），在2018年—2020年期间实施“国企改革双百行动”（简称“双百行动”），推进在改革重点领域和关键环节率先取得突破。

疫情影响整体低迷的形势下，山东黄金千方百计“战疫情、促达产、抢效益”，黄金产量逆势上扬，在山东省属企业中率先实现首季“开门红”，并成为全国唯一一家黄金产量、利润总额、营业收入一季度均实现同比增长的大型黄金企业，受到山东省委、省政府表扬；二季度，圆满实现黄金产量“过半”目标，为中国矿业行业坚定发展信心注入一剂“强心剂”。

山东黄金2015年—2019年矿产金产量情况、与国内外领先黄金企业对标指标情况分别见图1、图2。

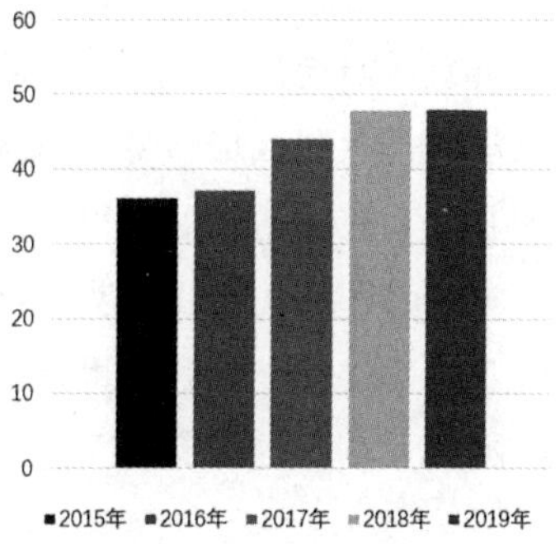

2017年到2019年全国矿产金产量降幅分别为6.51%、6.28%和9.13%，山东黄金产金量以年均4.46%的增长趋势在全国黄金总产量中的占比由9.4%上升至15.3%。

图1　2015年—2019年矿产金产量图（吨）

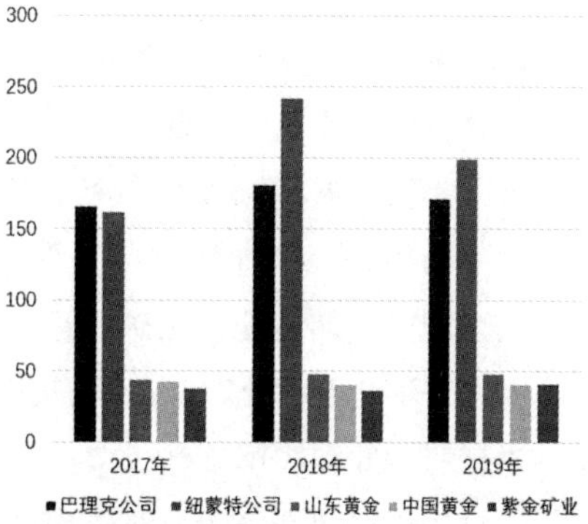

2015年山东黄金世界行业排名第16位，2017年成为“中国第一产金企业”，在世界行业排名第12位，2019年第三年稳居“中国第一产金企业”，在世界行业排名第10位。

图2　与行业企业对标数据图（吨）

二、实施战略创新的有利条件

“十一五”期间，山东黄金第一次明确提出战略是企业发展的前提，视发展是解决问题的唯一途径，将资源作为不可撼动的根本利益，把安全生产作为第一竞争力，以机制创新激发活力，以技术创新增强动力，通过内部整合和外部扩张，企业各项指标出现快速增长，尤其是产能规模逐渐具备优越条件，科技水平进入行业领先地位，具备了增速发展的良好基础条件。

“十二五”前期，在金价震荡下行的市场背景下，山东黄金以新一轮矿业大变革、大调整机遇为契机，以科学发展为主题，及时调整战略目标，将“黄金做强争第一”作为战略重中之重，视“有色做大进前十”为成长关键，坚持“资源做多可持续”夯实国际化发展基础，把“海外做稳可持续”作为走向世界的必然，通过对内整合强机制、对外扩张抢资源，在山东省内胶西北地区建成世界级黄金生产与资源储备基地，在山东省外福建、海南、甘肃、内蒙、河南建成覆盖“东南西北中”的五大后备资源开发基地，在国外搭建起以澳大利亚和加拿大为中心的海外业务平台，迅速成长为“全国第二产金企业”，企业改革发展进入新空间。

“十二五”中后期，面对国际金价“断崖式”下跌且短期内不可能出现扭转的严峻形势，山东黄金果断大幅调整“十二五”发展规划，将战略目标调整为“做全国最具竞争力的黄金企业”，黄金产业注重增强在困难中的生存和可持续发展能力，由重产量、重规模调整为重效益、重质量；有色产业利用有色金属价格已触底的市场机遇，放大成本优势，加快打造有色产业基地。在更清晰、更有力的战略目标指引下，山东黄金有效应对了市场周期带来的转换压力和挑战，企业经营更加稳健，发展基石持续稳固，国际影响不断扩大，综合实力迈上新的台阶。

三、三次战略转型的目标定位及主要举措

站在新的历史起点上，以习近平同志为核心的党中央对国有企业改革发出“做强做优做大国有资本”“培育具有全球竞争力的世界一流企业”的时代号召。对照十九大报告，肩负着山东省委、省政府“两个走在前面①”要求且率先改建成为国有资本投资公司的山东黄金，2016年初确定的“争做国际一流、勇闯世界前十”的“十三五”战略目标符合十九大报告目标要求，且经过一年的立基础、打框架、谋长远，企业管理体制和经营机制发生重大变化，企业实力和竞争力不断增强，基本完成从国有独资公司向国有资本投资公司、传统资源型生产经营企业向现代化矿业运营企业的战略转型。面对党的十九大提出的新目标新任务新要求，为将国有企业深化改革成果变成企业实实在在的发展获得，山东黄金又围绕“新形势下为什么要进一步加快改革；重点改什么、怎么改；如何同步推进深化改革和加强党建工作”等深层次战略问题，加快现代化矿业运营企业向世界一流矿业企业战略升级并取得显著的阶段性改革成果，具备了进一步全面深化改革、早日建成具有创新能力和国际竞争力的国有骨干企业、早日迈入世界一流行列的有利条件和改革基础。

山东黄金三次战略转型升级的主要历程见图3。

图3　山东黄金三次战略转型升级路线图

（一）聚焦组织性变革，由国有独资公司改建成为国有资本投资公司

1.新的功能定位明确方向，助力国企改革“山东模式”

党的十八大以来，随着“1+N”改革文件体系全面运行，中央深化国企改革不断迈出实质性步伐，进入到只剩“硬骨头”的改革“深水区”。走在全国前列的山东省国有企业改革，积极响应中央决策部署，率先搭建形成“1+5”改革文件体系，在全国率先推进改建国有资本投资运营公司、完善公司治理结构、高管人员契约化管理等重大改革举措落地，开创了国企改革的“山东模式”。在这一过程，山东黄金作为处于国家重要矿产资源领域和竞争性产业领域的山东省属骨干企业，通过十年的快速发展，完全符合山东省委、省政府关于国资国企改建为国有资本投资公司的相关要求。2015年8月，经山东省政府原则同意、省国资委批复同意，以“力争在2020年成为行业领先、国内最具竞争力、面向全球的综合性矿业资源投资控股集团”为改建目标的山东黄金，在完成30%国有资本划转后，成为山东省第二批改建为国有资本投资公司的省管企业。

---

①在全国同行业走在前面，在省属企业管理水平上走在前面。

山东黄金改建国有资本投资公司的主要优势见图4。

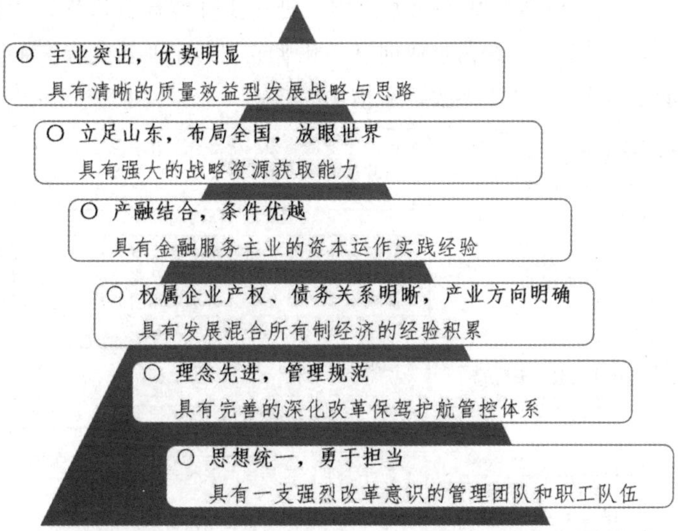

图4　山东黄金改建国有资本投资公司的主要优势

2. 新的运行机制推动发展，公司治理取得实质进展

改建成为国有资本投资公司以后，山东黄金立足新的功能定位，结合企业经营实际，按照建立中国特色现代企业制度要求，迅速推进体制机制改革：按照坚持党的领导与完善公司治理结构有机统一的原则，及时组建成立新一届党委常委会、董事会、监事会，由董事会选聘总经理、副总经理等部分经理层成员，实行市场化选聘、契约化管理，成立董事会4个专门委员会，建立起较为完善的“三会一层”公司法人治理结构；依据现代企业制度，重新修订公司章程和党委常委会议事规则、董事会议事规则、总经理办公会议事规则和“三重一大”决策制度实施细则，明确党委常委会在公司法人治理结构中的法定地位，进一步理清职责边界，基本形成权责明确、运转协调、制衡有效的公司法人治理体系；推选内部董事、内部监事，建立财务等重大信息公开制度，实行省管企业领导人员任职回避和公务回避制度等，实现集团决策层、管理层的平稳过渡和交接，为进一步推进体制机制改革，全面提升公司经营水平夯实了制度根基。

3. 新的管控模式释放活力，权责边界更加明晰

在推进治理体系建设的同时，山东黄金积极对接市场机制，依托产业经营型企业功能定位，以“战略管控”为主、“财务管控”为辅，按照“条块结合、区域为主”原则，进一步明确“强化业务运营、调整管控方式”的基本思路和实施路径，及时启动以调整和优化业务管控平台为重点的系统改革：适度集中集团总部在战略研究、投资管理、资本运作、财务管理、股权管理及审计法律等方面的职能建设，将上市公司平台及其相关职能提升，打造战略决策中心和资本运作中心；调整优化二级管理单位，依托原二级子集团（公司）成立事业部，打造业务管控主体和利润创造中心；厘清权责边界，向生产企业充分放权，打造生产经营中心、成本控制中心，形成“集团总部管方向、各事业部管协调，生产企业管落实”的运行模式；完成集团总部和事业部两级总部组织机构调整，两级总部部门机构编制压缩35%，二级管理公司作为管理层级不再存在，境内外法人企业实体全部压缩至四级以内，进一步实现扁平化管理；创新性地组建全国黄金行业首家“智库”，首次聘任包括国内院士、知名高校、国外同行业在内的33名专家学者，在深化改革、智能化矿山建设、资本市场运作等方面提供帮助和建设性意见，借智借力

推动企业改革发展；联合中介机构，开展对标分析，对集团总部战略管控、经营计划等16个职能所涉141个业务流程进行梳理，优化升级920个业务流程，进一步理清权责边界，为企业实现国有资本投资公司功能定位、推进传统资源型生产经营企业向现代化矿业运营企业转变夯实了管理根基。

山东黄金改建国有资本投资公司主要改革举措见图5。

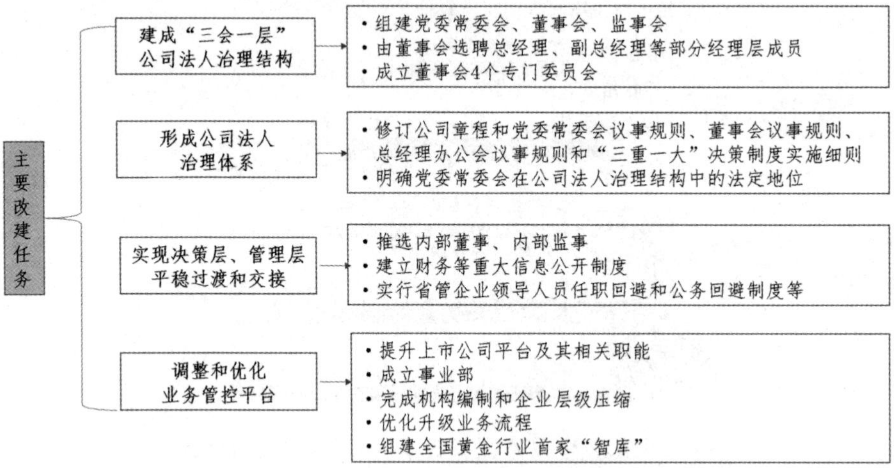

图5 山东黄金改建为国有资本投资公司主要工作举措

（二）聚焦黄金主业谋发展，推进传统资源型生产经营企业向现代化矿业运营企业转变

1. 聚焦改革转型升级，综合实力稳步提升

发展理念是改革行动的先导。作为山东省属国有大型企业，山东黄金不仅肩负着企业自身稳增长、促改革、谋发展的重任，也肩负着为山东省“在全面建成小康社会进程中走在前列”、提前实现“两个翻番”的“十三五”规划目标做出应有贡献的重任。对此，山东黄金将2016年定为深化改革“政策落实年”。在深入分析企业发展现状、产业基础、优势条件和制约瓶颈的基础上，果断确定“争做国际一流，勇闯世界前十”的“十三五”战略目标，聚焦黄金矿业，锻造差异化竞争优势，培育核心竞争力，跻身全球领先地位；聚焦有色矿业，积极优化产品结构和产业链条，探索优质矿山并购新模式；聚焦金融业务，坚持利润输出和黄金特色，提升产业协同优势；聚焦资源业务，践行“大资源”观，以勘查和并购为双翼，着眼长远、力避风险，不断提升黄金资源储量。

山东黄金“十三五”规划框架及主要内容见图6。

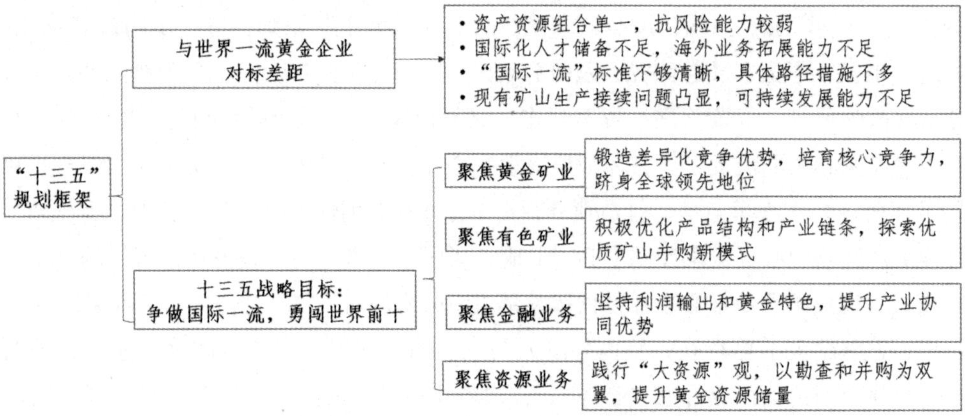

图6 山东黄金“十三五”规划框架及主要内容

2. 聚焦对外开发合作，发展空间持续拓宽

坚定主业发展方向的山东黄金，一方面以“十三五”规划为引导，以投资计划管控为抓手，重点以黄金矿业为核心主业，以较成熟的在产矿山为对象，加大投资并购力度，特别是对处于山东黄金核心区域的矿产资源，不仅从经济效益上评估论证，更从战略意义上着重考量，确保山东黄金长远发展利益；另一方面以争做国际一流矿业企业为目标，进一步加大开放型发展力度，坚持从零起步，加强与摩根、花旗、蒙特利尔银行等国际知名投行、巴理克、纽蒙特等世界著名黄金矿业公司交流，先后对澳大利亚、俄罗斯、哈萨克斯坦、阿根廷等10多个金矿项目进行现场尽职调查，开展中介选聘、技术交流、商务谈判等工作，2017年与巴理克黄金公司合作，成功并购其阿根廷第一大金矿、南美第二大金矿-贝拉德罗金矿50%权益，该项目实现当年并购、当年见效、当年并表，山东黄金因此增加100多吨权益资源量及年均10吨的黄金产量并在阿根廷树立了“厚道鲁商”良好企业形象。

3. 聚焦新旧动能转换，发展优势更加明显

为充分发挥胶西北地区得天独厚的资源优势，山东黄金对标国际先进找差距，以重大项目作为加快新旧动能转换重大工程的着力点，成立新旧动能转换重大工程领导小组，确定首批19个建设项目和8项重大工程，以三山岛金矿为试点，全力打造“国际一流示范矿山”工程项目建设；坚持万吨大矿建矿理念，按照“分区采、集中选、统一炼”思路，规划建设一批大规模现代化黄金生产基地，建成三山岛金矿8000吨/日、焦家金矿6000吨/日采选生产基地，新建黄金冶炼公司且生产能力达到每日1200吨；强化国内外勘探资源工作力度，组建深井开采、充填、选冶三个重点实验室，承担国家重点研发计划项目，科技创新能力显著提升；高度重视探矿增储工作，2017年成功探获382.58吨的世界级巨型单体金矿床，2018年成功探获133吨的特大金矿，使得胶东地区成为世界第三大金矿富集区，山东黄金保有金资源量突破1800吨。

4. 聚焦供给侧结构性改革，发展动能充分释放

山东黄金坚持把供给侧结构性改革作为关系全局和长远的攻坚战，瞄准过剩产能、较高杠杆、过高成本和关键短板综合发力，加快“僵尸”企业处置和亏损企业治理，积极推进债转股落地，首次成功发行美元债，累计获得银行债转股额度460亿元，落地资金128亿元，成为山东省内债转股落地资金最多企业；以培育山东黄金特色金融板块为目标，大幅提高自产金销售、租赁黄金及其它贵金属交易盈利能力，2017年金融板块贡献利润达到6.6亿元；坚持“创新、协调、绿色、开放、共享”五大发展理念，坚决落实习近平总书记对生态文明建设作出的重要指示，秉持“绿水青山就是金山银山”环保理念，向全社会兑现了“责任工亡事故为零、重大环保事故为零”的“双零”承诺，安全环保形势平稳，绿色矿山建设全面推开。

5. 聚焦资本市场作用发挥，主业优势更加突出

在专注于实体产业发展的同时，山东黄金充分利用已有的上市公司平台，加大与资本市场的融通力度，积极打开资本市场新局面，更加注重与监管机构、国内外投资者们保持良好的沟通和联系，多次举办上市公司业绩路演，释放积极发展信号；借助权证办理工作重大突破，克服重重困难，2016年10月成功完成上市公司重大资产重组，山东黄金总市值一度跃居中国有色金属第一位，在国企改革领域及资本市场上产生重大影响；重点关注在产矿山及其相关的矿业权（探矿权和采矿权），与主业密切相关且

拥有“一行两会”牌照的金融资产，同步启动香港H股主板挂牌和主业资产整体上市。

山东黄金由传统资源型经营企业向现代化矿业运营企业转变的主要路径见图7。

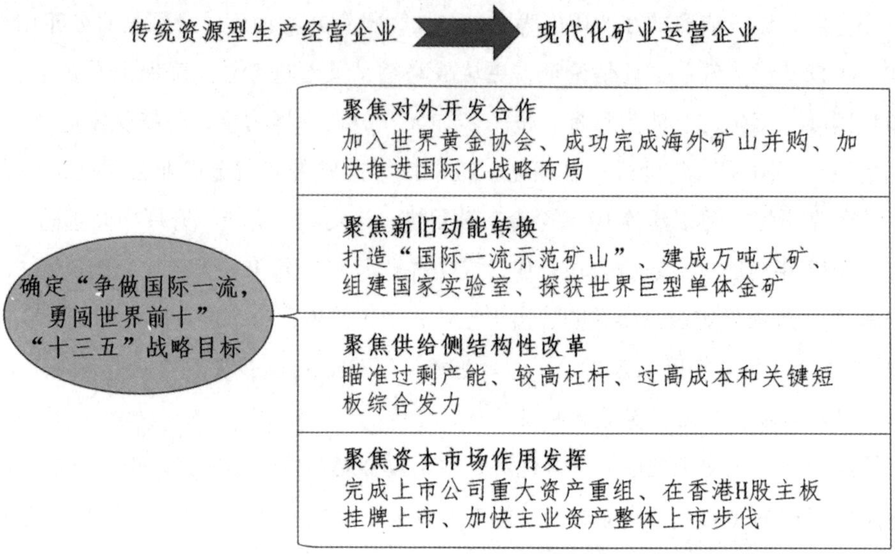

图7　山东黄金向现代化矿业运营企业转变的主要路径

在明确的“十三五”战略目标指引下，山东黄金严格按照规划确立的“时间表”和“路线图”，狠抓生产经营，加快改革创新，深化开放合作，企业经营业绩连年增长，2017年一举成为“中国第一产金企业”，资产总额一举突破千亿大关，全球黄金行业排名由第15位上升到第12位，企业知名度、影响力在行业内提升到新的高度，企业经营管理迈入更加优质高效的新境界，成功由传统资源型生产经营企业转变为现代化矿业运营企业。

（三）聚焦做强做优做大国有资本，推进现代化矿业运营企业向世界一流矿业企业转变

1. 重点突出，精心策划并实施具有山东黄金特色的综合改革方案

改革必然紧盯内外部形势发展变化且伴随企业改革发展全过程。2018年是落实党的十九大精神的第一年，也是“十三五”战略规划承上启下的关键一年。刚刚成为“中国第一产金企业”的山东黄金，2018年的经营业绩能否完成、快速发展势头能否延续，关乎山东黄金整个“十三五”战略能否顺利实现。在这关键的战略“决战期”，山东黄金被国务院国有企业改革领导小组办公室确定为山东省首批“双百企业”，且是山东省首批“双百企业”中唯一的一级企业，山东黄金以此为动力，以新发展理念和高质量发展为根本要求，本着“问题导向、重点突出、用好政策、补齐短板”和“任务指标定量化、改革措施具体化”的基本原则，研究形成包括七大领域、46项重点任务事项在内的综合改革方案，细化分解改革任务，排定“时间表”“路线图”，逐级压紧压实改革责任，加快了改革发展步伐。

山东黄金“双百行动”要解决的主要问题见图8。

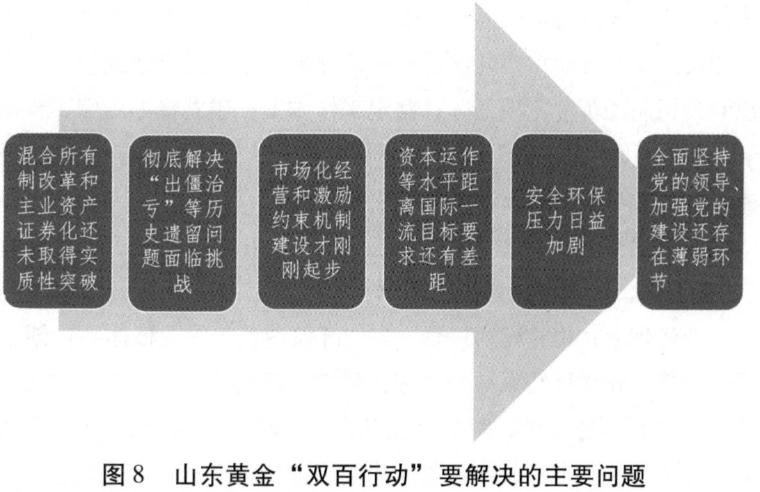

图 8　山东黄金“双百行动”要解决的主要问题

2. 先行先试，混合所有制改革和主业资产证券化取得重大突破

山东黄金以“双百行动”为契机，以混合所有制改革和主业资产证券化为突破口，及时召开党委会、改革动员会和专项培训会，成立领导小组和专责工作机构，以“国企资源+民营机制”作用发挥为方向，对标国际先进，先后编制形成深化改革总体方案、混合所有制改革总体方案和混合所有制改革三年工作计划，落实国企改革“倒计时”公开承诺，完成混合所有制改革顶层设计，下定决心先行先试、先行突破，努力走出一条具有山东黄金特色的混合所有制改革之路；完成非上市资产质量现状摸底调查和包括资产审计与评估、法律等在内的资产规范性问题整改，主业资产重组上市条件基本成熟，2019 年 10 月推动黄金产业链金融资产全部注入上市公司；建立工作台账，加大督导力度，非主业企业混合所有制改革进入实质落地期，新增混合所有制改革企业 10 户，成功引入 34 亿元非国有资本；2018 年 9 月实现香港联合交易所主板挂牌上市，成功搭建“A+H”两地上市架构和国际国内两个资本平台，上市公司总市值年度增幅 39.2%，突破千亿元大关，成长为国内矿业行业上市市值最大的企业集团；连续三年到纽约等地开展业绩路演，到法国等欧洲国家考察资本市场，在加拿大设立代表处并举办矿业投资研讨会，主动与摩根士丹利、花旗等国际大投行沟通交流，首次与外资银行——世界第八大银行法国巴黎银行开展战略合作；以香港 H 股上市为契机，成功引入中国国调基金等战略合作者，与巴理克黄金公司在二级市场开展交叉持股，为加快国际并购和主业资产证券化创造了更加有利的条件。

3. 创新求变，历史遗留问题解决与依法合规经营取得重大突破

借助“双百企业”有利政策，针对存在实质性障碍的重难点历史遗留问题，山东黄金加大内外沟通力度，以点带面，逐个突破，2016 年—2019 年共取得各类权证及相关批复 887 项；深入细致调研，统一标准节奏，兼顾各方利益，完成权属企业“三供一业”企业办社会职能分离移交，获得财政专项补助资金支持；关闭撤销 2 家企业办教育和 4 家企业办医疗机构，所涉员工得到妥善安置；圆满完成 67 户“僵尸”企业退出处置，连续两年获得省国资委通报表扬；强化亏损企业日常调度和节点考核，2019 年亏损企业较 2018 年底减少 7 户、减亏 8.3 亿元；加快非主业资产清理整合，制定清理整合三年工作计划，完成 3 户非主业企业退出；聚焦资产质量和运营效益提升，整体授信额度突破 2100 亿元，资产负债率降至近十年最低水平，亦为山东省管工业企业资产负债率最低水平，显著提升了国有资本保值增值能力和国有经济竞争力、创新力、控制力、影响力、抗风险能力。

4. 聚焦效率，现代企业试建设取得重大突破

2018 年是山东黄金改建为国有资本投资公司的第三年，积极落实政策文件精神，完成公司章程的修

订；全面分析改建为国有资本投资公司的运行成效，完成党委常委会等议事规则的修订；以法律法规和公司章程等为依据，印发总部权责清单；开展现场摸排分析，逐一提出整改意见，完成权属法人企业治理体系建设规范整改和公司制改革等专项任务；制定工作方案，建立督办台账，推动权属股份公司成为“山东省国有企业现代企业制度示范工程”企业，争做国企改革先锋再获有利政策支撑。

5.激发活力，市场化经营和激励约束机制取得重大突破

认真学习万华、潍柴等优秀企业发展经验，加快完善市场化经营机制，健全完善管理人员市场化选聘制度体系，“带着指标上岗、按照契约履职、根据考核兑现、结合业绩升降”成为常态，市场化程度较高的部分企业引进职业经理人；将党建、经营、安全环保纳入年度考核体系，创立“三位一体”业绩考核新机制，充分发挥考核工作激励约束导向作用；科学合理使用人才，大力选拔年轻干部，岗位竞聘中年轻干部比例占40%；对标行业先进，基本建成以岗位管理为核心的内部劳动管理、激励担当作为的制度体系和完善的薪酬分配相关制度；外部引进人才实现市场化选聘、契约化管理、差异化薪酬和市场化退出的闭环管理；建立动态管理与调整机制，权属企业工资总额水平、增减机制等更具科学性。

6.业内领先，国际化战略和绿色矿山建设取得重大突破

围绕新旧动能转换、世界一流企业等最新发展理念，2019年初，山东黄金对“十三五”战略作出适时修编，进一步确认主业成果，明确发展方向和产业定位；坚持把并购海外优质资源作为增强竞争力、实现可持续发展的必然路径，持续放大国有资本功能，2020年5月以现金方式完成加拿大黄金生产企业特麦克资源公司100%股权收购，小步快跑地打开“黄金大国”加拿大著名黄金产区的大门，成功拓宽在产黄金资产的全球化布局；2020年6月作为“白衣骑士”协议要约收购卡帝诺资源公司，海外征途再下一城，全球战略布局落子西非这一全球黄金重要产区；完善新旧动能转换重大工程工作方案，加快三山岛金矿国际一流示范矿山工程建设，2020年底前将成为“智慧矿山”和“生态矿业”的行业引领者；建成莱州工业园，矿山装备供应商和服务商基地投入运营；新建黄金自然博物馆、沿海观光带及生态修复示范区升级工程积极助力“好客山东”生态旅游；紧盯安全、环保“双零”目标不动摇，年均安全投入超国家要求投入标准1.5倍，安全环保形势始终保持平稳；坚持“山东黄金，生态矿业”品牌理念，2020年底所有矿山将全部达到“国家绿色矿山”标准，力争成为山东省乃至全国首家绿色矿业集团，行业地位得以持续巩固。

7.担当作为，全面加强党的领导党的建设

山东黄金坚持把“党要管党、从严治党”作为推动工作的坚强保障，自觉把党建工作和党风廉政建设摆上突出位置、纳入重要议事日程，将党建工作要求写入公司章程；建立健全集团党委（常委）会议事规则、“三重一大”决策实施细则等制度，确立党委（常委）会在公司法人治理结构中的法定地位；坚持新时期好干部“20字”标准，坚持德才兼备、以德为先，一大批能力突出、组织认可、群众公认的干部得到提拔使用，人才队伍数量、素质和结构得到持续改善；全面落实中央八项规定精神和山东省委常委会实施办法，严格落实“一岗双责制”“目标责任制”与“分级负责制”，积极探索、综合使用党内监督、纪检监督、部门监督、职工监督、巡察与审计等联合监督多种手段，加强重点岗位、环节的监督检查，精准惩戒，标本兼治，营造了政治清明的企业发展环境。

山东黄金由现代化矿业运营企业转变为世界一流矿业企业所采取的主要措施、取得的主要成果见图9。

现代化矿业运营企业 → 世界一流矿业企业转变

精心策划并实施具有山东黄金特色的“双百行动”综合改革方案

○先行先试，混合所有制改革和主业资产证券化取得重大突破
完成方案设计、香港H股上市、产业链金融资产注入上市公司、引入34亿元非国有资本
○创新求变，历史遗留问题解决与依法合规经营取得重大突破
权证办理取得突破、“出僵治亏”效果显著、资产负债率降至最低水平
○聚焦效率，现代企业制度建设取得重大突破
编制总部权责清单、完成法人治理体系规范整改、股份公司成为示范工程企业
○激发活力，市场化经营和激励约束机制取得重大突破
健全选聘制度体系、创立“三位一体”考核机制、合理使用人才、推进激励机制建设
○业内领先，国际化战略和绿色矿山建设取得重大突破
修编“十三五”战略、加快海外项目收购、建成国际一流示范矿山、安环形势平稳
○党的领导党的建设全面加强
党建入章程、改善人才队伍数量、素质和结构、营造政治清明发展环境

图9　山东黄金向世界一流黄金矿业企业转变的主要路径和成果

发展实绩是检验“十三五”战略规划成果的“度量尺”。经过三年扎实高效的改革发展，山东黄金各项改革任务取得明显阶段性成果，主要经济指标超额完成进度计划，黄金产量以年均4.46%的逆势增长，在全国黄金总产量中的总比提升6个百分点，连续三年稳居“中国第一产金企业”，资产规模由2016年初的793亿元提高至2019年末的1162亿元，实现利润总额较“十二五”末增幅311.65%，连续4年在省国资委经营绩效考核中获评“优秀”，国有资本保值增值能力和国有经济竞争力、创新力、控制力、影响力、抗风险能力显著提升，在全球黄金行业排名提升至第10位，提前一年实现“十三五”战略目标，改写了世界前十产金企业中没有中国黄金企业的历史，为进一步谋划“十四五”战略、实现更高质量发展奠定坚实基础，迈上建设世界一流黄金矿业企业的新征程。

表1　山东黄金“十三五”期间主要指标情况

	“十二五”末	“十三五”期间				较“十二五”末增幅	年均增长
	2015年	2016年	2017年	2018年	2019年		
营业收入（亿元）	681.98	731.9	748.83	821.4	768.13	12.60%	3.01%
利润总额（亿元）	6.89	10.95	16.63	23.23	28.23	309.70%	42.27%
资产总额（亿元）	792.53	860	1035.89	1164.63	1162.48	46.70%	10.05%
矿产金（吨）	36.03	37.08	43.93	47.76	47.94	33%	7.40%
资源保有量（吨）	1451	1397	1700	1765	1796	23.80%	5.50%
资产负债率（%）	72.65	71.72	69.04	65.05	62.48	-	-

四、山东黄金战略创新和实践成果的总体评价

全面总结山东黄金三次战略创新与实践成果，评价如下：

（一）从政策导向上，战略规划符合中央和山东省决策部署要求

山东黄金2016年初提出要“争做国际一流，勇闯世界前十”，其定位就是要打造世界一流黄金矿业企业，进入全球黄金矿业综合实力前十强，这一目标符合党的十九大报告提出的“培育具有全球竞争力

的世界一流企业”目标任务要求。在三次战略创新的递进历程中，山东黄金始终坚持把黄金矿业作为主业的核心，立足产业做优，既符合中央提出的“理直气壮做强做优做大国有企业”的要求，也符合山东省政府“严格管理国有企业主业，坚定不移突出主业”的要求。这说明山东黄金的战略规划具有较强的前瞻性，符合中央和山东省政策导向，符合企业发展实际，需要在“十三五”收官的最后时刻、“十四五”期间继续坚定不移地贯彻执行下去。

（二）从管控体系上，以全面深化改革为契机推进了战略管控能力全面提升

2015年8月改建为国有资本投资公司以后，随着改建后功能定位的变化，以及贯彻落实中央和山东省委关于全面深化国有企业改革的工作部署要求，山东黄金始终按照坚持和加强党对国有企业的领导的总要求，健全“三会一层”公司治理体系，首次落实董事会自主选聘经理层的重大职权，实现经理层市场化选聘、契约化管理；提升上市公司平台，调整管理架构，组建五大事业部，建立“总部管方向、事业部管协调、生产企业管落实”的管控模式；借助上市公司平台，积极推进资产证券化工作，完成上市公司重大资产重组、香港H股上市等，上市公司资本运作进入良性循环，这对于提升国有资本控制力、助力集团国际化发挥了关键作用。正是由于山东黄金一直主动、系统地开展系列改革，被国务院国有企业改革领导小组办公室确定为“双百企业”，进一步促进了山东黄金以“成为国企改革样板和尖兵”为目标，带动面上改革不断向纵深推进。

（三）从实现路径上，以供给侧结构性改革为主线推进新旧动能转换提升了发展质量

在传统资源型生产经营企业向现代化矿业运营企业转变的过程，山东黄金以供给侧结构性改革为主线，瞄准过剩产能、较长杠杆、过高成本和关键短板综合发力，紧跟国家政策要求，积极推进债转股落地，最大限度保证企业依法合规经营，这对提升企业发展质量具有重大意义；同时，坚决落实山东省委、省政府关于新旧动能转换重大工程的重大决策，瞄准未来矿业智能化发展方向，启动以三山岛金矿为试点的“国际一流示范矿山”建设，并在2020年底前按照“绿色生态、本质安全、技术领先、效益最优、社区和谐”的建设目标，全面实现矿山数字化、网络化、智能化、信息化，这对于山东黄金真正建成国际一流矿山具有重要示范作用。

（四）从发展着力点上，始终坚持问题导向补齐了制约发展的系列短板

山东黄金推进“十三五”战略规划的过程，也是向着“海外业务拓展停滞”“科技研发投入较低”“发展后劲不足”等短板问题全面发力的过程，比如利用与国际知名投行的频繁沟通获取更多信息，与巴理克黄金公司开展全方位合作，双方共同运营的阿根廷贝拉德罗金矿效益连年增长、社区关系持续稳定，而其项目更大意义在于，通过与全球著名黄金公司合作，打开了通往国际化发展、全球性布局的大门，提升了企业在全球黄金市场的知名度，同时锻炼培养了国际并购团队、投后运营团队，为今后国际化提供了必备条件。再比如科技研发投入方面，建立科技创新体系和技术职务体系，组建深井开采、充填、选冶三个重点实验室，瞄准主攻方向，结合矿山实际问题，开展大量卓有成效的技术指导及研究性工作，有望在“十四五”初期升级为国家级重点实验室，这将为企业进一步破除发展障碍、激活内生动力提供重要支撑。

（五）从文化引领上，坚持培育和提升了与国际化战略相匹配的文化竞争力

进入“十三五”以来，山东黄金更加重视企业文化建设，坚持战略先导与文化引领“同频共振”，

充分发挥企业文化对战略落地的协同作用，在充分继承和发扬的基础上，对企业文化体系进行了深化拓展，形成了以新的企业精神、核心价值观、文化定位、理想目标为主要内容更加规范统一的企业文化体系。新的体系建立后，又强力推进文化宣贯工作，组织开展山东黄金“矿工节”、纪念集团成立20周年等文化活动，充分利用参加第26届全球金属与矿业大会、与巴理克黄金公司考察互访等契机，加强企业文化、可持续发展、社会责任等方面深度交流，推动了山东黄金文化进一步走向世界。

（六）从责任落实上，得益于旗帜鲜明地加强政治建设，毫不动摇地坚持党的领导、加强党的建设

几年的运行实践证明，山东黄金的运营更加高效，主营业务更加突出，国有资本保值增值能力明显提升，“十三五”战略规划推进顺利，各项工作呈现持续向好态势，得益于企业旗帜鲜明地加强政治建设，毫不动摇地坚持党的领导、加强党的建设，得益于深入学习党章党规和习近平新时代中国特色社会主义思想及系列重要讲话精神，牢固树立“四个意识”，扎实开展“三严三实”专题教育、“两学一做”学习教育等，突出抓好“主体责任”“第一责任”“一岗双责”落实，旗帜鲜明讲政治、顾大局，时刻在思想上政治上行动上同以习近平总书记为核心的党中央保持高度一致。

（七）从思想理念上，强化组织领导和整体统筹谋划确保了战略执行不走样

山东黄金在各个战略谋划和实践阶段，准确把握政策文件精神和企业发展需求，坚持围绕主线，着力破解发展瓶颈，将改革的过程变成谋划对策、破解难题、推动工作的过程，在加强党的建设、企业运营、改革发展和人才强企等方面积极实践，适应了国企改革新形势；针对改革伊始决策执行、压力传导方面的欠缺，主要领导高度重视，亲自主抓，带头推动，通过强化组织领导，整体统筹谋划，动员并确保尽可能多的人员参与到重大改革、重大决策部署的讨论和执行，缓解了改革“上热下冷”“不推不动”的严峻现状，实现了“要我改”到“我要改”的良性转变，为战略按计划方案有序推进营造了良好的氛围。

五、结语

评价一个企业的战略创新成果和经营发展水平，是多维度、综合性、全方位的。当前，山东黄金产金量排名在持续提升，但成本、效益指标仍明显落后于国际一流企业，另外还存在海外运营能力、国际人才储备、资本收益水平较低等诸多短板，综合竞争力亟待进一步提升。“十四五”时期，山东黄金要在坚持党的领导下把国有企业做强做优做大，就要紧扣高质量发展这个核心，坚持以世界眼光、全球视野、国际标准，严格按照中央和山东省委、省政府对国有企业提出的“打造世界一流企业”的要求去规划未来，着力培育一流的资产、一流的研发、一流的人才、一流的文化，不断缩小与世界一流黄金矿业企业的差距，才能创造出更多无愧于历史、无愧于时代的辉煌业绩，为新时代现代化强省做出更多更积极的新贡献。

成果创造人：陈玉民、李国红、王立君、赵克文、奚凤群

科研院所以集成创新驱动的产业链延伸战略实施

中建材蚌埠玻璃工业设计研究院有限公司

中建材蚌埠玻璃工业设计研究院有限公司（以下简称“蚌埠院”）是1953年中华人民共和国第一批成立的全国综合性甲级科研设计单位，是国家高新技术企业。2000年加入中国建材集团有限公司（以下简称“中国建材集团”），并改制成立中国建材国际工程集团有限公司。2004年，蚌埠院将工程服务主营业务分离给中国建材工程集团有限公司，由此，蚌埠院成为存续企业。

在工程服务主业分离之前，蚌埠院拥有建筑材料行业、轻纺（日用硅酸盐）、建筑工程、环境污染治理专项工程的设计和工程总承包、工程咨询等甲级资质及对外经营权。主业分离之后，通过集成创新体系建设，蚌埠院逐渐确立了高端化、绿色化、智能化、国际化“四化”发展战略和大力发展“三新一研”（新玻璃、新材料、新能源和中央应用研究院）产业的产业发展方向，通过战略、组织、管理和技术的融合集成创新，成功实现了科研院所的战略转型，企业的经营效益和发展质量得到了快速发展。2019年，蚌埠院总资产130亿元，实现主营业务收入32亿元，利润总额2.5亿元。

蚌埠院集成创新科技成果转化体系建设走在了全国科研院所的前列，打通了科技成果产业化的“最后一公里”，实现了由单一科研院所向高科技企业集团的华丽转型，成就了“中国玻璃集大成者”的辉煌传奇。

一、科研院所实施集成创新战略驱动转型升级、产业链延伸建设背景

（一）存续企业寻求出路的现实需要

主业分离之后，蚌埠院面临严峻挑战：优良资产剥离导致资产规模及质量明显降低；剩余的业务发展后劲不足，盈利能力降低；再加上所处地理位置的劣势，难以吸纳人才、留住人才，面临着人心涣散、人才批量跳槽的严峻局势。作为有50多年历史的转制科研院所，在建材行业具有一定社会影响力，如果任其自生自灭，既会产生不良的社会影响，也会对上市主业形成冲击。要从根本上解决这些问题，就必须探索新的发展道路，以更广阔的视野，立足长远，拓展新的发展空间。

（二）转制院所可持续发展的必然选择

2000年前后，国内行业科研院所大部分由事业单位转为企业，推向市场，自负盈亏。失去了国家拨款的科研院所一度举步维艰，相当一部分院所选择“研究开发+技术转让”的发展模式，通过研究开发转让技术获取收益，勉强在市场中生存。但这种发展模式使得院所在企业化过程中，常常过于追求短期经济效益，难以持续开展核心技术研发，更难以实现创新成果的产业化、规模化，结果往往导致重经济

效益和应用型研究、轻社会效益和基础研究的片面发展格局，使得科研院所逐步丧失传统的技术优势。

蚌埠院在主业剥离之后缺乏资质，不能继续走工程设计和工程总包的发展道路，而传统科研院所的发展存在弊端。为此，蚌埠院结合行业发展趋势，对企业的发展道路进行了科学谋划，充分利用蚌埠院50多年的基础条件和优势，将发展的主业定位在擅长的技术领域，聚焦新玻璃、新材料、新能源和中央应用研究院的产业发展方向，通过技术集成创新，将产业化作为科研开发的主要目标，打通新玻璃产业链，探索转制科研院所向科技型企业可持续发展的道路。

（三）抓住外部发展机遇的战略选择

新一轮科技革命和产业变革与我国加快转变经济发展方式形成历史性交汇，国际产业分工格局正在重塑，而战略性新兴产业代表新一轮科技革命和产业变革的方向，是培育发展新动能、获取未来竞争新优势的关键领域。因此国家高度重视战略性新兴产业的发展，在中国制造2025、一带一路、长江经济带等国家宏观战略中均明确将信息技术、新能源、新材料、高端装备、生物医药、航空航天等产业列为重点发展方向。在国家决策部署引领下，中国建材集团围绕自身发展特点，将新型建材、新型房屋、新能源材料“三新”产业作为企业转型升级、实现可持续发展的有力抓手，形成了现代产业体系，培育出发展新动能。

蚌埠院围绕玻璃新材料主业，大力发展的信息显示材料、新能源材料、应用材料等产业，不仅是信息显示、新能源、半导体、航空航天、深海探测、生物医疗等战略性新兴产业不可或缺的关键功能材料，也是中国建材集团着力培育发展新材料产业中的重要组成部分，具有良好的发展环境与发展潜能。

二、科研院所以集成创新驱动转型升级、产业链延伸的内涵和主要做法

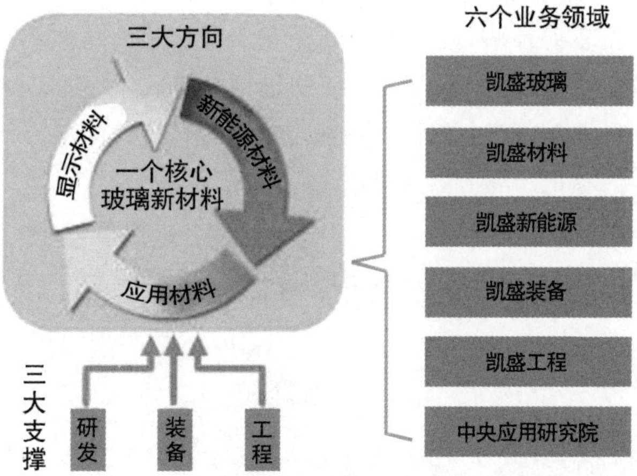

图1　凯盛科技“1336”战略思路

时任中国建材集团董事长宋志平提出科研院所向集成化、产业化、工程化、国际化转型的四化战略。按照中国建材集团整体战略部署，根据凯盛科技集团有限公司（以下简称“凯盛科技集团”）的“1336”发展战略（见图1），蚌埠玻璃院确定了坚持围绕玻璃新材料“1个核心”，坚持自主创新、科技创新、研发高端产品的核心战略，以战略、组织、要素集成创新为支撑，重点发展信息显示材料、新能源材料、应用材料“3个方向”，持续强化科研开发，做大做强新玻璃、新材料、新能源、中央应用研究院“4个业务领域”的战略思路，继续抢占产业科技高地，目前已经初步形成信息显示材料、新能源材料、应用材料“并驾齐驱”的良好产业发展格局，探索出了转制院所适应市场竞争的一条成功发展道

路。主要做法包括：

（一）企业集成创新的先导-战略集成

在中国建材集团的战略引领下，蚌埠院深入分析市场和行业状况，对起步早的企业进行跟踪，分析国内外新兴产业发展的新形势，结合自身技术、管理、人才特点和经济文化背景等，确立“突出主业、转型升级、做大做强”的发展战略，依托现有技术储备和人才资源，发挥专业特长，围绕产业链部署创新链，以技术集成创新为引领进行超前战略布局。

1. 战略集成的基本原则

一是坚持市场导向，突出主业。要坚持围绕“新玻璃”主业、“有所为有所不为”的原则，只有“专而精”，才能在市场竞争中立于不败之地。二是坚持集成创新，科技领先。企业以技术创新为主要驱动力。但是面对瞬息万变的市场，刚刚走出困境的蚌埠院还难以承受原始创新的巨大投入，而集成创新同企业生产和管理的关联度更高，更容易找到切入点，有的放矢地进行效果也更明显。蚌埠院作为玻璃行业的技术领军企业，始终以国际视野的高度，坚持科技领先，引领整个产业技术的发展。三是坚持善用资源，产业带动。新兴产业是企业新的发展方向，蚌埠院需要利用一切可用的政府资源、技术资源、人力资源、自然资源、渠道资源、金融资源等，快速成长，以点带面，进一步带动上下游产业链发展。四是坚持创新链、产业链、资金链三链融合，互动发展。蚌埠院结合企业自身技术基础，进行产业布局；围绕产业布局，开展技术研发，根据产业情况，确定合适的资金需求量，选择合适的筹资方案，再以研发成果促进产业化进程，反过来以产业化推动研究开发，再以产业化收益或其他资金保障科技创新和产业化顺利实施，形成创新链、产业链、资金链融合互动的发展模式。

2. 战略集成的路径选择

蚌埠院以玻璃为主业，采用技术领先战略，开发具有高附加值的前沿技术，抢占市场先机，通过广泛募集研发经费、自有资金、政府补贴等各种资金，开展科技成果转化体系建设；以玻璃技术为基础，围绕产业化的目标开展课题立项，以自主研发为主，引进领先技术进行集成创新，联合攻关；针对产业化需求，开发配套装备、控制系统等产业化核心要素，延伸上下游产业链，从而保证企业技术和产品的双领先优势，确保产品具有广阔的市场前景（见图2）。

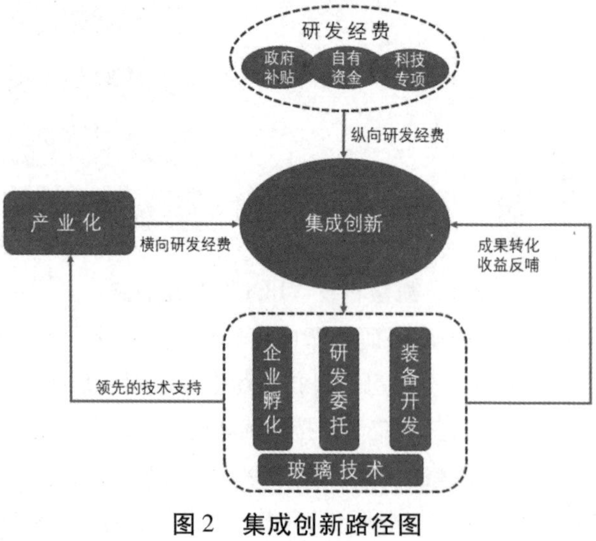

图2　集成创新路径图

3. 战略集成的产业布局

面对传统玻璃产业普遍产能过剩的现状，蚌埠院不仅在提升改造传统玻璃产业方面不断进行新技术研发，比如大吨位、高品质、低能耗浮法玻璃熔窑技术、玻璃熔窑全氧燃烧技术、烟气脱硫脱硝技术等。更重要的是，蚌埠院还注重发展新型玻璃产业，赋予玻璃更多的功能，比如电子信息显示产业用超薄显示玻璃、光伏产业用基板玻璃、盖板玻璃，建筑节能产业用镀膜玻璃等等。以这些为突破口，推动以新型玻璃自主核心技术为支撑，向光伏产业、信息产业、新材料产业等新兴产业延伸。经过艰辛的探索，蚌埠院确定了“新玻璃、新材料、新能源”的新兴产业布局（见图3）。

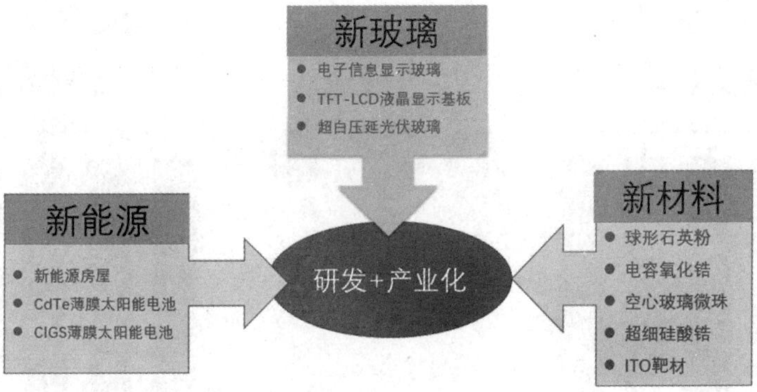

图3　蚌埠院产业布局图

（二）企业集成创新的载体-组织集成

中国建材集团为推进管理整合，以蚌埠院为核心于2014年成立了凯盛科技集团，成为中国建材集团做实做精做强新玻璃、新能源、新材料高端科技产业的管理平台、融资平台和整合平台。凯盛科技集团成立后，蚌埠院相继将产业化的新玻璃、新材料、新能源、新装备业务和资产划入凯盛科技集团的相应业务平台，分别将超薄触控玻璃产业划归中国洛阳浮法玻璃集团，将新材料产业划归安徽华光光电材料科技集团，有力支撑了这两个集团的业务转型和升级发展。蚌埠院将部分产业和资产划入凯盛科技集团后，又回归到了以科研开发、产业孵化及制造服务等业务为主的中央应用研究院。一方面通过研究开发和成果转化，持续实现自身的高质量发展，另一方面，通过新玻璃、新材料、新能源技术的研发和孵化，为凯盛科技集团和中国建材国际工程集团提供了强有力的技术支撑。

为使企业的组织架构与发展模式相适应，蚌埠院在结合企业的技术选择和产业布局的基础上，设立科技管理部和企业管理部。科技管理部按照院发展战略，对外衔接国家、省级科技主管部门申报国家、省级科技项目，对内沟通协调技术专家委员会、院研发部门，确立技术发展路径规划，协调项目论证、立项、研发、管理等过程，到产业化过程中对研发环节问题的反馈和解决；企业管理部承担了设立新公司进行成果产业化，再到产业化过程中管理水平提升，发现产业链上下游商机，反馈院领导适时调整发展战略。整个产业链与创新链形成了PDCA的闭环良性循环，不仅提升了部门工作效率，同时增强了管理控制力。同时通过产业化收益反哺蚌埠院研发对未来巨有重要意义的前沿科技研究及共性关键技术（见图4）。

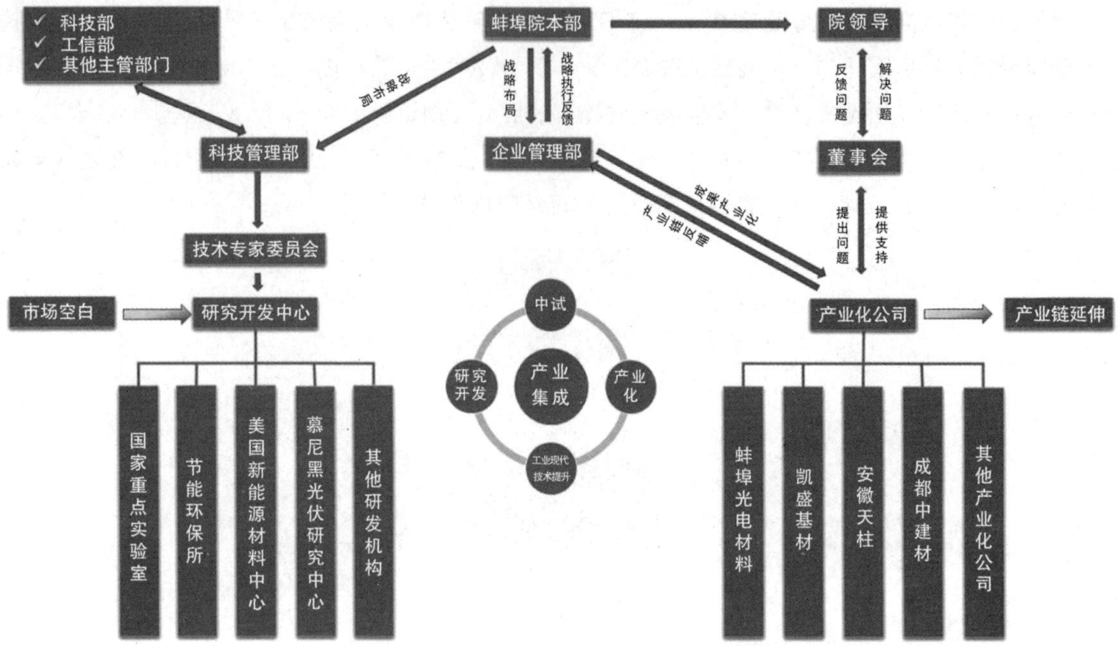

图4　科技成果转化的集成组织体系

（三）企业集成创新的核心-要素集成

1. 主体的集成

作为一家科研院所，蚌埠院始终将人才作为企业的核心要素集成。通过持续的“外引内聚”，蚌埠院现有博士14人、硕士111人，本科192人，其中具有工程师及以上职称的204人。包括中国工程院院士、国家海外高层次人才、人社部百千万人才、“十三五”国家重点研发计划项目负责人、“863”课题负责人、光华工程奖获得者、全国工程勘察设计大师、国际玻璃协会主席、国务院政府特殊津贴获得者、安徽省战略性新兴产业技术领军人才，人力资源结构不断得到优化。

蚌埠院建立了以人才资本价值实现为导向的分配激励机制。研发项目实行项目经理负责制，充分调动研发技术人员的工作积极性，高质量、高效率、高经济性地完成研发工作任务。在项目开发规定期限内能完成或提前完成全部开发要求或取得突破性、阶段性进展，给予项目团队和个人一定的奖励；同时建立科技成果转化收益分配和激励机制，以技术转让或者许可方式转化科技成果的，从技术转让或者许可所取得的净收入中提取不低于30%的比例用于奖励；采用股份形式实施技术成果转化的，技术成果作价出资设立公司或者开展股权投资时，可以从该科技成果入股时作价所得股份中提取30%用于奖励。

（1）科研成果产业化中的研发团队持股

蚌埠院承担了国家“863”高性能空心玻璃微珠项目，经过十余年的不断研发和改进，形成了一系列的自主知识产权成果。按照中国建材集团大力发展新材料产业的规划，为推进空心玻璃微珠研发成果的产业化，2016年7月，蚌埠院和研发团队持股的蚌埠飞扬企业运营管理有限公司合资成立了安徽凯盛基础材料科技有限公司（以下简称“凯盛基材”），主要从事高性能空心玻璃微珠研发、制造及销售，其中蚌埠院持股70%、研发团队持股30%，是中国建材集团实施国有企业混合所有制改革的试点企业之一。目前，凯盛基材用玻璃粉末法制造出来的空心玻璃微珠样品达到美国3M同类产品性能指标，处于国际先进水平，打破了国外对空心玻璃微珠的技术封锁。

（2）联合重组中的核心团队持股

中国建材集团大力发展新能源产业，为在太阳能光伏终端领域完成产业布局，抢占光伏市场，2010年，入股安徽天柱绿色能源科技有限公司（以下简称“安徽天柱”）。2011年10月蚌埠院增资，增资入股后蚌埠院持股72%，核心管理团队持股28%。2010年，蚌埠院入股之前，安徽天柱资产总额227万元、营业收入67万元，2011年入股当年资产总额、营业收入实现成倍增长，2016年产值突破亿元大关。安徽天柱依托蚌埠院资金、技术、管理优势，积极拓展光伏电站产业国内外市场、加大新能源研发，混合所有制的十年实现了质的飞越。

2. 财务的集成

（1）财务集中管理

蚌埠院通过财务集中管理，按照“统一、规范、集中”的财务整合思路，在蚌埠院体系内推行“财务人员集中管理、会计核算集中管理、资金集中管理、资产集中管理”，建立集中的财务信息管理系统和资金管理系统，通过整合资源盘活资金存量，集中融资，有效降低财务成本。一方面带出了一支守纪律、能干事、肯干事的财务队伍，同时加快了财务由“记账核算型”向“经营管理型”转型。

（2）全面预算管理

蚌埠院推行全面预算管理，覆盖了研发、供应、销售、财务、行政、人事各具体业务板块的每一个具体指标。预算工作每年11月初启动，在预算准备阶段进行业务调研和数据收集，形成预算假设，向下分解任务后，逐级、逐项沟通，最终向上反馈汇总确定。一方面有助于全院从上到下人人都理解目标、明确导向、形成合力，另一方面让全体员工都直接或间接参与进来，充分吸取了各方意见，根据最贴近一线的信息优化了决策，有助于达成全面共识。

3. 知识的集成

有别于其他科研院所，蚌埠院所有的研发活动都是以产业化为目标。根据“做蛋糕理论”，不是有多少鸡蛋和面粉，再去做多大蛋糕，而是要做多大蛋糕，就去找多少鸡蛋和面粉，彻底打通科技成果落地“最后一公里”。

（1）以产业化需求开展创新要素整合

在研发平台方面，蚌埠院先后建设了浮法玻璃新技术国家重点实验室、玻璃工业节能技术国家地方联合工程研究中心、国家级博士后科研工作站、安徽省院士工作站、硅基材料安徽省实验室等18个国家级和省部级创新平台。其中，坐落于蚌埠院自主建设的产业孵化园区内的浮法玻璃新技术国家重点实验室，是我国玻璃领域多学科融合交叉的开发研究平台，具有高度的产业化特征，已成为蚌埠院的核心研发力量，实现了从研发到产业化的空间距离最小化。

在研发机构方面，先后组建了功能玻璃所、薄膜技术所、慕尼黑光伏研究中心、美国新能源材料研究中心等研发机构，同时推进下属各分子公司分支研发机构的建设，完善了研究开发体系。

（2）建立以首席科学家制为核心的研发机制

蚌埠院在研发中实施首席科学家制。由中国工程院院士、国家海外高层次技术人才担任项目首席科学家，带领研发团队开展共性技术、关键技术应用基础研究以及核心装备、生产控制系统等成套装备的研究开发，并且参与成果转化的各个环节。蚌埠院开发的TFT-LCD（Thin film transistor liquid crystal display，薄膜晶体管液晶显示器）液晶玻璃基板项目在成都建线，首席科学家全程参与，为成果的成功转化提供了可靠的技术支撑。

（3）以产业化目标开展成套技术开发

在课题的选择上，蚌埠院根据战略发展需要，以产业化为目标，根据需要的产品开发相应技术。根据蚌埠院的产业布局，围绕成果产业化的需求进行生产工艺、配套装备、控制系统、生产线设计等产业化技术突破；将开发的技术进行计算机建模，通过软件模拟进行技术检验和改进；利用开发的成套技术和装备建成中试线，进行产业化试验，为成果产业化提供可靠技术方案。例如，蚌埠院在超薄电子信息显示玻璃基板技术方面具有多年的技术储备，瞄准国内玻璃基板的厚度极限，由于开展的技术瞄准的是国内空白，无经验可以借鉴。在原有多年的玻璃生产线设计和建设的基础上，进行玻璃生产工艺、生产线设计以及控制系统等产业化技术突破。通过多角度、全方位、贴近实际生产的系统性创新，不仅能够提升产业的科技含量，也缩短了产业化的时间，为打造整套科技成果转化体系奠定了基础。

（4）围绕产业链开展产学研合作创新

一是通过产学研合作方式，联合知名高校院所、行业优势企业进行联合创新。联合美国新泽西理工大学、清华大学、北京大学等国内外多个高等院校建立了研发合作体系，合作突破关键技术。如蚌埠院与浙江大学、武汉理工大学等多家科研院所和行业领军企业共同申报“十三五”国家研发计划重点专项，合作完成高世代电子玻璃基板和盖板核心技术开发及产业化示范。二是联合行业技术领先的优势企业，利用各自优势，资源共享、协同发展。蚌埠院在 TFT 液晶玻璃基板方面具有多年的技术和经验积累，与国内具有产业化领先优势的河北东旭集团合作，集成双方优势资源，强强联合，开发出的液晶玻璃基板的专有生产工艺技术和装备达到国际先进水平，成立合资公司成功量产 4.5 代 TFT-LCD 玻璃基板，打破了国外的技术封锁。

4.技术的集成

蚌埠院作为中国玻璃硅基新材料技术和产业的领军企业，创造了民族玻璃工业技术发展史上的数个领先和中国第一。

（1）自主集成深耕新玻璃技术

太阳能光伏玻璃从无到有。由于光伏玻璃核心技术长期为法国圣戈班、美国加殿安和英国皮尔金顿等大公司所垄断，我国光伏玻璃在 2005 年前全部依赖进口。针对我国光伏玻璃产品及制造技术的空白，蚌埠院在关键技术上开展研发攻关，集成和应用国家科技支撑计划及国家标准《平板玻璃工厂设计规范》的研究成果，成功开发了“卡脖通路”结构的“宽液流成型工艺”技术、“一段式 ppm 级石英砂微铁浮选工艺”技术，使我国光伏玻璃产业从诞生到成为全球第一只用了短短 4 年。

高品质浮法玻璃由弱到强。2005 年前，我国用于高级轿车挡风玻璃的高端浮法玻璃品种，全部依赖进口。与国外技术相比，国内浮法玻璃在质量和能耗方面存在明显差距。蚌埠院完成的“十一五”国家科技支撑计划课题“浮法玻璃微缺陷控制与高效节能关键技术研究”，开发出全新结构的节能型玻璃熔窑，形成了中国浮法玻璃微缺陷控制的独特技术，使我国高品质浮法玻璃技术达到国际先进水平，打破国外技术在高端浮法玻璃市场的垄断，推动我们浮法玻璃产业的技术进步与结构优化及节能减排。

超薄信息显示玻璃领跑国际。超薄触控玻璃作为电子信息显示产业的关键战略材料，工艺技术复杂，生产难度极大，长期被美国、日本公司垄断，对我国信息显示产业发展以及国家战略安全造成严重影响和制约。针对上述现状，蚌埠玻璃工业设计研究院从 20 世纪 90 年代起开展原料提纯、玻璃组分及配方、新型熔化、超薄成形等关键核心技术与装备的科技攻关，成功实现了具有自主知识产权的 1.1 ~ 0.12 毫米全系列产品的工业化连续稳定生产，屡次刷新世界纪录，打破了国外的技术封锁和市场垄断，引领中国玻璃迈向产业高端。

（2）并购投资开发高应变点玻璃、药用玻璃技术

2014 年，蚌埠院收购了圣戈班旗下德国阿旺西斯有限公司，获得了铜铟镓硒薄膜太阳能电池（Cu-

InGaSe 薄膜太阳能电池，以下简称“CIGS 薄膜太阳能电池”）配套高应变点玻璃专利技术，而国内高应变点玻璃开发方面目前尚属空白，高应变点玻璃专利技术也属于并购范围。蚌埠院利用高应变点玻璃专利技术，在蚌埠建设一条 GIGS 薄膜太阳能电池用高应变点玻璃生产线和一条镀钼导电玻璃生产线，实现配套产品国产化，有效降低 CIGS 薄膜太阳能电池生产成本，产品供给日本 SOLAR FRONTIER、德国阿旺西斯等 CIGS 薄膜太阳能电池制造商，高应变点玻璃项目荣获 2018 年度安徽省科技科学技术进步奖一等奖，目前蚌埠院正在制订《薄膜太阳能电池用基板玻璃》国家标准。

凯盛君恒药用玻璃项目既是国务院国资委重要的扶贫项目，也是中国建材集团实现结构调整、转型升级的一个高科技产业项目。2016 年 11 月，中国建材集团委派所属凯盛科技集团与河北君恒药玻对接合作，利用蚌埠院在玻璃制造领域的技术积累及国际资源调配能力，2017 年 6 月点火试运行，凯盛君恒成功生产中国首片高品质中性硼硅药用玻璃，是国内唯一采用国际先进“全氧燃烧”熔化技术和丹纳法成型工艺实现中性硼硅药用玻璃管量生产的企业，产品质量达国际一流水平，实现了我国中性硼硅药用玻璃产业的固链补链强链，2020 年 9 月荣获“中国国际工业博览会大奖”。

（3）合资开发 4.5 代 TFT-LCD 玻璃基板技术

2008 年 6 月，蚌埠院紧跟国际前沿、瞄准市场需求，踏上 TFT-LCD 玻璃基板技术自主创新的攻坚路，当时蚌埠院开发出的薄电子玻璃达不到 TFT 的标准，只能在一些小的液晶模组上使用。中国第一个在 TFT 玻璃基板“吃螃蟹”的民营企业东旭集团与其他公司合作建设 3 条生产线，为中国的 TFT 产业积累了技术经验，由于产品合格率不达标，企业经营步履艰难。2009 年 5 月，考虑到成都有京东方等液晶电视模组厂，东旭集团和蚌埠院合作在成都建设了首条 4.5 代 TFT 玻璃基板生产线。2010 年 12 月 29 日，国内第一片 4.5 代 0.5mm 超薄玻璃基板下线。成都的 TFT 玻璃基板生产线几经工艺设备改造，成为目前国内合格率最高、效益最好的 TFT 玻璃基板生产企业，也使得美日企业出口到中国的同类产品降价 50%，打破了 TFT 玻璃基板的技术垄断。同时成都 4.5 代液晶玻璃基板的量产成功为升级到 G8.5 高世代液晶玻璃基板产品打下了坚实的技术基础。

（4）产学研合作集成开发 8.5 代 TFT-LCD 玻璃基板技术

蚌埠院利用已有 4.5 代 TFT-LCD 玻璃基板的技术基础，在“十三五”国家重点研发计划支持下，蚌埠院牵头浙江大学、武汉理工、北京工业大学、东旭集团、合肥京东方承担的“高世代电子玻璃基板和盖板核心技术开发及产业化示范”项目，经过 3 年多持续攻关，先后攻克了能够同时满足理化和工艺性能的玻璃基板化学组成与配方，创新开发出具有中国特色的铂金流道超薄浮法新工艺，实现了窑炉、锡槽、退火窑等关键装备的国产化开发。2019 年 9 月 18 日，中国首片 8.5 代 TFT-LCD 玻璃基板产品在安徽蚌埠正式下线，2020 年 6 月通过国内主流面板厂商阶段性认证，取得阶段性认证报告，预计 2020 年底完成全面认证，实现销售。

（5）引进吸收再创新铜铟镓硒、碲化镉薄膜电池技术

光伏产业实际上是玻璃产业的延伸。在太阳能薄膜技术领域，非晶硅是第一代，第二代则以碲化镉和铜铟镓硒等为代表。蚌埠院已围绕新能源业务进行了多年布局，形成了超白石英砂（采选）——太阳能电池用减反射超白盖板玻璃——晶硅组件—新能源工程及新能源房屋产业链，蚌埠院具有参与光伏电站建设和自建电站运营能力，但缺乏具有国际领先水平的电池组件制造工艺。

由于碲化镉太阳能电池的低成本和美国第一太阳能在商业上的成功，中国建材集团十分希望能突破美国企业的技术封锁。德国 CTF 公司研究碲化镉太阳能电池已经十几年了，碲化镉薄膜太阳能电池的实验室样品光能转化率达到 16%。为了攻克技术难关，中国建材集团所属中国建材国际工程公司收购了德

国 CTF 太阳能公司，并成立了碲化镉太阳能电池技术中心。2009 年蚌埠院利用 CTF 技术，在成都建设了世界第一条拥有自主知识产权工业 4.0 的年产 100 兆瓦碲化镉发电玻璃示范生产线，打破了国外的技术封锁，填补了我国没有规模化碲化镉发电玻璃生产线的技术空白。中国建材国际工程集团成功收购 CTF 公司的宝贵经验为蚌埠院下一步在海外收购和建立技术中心提供了指导。

铜铟镓硒薄膜太阳能电池由于制备成本较低，稳定性较高，成为目前最具有商业前景的大规模产业化薄膜太阳能电池之一。由于技术门槛较高，研发及产业化投入较大，2014 年为止，国内还未能有企业实现真正意义上的超过 100MW 以上规模的量产。中国建材集团与圣戈班集团保持着长期良好的合作关系，圣戈班集团所属德国阿旺西斯有限公司拥有领先的 CIGS 薄膜太阳能电池技术和工业 4.0 智能制造技术是较为理想的并购对象。因为蚌埠院已经进入薄膜太阳能电池领域，同时有生产耐高温玻璃的条件，中国建材集团决定由蚌埠院收购德国阿旺西斯有限公司，利用德国技术和人才资源优势，将德国打造成 CIGS 研发和中试基地。并购后，蚌埠院整合国际国内资源，第一步在蚌埠建设 1.5GW 产能 CIGS 薄膜太阳能电池生产线；第二步利用高应变点玻璃专利技术无偿使用权，建设一条 CIGS 薄膜太阳能电池配套高应变点玻璃生产线和一条镀钼导电玻璃生产线，实现配套产品国产化，有效降低 CIGS 薄膜太阳能电池生产成本；第三步在国内设立上海阿旺西斯子公司，培育一支本土化的技术团队，将德国先进的 CIGS 生产技术，迅速转移至中国，实现国内 CIGS 交钥匙工厂建设的高效率、低成本工程化。第四步根据市场情况进行项目复制，在徐州、眉山等地进行布局，快速扩大产能；第五步带动新能源电站、新能源房屋发展，打造垂直一体化新能源全产业链条。

三、科研院实施集成创新战略驱动转型升级、产业链延伸的实施效果

蚌埠院从一个发展举步维艰的存续企业，通过实施集成创新的科技成果转化体系建设，实现了跨越式发展，成为以技术和市场双引领的国家级领先型科研院所，走出了一条具有鲜明特色的转制科研院所发展道路。

（一）科技创新成果显著

截至 2019 年，蚌埠院累计获得国家科技进步二等奖 3 项，中国工业大奖 1 项，省部级科技进步奖 50 余项；累计授权专利 1700 余件，其中国际专利 197 件，发明专利 282 件；主持或参与制定标准共计 47 项，其中国家标准 14 项，行业标准 24 项，内容涉及新兴产业的多个领域（见图 5）。

蚌埠院开发的光伏玻璃“宽液流成形”工艺技术，良品率、能耗等技术指标均优于国外水平，成果获 2011 年国家科技进步二等奖；开发的新型玻璃熔窑技术，解决了生产高品质浮法玻璃微缺陷控制的世界性难题，成果获 2013 年国家科技进步二等奖；成功开发出变量熔化、等梯度温降成形、空间立体网状退火等关键技术与成套装备，攻克并解决了微波纹和翘曲控制等诸多难题，成果获 2016 年国家科技进步二等奖和 2018 年中国工业大奖。蚌埠院通过多年来的集成创新，研发生产出中国首片 8.5 代 TFT-LCD 浮法玻璃基板、世界最薄 0.12 毫米触控显示玻璃，通过集成吸收再转化，研发生产出世界最高光电转换率 19.2% 的 300 * 300mm 铜铟镓硒薄膜太阳能冠军模组、建成世界第一条 1200 * 1600mm 大面积碲化镉发电玻璃生产线，将中国玻璃成功缔造成为世界制造业的“中国名片”，助推中国玻璃产业在国际上由追赶型进入领跑型，得到习近平、李克强等党和国家领导人高度肯定。

图5　六年三获国家科技进步二等奖

（二）科技成果转化效果明显

蚌埠院聚焦三大主业，以研发创新为核心，以打造“拳头”产品为抓手，延伸信息显示材料、新能源材料、应用材料产业链，推动玻璃新材料产业稳健高质量发展。

1. 信息显示产业链

蚌埠院是国内唯一一家掌握超薄触控玻璃、高强盖板玻璃、TFT-LCD玻璃基板三大主流显示玻璃基板核心技术的企业，创造了国内外显示玻璃基板领域多项第一：研发并量产0.12毫米世界最薄的超薄触控玻璃，作为玻璃行业的唯一展品，在新中国成立70周年大型成就展上展示，获国家科技进步二等奖、2018年中国工业大奖、全国制造业单项冠军，目前全球市场占有率近30%。建成了国内首条4.5代TFT-LCD玻璃基板溢流下拉法生产线，国内市场占有率达到60%。主持承担的“十三五”国家重点专项8.5代TFT-LCD玻璃基板项目，实现我国高世代液晶玻璃基板零的突破，入选国资委“2019年十大创新工程”（见图6）。

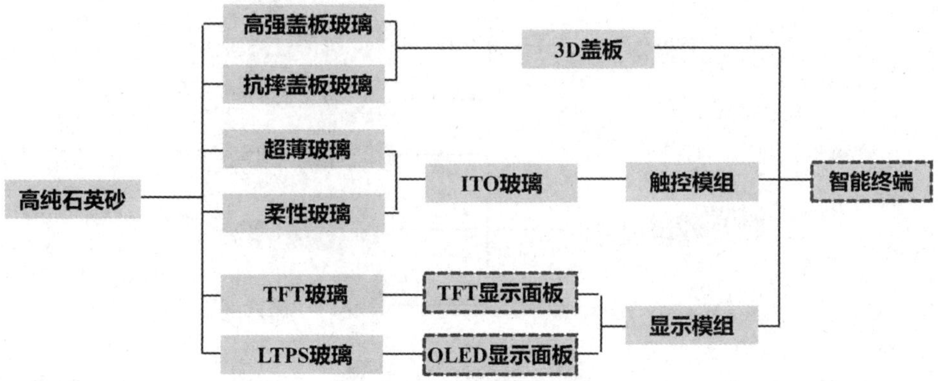

图6　信息显示产业链

2. 新能源产业链

蚌埠院主要开展太阳能光伏和光热发电所需的光伏盖板玻璃、光热玻璃、高应变点玻璃、薄膜太阳能电池等新能源材料技术研发与产业化，已完成从石英原料-新能源玻璃-薄膜电池-下游应用的全产业链构建。

新能源玻璃：自主开发的超白光伏玻璃核心技术与成套装备获2011年国家科技进步二等奖，开发的薄膜电池用高应变点玻璃核心技术与成套装备获2019年安徽省科学技术一等奖。采用自主知识产权技术在合肥建成投产世界最大“一窑五线”光伏玻璃生产线；在蚌埠建成投产国内唯一一条薄膜电池用高应变点玻璃生产线，产品成功出口德国、日本。依托蚌埠院的自主核心技术，目前凯盛集团超白光伏玻璃年产能达到7100万平米，全球排名第三。

薄膜电池：蚌埠院是国内唯一一家同时掌握碲化镉（CdTe）薄膜电池与铜铟镓硒（CIGS）薄膜电池核心技术的企业，并成功实现了薄膜电池的产业化以及规模化示范应用，2017年中国首条具有国际先进水平的碲化镉（CdTe）薄膜电池工业4.0示范生产线正式投产，成功下线单片面积世界最大1.92㎡的碲化镉（CdTe）薄膜电池，同年我国首条自主技术CIGS薄膜电池生产线在蚌埠成功投产（见图7）。

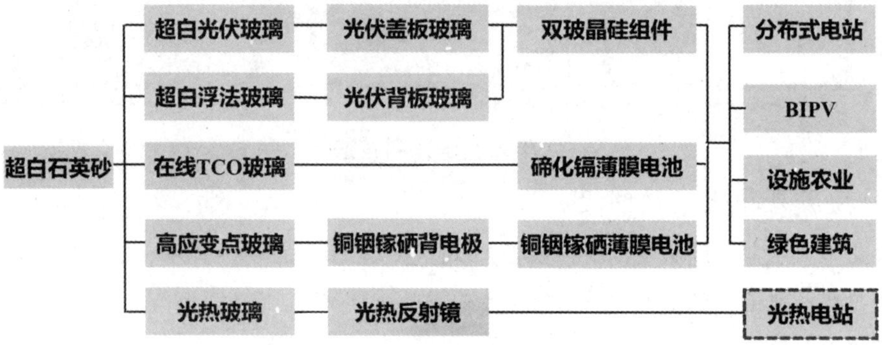

图7　新能源产业链

3.应用新材料产业链

硅基资源大力开展技术创新与资源整合，承担了安徽省科技重大专项，建成国内首条TFT-LCD玻璃基板用高纯石英砂生产线，填补国内空白；开展硅基功能材料梯级加工关键技术研发，生产低铁石英砂、高纯超细球形硅微粉、电工电子级硅微粉等产品。承担国家“863”计划，开发出具有自主知识产权的高性能空心玻璃微珠，产品成功应用于我国首台4500米级深海潜水器系统“海马号”上，科研成果产业化建成我国首条高性能空心玻璃微珠生产线，产品2019年又通过万米深海浮力材料实验测试。

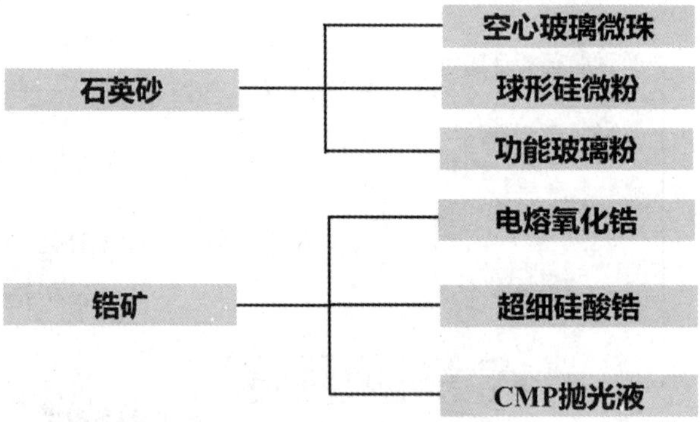

图8　应用材料产业链

抓创新就是抓发展，谋创新就是谋未来，要推进以科技创新为核心的全面创新。蚌埠院将充分发挥“创新是发展第一动力”的作用，围绕中国领先、世界一流的目标，综合开展技术、商业模式、管理、制度等全方位集成创新，对内形成研发、产业化衔接的协同创新攻关体制，对外打造与境内外高校、科研机构、企业等各类科研力量深度合作的创新联合体，形成创新链合理分工、产业链优势互补、价值链共建共享的良好格局，争创世界一流玻璃新材料科研院所。

成果创造人：彭　寿、魏如山、张　健、陶立纲、夏　宁、谢浏莎、胡华波、王小飞、陶天训、余　郦、曹　欣、钱学君、成惠峰、郝志云、程丽丽

高质量高标准培育世界一流企业 全面促进形成双循环新发展格局

国家发展和改革委员会市场与价格研究所

培育具有全球竞争力的世界一流企业是构建双循环新发展格局的重要一环，其能够夯实双循环新发展格局的微观基础。世界一流企业是世界经济舞台上第一方阵的企业，是一国综合国力和国际竞争力的体现，也是培育全球价值链“链主”和增强国际竞争力的关键要素。当前，我国一些知名企业具有成为世界一流企业的基础，但与世界一流企业相比还存在不少差距，要在明确世界一流企业关键特征和发展趋势的基础上，找出成为世界一流企业的核心基因，探索培育世界一流企业的可实施途径，充分运用国内国际两种资源，打造一批在全球产业发展中具有话语权和影响力的领军企业，为提升我国市场的高效性、活跃度、连通性和开放性提供有力支撑。

在世界经济舞台上，一国的经济实力和国际竞争力往往集中体现在市场微观主体的核心竞争力上，只有拥有一批有全球竞争力的世界一流企业，才能在世界经济格局中占据优势地位。因此，培育一批具有全球竞争力的世界一流企业是新时代中国社会主义市场经济发展的内在要求，更是构建双循环新发展格局的重要战略目标。

一、培育世界一流企业对形成双循环新发展格局具有重要意义

十九大报告提出“培育具有全球竞争力的世界一流企业”的目标。这一论断不仅为国有企业的发展指明了方向与目标，也为培育世界一流企业明确了方法与途径。全面推动世界一流企业培育，能够充分利用国内国外两个市场，实现全球范围内的资源最优配置，提升我国企业在世界范围内的话语权和影响力，突破关键技术瓶颈制约，扫除我国核心竞争力在战略性、前瞻性领域的桎梏，实现我国行业规则和技术标准制定方面从跟跑到领跑的关键跨越，最终培育全球价值链“链主”和增强国际竞争力，为实现双循环的新发展格局奠定坚实的微观基础。

（一）实现核心竞争力突破性提升，形成供求高水平动态平衡

世界一流企业在全球经济发展中发挥着引领、支撑和融合作用，具有一批世界一流企业，不仅是一个国家最亮的经济“名片”，更是衡量一国经济强弱的重要指标。培育一批具有全球竞争力的世界一流企业是新时代中国社会主义市场经济发展的内在要求，是我国经济走向高质量发展阶段中后期的重要标志，也是国有企业适应新时代、引领新时代的战略目标。

致力于世界一流企业的培育，能够促使企业聚焦主业发展，推动产业链、价值链关键业务的重组整

合。还能促使企业创新商业模式，加大结构调整力度，剥离盈利性较差且对主业发展支撑较少的业务和资产，加快从非主业领域、缺乏竞争优势的领域及一般产业的低端环节退出，增强企业核心竞争力。具体地，一是在相关领域引导企业实施价值链重组，聚焦聚力发展主业，进一步推动企业提质增效，全面提高劳动生产率。二是世界一流企业培育能够促进行业资源优化整合，在产业链上形成集成效应，构建新型产业生态系统，以整体产业生态参与市场竞争。三是世界一流企业培育有利于产业链资源整合，缩短研发周期、降低研发成本，大幅提升产业的创新能力。总体看，在培育世界一流企业战略目标的引领下，能够促使我国国有企业与产业链上下游及行业优势企业建立合资合作及战略联盟关系，稳定和扩大市场份额，提高研发投入效率，发挥规模经济和范围经济优势，化解产能过剩等结构性矛盾，最终实现有效供给、优质供给和高端供给，形成需求牵引供给、供给创造需求的更高水平动态平衡。

（二）全面激发形成高质量新动能，充分发挥超大规模市场潜力

当前，我国经济社会发展正在发生深刻而复杂的变化，国民经济运行总体平稳、稳中有进的基本面没有改变，然而支撑经济发展的动力正在经历新旧转换的“衔接期”和“阵痛期”。经济增速有所放缓，经济增长的新动能正在孕育。一方面，传统需求侧的“三驾马车”对经济增长的拉动作用在减弱，受资本存量上升和财政投入能力下降等因素影响，固定资产投资增速快速下滑，投资的效率大幅降低；受国际上贸易保护主义倾向加强和贸易增速大幅下滑影响，我国出口增速也有所放缓，国外需求对经济增长的贡献率下降。另一方面，供给侧的新动能仍在孕育中，增长点还未完全形成，新业态、新产品和新商业模式的体量还比较小，短期内难以弥补传统动力消退带来的影响。

在新旧动能转换的关键时期，培育世界一流企业，能够充分激发国有企业创新积极性。一方面，能够加快国有企业自主创新。国有企业创新实践中还面临着一些短板和瓶颈，如，关键核心技术受制于人的局面未得到根本性改变。而致力于创建世界一流企业可促使国有企业聚焦产业发展关键瓶颈，以全球视野谋划科技开放合作，推动科技成果转化。还能促使其把握数字化发展机遇，打造非线性的创新生态模式，实现生产组织创新、经营模式优化、核心技术升级和销售市场开拓，深入变革企业生产模式、管理模式、流程模式、交易结构等，实现价值链重构，最终转型升级和创新发展。另一方面，能够增强国有企业与民营企业的互动创新。“十九大”报告明确指出发展混合所有制经济是培育具有全球竞争力的世界一流企业的重要途径，通过这一路径可以将国有企业的优良传统和民营企业的创新基因优化组合，激活企业活力和创造力，在原料采购、产品销售等领域实现优势互补，共用市场网络，降低创新风险，扩大市场份额，进而能够打造出一大批具有中国特色、全球竞争力的世界一流企业。

（三）推动关键领域改革持续深化，增强市场高效性和活跃度

党的“十九大”报告提出要着力构建“三有”经济体制，其中最重要的支撑力就来自于世界一流企业，世界一流企业必然具有灵活高效的体制机制。因此，在打造世界一流企业过程中可以进一步打破体制机制束缚，充分释放国有企业活力，从根本上提高国有企业效率和对市场的反应灵敏度，让竞争机制、价格机制和供求机制更好的发挥作用。同时，可以改善市场主体竞争秩序不规范、供给结构不能有效对接需求结构、供给难以与需求实现动态平衡的状况，实现国有企业优化资源配置，刺激企业进行技术创新，不断提升在全球价值链中的位置，从而持续挖掘企业迈向全球第一方阵的潜力。

一是推动国有经济布局系统性优化。加快培育世界一流企业能够推进商业类和公益类两类企业的分类改革，通过改革促进国有资本向关系国家安全、国民经济命脉和国计民生的重要行业和关键领域不断集中，促使国有经济布局结构得到更深层优化，有力地扩大资本总量并激发资本活力，进一步放大国有

资本功能。二是实现国有企业运营机制整体性提升。加快培育世界一流企业，能够通过外部竞争压力倒逼国有企业不断提升内部生产和管理效率，为企业完善公司治理、建立灵活高效的市场化经营机制奠定基础。最终通过提升效率和促进革新，推动国有资本增长从要素驱动向效率驱动和创新驱动转变。三是促使国有企业管理体制突破性改革。通过世界一流企业培育可以着力破解体制约束，为探索创新激励约束机制创造更为宽松的政策环境。尤其在国有资本授权经营体制方面实现根本突破，在战略规划和主业管理、选人用人和股权激励、工资总额和重大财务事项管理等方面加大授权力度，最大限度减少对企业生产经营活动的直接干预，实现“管资产”到“管资本”的实质性转变，有效降低制度性交易成本，激发国有企业活力。

（四）对冲经济全球化逆流冲击，实现国际国内市场高效联通

培育世界一流企业，能够提升我国在世界产业链和价值链中的地位，促使我国企业“走出去”和践行“一带一路”倡议，实现国有企业深度参与国际分工，是促进国际国内市场融合畅通战略性选择。

一方面，加快培育世界一流企业，能够促使国有企业在变局中抓住发展先机，促使国有企业适应新一轮全球贸易投资规则，推动国有企业化危为机、危中求机、转危为安，在不确定性中寻找确定性，变不确定性为确定性，抓住不确定性中孕育的推动创新、实现变革契机，创新价值实现模式，拓展价值创造空间，实现更大价值增值。在更广范围和更深层次上推动国有企业开放发展，促进我国市场对外开放程度，进而使我国市场潜力在更大范围内释放出来，最终提升国内市场与国际市场的对接度和统一性。

另一方面，加快培育世界一流企业，有助于利用全球价值链规律提升我国企业国际竞争力，让我国企业主导全球产业链重构与市场规则设定，控制全球产业链高端环节，通过不断深入的全球化进程来布局和配置低端环节，持续挖掘具有市场成长性的业务，以全球价值链为引导，探索从高速发展走向高质量发展的有效途径。此外，加快培育具有全球竞争力的世界一流企业，还能提高我国企业的国际化经营能力和全球竞争力，更好地服务“一带一路”建设，树立良好国际形象，全面提升我国企业的外向竞争力，最终能形成国际国内市场融合畅通的良性循环。

二、世界一流企业往往具有“软硬兼备、求新求变、影响力深”的特质

世界一流企业是一个动态性、复合性兼具的概念。所谓世界一流企业，是指拥有极强的规模实力、国际化经营能力和核心竞争力，具备世界一流的技术水平、品牌影响力、管理水平、人才队伍和企业文化，在国际资源配置中发挥重要作用，对于所在产业发展具有较强的话语权和影响力，在全球经济舞台上处于第一方阵的翘楚企业（见表1）。

表1　企业和世界一流企业的概念比较

概念	主要内涵
企业	以盈利为目的，运用各种生产要素（土地、劳动力、资本、技术和企业家才能等），向市场提供商品或服务，实行自主经营、自负盈亏、独立核算的法人或其他社会经济组织。
世界一流企业	拥有极强的规模实力、国际化经营能力和核心竞争力，具备世界一流的技术水平、品牌影响力、管理水平、人才队伍和企业文化，在国际资源配置中发挥重要作用，对于所在产业发展具有较强的话语权和影响力，在全球经济舞台上处于第一方阵的翘楚企业。

资料来源：课题组根据相关文献整理得出。

综合国内外对世界一流企业的描述和相关企业的表现总结得出，经营绩效在全球市场范围内领先是

世界一流企业的重要基础，战略决策体系科学、内部管控规范、公司治理体系完善和人力资源显著能够培育企业的核心竞争力。而从动态视角观测，创新能力较强、国际化水平较高是其具有持续性增长进而拥有潜在增长力的关键所在（见图1）。

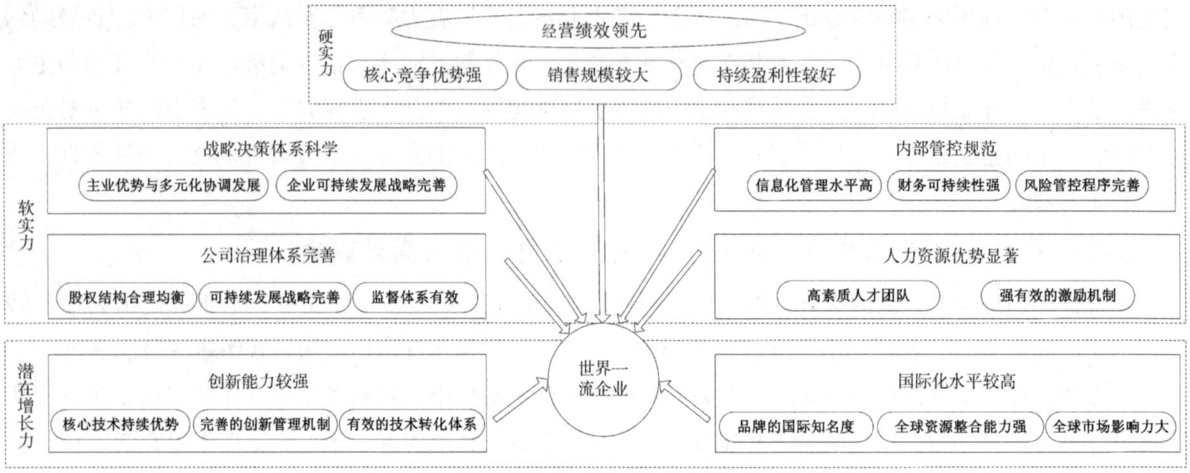

图1　世界一流企业的主要特征

资料来源：作者根据相关资料整理得出。

（一）硬实力雄厚

世界一流企业一般拥有庞大的资产和销售规模，核心竞争优势凸显，盈利能力较强。经营绩效在全球市场内占据领先地位是成为世界一流企业的重要基础。一是企业所提供的产品和服务具有核心竞争优势、可替代性较弱。具体地，是指企业具有进入多种市场的潜力，其能够引领市场需求，且其产品和服务的特性、经营模式和客户体验不易被竞争对手所模仿。二是企业具有规模庞大且长期稳定的销售额。2019年世界500强企业榜单中，前50位企业的营业收入占全部榜单企业的比例高达31%。三是持续盈利性较强是企业长期处于第一方阵的重要基础。2019年世界500强盈利榜前10位企业平均净利润率为24%，远远超过6.6%的平均线。这说明世界一流企业往往具有长期稳定的盈利性，能保证企业拥有较好的资源要素整合能力，持续发挥竞争优势。

（二）软实力卓越

世界一流企业除了拥有较强的核心竞争力，还拥有科学的战略决策体系、规范的内部管控体系、完善的公司治理体系、优秀的企业文化和显著的人力资源优势。一是科学的战略决策体系是企业发展的重要航向标，能够促使企业竞争中处于优势地位。其依据企业发展的战略阶段所提供的决策信息，包括行业机会、竞争格局、企业能力等，进而指出企业的各项战略部署。科学的战略决策体系能够顺利有效地实现企业的战略决策意图和目标，使企业持续保持核心竞争地位。二是世界一流企业具有完善的内控和公司治理体系，能为科学决策提供有力支撑。同时，世界一流企业也非常注重将优质企业文化渗透于日常管理中，持续提升内部管控效率。科学规范的内部管控体系是企业运营与战略目标顺利对接的重要保障，能将企业的战略目标贯穿于企业经营的每个环节，保持企业可持续的国际竞争力。规范公司治理是合理划分公司内部权责、保障公司高效运转的核心所在，其对公司保持合理的竞争力起到决定性作用。其主要通过强化董事会功能、优化公司股权结构和健全对经营者的激励约束机制不断完善公司治理体系，进而保障公司内部决策框架机制高效运转。三是优秀企业文化和显著的人力资源优势是企业挖掘其内部竞争力的根本所在。世界一流企业背后都有一批杰出技术、管理人才队伍，强有力的激励机制是发挥人才队伍优势的驱动力。优秀的人才队伍酝酿出的独特企业文化可以进一步提升企业竞争力，对企业长期经营业绩有着重大的正向激励作用。

（三）创新能力可持续

世界一流企业往往具有较强的创新能力。世界一流企业往往注重培育自身的动态发展优势，其不仅是当前处于国际市场中的领先地位，并且能够持续创新不断挖掘自身发展潜力，持续保持绝对竞争优势。通过创造新产品和新工艺来提升企业技术水平，并且能够通过改善企业组织结构、管理水平和创新管理模式等提高生产效率，进而使得企业在长期内具有增长潜力。欧盟委员会公布的《2018 年欧盟工业研发投资排名》显示，研发投入最多的 100 家企业中有 70 家位列世界 500 强行列，其平均研发强度为 8.3%。这种高强度的创新投入确保企业具有长期技术竞争优势，能够持续引领行业科技前沿。创新能力提升不只依赖于较高的产品和工艺自主研发能力，还依赖于企业内部创新管理体系，能够将先进的技术转化为生产力，进而引领市场需求，占据较大市场份额，最终使企业在激烈的市场竞争中处于不败之地。

（四）国际化程度显著

国际化程度较高是世界一流企业通常具备的特质。世界一流企业中除个别企业外，大多数企业的国际经济依存度都很高，一般都是跨国公司，具有世界性的投资、生产和销售网络。同时，世界一流企业在全球市场上有广泛的影响力，能够有效整合全球资源要素，最大限度降低生产成本、提升利润空间，在国际市场竞争中处于核心地位。这也能解释为什么世界 500 强中排名靠前的公司与世界上最大的 100 家跨国公司高度重合。联合国发布的《2019 年世界投资报告》显示，海外资产前 100 名的非金融企业中，有 86 家名列世界 500 强榜单，其海外资产和海外销售收入占比均达 59%。通过吸纳全球优质资源并高效整合，世界 500 强中的一流企业把价值链延伸到全球，成为全球竞争中的赢家。

三、我国世界一流企业数量超越背后仍存在深层次质量差距

我国已有不少企业正迈入或即将迈入世界一流企业的门槛，美国《财富》杂志公布的 2019 年度世界 500 强排行榜，上榜中国企业（含中国香港、中国澳门、中国台湾）数量达 129 家，首次超过美国。但深入分析世界 500 强一流企业的特征后发现，我国企业占据世界 500 数量榜首背后，仍存在深层次的发展质量差距。这不仅表现在规模、国际化程度、效率等这些量化指标上，更多表现在管理模式、核心竞争力、运营机制等质的方面。

（一）盈利能力短板仍存，根除大而不强痼疾还需时日

我国国有企业在规模增长上具有较大优势，而在企业效率、创新能力和竞争力的提高方面做的还远远不够，现实中很多企业没有处理好强与大的关系，一味通过兼并重组人为的“归大堆”“凑大个”，核心竞争力的加强没有与规模扩张相伴随，未能把握好企业发展壮大的本质内涵。究其原因，是由于没有处理好主业与多元化经营的关系，一些国有企业在多元化方面的步子迈的太大，企业自身的比较优势不突出，又轻易放弃自己熟悉并擅长的领域，贸然进入别人擅长的领域，没有巩固好自己的强项，盲目进行多元化经营。过度多元化容易导致业务领域过于分散，难以确保核心业务的持续盈利能力（见图 2、图 3）。

一是利润水平仍徘徊于平均线以下。我国世界 500 强上榜企业的平均利润为 35 亿美元，低于 43 亿

美元的世界500强企业平均水平。如果不计算银行企业，美国其他113家企业平均利润高达52.8亿美元，是我国其他108家企业的近三倍。

二是“亏损榜”与“赚钱榜”形成鲜明反差。在31家亏损的上榜企业中，我国占比最高，为39%。在最赚钱的50家上榜企业中，我国仅占24%。而美国在亏损企业榜只占19%，在最赚钱的50家企业榜中却占据半壁江山。这暴露出我国国有企业在提质增效方面亟待实质性突破。

三是规模持续扩张仍未填平利润沟壑。从1996年到2019年，我国上榜企业的营业收入规模增加了262倍，但与美国上榜企业的平均利润差距仍然高达78%。表明我国世界500强企业存在一定程度的“虚胖”，一味依靠兼并重组扩大规模的发展方式需要根本转变。

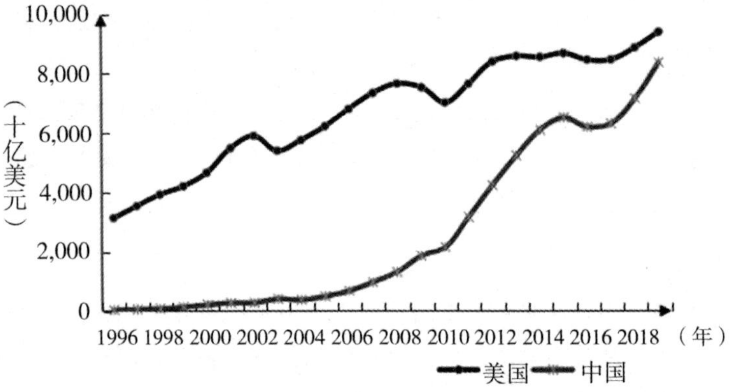

图2　中美世界500强企业营业收入对比

数据来源：《财富》世界500强榜单。

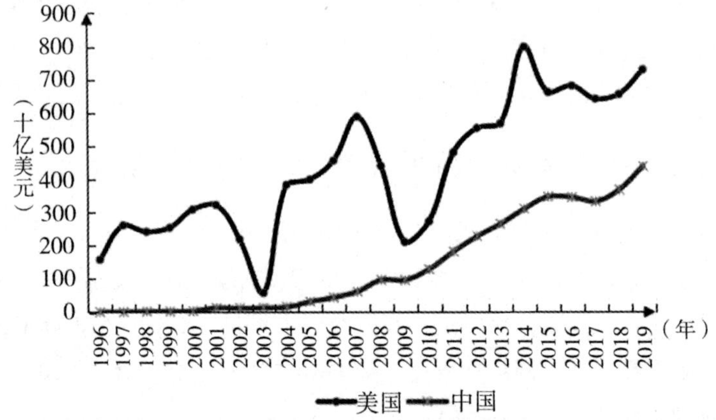

图3　中美世界500强企业利润额对比

数据来源：《财富》世界500强榜单。

（二）全面自主创新任重道远，科技含量及自主创新潜力尚待挖掘

从国际经验看，研发创新能力可以为企业提质增效、持续发展提供内在动力。没有技术优势，就没有销售规模和资产规模的扩大，具有全球竞争力的世界一流企业必然是极具创新能力的排头兵企业。国际专利等知识产权作为跨国企业发展的战略性资源，对于参与国际竞争合作、形成全球竞争力至关重要。虽然很多国有企业在技术创新能力上取得了长足进步，但仍未能建立起健全的技术创新体系与创新机制，关键核心技术方面的创新能力依然与一流企业相差甚远，还多以模仿式和跟随式创新为主。从数据中可以看出，即便世界500强中榜上有名的企业，其自主研发能力也严重落后于世界500强中的一流企业。

一是我国企业与全球创新排头兵相差甚远。我国上榜世界500强企业的自主研发能力严重落后于同行业其他世界500强企业。以电子电气产业为例，世界500强中的一流企业平均PCT专利申请数是我国上榜世界500强企业的266.9倍（见表2）。

二是前瞻性研发投入不足导致创新积累薄弱。2018年我国车辆与零部件业500强企业平均研发投入强度不到美国同行业企业的三分之一。我国企业在技术创新方面往往缺乏前瞻性布局，只关注当期技术收益，忽略技术研发投入积累，难以保证企业技术始终处于全球领先地位（见表3）。

三是内生技术不强导致关键技术存在“卡脖子”症结。我国上榜的500强企业大都存在重市场、轻研发的问题。关键设备和元器件受制于人、基础研究缺失、成果转化不足导致企业原始创新能力和技术整合集成能力欠缺。

表2　2018年世界500强中的国外企业与我国500强企业对比

行业	企业类型	平均PCT专利申请数（单位：个）
车辆与零部件	对标企业	237.5
	中国企业	1.6
电信	对标企业	33.0
	中国企业	0.0
电子、电气设备	对标企业	1，067.7
	中国企业	4.0
炼油化工	对标企业	18.1
	中国企业	6.7

数据来源：世界知识产权组织（WIPO：https：//www.wipo.int/）。

表3　各国2018年世界500强企业研发投入对比（以车辆与零部件行业为例）

国家	企业数	平均研发投入	平均净营业收入	平均研发投入强度
单位		（百万欧元）	（百万欧元）	（%）
德国	6	6528.1	108701.6	6.0
美国	2	6378.7	126058.6	5.1
日本	10	2610.8	61352.0	4.3
中国	5	513.7	29302.5	1.8

数据来源：《财富》世界500强榜单和欧盟委员会《2018年欧盟工业研发投资排名》报告。

（三）国际影响力差距悬殊，国际化程度及全球价值链整合能力有待提高

我国很多企业是从工厂制的基础上发展壮大起来的，随着多元化和国际化业务的发展，原有的经营模式可能不再适应企业长远战略的要求，也难以适应面对跨国公司的竞争及培育世界一流企业的要求。相比世界一流企业，我国企业在品牌的市场价值、影响深度和美誉度方面还存在较大差距。

一是国际化程度与世界一流企业存在天壤之别。我国企业在实施“走出去”战略方面，仅注重提高外销比例，增加对外投资，忽视提高运营效率和竞争力，在全球性竞争中的位势不强。《2019年世界投资报告》显示，中国企业海外收入占比只有美国企业的二分之一，海外人员占比仅有美国的四分之一，跨国性方面存在显著差异。

表4　500强企业国际业务开展情况的中美比较

国家或地区	上榜企业数	平均国外资产	海外资产/总资产	平均海外收入	海外收入/总收入	平均从业人员	海外人员/总人数
		（亿美元）	（%）	（亿美元）	（%）	（万人）	（%）
中国	6	647.2	31.3	234.7	21.8	2.9	11.2
美国	19	921.4	45.6	611.2	43.0	13.0	46.5

数据来源：《2019年世界投资报告》。

注：联合国贸易和发展会议（UNCTAD）发布的《2019年世界投资报告》给出了按海外资产排名的非金融领域全球100大跨国公司国际业务开展情况。其中，中国和美国分别有6家和19家500强企业上榜。

二是全球价值链资源整合能力不足。世界一流企业往往处于全球价值链的“链主”地位，能够通过将资本、技术、人力等要素进行最优的排列组合，产生最优的生产经营效益进而持续保持优势竞争力。而我国国有企业往往只是把握国际间生产要素大流动和产业大转移的机遇，利用国外资金、技术、网络等资源，通过与国际知名企业建立合资合作与战略联盟，加速自身发展。因此，通过价值链盈利的广度、深度和跨度严重不足。

三是我国企业的国际影响力不够。我国企业虽然能够在国际市场上拥有一定的份额，但在国际产业体系中无法参与到构建和改变国际市场竞争的制度环境中去，缺乏话语权、定价权、规则制定权等。其在全球价值链中的标准制定、组织协调、治理掌控等方面都存在短板，无法制定或改变游戏规则，进而不能干预和影响到未来的市场竞争秩序，在更长的周期内处于不利的竞争地位。

（四）管理体制和运营机制僵化，企业无法真正焕发内生活力和竞争力

我国具备一流企业特征的多为国有企业，而与世界一流企业相比，一些国有企业管理体制较为僵化，严重束缚了企业的发展，使企业无法真正焕发内生活力和竞争力，难以保持长期可持续的较高盈利能力。

一是股权结构不合理、行政化的管理方式及内部人控制等问题仍然存在，公司治理不完善，历史负担较重，集团公司层面的改革难以推进，集团管控和协同能力弱，使企业难以有效整合利用全球优质资源。此外，公司治理缺乏透明度，没有参加经营管理的投资者，特别是小股东对公司经营状况难以获得有效信息，知情权得不到应有的保障，难以真正体现“同股同权”。公司的执行机构也往往缺乏股东价值观念，不重视对投资者关系的管理工作，在管理层与投资者之间缺乏利益沟通机制。

二是没有形成强有力的激励机制，无法有效提升企业经营绩效。受多种因素影响，国有企业仍然被诸多条条框框限制，人才引进来、留下来和活起来的内部激励机制未真正建立，经营绩效也难以维持长期竞争优势。一方面，市场化用人机制还未全面建立。国企或事业编制的优越感和铁饭碗难以打破，市场化的选聘和激励机制难以建立。另一方面，对包含薪酬增长、职务晋升和股权激励的综合激励机制缺乏探索，无法实现市场化激励机制对人力资本的提升效果。激励不足导致企业管理者难以激发内生动力，劳动生产率提升缓慢，企业经营绩效不佳。

四是国有资产监督管理体制的越位、错位、缺位问题也对企业发展形成一定制约，严重影响企业的活力和竞争力，导致整体运营效率不高。从企业管理模式看，部分国有企业公司治理机制还未实现从行政型治理向经济型治理的转变，仍然需要向实际控制人层层请示。资源配置行政化、经营目标行政化和高管任免行政化的问题仍然大量存在。从企业决策效率看，层层嵌套的委托代理关系严重影响企业经营

效率，经营决策滞后于市场需求，不能对市场形势变化做出及时正确的回应，经营效益难以改善。

四、多措并举培育世界一流企业 促进形成双循环新发展格局

我国大部分具有世界一流企业潜质的企业都处于转型阶段，需要以“培育具有全球竞争力的世界一流企业”的目标为战略引领，实现从追求规模化增长到高质量的内涵式发展转变，在政策、体制和操作层面多管齐下，探索出打造具有全球竞争力的世界一流企业的中国路径，为促进形成双循环新发展格局提供有力支撑。

（一）化危为机 正确认识风险挑战

短期引导企业完善贸易摩擦风险对冲方案。集中对外向型企业开展调研，鼓励企业进行出口目的地结构性调整，有效应对效益下滑或亏损。储备相应政策工具，及时有效对冲短期集中冲击。中期做好企业海外经营合规培训。做好重点国家和地区风险调研分析，建立定期企业海外经营合规培训机制，进一步健全企业境外投资经营信用记录和黑名单制度，完善优化相应风险提示机制。长期搭建常态化企业走出去服务平台。利用“一带一路”倡议契机，为企业提供高质量走出去的框架与平台，引导我国企业增强品牌意识，积极拓展海外业务，构建全球价值链，提升国际竞争力。

（二）深化改革 持续激发国企活力

在国企改革上用实功。加快制定区域性国资国企综合改革试验实施方案，以混改为牵引器，系统推进国有企业治理结构、市场化薪酬体系、国资监管体制、国有资本运营公司等各项改革，加强国企改革的系统集成。扩大国企改革乘数效应，坚决打赢国有企业提质增效攻坚战。完善市场化的激励约束机制，落实国企领导人员差异化薪酬分配政策，打破企业工资总额限制，真正实现职务能上能下、人员能进能出、收入能增能减，在激励约束机制上向国际惯例看齐。在国企混改上出实招。全面加快混改进程，逐步推动混改局部试点向综合行动转变，推动混合所有制改革从浅层次“混”向深层次“改”转变，在四批试点基础上，放开范围、放大层次，出台更高起点、更高标准、更重实效全面推进混合所有制改革的实施意见。促使混改产业领域覆盖范围更广，层次由二三级公司向一级公司延伸。在总结和梳理试点经验教训的基础上形成混改综合实施方案，彻底改变国资一股独大局面。在优化布局上见实效。进一步推动国有经济向重要行业、关键领域和重点基础设施集中，聚焦主业、突出主业。支持创新发展前瞻性战略产业，加快处置低效无效资产，逐步清出主业不突出、业绩无改善、职能不合理的国有企业，剥离企业办社会职能。通过多种方式实施横向联合、纵向整合和专业化重组。在国资监管上下苦功。以国资委权力责任清单为基础，实现由“保姆式”向“清单式”管理的跨越。加快推进分类授权放权机制，加大对国有资本投资和运营公司两类公司试点企业授权力度，厘清职责边界，明确出资人权利边际、行为边界及企业自主权边界。以管控资本投向、优化资本结构、规范资本运作、提高资本使用效率和效益为重点，形成相对分离、相互制约和有机协调的权力配置结构和运行管理机制。

（三）补链强链 实现自主创新蜕变

努力突破战略性、前瞻性领域关键核心技术，以创新驱动为引领，加快建设以5G、大数据、物联网为代表的新型基础设施。积极培育能够支撑国家战略需求、引领未来科技变革方向、参与国际竞争合作的创新力量，加快核心产业技术攻关，积极填补国际产业链高端空白。以国内价值链为依托，加大培育中国“链主”企业和“隐形冠军”企业力度。依托信息技术助力企业跨越创新。以政策引导推进数字产业化和产业数字化，实现产品研发设计、制造和流通的数字化、集成化。以数字经济为抓手引导产业价

值链体系重构和价值创造环节再造，着力营造新产品、新技术、新商业模式融合发展的创新生态，实现价值链跨越提升。构建长效科技创新机制增强企业内生创新。彻底实现从“拿来主义”向自主创新的根本性蜕变，对重点优先发展的行业和“卡脖子”技术领域加大专项发展计划和项目资金支持力度，引导企业聚焦于前瞻性研发积累，对接行业发展与国家战略需要。以现代化产业集群为载体，实现产业链与创新链的融合发展。多措并举激发企业融合创新。加快推进优势产业和重点企业的价值链向深度和广度延伸，加快国有企业技术、业态、模式和管理创新。促进跨行业跨区域企业技术的嫁接融合，实现产业链上创新资源的战略性互补。

（四）提质增效 提升核心竞争优势

切实增强国企盈利的持续性。推动国有企业理念、目标、制度、标准、经营等全方位适应高质量发展要求，通过生产要素的合理流动和优化组合，以及企业间的并购重组，全面提高投入产出效率、劳动生产率和全要素生产率。加强资产负债刚性约束。引导和要求企业将资产负债约束纳入公司管理的重要考量，将资产负债约束与完善和优化国有企业公司治理有机结合。要求企业根据相应的预警线和监管线结合行业及自身实际，合理设定企业资产负债率和资产负债结构。将资产负债约束纳入国企常规公司治理的一部分以加强日常管理。切实提升国有企业生产率和盈利能力，最终增强内生资本积累能力。加大与世界一流企业的对标对表力度，找差距补短板，促进各业务单元的战略协同，推动资源、数据、客户信息的共享与价值挖掘。推进企业增品种、提品质、创品牌，大力提升产品服务质量、标准档次和品牌影响力。

（五）扩大开放 拓展国企“出海”空间

一是加快国有企业在更大范围、更宽领域、更深层次参与全球资源配置，进一步构建面向全球资源配置和生产服务的生态系统。提高海外市场份额，优化全球布局结构，形成国际竞争新优势。二是以“一带一路”建设为纽带，塑造以中国制造、中国创造为关键技术谱系的国际生产体系。以更加开放的理念和态度，在“一带一路”沿线国家积极引入国内价值链上本土龙头企业的品牌和标准，加快布局区域产业链体系。三是着力塑造我国企业在国际上的良好声誉。从全生命周期、全产业链系统优化工艺路线，着力提高资源利用效率，持续减少污染排放，提升安全环保水平，形成低消耗、低排放、高效率的产业发展方式。

（六）党建引领，夯实筑牢发展保证

一是以党的政治建设为统领，全面推进依法治企，加强和改进党对国有企业的领导。充分发挥国有企业党组织政治核心作用，加强党委领导班子建设，发挥好党委会在公司治理中的重要作用。推进反腐倡廉，落实“两个责任”。二是以“不忘初心、牢记使命”主题教育为抓手，推动习近平新时代中国特色社会主义思想大学习大普及大落实，要在学深悟透上下功夫，坚持以调研促学习，坚持学以致用。三是以国资委党委开展的“中央企业基层党建推进年”专项行动为载体，努力打通企业改革发展任务落地的“最后一公里”，全面推进“基本组织、基本队伍、基本制度”建设，不断探索、实践和创新党建与业务深度融合的模式。

成果创造人：刘泉红、王　丹、胡　飞

数字经济时代全球价值链重构趋势及中国对策战略思考

中国商务出版社

1990 年至今，全球价值链构建了全球范围内协同合作的生产网络，为全球经济增长带来了巨大红利。截至 2017 年，中间品贸易占增加值比重为 12.9%，全球价值链参与度相比 1995 年增长了 3.31 个百分点①。但是，自 2008 年全球金融危机以来，全球价值链增速放缓。尤其是 2012 年以来全球价值链参与率平均每年下降 1.6%（World Bank，2020），主要由于周期性和结构性原因导致价值链扩张动力发生了变化，引起全球价值链结构重塑。第一，世界金融危机之后，世界各主要大国 GDP 增速放缓，全球经济和投资增速下降导致贸易增长乏力。第二，多边贸易协定进展缓慢，缺乏全球性贸易政策红利，没有大型新兴市场加入带来新的价值链扩张动力。第三，以 5G、人工智能和工业互联网等技术为标志的数字经济时代已经来临。数字产品由于几乎为零的复制成本具有免费商品的特征，数字技术逐渐成为新一代通用技术，将同时在需求端和供给端成为重塑全球价值链的新引擎。

随着全球价值链区域化趋势加剧，中国已位于亚洲价值链枢纽位置，成为价值链“共轭”环流的中心（洪俊杰和商辉，2019），同时中国的出口国内增加值率逐渐提高，国内价值链与全球价值链互为补充和替代，加快内外循环的协调畅通迫在眉睫，也急需经济增长的新动能。2019 年中央经济工作会议明确提出“大力发展数字经济”，标志着数字经济发展成为中国经济的重要战略之一。2020 年以来，中央和地方开始频繁部署“新基建”“数据要素”和“数字平台监管”等一系列政策措施，将数字经济的顶层设计逐步落实到具体举措。根据中国信息通信研究院（2020）的数据显示，2019 年中国数字经济增加值规模达到 35.8 万亿元，占 GDP 比重达到 36.2%。在全球价值链重构的背景下，中国如何将数字经济作为驱动经济发展的全新引擎，夯实区域价值链中心地位，并实现我国在全球价值链分工中的“低端锁定”破局，这一研究问题具有重要的理论和现实意义。

本文与以下几条文献线索相关。首先，本文拓展了基于异质性企业假设的价值链理论的相关文献结论。Antras 和 Chor 等学者致力于采用经济学建模方式构建全球价值链理论。第一，领导企业的全球采购地点决策。Antràs 等（2017）发现生产率越高的企业越倾向于从多国进行采购，以便降低总生产成本。Antràs 和 de Gortari（2017）发现一国价值链中心度和下游度之间显著正相关，企业把下游阶段布局在蜘

①数据来源：根据 WIOD、WIOD2016 与 ADB MIRO 数据库测算的 UIBE GVC Index，测算方法参照 Wang 等（2017a），采用增加值前向分解框架进行分解。

蛛型价值链的中心国家，以便降低运输成本。Baldwin 和 Venables（2013）和 Tyazhelnikov（2016）也证实了运输成本为正使企业倾向于在某一国集中所有生产阶段，而非单独考虑各阶段的生产成本最小化。第二，全球领导企业的组织模式决策。Antràs 和 Helpman（2004）将公司按照生产力水平分为四种组织模式：国内外包，国内一体化，国外外包或国外一体化，生产率最高的企业是完全一体化的跨国公司。Antràs（2003）发现，劳动密集型行业的供应商创造更高价值，领导企业倾向于外包；资本密集型行业中技术或资本价值较高，企业更倾向于纵向一体化。Antràs 和 Chor（2013）提出序贯互补和序贯替代两种组织模式选择方式，分析领导企业对价值链上下游供应商的组织模式选择条件。

其次，本文基于数字经济发展理论框架的相关文献进行进一步归纳和拓展。第一，近期文献对数字经济的内涵与外延进行了清晰界定。OUP（2017）将数字经济定义为通过互联网媒介和电子商务平台进行的商品和服务贸易，包括支持性基础设施、电子业务流程和电子商务交易等三大部分。UNCTAD（2017）从企业层面将数字经济界定为包括信息通信技术（ICT）企业和数字企业。第二，数字经济发展需要配套政策体系加以保障。减少数字化非竞争性带来收入不平等的最直接手段是财政政策，尤其是税收政策（王勇等，2020）。通过广泛的市场准入鼓励竞争，加强数字平台监管，打造公平竞争的一般性营商环境（Lanz 等，2018）。通过支持亏损抵免 R&D 税收等向初创企业倾斜的政策（Ferencz，2019）或小企业创新研究 SBIR 计划降低数字化企业的准入门槛（Ferracane 和 van der Marel，2018）来鼓励数字技术创新。以信息为中心全面来打造数字政府（GSMA，2016），以政府采购方式来购买数字化硬件和服务（UNCTAD，2017）等。

最后，本文丰富了数字经济影响全球价值链的影响机制的相关文献。第一，数字经济的贸易成本效应。数字经济降低运输成本，但距离的影响依然存在（孙新波等，2019）。线下零售需求、文化差异与高度本地化的社会网络（Hampton 和 Wellman，2003）依然是在线交易的重要影响因素。数字经济使信息成本大幅度降低到甚至接近于零（Goldfarb 和 Tucker，2019）。数字创新还大大降低了创新成本。IT 技术同时降低了生产，管理和交流新知识等入门成本（何大安，2018），下游成本和扩展成本，但是却增加了发明成本。因此，成本曲线呈现固定成本提高，边际成本逐渐趋近于零的水平线特征（Eaton 和 Kortum，2018）。第二，数字经济的生产率提升效应。数字公司通过网络效应来创造价值（Brouthers 等，2016）。数字技术将传统的线性供应链改造成以数据分析为核心的一体化供应链生态系统（GVC Development Report，2019）。李捷等（2017）证明了使用信息技术的密度高导致制造业的全要素生产率提升。第三，数字技术加强价值链模块化趋势来提升生产率。数字技术在非数字部门普及异质性标准和协议来提升价值链模块化程度，使得传统行业更容易通过离岸外包方式实现组织间和区域间协同，提升产业生产率（Sturgeon，2019）。

基于上述文献，本文的边际贡献主要体现在：从全球价值链空间布局、价值链长度与价值链治理模式三个方面出发来梳理数字经济发展下全球价值链重构的典型特征，并从要素禀赋、市场规模、地理距离和制度质量四个维度来构建数字经济影响全球价值链重构的理论分析框架，并提出中国数字经济发展来应对全球价值链重构的政策措施。

本文接下来的内容安排如下：本文的第二部分分别从价值链空间分布、价值链长度和跨国公司主导下的价值链治理结构等三个维度来梳理数字经济下全球价值链重构的典型事实，第三部分从要素禀赋、产业关联、空间布局和制度质量四个方面分析数字经济对全球价值链重构趋势的影响机制，最后在第四部分提出相关政策建议。

一、数字经济下全球价值链重构趋势的典型事实

数字经济下全球价值链的重构可以通过三个关键维度来进行刻画：价值链的空间分布、由价值链业务分散程度决定的价值链长度以及跨国领导企业的治理模式①。首先，数字经济通过同时影响贸易成本和各国比较优势对价值链空间布局产生深刻影响。其次，全球价值链长度取决于生产模块化、垂直专业化程度或产品创新程度，与前两者成正比，与后者成反比。最后，数字领导企业通过网络效应和技术创新分别从供给端和需求端两方面重塑价值链治理结构。

（一）近岸外包逐渐兴起，区域价值链趋势加剧

数字经济发展将导致全球价值链的空间布局具有明显的区域化特征。一方面，数字企业总部高度聚集于以美国为首的发达国家，几乎有三分之二的总部位于美国（UNCTAD，2017）。数字技术通过网络效应和产业集聚对传统产业进行数字化改造，大大增加区域价值链的向心力。另一方面，柔性生产与分布式生产推动微型工厂加速发展，定制化需求使得生产网络更加接近终端消费市场。传统的全球范围离岸外包逐渐转变为围绕最终市场来布局近岸外包，导致价值链布局更加区域化和碎片化。全球价值链在空间布局上具有明显的中心—外围结构，按照区域可分为中国领导的东亚价值链，德国领导的欧洲价值链，美国领导的北美价值链和其他区域。第一，中国主导的东亚价值链的区域化程度略高于区域外。2018 年，东亚价值链出口包含的区域内进口中间品增加值约为 55%。中国加入 WTO 之后逐渐取代日本成为了东亚价值链中心国家。《区域全面经济伙伴关系协定》（RCEP）将建立世界上最大的自由贸易区，进一步释放中日韩和东盟国家区域内贸易自由化红利，加强中国连接发达国家价值链与发展中国家价值链的枢纽地位。第二，欧洲价值链一体化和区域化程度最高。2018 年，欧洲国家出口包含的进口中间品增加值有 65% 来自区域内（World Bank，2020）。其中，波兰、匈牙利等中东欧国家加入欧盟提升了欧洲价值链区域化程度。第三，北美价值链全球化程度高于区域化程度。2018 年，北美价值链出口包含的区域内进口中间品增加值约为 40%。自中国加入 WTO 之后，区域外中间品贸易逐渐成为北美价值链的主导。但自 2018 年中美贸易摩擦以来，墨西哥和加拿大代替中国重新成为美国第一和第二大贸易伙伴，区域化程度重新加强。第四，拉丁美洲和南亚等区域的全球化程度均高于区域化程度。其中，拉丁美洲国家（不包括墨西哥）出口包含的区域内进口中间品份额为 26%。而南亚国家的全球价值链几乎完全依赖区域外贸易伙伴拉动，主要融入了东亚和欧洲生产网络，区域内中间品贸易占比仅为 3%。

（二）技术密集型行业的全球价值链长度变短，复杂价值链日趋收缩

复杂价值链是指跨境两次及以上的中间品贸易（Wang 等，2017a，2017b），其产品本质是“合同密集型”产品，例如数字产业各细分部门均具有复杂价值链特征，需要复杂的分工体系来统筹协调。但是在不完备契约假设下，价值链下游企业面临着上游企业不能按时保质保量履约的风险（Alfaro 等，2019），因此产业的技术密集度往往与其价值链长度成反比。复杂价值链的收入弹性相对较大，呈现比全球经济更为剧烈的波动幅度。1995 年—2017 年间，复杂价值链呈现与经济周期同向且更为剧烈波动的特征。1995 年—2000 年间，亚洲金融危机和互联网泡沫期间复杂价值链出现下滑。但当 2001 年—2008

①价值链空间布局与价值链长度具有一定相关性但本质不同。价值链更长的行业理论上可能分布在更加分散的国家或地区，但是部分业务流程相当分散的产业（例如纺织、电子或汽车产业）其大部分价值生产集中在少数发展中国家，而数字经济的总部集聚趋势使得数字产业同时呈现价值链长度较短和空间分布在区域内高度集聚的特征。

年间，中国加入WTO之后，全球经济复苏，复杂价值链出现快速扩张，占价值链总额比重大幅增加。2009年—2015年，金融危机之后全球经济复苏乏力，复杂价值链降幅最快（-1.7%）。2016年—2017年间，复杂价值链略有上涨，但受到贸易保护主义影响，未来依然有进一步收窄的趋势（GVC Development Report 2019）。

相比全球价值链而言，不同区域的复杂价值链具有明显差异化的变化趋势。第一，欧洲区域内复杂价值链的份额快速下降。以出口为例，2008年—2017年，区域内复杂价值链参与度从47.6%降至40.9%，复杂价值链主要依赖与亚洲国家的区域外分工（GVC Development Report，2019）。第二，北美复杂价值链转向区域内分工。2017年，北美出口贸易的区域内复杂价值链占比为40.9%，相较2000年下降了6.7个百分点。但以中美贸易摩擦为拐点，从全球化分工又逐渐开始转向区域内分工。第三，近年来亚洲复杂价值链的区域内份额超过了北美价值链。以出口为例，2017年，亚洲复杂价值链区域内参与度为43.9%，比2000年增加了5.4个百分点。在"一带一路"倡议的导向下，东盟取代美国成为中国第一大贸易伙伴，2020年1月—6月中国与东盟双边贸易总值达2.09万亿元人民币，占中国外贸总值的14.7%①。而北美和欧洲作为亚洲价值链区域外出口目的地的贡献度在下降。

随着数字经济发展，2008年以后价值链长度变短，复杂价值链出现收缩有以下几方面原因：第一，数字化在价值链下游为企业提供了去中介化的机会，使价值链治理模式由传统的消费者驱动或生产者驱动转变为平台驱动模式（Wu和Gereffi，2018）。第二，全球经济复苏缓慢，贸易保护与地缘政治摩擦等外生冲击导致贸易不确定性显著增加，复杂价值链由于跨境多次，上升的贸易成本产生放大效应，价值链长度持续收缩。第三，数字经济等复杂价值链产品需要公平的营商环境、透明的国内政策和深度贸易协定来保障合同执行效率和数据跨境流动，区域和双边贸易协定代替多边贸易协定也导致复杂价值链出现区域化特征。

（三）全球价值链治理的全新驱动力和轻资产特征

数字技术进步改变了全球价值链传统的生产者驱动和购买者驱动模式。第一，在供给侧，智能制造和自动化技术主导下即时制供应链（Just-in-Time Supply Chain）兴起。即时制供应链是指将高度自动化的制造效率与定制化的灵活性相结合，快速连接市场和供应链来适应高度差异化的客户需求。物联网和分布式生产等数字技术有助于及时将客户需求传递给上游供应商，确保按时交付产品（Rüttimann和Stöckli，2016）。即时制供应链将导致全球价值链出现两大变化趋势。首先，在空间上更加集聚。上游供应商通过快速响应市场需求来减少库存风险，如果供应商距离买方较远，下游的市场需求信号时效性将大幅下降（Pisch，2020）。位置邻近的替代机制是沟通效率，相同或相近的语言和文化也与供应链效率成正比。其次，治理模式更倾向于垂直型。即时制供应链需要上下游及时共享市场信息，如果领导企业持有独立供应商最优决策以外的库存，将导致供应链外部性，垂直型治理模式可以缓解契约不完全带来的履约风险，还可以保障知识产权，缓解跨国企业技术扩散的顾虑。

第二，数字平台成为全球价值链新的驱动力。以亚马逊、阿里巴巴和谷歌等为代表的数字平台已经成为新兴数字市场，将传统的价值链驱动方式改造成为平台驱动。数字平台作为中介促进生产者和消费者的在线交易，产生利润的关键在于数字平台存储、传输、处理和分析数据的能力。数字平台已成为新

---

①根据海关总署统计数据《2020年6月进出口商品主要国别（地区）总值表（人民币值）》等数据计算得到，数据来源：http：//www. customs. gov. cn/customs/302249/302274/302275/3188108/index. html，2020. 07. 14.

兴数字化市场，逐渐取代传统市场为消费者和生产者提供交易场所。价格作为“看不见的手”调节供求的功能也逐渐被算法取代。全球数字平台通过控制跨境数字贸易的交易数据，再利用算法对消费者需求进行分析和预测，指导供应商的生产行为，将从需求端推进全球价值链重构。

除了技术变革带来的治理结构变化之外，数字跨国公司在全球价值链中的国际投资模式也发生了显著变化，具有明显的轻资产特征。数字跨国公司可以通过在线市场而非商业实体实现全球销售，因此，数字企业的互联网依赖程度越高，获得相同国外收入所需的国际投资比重越低。数字企业按照互联网依赖程度从高到低分为四类：纯数字业务公司（互联网平台和数字解决方案提供商）、混合数字业务公司（数字内容和电子商务）、IT 公司和电信公司。这些细分部门的数字化程度越高，FDI 占比越少。根据 UNCTAD（2017）的数据（见图 1），纯数字业务跨国公司几乎完全在虚拟环境中运营，与市场的物理联系有限，国外销售额与国外资产比值最大。IT 跨国企业的比值略小于纯数字企业（1.8）。混合数字业务的跨国企业比值大大缩小（数字内容企业和电子商务企业均为 1.1），但仍大于传统行业（平均值为 1.0）。电信跨国公司国外销售占外国资产份额最低（0.9），因为需要庞大的电信基础设施投资来保障通讯覆盖广度与联通效率。

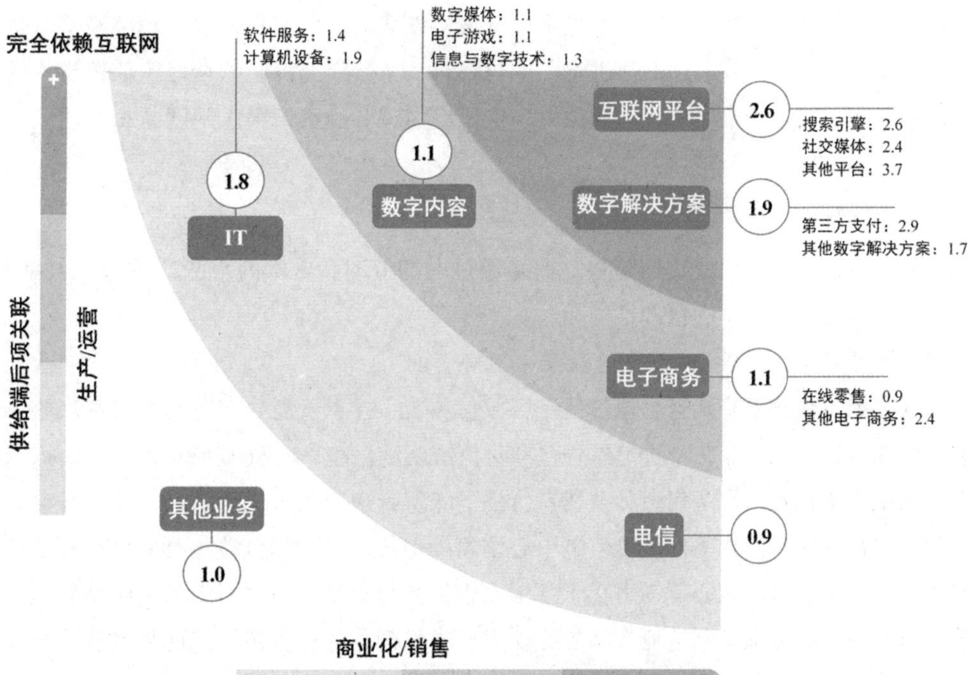

图 1　数字经济与其他行业企业国际收入与国际投资比值

数据来源：UNCTAD Report 2017，基于 UNCTAD 外国直接投资/跨国企业数据库，Orbis BvD 和 Thomson ONE 数据①。

相比美国等发达国家，中国在数字经济主导的价值链治理中存在以下问题：第一，在数据资源和数字平台上具有后发劣势。全球数字领导企业总部聚集于美国，其具有技术先发优势和已经积累完成的庞

①纯数字业务和混合数字业务企业包括 UNCTAD 排名前 100 家数字跨国企业中的 86 家（其中，互联网平台企业 10 家，数字解决方案企业 22 家，电子商务企业 14 家，以及数字内容企业 40 家）。IT 和电信企业包括贸发会议在 ICT MNE 前 100 名中排名的 96 家企业（其中 IT 企业 69 家，电信企业 27 家）。其他类别包括贸发会议排名前 100 名跨国公司的的 81 家从事非 ICT 行业的公司。

大数据，并进一步通过标准制定和声誉加强领导地位。而中国的数字企业被迫依赖数字平台领导企业主导的价值链，缺乏核心数字技术和海量数据资源，难以独立开发符合本国需求的数字智能产品。第二，建设领导性数字平台的制度体系欠缺。数字平台作为基于数字技术的新型市场，以企业指令方式承担市场职能，市场失灵和垄断加剧的风险增加。传统监管方式，如公开市场、最高限价、竞争性市场结构和垄断企业合作调查等措施往往会失效。如何保障数据和平台在公平竞争的环境下持续创造价值是当前中国数字经济制度构建的重中之重。

二、数字经济促进全球价值链重构的理论机制

本文基于 Gereffi 和 Fernandez-Stark（2019）构建的全球价值链治理理论最新框架来搭建数字经济促进全球价值链重构的理论机制。Gereffi 和 Fernandez-Stark（2019）将价值链治理理论和价值链升级理论纳入统一框架，将影响全球价值链发展的因素界定为投入产出结构、地理范围、领导企业与供应商之间的治理结构、参与 GVC 企业的升级路径、本地制度质量与利益相关者等六大因素。上述理论框架在实证文献中也得到了检验，Fernandes 等（2020）基于 Eora 数据库也证实了要素禀赋、市场规模、地理位置、本地制度质量、贸易与投资政策等几大因素是全球价值链发展的决定因素，也是数字经济背景下全球价值链重构的重要驱动力。本文将上述框架进行归纳与整合，将数字经济影响全球价值链重构的重要影响因素归纳为要素禀赋、投入产出结构、地理位置、价值链治理和升级、国内制度与相关政策等五大理论机制。

（一）要素禀赋

数字经济并非直接引起价值链重构趋势，而是通过改变劳动和资本的报酬比重引起要素结构变化，最终改变价值链空间布局、长度和治理结构。

1. 数字经济提升劳动生产率，促进外包回流和服务套利

第一，劳动力成本份额下降加速全球价值链区域化。数字技术发展导致劳动力成本在收入中贡献度下降，加速外包向发达国家回流，推进近岸外包和价值链区域化趋势（Acemoglu 和 Restrepo，2019）。同时，劳动者收入损失被机器人设备租金和消费者价格下降所带来的收入效应抵消，使得社会福利增加和市场规模扩大，也加强了我国作为区域价值链中心国家的地位。第二，自动化改变贸易利差结构，促进远程服务发展。全球化套利的核心驱动力在于各国比较优势与贸易成本之间带来的贸易利差。进入全球化套利的第三阶段后，一方面，制造业产品的劳动力成本份额下降，各国比较优势差异收窄，制造业可贸易性降低，国内价值链对全球价值链的替代性进一步加强。另一方面，服务业的劳动力份额受影响较少，相对急剧下降的面对面成本而言可贸易性反而扩大，发展中国家将继续发挥劳动力禀赋的比较优势，服务贸易将成为全球价值链未来发展的主要模式。随着操纵机器人的熟练工人的供给增加，还将大规模出现一国工人在另一国远距离通勤的服务贸易新业态，称之为远程移民（Baldwin 和 Forslid，2019）。

2. 数字化提升数字资本需求，加速区域价值链发展

第一，数字基础设施将成为区域价值链的关键推动力。宽带等数字连通性是提高全球价值链参与度的关键因素。数字技术增加了资本对劳动的替代率，数字经济发展需要在集中的地理范围内进行密集的资本和知识投入，因此将加大本国和区域内数字资本投资，加速区域价值链的形成。第二，数字化投资促使价值链治理模式趋向垂直化。数字技术等无形资产提升生产力的作用将呈现“J 曲线”效应，重构

价值链治理模式。领导企业由于加大数字资本投资而对价值链的控制力加强，供应商的话语权降低，导致治理模式逐渐演变为垂直型。

3. 新型数字技术对价值链的空间布局具有双向驱动力

第一，数字技术可能导致价值链空间分布同时出现近岸外包和再外包两大相反趋势。自动化等数字技术已经在美国、德国和日本等发达国家先行普及，中国近年来在“中国制造2025”的战略部署下开始了追赶型创新。一方面，自动化普及扩大了在地理上邻近最终市场的区位优势，从而增加了对靠近美国和欧盟的发展中国家的近岸外包需求，打造供给弹性更高的即时制供应链（De Propris 和 Pegoraro，2019）。另一方面，追赶型创新也将继续降低中国制造业产品的单位人工成本，从而促进再外包需求。价值链布局变化取决于这两种力量的对比。第二，分布式生产等数字化生产模式缩短价值链长度。3D 打印（增材制造）作为代表性数字技术要求实时执行从原材料到最终产品的所有制造步骤，意味着技术不可分割。分布式生产将破坏全球价值链的两个传统驱动力：劳动力成本套利和规模经济，降低了对有效技术规模（MES）的最低要求，加快跨国公司的生产决策从寻求效率的投资转向寻求市场的投资①。因此，以分布式生产为特征的小规模本地化生产网络兴起，区域内价值链长度变短。

（二）投入产出结构

数字经济对全球价值链参与的影响主要通过与国内产业的产业关联来传递，对接数字产业化和产业数字化来对传统产业实施数字化改造。

1. 数字经济对供给端的数字化改造创造全新价值来源

相对电子商务的网络效应和免费数字商品带来的消费者剩余增加，物联网和工业互联网等技术从供给端提升传统行业生产率，将更大幅度提升价值链附加值。数字化流程改造采用物联网（IoT）的传感技术以及云计算 SaaS 平台，将中小企业的硬件设备、软件以及数字化应用连接起来，实现供应链各个环节的数据联通和反馈，实时追踪客户需求，再基于大数据分析提升预测准确性，搭建现实生产和虚拟生产的数字化路径，从后向关联角度优化供应链管理，将生产力持续保持在效率前沿面。

2. 数字化技术改变了全球价值链的增加值结构

微笑曲线同时包含了价值链长度和空间分布两个维度。首先，物联网和大数据等数字技术提高了无形资产在价值链中的重要性，尤其是上游的研发创新和下游的市场需求数据分析，从而将增加值向微笑曲线两端转移。其次，自动化取代低技能劳动力提升了制造阶段的增加值，低附加值服务的商品化与制造业服务化共同导致曲线中心部分趋于平坦。最后，自动化和数字化改造导致生产率提高，使曲线整体向上移动，“微笑曲线”变为“浅笑曲线”。

（三）价值链治理和升级

1. 数字平台从供给端和消费端重构价值链治理模式

第一，数字平台模块化治理和分层模式鼓励全球范围内的开源创新。数字平台通过程序开源和平台分层来实现创新渠道多样化，避免将创新的负担完全寄托在平台领导者身上。平台分层还促使平台与其子平台之间保持协调和互补，强化了价值链在全球范围内地理分裂的动力（Sturgeon，2019；Pisch，2020）。

---

①不同国家间相对较小的资本成本差异也促进了跨国公司的投资目的从寻求效率和垂直专业化向寻求分布式市场转变（Laplume，2016）。

第二，数字平台也促进了以分销为导向的模式来组织大规模定制化生产，推进价值链区域化。例如，"淘工厂"平台通过在线平台直接对接消费者，再连接到多元化的本地生产网络，本地中小供应商通过在线平台对小规模市场需求进行快速反应（Schneidemesser，2019）。但是这类模式对市场的快速响应能力并非源于灵活的自动化能力，而是来自以数字市场为核心，具有在线营销能力的大规模中小供应商集群。其本质依然是购买者驱动型价值链，并未提供客户定制化供应链，未来也将继续朝着加强区域一体化生产的趋势发展。

2. 数字经济鼓励中小企业参与价值链，实现价值链升级

中小企业沿价值链升级的第一阶段始于与价值链形成初始连接，数字平台充分发挥中介机构的匹配作用，帮助中小企业将业务整合到在线平台上，迈出开展国际业务的第一步。在第二阶段，中小企业应当准确聚焦细分领域的核心技能，实现垂直专业化的能力突破。因此，以数字平台为核心打造产业链生态闭环，使中小企业致力于核心业务塑造，深度嵌入生产网络。到第三阶段，企业亟待提升学习和创新能力，数字平台的网络效应打破原有市场结构，在产业集群中实现技术创新。进入到第四阶段之后，中小企业开始寻求价值链治理结构重塑，将竞争优势转化为贸易利得。在线平台和数字系统通过对价值链供给端进行全面数字化改进，将构建全新的利润增长模式。

（四）地理距离

中间投入品贸易需要多次跨境运输，因此地理距离是塑造全球价值链形态的重要影响因素，直接决定价值链中的贸易成本。

1. 智能物流降低运输、仓储等系列成本来推动全球再外包

跟最终品贸易相比，全球价值链对物流绩效和运输成本更加敏感。一国物流绩效指数（LPI）得分越高，其全球价值链参与度越大。物流4.0作为数字平台主导的价值链生态系统的重要环节，将同时影响价值链布局和治理结构。智能物流大大提高了仓储对客户需求的响应速度，简化了货物交付的整体流程。自动驾驶汽车、仓库自动化、物联网（IoT）数字跟踪系统和大数据预测分析等尖端技术相结合不但能加快原材料和中间品向产成品转移的速度，还通过需求预测来提高从产成品向需求终端转移的效率。物联网通过实时跟踪货运来提高交付服务效率，将使运输和海关处理时间减少16%至28%（MGI，2019）。因此，物流4.0将大幅度降低地理距离对全球价值链布局的负面影响，是全球范围内再外包的重要推动力。

2. 数字经济缩小经济距离和文化距离，缩短价值链长度

除了地理距离之外，经济距离和文化距离是价值链中协调成本的关键影响因素。提高网络连通性将降低价值链的协调成本，从而缩短数字产业与传统产业关联的经济距离和价值链长度。同时，协调沟通成本下降还缩小了全球价值链参与者之间的文化距离，包括普及互联网和机器翻译。Fernandes 等（2017）发现中国内陆省份互联网使用率增加提高了内陆省份制造业出口商通过沿海省份参与全球价值链的份额。而 Brynjolfsson 等（2020）也发现 eBay 数字平台通过采用机器翻译（eMT）使出口增长了10.9%。

3. 数字技术降低面对面成本，远程服务发展大大促进再外包需求

数字技术还通过大幅度降低面对面成本来促进远程服务发展，服务的不可分割性进一步缩短价值链长度。视频会议技术、增强现实（AR）、虚拟现实（VR）与实时翻译技术的结合将大大促进国际远距离通勤。随着面对面成本不断降低，发达国家企业将通过远程雇佣发展中国家熟练劳动力来继续降低工

资成本。机器翻译也将成为在线劳动力供给的关键支持技术。Baldwin 和 Forslid（2019）发现全球以英语为第一和第二语言的潜在在线劳动力约为10亿，机器翻译可以将此规模扩大到2至3倍。根据《中国高等教育发展报告（2019）》的统计，截至2019年，中国高等教育毛入学率达到48.1%，基本实现高等教育普及化，将有极大潜力成为服务贸易在线劳务出口的巨大劳动力供给市场，在数字经济下开发全新的比较优势。

（五）国内制度与相关政策

本地制度、贸易和投资政策是全球价值链发展的重要影响因素。全球价值链的政策趋势分别是：国家干预政策加强，区域贸易协定逐渐代替多边贸易协定，各国贸易保护主义加剧，这将共同影响全球价值链的地理分布、长度和治理模式。

1. 国内制度是数字经济等复杂价值链发展的重要保障

第一，制度对合同执行的保障力度将对技术密集型价值链发展产生重要影响。一国制度质量更高，合同密集型行业的全球价值链参与度增长更快。同时，合同执行效率是持续鼓励和吸引高技术外商投资的重要影响因素。第二，规范的知识产权保护制度是鼓励本国生产网络持续发挥创新潜力的基础。知识产权和创新政策有利于保护创新和研发体系强大以及拥有大规模高技能劳动力的国家，促使价值链长度进一步缩短和治理模式趋近于垂直化。尤其对于技术密集型和知识密集型的数字领导企业来说，良好的知识产权保护政策和研发支持体系是决定其在东道国长期永续经营的关键。

2. 深层贸易协定促进国内政策与国际协议规制融合

在区域贸易协定日益代替多边贸易协定的背景下，区域价值链趋势将得到进一步加强。优惠贸易协议影响价值链布局主要通过两个渠道来实现：优惠关税和原产地规则。关税在中间产品多次跨境中产生放大效应，贸易协定成员国之间的优惠关税更有助于打造区域价值链。而原产地规则将限制贸易协定成员国在全球范围内自由选择中间投入品，引起贸易转移效应。深层贸易协定深层优惠贸易协议（PTA）与国内政策改革接轨有助于推动市场开放转向制度开放，推进国内政策与国际协议规制融合。对中国来说，加入深度PTA有助于促进数字经济的国内价值链与区域价值链畅通循环，推动中国向以制度创新为核心的高质量开放发展。

三、数字经济下加强中国作为区域价值链中心地位的政策建议

（一）加快积累数据生产要素的全新比较优势，保护数字主权和隐私

在数字经济时代，数据已经成为新兴的生产要素，是数字经济创造价值的重要来源。第一，加快将数据资源转化为数据资本和数据智能，积累数据要素的比较优势。通过将大量非结构性数据转变为具有预测价值的结构性数据，再采用算法和模型分析转换为数字智能，最后在政策、产业层面实现数字化应用，将中国互联网产业优势转化为数据要素的新型比较优势。第二，明确数字主权，建立明晰的产权制度。数据价值来源于控制权而非所有权。数字平台上产生的社交或交易数据，可以界定为集体数据所有权，即个人与平台共有。通过设立集体数据基金的形式进行管理，为进一步开发为数字资本明确权限。第三，保障数字安全，建立合理的隐私保护制度。数据从资源变为数据资本，需要建立在合法保障隐私的基础上。目前保障数据隐私逐渐成为国际共识，欧盟《通用数据保护条例》（GDPR）明确提出数字平台在搜集数据前必须明确告知用户数据保护规则，明确规定个人数据的使用方法。隐私保护相对滞后的国家和企业可能会被限制参与数字贸易。

（二）加快培养基于数字技术的远程服务人力资源

数字技术将成为通用技术，未来中国远程服务贸易发展需要大规模同时掌握数字技术和行业专业技术的高技能人才。第一，将数字技术作为基础技能列入高等教育培养标准。未来对数字技术人才的需求越来越大，仅靠企业培训和职业培训无法完全满足人才需求，因此，高校除了软件和计算机专业外，应当将数字技术作为通识培养目标，大规模培养兼具数字技术和专业技能的通才。第二，在数字经济时代构建终身学习的持久机制。数字经济时代，技术的快速迭代需要从业者具备终身学习意识。政府应当加强公共职业培训力度，鼓励国民培养在在职期间接受中长期再培训的习惯。例如制定不同行业和职业的再培训计划，为在职培训提供就业保险以便保障人员培训期间的生活费用等。第三，持续加强政府公务人员数字技能培训。具备数字技能的政府公务人员能够更好地理解企业在数字化转型中的需求并提供政策支持，应当为打造数字政府培养技术性政务人才。

（三）做好以数字平台为核心的价值链治理顶层设计

面对全球领导型数字平台的先进技术、网络效应和标准制定的优势，需要探索中国数字平台企业发展的差异化路径。第一，政府应当牵头构建数字基础设施和生态系统，弥合数字鸿沟。政府应当牵头推进宽带与网络硬件设施的连通效率提升，与本国数字龙头企业共同打造区域性创新平台和生态系统。第二，利用平台分层先行突破数字应用层面的创新。鼓励数字企业基于国际数字平台的开源标准来开发差异化的数字应用，满足中国企业数字化流程改造的需要。第三，在模块化价值链结构中深耕细分市场。在庞大数字市场的细分市场中不断培养隐形冠军，鼓励具有数字技术优势平台企业和传统行业龙头企业合作研发，加快数字技术对传统行业的渗透。

（四）构建保障数字市场规模和公平竞争的监管体系

第一，尽快明确数字平台的数字市场本质，扩大消费者剩余范畴来应对数字市场新型监管要求。数字平台以私营身份运营数字市场，数字商品具有免费商品属性，领导型数字平台也可能借助掠夺性定价方式通过低价逼退对手，传统的价格监管来限制垄断的方式可能失效。需要扩大消费者剩余的范畴，包括消费者隐私、个人数据保护、消费者选择、转换成本和锁定效应等，来考察数字市场是否因为寻租而伤害消费者福利。第二，保障在线交易的中小企业公平竞争。由于数字平台在价值链中的核心地位，依托于平台而交易的中小企业在价值链治理中缺乏话语权。平台可能通过算法等方式来控制数字市场供求，使得中小企业的利润受损，生存空间受到挤压，因此应当明确界定数字平台的网络效应，度量企业因为网络效应而导致的竞争压力。

（五）构建保障数字产业链发展的国内制度体系

第一，积极发展5G、智能经济、大数据健康服务新业态、新模式。鼓励各地试点建立数字经济创新发展试验区，以政府推动加市场检验的方式探索数字技术与传统产业结合的新型业态。第二，构建数字技术的创新系统。建立政府—研究机构—企业良性互动的产学研一体化区域创新系统，构建多元化创新主体来分担研发风险。第三，建立健全知识保护制度体系。引导数字技术研发重点从应用技术转向共性技术。开放创新前瞻计划，通过专属授权使得创新主体优先分享知识产权收益，提高创新主体参与研发的动力。

（六）全面打造以公平高效为特征的数字政府

第一，加强顶层设计，全面实现政府文件数字化。构建包括信息层、平台层和应用层的数字政务整体框架，解决信息“孤岛”、数据“烟囱”等问题，建立统一的政务数据共享和开放平台，实现数据互联互通。第二，建立跨机构信息共享平台，将政务数字资源加工成数字资产。基于政务数据开发和提供数字应用，尤其应当加大对科研等领域提供数据便利的力度，大力鼓励数字化技术的研发。第三，建立政府机构的数字化治理结构。建立跨政府部门信息共享平台，创新数字技能以实现软件系统、网站和应用程序联通，确定开放标准和数字内容系统解决方案，并构建衡量数字化服务客户满意度的评价体系和衡量标准。

成果创造人：郭周明

【参考文献】

[1]Acemoglu D,P Restrepo. Automation and New Tasks：How Technology Displaces and Reinstates Labor[J]. Journal of Economic Perspectives,2019. 33(2):3-30.

[2]Alfaro,L,P Antràs,D Chor,and P Conconi. Internalizing Global Value Chains：A Firm-Level Analysis[J]. Journal of Political Economy,2019,127,(2):508-559.

[3]Antràs,P. Firms,Contracts,and Trade Structure[J]. Quarterly Journal of Economics,2003. 118(4)：1375-1418.

[4]Antràs,P,and D Chor. Organizing the Global Value Chain[J]. Econometrica,2013. 81(6)：2127-2204.

[5]Antràs,P,and A de Gortari. On the Geography of Global Value Chains[J]. NBER Working Paper No. 23456. 2017.

[6]Antràs,P,T Fort,and F Tintelnot,The Margins of Global Sourcing：Theory and Evidence from U. S. Firms[J]. American Economic Review. 2017.

[7]Antràs,P,and E Helpman. Global Sourcing[J]. Journal of Political Economy,2004. 112(3)：552-580.

[8]Baldwin R. ,R. Forslid. Globotics and development：When manufacturing is jobless and services are tradable[J]. CEPR Discussion Paper No. DP14293. 2019.

[9]Baldwin R,and A Venables. Spiders and Snakes：Offshoring and Agglomeration in the Global Economy[J]. Journal of International Economics,2013. 90(2)：245-254.

[10]Brouthers K,K Geisser,F Rothlauf. Explaining the internationalization of ibusiness firms[J]. Journal of International Business Studies,2016. 47,(5)：513 - 534.

[11]Brynjolfsson E,A Collis,E Diewert,F Eggers,K Fox. Measuring the Impact of Free Goods on Real Household Consumption [J]. AEA Papers and Proceedings,2020. 5(110).

[12]De Propris L,D Pegoraro. Technological Disruptions and Production Location Choices[J]. The Changing Strategies of International Business,2019,1:221-240.

[13]Eaton J,S Kortum. Trade in goods and trade in services[M]. World Trade Evolution Growth,Productivity and Employment. Edited By Yan L,Yu M. Routledge,2018.

[14]Ferencz J. The OECD Digital Services Trade Restrictiveness Index[J]. 2019. OECD Trade Policy Papers.

[15]Fernandes,Ana Margarida,Aaditya Mattoo,Huy Nguyen,and Marc Schiffbauer. 2017. The Internet and Chinese Exports in the Pre-AliBaba Era[J]. Policy Research Working Paper 8262,World Bank,Washington,DC.

[16]Fernandes A M,H L Kee,and D Winkler. Determinats of Global Value Chain Participation：Cross-Country Evidence [J]. Policy Research Working Paper 9197,World Bank,Washington,DC. 2020.

[17]Ferracane MF,E van der Marel. Do Data Flows Restrictions Inhibit Trade in Services? [J]2018. ECIPE DTE Working Paper Series.

[18]Gereffi G & K Fernandez-Stark. Global Value Chain Analysis: a Primer[M]. Chapter 2 from Handbook on Global Value Chains. Edited by Stefano Ponte, Gary Gereffi, and Gale Raj-Reichert. 2019. Elgarblog.

[19]GoldfarbA., C Tucker. Digital Economics[J]. Journal of Economic Literature, 2019, 57(1): 3-43.

[20]GSMA. The Mobile Economy Report 2016. 2016. GSMA Group.

[21]Hampton K, B Wellman. Neighboring in Netville: How the Internet supports community and social capital in a wired suburb[J]. City & Community, 2003.2, (4): 277-311.

[22]Lanz M, A Lobov, K Katajisto, P Mäkelä. A concept and local implementation for industry-academy collaboration and life-long learning[J]. Procedia Manufacturing, 2018.23: 189-194.

[23]McKinsey Global Institute. Globalization in Transition: The Future of Trade and Value Chains[R/OL]. New York: Mc Kinsey, 2019.

[24] OUP. Digital Economy [R/OL]. Oxford Dictionary, Oxford University Press, Oxford, UK. 2017. https: //en. oxforddictionaries. Com / definition/digital_economy.

[25]Pisch F. Managing Global Production: Theory and Evidence from Just-in-Time Supply Chains[J]. SEPS Discussion Papers, 2020.

[26]Rüttimann BG, MT Stöckli. Lean and Industry 4.0—twins, partners, or contenders? A due clarification regarding the supposed clash of two production systems[J]. Journal of Service Science and Management, 2016.9 (6): 485-500.

[27]Schneidemesser L. Die New Manufacturing Initiative von Alihaha, Initiative[M]. IG Metall Monitoring during Digitalisierung in China Ausgabe, 6. Frankfurt: IG Metall. 2019.

[28]Sturgeon T. Upgrading strategies for the digital economy[J]. Global Strategy Journal, 2019(10). Available online.

[29]Tyazhelnikov V. Production Clustering and Offshoring[J]. Mimeo. 2016.

[30] UNCTAD. World Investment Report 2017: Investment and Digital Economy [R/OL]. United Nations Publication: Geneva. 2017.

[31]Wang Z, Wei SJ, Yu XD, Zhu KF. Measures of Participation In Global Value Chains And Global Business Cycles[J]. NBER Working Paper, 23222, 2017a.

[32]Wang Z, Wei SJ, Yu XD, Zhu KF. Characterizing Global Value Chains: Production Length And Upstreamness[J]. NBER Working Paper, 23261, 2017b.

[33]WDR Team. World Development 2020: Trading for Development in the Age of Global Value Chains[R/OL]. World Bank Group, 2019.

[34]WTO. Global Value Chain Development Report 2019. Technological Innovation, Supply Chain Trade, and Workers in a Globalized World. World Trade Organization. Switzerland: Geneva. 2019.

[35]Wu X., G Gereffi. Amazon and Alibaba: Internet Governance, Business Models, and Internationalization Strategies[J]. Progress in International Business Research, 2018.13: 327-356.

[36]陈万灵，郑春生. 中国高等教育发展报告(2019). 北京:社会科学文献出版社,2020.

[37]何大安. 互联网应用扩张与微观经济学基础——基于未来“数据与数据对话”的理论解说. 经济研究,2018,8: 177-192.

[38]洪俊杰，商辉. 中国开放型经济的“共轭环流论”:理论与证据[J]. 中国社会科学. 2019.1:42-64.

[39]李捷，余东华，张明志. 信息技术、全要素生产率与制造业转型升级的动力机制——基于“两部门”论的研究[J]. 中央财经大学学报,2017,9: 67-78.

[40]王勇，刘航，冯骅. 平台市场的公共监管_私人监管与协同监管:一个对比研究[J]. 经济研究,2020,3: 148-162.

[41]中国信息通信研究院. 中国数字经济发展白皮书 (2020 年)[R/OL]. http://www. aii-alliance. org/index. php? m=content&c=index&a=document_download&ftype=3&fid=1668&fno=0. 2020.07.01.

中国石化“一键加油”实现无接触安全服务

中国石化销售股份有限公司

2020年初，新冠肺炎疫情爆发之后，为保护顾客和员工健康安全，避免接触感染，中国石化在全方位做好加油站等经营场所疫情防控的情况下，紧急部署“一键加油”推广工作。近三万座加油站在现金及加油卡等传统加油方式的基础上，及时推出了电子钱包“一键加油”功能，提供一键加油，购物一键到车、一键到家等无接触安全服务，实现“加油不下车、开票不进店、购物无接触”，助力疫情防控及复工复产，履行社会责任，彰显央企担当。

一、成果背景

2020年3月15日，中国石化电子钱包“一键加油”在北京成功试点的基础上，实现全国推广上线。“一键加油”具有电子钱包充值、消费、开票、导航等功能，客户通过“中国石化加油卡掌上营业厅”APP、“中石化一键加油”微信小程序以及部分销售企业的APP注册登录后，开通电子钱包，绑定车牌并选择油品标号，选择加油站或导航到附近加油站，就可实现从订单下达到加油完成全部环节的线上操作，全程免加油卡、免下车、免现场开票，安全无接触，有效降低疫情传播风险。同时，“一键加油”也提高了加油站现场通过率，缓解了客户高峰期排队拥堵等问题。

（一）新冠疫情爆发，中国石化坚决履行央企担当，抓紧抓实疫情防控和油品保障工作

新冠肺炎疫情发生后，党中央将疫情防控作为头等大事来抓，习近平总书记亲自指挥、亲自部署，坚持把人民生命安全和身体健康放在第一位。在党中央领导下，国务院统筹协调，各地区各部门履职尽责，社会各方面全力支持，开展了疫情防控的人民战争、总体战、阻击战。中国石化坚决把思想和行动统一到习近平总书记重要指示批示精神和党中央决策部署上来，坚决履行央企政治责任和使命担当，三万多座加油站、两万多家便利店向社会作出“油品不断供、商品不涨价、服务不打烊”的承诺，一方面做好油品供应保障工作，另一方面做好疫情防控工作。

加油站人员流动性大，加上在经济社会发展、百姓民生需求中的地位特殊，是疫情防控的重要场所。为有效降低员工和客户的感染风险，坚决打赢疫情防控阻击战，中国石化紧急启动“一键加油”无接触服务推广工作。统筹各方面资源，攻坚克难，排除疫情设备部署、POS机具采购，油机升级的难题，组织技术、业务团队夜以继日，紧急部署了三万座站的“一键加油”推广工作，引导顾客使用线上支付，开具电子发票，满足客户无接触加油服务需求，落实社会责任。

（二）移动支付逐步普及，中国石化电子钱包“一键加油”也已试点应用

近年来，随着信息技术的发展，特别是微信和支付宝深入应用，移动支付在我国蓬勃发展并逐步普

及。出门不带现金、手机扫码支付早已成为人们生活中的一部分，不仅是大城市到处都可以使用移动支付，小县城的店铺、农贸市场也都贴满了付款二维码。另外，近年来，外卖、网购、共享、互联网金融、分期消费等行业，也在不断催生和做大移动支付。据艾媒网发布的《中国移动支付市场现状、规模及发展趋势分析》显示，移动支付已成为中国网民支付的主要方式。全球主要经济体中，中国国内移动钱包消费占比最高，其中电子商务消费中移动钱包消费占比达到65%。特别是疫情期间，为降低接触带来的感染风险，人们主动减少现金交易和刷卡交易，更多采用手机移动支付，实现无接触消费。

中国石化早在2005年就推出了全国加油卡，实现一卡在手、全国加油，目前发卡规模达到2.8亿张，是国内发行规模最大的预付费卡。但由于系统建设较早和保障顾客资金安全等原因，消费者在使用加油卡中，需要到加油站进行充值圈存、开票，手续繁琐，用户体验感有待提升。2018年，为满足顾客支付多样化、便捷化的需求，中国石化启动电子钱包项目工作，开发了通过客户手机端APP发起加油下单支付的电子账户，客户在车内下单“一键加油”，“免下车、免圈存、免开票”，加油过程节省了一半，全程不到三分钟，比用支付宝、微信支付更便捷，引领了加油模式潮流。在北京石油成功试点的基础上，2019年10月份开始逐步向全国推广。疫情发生后，为了客户和员工的安全健康，中国石化紧急部署、加速推广这一项目，迅速在全国范围内实现“一键加油”无接触服务。

（三）中国石化确立打造世界领先企业愿景目标，正不断加快转型发展、提升精准营销水平

2020年，中国石化统筹疫情防控和生产经营两大任务、境内和境外两大战场、守护员工健康和服务抗疫大局两大责任，全力保障油气供应，创新服务模式，加快构建以能源资源为基础，以洁净能源和合成材料为两翼，以新能源、新经济、新领域为重要增长点的“一基两翼三新”发展格局，努力实现更高质量、更有效益的发展，奋力打造世界领先洁净能源化工公司。

近年来，随着传统电商遇到增长天花板，加上消费体验始终不及线下实体店，这样，以互联网为依托，通过运用大数据、人工智能等先进技术手段，对商品的生产、流通与销售过程进行升级改造，进而重塑业态结构与生态圈，并对线上服务、线下体验以及现代物流进行深度融合的新零售浮出水面。中国石化拥有三万多座加油站，是国内成品油主要供应商之一，每天服务顾客超过2000万人次，具有强大品牌优势、线下流量优势以及资源优势，但仍然没有建立起线上线下相融合的生态圈。打造“世界领先”必须顺应时代潮流，加快转型步伐，推动线上与线下的一体化进程，使线上的互联网力量和线下的实体店终端形成真正意义上的合力，从而完成电商平台和实体零售店面在商业维度上的优化升级，同时，推动价格消费时代向价值消费时代的全面转型。“一键加油”就是中国石化开发的顾客通过手机APP下单，然后到加油站加油、购物的移动应用，真正实现了线上线下融合打通。

二、成果内涵

中国石化加油站推广“一键加油”无接触安全服务，从当前常态化疫情防控来看，确实是阻断疫情、减少接触、降低感染、保护顾客和员工健康的重要举措；同时，从长远来看，也是中国石化适应移动支付趋势、提升用户消费体验，引领加油消费模式的创新所为。通过推广“一键加油”，顾客加油、购物更便捷、更安全；中国石化也实现数字化转型和精准化营销，提升了市场竞争力。“一键加油”主要具有“先进性、便利性、安全性”三个特点。

（一）先进性

“一键加油”是中国石化自行探索开发的国内第一款自有APP发起全国性的加油支付APP和电子账

户，具有充值、消费、线上开票、导航等功能，实现在APP上一键加油功能，免除扫码支付平台交互过程，比用支付宝、微信支付更便捷，加油全程3分钟左右，缩短了一倍时间，引领了加油模式发展趋势的潮流。

（二）便利性

便利性体现在客户可自主完成从订单下达到加油全部环节的线上操作，全程不到3分钟，客户认可度高。通过登录“中国石化加油卡掌上营厅”APP、“中石化一键加油”微信小程序及部分销售企业的APP注册登录后，开通电子钱包，绑定车牌并选择油品标号，选择加油站或导航到附近加油站，站外下单，进站全程“免下车，免用卡和圈存，免现场开票”，提高了加油站现场通过率，缓解了客户高峰期排队拥堵等痛点。

（三）安全性

安全性体现在整个平台按照信息系统三级安全等级保护标准设计开发，客户信息和资金拥有技术安全保障，同时全程可实现无接触加油、一键到车无接触购物，保障客户健康安全。

三、主要措施

在北京石油2019年试点后，为保障顾客和员工健康安全，中国石化克服疫情困难，紧急启动“一键加油”全国推广工作，采取统分结合、分省实施的精准营销策略，发挥集团化优势，利用品牌、地域、网络、员工队伍优势，统一策划、宣传、营销、客服，强化培训和考核，有序推进一键加油推广应用。借助一线20多万员工、站长和兼职客户经理的现场推介，向2.8亿张持卡客户和1.1个亿微信客户，精准宣传一键加油先进功能、精心策划线上营销，实现加油站无接触安全加油服务，助力疫情防控和复产复工。采用线上宣传与线下宣传相结合、联动各省市公司强化“一键加油”的安全便捷支付优势，培养加油用户使用一键加油的消费习惯。

（一）精心组织实施

1. 创新机制，攻坚克难。面对新冠疫情的严峻形势，中国石化销售公司明确部门职责分工，快速在3万座站部署一键加油推广工作。组织技术、业务团队，通过远程“云视频”“云会议”机制，排除疫情设备部署、POS机具采购，油机升级的难题，密切配合，夜以继日开展专项业务研讨及企业对接工作，不断优化功能、改进客户体验；提前完成了近3万座加油站使用电子钱包“一键加油”，全面实现无接触加油、无接触支付、无接触开票、无接触购物。

2. 统一思想，精心组织。电子钱包“一键加油”的无接触安全服务是践行“以客户为中心”理念的一项重要举措。随着电子钱包在全部站点上线推广，中国石化销售公司通过下发通知、建章立制、召开视频会等方式，统一思想，提高认识，在总部和31家企业成立由分管领导牵头的电子钱包推广工作组，自上而下围绕“干什么、为啥干、怎么干”，迅速形成高度共识，扎实推进各项工作措施。截至7月底，“一键加油”客户累计达1400万人。

3. 广泛宣传，扩大影响。通过提前策划营销方案，制作统一宣传海报与视频，撰写统一新闻通稿，协调内外部各种宣传渠道，为宣传推广打好基础。

（二）加大宣传推广

1. 加大宣传力度

外部媒体宣传。统一制作图文和视频宣传素材，指导省市公司在报刊台网社会主流媒体以及微信、微博、热门vlog、网页等新媒体开展外部宣传，重点介绍电子钱包“一键加油，安全便捷”的优势和具体的操作步骤。

自有平台宣传。统一制定设计海报、宣传视频，利用自有中国石化“加油卡掌上营业厅”以及销售企业21个省市APP客户端、微信平台进行投放宣传。

油站现场宣传。统一设计石化电子钱包海报、易拉宝、插页、折页等宣传物料，录制电子屏视频短片，要求各省印制并在加油站相应位置摆放、张贴、播放各类宣传素材。

客服呼叫中心宣传。制作并下发中国石化客服热线嵌入音频（接线前电话录音），提供营销话述等资料，对客服人员进行培训，做好参与活动客户的咨询服务工作。

2. 全方位推广

线上线下推广。在各大应用市场申请“更新应用首发”，提高各省APP的下载量，增加石化电子钱包的曝光度。同时，各省APP在上线石化电子钱包功能前，做好“加油优惠”“全国加油”“一键加油”等关键词的优化关联。新功能上线后，向APP用户发送APP升级版的主动推送，引导用户及时更新APP；加强本省APP在各大应用市场的留言、评论管理工作，通过精彩留言、口碑效应推动关键词排名的位置，增加石化钱包在车主群体的曝光度。向流失客户、重点客户群发营销短信，引导用户下载各省APP并使用“石化电子钱包”新功能。

活动营销跟进。总部以“无接触加油、无接触购物、无接触开票”为主题，线上线下相结合，制定推广营销方案，为全国安全复工助力。聚焦“一键加油”安全、便捷的优势，各企业结合实际，在疫情防控的关键时期，统一宣传“免用卡、免下车、免开票”无接触宣传口号，一方面通过开展首次加油优惠、首次充值优惠、首次下载送券等多样化营销活动，吸引用户下载和使用；另一方面可以设置用户邀请机制，通过积分、现金、礼品等鼓励客户自发传播，让客户成为石化电子钱包的“代言人”。同时强化与中国建行、中交兴路等合作方及车主群体多的APP进行合作，构建客户共享平台，借力增加石化电子钱包的下载率和使用率。

精准考核兑现。中国石化销售公司将“一键加油”消费量占比作为企业百日攻坚创效、季度红旗绩效考核指标。销售企业按照“谁拥有了客户，谁就拥有了市场”的指导思想，把握疫情期间加油站通过率压力小，客户转化效率高的有利条件，化危为机，细化考核措施，狠抓现金客户转一键加油和加油客户转易捷购物，确定了提升“一键加油”客户数和购物客户数的工作目标；建立“一键加油”新客户认定逻辑规则，按照现金客户流量比例设置发展指标，自上而下逐级压实客户发展责任，开发员工业绩查询系统，让站长和员工及时掌握客户数据。实施客户发展专项考核，自下而上精准联量兑现业绩奖励，有效保障疫情期间员工收入的基本稳定。

（三）强化运维保障

1. 提前谋划，确保培训效果。为确保各级员工熟练掌握电子钱包操作，中国石化销售公司自2月份开始，统一录制了10门应用操作、运营管理线上培训授课视频，做好各专业、各层级的关键用户和一线员工的培训。各企业结合实际制定培训方案和计划，3月份利用钉钉群直播及企业微信视频会等方式，通过线上培训渠道，让20多万一线员工都应知应会，确保系统顺利推广。

2. 强化运维，确保平稳运营。电子钱包系统作为全国大集中的运维系统，保障客户信息与资金安全是开展此项工作的重中之重。中国石化销售有限公司通过制定电子钱包安全与运维故障预案、建立系统运维安全应急预案，以及系统安全故障报修和跟踪、回访机制、重大故障情况报告机制，防范系统安全风险；加强运维商管理考核，确保及时解决系统故障，杜绝发生应用事故，影响企业品牌形象。

3. 加强整改，提升服务效率。建立服务投诉咨询上报机制，利用好线上、线下渠道，及时汇总关于系统功能、服务流程、消费环境、服务体验等方面的意见，发现问题，做好整改落实，不断提升客户体验。

（四）选树典型，总结经验

首先，建立全国、省市、地市、县区（支部）、加油站“一键加油”数据点评通报机制，各企业分级建立专项工作群，每日对发展数量、指标完成率、奖励金额进行排名通报，鼓励先进，鞭策后进，调动各级人员积极性。其次，结合百日攻坚创效行动、2020 年销售企业加油站管理服务提升活动，开展电子钱包“一键加油”服务样板加油站和管理服务标兵评选活动，将电子钱包客户满意度纳入红旗考评指标，选树先进典型和优秀案例，推动电子钱包应用和服务水平的提升。第三，总结提炼省市、加油站、县区的经验做法，利用朝阳 e 站、各企业微信宣传专栏、销售公司信息简报，大力宣传推广江苏、北京等企业先进典型经验，一季度全系统编发了近百期“一键加油”推广经验简报和几十条一线制作的抖音小视频。

四、成效

中国石化“一键加油”利用移动互联网技术，在油品竞争新常态下进行了积极探索，围绕“客户需求、场景体验、平台营销”三个发力点，结合当前疫情防控市场形势，以客户需求为导向，创新支付模式和线上客户体验，搭建高价值生态圈。

（一）改变了客户消费习惯，提升了客户体验

推广“一键加油”无接触服务以来，中国石化加油站未发生一例因加油感染疫情事件，保障了客户与员工的健康安全，同时“一键加油”无接触服务进一步提高客户体验，从而引导客户改变消费习惯。以北京公司试点为例自 2018 年 11 月上线以来，“一键加油”使用比例达到 45%，约是微信和支付宝加油站总使用率的 10 倍，比加油卡使用率高 10 个百分点，其中活跃客户使用率更超过 70%。2020 年 3 月 15 日全国推广以来，截至目前，“一键加油”全国累计客户注册数达到 1400 多万，可用站点达到 2. 8 万座，筑牢了竞争壁垒，积累了经验，为全系统实现新零售转型做出了贡献。

（二）吸引异业合作，引入交叉营销资源

今年以来，经网络、媒体以及加油站现场大力宣传推介“一键加油”无接触服务，彰显了中国石化良好的企业社会形象，中国石化销售公司“一键加油”也获得了众多知名品牌的青睐，银行、移动、保险、乳业集团等各大央企、名企，主动前来谋求业务合作，提供营销资源，为加油客户提供充值、加油优惠返利等交叉营销合作，为企业解决营销成本费用问题。一季度新开发了建行、移动、伊利等集团客户，年内预计可引入各类异业营销资源达 30 个亿。例如 4 月份开始，中国建设银行对“一键加油”客户绑定建行卡充值给予立减优惠，综合年度营销活动资源投入超过 2 个亿，助力百日攻坚创效活动。

（三）促进了企业数字化转型发展

通过“一键加油”推广实践，中国石化销售公司已统一整合 21 家企业 APP，客户引流入口整合到中国石化加油卡掌上营业厅 APP，整体客户规模将达到 2 个亿，通过线上营销平台整合，统一策划、统一推广、统一营销、统一服务，开展客户卡、电子钱包、易捷会员商城、交叉增值服务、广告、保险等

客户服务，打造综合电商平台，实现企业数字化转型可持续性发展。

（四）展现了良好的企业品牌形象

疫情期间，中国石化销售公司想人民所想，利用不到15天时间迅速完成全国加油站“一键加油”测通、运营制度制定下发、30万一线员工线上应用培训等工作，面对社会全面推广，为客户提供加油“免卡、免下车、免开票”无接触服务，一键购物到车；利用企业微信公众号大力宣传，转载客户群体规模达到几千万，相关营销活动受到国资委、党中央主流党媒高度关注和好评。北京石油充分发挥易捷加油无接触服务优势，大力推广“一键到车”“一键到家”，为客户家居生活提供一揽子解决方案，线上销售儿童口罩等知名营销活动的策划推广，每个营销活动的转发转载量超过百万，在广大消费者心中树立起中国石化为人民加油、为人民服务良好的社会形象，为企业增光添彩。

成果创造人：赵日峰、许卫东、徐旭日

地方国有资本投资运营公司转型发展路径探索

——以合肥产投集团改革创新发展实践为例

合肥市产业投资控股（集团）有限公司

2015 年 3 月，合肥市产业投资控股（集团）有限公司（以下简称“合肥产投集团”“产投集团”或“集团”）由原合肥市国有资产控股有限公司和合肥市工业投资控股有限公司合并组建而成。

作为合肥市产业投融资和创新推进的国有资本投资运营平台，产投集团围绕国家、省市战略部署，立足合肥市产业发展全局，秉持国企担当、践行改革使命，坚持改革创新发展理念，聚合资本能量，创新驱动发展，按照结构更优、效益更好、质量更高的高质量发展路径深化改革创新，打造专业化、市场化、价值化的产业赋能型投资平台。

一、深化改革发展背景

产投集团深化改革、创新发展是以合肥城市的发展为底色，尤其是以合肥产业的转型升级为背景，实现业务领域的重塑和战略性布局。

（一）新时期的合肥城市定位

合肥是一座科教之城、创新之城、开放之城。近年来，合肥以“提升产业创新能力”为主线，强力推进科技与经济融合，突出战略性新兴产业成长、创新平台载体培育等重点任务。2016 年 6 月，合肥获批建设国家自主创新示范区。2017 年 1 月，合肥获批建设综合性国家科学中心，成为全国第二个综合性国家科学中心。2018 年 6 月，合肥加入 G60 科创走廊。2018 年 10 月滨湖科学城正式挂牌成立。

合肥正充分发挥国家创新战略平台叠加效应，突出以科技创新引领全面创新，加快构建以企业为主体、市场为导向、产学研深度融合的技术创新体系，优化科技创新供给，推动经济发展动力变革，加快建设具有国际影响力的创新之都。

（二）合肥的产业新发展

近年来，合肥市抢抓新一轮全球科技革命和产业变革机遇，以“芯屏器合”“集终生智”为产业主线，大力培育发展战略性新兴产业。产业能级实现赶超跨越，战新产业已成为经济高质量发展的主引擎。以京东方、长鑫存储、联发科、科大讯飞为代表的一批龙头企业引领行业潮头。2019 年 10 月，合肥的新型显示器件、集成电路、人工智能等 3 个产业集群入选第一批 66 个国家战新产业集群。

（三）诞生于国资国企改革中的合肥产投集团

在新一轮国资国企改革的浪潮之中，2015 年 3 月，中共合肥市委办公厅与合肥市人民政府办公厅印发《合肥市国有资本营运机构调整方案》（以下简称“《方案》”）。《方案》明确，按照“主业相同、产业相近、行业相关、优势互补”的原则，加大国有控股公司所属企业的调整力度，进一步明确功能定位，合并合肥国资控股公司和合肥工业投资控股公司，组建合肥市产业投资控股（集团）公司。新组建的合肥市产业投资控股（集团）公司的主要职能是：优化配置国有产业资本，促进国有资本向战略性新兴产业集中；运营管理创业投资基金、天使基金，促进产业升级；加快产学研一体化，推进自主创新和产业转型升级；推进地方铁路建设，提升、促进产业经济的发展。

合肥国资控股公司和合肥工投公司在城市建设与发展、“工业立市”、国企改革、事改企等历程中发挥了积极作用，完成了历史使命。在此过程中，形成了大量的存量资产和传统产业。新组建的合肥产投集团承接了两家公司的业务、资产、人员以及国企改革保障任务。

面临主业不突出，营利能力差；资产总量偏小，质量不高、流动性弱；多数企业处于传统产业，缺乏核心竞争力；国企改革保障任务负担沉重等问题，产投集团按照《方案》的部署和要求，加快两家公司的融合，明确了新的发展方向：逐步从国企改革平台向新兴产业投融资平台转型，一方面须肩负起区域重大项目的投融资功能，另一方面更须引导和带动社会资本进入战略性新兴产业、创新创业领域，优化资源配置，调整和提升国有资本结构和布局，促进地方产业结构转型升级。

二、产投集团深化改革创新的举措与成效

（一）明确定位，战略引领，制定“双擎两翼”战略

产业是城市发展的物质基础和动力源泉，在城市发展中起着决定性作用。产投集团的创新改革发展，与合肥城市发展同频共振，一脉相承。集团充分发挥市级国有资本投资运营平台功能，围绕合肥产业发展主线，以四大业务平台为基础，履行“区域战略投资、新兴产业培育、创新发展引领、内陆对外开放”四大功能，形成“双擎两翼”的整体战略：以产业平台和资本平台为“双擎”，发挥国有资本的引领带动功能，构建产业发展新格局，打造“产业+资本”新生态。以创新平台和开放平台为“两翼”，以创新练内功，促进创新链与产业精准对接，驱动产业发展；以开放借外力，打开发展触角，打造世界级产业集群，建设内陆开放新高地（见图1）。

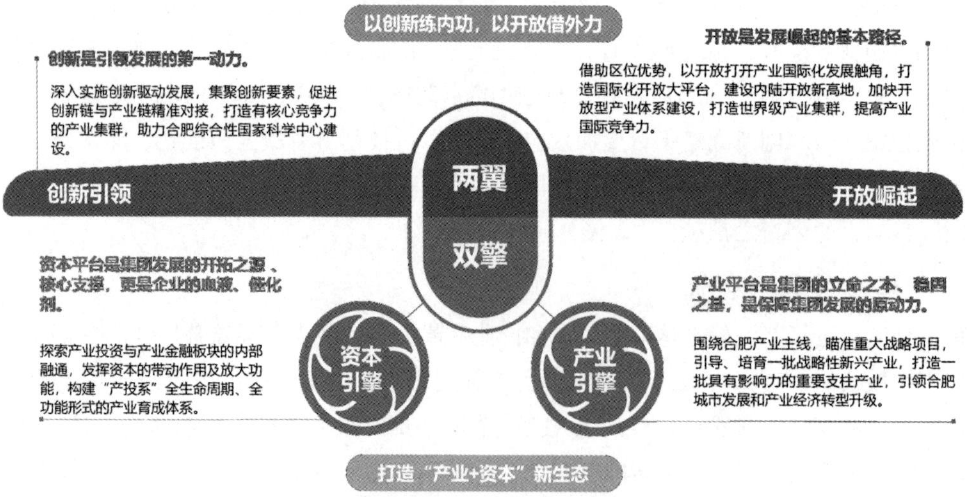

图1　产投集团“双擎两翼”战略布局

集团成立五年来，围绕“合肥市产业投融资和创新推进的国有资本投资运营平台”的定位，以“双擎两翼”战略为引领，进行了一系列改革创新探索和实践，取得了丰硕的成果。集团注册资本从成立之

初的50亿元增至目前的150.8亿元；资产总额从成立之初的363.22亿元增至目前的820亿元，入选2019安徽服务业百强名单；国内主体信用评级AAA级，国际信用评级BBB级，拥有全资子公司23家，控股子公司3家，参股公司20家。

（二）围绕主线，优化布局，打造四大业务平台

产投集团坚持融入国家和省市重大战略部署，在全市发展大局中找准战略定位，经过投资新设、转型升级、壮大主业、开拓创新等多向布局，打造四大业务平台，高质量推进产业集聚、高站位引领产业发展、高能级带动产业创新、高水平提升对外开放，切实引领推动高质量发展（见图2）。

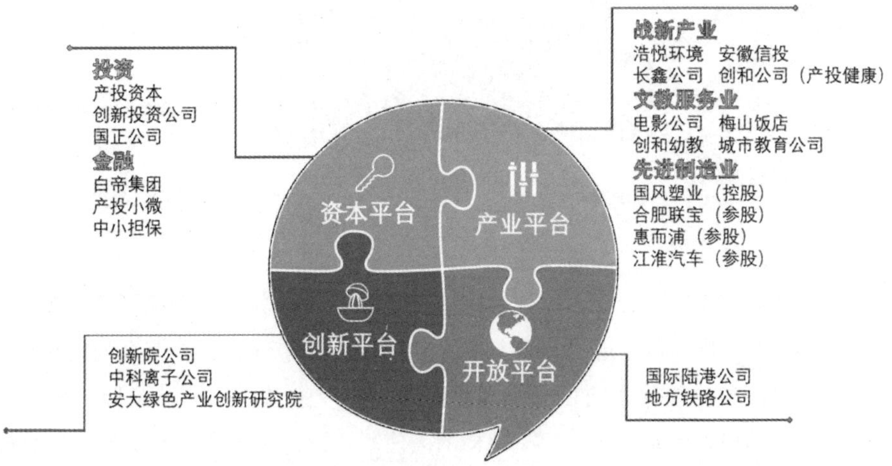

图2 产投集团四大业务平台

1. 打造高能级资本平台，做国有资本的价值创造者

产投集团围绕“产业为本、金融为用”的思路，以资本驱动产业发展、推动重大项目落地、扶持科创企业为目标，完善全阶段投资体系，打造多元化、立体化资本平台，积极探索国企资本化改革和国有资本基金化运作，促进全周期基金投资与产业金融内部融通，构建产业服务生态链，为产业发展注入源头活水。

（1）筑强“产投系”全生命周期投资体系

产投集团以旗下合肥产投资本管理有限公司（以下简称“产投资本公司”）、合肥市创新科技风险投资有限公司（以下简称“创新投资公司”）、合肥市国正资产经营有限公司（以下简称“国正公司”）等3家子公司为载体，形成错位发展、相互补充的基金投资格局，全方位拓展“产投系”基金群覆盖面，进一步完善以天使基金、创投引导基金、市科创基金等为主，市场化基金为辅的基金体系，形成错位发展、相互补充的基金投资格局，构建全生命周期、全功能形式的投资体系，打造一流投资集团的核心支撑。目前“产投系”基金群总规模突破660亿元，累计投资项目超600个，成功IPO项目20个，拟IPO项目19个。2020年7月，中芯国际正式登陆科创板，产投集团通过旗下创新投资公司成功参与中芯国际上市战略配售，成为中芯国际众多战略投资者中唯一一家市级投资机构（见图3）。

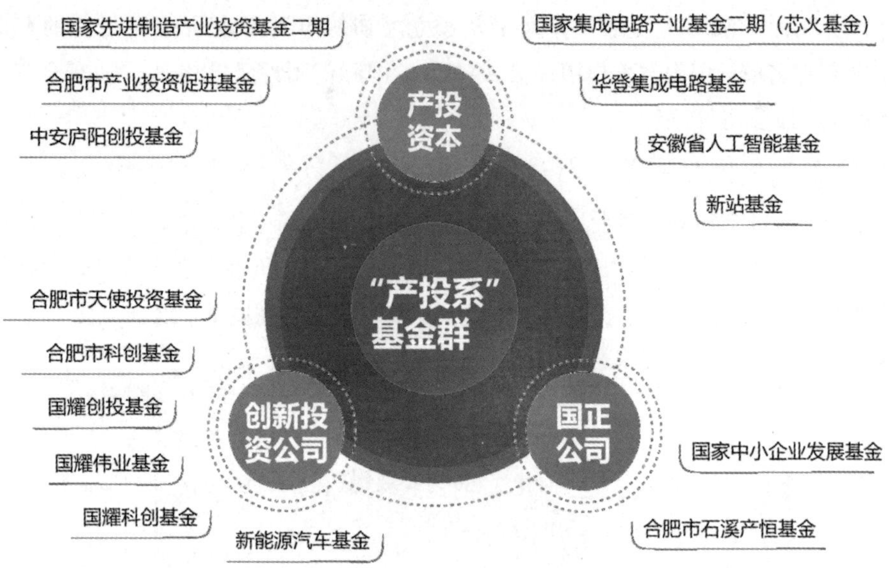

图3 “产投系”基金群

以天使基金添翼创新创业——合肥市天使投资基金。由创新投资公司受托管理，总规模6.24亿元，累计受理超过750个项目，累计审批通过105个项目，投资总额5.39亿元，基金规模和投资企业数量均居安徽省首位，投资规模和投放效率均位居全国政府直投型政策基金前列。按照“覆盖全市、深耕县区、走出合肥”的战略思路，打造“1+9+2”架构的天使基金群，市县两级天使基金的总规模达到9.46亿元，是安徽省到位资金最大、投资项目最多的政府直投型基金。2020年7月，科威尔电源成为合肥市天使基金群首个科创板顺利过会企业。

以创投基金助力科技创新——合肥市创业投资引导基金。由集团旗下产投资本公司受托管理，与华登国际、华芯投资、国投招商等众多投资机构合作设立18支参股基金，投资板块覆盖集成电路、新能源、智能制造、大健康等前沿领域，基金总规模达647.81亿元，撬动社会资本7.42倍，并通过直投方式引入深圳三利谱、联发科等行业龙头落户合肥，为地方经济发展注入新动能。同时，通过市创投引导基金重磅出资参与国家集成电路产业投资基金二期（芯火基金）和国家先进制造业基金二期2支国家级基金。

以产业基金培育优势产业——自主管理型基金。集团旗下产投资本公司以“芯屏器合”“集终生智”为导向，发起设立安徽省人工智能基金、合肥市产业投资促进基金、新站产业基金等多支自主管理型基金，管理规模超100亿元，形成基金与省、市、区、县各级招商合作的高效机制，引领合肥市人工智能、信创、三代半导体等产业投资布局。其中，安徽省人工智能基金配套“中国声谷”建设，重点支持能在声谷园区内发挥示范效应的项目，目前已完成科大讯飞、世纪金光、卓怡恒通、鼎富科技等多个项目投资。合肥市产业投资促进基金由产投资本公司联合12个县区发起设立，总规模50亿元，助力县区引入优质产业资源。新站产业基金由产投集团与新站高新区共同发起设立，用于支持新站区战新产业基地重点项目落地和建设，创新实践了“基金+基地”“基金+产业”市区两级联动投资的新模式。

以科创基金孵化明日之星——合肥市科创基金。2019年，集团旗下创新投资公司，紧抓国家设立科创板、试点注册制的发展机遇，发起设立合肥市科创基金。该基金以财政出资为主，首期到位资金2亿元，后续根据财政预算逐年增资。合肥市科创基金针对于成长期科创型企业的专项直投基金，统筹科创企业“短期冲板”和“长远培育”的两大目标，拓宽科创企业融资渠道，培育一批科技含量高、创新能力强、在细分市场占主导地位的“隐形冠军”“单项冠军”和“配套专家”，加速科创企业登陆资本市场进程，与市创业、产业引导基金和天使基金联动，构建覆盖企业全生命周期的股权投资基金体系。

以市场化基金发挥市场导向——“国耀”系基金。充分发挥国有资金“四两拨千斤”的撬动效应，以“国耀”品牌构建市场化基金，吸引社会资本，形成灵活高效的投资机制。2013年获国家创投引导基金参股，创新投资公司发起设立国耀创投基金，之后陆续设立国耀伟业创投基金、新能源汽车基金、国耀科创基金等。近几年，创新投资公司市场化投资项目捷报频传，形成“国耀”系市场化投资强品牌，目前已成功IPO或并购上市项目12个，IPO潜力项目11个。投资项目中康龙化成已IPO，浮盈14倍；迈瑞医疗完成股权退出，贡献利润4000万元；中节能太阳能借壳桐君阁上市。

（2）探索产业金融板块转型发展

产投集团融资担保、小微金融、债权投资等与“产投系”基金群相互联动，互补发展，为集聚的企业提供专业化金融服务，催化辅助中小微企业集聚形成相关产业集群。以旗下安徽白帝集团有限公司、合肥市中小企业融资担保有限公司、合肥产投小微企业融资服务有限公司等为载体，持续优化业务结构，做精做优产业金融板块，切实为中小微企业发展保驾护航。目前，该板块积极开拓供应链金融业务，围绕核心企业，为上下游中小微企业提供应收账款融资、集中采购和仓储物流服务，逐步拓展建材、医药、芯屏器合等领域，全力打造新的可持续发展的业务增长极。

（3）国际视野开拓多元化融资路径

为保障重大项目发展资金，产投集团着力打造国际化、多元化的融资体系。一是开拓国际资本市场。为保障长鑫项目、离子医学项目、合肥市资源循环利用项目等重大项目的资金需求，集团以开放的视野关注国际资本市场变化，2017年12月，集团在香港成功发行3亿美元海外债，获得超过2.5倍认购的良好市场氛围，打通境外直接融资渠道。目前，集团正着力推进二期海外债续发工作，吸引国际知名债券投资人参与投资，在规避美元汇率风险的同时有效降低融资成本。二是深挖境内债券市场。研究境内主要标准债券市场债券品种，根据国家产业政策，综合不同债券发行条件，结合集团自身资源及需求情况，适时注册发行，满足企业低成本融资需求。2019年8月，集团成功注册中期票据。三是加大股权资金引入力度。根据项目资金需要，加大引入股权资金，尤其是与工行、农行、中行、建行四大国有银行金融资产投资公司合作，引入股权资金，降低项目融资成本。

2. 打造高质量产业平台，做区域产业升级的引领者

深化供给侧结构性改革，调整优化布局结构，是推动高质量发展的根本要求。产投集团以引领区域产业发展为己任，聚焦实体产业，紧抓新一轮产业变革机遇，优化业务布局，坚持“增量崛起”与“存量变革”并举，加快推动产业集聚和转型升级，走高质量发展路径。

（1）“增量崛起”，培育优势战新产业

产投集团以培育战略性新兴产业为核心，探索“龙头企业-大项目-产业链-产业集聚-产业基地”之路，推动重点产业、重大项目落地生根，着力打造一批具有强辐射力的大产业、大集群、大项目，构建优势主导产业。

精准发力，助力合肥打造“IC之都”。产投集团按照“合肥芯”“合肥产”“合肥用”的发展思路，重点布局集成电路产业，成功实践“国家战略推动、地方大力支持、企业市场化运作”的新模式，与兆易创新合作，建设合肥长鑫12吋存储器晶圆制造基地项目，抢先成为国内DRAM行业领军者，助力合肥打造中国“IC之都”。长鑫项目总占地1582亩，总投资不低于1500亿元，整体一次性规划，分三期建设，三期满产预计产能可达每月36万片，是安徽省单体投资最大的工业项目，将建成国内规模最大、

技术最先进的首个自主研发 DRAM 制造基地。一期项目已于 2019 年 9 月进入投产，产能每月 12 万片晶圆。2020 年 5 月以来，搭载长鑫 DRAM 颗粒的光威奕系列台式机内存条和笔记本内存条相继发售，第一款大陆自产内存条全球首发，正式面向市场。

高效运营，打造人工智能产业高地。贯彻落实“合肥市主导推进‘中国声谷’建设”的运营理念，积极推动中国声谷打造人工智能产业高地。产投集团旗下安徽省信息产业投资控股有限公司，是中国声谷的运营公司。围绕“中国声谷”建设，产投集团强化开放合作和产业生态构建，整合投资、孵化、招商等公共服务职能，推出 88 个智能制造、民生服务、社会治理领域的人工智能新基建项目，推动人工智能新基建的建设，为产业规模化、市场化、专业化发展奠定基础。此外，组建总规模 50 亿的智能语音及人工智能产业基金，孵化培育细分领域内的独角兽企业，推动“中国声谷”建设成为国内规模最大、实力最强、技术水平达到国际一流的智能语音及人工智能产业集聚发展基地。目前，入园企业总数超 800 家，初步形成了蓬勃发展的人工智能上下游产业生态。

延伸产业链，大力发展绿色环保产业。产投集团勇当资源循环利用与生态处置的实践者，旗下安徽浩悦环境科技有限责任公司是合肥市唯一一家专业从事工业危险废物和医疗废物处置的国有企业。近年来，在做强做优做大危废处置板块基础上，浩悦环境着力向餐厨垃圾、生态修复、资源利用、环境检测等领域延伸环保产业生态链，快速推进合肥资源循环利用和生态处置、合肥餐厨垃圾处置以及合肥市建筑垃圾资源化处理等项目的实施，致力于打造国内领先的综合性环保服务商。2019 年，产投集团与中科院合肥物质科学研究院、蜀山区政府，三方共建中科环境监测技术国家工程实验室有限公司，依托“大气环境污染监测先进技术与装备国家工程实验室”，以“新技术、新装备”产业化需求发展为导向，主要围绕环境监测、环境治理、环保大数据应用等领域，构建现代城市环境治理体系，打造服务于长三角地区的环境产业高地，建设“中国环境谷”。

医养结合，打造徽式高端养老社区。产投集团以幸福庄园健康养生园项目为核心、以产投幸福康复中心为特色、以医养结合型养老机构为补充，构建“大健康”产业板块。幸福庄园健康养生园项目融合地方人文、地理资源及农业基础，以发展健康老龄产业为目标，匹配自有医疗中心、体检中心、康复中心等优质医疗资源，创新打造“养老+医疗+文旅+休闲农业”为一体的徽式特色养老社区，是安徽省首批健康小镇。项目总投资 15.5 亿元，总面积近千亩，预计 2022 年建成运营，可提供 1300 余套养老公寓和近百张康复护理床位，全方位满足老人衣、食、住、行、健、乐等方面的养老服务。

（2）“存量变革”，推动传统产业转型升级

新旧动能转换必须加快“存量变革”，推动传统产业提层次、强实力，让更多的“旧动能”转型升级为“新动能”。产投集团坚持“一盘棋”思维，紧扣国家政策及行业规律，支持旗下合肥市梅山饭店有限公司（以下简称“梅山饭店”）、合肥市电影发行放映有限公司（以下简称“电影公司”）、合肥创和资产管理有限责任公司（以下简称“创和公司”）等传统产业板块创新模式、加强联动、转型发展，挖掘发展新动能。

梅山饭店大力谋划市场化发展路径，以“韩江春”品牌为抓手，推进团餐、中式餐饮业务向市场纵深扩张；以南楼重建为突破，提升接待资源品质和竞争实力；以投资稻香楼为契机，整合双方的销售资源和场地资源，实现 1+1 大于 2 的合作效果。

电影公司巩固现有影院优势，并以“合肥本土为主、省内其它地市为辅”为策略，拓展新影院投资项目，探索流量经济新路径。2016 年起，电影公司试水电影上游市场初见成效，目前已投资了 5 部电影和 2 部影视剧，寻找到了新的业绩增长点。

创和幼教公司探索，持续扩大品牌影响，在夯实普惠园的基础上，园所数量由最初的5所快速增长至目前的近30所，同时，积极探索开办早期托育服务发展项目（3岁以下婴幼儿照护服务）。

3. 打造高水平创新平台，做合肥创新驱动的先行者

创新是引领发展的第一动力，是实现高质量发展的关键所在。近年来，合肥大力实施创新驱动发展战略，高起点推进综合性国家科学中心建设，着力打造科技创新和产业创新“双中心”。

科教资源丰富，大院大所集中，是合肥独特的优势。产投集团紧抓这一优势，依托中科院物质研究院、中科大、安徽大学等科研院所的科研团队和成果资源，积极围绕产业链部署创新链，立足创新链延伸产业链，以合肥离子医学中心项目等合肥综合性国家科学中心创新平台，以及中科院合肥创新研究院等协同创新平台为抓手，加速科技成果产业化，加强关键核心技术攻关，让创新落地，助产业腾飞，以产业创新铸造城市发展之魂。

（1）“三轮驱动+四位一体”，探索科技成果转化新模式

产投集团与中科院物质研究院合作共建中科院（合肥）技术创新工程院有限公司（以下简称“创新院公司”）。运行六年来，创新院公司科技成果转化成果显著，获评国家级科技企业孵化器和技术转移示范机构；坚持“产业+技术+资本”三轮驱动发展战略，搭建“技术开发-成果转化-企业孵化-产业培育”四位一体的全链条科技成果孵化体系，为科技企业提供物理空间、基础设施和服务配套（包括技术转化、创业孵化、技术交易、企业咨询、政策兑现及项目申报、无形资产评估、市场推广等在内的“一站式”配套服务），建立“引导性股权投资+社会化投资+天使投资+投资基金+基金管理”的多元化科技投融资体系。至今已孵化企业80余家，引入外部投资超8亿元，其中21家企业通过高新技术企业认定；累计成立工程技术研发中心15个。

同时，产投集团全面发挥创新院公司协同创新平台优势与成果转化模式经验，将合作延伸至中科院兄弟院所及其他高校科研院所，如中科院微电子研究所、安大绿色产业创新研究院等，进一步拓宽科技成果来源渠道，丰富待产业化项目库。

（2）“引进合作+自主创新”，持续推进高端医疗设备国产化

围绕合肥综合性国家科学中心建设目标，产投集团代表合肥市政府与中国科学院合肥物质科学研究院合作共建“合肥离子医学中心”。产投集团以合肥离子医学中心有限公司、合肥中科离子医学技术装备有限公司为载体，通过引进合作质子治疗系统项目和自主研发全国首套SC200超导质子治疗系统，整合国内外优质医疗资源，研发国际先进水平的超导质子肿瘤治疗设备，建设国际一流的质子治疗中心。目前引进质子治疗系统基建项目全部完成并顺利移交，离子中心将进入试运营阶段；国产质子治疗系统主要部件全部自主研制并完成安装，加速推进重大科技成果边产出边应用，实现“沿途下蛋”；项目建设从部件研发进入整体集成测试阶段，为加速推进质子治疗国产化和产业化迈出重要一步。

4. 打造国际化开放平台，做安徽对外开放的开拓者

产投集团立足合肥“一带一路”和长江经济带双节点城市、长三角世界级城市群副中心区位优势，以旗下合肥国际内陆港发展有限公司（以下简称“国际陆港公司”）和合肥市地方铁路建设投资有限公司（以下简称“地方铁路公司”）为载体，打开产业国际化发展触角，谋划打造国际化开放大平台，建设内陆开放新高地。

（1）提质扩面，打造国家级中欧班列集结中心

2017年底合肥市重组市级班列平台公司，成立合肥国际内陆港发展有限公司，并交由产投集团运营管理。近三年来，合肥国际陆港公司的发展突飞猛进：总量规模爆发式增长，跻身全国“第一方阵”。

国际陆港公司提供定制化班列、特需班列，货源辐射区域实现了华东地区全覆盖；开行总量突破1000列，线路增至20条，直达欧亚8个国家、23个节点城市，位居长三角第一位。2019年，合肥国际陆港获批全省首批多式联运示范工程，助力安徽省多式联运发展走在全国前列。目前合肥国际陆港正在积极申报铁路对外开放口岸、陆港型国家物流枢纽等，全力打造国家级中欧班列集结中心。此外，新成立供应链公司、多式联运公司，围绕国际货代、国际贸易、物流仓储等业务板块，不断延伸产业链条，努力将合肥中欧班列打造成安徽对外开放的重要引擎和亮丽名片。

（2）转型升级，打造现代化多式联运企业

产投集团旗下地方铁路公司在新的历史使命下重焕生机，积极打造集物流、仓储、贸易为一体的现代化、信息化、智能化多式联运企业，与国际陆港公司形成互补的同时，服务合肥市物流产业和开放型经济发展布局。2019年，地方铁路公司成功申报安徽省多式联运示范企业，为今后开展多式联运业务奠定了良好基础。

（三）以“管资本”为统领，全面提升管控水平

在优化业务布局的同时，产投集团强化顶层设计，以管资本为统领，多措并举，夯实管理基础，优化集团管控，全面提升管控水平。

1. 明晰管控界面，构建科学管控体系

遵循“小总部、大产业”的原则，实施集团总部机构改革，平稳推进部门整合、人员精简，目前，总部人员已从近百人下降到65人。做到“管好”与“放活”的平衡，形成母子公司权责清晰、组织结构精干高效的科学管控体系。按照国家、省、市新近出台的“管资本”系列制度，制定相关制度，探索清单管理，明确对子公司授权的内容、范围和方式，逐步落实子公司董事会的职权，明晰管控界面和管理流程。

2. 凝练企业文化，构建“精神航标”

2018年，集团形成以“合”为核心的企业文化理念体系，提出“为产业而生，为产业谋事，为产业育人”的使命，倡导“智合、力合、道合”的核心价值观，勾勒了“成为专业化、市场化、价值化的产业赋能型投资平台”的目标愿景。“合”文化体系成为增强企业核心竞争力和实现高质量可持续发展的重要前提和文化支撑，以文化统一思想、凝聚力量，共同为集团发展和合肥产业腾飞贡献力量。

3. 因地制宜，探索分类监管、差异考核

按照合肥市国资委对于市属国有企业功能界定与分类的指导精神，产投集团对所属子公司细化分类，进行差异化的监管和考核。不同类型企业在考核指标上进行差异化和多样化设置，在传统经济效益基础上引入诸如创新投入、战略意义、转型成效，以分类监督和分类考核鼓励子公司敢于探索、敢于创新、敢于转型。

4. 完善内控体系，保障稳健运营

构建完整有效的内控体系，构建“风控-审计-纪检”内控管理体系，形成内部控制“三把尺”，凝聚内控合力，确保经营活动的效率性和效果性、资产的安全性、经营信息和财务报告的可靠性，共同为集团发展保驾护航。

三、改革创新经验与启示

（一）以宏观战略指引发展前瞻

察势者智，驭势者赢。企业只有洞察行业趋势，紧随国家战略，才能行稳致远。产投集团的创新改

革发展，始终遵循国家、省、市的战略指引。例如，战略性新兴产业快速崛起，逐渐成长为国民经济的主导产业，产投集团结合合肥产业优势，先后布局了集成电路、生物与健康、信息技术、绿色环保等领域，打造了系列重点项目。再如，国家双创建设中，合肥市作为试点城市，提出以“提升产业创新能力”为主线，强力推进科技与经济融合，突出战略性新兴产业成长、创新平台载体培育等重点任务，产投集团围绕“创新创业”多面布局：“产投系”基金群营造良好“双创”生态，金融业务专注扶植中小微企业发展，创新院公司等孵化机构加速成果转化。又如，长三角一体化上升为国家战略，标志着安徽与合肥跻身于配置全球资源的开放门户，产投集团更是将“合肥中欧班列”运营的有声有色，位居长三角第一位，跻身全国“第一方阵”，成功打开产业国际化发展触角，助力新型显示、新能源光伏、汽车及装备制造等合肥优势产业国际化发展。

（二）与城市经济发展同频共振

城市是树，企业是根，根深才能叶茂；企业是源，城市是水，源渊才能流长。产投集团作为合肥市属国有企业，用自身发展促进着城市的繁荣，同样，城市发展与影响力的提升，也激发着产投集团发展的活力、创造力和竞争力。

产投集团的改革创新发展破题，折射出合肥城市发展之变。在合肥打造“IC 之都”“平板之都”“中国声谷”的响亮招牌背后，处处闪耀着产投集团的身影：长鑫存储、联宝（合肥）、视涯、新汇成、富芯微、芯碁微……产投集团以引领区域产业发展为己任，聚焦城市产业布局，以新兴业务培育新生机，以改革创新激活新动能，实现与城市发展的同频共振、共进共赢。而合肥城市品牌与影响力的提升，也为产投集团发展打开了更为宽广的天地，创造了更为广阔的平台。

（三）将创新精神融入发展基因

唯创新者进，唯创新者强，唯创新者胜。党的十八大以来，我国坚持实施创新驱动发展战略，把科技创新摆在国家发展全局的重要位置。党的十九大报告强调“创新是引领发展的第一动力”。产投集团作为合肥市属三大平台公司之一，定位于合肥市产业投融资和创新推进的国有资本投资运营公司，通过重点产业培育、产业投资和科技成果孵化等业务，探索国有资本有效驱动科技创新，走出实施创新驱动发展的“产投路径”，集聚创新能量，助力合肥打造具有国际影响力的创新之都。挖掘创新“源点”。通过“产投系”基金群、中小微企业金融扶持、创新院公司等孵化机构，深入推进大众创业、万众创新，全面激发创新创业活力，让“双创”成为创新型企业成功出彩的“桥梁”。筑牢创新“支点”。创新精神已经深入产投集团发展的血脉中，前瞻谋划，布局集成电路、人工智能、高端装备、环保、养老、教育等产业，以“增量”创新引领区域产业升级；主动作为，推动传统行业的老国有企进行改革创新，以“存量”带动产业结构优化寻求新机。

（四）以平台思维布局产业发展

平台型企业已经成为一种重要的经济力量，它们是“创新驱动”的先锋队，正在以前所未有的广度、速度和力度进行价值创新。产投集团以平台思维布局业务领域，着力打造四大业务平台，聚焦平台层面，以实现在更广阔的空间集聚资源、配置资源。例如，集成电路产业，以长鑫项目为核心，与华登基金、兆易创新等合作，通过“产投系”基金群聚焦产业上下游投资，纵向打通产业链，集聚全球优质资源，构建集成电路产业集群；再如创新院公司孵化平台，将科研院所原始科技创新与创业孵化、成果转化、企业融资、管理咨询等多层面横向联通，形成资金、人才、信息等关键要素的整合，构建承接合肥综合性国家中心的产业创新和科技成果转化平台。

（五）以国际视野集聚要素资源

平台思维的实践除了促使产投集团在更广阔的空间配置资源外，更是打开了发展的国际视野。

在重大项目投资方面，2015年，产投集团联合中信并购基金等共同投资荷兰恩智浦射频芯片业务，成功运作了合肥市首个跨国并购项目，目前已顺利退出，较原始投资增值1.2亿元。2018年，产投集团代表合肥市，组建专项基金承接联宝香港49%股权，完成了合肥市首个跨境收购项目，助推联宝（合肥）打造安徽首个千亿级智能终端产业链。

在融资渠道拓展方面，2016年起，集团着力布局信用评级工作，并于2017年获得惠誉授予的国际信用评级BBB级（合肥市首家获得全球知名评级机构稳定展望的地方国企），并已连续三年保持这一评级；同年成功发行境外债券（合肥市首笔境外债券），提高了集团在国际资本市场的知名度和影响力。

在国际化开放平台建设方面，集团以中欧班列为抓手，将开放平台作为重点业务板块之一，矢志做大开放通道，做优开放平台，做强开放产业，大幅提高经济开放度和城市影响力，促进区域资源配置整合，引来关联产业入驻，加快开放型产业体系建设，提高产业国际竞争力。

（六）以“一盘棋”思维打造业务协同

产投集团的发展，始终牢固树立“一盘棋”的大局观，充分发挥集团战略统筹作用，在各业务领域打造专业品牌的同时，实现优势互补，借能取势，不断推进四大业务平台的协同发展。例如，创新平台中的创新院公司与资本平台中的创新投资公司，一个是国家级科技成果转化平台，一个是天使基金运营管理主体，后者为前者孵化企业提供资金支持，前者为后者投资拓展项目来源。在基金投资板块内部，形成多层级联动机制，打通各基金品种之间联接，形成接力投、联合投的合力。例如：人工智能基金与市天使基金联合投资，推动了中恒微落户中国声谷；新站基金与科创基金联动，帮助鼎材科技渡过难关；华登基金与天使基金互动，助推芯碁微装冲击科创板。又如，投资板块与金融板块联动：在康桥国际学校等项目中，采用基金股权投资和融资担保相结合的方式，为企业提供综合金融服务方案。此外，集团旗下国正公司原本属于传统金融企业，在向投资领域转型过程中，积极参与市创投引导基金发起设立的华登基金、安徽省集成电路产业投资基金等基金项目，借助集团整体平台优势及兄弟单位先进经验，近期先后参股合肥石溪产恒集成电路产业创业投资基金和国家中小企业发展基金，推动业务领域的转型升级。

成果创造人：王　晴、杨希娟、白玉静

大型发电企业投资管理体系改革创新与实践

中国大唐集团有限公司投资合作部

一、我国发电企业投资发展历程及现阶段形势分析

2014 年习近平总书记提出了“四个革命，一个合作”的能源发展战略，我国能源革命进入加速期。十九大以来，党中央根据国内外形势变化，从宏观和微观两个层面针对高质量发展作出了战略部署，推进能源生产和消费革命，构建清洁低碳、安全高效的能源体系。新时代的能源革命将迈向纵深发展，国内外形势和能源电力市场正发生深刻变化，能源转型力度和速度将进一步提升。高质量发展是建设世界一流企业的必由之路，投资管理是发电企业高质量发展中至关重要的一环。

（一）我国投资体制发展历程

改革开放以来，我国经济体制和运行环境发生了深刻的变化，在投资体制改革方面，则可划分为四个主要阶段。第一阶段：1979 年—1987 年，以“拨改贷”为标志，政府从投资主体和指挥者转变为社会投资的综合管理者；第二阶段：1988 年—1991 年，国务院颁发的《关于投资管理体制的近期改革方案》中，提出了实现分层管理、厘清产权关系、明确企业投资主体地位实施专项投资基金政策等；第三阶段：1991 年—2013 年，按照建设社会主义市场经济体制的要求，投资领域的变化主要表现为实现政企分开、投融资分离、现代企业法人治理结构、落实企业投资自主权等；第四阶段：2013 年—2019 年，十八届三中全会强调了企业自主决策的投资行为，审批核准范围最小化，建立授权经营体制等，开启了国有企业重组和整合的序幕。

（二）电改以来发电企业投资发展历程

电力行业的电网、发电、建设、设计、咨询、设备生产等类型企业都脱胎于 2002 年的电力体制改革，更早可以追溯到电力部时期。通过梳理分析发电企业 17 年来投资数据，发电央企投资主要经历了三个阶段：第一阶段：2003 年—2009 年，市场竞争未充分形成前的扩张型投资，主要特征为装机容量的快速增长；第二阶段：2010 年—2014 年，市场竞争基本形成时的整合型投资，主要特征为围绕发电主业产业链的多元化发展；第三阶段：2015 年—2019 年，市场竞争比较充分下的效益型投资，主要特征为以新能源“绿色发展”为重点，更强调高质量发展。目前，发电企业正处于以电力交易市场化为标志的第三个阶段的初期。在这个阶段，各发电企业的差异化发展初见端倪。

（三）发电企业内外部形势分析

从国际形势看，现阶段全球经济复苏乏力，地缘政治局势复杂，一些国家贸易保护主义抬头，对世界经济发展和能源需求产生深远影响。随着全球气候变化挑战日益严峻，国际能源需求结构不断变化，清洁可再生能源成为能源增长的最大来源，高质量发展必将持续向低碳转型。

从国内情况看，供给侧结构性改革持续推进，经济增长位于合理区间，宏观经济保持总体平稳、稳中有进的态势。十九大报告对推进能源生产和消费革命，构建清洁低碳、安全高效的能源体系，实现绿色发展，提出了更高要求，为新时期我国能源发展指明了方向。

从行业发展看，能源结构低碳转型持续推进，油气替代煤炭、非化石能源替代化石能源的进程将逐渐加快，能源技术革新和技术进步日新月异，与之配套的能源政策密集出台，新技术、新业态、新政策持续发力。能源产业正朝着更高质量、更有效率、更加公平、更可持续的方向发展。

从发展空间看，全社会用电量增速趋于稳定，新产业、新业态、新模式不断涌现。随着供需形势由总体宽松转为总体平衡，部分区域还会出现一定电力缺口，高质量发展依然具有广阔的空间。此外，近期中央政治局会议以及全国“两会”进一步强调加快推进国家规划已明确的重大工程和基础设施建设、新型基础设施建设（以下简称“新基建”），为电力行业整体把握投资方向，做好“新基建”产业链的投资者、研发者和建设者指明了方向。

二、发电企业投资发展的特点及面临的主要问题

（一）发电央企投资的特点

从投资性质来看，作为中央企业要十分重视权衡政府意志和投资效益的关系，兼顾“政策性”与“经营性”。我国的国有企业作为政府的投资主体，首先要为国家和地方经济、社会发展服务，同时作为市场竞争主体，要强调投资收益。处于政府调控和市场配置两个体系集合之间的交叉点上，国有企业必须将政策性与经营性相结合，明确自身的功能定位，这是决定其健康发展的根本因素。

从投资结构来看，火电仍是主要投产机组，但整体逐渐趋于“风光”等新能源投资。火电作为传统发电形式，在我国发电结构中仍发挥基础作用，现今依旧是我国主要的电力投资形式，但随着国家对绿色发展的大力提倡，各发电企业对新能源的投资也在逐年扩大。

从投资规模和时间强度来看，2002年电改之后全国整体发电行业投资额呈逐年上涨趋势，近十年投资额在2015年达到最高峰3936亿元。受经济形势、用电需求、转型升级、防控风险等因素影响，近几年呈小幅下降趋势。由于新能源发展不断推进，煤电投资规模持续下降，并于2018年创2004年以来新低，新能源投资不断创新高。

（二）发电企业投资面临的主要问题

随着国家能源战略转型的不断深化，市场政策环境发生深刻变化，个别地区、产业战略管控缺失、资源配置失衡、投资效率不高的问题逐渐显现，改革发展中不平衡不充分的矛盾亟待破解。更有内部市场观念不强，思想观念和体制机制僵化；产业布局结构不合理，发展质量效益不高，资产分布不平衡；产业链协同、国际化经营、科技创新和人才支撑等短板突出，这些与深化国资国企和电力体制改革的要求不适应，也与深化供给侧结构性改革和高质量发展要求不适应等问题出现。

三、大唐集团投资管理体制改革的创新成果

投资管控是高质量发展的“总闸口”，规范高效的投资决策机制，可以实现资源科学配置，投资方

向和投资结构的优化，可以有效解决好投资需求与投资能力、投资能力与控制负债、投资效益与投资风险之间的错位引发的矛盾和问题。2018 年底，大唐集团开始积极推动投资管理体制的改革与创新，投资管理体制改革的创新成果（以下简称“本成果”）是大唐集团在习总书记推动能源“四个革命、一个合作”指示精神下的一次投资管理重要改革成果，在实践过程中得到检验，是推动高质量发展、提升投资管理水平的重要手段。

（一）思想理念创新

1. 凝聚思想共识，夯实高质量发展理论基础

坚持新发展理念，牢固思想体系建设。只有以新发展理念为指导，才能深刻把握经济社会发展新形势，准确把握能源电力发展和产业转型升级新趋势，围绕建设清洁低碳、包容多样、智慧互联、安全高效的能源供应服务体系这条主线，从而长期促进发电企业的发展。

2. 完善投资管理制度体系，发挥投资管控引领作用

根据国资委关于投资管理的 34 号、35 号令要求，针对投资管理中出现的问题，大唐集团系统梳理投资管理制度框架，首次建立“2+N”投资管理制度体系，实现全过程、全覆盖、无死角的闭环投资管理系统，对进一步规范投资决策流程，切实加强风险防控，对促进投资科学决策起到了重要作用。

3. 深化投资管理机构改革，为高质量发展提供组织保障

坚持深化改革，是适应国家战略发展新机遇的必要条件之一。坚持发展出题目，改革做文章，大力推进质量、效率、动力“三个变革”。大唐集团主动调整了内部不适应高质量发展的生产关系，解放和发展了生产力，为高质量发展提供了强有力的体制机制保障。大唐集团为加强总部层面投资的统一和集中管理，专门组建了投资合作部，为加强重点区域规划发展力量，在重点区域组建了由大唐集团直接管理的区域规划发展中心，统一负责所在区域高质量发展战略研究、机会把握和项目培育，为加快新能源专业化发展提供了推动力。

（二）决策机制创新

1. 明确投资决策原则，构建高效决策机制

为加强战略研判和投资管理，构建“集中、主动、科学、严格”的管控机制，实现投资决策的关口前移，突出投资管理的全过程管控，防止投资决策节点之间存在管理真空，大唐集团明确了投资决策的四大原则，分别为：统一决策原则、战略引领原则、过程管控原则、高质量发展原则。

2. 完善投资决策机制，强化投资“总闸口”作用

坚持“效益优先、投资能力匹配、从紧控制投资、有序衔接、协调一致”原则，着力解决大唐集团投入产出不匹配和资源配置失衡的问题，建立“全覆盖、三节点”投资决策机制，管好投资“总闸口”，把好入口关，提高项目投资收益标准。

按照投资决策机制调整原则，将项目投资决策划分为战略决策、投资决策、开工决策三个阶段，投资决策机制覆盖从投资机会研究、立项研究、（预）可行性研究、初步设计、组织实施、竣工验收、后评价以及监督考核等投资周期的全过程管理。

（1）战略决策阶段

战略决策阶段，强化大唐集团总部战略管理中心作用，按照大唐集团发展战略，总体规划境内外区域和产业发展方向和定位，策划与重点发展区域签订合作协议。项目达到战略决策节点要求的工作深度后，二级单位上报项目立项申请报告，大唐集团业务主管部门组织审核，符合要求的报大唐集团决策。

审核内容包括项目国家政策合规性、战略定位、可行性、经济性和投资风险等，通过后开展项目后期工作。

（2）投资决策阶段

投资决策阶段，强化大唐集团总部资源配置中心作用，总体平衡大唐集团投资能力和投资需求，结合项目外部条件和推进情况，对项目进行投资价值的判断。对项目是否具备投资价值、是否具备良好的竞争力和抗风险能力及项目建设方案等进行判断后，二级单位上报项目投资申请，由投资管理部门组织对其方案、发展潜力、经济效益等进行审核，最后按程序进行决策。

（3）开工决策阶段

开工决策阶段，结合建设条件、外部市场条件、项目建设需求等因素对项目开工时机进行判断，选择最佳时机开工建设。项目通过大唐集团投资决策后，二级单位向大唐集团提出施工准备申请，项目通过投资决策、取得政府核准批复（或完成备案），具备开工条件的，二级单位上报开工申请。根据国家或地方投资主管部门的批复、建设的外部条件落实情况、经济效益、资金落实等情况、由工程管理部门组织进行审议后完成开工决策。

3. 投资决策节点控制要求与流程（见图1）

一是建立了全过程签字背书机制。投资决策的全过程，包括战略决策、投资决策、开工决策、项目后评价阶段，全部参与决策的人员都要进行签字背书。

二是建立了项目中止、终止或退出机制。在项目推进的不同阶段，由于不可抗力、政策调整、边界条件或技术方案发生重大变化等原因，导致项目无法正常推进，在每个阶段都要建立中止、终止或退出机制，有效防控投资风险、降低投资损失。

三是加强项目投资重大变更管理。项目经批准的投资方案发生重大变更，如投资规模、股权结构、设计或建设方案、核准等审批手续过期等，都应按规定履行相关审批决策程序，确保项目取得预期收益。

四是积极组织开展后评价工作。各类投资项目建成投产运营后，均应及时组织开展后评价工作，加强对评价成果的应用，发挥后评价在提高投资决策和项目管理水平、提高投资效益和项目跟踪考核方面的作用。

五是各类型投资相应建立决策机制。按照投资决策的原则，大唐集团并购投资、参股投资、技改、科技和信息化、小型基建投资都要参照大中型基建投资决策机制建立大唐集团统一决策机制，投资决策要覆盖投资管理的全过程。

六是充分发挥内外部专业咨询机构审核把关作用。内部专门建立了专家咨询委员会、技术经济中心，外部依托专业的咨询机构，将专业咨询固化到项目开发“三节点”的每个环节，深入项目现场对评价工作进行督导和协调，充分发挥内外部咨询机构独立评审、审核把关作用。

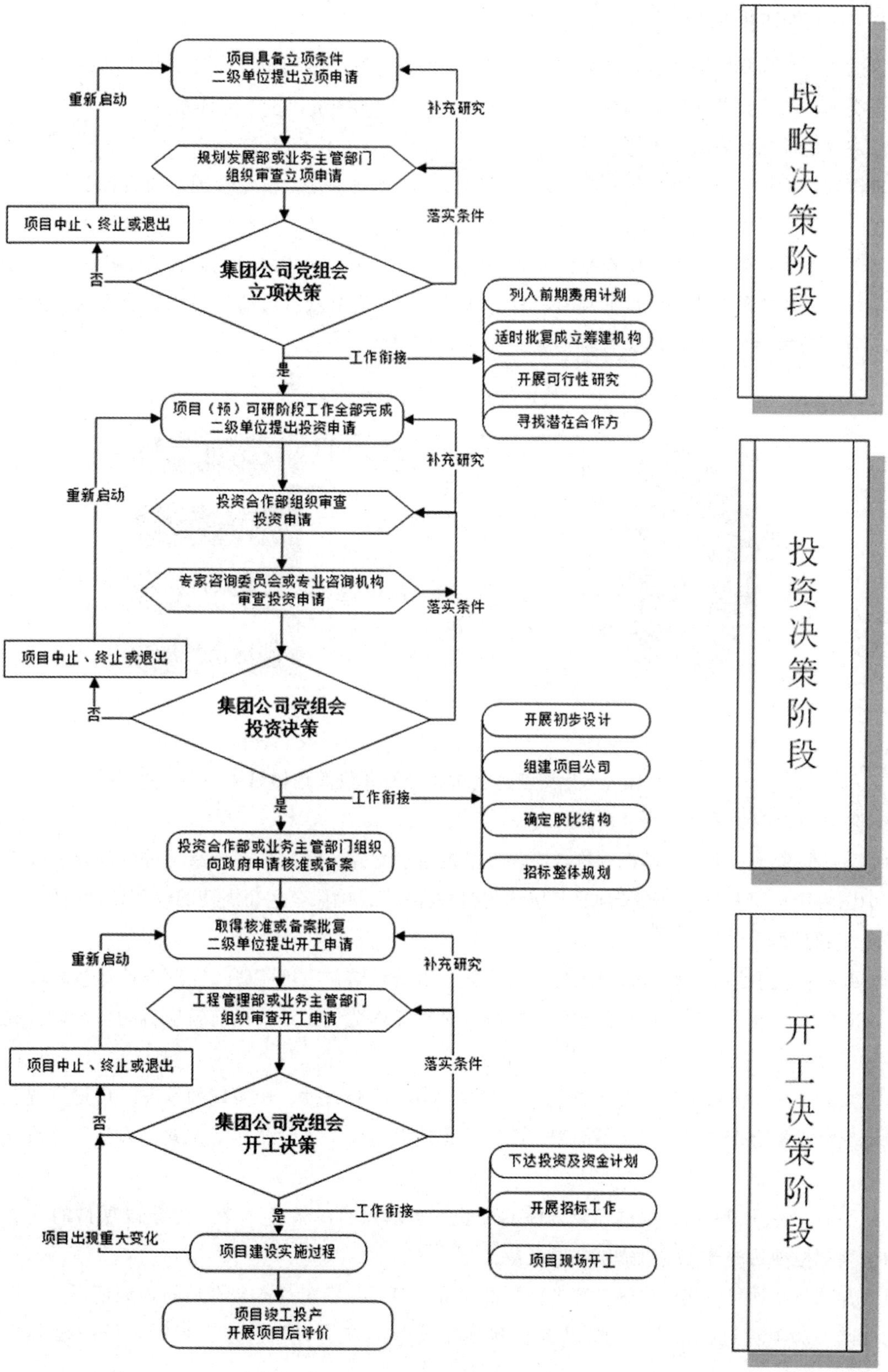

图1　投资决策节点控制流程

（三）经济评价体系创新

为有效支撑大唐集团高质量发展需求，在投资管理体制改革过程中，构建了基于新建、并购、技改的项目全类型，战略判断、价值判断、时机判断全生命周期的经济评价管理体系。

1. 经济评价管理体系核心思想

随着国家电力体制改革新政策不断落地和市场交易的不断深化，投资管理与项目控制产生了一定的不确定性。投资项目建设在可研阶段通过第三方咨询机构进行测评，但其结论有时效性，很难动态展现项目的实际情况，投资管理与风险控制的深化与原有手段产生了矛盾。因此，着力于构建一个适用于项目投资全过程，用于战略判断、价值判断、时机判断三个重要节点以及项目后评价阶段的经济性评价管理体系，对大唐集团高质量发展具有重要意义（见图2）。

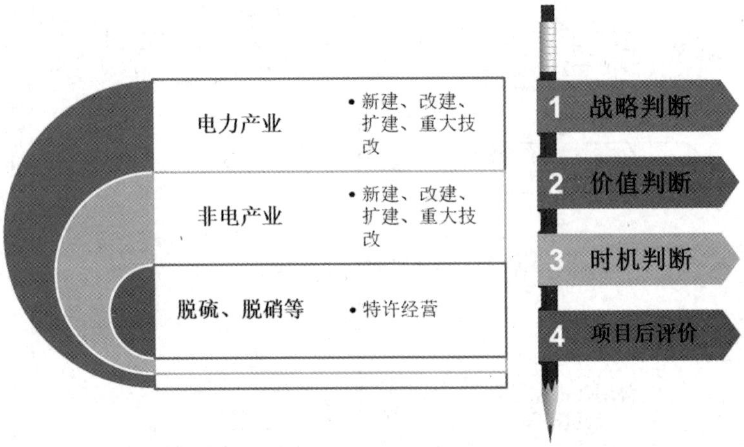

图2　全类型、全过程经济评价管理体系

2. 经济评价管理体系主要内容及指标建立

为了落实投资项目全过程动态评价与滚动评价的管理思路，针对新建项目、并购项目、技改项目建立了《中国大唐集团有限公司投资项目经济评价管理办法》，确保全生命周期的经济评价的执行。

（1）新建项目

战略判断：在项目立项阶段，对项目的预可研、出资承诺、项目可研、工程设计等各阶段进行经济评价，实时监控内外环境对项目经济指标的影响，控制工程造价设计，提前为项目的生产运行成本控制要求；

价值判断：全面分析项目建设必要性、可行性、相关配套条件、相关规划情况、市场情况、外部政策环境情况、投资合作方案、主设备选型、配套工程建设进度、建设及运营方案，为项目价值判断结论提供支持；

时机判断：在开工阶段，根据客观条件的变化，复核项目的效益水平，为建设项目的开工决策服务，为合理把握项目的开工时机提供数据支持；

投资计划：在项目各建设投资年度进行经济评价，项目在集团资本金不足的客观情况下，按照效益优先的原则，对项目进行排序，为大唐集团确定的有快有慢、有进有退、有保有压的投资管理策略服务；

项目后评价：结合实际对投产项目进行经济评价，在项目前期阶段和其他同类项目进行前后、横向对比，总结经验为项目后续的管理与其它同类项目的投资提供决策支持。

（2）并购项目

根据大唐集团并购项目开发流程，在并购项目初步调研及立项报告、方案审批、并购项目后评价三个阶段进行项目经济评价，确保投资收益，控制投资风险。

（3）技改项目

为了提高在役发电项目的效益、生产运行的安全性和可靠性以及满足国家相关标准，对进行技术改造项目前期与后期两过程进行经济评价，最终帮助决策者选择实现项目运行能耗低、产出高、达到运行经济环保高效的技改方案，确保技术改造的财务评价或经济评价满足相关要求。

（4）指标体系

经济评价参数指标体系是用于计算基建项目效益与费用以及判断投资项目经济合理性的一系列数值，包括国家标准类参数、行业或企业类参数、设计值类参数、投资类参数、收入成本类参数、财务评价类参数等，其中财务评价类参数综合考虑了收益率、经济增加值、收入成本指标等变动因素，实现了全方位、多角度的经济评价体系（见图3）。

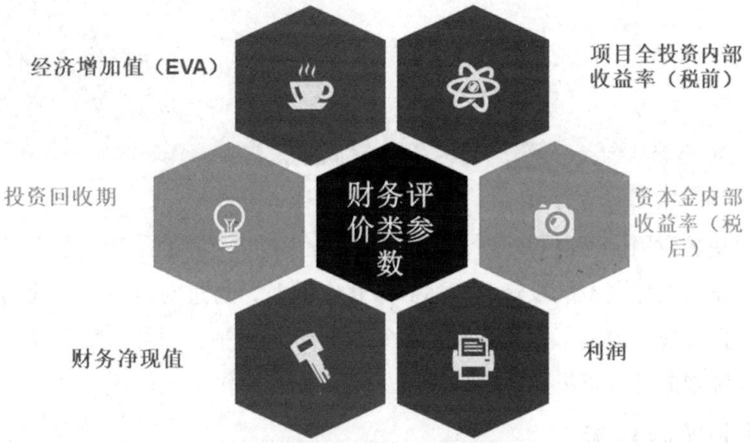

图3　财务评价类参数

3. 经济评价管理体系的建立与推广

投资项目全生命周期经济评价管理体系全面实施后，大大的提高了大唐集团投资项目管理与风险控制能力，但由于市场上没有针对投资项目全生命周期经济评价体系的信息化管理平台，通过手工处理工作效率不高，统计分析数据无法共享，历史数据检索难度大。为了管理体系高效率的运行，大唐集团开发建立了投资项目全生命周期经济评价管理信息作业平台，作业平台提供指标统计分析、项目各周期分析、同类项目对比分析、异类项目对比分析四个管理与决策支持功能模块（见图4）。

图4　建设项目经济评价系统

通过以上功能模块的应用，可以判断项目经济指标的优劣、资源的结构，盈利的模式等，为项目的投资管理提供决策依据，确保资本的投资利润达到最优。同时，通过对投资项目全过程经济指标的管理与监控，确保投资目标实现，提高了投资管理与决策的科学化水平，引导和促进了资源的合理配置，优化了投资结构，减少和规避了投资风险，实现了投资效益的最大化（见图5）。

（四）投资管控平台创新

大唐集团依据投资管理制度与规范标准，延伸投资管控业务，实现底层投资管控数据的收集，计算模型的自动汇总，规范编制流程，严格统一数据计算模型，将编制规则与计算公式细致化、规范化，保证数据来源有效，数据源可追溯，计划编制流程合理，计算方式科学。构建于计算模型的大中型建设项目集团化投资管控平台，实现对投资项目的精细化管理，为大唐集团控制发展速度与发展规模、优化投资结构提供决策所需的信息支持和辅助管控工具。

1. 投资管控平台核心思想

投资管控平台是集中统一的投资管控中心，是投资管控制度和标准一部分，实现了大唐集团三级责任主体、上下贯通、宏观到微观的投资管控，精细化了项目日常作业管理和投资管控等功能，满足集中化、标准化、规范化、程序化管理要求，消除个性化。

构建了统一的投资计算模型，通过项目日常管理活动自动实时预测计算下个周期投资使用情况，减少人员干预，使编制流程合理，计算更加科学，数据更加精准，确保数据来源真实有据，数据源的可追溯性，能真实反映项目投资情况。实时统计分析投资完成情况，通过模型预测下个周期内的投资风险，为投资项目的风险预防、风险预警与风险控制提供一个信息管理平台，实现对投资管控过程中的风险点的预警、控制，达到事前预警、事中控制的目的。

图5　投资管理系统

规范和严谨数据勾稽关系，避免随意性修改，实现智能化预警，统一指标引用标准，有效控制指标值唯一性，使数据更加准确满足大唐集团、分子公司、项目单位的多维度多视角统计分析和对标分析，为领导决策提供完整全面的信息支持。

2. 投资精细化管控与风险防范

高质量发展离不开投资的精细化管控。通过搭建大唐集团统一的投资管控平台，实现对投资有效管控，实现从项目初设到投产的全过程管理。从大唐集团到分子公司到项目公司，实现各级相关责任主体的投资管控业务和关键控制点，延伸和细化包括概算、工期、融资、合同、物资、财务等项目投资管理基础业务，通过项目建设过程，产生投资管理各项业务数据，主要涉及三部分内容：一是投资计划，指计划时间内预计完成的工程量（单价＊数量换算成货币）；二是资金计划，指对于预计完成的工程量和预付款（设备）、应付款、质保金等各类支付金额所需要的资金使用计划；数据结构以建筑、安装、设备、其它等四大费用构成，四大费用数据来源又分，有合同，无合同两种；三是融资计划，财务依据资金计划编制资金筹措计划。

在投资管理过程，大唐集团和分子公司建立各级风险指标库和风险预设值，能通过计算模型和当前日期，实时计算汇总各基层单位年度、季度、月度投资计划以及投资统计数据，按照风险控制预设指标与逻辑关系，对超计划总投资、预计总投资、年度投资、季度投资的项目进行风险提示与报警，并根据风险防控等级，进行不同风险等级的预警和投资管理活动的限制。

3. 投资管控平台的应用与推广

在项目日常管理作业基础上实现底层投资管控数据的收集，将编制规则与计算公式细致化、规范化，保证数据来源有效，数据源可追溯，作业流程更加合理，计算模型更加科学，加强了项目投资的精细化管理，为大中型建设项目投资管控科学决策提供信息支持；系统应用精细化程度可根据用户要求任意设置，适用于各类大中型建设项目投资管控，可在各类建设项目领域进行推广，该平台已在大唐集团、30多个分子公司、上千个项目得到了成功应用。近年来，纳入大唐集团投资计划管理的项目，未发生超计划投资、未批先建、未批安排资金的情况发生，有效保障大唐集团高质量发展。

四、大唐集团投资管理体制改革实践成果

从2018年底开始，大唐集团投资管理坚决服从服务工作大局，把稳增长作为工作重中之重，深入开展提质增效和对标世界一流管理提升两个专项行动，经营发展在稳中有进、持续向好下取得多项实质性进展。中央企业经营业绩考核均获A级。

2018年—2019年，大唐集团累计实现利润217亿元，年均增长50.57%；净利润135亿元，年均增长32.45%；归属母公司净利润51亿元，年均增长41.64%。1-7月完成营业利润率8.55%，同比增长2.23个百分点；实现利润总额89.31亿元，同比增加18.62亿元；净利润63.28亿元，同比增加14.4亿元；归属母公司净利润22.33亿元，同比增加5.63亿元。在紧抓沿海、内陆、海上、海外战略发展，培育新增长点、增长极、增长带的战略下，大唐集团在2020年度全国可再生能源资源竞争性配置中，获得光伏平价及竞价项目421万千瓦，居中央发电企业前列；近两年累计投产电源项目1122万千瓦，可再生能源占37%。

近两年来，随着各发电企业纷纷响应国家坚持新发展理念的号召，落实能源安全新战略，培育新动能，塑造新优势等发展要求，各企业抓紧投资管理体系建设，使得产业战略管控缺失、资源配置等问题得到了缓解，改革发展呈现平稳向好趋势。同时，随着各发电企业对“坚持发展出题目，改革做文章，激发高质量发展新动力”思想的深入了解与实践，内部市场的思想和体制僵化问题也逐步得到调整，激发了发展创新活力，也使得在电力体制改革不断深化的环境下，各央企迅速意识到科技创新与人才战略的重要性，加大举措促进科技与人才方面的竞争。在产业结构和发展效益方面，产业结构有所调整，收益率稳步上升的同时还存在较大的发展空间。

（一）高质量发展新格局基本形成

大唐集团投资决策机制改革后，规划发展部负责战略判断、投资合作部负责价值判断、工程管理部负责开工时机判断，实现了投资决策的关口前移。准确预判国家能源发展大势和市场变化，研究把握产业链、供应链、价值链的规律和关系，避免研究不深、判断不准、把握不住的现象，或是战略预判不准导致决策失误，或是战术跟进滞后导致错失良机，及时有效的做出战略判断、价值判断、时机判断，并坚持做到“三个判断”无缝衔接和有机统一，为正确决策提供可靠保障，开启大唐集团高质量发展新格局。

近两年大唐集团核准电源项目1000多万千瓦，其中清洁能源占比达到75%；抢抓京津冀协同发展、长三角一体化、粤港澳大湾区相互衔接、海南全面深化开发等战略机遇，沿海项目布局开发不断加快，大力推进渤海新区百万机组、南京电厂H型燃机等重点项目；明确发展重点，大力发展“风、光、气、服”，加大陆上平价风电资源开发力度，积极推进青海外送基地、吉林白城、内蒙古上海庙等优质整装资源的获取。加大沿海地区发展力度，积极抢占海上风电资源，布局燃机、分布式能源、综合能源服务项目，做好煤电项目储备。

2020年，在国家光伏产业竞争性配置申报竞选中，大唐集团取得了278.05万千瓦指标，在电力企业总名列前茅，充分体现出投资体制改革的成果。大唐集团各级企业高质量发展意识明显增强，投资体制机制健全完善，区域差别化发展任务路线清晰明确，历史遗留问题得到有效解决。增量优质项目储备

明显提升，新能源竞争性配置资源取得重大突破，新兴产业取得实质性进展，大唐集团整体步入高质量发展的良好局面。

（二）结构调整取得积极进展

大唐集团落实“四个革命、一个合作”重要指示精神，通过实施投资管理体制改革，夯实高质量发展基础，把发展清洁低碳能源作为调整能源结构的主攻方向，进一步加大风电、太阳能、燃机等清洁能源的投资力度，结构调整取得积极进展。近两年电源项目投产容量、投资完成新能源占比均超过五成；重点推进项目中清洁能源占比高达三分之二；盈利水平屡创新高，资产负债率持续下降。同时，积极防范化解产能过剩风险，完成煤炭去产能300万吨任务，主动关停落后煤电产能208千瓦，目前投资在建的煤电项目全部是符合国家能源政策发展方向的大容量、高参数的超超临界机组和热电联产机组，投资风险可控在控。

（三）投资过程管控能力持续增强

大唐集团根据国资委34号、35号令要求，结合大唐集团投资管理实际，完善投资管理制度体系，同步优化投资决策机制，将投资管理关口进一步前移，严把项目投资计划入口关，加强对投资的集中管控，坚决了杜绝未批先建、超计划建设的现象发生，完善全过程、全覆盖、无死角的闭环投资管理系统。通过投资管理信息系统的部署实施，强化投资过程管控，投产项目造价水平处在五大集团前列。

（四）投资效益保持较好水平

通过严格执行投资项目决策有关制度和标准，项目开发优中选优，持续促进项目优化，有效提升增量项目竞争力水平，实现风险可控的稳健型发展，严防新的风险点和“出血点”。从紧核定项目投资计划，严格执行项目准入制。通过进一步规范项目审批流程，履行相关投资决策程序，落实项目开工承诺制的要求以及动态考评机制，确保各项建设指标能够与项目阶段性目标相衔接。

近两年，组织开展85个项目后评价工作，总装机容量1816万千瓦，重点围绕项目的投资收益、生产能力、技术性能、工程造价、建设进度、工程质量等投资建设目标和承诺目标的实现程度；项目前期、开工、建设、生产等阶段的管理规范程度；对大唐集团发展战略目标的影响程度等方面进行评价。通过对所有项目经济效益、技术、管理和环保等方面的综合汇总评价，准确指出评价项目的亮点和问题，切实提出改善投资决策和投资管理、提高投资效益和成功度的建议，并将其应用到实际管理中，为投资管理和优质项目甄选提供可靠支撑。

（五）投资管理考核体系不断完善

作为改进项目投资管控成效，提高项目综合发展水平的重要制度之一，考核体系与项目后评价制度在实际管理中扮演着重要的角色。为此，2019年以来大唐集团构建了“2253”考核激励体系，概括为“2个考核主题，2个考核对象，5项常规激励制度和3项特别激励举措”。在“2253”考核激励体系中，专门制定了投资系列考核办法《二级企业“一把手”抓发展专项考核办法》《分管业务线考核办法》《业务线考核实施细则》《电源项目前期工作奖励办法》，从项目核准、资源获取及转化、行业对标及攻坚任务等方面进行考核打分，准确把握导向，不断提高考核激励机制的时效性和准确度成为加强大唐集团治理体系和治理能力的有效举措，同时，还制定了《加强违规经营投资责任追究实施办法》，强化了对违规经营投资的责任追究机制。

（六）后评价制度持续发挥作用

通过后评价制度提供的方法，企业能够更加清楚地综合分析与往年项目相比之下本年度的项目投资管理情况，对于优化管理流程，细化投资方案等具有极高的参考价值。尤其是近几年来的分析显示，往年后评价中暴露的主要问题，在2017年独立后评价项目中都得到了不同程度的改善。火电项目未发生工程重大方案变更缺乏论证、调试深度严重偏离国家规范、小股东资本金同步到位不足、生产准备工作不充分和重视程度不够等问题。风电项目未发生未批先建、招标采购违规、调试深度严重偏离国家规范要求、配套工程建设滞后和小股东资本金同步到位不足等问题。水电项目未发生征租地移民组织不利、阻工事件较多、调试深度严重偏离国家规范要求、配套工程建设滞后和小股东资本金同步到位不足等问题。在政策制定方面，大唐集团通过下发《中国大唐集团有限公司大中型基本建设项目后评价管理办法》对后评价制度做出了整体性规定和要求，同时针对火电、水电、风电项目的特殊性又制定了具有针对性的后评价实施细则，建立了一套完善的年度综合评价体系，以保证在项目投资发展中不断发现问题并解决问题。

四、发电企业投资发展建议

（一）牢固树立新发展理念和高质量发展观

国家发展战略是支撑发电企业高质量发展的重要基石，要成为国家战略的实施者，必须坚决贯彻落实好党中央决策部署，在党和国家事业发展大局中谋划推进工作，尤其作为发电企业，要深刻领会“四个革命、一个合作”能源安全新战略和新发展理念，将其作为指导企业发展的理论方向。同时，树立高质量发展观也是能源企业建设成为世界一流能源企业的重要条件之一。从投资管控来讲，需要从五个方面落实“一流”核心价值观：一是以高质量发展为核心，建立一流项目识别机制；二是以增量增效为目标，扎实推进优质资源获取；三是以“三个判断”为抓手，着力建立一流的投资管控模式；四是以客观独立为原则，充分发挥决策支撑机构作用；五是以实事求是为根本，切实加强投资方案研究和数据测算。

（二）坚持完善投资管控机制

充分发挥投资管控“总闸口”作用，通过加强投资资源配置，起到引领、保障、支撑作用。在企业实际运营过程中，主要从坚持一流的管控标准、坚持主动的管控策略、坚持高效的管控手段、坚持完善的管控功能为重点，建立“四位一体”的管控机制。

（三）不断改进经济评价体系

建立全类型、全过程经济评价管理体系是使企业投资项目不断适应迅速发展变化的市场环境，以便及时调整方法的重要保障。不断改进经济评价管理体系为项目的投资管理提供了决策依据，确保资本的投资利润达到最优。另外，它提高了投资管理与决策的科学化水平，引导和促进了资源的合理配置，从长期来看促进了投资结构的优化。

（四）持续强化投资管控能力

一是要强化战略管控，根据投资发展目标制定清晰稳定的战略实施方案，突出对投资管理发挥稳定积极的导向作用；二是强化内部分级投资经营管控机制，完善各级法人治理结构，建立内部分级投资授权机制；三是完善投资管控机制，建立一流的投资管控标准，提升投融资的一体化配置能力和水平，提升和扩大金融板块的经营水平和支撑能力，强化资本运作能力，积极开展并购重组，同时统筹自主投资与并购重组的功能。

五、结语

投资管理是高质量发展中至关重要的一环。在国企改革、电力体制改革深入推进的背景下，发电央企经历18年发展，既奠定了高质量发展的基础，投资管理也面临战略方向管控、主业与产业链协同、投资收益与投资风险平衡、科学决策与效率提升等问题。本成果对于促进我国发电企业完善投资管控机制、建立一流的投资管控标准、开拓高质量发展新格局，有着重要而深远的意义。在未来发展中，我国各发电企业应当继续深入落实国家投资管理有关要求，强化投资管控“总闸口”作用，完善“全覆盖、三节点”投资决策机制，以“新基建”为契机，不断优化创新经济评价体系、努力促进投资资源科学配置、资产结构优化、管控能力增强和效益提升，不断向世界一流能源企业迈进。

成果创造人：于　岩、秦建明、高绍峰、江昔兵、董志锋、王海生、方世杰、
于　渊、池　浩、方　伟、刘玉哲、赵建民、袁树玲、法　超

海外电力投资“6655”要素管理研究与实践

中国电建集团海外投资有限公司

一、海外电力投资“6655”要素管理构建背景

中国电建集团海外投资有限公司（以下简称“电建海投公司”或“公司”）成立于2012年7月，是中国电建旗下专业从事海外投资业务的法人主体。截至2019年底，在老挝、柬埔寨、尼泊尔、巴基斯坦、印尼、孟加拉、刚果（金）、澳大利亚等10多个国家开展投资业务，目前共有8个投产项目、6个在建项目、10多个前期项目，在建及运营电力项目总装机约400万千瓦，共有中外员工1300余人。

（一）总结和遵循海外电力投资规律，推动企业高质量发展的需要

总结提炼海外电力投资的客观规律，对于海外投资业务的开展具有普遍的指导作用。各国国情不同，电力发展阶段差异很大，具体项目情况更是千差万别，但都有基本规律可循。公司的海外电力投资业务从无到有，逐渐发展壮大，过程中积累了大量对投资规律的认识。公司需要总结海外电力投资的基本规律，并运用规律指导实践，从而避免被表象和无关要素影响判断，抓住关键成功要素，推动企业高质量发展。

（二）提升项目全生命周期真实价值，进行可持续性投资的需要

项目全生命周期的真实价值由经济价值、环境价值、社会价值和治理价值构成，海外电力投资企业要提高综合竞争力，获取长期稳定收益，规避政治、经济、社会和环境等各种风险，就要重视项目全生命周期的真实价值，将ESG风险因素纳入投资流程的收益，与东道国政府及当地社区互利共赢，实现共同发展，降低ESG风险的同时为社会做出积极贡献。

（三）提升市场研究和项目开发水平的需要

电建海投公司的传统海外市场是亚非拉等发展中国家，由于传统能源项目开发实践跨度长，形成了“项目主导+汇报研讨会”的“一事一议”式的国别分析和逐级决策方式。这种方法针对性强，对于少量熟悉的市场研究具有优势，但因其决策时间长，对参与者的经验要求高，不太适用于所在国别市场陌生、规模较小且分散、建设期短的新能源项目，推广应用也面临困难。为持续提升企业市场研究和项目开发水平，提高市场反应能力和响应速度，有必要深入总结投资工作中的经验规律，抓住关键要素，改进市场开发研究和决策方式。

（四）解决海外电力投资项目融资问题的需要

国际电力市场不仅是商务能力、专业技术的竞争，也是企业融资能力的竞争。受全球电力结构转

变、各国电力机制调整、海外电力市场竞争日渐激烈、国内监管体系日趋规范等因素影响，海外电力项目对于资金层面的要求也越来越高。东道国政府不愿意或者不能再提供主权担保，中信保对非主权项目的评审标准更加严格，国有银行更是收紧了评审标准、严格把控国别风险、专注于项目自身可融资性，导致企业融资压力很大，海外电力投资项目的融资风险增加。为降低融资风险，顺利解决项目融资问题，有必要探索和研究融资规律，掌握融资活动各要素。

（五）提高海外电力投资项目建设水平的需要

电建海投公司依托中国电建全产业链优势，在实践中探索出海外电力项目业主方、设计方、监理方和施工方“四位一体”组织管控模式，发挥集团成员企业资源共享、强强联合和集成管理优势，有效规避传统模式的弊端，降低了项目建设风险。但是海外电站施工管理难度较大，集团内承建企业水平参差不齐，有的企业以同是集团成员企业为由，轻视合同约束，不主动担责，缺乏担当精神。因此有必要识别建设阶段的诸多要素，加强资源配置和组织协调，进一步提高海外电力投资建设水平。

（六）提高运营企业生产运营效益的需要

随着业务的快速发展，电建海投公司投入生产运营的发电企业越来越多，所在国别、区域环境差异较大，在个别国家存在电力消纳乏力、电费回收困难、电网薄弱、货币兑换和非传统安全风险加大等困难，对电力生产运营专业性、系统性管控的要求越来越高。有必要按照运营阶段“电量、电费、安全、效益、责任”等五大要素，精准施策，精准发力，提高发电企业生产运营效益。

二、海外电力投资“6655”要素管理内涵和主要做法

（一）“6655”要素管理内涵

一个高质量的海外电力投资项目，必须要具备良好的项目自身生命力，项目的自身生命力可以通过其真实价值（True Value）来衡量，项目真实价值主要由经济价值（Financing）、环境价值（Environment）、社会价值（Society）和治理价值（Governing）构成，即True Value=F+ESG。为了有效提升海外电力投资项目的真实价值，我们将项目的全生命周期分为四个阶段，分别为开发阶段、融资阶段、建设阶段、运营阶段，每个阶段都有各自的特点、规律和管控要素，抓住了要素即抓住了关键，“6655”要素体系中的每个要素设定都充分融合经济、环境、治理和社会价值，抓好“6655”要素管控，就能充分实现项目的真实价值，赋予项目强大的生命力，实现项目全生命周期效益最大化（见图1）。

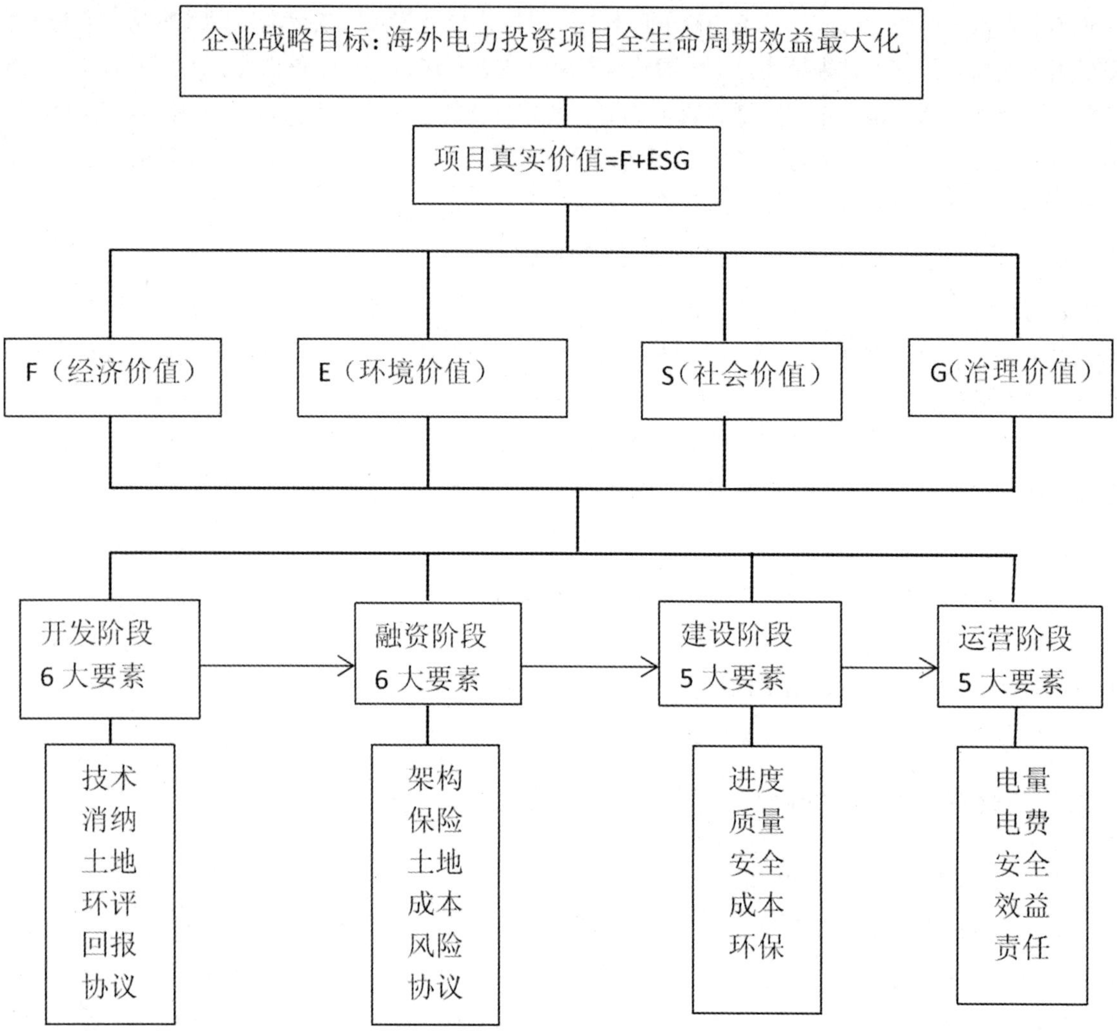

图1　海外电力投资“6655”要素管理模型

（二）项目开发阶段六大要素管控

项目开发阶段主要工作包括：（1）项目市场分析、可行性研究；（2）项目决策；（3）项目审批立项；（4）项目初步设计规划；（5）开发协议谈判。项目开发阶段是每个项目管控思路构建和管控架构搭建的黄金时期，需要统筹管理项目所有风险点，总体把控，既要稳步推进项目发展，又要坚持底线思维，该阶段应该主要关注“技术、消纳、土地、环评、回报、协议”六大要素，牢牢把握主动，合理控制开发节奏，科学稳健开展市场开发工作。

1. 技术管控

技术可行是项目开发阶段风险管控要考虑的首要因素。要把握好资源保障的有效性、设备制造的可靠性、生产技术的合理性，确保技术方案可行、系统可靠、指标合理、风险可控。若项目技术分析存在较大偏差，将对项目造成颠覆性影响。公司在投资项目投资决策之前，聘请外部专业机构对项目进行详尽的技术可行性与经济可行性研究，详细分析项目场地条件、技术方案、负荷送出、盈利能力、敏感性、风险可控性等。同时建立严格的投资项目评审制度，以保障评审的效率和效果。

2. 消纳管控

电力消纳是项目开发的重要前提，要全面掌握项目所在国电力现状、规划和发展趋势，包括电力需求、负荷分布、电网状况、消纳潜力等，确保电力可靠消纳。为确保前期电力消纳预测的准确性，在进入不发达国家市场之前，公司通过内外部多种途径，直接获取投资所在国电力规划，综合考虑现有装机、规划装机、国民经济发展指数诸多因素，对未来当地电力消纳情况进行科学预测；在进入发达国家市场之前，借助外部专业咨询机构，获取预测报告，结合不同机构的预测信息、专业开发团队的判断，对该国未来电力消纳进行分析预测。

3. 土地管控

土地问题是项目开发推进的关键要素，国际上多数国家实施土地私有化，权属性质复杂，征地风险较高。公司在项目开发期高度关注土地风险尽调工作，通过尽调摸清土地归属、权证、土地边界、土地的性质和用途、土地权利负担、土地流转过程、外资公司是否可以持有土地、当地的通行做法、土地租赁相关法律规定等事项，为后期融资阶段征地工作打下良好基础。

4. 环评管控

环境评估是项目开发的关键环节，世界各国越来越重视环境保护，环评问题成为影响项目的关键问题。公司在项目开发阶段，认真研究、遵守所在国环保法律法规和标准，确保环评报告获批。同时，针对当地环评组织提出的问题，第一时间应对解决，避免因环境问题引发矛盾冲突。例如在巴基斯坦卡西姆港燃煤电站项目开发推进过程中，项目收到了当地环境组织质疑项目可能给沿海滩涂红树林带来破坏，影响当地环境的函件。项目公司第一时间回函环保组织，将项目的环保计划、红树林保护计划展示给环保组织，并邀请环保组织监督计划落实情况，从而得到了环保组织的认可，保证了项目的顺利推进。

5. 回报管控

投资回报是项目开发的核心要素，依据项目可行性研究报告进行财务指标分析，建立投资财务模型，科学研判项目投资回报水平的合理性与可行性，确保未来投资收益能实现预期目标。公司建立的财务模型，除考虑常规因素外，还将汇率风险、利率风险等因素均考虑在内，并且要从总投资、电量、电价、利率、汇率等方面做敏感性分析，便于公司对项目进行科学决策。同时在考虑项目的投资回报时要综合分析所在国家市场整体情况，对于严重超出市场投资预期的项目，要谨慎投资。

6. 协议管控

投资协议明确了开发条件及各方的权利义务，是项目开发的重要保障，是项目实施运营的基础。电力投资协议主要包括：购电协议、特许经营协议/实施协议、入网协议、租地协议、股东协议、公司章程等，绿地投资项目开发期协议通常可多达十几份。开发协议的签署要遵循权利义务对等、风险共担的原则，使双方达到利益的平衡，为了高质量签署投资协议，公司发扬团队协作精神，法律、财税、资金、业务开发部门及外部专业机构共同参加协议谈判，分别从不同角度对项目开发协议进行专业把关，发挥集体的智慧和力量。同时，公司以不同国别市场的项目开发情况，复盘项目的投资开发协议谈判经验，梳理协议谈判中需重点关注的支付、汇兑、不可抗力、违约担保、劳工、安保等重要风险条款，形成了国别协议谈判指南，为后续项目开发打下基础。

（三）项目融资阶段六大要素管控

项目融资阶段主要工作包括：（1）投融资架构搭建；（2）贷前尽职调查；（3）融资方案决策；（4）融资协议谈判；（5）落实放款前提条件。项目融资阶段是项目真正走向资本市场接受金融机构和专业顾问检验的重要步骤，项目对金融机构的吸引力和获得的贷款条件是衡量项目开发成功与否的第一步，也是重要体现之一。

融资期六大要素包括“架构、保险、土地、成本、风险、协议”等六个方面，要全力抓好融资项目“六大要素”管控。

1. 架构管控

投融资架构是贯穿项目全生命周期的顶层设计，项目融资将以投融资架构为基础进行融资方案设计和研究。海投公司在投融资架构设计时，针对不同项目特点，因地施策，充分考虑税收筹划、风险隔离、资金汇入汇出限制、适时退出、融资成本和融资便利等多重因素。例如，可以结合项目所在国税收优惠和特许经营协议有关约定，在中国香港、新加坡平台公司之下，寻找与项目所在国存在双边税收协议的国别设立层级公司，节省融资税费和其他相关利得税。又如为风险隔离目的，项目通常会设计多层级的架构，确保向融资行提供股权质押的层级公司为 SPV 公司。

2. 保险管控

投保政治保险和商业保险是实现融资落地和进行风险缓释的重要手段之一。政治保险主要防范的是战争、暴乱、征收、汇兑限制等风险。政治保险是目前中资银行对海外电力项目提供融资的必要条件之一。商业保险主要投保承保海外项目的自然灾害、意外事故、货运等风险，商业保险也是海外项目融资的必要条件。海投公司拥有专业的保险团队，同时借助专业咨询机构力量，在项目开发期就提前研判政治保险和商业保险承保条件和可行性，并提前统筹安排。针对政治保险，在项目开发期就主动了解中国信保在当地国的承保政策、承保能力，争取中国信保出具《承保兴趣函》《承保意向函》，并在融资期确保及时投保，保障融资的顺利进行；针对商业保险，公司提前研究项目所在国对项目商业保险投保的法律要求，并根据法律要求来设置投保形式和结构。在满足当地法律和商务协议要求的前提下，将保险回分到国内，以方便后期索赔。另一方面公司与融资银行就商业保险条款、保险及再保险的权益转让要求进行充分沟通，获得融资银行的认可，才能确定商业保险的整体投保方案。

3. 土地管控

项目用地是保障项目合法合规开展施工建设的前提，也是普遍制约融资落地的核心要素之一。相比项目开发阶段的土地要素管控，项目融资阶段的土地要素管控标准更高，内容更具体，征地工作从发现风险的尽调阶段向真正实施征地工作转变，融资银行一是要求项目在限定时间内实际取得项目用地的相关权益，二是要求相关土地权益能够完成抵押或权益转让。海投公司高度关注土地要素管控，将其纳入项目公司业绩考核体系，公司总部与项目公司前后方协作，在开发期充分尽职调查的基础上，按照开发期制定的土地问题解决方案，逐步落实，及时获取土地所有权或租赁权，完成相关的注册登记手续和土地抵押或者土地租赁权益转让，以满足融资银行对土地担保品的要求。

4. 成本管控

融资成本是影响投资收益的重要因素，要综合考量项目的投资预算以及融资信用条件，有效降低贷款利率和各类融资费用，实现预期投资收益。公司采取境内融资和境外融资相结合的方式，因地制宜降低融资成本，间接提高项目的投资收益。在境内融资方面，积极进行项目推介，吸引境内外融资银行，创造竞争环境，努力提高项目政治影响力，积极争取融资银行、信用保险机构的利率、费率优惠支持，降低融资成本。同时，积极与丝路基金等国家专项基金对接，争取资金支持。在境外融资方面，通过境外美元发债、境外人民币发债、境外银行贷款等方式，有效降低融资成本，保障了项目资金来源。

5. 风险管控

项目融资阶段的风险管控就是要提高项目的可融资性和控制贷后的融资执行风险。为防范融资阶段风险，一是对标国际先进融资模式，通过公开融资磋商方式，引入竞争性报价机制，通过比选找寻适合的融资方案，优化担保架构、降低融资成本、缓释结构性风险，提高项目可融资性。二是积极拓宽与不同类型的金融机构合作业务，了解和熟悉各类金融机构的风险偏好和擅长的业务领域，筹组体系成熟、适合特定投资项目、拥有竞争力的项目融资银团。三是由专业融资团队落实融资方案，建立标准化的工作机制。例如公司组织编制了《项目融资工作执行指引手册》；项目融资时定期组织融资项目工作沟通会议，群策群力分析融资工作重点难点，制定方案并跟踪落实；定期组织银团会议、通过集中谈判，缩短协议谈判时间。四是全面及时进行融资复盘，为项目精心编制融资协议执行的指导性文件，针对潜在融资合规性风险，做到提前预防规避或及时有针对性的解决，缩小风险影响范围，缩短风险处理时间。

6. 协议管控

融资文件主要有贷款主协议、股东增信协议、项目资产抵质押协议、准担保协议、股权质押文件、债务次级协议、账户监管协议、对冲协议、费用函。融资协议体系复杂，内容丰富，不仅与项目建设期的放款和运营期还本付息直接相关，同时也与项目日常的重要建设运营活动密切相关。为了确保融资协议中债权人和投资人的权利义务公平合理、合同履约风险可控、满足项目建设运营的客观需求等，公司的主要做法包括：一是坚持“专业的人做专业的事”，组织商务、法律、财务、资金、项目公司等多个专业团队参与协议谈判，确保融资协议与开发协议合理衔接，项目建设运营团队清晰理解融资协议内涵和要求，保障融资协议的可执行性。二是编制了《贷款主协议（APLMA 版）谈判指引手册》，以案例解析、专题讲解、统一标准等方式提高协议谈判质量和效率。

（四）项目建设阶段五大要素管控

项目建设阶段主要工作包括：（1）项目施工前准备；（2）项目建设实施执行；（3）项目建设控制。项目建设期是指项目从资金正式投入开始到项目建成投产的阶段，主要包括土建施工、设备采购与安装、生产准备、设备调试、联合试运转、交付使用等工作。此阶段除了持续关注政治、经济、财务等各项风险外，需重点关注建设相关风险，同时还需关注 EPC 协议的履约和执行，避免出现颠覆性风险。

项目建设期五大要素包括“进度、质量、安全、成本、环保”等五个方面。

1. 进度管控

进度管理是“五大要素”管理的核心要素。进度管理是“五大要素”管理的核心要素。制定里程碑节点计划、总进度计划（一级网络计划），火电站建立“三级”进度计划管控机制，水电站建立月、周进度计划管控机制，坚持“以进度计划为抓手，以考核激励为促进，动态管控，全过程抓落实”的进度管控原则。业主方牵头组织监理单位对施工方编制的进度计划进行审核、批准。施工方负责业主方审核批准的进度计划的执行。设计方负责按进度计划提前提供图纸和设计交底。监理方负责进度计划监督管理，对设计提供的图纸组织审图，对施工方的进度执行进行协调和监督管理。从施工图设计、设备的采购监造发运、施工资源配置、技术方案、质量保证措施和安全保证措施、现场施工管理等方面对施工方提出具体要求，对关键线路和重要工程节点要求施工方制订切实可行的施工组织措施，对存在进度风险的工程节点要求施工方倒排工期，并充分发挥监理方对现场的监督管理职责，围绕进度计划，以节点进度考核机制为抓手，监督和检查现场施工进度，积极推动设计和采购进度确保工程建设各项工作按计划实施和完成。业主方定期组织参建各方对进度计划执行情况进行检查分析，要求施工方及时纠偏，对不能按期开工和进度滞后的项目进行通报，约谈其上级主管领导，督促施工方履约，并监督其制定实施推进计划和具体措施，确保工程进度计划按期实现。

2. 质量管控

项目质量是建设管理的关键要素。项目质量是建设管理的关键要素。在质量管控方面，建立以“全员参与为基础、过程控制为关键、质量控制为核心”的全过程质量管控体系，严格执行《建设工程质量管理条例》规定，落实质量管控责任制，坚持“样板引路、亮点指引”和“一次成优”的质量管控原则，业主方依据合同设定工程质量目标，建立质量管理制度和管理程序，设计方、监理方、施工方结合业主方的制度、程序及要求分别编制各自的质量管理制度、管理程序、措施和细则。一是坚持质量管理体系建设，建立健全《工程质量管理制度》《工程质量考核办法》《工程竣工文件管理规定》《工程完工验收管理办法》等管理办法，严格执行，加强监督。二是坚持“样板引路”管理思路，提前策划制作各部位、各工序施工标准样板。在正式施工过程中，严格控制施工过程质量和工艺标准，通过业主质量管理部门与监理工程师组织施工班组，在施工前对照样板，逐一工序培训学习，施工过程中，严格执行样板标准的做法，保证正式施工质量与标准样板一致，甚至更好。三是坚持质量管理“全方位到位”理念，充分发挥业主方的引领和监理方的监督作用，要求业主方和监理方做好“五到位”，包括体系到位、责任到位、标准到位、监督到位、管理到位，变被动检查为主动支持。四是检查督促落实质量责任。监理方组织召开周例会、月例会及质量专题会议，针对施工各环节、工序等存在的问题逐一剖析。督促施工方及时编制相应施工技术方案，严格执行“四级验收”制度，按已审批的施工方案组织施工，定期检查其技术交底情况、施工记录、沉降位移监测记录等。五是加强事前、事中、事后的质量管理控制。事前，对施工方案、原材料检验、施工工艺、作业人员、施工机具等方面从严把关。事中，坚持严格的质量监督程序，上道工序未经验收或验收不通过，不得进入下道工序，确保每一道工序不留下任何质量隐患；坚持对隐蔽工程、关键部位及时安排监理人员进行旁站，并做好旁站记录。事后，对施工中出现的问题，及时下发质量整改通知单，对发现的违规施工现象，督促施工方及时完成整改、闭环。六是坚持问题导向，监理相关“问题库”。业主方和监理方在现场施工中发现不能立即完成整改的设计、设备等质量缺陷，将其录入“问题库”，每周进行盘点，随时跟踪问题的处理进程，直到完全消除闭合。

3. 安全管控

项目安全是建设管理的保障要素。安全生产重于泰山。在安全管控方面，建立“九化”安全管理体系，坚持“全面落实安全生产责任”和“预防为主”的安全管控原则。一是建立并大力推行“九化”安全管理。即安全管理法制化、管控体系一体化、责任落实全盘化、风险管控动态化、班组建设规范化、教育培训实操化、文明施工秩序化、过程控制标准化、应急管理常态化。使监督管理层析清晰、工作内容覆盖全面，确保项目各项工作有序推进。通过推行“九化”安全生产管理体系，形成海外电力项目建设“安全生产预防为主、综合治理、人人有责”的良好局面。二是全面落实安全生产责任。业主方铁腕治安，认真落实中国电建和电建海投公司安全工作部署，强化安全生产主体责任落实，细化考核标准，界定履职内容，加强考核评价。三是提升全员安全意识和操作技能。四是以“铁腕”加强对现场“不可接受风险”和习惯性违章的违章和治理，按照“五到位”安全管理（即整改的措施到位、责任到位、资金到位、时限到位和预案到位）严格整改。五是加强安全文明施工管控。以安全为保证、以安全促施工，划分安全生产责任区，实行安全文明施工区域化、定置化管理，根据工程施工进度，督促施工方及时进行安全文明施工二次策划，持续推进平面管理定置化和安全设施标准化建设，提升项目安全文明施工形象。六是加强安全事故教育培训及分析。传达落实中国电建集团、电建海投公司相关安全专题会要求，召开学习吸取其他项目事故教训讨论会，举一反三，做好本项目“不可接受风险”动态管控，防止群死群伤事故发生的自查自纠活动。七是与国内知名第三方安全服务机构建立长期合作，组织专家定期对海外电力项目安全生产检查和事故隐患排查，常态化开展海外电力项目建设、运营安全生产巡视检查，实现“专业的人做专业的事”。

4. 成本管控

项目成本是建设管理的关键管控要素。在成本管控方面，建立“执行概算管理为基础、合同管理为关键、过程监督为保障”的全面预算全过程成本管控体系，坚持“以合同为依据，以进度、质量、安全管理为支撑，以考核激励为抓手，严格工程变更、设计变更、按管理办法进行索赔管理，及时解决合理诉求，严格执行概算”的成本管控原则。一是建立健全财务、资金、资产、结算、支付和考核激励等方面的管理制度，规范管理。二是依据执行概算和工程建造合同，按年度分解出月度投资计划，加强对工程建设成本、投融资成本及开发管理成本的控制。三是在外汇、税务、银行选择、外账核算、审计所选择等方面，业主方牵头参建各方，统筹规划，控制成本。四是聘请当地税务事务所协助完成外账核算、报表编制、审计应对、税务计算缴纳、税收合理筹划等工作，防范税收风险。五是保持高度敏锐度，及时制定有效措施保证项目资金和资金链安全。

5. 环保管控

环境保护是项目建设的基础要素。在环保管控方面，坚持“绿色发展，科学开发”和“项目属地经济社会的责任分担者”的环保管理理念，坚持“设计科学环保、施工措施到位、监督违章严罚”的环保管控原则。高度重视环保各项工作措施，与当地环保局沟通合作，加强联系协调，在施工阶段，严格遵守当地环保的法律法规，妥善处置废水废气废弃物和生活垃圾，自觉接受第三方监管，最大限度减少人为影响，保护当地环境。尽量减少对项目所在地生态环境的影响，尽量减少原居民的搬迁，尽量减少土地特别是耕地的占用，合理开发资源，最大限度保护和改善东道国生态环境。严格执行环境保护相关法律法规及特许经营协议中环境责任条款，按照我国、东道国、国际“就高原则”执行环保标准，防止环境的污染和破坏，以求自然环境同人文环境、经济环境共同平衡可持续发展。

（五）项目运营阶段五大要素管控

项目运营阶段主要工作包括：（1）项目试运营；（2）项目正式运营。项目运营期是指项目建成投产之日到项目特许经营权结束之日所处的阶段。此阶段产生稳定收益以及需要向银行支付的还本付息共同决定了项目能否达到预先设定的投资回报目标。此阶段应关注政治、经济、市场、财务、管理、灾害事故等风险，保障项目持续稳定运营并获得收益。

项目的运营阶段需关注“电量、电费、安全、效益、责任”五大要素的管控，运营阶段要持续加强五大要素管控，不断优化管理流程，堵塞管理漏洞，补强管理短板，全面做好精益化管理，提升电力运营项目质量效益。

1. 电量管控

深入调查研究和分析国别电力市场情况，摸清装机容量、电网建设、电力消纳以及电力发展规划和发展趋势，研究制定电力营销规划，不断完善细化电力营销方案。积极推动所在国有关部门采取措施，促进电能送出通道的尽快解决。对特许经营协议、购电协议等投资项目主协议进行全面梳理和解读，对执行方面存在的偏差进行查找和纠偏，并形成各项目主协议执行指导手册，助力各发电公司按照基础电量标准，优化调度，科学申报发电计划。勤沟通，勤联系，勤调整，实时关注电力调度中心的负荷分配情况，积极争取发电负荷分配指标，采取分层营销策略，加强与购电方的沟通，及时调整发电计划，力争实发上网电量最大化。通过对标先进，发现自身差距，制定整改措施，精益运行维护，提高设备设施可靠性，提高机组利用率，提高水资源和燃料使用效率，以技术监督为抓手，积极开展运行分析、检修维护、设备消缺，保障“能发电、多发电、发好电”。

2. 电费管控

研究所在国经济形势和财政状况，全面跟踪所在国电力公司的经营、融资和电费支付情况，提高信息判断能力，加强嗅觉灵敏性，抓住时机收取电费。加大对外公共关系协调力度，充分利用政府等各类资源，营造良好的外部环境，推动电费回收力度。加强电力营销，高度重视电费申报的准确性和及时性，“全方位、全时空、无缝隙”地与有关方面对接联系，通过实施“分级分层、全员营销”的策略和“人盯人”的工作方式，促进电费回收，守住每一个流程关口，紧盯每一笔支付环节，看住每一个签单人员，力争颗粒归仓。关注汇率变化风险，拓宽汇兑渠道，丰富兑换方式。通过与兄弟单位、各商业银行及时进行货币兑换，降低汇兑损失，新签各类合同最大层度以当地币进行支付。

3. 安全管控

落实“四个责任体系”，实施安全生产标准化建设，坚持目标问题双导向，坚持抓现场与反违章相结合，加强风险预控和隐患排查治理。深化日常点检、设备定期维护保养，及时开展设备设施检修消缺，严格工作质量，提高设施设备完好率，按照设备设施本质安全化、岗位操作行为规范化、作业环境器具定置化的要求，推动送出线路改造升级，保障运行安全。抓好发电企业安全生产过程中的两票三制、防洪度汛和环境保护等工作。完善水情预报系统，合理进行水库调度，保障电站设施和下游村镇安全。深入开展班组建设，加强班组安全教育和技能培训，认真开展运行分析、事故预想、安全活动、技术问答和实操演练等活动，不断提升人员安全意识和技能水平，严格人员安全行为。加强非传统安全及社会风险的研究与组织管理，加强应急能力建设，建立健全与当地政府、大使馆等沟通合作，防范非传统安全事故的发生。

4. 效益管控

以预算管理为手段，加强对生产运营成本预算的立项审批，将控制指标层层分解到生产经营的各个环节，责任落实到人，开展成本分析和定期预测，分析差距原因，采取改进措施，严格执行定额管理，防止资源浪费，做好招标、物资采购计划的前瞻性。认真开展技术改造、运行方式、调度安排、经营成本、运行事件等方面分析研究，深度挖掘内在潜能，量化生产经营目标，持续优化厂用电率和度电运维费指标。协同运维单位，不断深化“资源整合、目标结合、价值契合、管理融合”工作理念，打造“专业化、精益化、标准化、信息化、属地化”运营文化，通过构建一体化的管理流程，推动管理效率和效益不断提升。推进属地化工作，积极履行社会责任，建立和谐社会关系，带动相关产业发展，保障项目的长期稳定运营，实现良好的社会效益。

5. 责任管控

积极践行“一带一路”倡议，履行集团公司投资平台责任，带动集团公司全产业链升级，带动中国资金、中国标准、中国装备、中国技术及中国管理走向海外，提升企业国际品牌形象和影响力。为所在国提供绿色可持续能源，修建道路，促进交通改善，提高当地基础设施水平，依法纳税。按照环评报告要求，持续开展植树造林、鱼苗放养、水土保持、环境监测等活动。尊重当地宗教信仰和风俗习惯，促进中国文化与所在国文化的交融。吸纳当地优秀人才，遵守所在国有关劳工法律规定，解决所在国民众就业问题。在改善当地基础教育、医疗等方面，开展力所能及的捐助活动，改善民生。通过项目的长期运营，带动当地渔业、种植业、物流运输业、旅游业和服务业等产业发展，打造共赢发展的良好局面。

（六）加强战略、组织、法律风险内控一体化、党建和文化保障

1. 战略保障

公司始终注重顶层设计，突出战略引领。根据集团战略导向，公司在总结多年海外投资业务经验和深度研究市场的基础上，精心研究制订公司战略，重点提出“打造四大海外平台、建设六种核心能力、实现1221发展目标”的战略构想，并将“6655”要素管理纳入到公司发展战略中，明确发展定位，理清工作思路，以清晰的战略引领企业实现跨越式科学发展。

2. 组织保障

组织是战略实施的重要保障。根据公司战略和业务发展需要，为规范和加强海外投资项目全生命周期管理，加强部门协作，公司先后成立投资项目评审委员会、项目融资工作组、技术管理委员会和设备全生命周期管理委员会等。

3. 法律风险内控一体化管控保障

公司坚持“风险管控永远是第一位”的理念，切实把法治与风险内控工作融入到公司经营发展全过程，认真开展、扎实推进，充分保障公司经营依法合规，着力防范化解重大风险、有效实现高质量发展。重点围绕投资项目开发阶段、融资阶段、建设阶段、运营阶段，抓好各阶段的要素管理，制定有效的风险管控措施，建立“两级机构，多类专项，统一归口，四层管控”的海外投资项目全生命周期风险管控体系。

4. 党建和企业文化保障

公司各级党组织以学习贯彻习近平新时代中国特色社会主义思想为主线，把方向、管大局、保落实，为公司和海外电力项目持续健康发展提供了坚强保证。建立联合党工委，发挥政治核心作用推动项目发展；建立联合党纪委，构筑廉洁从业防线为项目发展保驾护航；建立联合团工委，激发电建海外青年活力和才智，积极贯彻落实电建海投公司的“海文化”理念，宣贯电建海投语录，积极开展“月月有主题”活动，丰富员工业务生活，形成浓厚的“海文化”氛围。统一组织创新，推进模式创新，在强化党性锻炼和生命共同体中创造价值；统一资源配置，加强资源配置，加强组织协调，在推进生产经营中创造价值；统一品牌形象，坚持扎根当地，在中外文化融合中创造价值；统一载体标准，加强人为关怀，在凝聚智慧力量中创造价值。

三、“6655”要素管理实施效果

（一）公司经营业绩稳健增长，实现了高质量发展

电建海投公司通过全面实施“6655”要素管理，外拓市场、内强管理，较好地完成经营任务，持续提升公司管理水平。2019年公司营业收入达到成立之初的90.51倍，利润总额达到了81.49倍，资产总额达到8.69倍，为公司未来发展奠定坚实基础。公司全面完成“三投产（印尼明古鲁火电项目、澳大利亚牧牛山项目、老挝南欧江二期项目）、一签约（缅甸皎漂燃气电站项目）、一发债（在香港发行8亿美元债券）”年度目标。公司经营规模不断壮大，经济效益不断攀升，对集团贡献率持续增长，海外投资业务保持高质量发展态势。

（二）践行绿色发展理念，取得良好环境效益

公司始终践行“绿色清洁能源优质开发者”发展理念，取得良好环境效益。老挝南欧江流域梯级电站项目创新采用“一库七级”开发方案，将工程施工对环境的影响降到最低。为了保护当地耕地，主动

变更业主营地选址，为当地保护了百亩稻田。在项目开发中，多措并举保护生态环境，积极守护碧水蓝天。积极保护珍稀物种，援助和开展增殖放流活动，维护生态多样性。在巴基斯坦卡西姆项目开发中，积极保护红树林，累计移植面积达到125英亩，为附近鸟类、鱼类提供了繁衍栖息的乐园。在澳大利亚牧牛山风电项目，为保护当地珍惜物种楔尾鹰，专门安装飞行监测系统，如风机与楔尾鹰飞行轨迹存在碰撞风险则主自动停机。

（三）坚持共商共建共享，不断提升社会效益

公司积极响应国家“一带一路”合作倡议，大力推进“一带一路”沿线国家项目建设。积极融入项目所在国发展战略，融入当地规划建设。坚持共商，努力发掘更优解决方案。坚持共建，全力奉献品质工程；坚持共享，积极成就多方价值。坚持质量为先，坚持精工良造，荣获中国电建优质工程奖超过10项。其中，柬埔寨甘再项目、老挝南俄五项目双双荣获“境外工程鲁班奖”。柬埔寨甘再项目、尼泊尔上马相迪项目双双获评“中国境外可持续基础设施项目”。

（四）坚持属地化管理，治理效益持续显现

公司坚持属地化管理，融入当地民生发展。积极推行“治理属地化、经营属地化、资源属地化、发展属地化、责任属地化和文化属地化”管理模式，构建“六位一体”的属地化管理体系，以良好履责为海外项目开发建设和运营管理打造和谐发展环境。积极援助当地基础设施建设，大力支持教育医疗事业，改善当地生活条件；开展慈善捐助、救灾救援、志愿服务等公益活动，传递企业正能量。高度重视资源整合，不断开拓业务范围，持续创新合作模式，推进多领域项目合作。注重加强同产业链上下游各领域合作伙伴的战略合作，形成优势互补、风险共担、平等互利、共同发展的命运共同体。

成果创造人：盛玉明、杜春国、王晓林、曲　武、彭　锟、
袁　洋、吕　毅、韩国芬、齐晓凡

国资国企改革背景下资产经营2.0模式研究与实践

——以中国诚通资产管理有限公司为例

中国诚通资产管理有限公司

受新冠肺炎疫情冲击，国际形势纷繁复杂，国际经贸摩擦加剧，国内国际经济形势出现巨大转变，产业链供应链循环受阻，国内消费、投资、出口下滑，诸多行业受到影响，困境企业大量涌现，金融领域风险有所积聚，资产经营行业进入重要窗口期①。

在经济新常态和疫情防控常态化下，迫切需要资产经营行业创新模式、加快发展，为推动供给侧结构性改革、促进国民经济和国有资本布局结构调整，守住“六保”底线，发挥新的更大作用。

中国诚通控股集团有限公司（简称中国诚通集团）基于二十多年资产经营的实践探索，深入总结从国有资产经营公司试点到国有资本运营公司试点经验，适应新的形势变化，审时度势、把握机遇，全力打造资产经营升级版。

中国诚通资产管理有限公司（简称诚通资产）作为中国诚通集团资产经营主业操作平台，始终坚持深化国资国企改革，全面梳理和总结资产经营1.0模式的实践经验，积极研究探索国有资本运营公司试点下的资产经营2.0模式，并提出相关建议，着力推动国有资本运营公司试点在新体制、新机制、新模式上取得新进展。

一、历史背景

从20世纪90年代开始，我国一些地方政府开始组建和运营资产经营公司，并在区域经济结构调整中发挥了重要作用。如深圳组建了三家市属国有资产经营公司，上海等地将一些工业局改造为控股公司，珠海则为处理困难企业退出设立了若干资产经营公司等等。

国资委于2005年选择中国诚通控股公司（中国诚通集团前身）和国家开发投资公司开展国有资产经营公司试点，搭建国有资产重组和资本运作的平台，探索中央企业重组、非主业资产及不良资产市场化、专业化运作和处置的道路，促进中央企业改革和发展，提高中央企业的活力和竞争力。

狭义的资产经营行业包括实体不良和金融不良两大领域。金融不良领域经过二十多年的发展，已经进入到比较成熟的阶段。实体不良领域受历史包袱重、处置难度大、市场化程度低的制约，仍属于探索中的初级阶段。

①李克强.《政府工作报告》；2020年5月22日第十三届全国人民代表大会第三次会议. 新华社，2020.

总体看，央企资产管理公司一般对内部资产的经营，特别是不良资产经营开展被动管理，处置困难企业难度大、能力弱，市场化程度低，行业影响力十分有限。

当前，受经济下行并叠加疫情影响，金融不良市场呈双向扩容态势，一批实体产业困难重重，步履维艰。从供给端看，银行坏账有大量涌现的端倪，金融不良供给增加，央企金融债务仍在刚性兑付，但风险并未得到完全释放；从需求端看，其行业市场集中度较高，一级市场四大 AMC 垄断局面短期内难以打破，但随着不良资产的增加，希望介入者将增加，可以预期将较大程度影响资本市场。不良资产及不良债务的处置与整合重组将是下一步资本运营公司开展工作的重要方向。

二、资产经营 1.0 模式的探索实践及改革痛点

（一）诚通试点

1. 中国诚通集团的资产经营历程

资产经营贯穿于中国诚通集团改革发展的全过程，主要为三个阶段：

（1）自身整合阶段（1999 年—2004 年）

从 1999 年开始，为谋求可持续发展，中国诚通集团主动对内部 106 家企业实施整改，迈出了资产经营的第一步。2003 年，进一步对内部 76 家低效无效企业实施重组，组建了开展专业化资产经营工作的中国新元资产管理公司，并设立了全国性机构。先后重组整合了 190 多家企业，涉及资产 200 多亿元，分流安置职工 3 万余人。

（2）国有资产经营公司试点阶段（2005 年—2015 年）

2003 年，中国诚通集团被确定为国资委首批建设规范董事会试点企业。2005 年，基于改革发展和重组整合取得的良好成效及实践经验，中国诚通集团被国资委确定为国有资产经营公司试点。至 2015 年，10 年间先后重组整合了 14 家央企所属二级企业及湖南省国资委所属泰格林纸集团；受中国银监会委托组织实施华诚财务公司破产清算。共涉及企业 664 家，分流安置职工 8.84 万人。

（3）国有资本运营公司试点阶段（2016 年至今）

2016 年 2 月，中国诚通集团被国资委正式确定为国有资本运营公司试点，承担国有资本布局结构调整的重任，资产经营成为资本运营公司的重要功能和手段。中国诚通集团形成投融资、资产经营、资本运作、股权管理四大功能；通过打造资产经营升级版，在服务国有资本布局结构调整、供给侧结构性改革、国有经营性资产集中统一监管中发挥了积极作用①。

2. 诚通资产的实践探索

诚通资产作为中国诚通集团资产经营主业操作平台，自 2001 年以来，在自身不断重组的同时，先后分六批次接收整合了 102 家三级以上企业，涉及资产规模逾 150 亿元，安置职工逾 3 万人，形成了具有诚通特色的不良资产管理和处置运作范式。

——改革重组 11 家军队保障性困难企业。2001 年、2003 年，中国资产经营管理公司（诚通资产重组合并 5 家公司之一）分两批接收整合了总装备部和空军装备部移交的 11 家军工企业，通过盘活资产和孵化再生，分流安置企业职工，完成军企剥离工作。

——重组整合集团所属 76 家困难企业。2003 年，中国新元资产管理公司（诚通资产重组合并 5 家

①国务院.《关于推进国有资本投资、运营公司改革试点的实施意见》. 2018-07-14.

公司之一）先后接收了原物资部所属五大系统（黑色、有色、机械、建材、中储）剥离出来的76家困难企业，采取企业改制、依法破产、股权转让、移交托管、内部清算等方式，完成清理退出。

——接收整合中国普天所属八家困难企业。2005年，中国普天所属八家企业划转至中国诚通集团，并交由中国新元资产管理公司处置。其中，三家政策性破产，五家通过整体产权转让和“人资分离”实现了改制、歇业。

——重组整合集团所属五家二级公司。2010年4月14日，中国诚通集团董事会决定对中国新元资产管理公司、中国资产经营管理公司、新华通投资发展有限公司、中国诚通资源再生开发利用公司、中物信息技术发展公司等集团所属五家二级公司实施合并式重组，组建诚通资产，搭建资产经营主业操作平台。2010年6月18日，诚通资产正式挂牌运营，创造了在整合其他央企不良资产，化解债务危机的同时，一次性完成集团内部五家二级公司合并式重组的成功范例。

——成立诚通湖岸基金公司。将资本及多元化模式引入资产经营。2017年3月16日，诚通资产在中国诚通集团支持下联合湖岸投资成立诚通湖岸基金公司，发起设立央企首家规模100亿元的不良资产投资基金，首期20亿元结构化基金当年募集到位，并投入运营。目前，诚通湖岸3支基金在管规模33亿元，已达到险资投资门槛要求。经安永审计Ⅰ号基金IRR达21%，取得良好回报，为中国诚通集团拓展金融不良、争取AMC牌照提供了支持。

——重组孵化诚通金属。深化内部资产及业务整合。2018年6月30日，中国诚通集团将所属中国诚通金属集团有限公司（简称诚通金属）划转至诚通资产；8月31日，诚通资产正式接管诚通金属。划转后按照一手抓“断后”、一手抓“孵化”的思路，大力推进企业分拆重组，妥善安置分流职工，关闭撤销了上海、西安、沈阳、漯河办事处，确保诚通金属平稳过渡并实施转型发展。

——接收管理中新房。2019年8月25日，中国建材集团有限公司将所属中国新型房屋集团有限公司（简称中新房）82.98%股权协议划转至中国诚通集团。诚通资产作为中新房风险处置专项任务实施主体，通过设立过渡期，接收阶段以“稳”为主并贯穿始终；在“稳”的基础上摸清情况，摸清底数；今年推进工作开展过程中坚持准确判断、及时决断、推动了断，在危机化解、维护稳定等方面取得了明显成效。

（二）授权和已处置情况（部分案例）

表1　诚通资产经典案例

序号	项目名称	主要问题	项目成果
1	荆门3326 工厂改制项目	1. 离退休人员安置难 2. 职工居住环境差	1. 协调市政府，完成326名离退休员工转移安置 2. 引入中国铁建改造职工住房，完成安置389户

续表

2	6901 战略合作项目	1. 资金投入不足 2. 企业经营能力差 3. 企业技术落后	1. 制定增资合作模式，与中国电子信息产业集团有限公司第六研究所成为合作伙伴 2. 增资后引入外部投资及管理层持股实现股权多元化，有利于公司的稳定的经营发展 3. 增资改造完成后，对现有核心产品进行电子化、数字化和智能化改进研究，实现核心产品的再提升，催生业务创造力
3	兰州 6413 厂资源盘活项目	1. 企业无法正常经营 2. 企业历史债务重 3. 职工居住环境差	1. 协调市政府，申请变更土地使用性质，通过竞拍取得可观经济效益 2. 通过招商引资，成立中铁二十二局集团兰州房地产开发有限公司并签订土地拆迁补偿协议，获得收益 7444.44 万元 3. 获取政策优惠，完成职工住宅区建设，改善工厂直供居住条件
4	普天八家改制转让——上海电话设备厂	1. 企业历史债务重 2. 在职职工安置难	1. 利用上海地区优势，与受让方中高实业科技有限公司签署产权交易合同，对价转让 520 厂 100% 产权和 9200 万债权 2. 通过产权转让交易价款安置职工，并在合同中明确受让方需安排不少为 150 名 520 厂职工再就业，保障职工权益 3. 移交 520 厂职工宿舍楼的管理责任，由受让方承担有关费用，解决职工家属区管理问题和减少企业后续的费用支出
5	普天八家人资分离——贵阳普天通信设备厂	1. 企业经营能力差 2. 企业历史债务重 3. 企业职工安置难	1. 新元公司通过投入资金 1800 多万元并积极与债权方谈判和与法院沟通。整改后的企业持有土地资产价值约 3000 万元，年收入约 100 万元，解决每年亏损 300 多万元的局面 2. 通过制定职工安置方案，525 厂安置职工 648 人，其中在职职工 219 人、离退休职工 425 人、其他人员 4 人 3. 经过与当地政府多次协商，当地政府同意以不低于 1.3 亿的对价收储 525 厂土地，并以成本价向职工出售安置房，实现国有资产的保值增值并解决职工住房问题

续表

6	普天八家政策性破产——株洲普天通信设备厂	1. 企业历史债务重 2. 企业职工安置难	1. 与地方政府、法院、公安机关积极协商沟通，公开拍卖资产后，对员工进行债务清偿，并由中国诚通集团对剩余职工债务全盘托底 2. 召开职代会，通过《职工分流安置方案》，并对全厂各类人员 955 人全部分流安置完毕 3. 移交职工家属区，完成了工厂生活区的水电改造，全部实行了一户一表，并交由地方职能部门管理
7	黄石房地产公司投资项目	1. 企业经营能力差 2. 房屋存在质量问题	1. 积极与大股东中铁二十二局进行沟通，通过与股东会交流，确立了预分红制度，保障了股东的合理权益同时加快了投资回收进度 2. 管理层收益由分红制改为奖励制，增加管理层积极性 3. 实行严格财务管理制度，防范财务风险
8	宋家峪仓库整体改制及产权转让项目	1. 企业历史债务重 2. 企业经营能力差 3. 职工安置难	1. 通过职工安置方案，实现职工再就业，提升工资待遇 2. 通过用产权转让收入解决了职工历史遗留问题，补发了拖欠职工的各项费用，并预留出充足离退休人员、内退人员、遗属等的管理费用 3. 通过招商引资寻找战略合作伙伴，引进两家受让方，并在北交所进行网络竞价，最终宋家峪产权实现溢价 155%，使国有资产处置实现价值最大化
9	西安六维公司金融债务重组项目	1. 企业金融债务重 2. 企业经营能力差	1. 通过与两家金融机构谈判债务和解，达成和解协议，赎回土地及地面建筑物，合计超过 2360 万元资产，防止了国有资产的流失 2. 通过对六维公司进行棚户区综合改造，获得西安莲湖基础设施建设投资有限公司的房屋征收与补偿款 3300 万

续表

10	亚洲电信 重组项目	1. 企业经营能力差 2. 被港交所勒令停牌	1. 通过与均荣控股有限公司（境外公司）成立了“亚洲电信重组联合工作小组”，获得独家对亚洲电信进行重组的权利 2. 亚洲电信完成复牌并更名为瑞东集团后，经过四年的苦心经营，2014 年瑞东集团实现了盈利，营业收入同比增长 72% 3. 2015 年 5 月，诚通资产完成香港瑞东股权退出，实现净收益 1.08 亿元，投资回报超过 3 倍

如表所示，诚通资产在资产经营的具体实践中，对集团内部整合、受托处置其他央企不良资产、实体业务产业重组、完成改制退出、资产整合、债务重组、完成出资人任务、市场化运作等方面，都进行了多个渠道、多个形式、多种方式积极探索，并取得了成功经验。

（三）基本经验

通过梳理中国诚通集团资产经营实践，对其基本经验总结如下：

1. 资产经营面临诸多疑难杂症，必须成为“全科大夫”

资产经营面对企业以困难企业为主，存在涉法涉诉涉税涉人等问题数量大、处置难，对从业人员要求高，尤其是管理层，在具备专业素养同时对综合能力提出较高要求。需要建立一支懂专业、善管理、能跨界的复合型弹性化队伍，才能更好地支撑资产经营工作。

2. 资产经营事关民生稳定大局，必须坚持群众观点

在困难企业改制、破产、重组过程中，涉及大量的职工安置、住房保障、离退休人员保障等工作，与社会稳定大局息息相关。必须牢固树立“以人民为中心”的发展理念，自觉承担起服务民生的社会责任需要高度关注、妥善解决好民生问题，保障项目顺利进行，推动企业、职工、社会和谐发展。

3. 资产经营处置对象情况各异，必须坚持分类指导

资产经营面对的是不同行业、不同企业、不同人员，针对的多是“老大难问题”，必须加强分类指导，因地制宜、因情施策，实行“一企一策”，创新思路和办法，精准的为每户企业提供个性化服务，突破处置瓶颈。如，诚通资产在资产经营过程中，创造性地采取“五个一批”（提一批、留一批、储一批、走一批、撤一批）办法，进而分批分类解决了接收企业领导班子和职工的安置难题。

4. 资产经营伴随改革发展而生，必须善于开拓创新

资产经营是改革的产物，是一项前无古人的事业，极具探索性和挑战性，没有现成的模式可循，没有配套的机制支持，必须坚持改革创新，探索新的方法、途径解决问题。如，对领导人员实施“买断功劳”，有效解决了“让位”“退位”难题。

5. 资产经营实践探索艰辛繁重，必须勇于担当奉献

资产经营大多面对的是困难企业、处置的是瑕疵资产，存在着棘手问题多、跨度大、处置难、周期长、风险高等诸多问题。从业人员工作任务重、强度高、压力大，需要具备担当和牺牲奉献精神，积极承担实践工作。

（四）中国诚通集团资产经营面临的痛点

2009 年 6 月，时任中共中央政治局常委、国家副主席习近平同志对中国诚通集团作出重要批示：

“中国诚通控股集团有限公司认真抓好困难企业学习实践活动的做法很好。要以学习实践活动为契机，加大对国有企业特别是困难企业的指导力度，坚持分类指导，推进改革重组，有针对性地解决实际问题，真正做到起作用、见实效，两不误、两促进。”习近平同志的批示是对中国诚通集团资产经营试点工作的高度肯定，也为今后的资产经营指出了方向，提出了要求。

国有资产经营的试点，是对改革的思路、方法、操作的探索。中国诚通集团资产经营实践在已有基础上取得了显著成效，但伴随着内外环境变化，也面临着一些挑战和制约发展的瓶颈，需要创新思维，解放思想、加速实现转型升级。

1. 盈利无模式，制约了企业的可持续发展

传统资产经营具有资源消耗型、任务依赖型、费用摊销型的特征，资金来源主要依赖于国有资本经营预算和财政补贴，在运行上类似事业体制，无法以自身盈利维持企业生存发展。

2. 税收无优惠，增加了企业的税费负担

资产处置中税负沉重，存在拨付资金再次征税、预留费用无法进行税收抵扣等问题。如用于职工安置的资产处置收入仍须按正常企业的标准纳税，无配套优惠政策。

3. 统筹不支持，限制了资金的调配使用

被划转企业情况各异，有的有人员无资产，有的有资产无人员，目前的财税政策不支持资产处置收入在系统内统筹使用，且与法人财产权相冲突。

4. 经营不自主，束缚了企业的内在活力

资产交易是资产经营公司的主要业务，但在实际操作中，所有资产处置均须按产权转让流程审批，资产买入须按投资管理办法审批，企业缺乏自主经营权。

5. 不良难打折，降低了资产处置效率

与金融不良资产的处置相比，实体不良资产的处置却缺少政策支持，无法按市场价格进行打折处置，增加了处置难度，拉长了处置周期，客观上助推了流失，影响了运作效益。

6. 退出不完善，影响了企业生态循环

企业生死是一个动态过程。目前的制度规定不完善、不健全、不配套，企业吊销、注销之间衔接不紧密，从而造成企业破产难、关闭难、退出难。

三、资产经营 2.0 模式的初步探索

党的十八大以来，聚焦国资国企改革发展，围绕国资监管体制机制，国家出台了多个政策文件。这些新的政策文件明晰了国资监管体系的大变革，即从过去以管企业（资产）为主，转变为以管资本为主的发展路径，对深化国有资本投资公司和运营公司提出了更加具体的指导意见和新的要求，为新一轮国资国企改革营造了良好的政策环境。对国有资本运营公司来说，无疑是在原来的资产经营基础上赋予了新内涵，提出了新挑战，是在新形势下一轮国企改革的全新尝试。

2016 年 2 月，中国诚通集团承担国有资本运营公司试点任务，开启了国有资本运营新征程。2017 年 2 月，国资委党委书记郝鹏在中国诚通集团调研时指出：“中国诚通集团要扎实推进国有资本运营公司试点，打造资产经营升级版，积极探索国有资本运营有效模式”①。按照这一要求，结合试点任务，中国诚

①《郝鹏赴中国诚通集团调研》. 国资委新闻中心，2017-02-10.

通集团在试体制、试机制、试模式等方面进行了积极探索，取得了诸多突破①。为实现国有资本运营公司战略定位和核心功能，诚通资产作为集团的资产经营主业操作平台，主动适应国有资本布局结构调整、经济下行周期下央企“稳增长”“保就业”“调结构”的需要，着重开展完善监督管理关系、优化授权经营体制、强化市场化运营等重点领域和关键环节改革，在中国诚通集团长期资产经营实践基础上积极研究探索新模式、新路径，总结提出了资产经营2.0模式。

2020年，受疫情影响经济下行，大环境背景下主动应变、积极求变是育新机、开新局的良方，打造资产经营2.0模式能把握资产经营逆周期发展趋势，主动抢占不良资产市场先机，既解决诚通多年来不良资产处置痛点新路径，又通过深化国有资本运营新模式（“三资”转化模型），确立政策性业务市场化操作新范式。

资产经营2.0模式的提出居于两个目的，解决两个方面的问题，一是如何实现国资战略布局和结构调整的目的不变；二是实现“管资产”向“管资本”的国资监管体制的转变。资产经营涉及的资产范围、处置方式以及实施主体本身的治理模式、组织业态和运营模式、内部机制等都较之前发生变化。从而实现资产经营更加科学化、规范化、流程化、现代化。这提出了2.0版本新的释义。

（一）释义特点

资产经营2.0模式是面向央企及其他各类企业，通过政策性托管、划转或市场化托管、买入，承接非主业资产、低效无效资产、实体不良和金融不良资产，采取重组、孵化、赋能、处置等方式，实现要素优化配置、价值修复、企业再生的资产经营模式。

（二）理论依据

历史上，国有资产的管理可大致归纳为两种制度：分业管理制度和分级管理制度，可基本总结为分行业、多层级的管理模式。在资本运营层面，无论是收益率管理还是流动性管理，都作为企业不同的管理维度，当经济下行时，企业通过持币，保证了较高的流动性；当经济上行时，企业通过对外投资，获取收益。

资产经营2.0模式理论依据是“三资”转化模型，即资金、资产、资本通过双向转化和循环流转，实现资本聚集、布局和结构优化、收益提升三大目标。“三资”模型既反映了企业收益率又反映了流动性。

1.资金、资产、资本

这里所称资金是流动资产的一部分，包括现金及其等价物等。资产是法人财产权的重要体现，具有相对独立性、完整性等特征，不反映债权债务关系，主要指非上市企业。资本主要指上市公司股权。三者之间，资产是资本的载体，资金是资本和资产的变现形式，资本则是资产和资金所有人对企业出资形成的权益。（见表2）

表2　资金、资产、资本的关系

分类／属性	资金	资产	资本
所有者	企业	企业	出资人

①刘青山.《中国诚通：探路国有资本运营公司，助推国企国资改革》.国资报告，2017-09-18.

续表

增值性	弱	较强	最强
流动性	最强	最弱	较强
聚合性	强	弱	较强
波动性	弱	较强	强
相互关系	资产是资本的载体 资金是资本、资产的变现形式 资本是出资人以资产或资金对企业出资形成的权益		

2. “三资”转化模型

资金、资产、资本通过彼此之间的转化而获得价值提升。(见图1、图2)

马克思指出，“资本是货币，资本是商品。但是实际上，价值在这里已经成为一个过程的主体，在这个过程中，它不断地交替采取货币形式和商品形式，改变着自己的量，作为剩余价值同作为原价值的自身分出来，自行增殖着。”①

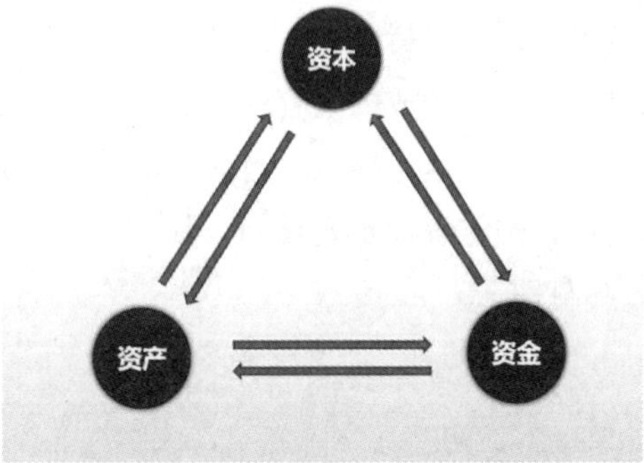

图1　资金、资产、资本流转图

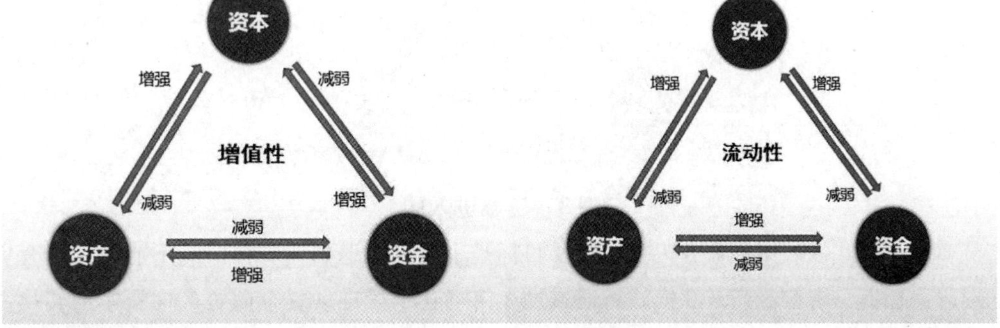

①[德]马克思.货币的资本化.《资本论》第一卷第二篇“货币转化为资本”第四章第180页.中共中央马克思、恩格斯、列宁、斯大林著作编译局译.人民出版社,2004年第二版.

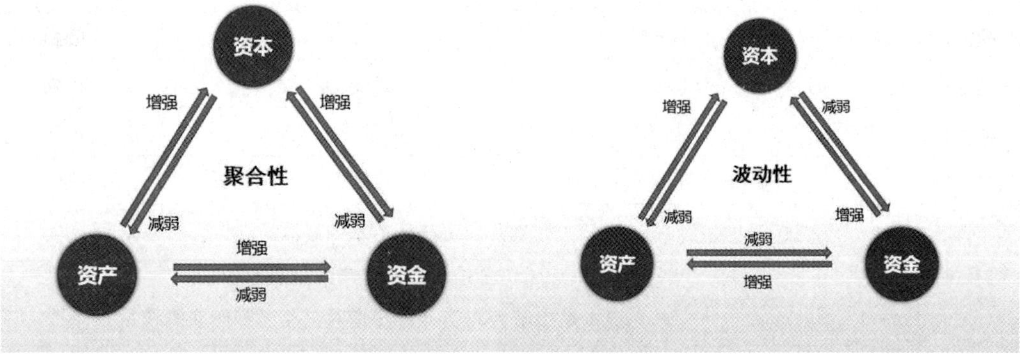

图 2　资金、资产、资本属性图

从现代意义上理解，资金、资产、资本是财产的不同形态。资金的流动性最强、聚合性较强、但增值性较低，波动性弱；资产的流动性最弱、聚合性较弱、增值性较强，波动性较强；资本属于对企业出资形成的权益，其流动性较强（上市公司股权）、聚合性较强、增值性最强，波动性强。“三资”转化的本质是通过不同形态财产的流动性、聚合性和增值性变化，实现有效配置以及盈利和风险的动态平衡。

3. “三资”转化与资产经营的关系

“三资”转化是资本运营的基本形态，资产经营是“三资”转化的重要一环；资产经营为资本运营提供资源，资本和资金对资产经营提供重要支持。

据此，资本运营与资产经营是一个相辅相成的过程。国有资本运营公司初期，以资产经营为主，随着资产证券化率的提高，逐步过渡到以资本运作为主。当前，中央企业资产证券化率约 60%，仍处于较低水平，资产经营在相当长的时期内，仍将发挥重要作用。资产经营为资本运营提供资源，改善资本运营质量，是资本运营的初级形态。（见图 3）

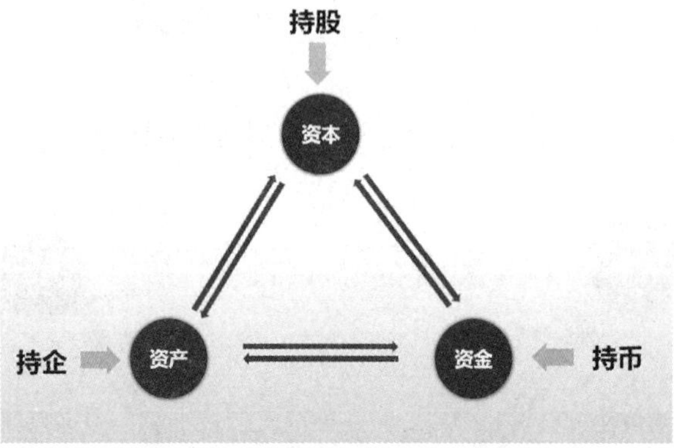

图 3　资源进入图

资产经营 1.0 模式以政策性业务为主，主要目标是企业平稳退出，现在已经不能满足国有资本运营公司新的要求。因此，资产经营 2.0 模式将通过加大市场化手段推动资金向资产向资本的转换，通过债务重组、资产重组、业务重组、行业重组等方式壮大资本实力、优化资本布局结构；通过提升企业经营能力、资产处置创造现金流；通过优化财务制度，开展资金管理，提高资金使用效率；通过吸引投资、基金募集、改制转让等方式进行资金筹集；通过人资分离、要素分解、企业重组、投资增资等方式开展资产有效配置，从而符合资本运营公司开展资本运营的要求，以资产盈利性、流动性、聚合性的提升来实现国有资产的保值增值和向管资本的转变。

（三）运营模式

资产经营2.0的运营模式主要体现为通过建立新的资管平台，以成本效率优先为原则，引入协作机制，集实体不良和金融不良于一体，通过市场化、专业化、规模化处置，实现价值修复和企业再生。

1. 操作平台：政策性+市场化

通过新设或混改搭建资管大平台，承接政策性划入、市场化买入、托管的资产，下设政策性业务平台、市场化业务平台、人力资源管理平台、遗留问题处置平台四个操作平台，经综合诊断后，进行分类处置。（见图4）

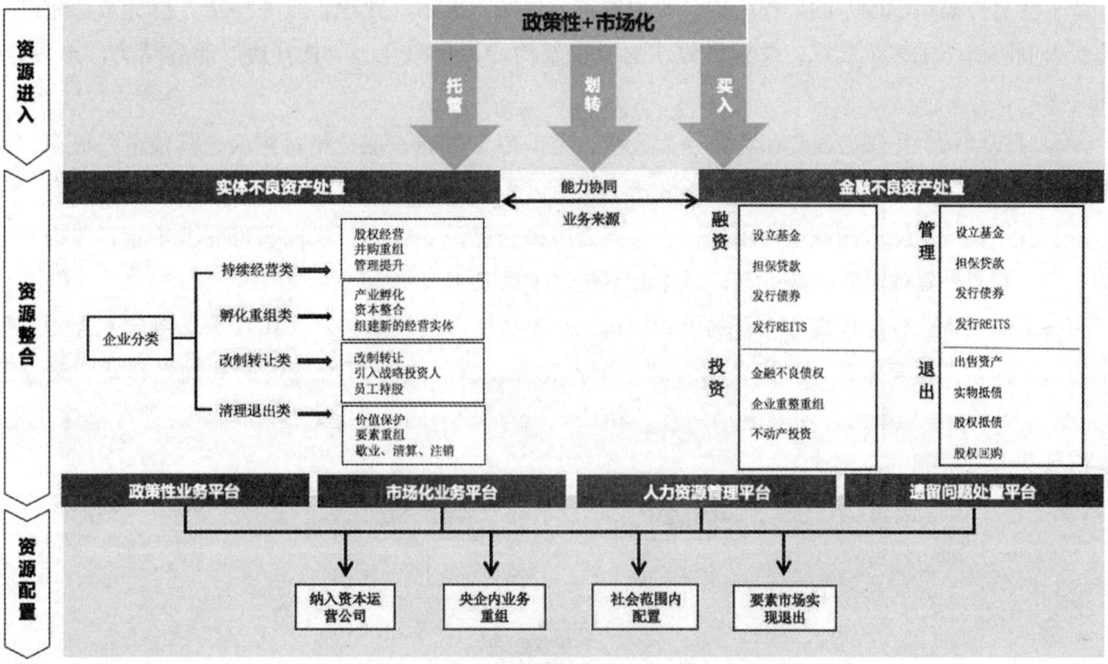

图4　资产经营2.0运营模式示意图

2. 操作模式：全流程+全链条

建立健全行业操作规范和标准，形成覆盖资源进入、资源整合、资源配置的全流程运作机制和实体不良与金融不良全链条处置能力。通过专业化操作、市场化衔接，满足利益相关方诉求，实现资产经营生态圈共同发展。

3. 盈利模式：收费+收益

按照资产管理行业规则，承接实体不良和金融不良资产，通过提供资管服务收取管理费用、运营资产增值获取分成收益，形成可持续发展的“收费+收益”盈利模式。

4. 交易方式：线下+线上

推动交易方式逐步向线上集中，借助网络传播快捷、运行高效、信息透明等优势，打造全国性线上资产交易平台，通过线下渠道和线上渠道开展资产处置，强化价值发现、价格传导机制，提高资产处置效率和效益。

5. 经营目标：再生+增值

资产经营2.0模式的运作主体通过重组整合、修复赋能等综合手段，实现社会资源的优化配置，创造社会效益和经济效益，推动央企布局结构调整。

（四）发展构想

1. 总体目标

由资本运营公司中国诚通集团牵头，联合实力央企、互联网巨头、非银行金融机构和其他社会资本共同出资，发起设立新公司或对诚通资产实施改造，打造股权多元化的央企资管新平台，开展实体不良和金融不良全链条资管业务，推动引领行业向更高水平发展，实现资产经营行业转型升级，推进国有经济布局优化和结构调整，促进要素合理流动和优化配置。

2. 公司架构

新平台将打破单一股东的产权架构，实现资本、体制、机制、管理、业务等全方位变革。通过引进不同所有制经济下的多个股东，探索形成新的股权架构，相互融合、取长补短、激发活力、形成合力、协同发展。

——股权结构：中国诚通集团为第一大股东，至少持股35%，保持相对控股；其他单一股东，为战略投资者，参与公司治理，持股比例以不低于10%，不高于20%为宜。

——股东构成：除中国诚通集团外，引入实力中央企业3-5家，互联网头部企业1家，非银行金融机构1家，实力外资或民营企业1家，总体上不超过十家股东。

——组织结构：依法依规建立新的组织架构，主要按照《公司章程》和国家有关规定和原则，形成公司的组织体系和运营体系，制订公司管理细则，充分发挥其在公司治理中的基础性作用；设立股东（大）会、董事会、监事会，明确党组织在公司法人治理结构中的法定地位，经理层进行全球化招聘，实施市场化激励机制（见图5）。

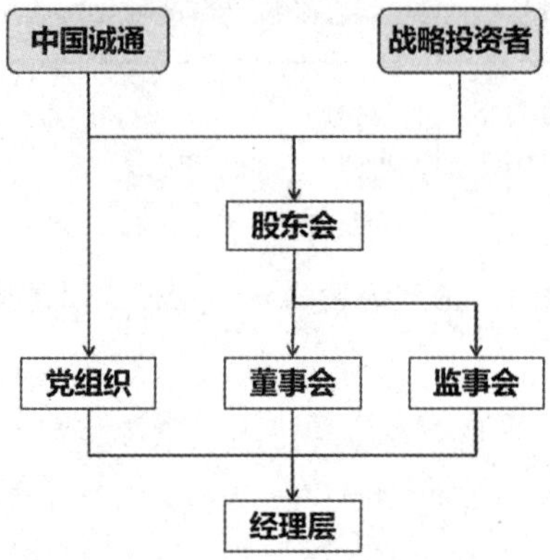

图5　诚通资产股权多元化改革组织结构示意图

3. 平台设置

新平台定位于战略管控平台。根据管理模式和业务需要搭建四大业务平台，平台间业务联动，形成闭环。

——政策性业务平台：中国诚通集团全资企业，由新平台托管，是以政策性业务为核心的企业重组整合平台（见图6）。

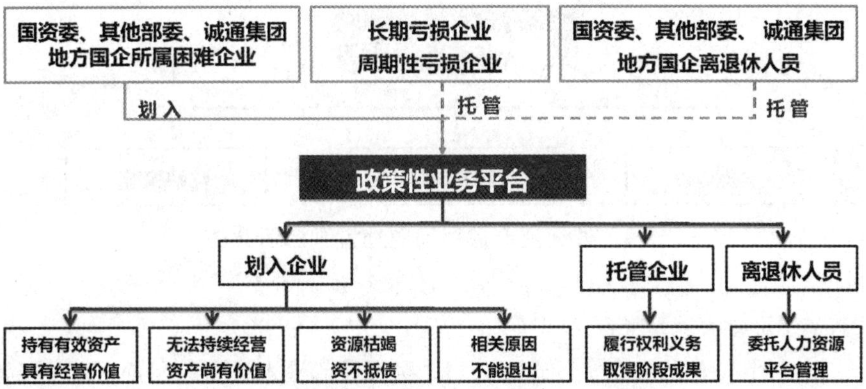

图6　诚通资产政策性业务平台示意图

——市场化业务平台：新平台全资或控股企业，以资本收益最大化为目标，以不良资产收购处置为主的投融资平台（见图7）。

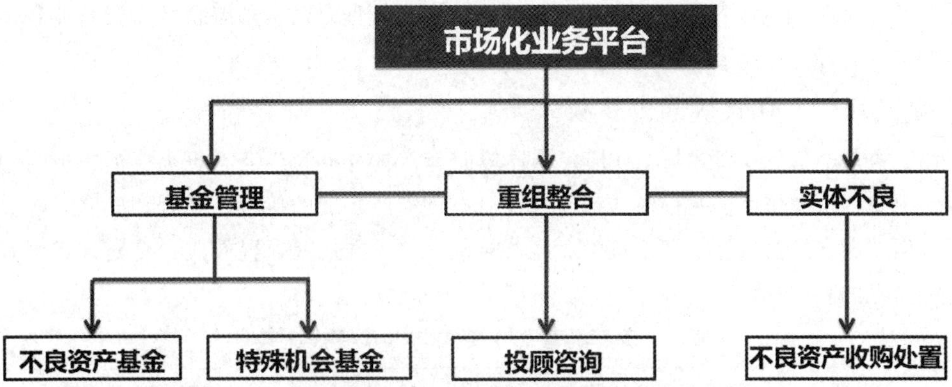

图7　诚通资产市场化业务平台示意图

——人力资源管理平台：新平台全资或控股企业，以促进央企间人力资源优化配置、人才顺畅有序流通为目标，托管央企人员，开展外包、咨询、猎头、培训等人力资源服务，搭建市场化就业创业平台（见图8）。

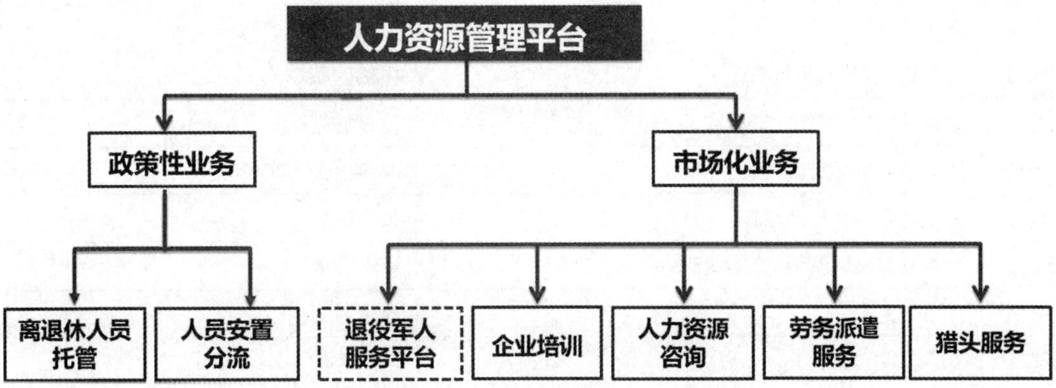

图8　诚通资产人力资源管理平台示意图

——遗留问题处置平台：中国诚通集团全资企业，由新平台托管，是中央企业的“防火墙”。通过分类会诊，隔离风险，化解稳控，以时间换空间，解决历史遗留问题，维护社会和企业稳定（见图9）。

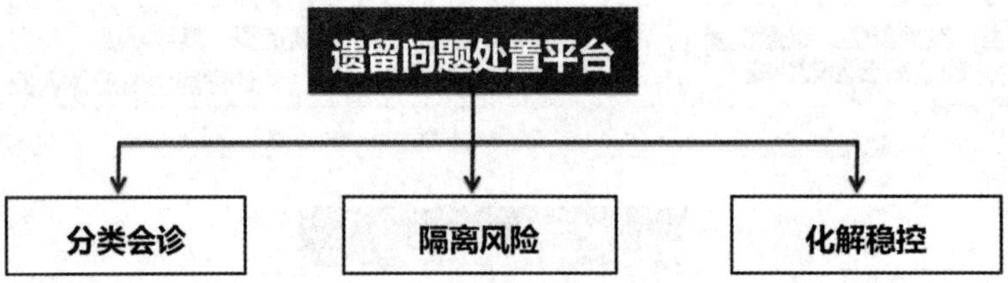

图9　诚通资产遗留问题处置平台示意图

4. 发展规划

“三步走”打造国际化大资管平台。

（1）三年内成为独具特色的央企资产管理公司，实现资产进入、资源配置、人员安置、要素退出、遗留问题处理的内部闭环运作。

（2）三到五年内，成为实体不良和金融不良业务兼备的专业化、规模化资产管理公司，成为中央企业的“防火墙”和金融风险的“隔离带”。

（3）十年内，成为国内不良资产市场前五的综合性资产管理公司，开展全链条资管业务，打造具备国际影响力的资产管理先锋旗舰。

（五）资产经营2.0模式和1.0模式比较

从上看出，资产经营2.0模式与1.0模式相比较而言，具有更为广泛、更为灵活、更为规范，更符合现实条件，更具有可操作性。两种模式都包含针对不良资产开展的接收、整合和处置，解决不良资产存在的问题；但二者在经营目标、客户范围、经营对象、进入方式、处置方式、交易方式等方面存在的区别也是显而易见的。（见表3）

表3　资产经营2.0模式与1.0模式比较

	资产经营2.0模式	资产经营1.0模式
经营目标	再生为主，修复、赋能、增值	退出为主
客户范围	央企、部属企业、军企、地方国企、高校和民营企业	央企为主
经营对象	“两非”、“两资” +金融不良资产	困难企业
操作主体	资管平台	无盈利模式的操作平台
操作团队	内部团队+外部机构	内部团队
进入方式	政策性划转+市场化托管或买入	政策性划转
资产定价	评估结合市场定价	以评估价为定价依据
过渡衔接	设立过渡期，无缝衔接	被动进入
处置手段	要素分解+孵化等综合施策	要素分解
处置方式	市场化为主	政策性为主
交易方式	线下交易+线上交易	线下交易（以京、津、沪、渝为主）
收入构成	收费+收益分成	财政补贴
资金来源	多样	单一
企业管理	阶段性特殊管理	特殊管理（未纳入合并报表）

（六）资产经营2.0模式的可行性背景

资产经营2.0模式是适应新的形势任务需要应运而生的产物，有着十分广阔的前景。

1. 资产经营2.0模式的探索与创新是企业转型升级，实现自身高质量发展的需要

近年来，中央企业通过调整结构、优化布局，战略性新兴产业和新动能加速成长，抗风险能力进一步提高。但是从整体上看，仍存在主业不突出、产业布局过宽等问题，有必要彻底摒弃规模和速度情结，致力于改善自身资产质量及经营质量，提升核心竞争能力和自主创新能力，成为高质量发展的主力军。

下一步，中央企业需要聚焦和强化主业，围绕主业重组整合各类资源要素，扎实推进战略性重组；围绕拥有优势主业的企业开展专业化整合，实现资源优化配置；大力推动瘦身健体，积极淘汰落后产能、化解过剩产能，提升国有资本运营质量和效率。在此进程中，很多企业有做减法的需求，资产经营2.0模式在发挥催化促进作用上大有可为。

2. 资产经营2.0模式的探索与创新是新经济形式下市场发展的需要

随着新冠疫情的不断蔓延，全球经济基本面持续恶化，资产经营行业出现了新的发展趋势。

一是价格向底部集中。主要是指在经济下行周期，企业盈利能力下降、偿债能力恶化、不良资产占比上升，各类资产价格不断下行，低价资产不断增加。资产经营可通过逆周期运作，寻求抄底买入机会。

二是资产向头部集中。主要是指在经济下行、新冠疫情冲击影响下，各行各业的头部企业体现出更强的抗风险能力，资产经营行业头部企业迎来重大发展机遇。目前，与金融不良资产管理行业相比，央企资管行业集中度不高，缺乏行业“引领者”，各央企资产管理公司主要承担所属集团的存量资产盘活和增量资产管理，“村自为战”“各自为战”特征明显，市场存在打造央企层面大资管平台的需求。

三是业务向线上集中。主要是指受新冠肺炎疫情影响，大量交易从线下向线上加速转移，形成了聚集效应。不良资产交易顺应“互联网+”的趋势，淘宝、京东等电商平台资产交易量呈爆发式增长。据统计，淘宝资产交易平台上，合作机构已包括32家政府所属机构和264家银行及其分支机构。2019年，仅淘宝和京东全国司法拍卖房产就高达50万次，同比增长36%①。线上资产交易平台因受众面广、溢价率高、交易佣金低、处置效率高等优势，吸引了更多参与者，使得更多资产交易选择线上方式②。

3. 资产经营2.0模式的探索与创新是响应国家号召，践行国家战略的实践

2019年中央经济工作会议上，习近平总书记强调要优化产业布局，健全推动发展先进制造业、振兴实体经济的体制机制，打造一批具有国际竞争力的先进制造业集群；李克强总理强调要提升国资国企改革综合成效，围绕国家战略调整布局结构，聚焦主责主业发展实体经济，持续推进国企瘦身健体、提质增效，进一步明确对中央企业聚焦主责主业的方向和要求。

2019年中央企业负责人会议强调，中央企业要强化效益效率导向，遏制扩张冲动、摒弃规模情结、加快产业调整。会议对中央企业考核指标作出调整，新增了营业收入利润率和研发经费投入强度两个指标，强调用好考核指挥棒和分配杠杆，引导中央企业更好地贯彻新发展理念，实现高质量发展。

2020年，国资委要求中国诚通集团增强资产管理功能，探索开展专业化资产处置工作。

---

①浙商资产研究院.《2019年淘宝和京东司法拍卖年度报告》.资产界，2020-01-06.

②《不良资产价值再发现：淘宝、交易所售卖在线转让模式兴起》.证券之星，2017-12-22.

结合上述监管要求，央企资管平台可通过资产经营2.0模式，批量接收中央企业剥离的“两非”“两资”资产及经营不善企业，帮助中央企业聚焦主责主业，优化布局和结构，提高产业集中度，促进产业升级。

2020年国务院政府工作报告中，围绕“依靠改革激发市场主体活力，增强发展新动能”目标，提出国资国企改革要求：“提升国资国企改革成效。实施国企改革三年行动。健全现代企业制度，完善国资监管体制，深化混合所有制改革。基本完成剥离办社会职能和解决历史遗留问题。国企要聚焦主责主业，健全市场化经营机制，提高核心竞争力。”

（七）中国诚通集团资产经营2.0模式具备的优势

1.政策优势

中国诚通集团是建设规范董事会、国有资产经营公司和国有资本运营公司试点企业，承担着国有资本流动重组、布局结构调整的重大使命，先后被明确为经营性国有资产集中统一监管的承接平台、市场化债转股实施机构，以及中央国有资本经营预算的主要支出对象，具备试点先发优势，有利于加速优质资源汇聚和拓展，在供给侧结构性改革中面临着广阔的发展空间，能够在全局性改革中起到示范、突破、带动作用。

2.能力优势

通过多年资产经营实践探索，中国诚通集团打造了一支敢打能拼、业务精通、经验丰富的资产经营专业化操作团队，搭建了全国性网络，形成了五个方面的突出能力：

一是企业精准诊断能力。面对资产处置项目中存在的行业、地域、规模差异大，面临的困难和症结各不相同等情况，突出问题导向，实施分类管理、分类指导，有针对性制定企业处置方案。与主业相关的，实施整合清理，并入主业板块；产业有前景的，采取培育孵化，实现持续发展；确需退出的困难企业，通过改制、破产、清算等方式，实现平稳退出。

二是跨界重组整合能力。在处僵治困过程中，不是简单“一卖了之、一关了之”，而是通过重组整合盘活资产，降低资产负债率，减轻历史包袱，使企业重新焕发活力。通过债务重组，妥善解决了中冶纸业、中国铁物近600亿金融债务问题，为企业良性发展奠定了基础；通过资产重组，将寰岛集团海上旅游等有效资产注入上市公司，实现了资产证券化；通过产业重组，组建国海海工资产管理有限公司，重组中船重工、中船工业、中远海运旗下资产。

中国诚通集团成为跨行业最多、整合历史最久、涉及资产最大的中央企业。

三是盘活孵化再生能力。针对不良资产和困难企业特点，在经营管理中注重把握经济运行周期和行业波动周期规律，结合市场情况，实现企业的资产盘活、培育孵化和转型升级。

四是防范化解风险能力。通过平台化集中管理、市场化方式运作，搭建国企改革的“防火墙”和“隔离带”，避免企业改革相关的债务负担、稳定问题等风险外溢。2016年，对中国铁物实施托管，妥善解决了近600亿元金融债务问题，维护了债券市场的稳定，化解了金融风险；2018年，接收管理中国建材所属中新房公司，有效防止中新房公司系统性风险蔓延。

五是应急维稳控制能力。在企业改制、破产过程中，以妥善安置、维护职工稳定问题为着力点，推动企业平稳退出，确保企业和社会稳定。通过推动职工安置、解决合理诉求、建立维稳机制，有效化解员工群体上访事件，最大限度维持企业和社会稳定。

3.平台优势

搭建专业资产管理平台，承担各类经营性国有资产改革任务，积累了丰富的操作经验，形成了范式。

一是参与党政机关和国有企事业单位培训疗养机构改革。通过集中统一接收、快速盘活、统筹配置、培育孵化健康养老等新兴服务业，引导资本投向健康养老等服务民生的关键领域，引领中国特色健康养老产业发展，孵化中国健康养老产业的国家队，成为健康养老产业的领跑者。

二是参与军事后勤军民融合改革，为相关改革资产提供运营管理、配置优化、服务提升类服务。

三是参与中央企业剥离医疗资产的改革，坚持分类运营和医养结合的原则，推进医疗资源连锁化、集团化和产业化发展，成为集连锁经营、多级联动、功能互补、特色突出于一体的领先的健康医疗服务提供商。

四是参与部属、校办企业剥离资产接收、国有经营性事业单位改革和拟转为经营资产的行政及事业性资产改革。

五是推进央企海工装备资产平台筹建和运营，制定海工装备资产管理和市场化处置方案，2019 年实现实质运营，并在海工装备资产处置中实现突破。中石化国勘改革脱困工作开始起步，参与中化海外油气资产整合工作，探索组建央企海外油气资源整合基金等。

接收经营性国有资产后迅速盘活、合理利用，按现行政策加快剥离国有企业办社会职能和解决历史遗留问题，采取市场化方式处置不良资产，形成了有序高效的国有资产接收、整合、培育、孵化、退出新模式。

4. 品牌优势

二十多年来，中国诚通集团经历了多轮次大规模内部企业重组整合和外部企业接收托管，在企业整合、资产重组、债务处理、人员分流安置、企业办社会职能剥离等方面，积累了丰富经验，形成了具有诚通特色的资产经营工作范式。为推动中央企业结构调整，解决相关企业经营困难和历史遗留问题发挥了独特作用，产生了良好的社会影响，打造了诚通品牌。

5. 组织优势

中国诚通集团在资产经营实践中，始终坚持党的领导、加强党的建设，充分发挥党组织的独特优势，孕育形成了“勇挑千斤担、敢啃硬骨头”的诚通精神，为稳步推进困难企业治理提供了强大的精神动力和坚强的政治保证。坚持“两培养一输送”，将优秀的职业经理人培养成为党员领导干部，将党员领导干部培养成为专业的职业经理人，将党员干部、业务骨干输送到关键岗位，建强人才队伍，打牢组织基础。

四、资产经营 2.0 模式未来发展构想

（一）探索央企集团打造股权多元化央企资管平台路径

基于国有资产经营公司试点经验和资产经营是资本运营公司重要功能、核心竞争力的考量，在国家部委大力支持下，推动中国诚通集团联合其他央企，打造股权多元化央企资管平台，强化功能、改善机制、规范治理、提刀实力，运用现代技术手段，统 运营管理央企“两非”“两资”资产，解决央企资管公司业务重叠、资源浪费，不经济、不专业等问题，促进央企高质量、高效率、可持续发展；进一步破除央企间资产划转的障碍和隐性壁垒，推动央企间资源整合和资本流动，推进要素市场化配置。

（二）对企业退出遇到的政策障碍进行针对性研究，出台资产处置税费减免政策以支持资产经营 2.0 模式实施

从处置困难企业的实践看，企业退出等环节上仍面临一些突出障碍。例如：一些经营困难、濒临破产的国有企业因复杂的历史原因，难以实现关闭注销，最终只能以被吊销营业执照方式退出市场，形成了更多历史遗留问题。针对上述企业，国家有关单位应结合企业自身特点、信用登记情况，区别市场上故意逃债等主体进行分类监管、特殊管理，实行退出备案、股东承诺等制度，帮助国有企业正常退出，做到不留后遗症。例如：目前全国法院的清算与破产审判庭数量较少，地域覆盖较窄，存在破产案件启动难、审理速度慢、执行难等实际情况，法院往往不愿受理一些具备破产条件但自身存在敏感债务的困难企业，导致企业无法及时止血，存在国有资产持续流失风险。应通过改革完善企业破产法律制度，进一步规范破产操作流程，解决企业破产时法院受理案件前提多等问题，促进市场主体有序退出。

针对推进破产的困难企业大多存在欠缴税费、债务较多等情况，有关部委应推动建立破产优惠机制，研究制定针对破产企业豁免债务和资产处置所得的税收优惠制度。此外，从政策层面推动央企资管平台在资产处置方面与全国性 AMC 享有同等的税收优惠政策，以激励和引导市场主体更广泛的参与市场。

（三）推动完善现行产权交易规则和服务，制定政策解决定价规则市场化程度低、交易流程周期长等问题

目前，实体不良资产处置主要存在交易周期长、资产市场化定价程度低的问题。根据国有资产交易相关规定和产权交易规则，产权转让项目从上级单位批准转让行为，到国资监管机构备案，到信息预披露及披露公告，再到最终出具产权交易凭证的整个过程至少需要 50 个工作日，现行交易手续繁、周期长、成本高、流程僵。实体不良资产定价的主要依据为经国资委备案、上级主管批准的第三方机构评估结果，且产权转让项目首次转让底价规定不得低于评估结果，若未征集到意向受让方，仅可将转让底价降至评估结果的 90%（低于该价格必须经转让行为批准单位书面同意），价格的形成和调节机制不够灵活，国有资产交易效率较低，企业易错失商业良机，难以吸引和鼓励社会资本广泛参与，不利于促进要素市场有序合理流动。

相较实体不良资产交易，金融不良资产交易机制市场化程度更高：金融企业可以根据资产分布和市场行情，确定批量转让金融不良资产的规模和组合，并进行科学的估值定价。金融不良资产的定价通常结合了金融企业内部估值和第三方机构估值等因素，内部审批通过后，即可邀请资产管理公司参与公开竞价，价高者得。买卖双方均可以对资产定价产生一定程度影响，具备较好的价格调节机制，有利于金融稳定和市场健康发展。

通过完善实体不良资产交易规则、定价规则和相关服务，形成市场价格动态调整机制。结合国有资产线上交易平台的搭建运营，进一步推动实体资产交易依据市场规则、市场价格、市场竞争实现效益最大化和效率最优化，实现要素价格市场决定、流动自主有序、配置高效公平，进一步激发市场活力、潜力。

中国诚通集团被确定为国有资本运营公司试点四年来，坚持党的领导，践行国家战略，构建符合资本运营特点的组织架构和运行机制，按照“管资本”方向调整管控方式，大力推动结构调整和转型升级，努力破解“处僵治困”难题，在打造一流国有资本运营公司取得了良好的成绩，诚通资产作为中国诚通集团的资产经营主业操作平台，在深入总结资产经营实践的基础上，探索提出的资产经营 2.0 模式，契合了当前资产经营行业发展的需要，能够进一步指导中国诚通集团下一步资产经营工作开展，推进集团资产经营转型升级迈出新的步伐，加快培育形成具有诚通特色的国有资本运营公司的新优势，同时也

将为整个资产经营行业提供有重要参考价值的范式。

成果创造人：张宝文

【参考文献】

[1]李克强.《政府工作报告:2020 年 5 月 22 日在第十三届全国人民代表大会第三次会议上》.新华社,2020.

[2]国务院.《关于推进国有资本投资、运营公司改革试点的实施意见》.2018-07-14.

[3]《郝鹏赴中国诚通集团调研》.国资委新闻中心,2017-02-10.

[4]刘青山.《中国诚通:探路国有资本运营公司,助推国企国资改革》.国资报告,2017-09-18.

[5][德]马克思.货币的资本化.《资本论》第一卷第二篇“货币转化为资本”第四章第 180 页.中共中央马克思、恩格斯、列宁、斯大林著作编译局译.人民出版社,2004 年第二版.

[6]浙商资产研究院.《2019 年淘宝和京东司法拍卖年度报告》.2020-01-06.

[7]《不良资产价值再发现:淘宝、交易所售卖在线转让模式兴起》.证券之星.2017-12-22.

创新管理模式，探索跨越新材料“达尔文死海”

南京玻璃纤维研究设计院有限公司

一、情况简介

南京玻璃纤维研究设计院有限公司（以下简称南京玻纤院）是为配合“两弹一星”战略于 1964 年，经国家科委、计委、经委批准，在南京组建的部属科研院所。1999 年，依照国家科研机构管理体制改革的要求，由事业单位转为科技型企业，现隶属于中国建材集团。是全国首批创新型企业、国家火炬计划重点高新技术企业、国防科技工业协作配套先进单位，成立以来经历了科技体制改革、转企改制、资产整合、上市重组等一系列重大历程，积累了改制、改革经验，“十三五”以来主要致力于产业发展、创新孵化、行业服务三类业务平台建设。

（一）实施背景

1. 外部环境

习近平总书记曾指出创新能力不强是我国发展的“阿喀琉斯之踵”①，当前中国要从过往的速度型增长转变成高质量增长，必须从“要素驱动”转变为“创新驱动”，创新驱动发展上升为国家战略。但是，在追求创新的征程中，如何跨越科研成果到产业化之间漫长艰难的路程，始终是企业需要解决的难题，当前，全球范围内普遍存在新兴科技企业高淘汰率现象：仅有 13% 的企业可以存活 10 年以上。出现这种情况的原因是产品在研究、开发、商业化、产业化之间需要跨越三大障碍：从科学研究到技术开发所经历的障碍主要由技术研发的不确定性造成，叫“魔川”；从开发到商业化的过程，所经历的障碍叫“死谷”，这涉及技术放大和用户需求匹配两个方面能否成功，需要高数额的投资；从商业化到产业化所经历的障碍被称为“达尔文海”，这涉及市场竞争和优胜劣汰。这样一个相对复杂的描述，用一个词来概括就是“达尔文死海”（见图 1），包含了从科研成果到产业化之间那段漫长艰难的过程。跨越“达尔文死海”的关键在于新兴技术链与产业链的协同发展，打通实验室、工程化与产业化全流程。[1]

①阿喀琉斯之踵（Achilles' Heel），原指阿喀琉斯的脚后跟，因是其身体唯一一处没有浸泡到冥河水的地方，成为他唯一的弱点。阿喀琉斯后来在特洛伊战争中被毒箭射中脚踝而丧命。现引申为致命的弱点，要害。

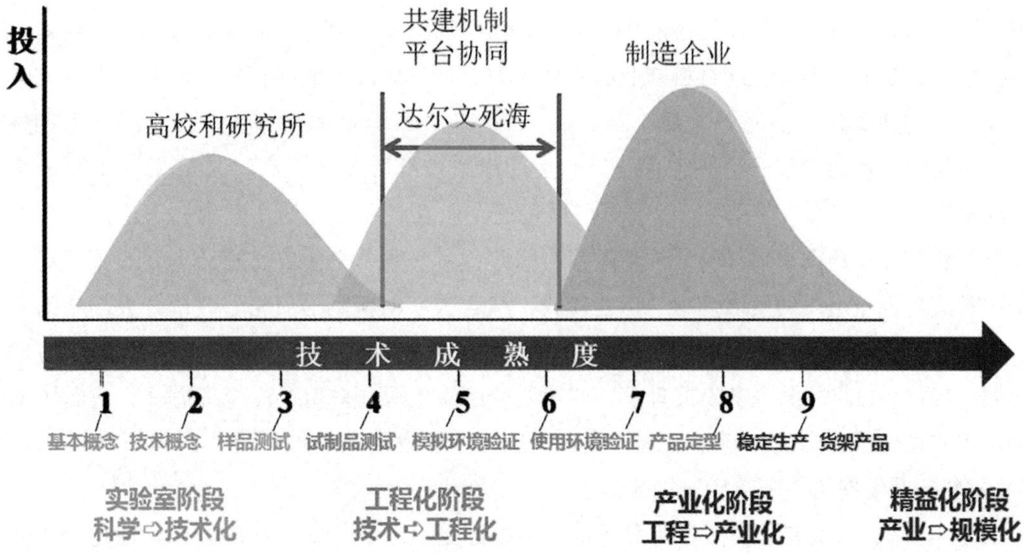

图1　达尔文死海

在全球新一轮科技和产业革命兴起的大背景下，欧、美、韩、日、俄等多个发达国家纷纷制定了与新材料有关的产业发展战略，启动了专项计划，大力促进本国新材料产业的发展。我国新材料产业起步晚、底子薄、总体发展慢，仍处于培育发展阶段，新材料产业发展的滞后，已成为制约制造强国建设的重要瓶颈，加快发展新材料，对推动技术创新，支撑产业升级，建设制造强国具有重要战略意义。2016年国家首次成立新材料产业发展领导小组（由国务院副总理马凯同志任组长，办公室设在工信部），彰显了国家大力发展新材料产业的决心。马凯副总理指出："加快新材料产业发展是建设制造强国的迫切需要，是党中央、国务院作出的重要战略部署。要立足我国产业发展实际，着眼应对新一轮材料变革，以只争朝夕的精神，采取更加有力举措，尽快把我国新材料产业搞上去。"新材料产业迎来新一轮发展机遇。

2017年，习近平总书记在考察山西钢科碳材料有限公司时强调，新材料产业是战略性、基础性产业，也是高技术竞争的关键领域，我们要奋起直追、迎头赶上。南京玻纤院致力于高性能纤维及复合材料行业产品的研发与制造，属于转制科研院所，具备科学技术化能力，拥有技术工程化、工程产业化的全流程发展经验，要充分发挥其产学研一体化的突出优势，探索打通科研成果到产业化之路，围绕国家战略，为解决关键新材料"卡脖子"难题做出应有的贡献。

2. 内部环境

南京玻纤院自1999年转为科技型企业后，不能再完全依靠国家财政拨款运营，需要逐步建立起适应市场经济的现代化企业制度，以适应国内外市场竞争，尤其在研发资金上面临一些挑战。经过不断实践和探索研究，南京玻纤院在创新发展方面逐步形成了转制院所发展思路，总结出战略实施路径，使整体运营效率提高，竞争力不断提升。在实施过程中我们发现还存在一些需解决的问题，例如聚焦资源和协同创新问题，创新发展与经营效益的成本问题等。

从形势和环境来看，创新是企业立足于激烈竞争市场的根本，需要进一步解放思想、统筹协调、深化改革，制定新的管理和运营模式，营造鼓励创新氛围，积极开拓进取，解决科技成果转化的现实问题。

3. 小结

综上，一方面新材料作为国民经济的先导性产业和高端制造及国防工业发展等的关键保障，是各国战略竞争的焦点，我国高度重视新材料产业的发展，先后将其列入国家高新技术产业、重点战略性新兴产业和《中国制造 2025》十大重点领域，制定如“十三五”国家战略性新兴产业发展规划等规划、政策大力推动新材料产业的发展；另一方面，转制后的南京玻纤院需要提高科技成果转化的效率和成功率，跨越成果转化的“达尔文死海”，以求更高质量的企业发展和更强的竞争力，不论是内外部环境还是行业发展趋势都在推动南京玻纤院的改革进程，因此，南京玻纤院总结过去56 年的发展经验，通过调研分析国内外成功创新组织的发展理念与运营模式，结合国家创新驱动战略、改革开放战略部署以及实际情况，重新审视战略定位，以具备灵活的组织方式和活动特点的“新型科研机构”为发展方向，坚持创新、协调、绿色、发展、共享的发展理念，变革企业组织架构，采用对应管理方式，从而协调内外资源、促进技术实现价值，实现“科学发现、技术发明、产业发展”三位一体，跨越新材料“达尔文死海”，解决材料行业发展的“阿喀琉斯之踵”。

“十三五”以来，南京玻纤院在明晰发展路径的基础之上，不断变革管理方式、搭建人才队伍、创新体制机制，在现有科研平台和实体产业基础之上，提出并建成“产业发展平台”“行业服务平台”“创新孵化平台”三大平台，突破体制机制障碍、强化梯队人才队伍建设、引进各类激励措施，以“组织结构创新、产业结构创新、商业模式创新、投融资渠道创新、品牌创新”为着力点，以技术创新为抓手，“三大平台”协调发展，发挥“1+1+1>3”的“产学研”一体化优势，形成新的组织架构，探索打通新材料行业科研到产业化的创新链，跨越“达尔文死海”，获得了丰硕的创新成果。

二、内涵和措施

（一）内涵

本成果的内涵是结合“转制科研院所是推进科学成果工程化、产业化的重要载体”这一理念，充分发挥南京玻纤院兼具科研院所与市场化企业双重属性的优势，区别于单一科研院所或是单一市场化企业，将科研与市场价值密切结合，从理论走向实践，针对性地从院技术产品的实际开发生产及其市场需求中分析产品从科研开发到产业规模化、规模价值化乃至价值资本化的障碍，重新梳理业务形态，于2016 年新建“创新中心”这一创新孵化平台，以创新团队形式孵化科技项目，同时，依据国家和行业发展的大环境，重新明确主导产业发展方向、行业服务平台发展思路，整合三大业务形态，创造性地提出并搭建了“产业发展平台”“行业服务平台”“创新孵化平台”三大平台协同共进的组织框架，实现三者优势互补、协同共进，探索实践成功跨越新材料“达尔文死海”。

（二）措施

1. 改革的整体思路

为跨越新材料“达尔文死海”，需要打通科研与产业化之间的重重障碍，在此过程中，科学技术化一般由学校和研究机构主导，工程产业化一般由产业集团主导，但在技术工程化阶段高校和科研机构往往缺乏资金支持、产业集团又因为很难从研发中获利而放弃投资，从而出现了断层，这一断层是科技成果产业化不可或缺的关键环节，也是国家新材料产业发展战略重点突破的关键阶段，因此，必须打通创新链、赋能产业链，才能实现高质量可持续发展。

对此，南京玻纤院深化改革建立“创新孵化平台”，以引入创新团队为载体，攻克关键核心技术，形成未来预期可产业化的实验室成果，完成科学技术化阶段。通过整合产业发展平台、行业孵化平台、创新孵化平台的全部资源，保障产品的中试取得成果，在此基础上充分运用产业发展平台给予的市场化优势和资金支持优势，实现实验室产品能够通过技术工程化走向工程产业化。让三大平台协同发力，达成良好循环，打通科研到产业规模化的路径，使得跨越“达尔文死海”能够实现（如图2所示）。

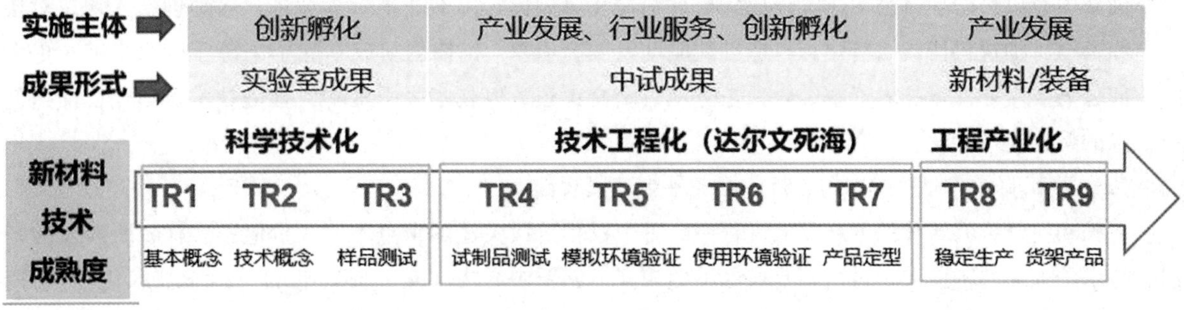

图2　三大平台打通科研到产业规模化的路径

2. 改革的目标与原则

通过建立“三大平台”并配置对应的体制机制、人才梯队、激励措施，变革原先体制，构建一个全新的企业架构，一方面明晰业务战略路径、落实相关举措，激活创新原动力，同时结合资本以推动创新成果市场化，探索解决跨越新材料“达尔文死海”，完成企业改革改制的一次成功实践；另一方面，也是顺应“创新驱动”发展策略的国家形势，探索创新成果市场化的关键，更好支持国家突破经济发展中高新材料行业“卡脖子”的局面，为更好地完成目标，需要遵循以下几点原则：

（1）着眼长远，增强储备

坚持需求导向和技术推动，把握膜材料、高性能玻璃纤维、预制体等技术研发和产业发展的新方向，加强前沿材料领域的前期研究和技术储备，抢占未来发展先机。形成更多拥有自主知识产权的未来核心技术和具有市场前景的产品，技术研发要与产业需求、未来需求统筹结合，培育新的增长点，形成与产业发展良性互动局面。

（2）完善技术创新体系

做好研发工作的顶层设计，系统开展产品发展战略、产品开发、产品中间试验及产业化系统规划研究的创新体系，着力打通科技成果向现实生产力转化的通道。积极搭建新材料产业产学研用联合交流创新平台，支持探索多种形式的协同创新模式，集中资源，进一步探索跨越“达尔文死海”。

（3）坚持人才为先

强化研发人员创新劳动同其利益收入对接。更加注重培养、用好、吸引各类人才，促进人才合理流动、优化配置；更加注重强化激励机制，给予科技人员更多的利益回报和精神鼓励；更加注重发挥企业家和技术技能人才队伍创新作用，充分激发创新活力。

（4）坚持遵循市场化规律

让知识产权、技术转移、资本运作制度成为激励创新的基本保障，大力营造勇于探索、鼓励创新、宽容失败的文化和社会氛围。认真研究科技创新融资、科研成果资本化产业化、科研成果转化收益中的新情况、新问题，保护科研人员凭自己的聪明才智和创新成果获取的合法收益。

3. 改革的具体实施路径

（1）建立“创新孵化平台”——创新中心

面对21世纪以来创新要素在全球加速流动，科技创新呈现出快速增长态势和集中资源办大事的特征，围绕国家战略，按照集团创新型、国际型、价值型的总体要求，在新的发展历史起点上，把科技创新摆在更加重要的位置，2016年南京玻纤院结合实际，加快“三大平台”建设，成立创新孵化平台（创新中心）。

创新中心以科研项目为主体、以成果可评估量化为原则、以专业平台为载体，培养创新人才，对接产业和资本，加快科研成果转化，打造创新驱动发展新引擎。科技创新成本除了来源于国家支持，更大的一部分需要企业探索技术资本结合，拓宽项目资金渠道，以技术吸引资本，推进技术资本化，加速创新成果的孵化与产业化。

（2）重新明确产业发展方向、行业服务平台建设思路

在推动科学成果转化的创新发展进程中，每个过程阶段关注的重点不同，价值不一样，所涉及的知识、技术、人才的跨度大，对团队要求也不尽相同，创新中心主要是完成前期的“科学技术化”，后期进程还需要行业服务平台的测试与评价技术来确保产品能够面向市场，产业平台的推进来实现科技成果转化，三个平台结合才能够真正打通创新链，跨越新材料“达尔文”死海。在建设“三大平台”的理念指导下，南京玻纤院明确自身产业发展方向和目标，梳理行业服务平台建设思路，进一步整合“产业发展平台”与“行业服务平台”的业务范围。

结合市场需求与院内生产经营现状，南京玻纤院明确产业发展平台主要聚焦膜材料、宇航材料等主要产业。膜材料应用广泛，可以将直径小于2.5微米的颗粒物过滤掉，减少污染，宇航材料产业实现高性能特种玻璃纤维工程化应用，在航空航天等高端领域广泛应用。明确行业服务平台主要负责行业工程服务和检测标准化服务，拓宽行业服务模式，建设面向全国的高性能纤维及复合材料测试评价服务能力，加强国际标准化技术交流与合作，协同行业内服务平台，探索新材料领域行业综合服务新模式。

（3）实现三大平台之间的协同创新

一则，创新孵化平台研究出实验室成果，以其为引，推动产业发展平台和行业服务平台进行应用研究；二则，结合市场需求，研究机构和实验室设计工艺，并将创新的技术、系统、产品送入市场，于工程产业化进程中反复验证，如果出现问题就反馈到研发部门，由技术人员革新技术、改进产品，解决问题从而使得产品和工艺能够占据市场领先的地位，达成良性循环。在这一过程中，“三大平台”协同合作能够达到“1+1+1>3”的效果，因此，南京玻纤院统筹管理，确保科学技术化、技术工程化、工程产业化“三化”一体，整个科技创新链的上下游各环节协同发展，三大平台不仅可以发挥自身作用，也能够通力合作，协同完成跨越新材料“达尔文死海”的目标，具体如下：

一是科学技术化与技术工程化的协同。不仅创新孵化平台和产业发展平台之间经常密切讨论交流，为共同攻关技术难题而努力，而且南京玻纤院会根据科研成果转化的需求，配以相应的创新平台给研究机构。所以，科学技术化与技术工程化才能够深度融合，供需达到平衡、匹配的状态，从而使得信息交流变得更加便捷，优势互补更为明显，降低了运行成本，不断提高效率。

二是技术工程化与工程产业化的协同。工程产业化是科技成果走向市场，转为经济的一个重要标志，是科研成果转化的关键一步，而技术工程化则是实验室成果能够冲出实验室研究这一壁垒，向产业化发展转型的一个关键过程。生产者在进行大批量生产前，产品一般要在技术工程化这一过程反复验证，所以技术工程化和工程产业化之间可以看做是上下游的关系。南京玻纤院不断加深信息交流互动、增强人员流动，并保持供求相匹，使得技术工程化与工程产业化能够协同发展。也即是说，创新中心完成了技术工程化，将非常小的量转成中等量，同时其又会和产业发展平台之间相互支持，两者协同合作

能够解决信息不对称的问题，不断提高工程产业化的效率，加快了科研成果转化为市场产品的进程。

三是科学技术化与工程产业化的协同。成立以来，南京玻纤院一直承担国家级的科研任务，如国防军工项目等，与此同时，也结合市场需求进行一系列的科技研发，为工程产业化奠定良好的基础；另一方面，南京玻纤院工程产业化获取的经济收益，也用来反哺科研活动，进一步激活创新原动力，使得科研活动顺利进行，形成科技创新链上的良性循环。此外，南京玻纤院的创新平台也与产业平台的实体公司有很强的深度交流，产业化的公司会从创新平台中孵化出来，技术研发能够为产业化提供强有力的技术支持，产业化的经济收益也能够为科研提供源源不断的资金支持，使得科学技术化与工程产业化两者相互促进，共同推动产业发展。

综上所述，南京玻纤院促进科学技术化、技术工程化、工程产业化“三化”一体，使三大平台协同融合发展，形成了良性高效且互动的运行机制，提高了南京玻纤院科技成果创新链运行与管理效率，促进了科技成果的高效转化。

4. 组织架构情况

南京玻纤院结合“三大平台”各自的特点，赋予其不同的组织架构，创造体制机制。产业服务平台下分多个事业部，均采用企业化的运营模式，以取得产业规模化的最大经济效益。行业服务平台以平台化模式运营，从标准化、检测评价、工程区域服务搭建行业服务平台。创新孵化平台（创新中心）为了提升效率，创新中心采用扁平化的管理架构，中心主任由院董事长兼任，确保顶层设计与战略推进，中心内设专职办公室，负责创新项目的引入、过程服务及转化，同时负责创新生态建设。团队运营需要的科技、人事、财务、法务等职能服务由院各职能部门设专人与团队对接。搭建科学技术与投融资两个专家委员会，为重大决策提供咨询、建议意见，提出创新中心的技术发展方向，参与新创新团队的引入评审，创新过程中重大项目的论证、立项、评审、验收。创新中心扁平化组织架构的搭建，快速支撑了创新中心及团队业务的开展，保障了体系运转效率。

5. 改革的支撑保障

南京玻纤院从人才梯队建设、体制机制创新、绩效激励模式等方面发力，多条措施并举保障“三大平台”良性运行，支撑平台间的协同合作，确保本成果的有效实行。

（1）人才资源保障

人才始终是创新的活力之源，是良好生产运营状态的基本保障，建设合理的人才梯队是必不可少的。南京玻纤院高度重视人才引进与培养，抓住以人为本，建立四层级人才培养体系，保障创新人才持续供给。围绕“院士、专家、工程师、工匠”四个层级人才建设目标，多层次、多渠道、大规模地开展培训工作，建立完善的人才培养计划，探索不同层级的人才培养机制。建立完善重大项目负责人、首席专家为主体的领军人才培养机制；建立与国内外高校、企业联合培养骨干人才、学术带头人机制；建立岗位培训、技能培训、能力培训为重点的优秀人才培育机制；加强技术工人队伍建设，弘扬工匠精神，积极打造适应南京玻纤院创新发展的技能人才团队，开展“首席工人”评选试点工作，制定院首席技师、首席技术能手和首席操作能手评选办法和标准，成立评审小组，加强评选、表彰、定薪定岗工作力度，激发员工积极性和创造性发挥。

（2）机制保障

为确保创新效率和技术价值，南京玻纤院在管理上建立“管理线、建设线、监督线”三线管理机制。管理线紧扣某项目或产业的建设要求，完成组织协调、计划安排、跟踪对标和规范管理；建设线包含行政、技术建设指挥，负责保质保量、按计划完成任务；监督线负责监督、检查管理线、建设线的执行情况，建立绩效评价体系。创新中心在“三线”机制基础上又加入“两总”管理机制，“总指挥和总工程师”分工负责，行政总指挥是项目行政总负责人，对项目的建设进度、质量、成本负责。依据实施主体分别设置了子项行政指挥作为总指挥的助手，负责子项进度、质量、成本、安全、档案等行政管理工作。针对项目专业性多专业性强的特点，分别设置了多位项目总师，作为专业技术总负责人，对项目建设技术、质量负责，同时配套建立了专业总师队伍，作为总师助手，负责本专业内的技术方案及设计工作。“三线”“两总”管理机制促进各责任主体相互之间有合作、有督促，保证了目标、计划、实施、监督全方位管理，团队成为一个紧密的集体，有效发挥了合力作用，全面提升项目执行力。

为了消除科研人员因为创新工作风险性而产生的顾虑，南京玻纤院还建立了“容错机制”——如果创新项目失败，原单位接受创新队伍的人员回归，并安排相应工作，项目成果可继续作为考核评价的依据；并从市场角度分阶段评估，建立项目预警机制，保证了一定的试错机会。

（3）绩效激励保障

为了激活人才创新的原动力，南京玻纤院推进以价值为导向的薪酬支付文化，进一步细化、完善以绩效考核为前提的激励机制，根据产业发展特点制定相应的考核和激励方案。密切关注外部市场薪资水平，在企业经济效益增长的前提下，保持员工薪酬水平适当增长。三大平台采用不同的考核机制，建立能上能下、动态调整、优胜劣汰、公平公正的市场化激励机制，探索当期收入与未来收益的统筹与协同。

（4）运营保障

“十三五”以来，南京玻纤院推进提升市场化能力、资源整合能力、监督管理能力，搭建统一信息化平台，建设信息化管理体系，加强精细化管理，提升运营效率。

（5）企业文化保障

企业文化是企业的灵魂，渗透于企业的一切经营管理活动之中，是推动企业持续发展的不竭动力。南京玻纤院深谙这一点，重视人文和谐，把党的建设融入中心工作，实施“人才强企”战略，有效衔接并解决历史遗留的转制前后退休人员待遇问题，实现了企业发展与员工发展相协调、与资源环境相适应、与社会发展相统一，营造和谐稳定企业环境，为跨越新材料“达尔文死海”提供有力的保障。

三、实施效果

南京玻纤院作为产学研结合的先行者，始终不忘“国家的院所要承担国家和行业发展重任”之初心，一直致力于跨域新材料“达尔文死海”，打破高新材料“卡脖子”的局面。但是，过去对涉及到解决“跨越达尔文死海”问题的要素主体不明确，本身的机制体制针对性不强，未能充分发挥转制院所优势来协同跨域“达尔文死海”。

“十三五”以来，南京玻纤院在内外部环境的推动下，依据自身发展状况，深化改革，通过构建和发展“三大平台”，更好地发挥了改制科研院所的优势基因，管理水平、运营效率、创新能力大大提高，取得了经济、生态以及社会各方面的效益，做到了市场与科研的紧密结合，在跨越新材料“达尔文死海”的探索过程中取得了丰硕成果。

（一）管理水平

在构建和运营“三大平台”的四年中，南京玻纤院坚持改革变革，贯彻集团“组织精健化、管理精细化、经营精益化”的“三精管理”理念，使得管理水平有效提升。

具体而言，在组织精健化方面，狠抓“2422”压减等专项工作，持继开展针对“重点单位、重点责任人、重点客户”的专项活动，层层分解目标，落实责任人，财务部门及时预警。应收账款、存货等主要经营减利指标均大幅下降，人均营业收入、人均净利润分别上升9%和上升28%。在管理精细化方面，注重风险防控、效率效益优先，进行利润贡献对标，补短板增长板，在主导产业建立对标总体实施方案及常态化运行和闭环管理机制，加强差异性分析，在积极探索、总结经验的基础上，循序渐进地深化对标工作，推动实现一流发展目标。在经营精益化方面，深入践行“价本利”理念，根据“质量上上、价格中上”的原则，制定产品销售策略，突围恶性价格竞争泥潭，通过攻关提升产品质量和核心指标，优化生产工艺装备，调整产业结构、精进产品性能等一系列举措提质增效。

南京玻纤院搭建三大平台以来，管理效率大幅提高，运营质量稳步上升，企业综合实力明显增强，2020年被评为中国建材集团“六星企业”，获得“南京市市长质量奖”“江苏省省长质量奖”，改革成果得到肯定。

（二）经济效益

四年来，南京玻纤院“三大平台”协同发展，科技成果快速转化，经济效益不断增长，截止2019年底，营业收入和净利润分别增长28%、39%。院三大平台齐头并进，成绩斐然：

产业发展平台明确主责主业，成为跨越“达尔文死海”经济支撑来源的“压舱石”。自“十三五”以来，其形成膜材料、宇航材料等主导产业，涵盖过滤材料、电池材料、空气净化材料、特种纤维预制体等产品，主导产业在细分市场占有率不断提升，通过内生与外延发展，不断加快国际化步伐。

行业服务平台探索获得新实效，成为跨越“达尔文死海”中协同发展、评价影响的“辐射源”。其工程服务业务与全球范围玻纤企业广泛合作，打开发达国家市场，签订多项重大总包合同；2017年全国碳纤维标委会成功落户南京玻纤院，以地方分院为试点的玻纤产业区域性科技服务平台运营3年成功为地方引入多家企业；2018年质检中心服务模式持续创新，被两家大型央企作为指定实验室来制定产品评价体系和标准；2019年获批承担建设国家新材料测试评价平台复合材料行业中心”项目。

创新孵化平台打通了从科技投入到成果转移的顶层设计路径，成功探索“达尔文死海”中技术实现价值的“孵化器”。其通过设计与实践新型创新团队的引入和运营机制，先后引入与成立围绕国家战略发展方向和重要关键技术攻关且未来可实现产业化的创新团队。“十三五”以来，创新中心累计获批外部项目数十项，获批纵向经费超亿元，攻克一批关键核心技术，实施全成本独立核算，通过高效创新实现自我造血。2020年，其完成的发明专利“一种高透气量非织造布覆膜滤料、其制备方法及其所用的覆膜装置”（专利号ZL201310542807.3）荣获中国专利金奖。

在新的组织体系下，不仅单个平台取得了不菲的效益，三大平台协同发力的效用也是有目共睹的。“十三五”以来，在三个平台协同作用下，南京玻纤院突破了“达尔文死海”几项关键技术，从团队建设、技术攻关等各方面实力不断壮大，这些项目有望在“十四五”实现产业化。“十三五”以来，创新孵化收益已超亿元，持续为产业平台孵化出技术成果，部分项目有望产业化后达数十亿元规模产值。

（三）生态效益及社会效益

改革后的南京玻纤院，开发生产的产品也获得了一定的生态和社会效益。承担的“外墙外保温岩棉制品规模化生产成套装备技术及应用研究”关键技术取得突破，达到国际先进水平，该项成果获建材行业科技进步一等奖，为行业的绿色发展、节能降耗等方面做出了重要贡献；膜材料产业过滤产品助力高效去除工业企业生产中70%的PM2.5粉尘量，为防治大气污染，打赢“蓝天保卫战”这一国家重大决策部署做出了贡献。在疫情最严峻的时期，南京玻纤院产品驰援武汉雷神山、火神山医院等建设，彰显央企的责任与担当；按时完成国家国防配套任务，为国防事业贡献智慧和力量。

这些事迹皆体现了南玻院转制以来不断推进企业自身改革，以三大业务形态为基础搭建三大平台，保障其协同发力，构建新模式的实践效果。

四、进一步的思考

近年来，我国在新材料领域的技术进步和产业发展明显加快，但是仍有部分先进技术和产品被卡脖子。转制院所要利用自身优势，发挥创新优势，推进深化改革，构建良好的创新生态，形成科研攻关和产业发展之间的良性循环，提高科技成果转化的效率，实现跨越新材料的“达尔文死海”。

成果创造人：赵　谦、郭　伟、陈士洁、于守富、张文进、王　屹、
唐　宇、何　宏、匡　宁、姚　迪、马　丹

【参考文献】

[1]徐旭东.跨越“达尔文死海”为啥这样难？[N].人民政协报,2019-06-18(005).

深圳投控以综合改革推动转型发展的探索与实践

——成功打造深圳市属国企首家世界500强

深圳市投资控股有限公司

深圳市投资控股有限公司（简称“深圳投控”）成立于2004年，由原深圳市投资管理公司、商贸控股公司、建设控股公司三家资产经营管理公司合并新设而成，经过16年的改革创新和转型发展，现已成为以科技金融、科技园区、科技产业为主业的国有资本投资公司。目前，公司注册资本276.49亿元，全资、控股并表企业39家，其中上市公司11家，全系统员工约5万人，2020年成功跻身世界500强，是深圳市属国企第一家、全市第八家世界500强企业。

一、开展综合改革的相关背景

（一）全面贯彻习近平总书记和党中央决策部署的主动探索。党的十八大以来，习近平总书记站在党和国家的战略高度，就国资国企改革发表了一系列重要讲话，作出一系列重要指示批示，多次强调“国有企业要搞好就一定要改革，决不能抱残守缺”。党中央、国务院出台国企改革“1+N”政策体系，推出“十项改革试点”“双百行动”“区域性国资国企综合改革试验”等一系列重大战略部署，为深圳国资国企新一轮改革指明了方向，提供了机遇。深圳投控作为深圳市委市政府深化国资国企改革的重要抓手和市国资委履行出资人职责的辅助平台，始终秉持“走在前列、勇当尖兵”的自觉担当，以高要求、高标准探索实施各项改革任务，努力在国资国企改革重点领域和关键环节取得突破、形成示范，全面推动习近平新时代中国特色社会主义思想在深圳结出硕果，形成生动实践。

（二）破解国资国企改革深层次矛盾和问题的实践探索。当前，国资国企改革进入深水区、攻坚期，部分企业选择性地推进单项改革，其他领域改革进展缓慢，普遍存在改革碎片化、政策不协调、措施不系统等问题，尚未形成整体谋划、系统推进、协同联动的改革工作机制和成效。国务院国资委在全国开展国企改革“双百行动”、启动区域性国资国企综合改革试验，就是要跳出原有“十项改革试点”单打独斗的状况，全面深化综合性、系统性改革，提升改革效能。深圳投控贯彻落实中央和省、市决策部署，发挥“敢闯敢试、敢为人先”的特区精神，着眼国企改革全局性、体系性问题，高效利用改革“工具箱”“政策包”，打好改革“组合拳”，着力构建国企综合改革的长效机制，为全国国资国企改革探索新路径、提供新方案。

（三）服务深圳城市战略和践行使命担当的有益探索。深圳投控因改革而生、应改革而兴，成立以来先后经历了三个发展阶段，国企改制退出阶段（2004年—2006年）主要承担国有资本从一般竞争性领域的劣势企业改制退出任务，先后完成22家一级企业、177家二级企业改制退出；事业单位划转整合阶段（2006 年—2011 年）承担了 341 家转企事业单位的划转接收、整合重组等任务；转型创新发展阶段（2011 年至今），按照深圳市投融资体制改革和深化国资国企改革的工作部署，承担了园区开发运营、科技金控平台建设、国企综合改革等任务，在深圳市转型发展的每一个重要历史阶段，都发挥了有力的支撑作用。特别是进入新时代，国家赋予深圳打造粤港澳大湾区核心引擎、建设中国特色社会主义先行示范区“双区驱动”重大历史使命，要求深圳在更高起点、更高层次、更高目标上推进改革开放，更好服务全省、全国发展大局。深圳投控作为深圳最大的市属国企，应当发挥国企“城之重器”作用，以改革开放再出发的新担当新作为，充分利用综合改革宝贵机遇，当好城市战略的执行者和国企改革的排头兵，成为深圳建设中国特色社会主义先行示范区、创建社会主义现代化强国城市范例的中流砥柱。

（四）打造具有全球竞争力的世界一流国有资本投资公司的路径探索。“十三五”以来，深圳投控按照市委、市政府的决策部署，立足城市发展战略，提出“打造国际一流国有资本投资公司和科技金控集团，成功跻身世界 500 强企业”的发展目标。深圳投控与国际一流企业相比，在公司治理、市场化经营机制等方面仍存在一定差距，行业引领能力、自主创新能力、资源配置能力、国际化发展能力等有待进一步加强。这些都要求深圳投控必须坚持问题导向，通过开展综合改革，切实推进体制机制创新，调动员工队伍干事创业激情，激发企业发展活力动力，实现高质量跨越式增长，为打造具有全球竞争力的世界一流企业奠定坚实基础。

二、综合改革相关做法

（一）秉持一个理念，持续深化综合改革

党的十八大以来，按照党中央、国务院的决策部署，全国国资国企改革系统推进、重点突破、层层落地，在各领域各环节全面深化，取得了重大进展和丰硕成果。但同时，国资国企改革涉及产权改革、公司治理、选人用人、激励约束、监管体制、国企党建等多个领域，面临系统性体制机制问题，“头痛医头、脚痛医脚”式的改革难以实现标本兼治。比如，公司市场化选人用人改革如果没有符合市场规律的薪酬激励机制相配套，就难以在市场上选聘到合适的人才；如果仅仅是薪酬激励机制改革，没有市场化契约、责权利对等的公司治理改革相呼应，反之则容易演化为“涨工资”的闹剧。

为破解上述问题，深圳投控坚持系统思维，全面推进综合改革。立足深圳城市发展需要和国有资本投资公司功能定位，2016 年选取全球国有企业标杆新加坡淡马锡作为对标对象，开展综合改革试点，全方位学习借鉴国际一流企业体制机制精髓；2018 年，入选国家国企改革“双百行动”，聚焦“五突破、一加强”的目标任务，全面拓展改革政策和试点经验；2019 年，推进落实深圳区域性国资国企综合改革试验，将三大改革任务统筹规划、整体推进、一体落实，全面增强改革的整体性、系统性、协同性。在综合改革具体实践中，更加强化中央顶层设计和基层首创精神的有机结合，因地制宜、因企施策推进改革；更加突出国资改革与国企改革的相互协同，更好发挥国资改革对国企改革的牵引作用；更加注重公司总部与下属企业的统筹联动，避免总部机关化、行政化倾向，充分发挥政策的集成效应和乘数效应，全方位构建起国企综合改革生态体系和长效机制。

（二）围绕两条主线，推动国资与国企改革相互促进、相互融合

为了提升国有资本配置和运营效率，深圳投控在市国资委的指导支持下，围绕完善国资监管体制和转变公司经营机制“两条主线”统筹推进国企改革，不断增强“服务国家和城市战略、优化国有资本布局、提升产业竞争力”的能力。

1. 国资管资本监管体制改革

党的十八届三中全会作出“完善国有资产管理体制，以管资本为主加强国有资产监管”的部署要求。改组、组建国有资本投资、运营公司，是以管资本为主完善国有资产管理体制的重要抓手，有利于实现国有资本所有权与企业经营权分离，推动出资人代表机构由管资产向管资本转变。深圳投控在深圳市国资委的统筹指导下，立足国有资本投资公司功能定位，坚持以资本为纽带、以产权为基础，科学界定国资监管机构、国有资本投资公司和所属国有企业的权利边界，建立健全权责利相统一的授权链条。一方面是深圳市国资委向深圳投控加大授权力度，深圳投控作为国有资本市场化运作专业平台，依法自主开展国有资本投资运营；另一方面深圳投控加大内部和下属企业授权，推动企业建立规范的法人治理结构，落实市场主体地位，按照责权对等原则承担相应职责。

2. 公司市场化经营机制改革

国有资本投资公司是改革国有资本授权经营体制的重要载体，与下属企业是以资本为纽带的投资与被投资关系，体现了减少行政化管理的要求，突出了市场化运营的目标，有利于发挥国有资本专业运作平台的功能作用。深圳投控遵循市场经济规律和企业发展规律，坚持将市场化作为国企改革的方向和路径，探索国有资本监管运营新模式。一方面以市场化运作模式推动国有经济布局结构调整，推动国有资本向国计民生重要关键领域、事关深圳转型升级的重点产业、具有核心竞争力的优势企业集中，促进国有资本合理流动和优化配置，增强国有经济的竞争力、创新力、控制力、影响力、抗风险能力；另一方面以市场化经营机制改革释放企业活力动力，学习借鉴世界一流企业的先进理念、模式和经验，加快体制机制改革，打造法人治理完善、市场机制健全、内生活力充盈的现代国有企业。

（三）聚焦八大领域，在改革关键环节实现系统突破、整体提升

深圳投控在推进综合改革过程中，坚持以党的领导党的建设为统领，沿着“授权体制——产权改革——公司治理——选人用人——激励约束——总部建设”的路径系统推进、全面发力，通过高质量综合改革提升市场核心竞争力，加快建设国际一流国有资本投资公司。

1. 全面加强党的领导党的建设，筑牢国有企业的根和魂

认真贯彻落实习近平总书记关于两个“一以贯之”的重要论述，充分发挥党委“把方向、管大局、保落实”作用，探索完善中国特色现代企业制度，打造国企党建精彩样本。

一是全面加强党组织领导地位。加强党建工作顶层设计，在综合改革中，同步制定坚持党的领导、加强党的建设20条措施。推动党建进章程在系统400多家各级企业实现全覆盖，党组织在公司治理中的法定地位进一步巩固。优化党委会议事规则，出台党委参与公司“三重一大”决策权责清单，全面落实“先党内、后提交”的重大事项决策机制，健全“双向进入、交叉任职”领导体制，推动党的领导与公司治理深度融合。

二是大力提升基层党建质量。推行“卓越党建管理”模式，实现基层党建标准化、品牌化。深圳湾创业广场探索“党建+园区楼宇”新模式，在全国率先提出“跟党一起创业”理念，引起社会各界强烈反响，荣获“全国基层党建十佳创新案例”，被选为中国共产党与世界政党高层对话会、全国互联网企业党建大会观摩点，得到中组部、中联部、国务院国资委的充分肯定；探索混合所有制、非公、异地和境外企业等党建新路径，消除党建工作空白点。

三是持续强化纪检监察效能。严格落实“两个责任”，构建纪检监察、监事会、财务总监、审计、风控、内控等监督资源协同联动的“六位一体”大监督体系。在全系统推行纪委书记兼监事会主席新模式，

推进落实纪检监察派驻机构改革，实现党内监督和公司治理监督的有机融合。实施精准监督、智慧监督，重点防范招标采购、资本运作、园区运营、基金投资等关键领域的廉洁风险，严查违规违纪行为。

2. 加大授权放权力度，夯实企业市场主体地位

主要从市国资委对深圳投控、深圳投控内部、深圳投控对下属企业“三个层面”加大授权放权力度，促进公司和下属企业强化主体责任，提升主动经营能力和市场化发展水平，提高国有资本运行效率（见图 1）。

一是市国资委对深圳投控加大授权。深圳市国资委调整优化监管职能和方式，根据深圳投控作为国有资本投资公司的功能定位，结合公司园区开发、产业培育等业务需求，在投资、资本运作、担保等方面充分授权，将境内主业不超过净资产 20%、约 600 亿元的投资决策权授予深圳投控，大幅缩减审批事项和管理链条，确保深圳投控更好履行出资人职责，实现权责统一、决策高效、运作规范。

二是董事会对执行委员会和经理层加大授权。在公司内部逐级实现充分的授权放权和行权，进一步提升运作效率和经营效能。发挥董事会执行委员会常设机构作用，授予其 10 亿元以下的境内投资、担保和借款，以及 1 亿元以下的产权变动等权限，提升董事会决策效率。建立规范的经理层授权管理制度，董事会大幅调高经理层的决策权限，同步建立投资决策、风险防控、长效激励约束、监督审计等制度机制，充分保障其决策自主权，让经营班子有权用、有干劲、有保障。

三是深圳投控对下属企业加大授权。借鉴淡马锡对淡联企业“一臂之距”的管控经验，根据下属企业的市场化程度、行业特征、发展阶段、资产规模等因素，在投资、产权变动等 7 个方面，“一企一策”“分类分步”授予下属企业自主决策权限。对于法人治理结构完善、市场化经营机制健全的企业，授予其更大的经营自主权，确保权力“放得下、接得住、用得好”，全面夯实下属企业市场主体地位。对于新收购的民营上市公司，探索以管资本方式参与公司治理，构建一部章程、一支队伍、一套程序和紧急情形干预的“3+1”管理体系，确保国有股东不缺位、不错位、不越位，更好激发上市公司活力和竞争力，促进国企与民企高效融合发展。

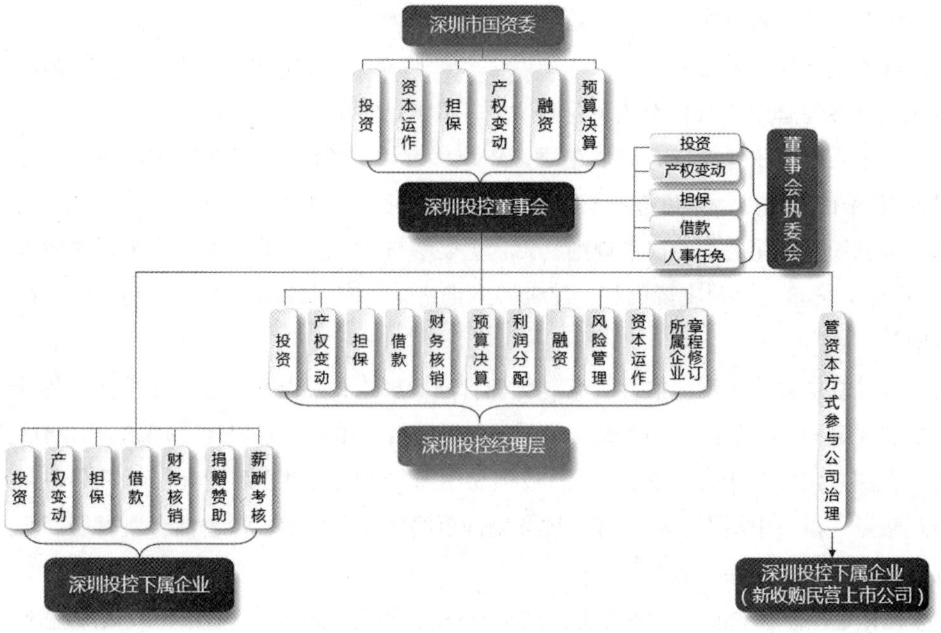

图 1　深圳投控授权放权体系

3. 推进混合所有制改革，助力企业转型发展

深圳投控在市国资委的指导下，按照“宜独则独、宜控则控、宜参则参”的原则要求，全面推动所属商业类企业实施混改，通过“引资本”“引资源”实现“转机制”，公司面貌焕然一新。

一是引进优势互补的战略投资者。为支持企业提高产业链拓展能力和影响力，深圳投控根据系统企业实际需要，结合引入方的综合实力、运营资源、核心资质、资源投入等因素，进行综合评比，筛选出最适合企业发展的战略投资者，实现协作共赢。比如，下属企业交通中心按照“分类引入，标准预设”的方式，提出具备智慧城市、智能交通、互联网大数据业务资源的引战标准，在全国范围内筛选了30余家产业集团和投资机构，确定合适的战略投资者。又如，为了支持深投环保进一步扩大影响范围、完善产业布局、实现跨越式发展，深圳投控全力推动深圳环保开展混合所有制改革，成功引入国内垃圾清洁焚烧发电领域龙头企业深圳市能源环保公司，以及平安集团的核心股权投资平台平安资本公司，依托战略投资者的资源和资金支持，迅速提升经营效能和综合实力。

二是切实转换企业市场化经营机制。引入民营资本有利于降低国有股权比例，实现产权主体多元化，改变国资一股独大局面。对于准备开展混改的企业，需要完成经营班子市场化选聘、对标市场建立薪酬激励约束机制等前期工作，便于提高企业市场化经营水平。比如，经过混合所有制改革，深圳投控下属的交通中心、深影院线、易图资讯、建科院等企业国有股权比例由混改前的100%，分别降至40%、51%、60%、75%，企业董事会引入非公资本股东推荐的董事和外部专家，完善了法人治理结构。

三是同步实行管理层与核心骨干持股。管理层与核心骨干持股有利于提升企业价值，较高的持股比例能反映出管理人员对公司发展的信心，有利于增强投资者信心和提升公司估值水平。为此，深圳投控结合下属企业实际，按照同股同价思路，稳妥推进易图资讯、交通中心、水规院、深投环保等企业同步实施了管理层与核心骨干持股，并完善股权退出流转机制，打造员工与企业利益共同体，增强了员工的能动性和创造性。

四是成立平台公司承接剥离资产。深圳投控在混改工作中，专门成立资产平台公司，用于接收深总院、水规院等个别下属混改企业由于历史原因形成的瑕疵资产或非主业低效资产，帮助企业解决混改工作障碍，让企业“轻装上阵”，保证了混改工作的顺利开展。

五是坚持公开透明和依法合规。深圳投控周密制定引战方案，广泛征求员工意见，改革方案经职工代表大会讨论通过并进行公示，做好持股意愿摸底、审议持股方案和确定持股人员以及风险提示等工作。依法合规开展混改工作，聘请财务顾问、法律顾问和审计评估等中介机构，梳理和解决企业的历史遗留问题。股权交易程序公开透明，采取“开放式征集，市场化定价”引战原则，通过联交所挂牌公开征集战略投资者，通过竞争性谈判确定战略投资者及入股价格。通过以上举措，有效降低混改工作维稳风险，实现“零投诉、零上访、零违纪”。

4. 健全法人治理结构，提升企业规范治理水平

深圳投控持续规范党组织、股东会、董事会、经理层、监事会等治理主体的权责边界，构建各司其职、各负其责、协调运转、有效制衡的的中国特色现代企业制度。特别是以加强董事会建设为突破口，建立规范高效、科学决策的法人治理结构，不断提升公司治理水平。

一是优化董事会成员结构。借鉴淡马锡、招商局等优秀国有资本投资公司和金融控股集团先进治理经验，结合企业战略规划和主业方向，进一步优化董事会成员结构及决策机制，聘请马蔚华等金融专家、资深律师、财务专家担任董事，建立起外部董事占多数，内部董事、专兼职外部董事合理搭配、规模适中、专业互补的董事会。实现了权力结构由“一把手”负责制向分权制衡转变、决策机制由少数内

部人决策向集中民主决策转变、决策方式由传统经验型向科学高效型转变（见表1）。

表1　深圳投控董事会成员结构表

类别	人数	成员组成
内部董事	3名	董事长、总经理、专职党委副书记
外部董事	6名	财务专家（财务总监）、资本运作专家、法律专家、企业管控专家、科技金融专家、科技园区专家

二是设立董事会执行委员会。为提高董事会决策效率、充分发挥董事专业管理水平，探索设立董事会执行委员会，作为董事会常设执行机构。执委会配备6名成员，分别为董事长、总经理、专职党委副书记、财务总监以及市国资委派出的2名专职董事。执委会在董事会授权范围内及时高效对相关重大事项做出决策，审核批准投资、产权变动、人事任免、担保、借款等事宜，为公司战略实现及经营发展提供了强大支撑（见图2）。

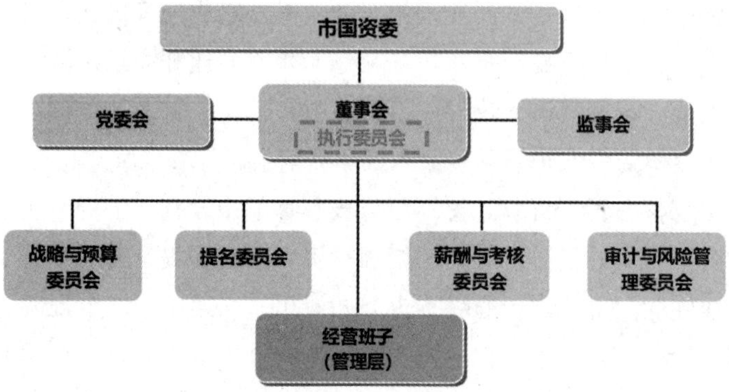

图2　深圳投控公司治理结构

三是完善董事人才选聘机制。深圳投控根据战略发展需要，建立董事队伍人才库，储备资本运作、科技金融、科技园区、新兴产业及高端服务业等领域领军人才，适时调整优化董事会成员构成。完善董事任职资格条件，优选具有国际视野、前瞻性战略眼光和运营管理经验丰富的国际化人才。优化董事薪酬考核激励机制，推动建立董事会治理的市场化运作机制，购买董事履职责任险，充分调动董事参事议事积极性，确保董事会决策的专业性、权威性和科学性。

5. 优化选人用人机制，强化人才智力支撑

深圳投控在坚持党管干部、党管人才原则的基础上，遵循市场导向和契约精神，构建以契约化管理为核心的市场化选人用人机制，规范领导人员和各类人才的进升流转。

一是推进经营班子市场化选聘。坚持党管干部原则与董事会依法选聘经营者、经营者依法行使用人权相结合，分层分类推进企业领导人员选拔任用制度改革。通过弱化国企领导人员行政级别，畅通经营班子成员身份转换渠道，实现了从组织委派到市场化选聘的转变。公司总部面向全球选聘副总经理，吸引数百名国际化高层次人才参与竞聘；全面推动所属商业类企业和新设企业实行经营班子整体市场化选聘，提升经营班子市场化、专业化、职业化水平。

二是建立契约化绩效考核体系。在公司总部和下属企业全面推行经营班子成员任期制和契约化管理，由董事会与经营班子成员签订岗位聘任协议和经营业绩责任书，明确任期期限、业绩目标、薪酬待遇、退出机制等内容。同时强化考核刚性约束，严格开展年度和任期经营业绩考核，依据考核结果兑现

薪酬、决定是否续聘，对于经营业绩未达标、连续两年考核或任期总体考核不合格等5种情形的经营班子成员，予以解聘或降职，有效解决企业高级管理人员“能上不能下、能进不能出”的问题。

三是深入推进“人才强企”战略。挂牌成立“投控大学”，建立常态化学习交流平台，帮助系统人才快速成长。建立管理序列和专业序列并行的职业发展双通道体系，设置相当于中层正、副职的高经经理、业务经理岗位，为业务骨干发展提供更加广阔的空间。创新高层次人才延期退休和任用机制，支持高层次人才干事创业。加强后备干部队伍建设，建立后备人才库。通过组建千里马国际猎头公司，大力引进专业化、国际化人才，优化了企业人才队伍素质和专业结构，为企业改革发展提供人才保障。

6. 健全激励约束机制，激发企业内生动力

深圳投控坚持把激励约束机制建设作为国企改革的核心和突破口，构建了“以业绩为导向、增量利润分享为主、收入能高能低”的激励约束机制，激发了员工动力和企业发展活力。

一是强化高管考核和薪酬分配。按照市场化方向，充分落实董事会对高管人员业绩考核、薪酬分配权力，突出业绩优先、对标行业先进，建立“能高能低”差异化薪酬分配机制。将考核评价结果与薪酬分配、干部选用紧密挂钩，真正让干得出色、干出成绩的高管人员有回报、有前途。比如，公司董事会对经营班子进行年终考核时，依据经营业绩指标和岗位绩效贡献，按照三个优、三个良、三个合格的比例进行强制分布，经营班子成员薪酬最高相差30%，对连续两年考核成绩为合格的高管人员进行岗位调整。

二是建立市场化薪酬激励体系。深圳投控按照“市场化、差异化、激励导向”原则，优化公司总部薪酬激励体系。根据部门业务特点设计不同的考核指标体系，大幅拉开前中后台部门薪酬激励水平。比如，在绩效系数方面，前台绩效系数区间为［0.8，1.2］，中后台为［0.9，1.1］，通过差异化薪酬固浮比，实现“前台部门重奖重罚、中后台部门稳定保障”的激励机制。

三是分类建立长效激励约束机制。按照“一企一策、成熟一家、推进一家”原则，推进国信证券、国任保险、高新投、担保集团等金融类企业，以及符合条件的商业类企业对标行业先进，以净资产收益率、净利润等经济指标为门槛，建立增量分享机制；推动投控东海、深物业等基金管理以及房地产开发企业建立项目跟投机制；推进深圳湾科技、城建集团等园区类企业对标万科、恒大等一流企业，建立重大项目完成节点激励约束机制；推进深纺织等所属上市公司建立限制性股票等股权激励机制。

7. 加强总部能力建设，全面提高公司管理效能

为构建与世界500强企业相匹配的管理治理机制，深圳投控以总部能力提升带动系统企业管理水平改善，全面提高管理治理效能。

一是创新财务和资金管理机制。建立结算中心和财务共享中心，通过资金信息化平台实现预算、结算、筹融资“三统一”，促进资金流、业务流与信息流有机融合，确保公司资金链安全。审慎管控杠杆比例，保持财务稳健性，资产负债率严控60%以下，连续两年荣获惠誉A+、标普A、穆迪A2国际主体评级，达到地方国企最优水平。利用良好的资信状况和国际国内两个市场，有效降低融资成本，拓宽融资渠道，提升投资效能，实现资金“借得巧，用得好，还得上，可持续”。

二是改革创新投资管理机制。按照国有资本投资公司功能定位，构建“本部直接投资+产业集团投资+基金群投资”三层投资架构，进一步优化投资流程；持续完善投资逻辑，加强投后管理，提高“能投会卖”的专业化投资能力；创新投资容错机制，探索以对投资业务或投资组合的总体考核，取代单个投资项目的考核，实现对投资的动态、专业、高效管控。

三是改革创新风险管理机制。构建由职能业务部门、风险管理部门、审计监督部门组成风险管理

“三道防线”，全过程管控风险；探索风险限额管理，根据企业的业务性质、规模、目标等对风险指标设定上下限，有效控制风险水平；推动业务拓展与风险管理“两把钥匙”深度结合，通过“油门”与“刹车”的平衡，助力企业又稳又快发展。

8. 提升核心竞争能力，践行高质量发展新理念

深圳投控聚焦科技创新和产业培育，着力打造科技金融、科技园区和科技产业三大产业集群，探索构建“科技创新资源导入+科技园区+科技金融+上市公司+科技产业集群”五位一体商业模式，助力深圳建设现代化国际化创新型城市。

一是构建多功能科技金融服务体系。2018 年以来，深圳投控以转型科技金控平台为契机，围绕深圳科技创新和产业发展需要，按照“科技金融+科技园区+科技投资”特色金控模式，积极布局和发展银行、证券、保险、金融租赁、产业投资基金群等金融业务，致力于为科技创新型企业提供全方位、全链条、全要素的多功能金融服务体系。不断扩充企业资本实力，优化体制机制，将国信证券、高新投、担保集团打造成服务科技创新的细分行业龙头；收购国任保险，拓展科技保险业务；新设深圳资产管理公司，打造以不良资产处置为核心的金融风险化解平台；管理运营全国首支 100 亿元天使母基金，构建了覆盖天使、VC/PE、并购等企业发展全生命周期的科技创投基金群，总规模近千亿元。公司积极落实市政府“四个千亿”计划和纾困共济任务，从股权、债权两方面为民营企业提供资金支持，对优化营商环境、防范化解地方金融风险发挥了重要作用。

二是打造高科技产业聚集高地。为有效破解深圳“经营成本高企、发展空间不足、产业空间零碎”等问题，深圳投控按照“精耕深圳、服务湾区、面向全球”的思路，深入实施“圈层梯度、一区多园”战略，形成不同层级的科技园区梯次布局。以深圳湾园区为核心圈层，打造科技园区的“深圳标准”；以深圳市内其他园区为基石圈层，加快形成科技产业聚集地；以深圳周边和大湾区为卫星圈层，加强城市群协同发展；以国内其他重点区域为辐射圈层，有序承接产业外溢发展；以“一带一路”建设和欧美等科技一线城市为海外圈层，对接导入全球高端科技创新资源。

深圳湾园区营造了涵盖产业服务、专业服务、公共服务、商务服务在内的产业生态系统，加速资源对接共享和产业协同协作，为企业发展壮大提供全方位的配套服务，同时坚持园区物业租金低于市场价 30%、且年增幅不超过 5%，以“虹吸效应”集聚科技创新资源，全力支持深圳科技创新和民营企业发展。在成功开发深圳湾园区的基础上，近两年，公司承接了深港科技创新合作区、深圳湾超级总部基地、深圳国际交流中心等多个标志性重大项目建设任务。在东莞、武汉、保定等地拓展了多个异地园区项目，在越南海防市建设运营中越经贸合作区，在美国、比利时、日本、以色列、瑞士建立海外科创中心，服务国家和城市战略的能力不断增强。

三是持续优化国有资本投资布局。充分发挥国有资本投资公司功能作用，坚持有进有退、有所为有所不为，加快国有经济布局优化和结构调整。立足深圳国资“一盘棋”，持续推进同类业务的横向联合、产业链上下游纵向整合，大力推进系统内人力资源、文体场馆、物业管理等多个板块的整合重组，完成 100 多家僵尸企业出清工作，将直管企业从设立初期的 400 多家整合至目前的 40 家以内，缩短了管理链条，大幅提升管理效能。

实施“上市公司+”战略，推进资源资产化、资产资本化、资本证券化“三化经营”，先后完成建科院、易图资讯等企业在资本市场挂牌上市，2019 年实现通产丽星与清华研究院所属力合科创的重大资产重组，开创科技服务型企业资产上市先河。目前，公司资产证券化率超过 70%。同时，发挥资本运作杠杆效应，精心谋划部署，在智慧城市、供应链、电子信息等领域并购了优质上市公司，提升了服务城

市发展的能力。

三、综合改革取得成效

（一）综合实力显著增强。“十三五”以来，深圳投控统筹推进对标新加坡淡马锡、国家国企改革“双百行动”和区域性综合改革试验三大改革任务，体制机制持续优化，有效激发了企业发展活力。2016年—2019年，公司总资产从4006亿元增长到6995亿元，营业收入从428亿元增长到1993亿元，利润总额从151亿元增长到252亿元，上缴利税从86亿元增长到215亿元，四项指标增幅分别达75%、366%、67%、150%，综合实力和发展质量显著提升。公司首次申报即成功入选“世界500强”，位列榜单第442名，其中净利润位列第284名（中国上榜企业第57名）。

（二）决策效能全面提高。通过综合改革的落地实施，深圳投控的权责体系得到全面优化，需上报深圳市国资委审批的投资事项减少了93%；经理层的投资、产权变动、担保借款决策额度分别提高5.7倍、2倍和9倍，自主决策事项是以前的2倍；下属企业需要上报深圳投控审批的决策程序大幅缩减。通过一系列的授权放权，实现了“层层松绑”，极大提高了决策效率、激发了企业活力。

（三）市场化水平持续提升。目前，深圳投控已完成22家企业混改引战工作，合计引入社会资本超过110亿元，混改后的企业营收和利润均实现大幅增长，部分企业混改第二年就实现利润翻番。目前，全系统经营班子市场化选聘人数占比达65%，实行任期制和契约化管理的人数占比超过70%，并全面推行经营班子考核结果差异化和强制分布，对考核业绩差、不称职的予以降职或解聘处理，真正实现了市场化选聘、契约化管理、差异化薪酬、市场化退出。

（四）服务大局能力日益凸显。科技金融服务实体经济能力不断提升，国信证券成为国内服务中小板、创业板高新技术企业最多的券商，高新投集团和担保集团累计服务企业5.6万家，担保金额超万亿元，帮助中小微企业解决“融资难、融资贵、融资繁”问题。科技园区资源配置能力显著增强，深圳湾核心园区入驻科技创新型企业和机构超1000家，其中包含11家世界500强企业子公司，每年总产值近2500亿元。全系统共有园区51个，建成建筑面积近600万平方米，规划总建筑面积达3000万平方米。疫情期间园区物业免租降费5亿元，高速公路免收通行费11亿元，保障经济社会平稳运行。新兴产业和高端服务业发展效益全面提升，通产丽星新材料业务位居国内行业前列，深投环保接收处置危险废物占深圳全市总量60%以上，怡亚通依托供应链网络优势，入选国家级重点防疫企业名单，英飞拓以成本价向全国各地供应自主研发的智能测温设备，为疫情防控和复工复产提供了有力支撑。

成果创造人：王勇健、王文杰、刘征宇、甘卫斌、季　彤、
杨　阳、吴　畏、邵留长、罗　达

大型产业集团实施“科技+产业+服务”创新发展模式研究

中国建材集团有限公司科技管理部

2015年3月28日，习近平主席出席博鳌亚洲论坛开幕式后，由发改委、外交部、商务部三部委联合发布了“一带一路”愿景与行动文件，标志着我国以“一带一路”为主要旋律的外交战略开启新篇章，逐步从需求紧缩倒逼供给改革转向需求扩张配合供给改革的思路；而且“一带一路”将推动沿线各国实现经济政策相协调，开展更大范围、更高水平、更深层次的区域合作，共同打造开放、包容、均衡的区域经济合作。

2016年9月，科技部、发改委、外交部、商务部四部委联合印发的《推进“一带一路”建设科技创新合作专项规划》指出，要密切科技沟通，深化人文交流；加强平台建设，建设一批联合实验室（联合研究中心）、技术转移中心、技术示范推广基地和科技园区等国际科技创新合作平台，鼓励企业在沿线国家建成若干研发中心，促进科技资源互联互通，鼓励企业创新创业；聚焦共性技术，强化合作研究。

2017年5月14日，习近平总书记在首届“一带一路”峰会上提出，启动“一带一路”科技创新行动计划，开展科技人文交流、共建联合实验室、科技园区合作、技术转移4项行动；将在未来5年内安排2500人次青年科学家来华从事短期科研工作，培训5000人次科学技术和管理人员，投入运行50家联合实验室。

本研究从国家实施“一带一路”建设背景出发，结合“一带一路”沿线国家和地区战略发展需求，围绕中国建材集团国际化发展战略实施和“六个1”国际化目标（10个迷你工业园、10个海外仓、10个海外联合实验室、100个建材连锁分销中心、100个EPC项目、100个智慧工厂的管理），充分集团材料领域科技创新综合优势，延伸服务产业链，通过实施带动由单一EPC向“五位一体”增值服务发展，构建“科技+产业+服务”创新生态圈，并在埃塞俄比亚和埃及进行了探索，初步构建起了以埃塞俄比亚为核心、辐射非盟国家及相关地区的一流平台，和以埃及为中心、辐射阿拉伯国家和欧洲的创新生态，进一步增强提升科技创新对集团“走出去”和产业国际化的服务支撑作用。具体实施内涵如下：

一、“五位一体”增值服务发展

围绕中国建材集团“国际化”战略和产业“走出去”，充分发挥集团科技资源综合优势，延伸服务产业链，提出实施由单一EPC工程向“五位一体”增值服务发展，如下图所示：

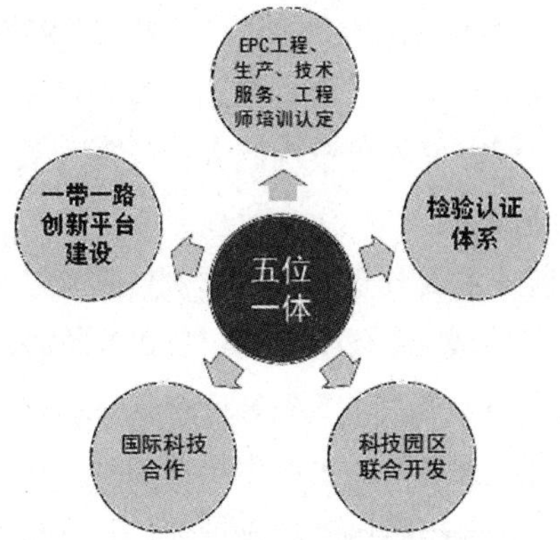

图 1　五位一体增值发展

（一）“五位一体”具体内涵

EPC 工程、生产、技术服务、工程师培训认定：通过水泥、玻璃、玻纤、新型检测等 EPC 工程的“走出去”，为当地国家提供经营管理、生产技术、产业工程师等服务、认定、发证，解决人才本地化，实现落地企业的从 0 到 1。

检测认证体系：结合海外工程承包、重大装备设备出口和对外援建，推广中国标准，以中国标准“走出去”带动我国检验检测、标准规范、技术服务、安全生产、质量控制等服务“走出去”，控制市场，实现从 1 到 10。

科技园区联合开发：聚焦当地国家重大经济发展和民生需求，依托集团科技创新资源及海外工程建设优势，购置在大学及周边的海外资产，联合当地国家共建大学科技园区，开展大学生创新、科技成果转化、高科技公司孵化，为企业提供发展指导和管理咨询服务，并对科技园区进行运营管理，实现从 10 到 100 增值。

国际科技合作：与当地国家大学、企业共同开展国际科技项目合作、科技成果输出转化，通过项目研发成果产生的无形资产、仪器设备捐赠，合理避税，增厚利润。

“一带一路”创新平台建设：践行国家战略，与当地国家大学、企业共建联合实验室、联合研究中心，聚焦当地国家材料领域的共性关键技术和装备，开展高水平的国际联合研究开发、智能制造、工业与产品标准化，提升“一带一路”国家材料研发能力。

（二）“五位一体”具体做法

1. 中国建材在科技创新和国际化方面拥有良好基础

中国建材集团已成为全球最大的综合性建材产业集团、世界领先的新材料开发商和综合服务商，拥有 26 家国家级科研院所、3 个国家重点实验室、17 个国家级企业技术中心、8 个国家工程（技术）研究中心、17 个国家标委会、2 个国家新材料测试评价行业中心。集团作为第一完成单位获得国家科技奖二等奖以上项目 72 项，其中国家科技进步一等奖 6 项、国家技术发明二等奖 7 项、国家科技进步二等奖 59 项；累计有效专利 12500 项，累计制修订国际、国家、行业标准 1000 多项，在玻璃纤维、风电叶片、水泥装备、特种水泥、电子玻璃、新型建材、高压电瓷等领域培育形成了一批国家技术创新示范企业、制造业单项冠军示范企业和产品。

中国建材集团是我国建材行业“走出去”参与“一带一路”建设的排头兵，在“一带一路”上 70 多个国家建设了 300 多条大型水泥成套装备生产线，占全球新建水泥生产线的 65%，连续 9 年保持全球水泥工程市场占有率第一；总包或设计60条玻璃生产线，对沿线国家经济发展产生了积极的影响。在德国、印度、蒙古国及非洲国家进行投资布局，正向世界建材舞台的中央迈进。依托技术、装备、产能和管理等方面的优势，加快推进境外工程、境外投资和服务业发展建设，并在出口产品、技术装备和承包工程建设项目等方面都取得了显著的成绩。

目前，中国建材境外工程承包项目主要分布在位于非洲、西亚、中东地区等地区，主要以水泥、玻璃和玻璃纤等EPC总承包为主，全面建成了巨石埃及年产20万吨玻纤生产基地；成都建材院承包建设的埃及GOE6×6000TPD项目系埃及的重点项目，6条日产6000吨熟料水泥生产线，是世界水泥行业迄今在同一地点、同一时间、同步建设的最大规模的水泥生产线项目；中材水泥赞比亚工业园一期项目包括水泥、骨料、商品混凝土、烧结砖等5类产品均已建成投产；石膏板业务进军国际市场，坦桑尼亚项目稳步推进。

中国建材在海外的品牌影响力快速提升，国际竞争力明显增强。中材国际、巨石、龙牌石膏板等专业品牌在国际上享有很高的美誉度；SINOMA、CBMA等标识在国际建材科研领域已具有广泛知名度，以HEFEI、TRIUMPH等标识为代表的装备品牌在国际工程市场上发展迅速；以CMAX为主标识的物流贸易品牌已在国际建材贸易平台颇具影响，CTC建材检验认证领域的国际权威性正在逐步提高。

2. 中国建材“走出去”发展战略的需要

当今世界正经历百年未有之大变局，随着经济全球一体化的迅速发展，国际间的市场更加开放，各国经济相互依存度的进一步加大，给很多发展中国家带来了新的发展机遇，市场空间巨大，如东盟、非洲、南美、俄罗斯、中东等世界新兴经济体正逐步成为新的经济增长亮点。当前，这些新兴国家市场正处于一个新的发展期，特别是基础设施建设对建材的用量大，他们的建材产业发展还处于相对滞后阶段，为我国建材企业资本“走出去”提供了时间与市场空间。

多年来，我国对外承包工程企业在对非洲经济体合作中，逐渐形成了固定的经营模式：中方企业提供资金、先进设备和相关人才，当地企业则负责基础建设以及劳动力。在投资模式方面，有企业积极探索中非经贸合作区模式，推动优势产业“集群式走出去”。尽管我国对外承包工程企业承接境外工程数量逐年增加，工程技术含量和规模不端提升，但同欧美发达国家国际承包商相比，我国对外承包工程企业在业务结构、经营模式等方面仍存在较大差距。

中国建材集团充分发挥自身在设计、供应链、施工的优势，以EPC（设采购-建设）模式持续开拓海外工程市场，但是存在“狗熊掰玉米”的缺点，建完了就走、教会了就走，没有在当地扎下根，但是中国建材集团在多个国家经营中积累了丰富的国际化经营模式，探索开展了直接投资建厂、境外建营一体化、智慧工业、联合开发第三方市场等多种合作模式，积累了国际化经营的综合解决能力。

中国建材集团依托现有的技术成果优势、科技创新资源和技术人才优势，延伸技术链、产业链，创新完善过去由单靠产品、网点式、成套技术装备“走出去”海外工程承包业务模式，提出“五位一体”创新模式，积极打造新模式、新业态、新动能。

3. 新兴国家发展的必然需求

埃塞俄比亚是非洲第二大国，也是联合国非洲经济委员会和非洲联盟总部所在地，在非洲具有重要政治和经济地位。当前，埃塞正致力于实现工业发展和经济结构转型，并将工业化上升为国家发展战略，成为非洲的制造业中心；经济连续保持两位数增长，增速位居非洲国家前列，材料工业发展巨大潜力正在逐步释放。埃塞清洁能源发展得天独厚，水利、风能、太阳能等可再生能源市场潜力巨大，吉布水电站、阿达玛风电项目、复兴大坝500千伏输变电工程等能源项目为埃塞俄比亚工业发展和民生改善提供强力支撑；矿产资源丰富，但由于勘探技术和资金以及人才缺乏，进一步限制了其材料工业发展。同时，埃塞俄比亚在水泥行业缺乏经验和技术，生产能力落后，产品质量不达标准，无法满足市场的巨大缺口，而且价格非常昂贵，当地政府和业主迫切希望改变这种现状。埃塞俄比亚工业部、科技部等国家部委认识到建立行业标准及培养技术人才的重要性及急迫性，希望尽快改善这一现状。

2017 年 3 月，首届中埃水泥高峰论坛在埃塞俄比亚首都阿迪斯亚贝巴顺利召开，本次高峰论坛和培训班得到了埃塞俄比亚工业部、科技部及水泥协会的大力支持配合；同时集团科技管理部积极与埃塞俄比亚科技部、工业部及水泥协会沟通交流，提出“五位一体”增值服务发展实施方案，得到了埃塞俄比亚科技部和工业部的积极响应。该方案借助中国建材集团 26 家科研院所把先进的技术服务理念和标准集中输出，并由埃塞俄比亚科技部下属亚的斯亚贝巴科技大学作为人才培训基地，为埃塞俄比亚培养出更多的高素质的卓越工程师和高技能人才，同时将中国建材集团的优势新材料技术成果在埃塞俄比亚转移输出，使 CNBM 成为大学校园里的科技成果加速器和孵化器，诞生一批高科技公司，创造出更多的就业机会，推动埃塞俄比亚建材工业整体发展。

埃及是世界四大文明古国之一，是“一带一路”沿线国家中的一颗璀璨明珠，但其工业体系发展尚不完善均衡，长期以来在玻璃纤维工业领域处于空白。直到 2012 年，巨石集团在埃及启动投资建设其首个海外生产基地以来，这一局面才得以打破。到 2018 年巨石埃及 25 万吨玻璃纤维生产基地全面建成，不仅填补了埃及乃至非洲玻璃纤维工业空白，并使埃及成为世界上排名前三的玻璃纤维生产大国。在埃塞俄比亚取得试点基础上，集团科技管理部积极推动在阿拉伯联盟总部所在国埃及的 CNBM“五位一体”增值服务创新发展模式落地实施工作。

为此，中国建材集团科技管理部指导巨石集团在埃及积极寻求各方合作，得到了埃及高教部和工贸部的大力支持。2017 年 6 月，埃及工贸部发出照会，向巨石引荐多家埃及研究机构作为合作方，巨石从而结识了埃及国家研究中心（NRC），这一埃及规模最大、技术最高水平的研究机构，并开展了多次交流，共同商讨建立联合实验室。

埃及国家研究中心，是中东最大的多学科研究机构。NRC 是一家独立的公共政府组织，成立于 1956 年，现有 4700 名研究人员，隶属于埃及高教部，位于开罗中心。在开罗郊区拥有五个实验研究站和三家实验工厂。NRC 致力于促进埃及基础和应用科学研究，优先发展工业、材料、环境、农业、公共卫生等国民经济领域的技术。

二、“科技+产业+服务”创新发展模式

（一）我国 EPC 工程及海外园区走出去发展历程及优势

我国工程服务企业“走出去”经历了对外援助工程、分包、建筑施工总承包、设计采购施工（EPC）、设计采购施工+融资（EPC+F，包括延伸的设计采购施工+融资+运营即 EPC+F+O&M）等 5 个不同发展阶段。这 5 大传统工程承揽模式代表了中国国有工程服务企业在海外市场的发展历程，也是目前大部分国有企业的主要海外业务构成，在一定程度上反映了半个世纪以来全球工程承包市场业务模式的演化方向。然而，近年来海外市场竞争愈发激烈，这些传统模式的经营空间越来越小，获利渠道越来越窄，海外市场的分割、占有和专业分工日趋细致，对我国工程服务企业和产业集团来说既是挑战，也是一次转型发展的机遇。面对海外工程建设市场投资主体的悄然变化，沿用传统经营模式所面临的挑战必然增加。

回顾多年EPC工程“走出去”的发展历程，我国工程技术服务企业也积累了大量经验：充分了解了所在国的政治、经济、文化等外部环境，逐渐熟悉当地的市场运作模式，积累了一批具有海外从业经历的人才和国际化经营经验；能够积极参与和当地企业及跨国公司的市场竞争，通过高品质、高效率的工程项目，树立自身品牌声誉、扩大影响力，展示出负责任的企业形象，获得所在国政府和人民的认同和赞誉；部分企业能够深入扎根所在国市场、具备一定的属地化经营基础的情况下，以其为平台辐射其他周边文化、政治背景相近的国家，形成以点带面的效果。

同时，作为“一带一路”建设的主要内容和我国与沿线国家经贸合作的重要平台，我国工程服务企业积极参与海外园区建设，包括加工区、工业园、科技产业园、经贸合作区等，这也成为推动我国企业抱团“走出去”、避免企业“单打独斗”、规避海外风险的重要方式，而且有助于推进国内企业通过扩展海外发展空间实现转型升级，并顺应了沿线国家发展需要。根据园区主导建设力量，可将海外园区建设模式分为政府高层推动建设模式、园区开发公司为主导模式和民营企业主导建设模式3类，目前我国海外园区多属于民营企业建设型，该模式下的园区类型多元、运作机制较为灵活，包括单个企业推动、多个企业推动或与所在国企业联合推动等类型。

随着“一带一路”建设工作逐步推进，我国在“一带一路”沿线国家建设海外园区同样面临着诸多困境与挑战。首先，缺乏具有战略性、系统性的规划，存在“急躁现象”，海外设厂缺乏与国内产业升级有机结合。其次，“外保外贷”和“外保内贷”等服务跟不上，园区开发企业面临融资难。第三，沿线地区存在多重风险，我国企业“走出去”经验不足，融入本地性差，风险应对能力弱。

（二）“科技+产业+服务”创新发展模式构成

中国建材集团在持续开拓工程市场的同时，充分发挥集团科技创新优势，围绕集团国际化发展战略和“一带一路”国家工业化发展，尤其是当地国家材料工业发展需求和技术发展水平现状，并结合我国工业化发展经验，研究提出了“科技+产业+服务”创新发展模式。如下图所示：

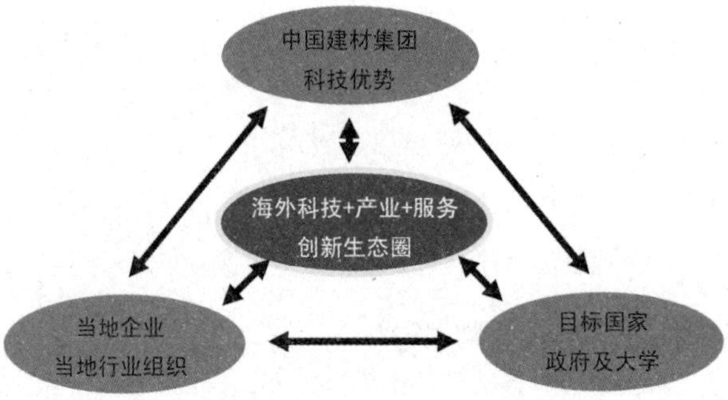

图2　创新发展模式图

1.发挥中国建材集团的科技创新优势，通过科技牵引，实现由过去一个项目一个项目做变成一个国家一个国家做。中国建材过去在做EPC就像“狗熊掰玉米”，建完了就走、教会了就走，与当地的合作深度，以及对当地产业链的影响力都十分不够，没有在当地扎下根。下一步中国建材将以EPC工程建设为依托，紧密与当地国家密切合作，发挥中国建材在基础建材、新材料领域的研发制造优势和产业化优势，围绕其发展所急需的新材料和人才需求，打造“迷你创新园区”，支撑当地国家工业化发展。

2.积极推动中国建材集团材料领域的技术标准、科技成果、产业工人的输出与转化，与当地企业、行业组织联合，支持当地国家材料产业升级，培养一支当地的高水平产业工程师队伍；帮助开展新材料技术知识的科普培训与获取，举办相关技术讲座、专家答疑等专题培训，为当地发展作贡献，为当地人民服务。

3. 深化与当地国家的产业、科技、教育等资源的融合，搭建一种多赢的创新生态圈

中国建材集团“科技+产业+服务”创新发展模式扩展了传统工程承包项目的业务链条，将项目运作的范围向前扩展到国际科技合作、检测认证体系建设、创新园区建设、创新平台建设环节，形成了完整的海外工程生态圈，有利于国际工程服务和产业向后扩展和延生，提升公共服务品质。具体就产业集团而言，一是增值服务拉动工程业务，进一步锁定项目机会，同时锁定 EPC 承包工程；二是以科技合作、创新平台为筹码，有利于向东道国政府或海外业主争取更好的合作条件，获得更高的收益率，同时降低合作风险；三是创新园区为依托，推动企业长期持有海外资产，获得长期、稳定的收益，实现海外业务的可持续发展；四是以检测认证和标准体系为手段，可以在市场竞争中形成同行业“顶端优势”。

（三）“科技+产业+服务”创新发展模式内涵

“科技+产业+服务”创新发展是一整盘棋，需要谋好篇、布好局，有组织、有重点、有目标地走出去，而不是单枪匹马、漫无目的“走出去”冲杀。同时，以此为基础，突出核心专长，按照属地化原则全方位、系统地做项目，提供“一站式”“一条龙”服务，必须要合作共赢，要融入当地文化，要有扎根下来精耕细作的思想，否则很难长久地发展下去。其具体内涵如下：

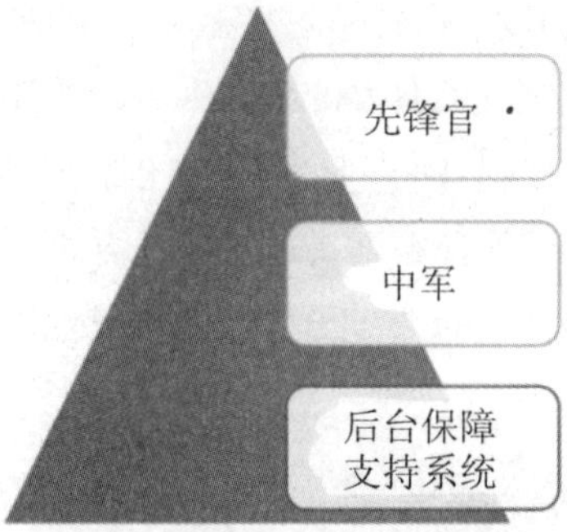

图 3　创新发展模式内涵图

●EPC 工程服务企业作为先锋官，在“一带一路”沿线实施了一大批 EPC 工程，积累了丰富的国际化经营模式，后期将承接目标国家科技园区、相关工程等开发建设。中国建材在“走出去”过程中培养了一批具有国际化视野的国际工程公司和项目实施团队，在深耕“一带一路”过程中，各有侧重，各有区别，而且实现了集团内的工程公司、设计院、大型装备企业等产业链上下游纵向联合起来，凝聚起了更强的力量。如中材国际以水泥技术装备与工程为主营业务，凭借独有的完整水泥工程产业链以及稳定运行全过程集成服务能力，在全球五六十个国家与地区承建了各种规模不同的新型干法水泥生产线。

●属地化运营管理企业作为中军，依托其国际化经营的综合解决能力和管理经验，开展 EPC 工程生产管理、技术服务产业、工程师培训、检验检测及认证等，以及科技园区后期的管理运行。开展属地化经营也是实现在所在国长久发展的有效途径，其不仅能够增强我们在所在国政府和人民心目当中的信任感，而且也能够通过充分整合当地资源从而达到降低国内投入和成本、缓解人才紧缺的压力，这也是国际顶尖工程承包企业开展跨国经营的必由之路。中国建材作为全球最大的水泥制造商和综合服务商，在“走出去”过程中培养了一批具有国际视野、熟悉国际商业规则、善于跨文化管理的国际化人才和一批熟悉当地经营的国际化运营团队，为持续开展国际化经营提供了有力保障。如中建材智慧工业以科技和创新为源动力，着眼全球市场，专注工业服务，致力于成为专业从事海外生产管理服务的国际化公司。目前打造的智慧工业服务平台业务模式，汇集了智慧生产、优备网+海外仓以及维修中心三大版块，其

中智慧生产集中了生产管理、人员、设备、物流、质量和专家服务等一揽子服务。智慧工业主营业务为水泥生产管理、维修服务和备件销售三大板块。备件、维修业务服务半径抵达60个国家，超过100条生产线；生产管理服务生产线达到40条，服务海外水泥产能达3140万吨。通过“智慧工业平台”的搭建，中国建材集团逐步从传统的工程总包商转变为集生产管理、备件供应、设备维修、产能优化、技术咨询、智能化监控为一体的综合服务商。

●中国建材集团科技创新实力雄厚，拥有26家国家级科研院所、3个国家重点实验室、17个国家级企业技术中心、8个国家工程（技术）研究中心、17个国家标委会、2个国家新材料测试评价行业中心。集团作为第一完成单位获得国家科技奖二等奖以上项目72项，其中国家科技进步一等奖6项、国家技术发明二等奖7项、国家科技进步二等奖59项；2000年以来获得国家科技奖26项，其中国家科技进步一等奖3项，中国专利奖11项、中国工业大奖3项、制造业单项冠军11项，累计有效专利12500项，累计制修订国际、国家、行业标准1000多项。中国建材强大的科技资源作为后台保障、支持系统，为属地化运营管理提供强大科技支撑。

习近平主席提出，以“一带一路”为契机，打造国际合作新平台，搭建人类命运共同体新平台。我们既要推进基础设施、产能合作等方面的“硬联通”，也要强化政策对接、民心相通等方面的“软联通”，提高相关国家和国际组织的参与度、获得感和贡献率；要把“一带一路”建设成构建人类命运共同体的试验田，积极探索多元主体合作、第三方市场合作等创新性经验，推动各国和国际组织更好地顺应民愿、汇聚民智、动员民力。通过“科技+产业+服务”创新发展生态圈建设，使企业将发展目光放到整个市场，拿出真正在所在国做企业的胸怀和劲头，从思维方式、行为方式等方面真正融入当地，着眼大格局，培育根市场，真正实现中国企业的“走出去”和持续发展，为“一带一路”国家发展建设贡献中国技术、中国经验和中国精神。

三、“科技+产业+服务”创新发展模式试点及成效

（一）埃塞俄比亚“科技+产业+服务”创新发展模式

埃塞俄比亚是非洲第二大国，也是非洲联盟（African Union）总部和联合国非洲经济委员会所在地，在非洲具有重要政治和经济地位。当前，埃塞俄比亚正致力于实现工业发展和经济结构转型，并将工业化上升为国家发展战略，成为非洲的制造业中心；经济连续保持两位数增长，增速位居非洲国家前列，材料工业发展巨大潜力正在逐步释放，基础设施建设发展迅速，为建材市场发展提供机遇，打造以埃塞俄比亚为核心、辐射非盟国家及相关地区的一流平台，为非洲广大企业服务。中建材智慧工业科技有限公司作为一家立足工业服务的高新技术企业弥补了在水泥行业技术管理及人才方面的空白，有效填补了市场的迫切需求，埃塞俄比亚工业部、埃塞俄比亚科技部认识到建立行业标准及培养技术人才的重要性及急迫性，希望在这方面与公司尽快展开进一步合作。

2017年3月，中国建材集团与埃塞俄比亚科技部签署MOU，5月25日，中埃建材科学实验室正式揭牌，中国建材集团总经理曹江林和科技部部长Dr. -Ing. Getahun Mekuria、非盟亚洲大使Dr. Fantahun H. Michael共同为实验室揭牌。中埃建材科学实验室由中建材智慧工业科技有限公司和亚的斯科技大学具体承办，并受到埃塞俄比亚工业部、埃塞俄比亚水泥协会的大力支持。这是中国建材集团在“一带一路”沿线推行“科技+产业+服务”创新发展模式的首次尝试，也是中埃两国之间展开深入合作、实现技术转移输出的一个重要平台和纽带，具有积极的引领和带动作用。

图4　海外合作

图5　中埃合作

中埃建材实验室致力于推动双方技术、人才、科技成果的交流与合作，配套建设高科技园区，实现智能产品、智慧工厂、工业大数据、特种水泥、高性能混凝土、节能墙材、纸面石膏板等优势科技成果的输出、转化和再创新，孵化一批高科技公司，并建设科研平台、质检平台、培训平台，提升埃塞俄比亚在建材领域的整体科技实力，推动埃塞俄比亚建材工业的整体发展水平，进而辐射带动以埃塞俄比亚为中心的非洲大陆及周边国家的工业发展。

（二）埃及“科技+产业+服务”创新发展模式

埃及是中东人口最多的国家和非洲人口第二大国、阿拉伯国家联盟（League of Arab States）总部所在地，也是非洲大陆第三大经济体，在经济、科技领域方面长期处于非洲领先态势，在北非、中东和伊斯兰信仰地区尤其有广泛的影响力。巨石埃及年产25万吨玻纤生产基地建成投产，不仅填补了埃及乃至非洲玻璃纤维工业空白，也助力埃及成为世界上排名前三的玻璃纤维生产大国，同时大大激发了埃及政府对发展本土玻璃纤维工业和培养本土玻璃纤维技术人才的热情。以埃及为中心，打造“科技+产业+服务”创新生态圈，辐射阿拉伯国家和欧洲，形成新材料与基础建材产业“走出去”合力。

2018年1月23日，在中国驻埃及大使馆、中国建材集团科技管理部、埃及高教部等见证下，巨石集团限公司与埃及国家研究中心合作建立的“中埃高性能玻璃纤维及复合材料联合实验室”在埃及苏伊士揭牌。中埃高性能玻璃纤维及复合材料联合实验室，主要开展在玻璃纤维及复合材料领域技术问题的合作与研究，如玻璃纤维矿物原料的本土化研究、玻纤复合材料的研究开发、玻纤材料分析检测技术研究等。同时积极开展玻纤标准埃及落地、技术交流、技术培训和对外检测技术服务等工作。

图6　揭牌仪式

该实验室是中埃第一个玻纤及复合材料领域联合实验室，为中埃双方加强技术沟通、合作研发提供优质平台，不仅对有效带动埃及玻纤及复合材料上下游产品及应用的研究发展具有重要意义，还对提升埃及以及北非、西亚玻璃纤维和复合材料产业链技术人才培养、完善产业技术标准架构、提高产业本土化率等方面有极大的带动作用。同时，该实验室还将辐射整个地区乃至欧亚非大陆，为中埃双方在“一带一路”框架下合作，尤其是科技创新领域合作注入新的活力。

（三）“科技+产业+服务”创新发展模式取得的成效

1. 获得国家有关部委高度重视

中国—埃塞俄比亚建材科学实验室、中国—埃及高性能玻璃纤维及复合材料联合实验室两个实验室建设均获得国家科技部2019年“一带一路”国家海外联合实验室建设专项支持，这也是首批获得的两个国家海外联合实验室项目。

2019年11月27-30日，工信部副部长王江平率队赴埃塞俄比亚出席中国-埃塞俄比亚产业合作对接会系列活动期间，专程前往中埃建材科学实验室进行参观调研，对实验室取得的成绩给予肯定，建议实验室在人才培养、标准体系建设、新材料研发及应用等方面进一步加大合作力度；并指出国家工信部正在全面贯彻落实两国产业对接各项工作，实验室对于推动两国产业界的合作非常有利，希望中国建材能够把实验室做成试点示范，为其他领域树立标杆。

2. 培养了一批产业工程师

埃塞俄比亚在埃塞科技部大学园区内无偿提供建筑面积2250平米的五层大楼供实验室使用，实验室已建成水泥和混凝土检验检测实验室、科技成果展厅、工业大数据中心、培训中心等。实验室依托中国建材集团科技资源，主要针对埃塞国内大型水泥企业管理层，举办了“埃塞俄比亚水泥企业高级生产经理研讨班”，培训人员近50人，受到埃方与会人员的一致认可；依托中埃建材实验室，为埃塞职教局技校生开展了为期四个月、40人的培训班，其中20名学员被智慧工业录用至全球项目相关岗位，并培训100人次相关技术人员。

同时，依托实验室影响力，新增签约7条水泥生产线管理运行服务合同，签约金额7.75亿人民币；此外，为埃塞水泥企业提供相关检验检测和技术标准化服务，帮助改善当地建设工程质量、大力培育当地技术人员、提高当地工程学科科研水平，进一步扩大了集团在当地的影响力，树立了央企海外与当地企业、民众共同发展的良好形象。

3. 实现了原材料本土化和标准走出去

目前，已建成面积达1160平方米、先进仪器设备原值近千万元的实验室，制定技术开发规划，积极开展玻璃纤维纤维及复合材料的技术开发，确定了《玻璃纤维埃及本土化矿物原料开发》《浸润剂原料本土化研究》《拉丝工艺研究》3个合作研究项目，已实现高岭土、叶蜡石等矿物原料的本土化，减少巨石埃及公司玻璃纤维矿物原料的进口比例，带动了当地矿产资源的开发、生加工和就地应用，降低生产成本，增加了企业的经济效益。

积极推动标准走出去，实现巨石埃及项目生产建设、运营管理全套采用中国标准，在玻璃纤维的配料、熔制、拉丝、烘干、包装等各个工艺环节，全部依照中国标准，先后翻译了巨石国内企业内部标准和工艺制度400余份。目前实验室已获得埃及国家实验室认证委员会（EGAC）认可，具备对外提供检测服务资质；双方已对20项标准开展论证，《玻纤断裂强度检测》等2项通过认证，并与埃及国家标准局联合成立玻纤行业标委会。

加大在埃及的专利申请力度，重点布局玻璃配方、窑炉技术等核心技术领域，目前申请埃及专利22

件，已授权 1 件，另有 1 件已被核准授权，正等待授权公告；针对埃及基地产品 95% 外销销往欧盟、中东、土耳其、印度的情况，重点布局上述地区的国际专利，目前上述地区已申请发明专利为 70 件，授权 9 件（包含 5 件欧盟授权，其中前述欧盟授权最多在包含土耳其、英国、法国、德国等 25 个国家生效），另还有 1 件欧盟专利已被核准授权，正在等待授权公告。

此外，促进了员工本地化，带动了埃及上、下游产业发展，促进了当地就业。目前埃及生产基地的本地化管理干部比例超过 60%、一线岗位本土化率达到 97%，直接解决当地就业 2500 余人，带动上下游企业入驻解决就业 1500 余人。

成果创造人：郅　晓、王茂生、张　静、张梅芳、顾桂江、刘　娟

逆全球化背景下逆向创新对中国经济的战略价值与启示

首都经济贸易大学

一、成果背景及选题意义

（一）成果背景

当前经济全球化遭遇逆流，逆全球化导致的全球产业链、供应链调整对我国现有的优势地位产生深层次影响。自新冠肺炎疫情爆发以来，一些欧美国家加强了贸易保护，单边主义、保护主义抬头，全球产业链、供应链重塑成为世界经济发展的趋势。习近平同志指出：“企业家要立足中国，放眼世界，提高把握国际市场动向和需求特点的能力，提高把握国际规则能力，提高国际市场开拓能力，提高防范国际市场风险能力，带动企业在更高水平的对外开放中实现更好发展，促进国内国际双循”。国内国际双循环倡导以满足国内需求作为发展的出发点，提升产业链供应链现代化水平，大力推动科技创新，加快关键核心技术攻关，打造未来发展新优势。在此新发展格局下，如何推动中国企业创新、推动企业生产方式和企业形态根本性变革，尽快补位西方发达国家高端制造回流的断链并优化产业链条[1] 是当前中国经济高质量发展的重中之重。

本成果聚焦于逆向创新这一新兴主题，即最初在发展中国家研发而后引入发达国家市场的创新，立足于发展中国家视角，探讨逆向创新在发展中国家经济的正面溢出效应。对这一问题的探讨在突发新冠疫情和中美贸易摩擦、甚至中美科技战等不确定性因素的冲击下，在中国“一带一路”倡议和中国产业结构升级与中国经济高质量发展的新时代具有重要的战略价值。

（二）选题意义

本成果具有重要的现实意义：

1. 为更好应对贸易摩擦，促进我国企业深度嵌入全球价值链提供了解决路径。在当下贸易保护主义、单边主义甚嚣尘上的“大变局”中，习近平同志指出：要不断“推动全球价值链、供应链更加完善，共同培育市场需求”。习近平同志还强调：“对外开放是基本国策，我们要全面提高对外开放水平，建设更高水平开放型经济新体制，形成国际合作和竞争新优势”。本研究提出跨国公司逆向创新为中国企业提供机会，中国企业可以充分吸收逆向创新的正向溢出效应，为中国企业顺应“全球化浪潮”，深化国际合作和融入新型国际分工，培育自主创新能力提出解决路径。

2. 为更好地应对当下全球性危机，以“人类命运共同体”思想提升中国在全球经济治理中的话语权提供了有益借鉴。习近平同志指出："创新成果应惠及全球，而不应成为埋在山洞里的宝藏"。在新冠疫情引发全球经济危机的影响下，中国企业开展逆向创新，以创新灵活应对"变局"已成为应对不确定性因素影响的主要途径。本研究为提升我国经济韧性，加速创新成果在全球的扩散，提升中国在全球经济治理中的话语权提供了"中国方案"。

二、成果内涵

（一）成果基本观点概述

来自发展中国家的逆向创新正在成为全球创新和跨国公司创新的重要途径。现有研究多立足于发达国家视角，但未对逆向创新如何影响跨国公司行为、推动当地经济发展给予应有的关注。本文依据资源依赖理论，创新性地剖析了逆向创新的独特特征，深入探讨了逆向创新对子公司权力产生影响的两种相互对立的机制——认同效应和竞争效应，并利用大型跨国公司中国子公司多个被访者的调研数据检验了"逆向创新——子公司权力——当地公民行为"研究框架。本研究发现：逆向创新可以显著地提升跨国公司子公司权力并促进公司行使当地公民行为；较高的认同效应有利于子公司从逆向创新获取更多权力；较高的政治联系有利于保障子公司权力向当地公民行为的转化。

（二）成果基本架构

本成果的主要内容分为五个部分，基本架构如下图所示（见图1）：

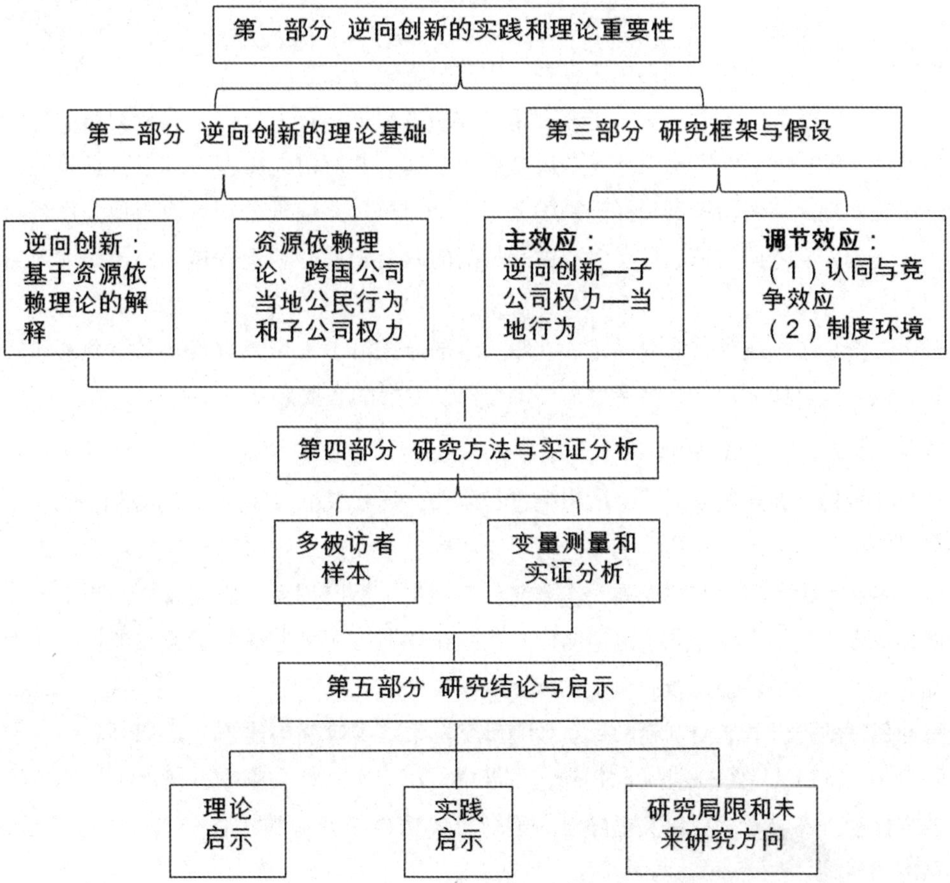

图1 本研究的结构

第一部分分析了逆向创新的现实背景及其对发展中国家经济的积极影响。本部分首先对逆向创新的现有文献进行了简要评述与总结，分析了现有研究的不足，并提出研究问题：逆向创新通过何种机制影响跨国公司经营行为并对东道国经济产生影响？其次，本部分简要提出该问题的解决方案，分析了逆向创新对跨国公司当地公民行为的影响机制，并提出研究贡献。

第二部分从资源依赖理论视角创新性地剖析了逆向创新的独特特征，并解释了本成果所依据的理论基础，为之后的概念框架构建和实证检验提供了支持。先前研究多集中于对逆向创新的轶事探讨，缺乏深入的理论探讨。在现有研究基础上，首先，本部分创新性地对逆向创新区别于其他一般传统跨国公司创新的最显著特征进行分析，即逆向创新本质是创新流从发展中国家到发达国家的“逆向”流动。其次，逆向创新不同于一般意义上的逆向知识转移。创新是知识被创造、编码和嵌入到新产品和服务中来创造价值的过程。逆向创新的实现载体是跨国界的知识转移，更加强调创新本身所创造的附加价值。第三，逆向创新因被嵌入到特定的制度环境当中而具有明显的来源国特征。基于此，本文依据资源依赖理论深入分析了逆向创新的本质，即逆向创新是跨国公司克服在发展中国家市场资源稀缺性的重要调整战略，逆向创新也是跨国公司子公司所拥有的一种关键性资源。本成果对逆向创新本质创新性的剖析不仅为研究模型提供了坚实的理论基础，而且为专门研究发展中国家创新现象提供了新的视角和理论支持。

第三部分构建了“逆向创新——子公司权力——企业公民行为“的研究框架。假设提出逆向创新通过提升子公司权力进而促进跨国公司行使当地公民行为。本文还分析了逆向创新对跨国公司经营行为的作用效果受到哪些情境因素的影响，这些因素及影响机制为：母子公司创新整合所产生的认同效应、公司内竞争强度所激发的竞争效应和东道国制度环境中政治联系的影响。

第四部分是研究方法和实证分析。本研究利用多被访者数据，首先分析了变量测量的科学性、测量模型的信度和效度、调研的共同方法偏差与未反应偏差问题，并对研究模型进行了实证检验，大部分假设得到支持。研究发现逆向创新有利于提升跨国公司子公司权力并促进公司行使当地公民行为；较高的认同效应有利于子公司从逆向创新获取更多权力；较高的政治联系有利于保障子公司权力向当地公民行为的转化。

第五部分主要分析了本成果的研究结论和启示。本部分探讨了本研究对跨国公司创新和资源依赖理论的理论启示，以及对跨国公司管理者和发展中国家经济发展的实践启示。

（三）学术贡献及理论创新

本成果聚焦于逆向创新对发展中国家的影响进行研究，具有多个方面的学术贡献和理论创新。

1. 本成果首次以发展中国家视角，全面剖析了逆向创新在发展中国家所产生的正面溢出效应。当前对逆向创新的学术研究远滞后于实践发展。本研究首次剖析了逆向创新的制度属性，侧重于分析其对发展中国家经济的积极影响，不仅深化了对逆向创新的理论探讨，而且还提供了实证证据，并为推动中国创新能力的提升和产业结构转型升级做出了贡献。

2. 本成果开创性地提出了逆向创新的社会影响研究框架。本研究构建了“逆向创新——子公司权力——当地公民行为”研究框架，强调逆向创新在发展中国家产生的社会影响，拓展了资源依赖理论的应用，并为推动中国经济高质量发展以及更好地满足新时代社会主义主要矛盾中“人民对美好生活需求”的满足做了相应的贡献。

3. 本成果立足于中国企业走出去战略，提出影响逆向创新作用效果的关键因素。通过明晰逆向创新在发展中国家溢出效应的作用边界，为中国企业吸收正向溢出和高质量地走出去进而更好地嵌入到全球价值链跃迁中去提供了理论支撑。

三、采取的研究措施

本成果采取严谨的研究措施，从问卷设计、变量测量、数据收集和实证分析多个方面保障所收集数据的高质量、研究分析的科学性和研究结论的有效性。

（一）研究方法

1. 本成果的数据搜集对象为在全球经营的大型跨国公司子公司。为降低问卷调研中由单一被访者带来的可能偏差，本研究采用多被访者技术来收集数据，即我们对同一个子公司中较低和较高层次的两类管理者分别发放两份不同的问卷，以探索不同被访者对逆向创新问题的看法，同时可以选择最合适的被访者分别回答本研究中自变量和因变量的调研信息。本成果调研的所有跨国公司子公司均在中国展开经营活动。这些跨国公司的母公司均来自发达国家，其中 36. 36% 来自美国，14. 05% 来自德国，8. 26% 来自法国，其余则来自瑞士、澳大利亚、英国和日本等国家。本次所调查的子公司大部分规模较大，员工人数在 1001 人以上的子公司占总样本的 61. 98%。而且，大多数子公司的年销售收入在 5000 万元以上，占总样本的 95%。

2. 本研究在源头上克服可能出现的共同方法偏差问题，并采用多种统计技术进行了实证研究。在研究模型中，自变量和因变量分别来自不同来源的数据，即逆向创新和跨国公司公民行为均来自不同管理者填写的调研数据。此外，在数据统计分析与处理上，我们进行了 Harman 单因素检验，结果显示共同方法偏差问题在本研究中并不存在。

3. 本研究遵循科学的量表开发程序，自主开发了逆向创新和创新整合的测量量表。具体量表开发程序如下：首先，对逆向创新和创新整合的相关文献进行深入地搜索，厘清和确定本研究所涉及的变量的界定和范围。第二，通过两种手段来确定研究所涉及的变量的测量题项。一是搜索现有的文献，从现有文献中找出研究变量是如何定义的，以及现有文献对改变了测量包含哪几个维度。二是经验调查。本成果负责人积极地与子公司参与和熟悉逆向创新转移项目的管理人员进行电话沟通和面对面的访谈，以从被访者获得更多的关于研究变量的建议和想法，从而使测量更为全面和符合实际。第三，提炼和改进变量测量，最终确定各个变量的测量。

（二）对发展中国家跨国公司的启示

首先，本文强调了逆向创新对跨国公司经营的重要性，管理者必须持有一种逆向创新的管理思维，充分认识和理解跨国公司的成功经营往往与在发展中国家的逆向创新密不可分。对逆向创新手段的成功应用可以为跨国公司带来巨大价值。

其次，发展中国家国家跨国公司可以积极地与海外跨国公司合作，在国际合作中吸收逆向创新的正向溢出，在开放合作中塑造自主创新能力，形成国内与国际大循环相互配合、相互促进、相互协调的局面。

最后，发展中国家跨国公司也需要充分利用当地市场的优势资源，发展并实施逆向创新，积极参与到全球经济治理改革中来，不仅为当地经济发展具有重要贡献，而且为推动全球经济发展具有重要意义。

四、本成果的研究效果

（一）学术影响

1. 本成果系国内管理学顶级期刊《管理世界》刊出的首篇“逆向创新”研究的学术论文，推动了逆向创新学术探讨向纵深发展，开启了逆向创新实证研究的开端，有效地提升了该领域的关注度。《管理世界》期刊（（2019）复合影响因子：7.260；（2019）综合影响因子：4.669）在我国CSSCI（中文社会科学引文索引）等三大社科期刊评价系统的评价中，多年位居管理类学术期刊首位；在中国社会科学院期刊评价中，被誉为管理学唯一“顶级期刊”。在国际影响力方面，在国内管理学期刊中名列第一。迄今为止，在中国知网（CNKI）上以“逆向创新”作为主题、关键词和摘要进行检索，检索结果显示仅有本成果一篇文章在《管理世界》上讨论逆向创新问题。

2. 本成果发表仅1年时间，研究领域较新，但截止目前已在CNKI上下载阅读次数已经达到了3656次，被高层次研究成果引用6次，在《管理世界》期刊同期论文中排名前列。其中，在6篇引用该成果的论文中，有5篇为期刊论文，1篇为硕士论文。期刊多数为CSSCI期刊，既包括国家自然科学基金委认定的A类期刊《中国工业经济》，也包括知名期刊《经济管理》《财会月刊》和《甘肃社会科学》，还有营销领域的权威期刊《营销科学学报》。引用该成果的学者多来自清华大学、武汉大学、山东大学、中欧国际工商学院、北京邮电大学等一流大学，并对本成果给予了积极评价：认为本成果是新兴的跨国公司动态创新能力研究的代表作；引用了本文提出的核心概念，如逆向创新和市场竞争强度等；引用了共同方法偏差处理的研究方法等。

3. 申请人近5年来发表与本成果相关的高水平SSCI期刊论文30余篇，CSSCI期刊论文50余篇，形成了较大的学术影响力。其中，在所发表的SSCI论文中，有些成果是该论文研究的延伸和拓展，而且多数期刊的影响因子达到4.00以上，Google scholar他引次数4000余次。申请人连续5年荣膺爱思唯尔中国高被引学者榜单；CSSCI期刊论文多发表在《管理世界》和《南开管理评论》等国内顶级及权威期刊上，CNKI他引5000余次。其中与本成果密切相关的英文论文Reverse transfer of innovation and subsidiary power：A moderated mediation model和Does parenting matter in subsidiary innovation in emerging economies? Exploring the role of parent superior competitiveness in affecting subsidiary contextual ambidexterity等6篇论文分别发表于国际顶级和权威期刊，Google scholar总引用次数为70余次。

4. 本成果是多个国家自然科学基金项目和国家社科基金重大项目的重要后续成果。该成果是申请人主持的国家杰出青年科学基金项目：“服务营销与创新”（71725003）和国家社科基金重大项目：“我国自主创新型技术赶超发展战略与路径研究——基于跨学科协同的多层次整合研究”（12&ZD205）的主要后续成果，以及国家自然科学基金项目：“新兴经济跨国公司海外子公司逆向创新转移的障碍机制研究：基于感知风险的视角”（71702060）的重要研究成果。

（二）社会影响

1. 作为本成果的前期基础成果，（1）有关我国科技创新的稿件，于2014年被新华社内参采纳，并得到中央领导人的批示；（2）有关创新人才的稿件，于2014年底被新华社内参采纳，并得到中央领导人的批示。本成果继续围绕创新主题展开研究，是领导批示的深化、拓展和具体化。

2. 本成果的正式发表、传播和应用为我国企业国际化和培育自主创新能力提供了重要借鉴。申报人作为项目负责人，依托中国贸促会在全国30多个省市自治区外向型企业进行大规模调研，对本成果研究话题进行了实践验证，在全国范围产生了较大影响力，为中国制造、中国建设走向中国创造提供了有益的理论指引。

3. 本成果的后续研究成果在主流媒体《人民日报》和《光明日报》刊出并得到广泛传播，取得了较为显著的社会效益。

4. 申请人多次应邀在武汉大学、中山大学、厦门大学等一流大学分享该研究成果，获得了专家学者的高度评价。在“新时代营销理论创新和实践赋能”线上研讨实时在线人数达 3 万多人，产生极大的社会影响。

成果创造人：王永贵、王　娜

【参考文献】

[1]蒲清平，杨聪林. 构建“双循环”新发展格局的现实逻辑、实施路径与时代价值[J]. 重庆大学学报（社会科学版）. Doi：10.11835/j.issn.1008-5831.zs.2020.08.002.

传统铁路装备运维企业向智慧铁路装备公司改革创新的探索与实践

神华铁路装备有限责任公司

党的“十九大”报告指出，“必须坚持质量第一、效益优先，以供给侧结构性改革为主线，推动经济发展质量变革、效率变革、动力变革”，将深化供给侧结构性改革摆在贯彻新发展理念、建设现代化经济体系这一重要部署的第一位，推动互联网、大数据、人工智能和实体经济深度融合，支持传统产业优化升级。铁路行业是我国国民经济发展的“大动脉”，坚定不移深化供给侧结构性改革、降低全社会物流成本，是铁路货运产业满足人民日益增长运输需求的必然要求，也是传统内部服务型企业向现代化物流企业转型升级的必然选择。

神华铁路装备有限责任公司，简称“铁路装备公司”，是国家能源集团的全资子公司，作为国家能源集团产运销一体化运营的重要组成部分，肩负着集团西煤东运、北煤南运的重要使命，是“大动脉”中的“新鲜血液”。该公司管理着铁路自备货车五万余辆，是目前国内最大的铁路自备货车专业化管理公司；承担集团公司机车车辆、线路机械化维修保障服务，创新研究并实践状态检修，为集团铁路运输安全构筑坚实堡垒；积极开展大物流运输服务，并在全国范围内率先探索多式联运驮背运输，合作研发STX1-STX4 多功能驮背运输车型，形成常态化多式联运班列产品。

本文重点研究了在 2015 年经济结构调整、煤炭运输需求大减的困局下，铁路装备公司大量车辆闲置，失去大部分收入来源，又且适逢集团对公司的考核方式由成本中心考核转为利润中心考核，该公司新“领导班子”以“固本强基、创新发展”为使命，励精图治，推动传统主业转型升级，加快发展战略新兴产业，从公司内外部两个层面共同发力，不断提升供给侧改革力度，实现了破局突围、改革升级，为公司打造行业一流的智慧铁路装备企业蓄势发力。

一、研究背景

（一）政治环境——“公转铁”发展政策环境向好

自 2015 年交通运输部、国家发展改革委开展多式联运示范工程项目起，各部门相继出台多项多式联运支持性政策。

2016 年 9 月，交通运输部审议通过《关于促进多式联运发展的若干意见》，意见指出，我国要加快多式联运的发展，借鉴国际多式联运的发展历程，让政府和市场协同发力，以问题为导向消除各方面问题，鼓励具备条件的地区和企业先行先试，重点突破。并且要加大政策支持力度，完善法规标准，大力推动多式联运发展。

2017 年 1 月，交通运输部等十八个部门联合发文《关于进一步鼓励开展多式联运工作的通知》，明确要通过加强监管力度、完善基础设施、深化行业改革、推动信息共享、加强对外合作等方式，推动多式联运的发展。

2018 年 10 月，国务院发布《推进运输结构调整三年行动计划（2018-2020 年）》，明确将加快多式联运的开展实施工作。同年 11 月，交通部等九个部门进一步发布贯彻落实上述文件的通知，细化任务目标，强化组织实施。

2019 年 4 月，交通运输部等 13 个部门发布《关于加快道路货运行业转型升级，促进高质量发展的意见》，提出要鼓励挂车共享与接驳甩挂：第四条中表示，“指导行业协会、企业联盟研究推广挂车互换标准协议，创新普通货车租赁、挂车共享、长途接驳甩挂、集装单元化等新模式”。

2020 年 7 月，国家发改委印发《关于进一步支持民营企业参与交通基础设施建设发展的实施意见》，推动联合打造公铁、铁水联运中心。

发展多式联运受到国家政府的大力支持，相关部委单位出台大量政策响应多式联运提速行动，这一战略新兴产业的未来是一片蓝海。

（二）经济环境——集团考核标准变革对公司发展水平提出更高要求

随着集团结构的调整，公司要从成本中心转变成为利润中心，考核标准更要趋向于利润率是否有所提高。而现实的情况是公司业务几乎完全是服务集团煤炭运输，非煤运输的量很少，公司的利润来源只有煤品运输产生的车辆租赁费。在煤需求下降的情况下，确保收入不下滑已经极为困难，收入增长更是无从谈起。因此，公司做出判断：把闲置车辆利用起来，通过增加非煤运量来保障收入增长势在必行。

（三）社会环境——公司具备转型发展的关键社会资源

公司作为中央企业，拥有丰富的资源优势。包括：铁路路网通道资源，铁路车辆资源，铁路运输组织能力，政府背景，行业协会资源等。

1. 铁路路网通道资源：国家能源集团拥有我国第二大铁路路网，路网里程达 2155 公里，西至内蒙古甘其毛道口岸，东至河北黄骅港。该铁路通道是我国三西地区下水路径最短、成本最低的黄金大通道。

2. 铁路车辆资源：公司拥有铁路自备车 5 万余辆，持续为集团提供优质的运力服务。

3. 铁路运输组织能力：公司有丰富的运力管理经验，结合公司车辆造修能力、再制造能力，能够有效保障运输组织进行。

4. 政府背景：公司拥有包括交通运输部、沧州市政府、天津滨海新区、榆林市政府、鄂尔多斯市政府等国家层面和地方层面的众多政府资源。其中，国家层面的政府部委可结合公司项目开行情况及面临困境，针对性地出台政策，政企合力共同推进多式联运发展。地方政府可与公司就站场建设、货源协调等方面进行合作，不仅能提供基础设施上的支持，还有助于增强战略新兴产业开展的稳定性。

5. 行业协会资源：公司加入中国物流与采购联合会、中国交通运输协会等多家大型行业协会，为下一步联合公路单位合作共赢、转型发展提供了良好的基础。行业协会可为公司提供实时的行业信息梳理及数据信息分析资料，为公司及时把握行业动态提供有效依据。

（四）技术环境——公司始终将科技创新作为发展的第一驱动力

公司着力打造“创新型”智慧铁路装备企业，深化科技创新体系建设，发挥各单位的创新主体作用，充分利用“外脑”，建设公司自有的规划、设计、技术、实施等研发团队，发挥各单位创新工作室、

QC小组等基础创新微单元的作用。公司聚焦行业、集团和公司的重点、难点问题，开展了一系列科技攻关工作，积极深化科研合作，激发协同创新，掌握了一批关键核心技术和装备，推动管理制度、体制机制改革创新，从根本上为解决诸多制约公司高质量发展的难题提供支撑，有力地贯彻了习近平总书记重要指示批示精神。

二、改革目标

（一）打造一流装备检修体系，引领修程修制改革，“状态修”技术填补国内空白

实现“神华车，神华修”，打造“铁路机车车辆4S店”，有效缓解装备检修维护与铁路运输效率之间的矛盾，进一步提升铁路运输效率与发展质量，为降低集团机车购置需求和费用做出巨大贡献，实现机车车辆全寿命周期的全链条服务，全面深化运输供给侧结构性改革、提高运输质量，响应国家提升创新体系整体效能。

（二）打造一流国家示范工程，创新铁路物流模式，助力沿线区域运输结构调整

积极对接国家“一带一路”“京津冀协同发展”等重大倡议，有机融合物流大通道支撑内外开放先进理念，服务国家能源集团一体化清洁能源战略，以智慧物流多式联运为战略新兴产业，拓展业务范围，延伸产业链条，加快推进综合运输体系建设，为西北至京津冀沿线区域运输结构调整、经济转型升级提供现代化物流服务。

（三）搭建一流协同创新平台，推进公铁融合发展，开创公铁共生发展全新增长极

加速新技术、新产品、新业态、新模式的孵化，打造以企业为主体的政产学研用协同创新体系，打造符合我国国情的共享标准挂车联盟，探索铁路前置仓智慧集拼集运模式，规划区域联盟网络布局，逐步实现公路和铁路资产的最优化运营组织，促进公铁水联运资源的高效匹配运行。

3. 主要内涵

铁路装备公司秉承“惟改革创新者胜”的勇气，及时转变思想观念、转变发展方式，以“等不起”的紧迫感、“慢不得”的危机感、“坐不住”的责任感，在深入广泛调研、科学系统分析的基础上，梳理出了公司发展面临的利弊形势。通过顶层设计，破困求进，对症下药，公司提出了要一方面立足货车，发展机车，开拓检修多元化经营，打造铁路移动装备自主检修体系；一方面盘活资产，开展营销，延伸物流，逐步开发高效的煤炭和灵活的非煤品的运营体系，加快原铁路货车公司在新常态下的转型发展与科学管理。具体如下：

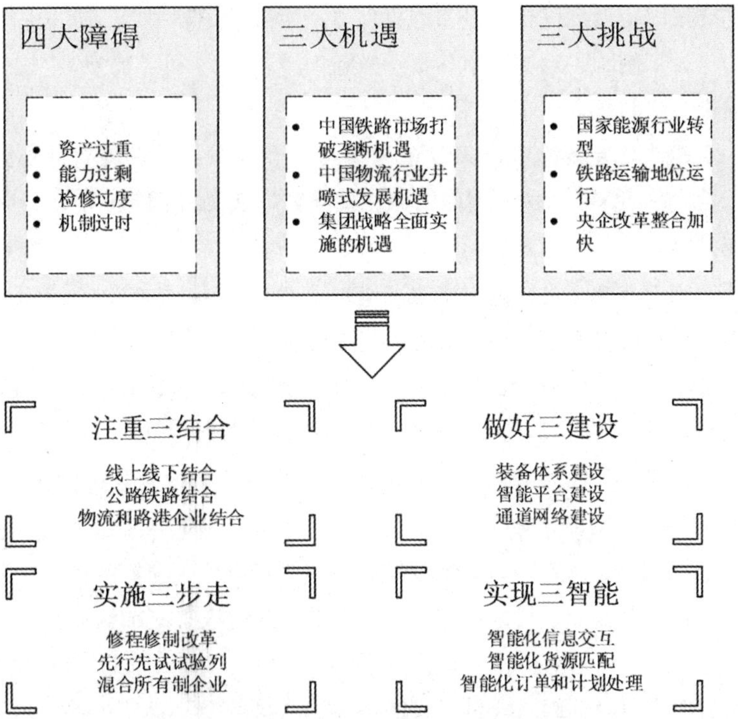

图1　铁路装备公司改革创新研究架构

三、实施路径

（一）责任重大，修程修制技术变革——“状态修”

1. 我国铁路装备检修现状及存在问题

长期以来，我国铁路装备运用维修行业，乃至国家各类设备维修行业，基本遵循着20世纪50年代从苏联引进的“统一计划预修制度”，即按固定检修周期实施检修。以铁路机车车辆为例，其修程修制存在较大相似性，均处于“计划预防修”框架下。该检修模式存在以下主要问题：

（1）维修与铁路装备技术发展水平不匹配。以我国铁路货车为例，自建国以来，铁路货车历经数次大的更新换代，其载重由30吨逐渐增加到当前的80吨乃至100吨，货车的设计、制造、工艺、材料等技术水平已经处于国际先进水平，装备性能得到快速提高，技术性能得到质的飞跃，但其计划检修模式自20世纪60年代至今未发生本质变化。因此货车检修技术规程的发展速度已明显落后于铁路装备技术水平的发展速度。

（2）修程评判标准固化、检修针对性不强，存在过度修与维修欠缺。正由于技术规程中以固定时间周期决策修程、以统一技术标准覆盖全部装备检修环节，导致普遍存在“无病也治、有病通治”的现象，一方面很多装备及部件存在明显的过度维修，造成检修成本浪费。另一方面针对国家能源集团不断增加的重载列车运输载重，特别是部分周转频次高、磨耗加剧的车辆，按统一的时间周期施修又导致部分车辆“带病运行”，维修欠缺带来了潜在安全隐患。

（3）装备维修与实际使用现状不匹配。计划修框架下的设备维修工作与设备的实际使用强度、频率明显脱节。随着经济和产业格局迎来更大规模结构调整，全产业链抗风险稳经营任务艰巨。面临疫情导致的短期经济下行趋势，集团自营铁路运输企业存在“产能过剩”“运力闲置”的潜在风险。铁路装备在闲置的情况下，仍要按固定周期进行检修和维护保养，繁杂的过轨手续、过长的检修周期、每年数十亿的检修维护成本，成为了制约了运输效率和货运效益的“堵点”和“痛点”。这一传统检修模式带来的影响将在全国铁路进一步凸显。

基于上述问题，实现铁路装备检修模式改革创新与转型升级，寻求针对性更强、更经济的检修方式，避免“过度修”和“不足修”，成为国内铁路装备检修行业的共同目标，将为顺应经济格局变革趋势作出铁路系统应有的贡献。

2.“状态修”项目引领铁路装备造修行业创新升级步伐

公司管理5万多辆铁路自备货车，一直致力于实现传统计划修程修制的改革，探索通过判定铁路装备健康状态来智能决策修程的检修新模式。2018年年初，公司对所属各分公司铁路装备检修进行集中调研，对铁路装备各车型车体、转向架、制动等主要零部件常见故障类型、故障部位及故障率进行检测和分析，详细掌握了车辆关键零部件的磨耗及失效规律，识别出过度检测、过度分解与过度修理的项点，为铁路装备“状态修”零部件寿命管理体系和工艺规程研究提供了大数据技术支撑。在充分整合利用既有资源的基础上，基于“安全、高效”为首要原则，研究制定符合公司实际情况的铁路货车状态修制度和技术标准，努力实现“实时监测、科学评判、精准修理、节约成本、加快周转、提高运输效益”的预期目标。

在此基础上，通过大量研究试验，公司完成铁路装备“状态修”工艺规程体系编制，彻底打破了传统计划预防维修体制，不再按固定时间周期开展厂修、段修，而是按健康状态具体区分维修策略，建立了由在线修、Z1、Z2、Z3、Z4修构成的状态修修程体系，使维修更具有针对性，更加科学合理。

（1）Z1修，当固定编组列车闸瓦集中磨耗到限、或其他偶发离散性故障相对集中时，整列车驶入黄骅港状态修整备线，依靠智能巡检机器人系统辅助人工对列车进行快速检查，接收历史5T等监测设备报警信息，综合形成整备工作清单，实现对闸瓦的集中更换、制动关门车、破损车、轮对磨耗过限车的集中处置。

（2）Z2修，当车辆轮对踏面磨耗严重、空气制动系统需要集中检修时，车辆进入维修车间，重点对整列车轮轴、制动阀、钩舌进行集中检修或更换，取消了对车钩缓冲装置及转向架系统的全面分解，检修过程高效便捷。

（3）Z3修，当按寿命管理的零部件使用时间集中到达设计寿命时，车辆进入维修车间，在涵盖Z2修范围的同时，对检修质量保证期及寿命到期零部件集中批量更换。

（4）Z4修，在涵盖Z2、Z3修范围的基础上，对摇枕、侧架、制动梁等关键大部件进行探伤作业，对全车进行系统全面的检查与修复，全面保障车辆优质的技术与安全性能。

此外，公司建立起列车健康状态诊断模型和状态监测维修系统，由数据中心、诊断决策综合判别系统和生产指挥系统构成，可实时监控车辆运行健康状态与跟踪轨迹。HCCBM系统根据诊断决策报告，确定列车修程和施修内容。诊断模型通过大数据分析，在维修中还可以不断自我修正，不断自我完善。

（二）利润导向，生产经营模式创新——多式联运

1.“公转铁”现状及存在问题

当前我国公路货运量占总货运量近80%，大量货运汽车涌向公路产生的问题是不容忽视的，比如道路拥堵严重、京藏高速大堵车，堵车距离超过120公里，时间跨度达到惊人的20多天，再如交通事故频发、安全隐患大量存在、出发到达时间都不固定等问题。而铁路却以安全、准时、高效的特点著称。同

时，相比于公路运输，同样量级的货物通过铁路运输产生的碳排量要低得多。但在这样的环境下，铁路的货运量占比却只有8%。明明是号称“铁老大”，事实却是“铁小三”。究其原因在于，铁路相比于公路，开放性不够，准入资质高，零担货源量小，实现不了规模化运输，也使得在费用方面不具备竞争优势，造成了铁路运量远低于公路，大量货品上不了铁路的现象。

2. 示范工程项目赋能运输结构调整行动计划

面临上述问题，公司组织开行了首趟多式联运班列，这一尝试获得了集团的肯定，集团层面全面部署实施大物流战略。在试验列的开行中，公司发现了诸多矛盾，内部服务型的企业在向外部转型时暴露了其短板所在，客户反映装车时间太长、信息不透明、班次不固定等问题，这些问题必然制约公司多式联运业务的深入开展，仍需积极求变。

在这一背景下，公司提出驮背运输的方案，同时拥抱“互联网+”，向客户开放多类信息。此外，协调各方形成固定班列，主动联络客户，进一步打开市场，强化客户管理。公司在多式联运方面的尝试性工作方案上报到了国务院，相关领导批示改方案“是铁路与公路的结合，是国有企业与新兴私企的结合，是传统运输产业同互联网+的结合”，并于大数据产业博览会期间亲临考察，鼓励公司继续将多式联运做大做强。其后，国家发展改委联合交通部等多部门对公司的多式联运项目进行系统性诊断查验，最终过五关斩六将，在一众对手中脱颖而出，获批国家第二批多式联运示范工程。项目搭建的多式联运运输管理和组织体系方案如下图所示。

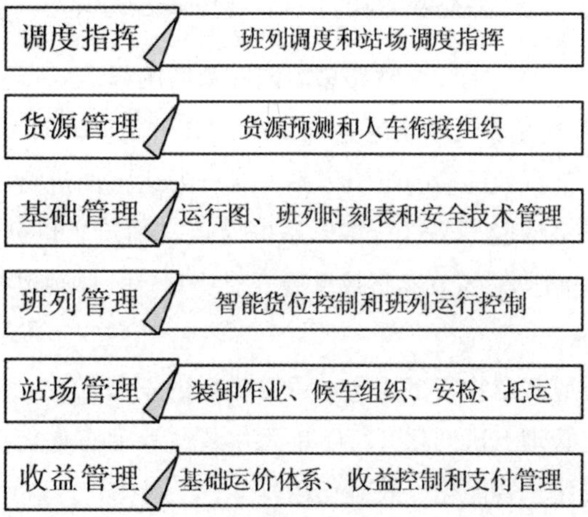

图2　多式联运运输管理和组织体系方案示意图

（1）站场配套。为保证多式联运班列站场运输组织标准化和规范化运转，明确站场各项生产作业计划、岗位责任、管理制度和考核指标，制定公司多式联运班列站场运输组织工作细则，保证班列站场组织工作安全、高效、有序进行，并对站场布局、设备配套进行相应的规划及建设。

站场布局方面。站场作业区域完全硬化，达到站场装卸作业标准。作业区域分为安检区、走行区、装卸作业区和停放区四部分，颁有明显的线路和区域指示标记进行指示、指引和区分。班列运行初期划分具体作业区域，并根据实际情况进行调整和变更。

站场设备方面。配备正面吊和低速牵引车等吊装和场内摆渡装备，保证在站列车装卸作业安全、高效进行。按照班列对开要求，以对等和对称原则，配备站场具体吊装和场内摆渡装备数量及规格应，确保装卸作业能力平衡化。其中东胜南郊站场、沙胡同坨地站场分别配备正面吊2台、低速牵引车2台。

（2）多功能车。2017年7月确定项目驮背多功能车型研制的目标，具体包括STX1-4四种车型。除了能够适应我国目前绝大部分公路整车、半挂车的运输需求外，还首次创新适应多种规格标准集装箱的运输需求，这一功能性的集成还属于国内首创，突破了传统意义上驮背运输车只能运输公路货车的限制，扩展了车辆使用功能，是真正意义上的“驮背多功能车”，整体技术指标处于国内领先地位。

装备改造方面。针对前期试验列运行时暴露出来的细节问题，短时间内公司对三型车的托盘和四型车集装箱锁具进行了适应性改造和可靠性测试。对沿线安全预警配套设备进行了科学化升级，确保班列运行的安全。

装载加固方面。制定公司多式联运班列装载加固工作规则，对 STX1-4 型车货物超偏载限值、装载工况及加固方案详细设计，保证多式联运班列货运装载加固工作标准化和规范化进行。

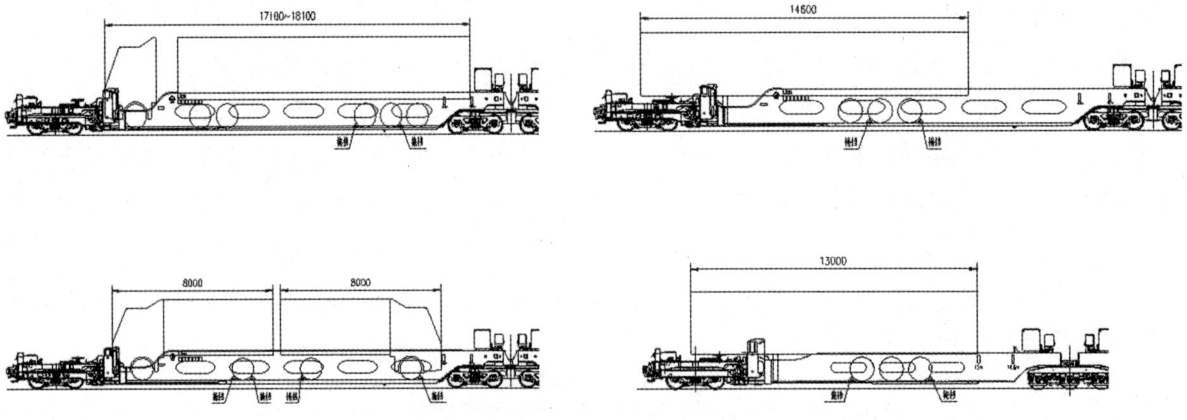

图 3　铁路多功能车承载图样

（3）运输组织。公司编撰成套多式联运运输组织管理文件汇编，计划应急处置预案和调度工作规则，全面规范化、标准化的示范班列运输的组织体系，对班列运行图进行了反复推敲优化，将班列时刻表与物流总包货源及最后一公里接驳方案进行了紧密的对接，确定了班列铁路段单程 1050 公里，运行 25 小时的效率目标，充分与公路运输快节奏高效率展开对比竞争，体现风霜雨雪雾等不良天气下，示范班列高效稳定的绝对运输优势。

运营管理方面。为充分适应智慧物流多式联运运输体系的发展需要，按照“互联网+现代物流”的智慧物流发展模式，以智能化管理、班列化开行、单元化装载和动态化定价为原则，开展班列运输组织管理，确保班列优质化、科技化、智能化、效益化运行。

调度工作方面。按照铁路运输调度集中统一指挥原则，统一公司班列调度工作标准、业务流程和生产管理制度，对班列调度和站场人员进行统一的强化培训考试，设定了装卸作业等考核指标，保证站场作业的安全高效，保证公司多式联运班列安全、正点、高效开行。

（三）久久为功，智慧物流新生业态——开放共享

1. 示范工程项目常态化开展的难点

在进行了广泛的实践探索后，以多式联运为基础催生了众多新生的附属业态。但是铁路装备公司本质仍是国有企业，仍然要以服务集团内部物流为主要任务，其改革必须遵循体制约束，灵活性较为缺乏，时间耗用相对更多。时不我待，改革路上的每一分钟都非常宝贵，必须寻找一条便捷的道路，用更好的办法来统筹这些新生业态。

2. 搭建平台加强多式联运公共信息交换共享

（1）建设硬平台，统筹整合智慧物流全链条信息资源。随着示范工程顺利开展，非煤运输运量不断

增长，建设规范化、透明化、信息化的智慧物流平台操作流程成为示范工程和非煤运输的重要组成部分。公司统筹整合各方需求，着力搭建集面向市场的多式联运优质服务体系和面向企业内部的决策支持系统于一身的信息平台。

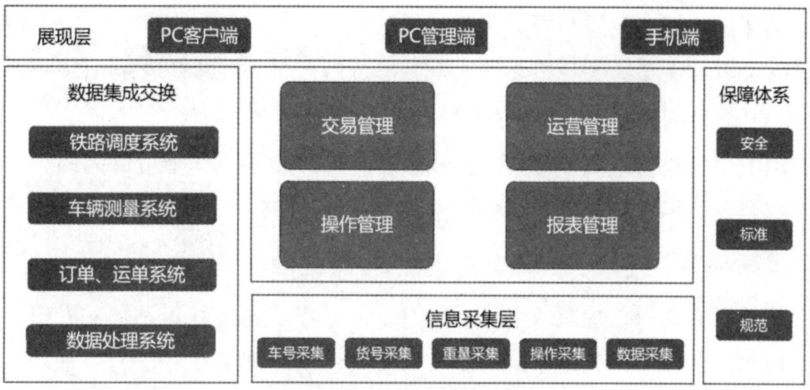

图 4　智慧物流信息平台总体架构

该平台以订单流程为主线，整合线下业务流程和操作标准，通过客户管理、订单管理、运单管理、站场管理、铁路运力管理、调度管理、资产管理、财务管理及数据管理等多个模块，提供门到门，站到站、门到站、站到门 4 类服务产品，打通公铁联运路物流服务中公路、铁路、站场的信息连接，搭建集面向市场的多式联运优质服务体系和面向企业内部的决策支持系统于一身的信息平台，完成线上统一的信息化管理和调配，提升物流质量、强化物流管理、加快多式联运标准化建设，助力国家多式联运示范工程项目健康快速发展和运输结构调整工作。

（2）打造软平台，推进互联互通、产学研用协同创新。公司积极与各货代企业、专线公司、星级车队探讨合作，共商多式联运驮背及驮箱运输应用场景，开展课题研究，为部委建言献策，为推进公铁联动奠定了良好的基础。与德国 GIZ、中物联召开多届中德多式联运论坛，推广国际上标准甩挂、公铁联运、低危铁路运输等领域的先进经验，打造公铁联运技术交流平台。公司参与制定多式联运、综合枢纽等多项国标及行标，研制推广跨方式快速换装转运设施设备标准，助力形成统一的多式联运标准和规则，建立适应交通高质量发展的标准体系，助推公路货运标准化、规范化和公铁联运协同化。此外，公司着力通过共享理念打破企业不够开放的现状，拓展企业"朋友圈"，把多式联运的薄弱环节交给更可靠的"新战友"，降低各环节耗用，增加各环节转化平滑度，升级、简化核算程序，促进全流程统一协调。

四、实施效果

（一）"状态修"项目进展及效益

2019 年 6 月，公司开行 22 列试验及对比列，通过试验列的运用考核对理论研究类课题研究成果进行验证，持续对试验数据进行追踪与分析。2019 年 7 月，该公司成功完成基于整列车闸瓦批量磨耗到限检查确认的首列状态修（Z1），标志着铁路货车"状态修"从理论研究转入实践运用。

2020 年 4 月 15 日，公司完成主要针对关键零部件磨耗到限、寿命集中到期检查和批量更换检修的"状态修"Z2 修样车试修及首辆鉴定工作，各项检测结果符合技术要求。这一重大阶段性成果，率先迈出了中国铁路装备修程修制变革的关键之步，标志着铁路装备"状态修"技术不断走向成熟，标志着国家铁路装备检修行业修程修制重大改革实施落地。

通过实施货运装备状态修，取得了多项显著效益：

1. 降低装备维护成本。预期全生命周期检修成本至少降低20%以上，集团23300辆C80型货车在其生命周期25年内仅检修成本将节约近22亿元，未来状态修的车型覆盖范围将由C80进一步向C70、KM81、KM98等车型拓展，经济效益将更为可观。

2. 降低人工投入成本。铁路装备状态修模式全面推行后，将进一步优化集团现有运输组织方式与列检布局，撤销大量不必要的列检作业场设置，预计仅年均人工成本可节约1亿元左右。

3. 提升装备使用效率与运输组织效率。装备维修时间进一步压缩，单位时间内投入使用的装备数量大幅上升，有效提高装备使用率，大幅节约新增购置装备投入费用。

（二）示范工程项目动态及运输结构调整工作进展

自示范工程项目申报成功后，短短八个月时间，公司完成了多式联运站场的升级改造，设计试制了适应绝大部分公路整车、半挂车、集装箱运输需求的铁路多功能联运车和配套标准挂车，编制了铁路多功能车运输组织管理办法，开展了多式联运商业模式研究，摸底了沿线适挂、适箱货源分布。于2018年完成平推试验开行，2019年开通试验班列。目前该示范工程项目已准班列常态化运营，实现了每周一列对开，初步搭建了西北到京津冀的公铁水联运通道。

三年来，随着示范工程的深入开展，引导了我公司从传统的运力服务、开展铁路大物流，向多式联运智慧物流班列服务的大胆尝试。公司铁路物流业务量由2016年121.24万吨不断攀升至2019年403.81万吨，年均增长率77.7%，并服务了集团三年6000万吨铁路非煤货运增量。

（三）智慧物流产业链和生态群初步构建

目前，通过多式联运项目，公司树立了良好的口碑与形象，多式联运成为神华铁路装备公司的名片和重要无形资产，公司领导康凤伟被业界推举为中物联公路货运分会会长。公司借助中物联资源，共商打造符合我国国情的共享标准挂车联盟，助推公路货运标准化、规范化和公铁联运协同化，为国家运输结构调整提供全新增长极。

五、相关建议及未来发展方向

（一）装备智造试点

公司在铁路货运装备修程修制改革上率先突破，深入研究铁路装备全生命周期管理体系，加快促进大数据、5G、人工智能等现代信息技术同传统铁路运输产业的深度融合，为智能装备造修用一体化打下了坚实的基础。目前铁路装备检修仍按计划修模式开展，国家能源集团铁路装备实施状态修后，由于目前无统一的国家标准，企业过轨无法实现技术标准互认，阻碍了互联互通的步伐。下一步，建议由交通部、国家铁路局统筹推进铁路行业检修标准现代化建设，消除行业壁垒，推动铁路装备运维实现标准化、规范化发展。公司将与政府相关部委、科技企业、工业制造企业、高校研究机构精诚合作，打造联合试验基地。未来拓展至整个铁路装备体系及行业，实现检修工艺流程化、标准化，提升运输整体效率，推动铁路装备供给侧结构性改革和运输结构改革，为国民经济大动脉增添新活力。

（二）信息平台推广

公司搭建的智慧物流信息平台一期为业务平台，二期主要从业务平台向管理平台过渡，以全体系的订单接入为切入点、整合运输、仓储、结算等物流资源，打造一体化供应链管理平台，在集团系统内推广运用，以技术创新推动行业变革。平台将管理提升、数据交互、指数构建功能融于一身，将信息化建设贯穿多式联运业务始终，助推公铁联运协同化，为运输结构调整提供全新增长极。

1. 辅助决策的管理平台。在智慧物流信息平台中拓展大数据分析功能，通过 IoT（Internet of Things）等手段，将大数据应用于掌握多式联运物流各个流程环节的具体执行情况，并运用大数据分析，从整体优化角度对多式联运各个环节进行优化，不仅为客户提供多种联运产品选择方案以满足其个性化需求，还能够降低货车空载率，提高多式联运经济效益。

2. 开放共享的平台服务。进一步促进与国铁、地方铁路信息平台的互联互通，联合行业协会、性急车队共同打造共享挂车联盟平台，打通交通运输部多式联运平台与国家物流平台，集成信用数据、跟踪数据、资源数据、综合数据，集结联运链条内各方，拓展公铁、铁海、跨境公铁等联运通道，促进各种运输方式的互联互通。

3. 开放共享的资源服务。运用 OMS、WMS、TMS、BMS 等技术，对联运链条中的公路运力、运输装备、铁路装备进行智慧化管控，实现订单全程可见、库存精细管控、运输智能配载、计费灵活准确的物流供应链综合管理平台，共享挂车运力、集装箱、铁路车辆资源。探索铁路前置仓智慧集拼集运模式，规划区域联盟网络布局，逐步实现公路和铁路资产的最优化运营组织，提供开放共享的平台服务和资源服务，促进公铁水联运资源的高效匹配运行。

（三）推进混改经济

国家大力推动国有企业混合所有制改革，民营资本、国有资本等各种所有制资本呈现交融发展的良好局面。目前，重资产属性国有企业受市场环境以及体制机制等多方面因素的影响，在精益多式联运常

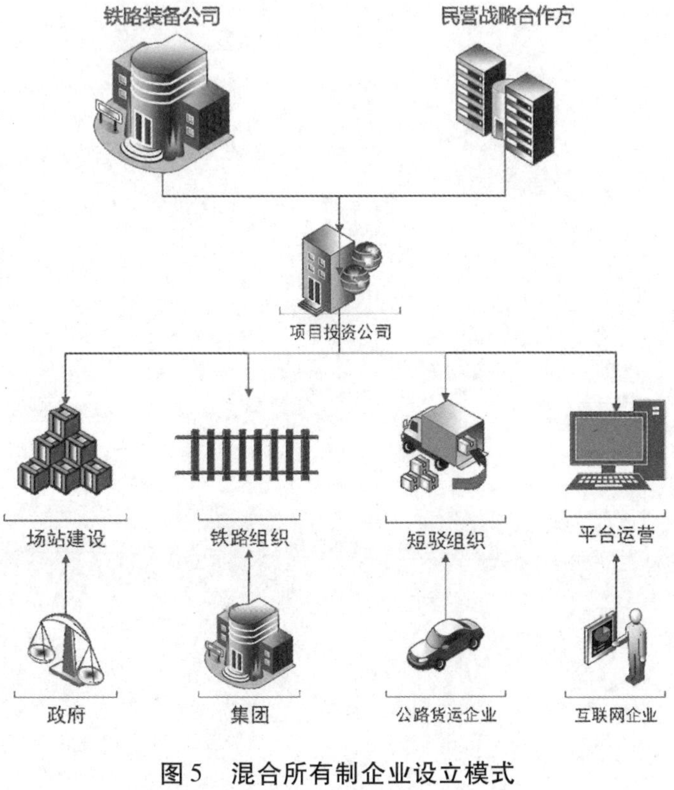

图 5　混合所有制企业设立模式

态化开行的管理上存在一定困难。铁路企业一方面要正视不足，主动转型，加快市场化改革，打造“门到门”多式联运产品，面向社会推广，由多式联运经营人承包，以契约形式将各环节透明化。

公司结合实际对混合所有制公司设立和运营方案进行了研究。目前已形成方案，拟引入优秀的合作方等民间资源并设立混合所有制公司作为多式联运经营人，整合各方关键资源和能力，拓展服务范围，探索建立灵活的经营机制，提高企业运营效率。既能解决公司主业与多式联运业务上的矛盾，又能降低投资风险，避免国有资产的流失。通过推动形成多式联运经营人，打通不同的运输方式之间的高效衔接通道，基于物流产业链提供专业服务，从运输、保管和管理各个环节整体进行优化，从效率到价值，降低物流成本，减少手续环节，提升多式联运的价格优势和服务吸引力。

从困局到破局，从铁饭碗到金饭碗，从各种矛盾丛生，到最后的系统解决，良好生态的建立，从系统内不为人知的成本保障企业到最开放领域里的试点和引领者，从重污染的传统行业到清洁低碳的受益者。从封闭的铁路领域到开放的物流领域，背后就是因为有创新发展理念在支撑。在国企改革重组，传统产业转型，科技突飞猛进的时代，没有解决不了的问题，只有解决不完的难题。愿铁路装备公司的“破局”，为在困局中徘徊的企业带来新生，为供应链产业链的转型升级带来经验借鉴。

成果创造人：康凤伟、石　兴、王文刚、于梦琦

以谋发展、去产能、调结构、优管控、强党建为核心的铁路货车业务重组改革

中车长江运输设备集团有限公司

中车长江运输设备集团有限公司（简称：中车长江集团）成立于2018年5月，注册资本金56亿元，隶属于中国中车股份有限公司，是中国中车推动业务重组、持续深化改革的“先行者”和“试验田”，由长江公司、太原公司、西安公司、眉山公司和贵阳公司整合重组而成。重组后的中车长江集团总部位于湖北省武汉市，旗下拥有一级子公司7家、分公司1家；二级子公司14家（含控股、参股）、分公司7家。

中车长江集团是全球重要的铁路货车及关键零部件研发、制造、修理、销售与服务的企业，铁路货车产品种类涵盖铁路敞、平、棚、罐、漏斗车、铁路货车配件等12大系列；致力于提供冷运装备、联运装备、核心零部件等装备及系统解决方案；立足物流装备，向装备制造等配套服务的衍生领域拓展，满足客户的定制化、多样化需求，提供全方位全寿命周期服务。当前，中车长江集团提供的产品和服务已经遍布全球50多个国家和地区。

面向未来，中车长江集团将坚持“双主战略、集群拓展”，通过调整业务结构、优化资源配置、坚持创新发展、不断提升核心竞争力和企业综合实力，形成以铁路运输装备、新兴物流装备和现代服务业为主体的产业格局，努力成为全球一流的物流装备系统供应商。

一、改革背景

（一）实施货车业务重组是深化国有企业改革的重要举措

党的十九大对深化国有企业改革进行了全面部署，进一步明确了深化供给侧结构性改革、推进“走出去”“交通强国”等战略的路径和措施，国务院国资委政治巡视也对中国中车的改革发展提出了具体要求。作为中国高端装备制造业的代表、作为国家“亮丽名片”的中央企业，落实十九大精神和国资委巡视要求是中国中车义不容辞的责任。将10个货车企业组建成为两个子集团，对中国中车而言，就是深入贯彻落实党的十九大精神和国资委政治巡视要求、以全球化视野和战略性眼光做出的重大决策，就是中国中车坚持企业发展与国家战略相统一、深入贯彻新发展理念实现高质量发展的重要举措，同时这种探索也将会对国有企业集团内部实施业务重组整合起到示范作用。

（二）实施货车业务重组是中车“双打造一培育”的必然选择

作为铁路产业传统业务之一，铁路货车业务曾经为中国中车、中国铁路乃至中国经济的发展壮大做

出过十分突出的贡献，但随着动车、城轨和其它新兴业务的强势崛起，货车业务在中车的地位迅速衰落。据统计，2013－2017 年，货车企业的用工在中车占比是 27.1%，营收却只占 13.1%（最高年份 19%、最低年份 8.8%），归母净利润的占比是-1.7%（最高年份 13.1%、最低年份-11.5%），增加值劳产率只是中车平均值的 41.7%。这些数据清楚表明，中车在货车业务方面的期望与回报是不成正比的。解决这个问题，要通过改革重组释放整合效应，调整产业结构，促进产业升级，增强自主创新能力、经营发展能力和抵御市场风险的能力，逐步缩小货车业务与中国中车整体发展水平的差距，推动货车企业实现快速发展，进而推动中国中车实现高质量发展。

（三）实施货车业务重组是货车企业健康发展的现实需要

货车业务目前面临“内忧外患”，“内忧”方面：一是产能过剩。全国货车新造能力在 10 万辆左右，平均每年有约一半的生产能力闲置。二是利润微薄。盈利空间经常受到原材料上涨、采购商降价等方面的多重挤压，致使盈利能力较弱。三是“一业独大”。非铁路产品的收入占比普遍在 20% 以下，抗风险能力差；“外患”方面：一是货运市场竞争加剧。2013－2017 年，中国公路、民航、水运三种运输方式的货运量均实现增长，唯有铁路货运量从 39.7 亿吨下降到了 36.9 亿吨。二是国铁市场将进一步开放。随着铁总市场化改革的深入，国铁市场的进一步开放已是大势所趋，市场形势将会日趋复杂，竞争只会越来越激烈。三是国际市场充满变数。当前世界政治经济格局错综复杂，国际形势充满了很多不确定性因素，将会对铁路货车的国际化经营带来巨大影响。货车企业要生存和发展，就要通过重组改革，最大程度避免重复投资、建设和研发，提升效率和效益，逐步实现转型升级，才能在激烈的竞争和复杂的环境中生存下去。

二、改革内涵和主要做法

中车长江集团的货车业务重组经过两年多的探索实践，公司逐步进入稳定有序经营局面。其主要内涵和做法可以提炼总结为中车长江集团“51525”业务重组实践方法，即：坚持“目标导向、问题导向、增量导向、价值导向、党建质量导向”等“5”个导向；明确“以经营业绩明显改善、核心竞争力显著提升、综合实力位居世界同行前列，助力中车实现高质量发展和“双打造一培育”战略的“1”个目标；按照“统筹设计、分步实施，组织精干、全面对接，权责清晰、激发活力，分类管理、差异发展，整合资源、高效运营”等“5”个方面的重组原则；统筹协调“战略”管控和“战略+运营”管控的“2”个发展阶段；重点推动“谋发展、去产能、调结构、优管控、强党建”等“5”个方面的重点举措，基本实现了重组改革阶段性目标，顺利通过中车货车业务重组中期验收（见图 1）。

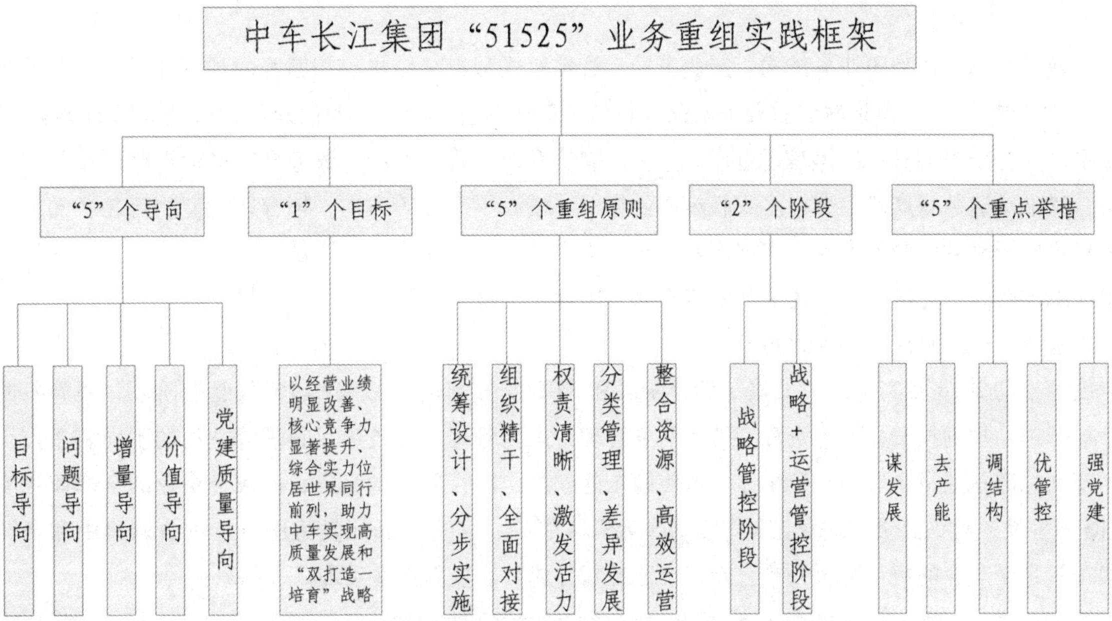

图 1　　中车长江集团“51525”业务重组实践方法图

（一）坚持目标导向，以“谋发展”筑牢重组的根基

凡事纲举目张，业务重组是一项系统性工程，牵涉面很广，需要坚持目标导向，首先建立起“四梁八柱”，才能高效、有序推进。

1. 统筹策划，确立重组原则路径

中车长江集团采取新设公司的路径，即中国中车将持有的长江公司、眉山公司、贵阳公司、太原公司和西安公司 5 家公司全部股权对价以现金方式向长江子集团公司出资，长江子集团公司以协议转让方式受让 5 家公司全部股权。在既定的重组路径下，提出组建原则如下：

（1）统筹设计、分步实施。按有利于发挥中车长江集团优势的要求统筹设计管控方案，尽快实现“战略”管控向“战略+运营”管控转换。

（2）组织精干、全面对接。按照“小总部、大业务”原则，精干总部设置，倡导专业协同和价值创造，满足业务协作与调控、资源互补与共享要求。

（3）权责清晰、激发活力。总部重点聚焦战略规划、产业发展、资源配置、技术创新、市场协调、文化融合、党建工作、纪检监察等，明确权责，调动积极性，激发内生动力。

（4）分类管理、差异发展。总部对整体业务实施分类管理，鼓励各成员企业发挥自身优势，实现差异化发展。

（5）整合资源、高效运营。优化资源配置、优化产业结构、优化制度流程，实现产品研发、市场协调、资源配置集中，提高运营效率。

2. 明确战略，做好顶层规划设计

2019 年 4 月 28 日召开第一次党代会，确立了“成为全球一流的物流装备系统供应商”的愿景，提出“1+6”高质量行动纲领和“7+7”高质量行动路径，中车长江集团发展战略的核心是推进以“转型升级、深化改革、创新发展”为主要特征的相关多元战略和国际化战略。通过中车长江集团战略务虚会进一步凝聚共识，持续丰富、发展并完善战略重点，形成《中车长江运输设备集团有限公司发展规划

（2019 年—2021 年）》。

搭建与中车长江集团业务结构、产业布局、管控模式和组织结构等相匹配的规划体系。大力推进实施“双主战略”，将铁路运输装备业务与新兴物流装备产业置于同等重要的地位，通过资源的均衡分配，有序推进产业结构调整。具体是通过产品升级、制造升级、管理升级、服务升级推动铁路运输装备产业升级；瞄准冷运装备产业集群、多式联运产业集群、核心零部件等方向，培育以大型物流装备的未来技术为代表的新兴物流装备产业，实现产业转型。面向全球，加快产品、产能、产业走出去，主动把高端技术、卓越管理、先进模式引进来，坚定不移走国际化道路。

3. 阶段推进，形成有序重组局面

统筹推动 2018 年实施的“战略”管控阶段和 2019 年实施的“战略+运营”管控阶段，明确各阶段在市场营销、规划投资、人力资源管理、财务管理、运营管理、科技项目管理等方面的不同侧重点。同时，明确总部是成员企业的投资主体，行使股东的权力、履行股东的义务，各成员企业的全部业务实行“战略”管控；对铁路货车业务实行“战略+运营”管控，实现产品研发集中、市场协调集中和资源配置集中；是新产业的孵化平台，培育新兴产业并指导成员企业新产业发展。

（二）坚持问题导向，以“去产能”做好重组的减法

坚持问题导向，就是要找准主要问题和突出矛盾，对症下药。随着内外部环境的变化，特别是国内经济结构转型升级，货车企业也面临一些亟待解决的问题：产能分散的同时总体产能相对过剩，资产和人员冗余严重，企业经营效率需要进一步提高；业务结构单一，抵御市场波动的能力不强，技术和市场资源分散，使用效率不高。

1. 注重调研，对标找出比较优势

中车长江集团围绕突出问题，组织业务研讨和深入成员企业调研 100 余次，形成《中车长江集团摸底调研总体情况报告》，调研不是目的，核心目的是摸清家底，为后续优化资源配置、发挥资源效率奠定基础。

为更好发挥各成员企业制造优势，成立了专项工作组从货车各生产工序能力入手，全面分析对比了各成员企业货车工艺、资源、财务、经营和市场等方面情况，多维度分析货车业务的资源使用效率、制造成本、盈亏平衡、边际贡献率等数据，制订出以“品质、效率、效益”为核心的 6 项产能评判标准，建立统一客观的货车造修产能界定标准，形成了《中车长江集团产能分析报告》，确定通过“停投资、调结构、减劳务、腾空间”等具体措施推进减产能。

2. 加强管控，充分整合投资资源

为更好地发挥规划与投资集中管控在改善资源配置效率上的引领作用，股权投资集中统一，各成员企业不再具有股权投资权限。同时，重点做好以下工作：一是基于中车在投资“放、管、服”方案，构建符合中车长江集团定位和管理要求的投资管控体系，保障“放下去、接得住”，抓好项目审核关，建立专家评审制；二是依照投资业务在战略规划所属板块中的作用，区分产业，制定鼓励和限制投资目录，搭建投资活动经济技术考核评价管理体系；二是搭建子集团投资管理办法，固定资产投资管理办法、股权投资管理办法、产权管理办法等制度体系，规范投资管控流程，对投资评价准则和退出机制做出明确要求；三是制定子集团滚动投资计划和投资预算，并严格审批和监督执行。

3. 优化配置，处置低效无效资产

持续加大瘦身健体提质增效工作力度，助力中车高质量发展，在资产清查工作基础上，开展了低效

无效资产处置工作，组织编制上报了成员企业低效无效资产处置方案，制订了成员企业三年低效无效资产及股权处置计划，并由各成员企业法人与中车股份签订了处置责任书，督促成员企业按照低效无效处置责任书及处置计划，分解落实月度处置计划，按时提报月度处置完成情况。2019 年分别通过修复改造、报废、拍卖等处置方式，处置低效无效资产 335 台、净值 1477 万。

4. 稳妥有序，推进员工分流安置

规范劳动用工，严格控制劳务用工数量和劳务费用，完善合法化，规范化，信息化劳动用工制度，减少劳务用工风险。灵活用工方式，依法推行劳动合同用工、非全日制用工、劳务派遣用工、其他从业用工等多种形式并存的用工方式。加强用工考核评价工作，完善员工能进能出机制，疏通员工退出渠道，形成员工能进能出的合理流动机制。截至 2020 年 4 月，在册员工 18169 人，比 2018 年重组初期减少 3531 人。

（三）坚持增量导向，以“调结构”化解重组的矛盾

业务重组不是单纯的做减法，而是要坚持增量导向，实施转型升级，通过谋求发展过程中的业务增量化解突出矛盾，保持员工队伍稳定和公司持续健康发展。

1. 立足“双主”，持续调整产业结构

按照“集团整体多元化，成员企业差异化，核心部件专业化”的发展思路，逐步根据各成员企业的资源禀赋、区位优势、核心竞争优势的不同，形成清晰合理的产业分工和发展规划，促进协同发展。积极践行“双主战略、集群拓展”，以市场需求为导向，以铁路运输装备产业和新兴物流装备产业为主体，平等配置资源。2019 年产业结构有明显改善，以冷运装备产业、多式联运装备产业、零部件为代表的新兴物流装备及相关服务收入达到 35 亿元（并表），占总收入 23% 左右，有效改善产业及市场单一问题，同时化解转移部分过剩产能。

2. 市场转型，坚定走国际化道路

坚定不移实施“走出去”战略，由“单一市场”向“全球市场”转变，通过探索海外投资、国际合作、并购重组等方式，优化现有国际业务模式，增强国际竞争力，扩大市场占有率，实现海外收入稳定持续增长。创新国际化经营理念，深化开放合作，从企业运营策略、管理模式、组织结构、人员配备等方面入手，重点突破国际高端市场，实现国际化经营指数持续升高，国际化营业收入占比不断提升。

3. 技术升级，不断优化产品结构

推动制造技术向自动化、少人化、智能化方向升级，提高产品质量，提升装备本质安全度。以“以机代人”工程，“智慧物流”等项目为抓手，贯彻落实精益理念，不断完善制造技术平台，持续提升企业生产效率效益，逐步提高人均劳产率，降低货车制造从业人数占比。

以重载、专业化铁路货车为主要发展方向，打造满足客户需求的新一代专用铁路货车。推广可靠性设计和智能制造工艺方法，实现重点产品在高可靠性、轻量化、信息化、绿色环保方面的要求，提高产品品质。

以满足客户个性化需求为导向，运用“互联网+”等实现产品信息化，并向配套服务的衍生领域拓展，满足客户对产品实现远程监控、故障监测、安全环保等新功能的要求。推进“制造+服务”，向全方位全寿命周期增值服务转型，为客户提供从设计、制造到运营、维护保障的整体系统解决方案。

4. 对标先进，持续完善员工结构

多渠道提升劳动效率，以创建世界一流示范企业为目标，与同行业标杆对比，寻找差距，弥补短

板，利用培训和技能竞赛，提高员工素质和技能水平，优化薪酬分配制度，调动员工积极性。逐步调整员工年龄结构、专业结构、素质结构和能力结构，使员工结构适应企业经营发展需要。依托“以机代人”项目的实施，促进生产手段自动化、智能化改变，逐步提高劳动效率。减少劳动用工，降低人工成本，实现“减员增效”。加强核心人才培养。持续推进“经营管理人才、专业技术人才、高技能人才、国际化人才”四支人才队伍建设，预计2020年末各类核心人才达2900人以上。

（四）坚持价值导向，以“优管控”提升重组的效率

坚持价值导向，即是按照企业运营的价值链进行梳理，不断减少或消除不创造价值的管理环节，理顺权责关系、优化管控关系，从而实现效益、效率目标。

1. 深化改革，夯实法人治理基石

一是坚持有序推进和依法合规的原则，落实党建工作进章程，把党建工作要求写入公司章程，切实把加强党的领导与完善公司治理统一起来；二是建立高效决策机制，重组以来一共组织召开了17次董事会，议案涉及中车长江集团管控方案、组织机构设立、重大投资项目、长江公司存续分立等三重一大事项；三是依据《公司法》审议通过了《长江集团公司章程》《长江集团规章制度管理办法》《长江集团规划管理办法》等14项基本管理制度；四是进一步完善董事会决策程序，降低决策风险，提高决策质量，成立了董事会战略与投资委员会和审计与风险管理委员会；五是着力加强全面风险管理和内控内审管理，构建了风险防控一体化信息系统。

2. 明确定位，梳理管控权限职责

中车长江集团的主体地位应该与“集团公司-子集团（骨干或板块子公司）-子、孙公司”结构中的子集团（骨干或板块子公司）类似，既是管控主体，也是被管控对象。那么中车长江集团在责权体系的纵向结构中全部承接中车原对各成员企业的管理职责，主动“对接中车”。内部通过高管团队分工、成立专门委员会、《长江集团“三重一大”决策制度实施办法》《长江集团“三重一大”监督管理实施办法》等来逐级实现。

而在责权体系的横向结构中，中车长江集团按照“归口管理与专业分类管理相结合、协同优于细分”的基本原则，在组织各成员企业进行充分研讨的基础上，12个部门共计梳理出64项一级职责（归口管理职责），基本覆盖满足公司正常运行、现代化企业治理、上级组织及地方管理要求。对一级职责进行细化，其二级职责（191项）/三级职责就构成了《长江集团总部组织机构主要职责》。同时针对每项一级职责都在总部和成员企业间作出权限划分，形成比较完整的总部与各成员企业权限划分表，可作为各职能部门履责和制定规章制度的依据。

3. 存续分立，构建一致管控架构

本着优质高效服务铁路市场、提升管理效能的总体目标，中车长江集团决定减少管理层级，对所属长江公司进行存续分立：分设由中车长江集团100%控股的株辆公司、常州公司，撤销武汉分部；铜陵车辆有限公司100%股权逐步划归中车长江集团。实施前后的管理层级如图2、图3所示：

长江公司存续分立以后，中车长江集团形成“1+8”的一致化管控架构，长江公司总部与长江集团总部进行融合、武汉分部与存续长江公司融合，减少管理层级，管理效率进一步提高，管理部门更加精干高效，制造单位力量得到加强，发展新兴产业的主动性进一步提升。

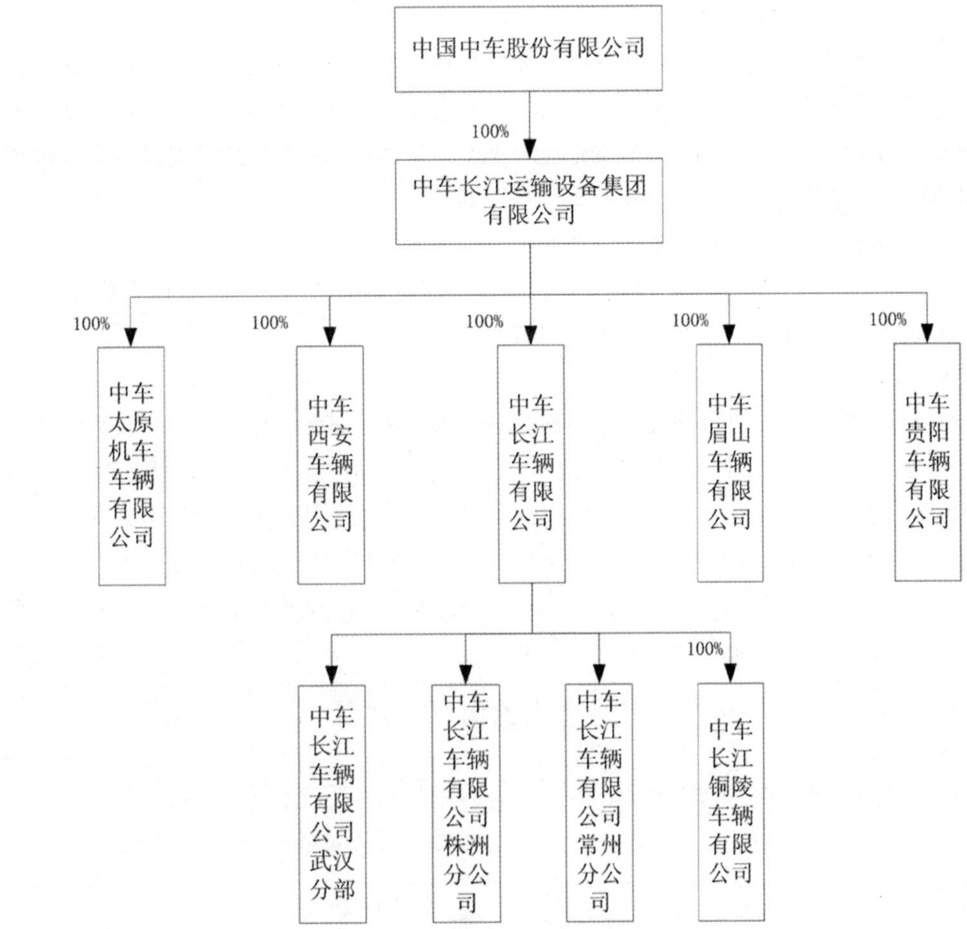

图 2　　存续分立前的组织架构

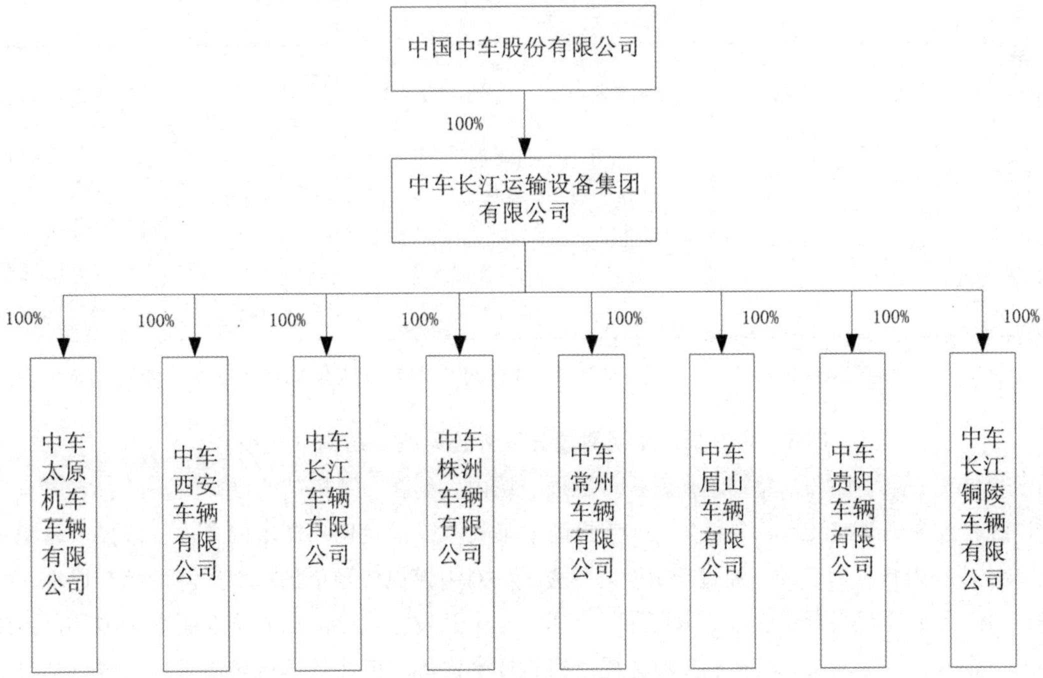

图 3　　存续分立后的组织架构

4. 协同发展，不断强化经营统筹

与中车经营指标的对接，落实年度经营计划与发展规划的落地。强化经营过程管控和服务，按照年度计划、季度调度、月度分析、日常督办、专项攻关，下达成员企业季度经营调度指标计划，组织召开季度经营分析会，落实年度经营计划，对成员企业的年度经营计划提报和实施情况进行有效监控，确保经营计划与进度的有效监控。

构建了考核、对标、监控、履职和重大事项五部分组成效绩评价指标体系，突出“战略+运营”的管控模式特点，既注重经营业绩又注重管理过程，实现了评价体系稳定，评价指标紧贴经营“热点”，突出“新兴物流装备业及现代服务业”的“双主战略”。

5. 专项突破，深入推进“三个集中”

成立了专项工作组，其中：产品研发集中方面，坚持以“统一规划、整合资源、联合设计、成果共享”为原则，搭建了“技术研发中心-科技和信息化部-技术分公司-各成员企业技术机构”的体系。成立中车长江集团技术研发中心，统筹管理各级研发机构和重点科技项目；按照“技术集中研究、产品联合开发、能力共建共享”思路，组建市场化运作的科技开发分公司，对内向所属企业提供产品研发、技术支持及技术服务，同时向外部市场客户提供产品设计、技术咨询、试验试制等技术服务，目前科技开发分公司尚在探索过程中，当前业务结构如图4所示：

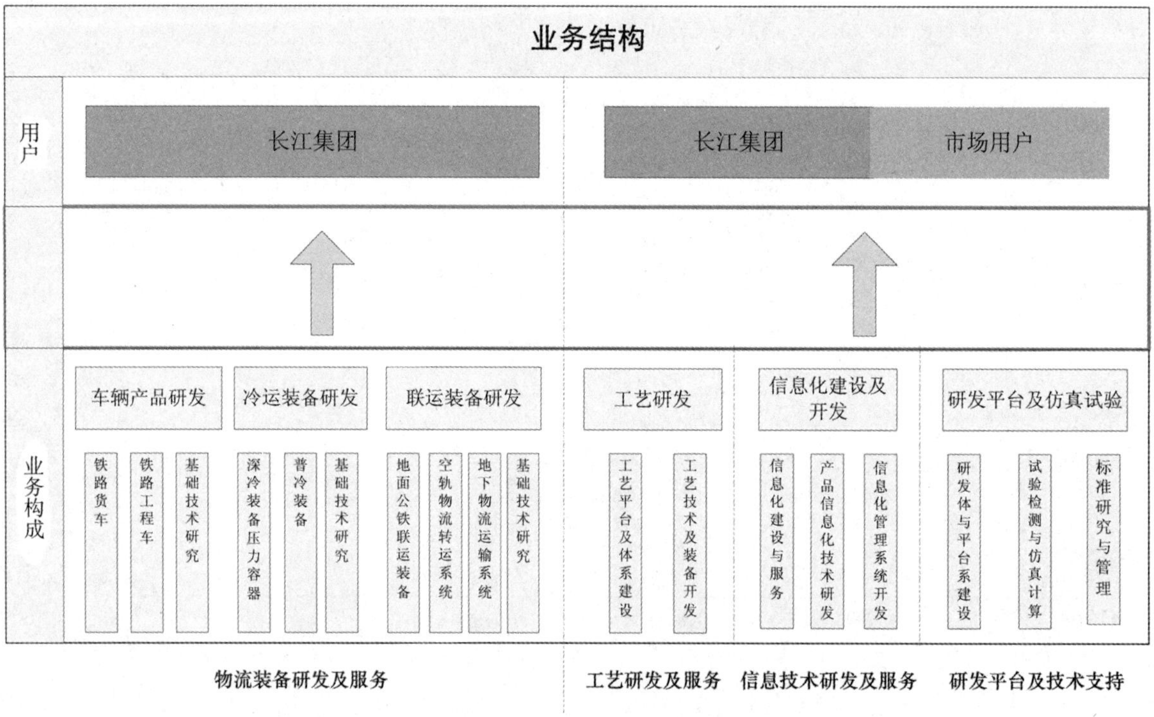

图4　中车长江集团科技开发分公司业务结构（当前）

国内市场统一集中协调，总结起来就是“稳外、调内、创新、开拓”，其中“稳外”：有序竞争的前提下，以综合成本优势或技术领先优势，作为提高中车收益或满足用户需求的条件，调控争取相对优质订单；“调内”：以指标为引领，通过正负激励的方式，对内模拟传导市场压力，降低综合成本，拉动技术进步；“创新”：带动各成员企业，紧盯市场需求，配合开发替代产品形成技术优势；“开拓”：鼓励并帮助各成员企业利用地域及既有客户资源，凭借核心技术优势，抓住货车市场需求良好的有利时机，实现非传统产品市场化。

售后服务方面按照“区域包干，联保互保”售后服务模式，以“联保协议”为基础，辅助各成员企业拓展“售后服务”的概念，获取既有用户使用意见并向内反馈，配合对既有产品进行功能性改进，发挥各成员企业区位优势、技术优势、配套优势，提高资源使用效率和服务响应速度。

海外市场充分发挥各成员企业的优势和特点，在中车国际业务框架下，构建“统一管理、营销有序、制造有力”的海外业务管理体系。其中：“统一管理”即中车长江集团海外事业部进行市场的统筹、协调；“营销有序”就是要整车营销相对集中、配件营销加大力度、新产业营销鼓励发展；“制造有力”就是各成员企业实现优势资源充分发挥，各尽其能、各展所长、分工协作，成为国际化重要支撑。

（五）坚持党建质量导向，以“强党建”提供重组的保证

1. 提高政治站位，自觉践行“两个维护”

中车长江集团重组整合的进程，是以高质量党建引领高质量发展的过程，始终坚持以党的政治建设为统领，以习近平新时代中国特色社会主义思想为指引，以习近平总书记视察中国中车重要指示精神为遵循，制定了《关于深入贯彻落实习近平总书记重要指示精神推动长江集团实现高质量发展的决定》，树牢“四个意识”，坚定“四个自信”，做到“两个维护”，把重要指示精神转化为企业高质量发展的科学思路和有效举措，确保重组整合沿着正确政治方向前进。落实全国国有企业党的建设工作会议精神，坚持“四同步、四对接”，党建工作进章程实现全覆盖，确保党委会前置，把党的领导融入公司治理各环节，党委把方向、管大局、保落实的领导作用进一步发挥。坚持强基础、重落实，加强制度建设，积极落实党建责任，集中发布中车长江集团《党建工作责任制实施办法》《意识形态责任制实施办法》等20多项制度文件，细化党建工作责任考核实施办法，推行了基层党委书记抓党建述职评议工作。严格落实党风廉政建设“两个责任”，深入开展党规党纪学习和警示教育，严格执行中央八项规定精神，驰而不息纠正“四风”，践行监督执纪“四种形态”，为中车长江集团高质量发展提供纪律保证和作风保证。

2. 务求创效创优，扎实推动巡视整改

中车长江集团党委切实把巡视整改“后半篇文章”作为政治责任，构建了落实整改的长效机制，研究制定了《党委巡察工作办法》，成立了巡察领导小组和巡察办公室。充分掌握成员企业推进巡视整改工作动态，注重针对巡视问题清单和整改措施定期开展巡察督导，收集问题难点，统一协调解决。当前，中车长江集团全级次企业政治巡视整改“三会”决议目标有序推进，全级次企业1359项问题，完成整改1300项，总体完成率95.66%。

3. 凝聚八方合力，打造“三力长江”党建“金名片”

高质量发展必须以一流党建为引领，中车长江集团以打造党建“金名片”作为党建坚强提升、提质换挡、成效跃升、深度融合的重要抓手，不忘初心、牢记使命，致力于在重组整合中凝聚八方合力、加速转型升级、惠及广大员工、推动高质量发展。紧密结合重组整合实际，在系统集成各企业经验和做法的同时，经过几轮的座谈、研讨、意见征集，逐步形成了打造具有长江特色党建“金名片”的共识，明确了“一有统领，八有千秋”的创建格局，确定了以“合力、活力、美力”为核心内容的“三力长江”党建品牌创建思路，制定出《“三力长江”党建品牌创建行动方案暨2019-2021实施规划》《“三力长江”党建品牌创建考核评价暂行办法》，使中车打造党建“金名片”的决策部署在中车长江集团重组整合中落实落地。打造“三力长江”党建“金名片”，既自上而下顶层设计又自下而上彰显价值，既系统推进又分步实施，既有具体指标又有长江特色党建管理体系，既强化三基建设又与生产经营深度融合，主要包含3个一级指标、9个二级指标、28个三级指标的指标体系已经实施。《长江集团党建管理工作

手册》《党建管理程序文件》《基层党建工作指导书》等则成为制度保障。

4. 加速文化融合，打造集团发展共同体

以文化一体化服务重组整合，在“同一个中车”的旗帜下，把共同的使命作为中车长江集团文化融合的基石；在“中车之道”的统领下，把共同的企业核心价值观作为中车长江集团文化融合的驱动力；在改革发展的征程中，把共同的未来作为中车长江集团文化融合的内生动力，扎实组织开展了“中车心新长江”主题宣传活动，组织开展了历时186天、包含10个大项40多个小项的“三力长江”首届文化体育艺术节，大力宣传中车之道、“同一个中车、同一个长江”的文化理念，推动建设“合力、活力、美力”的“三力长江”深入人心，打造重组整合进程中的利益共同体、命运共同体、责任共同体。在中车长江集团与成员企业制度融合、业务融合、管理融合、机制融合中，努力实现思想和文化上1+1=1。推动文化理念从中车长江集团成立之初的“同一个中国中车 同一个长江集团”升华到“同一个中车 同一个长江”，再到“践行中车之道、树立长江精神、建设“三力长江”，具有创新引领性、协同凝聚性、开放包容性的个性文化建设迈出新步伐。

三、改革实施效果

（一）经营业绩明显改善

重组整合以前，中车长江集团各成员企业营业收入、利润等主要经营指标偏低，2016年整体收入、利润分别为93.17亿、-5.3亿；2017年整体收入、利润分别为142.43亿、1.85亿（注：2016年、2017年数据为各成员企业数据简单相加结果）。重组整合以后，通过坚定实施“双主战略”、深度协同融合、持续优化管控等一系列综合性举措，连续两年经营业绩有明显提升，2018年并表收入、利润分别为149.6亿、5.76亿，2019年收入、利润分别为151亿、6.27亿（利润为考核口径），高质量完成中车经营指标，总体运营平稳，呈现良好发展势头。

（二）提质增效有所强化

开展内部工艺对标，制定货车业务毛利率提升专项方案，2019年货车业务综合毛利率达到19.51%，同比提升3.18%；制定下发了《长江集团内部配套管理实施办法》，强化内部配套制度和流程，进一步提升资源配置效率。2019年，中车长江集团各成员企业采购中车配套目录下的内部配套率为86.7%，重要零部件配套率为87.7%，一般零部件配套率为74.2%，上网采购率为94.7%。对各成员企业下达采购降本指标，督促各成员企业制定采购降本措施，利用好中车集采平台采购资源优势，2019年降低采购成本金额累计3.05亿元，采购降本率达到3.15%。

中车长江集团涉及“处僵治困”的6家公司借助运输结构调整、国铁车有明显增量的东风，实现扭亏为盈，完成处僵治困任务。推进长江公司总部与长江集团总部的管理融合，压缩管理层级；减少管理层级和压减法人户数2户（加拿大公司和塞拉利昂公司）。

（三）协同效应不断显现

重组整合以后，通过各种方式强化协同共享，发挥集团效应。2019年压减投资近3000万，占审核金额的10%，最大程度避免重复投资的问题；积极推进研发资源集中，科研立项由279项减至238项（包括中车级和子公司级科研项目），科研经费预算由6.3亿元压缩至5.7亿元。

打造集中统一的服务平台和协调机制，如国内外市场统一协调、以“联保协议”为基础的“区域包干，联保互保”售后模式、初步“技术集中研究、产品联合开发、能力共建共享”的科技创新体系、内部交流互鉴的精益管理和相关专项活动等，均体现出协同融合效应。

（四）重组示范效应初现

中车长江集团认真落实《关于推动中国中车货车业务重组工作的指导意见》等一系列文件精神，精心组织、主动作为，重点围绕“子集团组建、子集团管理、党群工作、产能化解、产能压缩、处置资产、分流人员、处僵治困、深度整合、谋求发展”等10个项点，通过中车的中期验收。

作为中车业务重组改革的“先行者”和“试验田”项目，中车长江集团完成集团公司组建及人员配置到位、管控体系搭建、“战略”管控向“战略+运营”的平稳有序过渡等一系列改革任务，荣获中车“改革重组攻坚奖”，同时中车长江集团已入选国资委“科改示范行动”企业名单、武汉市总部企业认定名单等。

从“控（结果导向）”“管（过程导向）”和“服（效率导向）”等层面梳理划分职责边界，搭建制度体系，形成相对较完整的基于母子公司架构的“战略+运营”管控体系，为业务重组提供了“长江方案”，为后续业务重组提供借鉴。

（五）党建质量持续提升

中车长江集团获评中车2019年度企业文化和品牌建设卓越企业，重组整合后首次接受中车党建责任制工作的考评就获得“A”类评价；《以文化融合加速重组整合型企业一体化进程》课题获评中央企业党建思想政治工作2019年度优秀课题成果三等奖；党建工作案例《党建信息化推动“三基”建设成效跃升》被评为“2019全国国企管理创新成果”二等奖，收录《国企管理创新成果年度报告》；8篇案例入选中车《党支部标准化建设手册》，14篇案例入选《党支部特色工作100例》。

成果创造人：胡海平、李　炯、蔡德权、佘银生、易卫华

交通银行“资本市场生态圈”服务探索与实践

交通银行股份有限公司金融机构部

十九大报告提出要“深化金融体制改革，增强金融服务实体经济能力，提高直接融资比重，促进多层次资本市场健康发展”。在此背景下，我国资本市场进一步加快发展。

为了更好地服务资本市场，交通银行大力发展“银证”业务，并以此为抓手，构建打造“资本市场生态圈”。通过银行服务，衔接、服务“资本市场生态圈”中的交易所、结算公司、证券公司、基金公司、私募基金以及广大证券投资者等各类参与主体，取得了显著的成效。

一、交通银行“资本市场生态圈”服务发展背景

（一）宏观经济转型离不开资本市场发展

从社会融资规模角度看，我国融资方式仍然以间接融资，特别是银行贷款为主。但部分情况下，间接融资与我国现阶段大力发展创新经济的需求不能完全匹配。我国宏观经济当前正处在转变发展方式、优化经济结构的重要阶段，以房地产投资和地方政府投资驱动的传统经济动能持续减弱，大力推动创新经济发展已成为未来经济发展的主动力。然而，大部分创新企业由于其生产经营模式特点，资产以专利、技术等无形资产为主，固定资产较少，缺少抵押物，与传统银行授信思维不相匹配，较难获得抵押类贷款。同时，创新企业还普遍存在股权结构复杂、行业竞争激烈、潜在风险较高的特点，同时现金流不稳定，不易从银行获得信用贷款。

在此情况下，发展资本市场直接融资，是做大创新经济、推动宏观经济转型的关键。资本市场的直接融资模式多样，可通过私募股权投资、交易所上市融资、再融资等方式，覆盖企业从创立、成长、成熟全生命周期的融资需求。股权融资的特点使得各方风险共担、收益共享，更能契合创新企业在发展期，特别是初创期和成长期的融资需求。

在多层次资本市场推动下，创新产业的蓬勃发展，反过来又可以为多层次资本市场提供了优质资产来源，资本市场与创新经济相辅相成、互相促进（见图1）。

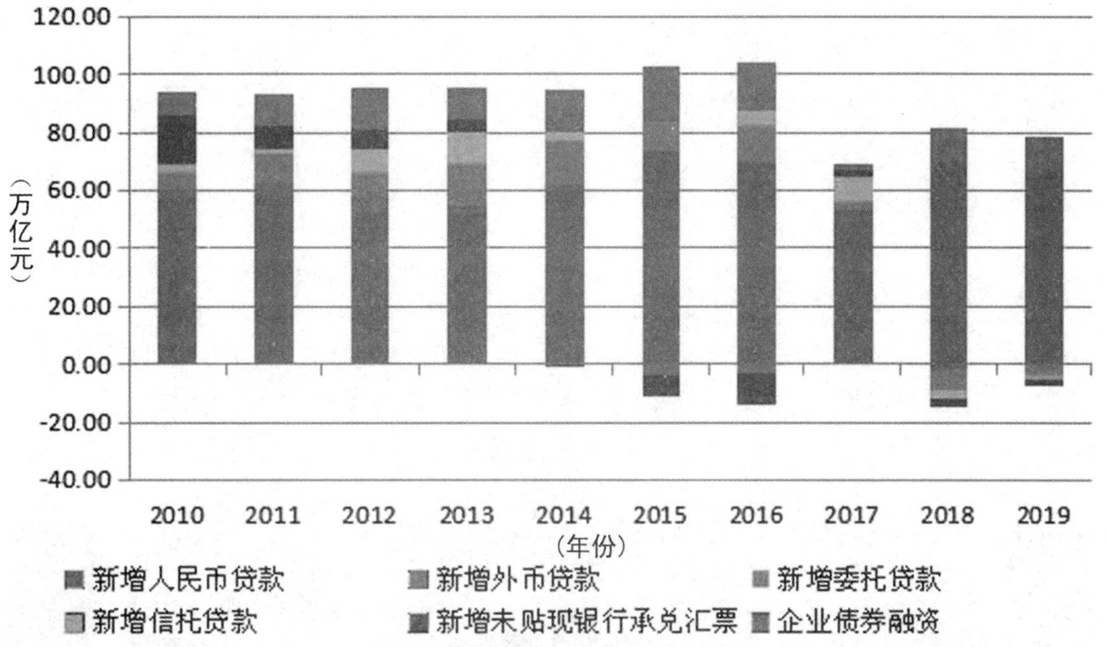

图1　近十年我国社会融资规模占比情况

（二）资本市场发展离不开银行的配套结算服务

在此背景下，资本市场进一步加快发展，并着力于支持实体经济发展。一是资本市场对外开放步伐不断加大。沪港通、深港通双向资金加快流动。2019 年全年成交资金规模达到 11.9 万亿元。二是证券投资者数量不断增长，为资本市场增加活力。截至 2019 年末，境内证券投资者达 1.6 亿户，较 2015 年末增长 61%，资本市场日益焕发活力。三是股票质押业务有效支持实体经济发展，为上市公司扩大经营丰富了融资渠道。截至 2019 年末，我国股票质押市值超过 4.5 万亿元。四是私募基金快速发展，为中小创业者提供资金支持，助力双创。截至 2019 年末，我国共计 24471 家私募基金公司、81739 只产品在基金业协会备案、发行，私募基金资产规模达 13.7 万亿元。

作为间接融资的主要代表，上述资本市场热点的“主角”并非商业银行。由于这些业务的收益主要体现在证券基金机构，银行的配套结算业务是不折不扣的“苦活、累活”，因此一度成为了银行业务中的“鸡肋”。然而，这些市场热点的顺利推进却离不开银行的配套结算服务。在缺少了银行的积极配合后，这些业务将面临难以开展的困难。

作为国有大行之一，交通银行历来重视资本市场服务，在资本市场历史上曾参与筹建了上海证券交易所，并成立了上海海通证券公司、西安安通证券公司、武汉汉通证券公司、广州穗通证券公司等多家证券公司。其中，上海证券交易所已经发展成为具有国际影响力的证券交易市场，海通证券成为了我国证券行业中的旗舰证券公司。1995 年，依据国务院分业经营要求，交通银行剥离了证券业务。但资本市场的“基因”已深植在交通银行体内。

面对金融脱媒的趋势，交通银行回归银行业务本源，打造了“资本市场生态圈”服务体系。通过该服务体系，交通银行以需求为导向、以结算为纽带、以系统为抓手，广泛链接、服务“资本市场生态圈”中的交易所、结算公司、证券公司、基金公司、私募基金以及广大证券投资者等各类参与主体，覆盖投、融、管、退的各个服务环节，在社会效益、经济效益两个方面都取得了显著的成效。

二、“资本市场生态圈”内涵

尽管通过资本市场生态圈已取得了明显的成效和市场口碑，但交通银行仍然不懈研究，总结丰富服务内涵。

（一）多方共建“资本市场生态圈”

投资者是各类市场业务的上游，投资者分为公司类和零售类的客户，是资金的源头。各类金融机构处于生态圈的中游，作为直接融资和间接融资的中介机构。各类要素市场，是生态圈的下游，通过各类清算、结算、交收，形成资金的大江、大河甚至大海。资本市场生态圈中，各类金融机构通过交易流、资金流和信息流等形式，形成的共生、共荣、循环发展的生态体系（见图 2）。

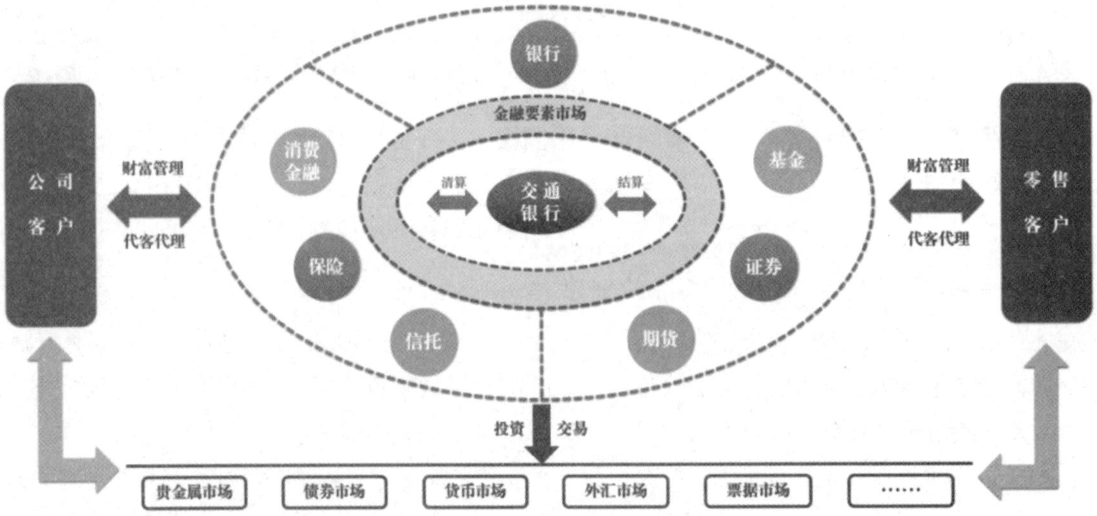

图 2　交通银行资本市场生态圈服务体系

一是上游决定中游，中游决定下游。没有上游的源头活水，中游的河道，下游的水库修的再好，也没有足够的资金支撑资本市场和实体经济的发展。源头客户很重要，是整个生态圈健康发展的根本。因此，交通银行将银证、银期源头客户的发展作为重中之重，多年来持之以恒地进行推动发展。

二是各个主体相互作用、共生共荣。生态圈中的各个金融机构之间不是一对一的接触和作用，而是多对多的相互作用。所以，交通银行一直着力突破单赢、双赢的局限，构造利益共生的多赢局面。

三是银行是生态圈的基础“物种”。任何一个金融机构的资金流转都离不开银行的基础结算体系，同时，银行还是最重要的资金提供方。因此，交通银行多年来致力于通过打造立体的基础结算体系、深入的客户和业务合作关系，衔接起生态圈内的投资者、证券公司、期货公司、基金公司、交易场所、登记结算机构，实现了各项资本市场业务的顺畅开展。

（二）场景金融是“生态圈”落地的基础

如果说生态圈的全景思维是交通银行开展资本市场服务的“世界观”，那么在生态圈中发掘“场景生态”，配套“场景金融”就是交通银行将生态圈服务落到实处的一个个“脚印”。近年来，交通银行对资本市场中的各项交易场景、结算场景、销售场景，进行了梳理、联接、整合、提升。

一是站在场景维度，重新审视银行业务。在评判是否开展某项业务时，不能单从银行自身角度出发，而是站在整个场景中，评估银行在其中的作用、价值，意义。

二是客户体验是检验场景金融是否有效的唯一标准。要高效支持资本市场生态圈发展，场景金融服务不仅要“有”，必须要“优”，一字之差将决定成败。

三是场景金融是产品和服务的起点和终点。为了解决场景中的痛点问题，交通银行的产品和服务基于场景产生需求，并坚持回归到场景检验。在这个循环中，不断进化、迭代。

（三）用“银证+”为“生态圈”赋能

赋能是场景金融发展的驱动力，交通银行把业务赋能归结为三个方向。一是对客户的赋能，主要是对证券公司、期货公司、基金公司等市场参与主体赋能；二是对服务、产品赋能，持续创新、孵化、迭代产品，帮助市场运行更加顺畅、高效；三是对分行一线赋能，给分行配套制度流程、营销工具和管理工具（见图3）。

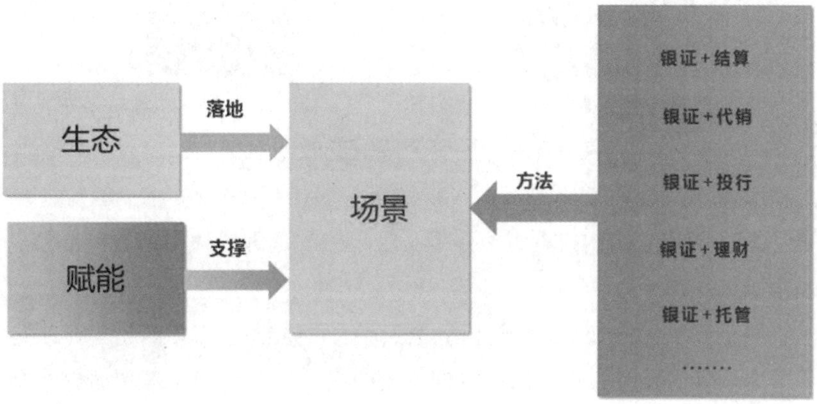

图3　生态圈、场景与赋能关系图

三、商业银行开展“资本市场生态圈”服务的主要措施

（一）跨境服务，助力资本市场对外开放

沪港通、深港通的开通，实现了上海、深圳、香港三家证券交易所的互联互通，更宣告了中国资本市场进一步对外开放的开始。伴随着资本市场的逐步开放，现有的境内金融服务已无法满足投资者日益增长的跨境、跨市场金融服务需求。作为中国主要金融服务供应商之一，交通银行集结旗下多家境内外分子行、交银国际等多家子公司力量，通过总分行联动和境内外联动，为广大客户提供“一站式”结算、投资、投行等跨境、跨市场金融服务，为资本市场搭建起了一座稳固可靠的“跨海大桥”。

1.“一站式”结算服务

在香港证券结算领域，交通银行凭借突出的优势、丰富的经验，成为首批港股通跨境资金结算银行。交通银行香港分行成立于1934年，是在香港持续经营时间最长的银行之一，还是香港联交所旗下场外结算有限公司创始股东之一，一直为香港证券市场提供资金结算服务（见图4）。

在其他境外市场结算领域，交通银行同样位居行业前列。在中国国家主席习近平的见证下，交通银行成为了首尔人民币业务清算行；并与韩国证券登记结算院签署全面合作协议，在离岸人民币支付结算、离岸市场基础设施建设、新产品研发等领域开展全面合作。此外，交通银行还是国内最早与卢森堡证券交易所、中欧交易所建立密切联系的商业银行。

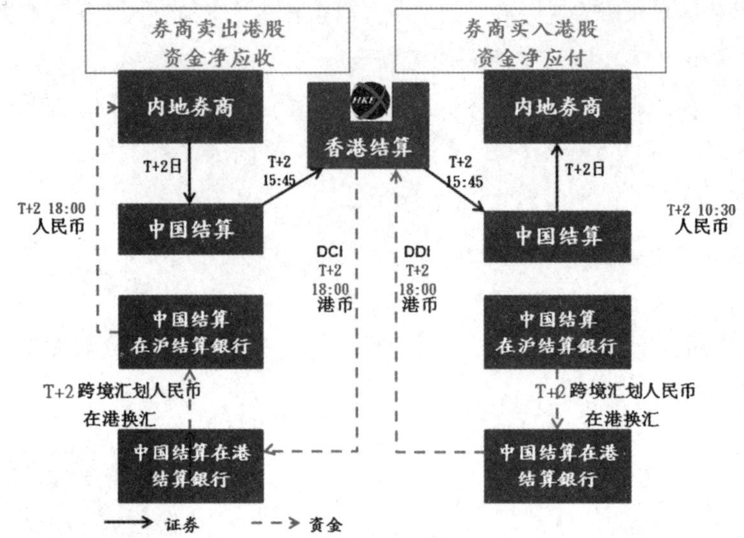

图4　港股通资金清算交收示意图

2．“一站式”投资服务

依据“沪港通”相关规定，境内投资者可以投资规定标的范围内的指定香港股票，但缺少投资顾问服务和其他衍生品服务。

交通银行通过在香港设立的全资证券子公司交银国际证券公司，能够为投资者提供“港股通”咨询、香港证券融资等多项证券服务；还可以提供期货与期权、孖展借贷（股票融资）等衍生品业务；更可以帮助投资者参与欧美、亚洲多个海外证券市场和芝加哥期货交易市场。

3．“一站式”投行服务

交通银行子公司交银国际证券公司作为香港最活跃的中资大型投行之一，是香港证监会批准的第一批主板上市保荐人，并拥有收购兼并的独立财务顾问牌照。公司近年来主导和参与完成了百余家企业上市的保荐、承销项目，涉及金额万亿港元。依托交银集团庞大的网络资源和境内外一体化运作模式，交银国际支持境内企业实施“走出去”战略，并致力为境内企业在香港国际金融市场上市融资、配股、并购以及IPO前过桥融资、股权投资等提供一站式服务。

（二）活跃市场，引流银证投资者客户

客户的金融资产主要分布在银行体系和证券体系，如同两个水系，两者彼此分离。传统银行体系的人员认为如果打通了银行和证券两个体系，客户的资产就会从银行向证券流动，形成银行管理客户资产（即AUM）的流失。但是，证券投资者客观上存在资产顺畅流动的需求。交通银行一是统一思想，形成总、分、支行立体联动的营销服务体系；二是打造高效、安全的银证第三方存管业务体系；三是与证券公司密切联动，合力服务投资者客户群体。打通了银行和证券两大原本独立的“水系”，促进了资本市场的活跃发展。

1.统一认识方面

银证客户推广业务开办过程中，有分行同事向总行表示了自己的顾虑，担心开展客户签约银证业务后，会使得客户在银行的资产流向证券端，不利于本行业务开展。面对这一担忧，交通银行总行机构部与个金部通过数据挖掘、大数据分析等手段，用数据说服各级经营单位。比如：为了证明银证客户是优质的零售客户群体，总行找到有力的数据支撑，银证客户户均AUM、储蓄存款分别是全行客户户均的9

倍和5倍；此外，数据显示，存量客户签约银证业务后，户均AUM增长量是未签约客户的10倍。数据充分证明，银行客户在签约银证后，非但不会使银行业务受到不利影响，反而会对零售板块产生积极贡献。

为进一步提高分行员工积极性，交通银行一是连续三年组织行内专项行动，通过配套资源，提升各级经营单位积极性；二是通过考核措施引导分行加强对银证客户推广的重视程度；三是推动全员全产品计价，通过内部激励，强化分行一线员工的营销动力。

2. 系统支持方面

为了提升客户体验，交通银行在系统便利性方面，一是开发了第三方存管“一步式签约”，实现了投资者在券商端一次性完成签约，无需往返于银行与证券公司；二是提供7×24小时转账功能，支持投资者随时进行银证转账，不再受限于交易时间，满足了投资者在紧急情况下的资金使用需求；三是丰富服务场景，通过融资融券、银衍转账、B股集中式转账。银期证转账等多项创新功能，增加了银证服务吸引力。

为了确保业务稳定，交通银行在系统连续性方面，一是预防为主，建立了健全的预防、预警机制，将日常管理与应急处理有效结合；二是联动协作，各部门加强沟通协调，形成了应对突发事件的有效应急机制；三是科学全面，应急预案场景不仅涵盖系统故障时的应急处理，也涵盖了非技术故障灾难场景下的应急处置。

3. 业务联动方面

除了总行层面的总对总合作外，在分行和支行层面还需要与证券公司当地营业部进行对接。每家证券公司的特色和所能提供的服务均有不同。总行一是优选了20余家证券公司作为重点合作对象，逐一列举了各家服务的特点和优势，供分行和客户参考；二是与重点证券公司，从总分行至支行网点开展全方位对接，实现了银行网点和证券公司营业部的“结对子”，深度覆盖全国约3000余家证券营业部及近4万名营销人员；三是交通银行主动上门，通过证券公司晨会等渠道，向证券公司一线员工介绍交通银行对银证客户提供的一整套服务方案，增进双方对彼此服务的了解，更有效地优势互补，共同服务好投资者客户；四是组织全国性的客户营销活动——银证签约“荐”面礼。通过“以客荐客”的营销方式，开展银证客户推广，为银行和证券公司双方提供有力的营销工具。

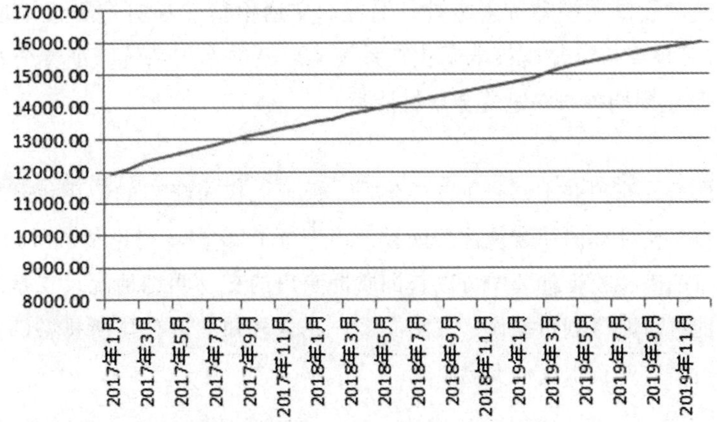

图5　境内证券投资者数量（单位：万户）

（三）支持实体，协助防控股票质押风险

股票质押业务是证券公司支持实体经济的重要实践，对融资资金进行监控是确保资金使用合规、防范

风险的必要手段。然而融资人账务流水在银行方，证券公司对资金进行监控涉及系统对接问题、法律问题、效率问题。交通银行一是打造系统，通过“监管E”专用系统取代传统模式下的人工查询和登记，实现了资金监控的电子化、系统化；二是明确授权，通过协议明确证券公司可监控账户范围，确保资金监控规范化；三是提升效率，借助企业网银等电子渠道实现资金监控线上化，减少证券公司人员工作量。通过“监管E”股票质押配套服务，交通银行与证券公司携手并肩，筑起了坚实可靠的“堤坝”，监控资金流向，提高资金效率。防范了股票质押融资资金的挪用风险，切实引导融资资金流入实体经济。

近年来，国内股票质押融资规模快速增长。然而，在业务快速增长的同时，也暴露出了两方面风险。一方面是资金空转风险。一些股票质押的融入方在融入资金后未用于实体经济生产经营，而是用于股票申购或二级市场投资，或投资于违反国家宏观条款政策、环境保护政策与产业政策的项目。融资资金未能有效支持实体经济。另一方面是资金损失风险。股票质押业务一度违约频发，频繁出现上市公司股东由于资金流动性出现困难，造成股票质押融资违约。

为聚焦服务实体经济定位，确保资金用于实体经济生产经营。2018年监管机构出台新规：要求证券公司对融出资金进行专户监管，通过资金事后流向监控，切实引导资金支持实体经济，融入资金不得在金融系统空转。要落实这一要求，证券公司亟需银行的协助和支持。

1. 打造专用系统

新规推出后，各家银行与证券公司就如何开展此项业务进行了讨论，有些银行认为，股票质押融资是证券公司向客户提供的融资服务，收益主要体现在证券公司。现在需要银行协助提供资金监管服务，对银行来说责任重、工作多、成本高、收益少，是典型的“吃力不讨好”。

交通银行经过统计发现，截至2017年末，我国股票质押融出资金余额合计达到了1.6万亿元人民币。如此巨大的融资规模，如果没有确保流入实体经济，而是成为了“空转”资金，将是社会资源的极大浪费。

经过慎重考虑，交通银行勇担国有大行应尽的社会责任，积极开展“证券公司股票质押专户监管服务”。在行领导关心下，交通银行由总行机构部牵头，会同营运部、合规部等部门组成专项小组，第一时间对接证券公司设计服务方案。

在传统模式下，核实账务一般采取逐笔核对纸质对账单的手工方式处理。证券公司如采取这种方式，将无法有效及时地对股票质押融资资金进行监控。交通银行专项打造开发了股票质押融资专用的“监管E”系统，将账务核实与资金监控电子化、系统化。通过专用系统，证券公司可以一目了然地核实“放款-使用-归还”全周期中每一笔资金划付情况。

2. 明确法律授权

从法律角度看，融资人账户并不归属于证券公司，银行无权将账户的使用权开放给证券公司。为确保业务合规，交通银行机构部和法律合规部与证券公司进行了20多场讨论和调研，形成了规范的授权协议。一是客户通过协议明确授权证券公司可以查询质押专户的交易明细情况；二是限定了证券公司权限范围，仅能查询而不能进行账务划付操作；三是向客户充分告知证券公司所具备的查询权限，提示客户避免在专用账户上进行需要进行保密的交易。

3. 提高监控效率

根据传统模式，第三方机构查询客户账务时需要携带相关证明及查询依据到银行网点现场查询。如采取这种模式，证券公司要落实质押资金监管需要耗费大量人力。为实现让“数据多跑路，客户少跑路”，当客户签约授权后，证券公司即可通过网上银行对全国各地的客户，随时查询质押融资专户资金的使用情况，大幅提升了质押资金监管效率，有效确保了质押融资资金流向实体经济。

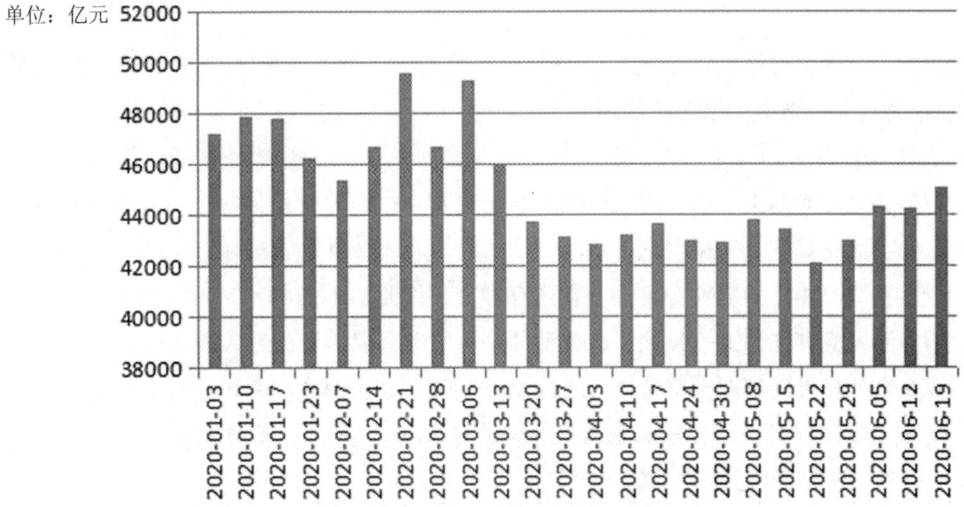

图 6　2020 年股票质押市值变化

（四）助力双创，高效完成私募基金资金结算

私募基金作为新生事物，在发展初期曾由于银行与证券体系规则差异、主体身份模糊等原因在基础结算领域遇到诸多瓶颈问题，发展受到极大阻碍。交通银行成功地突破了种种业务瓶颈，形成了引领行业方向的“交行模式”。一是做私募基金结算的“领航员”，实现了私募基金账户开立、资金划转等基本诉求；二是做私募基金的“大管家”，帮助私募基金摆脱手工处理的低效模式；三是成为私募基金的投资“好伙伴”，全面满足私募基金各方面的投资需求。通过一整套综合服务，交通银行为私募基金修建了名符其实的“高速公路”。一是实现了私募基金与各类资本市场的高效联通，助推了多层次资本市场的发展；二是为股权类和创投类私募基金提供了顺畅的资金进出渠道，为中小创业者提供资金支持，助推实体经济发展；三是降低了私募基金的时间成本、资金成本和机会成本，促进直接融资，提升社会资金的配置效率；四是提供安全高效的募集、分红、赎回服务，保障了投资者的合法权益。

中央提出了“健全多层次资本市场体系，多渠道推动股权融资”的改革方向。在此背景下，私募基金一方面作为机构投资者的重要组成部分，已经成为资本市场的中坚力量；另一方面可以为中小创业者提供资金支持、创业指导，助推实体经济发展。私募基金对应于资本市场，将像广大中小企业对应于国民经济一样，发挥着越来越重要的作用。

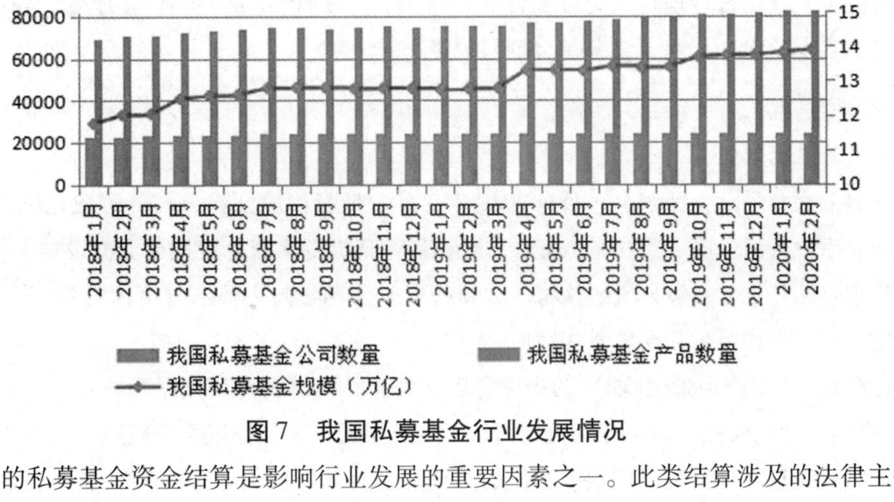

图 7　我国私募基金行业发展情况

安全高效的私募基金资金结算是影响行业发展的重要因素之一。此类结算涉及的法律主体多、账户

数量大、效率要求高。银行结算一度成为制约行业发展的瓶颈，市场亟需契合私募行业特点的创新金融服务方案。

在此情况下，交通银行将资本市场生态全聚焦私募行业，为私募基金结算领域做好“基础设施建设”，打通了私募行业链条中的诸多关键环节。

1.满足基本诉求

最初，私募基金作为新生事物，连银行账户都无法开立。因为按照传统公募基金开户要求，需要提供产品审批证明，而私募基金采用登记备案制，产品成立后才会有备案证明。变成了一个“鸡生蛋，蛋生鸡”的问题。此外，由于银行业和证券业在留存客户证件要求方面的不一致，第三方存管系统签约又必须校验银行方和证券方证件的一致性，造成私募基金的资金根本无法进入证券市场。

针对私募基金开户难的问题，交通银行通过流程梳理、办法制定、系统改造，针对私募基金产品量身定制了一套账户服务方案，结合私募基金产品特点明确开户资料，成功地突破了私募基金开户的瓶颈，形成了引领行业方向的“交行模式”。

针对私募基金签约第三方存管，交通银行梳理了专用流程、开发了专用交易、制定了专用的制度，实现了银行端规则与证券端要求的兼容，顺利打通了私募基金资金在银行账户和证券账户间划转的通道。

2.满足私募基金效率要求

解决了私募基金的基本需求后，私募基金对结算效率还有其特殊的要求。针对私募基金产品数量大，后台人员缺乏的特点，交通银行一是在账户体系方面，创新开发了“云管家”产品账户服务，解决了私募基金数量多开户多的难题，减轻了客户的人员工作量；二是在账务划转方面，帮助私募基金提高资金划转效率；三是在查询对账方面，满足了私募基金客户日终批量记账和日间临时查询等多种需求。

3.满足私募基金个性化需求

与公募基金相比，私募基金投资品种需求更加多样化，受到的投资限制也较少。一是除了传统的主板市场之外，还有期货、期权、贵金属、股权市场等参与需求。作为资本市场上牌照最齐全的银行之一，私募基金投资证券市场，交通银行可以对接第三方存管；投资期货市场，交通银行可对接银期转账；投资期权市场，交通银行对接银衍转账；投资贵金属，交通银行对接法人代理贵金属业务系统；投资境外市场，交通银行可以借助在香港设立的交银国际证券公司，在符合监管规定前提下，为私募基金提供境外交易服务；投资银行理财，交通银行的“金太阳”T+0开放式、“金月亮”期次类和“金交椅”定制化理财产品，全面满足了私募基金理财投资需求。

（五）全面赋能

1.为新设外资机构赋能

在金融开放的大背景下，证监会宣布自2020年4月1日起取消证券公司外资股比限制，截至目前，已有瑞银证券、摩根大通中国、野村东方证券、金圆统一证券等4家外资控股券商设立，并有18家合资券商的设立申请排队待批。新设外资机构将成为新的资本市场参与主体。与境内机构不同，这些机构对境内监管环境、银证合作环境需要熟悉和适应。

交通银行根据“生态-场景-赋能”的服务主旨，为外资机构境内展业保驾护航。一是通过“银证+系统”，借助全线上展业模式，解决外资机构网点不足的问题，为其经纪业务赋能。二是通过“银证+培训”服务，向其管理层培训境内开展银证合作的关键点，为外资机构业务管理赋能。三是开展“银证+

理财"、"银证+交易"合作，为外资机构自营资金的运用和流动性管理赋能。四是"银证+员工服务"，为外资机构人员管理赋能。

2. 为成熟业务赋能

除了为新业务、新机构配套创新服务外，交通银行持续在老业务领域和长期合作伙伴一起持续合作，精益求精，帮助合作机构更好更有效的服务资本市场。

在基金公司直销业务场景中，长期存在"跨行收款"难、无法"7×24 小时付款"以及查询、对账等个性化操作无法满足等业务痛点。如能有效解决这些痛点问题，可以帮助基金公司从繁琐的后台业务中释放更多精力，聚焦投资主业。

交通银行一是通过"银证+网联"模式，实现"一家接入，跨行收款"，为基金直销收款赋能；二是借助"银证+智慧路由"，实现 7×24 小时付款，为基金公司结算效率的提升赋能；三是推动"银证+代销""银证+委外""银证+准入"，为基金公司在零售代销、理财资金投资、自有资金交易各个领域全面赋能。

3. 为行内员工服务赋能

为了解决一线客户经理在与客户服务时相关信息获取不及时的"痛点"，交通银行建设了"同业客户营销工具箱"项目。解决了内部员工在服务资本市场客户时所面临的营销信息预测、业务到期提醒、资金变动监控等方面难题，通过信息订阅实现信息快速推送和传导。

一是通过"预测"模块，帮助客户经理有效抓取各类行内、外信息，预测证券公司融资情况，待交收资金，以及期货公司交割资金变动，为客户经理"贴身服务"赋能。二是"提醒"模块，可以对授信、定期、理财、活期利率审批到期等信息，以及监管 E 客户推荐提醒信息，及时提醒客户经理，为工作效率提升赋能。三是"监测"模块，监测账户资金变动，虚实头寸变化，PB 业务市场份额变化等情况，为工作快速响应赋能。四是"信息"模块，定期推送、共享证券/期货/基金公司合作资源信息，帮助客户经理全局整体掌握客户服务合作情况，及时查漏补缺。

（六）"资本市场生态圈"服务成果

尽管交通银行开展资本市场生态圈服务的初衷是履行社会责任，为资本市场建设添砖加瓦。通过该项服务，交通银行也实现了显著的业务成效。

一是通过跨境资本市场服务，交通银行跨境服务能力得到境外市场高度认可，进一步在全球范围塑造"最佳财富管理银行"品牌。

二是通过银证源头客户推广，交通银行厚植银证银期客户根基，新增银证客户市场占比最高的月份曾超过 10%；提升了源头资金聚集能力，吸收了大量稳定的同业存款和储蓄存款；建立了长效价值创造机制，显著带动了零售客户 AUM 的快速增长。

三是通过股票质押配套服务，交通银行与上市公司自然人股东（特别是董事会、监事会成员或公司高管）建立了稳固的业务关系，开拓了新的优质私人银行客户来源渠道。

四是通过私募基金综合服务，交通银行进一步提升了对资本市场新兴主体的服务能力，通过规模化的结算业务，沉淀了可观的同业低成本存款。

未来，交通银行还将持续扩大"资本市场生态圈"服务主体范围，深化合作内涵。通过跨境、跨业、跨市场服务，与金融要素市场、证券公司、期货公司、基金公司等各类主体携手，为资本市场创造更高价值，共同构建共生、共荣、循环发展的生态体系。

成果创造人：郭力璞、闫盘峰、朱　凯

创新供应链融资助力产融结合服务实体经济的探索与实践

中铁建金融租赁有限公司

中铁建金融租赁有限公司（以下简称“中铁金租”）是由中国铁建股份有限公司（世界500强排名第58位）主导，其全资子公司中国铁建重工集团有限公司联合北京中铁天瑞机械设备有限公司、中国财产再保险有限责任公司、天津东疆投资控股有限公司等单位发起，于2016年6月设立的全国性金融租赁企业，注册资本金34亿元。截至2019年12月末，中铁金租总资产485.65亿元，全年营业收入48.44亿元，营业利润8.89亿元，净利润6.65亿元。连年获得AAA主体评级，成为目前71家金租公司中第12家且成立满一年获AAA评级的唯一一家，综合营运指标排在全国金融租赁公司前列，成为中国银行业协会金融租赁专业委员会副主任单位，荣获2018年（第五届）全球租赁业竞争力论坛“最佳产融结合创新企业”和“项目租赁领军企业”，第五届中国海事金融（东疆）国际论坛“贡献奖”，2019IDC“中国数字化运营模式转型领军者”等荣誉。

中铁金租依托中国铁建和各方股东的品牌、渠道、网络及技术等优势，秉承“以融助产、服务实体、以产促租、产融结合”的经营宗旨，发挥“以租促揽、以租带建、以租助收、以租促销、以租代购”等功能，确立了打造“融资租赁+供应链”的“专业化产融结合金融服务”特色品牌的目标，聚焦产融结合，创新供应链融资模式，提升了金融服务实体经济的精准性和直达性，也贯彻了中央“六稳”和“六保”的精神。

一、创新供应链融资助力产融结合服务实体经济的实施背景

（一）全球经济化与国内经济发展的动力需要

随着经济全球化与网络化进程的加速，不同国家、地区、产业之间的隔阂逐步打破，经济强国和地区的企业在供应链中占据主导优势地位，而经济落后国家和地区的小企业则处于劣势地位，成为全球供应链中的短板，制约了全球供应链的发展。为了增强供应链的稳定性和减少供应链整体的财务成本，供应链的研究探索逐渐向提升资金流效率的方向发展。当前，我国经济已由高速增长阶段逐步转向为高质量发展阶段，经济增长方式更加注重平衡发展和结构优化，更加注重在更高水平上实现供需结构的动态均衡，提高供应链资金的运作能力，降低供应链整体的运营成本，已经成为各利益方积极探索的重要课题。

（二）国家相关政策提供了有力支持

2020年3月24日国务院总理李克强在国务院常务会议中提出要努力稳定供应链。3月26日中国银

行保险监督管理委员会发布《关于加强产业链协同复工复产金融服务的通知》，提出要加大产业链核心企业金融支持力度、优化产业链上下游企业金融服务、提升产业链金融服务科技水平等多项举措，以引导金融机构增强金融支持和服务，畅通产业链资金流，提升产业链协同复工复产整体效应。5 月 26 日中国人民银行、银保监会、发展改革委、工业和信息化部、财政部、市场监管总局、证监会、外汇局 8 部委联合发文《关于进一步强化中小微企业金融服务的指导意见》，提出“支持对中小微企业开展供应链金融服务，支持产融合作，推动全产业链金融服务，鼓励发展订单、仓单、存货、应收账款融资等供应链金融产品，发挥应收账款融资服务平台作用，促进中小微企业 2020 年应收账款融资 8000 亿元。”

（三）服务和支持实体经济的内在要求

随着国家大力提倡供应链金融的发展，已经有越来越多的金融机构逐渐参与到供应链金融服务中，但参与的金融机构主体主要以银行为主，非银行金融机构涉足较少。此外，供应链金融产品较少，模式也较为单一，多以银行传统的保理、信用证等业务为主，尚不能满足更多企业的需求。因此，加强供应链金融产品及模式的研究，为更多企业提供高质高效的供应链金融服务，对促进供应链上下游企业协同发展，支持国家实体经济高质量发展，将有着积极的促进作用。

金融租赁公司作为非银行金融机构，其融资与融物的天然属性与供应链产融结合的属性相似，都是直接作用于实体经济，有利于支持中小企业发展。产业系背景的金融租赁公司，依托股东及上下游资源优势，凭借融资租赁灵活的还款方式、较长的融资期限等交易结构，更有利服务供应链领域。中铁金租作为产业系金融租赁公司的标杆企业，立足于服务实体经济，依托中国铁建和各方股东的品牌、渠道、网络及技术优势，为供应链上下游企业提供差异化、特色化、专业化的金融服务，促进实体经济更好地发展。

二、创新供应链融资助力产融结合服务实体经济的内涵及主要做法

创新供应链融资助力产融结合服务实体经济的内涵，是通过创新供应链融资，促进产业资本和金融资本融合，其核心在于让金融由虚转实，回归金融本质，促进实体经济发展。中铁金租在创新供应链融资助力产融结合服务实体经济方面的主要做法如下：

（一）坚持产融结合宗旨，打造“三促两带”服务供应链融资模式

随着中国特色社会主义进入新时代，习近平总书记提出“金融要为实体经济服务”的要求。中铁金租是央企背景的非银行金融机构，承担着中央国有企业职责和金融机构功能，贯彻执行中央、国资委、监管机构要求，确定了“以融助产、服务实体、以产促租、产融结合”的经营宗旨，为创新供应链融资模式提供了正确的方向。

中铁金租坚守产融结合定位，围绕股东及其产业链上下游客户，主攻设备“产、销、购”及产业链融资业务，充分利用股东建筑企业背景，发挥中国铁建全产业链优势，打造“三促两带”服务供应链融资模式。一是立足“以租促销”“以租带购”，服务设备制造业与采购方。依托股东主线产品及供应商、采购方需求，以直接租赁、售后回租模式服务供应链中供应商“以租促销”、采购企业“以租带购”，带动采购方购置盾构机、船舶及其他设备，如帮助中国铁建港航局落地 1300T 风电安装船 5 亿元、物资集团购置进口高速打磨车 5500 欧元、施工设备 1200 余台（套）；并延伸拓展中小微厂商租赁、终端租赁等业务，进而为中小微客户提供普惠金融服务。二是立足“以租促揽、以租促收、以租带建”，服务基础设施建设。通过“以租促揽”，挖掘租赁客户与工程项目相关的信息资源，向中国铁建成员单位推荐，

帮助其扩大经营规模；通过“以租带建”，发挥客户渠道优势，搜集建设项目信息，筛选具有基础设施项目建设需求、资质和财务状况较好的客户，在业主招标阶段提前介入，协调推荐中国铁建成员单位参与基础设施建设；通过“以租促收”，向中国铁建上游客户提供融资租赁服务，促进其成员单位回收应收账款，帮助加快变现“应收工程款”。

（二）坚持协同产业发展，创新供应链融资模式

中铁金租充分发挥协同产业功能，以服务实体经济为出发点和落脚点，创新供应链融资产品。一是聚焦实体经济，发挥产业协同功能。围绕股东全产业链上下游客户，研究其产业特性和需求，努力挖掘、开发和引导股东产业链条客户需求，积极整合金融市场资源，提供一揽子的综合金融服务，不断提升增值服务功能，延伸产业链条。二是积极落实支持“京津冀协同发展”、小微企业发展和绿色金融国家战略。将“京津冀”作为重点区域开发，设立天津工作部，有效支持实体经济发展，通过创新终端租赁业务，积极稳步开展终端及小微客户业务，帮助其解决融资难、融资贵的难题。三是借助股东及其产业上下游丰富的客户资源，积极拓展业务，创新研究供应链融资产品，通过借助金融服务平台，创新了中小微企业租赁资产财产权信托、基础设施供应链融资项目、应收款链平台融资等多种供应融资产品，服务客户包括中国铁建产业链上下游、行业排名靠前的大型厂商、以及由生产商、经销商推荐的中小微客户。

（三）持续创新服务手段，降低供应链融资成本

为响应国家政策，降低客户成本，中铁金租致力创新服务手段，积极采取有力有效措施，降低供应链融资成本。一是不断开发授信资源，扩大授信规模，积极与政策性银行、国有银行、12 家全国性股份制银行及城商行、农商行及外资行等银行全面建立授信合作，以获取稳定充足的授信资源；二是加强金融工具的研究和融资产品的创新，创新开发融资模式达 15 种，包括跨境直贷、票据及信用证融资、共占承租人授信、区块链融资、银团贷款等融资模式；三是优化负债结构，通过与政策性银行及国有大行积极开展中长期融资业务，提升中长期负债占比；四是充分利用资本市场，积极开展金融债，探索资产证券化、资产支持计划及二级资本债等直接融资业务，增加直接融资比重，增加长期限低成本稳定的资金来源。

（四）齐抓共管精准发力，助推供应链融资业务落地

中铁金租将供应链融资作为重点工作，通过多层级、多部门、多条线齐抓共管、群策群力、相互配合、互相补台，发挥协同效应，推动供应链融资项目落地。一是公司层面确立了“融资租赁+产业链金融+资产管理”服务平台的战略方针，以战略规划为引领，明确服务主体，划分市场，积极拓展，契合落实；二是前台人员加大市场开发力度，以客户业务需求为出发点，精心设计定制化方案，精准提供金融服务，较好地满足了客户需求；三是中后台人员积极配合，在资金、法规、合同等方面给予有力支持，有效保障了供应链融资依法合规落地。

三、创新供应链融资助力产融结合服务实体经济的应用成果

中铁金租作为非银行金融机构，审时度势，认真落实党中央国务院关于深化中小微客户金融服务的决策部署，紧跟市场形势，努力践行金融服务实体经济责任，通过与大型机械设备制造厂商开展战略合作，积极探索工程装备租赁业务。中小微客户租赁资产财产权信托就是中铁金租基于服务中小微客户，在深耕厂商租赁业务，拓展存量客户上下游的背景下创新的一种直接为中小微企业提供融资租赁服务的

业务模式。中铁金租创新的终端租赁业务，不仅能够促进工程机械制造业的发展，扩大终端消费市场，也为急需机械设备又存在资金困难的中小微企业提供融资支持，解决其融资难的问题。为进一步降低融资成本，中铁金租还通过设立财产权信托的方式，将中小微租赁资产作为入池资产在银登中心融资，通过获取低成本资金解决了中小微企业融资贵的问题。

（一）产品介绍

中小微客户租赁资产财产权信托是将终端下游客户与租赁资产财产权信托相融合的一种融资方式。

在终端租赁模式下，中铁金租是出租人，中小微客户是承租人，同时也是厂商的下游客户，是厂商设备的购买者；中铁金租直接与承租人签署融资租赁合同，为承租人从厂商处购买指定的厂商设备，交付承租人使用，从而为承租人提供资金支持，同时中铁金租和厂商签署设备回购相关协议，对厂商项下的租赁设备提供回购担保；在租赁期内，承租人按照合同约定按期偿还租赁本息，租赁物件的所有权属于出租人中铁金租所有，承租人拥有租赁物件的使用权；租期届满，租金支付完毕并且承租人根据融资租赁合同的规定履行完全部义务后，租赁物归属承租人所有。如在租赁期内，出现承租人违约，则由厂商进行设备回购。此外，因中小微企业客户数量多，单笔金额低，租后管理难度大，因此，中铁金租在该模式中又引入了专业的第三方资产管理公司协助进行租金催收，档案管理等租后管理工作。

在财产权信托模式下，中铁金租在终端租赁业务形成一定资产规模后，将终端租赁应收租赁款纳入资产池，聘请专业律师事务所对资产池资产进行尽调，出具尽调报告，聘请会计师事务所对资产池进行现金流测算，聘请评级机构根据尽调和现金流测算情况，对资产池资产进行评级；最后，中铁金租根据评级情况，对资产进行结构分层，并出具最终报告报送银行业信贷资产登记流转中心有限公司（简称“银登中心”）审核；审核通过后，中铁金租通过信托公司设立财产权信托，将终端租赁模式项下的应收租赁款作为信托标的资产，在银登中心进行挂牌销售。

产品模式图如下：

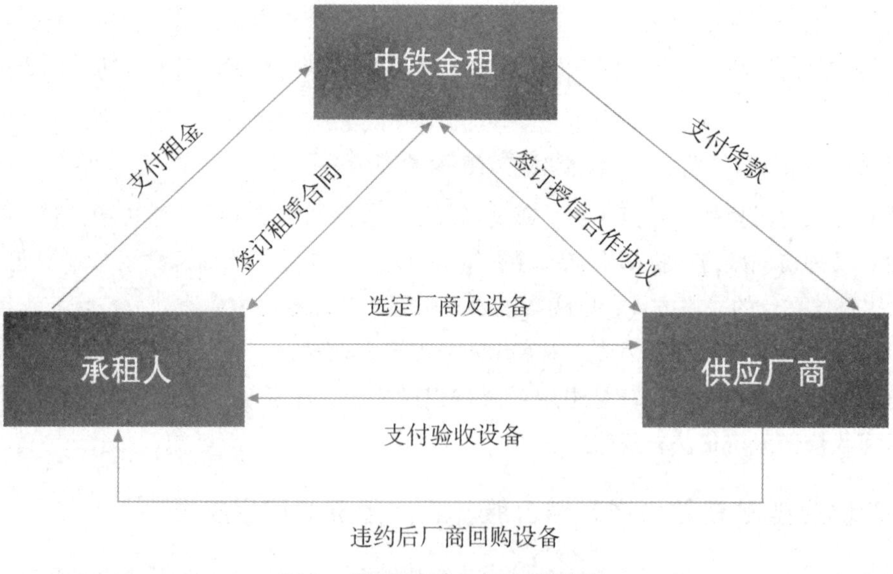

图 1　终端租赁业务实施流程

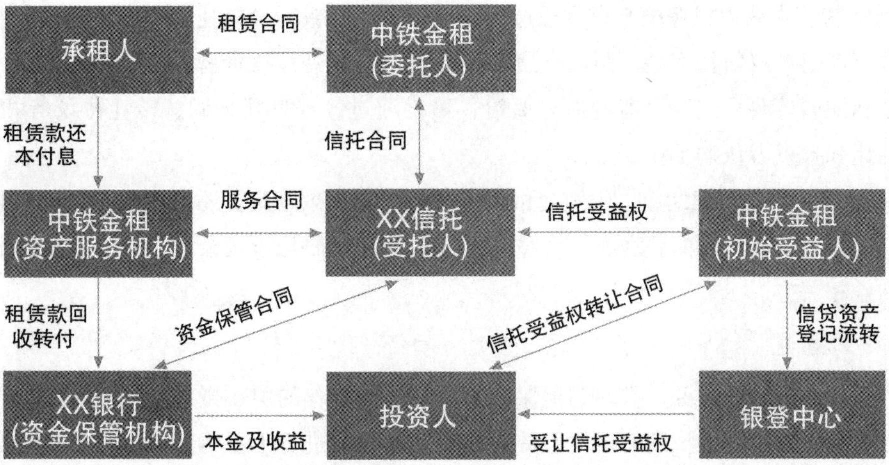

图2　租赁资产ABS财产权信托转让实施流程

（二）实施过程

中小微客户租赁资产ABS的业务实施步骤分为两个阶段：一是终端租赁业务形成阶段，二是租赁资产ABS财产权信托设立及转让阶段。

1. 终端租赁业务形成阶段

（1）中铁金租选择信用级别高、资质较好的厂商合作，对合作厂商进行内部评级，根据评级结果，确定合作授信额度及业务合作模式，双方签署《授信合作战略协议》。

（2）厂商按照《授信合作战略协议》相关要求，向中铁金租推荐资质较好，有购买设备需求的客户，中铁金租业务营销部对承租人相关资料进行真实性核查和初步审查，报风险审批部门审批，待审批通过后，中铁金租与承租人签订《融资租赁合同》，与承租人及厂商签订《买卖合同》。

（3）中铁金租按照《买卖合同》约定向厂商支付承租人需要采购的设备款，厂商收到货款后将设备提供给承租人，由承租人占有并使用，设备所有权仍归中铁金租所有。

（4）在租赁期内，承租人按《融资租赁合同》的约定按期向中铁金租支付租金，如承租人违约，中铁金租在向承租人追偿的同时，也可按照与厂商签署的《授信合作战略协议》向厂商提出回购要求，由厂商对设备进行回购。

（5）租赁期结束后，承租人在向中铁金租偿还全部租赁本息后，租赁设备所有权归承租人所有，中铁金租、承租人及厂商三方的权力及义务解除。

2. 租赁资产ABS财产权信托成立及转让阶段

（1）组建资产池。中铁金租将形成一定规模的终端租赁业务纳入资产池，进行初步筛选，准备尽调材料。

（2）尽职调查。聘请律师事务所对纳入资产池的租赁业务进行尽职调查，聘请会计师事务所根据尽调结果对资产池现金流进行测算。

（3）结构设计。聘请评级机构根据尽调和现金流测算情况，对资产池情况设计产品结构，确定评级分层结果。

（4）上报文件。编制文件并上报银行业信贷资产登记流转中心（以下简称“银登中心”），完成银登中心上报工作。

（5）机构审批。银登中心对中铁金租提交的租赁资产财产权信托申报文件进行审核。

（6）产品销售。在获得银登中心审批通过后，中铁金租在银行开立托管专户，通过信托公司设立中小微客户租赁资产财产权信托产品，制定产品推介方案，寻找潜在投资者，并有针对性的组织路演，与投资者就价格和期限等要素进行提前沟通和商洽，最终通过签署信托合同、转让协议等相关法律文件，完成产品的转让和投资者认购工作。

（7）售后管理。产品存续期内，中铁金租将资产池内中小微客户偿还的应收租赁款直接支付至托管专户，信托公司作为信托产品的管理方，按照信托合同约定，向托管银行发送指令，由托管银行将资金分配至信托利益相关方。

（三）保障措施

1. 设备厂商对终端租赁业务提供回购担保。如设备厂商推荐的中小微客户出现违约，不能偿还对中铁金租的租赁本息，则由设备厂商对该笔租赁业务项下的设备进行不见物回购，以补偿违约客户对中铁金租带来的本息损失。在终端租赁模式下，中铁金租选定的合作厂商均为信用级别高、行业排名靠前的大型厂商，且与厂商签署合作协议，通过协议约束厂商的回购担保行为。

2. 实施限额管理、分类审批原则，确保业务风险可控。考虑到终端租赁业务由厂商做回购，实现最终风险的承接，中铁金租将终端租赁业务按照不同的合作厂商进行分类，并对每家厂商的股东背景、经营情况及财务情况等进行单独考察，最终确定厂商的风险等级，并按年度进行调整；然后按照各厂商风险等级的不同，实施不同的合作额度、合作模式及业务审批流程，确保业务风险可控。

3. 制定相关制度，组建专业团队保障业务的安全运行。中铁金租制定了与终端租赁业务相关制度文件及业务流程，以保障业务的顺利实施，防范相关操作风险。同时，中铁金租还在业务的每个流程环节组建专业团队，涵盖了终端租赁业务的营销工作、业务审批、租后管理、银登中心再融资等全部流程事项，确保业务的有序开展和安全运行。

（四）产品优势

1. 承担较低风险，获取较高收益。从风险端分析，相比一般的大型企业，中小微企业资金实体较弱，信用资质也较差，信用风险较高，但终端租赁业务单笔金额较低，业务属于小额、分散，整体出现风险的可能性较低，反而较普通租赁业务风险更低，此外，设备厂商企业提供担保回购，进一步降低了整体业务风险。从收益来看，相比对大型国有企业的租赁业务，为中小微企业提供的小额终端租赁价格更高，业务收益可观。因此，中铁金租可以在有效控制风险的同时，获取较高的收益。

2. 业务手续简便，获批效率较高。中小微企业向银行贷款，一般需要银行认可的抵押物，如房产和土地等，如没有可以用于银行贷款的抵押物，将很难从银行获取贷款；而终端租赁的业务模式无需承租人提供抵押物，只需要基础资料，且中铁金租通过批量审批授信，简化了内部审批流程，缩短了业务流程，在时间上也满足了承租人用款需求。

3. 增强客户信任，促进设备销售。厂商作为终端租赁业务的回购方，尽管承担了承租人违约后的风险，但厂商作为承租人的设备提供方，对承租人的熟悉度较高，更了解承租人的具体情况，且作为设备的回购方，厂商可以通过设备回购再销售的方式，有效处理租赁物，获取补偿，实际承担的风险并不高。此外，作为设备的销售方，终端租赁业务模式可以有效提高厂商的销售量，促进厂商销售，减少内部库存，同时也可提高下游客户粘性，提升客户的忠实度。

4. 资金成本较低，业务良性循环。中铁金租将中小微企业应收融资租赁款通过设立财产权信托的方式，在银登中心向其他机构转让，凭借中铁金租的高信用评级及产品的机构化安排，将中小微客户的应收融资租赁款与投资机构的资金进行有效对接，通过市场化转让获取更低成本资金，然后再将通过市场化融资后的低成本资金注入终端租赁业务，从而间接为终端下游客户提供了低成本资金，并用资金继续支持终端租赁业务的投放，保障了业务的良性循环和可持续发展。

（五）绩效分析

从案例应用情况看，中铁金租通过该模式，服务了铁建重工、徐工集团、柳工集团、三一重工、中联重科等一大批国内驰名工程机械制造厂商，在盾构机、挖掘机、旋挖钻机、自卸车、塔式起重机等工程机械设备领域，做出了特色和品牌，目前成为了全国最大的盾构机租赁企业。

截至2019年底，工程机械终端租赁业务累计投放超过50亿元，服务超过近4000个中小微企业和自然人，为急需机械设备又存在资金困难的中小微企业和自然人提供了金融服务。在租赁资产ABS模式下，2019年7月中铁金租在银登中心成功落地了首笔创新服务中小微客户租赁资产ABS业务10亿多元，创银登中心首单；2020年1月再次在银登中心成功获批11.97亿元。从案例价值分析，中小微客户租赁资产ABS在有效解决客户采购设备及资金困难的同时，有力推动了中国工程机械行业拓宽销售渠道、加快货款回收、改善财务质量、提升市场竞争力，对助力中国“一带一路”倡议落地和工程机械、基础设施行业发展起着积极的促进作用。

此外，该案例还帮助中铁金租获得了中长期资金，优化了负债期限结构，降低了期限错配风险；帮助投资者获得低风险较高收益的优质资产，最终实现供应商、终端客户、金融机构及投资者的多方共赢。

四、相关政策建议

（一）宏观方面

1.完善信用管理和法律体系。供应链是与贸易直接相关，国内贸易常使用票据结算，但缺乏统一、可流通的并且经过各方人认可的担保，商业银行也缺乏对票据的通开通兑模式，造成供应链金融交易存在一定操作风险。此外，在动产抵押登记公示上，还存在动产登记部门多、公示性差等不完善的地方。建议政府进一步健全物权法登记体系，并配套出台相应的政策法规，为供应链金融提供公正的法制环境。此外，企业信用是金融机构决定是否给予资金支持的先决条件，也影响着授信额度与期限等重要授信因素，而目前我国大型企业的信用机构由于可通过发行债券或公开上市等公开渠道获得融资，企业信用情况比较透明，金融机构易于获取企业信用情况，企业也更注重维护自身信用。而中小企业设立门槛低，很少能涉足公开市场融资，对自身信用重视度也不重视，因此，建议进一步优化现有企业征信体系，加强信息系统的统一管理，完善中小企业信用奖惩机制，健全整个社会信用体系建设。

2.加强政府政策支持。政府部门应充分认识供应链金融对于拉动经济发展的重要作用，应在供应链金融业务上给予相关政策支持，如通过对一些发展规范、前景预期较好的企业给予土地的低成本使用或税收减免等优惠政策，可以帮助这些企业迅速发展壮大，成为供应链中的核心企业，借助核心企业向外辐射，贯穿整个供应链上下游企业；或者通过给予金融机构相应的信贷支持政策，如增加其贷款额度，给予开展供应链金融的金融机构优惠利率，允许发行特别债券定向支持供应链金融或使用供应链金融相关资产发行资产证券化等，鼓励金融机构积极参与供应链金融，帮助供应链金融融资困难的企业解决融资难题。

3.搭建信息共享平台。政府部门应充分发挥政府功能，积极构建金融机构与供应链企业的沟通交流平台，定期适时发布供应链金融供需信息，将企业优秀的供应链金融模式发布在平台上，供同业借鉴和参考；组织具有丰富经验的供应链金融专家开展直播讲座和培训；在招商引资中重点引入国外供应链经验丰富的企业，利用其先进的技术与成熟的模式带动国内供应链业务的开展。

（二）微观方面

1. 增强服务产融结合的供应链金融意识。当前，银行业与金融租赁行业还未对产融结合供应链金融给予足够重视。银行业倾向纯信贷业务，往往将收益与风险摆在产融结合之前；金融租赁行业发展历史较短，整体规模还比较小，且银行系占比较高，其资金来源充足、资金成本较低，更偏好于大型央企、国企，而供应链融资中的资金需求方多为中小企业或民营企业。因此，建议增强服务产融结合发展供应链金融的意识，充分认识它对平衡国家资产结构、带动行业发展、促进社会经济持续发展的作用和意义，加强供应链金融的研究，积极聚焦产融结合提供供应链金融服务。

2. 健全供应链金融风险管理机制。首先，要加强对供应链运作情况的关注，了解供应链金融企业的经营情况，研究外部环境的变化趋势，建立一套适合供应链金融的风险评价体系和评级体系，推行供应链管理类企业信用管理，建立信用模型，将供应链企业之间的关系设置关联系数；其次，要对核心企业经营情况进行分析评价，包括其经营业绩、设备管理、质量控制及成本控制等情况，要做好及时调查和评估，要通过供应链核心企业平台，对与该核心企业发生的交易进行信用管理；最后，要通过基于单证、应收账款质押等方法，灵活运用质押、资金监管等多种风险缓释措施加强供应链金融业务风险防控。

3. 加强供应链金融创新实践。供应链金融的创新离不开制度创新和技术创新，从技术创新来看，供应链金融涉及主体众多，资金提供方需要对供应链所在的行业、供应链以及企业多个角度进行系统评估，并依据评估结果决定是否给予企业授信，因此核查手续多、流程长也是影响供应链金融发展的一个重要因素。金融机构应通过技术创新，借助于互联网搭建关于产、供、销完整的供应链信息系统，建立起不同行业产品的基础供应链信息管理平台，运用大数据采集客户信息，才能从根本上提升供应链金融融资效率，推进供应链金融的持续发展。

4. 注重供应链金融人才培养。供应链金融业务对从业人员要求比较高，在知识层面不仅需要金融业务知识，还需要产业相关知识，在操作层面也需要既熟悉金融知识又具有产业背景的人员。因此，一方面，企业需要从外部引进高素质高水平的专业复合型人才；另一方面，供应链金融属于新型领域，企业也要从自身做好内部培训，包括法律、财务、信贷风险等方面的培训，提高企业整体素质，尤其是业务人员和风险审批人员的业务水平，以适应供应链金融业务的发展要求。

成果创造人：贺春雷、和立飞、刘艳华

坚持战略引领　着力改革创新　深入推进向工程产业集团转型发展

中国铁路设计集团有限公司

中国铁路设计集团有限公司（简称中国铁设），是中国国家铁路集团有限公司所属企业，前身为铁道第三勘察设计院集团有限公司（铁三院），成立于1953年，总部位于天津市，是以铁路、城市轨道交通、公路等工程勘察、设计、咨询、监理、工程总承包、产品产业化业务为主的大型企业集团，具有工程设计综合资质甲级证书，企业综合实力位居行业前列，是国家首批认定的高新技术企业。2017年，企业冠名“中国铁路”，明确提出“力争用10-15年时间，建成千亿级工程产业集团”的战略发展目标，开启了由传统勘察设计企业向工程产业集团转型升级的新纪元。

一、提出工程产业集团战略目标的背景

（一）新时代对深化国有企业改革提出了新要求

党的十八大以来，习近平总书记站在党和国家发展全局的战略高度，对国有企业发展改革发表了一系列重要讲话，作出了一系列重要批示指示，用一系列相互联系、相互贯通的重大理论创新和科学判断，深刻回答了在新的历史条件下要不要发展国有企业、发展成什么样的国有企业、怎么发展好国有企业等重大理论和实践问题。鲜明提出做强做优做大国有企业，要坚持以解放和发展生产力为标准，坚持政企分开、政资分开，以增强企业活力、提高效率为中心，提高国企核心竞争力。要有利于国有资本保值增值、有利于提高国有经济竞争力、有利于放大国有资本功能。把国企建成能面对市场竞争、以质量效益为导向的现代企业。2015年以来，党中央、国务院印发实施《关于深化国有企业改革的指导意见》总体文件，相继出台了22个配套文件，推动国企改革搭建以总体文件为引领、以若干文件为配套的“1+N”文件体系，形成了深化国企改革顶层设计和四梁八柱的大的框架，国有企业深化改革的系统性整体性不断增强。

（二）新时代对国铁企业和铁路建设行业高质量发展提出了新要求

党的十九大以后，国铁集团提出了交通强国、铁路先行，明确了“三个世界领先、三个进一步提升”的目标任务。在国铁集团发展规划（2018年—2020年）中明确提出“围绕铁路运输上下游产业链，推进全资产开发、全要素盘活、全领域联动、全方位创效，在土地综合开发、物流商贸产业、客运延伸服务、工程建设领域、工业研发制造、信息资源开发以及金融保险业务等7大优势领域培育打造一批“上百、过千亿元级非运输业大产业板块，放大国有资本功能”。围绕住建部、国务院办公厅关于大力推

进工程总承包，提高工程建设质量，推动产业转型升级，深化建设项目组织实施方式改革的要求，国铁集团先后下发了《中国铁路总公司关于开展铁路建设项目工程总承包试点的通知》《关于促进铁路建设可持续发展的指导意见》《关于明确铁路企业参与非国铁控股合资铁路建设项目管理有关事项的通知》等文件，全力推进铁路建设行业工程总承包业务开展。

（三）中国铁设实现持续健康发展面临的形势和挑战

从发展阶段看，在 1990 年之前，中国铁设生产任务来源多是铁道部指令性项目，主要从事铁路勘察设计业务；1990 年到 2015 年期间，在做好铁路勘察设计的同时，不断拓宽其他市场领域，在城市轨道交通、公路、工程承包、工程监理、工程咨询等领域取得长足发展，步入以勘察设计业务为主、多元业务发展的阶段；2016 年，国铁集团开始实施设计单位牵头的铁路工程总承包试点，中国铁设步入了由勘察设计业务向工程总承包、海外、产业化为重点的转型发展之路。从发展空间看，中国铁设虽然在“十二五”期间大力发展总承包、境外等多元业务，但项目零小分散，未取得重大突破，收入来源仍然主要依靠传统勘察设计业务。随着铁路、城轨十几年的高速发展，市场容量缩减，竞争更加激烈，成本增长利润下降，传统勘察设计业务已难以支撑企业的持续发展。从体制机制看，长期以来，中国铁设的主营业务是铁路勘察设计，生产经营、技术创新、质量安全、分配考核等管理模式都是基于此建立起来的，体制机制也是传承计划经济时代的职能式集中管控模式。进入“十三五”，公司业务结构、组织结构、收入规模等与以往都发生了根本性的变化，传统的管理模式、体制机制的不适应性和制约新业务发展的问题开始凸显。

进入新时代，实现国有资产保值增值，推进中国铁设高质量发展，迫切需要把握好历史方位，主动把企业改革发展放在培育世界一流铁路企业中去谋划；迫切需要加快推进体制机制改革，构建符合市场经济规律的现代企业制度；迫切需要聚焦做优做强做大，加快业务转型，拓展企业发展空间；迫切需要加快转变以勘察设计业务为主的管理模式，建立适应总承包、境外、产业化多元业务发展要求的管控体系，推进管理转型。

二、工程产业集团战略目标的内涵及实施举措

2017 年 12 月，中国铁设第一次党代会明确企业改革发展总的目标是：为各类业主提供基础设施工程建设和运营管理的系统集成服务，向工程产业集团转型发展，成为铁路行业工程建设规划、工程勘察设计咨询的领先企业，成为国铁集团开展工程总承包、中国铁路走出去、国际工程项目实施的主要载体，成为交通领域的骨干企业和重要智库。其中主要包含四个层面的含义。

——建设综合型工程产业集团。转变增长模式，加快转型发展，充分依托国铁集团的资源优势，联合路内各相关企业，优势互补、互利共赢，在地方政府和企业为投资主体的项目上开展工程总承包（EPC），力争用 10-15 年时间，把集团公司打造成为以勘察设计为基础、工程总承包为核心、工程产业为驱动、多元业务为补充的国际一流的千亿级工程产业集团。

——建设技术领先的现代企业。科技创新持续深入，争创综合交通国家智库。在高速铁路工程设计领域继续保持国际先进水平，在重载、磁悬浮、城市轨道交通领域跻身国际先进行列；在工程技术上，强化困难复杂地形地质条件下的大跨高桥、深埋长隧、复杂路基以及环保绿色节能技术研究；在勘察设计技术上，强化综合勘探、三维协同、GIS/BIM 技术研究，打造全生命周期的运维服务；建成国家工程实验室。

——建设管理科学的现代企业。以市场为导向，深化内部改革，建立更加完善的现代企业制度。优化重组内部机构，加强市场战略布局，研究股份制改造或企业上市的方式与途径；以效率为导向，调整运行机制，深化经济承包责任制、职业晋升通道、薪酬分配体系改革，形成管理人员能上能下、员工能进能出、收入能增能减的机制。

——建设文化先进的现代企业。深入践行社会主义核心价值观，弘扬传统文化，创新企业经营、安全、质量文化理念，弘扬劳模精神和工匠精神，打造勘察设计工匠文化，增强发展软实力。

主要思路与做法包括：

（一）评估修编“十三五”发展规划，明确战略目标实现路径

围绕千亿级工程产业集团战略目标，2018 年，在总结前期“十三五”规划实施情况的基础上，中国铁设对《铁道第三勘察设计院集团有限公司五年（2016 年—2020 年）发展规划》进行了中期评估和修编，形成《中国铁路设计集团有限公司 2018 年—2020 年发展规划》，对主要经济指标、企业管理、科技创新、信息化建设、人力资源、企业文化建设等目标进行了评估和调整，制定了中国铁设 2018 年—2020 年经营发展、产业化发展、科技发展等 9 个子规划。同时出台《战略规划管理办法》，理顺职责关系，构建集团规划、子规划与二级单位规划的两级规划体系，指导各生产单位、子公司以集团规划为蓝本，制定本单位、本专业发展规划。规划体系的建立，贯通了“战略—规划—计划—行动”的战略执行路径，为中国铁设“十三五”改革发展提供了根本遵循。

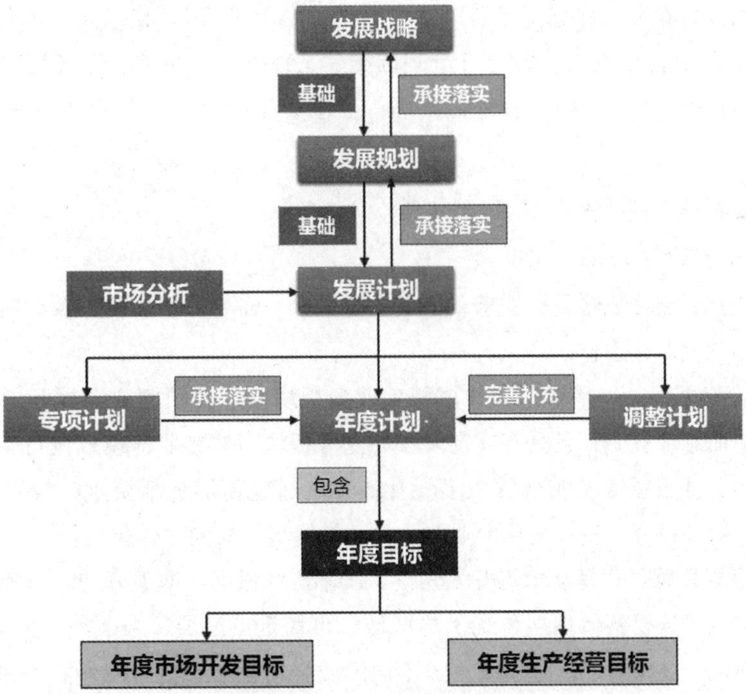

图 1　规划体系示意图

综合分析内外部环境和中国铁设自身发展条件，将企业由传统勘察设计企业向工程产业集团转型分为三个阶段来安排：

到 2020 年：实现业务形态基本转型、机构优化调整基本到位、两级管理体系和基本管理制度体系初步形成，营业收入 250 亿元左右。

到 2025 年：完成业务形态转型升级，通过质量变革、效率变革、动力变革完成企业管理流程再造，

完成国内国际区域布局，营业收入500亿元左右。

到2030年：建成以高端咨询为引领、勘察设计为基础、工程总承包为核心、工程产业为驱动、多元业务为补充的国际工程产业集团，营业收入1000亿元左右。

（二）聚焦做强做优做大，明确企业总体经营方针

围绕“做强做优做大国有企业”要求，以课题研究为抓手，2018年始，中国铁设先后开展了《发展机遇和空间研究》《投资机会研究》等一系列企业发展重大课题研究，形成了“一个目标、两个手段、三个方向、四类业务、五大区域、面向世界”的总体经营方针。

一个目标：以“交通强国，铁路先行”“三个世界领先，三个进一步提升”为指引，实现国际一流千亿级工程产业集团为目标。

两个手段：资产经营、资本运作。

三个方向：纵向一体化向规划与高端咨询（智库）、工程建设、运营维护等纵向拓展；向城乡规划、市政建筑、公路道桥等横向拓展；向综合交通、产品产业化、综合开发、资产经营等相关多元化拓展。

四类业务：1. 基础类业务：规划与高端咨询（智库）、勘察、设计等。2. 工程类业务：总承包、项目管理等。3. 产品类业务：产业化、运维服务等。4. 经济类业务：综合开发、资产开发等。

五大区域：东北、华北、华东、华南、西南；未来拓展西北区域，做大做优国有资产。

面向世界：服务于国家“一带一路”建设，以东南亚、非洲、东欧为主要经营发展区域。

在业务转型升级上，着力用好资产经营、资本运作“两个手段”，在纵向一体化、横向一体化、相关多元化“三个方向”上持续发力，着力打造基础类、工程类、产品类、经济类“四类业务、九大板块”，形成以勘察设计为基础、工程总承包为核心、工程产业为驱动、多元业务为补充的转型发展新态势。

（三）深化体制机制改革，激发企业经营活力

1. 体制改革以机构调整为重点

结合市场形势变化，围绕战略目标要求，根据企业做大后需要分级管控、及时响应市场需要的迫切需求，开展组织机构优化调整工作。

（1）业务板块设置思路：一是对于条件成熟的业务板块按子公司模式独立开展生产经营，做强业务。二是对于依托集团总部资源，且具有一定规模的业务板块，按事业部模式进行重组整合。建立与市场相适应的体制机制，做强业务及实现相关多元化。三是适应新形势新要求，设置经济类生产经营单位。开展资产经营、对外投资、资本运作等业务，实现补短板，横向一体化目标。

（2）区域公司设置思路：一是从市场开发角度，既不广泛撒网、遍地开花，也不只盯着一时的重点区域，着眼于近期市场，需要整体把握传统优势区域、市场重点区域、未来潜力区域，统筹现有资源，优化调整区域公司布局。二是从功能定位角度，不同区域公司耕耘市场时间不同，综合实力不一，把握区域公司各阶段定位与重点任务，理清经营与生产关系。在战略开发地区以经营为主，统筹区域内现有各机构资源，实现效益资源最大化。在形成规模、生产项目较多的地区，宜逐步减少条块的分割，建立相关机制制度，尽快形成开展多项目管理、多业务板块经营发展的区域生产经营能力。

（3）各研究院整合思路：中国铁设各设计研究院是铁路业务的主体，按照发展战略、经营方针重新定位、整合各研究院。一是对下属专业设计院的相近专业进行合并重组，减少相互协调，促进独立经营，形成总体咨询类、土建类、站后设备类等专业设计院；以着力打造工程产业链，积极拓展相关多元

化为主。二是按专业+信息化融合发展的思路，形成基础类、创新开发类、信息类专业研究院；服务科技保安全，运维、管理信息化、支持产品产业化业务。

（4）内设机构调整思路：总体按照“三分开、三整合”原则进行企业管理部门结构优化。三分开主要指将职能管理、业务管理、监督检查三分开。重点将生产经营业务从职能管理部门剥离，重组设立相应生产经营和监督检查业务机构；服务型机构从职能管理部门剥离，重组成立相应的业务生产机构。三整合主要指以优化管理流程为基础进行职责整合；以集约使用资源为前提，进行岗位整合；以运营高效为原则，进行内设机构整合。

调整后，中国铁设集团公司总部设5个党群部门、8个职能管理部门、2个生产业务机构、5个事业部、11个专业研究院，较调整前，机关部门数量下降31%，机关人员编制下降51%。在天津设立3个专业子公司，负责产业化、咨询、监理业务的发展。在天津以为设立3个子公司及6个区域公司。

2. 机制改革以建立制度体系为突破

参照国铁集团的管理制度建设计划，从管理层级（纵向）维度，构建企业“1+N+X”分层管理制度体系。各单位、部门、子公司在集团公司层面“1+N+X”管理体系下制定相应的下位管理制度。从职能分工、业务领域（横向）维度，构建“五大系统、十九项类别”制度体系。综合两个维度，集团公司层面管理制度体系按照“一个总纲、三个层级、五大系统、十九项类别”的框架构建。

一个总纲。是指公司章程。

三个层级。第一层级，公司章程。这是企业制度的母文件。第二层级，基本管理制度。即有关管理部门制定的集团总部的是对部门管理、专项管理、业务板块管理具有指导性的文件。第三层级，具体规章制度。即有关管理部门依据分工在基本管理制度指导下对专项管理作的具体规定，可分为工作制度、责任制度。工作制度是指按照部门职责、专业生产、业务板块划分的对工作人员和业务流程具有约束性、规范性的一种准则。主要内容包括工作标准、工作程序等；责任制度是指企业对所设部门、工作岗位的工作范围、应负责任、相应权力做出具体规定的制度。主要内容包括部门、岗位履职人员的任务要求、行为准则与考核标准等。

五大系统。五大管理制度系统的划分体现企业的功能定位，为企业实现战略任务、目标和实施的管控方式奠定制度基础，包括：战略决策系统、资源调配系统、协调指挥系统、监督控制系统和组织保障系统。

十九项类别。将五大制度系统按专业管理领域细分为“十九项类别”的基本管理制度。每一个类别中，包含一个或多个基本管理制度，各基本管理制度效力相同，在各自的管理范围内施行，同时又在公司章程的统领下协调统一。战略决策系统包括法人治理、战略管理、投资管理制度3项类别；资源调配系统包括，分别是人力资源、财务管理、资产管理、科技管理、信息管理制度5项类别；协调指挥系统生产经营管理、质量技术管理、安全管理制度3项类别；监督控制系统包括党的工作、绩效考核、审计管理、风险制度、法律事务制度5项类别；组织保障系统包括党的工作、群团工作、公共关系、综合管理4项类别。

（四）聚焦发展效益，不断强化企业管理变革

坚决贯彻“两个一以贯之”要求，坚持党对企业的全面领导，持续推动现代企业制度建设。

1. 加强党的领导体系建设

坚持新时代党的建设总要求，按照中央和国铁集团党组要求，中国铁设把党建工作总体要求纳入公

司章程，确立了党组织在集团公司的法定地位。把“坚持中国共产党领导”写进企业宗旨，单列“党委会”一章、并置于“董事会”章节之前，明确了党委会先行研究讨论作为集团公司董事会、经理层决策经营管理重大事项的前置程序。同时，指导各控股子公司陆续完成“党建入章”工作，实现子公司“党建入章”全覆盖。各分公司、研究院没有建立公司制法人治理结构，既需要科学民主依法决策，又要提高决策效率，保留了党委会和党政联席会两种决策形式，不需履行党委会前置研究程序，但要通过调研论证提前把关、会上共同决策的方式，把“五个是否”融入党政联席会决策全过程。

坚持和完善“双向进入、交叉任职”的领导体制，集团总部及各子公司实行党委书记、董事长由一人担任，党员总经理兼任党委副书记，符合条件的党委班子成员通过法定程序进入董事会、监事会、经理层，董事会、监事会、经理层成员中符合条件的党员依照有关规定和程序进入党委。各分公司、研究院实行“双首长制”，党委书记和行政正职分设，党委书记担任行政副职，行政正职担任党委副书记，行政领导班子中符合条件的党员依照有关规定和程序进入党委，实现党政 2 套班子一套人马。

2. 完善法人治理结构

按照现代企业制度要求，建立健全完善党委会、股东会、董事会、监事会和经理层的“四会一层”治理架构，明确权责边界，做到无缝衔接，形成各司其职、各负其责、协调运转、有效制衡的公司治理机制。制订子公司管理办法，委派股东代表和派出董事、监事管理办法，控股参股公司法人治理优化方案，为子公司完善法人治理结构做出制度性安排。持续修订完善党委会工作细则、总经理议事规则、“三重一大”决策制度、“三清单一程序”，健全议事决策机制。贯彻落实国铁集团派出专职外部董事履职管理工作要求，完成董事会人员结构调整，实现外部董事占多数工作格局。成立 30 个议事协调机构，探索建立针对上会议题，相关议事协调机构先行调研论证，提出建议方案的工作机制，提高企业决策科学化水平。

3. 构建“集团管总主建，二级单位主战”两级管控体系

基于多元化、规模化、市场化的迫切需求，在深入研究论证的基础上，着力推动“集团管总主建，二级单位主战”两级管控体系建设。

集团管总主建，即集团公司层面保留宏观的战略、政策和职能管理，以把控风险、目标、财务、资金管理，关键资源调配和绩效考核为主，向管战略、目标过渡，实现精干总部集约管理资源，促进责权利相统一。

二级单位主战，即集团总部把服务客户的主体责任向区域公司、各事业部、研究院、子公司等生产单位进行授权，代集团公司承担所负责区域或业务的市场维护、市场开发、项目开发、生产组织，将其打造成为生产经营主体、利润中心。集团公司围绕人、财、物等关键要素，构建分类分层管理体系，统一责权利，稳步推动二级单位自主发展。集团总部每年对各事业部、分公司、研究院、子公司下达经济考核指标，转年按各单位指标完成情况进行考核，达到战略管控目的。

4. 推行“市场、生产经营、技术创新”三位一体管理机制

出台《项目管理“三位一体”实施指导意见》，围绕项目全生命周期各阶段，界定权利与责任，明确阶段工作管理主角，着力推进“市场、生产经营、技术创新”三位一体有效融合，推动生产要素科学配置、高效运行。将质量计划作为推动实施“三位一体”的抓手，通过编制质量计划，实现精准聚焦项目内外部需求，明确工作目标、内容、重点、方法，明晰参加单位与人员的职责、权限、资源配置的方案，形成有效的沟通和约束机制，实现人、财、物要素合理配置，着力市场、生产经营、技术创新管理协调，实现以客户价值为导向、以生产组织为保障、以技术质量策划为核心，确保实现确定的质量

目标。

5. 深化全面预算管理

将全面预算管理作为指导企业预算期内所有经济活动的行动纲领，制定《全面预算管理手册》。

在预算管理流程方面。在编制财务预算的基础上，坚持以战略规划为引领，根据制定的年度目标、计划，从上而下、从下而上，将全面预算管理流程分为战略规划和经营目标、编制预算预算执行、预算考评 4 个方面和编制、审批、分解、落实、执行、控制、调整、核算、报告、审计、分析、考评、奖惩 13 个步骤。

在预算编制内容方面。以经营预算、投资预算、财务预算 3 方面为全面预算编制的主要内容。经营预算以生产经营计划为基础，生产成本加期间费用共同形成经营预算。投资预算依据投资计划，财务预算以经营预算和投资预算为基础，包括利润、现金、财务状况 3 个方面的内容。

在预算分析方面。采用动态分析和静态分析相结合的方式。静态分析包括 10 个模块：编制、执行、控制、调整、核算、分析、反馈、审计、考核奖惩、管理及技术支块等。动态分析基本过程为：从战略规划、经营目标出发，编制预算，执行预算，预算执行核算，预算与实际执行结果进行比较，分析比较结果。出现差异且不能接受的，说明预算编制不准确，或执行有偏差，则全面分析差异原因，提出矫正措施。

6. 深化三项制度改革

坚持德才兼备、以德为先、任人唯贤，制定修订《领导人员选拔任用实施办法》《所属单位领导人员管理办法》《领导人员能上能下实施办法》《关于防止领导人员“带病提拔”的实施办法》等制度，严格干部选拔任用程序，对想干事能干事干成事的干部大胆使用，对不担当不作为慢作为的干部严肃问责，推进管理人员能上能下。

开展职级体系优化，制定出台《中国铁设集团职级体系与基本工资制度实施办法》，搭建包括管理、生产（经营）、生产（设计）、生产（项目）、生产（工人）五个序列通道在内的全新职级体系，并将各序列岗位由高到低设置为多个职级和岗位梯次；对应不同序列的职级岗位，设计形成 9 级 36 档薪金体系，构建宽带薪酬模式，撬动人力资源管理体系变革。同时以 KPI+KCI 为抓手，构建绩效计划、绩效实施、绩效评价、激励管理全过程绩效管理模式，改变以往以职称为主导、定薪酬的模式，将绩效评价结果作为职级调整薪酬分配的重要依据，推进职工收入能增能减。

持续推进以效率效益为导向的用工制度改革，制定修订《劳动用工管理办法》《劳动合同管理办法》《劳务派遣及其他用工管理办法》等制度，推动劳动用工由总部集中向多区域自主用工转化，着力构建核心人员采用劳动合同用工，其他用工采用劳务派遣、退休返聘、非全日制以及人力资源雇佣、合资合作等多元用工模式，推进员工能进能出。

按照集团化格局，持续完善人力资源横向、纵向结构分布。实施“板块布局工程”畅通横向流通渠道，制定《员工内部调动办法》《内部资源交易管理办法》等制度，综合运用挂职、调转、内部交易等方式，畅通板块间、区域间人力资源交流渠道，促进人力资源向核心业务调配。实施“人才基础工程”完善人力资源纵向梯队建设，制定修订院士、省部级以上勘察设计大师的培养计划；组建企业两级专家工作室，实行“三锁定、三强化”培养机制；实施“千人计划”，出台《骨干人才管理办法》，打造各业务领域专家、专业带头人和专业拔尖人才队伍。截至 2019 年底，中国铁设拥有全国勘察设计大师 6 人，省级勘察设计大师 8 人，新世纪百千万人才工程国家级人选 2 人，享受政府特殊津贴专家 7 人，国铁集团百千万人才 26 人（专业领军人物 6 人，专业带头人 20 人），省部级以上专家 122 人，正高级工程师276人，高级工程师2079人，工程师及技术人员2141人，各类注册执业资格857人次。

7. 强化流程管理与信息化建设

按照国铁集团关于“建设信息化企业，打造智能化铁路”要求，顺应企业高质量发展需求，研究制定流程管理与信息化建设总体工作方案和三年行动规划（2020-2022），借鉴“组织、流程、IT”管理方法论，以铁路勘察设计为先行，深入推进业务流程体系建设，着力完成生产经营、人力资源、财务管理、科研管理、行政管理五大信息系统、数据仓库建设，推进管理转型。中国铁设于2019年8月成立管理信息化组，截至2019年底，已梳理企业现行制度430项，上位管理制度84项，形成业务架构总图、业务视图、流程清单及流程图总计82张，通过IT技术将制度中的各项管理要求流程化、信息化，发挥各层级管理制度应有的作用。

8. 扎实推进标杆企业建设

按照国铁集团“主动把国铁企业改革发展放在培育世界一流铁路企业中去谋划，在对标中找差距、找不足，在对标中奋发有为、迎头赶上，奋力走出世界一流铁路企业改革创新发展之路”的要求，围绕企业转型发展建设千亿级工程产业集团战略目标，按照“对标、找差、补短板”的思路，分“建体系、找差距、定计划”三步，系统、有序开展标杆企业建设。

以“目标层—要素层—指标层”为总体架构，聚焦“做强”“做优”体现“做大”，构建企业建设标杆企业指标体系。其中目标层包括“整体业绩优异、核心技术领先、人才结构合理、管理运营高效、企业影响力显著”五大目标，要素层将五大目标进一步细分为16项要素；指标层初步设立67项具体指标，其中体现“做强”指标45个、体现“做优”指标19个、体现“做大”指标3个。在构建的标杆企业指标体系基础上，以指标为量度，明确企业现状和发展方位，追踪行业领先企业，全方位开展对标工作，寻找差距，研究背后深层次原因，细化研究提出2019年、2020年、2021年的发展目标。在形成研究报告的基础上，制定中国铁设建设标杆企业三年行动计划和实施方案。

三、推进工程产业集团建设的阶段成效

三年来，中国铁设自觉肩负起交通强国、铁路先行历史使命，围绕建设千亿级工程产业集团战略目标，加强统筹谋划，深化改革攻坚，推动企业转型升级迈出实质性步伐。

——综合实力显著提升。转型升级初见成效，发展质量不断提升，近3年实现合同成交额1313亿元，特别是2019年实现营业收入265亿元，首次突破200亿大关，国际、国内ENR排名分列第38位和第4位，入围中国承包商80强榜单，是铁路行业唯一同时入围“工程设计企业60强和中国承包商80强”的企业。

——企业改革不断深化。有序推进组织机构优化调整，完成职能部门、业务机构的职责调整和内设机构及岗位设置，整合部分生产和科研资源，明确了各事业部、研究院职责定位，体制建设取得了实质性进展。以公司章程为核心，加快推进制度体系建设。“责权利”统一，“人财物”协调，“市场、生产经营、技术创新”三位一体的机制建设取得阶段性成果。“集团管总、二级单位主战”的两级管理体系初步形成。

——业务转型初显成效。近3年中标承揽EPC总承包项目近1100亿元，2017年、2018年、2019年总承包合同和收入占比分别达到24%和31%、90%和63%、90%和80%，总承包已成为企业发展的主要支撑业务。积极服务“一带一路”建设，铁路走出去骨干作用更加凸显，品牌影响力显著提升。依托工程总承包平台，成立产业化公司，推进技术成果向工程产业转化，3年累计实现合同额11.68亿元，

实现较快增长，多元业务布局初显成效。

——党的领导全面加强。发挥中国特色现代企业制度优势，党的领导和公司治理深入融合，党组织内嵌到公司治理结构中，为企业把准改革方向、持续健康发展提供坚强保证。党建工作要求写进公司章程，坚持把党委会研究讨论作为企业重大决策的前置程序，从运行机制上保证党组织在重大决策上把关，充分发挥党组织把方向、管大局、保落实作用。

站在新时代发展的起点上，中国铁设将以开拓创新的思路、咬定青山的毅力、振奋担当的精神、真抓实干的作风，为转型发展成为工程产业集团继续奋斗，在铁路创新发展中发挥自身优势，在社会主义现代化进程中彰显国企担当。

成果创造人：秦　伟、方　堃、吉晓辉

国际工程项目属地化管理实践与研究

——以迪拜 1013 路桥项目为例

中国化学工程第七建设有限公司

中国化学工程第七建设有限公司（缩写 CC-7，以下简称“公司”），是国务院国有资产监督管理委员会管理的中国化学工程集团有限公司（缩写 CNCEC，以下简称“中国化学”）全资子公司。公司成立于 1964 年，总部设在四川成都，是中央在四川的大型骨干建筑企业。公司始终坚持“国内国外两个市场、化工与非化两个领域并举开发”的经营战略，历经半个世纪的创新发展，发展成为了“中国化学”实施“走出去”战略的“排头兵”，发展成为了全球化工建设领先者。近四年连续进入商务部中国对外承包“双百强”企业，2019 年 10 月，成功签署中国企业“走出去”最大一合同额近 1000 亿元的俄罗斯波罗的海化工综合体项目。2019 年新签合同额和营业收入分别排名第 6 位和第 18 位。

2017 年，公司成立迪拜分公司成功进入“一带一路”市政基础设施“增量市场”，在中东地区承揽了阿布扎比伊提哈德铁路等近 20 个“非化”项目。同时实现了当年成立分公司、当年新签合同、当年实现营收目标，标志着公司业务结构调整实现了新突破。为中国化学、公司拓展“非化”领域、打造“非化”品牌奠定了坚实基础。本报告在分析属地化管理必要性的基础上，将以迪拜 1013 路桥项目为例，对国际工程项目属地化管理进行分析，并提出有关建议，为类似工程项目实施提供参考借鉴。

一、研究背景

（一）战略背景

2015 年 3 月，国家正式发布《推进共建丝绸之路经济带和 21 世纪海上丝绸之路的愿景与行动》，强调在以和平、发展、合作、共赢为鲜明特征的新时代，沿线各国要秉承“和平合作、开放包容、互学互鉴”的丝绸之路精神，坚持共商、共建、共享的原则，积极推进沿线各国真诚合作，推进“一带一路”建设，促进区域合作蓬勃发展。

迪拜是中东地区金融中心和贸易中心，是阿联酋发达程度最高的城市之一。迪拜拥有中东地区最繁忙的机场，地理位置优越，基础设施完善，是全国最大的工业自由区，在中东地区举足轻重。“一带一路”倡议公布以来，迪拜项目所处的环境正发生转变，无论是商务环境、市场环境，还是社会环境、技术环境都呈现日渐复杂的特征。而随着竞争格局的日趋激烈化，单纯依赖中国国内资源开展项目管理的模式已然无法适应现实需求，如何充分利用所在国或相近国优势资源进行国际工程项目管理成为新时期的新思路。

因此，如何立足当地，促进企业国际化发展成为公司思考的重要课题，而属地化管理是从事跨国工程的跨国公司开展经营管理采用的一项有效的手段。本文以迪拜 1013 路桥项目为例，对国际工程项目属地化管理进行分析，并提出有关建议，为类似工程项目实施提供参考借鉴。

（二）迪拜 1013 路桥项目背景

图 1　迪拜 1013 路桥项目拟建桥梁 3D 渲染图

迪拜 1013 路桥项目于 2019 年 4 月 23 日中标，业主为迪拜道路交通局，监理为帕森斯海外有限公司，合同价约 7 亿迪拉姆，折合人民币约 12.7 亿元，合同工期为 2019 年 4 月 23 日至 2021 年 10 月 19 日，共 910 天。项目位于迪拜老城区德拉，连接德拉与 Al Khaleej 街道，并有多个路口连接迪拜海滨发展区，横跨滨海街与 DM 码头，全长约 1.2 公里。该项目旨在升级改造 Al Khaleej 双向两车道道路和新建双向 6 车道高架桥。施工内容包括但不限于桥梁工程，路面结构，交通标志及道路标记，街道照明，交通系统，雨水排放系统，现有管线系统的导改和保护，拆卸及清除现有障碍物等工程。建成后，这座桥将会把包括德拉岛、迪拜海滨、拉希德港口和迪拜海事城在内的众多区域和大型项目紧密连接起来，不仅能显著改善整个迪拜老城区的交通状况，也将为其注入强大的经济动力。

迪拜 1013 路桥项目是公司入驻迪拜以来携手中建中东有限公司合力执行的第四个基础设施建设项目，是中国化学与中国建筑强强联合、抱团出海的又一硕果。项目的顺利实施将进一步加深中国化学与中国建筑和迪拜道路交通局之间的深厚友谊与互信，为各方长期合作奠定又一坚实基础，对公司深耕迪拜市场，壮大一体两翼战略目标起着承前启后的重要作用。

二、属地化管理理论基础

（一）属地化管理的内涵

属地化是企业跨国经营中一项有效的国际化战略。国内有学者认为从生产经营角度理解属地化是指作为跨国公司的子公司在东道国当地采用的有效经验策略，一般涉及到研发、生产、营销以及人事等多个层面的属地化[1]。跨国企业在东道国的资源环境约束条件下，为了进一步融入东道国的社会网络，继而获取最佳的利益而采取的符合当地实际情况的资源开发策略与管理过程。

属地化管理是跨国企业在国际工程项目中结合项目所在国的市场情况及行业标准等对自身的管理模式以及施工工艺进行合理的调整，进而使企业契合当地市场以及当地的项目管理规定，从而帮助企业实现项目所需资源的就近采购和管理，帮助企业更好地融入所在地市场并实现对地方市场的进一步拓展。所以，属地化管理不单是可以满足跨国企业节约项目成本的现实需求，也是跨国企业契合东道国地方市场融入发展的自身需求，更是成长为深耕地方市场的跨国集团的必经之路。

（二）国际工程项目属地化管理的驱动力

1. 突破人力资源瓶颈。跨国企业在承揽和实施国际工程中，需要一大批具备丰富的实践经验和海外业务能力的人才。但是这类人才的培养通常需要较长的周期。特别是一个跨国企业在涉足一个新的海外市场的时候，在较大程度上会因为对当地的社会经济文化的认知不足而造成项目管理团队无法顺利开展工作。这种情况下采用属地化经营管理策略可以有效地突破市场的人力资源瓶颈，从而确保跨国企业的经营管理得以有序的推进。

2. 有效控制经营成本。成本控制是企业经营与工程项目管理的核心所在。在国际工程项目中，企业通过采取有效的属地化经营策略可以更好的降低项目的人力成本和管理成本。例如，中国员工的薪酬和相应的签证，机票等费用。跨国企业通过采取有效的属地化管理策略，可以在综合人工材料设备以及技术成本的基础上，来寻求更为可靠的低成本要素。

3. 降低经营管理风险。跨国企业通过实行属地化经营可以在一定程度上有效地减少跨国企业所面临的跨国经营风险，减少市场的准入壁垒。例如，跨国公司通过聘用熟悉当地的政治经济文化情况和市场情况的高级人才，可以更顺利和有序的开展企业的市场开发工作，更好的实施项目。在这个过程中可以有效的规避一些可能存在的经营管理风险，例如安全风险、财税风险、法律风险等等，从而有效地促进跨国企业国际市场的开拓。

4. 合理创新经营管理模式。跨国企业采取属地化经营管理策略是契合当地市场具体情况基础上采取的工程管理模式的创新。例如，通过中国企业与所在国当地的施工企业进行合作形成联合体，共同承揽特定的项目施工，并将项目中的一部分设计施工任务分包给所在地具备较强实力的企业，进行深入而有效的合作。在创新经营管理的过程中，进一步寻求更为有效的利润增长点。

5. 符合国际市场发展规律。在国际工程中，企业采取属地化经营是契合国际市场竞争规则的表现。例如，企业为所在地提供更多的就业机会，推动所在地经济发展，获得来自所在地政府及相关机构的有力支持。企业可以在进一步深入探索国际工程市场特征的同时，扩大我国企业在国际市场中的占有份额和影响力，进一步加大国内施工生产要素的国际化输出。而企业国际经营属地化，融入当地，扎根当地，可为当地增加税收，提供就业，增加消费，承担社会责任，对当地的经济发展起到一定的促进作用和贡献，所以与当地国是“共赢”的。企业通过自身的守法诚信经营，通过技术输出、文化输出、管理输出，以及为当地培养管理、技术人才等举措，可得到当地国政府和当地民众的认可，能塑造企业的国际化品牌形象，促进企业的发展。

三、迪拜1013路桥项目属地化管理实践

在属地化管理方面，迪拜分公司和项目部结合实际情况，大胆探索和实践项目属地化管理。下面分别从人力资源属地化、经营管理模式属地化和经营费控属地化三方面对迪拜1013路桥项目属地化管理的具体做法进行分析。

（一）人力资源属地化管理

在人力资源属地化管理方面，迪拜1013路桥项目充分利用当地和国际人力资源，从项目领导到作业层人员的各层级、各专业都聘用了外藉人员。目前，迪拜1013路桥项目有管理人员共82人，其中中国籍22人，印度籍40人，巴基斯坦籍13人，约旦籍2人，埃及籍3人，菲律宾籍1人，阿尔及利亚籍1

人；中方与外籍人员比例为1∶2.7 。现场的管理人员以印巴为主，因为在迪拜几乎都不承认中国的大学专业学历，因而迪拜持工程师证书的大多为英联邦承认的如印度、巴基斯坦籍的工程师。项目作业人员共866人，其中印度籍515人，孟加拉籍118人，菲律宾籍88人，尼泊尔籍41人，巴基斯坦籍37人，中国籍34人，加纳籍30人，泰国籍2人，埃及籍1人；中方与外籍人员比例为1∶24.5。

表1　迪拜1013路桥项目人员构成

分类＼国籍 人数及占比	中国籍	印度籍	巴基斯坦籍	约旦籍	埃及籍	菲律宾籍	阿尔及利亚籍	孟加拉籍	尼泊尔籍	加纳籍	泰国籍
项目管理人员（82人）	22	40	13	2	3	1	1	0	0	0	0
	26.8%	48.8%	15.9%	2.4%	3.7%	1.2%	1.2%	-	-	-	-
项目作业人员（866人）	34	515	37	0	1	88	0	118	41	30	2
	3.9%	59.5%	4.3%	-	0.1%	10.2%	-	13.6%	4.7%	3.5%	0.2%

1013路桥项目在人力资源属地化方面采取的主要举措如下：

1.研究和熟悉迪拜的劳动法律法规，严格依法用工。在国际工程市场中，各国均会出于对本国产业以及就业水平等因素的考虑而出台一些保护性政策。例如，严格设定本国劳工雇佣比例、对本国投标企业适度倾斜的政策优惠等。在海外员工属地化管理上，项目以国内成熟的管理模式为基础结合实践进行深层的优化和改进，严格遵守迪拜地区法律法规合理化用工，结合迪拜当地实际进行人力资源属地化管理，一方面减少了劳资纠纷，避免触及当地法律红线，另一方面树立了公司的良好形象。

2.完善属地化人力资源管理配套制度和机制。分公司和项目部依据人力资源属地化管理的要求，建立并完善各项配套制度，包括录用、使用、考勤、休假、岗位考核及奖惩制度等。在制度落实层面中，坚持一视同仁的原则，确保制度应有的公平性和公正性。同时，建立和完善人力资源属地化管理配套激励机制，将员工工作绩效与薪酬、待遇、职位晋升挂钩，建立管理台账，通过优胜劣汰，调动外籍员工的工作积极性。

图2　迪拜1013路桥项目安全表彰会

3. 加强外籍员工的技能培训和合理引导，促进外藉员工更好地融入分公司。加强培训工作管理，建立科学、长效地项目员工培训机制，有步骤、有计划、有目标的开展企业各项培训教育工作。培训内容通常涉及施工安全教育、技能培训等，切实提升外籍员工的整体水平，更好地适应公司项目工作的现实需求。

图3　迪拜1013路桥项目分包人员安全专项培训

图4　迪拜1013路路桥项目土方开挖专项培训

在技能专项培训过程的同时，开展针对外籍员工的企业文化宣传，侧重培养外籍员工的团队精神和主人翁意识，让他们正确地认识个人利益与企业命运间的密切关系，强化外籍员工的责任感、危机感的培养。从外籍员工中培养和选拔具备较强责任感、能胜任管理工作要求的忠实员工，提高其参与项目管理和决策的程度，加强与之的沟通和思想交流，激发外籍员工的创造力和工作活力。

综上所述，迪拜1013路桥项目人力资源属地化管理比较注重工程项目管理团队以及施工人员的属地化招聘。一方面可以通过吸纳当地的优秀人才来补充项目管理团队，促进项目的属地化管理。当地人才对迪拜当地的经济发展和市场情况较为了解，能够更为有效地推进工程项目的开展。另一方面通过有效的吸引适当数量的地方人员加入施工团队，既可以降低劳动力的成本，也可以为所在地提供更多的就业机会，从而更好地融入当地市场，更好地推动公司的国际化发展。

（二）经营管理模式属地化

国际市场与国内建筑市场存在显著差别。企业在国际工程市场中不可盲目套用国内经营管理模式，而应依据国际工程市场特征科学合理制定企业发展规划，并熟悉所在地政治、经济、文化情况和市场情况深耕所在地的市场。公司从进入迪拜开始，就转变观念，改变管理模式，以融入当地，扎根当地，提升国际竞争能力，立足迪拜，辐射中东、非洲，长远发展为目的，推行经营管理模式属地化。

1. 加强管理体系和管理制度属地化建设。国内一些企业在跨国经营机制层面缺乏灵活性，不利于适应本地化需求，无法促进企业合理地融入到当地市场环境中实现企业可持续发展。公司的管理体系、管理制度和管理模式都是非常成熟和全面的，但迪拜分公司及项目部没有机械照搬，在不违背公司总的管理原则和框架下，将公司的特点和优势与当地具体情况进行融合，取长补短。既满足当地特点，又发挥自身特长，基本建立了满足当地法律法规和政府要求的，适应迪拜当地市场环境和特点的管理制度。同时，建立、修订了分公司与项目部、公司之间的管理流程，并对外籍员工进行重点宣贯和培训。

2. 项目管理模式属地化。目前国内的项目管理模式，项目经理是公司法定代表人在项目上的授权委托代理人，代表公司全权负责项目的实施，是项目进度、质量、安全、成本、效益管理的第一责任人。但是在迪拜市场，无论选用公司内部人员还是外籍人员担任项目经理，这种模式很难实施。因为如果选用外籍人员担任项目经理，优势是对外沟通交流顺畅，能理顺项目外部关系，熟悉当地项目标准、通行的项目运行规则和要求，能组织资源完成项目实施，可以对项目进度、质量、安全等负责。劣势是对公司管理制度不熟悉，内部沟通不顺畅，最重要的是不能对成本、效益负责。如果选用公司内部人员担任项目经理，其优劣势恰恰相反，优势是熟悉公司管理模式，对内沟通顺畅。劣势是对外沟通和对当地情况的熟悉度相对要差一些，房建和基础设施项目相比石油化工项目，其受外部政府部门等相关方的约束和干扰因素更多，外部沟通交流犹为重要。所以，如果纯粹按国内项目管理模式，是有缺陷和局限的。

为了适应迪拜当地建筑市场，迪拜分公司通过重新划定分公司和项目部的职责和权限，改变了国内的项目管理模式。分公司负责资源，项目部负责项目具体实施和合同履约；分公司负责预算成本，控制资源数量和价格，项目部负责优化组织协调使用各类资源；分公司负责监督和指导，项目部负责具体执行。即分公司负责控制成本，控制资源，抓住效益，项目部负责项目进度、质量、安全等项目实施。

表 2　分公司和项目部职责权限划分表

分公司职责	项目部职责
资源开发	具体项目实施和合同履约
预算成本，控制资源数量和价格	优化组织协调使用各类资源
项目监督和指导	项目具体执行
控制成本，控制资源，抓住效益	项目进度、质量、安全等项目实施

（三）经营费控属地化管理

在 1013 路桥项目策划阶段，分公司结合迪拜的市场行情和法律法规，对项目的经营费用控制工作做了全生命周期的策划，对行政成本、人力成本、材料成本、机具成本、分包成本、合同管理、日常管理、付款管理和索赔与反索赔等方面制定了详细的计划。

在项目开始阶段，对项目进行了成本测算，将成本测算按当地的成本归集分类方法进行逐一细化。

在项目实施阶段，建立了项目成本统计台账，梳理成本管控流程，对人力、机具、材料、分包、行政等方面成本控制方法进行分类把控，严格各类付款单审核流程。

在项目成本管理和付款管理方面，分公司创建了项目费用管理平台，让费用管理工作能够在任意时间点体现出各分类付款状态，保证了项目紧急付款能够及时支付，对项目的执行起到极大保障作用。清晰的项目分类成本数据，为项目成本分析工作的开展提供了及时准确的数据支撑；同时，解决了当前模式下项目成本统计延后 2-3 个月的重大难题，让成本统计工作能够及时体现在当月，为项目成本控制工作提供了准确的依据，开创了费控工作的迪拜新模式。

在物资采购、机具设备采购以及租赁方面，1013 路桥项目充分利用当地的进出口政策，多方询价对比，进行综合分析后，实施国际采购，节约物资成本。在设备材料当地供应商数据库建设方面，项目通过各种途径不断收集、整理，完善了《当地设备及供应商数据库》和《当地材料及供应商数据库》。目前，项目已收集材料及供应商数据 40000 余种，已收集设备及供应商数据 500 余台，已建成初具规模的设备材料数据库。

经过近两年的努力，1013 路桥项目已经建立和完善了与迪拜市场相适应的经营费控管理模式，收集到了迪拜市场的各类成本数据，与当地分包商也建立起了密切的联系，培养了一批能够独立完成项目经营费控工作的人才，为后续的项目打下了坚实的基础和有力的保障。

四、当前迪拜 1013 路桥项目属地化管理面临的挑战

国际工程项目属地化管理体系的建立，真正融入当地，是一个漫长的过程，是需要时间的沉淀和积累，不可能一蹴而就。特别是在进入当地的初期，问题和矛盾是最多的时候。所以，企业管理者需要有足够的信心、耐心和决心，同时要具备处理复杂和突发事情的能力。虽然，公司经过多年承包国际工程项目实践，在海外项目属地化方面积累了一定的经验；但是，因公司在属地化管理起步较晚，难度大，在实施过程中也存在一些问题需要引起关注。

（一）文化差异带来的沟通管理困难

企业的企业文化与所在地当地文化之间存在的一定差异，在工程项目上直接体现在不同国家员工的理念和行为差异上。外籍员工对企业制度和文化的理解不够，对企业的忠诚度和认可度也较低，工作过程中缺少一定的大局观和全面性，成本控制意识不强，制度执行力不高。中籍员工是以效率优先，追求结果；而外籍员工比较追求过程和程序，按部就班。外籍员工大多对加班比较反感，其休息时间和工作时间区分严格，工作效率往往比中籍员工低。此外，外籍员工对实施考核，并扣减薪酬的这种方式，理解和认可度并不高。他们认为只要完成本职岗位的工作，就应该拿到应得的薪酬，考核时主要是以择优奖励，如果确实不能满足岗位要求，才予以解除合同。

各国员工思维方式、文化理念等方面的较大差异，导致沟通成本较高，效率低，难度大。来自印度、巴基斯坦、尼泊尔、刚果金、菲律宾、越南等不同的国家的劳工，由于各自的习惯、信仰、观念等存在差异，且都是来自各国偏远地区，文化程度普遍较低，他们一同工作和生活，会产生很多难以预料的问题。有时虽然只是一小问题，但处理不好，就会酿成群体事件。而且，文化和理念的差异，也会在一定程度上引发企业与当地员工之间的冲突，沟通不畅、处置不好会影响工程项目施工的顺利开展。

（二）属地化高级管理人才雇佣率不高

目前，企业在承包国际工程中，企业的人力资源属地化处于初级阶段，主要体现在当地高级管理人员雇佣率较低。这种情况下造成企业对当地市场情况、法律情况以及相关标准规范的了解不足，对当地民情、舆情以及投资环境等把握不足，影响与当地民众和行业组织的沟通有效性，不利于企业有效地适应和融入到当地社会。例如，由于项目部经营费控工作需要较多的与当地政府有关部门和监理公司沟通，而1013路桥项目既有语言优势又有专业能力的属地化人才存量不多，语言和能力双优人才队伍不够稳定，流动性较强。项目管理高端人才供较为紧缺，现有属地化高级管理人才雇佣率不高。

（三）对中方员工管理能力要求更高

人力资源属地化管理对中方项目管理者提出更高要求。首先，项目管理者应熟悉所在国法律法规、禁忌、社会文化等，依据国际管理和当地法律法规合理地聘用当地员工。在项目施工建设环节，应高度关注当地员工的行为守则及心理状态，确保在严峻施工条件下人员的安全性。当出现突发事件时，中方项目管理人员是否选用合适的方式进行处理直接决定了事件的走向及结果。为此，中方的项目管理者既要熟练运用当地语言，也应熟悉该国法律法规。同时，人力资源属地化管理要求项目管理者在工作中注重提升自身心理素质，能够冷静、谨慎、合理地应对各项可能发生的事件。所以，加快国际项目管理者培养是海外项目属地化管理的重要任务之一。

（四）面临一定的法律风险

由于对当地法律法规了解不够透彻和全面，在一些对中国人看来正常和顺理成章的事，却违反了当地法律，面临投诉和罚款的风险。例如：阿联酋是伊斯兰国家，禁止穆斯林吃猪肉和饮酒。斋月期间，白天不许在公共场所和大街上吸烟、喝水、吃东西。在没有政府批准的地方饮酒属违法行为。个人或公司没有政府许可严禁购买和经营酒以及酒精饮料。迪拜的部分法定节假日，不允许施工现场组织工人施工。项目部所有人员均需遵守当地的法律法规，尊重当地的风俗习惯。

从阿联酋当前的形势及国家政策来看，由于其本土劳务工资源缺乏，大量引进价格相对低廉的第三国劳工、普遍使用海外劳务工是较长一段时间的趋势，具有一定的合规性和必然性。使用海外劳务工，阿联酋有出台相关政策严格保护其劳工个人利益，比如工资保护系统、工作签证政策等。持旅游或访问签证在阿联酋打工属违法行为，得不到阿劳工法律和规定的保护，因此用工单位需严格遵守当地法律法规，为劳工办妥一切证照手续。

（五）面临较高的经营成本

由于是外来企业，所以政府部门、监理等对企业的要求更高、更严，程序上、收费上都是以上限值为标准，与当地企业相比，成本相对更大。例如，迪拜项目施工现场只允许建设临时办公设施，不允许建设生活设施，所有工人必须在政府规划的劳工营地区域生活住宿，管理人员不得不租住公寓等作为住房，因此工人和管理人员的交通、生活、住宿成本均较高，而当地企业有自己的房产或土地，经营成本相对较低。此外，当地企业可享受更低的投标资格门槛和更高的预付款比例，资金占用和使用成本较低。因此，外来企业与本地企业相比，面临较高的经营成本。

以上是在推行属地化管理过程中需重点关注的一些问题，认识和意识到这些问题，可以在管理过程中予以规避、改进和转换。

五、推进属地化管理措施建议

属地化管理是跨国企业节约项目成本的现实需求，是跨国企业深耕当地市场的必然选择，也是跨国企业成长为大型国际化集团的必经之路。推行属地化管理是一项系统性工作，需要好的推行办法和保障措施。下面结合迪拜1013路桥项目经验，对如何推进属地化管理提出几项措施建议。

（一）尊重当地文化，促进中外员工间的文化融合

属地化管理工作中应推进中外员工的文化融合。在遵循所在国法律和文化习惯的前提下，确保中外员工在薪酬、劳保以及劳动假期等层面享受同等待遇；彼此尊重对方的政治信仰和宗教信仰，充分体现企业文化的包容性；广泛组织促进中外员工跨文化交流的活动，促进中外员工间的文化融合，增强团队合作凝聚力，增进外籍员工的归属感[2]。

图5　中印员工欢度印度欧南（Onam）节

如每逢重大节日的庆祝活动，组织中外籍员工一同参与，一同聚会，一方面增进国内外派员工对当地情况、风俗人情的了解，增进中外员工之间的关系。另一方面可以为中外籍员工创造良好沟通渠道，让外籍员工充分感受到人文关怀，增加其对企业的忠诚度。创造良好地工作条件和氛围，激发外籍员工参与工作主动性和积极性。

（二）加强制度建设，完善属地化用工的管理体系

由于社会环境和形态意识的不同，照搬国内企业的员工管理模式，对于管理当地员工来说是行不通的。一方面要积极吸纳国内企业先进管理办法，并允分融会贯通，高效对接属地市场。另一方面要有针对性地建立和完善属地化用工制度[3]。

在制度建设方面，要根据当地的法律法规，以及公司的相关管理制度，按当地和国际通行的招聘规则，使用当地人力资源。制订标准合同文本，规范用工管理，对薪酬、岗位、职责、考核、休假、加班、合同解除等进行约定，把制度尽可能细化到每个管理环节和每个岗位，使招聘的外藉员工安心、放心工作。

在制度执行方面，所有中外藉员工一视同仁，制度前面人人平等。所有员工只有岗位差别，没国别差别，既有中国人管外国人，也有外国人管中国人，相互融合，相互促进。

在制度贯宣方面，加强培训和引导，使外藉员工尽快融入公司。属地化是双向的，中国公司要适应

当地环境，同样外籍员工也要求他们适应我们中籍公司的环境，认同并服从公司的管理。所以，加强培训和引导，将能公开的管理制度都用中英文，经常性的开展有针对性的培训，使外籍员工明白和接受中国公司的管理制度。

针对外籍工人文化程度普遍较低，工作技能和安全生产意识较低的情况，要加强对他们的生产技能和安全知识培训，通过日常工作的实际锻炼与悉心指导，提升他们的工作能力与水平，以满足施工生产需要。

（三）强化“属地”意识，吸纳属地化高级管理人才

从外籍员工中培养和选拔具备较强责任感、能胜任管理工作要求的忠实的员工，充实到管理岗位。企业为属地员工提供更多参与管理的机会，例如提供关键岗位竞聘资格；赋予属地员工更多决策权，使其可与中方员工平等享受机会和权利，增进属地员工的参与感，增强其对企业的认同感，以高度的责任感和使命感自觉地将自身价值实现与企业发展相结合，推动企业的发展[4]。

增强高层次、高水平的是属地化人才的招聘力度。国际工程项目中，属地化高级管理人才具有熟知市场规则，擅长与业主、与政府进行高效沟通的优势。埃及籍项目经理 Mohsen Dessouki Hassan Mohamed（莫赫森·德苏基·哈桑·穆罕默德）是外聘属地化高级人才的优秀代表，Mohsen 具有英国留学经历，获得英国硕士学历，持有英国皇家注册项目经理证书，专业知识技能水平高；在迪拜担任项目经理20 余年，主要从事市政基础设施项目管理，具有丰富的国际项目管理经验；精通英语、熟悉阿拉伯语，沟通能力强，能够更为有效地推进工程项目的开展。Mohsen 熟悉迪拜市场的技术规范和市场环境，有一定人脉关系，自 2017 年开始在迪拜分公司任项目经理至今，为公司迪拜项目的顺利实施发挥了积极的作用，创造了良好的经济效益。通过高薪聘请 Mohsen 这样的来自埃及、印度、巴基斯坦等国的国际化高级管理人员，直接参与项目管理，对推进项目的国际化、标准化管理起到的重要的作用。

（四）加强中方项目管理人员的培训

国际工程项目属地化经营要求中方员工具备高水平、高素质。为此，必须强化出国前、项目实施中的项目管理人员培训工作。培训内容全面涉及所在国法律法规、风土人情、海外项目管理等内容。通过科学、有序、全面地培训活动全面提升中方员工的素质与能力，为国际工作项目属地化管理提供人员保障。例如，出国进场前，中方项目管理人员必须认证学习海外项目出国指南，定期积极参与英语培训、进场安全培训等各项培训。对项目管理人员，特别是现场经理、部门主管，需要定期开展管理提升活动，提高语言能力、沟通能力、协调管理能力等各方面能力以满足属地化管理对项目管理人员的素质要求。

（五）加快项目经营管理属地化进程

以项目精细化管理促进属地化管理。根据公司项目精细化管理，结合项目实际情况，创新项目管理方法，提升项目管理能力，加快项目经营管理属地化进程。由于分公司项目大量使用了外籍员工，有的还处于关键岗位，要求外籍员工熟悉和了解公司的管理制度和管理流程，在短时间是很难做到的。所以，须结合公司精细化管理要求，创新对项目的管理，目的是在全面履行合同的基础上，获得最大化的效益。项目部要结合自身属地化管理实际，在项目部内部组织开展精细化管理工作专项研讨会，以推动属地化管理为工作重点，强化分公司和项目部各司其责，权责明晰的良好项目执行氛围，定期对项目阶段性分析，发现问题随时纠偏。

加快国际化采购平台建设进程。首先加强属地化供应商管理体系的建设，广泛收集各类供应商信息和价格信息，加快建立迪拜分公司层面的采购平台，建立与当地友邻单位采购中心、中心仓库、设备中

心等机构的密切合作关系，为当地项目提供和配送质优价廉的物资和设备。

加强融入当地的程度。现有的工程项目实施过程中和对外交往过程中，展现分公司诚信、守约、互利、共赢的企业形象，广交朋友，选择和培育人脉资源、分包资源、物资供应资源；通过在工程项目实施过程中，展现公司项目履约能力、管理能力、施工能力，获得业主、监理以及相关方的认可，树立中国化学品牌。

六、结束语

属地化是企业开拓海外市场实现其盈利和发展目标的重要手段。本质上讲，属地化是实现企业自身资源条件与所在国市场特征进行紧密结合和优化，寻求最经济、最优质的资源，为企业实现跨国经营管理重要途径。在国际市场竞争中，具备较好的属地化管理水平的企业通常对所在地市场较为了解，公关资源更为丰富，使其在与其他公司竞争时可以获得较大的优势，更为有利的推动企业的国际化发展。本论文以迪拜 1013 路桥项目为案例，分析了项目在人力资源、经营管理、经营费控等方面属地化管理的实践经验，总结了实施属地化管理面临的挑战，并就如何推进属地化管理提出措施建议，以期为类似国际工程项目实施提供参考借鉴。属地化管理是一项长期性、系统性工作，随着外部环境的不断变化，新形势下如何管控好其实施风险，更好的发挥效用，值得行业内企业不断探索创新。

成果创造人：易炳银、李思佳、涂巧英、袁　涛、白永江

【参考文献】

[1]崔杰.嵌入性人力资源属地化管理理论模型与应用探索[J].人口与经济,2015(06):96-102.

[2]赵恩会,苟中华,李宏亮.海外工程项目安保工作重要性研究[J].中国安全生产科学技术,2014,10(S2):52-56.

[3]程雄.海外项目属地化管理实施方案[J].中国管理信息化,2015,18(04):58.

[4]陈惠君,宁少晨.中资建筑企业在香港的属地化管理[J].国际经济合作,2014(06):82-86.

长江内河港口“一城一港一主体”港口发展模式创新实践

黄石新港港口股份有限公司

2014 年，深圳市盐田港股份有限公司（以下简称“盐田港股份”）与湖北省黄石市人民政府签订合作协议，成立黄石新港港口股份有限公司（以下简称“黄石新港股份”），按照“一城一港一主体”对黄石市辖区长江岸线进行整体开发、建设和运营。在各级政府和股东的大力支持下，黄石新港经过五年多的实践，逐步探索出一条政企良性互动、港产融合发展的路径，有效推动了黄石经济结构转型、产业升级和城市空间结构调整，并为股东全面实施长江战略探索了一套可推广复制的发展模式。

一、发展背景：肩负战略使命，助力城市发展

（一）国家长江经济带战略和盐田港股份“主业突破”“走出去”战略叠加

2014 年 9 月，国务院印发《关于依托黄金水道推动长江经济带发展的指导意见》《长江经济带综合立体交通走廊规划（2014 年—2020 年）》，部署将长江经济带建设成为具有全球影响力的内河经济带、东中西互动合作的协调发展带、沿海沿江沿边全面推进的对内对外开放带和生态文明建设的先行示范带，拉开了长江经济带建设的序幕。

与此同时，盐田港股份积极落实盐田港集团“主业突破”发展战略，按照“主业必主、主业必专、主业必强”原则，通过控股或参股的方式开始全国性战略布局。

（二）长江内河港口普遍存在基础设施落后、配套能力不足以及同质化竞争激烈、岸线利用率低等问题

受益于腹地经济增长的驱动，长江中下游主要港口货物吞吐量规模的快速增长，推动了长江沿线主要港口企业的产能建设。随着“十二五”期间港口建设的加速，长江内河港口也出现了一系列的问题。一是港口功能布局混乱，岸线使用结构不合理。岸线开发利用乱圈乱占，多占少用，占而不用的现象十分普遍。二是港口基础设施较为落后，港口综合配套能力不足。除少数港口设施设备机械化程度较高外，大部分码头装卸设备落后，机械化程度偏低，半数码头还在利用自然岸坡加上简单的吊机进行作业，存在较大的安全隐患。三是港口主体众多，业务同质化、竞争白热化问题日益严重。长江内河普遍存在大型国有企业、货主企业、中小民营企业各自为政，相互内耗，导致码头重复建设、区域分割严重、同质化竞争激烈等问题，区域之间码头发展缺乏有效的协同。四是非法码头占用大量优质岸线资源，环境问题日益突出。由于前期未能妥善处理经济发展与环境保护的关系，出现了一批不符合港口岸

线利用规划及土地利用总体规划、且无港口经营许可证、违规占用港口岸线的非法码头。根据初步统计，仅湖北省长江干线沿岸有477家无证码头，占全部码头总数的41.3%。这些码头生产工艺落后、安全环保措施不到位，不仅浪费了大量优质岸线资源，带来极大的安全隐患，破坏生态环境，也进一步加剧了码头之间的无序竞争。

（三）黄石码头“脏、小、杂、乱”，无法满足工业城市和外贸出口基地的发展需求

黄石是我国重要的重工业城市，工业基础雄厚，外贸业务发达，对港口的依赖程度较高。黄石港是我国内河28个主要港口之一，也是全省仅有的2个国家一类水运口岸之一，岸线长达76.87公里，资源条件非常好。然而由于历史的原因，黄石老港位于主城区，随着城市的发展，噪音扰民、环境污染、增加城市交通压力以及后方陆域受限、服务效率低等问题日益突出，导致很多本地货源流失到武汉、九江等地，增加了腹地企业的物流成本。

同时，在黄石市辖区79公里长江岸线，分布着156个码头，200个泊位，其中无港口经营许可证和不符合城市规划的码头106个，泊位123个，非法码头占比超过60%。

在国家加快推动长江经济带建设、贯彻落实“生态优先、绿色发展”理念的大背景下，黄石亟待进行一场港口领域的变革，推动港口资源、运作效率、运营收益产生实质性的优化，为城市经济发展注入新的活力。

二、“一城一港一主体”港口发展模式实践

2014年11月，历经21轮艰苦谈判，黄石市引进深圳大型港口企业盐田港股份，由盐田港股份与黄石市属国有企业黄石市交通资产经营有限公司合资成立黄石新港股份，由黄石新港股份按照“一城一港一主体”港口发展对黄石市辖区79公里长江岸线进行整体开发、建设和运营。

（一）发挥规划引领作用，奠定港口和后方产业发展良好开局

黄石新港开发的棋盘洲港区远离黄石市主城区，黄石新港成立之初，港口及后方陆域均处于开发初期。为充分发挥规划先导优势，黄石新港股份充分借鉴盐田港股份在港口建设、运营方面的经验，加强与政府相关部门的协同，政企合力高标准、高起点推动港口、产业、用地和交通各项规划，为港口和后方产业发展奠定了良好开局。

1.修编黄石港口总体规划

在港口规划方面，为更好顺应城市经济发展需求，推动岸线资源高效、集约利用，黄石市港航局于2016年启动《黄石港总体规划》修编工作。修编的《黄石港总体规划（2035年）》于2020年获得交通运输部交通运输部和湖北省人民政府的联合批复，为黄石港口建设和管理提供了更为坚实的规划依据和技术支撑。新版规划确立了黄石港“一核两翼三港区”的总体布局，形成以棋盘洲港区为核心，城区港区、阳新港区为两翼的港口格局，三大港区分工明确、功能互补、协同发展。新版规划中，港口岸线长度约15公里，相比上一轮规划33公里减少18公里，调减比例高达54%，然而货物通过能力由上轮规划的7000万吨增加至1.54亿吨，集装箱通过能力由上轮规划的20万标箱增加至110万标箱，码头靠泊等级从3000吨、5000吨级升至万吨级，还能兼顾停靠2万吨级大型海轮。

2.编制港口后方园区产业发展规划

在产业规划方面，黄石新港股份协同黄石新港（物流）工业园区管委会编制了《黄石新港（物流）

工业园区产业发展规划（2016 年—2020 年）》。产业规划围绕“建设亿吨大港、打造跨越引擎”的发展目标和要求，提出打造“一港两中心三基地”，加快建成黄石转型跨越的战略支点，内陆开放型经济的新增长极，现代化新城的示范区的战略构想。一港即棋盘洲现代化港口；两中心即辐射鄂东、皖西、赣北的区域性物流中心和中部地区重要出口加工贸易中心；三基地即现代服务业（现代物流）基地、先进装备制造业基地和建筑现代化基地。

3. 做好港口后方陆域用地规划

在用地规划方面，充分吸取周边港口后方陆域狭窄、港口发展空间受限的教训，确立了“前港后产、港产协同”的用地格局，在港口后方依次布局港口用地、物流用地和产业用地，为港口和临港物流的发展留足发展空间，推动港口、物流和后方产业的良性互动和协同发展。

4. 完善黄石新港集疏运体系专项规划

在交通规划方面，为推动建立便捷高效的港口集疏运系统，编制了《黄石新港集疏运体系专项规划》，从疏港铁路、疏港水运航道和疏港公路以及多式联运四方面进行了科学规划并明确了重点项目建设计划。尤其在铁路规划方面，不仅将疏港铁路直接延伸到港口后方，破解了港口与铁路“最后一公里”难题，并通过多轮协调沟通，实现了港口和铁路站场散货作业区、件杂作业区和集装箱作业区的功能衔接，使黄石新港在长江中游率先实现了铁路进港、铁水无缝衔接，有效推动了运输结构调整和多式联运的发展。

（二）推行“综合、绿色、智慧”现代化港口建设，着力建设长江内河一流港口

黄石新港股份成立后，以“让物流更便利”为使命，以“成为国内一流内河港口运营商”为愿景，以打造中部出海港、产业集聚港、多式联运港、智慧信息港、绿色生态港“五港合一”为战略目标，着力建设长江内河一流港口。

1. 建设现代化综合港口

黄石新港股份按照运输能力集约化、管理方式现代化、发展模式现代化、运输结构现代化的设计理念，充分利用新技术、新工艺，对码头原有设计工艺进行调整，着力推动设备选型优化和工艺流程创新。一、二期工程 15 个泊位设计能力仅 1500 万吨，但通过优化之后实际能力可达 3000 多万吨，岸线利用效率翻番，有效推动了长江岸线资源的集约、高效使用。

2. 完善口岸服务功能

黄石新港股份充分利用港口后方物流资源以及口岸、保税等服务要素，加快推动国家一类口岸建设、进境粮食指定口岸申报、铁水监管一体化以及综合保税区申报等各项工作，实现物流、信息流、资金流在港口和后方产业之间的快速流通，提高黄石的产业吸附力。

3. 建设绿色港口

黄石新港在港口建设过程中一直秉承高效、节能、环保的发展理念，通过建设防风抑尘网、污水回收处理装置、船舶垃圾回收处理设施等，不断提高港口污染防治能力；通过优化设备选型、选用节能环保设备、采用清洁能源以及应用变频电机、变频控制、多传动整流回馈系统、油电混合动力、LED 照明灯等先进技术，提高港口节能水平，致力于打造长江内河“生态优先，绿色发展”的标杆。

4. 建设智慧港口

黄石新港以国家交通强国、信息强国战略为契机，贯彻“高瞻远瞩，统筹规划；立足当前，着眼长远；注重实效，分布实施”的指导方针，按照市场主导、政府引导、企业广泛参与的模式，搭建“六位

一体，两个中心”的多式联运物流公共信息服务平台，推进互联网、物联网、大数据等信息技术与港口服务和监管的深度融合，培育港口发展新动能，切实推动物流降本增效和港产城联动发展，打造“智慧港口”。

（三）加快城区码头搬迁和沿江非法码头整治，加强港口资源整合，有效整顿港口市场秩序

为推动“一城一港一主体”港口发展原则落地实施，黄石市政府加快推动黄石老港搬迁和非法码头整治工作。2016 年上半年，黄石成立了以市委书记牵头的指挥部，对黄石沿江 106 个非法码头共 123 个泊位进行了清理整治，并对整治的非法码头岸线进行了生态复绿。

同时，随着黄石新港码头逐步建成投产，黄石市政府启动了城区港区码头搬迁工作。2016 年 12 月，黄石新港口岸开关，集装箱货物逐步向黄石新港转移。随着黄石新港二期工程建成投产，城区港区散杂货业务功能计划 2020 年底转移至黄石新港，黄石新港逐步成为黄石境内唯一的公共码头运营商。

（四）聚焦运营，规范作业，不断提高服务水平和服务效率

黄石新港股份建立了完善的内控管理体系，不断提高安全管理、现场管理、供应链管理、财务管理水平，并通过 PDCA 推动持续改进和创新，以“工匠精神”把每一处细节做到极致，不断提高服务水平、服务质量和服务效率，于 2019 年成果获批黄石市长质量奖。

在安全管理方面，坚持“每个员工都是价值的创造者、每个员工都是品牌的构建者、每个员工都是平安的守护者”，按照“明责、贯标、预防、持续改进”的思路，以安全生产标准化和双重预防机制建设为抓手，不断完善安全管理制度、安全教育培训体系、安全隐患排查整改机制等，切实履行安全生产责任。经过不断努力，黄石新港于 2017 年获省交通厅唯一“平安港”称号，于 2019 年取得交通运输系统港口运营类普货码头安全生产标准化二级达标证书；于 2019 年取得中华人民共和国港口设施保安符合证书，港口安全管理水平不断增强。

在现场管理方面，紧紧围绕生产组织、工艺优化、质量控制三条主线，科学组织、精细调度，实现安全、优质、高效、低耗和客户满意度的提升。经过三年的磨砺，作业效率和服务质量在内河港口中居于国内外领先水平。

在供应链管理方面，不断健全招投标管理制度和管理机制、供应商等级评价机制、供应商风险管理机制，确保公司招标采购合法、合规、公平、公开，保障公司设备和物质供应。

在内控管理方面，通过投资项目管控、资金管理、全面预算管理、合同管理、风险控制等手段，不断完善财务管理体系、经营管理体系、资金管理和税务管理体系、内控与审计体系，为企业运转提供资金保障、为领导决策提供数据支撑，防患企业面临的各种风险。

（五）积极发展多式联运，助力国家运输结构调整，逐步提高黄石在国家运输体系中的地位

黄石新港积极响应交通运输部、国家发展改革委号召，推动多式联运发展，于 2016 年被列为国家第一批多式联运示范工程培育项目，于 2017 年被列为国家第二批多式联运示范工程项目。在市委、市政府的亲自领导和大力支持下，黄石新港先后开通了外轮直航、江海直达、长江内支线固定始发班轮航线和到成都、重庆、河南等地的铁路班列，降低了物流成本，提高了服务效率。黄石港开始由“节点港”向“枢纽港”转型，逐步成为长江中游重要的货物集散地和多式联运枢纽。

（六）积极拓展港口关联产业，构建以港口业务为核心的港航服务体系

随着港口建设并投产运营，黄石新港股份加强与黄石货主企业、物流企业等的合作，逐步拓展运输、仓储、理货、拆装箱、航运服务、网络货运、商贸物流等港口关联产业，逐步构建出以港口业务为核心的港航服务体系，为腹地企业提供更加便捷、高效的服务。

（七）以经营城市的理念经营港口，推动黄石经济结构调整和产业转型升级，打造现代港口城市

盐田港在投资黄石新港过程中摒弃了很多港口企业以吸收箱量为目的的做法，以经营城市的理念推动港口及后方物流、产业发展，推动黄石打造现代港口城市。在加快港口投资、建设和运营的同时，2017 年 6 月，盐田港与黄石市政府、新兴际华举行黄石新港现代物流园项目签约仪式。现代物流园项目总占地面积约 1500 亩，总投资约 26 亿元，建成后将成为鄂东乃至长江中部地区具有示范引领作用的现代化综合物流公共服务平台和物流基地。

随着港口建成投产、临港物流的壮大以及港口后方产业的发展，黄石新港对黄石经济的带动作用逐步增强，黄石市政府明确提出“以港兴市”战略，将港口发展作为推动经济结构转型和产业升级的引擎，打造现代港口城市。

三、“一城一港一主体”模式的主要成就

在各级政府及双方股东的大力支持下，黄石新港“一城一港一主体”原则得到有效贯彻落实，黄石港口发展环境得到彻底改观，黄石港对外影响力逐步提升，成为黄石传统产业转型升级、新兴产业集聚和城市空间结构调整的重大引擎，在黄石推动质量强市、打造先进制造业之都、建设现代港口城市中发挥了举足轻重的作用。国家发改委、交通运输部及湖北省各部门均对黄石新港的发展给予充分肯定，并对黄石新港的发展寄予厚望。

（一）码头建设加快推进，吞吐量逐年提升，配套服务能力逐步增强，综合大港格局初步形成

经过五年建设，黄石新港一期工程 1-9#共 9 个泊位已经建成投产；二期工程 11-13#、21-23#共 6 个泊位已于 2018 年底启动建设，计划 2020 年投入试运营；三期工程 8 个泊位前期工作已经全面启动，计划 2020 年底开工，同时，黄石新港已经启动加油加气码头、滚装码头等的前期工作。黄石新港一、二、三期工程建成之后，实际通过能力将达到 5000 万吨/年，形成集散货、件杂货、集装箱、多式联运、危化品、滚装等业务功能于一体的现代化综合大港。

黄石新港股份成立以前，黄石老港年均货物吞吐量约 500 万吨左右，在长江中上游干线港口排名落后于宜昌港务集团、岳阳城陵矶港务公司、荆州港务有限公司等。随着黄石新港的建成投产，黄石港口的服务水平和服务质量得到极大改善，先前流失到武汉、九江等地的货物逐步回流，黄石新港货物吞吐量逐步攀升，2018 年完成吞吐量 1267 万吨，在长江中游主要港口中排名第七，2019 年完成吞吐量 2104 万吨，在长江中游主要港口排名上升到三位。

口岸建设方面，黄石新港国家一类开放口岸于 2018 年 12 月开关，进境粮食监管场地于 2019 年顺利通过海关总署验收，黄石港口岸棋盘洲港区扩大开放于 2019 年底顺利通过国家验收组验收，港口铁路铁水监管一体化加快推进，黄石新港口岸功能逐步完善。

智慧港口方面，随着黄石港信息化建设的逐步推进，信息化技术逐步被应用到港口企业内部的生产

调度、码头操作、业务管理、安全监管以及外部 EDI 数据交换、物流平台、口岸平台建设等各个方面，覆盖港口生产的各个环节，推动港口向着自动化、智能化方向发展。

（二）多式联运发展取得重大突破，推动黄石由节点向枢纽转型

黄石新港于 2016 年被列为国家第一批多式联运示范工程培育项目，于 2017 年被列为国家第二批多式联运示范工程项目。在市委、市政府的亲自领导和大力支持下，黄石新港于 2017 年 8 月开通了到韩国的外轮直航航线、到上海洋山港的江海直达固定始发班轮航线、到上海外高桥的长江内支线固定始发班轮航线。在固定始发班轮开通之前，船公司都不愿靠黄石，导致年作业量在 3 万左右（历史最高 3.2 万 TEU），都是本地市场的量，船舶待港时间不定；黄石新港开通固定始发班轮后，各大船公司都与黄石新港建立了合作关系，船舶挂靠密度也大，货物进出港及时，区内市场货物大幅回流，2018 年完成集装箱吞吐量 4.38 万标箱，2019 年完成集装箱吞吐量 8.14 万标箱，比以前已翻倍。

黄石多式联运地方铁路于 2018 年 6 月正式开通运营，并开通了到成都、重庆、河南、西安、乌鲁木齐等地的铁路班列。其中到成都的铁水联运线路全程运输时间约 216 小时，比传统的水路运输节约 384 小时，时间缩短了 64%。随着铁路班列的开通和铁水联运优势的发挥，黄石的腹地范围逐步拓展到大西南、大西北等地，逐步由节点向枢纽转型，对外辐射力和影响力不断增强，在武汉长江中游航运中心及全国交通运输体系中的地位逐步提高。

（三）港城联动效应初现，港口后方产业发展取得突破性进展，黄石现代港口城市建设初见成效

黄石新港的建设及后方物流的发展，极大改善了黄石新港（物流）工业园区的产业发展环境，园区实现了从“出门招商”到“坐在家里等商”的转变。借助黄石新港的引擎作用，后方园区先后引入新港重工、新兴铸管、宝钢、大冶有色等一大批产业，黄石新港已经成为推动黄石这座资源枯竭型城市经济转型、产业升级以及城市空间格局调整的重大引擎，被中央电视台评价为“一座港口拯救一座城市”。

为深入贯彻习近平总书记视察湖北重要讲话精神，加快促进黄石资源型城市转型和高质量发展，2018 年 5 月，湖北省委十一届三次全会提出黄石市要加快建设现代港口城市，形成协同推进湖北长江经济带绿色发展的强大合力。2018 年 7 月，黄石市委十三届六次全会明确提出了建设创新活力之城、先进制造之城、现代港口城市、山水宜居之城、历史文化名城，通过“五大转型”促进“五城”建设，实现黄石城市高质量发展。黄石新港的发展成为黄石传统产业转型升级、新兴产业集聚和城市空间结构调整的引擎，在黄石现代港口城市建设中发挥了水港龙头作用。

（四）港口建设运营模式逐步成熟，为股东进一步实施长江战略探索了一套可复制、可推广的经验

经过五年多的探索和实践，黄石新港股份在政企合作、港口规划、港口建设和运营、临港产业发展、港城融合发展等方面取得了丰硕成果，积累了大量经验，总结出一套可在长江内河港口复制推广的模板，奠定了盐田港股份长江战略的良好开局，为盐田港股份全面实施长江战略提供了技术、人才支撑和发展模式参考。

四、“一城一港一主体”发展模式的经验

（一）港口的发展需要政府的宏观调控与企业的市场化运作相结合

黄石新港过去五年成果的取得，是争取良性互动、股东通力合作的结果。一方面，黄石市委、市政

府坚决贯彻落实合作协议精神，由市领导挂帅成立多个工作专班有序推动黄石城区码头搬迁和非法码头整治工作，确保“一城一港一主体”原则得以贯彻落实，并在规划、用地拆迁、工程施工、口岸配套设施建设、多式联运发展方面对黄石新港予以大力支持，为黄石新港的发展创造了良好的发展环境。另一方面，双方股东通力合作，以“深圳速度”高质量推动码头建设和运营各项工作，既有效改善了黄石港口发展环境，提高了港口服务地方经济的能力，也打消了对“一城一港一主体”的质疑，坚定了政府巩固和落实“一城一港一主体”发展原则的信心和决心。

（二）既要有高瞻远瞩的战略眼光，又要有坚如磐石的战略定力

2014 年，为破解黄石港口发展困境，黄石市委、市政府高瞻远瞩，在全国范围内选定了盐田港作为战略合作伙伴，并开创性提出了“一城一港一主体”的发展模式。黄石新港股份成立后，黄石市委、市政府坚持规划先导、理念先行，站在前瞻性、全局性、战略性视角，对港口、岸线、后方产业等进行了进行系统谋划和顶层设计，奠定了港口和后方产业发展的良好格局。在执行的过程中，克服遇到的各种阻碍，坚持稳扎稳打、以稳应变、以稳求进，牢牢把握发展方向和大局，保持战略的长期稳定性，探索出了一条长江内河港口“一城一港一主体”、政企良性互动、港产协同发展的新路径，有效助推了城市经济的高质量发展。

（三）资源整合要兼顾多方利益，实现互利共赢，才能取得长远发展

由于历史原因，长江内河港口经营主体众多，进行港口资源的整合必定受到各种各样的阻碍。黄石落实“一城一港一主体”原则，逐步将黄石新港股份发展成黄石市辖区唯一货运公共码头开发运营主体，并不意味着排斥合作和竞争，而是在黄石新港股份的统一管理下，实现黄石港口岸线资源的集约开发和高效利用。事实上，黄石新港股份自建港之初便开始了与黄石大型企业的合作，有效兼顾了各方利益，实现了互利共赢。

一方面，黄石新港加强与大冶有色、宝钢等大型货主企业协商谈判，在“一城一港一主体”原则框架内合作共建码头泊位，作为黄石新港二级港口运营平台。截止到目前为止，已经与大冶有色合资成立 2 家公司，建设运营 2 个散杂货泊位和 1 个危化品泊位，并计划启动加油加气码头、滚装码头等的合作。

另一方面，黄石新港股份与黄石港务集团、中小民营企业建立了广泛的业务合作关系，助力这些企业逐步转型为专业化的物流服务提供商，并通过社会化招聘吸纳部分员工到黄石新港就业，以缓解城区码头关停和非法码头关停整治之后政府和企业人员安置压力。

同时，黄石新港通过提高服务质量和作业效率、降低港口收费等多种措施，降低客户物流成本，为客户创造更大价值，逐步获得客户的认可。

（四）“一城一港一主体”只是手段，最终的目的应该是发挥整合效应推动港口更高质量、更快速度的发展

黄石推行“一城一港一主体”港口发展原则、进行港口资源整合并不是目标，而是要以此为契机从一体化协同运作角度，在管控模式、服务模式、业务分工合作、技术和服务方面改革和创新，以客户和港口企业双赢、社会物流成本最低原则，重构业务链，系统提升港口的整体竞争力。

黄石新港股份成立后，立足于“一城一港一主体”框架下的基础设施集成优势，并充分发挥盐田港在资金、技术、管理、人力资源等方面的优势，聚焦新技术、新产业、新业态、新模式，加快推动建设综合、绿色、智慧的现代化大港，提升口岸服务功能，积极拓展港口关联产业，聚焦运营、规范作业、提高服务能力和服务效率，真正担负起了建设一流港口、与港口城市融合互动发展的重任。

（五）要充分发挥文化在港口建设发展中的引领作用

黄石新港股份践行“诚信、服务、创新、担当、共享”的核心价值观，构建党建文化引领、企业文化和安全文化融合的特色企业文化，充分发扬艰苦创业、拓荒牛精神，以5+2、白加黑的工作模式以身作则、率先垂范，快速推动码头建设和运营各项工作，实现了“深圳速度，黄石再现”。

（六）要把港口的发展融入城市发展的大局，注重港口与城市的良性互动和协同发展

“港城互济、共生共荣”是世界港口发展的普遍规律。要以经营城市的理念经营港口，在港口发展的同时，加强城市规划与综合交通运输体系规划、产业发展规划、港口相关规划等一体化衔接，统筹生产、生活、生态三大布局，打造港口城市，实现“以港聚产、以产兴城、以城育港”，实现港口与城市的互动融合发展。

成果创造人：李安民、刘卫东、张林中、曹文国、刘兆弟、陈晓玲

中车株洲所依托“車”模型分类推动改革创新经验

中车株洲电力机车研究所有限公司

中车株洲电力机车研究所有限公司（以下简称中车株洲所）始创于1959年，是中国中车集团有限公司（以下简称中国中车）所属企业（转制院所）。近年来中车株洲所全面贯彻习总书记三次视察中国中车重要指示精神，持续深化国企改革，积极转变发展方式，依托同心技术的多元应用，将列车牵引系统（列车的心脏）和网络控制系统（列车的大脑）等关键部件核心技术延伸应用于新能源汽车、船舶、工业自动化、轨道工程机械等多个领域，逐步转型升级成为涉及“电气传动与自动化、高分子复合材料、新能源装备、电力电子器件”四大产业的高科技企业集团。从一家收入800万、人数不到600人的科研院所（原隶属铁道部），发展成为规模过300亿、境内外员工17000余人（其中境外员工近5000人）的国际化企业，不仅为高铁列车提供安全、舒适、绿色的动力系统和控制系统，还进一步将核心技术多元应用于新能源、汽车、深海装备、船舶、煤炭、冶金等众多行业，为中国高端装备制造跨越电气化、自动化时代，全面进军数字化、智能化时代做出了一定的贡献。2019年，中车株洲所总资产586.72亿元，同比增长14.38%；净资产319.44亿元，同比增长6.32%；资产负债率45.56%；实现营业收入301.80亿元，同比增长2.28%；实现净利润24.38亿元，同比增长21.78%。

一、改革经验概述

（一）传承改革创新基因，多元发展争创一流

一直以来，中车株洲所始终坚持解放思想、实事求是的改革发展理念，不断推动企业的改革与发展。1984年，率先在全国大院大所中“自断皇粮”，全部取消国家事业费，走科技与生产结合之路，使科技成果不再成为资料室里的珍藏品，而是直接转化为生产力走向市场。1992年，按照“科工贸一体化”的发展思路推行“一所两制”，建立起“产权明晰、权责明确、政企分开、管理科学”的现代企业制度，促进科技与经济的深度融合。2002年和2006年，中车株洲所旗下的时代新材、时代电气先后在上海、香港证卷交易市场上市，多元发展的国际化高科技企业集团初具雏形。

党的十八大以来，中国株洲所认真贯彻落实习近平总书记三次视察中国中车的重要讲话精神，牢记打造“亮丽名片”嘱托，以“大国重器，产业引擎”为己任，持续深入推进企业改革，充分发挥品牌效应，在国资国企改革中积极扮演先行者的角色。通过加大全球资源整合力度，推动混合所有制企业发展，建立“乔”型职业发展体系，探索中长期激励机制，实施差异化管控与考核，推进研发组织变革等改革与探索，不断打破固有体制的束缚，激发了全所的工作热情，产生了可观的经济效益，进一步对科技创新产生很好的反哺作用，形成了“科研—生产—效益”的良性循环，促进株洲所经营业绩连创新

高，顺利完成了亿元、十亿元、百亿元的“三级跳”，员工薪酬也得以逐年稳步提高，中车株洲所自主研发的牵引传动等九大核心子系统在“复兴号”动车组上广泛应用，已然成为全球轨道交通电气系统领域的领军企业，并将相关技术和产业延伸应用到新能源、汽车、深海装备、半导体等多个领域，包括：国内首批 8 英寸高压 IGBT（绝缘栅双极型晶体管）芯片成功研发并量产，打破国外垄断；智轨列车全球首发，构建新型城市公共交通解决方案。新能源商用车及电机电控系统跻身行业前列，乘用车电控系统广受认可，汽车减振产业排名全球第三。聚酰亚胺薄膜和深海特种装备产业填补国内空白，极具战略价值。

（二）围绕“人与激励”核心，分类改革力求实效

在改革与发展历程中，中车株洲所创新性的构建了深化国企改革“車”模型，即秉持责任为本、成事为先的企业精神，坚持以“三个有利于”为原则，以三个导向为指导实施分类差异化改革，重点围绕“人与激励”推动实施了股权激励、两制一契、现金分红等改革举措，通过差异化管控考核制度、成果转化机制、法人治理体系等基础管理制度建设有力支撑改革加速落地，持续推动科技成果的孵化、培育与产业化，有效构建起国有科技型企业创新创业的现代企业治理体系，走出了一条以改革激发活力，以创新驱动发展的成长之路。

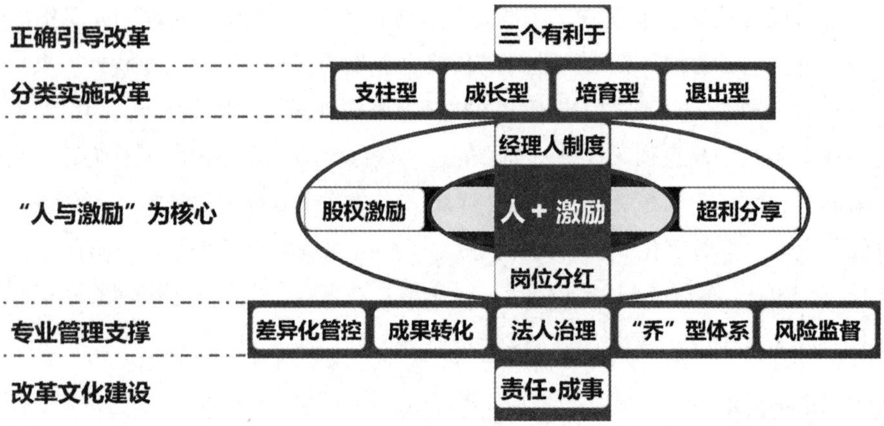

图 1　中车株洲所改革模型

一是以“三个有利于”为原则，正确引导改革。“有利于国有资本保值增值、有利于提高国有经济竞争力、有利于放大国有资本功能”是习总书记提出的确立国有企业改革成败的标准，在深化国企改革的探索实践中，中车株洲所为了让广大干部员工更好的理解、贯彻和落实这一原则，提出了“坚持党的领导、坚持国有资产保值增值，只要是有利于国家和社会、有利于企业和产业、有利于干部和员工的改革举措，都可以先试点、再推广。”在新一轮国企改革政策的指引下，株所人骨子里改革的基因再次被激活，广大干部员工不仅积极参与混改、岗位分红、两制一契、优员增效等重大改革举措的落地，在本职岗位上还积极推动各类管理创新，探索实施了诸多专业领域的“微变革”，包括战略规划管理与询审、质量管理成熟度模型及应用、DFX 设计方法应用等，以量变推动质变，成效同样显著，获得了中国质量奖、全国企业管理创新一等奖等奖项。

二是以“三个导向”为指导，分类实施改革。坚持战略导向、问题导向、目标导向，“一企一策、因业施策”的推动各产业单位实施改革，实事求是地解决好各产业单位发展所面临的最紧迫的问题，加速形成以改革成效促进深化改革的良性循环。为此，中车株洲所专设了深化改革办公室、违规经营责任追究办公室，组建了改革领导小组、工作小组、专家组，将深化改革工作与落实公司中长期发展战略、

五年发展战略、三年滚动规划有机结合起来，与落实创一流、提质增效各专项工作结合起来，对所属单位进行调研问诊，形成了分类改革工作矩阵图，明确了十个一级业务主体单位改革的重点方向。针对培育型产业积极应用混改、超利分享等改革工具，针对平台型单位探索试点科技跟投、众创等创新模式，针对困难企业重点推动风险化解、优员增效等改革工作，并纳入责任单位年度考核责任状，实行奖优罚劣。

三是以“人与激励”为核心，持续传递压力。改革的关键问题是解决人与激励的问题，必须坚持公平。公平不是平均，而是多劳多得、不劳不得，让奋斗者和价值创造者获得与贡献相匹配的回报，让懒惰者、落后者末位淘汰。核心的一点是传导压力，激发活力，保持组织的战斗力。在实施岗位分红、股权奖励、青年科技人才池奖励等激励方案的过程中，中车株洲所坚持做到程序合规，公平公开，在方案实施前充分征询职工代表和骨干员工意见建议，重点选择强关联、有贡献的核心骨干进行激励，例如首期参与岗位分红人数为400余人，仅占员工总人数的2.3%，不仅要让得到奖励的人有感觉，还要让没得到奖励的人也有感觉，从而达到改革激励先进、传递压力的效果。

四是以“机制创新”为抓手，强化制度保障。深化国有企业改革，既要鼓励“试点先行，以下促上”，更要强调“顶层设计、以上率下”。为加快推动国企改革从“需求驱动、方案报批”转入“试点突破、机制落地”，中车株洲所在总部层面组织实施跨职能部门的五大专项项目，分别是加快提升法人治理能力、做实干部“两制一契”、推动试点企业“以混促改”、优化公司差异化考核体系和健全科技成果转化机制，力求在职能管控线条上形成多个专业制度模块，做好对各项改革工作的同向支撑，例如在“两制一契”的实施过程中要对干部薪酬模块进行重构，此时重构就必须要同步考虑差异化考核专项中超额利润分享的要素、法人治理专项中董监事兼职取酬的要素及“以混促改”经营层市场化薪酬的要素。这样做的目的是最终实现各专业模块对改革多专项的有效覆盖，打破改革“见点见线不见面”的状态，发挥价值型总部作用，制度化、体系化的保障、指导所属各单位开展改革工作。

二、主要做法

（一）以分类为基础，推进差异化改革与发展

中车株洲所推行“小总部、大产业”模式，一方面做小做精总部，另一方面对所属企业进行分类管理，结合政策和公司多元产业实际制定了《混合所有制改革指导意见》《经营管理目标责任制考核》等制度意见，按照支柱型、成长型、培育型、退出型四种类型，各有侧重地推进改革发展。

一是分类推进混改。对于支柱型产业，通过在上海和香港两地上市，打造出时代电气、时代新材两家上市公司平台，累计募资近50亿元，支撑了中车株洲所连续实现200亿、300亿的规模跨越；对于成长型产业，通过并购、合资和混改，加快破解功率半导体器件研发周期长、产业投资大等难题，历经十年，在国内率先建立覆盖“芯片-器件-模块-系统”的自主创新能力和规模制造能力，打破了国外对IGBT芯片、晶闸管等大功率器件的垄断，支撑和保障了高铁、高压输配电等国家重点行业的“芯”安全；对于培育型产业，在混改过程中大胆实施科技成果转化作价入股及股权奖励计划，以全球首创的智轨列车项目为例，在新设混改企业的首轮即实现无形资产的评估增值4200余万元。对于退出型产业，坚持以战略为导向有序推动，恪守国有资产保值增值底线。例如某高分子材料膜项目，借助资本运营平台，在高估值状态下适时让渡控制权，通过参股方式加速建立健全更加市场化的经营机制，实现了国有资产的快速增值和产业市场化能力的加速提升。

二是分类实施考核。中车株洲所坚持战略导向考核原则，构建差异化的考核模式和指标体系，既考核当期效益目标，更注重落实发展规划年度分解目标，打造长远发展能力。根据战略定位，在支柱型、成长型、培育型基础上，增加资源平台、财务投资平台两类。其中，对于支柱型产业，主要考核收入、利润、资产收益率等经营性指标，为公司贡献稳定的现金流；对于成长型产业，主体通过看齐行业标杆，在考核中均衡关注规模收益和关键能力建设；对于培育型产业，主要依据战略规划考核落实情况，确保培育型产业按行业规律孵化发展。对于资源平台，主要考核战略性创新任务、重大科研项目的实施完成情况，重点培育内生动力和发展能力。对于财务投资型平台，重点考核投资回报、投后项目管理等内容。此外，为支持和激励部分单位在细分领域做优做强，"一企一策"与部分单位签订"一定三年"的经营考核责任状，实施超额利润分享激励，关注规模、利润、现金流等指标三年期整体完成情况并重点考核战略任务及目标的按期实现情况。

三是分类实施授放权。中车株洲所主动根据各类产业单位所处发展阶段和经营管理能力现状，实施"一企一策"的"放、管、服"方案。第一是做好简政放权的"减法"，针对管理能力较强的支柱型上市企业，对分公司设立、组织结构调整、固定资产投资等事项实施精准放权；针对充分参与市场竞争且不存在集团内同业竞争的培育型、成长型产业，重点对薪酬分配、人员调转等事项进行授权；针对境外并购企业实施投资项目放权，选用 φROCE 和动态投资回收期两个指标作为客户类固定资产投资项目的行权依据，"分类分级"执行相应的审批制或备案制，为境外汽车子企业量身定制了一套既快速响应市场、又满足风险管控要求的境外投资差异化管理体系。截至目前合计减少各类审批事项 54 项。第二是加强监管的"加法"，对重大风险化解、两金风险跟踪、案件处置等事项加强管控，明确加强管控事项 26 项；第三是优化服务的"乘法"，坚持问题导向和目标导向，通过精准滴灌、靶向治疗的工作方法，给予管理专项支持 16 项。

（二）以管理人员为重点，构建市场化经营机制

中车株洲所通过持续完善法人治理结构，加快建立内部管理人员市场化机制，推动了企业经营发展质量和效率不断提升。

一是完善法人治理结构。建立外部董事占多数的董事会结构，形成内部相对制衡的决策环境。进一步争取和获得了中国中车十项授权，落实了董事会在战略、投资、薪酬、经营层任免及考核等关键事项方面的责权力。在内部明确了董事会、党委会、经营层责权事项，明确了 38 项事项的前置讨论、决策上报、审批决定的权责主体，其中需要上报集团审批事项 9 项；党委会前置讨论事项 37 项，决策事项 1 项，主要包括公司纪检、监督、品牌文化建设等方面事项；董事会决策审批的事项 11 项，主要包括公司战略、投资、预算、经理人任免及考核等关键事项；总经理办公会审批事项 17 项，主要包括中层任免、工资分配、预算内资金调动及使用等。2019 年，公司召开董事会 22 次，审议议案 65 项；召开经营会议 48 次，审议议案 87 项。

二是建立职业经理人制度。公司中层以上人员全部实施了任期制管理和年度考核管理，实现强激励、硬约束和严考核。自 2018 年以来，通过竞聘上岗方式选拔的职业经理人占比已超过 60%。通过公开选聘，共有 100 余位职业经理人获聘上岗。在市场化选聘方面，设立对标市场的岗位条件，在部分单位实施"总经理竞聘上岗""总经理组阁""业务部门组阁"和"末位淘汰"，逐级传递经营压力。在契约化管理方面，突出绩效和能力导向，与全部职业经理人签订聘期目标责任书与年度目标责任书。将薪酬结构中浮动薪资比例设定到 60% 以上，实现薪资能"增"能"减"。在差异化薪酬方面，构建职业经

理人年度考核的360度评价模式，2018年起全面推行284位职业经理人强制排序，分A、B、C三个等级，C等级年薪核减15%–20%，同一层级经理人薪酬最高者是最低者倍数的1.55倍，30人次受到扣减绩效年薪、诫勉谈话等处罚，另有6位因末尾被强制退出，实现了经理人能“上”能“下”。

（三）以人才为核心，实施体系化科研创新

中车株洲所坚持聚焦核心骨干人才，特别是科研创新人才，通过成果转化机制建设、实施岗位分红、畅通科研人员发展通道等方式，加快实现高端装备制造业从技术跟随向创新引领的转变。

一是优化创新体系，加速成果转化。基于基础前沿技术、平台共性技术、产品应用技术分层协同的科技创新体系，多维度支撑科技成果转化及产业化，持续为核心技术的多元化应用赋能加速。在所本部研究院，面向从事基础前沿、平台共性技术的科技人员，建立科技人员“以上持下”的跟投机制，支撑本部一线人员跟投刚进入孵化培育期的创新增量业务。建立起众创孵化机制，联合清华启迪等外部机构，建立辐射全球创新资源的众创平台，探索以科技成果作价入股实施混改撬动外部资本和创新资源，一项目一策的采取体内孵化或体外孵化的差异化模式，对于参与体外孵化的研发人员，给予三年过渡期保留企业员工身份、实施员工持股等系列政策，加速孵化和培育创新增量业务。

二是实施岗位分红，鼓励创新创效。在中车内部率先应用科技型企业岗位分红政策，对内部子企业设立了参与岗位分红的业绩条件，构建了以利润为导向、个人绩效为牵引的分红激励模式，2019年超额完成最高挑战性利润指标（T3），2019年度可分红1330余万元，计划激励人数300余人，其中70%以上为技术骨干，分红额度最高者达到最低者的三倍。

三是尊重科研人员，畅通晋升通道。人才是创新团队的核心要素，是提升科技创新能力的先决条件。一直以来，中车株洲所都把引进和培养高科技人才、加强人才梯队储备作为团队建设的重中之重来抓。为了打破“学而优则仕”传统，让科研人员“心无旁骛做科研”，中车株洲所自主构建了“乔”型职业发展体系，推行任职资格管理，将研发人员的层级上限设为最高，为优秀科研人员搭建畅通的职业发展通道。截至目前，已有20余名资深专家被认定为A层级（与经营班子及高管同一层级），1名科学家（院士）被认定为最高的T层级。

三、改革成效

一是有效发挥国有资本撬动作用。截至目前，中车株洲所所属全资、控股子公司已实施混改及股权多元化的企业已有18家（含上市公司两家），贡献了80%以上的销售收入和利润。成功以177亿元国有权益撬动586亿元总资产，放大国有资本3.03倍，快速提升了国有资本配置和运行效率，通过分类实施改革，形成进退有序的产业发展格局，走出了一条“以产业养科技、以科技促产业”的良性循环道路。

二是做强主业的同时做优增量。中车株洲所坚持以核心技术为圆心，巩固主业优势的同时，分类改革推动多元战略性新兴产业发展，不仅在轨道交通主业成长为全球产品型谱最完备、综合技术实力最强、产品应用数量最多的牵引控制系统首选供应商，并已在电气自动化（例如深海机器人等）、高分子复合材料（例如弹性元件、风电叶片等）、电力电子器件（例如高压IGBT、晶闸管等）、新能源装备（电动汽车等）等领域的一些细分行业中进入全球前列。

三是内生动力和发展能力持续提升。“十三五”期间，中车株洲所已建设十个国家级研发平台（主要包括国家工程中心、国家重点实验室、国家级企业技术中心等），拥有一名工程院院士领衔的5000余人的科技团队，获国家技术发明奖、国家科技进步奖、国家专利奖共计19项，省部级科技奖励140余

项；培养工程院院士候选人、国家万人计划、科技部中青年领军人才、湖湘青年领军人才等218人次；申请专利5141项，其中发明申请约3800项，每万人发明专利拥有量达908件。国际与国家标准、专利数量雄踞行业第一。

成果创造人：李东林、杨首一、王卫安、刘连根、何政军、
黄　蓉、李华伟、胡文波、郭继军、吴昌云、
王　力、邓青瑞、郭　慧、方光华、刘群欣、
陈逢春、郑　伟、罗向荣、何红明

“一带一路”倡议下境外电力投资项目全方位属地化构建与实践

中国电建集团海外投资有限公司

中国电建集团海外投资有限公司（简称“电建海投公司”）成立于2012年7月，是中国电力建设集团（简称“中国电建”）旗下专业从事海外电力能源投资业务市场开发、项目建设、项目运营与投资风险管理的法人主体，为推动中国电建国际业务优先发展战略落地做出了突出贡献，成为中国电建调整结构、转型升级、推动国际业务优先发展的重要平台与载体。在中国电建内发挥“四大平台”作用，即海外投资平台、海外融资平台、海外资产运营管理平台和全产业链升级引领平台。电建海投公司作为境外电力能源开发与资产运营为主的专业化投资公司，注册资本金54.1亿元。

老挝南欧江全流域水电开发项目是中国企业首次在境外获得以全流域整体规划和BOT投资开发的水电项目，也是习近平主席、李克强总理和老挝国家领导人共同见证签约的项目，总装机容量1272兆瓦，多年平均发电量约50亿度，总投资约27.33亿美元。项目全部建成投产后，可为老挝提供12%的电力供应，不仅能有效缓解老挝北部地区电力紧缺、促进老挝全国电网建设升级，还将助力老挝电力出口和电力区域一体化进程，是中老两国产能合作的典范之作，为中老全面战略合作伙伴关系发展注入了新动力，进一步加深了中老两国搬不走好邻居的关系。南欧江全流域共开发7个梯级水电站，被誉为南欧江上一串耀眼的“七明珠”，分两期建设，一期项目（二、五、六级3个水电站）于2012年10月开工，2016年10月底已完工，并按计划进入商业运营；二期项目（一、三、四、七级4个水电站）于2016年4月8日开工，2019年12月26日成功举行了首台机组发电仪式，截至目前已有3台机组发电上网，后续机组正有序安装调试中。

一、背景

从2013年国家实施“一带一路”倡议以来，“一带一路”倡议正将沿线国家越来越紧密地联系起来，并以全新的国际合作模式带动了沿线国家经济社会的共同向前发展。党的十九大报告指出，中国特色社会主义进入新时代，我国经济已由高速增长阶段转向高质量发展阶段，正处在转变发展方式、优化经济结构、转换增长动能的攻关期。当今世界正经历百年未有之大变局，中国企业应抓住机遇、迎接挑战、顺势而为，中国海外电力投资企业以境外电力投资项目为载体，通过实施全方位属地化管理，助力统筹做好新时代境外电力投资项目开发、建设、运营全生命周期管理，高效推进企业向高质量发展转变，是中国海外电力投资企业长期健康可持续发展的必由之路。

中国电建集团海外投资有限公司境外电力投资项目全方位属地化（以下简称“电建属地化”）是在电建海投公司柬埔寨甘再水电站、老挝南俄5水电站、老挝南欧江流域一期水电站、尼泊尔上马相迪A

水电站、刚果（金）铜钴矿、老挝甘蒙塔克水泥厂等多个境外投资项目属地化实践经验的基础上，在老挝南欧江流域二期水电站项目推广应用、总结提炼取得的重要成果。

（一）落地“一带一路”倡议，推进企业行稳致远

1. 企业是“一带一路”倡议落地的主体

（1）企业是“一带一路”建设的实施主体

企业是对外经济合作的市场载体，“一带一路”建设既是中国企业的发展机遇，也是中国企业的历史责任和光荣使命。“一带一路”目前尚处于初始阶段，发展潜力将远超预期，是企业发展的大好机遇，企业应在现有基础上继往开来，未来必将大有可为。企业要充分发挥市场载体作用，把自身发展战略主动融入到“一带一路”中，在参与境外基础设施和国际产能合作中，以属地化推动公司战略转型，以投资合作带动人文和科技交流，同时推动中国标准落地各东道国、走向世界，为我国开放型经济发展绵绵不断地注入新活力、新动力。

（2）投资项目是“一带一路”经贸合作的载体

中国海外电力投资企业的境外电力投资活动必然带着深刻的、特定的中国烙印。企业布局“一带一路”，以身作则、率先垂范，将自身的投资优势、技术优势、资金优势、管理经验与运作模式优势在各沿线国家转化为市场与合作机会。企业以境外电力投资项目为载体，构建属地化平台，以良好的项目实施展示企业实力，以项目推项目，发挥纽带桥梁作用，与东道国共享钜惠和红利，增进与沿线各国人民的人文交流与文明互鉴，推动各国人民相逢相知、互信互敬，在共同奋斗中共享和谐、安宁、富裕的美好生活，进一步促进我国与“一带一路”沿线国家的经贸合作。

2. 以多元属地化为企业行稳致远保驾

中国自身的发展模式及中国海外电力投资企业的运作模式必然会反映到境外电力投资项目中，企业通过“一带一路”互联互通境外电力投资项目，在与沿线各国发展战略对接、耦合中顺势而为，研判掌握东道国电力发展需求，发掘东道国市场潜力，推进电力投资项目开发、建设、运营全生命周期的高质量发展，在为东道国提供优质电力的同时，在合法合规的前提下，构建起具有中国企业特色的东道国属地化模式，为东道国人民创造就业机会，扶持东道国企业，源源不断开展互利共赢合作，助力企业在各东道国深耕扎根，稳健发展，全方位融入东道国，成为能真正带动东道国社会、经济发展不可或缺的力量，共赢致和，获得东道国人民的尊重和信任，形成一个利于绿色、经济和社会三者和谐共存、发展的良性循环局面，为东道国提供持续增长的动力，为实现企业行稳致远保驾护航。

（二）适应海外投资特点，确保依法合规发展

1. 境外电力投资是一项复杂的系统工程

对于中国海外电力投资企业而言，境外电力投资项目具有业务涉及面广、专业性强、投资额大、风险因素多、管理要求高、组织战线长、建设期长、投资回收期长、运营期长、对东道国社会经济影响面大等诸多特点，实施过程复杂，并且东道国与中国政治、经济、文化、宗教、种族等存在着较大的差异，更增加了境外电力投资项目实施的复杂程度。

随着全球化水平的日益提高，各东道国有关法律法规等政策持续健全、完善。各东道国政府的监管越来越规范、愈来愈严格，很多国家市场风险和政治风险亦不断提高。东道国家的政治、经济等环境的不确定性因素增大了项目经营的难度和风险。面对日益复杂的局面，企业要通过属地化平台下的信息收集、沟通协调渠道，提早在东道国精准收集有商业价值的证据资料，提前研判、正确遵守、有效利用商

业规则，前瞻性积极有效评估、预防、应对、规避各类风险，在掌握充足信息基础上科学决策、合理解决各类问题，为投资成功提供保障。

2. 时时事事处处依法合规开展投资活动

中国海外电力投资企业要深深地扎根于东道国市场，就要根据东道国法律法规构建、提升管理制度、组织结构、资产运营、财务资金、人力资源、沟通协调等的能力和水平。密切结合东道国法律法规要求，从属地化的理念出发，充分利用东道国工程、环保、安全、法律、税务、金融、风险、保险、劳资等政府机构、行业权威等的属地化优势和力量，获得有深度、有价值的意见建议，提升项目全生命周期精细化管理能力，做到时时事事处处实现合法合规经营，这也是对企业在境外、在东道国长远生存和发展的基本要求。

（三）发挥属地化之优势，更好实现投资目标

1. 不断以创新理念驱动属地化提升

东道国与境外电力投资项目如同大地与种子，中国海外电力投资企业立足不同东道国长期发展，要站在境外电力投资项目全生命周期的视野、高度来开发、建设、运营项目。属地化同样要以创新的理念来驱动，企业不能局限于属地化的惯常做法，要按照“早谋划、早部署、早行动、早落实、早收效”的原则，在项目全生命周期中紧紧围绕合作、和谐、共赢主旋律，从项目决策阶段开始，就将东道国属地化作为一项重要的工作内容来筹划，深入、全面调查研究，制定切实适用、可行的实施方案，并按计划扎扎实实地落地，一国一策，精准施策，坚持按照PDCA管理方法的循环过程不断扬长避短、完善提高。

2. 借助属地力量促进高质量发展

挖掘属地化潜力，发挥属地化优势。抓住东道国属地化的主要矛盾、实质性问题，多措并举予以正确应对。通过属地信息渠道、社交网络信息源、各类伙伴交流等途径，不仅可以深入触及东道国各方面核心，掌握最新动态，保障为正确决策提供可靠信息支撑，从而与时俱进、快速反应、从容应对，而且有利于节约投资、降低费用、提高效率，进而实现更好的项目投资效益。从长远来看，还有利于企业资本积累增加、投资前景拓展，促进企业扩大有关东道国的市场规模、辐射境外其他投资市场，为企业实现更大、更好、更远的发展注入高质量“催化剂”。

二、内涵

中国电建集团海外投资有限公司境外电力投资项目全方位属地化（以下简称“电建属地化”）就是在“一带一路”沿线国家开展境外电力投资项目过程中，以电建海投公司（及东道国股东，如有）作为投资方为引领，坚持做“全球绿色清洁能源的优质开发者、项目属地经济社会的责任分担者、中外多元文化融合的积极推动者”，秉承“开发清洁能源，投创美好生活”“事耀民生、业润社会”理念，坚持国际性、规范性、高标准，以境外电力投资项目为载体，结合东道国政治、经济、文化等实际情况，以投资项目公司作为开发方或业主方为主导，早谋快动、上下联动，以强烈的社会责任感、使命感，通过属地化融入东道国，使属地化贯穿项目开发、建设、运营全生命周期，发挥不同阶段参与各方、相关各方属地化协同精神，群策群力、优势互补，以合情、合理、合法行动措施，抓实抓细抓落地，从治理、经营、资源、发展、责任、文化等多维度推进全方位属地化，追求卓越，与东道国社会、人民协同发展，打造休戚与共、风雨同舟的命运共同体，努力创造价值，回馈东道国社会、人民，推动属地化朝着开放、包容、普惠、平衡、共赢的方向发展，成为一扇中国与东道国两国人民相互沟通了解的窗口，做

各东道国认可、满意的负责任、有担当大国企业，倾力打造有国际、世界影响力的一流品牌。

三、措施

电建海投公司自开展境外电力投资业务以来，充分认识到属地化的复杂性、紧迫性、重要性、长远性，就尽早开始探索、采取了一系列具有建设性、行之有效的措施推进电建属地化，有关措施如下：

（一）治理属地化，参与各方同频共振

1. 整合参与各方协同推进属地化

在“一带一路”倡议大背景下，属地化治理已成为中国海外电力投资企业长期可持续发展必然要面对的选择，也是结合东道国实情开展高效企业治理的重要途径，要始终重视体系化和规范化管理，实现与国际市场的完美接轨。在整个电建属地化过程中，电建海投公司作为投资方发挥引领作用，建立规则和搭建框架，总体把握电建属地化方向，对电建属地化进行宏观管控，建立完善属地化管理体系，发挥制度有效性是推动属地化发展最强动力作用，科学制定属地化管理制度、办法；项目公司作为开发方或业主方发挥属地化主导作用，根据投资方发展战略及相关管理办法建立本项目公司的属地化实施体系，包括办法、细则、计划、方案等，在投资方的服务、指导、监督下落实，项目公司结合项目全生命周期各阶段的实际，广泛动员不同阶段的参与各方在一个整体架构中团结起来，共同践行电建属地化，凝聚各方力量形成整体合力。

“积力之所举，则无不胜也；众智之所为，则无不成也。”项目公司作为开发方或业主方对电建属地化实施承担主体责任，充分发挥自身或协调发挥在东道国开展业务较早的参与方先发优势、或充分利用已聘用有关东道国咨询机构的条件，加强有关信息共享，避免或减少参与各方的信息不对称，帮助参与各方了解、掌握东道国国情社情、法律政策和经贸规则等信息，帮助参与各方理顺与东道国政府机构、相关各方的关系、办事程序，合作应对各种法律风险，最大限度地维护好参与各方的合法权益。同时，不断引导、推进参与各方在履约中树立起电建属地化大局观念、全局意识及命运共同体意识，共建共用电建属地化体系，共享电建属地化带来的好处，提升合同履约能力和水平。

2. 属地化治理的全生命周期延续

电建属地化十分注重属地化的策划、实施、传承。在境外电力投资项目全生命周期各阶段，持续研究东道国属地化的条件、法律、法规等政策、规定，逐步建立、健全电建属地化的策划、实践、创新、提升，力图一国一策，一项目一策，从源头、过程、长远保障电建属地化的健康发展，避免形式主义。在境外电力投资项目开发、建设、运营各阶段，在前阶段团队和下阶段团队进行工作交接时，将属地化作为一项重要交接事项，内容包括项目属地化前阶段实施情况、实施体系、实施特点、重点及难点、对未来属地化开展的建议、愿景等，实现项目各阶段属地化的顺利过渡，使新阶段团队透彻了解上阶段属地化的工作情况，清楚明确下阶段属地化推进的内容，保证新阶段的团队与上阶段团队属地化的延续性、连续性、稳定性。

（二）经营属地化，依法合规开展各项活动

1. 属地化经营成熟度关系经营效果

电建属地化重视适应东道国要求开展经营。作为海外投资企业，在东道国开展投资经营活动时，必须深度掌握东道国投资环境，包括东道国的经济环境、法律环境、政治环境、自然地理环境及基础设施环境等，研究透彻东道国外资政策、法规、市场管理水平、劳务技术熟练程度等政治、经济、文化等情

况，深度掌握东道国投资总体形势、对引进海外投资发展的理念、市场动向等，提前研判东道国发生经济危机、政治危机与社会危机的可能性，于危机中育新机，在变局中开新局。要针对性的做好风险预警与事前防控工作，这将直接影响着投资经营活动及未来效益。培育和加强与东道国各级政府机构、有关企业、相关各方等的良好关系，与东道国网络、电视、电台、报纸等媒体保持密切恰当沟通，适时对项目重要进展、社会贡献等成果进行广泛宣传，塑造起有良好的口碑、有较高美誉度的负责任企业形象。

2. 依法合规在东道国开展经营活动

依法合规是中国海外电力投资企业开展境外电力投资项目的安身立命之本，电建属地化通过在东道国设立合法经营机构来开展经营活动。海外投资企业在开展投资业务时，需要在东道国注册成立属地经营机构，境外电力投资项目的属地化经营机构通常为项目公司，自觉接受东道国法律政策对企业的法律约束，自觉履行相关义务和责任。另外，项目公司监督参与各方须遵照东道国规定设立合法经营机构，将其作为合同协议的一项重要履约约定。从而，实现项目公司及参与各方东道国经营机构成为受东道国法律政策约束、保护和管理的合法机构，在工商管理、税收征管、采购、销售等方面享受东道国国民企业同等待遇，或获得有关特殊优惠政策。

电建属地化经营本着合规稳健的经营原则，注重运用属地化思维和属地化方式维护自身及参与各方的合法权益，严格按照东道国有关法律、政策、流程开展业务。对外防范违反政策规定以及监管规定的风险，对内防范违反规章制度、合同协议以及操作规程的风险，实现企业在法治轨道上行稳致远。

（三）资源属地化，优先使用东道国企业服务及产品

1. 优先使用东道国服务和物资

在项目全生命周期过程中，电建属地化发挥属地化资源优势，拓宽东道国的采购、供应渠道，与尽可能多的东道国企业合作，实现朋友圈越来越大、好伙伴越来越多。发挥投资项目对东道国经济增长的拉动作用，在东道国的商业银行、法律咨询、会计咨询、工程咨询、供应商、承包商、运营商等具备资质能力的前提下，在东道国设备、材料满足工程质量标准条件下，优先为项目所用。同时，直接或间接拉动东道国交通运输、包装、建材、进口贸易资金个行业快速发展，为东道国经济社会健康可持续发展提供有力支撑。

2. 强化以人力资源核心的属地化

人力资源属地化是一切电建属地化的核心，是加快属地化实现的重要手段，东道国人员是传递企业品牌形象的宣传队、播种机。人力资源属地化也是东道国政府特别重视的内容，有的东道国政府会在投资项目有关协议中明确要求雇佣东道国人员的比例。众所周知，相当一部分境外电力投资项目都在不发达国家，尽管某些东道国人力资源在成本、素质、能力等方面的竞争力可能不如中国员工，但他们对东道国的了解程度的独特优势却是中国员工所不及的，有其天然优势，尤其是东道国的一些高级人员能够凭自己的专业知识和经验对企业的有关问题独立地作出判断和发表有价值的意见。

电建属地化过程中，建立以人力资源属地化制度为中心的属地化管理体系，运用各种提升、激励手段，最大限度地调动东道国员工的积极性，创造包括所有中外员工的和谐群体氛围，积极开展中外员工对话交流，构建协调、合作、稳定的中外员工友好关系。通过提升东道国员工“六感”促进人力资源属地化：一是给东道国员工提供专业培训以提高就业能力，提升了东道国员工的“自信感”；二是给予东道国员工人文关怀，提升了东道国员工的“归属感”；三是与东道国员工紧密合作、攻坚克难、分享成功，提升了东道国员工的“认同感”；四是委以优秀东道国员工以更重要的岗位责任，提升东道国员工

的“责任感”；五是开展东道国优秀员工评选、奖励活动，发挥优秀员工的表率作用，提升东道国员工的“自豪感”；六是推荐不同东道国优秀员工参加电建海投公司总部的优秀外籍员工评比、表彰，开展友好的经验交流活动，通过QQ、微信等网络工具保持长期联系，提升东道国员工的“价值感”。

（四）发展属地化，积极融入东道国战略规划

1. 以东道国发展战略为投资导向

电建海投公司牢固树立“创新、协调、绿色、开放、共享”五大发展理念，通过业务实施践行习近平主席提出的“共商、共建、共享”的全球治理理念。电建属地化以东道国国家电力发展规划为战略导向、相向而行，结合东道国电力发展规划及电力短、长期需求，致力改善东道国电力结构及电网基础设施，助力东道国国家发展战略的实施。发挥技术优势，在有需要时，帮助东道国编制国家电力发展研究报告，实现深入把握东道国电力发展规划及投资机会，谋定后动，实现有的放矢，全面促进东道国经济社会发展和民生的改善。在遵守东道国工程标准的同时，以投资项目为载体，促进中国标准与东道国标准的对接，以项目推标准、以标准促项目，在实践中发挥中国标准的先进性、科学性、合理性、安全性，为东道国的长远发展做出贡献。

2. 始终践行绿色环保投资发展

电建海投公司始终将“绿色建设、绿色生产、绿色生态”放在投资项目全生命周期重要位置。电建属地化发展过程中，项目全生命周期坚持“三个尽量减少”原则：尽量减少对项目所在地生态环境的影响，尽量减少原居民的搬迁，尽量减少土地特别是耕地的占用，最大限度保护和改善东道国生态环境。在项目全生命周期布局中，严格执行环境保护相关法律法规及特许经营协议中环保责任条款。按照我国、东道国、国际“就高原则”执行环保标准，防止环境的污染和破坏，以求自然环境同人文环境、经济环境等的共同平衡可持续发展，合理开发、有效利用电力资源。

（五）责任属地化，多方式社会责任履行发展

1. 促进东道国基础设施的改善

电建海投公司通过境外电力投资项目追求发展的同时，努力推动两国关系的发展，并为东道国承担起应尽的责任。电建属地化坚持心系社会责任，关注民生福祉，在积极发展与项目东道国政府及社会各界的友好关系中，热心公益、深得人心，积极开展捐资助学、修路建桥、为民义诊，救灾援助等各类社会公益活动。主动融入东道国社会，遵照东道国习俗和风俗开展基础设施建设、帮扶移民新村发展、支持教育医疗等公益设施，着力改善项目周边东道国人民生活设施条件。

2. 多种渠道进行社会责任履行

密切联系东道国群众，与东道国政府和人民建立起“诚信、公平、合作、共赢”的和谐共事关系，想人民所想、急人民所急，不断拓宽社会责任履行渠道，好钢用在刀刃上，工作做到点子上，如支持东道国教育活动、改善东道国基础设施、提高东道国医疗水平、增加东道国人民就业机会、参与东道国公益事业等以促进东道国社会经济发展。汇聚企业责任履行正能量，弘扬主旋律，传递正能量，讲好中国电建故事，不断提升社会对企业的满意度，塑造良好企业形象，为东道国经济社会又快又好地发展贡献智慧力量，这也直接关系到企业在东道国改革发展的稳定大局。

（六）文化属地化，凝聚人心、融合共生

文化属地化包括两方面的内容，一方面是主动尊重、积极融入东道国文化，另一方面的是形成有东道国特色的企业文化。

1. 中外文化差异的比较与适应

在境外电力投资项目中，跨文化管理在属地化中显得尤其重要，电建属地化充分了解并尊重东道国的宗教信仰、风俗习惯、传统礼仪、审美方式、社会教育等文化背景，在项目上积极开展跨文化培训、交流等工作，加强中国、东道国员工对相互文化的认识理解，推动彼此文化的相互融合。如开展“警民共建”“企地联建”工作，保障项目安全；走进移民村开展“衣旧暖人心”捐赠活动；赞助老挝泼水节、赛舟节等传统节日活动，加强中老文化联系，增进中老民间友谊；开展对一线中外籍工人、东道国群众节日慰问活动，送清凉、送粽子、送关怀；开展金秋助学、定点支教活动，建立了与地方教育机构长期联系机制；在东道国遭受自然灾害时，积极援手捐助，帮助重建、恢复生产生活。以高度的敏感性厘清东道国与中国的文化差异，从而减少因文化差异而引发不必要的冲突，快速在异质文化环境中适应东道国文化，以创造更好氛围、相互和谐地开展工作。

2. 融合中建立东道国企业文化

企业文化可以影响到企业成员包括东道国员工的动机、爱好和价值观念，可以从观念、信仰层次调动和激发力量。在正确实现中外文化相互融合的基础上，在合法合规的前提下，电建属地化主动积极、有意识地进行跨文化的企业文化建设，把电建海投公司精心培育的包含“海、暖、新、益”等元素的“海文化”传导到境外电力投资项目中，并结合东道国情况予以发扬光大。坚持开放包容，在保持企业文化在海外经营中的统一性和传承性的同时，又使企业文化具备了东道国特色，丰富了企业文化的内涵和底蕴，为企业在东道国发展增添了新活力。引导东道国员工、社会认知并认同企业及项目公司的文化，打造属地企业文化典范，发挥企业文化聚合能力和放大能力作用，促进电建海投公司及项目在东道国的长远发展。

（七）勇于创新管理方式，以信息化手段推进属地化

1. 开发信息管理系统助力属地化

为加强电建属地化提升，充分发挥互联网作用，推动大数据和属地化管理的深度融合，电建海投公司在项目信息化管理系统（PRP）融会研发了属地化与社会责任交融的“社会责任”管理系统模块，这是首个中资企业在境外电力投资项目上通过信息化的方式来管理属地化。通过该系统模块的应用，电建海投公司及项目公司形成了完善的属地化管理体系。具体功能框架如下（见图1）：

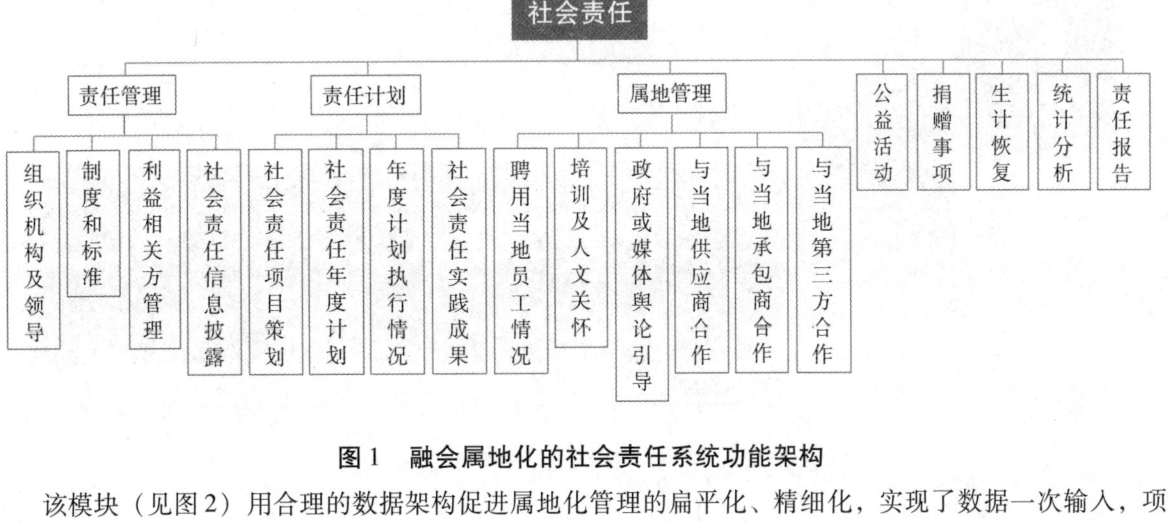

图1　融会属地化的社会责任系统功能架构

该模块（见图2）用合理的数据架构促进属地化管理的扁平化、精细化，实现了数据一次输入，项

目全生命周期应用的效果。以信息化手段提升了属地化管控能力，可以积累和复制优秀属地化案例经验，助推电建属地化能力提升、推进电建属地化精益管理，深化电建属地化提质增效。

序号	单位名称	年度	月度	本月聘用当地员工数量	本月支付薪资总额	备注	填报人	填报单位	填报时间
1	孟加拉巴瑞萨...	2020	1月	14	3.8		周绍虎	孟加拉巴瑞萨...	2020-03-26 1...
2	孟加拉巴瑞萨...	2019	9月	12	3.6		周绍虎	孟加拉巴瑞萨...	2019-12-06 0...
3	孟加拉巴瑞萨...	2019	10月	12	3.51		周绍虎	孟加拉巴瑞萨...	2019-12-06 0...
4	老挝南俄五发...	2019	1月	10	8903.34	货币单位：美元	余嘉宏	老挝南俄五发...	2019-04-08 1...
5	老挝南俄五发...	2019	2月	10	8839.41	货币单位：美元	余嘉宏	老挝南俄五发...	2019-04-08 1...
6	老挝南俄五发...	2019	3月	10	6904.28	货币单位：美元	余嘉宏	老挝南俄五发...	2019-04-08 1...
7	中国水电-萨格...	2017	10月	45	132659		Karna	中国水电-萨格...	2018-09-25 0...
8	中国水电-萨格...	2017	9月	46	102356		Karna	中国水电-萨格...	2018-09-25 0...
9	中国水电-萨格...	2017	8月	45	183054		Karna	中国水电-萨格...	2018-09-25 0...
10	中国水电-萨格...	2017	7月	46	103105		Karna	中国水电-萨格...	2018-09-25 0...

图 2　社会责任系统界面

2. 建立项目属地网站开展宣传

为了融入老挝、正确引导社会舆论方向，保证公众知情权，南欧江二期项目公司——老挝南欧江发电公司正式开发上线了电建属地化公开网站（见图 3）：www. namoupower. la。该网站综合运用中国电建视觉识别系统，融入了老挝元素，分别设置老挝语、中文、英文三种语言导航以及搜索、留言、自适应等功能，为东道国及世界各地、各类人群查阅提供了方便。公开网站的开设，展示了企业自信，可以让外界更快捷、更直观的了解项目各方面情况，让东道国社会、国际社会监督项目合法合规经营，同时也是项目公司深入履行电建属地化、展现综合实力和企业文化、应对舆情等的重要平台，为践行中国电建“走出去、走得稳、走得好”发展战略发挥积极推进作用。

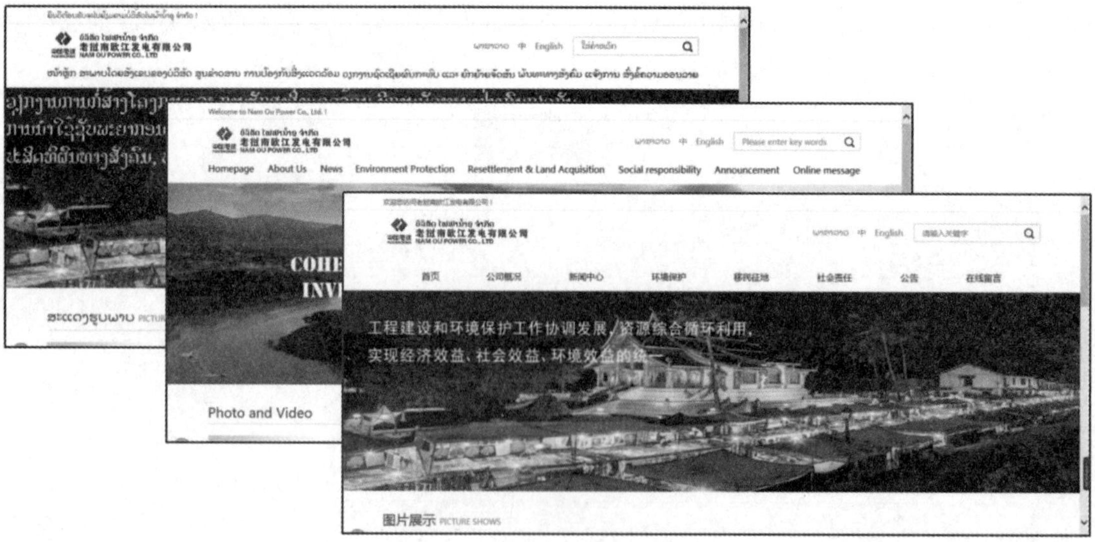

图 3　南欧江二期网站

（八）加强总部服务指导监督，不断提升发展

电建属地化包含两级属地化：电建海投公司总部层面的属地化、项目层面的属地化。电建海投公司总部是电建属地化战略的制定者和引领者，为电建属地化谋篇布局、把脉定调，从制度设计上厘清两级权责，为电建属地化树立清晰框架，确定行动路线图，项目公司是电建属地化模式的实施责任主体，结合东道国实际落实总部决策部署，学会并适应与不同制度、不同文明和平共存。电建海投公司总部是各东道国项目公司属地化得以成功实施的发源地、智库中心、指挥中心。总部探索先进的治理结构、管控体系、企业文化等手段，通过“两级管控”延伸移植到各东道国项目公司的管理中，在属地化战略规划、资源配置、风险管控、评价绩效、服务保障方面发挥引领作用，建立起科学的电建属地化管控体系，通过服务、指导、监督，实现电建属地化在项目公司的适应、落地，在实践中不断丰富内涵、提质增效。

四、效果

本成果尊重、遵循境外电力投资项目发展规律，把遵循国际通行标准、尊重普遍发展规律同适应东道国自身发展的实际有机结合起来，可以适应东道国的各类环境和各种条件，致力于为促进东道国人民就业、经济社会发展提供新动力、新支撑，硕果累累，提高了境外电力投资项目的综合效益，形成了积极的示范效应，助推了“一带一路”繁荣发展，激发了企业内生发展动力，树立并维护了中国电建良好的企业形象，成为企业境外投资的核心竞争力之一。通过抓好上述电建属地化措施的有效落实，取得了显著的效果，具体如下：

（一）科学的开发、建设、运营效果，获得各界权威高度评价

南欧江流域水电站项目位于老挝人口相对密集、发展速度相对较快、电力供应紧缺的老挝北部，被老挝政府列入国家基础设施建设和扶贫重点项目。作为中企首个境外全流域水电开发项目，老挝南欧江梯级水电项目响应老挝国家“变陆锁国为陆联国”“东南亚蓄电池战略”等国家发展战略，坚持以先进技术为支撑，采用“中国标准”为南欧江“量身打造”了“一库蓄水、七次发电”的“一库七级”开发方案，“一站一样，站站不同”，各站互相联系、互相影响、互相作用，可以有效控制并充分利用南欧江水资源，取得尽量大的经济社会综合效益。

该方案采用中国标准设计、施工、运行，同时建多座电站，战线长、跨度大、辐射广，施工管理难度可想而知，但经受住了时间、实践的验证。持之以恒地注重绿色环保文明施工、运行，不但能将工程建设、运营带来的环境影响降到最低，而且以“最少的原居民搬迁、最少的耕地林地淹没、最小的环境影响”理念建设、运营优质电站。“七级联动”建设、运营调节方式对流域的生态系统平衡做了最大的保护，对调节流域内季节性旱涝起到关键作用，并且改善了河道航运，减少了水土流失，为最大程度的保护流域生态发挥了积极作用，综合效益凸显，为实现长期可持续发展奠定了基础。面对这一方青山绿水、民生康乐，得到老挝政府和人民的认可，得到很多国际NGO组织、国际环保组织、湄委会等的大力赞赏。

（二）加强老挝人员培养，加强与老挝企业合作

二期项目为老挝分期选派18名学生赴中国武汉大学留学深造水利水电学科相关专业；与老挝高校建立校企合作，接收实习生，为老挝发展积蓄培养专业人才助力；随着二期项目即将投产发电，将52名老挝籍新员工送到中国四川同类型水电站，进行为期4个月岗前培训，培训完成后，回到南欧江各水电

站工作，成为保障南欧江水电站项目长期稳定发展的中坚人才力量；建设了先进的安全生产体验馆、样板引路展示区，通过体感训练快速提高和加强员工安全、质量意识，直观理解掌握有关技能；邀请权威机构进场现场技工培训取证，加强对老挝人员在工艺技术技能上的培训教育。

在与老挝的商业银行、法律咨询、会计咨询、工程咨询等机构或企业合作的同时，在实践中发掘出一批信誉好、资质硬的本土工程承包、物资设备供应等企业，将移民工程、库区清理工程、环境监测工程、老挝可供的建材生产供应等交给老挝企业实施，带动了一大批老挝企业快速成长。在互利双赢模式下，促进了老挝生态环保、地方扶贫开发、相关产业及公益事业的发展，间接刺激了老挝各地劳动就业，拉动了老挝交通运输、物流、建材、进口贸易等多个行业快速发展，有效带动了老挝社会和经济的快速发展，发挥了经济引擎作用，保障了项目的可持续性。

（三）促进地方基础设施建设，为人民创造就业

改善老挝地方基础设施条件，助力地方民生持续发展。结合项目所在地多样化需求，为地方新建、改扩建公路500余公里，修建大中桥梁20余座，为每个移民村配套建设了码头、学校、市场、医院及寺庙，极大地改善了老挝基础设施条件，提升了老挝教育、交通、医疗等公共服务水平，极大地促进了属地融合和互惠发展，与老挝人民的关系如同鱼和水一样交融。

参与各方相互支持、团结合作，举办招聘老挝员工的专场招聘会，为老挝人员提供就业机会，促进劳动技能提升，迄今为止已累计为老挝提供1.2万多个就业岗位，属地化员工率已达到60%以上，带动了地方就业和相关产业的发展。

（四）建设高质量移民新村，为移民谋长远福祉

全流域移民共涉及老挝琅勃拉邦省和丰沙里省2省10县，总移民2300余户，安置人口12600多人，共规划建成了30个集中移民村（见图4），红瓦白墙，一幢幢独具老挝特色的新居漂亮温馨，已于2019年6月全部完成搬迁入住。所有移民村规划整齐，功能齐全，配套有小学、幼儿园、公共寺庙、村公所、农贸市场、医务室等，完善了供电设施，就连进村的道路也用水泥硬化。住房设计认真倾听移民的声音，依照当地人民习俗，每户房屋配有专用水源、卫生间，房屋质量得到村民和专家的肯定。项目公司

图4　移民安置点之一的形象面貌

组织并为村民传授种植技术、指导养殖、修建机耕路等，帮助移民发家致富，让他们生活一天一个样、一天更比一天好。移民们认为：从以前的竹席墙、木头屋到现今如此好的新房，是我们这一代甚至下一代都不敢想象的，这全托中国电建的福，我们的幸福生活来了，也是为了我们子孙后代更幸福的生活。另外，项目先后组织参与各类捐赠60多次，每逢老挝传统节日，如泼水节、龙舟节等，都会组团有序参加，与老挝人民共度佳节，促进企民心心相通。

（五）共商共建共享，提升中国方案和中国智慧的引领力

中国电建不断提升价值链。作为湄公河重要支流的南欧江，一直没有区段、流域水情自动测报系统。电建海投公司发挥中国方案、中国智慧优势，投运了具有领先水平的老挝第一个全流域水情自动测报系统（见图5）。除了为项目建设运营提供准确的水情测报信息外，还及时为两岸民众发布雨情汛情，为民众生命财产安全保驾护航。不仅为南欧江流域防洪度汛、发电调度发挥了巨大作用，而且为老挝国家的水库调度和防洪度汛工作提供了直接可靠的监测数据。2019年，中老两国部长级会议决定将南欧江水情自动测报系统的建设运营经验推广到老挝其他流域及老挝国家水情系统建设中，并将南欧江的水情自动测报系统纳入老挝国家水情测报系统管理。

图5　全流域水情自动系统实时监控平台

同时，南欧江试验检测中心、流域梯级联调联运、泥沙防治、数字大坝、复合土工膜等多项先进技术的使用，让南欧江项目的“科技范”十足。老挝能矿部部长坎玛尼·英提拉用“集大成者”来形容南欧江项目技术先进性。他说，中国电建在技术标准、建设管理、施工安全和环境保护等领域，带来的多项科技研究，填补了老挝水电开发领域多项空白，成为老挝全流域水电开发的典范。

（六）中老两国领导人及重要官员高度评价项目

2017年11月5日，老挝政府总理通伦·西苏里视察南欧江项目及建设的移民新村时说“中国电建的队伍实力很强，让其他项目可以到这里来看一看，项目对周边影响很大，为经济社会发展提供了清洁电力，减少了水土流失和洪灾，改善了基础设施，修建漂亮新村同时配套建设医院、寺庙和学校，公共服务条件得到了极大改善，这样的项目我们要大力支持”。2017年11月8日老挝国家副总理宋赛·西潘敦现场见证南欧江一级电站大江截流。

2018 年 1 月 10 日，中国国务院总理李克强在出席澜沧江—湄公河合作会议并发表重要讲话，讲话中谈到有序推进区域内重大发展项目时，对老挝南欧江流域梯级水电站项目全部建成后将保障老挝 12% 电力供应的突出业绩，给予了高度评价。2019 年 11 月 3 日，中国水利部党组书记、部长鄂竟平，老挝自然资源与环境部部长宋玛·奔舍那一行到南欧江流域梯级电站现场考察调研，对项目实施予以高度赞扬。2019 年 12 月 26 日，老挝能矿部部长坎玛尼·英提拉、琅勃拉邦省副省长苏干·奔勇，中国驻老挝大使姜再冬等出席了二期项目首机发电仪式。

（七）首个获得海外“企业社会责任示范基地”

2018 年初，南欧江项目属地化管理实践案例入选《中央企业社会责任蓝皮书》，助力中国电建斩获中央企业“海外履责金牛奖”。2018 年 2 月初和 9 月底，由中国社科院社会责任研究中心指导，面向国内外，在首届“一带一路”中老合作论坛及分享责任世界行 2018—中国电建老挝站暨中国电建社会责任成果发布会上正式发布了《中国电建老挝可持续发展报告及映像志》，授予中国电建海外投资老挝公司“社会责任示范基地”，这是首个海外履责示范基地，这是中国企业在老挝首次发布社会责任成果报告，展示了中国电建负责任的企业形象。南欧江全流域梯级水电开发项目的履责实践是其中的主要内容和实践亮点。

（八）国内外媒体及相关机构高度关注

南欧江项目的履责实践和取得的系列成效受到国内外媒体及相关机构的关注。人民日报、中央电视台、新华社、老挝国家电视台、万象时报、老挝人民报等中外主流媒体 10 多次聚焦宣传南欧江流域梯级水电项目。央视《远方的家》、凤凰卫视《龙行天下》、广西电视台、财新传媒等赴南欧江拍摄纪实片和采集素材。2018 年 7 月，澜湄六国媒体峰会记者团走进南欧江采访报道。中国国际民间组织合作促进会、国际河流组织、中国对外承包商会、中国社科院学者等到南欧江项目调研，南欧江项目本着落实合作、开放、包容、共赢的发展理念，积极向各利益相关方披露信息和履责情况，提供案例支持和实践分享，营造起良好的项目社会生态环境。

（九）发布社会责任报告，提升企业负责任品牌形象

2019 年 12 月 20 日，《中央企业海外社会责任蓝皮书（2019）》发布会暨中央企业海外社会责任论坛在北京顺利举行。会上，《中国电建海外投资社会责任报告暨中国电建海外投资有限公司可持续发展报告》（见图 6）中、英文版正式发布，系统阐述了中国电建海外投资业务社会责任及属地化的管理理念和管理举措，生动展示了中国电建海外投资业务履责实践，包括了南欧江二期项目社会责任及属地化的大量案例，图文并茂、内容翔实，受到与会领导、各央企同行、行业专家和各大媒体的一致好评，进一步提升了中国电建责任品牌影响力。

图6　发布的社会责任报告

五、结束语

境外电力投资项目是一个全生命周期的、长期的过程，电建海投公司及境外电力投资项目公司将坚持“海纳百川、投创未来”的企业精神，在党和国家“一带一路”倡议引领下，昂首阔步于新时代，适应全球化发展需要，电建属地化以教科书式的方法论，以实之又实的工作作风、细之又细的工作举措，坚持与时俱进、不断创新发展，继续加快面向全球的属地化建设，不断提升电建属地化水平，为企业长期可持续高质量发展厚积薄发，谱写“一带一路”的崭新篇章。

成果创造人：俞祥荣、袁　洋、刘新峰、武夏宁、郭　伟、李　明、
戴吉仙、菅志刚、徐爱兵、刘　蕾、葛玉萍

粮食储备管理动态模式的探索改革

深圳市深粮控股股份有限公司

深圳市深粮控股股份有限公司（以下简称“深粮控股、深粮、公司”）拥有71年的发展历程，是深圳市的“米袋子”、地方粮食储备的“主力军”“压舱石”，也是我国华南地区保障粮安、服务民生的重要载体。公司立足守护区域粮食安全，坚定政治责任，深化改革创新，从一家传统粮企成长为知名的大型上市智慧供应链服务企业，走出了一条自我革新的可持续高质量发展之路，形成了一系列可复制借鉴的改革经验。公司前身是宝安县粮食局、深圳市粮食局，在深圳全面探索改革的大背景下，多次在行业改革创新中率先发力，在行政机构改革、取消粮食统购统销、取消粮食票证管理等方面先行先试，率先探索实践粮食储备管理动态模式改革，率先运用新兴技术助推粮食经营管理升级，率先完成地方国有粮企整体上市等等。

本报告旨在总结深粮控股在粮食储备管理模式改革方面的经验做法，并通过粮食储备管理两种模式的对比分析，希望能够为大中型城市的粮食储备管理模式改革和地方国有粮企的创新发展，提供可参考借鉴的思路。具体报告如下：

一、粮食储备管理模式的改革背景

（一）深圳市基础情况

深圳，是我国改革开放的前沿，也是国家战略粤港澳大湾区四大中心城市之一，市场经济繁荣、科技应用领先、人才智识集聚、物流发达。但也面临着粮食对外依存度高、土地要素资源紧缺、适储仓容不足、人力资源成本高、临海气候复杂多变、需求日益丰富多样等因素困扰，如何把粮食安全工作做实做好，并发挥先行示范作用，代代粮食人一直在努力思考和探索。

深圳属于粮食纯销区，粮食对外依存度几乎100%，年口粮需求近500万吨。随着粤港澳大湾区建设的深度推进和可预见的湾区人口高速增长，区域粮食安全保障的责任和压力将进一步加大。（据统计信息，2019年深圳市常住人口已超过1300万，管理人口超过2000万。）

（二）深粮控股概况

公司前身是宝安县财粮科，1952年升格为宝安县粮食局，深圳特区成立后更名为深圳市粮食局。1982年行政管理职能转变、机构改革更名为深圳市粮油公司，1984年在全国率先探索粮食流通体制改革，1993年更名为深圳市粮食总公司，1998年更名为深圳市粮食集团有限公司，2009年推动战略转型、探索建立现代企业制度，2018年与深圳市深宝实业股份有限公司完成重大资产重组，成为“地方大中型粮食企业整体上市第一股”，并作为唯一一家地方国有粮企入选国务院国企改革“双百行动”。

截至2019年底，公司注册资本金11.53亿元，总资产规模67.75亿元，净资产规模43.23亿元，资产负债率31.76%；2019年度实现营业收入111亿元，营业收入连续三年突破百亿大关，实现利润总额4.29亿元，净资产收益率8.46%，年粮油购销量近1000万吨，在岗员工1155人。公司先后荣获了中国服务业企业500强、国家级重点支持粮油产业化龙头企业、国家级高新技术企业、国家物联网重大应用示范工程、中国十佳粮油集团等荣誉。

（三）深圳市粮食储备管理制度沿革

深圳市是国家率先开展粮油经营改革的先行试验区，粮食管理和流通体制改革工作走在全国前沿。

1982年，深圳市粮食局（深粮控股的前身）改制为深圳市粮油公司。

1984年，率先在全国推行粮食流通体制改革，取消粮油“统购统销”和票证管理，放开市场供应。

1996年，深圳市建立地方粮食储备制度。为解决深圳市建设期人口激增、储备应急能力不足等状况，深圳市探索成品粮储备和动态轮换模式。深粮，作为深圳市地方粮油储备最大的承储主体，开始探索粮食储备“动态”管理模式和市场经营相结合的新路子。

2004年，经过近十年的探索实践，创新提出了“企代政储、动态轮换、费用定额包干”的动态储备管理机制核心要义；2008年，深圳市出台了《深圳市粮食储备管理暂行办法》，将上述14字核心要义写入办法，为后续储备管理模式的改革创新发展奠定了坚实的基础。

2011年和2014年，深圳先后制定了粮食储备、食用油储备费用包干操作规程，进一步细化、完善了动态管理模式下“费用定额包干”的具体操作标准。

2017年，深圳市颁布实施《深圳市粮食储备承储管理年度考核办法》。至此，粮油储备“动态”管理制度框架基本构成。

2020年，围绕“双区驱动”国家战略、区域性国资国企综合配套改革等，开展新一轮粮油储备管理模式、制度机制的新一轮改革和完善。

二、深粮控股在粮食储备管理模式改革中的具体做法

在粮食储备“动态”管理模式的指引下，深粮积极探索粮食储备管理体制机制改革，不断加速粮食储备保障与市场化经营的深度融合，围绕供应链形成，在粮源、物流、仓储、质检、渠道等环节配置资源，加快构建从产区到餐桌的粮油食品供应链，持续优化、创新粮油仓储物流模式、配送服务方式，在确保政府粮食宏观调控、保障粮食安全前提下，积极面向市场，充分发挥企业市场化竞争的主动性和专业优势，持续加强科技创新与人才培养，提升内部管控水平，实现粮食物资储备社会效益与经济效益相统一。

（一）抓战略，定方向

2009年起，公司开始了市场化导向的创新改革，聚焦主业，加快由传统贸易企业向服务型企业转型，进而向供应链服务企业转型。过程中，公司集聚优势资源，立足主业提质增效，积极配置供应链，先后提出了打造“区域性最具竞争实力的粮食流通服务企业”“粮食供应链优质服务商”“智慧粮油食品供应链优质服务商”的战略目标及具体的实施路径，近期还按照“粮头食尾”“农头工尾”的发展要求，推进粮油产业链向食品端延伸，着力提升价值链。公司上下方向明确，发展效率效益大幅提升。近十年，公司营业收入由18亿增加到110.6亿，增长了5倍；利润总额由3000万元增加到4.29亿，增长了13倍，财务状况大幅改善，连续多年在国务院国资委监管企业财务绩效中获评“优秀”。

（二）抓粮源，稳供应

充分利用国内国际两个市场，多渠道保障优质粮源供应，快速推进粮源基地、园区建设，抓好源头控制，深化产销合作。拓展国际粮源，包括越南、泰国、巴基斯坦、印度、缅甸等地的大米，澳大利亚、加拿大、俄罗斯等地的小麦，美国、澳大利亚等地的高粱、大麦等。在国内主产区探索建立供深基地+产区异地储备模式，公司选址黑龙江省双鸭山市，总投资预计5亿元，规划建设粮食采购、加工、仓储、流通、销售一体化运营的粮源基地，建成后可实现45万吨仓储和12万吨水稻加工功能，发挥基地园区产业集聚、示范辐射效应，目前项目已建成投产仓容15万吨。

图1　深粮控股黑龙江省双鸭山市粮源基地规划图

（三）抓物流，畅流通

沿着国内东部及南部沿海物流通道配置资源，与环渤海湾、长三角区域、珠三角区域等物流枢纽建立战略合作关系，通过海铁联运+短途运输等，构建高效的粮食“大物流”格局体系。在营口、锦州建立玉米、稻谷中转集散业务合作，在江苏建立稻谷中转集散业务合作，选址东莞麻涌建设服务于“双区建设”的东莞智慧粮食物流节点。东莞项目整体规划占地729亩，规划建设总仓容87万吨，万吨级码头泊位4个，千吨级码头泊位6个，目前已建成投产仓容32万吨、万吨级码头泊位1个、日加工能力300吨的面粉厂1座，年粮食中转量近百万吨。

图 2　深粮控股东莞智慧物流综合园区已投产的筒仓群

（四）抓仓储，提效能

拥有深圳市最大的粮油仓储及配套设施，旗下总仓容超过百万吨，率先在行业内开展粮油仓储“标准化、机械化、信息化、无害化”建设，首创性将 RFID、智能滑托盘与机械手等应用到仓储作业中，提高出入库作业和周转效率，创新“三化一体”出入库作业模式荣获“第二十三届国家二级企业管理现代化创新成果奖”和“第二十五届广东省企业管理现代化创新成果一等奖”，并开展绿色储粮技术应用推广，全面提升仓储管理水平和效能，打造现代化智能科技示范粮库。

（五）抓质量，树品牌

质量是品牌的立身之本。公司专注打造品牌核心价值，以质量推动品牌建设，重点加强质量、品牌与市场经营的黏性，构建全流程产品质量监控体系和质量可追溯信息系统，全力做好食品安全守护者和优质食品提供者。旗下深粮质检公司，配备了行业先进设备，不断提升粮油检测技术水平，从源头上对产品进行筛选和把关，并在产品入库、储存、出库等各个环节及时准确监测质量信息，打造数字化实验室，在日常管理中严把产品质量关和安全关。目前，深粮质检已取得检验检测机构资质认定证书（CMA）和食品检验机构资质认定（CMAF），并被国家粮食局授牌“广东深圳国家粮食质量监测站”，正式纳入国家粮食质量监督检测体系，年检测样品数量超过 8000 个。通过“服务民生，引领健康生活”的核心理念传导，公司创建了“放心粮、放心面、放心油”等品牌体系。旗下拥有“深圳面粉”“深粮多喜”“深粮鱼水情”“谷之香”“谷风香漫”“深宝茶行”“婺源聚芳永”等多个知名品牌，逐步构建起“米”+“茶”要素齐全的产业体系。旗下深粮多喜公司的常香稻稻花香大米入选国家粮食局第一批“中国好粮油”，为广东省唯一入选产品。

（六）抓渠道，优服务

聚焦细分粮油市场，精准服务客户需求。在粮油产业不同领域开展差异化、专业化经营，重点拓展“互联网+”的“三位一体”产品供应渠道，扩大中高端粮油产品的有效供给，推动粮食供给从“吃得饱”到“吃得好”的转变，强化从“田间到餐桌”的供应保障和应急配送能力。一是专注打造连锁餐饮、万人食堂等大型终端客户的“厨房管家”，为其提供厨房粮油食品一站式服务，现服务的大型企业事业单位、餐饮、学校等机构超过 100 家。二是创新打造高端粮油产品“线上+线下”融合“B2C”直销平台——深粮多喜米网+社区智能粮站模式，将放心粮油食品直送到家，现拥有家庭会员超过 40 万。三是积极探索打造大宗粮油产品交易服务 B2B 平台——深粮控股粮食交易网，开展基差交易试点，力争将平台打造为华南地区粮油交易中心、信息中心和价格发现中心，现年粮食交易量近 500 万吨。

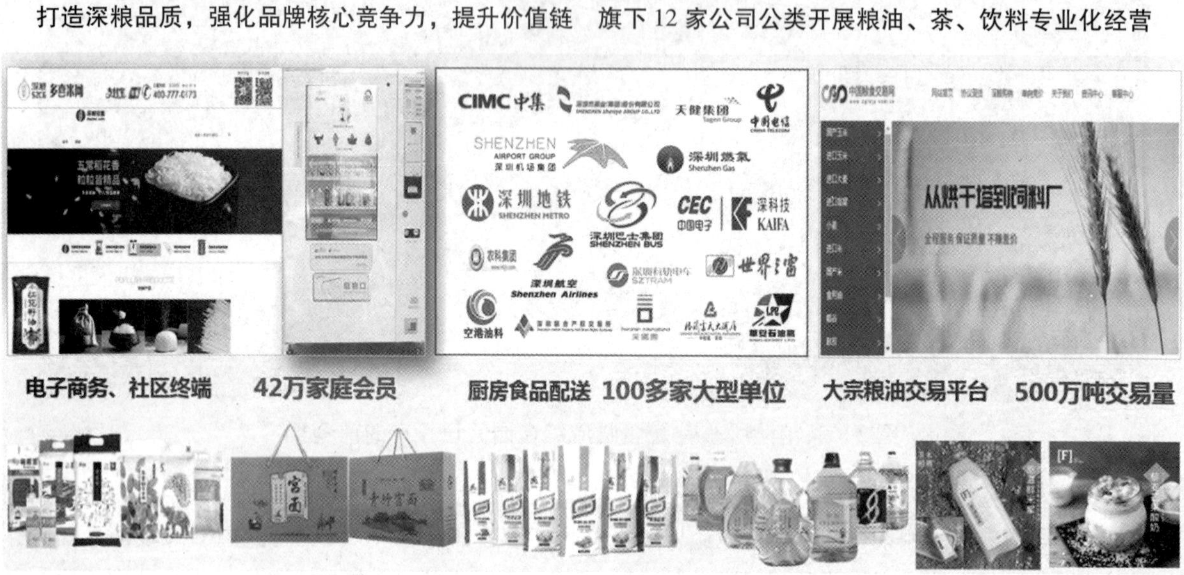

图 3　深粮控股创新商业模式的供应服务体系

（七）抓创新，谋突破

科技创新是公司开展粮食储备管理“动态”模式改革探索的必要前提。公司自 2005 年起为打破传统模式局限，满足管理需要并充分适应市场变化，明确提出了“以信息化推动管理现代化”的建设目标，将物联网、云计算、大数据等新一代信息技术应用于传统行业，引领粮食行业迈向“互联网+粮食”的发展新航道，全面提升了企业内部经营及管理质量，树立了行业信息化建设标杆。公司自主研发的“深粮 GLS”，也称“粮食物流信息系统”，（以下简称“深粮 GLS”），通过对粮食全产业链各个环节数据的有效采集、传送、清理、管控、分析和展示，以更加智能的方式，为粮食行业的经营者、管理者、决策者以及消费者提供及时而有效的信息，解决了粮食行业广泛关注的“北粮南运”“清仓查库”“食品安全追溯”“应急保障调度”“公共信息平台建设”等热点问题。在行业信息化核心领域拥有自主研发知识产权 36 项，其中专利 14 项，软件著作权 22 件。组建深粮研究院和深远数据公司，致力于成为行业“专业的信息化整体解决方案提供商”，将深粮信息化建设与应用的实践规范成标准产品，面向全行

图 4　深粮控股专利、软件著作权证书

业输出深粮专业的信息化技术服务。国家粮食和物资储备局等150余家主管部门、业内同行、研究机构先后来我司调研参观学习，对外输出信息化技术服务的粮库超过30家。

（八）抓人才，强动力

改革创新关键在人，人才队伍是公司开展粮食储备管理“动态”模式改革探索的有力支撑。聚焦创新实施人才强企战略与EVA考核，为企业发展注入强劲动力。转型发展，关键在人。公司持续创新人才培养，构建开放型人才梯队。进一步建立健全人才建设进退流转机制，重点优化薪酬结构，并加强创新型人才队伍建设，搭建创新发展平台，促进人才培养与技术创新共同发展。通过建立结果导向的激励约束考核机制，逐步完善以EVA考核为核心的绩效考核体系，倡导员工为股东创造价值，倡导公司与员工共同分享价值，充分体现股东利益优先原则，有利于推动企业资源合理配置。公司经过十余年EVA考核探索、总结出的宝贵实践经验，不仅可用于帮助其他国企解决内部动力问题、薪酬总额管理问题，更可有利于推动其他国企建立科学的考核分配体系，为企业的长远发展奠定基础。

（九）抓管控，防风险

公司独创性建立了“业务经营与资金管理、库存管理、质量管理”相对分离、相互制衡的“四位一体”业务管控体系。经营业务交由专业营销公司负责，创新模式，创造效益；主要存货粮油库存交由旗下储备分公司统一管理，确保数量充足，实物可控；资金交由资金结算中心按内部银行模式统一提供服务，做好资金规划、筹措、调度、支付和监控，确保资金安全；计划与考核交由计财部统一管理，合理科学配置资源；质检交由旗下质检公司统一管理，严把产品在各环节的质量关，确保产品质量。同时，大力推进精细化、信息化管理措施，通过建立信息系统进一步强化预算、计划、合同、客户、流程、品牌、法务等管理，系统性强化风险管控，降低经营风险，促进企业良性发展。此外，持续完善安全生产制度体系，开展安全标准化和双重预防机制建设，确保安全生产“零事故”。

三、粮食储备管理“动态”模式的比较优势

（一）国内粮食储备管理模式

目前，国内粮食储备管理模式主要分为静态和动态两种模式。静态模式由承储企业按照政府指令开展储备粮管理工作，是一种行政成本主导下的储备经营行为；动态模式由承储企业自主开展经营，政府对储备粮进行监管并拥有储备粮权及调度权，是政府主导下由承储企业结合市场化改革方向探索、创新出的一条切实可行的储备管理模式，能有效解决传统静态模式下面临的储备粮“运转效率较低、成本费用较高”等问题，且随着信息技术和现代物流的高速发展，动态模式焕发出蓬勃活力，符合市场经济发展规律，培育了一批具有较强市场竞争力、创新力、控制力和影响力的骨干粮企，成为保障区域粮安的中坚力量。

（二）粮食储备管理动态模式的比较优势

粮食储备管理动态模式，与中央储备和部分产区为代表的静态模式不同，是一种“动静结合”的模式。“静”，是指承储企业任何时点储备粮，都必须足量、符合品质要求；“动”，是指承储企业可根据市场等因素，对超出储备“任务红线”以上的粮食，进行自主轮换，保持库存常储常新，通过逆向操作，发挥粮食储备“蓄水池”“平衡器”作用，保障粮食市场供应充足、价格稳定。则相较于静态模式，动态模式有明显制度优势，具体总结如下：

1. 费用定额包干，总成本降低

粮食储备管理动态模式实行费用定额包干，政府提前锁定包括土地、建仓、储备粮资金成本、轮换费用、库存价值倒挂、库区维修及改造、安全检测、信息化建设等一揽子费用，将成本控制权交给承储企业。再通过国资国企经营效益考核，促使国有承储企业自主性采取措施节约费用、降低成本，经营成果通过国有资本收益、利润分配和资产保值增值等形式回流财政，实现粮油储备直接存储成本大幅降低。

粮食储备管理静态模式下，储备粮收购相关费用由各级财政承担，政府基础设施投入大、固有损耗大，缺乏后续的市场化运作空间，造成储备成本居高不下。同时，在轮换倒挂、运输等环节上发生的成本和费用，也全部由政府兜底，从而形成了高额的财政负担。粮食储备管理动态模式下，承储企业受费用定额包干模式和经营业绩考核双重激励，不断在管理、运营、技术和模式上创新，降本增效，最终实现了粮食储备费用成本的有效控制。按照全成本口径，就深粮 2019 年数据来看，在考虑财政预拨资金减去国有资本收益、利润分配及国有资产保值增值后，单位储备粮直接成本已实现全国最低水平。

2. 围绕供应链打造储备体系，增强大保障

粮食储备管理动态模式下，承储企业在保障粮食物资储备的同时，必须建立配套产能储备，不断打通上下游，向粮食产业链两端延伸，逐步增加成品粮在物资储备中的比重，按照供应链思维打造远中近多维度储备体系，提升原料采购、生产、流通、仓储、调度、产品供应等全链条保障功能，增强“大物资”“大应对”“大保障”。结合深圳超大型城市粮食供应需求、可操作性和经济性等因素和规律，承储企业按照供需导向、结果导向，沿着产业链、供应链配置资源，完善“产区基地”“港口节点”“城市园区”布局，强化交易采购、物流调配、仓储轮换专业性，动静结合，提升应急响应时效性，确保关键时刻粮食储备物资拿的出、调得快、用得上、运得到。

3. 贴合市场运作，提高效率效益，培育强主体

粮食储备管理动态模式下，国有粮企同民营、外资等同台竞技，激发市场活力，加速了国有粮企的转型突破升级，国有粮企利用自身在粮食储备管理方面的优势，贴合市场运作，逐步提升企业市场竞争力、影响力的同时，引领带动行业做强做优做大，培育出一批助力政府发挥宏观调控、保障粮食安全的重要载体。深粮控股是深圳市最大的粮食储备承储主体、深圳市粮食行业协会会长单位，通过近十年的市场化改革探索，实现了连续多年的高质量发展。以 2019 年数据为例，从事粮食储备的员工不足 700 人，管理的粮食储备库存超过百万吨，并实现营业收入超百亿，利润总额超 4 亿，人均效能、盈利水平均处于全国优秀水平。2018 年公司完成重大资产重组，首开国有粮食储备服务业务整体上市先河，重组后两家公司的优势资源、人员、业务实现有效整合，公司行业影响力和地位再上新台阶。

四、改革的推广思考

在深圳粮食储备管理模式改革的指引下，深粮控股在粮食储备管理“动态”模式上先行先试、探索实践，将粮食储备保障政治责任与企业市场化经营发展有机结合，焕发出强大的“生命力”，能够充分发挥区域信息化、物流等综合优势，在确保粮食储备功能的前提下加快资源配置的效率最大化，实现有质量地健康发展，为全国地方粮企的改革发展，提供了可借鉴的改革思路。同时，深圳粮食储备管理“动态”模式已获得国家、省、市等各级、各部门以及业内同行、研究机构等充分肯定，对全国范围内地方粮食储备管理模式改革，尤其是超大型销区城市的粮食储备管理模式改革创新具有较好的借鉴和推广意义。

下一步，深粮控股将按照国家粮食储备改革和产业发展的最新要求，立足粮安事业，积极参与“双区建设”，以农业供给侧结构性改革为主线，依托资本市场，加快“三链协同”，加快实施“一链两园N平台”战略，全力推进粮源基地、区域综合园区、城市配送中心园区全国布局，稳步提升产业综合素质、效益和竞争力，朝着“智慧粮油食品供应链优质服务商”目标迈进，在不断做强做优做大粮油食品产业的同时，力争打造保障粮安事业的“深圳参考样本”。

成果创造人：祝俊明、胡翔海、刘江克

航天科研院所多产业融合经营与战略拓展实施

中国航天科工集团湖北航天技术研究院总体设计所

湖北航天技术研究院总体设计所（以下简称“设计所”）由中国航天科工集团有限公司举办，组建于1976年10月，地处湖北省武汉市，为企业化管理的国有事业单位。设计所主要从事国防航天装备、航天运载火箭总体及关键分系统等相关技术产品的开发和研制，属于典型的航天科研院所。经过44年的发展，已成为集机械、电子、光学、力学、化工、控制工程、计算机应用及软件开发、计量测试等多专业于一体的综合性研究所，共设置了12个管理部门，14个专业研究室，3个中心，现有职工800余人，截止2019年底，资产总额愈23亿元，营业收入20.7亿元。现有各类专业技术人员816人，高级专业技术人员200余人，其中享受国务院政府津贴的专家40余人、省部级以上有突出贡献的专家15人、省部级以上新世纪学术技术带头人8人、“新世纪百千万人才工程”国家级人选3人。

设计所先后承担了面向国内外市场的多个型号的研制任务，创造了我国航天装备史上的多个第一，先后研制开发了多个系列、10余款装备，填补了国家某装备研制的空白。先后有多项装备参加国家重点任务，100多项成果获得省部级以上科技成果奖，其中2项获得国家科技进步特等奖。设计所先后荣获“全国五一劳动奖状”“湖北省最佳文明单位”“湖北省先进基层党组织”“湖北省国防科技工业先进单位”等荣誉称号，为推动我国国防现代化建设做出了突出贡献。

一、成果实施背景

习近平总书记在十九大报告中发出了“实现国防和军队现代化”的号召，同时也指出：“坚持富国和强军相统一”“深化国防科技工业改革，形成军民融合深度发展格局，构建一体化的国家战略体系和能力。”在此背景下，结合国企深化改革、市场化发展浪潮中企业的中长期发展战略部署，以设计所为代表的一大批国有航天科研院所均着力开展企业改革创新，推进产业协同，推动创新发展与转型升级，对发展使命进行重新定义与拓展，并据此开展组织调整，积极融入市场经济，确保企业高质量稳健发展。

（一）国企深化改革要求航天科研院所必须承担起双重战略目标的使命

航天科研院所长期以来的使命是“国家利益高于一切”。2017年1月，国家设立中央军民融合发展委员会，由习近平总书记亲自挂帅，标志着我国军民融合深度发展进入了全面实施阶段。随着国企深化改革的不断纵深，市场经济发展的需要，国有企业必须承担起国家高质量发展的经济命脉，在全社会资源力量运用的优化、调整中发挥龙头作用。设计所作为航天总体部，是航天装备的牵头和总体单位，也是航天装备产业链条上的源头单位。设计所的产品和发展思路、经济效益、经营规模等，直接影响着下游众多相关国有、民营企业的经济发展。所以，设计所的战略意图在“搞好国防建设”的基础上，必须增加“搞活经济促进发展”的使命。

（二）国防建设对装备研发提出了更短时间更高精尖的要求

习近平总书记发出了“发展航天事业、建设航天强国”的动员令，航天装备体系化、精确化、智能化、隐身化、无人化趋势明显。大空、临近空间和网络空间成为战略竞争新的制高点，战争形态加速向信息化战争演变，作战样式逐步转向以网络为中心的陆、海、空、天、网、电一体化联合作战。这些目标和要求必将促进和催生我国装备和技术的新需求和大发展，且伴随着整个世界工业技术体系的快速发展，国防装备也需要更多的高精尖技术来支撑装备的先进性，以此应对未来高科技战争或防务的需要。技术更新换代之快，产品生命周期不断缩短，要求航天装备的研发必须更短时间、更高精尖，一是满足装备建设体制深化改革、竞争模式常态化的需求，二是以此应对未来愈发复杂的战场环境需要。同时，由于体系化战争的需求，不同的顾客需要不同的产品和服务，设计所必须推动技术创新与管理创新，在满足顾客需求的同时，避免多种类、小批量的经营方式带来的昂贵成本。

（三）新生产业对设计所中长期发展提出了协同经营、融合发展的需要

设计所原有产业为传统航天装备领域，并且在该领域已深耕40余年。随着国防事业的发展、用户的需求变化，设计所在持续推动原有传统装备发展的基础上，逐步拓展了空间装备、光学装备两大产品的研发，从一个产业变为三大领域，原有的围绕一个产品的战略重心拓展到三个产品齐头并进为战略重心。三个产品均为复杂巨系统，其关键核心技术、商业模式、产业链条、市场客户等均与以往的产品有较大的差别，且三大领域的共同发展，需要设计所原有的人力资源结构、体制、机制均应作出相应的调整和变化，调整发展战略，推动协同经营、融合发展，以此应对企业产品的多样化，顾客需求的多样化。

（四）融合经营模式与战略拓展对设计所组织管理提出了新的需要

设计所一是在原有的人力资源架构下开展了三大产业的推动，二是承担了“国防建设”和“经济发展”的双重使命，在深化国企改革的大背景下，在国防建设“能打胜仗”的需求下，在航天装备竞争性采购成为常态的环境下，设计所必须积极推动企业治理体系和治理能力现代化，推动组织管理的转型升级，围绕战略中心构建跨职能的经营组织模式，通过一体化的业务流程来贯穿传统的业务职能，将战略目标转化为员工的日常行动，以此确保战略目标落地，并推动目标实现。

二、成果主要内涵与措施

传统经济时代，往往通过资金、设备、土地等实物投资来带动经济发展。设计所为企业化管理的事业单位，需自负盈亏来维持企业发展。进入市场经济时代后，设计所逐步认识到，作为一家以研发设计为主的单位，竞争优势更多的来自于无形的知识、能力和由员工创造出的关系，设计所需要寻求新的价值增长模式。战略目标的设定、执行也要求所有的业务部门、行政系统、保障部门和全体员工与企业的战略保持协同和联系。

设计所的三大产业，既有传统领域的战略方向调整、优化与完善，又涉及到新生产业所面临的的研制模式、业务链条、分工协作等方面与现有产业的异同，必须依据顾客、市场、技术、供应链等多方面

进行调整，以此确保在人力资源、生产资源、资产规模等不大幅度变化的情况下，实现应对三大产业快速发展的目的。

（一）根据产业发展迅速进行战略调整，构建融合性经营模式

设计所针对不同的产业特点，通过构建不同的经营模式，尤其是在新生的空间、光学装备领域，在时间、人力、资金上的投入都较传统领域较小。三种不同的经营模式，在设计所的现有架构下实现了较好的融合发展，在较短的时间内形成了世界级的成果，实现了非线性的价值增长。

1. 优化传统产业价值链，降低传统产品成本

垄断经济时代，产业的发展是依靠高门槛、垄断地位、内部自闭环等手段来掌控整个产业，从而达到价值最大化的留在企业内部。市场化经济条件下的产业发展应该是共享价值链。设计所原有的传统防务装备领域，随着军用与民用技术、经济的不断融合深入，对原有价值链进行了调整。设计所领导班子深刻认识到，传统防务装备若需继续长久发展，必须重新认识我们的市场和渠道，并重新定义我们的顾客。在此思路模式下，设计所逐步打开了原有相对封闭、自循环的产业链条，加强与原有客户之外的新客户的拓展交流，并积极根据不同的客户需求，引入不同的内、外部优势军民高技术企业，加强与国内高校、科研院所的技术协作，为客户更快更高效的提供物美价廉的装备。

2. 空间领域实行“航天质量管理+民企经营体制”模式

在设计所内部，大力推行“成本工程、价值工程”理念，为加快推进重点项目的研制，提高产品性价比和竞争力，与市场接轨，开展军民融合背景下的创新研制模式研究。如新型固体运载火箭项目的研制，需要重新投入大量的资金开展技术升级改造工作，且影响到产品的研制周期，不利于商业发射市场的机会把握。经“行政、技术”两总系统决策，提出了“航天质量管理+民企经营体制”相结合的创新研制经营模式，引入技术实力雄厚、生产能力强、市场反应敏锐的民营企业参与部分零部件产品的研制。其中，总体单位提供设计输入、技术指导、航天质量控制指导等，自主研发质量管控 APP，通过在 PAD 端部署，实现远程质量监控，确保产品生产质量；民营企业负责厂房及试验条件建设，负责产品、工装的工艺设计及生产，自主投入工艺试验产品。待产品经试验满足设计要求，通过商业采购形式完成供货。这种联合研发模式减少了国有企业投资风险，对新产品研制风险进行了有效的转移，大大提高了产品研制效率，缩短研制周期，有利于产品快速投入并服务市场。同时，航天系统工程管理、质量管理、“严慎细实”等理念，加上航天领域的高新研发设计技术也逐步渗透到民营企业中，提升了民营企业的产品质量、管理手段，丰富了粗放式管理的民营企业文化内涵，达到了军民互利的良好效果。

3. 光学装备领域推行“小核心、大协作”并行工程管理

光学装备领域作为设计所新生的产业，其产品的核心技术与原有防务装备，新的空间领域均不一样。且由于顾客的迫切需求，需要设计所在极短时间内形成相关产品的研发能力，并带动下游生产制造厂家投产，形成满足顾客需求的产品。在这种形势下，设计所提出了在该领域推行并行工程管理的思路。并行工程是一种集成产品开发的系统方法，强调响应客户的期望。它通过决策达成共识的方式体现合作、信任和共享的团队价值观，从产品生命周期开始，所涉及的各领域并行工作。

并行工程成功的基础是信息交流。光学装备涉及的专业面广，技术高端，集成复杂，在设计所没有现成的经验和套路可走。为了实现产品的研制开发，不同学科领域、不同地域的研发、生产、集成团队同时开展装备不同方面的工作，所有设计决策，不直接在团队层面采用，但会快速传递至整个团队进行即刻验证。由于对每个问题就是进行团队层面的共同讨论，确保了所有成员都能不断跟踪相同的设计路

线，防止出现各个分系统设计不兼容的方案，从而减少任务研究的时间和工作负担。

通过推行并行工程管理，设计所在光学装备领域取得的某专有技术达到了国内领先、世界一流水平，研发的某型装备技术指标实现了国内最高水平，并参与了国家重点保障任务。

（二）提出战略目标丰富企业发展使命

设计所在当前的发展态势下，结合三大产业的特点，提出了建设“国际一流、国内领先的军民融合高端装备总体部”目标。战略目标的实现，要求设计所明确自身的发展使命，一是军用产业方面，持续坚持国家利益高于一切的使命，做好装备研发、保密管理；二是依托新兴产业增强企业发展后劲，提升盈利能力水平，实现经济收入，确保职工幸福美好生活的实现。简单来说，就是“国防”和“经济”双重使命。

1. 辨识航天科研院所经营本质，明确新增使命

设计所积极推动全员牢固树立“创造价值的经营理念”，无论如何关注管理，关注技术，关注创新，都必须在“经营理念”下发挥管理与技术、创新的作用。不能创造价值的活动，能简则简、能删则删。设计所经营的目标是获得国家、军方、上级、政府的认同，并获得相关方的回馈，体现出来就是项目立项、给经费、给补贴、给资助、给荣誉、给奖励等，有了回馈，人员才能有获得。

（1）建立“泛顾客”概念，拓展设计所顾客范畴，关注顾客价值创造。设计所的顾客不仅仅是国家、军方、外方（军贸客户），还有国家部委、科工集团公司、航天三江、地方政府、高校及各协作配套方等。对于市场化的企业来说，顾客为企业生存提供现金；对于设计所来说，上级和政府会给我们提供政策、提供土地、提供荣誉、提供成长空间、提供资金补助等，高校给我们提供人才，各协作配套房给我们提供配套技术、零配件制造等。可以说，设计所的顾客涵盖了政策链、产业链上的每一个主体。把我们的上级单位、地方政府、产业链各协作方等和军方一样当成我们的顾客来对待，我们的工作要围绕顾客开展的，要为顾客带来价值。价值是由顾客和企业共同创造的，设计所全员积极转变思维模式，围绕以顾客为中心来开展工作，将各项资源配置围绕顾客需求展开，用顾客的话语体系开展对话，极大的提升了设计所的美誉度和顾客粘接力。

（2）将设计所的盈利建立在人性关怀之上。人性关怀体现在两个方面，一是对于自己的员工的关怀，二是对整个社会的人性关怀。企业发展，为社会进步创造了价值，也同时为企业员工个人提供了更好的价值实现平台，员工又推动企业更好的前进，最终统一起来就是不断使大家生活更加美好。所以说，人是企业经营的最根本出发点。企业的经营和获取利润，需要人性关怀，不能杀鸡取卵。所以我们提出了体检率、休假率这些指标并落实到部门年度责任目标中；我们提出了幸福感、满意度落实到我们的工作会报告中。我们后续还要持续提升对人性的尊重，帮助所有员工分享单位的成功，以他们的工作成绩为依据，为他们提供职业保障，承认他们的个人成就，保证他们由于完成工作而产生个人满足感。

2. 构建战略地图

根据明确的双重使命，设计所为确保战略落地，提出了战略必须可衡量、可管理，便于每一名职工理解并执行的想法，故梳理并构建了单位中长期发展的战略地图。通过将战略使命层层传递分解至各个环节，各个流程对最终的使命进行有力支撑，战略使命的实现也不断的促成下游各个环节持续优化完善，整个战略地图各个流程、环节紧密相连，环环相扣，自成一体，闭环自循环。

（1）战略使命。设计所的战略使命具体来说包含主战略和次目标。主战略具体为：国防事业和军队建设现代化、良好的经营业绩。从企业的角度来说，经营的终极战略就是要实现顾客的期望。次目标具

体为：优良的社会地位与属地关系、总体龙头地位的维持、职工幸福美好生活。从企业内部的成员来说，经营的终极战略就是要实现个体对幸福生活的美好向往，既包括物质层面的富足，也包括精神层面的愉悦。各个战略目标之间又互相关联、互相影响。如良好的经营业绩、优良的社会地位对职工幸福美好生活进行支撑，龙头地位对国防事业的完成产生积极的影响。这些战略使命的实现，又对职工的成长大有裨益。通过战略使命的实现，迫使设计所必须进行良好的顾客管理、内部流程管理，提升学习与成长能力。

（2）顾客管理。真正影响企业持续成功的主要重心不是公司的战略目标，也不是发展战略和运营管理的流程，而是专注、焦点集中于为顾客创造价值的力量。设计所的顾客包括军方、政府、产业链相关方、直属上级管理机构。顾客层面的关系相对独立，但是支撑战略使命实现的基础。设计所建立了较为完善的公共关系维护系统，通过信息化手段实现顾客的管理。针对产业链相关方、军方及其下属科研院所，通过纳入合格供方进行管理，主要以合同为契约。针对政府，通过自建的公共关系库进行管理。针对直属上级管理机构，通过行政指令、任务计划、经费拨付与利润上缴等计划与财经手段进行交流沟通。通过上述不难发现，顾客的管理均需要在设计所内部形成较为完善的业务流程和信息基础设施，以确保顾客得到较好的维护。

（3）内部流程管理。设计所是以科研生产为中心的单位，核心是确保科研生产任务的顺畅、高效运转，故各项安全保密、质量、规章制度建设、能力建设、产品研发、财务管理等各方面均以科研任务的完成为中心任务。科研任务保质保量的完成，是实现顾客需求的基础，更是设计所经费来源的核心。作为国有企事业单位，还有一个重要的内部管理流程，就是纪检监察与法律风险管理，这也是顺应国家与军队反腐倡廉、市场化经济时代必须不断完善的内部业务，是确保设计所安全发展、确保自身和顾客层面肌体健康的基石。内部流程的优化完善，需要设计所持续推动技术创新与管理创新，而创新来自于不断的学习与成长。

（4）学习与成长。主要包括人力资源、信息交互能力、组织资本。把员工当成组织的资源，而不是成本，这是工业经济时代转向知识经济时代，组织需要作出的改变。所以，设计所将职工的学习成长作为企业成长的核心基石之一，加强员工专业技能提升；对增加员工知识进行投资、管理和利用；在党建工作的引导下，打造一批思想意识形态高尚的高科技研发管理人员，并积极向外推介专家人才，扩大单位技术与管理话语权，从而也使得员工得到精神层面的富足，实现幸福美好生活的战略使命。设计所的成长还依耐于良好的信息交互能力和稳健的组织架构。设计所一方面持续投入资金开展信息化基础设施建设，优化信息交互流程，提升研发能力，另一方面持续加强组织建设，通过企业文化宣传、团队引领、领导力落实等各方面，强化设计所组织架构，打造具有活力的战略中心型组织。

根据以上分析，设计所构建的战略地图如下图 1 所示。通过战略地图的构建，将设计所全员、各岗位、各业务、各研发设计部门、各职能部门等均进行了系统性的关联，确保了战略的清晰明确，更加体现了每一个个体在战略目标实现中的价值定位，使得设计所战略目标得到了层层传递与较好的落地。尤其是在自 2016 年开始，设计所把经济效益作为企业发展的头等大事之一后，通过战略地图的描绘，使得设计所成功的执行了新战略，取得了较好的经济效益。

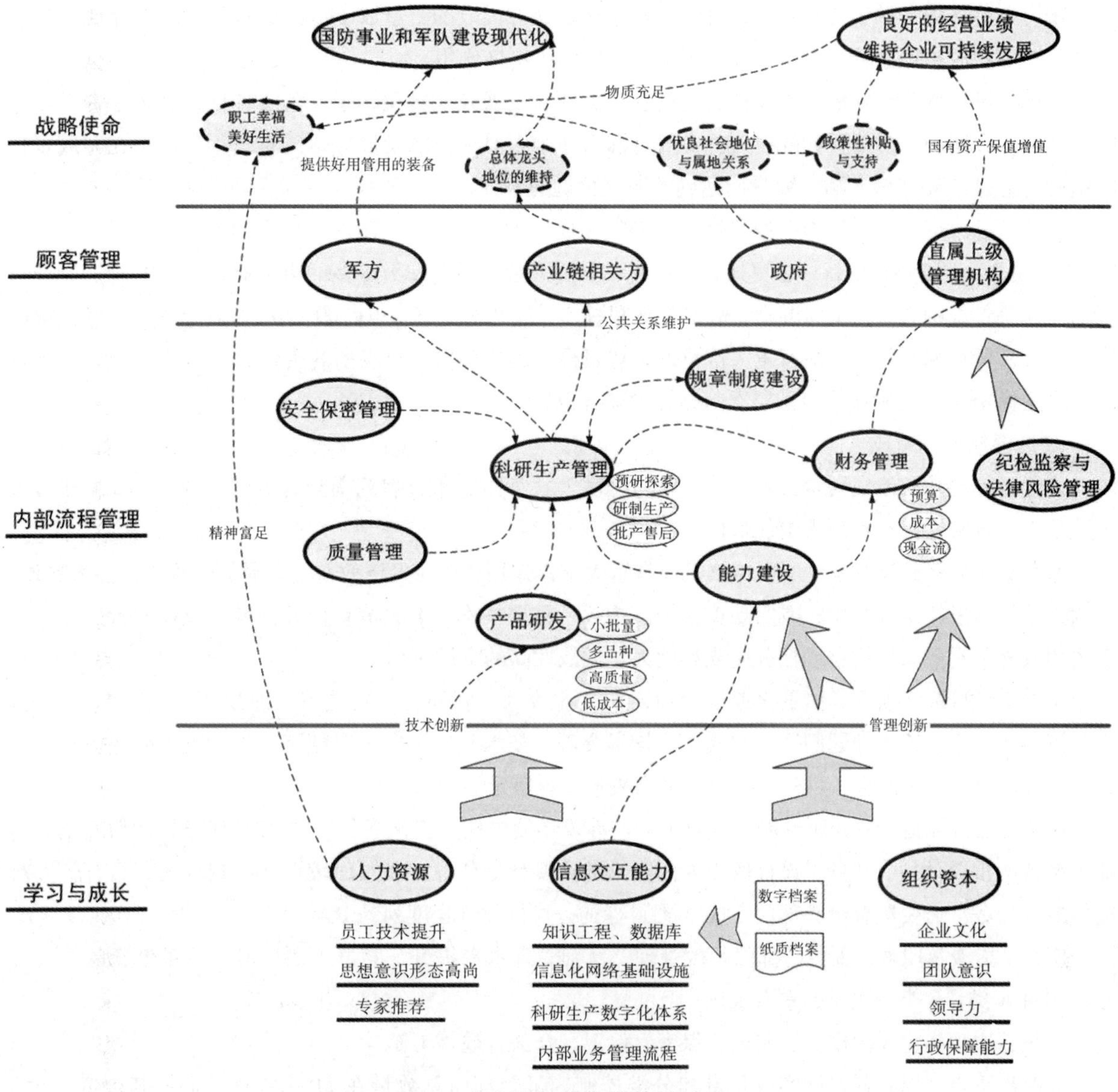

图1　设计所经营发展战略地图

注：在描绘设计所战略地图过程中，会有数百个大大小小的业务流程、工作目标、任务要求，但经过层层梳理筛选，确定了以上最为重要的流程与目标，经过实践不断优化迭代，进一步验证了地图的重要性与准确性。地图中的箭头更多的表示自下而上的数据和业务流程，而实际自上而下的分解亦贯穿其中。实际执行过程中是上下互相联动的整体。

（三）建立责任目标导向的绩效考核机制

设计所为国有的企业化管理事业单位，受到计划制、工资总额的影响，在薪酬分配领域长期以来有一种大锅饭的意识形态，认为这才是公平的分配机制。设计所领导班子结合自负盈亏、自力更生的自主经营管理需求，经过认真分析、仔细研判，确定了“多劳多得、少劳少得”的公平分配原则，确立责任目标导向的绩效考核机制，从绩效考核着手激发全员干事创业活力。

1. 建立责任目标管理制度

为确保战略落地，设计所需根据五年规划、年度重点任务，逐层分解并制定各项工作任务，落实到部门。以往设计所推行的为责任令任务，100 分为满分，未完成任务实行扣分。对于设计所这样的科研院所来说，更多的是科学技术开发，科学技术应该是允许失败的，造成了以往的责任令任务完成效果不太理想，考核放水现象较为严重，失去了绩效考核的指挥棒作用。

为此，设计所为更好地推动设计所经营管理模式和发展模式转型，层层落实责任，制定了责任目标管理制度，并明确了责任目标的定义：责任是部门和个人对单位的发展应尽的责任，目标是在完成责任的基础上通过“够一够、蹦一蹦”而达到的更好更优的目标。

责任目标改变责任令作为一种“命令、必须完成”的形式出现，体现对目标的追求；责任目标改为“正向加分”，鼓励科技创新，也更加的人性化，容许失败，干得好干得多的得分高，正向激励；责任目标的导向是：鼓励先进、正向激励，故对责任目标实行基础分（统一为100分）加减分制，更好更优的完成对设计所近期和长远发展有重大价值的工作目标，加分奖励；对应尽的责任（如日常设计、基础管理、安全保密等）应确保不出低层次问题，做减分设置。

（1）责任目标组成

责任目标的核心组成要素按重要性、难易程度、紧急程度和影响范围分为A类、B类、C类和考核否决项类，日常性工作不列入责任目标。

A类责任目标是指对设计所可持续发展有重大支撑作用；或对经济效益、科研管理水平、能力建设、专业技术提升发挥重大作用；或实现重大经济指标、重要技术、重大节点任务突破；或在航天三江、科工集团及外部有重大影响；或任务完成难度大，挑战性高的责任目标。

A类责任目标必须有具体量化考核指标，如营业收入、利润、合同签单、回款额、获得立项批复、飞行试验成功率、重大问题归零、重要专业技术突破、技术改造资金争取额度、重大改革调整、资质审查通过并取优等。A类责任目标由设计所最高决策会议审定。

B类责任目标指对设计所发展有重要影响、涉及年度内航天三江责任令（书）任务、计划考核的本业务系统的重要计划、任务；设计所年度内安排的重要计划任务；涉及面较广、影响较大，且有较大难度的专项任务。需要配合牵头部门完成A类目标的，可按配合程度列入B类目标。

C类是指涉及职责范围内跨部门行政管理、基础管理水平提升、党群工团建设、改革创新的主要任务，相对A类、B类较次要的重点工作。

考核否决项类主要为质量、安全、保密、保卫、合法合规等工作。

为突出重点，对责任目标实行总量和分类控制，每个部门总数量在11～24项区间，其中A类≤3项；B类≤5项；5项≤C类≤10项。

（2）责任目标计分规则

引导设计所全员积极努力争取并完成A类目标，确保完成B类目标并争取更优，确保完成C类目标，考核否决项力争不发生。责任目标考核计分实行基数加减分制。

责任目标考核得分=基础分值+A类目标得分+B类目标得分+C类目标得分+考核否决项得分+特定奖惩项得分

基础分值取100分，各类目标取分规则见下表1。其中：延期项目未办理调整则按未按时按标准完成。

表1 各类目标取分规则

任务类别	取分规则			备注
	无客观原因未完成	有客观原因未完成	按时按标准完成（含调整后）	
A	-2	0	10	鼓励健康成长
B	-5	0	5	鼓励更优
C	-5	0	0	确保完成
考核否决项	-8	0	0	必须完成

2. 强化动车理论推动责任落实

动车能高效安全运行有一个很根本的基础：就是它的导轨和一系列的安全机制，引伸到单位治理中的就是要有一个好的合规的体系去保证“动车”的安全运行。战略地图的部署，责任目标体系的建立，使设计所全体职工都有目标感，所有的目标都是围绕着大的目标，每个人都是动力源，团队就此协调配合，高效运行。

动车理论的不断强化推动中，最为核心的是落实“责权利”统一，层层落实责任，推行联产承包责任制。一方面大力宣扬“团结争气、自力更生；志存高远、胸怀天下”的企业作风精神，通过文化层层渗透，一方面制定了《经营计划管理办法》，强调“计划制定应以创造价值为导向”，对设计所各项工作统筹管理、分门别类，并明确计划任务是绩效分配的输入。最终落实到每一名员工，则进一步明确员工工作任务=岗位基础职责+月度部门工作计划+专题（专项）工作计划+年度责任目标，员工薪酬分配须与员工工作任务挂钩，包含以上内容。

在动车理论的实施过程中，设计所全员均积极发挥主观能动性，各司其职、各守其岗、各有所用。修订《综合管理考核办法》，对研发设计部门同样提出基础管理、行政与经营管理的要求，强调正向激励。对于高层管理者，强化领导力、决策力，确保企业的领头羊作用发挥；对于中层管理与执行者，强化职能发挥、合理行使权力，确保部门的领头羊作用发挥，确保高层管理者与一线设计研发队伍的政令畅通；对于一线执行与创造者，制定良好的成长路径与薪酬制度，确保“多劳多得、少劳少得”的公平分配制度实施。

（四）战略地图与绩效考核机制推动战略中心性组织形成

设计所极具活力的自适应、自调整战略中心型组织在确保设计所在优先任务的科研生产和塑造新的管理体制与企业理念文化方面取得了成功。设计所以往是垂直计划制经营模式，在三大产业的融合经营发展下，通过战略地图的绘制与落地，和责任目标导向的绩效考核机制推动，及时的进行了组织架构上的调整，强化了科技委作为咨询顾问团队的作用；针对新生的空间领域、光学装备领域产品战略，组建了相应的研发设计部门、科研管理办公室；组建了生产处，统筹全所生产资源，开展高附加值产品生产，逐步形成利润中心。以上这些调整，配合战略地图的全面运用，实现了各层级、跨部门、跨智能的战略协同，实现了战略中心性组织，为国防建设和经济效益双重战略使命提供了强力的支撑，并通过新生产业的快速发展进一步丰富了设计所“创新发展、敢为人先；追求不止、引领跨越”的企业理念文化。

1. 优化调整原有组织

设计所在发展新生产业的过程中，面临着两个问题。一是如何通过已掌握的关键核心技术牵引并开发出新的复杂巨系统产品，二是急于攻占市场，抢得装备先机。具象来说，设计所一是创建新的设计研发部门，分别成立了空间、光学等技术研究室。针对新生产业调集优势力量，组建对应的产业业务管理部门，将领域内的科研项目全生命周期统筹管理。在集团公司的统一部署下，分别设立空间装备、光学装备创新特区，为新生产业发展提供产业资金、人才引进、薪酬单列、职称评定、高端人才推介等各类政策倾斜。二是对以往的业务流转模式进行适应性的调整，缩短业务流程，甚至采用新的商业模式（如前文所述），最终实现了快速占领市场，并取得经济效益的目的。

同时，在经营业绩使命驱使下，设计所因时而动，成立生产处，打造利润中心；成立成本价格处，建立科研成本与运行成本体系，控制成本支出；成立资产运营处，开展资产运营探索，已对外投资5个高科技公司，产业领域涵盖火箭、卫星、微系统、芯片、信息技术等领域，为设计所中长期高质量发展埋下了伏笔。

设计所组织优化调整包含五个重要部分，具体见下图2。一是经营管理高层，二是中层执行层，三是一线实务部门，四是专家顾问团队，五是行政保障团队。五个部分紧密相连，各自角色不同，工作重心不同。对科技委、行政管理团队重新赋能，作为纵向组织架构中的两翼支撑。

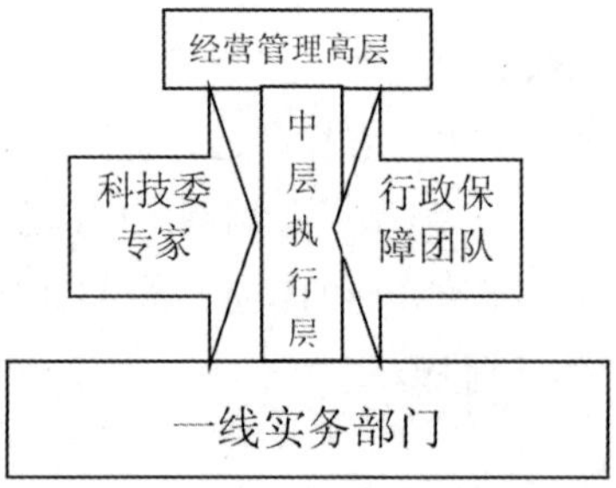

图2　企业组织结构图

具体来说，设计所原有的科技委专家主要精力均以完成科研型号任务为主。经过重新赋能后，科技委专家调整为以设计研发为核心来思考新的商业机会的人，在完成具体的产品设计开发、生产集成等工作的基础上，更多的瞄准未来发展而进行深度思考、开展预研探索与推动。做实科技委的重大事项决策咨询、参谋把关职能，做实科技委的学术涵养学风建设职能，做实科技委的战略前瞻指引职能，活跃设计所学术研究阵地，容纳涵养高端资深战略人才，持续巩固设计所学术传承根基和提升行业话语权。尤其是在原有型号总师之外，大力拓展专业总师晋升，做强做实专业技术，逐步形成专业引领、技术引领的发展格局。

对于行政管理保障团队，如经营计划、人力资源、行政保障、财务管理、法务宣传等各部门，改变原有把行政管理保障团队当做企业的成本中心的看法，从“行政部门也可以作为利润中心”这一角度来思考，推行开源节流、降本增效，节省的成本作为等同于利润，以使其等同于利润中心来激励工作积极性，从而有助于科研生产利润中心的工作更加顺畅的开展。

2. 组织围绕战略中心协同运行

组织的核心资源是设计所全体员工。所以在组织运行中，要充分发挥每一个个体的主管能动性，从上到下进行组织编排。具体为：

领导班子成员统筹各方，深研市场形势和需求，对照装备发展战略和总体部署，结合设计所成长需要和当前条件，合理规划发展目标、科学设定进取步骤、务实开辟产业项目和配置项目资源、仔细盘算投入产出，谋划想定设计所中长期发展规划、三年滚动发展策划。

经营管理部门根据年度重点任务和科研工作大纲，衔接设计所发展规划，细化分解并制定设计所内部年度责任目标、科研工作大纲和项目计划、经费总预算和分解方案，纵向下发到项目承研团队，横向下发到独立部门，团队与部门将任务分解至每一个个人，明确“责权利”，量化考核兑现。

项目团队主要承担纵向具体任务，“总设计师与行政总指挥”系统牵头，垂直管理项目任务和指挥团队，做任务谋经营；各设计部门协同，推行部门行政负责制，自主管理部门内自洽任务和力量资源，在协调配置资源支撑项目完成的同时，重点做部门能力建设、党风廉政建设，抓专业技术成长，抓人才队伍成长。

在设计所组织运行中，所高层领导认识到一线执行部门与行政部门的关注点不同。行政部门要从全公司的角度来开展工作，推动经营战略实现；执行部门则以自己所负责的业务范围为中心来进行思考、展开行动。两者之间的平衡尤为重要。既不是直接从事与合同、产品等与创造收入利润相关的部门对组织的贡献最大，也不是对整体负责、把握全局的行政部门最重要。

3. 成果实施效果

（1）管理提升

设计所通过对战略的重新定义与拓展，设计战略地图，推动组织变革，制定相应的管理制度，实现了设计所管理水平的大幅提升，管理与运行能力也得到了成长。尤其是在2020年春武汉发生最为严重的新冠疫情期间，面对如此巨大的非定常变量干扰因子，设计所停工停产数月，且疫情造成了设计所产业链内外部协作受到较大的影响。但设计所极具活力的组织架构，贯穿全所的战略文化思维，及层层落实的责任目标，确保了企业的战略方向在危机中没有受到大的影响，复工复产后经营目标也快速的得到恢复。

（2）经济效益

2017年，设计所实现营业收入125417万元，同比增长27.83%，利润7158万元，同比增长31.07%；2018年，设计所实现营业收入137194万元，同比增长9.39%，利润7985万元，同比增长11.18%；2019年设计所实现营业收入206983万元，同比增长50.87%，利润9942万元，同比增长24.51%。

良好的经济效益有力的支撑了新产品的研发，同时也为设计所职工提供了更为丰富的物质生活保障，确保了设计所的战略使命实现。

（3）社会效益

设计所深入践行强军首责，不断提升战略地位。三大领域产业研制周期得到了极大的缩短，以往“十年磨一剑”的研制周期，在现阶段装备发展要求下，实现了2年—3年就能将运用新技术的产品实现小批量装备客户，空间领域与光学装备领域的产品达到了世界一流水平。其中，固体运载火箭列入了国家空间运输能力型谱，某光学装备对国家重大活动起到了较好的保障作用，大大提升了设计所的社会地位。

同时，通过充分利用民营企业在某些技术领域和行业中的优势、灵活性和快捷性，以及快速适应市场竞争的能力，将部分产品和成果运用到商业航天、光学装备产业，达到资源集聚、开放共享，在更大范围、更高层次上促进我国航天产业创新驱动发展，发挥总体的牵引作用，实现民营企业技术的快速突破，实现了军民两用技术领域的战略共赢，“为把我国建设成为世界科技强国作出新的更大的贡献”。

成果创造人：刘　鑫、陈　波、吴　明

坚持以供应链业务重塑为主线的新时期企业战略选择与跨越式发展

——打造供应链服务龙头企业的探索与实践

深圳市怡亚通供应链股份有限公司

深圳市怡亚通供应链股份有限公司成立于1997年，是深圳市投资控股有限公司控股企业，中国第一家上市供应链企业（股票代码002183），怡亚通拥有500余家分支机构，员工逾万人，2019年业绩量近1000亿元，是中国供应链服务网络最大，覆盖行业最广，创新能力最强，规模最大的供应链综合服务企业，连续四年入围中国企业家联合会“中国企业500强”榜单，连续十年上榜《财富》中国500强。

怡亚通创新发展的23年是中国供应链行业发展历程的缩影。自成立以来，怡亚通坚持整合优势资源，将创新“1+N”供应链服务模式，打造O2O供应链商业生态圈为发展目标，认真履行作为供应链行业开拓者的使命与责任，准确把握行业发展趋势和企业发展实际，由单一的广度供应链平台向广度综合平台、380新流通平台、生态供应链多种模式协同发展跨越，由以IT电脑配件直采向集消费品（母婴、日化、食品、酒饮）、家电、通信、信息技术、医疗、终端零售等行业供应链综合服务跨越，由供应链服务参与企业向主导引领企业跨越，一步一个脚印地迈向世界级供应链服务企业。一路走来，怡亚通经历了从传统商贸企业到现代供应链企业、从民营企业到国有企业的华丽转身，逐步认识到决定企业可持续发展的关键并不完全依靠企业外部的战略联盟、资产重组、资本运营，更要有企业内部自身的滚动发展、开发创新与组织变革。正是怡亚通在创新实践中定义未来，使更多人看到供应链创新作为驱动力带来的管理变革、思想进步，以及助力中国供给侧结构性改革，实现中国经济的跨越式发展的战略意义。

一、以供应链业务重塑为主线的企业改革发展背景

（一）全球国际化推进我国现代供应链发展

供应链已经成为当今国际学术交流、国际政治经济舞台、国际外交谈判中经常使用的体现前瞻视野的主题，美国、欧盟、日本等发达国家政府部门、学术界、企业界及非政府组织对此进行了大量的研究和实践，以制定政策、颁布立法、建立社会组织、加强供应链管理人才培养、明晰企业供应链治理结构等多种方式，使供应链上升至国家战略高度。而我国相较于上述国家，在供应链理念、发展基础、治理机制等方面的研究起步较晚，部分企业与消费者对于供应链的认知尚处于培育阶段，绝大多数中国企业严重缺乏“将非核心业务外包，专注自身核心竞争力打造”的供应链思维，对实施供应链管理动力不足，但国内产业转型升级的迫切需求让供应链发展成为题中之义。

（二）我国连续出台多项政策助力供应链行业发展

为改善我国经济在快速发展过程中，出现的产业结构不合理、资源配置重复、产能分布不平衡等问

题，自党的十八大以来，国家高度重视供应链管理，“十三五”伊始，国家便提出深入开展供给侧结构性改革，布局“去产能、去库存、去杠杆、降成本、补短板”五大任务，并在2016年《政府工作报告》中首次提出“重塑产业链、供应链、价值链”的要求。自此，从中央政府层面开始推动供应链管理工作。随后，我国号召大力发展现代供应链，先后出台《关于开展供应链体系建设工作的通知》、《关于积极推进供应链创新与应用的指导意见》《关于开展供应链创新与应用试点的通知》《开展流通领域现代供应链体系建设的通知》《关于推动供应链金融服务实体经济的指导意见》等政策，从中央到地方在各领域范围内推动供应链创新与运用，积极助推我国供应链行业的有序发展。

（三）全程供应链服务日益成为市场经济转型升级的必然选择

从总体看，我国供应链行业呈现“两头大，中间小”的格局，中间流通环节在资源、服务、网络、规模、人才、运营、管理、市场等方面存在严重短板，组织化程度低，通过层层转包的方式增加了中间的商业环节，导致我国商品流通业呈现“散、乱、穷、小”的状态，难以为核心链主企业提供一揽子供应链解决方案，满足其对全程供应链服务的需要。然而全球经济一体化和新一代互联网信息技术的飞速发展，使我国对于流通方式的需求正在发生巨大的转变，供应链链条上下游企业之间相互依赖性逐渐增强，企业间供需关系的强化使供应链保障成为企业生产得以顺利进行的基本前提，催生出新的商业生态圈。发展融合物流、商流、资金流、信息流四流合一的供应链服务方式逐渐替代以物流服务、商贸服务、金融服务、信息服务等某一单一服务为主的运营方式，成为我国现代服务业发展的必然趋势和助推供给侧结构性改革的重要抓手。

（四）企业提升自我价值、实现自身发展的客观需要

怡亚通作为中国首家供应链上市企业，依托完善的地面供应链服务体系、强大的资源整合能力和大数据服务能力，通过借助互联网的技术与平台，形成集采购、分销、仓储、配送、金融、运营等功能与一体的供应链综合服务平台，成为具备了超越百亿规模并冲击更高目标的全球供应链产业基础。得益于背靠珠三角密集的产业集群，发达的对外贸易经济和毗邻香港全球物流枢纽等优势，深圳聚集了全国80%以上的专业化供应链管理服务企业。面对一大批来自本土百亿级业务规模的供应链企业的竞争与挑战，怡亚通需要不断创新变革，加强对供应链的价值点的深度挖掘和重点布局，强化流通供应链核心服务能力，全面实现全链条精细化管理、平台资源智能匹配、全流程透明可视，完善开放化、立体化的供应链服务体系，建立商业生态圈，实现产业链升级，提升供应链综合服务质量和效率。

二、供应链管理的主要内涵

供应链是以客户需求为导向，以提高质量和效率为目标，以整合资源为手段，实现产品设计、采购、生产、销售、服务等全过程高效协同的组织形态。供应链管理则是将供应链从理论转化为实践的一种管理模式，通过对“链条”中信息流、物流、资金流等进行最大程度的计划、组织、协调，最终使商品以正确的数量、正确的品质，在正确的地点、正确的时间，用最佳的成本进行生产和销售。

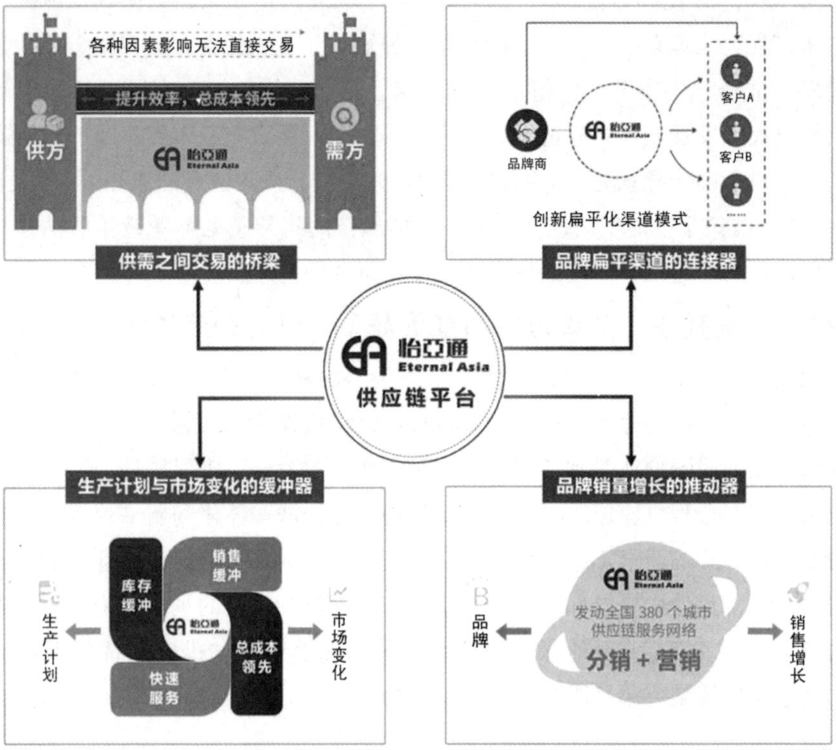

图 1　怡亚通供应链平台定位

在实际经济活动中，供应链管理主要以两种形态存在：一是作为管理模式，被企业嵌入自身已有的运行管理体系之中，例如阿里、京东等建立的智慧供应链体系；二是作为专业服务，由供应链服务企业为其他企业提供“非核心业务外包”。怡亚通供应链服务的本质属于第二种，通过借助怡亚通专业的供应链服务平台，帮助企业专注核心业务，提升企业核心竞争力，为区域产业获得稳健发展的持续动能。怡亚通将围绕以下四方面的定位，做好供应链服务：

——供需之间交易的桥梁。供应链服务是产业链供需之间交易的桥梁与纽带，以一站式供应链服务、全域营销服务和创新供应链金融服务打造采购、销售环节的高效执行平台，运用怡亚通强大的资源整合能力和供应链协同，打通交易流程，缩短交易周期，帮助企业提高供应链效率，实现总成本领先与销售提升。

——品牌扁平渠道的连接器。怡亚通打破多层级、低效能、高成本的传统渠道模式，构建品牌商（企业）与客户（渠道、终端）互联互通的扁平化、共享化、去中心化的供应链服务平台，掌控并减少渠道层级，实现品牌直供终端（乃至消费者），提升渠道效率，降低流通运营成本，推动销量增长。

——生产计划与市场变化的缓冲器。针对生产端及销售端“零”库存管理需求，由怡亚通在下游产业客户附近设立 VMI 仓，帮助上游供应商就近集货，根据下游需求及时供货，帮助供应商/品牌商实现高效且富有弹性的供应链管理，降低下游库存压力，有效应对市场变化，及时调整生产供应计划。

——品牌销量增长的推动器。怡亚通以客户为中心，集结全国有整合能力与资源型的机构和个人，构建“平台+营销合伙人”为核心的扁平化组织，引导质变、量变到实现裂变式联合创新发展，颠覆传统模式开启销量增长新通道，充分释放怡亚通平台服务能力，赋能上下游客户，覆盖更广阔市场，推动品牌销量快速增长。

三、以供应链业务重塑为主线的企业改革的主要做法

（一）明确供应链管理战略定位，实现从服务型企业向平台型企业、民营资本向国有资本的价值过渡

20世纪90年代末，现代供应链服务及理论由欧美国家引入中国，在此之前，中国并没有正式且成体系的供应链服务与理论。在无可参照企业经验与模式的情况下，怡亚通深谙模式创新对于供应链企业意味着什么，企业掌舵者以独到的眼光、广阔的格局、持之以恒的专注度和精准的战略把控力，开启企业由服务型企业向平台型企业转型升级的三次供应链改革探索之路，引领中国供应链行业发展变革。

1. 第一次改革：突破旧有发展思维，开创中国供应链服务行业

1997年，怡亚通前身——深圳市怡亚通商贸有限公司创立，定位于服务型企业，走上了供应链服务的第一环节，为计算机产业上游供应商与品牌商、生产企业之间的供需提供对接和直采服务。随着与世界500强思科在通关报关、物流配送、信息协同等服务领域的合作，使怡亚通第一次了解并体会到供应链这个行业能给企业带来的价值，领导层开始重新思考公司的定位与未来发展方向。2004年，公司正式更名为“深圳市怡亚通供应链股份有限公司”，定位为承接企业非核心业务外包，提供采购/采购执行、虚拟生产、销售/销售执行，帮助客户实现“物流、商流、资金流、信息流”四流合一的一站式服务。当时，国内对供应链尚没有清晰的认识，怡亚通率先打破传统的进出口贸易、分销代理模式，探索出一条独具特色的广度供应链服务模式，中国第一家供应链服务企业由此诞生。

与思科的合作和广度供应链模式的创新，吸引了IBM、惠普、飞利浦、松下等更多的跨国企业与怡亚通的合作，2003年至2006年间怡亚通的交易额从34亿元上升至230亿元，2006年毛利率超过了60%，几乎是过去从事的采购和物流业务的10倍。2007年，怡亚通在深交所上市，成为了中国首家上市的供应链服务企业。上市仅1个月，怡亚通股价较上市开盘价上涨了52.64%，远高于同期上证指数、中小板指数4.42%、12.71%的涨幅。

2. 第二次改革：深耕细作供应链渠道，由服务型企业向平台型企业转变

信息技术的高速发展、规模化的市场需求、巨大的利润空间与广度供应链模式较低的准入门槛，催生了一大批基于制造协同、资源交易和服务的不同类型的供应链创新企业，使得一大批企业迅速效仿怡亚通广度供应链模式进入该领域，进出口供应链服务市场竞争日益加剧。

面对市场挑战与机遇，怡亚通主动求变。凭借对国民经济发展和供应链服务未来趋势的精准判断，2009年，怡亚通把目光锁定在了国内十几万亿元规模的消费品流通市场。通过全面开展380深度分销供应链平台战略，在中国380个城市建立深度分销平台，将传统渠道代理模式转变为平台运营模式，并将服务触角延伸至中国四到六级城镇，打造一个覆盖近10亿有效消费人口的快消行业B2B直供平台，帮助品牌企业高效分销、快速直供终端，提高商品流通环节的效率并降低流转成本。

目前，怡亚通380平台已覆盖320多个城市，2600多个知名品牌，200万个零售网点，46万SKU，实现网络、合作终端门店数、业务规模、合作品牌数等全国领先地位。

3. 第三次改革：完善一体化供应链综合服务，实现民营资本向国有资本过渡

经济进入新常态，供应链链条上下游企业之间相互依赖性、联动协调性逐渐增强。在国家供应链战略的宏观大背景下，2018年，深圳市属国有资本投资公司——深圳市投资控股有限公司战略入股怡亚通，成为怡亚通第一大股东。通过双方资源优化配置和生产要素深度整合，怡亚通创新性地实现国企民

企优秀基因的重组和再造，借助国企金融、业务、运营、装备、人才等基础，以更加灵敏的市场反应与灵活的响应机制，开展跨领域、跨行业的联合。以资本为纽带的联手，以项目为依托的携手，怡亚通不断扩充广度供应链服务与深度供应链服务内容，并通过专业化的供应链服务、创新的供应链服务模式、网络化的物流与分销体系以及数字化的信息系统平台，向集广度平台风、物流平台、全球采购平台、380分销平台、金融平台风、品牌服务平台、营销平台等综合供应链服务升级，为客户提供“实体产品+互补性关联服务+全网络渠道”的“产品组合”，使客户从关注技术、资源、资本的产品主导逻辑向关注客户多样化需求的服务主导逻辑转型，极大地提高供应链管理效率，为产业链客户提供个性化、特色化、专业化服务，同时将打造成为具有中国特色和全球竞争力的世界一流供应链服务企业作为未来发展的重要战略目标。

（二）梳理企业主营业务脉络，构筑“广度综合平台+380新流通平台+生态链公司”三维一体供应链共享经济平台

作为供应链服务行业的领军企业，一直将企业改革创新视为企业的灵魂。成为国有企业后，怡亚通明确了“一体两翼 四轮驱动”的业务发展方针，重新梳理原有现有的十二大业务平台，打造以“广度综合平台+380新流通平台+生态链公司”三维一体、跨界融合的供应链共享经济平台服务，从创新基础供应链服务向增值、多元化供应链服务延伸，形成“1+N”一体化智慧供应链服务，为产业链客户提供个性化、特色化、专业化服务，提升供应链管理的网络化、智能化、集成化水平，使传统供应链由“推动式”向“拉动式”转变，使“管理”向“服务”转型，强化企业管理创新，推动供应链改变企业、改变产业、改变中国。（见图2）

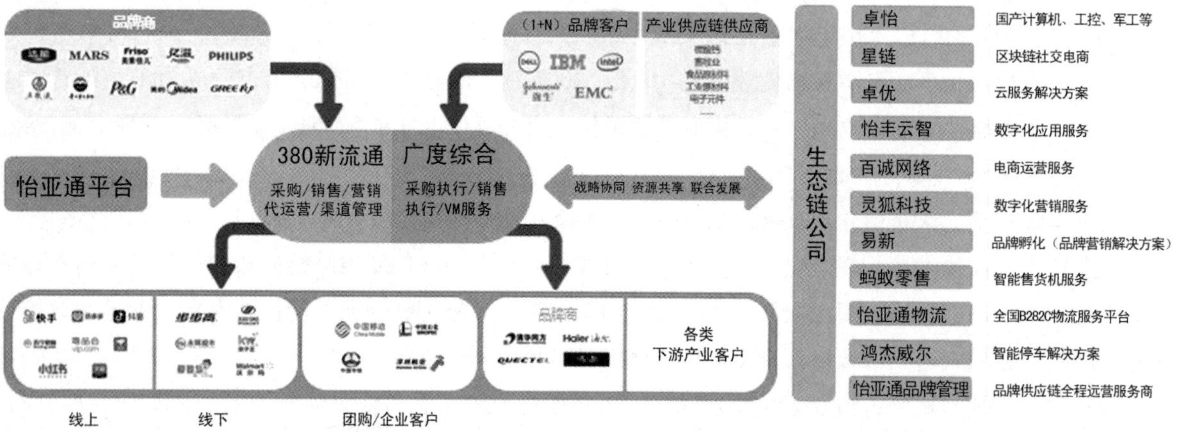

图2　怡亚通业务应用全景图

1. 创新广度综合产业供应链服务，助力经济发展与产业提升

2018年底，怡亚通开始推动广度平台向广度综合商业服务转型。围绕区域主导产业，依托当地政府、国有企业合作，怡亚通在原有广度供应链服务基础上创新产业供应链服务模式——“综合商业服务平台”，通过充分整合当地政策资源、国企资源、社会资源、区域资源及行业资源优势，将累积的团队、运营、风控、商务、系统、客户等各方面专业化供应链管理能力与“供应链平台+”赋能体系进行整体打包输出，与政府/国有企业共同建设集商贸交易、现代物流、金融监管仓、产品产销中心、智慧托管、信息系统服务与一体的供应链产业生态圈。通过综合商业服务平台有效实现“国企资本+民企管理”生产要素与管理要素的优势互补，聚集、整合、放大当地优势资源，以平台辐射和连接当地产业资源、行业企业，形成产业联动，改变当地资源配置和发展模式，带动当地产业升级与城市化发展进程，提振区

域经济。

截至2020年5月，怡亚通已签订了36个综合商业合作协议，覆盖32个城市，并有21个项目已注册落地、推进业务运行。目前，综合商业服务平台已推动当地产业形成“聚合效应”，例如，山东交运怡亚通是2019年7月成立的综合商业合资公司，成立首年便实现了13亿元业务量，2020年预计将达40亿元。广西东融怡亚通的供应链运营平台“金石银钙网”，为当地企业提供一体化全链条供应链服务，优化碳酸钙产业上下游结构、把产业链延伸至各个细分领域，推动产业走上“资源有序开发+产品精深加工+全球市场布局+产业供应链服务”的绿色发展之路。2020年预计可实现20亿元交易量，3年内公司年整体交易量有望突破100亿元。

2. 多维度创新380新流通服务平台，迎接消费“新风口”

依托深耕供应链服务领域二十三年的实践经验，怡亚通突破行业边界，持续深化、拓展“供应链+”的内涵与外延，围绕品牌方痛点，基于在380个城市搭建的分销网络，向品牌方输出品牌营销、渠道拓展、供应链云、供应链金融等多元化供应链增值服务，从单一的分销服务向为上下游提供包含直供、代销、集采、营销、仓配、代运营等供应链一体化服务模式转型，加强与品牌商、分销商、零售商等企业形成联动管理，形成供应链服务信息、技术、组织的有效集成，向打造流通行业综合运营服务平台迈进。

新零售方面，在构建供应链商业生态之初，怡亚通就将零售终端纳入自己的商业体系下。怡亚通紧抓机遇，以轻资产发展的思路与模式，以“线上渠道+连锁加盟+智能零售”的B2B2C模式赋能零售商，覆盖超市、卖场、门店、电商、社区、社交平台等全零售渠道，打造星链通证电商、小怡家社区/社群团购、蚂蚁零兽、380生活超市/便利店等平台，以“供应链+新零售”重构人、货、场消费场景，将人由单纯的消费者转变为消费商，货由物质性商品转化为全方位的消费过程及体验，场由固定物理空间转变为泛零售、多元化的消费场，形成线上线下双向交织，相互导流，满足顾客一站式购物需求的全渠道智慧运营。目前，380生活超市/便利店服务门店超过6000家，同时配套发展的智能零售（无人售货机）超4万台。自有社区团购平台“小怡家”，从2020年3月至今，在深圳、贵州、厦门等5个城市GMV总量超千万。

品牌运营方面，2019年，怡亚通承接钓鱼台酱香型白酒“珍品壹號”品牌运营非核心业务，实现品牌定位、包装设计、营销策划、产品销售等环节的品牌全供应链深度运营，通过线上线下销售渠道和事件营销、体验营销、社群营销等模式，提高产品曝光度，迅速打开市场，全年销售额达2.7亿元，2020年上半年单品销量已破亿元。为进一步拓宽品牌运营的广度与深度，上半年与东阿阿胶达成战略合作，通过共同推广和运营成功推出跨界新产品系列“燕奴娇-阿胶即食燕窝”。

3. 发挥集聚优势，发展“供应链+生态链公司”模式

怡亚通以改革后的广度综合商业服务平台、380新流通平台为供应链服务载体，向产业链上下游延伸发展，集聚卓怡恒通、星链供应链云科技（区块链社交电商）、蚂蚁零兽、怡丰云智等多家战略协同、资源共享、联合创新发展的生态链公司，覆盖计算机、社交电商、品牌营销等领域。通过形成的强大生态服务能力，帮助产业链上的原材料供应商、品牌商、制造商、渠道商、销售终端等之间实现资源整合、信息链接、平台共享。例如，合肥卓怡恒通是怡亚通布局计算机制造产业，构建从计算机整机制造进一步延伸到上游核心零部件、关键设备、核心软件、全生产流程的核心主体。新冠肺炎疫情期间，提前储备生产物料、扩充供应商资料库，联合区内其他产业龙头共同提升产业链效率，发挥集群联动优势形成合力，与上下游供应商、客户协调采购、生产，全力保障稳定的供应和周转，一季度销售收入1.3

亿元，2020 年将实现 25—30 万台产能，销售收入约 8 亿元，保证服务区域计算机供应链的稳定。

（三）强化支撑体系改革，夯实企业供应链服务数字化、网络化、全球化运营基础

越来越多的企业开始意识到夯实数字化、网络化、全球化供应链服务基础，不仅能够保障企业供应链业务顺利进行，促进各行业传统运行模式和利益格局调整，而且能够为疫情等突发事件下的畅通国民经济循环提供重要支撑。近几年，怡亚通积极加强在数字化信息系统、供应链物流服务网络和全球化网络布局等方面的建设与创新发展，为实现企业供应链服务和经济社会发展目标双胜利提供新动能。

1. 加强数字化信息系统应用，引导供应链数字化、智能化升级

随着智能制造和信息技术的发展，供应链已发展到与物联网深度融合的智能供应链新阶段。怡亚通以“供应链+科技”模式，依托大数据、云计算、区块链、物联网等新一代信息技术手段，在原有广度分销系统（GD）、P2 信息化作业平台深度系统平台（SD）、WMS 仓库管理系统、TMS 运输管理系统、OMS 订单管理系统、BMS 计费管理系统、ROS 路径优化系统等集中、高效、统一信息化供应链管控体系的基础上，加快数字化转型。围绕推进“SAP 项目、控费系统、B2B 电商、供应链 APP”四项关键数字化转型目标，利用新兴技术手段向业务两端延伸，对企业业务运营能力与业务系统能力进行评估，明确核心运营能力和企业系统功能覆盖与支撑程度，利用大数据满足企业业务决策、提高管理透明度及业绩分析，平衡业务发展与风险控制之间的关系，实现原有客户关系管理、业务运营、物流仓储及运输、财务管理、人力资源、智能办公等多项具有行业领先水平的信息系统的进一步升级。

目前，怡亚通加大力度推动财业深度融合，统一梳理了从新流通深度 380、广度综合、供应链金融、物流服务、营销合伙人加盟、品牌孵化等端到端的业务线条，为业务管理数字化奠定坚实基础；同时配套建立了全面的销售管理、主数据管理、采购管理、库存管理、财务管理、资金管理、财务合并、财务共享、预算管理、人力资源管理等企业数据总线，保障稳健的后台管理。按照自上而下实行全公司一套制度、一个流程、业财一体化的总体思路，构建了具有共享、开放、互联等数字化特点的全公司一级架构信息系统支撑平台。

2. 专注物流网络建设，实现供应链服务全区域覆盖

怡亚通物流在全国建立 CDC、RDC、市级/县级 FDC 四级仓网结构，依托在深圳龙岗、深圳前海、上海金桥、上海洋山港、大连、长沙和重庆建立的 7 个一站式智慧供应链整合物流基地，形成拥有产地仓、保税仓、销地仓、分拨仓、前置仓等类型的物流网点 532 个，可控仓储面积约 220 万平方米，网络覆盖 1-6 级城镇 200 万家流通终端，配送服务从核心城市直达县、乡、镇的全国物流网络。

“新零售”时代的到来，使社会对在全国各地设置从总仓到分仓的多级仓库供货，实现一百公里左右的经济配送，让货物就近配送到消费者手中的仓储与配送联动发展模式，提出了更强烈的需求。怡亚通以 100 余家世界 500 强及 2600 多家国内外著名企业的优势资源与近 40 万商品品类形成的规模效应为基础，以 EAL 物流管理系统为工具，通过资源共享，将收货、仓储、拣选、包装、分拣、配送等功能集成起来，以合仓、物流接管、派驻管理人员等方式创新形成“全国仓网+干线运输+终端配送”的一体化物流服务网络体系，为供应链上下游企业提供全国分布式仓储、干线运输、城市配送、电商配送、VMI 管理、供应链金融等一体化服务。

3. 融入全球供应链服务网络，打造国际供应链企业品牌价值

“立足中国、进入全球、推平世界”是怡亚通全球化之路的战略目标之一，以全球应对全球是怡亚通人深刻的认知。2007 年，联怡香港有限公司、怡亚通供应链管理新加坡有限公司、怡亚通供应链管理

马来西亚有限公司的同时成立，成为怡亚通全球化战略的重大进展，开启国际化服务进程。目前，怡亚通供应链服务平台已覆盖东南亚、美国等10多个主要国家，仅在“一带一路”沿线国家设立15家分子公司，海外市场与运营网络初具规模。

怡亚通突破企业地域限制，积极布局海外，推动加快构建自身全球供应链网络，在更大范围内和更高层次上参与国际资源配置。针对国外地产商或品牌商进入中国需要整合国际货运、清关报关、国内保税、国内仓储、供应链金融等多个服务商资源的市场需求，怡亚通凭借海关高级认证企业（AEO）与商检信用管理AA及企业资质，以全国18个自贸区的保税园区为服务载体，主要针对进口乳制品、冷冻鲜活产品、预包装产品、进口医疗器械等行业领域，突破服务地域限制，与美国、印尼、菲律宾等10多个国家的怡亚通海外平台协调联动，通过提前布局海外资源、供应链拓展、供应链搭建、国际物流合作等，为国内外企业提供采购执行、海外仓储、国际物流、关务服务、保税服务、销售执行、仓储服务、干线运输、城市配送等一站式全流程服务，加快构建自身全球供应链服务网络，开启国际化服务进程。怡亚通大力开拓企业新“丝绸之路”中欧班列业务，发展中欧国际贸易，成为“一带一路”上“钢铁驼队”中的一员。并借助“一带一路”国家战略，积极落实“走出去”，深入加强与新加坡、马来西亚、泰国等沿线国家的合作，形成利益共同体，以供应链+互联网的商业模式服务于世界500强与国际知名企业。

（四）完善企业内部体制机制保障，重塑新时期供应链管理软环境

保持企业外部供应链服务最佳的执行效果和效率，内部软环境支持必不可少。怡亚通围绕企业内部组织保障、制度规范、人才培养三个方面，探索出符合供应链企业自身特点，适应供应链服务行业发展的管理体系，为外部供应链业务发展提供内生动力。

1. 打造平面型组织架构，形成高效协同机制

组织架构师衔接企业战略和人力资源管理机制的重要桥梁。怡亚通由总部及遍布全国31个省市的500多家分子公司、合资公司组成，随着产业板块的增多和经营规模的扩大，为更好发挥各组织模块及单位的能动性，怡亚通自2018年起便开展了一系列组织变革与创新，以产业价值链和用户价值创造为中心，以组织文化自我生存平衡调整的纽带，进一步理顺纵向专业体系治理和横向协同高效机制，从原有传统垂直型金字塔组织向扁平化平面组织转变，取消中间过多的管理层级，构建战略管控+服务共享的全球化、专业化、平台化的可持续性发展的生态型组织，让企业更加紧密贴近市场，快速地响应市场需求。

依托广度、深度、物流等不同的业务内容，怡亚通围绕“平面型组织”这一出发点，分别开展了“星火计划”“平台+营销合伙人”“新五四青年”人才孵进计划等。在新的组织架构下，怡亚通对各单位、部门职责进行了梳理，制定了更科学的授权，实行制度、规范、流程自上而下一体化管理，让职能下沉、管理下移，各业务负责人直接面对本单位业务，管理职能直接下沉到一线，并通过信息化系统垂直穿透，形成透明、高效、固化的流程和作业体系。总部的职能定位为战略制定、策略规划、资源分配、体系建设、统筹协调和监督管理；而平台的职能定位转变为战略执行、管理体系（工具）应用创新、支持服务等。

2. 健全供应链管理规章制度，奠定企业精益管理发展基础

规章制度是进行企业改革的基本框架，作为供应链服务企业，怡亚通将管理制度体系建立作为公司正常运行的规范和员工行为准绳。怡亚通集团对规章制度管理实行统一制度、分级制度、归口管理、分

工负责的体制。规章制度建设以公司发展战略为导向，统筹规划，突出重点，持续改进，构建体系完备、科学规范、运行有效的规章制度体系。

怡亚通将“规范化、制度化、流程化、信息化”作为实现战略规划和经营目标的主要手段之一，通过推行精细化管理，制定大量详尽制度，管理方式逐步由“粗放式”向“精细化”转变，从宏观层面来看，“大而全”，涉及怡亚通组织结构中的各个部门，涵盖IT制度、财务制度、风控制度、关务制度、行政制度、合同管理制度、客服制度、内控指引及管理、企划制度、人事管理制度、商务制度、物流制度等百余项；从微观层面来看，部门间分工明确，详细具体。

国资入股后，怡亚通强调“管理制度化、制度流程化、流程标准化”，全面梳理并明确覆盖集团所有单位、所有业务的制度和流程，且流程细化到端对端层面，明确每项业务的办事程序、审批权限以及汇报对象。同时，对制度流程设计上进行改革，一是引入业务人员参与流程设计，增强流程实际运作过程的可行性与可操作性；二是建立流程优化机制，确保流程制度不断优化且贴近实际业务；三是依托内部OA信息化平台，实现制度流程的电子化，保证流程执行的效率。

3. 以人为本，扎实做好供应链创新人才体系建设工作

以人为本，重视人才队伍建设是怡亚通竞争取胜的关键所在，并成为公司人才发展工作的纲领和指导精神。秉持“与员工共享成果”的企业责任，怡亚通坚信维系企业发展与人才发展的交替螺旋式上升是企业保持基业长青的秘密之一。怡亚通在企业23年的发展变革中逐渐形成了自身独特的人才发展观，根据公司战略与业务发展要求，紧扣行业前沿动态，通过多元化的人才培养方式，完善培训体系，推动组织、团队和员工共同发展，助力怡亚通构建内外融通的无边界生态平台。

（1）实施光芒人才计划，打造纵向企业人才梯队

2018年，怡亚通基于战略管理、组织管理、经营管理等多方面维度，实施“光芒人才计划”，根据员工岗位、职级、在岗时间的不同，进行Ⅰ、Ⅱ、Ⅲ三级人才梯队培养工作，在公司内部遴选人才、赋能人才、晋升人才，塑造具有文化认同高、能力过硬的可持续发展人才梯队。

“光芒Ⅰ”行动，面向海狼菁英和基层员工的发展培养，打造保障怡亚通基业长青生力军。经过28位集团高管、资深专家、业务骨干等对管培生/新员工进行37天12大系列课程的熔炉式训练，新人通过教材辅导、辩论赛、市场实践、模拟演练、案例分析、主题研讨、课堂演讲、毕业设计等多种学习形式，快速适应和掌握怡亚通企业文化、业务和供应链专业知识，实现在企业内的快速蜕变。

“光芒Ⅱ”行动，面向业务骨干和基层管理者的发展培养，打造保障怡亚通基业长青的中坚力量。怡亚通通过对司龄、年龄、绩效、学历等各项标准严格筛选，对管理潜力、情绪技能、职业价值观、性格特质进行专业测评，深度挖掘与分析89名目标对象的培训需求，采用课程培训、导师制、教练、轮岗等多种形式进行“选拔、培养、任用、助力转身”等全方位立体培养发展。

“光芒Ⅲ”行动，面向中层管理者和业务专家的发展培养，打造保障怡亚通基业长青的驱动和牵引力量。根据当前经济环境、行业发展状况，量身制定针对性的培养计划，例如BLM战略规划与执行培训，将其培养成有高超的领导力和战略规划能力的高层储备干部及行业领军人物。

（2）全力推进“孵进计划”，加强横向专业供应链服务应用人才培养

为加快怡亚通企业转型升级，公司特别成立广度综合和380“孵进计划”推进小组，横向上推动专业人才培养。近两年来，针对广度综合业务人才，从“怡亚通供应链思维”“产业供应链服务模式深入学习”“经营管理者思想升华”“角色赋予的胜任力培养”四个角度出发，通过“广综事业群人才特训营”等理论学习+实践案例的活动方式，组织高管团队进行的产业供应链服务模式定位、发展战略、经

营思路、发展策略、解决方案、行动指南、团队要求、角色认知等全国性企业内部交流培训活动，包括产业供应链服务模式中涉及的物流、供应链金融、VMI、品牌孵化、信息技术等一系列供应链服务内容。对广西贺州、广西南宁、四川宜宾、河南洛阳、山东济阳、山东青岛、四川成都、甘肃张掖、河南郑州等省市落地项目经验交流，树立集团内部的典型经验，以优秀案例的形式号召企业学习，坚定怡亚通产业供应链服务的发展方向与内容。

对380新流通业务人才，怡亚通组织合伙人及高管团队进行“全国大融合深度行”“380创新转型推进会”等全国性企业内部交流活动，通过对福建、山东、江浙、广东、沪皖、晋冀、湘鄂赣、北京、天津、云贵等近20个省区历时2个月的经验交流，树立集团内部的典型经验，以优秀案例的形式号召企业学习，实现380新流通合资公司间全方位深度交流与沟通，坚定集团业务的战略发展方向。

四、以供应链业务重塑为主线的企业改革实施效果

（一）打通供应链全流程，实现上下游一体化综合服务

怡亚通积极响应国家保产业链供应链稳定的工作方向，通过供应链服务转型升级，整合供应链上下游企业优质产业资源，构建供应链商业生态圈，怡亚通持续深化、拓展“供应链+”的内涵与外延，实现区域产业链供应链与互联网、供应链金融服务、科技、营销联盟、品牌孵化、综合物流等服务模式的外延式集群布局，为宝洁、联合利华、GE、飞利浦等100多家世界500强及2600多家知名企业提供从研发、采购、生产到市场营销、分销终端的一体化产业供应链综合服务解决方案。

横向上根据客户所属行业的不同需求，打造一个全球化供应链服务“大超市”，怡亚通以当地产业发展、客户需求为出发点，为客户提供定制化供应链整合方案；纵向上针对电脑、通讯、医疗器械、快消品等多个领域，依托怡亚通丰富经验及专业团队与设施设备，形成强有力的服务产品，将企业外包环节与非外包环节做到无缝连接，协调整合供应链上下游以达到协同运作，帮助企业实现从原材料采购到产品销售的全程供应链非核心业务外包，以提升企业核心竞争力，提高供应链流通效率，实现供应链服务互联互通。

（二）全力推进数字技术与业务深度融合，实现供应链高效协同运行

数字化转型是怡亚通加速构建企业竞争力的重要手段，怡亚通在已形成的集中、高效、统一信息化供应链管控体系的基础上，通过全面建设SAP等一体化信息系统，怡亚通对客户企业的进、耗、存、量、质进行动态实时管控，完成供应链需求、计划、采购、合同、调运、入库、库存、结算、支付、成本等环节的数字化、规范化管理，化繁为简，达到产业协同和数字化创新通过大数据的深度应用，不断提高企业内外部资源的整合能力和快速的市场反应能力。

（三）推动“网式”供应链创新，实现企业核心竞争力提升

怡亚通通过搭建供应链共享经济平台，以客户需求为驱动，动态、协同、智能、可视、可预测、可持续发展的整合全产业链资源，实现多区域多企业的资源、信息、渠道交互共享与协同，变革传统模式下的供应链“链式结构”，建立外部供应商、客户、物流、金融与企业内部的“网式结构”，形成采购、生产制造、销售、物流、金融等各服务环节有效协同，推动企业围绕供应链协同开展服务化转型、网络化协同模式创新、供需关系变革，促进供需精准匹配和产业转型升级，实现资源的高效整合，助推企业核心竞争力提升。

（四）加强生态圈品牌建设，引领中国供应链服务业发展方向

2017年《政府工作报告》强调“打造更多享誉世界的‘中国品牌’，推动经济发展进入质量时代”，品牌代表着供给结构和需求结构两个方面的升级方向。怡亚通始终注重服务品牌建设，在二十三年的发展历程中，遵循品牌经济规律，立足于企业发展实际，以提高服务质量和企业效益为出发点，多措并举，形成了供应链服务企业自身的品牌特色。

怡亚通在2019中国企业500强排名262位，2019年中国服务业企业500强排名102位，斩获2019年广东企业500强、2019广东名营企业500强、2018中国B2B企业百强、深圳品牌百强、深圳企业100强等诸多成果和荣誉。并以持续增长与创新经营能力，先后荣获“全国制造业与物流业联动发展示范企业”“国家智能化仓储物流示范基地”“国家高新技术企业”“全国商贸物流标准化专项行动重点推进企业”“国家首批服务型制造示范平台”“国家5A级综合服务型物流企业”“全国供应链创新与应用试点企业”“全国疫情防控重点保障企业”等多项国家级荣誉；与“深圳品牌百强”“广东省守合同重信用企业”“改革开放四十年物流行业代表性企业”“物流企业信用评级AAA级信用企业”等行业殊荣，“2020全球最有价值的50大商业服务品牌”等国际荣誉资质，成为国内产业供应链领域的标杆企业。

（五）紧抓供应链创新发展机遇，提升经济、社会效益

怡亚通紧握供应链发展大机遇，创新产业供应链服务模式，通过不断整合新技术、新领域、新服务产生更强大的发展效能，实现量变、质变、裂变。营业收入自2007年上市伊始的17.97亿元提高到2019年的720.25亿元，经营规模增长40倍，年复合增长32.8%。与我国其他老牌上市供应链服务企业相比，近五年，营业收入始终处于四家单位之首。（见表1）

表1　怡亚通与其他上市供应链服务企业营业收入对比情况

（单位：亿元）

	2015年	2016年	2017年	2018年	2019年
怡亚通	399.39	582.91	685.15	700.72	720.25
瑞茂通	94.05	212.34	374.97	380.96	402.57
东方嘉盛	44.05	68.87	101.43	128.96	141.24
普路通	37.11	35.95	53.81	57.72	65.12

怡亚通创新产业供应链服务模式引导商流、资金流、物流与信息流加速融合，促进供应链金融规范发展，拓宽地方中小微企业融资渠道，促进资金流向实体经济，提高当地实业业务量及营收增长。近三年，怡亚通累计缴税近7亿元，为财政税收增加收入来源。

成果创造人：周国辉、陈伟民

基于组织战略管理的虚拟“产业董事会”模式的创新与实践

中海油能源发展股份有限公司工程技术分公司

战略规划是推动企业改革发展的源动力，最终的目的是要将规划目标有效达成，也可以理解为如何充分的利用企业内外部资源推动发展目标的实现，其中组织管理的支撑作用显得尤为关键与必要。中海油能源发展股份有限公司工程技术分公司（以下简称“海油发展工程技术公司”“工程技术公司”或“公司”）在充分研究组织战略管理理论的基础上，结合自身产业特点与组织管理模式，聚焦问题导向，创新性的将公司产业、市场、技术这三面要素与管理有机结合，并通过搭建创新型的虚拟“产业董事会”组织管理模式推动产业发展规划目标的实施落地。

一、本成果实施的背景

（一）产业结构调整对组织战略管理优化的迫切需要

工程技术公司是一家覆盖油田勘探、开发、生产全过程，已成为“技术+产品+服务”的一体化油服企业。目前产业结构划分形成6个一级产业，23个二级业务板块，90余项主营业务的三级产业体系，产业链全是公司的业务集中优势的体现，但如何处理好产业链跨度长、如何将全产业链的特点有效的得到释放，如何增进各产业、业务板块的协同发展，同样给公司的组织管理提出了更大的挑战。（见图1）

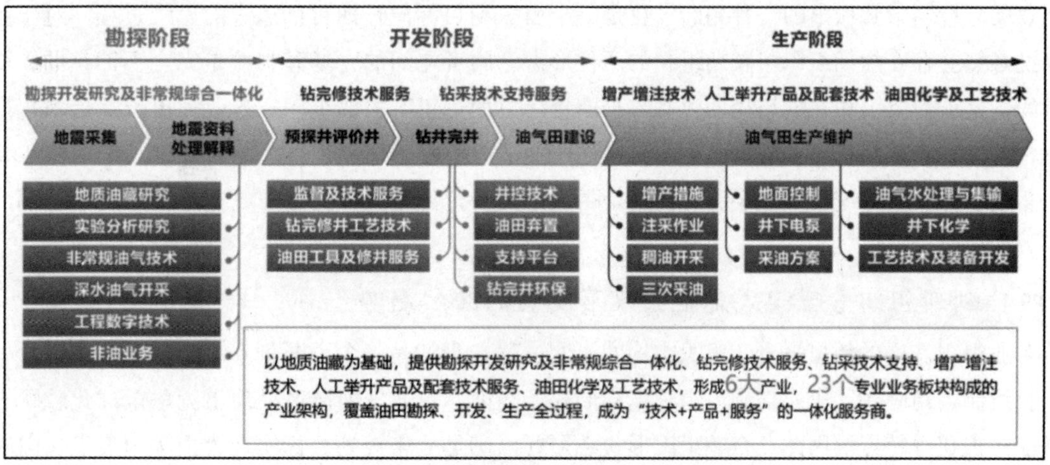

图1　工程技术公司产业结构

为高效匹配公司产业规模化、专业化、跨区域发展的需要，组织管理模式将面临更高的要求。目前公司具有12个专业公司、3个研究机构、3个区域公司、1个区域化属性的国际公司，同时在总部机关管理上设置了10个职能部门，以实现业务管理的全覆盖。但如何处理好专业公司、区域公司、研究机构的关系，如何破解管理幅度大、管理界面不清晰的难题，是公司长期以来不断思考的问题。（见图2）

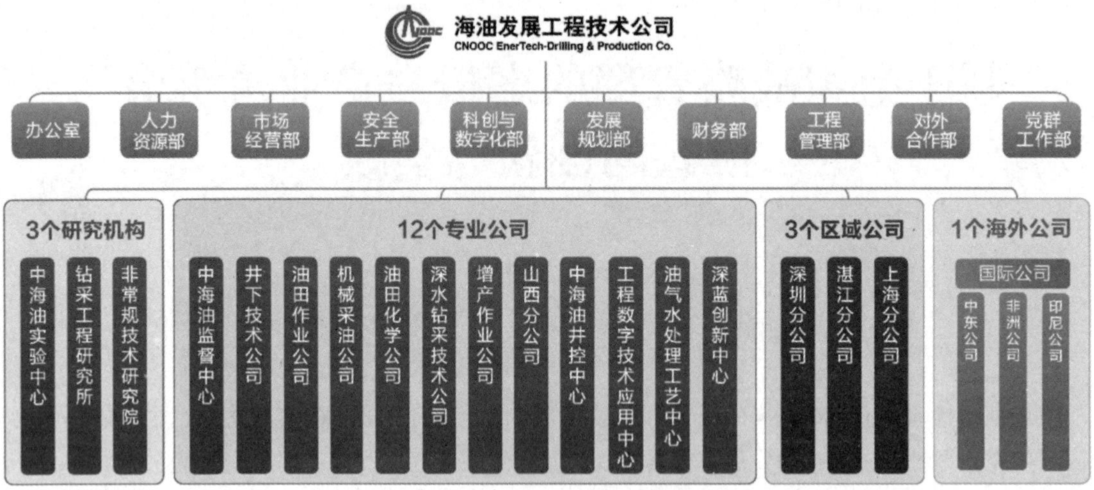

图2　工程技术公司组织结构

（二）组织战略管理优化是支撑规划目标实现的必然选择

战略规划执行是建立在实施阶段性、渐进性和可控性基础之上的一种管理工作，是一个不断认识规划和不断在执行过程中调整规划的行为过程，这就意味着规划实施需要具有强有力的组织单元去推动完成。当前，公司面临如何最大程度激发出组织的管理效能，如何能够高效的将规划目标分解落实到一线单位，如何组织推动各级规划目标落地的问题，避免出现各专业线“各自为政”，缺乏产业协同发展的现象，显然，解决这些问题需要结合现有的组织管理模式实施大胆的创新尝试，通过组织战略管理的优化推动产业发展规划的目标实现。

（三）兼顾短期效益与长远目标有机统一的必然要求

战略规划是制定组织长期目标并将其付诸实施的过程，长期目标也是企业建立在当前发展状态，通过审视发展环境与形势做出的一种判断，更是一个由短期目标向长期目标迈进的思维过程。对于企业的组织来说必然会存在短期组织与长期组织的两种形态，两者之间的立场和利益是完全不冲突的，而是相互促进的，这就需要公司在规划短期效益与长期目标方面进行有机的统一。各业务单位是追求短期业绩的主体，是实现长期目标的基础单元，那么诸如产业战略、技术研发、组织能力等中长期的核心要素谁来作为实施主体，谁来统筹产业层面、甚至是更大范围的资源管理，想必需要通过组织战略管理的创新实施深入的研究。

（四）创新组织管理模式是企业改革发展的必然趋势

从企业组织发展的历史来看，组织结构的演变过程本身就是一个不断创新、不断发展的过程，先后出现了直线制、矩阵制、事业部制等组织结构形式。当前，企业发展已经呈现出竞争全球化、顾客主导化和员工知识化等特点。因此，企业组织形式必须要以满足战略规划目标实现为根本出发点，以客户的需求和满意度为目标，最大限度地实现产业、市场、技术上的功能集成和管理上的职能集成，以打破传统的职能型组织结构，建立全新的过程型组织结构，从而实现企业经营成本、质量、服务和效率的巨大改善，以更好地适应以顾客、竞争、变化为特征的现代企业经营环境。

二、本成果内涵与创新点

（一）成果内涵

企业的战略决定企业的组织结构，即有什么样的企业战略，就有什么样的组织结构，同时，企业组织结构又在很大程度对企业的发展目标和政策产生很大影响，并决定着企业各类资源的合理配置。组织结构是企业实施经营活动的基本要素，也是实施企业战略的重要保障。企业在不同的发展阶段中，应有不同的战略目标，组织结构也相应做不同的调整，所以，企业组织结构的设计与调整，要寻求和选择与企业经营战略目标相匹配的结构模式。

本成果是在研究组织战略管理学理论基础上，在“以客户为中心”的原则上，充分结合公司自身产业特点，以问题为导向，聚焦产业、市场、技术这三项关键要素，将管理作为核心驱动因子，为产业规划目标的实现注入创新的组织模式。搭建“产业董事会”平台解决产业与技术关系；建立“首席联席议事机制”解决市场与技术的关系，核心是系统处理好产业发展目标落地的市场布局与技术驱动的关系。（见图3）

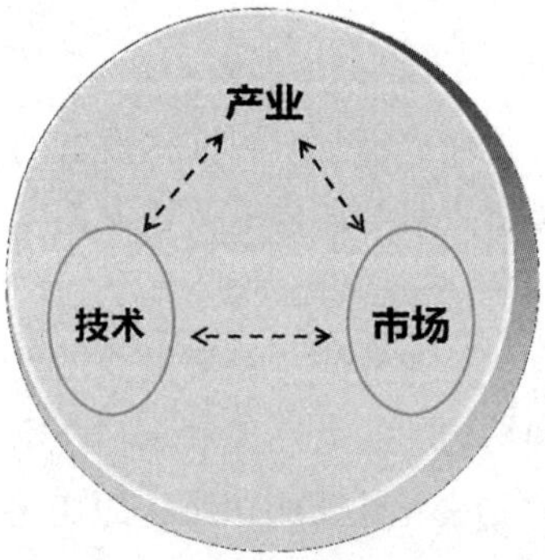

图3　虚拟“产业董事会”创新模型

工程技术公司虚拟“产业董事会”的创新模式区别于传统的直线型、矩阵式、事业部型等组织模式，创新的组织战略管理模式核心集中在：一是形成了“市场+管理+技术”的虚拟组织（“产业董事会”平台），并未因规划调整而带来过多的组织重构；二是形成了产业发展目标实施落地的实体组织，通过“产业董事会”的平台，有效将公司规划顶层设计系统的进行分解与落实责任主体，并通过公司主管领导的管理推动目标的有效达成；三是体现了战略管理中领导力贯穿规划制定与执行全过程的思想。

（二）成果创新点

1. 公司规划执行与组织战略管理的有机结合

战略并不是“空的东西”，也不是“虚无”，而是直接左右企业能否持续发展和持续盈利最重要的决策参照系，而规划是实现战略目标的过程，是企业使命与愿景最终达成的有效途径。创新的虚拟“产业董事会”模式正是基于不断优化组织管理结构，充分发挥企业最高管理层的智慧与能量，将战略与规划有机的衔接，最大程度促使企业顺利达成战略目标。

2. 客户导向、技术研发与组织战略管理的紧密结合

企业经营规模与质量源于不断的市场容量增长与深度挖潜，技术驱动是市场增量来源的主要动力，任何时期企业都希望市场需求与技术驱动能够实现无缝连接，这就需要将市场需求的组织与技术研发的

组织有效的统一，打破市场与技术的管理界面，虚拟“产业董事会”模式最大程度实现了“市场与技术，你中有我，我中有你”。

3.单项技术、一体化与组织战略管理的充分结合

作为具有全产业链特点的企业，实现每一个产业、业务板块最大体量的价值发挥是企业追求的目标，单项技术往往集中在各业务单元，而一体化项目则需要较强的产业协同与集成能力，虚拟“产业董事会”模式正是将单项技术的“深”与一体化项目的“广”充分进行结合，以匹配公司产业规模化与专业化发展的需要。

4.战略目标实现与短期、长期组织的有效结合

企业的战略管理是以企业的全局为对象，根据企业总体发展的需要而制定的，它所管理的是企业的总体活动，所追求的是企业的总体效果。组织管理作为战略实施的核心驱动力，必将围绕战略目标分阶段的推动落实，因此，虚拟“产业董事会”模式正是解决将短期效益与长期目标有机统一的重要组织保障，通过“长短”组织的有效结合，推动企业战略目标在不同时期的实现。

三、本成果的主要做法

（一）引入组织战略管理思想

1.组织结构与战略的关系

组织战略管理思想的核心是处理好战略管理与组织结构设置的关系，组织结构的功能在于分工和协调，是保证战略实施的必要手段。在探索战略与结构的关系方面，美国企业史开创人钱德勒在其经典著作《战略和结构》中，首次提出组织结构服从战略的理论。在不同的发展阶段中，企业应有不同的战略，企业的组织结构也相应做出了反应。企业最先对经济发展做出反应的是战略，而不是组织结构，即在反应的过程中存在着战略的前导性和结构的滞后性现象。

（1）战略前导性。这是指企业战略的变化快于组织结构的变化。这是因为，企业一旦意识到外部环境和内部条件的变化提供了新的机会和需求时，首先会在战略上做出反应，以此谋求经济效益的增长。当然，一个新的战略需要有一个新的组织结构，至少在一定程度上调整原来的组织结构。如果组织结构不做出相应的变化，新战略也不会使企业获得更大的效益。

（2）结构滞后性。这是指企业组织结构的变化常常慢于战略的变化速度。当新的环境出现后，企业首先考虑的是战略。新的战略制定出来后，企业才能根据新战略的要求来改组企业旧的组织结构，同时，旧的组织结构管理人员已经熟悉、习惯，且运用自如。当新的战略制定出来后，他们常常仍沿用旧有的职权和沟通渠道去管理新的经营活动，总认为原来有效的组织结构不需要改变。

从战略的前导性和组织结构的滞后性可以看出：在环境变化、战略转变的过程中，总是有一个利用旧结构推行新战略的阶段，即交替时期。因此，在企业做出战略调整时，要正确认识组织结构有一定反应滞后性的特性，不可操之过急。但是，结构反应滞后时间过长将会影响战略实施的效果，企业应努力缩短结构反应滞后的时间，使结构配合战略的实施。

上述引入组织战略思想证明了公司为什么集中近9个月的时间开展“十三五”产业发展规划调整工作，也就是体现战略在先的原则，同时，为了将推动战略目标的有效达成，必须摸索匹配内外部环境变化的创新型战略组织，这也是创新“产业董事会”的初衷。

2.组织结构与战略执行的关系

如果说组织结构与战略关系研究更多的集中在以美国为首的西方国家，那么当下在关于组织结构如

何驱动战略执行的问题上，处理最为有效的就是华为，被广为熟知的就是 BLM 模型（业务领导力模式）与 BEM 模型（业务执行力模型）。华为的战略执行定律是组织必须服从公司的战略选择，也就是组织要考量的因素是如何适配战略落地的问题，即为实现这些关键任务，公司需要建立什么样的组织？这些组织如何匹配客户关系等等。为了实现与客户更好的适配，公司每两到三年都会进行一次组织变革，以更好地适配客户、更好地调动组织积极性。（见图 4）

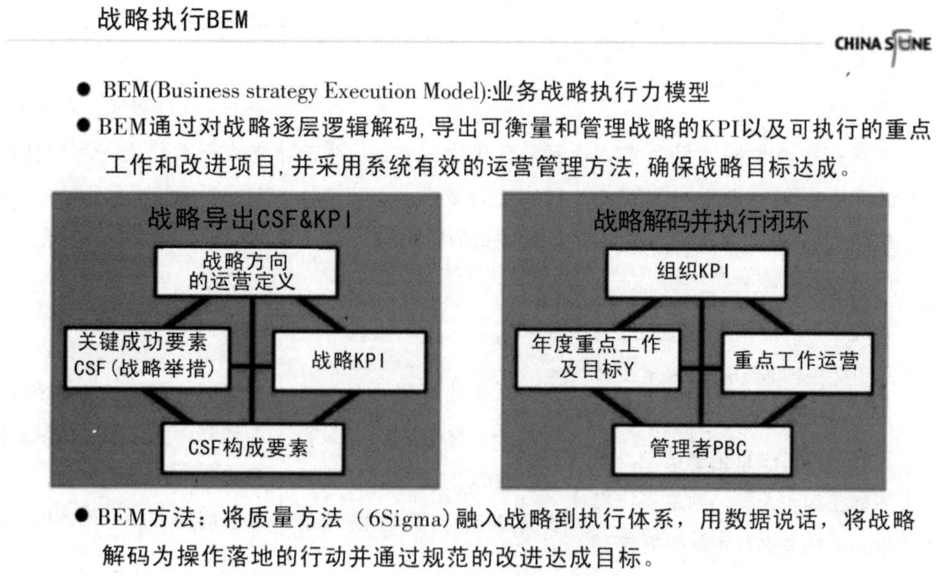

图 4　华为 BEM 模型

公司引入组织战略管理思想是基于战略制定或调整后，组织如何匹配战略执行做出应有的转变，可以说自上而下战略执行的实施是战略执行中至关重要的保障。也就是战略的实施一定是自上而下的，是指公司的最高领导层一定要有对战略的足够重视，才能够把它制定好、执行好。它不仅关系到整个战略的成败，并且通过战略分解，能够对战略的执行进行定期的回顾与跟踪，并在合适的机会点给予及时的刷新。

因此，工技公司虚拟“产业董事会”模式创新是基于整个战略执行的层面，组织的设计逻辑一定是致力于提升整个组织内部信息的共享效率、流通效率以及怎样更好地匹配客户，并且能够最大程度发挥各产业间的协同优势。这是组织设计的重要原则，唯其如此，整个组织的设计效率才会是最高的。可以说公司组织战略管理模式创新更体现了企业管理者的 PDCA，因此这是一个完整的，对整个组织的闭环的监控和管理。

（二）系统梳理企业组织管理结构形式

经过长期的管理实践，现代企业已经总结或设计出了若干与企业发展相匹配的组织结构，主要有职能式，事业部式，矩阵式和动态调整式的组织设计模型，中小型企业一般多采用职能式的组织架构，董事长垂直领导各职能部门，这样的设计可以明快的适应市场的步调。市场环境决定组织发展，企业战略是企业对未来把发展整体动态的谋划，也是企业为获取竞争优势所必须才通用的行动构成，以促成组织的变革。（见表 1）

表1　企业组织管理结构形式梳理

组织类型	主要说明	优势	劣势
直线制	企业各级行政单位从上到下实行垂直领导，下属部门只接受一个上级的指令，各级主管负责人对所属单位的一切问题负责	结构比较简单，责任分明，命令统一	直线制只适用于规模较小，生产技术比较简单的企业，对生产技术和经营管理比较复杂的企业并不适宜
职能制	各级行政单位除主管负责人外，还相应地设立一些职能机构	适应现代化工业企业生产技术比较复杂，管理工作比较精细的特点	形成了多头领导；不利于建立和健全各级行政负责人和职能科室的责任制，中间管理层往往会出现有功大家抢，有过大家推的现象，容易造成纪律松弛，生产管理秩序混乱
直线职能	直线领导机构和人员在自己的职责范围内有一定的决定权和对所属下级的指挥权，并对自己部门的工作负全部责任。而职能机构和人员，则是直线指挥人员的参谋，不能对直接部门发号施令，只能进行业务指导	保证了企业管理体系的集中统一，又可以在各级行政负责人的领导下，充分发挥各专业管理机构的作用	职能部门之间的协作和配合性较差，职能部门的许多工作要直接向上层领导报告请示才能处理，这一方面加重了上层领导的工作负担；另一方面也造成办事效率低
事业部制	事业部制是分级管理 、分级核算、自负盈亏的一种形式	按照产品、区域划分是实现了管理者责权利的统一	跨地区和产品多元化的企业缺乏组织之间的协同
模拟分权制	一种介于直线职能制和事业部制之间的结构形式	调动各生产单位的积极性外，就是解决企业规模过大不易管理的问题	不易为模拟的生产单位明确任务，造成考核上的困难；各生产单位领导人不易了解企业的全貌，在信息沟通和决策权力方面也存在着明显的缺陷
矩阵制	在组织结构上，把既有按职能划分的垂直领导系统，又有按产品（项目）划分的横向领导关系的结构	实现横向组织管理与业务发展的统一，有助于业务整体规模化发展	往往因组织管理不到位或淡化业务规模化发展意识，出现产品、区域在局部的资源配置过剩、地区属性专一性等问题

开展企业组织管理结构形式的系统梳理，是为公司虚拟“产业董事会”的创新模式提供经验借鉴，综合评判当前被企业接受的组织结构优劣势，围绕公司自身的产业结构与组织模式的现状，针对战略目标实施企业组织架构的变革和快速的适应，因此建立有助于企业在任何情况下都能保持繁荣兴旺的组织能力已成为企业的战略需求。

（三）具体做法

建立虚拟“产业董事会”的初衷是解决产业管理与技术的关系，核心是凝聚战略规划顶层设计共识的技术和管理的“双轮”驱动模式。通过公司最高管理层的管理效能推动市场与技术的有效融合，这是企业“以客户为导向”的根本所在。

1. 聚焦战略规划执行，搭建“产业董事会”战略管理平台

（1）“产业董事会”平台组织模式的构建思路

首先在平台建设方面，通过公司主管领导牵头产业发展，发挥首席工程师技术引领和指导作用，实现管理与技术的有效联动，形成市场导向、科技驱动的管理平台；其次通过公司首席工程师带领所属单位总师、副总师，上下联动搭建技术支持平台；最后在运行机制上，主管公司领导牵头负责一项产业的推动与发展，通过模拟“董事长”职能，来打造管理横向协调、技术纵深迈进的“立体化”模式，实现科技引领产业，打造产业持续发展的态势。(见图5)

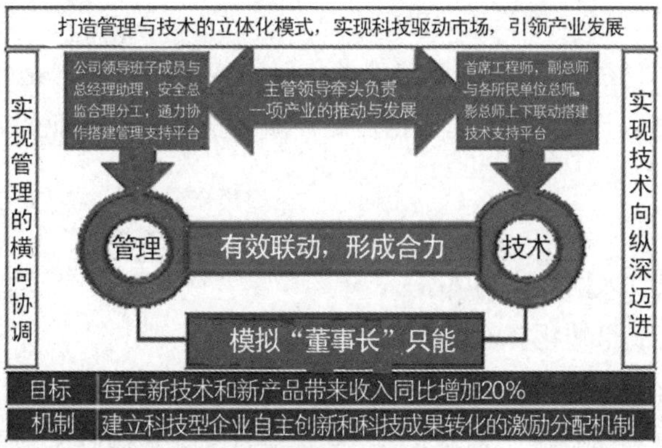

图5　“产业董事会”平台组织模式

（2）“产业董事会”设立的目标与原则

一是确定“产业董事会”首要工作目标。产业“董事会”首要工作是紧紧围绕实现新技术与新产品带来每年收入同比增加20%的目标，产业“董事会”对公司总经理负责；二是确定“产业董事会”“三不”原则。产业“董事会”的分工不与公司领导分工相冲突，产业“董事会”的管理权限不与职能部门相冲突，产业“董事会”的考核不与公司考核相冲突；三是确定“产业董事会”运行机构设置原则。公司产业“董事会”设置“董事长”1人，由公司主管领导担任；设置“副董事长”1-2人，由公司首席工程师及公司其它领导担任；设置“董事”若干人，由各所属单位行政“一把手”和专业总师担任。

（3）以“客户为导向”，建立“首席联席会议议事机制”作为“产业董事会”的补充

工技公司组织战略管理模式创新的核心集中体现在“产业董事会”将产业管理与技术的有效结合，这也体现了产业、市场、技术这影响企业发展的关键三要素的有机统一。此外，为处理好市场与技术的关系，作为“产业董事会”组织战略管理模式的创新补充，公司还建立了“首席联席会议议事机制”，充分将市场需求、客户诉求与公司的技术研发充分结合，主要表现在成立首席工程师办公室，充分发挥首席工程师等专家人才引领作用，深化产业内部协同，促进科技成果应用。

在首席联席会中，公司各单位总师及科技主管领导是首席工程师和各单位间的“桥梁”，配合各专业首席工程师相关工作，全面掌握各单位技术现状，按照各自发展目标，制定明确的技术发展方案及详细工作计划，并贯彻执行。在首席专家联席会议议事机制的把关下，工程技术公司围绕科技创新、技术创新，突出新产品新技术应用，做实产业规划调整，加快推进实施。

2. 健全组织战略管理，建立“产业董事会”管理的配套机制

（1）明确“产业董事会”的管理职责

①负责本产业技术驱动市场，引领产业发展的产业管理、资源统筹、区域市场统筹和组织协调；

②负责本产业规划及所属专项规划（含区域业务）以及配套科研技术、人力资源等职能规划的

制定；

③负责本产业新技术、新产品、新工艺、新服务研发和产业化；

④负责统筹和管理本产业各级科研项目立项、市场评估、市场推广与成果转化，提高市场占有率；

⑤负责本产业技术体系的建立、更新和管理，行业标准的设立，推进公司产业的行业影响力；

⑥负责本产业各级专家的培养，建立技术专家梯队，提升技术专家在行业内及海油系统的声誉和知名度；

⑦负责本产业新业务、新领域开发、运营模式创新、公司化改革方案的策划、推进与实施。

（2）建立“产业董事会”绩效考核激励机制

“产业董事会”的绩效考核区别于各所属单位的年度绩效考核机制，是现有公司经营指标与可持续发展指标的升级，核心意义在于加大产业规模化发展，加快技术驱动产业的发展，加强面向行业的专家级人才培养。

绩效考核指标：

①新技术和新产品带来收入同比增加20%；

②各级科研项目的年度成果转化率不低于60%；

③制定三年技术专家的培养计划，培养对象不少于20人。

公司设立产业“董事会”奖金池，完成考核指标可兑现奖金池激励奖金。产业董事会董事长在兑现奖金总额范围内自主分配，不计入当年公司核定总收入。

海油发展工程技术公司

勘探开发及非常规综合一体化产业“董事会”工作责任书

根据《“十三五”产业发展规划调整总纲》的总体方向，按照公司《2018年重点工作》的要求，为进一步加强科技驱动市场。推动科技成果转化为生产力，引领产业发展，公司将继续推行“董事会”管理模式。通过公司主管领导牵头产业发展，发挥首席工程师技术引领和指导作用，实现管理与技术的有效联动，形成市场导向、科技驱动的管理平台；通过公司主管领导带动直属单位党政一把手，通力协作搭建生产支持平台；通过首席工程师带领所属单位总师、副总师，上下联动搭建技术支持平台；形成管理、技术、生产的合力，实现科技引领产业，打造产业持续发展的态势。

“董事会”的职责

1. 负责本产业技术驱动市场，引领产业发展的产业管理、资源统筹、区域市场统筹和组织协调；
2. 负责本产业规划及所属专项规划（含区域业务）以及配套科研技术、人力资源等职能规划的制定；
3. 负责本产业新技术、新产品、新工艺、新服务研发和产业化；
4. 负责统筹和管理本产业各级科研项目立项、市场评估、市场推广与成果转化，提高市场占有率；
5. 负责本产业技术体系的建立、更新和管理，行业标准的设立，推进公司产业的行业影响力；
6. 负责本产业各级专家的培养，建立技术专家梯队，提升技术专家在行业内及海油系统的声誉和知名度；
7. 负责本产业新业务、新领域开发、运营模式创新、公司化改革方案的策划、推进与实施。

“董事会”的绩效考核

1. 设立产业“董事会”所辖所属单位年度产值总量考核指标，所辖单位及产值总量具体情况详见本产业“董事会”工作责任书和各所属单位绩效考核责任书；
2. 各级科研项目的年度成果转化率不低于60%；.
3. 制定三年技术专家的培养计划，培养对象总体不少于20人，2018年培养对象不少于6人。

公司总经理： **董事长：**

副董事长：

董　事：陈世英　龚胜利　黄小龙　方满宗　林炳龙　同武军　牛洪彬　赵家蓉

年　月　日

图6　“产业董事会”工作责任书

海油发展工程技术公司

勘探开发及非常规综合一体化产业“董事会”激励细则

一、考核指标解释.

1. 产值指标考核范围解释。

■近三年内未转化（或者部分转化的）成果进行继续推广转化并产生效益增长；

■技术引进或者产品引进产生的效益增长；

■当年科技成果转化产生的效益增长；

■市场自然增长与新市场开拓。

2. 近三年各级科研项目的年度成果转化率不低于60%

各级科研项目所指国家级、总公司级、海油发展级、工程技术公司级，丕涵盖各所属单位级别的科研项目。

二、勘探开发及非常规综合-体化产业“董事会”收入考核指标

1. 产业收入为账面不含内部关联营业收入；

2. 2018年，勘探开发及非常规综合一体化产业收入指标为72008万元，分别来源于非常规院10200万元、中海油实验中心25900万元、山西公司21000万元、深水钻采公司3350万元、工程数字技术应用中心3000万元、深蓝创新中心3000万元、贵州项目组2500万元、上海分公司（档案信息）1962万元、钻采所（数字技术服务）1096万元。

三、激励办法

1. 公司设立产业“董事会”奖金池。2018年，勘探开发及非常规综合一体化产业收入实现72008万元；各级科研项目的年度成果转化率不低于60%；2018年培养对象不少于6人，可兑现奖金池激励奖金；

2. 各产业“董事会”董事长在兑现奖金总额范围内自主分配，奖金不计入当年公司核定总收入。

图7 “产业董事会”激励细则

3. 建立多维度的管理制度，保障“产业董事会”运行顺畅

为确保“产业董事会”在战略执行过程中能够最大程度发挥效果，公司建立了“产业董事会”年度工作计划书、季度报告反馈机制、月度经营质量跟踪机制、年度绩效考核机制的保障，有效发挥产业董事会在规划制定、实施、监控过程的组织、协调作用，落实产业董事会在规划引领、科技驱动产业发展、生产运营等方面的市场、管理与技术的综合价值。

四、本成果的效果

基于战略目标实现的虚拟“产业董事会”创新模式的构建与实施是一次推动战略目标执行落地的成功创新，也是一次组织管理模式创新的具体实践，更加体现了短期经济效益（市场）与长期发展能力（战略）的有机融合。

（一）建立匹配组织战略管理的产业发展规划体系

以虚拟“产业董事会”为平台，公司经过两年的时间通过诊断产业当前存在的问题，开展了系统的规划调整工作，涵盖了规划回顾、编制、监控、调整全过程，形成了“点、线、面”立体的产业发展规划体系：“面”指的是《“十三五”产业发展规划调整总纲》，总体引领产业规划调整工作实施，也就是战略规划的顶层设计；“线”指的是围绕产业层、职能层、配套专业层开展的专项规划，是顶层设计的方向解释；“点”指的是各业务层落实顶层设计、专项规划所开展的规划实施计划，是具体计划与任务的分解落实，是具有科学性、合理性与可操作性的行动计划。

“产业董事会”的建立极大程度提升了公司专项规划的制定与落实效果，通过这个创新的组织模式，

发挥公司高层管理者与技术专家的优势，将专项规划的指导性做到最优。同时，“产业董事会”在业务层规划实施计划的制定与执行过程中，发挥了组织与推动作用，从严把关编制质量与推动力度，体现了“产业董事会”作为战略规划制定与执行实体组织的效果显现。

（二）以产业协同为抓手，助力公司一体化项目多点开花

公司全产业链的优势重点体现在“综合一体化”项目的落地，“产业董事会”在一体化项目的推动过程中重点体现在横向上体现出产业技术范围的“全”，在纵向上体现出产业技术能力的“精”，能够通过公司领导层站在产业发展的层面上，打破各产业、业务板块组织边界，强化各业务板块之间“命运共同体”的意识，并在现有一体化协同考核机制的基础上，建立更加科学的产业协同机制与绩效考核管理办法，有力推动内外部一体化形成协同效应。

本成果应用后，各地区公司、研究机构在统筹和支持区域产业发展、推进协同一体化方面做了大量卓有成效的努力，产业协同带来的“一体化”项目增收14.2亿元，产业协同已逐渐培养成为组织的习惯和文化。

（三）科研成果转化向市场化、产业化迈进一大步

1.技术与市场紧密联动，找准技术攻关方向

以“产业董事会”为平台，“首席联席会”为推动落实机制，通过充分的市场环境及技术需求调研，找准客户的技术攻关方向，体现了组织模式驱动技术发展的内涵，也就是技术从市场需求来，更要回到市场中实施转化。如针对渤海油田稠油热采、化学驱提高采收率、稳油控水，南海东部深水钻完井工艺及工具研发，南海西部高温高压油气藏储层渗流机理认识，东海低孔低渗气藏有效开发，非常规油气压裂改造、地热资源开发与利用等技术难题和市场需求，制定《科技发展专项规划》，围绕市场开展技术攻关。

2.加强科研立项把控，加快推进项目攻关

围绕产业发展规划目标，设立“10+”科技重点项目，支持与支撑“十三五”“再造一个工技”产业发展目标实现；确立具有革命性、颠覆性、里程碑意义的三大科技重点攻关项目，支持与支撑“十四五”“百亿工技”产业发展目标实现。这些重点与重大科技研发项目的管理涉及公司相关的各个产业，“产业董事会”的建立为解决重大科研项目因管理跨度与难度提供了强有力的保障。同时，借助公司领导层的管理与技术水平，实现“商业+技术”双评审严把科技立项关。2017年—2019年公司在技术驱动“新产品、新技术、新服务、新工艺”带来的直接收入累计达到10.23亿元。

3.对外合作交流成为常态，外向型发展初见端倪

“产业董事会”的创新，加快了公司由传统经营模式向外向型企业发展的转变步伐，重点体现了公司领导层在对外合作交流广度与深度的水平。四年来，从公司领导班子成和首席工程师到所属单位，开展对外交流1100余次，参加行业高端学术交流60余次，达成合作项目70余个。与西南石油大学、天津大学、深圳清华大学研究院等建立战略合作关系，有序推进校企共建“油气新技术联合研究院”，公司深化改革项目的落地也正是基于产业层面发起组织与有效实施的结果。

（四）公司复合型专家级人才不断涌现

组织管理创新的核心是推动企业不断的创新发展，人才培养特别是复合型的专家队伍的建设是支撑组织管理不断创新发展的根本推动力。“产业董事会”的建立，有效的将各产业、业务单元的后备人才集中在公司层面来培养，提升了人才发展视野的同时，更体现了公司对于人才培养的高度重视。四年来

根各产业董事会通过选派技术专家外部培训、内部组织培训等方式，逐步落实专家人员以及重点技术骨干的培养计划，后备专家级人才队伍达到90余人，其中增加中国海油集团公司级专家1名，中海油能源发展级专家3名。

（五）创新组织管理模式，助推公司经营规模与质量持续攀升

工程技术公司引入组织战略管理思想，系统梳理企业组织管理模式，创新性的将产业、市场、技术这三项关键要素，通过管理的纽带有机的进行结合，创造性的建立了基于自身产业点多面广的“产业董事会”组织管理模式。实施四年时间以来，有效提升了产业战略管理水平，直接体现在产业经营质量不断提高，2017年—2019年公司的经营规模与质量基本恢复到“十二五”高峰期的水平，经营收入复合增长率达到18.35%，尤其在2019年取得历史最好水平。验证了组织结构与战略管理相得益彰的思想，也证明了组织管理模式的改造同样作为抵御环境影响的重要举措。

成果创造人：邓　凯、钟　峥、袁丽娜、黄　泾

新时期中央企业国际化业务管理模式创新转型与实践

国网能源研究院有限公司

当前，我国央企正处于国际化业务快速发展的关键时期，纷繁复杂的国际形势对国际化业务发展提出了机遇和挑战。为实现建设国际一流企业的目标、满足业务快速发展需求，各大型央企亟需构建与企业战略目标和业务发展相匹配的管理模式，以促进国际业务高质量发展。因此，如何构建与建设国际一流企业目标相适应的管理模式，推动国际业务新发展，是我国央企亟待解决的重要发展问题，具有极高的战略意义。

本研究的主要目标是通过分析当前央企发展面临的外部环境，明确建设国际一流企业的必要性和重要性，对央企国际化业务目前管理现状和不适应进行梳理分析，提出我国央企未来面向建设国际一流企业目标的管理模式，为央企优化国际化业务管理模式提供研究参考。

主要研究思路：①央企发展国际化业务面临的外部环境分析，从政治、经济、社会、法律和母公司四个角度对当前面临的发展新形势进行综合研判；②形成国际一流跨国企业管理模式的内涵，为公司优化管理模式明确方向；③系统梳理央企国际化业务管理现状，并对不适应性进行分析；④研究提出面向建设国际一流跨国企业目标的管理模式，形成相应的优化方案。

一、公司发展面临的外部环境分析

（一）PESL外部环境分析模型构建

本研究综合考虑当前错综复杂和日益严峻的外部环境，基于适用性、全面性、科学性原则，结合PEST模型、SPACE矩阵、IE矩阵等企业发展环境经典模型，提出了PESL跨国企业环境分析模型，旨在为公司准确研判外部环境，明确公司战略方向、优化管理模式提供方法支撑和决策指引。

PESL模型包括：一是政治因素（Political），是指对央企国际经营活动具有实际与潜在影响的政治政策等因素；二是经济因素（Economic），是指国企外部的市场环境、资源状况、经济发展水平以及未来的经济走势等；三是社会因素（Social），是指国企面对的国内外社会发展形势、社会价值取向等因素；四是法律因素（Legal），是指国企外部的法律、法规、司法组成的综合系统。

（二）PESL外部环境分析

1.政治因素（Political）环境分析

党的十九大报告对国有企业发展提出新要求，为央企发展指明了方向。党的十九大做出了中国特色社会主义进入新时代的重大论断，并明确提出要做强做优做大国有资本、培育具有全球竞争力的世界一流企业，为央企明确建设国际一流跨国企业的发展目标提供了根本指引。

新时代发展战略体系对央企国际化发展提出了新的要求。以习近平新时代中国特色社会主义思想为指导，大部分央企确立了“建设世界一流企业”的战略目标。这要求央企要持续优化管理模式、不断创新发展动力，为新时代发展战略落地贡献力量。

“一带一路”建设不断推进，成为公司业务开拓的重要契机。“一带一路”沿线国家投资潜力巨大。沿线国家多为发展中国家，正处于或即将进入工业化发展阶段，基础设施相对落后，具有巨大的基础设施市场建设潜力。

2. 经济因素（Economic）环境分析

国际市场竞争日益激烈，央企拓展国际业务面临一定的挑战。一是同业竞争日益激烈，央企业务拓展受到高端和低端的双重挤压。二是跨界竞争日益激烈。私募基金、主权财富基金和财务投资者激进的竞标策略带来跨国并购的高溢价，给央企国际业务拓展带来一定挑战。

新兴市场汇率波动加大，对央企资金和资产管理形成一定挑战。新兴市场国家货币大幅波动，避险需求提升将对美元走强形成支撑，对央企资金和资产管理形成一定挑战。部分新兴市场在美联储本轮紧缩前借力低利率环境，大肆举债，财务风险逐渐积累。

央企积极推动全产业链、全价值链走出去，对管理模式、业务协作能力提出更高要求。我国央企始终贯彻人类命运共同体理念，坚持统筹利用国内国际两个市场、两种资源。这对于央企提升业务发展能力提出了更高要求，不仅要发挥高效投资、科学运营的作用，而且要优化管理模式以增强业务协作能力。

3. 社会因素（Social）

新冠疫情全球大流行加剧了百年未有之大变局，国际投资形势持续恶化。今年以来，新冠肺炎疫情在全球快速蔓延，金融市场动荡，大宗商品价格下跌，全球产业链和供应链不稳定、不确定因素明显增多。受疫情影响，全球投资大幅下滑，投资环境恶化，央企海外投资面临更为严峻的形势。

保护主义和逆全球化频频抬头，央企海外投资经营面临的形势日益复杂多变。伴随着保护主义和逆全球化的兴起，美国确定遏制中国战略，贸易摩擦不断升级，主要经济体政策走向及外溢效应变数较大，跨国投资壁垒提高，央企跨境投资面临的形势将更加复杂，投资合规要求更加严格，国外资产经营面临的环境将更加多变，投资经营压力增大。

欧美国家对中企投资敏感行业的审查力度不断加大，外资准入政策不断收紧，央企进行海外投资并购面临较大阻力。2018 年以来，欧美国家陆续出台外资投资审查的相关政策，不断加大对外资尤其是中资投资敏感行业的审查力度，对央企进行海外投资并购形成一定压力。

4. 法律因素（Legal）

国内外审查监管的日趋严格，对央企投资规划化、经营合规化提出更高要求。一是发改委、商务部等国内监管部门出台一系列规定，对央企海外投资规范化、投资流程合规性、投资全流程管理等提出了更高要求。二是发达国家政府和国际组织对跨国企业的合规经营审查更加严格。

二、国际一流跨国企业管理模式理论

（一）企业管理模式内涵

1. 学术研究对管理模式的认识

企业管理模式是管理学的一个基础研究，至今并未形成一个统一的定义，不同学者从不同的角度对企业管理模式做了相关界定。部分学者从制度、资源配置等方面对企业管理模式进行定义，部分学者从构成要素对管理模式进行界定，主要包括业务战略、组织架构、人才管理、企业文化等要素。（见图1、图2）

学者	定义
魏杰（2001）	从制度层面将企业管理模式定义为一个企业在管理制度上的那些最基本的和别人不一样的规则和做法，也就是各个企业在管理制度上的最基本的不同特征。
李众（2003）	企业管理模式是指一个企业以一定的管理理论或管理思想为指导思想，结合管理环境的具体情况所制定出的管理制度体系。
李胜謇（2005）	从资源配置方式层面将管理模式定义为一种系统化的指导与控制方法，它把企业中的人、财、物和信息等资源，高质量、低成本、快速及时地转换为市场所需的产品和服务。
李铁瑛（2011）	将企业管理模式定义为企业为有效实施横向整合战略而在组织方式、组织结构和管理机制方面的若干关键选择，并且这些选择及其相互关系在企业实施横向整合过程中表现出来独特性、稳定性和可转移性

图1　学者对企业管理模式定义

学者	组成要素界定
叶国灿（200）	企业管理模式主要由结构要素和支撑要素组成，其中结构要素主要有企业文化、经营管理、管理技术、管理体制和规章、决策及领导体制；支撑要素主要包括人员素质、产品技术、企业目标和目标市场。
GOOLD等（1994）	企业管理模式的基本要素应包括企业价值观念，结构、过程及系统，职能、重要服务和资源，人员和技能，权力机制合同等。
叶广宇等（2012）	从管理模式的共同性、稳定性和可复制性出发，将企业管理模式划分为组织结构、权力机制、高管团队、高层管理都的评价与激励、控制机制以及企业文化这六个方面。

图2　企业管理模式的组成要素相关界定

2. 典型企业管理模式分析

在企业经营发展过程中，往往易于形成典型企业管理模式。通用电气、丰田公司等国内外大型企业集团，在受企业转型、战略调整、外部环境变化等因素影响时，构建了零缺陷管理、精益质量管理、7S管理、六西格玛等实操性更强的管理模式，适应了企业业务发展实际，推动企业向国际一流企业迈进。（见图3）

名称	学者/应用者	内容
7S管理	在日本兴起与完善	所谓的7S就是"整理"(Seiri)、"整顿"(Seiton)、"清扫"(Seiso)、"清洁"(Seikeetsu)、"素养"(Shitsuke)、"安全"(Safety)、"节约"(Saving)。7S管理模式，确保公司优雅的生产、办公环境，良好的工作秩序和严明的工作纪律，同时也提高工作效率和产品质量，减少浪费、节约物料成本和时间成本。
A管理模式（金字塔型的管理）	美国经济学家泰勒	A管理模式是企业内部的行政管理模式，涉及利益分配系统和权力分配系统管理体系，A管理模式为等级森严的金字塔型组织结构，工作程序化，高层、中层、基层逐层分级管理。
B管理模式（学习型扁平式管理）	美国管理学家彼得圣吉	B管理模式将管理原理及其管理的一般原则和方法、企业运行的基本规则、管理者及其管理者素质以及企业文化及其企业文化建设等都做了比较细致的描述，是A管理模式的深化与发展，注重管理的艺术性和技术性，强调企业内部的沟通、协作与学习创新。
C管理模式（智慧型组织管理）	中国曾仕强、王汝平、成中英、阎雨等管理学家	C管理模式以人为核心的内容，包含了“以人为形”的组织构架和“以人为本”的运营原则，以及“道法自然”的管理思想。强调“以人为本”的人性化运营及管理，充分发挥人的创造智慧及能动性。

图3　典型企业管理模式

（续图）

名称	学者/应用者	内容
零缺陷管理	“全球质量管理大师”、“零缺陷之父”的美国著名管理思想家菲利浦.克劳斯比	主张企业发挥人的主观能动性来进行经营管理，生产者、工作者要努力使自己的产品、业务没有缺点，并向着高质量标准的目标而奋斗。通过对经营各环节各层面的全过程全方位管理。保证各环节各层面的全过程全方位管理，保证各环节各层面各要素的缺陷趋向于零
六西格玛管理	在摩托罗拉公司成型，通用电气公司把这一高度有效的管理模式变成管理哲学和实践	是一种能够严格、集中和高效地改善企业流程管理质量的实施原则和技术。它包含了众多管理前沿的先锋成果，以”零缺陷”的完美商业追求．带动质量成本的大幅度降低．最终实现财务成效的显著提升与企业竞争力的重大突破。六项原则：真诚关心顾客，根据资料和事实管理，以流程为重，主动管理，协力合作无界限，追求完美．但同时容忍失败。
精益质量管理	泰勒，丰田公司	对关键质量数据的定量化分析基础上，综合运用多种知识和方法，对关键质量指标持续系统改进，追求达到卓越标准，实现显著提高企业质量绩效及经营绩效的管理方法和模式。

（二）跨国企业管理模式内涵

跨国公司在其历史发展过程中，先后形成了多国分散联合体模式、国际协调联合体模式、全球垂直一体化模式三种典型管理模式理论。（见图4）。与一般企业管理模式相比，考虑到地域性差异，跨国企业管理模式更加注重母子公司管控模式、组织架构、人才管理等方面的考量。

	比较项目	多国分散联合体模式	国际协调联合体模式	全球垂直一体化模式
管理维度及其战略特点	主维度	地区或东道国	职能，尤其是R&D	产品
	核心能力	子公司适应能力与灵活性	母公司的技术创新能力	成本与质量控制能力
	竞争优势	灵活地响应各东道国市场需求与政府要求	技术与产品先行者优势;延长技术、产品寿命	标准化的产品与经营、成本低、质量高
	资产与能力结构	分散在各东道国，各东道子公司国自给自足	核心能力集中在母公司，其它分散在各东道国	按区位优势原则集中
管理组织及其特征	组织结构形式	全球地区组织结构	国际业务部组织结构	全球产品组织结构
	协调控制方式	非正式的人际关系	正规化的管理体系与预算	严密的计划与集中控制
	集权化程度	分权、子公司自治	关键职能集权、其它分权	权力集中在母公司
	母子公司联系	现金流量	母公司向子公司的知识传递	跨国物品流动
管理过程及其特征	主要过程	子公司把握和利用当地机会	母公司技术创新、子公司调整和灵活运用母公司的优势	母公司的计划控制
	知识创造与转移	各子公司自行开发并保留	母公司开发知识，并向子公司转移	母公司开发知识并保留
管理行为	主要角色行为	子公司经理的企业家行为	职能经理的创新行为	产品经理的战略行为
	主要组织行为	子公司当地的创新与开拓	关键职能部门的控制	产品生产经营的全球布局

图4　典型跨国管理模式比较

（三）对跨国企业管理模式认识

根据国内外管理模式理论研究，结合一流跨国企业对管理模式的诠释，本研究对跨国企业管理模式认识如下：

一是在理论和实践中对管理模式虽没有统一概念，但业务战略、管控模式、组织架构、人才管理、企业文化等作为企业管理模式基本要素已成为共识。跨国企业管理模式设计应更加注重母公司与子公司的差异性，处理好管控与授权的关系。

二是基于跨国企业地域的特殊性，跨国企业管理模式受国际形势、监管政策、企业战略等因素影响较大。当前，随着全球经济一体化力量、经济当地化力量和创新与竞争力量的发展与演变，跨国公司应重视环境变化的多方位性和由此而产生的战略任务的复杂性，不断完善组织结构，探索新的管理机制。

三、央企国际化业务管理现状与不适应性分析

随着央企国际化业务快速发展、资产规模不断壮大，市场竞争日益激烈，原有的管理模式在一定程度上呈现不适应性。此外，一流的企业要有一流的管理，面向建设国际一流跨国公司这一战略目标，央企现有管理模式仍存在着一定的提升优化空间。因此，为更好地明确管理模式的优化思路和重点举措，本节从业务战略、管控模式、人才管理、信息化建设、企业文化等五方面系统梳理央企管理现状和存在的不适应性。

1. 业务战略管理现状与不适应性

目前，大多央企已建立专门的海外资产运营管理委员会（简称“管委会”），负责对海外业务的协同运营，以管委会为重点、多部门协作的业务管理机制已初步建立，在打通部门壁垒上成效显著。但管委会自身运作效率和多部门协调效率仍需提升加强。未来可以从优化管委会运作效率入手，优化业务管理。

未来管委会可从优化国际业务各相关单位的协同合作模式入手，提高央企整合系统内资源的能力。为更好促进国际业务发展，央企未来可以积极探索与兄弟单位的合作模式，形成能充分发挥系统内资源集聚效应的海外投资运营工作机制。

2. 管控模式管理现状与不适应性

随着海外形势日益复杂、国内监管要求不断提升，海外公司管控面临诸多挑战，未来需更加主动管控模式的优化，可从四个方面开展提升工作：一是进一步加强对海外差异化管控的深化、细化研究，结合不同地域、不同企业特点，探索混合制的管理模式；二是优化派驻董事参与董事会治理方式，进一步发挥派驻董事、高管在海外公司的自主决策能力；三是加强海外管控信息化建设，通过技术手段、信息监控等方式进行有效渗透；四是进一步探索授权管理，对海外公司进行分类划分，针对不同类别企业细化授权清单，充分发挥海外公司的主动性和活力。

3. 人才管理现状与不适应性

海外人才管理面临诸多问题，尤其是国际化人才配置、外婆人员管理机制和海外本土员工管理方面与国际先进企业存在较大差距，应作为人才管理优化重点力求突破。

面临的主要问题一：国际化人才仍较为短缺。主要表现为国际人才储备总量不足，复合型人才缺乏造成的结构性缺员，人员激励措施有待完善，上升通道顺畅性亟待提升。面临的主要问题二：外派人员管理机制有待提升。主要表现为外派人员的选拔标准的科学性有待提升，外派人员的培训体系有待完善，外派人员的激励措施仍需加强。面临的主要问题三：海外公司本土员工管理待加强。主要表现为海外公司中方员工与当地员工的薪酬差异的影响，公司海外人才本土化策略尚不成熟。

4. 信息化建设管理现状与不适应性

面向建设国际一流跨国企业，央企未来在信息化技术团队建设、综合性信息化系统建设、现有信息化系统优化等方面仍存在提升空间。

具体表现为，信息化技术团队建设亟待强化，综合性信息化系统亟待建设，境外业务 SAP 系统语言单一，不利于对跨国家跨项目团队实行有效协作管理。

5. 企业文化建设管理现状与不适应性

为适应建设国际一流跨国企业的目标，结合国际业务特点和多元文化的管理实际，央企未来可以在深化企业文化建设、强化合规经营理念、整合并购企业文化等方面进行深入探索。

四、面向建设国际一流跨国企业目标的管理模式探索

（一）国际业务管理模式的框架选择二维矩阵

根据对国际业务管理要素和发展形势分析，央企的管理模式选择主要取决于两大因素——国内监管形势和国际市场环境，两大因素的排列组合形成一个二维矩阵，矩阵中的四个象限代表了四种不同的管理情境，也决定了与之相匹配的业务战略和管理重点，从而决定了央企海外业务在特定情境下管理模式的基本框架（见图5）。

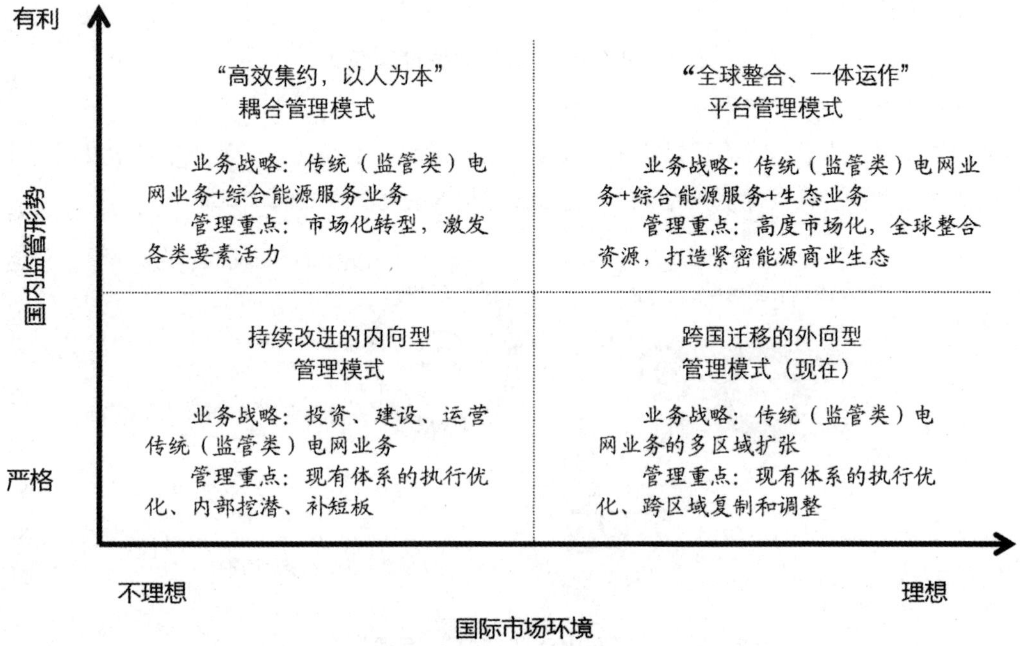

图5　国际业务管理模式框架选择二维矩阵

（二）持续改进的内向型管理模式

目前央企面临的国内外形势正在发生变化，国内监管形势依然较为严格，而由于全球经济的持续复苏发展，央企在资产并购、绿地业务等国际市场上将面对更严峻的形势和挑战。央企下一阶段发展应继续发挥在国内外企业对标、海内外培训交流、先进技术支持等方面的优势，逐步将海外业务管理部门打造成对内对外合作交流的窗口和桥梁，发挥其双向知识、技术交流的平台作用。为了推动良好、稳定发展，央企应主要聚焦于存量市场或少数新增市场业务的投资运营，管理重点是对现有管理体系的执行、优化，深化内部挖潜，补齐短板，降本增效。央企应构建"持续改进的内向型管理模式"（见图6），实施"一中心双支撑"的管理机制，对海外业务进行"阶梯型"管控，不断建设"三头并进"的国际化人才队伍和国际领先的信息化水平。（见图6）

1	2	3	4
“一中心双支撑”的管理机制	“阶梯型”的差异化管控	“三头并进”的国际化人才队伍	国际领先的信息化水平
聚焦现有市场，以资产并购、绿地开发和资产运营三类业务科学发展为中心，以高效运作的管委会和综合性资源整合为支撑，持续优化提升公司管理效能。	细化海外资产管理清单，在明确不同类型资产的管控目标、管控方式及管控手段的基础上，制定“阶梯型”管控策略，实现对不同类型海外资产的差异化管控。	重点组建结构优化的本部人才队伍，重点建设专家库为核心的外派人才队伍，同时兼顾不断成长的境外本土化人才队伍，为公司的长远发展提供可靠的人才保障。	打造内部管理信息化系统、海外信息化系统、全球信息共享平台、境外资产运营检测控）中心和风险管理信息系统，提升信息化支撑水平。

图 6　持续改进的内向型管理模式

1．“一中心双支撑”的管理机制

央企面对国际环境由理想向不理想转变的形势，要聚焦现有市场，以三类业务科学发展为中心，以高效运作的管委会和综合性资源整合为支撑，持续优化提升公司管理效能（见图 7）。

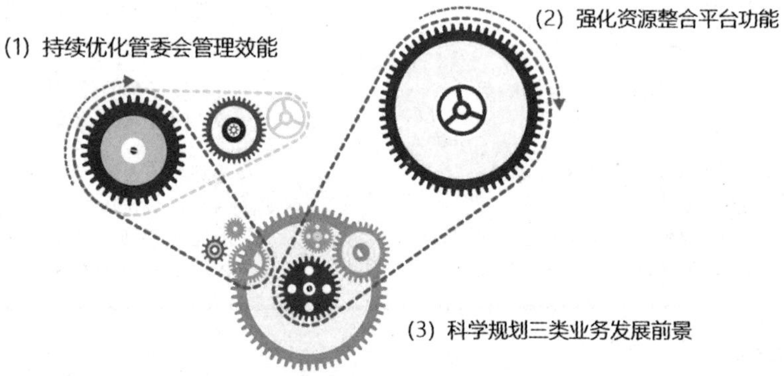

图 7　“一中心双支撑”管理机制

（1）规划科学的业务发展

对未来业务发展进行科学规划，打造重点区域加强的存量并购业务、借力全球战略的绿地业务和高效管控的资产运营业务格局。

在存量并购业务未来发展上，应加强对重点国家（地区）投资政策的动态监测，积极应对国际投资环境的不确定性；强化投资模式的多样化，平衡存量并购与绿地投资比重；明确并购业务的重点投资领域，将标的企业的公司治理规范性等纳入价值评判体系；探索利用境外所属公司为平台，借船出海，延伸国际市场开拓能力。

在绿地开发业务未来发展上，应充分发挥境外投资平台作用，拓宽项目信息获取渠道；借力国家战略发展机遇，优化投资布局；完善项目管理机制，加强供应链上下游企业协同发展。

在海外资产运营业务未来发展上，应建立投资效率滚动评价机制，实现对股权全生命周期过程的动态管理，利用先进治理结构，对境外资产进行有效管控，创新信息化管理手段，提高运营效率。

（2）高效运作的国际业务管委会

将国际业务管理委员会的议题进行分类处理，提高议题处理效率。按照内容和时间要求划分为重大议题和一般议题，对于重大议题的审议，由管理委员会主任主持，邀请公司相关领导参加，对于一般议题的审阅，由管理委员会副主任牵头组织，以提高管理委员会的议题分析质量和运作效率。

（3）多元化的资源整合

以灵活的合作方式对系统内资源进行集聚整合，打造集聚智力、技术、资金等资源为一体的综合性海外投资运营平台，将央企的资金、技术和管理优势转化为国际业务开拓、集团化出海的胜势。

2．“阶梯型”的差异化管控

不同类型的海外资产面临的东道国法律、政治经济、市场环境等各不相同，因此对于央企不同类型海外资产，应建立清晰明确的管理清单，制定一整套“阶梯型”的管控策略，实现对海外资产的差异化管控。

（1）清晰明确的海外资产管理清单

对海外资产进行差异化管控，首先要对不同类型资产制定不同的管理清单，明确不同类型资产在管控目标、管控方式及管控手段方面的差异性。对全资型资产项目的管理，应以运营管控导向、深度管控方式为主；对控股型资产项目的管理，宜采取战略控制导向和软深度管控方式为主；对参股型资产项目，应区分单一最大股东型和参股小股东型项目。对单一最大股东型资产宜进行战略设计导向，实行对其战略、重大经营的管控，确保安全和收益；对参股小股东型资产宜以财务管控导向为主，不介入日常管理仅参与其战略、利润分配等重大事项，确保股东权益。

（2）“阶梯型”的管控策略

在管理清单基础上，对不同类型海外资产制定一整套“阶梯型”管控策略。对于全资型项目，对发展战略、投资决策、日常经营活动、人财物等资源配置实行全方位管控，强化全过程管控；确保绿地项目工程进度，完善人力资源管理和激励机制。对于控股、单一最大股东型投资项目，在遵守所在国法律法规前提下，实行战略导向型管控，加强对重大事项的全面监控；完善财务管理制度，合理控制预算和开支。对于股比较小的海外投资项目，实行财务导向型管控，不过多介入日常经营管理。

3．“上下贯通”的组织架构

基于对未来国际业务形势较为严峻的判断，未来国际化的业务范围和市场范围受到一定限制，央企应聚焦于存量市场或少数新增市场业务的投资运营，对现有管理架构进行优化。央企应在重点海外市场建立海外运营部分部，以增强对海外市场的运营和管理，实现国际公司（央企海外业务管理公司）到海外项目公司管理的“上下贯通”。（见图8）

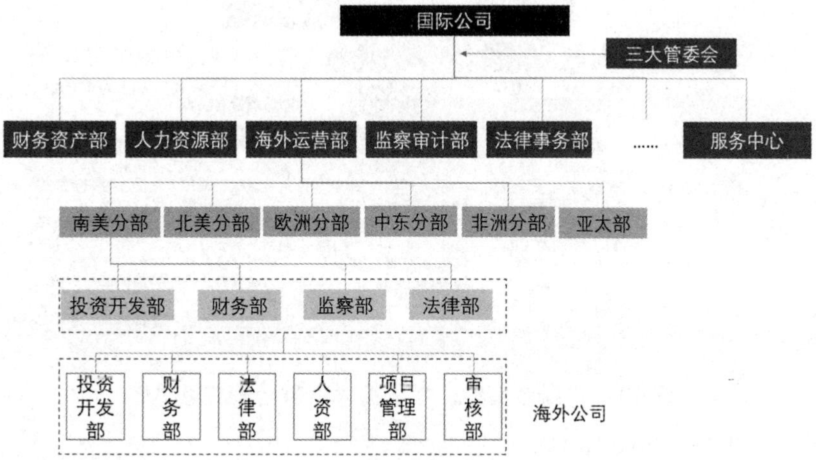

图8　“上下贯通”的组织架构

4．“三头并进”的国际化人才队伍

为适应建设国际一流跨国企业的战略目标，针对人力资源管理方面的问题，央企应重点组建结构优化的本部（即国际业务管理公司本部）人才队伍，重点建设专家核心的外派人才队伍，同时重点兼顾不断成长的境外本土化人才队伍，打造复合型高水平的国际化人才队伍，为央企国际业务的长远发展提供可靠的人才保障。

5. 国际领先的信息化技术

央企应围绕国际化发展战略需求，以加强境外业务信息化管控为重点，推动先进信息技术、工业技术与管理的深度融合，夯实国际业务管理基础、提升运营效率，实现智能化、数字化和现代化的信息化发展战略转型。重点加强五大信息化系统建设，主要包括内部管理信息化系统、海外信息化系统、全球共享信息平台、境外资产运营监测（控）中心、风险管理信息平台。（如图 9 所示）

图 9　公司信息化建设整体思路

（三）“高效集约、以人为本”耦合管理模式

若国内监管形势日益宽松，可投资经营的范围逐步扩大，同时全球经济持续不明朗，央企面临的国际市场环境仍趋向不理想。因此，央企未来可以以主营业务、优势新兴业务协同发展的“1+1”业务战略，向经营管理存量业务要效益要利润，实行“分类授权、现代化治理”的管控模式和“活力高效、科学集约”的人力资源管理模式，激发员工发展活力，培育“以人为本”的企业文化，将机制与人性进行耦合管理，实现高效管理。（如图 10 所示）

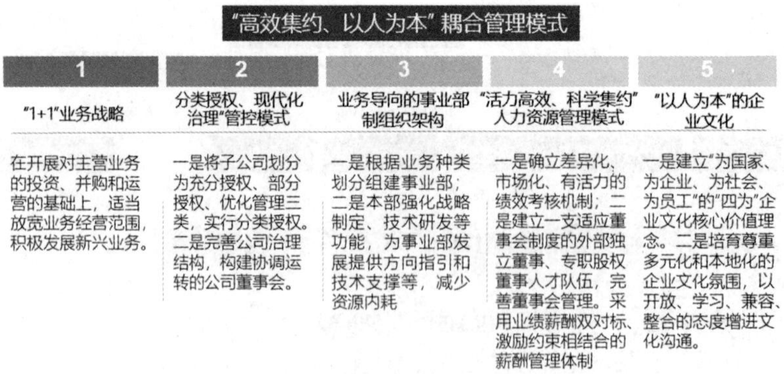

图 10　“高效集约、以人为本”耦合管理模式

1. “1+1”的业务战略

“1+1”业务战略包括传统主营业务（“1”）和新兴业务（“1”），即在开展针对主营业务的投资、并购和运营的基础上，适当放宽业务经营范围，积极探索发展新兴新兴，以“1+1”业务模式培育国际业务的增长新动能，蓄力国际业务实现跨越发展。

2. 分类授权、现代化治理的管控模式

秉持分类化和差异化的思想，对于子公司的管控上按照不同分类进行差异化授权。充分利用现代企业制度的权力制衡作用，推行股权董事改革，整合监督力量，做实董事会作用，初步形成责任权利明确、激励约束到位、发展富有活力、管理更加有效的管理体系。

3. 业务导向的事业部制组织架构

在市场环境形势相对不理想的情况下，要强化业务的集约管理和高效管理。综合考虑业务覆盖地域较广的发展情况，建立业务导向的事业部制组织架构，夯实业务管理基础，提高管理效率。

根据主营业务和新兴业务划分组建传统业务事业部和新兴业务事业部。事业部承接本部授予的权力，接受本部直接管理，同时下辖各地区的相应子公司，各子公司按照管控体系中所处的不同位置承接不同的管理权限，进行日常管理和业务发展。

4. 活力高效、科学集约的人力资源管理模式

确立差异化、市场化、有活力的绩效考核机制。建立有效引导企业发展、内外考核密切结合、压力逐级传递、责任层层落实的考核体系，其中总部考核事业部，控股投资企业的考核由事业部根据总部制定的指导原则进行。

建立一支适应董事会制度的外部独立董事、专职股权董事人才队伍，完善董事会管理。从系统内推荐选拔，建立一支包括专职董事长、行业战略管理、人力资源管理、审计与风险管理专家在内的专职股权董事人才队伍。同步结合国际业务特点，在相关行业内推荐掌握一批包括行业领军人物、法律、资本运作、会计或审计专家在内的外部独立董事人才队伍。

采用业绩薪酬双对标、激励约束相结合的薪酬管理体制。建立行业对标管理体系，选择“同地区、同行业、同规模、同背景、同业绩、同岗位”选取对标对象，确保“对象可比”和“业绩匹配”，做到对标科学合理和精准有效。

5. “以人为本”的企业文化

建立“为国家、为企业、为社会、为员工”的“四为”企业文化核心价值理念。将企业的商业利益与国家利益、社会利益、员工利益有机统一起来，实施协同发展，营造出和谐相处、和谐共进的发展环境，达到共同创造价值、共享发展成果的境界，为央企的持续发展营造出良好的内外部环境。

培育尊重多元化和本地化的企业文化氛围，以开放、学习、兼容、整合的态度增进文化沟通。继承中华民族“厚德载物”的传统人文精神，将弘扬中华优秀传统文化与借鉴国外先进文化相结合，坚持以我为主、博采众长、融合创新、自成一家的方针，在开展国际业务的过程中，严格遵守东道国法律法规、价值观念、宗教文化、种族习俗等，促进共同发展。

（四）“全球整合、一体运作”平台管理模式

在国内监管形势较为有利、国际市场环境比较理想的条件下，央企宜建立“全球整合、一体运作”平台管理模式，包括“一体两翼”的业务战略、“自主经营、协调控制”的管控模式、地区导向的事业部制组织架构和“一型两化”的人力资源管理模式。

1. “一体两翼”的业务战略

“一体两翼”包括传统主营业务（“一体”）、新兴业务和生态业务（“两翼”），即以传统业务的投资、并购和运营为基础，进一步延伸价值链，发展新兴业务，并通过发挥传统业业务的基础平台作用，吸引资源汇聚，加强互惠合作，构建良性商业生态。

2．“自主经营、协调控制”的分层分类管控模式

随着国际业务的发展壮大，需建立“自主经营、协调控制”的分层分类管控模式。一是优化本部功能定位。将国际业务管理公司（即本部）定位成国际化战略决策中心、全球资源配置中心、重大工程管理中心，承担重大资源配置、重要人事任免、重大工程管理等核心职能，重点抓方向性、关键性的工作。二是分层授权。国际业务管理公司大力精简审批事项，充分赋予事业部战略建议、运营决策、选人用人、考评激励以及授权范围内的投资决策等权限。三是分类管控。对传统主营业务实施偏运营的战略型管控，对新兴业务实施战略管控。

3．地区导向的事业部制组织架构

一是根据经营区域划分组建事业部。根据海外经营区域划分建立若干事业部，实施独立核算。区域事业部是区域内业务管控的直接主体，根据不同业务发展需要实施分类管控。

二是严控组织层级，打造扁平高效的组织体系。从本部到海外一线业务单位，机构设置上强化资源共享和能力复用，建立起面向客户与市场、为一线提供服务的倒三角服务支撑体系。

4．“一型两化”的人力资源管理模式

打造战略型（“一型”）、高度市场化和全球化（“两化”）的人力资源管理模式，着力建设一支结构优、素质高、干劲足的国际化复合型人才队伍，以人力资本的增值牵引国际公司持续高质量发展。一是坚持大视野、宽口径、多通道的人才发展模式，二是将全球市场化选聘与党管干部有机结合，三是建立以奋斗者为本的薪酬福利体系，四是实行贡献导向的价值分配。

成果创造人：张　勇、卢健飞、李　捷、刘　进、梁云丹、赵　晶、张新圣、石书德、李浩澜、张　义、刘小乐、左新强、张　园、张华磊、熊有坚、樊友平、宋小威、闫庆友、鲁　强、孟凡斌

深化国资管理体制改革及完善公司治理

基于国有资本投资公司试点改革的集团管控模式创新

中国铝业集团有限公司

推进国有资本投资公司试点改革，是新时代党中央、国务院深化国资国企改革的一项重大举措，对于优化国有资本布局，提升国有资本运营效率，推动建设一批具有全球竞争力的世界一流企业具有重要作用。自成为国有资本投资公司试点企业以来，中铝集团按照试点改革要求，创新管控模式，进一步明晰了集团总部职能定位，强化了总部战略及宏观管控职能，推动了投资运营权力上移，生产经营职能下沉，划清了集团总部与战略单元的权责边界，有力提升了集团管控的有效性。

一、大型有色金属集团管控模式创新的背景

国有资本投资公司是新时代全面推进国有企业深化改革的一项重要制度安排，党和国家通过一系列重要文件，阐明了国有资本投资公司的内涵、模式和功能定位，特别是对构建新型管控模式作出了规定要求。国有资本投资公司以资本为纽带、以产权为基础，依法自主开展国有资本运作，对所出资企业行使股东职责，不从事具体生产经营活动，由产业集团转变为国有资本投资运作平台，迫切需要中铝集团加快综合性改革，实现集团管控模式的创新。

（一）管控模式创新是建设世界一流企业的必然要求

党的十九大报告明确了深化国有企业改革，发展混合所有制经济，培育具有全球竞争力的世界一流企业的总要求。为加快实现改革目标，优化国有资本布局结构，探索有效的运营模式，创新管控体系成为一流企业建设的重要任务。

中铝集团以国内外一流企业作为对标对象。宝武、国投突出集团战略管控，战略单元业务运营，按照“小总部、大产业”进行组织机构调整优化，打造价值创造型总部。力拓、海德鲁公司以多元化的产权制度为基础，实行母子公司结构，事业部管理，规范治理结构，清晰授权体系。通过对标分析，虽然管控结构取决于所在国的法律和文化，但适应市场竞争要求的集团管控重点是相通的，国内外跨国公司，均采用权责对等的制度安排，提高资本运营效率和质量。中铝集团学习借鉴了先进企业管控经验，选择与集团主营业务、核心能力相吻合的管控模式，聚焦核心职能，突出投资功能，实施综合性的改革，构建了适应集团发展战略的管控体系，加快实现一流企业建设目标。

（二）管控模式创新是国有资本试点改革的重要举措

作为国有资本投资公司，集团的功能定位发生变化后，对管理模式变革提出了更高要求。创新集团

管控模式，是推进国家治理体系和治理能力现代化的重要组成部分，也是国有资本投资公司试点改革的基础工作。主要目标是通过完善治理结构，创新运行模式，强化监督机制，建立以战略目标和财务效益为主的管控模式，发挥集团总部战略引领、资源配置、资本运营和风险管控的作用。

优化管控模式，有利于加快企业布局结构调整，优化国有资本投向，推动国有经济布局优化和结构调整，提高国有资本配置和运营效率，更好地服务国家战略需要。有利于完善公司治理结构，逐步落实董事会职权，有序规范出资企业法人治理结构，形成集团党组、董事会、监事会与经理层权责明晰、协调运转、有效制衡的决策、执行、监督机制。有利于明确集团总部功能定位，理清与出资企业的权责边界，在优化调整集团机构职能的基础上，建立授权经营体系，明确“谁来授、授给谁”，做到“授得准”“接得住”“管得好”。

（三）管控模式创新是补足自身短板的迫切需要

中铝集团成立以来，经过20年的改革发展，从单一的铝业务逐渐拓展延伸到铜、铅锌、稀有稀土等多金属业务，培育形成了工程技术、资产经营、产业金融以及新兴产业发展平台，传统产业运营的高度集中管理模式，已难以适应金属品种多元化运营和传统产业转型发展的实际，在改革发展中，原有管控模式的短板和问题日益凸显。

产业布局亟待调整，中上游多、下游少，传统产业多、新兴产业少，铝资产规模大，其他资产规模小，习惯于搞重资产投入，对资本运作和商业模式创新重视不够、研究不充分。抗市场风险能力不强，有色金属业务资产占比过大，导致集团经营情况随着大宗原材料市场周期性波动而剧烈起伏。管控体系亟待优化，集团、战略单元、企业功能定位没有落实到位，虽然公司制改革基本完成，但各层级企业的董事会、监事会作用发挥不充分，对基层企业放权不够，决策流程长、效率低，对分、子公司管理差异不大。迫切需要以国有资本投资公司试点改革为契机，坚持问题导向，补短板、强弱项，加快解决自身布局结构、风险管控、运营模式等突出问题，创新构建适应集团发展实际的管控体系。

二、推进管控模式创新的主要措施

基于国有资本投资公司试点改革目标要求，结合有色金属行业特点，中铝集团探索建立了“三横、三纵、三个全覆盖”的新型管控模式，推进总部机构改革，加大授权放权力度，加快布局优化调整，充分发挥党建法宝作用，提升集团的综合竞争力、战略单元的市场竞争力、实体企业的成本竞争力，打造全球有色金属产业排头兵、国家战略性矿产资源和军工材料保障主力军、行业创新和绿色发展引领者。

（一）重塑管理架构，建立“3+3+3”管控体系

1. 横向建立“集团总部资本层、战略单元资产层、出资企业运营层”三级管控体制。集团总部层面以战略目标+财务效益为主，坚持高效化管理，履行好“转型三大职能”，强化战略布局、资本运营、创新发展，不断优化国有资本配置，实现国有资本保值增值。战略单元层面以经营管理为主，是专业化的经营中心和利润中心，全面完成集团下达的各项考核指标，承担资产保值增值和资产回报责任，坚持专业化运营管理，完成“增效三大使命”，实现向科技要效益、向投资要效益、向市场要效益。出资企业层面以生产经营管理为主，是具体的成本中心和利润中心，承担成本控制任务，落实“降本三大措施”，做到用工降本、生产降本、管理降本。

2. 纵向加强集团总部投资运营、财务产权、运行评价三个领域的穿透监控，划红线、明底线，理顺重大事项边界条件，层层建立授权经营体系。加强投资运营穿透监控，在加大集团授权放权的同时，实

施投资项目穿透监控，加大战略投资管控力度，压实投资主体责任，谨慎评估财务承受能力，合理控制投资规模。加强财务产权穿透监控，实行“一体两翼”的财务产权管理模式，强化财务管理主体的战略财务职能，建立以资金管理中心和财务共享中心为依托的集约化管理体系，充分发挥财务的价值创造功能。加强运行评价穿透监控，设置专门的运行优化部门，履行行业政策及市场分析对标、主营业务运营状况监控、以及考核评价等重要职责。

3. 实施“全面保障、全面合规、全面监督”的三个全覆盖。全面强化党的建设、人力资源、科技、军工、信息化等方面的保障职能，发挥党建工作的决定性作用，加大人力资源建设力度，加强科技及信息化保障能力，不断完善法人治理结构，确保集团战略目标顺利实现。全面统筹抓好内控体系建设、全面风险管理、合规管理等工作，确保集团生产经营依法合规、规范运行。全面整合纪检、巡视、审计、安环、质量等监督资源，形成监督合力，在组织管理、监督实施、结果运用等环节，加强各类监督主体的协同合作，形成监督工作常态化和闭环管理机制，有效防止国有资产流失。

（二）突出核心职能，推进机构优化调整

1. 战略决策。将行业研究、矿产资源规划与跟踪研究、信息化建设管理等职能与战略发展部的原有职能进行整合，组建新的战略投资部，通过强化集团战略研究、战略规划、战略实施，加强与科技规划的协同，以及投资规划制定，限额以上投资项目决策审批等，不断适应内外部经营环境变化，对集团中长期发展目标、达成目标的途径、手段等进行整体谋划和运作。实现集团从战略规划到项目决策投资的有机衔接和统一，发挥战略投资引领作用。

2. 资本运营。加强资本运作的统筹规划与管理，在战略规划的指导下，通过集团资本运作、并购重组、上市融资、增发扩股、市值管理、股权管理，以及限额以上资本运作项目决策审批等，完善“融投管退”的资本循环机制，规划建立融资市场通道，运用上市公司股权融资手段，最大限度发挥资本的增值功能。

3. 资源配置。整合考核评价、董监事管理、生产统计分析、企业管理、市场分析、营销管理、处僵治困等职能，组建运营优化部。通过强化全面深化改革、科技创新、预算与收益管理、资金调配、综合协调、企业管理、人事管理、信息化支撑、运行评价与考核等，建立市场化评价机制和行业对标管理制度，合理配置资金、技术、人力资源等生产要素，全面提高国有资本运营效率。

4. 风险监控。整合风险管控、合规管理职能，由法律合规部归口管理。增加审计部审计监督和责任追究职能，强化国有资产监督体系建设和出资企业的内部监督工作。通过强化信用评级，财务、审计、法律监督，安全环保稳定监管，以及风险识别、合规审查、风险应对、责任追究等，推进风险、内控与合规管理一体化，有效防控各类风险，实现全面合规运营，防止国有资产流失。

5. 管党治党。通过强化集团战略单元和重点骨干企业重要干部的管理、基层组织建设、纪检监察和巡视巡察、党建思想政治工作、对外宣传与舆情处置、大监督体系构建等，充分发挥党组织把方向、管大局、保落实作用，全面加强党的领导和党的建设，实现党的领导和完善公司治理相统一，提升党建组织力。

围绕上述五大核心职能，总部部门设置由 19 个部门的产业管理型机构，压缩精简为 13 个部门的战略管控型机构。

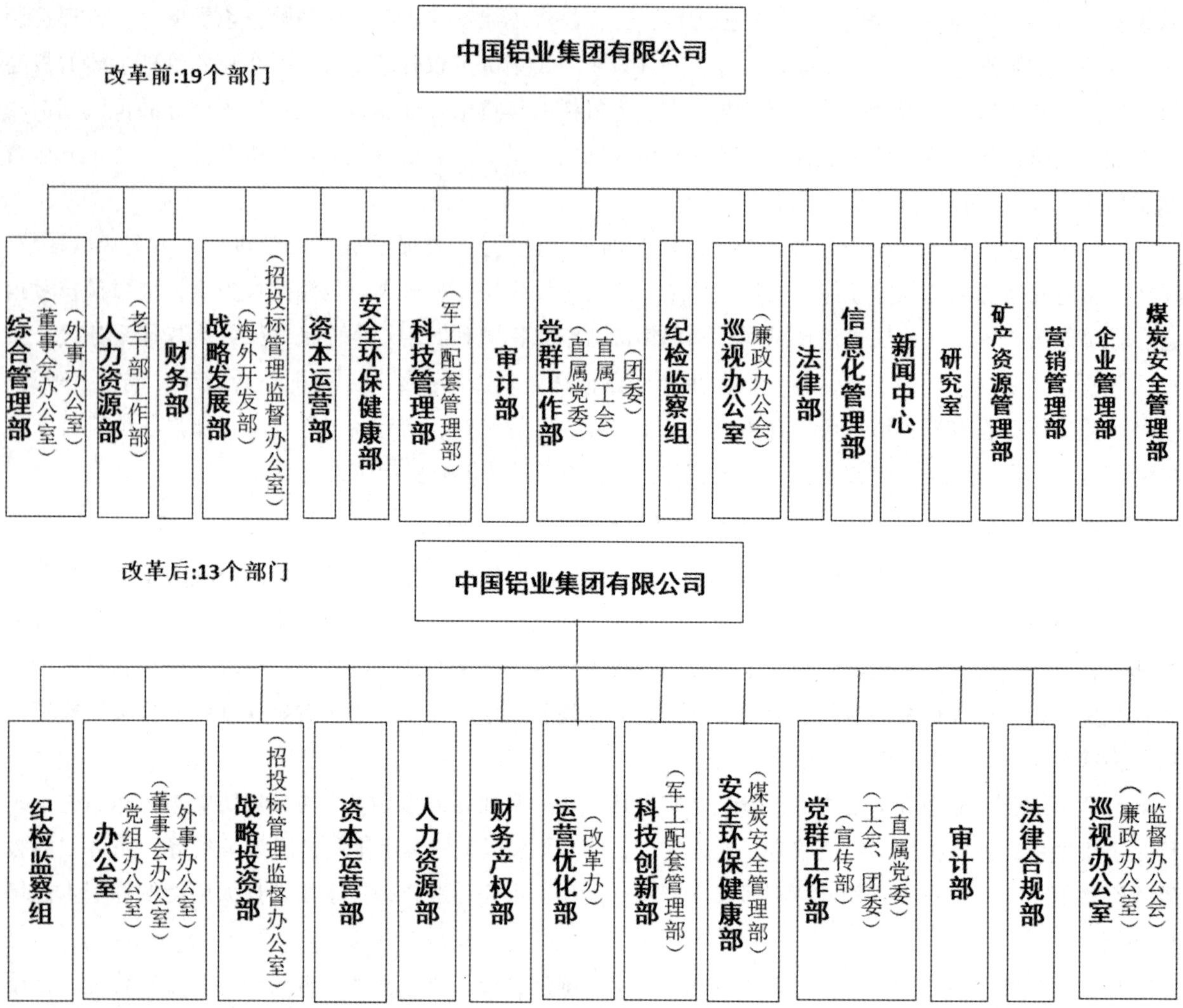

图1　中铝集团机构改革前后对比图

（三）明确权责边界，加大授权放权力度

按照新型管控模式和总部核心职能，分类调整管控边界，主要从“干部管理、专业管理、穿透监控”三个维度，划清集团总部与战略单元的权责边界，坚决做到“将依法应由企业自主经营决策的事项归位于企业，将延伸到子企业的管理事项原则上归位于一级企业。”

调整干部管理权限，集团党组管理总部部门负责人、各战略单元（事业部）及二级企业班子（委托管理的除外）和部分重点骨干企业党政主要负责人，党建、纪检、巡视（巡察）等工作比照干部权限，进行同步调整。收缩专业管理范围，明确行政办公、安全环保、科技创新、法律合规等专业管理职能，原则上集团总部只管至二级企业。强化重点环节监控，集团借助信息化管理、产业上下游对标分析评价等手段，对重点业务点、线进行穿透监控。

在明确集团总部管控边界的同时，加大授权放权力度，修订印发了集团《“三重一大”决策制度实施办法》《董事会、总经理办公会决策权限管理办法》等制度，以清单形式对“三重一大”决策事项进行了细化分类，对董事会、总经理办公会决策事项进行了调整完善，划清了集团各治理主体的权责界面和管理边界。制定下发了集团《总部权责事项清单一览表》《授权放权清单》，将限额以下固定资产投资、技术改造、矿权获取、地质勘察等项目由集团授权到战略单元，扩大了战略单元的决策自主权。

（四）强化资本运作，加快布局优化调整

坚持产业为本、资本为魂，将融资计划、投资计划整合改造为管全局的资本预算，初步形成了“融投管退”的资本流转循环。加大权益融资，实现权益资本增长的“融”。推进集团控股上市公司资本运营，形成了“6 家上市公司，2 家拟上市公司，培育 X 个资本市场项目”的 6+2+X 资本市场工作计划。首次开展了国际主体信用评级，取得了“A-”的全球有色金属行业最高级别，集团整体融资成本下降，节约年化财务费用超过 3 亿元。推进战略性重组，实现有效的“投”。积极发挥行业龙头作用，与云南省政府签署合作协议，重组云南冶金集团和亚洲储量最大的铅锌矿，成为近年来全球有色金属行业最大规模的重组项目，向实现“大有色”目标迈出了坚实步伐。围绕资本回报，实现高质的“管”。加大对已投资企业的评价和管理，建立不动产盘活项目库。稳妥推进混合所有制改革工作，引入外部资本，落实了中铝萨帕混改方案，推动股权回购落实，解决了长期制约西南铝发展的问题。清理低效无效资产，实现坚决的“退”。摸底集团控、参股法人企业 832 户，建立法人户数控制的长效约束机制。加大低效无效资产处置，重点对参股非国有企业涉及的投资方向、股东权责履行、投资回报等方面情况进行深入分析评估，制订了加强参股股权管理专项工作方案。

坚持聚焦主责主业，围绕建设具有全球竞争力的世界一流有色金属企业的战略目标和“两步走”战略安排，加大结构调整推进力度。加快战略布局，构建形成了做强做优铝、铜、铅锌、稀有稀土四大核心产业，加快发展工程技术、工服物业、资本金融、贸易物流四大协同产业，积极培育环保节能、创新开发、海外发展、智能制造四大新兴产业的“4+4+4”高质量发展新格局。推进优化调整，在具有产业优势的地区重点打造一批大型产业基地，实现了基地化、集群化发展。积极实施海外+沿海的“两海”战略，几内亚 Boffa 铝土矿项目建成投产，秘鲁铜矿一期实现了良好效益，加快了全球化战略布局。强化“红旗工程”建设，加快高端材料进口替代，不断提升关键铝合金材料自主可控能力，圆满完成了嫦娥四号、长征五号、北斗导航等重点工程及新一代战机、国产首艘航母等重大装备的材料保障，为服务国家战略做出了贡献。积极发展新兴产业，成立了中铝环保、中铝智能、中铝开投、中铝海外四大新兴产业平台，加快了新旧动能的有序转换，为集团传统产业升级赋能。深入开展瘦身健体，对竞争力不强的产能实施关停，开展“僵尸”及特困企业治理，管理层级从 7 级压缩至 4 级，减少法人户数 168 户，“三供一业”分离移交进入收尾阶段，社会职能移交剥离工作走在央企前列。

（五）党建深度融合，充分发挥法宝作用

全面落实习近平总书记对中铝集团党建工作的重要批示精神，坚持把党建作为搞好央企的法宝，进一步推进党建与业务工作深度融合，发挥党建工作的决定性作用。

1. 坚持把夯实党建基础贯穿改革始终。加强三基建设，贯彻落实《中国共产党支部工作条例（试行）》和国资委党委实施细则，推进集团标准化党支部建设。深化“两带两创”、党建与经营业绩“双百分”考核等具有中铝特色的经验做法，不断完善党建工作责任制，制定《党建工作责任清单》，完善主体责任、一岗双责、党员责任三张清单，夯实党建工作基础。在国有资本投资公司试点过程中，充分发挥了党支部的战斗堡垒作用和党员的先锋模范作用。

2. 坚持把实现深度融合贯穿改革始终。贯彻“两个一以贯之”，实现加强党的领导与完善公司治理有机统一。坚持改革牵引，推进公司治理优化，提高组织治理效能，解决了混合所有制企业党建入章程的难点问题，全级次 379 家企业完成了党建入章程。坚持党的建设同步谋划、党的组织及工作机构同步设置、党组织负责人及党务工作人员同步配备、党的工作同步开展，实现体制对接、机制对接、制度对

接和工作对接，集团标准化党支部达到90%以上。

3. 坚持把全面从严治党贯穿改革始终。坚持党组织参与重大决策、带头执行、有效监督，深入推进纪检体制、监察体制、纪检监察机构“三项改革”，做实板块纪委、直属纪委，规范企业纪委运行，明确职责权限，2019年以来召开警示教育大会6次，通报典型案例50起。构建运行大监督体系，成立监督委员会，建立工作会商机制，实行季度审计监督工作例会制度，统筹运用监督资源，形成党内监督、出资人监督、业务监督、专责监督、外部监督有序衔接的协同体系和多部门协同实施监督的新常态。明确主体责任与协同机制，通过督促有关部门和各级党组织对“大监督”机制发现的重大问题进行有效整改，将坚持党的领导、从严管党治党全面融入到企业治理中，落实到各单位履职尽责和行权用权中。建立健全违规经营投资责任追究制度，按照分级分层原则组织开展责任追究工作，对违反规定、未履行或未正确履行职责造成国有资产损失或其他严重不良后果的企业经营管理人员严肃问责。

4. 坚持把党管干部人才贯穿改革始终。坚持党管干部原则，强化党组织在企业领导人员选拔任用、培养教育、管理监督中的责任。坚持党管人才原则，出台《集团党组管理领导人员管理规定》等一系列制度文件，大力实施人才强企战略，推进经营管理人才“合金”“锋刃”“飞跃”三大计划，科技人才“钻石”“明星”计划。构建完善“引育用留”人才制度体系，着力锻造忠诚干净担当的高素质干部队伍，着力建设矢志爱国爱企、勇于创新创造的优秀人才队伍。

三、新型管控模式的实施效果

中铝集团坚持改革创新转型升级总基调，在管控模式、资本布局、发展活力、党的建设等方面取得了积极成效，经营态势持续向好，行业引领作用更加突出，国家战略保障能力不断增强。

（一）经济效益持续向好

2018年以来，主导产品生产成本跑赢市场，其中电解铝生产成本进入行业前40%，氧化铝生产成本进入行业前42%。营业收入同比增长18.91%，实现利润总额同比增长0.45%，创历史最好水平。企业市场主体作用不断强化，各主要战略单元均实现经营性盈利。净资产收益率实现由负转正，分别为1.44%、1.34%。资产负债率由2018年的66.52%下降到63.84%。2020年1月~7月实现利润总额22.79亿元，市场竞争力持续提升。

（二）管控效率显著改善

集团部门、内设机构、人员编制精简幅度分别为31.57%、50%、42.7%，是集团成立以来改革、精简力度最大的一次。制定集团总部审批备案事项目录流程及时限，规定了集团部门涉及的125项审批事项的审批流程和审批办理时限，压缩了管理链条，精简了审批流程，缩短了审批时间。完善管控制度，制定了“三重一大”决策事项目录，梳理确定了董事会、党组决、总经理、“三重一大”、副总经理决策事项，实现决策主体和内容全覆盖，合理确定了党组会前置研究讨论事项范围，进一步理清各治理主体的权责界面和决策流程。

（三）发展质量不断提升

完善了“4+4+4”高质量产业发展新格局，集团海外资产、前瞻性战略性产业、金融及服务业资产比重首次超过40.52%，境外收入由2018年的246.04亿元提高至2019年的321.39亿元。集团氧化铝、电解铝产能分别达到2000万吨和800万吨，均升至全球第一，铜板块实力进入全国前列，铅锌规模跃居亚洲第一。主要产品市场占有率持续提高，其中电解铝、氧化铝、电解铜分别提高4.5%、2%、

56.35%。圆满完成了国家重大装备的材料保障任务，民机铝材国产化率提高了27个百分点，关键铝合金材料自主可控能力不断提升，军品销量、销售收入创历史新高，被评为中国航天突出贡献供应商。

成果创造人：姚　林、余德辉、陈　琪、杨燕青、张晓军、阚保勇、谭向国、陈一新、张红群、韩　露、王德国

材料产业国有资本投资集团管控模式的实践与思考

中国建材集团有限公司

中国建材集团有限公司（简称中国建材集团或集团）2018年底入选第三批国有资本投资公司试点，2019年9月改革试点方案获得批复。入选国有资本投资公司试点以来，中国建材集团调整优化总部职能定位和管控模式，有效发挥在授权经营、结构调整、资本运营、激发所出资企业活力和服务实体经济方面的作用，以投资公司试点为契机，深入推进各项改革任务落实落地，积极探索新材料产业国有资本投资公司的发展模式。

一、深刻认识国有资本投资公司定位和要求

党的十九届四中全会提出，“形成以管资本为主的国有资产监管体制，有效发挥国有资本投资、运营公司功能作用”。将“形成以管资本为主的国有资产监管体制”和“有效发挥国有资本投资公司功能作用”集中阐述，凸显了二者的内在联系，表明国资委为实现从管企业向管资本转变，将充分发挥国有资本投资公司先行先试、探索创新的作用，把国有资本投资公司作为国资委管资本的重要抓手和依托。

（一）国有资本投资公司推动建立三层国资管理模式

通过国有资本投资公司，将实现国有资本所有权与企业经营权分离，实行国有资本市场化运作。改组组建国有资本投资公司后，将构建“国资委—国有资本投资公司—所出资企业”的三层架构：第一层国资委管资本，重点管好国有资本布局、规范资本运作、提高资本回报、维护资本安全。第二层国有资本投资公司管股权，对所出资企业行使股东职责，维护股东合法权益。第三层国有资本投资公司所出资企业管经营，打造专业化的产业平台，所出资企业是依法自主经营的独立市场主体，做到公司治理规范、激励约束机制到位，落实国有资本投资公司战略、提高资本回报。

（二）国有资本投资公司是国有资本运行主体

国有资本投资公司的主要功能是促进国有资本合理流动，优化国有资本投向，向重点行业、关键领域和优势企业集中，推动国有经济布局优化和结构调整，提高国有资本配置和运营效率。国有资本投资公司是优化国有资本的布局结构调整、落实国家战略的载体。推动国有经济布局结构调整优化，是国资委管资本的重要目标，是国有资本投资公司的重要使命，也是培育产业核心竞争力的必然选择。

（三）国有资本投资公司将建立“隔离带”和“防火墙”

国有资本投资公司是国资委延伸的管资本“手臂”，充分运用市场化、公司化资本运作方式，落实

国家战略、执行出资人意图。通过国有资本投资公司建立“隔离带”，有效减少国资委作为出资人代表对市场形成的直接干预；筑牢“防火墙”，有效降低资本投资运营对国资委形成的各类风险。

二、建设新材料产业国有资本投资公司的主要思路

中国建材集团将坚持“战略引领、资源配置、资本运作、风险防控、党的建设”的总部定位，从自下而上的成长为主转变为自上而下的发展为主，以创新驱动发展、以改革赋能发展、以国际化促进发展、以党建引领发展，建设具有竞争力、创新力、控制力、影响力、抗风险能力的“五力企业”，实现管企业向管资本、建筑材料向综合材料、本土市场向全球布局“三大转变”，围绕建材和新材料主业进行产业链整合，加快培育具有全球竞争力的世界一流综合性建材和新材料产业投资集团。

（一）树立“四个理念”

1. 树立“管好股权”的理念

《国务院关于推进国有资本投资、运营公司改革试点的实施意见》（国发〔2018〕23号，简称23号文）要求，集团本部不从事具体生产经营活动，不直接干预所出资企业的日常经营，对所出资企业行使股东职责。日常经营指的是由经理层主持的生产经营管理工作。除法律法规、国务院国资委明确要求、公司章程另有规定要求“穿透”管理的事项外，所出资企业经理层主持的生产经营管理工作，集团不能“穿透”，做到“不直接干预”。

“管股权”要管好：一是股权管理，即管存量股权，对所出资企业实施战略和资本收益管理，通过强化战略规划和主业管理引导企业聚焦主责主业；通过完善考核体系，发挥考核导向作用，提高国有资本回报。二是资本运作，即管股权进退，即通过股权流动管理实现国有资本进退优化。三是融资投资，即管股权增量，通过直接培育孵化、市场整合、投资基金等多种市场化方式发展新兴产业，形成新股权。

2. 树立通过公司治理结构管股权的理念

集团本部原则上不直接面向所出资企业的职能部门开展管理工作，而是以产权为基础、以资本为纽带，协调和引导所出资企业发展，依照所出资企业公司章程，通过公司治理结构履行出资人职责。

健全所出资企业党组织、董事会、监事会、经理层，规范公司治理结构，建立健全权责对等、运转协调、有效制衡的决策执行监督机制。党组织发挥领导作用，把方向、管大局、保落实；董事会发挥决策作用，定战略、做决策、防风险；监事会发挥监督作用，促发展、保规范、重监督；经理层发挥经营管理作用，谋发展、抓落实、强管理。

加强所出资企业董事会建设。二三级企业董事会要应建尽建，且外部董事要占多数。所出资企业要健全董事会议事规则，规范董事会运作，保障董事会会议记录和提案资料的完整性，建立董事会决议跟踪落实以及后评估制度。集团改进对所出资企业董事会评价办法，落实董事会年度工作报告制度，完善董事会年度和任期考核制度，形成考核评价体系及激励机制。

3. 树立通过派出董监事实现股权管理的理念

一是建立派出董监事人员库，推行派出专职董监事制度。集团履行国有资本出资人职责向所出资企业派出专职董监事，建立派出董监事人员库，专职董监事候选人员库包含其中，将符合条件的人员纳入并实施动态管理。集团派出专职董监事分为两类：一是劳动关系在集团总部的专职董监事；二是劳动关系在所任职企业，不担任其党委、经理层职务的专职董事。

二是培养年轻干部和用好有经验干部，实现人力资源优化配置。集团专职董监事主要从集团总部部门正职以上人员、集团二级企业班子成员、中国建材股份二级企业班子主要负责人中遴选产生。集团将加强对专职董事的选拔和培养，将年富力强的中青年干部充实到专职董事队伍，经过专职董事岗位的考察和锻炼，再转任二级单位负责人。要实现集团不同业务板块间干部的优势和特长互补，选拔具有重组整合、产业制造、科研管理、国际化经营等方面经验的优秀干部，在不同板块间相互出任专职董监事，加强板块间合作协同和资源共享，提高相关企业的决策和发展水平。

三是加强培训、日常监督、考核、进退制度制定。集团将加强董监事培训，每年举办董监事培训班，提高董监事履职能力（人力资源部负责派出股权董监事日常管理和培训考核）；做好对董监事的服务和支持，集团职能部门为专职董监事提供政策咨询和决策建议（资本运营部负责派出董事的具体支撑，审计部负责派出监事的具体支撑）；完善董监事履职报告和考核评价制度，督促其履职尽责；建立退出机制，对不能履职尽责的，退出专职董监事队伍。

4. 树立资本流动和收益收缴的理念

提高资本流动性、实现资本有序进退是投资公司的主要工作之一，只有资本合理流动，才能实现优化国有资本投向、推动布局结构调整、提高国有资本配置和运营效率的目的。集团根据国资委要求，坚持出资人主导与市场化原则相结合，加强对资本布局整体调控，推进国有资本的战略性重组、专业化整合和前瞻性布局，大力发展新材料产业。对运行质量好、经济效益佳、资本回报高的企业或资产，在不失去控制力的前提下，着眼于提高国有资本的回报和保持合理的流动性，灵活调整持股比例。对资本回报长期低于资本成本且无发展前景的存量资产，加大处置力度，加快有序退出，有效盘活国有资本。

按照《公司法》和相关文件，收取红利是股东的权力；利润分配方案由董事会制订，股东会批准。国有资本投资公司获取资本的渠道主要为股权流转、收益收缴、募集资本金和银行贷款，资本收益收缴是国有资本投资公司可持续发展的四大来源之一。作为国有资本投资公司，集团将在与相关股东充分沟通的基础上，加强对所出资企业国有资本收益的收缴和管理。集团将完善考核指标体系，发挥考核导向作用，将收益上缴作为企业考评的重要指标；加强上市公司市值管理，提高股东回报；强化财务预决算管理和重大财务事项管控，实现资本收益预期可控和保值增值。

（二）建立“三个闭环体系”

1. 建立以薪酬为核心的激励约束机制闭环体系

完善市场化薪酬分配制度，坚持与绩效考核紧密挂钩，合理拉开收入分配差距；大力推行股权激励、分红激励、员工持股、超额利润分享、骨干员工跟投等中长期激励方式，实行既有激励又有约束、既讲效率又讲公平、既符合市场化原则又体现企业特点的分配机制。健全与激励机制相对应的经济责任审计、信息披露、延期支付、追索扣回等约束机制。

2. 建立投前投中投后的投资管理闭环体系

投资公司的核心能力是投资决策管理能力，要提高对主业投资方向的研究能力，做好投前尽调、投中交易和投后持续跟踪和价值提升，建立一套适合国有资本投资公司的科学化、信息化、模型化的项目投管体系。

3. 建立事前事中事后的综合监督管理闭环体系

打造事前制度规范、事中跟踪监控、事后监督问责的完整工作链条。健全覆盖所出资企业全部业务领域的出资人监督制度，加强对所出资企业关键业务、改革重点领域和国有资本运营重要环节以及境外国有资产的监督。建立内部常态化监督审计机制，加强对权力集中、资金密集、资源富集、资产聚集等重点部门和岗位的监管，不断健全监督制度，创新监督手段，严格责任追究。

（三）做到“三个继续坚决坚持”

1. 继续坚决坚持改革的思路

集团之所以能在充分竞争领域脱颖而出，正是因为果敢地迈入了市场、经受住了市场竞争的淬炼。改革贯穿中国建材发展历史，没有改革、没有勇敢地迎接市场挑战，就没有今天的中国建材。集团过去的持续快速发展得益于改革创新，今后要建设具有全球竞争力的世界一流的国有资本投资公司，依然要靠改革，要扎扎实实地以改革赋能发展。要以改革的思路解决改革过程中遇到的问题，让广大员工想干事、能干事、干成事，同时得到市场化的回报。

2. 继续坚决坚持创新的理念

充分发挥“创新是发展第一动力”的作用，综合开展技术、管理、制度、商业模式“四位一体”全方位创新，为实现高质量发展做好强支撑。完善科技创新体制机制，建立以企业为主体、市场为导向、产学研深度融合的技术创新体系。继续用好在实践中取得良好效果的三精管理、格子化管控、八大工法、六星企业、“2422”压减等特色管理“组合拳”，早细精实练好基本功，以创新激发发展动能。

3. 继续坚决坚持市场化原则

坚持市场化原则，就是要使市场在资源配置中起决定性作用，就是要尊重市场经济规律和企业发展规律，使企业成为依法自主经营、自负盈亏、自担风险、自我约束的独立市场主体。要形成以资本为纽带的投资与被投资关系，协调和引导所出资企业发展，推进建立现代企业制度，完善公司治理，加快形成有效制衡的公司法人治理结构、灵活高效的市场化经营机制；深化企业内部三项制度改革，实现员工能进能出、职位能上能下、薪酬能增能减的“三能”机制；进一步转换企业机制，推动企业各类生产要素依据市场规则、市场价格、市场竞争实现最优配置。

（四）明确集团总部定位

集团总部的定位是“战略引领、资源配置、资本运作、风险防控、党的建设”，按照坚持党的领导、突出功能转变、创新管控模式、完善授权放权四项原则调整总部机构设置，实现经营管理职能下沉，战略监督权上移。

战略引领：强化集团总部的战略研究、产业研判、资本运作、投资决策和风险防控能力，打造价值创造型、服务支撑型总部。系统梳理28个所出资企业（11个子公司和17个股份公司子公司）的子战略定位和目标，明确各公司所在“跑道”、年年回顾、考核评价、调整梳理，确保不“跑偏”。

资源配置：围绕集团和所出资企业的战略，分析现有存量资源（人力、有形、无形）的配置情况，优化资源配置的阶段性目标、增量资源的优化配置原则等。人才是第一资源，要优化人力资源配置，解决集团研发、工程化、产业管理人员配置不尽合理以及资本运作团队亟待加强、管理层年龄结构亟待优化等突出问题，打通股份公司企业和非股份企业之间的人力资源流转通道，加大集团内人才的流动。以投资计划、项目配置、资金安排为抓手，调配资源投向。推进资源资产化、资产资本化、资本证券化，提高资源配置效率。

资本运作：围绕资源优化配置原则和阶段性优化配置目标，对存量和增量资本实施优化流动管理。通过募集新的股权资本和债权资金、收取存量资本的收益获取资本，做好投资管理和产业培育，推动产业集聚、化解过剩产能和转型升级，培育核心竞争力和创新能力。

风险防控：加大授权放权力度，综合考虑企业所处行业的发展阶段、企业自身治理和管控水平等因素，分类、分阶段进行授权放权，在投资决策、产权交易、资产转让、薪酬管理、中长期激励等方面，赋予企业更多自主权。同时建立事前规范制度、事中加强监控、事后强化问责的政府监管、出资人监管、集团内审计、纪检监察、巡视协同监督体系，让经营团队习惯在压力和监管环境下工作。

党的建设：坚持两个“一以贯之”，坚持将加强党的领导与完善公司治理相统一。着力抓好党的建设，坚持管资本就要管党建，把党的建设融入到管资本的全过程各方面，坚持党管干部、党管人才原则与市场化选人用人机制相结合。坚持企业党建工作与生产经营相结合，以高质量党建引领高质量发展。推动全面从严治党向纵深发展，加强党风廉政建设和反腐败工作，为集团改革发展营造风清气正的良好环境。

三、建设新材料产业国有资本投资公司的主要做法

（一）完善总部公司治理，优化总部机构人员

一是完善三会权责事项清单，明晰各治理主体权责边界。制订党委、董事会、经理层研究讨论和决策事项清单，涉及四个方面共73项，其中重大决策11类48项，重要人事任免12项，重大项目安排8项，大额度资金运作5项。基本原则是“重大事项不授权、授权事项不前置、同一事项只有一个决策主体”。党委行权放方式有四种，分别为研究决定、前置研究、事前备案、审核上报；董事会行权方式有五种，分别为审议决策、审核上报、履行程序、事后报备、研究审定；经理层（办公会）行权方式有四种，分别为审核提议、审核上报、履行程序、通报。

二是落实集团董事会职权，实施经理层任期制和契约化管理。作为深化落实董事会职权试点企业，中国建材集团认真制定试点实施方案，2019年3月获得国资委批复。按照国资委意见全面梳理和修订董事会议事规则、党委议事规则、总经理工作规则。为保障试点方案的顺利实施，协同推进经理层成员契约化管理，集团还制定了相关配套制度。集团层面经理层成员都签订了契约化协议。

三是按照战略管控型总部要求，推动机构改革和人员精简。围绕总部五大定位，按照坚持党的领导、突出功能转变、创新管控模式、完善授权放权四项原则，调整总部机构设置，合并董事会办公室和办公室，将投资规划部拆分为战略发展部和资本运营部，将国际合作部职能合并整合进入相关部门，调整法律合规部等多个部门职责，同时集团总部人员进一步压减至定编100人（不包括公司领导），实现经营管理职能下沉、战略监督权上移。

（二）健全所出资企业董事会，优化管控模式

一是加强所出资企业董事会建设，推进规范运作。集团对所出资二级企业的董事会应建尽建、配齐配强，推进外部董事占多数。对满足前提条件的子公司将依法落实董事会相关职权。按照国资委要求，选择了3家成员企业（中国建材总院、哈玻院、北玻有限），开展落实子企业董事会职权试点。目前集团已经制订了《所出资企业董事会规范运作的指导意见（初稿）》，共六章三十五条，对董事会和专门委的组成、会议安排、议案制作、决议跟踪、董事调研等作出规范。整理了会议通知、议案、决议、工作报告等一批模板。

二是建立专职董监事制度。集团建立了专职董监事制度，重点培养年轻干部和用好有经验干部。在专职董监事人员的入库、聘任、退出，以及对专职董监事工作考核、薪酬管理的各个决策环节和管理过程中，明确界定党委会、董事会和办公会的权责，规范履行决策程序，使每一决策事项形成事前、事

中、事后的闭环管理。

三是探索通过董事管好股权的模式。集团建立了70人的派出董监事人才库，通过派出董监事管好股权。所出资企业不是采用红头文方式给集团报请示，而是通过法人治理结构，向集团派出的董事提交议案，董事拿到议案后，由集团相关部门提供政策咨询和决策建议，相关部门根据集团管理制度决定是否履行决策程序。集团履行决策程序后，以纪要或决议的形式反馈至派出的董事，董事参考（不是唯一依据）集团的决策建议，在企业的董事会发表意见。

（三）加强资本优化配置，推进布局结构调整

一是稳妥推进业务整合。按照业务归核原则，遵循资本市场客观规律，稳妥推进分步实施业务整合，打造水泥、新材料及工程技术服务业务领域的旗舰上市公司。7月24日启动水泥业务第一阶段整合，即将非A股水泥资产置入天山股份，打造大水泥平台，2021年3月完成第一阶段整合，启动第二阶段整合，即将其余水泥资产整合入大水泥平台。新材料、工程技术服务、物流贸易业务整合即将启动。

二是积极培育上市公司，推进上市公司股权流转。集团正在开展中复神鹰碳纤维有限责任公司的股份制改制，推动其在科创板上市。集团和宝武集团开展合作，所属上市公司瑞泰科技拟通过发行股份的方式向武钢集团购买其持有的武汉耐材、向马钢集团购买其持有的瑞泰马钢新材料股权，同时向武钢集团和马钢集团非公开发行股份募集配套资金，完成后瑞泰科技实际控制人将变为宝武集团。

三是聚焦主责主业，实现国有资本有序进退。以促进国有资产保值增值、推动国有资本做强做优做大为目标，强化集团现有国有资本存量的合理流转和有序进退。集团对所属凯盛科技的主业进行了梳理，明确其不再做设施农业的投资，推动凯盛科技通过资本流转，实现对这一非主业领域从控股到参股的逐步退出。

（四）深化三项制度改革，加大激励约束

一是完善三能机制目标。增强管理人员考核刚性，完善考核机制，通过实施年度考核、任期考核，明确管理人员“下”的条件、途径和方式，全级次管理人员“下”的比例将逐步提高到每年1%。作为工资总额备案制企业，建全工资总额超发与企业负责人薪酬扣减挂钩机制，层层传递工资总额管理压力，薪酬总额增长率低于利润增长率1.5个百分点，确保薪酬能增能减。健全完善以合同管理为核心、以岗位管理为基础的市场化用工制度，全面实施全员业绩考核；在严格遵守法律并保持经营稳定的情况下，保证员工能进能出，合理调节好用工总量。

二是出台指导意见，建全激励工具箱。按照能用尽用、用好用足激励政策的原则，对国企改革“1+N”政策中的激励约束政策进行梳理，制订了中长期激励约束指导意见，建立了5类8种工具的“激励工具箱”。建全多层次、系统化的正向激励体系，满足前提条件的企业可在“工具箱”中自主选择适用的激励方式，最大限度地激发基层活力。

三是鼓励引导企业有序开展中长期激励。国检集团（CTC）2019年股票期权激励方案获批。中材电瓷员工持股试点不断深化。中材高新所属氮化物公司实施国有科技型企业股权激励，激励对象28人，以现金方式增资1686.27万元，持股比例为29.66%，个人持股不超过3%，同时建立了锁定和流转退出机制。中材科技开展共享分红激励机制，按照“三高五限三延期一追回（3531）”原则，激励金额按40%、30%、30%分三次延期支付，未达到考核目标，延期部分不予兑现。湖南中锂员工持股正在制订方案。

（五）深化混合所有制改革，探索差异化管控

集团通过发展混合所有制，并购重组民营企业，组建和壮大了水泥、石膏板、玻璃纤维、碳纤维等产业平台。截至2019年底，集团混合所有制企业约占企业总户数80%，在此基础上，着力优化治理、转换机制。

一是完善公司治理，发挥非公股东作用。集团在调研摸底基础上，研究制订发挥非公股东作用的操作指引。已在2家混合所有制企业试行，明年还将选择5家不同类型的企业扩大试行，随后在三、四级有非公资本的企业逐步全面推行。

二是促进股权流转，提高激励效用。制订混合所有制企业员工持股相关操作指引，明确股权流转退出机制的相关要求，并将选择不同类型的企业试行。

三是对国有相对控股混合所有制企业实施差异化管控。集团制订了国有相对控股混合所有制企业的差异化管控指导意见，明确经理层薪酬、履职待遇、业务支出标准等由国有相对控股混合所有制企业董事会依据国家法律法规、行业标准、所有地区水平合理确定。

四、成效与经验

（一）党建优势不断转化

中国建材集团党委认真学习贯彻习近平新时代中国特色社会主义思想，树牢“四个意识”、坚定“四个自信”、坚决做到“两个维护”。聚焦落实习近平总书记重要指示批示精神、党中央重大决策部署和国资委重要工作安排，充分发挥党组织政治领导力；聚焦企业文化建设、选树先进典型，充分发挥党组织思想引领力；聚焦卡脖子工程等重大项目和急难险重任务，充分发挥党组织号召力组织力，切实将党建工作的优势转化为企业发展优势，为企业生产经营各项任务的完成发挥了不可替代的作用。

1. 经营业绩不断提升

中国建材集团通过不断深化改革，激发发展活力，集团生产经营取得较好成绩。2019年实现营业收入3981亿元、同比增长14.4%，实现利润总额235亿元、同比增长13.8%，资产总额达到5962亿元、同比增长2.6%。中国建材集团已经成为全球最大的建材制造商、世界领先的综合服务商和新材料开发商，2020年世界500强位列187位，继续稳坐全球建材行业榜首位置。今年以来，中国建材集团坚持疫情防控和生产经营两手抓、两手硬，全力以赴做好各项工作，经营业绩好于预期，跑赢大市。郝鹏书记在中国建材集团一季度生产经营报告上批示“建材要加油，多作贡献”。2020年1月—8月利润总额、净利润均同比增长11%。

2. 发展动能不断强劲

通过战略性资源整合和调整优化，以基础建材产业利润反哺培育战略性新兴产业，在水泥、玻璃、石膏板、玻璃纤维、风电叶片、碳纤维、锂电池隔膜材料、薄膜太阳能电池、耐火材料、高性能陶瓷材料等领域形成突出优势，实现了跟跑到并跑、领跑的转变。在“卡脖子”技术攻关的同时，紧抓创新机遇，深度应用互联网、大数据、AI等技术支撑基础建材转型升级，在5G、特高压、智慧能源设施等领域以新材料助力新基建。

（二）改革红利不断显现

作为多项改革试点企业，集团获得了国资委更大力度的授权放权。基层改革试点企业先行先试、大胆探索，涌现出一批管理优秀、业绩优异、竞争力突出的骨干企业，形成“头雁效应”；同时边试点边

总结、发挥带动作用，形成“溢出效应”，引领和带动了集团企业深化改革。集团形成了浓厚的改革氛围，锻炼了一批市场化人才队伍。通过深化改革，完善内部机制，逐步营造了适合市场化人才成长和发展的良好生态，自身培养了一支意志坚定、守正出新、勇于担当、善于攻坚的经营管理团队，同时涌现出一批民营企业出身的优秀经理人、企业家，在总部机构调整中，着力打造“一人多能、一人多岗”的高素质人才队伍。

（三）社会影响不断扩大

党和国家领导人、国务院及国资委领导给予中国建材集团亲切关怀。多位领导同志到集团及所属企业考察调研，对集团党建、创新、改革、扶贫、经营等工作给予悉心指导，对集团自主创新、走出去、国际合作等工作予以表扬。

中国建材集团的稳健发展得到资本市场、金融机构、国际同行、上下游企业的广泛认可，行业地位和品牌价值进一步凸显，市场话语权和社会影响力进一步提高。集团连续两年上榜全球最具价值品牌500强，成功入选“中国品牌强国榜样100品牌”“中国品牌发展指数100强”。与中国银行、中信银行、平安银行等加强战略合作，在融资授信、推动产业创新、重组整合、国际化发展等方面拓展合作。与中国商飞、中国石化、国电投、长江三峡、中铝集团等企业，围绕民用航空复合材料、关键核心装备制造、新能源和走出去、生态保护和产业链协同、绿色发展等展开广泛合作。

成果创造人：周育先

中央企业建立职业经理人制度研究

周丽莎等　国务院国资委研究中心

一、成果背景

（一）建立职业经理人制度是推动中央企业完善现代企业制度的必然要求

建立现代企业制度是国有企业改革的正确方向。国有企业建立现代企业制度的基本主线是以产权清晰为前提、政企分开为核心，建立健全公司法人治理结构，确保企业决策科学、执行高效。2004 年以来，国务院国资委积极推动中央企业建设规范董事会，现建董事会企业已达到85 家，改革工作中坚持外部董事占董事会成员多数、企业家占外部董事多数，使公司决策层与执行层基本分开、决策权与执行权初步分离，科学决策机制逐步形成。要使中央企业公司法人治理达到理想运行状态，关键还要进一步解决好高效执行的问题。探索建立职业经理人制度，以契约管理为纽带，进一步理顺出资人、董事会和经营管理者之间的层层委托代理关系，使国有资产保值增值的责任层层到位、压力层层传递，确保董事会的各项重大决策高效实施、执行到位，从而进一步促进中央企业治理体系和治理能力现代化。

（二）建立职业经理人制度是加强中央企业领导班子建设的重要举措

搞好国有企业必须有一个坚强的领导班子和一支本领过硬的领导人员队伍。改革开放以来，国有企业领导班子建设取得了显著成效，驾驭市场经济的能力水平明显提高，凝聚力、战斗力和创造力明显增强，有力推动了国有企业改革发展。但也应当看到，国有企业领导人员队伍仍在一定程度上存在结构不合理、能力不适应、活力不足等问题。职业经理人制度就是通过健全的市场配置机制不断提升职业经理人的专业素养，就是通过外部信誉机制进一步增强职业经理人的职业操守，就是通过合理的激励机制持续激发职业经理人的履职动力，就是通过能上能下、能进能出的契约化管理不断优化职业经理人队伍的结构，从而进一步提高企业领导人员队伍活力和治企水平，为中央企业做强做优、世界一流提供更加坚强的人才保障。

（三）建立职业经理人制度是推进中央企业市场化、国际化的现实需要

改革开放以来，国有企业改革始终沿着市场化方向前进，特别是2003 年成立国资监管机构，实现政企分开、政资分开，国有企业进一步转换经营机制，按市场经济规律办企治企，整体上已经与市场经济相融合。但国有企业人才资源的配置，特别是企业领导人员配置的市场化程度还未完全适应市场经济的需要，能上难下、能进难出的问题尚未有效解决。建立职业经理人制度，就是要建立企业与人才之间的契约关系，通过市场化激励使人才的价值创造得到尊重，通过市场化流动使人力资本增值，关键是实现职业经理人能上能下、能进能出，充分体现市场在人才配置中的重要作用。与此同时，经济全球化深入

发展，中央企业顺应历史潮流积极实施“走出去”战略，大力拓展海外业务，参与全球产业链和价值链分工协作，成为我国参与国际竞争的主力军。但应当看到，中央企业领导人员队伍整体上还难以适应企业“走出去”的需要，高层次国际化经营管理人才短缺。建立职业经理人制度，就是要更好地打通国内国际两个人才市场、用好用活国内国际两种人才资源，用专业化的人才做专业化的事情，加快打造一支综合素质高、经营能力强、熟悉国际商业规则的国际化经理人队伍，引领中央企业更好地实施“走出去”战略。

二、主要内涵

本成果首先针对国外对职业经理人制度的相关理论认识进行了系统梳理，主要包括：国外职业经理人产生与发展历程；国外职业经理人制度理论研究分别在内涵界定方面、选聘方面、薪酬激励方面、约束方面的主要结论；国外职业经理人制度的优缺点等相关内容。

（一）职业经理人的特征和范围界定

1. 职业经理人的基本特征

从国内外理论研究和具体实践看，职业经理人一般具有以下基本特征：

（1）契约关系。职业经理人群体的产生和发展以企业所有权与经营权分离为前提。出资人或企业与职业经理人之间通过平等协商，签订聘任协议，约定双方的责任、权利和义务，两者是平等的法律主体。

（2）市场属性。主要体现为，职业经理人的人力资本价值由其经营业绩决定，通过市场竞争实现，通过协议薪酬反映。

（3）领军地位。职业经理人一般享有比较充分的经营权，处于企业经营管理团队的顶端。理论界普遍认为并经实践反复证明，出资人与职业经理人之间的契约具有不完全性。在所有权与经营权分离的条件下，出资人把企业经营权授予职业经理人，一方面有利于充分发挥职业经理人的聪明才智，另一方面，授权后经营目标好确定、履职业绩好考核、利益分配好兑现，双方的责权利更清晰，可在一定程度上弥补不完全性契约的缺陷，而只有具备足够胜任能力、处于经营管理团队顶端的高层管理者，才是企业经营权的合适承载主体。

（4）职业水准。职业经理人把成功经营企业作为职业理想，具有忠实于出资人的职业操守和经营管理企业的职业能力。职业经理人一般都应当具有强烈的事业心和责任感，对国有企业的职业经理人还要有政治底线要求；应当具有必备的专业知识、宽广视野、商业直觉和创新能力，多谋善断、协调各方、高效执行；应当具备勤奋敬业、成熟稳重、诚信正直、包容团结等个性品行。

2. 职业经理人的界定和范围

对现代企业中职业经理人的范围大致有2种意见：一是狭义上的职业经理人。即企业经营管理团队的最高层；二是广义上的职业经理人。即企业中层以上管理者都属于职业经理人范畴，包括从事营销、信息、财务、人力资源等专项管理工作的负责人。此外，也有人认为，竞争性国有企业的内部董事长也可以说是职业经理人。

结合中央企业职业经理人制度建设尚处于探索起步阶段的实际，本成果采用狭义的职业经理人概念，将中央企业职业经理人定义为受出资人或董事会聘任而经营管理企业的职业化高级管理人员，具体包括总经理（总裁）、副总经理（副总裁）、非由出资人派驻的总会计师（或财务总监）。鉴于董事会与经理层之间的委托代理关系，内部董事长名义上是出资人代表，暂不将内部董事长纳入职业经理人范畴。

（二）国外职业经理人制度的现状

本成果梳理总结了国外职业经理人制度的现状：一是采用从企业内部为主的选拔培养方式，二是采用以出资人和市场相结合的评价方式，三是建立以中长期激励为主的薪酬和激励制度，四是采用以内部监督和市场约束相结合的监督约束机制。

本成果还针对国外企业职业经理人管理的典型做法进行梳理，其中包括法国电力公司“系统的职业经理人制度设计”、加坡淡马锡公司“两权分离、市场选聘的典范”、美国国际商用机器有限公司职业经理人、通用电气公司“培养卓越企业领导人的西点军校”等案例，并总结了职业经理人制度相关启示与借鉴。

（三）国内职业经理人制度的发展与现状

1. 非公有制企业职业经理人制度发展概况

本成果分析并总结了外资企业职业经理人制度的特点：一是经历了持续的本土化过程。二是采用了国际化的管理政策。三是打上了国际化的深深“烙印”。外资企业职业经理人发展面临的困境：一是外资企业的竞争力相对降低。二是学习发展的机会有限。三是薪酬吸引力减弱。四是职业发展存在“玻璃天花板”。

本成果分析并总结了家族型民营企业职业经理人制度的特点：一是选聘方式完全市场化。二是薪酬待遇较高。三是职业经理人素质整体不高。四是具有较高的流动率。民营企业职业经理人发展面临的困境：一是民营企业公司治理不完善。二是互信机制尚未真正建立。三是职业经理人与老板的理念冲突较难调和。四是企业内部管理不规范。

本成果分析并总结了创业型民营企业职业经理人制度的特点是：相对而言，创业型民营企业的职业经理人制度较为成熟和完善，公司治理规范，在一定程度上避免了创始人与职业经理人之间的控制权冲突；市场化程度很高，对选聘职业经理人的目的有明确认知，选聘渠道多样化，选人用人视野广泛。职业经理人流动灵活、退出机制畅通，基于契约化管理和业绩考核，能上能下、能进能出。

本成果分析并总结了改制型企业职业经理人制度的发展和特征，指出改制企业的职业经理人制度是在渐进式改革中实现了渐进式发展，原企业管理者通过“转身份”仍留在企业管理层，防止了外聘职业经理人可能引发的“水土不服”，同时也相对保持了企业的稳定运行。

2. 国有企业选用职业经理人的探索实践

本成果详细梳理了国有企业选用职业经理人的历史沿革，并以中央企业职业经理人制度建设为例分析其主要做法、存的问题和障碍，根据调研情况初步概括出四种模式：一是完全竞争性企业的全面探索模式。二是集团新设子公司和新兴业务板块的“特区”模式。三是混合所有制企业的“双轨”模式。四是竞争性较低企业的零星试点模式。

三、主要措施和效果

党的十八届三中全会明确提出，“建立职业经理人制度，更好发挥企业家作用”，这是推动国有企业完善现代企业制度重大举措。探索在中央企业建立职业经理人制度，必须牢牢把握社会主义市场经济改革方向，坚持从我国国情和国有企业的企情出发，突出问题导向，抓好顶层设计，加快建设高素质职业经理人队伍，积极实施职业经理人市场化选聘和契约化管理，完善职业经理人市场化选用育流机制，逐步形成系统配套、科学有效的职业经理人制度体系。

（一）建立职业经理人制度的总体要求

1. 指导思想

探索在中央企业建立职业经理人制度，必须坚持以邓小平理论、“三个代表”重要思想和科学发展观为指导，深入贯彻习近平总书记系列重要讲话精神，准确把握国有企业市场化改革方向，坚持党管干部原则，创新党管干部原则的有效实现形式，以深化规范董事会建设为契机，以职业经理人市场化选聘、契约化管理为主线，突出问题导向，抓好顶层设计，以改革创新精神解决体制机制障碍，逐步建立健全市场化选人用人机制、科学合理的薪酬激励机制、权责统一的监督约束机制、注重实效的培养开发机制，形成系统规范、科学有效的职业经理人制度体系，打造一支德才兼备、富有活力、业绩突出的职业经理人队伍，更好地发挥企业家作用，促进中央企业治理体系和治理能力现代化。

2. 基本要求

探索在中央企业建立职业经理人制度，总的要求是：把握方向、抓住主线，实事求是、改革创新，规范起步、试点先行，注重协同、统筹推进。

（1）把握方向、抓住主线。就是要坚持市场化的改革方向，突出竞争导向和实绩导向，大力推进职业经理人市场化选聘、契约化管理，推动职业经理人的有序流动和市场认可。

（2）实事求是、改革创新。就是要结合国情、企情，按企业规律办事，用改革创新的办法和扬长避短的思维，将职业经理人制度的内在活力与党管干部原则的特有优势紧密结合起来，转化成中央企业的人才发展优势和市场竞争优势。

（3）规范起步、试点先行。坚持高标准、规范化设计中央企业职业经理人制度体系，做到形似神也似；坚持顶层设计与摸着石头过河相结合，采取试点方式推动改革落地、规避创新风险，总结完善可推广、可复制的经验和模式。

（4）注重协同、统筹推进。在中央企业推进职业经理人制度建设要采取“拧螺丝”的办法，注重循序渐进、统筹考虑，强化与企业人事制度整体改革的协同配套，确保改革取得扎实成效。

3. 模式选择

中央企业建立职业经理人制度，主要有增量改革模式、存量改革模式两条实现路径，可根据实际情况，择优选择。

（1）增量改革模式。即从市场上择优选聘部分职业经理人嵌入企业经营班子，实行市场化选聘、契约化管理。该模式的主要特点是“双轨制”，原经理层成员仍然按照体制内的方式管理。优点是：实施的难度相对较小，不会造成现行管理模式动荡，但“一企两制”方式，将造成不同经理层成员待遇差别大，不利于发挥经营班子的整体功能。

（2）存量改革模式。即推进现行经理层职业化，全部实行市场化选聘、契约化管理。该模式的主要特点是“整体转身”，但需要有效解决“能下”、“能出”问题，而且若全部经理层成员都是职业经理人，那今后组织选拔企业负责人，是否能从职业经理人队伍产生，则面临新的困惑。

（二）职业经理人的市场化选聘

党的十八届三中全会提出，国有企业要合理增加市场化选聘比例。实行市场化选聘是建立职业经理人制度的关键环节和题中之义。“市场化”是与“计划”相对应的一个概念，是指在开放的市场中，以市场需求为导向，采取竞争手段，实现资源合理配置和效率最大化目标。从这个意义上看，职业经理人的市场化选聘，一般应满足“三机制一保障”四项基本要素，即供求机制、竞争机制、议价机制和平等契约的法律保障。也就是说，不仅包括用市场化方式选，还必须用市场化方式聘或市场化方式管。

1. 探索推行职业经理人聘任制

在中央企业推行职业经理人聘任制，主要基于以下理由：第一，与社会主义市场经济相适应。党的十八届四中全会指出，“社会主义市场经济本质上是法治经济”，明确提出“维护契约”的基本导向，大力倡导契约精神。第二，有利于在人才资源配置中全面引入市场机制。实行聘任制，职业经理人的责权利和进退流转都以契约为基本遵循，一定程度上防止“把干部包下来”的问题。第三，有利于淡化企业的行政化色彩。聘任制条件下，职业经理人没有行政级别，从而促使职业经理人逐渐去除“官本位”思想。

2. 创新完善职业经理人管理体制

（1）依法落实董事会的选人用人权

从当前的实践看，关键是外部董事要高素质、真正发挥作用，在董事会形成对“内部人”的有效制衡，否则，授权董事会选聘和管理经理层，有可能导致公司重大决策、监督执行、选人用人等核心权力高度集中，比过去的总经理负责制风险更大。此外，在推进董事会选聘和管理公司高管人员时，经理层的选人用人权也要同步落实，包括总经理对经理层副职的提名权和业绩考核建议权，并让经理层在业务线中层管理人员任免中充分发挥作用。

（2）创新党管干部原则的有效实现形式

在国有企业坚持党管干部原则，是坚持党对国有企业的领导，充分发挥党组织政治核心作用的重要组成部分，任何时候都不能动摇，但党管干部原则的具体实现形式要与时俱进，不断创新发展。创新的突破点，主要是在“三个结合”上做文章，即坚持党管干部原则与董事会选择经营管理者、经营管理者依法行使用人权相结合，发挥现代企业制度优势与发挥党的组织优势相结合，组织考察推荐与引入市场机制相结合。

中央企业建立职业经理人制度后，党组织的选人用人职责作出相应调整。按照管理权限，上级党组织的主要职责包括：①制定职业经理人一般性资格标准和选任程序。②核定并管理经理层职数，防止搞平衡照顾，拉长“板凳”。③面向全部中央企业分专业建立职业经理人“人才池”。④职业经理人选聘过程中，向董事会差额推荐人选，参与拟任人选考察，并对职业经理人实行任前备案管理。⑤监督董事会和经理层依法行使用人权，对不适宜人选行使否决权。⑥制度规定的其他职责。企业本级党组织的主要职责包括：①会同董事会研究制订企业内部人事管理制度。②会同董事会研究制定本企业职业经理人选任的具体标准和程序。③向上级党组织推荐职业经理人“人才池”人选。④组织本企业职业经理人拟任人选考察。⑤监督董事会和经理层依法行使用人权。⑥组织建设所属企业职业经理人“人才池”。⑦制度规定的其他职责。

3. 改进完善市场化选拔任用方式

中央企业职业经理人队伍建设坚持内外结合，内部有多名成熟人选的，可以实行竞争性选聘；内部没有合适人选，或对业务发展急需紧缺的优秀人才，采取公开招聘、委托人才中介机构推荐等市场化方式猎取；对于国际化程度高、专业性强的高级管理岗位，引入熟悉国际规则、具有跨文化经营管理能力的高层次国际化人才。对市场上引进的职业经理人，可委托中介机构开展职业信用尽职调查，防止出现聘任风险。根据工作需要，建立符合中央企业特色、充分体现岗位要求的职业经理人胜任力模型。选聘工作中，探索引入评价中心技术等先进人才测评技术。

（三）职业经理人的契约化管理

契约化管理是实现职业经理人市场化选聘的根本举措，也是落实职业经理人聘任制的关键抓手。在中央企业建立职业经理人制度，契约化管理是不得不攻克的改革难题。本研究认为，在做好市场化选聘工作基础上推进契约化管理，还需进一步在建立聘任协议制度、健全业绩合同管理、强化考核评价、完善薪酬分配和激励机制等方面取得新突破。

1. 建立职业经理人聘任协议制度

在建立职业经理人制度的中央企业，聘任协议制度是确保职业经理人聘任制真正落地的根本性制度，聘任协议一般包括职业经理人聘期、岗位职责、业绩考核标准、薪酬和激励政策、商业秘密责任、竞业禁止义务、合约终止条件（包括离职或解聘条件、离职补偿等）、责任追究等基本要素。

2. 实行职业经理人业绩合同管理

对职业经理人一般实行经营目标责任制，由董事会与总经理签订经营目标责任书或业绩合同，明确业绩考核指标、目标值及考核评价方法，作为聘任协议的重要补充；总经理再将经营目标进行分解，与经理层副职逐一签订岗位业绩合同，确保企业经营战略有效落地。业绩考核指标的设置以企业战略发展目标和经董事会批准的年度经营预算目标为主要依据，结合企业所处的发展阶段、行业特点和不同岗位的履职要求，有针对性地设置考核指标，实行“一岗一策”的精细化、个性化考核。业绩考核一般以聘期考核为重点。同时还要注重职业经理人综合评价，重点看其能力素质、职业操守和履职表现，并与其工作实绩相对照、相印证，进而对职业经理人的岗位适配性及其发展潜力作出评估。也可逐步探索引入市场评价机制，如在业绩考核中引入市值指标，参考资本市场对企业的研究报告，分析职业经理人的行业影响力等。考评必须从严，对出资人有失信行为的，或者触碰法律底线、廉洁红线的，应当零容忍，一票否决。考评结果与职业经理人的薪酬分配、激励以及是否续聘建立硬性链接，作为主要依据。汇总分析历年考评结果，建立健全职业经理人诚信档案和业绩档案。

3. 完善薪酬分配和激励政策

中央企业职业经理人的薪酬应当逐步市场化，但市场化并不意味着普涨工资，而应该是“有涨有降”。对于声誉好、能力强、业绩突出、市场上抢手的职业经理人，薪酬该高的还得高上去，否则留不住优秀人才，甚至流失后被竞争对手所用；但当市场上有更低成本的职业经理人可替代现有人选时，则应当及时把薪酬调下来，不能长期偏离市场价位。

职业经理人的薪酬结构和水平由董事会根据国家关于国有企业负责人薪酬分配差异化改革的相关政策，与职业经理人协商确定，报履行出资人指责的机构备案。对企业处于完全竞争领域、业内职业经理人市场比较成熟的，可以进一步探索年度薪酬与职业经理人的市场价位挂钩，更好地体现职业经理人的市场价值。建立健全薪酬延期支付和追索扣回制度，探索股票支付等创新性付薪方式。优先在试点企业推行股权激励（依赖于成熟的资本市场）、任期激励、超额利润分享等中长期激励计划，形成出资人与职业经理人利益共同体。

4. 健全职业经理人监督约束机制

（1）着眼于降低契约风险，强化契约约束。从国外的实践看，严格执行契约是约束职业经理人行为、防范职业风险的重要手段之一。如美国法律规定，职业经理人受聘时要签订严谨的聘任合同，约定职业经理人不得泄露公司商业秘密和专利技术，解聘后一定时期内也不得加入原聘企业的竞争对手公司。本成果总结启示：中央企业董事会在与职业经理人协商签订聘任协议时，要尽可能做到周延，不仅要明确职业经理人的职责范围、权利边界和履职目标，还要对不被允许的行为及其违约责任作出规定，确保法律上具有可追溯性。一旦职业经理人出现违约行为，双方协商不能达成一致意见的，就应及时拿出法律武器，通过诉讼解决纠纷、追究责任，切实维护聘任协议的严肃性。

（2）着眼于降低执业风险，完善内部监督。要强化董事会、党组织对职业经理人行权履职的全程监督，建立责任追究机制，严格追究失信、失职、渎职和其他违规违纪责任。要完善内控机制，健全监督机制，强化纪检、巡视对职业经理人中党员的纪律监督，形成监督合力，提高监督效能。对具备条件的二三级公司，可以探索总会计师（或财务总监）委派制。根据企业改革发展需要，可以探索风险抵押金或执业风险金制度，当出现重大经济损失或者企业经营失败且须由个人承担经济赔偿责任时，由风险抵押金或执业风险金予以赔付，实现出资人与经营者之间的风险共担。

5. 职业经理人的市场化退出

职业经理人的退出应以契约（即聘任协议及其补充协议）为基本遵循，依据聘任协议和业绩考核结果决定上下去留，对于聘期届满未续聘的，企业与职业经理人之间的聘任关系自然解除。职业经理人聘期未满退出主要有三种情况：一是出现了聘任协议约定的应当解聘的情形；二是发生违法违纪、违反国家政策等行为并被追究责任；三是协商退出。聘任协议应当事先就协商退出相关事宜作出约定，明确离职补偿标准。应当注意的是，补偿是相互的。若职业经理人因个人原因主动提出辞职，则应向企业支付经济补偿；若董事会主动提出终止合约，则应向职业经理人支付离职补偿。

探索建立职业经理人履职行为“负面清单”制度，并在聘任协议中约定，触碰“红线”时一票否决。探索建立职业禁入制度，对有违法违纪、严重失信失职行为的职业经理人，在中央企业甚至各级国资委所监管企业范围内实行职业禁入，一定期间不允许担任企业中高级管理人员。

（四）职业经理人队伍的培养与开发

对中央企业职业经理人队伍的培养开发，要坚持政治素质和职业素养并重，注重政治立场，提高忠诚度，培育企业家精神，增强契约观念，提升专业能力，促进职业经理人市场化、专业化、国际化发展。

1. 注重提高职业经理人的政治素质

包括中央企业在内的国有企业是推进国家现代化、保障人民共同利益的重要力量，是我们党执政的重要基础。中央企业的职业经理人不仅要切实履行好国有资本保值增值的经济责任，还要服从服务于国家战略和国家大局，关键时刻、紧要关头勇担政治和社会责任。要利用“一校五院”的教育培训平台，有计划地组织职业经理人参加不同层次的政治理论学习，牢固树立政治底线意识和大局意识、责任意识，增强贯彻党和国家方针政策的自觉性、坚定性。大力弘扬社会主义核心价值观，使职业经理人牢固树立正确的价值观、事业观、业绩观，提高道德情操，增强人格魅力，维护中央企业职业经理人的良好社会形象。

2. 着力提升职业经理人的职业素养

对职业经理人的培养培训应当突出以下方面：一是忠诚度。要把追求企业成功作为职业理想，忠实于出资人，有做强做优中央企业的强烈事业心和使命感。二是契约精神。要增强法治思维、契约观念和规则意识，带头重约、护约、守信践诺。三是治企能力。要强化职业经理人的市场意识及应对危机和处理复杂问题的能力。可考虑依托国资委牵头的“企业经营管理人才素质提升工程”，实施中央企业职业经理人专项培养计划，系统性地提升职业经理人的综合素质和职业素养。

坚持以企业为主体，充分调动企业的积极性，形成企业自主投入、自主实施、自主管理的人才培养开发机制。指导中央企业通过科学规范的流程，发现、评估、遴选有发展潜力的经营管理人才，引导他们树立职业经理人的发展目标；鼓励和引导企业开展形式多样的职业经理人培养计划。支持鼓励中央企业开发体现本企业特点的职业经理人胜任力模型，以此为基础有针对性地开展培养培训。

3. 探索实行总经理继任计划

着眼于未来十年甚至更长时期培育世界一流企业的需要，在加强职业经理人“人才池”建设的基础上，持续追踪关键岗位的高潜能人才，差额遴选总经理继任人选。对继任者的培养周期一般为 8 年—10 年，要有计划地安排候选人进行多岗位历练，并定期对候选人进行评估，按照优进绌退原则，建立继任人选持续筛选和动态调整机制。

4. 大力营造职业经理人文化

适应现代企业制度要求，指导推动中央企业深化市场化改革，强化企业与经营管理人员的契约关系，去除干部身份和“官本位”思想。要积极培育与职业经理人制度相适应的企业文化，营造良好的工作氛围，督促企业充分信任、放手使用职业经理人，让职业经理人有职、有责、有权，能够心无旁骛干事创业，在推动企业科学发展中实现职业理想。要大力宣贯职业经理人的市场理念和契约观念，认可他们的市场价值和对企业、对社会的价值贡献，引导他们把忠实勤勉、守信践诺作为职业信条；大力弘扬企业家精神，表彰优秀职业经理人，提高职业经理人的市场认可度和社会知名度，增强职业经理人“精于此道、以此为荣”的职业归属感和成就感。

成果创造人：周丽莎、李寒湜、胡　钰、王国义、肖　雪、付学博、
王京波、孙王敏、牟　伟　国务院国资委研究中心

【参考文献】

[1] Jensen M C, Meckling W H. The theory of the firm: managerial behavior, agency costs, and ownership structure[J]. Journal of Financial Economics, 1976 (10).

[2] 小艾尔弗雷德·D·钱德勒：《看得见的手—美国企业的管理革命》[M]. 商务印书馆，1987 年.

[3] 亨利·明茨伯格(Henry Mintzberg)：《经理工作的性质》[M]. 中国社会科学出版社，1986 年.

[4] 彼得·德鲁克：《卓有成效的管理者》[M]. 上海译文出版社，1999 年.

[5] 萨伊：《政治经济学概论》[M]. 商务印书馆，1963 年.

[6] Delery, J. E. and D. H. Doty (1996). Modes of theorizing in strategic human resource management: tests of universalistic, contingency, and configurations performance predictions. Academy of Mangement Journal 39(4).

[7] Richard E. Boyatzis. The competent manager: A model for effective-performance[M]. New York: John Wiley&Sons, 1982.

[8] 吉姆·柯林斯(Jim Collins)和杰里·波拉斯(Jerry I. Porras)：《基业长青》[M]. 中信出版社.

[9] 汪显东：《中央企业经理团队管理问题研究》[D]. 华中师范大学硕士论文，2012 年.

[10] 付云龙：淡马锡模式在中国应用推广研究[D]. 哈尔滨工业大学工商管理硕士学位论文，2006 年.

[11] 仲继银：百年 IBM-职业经理人的善治奇迹[J]. 董事会，2010 年.

[12]鲍勃·科卡伦:GE自白我们如何培养经理人[J].中外管理,2002年10月.

[13]根据东华大学2005年发布的“外资企业文化冲突与跨文化管理”调查报告,上海许多大型外资企业的中方高级职员流动率每年高达40%.

[14]罗欣,中国民营企业发展历程考察.中国浦东干部学院学报,2012年第3期.

[15]全哲洙,中国经营经济三十年发展历程与未来展望,在第四届中国民营企业投资与发展论坛上的讲演,2008年5月11日.

中国国资改革：困惑、误区与创新模式

刘纪鹏等　中国政法大学

一、引言

1988 年 5 月，国务院批准设立国家国有资产管理局，代表国家行使国有资产的监督管理权；1998 年 7 月，国有资产管理局撤并，国资监管职能分散至各个部门；2003 年 3 月，国务院国有资产监督管理委员会（以下简称“国资委”）成立作为专门的国有资产监管部门。从真正提出“国资改革”代替“国企调整”算起，探索已愈三十载，至今仍是新时代中国特色经济体制改革的重要内容。党的十九大报告指出“要完善各类国有资产管理体制，改革国有资本授权经营体制，加快国有企业经济布局优化、结构调整、战略性重组，促进国有资产保值增值，推动国有资本做强做优做大，有效防止国有资产流失。”在十九届四中全会精神指引下，2019 年 11 月召开的国务院国有企业改革领导小组第三次会议提出：“未来三年是关键的历史阶段，要落实好国有企业改革顶层设计，抓紧研究制定国有企业改革三年行动方案，明确提出改革的目标、时间表、路线图。”2019 年 12 月，中央经济工作会议要求：“要制定实施国企改革三年行动方案，提升国资国企改革综合成效”。2020 年～2022 年是国务院国资委制定并推动“三年行动方案”落地的战略节点，是国企改革坚持市场化方向、抓落实提成效的重大攻坚克难时期，亟待解决国资改革中的困惑并探索出新的模式。

站在新的历史起点上，面对错综复杂的国内外经济环境，探索国资改革创新模式的意义在于，一是构建竞争中性营商环境，让国资企业公平参与市场竞争；二是在国资国企改革“三年行动方案”的目标指引下把中国的国资改革引向深入。

（一）构建竞争中性营商环境

全球市场经济从自由竞争转向公平竞争，在此背景下，如何通过完善国有资产管理的体制机制，从而规避国际社会对中国国有企业“扭曲竞争”的质疑，是中国在“一带一路”倡议和打造人类命运共同体目标指引下，进一步扩大对外开放、加深国际经济交流合作所要解决的一个核心难题。目前，经济合作与发展组织（简称“OECD”）所提出的竞争中性原则已成为国际多边经贸协定的重要内容，全球已有 40 多个国家适用竞争中性原则[①]。因此，中国在与其他国家或地区签订贸易协定时，应主动就竞争中性规则达成共识。

然而，长期以来，中国国有企业在参与国际竞争时因与“竞争中性”原则不一致而备受质疑。实际上，这些问题由来已久，原因之一就在于国资委作为既当国有资产的监管者又当国有资产的出资人，既当“裁判员”又当“运动员”，使得国有企业无法在国际经贸活动中作为被认可市场竞争主体。

第一，国资委直接担任国有企业的出资人使国资委不得不陷入民商法纠纷中，负有财产连带责任，难以在国际民商事纠纷中维护国家利益。2009 年，厦门船舶重工股份有限公司和福建省马尾造船股份有限公司双双被希腊船方诉至美国地方法院，并均将中华人民共和国列为被告（刘纪鹏、曾斌，2012 年）。尽管在美国法院的判决里中方获得胜诉，但不得不引发学界和政策界对中国企业在国际竞争中如何遵守国际规范的深层次思考。上述纠纷的产生与国有企业的股权结构密不可分，两家公司均隶属于福建省船舶工业集团，而福建省船舶工业集团则由福建省国资委100% 持股，因此福建省国资委这一政府序列的特设机构是3 家涉诉企业的实际出资人。希腊方根据《美国外国主权豁免法》[②]主张将涉诉的3 家公司认定为政府的“代理机构或工具”。希腊船方诉讼案的警示是，在“国资委—国有企业”两层次结构中的国有企业时刻面临着被国际社会认定为政府的“代理机构或工具”的隐患，因此，在两者之间搭建国有资本出资人的代理主体成为一个必然选择。

第二，中国国有企业被国际社会普遍质疑是否公平参与市场竞争，主要表现在政府财政补贴、政府信用支持、行政垄断、市场准入等方面。在2018 年举办的 B20 阿根廷会议上，就曾有国家提出“列入国企扭曲竞争”议题[③]。据测算，从政府补贴来看，在中国境内上市公司中，2018 年中央国有企业和地方国有企业所获政府补贴金额的均值分别为4. 3 亿元和1. 53 亿元，远高于民营企业获得政府补贴的均值（0. 73 亿元）；从政府信用支持来看，在 A 股上市公司中，2018 年国有企业平均融资额为11. 1 亿元，而民营企业平均融资额则不足1 亿元；从行政垄断来看，国有企业在石油、天然气等能源产业开采环节占有绝大多数的市场份额（巴曙松，2019 年）。

通过上述可见，完善国有资产管理体系迫在眉睫，传统的国有企业和市场经济兼容度不高，但是国有资本这种形式却可以和市场经济规则实现对接（刘纪鹏，2014 年；平新乔，2015 年）。需要通过构建国有资本投资公司和国有资本运营公司以规避政府部门补贴、国家垄断等不公平竞争的问题，让国有企业摘掉政府“代理机构或工具”“竞争扭曲”的帽子，成为公平参与市场竞争的现代股份公司。

（二）“三年行动方案”目标指引下把国资改革引向深入

2015 年，国务院国资委、财政部、国家发展改革委联合发布《关于国有企业功能界定与分类的指导意见》提出“将国有企业界定为商业类和公益类”。2017 年《国务院国资委以管资本为主推进职能转变方案》提出“建立健全国有资本运作机制，组织、指导和监督国有资本运作平台开展资本运营，鼓励国有企业追求长远收益”。上一阶段的“国企改革”已取得了一些阶段性的成果，一系列改革政策对内带来了国企内部治理的完善和代理成本的下降（孔东民等，2014 年；李文贵等，2017 年）；对外则通过优化要素配置、溢出效应提高了经济增长速度（许召元、张文魁，2015 年）。现阶段，只有坚持市场在混合所有制经济中的主导地位，才能发挥经济绩效（李建标等，2016 年）。深化国资改革的关键在于从理论方向到实践行动上深入落实从管企业到管资本的改革。近年来，政策制定者和学术界从国资改革的宏观目标、国资委的职能定位、国有资本的运营机制、国企混合所有制改革等多方面探讨了国资改革的方法论。然而，国资改革仍然缺乏将宏观整体把控和实现中微观运行机制相结合的指导性办法。

从国有资产监管体制来看，为了有效解决国资委在市场中既是“裁判员”又是“运动员”的矛盾，化解“政企不分”“政资不分”的问题，一些学者指出应架构三层国有资本管理模式，即“国资委—国有资本投资公司—国有企业”的形式，也就是从政府与企业的直接对接，改为在中间再设立一层国有资产产权经营机构，这个机构面对政府进行授权经营，面对下面的企业则是作为控股公司（刘纪鹏，2014 年；肖亚庆，2016 年）；这些国有控股公司一般不进行自身的业务经营，而是主要通过对子公司的产权管理，最终实现资产保值增值（李炳堃，2017 年）。这种框架模式从职能上明确了国有资本授权经营体系的各部分具体职能，上层是国有资本的监管机构，作为中间层的国有资本投资公司则以最下层的企业股东的身份出现，并通过股权投资等方式进行国有资本的布局，实现国有资本的“有进有退、合理流动”。在三层次架构设计中，国资委、国资投资公司和国企三者相互形成制约又彼此在各自领域进行更加合理的资源配置，同时应进一步完善市场制度和现代企业制度（戴秦等，2018 年）。但是，也有部分学者认为，应该以国有企业为核心进行国有资本改革，而不是先从国资委的宏观治理结构出发（宋方敏，2018 年）。这种以管企业为核心的改革是片面的，当前国资改革的核心应牢牢把握出资人职责定位，进一步明确国资监管边界，以管资本为主改革国有资本授权经营体制。

反观国际经验，除了上述提及的“三层次模式”，国资监管主要还是采用简单的“两层次模式”，即政府按不同方式直接管理国有企业，并没有设中间层进行产权经营，目前比较有代表性的国家包括美国、加拿大、法国、德国、巴西等。但就上述提到的采用“两层次模式”的西方国家而言，其国有资本在社会资本所占比重远不及我国，其立法规制或管理的重点多数在于对国有资产的保护以及国有资本的售卖等产权变动内容，其资产也偏向于“国有资源”的定义，而不是我们所认为的资本的定义。国际上采用“三层次模式”的国家，包括新加坡、意大利、奥地利、英国、西班牙等。其中，最为著名是新加坡的淡马锡模式，其核心经验是建立由董事会进行决策的淡马锡控股公司，较好地理顺了政府和市场的关系，这种模式一方面能够完成国资的市场对接，使市场在资源配置中起决定性作用，同时又不丧失政府的服务与引导作用（潘泽清，2017 年）。值得注意的是，中国以管资本为主的国资管理改革不可与淡马锡模式简单画等号（焦欢，2016 年）。中国的国有资本投资既要注重投资收益，又要体现国家战略，必须牢固树立国资监管机构对国有资产特别是营利性国资的统一监管地位（刘纪鹏，2014 年），国有资本投资公司的投资方向应该充分体现国家意志（闫妍等，2015 年），国有资本应该引领经济发展、实现国有资产保值增值（刘纪鹏，2014 年）。实证研究也表明，自 2003 年国资委设立以来，国资委作为外部监管者，发挥了改善国有企业经营绩效和改制成效的作用（盛丹、刘灿雷，2016 年）。

从国有资产的分类管理体系来看，在现代市场经济中，各国公认的国有企业通常是纳入政府公共预算的公法人，一般只存在于较少的特殊公益领域或者仅靠市场行为解决不了、政府必须干预的领域。国有企业通常由各国财政部监管，其管理人员则可以是公务员身份，薪酬不进行市场化。例如美国的“两房”（即房地美、房利美）和中国“两储”（中储棉、中储粮）都是典型的国有公益性独资企业。因此，以保障功能为主要职能的国有企业概念是国际通行标准，结合我国国情，中国的特色发展方向应在商业领域拥有强大的国有资本和混合所有制下包容外资和私人资本建立的现代股份公司，从而与市场经济制度相适应。

中国在竞争领域保持强大的国有资本，需在两点同步推进：一是遵循民商法背景下的一般准则，在国资背景下构造的现代公司和传统国企截然不同，在竞争领域由国有资本控股和参股的现代股份公司能够有效实现与市场经济的对接，平等地和国际上其他类型的现代股份公司竞争；二是在一些公益领域保持国有独资和全资形态的国有企业，由财政部管理。中国国资改革的道路探索进程中应尊重国情，借鉴国际经验，走自己独特的发展之路。西方国家往往只是在公益领域有国企，中国则应在竞争领域有强大的国有资本，让竞争领域强大的国资企业成为参与现代市场经济中的“运动员”，而国资监管机构则发挥“裁判员”的作用，中间层的国有资本运营和投资公司则起到“教练员”的作用。

二、中国国资改革的困惑与误区

2015 年《中共中央、国务院关于深化国有企业改革的指导意见》（中发〔2015〕22 号）（以下简称“22 号文”）虽然在理论上明确了深化国企改革的方向，提出“经营性国有资产实现集中统一监管”，“分类推进国有企业改革”，即推进处于充分竞争行业和领域的商业类国有企业，处于关系国家安全、国民经济命脉的重要行业和关键领域、主要承担重大专项任务的商业类国有企业和公益类国有企业分类改革。

深入落实国资改革工作，化解实践和认识脱节的现象，必须走出国企改革始终改企业的行动误区，将改革目标向国有资本转变，把对所有者的改革作为抓手。现阶段中国的国有资本所有者由不同的部门分别代表，例如，《企业国有资产法》中规定，“国务院和地方人民政府根据需要，可以授权其他部门、机构代表本级人民政府对国家出资企业履行出资人职责”，国家出资企业应当“接受人民政府及其有关部门、机构依法实施的管理和监督”，导致了九龙治水的局面。特别是财政部和国资委都在管理经营性国资，不同层级的行政区划管辖内都是“兵分两路”，甚至地方政府还有文化国资委、卫生国资委的提法。因此，现阶段国资改革首先要解决代表国家履行出资人职责、拥有企业所有权的政府部门不能担任国有资本的出资人和所有者问题，也就是必须引导改革者对自身开展改革。

虽然“22 号文”明确了国资改革的方向，但是却在现实中遇到了巨大的阻力，政策无法落地。国资改革的诸多实践中的误区需要在理论上加以解构，化解不同部委之间、中央和地方各级部门之间分工不清、方向不明的症结，在此基础上提出深化国资改革的对策。当前误区主要体现在以下 5 个方面。

（一）把国资改革与国企改革混同的误区

党的十九大报告和 2017 年全国经济工作会议创新性地提出了“做强、做优、做大国有资本”，替代了单一“做大国有企业”的传统提法，这是在借鉴市场经济普遍遵循的现代公司制度和法律基础上，结合中国国有资本为主的现实国情，与社会主义宏观运行机制相适应的国有资产治理机制的一次重要创新。从“管企业”到“管资产”的转变，再到十八届三中全会以后进入“管资本”时期，整体方向是脱离直接的行政干涉，加强自主经营，强化市场属性（戚聿东、肖旭，2019 年）。

中国拥有数量庞大的国有企业和规模庞大的国有资本。新中国成立至今 70 年，国有企业经历了从统筹发展到制度探索、创新直至完善的阶段。根据国家统计局公布的第四次全国经济普查工作数据，2018 年末，全国企业法人单位 1857.0 万个，国有企业 7.2 万个，占全部企业法人单位的 0.4% 。2019 年进入《财富》世界 500 强的中国企业为 129 家（含中国香港 7 家、中国台湾地区 10 家），全球排名第一，其中中国大陆地区的企业 112 家，国资委监管的中央企业有 48 家。根据财政部资产管理司数据统计显示，截至 2019 年 6 月末，中国国有企业[④]总资产为 195 万亿元，净资产高达 69 万亿元[⑤]。2018 年全年国企收入 59 万亿元，利润总额 3.4 万亿元。

《国有资产法》中规定：“企业国有资产（以下称国有资产），是指国家对企业各种形式的出资所形成的权益。”可见，国有资产保值增值的关键在于管住资本；管住资本就管住了企业，但管住企业不一定管得住资本。新时代深化国资改革的核心在于“以管资本为主”和“以董事会为核心”两条主线构建中国国资监管和治理创新模式。公益性的国有企业世界皆有，中国特色社会主义市场经济的微观运行主体，并不是在公益领域做大、做多传统的国有独资企业，而是在竞争领域中培养强大的国有资本，及其在国有资本参股、控股并包容其他资本基础上形成混合所有制的现代大公司。

（二）回归审批经济和国企私有化的误区

在国资改革的整体思路设计上，国家发改委和国资委难以“强势兼得”，审批经济与国有资本不可能同时占据主导地位，中国国资改革既要反对行政垄断，也要反对经济部门“一刀切”式的国有企业私有化。国资委作为世界首创，应当发挥公有制和市场经济对接的桥梁作用，推动国企进行股份公司改革，并在股份公司的所有者、董事会层面体现国家意志。国有企业股份制改革实现了从“国营”（国家统管经营）转变为“国有”（国家统筹所有权），十八大以来一系列的战略考量，又成功实现了从管人管事管资本到管资本为主的转变，从做大国有企业到做大、做强、做优国有资本的变革。相对于具有行政管理色彩的国有独资企业，注入了国有资本的现代公司是和市场经济对接的更好载体。

（三）金融国资和产业国资不统一监管的误区

我国在自2009年施行的《中华人民共和国企业国有资产法》中规定“国务院和地方人民政府依照法律、行政法规的规定，分别代表国家对国家出资企业履行出资人职责，享有出资人权益”，并没有明确国资委在法律上的属性和定位。中央编办的“三定”[⑥]方案中，国资委只是国务院任命非政府序列的特设机构，并没有明确国资委是国有资本的监管者。

如图1所示，中国国资目前没有实行统一监管，而是按照金融国资和产业国资分类监管，形成了财政部管金融、国资委管实业的格局。但是从资本内在属性看，以所属行业为标准对国资进行分类缺乏依据且不利于对国资整体情况的掌控。从未来经济发展方向看，产融结合已是大势所趋，在过去几年里，国家电网、宝钢参股中国建设银行、首钢入股华夏银行等成功案例比比皆是，可以说，金融国资和产业

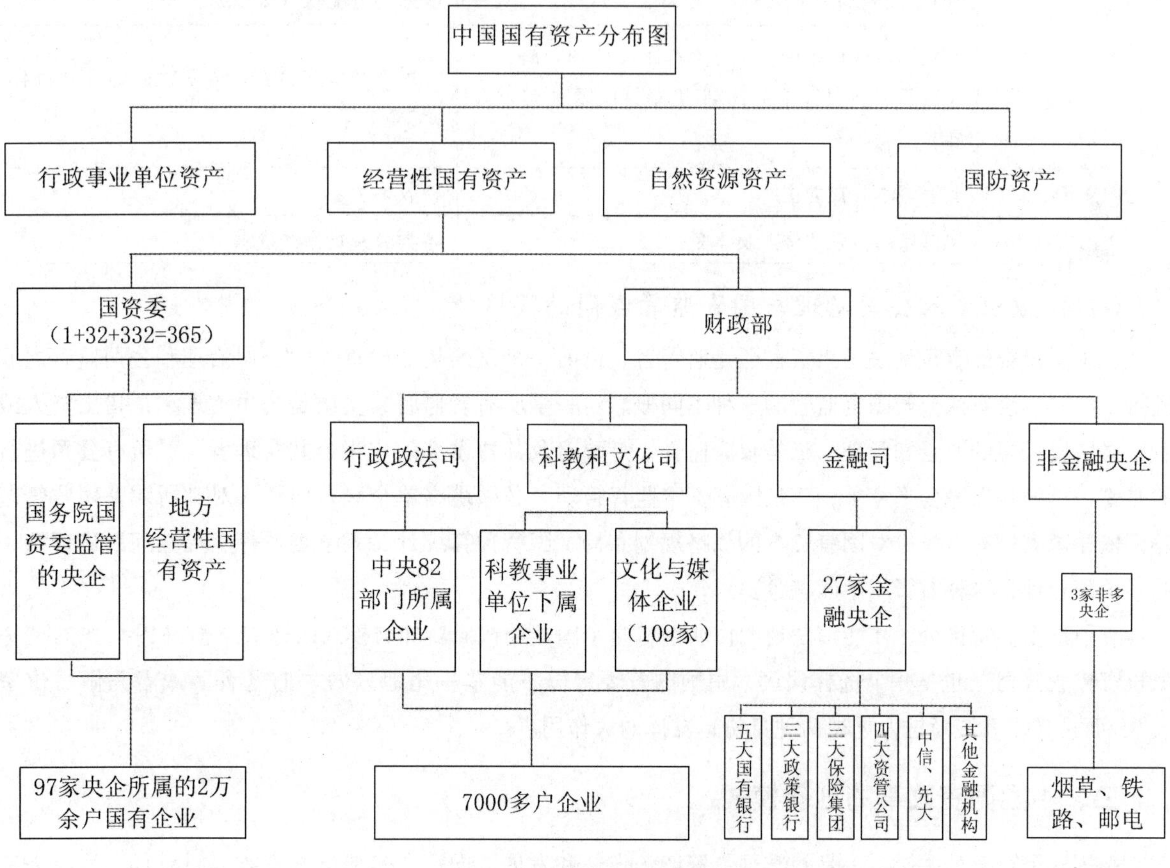

图1　中国国有资产管理现状

国资分开监管已经难以适应经济大趋势，与市场经济发展规律背道而驰。如果各个监管部门继续“画地为牢”，特别是把卫生、医药等国资企业再度分开，以后又会形成九龙治水的局面，这也是目前部门改革不到位的表现。

（四）国资委不负责国有资本经营预算的误区

目前整个国资经营预算由财政部负责，国资委只强调当出资人，忽视了资本经营预算。该制度设计弊端有3点：第一，限制了国资委对于资金的使用，国有资本战略布局规划无法顺利实现；第二，其他国家通常将这种行为视作政府对国企的补贴，不利于国际竞争；第三，在实际工作中，由于国资委直接对接企业的运营和监管，目前清产核资和资产统计等大量基础性工作实际上由国资委负责，财政部的大量公共数据也是从国资委获得，财政部编制国有资本经营预算无法脱离国资委。

如表1所示，从法理基础、预算目标、收入来源、支出方向4个维度上看，国资预算与公共预算有本质区别，因此，负责编制公共预算的财政部不应作为国资预算的编制者。只有国资委在履行监管职责的同时拥有国有资本经营预算的编制权，才能实现国资委的两权合一，同时实现政府国有资本出资人职能与政府公共管理职能的分离，这也有利于政企分开、政资分开，推动国有企业完善现代企业制度。

表1　国资预算与公共预算的区别

	国资预算	公共预算
法理基础	国有资产的所有权及其派生出来的收益索取和支配权（私权利）	国家公共权力及其派生出来的对国民经济收入的分配权（公权力）
预算目标	实现国资战略布局，国有资本保值增值，解决国企改革发展过程中的体制机制性问题（偏重效率）	满足社会公共需要，追求社会的福利目标（偏重公平）
收入来源	国有资本收益为主	税收为主
支出方向	向国家出资企业注入资本金	各类公共物品的提供

（五）把出资人公司治理与国资监管混同的误区

中国国资委的定位到底是出资人还是监管者，目前一个误区是把出资人的公司治理和公司监管之间进行了混同，没有区分开国资监管的三种不同概念：一是所有者监管，实质是公司治理，是指出资人或股东对所属公司的监督和管理；二是政府监管，是政府及其特设部门作为公共管理者，对所有公司进行的监管，目的是保障公平竞争；三是国有资本监督管理，必须跳出单个股东出资人对其所属公司监管范畴，依托国家所有者身份对国有资本的战略规划布局、国资预算统计、人事委派等全局性问题进行统一的系统内管理，这种监管属中国特色。

有了这个监管区分，才能清楚地明白所谓将整个国资委按照新加坡模式改造成“淡马锡”式的“一家投资控股公司”也是一个选择误区，中国国资委定位不能单一化地只做“监管者”或者只做“出资人”，而是必须系统考虑，重视两种身份，发挥两大作用。

三、中国国资改革的创新模式

中国国资改革的关键，一是找准国有资产的定位和发展方向；二是厘清国资委、财政部、发改委三者的关系；三是明确国有资产监管机构和运营机构分设不同主体；四是要从公益性国有企业和营利性国有资本两个维度，切实把分类监管制度落地。中国国资改革的创新路径是要让国资作为国有资本的统一监管者，同时逐渐“隐居幕后”，把国有资本投资公司作为国有资本的直接出资人，成为与外资、民企处于平等地位且无法律差异的，并对股份公司进行控股和参股的股东主体。在国家出资和控股的企业总体股份中，国有资本只是其中一类，因此无论是国资委履行应有的监管者职能，还是国有资本投资公司履行对实体企业的出资人职责，都只针对国有或国控企业中的国有资本，而不是简单地将国有或国控企业整体都纳入监管统计口径，未来的国资委改革必须真正实现从国企监管向国资监管的跨越。

（一）构造统一的营利性国资监管者

首先，国资委需要从央企出资人向营利性国资监管者转型，实现对营利性国资的统一监管。国资监管与政府监管、所有者治理不同，依据国资委作为国家特设机构与所有者职能结合的属性，国资委的监管对象是国有资本，目标是国家所有者权益最大化（见表2）。目前国资委既承担着国有资产监管者的职责，又担任97家实业类中央企业的出资人，现实中，作为国有资产的监管者，国资委却种着其他部门的“自留地”，客观上无法履行对金融、教育、卫生、科技类国资的统一监管。由于国资委履行出资人职责，部分央企在参与国际竞争时，被认为与其他央企之间存在共同股东和关联交易，并受国家行政干预，不利于参与国际竞争。国资委面临着作为监管者无法实现统一监管，作为出资人又管得过细的两难境地，因此第一要务就是确立国资委作为营利性国资统一监管者的定位（见图2）。

表2　3种监委会概念比较

类别	政府监管 Regulation	所有者治理 Governance	国资监管 Supervision and Administration
对象	全行业	被控股企业	国有资本
依据	公共管理职能	股东（法人）治理管控	国家特设与所有者职能结合
目标	维护市场秩序	股东利益最大化	国家所有者权益最大化

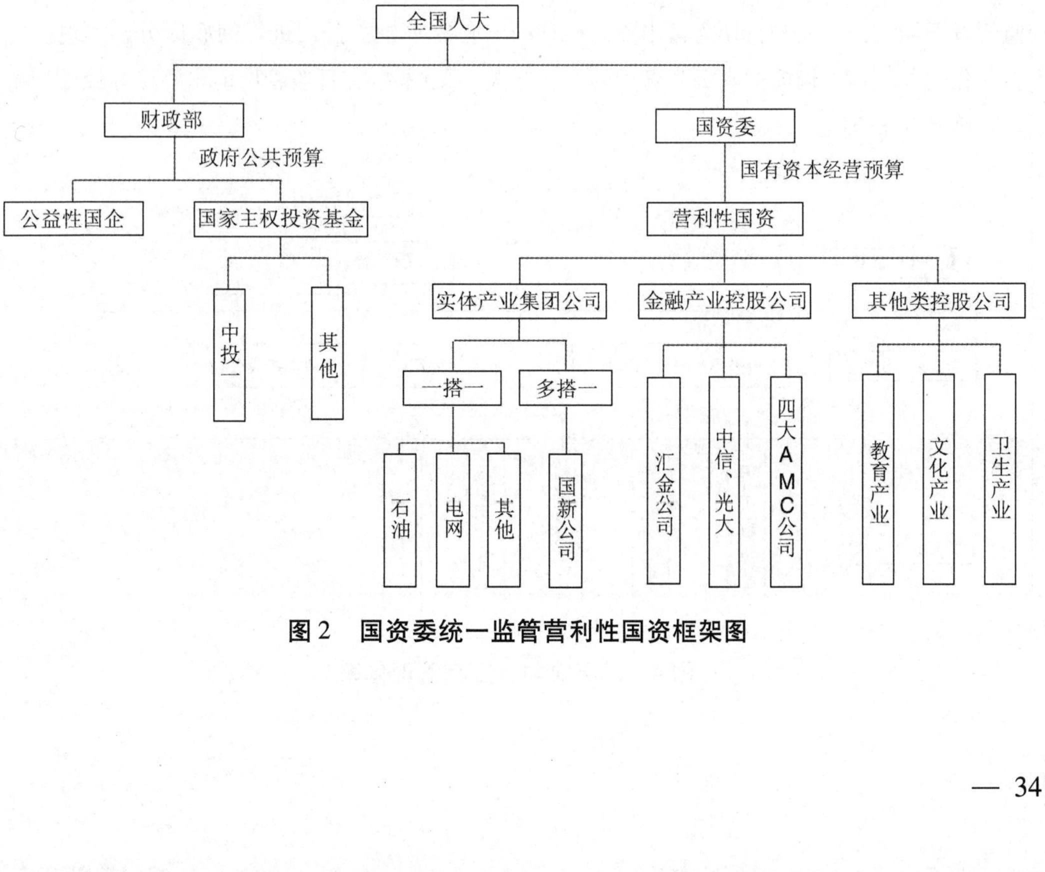

图2　国资委统一监管营利性国资框架图

其次，对应不同性质的国家财产，应分别分配到不同部门进行管理。事业单位资产如果以营利为目标就该纳入国资委管理，对非经营性的国家财产和不追求营利目标的国有企业单位应纳入财政部管理。同时，对于不同性质的国有资产，在管理过程中随着性质的变化，也应同步完成监管部门的转换，比如自然资源完成了开发进入市场，成立了国有资本介入的公司，则其监管部门就应该从自然资源部转移到经营性国资委（见图3）。

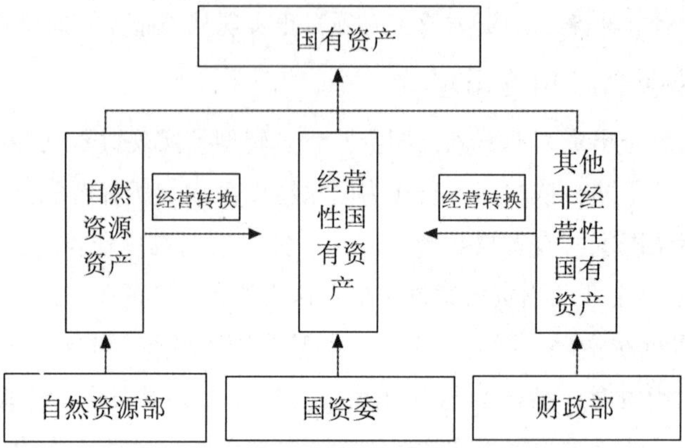

图3　自然资源资产与其他非经营性国有资产的管理

再次，建立统一的国家财产法为国资改革保驾护航。目前，中共中央印发《关于建立国务院向全国人大常委会报告国有资产管理情况制度的意见》，要求加强人大国有资产监督职能。但是责任人、管理人还是没有明确，要真正实现国有资产监督，必须先做到科学分工、明确责任，实现权责一致，才能实现国有资产的统筹监测。中国在经营领域有庞大的国有资本，应当建立统一的国家财产法。

（二）建设三层次国资管理体系

国资管理体制必须从国资委目前一个部门双重职能出发，将国资委“一身两任”转变为通过组建国有资本投资公司，实现国资委系统内的“两身两任”。利用两类机构、两种身份、履行两种职能，将履行统一监管者职能的国资委和行使直接出资人权利的国有资本投资公司进行彻底区分，实现监管统一与出资人多元化的并不悖，构成国有资产管理的3个层次（见图4），且监管层、出资层和经营层的职责分工应予以明确（见表3）。

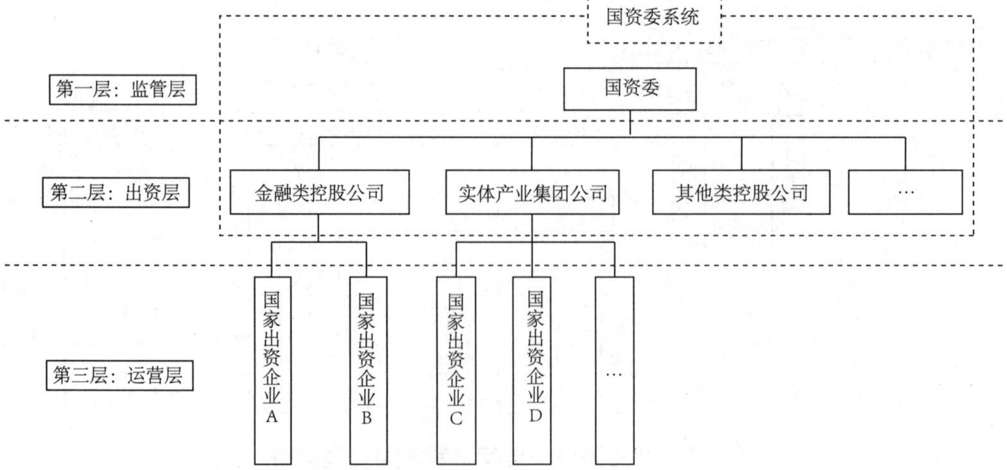

图4　三层次国有资产管理体系

表3　三层次国资管理体系中的职责分工

层次	机构＼类型	国资规划统计与监管	股权管理与资本运作	投资中心	利润中心	成本中心
监管层	国资委	√				
出资层	国有资本经营公司		√			
经营层	国家出资实体企业			√	√	√

第一层是代表中央的国务院国资委和两级地方国资委。作为各级政府授权的国资监管者，制定国家或地区国有资本战略布局规划，编制国有资本经营预算，同时任命国有资本投资公司的董事。

第二层是国有资本投资运营公司。作为国有资本的资本运营机构，直接履行出资人（股东）的职责，主要负责国有资本的投资经营和存量资本的流动与重组，这类公司应保持国有独资形态，仅以股东身份从事国有资本的经营管理。

国有资本投资公司有两种组建模式，一是由存量的集团公司改组而成，二是把国有企业进行科学合理地分类、规划，把行业接近、规模相对较小的多家国企进行梳理与整合，通过“二合一”“三合一”，在其上层重新构造国有资本投资公司。这一层的公司要以纯粹控股公司（pure holding）为主，直接作为第三层实体企业的股东。第三层是享有独立企业法人财产权，国家参与出资的实体企业（包括国有控股、参股企业），这类企业从事具体的生产经营活动。

需要指出的是，随着国资改革的逐渐深入和混合所有制经济的不断发展，对第三层国家出资的实体企业应该有更宽泛的理解。事实上，在一个公司集团里面，不仅有集团公司、母公司、子公司的区分，还有子集团的概念，即位于第三层的国家出资实体企业依然可以通过股权连结实现对第四层、第五层子公司的管理和控制，从而形成在法人股份连接纽带基础上的集团控股公司的资本管理。

（三）明确国资委的主要职责

在国资委对营利性国资统一监管的模式下，构建国资委系统，并将国资委的出资人职能让渡给国有资本投资公司行使，国资委作为国资监管者的职能定位将主要体现在以下4个方面。

1. 国有资本战略布局与规划的主导者

国资改革的趋势是逐步厘清政府和市场的关系，国资委虽然要从对国企具体经营事务中脱离出来，但仍应该作为国有资本宏观战略布局和规划的主导者。合理布局关系国家经济、政治发展和稳定的战略性产业，逐步主动布局战略性新兴产业领域，把握国家发展的大方向不偏移。国资委在进行国资布局和规划的过程中，并不直接干预企业的经营决策，而是要以促进国民经济发展为出发点和落脚点，主要运用市场机制，由企业自主决定投资方向，让投资效益成为引导资源流向的决定性因素。

2. 国有资本经营预算权的编制者

就国资管理而言，预算和规划是国资布局的“两条腿”，国资规划必然需要资金的匹配。政府作为国有资本所有者，应建立起独立于公共预算之外的国有资本经营预算。国资委需要授权以全面掌握经营性国有资本的收支及资产负债情况，建立这个独立账本是确保国有资本保值增值的制度性基础。

3. 国有资本投资公司的管理者

在新型国资管理体制下，国资委需要向国有资本投资公司派驻董事行使股东权利，以实现对国有资本投资公司的管理。一方面，国资委对国有资本投资公司赋予较大的经营决策自主权。另一方面，国资委保留对国有资本投资公司的部分人事任命权、重大事项决策权及财务审核权。

4. 国有资本安全的维护者

中央始终保持对国有资产监督和维护的重视，除了企业内部需要有一个完整的监督体系，而国资委则要做监督体系是否搭建、是否有效的评价者。具体国资委应重点做好以下 5 个方面的工作：一是明晰产权关系，强化产权登记检查和日常管理；二是加强资产核对，尤其是企业净资产核定和资产损失认定，规范资产评估；三是通过推动国有资产进场（产权交易所）交易和竞价交易制度，使国有资产转让在公平竞争中展开；四是规范工作流程，推动监管工作法治化、标准化、常态化；五是做好国有资产收益收缴工作，严格规范资产处置和担保行为，保障国有资产的安全与完整。

（四）组建国有资本投资公司和运营公司

近年来，国家已经在开展组建若干国有资本运营公司和改组有条件的国有企业为国有资本投资公司（以下简称“两类公司”）的探索，主要就是推动资源依据市场规则和效率最优进行配置，由国资监管机构对其进行出资、监管、授权，通过“两类公司”构建政府和企业的“一臂之距”（楚序平等，2017年）。国有资本投资运营公司是在国资委和实体企业之间组建的国有独资的、专门从事国有资本经营的特殊形态的法人，是连接国有资产管理部门和国家出资企业的纽带。国有资本投资运营公司具体可分为 3 类：国有资本投资公司、国有资本运营公司和大型企业的集团公司，这些公司主要有三个特点。

第一，原则上保持国有独资形态。公司与股权多元化的实体企业相区别，其处于“三层次”结构的中间层，发挥承上启下的作用，既接受国资委的监督和管理，又发挥国有资产出资人的作用，例如通过向控股、参股企业派驻董事行使重大人事任命权。

第二，从运营模式上是纯粹型控股企业，以股东身份从事国有资本的经营管理和运作，而不从事具体的产品经营。类似中国的汇金公司、新加坡的淡马锡公司。

第三，追求营利作为主要目标，把具有公共事业职能不进行利润考核的企业交由其他监管部门。

国有资本投资运营公司有改组和新建两种方式，现实中应以改组为主，新建为辅，节省组建成本，避免叠床架屋。、

（五）推动现代公司法人制度改革

现代规范科学的公司法人制度，包括企业的股权结构和公司治理结构两个层面。前者将随着混合所有制的推进逐步完善，后者则是目前国家出资企业在现代公司制度建设中始终没有得到解决的难点，党的组织系统和国资委对监管企业的人事任免体制和机制有待完善。

现实中，许多国家出资实体企业没有通过董事会而由组织部门和国资委直接为央企统一招聘高管职位，这种模式脱离了一般现代股份公司的做法，也容易在国际经济竞争中招至诟病。此外，许多企业已经公开上市，如果在人事任免程序上不经董事会的程序，由党的组织部门和国资管理部门直接任免，容易引发资本市场上对央企信息披露不规范的质疑。如何在企业负责人的任免中既遵循的市场程序，又落实党管干部、党管人才的原则，党组织的工作应该是确定标准、规范程序、参与考察、推荐人选（彭华岗，2018 年）。

国家出资实体企业的人事聘任制度，党的组织部门和国资监管部门，可通过国有资本投资公司这一出资人代表，按照现代股份公司的规范程序，向企业推荐董事和其他高管人选，通过国有资本投资投资公司这一大股东来控制实体企业董事会，进而以大股东提名的方式，实现公司的人事任免。国资监管部门进一步放权扩大央企董事会的职权，国务院办公厅 2017 年印发的《关于进一步完善国有企业法人治理结构的指导意见》提出，到 2020 年国有独资、全资公司全面建立外部董事占多数的董事会。该意见

也体现出国资改革中完善董事会建设的决心。国家出资实体企业对职业经理人进行市场化选聘也势在必行，对于营利性国家出资企业的高管一是要改委派模式为选聘模式，二是应采取市场化的薪酬激励制度，以使他们能够按照市场化准则与外资、私企的高管开展公平竞争。

四、国资改革创新模式的实施步骤

未来三年是国企改革关键的历史阶段，国企改革将迎来“重大拐点”，要以落实国企改革三年行动方案为契机，着力提升国企改革综合成效。在不同发展阶段，应分步实施国资国企改革。

第一阶段，推进国有企业分类改革，将公益性国企和营利性国资分开，其标志是公益性国企归财政部管，营利性国资归国资委管。这一步计划要落实到具体操作上，也就是金融行业的国资应该划归给国资委，公益领域履行社会职责、保障民生的特殊行业的国资应该划归给财政部，在公益性国企和营利性国资分类的基础上实现管理。

第二阶段，在国资委管营利性国有资本的背景下，把三层次理论落到实处，核心在于把国资委和国资委系统分开，国资委代表国家履行国有资产监管职能，集团公司改组或新设而来的国有资本投资运营公司要以纯粹控股公司为主，纳入国资委系统。这类纯粹控股公司的人事可由国资委任命，控股公司和第三层次的实体企业之间要界面明确。实现国资委从监管者、出资人一身两任向国资委做监管者、国有资本投资运营公司做出资人两身两任的跨越。在此基础上，第三层次实体企业要真正推进职业经理人选聘和薪酬制度，激发企业内部活力。

第三阶段，真正把国资委系统下的竞争领域的企业推向市场，完善现代股份公司制度，参与市场公平竞争；而财政部的国企在一些特殊公益领域将长期存在，可以成立企业司、资产司形成配套协同的行政管理体制。在实践基础上，还应修订《企业国有资产法》，要把两类国资、国企加以明确。随着改革的深入，很多主要依靠政府补贴的事业单位也会实行产业化和市场化改革，例如教育和医疗产业，市场化的改革完成，就应该以竞争领域资本的形态将其划归国资委。3 年行动方案是一个动态过程，需要总体设计，但也需要在总体设计下推动，走出国有资本与现代市场经济相对接、相融合的新模式。

成果创造人：刘纪鹏、刘　彪、胡历芳　中国政法大学

【注释】

①OECD 以政府和企业的关系入手明确了竞争中性原则的 8 个方面，包括精简政府企业的运作形式、确定特殊职责的直接成本、获得商业回报率、履行公共服务义务、税收中性、监管中性、债务中性和直接补贴、公共采购。

②参见 United States：Foreign Sovereign Immunities Act of 1976，90 Stat. 2891，Public Law 94 ~ 583，94th Congress。

③参见澎湃新闻：《国务院国资委详解“竞争中性”原则：也提倡“所有制中立”》，2018 年 10 月 15 日 https://baijiahao. baidu. com/s? id = 1614359384305585688&wfr = spider&for = pc，最后访问时间 2019 年 12 月 30 日。

④财政部《全国国有及国有控股企业经济运行情况》月报所称全国国有及国有控股企业（简称国有企业），包括国资委、财政部履行出资人职责的中央企业、中央部门和单位所属企业以及 36 个省（自治区、直辖市、计划单列市）的地方国有及国有控股企业，不含国有一级金融企业。

⑤所谓国有资产，是指国有企业资产负债表中的所有者权益，也就是净资产或者资本的概念。

⑥“三定”方案是中央编办为深化行政管理体制改革而对国务院所属各部门的主要职责、内设机构和人员编制等所做方案

简称。

【参考文献】

[1]巴曙松.竞争中性原则的形成及其在中国的实施.当代金融研究,2019 年第 4 期.

[2]楚序平,俞立峰,张佳慧.中国国有资本投资投资公司改革模式探析.清华金融评论,2017 年第 7 期.

[3]戴秦,赵康丽,丁会凯,王森波.上海深化国资国企改革立法问题的探索.经济问题,2018 年第 2 期.

[4]焦欢.淡马锡模式对我国国企改革的启示与局限研究.时代金融,2016 年第 24 期.

[5]孔东民,代昀昊,李阳.政策冲击、市场环境与国企生产效率:现状、趋势与发展.管理世界,2014 年第 8 期.

[6]李炳堃.国资改革与混合所有制——基于委托代理理论视角.经济问题,2017 年第 12 期.

[7]李建标,王高阳,李帅琦,殷西乐.混合所有制改革中国有和非国有资本的行为博弈——实验室实验的证据.中国工业经济,2016 年第 6 期.

[8]李文贵,余明桂,钟慧洁.央企董事会试点、国有上市公司代理成本与企业绩效.管理世界,2017 年第 8 期.

[9]刘纪鹏.中国国资改革创新模式探索.经济导刊,2014 年第 5 期.

[10]刘纪鹏,曾斌.从“希腊船方诉中国案”看国资改革的基本模式,中国政法大学学报.2012 年第 4 期.

[11]潘泽清,以新加坡淡马锡公司为例谈国有资本投资公司投资策略选择.财政科学,2017 年第 6 期.

[12]彭华岗.持续推进国有企业与市场经济的深度融合.经济导刊,2018 年第 3 期.

[13]平新乔.新一轮国企改革的特点、基本原则和目标模式.经济纵,2015 年第 2 期.

[14]戚聿东,肖旭.新中国 70 年国有企业制度建设的历史进程、基本经验与未竟使命.经济与管理研究,2019 年第 10 期.

[15]盛丹,刘灿雷.外部监管能够改善国企经营绩效与改制成效吗?经济研究,2016 年第 10 期.

[16]宋方敏.坚持“国有企业做强做优做大”和“国有资本做强做优做大”的统一.红旗文稿,2018 年第 2 期.

[17]肖亚庆.国务院关于国有资产管理与体制改革情况的报告.时事报告(党委中心组学习),2016 年第 4 期.

[18]许召元,张文魁.国企改革对经济增速的提振效应研究.经济研究,2015 年第 4 期.

[19]闫妍,尹力,李晓腾,陈晓松.华尔街控制下的美国经济——对我国发展国有资本投资公司的启示.管理世界,2015 年第 6 期.

下好混改“先手棋”实现华录新发展

中国华录集团有限公司

中国华录集团有限公司（以下简称“华录集团”）诞生于我国市场经济改革的浪潮中。历经28年的改革与发展和3次转型升级，已从一家濒临破产，专业从事录像机关键件生产的“工厂式”企业，成长为一家保持较高发展速度，以信息产业为基础的新型科技文化产业集团。可以说，企业的每一次成功转型都离不开刀刃向内、斗争碰硬的市场化改革，而贯穿始终的正是华录集团坚定不移走混合所有制改革发展路子，坚决破除体制机制障碍的魄力与决心。本成果拟从改革背景、改革内涵、改革举措和改革成效等四个方面对华录集团在混改领域开展的有益探索和实践进行提炼总结，以期对深入践行“两个毫不动摇”，壮大我国混合所有制经济，促进国有企业更加规范有序的实施混合所有制改革有所裨益。

一、改革背景

国有企业是中国特色社会主义的重要政治基础和物质基础，肩负着经济责任、政治责任和社会责任，其改革探索历程可谓栉风沐雨、筚路蓝缕。而混合所有制作为国企改革的重要突破口，华录集团勇毅笃行、求真探索的步伐从未停止，一直在路上。

（一）企业谋发展促改革的内在要求和现实路径

1992年党的十四大明确提出了我国经济体制改革的目标是“建立社会主义市场经济体制”。同年6月，华录集团的前身中国华录电子有限公司为发展我国独立自主的录像机核心技术，由国务院批准正式组建，“中华第一录”应运而生。然而，好景不长，随着模拟技术被虚拟技术迅速代替，虚拟技术被数字技术迭代更替，录像机产业转瞬便成明日黄花，刚刚“诞生”的华录尚未来得及施展拳脚，就在激烈的市场化竞争和产业更迭中败下阵来，不得不接受重组整合。2000年，由“债转股”形成的中国华录集团正式成立。作为一家没有任何“垄断性”资源的中央企业，先天面临着资本金不足、管理水平不高、经营意识不强、市场对接不够等短板缺陷。华录集团痛定思痛、总结经验教训，坚持眼睛向内、脚步向外，按照现代企业制度，从变革体制机制入手，把实施混合所有制改革作为“先手棋”，用产权上的加法，换取经济活力的乘法。通过鼓励下属子企业走混合所有制的发展路子，在积极引入民营资本、外商资本等非公资本的同时，也为企业带来了更为先进的管理经验、更加领先的研发技术、更具敏锐的市场意识和更加专业的经营人才。多种所有制经济融合的物理反应迅速产生“化学反应”，市场化改革提速、产业结构调整加快、自主创新能力加强，产业转型升级的红利持续释放。华录集团也从一家生产低端初级产品的工厂型公司过渡到提供较高附加值产品和服务的产业公司，并逐步在大数据、智能交通、文化传媒、影视音乐等多个行业领域获得国家、社会和市场的认可，营收规模逐年扩大、经济效益持续走高，向着做强做优做大国有企业的目标迈出了更加坚实的步伐。

（二）国家政策鼓励和支持发展混合所有制经济

我国历来重视和鼓励发展混合所有制经济。特别是党的十八大以来，以习近平同志为核心的党中央更是出台了一系列政策措施，支持国有企业大力实施混合所有制改革。2015 年 9 月，中共中央国务院印发《关于深化国有企业改革的指导意见》（中发〔2015〕22 号）。这是新时代指导和推进国企改革的纲领性文件，从总体要求、发展混合所有制经济、完善现代企业制度等六大方面提出国企改革的目标和举措。2015 年 9 月 24 日，国务院发布《关于国有企业发展混合所有制经济的意见》（国发〔2015〕54 号），在 22 号文顶层设计的基础上对混改进行了原则性架构搭设，具体明确了在国企市场化改革的大方向下混合所有制经济的发展方式。2015 年 10 月 26 日，国家发改委等四部委发布了《关于鼓励和规范国有企业投资项目引入非国有资本的指导意见》（发改经体〔2015〕2423 号），提出了国有企业投资项目引入非国有资本是深化国有企业改革的一项重要任务，是发展混合所有制经济的重要路径。2017 年 11 月，国家发改委等八部委发布了《关于深化混合所有制改革试点若干政策的意见》（发改经体〔2017〕2057 号），进一步在国有资产定价机制、职工劳动关系、集团层面混改、员工持股等核心原则问题上给予明确原则规定。2019 年 11 月，国务院国资委颁布了《中央企业混合所有制改革操作指引》（国资产权〔2019〕653 号），对混改的实施步骤及操作规范进一步予以了明确。

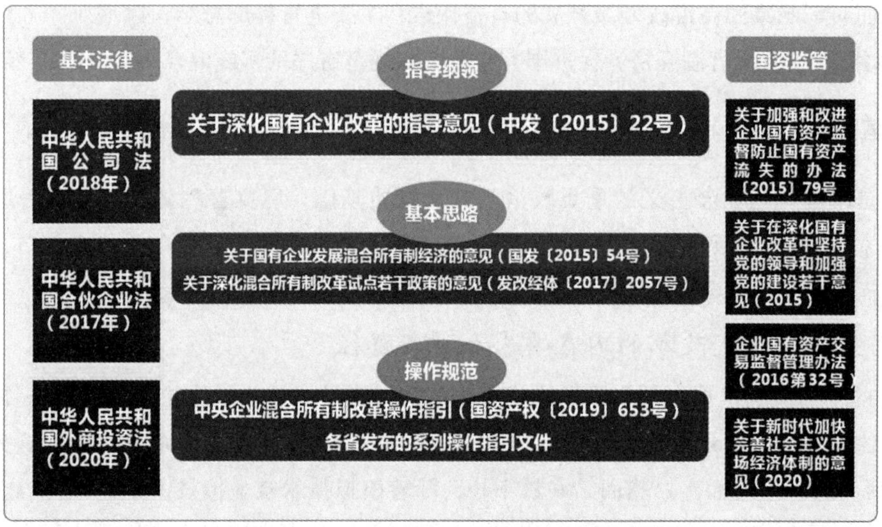

图 1 国家混改政策梳理图

可以说，党和国家对混合所有制经济的大力支持，为国有企业落地实施混改指明了方向，铺好了道路，并逐步形成宏观顶层设计和微观底层操作相互推动、互相完善、不断丰富的生动实践。

二、改革内涵

国有企业实施混改的根本目的就是要引入市场化机制，建立市场经济的生存观念和生存方式，通过产权独立的方式激发微观主体的创新活力和发展动力。因此，深化混合所有制改革的本质内涵就是要通过"真混""真改"，释放企业发展的 4 种活力。

（一）充分激发和释放股东的活力

混合所有制是一种融合经济，是公有资本（国有资本、集体资本）和非公有资本等交叉持股、相互融合的财产所有权制度①。要激发多元股东的活力，国有企业在混改战略投资者的选择上就要遵循精挑细选的原则，关注合作伙伴的“含金量”。重点选择那些具有强烈参与改革意愿、有良好市场信誉度、有较强行业竞争力、有高度关联和互补的产业链或价值链、认可双方价值理念和企业文化的合作伙伴，如此方能减少摩擦成本，确保各出资方同心同德、精诚合作，提高资本配置效率和运行效率，为企业的长期健康稳定发展铺路搭桥。

（二）充分激发和释放董事的活力

董事会是公司经营的决策层，董事是企业内部治理的主要力量。要充分调动和发挥董事作用，就要建立以董事会为中心的法人治理结构，推动各类治理主体规范运作、高效运转。“做实”董事会，首先就要科学界定各类治理主体的权责边界，减少权力运行的模糊空间和自由裁量空间，形成各司其职、各负其责、协调运转、有效制衡的公司治理机制。健全董事治理架构，设立战略、审计、提名、薪酬与考核等专门委员会，充分发挥专门委员会和董事对公司经营管理的监督和指导作用，有效落实董事会职权。

（三）充分激发和释放经理的活力

经理层是公司经营的执行层，负责企业具体经营管理事务。要充分调动和发挥经理层的主观能动性，就要建立“能者上、平者让、庸者下”的市场化的用人导向，对各级经营者开展“任期制、契约化”管理和实施职业经理人制度，明确责任、权利、义务，严格任期管理和目标考核。强化正向激励，综合运用好管理层持股、国有控股上市公司股权激励、国有科技型企业分红和股权激励、超额利润分红等中长期激励政策，解决干部能上能下、能进能出、薪酬能高能低的问题，激发和保护企业家精神，更好发挥企业家作用。

（四）充分激发和释放员工的活力

做企业最重要的就是员工的积极性，谁有办法把员工的积极性调动起来，谁就找了做好企业的金钥匙②。人才是企业发展第一资源，要最大限度调用员工的积极性、主动性和创造性，就要全面实施以合同管理为核心、以岗位管理为基础的市场化用工制度，坚决破除“高水平大锅饭”，合理拉开收入分配差距，用好员工持股等激励政策，落实“三个区分开来”要求，建立容错纠错机制，为敢于负责的“闯将”“干将”卸下包袱，让想干事、能干事、干成事的员工在物质上得到应有回报、精神上得到有效激励，形成人才充分涌流、活力竞相迸发的发展格局。

三、改革举措

国有企业改革是我国全面深化改革的重中之重，而国企混改又被视为其中最难啃的一块“硬骨头”，具有牵一发动全身的影响。华录集团作为处于完全竞争领域的商业一类企业，在混改的深水区中不断涉险滩、闯难关，形成了特色鲜明的混改举措。

---

①邓志雄. 混改的八条理由与七种方式. https://elearning.tcsasac.com/Study/Play/200601410000554？CourseId=200528400001713&TrainId=200521600002505. 20200815

②宋志平. 混合所有制改革的实践与探索. https://elearning.tcsasac.com/Study/Play/200630410000916？CourseId=200630400000935&TrainId=200609600002001. 20200818

（一）加强制度建设是实施混改的基本保障

为建立规范、有效、科学的决策体系和决策机制，加强风险管控，确保混合所有制工作有序推进、稳步实施。华录集团在严格遵守国家法律法规和国资委混改有关政策规定的同时，始终将“依法治企”的理念贯彻始终。结合企业实际，加紧推进和完善制度建设，夯基垒台、立梁架柱，陆续制定出台了诸如《中国华录集团有限公司投资管理办法》《中国华录集团有限公司战略规划管理办法》《中国华录集团有限公司子企业经营业绩考核办法》等一系列制度保障措施。随着战略规划、投资管理、产权交易、资产评估、加强党的建设、人力资源、业绩考核、后评价管理、防止国有资产流失等多个领域配套文件的相继发布，华录集团实施混改“四梁八柱”的主体框架搭建成型，规划图、路线图、施工图逐渐明晰。

为切实做到制度设计无死角，制度执行无误差，执行差错能追责，企业在涉及引入自然人股东或非公资本项目时，严格按照制度规定履行程序，形成了集团公司资本经营部、财务部、审计部、法律规范部等各职能部门联合参与的审核机制、党委会前置讨论的论证研究机制、总经理办公会决策实施的执行机制，切实从项目的源头报好关、守好位、尽好责。

图2　华录集团混改保障政策梳理图

（二）坚持因企施策是实施混改的根本遵循

华录集团坚持分层分类积极稳妥推进混合所有制改革，按照“三因三宜三不”的原则，逐步发展形成三类特色鲜明的混改方式。

1. 中外合资的混合所有制模式

代表典型为中日合资企业——中国华录·松下电子信息有限公司（以下简称华录松下）。1994 年经国务院有关部委批准，中日双方按照 1∶1 股比，即华录方占比 50%，日方松下占比 50%，正式成立了华录松下，合资期限为 20 年。华录松下的设立旨在弥补中方在当时国际环境和发展阶段下，技术、产品、管理、品牌等方面存在的不足与落后，通过与国际知名企业进行合作，走“引进消化吸收再创新”的路子，引入当时世界最先进的电子生产技术与企业管理经验，加快中国录像机产业“一条龙”建设和发展。

华录松下在公司治理及经营管理上采取了“研发本地化与全球采购化”战略，充分应用国际规则，保证了合资企业对利润的控制权。经过5年的市场化洗礼、产品结构调整、管理团队磨合以及对本土规则文化的适应，在1999年成功实现盈利，并由此开启了长达21年的盈利之路，企业经济效益逐年攀升。2012年中日双方完全收回企业投资成本。2014年，华录和松下在20年合资期到期的基础上成功续约20年。截至目前，华录松下已累计向中方分红超过20亿元，企业盈利能力、资产质量、债务风险等经济指标均高于行业优秀水平，较好抵御了发展过程中面临的各类不确定风险和挑战，成为中外合资企业成功的典范。

26年来，华录松下充分发挥了中外合资混合所有制企业的优势，坚持以市场为导向，以技术为牵引，整合华录方和日方松下资源优势，已逐渐成长为国内先进制造业核心关键件生产的重镇，产品供应全球。在技术开发方面，华录松下通过原始创新、集成创新，引进消化吸收再创新等方式建立起关键件开发技术、硬件开发技术、软件开发技术、量产工艺技术等多方面技术开发体系；在设备开发方面，华录松下先后完成了蓝光光头特性调整检查机、机芯调整检查机、蓝光视盘机主板性能检查机和蓝光刻录机以及播放机生产用PC计测系统设备的开发，实现了从蓝光光头——机芯——整机的一条龙设备开发链；在模具开发方面，实现了从模具设计、成形、冲压以及实装的源泉部品加工到光头、机芯及整机的一条龙生产。在产业协同方面，华录松下积极发挥龙头企业的集聚和带动效应，同华录集团下属金华录、大连国正等制造业公司形成配套加工产业链，产业协同效应日益显著。目前，华录松下积极调整产业和产品结构，努力践行制造强国战略，加大在500G大容量光盘、新型激光显示、智能家电配套、无土蔬菜栽培等新型中高端产品的开发，继续保持了良好的发展态势。

2. 集团控股、公众持股的上市公司混合所有制发展模式

代表典型为创业板上市企业——北京易华录信息技术股份有限公司（以下简称“易华录”）。易华录成立于2001年，企业在设立之初便引入核心自然人股东，形成出资人和经营者利益共同体。自然人股东在各自领域拥有专业技术、市场开拓、行业影响力等资源，在公司发展过程中提高了企业活力和竞争力，有效保障了公司向专业领域纵深发展。

易华录成立之初，华录集团占股65%，自然人持股35%。在企业高速发展过程中通过两次增资扩股、引入管理团队和外部战略投资者持股，华录集团股权稀释到50.5%。2011年易华录正式登陆创业板向社会公开发行股票，华录集团持股比例变为35.19%。易华录上市后，华录集团积极采取资产重组、增发等方式筹集发展资金，推动公司与社会公众、机构投资者实现多元化股东混合，并保证对上市公司持股比例不低于30%且作为第一大股东相对控股。2018年易华录实施上市公司股权激励，严格筛选中高层管理人员、核心业务及技术人员等激励对象164人。截至目前，华录集团持股比例为35.25%，

易华录积极发挥国有控股，管理层、战略投资者、员工持股的混合所有制企业优势，充分释放股东、董事、经理层及员工活力，在服务国家战略上积极作为。深入践行数字中国战略，全国累计部署数据湖22个、蓝光存储1100PB、IDC机架2万多个，开辟算法应用场景170多种；深入践行交通强国战略，承担大兴国际机场智慧枢纽、首都城市副中心交通缓堵工程建设，为建国70周年等国事活动提供交管技术保障；深入践行“一带一路”倡议，参与巴基斯坦、白俄罗斯等十余个国家平安城市建设；积极实施军民融合战略，参与北斗等军民融合项目研发，累计落地雪亮工程、强边固防、数字边防等公共安

全项目100余个。目前，易华录已从我国智能交通行业的领军企业转型为我国数字经济基础设施建设的先行者和大数据运营商。

3.其他非上市公司的混合所有制发展模式

其他非上市公司的混合所有制发展模式是指由集团控股、经营团队持股、其他企业参股的混合所有制企业，典型代表有北方华录、华录新媒、华录科技文化等。这些企业多处于文化、信息、科技等创意性新兴产业，行业进入的专业性门槛相对较高，但对初始资本金要求较低，这为华录集团同对这些领域“情有独钟”的专业性经营团队开展合作提供了经济条件。在股权设计和企业发展阶段上，分为战略孵化期、引资发展期和上市腾飞期三个阶段。在战略孵化期，为保障经营团队能“说得上话”，企业成立伊始国有控股比例通常不超过66.6%，赋予少数股东一定话语权，充分激发“关键少数”的创造力和潜力。在企业快速成长过程中，继续释放部分股权，引进具有协同效应的战略投资者，为企业带来新的产业资源和资金支持。在企业净利润可以达到上市标准的时，启动上市腾飞计划，帮助企业登陆资本市场，面向社会融资，解决企业高速发展面临的资金瓶颈问题。

目前，华录集团下属北方华录、华录新媒等公司均已进入引资发展阶段。北方华录于2018年引入前海母基金等战略投资资金15561.1万元，华录方持股比例由82.6%下降到59.5%，经营团队持股比例由17.4%下降到12.5%。华录新媒于2018年引入中维资本等战略投资资金6511.6万元，华录方持股比例由55%下降到47.3%，经营团队持股比例由45%下降到38.7%。通过释放部分股权，引入新的股东，促进企业法人治理结构将更加完善，治理体系将更加规范；帮助企业在更大范围、更宽领域、更深层次配置资源要素，拓宽了企业的发展空间。目前，北方华录、华录新媒两家公司均入选国务院国有企业改革领导小组“双百行动”企业，在公共文化基础设施建设、新媒体内容传播领域颇有建树。

（三）引入市场化机制是实施混改的根本目的

机制革命是推开国有企业改革的最后一道门①。华录集团以产权体制上的混改为牵引，同步推进“用人机制”“考核机制”“分配机制”改革，破“三铁”、立“三能”，持续增强企业经营发展的内生活力。

1.深化用人机制改革

从严落实国有企业“二十字”选人用人方针，对于集团公司管理的干部和下属各级企业经营者推进“任期制和契约化”管理，鼓励具备条件的企业积极开展职业经理人试点，综合运用公开选拔、岗位竞聘、挂职交流等形式，增强领导岗位的“流动性”，变“伯乐相马”为“赛场选马”，实现了干部能上能下。坚决破除员工身份限制，畅通退出渠道，建立市场化动态用工流动机制，通过校招、社招、猎聘等方式“动存量引增量”，人力资源配置效率显著提高，逐步形成“不看身份、不看级别、只看岗位、只看贡献”的市场化氛围，实现了员工能进能出。

2.深化考核机制改革

执行决定成败，指标衡量业绩。华录集团按照“公司经营目标化、目标实施组织化、组织运行制度化，经营业绩考评化”的原则，充分发挥考核导向和分配杠杆作用，建立与经营业绩相挂钩的差异化激励约束机制。通过签订经营业绩考核责任状、党建工作考核责任状，开展常态化压力测试和述职述廉360度综合评分等方式，将目标任务分解到企业、落实到岗位、量化到个人，确保人人有担子、层层有

①宋志平.机制革命和企业家精神.国资报告,2018,1(1):11-13.

压力，实现员工上下级和岗位贡献等多维度绩效评价，并根据考核结果刚性兑付，确保薪酬能增能减。

3. 深化分配机制改革

华录集团建立了系统化、差异化的激励分配机制，既重物质激励也重精神奖励，既重短期激励也重中长期激励，既重激励水平也重激励结构。集团公司层面建立了与劳动力市场基本相适应，与企业经济效益和劳动生产率挂钩的工资决定和正常增长机制，并设置总经理专项奖，对在科技创新、市场开拓、降本增效等方面做出较大贡献的团队和个人进行专项奖励。子企业层面，在上市公司开展限制性股权激励，充分调动核心骨干人才的积极性；对非上市的区域性、专业性的公司，有序推动员工持股，鼓励在公司设立伊始便引入核心骨干团队持股，打造事业合伙人。此外，对于做出突出贡献、业绩突出的优秀人才或团队，在评优评奖、荣誉称号、资格职称方面给予优先推荐考虑，团队之间比学赶超蔚然成风。

四、改革成效

当前，华录集团混改已成千帆竞发之势。2019 年百年老牌国企中唱集团下属成都公司①混改“破冰”，改革步伐向纵深挺进。截至 2020 年 6 月底，集团公司下属 58 户子企业中，有 44 户控股企业引入了外资、民营企业（或其他非公资本）或自然人股东，混合所有制企业户数占比达到 75.9%。伴随混改的逐步推进和完善，华录集团也收获了丰厚的改革红利。

（一）助力企业转型升级，促进快速发展

华录集团成立以来先后完成了从“中国第一录”向“世界 DVD 工厂”向“数字音视频国家队和向以信息产业为基础的新型文化产业集团”的 3 次重大战略转型。在科技与文化融合发展的总体战略部署下，混合所有制引入各类资本带来的产品市场、资源优势、经营机制已与企业的品牌、技术、渠道优势有效结合，成功走出了一条有华录特色的转型升级之路。目前，华录集团终端制造、信息服务与文化内容三大产业结构已发生根本变化，孵化和涌现了一批有具有巨大活力和发展潜力的战略新型产业集群公司。截至 2019 年末，集团重点培育的信息服务和文化内容产业创造的利润贡献超过 65%，改变了单一依靠制造业发展的传统局面，集团公司总体实力不断增强，战略发展更加清晰，产业布局更加合理，资产配置更加高效，为公司谋划“十四五”时期中长远发展规划创造了有利条件。

尤其是通过助力子企业登陆资本市场，对华录集团的产业升级与转型发展意义重大：一是通过上市为企业发展筹措了大量的产业发展资金，使上市企业摆脱了长期以来单纯依赖向集团融资的局面，为实现后续融资、业务延伸、收购兼并和跨越式发展奠定基础；二是上市后巩固了企业在相关产业领域和产品市场的国内领先地位，推进了公司由单一的产品经营走向产业经营和平台经营、产业经营和资本运营相结合发展路线，实现外延式扩张；三是解决了制约华录集团发展的条件限制，提升了华录集团在行业和资本市场的影响力，为华录集团打开了借力资本市场跨越增长的广阔路径。

①韦宛、王立、高萌、孙彦永. 中唱成都公司混合所有制改革的做法. 财务与会计，2020，4(09)：72-73.

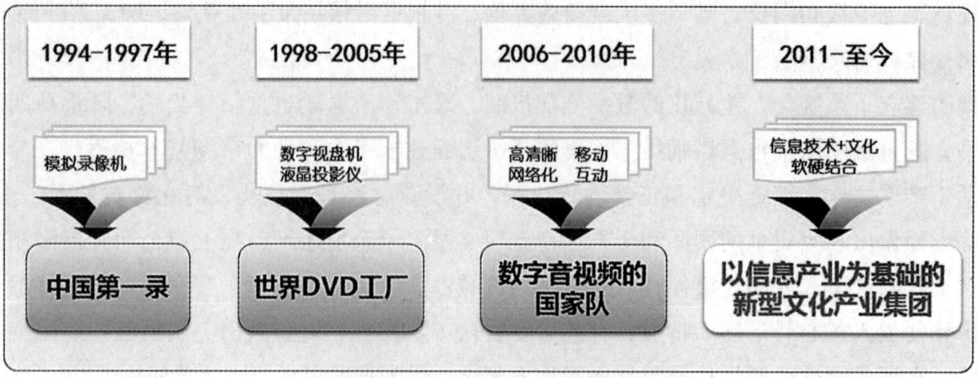

图3　华录集团产业转型发展阶段

（二）显著放大国有资本，实现保值增值

近年来，华录集团通过稳妥实施集团控股基础上的混合所有制战略，引入社会资本形成的少数股东权益占比已达45%，高于中央企业33%的平均水平①，放大国有资本超过10倍以上；下属上市企业已累计从资本市场融资超过百亿，切实增强了国有资本的带动力、控制力和影响力，提高了国有资产经营效率，实现了保值增值。

自2004年华录集团重组成立以来，16年间实现了跨越式发展，企业利润、资产双双增长。其中，利润总额复合增长达到12.9%，资产总额复合增长率为12.2%。进入十三五后，企业盈利能力进一步提高，连续5年毛利率超过20%，成本费用利润率超过11%，利润上缴复合增长率达到88.8%，综合实力进一步增强。2019年，华录集团主要经济指标持续向好，同口径营业收入增长率达到12.5%，净利润增长率达到76.04%，营业收入利润率达到10.7%，成本费用利润率达到13%，资产负债率为53.9%，技术投入比达到7.61%，企业的资产质量、盈利能力、债务风险等各项指标均处于行业前列且大幅优于中央企业整体平均水平。在经济实力不断增强的同时，企业的品牌影响力、行业影响力也逐步扩大，荣获“中国电子行业100强”“全国文化企业30强”等荣誉称号，品牌价值持续走高。由2015年的194.4亿元增长至2019年的510.06亿元，年复合增长率达到27.3%，在行业领导力、核心竞争优势、稳定性发展等方面均有较大提升，企业引领、示范、带动作用显著增强。

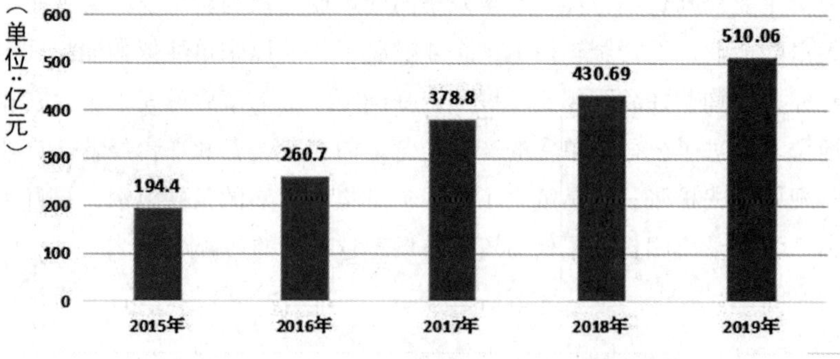

图4　2015年-2019年华录集团品牌价值图

（三）法人治理不断完善，推动高效运转

华录集团认真贯彻落实“两个一以贯之”要求，牢牢把握国企混改正确方向，严格落实“四同步、

①http://finance.sina.com.cn/roll/2018-11-14/doc-ihmutuec0136659.shtml,20200701

四对接”总体要求，将党的领导党的建设内嵌到企业法人治理结构之中，实现党建入章程全覆盖，明确党委在决策、执行、监督各环节的权责和工作方式，为做强做优做大国有企业提供了坚强的组织保障，党的领导地位和政治核心地位充分彰显。

坚持建立现代企业制度不动摇，夯实混合所有制企业市场主体地位，明确党组织和其他治理主体的关系，理清权责边界，做到无缝对接，健全了权责对等、运转协调、有效制衡的权力运行机制和公司管控体系。同时，华录集团以管资本为纽带，通过公司章程依法履行出资人权利；通过股东会（股东大会）行使股东权利；通过向子企业派出董监事、引入独立董事、建设专门委员会等方式，不断强化子企业董事会建设，做实董事会职能，更好管理和监督企业日常经营活动，保障了企业整体的高效运营和风险可控。在战略引领、重大决策、风险管控、薪酬管理以及业绩考核等方面将权力落实到位，保障董事会有效履职，经理层自主经营，推动企业治理体系和治理能力更加现代化。

（四）培育了一批优秀骨干企业和企业家队伍

华录集团按照“央企市营”的理念，把中央企业的规范治理、规模实力、品牌技术等优势同民营企业和自然人团队的高效性、灵活性、敏锐性等优势结合起来，形成了不同所有制经济取长补短、相互促进、共同发展的多赢共生局面，并孵化出了“我国数字经济基础设施建设的先行者——易华录公司”“A 股首家上市影视公司——华录百纳”“首都文化企业 30 强——华录新媒”等一批主营业务突出、创新能力较强、品牌优势明显、经济效益优良的骨干企业。

在混合所有制企业内在激励约束机制的推动下，华录集团积极探索职业经理人管理与国有企业党管干部有机结合的管理机制，按照“双向进入，交叉任职”的原则，在集团公司内部形成了职业经理人生存的良好机制与土壤，营造了有利于企业家成长和企业家精神充分发挥的良好企业文化，培育和涌现了一批对党忠诚、勇于创新、治企有方、兴企有为、清正廉洁的高素质经营管理人才队伍、技术人才队伍、技能人才队伍、党群人才队伍和出资人代表队伍，为华录集团未来可持续发展，奠定了坚实的人才基础。

成果创造人：陈润生、张黎明、翟智群、徐忠华、王　立

政府、市场与国有企业改革

北京大学

一、研究成果主要内容

（一）中国工业管理和国有企业制度：传统体制的形成与演进逻辑

本成果将传统中国工业管理体制和国有企业制度分为初步奠基时期、权力下放时期、权力上收时期以及调整和探索时期四个阶段，并以历史视角和全球视角审视了传统体制下的内在优势、历史价值和深层问题，既看到这一“超级国家体制”在工业化初期的巨大体制优势，也看到了这一体制下包含的自身变革和超越因素。在此分析的基础上本成果进一步提出了“后发大国工业化阶段相关假说”，认为工业化的不同阶段决定着国家的资源配置模式、宏观调节模式和微观主体独立性，从而建立了解释新中国工业管理体制和国有企业制度变迁的一个一以贯之的基本理论框架。

（二）国有企业市场激励机制创新：基于政府市场关系视角

本成果在回顾总结了深化国有企业改革的基本思路、路径与成就的基础上发现：虽然我国国有企业改革在所有制改革和现代企业法人治理两方面均取得了巨大成就，但是当前仍存在国企管理者市场化激励不足、国有资本产业结构优化的内在激励不足、国有企业技术创新内在激励不足等问题亟待解决。而解决这些问题，实现我国国有企业可持续高质量发展的关键在于必须建立市场化的管理层持股和员工持股制度、建立市场化的国有资本产业结构优化激励机制、改革完善国企绩效考核和容错机制、构建国企民企战略合作共赢机制、推动混改企业公司治理的现代化并发挥国有企业的企业家精神。

（三）竞争中性与区域经济发展：基于国企与非国企绩效提升视角

中国宏观区域间的竞争不公平与国企和非国企之间微观竞争非中性有着密切联系，这也是导致区域经济发展差距不断增大的重要原因之一。本成果利用1998年—2013年间18 270个企业的面板数据和31个省级行政区的面板数据，对区域经济发展差距与竞争非中性之间的关系进行了理论和实证研究发现：竞争中性标准的实施通过市场要素配置、公平企业社会责任、透明化政治成本与避免国际市场壁垒这四个机制，对国企和非国企的绩效提升产生双赢的积极作用；经济发展较快时，政策制定者更趋向于制定符合竞争中性原则的政策，权力寻租程度较高时则反之；中央政策所带来的区域间竞争不公平是各地方政府采取不同竞争中性政策以及区域经济发展差距不断增大的根本原因。

（四）区域经济转型与营商环境友好：矿产资源依赖型区域的发展之道

我国经济想要实现高质量可持续发展有赖于区域经济发展模式的转型和产业结构的升级优化。本成果在对资源依赖型区域进行理论分析的基础上，构建了产业结构转型的两产品内生增长模型，并运用省级面板数据进行实证检验，认为区域经济转型成功的关键在于优化区域营商环境、激发市场活力、促进经济形成内生增长与自动转型的内在动力。政府应当放开定价权，重点进行基础设施、生态环境条件与多层次市场治理制度的供给，大力改善营商环境，从而实现市场机制和政府功能的有机结合。

（五）国际技术贸易与中国企业技术进步

技术贸易是欠发达国家实现技术进步的有效方法之一，但是构建技术贸易体系决策不仅需要考虑各类引进技术对欠发达国家技术进步转化效率的影响，也需要考虑作为技术输出国的发达国家对欠发达国家技术引进的干预。本成果通过构建国家干预下的技术贸易模型，从理论上探讨了欠发达国家的技术引进在发达国家干预下的制约因素以及依赖技术贸易体制下的技术进步必然存在的瓶颈。在此基础上，本成果结合中国70年技术贸易的历史经验，从技术引进的层次性、有效利用市场换技术的方法以及技术贸易体制的转型这三个方面对技术贸易体制的建设进行了探讨。除此之外，本成果还针对技术贸易体制必然存在技术增长瓶颈的问题，从国企、中小企业以及技术贸易模式转变三个层面对我国如何实现技术进步路径由依赖技术贸易向自主研发提出了战略思考。

（六）政府采购与企业技术创新

本成果首先系统性回顾了改革开放以来中国政府采购制度演进的四个阶段及其总体表现；并基于政府市场关系视角创新性地提出了政府采购政策功能与技术创新目标设定，以及应重点考虑产业类型、产业规模、企业性质、产品生命周期、技术类型等五方面制度因素。其次本成果还从成本与风险分担机制、技术扩散机制、甄选与激励机制、新兴产业引导机制、产业链协同与传导机制等五方面探究了政府采购促进技术创新的内在机制，构建了政府采购与技术创新的理论框架，揭示了政府采购促进技术创新的世界典型模式启示。最后，本成果从竞争性机制设计、鼓励中小微企业发展与产业链协同带动、差异化分类分级采购体系构建、注重战略性产业引导、塑造技术分享与技术创新采购生态等五方面提出了中国政府采购政策功能与技术创新的路径设计及未来发展考虑。

（七）文化国有资本的模式创新与制度支撑

本成果从中国文化产业面临的发展机遇；文化产业总体规模迅猛上升且结构不断优化的趋势；新型文化业态不断出现，文化金融手段多元化发展，文化产业市场体系和服务体系日趋完善，文化产业在互联网技术支撑下出现了大量、多维、联动性强且具有自适应与自更新性的创新模式的现状等多个角度分析了新时代中国文化产业发展的基本态势、结构、特征、发展路径以及模式创新。在此研究的基础上，认为只有在“政府+市场”与“制度+技术”双重机制下，中国文化产业才能够在活化文化资本、发展文化创意市场、健全文化金融体系、构建文化生态等方面取得更大突破，从而打造具有全球竞争力的中国文化产业和文化资本。

（八）农垦国有资本管理创新与混合所有制构建

国有资本管理模式创新与混合所有制改革构成新时期农垦制度变革的两条主线。新型农垦国有资本管理体系的构建对我国农垦体系集团化和企业化改革、对农垦国资保值增值不流失、对农垦企业提质增效都具有重要的战略意义，而混合所有制改革则对农垦体制机制转型与提升产业竞争力意义重大。本成果系统性地讨论了农垦体系建立国资投资运营平台和交易平台以及推进混合所有制改革的具体路径，并对近年来我国农垦的实践创新模式进行了梳理，认为农垦混改的核心是实现现代企业制度构建和公司治理转型，要避免混改过程中的形式主义。

二、主要观点及建议

（一）后发大国工业化阶段相关假说。

“后发大国工业化阶段相关假说”是对整个工业化过程中的中国工业管理体制的演变作出一个系统的逻辑一致的解释。这个假说简单来说就是：后发大国的工业化进程和历史发展阶段，决定着整个国家的资源配置模式、宏观调节模式和微观主体独立性这三个变量。换句话说，不同的发展模式和经济运行模式，是与后发大国工业化的阶段相关的。后发大国工业化意味着：第一，赶超；第二，快速工业化；第三，重工业化。而在工业化启动时期、工业化加速时期、工业化基本完成时期，这三个不同的历史阶段决定着不同的经济发展模式和动力机制，决定着国家的资源配置模式、宏观调节模式，同时也决定着微观主体独立性的程度。

（二）“传统体制”是一个必然要经历的阶段，但不是一个永远的阶段，而是一个必须被超越的阶段。

传统体制是新中国成立初期，面对工业基础比较薄弱、资源短缺、资金匮乏、人力资本虽然规模大但平均素质低下以及产业布局偏于沿海局部地区等诸多约束条件下，想要快速实现国家工业化和对发达国家赶超的最优解，它是必然要经历的阶段，具有历史必然性，是后发大国必须经历的制度选择过程。同时这一以实现迅速工业化和赶超为目标的传统“超级国家工业体制”虽然具有巨大的资源动员能力和国家控制力，可以迅速整合和动员一切资源，可以迅速达成政治共识，能够最大限度动员一切资源、突破低水平均衡陷阱、集中一切力量来实现工业化；但是它也造成了地方和中央之间在资源分配和计划实施上的大量矛盾，导致了地方投资盲目扩张和投资效率的低下，利润动机对企业的激励失效，形成了“一收就死，一死就放，一放就乱，一乱就收”的“收—放—收”的治乱循环路径依赖。因此传统体制是必须被超越的阶段，当中国工业化的初级阶段或者是启动阶段已经过去，在工业化的加速、高潮和接近完成的阶段，国家与市场的关系、国家与企业的关系、中央和地方的关系等必须也必然发生深刻的变化，这是历史的要求。

（三）系统构建国企市场化的激励机制和创新机制是未来国有企业可持续高质量发展的战略选择。

当前国有企业改革进入一个极为关键的时期，要落实好国有企业改革顶层设计，实现国有企业可持续高质量发展，必须建立六大机制：第一，建立市场化的管理层持股和员工持股制度，强化对国有企业管理者的长期激励，调动其积极性，发挥其企业家精神，持续激发企业活力。第二，建立市场化的国有资本产业结构优化激励机制，推进国有经济结构调整和布局优化，引导国有企业聚焦主责主业，激励企业为聚焦主业进行长期的积累和技术投入。第三，改革完善国有企业绩效考核和容错机制，系统性鼓励和推动国企技术创新，尊重科技创新的规律，建立科技人员的激励机制，把市场机制和政府功能相结合。第四，构建国企和民企的战略合作、协进共赢、交叉融合的新机制，在技术创新、经营管理、开拓国际市场等各个环节形成战略合作关系，构建更为紧密的产权关系以及市场产业链关系。第五，探索混合所有制改革的新形式，推进混合所有制企业的内部治理改革和决策机制改革，灵活处置控股的比例，充分发挥内部治理机制的作用，切实维护各方股东权利。第六，以灵活创新的体制机制塑造国有企业的企业家群体。

（四）竞争中性在配置市场要素、承担社会责任、透明政治成本以及避免国际市场壁垒这四个方面对国企和非国企的绩效提升具有积极作用

在配置市场要素方面，对国企而言竞争中性的区域政策和竞争性的市场环境激发了国企改善公司治理与决策优化的意愿、优化了国企自身的资源配置以及提高了国企的盈利能力；对非国企而言竞争中性的区域政策和竞争性的市场环境为他们提供了相对平等的产品竞争机会与平等的资源获取权，提供了成长的土壤。在承担社会责任方面，竞争中性原则将企业应承担的社会责任与外部性补偿划分开来，各种所有制企业公平地承担社会责任，对于企业社会责任之外的正外部性提供进行直接补贴，从而实现相关成本在主体之间的公平承担，避免对国有企业的不公平政策。在透明政治成本方面，竞争中性原则使地方官员失去了利用国企谋求政治利益的借口；明晰的外部性补偿方式也有助于填补利益输送的暗洞，使得企业的政治成本透明化。在避免国际市场壁垒方面，竞争中性原则有利于企业在国际平台上得到更平等的发展机会，拓展海外市场，避免国际贸易壁垒。

（五）我国矿产资源依赖型区域经济转型成功的关键在于理清地方政府与市场在转型过程中的关系与作用边界

在市场机制完善的条件下，如果经济中存在新兴产业部门，那么随着矿产资源的逐步耗尽，经济在长期的动态发展中会逐渐过渡到以新兴产业部门为主的发展模式，最后达到不依赖于矿产资源、以技术进步和人口增长为内生动力的平衡增长路径，成功摆脱资源依赖，实现转型。而当经济中存在要素流动障碍时，就会为新兴产业的增长带来壁垒，影响产业转型的进程。因此在区域经济转型和产业结构升级优化的过程中，政府是作为重要主体，应该成为市场机制的增进者，为更好发挥市场机制的决定性作用提供有利的制度环境和高效的制度保障。政府应通过基础设施供给、生态环境条件供给以及治理制度供给，优化营商环境，提高市场化水平，完善市场机制；同时政府还要坚持竞争中性原则，避免对经济主体的过度干涉，激发广大经济主体的活力，为经济主体赋能。

（六）技术贸易体制下的技术进步存在必然的瓶颈，技术进步不能仅仅依赖技术贸易

技术贸易体制虽然有助于欠发达国家通过引进技术，获得生产力水平的增长，但是技术贸易体制下的技术进步战略是具有增长瓶颈的。要通过技术贸易实现国家的技术进步与经济增长，尤其是实现可持续的技术创新和技术赶超，必须注意以下几个方面：第一，利用技术贸易进行技术引进，需要考虑技术输入国自身的技术基础，技术引进要由低到高，重视阶段和层次，不同时期要有不同的技术引进重点和针对性的引进方式。第二，以市场换技术是技术输入国通过技术贸易体制实现技术进步的重要方法，但是这个方法有其局限性。当存在国家干预的情况下，技术输出国厂商提供的技术供给的决定性因素是技术输出国与输入国之间的相对生产力水平差距，换句话说利用市场换技术的方法能够吸引到的外国技术是有上限的，这并不是一个长效的策略。第三，技术贸易体制最终必须进行转型，实现以自主研发为主，技术贸易为辅的技术进步模式，过度依赖于技术贸易体制进行技术引进，始终会受制于人。

（七）转变模式、发挥国企和中小企业各自的优势是中国未来技术进步战略的重点

未来中国在技术进步方面必须加大自主研发体制的建设，以解决“卡脖子”问题，以下几点尤为重要：第一，国有企业需要承担起自主研发排头兵的重大责任，利用自身资金成本低和抗风险能力强的优势，发力于有助于国家长远发展的、大型的以及困难的战略性项目研发，保障国家在前沿技术方面具有创新优势，确保国家前沿技术水平不落后。第二，中小企业具有极强的市场活力，研发更倾向于短期

化、市场化以及用户导向，这类研发对用户需求的变化更加敏感，更加贴近市场的需求。因此政府应该大力营造自主创新的市场环境，完善产权保护制度和产权交易机制，激励中小企业为自主研发注入活力，成为国家自主研发体系的重要组成部分。第三，随着国家的发展和技术的进步，国内技术积累已经到了很高的水平，在这种情况下需要引进的技术都是十分前沿的，这类技术的引进成本必然是非常高昂，仅仅依靠购买等直接方式进行技术引进已经变成一种效率极低的方法，此时我们应将单纯地依靠技术引进促进技术进步转变为合作进行技术研发这种更加高效的模式。

（八）充分发挥政府采购政策功能促进技术创新与经济社会发展的重要作用

想要促进技术进步与经济社会发展，中国政府采购治理体系构建在考虑国际贸易及国内经济社会发展等诸多内外部关系的同时，还需要重视以下几点：第一，在国际贸易采购背景下，中国政府采购政策应以竞争性策略机制为基础，进一步完善公平、透明、竞争等制度原则，在竞争中凸显企业获得政府采购份额的功能效应，体现政府采购在国家和企业技术创新中的示范效应，提高政府采购效率。第二，持续深化政府采购全链条管理模式，从产业链角度对企业进行全面评价，加强产业链协同带动能力，鼓励和帮助中小微企业创新发展，构建产业链垂直分工体系。第三，构建差异化的政府采购分类分级政策体系，在综合考虑中国企业发展、技术水平等实际情况的基础上，面向企业规模、性质及战略，拓展政府采购的效用范围，增强政府采购政策的“鲁棒性”。第四，关注政府采购对战略性行业引导作用，促进市场稳定与经济社会发展，发挥政府采购“稳定器”作用，促进政府采购成为政府配置资源的工具和政府调控供给侧的工具，为国家治理体系现代化、深化改革开放打下坚实的制度基础。第五，构建技术分享、技术创新为主题的政府采购生态与应用场景，加强政府采购促进技术创新数据分析，实现政府智慧采购功能。

（九）构建具有全球竞争力的中国文化产业

当前我国文化产业发展的外部市场环境和政策环境逐步优化，要想构建具有强大竞争力的文化产业，未来应该在以下几方面进行突破：第一，我国各地区各民族具有丰富的文化遗存和丰厚的文化传统积淀，这就形成了庞大的文化资本，依托这些文化资本可以开发出丰富的文化旅游产品，提升文化竞争力。第二，政府在进行文化产业管理时需要做到既能够尊重市场规律，还能够对文化产业进行有效的引导和规范，将市场化与规范化结合起来，为活跃和发展文化创意市场创造适宜的外部环境。第三，培养国民的文化感知力、文化洞察力、文化自觉意识以及文化自信，加强传统文化传承与教育，提升本国人民对自身文化的高度理解、高度认同、高度自觉和高度自信。第四，将文化遗产与市场紧密结合，以多样化手段“活化”文化资本，激活各地区文化产业，使地域文化和民族文化深入人心，构建富有生命力的文化生态。第五，充分利用现代网络技术，联通虚拟世界和现实世界，发挥文化创造力和想象力，打造可持续、高增值的文化产业链。第六，以强大的文化融入力和包容力，推进中国文化产业“走出去”战略，形成一种多样化的文化格局，一种“美美与共”的文化共同体。第七，通过“制度变革”与“技术创新”相结合，增强文化产业市场活力，丰富文化创作形式，推动文化产业的规范有序和高质量发展。

（十）农垦混改的核心是实现现代企业制度构建和公司治理转型，要避免形式主义的混改模式

当前新一轮农垦改革在强化这一国家级农业资本的体制优势的同时，着重从宏观层面的农垦新型国有资本管理运营机制和微观层面的农垦企业产权结构与法人治理结构变革两条主线，推动中国农垦体系

的机制创新。这两条主线的最终目标都是盘活和清算闲置资产，提升资产流动性和利用率，彻底改变农垦的经营机制，使农垦的体制机制充满活力。因此在农垦改革过程中，要注重新型国有资本管理体系对农垦资产的管理和监督，提升资源市场化配置效率；要充分认识混改的意义，避免形式主义，避免一刀切，要一企一策、因地制宜，要让入股的民营资本和其他股权所有者在现代化企业制度和公司治理框架下，真正发挥其作用，合力实现农垦的机制变革。

三、成果研究思路与方法

（一）研究的基本思路

本成果研究思路遵循从宏观到微观，从体制到产业，从历史到现在的研究思路。

首先，运用经济史学的方法，以历史视角和全球视角审视了传统体制下的内在优势、历史价值和深层问题，建立了解释新中国工业管理体制和国有企业制度变迁的一个一以贯之的基本理论框架。

其次，从政府市场关系视角分析了国有企业市场激励机制创新、竞争中性与区域经济发展、区域经济转型与营商环境友好等议题，并给出了政策性建议。

然后，从企业技术创新角度分别考察研究国际技术贸易、政府采购等不同的政策对中国企业技术创新的影响，分别就国际技术贸易模式转变、政府采购政策功能设计等方面提出了相关建议。

最后，从产业层面，分析文化产业国有资本的模式创新与制度支撑，农业产业农垦国有资本管理创新与混合所有制构建，这两类产业均是具有国家安全重要战略意义的产业，从国际国内两个维度，分别提出了相关的改革路径。

（二）研究方法

第一，从经济理论出发（如政府市场经济学理论、制度经济学理论、产权理论、产业结构理论等），分析了在宏观层面，国家如何构建竞争中性的基本政策、如何构建有利于各种所有制企业发展的营商环境、如何构建有利于企业技术创新的贸易政策和采购政策；在微观层面如何建立国有企业市场化激励机制、形成良好的公司治理机制。

第二，运用经济史学研究方法，从本课题的具体研究问题出发，遵循史料来源的真实性，采用跨学科综合研究法，对新中国工业史、国有企业史、政府采购历程等进行了客观的梳理与解释。

第三，以统计数据为基础，从区域经济转型与营商环境构建，竞争中性与区域经济发展等多方面展开了实证研究。实证研究区域经济发展差距与竞争非中性之间的关系；构建了产业结构转型的内生增长模型，并运用省级面板数据进行实证检验，为国家顶层设计、制度安排、营商环境构建等方面提供了实证方面的重要支撑。

第四，注重理论与实践结合，调研考察了北京、山东、新疆等省份文化和农垦产业发展情况；重点调研山西太原、大同等资源型城市发展转型、营商环境优化等现实进展及发展规划；定期开展“政府、市场与国有企业改革”为主题的学术研究，与各部委、国资管理部门、央企、高校等研究人员交流互动，疫情期间主要以线上交流为主，疫情好转后开展了“政府、市场与国有企业改革草坪研讨会”。

四、成果创新点

（一）学术思想及学术观点创新

第一，本成果创新性地提出了“后发大国工业化阶段相关假说”，并就工业化发展阶段进行分期分析，从资源配置模式、宏观调节模式、微观主体独立性等方面提出了中国这一后发大国未来改革的重点方向。

第二，本成果认为系统构建国企市场化的激励机制和创新机制是未来国有企业可持续高质量发展的战略选择，并从持股激励机制、聚焦主业发展、科技人员激励机制、国民协同发展、内部治理优化、发挥企业家精神等六个方面提出了国有企业市场化的激励和创新改革措施建议。

第三，本成果就通过技术贸易实现国家的技术进步与经济增长亟需注意的重要方面进行了阐述与说明，提出技术引进要注重与本国技术阶段相结合，重视阶段和层次；认为技术引进受限于输出国的国家干预，技术引进存在局限性；从长效策略出发，提出采取以自主研发为主，技术贸易为辅的技术进步模式。

第四，本成果从政府市场关系视角创新性提出了区域经济转型和产业结构升级优化的过程中新型政府市场关系构建的机制与策略。政府作为重要主体，应成为市场机制的增进者，应通过基础设施供给、生态环境条件供给以及治理制度供给，优化营商环境，提高市场化水平，完善市场机制；同时政府还要坚持竞争中性原则，避免对经济主体的过度干涉，激发广大经济主体的活力，为经济主体赋能，为更好发挥市场机制的决定性作用提供有利的制度环境和高效的制度保障。

第五，本成果提出了构建具有强大竞争力的文化产业政策性建议，主要有依托传统文化积淀开发文旅产品、在市场化基础上进一步发挥政府的引导和规范化作用、培养国民传统文化综合素养、活化文化资本构建富有生命力的文化生态、推进文化产业“走出去”战略等。

第六，本成果研究认为农垦改革最终目标是盘活和清算闲置资产，提升资产流动性和利用率，彻底改变农垦的经营机制，使农垦的体制机制充满活力，具体改革侧重应从宏观层面的农垦新型国有资本管理运营机制和微观层面的农垦企业产权结构与法人治理结构变革两条主线推进。

（二）研究方法创新

第一，采用经济史学研究方法对中国工业管理与国有企业制度演进的历史逻辑进行研究，深刻认知了中国工业管理与国有企业制度一以贯之的历史逻辑及未来改革的方位与策略。

第二，采用多种前沿的统计计量软件及模型构建方法，设计各类相关模型，为营商环境构建、竞争中性与区域经济发展、政府采购与企业技术创新等提供决策参考，可作为技术进步定量分析中前期研究以及推广应用的科学范本。

第三，从政府市场关系视角、技术贸易与自主创新视角、制度技术关系视角等多重视角，多层次、多角度充分探讨了政府、市场关系如何影响国有企业改革，进一步丰富了基于中国国情的政府市场经济学理论。

五、成果应用价值

第一，“后发大国工业化阶段相关假说”，为“十四五规划”及未来我国工业管理体制和国有企业制度改革提供了基本遵循和重要参照，应着重把握资源配置模式的创新性、宏观调节模式的灵活性、企业等微观主体的独立性等改革方向。相关研究成果已被中国科学院科技战略咨询研究院“国家高端智库重点课题”引用。

第二，提出国有企业市场化“三类不足”的观点，即国企管理者市场化激励不足、国有资本产业结构优化的内在激励不足、国有企业技术创新内在激励不足，以及建立市场化的管理层持股和员工持股制度、建立市场化的国有资本产业结构优化激励机制、构建国企民企战略合作共赢机制等政策建议，为构建新型政府市场关系，推动国有企业改革，提出了可行性的政策建议。相关研究成果对北京亦庄、广东深圳、四川宜宾等地国有企业改革提供了理论支撑与参照案例。

第三，在技术创新方面，从国企、中小企业以及技术贸易模式转变三个层面对我国技术进步路径由依赖技术贸易向自主研发转变提出了战略思考；从鼓励中小微企业发展与产业链协同带动、差异化分类分级采购体系构建等方面提出了中国政府采购政策功能与技术创新的路径设计，上述研究成果对我国现阶段“双循环”战略实施，平衡对外技术引进与对内自主研发，加速企业自主创新与市场转化，提升“内循环”科技含量，具有重要的指导意义。

第四，本成果相关实证研究，发现了竞争中性视角下中央政策、地方政策、区域经济发展之间的关系，为政府把握竞争中性经济学内在作用机制，为中央制定利于区域经济公平竞争发展的政策提供了理论支撑。

第五，文化产业国有资本的模式创新与制度支撑，农业产业农垦国有资本管理创新与混合所有制构建等相关研究成果，对新疆农垦、北大荒集团等企业混合所有制改革提供了具有可操作性的指导性意见。

成果创造人：王曙光、王丹莉、郭　凯、王　彬、徐余江、雷雪飞

中央企业集团公司层面混合所有制改革研究

中国建材集团有限公司

党的十八届三中全会首次把混合所有制经济提升到“我国基本经济制度的重要实现形式”的新高度。随后出台的“1+N”系列文件，都把混合所有制作为深化国有企业改革的主要措施和突破口。中央经济工作会议、《政府工作报告》多次提到“混合所有制改革”，十九大报告中也明确提出“发展混合所有制经济”。在中央层面开展了一系列试点，探索模式、总结经验，国资委 2014 年选择中国建材集团和国药集团作为发展混合所有制经济试点，国家发展改革委在重点领域开展了四批 210 户企业混合所有制改革试点，取得了良好效果，各地方企业的混合所有制深入推进。

但目前的混改试点主要在央企三级及以下企业，央企中除历史形成的上海贝尔、华录集团等个别企业外，尚未开展集团层面混合所有制改革。造成这种现象的原因，客观上主要是集团资产规模大、区域跨度大、业务多元、债务和人员等内部结构复杂，以及管控模式固化等，同时可供选择的具备投资条件、又能形成资源互补的民营投资机构有限。但同时应该看到，选择治理规范、市场化程度较高的央企开展集团层面混改，将对推动国资监管体制改革、真正实现“管资本”为主具有重要意义，而且可以发挥对民营经济的引领带动作用，社会影响力和示范效应巨大。

一、中央企业集团公司层面混改的概念与界定

（一）混合所有制经济的概念

混合所有制经济主要是公有制成分与非公有成分在企业内部相互结合的所有制。在这个视角，混合所有制企业可能产生于多种途径，如国企的产权改造、非上市国企引入战略投资者、上市国企的增资扩股、国企对外兼并重组，以及民营企业引入国有资本或是兼并国企，等等。

混合所有制是新型的、独立的所有制形态。虽然混合所有制是以公有制和私有制存在为前提的，但混合所有制同样不能简单视为公有经济或控股经济的性质，在所有者主体多元化的混合所有制经济内部是一个复杂的有机系统，是不同所有制、不同所有者之间相互制衡、调整的动态系统，主观上并不为某一单一的主导的所有制服务，但客观上各所有制个体都能随着混合经济的发展壮大和发展。因此，应该视为新型的所有制形态。正如厉以宁教授指出的，“在一定时间内，国有企业、混合所有制企业、民营企业将会三足鼎立，支撑着中国经济。”

（二）集团公司层面混改与子企业层面混改

集团层面混改与子企业层面混改在推行上各有优劣势。

集团层面混改的优势：一是改革彻底，“毕其功于一役”，从整体上改变企业股权结构，便于开展全局性的改革举措；二是便于总体设计，可以统筹考虑，有计划、有步骤逐步推进；三是保持统一决策，维持统一的运营管理，不存在“双轨制”“两类人”。

集团层面混改的劣势：一是“门槛”过高，企业资产规模大、区域跨度大、业务多元、债务和人员等内部结构复杂，可供选择的具备投资条件、又能形成资源互补的民营投资机构有限。二是管控模式调整难度大，民企入股后，难以发挥作用。三是历史遗留问题尚未有效解决，企业办社会职能、“三供一业”分离移交、离退休人员社会化等问题复杂，企业无法轻装上阵。

子企业（主要指三级及以下）层面混改的优势：一是规模适中、主业突出，资产和人员结构较为清晰，便于找到适宜的民营资本；二是治理机制和管控模式易于调整，民营资本进入后，能够更好地发挥影响力，更具有话语权；三是易于体现协同效应，由于子企业涉及具体业务，便于和民企产生业务协同，协同效益易于考核评价；四是改革规模和进度更可控，容易把控进度，出现问题易于切割和止损。

子企业层面混改的劣势：一是改革影响有限，难以推动对集团层面治理体系完善和国资监管体系改革；二是集团内部出现“两类人”，容易产生不平衡现象。

表1　集团层面混改与子企业层面混改的优劣势比较

	集团层面混改	子企业层面混改
优势	1. 改革彻底 2. 总体设计推进 3. 保持统一运营管理	1. 合作对象更好找 2. 治理机制和管控模式易于调整 3. 易于体现协同效应 4. 改革规模和进度更可控
劣势	1. “门槛”过高 2. 管控模式调整难度大 3. 历史遗留问题难以解决	1. 改革影响有限 2. 集团内部容易产生不平衡现象

（三）集团层面混改与集团层面股权多元化

集团层面混改是集团层面股权多元化的一种特殊形式，是集团层面股权多元化时，引入股东的所有制性质是非公资本。集团层面股权多元化的关键是引入的股东类型（即股权由谁持有）和股权结构设计（即持股比例），不同的股东和持股比例对公司治理和企业发展的影响有较大差异。结合现有的混改实践，我们认为，可以分为四种模式：

第一种模式（国资委全资的国有股权多元化）：国资委绝对控股，引入国新、诚通等国资委授权的国有资本投资运营公司（或其控制的产业基金）。

第二种模式（非国资委全资的国有股权多元化）：国资委绝对控股或相对控股，引入非国资委监管企业的国有资本（如，政府直接授权投资运营公司作为战略投资者，以及中信、光大等国有金融机构或地方投资平台作为财务投资者，即广核模式）。

第三种模式（集团层面非实质性混改）：国资委相对控股，同步引入国有资本和非公资本，国有资本为非国资委监管企业的国有资本，非公资本比例低于30%，即联通模式。

第四种模式（集团层面实质性混改）：国资委相对控股，同步引入国有资本和非公资本，非公资本比例高于30%。

以上四种模式，都可以实现：提高资金实力、加快布局的好处。区别在于：第一种模式下，集团仍为国资委的全资企业（国新和诚通为国资委独资公司），优化公司治理的效果有限，延续现有的管理体制，几乎没有改革风险。第二种模式下，既可以保持国有全资企业，又可以优化公司治理，但需要适度调整现有国资监管体制，改革风险较小。第三种模式下，引入非公资本虽然比例较低，但可在一定程度上改善公司治理，需要适度改革国资监管体制，改革风险可控。第四种模式下，非公股东持股比例较高，对资本的增值、退出具有强烈的诉求，企业将完全市场化，需要改革现行的国资监管体制，有一定的改革风险但可承受。

综合来看，集团层面混改可以先从第二、第三种模式入手，实现股权多元化；第四种模式是改革的目标，即集团层面混改可以分步实施：第一步引入国有股东，公司性质从国有独资公司转变为国有全资公司，第二步引入较低股比的非公资本，转变为非实质性混改，第三步再适时提高非公股份股比或引入新的非公股东，成为实质性混改。

表 2　集团股权多元化（集团层面混改）几种模式比较

企业类型	第一种模式（国资委全资的国有股权多元化）	第二种模式（非国资委全资的国有股权多元化）	第三种模式（集团层面非实质性混改）	第四种模式（集团层面实质性混改）
改革方式	国资委绝对控股，引入国新、诚通等国资委授权的国有资本投资运营公司或其控制的产业基金	国资委绝对控股或相对控股，引入非国资委监管企业的国有资本	国资委相对控股，引入非公资本比例低于 30%	国资委相对控股，引入非公资本比例高于 30%
改革力度	弱	较弱	较强	强
改革风险	几乎无	较小	改革风险可控	有一定风险但可承受

二、中央企业集团公司层面混改的政策背景与定位

（一）集团层面混改的政策背景

《国务院关于国有企业发展混合所有制经济的意见》（国发〔2015〕54 号）作为国有企业混改的顶层设计文件，专门提出："探索在集团公司层面推进混合所有制改革。在国家有明确规定的特定领域，坚持国有资本控股，形成合理的治理结构和市场化经营机制；在其他领域，鼓励通过整体上市、并购重组、发行可转债等方式，逐步调整国有股权比例，积极引入各类投资者，形成股权结构多元、股东行为规范、内部约束有效、运行高效灵活的经营机制。"

国家发改委《关于深化混合所有制改革试点若干政策的意见》（发改经体〔2017〕2057 号）进一步提出："积极探索中央企业集团公司层面开展混合所有制改革的可行路径，国务院国资委审核中央企业申请改革试点的方案，按程序报国务院批准后开展试点，鼓励探索解决集团层面混合所有制改革后国有股由谁持有等现实问题的可行路径。"

广义的混合所有制改革，在股权层面上指的是公有资本和非公资本的混合，主要有四种方式：一是公有资本参与非公有制企业的改革，即"投出去"，如中国建材集团在水泥行业、国药集团在医药零售行业，开展的大规模联合重组，并保留部分民企股权，所形成的混合所有制企业。二是非公资本参与国有企业的改革，即"引进来"，如中国联通开展的混改。三是开展员工持股或以其他方式，内部员工（包括管理层）拥有了企业股权（十八届三中全会后只能在混合所有制企业或同步引入非公资本的情况

下开展员工持股），比较可行的是在集团层面混改的同时，在已经混合的重点企业（如上市公司）开展股权激励。四是上市融资，即集团整体上市。

对于央企集团层面混改来说，由于央企集团公司主要为国务院国资委履行出资人职责的国有独资企业，因此央企集团层面混改主要采用非公资本参与到央企集团的混改中来，即采用“引进来”的方式，符合政策规定的可适时引入员工持股，待条件成熟再整体上市。

（二）新时代国资监管体系中集团层面混改企业的定位

按照《国务院关于推进国有资本投资、运营公司改革试点的实施意见》（国发〔2018〕23号）、国资委会同有关部委编订的《改革国有资本授权经营体制方案》（即将印发）精神，中央层面将改组组建一批国有资本投资运营公司（分为政府直接授权和国资委授权，下文均指国资委授权）。新时代国资监管体系中，在中央企业层面将同时存在投资运营公司和现有企业集团（即产业集团）①。23号文指出，国有资本投资、运营公司均为“国有独资公司”，两类公司必须坚持国有独资性质，我们理解，两类公司组建方式是以无偿划转或市场化方式重组整合相关国有资本；将现有企业整体股权（资产）或部分股权划入两类公司，独资公司企业无偿划转和资产注入最为便捷。按照我们的理解，现阶段，集团层面混合所有制改革与两类公司试点不会同时进行，集团层面混改只能在产业集团开展。与此相关的问题是，未来中央企业层面国资委监管架构如何设计，集团层面混合所有制企业将如何定位。

我们考虑，未来国资监管格局下，国资委监管企业将分为国有资本投资运营公司和产业集团，其中产业集团中的商业二类企业集团层面应为国有独资或全资公司，商业一类企业普遍可以改革为集团层面混合所有制企业。因此，国资委管理企业大致可以分为四类：运营公司、投资公司、集团层面混改产业集团（商业一类）、国有独资全资产业集团（商业二类）。其中，投资公司可细分为综合性投资公司（如华润、招商局等）和专业性投资公司（如中粮、宝武、中国建材、中广核等）。

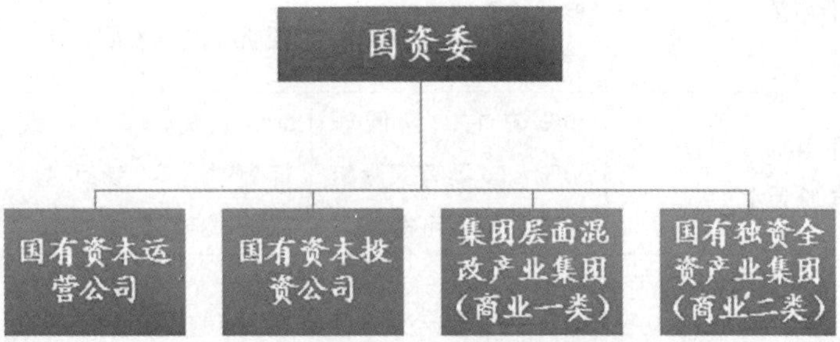

图1 未来国资监管格局示意图

国资委管理的中央企业既具有差异，又有共性。无论是投资运营公司还是产业集团，都要按照“完善治理、强化激励、突出主业、提高效率”的要求扎实推进改革。但是也有所差异：一是在对企业的运营管控力度上，运营公司、投资公司、集团层面混改企业、独资产业集团，逐渐加强；二是在国有资本的流动能力上，逐渐减弱。三是从管控模式上看，运营公司以财务性持股为主，投资公司以战略性持股为主，集团层面混改企业将以战略管控和运营管控相结合，国有独资产业集团以运营管控为主。四是从业务领域上，运营公司无主业，投资公司有主业，但可以探索若干新业务（主要是战略性新兴产业），集团层面混改产业集团应以主业为主，可以发展产业链上下游业务，国有独资公司应以主业为主。五是

①财政部部长助理许宏才就日前印发的《国务院关于推进国有资本投资、运营公司改革试点的实施意见》回答记者问。

从任务使命上，运营公司更着重股权运作下的价值管理，对所投资业务的涉入较少，给予的主要是资本支持，让所投资业务自主发展，以实现资本回报；投资公司更强调“育”的功能，要对业务布局结构发挥调整、优化的作用，要对国家战略落实发挥引领、示范作用；集团层面混改企业引领带动所在产业发展，国有独资公司重点发展关系国计民生的重点领域，完成国家战略任务。六是从对出资企业的持股比例上，运营公司应低于30%，以5%-10%为主，灵活进退；投资公司在30%左右，低于50%，多为相对控股、第一大股东，同时有部分正在培育中的参股企业，即可参可控；集团层面混改产业集团50%左右，绝对控股与相对控股相结合，具有实际控制力，即可参可控，以相对控股为主；国有独资产业集团应以绝对控股为主。

表3　未来国资监管体系下四类企业特点分析

企业类型	国有资本运营公司	国有资本投资公司	集团层面混改产业集团	国有独资全资产业集团
对企业运营的管控力度	弱	较弱	较强	强
国有资本流动能力	强	较强	较弱	弱
管控模式	财务投资为主	战略投资为主	战略管控与运营管理相结合	运营管理为主
业务领域	无主业	有主业，同时发展1-3个新业务（战略性新兴产业）	以主业为主，发展产业链相关业务	以主业为主
任务使命	提升回报、盘活存量、带动社会资本	优化布局、产业培育、产业集聚	以创造价值为主，引领所在产业发展	重点完成国家战略任务
对出资企业的持股比例	低于30%以参股为主	30%左右，应低于50%；多具有实际控制力；可参可控	50%左右，具有实际控制力；可参可控，以相对控股为主	大于50%绝对控股

三、中央企业集团公司层面混改的总体框架与方案设计

（一）总体目标

混合所有制改革的核心是市场化，即通过引入非公有制资本，完善治理机制和强化市场化运营管理。因此，央企集团层面混合所有制改革的总体目标是：以企业为主体，尊重市场经济规律和企业发展规律，把引资本与转机制结合起来，把产权多元化与完善企业法人治理结构结合起来，实现央企集团的市场化运营，从而为培育具有全球竞争力的世界一流企业，推动国有资本做强做优做大，增强国有资本的活力、控制力和影响力提供有效支撑。

（二）具体目标

1. 融资角度：引入企业发展资金和资源

（1）补短板，做强做优主业。通过混改引入和央企主业相关的战略投资者，有助于实现产业协同或

产业链配套，提升企业核心竞争力。如2017年中国联通混合所有制改革试点采用非公开发行和老股转让相结合的方式，引入腾讯、百度、京东、阿里巴巴、苏宁云商等战略投资者，将在共同领域开展深度战略合作，聚合新形势下国有企业混合所有制改革机制设计资源、整合优势、能力互补、互利共赢，推动重点业务和产业链融合发展，扩大中国联通在创新业务领域的中高端供给，培育壮大公司创新发展的新动能。

（2）去杠杆，降低负债率。混改将吸引社会资产参股，降低国企的资产负债率，达到去杠杆的目的，降低企业运营风险

（3）发展新兴产业，实现转型升级。通过引入增量资金，可以扩大国企的再投资能力，加快国有资本的布局调整，发展战略性新兴产业，做强做优国有资本。

2. 管控角度：建立市场化经营机制

混合所有制企业中，既有国有资本，也有民营资本。央企有规范的管理、规模优势、技术实力，民企有灵活性、激励机制、企业家精神，二者相互融合，取长补短，形成了企业强大的竞争力。要以混改为契机，建立现代企业制度和公司治理结构，使企业的运行、决策、薪酬、激励、约束等充分市场化。

（1）完善治理结构，提高运行效率。通过混改建立健全协调运转、有效制衡的公司法人治理结构，完善市场化的激励约束机制，推动产业链、价值链关键业务重组整合，提质增效、转型升级，推动国有资本和非国有资本相互促进、共同发展。由于非公有制经济的产权界定清晰，因而通过混改参与进来的其他所有者也会更为关注公司的运营，致力于公司的长远发展，通过合理参与决策，可以有效制约决策者的短期行为倾向对企业未来发展的不利影响。通过深化国有企业混合所有制改革，推进国企实现与民企的优势互补和竞争发展，有利于通过资源再配置释放效率红利，提升全社会的资源配置效率，从而为我国经济在中高速区间平稳增长创造必要条件。

（2）强化激励机制，提高市场化水平。通过混改，全面推行职业经理人制度，健全相应的市场化激励和约束机制，基本实现岗位能上能下、收入能高能低、人员能进能出。同时在解决风险和收益问题、代理问题、风险识别和分散问题等方面表现出更大的灵活性和可操作性。

（三）基本原则

央企集团层面混改，应按照《国务院关于国有企业发展混合所有制经济的意见》（国发〔2015〕54号）提出的总体要求，坚持以下原则。

1. 政府引导，市场运作。政府要积极鼓励，大力推动，同时要充分发挥市场机制作用，发挥央企集团的主观能动性，强化企业的市场主体地位。

2. 依法依规，规范运作。坚持依法合规，遵循国有资本和非公资本的平等保护和共同发展原则，实现各类股东权益的最大化。结合市场监督机制与完善保护国有资产的相关制度流程，操作中做到公开、公正、公平，要规范、透明、阳光运作，有效防范国有资产流失。

3. 循序渐进，试点先行。避免一刀切与运动式推进。不能搞急于求成的推进时间表、指标任务书，而应先急后缓、先易后难、先简单后复杂，有计划分步骤逐步稳步推进。

4. 分类管理，因企施策。坚持因地施策、因业施策、因企施策，宜独则独、宜控则控、宜参则参，不搞拉郎配，不搞全覆盖，不设时间表，一企一策，成熟一个推进一个，确保改革规范有序进行。

（四）方案设计

1. 混改企业

按照《国务院关于国有企业发展混合所有制经济的意见》（国发〔2015〕54号）对国有企业分类推进混改提出原则性要求。对于集团层面混改来说，如前文所属，应该优先在充分竞争性领域实施混改，主要选择商业一类企业，并应具备以下条件。

首先是主业突出。从央企集团角度，一是主业多元化的国企集团，较难引入在业务上有较高契合度的外部股东；二是集团下属非完全竞争或非核心业务在混改前剥离给合适的承接主体存在一定难度；三是主业多元化企业往往被资本市场认为专业性不足，导致在估值上遭遇多元化折让。从投资者角度，集团多元化业务发展往往参差不齐，因此集团层面的投资回报率很可能低于下属某些专业化业务平台，且多元化控股集团的性质决定了集团分红能力相对弱。企业产业相对多元且相关性较低的企业，更适合做投资公司。其次是竞争充分（甚至过度），处于这类领域的企业改革意愿较强，改革的效果更易显现，同时在产业内也有实力强大的非公竞争对手可以产生协同效益。第三是治理规范、市场化机制较完善，应当是规范董事会试点企业，已经建立了外部董事占多数的董事会，且董事会运作良好，这样的企业比较容易和民企融合。四是规模适度，国企集团往往资产规模庞大，对投资者资金量的要求高，不易找到合格投资者。

综上所述，集团层面混改应选择商业一类中主业突出、竞争充分、治理规范及市场化程度高、规模适度的央企集团。

2. 合作对象

关于混改合作对象的选择，《国务院关于国有企业发展混合所有制经济的意见》（国发〔2015〕54号）提出，鼓励非公有资本参与国有企业混合所有制改革；支持集体资本参与国有企业混合所有制改革；有序吸收外资参与国有企业混合所有制改革。

从所有制分类角度，民营资本、集体企业和外资也可以参与到国有企业中来。具体到央企集团层面混改来说，集体企业体量规模较小，难于参与进来；外资企业虽然有一定优势，如资本实力强、技术先进、管理规范等，但由于外资企业和国有企业文化差异巨大，对党领导下现代企业制度难以融合，其作为积极股东参与的央企集团层面混改可行性有待进一步论证。在民营企业中，中小型民营企业不具备资本实力，不适宜作为合作对象，当经济下行压力较大时，中小型民营企业主往往资金链紧张，同时还有可能存在年龄因素、家庭纠纷、代持关系复杂等原因，要求退出。因此在集团层面选择的非公资本，应以大型民营金融机构或具有战略协同价值的大型民营企业为主。

从合作对象的类型角度，在集团层面选择的非公资本，主要包括战略投资者（产业资本、上下游或同业企业）、财务投资者（金融资本、银行通过债转股等方式）、社会公众、员工持股等。

（1）战略投资者。战略投资者一般是指专业的、拥有丰富的投资资源及整合经验的行业或财务方面的投资者，其特点是能够给企业在行业、市场、商业模式上提供参考帮助，或者在资金、渠道、管理人才、管理方法、资本市场等方面给企业提供资源，以协助被投资企业不断发展创造，并在资本市场上实现更大价值。这类投资者所从事的业务一般与企业生产经营有较密切的关系，也较关注投资企业的生产经营，投入后一般没有退出的打算。

选对战略投资者，不仅带来"资源"，帮助企业提升产业发展水平，还应该带来"智慧"，帮助企业扩展战略视野，带来"活力"，帮助企业走出传统的僵化体制。最好是产业链上下游的协同，从而提升竞争力，促进企业发展。

（2）财务投资者。主要是股权投资基金等财务型投资者，主要关注资本运作，通常企业上市后便逐步退出。或者是大型金融机构，通过产融结合的方式使实业与金融业有机地结合起来。这类投资者资本实力强大，能够满足资金需求，但不足也很明显，一是这类投资者主要目的是资产的保值增值，对企业的经营和治理没有太多经验，难以有效改善公司治理；二是难以在生产技术、业务发展层面产生协同；三是对资本回报的要求高、周期短，对具有长期发展潜力的战略性业务缺乏耐心，在一定时期内（一般为3-5年）有强烈的退出需求。

此外，债务重组过程中金融机构也会成为财务投资者。债务重组主要针对传统优势行业但是发展暂时遇到困难的企业，通过债务重组的方式，减轻企业债务负担，目前通常采用的是国有金融机构将企业债权转为股权。如果企业所处行业属于相对技术成熟、并且是强周期波动行业，例如煤炭、钢铁、船舶制造等，在经济下行周期企业杠杆率较高的情况下，通过债转股能够降低负债率，企业更容易轻装上阵。如央企集团混改的核心诉求是帮助降低庞大的负债体系，可联合部分主要的债权方银行，开展集团或上市公司下属企业的债转股交易，未来借助资本市场退出，有助于实现利益绑定，推动整体交易。

（3）社会公众。主要为公开上市企业二级市场上的投资人。社会公众的资本规模较大，能够满足投资需要，但不足一是引入公众资本（上市融资）需要特殊条件，门槛较高；二是对公司治理的改善有限，企业上市可以引入资本市场的相关监管要求，但在国有股一股独大的情况，改善有限。

（4）员工持股。员工持股形式通常有企业高管持股、业务骨干（包括中层管理人员、技术骨干、营销骨干等）持股和全员持股。在员工持股和引进非公股东之间，我们考虑，员工持股要优先，一方面员工是天然所有者，另一方面又是公司的员工，有双重的积极性。但目前集团层面引入员工持股的难度较大，主要原因：一是按照《关于国有控股混合所有制企业开展员工持股试点的意见》（国资发改革〔2016〕133号）精神，集团层面引入员工持股不符合条件；二是集团资产规模庞大，员工资金有限，持股比例过低不利于参与公司治理、调动员工积极性，且难以满足企业融资需求；三是集团高管层受到干部管理的相关政策限制，目前暂不能参与持股；四是集团整体混改后的激励对象并非限于总部中层以上管理人员，激励对象和持股主体不完全匹配。五是易受市场波动影响，企业效益下滑可能产生内部不稳定因素。但考虑到员工持股激励作用显著，如果集团高管人员能够转换身份为职业经理人，且133号文件放宽适用条件，并不排除同步或混改后引入集团高管及中层管理者持股的可能性。

综上，我们考虑，央企集团层面混改应以大型金融机构或具有战略协同价值的大企业为主，同时在部分重点企业配套员工持股。总之，集团层面混改中，选择合适的投资者极为重要，要权衡外部投资者对企业的利弊，在引入何种类型的股东方面，要审慎甄别，仔细推敲，既要考虑其行业性质、行业领先地位、技术能力和品牌价值，同时更要考虑其企业的股权结构，发掘这些企业的股东背景，权衡引入这些战略投资者给企业带来的利与弊。

3. 混合方式

从混合的方式来说，既可以通过增资扩股来引入新鲜血液，增加资金供给；也可以通过直接转让现有股权来优化股权结构，包括产权转让（存量）、增资扩股（增量）、两者兼有（增资+老股转让）。

（1）产权转让

通过原股东产权转让的路径实施混改，本质上属于“存量混改”，即在不改变混改企业注册资本或股本的基础上，通过原股东对外转让股权的方式实现混改的目的。

产权转让可以使得混改企业的国有股东实现变现，但却不能为混改企业带来增量资金，无法直接为混改企业的发展提供资金支持，没有实现国有企业资产证券化，可能不能完全达到混改的目的。因此，目前市场上国有企业较少采取产权转让路径实施混改。同时，根据《企业国有资产交易监督管理办法》

（国务院国有资产监督管理委员会、财政部令第 32 号，以下简称“32 号令”）第 14 条的规定，产权转让原则上不得对受让方设定资格条件，主要遵循“价高者得”这一根本原则，如此，便不利于混改企业通过设定各类资格条件，选择最符合自身发展需求的投资者，尤其是可以为国有企业带来战略协同效应的战略投资者。

（2）增资扩股

相较于产权转让而言，增资扩股具有多重优势，既能通过设定投资者资格条件并开展综合评议或竞争性谈判的方式遴选最切合自身发展需求的投资者，也能解决混改企业的资金需求问题，有效解决部分国有企业存在的资产负债率偏高问题。因此，增资扩股系目前国企混改的主流模式。实践中，员工持股常常与增资扩股相配套，即混合所有制改革与混合所有制企业员工持股可同时开展。目前，在增资扩股的混改路径下，业已形成“增资扩股+员工持股”的典型模式。

企业在进行混改之前，要对企业自身面临的经营环境进行评估，从外部经济环境、产业环境、经营情况和内部管理等多个维度进行评估分析，找出企业面临的核心问题，哪些可以通过混改得到解决，从而审慎选择混合所有制改革的方式。选择混改模式最基本的标准是要有战略意义，混改后能够提高企业的经营活力、效率和市场竞争力。

通常来说，以增资方式推进混改更容易被接受，而存量混改面临的压力与阻力要更大一些，先前的混改试点基本采用了增资扩股的方式。对于央企集团层面混改来说，要考虑增量为主、存量为辅。在集团层面以净资产评估值入资，采用增资的方式，同时推进员工持股。

4. 股权架构

在股权比例上，本着“宜独则独，宜控则控，宜参则参”的原则，要考虑控制力与活力的平衡。参照《关于国有企业功能界定与分类的指导意见》，商业一类即充分竞争领域企业，国有经济的活力、控制力、影响力中，要把活力放在第一位，主要是国有相对控股、作为第一大股东和参股方式，尽可能扩大民营资本的持股比例，给予民营资本充分的话语权，充分发挥其反应快、决策灵活等优势。

表 4　非公资本不同持股比例的特点

非公资本持股比例	低于 10%	在 10%－33% 之间	在 33%－50% 之间	大于 50% 但国有资本为第一大股东有实际控制力	大于 50% 且国有资本不是第一大股东
国有资本持股类型	非实质性混改		实质性混改		
	国有资本“一股独大”	国有资本绝对控股且非公资本无否决权	国有资本绝对控股但非公资本有否决权	国有资本相对控股	国有资本参股但可通过金股等方式保障权益
改革力度	弱	较强	较强	强	很强
改革思路	控制力优先	兼顾活力与控制力		活力优先	

按照非公资本持股比例的多少，主要有以下几种情况：一是低于 10%，国有资本保持绝对控股，并“一股独大”，非公资本缺乏话语权，为财务投资；二是在 10%－33% 之间，国有资本绝对控股，且非公资本对重大事项无否决权，基本为财务投资，但可作为深入混改的初步探索；三是在 33%－50% 之间，国有资本绝对控股但非公资本有否决权，这种情况下，非公资本可以参与公司治理，成为战略投资者；

四是大于 50% 但国有资本为第一大股东有实际控制力，国有资本保持相对控股地位，能够较好的改善公司治理，民营股东具有一定的制衡能力；五是大于 50% 且国有资本不是第一大股东，国有资本参股但可通过金股等方式保障权益，这是“充分混合”的阶段。在情况一和二，民营资本对重大事项无否决权，可称为“非实质性混改”；民营资本持股比例大于三分之一，可称为“实质性混改”。

针对不同行业特点和企业战略需求，须经过综合权衡和充分论证，审慎评估让渡股权比例，确定民营资本持股的比例。具体来说，集团层面国有股股比既要保证股权适当充分的多元化，避免一股独大，市场机制引不进来；又要保证国有资本的控制能力与战略驾驭能力，避免股权过于分散，股东无法统一意见或无人真正关心公司的发展，公司的权力被经理层所操纵，形成“内部人控制”；同时还要保证民营资本能给企业带来正面效应，并积极引入员工持股，形成国有资本、社会资本、员工持股的“金三角”股权结构。我们认为，较合理的混合结构，即“适度混合”，是国有资本和两三家非公资本组合形成公司的战略投资人，其余由财务投资人或社会公众、员工持股持有，这样更有利于各种所有制资本取长补短、相互促进、共同发展。

在股权多元化的同时，国有股权的控制力相对削弱，理论上存在不同类型股东对公司战略方向的选择出现不同意见的情况，部分股东可能从自身利益出发，做出缺乏长远考虑的投机行为。《国务院关于国有企业发展混合所有制经济的意见》（国发〔2015〕54 号）提出，探索完善优先股和国家特殊管理股方式。国有资本参股非国有企业或国有企业引入非国有资本时，允许将部分国有资本转化为优先股。在少数特定领域探索建立国家特殊管理股制度，依照相关法律法规和公司章程规定，行使特定事项否决权，保证国有资本在特定领域的控制力。目前在操作层面上尚无先例。

5. 持股主体

集团层面混改后，混合所有制央企国有股的持股主体如何选择，是实践中需要关注的问题。

表 5　集团层面混改企业国有股持股主体分析

国有股 持股主体	国资委 直接持股	委托投资运营 公司代持	设置持股 管理公司
优势	股权结构清晰	1. 规避法律风险 2. 股权结构较为清晰	1. 规避法律风险 2. 防止“二级化”
风险	1. 可能面临“刺破公司面纱” 2. 如果整体上市，存在法律风险	可能被“二级化”	人为增加层级， 股权结构较复杂

目前来看主要有三种持股方式：一是国资委作为国有股的持股主体直接持股。这种方式从目前法律法规来看并无障碍，但存在一些潜在风险：首先，可能面临“刺破公司面纱”，为公司治理和人事任免带来难以预料的影响。当企业在美国等西方国家面临产品质量责任诉讼时，法庭可能不顾公司法人的人格独立特性，责令特定的公司股东（国资委）直接承担公司的义务和责任，甚至存在查封股东（国资委全资或独资企业）在当地资产的可能。其次，混改企业如整体上市，国资委直接持有上市公司股份存在同业竞争、关联交易等法律风险。目前整体上市的央企，如中铁建等，都保留了国有独资的母公司（壳公司）并由整体上市的股份公司管理，以防范法律风险。二是委托国有资本投资运营公司代持。这种方式可以较好的规避潜在的法律风险，但目前国资委向央企派出的专职董事都由国新管理，如果集团层面混改企业的外部董事（专职董事）由国新（国有资本投资公司）管理，股权也由国有资本投资运营公司

（如诚通或国投）管理，在实际操作中，集团层面混改企业可能面临“二级化”，即逐步成为国有资本投资运营公司的出资企业。三是设置持股管理公司，类似目前整体上市且保留母公司的做法，设置一个壳公司作为国资委与集团层面混改企业的隔离，该公司可由集团层面混改企业代管。这种方式虽然既可以规避潜在的法律风险，又可以防止“二级化”，但人为增加了一层企业法人，使股权关系更加复杂。

6. 可行路径

根据合作对象和混合方式的不同，集团层面混改可以分为几种方式：（1）股份制改造及整体上市；（2）通过增资扩股引入战略或财务投资者；（3）通过债务重组实现股权多元化；（4）引入员工持股。

实际操作中上述四种方式可能是并行的。如在引进战略投资投资者的同时引进员工持股；在引进战略投资者之后实现整体上市。实际操作中一般分为两种具体路径：

第一种：以引入战略投资者为第一步的引资路径

此路径以引入少数战略投资者为股权多元化的起点，借助于战略投资者刺激和推动企业法人治理结构的完善和体制机制的变革，形成以市场化为导向的董事会决策和管理层经营管理机制。在业绩实现提升后，通过上市等方式，进一步提升股权多元化的程度并引入公众监督机制。央企集团下属专业化业务平台的混改较多采用了此路径。

此路径更有利于引入一些愿意与企业形成利益绑定、通过行使董事职责和深入参与经营管理、提升企业法人治理结构和运营效率的战略投资者，有助于促进企业的可持续发展。同时，引入战略投资者后，通过挖掘企业潜力、提升业绩，随后上市，有助于进一步提升企业价值。但是，不同于上市公司，由于非上市公司私募引入战略投资者的过程，缺乏在证券市场的公开交易，如何合理定价是操作中的核心难点。在前一阶段的实践中，尚未探索出一条以混改为立足点、兼顾“价格优先”和“优质投资者优先”原则、广泛适用于不同国企的引资定价流程。

第二种：以引入公众股东为第一步的上市路径

股份制是国企改革的主要方式，主要是允许非公有资本参股，把国有独资企业改造为混合所有制企业。而在实践中，许多央企在近些年间实现了主营业务资产的整体上市，整体上市又成为主要的模式和方向。2015年国企改革《意见》更首次明确表态鼓励集团公司整体上市，也进一步确定了在未来一段时期内，整体上市仍是国有企业混合所有制改革实现的重要路径。当然，并不是所有企业都适用，因为不是所有企业都符合上市的条件，因此要根据企业的实际情况来决定是否上市以及在哪里上市。

采用此路径的主要优势，一方面是由于在此股权多元化过程中公众股东入股的价格在证券市场公开确定，定价程序公开透明，不容易受到“国有资产流失”的质疑；另一方面，上市公司受到上市规则的较严格标准要求，并接受公众监督，对提高治理水平和运营透明度有益。然而，此路径的操作难点在于：一是上市在短期内并不能改变国资股东“一股独大”的局面，对建立有效制衡的法人治理结构帮助有限。二是通过上市方式较难引入具有业务协同性的战略投资者。战略投资者往往需要通过持有一定比例的股权，形成与企业的利益绑定，并考虑到其所需投入资源和参与经营的程度，一般预期其入股价格应与证券市场上中小投资者的交易价格有所区别。三是如果是以上市子公司为平台吸收合并母公司实现整体上市，则将独立于上市公司的业务注入上市公司，增加上市公司业务的多元化，有违于资本市场对上市公司主业集中、专业化高的期望。

我们考虑，比较理想的方式是分步实施：第一步引入政府直接授权投资公司、国有保险公司等国有股东，公司性质从国有独资公司转变为国有全资公司；第二步引入较低股比的非公资本，最好是战略投资机构，也可以是财务投资者，转变为非实质性混改；第三步再适时提高非公股份股比或引入新的非公股东或实现整体上市，成为实质性混改。

同时，混改集团直接投资企业尽快改建为股权适度多元的上市公司，上市公司作为产业平台和利润中心，以实业经营为中心，发挥规模、创新、管理和机制优势，实现企业效益最大化和股东价值最大化。

需要说明的是，发展混合所有制切忌搞一刀切，要探索混合所有制的多种形式、多种模式。每个企业发展混合所有制的思路规划要慎重调研，上下统一思想，制订科学合理方案，反复征求广大干部职工意见，最后报国资监管机构审批。

成果创造人：魏如山、牛振华、司艳杰、干志平、金　星、
李秀兰、丁　泉、张小翠、邱艾平

以混改激活发展潜力 打造世界一流企业

双星集团有限责任公司

发展混合所有制经济，是党的十八届三中全会确定的重大任务，是深化国有企业改革的重要举措。2020年的政府工作报告强调指出：提升国资国企改革成效。实施国企改革三年行动。健全现代企业制度，完善国资监管体制，深化混合所有制改革。国企要聚焦主责主业，健全市场化经营机制，提高核心竞争力。

双星集团有限责任公司（以下简称“双星集团”）是青岛市国有企业集团层面第一家开展混合所有制改革的企业。2020年7月16日，双星集团混改签约仪式在青岛举行，引入三家战略投资者和职工持股平台。此举被认为是青岛国企改革发展史上具有蹚路破冰意义的里程碑，为青岛转换发展动能、推进高质量发展赋能。[1] 通过混改，双星集团可以加速释放其在2014至2019年“二次创业”智慧转型所创造的潜能，尽快打造成为千亿级规模的世界一流企业。

双星集团2002年以前主要做鞋，曾创出中国鞋业历史上第一个著名品牌，2002年和2005年分别收购了青岛华青轮胎和湖北东风轮胎，2008年鞋业从集团改制分离，双星全面转行到轮胎产业。由于这些被收购的轮胎企业技术、产品、工艺、设备落后，导致双星长期在亏损边缘徘徊。

2014年1月16日，双星集团开启了“二次创业，创轮胎世界名牌”新征程。通过智慧转型，关闭了所有老工厂，淘汰了90%以上的落后产能，建成了全球轮胎行业第一个全流程“工业4.0”智能化工厂和国际领先的实验室，企业由“汗水型”转向“智慧型”。同时，培育了智能装备、工业机器人（含智能物流）和废旧橡塑绿色循环利用三个新产业，率先搭建“工业4.0”+“研发4.0”+“服务4.0”产业互联网生态圈，创立了“市场细分化、组织平台化、经营单元化”三化管理模式，成为五年来唯一一家被国家工信部授予“品牌培育”“技术创新”“质量标杆”“智能制造”“绿色制造”“绿色产品”“服务转型”全产业链试点示范的企业，被称为“中国轮胎智能制造的引领者”。2018年，双星集团控股曾名列全球前十的韩国锦湖轮胎，成为中国规模最大的轮胎企业。双星轮胎品牌连续五年荣登“亚洲品牌500强”中国轮胎榜首。2018年，双星集团成为青岛市唯一一家被国务院国资委列入国企改革“双百行动”计划的企业集团。

一、双星集团混改的背景与过程

（一）行业环境严峻，必须市场化改革

双星集团混改，既是问题导向又是目标导向。

从青岛市来看，曾经青岛橡胶行业地位就像“上青天”（上海、青岛、天津）时代的纺织行业一样，

在全国十大国字号橡胶企业中，青岛就占了4家，包括胶二（黄海）、橡六、胶九（双星）、同泰等，但由于管理体制、机制僵化，人员没活力、创新能力不够，导致发展后劲不足。黄海轮胎虽然被中国化工收购，但目前已基本处于停产状态，橡六、同泰已几乎销声匿迹。

从全国范围看，曾经辉煌一时的沈阳桦林轮胎、北京首创轮胎等都相继消失，中国最大的轮胎生产企业杭州中策轮胎近期也被民营企业收购，曾经代表中国轮胎旗帜的上海双钱轮胎仍处于亏损状态。这些曾经遍地开花的国有橡胶轮胎企业逐渐没落，被后起的民营轮胎企业不断取代，为“幸存者”敲醒了警钟。2016年以来，中国轮胎市场又经历了剧烈的震荡，特别是进入2019年以来，随着中国汽车行业进入寒冬期，轮胎销量下滑，很多轮胎企业从“冷得打哆嗦”到相继破产。据不完全统计，2018年至少有25家中国轮胎企业破产或被拍卖，2019年则飙升到36家。

严峻的行业环境下，双星集团这样一家老国有橡胶企业，面对着民营、外资轮胎企业的激烈竞争，想要完全依靠自身力量破除体制机制束缚、进行市场化改革无疑面临着重大的挑战。若故步自封，贻误改革最佳时机，则此前转型升级的成果就可能成为昙花一现。

（二）与顶级品牌有差距，通过混改提高竞争力

自2014年以来，双星集团虽然在“二次创业”过程中实现了智慧转型、控股锦湖轮胎，但与世界顶级轮胎企业相比，不管在技术上还是规模上还有较大差距。

中国轮胎早在十几年前就成为世界轮胎大国，山东轮胎则占据了中国轮胎半壁江山，但进入全球75强的20家山东轮胎企业，总销售额还不到全球第一名的70%，更谈不上在国际上的发言权。唯有不断改革创新、快速发展，才能提高自身竞争力，快速缩小与世界顶级品牌的距离。

混改前，双星集团不管在技术、人才、机制、资金、资源等方面都进入了发展的瓶颈期。通过混改引入具有支持企业发展所需关键资源的战略投资者，并同时实施员工持股，发挥国有资本的放大效应，完善法人治理结构，加速机制创新，激发员工活力，无疑是最佳的途径。

（三）双星集团混改的过程

1. 入选“双百行动”企业名单

2018年8月，国务院国资委公布了“双百行动”入选企业名单。双星集团位列其中，成为青岛市唯一一家被纳入“双百行动”计划的集团公司。

2. 混改正式启动

2019年8月，青岛市发布《推进国有企业改革攻势作战方案（2019—2022年）》，指出：“支持双星集团等开展国企改革‘双百行动’试点工作”；同月，青岛市国资委发布《青岛市国有企业混合所有制改革招商项目书》，向全球公开发布了双星集团等109个拟混改公司名单，并出台了“市属企业混合所有制改革操作指引”，规范混改工作操作流程和决策程序；2019年9月，双星集团层面混改工作正式启动。

3. 混改方案获批，公开挂牌

2020年4月，双星集团收到《青岛市国资委关于印发〈双星集团有限责任公司混合所有制改革实施方案〉的通知》。《通知》指出，市国资委将持有的双星集团全部股权划转至青岛城市建设投资（集团）有限责任公司持有，双星集团将引入具有支持企业快速发展所需关键资源的战略投资者，并同时实施员工持股，建立起“国有体制、市场机制”的新发展模式和“利益共享、风险共担”的激励约束长效机制。

2020年4月27日，双星集团混改项目在青岛产权交易所挂牌，向社会公开征集战略投资者。

4. 征得意向投资者并签约

2020年6月28日，通过公开挂牌，正式确定启迪科技城集团有限公司、青岛西海岸新区融合控股集团有限公司、山东省鑫诚恒业集团有限公司3家企业成为双星集团混改的意向投资者。

2020年7月16日，双星混改摘牌签约，双星集团以增资扩股同步股权转让方式引入启迪科技城集团有限公司、青岛西海岸新区融合控股集团有限公司、山东省鑫诚恒业集团有限公司三家战略投资者和“职工持股平台”。签约各方表示，将提供支持双星快速发展所需的关键资源，助推双星创千亿级世界一流企业，助推青岛市“15个攻势”、打造世界工业互联网之都等战略目标实现。

根据协议约定，全部投资完成后，双星集团股权结构将变更为：青岛城投集团持有41%的股权，启迪科技城持有35%的股权，融控集团、鑫诚恒业分别持有4.5%的股权，“职工持股平台”持有15%的股权。

二、双星集团混改的内涵

推进国有企业混改，是有利于提高国有资本运营活力和效率的“妙招”，也是解决国有企业机制束缚、激励不足等问题的重要突破口。党的十九大报告明确指出，“深化国有企业改革，发展混合所有制经济，培育具有全球竞争力的世界一流企业”。

（一）助推青岛市“15个攻势”

2019年，为深入贯彻落实习近平总书记视察山东视察青岛重要讲话、重要指示批示精神，青岛提出“学深圳、赶深圳”，发起“15个攻势”，“推进国有企业改革攻势”是其中之一。国有企业是青岛社会经济发展的领头雁、压舱石。青岛《推进国有企业改革攻势作战方案（2019年—2022年）》指出：经过四年攻坚，推进国有企业改革攻势取得明显成效，有效破解市属企业主业定位、深化混改、业绩考核、风险防范和国有资本投资、运营公司改革等难点痛点堵点问题，国有经济市场化配置资源机制全面形成，市属企业国有经济实现总量和质量双提升。

双星集团混改，是青岛国企集团层面混改先行先试的重要抓手。自2019年9月双星集团混改正式启动到2020年7月引入战略投资者，双星瞄准国企改革关键问题和痛点难点，全方位发起攻坚，积极主动对标其他地区、省市的典型企业，在国企改革的大局中找准定位，及时总结遇到的困难问题和经验教训，解决了不少政策和体制机制上的问题，为青岛乃至山东国企混改树立了典型和样板。同时，双星集团混改有力地推动了青岛“推进国有企业改革攻势”落地，进一步增强了国有经济发展活力，为青岛加快建设开放、现代、活力、时尚的国际大都市贡献国企力量。

（二）双星集团混改以“四新”为内涵

双星集团混改坚持党的领导不弱化、坚持国有资产不流失。其内涵是以“新战略、新资源、新机制、新治理”把双星打造成为千亿级规模的世界一流企业。

1. 新战略

混改后，双星集团将围绕橡胶轮胎、人工智能及高端装备、废旧橡塑绿色循环利用三大产业，实施智慧生态、智慧轮胎、智能装备、环保新材料的“三智一新”战略，尽快把双星打造成千亿级规模的世界一流企业。

2. 新资源

双星集团混改引入战略投资者，坚持战略导向和问题导向，不仅要引入资金，更重要的是引入支持双星实施新战略、打造千亿级企业的关键资源。启迪在科技、人才、人工智能和高端装备等方面拥有优势资源；融控集团和鑫诚恒业在主机厂配套方面拥有一定的优势资源。

3. 新机制

引入战投的同时，开展员工持股，建立起“国有体制、市场机制”的新模式和“利益共享、风险共担”的长效激励机制。

研究表明，员工持股安排特别是针对关键岗位科研人员、经营管理人员、业务骨干人员的持股计划，有助于提升混改企业的内在动力。[2] 双星集团通过员工持股，实现效酬合一，可以充分调动企业员工的积极性，增强员工的归属感和凝聚力，还有助于企业更好的引进人才、留住人才，最大程度释放人才红利。

4. 新治理

加强国有企业监督是强化国有企业从严治党、推进国企改革、维护国有资产安全的有效手段。只有坚持党的领导，才能把握正确的改革发展方向，才能站在谋划全局的高度实施改革，避免监督的局限性。[3]

混改后双星集团继续以党建为统领，以“混”和“改”为手段，以做强做优做大为目标，强化股东会、放权董事会、完善监事会，不断完善法人治理结构。落实董事会职权，强化以董事会为主的公司经营机制和股东会为主的资本管理体系。

三、双星集团混改的主要措施

深化国有企业改革是推动高质量发展的着力点。十九大报告指出，我国经济已由高速增长阶段转向高质量发展阶段，必须坚持质量第一、效益优先。分析双星集团“二次创业”几年来的发展和混改，其逻辑不仅在于创造价值，更重要在于创造潜能和释放潜能。

（一）抓住机遇，开放创新，加速释放“二次创业”创造的潜能

研究显示，开放式创新应该成为企业创新的主导模式，只有不断提升外部创意和外部市场化渠道的作用，均衡协调内部和外部的资源进行创新，积极构建各种创新要素互动、整合、共享和协调的网络体系，才能保证企业以更快的速度、更低的成本获得更多的收益与更强的竞争力。[4] 双星集团的发展理念是“第一、开放、创新”。以“第一”为使命，把“第一”作为一切工作追求的目标和出发点；以“开放”为路径，不断学习和借鉴国际先进的技术、经验和模式，与最优秀的公司合作，整合全球资源；以“创新”为己任，挑战不可能。可以说，自2014年到2019年的双星集团“二次创业”的五年里，双星抓住机遇，做了很多行业不敢做、不能做、不愿做，但又是应该去做的事。这些事让双星成功的创造了发展潜能。

1. 抓住“腾笼换鸟”重大机遇，加速智慧转型

2014年以来，双星集团抓住习近平总书记视察山东视察青岛重要讲话、重要指示批示精神，“腾笼换鸟、凤凰涅槃”，主动淘汰落后产能，率先搭建“工业4.0”+“研发4.0”+“服务4.0”产业互联网生态圈。通过智慧转型，双星建立了一个用户指挥、数据驱动、软件运行的生态系统，创造了一个万物感知、万物互联、万物互动的智慧世界，实现了“工业4.0”、“研发4.0”、“服务4.0”三大体系交融，

实现了从满足需求到发现需求再到创造需求。

（1）打造全球“工业4.0”样板

双星集团打造的轮胎全流程“工业4.0”智能化工厂，打破了传统轮胎企业的生产工艺和集中式的生产方式，融“产品定制化、企业互联化、制造智能化”于一体，搭建了一个由用户（订单）指挥、数据驱动、软件运行的智能生态系统。工厂中80%的智能装备（包括11种机器人）都是由双星自主研发和制造的，生产效率提高了近3倍，产品不良率降低80%以上，企业也由此迈上了信息化的新轨道。目前，双星集团已成为全球唯一一个既拥有卡客车胎“工业4.0”工厂，又拥有轿车胎“工业4.0”工厂的企业，被称为“中国轮胎智能制造的引领者”。

工厂中采用了双星独创的MEP智能信息匹配系统，实现物、人、设备、位置的信息智能匹配，解决了全球以液体或粉体为原料的制造企业无法全流程实现智能制造的难题；工厂采用的APS智能排产系统，被德国西门子公司专家称为“全球第二家将APS应用到实际生产中的轮胎企业，走在了世界前列，引领了世界轮胎智能制造的方向”。

（2）创新“研发4.0”实现大规模智能定制

互联网时代，用户对轮胎的需求除了耐磨、安全、静音等性能外，还有更多的关注点和个性化需求。双星正在搭建一个与全球用户交互的创客网平台，全世界用户、专家都可以参与交互、设计，并对方案进行评估。在用户认可设计方案后，双星利用PLM系统，对用户认可的方案整合全球的专家进行研发，并利用3D打印和虚拟仿真技术对方案进行设计仿真和工艺仿真。开发过程中不断地通过全球领先的实验室和试车场进行检测。产品上市前，轮胎的各种模块化数据包括工艺数据全部进入系统，建立模块化的数据库。之后，用户可以利用“星猴网”或经双星许可的第三方网站进行模块化选择，自主选择轮胎的规格、花纹和颜色，定制自己喜爱的轮胎并下达订单。

（3）服务引领，建立“服务4.0”生态体系

“服务引领，速变制胜”是双星集团的企业定位。2014年来，双星逐步搭建起以“S2C”为标志的“服务4.0”生态体系，行业首推24小时服务热线、“0延误救援”服务，可以真正实现“线上线下无缝对接、路上路下无处不在”。双星的“服务4.0”生态体系，实现了从用户交互到体验、交易、选择服务方式、实际上门服务、服务评测，实现全流程闭环，不仅可以为双星轮胎服务，而且还可以为其他轮胎品牌及汽车后市场的产品和用户提供服务。行业专家评论称，双星的“服务4.0”生态系统，具有以用户为中心、生态圈完善、模式可复制等鲜明特色，在提升服务质量的同时，实际上已经为整个行业指明了改革方向。近年来，双星先后获得由中国质量万里行颁发的轮胎行业唯一的“杰出贡献奖”“服务质量创新奖”“中国服务之星”五星奖，和由中国商业联合会颁发轮胎行业唯一的“全国售后服务功勋企业”称号“全国顾客满意十大品牌”。

（4）转型创新结硕果

由于转型和创新，双星在2017年成为中国轮胎企业历史上唯一一家“全国先进生产力典范”的企业，又在2019年成为轮胎行业唯一一家获得全国企业文化优秀成果一等奖的企业。2019年，双星打造的“汽车轮胎远程运维服务”获得工信部“两化融合管理体系评定证书”；“基于大规模个性化定制的轮胎全生命周期大数据应用方案”入选工信部“大数据优秀产品和应用解决方案案例”；“基于互联网的全流程‘轮云’平台”入选工信部制造业研发设计能力开放平台和“双创”平台+生产制造模式变革两项试点示范项目。

2. 抓住“新旧动能转换”重大机遇，加速技术创新

2014 年以来，为了改变中国轮胎工艺和装备的落后局面，双星集团抓住“新旧动能转换”的重大机遇，加速技术创新，积极与包括 HF、西门子、ABB、现代等在内的国际大公司合作，不仅率先建成全球轮胎行业第一个全流程“工业 4.0”智能化工厂，还培育了智能装备、工业机器人（含智能物流）和废旧橡塑绿色循环利用三个新产业。

智能装备产业是双星在建设“工业 4.0”智能化工厂过程中，逐步发展起来的一个新产业。其机加工水平、装备设计能力、装配能力和与生产工艺的结合能力均达到国际领先或先进水平；在工业机器人领域，双星联手韩国现代成立合资公司，共同开发智能物流关键装备与核心技术，助力提升中国智能制造的产业化水平。双星的智能装备和工业机器人产业，都可以为轮胎及其他行业的转型升级和新旧动能转换提供服务和保障。

在废旧橡塑绿色循环利用产业方面，双星解决了全球废旧橡胶循环利用 17 大难题，可把废旧橡胶“变成”40% 的初级油、30% 的环保炭黑、20% 的钢丝和 10% 左右可燃气，做到“零排放、零残留、零污染、全利用”，实现真正意义上的“吃干榨净”，变“黑污染”为“黑黄金”。双星废旧橡胶绿色生态循环利用技术和装备，填补了全球空白，成为 2018 年科技部在该领域唯一一个重大科技专项，被专家称为“废旧轮胎利用领域的‘高铁’项目”和“践行‘两山’思想的典型实践”。“为国分忧、为民造福”的好项目。助力国家“无废城市”建设。

3. 抓住“上合青岛峰会”重大机遇，加速海外发展

2018 年以来，双星集团抓住习近平总书记在上合青岛峰会期间“发展更高层次的开放型经济”的有关指示，控股了韩国锦湖轮胎，不仅成为中国规模最大的轮胎企业，也提升了中国轮胎在世界上的地位和话语权。

锦湖轮胎有 59 年历史，曾名列全球轮胎行业前十，是包括宝马、奔驰、大众、现代等世界主流车厂的主要供货商之一，在全球拥有 5 个研发中心和 8 个制造基地，其低滚阻轮胎、智慧轮胎和不充气轮胎技术在全球处于领先水平。2018 年 7 月，双星与韩国产业银行在韩国首尔完成锦湖轮胎股权的交割，正式成为其控股股东，极大地提高了双星和中国轮胎在世界上的影响和地位。双星也因此一举成为中国规模最大的轮胎企业。双星的优势在卡客车胎，锦湖轮胎的优势在轿车胎。双星控股锦湖轮胎后，双方协同从用户需求的引领者做起，创造全球最受尊重的轮胎品牌。

（二）引入具有关键资源的战略投资者，提升企业核心竞争力

通过“二次创业”，双星集团实现了智慧转型、控股锦湖轮胎，但与世界一流企业相比，不管在技术上还是规模上还有较大差距。因此，围绕“理直气壮做强做优做大”、打造“世界一流企业”的目标，引入具有支持双星快速发展所需关键资源的战略投资者，建立企业核心竞争力，是双星混改的重中之重。

研究显示，混改合作对象的选择对于整个改革的推进至关重要，一个好的战略投资者可以给国企带来很多资源或者具有竞争力的市场要素。[5] 因此，双星集团混改在一开始就确定了要引入“具有支持双星快速发展所需关键资源的战略投资者”的基本原则。在双星混改签约仪式上，三家战略投资者均表示，将积极提供双星所需关键资源，助力双星打造成为世界一流企业。

启迪科技城是启迪控股的全资子公司。启迪控股是一家源于清华，聚焦科技服务领域、资产过千亿的科技投资控股集团，拥有全球最大的科技创新服务网络。混改后，双星成为承接启迪全球科技服务网

络与资源，打造青岛产业转型升级的发动机、启迪在青岛的总部平台。启迪将以传统轮胎产业升级、新兴产业注入、国际业务拓展为抓手，助力双星建设“集群创新装备制造基地”“启迪新兴产业孵化基地”两个基地和“启迪装备制造共享平台”“中俄及中日合作平台”两个平台，并通过组建“双星智库”，将启迪在云计算、大数据处理、工业互联网集成以及智能装备等领域的技术积累和运作经验赋能双星，有效融合启迪产业链，形成良好的协同效应。此外，启迪还将全方位引入技术、市场、人才、资金等优势资源，聚焦橡胶轮胎、人工智能及高端装备等领域，制定全面的战略资源引入方案。

融控集团是青岛市西海岸新区的国有资本运营公司。2020年5月，融控集团、双星集团与内蒙古幸汇国创重工有限公司共同出资成立“中工际华重工（青岛）有限公司”，主要进行矿山机械制造、设备研发等。混改后，融控集团与双星在轮胎、智能装备等领域开展更深层次的合作。

鑫诚恒业是青岛即墨区属国有企业，主要服务于即墨经济开发区、汽车产业新城、蓝谷高新区三大功能区位。目前，汽车产业新城已引入一汽大众、一汽解放、一汽新能源商用车三大整车项目。2019年，鑫诚恒业又战略投资参与奇瑞汽车，成功将奇瑞汽车引入汽车产业新城。此外，鑫诚恒业在高端装备和智能制造领域也有较多投资项目。混改后，鑫诚恒业与双星形成高度互补、资源共享，助力双星做强做优做大橡胶轮胎和青岛工业互联网以及高端装备产业。

（三）聚焦三大主业，创世界一流企业

按照青岛市委市政府的有关部署安排，混改后，双星集团围绕橡胶轮胎、人工智能及高端装备、废旧橡塑循环利用三大主业和模式创新，实施“三智一新”战略，把双星打造成为独具特色、千亿级规模的世界一流企业。

1. 以混改为战略支撑点，实施“三智一新”战略

战略创新是企业成功的关键，一个正确的发展战略可以帮助企业改善运行质量并提高核心竞争力。双星在2020年开始“三次创业”，以集团混改为战略支撑点，实施“三智一新”战略。

所谓“三智一新”是指：智慧生态、智慧轮胎、智能装备和新材料。“智慧生态”的主要工作是在继续优化和完善双星工业互联网体系的基础上，为传统工厂的智慧转型提供服务；“智慧轮胎”的主要工作是加速双星“胎联网”系统的商业化应用和推广。双星是中国首家实现“胎联网”商业化应用的企业。利用“胎联网”和智慧轮胎，不仅可以远程监控轮胎的压力、温度、速度、磨损，为用户正确选择轮胎和使用轮胎，降低用户使用成本，而且可以根据用户的使用特点升级迭代出更加满足用户个性化需求的产品，更重要的是可以实现由卖轮胎到“卖公里数”，再到卖汽车后市场所有产品；“智能装备”的主要工作是利用双星的智能装备制造平台，发展智能洗车机器人和智能矿山运输机器人等智能化装备；“环保新材料”的主要工作是利用双星的废旧橡塑循环利用技术和装备，开发更多的环保新材料。

2. 三大主业围绕“三智一新”推进各自战略落地

（1）橡胶轮胎产业积极实施“三新”战略

“三新”战略是指“新零售、新业态、新模式”。双星与阿里、京东、苏宁等共同创造的“新零售”模式，已收到了明显的效果；与海尔、正兴、齐鲁云商等正在全力打造跨界融合“新业态”；与飓风、汇通达等正在全面实施“卖公里数”和“S2C”“新模式”。与此同时，双星也投入巨资整合了世界一流的研发和质量团队，其开发的具有世界领先水平的卡客车胎和乘用车胎不久即可面市。新产品、新零售、新业态、新模式，是双星打造乘用车安全轮胎第一品牌和卡客车专用轮胎第一品牌的重要保障。

（2）人工智能及高端装备产业积极实施“样板工程”战略

"样板工程"战略是指利用双星已建立的全球轮胎行业第一个全流程"工业4.0"智能化工厂经验和成熟的系统方案及智能装备能力，打造其他不同行业的"数字化转型、智能化升级"样板，为传统企业的高质量发展提供可借鉴的模式。

(3) 废旧橡塑循环利用产业积极实施"领头羊"战略

"领头羊"战略是指将双星的裂解环保炭黑与橡胶行业的各产业领头羊合作，共同开发推广应用，真正实现废旧轮胎特别是乘用车胎的高质化利用和无害化处理。

(四) 强化机制创新，助力混改顺利实施

近年来，双星集团不断在管理模式、用人机制等方面展开探索，为混改顺利实施奠定了基础。

1. 推行"三化"管理模式，激发员工活力

双星不断加速内部改革的步伐，率先在轮胎行业推出"市场细分化、组织平台化、经营单元化"的三化管理模式，搭建自主经营的运营体系，激发员工活力和创造力。

(1) 市场细分化

市场细分化是方向也是目标。以集群用户为导向，通过需求细分、产品细分、网络细分，不断满足和发现用户需求。

(2) 组织平台化

组织平台化是保障。推倒传统经济下的金字塔内组织，建立适应信息化时代的外组织和智能化的高效运营平台，让员工在流程上对目标负责而不是对上级负责。与此同时强化流程风险管控、强化资产监督。内部推行"公平、透明、简单"的办事原则，使人与人的关系变得越来越简单。

(3) 经营单元化

经营单元化是核心。整个集团建立"集团、业务本部和经营单元"三级决策体系，谁经营、谁决策、谁负责。各本部和各经营单元之间全部按照市场化的原则进行结算，各经营单元在各业务本部统一战略下，为集群用户协同创新，创造价值、分享价值。

2. 完善选人用人制度，形成市场化经营机制

(1) 推行职业经理人制度

双星集团经理层成员全部实行"市场化选聘、契约化管理、差异化薪酬和市场化退出"的市场化经营机制。加大后备人才培养力度，优化和提升人员的基础能力、创新能力和提升能力，建立核心骨干梯队，培育和引进领军人物。

(2) 首创"创造价值、分享价值"的三维度薪酬模型

建立以创造价值为基础的超利分享机制，通过优化基本薪酬、绩效薪酬和分享薪酬三种薪酬制度，把人员素质提高与绩效持续改善紧紧结合起来，在提高企业经营活力的同时全面增强企业经济竞争力、创新力、控制力、影响力、抗风险能力。

(3) 搭建多层次人才引进培养平台

双星集团树立全球视野和战略眼光，为不同岗位、不同层次人才引进和培养搭建平台，形成"星聚贤"高端人才引进模式、"星计划"专员级人才培养模式、"星匠人"一线员工技能素质提升模式及搭建"星融智"全球融智平台的"3+1"人力资源引进模式，不断丰富市场化选人用人渠道。

3. 双星集团混改的成效体会

实施"混改"，为双星集团"三次创业"注入了新的活力。通过引入具有支持企业快速发展所需关

键资源的战略投资者，解决发展瓶颈，为实现“创世界一流企业”的目标打下坚实的基础。

（1）吃透中央精神是前提

作为一家有99年历史的老国有企业，双星集团混改的行业和社会关注度很高。有序推进混改顺利完成的前提是吃透中央精神，以中央精神为遵循推进改革。在青岛市委市政府的正确领导下，青岛市国资委深入贯彻党中央、国务院关于国企改革的决策部署，牢牢把握发展混合所有制经济的正确方向，大胆探索创新、理顺体制、激活机制，着力解决影响混改的各项问题，推动双星集团顺利完成混改。

（2）勇于探索的精神是动力

双星集团是青岛国有企业集团层面首家混改的企业，承担着为青岛市属企业集团混改蹚路的重大使命。为此，双星集团在青岛市国资委的帮助指导下，认真分析混改的相关政策，大胆探索、勇于创新，找到了混改的思路和方向，为青岛新一轮国企改革开了个好头，为青岛乃至山东国企混改树立了样板。

（3）助推企业发展是关键

双星集团混改，采取的是增资扩股同步股权转让模式，在完成国有资本转让的同时，又能通过增资为企业发展提供资金支持，优势显而易见。混改后，双星保持国有相对控股地位，建立起“国有体制、市场机制”的新发展模式，对外以国有体制创造更多资源，对内建立起“利益共享、风险共担”的激励约束长效机制，激发内部活力。

2020年1月16日，双星集团又开启了“三次创业”的新征程，以混改为重要战略支撑点，围绕橡胶轮胎、人工智能及高端装备、废旧橡塑绿色循环利用三大产业，实施智慧生态、智慧轮胎、智能装备、环保新材料的“三智一新”战略，创世界一流企业。

成果创造人：柴永森、张军华、郭　林

【参考文献】

[1]赵伟，杨瑶. 国企混改赋能青岛高质量发展. 人民日报海外版，2020-7-23(10).

[2]剧锦文. 国企混改任务、障碍的内生性及其出路. 天津社会科学，2018，(05)：99-104.

[3]国务院国资委改革办编. 国企改革探索与实践——地方国有企业100例(下). 北京：中国经济出版社，2018：456-457.

[4]辜胜阻，韩龙艳，何峥. 供给侧改革需加快推进国企创新驱动战略——来自于央企的调查研究. 湖北社会科学，2016，(07)：87-92.

[5]李红娟. 关于国企混改战略投资者选择的建议. 中国经贸导刊，2019，(24)：50-52.

地方政府资金资产资源“三资”整合研究

——政府盘市场盘操作的有益探讨

冉 斌 等

建国后特别是改革开放以来，地方政府的资金、资产和资源的拆分与整合，经历了财税、国资的多重探索与实践，透过财税和国资在运作中成功与曲折的多重视角和感受，我们切实感觉到，在计划经济向中国特色社会主义市场经济的转换中，“政府盘子”与“市场盘子”的如何分配把控与交替发挥作用确须认真审视，如何拿捏好政府“有形之手”和发挥好市场“无形之手”的作用确须科学审慎。当前，我国地方政府资金资产资源“三资”已进入须要科学有效整合的全新阶段，这是事关未来经济能否高质量科学发展的重要课题，更是一个重要新颖并极富研究价值的视角，但目前国内对此鲜有研究。本文力图就此问题从理论、政策和实践的层面上进行多视角的探讨研究，以期有关理论和决策层面的大力关注、重视和支持。

一、地方政府“三资”整合的特定内涵、特点和时代演变

（一）政府“三资”的内涵

本文所指政府“三资”，一般地讲指掌握在地方政府手里的资金、资产、资源，同时也包括进入社会主义市场经济充分参与竞争的各类生产资料和生产要素。

一是资金类。地方政府控制和管理的资金主要系政府财政各项资金。政府财政性资金是指以国家财政为中心的预算资金、国债资金及其他财政性资金，既包括中央政府和地方政府的财政收支，还包括与国家财政有关系的企业、事业和行政单位的货币收支。地方政府的财政资金来源主要为税收收入、非税收入、转移支付收入、基金收入和国有资本经营收入。财政部门掌握着地方政府财政资金的收支，是政府各类资金的归集池。

二是资产类。根据企业会计准则，在市场经济中，资产是指企业过去的交易或事项形成的，由企业拥有或控制的，预期会给企业带来经济利益的资源。而根据政府会计准则，资产是指政府及所属行政事业单位过去的经济业务或者事项形成的，由政府及所属行政事业单位控制的，预期能够产生服务潜力或者带来经济利益流入的经济资源。相比企业，政府管理的资产还承担着提供公共产品和服务的职能，因而通常政府更重视资产发挥的远期经济效益，企业则更倾向于资产在短时间内产生的经济效益最大化。

三是资源类。广义的“资源”是指一个国家或一个地区的物力、财力、人力等各种物质要素的总称。通常分为自然资源和社会资源两大类。前者如水、土地、森林、草原、动物、矿藏等；后者包括人

力资源、信息资源、特许经营权等各种生产要素或生产资料。《经济学解说》将“资源”定义为“生产过程中所使用的投入”，这一定义反应了经济资源的内涵。为更好地阐述“三资整合”，本文在这一定义的基础上，将“三资”整合中的“资源”限定为地方政府管理和控制的特许经营权，包括交通、能源、水务、环保、城管、旅游、民政、公安、林业等有关行业主管部门依据地方政府的授权，负责事权范围内审批的特许经营权，如公共交通开发运营权、供水、供气、供热、污水处理、垃圾处理、旅游资源开发运营权、矿山砂石开采权、路桥收费权、灯杆广告经营权等。

（二）政府“三资”的特点

一是分布广。政府掌握的“三资”分布广泛，如政府职能部门、行政事业单位、国有企业以及部分授权给民营企业的特许经营权。二是种类多。表现形式多样，具有很多资金、资产、资源，如分散在各种财政专户的财政资金、部分行政部门经营的商铺和酒店等资产、煤矿和砂石等开采权，灯杆等公共广告位经营权以及路边停车收费权等。三是市场化属性不一。有的适合政府垄断，有的适合市场化；如煤矿和砂石开采权，适合授权国有企业经营，可以有效避免对资源的过度开采；分散在各归口部门的财政资金，可以集中起来，通过注入到产业引导基金，撬动社会资本，通过股权或债权投入到市场中具有发展潜力和竞争优势的企业。四是情况复杂。政府掌握的“三资”总体呈现出分布零散、点多面广的特点。

（三）政府“三资”整合的时代演变

1. 建国初期的国有化，政府掌握大量“三资”。建国初期，通过“一化三改造”，政府快速掌握了大量生产资料，大量“三资”集中到政府手中。我国快速的建立了生产资料全民所有制，确立了社会主义制度的经济基础，计划经济体制成为社会主义初级阶段的基本经济制度。在计划经济体制下，国有企业成为政府提出的国民经济和社会发展总目标和重大经济活动计划的执行者，同时也成为国家财政的主要收入来源和主要支出渠道。在强有力的中央集权计划式管理之下，国有企业基本上没有自己的利润追求，成为事实上的“国家工厂”或者说是“生产车间”。直到改革开放开始，国有企业向社会主义市场经济下的现代企业迈进，“三资”由集中转向整合的序幕拉开。

2. 改革开放时期，不断推动“三资”盘活。改革开放后，国有企业经历了一系列改革，比如扩大企业自主权、实施企业承包制、建立现代企业制度等等。通过对国有企业实施众多的改革，探索推动搞活国有企业，探索不断盘活政府“三资”，中国成为世界上国有企业探索最充分的国家。伴随“分税制”等重大改革，地方财政收入有所削弱，无法支撑地方基础设施发展所需要的巨额资金投入。为解决地方财力不足的问题，地方政府纷纷出资组建地方融资平台，上世纪90年代中后期特别是从21世纪初开始的基础设施投融资体制改革，重庆“五大注入”“三平衡”“三不”改革成为“三资”改革的重大探索。过去十多年，基础设施投融资体制改革成为政府“三资”改革的重大探索。

3. 新时代，进入“三资”整合的全新阶段。随着地方债问题的出现，国家收紧土地、进一步审视公益性资产属性、推进基础设施融资平台转型，“三资”整合提速，向更宽领域拓进、向更深层次转换，“三资”整合事实上成为新阶段重大发展战略。历经十余年的持续修订和讨论，新预算法于2015年1月1日开始正式生效。主要新措施包括：允许政府直接发行债券。从某种程度上来讲，新预算法是对当前中央与地方之间事权与财权不匹配的修正，亦是对融资平台承担历史使命的一种认可。新预算法之下，地方政府直接发行债券融资，进一步加速地方融资平台剥离其融资功能，地方政府融资平台高质量转型迫在眉睫。融资平台需要对其掌握的资产资源进行有效的甄别分类，梳理不同资产的运作价值，剥离无效的公益性资产，并依托有效存量资产的盘活和持续注入当地的经营性资产，逐步做实做强。

二、新时代地方政府“三资”整合的重大意义

（一）对各种错配资源的流动和配置的需要。政府手里还有不少沉睡资源、僵尸资源、闲置资源、低效资源、可以市场化的资源。要把这些资源唤醒、盘活、利用、高效化和市场化推动，“三资”整合就成为必然，其效益将直接体现到经济社会发展的效益之中。

（二）发挥市场在资源配置中决定性作用的重大体现。发挥市场在资源配置中的决定性作用，尽量用市场的力量，进行“三资”整合就是重大体现。通过“三资”注入国有企业，通过国有企业运营或通过混合化，促进“三资”的市场化。如对项目边界清晰、回报机制明确的存量基础设施项目，国企可采取 REITs 方式盘活；对现金流稳定的基础设施项目，可采取资产证券化方式盘活；对具有一定收益，适宜由社会资本运营的基础设施项目，可采取 PPP 模式盘活。

（三）推动中国特色社会主义市场经济的重要抓手。改革开放后，我们对市场的看法逐渐深化并发生了根本性改变，从“计划经济为主，市场经济为辅”到“使市场在资源配置中起决定性作用，更好发挥政府作用”，既要“看得见的手”，又要“看不见的手”。在改革开放进入“深水期”，国内外经济形势严峻复杂的情况下，中央提出了“逐步形成以国内大循环为主体、国内国际双循环相互促进的新发展格局”的战略思路。“以国内大循环为主体”，要求我们把经济发展的立足点放在国内，其中很重要的一点就是要充分发挥中国特色社会主义市场经济的体制优势，设法解决政府盘子内的资源盘活的问题，籍此进一步推动释放市场盘子内资源的扩大效益，最终实现政府盘子和市场盘子整体资源的结构优化和效益提升，让“有形之手”和“无形之手”相互转换更加顺畅无隙。

（四）基础设施投融资体制改革的必然要义。近年来随着《关于进一步规范地方政府举债融资行为的通知》（财预〔2017〕50 号）《关于坚决制止地方以政府购买服务名义违法违规融资的通知》（财预〔2017〕87 号）以及《关于规范金融机构资产管理业务的指导意见》（银发〔2018〕106 号）等一系列融资监管文件陆续颁布，国家在关于地方政府基础设施投融资体制的建构上发生了重大转向，融资平台公司作为昔日地方基础设施投融资主引擎的市场化转型发展也就变得十分迫切。而要实现融资平台公司的战略转型，使其能够继续服务于地方发展大局的历史使命，离不开地方政府在新的现实条件下通过投融资体制改革及“三资”整合继续做实做强其投融资功能。

（五）推动区域经济改革发展的重要动力。改革开发以来我国各个区域经济快速发展，然而在原有经济发展模式下，很多地方也出现了固定资产投资比例过高、地方政府债务增长过快的问题。当前，城市大融资、大建设、大发展已成为过去，即将到来的是规范化、高质量的城市建设和发展。因此，结合“三去一降一补”，盘活地方国有存量资产，充分开发和利用好城市资源，是未来整个国家经济结构调整的重要工作，更是地方政府推进融资平台转型的题中应有之义——对融资平台公司率先增加资本金投入，划入优质资产实现平台现金流净额为正，平台体内现金流正向循环，再通过平台现金流流出进而带动社会经济整体现金流增加，推动资本金积累促进杠杆率下降。“三资”整合必将为政府腾挪出巨大发展空间。哪个区域在这个领域率先发力，哪个区域必将取得先发优势；哪个区域在这个领域深度拓进，哪个区域必将加快发展步伐。

三、当前地方政府“三资”整合的现状

（一）国有企业持续发挥“三资”整合主力军作用。国有企业与政府有着天然的“血缘”关系，是

各级政府“三资”最大的集散地，在各类“三资”整合中是绝对的核心。一是在国有企业在成立初期便归集了各类资源。如重庆投融资集团成立时期的“五大注入”：将水厂、污水和垃圾处理设施等存量经营性资产划拨给各有关投资集团；通过对基础设施、公共设施投资实施施工营业税等方面的优惠或税收，作为资本金返还给投资集团等。二是发展阶段继续整合国有优质资源。2015 年国企重组合并开始提速，央企层面先后有中国南车、中国北车合并成为中车股份，国家核电、中电投合并成立国电投等。地方层面，山东省山东能源与兖矿集团联合重组，江苏省整合酒店资源注入金陵饭店集团等。三是后续的“三资”整合国企必定是优先选择的承接对象。如重庆市财政局 2019 年颁发《关于做好市级党政机关和事业单位所属企业划转工作的通知》文件规定划转的各类企业主要由重庆市发展投资有限公司、重庆渝富集团承接。

（二）民营企业成为重要力量。民营企业是我国社会主义市场经济的重要组成部分，在“三资”整合中承担了重要作用。一是改革开放以来政府不断放开原有管控，让渡各类权限和资源，在此过程中民营经济取得了巨大的成就。以商贸流通业为例，1978 年至 1984 年商贸业结构调整，打破“单一化”商贸业结构，将商贸业和供销社分家，个体商贸如雨后春笋般崛起；后续随着商业管理体制方面简政放权、商品市场体系建设、中国加入 WTO 以及电子商务的迅猛发展，民营商贸企业更是发挥越来越重要的作用，目前产值已占据行业总产值的 90% 以上。二是积极参与重大项目建设。1994 年 3 月，泉州市政府同泉州名流实业股份有限公司签订特许期限 30 年的刺桐大桥 BOT 项目，国内首例民营 BOT 诞生。2017 年 9 月 11 日，复星集团牵头 8 家民企与浙江省政府签署“杭绍台铁路 PPP 项目”，国内首条民营资本控股的高速铁路正式落地。三是鼓励参与国企“混改”。党的十一届三中全会之后，混合所有制经济开始起步。2017 年 10 月，十九大报告进一步明确国企改革的方向是“发展混合所有制经济”。央企层面，仅 2020 年上半年就有 64 家央企通过北交所实施混改，同比增长 20.75%，引入社会资本 291.12 亿元，同比增长 131.32%。

（三）存量“三资”运营工作的持续规范。一是土地储备职能的规范统一。土地是政府“三资”的重要组成部分，自 2012 年《关于加强土地储备与融资管理的通知》（国土资发［2012］162 号）开始一系列文件对土地运作主体做了排他限制，规定：各级土地储备机构成为土地储备唯一合规主体。二是公益性资产管理的清晰界定。《国家发展改革委办公厅、财政部办公厅关于进一步增强企业债券服务实体经济能力严格防范地方债务风险的通知》（发改办财金〔2018〕194 号）对公益资产注入平台公司做了详细规定：“严禁将公立学校、公立医院、公共文化设施、公园、公共广场、机关事业单位办公楼、市政道路、非收费桥梁、非经营性水利设施、非收费管网设施等公益性资产及储备土地使用权计入申报企业资产”。三是行政事业单位经营性资产的加速划转。十八大以来，加快了行政事业单位经营性资产的剥离。如南京市政府 2012 年对各级级党政机关、全额拨款事业单位所属企业资产进行划转，涉及企业股权（含参股）80 户、股票（债券）投资 3 项，累计资产总额 32.27 亿元。四是“三资”承载主体动态调整。一方面原国有企业负责的三资资源，积极尝试、探索授权其他类型企业。如深圳从 2002 年开始尝试在水务、环卫、公交、燃气、环保等 8 个行业实行特许经营，允许社会资金、外国资本采取多种形式参与。另一方面原民营企业负责的三资资源，在实践过程中被证明不合适的，也会重新收归国有。如近年海南省、江西省、四川省等下辖部分区域将砂石资源收归国有或者当地政府实行统一经营管理。

（四）国有资本投资运营公司的探索。国有资本投资运营公司将作为未来“三资”整合的主要平台，其发展成果相当重要。2013 年《中共中央关于全面深化改革若干重大问题的决定》首次提出将“改革国有资本授权经营体制，组建若干国有资本运营公司，支持有条件的国有企业改组为国有资本投资公司”。2015 年 10 月 25 日《关于改革和完善国有资产管理体制的若干意见》、2017 年 5 月 10 日《国务院国资委以管资本为主推进职能转变方案》、2017 年 10 月《十九大报告》、2018 年中央经济工作会议等均对国有投资运营公司工作探索做出进一步规范，2018 年 7 月，国务院发布《关于推进国有资本投资、运营公司改革试点的实施意见》。自 2014 年以来，国务院国资委先后选择在 21 家中央企业和 122 家地方国有企业开展国有资本投资、运营公司试点，在试体制、试机制、试模式等方面进行探索实践。

（五）平台公司的艰难转型。地方政府平台公司曾极大地推动了中国的基础设施建设、产业经济发展，是地方“三资”重要承载主体，如今在新的历史条件下面临诸多挑战。一是划清企业与政府界限。《国务院关于加强地方政府性债务管理的意见》（国发〔2014〕43 号）要求：“明确划清政府与企业界限，政府债务只能通过政府及其部门举借”“剥离融资平台公司政府融资职能，融资平台公司不得新增政府债务”“除法律另有规定外，地方政府及其所属部门不得为任何单位和个人的债务以任何方式提供担保”。二是各类存量资产纷纷剥离。首先平台传统主要职能——土地储备被剥离，《关于加强土地储备与融资管理的通知》（国土资发［2012］162 号）等文件均规定平台公司一律不得再从事新增土地储备工作。其次是各类公益性资产被剥离，《财政部、发展改革委、司法部、人民银行、银监会、证监会关于进一步规范地方政府举债融资行为的通知》（财预〔2017〕50 号）、等文件均严禁将公益资产注入平台公司。三是经营性资产注入不够。各级政府纷纷将现有的各类存量资源注入平台公司，例如行政事业单位的经营性资产、城市道路占道使用权、城市广告位使用权、特许经营权、各类矿产资源等，但对于平台公司的现有体量及有息债务来说仍显得杯水车薪，可持续、健康发展模式的建立任重道远。

（六）财政资金支出方式变革初显。一方面财政资金加大了资本化尝试力度。原有财政资金对项目的投入主要是采用“无偿拨付”的形式，部分省市正逐步转化为“拨改投”，这种转换的优势是项目扶持政策更符合市场要求，更有利于财政资金使用效益最大化，更有利于国有资产保值增值。如青岛市以财政科技资金投入资本化为着力点，组建了青岛高创科技资本运营有限公司，吸引了更多的社会资金投入科技创新，构建了青岛高创科技资本公司、科技融资担保公司、科技投资管理公司、天使投资组合基金、孵化器持股孵化基金多业态的科技金融服务体系。另一方面我们也需看到财政支出方式还有比较大的改进空间。一是各类涉企财政资金仍分散在各职能部门，呈现“散、乱、小”的状态；二是各单位还有大量未使用的各类结余资金和沉淀闲置结转资金；三是有必要进一步改革现有的预算管理方式及评价模式，推行预算绩效管理，实行财政支出绩效评价。

（七）“三资”整合小荷才露尖尖角。一方面不少农村区域积极推行“三资”整合，实施并取得了良好效果。如广东省陆丰市部署农村集体“三资”管理工作，提出：整合现有资源建平台，促使农村集体“三资”管理服务平台规范有序，确保农村集体“三资”管理平台建设顺利完成。山东省莱西县创新农村三资运营模式，将村集体固定资产和农产品品牌等资源进行评估量化，摸清家底注入到搭建的公司平台，以公司化的运营更好的服务了乡村建设。另外我们也必须正视“三资”整合工作方兴未艾。据调查，实施“三资”整合工作的更多是农村区域，在城市以及其他更多领域这一信号还不明显。我们认为主要因为：一是共识不够，国家层面未出台“三资”整合的顶层设计方案，没有制定“三资”整合的指引和方向；二是意识不强，相当的行政主体仍固守“官本位”的思想，对“三资”整合仍持排斥态度，不愿意让权、放权；三是三资家底尚未完全摸清；除了现有的存量资产，仍有大量资产散落在各个行政主体，大量的资源可以重新定义、激活。

四、地方政府“三资”整合的战略路径

（一）坚持我国基本经济制度，把好“三资”整合总原则

实行公有制为主体、多种所有制经济共同发展的基本经济制度，是中国共产党确立的一项大政方针，是中国特色社会主义制度的重要组成部分，也是完善社会主义市场经济体制的必然要求。党的十九大把“两个毫不动摇”写入新时代坚持和发展中国特色社会主义的基本方略，作为党和国家一项大政方针进一步确定下来。

1. 巩固和发展公有制经济。党的十八大以来，习近平对国有企业改革发展作出一系列重要论述，强调国有企业特别是中央管理企业，在关系国家安全和国民经济命脉的主要行业和关键领域占据支配地位，是国民经济的重要支柱，是壮大国家综合实力、保障人民共同利益的重要力量，必须理直气壮做强做优做大；强调要使国有企业“成为党和国家最可信赖的依靠力量，成为坚决贯彻执行党中央决策部署的重要力量，成为贯彻新发展理念、全面深化改革的重要力量，成为实施‘走出去’战略、‘一带一路’建设等重大战略的重要力量，成为壮大综合国力促进经济社会发展、保障和改善民生的重要力量，成为我们党赢得具有许多新的历史特点的伟大斗争胜利的重要力量”。

2. 鼓励、支持、引导非公经济的发展。非公有制经济是我国社会主义市场经济的重要组成部分。我国民营经济已经成为推动我国发展不可或缺的力量，民营经济是社会主义市场经济发展的重要成果，是推动社会主义市场经济发展的重要力量，是推进供给侧结构性改革、推动高质量发展、建设现代化经济体系的重要主体，为我国社会主义市场经济发展、政府职能转变、农村富余劳动力转移、国际市场开拓等发挥了重要作用。习近平总书记明确提出“三个没有变”：“非公有制经济在我国经济社会发展中的地位和作用没有变，我们党鼓励、支持、引导非公有制经济发展的方针政策没有变，我们党致力于为非公有制经济发展营造良好环境和提供更多机会的方针政策没有变”。

（二）推动形成共识，加强对政府“三资”工作的统筹

1. 形成“三资”整合的强大共识。一是国家层面加强“三资”整合的顶层设计。加强对“三资”的清晰界定，制定“三资”整合指引，明确“三资”整合方向，制定长中期规划，明确近期目标。二是鼓励地方政府进行“三资”整合改革试点。选择部分省市开展“三资”整合试点或在某些领域开展试点。鼓励各地解放思想，创新推进。三是适当时候立法。条件成熟时，推动“三资”立法。建立依法整合机制，把依法整合要求贯穿“三资整合”改革试点全过程，努力实现法治工作全流程、全覆盖，加强依法合规管理，强化监督保障。四是坚持党的领导。把坚持和加强党的领导贯穿“三资整合”改革全过程和各方面，充分发挥各级党委的领导作用，为“三资整合”改革试点提供坚强有力的政治保证。

2. 摸清“三资”家底、分类推进。一是搞清“政府盘子”，摸清“三资”家底。省、市、县三级政府必须制定“三资”清单。省、市、县三级政府清理各级党委、人大、政府、政协、审判机关、检察机关、人民团体、事业单位所属企业经营性国有资产。二是依据“三资”清单，做好分类和分类研究工作。制定“三资”整合分类改革方案。不搞“一刀切”。从事竞争性行业、产权关系清晰、管理较为规范的的企业直接进行产权划转，由各级政府授权相关国资委履行出资人职责，协商将企业包括资产、人员、债权债务划转移交给国有资本投资、运营公司或有关国有企业。提供部分公共产品和服务的企业，相应部门和单位可以通过授权经营或持有部分股权方式保留一定管理和监督职能。三是坚持成熟一个推动一个，分阶段推进。各级政府应在完成资产清理的基础上，对各相关单位提出的具体方案进行汇总梳理，按照成熟一批集中监管一批、成熟一户移交一户的原则，分类分批推进。

3. “三资”整合坚持有所为有所不为。一是坚持服务战略。围绕国家和地方政府社会经济发展战

略，讲政治坚决整合、讲规律科学整合、讲程序依法整合，充分发挥国有资本投资运营公司的平台作用，推动“三资整合”，优化国有资本布局，推动落实重要战略性项目，助推社会经济高质量发展。二是坚持市场化运作。发挥市场在资源配置中的决定性作用，按照经济规律、市场规律、商业法则开展“三资整合”。适宜市场化的推进市场化，不适宜市场化的要坚守底线。三是充分考虑各类市场主体。要高度重视国有企业这一载体；要高度重视市场化阶段性的特征；对拿不稳的可以先试行国有企业载体，摸着石头过河，逐步推进混合所有制，再完全市场化。

4. 解决财政投资改革与国资国企投资改革“两张皮”的问题，协同推进“三资”改革。目前我们总体感觉地方财政投资改革和国资体制改革存在着比较明显的“两张皮”问题，财政体制改革与国资国企改革未形成强大合力。一是抓好“三资”的国资转化。“三资”的很多方面可以通过国企来承接，国企是第一承接主体。财政部门要强化企业化思维，国资委部门要强化与财政部门的衔接。二是统一财政与国资两个出资人标准。目前我国国有企业最大的两个出资人就是国资委和财政部门，必须推进两个出资人监管标准统一。

5. 建立“三资”整合的考核奖惩机制。建立一套分别针对政府部门和企业的“三资”整合考核奖惩制度，重点是把是否有专门机构和人员负责“三资”整合、“三资”整合落实情况、“三资”整合的成效或效益、社会和公众对“三资”整合的满意度、是否存在违法违纪情况等纳入考核范畴，并成立由纪检监察牵头，财政、审计、国资、统计等部门组成的考核组负责对“三资”整合的考核或委托独立的三方机构负责“三资”整合的考核，以监督或督促有关部门或企业把三资整合落到实处，使资产能增值保值、资金资源能效益最大化。

（三）深化财政体制改革，积极释放“三资”

建立财政统筹机制，聚集资金资产资源，优化财政资金支出结构，改革资金资产资源运营管理模式，实现“三资”效益最大化。

1. 改革财政支出方式。地方财政在“保基本民生、保工资、保运转”的前提下，应加大对事关地方经济发展、老百姓民生的投入，尤其是生态环保、循环经济、科技创新、互联网经济、人工智能、高速公路、高速铁路、能源等产业的投入，盘大盘强基础、优势产业及新经济业态，增强其竞争力和影响力，立足国际国内两个市场，在国际国内两个经济循环中处于不败之地，促进财政与经济的良性循环。

2. 聚集各类涉企财政资金，将分散在个职能部门的专项资金（主要是指支持、扶持企业的专项资金）进行分类归并，实行“涉企资金整合”。由财政、发展改革、国资委、科技等部门根据本地实际情况及产业发展规划、企业规划或申请，补助给符合“涉企资金整合”用途的各类企业，支持企业的发展壮大，改变资金“散、乱、小”的状况，发挥财政资金的聚集效应和乘数效应。

3. 清理整合资产资源，按市场原则进行交易，转变资产资源无偿划转给企业或由企业无偿使用的方式，最大化发挥资产资源作用。一是将地方政府及所属行政事业单位闲置的房产、土地、车辆经三方中介机构评估后划转给企业有偿使用，并要求企业上缴“资产占用费”或“上缴利润”，在资产保值增值的前提下，实现财政增收和企业增强的双赢目的；二是将政府职能部门所拥有或控制的资源，如城市道路占道使用权、城市广告位使用权、特许经营权、矿产等，通过有偿使用方式划转给企业，并要求企业上交“资源使用费”，实现财政增收，企业增效之目的。

4. 盘活存量资金。地方各级财政部门要在政府的大力支持下，及时将已拨付给单位的但尚未使用的各类结余资金和沉淀闲置结转资金悉数收回，对这些资金重新予以安排，重点满足企业发展所需，这既能缓解发展对财政刚性需求的压力，也能发挥财政资金的使用效益。

5. 改革财政投入方式。财政部门凡是补助、拨付给企业用于发展的各类资金，应建立产业发展基金、投资基金、担保补助资金、贷款贴息补助资金等，通过政府投资公司、担保公司、产业发展公司等市场化运营的公司支持企业，或者通过“以奖代补”、“先建后补”、“股权化改革”等方式支持企业的发展，以发挥好政府这只“有形手”的引领作用并据以提高财政资金的产出效益。

6. 落实企业税费改革措施，正确处理好“取”与“予”的关系，把减税降费作为减轻企业负担、增强企业内生发展动力的重要手段或推手。地方政府应在认真落实国家减税降费政策的基础上，尽可能的让利给企业，让企业轻装上阵，这样企业就能将更多的资金投入到科技创新和新经济、新业态发展，激发全民、全社会的创新发展动力，推动地方经济高速度、高质量发展。

7. 将省级政府经批准发行的一部分地方债券用于企业的发展。新预算法下中央政府批准地方政府发行的债券收入只能用于公益性资本支出，不得用于经常性支出，而现实状况是不少地方政府财政收支矛盾较为突出，用于支持企业发展的财政资金捉襟见肘，建议在地方政府发行的债券收入中提取一定比例的企业发展基金，拨付给企业，以支持企业的发展壮大。

8. 从“粗放式管理”向“精细化管理”迈进，全面实行预算绩效管理及财政支出绩效评价。财政作为国家治理的基础和重要支柱，必须改革现有的预算管理方式及评价模式，推行预算绩效管理，实行财政支出绩效评价。一是建立一套包含预算绩效目标管理模式。二是财政部门或有关主管部门对财政支出的决策、过程、产出、效益进行全方位的分析评价。三是强化财政监督，对财政资金的分配、使用进行监管，及时查处财政资金分配使用中的违法违纪行为。

（四）持续深化国资国企改革，充当“三资”整合主力

国有企业是最大的“三资”集聚体，要通过持续深化国有企业改革，为盘活盘强“三资”不懈努力。

1. 做强做优做大国有企业。坚持以市场为导向、以企业为主体，有进有退、有所为有所不为，优化国有资本布局结构，增强国有经济整体功能和效率。一是优化国有资本重点投资方向和领域，推动国有资本向关系国家安全、国民经济命脉和国计民生的重要行业和关键领域、重点基础设施集中，向前瞻性战略性产业集中，向具有核心竞争力的优势企业集中。二是清理退出一批、重组整合一批、创新发展一批国有企业。三是加快处置低效无效资产，淘汰落后产能。四是推动国有企业加快管理创新、商业模式创新。五是支持国有企业开展国际化经营，鼓励国有企业之间以及与其他所有制企业以资本为纽带，强强联合、优势互补，加快培育一批具有世界一流水平的跨国公司。

2. 发展好国有资本投资运营公司。一是加快探索国有资本投资运营公司的路子，充当好“三资”整合的主工具。在我们看来，国有资本投资运营公司代表了中国国有企业的发展方向，必须要大力探索、创新运营国有资本投资运营公司。二是充分发挥国有资本投资运营公司战略功效。国有资本投资公司应以服务国家战略、优化国有资本布局、提升产业竞争力为目标。国有资本运营公司应以提升国有资本运营效率、提高国有资本回报为目标。三是深入出资人主体改革，推进国有资本投资运营公司成为政府直接授权的出资主体。国有资本投资、运营公司根据授权自主开展国有资本运作，贯彻落实国家战略和政策目标，定期向政府报告年度工作情况，重大事项及时报告。政府直接对国有资本投资、运营公司进行考核和评价等。

3. 推动地方政府平台公司转型发展。地方政府融资平台公司为推动中国地方基础设施建设立下了汗

马功劳。同时，融资平台公司存在的问题和困难也不容忽视。融资平台公司也是政府“三资”的重要集结地，推动融资平台公司转型发展，将极大地有利于盘活盘强政府“三资”。一是打造一批专业化代建公司。在取消政府融资功能后，平台公司凭借在重大基础设施工程和公益性项目的规划、设计、咨询、融资、投资、建设、管理等方面积累的丰富经验，具备朝代建公司方向发展的条件。二是打造一批资产运营公司。随着城市的基础设施及公益项目的建设任务的逐步完成完善，可以打造一批资产运营公司，对基础设施、公益性资产进行统一运营。三是打造一批国有资本投资运营公司。不少平台公司在发展过程中已经培育起一批重要产业或企业，在市场化方向上迈出了坚实步伐，具备打造国有资本投资运营公司的条件。四是整合重组平台公司提高发展质量。平台公司数量过多、不少运作效率偏低、成本偏高是各地需要正视的问题和挑战，要加大整合重组力度。五是高度重视发展混合所有制经济。平台公司要积极参与混合所有制改革，不断探索出适合自身发展的混合所有制经济的领域和模式。

4. 坚定推动管资本改革，充分放权。形成以管资本为主的国有资产监管体制，符合《公司法》《国资法》《国资监管条例》，符合新阶段国资监管发展方向，符合党的十八大、十九大精神。一是转变监管理念，从对企业的直接管理转向更加强调基于出资关系的监管。将应由企业自主经营决策的事项归位于企业，将延伸到子企业的管理事项原则上归位于一级企业。二是调整监管重点，从关注企业个体发展转向更加注重国有资本整体功能。立足国资监管工作全局，着眼于国有资本整体功能和效率，加强系统谋划、整体调控，在更大范围、更深层次、更广领域统筹配置国有资本，持续优化布局结构，促进国有资本合理流动、保值增值，推动国有经济不断发展壮大，更好服务国家战略目标。三是改进监管方式，从习惯于行政化管理转向更多运用市场化法治化手段。更加注重以产权为基础、以资本为纽带，依靠公司章程，通过法人治理结构履行出资人职责，将监管要求转化为股东意志。四是优化监管导向，从关注规模速度转向更加注重提升质量效益。坚持质量第一、效益优先，推动国有企业质量变革、效率变革、动力变革，不断增强国有经济竞争力、创新力、控制力、影响力、抗风险能力。深刻领会管资本的实质内涵，聚焦优化国有资本配置，管好资本布局；聚焦增强国有企业活力，管好资本运作；聚焦提高国有资本回报，管好资本收益；聚焦防止国有资产流失，管好资本安全；聚焦加强党的领导，管好国有企业党的建设。

（五）推进混合所有制，促进国资民资交融转换激活“三资”

国有资本、集体资本、非公有资本等交叉持股、相互融合的混合所有制经济，是基本经济制度的重要实现形式，也是推进三资整合的重要方式。

1. 分类推进国有企业混合所有制改革。一是稳妥推进主业处于充分竞争行业和领域的商业类国有企业混合所有制改革。按照市场化、国际化要求，以增强国有经济活力、放大国有资本功能、实现国有资产保值增值为主要目标，以提高经济效益和创新商业模式为导向，充分运用整体上市等方式，积极引入其他国有资本或各类非国有资本实现股权多元化。二是有效探索主业处于重要行业和关键领域的商业类国有企业混合所有制改革。对主业处于关系国家安全、国民经济命脉的重要行业和关键领域、主要承担重大专项任务的商业类国有企业，要保持国有资本控股地位，支持非国有资本参股。对自然垄断行业，实行以政企分开、政资分开、特许经营、政府监管为主要内容的改革，根据不同行业特点实行网运分开、放开竞争性业务，促进公共资源配置市场化，同时加强分类依法监管，规范营利模式。。三是引导公益类国有企业规范开展混合所有制改革。在水电气热、公共交通、公共设施等提供公共产品和服务的行业和领域，根据不同业务特点，加强分类指导，推进具备条件的企业实现投资主体多元化。通过购买服务、特许经营、委托代理等方式，鼓励非国有企业参与经营。政府要加强监管，根据企业不同特点有区别地考核其经营业绩指标和国有资产保值增值情况，考核中要引入社会评价。

2. 推动国有资本、非公资本双向进入。一是鼓励非公有资本参与国有企业混合所有制改革。非公有资本投资主体可通过出资入股、收购股权、认购可转债、股权置换等多种方式，参与国有企业改制重组或国有控股上市公司增资扩股以及企业经营管理。二是鼓励国有资本以多种方式入股非国有企业。在公共服务、高新技术、生态环境保护和战略性产业等重点领域，以市场选择为前提，以资本为纽带，充分发挥国有资本投资、运营公司的资本运作平台作用，对发展潜力大、成长性强的非国有企业进行股权投资。三是支持集体资本参与国有企业混合所有制改革。明晰集体资产产权，发展股权多元化、经营产业化、管理规范化的经济实体。允许经确权认定的集体资本、资产和其他生产要素作价入股，参与国有企业混合所有制改革。四是有序吸收外资参与国有企业混合所有制改革。引入外资参与国有企业改制重组、合资合作，鼓励通过海外并购、投融资合作、离岸金融等方式，充分利用国际市场、技术、人才等资源和要素，发展混合所有制经济，深度参与国际竞争和全球产业分工，提高资源全球化配置能力。

3. 建立健全混合所有制企业治理机制。一是进一步确立和落实企业市场主体地位。政府不得干预企业自主经营，股东不得干预企业日常运营，确保企业治理规范、激励约束机制到位。二是健全混合所有制企业法人治理结构。混合所有制企业要建立健全现代企业制度，明晰产权，同股同权，依法保护各类股东权益。规范企业股东（大）会、董事会、经理层、监事会和党组织的权责关系，按章程行权，对资本监管，靠市场选人，依规则运行，形成定位清晰、权责对等、运转协调、制衡有效的法人治理结构。三是推行混合所有制企业职业经理人制度。按照现代企业制度要求，建立市场导向的选人用人和激励约束机制，通过市场化方式选聘职业经理人依法负责企业经营管理，畅通现有经营管理者与职业经理人的身份转换通道。职业经理人按照市场化原则决定薪酬，可以采取多种方式探索中长期激励机制。严格职业经理人任期管理和绩效考核，加快建立退出机制。

（六）发展好民营经济，做好“三资”承接

我国民营经济已经成为推动我国发展不可或缺的力量，成为创业就业的主要领域、技术创新的重要主体、国家税收的重要来源，民营经济是我国经济制度的内在要素，是社会主义市场经济发展的重要成果，是推动社会主义市场经济发展的重要力量，是推进供给侧结构性改革、推动高质量发展、建设现代化经济体系的重要主体，也是我们党长期执政、团结带领全国人民实现“两个一百年”奋斗目标和中华民族伟大复兴中国梦的重要力量，为我国社会主义市场经济发展、政府职能转变、农村富余劳动力转移、国际市场开拓等发挥了重要作用。

1. 建议国家成立民营经营促进委员会（简称民促委）。通过民企纾困的实践，我们认为，目前从国家机构层面缺乏一个“管总”的民营经济促进机构。中央对民营经济发展十分重视，但目前支持民企机构分布散、职能弱，无法形成促进发展的合力。我国的基本经济制度是“毫不动摇巩固和发展公有制经济，毫不动摇鼓励支持引导非公经济发展”。在巩固和发展公有制经济方面，国家成立了国资委，我国的世界500强企业由1989年的1家变成了去年的世界第一。国有企业发挥了重要支撑作用。下一步，能否从国家机构层面成立民促委，行使“鼓励、支持、引导”非公经济职能，层层建立民促委机构，集中研究推动指导民营经济发展，通过20-30年的时间，大大提升民营企业进入世界500强的比重，大大提升民营企业发展质量。

2. 建议每个省直辖市建立不低于500亿的民营企业发展基金。全国民营企业纾困基金对推动民营企

业纾困发挥了重要作用。但各地纾困基金规模小，从几十亿到上百亿不等，面对点多面广的民营企业，显得杯水车薪。从战略上支持民营企业发展，建议每个省成立不低于500亿的民营企业发展基金，成为推动民营经济发展的大马力发动机，推动民营企业加快发展。

3. 建立重点民企发展名单。每个省、直辖市建立重点民企发展目录。每个地区、县确定重点产业、每个产业确定3-5家重点企业，对进入重点目录的企业进行重点支持。

4. 深化“放管服”改革优化营商环境。“放管服”改革是政府行权方式的变化，是政府管理重心从事前监管向事中事后监管转移的重大变革，是促进政府治理体系和治理能力现代化的必然要求，也是激发市场活力、增强内生动力、释放内需潜力的战略举措，是营造良好营商环境、实现高质量发展的迫切需要。厘清政府与市场的边界，始终是深化“放管服”改革，转变政府职能，放开搞活市场的关键所在。

5. 做好民企承接“三资”的工作。切实推动国企——混合所有制——民企的转换。妥善解决民营经济“市场的冰山”“融资的高山”“转型的火山”等“三座大山”的问题。推动平等保护产权、平等参与市场竞争、平等使用生产要素。解决好发展中的困难、前进中的问题、成长中的烦恼。抓好供给侧结构性改革降成本行动各项工作，实质性降低企业负担。打破各种各样的“卷帘门”“玻璃门”“旋转门”，在市场准入、审批许可、经营运行、招投标、军民融合等方面，为民营企业打造公平竞争环境，给民营企业发展创造充足市场空间。鼓励民营企业参与国有企业改革。推进产业政策由差异化、选择性向普惠化、功能性转变，清理违反公平、开放、透明市场规则的政策文件，推进反垄断、反不正当竞争执法。推动民营经济走向更广阔的舞台。

五、地方政府“三资”整合的重庆探索和实践

（一）第一阶段：“五大注入”的启示

1. “三资”整合的典范。从2002年开始，重庆的投融资集团坚持推进“五大注入”，即国债注入、存量资产注入、土地注入、规费注入、税收注入。这“五大注入”的实质就是把政府手里的好的东西注入到企业，即将值钱的“家当”根据情况有序注入进去。这成为“三资”整合的典范。

2. “三个平衡”“三不”的精准把握。在向基础设施投融资平台“五大注入”的同时，重庆的“三个平衡”、“三个不”恪守得好。“三个平衡”即资产负债平衡、投入产出平衡、现金流平衡；“三个不”即财政不担保、专项不挪用、不相互担保。

3. 一种资产注入一个专业化篮子，符合当时专业化要求。当时的考虑，只要是一个资产过500亿的企业，都单独成立一个集团，此举的最大好处在于，遵守专业底线，可以专业做事。

4. “五大注入”的同时应该加紧布局市场化产业，攻克融资平台产业化的世界级难题。通过十几年投融资平台的运作，我们感觉到最大的不足还是只争朝夕发展产业、活络资金、活跃现金流的问题。这些平台公司干自己的专业确实都成为了专家，但在市场化产业方面，虽然或多或少有所涉足，但总体感觉是小产业或小小产业，这也成为投融资平台发展的硬伤。也是投融资平台转型发展的世界级难题。

（二）第二阶段：投融资集团转型推进期

1. 改革土地运作机制。地产、城投等土储企业与市土储中心签订购买服务协议，将存量储备土地交由土储中心收储，土储中心运用土地专项债等资金，将土储企业先期投入的整治成本以分期付款方式归垫。后续，市土储中心委托地产、城投整治原各自土地，城投、地产每年年初上报各自的土地整治计

划，土储中心每月按照整治进度支付土地整治费用。

2. 公益性资产有序剥离。按照“产权清晰合法、价值计量可靠”的原则，妥善处理资产与债务的关系。确保资产负债不出现大幅波动，进行风险评估，在不引发重大财务风险及金融风险的前提下有序推进。

3. 突出平台公司主业。地产集团主责专业就是土地整治和公益性基础设施建设。重庆城投集团主责主业为城市建设“总承包、总代建、总运维”。

4. 拓展新产业、新业态。重庆城投集团打造“智慧城投”品牌，面向市场提供智慧交通、智慧工程建设及智慧路桥等大数据服务。高速集团以“高速公路+路域产业”“高速公路+服务区”等战略，推进加油站、充电桩、物流园等建设。重庆交通开投集团利用轻轨公交站场等经营性资产，围绕“互联网+”研究“连锁模式”“卖场模式”“租赁模式”；整合所属企业广告资源，优化广告资源开发、经营和管理机制。重庆水务资产公司全面拓展垃圾发电、环境修复、危废、污泥、城市矿产、流域治理、海绵城市等环境相关产业。

（三）第三阶段：市场化融资的深度掘进

重庆发展投资有限公司的市场化探索值得高度关注。2018年8月，经重庆市人民政府批准，由市财政局代表市政府履行出资人职责，组建了新时期重庆新生代的投融资生力军“重庆发展投资有限公司”，公司注册资本金100亿元。与传统投融资集团的功能定位不同，该公司聚焦重大基础设施、重要产业布局、重点项目落地，担负新阶段、新起点提升城市品质，开展基础设施和公共服务能力建设的筹资使命；是服务全市发展战略，推动传统产业转型升级、新兴业态优化布局的投资主体；政府资金、资产、资源市场化统筹运作、有效运营、提高效率的操盘主体。

1. 新阶段重庆“三资”整合主体。重庆发展投资公司成为重庆资金、资产、资源“三资”整合的主体。行政事业单位经营性资产，重发公司承接一半。其余的由分别划入国资系统有关企业。

2. 市场化融资典范。重发公司成立的初心是建立基础设施市场化融资体系。一是实施“一体两翼、资本驱动”战略。“一体”即基础设施市场化投融资，“两翼”及产业发展和资产管理，贯穿其中的，是资本驱动。重发公司正全力构建“大基建+大资产+大产业+大资本”“四大”发展模式，走出与大基建不相匹配的小资产、小产业、小资本的偏颇发展模式。二是建立“三大管道”做实资金池。“三大管道”即财政资本金注入、存量经营性资产注入、增量经营性资产打造。通过做大“三大管道”，建立强大的资金池。三是打造基建类国有资本投资运营公司。渝富定位为重庆战略性新兴产业投资的国有资本运营公司，重发公司定位为重庆基建类国有资本投资运营公司。虽然投资的重点不同，但市场化的考虑，重发公司又必须大投产业。四是集聚经营性资产，严控公益性资产。五是加强资本运作。用市场化手段统筹财政项目资金、经营性资产以及股权等资源，加强资本运作，强化资产运营，充分利用好国有资本的引导力和带动力，紧紧抓住“流动性”这一关键，达到“自有资金”对投资本息节点的“全覆盖”，确保“融资—投资—运营—收益—还款—再融资—再投资”的良性循环。六是是建立重发大构架。全力推动打造8-10家新基建或事关重庆战略发展的大集团、拥有3-5家上市公司、拥有一大批优质资产、股权，具有良好现金流的大格局构架。重发公司的投资表现为三大层面：其一是战略投资层面，紧密结合新基建和重庆新阶段发展战略，打造一批百亿级投资集团；其二是支撑投资层面，投资一批具有稳定收益的“四梁八柱”式的股权，比如金融股权、成熟企业股权、优质轻资产公司、战略性新兴产业股权和现代服务业产权；其三是一批见效快、收益好的短平快项目。

成果创造人：冉　斌　重庆发展投资公司、
邓经河　重庆市政府参事、
梁继平　重庆市万州区财政局、
谭斯介　中兴银行、
冉江河　重庆渝富集团、
严俊伟　重庆渝富集团、
方　坤　重庆市国资委、
陈　驰　重庆城投集团、
黄晓升　重庆发展投资公司

地方市属国有资本投资运营公司的改革与创新

——洛阳国宏投资集团投资（运营）公司试点的典型经验

洛阳国宏投资集团有限公司

洛阳国宏投资集团有限公司（以下简称“国宏集团”）成立于2013年6月，是经洛阳市人民政府批准组建的市属综合类国有资本投资（运营）公司。自成立以来，国宏集团以市场化运营为导向，以在工业领域发挥资本运营、资源集成、国资战略重组等为功能定位，致力于传统产业转型升级、战略新兴产业引导培育，统筹协调解决国企改革遗留问题，主要从事股权、项目投资，资产、股权管理与经营，资产收购、资产处置、债务处置，接收、管理和处置不良资产，企业和资产托管，实业投资，土地整理开发等业务。

截至2019年底，国宏集团注册资本金20亿元，资产总额242.74亿元，净资产145.35亿元，实现营业收入140.91亿元，利润总额6.71亿元，荣列“中国服务业500强”第332位、“河南企业100强”第33位，拥有7户二级企业和46户三级企业，持有1户上市公司的股权。

一、国有资本投资运营公司创新与探索背景

（一）落实国务院国资委国企改革“1+N”相关政策的必要要求

党的十八届三中全会以来，以管资本为主的新一轮国企国资改革风起云涌。2015年9月13日，中共中央国务院发布《关于深化国有企业改革的指导意见》，后来又出台了诸多配套细则，即“1+N”政策体系。这些改革意见和政策提出要完善现代企业制度、健全法人治理结果，深入推进公司制股份制改革；完善国资管理体制，国资监管由“管企业”向“管资本”转变；改革授权经营体制，组建国有资本投资、运营公司，推动国有资本合理流动优化配置；稳妥推进混合所有制改革等要求。而作为新生事物的国有资本投资运营公司，如何通过改革转型和创新发展，破除体制机制障碍，提高国有资本配置运行的效率，增强国有企业活力、控制力、影响力、抗风险能力，就成为需要试点先行、大胆探索、及时研究和解决的重点难点问题。

2017年，《洛阳市深化国有企业改革推进方案》（洛发〔2017〕19号）明确提出，在国宏集团开展国有资本投资运营公司试点工作。国宏集团作为洛阳市工业领域唯一的投融资运营主体和国有资本投资运营公司试点企业，为企业推进国资监管、功能定位、授权放权、运营模式、法人治理结构、监督与约束等瓶颈和问题提供了思路与依据，也为国宏集团乃至洛阳市深化国企改革提供了得天独厚的条件和机遇。

（二）引导培育优化洛阳国有经济布局和结构调整的需要

洛阳作为国家的老工业基地和历史文化名城，已基本具有门类较为齐全、部分具有明显优势的产业基础，如在工业领域已形成了较为完备的工业体系。但是，作为老工业基地，洛阳的产业结构也存在不协调的突出问题，主要表现一是主导产业效益较差，虽然装备制造、有色金属及其他材料、石油化工、能源电力等占工业的比重超过60%，而利润率却低于全省平均水平；二是新兴产业规模不大，如机器人及智能装备制造、新能源、生物医药等战略性新兴产业，占全市生产总值的比重还不到20%，难以发挥区域经济的带动作用；三是特色产业特而不优，文化、科技服务、牡丹等集聚效应不突出，品牌优势不明显。因此，建设副中心、打造增长极、发力都市圈、形成新引擎的形势要求洛阳必须调整、提升产业体系。

而国宏集团作为洛阳市工业领域的国有资本投资运营公司，也必须紧跟市委市政府的战略部署，提升区域服务特别是对新兴产业培育引导的能力，通过改革发展和创新驱动，以市场化、专业化为手段，调整和优化产业布局，为洛阳新兴产业引导培育做出贡献。

（三）做强做优做大企业是国宏集团的使命所在

目前，虽然国宏集团的注册资金由1亿元增加至20亿元，经济效益连年持续增长，企业也步入了高质量发展的正确轨道，但是，随着企业业态的逐渐增多，业务范围面广繁杂，发展方向和发展路径、混合所有制改革、市场化管理运作机制、内部管理等需要进一步完善和推进，这就迫使国宏集团必须通过国有资本投资运营公司试点，深化和创新管理体制和机制，把企业做优做强做大，充分发挥区域带动效应，助力洛阳副中心城市建设。

二、国宏集团管理创新的内涵与措施

在改革实践中，国宏集团按照“以管资本为主”的国资国企改革要求，坚持市场化、专业化改革方向，紧紧围绕中共洛阳市“9+2”工作布局①和“565”② 现代产业体系，围绕企业的功能定位，制定发展战略，明确投资重点，培育引导新兴产业，探索出了“明方向、调布局、转机制、优管控、防风险、强管理”的创新管理经验，提高了国有资本配置和运营效率，提升了产业投资运营能力，增强了企业的经济活力、控制力、影响力、抗风险能力。

（一）明方向：制定战略化、确定发展目标、确立发展策略

方向就是旗帜，方向就是目标。国宏集团成立后，就把打造驰名中原、享誉国内的国有资本投资（运营）公司作为企业的发展方向，为此，国宏集团以市场化运营为导向，发挥投融资、资本运营、资源集成、国资战略重组等综合功能，专注于国有工业资本投资运营，促进传统产业升级、引导战略新兴产业发展、推动国有企业改革，实现国有资产保值增值，通过股权管理运营和市场化投资发展的双轮驱

①洛阳“9+2”工作布局内容是加快构建现代创新体系、现代产业体系、现代市场体系、现代城镇体系、现代基础设施体系、文化传承创新体系、生态环境建设体系、开放体系和公共服务体系，坚决打赢脱贫攻坚战，扎实推进供给侧结构性改革。

②2016年4月，洛阳市重点工作推进会议提出构建“五强六新五特”产业体系（先进装备制造、新材料、高端石化、电子信息、旅游业五大主导产业；机器人及智能制造、新能源、生物医药、现代物流、电子商务、金融六大新兴产业；文化产业、科技服务、牡丹、健康养老、高效农业五大特色产业）。

动，业务范围、资产总额和利润持续提升，已发展成为拥有百亿级资产和营收的国有资本投资运营公司。

1. 制定战略规划

战略是企业的头等大事，是企业的顶层设计。作为洛阳市唯一一家国有工业领域的投融资平台，国宏集团推动“资源、资产、资本、资金”四资联动运营，积极强化与洛阳发展战略规划的对接，确立了2016年—2025年发展战略规划和两期发展目标。在战略目标的指引下，国宏集团已初步形成产业投资运营、资产运营管理、园区综合开发、资源投资开发和现代服务业五大业务板块，而且各板块都得到了全面均衡有质量的发展，为洛阳市甚至河南省提供了国企深化改革的样板。2019年4月17日，河南省深化国有企业改革领导小组办公室印发《关于印发河南省国企改革对标提升工作方案的通知》（豫企改办〔2019〕6号），将国宏集团列为河南省唯一的国有资本投资运营公司对标企业。

2. 确定发展目标

紧密围绕企业战略，国宏集团在国有资本投资运营公司试点中明确了以下发展目标：一是优化产业布局。围绕洛阳市“565”现代产业体系发展需要，强化在精细化工、新材料、高端装备等新兴产业的投资布局，形成产业转型发展的培育引导能力。二是提升融资能力。加强市场化投融资、并购重组和资产组合设计调整，提升资产、营收规模和净资产收益率，强化债务融资能力，推动融资与投资功能的良性互动。三是强化投资引导。通过兼并重组和投资新设，打造洛阳产业转型发展的“先遣队”。通过基金投资运作，打造服务洛阳产业转型的“资金池”。通过新一代产业园区运营，打造洛阳先进产业载体的“示范园”。四是打造国企市场化改革标杆。尊重市场规律和企业发展规律，加强人才储备，提升市场化、专业化运作能力，实现国有资产保值增值，树立国企改革典范。

3. 确立五大发展策略

企业要完成战略就必须要有策略，为推动发展战略和目标落到实处，国宏集团确立了五大发展策略：一是业务重构策略。按照“做大增量、整合存量”原则，国宏集团从业务实际出发，让五大业务板块实现跨行业、跨地区、跨所有制运作。二是资本提效策略。坚持市场化、专业化导向，引进战略投资者、发挥资本杠杆作用，实施“混合所有制+资产证券化”双轮驱动，提升了企业的资本运营效能。三是管控优化策略。国宏集团将本部定位为战略决策中心、统筹协调中心、制度风控中心、监察审计中心、考核评价中心和上层支援中心，实施以战略管控为主的复合型管控模式。四是管理配套策略。建立人才、内部挖潜、信息系统、企业文化、党建、纪检监察、内部审计等配套管理体系，服务国宏集团发展战略和目标实现。五是项目带动策略。建立完善的筹资、项目发现、投资决策和投资实施工作流程，重点培育项目发现能力，优化投资决策机制，加强投资与投后管理，实现投资项目的良好闭环运作。

（二）调布局：明确投资重点，培育引导新兴产业

1. 聚焦重点产业门类优化国有经济布局

国宏集团聚焦“565”产业体系中涉及工业领域的石油化工、新材料、电子信息、先进装备制造、机器人及智能制造、新能源及新能源汽车、科技服务等7个产业门类，把准投资方向，通过上下游产业链延伸、相关产业融合发展等方式，围绕产业投资运营、资产运营管理、现代服务业、资源投资开发、园区综合开发等五大业务板块，谋划具有高质量带动引领作用的重大项目，优化国有经济布局。

（1）产业投资运营：以所属宏科创投和洛阳创投为平台，采用“直投+基金”的方式，扶持洛阳市战略新兴产业及国家大力倡导的其他新兴产业发展，构建覆盖创新企业全生命周期的投融资能力。以洛

化宏达为运作平台，通过延链补链、优化产品结构的方式推动产业链提升，打造高端石化产业集群。（见图 1）

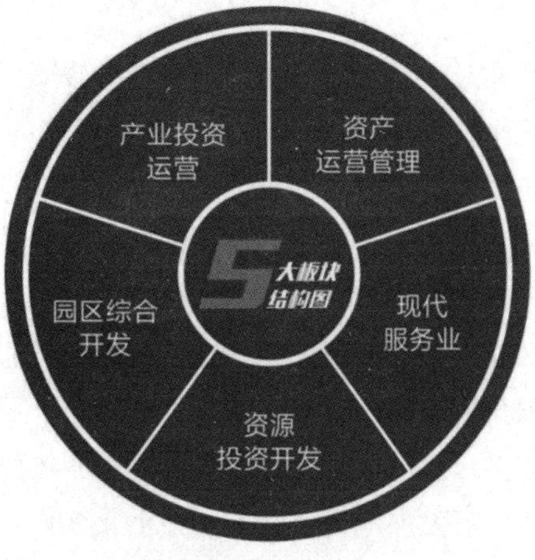

图 1　国宏集团五大业务板块结构图

（2）资产运营管理：以所属国资公司和国润公司为基础，完成国家、省、市部署安排的驻洛央企“三供一业”物业接收工作，打造国企改革、资产重组处置和管理运作为主导的国有资本运作平台，形成资源共享、产业协同的合力，探索国企改革创新路径。

（3）现代服务业：以洛矿集团所属华泽小贷、国鑫担保、国宏租赁、华祥实业等类金融公司为主体，构建多元化金融服务体系；以国润公司为平台，开拓养老、智慧社区等服务业务；以国资公司为平台，大力发展国际贸易、科技金融服务、工业研究服务、人力资源服务，打造全市现代服务业名片。

（4）资源投资开发：以洛阳钼业为核心，打造具有国际影响力的矿业投资集团，深入推进全球布局，逐步构建全球以钼、钨、铜、钴等为代表的重要矿产资源控制、定价能力；以洛矿集团所属地热开发公司、非金属矿产公司为主体，拓展新能源、非金属矿产领域业务，储备非金属矿产资源。

（5）园区综合开发：以所属园区公司为主体，承担产业园区开发、招商服务、驾训服务、物业管理、园区运营等服务，通过自建、增资扩股、并购等多种形式，建设新一代产业示范园，打造服务洛阳产业转型发展的平台。

2. 打造股权投资基金集群优势，引导培育新兴产业

充分发挥专业股权投资基金集群优势和国有资本放大效应，引导培育洛阳市新兴产业发展。截至 2019 年底，参股或发起设立基金 10 支，基金注册总规模 635.32 亿元，其中国宏集团出资 23.9 亿元，撬动各类资本比例 96% 以上。

（三）转机制：发展混合所有制，完善法人治理结构

国宏集团以发展混合所有制经济为突破口，深化产权结构改革，转换国有企业经营机制，致力于打造法人治理结构完善的现代企业制度。

1. 深化产权结构改革，发展混合所有制经济

国宏集团把发展混合所有制经济作为国企改革的重要突破口，深化产权结构改革，确定了国宏集团特色的混合所有制改革思路：集团公司层面保持国有独资，二级企业“宜独则独、宜控则控”，三级企业“需控则控、能参则参”，不搞拉郎配，不搞全覆盖，不设时间表，一企一策，成熟一家、混改一家、完善一家；对于新投企业，原则上均采用混合所有制方式。

（1）以控为主推进二级企业混改。在确保集团“相对控股”“第一大股东”和“三分之一多数”地位的前提下，重点考虑引进在上下游资源匹配、市场联合、行业资本运作等领域的战略投资者，放大国有资本功能。

（2）以控参结合推进三级企业混改。推动知识密集型的产业投资、金融服务业和知识服务业，以及资金密集型的房地产业等领域有序引入个人、民营资本、集体资本、社会资本、外资等多元化投资主体，具备条件的实施管理层及员工持股。

在具体操作执行层面，按照“选准行业，找好合作伙伴，规范操作”的原则，国宏集团主动寻求与发展潜力大、成长性强、符合洛阳市产业布局的非国有企业开展合作，发展混合所有制经济。2013年，所属洛阳栾川钼业集团股份有限公司（以下简称洛阳钼业，股票代码：603993）进一步深化混合所有制改革，支持民营资本鸿商产业控股集团有限公司成为洛阳钼业第一大股东，此后洛阳钼业积极推进海外并购，通过连续的海外并购和180亿元定向增发，跃居全球矿业上市公司前十强。2015年，通过混合所有制方式投资设立了华泽小贷公司，已发展成为河南省同类企业综合指标最好的公司。2016年，通过增资扩股方式重组洛阳炼化宏达实业有限责任公司，混改后该企业经济指标大幅增长。2017年，合资设立洛阳国宏国际贸易有限公司，充分利用河南自贸区洛阳片区的政策，支持洛阳更多的优势企业和“智能装备”走出国门。2018年，引进世界顶级房车制造商——德国海姆集团入股洛阳朗宸旅居车有限公司；推动所属人事人才公司、人社人力公司公开挂牌混改。截至2020年7月，通过入股新建、存量混改等方式，国宏集团发展混合所有制企业已达20余家，90%以上的营业收入和利润均由混合所有制企业贡献。通过发展混合所有制经济，极大地激发了国有经济的活力，实现优势互补、共同发展，达到1+1>2的效果，取得较好的经济效益和社会效益。（见图2）

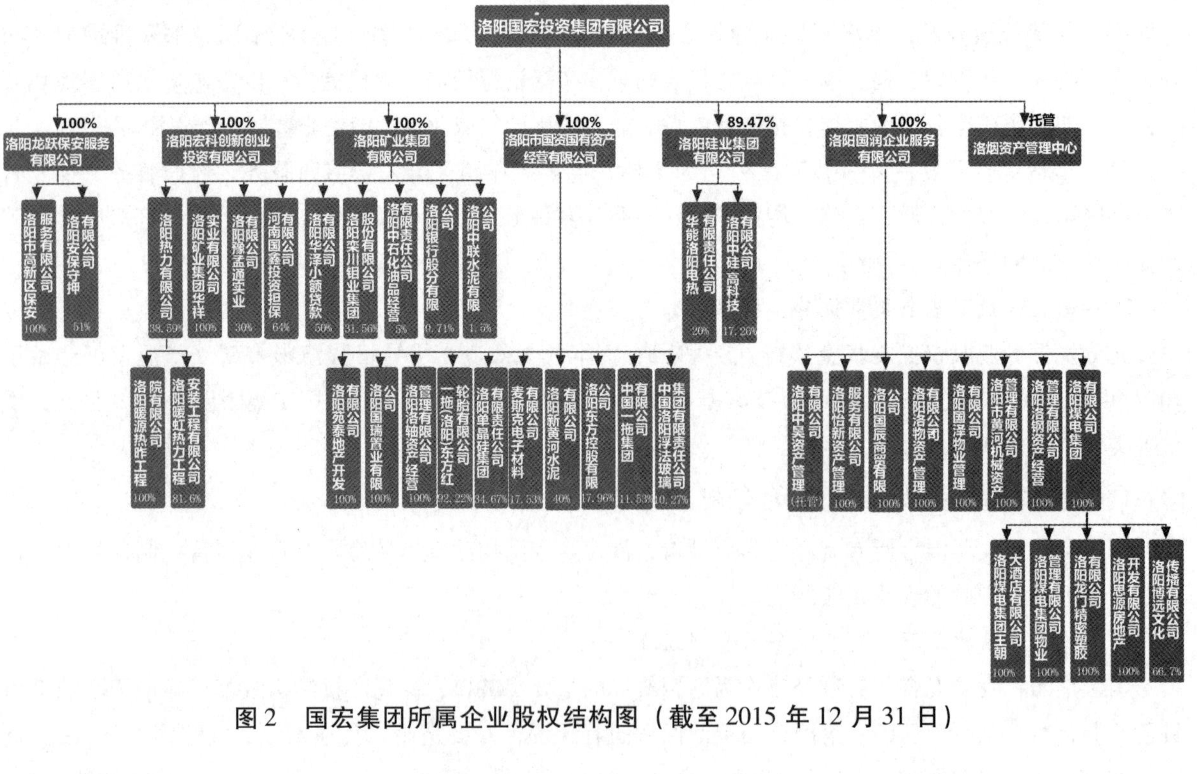

图2　国宏集团所属企业股权结构图（截至2015年12月31日）

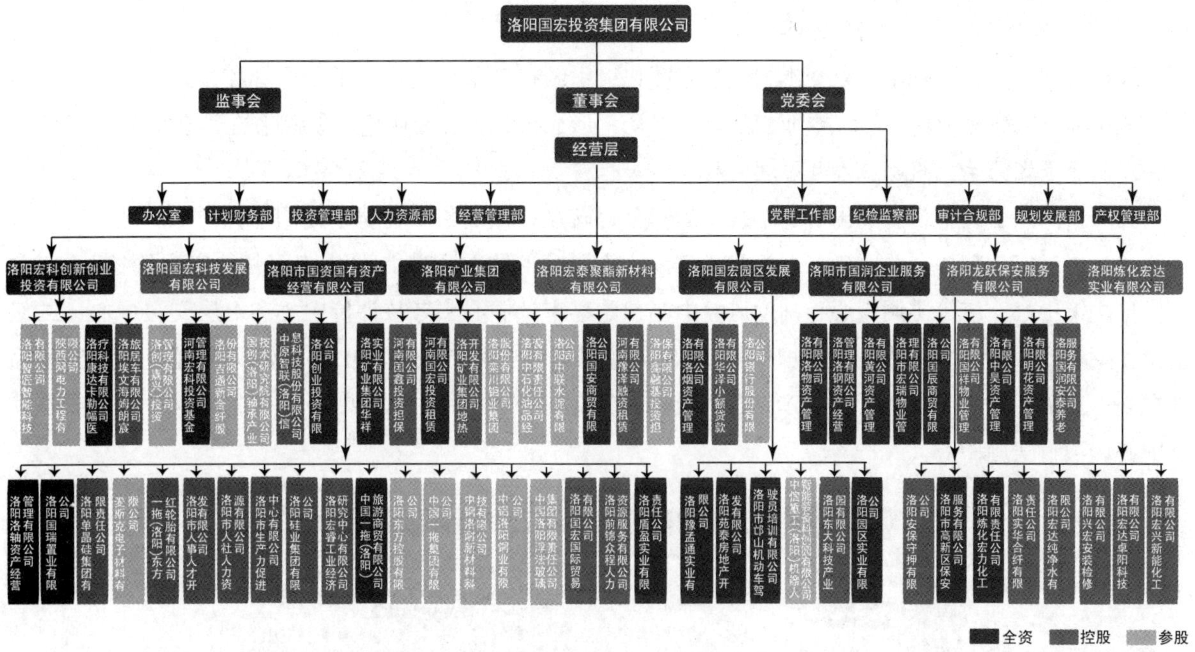

图 3　国宏集团所属企业股权结构图（截至 2020 年 7 月 31 日）

2. 完善法人治理结构，建立现代企业制度

法人治理结构是现代企业制度的核心。国宏集团国有资本投资运营公司试点不设股东会，由洛阳市人民政府国有资本监督委员会（以下简称“洛阳市国资委”）行使股东会职权。国宏集团坚持以“四会一层”建设为重点，深化法人治理结构改革，规范公司治理结构，建立健全权责对等、运转协调、有效制衡的决策执行监督机制，充分发挥党组织的领导作用、董事会决策作用、监事会监督作用、经理层的经营管理作用。一是明确党组织在企业的领导核心和政治核心地位。把党建工作总体要求纳入到公司章程，印发党委会议事规则，明确党委研究讨论是董事会、经理层决策“三重一大”的前置程序，确保把党组织把方向、管大局、保落实能落到实处。二是健全做实董事会，有效发挥董事会作用。国宏集团董事会成员共有 5 人，其中，出资人委派 2 人，外部董事 2 人，职工董事 1 人，外部董事由出资人按照相关考核办法每年 4 月份进行考核。董事会设立战略与投资、薪酬与考核、审计与风险管理以及提名 4 个专门委员会，为董事会重大决策提供咨询、建议。同时，制定了董事会和专门委员会议事规则，规范董事行使相关权利。为了落实出资人代表机构对国宏集团国有资本投资运营公司授权放权改革，国宏集团依据国务院国有资产监督委员会对中央企业、河南省人民政府国有资产监督委员对省级监管企业授权放权要求，深入推进《国有资本投资运营公司授权放权清单》课题研究，其目的在于向出资人代表机构争取国有资本投资运营公司授权放权，以便进一步激发国宏集团国有资本投资运营公司试点活力。三是强化监事会监督检查作用。国宏集团监事会成员共有 5 人，其中，出资人委派 3 人，职工监事 2 人。监事依照企业章程和董事会议事规则列席董事会等重大会议，并定期对董事会重大决议执行情况开展监督检查。四是有序推进经理层市场化选聘和契约化管理。国宏集团经理层成员共有 5 人，每年通过与洛阳市国资委和集团公司签订经营业绩目标责任书的形式，实现年度目标完成情况与薪酬考核挂钩。在洛阳市首家进行职业经理人市场化选聘试点，国宏集团总经理市场化选聘六年来，企业资产规模、营收、利润等指标均实现大幅增长（见图 3）。

（四）优管控：以管资本为主，优化母子公司管控方式

国宏集团以产权为基础、以资本为纽带，深化组织结构改革，优化母子公司管控方式，致力于打造集团公司强、二级企业活、三级企业专的联动格局，形成市场化、专业化、集团化的管控模式。

1. 以管资本为主，明确三层级管理架构

为加快向以管资本为主的国有资本投资运营公司转型，国宏集团构建了集团总部、二级企业、三级企业的三层级管理架构，并明确三层级职能定位。集团总部主要职能为“战略引领、宏观管控”，定位为战略决策中心、统筹协调中心、制度风控中心、监察审计中心、考核评价中心和上层支援中心；二级企业主要职能为“运营管理、保值增值”，定位为规划策略中心、投融资中心、资源配置中心和质量品牌中心；三级企业主要职能为“生产经营、成本控制”，定位为机动执行中心、专业运营中心、成本控制中心和项目实施中心（见图4）。

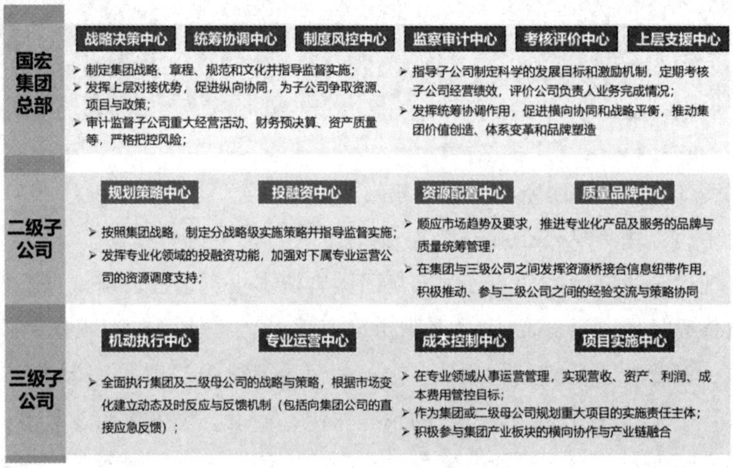

图4　国宏集团三级管控模式

2. 以战略管控为主，明确管控界面和权责清单

为落实出资人职权，尊重所属二三级企业的市场主体地位，明确母子公司的权责界面，激发所属企业的经营活力和主观能动性，国宏集团在分析运作模式、明确管控导向、结合企业实际的基础上，按照“资源共享、战略协调、文化配合”的原则，构建以战略管控为主的复合型集团管控体系，形成战略重组型、战略投资型、财务投资型三类管控模式。同时，国宏集团从“治理、控制、协同、宏观管理”四个维度入手，围绕“战略、投资、财务、人力资源、安全环保、审计、风控、法务、党工纪”九个方面，明确母子公司管控界面和权责清单，并修订完善制度体系，保证管控体系的落地实施。

（五）防风险：完善投资管理体系，有效防控风险

在国有资本投资运营公司试点与改革创新中，国宏集团对二级单位形成了以资本为纽带的投资与被投资关系，对投资拥有决策权，形成投前、投中、投后全流程投资管理体系，强化投资督导管理和融资管理，有效防控投融资风险。

1. 建立投资负面清单制度，聚焦主业严控风险

建立投资项目负面清单制度，对投资项目进行分类监管，严控非主业、产能严重过剩行业、高风险业务和低端低效产业投资。投资负面清单主要分为禁止类投资事项（11 项内容）和限制类投资事项（3 项内容），从国家法律法规或政策规定、国资监管要求和企业现状，国宏集团严控投资风险，对投资方

向、投资决策、资金保障、投资安全、投资回报等方面予以规定。

2. 建立投资项目库，为高质量投资提供项目保障

不断完善项目信息渠道，建立内外部协同共享机制，搭建起“投融保贷”共享项目库，并进一步结合业务实际对项目统计指标进行优化，划分基础库、初选库、立项库和实施库实现更为精准的信息汇总和动态跟踪。截至2020年7月底，国宏集团基础库共收录企业212家，实现了对洛阳市新三板企业、中原股权交易中心挂牌及展示企业、高新技术企业的全覆盖。通过进一步信息沟通和走访调研，收录至初选库项目达123个，为下步基金投资和直投落地提供了基础项目保障。

3. 明确投资决策流程，强化投资监管

建立完善了投资管理制度，从把控方向、优选项目、规范程序、管控评价等方面开展投资监管，明确投资决策流程。严格履行项目初调、立项、尽职调查、论证、决策等相关程序，充分发挥项目组、风控小组、董事会战略与投资决策委员会、党委会、董事会的把关、定向、投资决策功能，有效地把控了投资风险。

4. 强化投资督导管理，确保项目达到预期

一是强化投中管理。针对已完成全部决策程序并列入年度投资计划的项目，国宏集团在对其开展后评价工作前，实行“月报告、季总结、半年检查、年终总结”的管理机制，重点就投资计划和项目规划的执行情况开展现场督导，通过全面加强投中管控，确保项目建设严格按照投资计划、预期效益目标实施推进。二是组织实施项目后评价。按照经董事会审议通过的年度项目后评价工作计划，成立后评价工作小组，制定工作方案，系统全面地对该项目投资决策、实施及运营各个阶段情况进行了客观评价。

5. 强化融资管理，防范财务风险

紧紧围绕战略和投资需要，统筹发挥融资在资金管理中的重要作用，国宏集团在拓宽融资渠道、扩大授信规模、严控融资成本和防范财务风险等方面狠下功夫，初步形成直接融资和间接融资相结合的融资管理模式。一是将所属企业纳入集团整体授信方案，通过切分集团授信额度提高所属企业融资便利性；通过对公司自身优势进行深度挖掘，补齐短板，向金融机构争取融资有利条件，如大额度、信用方式、中长期资金、基准利率等。二是在充分掌握资金需求底数的基础上，科学合理估算资金需求量和期限，根据资金支付刚性和时间进度，进行滚动调整，确保满足各项资金需求，同时避免过度举债；对于单项投资需求，充分利用既有授信方案，争取期限匹配合理，后续还款有保障，严格防范财务风险。

（六）强管理：加强管理，提升企业管理水平

持续强化内部管理，国宏集团建立了120多项规章制度，初步形成财务、目标、风控、监察、审计、党建等监督管理体系。一是完善考核考评机制。强化业绩考核与薪酬分配的挂钩联动，将目标任务、重点工作纳入各子公司领导班子和负责人综合考评，真正以清晰的目标考核责任体系推动工作落实。二是严格监察审计监督管理。健全完善监察审计机制，加强对党组织、董事会、经理层的监督，强化对领导人员廉洁从业、行使权力等监督，加强对集团公司的内部控制和风险管理进行审查和评价，加大对权力集中、资金密集、资源富集、资产聚集等重点部门和岗位的监督，对业务活动的关键环节风险排查力度，落实监控责任，强化监察、审计结果的运用，促进各级企业依法合规发展。三是加强风险内控管理。初步建立国宏集团全覆盖的风险控制制度体系和风险管理流程。四是持续提质增效。瞄准行业优强企业，全面开展行业对标管理和EVA试点管理，落实分红制度，促进企业管理和经营效益全面提升。

三、国宏集团改革与创新的管理成果

在国有资本投资运营公司的改革实践中，国宏集团遵循市场规律和企业发展规律，稳中求进、规范发展，坚持市场化、专业化导向，开创性地形成了具有国宏集团特色的十项经营管理方法和九条管理理念，简称“国宏十法”“国宏九条”。在该方法和理念的指导下，国宏集团所属企业已走上了高质量发展之路，取得了良好的经营业绩。

（一）在深化改革中创新奋进——“国宏十法”的实践与经验

为确保国有资产保值增值，国宏集团脚踏实地，着眼长远，在创新实践中总结提炼了十项经营管理基本方法，即“国宏十法”，具体为：

第一法：不能亏损。要在生产经营过程中牢固树立“企业是创造价值的经济组织”的观念，确保国有资产保值增效是我们在国有企业工作担当作为的重要体现，国有资产的每一分钱都要发挥效益、创造价值。不能亏损是底线思维，是评判各级领导班子是否称职尽责的最基本标准。

第二法：全面推广EVA指标测算。在确保不亏损的底线思维上，要贯彻国务院国资委经济增加值的经营理念，逐步把扣除资本成本的利润（即经济增加值）作为衡量经营效果的重要指标；要确保有质量的销售，每一单销售都要有质量和预期收益。销售收入利润率应该作为我们营销工作的主要指标，要持续不断提高；销售收入利润率要覆盖住资金成本；应收账款必须控制在销售收入的5%以内。

第三法：资金要集中统一管理。资金要统一管理，不能各自为政、切块分段、跑冒滴漏，要发挥整体资金优势，把资金管理作为企业管理的生命线去认真抓、切实抓。集团总部如此，各二级单位更应如此。

第四法：市场化。落实十九大“使市场在资源配置中起决定性作用”的新发展理念，把市场化作为落实目标任务、实现增长的具体手段。核心是不等不靠、向市场要效益，使国有资本在市场竞争中取胜。

第五法：持续开展对标工作。开展对标是促进经济良性运行的重要手段，是促进企业精细化管理的有效举措。对标工作要常态化，坚持高标定位与持续改善、自我超越相结合，狠抓细节，落实对标内涵，积极致力于赶超和跨越；要认真抓好对照年度目标找差距、对照行业先进促提升，不断提升企业自身的发展质量和水平。

第六法：投资要有收益。在弄准“国企姓国”这一基本概念的前提下，提高投资收益。无论是战略性投资、运营性投资都要有合理的投资收益预期，不能做“散财童子”。要结合国家相关产业政策和洛阳市委市政府确定的方向，提前布局，积极调整结构，大力发展国家政策扶持的产业和新兴朝阳产业，促进产业升级，发挥投资对洛阳市工业的引导作用。是国资就必须交国有资本收益，年度国有股权分红要成为一条铁律。

第七法：支部建在连上。加强和完善党的建设，实现党组织全覆盖，充分发挥党组织的战斗堡垒作用，坚持服务生产经营不偏离，把提高企业经济效益、增强企业竞争力、实现国有资产保值增值作为出发点和落脚点，以改革发展成果建议党组织的工作和战斗力。

第八法：企业文化入心入脑。忠诚、进取、高效、共赢的企业核心价值观，行业领先、社会尊重的企业愿景，诚实守信、争创一流的经营理念等要记在心上、落实到行动中，尤其是各级领导干部要将我们的企业文化融入到日常经营管理之中，引导广大员工主动践行。

第九法：推行 HSE 理念。引入健康、安全、环境和谐的 HSE 管理理念，作为我们经营企业的基础。以 HSE 管理理念为切入点，做受人尊重的国有企业、做有品格的国有企业；要树立安全是企业的一个信用、一种文化和沉甸甸的责任的观念，持续做好安全管理。

第十法：稳定压倒一切。党的宗旨就是全心全意为人民服务，国宏集团肩负着处理洛阳市国有企业改革遗留问题的责任。这就要求我们，凡涉及国宏集团的信访和稳定案件都要落实、解决，每一名干部都要忠诚于事业，受得了委屈，能化解矛盾，保持企业稳定大局，为企业发展营造良好的环境。

2019 年 10 月，国宏集团编辑出版了《在深化改革中创新奋进——“国宏十法”的实践与经验》一书，对“国宏十法”进行了概括与总结，为所属企业的经营发展提供了指南。

（二）初步探索出九条管理理念，简称“国宏九条”

随着企业的快速发展，大宗商品、对外贸易、互联网等已经与国宏集团息息相关。在这样的大背景下，如何与国际接轨，建设好企业，引领企业在高质量发展的道路上，步子迈得更稳健、更坚实，国宏集团又总结提炼了九条管理理念。

“国宏九条”的主要内容是：

第一条：国企要引领时代。要准确认知国宏集团作为国有企业的方位和价值。企业是创造价值的经济组织，创造价值、为国家和出资人忠诚服务是国企始终不渝的经营信仰。国有企业的追求，就是引领时代，站在产业发展的前沿，否则 就会失去其应有之意。国有企业应该以市场化的方式实现政府战略；对于非主业的亏损企业要坚决止损和出清。具体到国宏集团，价值的标志就是创建“六星企业”。

第二条：战略是头等大事。战略是顶层设计，战略是旗帜、是方向，是企业发展的追求。做战略要有自己的理念，有明确的、先进的、可量化指标，战略要对标先进的公司，有可靠的、互相关联的板块组合，要有高质量的项目作保障，实现战略要有适合自己的管理体系和方法。每一名经营者都要时刻关注自己战略目标的进程，缺什么、找什么。

第三条：经营就是创效。战略的落实靠目标指引，经营结果是工作过程的具体体现。经营的秘诀就是做资产、做收入、做利润。经营者要学会创新和突破，学会奋勇和争先，学会拒绝和取舍，学会细节和完美。要突出主业、抓住重点，不能一地鸡毛。要学会准确地、前瞻性地用好指标和指标体系，比如经济增加值、营业收入、净资产收益率、成本费用利润率、应收账款比率。一块钱的投资要形成一块钱乃至更多的营收。拥抱变化的时代，不变的是什么？不变的是“以客户为中心、效率驱动和创新驱动”。领导人要学会为自己树立“不可完成的任务”，这样才会调动一切积极力量而不至于沉沦。这些是 CEO 必须掌握和遵循的准则。

第四条：正确做事和做正确的事。合规是生产力的重要组成部分，是我们做正确的事、正确地做事的信条；发展是降低风险的基础。形势好时抢利润、形势差时做重组。生产关系应解放生产力、应促进生产力。对于我们来讲第一是实行混合所有制，国有企业的信誉和实力与民营企业的活力与耐力相结合，打造出市场竞争力。国有企业必须有进取心，就是不等不靠，在市场竞争中取胜。第二是与时代共成长机制，要用好有价值回馈有绩效的劳动。

第五条：创新掌控未来。世界如此之新，以至于我们还需要继续认知。必须牢固树立科学技术是第一生产力、是发展的基础和手段的理念，包括生产技术、工艺技术、服务技术、核算技术、党建技术、法律技术、营销技术等。技术能改变时代、技术能促进战略，技术要精益求精。似是而非、似懂非懂是工作的大敌。发展需要创新，经营者要组织好技术创新、工艺创新、产品创新和服务创新，创新促进提高，创新掌控未来。要让创新成为国宏的一种时尚。改革开放和中国崛起的奇迹，根源就在于释放了普通人的创新精神。

第六条：融资理念要新。经营者要牢记八个字：基准（利率）、大额（资金）、信用（方式）、长期（贷款）。要搜索一切靠谱的方式：债券、短券、私募、股票、股权等。

第七条：高质量增长。通过联合、重组、兼并、收购，植入产业升级项目，推动结构调整，促进高质量增长、实现可持续发展。国宏集团的经验是：用大宗商品拉动营收，用新兴产业铺垫未来。我们既要挺进500强，也要培育一批“隐形冠军”，做新时代的弄潮儿。

第八条：要有奋斗的精气神。企业既要有景气指数、幸福指数、更要有精神指数。国宏集团的每一分子对于事业要有理想，对于工作要有热情、对于业务要有方法、对于过程要有耐力。要忠诚于我们的事业，修养我们的品格，成为事业发展的脊梁。要善于学习、终生学习，要不断更新知识。沿着旧地图，一定找不到新大陆。国宏人要牢记“奋斗的人生最幸福”。

第九条：完善管理生态。每一级管每一级的事，上级的责任是创造、完善良好的经营生态环境，既要“管”、更要“理”，让我们的将士能在统一的价值观旗帜下创造性地开展工作。领导干部要弄懂业务运动的逻辑，发现报表背后的故事。领导人的职责是发现资源、整合资源、让资源产生效益，促进企业的“内生性增长”，做人格厚重、痴迷于企业的企业家。每个领导干部都要设法唤醒所在队伍的光荣与梦想。要抛弃一切自我设限、自我降标的懒惰思维，明白有为才有位。

目前，国宏集团正在收集整理“国宏九条”理论和实践的有关资料，准备近期编辑出版。

四、国宏集团改革与创新效益显著

通过国有资本投资运营公司试点与创新，国宏集团的功能定位的引领力正在凸显，新兴产业培育引导能力不断增强，改革改制的力度持续深化，综合实力和内部管理水平不断提升，被河南省列为国有资本投资运营公司试点改革对标企业。具体效果如下：

（一）培育和引导了洛阳市新兴产业发展

在高端石化、新材料、先进装备制造、机器人及智能制造、新能源、科技服务等领域精准发力，落地了一批重点项目，培育和引导了洛阳市新兴产业的发展。

在新兴产业投资方面，国宏集团投资25.07亿元的60万吨/年工业三苯高端石化项目，2018年开工建设，2020年6月实现达产，截至7月份，累计实现营业收入7.48亿元，实现利润1936万元，经营形势持续向好。通过基金投资引进康达卡勒幅高端医疗影像项目两款DR产品，2020年6月取得了河南省药品监督管理局核发的生产许可证并具备生产条件，填补了中原地区产业空白。截至7月已累计签订订单17台，意向订单27台，实现销售收入1353.25万元。2018年引入的德国海姆朗宸房车项目，克服中、德疫情不利影响，加快推进复工复产，截至2020年7月份共售出各类房车23台，仅6月份就售出13台。

在产业基金方面，充分发挥国有资本的引导作用，打造产业基金集群发展，国宏集团发起设立了100亿元的洛阳制造业高质量发展基金，参与国家军民融合基金、河南省军民融合基金、中原国宏产业发展基金、东证洛宏股权投资基金、智能制造投资基金等一批基金设立，基金总规模2051亿元，主要投资方向是符合洛阳市“565”现代产业体系相关重点和航空航天等创新创业企业。这些基金已对河柴重工、开勒环境、众智软件、爱科麦钨钼、三杰热电、建龙微纳等近百家企业进行投资，其中建龙微纳已通过科创板 IPO 审核，开勒环境、众智软件等企业正在上市辅导，有力得支持了洛阳市新兴产业培育引导和传统产业转型升级。

（二）促进了国有企业改革深化，得到了政府监管部门肯定

国宏集团探索形成的国有资本投资运营公司建设经验，被洛阳市国资委以文件形式在全市国有企业中推广学习。2019 年 1 月 29 日，河南省深化国有企业改革领导小组办公室在洛阳市召开全省两类公司改革试点学习交流会，会上专题介绍了国宏集团国有资本投资运营公司的做法。国宏集团通过国有资本投资运营公司建设，激发了活力和动力，提升了实力和竞争力，增强了抗风险能力，助力了地方经济发展，对河南省地方国有资本投资运营公司建设起到了示范作用。

（三）取得了良好经济效益，实现了国有资本保值增值

开展国有资本投资运营公司改革改制以来，国宏集团坚持战略引领和创新发展，生产经营呈现出稳中向好的态势。2016 年至 2019 年，国宏集团分别实现营业收入 35.43 亿元、95.80 亿元、121.48 亿元、140.91 亿元，年均增长率 58.44%；实现利润总额 4.89 亿元、5.34 亿元、9.75 亿元、6.71 亿元；资产总额达到 151.69 亿元、180.43 亿元、201.85 亿元、242.74 亿元，年均增长率 16.97%；净资产达到 104.31 亿元、136.81 亿元、141.23 亿元、145.35 亿元，年均增长率 11.69%（见图 5）。

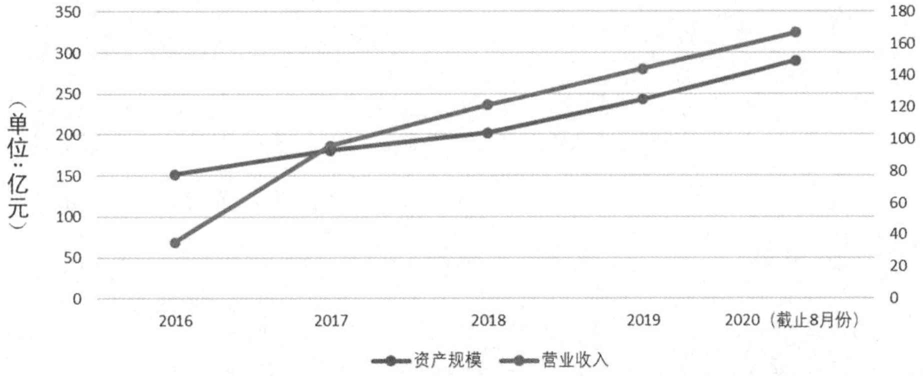

图 5　国宏集团 2016 年—2020 年资产规模和营收增长趋势图

2020 年 1 至 8 月份，国宏集团充分发挥国有资本投资运营公司优势，坚持疫情防控和复工复产两场硬仗一起打，科学谋划、精准施策，实现了逆势增长，资产规模不断扩大，经营业绩持续增长，综合实力显著提升。截至 8 月底，已实现营业收入 166.92 亿元，已超过 2019 年全年水平；实现利润总额 4.37 亿元；资产总额达 290.16 亿元，净资产 148.59 亿元。

五、思考和启示

（一）抓住战略的牛鼻子

为确保公司行稳致远，国宏集团在成立之初就特别重视战略规划，专门聘请中国（深圳）综合开发研究院历时一年为公司统一制定了《洛阳国宏投资集团有限公司 2016 年—2025 年发展战略规划》，明晰了做企业的三个重点即做资产、做营收、做利润，确立了公司产业投资运营、资产运营管理、园区综合开发、资源投资开发和现代服务业五大业务板块，制定了 2020 年 100 亿元、2025 年 200 亿元的营收目标，排列了一系列重点支撑项目。正是有了一个战略规划，每年度能够滚动执行，确保了国宏集团发展有一个质的飞跃。

（二）加强经营管理，确保经济增长

强调企业是创造价值的经济组织；把不能亏损，增收增盈作为经营的首要任务；积极参与市场竞争，对照年度目标找差距、对照行业先进促提升；强调投资要有收益；强化资金统一管理。国宏集团形成了一套经营理念和管理方法，即“国宏十法”和“国宏九条”。公司经营管理一直在正确的轨道上运营，营收、利润保持较高的增长率和较高水平。

（三）深化改革见真招

一是大力发展混合所有制，把国企的信誉及实力与民营企业的活力及耐力结合起来，形成市场竞争力；二是深化体制改革，形成了一套管控体系，厘清管理的权力边界，使各级能发挥自己的积极性；三是深化机制改革，突出业绩导向，充分调动干部职工的积极性。

栉风沐雨见肝胆，砥砺奋进续华章。未来，国宏集团将以习近平新时代中国特色社会主义思想为指导，牢牢把握发展机遇，只争朝夕、不负韶华，创新发展、实干争先，深入开展《国有资本投资运营公司授权放权清单》《混合所有制企业差异化管控模式设计》专项研究，持续推进国有资本投资运行公司改革与创新，推动企业高质量发展再上新台阶，为奋力谱写新时代中原更加出彩的洛阳绚丽篇章贡献力量！

成果创造人：符同欣、郭义民、陈增仁、刘红俊、曲良波、
马智慧、刘育章、王福田、刘潇雨

管企业向管资本转变的内涵与路径

上海国有资本运营研究院有限公司

党的十八届三中全会提出“以管资本为主加强国有资产监管”。为更好地贯彻落实中央决策部署，切实推进《国务院国资委以管资本为主推进职能转变方案》《国务院国资委关于以管资本为主加快国有资产监管职能转变的实施意见》，亟需进一步深刻理解和把握管资本的重要意义、实质内涵和路径措施，切实转变职能，提高监管效能，更好履行职责。

一、管资本的内涵理解

（一）管资本的概念辨析

企业是利用各项资源（资产）进行生产经营活动以获取经济利益的社会组织，管企业就是通过采用各种有效手段和方法，来实现企业经济资源的优化配置和高效利用，这就是所谓的资产经营或者企业经营。

资本是一种价值存在的形态，在流动中实现增值是其应有的本性，如果不以流动性和增值性为目标，其所有者就会失去投资的积极性，资本得不到保值增值，就不会再有人去积累资本。因此，管资本的核心使命，就是要加快资本的流动性，提高资本的增值性。

从管理目标来看，管企业关注的是单个企业的利润和经营发展能力；管资本则关注的是资本的整体收益和控制力，注重通过把控资本投向、优化资本进退来放大国有资本功能，更好实现保值增值。从管理方式来看，管企业从事的是业务经营，更多依赖的是行政手段，通过法规法令、暂行条例、试行办法等，规范国有资产使用单位的生产经营活动，其行政管理色彩浓厚，侧重于关注企业具体经营行为，将重点放在企业内部，实践中容易突破管理层级；管资本从事的是资本运营，更多依赖的是经济手段，通过资产重组、企业并购、债务重组、产权转让、参股控股等方法，调节生产要素，使其配置不断优化，从而保持国有资本的保值增值，其经济管理色彩较重，侧重于管股权，重点聚焦关系出资人权益的重大事项，更加注重厘清国资监管职责边界，通过企业法人治理结构体现出资人意志。

尽管“管资本”与“管企业”存在上述区别，但鉴于企业是资本的具体载体和依托形式，管资本与管企业不是截然对立的，两者体现了不同的国资监管思路和重点，统一于出资人法定职责的有效行使。要落实宏观层面管资本的要求，需要直接面向企业的具体措施来促进和保障。管资本需要以企业为对象履行出资人职责，国资委作为企业的出资人，行使《公司法》《企业国有资产法》规定的资产收益、参与重大决策和选择管理者等出资人权利，需要针对具体企业，否则国有资本权益将无法得到有效落实。实现管资本目标需要以企业为载体综合施策，调整优化国有资本总体布局结构、实现保值增值目标，离不开业绩考核、财务风险管控、责任追究等必须面向企业开展的具体监管工作。落实党和国家战略部署需要加强对企业的指导督促，按照党中央决策部署，国资要从国有经济发展全局，统筹推进国有企业改革、指导企业科技创新、做好国有资产基础管理工作等，仅依靠出资人管理手段难以全面落实。

（二）管资本的时代内涵

1. 管资本的概念内涵

以管资本为主的时代内涵主要体现为：以管资本为主，即以现代产权为基础、以资本为纽带，以资本保值增值为出发点，重点以出资额为限，依照公司章程，通过股东会、董事会来行使与资本份额相对应的“资本布局、资本运作、资本收益、资本安全”等重点事项的适度干预，并同样以所出资金额为限承担相应国有资本经营风险。

2. 管资本的职责范围

一是出资人职责。根据公司法、国资法等法律法规，国资委出资人职责将仍然主要包括管人、管事、管资本三个方面，但都需要围绕管资本为主来重新界定。围绕管资本为主的管人职责，尽管事项不需要太大变化，主要仍然是考察任免、考核及薪酬决定，但实际决策范围应收缩到真正属于股东会或股东的权责之内，如对于国有独资公司，主要有董事会成员、监事会成员和法定代表人的任免。围绕管资本为主的管事职责，主要包括：审批主业范围、战略规划备案；投资计划监督；治理体系建设，包括董事会、监事会、风险管控、内部控制等内容；绩效评价；年度报告、财务报告和信息披露。围绕管资本为主的管资本职责，主要包括：出资权利和责任；分红权利；资本变更监督或决定权；股份转让决定权；合并、分立、破产决议；资产和财务信息知情及监督；积极开展国有资本运营和投资。

二是国资监管职责。根据公司法、国资法等法律法规，国资监管职责主要包括战略管理、预算管理及契约管理三个方面。战略管理，包括起草国有资产管理的法规、规章草案和政策；指导推进国资改革重组，研究编制国资发展总体规划，推进现代企业制度建设，推动国有经济布局和结构的战略性调整等。预算管理，包括建立和完善国有资产保值增值指标体系，并通过规划、预决算、审计、统计、稽核等，对国有资产保值增值情况进行监管；参与制定国有资本经营预算有关管理制度等。契约管理，包括建立企业选人、用人的契约管理制度，完善经营者激励和约束制度，履行对所监管企业工资分配的监管职责，制定所监管企业管理者收入分配办法并组织实施等。

三是国有企业党的建设职责。根据习近平总书记在全国国有企业党建工作会议上的重要讲话精神，管资本还要管党建，国有企业党的建设职责主要包括国有企业党的建设、国有企业党的领导作用发挥及国有企业党风廉政和反腐败工作。国有企业党的建设，包括夯实各级国有企业党的基本组织、建强党的基本队伍、健全党的基本制度。国有企业党的领导作用发挥，包括推动国有独资、全资和控股的国有企业，着力建设和完善中国特色现代企业制度，把加强党的领导和完善公司治理统一起来，发挥国有企业党委（党组）领导作用，把方向、管大局、保落实。国有企业党风廉政和反腐败，包括强化党建工作责任制考核，推进全面从严治党要求落实落地。压紧压实“两个责任”，深入推进党风廉政建设和反腐败斗争，坚决整治形式主义、官僚主义，在强基础、补短板上下功夫，切实把企业党建优势转化为发展优势。

二、管资本的国内外经验借鉴

（一）他山之石

1. 新加坡：以国有控股公司为中心的监管模式

新加坡国有资产的最高代表机构是设在财政部内的财长公司，也是新加坡国有资产监督管理的最高机关。财长公司下辖三大控股公司，即淡马锡控股有限公司、国家发展控股公司和新加坡保健有限公司。

政府对淡马锡管理主要有以下四大特点：

在管理体制方面，依靠产权纽带，政府通过向淡马锡委派董事，控制人事权；通过审阅淡马锡财务报告、投资计划等，把握企业发展方向；通过直接投资、管理投资、割让投资等方式，确保国有资产保值增值。淡马锡在市场上以独立法人身份出现，拥有充分经营自主权。淡马锡关联企业也享有充分的经营自主权，淡马锡通过加强董事会建设，实现对相关企业有效监督和管理。

在公司治理方面，公司在董事会的领导下经营其业务，董事会下设常务委员会、审核委员会以及领导力发展与薪酬委员会三个专门委员会。淡马锡的10名董事中，4名由财政部提名（财政部长行使董事会成员任免或续任的权利时，须征得总统同意。董事会对首席执行官（下称CEO）的任免也需征得总统同意。淡马锡的公司治理制度保证了监督权和管理权的分离，使董事会职权明确，相互制衡，有效做到公正和独立。

在经营回报方面，政府对淡马锡的管理体现在过往储备金的监管上。《新加坡宪法》规定，淡马锡董事会和CEO有职责保护公司的过去累积储备金，总储备金低于过去累积储备金前以及需要提取过去累积储备金时都必须寻求总统批准。淡马锡董事长与CEO还须按规定时间向总统提交储备金结算报告和过去储备金结算报告。政府对过去累积储备金保护工作的评价标准是——当淡马锡总储备金等于或高于过去所累积的储备金，就意味着过去所累积的储备金得到了保护。

在风险控制方面，政府注重加强战略风险、金融风险和运营风险的监控，建立规范的审计制度和强有力的监督机制。政府通过选派董事，控制淡马锡的人事权，加强对淡马锡的监督，淡马锡需要每半年向财政部递交一份下属子公司经营状况的报告。

2. 法国：以财政部为核心各部门协同监管模式

法国国资监管是以财政部为主、财政部和主管部门相结合的“双重监管”模式。国家对国有企业的领导和监督集中体现在人事任免、企业经营方向、财产管理、价格与投资控制等方面。

在重要人员任免方面，政府通过任命国有企业领导人来行使对国有企业的管理权，通过董事会来贯彻自己的意图，影响企业的发展方向。大多数国有控股企业均由国家任命董事长，董事长任命总经理和企业高级管理人员。董事会成员实行“三方代表制”，即国家代表、职工代表以及有关专家、知名人士代表各占1/3，其中国家代表和专家、知名人士代表均由国家任命。

在国资投资布局方面，实行规范政府和企业权责利关系的计划合同制度。计划合同制，是政府和企业之间通过协商谈判签订合同，以规范、协调政府和国有企业之间权责利关系的一种管理方式。其内容主要有：确立企业的中长期发展计划和规划，包括一些具体的生产目标；规定国家的有关义务，如财政投资、补贴和维护外部环境等。施行计划合同制，可以使国家计划目标和优先发展项目在国有企业中得到落实，确保企业发展战略和国家计划相一致。

在企业监督管理方面，实行以重大决策和财务为核心的多层次监督制度。主要包括五重监督：议会监督，审查国有企业的经营报告，对企业经营状况进行评估。政府主管部门监督，审核国有企业总体发展计划，任免企业领导人，派代表参加董事会，并监督企业经营。财政部监督，监督国有企业的经济和财务，负责预算署和国库署的领导工作，负责国家的参股范围和国有企业的预算、贷款、财政拨款等。

双重派员监督，财政部和主管部门都向企业派驻常驻稽查员，分别负责监督企业的财务情况和日常生产经营情况。审计院监督，审计院是监督国有企业的专职机构，负责对国有企业的会计帐目和经营绩效进行监督。

3. 意大利：专门机构和国有控股公司分层监管模式

意大利是一个国有化程度相对较高的国家，政府设置专门机构，对国有资产行使选择经营者、财务控制及重大决策等权利。同时，通过各大控股公司全面管理国家在各个生产部门和服务部门所拥有的股权，监督和协调国家参与制企业的活动。

在国资监管架构方面，主要设立三个层次：第一层次是经济计划部际委员会。该委员会专门负责对全部国有企业宏观层面的管理和协调（如制定控股公司的政策目标、检查计划执行情况、审查国家拨款申请等）。第二层次是相关的政府职能部门，主要是国库部、预算部和工业部。国库部是国有企业的出资者，依据股权比例向企业派出董事；预算部主要负责对国有企业的财务监督；工业部负责决定国有企业的战略方针。第三层次是国家控股公司。通过国家控股公司全面管理国家在各个生产部门和服务部门所拥有的股权，监督和协调国家参股企业的活动。

在分类监管方面，对经营性和非经营性国有资产采取分类监管：一类是基础性、垄断性经济领域，大部分是国有全资公司，如交通、邮政、市政、电力等；另一类是竞争性领域，这也是意大利国有企业的主要形式。

在股权管理方面，意大利在国有股权管理方面形成了一套独具特色的体制。政府对国有控股公司的管理主要体现在：一是向公司发布经济计划部际委员会制定的一般性方针和指示，并监督其实施；二是参与公司中期计划的制定，协调国有企业经营计划与国家经济计划的关系；三是审批公司的预算和决算；四是制定政府向公司提供捐赠基金的方案；五是主管公司章程的制定；六是任命所属各控股公司的董事会成员；七是根据法规条款，审批公司投资方案和股权进退计划。

（二）地方国资监管机构职能调整动态

1. 深圳市国资委

2019 年 3 月 19 日，深圳市国资委发布内部机构职能调整方案，积极推动监管职能向资本管理、行业布局、结构调整、资源配置和检查监督转变。

在优化国资布局方面，组建了战略发展处，重点承担国资国企宏观及行业研究、国资国企改革的统筹协调、所监管企业国有资本布局结构整体规划、市属国资中长期发展战略和实施计划、所监管企业发展战略规划及企业投资相关工作等。

在规范资本运作方面，改组了重组和资本运营处，承担了市属国企产权主体多元化改革、市属国资国企资源整合及资产重组、市属国有控股上市公司资本运作、国资基金群建设与运营及国有资本投资运营公司的改革试点等。组建了股东事务处，承担了企业股东事务处理、监管企业公司章程、企业完善公司法人治理和开展管理提升等工作。

在提高资本回报方面，改组了预算和财务监管，承担制定国有资本经营预算办法、负责国有资本经营预决算编制和执行、国有资本收益收缴及国有资产报告的编制管理等。

在维护资本安全方面，改组了监督稽查处，承担了监事和财务总监的日常管理、所监管企业的审计及落实审计制度、所监管企业共性问题和重大问题的专项检查与整改以及对损害、侵犯国有资产权益的行为和国有资产流失案件的查处等职能。

2. 上海市国资委

2019 年 2 月 2 日，上海市委办公厅、上海市政府办公厅发布了关于调整上海市国有资产监督管理委员会“三定”方案的通知。

在优化国资布局方面，做实规划发展处，承担所监管企业优化布局和结构调整、所监管企业编制和实施发展战略规划、主业及跨类业务认定、所监管企业重大投资决策及落实国资收益项目管理工作等。

在规范资本运作方面，调整产权管理处职责，在做好产权登记、流转、处置等制度规范的基础上，重点做好所监管企业上市公司国有股权管理；新设公司治理处，承担出资企业公司治理的政策建议和制度、外派董事、监事的日常履职管理、评价和工作支持及股东事务等出资人职责的相关工作。

在提高资本回报方面，完善财务评价处职能，开展所监管企业财务预决算、动态监测和分析评价、本市经营性国有资产统计和分析、所监管企业国有资本经营预决算编制和国资收益收缴与支出管理及所监管企业财务管理和风险管控水平提升等工作。

在维护资本安全方面，改组信息化管理处，制定国资委系统信息化建设总体规划和管理规范、推进国资监管信息化工作、指导协调所监管企业推进信息化建设及机关信息化建设和管理工作等。

3. 重庆市国资委

根据《重庆市机构改革方案》有关精神及以管企业为主向以管资本为主的转变的总体要求，2019 年 2 月 3 日，重庆市国资委发布了内部机构职能调整的实施方案。

在优化国资布局方面，强化规划发展处职能，承担国有经济布局和结构战略性调整、国有经济进退的领域和国有经济重点发展领域、所监管企业的发展战略和规划、所监管企业重大投资决策及所监管企业重大投资项目后评价等。设立企业一处，负责市属国有工业类企业发展战略规划编制、年度投资计划审核、除上市公司股权投资外的国内和境外投资项目评估、资本金变动及发债、非公开交易、无偿划转等；设立企业二处，负责市属国有投融资建设类企业和金融类企业发展战略规划编制、年度投资计划审核、除上市公司股权投资外的国内和境外投资项目评估、资本金变动及发债、非公开交易、无偿划转等；设立企业三处，负责市属国有商贸物流类企业发展战略规划编制、年度投资计划审核、除上市公司股权投资外的国内和境外投资项目评估、资本金变动及发债、非公开交易、无偿划转等。

在规范资本运作方面，调整产权管理处工作职责，在开展国有资产产权界定、登记、划转、处置及产权纠纷调处等基本任务基础上，重点开展所监管企业与市国资系统外企业的资产非公开交易、无偿划转及所监管国有控股上市公司股权投资、资产交易及股权管理等工作。

在提高资本回报方面，设立财务监督与收益管理处，制订所出资企业国有资本经营预算管理办法，提出所出资企业年度国有资本经营预算建议草案和编制决算草案，组织和监督所出资企业按规定上缴国有资本经营收益，实施所出资企业国有资本经营预算绩效管理和监督检查等。

在维护资本安全方面，设立监督处，负责汇总国资监管发现的问题，分类提出处置意见，跟踪问题的处理整改落实，对国有资产重大损失、违反“三重一大”决策制度等重要问题和线索进行核查，提出问责追责意见，对监管发现的共性问题进行分析研究，提出完善国资监管制度和改进国资监管的措施办法，对所监管企业开展问责追责及加强对市属国有重点企业监督协调配合有关工作。

三、管资本的重点改革内容

围绕“管资本”为主的改革路径，从“管布局、管运作、管回报、管风险”四个维度出发，建立国资委管资本为主的改革重点。

（一）优化资本布局

1. 画好像——明确企业战略定位

企业战略规划是企业长远发展之大计，是企业有目标、有计划的建立核心专长、培养核心竞争优势之方略。作为出资人机构，应关注企业发展战略，鼓励与引导企业结合自身实际情况制定科学的战略发展规划，具体可包括企业中长期战略规划、五年发展规划及三年行动计划。

2. 明边界——聚焦企业发展主业

推动企业集团集中精力做强做优发展主业，是化解部分企业产业布局过宽过散、资源配置不合理的重要举措。推动出资企业立足自身优势，进一步突出精干主业，明确发展方向，强化资源集聚，优化产业布局，增强核心竞争力和长期可持续发展能力是实现管资本的主要基础。

3. 调存量——推动国资存量有序进退

按照“一企一策、一业一案”原则，以具备产业相对优势的企业为龙头，推进系统内企业同类合并、同质重组，带动板块提升核心竞争力。对于国资不具备核心竞争优势、不具备控股地位及不具备国资功能的资产和业态，加大出清的步伐，争取将有限的资源与精力布局在国资最需布局的领域与项目之上。

4. 布增量——引导国企合理投资布局

引导国资国企围绕国家战略和重大决策、国家产业政策及重点产业发展的总体要求，调整优化国有资本布局，加大对国有企业投资的规划引导力度，鼓励企业围绕核心发展主业开展科学化的对外投资。依靠基金手段，吸引社会资本，放大国有资本杆杆效应以投资引领国家重点项目和关键产业成为资本市场的最新动态，也应当成为国资委开展出资企业对外投资管理的重要关注点。

（二）规范资本运作

1. 组平台——促进国有资本高效运转

国有资本投资、运营公司是国资委探索管资本为主的重要履职助手。其中，国有资本投资公司主要以产业培育与发展为核心，主要做增量，做战略新兴产业、前瞻技术产业和民生保障产业的多元化投资；国有资本运营公司则主要围绕“融投管运”业务流程，通过对于存量国有股权、债权等存量资产的盘活处置，将促进股权流动、资产盘活所获取的资本投入到新产业与项目之上。

2. 优产权——创新现代化的产权管理

新一轮国资国企改革将混合所有制作为改革的重点探索内容，这也为现有的产权管理工作提出前所未有的挑战。产权管理是管资本的重要基础，如何结合企业资本形态发展的方式来创新现代化产权管理是摆在各级国资监管机构面前的重要难题。如混合所有制企业的产权登记、管理及注销等，上市公司的多路径产权管理及基金的产权登记与管理工作等。

3. 重财务——加强国有企业财务监督

推行全面预算管理制度，将项目流、资金流和人员流进行合理的集成，提升预算管理的科学性；开展国有经济运行分析和国有资产统计评价工作，对出资的国有企业整体财务运行状况及过程中的财务风险进行实时的监控把关；推行总会计师（财务总监）制度，作为国资委重要履职助手，实现对出资企业财务过程管理的实施掌控。

4. 善治理——健全现代国有企业制度

以公司治理为主线，按照现代企业制度的要求来规范董事会、监事会的运作；以公司章程为载体，来明晰股东、董事会、经营层等治理主体的主要权责界面；以董事、监事等为核心抓手，以资本为纽带，以产权为基础，通过委派董事、监事等举措来进行现代化履职，并维护国有资本的合法权益。

（三）提高资本回报

1. 放人事——构建现代化的企业用人机制

构建双轨制领导人员管理体制，根据干部管理权限及企业类别和层级，实行选任制、委任制、聘任制等多元化的选人用人方式；推动重点岗位、关键人员的定期轮岗制度；开展中层干部的竞聘上岗机制。鼓励出资企业打破层级制岗位弊端，定期组织人员开展对中层岗位的竞聘上岗机制。

2. 活机制——建立市场化的薪酬考核管理机制

开展薪酬总额预算管理，合理确定出资企业年度薪酬总额目标。探索多元化的薪酬激励机制；鼓励与支持出资企业依法合规采用股票期权、股票增值权、限制性股票、分红权、员工持股以及其他方式开展股权激励；实施任期制契约化的绩效考核管理，企业经营绩效、特定功能项目、企业内部改革及党建社会责任等维度来构建科学化、系统化的绩效考核体系。

3. 精预算——国有资本经营预算管理

做好国有资本经营预算管理工作，采取上下联动机制科学编制出资企业的国有资本预算方案，对其预算收入做好精准的测算。国资委作为出资人，为引导出资企业长远发展，应会同财政、审计等相关部门，合理安排国有资本经营预算项目支出，充分发挥国有资本经营预算的导向作用，推动国有经济布局和结构的调整，推动国有资本向优势产业、重点领域、重大项目集中，提高资源配置效率，增强国有经济的活力和影响力。

4. 严收缴——严格收益收缴管理

规范国家与出资企业的分配关系，加强国有资本经营收益收缴管理是向管资本调整的重要方向。国资委作为出资人，应当根据出资企业的发展阶段及业务属性，按照财政部及相关委办的统一规定，分阶段、分步骤的推动出资企业差异化的上缴国资收益，并组织出资企业开展国有资本经营收益（利润收入、股利、股息收入、产权转让收入、清算收入等）的申报工作，确保国有资本收益收缴工作的顺利开展。

（四）维护资本安全

1. 强党建——发挥党对国企全面领导作用

以加强党对国有企业的全面领导作用发挥为主线，全面推进各级国有企业党组织建设工作，推动集团层面“双向进入、交叉任职”体制设计，落实基层党组织建设及基层党员的发展职责；明确党组织参与企业重大事项决策范围与决策程序；促进党的活动开展与企业经营业务的有效融合，实现党建活动开展与企业经营运作的协调统一。

2. 新监管——建设智能化国资监管系统

搭建实时在线的国资监管平台，整合包括产权、投资和财务等在内的信息系统，构建连通出资人代表机构与企业的网络平台，实现监管信息系统全覆盖。建设完善安全可靠的国资监管网络传输、数据动态采集、监管数据共享、监管业务应用和智能化决策支持等功能于一体的国有资产监管信息系统。

3. 整资源——构建内外协同大监督体系

加快形成全面覆盖、分工明确、协同配合、制约有力的“多位一体”国有资产监督体系，充分发挥各监督主体主观能动性，建立监督工作协同机制，加强统筹，增强监督工作合力，形成监督工作闭环，减少重复检查，提高监督效能，促进国有企业合规运行、可持续发展，防止国有资产流失。

4. 强追责——加强违规责任追究管理

建立健全分级分层、有效衔接、上下贯通的责任追究工作体系，严格界定违规经营投资责任，严肃追究问责，实行重大决策终身责任追究制度。作为出资人，在授权放权的前提下，一方面要严格重大事项决策的责任追究制度；另一方面也应当建立健全容错纠错机制，全面落实“三个区分开来”，充分调动和激发企业参与改革的积极性、主动性和创造性。

四、国资监管机构履职评估与履职建议

（一）国资委内部机构履职现状分析

根据国资委内部机构履职发展现状，按照管资本为主的总体要求与趋势，从现有履职事项的“履职属性、履职重点及履职对象”三个维度，来分析各机构职责发展现状及未来履职发展建议（见图1）。

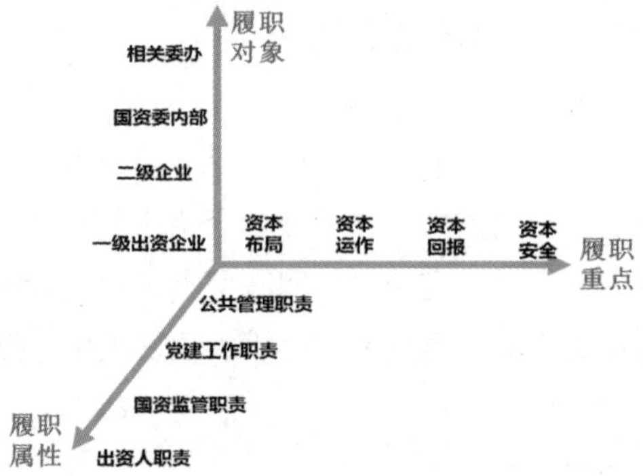

图1　国资委职责分析三维架构图

1. 履职属性

一是出资人职责。(1)“管资产”，即资产收益权，依法对国家出资企业盈余分配取得股息和红利。(2)“管人”，即选择管理者，依照规定的条件、程序和权利，任免国家出资企业相关管理人员。(3)“管事”，即参与重大决策，依法参与国家出资企业合并、分立、改制、上市，增加或者减少注册资本，发行债券，进行重大投资，为他人提供大额担保，转让重大财产，进行大额捐赠，分配利润，以及解散、申请破产等重大事项的决策。

二是监管工作职责。(1) 战略管理。包括起草国有资产管理的行政性法规、规章草案和政策；指导推进国资改革重组，研究编制国资发展总体规划，推进现代企业制度建设，推动国有经济布局和结构的战略性调整等。(2) 预算管理。包括建立和完善国有资产保值增值指标体系，并通过规划、预决算、审计、统计、稽核等，对国有资产保值增值情况进行监管；参与制定国有资本经营预算有关管理制度等。(3) 契约管理。包括建立企业选人、用人的契约管理制度，完善经营者激励和约束制度，履行对所监管企业工资分配的监管职责，制定所监管企业管理者收入分配办法并组织实施等。

三是党建工作职责。国资委国有企业党的建设职责主要包括国有企业党的建设、国有企业党的领导作用发挥及国有企业党风廉政和反腐败工作。

四是公共管理事项。国资委目前还承担作为漏斗承接的社会公共管理职责（如环保、安全生产、稳定、就业等）。

2. 履职重点

一是优化资本布局。加强战略规划引领，改进对监管企业主业界定和投资并购的管理方式，遵循市

场机制，规范调整存量，科学配置增量，加快优化国有资本布局结构。

二是规范资本运作。加强对国有资本运营质量及监管企业财务状况的监测，强化国有产权流转环节监管，加大国有产权进场交易力度。按照国有企业的功能界定和类别实行分类监管。

三是提高资本回报。改进考核体系和办法，综合考核资本运营质量、效率和收益，以经济增加值为主，并将转型升级、创新驱动、合规经营、履行社会责任等纳入考核指标体系。着力完善激励约束机制，将国有企业领导人员考核结果与职务任免、薪酬待遇有机结合，严格规范国有企业领导人员薪酬分配。建立健全与劳动力市场基本适应，与企业经济效益、劳动生产率挂钩的工资决定和正常增长机制。

四是维护资本安全。推动监管企业不断优化公司法人治理结构，把加强党的领导和完善公司治理统一起来，建立国有企业领导人员分类分层管理制度。强化国有资产监督，加强和改进监事会制度，建立健全国有企业违法违规经营责任追究体系、国有企业重大决策失误和失职渎职责任追究倒查机制。

3. 履职对象

一是出资企业，国资委履行出资人的企业，包括国有资本投资运营公司、产业类企业集团及公益性企业集团等。

二是国资委，包括国务院国资委内设机构及各地国资委，主要是委内正常运转工作以及指导监督地方国资监管工作等。

三是相关委办部门，包括国务院国资委各直属部门以及相关的行业协会等。

（二）与管资本相关机构的未来履职建议

针对各机构履职现状，结合管资本的趋势要求，提出如下履职建议：

1. 规划发展部门

针对规划发展部门，建议可从关注企业前期的战略规划审批（或备案），向后期的战略规划评价及战略考核转变，从更加注重前期的主业核定，向执行过程中的动态调整转变，从静态的资产管理向动态的进退流转转变，从传统的项目（资金）投资向投资基金化转变。

2. 财务监管部门

针对财务监管部门，建议重点聚焦全面预算管理、财务信息化预警体系的构建、企业财务运行状况的分析及财务管理人员的动态监管等，通过常规化的制度设计来督促企业重点关注科学化的财务预算管理、实时的信息划监管、前瞻性的财务分析预测及动态化的人员管理来防范企业的经营性风险。

3. 产权管理部门

针对产权管理部门，建议产权管理局迎合时代发展的脉搏来调整自身在产权管理方面的履职方式与重点，着重产权登记、产权管理及产权交易等重点环节。

4. 考核分配部门

针对考核分配部门，建议引进行业对标机制，对现有绩效考核方法、薪酬管理手段及中长期激励方式等进行更新，以市场化为导向，运用更为科学化、专业化的方法来实现对产权代表的高效管理与考核。

5. 企业改革部门

针对企业改革部门，建议在公司章程制定、董事会成员任免及股东事项等方面进行着力履职。坚持董事会在国有企业治理中发挥中心作用，使其具有独立性、专业性和可问责；按照股东或股东会的权责范围来行事。

6. 资本运营部门

针对资本运营部门，建议抓紧对中央两类公司改革试点情况的评估，及时总结经验，迅速进行推广。从资本运营的预算编制及收益收缴方面进行统筹的设计，鼓励与督促企业围绕资本的高效运营开展重点工作，一方面确保国资收益的有效收缴；另一方面促进国有资本收益的科学化布局投资。

7. 科技创新部门

针对科技创新部门，建议从顶层设计层面进行统筹，进一步细化创新扶持举措，进一步推进国企社会责任履行。

8. 人员管理部门

针对人员管理部门，建议以产权为基础，以外部董事管理作为“切入点”，加快构建一支专职、专业化外部董事队伍，着力打造一支职业化、专业化的领导人员班子队伍，加强对所监管企业领导人员的人才使用、教育培育、干部监督及离退休管理，以服务支撑企业发展的人才战略。

9. 党建工作部门

针对党建工作部门，建议重点调整为督促各级出资企业加强党的建设、指导各级企业实现党对国有企业的领导作用发挥及引导各级企业将党的活动开展与业务进行有效融合，真正的将党建融入公司治理、融入企业重大事项决策及融入企业业务经营运作，体现国有企业体制的优越性与先进性。

10. 监督追责部门

针对监督追责部门，建议依托“大监督”体系，整合内外部监督线索，加强所监管企业违规经营投资责任追究工作，建立监督追责工作体系；分类处置、督办和核查所发现移交的问题，对有关共性问题开展专项核查；组织开展国有资产重大损失调查，提出有关责任追究的意见建议。

成果创造人：罗新宇、李　郡、田志友

能源革命背景下省级电网企业清洁转型发展的管理、技术创新与实践

国网青海省电力公司清洁能源发展研究院

国网青海省电力公司是国家电网公司的全资子公司，主要负责省内电网规划、建设、运营和电力供应，承担着为青海省经济发展提供安全、经济、清洁、可持续的电力供应的基本使命。从事电力输配、调度和购销业务，负责省内电网的输配电运行管理和省际间的电力交易；投资、建设和经营辖区输变电、配电和联网工程；协助省能源主管部门制定青海省能源规划和电力规划；同时，还从事与电力有关的科学研究、咨询服务等业务。公司设职能部门（含工会）21 个，下辖 8 个地市供电公司，10 个业务支撑单位和实施机构，县供电公司 40 家，截至 2019 年末，公司资产总额 516.76 亿元，连续 5 年保持“青海企业 50 强”第二名，所辖青海电网位于西北电网中西部，南北跨距 800 公里，东西跨距 1200 公里，是东接甘肃、西接新疆、南联西藏的交直流混联电网，是西北电网骨干网架的重要组成部分，电网覆盖西宁市、海东市以及海西、海南、海北、黄南、果洛和玉树州，供电面积 72.2 万平方公里，覆盖全省。

“十二五”以来，以水风光为代表的清洁能源在青海迅猛发展，国网青海电力公司积极推进区域能源与公司清洁转型发展，截至 2019 年底，青海省清洁能源装机规模 2775 万千瓦，占总装机比 87.6%，清洁能源发电量达到 778.8 亿千瓦时，同比增长 13.6%，占总发电量的 88.2%。自 2017 年起，国网青海省电力公司开展以“全清洁能源”为目标的清洁转型发展相关工作，分别于 2017 年 6 月 17 日零时至 24 日零时实现“绿电 7 日”、2018 年 6 月 20 日零时至 28 日零时实现“绿电 9 日”、2019 年 6 月 9 日零时至 6 月 24 日零时实现“绿电 15 日”全天候、不间断、全部使用风、光、水的全清洁能源供电实践，持续创造全清洁能源供电的世界纪录。国网青海电力公司的清洁转型发展为青海省经济社会发展注入了强劲动力，全清洁能源供电实践向全国乃至世界能源革命贡献了“青海样本”。

一、工作背景

（一）清洁转型发展是贯彻能源革命战略的重大举措

习近平总书记在党的十九大报告中指出，推进能源生产和消费革命，构建清洁低碳、安全高效的能源体系。近年来，我国能源事业发展在取得举世瞩目成就的同时，也面临着传统能源产能过剩、能源开发利用效率不高等突出问题。随着能源生产与消费格局的深刻变化，资源和环境生态约束日益趋紧，控制以化石能源为主的能源消费，提高清洁能源在能源供给的比重，已成为国家中长期战略。

作为关系国家能源安全和国计民生的国有重点骨干企业，电网企业在党和国家事业发展中肩负着重要责任和使命，各项工作与人民群众生产生活密切相关。电网企业需要大力推动能源生产和消费革命，助力清洁、低碳、安全、高效的新型能源体系构建，对于为经济社会发展提供安全、经济、高效、可持续的电力供应，更好地满足新时代人民群众日益增长的美好生活用电需要，不断增强人民群众的获得感和满足感具有十分重要的意义。

（二）清洁转型发展是促进地方绿色发展的关键路径

2016 年 8 月，习近平总书记在视察青海时强调，要进一步做好规划和布局，把光伏发电打造成具有规模优势、效率优势、市场优势的特色支柱产业，使青海成为国家重要的新型能源产业基地，为青海清洁能源产业发展指明了方向。2018 年，国家能源局批复青海创建国家清洁能源示范省，清洁能源大规模发展对青海地方经济社会发展作用明显，促进绿色发展意义重大。

电网是能源资源输送配置和转换利用的基础平台，处于能源体系的中心环节，通过实施以全清洁能源为目标的清洁转型发展，有利于促进地方绿色发展，更加经济高效地配置使用电力资源，为地方经济社会发展提供安全优质高效绿色的电力保障，助力青海经济转型升级，促进青海生态文明建设，为建设绿色青海做出新的更大贡献。

（三）清洁转型发展是带动清洁能源消纳的重要保障

青海是我国清洁能源资源禀赋最好的地区之一，水电资源丰富，可开发容量 2314 万千瓦；太阳能资源得天独厚，境内日照充足、光热资源富集，可开发利用容量达到 10 亿千瓦，同时拥有 10 万平方公里戈壁荒滩适于发展光伏发电产业，资源总量约占全国总储量的 9.3%；风电处于我国的Ⅳ类风区，可开发利用 7500 万千瓦，是天然的清洁能源发电基地，也是我国重要的区域能源接续枢纽。

清洁能源转型发展能够有效扩大省内清洁能源开发利用规模，强化电源多元供给，推动清洁高效、低碳优质能源逐步成为能源输送主体，优化利用省内潜在调峰资源，促进风、光等清洁能源的优化利用，对于推进青海清洁、低碳、安全、高效能源体系的构建至关重要。

（四）清洁转型发展是提升关键技术发展的迫切需求

2017 年 3 月，李克强总理在全国两会上要求，抓紧解决机制和技术问题，优先保障可再生能源发电上网。由于新能源发电具有间歇性、波动性、随机性和反调峰特性，而且大量使用电力电子元件，清洁能源大规模集中并网给电网带来巨大安全压力。对青海来说，随着两个千万千瓦级可再生能源基地全面建设，对输送通道和电网调峰能力提出了新的更高要求，新能源弃电压力突出，迫切需要通过技术手段和市场化机制创新破解消纳难题。

如何利用好地区资源禀赋优势，加快突破智能电网、清洁能源领域关键技术，提升大电网平衡调节与资源优化配置能力，促进清洁能源大规模高比例并网消纳，推动更多的清洁能源转换成电能得到开发利用具有十分迫切的需求。

二、创新点及措施

青海电力紧紧围绕构建实施以“全清洁能源供电”为目标的清洁转型发展，结合挖掘青海清洁能源资源禀赋优势，以推动“电源侧、电网侧、负荷侧、储能侧”协同高效运转、提高管理效率效益为导向，以促进清洁能源消纳和提升电网适应性为着眼点，从管理模式、大数据平台、保障体系、市场化交易、技术开发与应用、统一优化调度和供电成效等方面建立能源革命背景下省级电网企业清洁转型发展的管理、技术创新与实践体系。主要做法如下：

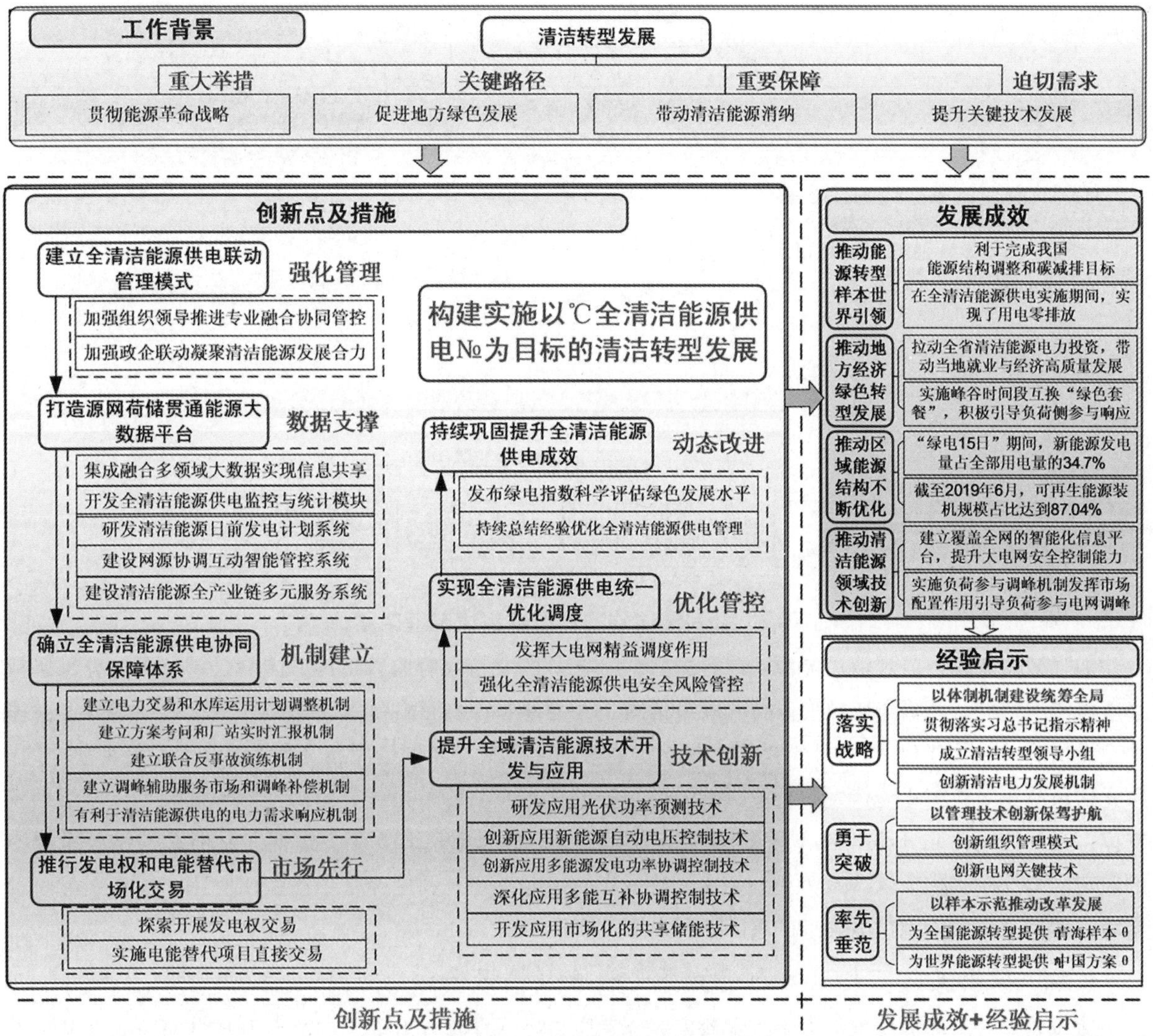

图1　青海公司清洁转型发展框架体系

通过开展全清洁能源清洁转型发展新实践，形成了全清洁能源供电健全管理模式和源网荷储贯通的能源大数据平台，全面推进清洁能源技术开发与应用。在此基础上，强化全清洁能源供电统一调度，建立全清洁能源供电协同保障体系，探索实施发电权交易和电能替代项目市场化交易，进一步发布“绿电指数”，科学评估绿色发展水平并实施动态改进。上述措施有力促进了能源结构不断优化，开拓了清洁能源消纳的新技术、新途径，推动了地方经济的绿色发展，为提升服务清洁能源发展水平、助力青海生态文明建设、打造能源转型青海样板贡献了电网智慧和解决方案。

（一）强化管理，建立全清洁能源供电联动管理模式

加强组织领导，推进专业融合协同管控。青海电力成立转型发展领导小组，由公司主要领导担任组长。领导小组下设电网安全保障组、交易保障组、营销保障组、技术创新组、宣传报道组和党员服务组，公司各分管领导任各组组长。通过加强统一指挥协调，明确相关职能部门的职责和工作任务，统筹做好整体管控，为实施全清洁能源供电管理提供了组织保障，确保各专业高效协同。

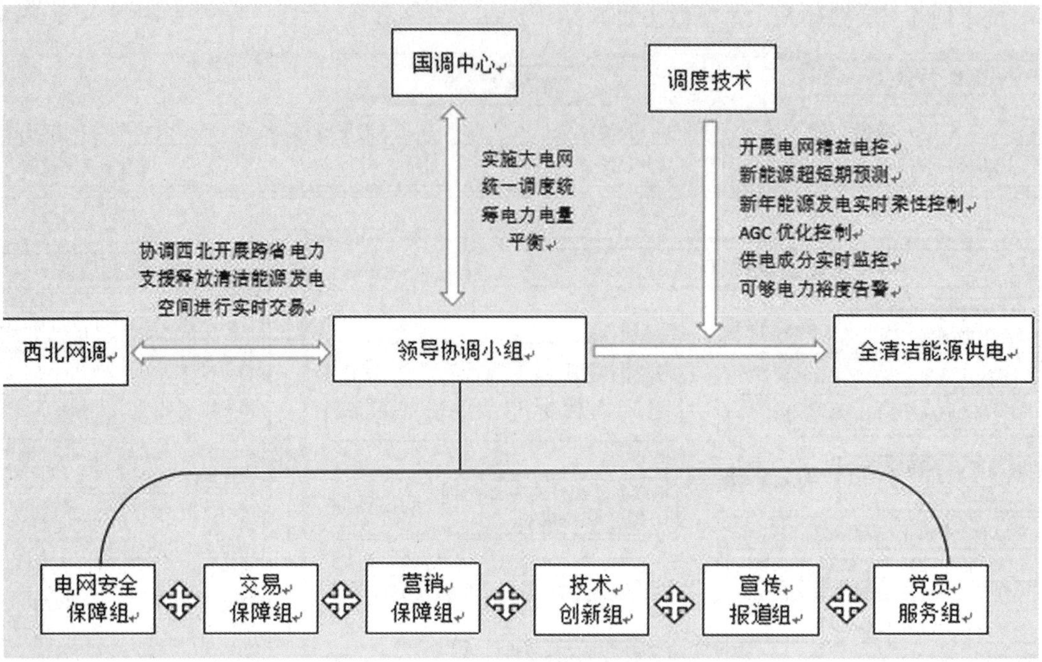

图2　公司清洁转型发展组织体系框架图

加强政企联动，凝聚清洁能源发展合力。青海电力积极与政府监管部门、国网公司、西北分部和周边省份沟通协调，积极争取政府支持和政策帮助。促请青海省政府出台《青海省积极推进新能源产业基地建设情况及相关建议》《关于坚持生态保护优先推动高质量发展创造高品质生活的若干意见》《关于国家光伏新政策对青海省光伏发电行业影响分析的报告》等5项政策报告，为清洁能源发展提供坚强政策支撑；推动国网西北分部出台《国家电网公司西北分部关于印发2018年促进西北新能源消纳公章要点的通知》等9项措施。这些政策措施为深入挖掘省内用电市场，利用经济手段刺激空闲产能和引导负荷错峰，促进全清洁能源供电管理的有序开展发挥重要作用。

（二）数据支撑，打造源网荷储贯通能源大数据平台

适应新形势下能源技术与数字技术深度融合发展趋势，青海电力秉承“平台开放共享、生态共生共赢”的理念，发挥电网平台型、枢纽型、共享型的优势，充分挖掘电源侧、负荷侧等各方需求，坚持以数据为基础、以创新为驱动、以服务为载体，建设汇集源、网、荷、储数据，融合能源生产与消费全产业链的跨区域、跨产业的能源大数据平台，建成国内首个清洁能源大数据服务平台，打破了新能源行业长久以来的数据“孤岛”状态。

集成融合多领域大数据实现信息共享。综合应用大数据、云计算、物联网等现代信息技术，集约整合数据资源，制定统一标准，规范涵盖光伏、风电、水电等电源侧新能源以及负荷侧数据接入，解决数据“汇聚、融通、分享、应用”难题。通过光纤和电力无线4G专网，提升各系统运行数据的采集和控制速率，实现信息流互动的灵活泛在、安全高效，为能源大数据平台构建提供数据基础支撑。

开发全清洁能源供电监控与统计模块。开发“青海清洁能源实时供电监视”模块，建设“网源荷监视”和“新能源超短期接纳能力预测”模块，实现对电网发用电曲线、新能源预测发电和接纳能力、电力实时交易、火电及中断负荷调峰等情况的实时监视。同时，建设运行数据报表模块，实现全清洁能源供电期间的电网运行数据自动采集生成。

研发清洁能源日前发电计划系统。青海电力创新性地完成新能源日前发电计划系统，将新能源电

力、电量安排全额纳入日前计划管理，在确保电力系统安全、经济运行的同时，充分考虑风、光、水、火协同机制，实施多种电源互补调度计划的安排，充分发挥青海水电装机容量大，调节范围广、速度快等特点，开展青海电网电源结构的调度计划与安全校核系统建设，最大限度为新能源消纳提供空间。

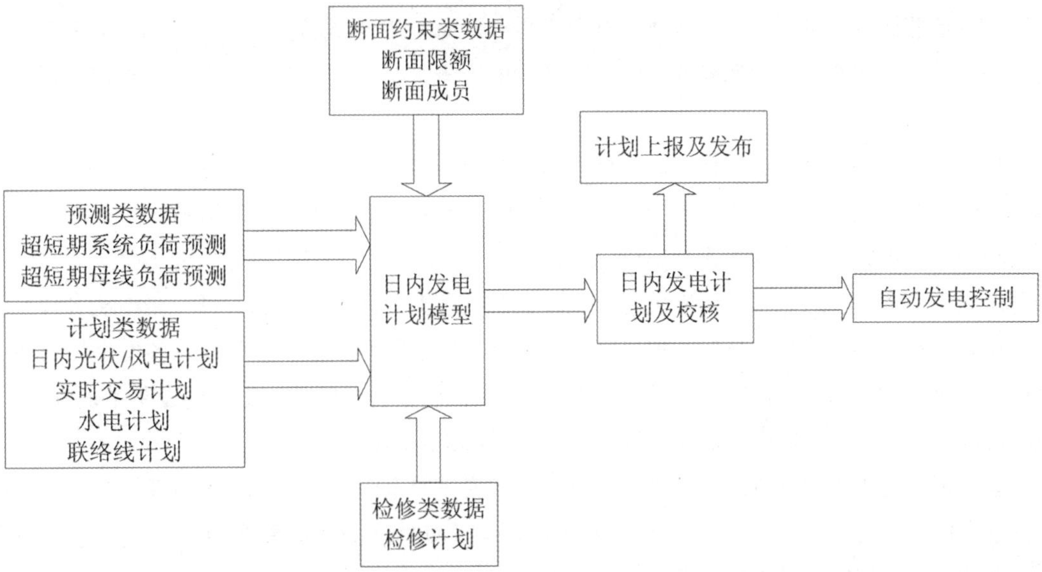

图3　清洁能源日前发电计划系统交互流程图

建设网源协调互动智能管控系统。通过建设网源之间安全化和智能化及双向交互的集中管控系统，动态建立网源基础数据和公共资源大数据中心，并实现数据的国、分、省、地、厂五级纵向贯通，各种调控应用系统间横向数据互联。通过多维度数据分析，指导、强化网源协调互动管理，有效提升对并网发电厂涉网相关业务的流程化、标准化、精细化管控能力。该系统能够有效规范风、光、水、火等电厂（电站）的技术资料和运行管理，严格管控电厂（场站）从项目启动到日常运行各环节中，降低发电厂发生恶性跳机事故的可能性，为提升新能源安全并网与消纳提供技术支撑。

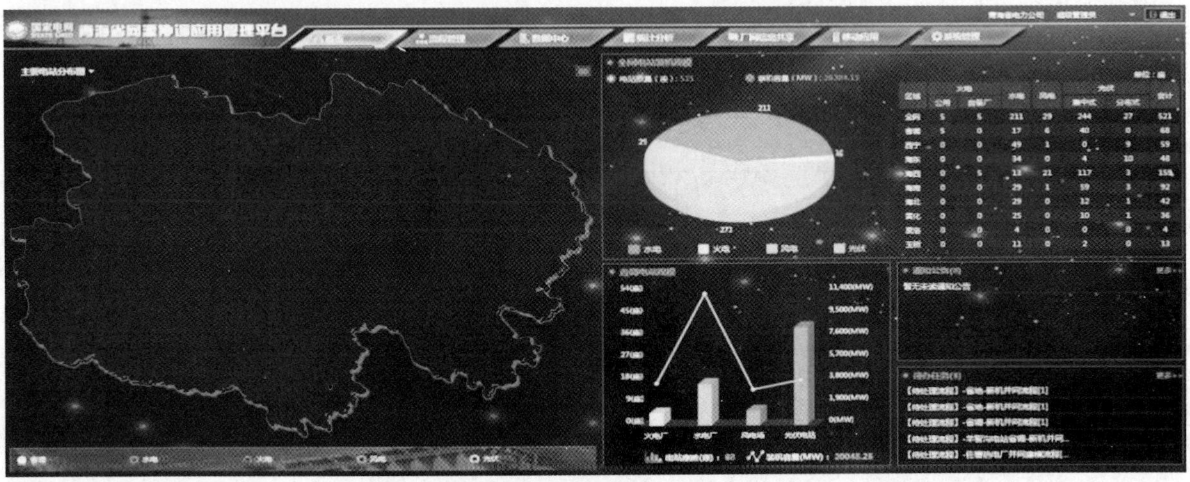

图4　网源协调互动智能管控系统界面图

建设面向清洁能源全产业链的多元服务系统。在电源侧提供新能源全产业链服务，涵盖设备制造、电站建设、运营管理、调度运行等全环节，推动新能源产业优化升级；在电网侧，提供规划设计、调度交易、运维检修、营销决策等服务，为新能源消纳和全清洁能源供电提供技术支持；在负荷侧，提供能耗监测、能效诊断、负荷预测、用户画像、分布式能源集中监控等服务，促进节能降耗、提升负荷管理水平。

（三）机制建立，确立全清洁能源供电协同保障体系

围绕全清洁能源供电发展需求，从建立电力交易和水库运用计划调整机制、方案考问和厂站实时汇报机制、联合反事故演练机制、调峰辅助服务市场和电力需求侧响应机制，建立全清洁能源供电四重协同保障体系。

一是建立电力交易和水库运用计划调整机制。积极配合国家电网西北分部与各省（区）签订全清洁能源供电期间的购电框架，协调制定全清洁能源供电时段青海火电外送协议，明确分、省（区）调度的监视责任和交易原则，提高交易效率。

二是建立方案考问和厂站实时汇报机制。建立方案、预案考问抽查机制，进一步明确各级调控机构值班人员在方案执行期间中的定位和职责；建立厂站巡视汇报制度，省检修公司及各发电厂（省调直调水火电厂、装机100MW以上新能源电站）加强重要厂站设备巡视，定时汇报站内设备情况和天气变化。省调控中心收集汇总后对可能存在的风险进行预判并采取相应的预控措施。

三是建立联合反事故演练机制。组织各单位在方案安排的电网运行方式下进行联合演练，熟悉全清洁能源供电期间电网运行方式和运行要求，深化各单位事故处理的协同配合机制，熟练掌握电网发生N-1故障时的处置原则，为全清洁能源供电提供应急保障。

四是建立调峰辅助服务市场和调峰补偿机制。研究制定省内储能电站调度运行策略及参与调频、调峰辅助服务市场规则，利用价格杠杆促使蓄热锅炉主动参与电网调峰辅助服务，推动用户侧储能技术应用新突破。加快辅助服务市场建设，推进深度调峰交易、调停备用交易和储能交易，激励引导并网电厂积极参与西北跨省调峰辅助服务市场。建立火电调峰补偿机制，推进辅助服务交易市场建设，组织在运火电机组参与深度调峰，加大火电机组调峰经济补偿力度，对停运火电机组按照发电权交易方式予以经济补偿。在“绿电日”期间，运行火电机组参与深度调峰，并网机组实施调峰补偿，推动火电调峰手段逐渐由计划方式向市场化方式转变。

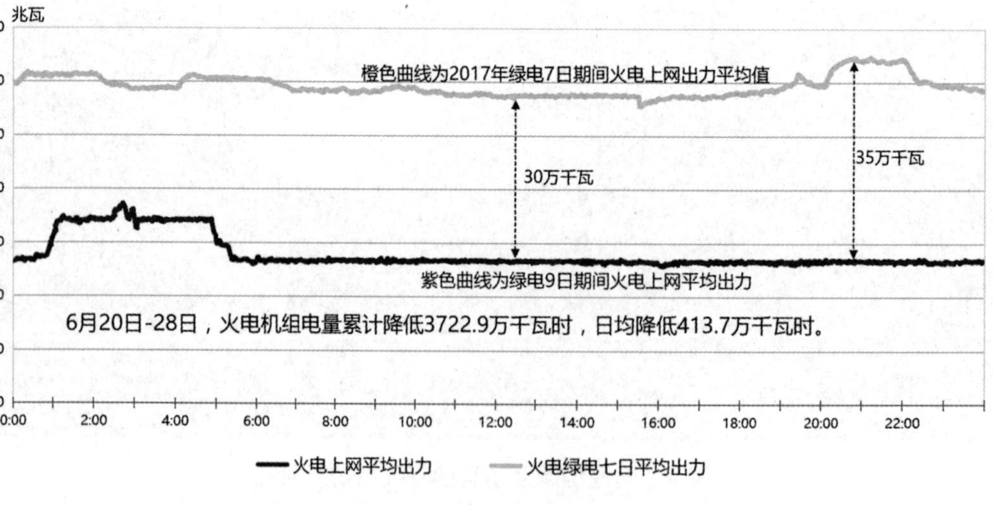

图5　火电调峰补偿机制实施效果图

五是有利于清洁能源供电的电力需求响应机制。通过充分挖掘市场交易客户调峰潜力，探索互换新型制造企业峰谷时间段，实现用户负荷曲线与光伏发电曲线对应，增加光伏消纳，提高调峰灵活性，为

消纳清洁能源腾出调峰空间，实现新能源、用户、电网三方共赢。遵循“清洁能源支持清洁取暖，清洁取暖助力清洁能源发展”的思路，开展分时段蓄热锅炉与光伏直接交易，确立利于清洁能源供电的清洁取暖电能替代负荷发展直接交易新机制。通过客户精细管理，促请政府出台促进清洁能源稳定供电的峰平谷时段电价调整政策，有效巩固负荷侧参与机制。

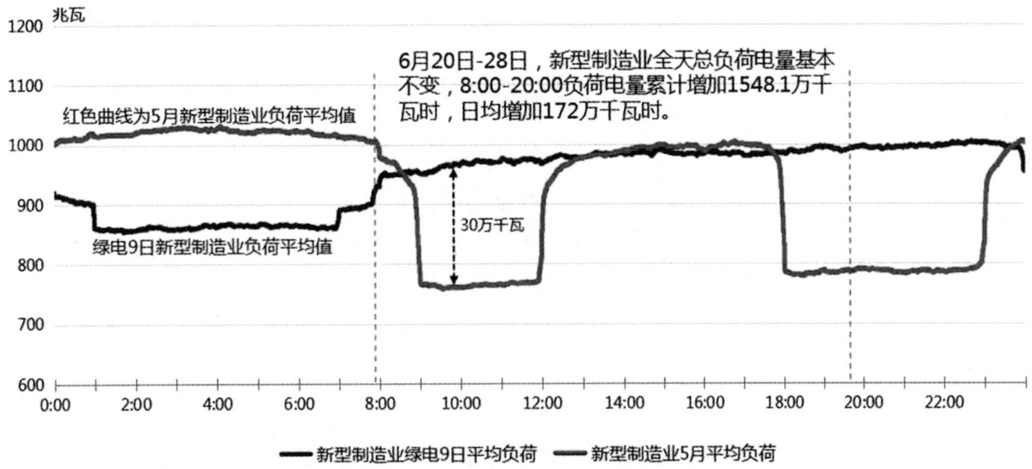

图6　负荷参与调峰机制实施效果图

（四）市场先行，推行发电权和电能替代市场化交易

探索开展发电权交易。结合清洁能源发电情况和通道能力变化，青海电力充分发挥大电网资源配置优势，扩大交易规模、丰富交易品种，积极落实政府间外送框架协议，分别与江苏、湖北等省份签署政府间外送协议，为新能源跨省、跨区消纳提供有力保障。“绿电 15 日”期间，在广泛开展新能源省内电力直接交易、跨区跨省外送交易的基础上，青海电力交易中心通过市场化手段组织了火电企业与新能源企业的发电权交易。期间火电发电量仅占 1.8%（0.71 亿千瓦时），全部通过市场交易的方式送往外省。

实施电能替代项目直接交易。青海电力积极践行绿色发展理念，在工农业生产、交通运输、居民生活等领域大力推进电能替代项目实施。在玛多县建成投运全国首个高寒高海拔清洁供暖项目，推动全省上万户农牧民用上了电热炕。同时，重点推进三江源 16 个市县清洁取暖等领域电能替代工作，在全省范围内实施 600 个以上的电能替代项目，实现替代电量 21 亿千瓦时。组织新能源企业与三江源地区清洁供暖项目进行直接电力交易，采用“价差平移”方式，利用价格杠杆激励白天多用电，促进新能源就地消纳，缓解断面送出能力不足和电网调峰能力不足的影响，促进三江源环保、采暖用户、发电企业、电网企业四方共赢。

（五）技术创新，提升全域清洁能源技术开发与应用

青海电力持续加强关键技术攻关，先后承担国家级项目 4 项，省部级项目 17 项，承担国家、行业标准 6 项，地方标准 3 项，在新能源功率预测、调度计划、实时控制等方面累计投资 2.4 亿元，不断创新完善技术支持系统，有效促进了大规模新能源的安全稳定运行与消纳。

研发应用光伏功率预测技术。创新开展光伏功率预测技术研究应用，完成包含短期和超短期预测在内的多时间尺度光伏功率预测系统研发，并实现系统部署，进一步结合智能电网调度控制系统建设，进行系统升级，全面具备风电、光伏等多种新能源功率预测功能，具有重要的实践意义。

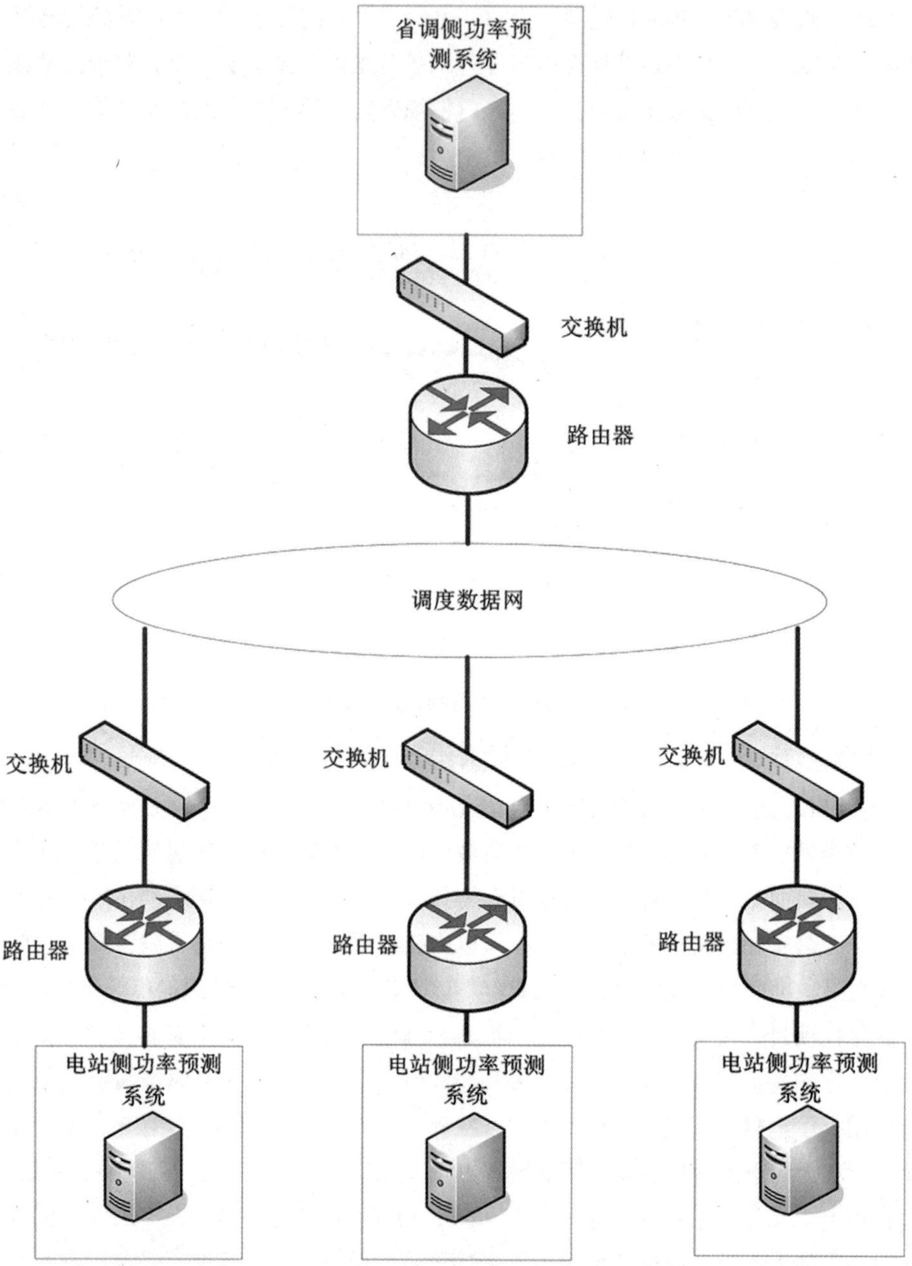

图7　青海新能源功率预测系统总体拓扑结构

创新应用新能源自动电压控制（AVC）技术。着眼大规模新能源电站并网后给电网带来的电压不稳定问题，青海电力深入开展新能源场站无功电压控制技术 AVC 系统建设，采用多层多级的电压控制技术，充分利用各种无功资源，实现电压安全优质、无功功率分布合理及系统网损最小。从完善仿真手段、监控手段、规范入网性能标准和建设防御措施等方面综合施策，保障青海电网安全稳定运行，开创性地将新能源电压调控纳入全网控制策略。

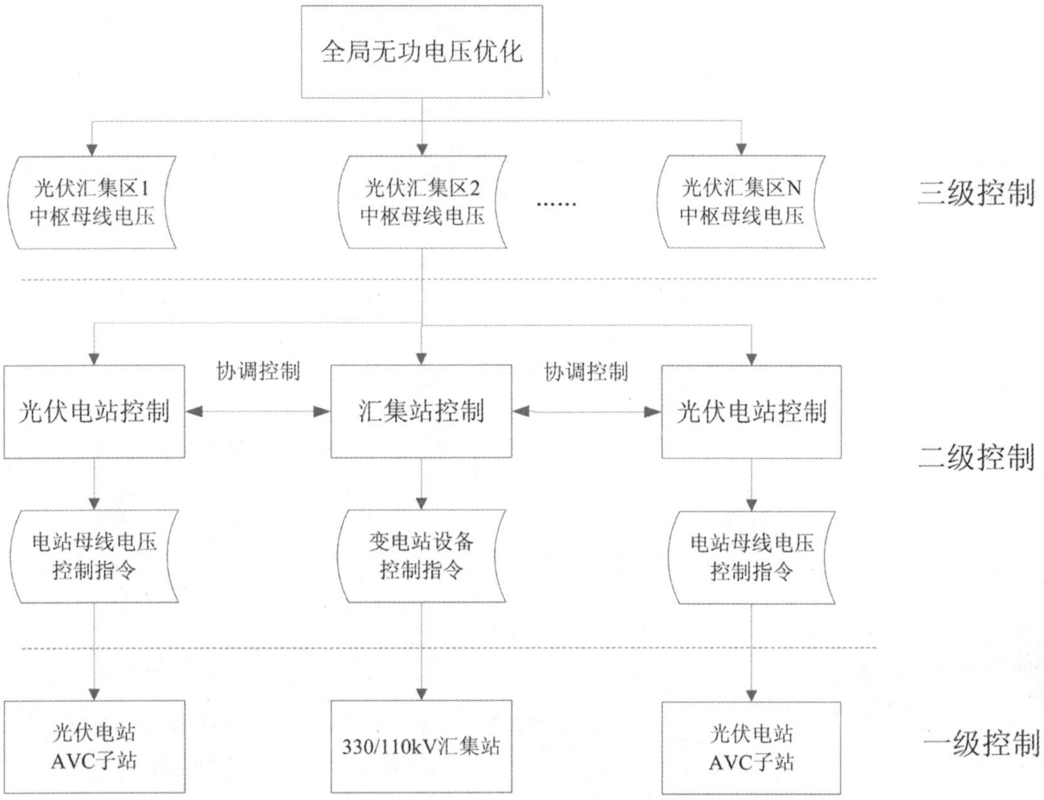

图 8　大规模光伏汇集电网 AVC 总体结构

创新应用多能源发电功率协调控制（AGC）技术。青海电力完成 AGC 系统部署，率先实现新能源电站功率控制系统全覆盖并投入闭环运行，后续对 AGC 系统进行改造，形成基于市场化的具备柔性控制功能的新一代 AGC 系统，其中，新一代 AGC 系统将常规 AGC 扩展为两个子模块，包括新能源 AGC 和常规能源 AGC，通过常规 AGC 与新能源 AGC 的信息实时交互，实现多能源协调自动控制。

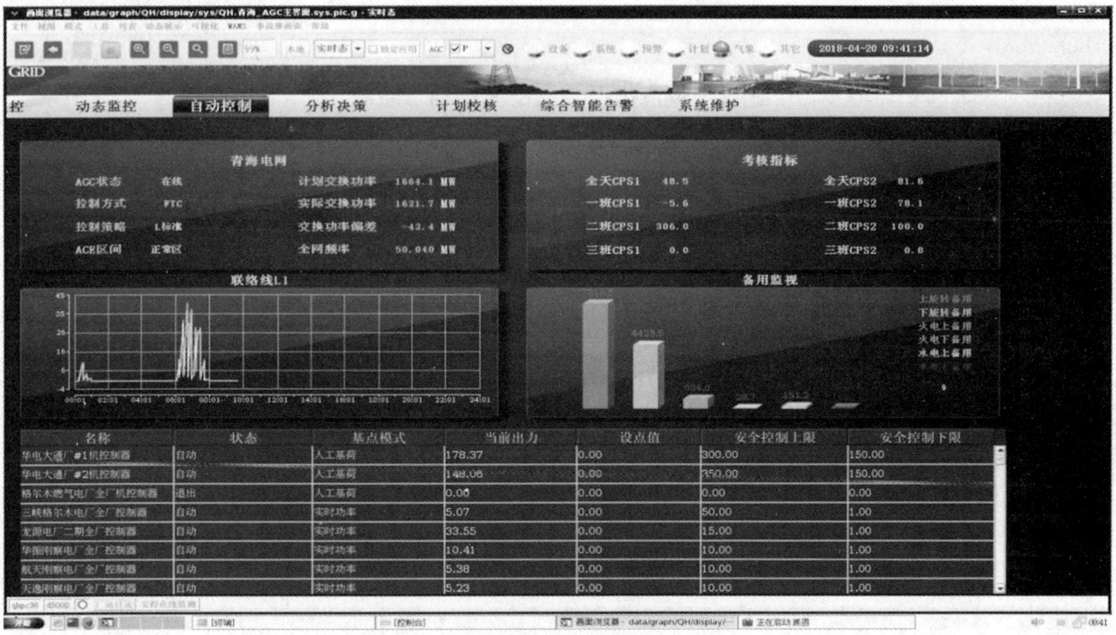

图 9　AGC 系统运行监视界面图

深化应用多能互补协调控制技术。以新能源和负荷短期、超短期功率预测为基础，实施水、风、光多能协调控制，水电快速跟踪响应，实现新能源优先发电。利用多能互补协调AGC系统，通过对调度区域内发电机组有功出力的自动调节，维持系统频率和（或）联络线交换功率在一定的目标范围内，以满足电力供需的实时平衡。嵌套断面下光伏有功控制策略根据大规模光伏送出断面的树状、多层嵌套和有功功率单向性的特点，在给定断面分层结构条件下，采用广域分配光伏调节功率、深度优先搜索越限断面和发电能力转移的方法实现多层次断面调节功率的分配，根据电网的运行状态实时调节各个光伏电站的有功出力，使各个光伏断面功率维持在设定限值附近，不仅可以提升电网断面的利用率和电网运行经济性，而且可以减轻调度员的调控压力；根据断面裕度实时调整光伏电站出力指令，使光况好的光伏电站尽量多发电，保证断面潮流不越限的基础上尽可能多地接纳光伏。

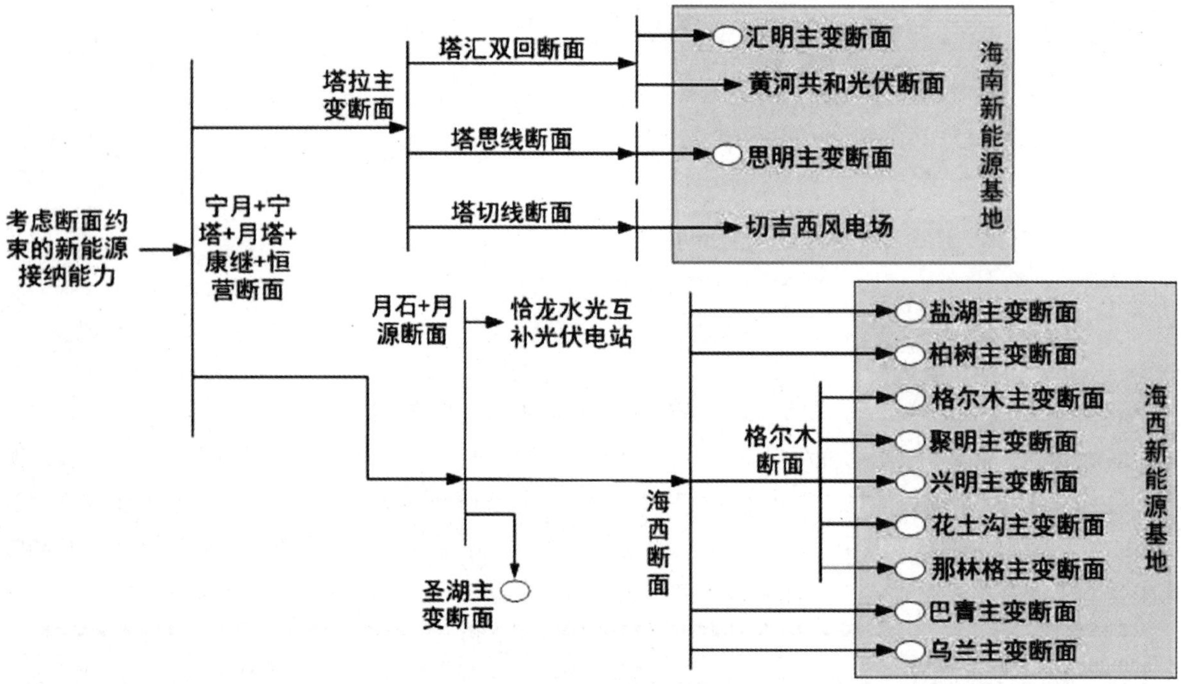

图10　青海电网嵌套断面结构示意图

开发应用市场化的共享储能技术。青海电力以泛在电力物联网建设为契机，积极推进电力辅助服务市场建设和运行，开发应用市场化的共享储能技术，构筑基于区块链技术、融通电力调度控制系统的新型平台，创新应用融合加密、智能合约和共识机制，配合大电网安全校核和自动控制系统，形成市场化长效机制，吸引更多新能源企业加入共享储能体系，通过积极引导共享储能市场化交易模式，应用区块链技术，省内新能源企业和符合准入条件的储能电站可以参与市场化交易，在光伏超发即将产生弃电时进行储能，在用电高峰和新能源出力低谷时释放电能，提升新能源消纳能力和电网调峰能力，促进资源优化配置。

（六）优化管控，实现全清洁能源供电统一优化调度

青海电力通过加强与国调、分调、省调三级调度上下联动，北京、青海两级电力交易平台协调运作，建立了高度智能化的调度神经控制中枢，形成了涵盖实时监控与预警、调度计划、安全校核和调度管理一体化的智能调度体系，形成了全新的透明竞争生态，在各发电企业通力协作、电力用户积极响应下，推动实现全清洁能源供电。

发挥大电网精益调度作用。充分发挥大电网在大范围资源优化配置中的主导作用，开展国、分、省统一调度，全网平衡电力供需，通过供电监视模块对电网进行实时监视，密切关注电网发用电曲线、电网新能源平衡能力等情况，及时调整青海发电出力或开展调峰互济，确保省内用电量全部以水、风、光等清洁能源进行电力电量平衡，保障电网安全的少量火电不参与省内电力电量平衡，签订交易合同全额外送省外参与电力电量平衡。

制定调度运行实时控制原则和流程。明确运行期间清洁能源出力与用电负荷差值的两个控制限值和对应的调整策略。针对影响全清洁能源供电的故障编制专项应急预案，明确保证电网安全和全清洁能源供电两者兼顾的处理原则，组织开展联合反事故演练，设置影响清洁能源送出的故障，深化各单位事故处理的协同配合机制。加强青海电网重要输电断面的实时监视，严格控制电网各断面潮流，确保断面不超稳定极限运行。通过潮流和电网在线分析系统开展电网实时运行分析，查找电网运行过程中的薄弱环节，加强薄弱环节的运行监视，确保电网安全运行。

强化全清洁能源供电安全风险管控。青海电力始终把确保大电网安全稳定运行摆在突出重要位置，深入开展电网安全校核，全面落实风险管控措施。一是加强隐患排查治理。加强输电线路及变电站设备的巡视维护，组织完成发、输、变电设备和调度技术支持系统的隐患排查整治。二是开展全网安全校核，并制定相应的运维措施，降低电网运行风险。三是开展火电最小开机方式专项校核，进一步释放省内新能源发电能力。四是合理安排电网运行方式，不安排新能源上网输变电设备检修，保证清洁能源送出通道最大输送能力。五是降低西宁北部电网运行压力转移部分地区负荷有备自投或区域备自投系统供电，提高供电可靠性，同时严密监控电网送出和受入控制断面潮流，确保不超稳定极限，优化调整电网电压，保障电网安全。六是编制专项应急预案，开展联合反事故演练，确保全清洁能源供电万无一失。

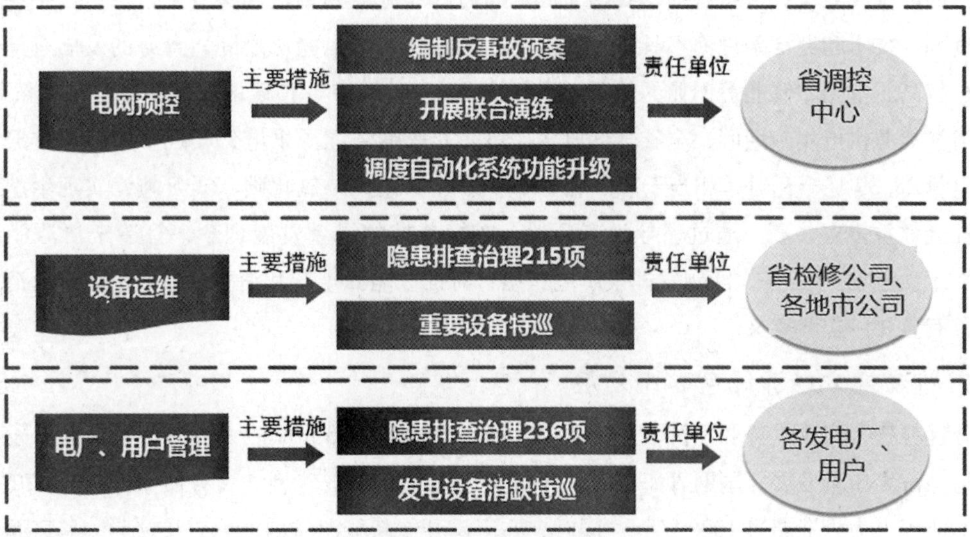

图 11　强化全清洁能源供电安全风险管控

（七）动态改进，持续巩固提升全清洁能源供电成效

发布“绿电指数”，科学评估绿色发展水平。着眼系统科学的评估绿色电力发展水平，更好地服务清洁能源发展，青海电力联合国内顶尖科研机构，深入开展关于“青海清洁能源发展战略及绿电指标体系构建”研究，明确绿电指标体系构建遵循系统性和层次性原则，从绿色电力发展情况、资源开发利用效率、消纳水平、电网传输效率和配置能力、技术进步、各类排放情况等多个维度对绿色电力发展水平

和发展质量进行综合测评，探索构建包括1个一级指标、3个二级指标和31个三级指标的绿电指标体系，核心指标是涵盖电力生产、传输、消费全过程的绿电指数，建立清洁能源发展综合量化评价标准，并在2018年创新提出“绿电指数”。通过常态化发布绿电指数，科学动态评估“绿电”开发利用水平及趋势，明确改进提升的目标方向。

持续总结经验，不断优化全清洁能源供电管理。着眼持续优化长周期全清洁能源供电实践，青海电力在“绿电15日”成功经验的基础上，进一步挖掘青海能源资源禀赋优势，推进再电气化进程，深入探索能源革命的实践路径，持续打造能源转型新样板。一是定期总结评估，完善市场机制。总结调度、交易、营销、财务等相关专业工作，深入查找差距短板，固化先进的管理机制和方法，建立长效机制。二是加强骨干网架建设，加快新能源送出能力提升的相关重点工程项目实施，持续开展新能源消纳和电网安全稳定研究，推进火电调峰补偿和负荷参与调峰机制常态化开展，不断完善辅助服务市场。三是在确保安全稳定的基础上减少火电安全约束。通过提升西宁北部地区电网供电能力，减小对火电机组的依赖。四是加大技术攻坚力度。持续开展多能互补集成优化及协调控制等相关技术研究及应用，促进电力系统运行灵活性和可再生能源消纳能力有效提升。

三、发展成效

（一）推动能源转型样本世界引领

通过企业清洁转型带动省内清洁转型，以省内清洁示范引领全国乃至世界能源转型，在能源革命的进程中起到“先清洁带动后清洁，最终达到共同清洁”的先锋引领作用。青海省率先积极发展可再生能源有两个方面的重要意义：一是有助于我国完成近期内的能源结构调整和碳减排目标；二是在全国大部分地区因资源、技术和经济条件而不具备大规模高比例开发可再生能源之际，青海的发展有助于培育我国新能源、特高压电网、储能等产业的健康发展与技术进步，为其它地区的奠定基础与创造条件。

在全清洁能源供电实施期间，全省全部以水、风、光等清洁能源供电，实现了用电零排放，清洁能源累计供电量28.39亿千瓦时，相当于减少燃煤129万吨，减排二氧化碳232万吨，实现生态效益、经济效益和社会效益多方共赢。通过倡导生态环保、节能减排的绿色发展理念，打造全清洁能源供电的“青海案例”，为解决“三弃”问题发挥了示范作用，对推进能源生产和消费革命、助力青海清洁能源示范省建设具有重要的实践意义。

（二）推动地方经济绿色转型发展

将资源优势变为产业优势和经济效益，带动青海省光伏、光热和风能上下游相关产业的发展，拉动当地就业与经济高质量发展。国网青海电力“十二五”以来在清洁转型方展方面累计投入172亿元，拉动全省清洁能源电力投资超过1000亿元。同时，在广泛开展新能源省内电力直接交易、跨区跨省外送交易的基础上，积极组织停备火电机组与新能源企业开展发发电权交易，促使停机火电企业增收597万元，新能源增发电量收益1.3亿元以上。

同时，实施峰谷时间段互换“绿色套餐”，积极引导负荷侧30家企业157万千瓦负荷参与响应，累计增加光伏消纳电量6582万千瓦时，同时减少企业购电成本1629万元，企业效益能增加2%－5%。“绿电15日”期间通过开展共享储能调峰辅助服务市场化交易，实现了省内335家新能源企业和1个共享储能电站共同参与共享储能市场化交易，缓解电网调峰压力，扩大午间时段光伏消纳电量74.2万千瓦时。

（三）推动区域能源结构不断优化

青海电力通过实施清洁转型发展，深度运用智能电网调控平台、全国统一电力市场交易两级平台和青海能源大数据平台，有效调动源网荷储各方合力，在政府的大力支持、发电企业出力调整、电网企业优化调剂和负荷侧用户互动响应下，通过技术、机制、模式创新，引导电源侧、负荷侧和电网侧广泛参与调峰实践，将绿色发展成果延伸到供给侧和需求侧。

在“绿电15日”期间，青海电网最大用电负荷847万千瓦，全省用电量28.39亿千瓦时。累计发电量39.78亿千瓦时，其中水电、光伏、风电、火电发电量分别为29.23亿千瓦时、6.43亿千瓦时、3.41亿千瓦时、0.71亿千瓦时。新能源发电量占全部用电量的34.7%，实现了高占比发电；火电发电占比仅为1.8%，全部以市场化手段送出省外。截至2019年6月，青海省电力装机容量达到3026万千瓦，可再生能源装机规模占比达到87.04%。其中，水电装机达到1192万千瓦，占比39.39%；以太阳能和风能为主的新能源装机达到1442万千瓦，占比达到47.65%，能源结构得到不断优化。

（四）推动清洁能源领域技术创新

青海电力通过创新发展新技术，开拓新途径。在清洁转型发展实践中，采用电网一体化综合展现、综合辅助决策分析系统、地理信息与空间服务平台等先进的信息技术手段，建立了覆盖全网的智能化信息平台，有效提升了大电网安全控制能力；利用多能互补协调控制技术，实施水、风、光多能协调控制，实现优劣互补、余缺互济；实施“火电调峰补偿机制”，火电机组进行深度调峰，实施“负荷参与调峰机制”发挥市场配置作用，引导负荷积极参与电网调峰；实施“绿色套餐”机制，发挥智慧车联网优势，营造优越的电动汽车营商环境，引导三江源客户与光伏发电联动，通过应用智能电网、网源协调运行、多能互补优化等技术和引入实施“三个机制”有效消除了新能源发电的间歇性对电网安全稳定运行所带来的影响，有效提升了新能源消纳水平。累计获得国际领先成果2项、国际先进成果7项，获得省部级以上科技进步奖12项，出版专著5本，在新能源领域技术创新过程中，取得了丰硕的科技成果。

四、经验启示

（一）落实战略，以体制机制建设统筹全局

从全球能源的发展来看，生态安全、绿色低碳已经成为全球可持续发展的核心议题。当前，我国经济已由高速发展阶段转为高质量发展阶段，按照国家“四个革命、一个合作”能源战略，正在推进清洁低碳、安全高效的现代能源体系建设。在能源转型的进程中，青海深入贯彻落实习总书记“使青海成为国家重要新型能源产业基地”的指示精神，利用得天独厚的清洁能源优势，在绿色发展方面做出了积极探索和实践，发挥清洁能源发展示范引领作用。国网青海电力公司紧抓战略机遇期，完善体制、创新机制、强化管理，成立清洁转型领导小组，创新清洁电力发展机制，搭建平台优化管控，统筹全局，成功实现公司清洁转型，促进青海经济社会绿色发展。

（二）勇于突破，以管理技术创新保驾护航

创新是落实能源革命，推动清洁转型可持续发展的不竭源泉和重要驱动。国网青海电力公司持续加强攻关，管理、技术双管齐下，一方面，创新组织管理模式，强化公司及电网管控，确保转型战略扎实落地；完善和推广辅助服务机制，建立相关支持和激励政策，加强常规电源建设，提高调峰能力，促进储能发展；建立新能源发电参与电力现货市场交易的体系，进一步拓展清洁能源消纳途径。另一方面，

创新电网关键技术，搭建平台构建大数据驱动，引进先进技术强化新能源功率预测、调度计划、实时控制，首创绿色电力发展评价体系确保动态改进。充分为公司清洁转型与地方清洁发展保驾护航。

（三）率先垂范，以样本示范推动改革发展

通过公司清洁转型推动地方绿色发展，加大新能源开发力度，优化区域能源结构，提升能源系统效率，推动引领青海新能源由高速发展向高质量发展的转型。通过创新性探索含高比例间歇性非水可再生能源的能源系统规与运行技术，在全国率先实现100%可再生能源发电，实现了可再生能源资源在时间、空间、能源种类等维度的协调，立足国情、省情推动以清洁能源产业为重要支柱的绿色经济，推动跨区域清洁能源电力生产、传输与消费，在更大范围内实现了低成本清洁能源资源与技术的共享，为全国乃至世界能源转型提供了“青海样本”和“中国方案”。

本成果在没有先例可循的背景下，把握机会，开拓创新，做好顶层设计，顺利实施，为后续其他区域乃至全国相关工作提供了思路和借鉴。

在本成果的示范效应之下，国网青海电力正在持续稳步推进公司清洁转型发展，支撑青海清洁能源示范省建设，积极推进国家能源安全，低碳发展的战略，发挥青海清洁能源发展示范引领作用，推动能源转型和可持续发展。

成果创造人：李红霞、张祥成、李　楠、张海宁、吴唯涤、许德操、
李延和、李志青、马　雪、杨　帆、胡文保、李　芳

探索新时代国有企业混合所有制改革政策与实践研究

山西交控资本管理有限公司

距离改革开放已经过去近40余年，我国从单一的公有制经济结构逐渐在向公有制为主、多种所有制经济共同发展的道路上稳步前进。国有企业产权结构从单一化国有出资发展为国有资本为主、引入非国有资本实现多元化、混合化。党的十八大以来，全国各国有企业在以习近平同志为核心的领导下，结合“以管资本为主完善国资管理体制”和“以发展混合所有制经济转变国企经营机制”两大指导意见为突破点，进行国企所有制的改革，以适应新形势下的经济发展。

一、国有企业所有制改革的政策背景

（一）中央顶层设计出台若干发展混合所有制经济政策

2013年11月，党的十八届三中全会《关于全面深化改革若干重大问题的决定》提出要积极推动混合所有制经济的发展，“国有资本、集体资本、非公有资本等交叉持股、相互融合的混合所有制经济，是基本经济制度的重要实现形式”。全会指出：“改革开放以来，我国所有制结构逐步调整，公有制经济和非公有制经济在发展经济、促进就业等方面的比重不断变化，增强了经济社会发展活力。在这种情况下，如何更好地体现和坚持公有制主体地位，进一步探索基本经济制度有效实现形式，是摆在我们面前的一个重大课题。”

2015年8月，国务院发布了《关于深化国有企业改革的指导意见》，其中提出国有企业应该“主动适应和引领经济发展新常态，为促进经济社会持续健康发展、实现中华民族伟大复兴中国梦做出积极贡献”，并且指出应“积极促进国有资本、集体资本、非公有资本等交叉持股、相互融合，推动各种所有制资本取长补短、相互促进、共同发展”。

2015年9月，国务院发布了《关于国有企业发展混合所有制经济的意见》，明确指出：“发展混合所有制经济，是深化国有企业改革的重要举措。”“需要通过深化国有企业混合所有制改革，推动完善现代企业制度，健全企业法人治理结构；提高国有资本配置和运行效率，优化国有经济布局，增强国有经济活力、控制力、影响力和抗风险能力，主动适应和引领经济发展新常态。”

2016年12月，中央经济工作会议中提出了国企改革的重要突破口在于改革混合所有制。

2017年10月，党的十九大报告指出，“深化国有企业改革发展混合所有制经济，培育具有全球竞争力的世界一流企业”。

2019 年 11 月，《中央企业混合所有制改革操作指引》出台。

2020 年 5 月，中共中央、国务院出台《关于新时代加快完善社会主义市场经济体制的意见》。

（二）发展混合所有制经济的目标

《关于深化国有企业改革的指导意见》出台后，发展混合所有制经济，推动国有企业混合所有制改革成为当前国企改革的方向，其目的在于：1. 国有企业当前经营机制老化，促进其进行有效地转换；2. 将国有资本的功能进行放大，对市场进行调节；3. 国有资本的配置和运行效率得到显著提高；4. 实现资本间的促进、发展、取长补短作用，尤其是多种所有制下的各类型资本企业。在此之前还需明确一个前提，就是国家的经济建设发展中，国有企业必须保持重要地位，国有企业的发展和强大不能动摇。国有企业的改革也同时应当以有利于国有资本保值增值、放大国有资本功能、提高国有经济竞争力这三项有利于标准来进行。

新时期下的国有企业混合所有制改革对国家经济的发展起着极大的作用。第一，面临全球化经济形势的不稳定性，不断改善国内多项行业经营水平能促进中国具备竞争实力的大型企业的发展；第二，注重国有资本的价值，可以保持国内经济的稳步提升；第三，高度关注国有资本制度与非国有资本的取长补短，可以保证在国有资本保值的基础上，展现国有资本在中国产业发展中的价值。国有企业的混合所有制改革，其深层意义可以分为以下几点：首先，国有企业内部与外界企业沟通较少，因此现代企业的制度和法人治理结构还有待完善和健全；其次，国有资本在改革中可以被分配到更需要的位置，随着产业机构的调整，国有资本的经济布局将得到最优化处置，国有企业竞争力得到大幅提高。国有资产得到最优分配后，随之而来的就是国有资产不仅保值还可以升值，国有资本被不断放大；最后，公有制经济与非公有制经济不再孤立，增多交流与沟通渠道，社会主义的市场经济体制更加完善，经济发展也更加平衡。

在遵循中央精神的基础上，对决策部署认真贯彻执行，正确把握国有企业混改道路的方向。根据政府引导、统筹规划、顶层设计，有序高效地推动国企混改工作，明确混改基本思路和原则。严格遵守“三因、三不、三宜”原则。三因，是指“因地施策、因业施策、因企施策”；三不，是指“不搞拉郎配，不搞全覆盖，不设时间表；三宜，是指“宜独则独、宜控则控、宜参则参”。以上 39 个字，是国家对于国企混改的基本要求和基本原则。国有企业发展混合所有制经济必须遵守市场规律，按市场化要求规范运作，建立起有效的制衡机制是根本保证。混改最根本的是要依法合规、公开透明参照《操作指引》六步骤程序进行：混改战略为首、经过充分论证及可行性研究制定混改战略方案、集体决策按流程审批、对资本作价进行专业审计评估，前四个步骤都是混改的保障措施即“定战略”，第五步才能“混资本”，第六步才可“改机制”，这是混改的整体思路。

（三）国有企业混合所有制改革新内涵

混合所有制的改革方案在新国企中发生了很大变化，它区别于过去的股权多元化模式。新国有企业的改革中加入了非国有资本，在股权多元化的前提下利用国有企业体制的创新发展模式，能不断提升国有企业运营效率和活力，推动国有企业潜力的激发，使其得以高速发展和改善。国有企业的混合所有制改革不同于简单的管理层收购，管理层收购国有企业股权，仅是新国有企业的混合所有制改革中员工中长期激励机制的内容，而新国有企业的混合所有制改革在市场化机制改革方面，还包括现代企业治理模式、市场化薪酬激励、职业经理人机制等更多内容。国有企业的混合所有制改革力求提升国有资本市场化配置效率。在十八届三中全会上，提出了有关市场资源配置的问题，需要将其作为混合所有制改革的一个重要方向，推动国有企业运营制度的完善，进而推动国有资本的配置速度，将国有资本的影响力和实力进行提高和完善。

新时代国有企业混合所有制改革呈现出融合多样性的特征。首先，政策层面以“放”为主。国资机构管理下的改革方案实施需要国企各个分支机构的大力配合，以促进混合所有制改革的条件改善。当前的改善方案可以用于国企混合所有制改革的各个环节，此项改革不局限于已有的部分试点，在符合要求的前提下都可以开展制度的改革和发展。在制度的指导下，可以切实有效地对国有企业员工的工作积极性进行提升和激励，虽然有的制度还没有明确规定，但是依然可以进行创新和完善，制度赋予的容错制度对于防范改革的风险非常有利。当前，中央提出关于天然气、石油、军工、电力等多个方面的混合所有制改革方案，参与混合所有制改革的国有企业范围大幅增加。此外，国家将放宽对于国企改革的具体要求，使得混合所有制改革步伐进一步加快，为了帮助国有企业提升改革效率，需要促进改革机制的发展和认可度，从而使国有企业混合所有制改革更具创新能力，使其有更多的空间进行多角度的实践操作。

其次，操作层面以“多”为主。主要表现在：第一，混合所有制改革的企业数量增多，改革的任务势必在未来逐渐增加，这项工作的优势就是可以实现标杆效应，作为国有企业改革的范本，它能帮助企业降低经营风险。第二，公司治理股权比例释放多。为了提升投资者的关注力，国有企业的混合所有制改革需要进行部分股权的释放，为后期的改革实施做好铺垫和准备。第三，混合所有制改革的企业创新多。在国有企业的改革计划中，充分融合多种所有制经济特点加入多种方式结合的手段，使得市场化制度得以完善和改革机会增加。

二、国有企业混合所有制改革的关键步骤

（一）引入非公资本——“混资本”

1. 制定战略规划

国有企业在推进混改之前及过程中，应当就自身战略定位、方向、目标、发展规划、战略决策等进行系统、全局地思考，适应当前国内外经济形势，抓准企业定位和发展方向，认清作为国有企业应当承担的社会责任和历史使命。对于国有企业而言，混合所有制改革是一个挑战，但更是一个机遇。企业发展的关键节点就在于牢牢把握机遇，顺势而上，紧跟中央政策，从企业发展、国家经济发展、人民需要的角度进行调整，制订更具有挑战性的发展目标和更适合自身的发展计划，加快外延扩张和并购整合。

国企混改是一件战略性系统工程，需要从战略开始安排。混改是从股权结构入手的，但是如果混改方案从股权开始，那就按错了启动键。明确未来企业的新发展目标和发展思路，规划市场化的发展模式和各方股东的资源投入，同时从发展的视角为各方投资者描绘投资回报的前景，这是成功混改的基础条件。一个良好的战略规划可以促使国有股东支持和帮助新设混改企业的设想变成现实。战略规划要发挥的作用是统一各类股东的思想和目标，将分散的资源和能力都汇集到一个点上来，而不是各有各的想法，没法统一。其中出资问题、持股问题、关联交易问题、战略规划问题都是在“混资本”中需要高度关注的事项。

2. 选择合格投资者

混合所有制企业如何选择投资者是国有企业混改后所面临的问题之一，它关系到与谁合作、为什么合作、如何合作，与混该公司的体制机制、发展战略和企业治理密不可分。由此可见，投资者是否优

秀，合作过程是否双方都满意，能否实现企业混改可持续发展，这些问题都是混改企业和原国有大股东需要考虑的因素。

选择投资者是多方聚合资源、整合优势、能力互补、互利共赢的实质性股权合作。混改当中，对于投资者的需要各不相同，一般可以将投资者划分为两类：产业型投资者以及财务型投资者，这是国有企业根据投资者的不同能力侧重点来进行分类的。对于产业型投资者，要求的是产业相关性和协同性；对于财务投资者，要求的是财务资本的实力。混改的国企出于投资者业务协同或者互补的考虑，从政策和实践两个角度进行分析。首先，对于每一家准备混改的国企来说，都需要未来的投资者能够有强大的经济实力做基础，因为这毕竟是竞争性的企业经营，需要资本注入也需要产业的协助，以应对未来发展的不确定性。其次，投资者要和企业有比较强的协同效应，与混改企业有业务和能力上互补。互补和协同有时有点接近，但侧重点不同，但毋庸置疑的是优秀投资者普遍应该是那些具有长期规划和稳健经营的企业。

3. 确定股权结构

股权结构设置关系到混改企业的核心利益，在混改方案中需要明确说明。通常要说明在增资或者股权转让中拟吸引外部投资者的股权比例，公司混改后的整体股权结构安排。外部投资者条件、方式和定价明确混改引入外部投资者的期望条件，根据政策要求确定引资过程是通过产权交易市场挂牌还是符合规定的场外交易。不断探索股权结构的合理配置方式，在股东选择和股权比例确定上，需要兼顾平衡，既要实现国有资产保值增值、又要科学完善现代企业法人治理、整合各类战略资源，找到各方“最大公约数”，通过股权将上下游、内外部生产要素整合起来，发挥最大价值。

国有企业的混合所有制改革必定会引入新的产权主体，除国有资本外例如集体资本、民营资本和境外资本等，因此对于推进国有企业改革还需要将企业的产权进行明确的归属。混合所有制企业的前提在于投资主体多元化，特征是产权多元化，投资者以股份的形式确定自己所拥有的产权地位。在企业中，资本财产权以股份的份数来衡量，同股同权是最基本的标准，同类的股份享有一样的权利，按占有资本的多少拥有相对应的权利，从而归属落实到出资人产权划分明确和清晰。混合所有制企业中因为投资者相对较多，产权主体不仅仅是政府或政府委托的管理机构，因此企业本身要将财产主体明确，所投入的资本是企业本身的财产，独立自主经营并负担盈亏。

（二）转换经营机制——“改机制”

1. 建立规范的法人治理结构

完善治理结构是关键，坚持市场化导向、经营机制转变是混改方案中越来越重要的部分。现代企业制度的现代性在于法人治理，将自主经营权下放到董事会和经理层，使其拥有更多的企业内部话语权，将董事会提到核心地位，理顺董事会和经理层之间的关系，聘用职业经理人对企业进行管理，可以赋予企业更强生命力和活力，提高企业应对风险的能力。国有企业要改变以前被动经营的陈旧思路和理念，化被动为主动，占领经济发展新形势下的高点，突破体制机制的局限性，确立市场内部主体控制地位。国有企业改革的深化同时要摆脱束缚，推动政企分开、政资分开，借助混合优势让市场自我调节、自由说话。政府也应当逐步退出市场、转化职能、简政放权，减少对企业的行政干预，国有企业自负盈亏，政府不再对其进行兜底。

混合所有制企业运行效率的本质在于制度的建设，也就是建设法人治理结构。对于一个完善的法人治理结构而言，应当具有定位清晰、权责对等的股东（大）会、董事会、经理层、党组织和监事会等，机构间要能够协调运转、高效制衡，在执行决定政策时要按章行权，做到有法可依、有据可循。

解决市场化治理机制和决策机制是混改的核心，混改企业的公司章程要在合法的基础上进行制定，保护公司章程的权威性和稳定性，无论如何不能突破公司章程的底线。现代企业制度体系其内容应当包括：股东会的权利地位、健全的监管方式、将出资人的具体职责进行详细描述；董事会作为组织决策中心地位，要明确董事会的职权所在；作为授权管理的经理层，要维护经营的自主权，充分对员工进行及时有效的管理；监事会则要发挥监督作用，将问责机制的优势充分展现。

现代公司制度的特点在于董事会的中心位置不能改变，混改企业也应当注意到这一点，在改革过程中以建立健全董事会制度为核心任务。在完善运行机制中，需要重点保证其独立性，董事会对于企业内部的意见可以独立公正发表，董事会制度的建设要进行分层管理，独立董事、外部董事和内部董事之间不能有重叠和交集，对于公司而言独立董事与公司的关联性不强，几乎不受内部董事影响，相对的公正性也更强，有效地保护了董事会的集体决策和股东权益，以克服“内部人控制”现象。董事会成员也应当有一定的条件限定，比如是否为行业内的专业人士、是否知晓市场与政策等等。最后，责任制度的完善。公司对于董事会发挥的作用需求主要存在于董事对公司的忠诚度和董事的熟练度，因此董事的勤勉谨慎、责任心以及建立、落实责任制度，就成为董事会需要着重考虑的现代企业制度的建设需求。

2. 改进用人机制与推进员工持股

对于企业而言最基本的组成单位是人，混改过程中影响最大的因素也是人。混改中需要进行选聘职业经理人的市场化，聘用高级的经营管理人才，他们是企业中关键少数。企业核心骨干和技术专家，提高了企业的核心技术水平。通过加大国企职业经理人机制的推广实施，能够部分解决关键岗位高端人才进的问题以及国企员工队伍的淘汰机制问题。只有是市场化的进人，才能有效落实市场化的淘汰，进而持续保持国企人才队伍的良性持续优化。由此，通过市场化选人用人制度授权改革，有效实现国企人才队伍合理的结构优化，进而保障混改国企能力持续改善并提升。

十八届三中全会通过的《中共中央关于全面深化改革若干重大问题的决定》指出：“允许混合所有制经济实行企业员工持股，形成资本所有者和劳动者利益共同体”。由此可以看出，在国有企业混改后股权可以形成国有资本、民营资本和员工持股的新结构，企业的效益与员工的利益捆绑，激发了企业的深层活力，市场对企业的调控作用更为显著，科学可持续地发展了法人治理的结构，在各股权间，形成了互相制约和市场经营以及管理的新机制。

国有企业在推进混改过程中，在员工持股方面要进行积极的探索和完善，维护员工利益，在遵循合法、公开、透明的前提下根据岗位来确定股权，将员工利益与企业发展绑定，员工的持股可以在一定范围内进行调整，对员工持股的权利必须严格保护，对企业实施有效监督。同时在企业内部由市场来决定劳动人事分配，从各种复杂关系中跳脱出来，建立平衡员工和企业的业绩考核评价体系。

目前混改国企最关心的问题是员工中长期激励机制，国企混改方案设计实施必须同步考虑并推动激励机制改革。短期激励方面，要积极推动授权机制下的工效挂钩的市场化薪酬制度改革；中长期激励方面，要积极推动员工持股计划或股权激励机制，或超额利益分享机制、跟投机制的突破创新。员工的持股范围、入股价格、持股方式和比例以及出资形式等都要进行书面记录，日后有据可循，按照增量引入、利益捆绑、以岗定股、动态调整开展员工持股改革试点。培养骨干员工的企业责任感，让员工自发地认为与企业是同呼吸共命运的整体，激发企业发展内生动力。形成连股连心连利模式，有利于留住人才和招引人才，最大程度释放人才红利，通过股权激励，形成资本所有者和劳动者的命运共同体。

（三）持续完善保障体系——“强保障”

1. 产权保护的加强

产权是所有制的核心，具有激励和约束经济主体、优化资源配置、协调利益关系等重要功能。产权主体的利益通常在产权交易和产权流转中得以实现，而产权制度是关于产权界定、运营、保护的一系列体制安排，是社会主义市场经济存在和发展的基础。混合所有制改革允许各类资本交叉持股、相互融合，允许员工持股，对平等保护出资人的产权权益提出了严格要求。具体来讲，需要重点做好以下工作：

首先，完善产权保护制度。以平等保护为核心原则，完善促进混合所有制经济发展的产权保护制度，进一步健全国有、集体和非公有产权保护的法律法规，健全严格的产权占有、使用、收益、处分等完整保护制度。切实加强保护国有资产所有权、经营权、企业法人财产权，严防国有资产流失。切实加强保护集体资产所有权、承包权和经营权，切实保障农户充分享有土地承包权、经营收益权及宅基地使用权。切实加强保护非公有产权，完善保护私有财产权法律制度，清理不利于私有产权保护的法规政策，确保个人和非公企业法人财产权不受侵犯，促进非公有制经济健康发展。

其次，严格平等保护各类出资人的产权权益。发展混合所有制经济，不仅要保护公有制经济的财产权不被挤占，防止国有资产流失，同时也要加强对非公有制经济合法权益的司法保护，特别是在非公有制经济主体与公有制经济主体发生经济纠纷时，要树立公平公正执法、司法观念，不得歧视非公有制经济主体。改革要依法依规、严格程序、公开公正，尊重市场选择，切实平等保护混合所有制企业各类出资人的产权权益，防止混合所有制改革中的拉郎配，要把出资人的合法权益作为企业利益的核心。实现混合所有制企业所有出资人依出资比例和公司章程规定分担风险、共享权益，即“同股同权”。提升民营企业的法人治理水平以适应混合所有制改革，对于民营企业入股国有企业的新股东权益，要予以充分保障。

2. 多层次资本市场的健全

建立健全场外交易市场，完善多元化金融产品交易机制是混合所有制企业成立和发展的重要支撑，是我国资本市场发展的趋势，完善的资本市场由场内和场外交易市场共同构成。当前我国因为规模与资质不符而无法上市的公司较多，非上市公司的股权交易需求旺盛，而我国的场外交易市场还存在制度不完善、市场效率不高、交易不活跃、融资困难等一些问题。因此，健全场外交易市场，完善多元化金融产品交易机制，是当前资本市场建设的重要任务。具体来讲，需要重点做好以下工作：

首先，尽快统一规范交易规则。要尽快制定统一且覆盖不同层级场外市场的完整交易规则，主要包括以下三类，一是关于市场准入的规则，包括挂牌公司准入、投资者准入、做市商准入、保荐人准入、中介服务机构准入等方面的规则；二是关于市场主体权利和义务的规则；三是规范和监管交易行为和交易流程的规则。当前，针对做市商、保荐人、投资人、专业中介机构，实践要求尽快统一规范《注册管理办法》《登记托管办法》以及《资金清算管理办法》。针对市场交易流程管理，实践要求尽快统一规范《专业中介机构注册指引》《尽职调查指引》《年度报告指引》等相关可操作性文件。

其次，完善场外交易市场监管制度。尽快完善相关的监管制度特别是要建立健全针对做市商的成交报告制度、报价监管制度、卖空交易监管制度、交易信息披露制度等，构建有效的监管体系，实现属地化、专业化监管，为场外交易市场的健康发展保驾护航。

最后，完善多元化金融产品交易机制。建立健全股权、债权、物权、知识产权及信托、融资租赁、产业投资基金等金融产品交易平台，提高市场价值发现和价格形成的能力。完善公开、透明的统一报价机制。完善风险监测和预警机制，保证资产所有者的利益不受侵犯。努力推进技术系统整合，确保不同类型的产品之间能够自由交易，加强互联互通和大数据监管，降低市场风险。

三、混合所有制改革的关键和难点

（一）如何把握对混改企业监管适度的问题

企力争摆脱“一放就乱，一管就死”的顽疾。积极稳妥推进混改，转变监管理念、监管重点、监管方式，加快形成以管资本为主的国有资产监管体制，给微观主体要授权放权，同时也要适度监管，改革的落脚点要放在如何增强企业的活力，而企业的活力就在于释放员工的活力。适度放权，将权力授予经理层面，减少人为干预，以企业的治理结构为依据，以管资本为主，要在企业集团的整体管控改革配套与混合所有制企业改革同步进行。混改企业需要独立性较强的董事会决策，国有企业股东单位将一定程度上的经营决策权限充分授予混改企业的董事会和经理层，允许混改企业根据市场化的要求主动创新和突破。

（二）文化融合、价值观、经营观的冲突问题

在发展混合所有制经济过程中，也要注意需要重视文化融合，防止企业因文化差异和经营理念的不同而产生不必要的矛盾和误解，避免国企的行政化和机关化进入混改企业中，同时民营企业常见的家族化经营和一人独大的情况也要避免，单一的传统国企管理和民企管理也已经不适用于混改企业中。一般而言，国企和民企在运营过程中存在较大差异，国企经营中注重规则、流程、监管，注重政治观，民企以绩效第一，秉持经理人观。因此二者的结合在经营模式、理念、目标上都会有所不同，公司治理结构的调整就显得非常必要。混改不仅“混资本”，还形成了资合人合的新模式，形成了国有体制和民营机制的全新模式，员工的动力和活力被激发，对于事业的创造力和创新能力也加强。

（三）混改定价与交易规范问题

国企混改当中最为关键和敏感的部分，是国有股权进行增资或者股权转让时，所进行的企业股权价值确认，以及股权交易过程。对于国有企业而言，应当审计和评估股权交易的内容和过程，对于混改的审计和评估应当对中介机构提出一定的资质要求，指出审计和评估基准日确定的原则，以及基准日后发生重要变更事项的处理原则。根据现行国有资产交易管理政策，绝大多数混改股权的交易过程，都需要通过国有股权交易场所进行。选择产权的交易机构、内部信息披露、遴选投资人和交易价格等进场交易的关键环节上，应当以公开、公正、公平的原则来进行。

（四）中央和地方的混改关系

以马克思主义哲学辩证唯物论为指导，用发展的眼光看待国有企业混合所有制改革问题，认清量变与质变的实质，有步骤地实现国企混改目标。充分认识地方国企混改探索创新对中央混改政策的实践意义，树立系统思维妥善处理全局与局部关系，顶层设计和基层探索是当前国企混合改革的发力点，顶层设计要从全局角度出发，前瞻性要强，防止方向性错误，但由于改革的复杂性、矛盾性，顶层设计在改革中会遇到瓶颈，这时地方国企改革就要发挥探索创新精神，在区域内先行先试，获得突破性进展，从而丰富和支撑顶层设计。

四、山西国有企业资本结构调整与混合所有制改革例证

（一）山西省国有企业资本结构现状

目前山西省共有沪深两市A股上市公司38家，其中国有控股的有19家，分别为西山煤电、太钢不锈、太化股份、山西焦化、通宝能源、南风化工、大同煤业、山西汾酒、阳泉煤业、漳泽电力、山西证券、潞安环能、太原重工、兰花科创、国新能源、阳煤化工、ST煤气、ST山煤、ST三维。半数省属国企尚未打通对接资本市场通道，上市公司市值普遍不高，上市以来再融资平均不到2次，部分上市公司存在潜在退市风险。截至2019年三季度末，省属国企资产证券化率仅为17.65%。

资产负债率主要体现了企业的总资产中的举债部分，这是衡量公司偿还能力的标准，还反映出公司需要融资发展自身的情况。目前山西省国有上市公司的资产负债率较高，大部分企业的资产负债率处于60%以上的状态，这些企业占总国有上市企业总数的60%以上，越来越多的国有企业呈现出短期融资高负债状况，这种状态企业的流动负债较高，普遍超过75%；而中长期负债率又偏低，长期处在35%以下的水平。反映出山西省国有上市公司整体都存在经营状况异常的情况。

从国有上市企业股权集中情况来看，山西省国有上市公司中的第一大股东持股比例一直处在46%左右，目前呈现微弱的下降状态，这些企业中山西汾酒股权集中情况最强，其第一大股东持股比例一直超过69.97%，山西焦化股权集中情况最弱，从山西省整体国有上市企业的股份情况上看，其大部分股权是国家所有。从股东之间的股权均衡来看，其衡度水平一直保持在0.3左右，这是很低的水平，说明第二到第五股东整体的股权对于第一大股东的影响非常小，这也说明国有企业的决策通常由第一大股东制定完成，其他股东不具备决策能力，他们的利益分配也会较低。国有上市企业的第一大股东是国家法人，国家控制企业的运转情况和决策模式，在这种股权高度集中的资本运行下，国有资本占有绝对领导权，其他股东的利益也很难得到保证，这不利于企业长远的综合发展。

为了能够更准确地分析企业的盈利能力，本文采用山西省A股上市的11家非国有企业的数据，将这些数据与之前选取的国有企业数据进行比对，这11家非国有企业包括振东制药、永泰能源、永东股份、英洛华、亚宝药业、同德化工、仟源医药、美锦能源、跨境通、东杰智能、当代东方。

采用净资产收益率指标的考察方式对国有企业和非国有企业之间的盈利能力和资本运用进行效率分析。得出结论是非国有企业与国有企业的资产收益率走向趋势基本一致，两种企业都受到市场经济大环境的影响。非国有企业的净资产收益率平均较高于国有企业，但是银行对于国有企业的借款利率相对更低，其融资能力更强，国有企业可以获得国家的税收优惠政策更多，从而反映出国有企业的资金运用率普遍偏低，因此山西省国有企业应积极调整企业结构，以便适应市场的需求。

（二）山西国有企业资本结构层面存在的问题

根据以上情况分析，山西省国有企业在资本结构方面存在的问题主要有：第一，国有企业的负债结构较差，资产负债率过高且流动负债比例很大，企业随时需要偿还巨大债务，企业倒闭的风险非常高，不利于投资者投资和企业融资。第二，国有企业的股权大多是国有集中制度，国有上市企业的第一大股东是国家法人，公司的领导层多为公职人员，他们是国家与企业之间的桥梁，在行使对公司的管理权时会存在一些代理决策的情况，这会产生企业经营者和其他所有者在政策上的矛盾，可能会造成企业管理者独大，产生职务侵权不受监督的状况。第三，国有企业普遍存在运营效率低下的情况，国有企业拥有国家大量的资金支持，因此在经营上没有很强的危机意识，部分国有企业管理者在企业经营和政绩面前选择后者，对企业本身的投资价值不够重视，造成了企业资金的低效运转。这些都是造成国有企业面临经营困难的主要原因，使其在市场经济发展的大环境下面临被淘汰风险。

（三）山西国企混改的关键突破

山西的此次改革明确了市场化、法治化的改革取向，巩固了“根上改、制上破、治上立”改革原则，推动国资国企改革实现重大突破和根本突破，做优做强国有资本，促进省属企业高质量转型发展。2019年山西国企混改以“双百企业”改革为抓手，首次明确要求太钢、太重、文旅、汾酒、建投、中条山、大地、云时代等8户企业在集团公司层面开展混改试点，太重、文旅、大地等三户企业首次列入全国国企混改试点名单。汾酒集团整体上市已于年底完成，核心资产已基本完成注入；山西建投集团与央企中国中铁签订股权合作框架协议，拟出让51%的控股权，引资额将达到70亿元左右；其他6户省属企业也正加速与各相关战投、财投、金融机构等进行积极洽谈和对接，大地控股旗下大地国际在港交所成功挂牌上市。

2020年省属企业改革继续持续攻坚，转型目标是资产负债率同比下降1个百分点；“腾笼换鸟”净回笼资金100亿元；盘活、处置停缓建项目50个以上，盘活、止损沉淀资金100亿元以上；贸易收入规模压降15%，贸易收入占营业收入比重同比下降5个百分点；推进1-2户省属企业集团混改；推动75%以上的国有资本集聚到基础性领域和优势行业。截至2020年9月，省属国企涉改资产总额2.6万亿元，“腾笼换鸟”上报项目158个，涉及净资产2295亿元，已交易项目回笼资金81.2亿元。煤炭企业数量从7家调整至1家煤企和1家能源集团，其他涉改产业涵盖了焦煤、动力煤、钢铁、化工、信息、新材料、文旅、体育等14个领域，从“一煤独大”到“八柱擎天”。

（四）山西国企混改的主要做法和经验总结

1. 山西混改的主要做法

2016年，山西省开始了大刀阔斧的国企改革，着力从“管企业”向“管资本”转变。2017年为了深化山西的国有企业改革，加快经济体制的转变，山西省人民政府出台了若干政策意见，例如《关于深化国企国资改革的指导意见》《关于省属国有企业发展混合所有制经济的实施意见》《山西省国有控股混合所有制企业开展员工持股试点的意见》等，当年组建了山西国有资本投资运营公司。

2017年12月山西启动“腾笼换鸟”工程，拉开国企混改大幕。目的是要解决山西“一煤独大”“一股独大”和创新性不足的矛盾，以山西产业结构调整、国有资本布局优化以及省属企业专业化重组为基础和前提展开。通过“腾笼换鸟”方式转让部分国有股权，实现转让收益，提高新旧动能转换速度，引进战略投资者和财务投资者，从而促进产业结构调整和国有资本布局优化，为山西的经济和市场转型高质量发展而蓄力。“腾笼换鸟”项目由此提出，旨在推动山西国有能源企业加速转型发展，山西焦煤集团、阳煤集团、晋煤集团、潞安集团和晋能集团等旗下的相关资产都进行了全部或部分股权的出让，第一批12个“腾笼换鸟”项目是山西省委、省政府为深化国企国资改革，优化山西国有经济布局，推动国有企业转型发展，作出的重要安排部署，也是山西国企混改的序幕正式拉开的标志性事件。这批拟转让的项目涉及煤炭开采、洗选加工、焦炭、煤化工、煤层气、电力企业的投资和管理等领域，其集中性的问题主要体现在尽管煤炭市场有所复苏，但煤炭企业的资产负债率不降反升，居高不下的负债率导致山西煤企社会成本高，社会成本转移困难，总体经济负担重等问题。在前一批“腾笼换鸟”项目斩获成功后，第二批企业名单也于次年启动实施，涉及的项目和资产规模分别达到41个和700亿元。

2018年，省国资要求各国资集团要开展一主三副目录的梳理，确保国企集团按照确认、突出主业以及突出事业的“一主三辅”原则进行，混改后的企业要将发展目标和战略定位确定，实业和主业中集中各类生产要素，提高企业的竞争力、盈利情况和抗风险能力。以行业特征和企业实际情况对股权的比例调整，利用上市公司平台引入战略投资者，使其实现对一主三辅目录的真正实现，在解决对国有股东一股独大的同时，对传统的产业结构进行创新和调整。省国资委此前已出台多项重要举措，其中包括实行“一企一策”实施经营目标考核、发布《山西省国有控股混合所有制企业开展员工持股试点的意见》《关于省属企业功能界定和分类的指导意见》等内容，可谓全力加快山西省国资监管体制从“管企业”向“管资本”转变。同时，山西国资改革的多种混改方式包括新设参股、增资扩股和股权转让等，账面净值超过了340亿，与108个项目息息相关，这一举措标志着山西国资改革深水区的到来。

2019年，在以习近平同志为领导核心的党中央的指示和关怀下，山西国企的改革不断提速。《2019年国资国企改革行动方案》和《省属企业混合所有制改革操作指引》为国企改革提供了目标和前进方向。改变山西传统国有能源企业的束缚，加大混改力度，完善混改国资管理体系，对于混改企业加强党建，激发市场的深层潜力和活力，转变以能源为主的经济结构，加快转型发展。推动国有企业的资本配置效率，让国有资产保值增值，在战略性和关键性领域不放松，抓住机遇，顺势而上，通过专业化兼并重组减少过剩产能行业的企业，整合企业资源和产业链，不断促进转型升级。《方案》及《指引》也明确提出混改率当年力争上升到75%，2020年达到80%。

2. 山西混改的经验总结

山西省过去的产业结构太过固化，一煤独大、一股独大现象严重，传统的能源企业是经济增长的动力，例如煤炭及煤炭相关的焦炭、冶金、电力等。产能无序扩张，产能严重过剩，产业结构固化已不能适应现代经济结构，也使得山西经济增速逐年下降。本轮供给侧结构改革以来，山西省寻求转型升级，积极发掘经济中的新增长点，寻找战略支柱产业，产业结构逐步得到优化。充分发挥了山西省内国资体量大的优势，在推动国企混合所有制的同时，实现产业链的扩展，优化国有资产配置，从而带动经济结构转型升级，持续实现煤与非煤产业持续的“结构反转”。

山西国企混改紧紧抓住国资国企改革发展的重大机遇，充分发挥管资本的“市场之手”作用，通过国有资本“进退流转保”，强化专业化、市场化、法治化、穿透式监管。进，就是通过市场化运作，布局新兴产业，支持、撬动山西经济转型发展。退，就是以市场化、法治化方式，有序退出不具有发展前景的传统产业、过剩落后产能和低效无效资产。流，就是统筹推进国有企业专业化重组改制，加快混合所有制改革，以市场化方式，促进国有资本有序流动。转，就是依托多层次资本市场，加快并购重组，提高国有资产资本化和证券化水平。保，就是运用多种金融工具和资本运作手段，加强风险防控，确保不出现系统性风险，确保国有资本做强做优做大，确保国有资产保值增值。

山西国企混改过程中，重点做到了九个聚焦：聚焦保值增值，全力实现混改企业效益稳增长；聚焦深度转型，全力实现改革新突破；聚焦“一企一策”，全面体现混改企业考核新导向；聚焦“六定”改革，促进企业治理现代化；聚焦项目投资，全力提升“进”的质效；聚焦“腾笼换鸟”，全力加大“退”的力度；聚焦专业化重组，全力强化“流”的统筹；聚焦资本运作，全力创新“转”的方法；聚焦风险防控，全力坚守“保”的底线。

山西的此轮国资国企改革，国务院国资委也给予了充分肯定和积极回复：一是同意建立央企和山西国企合作机制，建立沟通联系机制；二是全力支持山西“腾笼换鸟”，支持央企与山西国企对接合作，在产业转型、科技创新、“走出去”等具体企业及合作项目上给予协调；三是高度观注山西国有资本投资运营公司在全国范围内的模式创新，支持山西积极稳步改革，总结经验；四是建议山西借鉴央企经验，创设专项投资基金、科技创新基金、并购重组基金、混合所有制改革基金、战略新兴产业投资基金等各类基金，整合各类资本，从组建基金之初，就吸引各类资本，启动混改，推进山西国企转型升级、创新驱动和国际化经营。从国资监管体制改革、经济结构转型、持续推进混合所有制改革，省属国有企业改革的“山西路径”最终落脚点是为了让山西国有企业经济“活起来”。要用好中央顶层设计的“尚方宝剑”，先行先试，蹄疾步稳，为全国创造可借鉴、可复制、可推广的经验。

五、国有企业混合所有制改革优化路径

（一）转变政府职能创设良好改革环境

第一，转变政府职能，理顺政企关系。有关国有企业的监察治理单位务必理清政府和企业二者的关联，不但要给予足够的尊重以及表现出市场体制的关键性影响，还要更深层次地精简政府机构，把管理权下放，转换监察观念，从管理企业过渡到管理资本。之前过度严格的治理企业生产经营方式应有所改善，转变成比较活跃的管理国有资本的保值增值方式，政府需要提供给国有企业充足的混合所有制改革自主权，并通过这种手段使得企业能够以单独的市场主体地位在市场角逐中达成各种类型资本的有机融合，着重治理政府干涉过重以及监察不到位的问题，而不单单是掌握混合所有制改革的主要方向以及政策支持，以优越的市场环境和科学的政企关系为国有企业国有股最优比例的形成创造条件。

第二，完善市场经济体系，促进不同类型资本的高效流动。完善市场经济体系，不但要坚决市场的决策性地位，营造公平竞争的市场环境，而且要加速推动垄断型行业革新，包括石油、电信、交通等方面，还要渐渐放松更大范围的垄断市场领域和业务，进而推动国有企业和非国有企业的全面公平竞争。要想推动国有资本和非国有资本的有效流通，就一定要突破区域间内部资源流通的行政阻碍和市场堡垒，要想在根本上达成政企分离，则需要更深层次地加强国有企业的自主性和竞争性，取消对国有企业不公平、不平衡的限制。一方面要为非国有资本加入市场给予，这需要强化行政审核机制，严格掌控合法关、合理关和监督关，准备好对非国有企业的市场人才服务。另一方面要为国有企业劳动力的高效变动营造优质的市场环境，这需要健全劳动力市场，突破限制劳动力灵活流通的行政性和市场性阻碍，提供高效的软硬件配套设备。

第三，转换思想理念，树立正确观念。对混合所有制改革成效最有作用的关键元素是国有股最优比例，更重要的是在践行中推动国有和非国有两种资本的有机联合。经历长时间的进步，我国的私有经济已经进步到特定的高度，它们既有实力也有意向加入国有企业革新，要果断抛弃以前对非国有经济和企业的歧视性观点。一方面政府职能单位务必真实了解并看重我国非公经济在国有经济混合所有制改革中的关键性，提供给其公平公正的市场地位和机遇。另一方面，为了使得企业用真实自主的市场主导地位在市场竞争里完成各种类型资本的有机融合，政府需要提供给国有企业充足的混合所有制改革自主权。

第四，尽快解决国有企业历史遗留问题，减轻国有企业改革负担。对于改革相对滞后地区的国有企业而言，解决历史遗留问题必须依靠政府实质性的举措与有效的配套政策，为其国有企业混合所有制改革和国有股比例的优化创造条件。其中主要包括：进一步完善社会保障体系，保障国有企业离退休、下岗人员的生活，为国有企业剥离办社会职能奠定良好的社会保障；进一步推进国有企业历史欠税豁免政策的实施，要健全政策实施机制，减少豁免政策实施的交易成本及时间成本；对破产的国有企业进行更为有效的援助，规范破产程序，保障受损利益主体的妥善安置与社会稳定；对厂办大集体问题，要总结已有政策的经验教训，在现有政策切实落实的基础上，合理分配中央、地方、企业三者之间在厂办大集体改革成本中的承担比重，中央要加大财政支持，提高经济补偿金的承担比重等。

（二）积极稳妥推进国企混合所有制改革

第一，国有企业混合所有制改革要因地制宜。国有企业混合所有制改革绝对不能“一刀切”，要在

动态中把握国有股最优比例，各地区要认真贯彻落实中央要求，在充分调研的基础上，设计可操作性强的具体改革方案，引导国有企业在混合所有制变革中进行稳定发展，实现改革的合法性、合理性和可持续性。不同的地区、不同的企业拥有各自的特点，要根据自身情况进行改革，在实现国有企业股份比例的革新中要坚持“一企一策”的政策。在竞争激烈的地方，政府要通过开放性政策促进其发展，要以保障国有资本的保值和增值为目的来开展工作，不但可以实现国有控股形式，还可以实现国有参股形式。在重要的部门和行业中，特别是公共服务方面，要保持国有控股地位的原则，并根据市场的环境、资本的效率、不同资本的影响因素等调节国有比例。身处“新常态”的环境中，在部分能耗高、产值低的区域，实现混合制改革要极为谨慎，要将国有资本集中在新兴产业和现代服务业中，并在这些领域大力发展非国有资本的改革，通过国有企业的桥梁作用，可以促进非国有资本在重要行业、生态发展、环境保护、科研技术等方面大力发展，进而优化国家的产业结构。

第二，在保障社会稳定的前提下，积极发展革新。在混合所有制的革新过程中，政府要将社会经济的稳定性作为首要目标，要同时注重公平和效率的原则，要对政策的范围进行明确划分，要让企业职工对革新进程有所了解和参与，特别是在涉及职工利益的方面要做好相应的评估工作，所有涉及的方案都要经过职工代表大会的表决和审议，并结合实际情况进行灵活操作。除此之外，各级政府要开展相关的调研工作，根据不同地区设计不同的革新方案，始终贯彻“一企一策”的政策，政府可以通过混合所有制提高效率低下、人员冗长的机构的效率，针对部分革新条件不成熟的企业，强行进行改革会引发风险和造成社会不稳定，为此需要谨慎考虑，不能为了完成革新目标而进行强行改革。

第三，革新进程讲求有序性，要避免从众性。在 2014 年的政府工作报告中明确提出，“国有企业的混合所有制改革要有序进行，要积极引导和规范非国有资本的参与”，这对之前“积极发展混合所有制”的政策进行了调整。这一举措说明政府意识到不同区域、不同行业在改革中存在的“一哄而上”“一混就灵”等不良现象。针对这种情况政府在国有企业混合所有制改革中要更加谨慎，要通过更加详细、有效的指导思想积极引导不同行业进行正确改革，以保障不同区域、不同行业在国有企业混合所有制的改革中的有序发展。

第四，审慎地对待改革，严控风险。一方面，在推进国有企业混合所有制改革时，要充分考虑市场环境、企业类型等因素，不可盲目地降低国有化水平。实际上，民营资本天然的逐利性及机会主义倾向会抵消私有化带来的效率提高，过度的自由化与私有化反而会增加企业经营风险。另一方面，国有企业混合所有制改革涉及面广、政策性强、社会关注度高，相关企业、部门和单位要高度重视，精心组织，严守规范，明确责任，政府及相关职能部门要加强对国有企业混合所有制改革的组织领导，做好把关定向、配套落实、审核批准、纠偏提醒等工作。各级国有资产监管机构要及时跟踪改革进展，加强改革协调，评估改革成效，推广改革经验，重大问题及时报告。

成果创造人：封　毅

中国特色现代国有企业制度下党的领导融入公司治理研究

中国船舶工业综合技术经济研究院

一、研究背景和意义

（一）党的领导融入公司治理是习近平总书记对建立中国特色现代国有企业制度的要求

习近平总书记在全国国有企业党的建设工作会议中明确指出："坚持党对国有企业的领导是重大政治原则，必须一以贯之；建立现代企业制度是国有企业改革的方向，也必须一以贯之。中国特色现代国有企业制度，'特'就特在把党的领导融入公司治理各环节，把企业党组织内嵌到公司治理结构之中，明确和落实党组织在公司法人治理结构中的法定地位，做到组织落实、干部到位、职责明确、监督严格。"在建设中国特色现代国有企业制度的过程中，把党的领导融入公司治理，是对习近平总书记重要指示精神的贯彻落实，能够使国有企业在不偏离中国特色社会主义发展方向的前提下，实现其经济效益的最大化。

（二）党的领导融入公司治理抓住了党对国有企业领导的"牛鼻子"

目前，虽然多数国有企业已初步建立现代企业制度，党中央也一直强调发挥党委（党组）的领导作用这一重大原则，但部分国有企业仍存在治理主体权责不清、约束不够，党对国有企业领导作用发挥不充分等问题，尚未形成高效的公司治理体系。为了解决这些问题，全面加强党对国有企业的领导，必须将党组织内置于公司治理结构，把党的领导融入公司治理各环节，使党组织走入公司治理体系的中央，走进重大决策的中央。只有这样，才能使党委（党组）的领导作用组织化、制度化、具体化，才能使党组织真正发挥参与决策、保障执行、强化监督的职能，更好地使"加强党对国有企业的领导"这一要求真正落地。

（三）党的领导融入公司治理是国家治理体系现代化的要求在国有企业的必然延伸

首先，国有企业的地位和作用决定了国有企业治理是国家治理体系的重要组成部分。国有企业是中国特色社会主义的重要物质基础和政治基础，是我们党执政兴国的重要支柱和依靠力量。在党的领导下把国企治理好是推进国家治理体系和治理能力现代化的必然要求。

其次，把党的领导融入国有企业公司治理与国家治理体系现代化的原则一脉相承。习近平总书记指出："我们说要推进国家治理体系和治理能力现代化，关键是坚持党对一切工作的领导，确保党始终总揽全局、协调各方。”将党组织内置于公司治理结构与党领导国家治理体系现代化的原则相一致，能够充分发挥国有企业党委（党组）的领导作用，实现把方向、管大局、保落实。

最后，党的领导融入公司治理体现了依法治国、依法治企的国家治理理念。国有企业是我国国民经济的重要支柱，是落实全面依法治国战略的重要主体。党的领导融入公司治理，要求明确和落实国有企业党组织在公司治理结构中的法定地位，从而保证以“两个一以贯之”为核心的改革于法有据，依法依规推进国有企业党组织的机构、职能、权限、程序、责任法定化。最终确保国有企业党委（党组）的领导作用、党支部的战斗堡垒作用、党员队伍的先锋模范作用得以充分发挥，“两个一以贯之”确实能够成为“一以贯之”。

二、中国特色现代国有企业制度下党的领导融入公司治理的主要内涵和特征

（一）中国特色现代国有企业制度的定义

新时代国有企业制度建设的关键是要抓住“国情”和“国有”这两个主要因素。中国特色现代国有企业制度的提出正是将这两个重要因素有机统一起来，将“中国特色”的国情作为现代企业制度落地的出发点，将国有资本的“国有”作为国有企业治理的关键点。基于“国情”和“国有”两个重要因素，结合现代企业制度与公司治理的基本内涵以及建设中国特色现代国有企业制度的政策导向，中国特色现代国有企业制度可以被定义为：坚持和加强党对国有企业的领导，把党组织作为一个治理主体内置到国有企业公司治理体系的一套制度性安排。根据这一定义，中国特色现代国有企业制度的基本要求是“坚持和加强党对国有企业的领导”，实现这一要求的途径与方法，就是将党组织作为一个治理主体内置于公司治理体系之中。结合《国务院办公厅关于进一步完善国有企业法人治理结构的指导意见》中提出的“进一步健全各司其职、各负其责、协调运转、有效制衡的国有企业法人治理结构”，建设中国特色现代国有企业制度，其要义就是坚持和加强党对国有企业的领导，把党的领导融入公司治理各环节，把党组织作为治理主体内置到公司治理体系之中，形成各司其职、各负其责、协调运转、有效制衡的公司治理体系。

（二）中国特色现代国有企业制度的特征

中国特色现代国有企业制度是在“中国特色”的国情下，将“国有”优势充分体现出来的必然治理方案，是“中国特色社会主义制度”与“现代企业制度”的融合创新，是现代企业制度中国化的必然要求。根据本成果对“中国特色现代国有企业制度”的定义，中国特色现代国有企业制度有两个显著的特征，即坚持党的领导和把党的领导融入公司治理各环节。

党的领导是中国特色社会主义最本质的特征，是中国特色社会主义制度的最大优势，也必然是建设中国特色现代国有企业制度的根本原则。习近平总书记指出，“坚持党的领导、加强党的建设，是我国国有企业的光荣传统，是国有企业的‘根’和‘魂’，是我国国有企业的独特优势。”“根”“魂”和“独特优势”的定位，实质上也是国有企业本质属性的体现。国有企业的本质属性决定了坚持党的领导是重大政治原则，国有企业决不能因为建立现代企业制度、进入市场参与竞争就只强调经济属性而忽视政治属性，决不能借口与国际接轨而削弱党的领导甚至排斥、放弃、否定党的领导。国有企业承担着经济功能与政治功能相统一的特殊责任，承担着巩固中国特色社会主义基本经济制度的重要使命。在任何时候、任何情况下，都要毫不动摇地坚持和加强党的领导，切实履行好国有企业的使命和责任，使其成为党和国家最可信赖的依靠力量。

把党的领导融入公司治理各环节是中国特色现代国有企业制度的鲜明特点和本质要求。在我国，国有企业全民所有的属性，要求国有企业在实现国有资产保值增值的同时，需贯彻落实好全民意志；而最能够代表国有属性和人民利益，最有能力保障人民利益的治理主体就是中国共产党。因此，要保证我国国有企业的管理既符合人民的利益又符合市场经济规律，必然选择在国有企业法人治理结构中嵌入“中国共产党”这一治理主体，将党组织内置于公司治理结构，把党的领导融入公司治理各环节，最终达到国家利益和经济利益的平衡统一。

（三）党的领导融入公司治理的核心要义

中国特色现代国有企业制度下党的领导融入公司治理，根本目的是要发挥国有企业党委（党组）的领导作用，明确党组织在决策、执行、监督各环节的权责和工作方式，使党组织发挥作用组织化、制度化、具体化。根据习近平总书记对建设中国特色现代国有企业制度的重要指示精神，本成果认为，党的领导融入公司治理的核心要义在于：

1. 必须明确和落实党组织在公司治理结构中的法定地位

现有的法律法规及政策性文件对党的领导融入公司治理提供了一定支撑。《中华人民共和国宪法》规定，中国共产党的领导是中国特色社会主义最本质的特征，这一条款为党领导国有企业、党的领导融入公司治理奠定了法理基础。《中华人民共和国公司法》规定，公司应当为党组织的活动提供必要条件，这在一定程度上为党组织参与公司经营管理提供了法律支持。《中国共产党章程》明确了国有企业党委（党组）和党的基层组织的功能定位，成为党的领导融入公司治理的具体行动指针。其他的政策性文件（包括《深化国有企业改革的指导意见》《推进国有企业贯彻落实“三重一大”决策制度的意见》《关于进一步完善国有企业法人治理结构的指导意见》等）为党的领导融入公司治理提供了非常具体的制度安排。虽然当前的制度环境能够在一定程度上保障和指导党的领导融入公司治理，但党组织在公司治理结构中的法定地位还未明确，党领导国有企业在制度层面还有很大的完善空间，因此国有企业必须明确和落实党组织在公司治理结构中的法定地位，为党委（党组）领导作用的发挥提供法律依据。

2. 必须确保党组织对国有企业改革发展方向的正确把握

党的领导融入公司治理，要求国有企业坚决贯彻落实党的理论和路线方针政策。习近平总书记指出，国有企业党委（党组）“把方向，就是要自觉在思想上、政治上、行动上同党中央保持高度一致，坚决贯彻党的理论和路线方针政策，确保国有企业坚持改革发展正确方向。”为此，党委（党组）要全面参与国有企业的重大决策，研究讨论企业重大经营管理事项，并做好具体落实的监督。在参与决策的过程中，要协调处理好党委（党组）与董事会、经理层之间的关系，厘清党委（党组）与其他治理主体的功能定位和权责边界，规范党委（党组）参与决策的程序，使党委（党组）在公司经营决策中发挥重要作用，确保企业改革发展的正确方向。

表1　党委（党组）与其他治理主体的功能定位

治理主体	作用	职能		
党委（党组）	领导作用	把方向	把关侧重“4个是否”	是否符合党的理论和路线方针政策
				是否契合党和国家的战略部署
		管大局		是否有利于提高企业效益，增强企业竞争实力，实现国有资产保值增值
		保落实		是否维护社会公众利益和职工群众合法权益
董事会	决策作用	战略引领	决策侧重“4个分析”	分析决策事项与公司发展战略的一致性
				分析合法合规性
		经营决策		分析市场前景与盈亏平衡
		风险防控		分析各类风险
经理层	经营管理作用	拟定经营策略		
		执行决策决议		
		抓好运营管理		

3.必须保证党组织对国有企业选人用人的领导权和管理权

党的领导融入公司治理，要始终坚持党管干部的原则，保证党组织对国有企业选人用人的领导权和管理权。党委（党组）要按照“对党忠诚、勇于创新、治企有方、兴企有为、清正廉洁”的标准，把在实践中成长起来的良将贤才及时选拔到国有企业领导岗位上来，着力培养一支忠诚干净、担当作为的高素质干部队伍。同时，要坚持党管干部原则与董事会选聘经营管理人员有机融合，党委（党组）在规范程序、参与考察、推荐人选等方面发挥作用，保证人选政治合格、作风过硬、廉洁不出问题，董事会依法聘任或者解聘经理层成员。

4.必须统筹发挥纪检、巡视、审计等监督作用

作为公司治理决策、执行、监督中的一个重要环节，健全和完善监督体制机制，是建立现代企业制度的重要任务。习近平总书记指出，“要整合监督力量，形成监督合力”“要研究解决中央企业监督执纪问责不严、监督责任虚化缺位的问题”。为此，中国特色现代国有企业制度的建设，要完善权力配置和运行制约机制，坚持权责统一，紧盯权力运行各个环节，完善发现问题、纠正偏差、精准问责的有效机制，压减权力设租寻租空间。党的领导融入公司治理，要求党委（党组）统筹国有企业监督体系的建设工作，完善党内监督体系，强化政治监督，深化纪检监察体制改革，完善派驻监督体制机制，以党内监督为主导，推动各类监督有机贯通、相互协调。

三、党的领导融入公司治理的总体要求和重要举措

中国特色现代国有企业制度下把党的领导融入公司治理各环节，将党组织内置于公司治理结构，需要明确建设中国特色现代国有企业制度的总体要求，理顺党的领导融入公司治理的主要思路。其重要举措包括，一是必须确立党组织在公司治理结构中的法定地位，使党组织真正成为国有企业公司治理的主体。二是要构建科学合理的党组织参与决策的机制，使国有企业党委（党组）把准企业改革发展的方向和大局。三是要建立健全党管干部的选人用人机制，使国有企业领导班子，特别是主要负责人，真正做

到忠诚、干净、担当。四是要统筹整合各方监督力量和资源，构建“大监督”工作体系，实现对国有企业党员领导干部、所有公职人员的监督全覆盖，保障党的领导融入公司治理取得实效，确保党的路线、方针、政策和党中央重大决策部署在国有企业得到全面落实。

（一）总体要求

1. 指导思想

建设中国特色现代国有企业制度，把党的领导融入国有企业公司治理，要以习近平新时代中国特色社会主义思想和习总书记关于国企改革、国企党建的一系列讲话精神为指引，以坚决贯彻“两个一以贯之”为根本要求，坚持建立和完善现代企业制度的国有企业改革发展方向，充分发挥好党的领导和党的建设的“独特优势”，通过把党的领导融入公司治理推进国有企业公司治理体系不断完善，形成各司其职、各负其责、协调运转、有效制衡的公司治理机制。

总体上，要遵循相关法律法规要求，和党中央、国务院的相关政策文件精神保持一致（政策梳理见图1）。坚持遵循《中国共产党章程》《中华人民共和国公司法》《关于深化国有企业改革的指导意见》《关于在深化国有企业改革中坚持党的领导加强党的建设的若干意见》《习近平同志在全国国有企业党的建设工作会议上的讲话》《关于进一步完善国有企业法人治理结构的指导意见》《中国共产党国有企业基层组织工作条例（试行）》等法律法规文件精神的要求。

2. 基本原则

（1）坚持和加强党的领导是根本原则。中国特色现代国有企业制度建设必须坚持和加强党的全面领导，必须完善保证党的领导的制度安排，努力解决党对重大工作领导的体制机

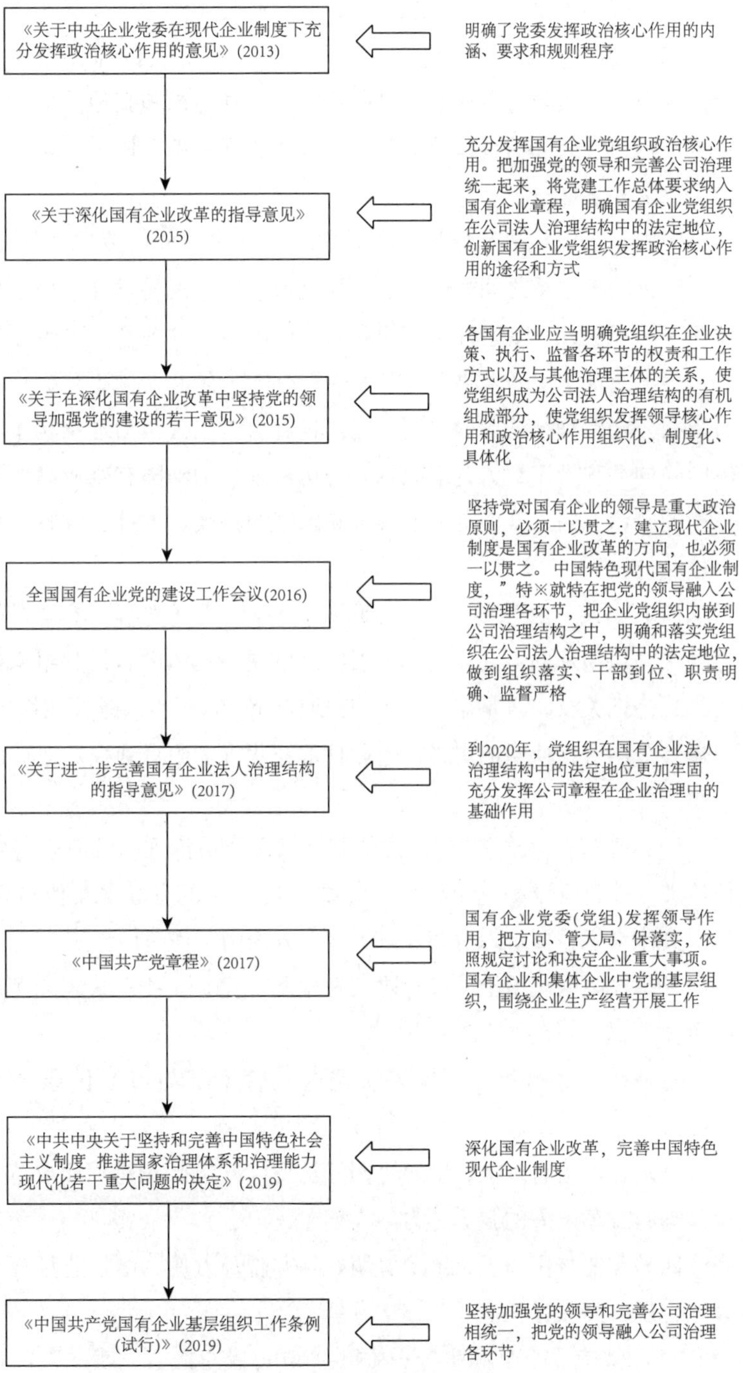

图1　建设中国特色现代国有企业制度的政策梳理

制问题，理顺党组织与其他治理主体的关系，把党的领导融入公司治理各环节。

（2）坚持权责对等与有效制衡的原则。有权就要担责，失责就要追责。国有企业建设中国特色现代国有企业制度、把党的领导融入公司治理各环节，对权利一定要加以监督、制衡和追责。

（3）坚持协同高效的原则。中国特色现代国有企业制度下党的领导融入公司治理，必须加强国有企业党委（党组）与其他各治理主体之间的配合联动，统筹协调好党统揽企业改革发展全局与企业董事会、经理层和监事会依法依规履行职能，使公司治理体系高效顺畅运行。

（4）坚持依法治企的原则。建设中国特色现代国有企业制度，把党的领导融入公司治理各环节，要坚持高质量发展与法律法规建设同步推进，党组织和其他治理主体要以公司章程为行为准则，规范权责定位、行权方式和监督保障措施，在法律法规约束下依规而动。

3. 主要思路

中国特色现代国有企业制度下党的领导融入公司治理，要遵循发挥党委（党组）领导作用的充分性、注重治理主体之间的协调性、强化重大决策的科学性、增强执行的有效性、保障监督的系统性、激发职工的积极性，处理好党组织和其他治理主体的关系，主要思路如下：

（1）保障“一个前提”。中国特色现代国有企业制度下党的领导融入公司治理，首要前提是明确党组织在公司治理结构中的法定地位，将党组织在公司治理结构中的地位和作用明朗化、制度化。通过具体明确的章程规定，为党组织融入公司治理、推动国有企业高质量发展提供根本遵循，使国有企业坚持正确的政治方向，全面贯彻落实党和国家的路线、方针、政策，真正成为党执政兴国的重要支柱和依靠力量。

（2）落实“三项权利”。推动国有企业党委（党组）参与企业重大经营管理事项的决策，是党的领导融入公司治理的重要体现。根据决策事项的具体内容，党组织参与决策需要落实三项权利：一是决定权，二是把关权，三是监督权。“三项权利”的落实，能够在组织架构上推动党委（党组）领导与公司治理有机融合，使党的主张在企业日常经营管理中得到很好地贯彻和执行，党委（党组）真正发挥领导作用。

（3）做好“四个统筹”。党的领导融入公司治理，既应确保党委（党组）成为企业治理的核心，其他治理主体自觉维护这个核心，党委（党组）也应尊重其他治理主体依法行权，做到既不缺位也不越位。具体来说，要统筹协调好以下四个方面的工作：

一是在战略决策上，统筹协调好党委（党组）把关决策与董事会、经理层科学决策之间的关系，保证企业“做正确的事”。

二是在人才选聘上，统筹协调好党管干部与市场化选人用人之间的关系，保证企业“选用合适的人”。

三是在经营管理上，统筹协调好党委（党组）推进深化改革与高管层全权经营之间的关系，保证企业凝聚起改革发展的强大合力。

四是在监督保障上，统筹协调好各方监督力量，增强监督合力，提高监督效能，保证企业经营管理合法合规、高效透明。

（4）坚持“一个方针”。中国共产党自成立之初，就一直代表中国最广大人民的根本利益。党的领导融入国有企业公司治理，必须坚持和落实依靠工人阶级的基本方针，切实维护和保障好广大干部职工的合法权益，这也是党对国有企业领导的内在要求。

（二）确立党组织在公司治理结构中的法定地位

确立党组织在公司治理结构中的法定地位，对于党的领导融入公司治理来说至关重要。为此，国有企业需要明确党委（党组）的定位和权责，修订完善公司章程。国家层面则需要加强相关配套法律体系的建设，为党委（党组）领导作用的发挥提供法律依据。

1. 修订完善公司章程

公司章程是企业内部的根本法，通过修订完善公司章程，可以进一步明确党组织在公司治理结构中的法定地位。

从具体操作上看，首先，国有企业要修订章程总则，明确党建工作“四同步、四对接”的工作要求，凸显党组织的领导作用；其次，国有企业要在公司章程中增加“党委（党组）会”专章，明确党组织在公司治理中的职责权限、机构设置、运行机制和基础保障，凸显党组织在重大决策和选人用人上的领导把关作用；再次，除了在章程中规定党组织作为治理主体的法定地位外，更要完善公司章程的相关章节，并出台对应的配套政策，将党组织权责规范到具体的公司制度中去。包括《“三重一大”决策制度实施办法》《党委（党组）工作规则》《董事会工作规则》《经理层工作规则》等制度文件，从而明确其他治理主体与党组织无缝衔接的运行机制，凸显体制对接、制度对接和工作对接，使党组织在公司治理中的法定地位落实到位。

2. 完善配套法律体系

当前，国有企业党委（党组）在公司治理结构中还不是一个明确的法律主体，其职权的发挥凭借《中华人民共和国公司法》《中国共产党章程》的间接赋予难以得到充分的保障。长期以来，国有企业党委（党组）正是由于在法律上没有明确的权责保障，缺乏制度性进路，才导致日常经营活动中无法很好地履行自己的职能，甚至在国有企业内部造成一定程度的冲突和内耗。如果能够在法律层面赋予企业党委（党组）参与公司治理的主体地位，将党对国有企业的全面领导，党委（党组）发挥领导作用，把方向、管大局、保落实，依照规定讨论和决定企业重大事项等内容转化为法律条文，就可以使党委（党组）的领导作用发挥得更加名正言顺，为党的领导真正融入公司治理提供法律依据。因此，国家立法机关应该在《中华人民共和国公司法》中进一步明确党组织在公司治理结构中的功能定位、参与原则、参与方式、参与内容、制度保障等，在法律上明确党组织在公司治理中的地位和职能。

（三）构建科学合理的党组织参与决策机制

中国特色现代国有企业制度下党的领导融入公司治理，党委（党组）需要履行决策参与职责。国有企业党委（党组）承担的决策事项，按权力性质可以分为决定权事项、把关权事项、监督权事项。在实际决策过程中，党委（党组）履行决定权的决策事项、把关权的决策事项、监督权的决策事项，要结合各自企业的实际情况研究而定。针对不同的决策事项，党委（党组）参与决策的程序不同。

1. 党委（党组）行使决定权

对于贯彻落实党中央路线方针和决策部署的重大举措、企业重要人事任免、基层党组织和党员队伍建设、党风廉政建设、意识形态工作、思想政治工作、精神文明建设、统一战线、群团组织工作等方面的重大事项，可以由党委（党组）行使决定权，直接研究决定。需要由董事会、经理层执行的，按规定提交董事会、经理层履行程序。具体决策程序见图2。

2. 党委（党组）行使把关权

对于企业经营管理重大事项，包括企业发展战略、职业经理人等重要人事任免、重大改革事项、重大项目投资决策、大额资金使用、大额资产处置、预算安排、机构设置、人员编制等，党委（党组）要行使把关权，前置研究讨论后，按照法定程序，提交董事会、经理层审议决定。党委（党组）前置把关的工作重点是把好政治关、政策关、程序关，重点看决策事项是否符合国家发展的战略，是否与党的方针政策相统一，是否提高了企业的效率和竞争力，是否实现了国有资产保值增值，是否维护了广大干部职工的合法权益（具体决策程序见图3）。

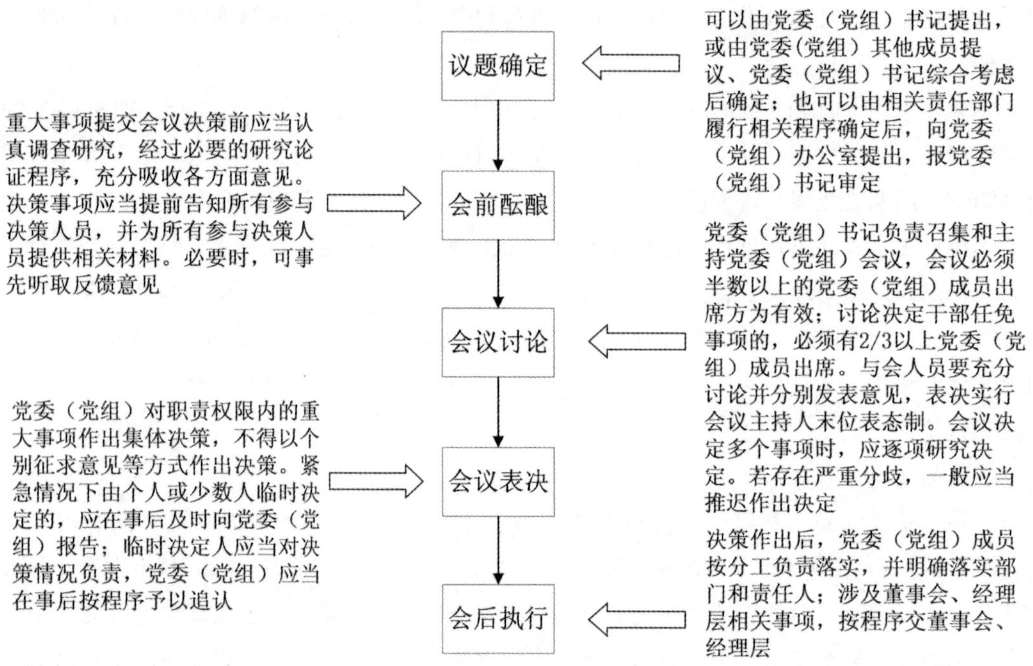

图2　国有企业党委（党组）行使决定权的决策程序

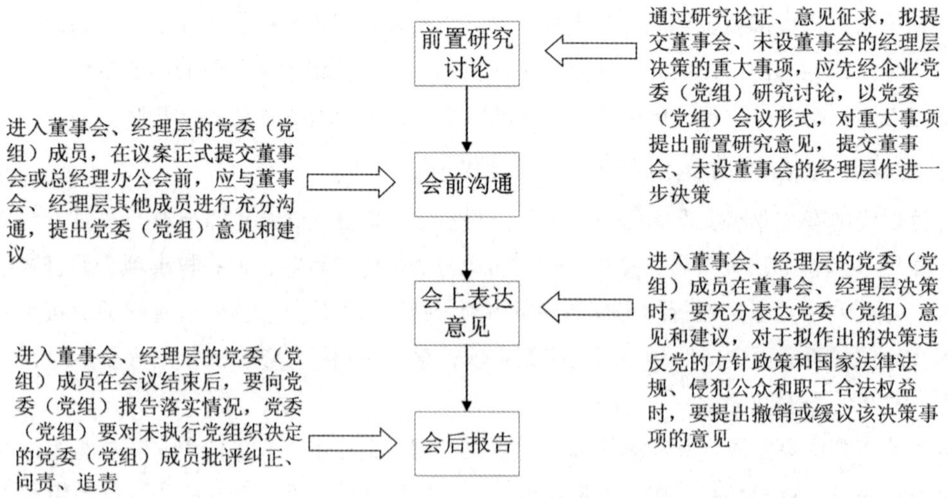

图3　国有企业党委（党组）行使把关权的决策程序

3. 党委（党组）行使监督权

党委（党组）参与决策，除了行使决定权、把关权外，还会对决策事项行使监督权。对于董事会拟审议的重大事项或拟作出的决策不符合党和国家方针政策、法律法规，或可能损害国家、社会公众利益和企业、职工合法权益，引发重大不良社会影响和稳定问题的情况，国有企业党委（党组）要提出撤销或者缓议的意见，得不到纠正的，要及时向上级报告，党委（党组）行使监督权。

（四）建立健全党管干部的选人用人机制

党的领导融入公司治理，既要保证党组织对干部、人才这个企业中最重要的主体的管控力，又要让经营能力、经营绩效这些最根本、最重要的企业导向发挥作用。要把坚持党管干部原则与董事会依法依规选择经营管理者以及经营管理者依法依规行使用人权相结合，把组织考察推荐与市场化选聘经营管理者相结合，制定正确的标准和评价导向，不断创新选人用人工作方式方法。

1.加强制度建设，规范选人用人程序

国有企业要从实际情况出发，制定与企业发展特点和企业发展需求相匹配的选任、评价、监督、培养、退出等一系列选人用人制度，并建立规范系统的配套实施措施，进一步提高选人用人的规范化水平，形成企业党组织选人用人的制度体系。

在选聘经营管理人员的过程中，党委（党组）可以会同董事会提名委员会推荐人选，参与人选测试、考察；党委（党组）、纪委（纪检监察组）依照有关规定，对从本企业产生的拟提任人选进行廉洁从业结论性评价；上级党组织研究决定拟任免人选后，由董事会履行经理层成员聘任或者解聘程序；董事会对经理层成员实行契约化管理，明确任职期限，签订聘任协议和业绩合同，约定企业与经理层成员之间的责任、权利、义务，严格聘期管理和目标考核，畅通经理层成员退出机制。

2.强化监督考核，构建知事识人体系

国有企业党委（党组）要切实保证监督党的干部路线、方针政策以及本企业选人用人工作制度、程序的贯彻执行，加强对企业选人用人情况和选用人员履职情况的监督考核，加大对选人用人违规现象的查处力度，努力提高选人用人工作满意度，营造选人用人的良好环境。

为了强化监督考核，党委（党组）首先要了解领导干部所处岗位的职责，掌握正在开展的工作及各方评价，使得对领导干部的考察方向、考察内容更为具体。其次要明确监督考核的标准，确保党委（党组）的监督考核评准评实。就具体的方式而言，可以采用“全程跟踪+节点透视”的办法。推行全程跟踪，定期梳理领导干部的工作情况，有针对性地考察关键人、关键事，并协调解决困难问题。强化节点透视，以特定时间为节点，运用深度访谈等方式，清楚准确地掌握领导干部的真实心态和具体行动。

3.完善“双向进入、交叉任职”的领导体制

国有企业要按照职责匹配、科学换位、协调高效的原则，调整优化交叉任职比例，实现党组织和董事会、监事会、经理层权责合理配置。积极推进落实党委书记、董事长“一肩挑”，对于符合条件的党委（党组）班子成员，通过法定程序使其进入董事会、监事会、经理层。坚持完善“双向进入、交叉任职”的领导体制，能够保证党组织的意图在决策中充分体现，为党组织了解生产经营情况、参与企业重大决策、发挥领导作用找到切入点。

建立健全党管干部的选人用人机制，不仅是党的领导融入公司治理的重要举措，更是新时代党的组织路线的重要内容。此外，贯彻新时代党的组织路线，必须大力加强党的组织体系建设，这对党的领导融入公司治理具有更加鲜明的促进作用。特别是要扩大基层党的组织覆盖和工作覆盖，增强基层党组织的组织力和规范化水平，强化政治引领，推动战斗堡垒作用的发挥，将党的领导融入公司治理延伸到基层、党委（党组）和董事会决策的落实保障到基层。

（五）整合监督力量，构建“大监督”工作体系

中国特色现代国有企业制度下党的领导融入公司治理，需要党委（党组）统一领导，将企业巡视、

审计、财务、法律、人事、党建等各种监督力量有效整合贯通起来，构建“大监督”工作体系，增强监督的严肃性、协同性、有效性，形成一套监督有力的权力运行机制。

1. 建立“大监督”领导组织体制

国有企业可以充分整合行政方面、党群方面各类监督主体的职能作用，通过建立监督委员会来强化各监督主体的横向协同，实现信息资源共享共用。监督委员会统一行使党内监督和对企业生产经营管理的监督职能，负责汇总监督情况、研判监督重点、协调监督工作。企业党委（党组）统筹协调监督委员会的相关工作，可以定期组织召开工作例会，听取各监督主体日常监督情况汇报，实现信息互通共享，及时协商，协同联动。

2. 建立完善相关监督制度

国有企业党委（党组）要统筹完善各项监督制度，通过建立规范的监督标准和程序，使各监督主体在统一的组织框架内，履行各自的监督义务和职责，有效推动监督责任制的落实。完善的监督制度更能有效地避免监督重复、监督空白的现象，真正推动不同监督主体协同监督的实现。此外，党委（党组）应统筹制定监督委员会的工作规则，依靠其高效运转充分释放“大监督”合力。

3. 建立“大监督”工作机制

“大监督”工作机制要求坚持问题导向，完善问题的预防、发现、报告、处理各环节的机制，构建监督闭环。

健全问题预防机制。在汇总各方监督信息的基础上，由党委（党组）领导的监督委员会要及时分析异常状况和苗头性、倾向性问题，制定防控措施，防止小违规变成重违纪。同时，发挥党支部纪检委员的基层“触角”作用，加强日常监督，提高对小问题的敏感性，防止小问题变成大错误。

建立有效的问题发现机制。各监督主体要加强自身职责范围内工作和事务的管控，强化对重点工作、重大项目和关键岗位的日常巡查和专项检查，及时发现问题；丰富群众举报监督渠道，充分利用好时效性、及时性高的网络平台、微信公众号平台等，对反映的问题和线索及时跟进。

建立问题报告机制。各监督主体要严格落实一事一报，及时将发现的问题报送监督委员会。

建立问题处理机制。监督委员会要及时采取措施，党委（党组）可以督促指导相关监督主体的后续工作，确保问题得到有效解决。

四、结束语

党的领导融入公司治理，能够把准企业改革发展方向，构筑目标统一、导向鲜明的前进路径；能够理顺各治理主体的关系，完善协调运转，同向发力的顶层架构；能够优化干部队伍建设，打造忠诚干净、担当作为的领导力量；能够有效监督企业经营管理流程，形成多方联动，机制完善的监督体系；能够提振广大干部职工干事创业的热情，凝聚起齐心协力、团结奋进的党政共识。综上，国有企业建设中国特色现代国有企业制度，推动实现高质量发展，必然需要坚持把党的领导融入公司治理，凸显国有企业党组织的政治优势和组织优势。

成果创造人：阎向民、刘　静、肖　雪、胡　钰、杨文勇、
王国义、董卫民、黄文辉、贺　颖、张晓进、
高　倩、付学博、高曙先、钱　程、田娟宁、
何雨蓓、孙启豪

【参考文献】

[16]强舸.新时代国有企业党建理论与实践创新[M].广州:广东人民出版社,2019.
[17]周丽莎.改制—国有企业构建现代企业制度研究[M].北京:中华工商联合出版社,2019.
[18]李新民.中国特色现代国有企业制度是国企改革的现实选择[J].现代国企研究,2017(09):36-40.
[19]赵锦辉.中国国有企业70年发展回顾与展望[J].山东社会科学,2019(09):75-80.
[20]李云峰,黄清.中国特色现代国有企业制度特征及治理[J].国资报告,2017(06):34-35.
[21]杜天佳,王佳佳."四个全面"构建中国特色现代国有企业制度[J].国资报告,2017(12):30-32.
[22]胡迟.抓好中国特色现代国有企业制度建设[J].国企管理,2019(01):26-27.
[23]黄华.试论中国特色现代国有企业制度的内涵与原则[J].商业研究,2020(01):1-7.
[24]杜国功.完善中国特色现代企业制度的思考[N].经济参考报,2020-03-02(007).
[25]周万阜.坚持党的领导与公司治理有机统一 完善中国特色现代企业制度[N].经济日报,2019-12-12(015).

大型科研院所“四位一体”项目导向型的岗位分红激励管理

中国电子科技集团公司第三十八研究所

中国电子科技集团公司第三十八研究所（又称“华东电子工程研究所”，以下简称“三十八所”），1965年建于贵州，1988年底整体迁建合肥市，是国家一类研究所。建所五十余年来，共取得1600多项科研成果，其中国家级、省部级科技进步奖150余项。多项成果填补国内空白、居于国际领先地位。研制出以“空警500”预警雷达为代表的一大批明星装备。汇聚大批高层次人才，其中博士700余人，硕士1500余人，海外人才60余人，尤其是涌现出了以2012年国家最高科学技术奖获得者、中国工程院王小谟院士和中国工程院吴曼青院士、陆军院士为代表的一大批优秀科技工作者。

三十八所高度重视人才激励工作，创新发展符合科研院所业务特点和管控模式的薪酬激励方式，构建多元薪酬激励体系。2015年，获批成为中国电子科技集团公司首批试点岗位分红的单位之一，通过近几年的探索实践，构建形成了“四位一体”项目导向型的岗位分红激励管理体系。

一、大型科研院所“四位一体”项目导向型的岗位分红激励管理实施背景

三十八所构建项目导向型的岗位分红激励管理体系，主要基于三个方面的需要：

（一）贯彻中央关于分配体制机制改革战略部署的需要

党的十八大提出要“完善劳动、资本、技术、管理等要素按贡献参与分配的初次分配机制”；党的十八届三中全会也提出：“让一切劳动、知识、技术、管理、资本的活力竞相迸发，让一切创造社会财富的源泉充分涌流”。当前经济发展中，知识和技术要素的贡献越发突出，知识和技术在价值创造中的作用越发明显。作为国有大型科研院所，三十八所以知识工作者为主体，以承担重大科技创新项目和重要装备研制项目为职责，有责任有能力主动实践知识、技术等多要素参与分配的方式，以实际行动贯彻落实党中央关于分配体制改革的战略部署，为科技型企业构建多要素利益共享分配机制探索新路径、新方法。

（二）落实国资委和集团公司推进薪酬分配机制变革要求的需要

2012年，国资委管理提升活动“基层行”专家组来三十八所进行专题调研，重点关注科技人才薪酬激励问题。通过调研发现，三十八所技术人才薪酬竞争力不足：模块负责人、工作五年的核心技术骨

干，其薪酬水平分别低于外部高级应用工程师的 P25 分位和应用工程师的 P50 分位①。薪酬结构以传统的工资和绩效奖金为主，薪酬激励方式较为单一，薪酬兑现未能客观反映“投入与产出”关系，未能准确衡量科技人才的创新贡献。此外，调研中广大员工也对探索新的激励手段和方式表达强烈意愿，80%的被调研对象希望单位可以有机会探索多元利润分享方式。国资委专家组鼓励并且希望三十八所结合单位自身的业务和管理模式，在政策允许的“激励包”内积极探索新的薪酬激励方式，提升对科技骨干人才的激励效果。中国电子科技集团公司近几年推动打造多元激励协同动力机制，在集团内推动岗位分红试点工作。2015 年，三十八所通过积极争取获批成为中国电子科技集团公司首批岗位分红试点单位。两年多来，三十八所坚持在实践中摸索，聚焦核心科技人才的激励问题，持续完善岗位分红实施方案，吸引、保留核心关键人才，为全集团推广岗位分红提供借鉴和支持。

（三）推动重大科研生产任务完成和现代研发体系落地的需要

作为国家大型骨干科研院所，三十八所承担重大科研生产任务，以科研项目为主要业务形态，以达成创新任务目标和完成项目质量、成本、进度（以下简称 Q、C、D）指标为核心诉求。科研项目是三十八所价值创造的主要舞台。建立科学的激励机制，鼓励员工投身科研项目，激励项目成员在科研项目中开拓创新多做贡献，是关系三十八所重大科研生产任务完成和未来业务发展的关键问题。

2009 年到 2011 年，三十八所与 IBM 公司合作，系统引进了 IPD（集成产品开发）现代企业研发管理模式，重构科研项目管理的责权利体系，进一步强化了科研项目和项目团队在业务发展和价值创造中的核心地位。跨职能团队负责从概念、计划、开发、验证到上市等的全生命周期开发管理，项目组合管理团队、战略规划团队、项目经理以及项目成员的角色和定位被赋予新的内涵，价值创造的链条发生了新的变化，迫切需要建立一套适应现代研发管理的激励需求，准确反映价值创造贡献的评价和分配体系。

二、大型科研院所“四位一体”项目导向型的岗位分红激励管理的内涵和主要做法

三十八所基于跨职能项目团队的岗位设置特点，建立完善岗位价值评估和竞争上岗机制，构建项目经理和人员经理双重考核机制，实施从业务领域到项目团队，再到项目成员的分层分配机制，综合考虑业务形态、项目利润、项目规模、技术创新等团队因素以及岗位角色参数、绩效表现等个人因素，建立了参数化、全量化的分配规则，将个人独特价值贡献显性化。三十八所构建项目导向型的岗位分红激励管理体系，形成“项目人员”与“非项目人员”“创新贡献”与“一般贡献”价值分配的“势能差”，进一步优化了价值分配体系，通过精准激励，筑牢了科技人才与单位发展的利益共同体，有效驱动单位持续创新发展。

主要做法如下：

（一）基于价值创造过程，整合构建岗位分红价值管理体系

1. 明确岗位分红激励的总体思路

（1）基本原则

三十八所实施岗位分红激励管理，坚持以下三项基本原则：一是项目导向。直接参与项目研发和管

①P25 分位和 P50 分位分别表示市场上 25% 和 50% 的人低于其薪酬水平。

理，并对项目研发和管理做出直接贡献的特定岗位人员，才有机会获得岗位分红资格，以此鼓励引导员工在重大科技攻关和重要装备研制任务中做出贡献。二是团队导向。员工在实现团队目标中体现个人价值。三十八所的岗位分红激励，既关注个人独特价值贡献，又将业务领域经营目标和项目Q、C、D目标的达成作为岗位分红的前提条件，以此激励引导员工统一思想、凝聚力量，共同促进团队目标的达成。三是绩效导向。以项目成员在项目中的绩效（PA）作为岗位分红激励的重要依据，兼顾员工个人全面绩效（PBC）评价结果，发挥项目经理与人员经理在岗位分红中的双重作用，支撑“矩阵式”业务运营模式。

（2）总体思路

三十八所按照项目导向、团队导向和绩效导向的基本原则，结合业务实际，构建项目评价机制、岗位管理机制、个人绩效评价机制、量化分配机制相互关联，共同作用的“四位一体”项目导向型岗位分红量化分配体系。

项目评价、个人绩效和岗位管理三类机制属于基础层，是实施岗位分红的前提和基础，同时也是确定岗位分红额度的关键条件。一是建立完善的项目评价机制。科学评价项目的质量、成本、进度指标，确定合格项目；合理评估项目的利润、创新和规模因素，确定分红额度。二是设置完善的项目管理和项目开发岗位，建立完善的竞争上岗与岗位退出机制，做到以岗定权，易岗易权。三是完善项目绩效（PA）和员工个人全面绩效（PBC）相结合的矩阵式考核体系，将PA和PBC评价结果作为岗位分红激励的重要依据，依据贡献合理分配，做到分配公正，得益公平。

岗位分红额度的分配机制为核心层，主要包括岗位分红的具体分配流程和分配方式。具体来说，结合业绩承诺完成情况，对照行权条件，按照“业务领域-项目团队-关键岗位”的步骤，基于对领域、项目以及关键岗位的“三次评价”确定岗位分红激励对象及激励额度，做到严格兑现，激励优先。

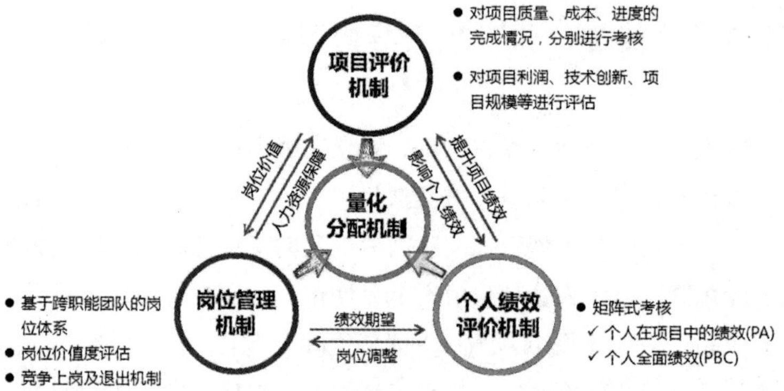

图1 “四位一体”项目导向型岗位分红激励管理体系框架

2. 建立推动岗位分红实施的“三级两线”组织架构

结合跨职能项目团队的组织形式，建立所级、业务领域级和项目级的“三级”岗位分红实施组织架构，推行决策线和参谋线（辅助决策）双线管控模式，强化协调统一的组织体系保障，充分发挥领域和项目管理团队在岗位分红激励管理中的“话语权”，让了解科研价值实现过程的人员决定价值分配的规则和过程。

所级层面，成立岗位分红激励实施领导小组、岗位分红激励实施办公室。同时，聘请外部相关专家担任顾问，指导具体实施工作。领导小组由所领导班子成员组成，其中，所长担任组长，所党委书记担任副组长。其主要职责是：审议批准岗位分红激励实施方案，部署、监督、指导岗位分红激励实施工作，审议并确定参与年度岗位分红激励的人员名单、激励额度以及其他相关重要事项。岗位分红激励领导小组下设办公室，办公室成员由人力资源部、财务部、综合计划部、科技发展部、产业发展部等部门负责人组成。其主要职责是：组织落实岗位分红激励实施方案；协助符合激励条件的各业务领域/子公司确定初步分配方案，并在实施过程中给予支持，组织落实领导小组的相关意见，并解决实施过程中遇到的具体问题。

业务领域层面，成立由领域管理团队组成的岗位分红工作小组，负责本领域岗位分红工作。工作小组成员主要包括专业技术部门负责人、批生产部门负责人、质量部门负责人等，组织制定本领域岗位分红管理办法，并负责具体分配工作。本领域项目经理、项目总师组成参谋团队，对本领域岗位分红工作提出意见建议，针对具体分配问题开展专题研究，供工作小组决策参考。

项目层面，由项目经理负责项目成员岗位分红的分配工作。项目核心团队成员组成项目级参谋团队，结合本项目组的具体情况，提出岗位分红实施的建议方案，辅助项目经理决策岗位分红工作。

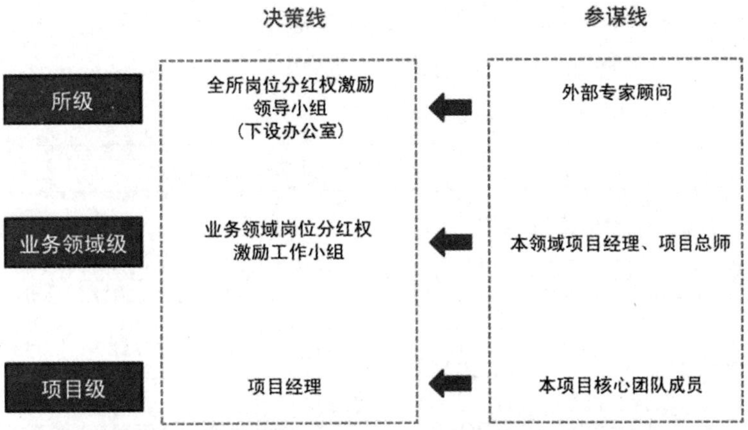

图2　推动岗位分红权实施的“三级两线”组织架构

3. 明确体系化推进岗位分红的全流程工作步骤

明确全所到各领域/公司再到各科研项目和项目成员的岗位分红额度分解、审批、审核和备案流程，推动岗位分红激励工作有序规范实施。

一是岗位分红办公室根据各业务领域/子公司的收入、利润等考核数据，提出本年度符合岗位分红条件的业务领域/子公司、并核算相应的分红额度，报领导小组。领导小组研究确定各领域分红总额、各领域项目管理团队的分红总额和各领域合格项目的分配总额。

二是参与分红的业务领域/子公司的集成组合管理团队（IPMT）主任确定管理团队关键岗位角色参数，并确定本领域管理团队成员的分红额度。

三是各业务领域/子公司的管理团队根据相关要求筛选合格项目，并对项目进行打分评价、参数赋值，将分红额度分配至各个合格项目。

四是项目经理提出产品开发团队（PDT）关键岗位成员的分红额度，并报IPMT主任审批。

五是各业务领域/子公司岗位分红的名单和额度报领导小组审批确定，由办公室负责核对、发放和备案。

4. 建立“三位一体”的协调推进机制

强化领导、宣传引导与监督指导相结合，建立统一指挥、分工负责、科学调度、协调有序、运转高效的“三位一体”协调推进工作机制。

一是加强领导、周密部署：专门召开多次党委会，研究实施过程中的重大问题；召开中层管理者会议，培训实施方案、部署分配工作；组织全所范围的骨干员工座谈会，听取职工意见、强化正向引导。

二是大力宣传、积极引导：通过张贴海报、发放分红权解析手册、组织召开宣贯会等形式，向全所职工宣传岗位分红权相关政策、方案，做好政策预热。

三是强化监督、分类指导：岗位分红办公室按照领导小组的要求，对照三十八所岗位分红实施方案，对于各业务领域制定的岗位分红管理办法进行审核把关，对于违背相关规则要求的及时督促修正。各业务领域管理团队对于本领域岗位分红权实施方案进行指导。设立电话、邮箱等专门监督渠道，支持员工及时反馈分配过程中的困惑、疑问和问题，确保岗位分红分配的公平公正。

（二）基于“跨职能团队”的岗位设置特征，精准定位关键岗位

深入研究研发管理模式和跨职能团队组合特征，分析界定关键岗位。跨职能团队是科研项目实施的主体，具体负责实施从产品概念形成到产品实现的全过程，形成兼顾职能、资源和项目特点的矩阵式业务运营模式。具体来说，每个业务领域由一个集成组合管理团队（简称 IPMT）、一个战略规划团队（简称 SPT）和若干项目的产品开发团队（简称开发团队，或 PDT）组成，团队成员来自资源支持部门。项目架构如图 3 所示：

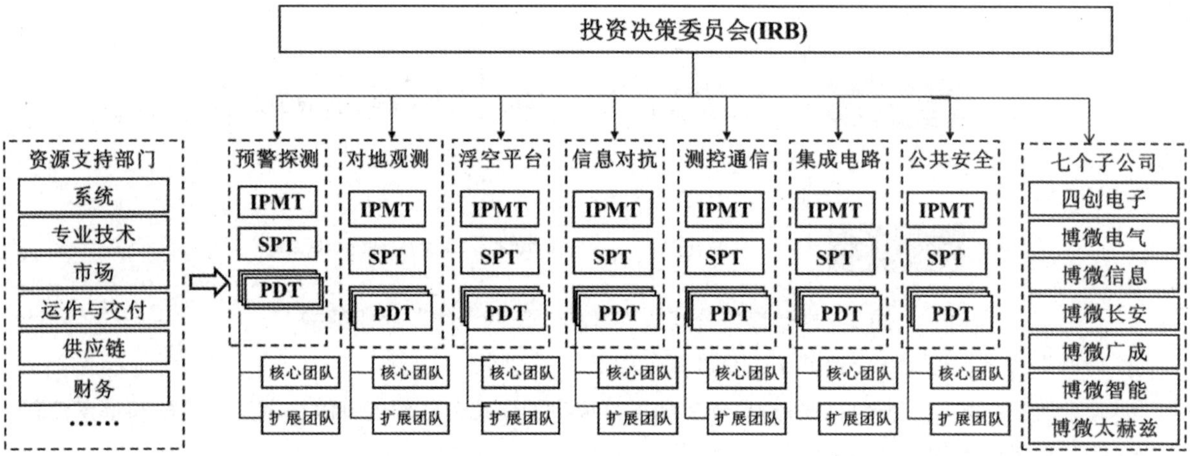

图 3　跨职能团队结构图

如果某一业务领域有“已上市产品”，还会有全生命周期管理的批产项目团队（简称批产团队，或 LMT）。控股子公司的经营管理事项，由所长办公会提出意见，报子公司董事会决策。

在业务领域内，各级团队的职责和岗位设置见表 1：

表 1　三十八所跨职能项目团队岗位设置图

跨职能团队	主要职责	岗位序列及包含角色
IPMT	负责本领域的业务发展，对领域的业务计划和产品开发进行决策，同时负责相应的客户关系管理	●IPMT 主任，IPMT 副主任，IPMT 项目管理，IPMT 总体，IPMT 专业技术，IPMT 市场，IPMT 财务，IPMT 质量，IPMT 采购，IPMT 制造 ●IPMT 成员一般由相关部门负责人组成
SPT	负责该领域的年度业务计划和中长期业务规划的制定	●SPT 主任，SPT 总体，SPT 专业技术，SPT 市场，SPT 财务。 ●SPT 成员一般由相关部门负责人或骨干组成

续表

PDT/LMT 核心团队	负责产品立项后，按照约定的质量、成本和进度（QCD）指标完成产品/技术的开发或批产项目	●PDT 项目管理，PDT 总体，PDT 专业技术（含电讯、结构、工艺、软件、发射、接收等），PDT 市场，PDT 财务，PDT 质量，PDT 采购，PDT 制造，PDT 物料 ●PDT 成员一般由技术和管理骨干组成
PDT/LMT 扩展团队	支持核心团队完成具体项目任务	●同 PDT 角色

（三）基于“项目导向”的岗位价值贡献，科学评估关键岗位价值

基于研发管理流程，分析价值创造链的各个环节，有两类人员在项目中发挥着重要作用，一类是项目管理人员，一类是项目开发人员。项目管理人员中的 IPMT 团队、SPT 团队负责本领域的业务发展、战略规划，对领域的业务计划和产品开发进行决策，同时负责相应的客户关系管理。IPMT 团队、SPT 团队中的大多数兼具项目管理与科研带头人的双重职能，在价值创造与技术创新中发挥着引领作用（IPMT 主任一般由所领导担任，不参与分红）。项目开发人员（PDT）是产品从概念阶段到生命周期终止阶段，对产品开发负全部责任的团队，是参与价值创造与技术创新的一线人员。遴选出两类人员中的关键岗位参与分红，能有效地调动科研和管理骨干的积极性，提升价值创造能力。

评价项目的三个最重要指标分别是质量（Q）、成本（C）和进度（D）。因此，关键岗位的选取原则是按照岗位角色对 Q、C、D 指标的影响力和贡献度来确定。依据三十八所项目管理方式和项目特点，项目管理人员和项目开发人员中，项目经理角色、项目设计角色、质量角色等对 Q、C、D 指标的影响和贡献最大，选取其作为关键岗位参与分红，能充分体现分红权激励政策的导向。具体关键岗位见表 2。

表 2　关键岗位一览表

岗位类别	岗位角色	人数/岗位数占比	备注
项目管理	IPMT 副主任，IPMT 项目管理，IPMT 总体，IPMT 专业技术，IPMT 质量；SPT 主任，SPT 项目管理，SPT 总体，SPT 专业技术，SPT 质量	每个业务领域有 13-17 人	每个业务领域的项目管理团队人员固定，领域内有若干项目。
项目开发	PDT 项目经理；PDT 设计师（含总体、电讯、结构、工艺、软件、发射、接收等）； PDT 质量（含主管质量师、可靠性负责人、软件质量师、元器件质量师、过程控制负责人）	单个项目占比 70%-90%	单个项目中，项目开发岗位数量占所有岗位的比例为 70%-90%

项目管理人员根据不同岗位的职责、在项目中的贡献度等因素对岗位价值进行评估，按照岗位价值越大、分配系数就越高的原则，赋予岗位角色参数，参数的大小体现岗位价值高低，直接影响分红权的多少。为保障分配差距的合理性，项目管理人员在确定岗位角色参数时，参照如表 3 所示的区间范围。

表3　关键岗位分红参数范围

业务领域	岗位类别	岗位角色	岗位角色参数
XX领域	项目管理	IPMT副主任	15-25，刻度为1，由IPMT主任确定
		IPMT成员	10-25，刻度为1，由IPMT主任和副主任共同确定
		SPT主任	8-20，刻度为1，由IPMT确定
		SPT成员	5-15，刻度为1，由SPT主任建议，IPMT确定
		PDT项目经理	8-20，刻度为1，由IPMT确定
	项目开发	PDT项目研发人员	5-18，刻度为1，由PDT项目经理建议，IPMT审核批准。

（四）基于“分级分类”的岗位任职资格，系统建立岗位动态调整机制

在科研项目管理中，三十八所按照重要性、业务贡献、预期市场、技术贡献及其他评价等5个维度（见表4），把项目分为A、B、C、D、E五类。不同级别项目对于关键岗位的要求也有所区别。

表4　项目分级评价表

评价要素	权重
重要性评估	项目政治和品牌影响的重要性
	项目在客户方重要性评估
业务贡献评估	项目对产值的贡献
	项目中国家对固定资产、技改等投入影响
	项目对预期利润贡献影响
预期市场评估	用户需求的强烈程度评价
	预期市场规模大小评价
	预期市场占有的份额评价
	项目对潜在市场开拓的重要性
技术贡献评估	对38所技术发展和储备的贡献
	对领域发展的影响评价
	所里现有技术基础和技术储备评价
	技术先进性
其他评价	该项目对提高企业核心竞争力的重要性
	该项目形成产业化的可能性

1.项目经理上岗机制

项目经理实行“评聘分开”的机制，各领域的IPMT团队、SPT团队在“具备项目经理资质的人员”中，依据项目对人员的素质要求择优选聘项目经理。

项目经理实行“分级聘用”。不同级别的项目经理具备承担不同等级项目的资格；项目经理级别越高，其能够承担的项目等级越高，对应关系见表5。

表5　不同等级项目的项目经理任命

项目等级	项目经理应具备的资格
A	资深项目经理
B	资深/高级项目经理
C	高级项目经理
D	中级项目经理
E	助理项目经理

2. 项目开发人员上岗机制

项目经理和技术部门负责人共同遴选参与项目的开发人员，取得“设计师上岗证”（设计师指正式下文任命的项目开发团队PDT设计人员）是从事项目研制工作的基本条件。

三十八所出台了《设计师持证上岗管理规定》，设计师上岗证分为四个级别：高级设计师、中级设计师、初级设计师、见习设计师。根据上岗证的级别可在不同的项目中担任不同的设计师岗位，其对应关系如表6所示（表中的上岗证级别为至少应达到的最低级别）。只有取得规定的上岗证，才能从事相应级别的项目开发工作。

表6　不同等级项目的设计师任命

设计师岗位	上岗证级别
A级项目团队	
总设计师	高级设计师
电讯/结构/软件/工艺副总设计师	高级设计师
电讯/结构分系统主任设计师	中级设计师
模块主管设计师、分系统结构/软件设计师、结构件设计师、软件模块设计师、专业工艺设计师	初级设计师
模块结构/软件设计师	见习设计师
B级项目团队	
总设计师	高级设计师
电讯/结构/软件/工艺副总设计师	中级设计师
电讯/结构分系统主任设计师	中级设计师
模块主管设计师、分系统结构/软件设计师、结构件设计师、软件模块设计师、专业工艺设计师	初级设计师
模块结构/软件设计师	见习设计师

续表

C级项目团队	
系统负责人	中级设计师
电讯/结构/软件/工艺负责人	中级设计师
电讯/结构分系统负责人	初级设计师
模块负责人、分系统结构/软件设计师、 结构件设计师、软件模块设计师、专业工艺设计师	见习设计师
模块结构/软件设计师	见习设计师
D、E级项目团队	
系统负责人	初级设计师
电讯/结构/软件/工艺负责人	见习设计师
设计师	见习设计师

3. 质量人员上岗机制

项目经理和质量部门负责人共同遴选参与项目的质量人员。根据《三十八所质量师系统管理办法》，各级管理者以及对产品质量有影响的人员应按规定时间间隔进行有关质量管理知识和岗位技能的培训、考核，并按规定要求持证上岗。A、B、C、D、E五个等级的项目对产品质量师系统成员要求有所区别（见表7）。质量师系统成员必须达到规定的职称和年限要求，取得规定的上岗证才能承担相应级别的项目，比如：从事地面A类项目，要求至少具备中级职称，且至少要在技术或质量管理工作岗位工作2年以上。

表7　质量师系统岗位任职要求

	A类项目							B类项目							C类项目						
	地面	机载	弹载	星载	浮空器	竞标	批产	地面	机载	弹载	星载	浮空器	竞标	批产	地面	机载	弹载	星载	浮空器	竞标	批产
PDT质量	中2	中2	中2	中2	中2	中2	中2	中2	中2	中2	中2	中2	中2	中2	中2	中2	中2	中2	中2	中2	中2
PDT可靠性	初1	初1	初1	初1	初1	初1	初1	初1	初1	初1	初1	初1	初1	初1	初1	初1	初1	初1	初1	初1	初1
PDT标准化	初1	初1	初1	初1	初1	初1	初1	初1	初1	初1	初1	初1	初1	初1	初1	初1	初1	初1	初1	初1	初1
PDT软件	中1	中1	中1	中1	中1	中1	中1	中1	中1	中1	中1	中1	中1	中1	中1	中1	中1	中1	中1	中1	中1
PDT元器件	初1	初1	初1	初1	初1	初1	初1	初1	初1	初1	初1	初1	初1	初1	初1	初1	初1	初1	初1	初1	初1
过程控负责人	初1	初1	初1	初1	初1	初1	初1	初1	初1	初1	初1	初1	初1	初1	初1	初1	初1	初1	初1	初1	初1
软件测试负责人	初1	初1	初1	初1	初1	初1	初1	初1	初1	初1	初1	初1	初1	初1	初1	初1	初1	初1	初1	初1	初1
软件配置负责人	初1	初1	初1	初1	初1	初1	初1	初1	初1	初1	初1	初1	初1	初1	初1	初1	初1	初1	初1	初1	初1

	D类项目							E类项目						
	地面	机载	弹载	星载	浮空器	竞标	批产	地面	机载	弹载	星载	浮空器	竞标	批产
PDT质量	初1	初1	初1	初1	初1	初1	初1	初1	初1	初1	初1	初1	初1	初1
PDT可靠性	初1	初1	初1	初1	初1	初1	初1	初1	初1	初1	初1	初1	初1	初1
PDT标准化	初1	初1	初1	初1	初1	初1	初1	初1	初1	初1	初1	初1	初1	初1
PDT软件	中1	中1	中1	中1	中1	中1	中1	中1	中1	中1	中1	中1	中1	中1
PDT元器件	初1	初1	初1	初1	初1	初1	初1	初1	初1	初1	初1	初1	初1	初1
过程控负责人	初1	初1	初1	初1	初1	初1	初1	初1	初1	初1	初1	初1	初1	初1
软件测试负责人	初1	初1	初1	初1	初1	初1	初1	初1	初1	初1	初1	初1	初1	初1
软件配置负责人	初1	初1	初1	初1	初1	初1	初1	初1	初1	初1	初1	初1	初1	初1

注：“高”指高级职称，“中”指中级职称，“初”指初级职称；“1、2、3”指至少要在技术或质量管理工作岗位工作的年限；表中的上岗证级别为至少应达到的最低级别。

（五）基于“矩阵考核”的管理方式，准确评价关键岗位人员绩效贡献

基于项目线和职能线的矩阵式管理方式，由项目经理对项目成员在项目中的表现进行PA评价，由人员经理对员工的全面绩效进行PBC评价。PA和PBC评价结果按照从高到低分为1、2+、2、3、4共五

档。“矩阵式考核”关系如图4所示：

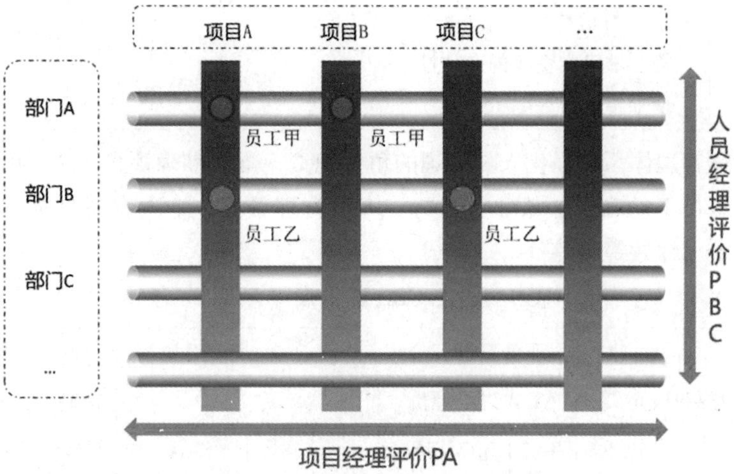

图4 “矩阵式考核”示意图

注：部门A的员工甲同时作为项目A和项目B的成员，则其一方面由部门A中的人员经理对其进行PBC考核，另一方面由项目A和项目B的项目经理分别对其在项目A中和项目B中的表现进行PA评价。

专门制定《三十八所项目团队绩效管理办法》，强化“项目导向”理念，从个人在项目中的实际完成情况出发，比照其所承担项目角色的期望，从工作结果、协作关系、工作有效性、领导他人、业务和财务管理等5个维度，对项目团队成员进行PA评价。

表8 PA评价维度表

工作结果（40%）	- 工作完成进度 - 工作完成质量
协作关系（10%）	- 与客户/同事/其他团队的合作关系 - 与客户/同事/其他团队建立的沟通环境 - 为团队其他成员提供帮助 - 重视对他人做出的承诺 - 尊重他人观点
工作有效性（20%）	- 解决问题的有效性与及时性 - 为提高工作质量和效率而提出的改进建议 - 合理运用资源来达到期望目标 - 致力于个人职业和技术能力的成长 - 勇于承担责任，并努力纠正错误 - 对于建设性的反馈积极响应并修正行为
领导他人（20%）	- 目标传达的有效性和准确性 - 对团队的激励 - 团队氛围 - 解决冲突的有效性 - 协助个人与团队的成长

续表

业务和财务管理（10%）	- 项目的成本控制 - 管理项目内资源的有效性 - 增加销售收入的机会

完善个人绩效承诺管理体系，强化人员经理的角色职责，全面准确评价个人PBC。人员经理通过比较相似职位、相近层级员工的表现，从业务目标、人员管理目标、个人发展目标三个维度进行综合评价，根据相对贡献，给出绩效等级评价。

表9　员工PBC评价表（示例）

员工	级别	业务目标评价											人员管理目标评价	个人发展目标评价	排序	PBC初评结果	PBC最终结果
		工作结果评价				工作过程评价			…								
		工作量	质量	…	综合评价	关键举措	团队合作	综合评价	…		…	…					
甲	8	+	=			+	=		+	=	…		+	+	1	1	1
乙	8	−	−			−	−		−	−			=	=	3	2	3
丙	7	=	+			=	+		=	+			/	+	2	2+	2+

注：+/−/=的评价结果，分别代表员工在该方面的表现高于平均水平/低于平均水平/处于平均水平。

绩效评价结果与岗位退出相结合。一是每年年终项目经理对关键岗位人员进行项目评价，若关键岗位人员PA评价结果连续两年为3或当年度为4，则退出该岗位，重新遴选该关键岗位的合适人选。二是关键岗位的人员经理对员工进行个人全面绩效评价，对于关键岗位的员工，若连续2年PBC评价结果为3或当年度为4，取消岗位聘任资格。

绩效评价结果作为确定岗位分红权额度的重要依据。参与岗位分红的人员个人年度PBC结果必须为2及以上。同一项目同一岗位人员的岗位分红额度差别主要体现在PA和PBC绩效评价结果的差别。

（六）基于"全参数化"分配思路，系统构建量化分配规则

基于跨职能团队的项目组织形态和科研生产流程，按照"业务领域-项目团队-关键岗位"逐层确定岗位分红权激励对象及激励额度，在分配过程中，设计全量化分解方案，将岗位价值贡献显性化，提高分配的科学性和公正性。

1. 确定参与分红的领域及其分红额度

按照"区别情况，分类激励，总额控制，注重实效"的分配思路，根据业务成熟度模型，将领域分为成长期、成熟期和孵化期分别确定参与分红的领域及其分红额度。

对于成长期、成熟期的业务领域/子公司，对照签订的《年度经营业绩责任书》，完成年度经营指标的可以实施岗位分红，按照利润完成情况分段计算岗位分红额度，超额利润的分红比例高于目标利润部分，体现"增量分享、注重实效"的理念。以2016年度为例，成长期、成熟期的分红额度按照如下公式计算：

成长期/成熟期业务领域分红额度=年度经营指标利润值×5%＋（实际完成利润-年度经营指标利润值）×15%

对于成立未满三年的孵化期业务领域/子公司，为加大激励力度，牵引科技成果转化进程，不进行具体的经济指标考核，实现正利润即可参与分红，并适当提高分红比例。以2016年度为例，孵化期分红

额度按照如下公式计算：

分红额度=实际完成利润值×15%

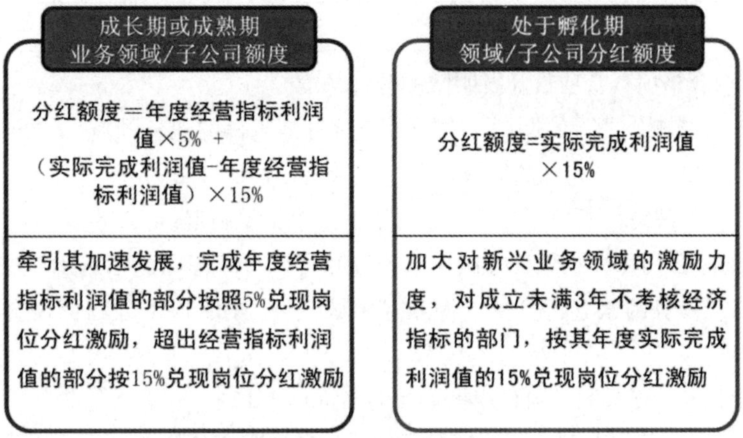

图5　业务领域分红规则

2. 确定参与分红的项目团队及其分红额度

项目团队分为项目管理团队和项目开发团队。项目管理团队由业务领域IPMT、SPT团队关键岗位成员组成；项目开发团队由PDT关键岗位成员组成。

领域/子公司的分红额度=领域/子公司项目管理团队关键岗位分红额度+领域/子公司PDT关键岗位分红额度

（1）确定领域内项目管理团队的分红额度

确定领域内项目管理团队的分红总额时，以领域人均分红额度为基准，充分考虑项目团队项目管理与科研带头人的双重价值，同时兼顾管理团队与开发团队收入差距的合理性。

按业务领域/子公司符合分红条件的员工总数、可分红额度，计算个人平均分红值，结合项目管理团队关键岗位成员数，计算关键岗位成员的可分红总额（项目管理团队成员个人平均分红值一般设定为领域个人平均分红值的2-3倍，具体取值由岗位分红权领导小组审议确定）。其余分红额度在业务领域合格项目关键岗位中分配。

从岗位角色、项目绩效评价（PA）结果、个人绩效评价（PBC）结果三个维度确定业务领域项目管理团队各成员的分红比例，其个人分红额度为：

$$\text{个人分红额度}=\text{项目管理团队关键岗位分红额度}\times\frac{\text{岗位角色参数}\times PA\text{参数}\times PBC\text{参数}}{\sum_{n}\text{岗位角色参数}\times PA\text{参数}\times PBC\text{参数}}$$

其中，n为领域内管理团队关键岗位成员总数。其中，管理团队成员的岗位角色参数由IPMT主任根据成员在团队中承担的职责和发挥的作用确定，具体参数确定见表3。

PA评价是指按照跨组织团队中的评价关系，对各级成员在业务领域和项目实际发挥作用进行评价。PA评价参数与PA评价结果的对应关系，见表10。

表10　PA参数一览表

PA评价结果	1	2+	2	3/4
PA参数	1.3	1.15	1.0	0

PBC结果体现员工在本年度内综合的绩效表现，PBC评价参数与PBC评价结果的对应关系见表11。

表11　PBC参数一览表

PBC评价结果	1	2+	2	3/4
PBC参数	1.3	1.15	1.0	0

（2）确定领域内合格项目及项目开发团队的分红额度

按照“价值导向、兼顾公平”的原则，对符合岗位分红条件的业务领域/子公司，由本领域的管理团队综合评价各项目的Q、C、D指标的完成情况，筛选出合格项目团队。

开发团队（PDT）关键岗位成员分红额度按照以下三个步骤确定：

一是将业务领域/子公司将分红额度分配到合格项目团队。管理团队筛选出合格项目后，按项目利润、技术创新、项目规模等因素进行打分，将业务领域/子公司的PDT分红额度分配至各个合格项目团队。

项目利润参数、技术创新参数、项目规模参数的确定见表12：

表12　合格项目团队分红评价要素参数表

评价要素	参数确定
项目利润	该项目利润占领域/子公司总利润的百分比
技术创新	由领域IPMT/子公司给出分值，0≤技术创新参数≤2
项目规模	由领域IPMT/子公司给出分值，0≤项目规模参数≤2

$$\text{项目分红额度}=\text{领域/子公司的PDT分红额度}\times\frac{\text{项目利润参数}\times\text{技术创新参数}\times\text{项目规模参数}}{\sum_{s}\text{项目利润参数}\times\text{技术创新参数}\times\text{项目规模参数}}$$

其中，s为业务领域内合格项目总数。

二是项目经理将分红额度分配到PDT关键岗位。项目经理根据开发团队（PDT）岗位角色、PA评价结果、PBC评价结果，确定单个项目关键岗位成员的初步分红额度，报IPMT审批。

$$\text{个人分红额度}=\text{项目分红额度}\times\frac{\text{岗位角色参数}\times PA\text{参数}\times PBC\text{参数}}{\sum_{m}\text{岗位角色参数}\times PA\text{参数}\times PBC\text{参数}}$$

其中，m为PDT中符合岗位分红条件的关键岗位成员总数；岗位角色参数依据该岗位在项目中承担的职责和发挥的作用确定，由项目经理提出建议，IPMT主任批准。

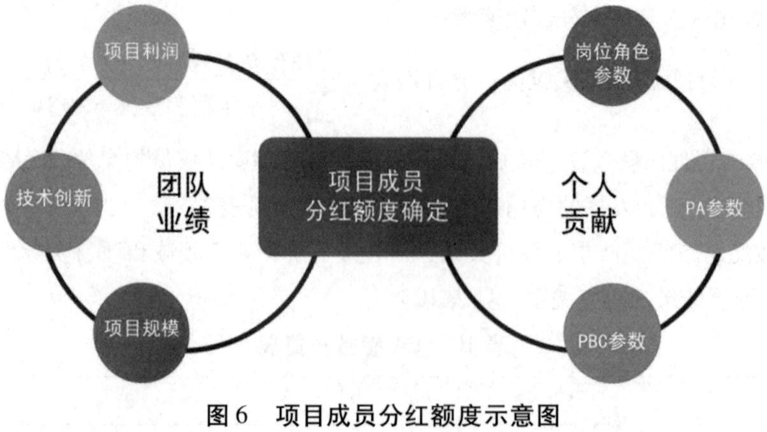

图6　项目成员分红额度示意图

三是IPMT测算最终分红额度。IPMT根据项目成员的单个项目分红额度和参加合格项目情况，测算最终分红额度。当同一位员工从事该业务领域多个项目时，分红额度可以累加，鼓励员工“多劳多得”，主动承担科研项目。

三、大型科研院所“四位一体”项目导向型的岗位分红激励管理实施效果

（一）优化了价值分配体系，有效吸引了创新人才聚集

三十八所以岗位分红激励手段为支点，加快推进人事、劳动、分配制度改革，撬动整体价值分配体系的变革，岗位序列更加清晰，岗位职责更加明确，竞争上岗和退出机制不断完善，业绩考核更加规范，薪酬分配更加科学。通过以岗位分红为牵引，优化价值分配体系，提升了核心岗位人员的薪酬市场竞争力，吸引一大批中青年高层次科技人才的聚集。

当前，三十八所吸引聚集了以700余名博士、1500余名硕士、60余名海归人才为代表的一大批中青年高层次科技人才，初步打造形成了聚焦“实体空间安全智慧感知”的创新人才高地，为实现战略目标提供了重要的人才和智力支撑。

（二）激发了创新人才活力，有力推动了整体经济效益的提升

三十八所通过构建项目导向型的岗位分红激励体系，将人才创新贡献、价值创造与个人的岗位分红权收入紧密挂钩，有效激励核心技术和管理骨干，尤其突出对一线科研人员和青年骨干的激励。参与分红的人员中，项目开发人员占94%，中青年骨干占75%。岗位分红权激励实施以来，关键岗位薪酬水平接近行业50分位水平，部分核心岗位达到行业75分位水平，员工满意度，敬业度均有较大提高。

通过实施岗位分红，激发了人才的创新活力，提高了项目团队的凝聚力和战斗力，促进员工与企业共赢的良性互动，打造形成了人才与单位共同成就、共同发展的利益共同体，推动了三十八所创新驱动发展战略的有效实施。近年来，三十八所涌现出以“空警500预警雷达”为代表的一大批高精尖科技成果，经营业绩获得跨越式发展。

（三）成为科技型企事业单位实施岗位分红权激励的典范，产生了良好社会效益

三十八所项目导向型的岗位分红方案获得了国资委专家组的高度肯定，为科技型企事业单位实施岗位分红提供了范例。三十八所是中国电子科技集团公司首批获得岗位分红的单位之一，基于科研项目跨职能团队的岗位设置，设计了全量化的岗位分红额度分配方案，契合了科技型企事业单位的科研生产活动组织模式，引起中国电科集团下属电子科学研究院、10所、14所、54所等兄弟单位的关注，成为行业内实施岗位分红的典范。三十八所还牵头国资委组织的关于岗位分红权的课题研究工作，将本单位在岗位分红权实施过程中的研究和实践总结凝练，推动岗位分红在中央企业的推广实施，树立了岗位分红激励工作的品牌，产生了良好的社会效益。

成果创造人：陈信平、陈学军、王亚青、梅晓春、胡国良、蒋　凌、王　慧、
马明德、吴　立、李　忻、李　鹏、杨　悦、张　栋

全面深化改革推动央企上市公司实现高质量发展

北新集团建材股份有限公司

一、基本情况

北新集团建材股份有限公司（以下简称北新建材或公司）是世界500强中央企业中国建材集团有限公司（以下简称中国建材集团）旗下A股上市公司。公司1994年入选全国100家现代企业制度试点单位，1997年在深圳证券交易所上市（000786. SZ），2004年以来聚焦主业，稳步推进石膏板产能布局，2006年石膏板业务规模达到4亿平方米，稳居中国第一，2009年石膏板业务规模达到7.2亿平方米，位居亚洲第一，2012年石膏板业务规模达到16.5亿平方米，跃居世界第一。目前已发展成为中国最大的绿色建筑新材料集团，主营业务石膏板已投产产能达27.5亿平方米。

北新建材坚持以改革促发展，通过改革创新引领企业初步实现高质量发展，在一个充分竞争、完全开放的制造业赢得了国内50%以上的市场份额。2004年—2019年，北新建材实现年均净利润复合增长率30.67%（扣除非经常性损益后的净利润）。2019年，北新建材实现营业收入133.23亿元，扣除非经常性损益后的归母净利润23.72亿元、ROA为13.27%、销售净利润率17.91%，应收账款占营业收入比例0.90%（应收账款为剔除2019年底并表的防水业务数据）。截至2019年末，北新建材总资产214.64亿元、所有者权益145.42亿元，资产负债率32.25%。截至2020年9月30日，北新建材总资产237.08亿元；2020年前三季度实现归属于上市公司股东的净利润20.06亿元。

北新建材3次荣获全球石膏工业年度公司奖（全球唯一）并获得全球石膏工业突出贡献奖、中国工业企业质量标杆、国家级企业管理现代化创新成果一等奖、中国最具成长性上市公司、中国最佳股东回报上市公司、中国证券金紫荆奖“最具品牌价值上市公司”等荣誉，被清华大学经济管理学院作为第一个“文字+视频”中英文企业案例在全球发布。2016年，经国务院批准，北新建材荣获中国工业领域最高奖项——中国工业大奖。2019年，北新建材荣获主体信用评级最高AAA信用等级等荣誉，被全球权威评级机构穆迪授予A3评级，成为全球同行业最高评级；荣获中国质量管理领域的最高奖——全国质量奖，成为中国建筑材料领域唯一集齐工业和质量领域最高奖的企业。

二、主要改革措施及取得的成效

北新建材是改革的产物，伴改革开放而生，因改革开放成长。特别是党的十八大以来，北新建材坚持以习近平新时代中国特色社会主义思想为指导，全面贯彻落实国企改革“1+N”文件精神，大力推动综合性改革，取得显著成效。主要改革特点是“党建引领、使命驱动、股权混改、市场机制”。

（一）党建引领，实现企业高质量发展

北新建材坚持以习近平新时代中国特色社会主义思想为指导，紧紧围绕生产经营中心工作，充分发挥党委领导作用，打造并持续实施“红色标杆计划”党建品牌，积极践行“四个落到实处”党建工作法，创建“颗粒归仓”北新廉洁文化，为企业改革和健康发展提供坚强的政治保证。坚持把党建帐和经营账合为“一本账”，做到“两手抓”，一手抓党的建设，一手抓改革发展，以企业改革发展成果检验党组织的工作成效和战斗力，以高质量党建引领企业高质量发展。

1. 充分发挥党委领导作用。始终坚持两个“一以贯之”，持续推动党的领导与完善公司治理深度融合。坚持党委会、董事会、经理层“双向交叉”任职体制，把党委会研究讨论作为董事会、经理层决策重大问题的前置程序，实现了党的领导与公司治理紧密融合。2019 年，公司党委实施“全体起立、全员竞聘”，党委书记担任竞聘委员会主席，全程参与竞聘工作，党群工作部负责人全程参与并担任评委，纪检监察室全程参与监督竞聘考核评价工作，充分发挥了党委把方向、管大局、保落实的作用。

2. 全面深化“三基建设”，推进“四化融合”。以推进实施“红色标杆计划”党建品牌为主线，以党建工作责任制落实为抓手，以创建“五好党支部”“党员先锋岗”为载体，深入实施“三基建设”工程，推进党建文化与企业文化、安全环保文化、廉洁文化“四化融合”，不断改进和提升党建工作质量。近年来，北新建材党委大力实施党建文化建设工程，在公司总部建成集学习、活动、会议为一体的党建活动中心，率先在中国建材集团内建成“党建书屋”；大力推进党支部党建标准化建设，每个产业基地党支部都建有党员活动室、党建书架，都有统一标准的党建文化标识标语，营造出浓厚的党建文化氛围。

3. 深入落实创新发展理念。北新建材创新体系涵盖技术创新、经营创新、管理创新全环节。加大科研投入力度，建立协同开放的创新研发体系，研发推广全球原创的战略产品“鲁班万能板”；实施“制高点”战略、混合所有制改革、合资合作进行全球化布局，推进经营创新；实施“双线择优”管理模式、“全员竞聘”推进管理创新。通过党建工作和创新工作的融合，使创新发展成为企业发展不竭的动力。

4. 深入落实绿色发展理念。北新建材党委树立和践行绿水青山就是金山银山理念，确定了“推进建筑、城市、人居环境的绿色化”的企业使命，以“绿色建筑未来”为产业理念，大力发展循环经济，推进建筑节能和装配式建筑，使用绿色原料、研发生产绿色产品、推动绿色建造，从绿色原料、绿色生产、绿色产品、绿色建造、绿色应用、绿色可回收等环节打造全生命周期的绿色建筑产业链，推进建筑、城市、人居环境的绿色化。北新建材荣获中国资源综合利用示范企业、中国十大资源综合利用先进企业、中国绿效企业奖—最佳典范奖、中国循环经济 2017 年度最佳实践、绿色工厂、能效之星等荣誉称号。

5. 打造“颗粒归仓”廉洁文化。北新建材始终坚持把纪律挺在前面，强化管党治党主体责任和监督责任，健全廉政制度，开展廉洁教育，不断完善党内监督体系，逐级落实责任，持之以恒落实中央八项规定精神，倡导和坚持“亲清”文化，打造了北新建材的“颗粒归仓”廉洁文化，实现了“四个促进”：让党风廉政工作真正促进风清气正，真正促进队伍建设，真正促进生产经营，真正促进企业发展。

6. 以高质量党建引领高质量发展。北新建材党委深入贯彻落实新发展理念，坚持把党建账和经济账作为“一本账”，以企业改革发展成果检验党组织的工作成效和战斗力，大力开展“六星企业”“五好

党支部”“党员先锋岗”等创建活动，形成围绕生产经营中心工作发挥党组织和党员作用的长效机制；积极落实“从管理到经营”战略思想，深入贯彻“价本利”经营理念，教育引导干部员工树立市场化经营理念；大力弘扬北新建材“用心履职、不偏不私”的履职规范和“自我革新、止于至善”的北新精神，以高质量党建工作引领企业高质量发展。

北新建材党委全面推进实施标杆企业计划，也就是“投资1亿（不含土地）、年税后净利润5 000万（或投资回报率40%以上）”作为北新建材的标杆工厂。2019年，北新建材所属21家工厂达到标杆工厂目标。在此基础上，进一步打造“投资1亿元、年税后净利润1亿元”的“红色标杆企业”目标；北新建材所属广安北新建材有限公司连续两年实现红色标杆企业目标。高质量党建引领企业实现高质量发展，2004年—2019年，北新建材实现年均净利润复合增长率30.6%（扣除非经常性损益后的净利润）。2019年度，实现扣除非经常性损益后的归属于母公司净利润23.8亿元；2020年前三季度实现归属于母公司净利润20.06亿元。

（二）使命驱动，打造国家高端自主工业品牌

北新建材坚持以践行新发展理念为使命，以“绿色建筑未来”为发展理念，以品牌建设和技术创新为战略引擎，“龙牌”石膏板质量技术性能指标和价格档次效益全面超过包括欧美世界500强在内的外资品牌，成功打造国家高端自主工业品牌，实现从“中国制造”到“中国品牌”和“中国创造”，全球原创的“鲁班万能板”全屋装配体系实现了“个性化设计、工业化生产、装配式施工、无需晾味、即装即住”。经世界品牌实验室评估，北新建材品牌价值约700亿元。

1. 坚持绿色发展理念，大力发展循环经济

公司以“绿色建筑未来”为产业发展理念，在业内率先总结提出“绿色建筑六要素”——节能、环保、安全、低碳、舒适、生态，并倡导全生命周期的绿色建筑，即“以绿色的生产方式生产绿色建材”，投资研发利用火电厂的固体废弃物工业副产石膏生产石膏板、利用粉煤灰生产金邦板、利用钢厂的高炉矿渣生产岩棉等生产技术，实现工业废弃物的循环利用，减少天然矿产资源开采；采用先进生产工艺和装备，保障生产过程大幅度节能减排；通过产品轻质化减少运输环节的能耗和碳排放；产品使用实现装配化，减少湿作业和建筑垃圾；建筑拆除后可以回收利用，实现产品全生命周期的绿色化。

北新建材独立自主开发的“利用100%工业副产石膏为原料的年产3 000万/6 000万平方米纸面石膏板生产线成套技术”打破了国外技术垄断，并率先在国内推广应用，为燃煤火电厂大量副产品工业石膏的高效循环利用提供了新途径。每年可消纳工业副产石膏约2 300万吨，折合减排二氧化硫约1 035万吨，减少碳排放约501万吨，产品替代实心粘土砖可以减少耕地破坏4万余亩；按1 500万平米矿棉板产能计算，每年可消耗高炉矿渣25万吨。北新建材工业废弃物的综合利用为我国发展循环经济和节能减排事业做出重大贡献，成为建材行业实施清洁生产和发展循环经济方面的标杆，荣获中国十大循环经济示范企业和中国绿效企业最佳典范奖。

2. 构建协同开放的科技创新体系，科技创新推动行业升级

公司成立院士工作站，以国家级技术中心为依托，建立CNAS认证实验室、工程硕士站、博士后流动站，与顶级高校、设计院所建立战略伙伴关系，通过产学研结合扩大企业创新队伍外延，使公司的技术创新实力如虎添翼，打造成为国家级创新型企业。

在创新投入方面，公司加大创新研发投入力度，筹备建设新型建材和防水材料国家重点实验室、建设石膏板中试生产线和十多个专业实验室，将销售额的3%-4%用于科技投入，促进研发投入与企业发

展的良性循环，保障技术创新的基础环境。

在创新机制方面，通过创新奖励和表彰来激励技术人员的创新热情，通过完善专利体系为公司的技术创新保驾护航，截至2020年6月30日，公司累计申请专利5 106件，取得授权专利共3 625件，专利申请量和保有量保持全国建材工业企业遥遥领先。北新建材作为国家项目牵头单位，联合国内29家知名高校、科研院所和企业，组织申报了“十三五”绿色建材国家重点研发计划项目“功能型装饰装修材料的关键技术研究与应用”；公司还借助新型建材行业领军企业、中国石膏板规模化生产引入者的优势地位，以主要参编单位身份参与39项国家标准和行业标准的起草制定（修订）工作，通过推动行业标准的不断提升，来推动和引领行业升级和健康发展。

3. 科技创新，带动产品迭代升级和应用变革

北新建材研发净醛石膏板新产品升级迭代创新，将原净醛石膏板的甲醛吸附净化能力，通过创新升级为甲醛分解净化能力，净醛率达到93.9%，继续保持行业领导地位和创新引领地位，龙牌净醛石膏板系统成为APEC、G20等国家重点工程独家指定产品。龙牌相变石膏板（PCM）是一种储能节能石膏板，在石膏中掺入相变微胶囊材料，通过相变微胶囊由固体到液体及由液态到固态的相变过程，实现在近似恒温条件下吸热、放热。该产品作为建筑内墙材料可以将室内温度变化控制在较窄的变化范围内，不仅增加居住环境的舒适性而且减低建筑能耗，该产品被科技部列为国家重点新产品。

北新建材充分发挥技术优势，聚焦外装装配化+内装装配化，在产品和应用系统研发方面引导消费需求，解决客户痛点问题，达到甚至超过顾客期望。北新建材全球原创研发成功的战略产品“鲁班万能板”，成为内装装配化的革命性产品创新，入选中关村国家自主创新示范区展示中心，被誉为中关村的“新物种”。全球首条自动化生产试验线在嘉兴基地建成投产，产品已在龙湖冠寓高级公寓、北京新机场等标杆项目进行示范推广使用并获得高度认可，成为北新建材走向海外市场，特别是在欧美国家重组和建厂时最让合作伙伴信服认同的王牌产品。

北新建材主导的“以石膏板复合墙体替代砖头砌块、矿棉板替代高价定制铝扣板吊顶、鲁班万能板替代木材油漆壁纸壁布、金邦板替代石材”的四个替代全屋装配系统，推进产品的升级换代，实现“外墙颠覆石材、内墙颠覆油漆涂料和壁纸壁布、地面颠覆石材和地毯、万能板颠覆木材、吊顶颠覆金属天花板”的全面颠覆，实现“个性化设计、工业化生产、装配化施工、无需晾味即装即住”，彻底解决国内客户的装修污染痛点和海外客户人工费高昂的痛点。在提升品质性能和环保健康的同时，可增加10%套内面积、降低20%成本、缩短30%工期、提升50%质量性能、实现100%全周期绿色化。

4. 自主研发，打造超越外资的中国高端自主品牌

北新建材落实习近平总书记“推动中国制造向中国创造转变、中国速度向中国质量转变、中国产品向中国品牌转变”重要指示，着力打造中国制造业的高端自主品牌。北新建材“龙牌”石膏板不仅质量技术性能指标超过包括世界500强在内的欧美外资品牌，价格档次效益也全面超越外资品牌，是比外资品牌“卖得贵、卖得好”的中国高端自主品牌。根据协会统计，国家重点工程、全国各大地标建筑和获得鲁班奖等国家工程奖的高品质建筑90%采用的是北新建材“龙牌”系列产品。据世界品牌实验室评估，2020年北新建材品牌价值达752亿元，名列中国建材工业品牌第一名。

北新建材龙牌系列产品广泛服务于人民大会堂、奥运会、世博会以及北京大兴国际机场、上海国家会展中心、APEC和G20峰会主会场等国家重点工程，雄安新区市民中心、北京国贸建筑群、上海陆家嘴建筑群等地标建筑，中国工商银行、腾讯、阿里巴巴等企业总部，香格里拉、万豪、威尼斯人酒店等五星级酒店，奔驰、三星、华为等工业园区和千家万户住宅装修。

（三）实施混革，实现国企实力与民企活力的强强联合

北新建材以打造具有竞争力、创新力、控制力、影响力、抗风险能力的“五力”企业为目标，持续深化混合所有制改革，先后引入泰山石膏、山东万佳、蜀羊防水、禹王防水和金拇指防水等民营资本，通过混合所有制改革实现国企实力与民企活力的强强联合，产生了“1+1>2”的效果。

1. 收购泰山石膏剩余股权，促进股权多元化

作为中国建材集团旗下的老牌A股上市公司，北新建材一直注重通过混合所有制改革实现资本优化重组和产业整合，做强做优做大固有资本。2005年和2006年公司分别通过增资、现金收购的方式直接和间接持有泰和集团（现为泰山石膏有限公司，以下简称泰山石膏）65%股权，成为控股股东，实现中国石膏板行业的重大资源整合，公司成为中国最大的石膏板产业集团。2016年公司发行股份购买泰山石膏35%的少数股权，原少数股东泰安市国泰民安投资集团有限公司、贾同春等35名自然人，以及泰安市和达投资中心（有限合伙）等10个有限合伙企业成为上市公司股东。此次重组促进了公司股权结构的多元化：目前央企H股上市公司中国建材股份有限公司持股37.83%，地方国资公司持股6.70%，经营管理骨干贾同春持股5.09%。通过混合所有制改革，北新建材激发了内生活力，提升了决策效率、整体管理效率和资源配置效率，提高了市场占有率及核心竞争力，为未来进一步全面深化改革和可持续发展奠定了坚实基础。

2. 联合重组山东万佳，激发企业活力

2018年，北新建材继续推进混合所有制改革，设立了合资公司梦牌新材料有限公司，其中北新建材持股70%，民营企业山东万佳建材有限公司（以下简称山东万佳）持股30%；通过合资公司，联合重组国内产能第二大石膏板产业集团山东万佳下属3家石膏板企业。此次联合重组完成后，山东万佳管理团队加入公司，为公司输送了优秀人才，激发了企业活力，提升了公司竞争力；山东万佳系石膏板企业拥有的1.9亿平方米产能的石膏板生产线重组进入公司，进一步扩大了公司石膏板产能，巩固了公司在石膏板行业的领先地位。此次混合所有制改革使得公司兼具了国企的实力和民营企业的活力。

3. 联合重组防水区域龙头企业，顺利进军防水行业

2019年，北新建材继续推进混合所有制改革，联合重组防水行业3家区域龙头企业，顺利“进军”防水行业。2019年8月，北新建材联合重组区域龙头企业四川蜀羊防水材料有限公司（以下简称蜀羊防水），正式“进军”防水业务；2019年10月，北新建材联合重组区域防水龙头企业禹王防水建材集团有限公司（以下简称禹王防水）等8家公司及河南金拇指防水科技股份有限公司（以下简称金拇指防水）。联合重组后，北新建材持股70%，蜀羊防水、禹王防水和金拇指防水各自创始人分别持有联合重组后各防水企业30%的股权。北新建材迅速形成了覆盖全国的十大防水材料产业基地布局，成为中国防水行业领军企业之一。通过此次混合所有制改革，北新建材顺利“进军”防水行业，引入多位优秀的民营企业家，培育了新的业绩增长点，为企业发展注入了新活力，进一步提高了企业竞争力。

（四）市场导向，激发活力打造竞争力

石膏板产业是一个充分竞争、完全开放的领域，北新建材坚持“审慎投资、稳健经营、严控风险、有机增长”的经营理念，坚持按照市场化竞争需要建立健全组织体系，不断深化选人用人制度和薪酬激励体系的市场化机制改革和文化变革。

1. 持续实施总部机构精干化组织机构变革

北新建材根据战略与发展需要，按照适应市场化竞争的原则持续调整优化组织机构。2012年，面对

经济形势下滑以及行业竞争形势更加剧烈的不利局面，针对几家外资企业对北新建材进行疯狂反扑的布局，公司以“聚焦+年轻化”为原则，将公司业务聚焦为8个事业部作为公司一级利润中心，“聚焦”主业和经营一线，并加快人才梯队建设，大胆启用一大批有理想、有热情、有能力的年轻干部走上经营决策的领导岗位和第一线，大力发挥北新建材的整体优势发展业务协同。

2014年，全面转型为“以客户为中心”的组织，将经营部门组建成以虚拟区域公司为旗舰的扁平化快速反应战斗群，为客户提供节能环保的绿色建筑一揽子解决方案。

2016年，实现了以区域公司作为利润中心构建的“小总部、大业务”，向业务部门和一线倾斜，打破部门边界，压减机构和优化流程，全面推行“一人多岗、一岗多能”，通过整合职能分工、合并横向线条，将总部职能部门由原先的25个整合重组为包括党群纪检部门在内12个部门，实现“小总部、大业务”，并逐步撤并二级机构。

2018年，启动“全球化产业布局”，成立国际公司，全面推进石膏板产业全球布局、建设和行业整合。通过组织机构变革，公司机构减少50%，总部人员连续三年每年减少30%，总部职能部门编制压减为50人。

2. 不断深化选人用人市场化改革

北新建材自2017年开始推行职业经理人制度，通过“岗位竞聘”实现干部能上能下。2017年开展“岗位竞聘”试点，提升市场化机制与经营管理水平，努力建立科学用人机制，结合实际情况逐步推行干部竞聘制，充分激发调动广大干部的能动性与积极性，努力实现“能者上、平者让、庸者下”。2018年推动完善重点人才库管理办法，制定核心业务岗位流动机制，启动核心业务岗人员的轮岗。通过全面开展公司人才盘点，梳理形成企业重点人才库，有侧重点的挖掘和培养一批重点人才，完善公司人才梯队建设，分别在管理类、营销类等25个岗位陆续推行内部竞聘制度，促进人尽其才的合理配置。

2019年全面启动市场化选人用人机制改革，实施“全体起立、全员竞聘”，不设年龄、资历、学历、职级的门槛，既防止已经在位的干部混日子，也防止能干的人才被挡住埋没，从上到下全面落实“能上能下、能高能低、能进能出”。截至2020年8月，公司在管理类、营销类、生产类等105个岗位陆续推行了岗位竞聘，包括区域公司总经理/副总经理、分子公司总经理/副总经理、海外项目项目经理/项目副经理、石膏板厂厂长/副厂长、营销大区总经理等重量级岗位，共有374人参与岗位竞聘，157人竞聘成功。其中，既有年轻干部脱颖而出破格提拔，也有老同志活力不减勇夺三军。湖北北新建材有限公司一位工作十年的普通员工直接竞聘副总经理成功。通过上述措施，人才配置不断优化，逐步实现人尽其才的合理配置。下一步，将推进部门正职等全级次干部人员实施“全体起立、全员竞聘”。

为更好地发挥市场化机制，公司提出“四个充分”（充分信任、充分授权、充分透明、充分监督）的管理原则，并在此基础上探索打造“双线择优”管理模式，探索破解“一抓就死、一放就乱”的规模化全国性企业管理困境。区域公司作为公司全产品全业务自主经营的主体，本部设立了战略营销、协同采购、精益生产、技术建设等双线部门，重要决策事项不是由一条线独立“黑匣子”运作，而是有第二个部门有权参与、交叉审核、有责任有考核需要地提出优化和替代方案。通过竞价生产、竞价采购、竞价销售、竞聘上岗等一系列措施，有效促进了公司的效率提升和效益改善。

3. 持续推进考核分配差异化的薪酬体系改革和组织文化变革

公司建立了绩效考核评价机制，通过员工胜任力考核，实现员工能进能出。逐步完善公司级、部门级及员工级三层次绩效考核体系，推进全员绩效考核，完善经营业绩考核办法，坚持业绩导向，将预算考核、对标考核与专项考核相结合，将区域公司经营业绩考核结果同薪酬总额挂钩，切实做到业绩升、薪酬升，业绩降、薪酬降。公司从2005年开始对经营单位实行“营运资本”管理，并进一步扩展为“全资金成本考核”。不仅考核初始资本金投入，还考核其经营过程中所占用的营运资本，对所有资金占用收费，实现区域公司经营观念转变。将扣除应收款和存货资金成本的利润贡献作为考核基数。考核直接到业务终端，实行货款回收与业绩考核挂钩。对业务人员按照“谁销售，谁收款”的原则落实责任，按当年有效回收货款的销售额作为考核兑现的基础。

公司在引入市场化职业经理人的同时引入市场化考核激励机制，形成以岗位目标责任为核心的年度考核和以战略绩效为核心的任期考核体系，从“推力”和“拉力”两方面共同促进职业经理人为企业带来的效率的提升和活力的激发。推进薪酬改革，构建合理分配结构，实现员工收入能高能低。本部职能部门弱化年终奖，增加季度奖，考核周期从年缩短为季，改善考核激励效果。重视过程考核兑现，更加注重实效、强化效率，季度奖制度在考核分配上打破“平均主义”，重在奖励“有激情、负责任、不惜力”的干部员工。落实以增加价值创造为导向的分配政策，构建体现智力劳动价值的薪酬体系和收入增长机制，优化等级工程师薪酬体系等。

推动实施公司组织文化变革，从上下级层级关系转变为股东关系，从部门之间关系转变为内部客户关系，让每一个部门和干部员工可以按照公开透明的规则核算自己的薪酬，实现自己为自己定薪，只需要致力于为公司和客户创造价值，不需要担心领导关系远近。要求全体干部员工“用心履职”，要求全体干部“不偏不私”，鼓励全干部员工“自我革新、止于至善”。建立《奖励体系和礼遇制度》，尊重干事创业和做出贡献的人才，实现物质激励和身心舒畅的双丰收。

三、改革的下一步计划

北新建材通过混合所有制改革、三项制度改革和“双百行动”改革，建立了市场化机制，激发了企业活力，增强了企业竞争力，初步实现高质量。但这与党的十九大提出的建设具有全球竞争力的世界一流企业的要求相比仍有较大差距，北新建材将在前期积累的实践经验基础上，对改革成果进一步巩固提升，并以国企改革三年行动为契机，聚焦治理机制、用人机制和激励机制，进一步规范公司治理，完善职业经理人制度，建立市场化长效激励机制，立足充分竞争行业的发展特性，进一步加大改革探索力度，力争将北新建材打造成为世界级工业标杆。

成果创造人：王　兵、杨艳军、史可平、管　理、王远林、王　菲

完善中国特色现代企业制度建设，规范治理，主动求变，走市场化改革之路

广东电网公司

广东电网能源发展有限公司（以下简称“能源发展公司”）成立于1958年，是南方电网三级公司、全国输变电行业龙头企业，成立60多年来，共建成输电线路约20万千米，变电站装机容量约19万兆伏安，获得4项“鲁班奖”、28项“国家优质工程奖”。随着电力工程建设领域市场竞争日趋激烈、经营成本不断上升，能源发展公司总体处于保本微利水平，经营出现困难，加之体制机制受限、内生动力不足、人才用工僵化，公司面临市场和自身的双重挑战。

自2018年入选首批“双百行动”，能源发展公司抓住改革新机遇，在网省两级公司支持下，围绕“五突破、一加强”要求，以“规范完善企业治理，搞活机制，推进市场化改革”为改革核心，让“听见炮声的人做决策”，实现了治理结构更加完善、业务布局快速升级、经营业绩明显改善的成效，为传统送变电类企业市场化改革发展探明了新路。2019年，能源发展公司改革经验被国务院国资委选为全国首批5家优秀企业案例宣传推广。2020年，入选“国资国企改革经验案例丛书”《改革尖兵：国企改革“双百行动”案例集》。

一、成果背景

（一）深入推进国有企业改革的必然要求

十八大以来，以习近平总书记为核心的党中央站在党和国家发展的全局高度，举旗定向，谋篇定局，以前所未有的决心和力度推进国企改革。2015年—2017年，国务院先后出台《关于深化国有企业改革的指导意见》及22个配套文件，形成“1+N”顶层设计，各项改革工作不断纵深推进。党的十九大站在新起点，部署更深层次、更广范围、更大力度去谋划和推进国企改革，2018年国务院印发《国企改革“双百行动”工作方案》，深入推进综合性改革，力求在改革重点领域和关键环节率先取得突破，打造一批治理结构科学完善、经营机制灵活高效、党的领导坚强有力、创新能力和市场竞争力显著提升的国企改革尖兵，形成了梯次展开、纵深推进、星火燎原的国企改革新局面。在国企改革攻坚克难、攻城拔寨的关键时期，以更大力度、更实举措、更硬作风打赢“双百行动”这场硬仗。

（二）破解企业转型发展重难点问题的现实需要

入选“双百行动”的400余家企业有着集中鲜明的共性特征——身处基层一线，改革愿望迫切。能源发展公司是电网建设运行保障者，成立60余年来，多项重点工程获评国家奖项，荣获“中央企业先

进集体”等一个又一个荣誉称号。然而在市场竞争日益加剧的大背景下，一方面，随着电网投资规模逐年下降，能源发展公司主营业务逐步萎缩，保本微利；另一方面，原有管理体制行政化，微观治理机制不健全，用工、薪酬、投资、财务预算机制不灵活，难以满足能源发展公司战略转型需要。面对内外部问题和困境，能源发展公司坚定了走市场化改革之路，积极申报改革方案和任务台账，紧抓历史机遇，争当立得住、叫得响的国企改革尖兵。

二、成果内涵

能源发展公司把握新时代重大改革机遇期，正视改革痛点和难点，不断解放思想，凝聚改革共识，以“伤其十指不如断其一指”的决心，紧紧盯住改革目标的初心使命，学懂弄通改革方法，系统做好顶层设计，拿出改革的实招硬招，打破固有利益藩篱，不断提高市场化经营能力，不断提高队伍战斗能力，不断提高企业经营的效率和效益，充分激发企业活力，实现能源发展公司高质量发展。

（一）改革初心与使命

“双百行动”综合改革有三个层次：一是以产权制度改革为基础，引入积极的外部股东，形成相对制衡的股权结构，促使所有股东“到位”，构建管资本的理念基础；二是以治理体制改革为抓手，形成分权与监督相制衡的公司治理。发挥董事会的核心作用，完善管资本的保障形式；三是以市场化经营机制改革为重点，完善激励和约束机制，调动人的积极性和创造力，激发企业微观活力，达到管资本的最终目的。“双百行动”所提“五突破、一加强”是以产权制度、治理体制和市场化经营机制改革为核心，强化对人的激励、对历史遗留的处理，以及坚持党的领导，从而构建中国特色现代企业制度。其中各个任务不是相互割裂、相互孤立的，而是相互联系、相互支撑的有机整体，需要整体推进，增强企业改革各项举措的关联性和耦合性，形成合力，发挥协同效应。

（二）改革路径与改革方法探索

找到科学、合理、实用的改革推进模式，是打造中国特色现代企业治理体系、建立中国特色现代企业制度的起点。

广东电网公司和能源发展公司始终坚持以实事求是为核心的认识方法论、以辩证统一为根本的实践方法论。一是系统谋划“双闭环”现代企业治理体系的改革推进模式，形成完善治理、释放活力、有序推进、持续深化的闭环改革推进模式。二是渐进突破式改革，统筹推进与重点突破相结合，分阶段、分重点，瞄准关键突破口，打通改革推进中的关键环节，着眼决定性成果和成效，有序构建“形”“神”兼备的中国特色现代企业制度体系。三是构建顶层设计与基层探索的良性互动，不断凝聚改革共识、提高思想认识、明确改革方向，增强改革的系统性、整体性、协同性，使各项改革相互促进、相得益彰，形成总体效应。四是探索改革推进与制度建设的有序推动，明确制度建设对改革推进的意义与作用，通过科学设计、统筹规划制度建设，为改革推进工作保驾护航。

1. 系统谋划“双闭环”改革推进模式，持续深化改革

广东电网公司和能源发展公司高度重视“改革路线图”的全局设计工作，明确从完善治理结构和治理机制入手，推动市场化机制建设，并通过及时评价总结不断深化循环推进的实施路径。

结合实际，针对治理结构与机制“有形无神”，运营机制“有制无效”，治理评价“无依少据”，持续完善“无的放矢”等问题制定应对措施。以完善公司治理体制机制、建立健全制度体系为抓手，加速推动“三项制度”和市场化经营机制改革，持续释放市场化活力；通过对标与评价，及时总结改革成

效、查找改革难点痛点，为深化改革提供科学依据和方向指引，形成“完善治理”“释放活力”“有序推进”“持续深化”的“双重闭环”改革推进模式（见图1）。即通过阶段性改革总结评价查找难点痛点、深化思想解放，改善治理结构、治理机制和相关工作机制，完善制度体系，加强制度保障，实现“小闭环”；通过持续深化（产权制度改革）驱动治理体系更完善，运行更有效，进而催化市场化机制的健全，使企业治理体系构建和实践得以良性循环、自我完善，实现“大闭环”，真正推动改革向深处走、往实处做。

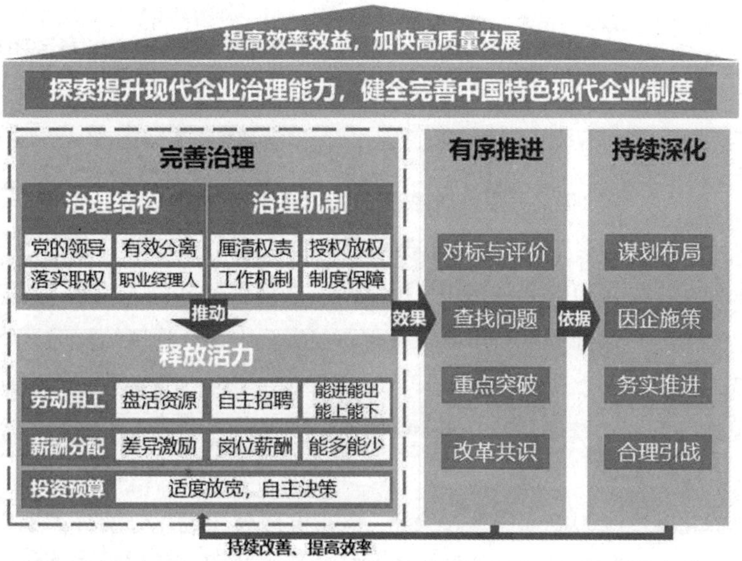

图1　系统谋划现代企业治理体系的改革推进模式

在整体“双闭环”改革推进模式下，能源发展公司形成“思想解放-改革深化-高质量发展”的良性深化循环，将每一次突破当做新的起点，以更深层次、更广范围、更大力度谋划推进改革。

首先，自2018年开始推进的“双百行动”，最大特点即其不再是单项试点，而是在前期试点工作基础上，以国企改革“1+N”政策体系为指导，以前期各专项试点取得的经验成果为支撑，全面拓展、应用、推广国企改革各项政策和试点经验，形成从“1+N”顶层设计到“十项改革试点”再到“双百行动”梯次展开、纵深推进、全面落地的国企改革新局面。能源发展公司在2018年—2020年间，聚焦“五突破一加强”以及当前的中国特色现代企业制度建设中的各项改革任务，同样坚定改革初心，坚持“改革不停步、不歇脚”，统筹短期成效和长远影响，持续解放思想、深化改革，以实现更大程度、更高标准的高质量发展（见图2）。

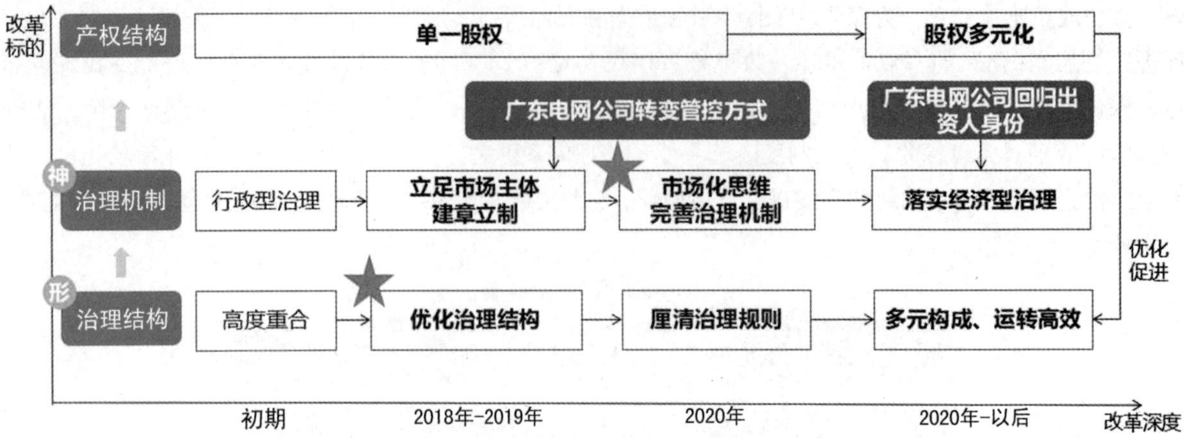

图2　重点改革任务持续深化示意图

2. *渐进突破式改革，打通关键环节，确保改革取得实质性进展*

第一阶段为改革探索阶段（2018 年）。2018 年，广东电网公司和能源发展公司基于充分调研讨论，制定了“双百行动”综合改革实施方案和任务分解表，在实践中，以治理结构为该阶段关键环节。紧盯优化董事会为突破口，抓住董事会建设“牛鼻子”（见图3），加强党的融入，推进职业经理人制度，全面优化治理结构，构建以章程为统领的中国特色现代企业制度的“形”，为市场化经营机制转型夯实基础。

第二阶段为改革深化阶段（2019 年—2020 年）。广东电网公司建立分层分类授权体系，制定授权清单，加大授放权力度。能源发展公司制定“双百行动”综合改革工作计划和任务清单，以治理机制和股权多元化为该阶段关键环节。一方面是在授放权范围内，充分总结前期改革经验，加快完善包括决策、授权、选人用人和工作等在内的内部治理机制，推动有效分离、各司其职的治理结构真正发挥履职监督实效，合理平衡效率、制衡和监督，为转型发展建立良好的治理根基。另一方面，在探索产权制度优化完善过程中进一步健全法人治理结构，完善公司治理体系，提升治理效率和质量，深化市场化经营机制转型，由行政治理向经济治理转型，全面完善中国特色现代企业制度，初步实现中国特色现代企业建设和公司治理的“形”“神”兼备。

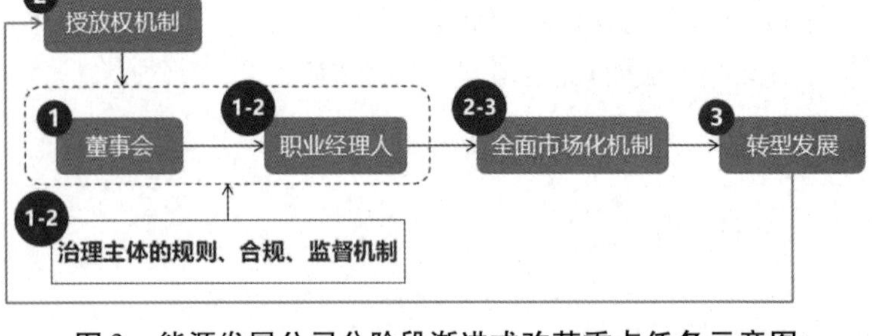

图3　能源发展公司分阶段渐进式改革重点任务示意图

第三阶段为加速市场化改革阶段（2020 年以后）。在逐步放宽的授放权范围内，以更具有市场化思维的治理机制、监督机制和管理机制制度为该阶段关键环节，加快深化“三项制度”改革和市场化经营机制改革，提升治理体系和治理能力现代化水平，推动能源发展公司业务布局快速升级，向综合型能源建设公司转型。

沿图 4 中Ⅰ-Ⅱ-Ⅳ路径渐进式开展改革探索，既符合能源发展公司实际，也符合十八届三中全会所提改革理论框架，治理结构反映治理体系现代化水平，治理机制反映治理能力现代化水平，只有协同提升才能真正实现现代化公司治理。

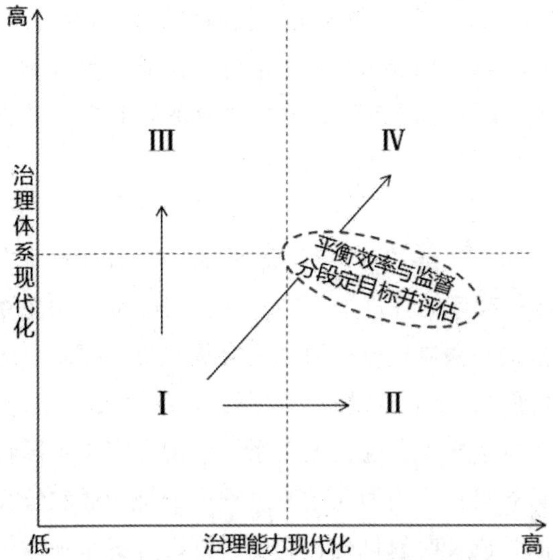

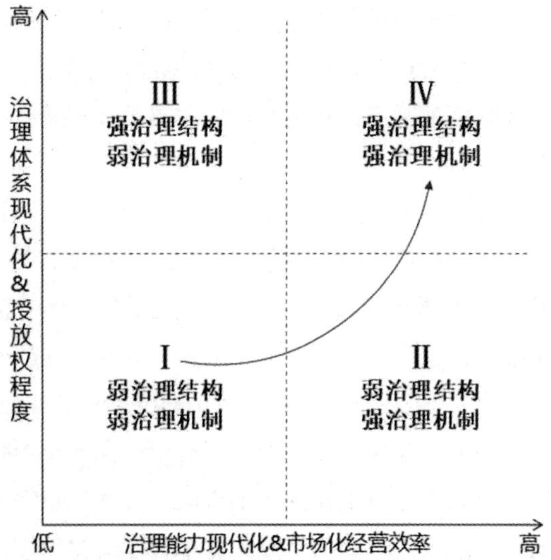

图4　治理体系现代化与治理能力现代化关系图

3. 顶层设计与基层探索的良性互动

综合性改革作为一项系统工程，改革越深入，面临的问题和矛盾就越复杂，改革攻坚的难度就越大。改革推进中，需充分考虑改革的系统性、整体性和协同性，没有全面的改革统筹规划，就没有各项改革的协同推进。改革的顶层设计，实际上就是对改革的整体谋划，对制约整体改革发展的全局性、关键性问题进行顶层判断，提出解决的整体思路和框架，并以此作为规范各具体改革事项和任务的依据，从而最大程度化解改革阻力，降低改革风险，确保改革顺利推进。

顶层设计与基层探索相对应，“顶层”是对改革方案进行顶层决策和自上而下的逐级推动。“基层”则是改革方案的实施主体。“设计”是指科学制订具有长期性、全局性和系统性的代表长远改革利益的方案。“探索”是指在改革方案“设计”之前先由局部摸索和政策实验。如果顶层设计缺乏对基础探索实践的挖掘、提炼、总结和推广，那么它的内容就一定是空洞的、缺乏创造性和突破性的；如果顶层设计缺乏对基层探索的鼓励和支持，自下而上的改革力量得不到释放，受惯性或路径依赖影响，就会延误改革时机。

广东电网公司和能源发展公司在改革实践中，探索健全完善中国特色现代企业制度，全面提升公司治理现代化水平，加速市场化经营机制转型等一系列改革任务时，正是采取了“顶层设计”与“基层探索”的良性互动模式（见图5）。

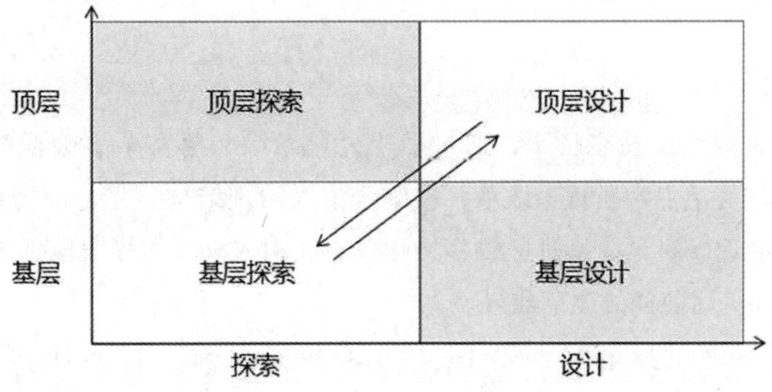

图5　基层探索与顶层设计的良性互动

自2018年，共同制定“双百行动”综合改革实施方案推进改革任务以来，广东电网公司充分与能源发展公司沟通调研协调，查找改革桎梏。2019年—2020年，广东电网公司和能源发展公司及时评估、讨论、总结改革实践探索中的基层经验与问题，完善顶层设计，制定新阶段下的综合改革工作计划，新建或修编多项制度，在更合理的顶层设计框架下调动基层积极性、主动性，形成“自下而上”与“自上而下”的合力互动，共同将改革推向前进。

4. 改革推进与制度建设的有序推动

从宏观层面来讲，改革推进与法制建设的关系已非常明确。自2014年，习近平总书记在不同场合多次强调“改革必须在法律的框架内进行”。新一轮全面深化改革的推进过程中，立法与改革遵循先立法或先依法授权，再推行改革。但另一方面，这也对改革推进与法制建设的协调配合提出更高要求。厉以宁曾提出：“依法推进改革，改革速度取决于法制建设的速度，法制建设快一点那么改革就快一点。”

广东电网公司在改革推进过程中，深入学习领会改革推进与法制建设的关系，将健全完善中国特色现代企业制度建设看做深化推进改革过程中贯穿始终的重要目标，当做在改革过程中处理矛盾和解决问题的主要手段。视如何将改革诉求合理转化为制度和机制，或及时修订现行制度和管理方案来加以体现为改革进程中的重要挑战。

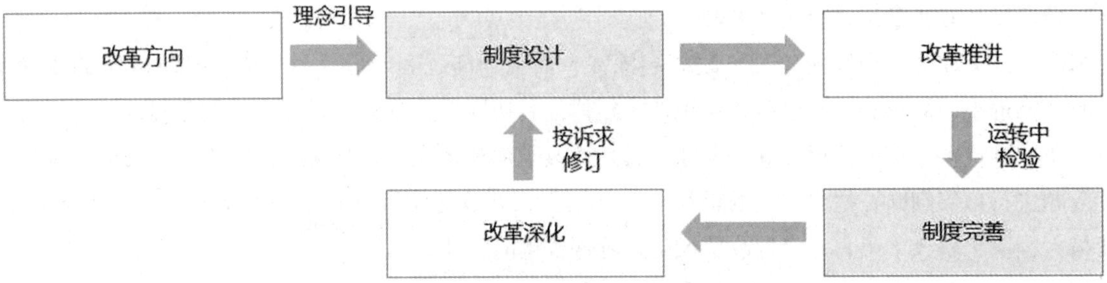

图6　制度建设与改革推进的有序推进

为了在制度框架下更顺利、有效推进改革，不断从体制机制上理顺制度建设与改革推进的关系。若制度建设不能及时有效发挥效力，将反而成为改革向前推进的阻碍，广东电网公司和能源发展公司改革中保持及时沟通协调，促成改革共识。此外，通过明方向、定目标、分模式，加强制度建设的科学分析和系统研判，确保制度建设和具体制定的顶层设计既符合改革需要又有利于促进改革，力使改革推进与制度建设形成有序推动、并行不悖（见图6）。

自2018年，能源发展公司以“规范完善公司治理，搞活机制，推进市场化改革”为改革核心，注重“自下而上、自上而下”合力互动，分阶段、分重点明确改革任务和改革计划，以制度建设为引领推进改革的同时，初步构建完成中国特色现代企业制度体系。

三、成果措施

能源发展公司在网省两级公司支持下，通过引入外部董事、落实董事会职权、推行职业经理人制度、完善市场化经营机制等重点举措推进改革，在健全法人治理结构、完善市场化经营机制两方面率先取得突破后，再不断深化改革标的，推进股权多元化改革，引入外部积极股东，通过“引资”实现“引制”和“引智”，加强和巩固前期的改革成果。

（一）转变管控方式，提升授权放权，为体制机制创新打开束缚

1. 落实战略型管控，合理授权放权，激发微观活力

2019 年，广东电网公司编制关于优化参控股企业管理的意见，明确分类开展战略型和经营型管控。其后，在南方电网公司政策支持下，广东电网公司和能源发展公司沟通梳理专项授放权事项，实施清单式管理，制定审批清单、备案清单和禁止清单，清单之外事项一律归位于能源发展公司，真正做到“清单之外无权力”，把对能源发展公司的管理聚焦到管资本、强监督、严考核。2020 年，广东电网公司及时总结改革经验，进一步提升授放权力度，构建“集权有道、分权有序、授权有章、用权有度”授权体系，制定授放权清单，印发授权体系管理办法。对业务主要面向市场的企业，落实战略型管控，“管方向、管结果、管重大事项”，从职能管理向法人治理转变。

首先，放宽用工和薪酬分配权，激发内生活力（见图 7）。用工方面，广东电网公司授权能源发展公司参考同业对标，根据经营效益分类测算市场化用工总量，实施周期制管控。在此基础上：一是实行用工计划单列和跨年度预核定；二是指导建立与效益效率紧密挂钩的市场化用工管理机制；三是试点授权开展校园招聘和社会招聘。薪酬方面，建立与同业标杆、经营效益紧密挂钩的工资总额核定和浮动机制，内部分配赋予充分自主权，明确以业绩为导向、参考行业水平、与市场竞争相适应原则。

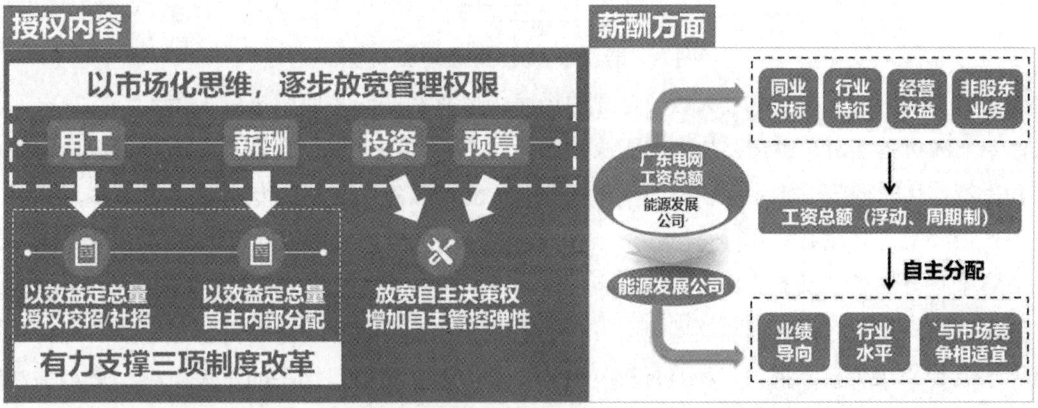

图 7　通过授权放权，推动市场化经营机制转型

其次，放宽投资和预算管理权，增强经营灵活性。广东电网公司适当放宽能源发展公司的投资自主权，除全年投资规模、重大项目投资外，其他投资项目可自主决策，报广东电网公司备案，投资项目调整也可自主决策并实施。适度增加预算管控弹性，实行一定的区间幅度控制，对部分非严控费用，允许根据自身业务特点，在预算总额内自主统筹平衡。

2. 建立外部董监事队伍，对股东负责，为企业服务

2019 年 2 月，广东电网公司成立专职董事办公室。2019 年 7 月，调整为专职董监事办公室，独立运作、实体化运行，打造“专业、专职、专管、专用”董监事队伍。专职董监事办公室主要负责指导专职董监事落实股东意志正确履职，及相关日常管理、沟通联系等工作。通过制定专职董事管理办法、考核方案和信息沟通协调机制等，初步形成制度框架体系，既推动专职董监事依法、勤勉、专业、高效履职，也为更大范围复制推广专职董监事制度提供支持。2020 年 1 月–6 月，专职董监事共参加任职企业董事会 24 次，出勤率 100%，审议议案 61 项，提出意见建议 108 条。

（二）抓住董事会建设“牛鼻子”，治理主体有效分离、各司其职，保障股东授放权能够接得住、行得稳

1. 董事会结构合理优化，实现有序授放权

改革前，能源发展公司董事会 7 名成员均为内部董事，董事会与党委、经营班子成员高度重合。为

此，广东电网公司派出专职董事至能源发展公司。改革后，能源发展公司董事会调整为5人，专职外部董事3名，建立外部董事占多数的董事会，经一年多运转，外部董事切实发挥“治理者、决策者、监督者”作用。董事会成员调整完成后，合理选派党委成员，建立完善“双向进入、交叉任职”的企业领导体制（见图8），并落实董事会对经理层选聘，成为南方电网公司首家“三会一层”相对独立的三级公司。

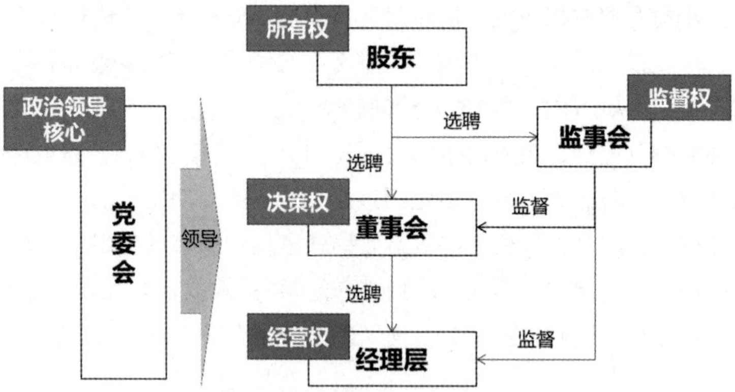

图8　能源发展公司治理结构图

治理主体有效分离，改变了过去数会合开的局面，也有利于股东回归出资人角色。广东电网公司在授放权体系下通过落实清单管理，加大对能源发展公司董事会的授放权，董事会逐步发挥面向市场的快速响应和决策作用。同步，优化专职外部董事选拔，3位专职外部董事的专业背景更加多元互补，能源发展公司各项决策更具战略性和科学性。

2. 理顺董事会与党委权责边界，实现有序决策

能源发展公司通过修订章程和议事规则，明确了党委和董事会对重大经营管理事项研究讨论的侧重点。梳理了党委“决策权、把关权和监督权”事项，党委对负责前置把关的重大事项，重点关注其政治和社会目标，而董事会负责事项决策，重点关注经济目标。有效提高了董事会决策效率，也加强了党的领导与法人治理的融合。

3. 理顺董事会与经理层权责边界，实现自主经营

持续深化改革、进一步理清权责划分工作中，能源发展公司在适应董事会建设需要、规范董事会权责的基础上，适当增强经理层权责，完善法人治理结。一方面，保持董事会基本权责的稳定性，并适应规范化董事会建设的需要，进行必要的授权。董事会重点关注生产经营和企业转型的重大决策，经理层自主组织实施日常的生产经营，并落实企业各项转型任务。另一方面，完善经理层权责和总经理办公会集体决策的方式、程序等。董事会选聘职业经理人，并向经理层下达生产经营和企业转型目标。

4. 建立大监督体系，强化监督功能

改革前，能源发展公司不设监事会，设1名外部监事、1名职工监事。改革后，能源发展公司组建了监事会，完善了职工代表大会制度和党的监督。通过一年一度的监事检查、列席董事会听取重大事项决策等方式，确保监事会履行好对公司重大决策和关键环节，以及董事会、经理层履职情况的监督和评价。

5. 加强配套服务支撑，科学高效决策

能源发展公司设立了董事会办公室，支持董事会日常运作，并设立了提名、审计、薪酬与考核等专门的委员会，为董事会提供咨询意见与建议。在“双百行动”过程中，广东电网公司增设专职董事办公

室，为能源发展公司专职董事履职提供决策支撑服务，也为更大范围地复制、推广专职董事制度提供了支持。外部、专职董事一般通过听取专题汇报、专题讨论、调研和董事会议题等渠道了解能源发展公司业务发展。基于上述措施对公司业务了解后，更加有效参与决策事项。对于重大决策，会前召开专题讨论、对议题方案出具评审报告或法律意见书，保证董事会决策科学性、规范性。

（三）推行职业经理人制度，选聘工作环环相扣，确保选聘的职业经理人与企业转型发展需求高度匹配

1. 选聘工作环环相扣，提升职业经理人团队的合力

2019 年 1 月，新的公司董事会、党委、监事会首先到位，为推行职业经理人制度创造了条件。2019 年 2 月，面向社会公开选聘总经理、副总经理、总会计师、总法律顾问等 6 名经营班子成员，由董事会选聘总经理，落实董事会选聘经理层的职权。2019 年 3 月，完成总经理聘任，并由总经理参与，与董事会共同选聘副总经理，组建经营班子成员，以保证经营班子的团结与合力。2019 年下半年，能源发展公司试点推行事业部制，成立咨询事业部、能源发展事业部等两个从事非传统施工业务的事业部，由经理层组织，面向能源发展公司内部公开选聘共 7 名二级职业经理人。

2. 建章立制实现职业经理人全生命周期闭环管理

能源发展公司将内部培养与外部引进相结合，面向社会公开选聘职业经理人，6 名职业经理人中有 3 名来自外部，他们经历丰富、专业能力强、积极投身市场改革。实行聘期制和契约化管理，每届聘期 3 年，按聘期签订岗位聘用协议，每年签订年度绩效目标责任书，实行试用期考核、年度考核和聘期考核。实施差异化薪酬，在薪酬结构上，引入聘期激励、实现中长期激励。在薪酬水平上，综合考虑企业功能定位、发展战略、所处行业、企业规模、任职岗位、业绩贡献等要素，与人才市场基本适应。

其中，市场化选聘一级经理人、内部转换聘任二级经理人，只是解决了市场化的第一步，关键是相关制度配套，通过制度配套才能将契约化管理落到实处，做到责权利相对等。制度配套主要包含三个层面的机制转换：在合理容错的基础上，以建立人员能进能出、能上能下的流动机制为前提；以建立严格的考核监督机制为保障；以建立与责任、风险、效益相挂钩的市场化薪酬机制和激励机制为核心。其中，人员流动机制的转变是提升动力机制的前提条件，如果难进难出，对外形成人才壁垒，对内造成活力丧失。

（四）加强同业对标，完善“岗位能上能下、员工能进能出、工资能多能少”的市场化经营机制

1. 实施更加灵活的用工管理

能源发展公司根据战略规划和业务布局调整，实施内设组织机构改革，优化岗位体系设置，通过内部人才市场开展岗位公开竞聘，高效配置人力资源。按照“效率决定用工、业绩决定用人”的原则，用工总量实行同业对标，按经营效益测算与核定，并实施“年度约束，3 年清算”周期制管控。用工计划单列和跨年度预核定，根据未来两年预计利润及营业收入情况核定测算用工计划，并提前预下达。逐步放开招聘权限，根据业务增长动态增配用工额度，自主开展校园招聘和高管类、专业类人才的社会招聘。健全人员流动和退出机制，人员岗位晋升和收入分配与其业绩表现、价值创造等情况紧密挂钩，通过市场化合同，对社招人员、职业经理人实行契约管理，对不通过岗位胜任能力评价者及试用期考核不称职的市场化人员解除劳动合同。

2. 推行面向市场的薪酬管理

按照“效益决定工资”原则，工资总额与企业效益紧密挂钩。工资总额预算实行周期制，根据利润

总额、行业标杆单位人工成本利润率、绩效考核结果等综合确定，周期内允许“以丰补歉”。内部分配赋予充分自主权，企业负责人薪酬按年薪方式进行管理，在业绩薪酬双对标基础上，建立以业务价值和人才价值为绩效导向，与市场竞争相适应的市场化薪酬分配机制，做到“薪酬能升能降”，不同业绩允许分配差距在40%以上。

（五）注重“战略先行”，推进股权多元化改革

能源发展公司在完善治理结构和治理机制的改革基础上，持续深化改革标的，推进股权多元化改革，引入外部积极股东，通过“引资”实现“引制”“引智”，加强和巩固前期的改革成果（见图9）。

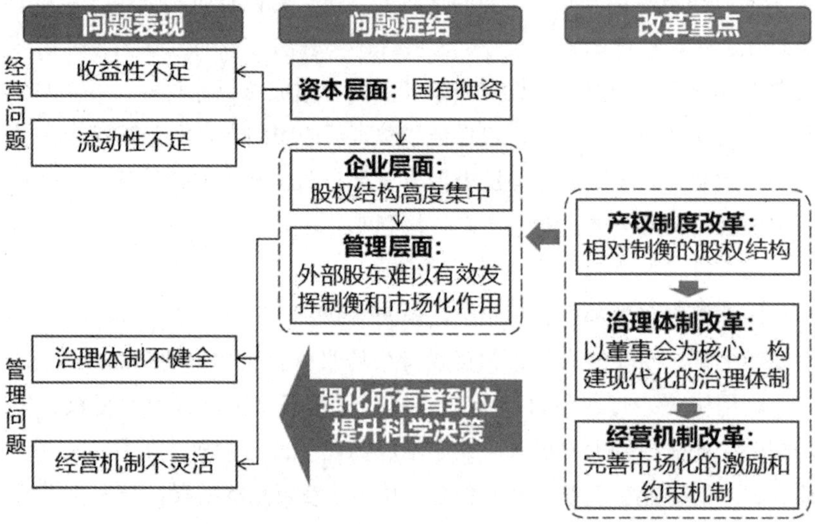

图9　通过股权多元化巩固、深化前期改革成果

1. 明确战略转型方向，找准定位与目标

以“战略先行”推进合理引战，梳理业务、找准战略定位和发展方向，针对业务发展需求，找到最能体现价值协同作用的引战方向。近年来，能源发展公司明确围绕“能源建设”“电力服务”两大业务板块，搭建“15342”战略发展体系，坚定打造以总承包为核心的国内一流综合型能源建设企业，全面推动能源发展公司转型升级，实现“三个转变”（由传统施工型企业向综合建设型企业转变、由面向电网向面向电网与用户并重转变、由从国内业务承揽向国内外业务双拓展转变）。

2. 明确引战方向和重点，最大化发挥战略协同作用

借助投资者资源优势和协同效应，补足能源发展公司在总承包和国际业务方面的短板，着力优化业务结构布局，促进企业内部形成较成熟现代公司治理结构和科学的管理运作模式。基于战略协同和价值增量考虑，以业务范围、企业实力和文化理念三要素为核心标准筛选拟引入外部积极股东，为能源发展公司双百改革补齐业务短板，发挥战略协同作用，确保实现“三个转变”战略目标。

（六）加强党的领导，中国特色现代企业特征初步显现

能源发展公司实施“双百行动”综合改革以来，一是将党建工作总体要求纳入公司章程，明确党组织在公司法人治理结构中的法定地位。二是深度融合党管干部与市场化选人用人机制，党组织在市场化选人用人着重把好标准和方向，重点是明确党管干部原则在外部董事选聘、董事会经理层选人用人过程中的如何应用的具体环节和标准。三是通过《决战重点工程 铁军走在前倡议书》，将工程建设作为检验“党建+”行动落地的考场，党的建设与改革发展、生产经营持续深度融合。

四、成果方法论

本成果所历改革过程复杂、问题敏感、任务艰巨，能源发展公司始终坚持正确的思想方向，坚持辩证法，把准改革脉搏，把握内在规律。可以说，能源发展公司“双百行动”取得阶段性成功的主要方法如下：

一是处理好改革中“体”和“制”的关系。多元的股权结构、健全的法人治理结构是“体”；高效运行的公司治理机制、灵活的市场化经营机制则是“制”。体是根基与基础，制是动力与牵引。完善公司治理，要立足实际，科学合理分配和行使企业权利，并规范运作程序、实施方式和考核评价，实现科学决策的目标；完善市场化经营机制，要坚持激励、约束机制相结合，同步体现效率和公平原则。唯有“体”“制”协同，才能实现整个企业有效运转。

二是处理好改革中增量与存量的关系。坚持增量和存量并重，以增量带动存量。改革是一个除旧布新的过程，既要尊重历史，更要面向未来。要在增量上鼓励更多改革创新，如在社会化招聘人员中，通过“老人老办法、新人新制度、中人逐步过渡”改革，让增量自然沉积，存量优化提升，不断通过帕累托改进，实现改革最终目标。

三是处理好改革中力度和温度的关系。改革要有力度，要沿着市场化改革方向，坚定决心，大刀阔斧，深化“三项制度”改革，摆脱体制机制束缚。改革也要有温度，要通过薪酬与业绩挂钩的市场化分配机制，让干部职工与企业共享改革发展成果，提升获得感，调动员工积极性和主动性。只有对企业干部员工一往情深的牵挂眷顾，才会有力行改革一往无前的坚定决心。

四是处理好改革中电网支撑服务与市场化业务开拓的关系。能源发展公司作为央企子公司，需要履行政治、社会、经济三大责任。能源发展公司做好电网支撑服务是首要要求，也是践行初心使命的根本体现，做好电网特巡特维、应急检修等支撑保障服务彰显着能源发展公司的政治责任与社会责任，积极探索检修业务集约化，提升经营效率；国有企业作为中国特色社会主义的重要物质和政治基础，须理直气壮做强做优做大，不断增强活力，要做到这一点，就必须大力开拓市场化业务，增强核心竞争力，提升经营效益。

五、能源发展公司改革创新与实践的实施效果

（一）体制机制规范运作，为转型发展建立良好的治理根基

能源发展公司的公司治理体系基本完善，基本形成各司其职、各负其责、协调运转、有效制衡的法人治理结构。市场经营机制初步建立，基本实现了“岗位能上能下、员工能进能出、工资能多能少”。通过体制机制的优化，为后续业务层面改革举措的落地提供了组织与人员上的保障，为改革的深入推进打下良好基础。

（二）业务布局快速升级，向综合型能源建设公司转型提速

能源发展公司积极承担电网服务业务，完成广东省内19个地区应急抢修站点布局，应急力量形成全省全覆盖，圆满完成“天鸽”等超强台风的灾后抢修复电工作，承担电网运行保障者职责。海外拓展业务实现“零突破”，先后承接菲律宾MVIP（多厂商集成协议）工程、中（国）老（挝）铁路供电工程等项目，实现“走出去”的目标，服务国家“一带一路”建设。出色完成±800千伏滇西北工程等一大批重点工程，施工产能和技术水平显著增强，总承包项目管理能力大幅度提升，加快向综合型能源建设

公司转型。

（三）经营业绩显著提升，提升员工获得感

“双百行动”改革成效最终体现在企业业绩增长上，助力企业摆脱了经营困局。2018 年以来，能源发展公司连续两年迎来营业收入、利润总额两位数增长的“双突破”。经营业绩增长带动了工资总额大幅度提升，改革红利已逐渐变成职工的获得感，更加坚定了企业内部团结一致、坚持改革的信心和决心。

成果创造人：贺金生、蔡　明、杜育斌、孙　辉、何利平、
朱学刚、胡正莹、龚彩鳞、谭　科、黄海东

参考文献：

[1]李维安，郝臣.《公司治理手册》.清华大学出版社,2018.
[2]魏加宁，王莹莹 等著.《改革方法论与方式研究》.中国发展出版社,2015.
[3]梁鹰.《发挥立法的引领和推动作用——新的历史条件下我国立法工作的重要指导方针》.法治社会,2016,01:73-79.

国企混改：理论、模式与路径

郑志刚　中国人民大学出版社

一、国企混改的现实背景

在过去的四十多年，围绕股权结构调整和相应的公司治理制度变革，国企先后经历了多轮改革。2013年以来，中国启动了以混合所有制为典型特征的新一轮国企改革。本成果基于对已有文献的梳理及对国企改革现状的调研，将新一轮国企混改启动的现实背景简要归纳为以下两个方面。

其一是国企在经历了20世纪90年代末改制带来的改革红利消失后陷入新的发展困境，部分国企成为僵尸企业，面临产能过剩带来的效益下滑。如何通过混改实现国资增值保值是摆在国企面前的迫切问题。其二是公众和国际社会对国企垄断经营、补贴和不公平竞争现状的不满。除了那些亏损的国企，部分盈利国企的高额利润长期以来与市场垄断地位、政府补贴以及由此形成的与民营企业的不公平竞争密不可分。国企的垄断经营、高额补贴和不公平竞争不仅挤压了民企的发展空间，同时成为中国和包括美国在内的一些国家贸易摩擦的深层次原因。通过推动新一轮国企改革，参与混改的民资有望从中“分一杯羹”，同时开启我国“结构性改革”之路，最终真正确立“竞争中性”原则，建立使市场在资源配置中发挥决定性作用的真正意义上的市场体系。在国内外经济环境日趋恶劣与国企自身经营效率低下的现实压力下，我国启动新一轮国企改革势在必行。

二、国企混改必要性的理论梳理

（一）理论视角下的国企改革的必要性

本成果从所有者缺位、委托代理问题、预算软约束、多目标激励冲突以及“中国式内部人控制问题”等理论视角全面梳理了学术界对国企混改必要性形成的一些理论共识。

第一，所有者缺位。国有企业面临所有者缺位问题，使经理人原本清晰的诚信责任变得模糊，导致有效监督缺失。由于国有企业中为经理人做出的错误决策来承担责任的是名义上属于国家的国有资本，而做出决策的却是并不需要承担最终责任的国企高管，因而国企成为“花别人钱办别人事”的一个典型。

第二，金字塔结构与复杂的委托代理问题。金字塔式控股结构的存在延长了委托代理的链条，使经理人在所有者缺位下已经模糊的诚信责任变得更加模糊。国企高管仅仅向直接控股的上一级大股东负责，至于能够为他做出的错误决策承担责任的国有资本如何“保值和增值”，以及国有资本背后的“全民股东”的权益如何保障的问题往往并不在这些国企高管的考虑之列。这使得在金字塔控股结构下的国有资本每一层级中，作为大股东代表的董事长往往成为该层级的实际控制人。伴随着金字塔控股结构链条的延长，“所有者缺位”下的有效监督缺失最终带来的“内部人控制”现象变得十分严重，这种冗长复杂的委托代理关系导致了国企高昂的代理成本。

第三，预算软约束。由于国企特殊的产权性质，对于与政府天然具有政治关联的国企，出于保持就业、税收增长和维护社会稳定的需要，国有银行在政府的授意下，不仅不会将资不抵债的企业推向破产清算，反而会进一步追加贷款以挽救濒临倒闭的企业，从而使得原本硬的预算约束软化。在预算约束终将软化的预期下，国企高管的行为发生扭曲，出现道德风险倾向，进而导致更多亏损和补贴的恶性循环。

除传统意义上的银行贷款对国有企业的预算软约束外，本成果还提出，由于我国资本市场中被实施风险警示（ST）的国有上市公司，往往会获得来自对其控股的集团公司甚至国资委的支撑和救助，因而形成一种隐性的预算约束软化行为。相关成果以《存在退市风险公司的救助困境与资本市场的“预算软约束”》为题，表于《世界经济》2020年第3期，截至2020年9月，总计被下载386次。

第四，多目标激励冲突。在“既管资本又管企业”的资产管理体系下，需要接受上级监督和考核的国企高管倾向于追求个人晋升而非股东利益最大化，行为出现了激励扭曲。国企高管像政府官员一样，通过开展政治晋升的“锦标赛”，“商而优则仕”，从国企高管转为同一级或更高级别的政府官员，或者“当不了省长，当董事长”，形成政商旋转门。如何通过从事（过度）公益性捐赠、媒体报道和（过度）海外并购等“形象工程”和“面子工程”以引起上级部门的注意，实现个人的政治晋升，成为国企高管在短暂的任期内重点思考的问题。但这些形象工程从长期看将损害股东利益，成为我国制度背景下外部股东不得不负担的特殊的代理成本。因而，上述看似加强国企高管监督和激励的做法却使得国企高管行为出现了激励扭曲。与此同时，国企多任务多目标的经营管理状态下，多头负责的董事可以借口避免损害某一方的利益或追求私人收益而损害其他方，尤其是股东的正当利益。

正是意识到以往国企“既管资本又管企业”的治理实现路径选择容易导致国企高管多目标下的激励冲突问题和股东与董事之间模糊的诚信责任，在新一轮国企改革中，国资管理部门明确提出由原来的“管企业”转变为现在的“管资本”的国企改革方向，用市场化选聘职业经理人的方式来代替原来的“至上而下的政府官员式”国企高管更迭实现路径选择。

第五，中国式内部人控制问题。我国国企高管自上而下的产生机制和董事长的特殊身份，使得国有第一大股东对董事长的制衡力量十分有限，因而与英美等国传统意义上的以经理人为核心的内部控制人问题不同的，在我国一些国有企业形成了以董事长为核心的“中国式内部人控制”问题。

本成果以恒丰银行前董事长蔡国华为例阐释了这一问题。在空降恒丰银行之前，蔡国华是中共烟台市市委常委、副市长兼国资委党委书记。无论是作为恒丰的上级持股公司的蓝天投资还是全资控股蓝天投资的烟台国资委，对于曾经担任烟台市市委常委、副市长兼国资委党委书记的制衡力量十分有限。恒丰第一大股东不仅不会形成对以原董事长蔡国华为首的恒丰内部人控制行为的有效制约，反而成为其抗衡其他股东可能提出的否定议案的可资利用的力量，甚至向其他股东传递出，“想反对也没有用，因为我是第一大股东”的相反的信号。恒丰银行后来发生的“高管私分公款案”、员工持股计划丑闻以及股权谜踪等都成为“内部人控制”问题的典型。发生在恒丰银行的内部人控制问题显然并非由于股权高度分散，和向国企高管推行股权激励，而是由于国企高管至上而下的产生机制和董事长的特殊身份，并与我国资本市场制度背景下特殊的政治、社会、历史、文化和利益等因素联系在一起。

（二）本成果对国企改革必要性的理论总结

针对国有企业同时面临预算软约束、诚信责任模糊、多目标激励冲突和中国式内部人控制问题的现状，本成果试图对从企业组织形式演进的视角，明晰国有企业组织形式所处的阶段特征，为未来国企改革指明发展方向。

在企业组织形式的演进历史上，存在两种发展的维度。第一种维度是按照专业化分工程度，把企业组织分为低的专业化分工程度和高的专业化分工程度两类。所有权与经营权分离实现的专业化分工带来的效率改善是现代股份公司的实质体现。第二种维度是按照代理问题的严重程度，将企业组织划分为代理问题不严重和代理问题严重两类。现代股份公司在所有权与经营权分离的同时衍生出股东与经理人之间的代理冲突问题。

按照上述两个维度，本成果将企业组织类型划分为如表1所示的四种类型。

表1　按照专业分工与代理严重程度划分的企业类型

	（既管资本又管企业）低的专业化分工程度	（外部融资、风险共担、职业经理人）高的专业化分工程度
代理问题不严重	家庭手工作坊（“新古典资本主义企业”）	建立良好公司治理结构的现代股份有限公司
代理问题严重	国有企业（长的委托代理链条与所有者缺位）	尚未建立良好公司治理结构的股份有限公司

处于左上角的是专业化分工程度低但代理问题并不严重的企业类型。作为新古典资本主义企业的家庭手工作坊是一个典型例子。由于作坊主既是所有者同时也是经营者，专业化分工程度较低，生产效率相应较低；同时由于所有权与经营权的统一，并不存在外部职业经理人与股东之间的代理问题。

处于右下角的是专业化分工程度高但代理问题严重的企业类型。在20世纪20年代—30年代的美国，很多公司在完成资本社会化与经理人职业化的专业化分工、实现效率改善的同时，并没有形成合理的治理结构，蕴藏的“代理冲突问题”集中爆发也成为经济大萧条的重要诱因之一。

处于右上角的是专业化分工程度高但代理问题并不严重的企业类型。当今的很多股份有限公司为这类公司的典范。一方面，这类公司完成了以资本社会化与经理人职业化为特征的高度专业化分工。另一方面，经理人薪酬合约设计与股票期权激励计划的推出，规模较小、独立性高及两职分离的董事会制度的构建，以及加强保护投资者权益的制度环境的建设等，使经理人与股东之间的代理冲突得到很好的缓解。

处于左下角的企业则专业化分工低且代理冲突严重，中国目前的国有企业恰恰同时具备了这两个特征。一方面，我国中央和地方政府除了通过国有资产管理链条“管资本”外，还通过自上而下的人事任免体系和对国企官员的晋升考核对企业经营产生实质性影响，“管人、管事、管资产”的制约和限制使得国企所有权与经营权无法真正分离。另一方面，由于“所有者缺位”“长的委托代理链条”以及中国式内部人控制问题的存在，国企代理问题严重。因此，国企未来需要一场“公司治理革命”。

（三）国有企业的改革逻辑

基于对国企改革历程的回顾和国企改革必要性的理论梳理，本成果认为国企改革的内在改革逻辑包括以下几个方面：

其一，由于所有者缺位、预算软约束、模糊诚信责任、多目标激励冲突和中国式内部人控制等问题的存在，成为僵尸企业和面临产能过剩带来的效益下滑是本轮以混改为突破口的国企改革的现实背景和直接诱因。因而针对国企改革，在股东层面引入盈利动机明确的民资背景的战略投资者解决以往的所有者缺位问题，通过国资从管企业到管资本的变革使混改后的企业真正成为市场经济中的竞争主体，并用市场化选聘职业经理人的方式来代替原来“自上而下的政府官员式”经理人更迭模式等改革途径，是使国企真正成为自负盈亏的经营实体并是国企混改成功的关键。

其二，制定公司治理政策目标既要看到现代股份公司所有权与经营权分离所引发的代理冲突，同时更要看到资本社会化与经理人职业化这一专业化分工所带来的巨大效率改善。因而，现代公司治理正确的设计理念应该是如何在专业化分工实现的效率改善与代理成本降低之间进行平衡。作为新一轮国企改革的突破口，混改不仅是我国确立以市场机制作为资源配置的基础性制度条件下实现国有资产保值增值目的的重要手段，而且包容和接纳民资、实现“竞争中性”的混改有助于平抑普通公众和国际社会对国资垄断经营和不公平竞争的不满。如何通过混改，实现国企经理人的经营权与股东的所有权的有效分离，实现建立在经理人与股东之间专业化分工基础上的合作共赢，是新一轮国企混改的题中应有之义。

因而本成果认为，在国企混改实践中，围绕国企的现有问题、制度缺陷和组织特征，应当从以下三个层面来积极推动国企改革，使国有企业成为真正的现代企业。

其一是在股东层面，通过引入盈利动机明确的民资背景的战投，重新确立股东在公司治理中的权威，实现缺失的所有者“上位”。首先，民资背景的战投将成为其参与决策可能发生错误的风险分担者。在引入战投后，风险在包括战投在内的股东之间分担。这避免了以往决策错误不得不由财政补贴埋单的局面，使得原本软化的预算约束逐步硬化起来。其次，战投形成的权力制衡成为做出错误决策的重要纠错机制。盈利动机明确的战投及其委派的董事代表会阻止主要股东使其自身利益可能受到损害的商业决策。因此引入民资背景的战投是新一轮国企混改中需要予以重点明确的方向。

其二是在国资管理体系层面，通过新建和改组投资营运平台，从国资委“管人管事管企业”到通过投资营运平台“管企业”。上述改革一方面可以避免国资委监管者与经营者角色的冲突问题，另一方面，也是更加重要的，可以通过国资委角色的转化，反过来有助于确立股东在公司治理中的权威地位，助力国企所有者缺位问题的解决。

其三是在控股结构层面，扁平化金字塔结构，使反映责任能力的现金流权与反映影响力的控制权相匹配。大量国有资产通过形成庞大的企业集团置于各级国资委主导的国有资产管理链条。这类金字塔式控股结构一方面引发诸多社会、政治和经济问题，另一方面通过延长委托代理链条加剧了所有者缺位，成为中国式内部人控制问题的制度诱因之一。向金字塔控股结构说“不”，不仅有助于为国企混改解决所有者缺位等问题营造外部改革环境，同时有助于消除其自身弊端。

三、国企混改的实现路径

在前述三个层面的国企改革中，现阶段对于控股结构层面控股链条压缩的改革更多是出于提高管控效率的目的。从解决国企所有者缺位的混改目标出发，目前国企混改主要围绕股权结构调整和国有资产管理体系的理顺这两个层次展开，并逐步形成了以下三条实现路径。本成果对国企混改不同实现路径的操作细节和作用效果进行了理论和实证分析，提出对国企混改实现路径选择的相应政策启示。

（一）路径之一：在实体经济层面引入外部投资者

本成果通过对典型国企混改案例的研究分析，对处于不同行业的国企在混改中应如何引入外部投资者，实现对战略投资者的激励相容进行分析，归纳出在实体经济层面引入外部投资者的两种典型模式。

本成果认为，在实体经济层面引入外部投资者的力度与该国企所处的行业是否属于基础战略性行业密切相关。对于基础战略性行业，国资有必要保持控股；而对于非基础战略性行业，则可以让渡控股权给民资背景的战投。针对不同的模式，应采取不同的方式以实现对战投的激励相容。

1. 基础战略性产业国企混改的“中国联通模式”

2017 年 8 月在吸引包括中国人寿和 BATJ 等战略投资者持股 35. 19% 后，联通集团持有中国联通的股份从 60% 下降到 36. 67%，远高于除联通集团外的公司其他前五大股东的持股比例。联通集团持股中国联通超过代表“一票否决权”的敏感设计，国企背景的中国人寿和中国国有企业结构调整基金等战略同盟军的加盟，以及几家民企背景的互联网巨头的竞争关系远大于合作关系共同使得在股权层面混改后的联通依然由国资控股。

尽管战投持股比例并不占优，混改后中国联通新一届董事会的安排则充分考虑了如何使战投激励相容的问题。在新一届董事会的 8 位非独立董事中，有 5 位来自人寿、百度、阿里、腾讯、京东等战略投资者，其中包括李彦宏、胡晓明等“商业明星”。持股 3% 左右的百度拥有联通董事会 8 名非独立董事候选人中的 1 个席位，占比 12. 5%，成为非控股股东“超额委派董事”的典型例证。可以看到，在中国联通董事会组织中，通过接纳更多来自战略投资者委派（甚至超额委派的）董事，使战略投资者的利益至少在董事会层面得到兼顾，弥补了股权结构依然“一股独大”下战略投资者利益无法得到有效保护的不足，使得战略投资者在一定程度上变得激励相容。

本成果把中国联通的混改经验总结为以“在股权结构组织层面上国资占优，但在董事会组织中战略投资者占优”为特征的“中国联通混改模式”。在股权结构层面，中国联通所在的基础战略性产业的属性决定了联通集团的控股地位以在必要时行使“一票否决权”；在主要涉及日常经营管理决策的董事会层面则需要更多倾听像李彦宏等商业精英的意见。二者的结合很好地体现了公司治理理念的转变：公司治理应该逐步从单纯强调保障股东权益的传统理念向在保障股东权益和鼓励创业团队围绕业务模式创新进行人力资本投资之间平衡的全新理念转变。

2. 非战略基础性产业国企混改的“北方信托模式”

2018 年 11 月，天津地方国企北方国际信托股份有限公司混改项目正式签约。通过混改，北方信托成功引入日照钢铁控股集团有限公司、上海中通瑞德投资集团有限公司、益科正润投资集团有限公司，三家民营企业新股东合计受让 50. 07% 的股权。其中，日照钢铁持股 18. 30% 成为第一大股东，原第一大股东国资背景的泰达控股股权稀释至 17. 94%，降为第二大股东。

本成果将这以案例总结为“北方信托混改模式”。在北方信托案例中，一方面，国资“不谋求控制权”而让民企取得“绝对控股地位”的混改模式，在很大程度上是一些地方政府为了摆脱目前并非处于基础战略性产业的地方国企在财务和经营上出现的困境而不得不采取的务实举措，未来或将成为地方政府对于非基础战略性产业的国企混改普遍采取的做法。另一方面，日照钢铁以微弱优势（持股比例仅略高于泰达控股和上海中通）成为第一大股东也意味着未来的北方信托在公司治理实践中将成为股权制衡的典范。第一大股东日照钢铁及其委派的董事长将不仅受到来自国资背景的泰达控股的监督，同时受到来自民资背景的上海中通和益科正润等的监督。

相比较而言，处于非基础和战略性产业的北方信托，无论在股权结构设计还是董事会组织上都似乎比中国联通混改更加彻底，国资背景的泰达控股未来更多是以投资者身份和制衡力量参与北方信托的公司治理，一定程度上较好实现了国企混改从“管人管事管企业”到“管资本”角色的转化。因而本成果认为，这一案例也揭示了未来国企所有制混合的雏形。

（二）路径之二：在实体经济对外引入外部投资者的同时对内推出员工持股计划

国资委、财政部和证监会于2016年8月联合下发了《关于国有控股混合所有制企业开展员工持股试点的意见》，鼓励混改的国有企业同时推出员工持股计划，改善治理结构，转化经营机制。2018年3月，中国联通通过员工持股计划向包括董秘和财务负责人在内的公司中层管理人员、核心管理人才和专业人才授予约占当前公司股本总额2.8%的限制性股票，完成了中国联通混改方案的“最后一块拼图”。

首先，本成果基于北京天桥百货股份有限公司和安利股份的案例，对国企改革中实施员工持股计划的设计方案和激励效果进行分析，提炼总结出国企混改实践中员工持股计划可能发挥的积极作用和潜在不足。本成果研究发现，其一，国企改制历史上的职工股份合作制下的内部持股员工之间可能存在搭便车行为；其二，大股东推出员工持股计划可能包含复杂动机，从而带来激励扭曲。本成果认为，无论是搭便车行为还是大股东复杂动机下激励扭曲，都会导致初衷为激励员工，协调员工与股东利益的员工持股计划的流产。这恰恰是以往推行的类似计划并没有发挥预期激励作用背后的原因，因而需要国企改革操作者在新一轮混改相关实现路径选择中引以为戒。

其次，本成果通过大样本研究（《员工持股计划激励目的背后大股东防御动机的识别》，目前为工作论文），对企业推出员工持股计划的动机和后果进行了实证检验，为国企混改过程中如何科学设计员工持股计划带来启发。本成果从大股东防御“野蛮人入侵”、加强公司控制的独特视角揭示员工持股计划激励目的背后隐藏的大股东复杂动机。本成果研究发现，以大股东防御为动机的员工持股计划的实施尽管对外降低上市公司被收购的可能、对内降低董事长发生变更的几率，但长期来看大股东转移掏空上市公司的隧道挖掘行为增加，而绩效并未因员工持股计划的实施得到实质改善。同时当员工持股计划伴随着高的融资杠杆比例和大股东提供担保等表征大股东深度参与、降低认购员工持有成本的设计特征时，初衷为激励员工的员工持股计划蜕化为防御型员工持股计划的意味更加强烈。因而大股东复杂动机和不当的激励设计将导致员工持股计划不仅可能无法发挥预期的激励功能，反而成为加强公司控制的手段，造成外部分散股东利益的损害。

本成果认为，员工持股计划能否助力新一轮国企混改，取决于如何在新一轮国企混改中科学设计员工持股计划，以避免职工股份合作制下的搭便车问题和大股东复杂实施动机下的激励扭曲问题，从而达到更大程度改善国企的治理效率的目的。因而本成果不仅提醒理论界和实务界国企混改要密切注意员工持股计划实施背后的复杂动机和由此产生的负外部性，同时对如何科学设计员工持股计划，避免可能出现的设计误区，使其更好地服务于推动国企经营机制转化这一国企混改根本目的带来有益的启发。

（三）路径之三：在国有资产管理体制改革上，通过国有资产的资本化，监管职能实现“从管企业到管资本”的转变

“管资本”就是改革经营性国有资产的实现形式，由实物形态的国有企业专项价值形态，转变为可以用财务语言清晰界定、有良好流动性、可以进入市场运作的国有资本。通过设立或改组作为“政府和市场之间的界面”的投资运营机构和对原国有企业的公司制改造，实现“国有资产的资本化”。国有资本投资运营机构成为国资委监管对象，经过国有投资运营机构的隔离，国资委由此与国有资本投资运营公司参与投资的实体企业不再有直接产权关系，也无权穿越投资运营机构干预其投资的公司，政企分开顺理成章。

本成果以天津混改实践为例揭示了如何通过国有资产的资本化，实现“从管企业到管资本”的监管职能转变。天津国资委于2017年7月设立国有独资公司天津津诚国有资本投资运营有限公司，负责非制

造业国有企业“国有资产的资本化”后的投资和运营。2018 年 4 月，天津市国资委将所持有的天房集团等 100% 股权注入天津津诚国有资本投资运营有限公司。经过上述机构设立和资产处置，其一，天津国资委未来将以津诚国有资本投资运营公司作为监管对象，与经营实体天房集团不具有直接的产权关系，实现了从“管人管事管资本”向“管资本”的转化；其二，津诚国有资本投资运营有限公司将通过混改引入天房集团的战投，共同以股东的身份参与相关的公司治理；其三，天房集团通过公司制改造实现了“国有资产的资本化”，在多元股东和利益相关者的权益制衡下，通过股东会和董事会实现有效公司治理，形成现代企业制度。

对于新设或改组的国有资本投资、运营公司作为控股股东是否影响国有企业公司治理有效性，本成果通过研究表明，在董事会组织方面，控股股东的国有资本投资运营公司性质和身份将意味着控股股东会把更多的董事会席位让渡给其他股东，使得中小股东（国企混改引入的战投）在董事会组织中的影响力得到显著提升；与此同时，国企董事会相关议案表决中出现了更多的非赞成票，表现出较好的董事会监督效果；在薪酬激励方面，在控股股东是国有资本投资、运营公司性质的上市公司中，国企高管薪酬安排方式将更加多样化和市场化。

本成果从案例和大样本分析两个角度揭示了国有资产资本化对国企董事会安排、董事会运营效率、薪酬安排以及薪酬绩效敏感性等产生的积极影响，体现在政企分离有助于减少政府对国企董事会组织的干预，改善国企董事会监督有效性及建立市场化的国企高管薪酬激励机制等方面，从而本成果对国有企业混改中国有资产管理体制改革的含义进行了有意义的探讨。

与此同时，本成果也注意到，投资运营公司的重组或新设将使国企委托代理链条延长和金字塔式控股结构复杂化，导致有效监督的进一步缺失，恶化原本已十分严重的“所有者缺位”问题，由此加剧国企的委托代理冲突。因而，本成果从更加广阔长远的视角提醒国企改革理论和实践，要关注新一轮国企混改通过改组新设国有资本投资、运营公司转变国有资本职能过程可能存在的局限，强调国有资产管理体制的变革在于如何在实现政府管控职能转变的积极效应和短期效应与金字塔结构下控制链条的消极效应和长期效应之间进行权衡，由此为下一阶段国有资产管理体制变革指明了方向。

四、国企混改的实现模式

除对国企混改的不同实现路径特征、作用及操作中应注意的现实问题进行探讨外，本成果还围绕国企混改中的对象选择及混改后的机制转换等国企混改的实现模式问题进行讨论，给出针对性的政策建议。

（一）国企混改选择与“谁”分担不确定性

国企混改通过引入战投完成的权益融资，使各方股东共同分担不确定性连在一起。因而本成果提出，新一轮以混合所有制改革为主题的国企改革，很大程度上演变为选择与“谁”分担“不确定性”的问题。通过对同属于钢铁行业的国企的混改实践进行分析，本成果将国企混改选择分担不确定性的对象总结为四种类型，并揭示了不同的分担对象与作用效果之间的关系。

1. 与银行分担不确定性

本成果所选与银行分担不确定性的典型案例来自东北特钢。东北特钢及其前身大连钢铁（集团）有限责任公司历史上经历过多次债转股。2016 年 3 月，东北特钢债券违约浪潮掀起，各种期限和不同发行渠道的违约债务总额超过 85.7 亿。意识到捉襟见肘的辽宁财政无法再次兜底，债权人在持有人会议上一度拒绝将公司债务进行债转股的提议，并于2016年9月正式向大连市中级人民法院申请对东北特钢进行重整，东北特钢于2016年10月正式进入破产重组程序。

本成果认为，在一定程度上，东北特钢债务危机是匈牙利经济学家科尔奈50多年前观察到的银行贷款如何由于预算约束软化而将贷款一步步转化为呆坏账的情景再现。因而，本成果倾向于把政府干预下的债转股理解为是披着市场化运作外衣的“预算软约束”。从东北特钢的案例中本成果提出，能不能以债转股的方式使混改的国企实现与“银行”的不确定性分担，很大程度上取决于债转股是否是基于价值判断和投资者意愿的真正市场化行为。

2. 与当地企业合并“抱团取暖”分担不确定性

本成果所选与同类企业合并模式的典型案例来自天津市渤海钢铁。2010年天津钢管、天津钢铁集团有限公司、天津天铁冶金集团有限公司、天津冶金集团有限公司等4家国有企业合并组成天津渤海钢铁。在财务并表后的2014年，渤海钢铁一举进入美国《财富》杂志评选的世界500强企业榜单。然而2015年底，快速扩张后的天津渤海钢铁便陷入了债务危机，105家银行金融机构参与的负债高达1920亿元。

本成果通过渤海钢铁的案例提出，与当地企业合并所谓“抱团取暖式”的不确定性分担只是使国企真正面临的体制机制转换问题被暂时和表面的“做大”掩盖起来，事实上是使不确定性增加了。本成果注意到，为化解债务危机，天津渤海钢铁主要采取了两个措施。其一，把原来“合”起来的企业重新“分”出去。2016年4月经营状况相对尚好的天津钢管从渤海钢铁中剥离出来。其二，引入民资背景的德龙钢铁对钢铁主业进行混改，即重新回到国企改革“混”的思路上来。因而本成果认为，抱团合并式的国企重组尚未解决的国企机制体制变革问题可能最终仍需通过国企混改来解决。

3. 与优秀的同行分担不确定性

本成果所选与优秀同行分担不确定性的案例来自原安徽省钢铁联合企业马钢集团。2019年6月中国宝武对马钢集团实施重组，安徽省国资委将马钢集团51%股权无偿划转至中国宝武。通过这次重组，中国宝武将直接持有马钢集团51%的股权，并通过马钢集团成为马钢股份的间接控股股东，作为中国宝武的控股股东国务院国资委则成为马钢股份的实际控制人。

这一事件也被一些媒体解读为近年来掀起的地方企业引入央企进行混改，在并购重组后实际控制人由地方国资委变更为国务院国资委的新一轮混改动向的标志性事件。本成果认为，尽管马钢所推出的与“优秀的同行”分担不确定性的模式在理论上有其可取之处，然而“优秀的同行”，尤其是央企和地方国企等与原国有企业同属于国资管理体制的同行，是否真正有助于实现预期的国企体制机制转化还有待于后续围绕基本公司治理制度改善的具体举措的进一步观察。

4. 与优秀的战略投资者分担不确定性

本成果所选与优秀的战略投资者分担不确定性的案例来自重庆钢铁。2017年底重庆钢铁完成重组后，其实际控制人变更为由中国宝武、中美绿色基金、招商局集团和美国WL罗斯公司等四家公司平均持股的四源合。面临巨大投资回报压力的四源合推动重钢公司治理构架进行了以下两方面的调整。其一，基于市场化原则建立激励充分的经理人与员工激励机制，数倍提高了CEO薪酬并顺利推出了高管薪酬激励和员工持股计划等在国有企业中往往无疾而终的激励方案。其二，回归到CEO作为经营管理决策中心，实现CEO和董事会之间的合理分工，有效解决了国企面临的控股股东、董事会与经理人之间的边界模糊，以及所有权与经营权无法有效分离等问题。并不难理解的是，破产多年的重钢在重组后一年就起死回生。

在选择与“谁”分担不确定性的问题上，重钢通过引入盈利动机明确的优秀战投，一举形成了转化经营机制的压力，凝聚了克服机制体制障碍的动力，使得多目标冲突等长期困扰传统国企的问题迎刃而解，最后汇成各方合作共赢的合力，因而重组后重钢获得新生并不出乎意料。通过重钢重组的案例，本成果指出，国企混改需要解决的关键问题也许并非资源、甚至市场，而是如何形成转换经营机制的动力。而优秀的战略投资者，尤其是民资背景的战投的尽快实现盈利的动机将成为国有企业落后经营机制转化的充足动力。不容置疑，在国有企业混改操作中，引入民资背景的战投是理应坚持的方向。

（二）国企混改如何实质发挥作用

在引入战投之后国企混改应如何实质发挥作用问题上，本成果提出，国企通过混改引入战投实现所有制的混合的实质内涵可以分解为围绕主要股东超额委派董事的以下两个方向的改变。本成果中，主要股东超额委派董事指的是，主要股东在董事会组织中委派超过其持股比例的董事的情形。一个典型的例子是，在万科2017年的董事会组织中，持股万科29%的第一大股东深铁却委派了非独立董事中的50%，形成超额委派董事现象。

1.“控股股东少超额委派董事”

本成果提出的第一个方向是“控股股东少超额委派董事”。围绕这一问题，本成果以上市公司为研究对象开展了对国企混改的逻辑检验。相关成果以《超额委派董事、大股东机会主义与董事投票行为》为题，于2019年10月发表于《中国工业经济》。截至2020年9月，总计被引8次，下载1602次。

本成果表明，超额委派董事形成了实际控制人对重大决策的实际影响力与其持股比例所反映的责任承担能力“分离”的公司治理现象，由此成为实际控制人加强公司控制的现实手段之一。实际控制人超额委派董事现象的存在往往对董事以投非赞成票方式履行监督职责构成严重干扰，其超额委派董事的比例越高，董事投非赞成票的可能性越低。因此强化了大股东对董事会的影响力，不利于制衡的公司治理构架的形成，容易导致中小股东利益的损害。这也是为什么需要对国企进行混改的内在动因之一。

进一步地，在目前的国有上市企业中，如果作为实际控制人能够做到不超额委派董事，则不仅董事未来投非赞成票的可能性增大，而且其提升企业绩效的监督效果将更加明显。因此本成果提出，真正地实现混改目标、促进效能的提升，关键实质在于在董事会结构中合理保证其他股东的董事席位，使新进入的民营资本能够充分参与到治理过程当中。只有民营资本通过委派董事享有内部信息、参与董事会的决策过程，才能有效地缓解原有的过度监督问题，带来经营绩效的实质改善。

2.“非第一大股东多超额委派董事”

本成果提出的第二个方向是“非第一大股东多超额委派董事”。典型的例子是已经完成混改的中国联通，持股3%的百度委派了12.5%的非独立董事。类似的，本成果以国有上市公司为研究对象对国企混改开展了逻辑检验。相关成果以《非第一大股东委派董事与企业关联交易——对国企混改实现机制和实现路径的一个逻辑检验》为题，目前为工作论文。

具体而言，本成果利用国有上市公司数据实证考察了非第一大股东以委派（甚至超额委派）董事等方式实现的在董事会组织中影响力的提升对第一大股东关联交易等机会主义行为的抑制作用。本成果表明，非第一大股东委派非独立董事显著降低了关联交易的金额和次数（表2）；区分非第一大股东性质发现，非国有非第一大股东委派非独立董事对上市公司关联交易行为有着显著抑制作用，而国有非第一大股东委派董事对于上市公司关联交易则没有显著影响（表3）。在地方国企样本中，相比于央企非第一大股东，非国有非第一大股东委派非独立董事对关联交易的抑制作用更强（表4）。

上述检验无疑将为正在推进的国企混改提供相对接近真实现状的“全景描述”和“沙盘推演式”政策分析，因而构成对引入战投的混改实现路径选择的一种逻辑检验。本成果对公司治理有效性和非第一大股东激励相容程度的影响研究，揭示了在引入战投的国企混改实现路径中提升战投在董事会组织中的影响力对于实现激励相容和改善董事会监督有效性的可能性。因而本成果对于理解国企混改完成后引入的非第一大股东的战投可能扮演的公司治理角色，并由此完成对国企混改的实现成效以及实现机制和实现路径的逻辑检验具有一定的参考意义。其一，在混改实现机制上，非第一大股东委派非独立董事能够显著降低上市公司关联交易的金额，因而让新引入战投以委派非独立董事的方式赢得话语权保障自身投资者权益，以此实现激励相容，成为国企混改未来获得成功的关键。其二，在混改实现路径选择上，针对目前混改实践中出现的地方国企与地方国企之间，以及央企与地方国企之间“同一性质所有制的混合”，引入盈利动机明确的民资背景的战投对于国企关联交易的抑制作用更强。因而，通过引入民资背景的战投实现“不同性质所有制的混合”是国企混改在实现路径上应该坚持的方向。

表2　非第一大股东委派非独立董事与关联交易情况

变量	关联交易金额/总资产		经行业调整的关联交易金额/总资产		关联交易次数	经行业调整的关联交易次数
	(1)	(2)	(3)	(4)	(5)	(6)
战投委派董事比例	-0. 1227＊＊＊		-0. 1274＊＊＊			
	(0. 0276)		(0. 0266)			
战投是否超额委派董事的虚拟变量		-0. 0200＊＊＊		-0. 0205＊＊＊		
		(0. 0075)		(0. 0072)		
战投是否委派董事的虚拟变量					-0. 0769＊＊＊	-0. 0680＊＊＊
					(0. 0208)	(0. 0205)
控制变量	YES	YES	YES	YES	YES	YES
年份效应	YES	YES	YES	YES	YES	YES
行业效应	YES	YES	YES	YES	YES	YES
N	9，377	9，377	9，377	9，377	9，377	9，377
调整的 $R^2$0. 1998	0. 1990	0. 0788	0. 0777	0. 3870	0. 2558	

表3　国有与非国有非第一大股东委派非独立董事的效应差异

变量	关联交易金额/总资产			经行业调整的关联交易金额/总资产		
	(1)	(2)	(3)	(4)	(5)	(6)
民资战投是否委派董事的虚拟变量	-0. 0231＊＊		-0. 0257＊＊	-0. 0243＊＊		-0. 0269＊＊
	(0. 0117)		(0. 0119)	(0. 0113)		(0. 0115)
国资战投是否委派董事的虚拟变量		-0. 0084	-0. 0126		-0. 0084	-0. 0128
		(0. 0106)	(0. 0108)		(0. 0102)	(0. 0104)
控制变量	YES	YES	YES	YES	YES	YES

续表

年份效应	YES	YES	YES	YES	YES	YES
行业效应	YES	YES	YES	YES	YES	YES
N	9，377	9，377	9，377	9，377	9，377	9，377
调整的 R^2	0.1988	0.1985	0.1989	0.0774	0.0770	0.0776

表 4 地方国企中不同性质非第一大股东委派非独立董事的效果差异

变量	关联交易金额/总资产				经行业调整的关联交易金额/总资产			
	(1)	(2)	(3)	(4)	(5)	(6)	(7)	(8)
民资战投是否委派	-0.0224 *			-0.0246 * *	-0.0233 * *			-0.0253 * *
董事的虚拟变量	(0.0121)			(0.0123)	(0.0117)			(0.0119)
国资战投是否委派		-0.0080		-0.0127		-0.0073		-0.0122
董事的虚拟变量		(0.0115)		(0.0117)		(0.0110)		(0.0112)
央资战投是否委派			-0.0281	-0.0297			-0.0309	-0.0324
董事的虚拟变量			(0.0247)	(0.0249)			(0.0228)	(0.0231)
控制变量	YES	YES	YES	YES	YES	YES	YES	YES
年份效应	YES	YES	YES	YES	YES	YES	YES	YES
行业效应	YES	YES	YES	YES	YES	YES	YES	YES
N	6，659	6，659	6，659	6，659	6，659	6，659	6，659	6，659
调整的 R^2	0.1901	0.1898	0.1898	0.1903	0.0919	0.0915	0.0916	0.0922

（三）国企混改之后的展望

本成果对上述国企混改选择与“谁”分担不确定性的案例分析和以上市公司为例围绕主要股东超额委派董事开展的逻辑检验清晰地表明，如同只有开放才能促进改革一样，在国企混改实践中，也许只有“混”，才能真正做到“改”；而与其“并”，也许不如“混”。那么，混改完成后的国企其治理结构和经营机制应实现怎样的改变？以国有上市公司为标志，本成果进一步对国企混改之后的努力方向做出了简要阐释。

尽管一股独大的治理范式抑制了很多国有控股上市公司在资本社会化后治理结构改善和经营机制转变所激发的效益提升潜能，使得国有控股上市公司的业绩表现往往差于作为对照的民营上市公司。遵循以上上市公司开展国企混改逻辑检验的逻辑，本成果强调，从国有上市公司中依然能够察觉到国企混改完成后的影子。2018 年 12 月，在 2018 央视财经论坛暨中国上市公司峰会上，国资委副主任翁杰明先生透露，“有 65.2% 的总资产和 61.7% 的净资产已经进入上市公司，有 61.2% 的营业收入和 87.6% 的利润总额来自于上市公司”。因而上市公司的治理构架很大程度就是目前正在积极进行混改的国企追求的目标和努力的方向。

本成果提出，完成混改的企业应该像国有上市公司一样。其一，在股权结构上，既有国资又有民资的股东，成为资本社会化的典范。其二，在权力制衡上，盈利动机明确的民资及其董事代表成为约束经理人追求私人收益，损害股东利益的重要力量。其三，在决策机制上，形成代表各方股东利益的董事组成的董事会，重大事项需要经过股东大会协商表决通过。其四，在外部监督上，引入来自外部、利益中性、注重声誉、同时具有法律会计金融等专门知识的精英作为独立董事进行监督和咨询。通过上述公司治理构架的建立和完善，混改后的企业使职业经理人的经营权与股东的控制权有效分离，由此带来基于“经理人职业化”与“资本社会化”二者之间专业化分工的效率改善。

五、总结

本成果以新一轮国企混改为背景，以国有企业为主要研究对象，采用案例分析和实证研究等多种方法对国企改革的逻辑、路径与实现模式选择进行了探讨，为我国国企如何通过引入战略投资者，解决目前面临的混改路径选择问题，实现国企向现代企业制度的转化提供了很好的政策建议。

第一，本成果通过对国有企业的制度特征缺陷和组织形态演变的分析揭示了国企混改需要遵循的内在逻辑。其一，理论梳理了国企面临的预算软约束、模糊诚信责任、多目标激励冲突和中国式内部人控制等问题。其二，指出现代公司治理正确的设计理念应该是如何在专业化分工实现的效率改善与代理成本降低之间进行平衡。因而，国企改革中如何实现社会化的资本与职业化经理人的合作共赢是国企混改的出发点。在此基础上，得出国有企业改革的逻辑，提出从股东、国资管理体系层、控股结构层面三个方面推动改革，使国企真正成为自负盈亏的市场经营实体是国企混改成功的关键。

第二，针对股权结构调整“混资本”和国有资产管理体系改革、实施员工持股计划等“改机制”这两个层次的混改实现路径选择问题，本成果通过案例分析和大样本实证研究，对不同混改实现路径的实施细节、作用效果和注意事项进行了理论和实证分析，为国企改革路径选择带来了丰富的政策含义。其一，在竞争和非基础战略性领域，实体经济层面引入外部投资者应以盈利动机的民资背景的战投为主；在基础战略性领域，即使需要保持国资控股，也需要通过提升战投在董事会层面的影响力和话语权实现战投的激励相容。其二，作为国企混改标配的员工持股计划能否助力新一轮国企混改，取决于如何科学设计员工持股计划。国企混改要密切注意员工持股计划持股员工之间的搭便车行为和实施背后大股东的复杂动机导致的激励扭曲，避免可能出现的设计误区。其三，尽管投资营运公司的设立有助于国资管理体系从“管企业”向“管资本”转化，但可能导致国企委托代理链条延长和金字塔式控股结构复杂，因而，一个科学的国有资产管理体制的变革在于如何在实现政府管控职能转变的积极效应和短期效应与金字塔结构下延长控制链条的消极效应和长期效应之间的权衡。

进一步地，本成果通过分析四种国企混改典型案例，归纳总结国企混改选择与“谁”分担不确定性的四种模式，揭示了混资本的具体实现模式。本成果认为，优秀的战略投资者，尤其是民资背景的战投的盈利动机将成为国有企业落后经营机制转化的充足动力。因而在国有企业混改操作中，引入民资背景的战投是理应坚持的方向。

此外，本成果基于国有上市公司数据对国企混改开展实证逻辑检验，通过“控股股东少超额委派董事”与“非第一大股东多超额委派董事”两个方向对实现国企混改的实质内涵进行经验验证。通过大样本实证检验，本成果表明国有实际控制人话语权的适度减弱，同时充分赋予战投话语权，将提高战投的监督动机和监督效果，从而真正地实现混改目标、促进效能的提升。

最后，本成果简要对混改之后的国企进行了展望。提出在股权结构、权力制衡、决策机制和外部监督等方面，积极参与混改的国企应以优秀的上市公司为追求的目标和努力的方向，建立良好的治理结构、经营机制和现代化企业制度。

成果创造人：郑志刚　中国人民大学出版社

用“五力”应对全球疫情下的粮食安全危机

——以中储粮实践为例

中储粮培训中心有限公司

自古至今，粮食始终是关系国计民生的战略性产品。在中国，粮食不单单是经济问题，还是政治问题；在国际社会，粮食是比石油更强大的政治武器，粮食是治国安邦的基础，是稳定时局的利器。解决粮食安全问题是国际社会和各国政府肩负的共同职责。十八大以来，习近平总书记高度重视粮食问题，强调“中国人的饭碗任何时候都要牢牢端在自己手上，我们的饭碗应该主要装中国粮。”在十九大报告中，习近平总书记再次强调“确保国家粮食安全，把中国人的饭碗牢牢端在自己手中。”粮食安全在不同社会经济发展阶段具有不同的内涵。自进入新时代以来，粮食安全的国内外环境发生翻天覆地的变化，粮食安全被赋予了新的内涵与目标。以习近平总书记为核心的党中央把粮食安全作为治国理政的头等大事，提出了“确保谷物基本自给、口粮绝对安全”的新粮食安全观，确立了以我为主、立足国内、确保产能、适度进口、科技支撑的国家粮食安全战略，走出了一条中国特色粮食安全之路。

从全球农业资源分布看，世界有足够的资源生产足够的粮食，来满足日益增长的人口对食物的需求。据美国农业部预计，2020/2021 年度世界谷物产量 27.3 亿吨，同比增加 2.4%；消费量 26.9 亿吨，同比增加 1.9%；产消结余 4061 万吨，期末库存 8.5 亿吨，同比增加 3.2%。库存水平为近年来最高水平，库存消费比 32%，远高于 17% 的国际粮食安全线。分品种看，世界小麦供需总体宽松，库存为近年来最高水平预计 2020/2021 年度世界小麦产量 7.7 亿吨，同比增加 0.2%；消费量 7.5 亿吨，同比增加 0.5%；产消结余 2014 万吨，期末库存 3.2 亿吨，同比增加 5.3%，为近年来最高水平；库存消费比 42%，远高于 17% 的粮食安全线。从贸易格局看，世界小麦出口一般 1.8-1.9 亿吨，出口国主要包括俄罗斯、美国、加拿大、澳大利亚、乌克兰，出口量约占全球的 64%。预计 2020/2021 年度，受疫情和减产等影响，世界小麦出口总量 1.88 亿吨，同比减少 1.26%。世界小麦进口国相对分散，其中前五名依次为埃及、印度尼西亚、菲律宾、土耳其、阿尔及利亚，进口量约占全球的 24%。世界大米供需总体宽松。预计 2020/2021 年度世界大米产量 5 亿吨，同比增加 0.9%；消费量 4.9 亿吨，同比增加 1.1%；产消结余 575 万吨，期末库存 1.9 亿吨，同比增加 1.9%，为近年来最高水平；库存消费比 37%，远高于 17% 的粮食安全线。从贸易格局看，世界大米出口量一般约 4400 万吨，出口国主要包括印度、泰国、越南、巴基斯坦，出口量约占全球的 68%。预计 2020/2021 年度，受供应庞大影响，世界大米出口总量 4427 万吨，同比增加 4.4%。世界大米进口国也较为分散，其中前五名依次为菲律宾、中国、沙特阿拉伯、伊朗、尼日利亚，进口量约占全球的 20%。世界玉米供需总体平衡略有结余。预计 2020/2021 年度世界玉米产量 11.7 亿吨，同比增加 5.3%；消费量 116 亿吨，同比增加 3.6%；产消结余 1188 万吨，期末库存 3.2 亿吨，同比增加 2%；库存消费比 27%，略高于 17% 的粮食安全线。从贸易格局看，世界玉米出口量一般约 1.8 亿吨出口国主要包括美国、巴西、阿根廷、乌克兰，出口量约占全球的 88%。预计

2020/2021 年度，受需求增长刺激，世界玉米出口总量 1.85 亿吨，同比增加 5.2%。世界玉米进口国主要包括欧盟、墨西哥、日本、韩国、越南，进口量约占全球的 45%。世界大豆供需总体呈现宽松格局。预计 2020/2021 年度世界大豆产量 3.7 亿吨，同比增加 9.8%；消费量 3.68 亿吨，同比增加 4.5%；产消结余 250 万吨，期末库存 9536 万吨，同比减少 0.5%，库存消费比 26%，高于 17% 的国际粮食安全线。从贸易格局看，世界大豆出口量一般约 1.6 亿吨出口国主要包括巴西、美国，出口量约占全球的 86%。预计 2020/2021 年度，世界大豆出口总量 1.65 亿吨，同比持平。我国大豆消费 84% 需要依赖进口。世界大豆进口国主要包括中国、欧盟、墨西哥、埃及、泰国，进口量约占全球的 79%。世界食用油供需基本平衡。据美国农业部预计，2020/2021 年世界食用油产量 2.1 亿吨，同比增加 1.9%；消费量 2.07 亿吨，同比增加 3%；期末库存 2054 万吨，同比下降 7%。库存消费比 7%，处于近年来低位水平。从贸易格局看，世界食用油出口量一般约 8600 万吨。主要出口国包括印度尼西亚（棕榈油）、马来西亚（棕榈油）乌克兰（葵油）、阿根廷（豆油）、俄罗斯（葵油）、加拿大（菜油）等。据美国农业部预计，2020/2021 年世界食用油出口量 8674 万吨，同比增加 2%，主要是由于印尼等国产量增加以及全球经济复苏预期。我国主要进口棕榈油、菜籽油葵花油和豆油。

从国内粮食供需形势看，我国谷物（小麦、稻谷、玉米）供需总体平衡略有结余。据国家粮油中心预计，2020/2021 年度我国谷物产量 6.05 亿吨，同比增加 0.3%；消费量 6.14 亿吨，同比增加 0.6%；进口 1650 万吨，同比增加 12.5%；出口 453 万吨，同比增加 12.3%；年度新增供需结余 351 万吨，较上年下降 69 万吨。从库存水平看，目前，我国粮食库存总量仍处于历史较高水平，尤其是小麦、稻谷库存充裕，库存消费比均在 90% 以上远高于 17% 的国际粮食安全水平线，口粮供应绝对安全。分品种看，近年国内小麦供需总体平衡有余。据国家统计局公布，2020 年全国小麦产量 1.3 亿吨，比 2019 年增加 75.6 万吨，增幅 0.6%。据国家粮油信息中心预计，2020/2021 年度我国小麦消费量约 1.27 亿吨，同比增加 559 万吨；进口 600 万吨，同比增 183 万吨；出口 1.8 万吨；基本持平。年度新增供需结余 1272 万吨，同比下降 335 万吨，供需持续呈宽松略有结余格局。分品种看，我国稻谷供需长期保持宽松格局。今年，中央新增 36.7 亿元支持恢复双季稻，全国稻谷播种面积同比增加。预计 2020 年全国稻谷产量约 2.1 亿吨，同比增加 54 万吨。据国家粮油信息中心预计，2020/2021 年度我国稻谷消费量约 1.94 亿吨，同比减少 98 万吨。进口 350 万吨，同比持平；出口 450 万吨，同比增加 50 万吨。年度新增供需结余 1533 万吨，持续保持宽松态势。近年我国玉米供需格局转变，出现缺口。农业农村部要求提升优势产区玉米产能，确保全国玉米面积基本稳定。预计 2020 年全国玉米产量 2.62 亿吨，同比增加 73 万吨。据国家粮油信息中心预计，2020/2021 年度我国玉米消费量约 2.93 亿吨，同比减少 91 万吨，进口 700 万吨，同比持平；出口 1.5 万吨，同比减少 0.5 万吨。年度新增供需缺口 2454 万吨，需要通过进口和其他谷物替代来弥补。我国大豆供需主要依赖进口。受大豆振兴政策扶持，近年国产大豆种植面积持续增长。预计 2020 年全国大豆产量 1900 万吨，同比增加 90 万吨。据国家粮油信息中心预计，2020/2021 年度我国大豆消费量约 1.13 亿吨，同比增加 616 万吨。进口 9500 万吨，同比减少 150 万吨；出口 15 万吨，同比增 5 万吨。年度产消缺口 9458 万吨，加上进口后供需基本平衡。我国食用油产需有缺口。预计 2020 年我国食用油产量 3027 万吨，同比增加 114 万吨。消费预计 2020/2021 年度我国食用油消费 4003 万吨，同比增加 49 万吨。进口预计 1006 万吨，同比减少 61 万吨。年度产消缺口 976 万吨，加上进口后供需基本平衡。

然而，当今世界正经历百年未有之大变局，突如其来的新冠肺炎疫情给国际社会带来前所未有的挑战，疫后世界政治经济格局和国际关系呈现诸多变化。当前中美关系分歧和挑战越来越大，国际关系格局愈发扑朔迷离，中国粮食进口也将出现重大变化，对我国国内粮价和粮食购销体系产生更大冲击力和压力，这将对我国粮食安全问题造成新的挑战。美国的贸易霸权行径也引发了我们对粮食贸易与国家粮食安全的思考。

受新冠病毒疫情、蝗灾和洪涝等极端天气的影响下，世界多国的粮食安全正面临着巨大的危险隐患。近日，由联合国粮食及农业组织（FAO），国际农业发展基金，世界粮食计划署等机构联合发布的报告看出，新冠肺炎疫情可能导致全球饥饿人数在2020年大幅增加。今年将新增1.3亿名饥饿人口，全世界将有6.9亿人处于饥饿状态，世界濒临至少50年来最严重的粮食危机。联合国在此情况下，已多次发出警告，呼吁各国重视粮食生产，应对即将到来的粮食危机。

世界权威医学杂志《柳叶刀》有关可持续食物体系提供健康膳食的报告提出，我们迫切需要转变到可持续的食物体系，在星球承载极限内保证健康膳食。如果不改变饮食习惯、改善粮食生产并减少食物浪费，到2050年，以健康和可持续的膳食养活不断增长的百亿人口是不可能实现的。目前，有超过30亿人陷入营养失调的状态（包括营养不良和营养过剩），粮食生产正在超出星球承载极限——造成气候变化及生物多样性丧失，由于氮磷肥料过量施用导致的污染，并且在水和土地的使用中带来不可持续的变化。所以，全球食物体系转变的需求非常迫切。

另一方面，粮食市场不确定因素增多，价格波动加大。今年新冠肺炎疫情在全球爆发，市场对全球经济下行担忧增加，全球主要经济体相继出台救市政策，原油、粮食等国际大宗商品市场波动加大。如2月末以来CBOT大豆、玉米、小麦主力合约均经历了“V”字型大幅波动，其中大豆波幅达11%，玉米波幅16%、小麦波幅18%。世界稻米市场价格在1月至4月之间上涨了20%左右，5月波动很大。从社会心理看，最贫困的家庭将其收入的70%左右用于食物，这使他们的粮食安全特别容易受到收入冲击的影响，对粮食价格波动最为敏感，对全球经济预测变得越来越悲观，市场对全球经济下行担忧增加。

同时，我国粮食安全也正面临多重挑战：资源与环境约束，耕地保护形势严峻，保证18亿亩耕地红线面临挑战。2017年末全国耕地面积20.23亿亩，人均耕地面积1.46亩，仅相当于世界平均水平的四分之一；水资源短缺，干旱威胁严重。我国是严重缺水的国家，2018年，我国每人每年的水资源量是1972立方米，仅相当于世界平均水平的四分之一；水污染、土壤污染影响粮食的有效供给能力。粮食需求刚性增长，人口基数大，根据国务院《国家人口发展规划（2016年—2030年）》，2030年我国人口将达到14.5亿左右，按照人均年消费粮食500公斤（广义粮食消费量）计算，中国年需生产粮食7.25亿吨；城镇化率提高，据联合国经济和社会事务部5月发布的《2018年版世界城镇化展望》，2050年全球城市人口总量将增加25亿，其中中国将增加2.55亿。这意味着我国将有2.55亿人口从农村转移到城镇，从粮食的生产者变成粮食的消费者；人民生活水平的提高和饮食结构的改善，饲料用粮需求越来越大；粮食产业经济的发展，粮食的工业用途不断扩展，生物能源、燃料乙醇、化工产品等对粮食的需求将大幅增加。粮食能源化、金融化趋势增加了全球粮食供求的不稳定性和粮食价格形成机制的复杂性，加剧了粮价波动，使得新时代保障我国粮食安全的外部不确定性明显增强。

面对波橘云诡、瞬息万变的国际局势及新冠疫情肆虐的局势，疫情下我国粮食安全会发生怎样的变化？如何防范粮食安全面对的挑战？为此，笔者基于对中国粮食安全从古至今的大回顾，从农田到餐桌的大写照，从国内到国际的大观察，从战略到路径的大梳理，从理论到实践的大总结，用历史思维、系统思维、辩证思维、战略思维、底线思维，将粮食安全置于国民经济发展全局和全球粮食安全视野之中，对中国粮食安全进行系统性的新思考，并提出了保障中国粮食安全的“五力模型”——其核心是处理好五对矛盾关系，即资源支撑力：粮食安全与土地资源优化配置统筹推进；农业生产力：粮食安全与工业化及三农问题相互驱动；改革创新力：粮食安全与市场改革协调一致；国家调控力：粮食安全与宏观调控相互支撑；国际竞争力：粮食安全与国际话语权共同提升，“五力”相互作用、相互影响，并产生协同效应，实现保障粮食安全与促进国家经济社会发展共赢。

中国粮食安全“五力模型”中的资源支撑力、农业生产力、改革创新力、国家调控力、国际竞争力，是中国粮食安全战略调整必备的五种关键力量，其本质就是把握好国民经济发展中与粮食安全相关的五个关键要素，并协调好五个矛盾关系。特别是土地资源优化配置和工业化与粮食安全的关系，是与“三农”问题联系在一起的。在某种意义上，粮食安全与“三农”问题的解决是一个问题的两个方面，既相互对立，又相互统一，因此，解决粮食安全问题应与“三农”问题统筹考虑，相互协调。

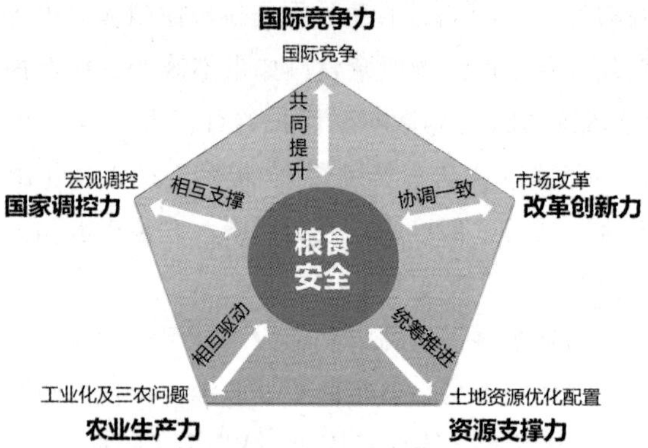

图1 中国粮食安全“五力模型”

“五力模型”的指导思想、基本原则、运行特点、基本内涵及中储粮的实践如下：

一、“五力模型”的指导思想

“五力”模型运行系统坚持以下五个指导思想：

（一）坚持国家总体安全观：坚持国家总体安全观，是习近平新时代中国特色社会主义思想的重要内容。国家总体安全观，谋求的正是集政治安全、国土安全、军事安全、经济安全、文化安全、社会安全、科技安全、信息安全、生态安全、资源安全、核安全等于一体的国家安全体系，回应的正是当下错综复杂的各类安全挑战。粮食安全是国家总体安全观重要内容和基础，如果没有粮食安全做保障，国家总体安全观必然缺乏有力支撑。粮食安全作为国家总体安全观的基础，通过稳步提升粮食生产能力、调动粮食种植积极性、创新完善粮食市场体系制度、健全完善国家宏观调控手段、大力发展粮食产业经济、全面建立粮食科技创新体系、着力强化依法管理合规经营等手段，来确保粮食安全，进而保障国家总体安全。

（二）坚持以人民为中心：坚持以人民为中心，就是坚守全心全意为人民服务的宗旨，谨记民以食为天的训诫，以人民对美好生活的向往为奋斗目标，依靠人民创造历史伟业。坚持以人民为中心，要把握三个要点：一是随着社会主义矛盾的变化，人们对粮食要求越来越高，要适应消费升级的转变；二是要保障低收入阶层的购买能力，在全面建设小康社会、脱贫攻坚中，从根本上解决低收入阶层的吃饭问题；三是保障种粮农民收益，调动种粮农民积极性，促进农民就业增收。

（三）坚持新发展理念：坚持新发展理念，就是要与时俱进、推陈出新，用全新的思维看待和解决中国粮食安全问题，要坚持创新、协调、绿色、开放、共享的发展理念。创新、协调、绿色、开放、共享的发展理念是高质量发展的必然要求，也是确保粮食安全的根本指针。为此，以创新作为中国粮食安全高质量发展的第一动力，以协调作为建立全方位粮食安全保障机制的内在要求，以绿色作为建立粮食安全保障体系的基本形态，以开放助推中国特色粮食安全道路行稳致远，以共享作为惠及粮食安全福祉的终极关怀。

（四）坚持尊重客观规律：规律是事物本质必然的联系。尊重客观规律是推动事物发展的必然要求。粮食安全是一个系统工程，粮食受自然规律、经济规律、社会规律、历史规律以及人们心理规律等规律体系的影响，保障粮食安全是一个复杂的规律体系。为此，首先提高认识规律的自觉性和科学性，把握事物发展的本质；其次增强运用规律的能力，提高工作本领；最后立足本国国情、粮情，转变工作作风，克服工作中的主观性和盲目性，走出了一条中国特色粮食安全之路。

（五）坚持可持续发展：可持续发展是我国的一项基本国策，就是明确在经济发展的基础上，促进调整社会全面促人的全面可持发展，科学发展观是其最新的理论形式。粮食安全保障系统的构建是站在统筹的高度，希望通过长期的努力，使粮食问题能够得到根本性的解决。粮食安全保障系统必须要遵循全面、协调、绿色可持续发展的原则，切实抓好粮食生产、加工、流通、储备等各个环节，寻求粮食保障系统可持续发展，实现社会、经济和生态的综合效益。

二、“五力模型”的基本原则

从系统论的观点看，“五力”模型运行系统遵循四个原则，即：整体性原则、相关性原则、有序性原则和动态性原则。

（一）整体性原则：“五力”统一于一个有机的总体和共同的目标之中，既有所区别，重点各异，又相互联系，合作分工，集中表现为基础保障支撑能力，共同服务中国国家粮食安全目标。粮食安全系统是粮食系统与社会、经济系统相互联系、作用、交织构成的具有一定结构和功能的复合系统，是一切社会经济活动的载体，任何社会和经济活动都是在一定的粮食安全系统中进行的。“五力”既是粮食安全系统的组成部分，也是其安全运行的保障力。

（二）相关性原则：涉粮问题中的粮食数量、粮食质量、粮食流通及其与社会、经济之间关系的耦合，构成一个更为复杂的大系统。既是粮食系统和人造系统结合的复合系统，也包括人的意识及其活动，涉及到经济、政治、人口、科教、生态环境等等。发挥“五力”的协同作用和互补作用，通过串联、并联，产生耦合效应和合力效应，达到相得益彰、互惠互利、共生共存、双赢共赢的效果。

（三）有序性原则：有序性是任何系统普遍存在的现象和特征。系统的序，简言之，就是系统的一种有规则的状态。系统的有序度关系到系统的动态变化（“五力”协同作用变化）和系统进化或退化的发展，这是粮食安全系统的重要特征之一。根据中国粮食安全的不同维度、不同层面、不同环节、不同对象、不同时期，“五力”所发挥作用的先后、大小、尺度存在一定的优先次排序。

（四）动态性原则：“五力”模型运行系统是一个动态平衡系统，运用运动和发展的眼光和思维看待事物的变化，在运用“五力”模型进行预测和决策时，加入权变和动态的方法，及时调适和纠偏，进行有效的计划、组织、领导和控制。在五力”模型运行系统中，平衡是相对的，而不平衡则是绝对的。在“五力”的相互作用影响下，系统不断地由不平衡走向平衡，再从平衡走向不平衡，从而形成系统的发展变化规律。人们只有掌握了系统的发展规律，才能预见其将来的发展趋势，进而找到解决问题的途径。

三、“五力模型”的运行特点

（一）系统性：一般而言，粮食安全系统本就是人与粮食相互作用的复杂巨系统，它是以粮食为载体，由粮食资源、社会、经济等子系统构成的复合系统。五力模型构建的粮食安全系统也具备这一特性。“五力”中的资源支撑力、农业生产力、改革创新力、国家调控力、国际竞争力既自成系统，又相互作用紧密联系；既是粮食安全系统的组成部分，又通过各自之间的相互关联、相互影响、相互作用组成了粮食安全系统；既有内生变量循环（资源支撑力-土地、农业生产力-劳动力、改革创新力-技术、国家调控力-市场），又有外部环境影响（国际竞争力）。可以说“五力”模型构建的粮食安全系统涵盖了自下向上、局部到整体、由内到外、从上至下、整体到局部、外部到内生等各项影响因素的“内外循环”活动轨迹。

（二）复合性：“五力”模型构建的粮食安全系统复合性体现在两点：一是作用力的复合。“五力”模型构建的粮食安全系统是由资源支撑力、农业生产力、改革创新力、国家调控力、国际竞争力等子系统构成的复合系统。资源支撑力和农业生产力是从土地、人力与技术角度解决如何实现粮食增产与农民增收的问题，从而实现粮食安全；而科技是第一生产力，发展离不开改革创新力，市场改革创新是保障粮食安全的动力源泉，提升改革创新力与市场化改革协调一致进行；市场是粮食安全的基础，而国家宏观调控则是市场机制配粮食资源的前提条件，每一种力在各自的系统中发挥着保障粮食安全的作用紧密联系又互相影响。故而“五力”模型构建的粮食安全系统中有五种协同力同时发挥作用。二是效应的复合。系统一个很重要的特点，系统在整体上具有其组成部分所没有的性质，这就是系统的整体性，也就是通常所说的1+1>2。因为资源支撑力、农业生产力、改革创新力、国家调控力、国际竞争力互相关联，一方变化联动各方，一种协同力的作用会助力其他协同力产生的效应，“五力”相互作用产生的协同效应大于各自运行产生的效应。再通俗理解一点，就像影响国民经济GDP水平的因素：消费、投资与政府支出之间的互相乘数作用。

（三）辩证性：“五力”模型构建的粮食安全系统是一种社会发展的状态，是一个辩证性范畴。粮食安全作为人们生存安全的根本，粮食安全问题产生的根本原因，首先粮食是人类生存与社会发展不可缺少的基础资源，具有不可替代性的特征；其次粮食的有限性，作为一种短缺资源，其无法满足人们对质与量两个方面的日益增长的需要；最后粮食资源系统是一个整体性，粮食系统内部各环节之间和粮食与社会、经济、生态环境之间存在着内在联系、共同构成一个了有机系统，如果某一系统结构或环节发生变化，将会导致一系列的连锁变化，从而产生粮食安全问题。关于粮食安全问题，在马克思主义辩证哲学看来，矛盾存在于事物发展的整个过程中，事物的发展也都是相关联的。列宁指出，“要研究这个机体，就必须客观地分析组成该社会形态的生产关系，研究该社会形态的活动规律和发展规律。”资源支撑力、农业生产力、改革创新力、国家调控力、国际竞争力涉及到粮食生产、流通、交易、消费和储藏等方方面面，相互之间既关系紧密又与社会经济发展密不可分，不可单一衡量，应尊重粮食安全发展的客观规律，尊重粮食生产的自然规律、粮食交换和流通的市场规律，粮食分配的社会规律，辩证系统的看待五力保障粮食安全问题。

（四）适用性：“五力”模型构建的粮食安全系统具有现实适用性。系统科学是从事物的部分与整体、局部与全局以及层次关系的角度来研究客观世界的。“五力”模型遵循系统科学，通过改变系统组成部分或调整组成部分之间、层次结构之间以及与系统环境之间的关联关系，使它们相互协调，这样的系统才能具有我们满意的最好的功能，这就是系统控制、干预和组织管理的内涵、也是控制工程、系统工程所要实现的目标结合。研究方法上，将定量与定性相结合，微观与宏观相结合，将方法体系与实践方式结合，具有广泛的适用性。而且对资源支撑力、农业生产力、改革创新力、国家调控力、国际竞争力的辩证思考本身就是基于在市场应用中不断发展试验的，不同阶段有不同的战略调整，从实践中总结理论，再应用到实践中去。

四、“五力模型”基本内涵与中储粮实践

（一）资源支撑力：粮食安全与土地资源优化配置统筹推进

资源支撑力是指人类赖以生存和发展的特定或全部自然条件的支撑和支持能力。资源支撑力是“五力模型”的基石，是保障粮食安全的根本前提。

“藏粮于地”，土地是财富之母，土地是人类赖以生存与发展的物质基础，是粮食生产的载体。这里所言的资源主要指农业用地。新中国成立70余年来，我国农业取得了举世瞩目的成就，但是为了解决温饱、增加粮食产量，我国在资源环境方面也付出了巨大的代价。基于此，我们要高度重视土地优化配置和可持续发展利用。在目前国内农业综合生产效能大幅提高的情况下，应该对以往过度消耗的资源给予补偿，让耕地、草原、湖泊得以休养生息，以备未来不时之需，这就需要我们以强大的资源支撑力保障粮食安全，具体包括守住耕地红线、持续提高耕地质量、重视水土资源的匹配、加大土壤环境治理力度等。必要的粮食面积如何保障，种粮收益和农民收入如何保护，都是关系粮食安全的大问题。可见，中国粮食安全战略的调整，必须打造资源支撑力，注重与土地资源优化配置统筹推进。

中华人民共和国成立后，通过土地改革、农业合作化和人民公社化运动，中国在原来土地经营十分狭小的小农经济的基础上，建立起了集体经济组织和国营农场，实行了大规模的农业集体经营。1978 年农村经济体制改革之后，中国普遍实行了家庭联产承包责任制，确立了以家庭经营为基础的双层经营形式。2013 年中央农村工作会议提出了“落实集体所有权、稳定农户承包权、放活土地经营权的土地产权政策”。2014 年中央一号文件在深化农村土地制度改革方面提出了稳定承包权和放活经营权的土地流转机制。2015 年中央全面深化改革领导小组第五次会议进一步强调了“要在坚持农村土地集体所有的前提下，促使承包权和经营权分离，形成所有权、承包权、经营权三权分置”。2015 年 5 月 26 日，习近平总书记指出，土地流转和土地的规模化经营是发展现代化农业方向和必由之路，也是农村改革的基本方向。2017 年，中共中央提出的农业供给侧改革，本次改革在平台和载体上的创新主要体现为“三区、三园、一体”。在中国，土地可持续利用的基本政策目标是实现耕地总量动态平衡，食物安全、农业现代化及农村发展问题是中国农业可持续发展战略研究的核心。土地可持续利用战略重点是改造中低产田；大力加强商品粮食基地建设；开辟新的饲料基地；充分利用我国光热资源优势，以缓解耕地供应日益趋紧的矛盾；搞好环境保护；实施以技术替代资源的战略。

（二）农业生产力：粮食安全与工业化、城镇化进程相互驱动

农业生产力是指利用动植物的生长发育规律，以人工培育方式来获得产品的产业创造财富实现增值的能力。农业生产力是“五力模型”的主轴，是保障粮食安全的关键力量。

“藏粮于民”，劳动是财富之父，农民是粮食生产的主体。工业化、城镇化、农业现代化是我国历史发展的必然选择，“三化”协同关键在于，加快推进工业化、城镇化、农业现代化的过程中，怎么保护好种粮农民的积极性，进而保障国家粮食安全。要进一步认识农业的基础地位和农民的主体地位，着力推进粮食供给侧结构性改革，促进农民增收，激活粮食生产主体增产提质增效的内源活力，确保我国粮食供给的可持续安全。

“三农”问题是个全球性的问题，是工业化、城镇化进程的必然产物，也是中国粮食安全战略调整必须面对的客观现实。而保障粮食安全与增加农民收入的关系，客观上存在着对立与矛盾。如何在实现

粮食安全的同时，增加农民收入，在两者的矛盾对立中寻求统一，在统一中化解对立与矛盾，从而实现保障粮食安全与农民增收双赢，是农业发展新阶段需要迫切解决的问题。

2004年后，国家全面开放粮食市场，取消农业税，实行种粮直补，启动粮食政策性收购，着力解决农民增收难、农村经济发展缓慢等问题。中储粮作为政策性粮食收储执行主体，先后承担起最低收购价和临储收购政策执行主体职责，通过充分发挥三级联动、上下一盘棋统一调度的垂直管理体制优势，以及运转灵活的体系优势和存储实力优势，忠实履行了“维护农民利益、维护粮食市场稳定、维护国家粮食安全”的宗旨。十六年来累计收购政策性粮食9.8亿吨，加上储备粮轮换等市场化收购，直接付给农民售粮款2万亿元，带动农民增收近2000亿元，对粮食连年增产起到了重要保障和促进作用。除政策性粮食收购外，中储粮还采用市场化手段每年面向农民直接收购一定数量的中央储备轮换粮，对引领带动多元主体入市收购促进农民增产增收发挥了重要作用，为筑牢粮食安全基础、推动农村经济发展和实现全面建成小康社会伟大目标作出了巨大贡献。

总之，面对工业化、城镇化带来的机遇与挑战，中国粮食安全战略的调整，应该不断夯实农业生产力，并与工业化、城镇化进程形成相互促进、良性互动的关系。

（三）改革创新力：粮食安全与市场化改革协调一致

改革创新力是指通过新思维、新发明和新创造对旧有的生产关系、上层建筑作局部或根本性的调整，从而有助于发展并取得效益和效果的能力。改革创新力是“五力模型”的内在引擎，是保障粮食安全的核心驱动力。

“藏粮于市场”。市场是资源配置的决定性力量，是确保粮食安全的根本基础。以市场为基础来保障国家粮食安全，是在经济全球化条件下明智的选择。然而，中国粮食市场化改革都面临一系列的挑战，无论是价格与市场体系的培育，还是国有粮食企业的改革，补贴制度的改革面临的风险和压力都是难以避免的，都将对粮食安全体系产生直接影响。更好发挥市场在粮食资源配置中的决定性作用，要不断完善中国粮食市场化改革的政策环境，深化国有粮食企业的改革，培育粮食市场主体，完善粮食市场体系。

2000年，国务院批复中储粮总公司组建运行，具体负责中央储备粮经营管理，执行国家下达的粮食宏观调控任务，组建中储粮公司是深化粮食流通体制改革、完善中央储备粮经营管理体制的重大举措。自2016年，中储粮根据国家指令，实行“始终在市、均衡收购”，促进了玉米收储制度改革和国内粮食市场化改革顺利推进。20年来，中储粮坚持以落实“两个确保”和维护国家粮食安全为目标导向，积极推进储备粮管理手段和轮换购销办法改革创新，努力提高安全储粮和储备粮推陈储新的能力。围绕提高中央储备粮系统化标准化管理水平，中储粮持续推进粮食仓储管理标准升级工作，从公司成立之初提出“一符三专四落实”粮食仓储管理要求，到全面开展“四无粮仓、四无油罐”建设，到仓储管理标准化“四单”生产作业全流程控制，再到当前持续开展的“标准仓、规范库”建设，以及更高层次的“标杆库”建设，涵盖了粮食仓储环境、设施、人员、产品、生产、管理等全方面的标准化体系建设，实现了中央储备粮仓储管理标准化由单一环节向全流程管控延伸，由单一方面向全领域迈进的转型升级，实现了粮食仓储管理水平、管理手段、管理技术递进式上升，打造了升级版的“两个确保”管理体系。围绕粮食管理的精细化水平，依据我国不同地区生态储粮环境和粮食品种特征，在全国科学划分七类生态储粮区域，制定不同区域、不同仓型、不同品种粮食的水分标准、脂肪酸值等重要储粮控制指标体系，因地制宜实施库存粮食水分温度技术控制，实现对粮食质量的精细化管控。为确保实现储备粮管理等核心业务目标和公司重大发展战略，引进现代战略预算保障机制，通过实施“战略引领+预算保障”管理模式，把储备粮管理各项目标提升到公司战略层面，并与投资和资金预算结合起来，实现战略引领预算、预算保障战略，确保企业核心任务和重大战略目标的达成。通过管理手段和管理模式的持续创新，使垂直体系系统化标准化管理水平不断提高，有效提升了中央储备粮管理水平和管理效率。

同时中储粮与时俱进推进轮换模式的改革创新。伴随着垂直体系的建立，在国家有关部门指导下，建立了中央储备粮常态化轮换机制，通过市场化企业化的轮换运营模式，出色地完成了历年中央储备粮轮换计划，实现了中央储备粮常储常新。为解决垂直体系组建初期以库为单位分散轮换效率低下问题，坚持不懈探索集团化轮换机制改革，先后尝试过由分公司部分直属库共同出资组建经贸公司，实行区域性集中轮换；实行事业部制改革，分公司成立轮换购销中心，实行“五统一”轮换购销机制，提高了轮换购销效益；建立专业化子公司，按储备粮品种实行全国性轮换经营，实现了从分散轮换到集约化经营的历史性跨越。

“藏粮于技”。科技是第一生产力。实践证明，改革开放后，科技在我国农业和粮食发展中的作用非常显著，科技贡献率越来越高。从长远看，科技在保障粮食安全中的地位和作用将更加凸显，科技创新的作用将日益突出。因此，中国粮食安全战略的调整注重提升改革创新力，并与市场化改革协调一致，既是保障国家粮食安全的内在要求，也是社会主义市场经济体制优势的具体体现。

中国是粮食储藏大国，我国始终高度重视储粮科技的革新和创新。中储粮利用绿色、高效、安全、节能的储粮技术，围绕影响储粮生态系统的温度、湿度、气体成分、杂质和微生物等因素不断探索应用各项新型储粮措施，确保粮油质量良好，为消费者提供绿色粮源，实现中央储备粮管理方式的根本变革。中储粮公司系统已经建立起分生态区域、分储粮品种的粮油储藏技术体系，中央储备粮科技储粮覆盖率近 90%。2004 年开始全面推广粮情检测、机械通风、环流熏蒸、谷物冷却的“四合一”储粮技术，全系统综合应用率达到 100%，解决了高大平房仓、浅圆仓、立筒仓和大型储油罐储粮难题，显著提高了对储粮生态系统的综合调节能力，荣获国家科技进步一等奖。中储粮打造北粮南运的现代化粮食物流体系，最高峰时年调运量达能够到 1321 万吨，保障国家急需时调得动、用得上；中储粮积极运用绿色储粮技术、信息化技术、智能化技术，实现中央储备粮管理方式的根本变革，推进企业治理体系和治理能力现代化，打通了从预约到收购直至结算的全链条，让农民真正交上了“明白粮”“放心粮”“舒心粮”。到目前为止，中储粮的仓储网络和触角已经覆盖全国 90% 的地级城市和粮食主产区 95% 的主产县，具备了亿吨级粮油仓储能力；仓储技术研发应用行业领先，绿色储粮技术应用率达到 98%；物流网络打通南北、连接东西，建立起了大规模、大范围中转和装卸的能力与实力。

（四）国家调控力：粮食安全与宏观调控相互支撑

国家调控力是政府对某一领域或方面进行的调节与控制，保证经济或社会再生产协调发展、相互平衡的能力。国家调控力是“五力模型”的中流砥柱，是保障粮食安全的“稳定器”与“压舱石”。

“藏粮于国”。粮食安全是有特殊自然属性的公共物品，保障粮食安全是各国政府的职责和义务。我国自古就非常重视粮食安全和粮食储备，并积累了宝贵经验。市场是粮食安全的基础，而宏观调控则是市场机制配粮食资源的前提条件。受长期以来计划经济影响，人们容易把宏观调控等同于行政手段，特别是粮食领域是计划经济影响较深的部门之一，怎样搞好宏观调控更是没有经验可循。中国虽然建立了粮食储备制度和进出口调节制度，但仍有较大的改善空间。如何进一步加强国家调控力，保障粮食安全显得十分紧迫，与此同时，粮食生产的稳定发展，将为国家宏观调控、保证粮食市场供应提供坚实的物质基础。

党中央、国务院历来高度重视粮食安全和市场稳定问题，中储粮作为国家调控粮食市场的重要载体，始终秉持忠诚责任担当理念，坚定执行宏观调控指令，高效完成了各项宏观调控任务。在国内粮食供需长期处于"紧平衡"状态、国际粮食市场周期性剧烈波动的情况下，充分发挥了粮食市场"蓄水池""稳定器"作用，努力维护粮食市场基本稳定，使我国成为全球粮食市场的"安全岛"。自组建以来，中储粮始终以服务和维护国家粮食安全为天职，以实现"两个确保"、管好"大国粮仓"为己任，牢牢抓住国家高度重视粮食安全的重要战略机遇，坚守公益类企业的根本属性，顺时谋势，锐意探索，形成了与国家粮食安全大战略相衔接的企业发展战略，确保企业改革发展走在正确的道路上。新时代中储粮工作"四个坚持"新要求，即：坚持政治建设为要，毫不动摇地以政治建设为统领，把坚持党的领导、全面加强党的建设作为企业的"根"和"魂"，坚决保证党和国家方针政策、重大部署在中储粮贯彻执行，始终成为党和国家在维护国家粮食安全领域最可信赖的依靠力量；坚持主责主业为本，坚守中储粮公益类企业定位，坚定不移履行主责，心无旁骛做好主业，做好中央储备粮棉油的经营管理、当好政策性粮食收储执行主体、落实好国家下达的重点专项调控任务；坚持防范风险为基，进一步强化底线思维，健全完善风险防控制度体系，持续强化监督检查，防范化解中央事权粮棉油管理领域面临的各类风险；坚持高质量发展为重，贯彻落实新发展理念，强化创新驱动，持续深化改革，实施人才强企，打造中储粮金字招牌和铁军队伍，锤炼"忠诚、责任、担当"的企业品格，让"为国储粮、储粮报国"成为中储粮人的价值追求，引领中储粮沿着正确的方向前进。这"四个坚持"，是对中储粮二十年实践经验的深入总结，将作为中储粮在新时代实现高质量发展的新要求，从而不断认识规律、把握规律、运用规律，努力在加快构建更高层次、更高质量、更有效率、更可持续的粮食安全保障体系中发挥好顶梁柱作用，努力在服务国家粮食安全的伟大事业中，做"大国粮仓"的守护者、管理转型升级的示范者、储粮科技创新的引领者，把中储粮建设成为高质量发展、具有全球竞争力的世界一流企业！

（五）国际竞争力：粮食安全与国际话语权共同提升

国际竞争力是指一国或一个地区的产品或服务在国际市场的生产、交换、分配、流通能力。国际竞争力是"五力模型"的外部支撑，是增强国际话语权的坚强利器。

立足国内，面向国际是保障粮食安全的必然选择。为此，必须深入融合参与全球粮食产业链构建与全球粮食安全治理，必须加强多边关系维护、维护世界粮食安全并展示大国责任形象，努力争取国际话语权。

面对不稳定性不确定性日益突出的国际形势，提高国际竞争力是中国粮食主动求变的有效手段，更是保障中国粮食安全的重要途径。尤其是随着新冠肺炎疫情在全球蔓延，包括俄罗斯、埃及、越南、印度、哈萨克斯坦、塞尔维亚等在内的多个国家宣布或启动了部分粮食出口限制的举措。中国粮食必须对内夯实内功，提高核心竞争力，优化粮食全产业链，对外加大开放力度，加快中国粮食企业"走出去"步伐，建立全方位、宽领域、高水平的新型粮食经贸合作关系，牢牢掌握国家粮食安全主动权。因此，中国粮食安全战略的调整，必然要站在提升国际竞争力的高度来统筹兼顾各类矛盾、各种关系，以强大的"协同力"提升中国粮食安全的保障能力，并不断提高中国的国际地位。

中储粮的目标，就是要持续地做优做强，在维护国家粮食安全领域提升影响力，增强国家国际话语权，成为举足轻重的"大国重器"。二十年来，中储粮始终把锻造软硬实力作为提升企业核心竞争力的逻辑起点，无论是建立初期在国家鼎力支持下上收大量的国债粮库，以兼并、收购等多种方式整合社会优质仓储资源；还是抓住国家几次加强粮食仓储物流设施建设机遇，抓紧建设和布局一批现代化粮库；无论是在关键物流节点和港口打造北粮南运的现代化粮食物流体系，还是不失时机、优中选优地布局一批油脂油料轮换加工基地等等，都是为了不断提升企业的硬实力，为更好地承担“国家队”责任打下坚实基础。与此同时，中储粮坚持不懈地加强软实力建设，包括持续优化和完善人财物三条垂直管理线、三级监督检查体系，不断加强和优化体系与体系之间的互联互通等等，企业的治理体系和治理能力逐步向现代化管理迈进。中储粮已经发展成为综合实力最强、仓储规模最大、布局和体系最为完善、管理体系最为完整的专业化、一体化、现代化的农产品储备集团。特别是以星罗棋布的粮库和纵横交错的物流体系为依托，实现智能化粮库全覆盖，打造出了一张全国乃至全球最大的粮食物联网，通过链接线上和线下，为未来的发展孕育无限可能，开辟了新的发展蓝海。这样的实力和能力，已经在2003年抗击非典、2008年应对全球粮食危机、2018年以来的中美贸易摩擦，以及今年抗击新冠肺炎疫情等一系列大战大考得到了充分检验。可以说，在维护国家粮食安全、服务粮食宏观调控领域，每逢大事难事必有中储粮勇于担当中流砥柱作用，对党忠诚、家国情怀已经深深融入了中储粮的血脉。

其实，打造五个关键力的本质是把握好五个“协同力”，当然，构建“五力模型”并非仅仅单向把握五个关键要素、统筹协调好五个矛盾关系，更重要的是要驱使五个“协同力”产生“1+1>2”的叠加效应。因为，五个“协同力”之间本身也是相互影响、相互作用的，且能够形成强大的协同效应。如下图及公式中所示，S（synergy）代表协同力，S1、S2、S3、S4、S5分别代表5个协同力，λ代表倍数（通常大于1），F（S1，S2，S3，S4，S5）代表五个协同力相互作用、产生多倍叠加效应所形成的巨大合力。也正因为这五个“协同力”的叠加效应，才能真正意义上实现在确保粮食安全的同时，推动国民经济发展良性循环，促进我国经济高质量发展。

五个“协同力”的叠加效应公式：

$$F(S1, S2, S3, S4, S5) = \lambda\{F(S1) + F(S2) + F(S3) + F(S4) + F(S5)\}$$

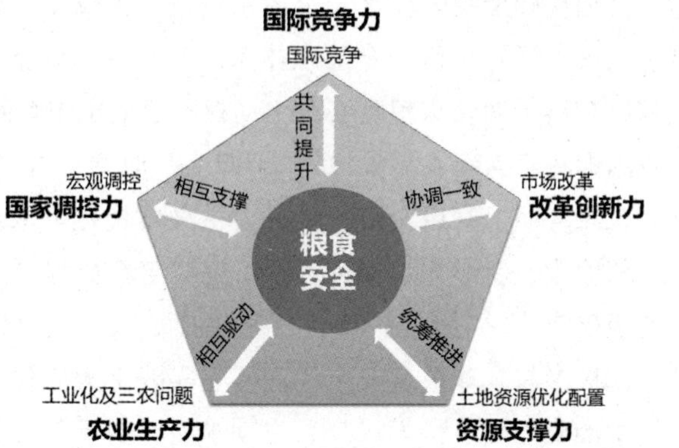

图2　五个“协同力”的叠加效应示意图

基于以上五个“协同力”（关键力）及其具体的相互矛盾、相互影响、相互作用关系为主线，从土地资源优化配置和“三农”问题的解决为重点，找到端好中国人自己饭碗的办法，解决中国粮食安全问题。

五、启示与思考

保障粮食安全是一个永恒的主题，任何时候都不能放松。仓廪实，天下安。古今中外，粮食作为一种战略物资受到高度关注，“手中有粮、心中不慌”在任何时候都是真理。习近平总书记最近强调“尽管我国粮食生产连年丰收，对粮食安全还是要始终有危机意识，今年全球新冠肺炎疫情所带来的影响更是给我们敲响了警钟”。因此，即便是当前我国已经克服困难取得秋粮丰收，即便是我国正处在历史上粮食安全形势最好的时期，但是在面临百年未有之大变局、面临新冠疫情、面临全球粮食危机、面临自然灾害时，我们绝不能“高枕无忧”，而要未雨绸缪、永不松懈。中国人的饭碗任何时候都要牢牢端在自己手上，我们的饭碗应该主要装中国粮。尤其是在经济下行压力加大及外部环境发生深刻变化的复杂形势下，更好发挥“三农”的压舱石作用，依靠自身力量端牢自己的饭碗，才能为应对各种风险挑战赢得主动权，为保持社会大局稳定以及经济持续复苏奠定基础。

保障粮食安全是一个系统工程，需要树立全局和战略思维。需要以战略思维谋全局，以辩证思维看问题，以底线思维育新机。第一，凡事预则立，不预则废。当前我们正处于全面建成小康社会和“十三五”规划收官、制定“十四五”规划宏伟蓝图的关键时期，而粮食安全是“十四五”规划和中国高质量发展的根基。因此，我们要将粮食安全工作放到党和国家事业大局中谋划和推动，在做好新一轮《国家粮食安全中长期规划纲要（2021至2030）》和《全国种植业发展“十四五”规划》的同时，将粮食安全纳入各级政府“十四五”专项规划；第二，辩证系统看问题，才能把握事物本质。过去，人们考虑粮食安全政策时，往往容易陷入就农业论农业，就粮食安全论粮食安全的单向思维。在经济发展的新阶段，中国粮食安全面临着经济体制的全面转轨和经济结构战略调整的双重任务和复杂局面，粮食安全战略调整的积极意义决不限于粮食安全本身，而将惠及国民经济发展的全局，辩证系统的看待。与此同时，粮食安全系统是以粮食为载体，既是由粮食资源、社会、经济等子系统构成的复合系统，也是人与粮食相互作用的复杂巨系统；粮食安全战略标的实现也有赖于整个国民经济的良性循环，因而粮食安全战略的调整是一个系统工程，必须跳出就粮食论粮食的圈子，拓展思路，开阔思维，应着眼于经济发展战略及其宏观经济政策和经济管理体制的全局，应注重与国民经济发展中关键要素的协同发展，这也是我国经济高质量发展的内生特点。第三，守住底线，方能行稳致远。我们时刻要有危机意识和底线思维，懂得居安思危、化危为机，加快健全我国粮食安全体系建设，积极参与全球粮食安全治理，推动中国成为构建人与自然和谐绿色发展的国际粮食安全治理体系的参与者、分享者、贡献者与引领者，提升我国国际粮油议价权和话语权，牢牢掌握国家粮食安全主动权，于危机中育新机。

民为国基，谷为民命。我国即将步入新发展阶段：“十四五”时期，这将是我国全面建成小康社会、实现第一个百年奋斗目标之后，乘势而上开启全面建设社会主义现代化国家新征程、向第二个百年奋斗目标进军的第一个五年。面对新阶段、新形势、新机遇、新挑战与新征程，我们唯一要做的是牢记“确保国家粮食安全，把中国人的饭碗牢牢端在自己手中”，坚决扛稳粮食安全重任，系统规划粮食安全战略，科学践行粮食安全理论、积极参与全球粮食安全治理，在实践上大胆探索、在理论上不断突破，并在不确定性为常态的复杂环境中准确识变、科学应变、主动求变，勇于开顶风船，善于转危为机。唯有如此，我们方能培育新动能、打造新优势、调整新结构、开创新局面，为社会大局稳定和经济复苏筑牢坚实基础，为决战脱贫攻坚全面建成小康社会提供有力支撑，实现更高质量、更有效率、更加公平、更可持续、更为安全的发展！

成果创造人：杨建国

【参考文献】

[1]习近平谈治国理政.北京:外文出版社,2014.

[2]习近平谈治国理政(第二卷).北京:外文出版社,2017.

[3]习近平谈治国理政(第三卷).北京:外文出版社,2020.

[4]中国的粮食安全白皮书(2019).国务院新闻办,2019.

[5]钱学森讲谈录——哲学、科学、艺术(增订本).北京:九州出版社,2013.

[6]李会宝,中心城市粮食安全研究,学位论文,2012(12).

[7]夏粮丰收粮储充裕 我国有能力保障"米袋子"安全.经济日报-中国经济网,2020-8-11.

[8]习近平总书记:中国人的饭碗任何时候都要牢牢端在自己的手上.新华视点,2018-9-26.

以契约化管理为突破口　推进机制改革走深走实

中石化石油机械股份有限公司

中石化石油机械股份有限公司（简称石化机械）是中国石化集团公司控股的中国油气装备研发、制造与专业技术服务重点骨干企业，2012年底由中国石化机械制造板块整合重组而成，2015年7月在深交所整体上市。目前总股本7.78亿股、中国石化持股58.74%，总资产88.5亿元、净资产19.4亿元，用工总量5350人。公司下属四机公司、江钻公司、钢管分公司、三机分公司、四机赛瓦公司（持股65%）、机械研究院等9家分子公司40多个经营单位，主要分布在湖北武汉、荆州、潜江等地。公司产品涵盖石油工程、油气开发、油气集输三大领域12项特色系列产品，覆盖陆地和海洋。公司从上世纪八十年代后期开始，所属各单位就走出去全面参与市场竞争，形成了较强的市场意识、品牌形象、产品竞争力和营销服务能力，获"中国名牌产品""中国驰名商标""全国用户满意产品""中国石化优秀品牌"等多项荣誉。国内市场覆盖全国各油气生产区域，牙轮钻头、固压装备市场占有率80%以上、钻修装备50%以上。产品出口美国、俄罗斯、中东、南美等40多个国家及地区，牙轮钻头国际市场占有率20%，钻修井机累计出口1000多台，固压装备累计出口200多台。

一、实施背景

2015年整体上市以来，坚定"打造大国利器，支撑油气发展"的初心使命，推进深化改革，先后完成党建入章、健全法人治理结构、优化产业结构、瘦身健体等多项重大改革调整。在持续深化改革、奋力竞进超越的攻坚时期，遭遇石油市场寒冬，国内外石油装备需求断崖式下跌，公司及下属多个业务单元出现严重亏损，尤其是2017年，面临"如果连续两年亏损将戴上'ST'帽子"的空前压力。面对外部挑战，石化机械刀刃向内深挖病灶，深入剖析经营活力不强、市场压力传递不到位等深层次矛盾。

（一）存在的问题

一是思想观念转变不到位，聚焦效率效益的市场意识不强。石化机械因改革而生，但滋生平均主义、依赖情结、"铁饭碗""大锅饭"等思想观念的土壤并未铲除，"先算在干，边算边干""算细账、细算账""一切围绕市场干"的成本意识、效益意识、市场意识欠缺，光干活不算账的现象普遍存在。即使面对低油价、市场化的严峻考验，部分干部员工和业务单元依然怀抱国企情节，"等"和"熬"的消极心态，"政策保护""总部兜底"的错误想法，制约和阻碍着企业的持续健康发展。

二是市场化经营机制不完善，快速应变市场的能力不足。决策方面。公司虽然是上市公司，但是各层级决策前置审批环节多、流程长、效率低，不能及时应对快速市场变化，授权放权行权需要进一步改进。经营方面。公司各单位虽较早走向市场，但市场是根的经营理念还达不到一流公司的水平，市场压力传递不到位，各级经营主体主观能动作用没有充分发挥，存在内部经营机制不活、效率不高、盈利能力不强、亏损业务单元多等突出问题。

三是选人用人和激励约束机制不活，干事创业的激情不高。在“能上能下”的选人用人机制方面，市场化选聘、契约化管理、差异化考评体系尚不完善，管理人员“上”的方式单一，“下”的力度不够。在“能进能出”的用工机制方面，市场化流动和退出机制尚未真正建立，用工水平与同行业先进企业相比存在差距。在“能上能下”的薪酬分配方面，工资总额与经济效益、劳动生产率挂钩不紧密，效益效率导向还不鲜明，市场化分配力度不够。总体上看，这些问题严重影响了干部职工的干事创业热情。

（二）应对的策略

面对困境，石化机械深刻领会国企改革要义，深入研究自身发展实际，努力破题求变。

一是在策略上求“实”。面对市场寒冬，公司班子组织系统学习关于深化国企改革的精神及政策文件，对《关于深化国有企业改革的指导意见》提出的推行任期制和契约化管理，通过责权利相统一，激励机制和约束机制相结合，促使企业真正成为依法自主经营、自负盈亏、自担风险、自我约束、自我发展的独立市场主体等精神，进行了系统研究。同时对标先进，组织工作专班先后5次到中国一重、中国二重、新兴际华、中集集团等单位调研学习吸收经验，明确改革攻关的具体方向和路径，完成综合改革实施方案，经集团公司审核通过后报备国资委。在此基础上，开展解放思想、转变观念、改变作风大讨论，为深化改革奠定坚实思想基础。

二是在推进上求“实”。公司作为中石化集团装备制造板块的核心企业，作为国企改革“双百行动”的试点单位，争当改革“尖兵”，以契约化管理为突破口，迈开市场化经营机制改革步伐，全面带动综合改革向前推进。2016年选择2家亏损最为严重的三级基层单位率先实施契约式经营。2017年出台《契约化管理实施办法》《契约式经营财务管理办法》等，做到有章可循，并选取有代表性的业务单元，将契约式经营扩大到10家。2018年以国资委“双百行动”为动力，提级扩面，将契约式经营扩大到分子公司。2019年落实公司“13336”战略，打好深化改革攻坚战，契约化管理进一步深入。3年来，公司契约化管理从试点、铺开到深入实践，市场化经营机制改革一步步走深走实，形成了一套贴近市场、灵活高效、活力迸发的长效发展机制，为打造高质量可持续发展的世界领先油气装备企业奠定了基础。

二、管理内涵及创新点

（一）理论依据

契约理论。关于合同关系各方关系、方式、内容等方面的理论。主要原则：各方地位平等，自由协商一致形成约定，权利义务对等。据此，企业内部组织（公司与业务单元经营团队）在双方意愿一致的情况下，制定企业内部契约，以协议形式建立一种具有法律法规效力的契约关联关系。

最优薪酬契约理论。协调经营者与所有者的利益冲突，提供一种最优薪酬激励契约，一方面吸引、激励经营者作出符合股东价值最大化的决策和行动，一方面是确保代理成本最小化。

契约式经营。在契约理论和最优薪酬契约理论指导下，改变过去上指下派、行政命令式的管理模式，加大放权授权力度，公司通过与竞聘产生的经营团队签订书面协议，以具有法律效力的内部契约明确双方权责，明确业务单元经营目标和发展任务，明确管控边界和规则，建立与目标任务相匹配的薪酬激励机制，形成具有刚性约束力和较强激励效应的经营管理模式。

（二）主要内涵

遵行国有企业深化改革和市场化发展的战略方向，在相关理论指引下，将市场经济法则在内部单元拓展延伸，推动内部单元实现自主经营、自负盈亏，实现高质量发展。

以契约关系弱化行政隶属，加大放权授权，为自主经营和机制改革铺平道路。具体是以契约为纽带，以赋权配责为核心，以激活力提效率提升发展能力为目的，在内控管理的范围内，向内部单元的经营团队下放“人财物”等方面的管理权限，并通过有效的目标牵引、契约约束与激励考核等机制，形成“人财物”相对独立、“责权利”相对统一的契约式管理模式；同时在契约式经营模式的牵引下，有效推动“能上能下”的选人用人、“能进能出”的劳动用工、“能多能少”的薪酬分配等制度改革破题。

以刚性契约传递市场压力，倒逼经营主体发挥潜能，敢闯敢试，主动出击。对于内部单元来说，经营团队在直接承担经营压力的同时，充分利用公司所赋予的权限，创新管理模式，创新激励考核机制，优化资源分配等富有成效的特色工作，有效地传递了市场压力，调动了员工创新创效的积极性和主动性，形成公司与内部单元、经营团队与内部单元员工目标一致、利益趋同的良好经营局面。

（三）主要创新点

石化机械契约式经营，不论是方案制定还是过程推进，唯一强调的是“抓实”和“落实”。

1. 抓实“身份契约化”，落实能上能下。以“公开选聘+竞争上岗”方式，选聘经营团队，参加竞聘者不限身份和级别。通过协议形成具有法律效力的契约，明确管理者身份，续聘和退出按照契约执行。

2. 抓实“指标契约化”，落实市场倒逼。通过“对标国际一流、对标公司最好成绩、对标内部单元自身最好水平”，确定指标，通过协议形成具有法律效力的契约，推动经营主体与市场接轨；通过划小核算等精益管理工具，帮助各业务单元层层分解责任，实现各层级契约化指标倒逼。

3. 抓实“权责契约化”，落实放管服和自主经营。以契约的形式明确经营者权责，按照“能授则授、能放尽放”的原则向各经营团队分类下放用人权、财权和物权等各种权力，促进自主经营。同时抓好管控，保障自主经营。

4. 抓实“兑现契约化”，落实激励约束激发经营活力。通过协议明确经营团队年度和认为目标，依据契约，对经营团队严格执行“年度+任期”双目标约束激励机制。

三、主要做法

以契约为纽带，以赋权配责为核心，以激活力提效率提升竞争力为目的，构建完善四个机制，攻坚破解能上不能下、能高不能低、压力传递不足、自主经营活力不足等突出矛盾，闯出改革新路，发挥机制力量。

（一）实施“竞争性选聘”，突出契约化，完善市场化用人机制

1. 精心选择内部单元，试点契约式经营。以“产品或服务能够单独面向市场、业务可相对独立运营、经营结果可以单独核算”为原则，先后从公司40多个业务单元中，选择出江钻公司热处理厂、承德江钻、江汉机械厂，四机公司的高压管汇公司、世纪派创公司，钢管分公司的高频厂、弯管厂，三机公司的技术服务公司等10多家三级单位推进契约式经营，从9家二级单位中选择四机赛瓦公司推进实施契约式经营。

2. 落实“赛马”机制，实施契约化选聘。制定实施《石化机械推进领导人员能上能下实施细则》，

推行“公开选聘+竞争上岗”选人用人，在公司机关率先推行公开竞聘。对所有契约式经营团队全部通过公开竞聘产生，应聘者不限身份级别和单位。经营团队人数根据业务单元的规模确定，选聘方案由上级单位制定，职工代表在评审组中占到一定比例，全程参与监督，保证公开公平公正。

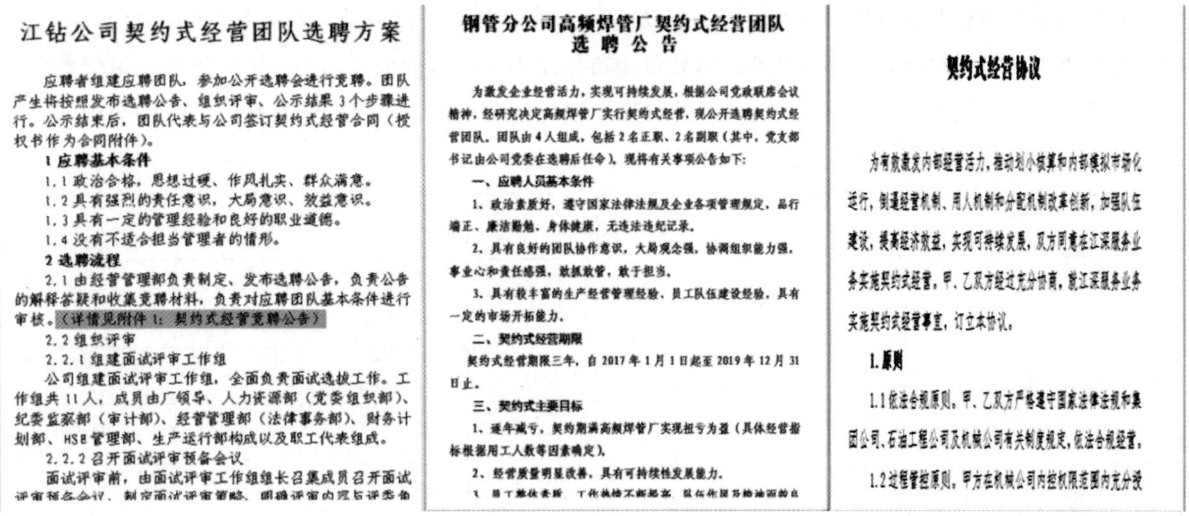

江钻公司契约式经营团队选聘方案

应聘者组建应聘团队，参加公开选聘会进行竞聘。团队产生将按照发布选聘公告、组织评审、公示结果3个步骤进行。公示结束后，团队代表与公司签订契约式经营合同（授权书作为合同附件）。

1 应聘基本条件

1.1 政治合格，思想过硬、作风扎实、群众满意。

1.2 具有强烈的责任意识，大局意识、效益意识。

1.3 具有一定的管理经验和良好的职业道德。

1.4 没有不适合担当管理者的情形。

2 选聘流程

2.1 由经营管理部负责制定、发布选聘公告，负责公告的解释答疑和收集竞聘材料，负责对应聘团队基本条件进行审核。（详情见附件1：契约式经营竞聘公告）

2.2 组织评审

2.2.1 组建面试评审工作组

公司组建面试评审工作组，全面负责面试选拔工作。工作组共11人，成员由厂领导、人力资源部（党委组织部）、纪委监察部（审计部）、经营管理部（法律事务部）、财务计划部、HSE管理部、生产运行部构成以及职工代表组成。

2.2.2 召开面试评审预备会议

面试评审前，由面试评审工作组组长召集成员召开面试评审预备会议，制定面试评审策略，明确评审内容与评委角

钢管分公司高频焊管厂契约式经营团队选聘公告

为激发企业经营活力，实现可持续发展，根据公司党政联席会议精神，经研究决定高频焊管厂实行契约式经营，现公开选聘契约式经营团队。团队由4人组成，包括2名正职、2名副职（其中，党支部书记由公司党委在选聘后任命）。现将有关事项公告如下：

一、应聘人员基本条件

1、政治素质好，遵守国家法律法规及企业各项管理规定，品行端正、廉洁勤勉、身体健康，无违法违纪记录。

2、具有良好的团队协作意识，大局观念强，协调组织能力强，事业心和责任感强，敢抓敢管，敢于担当。

3、具有较丰富的生产经营管理经验、员工队伍建设经验，具有一定的市场开拓能力。

二、契约式经营期限

契约式经营期限三年，自2017年1月1日起至2019年12月31日止。

三、契约式主要目标

1、逐年减亏，契约期满高频焊管厂实现扭亏为盈（具体经营指标根据用工人数等因素确定）。

2、经营质量明显改善，具有可持续性发展能力。

契约式经营协议

为有效激发内部经营活力，推动划小核算和内部模拟市场化运行，创新经营机制、用人机制和分配机制改革创新，加强队伍建设，提高经济效益，实现可持续发展，双方同意在江深服务业务实施契约式经营，甲、乙双方经过充分协商，就江深服务业务实施契约式经营事宜，订立本协议。

1.原则

1.1 依法合规原则。甲、乙双方严格遵守国家法律法规和集团公司、石油工程公司及机械公司有关制度规定，依法合规经营。

1.2 过程管控原则。甲方在机械公司内控权限范围内充分授

图1 契约化选聘相关材料

3. 取消行政级别，实施契约化管理。对竞聘产生的经营团队，双方签订具有法律效力的协议，以契约形式明确管理者身份和效力，取消行政级别，实行契约化管理。对完成契约经营经营目标的团队优先续聘。

4. 破除能上不能下，实施契约化退出。将经营业绩作为岗位调整的重要依据，对未完成契约经营经营目标的团队，按照协议直接解聘或退出到人力资源池，形成了上岗靠竞争、任职凭能力的鲜明导向。2017年以来，累计60多个团队先后参与公司二、三级单位竞聘，40多名不同级别员工进入契约式经营管理层，2个团队、4名管理者先后被解聘，9名中层领导人员和28名基层领导人员先后受到通报批评或其他处理。

（二）实施“市场对标”，强化指标约束，完善市场倒逼经营机制

变革粗放管理模式，通过对标市场水平开展倒逼和对标契约指标开展倒逼，有效传递经营压力。

1. 对标市场科学设置指标体系。开展以“对标国际一流、对标公司最好好成绩、对标自身最好水平”为内容的市场对标，全面梳理经营要素，比对赶超空间，依托大数据，建成市场牵引为导向的经营指标评价体系。

一是主要经济指标。包括营业收入和经营利润两项，既考虑业务单元短期与长期发展的需要，又考虑经营和管理的统筹协调。经营指标的核算以上级公司的综合审计结果为准。

二是管理指标。包括HSE管理、设备管理、技术管理、精益管理、应收账款余额、存货余额、成本控制、党建工作等，目的是帮助指导经营团队不断提升经营管理水平，促进主要经济指标实现，同时确保经营过程的规范有序。管理指标的核算以上级专业职能部门的评价结果为准。

三是激励约束指标。包括安全、质量、挖潜增效、重点督办工作、应收账款账期、存货积压等。该类指标的好与坏，将对业务单元当期主要经济指标的完成和可持续发展造成重大影响，作为契约经营过程的“红线”，完成情况将直接与经营团队的薪酬考核硬性挂钩。

四是发展指标。包括市场进步、技术创新、产品结构、成本控制、劳效水平等方面，主要衡量企业

高质量、可持续发展能力的综合指标，以鼓励进步为主。

对具体经营单元，公司综合各种因素，按照“能够实现、促进发展、具有市场竞争力”的原则，科学合理确定契约式经营单位的具体指标，推动经营单元直接与市场对标，拉动经营水平提升。

2. 对标契约指标开展倒逼。各经营团队确认指标、缴纳风险抵押金后，签订具有法律效力的协议，明确风险抵押金与指标执行的对应关系，有效传递市场压力。各单位变压力为动力，借力公司精益管理成本模块工具，主动推进划小核算，量化核算标准、强化信息支撑，将指标全过程分解，将市场倒逼经营机制引入到内部各流程、各岗位。

4. 契约式经营期限

自 2017 年 1 月 1 日起至 2019 年 12 月 31 日止。

5. 契约式经营目标

5.1承包基数

指标	权重	基本目标	对标目标	奋斗目标
销售收入	20	——	26000	——
货款回收率	30	——	80%	——
外部利润	50	5910	6500	7150

注：2018年和2019年经济指标见附件1

5.2管理指标

维度	指标	权重（%）	目标值
客户	供货及时率	15	≥88%
运管	设计质量	10	100分
	HSE管理	10	100分
	存货	20	≤6000万元
	现场质量管理	10	100分
	订单成本节约额	5	2530万元
学习成长	一专多能员工占比提升率	5	5%
	精益管理	5	100分
党建	党建思想政治工作	20	100分

注：存货、订单成本节约额每年根据甲方实际情况调整

4.3专项考核

4.3.1约束性指标考核

4.3.1.1保销售费用管理。销售费用根据销售收入计提确定，超出计提费用部分工厂不予核销。

4.3.1.2密工作、技术管理、能源管理、设备管理等约束性指标考核依照工厂有关专项制度执行。

4.3.2一票否决考核。对于发生违法违纪、信访维稳事件、重大QHSE事件，违反财经纪律和其他规章制度的单位及个人，按有关管理规定执行，按一定比例扣减单位绩效工资总额及个人绩效奖金，对承包团队按照《石油四机干部管理规定》进行考核。

3.3.5风险抵押金的设定。

3.3.5.1 承包团队应在规定时间内，缴纳风险抵押金，每名团队成员应缴数额不低于本人当年的薪酬兑现基数。

3.3.5.2 承包期限内，当风险抵押金被扣减，余额不足设定值时，应由承包团队继续交足补齐。

3.3.6决策审批

3.3.6.1 对接。公司组织牵头部门应在与机械公司各相关部门充分沟通的前提下，形成内部承包经营方案及协议审议稿。

3.3.6.2 审议。承包方案及协议应按“三重一大”事项由公司党政联席会审议决策。

3.3.6.3 报批。承包方案经公司党政联席会议审议决策后，向机械公司请示审批，由机械公司全面深化改革领导小组办公室审核后实施。

图2　契约指标体系

一是细化核算单元目标成本。各单位层层细分班组、工段，形成工序目标成本，建立原单位基准库，逐级向下设立成本中心和利润中心，并保持持续动态优化。2017 年开始试点划小核算单元，目前已推广至 142 个业务班组，覆盖了主要生产经营业务，形成了基层厂、班组与成本费用项目二维成本管理月度报表，建立了 1324 项重点成本费用原单位基准库，保持与市场同步优化更新。

一级成本中心	热处理厂			
二级成本中心	广华经营单元	上海经营单元	周矶经营单位元	武汉经营单元
三级成本中心	热处理班组	热处理班组	真空炉机组	
	准备班组	准备班组	保供工段	
	车间综合	车间综合管理		
	公共管理技术			

热处理厂成本中心设置

经营管理成本报表(成本中心维度)

部门：[illegible]

成本项目	总成本（热处理厂）	广华地区				荆州地区热处理车间	武汉地区热处理车间	上海地区热处理车间
		热处理组	生产准备组	综合组	公共成本中心			
	本月金额	本月金额	本月金额	本月金额	本月金额	本月金额	本月金额	本月金额
（一）、材料类成本	664,180.97							
1、辅助材料	453,131.16							
生产性材料	221,769.03	81,769.03						140,000.00
2、[illegible]	127,513.63							
设备配件类材料	[illegible]							
生产类材料	127,513.63	420.35		103,580.16	1,232.64	17,883.93	4,396.55	
3、劳动保护费	23,618.33							
生产性材料	23,618.33	22,013.16				1,605.17		
4、低值易耗品	79,917.85							
生产性材料	79,917.85				156.78		79,761.07	
（二）、费用类成本	2,306,987.10							
1、水	6,238.00	4,054.70	935.70	1,247.60				
2、电	958,510.83	354,672.84	81,847.58	109,130.10		143,691.11	49,169.20	220,000.00
3、职工薪酬	1,192,168.42	158,638.36	164,252.26	93,515.48	303,642.25	110,889.48	67,542.14	383,688.45
6、外部劳务(加工)费	137,834.86	37,505.82					100,329.04	
7、折旧费	283,829.18	106,842.98	12,827.41	13,346.38	1,307.53	7,706.88		140,000.00
8、租赁费（土地）	152,235.24				40,397.14		111,838.10	
9、财产保险费·安保基金	[illegible]							
10、印刷费	2,068.89				2,068.89			
11、办公费	1,585.31				1,585.31			
12、[illegible]	10,987.93						10,987.93	
13、通讯费	1,305.02				1,305.02			
14、运输费	46,105.58				46,105.58			
15、销售服务费	64,349.56				9,298.00	4,800.00	40,251.56	10,000.00
16、技术服务费	[illegible]							
17、管理费（业务招待费）	13,109.00				12,209.00		900.00	
18、管理费（修理费）	39,628.28				31,180.00	8,448.28		
（三）、上海生产成本(其他支出成本)	1,180,000.00							1,180,000.00
总成本	4,771,168.07	764,917.24	491,025.06	320,818.72	350,519.14	295,023.86	465,175.59	2,083,688.45

多级成本中心成本报表

图 3　成本细分表

二是量化核算单元考评标准。各单位考核指标细化到生产分厂、班组，直接与各相关工序成本挂钩，班组量化落实到个人。在各项契约指标的倒逼下，员工收入和工序成本紧密相关，成本上升员工直面压力，利润提高员工直接受益，完成工序成本目标考核系数为 1.0，工序成本降低考核系数最高 1.5，工序成本升高考核系数最低 0.5。通过岗位绩效挂钩考核，基层生产单位同一岗序绩效收入差距达到 50%；部分创效岗位由于绩效突出，年收入增幅达到 40% 以上，超过企业效益平均增幅 50%。

名称	原单位	单位	计算方法	成本中心
满载率-广华	71%	%	平均装载重量/设备载荷	广华车间
KPI 作用分析	设备每炉加工的成本效率，体现订单产品协调匹配下存在的成本损耗。			
利用率-广华	80%	%	设备生产时长/启用时长	广华车间
利用率-上海	72%	%	设备生产时长/启用时长	上海车间
KPI 作用分析	反映设备启用期内有效生产比例，体现生产管理效率存在的成本耗损。			
人均劳效（重量）	12	吨/人	月产品重量/综合人数	各地区
KPI 作用分析	通过人、机、量的匹配结果，体现人力管理中技能及组织效率			

四地经营、绩效及成本 KPI 考核

图 4　契核算单元考评标准

三是强化信息技术支撑应用。对相关业务流程进行变革优化，打破原有的业务分段运行、以职能管控为主的组织模式，形成以信息支撑为主、职能管控为辅的流程型组织架构，明确部门、岗位、个人流程权责，近 2 年业务运行效率总体提高 30% 左右。依托信息化系统，对 142 个核算单元的成本归集，做到日清日结，实时准确有效提供成本数据，实时发现近 200 项次成本异常，及时促进整改提升。

通过市场倒逼和指标倒逼，形成人人身上有指标、人人主动担责任局面，设计开发、积压物资利用、采购降本、设备降本、刀具降本等挖潜增效工作成为常态，成本竞争能力显著增强，自 2017 年以来，不同产品毛利率提升 2%－5%。

（三）实施“放管服”改革，落实权责契约化，健全自主经营机制

1. 放开“天线”，加大授权，支持自主经营。以最大限度地释放经营活力为目的，公司及基层单位根据契约经营单元需要，强化赋权配责，按照“能授则授、能放则放”的原则，在公司内控权限范围内，向经营团队下放人权、财权和物权，并在协议中予以明确，鼓励各契约经营单元高效决策，落实自主经营；尤其是对具备较高行权能力的单位，比如二级契约式经营单位四机赛瓦公司，除上级公司委派董事、监事进行治理型管控事项外，其他事项全部享有充分自主权，可以根据自身发展规划独立制定计划，在用工总量控制下面向市场招聘成熟人才、面向社会灵活用工，可以在自身预算范围内独立实施薪酬计划、激励政策等等，向公司报备即可。

目前对于内部契约经营单元，公司已形成明确的放权授权清单：选人用人权，即经营单元内部管理人员的任免和员工的聘用权；机构设置权，即经营单元内部组织机构的设置或调整权；薪酬分配权，即经营单元内部薪酬分配标准及考核制度的制定和实施权；资金使用权，按公司契约经营财务管理的相关细则，具体行使资金使用的权力；外部资源的使用决定权，按照公司有关制度规定，具有采购和外协决定权；营销权，包括产品或服务的定价权、销售权。经营团队对外从事经营活动的民事代理权，以制发授权委托书的形式授予。

内　部　　石化机械工单〔2019〕86号

中石化石油机械股份有限公司工作表单

拟稿部室：企业管理部	拟　稿　人：彭会然	电　　话：52306885
部室核稿：黎　明	办公室核稿：周秀峰	签　　发：杜广义

关于对四机赛瓦公司管控方式进行调整及放权授权的通知

公司各单位、机关各部门：

为了深化四机赛瓦公司体制机制改革促进提效率增活力，提升市场竞争力依据国家相关政策及公司股权管理等制度，经公司研究决定对四机赛瓦公司管控方式进行调整，并对相关业务进行放权授权。具体通知如下：

一、管控方式调整

对于重大事项，通过委派董事、监事及其他高管对四机赛瓦公司进行治理型管控。

用工总量、工资总额、年度预算等重大事项，由四机赛瓦公司提出议案，提交公司。由公司组织审议，形成意见后，通过委派的董事、監事或其他高管，在四机赛瓦公司董事会上发表意见，由四机赛瓦公司董事会进行表决。

二、业务放权授权

对于日常管控。集团公司没有明文规定对三奶控股单付进行业各管控

关于对四机公司等相关单位进行放权授权的通知

公司各单位、机关各部门：

为了推进“放管服”工作尽快落地，放活经营体制机制，落实经营自主权，促进效率效益提升，经公司研究决定，对四机公司、江钻公司、钢管分公司、三机分公司、机械研究院相关业务给予放权授权。具体通知如下：

一、业务放权授权

1、货币资金管理。鉴于四机公司对外购置装备类大宗配件业务的需要，不超过2000万元的对集团公司外部单位付款由四机公司自行审批；其他单位对集团公司外部单位付款审批权限仍为1000万元。

2、物资采购管理。不超过2000万元的框架采购协议。

图5　放权授权有关文件材料

2. 设好“红线”，抓好管控，保障自主经营。在放权授权的同时，强化有效管控，保障业务单元经营团队能够接好权、用好权。管控重点主要是：安全管理，公司承担HSE管理的主体责任，按照HSE管理的有关规定加强管理，避免管理缺位。“两金”管控，对契约经营单元下达应收账款和库存管理指标，提升“两金”管理水平。采购和外协管理，以坚持突出效率与合规建设的有机统一为着力点，防止违规采购、违规外委外协。资产管理，按照资产管理的有关制度规定，严格规范资产处置工作，防止违规操作。资金管理，专门制定《契约单位经营财务管理办法》，规范资金使用管理，防止违规投资、“小金库”等行为。薪酬分配，有效维护契约单元员工的合法切身利益，对经营团队制定的员工考核和薪酬分配办法的进行审核。党建思想政治工作，按照公司党委要求，开展契约单元的党建思想政治工作，落实全面从严治党的各项部署。

3. 用好政策包，主动变革，强化自主经营。各经营单位充分利用契约所赋予的权限，创新管理模式，创新激励考核机制，优化资源分配，围绕自主经营开展系列富有成效的特色工作。

一是主动“瘦身健体”，优化组织和人员结构 。以压减机关、严控辅助、保障研产销一线为主攻方向，合并职能相近的部门，压缩管理层级，提升工作效率。承德江钻将原来的18个部门缩减到10个部门，减少主管职数13人；压减岗位设置和编制，减少岗位22个。精心策划和执行内部竞聘上岗和分流安置实施方案，平稳完成了56名富余人员的分流安置，生产岗位员工年轻化明显，员工平均年龄从41岁下降到37岁，技术人员整体保持稳定，为公司发展打下良好基础。其他经营单位按照扁平化管理原则，统一业务单元组织架构，优化取消后勤服务、生产辅助等岗位，引导后辅人员向一线流动，人员结构明显优化。

二是改进优化薪酬考核办法。实施内部薪酬制度改革，修订和调整分配政策，将薪酬分配继续向一线岗位、艰苦岗位倾斜；强化对收入、回款等核心销售指标奖励力度，增加对订单边际贡献的考核项点，突出以利润和效益为导向，由单纯注重订单规模向注重订单质量转变。四机公司高压管汇公司试行

弹性工作制，多劳多得，同岗位人员月度收入差距最高拉开至3倍。钢管分公司高频厂从分解经营目标入手，将薪酬考核基准与区域经营任务的完成情况有机结合，制定并完善《薪酬管理制度》，在内部生产岗位实行计件制分配办法、技能薪酬制度，同时合理运用创效奖、专项奖励、即时奖等模式，形成了“多劳多得”“多创效多得”氛围。

三是创新组织管理模式。实行“增人不增资、减人不减资”的薪酬办法，鼓励经营单元创新机制，主动内部挖潜，拉动资源优化配置。承德江钻、热处理厂、四机江深服务、世纪派创等单位开展了多种形式的“小承包”，在重点产品订单实行以市场、技术、生产挂钩的研产销项目管理，推行项目承包管理、班组承包等模式；对吊装发运、卸料搬运、叉车维修、厂区清洁绿化等劳务工作，不再设立专人专岗，采取员工并岗，实行劳务承包和费用包干；同时在生产岗位打破工种界限，推行“一专多能”岗位模式，生产交付能力得到大幅提升。

（四）实施双目标激励，硬化“兑现”契约化，激发干事创业内生动力

按照契约经营目标体系，公司在契约经营方案及协议中对风险抵押金、考核兑现等内容进行明确约定，通过实施年度+任期双目标契约化管理等措施，将个人绩效、组织绩效和经营业绩、企业发展强联系，严考核硬兑现，激发全员干事创业激情。

1.建立考核兑现办法

考核兑现方式为“月度预考核预兑现+年度累计考核硬兑现+任期综合考核总兑现”。其中经济指标分为月度、年度、任期考核，月度考核依据财务核算结果进行预考核，年度和任期考核依据审计确认结果进行硬考核；管理指标、激励约束指标由专业部门按照具体业务管理细则和约定频率进行考核；发展目标在契约期满由公司组织专业考核小组，对照行业发展水平和契约期内进步情况进行综合评价考核。

兑现内容主要包括：一是契约经营单元绩效工资兑现。由公司向契约经营单元按照契约规则和业绩

石化机械工单〔2017〕43号

中石化石油机械股份有限公司工作表单

拟稿处室:经营管理处	拟　稿　人:周　林	电　话:52307685
处室核稿:黎　明	办公室核稿:贺鸿昌	签发人:李友忠

关于做好2017年度契约式经营单位考核兑现工作的通知

公司各单位、机关各部门:

根据公司绩效考核和契约式经营管理有关制度，现就内部契约式经营考核兑现工作有关要求通知如下:

一、做好业绩测算。核实经济指标、管理指标及激励约束项等基础数据，按照约定同口径测算经营业绩，按照职能部门的专业评价测算管理业绩，确保数据真实、结果准确。

二、加强经营审计和指导。审计契约式经营目标完成情况，将审计结果作为考核依据。分析经营管理情况，揭示潜在风险，指出问题不足，

2017年契约式经营单位考核及兑现情况

根据要求，经营管理处对各内部契约式经营单位年度考核及兑现情况进行了调研，现汇报如下:

一、考核兑现总体情况

2017年12月，公司深化改革领导小组办公室下发了《关于做好2017年度契约式经营考核兑现工作的通知》，对规范各单位契约式经营考核兑现管理工作提出了明确要求。各单位按照要求，成立了考核兑现工作组，遵循契约式经营协议约定，履行业绩测算、年度审计等程序，认真推进考核兑现及预兑现工作。

目前，江钻公司完成年度审计、考核与兑现;三机分公司完成年度审计、考核与预兑现;四机公司完成了数据审计工作，进入审计报告征求意见阶段，计划年后全部完成审计工作。钢管分公司完成预兑现工作，正在进行审计工作，计划年后全部完成审计及兑现工作。

二、各契约式经营团队考核兑现情况

(一)江钻公司

承包单位	收入		利润		应收账款回收率		经济指标得分（70%）	管理指标得分(30%)	综合得分
	目标	实际	目标	实际	目标	实际			
热处理厂	1500	1592	-1150	-993	95%	40%	92.6	89.2	91.6

图6　考核兑现有关材料

计算工资总额，分为月度兑现和年度兑现。二是经营单元内部分配。在公司分配工资总额后，由经营单元自行制定车间、班组和员工的考核分配办法，并报公司考核部门审核备案。三是经营团队绩效工资兑现。上级单位向契约式经营团队计算薪酬额度，分为月度预兑现和年度总兑现。年度兑现与利润指标、激励约束指标完成情况直接挂钩。四是发展目标专项奖。主要用于激励经营团队在完成短期目标的同时为实现企业的可持续健康发展夯实基础。五是风险抵押金。当出现安全、质量事故的，按照协议约定直接扣减经营团队缴纳的风险抵押金；协议期满，依据审计结果，对造成公司或员工经济损失的，进行集中清算，多退少补。

2. 严格考核兑现

双方签订契约合同后，公司严格按照契约约定进行激励约束，除合同条款规定情况除外，各项契约指标不予调整。一是对经营团队在“月度预考核预兑现”的基础上，严格落实年终和任期考核办法，同时任期内每年留存应发一定比例的薪酬总额；任期结束后，综合考虑三年任期经营业绩增长、经营质量提升与同行业及市场的对比等因素，对发展指标超额完成的，全额返还每年预留的薪酬总额，并给予产业单元发放发展目标专项奖励；对发展指标未完成的，扣减留存薪酬，对出现重大问题的，追索已发放薪酬。二是对契约经营单位，严格将指标任务完成情况与全体员工工资薪酬浮动挂钩，真正体现“干多干少不一样、干好干坏不一样”的导向，让每个人都清醒认识到：待遇是干出来的，不是分配来的。

2017 年—2019 年，公司不同单位的人均绩效收入差异最高达到 45.5%，经营者的激励绩效薪酬最高相差 2 倍，实现了工资总额能高能低，管理者薪酬有增有减，促进了业绩提升，形成了激励约束效应。

石化机械工单〔2020〕 号

中石化石油机械股份有限公司工作表单

拟稿处室:企业管理部	拟 稿 人:周 林	电 话:52307685
处室核稿:黎 明	办公室核稿:	签发人:谢永金

关于持续抓好契约式经营的通知

公司各单位、机关各部门:

自2017 年推行契约式经营以来，公司上下协同努力,顺利完成第一轮契约式经营试点工作，总体上达到了预期目的。为了促进机制改革进一步走深走实，结合集团公司放权授权相关精神，公司持续深入推进契约式经营,现将相关工作安排如下:

一、抓好第一轮契约式经营任期审计和兑现

各单位以公司《契约式经营管理办法》《契约式经营财务管理办法》为指导，以契约式经营具体协议为标准，成立专班，集中力量，抓好第一轮契约式经营任期审计及考核兑现等工作。

1. 业绩测算。核实经济指标、管理指标及激励约束性指标等数据，按照约定口径测算经营业绩，按照职能部门的专业评价测算管理业绩。

2. 经营审计。公司审计部牵头，各单位配合，对契约式经营单位进行任期审计，审计结果作为考核兑现依据;对经营情况进行分析，形成整体评价意见，作为续聘或解聘依据。

3. 考核兑现。遵循契约式经营协议，依据审计结果，补足或扣减绩效预兑现需调整部分，清退或扣减风险抵押金。

4. 经验总结。对契约式经营的整体做法、实效以及各契约式经营单位的工作亮点进行提炼，形成经验。

二、抓好第二轮契约式经营整体策划和推进

聚焦效率活力，围绕经营转型进一步,细化实化契约式经营平台，深化内部市场化经营机制改革，通过逐级向下推进授权放权，激发各级经营主体动力活力。

1. 整体策划。系统梳理本单位业务单元现状，结合实际制定契约式经营整体实施方案。对已启动契约式经营并取得较好业绩的，进一步研究授权放权路径，促进加快发展;对已启动契约式经营但经营业绩成效不大、扭亏无望的，坚持“不消灭亏损就消灭单位”原则，研究措施，坚决止血。对没有启动但有做强做大潜力、有扭亏增利意愿的业务单元，要坚持“一业一策”，通过契约式经营平台强化赋权配责,激发经营主体主动创新机制，促进发展。

2. 契约设计。按照公司契约式经营管理办法相关要求,综合分析市场环境、内部管理，强化多层级对标，合理测算经济指标、管理指标及激励约束性指标，设定年度、任期目标和短期、长期激励基数，形成可操作、可执行的契约。要尊重法律意见，精心起草契约文书，形成具有法律效力的契约。

3. 督导推进。各单位要把契约式经营作为推进机制改革、促进干事创业、实现利润增长的有效平台，着力在建章立制维护平台、授权放权协调推进、整合资源帮扶推进方面下功夫，督导各单元依法合规推进契约式经营，全面完成目标任务。

图 7　契约化经营通知

四、实施效果

石化机械作为“双百企业”，抢抓改革机遇，争当改革“尖兵”，以契约式经营模式为切入点系统推进机制改革，促进点线突破、整体拉动、全盘激活，加快推进“三个决裂”进程，实现了思想观念、管理方式、经营机制和公司发展的新提升。

一是与陈旧观念决裂，在解放思想上实现新突破。推进契约式经营过程中，广大干部参与改革，自我教育，自我提升，加深了对改革的理解和认识，转变了观念，提振了信心，坚定了决心，奠定了深化改革的思想基础，改变了“等靠要”“大锅饭”的被动局面，形成了“发展不停步，改革不松劲”良好共识，涌现出“重压面前不退缩”的江深团队、“矢志甩掉僵尸帽子”的承德团队、“着眼于经营转型”的热处理团队等一批敢担当有作为的改革先锋。同时各单元层层分解指标、逐级传递压力，将指标压到人头、员工切身利益与企业的经济效益和发展目标紧密捆绑，拉动经营团队成员将全部精力投入企业生产经营，打破了过去经营压力不大、动力不足的僵局，改变以往“等靠要”思维，主动想办法解难题，从“为生产负责”向“为经营负责”转变，造就了一批“拓市场抢订单”“ 找活干、要活干、抢活干”的生力军。广大员工“先算在干，边算边干”、“算细账、细算账”的成本意识明显增强，形成了经营团队与广大员工行动一致、目标一致的良好局面。

契约式经营典型交流材料

聚集人力源头，引动经营活水

三机分公司技术服务公司

技术服务公司是三机分公司下属的一个相对独立的经营单元，主要业务包括压缩机配件销售、劳务(维修、保养、保运)、产品安装调试和售后服务4个板块。近几年，随着天然气产业的迅猛发展、压缩机技术服务市场也十分红火、一批民营公司纷纷加入到这块蛋糕的争夺战中、而我们拼劲不足，造成技术服务市场不仅没有拓展而且在萎缩、效益不仅没有增长而且在下滑。面临困境，机械公司大力推进服务转型战略，通过给机制、放权力来激活力、促进扭亏脱困，我们团队有幸作为第一批试点，通过竞聘、站在了契约式经营的潮头。

契约式经营伊始，我们就高度统一认识。我们的责任和使命就是要最大限度地用好政策、发挥破局和辐射效应、实现服务的转型和快速增长，做大做强技术服务业务，把技术服务板块经营成为三机分公司压缩机产业的“半壁江山”。

经过认真分析、我们发现、技术服务最大的资源是人力，最大的成本是人工、最大的难点是激发人的动力和活力。我

契约式经营典型交流材料

用活绩效考核　增强发展动力

四机公司高压流体管汇厂

四机公司高压流体管汇厂是一个集研、产、销于一体的单位，乘着机械公司改革政策的春风，去年迈出了契约式经营的变革步伐。一年来，我们从事关员工切身利益的绩效考核入手，充分运用承包经营授予的考核自主权，大刀阔斧对生产销售一线、管辅人员、科研人员的绩效分配模式进行变革，进一步激发了全员创新创效活力，带动了生产经营效率效益提升，圆满完成了契约式经营年度目标任务。全年实现收入2.6亿元、完成利润6537万元，同比分别增长37.7%、78.9%。主要做法如下：

一、坚持以业绩论英雄，建立目标导向的“挣绩效”机制，增强一线人员干事创业动力

完成年度契约实经营任务，意味着订货、产值要同比增长40%以上，利润要同比增长35%以上，在当前设备没有增加、人员减少的情况下，是个巨大的挑战。面对艰巨任务，我们以调动一线人员积极性为突破口，努力通过激活“小細胞”，释放“大能量”。

契约式经营典型交流材料

划小核算单元 夯实经营基石

江钻公司热处理厂

江钻热处理厂是整合潜江、上海两地热处理生产资源而成立的新单位，在机械公司深化改革的强力指引下，注入了契约式经营的新机制，同时导入了划小核算单元的精益成本管理新模式。通过一年来的经营实践，实现了由生产单元向经营实体的有效转变，去年在全面完成内部配套加工任务的同时，对外创收由上年仅110万元上升至1600万元，整体亏损由上年的 2000万元下降至955万元，超额完成限亏 1150万元的经营目标。我们的主要做法是：

一、塑造“经营者”，从转变观念入手，促进划小核算单元与契约式经营有机结合

契约式经营之前，我们是钻头钻具生产过程中的一环，工作的重点就是及时保质保量地完成生产任务；2016年全年总成本2703万元，亏损2000万元，既是成本大户，又是亏损大户，与各制造厂裹在一起“过日子”。改革后成立的热

契约式经营典型交流材料

千方百计挖掘成本　全力以赴扭转困局

钢管分公司高频焊管厂

钢管分公司高频焊管厂2012年建成投产。2017年年初，与分公司签订了为期三年的契约式经营合同，新机制下，我们紧紧抓住制约企业发展的“牛鼻子”，聚焦成本，用活政策，带领干部员工从单纯的“生产”向“生产经营”迈进，通过一年的努力，全面完成各项任务，市场揽活创历史新高，全年实现收入9812万元，实现利润亏损1262万元，超额完成限亏1400万元目标，较上年同比减亏2812 万元，为分公司扭亏解困做出了积极贡献。我们的做法和体会是：

一、契约式经营承载的是压力和动力，必须转变观念，突破传统思维，在思想上向“生产经营”转变

我们高频焊管厂建成之时就遭遇市场寒冬，由于成本居高，缺乏业绩等因素，揽活困难，每年只有几千吨的订货，2016 年亏损达到4000 多万元。2017年，公司破题求变，我们作为第二批契约式经营试点，走上机制转型之路。作为契约式团队的我们，既感到使命光荣，又感到压力巨大。大家一致认为，公司给了全新的经营机制，对我们寄予厚望，员工对我们充满期盼，我们作

契约式经营典型交流材料

舞活市场龙头　突破扭亏瓶颈

江钻公司江汉机械厂

作为机械公司实施契约式经营改革的首个试点单位，江汉机械厂于2016年11月开启了扭亏脱困求生存的新征程。一年多来，我们坚持把开拓市场作为扭亏的突破口，舞活市场龙头，加补市场短板，改变了“等米下锅”的局面，实现了订货总量大幅增长。去年新增订货5521万元，完成全年的销售任务，同时还签订了天然气集输设备、一体化油田水处理设备等四个产品的6个供货框架协议，为今年的市场订单打下了基础。在市场工作的有力推动下，实现了契约式经营第一年限亏825 万元的经营目标，我们的主要体会是：

一、契约赋予的是一种机会，也是一份责任，我们必须牢固树立“市场是根”的理念，有力攻克扭亏的突破口

江汉机械厂多年亏损，在2015年至2016年的两年里，每年订货只有一千多万元，经营业绩持续下滑，成为企业巨

图8　部分成果展示

二是与粗放管理决裂，在精细变革上实现新提升。推进契约化管理，强化与市场的密切联系，倒逼企业加强管理，内部管理持续提升。ERP 系统建设和 MES 系统顺利推进，信息化建设迈上新台阶。夯实“三基”工作，企业管理更加规范。导入精益管理，完善推进机制，生产现场 5S、TPM、作业标准化、可视化全面落地，经营环节围绕价值创造，深化成本倒逼，研产销供运全面提质提速，三年累计完成改

善提案 122494 项、改善课题 231 项，每年人均改善达到 7.57 项，每年通过生产、设计、采购、物流等环节挖潜增效，直接降本增效 13500 多万元，粗放式管理加速向精益经营转型。

三是与僵化机制决裂，在释放机制活力上呈现新局面。致力于增活力提效率，以契约式经营为抓手，系统推进机制改革，各项机制全面发力，运营效率和质量显著提升。公司层面敢于放权，对经营团队成员淡化行政隶属，强化契约关系，实施“赛马”竞争机制，有效拓宽了干部上的渠道，打通了干部下的出口，培育了深化市场化经营机制改革的“试验田”。各契约式经营团队敢于创新实践，各级经营者创新内部机制，用活各项政策，累计制修订各项内部制度 84 项，通过大力显化富余人员、压缩机构设置、设立“人力资源池”、开展竞争上岗、实施“双合同”、推进灵活用工、实施差异化分配等改革实践，激活人力资源活水，大幅提高经营效率，2019 年，公司在相对于 2016 年底用工总量净减 1509 人、减幅 21.3%，产值增加 35 亿元、营业收入增加 31 亿元的情况下，全员劳动生产率增幅连续 3 年保持在 15% 以上，产品及时交货率持续提升。

四是经营水平持续向好，企业发展呈现新气象。发挥机制合力，全力提质增效、挖潜增效、发展增效，企业经营效益大幅提升并保持向好态势。2020 年，公司对契约式经营单位进行任期全面审计，结果显示：2019 年，10 家契约式经营单位累计实现收入 9.48 亿元，相对于 2016 年增加 5.06 亿元，增幅 114%；三年任期年平均收入 7.59 亿元，相对于 2016 年的 4.42 亿元，增加 3.17 亿元，增幅 71.6%，超过公司整体增幅水平。2019 年实现利润 1.16 亿元，相对于 2016 年增利 2 亿元；三年任期年利润平均值 9293 万元，较 2016 年的亏损 8550 万元增加 1.78 亿元，利润增幅也超过公司整水平，其中热处理厂收入增幅达到 9 倍，“僵尸企业”承德江钻利润增加达到 4400 万元。以契约式经营为突破口，持续推进经营机制市场化，形成了“鲶鱼效应”，促进了亏损单元扭亏解困，带动了其他经营单位加速成长，推动了 3 家公司跻身国家单项制造冠军企业，激发了 45 个业务单元和 1 家集团公司督导的“僵尸企业”迸发活力，实现了所属子企业全部盈利。2018 年以来，公司连续两年市场新增订货突破 64 亿元大关、相对于 2016 年增幅 1.3 倍；公司人均营业收入增幅保持在 15% 以上，利润总额连续为正并保持持续增长，超额完成中国石化集团公司下达的奋斗目标。

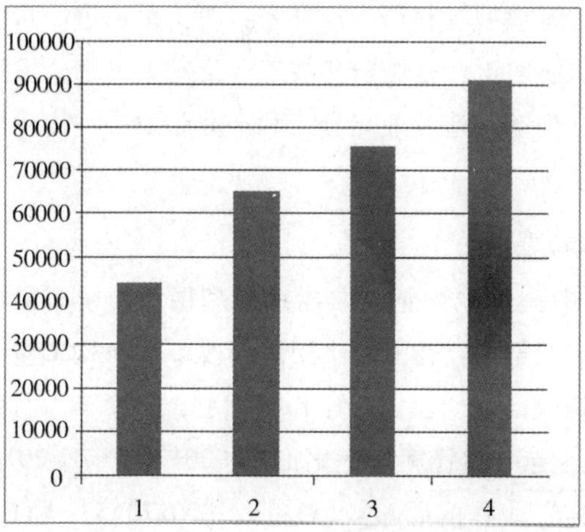

2016 年—2019 年 8 家契约式经营单位整体收入变化

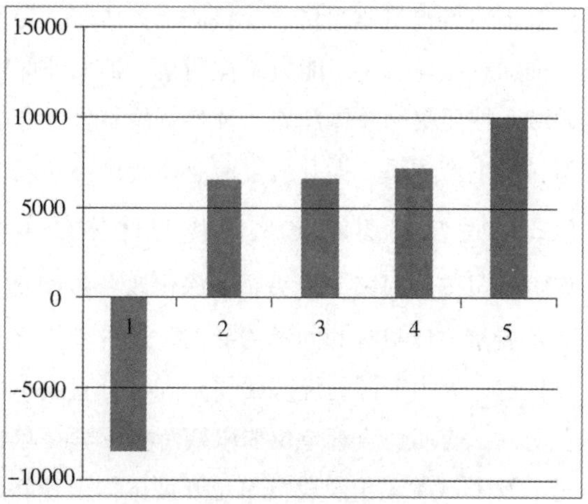

2016 年—2019 年 8 家契约式经营单位整体利润变化

图 9　部分单位近几年经营业绩情况

成果创造人：杜广义、谢永金、杨应忠、黎　明、
贺鸿昌、彭会然、周　林、汪　鹏

大型军工企业以价值创造为导向的流程型组织建设

成都飞机工业（集团）有限公司

一、创建背景

（一）适应军队装备管理体制变革的需要

顺应军队装备管理体制变革，2016 年中国航空工业集团有限公司（以下简称集团公司或集团）落实航空为本强军首责，眼睛向内聚焦，针对突出问题，整合内部军品管理资源，组建集团工程管理系统。通过改革，确定了“集团抓总、主机牵头、体系保障”的军品科研工程管理架构，缩减军品管理层级，主机厂所由总部直接管理，这就要求主机单位以强烈的报国意识，集中资源和精力到航空装备发展使命上，注重落实主机牵头责任，强化客户导向，从适应性解决客户问题向更加主动关注客户需求转变。机构调整工作，既是为公司运营提供高效的组织保障，也是满足集团军品管理体制改革、更好服务客户的需要。

（二）贯彻落实国家和集团军民融合发展战略的需要

军民融合发展是国家战略，是党中央、国务院、中央军委从国家安全和发展全局出发作出的重大决策。要求国防科技工业建立“小核心、大协作、专业化、开放型”科研生产体系，军工单位进一步扩大开放，推动军品科研生产能力结构调整，扩大外部协作。航空工业是国防科技工业推动军民融合发展的重点领域。按照集团总体部署，调整军品科研生产能力，推动制造专业化分工和产业化发展，构建形成开放型科研生产体系，提升航空产业社会化协同能力。

（三）适应集团深化改革瘦身健体任务要求的需要

集团公司按照国家“中央企业深化改革瘦身健体”中关于中央企业“压缩管理层级、精简机构人员”的新要求，以目标和问题为导向，进一步优化三级组织架构，在深化集团总部改革（机构调整、部门人员核定、人力资源的统筹使用）和部分直属单位机构改革与“三定”工作基础上，2017 年 1 月集团工作会明确了直属、直管单位要限期落实所管辖单位“三定”和管理扁平化工作。2017 年 6 月 20 日集团公司下发了《关于组织成员单位开展机构设置和“三定”工作的通知》（航空人〔2017〕537 号），明确了直属业务单位、成员单位组织机构变革和定岗、定编、定员“三定”工作的具体要求、工作程序及完成时间。

（四）公司推进流程化管理、提升价值创造能力的需要

2004 年——2006 年公司三年三大步机构变革，压缩管理层级、减少部门、优化组织结构，为公司后

续一段时间的发展提供了支持。随着公司产品升级换代、业务的复杂程度增加，现行组织机构与业务、流程出现不匹配，公司内部运营层面存在部门职能定位、责权利划分和业务流程不够明晰等一系列问题，部门之间协同不够，只对职能负责，不对结果负责的现象还存在，推诿扯皮现象时有发生，组织运行效率低、协调量大、流程效率不高。国内外先进企业大力推进流程体系构建、广泛推行流程型组织建设，提高对顾客需求反应速度和价值创造能力，代表着现代企业管理的方向。因此，对标先进企业，公司要建成现代化航空制造企业，企业管理要迈向现代化，组织形态、业务流程要适应新的发展要求，建立流程型组织是公司当前改革发展的紧迫任务。

二、内涵和主要做法

职能型组织以职能专业为主要考虑因素，流程隐含在其中，往往按职能专业设置组织，组织间的关系没有按流程关系整合，强调的是职能履行和管控，对本部门职能结果负责。而流程型组织是以系统、整合理论为指导，为了提高对顾客需求的反应速度与效率，降低对顾客的产品或服务供应成本建立的以流程为中心的组织。流程型组织是一种扁平化的组织结构，以流程为基础来设置部门、决定人员分工，打破职能之间的隔阂，促成信息流和物流等在水平方向和垂直方向的顺畅流动，关注的是组织内部各种跨部门流程的执行情况和结果。

为适应内外部环境变化，推进流程型组织建设，提升组织和流程效率，强化价值创造能力，促进公司现代化航空制造企业战略目标的实现，以流程型组织建设理论为指导，按照组织与战略匹配、组织与流程适配以及精干高效等组织设计原则，在流程梳理、顶层架构设计基础上，理顺并优化组织与流程对应关系，充分考虑公司战略发展的需要以及解决运营管理中的种种问题，组织与流程适配，按端到端的流程整合功能为系统，强化专业领域能力的协同，突出运营价值创造能力。经过本次机构优化调整，公司组织形式由职能型向流程型转变，组织与流程将更好地适配，各部门从强调职能履行、着重关注本部门任务完成为主，转变为以客户为导向、关注整个流程结果为主；职能部门从管控为主，转变为以提供资源、培养人才为主，财务、人力资源、质量等职能管理将向业务延伸，项目组织将承担更大的业务责任。

（一）推进AOS体系建设、奠定流程型组织基础

1. 梳理业务模式、明晰业务运行逻辑

承接集团AOS管理体系推进要求，构建“架构-模型-流程-IT-标准”为一体的运营管理体系，流程架构作为其中的核心部分，纵向上，承接企业战略，衍生IT执行系统，是战略、业务和IT实现一致性对准的关键；横向上，集成质量、风险等各种管理要素，融合多种管理方法和工具，增强管理的协同性。

按照AOS全生命周期流程管理方法的指引，流程管理全过程可以划分为“分析”“设计”“构建”“部署/实施”“运行/维护”“持续改进”6个阶段，在详细消化、理解全部37个步骤具体做法的基础上，全面对公司业务流程现状进行了诊断，并进一步解读公司发展战略，应用“九宫格”模型分析商业模式，呈现企业创造价值的核心业务。基于商业模式的关键活动，结合企业业务，参考SCOR等最佳实践模型，梳理形成公司的主价值链，明晰了公司未来几年业务运行逻辑。

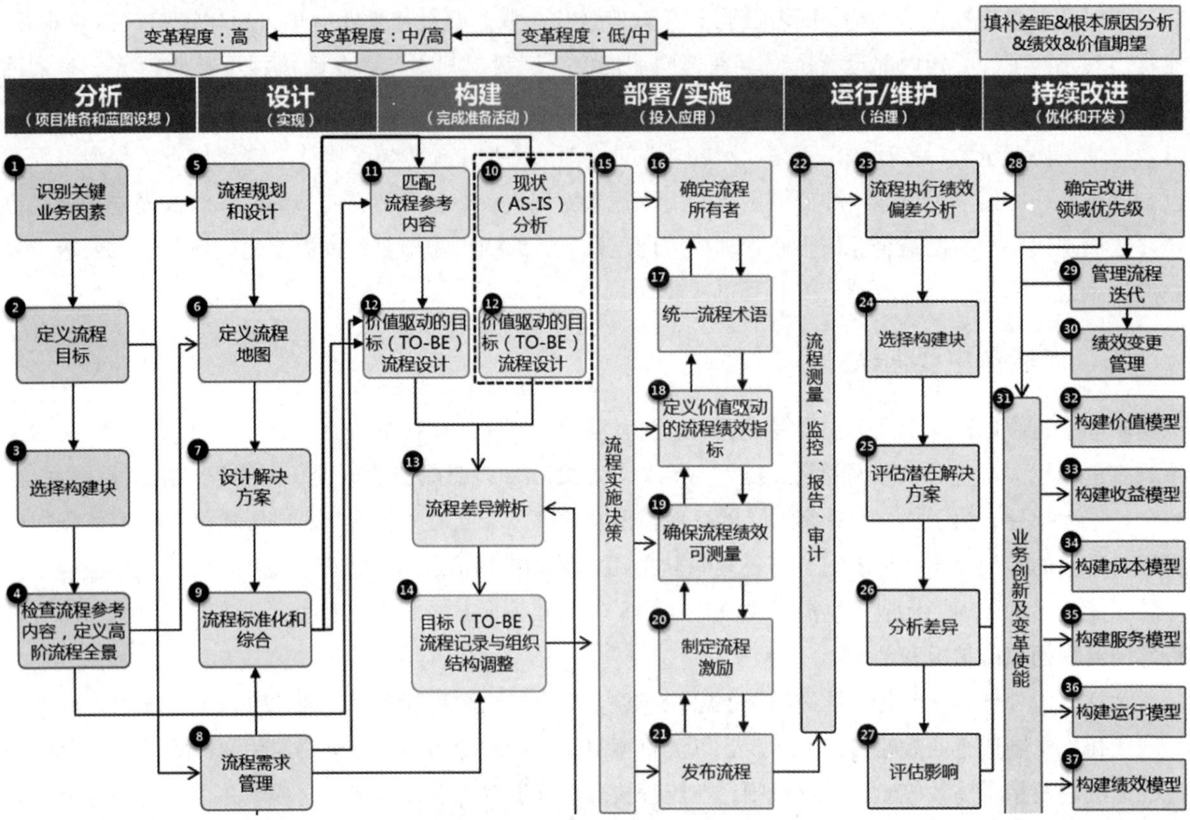

图 1　AOS 流程体系全生命周期流程管理方法

表 1　商业模式分析（示例）

KP-关键伙伴	KA-关键活动 / KR-关键资源	VP-价值主张	CR-客户关系 / CH-渠道通路	CS-客户细分
	KA-关键活动 1. 采购 2. 制造(生产组织模式确定,关键零部件制造,委外加工商协同,成本管理)	1. 为客户提供优质、准时、低成本的产品 产品: 1. 民机零部件	**CR-客户关系** 1. 直接接触沟通	1. 成飞民机 2. 其他潜在客户
	KR-关键资源 1. 人力资源（工艺设计人才、高技能人才） 2. 实体资产（大型数控设备、大型复材设备、高精尖试验、检测设备、工程试验室） 3. 知识资产（品牌、工艺设计技术、信息技术）		**CH-渠道通路** 1. 直销	
C$-成本结构 制造成本 管理费用 财务费用 销售费用		**R$-收益流**　总销售收入，主要为 产品收入 非货币收益：国外先进技术、管理方法导入，先进设备、材料购入		

2. 识别重点业务域、实现业务全覆盖

基于核心价值和绩效驱动识别业务关键成功因素，借鉴业界标杆优秀架构模型，以聚焦核心业务，突出业务端到端价值创造为目标，从公司层面打通了销售与客户关系、集成产品开发、集成供应链、技术服务等四个业务域，理清了公司主价值流程与支撑类流程的高阶关系，设计形成基于价值目标的 12 大业务域，实现核心业务与战略目标对准。并且按照管理流程、核心流程、支持流程的三分法，明确了各顶层业务域的价值定位，转变了各业务域责任单位原来强职能管控的思想观念。

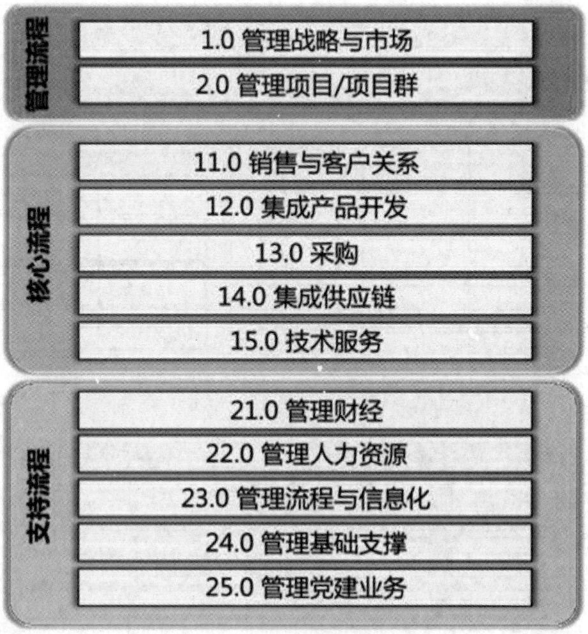

图2　十二大业务域

3. 设计全景流程地图、实现层次全覆盖

按照“战略驱动”“反映业务本质”“有利于流程型组织建设”等设计原则，针对12大业务域，基于关键成功因素、业务提升和变革需求分别定义各业务域流程目标，对标最佳实践与经典业务模型，梳理各业务运行模式，细化高阶业务流程全景，识别与定义各层级流程描述、目标、输入、输出、起止条件、上下级流程以及流程所有者与流程KPI等，通过迭代定义至流程和子流程，建立全业务域流程地图。设计建立了12个业务域、97个流程组、457个流程、529个子流程，用标准和统一的流程语言来描述了企业业务全貌，明确了未来业务流程设计和建设方向。

以“流程主线、要素集成、协调管控、运行高效”为目标设计的全景流程地图，优化了公司业务运行模式，既强化了管控的规范化、体系化，又提升了业务协作的高效化，为公司全业务域流程建设、IT架构构建、文件体系重构、组织机构适配提供了基础。

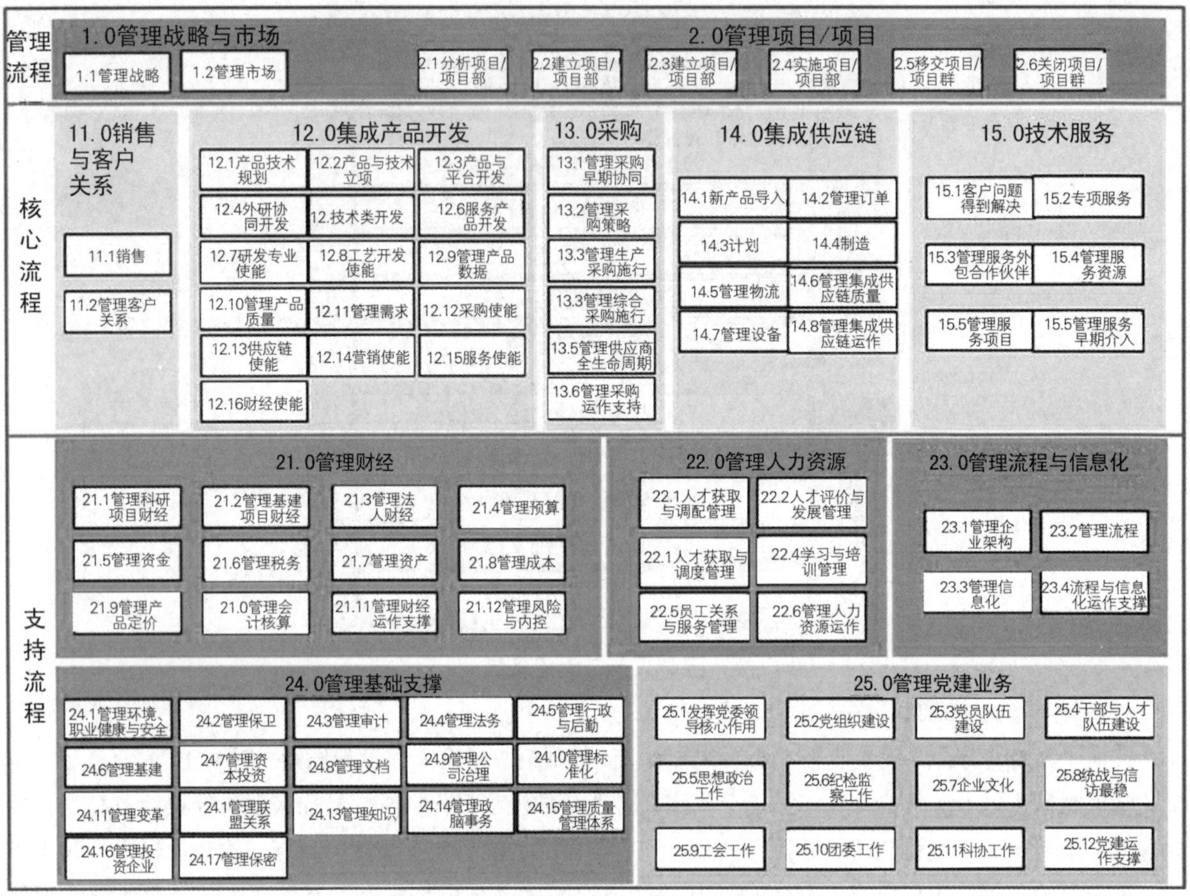

图 3　全景流程地图（流程顶层架构）

（二）开展现行组织诊断、提出机构优化方向

为识别公司组织机构方面存在的重要问题，指导下一步设计工作，从组织匹配战略、组织匹配流程、组织通用设计原则等维度，通过访谈公司领导和所有部门负责人、集体研讨等形式，对公司组织机构进行了全面诊断，共发现 16 个问题。

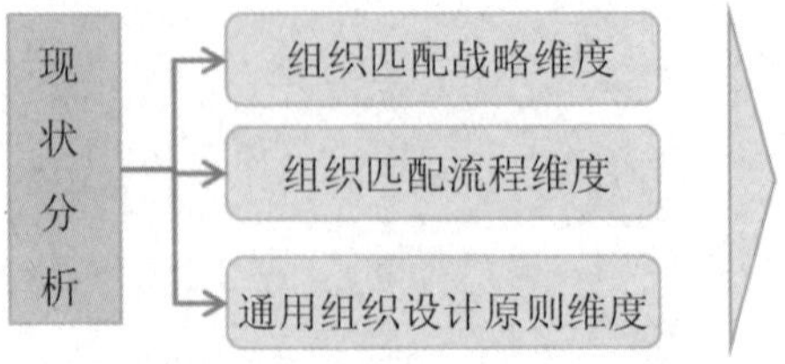

序号	问题	优化方向
1	部门“功能”是比较清晰的，但没有形成“系统”，一级部门较多。	减少一级部门，适当整合，往“大部制”方向发展。
2	“项目部”起到了按产品拉拉通各功能领域的作用，但职责界面需要进一步明确。	项目部的定位优化，和其他部门的关系优化。
3	行业线的管理作用发挥不够，影响专业能力在公司的拉通建设，影响了行业业务（技术管理、人力资源管理）在公司的拉通管理。	在主要的专业管理方面聊成上下对齐的组织结构。明确行业管理部门的责任和权力。
4	“销售”的职能需要强化。	整合公司各部门的销售职能。
5	Marketing 的职能没有明确的存在，分散在各部门，“参谋部”的作用没有明确发挥出来。	整合与适当增强战略与 MKTG 的系统功能。
6	流程、IT、质量等相关公司管理体系建设的职能离散，不利于打造高效运营的管理体系。	加强和整合“流程、IT、质量”的系统功能。
7	研发活动的二级业务领域大量分散在各一级部门内，分别由不同的一级部门牵头协调难度很大；需要整合研发领域的职能。	整合研发领域的职能
8	采购的二级业务领域分散在各一级部门，采购策略和采购运作缺失，需要适当整合和完善采购职能。	采购的业务需要适当整合。
9	制造的下一级业务领域分散在各一级部门，需要适当整合。	制造的业务需要适当整合。

图 4　组织诊断

从组织匹配战略角度诊断，主要存在下述问题：部门按“功能”是比较清晰的，但没有整合成“系统”；“项目部”起到了按产品拉通各功能领域的作用，但职责和权利界面需要进一步明确；行业线的管理作用发挥不够，影响了专业能力在公司的拉通建设，影响了行业业务（技术管理、人力资源管理）在公司的拉通管理；“销售”职能弱、需要强化；市场职能没有明确的存在；流程、IT、质量等相关公司管理体系建设的职能离散，不利于打造高效运营的管理体系。

从组织匹配流程角度诊断，发现以下问题：经营管理等部门承担的一级业务领域的流程责任较多；销售活动的二级业务领域大量分散在各一级部门内，责任有分歧、有缺失，销售的职责需要整合、需要落实客户关系管理的责任部门、营销在组织上需要加强；研发活动的二级业务领域大量分散在各一级部门内，分别由不同的一级部门牵头，协调难度很大，需要整合研发领域职能；采购的二级业务领域分散在各一级部门，采购策略和采购运作缺失，需要适当整合和完善采购职能；制造的下级业务领域分散在各一级部门，需要适当整合。

从通用组织设计原则角度分析，管理幅度方面：公司层级的管理幅度偏大；部分综合管理部门和技术业务部门、个别专业厂管理幅度偏小，应重点考虑整合的可能性。管理层级方面：各部门管理层级过于平均化，部分部门层级可以增加；实际汇报层级比名义汇报层级明显增加、偏多。

综合分析上述16个问题，提炼形成9个综合性关键问题，并对标先进企业，分析提出了优化方向。

表2　组织问题与优化方向

序号	问题	优化方向
1	部门按“功能”是比较清晰的，但没有形成“系统”，一级部门较多	减少一级部门，适当整合，往“大部制”方向发展。
2	“项目部”起到了按产品拉通各项能领域的作用，但职责界面需要进一步明确	项目的定位优化，和其他部门的关系优化。
3	行业线的管理作用发挥不够，影响了专业能力在公司的拉通建设，影响了行业业务（技术管理、人力资源管理）在公司的拉通管理。	·在主要的专业管理方面形成上下对齐的组织结构。 ·明确行业管理部门的责任和权力。
4	“销售”的职能需要强化。	整合公司各部门的销售职能。
5	Marketing 的职能没有明确的存在，分散在各部门，“参谋部”的作用没有明确发挥出来。	整合与适当增强战略与 MKTG 的系统功能。
6	流程、IT、质量等相关公司管理体系建设的职能离散，不利于打造高效运营的管理体系。	加强和整合“流程、IT、质量”的系统功能。
7	研发活动的二级业务领域大量分散在各一级部门内，分别由不同的一级部门牵头协调难度很大；需要整合研发领域的职能。	整合研发领域的职能
8	采购的二级业务领域分散在各一级部门，采购策略和采购运作缺失，需要适当整合和完善采购职能。	采购的业务需要适当整合。
9	制造的下一级业务领域分散在各一级部门，需要适当整合。	制造的业务需要适当整合。

（三）推进流程型组织建设、提升价值创造能力

流程是执行业务的规则和路径，组织是执行业务的主体。深入分析业务流程，充分了解流程需要，组织与流程匹配，落实流程责任、开展流程活动、承担流程结果，为用户创造价值。

1. 明确目标与原则、指引机构设计方向

在流程型组织建设过程中，以“适应公司内外部环境变化，推进流程型组织建设，提升组织效率和流程效率”为目的，遵循“匹配流程原则”“系统性原则”“上级要求与实际相结合原则”以及“通用性组织设计原则”。各原则主要内容如下：

（1）匹配流程原则

以流程架构为组织设计依据，实现业务域、流程组与组织单元的对应关系，确保每一个组织单元对流程结果负责。

（2）系统性原则

以系统整合理论为指导，在产品研制、供应链、采购等业务领域，整合“功能”为“系统”，提升全流程能力。

（3）上级要求与实际相结合原则

参照先进标杆、贯彻上级要求、结合公司实际，科学设置内部机构。

（4）通用性组织设计原则

客户导向、精干高效、权责利对等、管理明确、专业分工和协作、执行和监督分设、有效管理幅度、灵活性原则等是经典、通用的组织设计原则，机构设计与优化调整仍需遵从。

2. 研究组织与流程匹配方法、奠定流程型组织设计理论基础

流程不只是设计出来，还要落地运行，才能体现流程价值，促进各项业务工作高效开展，为公司、为客户创造价值。而流程的运行必须先要明确整个流程的责任者和执行者——组织机构，还要明确流程活动的责任者和承担者——角色，前者属于组织与流程的宏观匹配，后者属于微观匹配。

宏观层面，组织机构与流程匹配。聚焦组织和流程对客户价值的达成，运用 4R（AR、TR、PR、CR）方法（定义见图 5），沿着流程架构审视组织结构设置。一般业务域、流程组对应一、二层组织单元，流程对应三层及以下组织。在确保每一个流程都有责任者、每一个组织单元对流程结果负责基础上，避免过多 AR、PR/TR/CR 或者没有 AR、过少 PR/CR/TR 等情况。

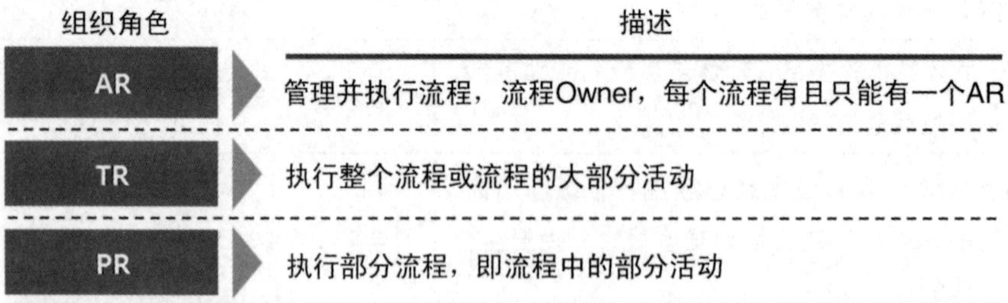

图 5　组织角色 4R 定义

微观层面，岗位与流程角色匹配，流程角色职责通过组织的岗位设置有效落实。

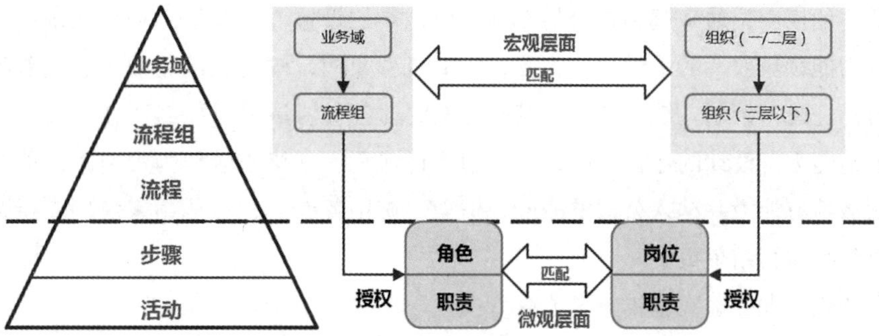

图6　组织与流程的匹配框架

3. 分析组织流程适配关系、实施组织机构再设计

在流程架构设计的基础上，对标流程与组织管理最佳实践，以战略为导向，以运转顺畅、运行高效为目标，面向未来、解决机构现有问题，按照精干高效、组织与流程匹配以及系统性等原则对公司组织机构进行再设计，将原有25个管理部门（8个综合管理部门、17个业务管理部门），整合为17个部门（6个运营部门、11个管理与支撑部门）。专业厂（即科研生产单位）方面，推行一般能力社会化，将锻造件厂作为制造分部整体纳入技术装备公司；整合数控加工厂和结构件加工厂、钣金厂与钳焊导管厂、液压件厂与系统件厂。强化核心能力，按产品项目将总装厂分解为两个专业厂；以客户为导向，设立交付中心、建立快速反应机制、提升客户满意度。优化调整后的组织与流程完全适配，运营部门主要与核心流程对应，负责/执行核心流程，在其他部门协同下为客户创造价值；管理与支撑部门主要与管理与支持流程对应，负责/执行管理和支持流程，保障运营部门持续高效、低风险运作，支撑价值实现。具体对应关系如下图7所示：

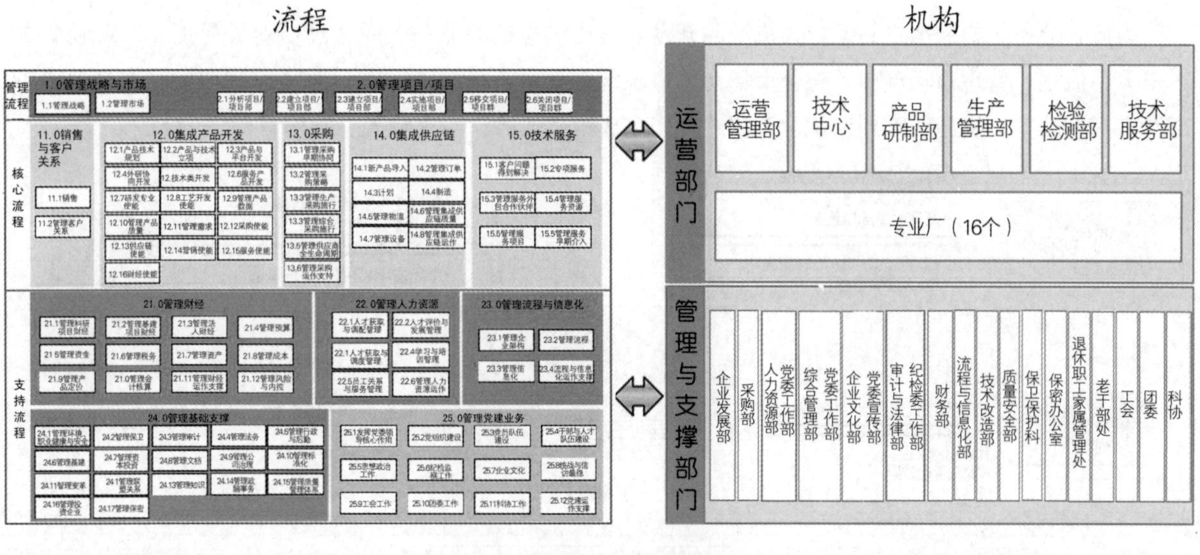

图7　组织与流程对应关系

本次机构设计最具代表性的做法主要体现在整合功能为系统以及管理与支撑部门由管控为主转变为以支撑服务为主，科研生产单位聚焦核心能力、按产线设置等方面。

（1）运营域系统化管理、提升价值创造能力

现行组织机构大都按“功能”设置，机构单元齐备、功能完善，每个功能单元都较好地发挥着各自的作用，但功能单元之间壁垒高耸、协调困难，主要依赖公司主管领导的分管、考核权的分配、生产部

门和项目管理部门的横向拉通来起到整合的作用，而这样的设置方式要远远弱于明确的、系统化的部门建制，也不利于功能领域效率的最优化。为此，依据流程架构，按端到端流程整合功能为系统，减少一级机构，统一目标、统一策划、统一要求，将业务域内的各种协调尽可能封闭在部门内部，提升组织效率，增强价值创造能力。设计的运营部门以主价值创造流程——核心流程为牵引，识别客户化业务开展场景，建设本领域特有能力并纳入公司整体能力框架，调用各专业领域能力来协同支持，以为客户创造价值为己任，对整个流程结果负责。

①集中市场与销售业务、实施销售全流程管控

由于公司属于军工企业，面临的市场环境相对稳定，长期以来被动营销多、主动营销不足，销售活动的二级业务领域大量分散在各一级部门内，市场开发与销售职能分布在经营管理部门以及各项目管理部门、生产管理部门，责任分散且有缺失，主要精力也大都集中于内部的科研生产，对于市场的开发、销售的系统策划等投入人力物力、精力不足。同时，客户关系管理也有多个部门各自分别开展，责任不集中、流程规范与标准不统一，对公司外部形象带来一定影响。

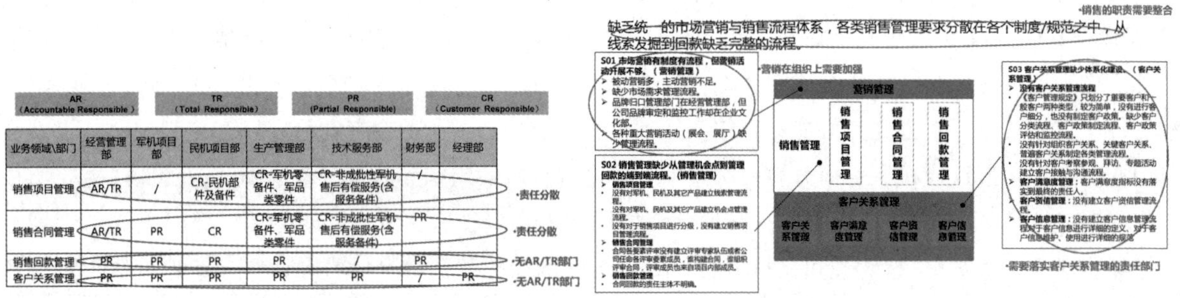

图8　销售、客户关系管理的组织与职责问题

为此，分析销售、客户关系与集成产品开发、集成供应链等业务关系，理清业务界面，匹配销售与客户关系流程、管理市场流程，整合市场与销售系统，集中市场销售、客户关系管理职能，在经营管理部设市场办公室，实施线索到回款全流程管控，完成销售任务，实现收入、利润目标。

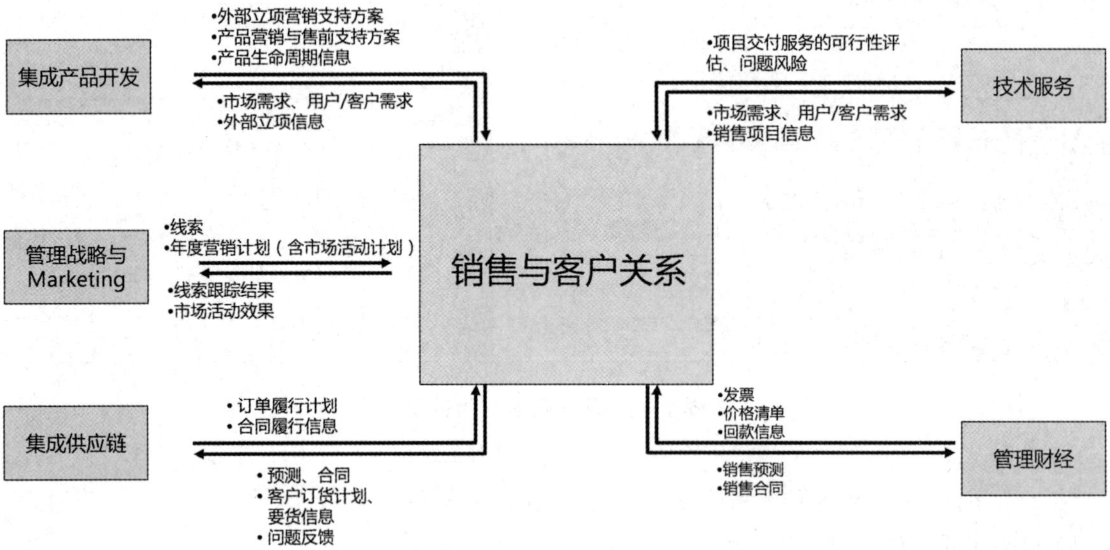

图9　销售、客户关系管理与部分主要业务关系

②整合产品研制系统、提升管理效率

对于公司产品研制，除集成供应链直接生产制造、为产品研制提供能力支撑外，按产品项目设置了项目管理部门，负责制定项目管理流程规范，调用制造技术等资源，形成项目团队，围绕产品研制开展相关工作。但由于研发活动的二级业务领域大量分散在各一级部门内，分别由不同的一级部门牵头，项目管理与制造技术管理分离，项目管理与职能管理权责不清，造成协调难度大、资源调用困难，影响产品研制进程。因此，为了减少协调、提升效率，匹配集成产品开发及其下属“产品与技术规划”等流程组，集中项目管理与制造技术管理业务，组建产品研制部，推进项目研制与技术发展的有机统一，实现技术资源对公司制造技术的牵引，强化行业线管理作用，对制造技术领先负责，对公司产品研制成功负责。

AR（Accountable Responsible） TR（Total Responsible） PR（Partial Responsible） CR（Customer Responsible）

业务领域\部门	军机项目部	民机项目部	科技发展部	经营管理部	技术中心	制造工程部	检验检测部	信息技术部	技术服务部	生产管理部	质量管理部	
技术规划	/	/	AR/TR	/	CR	CR	/	CR	/	/	/	
产品规划	/	/	/	TR	/	/	/	/	/	/	/	•无AR部门
技术开发(科研课题管理)	/	/	AR/TR	/	CR	CR	CR	CR	/	/	/	
产品开发	AR/TR	CR	/	/	CR	PR	PR	/	/	PR	/	
产品生命周期管理	/	/	/	/	PR	PR	PR	/	TR	/	PR	•无AR部门
项目管理	AR/TR	CR	/	/	/	/	/	/	/	PR	/	
质量管理	PR	PR	/	/	CR-自研	/	CR-军机	/			AR/CR-民机	•责任分散
数据管理	AR/TR	CR	/	/	PR	PR	PR	PR	/	/	/	

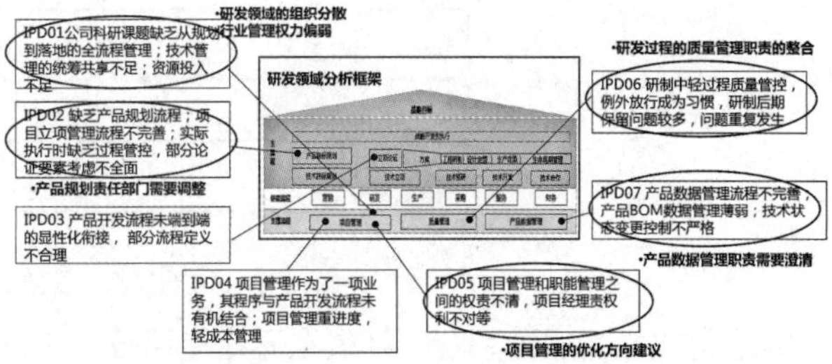

图 10　研发领域的组织与职责问题

③统筹供应链系统、强化顶层策划与拉通管理

集成供应链业务域对应的部门有生产管理部、检验检测部及各专业厂，其中生产管理部作为公司生产制造的“指挥中心”，以完成生产任务为目标，通过计划管控、现场协调等形式，严格考核等手段，确保了各项生产任务的完成和产品的交付。但是，强职能管理模式导致相关业务分散，集成供应链牵头部门不明确，对整个集成供应链运作的顶层策划不足，能力构建与制造资源规划责任不清，新产品导入缺乏系统性、计划协同不足，成本、客户满意度等管控力度不够，等等。为此，参照 SCOR 模型、分析供应链不同业务场景，优化组织与集成供应链流程匹配关系，对生产管理部重新定位，明确为集成供应链“龙头”部门，实施集成供应链全流程拉通管理，负责拉动和管理整个供应链的运作，在批产阶段，调用产品研制部资源及时解决各类技术质量问题，对达成产品质量、成本等目标负责；在产品研制阶段，生产管理部主导的集成供应链作为资源，被产品研制部调用，鼎力提供相应能力支撑，协同完成产品研制任务。同时，与管理制造资源流程匹配，在生产管理部增设制造资源室，强化制造资源的统筹规划、生产模式优化，构建适度柔性的生产能力，有效支撑准时、经济、敏捷、高效的生产制造与交付。

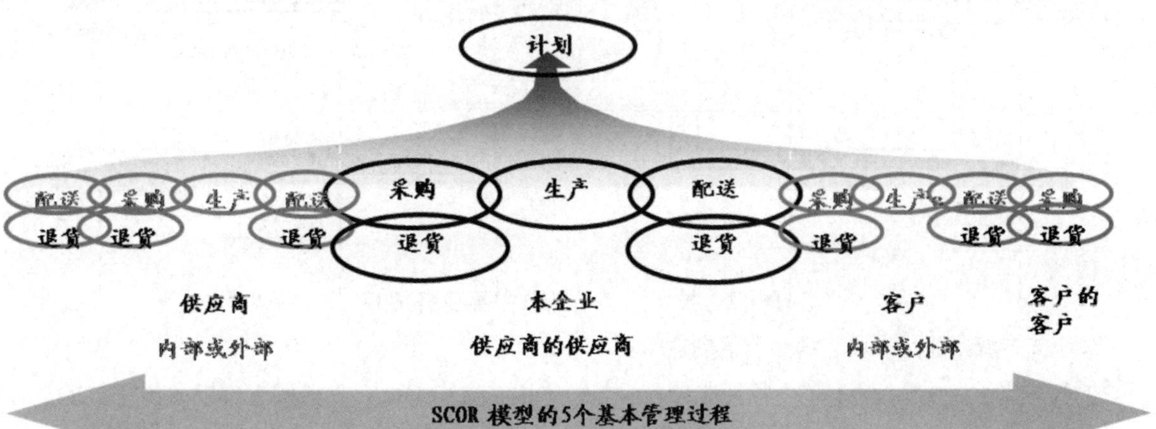

图 11　供应链的 SCOR 模型

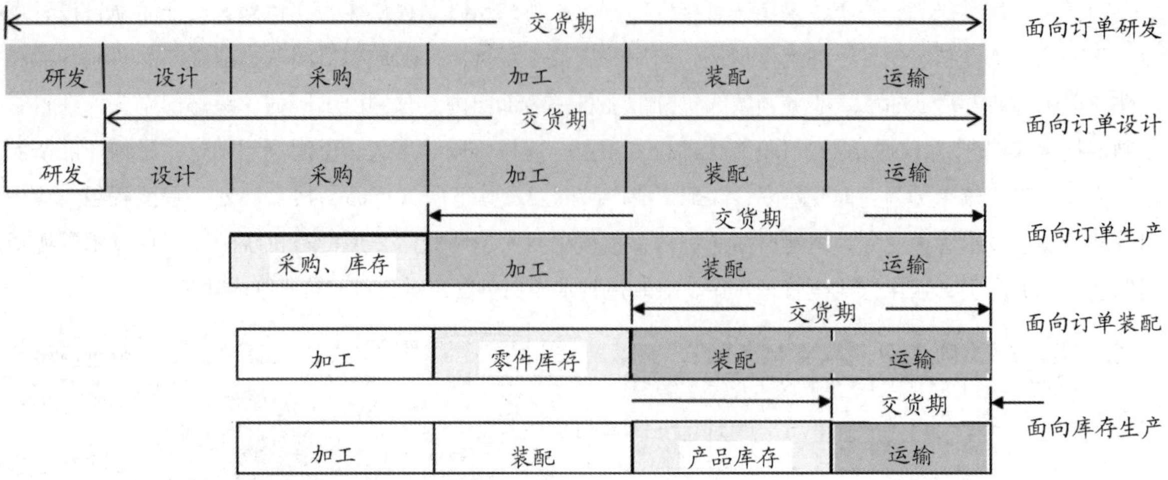

图12　供应链业务场景

④优化售后服务系统、开展全寿命周期技术服务

公司技术（售后）服务部门在主价值链中的定位不清晰、目标不明确，长期以来，以备件支持、飞机加改装与维修等商保期内的服务保障为主，对于商保期以外的、或者非公司交付产品的技术服务少有涉足，更没有开发服务项目、争取服务产品收入的主动作为，这一现状与军方全寿命周期服务保障的环境变化趋势不相适应。另外，来自客户的产品问题管理缺乏纠正措施的跟踪落地，不利于产品持续改进与质量提升。为改变这一状况，匹配技术服务业务域、流程组，明确技术服务部为“技术服务”业务域的责任单位并对流程结果负责，建设流程规范、确保流程高效运行。其内部按产品项目分别组建技术服务一、二、三室，负责开发服务产品，实施产品全生命周期的全方位服务，达成服务产品收入、利润目标。同时，收集产品问题、协助产品研发部门进行根因分析，实施改进措施，不断提升产品质量。

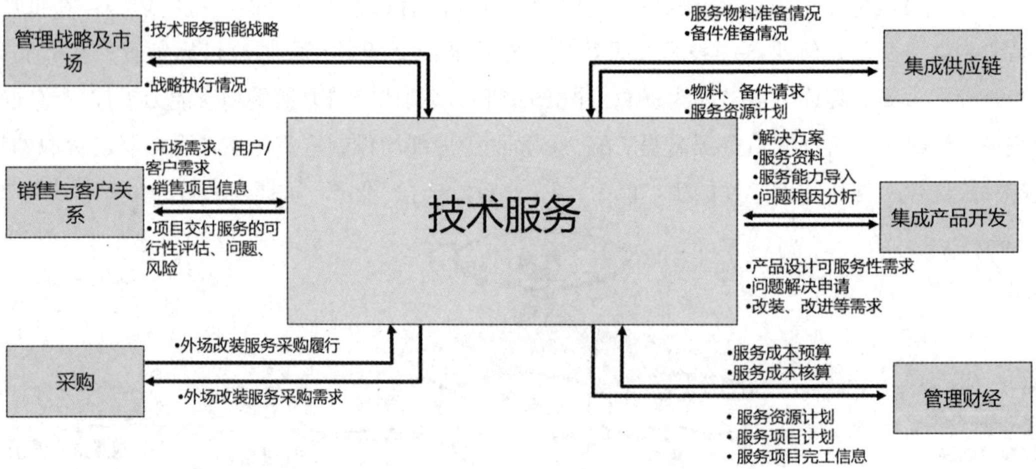

图13　技术服务与部分主要业务关系

（2）支撑域专业化发展、满足价值创造需要

管理流程与支持流程均属于支撑性流程，前者响应核心流程需求，支撑核心流程的价值实现，后者是公司基础性的流程，支撑公司持续高效、规范、低风险运作。匹配支撑性流程设计的管理与支撑部门，根据全公司业务识别关键能力，负责本领域专业能力的领先发展，进行标准化、模块化建设，供主

业务流调用，协同相关部门开展相关工作，自身价值通过整个流程绩效优异而得以体现。

①采购系统化整合、实施采购新模式

按照公司原有机构设置和职能分工，公司材料采购部、成品采购部和工业合作部三个专业采购部门，分别负责材料类、成品类和零部件采购，服务类采购由各业务部门负责，还有进口设备、动力设备备件、书报杂志采购等分布于技术改造部、动力公司和企业文化部等部门。公司采购品类繁杂、金额巨大，采购业务分散，流程不规范、标准不统一，采购策略和采购运作缺失，缺乏统筹策划、系统部署的牵头部门，公司层面缺少统一的采购管理体系，采购综合竞争优势不强，采购优质、准时、低成本指标难以达成，从而给公司科研生产的进度和质量带来较大影响。因此，为构建覆盖公司所有业务的采购专业能力，全面服务于生产采购与综合采购，将采购作为一个一级流程加以重点建设。为与采购流程匹配，将公司所有采购品类的采购认证集中管理，成立采购部，负责所有采购的认证、策略制定和早期介入研发，构建产品的可采购性，获得采购竞争优势，支持公司的生产交付和业务运营；采购履行根据业务相关性由各业务部门负责，落实采购策略、开展具体采购工作，及时满足业务需要。采购系统整合后，实施集中认证、分散履行模式，责任清晰、目标明确、流程高效，为公司科研生产和各项管理活动提供专业的能力支撑。

AR (Accountable Responsible)　TR (Total Responsible)　PR (Partial Responsible)　CR (Customer Responsible)

业务领域/部门	材料采购部	成品采购部	工业合作部	检验检测部	
采购策略	/	/	/	/	• 无AR、TR部门
采购履行-材料采购	AR/TR	/	/	/	
采购履行-成品采购	/	AR/TR	/	/	
采购履行-工业合作	/	/	AR/TR	/	
供应商管理	PR	PR	PR	AR/TR	
采购运作	/	/	/	/	• 无AR、TR部门

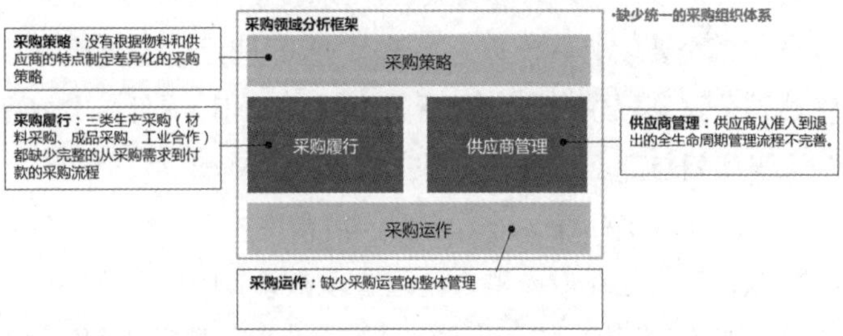

图 14　采购系统关键发现

图 15　采购业务模型

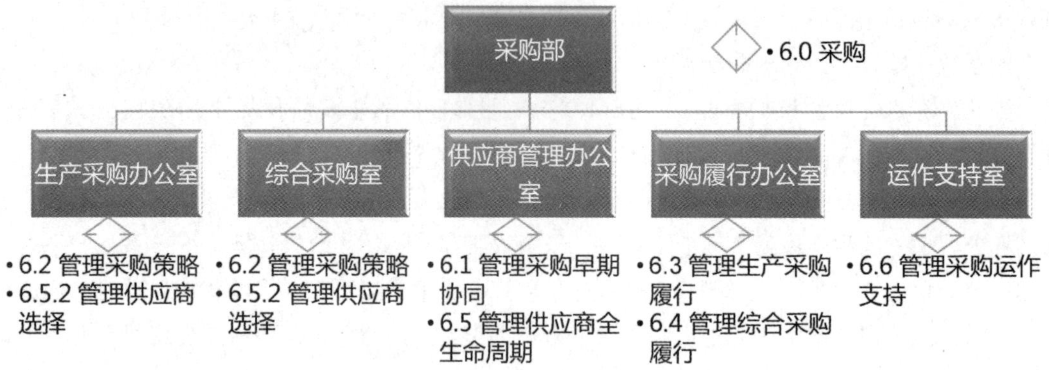

图 16　采购组织与流程匹配

②推进流程与 IT 融合、实现卓越运营

流程对准业务，是对业务流的一种表现形式，IT 是承载业务流并实现业务数据自动传递和集成的工具，是用技术手段来固化流程，即流程通过 IT 落地运行。而公司现实情况是，为了将公司管理创新思想融入流程中，从顶层布局、全局规划，流程建设由总部机关部门负责，IT 建设（信息化建设）属于技术领域、实施层面，由技术业务部门承担。虽然，公司从 2009 年就启动流程设计工作，梳理并显性化 2300 多条全要素管理流程，并纳入 ARIS 进行平台化管理，但一直没能落地运行，究其原因在于流程与 IT 建设分属不同领域、归属不同部门，部门墙、业务分割使得二者很难有机融合，也难以从设计到落地全流程规划与部署，没有 IT 支撑的流程容易成为一堆纸，难以执行，流程管理便只能停留在研究阶段。针对问题、借鉴标杆，分析流程与信息化关系，将流程与 IT 整合为一个业务域，设计"管理流程与信息化"流程，与之对应，整合流程管理业务与信息化管理业务及其相关职能，组建流程与信息化部，负责流程与 IT 统筹规划与建设，促进流程落地，提升流程的运作效率，支撑业务高效开展。

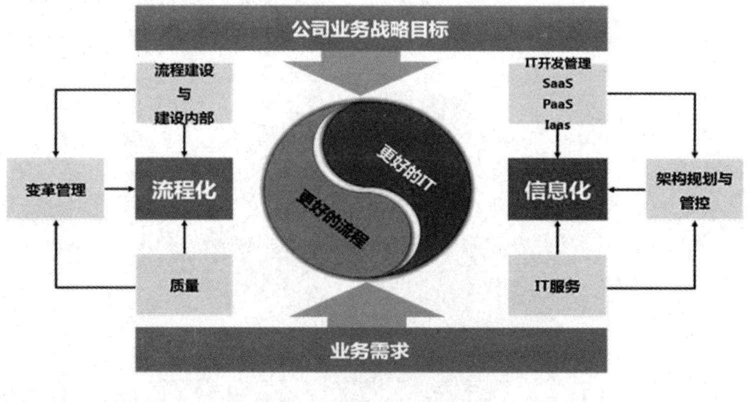

图 17　IT 与 BP 紧密结合才能给企业带来最大价值，才能支撑业务战略和业务流程变革以及流程优化

③整合管理体系建设、促进体系要求融入业务流程

公司的管理体系林林总总、比较齐备，包括质量管理体系、保密管理体系、环境职业健康与安全体系，以及其它各业务管理体系。这些体系本身的建设比较规范，要素完备、关系清晰、规则明确，但是，很多体系存在两张皮现象，要求归要求、做归做，体系的规范、体系的要求不能落地，体系发挥不了应有的作用。另外，通用性较强的体系建设职能比较离散，分布在多个部门中，不利于打造统一的高效运营管理体系。对此，适配管理质量管理体系、管理环境、职业健康与安全、管理标准化等管理与支持流程，整合质量、适航、环境职业健康与安全（EHS）、标准化、6S 管理等体系管理业务与职能，组

建质量安全部，负责质量管理等体系建设，在公司范围内全面深入推行、有效落实体系要求，在流程体系上确保各体系相关管理活动融入到市场、研发、供应链和技术服务等各领域业务，并实现全流程端到端贯通。

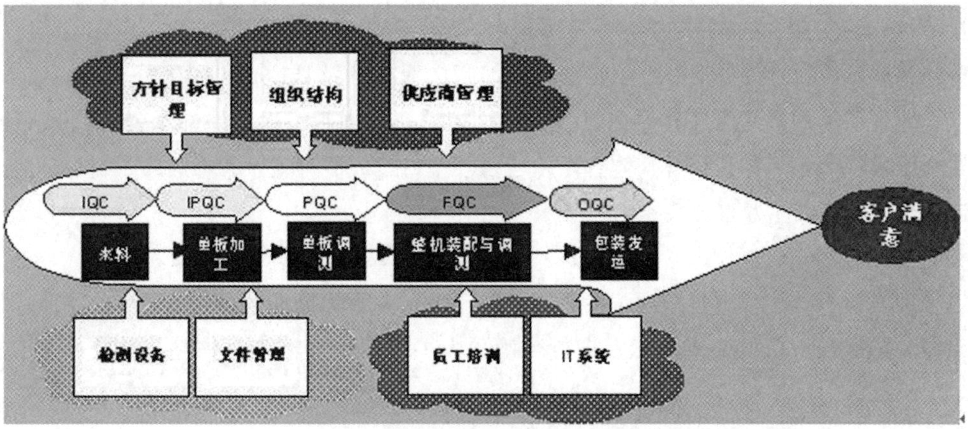

图18 质量要求融入流程示例

（3）制造单元聚核化整合、打造核心制造能力

科研生产单位（专业厂）作为执行层，直接从事产品的生产制造，执行集成供应链下的制造流程。在军民融合大背景下，公司强化核心能力，构建研发、部总装、试验试飞、关键零部件制造为核心的军机产业基地；充分利用社会资源，将社会通用性强，市场竞争充分，对最终产品的质量、成本、交付、使用等不具有决定性影响的一般能力社会化。据此，对相应的制造单元做出必要调整。

①压缩一般能力、构建开放型科研生产体系

聚焦核心能力建设、压缩一般能力，把资源向重点产品项目倾斜，推进一般能力社会化配套。公司生产的零组件中，锻铸能耗大、污染严重，系公司淘汰专业，且随着军机的升级换代，锻铸件占比逐年下降，可利用社会资源逐步实现市场化采购；钣金类、常规机加类、数控加工类零组件整合资源、维持核心生产能力，低附加值、社会化程度高的产品逐步转移至社会化企业生产。为此，将原锻造件厂作为制造分部整体划归技术装备公司，先萎缩再淘汰；整合工艺相似、产品类似的数控加工厂和结构件加工厂，组建新的数控加工厂，促进数控加工技术整体提升和推广应用；整合钣金厂、钳焊导管厂，组建钣钳加工厂，整合液压件厂、系统件厂，组建系统组件厂，缩减自产规模、推进常规加工社会化。

②按产品项目设机构、强化核心能力建设

飞机装配系公司需要大力发展的核心能力之一，而目前装配单元多机种集中管控，协调难度大，不利于生产线效率的提升；多任务分摊或共享资源，投入重点项目的优势资源得不到有效保证，不利于重点项目研制能力提升，不利于新机研制提速。为此，将某重点项目生产任务划出，按产品项目建线，设立专门的装配厂，促进资源向重点项目倾斜，建立特有的新机装配能力，并建立快速反应机制，全面确保各项装配任务的完成。

③优化产品交付流程、提升顾客满意度

产品交付直接面对客户，交付服务的优劣对客户满意度影响较大，甚至对后续产品销售也会产生较大影响。公司产品交付品类较多，除飞机整机外，还包括各类零件、组件、部件的交付，既有军机项目、又有民机项目。通过梳理、分析现行各类产品的交付流程，发现“管理责任分散、交付流程未形成闭环管理、问题处置未能满足客户需求、业务管理缺乏规范、客户体验感有待提升”等诸多问题。为此，以客户为导向，聚焦主线、优化交付流程、组建交付中心，对产品交付实施全流程管控，充分了解并满足顾客合理需求，做好交付各环节的组织、协调与控制，及时协调解决交付过程中的技术质量等问题，按期、保质向顾客交付产品，提升顾客满意度。

（四）厘清业务界面、固化流程职责

以流程为基础、以目标为导向，进一步明晰各部门二级业务及其边界，明确分工与协作、责任与权利，以部门职能说明书的形式显性并固化组织角色承担的流程职责，指导并确保各部门按照流程规范，正确、高效开展各项业务工作，提升整体管理和运营效率，达成流程绩效和部门绩效目标。

1. 理清工作思路、明确原则与要求

（1）以流程为基础

对部门管理或执行的流程进行梳理，在业务流程清晰、业务界面明确的情况下，编制部门下设各机构的主要职能。职能按所执行的流程职责进行明确，为了组织更加清晰具体地描述，一般使用“负责……”“执行……”“监控……”“承担……”“协助……”等术语。

（2）以组织角色为核心

不同的组织角色承担不同的流程职责和不同权重的目标。对于组织角色为AR、TR、CR的部门，牵头协调流程相关部门、明晰业务活动责任，关注全流程绩效，从对全流程结果负责的角度描述职能；对于组织角色为PR的部门，与流程AR协调后，根据对流程目标影响程度决定是否在职能中描述。

表3　组织角色的作用与责任

组织角色	描述	示例	作用与责任
AR	管理并执行流程，流程OWner	人力资源部是人力资源管理流程的Owner	对整个流程的建设、运行的质量和结果负责
TR	执行整个流程或流程的大部分活动	人力资源部执行人力资源管理流程的大部分活动	对流程的运行质量和成果负责。组织资源、高效开展各项业务工作，提升整个流程的绩效
PR	执行部分流程，即流程中的部分活动	研发相关流程，采购部门执行可采购性分析、采购策略制定部分	为流程绩效卓越，协同业务主管部门做好分担的业务工作
CR	执行不同客户与场景下整个流程或大部分活动	如研发流程，每个项目室都执行该产品的研发流程的大部分活动	对流程的运行质量和结果负责，为客户创造价值

（3）以目标为导向

原职能描述采用动宾结构，描述的是要做什么，其优点在于部门要做哪些事很明确，但缺点也很明显：不可能做到穷尽所有事务，如果一旦某项具体工作在职能中没有逐一罗列，则会产生推诿扯皮现象。

本次职能描述，着重强调目标的达成，围绕目标的实现，明确应当承担什么任务、参与什么工作，并赋予执行的流程，引导部门以目标为导向、以流程为牵引，主动思考、积极作为。

示例

（1）负责产品使用过程中综合保障问题的收集、处理。
（2）负责实施外场改装/排故等综合保障。

机构调整前的职能描述

（1）负责收集产品问题，协助设计和技术部门进行根因分析，实施改进措施，以不断提升产品质量。
（2）负责产品售后的问题解决和专项服务，建立良好的客户关系，实现客户满意以支撑销售工作。

机构调整后的职能描述

图 19　新旧职能描述对比

2. 梳理流程职责、编制职能说明书

遵从前述原则与要求，在组织机构主管部门指导和协调下，各部门依据公司流程顶层架构，按照组织机构优化调整方案，确定本部门负责的流程（AR）、执行的流程（TR、CR）和参与的流程（PR），并对该流程进行展开，梳理 L3 及以下流程（具体见下表），厘清与其它部门之间的输入输出关系、业务界面，再根据部门及下设机构定位，确定各室（中心/办）执行的流程、承担/开展的业务、达成的目标，用高度概括、精炼的语言编制各室（中心/办）主要职能。对于流程梳理不能涵盖的业务，或者无流程的业务可参照本次职能调整情况直接纳入相应业务室，完成 6 个运营部门、12 个管理与支撑部门（含保密办公室）、16 个专业厂、4 个决策支持机构、5 个党群等部门的部门职能说明书编制，并以标准表格的形式呈现，在经过主管部门审核、公司主管领导审批后发布于公司内网供全公司所有部门遵照执行。

表 4　流程统计

编号	业务域	流程组	流程	子流程
1.0	销售与客户关系	2	8	35
2.0	集成产品开发	11	50	44
3.0	集成供应链	8	39	14
4.0	技术服务	6	25	18
11.0	管理战略与市场	2	6	21
12.0	采购	6	25	21
13.0	管理项目/项目群	6	13	0
21.0	管理财经	12	63	36
22.0	管理人力资源	6	29	5
23.0	管理流程与信息化	4	17	15
24.0	管理基础支撑	17	85	237
25.0	管理党建业务	12	97	83
合计	12	92	457	529

序号	流程组	流程	子流程
1	管理环境、职业健	6	18
2	管理保卫	8	30
3	管理审计	3	8
4	管理法务	2	12
5	管理行政与后勤	4	20
6	管理基建	8	25
7	管理资本投资	5	4
8	管理文档	3	15
9	管理公司治理	2	8
10	管理标准化	7	15
11	管理变革	6	16
12	管理联盟关系	3	10
13	管理知识	4	14
14	管理政府事务	3	9
15	管理质量管理体系	5	24
16	管理投资企业	7	9
17	管理保密	8	0
合计	17	85	237

表 5　部门职能说明书模板

<table>
<tr><th colspan="7">部门职能说明书</th></tr>
<tr><td rowspan="3">基本信息</td><td>单位名称</td><td>技术服务部</td><td>单位代码</td><td>054300</td><td>直接上级</td><td>协管副总经理</td></tr>
<tr><td>部门性质</td><td colspan="5">是对公司产品实施售后服务的运营部门</td></tr>
<tr><td>下设机构</td><td colspan="5">技术服务一室、技术服务二室、技术服务三室和运作支持室</td></tr>
<tr><td>主要职能</td><td colspan="6">一、技术服务一室
1、负责新型歼击机售后的问题解决和专项服务，建立良好的客户关系，实现客户满意以支撑销售工作。
2、……
二、技术服务二室
1、
2、……</td></tr>
<tr><td>执行的流程</td><td colspan="6">技术服务”流程下的客户问题到解决、专项服务、管理服务外包合作伙伴管理服务资源、管理服务项目、管理服务早期介入流程</td></tr>
<tr><td rowspan="4">修订履历</td><td>修订时间</td><td colspan="3">修订内容</td><td colspan="2">修订依据</td></tr>
<tr><td>2017-10-25</td><td colspan="3">新编</td><td colspan="2">司党联发【2017】335号</td></tr>
<tr><td></td><td colspan="3"></td><td colspan="2"></td></tr>
<tr><td></td><td colspan="3"></td><td colspan="2"></td></tr>
</table>

（五）加强体系机制建设、保障组织高效运行

组织高效、规范运行，需要相应的体系机制保障，除了人财物等资源的合理配置，还必须建立科学的责任体系、管理体系和考评激励机制，在确保运作规范的前提下，充分调动各部门、各人员的积极性，人尽其才、物尽其用，创造更大的价值。

1. 建立流程责任体系、落实流程管理职责

流程管理与职能管理在管理模式有极大差异，特别是权力和责任分配、工作方式、工作内容等诸多方面。因此，建立流程型组织还需建立相应的责任体系，落实流程闭环管理的职责与权力。公司结合流程管理理念、标杆最佳实践与成飞实际情况，设计了以业务域流程所有者为核心，以流程管理者、流程管理支撑团队为辅助支撑的流程管理责任体系，分层落实流程责任。其中，流程所有者是业务域的最高所有者、决策者，对业务域流程的设计、运行状况及流程最终结果负总责的责任人，主要负责牵引方向、重大事项指导与决策、提供资源及批准流程及架构。流程管理者是协助流程所有者履行具体流程管理职责的直接责任者，对被授权范围内的事项进行决策；流程管理支撑团队为流程管理者和流程所有者提供全面、细致的工作支撑，负责流程管理工作中具体事宜的策划、跟踪、反馈、落实等，保证流程所有者、流程管理者在流程管理体系下能够有效并高效履行职责。

通过授权及发布“流程所有者工作日历”明确各级流程责任人的流程管理与变革权限并落实责任，通过赋能手段提升各级流程责任人流程管理能力和流程管理职业素养，通过制定“流程管理责任津贴”等一系列保障机制统一各级流程责任人行为标准，促成向流程责任人植入变革思想、强化变革意识、牵

引变革行为，真正实现全公司力出一孔。

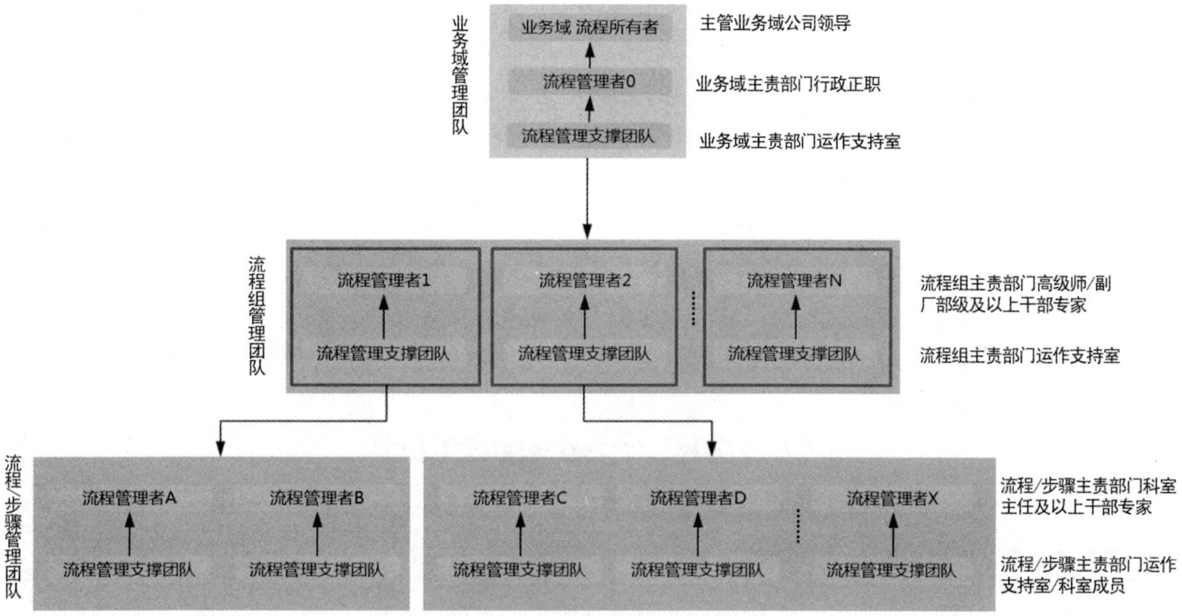

图 20　流程管理责任体系示意图

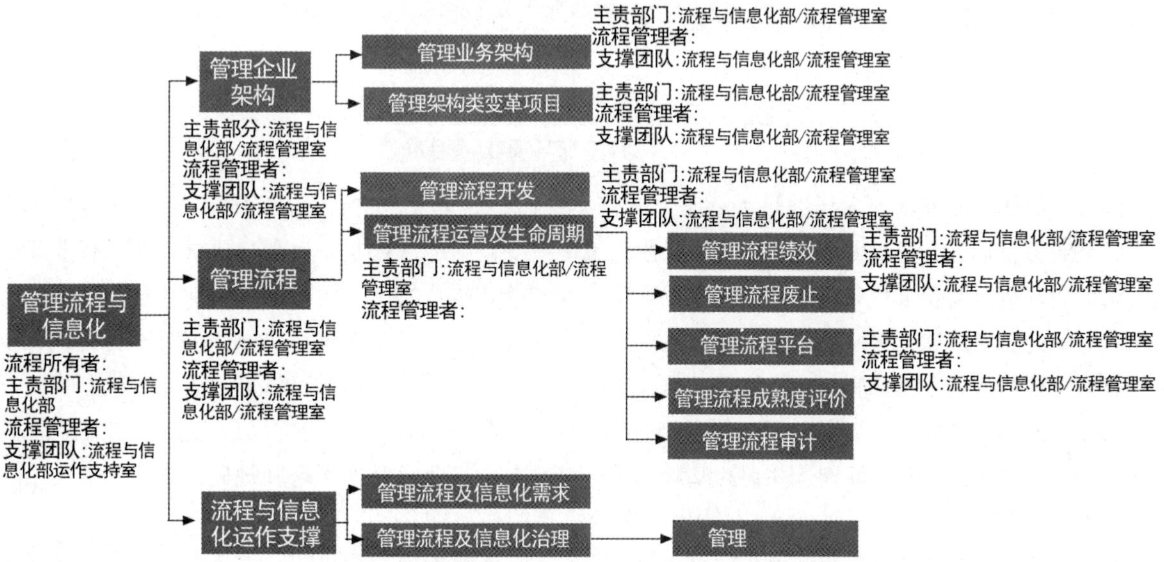

图 21　流程与信息化业务域责任体系设置图

2. 创新组织绩效体系、促进组织高效运行

组织绩效管理是企业管理的重要手段，是落实公司战略和保证业务流程、组织机构高效运转的最重要的激励约束机制。为此，从整体运行的角度、运用流程管理理念，公司进行了基于流程架构的组织绩效管理体系的构建和优化。

围绕从经营到业务、从业务到管理动作的思考层次，构建“经营绩效层次模型”，以“经营能力评估模型”多维度评估公司经营结果，以“业务指标矩阵模型”实现经营目标向业务层的落地分解，形成“分解-归因-提升”的动态闭环。

“经营能力评估模型”由业务规模、盈利能力、经营效率、经济质量和发展能力五部分构成一级经营指标，并基于指标的核心构成分解形成二级经营指标，作为向下管理的抓手。“业务指标矩阵模型”按业务域依次梳理，纵向上构建G1-G4四层指标，实现指标由业务域向部门的分解承接；横向上基于各业务域能力评估维度制定具体要项，衡量各业务域经营能力。

“公司级经营指标”梳理形成32项经营指标；“业务域级指标”按“运营域→使能域→支撑域”逐个梳理的方式开展工作，共完成19个业务域（4个运营域，15个管理支撑域）的业务域指标梳理。

3. 加强行业线管理、调动组织能动性

为充分发挥行业线管理部门（以下简称行管部门）在本业务领域的牵引作用，强化流程责任，增强行业领域的核心竞争力及业务驱动力，实施专业能力在公司的拉通建设，行业业务在公司的拉通管理，在梳理分析业务及相应流程关系的基础上，公司定义了11条行业线，29类行管业务，并明确了行业线的主管部门（行管部门）。

表6　行业线、行管部门对照表（示例）

行业线名称	行管业务	对应的流程	行管部门
1、市场与销售	（1）市场、销售与客户关系	1.0销售与客户关系、11.2管理市场	经营管理部
2、产品研发	（2）集成产品开发（含制造技术管理、产品研制项目管理、科研课题、知识产权与专利管理等）	2.0集成产品开发	产品研制部
	（3）项目/项目群	13.0管理项目/项目群	

行管部门作为业务域的责任部门，对业务域整体目标达成负责，主要负责规划行业线业务发展方向、确定业务目标、制定年度计划、落实本行业线工作布置；制定行管业务规则与要求并向本行业线各部门培训、宣贯，监督本行业线各部门落实行管要求并监控其执行情况；同时，行管部门还要负责本行业线能力提升和人才队伍建设，为本行业线各部门提供业务指导与资源保障，协调、处理本行业线各部门间业务争议与问题。为落实行业线管理要求，加强行业线管理，各行管部门基于“战略导向、标杆导向、绩效导向、问题导向、数据说话”的原则进行了行管业务现状能力分析，对标一流，梳理了行业线业务模型、管理理念及管理原则，并在此基础上制定并发布了行业线管理策略和规则，细化并落实了行业线管理的支持保障措施。

同时，为了确保行业线管理落地、取得实效，建立了行业线管理激励机制，授予行管部门在本业务领域的考核权，由行管部门制定评比考核办法，对本业务领域表现突出的个人和部门实施奖励。

三、实施效果

（一）观念转变、促进传统职能思维向关注流程、关注价值转变

通过组织与流程适配，整合功能为系统，理顺了组织与流程的对应关系，将原有25个管理部门（8个综合管理部门、17个业务管理部门），整合为17个部门（6个运营部门、11个管理与支撑部门），提高了对客户需求的反应速度与效率，降低了对顾客产品或服务供应成本，强化了价值创造能力。机构变革过程中，通过网络、报刊、培训等多种形式，大力宣贯流程管理理念、流程型组织理论和运作思路，

促进全员转变观念，流程性思维逐步普及，流程文化初步形成。各部门从只对本部门业务结果负责向关注整个流程运行质量和执行结果转变，从只关注部门绩效向强调全流程绩效转变。

（二）打破部门壁垒，组织的价值创造能力持续提升

通过对公司组织机构优化设计，明确流程责任、打通流程各环节，理顺协作关系、畅通信息渠道、减少跨部门协调。从市场销售到交付回款全线贯通，从项目立项到产品研制系统管控，从新产品导入到产品交付全供应链拉通，从客户问题解决到飞机维修实施全寿命周期技术服务。运营部门全力为客户创造价值、管理与支撑部门鼎力支撑，组织高效运转、全员劳动生产率、销售收入、利润等经营业绩持续提升：

■全员劳动生产率方面：随着流程优化与组织变革的逐步推进，全员劳动生产率逐年增长，由2016年21.67万元/人递增到2019年33.7万元/人，增幅达55.5%。

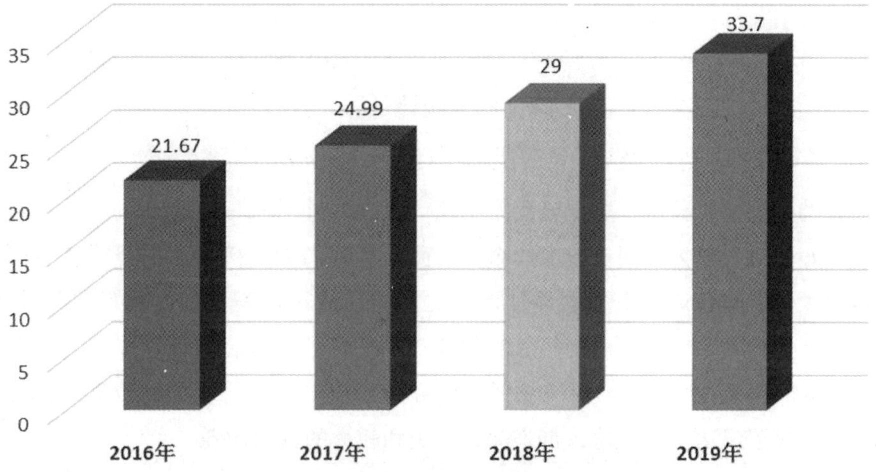

图22　劳动生产率变化趋势（万元/人）

■组织效率提升带来的销售收入、利润大幅增加。销售收入由2016年的160亿增加到2019年的301亿，增幅达88.1%；利润方面，由2016年的4.2亿增加到2019年的11.1亿，增幅164.2%。

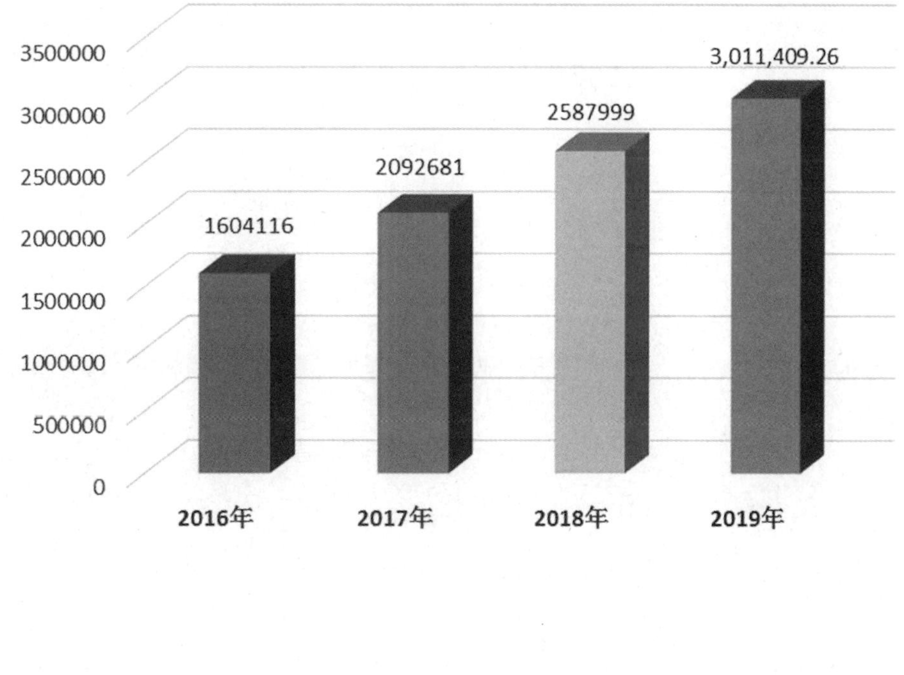

图23　销售收入统计（万元）

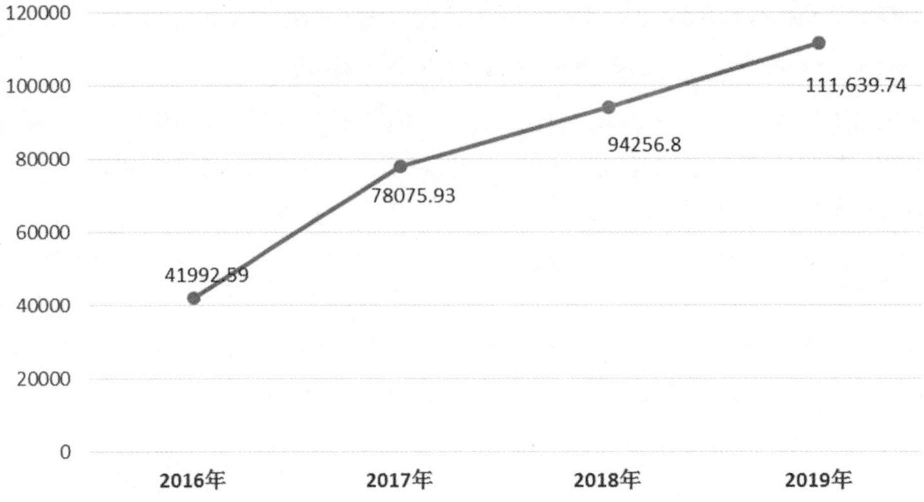

图24　利润统计（万元）

（三）率先实践，开创传统企业职能型向流程型组织转型之路

应用基于流程的组织设计技术、建立流程型组织，在国内外都有一定应用，但并不普及，特别是国内，目前做得比较好的只有华为公司等极少数企业，而行业内尚无先例。本次公司基于流程的组织机构优化调整，探索出了一套适合成飞需求的最佳实践之路，为成飞流程型组织的转型迈出了坚实的第一步，既保证了公司高效完成各项军品研制任务的要求，也满足了军队装备管理体制变革和集团深化改革瘦身健体的需要。同时，流程型组织设计方法的探索和应用成功，为行业内、乃至社会其他企业的组织建设树立了标杆、提供了成功变革经验，带来深远影响和较大的社会效益。

成果创造人：蒋　敏、李国祥、胡洪贵、邓军波、文　远、程　忠、陈昕昕、刘　刚、刘艳君

关于现阶段混合所有制改革中员工持股实践的若干思考

王　悦等　清华大学

2013 年党的十八届三中全会提出“允许混合所有制经济实行企业员工持股，形成资本所有者和劳动者利益共同体”。2016 年，《关于国有控股混合所有制企业开展员工持股试点的意见》作为国企改革 1+N 文件中第一个关系分配制度的文件正式出台。在过去 4 年里，众多企业就员工持股进行了探索和尝试，那么，员工持股的效果如何，是否如期推动改革，形成资本所有者和劳动者的利益共同体，是参与国企改革的人十分关心的话题。基于此，我们调研了 86 家国有企业，其中 34 家在 2016 年 8 月前实施了员工持股，32 家参照 133 号文已经或正在实施员工持股，还有 20 家企业拟实施员工持股，希望能从实践出发，就当前员工持股的实施情况进行总结和分析，并对下一阶段国企改革和员工持股提出政策建议。

伴随着企业发展中所有权和经营权的分离，股东和管理层及员工之间的委托代理问题和不完全契约问题成为大企业广泛面临的挑战。大家普遍认为，允许员工持有本企业的股份有利于将员工利益与企业前途紧紧地联系在一起，形成一种按劳分配和按资分配相结合的新型利益共享机制，从而应对上述挑战。事实上，员工持股计划（ESOP）在国际公司中非常普遍，世界 500 强中接近 50% 的西方企业都有实施。

但与西方大企业偏重于福利和养老、具有自发性和持续性的员工持股计划不同，中国过去 30 余年来在国有企业中实施的员工持股呈现阶段性特点，其每一轮探索均与不同时期经济体制改革和企业产权结构调整密切相关。要理解这个问题，我们不妨来看看自 20 世纪 80 年代以来在国企改革中员工持股的演进，这样或许能更好的理解在新时代以混合所有制改革为重要突破口的国企改革中引入员工持股的意义。

一、员工持股对历史不同阶段国企改革目标的达成有重要推动作用

我国国有企业实施的员工持股产生于计划经济向市场经济转轨的大背景，其发展过程伴随着国企改革思路的演进形成了几次大规模的探索。

从 20 世纪 80 年代初开始，以“多种形式放开搞活”为主要思路的国企改革中，员工持股成为筹资和搞活的重要手段。改革开放后，国有企业低效运营、大锅饭的弊病日益突出，经营状况持续恶化、资金周转困难。在此背景下，80 年代初期，一些企业自发地开始探索以内部集资为目的的员工持股，并实行年终分红，很快得到国家允许。这种早期的自发探索取得了一定积极效果：以全国 3 220 家各类股份制试点企业为例，截至 1991 年底，有 86% 的企业实行了内部员工持股，持股金额接近 3 亿元。与此同

时，从表面上看，分红带来了员工总收入的增加；更深层次看，在工资刚性下，员工持股肯定了人的劳动的价值，因而激发出员工前所未有的活力，显示出强大的生命力。伴随着1992年党的十四大后股份制的确立，员工持股进入到政策推动下全面推行的新阶段。

1993年党的十四届三中全会之后，国企改革在顶层设计上围绕着股份制和现代企业制度展开，在随后确立的“抓大放小”的战略思想下，国有中小企业和国有大中型企业进行了不同的路径探索，期间均广泛实施了员工持股。

针对国有中小企业的改革中，员工持股成为实现国有资本有序退出的重要手段。这一阶段的国有中小企业改革以“放弃控制”为方向，因而改革的主要路径是通过“改制”实现国有资本的退出。延续着员工持股早期探索中形成的积极性，员工也对买断企业股权表现出极大地热情。实践中，以山东诸城为代表，员工通过存量折股、增量入股，将原有企业改造成股份合作制或股份制企业，全体或大多数员工在企业中占有全部或绝大部分股权。这种员工持股成为国有中小企业大规模产权制度改革过程中的主要形式，实现了国有资本的有序退出，也切实提高了员工对企业的关切度。然而，实施中也出现了一系列问题，一是在出售的过程中部分国有资产被故意低估，出现国有资产流失；二是这种全员持股和平均持股产生了新的大锅饭问题，在随后往往出现股权向管理层集中的“二次改制”，成为早期的MBO，在此过程中财富快速向少数人聚集，进一步加重了全社会对国有资产流失问题的担忧。伴随着21世纪初MBO成为舆论讨伐的焦点并最终被叫停，员工持股在国有中小企业中的大范围实践也陷于停滞。

与此同期，针对国有大中型企业的改革中，员工持股成为实现股权多元化并上市的重要手段。这一阶段的国有大中型企业改革以“建立现代企业制度、提升企业竞争力”为方向，因而改革的主要路径是在保持国有控股的前提下实现股权多元化和上市。彼时，一方面由于民营经济规模尚小，另一方面以1992年颁布的《股份有限公司规范意见》为代表的政策积极鼓励员工参与持股，使得员工成为企业股权多元化的重要来源。实践中，以深圳为代表，企业在股份制改造的过程中，以向员工定向募集的方式增资扩股，形成多元化的股权结构。这一阶段的员工持股顺利实现了国有企业股权多元化的目标，加快了企业股份制改造的步伐，并从20世纪90年代中期开始掀起了国有企业上市的高潮。然而，由于员工持有的“原始股”在上市后往往形成高额溢价，由此导致员工持股在实践中走偏，不仅出现了“内部股社会化”“法人股内部化”等国有资产流失现象，还引发了持股员工的短期行为，大量员工在上市后即抛售股票，对股票二级市场造成冲击，引发社会不满，最终1998年中国证监会终止了上市公司内部员工持股的实施。

上述简要回顾可以形成两点重要认识：一是员工持股是历史上不同阶段国企改革中的重要推动手段，同时，持股形成了企业和员工之间一种阶段性的利益共享机制，在产权关切度上调动了员工的积极性，从而推动了不同阶段改革目标的实现。二是历史上国有股东的长期诉求在实施员工持股的过程中是不清晰的，这是出现一系列问题的重要根源。20世纪80年代至90年代国企改革的一个重要背景是国有股东尚处于“缺位”状态，改革的思路一定程度上是希望用包括员工在内的其他股东替代国有股东履职。体现在改革过程中，“放小”的改革目标是“彻底退出”，国有股东对这些企业自然没有长期诉求；而“抓大”的思维也是“搭便车”，因此国有股东的诉求既不具有主导性的、也不具有长期性，因而作为改革重要手段的员工持股在实践中出现的一些问题——例如国有资产被贱卖、持股员工上市后立即套现等——客观上也就难以避免。也正因如此，员工持股呈现出阶段性的特点，往往是一次性的、不可持续的。2005年“郎顾之争”之后，国家出台的一系列政策重在从严规范国企改制中的员工持股行为，虽然有少数企业取得成功，但员工持股的探索总体上陷入停滞。

二、现阶段实践中员工持股对国企改革的推动效果不明显

2013 年党的十八届三中全会提出“允许混合所有制经济实行企业员工持股，形成资本所有者和劳动者利益共同体”，重新得到“正名”的员工持股再次走到国企改革前沿。而后，2016 年《关于国有控股混合所有制企业开展员工持股试点的意见》作为国企改革 1+N 文件中第一个关系分配制度的文件出台，重新燃起广大企业对员工持股的热情。

员工持股能否再次成为国企改革的重要推手？为此我们需要明确新时代改革中国有股东的诉求是什么。不同于历史上相当长的时间国企改革“摸着石头过河”，新时代国有股东的诉求更为清晰。党的十八届三中全会明确提出了“坚持公有制主体地位，发挥国有经济主导作用，不断增强国有经济活力、控制力、影响力”的总要求。由此可以明确，新时代的国企改革既不是“一卖了之”，也不是“搭便车”，混合所有制更不是走向“民营化”的过渡状态，相反国有股东会在包括竞争性行业的相当一部分企业中以具有一定控制力的比例长期存在，因而国有股东的诉求具有显著的长期性和主导性。在此基础上，党的十八届五中全会和十九大进一步明确了以“管资本”为主要手段下“国有资本做强做优做大”的国企改革总目标。以“做强”为核心理解国有股东的长期性诉求，应表现为聚焦所控股企业生产和运营效率的持续提升，从而提升企业持久竞争力和长期资本回报水平，而非以追求短期的资本溢价为主要诉求。这与混改引入的社会资本中一部分追求中短期退出的社会资本也是有重要差异的。

显然，要实现上述诉求，就需要把各方利益诉求统一到国有股东的诉求上来，形成一个具有长期性的利益共享机制。在此背景下理解员工持股，作为上述机制的重要组成部分，其目标就应是通过持股把核心员工绑上改革战车，推动企业的改革和发展，从而实现企业竞争力的持续提升，这是在混改中引入员工持股、构建“利益共同体”的应有之义。

那么四年执行下来，效果如何呢？

首先，员工持股提升了员工的监督意愿，有效抑制了国有资产流失。员工持股受到高度关注，入股全过程接受全体员工的监督，基于评估定价真金白银的出资入股，一系列严格的规范有效避免了历史改革中国有资产流失的情况。与此同时，持股后员工对企业的监督意愿增强，对国有资产保值有积极作用，大到关联交易利益输送，小到效率低下铺张浪费，“以前没人管的现在有人管了”。

同时，员工持股在当期激发了持股员工的积极性。一方面，持股员工对企业的关注度提升。一些企业反映“以前可说可不说的要说，以前可做可不做的要做”，还有一些企业反映，持股员工像“打了鸡血”，管理层“天天加班”，销售人员“常年在外面出差”。另一方面，持股暂时抑制了人才流失的趋势。尤其在一些人力资源为主的企业——例如科研院所中，骨干人才流失速度显著下降。

然而，据我们的观察，由于几乎所有的持股案例中分红都不足以覆盖员工的入股成本，使得资本溢价成为员工获益的唯一方式和迫切需求，导致追求短期上市成为持股员工的核心诉求。调研中，很多企业的持股员工反映“持股不如买理财”，更有企业一把手坦承“每个月工资还完入股贷款只剩 1000 多块”，持股长期“算不过账来”。不仅如此，在“市价入股、人走股退”的政策规定下，员工普遍认为持股是“用商品房的价格买了小产权房”，使得员工有更强烈的动机寻求短期获益出口，短期上市成为必然选择。“持股锚定短期上市”的心态引发员工行为的短期化，导致持股未能在广泛企业中产生“绑定员工推动改革”的效果，并突出表现在三个方面：一是为了追求上市而冲业绩、大干快上、涸泽而渔的现象愈发显著，而绑定员工希望推动的深层次改革反而进展缓慢。调研中，仅有 15% 的企业明确表示持股后“三能”机制改革有所推动，也正是因为“入股后什么都没有变”，多数员工在改革中没有获得

感，由此导致企业整体活力难提升。二是“绑不住”大量存在。一些企业一旦上市则持股员工皆大欢喜，上市锁定期一过员工尽快变现退出，历史上的教训正在重演；而另一些企业锁定期渐近而尚无上市预期，员工普遍出现焦急情绪，甚至要求企业回购或股东兜底，希望尽快退股走人。三是“不想绑”同样显著。上市形成的资本溢价一次性大幅推高了持股价格，导致员工离职后继任者不愿被绑，难以基于企业需求对关键岗位进行持续绑定；与此同时，由于“能上市”成为监管机构、国有股东和企业决策员工持股的核心标准，导致短期难以上市的企业——例如企业现阶段亏损、控股股东为A股上市公司等情况——对员工持股毫无兴趣，员工不想被绑定。

综上，正如大部分的员工持股企业坦言：现阶段员工持股的实践于改革的作用难言积极。其中原因虽然是多方面的，但在我们看来，核心问题在于，国有股东固然想绑定员工以实现其长期诉求，但由于员工自己会算账，如果改革没能让员工算过来长期收益的大账，持股就必然被员工视为一次性福利，追求短期变现就难以避免，国有股东“构建利益共同体”的目标也就难以实现。调研中，有少数试点，在企业家强烈事业心和责任感的带领下、在国有股东和监管机构强有力的支持下，至今执行效果尚且积极。然而，随着时间的推移、试点范围的扩大，上述问题会逐步暴露，长期负面作用值得担忧。毕竟，改革的目标不是3年培养500个千万富翁！

三、构建利益共同体的核心是引导员工建立对长期回报的积极预期

既然现阶段通过员工持股推动改革的效果并不理想，那么应如何在改革中引导员工建立长期回报的积极预期，使员工更好的推动企业的改革和发展，应作为下一阶段改革中探索构建利益共同体的主要内容。不难理解，长期回报的积极预期应基于三个核心要素：明确的定位、合理的授权及正向的回报。然而，在混合所有制改革中，对这三个要素的呼应仍显不足，具体表现在：

一是国企管理者的定位仍然不清。混合所有制企业的管理者到底是官员还是企业经营者，目前仍不清晰，有部分国企管理者认为自己是“官员”，长期地经营和发展企业不是自己的主要关注点。此外，国企管理者目前仍是行政化的管理居多，突出表现为随时面临被调动的可能。由于管理者缺乏做企业的长期预期，任何基于长期的机制都难以有落脚点。例如，我们接触的员工持股案例中，持股的管理者——甚至一把手被调走的不在少数，导致企业的战略规划、改革措施难以从一而终地有效落实，改革成效不显著，如此示范效应，追求短期收益反而成为“逐利避害”。

二是企业仍然缺乏自主权。基于我们的调研，国有股东不放权、企业董事会虚置是混合所有制改革落地的主要障碍之一。多数混合所有制企业中，表面上看所有决策都经过董事会，实际上董事会仍然只是“橡皮图章”，难以真正行使决策权；与此同时，国有股东过多干涉企业日常经营事务决策，大小事都需要企业逐级向上请示汇报，管理层和员工既无法判断股东的决策方向和依据又难以对决策产生影响，同时决策效率仍然低下。由于缺乏授权，员工就不愿为企业的长期发展担责，自然就不关注长期回报。由此不难理解，一些管理者反映持股后市场化决策建议仍难以撼动股东的行政化管理，自身努力没能带来企业的发展，反而对改革灰心，甚至萌生退意，不愿把自己的未来和企业进行紧密的绑定。

三是薪酬和激励机制仍然难以市场化。调研中多数企业反映，混改后国有股东仍然在工资总额分配中搞内部平衡，层层分解下来大家仍然是“干多干少一个样”。员工的付出与当期回报尚且未挂钩，更难以对长期收益建立积极预期。由此不难理解，员工将持股视为一次性福利，不愿长期持有股份，一旦锁定期结束，力求尽快变现。与此同时，目前对于占大多数的非科技型混合所有制企业而言，除了员工持股，并没有任何基于股东经营回报或利润分享的长期激励机制，这种顶层设计的缺失，一方面导致没

有工具去有效引导员工建立长期回报预期，另一方面使企业一窝蜂追求持股，并认为上市变现退出是持股的应有之义。

四、以“管资本”为核心构建利益共同体

归根结底，上述管理层定位不清、企业缺少自主权以及薪酬激励机制不配套的问题，正是以往通过行政手段管理国企的集中体现。因而我们认为，破题的关键，应以“管资本”为核心，从以下五方面系统地搭建政策体系：

一是进一步解放思想，充分认可混合所有制企业中管理层的作用。破除人人都能将企业管好、国企管理者是官员的思想，充分认可国企员工人力资本的价值，才能让他们放下包袱、义无反顾的投入到企业的改革和发展中。在此基础上我们建议：第一、混合所有制企业的管理层应切实由董事会聘任和解聘，且不能被集团随意调走。一方面，应改变实质上集团委派，形式上董事会任命的现状，集团股东应就候选人与其他股东进行充分沟通，以确定管理层合理人选。另一方面，集团在决定混合所有制企业人员调动的时候，应以企业经营和发展的持续性为前提，并充分听取个人和其他股东的意见，这样有助于选拔想改革、敢担当的管理者来一心一意、心无旁骛地经营好企业；第二、混合所有制企业管理层不再强制要求60岁退休。除了国有企业，国内外大型企业均不存在针对管理层的强制退休要求。基于我们的统计，A股上市的1 090家“国有”上市公司中董事长的年龄中位数为55岁，总经理的年龄中位数为52岁。由此类比混改中的非上市企业，不难理解，若企业的“领头人”只有5-8年甚至更短的“在职”预期，其行为就容易短期化。因此，建议改变国企管理者参照干部管理“到点退休”的规定，只要董事会继续聘任则可继续留任，这样有助于建立管理层稳定和长期的预期。

二是在集团层面开展综合性改革试点，自上而下落实董事会职权。我们在《混合所有制改革生态调研报告》中曾建议选择市场化程度高、改革意愿强烈的央企集团，以“管资本”为目标，由中央直接授权，按照法无禁止皆可为的原则、以混改为牵引开展综合性改革试点。可喜的是，去年底以来已经有一家央企集团获批在下属部分相对控股的子企业中展开类似的探索，改革以“完善治理”为目标，以“管资本”为方向、以“董事会履职”为核心，在试点企业中彻底打破了国有企业面临的各种一刀切的行政化制度限制，切实依照《中华人民共和国公司法》的要求给董事会赋权。调研显示，虽然集团层面仍面临一定掣肘，但企业层面的改革成效仍十分显著，形成了“集团放的下去、企业接得住、企业董事会履职良好、集团继续放权”的良性循环，而企业管理层在股东和董事会的充分授权之下，将企业经营的责任紧紧扛在肩上，展现了对企业长期持续发展的强大信念。基于该企业的成功经验，我们建议，进一步加大综合性改革力度，选择2-3家央企集团，由中央直接授权和考核，以混改为牵引实施综合性改革。在获得中央直接授权的基础上，试点集团应以“管资本”为主线，一方面在明确集团战略方向、业务布局的前提下，以“混”为牵引，针对旗下业务实施资产重组和引入社会资本；另一方面，以“改”为牵引，针对混合所有制企业的董事会，依照《中华人民共和国公司法》要求实施分类授权，并相应调整集团的职能和机构设置，从而探索建立有别于国有独资、全资公司的治理机制和管控模式。

三是改革工资总额的管理方式，满足一定条件的混合所有制企业工资总额由董事会自主决策。历史上，在“一股独大”和国有股东“缺位”的情况下，由于董事会缺乏对管理层的有效制衡和监督，出现了“管理层自己给自己定工资”的情况。现阶段，伴随着企业混改和国有股东“管资本”的改革，引资后董事会已经牢牢控制在国有股东和社会资本股东手中，可以有效避免历史上出现的“薪酬失控”局面。此时继续对混合所有制企业进行僵化的工资总额管理，反而弊端重重。我们建议，应从“董事会结

构制衡，董事充分履职”出发，构建工资总额授权管理的新模式，允许满足一定条件的混合所有制企业的工资总额不纳入集团工资“总盘子”，由董事会自主决策，同时对董事会的决策依据进行披露。具体来说，我们建议企业应满足以下三个方面的条件：第一、从股权角度，要有显著持有公司股份的单一社会资本股东，有效避免“事不关己高高挂起”；第二、从治理角度，董事会当中社会资本股东提名的董事达到或超过1/3，发挥“点头不算摇头算”的作用；第三、从履职角度，董事会需建立薪酬委员会，负责审阅高管薪酬，同时高管薪酬和工资总额要作为董事会投票表决事项。基于我们的统计，从2016年初到2020年中通过北京产权交易所完成混改引资的443家案例中，已经有64．56%的企业在混改后能够满足前两条条件。此外我们还建议，参照上市公司的披露要求，探索建立混合所有制企业披露机制，将董事会对于高管薪酬和工资总额的决策依据在一定范围进行披露，起到外部监督作用。

四是明确员工持股的功能定位，将其从激励手段回归为绑定手段。社会上普遍将员工持股视为激励手段，然而如前文所述，在“严防国有资产流失”的改革背景下，除非企业拥有较高的资产回报率及分红水平，否则以评估定价持股较难产生长期持续回报。因此应约束员工持股的功能定位，充分发挥其风险绑定的作用，弱化其激励功能。我们建议，混合所有制企业实施员工持股只作为绑定手段，不承担激励作用，尤其是企业上市后员工所持股份不能流通。具体而言：第一、可以要求以管理层为主的核心员工以一定倍数的年薪或基本薪酬（比如2-5倍）持有本企业的股份，类似于“风险抵押金”，作为获取市场化薪酬和参与市场化激励的前提条件；第二、核心员工按照评估价格入股，所持股份拥有和其他股东一样的投票权和分红权；第三、坚持“股随岗变”原则，核心员工持有的股份不允许对外流转，企业上市后也不可在二级市场流通，只可在在岗者和继任者之间流转。事实上，国际上很多大企业——例如微软、通用汽车、辉瑞——都会要求管理层持有一定价值的股份，以避免股东利益受损，同时会伴有市场化的激励机制，以鼓励管理层进行股东价值创造。

五是允许企业根据自身特点，探索基于利润的多种中长期激励制度。现阶段，基于利润的中长期激励制度在企业中的探索受到两方面的政策限制：一是政策并没有将利润分享等机制纳入中长期激励范畴，并积极引导企业进行尝试，二是由于利润分享等机制通常为现金形式支付，会纳入工资总额进行管理，导致企业没有空间进行尝试，由此我们建议：第一、改变以股权激励为主的中长期激励政策体系，在政策上明确鼓励混合所有制企业围绕利润设计现金型中长期激励机制，允许企业充分尝试，并鼓励企业通过分期支付等方式，引导员工建立长期观念。例如，对处于扩张期的企业，可以采用利润分享的模式，对业务相对成熟的企业，可以采用EVA分享机制，或者基于股东的投资回报要求，采用超额利润分享机制，充分将企业发展阶段、股东的长期回报要求与利润分享进行结合。第二、应打破工资总额对于基于利润的中长期激励政策的探索限制，对于工资总额并未完整授权给董事会的混合所有制企业，该部分长期激励不纳入工资总额的管理当中。

习近平总书记在中央全面深化改革委员会第十四次会议重要讲话中提到“改革创新最大的活力蕴藏在基层和群众中间，对待新事物新做法，要加强鼓励和引导，让新生事物健康成长，让发展新动能加速壮大。”回顾四十年改革开放的经验，也恰恰是有效激发了每个社会成员和基层组织的改革动力和创新活力，才取得了中国特色社会主义事业的伟大飞跃。我们更需认识到，不同于40年前小岗村村民不改革要挨饿的生存需要，新时代国有企业员工的诉求更多表现为谋改革做事业的发展需要，而将需要转化为活力的前提是人们具有长期而稳定的预期。

如前文所述，国有股东要引导员工建立长期的积极预期，就要以“管资本”为核心，实施包括国企员工身份定位、分配制度等前置性改革、以及员工持股和激励手段的配套改革，方能构建“资本所有者和劳动者利益共同体”。由此说开去，其实混合所有制改革本身，不也是在构造国有股东和社会资本股东的利益共同体么？结合近几年来对超过200家混合所有制企业的调研，我们认识到，员工持股在实践中存在的问题和混合所有制改革在落地中面临的掣肘一脉相承，其核心症结均在于传统的、一股独大下、行政化的“管人、管事、管资产”的国资监管体制和新时代的、混合所有制下、市场化的“管资本”的改革方向之间的矛盾。因而，面临改革亟需整体破局的局面，加快推进“管资本”的改革应是现阶段改革的“牛鼻子”所在。

成果创造人：王　悦、陈　可　清华大学

我国中小型保险机构治理质量研究

——基于公司治理评价的视角

南开大学中国公司治理研究院

一、研究背景

从1949年中国人民保险公司诞生开始算起，中国保险业一路走过70年的砥砺之程，其中既经历过停业近20年之落，又有改革开放后飞速发展之起。我国保险业在改革开放40年的发展历程中，行业发展迅速，取得了辉煌的成就（郭金龙和朱晶晶，2018）。2019年我国保险业原保险保费收入达42645亿元，继2017年以来连续多年世界排名第二，且与第一名的差距在逐年缩小。从保费总额来说我国早已成为保险大国，但从保险深度和密度两个相对指标来说，我国还没有进入保险强国行列。

2019年12月30日，中国银保监会发布的《关于推动银行业和保险业高质量发展的指导意见》（银保监发〔2019〕52号）指出，随着我国经济由高速增长阶段转向高质量发展阶段，金融供给与需求之间不平衡不适应的矛盾日益凸显，银行业和保险业高质量发展面临多重挑战；我国银行保险机构公司治理水平持续提升、基本建立中国特色现代金融企业制度是我国金融业未来5年重要发展目标之一。因此，完善公司治理是金融企业改革的重中之重（郭树清，2020）。

我国从保险大国向保险强国转型的现实背景和保险业的高质量发展均离不开高质量的市场微观主体，而治理质量又是微观主体质量的最核心体现。2006年公司治理成为继市场行为和偿付能力之后的第三大监管支柱，监管部门围绕保险机构治理先后出台多部治理方面的政策法规且近年来对保险机构治理呈现出严监管的态势。中国银保监会公司治理监管部在《保险研究》2018年第12期发表的文章“努力构建中国特色的现代保险公司治理机制开创公司治理监管新局面”中指出，在当前保险风险日趋多样化的形势下，公司治理监管只能加强，不能削弱。下一步，要不断创新公司治理监管的方式和手段，提升公司治理监管的能力和水平，尽快将监管的制度优势转化为治理效能（梁涛，2020）。

中小型保险机构是我国保险市场上的重要微观主体，从数量上来说占据了绝对优势。可以说，我国保险机构治理状况主要取决于中小型保险机构，尤其是其中的小型保险机构。相对于大型保险机构来说，中小型保险机构在治理重视程度和治理建设投入上存在一定不足，而完善的公司治理为中小型保险机构的可持续发展提供了制度保障，因此中小型保险机构治理受到学术界、实务界和监管部门的重视。2018年4月16日至17日，中国银保监会召开中小银行及保险公司公司治理培训座谈会，专注中小银行及保险公司的公司治理，总结分析公司治理经验与问题；中国银保监会主席郭树清指出，我国银行业和保险业公司治理还存在明显不足，特别是中小银行和保险机构的问题表现得尤为突出。

在上述背景下，整个行业中小型保险机构治理质量如何、中小型保险机构治理体系中在哪些方面存在短板、各类具体类型保险机构治理是否存在系统性差异等问题亟需回答。

二、研究内容、意义与创新

通过对保险机构治理状况进行评价可以从定量角度回答上述重要问题。本成果研究内容包括：首先，在梳理和借鉴国内外已有公司治理评价体系的基础上，针对我国保险机构的自身特点，遵循一定的原则，构建了一套包括六大治理维度、60个具体治理指标的中国保险机构治理评价指标体系；其次，利用这套治理评价指标体系，采用哑变量求和法对2016年—2019年的财产险和人身险保险机构进行了治理评价，最终得到中国保险机构治理指数以及六个治理分指数；再次，基于中国保险机构治理指数分析了我国保险机构治理的总体状况；最后，以市场份额占比4%和1%作为临界值将保险机构分为大型、中型和小型保险机构，重点分析了中小型保险机构和其中的小型保险机构治理状况。

研究保险机构治理，有助于深化研究我国中小型保险机构发展、保险业发展、保险机构治理、一般公司治理等理论。本成果的理论意义主要包括三个方面：第一，关注影响中小型保险机构发展的机构治理这一重要因素，相关研究成果拓展了中小型保险机构发展理论；第二，通过设计适合我国保险机构的治理评价指标体系、生成机构治理评价指数等一系列机构治理评价研究工作，丰富了已有公司治理评价理论；第三，对于特定行业公司治理特点的分析也进一步深化了一般公司治理理论。

我国保险机构治理先后经历了1979年—2000年治理理念导入、2001年—2005年治理主体股改与上市、2006年—2010年治理全面开展、2011年至今治理深化发展四个阶段。目前保险机构治理质量备受关注。本成果的现实意义主要包括三个方面：第一，利用本成果设计的保险机构治理指数模型所生成的保险机构治理指数进行我国保险机构治理总体和具体分析，分析结果有利于监管部门从宏观视角把握其监管对象的治理状况和各治理维度的短板，进而实现精准监管；第二，通过大中小型保险机构治理状况的比较分析，尤其是对中小型保险机构治理状况的重点分析，为监管部门分类监管提供决策支持；第三，保险机构通过对治理指数和各治理指标评分的分析，能够为其自身治理的优化和改进提供方向和指引。

本成果的创新主要体现在四个方面：第一，本成果在参考国内外已有公司治理评价体系的基础上，考虑我国保险机构治理的特点，设计了基于公开信息的我国保险机构治理评价指标体系，并给出评价指标量化、权重赋予和标准化处理的方法；第二，本成果利用所构建的保险机构治理评价指标体系，对我国中小型保险机构及其中的小型保险机构治理状况进行全样本、长周期的评价；第三，本成果在评价我国保险机构治理状况过程中使用相对于专家打分法更加客观的哑变量求和法，正向指标达到或符合条件的赋值为1，未达到或不符合条件的赋值为0，负向指标打分规则正好相反；第四，提出在一定时期内观察和确定某一机构规模类型的思路，并将保险机构按照市场份额4%和1%划分为大中小型三类。

三、保险机构治理评价指标体系设计

（一）设计原则

本成果治理评价体系的建立遵循如下原则：科学性原则，是指保险机构治理评价体系的设计以及评价方法的选择应符合公司治理评价的基本理论和原则；客观性原则，是指保险机构治理评价体系必须能真实反映评价对象的治理水平以及存在的问题；系统性原则，是指保险机构治理评价体系的设计应综合考虑机构治理的各个方面的状况并按重要性赋予一定的权重；可行性原则，是指保险机构治理评价体系的具体内容要切合我国保险机构治理实际、评价体系中的具体评价指标要有相应的信息来源等。

（二）设计思路

我国监管部门非常重视保险机构治理评价工作，2006 年 9 月至 10 月原中国保监会对 44 家保险法人机构治理状况进行了首次全面摸底检查。2007 年底原中国保监会开展了公司治理专项自查活动。法人机构治理的摸底检查和专项自查为正式进行保险机构治理评价奠定了基础。《关于规范报送〈保险公司治理报告〉的通知》要求保险机构于每年 4 月 30 日前向监管部门报送经董事会审议通过的上一年度公司治理报告，报告中关于公司治理状况的自我和监管评分工作是监管部门全面开展保险法人机构治理评价的标志。2015 年 12 月 7 日《保险法人机构公司治理评价办法（试行）》出台，该办法对保险法人机构公司治理评价机制、内容和方法、结果运用等方面做了全面系统规定。

我国监管部门这套治理评价指标体系从评价信息来源上看，其主要是基于保险机构上报的信息即非公开信息进行评价，这决定了其他评价主体难以直接应用该评价指标体系；从评价指标量化上，很多评价指标是主观判断指标，导致自评分和监管评分结果差距较大。本成果在梳理国内外公司治理评价研究文献的基础上，借鉴和参考已有公司治理评价体系的框架设计思路，立足我国保险机构治理实际，从内部治理和外部治理两个大方面、六个具体维度来全面评价保险机构治理质量。

从评价指标体系构成上来看，监管部门治理评价指标体系由合理性、有效性和调节性指标构成，这样设计的思路也充分体现出其是一套监管部门所用评价指标体系的特点；但这样的设计没有充分反映各治理维度的状况，从这个意义上来说，本成果设计的评价体系与监管部门的评价体系恰好互为补充。

（三）指标体系框架

在保险机构内部治理层面，评价指标涉及股东与股权结构、董事与董事会、监事与监事会和高级管理人员四个维度，即保险机构的“三会一层”，这也是国内已有公司治理评价体系关注的重点和核心。在保险机构外部治理层面，评价指标涉及信息披露和利益相关者两个维度。保险机构虽然多数为未上市公司，但保险机构经营的特殊性要求其做好信息披露工作，我国监管部门也出台了多部关于保险机构信息披露的相关政策法规，因此本成果将信息披露作为保险机构外部治理的一个评价维度。公司治理的目标是实现利益相关者利益最大化，而投保人、监管机构等在内的主体构成了保险机构的重要利益相关者，为此本成果同时将利益相关者也作为保险机构外部治理的考察维度。各分维度权重基于 60 份调查问卷数据使用软件 yaahp12.4 中的群决策层次分析法计算后确定，具体结果如表 1 所示。

表 1　中国保险机构治理评价指标体系

治理总指数	治理分指数	分指数权重	指标数量
保险机构治理指数（IIGI）	股东与股权结构分指数（$IIGI_{SHARE}$）	0.1833	5
	董事与董事会分指数（$IIGI_{BOD}$）	0.2069	15
	监事与监事会分指数（$IIGI_{SUPER}$）	0.0998	7
	高级管理人员分指数（$IIGI_{TOP}$）	0.1507	7
	信息披露分指数（$IIGI_{DISCL}$）	0.1925	19
	利益相关者分指数（$IIGI_{STAKE}$）	0.1668	7

资料来源：本成果整理。

评价指标体系是评价体系的核心。本成果60个具体评价指标设计主要依托已有治理评价体系、公司治理理论研究文献和保险机构治理政策法规；设计过程中还考虑到评价指标数据的可获取性，所有评价指标原始数据均来自于公开披露信息；此外，为保障评价结果的客观性，本成果所设计评价指标均为客观指标。所有评价指标按照治理内容不同，划分为上述六个维度；按照治理层次不同，划分为初级合规评价指标（也称强制治理指标，28个）和高级合规评价指标（也称自主性治理指标，32个）；按照治理特质不同，划分为保险机构评价所特有的评价指标（24个）和一般公司通用治理评价指标（36个）；按照治理方向不同，划分为正向指标（49个）和负向指标（11个）。指标权重上，等权重处理。

（四）具体评价指标

股东与股权结构是公司治理的基础或者基石。股东与股权结构维度指标包括：股东（大）会召开情况；股权结构状况；是否存在机构投资者；股权层级；股权出质情况。

董事会是完善治理结构、优化治理机制的关键环节。董事与董事会维度指标包括：董事会规模；董事学历状况；有无财务会计背景董事；有无金融背景董事；有无保险与精算背景董事；董事职业背景结构；董事长是否非正常变更；独立董事人数；独立董事学历情况；有无保险与精算背景的独立董事；有无金融背景独立董事；有无财务会计背景独立董事；有无法律背景独立董事；独立董事职业背景结构；独立董事任职结构是否多元化。

我国公司治理体系引入英美治理模式中的独立董事制度，同时还效仿德日治理模式的监事会制度（李维安和王世权，2005）。监事与监事会维度指标包括：监事会规模；职工监事设立情况；监事学历情况；有无财务会计背景监事；有无金融背景监事；有无保险与精算背景监事；监事职业背景结构。

董事会的战略决策最终由高级管理人员来执行，本成果重点关注保险机构高级管理人员的胜任能力和一些重要岗位设置的健全性。高级管理人员维度指标包括：高管规模；两职设置；是否设立总精算师；是否设立合规负责人；是否设立首席风险官；是否设立审计责任人；总经理是否非正常变更。

完善的信息披露有利于缓解各主体之间的信息不对称，进而降低代理成本。信息披露维度指标包括：有无官网；有无信息披露栏目；公开信息披露栏目是否显著；披露框架是否符合规定；网站建设水平；客服热线披露情况；是否披露官微或公众号；年度报告披露是否及时；年度报告披露是否完善；基本信息披露是否完善；专项信息披露是否完善；重大事项披露是否完善；偿付能力报告披露是否及时；偿付能力报告披露后是否有更正；年度报告披露后是否有更正；审计意见类型；负面新闻报道情况；是否披露社会责任或社会责任报告；公司治理架构是否披露完善。

Freeman（1984）认为利益相关者可以起到外部监督作用。对于保险机构来说，投保人和监管机构是其重要的利益相关者。利益相关者维度指标包括：亿元保费、万张保单投诉情况；有无经营异常情况；是否收到监管函；是否受到行政处罚；风险综合评级状况；税务评级状况；有无历史失信信息。

（五）评价指数生成

中国保险机构评价指标的量化是依据各评价指标的评价标准来完成的，本成果治理评价标准主要来自保险机构治理领域的政策文件、法律法规文件和行业标准文件，一般公司治理领域的国际和国内各类文件，以及治理领域的相关学术研究文献等。本成果在对六大保险机构治理维度具体60个评价指标采用哑变量方法进行量化后，对每一个维度的量化结果进行等权重的求和，进而得到每个维度的保险机构治理原始评分；为保证各维度之间评价结果的可比性，每个维度分别进行了标准化处理，即每个维度均采用百分化的结果显示。标准化处理后，通过层次分析法（AHP）为各治理维度赋予一定的权重，最后利用如下治理指数模型 $IIGI = 0.1833 \times IIGI_{SHARE} + 0.2069 \times IIGI_{BOD} + 0.0998 \times IIGI_{SUPER} + 0.1507 \times IIGI_{TOP} + 0.1925 \times IIGI_{DISCL} + 0.1668 \times IIGI_{STAKE}$ 生成保险机构治理指数（Insurance Institution Governance Index，缩写为 IIGI）。治理指数最小值 0，最大值 100，指数值越大代表保险机构治理质量越高。

四、研究样本与数据来源

（一）研究样本选择

中国保险业自 1980 年恢复以来，保险机构规模从 1980 年的 1 家发展为 2019 年的 237 家。考虑相关数据的可获取性和样本的代表性，本成果选取的研究样本为 2016 年—2019 年独立法人机构中的财产险和人身险保险机构。考虑再保险机构、资产管理机构以及保险集团公司在经营方式、利益相关者等方面的特殊性，本成果未将其纳入研究样本。2016 年—2019 年财产险保险机构和人身险保险机构数量占同期所有保险法人保险机构数量的比例依次为 80.00%、80.75%、81.45% 和 80.36%，符合代表性要求。

（二）大中小型保险机构划分标准设计

本成果同样认为应该采用市场份额这一指标来划分保险机构的规模类型。本成果在保险机构市场份额统计分析和保险机构高管访谈的基础上：第一，考虑到我国保险机构市场微观主体数量近年增加较多和市场化竞争程度越来越高的现实背景，将 4% 的市场份额作为划分大型和中小型保险机构的量化标准；第二，将 1% 的市场份额作为划分中型和小型保险机构的量化标准。同时，本成果认为不能采用一年的指标来界定保险机构规模类型，这样会导致一个机构因市场份额略高于或者略低于标准而调整其类型；而应观察保险机构在一段时期内的市场份额状况，只要待确定样本在 4 年当中至少有 2 年市场份额在 4% 或 1% 以上便可将其这 4 年均认定为大型或中型保险机构。

（三）我国大中小型保险机构的构成与基本情况

本成果按照上述标准对我国保险机构规模类型进行了划分。2016 年—2019 年大型保险机构均为 13 家。2016 年中小型保险机构 147 家，其中中型保险机构 20 家，小型保险机构 127 家；2017 年中小型保险机构 159 家，其中中型保险机构 20 家，小型保险机构 139 家；2018 年和 2019 年中小型保险机构各 167 家，其中中型保险机构 20 家，小型保险机构 147 家。

本成果还计算了各类型机构相关指标占比。2015 年—2018 年大型保险机构市场份额占比依次为 67.60%、65.43%、68.98% 和 68.51%，利润总额占比依次为 71.95%、80.02%、88.77% 和 95.56%，虽然大型保险机构数量占比不足 10.00%，但其市场份额和利润总额占比均在 60% 以上。2015 年—2018 年中型保险机构市场份额占比依次为 18.76%、15.56%、19.43% 和 19.91%，利润总额占比依次为 27.81%、11.52%、11.24% 和 9.22%。2015 年—2018 年小型保险机构市场份额占比均不足 20.00%，利润占比甚至呈负值。

（四）数据来源与周期

本成果评价指标的原始数据主要来源于各类公开信息，具体来源包括中国银保监会官网公布的关于各家保险机构的信息、中国保险行业协会发布的信息、保险机构官网披露的数据、中国银行保险信息技术管理有限公司发布的信息、天眼查中的查询信息以及在百度等网站中搜索的相关新闻。

本成果构建的保险机构治理评价指标体系中有部分指标原始数据来源于保险机构披露的偿付能力报告，而保险机构偿付能力报告公开披露开始于 2016 年，因此，本成果的研究数据周期为 2016 年—2019 年。

五、我国保险机构治理状况的总体分析

（一）保险机构治理指数的统计分析

如表2所示，中国保险机构治理指数平均值在2016年—2019年依次为66.88、67.21、67.92和70.14，呈现出逐年上升的趋势；其中2017年中国保险机构治理指数平均值较2016年提高0.33，2018年较2017年提高0.71，2019年较2018年提高2.22，由此可见，各年提高幅度也在逐渐加大。

表2　中国保险机构治理指数描述性统计

统计指标	2016年	2017年	2018年	2019年
平均值	66.88	67.21	67.92	70.14
中位数	67.42	69.15	68.91	71.61
标准差	10.29	10.90	10.83	11.29
极差	62.67	69.80	68.37	66.89
最小值	22.15	22.15	22.15	24.53
最大值	84.82	91.95	90.53	91.42

资料来源：南开大学中国保险机构治理指数数据库。

在股东与股权结构分指数方面，2016年—2019年股东与股权结构分指数平均值依次为61.50、60.93、60.89和59.33，其平均值呈现出逐年下降的趋势；在董事与董事会分指数方面，2016年—2019年董事与董事会分指数平均值依次为49.46、50.19、50.48和54.49，其平均值呈现出明显的逐年上升的趋势；在监事与监事会分指数方面，2016年—2019年监事与监事会分指数平均值依次为39.11、41.11、50.00和50.56，其平均值呈现出显著的上升态势；在高级管理人员分指数方面，2016年—2019年高级管理人员分指数平均值依次为68.04、70.93、70.48和77.54，高级管理人员分指数平均值处于上升的趋势；在信息披露分指数方面，2016年—2019年信息披露分指数平均值依次为88.22、87.58、87.54和87.54，这表明保险机构信息披露水平普遍较高，但近年来变化不明显；在利益相关者分指数方面，2016年—2019年利益相关者分指数平均值依次为85.36、83.97、83.02和86.27，具有一定的波动性，2019年达到历史最大值。

（二）保险机构治理指数的等级分析

如表3所示，历年中国保险机构治理指数等级主要集中在Ⅲ级和Ⅳ级，且Ⅲ级机构所占比例呈现出逐年上升趋势，Ⅳ级机构所占比例呈现出总体下降趋势。2019年治理指数Ⅲ级和Ⅳ级机构所占比例分别为45.00%和30.00%；治理指数Ⅲ级的机构数较2018年增加10家，比例提高5.56%；治理指数Ⅱ级的机构数较2018年增加14家，比例提高7.78%；没有Ⅵ级的机构，Ⅰ级和Ⅶ级的机构较少。

表3　中国保险机构治理指数等级分布

治理等级	2016年		2017年		2018年		2019年	
	样本数	比例（%）	样本数	比例（%）	样本数	比例（%）	样本数	比例（%）
Ⅰ（90　指数X　100）	0	0.00	1	0.58	1	0.56	1	0.56
Ⅱ（80　指数X　90）	11	6.88	9	5.23	9	5.00	23	12.78
Ⅲ（70　指数X　80）	50	31.25	66	38.37	71	39.44	81	45.00
Ⅳ（60　指数X　70）	70	43.75	68	39.53	73	40.56	54	30.00
Ⅴ（50　指数X　60）	20	12.50	16	9.30	16	8.89	13	7.22
Ⅵ（40　指数X　50）	5	3.13	6	3.49	3	1.67	0	0.00
Ⅶ（指数X　40）	4	2.50	6	3.49	7	3.89	8	4.44
合计	160	100.00	172	100.00	180	100.00	180	100.00

资料来源：南开大学中国保险机构治理指数数据库。

六、我国中小型保险机构治理状况的具体分析

（一）中小型和大型保险机构治理的对比分析

如图1所示，中小型保险机构治理指数平均值在2016年—2019年依次为66.24、66.53、67.23和69.50，低于同期大型保险机构治理指数平均值。但两类机构治理指数平均值均呈现出逐年上升的态势，2019年中小型保险机构治理指数平均值较2016年提高3.26，而大型保险机构治理指数平均值则提高4.22。说明中小型保险机构治理状况总体差于大型保险机构，而且其改进幅度相对小。

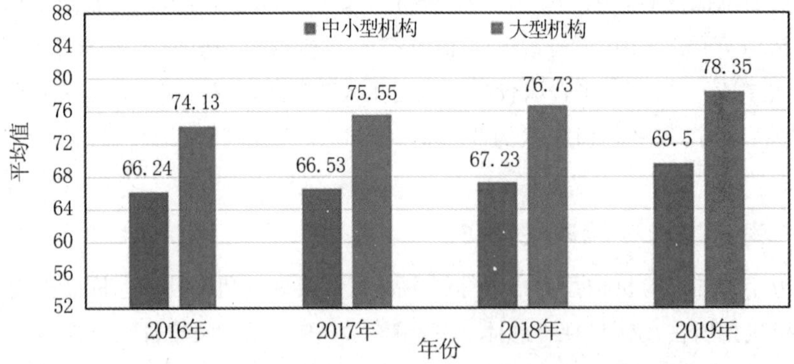

图1　中小型保险机构和大型保险机构治理指数对比

（二）中小型保险机构治理指数的等级分析

如表4所示，中小型保险机构治理指数Ⅲ和Ⅳ级的样本占比较高，2016年—2019年的占比依次为74.15%、81.62%、79.64%和75.45%。2019年，中小型保险机构治理指数Ⅲ级和Ⅳ级机构所占比例分别为43.71%和31.74%；Ⅲ级机构较2018年增加11家，比例提高6.58%；Ⅳ级机构数则较2018年降低12家，比例下降10.77%。此外，本成果统计发现，大型保险机构治理指数等级都在Ⅳ级及以上。

表 4　中小型保险机构治理指数等级分布

治理等级	2016 年		2017 年		2018 年		2019 年	
	样本数	比例（%）	样本数	比例（%）	样本数	比例（%）	样本数	比例（%）
Ⅰ	0	0.00	1	0.63	1	0.60	1	0.60
Ⅱ	9	6.12	5	3.14	7	4.19	19	11.38
Ⅲ	43	29.25	59	37.11	62	37.13	73	43.71
Ⅳ	66	44.90	66	44.51	71	42.51	53	31.74
Ⅴ	20	13.61	16	10.06	16	9.58	13	7.78
Ⅵ	5	3.40	6	3.77	3	1.80	0	0.00
Ⅶ	4	2.72	6	3.77	7	4.19	8	4.79
合计	147	100.00	159	100.00	167	100.00	167	100.00

资料来源：南开大学中国保险机构治理指数数据库。

（三）中小型保险机构治理指数分组织形式的比较分析

如表 5 所示，2019 年三类组织形式的中小型保险机构治理指数平均值普遍高于 2016 年；且股份制中小型保险机构治理水平最高，有限制的次之，相互制的治理水平较差。股份制中小型机构在董事与董事会分指数、监事、监事会分指数和高级管理人员分指数上具有明显优势，有限制中小型机构在股东与股权结构分指数、信息披露分指数和利益相关者分指数上具有相对优势，而相互制中小型机构各分指数与股份制和有限制中小型保险机构差距较大。2019 年股份制、有限制和相互制中小型保险机构治理指数平均值较 2018 年依次提高 3.32、0.68 和 2.28。股份制中小型保险机构的股东与股权结构分指数较 2018 年有所降低，其余分指数均较 2018 年上升；有限制中小型保险机构的董事与董事会分指数、高级管理人员分指数较 2018 年上升，其余分指数均较 2018 年下降；相互制中小型保险机构信息披露分指数和利益相关者分指数较 2018 年上升明显，其他分指数没有变化或上升不明显。

表 5　中小型保险机构治理指数分组织形式分析

年份	组织形式	样本数	保险机构治理指数	股东与股权结构分指数	董事与董事会分指数	监事与监事会分指数	高级管理人员分指数	信息披露分指数	利益相关者分指数
2016	股份制	87	67.99	58.39	54.18	43.02	69.29	88.81	85.39
	有限制	56	65.77	64.29	41.43	29.85	69.39	90.32	87.50
	相互制	4	34.86	30.00	25.00	10.71	25.00	35.53	75.00
2017	股份制	93	67.56	58.06	54.77	44.39	71.12	87.83	81.11
	有限制	59	66.73	63.05	41.02	32.69	74.09	89.74	89.83
	相互制	7	51.14	40.00	48.57	28.57	40.82	57.89	81.63
2018	股份制	101	69.06	56.83	57.82	55.87	70.58	88.07	81.05
	有限制	59	66.36	64.75	36.50	38.26	75.30	89.12	87.65
	相互制	7	48.09	40.00	43.81	28.57	30.61	58.65	77.55

续表

年份	组织形式	样本数	保险机构治理指数	股东与股权结构分指数	董事与董事会分指数	监事与监事会分指数	高级管理人员分指数	信息披露分指数	利益相关者分指数
2019	股份制	99	72.38	55.35	62.83	59.02	80.23	88.20	85.57
	有限制	61	67.04	63.28	40.98	35.83	78.45	88.87	86.65
	相互制	7	50.37	40.00	44.76	28.57	36.73	59.40	83.67

资料来源：南开大学中国保险机构治理指数数据库。

（四）中小型保险机构治理指数分资本性质的比较分析

如表6所示，2019年中资和外资中小型保险机构治理指数平均值均较2016年有显著提高，且中资中小型保险机构治理水平整体高于外资中小型保险机构。中资中小型保险机构的董事与董事会分指数和监事与监事会分指数高于外资中小型保险机构，而外资中小型保险机构的股东与股权结构分指数、高级管理人员分指数、信息披露分指数和利益相关者分指数高于中资中小型保险机构。2019年中资中小型保险机构治理指数较2018年提高2.74，外资保险机构较2018年提高1.19。中资中小型保险机构的股东与股权结构分指数较2018年有所降低，其余分指数均较2018年提高；外资中小型保险机构的董事与董事会分指数和高级管理人员分指数较2018年有所提高，其余分指数均较2018年下降。

表6　中小型保险机构治理指数分资本性质分析

年份	资本性质	样本数	保险机构治理指数	股东与股权结构分指数	董事与董事会分指数	监事与监事会分指数	高级管理人员分指数	信息披露分指数	利益相关者分指数
2016	中资	98	66.28	56.53	52.79	41.98	66.18	86.68	84.84
	外资	49	66.15	66.53	40.00	27.41	72.01	90.44	88.05
2017	中资	110	65.95	56.18	53.64	43.77	67.40	85.79	81.04
	外资	49	67.82	65.71	39.86	29.45	78.72	90.44	91.84
2018	中资	118	67.42	55.08	56.27	54.48	67.92	85.91	80.75
	外资	49	66.78	68.16	33.88	34.11	76.97	90.33	89.21
2019	中资	117	70.16	53.50	60.63	56.04	75.95	86.01	85.23
	外资	50	67.97	67.20	38.80	33.43	82.00	90.11	87.43

资料来源：南开大学中国保险机构治理指数数据库。

（五）中小型保险机构治理指数分险种类型的比较分析

如表7所示，2019年财产险和人身险中小型保险机构治理指数平均值均较2016年有明显提高，且人身险中小型保险机构治理水平整体高于财产险中小型保险机构。人身险中小型保险机构董事与董事会分指数、高级管理人员分指数、信息披露分指数和利益相关者分指数高于财产险中小型保险机构。2019年人身险和财产险中小型保险机构治理指数平均值较2018年均有提高；人身险中小型保险机构股东与股权结构分指数较2018年未变化，其余五个分指数均有提升；财产险中小型保险机构股东与股权结构分指数、监事与监事会分指数和信息披露分指数较2018年略有下降，其余三个分指数均有提升。

表 7　中小型保险机构治理指数分险种类型分析

年份	险种类型	样本数	保险机构治理指数	股东与股权结构分指数	董事与董事会分指数	监事与监事会分指数	高级管理人员分指数	信息披露分指数	利益相关者分指数
2016	财产险	77	66.39	63.12	47.97	41.93	65.68	87.08	84.23
	人身险	70	66.08	56.29	49.14	31.84	70.82	88.87	87.76
2017	财产险	81	66.47	62.22	49.30	43.74	67.20	86.55	82.19
	人身险	78	66.59	55.90	49.49	34.80	74.73	87.92	86.63
2018	财产险	84	66.64	62.86	48.57	52.21	67.35	86.09	78.74
	人身险	83	67.83	54.94	50.84	44.75	73.84	88.33	87.78
2019	财产险	84	68.84	60.24	52.22	52.04	75.17	85.78	83.67
	人身险	83	70.18	54.94	55.98	46.47	80.38	88.71	88.12

资料来源：南开大学中国保险机构治理指数数据库。

（六）中小型和大型保险机构治理分指数的对比分析

2016 年—2019 年中小型保险机构股东与股权结构分指数平均值（59.86、59.12、58.92 和 57.60）均未超过 60.00，显著低于同期大型保险机构股东与股权结构分指数平均值（80.00、83.08、86.15 和 81.54），中小型保险机构股东治理水平显著低于大型保险机构。

2016 年—2019 年中小型保险机构董事与董事会分指数平均值（48.53、49.39、49.70 和 54.09）低于同其大型保险机构董事与董事会分指数平均值（60.00、60.00、60.51 和 61.03），董事会治理是中小型保险机构治理的显著短板。

2016 年—2019 年中小型保险机构监事与监事会分指数平均值（37.12、39.35、48.50 和 49.27）显著低于同期大型保险机构监事与监事会分指数平均值（61.54、62.64、69.23 和 67.03）。

2016 年—2019 年中小型保险机构高级管理人员分指数平均值（68.12、70.89、70.57 和 77.76）与同期大型保险机构高级管理人员分指数平均值（67.03、71.43、69.23 和 74.73）相比，除 2017 年，其他年份均略高于相应年份大型保险机构。

2016 年—2019 年中小型保险机构信息披露分指数平均值（87.93、87.22、87.20 和 87.24）低于同期大型保险机构信息披露分指数平均值（91.50、91.90、91.90 和 91.50）。

2016 年—2018 年中小型保险机构利益相关者分指数平均值（85.91、83.37、83.23 和 85.89）高于同期大型保险机构利益相关者分指数平均值（79.12、79.12、80.22 和 91.21），中小型保险机构收到的监管函和行政处罚书相对少于大型保险机构是导致这一结果的重要原因；而 2019 年中小型保险机构利益相关者分指数平均值（85.89）则低于大型保险机构（91.21）。

七、我国小型保险机构治理状况的具体分析

（一）小型、中型和大型保险机构治理的对比分析

如图 2 所示，小型保险机构治理指数平均值在 2016 年—2019 年依次为 65.50、66.07、66.52 和 68.98，呈现逐年提高趋势；2017 年小型保险机构治理指数平均值较 2016 年提高 0.57，2018 年较 2017

年提高 0.45，2019 年较 2018 年提高 2.46。三种类型保险机构治理指数平均值相比，大型保险机构各年治理指数平均值均最高，小型保险机构的平均值最低，而中型保险机构的平均值居中。

图 2　小型、中型和大型保险机构治理指数对比

（二）小型保险机构治理指数的等级分析

如表 8 所示，2016 年—2019 年小型保险机构治理指数等级同样也是以Ⅲ级和Ⅳ级为主，Ⅴ级机构所占比例高于同期中小型保险机构样本和全样本，小型保险机构治理指数等级没有为Ⅰ级的机构。此外，Ⅶ级机构主要集中在小型保险机构，2016 年—2019 年小型保险机构治理指数等级为Ⅶ级的机构数依次为 3 家、5 家、6 家和 7 家，所占比例为依次为 2.36%、3.60%、4.08%和 4.76%，呈逐年上升趋势。

表 8　小型保险机构治理指数等级分布

治理等级	2016 年		2017 年		2018 年		2019 年	
	样本数	比例（%）	样本数	比例（%）	样本数	比例（%）	样本数	比例（%）
Ⅰ	0	0.00	0	0.00	0	0.00	0	0.00
Ⅱ	4	3.15	5	3.60	5	3.40	15	10.20
Ⅲ	37	29.13	48	34.53	52	35.37	64	43.54
Ⅳ	58	45.67	60	43.17	65	44.22	48	32.65
Ⅴ	20	15.75	15	10.79	16	10.88	13	8.84
Ⅵ	5	3.94	6	4.32	3	2.04	0	0.00
Ⅶ	3	2.36	5	3.60	6	4.08	7	4.76
合计	127	100.00	139	100.00	147	100.00	147	100.00

资料来源：南开大学中国保险机构治理指数数据库。

（三）小型、中型和大型保险机构治理分指数的对比分析

股东与股权结构分指数：2016 年—2019 年小型保险机构的平均值依次为 59.06、58.56、58.23 和 56.87，中型保险机构的平均值依次为 65.00、63.00、64.00 和 63.00，大型保险机构的平均值依次为 80.00、83.08、86.15 和 81.54，可以看出小型保险机构平均值最低，中型保险机构次之，大型保险机构最高。

董事与董事会分指数：2016 年—2019 年小型保险机构的平均值依次为 47.56、47.73、48.21 和

52.74，中型保险机构的平均值依次为54.67、54.00、60.67和64.00，大型保险机构的平均值依次为60.00、60.00、60.51和61.03，可以看出小型保险机构平均值显著低于大型和中型保险机构，而大型保险机构和中型保险机构之间差距不大。

监事与监事会分指数：2016年—2019年小型保险机构的平均值依次为35.77、39.26、48.79和49.56，中型保险机构的平均值依次为45.71、40.00、46.43和47.14，大型保险机构的平均值依次为61.54、62.64、69.23和67.03，可以看出小型和中型保险机构平均值相近，但均显著低于大型保险机构。

高级管理人员分指数：2016年—2019年小型保险机构的平均值依次为67.04、70.71、69.58和76.97，中型保险机构的平均值依次为75.00、72.14、77.86和83.57，大型保险机构的平均值依次为67.03、71.43、69.23和74.73，可以看出小型保险机构和大型保险机构平均值明显低于中型保险机构，但小型保险机构和大型保险机构差异不大。

信息披露分指数：2016年—2019年小型保险机构的平均值依次为87.40、86.52、86.54和86.75，中型保险机构的平均值依次为91.32、92.11、92.11和90.79，大型保险机构的平均值依次为91.50、91.90、91.90和91.50，可以看出小型保险机构平均值低于大型保险机构和中型保险机构，而大型保险机构和中型保险机构信息披露水平比较接近。

利益相关者分指数：2016年—2019年小型保险机构的平均值依次为85.94、84.07、83.09和86.20，中型保险机构的平均值依次为85.71、86.43、84.29和83.57，大型保险机构的平均值依次为79.12、79.12、80.22和91.21，可以看出小型保险机构和中型保险机构平均值显著高于大型保险机构，小型保险机构和中型保险机构利益相关者治理水平较为接近。

八、研究结论与建议

（一）研究结论

第一，通过对中国保险机构治理指数分析可以发现，2016年—2019年期间我国中小型保险机构治理指数逐年升高，从2016年的66.24提升到2019年的69.50；但上升的幅度低于大型保险机构（从74.13上升到78.35）；总体上来说，我国保险业治理水平和治理能力有显著提高。

第二，从中国保险机构治理等级分布来看，中小型保险机构治理等级主要集中在Ⅲ级和Ⅳ级，两类等级机构历年所占比例超过70.00%，治理等级Ⅴ的占比次之；治理等级Ⅲ的占比呈现逐年提升趋势，治理等级Ⅳ的占比呈现整体下降趋势；治理等级为Ⅰ级、Ⅱ级的机构较少；相对于大型保险机构，Ⅵ级和Ⅶ级等的低等级样本机构所占比例相对较多。

第三，从分指数角度分析，中小型保险机构信息披露分指数和利益相关者分指数均高于80.00，高级管理人员分指数均高于60.00，股东与股权结构分指数在50-60之间，董事与董事会分指数和监事与监事会分指数是其治理的短板，各分维度发展不均衡；股东与股权结构分指数呈现出总体下降趋势，信息披露分指数比较稳定，利益相关者分指数波动性较强，其余分指数呈现出稳定上升趋势。

第四，从组织形式角度分析发现，股份制中小型保险机构的治理指数高于有限制和相互制中小型保险机构，相互制中小型保险机构治理指数最低；从历年机构治理发展状况来看，股份制和有限制中小型保险机构治理呈现出总体上升趋势，相互制中小型保险机构治理则存在较明显的波动。

第五，从资本性质角度分析发现，2016年—2019年期间，除2017年，中资中小型保险机构治理指数均高于外资保险机构；此外，2016年—2019年期间中外资中小型保险机构治理呈现总体上升趋势，且中资中小型保险机构治理指数上升幅度显著高于外资中小型保险机构。

第六，从险种类型角度分析发现，人身险中小型保险机构治理指数历年均高于财产险中小型保险机构，即人身险中小型保险机构治理水平高于财产险中小型保险机构；2016年—2019年期间，我国财产险和人身险中小型保险机构治理呈现逐年上升趋势，且人身险中小型保险机构治理指数上升幅度更大。

第七，从规模类型角度分析发现，中小型保险机构治理指数低于大型保险机构，中型保险机构治理指数高于小型保险机构；中型保险机构治理指数呈现出总体上升趋势，小型保险机构治理指数呈现出逐年上升趋势，而小型保险机构治理指数上升幅度高于中型保险机构，但低于大型保险机构；大型保险机构治理水平相对较高，同时提升幅度也较高。

第八，就中型保险机构而言，其六大维度当中，高级管理人员分指数表现较为突出，高于同期大型保险机构和小型保险机构；利益相关者和信息披露分指数显著高于小型保险机构，但与大型保险机构总体持平；股东与股权结构和董事与董事会分指数则处于小型保险机构和大型保险机构之间；监事与监事会是其治理的短板，该分指数与小型保险机构持平。

第九，就小型保险机构而言，治理等级分布上，相对于大型和中型保险机构来说，治理等级Ⅲ的占比略低，治理等级Ⅳ的占比略高；与大型和中型保险机构相似，股份制、中资和人身险小型保险机构的治理水平相对较高，有限制、外资和财产险小型保险机构治理水平相对较低；其六大维度中，董事与董事会、监事与监事会和股东与股权结构是制约小型保险机构治理水平提升的重要因素，利益相关者分指数与中型保险机构持平且领先于大型保险机构。

（二）对策建议

第一，发布适用于所有保险机构的行业治理准则。保险监管必须服务于保险业的发展实践（陈文辉，2010）。2006年出台的《关于规范保险公司治理结构的指导意见（试行）》确立了我国保险监管的三支柱框架，随着我国保险业总体治理水平的不断提高和治理实践中一些新变化的出现，可以考虑修订该文件，出台适用于我国所有保险机构的《保险机构治理准则》，恰当引导行业治理实践。

第二，全面展现行业治理标杆的示范效应。治理标准不仅仅局限于各类标准文件，治理标杆公司或者实际案例等也是标准的重要内容。目前监管部门已经开展了多年的保险机构治理状况年度自评和监管评价工作。可以考虑定期发布最佳治理保险机构名录，甚至发布最差治理保险机构名录，从声誉机制角度给保险机构施加压力，促使其完善治理。

第三，进一步落实保险机构治理分类监管理念。分类监管并不是说要求监管机构设立专门的部门来进行监管，而是要求在治理实践中根据对象的不同，采用不同的监管策略，避免“大一统”模式（郝臣，2017）。比如，可以按照规模、控股股东性质、成长阶段、评价结果等级等分类，不同类型保险机构的治理风险点都有所不同。分类监管理念下，中型和小型保险机构治理应是监管的重点类型机构。

第四，把住保险机构治理合规性的底线。截至目前，我国监管部门出台的保险机构治理相关制度和办法总数接近200部。但是通过监管部门发布的多次公司治理评估结果和本成果的2016年—2019年度的评价结果来看，还有一些保险机构存在明显的治理合规性短板。治理合规性是有效性的前提，也是监管的重中之重，因此需要补齐这些治理短板，为全面提升保险机构治理能力提供合规性基础。

第五，完善保险机构信息披露。保险监管的最大职责是保护消费者利益（孙祁祥和郑伟，2009），为了避免侵害包括保险消费者在内的利益相关者利益行为的发生，信息披露是最好的防腐剂。目前信息披露途径、内容框架基本上已经建立，只是部分公司信息披露还不规范，保险机构网站长期不更新、相关规定的信息披露内容不及时上传等行为都是监管部门今后在信息披露方面监管的重点。

第六，培育保险机构的治理文化。治理文化是在一定的社会大文化环境影响下，经过各治理主体长期倡导和共同认可、实践与创新所形成的具有本组织特色的治理方面的价值观念、制度安排、行为准则、治理风格等的综合。遵守制度、尊重所有利益相关者的利益是治理文化的最基本体现。如果一个保险机构没有治理文化，那么其公司治理建设还只是停留在“形似”层面。

第七，尊重保险机构的两个“上帝”。顾客（即投保人）和投资者（即股东）是保险机构的两个上帝。经济型治理的一个典型特点就是中小股东和其他利益相关者的有效参与，而投保人和各类股东参与治理的一个前提就是要了解保险机构基本情况。这就要求保险机构在做到强制性信息披露的同时，多进行自愿性信息披露，最终提高包括投保人和股东在内的保险机构广大利益相关者的认同度。

第八，提高保险机构董监高人员的治理素养。保险机构治理实践最后还是要落实到人。根据高阶理论，董监高人员的学历、经历、经验、声誉等都是影响其参与治理效果的重要因素。因此，保险机构可以在选聘环节提升对董监高人员的素质的要求，对于在职相关人员通过行业协会、行业学会等机构和自身组织的各类公司治理相关培训来提升其履职能力，同时关注相关人员结构安排的合理性。

第九，开展公司治理的第三方诊断。第三方治理诊断相对于大样本的公司治理评价更具针对性。保险机构改进公司治理的前提是能够清楚地掌握自身治理的特点、优点与短板。而保险机构自身往往无法做到这一点，但可以借助第三方的力量，通过专业机构的有针对性的治理评价，使保险机构能够及时、准确、客观地掌握自身的治理状况，进而为其规避治理风险和提升治理能力提供参考信息。

成果创造人：郝　臣、齐　岳、刘　琦、崔光耀、王　萍

【参考文献】

[1]郭树清.完善公司治理是金融企业改革的重中之重[N].经济日报,2020-07-03(010).

[2]梁涛.奋力构建中国特色银行保险业公司治理机制[J].中国金融,2020,(15):1-2.

[3]宋志平.全面提高上市公司质量[N].证券时报,2020-05-11(A01).

[4]陈文辉.中国保险业发展和监管的几个问题[J].保险研究,2010,(7):8-11.

[5]李维安,王世权.中国上市公司监事会治理绩效评价与实证研究[J].南开管理评论,2005,(1):4-9.

[6]李维安.公司治理评价与指数研究[M].北京:高等教育出版社,2005.

[7]高明华,苏然,方芳.中国上市公司董事会治理评价及有效性检验[J].经济学动态,2014,(2):24-35.

[8]郭金龙,朱晶晶.改革开放四十年来我国保险业风险及其防范措施[N].证券时报,2018-10-16(A02).

[9]郝臣,付金薇,李维安.国外保险公司治理研究最新进展——基于2008年~2017年文献的综述[J].保险研究,2018,(4):112-127.

[10]郝臣,李慧聪,崔光耀.治理的微观、中观与宏观——基于中国保险业的研究[M].南开大学出版社,2017.

[11]郝臣,李慧聪,罗胜.保险公司治理研究:进展、框架与展望[J].保险研究,2011,(11):119-127.

[12]郝臣.保险法人机构治理评价新思路[J].上海保险,2018,(4):10-13.

[13]鲁桐,吴国鼎.中小板、创业板上市公司治理评价[J].学术研究,2015,(5):79-86.

[14]孙祁祥,郑伟.保险制度与市场经济:六个基本理念[J].保险研究,2009,(7):19-23.

[15] Andrew Metrick, Paul A. Gompers, Joy L. Ishii. Corporate Governance and Equity Prices[J]. Quarterly Journal of Economics, 2003, 118(1): 107-155.

[16] Narjess Boubakri. Corporate Governance and Issues from the Insurance Industry[J]. Journal of Risk and Insurance, 2011, 78(3): 501-518.

[17] R. Edward Freeman. Strategic Management: A Stakeholder Approach [M]. Boston: Pitman, 1984.

以高质量混改打造国际化矿业集团

——洛钼集团两次混合所有制改革实现国际化腾飞的典型经验

洛阳栾川钼业集团股份有限公司

洛阳栾川钼业集团股份有限公司（简称“洛钼集团”）原是栾川县一家中小型国有企业，为了克服国有企业“吃大锅饭”的弊端，走出发展困境，经过2003年和2012年两次“混合所有制”改革，引入有责任担当、有雄厚资本、有理想抱负、有市场经验的上海鸿商产业控股集团（简称“上海鸿商”）作为战略合作伙伴，由国有独资转型为“政府引导、民营主导、股份制架构”的混合所有制跨国公司，激活了发展的内生动力和活力，通过实行现代企业管理制度，落实“三大改造”，完成A+H两地上市，推进国内布局优化、海外并购两条战线，由一家地方小型国企一跃发展成为位居全球前列的矿业资源跨国公司，洛钼集团的发展实践深刻地证明了混改是企业实现跨越发展的制度根本。

一、洛钼集团两次混合所有制改革的背景

（一）第一次混改的背景：传统“大锅饭”不适应市场竞争环境而陷入困境

洛钼集团原是栾川县从事钼矿开采提炼的中小型国有企业，机制不活、市场狭小、副业较多。1996年—2002年间，受亚洲金融危机影响，国际矿业发展环境恶化，国内外钼价低迷，洛钼集团处在半停产状态。当时6000名职工有一半放假，拖欠养老保险金5000多万元，亏损严重，濒临倒闭。2003年前后，为了摆脱发展困境，全国各地打响了国企产权制度改革的“攻坚战”，栾川县委县政府审时度势，牢牢抓住国企改革的战略机遇，决定通过改制使洛钼集团走出低谷。在政府的主导下，洛钼集团引进上海鸿商，成功实施第一次混合所有制改革，公司由国有独资变成国资控股、民资参股的混合所有制公司。

（二）第二次混改的背景：危机环境下的原有体制弊端再次显现

2008年以来，面对世界金融危机带来的市场再次下行，洛钼集团依赖市场价格的经营特点没有发生根本性改变，依旧没有形成较强的抗风险能力，同时国有主导的体制也陆续暴露出一些诸如发展战略不够清晰、机构臃肿、效率不高等制约企业发展的问题。2009年—2012年，公司盈利较以前出现大幅下降，其中2009年利润同比下降70%，2012年同比下降6.3%，实施“二次混改”势在必行。在此时，洛钼集团推进“二次混改”的目的是为了增强市场竞争力，主要路径是：国资退出大股东地位，由民资担当大股东，国资变为第二大股东，由国企体制彻底转变为民企体制，实现彻底的市场化转型。

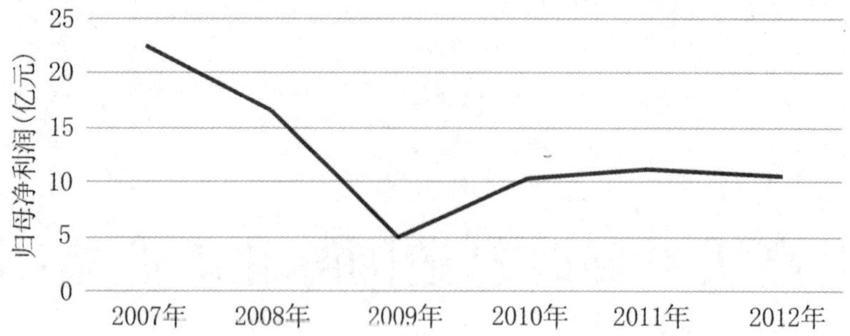

图1　洛钼集团2007年—2012年归母净利润情况

数据来源：洛钼集团年报。

二、两次混合所有制改革的主要做法及成效

（一）第一次混合所有制改革的主要做法及成效

为了摆脱发展困境，在栾川县委县政府的主导下，2003年，洛钼集团启动第一次混改。经过严格招标，民营投资机构上海鸿商以其先进的经营理念和良好的资金优势得到栾川县的认可，在多轮竞标中胜出，最终以最高出价获准入股洛钼集团。上海鸿商注入洛钼近两亿元，持有洛钼股份49%，成为洛钼集团第二大股东。代表国有股权行使决策权的栾川县人民政府持股51%，仍为洛钼集团第一大股东。2005年，为了进一步促进重点企业加快改革并实施现代化经营，洛钼集团国有股权出资人由栾川县政府变更为洛阳市国资委。2006年，洛阳市国资委将持有的洛钼集团51%股权依法划转至全资子公司洛阳矿业集团。划转完成后，洛阳矿业集团持有洛钼集团51%的股权，上海鸿商依然持有49%股权。

第一次混改促使洛钼集团走上了科学管理的轨道。一是剥离非核心产业，优化资源配置。按照国有企业改革总体部署，公司以“主业合资、辅业分流”为原则，通过零资产转让、股份制改造、破产重组、中止清算等方式，将公司下属的汽修厂、子弟学校等10个辅助单位分离出去，明晰了产权，精干了主体，为公司轻装前进、快速发展创造了有利条件。二是打破铁饭碗，置换职工身份。为激发职工生产积极性，按照企业改制要求，投入8000多万元完成4600多名职工身份置换，职工身份由全民所有制改为合同制，更加适应市场化发展需求。三是创新考核方式，实施经营承包。建立了总经理负责制、各单位层层经营承包的管理模式，以扭亏脱困为目标，实施经营责任制考核措施。四是重新评估家底，清理历史包袱。对全部资产进行重新评估，摸清家底，处理潜亏，促进公司健康运行。

第一次混改使洛钼集团实现第一次大跨越。通过第一次混合所有制改革，洛钼集团初步建立了现代化企业管理制度，同时抢抓2003年钼市场回升的有利时机，利用改制引入的增量资本，借助鸿商丰富的资本市场经验，加快采选规模扩建，引进新技术和新设备，至2006年前后，洛钼集团总采选矿能力达到30000吨/日，钼铁冶炼能力30000吨/年。2005年公司实现销售收入36.7亿元，利润总额14.8亿元，2006年销售收入达到38.2亿元，利润总额24.5亿元。在市场价格与混改双重利好驱动下，洛钼集团迎来了新一轮的跨越发展。

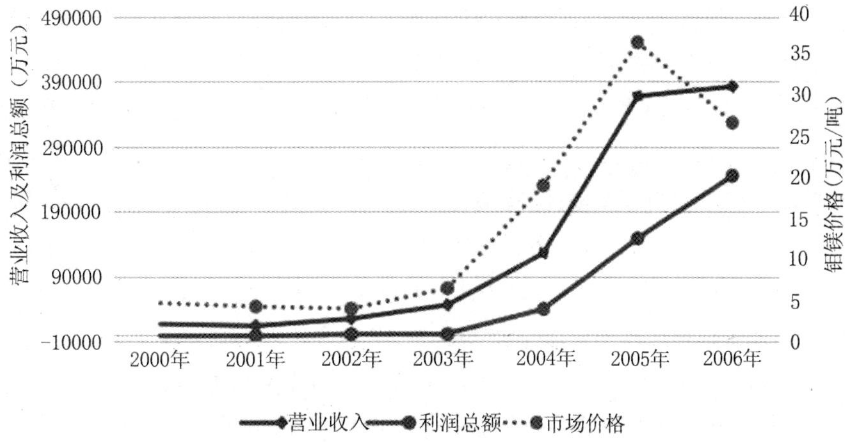

图 2　洛钼集团第一次改革期间钼铁价格、公司营业收入及利润总额

数据来源：钼铁市场价格来自亿览网和北京安泰科信息股份有限公司；营业收入及利润总额来自洛钼集团年度会计报表。

（二）第二次混合所有制改革的主要做法及成效

2012 年，洛阳市启动新一轮国有企业混合所有制改革，为了进一步增强洛钼的企业竞争力，提高市场抗风险能力，洛阳市决定对洛钼实施进一步的混合所有制改革。基于上海鸿商作为第二大股东参股洛钼以来良好的政治意识、专业水平、经营操守及业绩表现，为了进一步做大做强洛钼集团，加快国有资产增值，洛阳市政府解放思想，决定将洛钼的控股权让渡给上海鸿商。从 2012 年底开始，上海鸿商以市场化的方式持续增持洛钼股份，最终成为洛钼的第一大股东和实际控制人（增持股份后，鸿商所持洛钼股本达到 36. 01%，超越原第一大股东洛阳矿业集团所持有的 35. 01%），彻底完成了由国有控股向民资控股的体制转换。2013 年，经洛阳市政府批准，市国资委在洛阳矿业集团有限公司、洛阳市国资国有资产经营有限公司等企业基础上组建了“洛阳国宏投资集团有限公司”，国宏集团成为洛钼集团国有股东洛阳矿业集团的出资方，也成为市国资委在洛钼集团践行股东权益的代表。

在上海鸿商集团的主导下，公司大刀阔斧地进行“市场化”改革，转变全体职工观念，建立市场化经营管理体制，把低成本战略落到实处。一是干部任用市场化，精简人员。干部管理权由地方党委组织部转交给上海鸿商集团，领导班子带头行动，辞去国有干部序列，科级以上干部重新竞聘上岗，打破干部“官位终身制”，按照业绩任用干部，能上能下，公司共撤职和降职使用副处级以上干部 25 名，裁减科级干部 169 名。通过实施定岗定员、绩效考核等科学管理措施，彻底解决了职工收入“大锅饭”、人浮于事、低效运行的弊端。二是机构设置市场化，精简机构。完全按照经营管理的实际需要设置机构，裁撤处级机构 3 个，科级机构 13 个。紧缩开支，压缩小轿车 62 台，清退劳务工 243 名。三是正风肃纪，堵死跑冒滴漏。加强党委领导和纪委监督，颁布新规，新老责任划断，对过去不良行为既往不咎；但是，凡是“二次混改”后继续违纪违规违法者，新账老账一起算，一查到底。仅 2013 年处以党纪处分 7 人、政纪处分 13 人，被司法机关判刑 6 人，取保候审 3 人，网上追逃 1 人，追回违纪金额 69. 42 万元，挽回经济损失 1650 余万元。通过严明纪律，对公司各项敏感业务操作也起到了良好的警示和震慑作用，仅 2013 年，通过对产品产量计量、产品化验检测等业务的监督、规范和管控，减少了上千万元的损失。四是剥离非核心及无效资产。明晰发展战略，专注主业发展，处置了永宁金铅、坤宇矿业、洛阳硬质合金公司等不良资产或非核心业务。五是以低成本运营为目标。推行全面预算管理，建立以财务及资金管理为核心的企业管理体系。六是推进布局优化和海外并购，在国内优化钼钨采选布局，促进资源综合回收，在国外实施海外收购，加快战略转型，实现资产组合和收入利润多元化，提高市场抗风险能力。

通过第二次混改，公司在管理架构、用人机制、投资决策、成本控制、绩效考核等方面实现了根本的“市场化”转型，激发了发展活力，成功建立现代化的高效经营管理体制机制，形成清晰的发展战略、极具竞争力的低成本核心优势和技术优势，经营效益明显提高。

“二次混改”后的第一年（2013 年），洛钼管理费用同比下降 5357 万元，钼铁价格每吨比上年下降了 7100 元，直接导致利润降低 2.2 亿元，但在如此严峻的市场形势下，洛钼集团通过狠抓管理消化了两个多亿的市场减利。在全国有色金属企业效益纷纷下滑 50% 到 60% 的情况下，洛钼集团“风景这边独好”，在国内同行业独占鳌头，实现归母净利润 11.74 亿元，同比增长 12%，上缴税金 10.13 亿元，同比增长 6%，而与洛钼集团同等规模的“金堆城钼业”的归母净利润仅为 1.78 亿元，另外一家钼业上市公司“新华龙钼业”仅为 0.54 亿元。

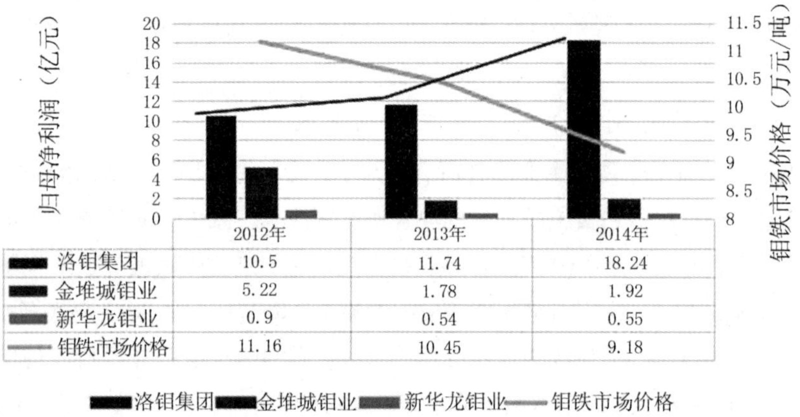

	2012年	2013年	2014年
洛钼集团	10.5	11.74	18.24
金堆城钼业	5.22	1.78	1.92
新华龙钼业	0.9	0.54	0.55
钼铁市场价格	11.16	10.45	9.18

图 3　2012 年—2014 年国内主要钼生产企业归母净利润及钼铁价格走势

数据来源：钼铁市场价格来自亿览网和北京安泰科信息股份有限公司；净利润来自年报。

“二次混改”后的第二年（2014 年），钼市场继续走低，钼铁价格每吨同比下降了 1.27 万元，但是洛钼集团却依靠持续的混改红利，逆势上扬，完成归母净利润 18.24 亿元，同比增加 6.5 亿元；“金堆城钼业”仅为 1.92 亿元，同比仅增加 0.14 亿元；“新华龙钼业”仅为 0.55 亿元，同比仅增加 0.01 亿元。洛钼集团较强的盈利能力和市场竞争力，彰显出混合所有制改革的巨大成功，同时也为后续实施海外并购战略扫清障碍，健全机制，夯实根基。

	2012年	2013年	2014年	2015年	2016年	2017年
营业收入	57.11	55.36	66.62	41.97	69.5	241.486
归母净利润	10.5	11.74	18.24	7.61	9.98	27.28

图 4　洛钼集团 2012 年—2017 年营收及归母净利润走势

（数据来源：洛钼集团年报）

三、两次混合所有制改革驱动洛钼战略转型

（一）两次混改使洛钼集团实现了经营体制转型

洛钼集团利用两次混合所有制改革把曾经由政府国资部门单一投资主体的国有企业改造为民营控股、国资参股的混合所有制企业，通过建立规范的法人治理结构，共同保障企业经济效益、维护投资人共同利益，形成风险共担、资本共投、收益共享的激励机制和动力机制，形成自主经营、自负盈亏、自我约束、自我发展的经营机制；通过建立以财务管理和资金管理为核心的现代企业管理制度，适应市场经济模式，实施企业改革，打破国有体制平均主义；通过建立以绩效考核为核心的薪酬体系，专注主业发展，剥离非核心业务和资产，以利润最大化为经营目标，形成以低成本为目标的全面预算管理体系，致力于将公司所有产品的成本打造成为同行业最低。

两次混改为洛钼集团插上了腾飞的翅膀，实现了高速扩张、弯道超车、持续跨越。2003 年—2019 年，洛钼集团主营收入增长 150 倍、利润增长 151 倍、总资产增长 92 倍、国有净资产增长 38 倍。2020 年一季度主营收入 223.8 亿元，同比增加 400%；实现归母净利润 4.48 亿元，同比增长 39.24%，盈利水平位居全国有色行业上市公司和河南省上市公司前列。综合实力名列 2020《财富》中国 500 强企业第 151 位，已成为位居全球前列的矿业资源跨国公司，未来战略目标是进入全球矿业公司前五位。

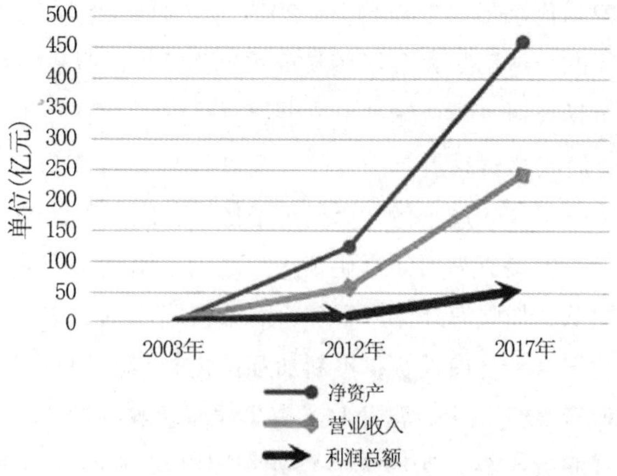

图 5　洛钼集团 2003 年—2017 年主要指标变化

数据来源：洛钼集团年报。

（二）两次混改促进洛钼集团实现了市场化和多元化转型

战略转型需要资本市场。为了推进“扩大规模、综合开发、做大做强”战略，必须克服资本不足的短板，洛钼集团果断决定挺进资本市场，撬开不断跨越的大门。

2007 年洛钼集团实现 H 股上市。2003 年第一次混改为上市奠定了制度基础，洛钼集团于 2007 年 4 月 26 日在中国香港 H 股主板上市，上市工作只用了短短 313 天的时间便取得了圆满成功，创下了香港联交所的历史新纪录，募集 81 亿元港币，是河南省上市企业中募集资金最多的一家。中国香港上市具有划时代的意义，促进洛钼集团现代化管理上了一个新台阶，为后续国际化并购奠定了基础。

2012 年实现 A 股上市。2012 年第二次混改为洛钼股份回归 A 股上市奠定了坚实基础。经过不懈努力，2012 年，洛钼股份成功登陆上交所，正式回归 A 股，成为国内有色行业屈指可数的 A+H 两地上市公司。A 股上市募集资金 6 亿元后，公司先后在国内资本市场发行可转换公司债券和非公开发行股份，目前累计在国内资本市场募集资金达 235 亿元，是河南省上市企业中募集资金最多的一家。

上市推动了洛钼产品的多元化布局和规模化扩张。公司利用资本市场融资，快速布局白钨回收产业，建成了 30000 吨/日钼钨采选配套及 APT（中文名为仲钨酸铵，钨化工产品）的生产布局，为应对 2008 年金融危机后的行业寒冬做好了准备。

（三）两次混改促进洛钼集团实现了国际化转型

两次混改为洛钼集团国际化扩张奠定了基础，两次上市为洛钼集团海外并购准备了充足的资本“弹药”。

抓住行业周期低点的历史机遇，实现并购扩张。2007 年，洛钼成立海外并购小组，组建全球顶尖的财务团队和法务团队，从欧美等国高薪聘请专业人员和中介机构，制定并购战略，潜心跟踪研判市场，积累资本实力，耐心等待并寻找并购良机。2013 年以来，洛钼把握住全球大宗商品价格下降的周期谷底，累计投资 60 多亿美元先后成功完成澳洲铜金矿业务、巴西铌磷矿业务、刚果（金）铜钴矿业务收购。2013 年 12 月，以 8.2 亿美元成功从力拓集团手中购买澳洲北帕克斯铜金矿 80% 的权益；2016 年 4 月，以 16.76 亿美元收购英美资源集团所属的巴西磷矿和铌矿 100% 权益；2016 年以来，累计投入 37.8 亿美元，完成美国自由港集团所属的刚果（金）铜钴矿 80% 股权的收购，并先后被誉为有色金属行业最大海外并购项目、年度并购交易、“十大新闻”之一。

开辟金属贸易新领域，国际化水平再上新台阶。2019 年 7 月，投入 4.95 亿美元，完成原路易达孚集团旗下总部位于瑞士日内瓦的全球第三大金属贸易商埃珂森 100% 股权收购。埃珂森是从事基本金属和贵金属原料及精炼金属的贸易公司，是全球第三大金属贸易商，2020 年上半年，埃珂森实现矿物金属实物贸易量 124 万吨，精炼金属实物贸易量 114 万吨，实现销售收入 415.56 亿元，归母净利润 3 亿元，依托埃珂森，洛钼集团将成为一家收入过千亿、资产过千亿、市值过千亿的“三个千亿”集团。

强化海内外资产协同整合，发展成为国际行业龙头。洛钼集团从国内和国际矿业巨头聘请一流管理和技术专家，组建新的高管团队，加强海外资产管理，同时将国内低成本理念和中国元素灌输到海外板块，并将国际先进的管理经验根植到境内板块，不断加强国内外板块间技术交流和管理分享。洛钼集团海外业务资产总额占集团总资产 60% 以上、营业收入占集团营业收入的 80%、归属于母公司股东净利润占集团归属于母公司股东净利润近 60%。2019 年，洛钼集团以 62.66% 的跨国指数，位居 2019 中国 100 大跨国企业第 34 位，在上榜的 16 家矿企中排第五位。

四、两次混合所有制改革实现国际化腾飞的经验

洛钼集团通过两次混改实现了规模化、国际化、现代化的跨越腾飞，洛钼模式是在市场化改革、工业化、城镇化、经济全球化、中国崛起加速推进的大时代背景下探索出来的，洛钼模式和经验弥足珍贵，值得总结借鉴。

（一）混合所有制改革是实现跨越发展的制度基础和根本

在混改的过程中，洛钼集团做到“七个坚持”。

一是坚持政府主导混改。洛钼集团不断跨越发展的动力来自在政府主导下的两次混合所有制改革，混改优化了资本结构，扩张了资本实力，引入了战略投资者，注入了民营机制，效率优先，内生动力强劲，使国有背景、民营机制和市场效率等多重优势得到完美施展，国有资产保值增值的改革目标完美实现。

二是坚持让有担当的战略投资者引领发展。洛钼集团混改成功的关键是引入了上海鸿商战略投资伙伴，上海鸿商做事正、敢担当、擅长资本运作和国际化运营，带领洛钼集团占领全球矿业制高点。上海

鸿商并非普通的民营投资机构，不仅仅为了投资逐利，而是具有强烈的矿业报国情怀和理想宏图，持之以恒地致力于将洛钼集团打造成中国矿业走向国际舞台的标杆，提升中国矿业企业在国际市场上的话语权和影响力。

三是坚持推进管理现代化。建立现代管理体系，强化以财务为核心的市场化运营模式，打破“大锅饭”，唯才是用，薪酬体系市场化，严格风险管控，正风肃纪，堵塞漏洞。

四是坚持自主决策并高效执行。在民营机制的主导下，洛钼集团的融资或者并购直接由公司股东大会、董事会等机构作出决策，效率大大提高，屡屡赢得先机。2013 年收购澳洲铜金矿项目仅用 4 个月便完成各项审批，刚果（金）和巴西两个收购项目仅用了半年时间，创造了多项跨境并购速度最快纪录。

五是坚持追求卓越发展目标。洛钼集团积极践行“五大”新发展理念，持续推进自我革命，不断提升发展战略目标，公司的愿景是“成为一家受人尊敬的国际化资源公司”，成为实现中国梦的全球资源提供者、新时代中国特色社会主义建设的积极参与者、创新发展和绿色发展的忠诚践行者。

六是坚持党建引领和文化奠基。各个时期市场下行以及企业机制变化带来职工思想巨大波动，以洛钼党委为政治核心的企业管理层，在每一次转型发展中勇于担当，坚韧不拔，全体员工与社会各方形成利益共同体，形成企业跨越发展的强大合力。加强中西文化融合和理念协同，塑造“全球视野、国际一流、中国性格”的企业文化，资方有抱负，员工有信仰，企业有力量。

七是坚持高标准践行社会责任。洛钼集团勇于承担社会责任，积极依法足额纳税，2003 年至 2018 年上缴税金总额 156.05 亿元，其中 2018 年在洛阳地区缴纳税收 12.78 亿元，同比增加 3.81 亿元。始终不忘初心，积极参与社会慈善活动，用实际行动回馈社会。从 2014 年以来，公司连续每年为栾川县脱贫攻坚捐款 1700 万元，2018 年追加至 4000 万元。近年来公司已累计为公益慈善事业捐款超 2 亿元，被评为“河南省社会扶贫先进单位”。

（二）上市是实现跨越发展的“助推器”

一是利用上市获得强大的融资能力。获取资本市场支撑是扩张发展的基础。依托上海鸿商丰富的资本运作经验，构建强大的融资体系。截至目前，利用资本市场及债券市场融资金额累计超过 400 亿元，其中在 2017 年完成的 180 亿元定增，超额认购 2.15 倍，有效认购资金高达 387 亿元，这是国内资本市场近年来最大规模的融资之一，彰显出资本市场对公司的高度认可。截至 2019 年末，洛钼货币资金余额 156 亿元、中国境内外逾 50 家银行为公司授信逾 1 100 亿元，大量的未使用授信及货币资金结存为公司提供了充足的流动性。目前，洛钼负债率降至 50% 左右，资金链充足，财务状况稳健。

二是利用资本优势实现国内国际扩张发展。洛钼集团紧紧抓住国家政策及市场利好的历史机遇，抓住 2003 年后钼市场走高的有利时机，迅速扩大产能，先是完成 30000 吨/日矿山扩建，同时建成了国内一流水平的万吨选厂和 5000 吨/日选矿厂，以及加大钼钨冶炼布局，成为境内利润来源的重要支柱。在 2008 年金融危机钼跌破成本价后，白钨板块快速崛起，贡献较强的现金流和盈利水平。基于对钨行业的跟踪调研以及长期看好，公司通过司法拍卖收购了 2.83 万吨仲钨酸铵，公司通过这笔另类投资增加了钨资源储备，进一步巩固了在钨行业的领导地位。同时，洛钼抓住国家“一带一路”建设机遇，果断实施海外并购，刚果（金）、巴西两项并购项目被列入国家“一带一路”建设重点支持项目。

三是利用上市推动了资本运营和管理规范。两次上市为企业跨越发展提供了更高平台，成功实现了由生产经营企业向产融结合的资本运营型企业的转变。上市后，洛钼严格按照香港和上海两大证券市场的要求规范自己的经营管理，提升了公司的整体素质，视野更加开阔，目标更加远大，经营更加国际化。

（三）海外并购是实现跨国公司跨越发展的必由之路

一是实施海外并购国际化战略。利用国内国际两种资源、两种市场是实现跨越发展的必然。在全球市场上对资源的争夺异常激烈，谁拥有资源，谁就拥有话语权、占领竞争制高点、获取高额利润。洛钼集团卧薪尝胆，十年前就确立了国际化发展战略，并坚持不懈地积累力量，等待时机，精准发力，通过海外并购一举成为特征鲜明、竞争力强的跨国公司。

二是实施逆周期精准并购。在国际大宗金属市场下行的周期低谷，果断实施海外并购，特别是2016年前后市场进入谷底，国际铜价从较高位下降近50%，铌铁下降近20%，钴价格下降近70%，洛钼集团抓住机遇果断出手，成功战胜众多竞争者，从力拓、英美资源以及自由港等国际顶尖的矿业巨头手中“抢得”优质资源，小公司“吃掉”大资源，逆周期完成高品质收购。快速完成两笔并购后，钴铜价格便直线暴涨，2017年钴价翻了一番，铜价涨了30%。2017年公司业绩增加了两倍以上，利润扩大了近3倍。同时也提前完成了洛阳市提质倍增建设给洛钼下达的到2020年营收增倍的目标。

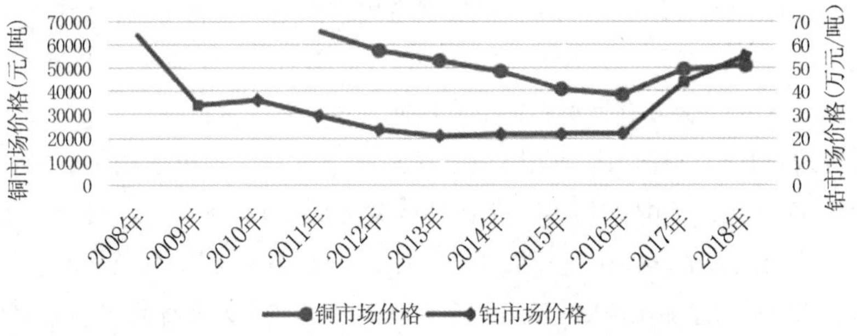

图6　2008年—2018年铜、钴市场价格走势

数据来源：北京安泰科信息股份有限公司，其中，2018年价格为前三季度市场均价。

（四）低成本战略是实现“内生性增长”跨越发展的核心优势

低成本是实现高收益的前提条件，洛钼集团长期坚持不懈地推进“三去一降一补”供给侧结构性改革，实施低成本战略，从管理创新、技术创新和低成本并购优质资源“三条战线”打造独特的低成本核心优势，探索出了“低成本、高盈利”的持续发展模式。

一是通过混改加强管理降成本。企业管理是降成本的制度基础。公司通过混改建立现代企业制度，建立起一整套适应市场化发展的卓越管理制度，苦练内功，向内挖潜。

二是通过技术创新降成本。技术创新是降成本的重要物质基础。公司充分挖掘伴生矿生产优势，通过技术手段，成功从钼矿伴生矿中回收白钨、铜等元素，实现资源效益最大化。通过实施自动化和智能化改造，建成了数字化矿山和智能化选矿厂，提高效率和质量，降低了成本，钼精矿产品的平均品位从原来的47%提高到53%；通过实施信息化技术，建立ERP管理信息化系统，提高经营管理和决策效率；通过技术攻关，钼、钨、铜等选矿技术不断提升，白钨回收率由40%提高到78%以上，铜回收率由30%提高到50%，生产所需的药剂材料大幅度降低。

三是通过并购优质资源降成本。资源禀赋决定开采冶炼的成本收益比例，持续低成本并购优质资源是确保低成本高收益的基础条件。公司确定海外并购对象的第一要求就是品位高的矿产，近年并购的海外资源均为世界级、长寿命、高品位、低成本的最优质资源。其中，澳洲北帕克斯铜金矿为澳大利亚第四大在产铜矿，拥有独特的资源禀赋，采取自然崩落开采法，全球唯一100%自动化井下采矿；作为国内智慧矿山的领航者，公司率先将5G技术应用在国内智能矿山领域，加快推动采矿业务使用更多纯电动无人驾驶矿用卡车，为行业树立了标杆；刚果（金）TFM铜钴矿全球领先，已探明矿石资源量857.7百万吨，铜平均品位2.9%，是国内铜矿的近5倍；钴平均品位0.29%。位列全球前列；巴西铌矿和磷矿资源储量丰富、品质优良，已探明磷矿石资源量452.1百万吨，平均品位11.22%；铌矿石资源量602.3百万吨、平均品位0.47%。

低成本战略的实施为洛钼集团带来了收益的高速增长。2012年以来，在公司钼原矿品位大幅下降、大宗物资价格逐年上涨的情况下，2017年公司营业收入241.5亿元，比2012年增加了322%；归母净利润27.28亿元，比2012年增加了160%，在多年来金属市场低迷，业内企业效益大幅下滑甚至亏损的背景下，公司逆势上扬，成为业内最具竞争力的矿业公司。

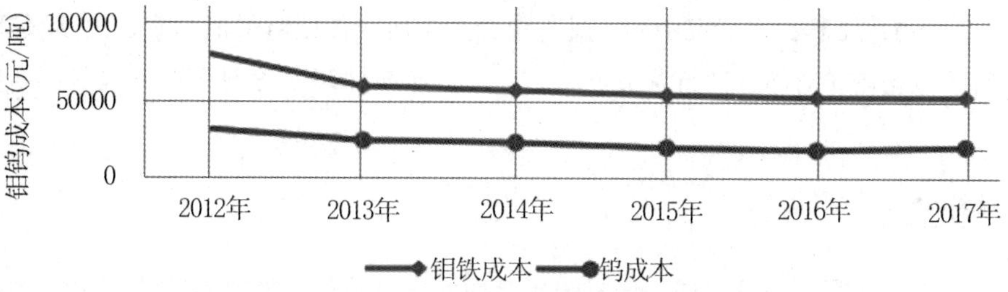

图7　洛钼集团2012年—2017年单位生产成本趋势下降

数据来源：洛钼集团年报。

（五）专注主业、科技引领是实现跨越发展的动力

强化主业优势。公司深谙矿业的发展逻辑，早在2004年第一次改制中，便在上海鸿商的帮助下，成功剥离了以前国有模式下公司拥有的10余家辅助单位，使公司产权明晰，轻装上阵。在2012年第二次改制中，上海鸿商积极主导，及时处置了国内金、铅等不良资产和非核心业务，再一次使洛钼集团走上了健康快速发展的轨道上。在几次海外并购中，洛钼集团仍将矿业作为投资核心。多年来公司深耕矿业，专注主业，心无旁骛发展核心矿业，从不盲目跟风涉足毫无技术、人才、市场、政策等优势的其他产业，稳中求进，专业和专注的精神成就了洛钼集团纵横驰骋在矿业巅峰的奇迹，见证了上海鸿商主导下洛钼的商业智慧。

强化创新驱动。创新驱动是低成本优势的重要依托。洛钼集团在打造矿业帝国的道路上，积极响应国家高质量发展政策，实施智能化改造、绿色化改造和企业技术改造等“三大改造”，积累了丰富的技术优势和良好的行业竞争力，为公司各个时期的战略部署提供了源源不断的发展动力。一是推进智能化改造，助力高质量生产。为了实现矿山安全生产，攻克矿山空区治理难题，建成了先进的数字化露天开采系统和远程遥控操作生产线，研发出全球首例新能源纯电动电池组卡车，并实现了完全无人驾驶；在选矿厂依靠自动化技术和信息化技术积极创建智能工厂和智能车间，栾川地区的钼钨铜生产实现了全流程自动化工艺。二是推进绿色化改造，助力污染防治攻坚。为响应国家“环境污染防治攻坚”和生态文明建设的号召，公司积极推行绿色行动计划，实现了选厂废水100%循环利用和矿区涉尘达标；钼冶炼尾气制酸工艺使公司成为全国仅有的两个实现废气超低排放的企业之一；自主研发的碱性萃取APT湿法冶炼工艺，是国家目前最环保的生产工艺，基本达到了零排放。三是推进技术改造，助力循环经济发展。大力实施技术引领行动计划，通过浮选柱技术、高压辊磨改造等技术攻关，公司实现了钼的规模化生产，生产能力全国第二，工艺水平行业领先。通过新工艺技术攻关，促进新能源开发利用，实现尾矿废水循环发电和钼冶炼无炭焙烧，推广余热利用新技术，完成无炭焙烧余热利用烘干钼精矿技术攻关项目，有望彻底告别燃料加热的传统烘干工艺。通过资源综合回收利用技术攻关，成功从钼尾矿中回收极低品位的白钨、铜、铁、铼、硫等伴生资源，开创行业先河。目前，伴生元素的生产效益已占据公司栾川地区效益一半以上，使公司成为原国土资源部40个资源综合利用示范基地之一和全国矿产资源合理开发利用先进矿山企业。通过实施“三大改造”，不仅落实了国家创新发展和绿色发展的使命，也使得公司成为最大受益者。在日益严峻的安全环保态势下，大量业内企业因不达标而停产整顿，而洛钼集团由于高度重视安全环保合规达标，依旧可以稳健生产，并因此获利颇丰。

通过实施技术引领行动计划和多年的技术深耕，公司在钼钨领域的整体生产技术水平位居国内前列，开发并应用创新成果100多项，获得了包括中国工业大奖提名奖、国家科学技术进步二等奖、中国有色金属工业协会科技进步一等奖在内的省部级以上10余项技术奖，建成1个博士后科研工作站、1个省级技术中心、2个省级工程技术研究中心，成为中国产学研合作创新示范企业、国家级高新技术企业、河南省技术创新示范企业和河南省创新龙头企业。在《福布斯》2018全球100家最具创新能力的企业中排名第43位。

五、思考和启示

党的十八届三中全会审议通过《中共中央关于全面深化改革若干重大问题的决定》为新时期发展混合所有制经济，坚持和完善基本经济制度指明了方向和路径。习近平同志强调“要积极发展混合所有制经济，强调国有资本、集体资本、非公有资本等交叉持股、相互融合的混合所有制经济，是基本经济制度的重要实现形式，有利于国有资本放大功能、保值增值、提高竞争力。这是新形势下坚持公有制主体地位，增强国有经济活力、控制力、影响力的一个有效途径和必然选择”。洛钼集团通过两次高质量混合所有制改革实现国际化腾飞，为积极发展混合所有制经济提供有益借鉴，也为积极发展混合所有制经济坚定信念。

（一）正确理解发展混合所有制经济的意义和作用

发展混合所有制经济，一是有助于国有企业更好地利用社会资本、银行等多元资本，提高杠杆融资能力；有助于更好地引进人才和先进管理制度，强化主动投资、战略投资和产业价值创造功能，实现资产组合的多样性和资本运作的灵活性，强化公司投融资能力。二是有助于推进国有企业重组改制、统筹解决国企改革遗留问题；有助于整合国有股权，提高国有资本收益，推动主营业务与资本运作的联动发展，带动国资改革重组突破。三是有助于全面推进市场化改革，促进“政企分开”，改善产权结构，革新思维理念，创新管理体制和运营机制，构建敏捷反应、科学高效的现代企业制度，打造市场化的样板平台公司，增加国有经济竞争力、控制力、影响力，形成可复制、可推广的成功经验。

（二）正确找准发展混合所有制经济的突破口和助力器

一是要坚定不移地、积极稳妥地加快推进国企混合所有制改革，要进一步解放思想，在国资控股参股的比例上，坚持发展是硬道理的基本原则，对充分竞争的行业领域，鼓励优质的社会资本担当第一大股东，国资维持第二大股东地位，建立“国资引导、民资主导”的市场化体制机制，由国企体制转型为民企体制。二是积极引入优秀的战略投资者。混合所有制是国资和民资的联合体，只有强强联合才能实现取长补短、优势互补、相互促进、共同发展，才能变得更加强大。在国企混改时应遵循“强强联合、优势互补”的基本原则，在全国全球范围内寻找战略投资者，优先引入资本实力雄厚、有产业关联、有专业人才队伍、有国际资本运营经验、有理想有抱负的战略投资者。混改绝不是仅仅为了引入财务投资者解决融资问题，更重要的是引入具有职业精神和专业水平的长期战略投资者，真正推动国企的市场化国际化专业化规模化多元化现代化转型升级和持续跨越发展。三是利用上市及资本市场融资工具，为混改及公司跨越发展提供充足资金支持。

（三）正确营造发展混合所有制经济的良好氛围

坚持放开、放手、放活原则，推进放管服改革，免费降税，实施配套扶持政策，营造“清、亲”政商关系，打造市场化法治化国际一流营商环境，坚持一企一策，切实解决企业困难，建设创新创业一流的企业家队伍。

成果创造人：李朝春、符同欣、袁宏林、郭义民、许文辉、程云雷

中央企业借力“双百行动”深化国企改革的实践与思考

——以中化集团及其子企业为例

刘福兴等　中国中化集团有限公司创新战略部

2018 年 8 月，国务院国有企业改革领导小组启动开展国企改革“双百行动”，旨在选取百余户中央企业子企业和百余户地方国有骨干企业，在 2018 年--2020 年期间，全面落实“1+N”政策文件要求，深入推进综合性改革，在改革重点领域和关键环节率先取得突破，打造一批治理结构科学完善、经营机制灵活高效、党的领导坚强有力、创新能力和市场竞争力显著提升的国企改革尖兵。中国中化集团有限公司（以下简称“中化集团”）有效借助“双百行动”专项工程契机，选取中化能源股份有限公司（以下简称“中化能源”）、中化国际（控股）股份有限公司（以下简称“中化国际”）两家企业申请纳入“双百企业”，作为改革先锋试点实施中化集团战略落地亟需重点突破的改革举措，取得显著成效并在内部发挥了示范作用，实现了贯彻国家改革政策、推动集团战略落地、促进企业更好发展三方面利益有机统一，产生了最大化的改革价值，具有一定的借鉴意义。本成果旨在总结中化集团借力“双百行动”专项工程全面深化改革的思路和做法，为其他企业推进国企改革专项工程和深化国企改革工作提供借鉴。

中化集团成立于 1950 年，前身为中国化工进出口总公司，目前已发展成为涵盖能源、化工、农业、地产、金融五大业务领域的多元化企业集团，对应设立了五大事业部，是领先的石油和化工产业综合运营商、农业投入品（种子、农药、化肥）和现代农业服务一体化运营企业，并在城市开发运营和非银行金融领域具有较强的影响力。中化集团在国务院国资委业绩考核中 15 次被评为 A 级，迄今已 30 次入围《财富》全球 500 强榜单。

中化能源是中化集团能源业务的主要经营载体，涵盖中化集团境内外主要能源业务及资产，依托 60 余年从事石油业务积累的基础，形成了以炼化和石化一体化业务为支点、汇聚多项协同业务的产业格局，主要运营石油贸易、石油炼化、仓储物流、石化销售和能源科技五大业务，是一家创新成长的石油石化产业运营商及综合服务商，并致力成为“中国能源行业变革的引领者”。

中化国际是中化集团化工业务领域的重要控股上市公司，成立于 1998 年，主营业务涵盖化工新材料及中间体、农用化学品、聚合物添加剂等多个领域，客户遍及全球 100 多个国家和地区。公司以“精细化学 绿色生活”为愿景，以打造新能源汽车的高性能材料解决方案提供商和中国农药标杆企业为战略主线，积极培育增长新动能，致力于打造世界级的创新型精细化工企业。

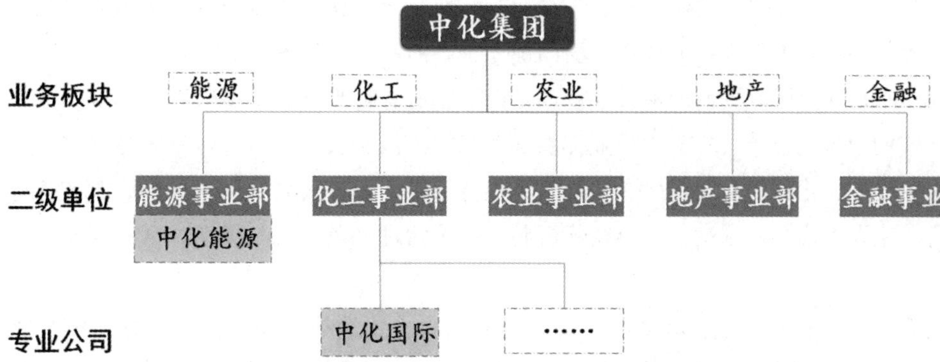

图 1　中化集团及两家“双百企业”的组织关系图

一、本成果的背景

（一）是新时期深入贯彻国企改革部署要求的需要

2015 年 9 月，《中共中央 国务院关于深化国有企业改革的指导意见》出台，其后陆续推出与其相配套的“1+N”政策体系文件。2016 年起，国务院国企改革领导小组相继推动实施了落实董事会职权、推行职业经理人制度、部分重要领域混合所有制改革、混合所有制企业员工持股等“十项改革试点”，旨在通过试点解决改革的重点难点问题，探索一系列可复制、可推广的经验。但试点企业只能选择其中的一项举措进行改革，难以满足企业的综合性改革需求，需要给予企业更多的改革选项。同时，国企改革进入深水区、攻坚期，存在改革政策落实不到位、改革进展不平衡、改革系统性不够、一些突出矛盾未彻底解决等问题，需要更深层次、更广范围、更大力度推动国有企业深化改革。开展“双百行动”便在此背景下应运而生，旨在选取一批企业深入推进综合性改革，充分发挥示范突破带动作用，实现改革由点到面铺开，形成从“1+N”顶层设计到“十项改革试点”再到“双百行动”梯次展开、纵深推进、全面落地的国企改革新局面。

开展“双百行动”既是抓改革落实、抓基层探索创新，也是破解国企改革难点问题、纵深推进各项改革任务的迫切需要，国务院国企改革领导小组办公室要求每家中央企业推荐不超过 2 户企业，中化集团经认真研究，选取中化能源、中化国际两家企业作为“双百企业”，在混合所有制改革、强化激励约束机制等重要领域深化改革并取得显著成效，发挥了尖兵示范作用，贯彻落实了党中央国务院关于深化国企改革的决策部署要求。

（二）是转型期加快落实集团发展战略的需要

2018 年 4 月，中化集团内部发布《关于深化改革全面转型为科技驱动的创新平台公司的决定》，提出集团要全面转型为一家科技驱动的创新型企业和世界一流的综合性化工集团的战略目标，这是中化集团审时度势、顺应时代发展要求、应对复杂形势变化提出的具有根本性变革的转型战略。中化集团出身于贸易型企业，虽然过去取得了良好的经营业绩、整体上是一家健康殷实的公司，但现有的发展模式不足以支撑中化集团成为一家可持续发展的“百年老店”，不能真正培育成为具有全球竞争力的世界一流企业，必须切换发展动能、转变发展模式，将科技创新作为企业未来发展的第一驱动力，这是真正提升核心竞争力、打造世界一流企业的必由之路。为此，中化集团启动新一轮全面深化改革，实施了改变管控模式、变革治理体制、激发一线活力等一系列改革举措，全面激发内生动力和创新热情，推动企业增长动能向创新驱动转换，加快主营业务转型升级。在完成总部架构精简调整和加大授权放权基础上，变革治理体制、激发一线活力作为在下属企业层面优先重要的两个改革举措亟待落地实施。

变革治理体制是在上层改变治理模式，重点是以混合所有制改革作为突破口，实现各业务板块（事业部）治理模式的市场化变革。在五大事业部层面通过引入战略投资者，并登陆资本市场，促进各业务板块最终成为股权多元化的上市公司，在实现资源优势互补、业务发展协同的同时，真正构建市场化的法人治理结构，建设现代企业制度，转换经营机制，打造治理规范、机制灵活、富有竞争活力的市场化经营主体。

激发一线活力是在基层调动创新动能，在传统的完善人才选拔任用机制、优化薪酬分配导向基础上，重点是实施各种有效的正向激励举措，通过充分运用上市公司股权激励、科技股权及分红激励、员工持股、超额利润分享、项目跟投等方式，鼓励和支持多种形式的创新活动，充分调动人员的积极性和创造性，激发企业内生活力，提升科技创新能力，在科研创新、新业务开拓、产业化发展等方面不断促进成果产出。

"双百行动"启动时，恰逢中化集团新一轮深化改革初始阶段，中化集团将其作为加快推动集团内部改革的一次契机，拟在上述两个重点改革领域各选取一家企业推进实施，1家企业重点在事业部层面推进混合所有制改革，1家企业在集团重点发展的化工领域探索实施科技激励机制建设，两家企业将借力"双百行动"打破内部阻力和改革惰性，作为改革先锋试点探索相关机制，为集团全面推进"变革治理机制""激发一线活力"等改革举措落地积累经验，发挥示范引领作用，这是转型期落实集团发展战略的需要。

（三）是新形势持续增强企业竞争能力的需要

中化能源是能源事业部的主体，经过多年发展已成为国家骨干能源企业，近年来不断完善石油化工产业链，启动了乙烯项目、泉州石化园区、能源互联网等重大项目建设，为补充资金需求，减少石油行情变化对业绩不稳定影响，结合中化集团在事业部层面发展混合所有制的改革思路，中化能源制定了引入战略投资者并上市的战略计划。本次"双百行动"启动后，中化集团充分考虑中化能源的基础条件和发展诉求，结合其在事业部中的代表性，并征求企业的改革意愿，将其首选推荐纳入"双百企业"，拟借力"双百行动"统一集团和企业内部上下的改革认识，能够共同齐心协力加快推动中化能源混合所有制改革落地，并在此基础上建设现代企业制度，改革市场化经营机制，助力中化能源成为中国领先的创新成长、卓越管理的一体化石油石化行业运营商及综合服务商。

中化国际是中化集团化工板块主体上市公司平台，原是一家外贸代理型企业，目前已成为在中间体及新材料、聚合物添加剂、天然橡胶等领域具有竞争力的国际化经营公司，正在按照"科学之上"的核心价值理念，通过技术创新、机制创新和模式创新，大力发展高性能纤维、高性能膜材料、电子化学品等化工新材料业务，以及锂电池、锂电池材料等新能源业务，积极培育增长新动能。该企业处于中化集团核心打造的化工板块，正在开拓新业务领域，且作为上市公司平台具有强烈的创新需求和主动性，中化集团选取该企业纳入"双百企业"，非常符合集团创新转型为一流化工集团的战略目标要求，也符合企业自身发展的诉求，拟借助"双百行动"，综合利用各种政策工具，探索实施多元化的科技激励措施，充分激发内部创新动能，加快促进企业在新业务领域产生更多科技成果，培育持续成长的创新主体，推动企业加快转型升级为创新型精细化工企业。

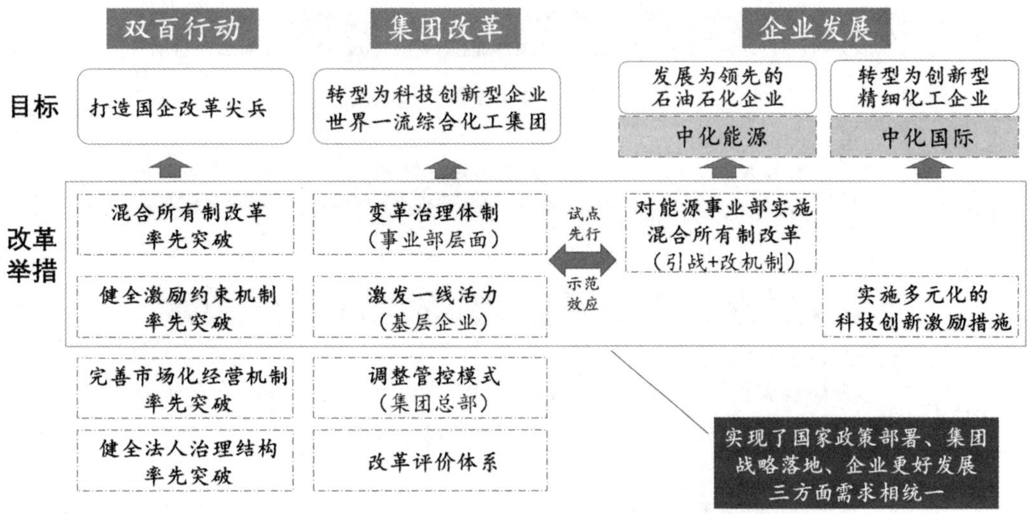

图2　中化集团借力“双百行动”深化改革的思路

二、本成果的内涵及主要措施

按照新时期党中央国务院深化国企改革的统一部署，中化集团以转型为一家科技驱动的创新型企业和世界一流的综合性化工集团为战略目标，通过借助“双百行动”契机，选取中化能源、中化国际两家企业试点先行实施混合所有制改革、科技创新激励等重点改革举措，不仅贯彻落实了国企改革的政策要求，提升了两家企业自身的发展活力和竞争力，而且通过以点带面在集团内部形成示范引领作用，集聚起相互效仿、积极活跃的良好改革创新氛围，激发内生动力和创新热情，促进集团增长动能向创新驱动转换，加快推动集团战略目标落地。中化集团推动“双百行动”，将贯彻落实国企改革政策部署、推动集团战略落地、促进企业更好发展三方面需求有机结合，实现了国家、集团、企业利益相统一，产生了最大化的改革价值。

中化能源的改革重点是探索推进能源事业部层面的混合所有制改革，以引入战略投资者作为核心抓手，通过实现股权多元化，在建设现代企业制度、建立市场化经营机制等方面推进体制机制改革，真正构建市场化的运行体系，提升企业的发展竞争力。中化国际的改革重点是多措并举实施激励约束机制，搭建涵盖“现金+股权”“短期+中长期”“从孵化到产业化全周期”的多维度激励体系，充分激发企业活力，促进新技术产出、新产业突破，加快推动企业全面转型为科技驱动的创新型精细化工公司。两家企业实施的主要改革举措如下：

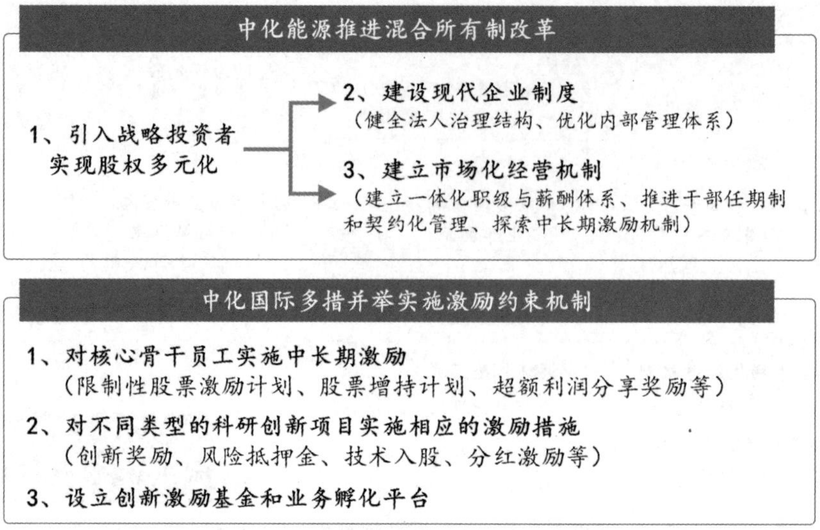

图3　两家“双百企业”的主要改革举措

（一）中化能源以混改为突破口，带动体制机制市场化变革

1. 坚定引入战略投资者，实现股权多元化

2019年，面对外部宏观经济环境复杂多变、行业竞争加剧及周期波动的背景形势，中化能源按照既定改革计划，攻坚克难，坚定开展引入战略投资者工作，制定了“转让股权+增资扩股”的交易方案，通过广泛接触投资者、充分沟通运作，最终于2019年10月14日在北京产权交易所正式挂牌，引起市场热烈反应，获得投资机构的普遍认可。2019年12月9日，中化能源完成挂牌交易，引入5家战略投资者，共募集资金115.55亿元，中化集团方的股权占比由100%下降为80%，成为当时“双百企业”中“引战”募资额最大的项目，也为下一步上市奠定坚实基础。

2. 健全法人治理结构，完善现代企业制度

实现股权多元是改革的第一步，真正的目的是改机制。中化能源作为二级单位，真正构建市场化的法人治理结构，建设现代企业制度，落实董事会、经理层职权是企业需要重点改革的方面。

一是健全法人治理结构和运行机制。“引战”完成后，中化能源按照现代企业制度要求，设立了股东大会、董事会和监事会，重点加强董事会建设，董事会共设11人，包括中化集团方董事6人、战略投资者董事2人、引入外部独立董事3人；进一步规范了股东大会、董事会、经营层和党委会的权责关系，完善了4大类、42项“三重一大”决策事项，规范了132项管理权限，科学合理界定了各类高层决策主体的权责边界，严格履行公司党委对“三重一大”决策事项的前置研究程序；充分发挥了党的领导核心作用，同时落实和维护了董事会依法行使职权，保障经理层的经营自主权。2020年初，中化能源制定了“三会一层”的议事规则，明确了重大事项的决策程序和运行机制，发布职权清单，形成了定位清晰、权责对等、运转协调、制衡有效的治理机制。

二是优化内部管理体系。中化能源按照与先进炼化一体化企业相匹配、与市场经济相适应的要求，总结自身长期以来的管理经验，引入流程管理理念，按照“管理制度化、制度流程化、流程信息化”的思路开展“流程再造”，逐步建立和完善了业务-职责-制度-流程-权限“五位一体”的制度体系，构建了以业务为源头的制度架构，全面梳理110项业务，形成132项管理制度，有效解决了“做什么、谁来做、能否做、怎么做”的问题。通过完善公司管理制度，确保重大决策在公司各个层面有效执行，实现

权力制衡。

3. 探索市场化经营机制，激发员工活力动力

一是建立一体化职级与薪酬体系。中化能源深入分析人力资源管理的痛点问题，对标行业内外优秀企业，研究形成了一体化职级与薪酬体系方案并发布实施，明确建立了“管理、专业、技能”三大序列员工的职级划分及对应关系，切实打通专业序列和技能序列员工发展通道，并配套搭建形成了与岗位体系相适应的一体化薪酬体系，引导组织氛围从“公司发钱”向“员工挣钱”转变，明确了中化能源下属各单位岗位的薪级、薪档的对应和运行规则，大幅度提高了管理的标准化程度，为员工真正实现多通道职业发展奠定坚实基础。

二是推进干部任期制和契约化管理。为促进干部科学化、制度化流动，中化能源按照《双百企业推行经理层成员任期制和契约化管理操作指引》的要求，对核心管理团队推行任期制和契约化管理，研究形成了任期管理工作方案，明确了任职年限、导入方式、目标管理、考核评价及结果应用等管理原则，优化和完善干部竞争性选拔及退出机制；突破经理人考核评价的瓶颈环节，形成科学的任期综合考核办法，并与任期内组织绩效刚性挂钩，引导干部着眼整体，谋划长远；明确考核结果在薪酬激励以及岗位任用两方面的刚性应用规则，促进“能上能下”落到实处。

三是探索中长期激励机制。以逐步走向资本市场为背景，中化能源于2020年初启动中长期激励体系建设工作，通过有效激励手段促进核心管理团队与公司利益长期共享、风险共担，支撑公司高质量发展。目前，形成了中长期激励体系框架设计方案，并按照方案探索实施Pre-IPO激励模式，激励核心团队提升公司经营业绩，促进公司早日实现上市，同时，选取能源科技智慧供应链业务探索员工持股，推动“石化行业+互联网”创新转型，寻找行业颠覆性的创新机会。

（二）中化国际多措并举强化激励，加快建设科技创新企业

1. 对核心骨干员工实施中长期激励，强化个人与公司利益的绑定机制

一是面向公司高管和关键岗位员工，实施股票增持计划。为有效引导高管和核心关键岗位员工更加关注公司的经营业绩及市值表现，中化国际实施了股票增持计划。2018年，共72人自愿通过二级市场集中竞价方式增持中化国际342万股股票，其中高管人均增持14.18万股，人均增持金额达100万元。

二是面向核心骨干员工，实施限制性股票激励计划。2019年，中化国际首次推出了限制性股票激励计划，激励对象包括8名高管、249名关键岗位及其他核心骨干员工，约占公司总人数的1%；共授予5324万股限制性股票，约占公司总股本的2%，并选取净资产现金回报率（EOE）、利润总额增长率、经济附加值（EVA）作为业绩考核指标。

三是面向关键岗位员工，实施超额利润分享奖励。当达到高预算、高收益和高质量的门槛条件并实现超额业绩目标后，中化国际按照“公司拿大头、团队拿小头”的总体原则，提取超额利润的5%～15%对关键岗位员工进行奖励。2017年—2018年，中化国际共核定127人次获授3897万元超额利润奖金，按照规则递延支付。

2. 区别不同类型的科研创新项目，实施相应的激励措施，促进项目攻关和成果转化

一是建立科技创新全过程奖励机制。中化国际建立了贯穿创意筛选、立项、小试、中试、工程化、产业化的全过程科技创新奖励机制，做出创新贡献的员工可以在不同阶段获得不同额度的奖励金。通过小试、中试闸门的项目，项目团队可获得最高50万元奖励；成功实施产业化的项目，完成人员可连续5年获得产业化成果的收益分成。2017年至2019年，中化国际共核定包含闸门激励、专利创新、成果

转化、科技服务、资源获取等科技激励共计2925万元，有效提升了科技工作人员的科研热情。

二是针对“三类”创新项目实施风险抵押金。中化国际鼓励对投资大、挑战性高、存在一定风险的项目科研人员通过奖金递延或现金出资等形式缴纳风险抵押金：当项目失败时，以风险抵押金为限承担风险；当项目成功时，可获得最高不超过风险抵押金3倍的奖励，激励项目团队全力攻克难关。通过实施风险抵押金机制，中化国际芳纶中试项目团队克服困难，成功达到预期目标，为5000吨项目实施工艺优化、市场对接等奠定坚实的基础。

三是针对高技术壁垒的技术创新项目实施技术入股。中化国际打破传统技术买断和授权的合作思路，吸引外部团队以技术入股参与项目，既减少了初期资本支出，又促进了技术团队与项目目标长期统一。目前，中化国际已通过技术入股形式引入多项国内外先进技术，包括专利14项、专有技术46项，快速切入膜材料、高性能芳纶纤维、锂电池正极材料等市场，为未来发展提供新的业绩增长点。

四是面向国有科技型企业实施项目分红和岗位分红。中化国际组织对中化农药化工研发有限公司9625、9080（均为农药化合物的编号）等项目进行项目分红，对江苏扬化工集团有限公司进行岗位分红，激励额度合计2862万元，在科技项目形成收益的3~5年内，项目团队可以每年获得约定比例的项目净收益。

3. 设立创新基金和孵化平台，充分调动员工创新创业热情

一是设立创新激励基金。2018至2020年，中化国际安排2亿元工资总额用于奖励科技创新、商业模式创新、产品及组合创新、成果产业化等项目，牵引创新目标达成。2018年，中化国际已兑现10个科技创新和成果产业化项目，奖金合计1792万元；2019年，中化国际已核定11个科技创新和成果产业化项目，奖金合计1664万元，有力激发了项目团队攻坚克难的决心和动力。

二是设置新业务孵化与培育平台。中化国际搭建了创新工坊和瞻元股权投资基金，在新材料、新能源、生物产业等战略领域，推动从“创意”到“初步商业化”阶段的项目孵化，鼓励内部技术人员持股，调动了员工创业活力。中化国际新材料涂层等项目已成功进入“孵化器”。

三、本成果的实施效果

（一）改革做法获得外界认可，作为国企改革尖兵示范推广

中化国际、中化能源改革的特色举措和经验做法得到国务院国资委充分认可。两家企业成功入选国务院国资委《改革样本—国企改革“双百行动”案例集》丛书，作为国企改革尖兵在国有企业范围内复制推广成功经验。中化国际多措并举强化激励的经验做法尤其得到关注，入选了国务院国资委《国企改革简报——“双百行动”专刊》2020年第1期，标题为《中化国际多措并举强化激励 加快建设科技创新型精细化工企业》，同时，刊发在国资小新、国资报告等官方微信公众号以及2020年7月1日《国资报告》杂志第7期报道的《“双百行动”两年考：从个体赋能到复制推广》文章中，作为成绩突出的优秀案例宣传推广。2020年中化国际还获评“年度杰出责任企业”奖、“2020年金蜜蜂企业”。

图4　"双百行动"改革做法获得国务院国资委认可的主要刊物

（二）改革示范效应初步显现，带动集团整体改革结硕果

中化能源实施了混合所有制改革、中化国际实施了科技激励，借力"双百行动"打破内部阻力和惰性，成功达到了预期目标，在集团内部形成了良好的示范作用，带动其他企业积极效仿、拥抱改革。金融事业部借鉴中化能源的改革经验，也启动实施了混合所有制改革工作，目前已完成了引入战略投资者的"混资本"任务，正在推进体制机制改革；下属多家企业特别是承担科技创新、新产业新模式探索任务的企业，认识到正向激励对激发员工干劲的促进作用，主动向中化国际取经，学习借鉴操作经验，结合自身情况主动探索激励举措，形成了积极探索实施正向激励的浓郁改革氛围和强烈诉求。中化集团总部因时而动，为更好的指导各企业因企施策，统筹运用各项激励政策，在借鉴中化国际多种激励改革经验基础上，协同第三方中介机构，编制发布了《中化集团中长期激励工作指引》，涵盖科技业务、创新业务共15项中长期激励工具，提供了政策汇编、方案模板、审核要点等配套材料，帮助下属企业更好地了解激励政策、做好方案设计。

两家企业借力"双百行动"作为改革先锋试点探索相关机制，为中化集团全面推进改革发挥示范引领作用，既积累了改革经验，又激发了内部改革创新热情，加速推动集团全面深化改革的各项举措落地实施，有力地促进集团增长动能向创新驱动转换，促进了科技成果产出和经营业绩提升。中化集团2017年、2018年、2019年实现利润总额分别为135亿元、158亿元、184亿元，连续创出业绩新高。

（三）显著增强企业创新动能，有效促进成果丰硕产出

中化国际通过多措并举实施激励，员工干事创业的热情明显提高，企业创新动能显著增强，在2018年8月—2020年6月累计申请发明专利185件，已获得授权48件，实现新产品销售收入74.2亿元，占同期收入的6.48%。中化国际的双氧水法环氧氯丙烷、芳纶、锂电池正极材料等一系列重点技术攻关项目取得重大突破，"取代芳胺系列产品绿色催化合成关键技术与工业应用"等诸多科技成果荣获国家和行业重要奖项；新型杀螨剂9625，历经自主研发到产业生产直至成功上市，产品销售爆发式增长，取得了显著的经济效益，成为国内杀螨剂第一品牌；二氯苯胺项目当年建设、当年投产、当年达效，通过了江苏省化工行业协会科技成果鉴定。2019年，中化国际实现归属于上市公司股东的扣除非经常性损益的净利润3.25亿元，相比2018年增长365%，业绩大幅提升。

（四）真正变革企业体制机制，为长远发展打下良好基石

中化能源成功引入战略投资者，是当时"双百企业"中"引战"募资额最大的项目，共募集资金约

115 亿元，有效降低了整体资产负债水平，扩大了权益资金融资规模，进一步提升了市场竞争力。通过实现股权多元化，中化能源建立现代企业制度，推进内部经营机制转换，法人治理结构更加市场化，运营机制更加高效灵活，为公司高质量发展奠定了坚实基础。推进经理层任期制和契约化管理，真正建立“干部能上能下”的流动机制；探索建立中长期激励约束机制，促进核心管理团队与公司利益相统一；通过一体化职级与薪酬体系的建立，有效攻克了员工发展路径不清的瓶颈顽疾，实现从“管理晋升导向”为主向“职业发展导向”为主的多元化人才发展模式的转变，让大家“各得其所”“各尽其能”“各展其才”。同时，逐渐深化了由“公司发钱”转变为“员工挣钱”的薪酬理念，形成与转型目标相匹配的薪酬激励机制。

四、经验启示

（一）推进国企改革要谋求各方利益的一致性，促进改革成果发挥最大价值

中化集团选取企业参与“双百行动”，以贯彻落实国企改革政策部署要求为前提，充分考虑集团战略发展的需求、企业自身发展的诉求，将贯彻国家改革政策、推动集团战略落地、促进企业发展三方面利益统一结合，经过充分研究分析，确定了国家、集团、企业改革需求的一致性内容，并选取合适企业试点推进。中化能源推进混合所有制改革、中化国际强化激励约束机制，既符合企业特点和战略发展方向，又是中化集团创新转型中亟需突破和重点推进的两个改革举措领域，同时也是国家国企改革政策的重点内容，这符合国家、集团、企业三方面发展需求，取得的改革成效实现了价值最大化。

（二）推进国企改革要明确目标具有针对性，聚焦重点集中精力寻求突破

国企改革“双百行动”工作方案明确“双百企业”的改革内容包括六个方面，分别为：在推进股权多元化和混合所有制改革、健全法人治理结构、完善市场化经营机制、健全激励约束机制、解决历史遗留问题等方面率先突破，在党的领导、党的建设方面全面加强。在研究确定了国家、集团、企业三方面改革需求的一致性内容后，中化集团明确了两家“双百企业”改革的重点方向，制定的改革举措并未面面俱到，而是重点突出、各有侧重。中化能源重点推进混合所有制改革，以“引战”作为核心抓手，通过实现股权多元化，推进体制机制改革；中化国际重点是多措并举探索实施激励约束机制，搭建多维度激励体系，促进企业科技创新和产业化发展。

（三）推进国企改革要发挥企业主动性，确保能够取得实质性成效

国企改革的主体是企业，企业必须要有改革的积极性和主动性，只有这样，改革才能取得实效。如果企业不想改，好方案也难以实施出好效果，如果企业想改，就会积极主动推进取得改革成效。要发挥企业改革主动性，必须与企业当前发展利益切实保持一致，这样才能让企业迸发出积极推进改革的内在动力。中化集团在申请“双百行动”中，充分考虑各个企业的发展需求，并深入征求企业意愿后，才予以申请并推进改革工作。正是因为改革举措符合企业发展战略，企业推动改革的自主性很强，才使得两家企业积极努力推进实施并取得改革成效。事实上，那些取得明显成效的“双百企业”都具有改革的积极性和主动性。

成果创造人：刘福兴　中国中化集团有限公司
李建华　中化能源股份有限公司
周乃宁　中化国际（控股）股份有限公司

【参考文献】

[1]国务院国企改革领导小组办公室.《国企改革“双百行动”工作方案》.国务院国资委印发,2018 年 8 月:3-6 页.

[2]国资委全面深化改革领导小组办公室.《中化国际多措并举强化激励 加快建设科技创新型精细化工企业》.国企改革简报—“双百行动”专刊,2020 年 4 月,2020 年第 1 期:1-4 页.

[3]《国资报告》杂志.《“双百行动”两年考:从个体赋能到复制推广》.http://www.sasac.gov.cn/n2588025/n2588139/c15398776/content.html.2020 年 8 月.

国企混改的理论模型研究

上海西姆企业管理咨询有限公司

2016 年 1 月，在中央全面深化改革领导小组第二十次会议上，习近平总书记提出，全面深化改革头三年是夯基垒台、立柱架梁的三年。以《中共中央全面深化国企改革的指导意见》为主体的四梁八柱已经完成，接下来是要加强对各个领域改革的全年评估，坚持问题导向，把各领域具有四梁八柱性质的改革目标标注出来，排出优先顺序，重点推进，发挥好支撑作用，全面深化改革是一项复杂的工程。不但各领域内部的改革要排出优先顺序，而且对于那些重点领域，习近平总书记也做了强调：要把国企改革等领域具有牵引作用的改革牢牢抓在手里。这也是习近平总书记首次提出国企改革“四梁八柱”核心理念。

“四梁八柱”本是建筑学用语，过去的房子一般都是以木结构为主，由于每个开间过大，需要加上四根横梁和八根柱子以起到一个支撑的作用，所谓的“四梁八柱”即由此而来。如果把全面深化改革比作盖房子的话，那么“立柱架梁”则是改革这座大厦能否稳固的关键之举。经过三年全面深化改革的纵深推进，四梁八柱性质的改革主体框架已经搭建，接下来要统筹协调各方面改革工作，增强改革定力，加强改革协同，完善抓落实的工作机制和办法，把责任压实、要求提实、考核抓实，推动改革落地见效。

从国企改革“1+N”政策体系来看，在代表“1”的《关于深化国有企业改革的指导意见》中，重点提出了三个方面的改革举措，首先，是国企改革的重要途径，也就是发展混合所有制，其次，是国企改革的体制保障，也就是完善国资管理体制，建立和完善现代企业制度，最后，是国企改革的重要保证，也就是强化监督，防止改革过程中的国有资产流失。而自 2014 年至今的所有国企改革的指导性文件，也都是在这三层意思的框架下出台的。

西姆国有经济研究院是一家专注为中央企业、国有企业提供改革全过程咨询服务和研究的机构，依托在国企改革方面的大量成功经验、专家资源、企业资源等，开展国企改革对策与应用研究，提供国企改革相关的培训、辅导、方案设计、落地实施等咨询服务。秉承自身对国有企业改革的多年深度研究和实践经验，总结了国有企业在机制改革与创新中存在的共性问题，提出了西姆国企改革“四梁八柱”模型，国企改革要把握好战略、组织、股权和党建这关键的“四梁”，重点关注行业整合的顶层设计、创新性资本运作、清晰界定管理关系、健全公司法人治理、差异化股权设计、员工持股与股权激励、明确党组织法定地位、完善党委会前置程序这“八柱”，系统思考和做好这八个方面的安排，就会形成一份完整的国企混改方案。

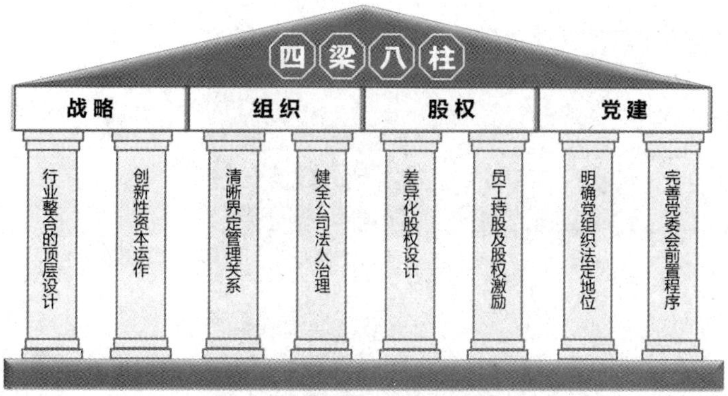

图1 “四梁八柱”模型

一、国企混改中的战略规划

2016年7月4日，在全国国有企业改革座谈会召开之际，习近平总书记就国有企业改革作出重要指示，“国有企业是壮大国家综合实力、保障人民共同利益的重要力量，必须理直气壮做强做优做大，不断增强活力、影响力、抗风险能力，实现国有资产保值增值。”这也是坚定清晰地指出了国有企业发展的战略地位和根本目标，为国有企业改革发展指明了前进的方向。而具体到企业上，如何根据行业发展的特点，厘清适合自身发展的战略道路就非常重要。

战略是一个非常大而广阔的话题，而在“四梁八柱”国企混改模型中，西姆研究院对战略的关注，更多的是集中在行业整合层面，也就是说，如何通过行业整合来推动企业迅速做大做强。在行业整合层面，西姆研究院认为可以分为两种，第一，是通过集团自身的力量，通过多元化发展，包括相关多元化和非相关多元化，形成集团和各个子公司之间的协同效应和规模效应；第二，是通过外部的力量，通过并购重组，吸纳集团外部的优秀公司，或者被集团外部的优秀公司吸纳，从而完成公司发展的飞跃。

（一）行业整合的顶层设计

纵观我国经济发展历程，国有企业作出了重要历史性贡献，保障了国家战略的有效实施。新中国成立后，国有企业为我国构建独立完整的工业体系和国民经济体系建立了历史功勋。改革开放以来，国有企业改革作为经济体制改革的中心环节，始终发挥着牵引性作用。特别是党的十八大以来，国有企业在新时代的新征程中改革创新、开拓进取、攻坚克难，在做强做优做大的道路上迈出坚实步伐，取得了明显成效。而接下来，国有企业如何向前瞻性战略性新兴产业和优势企业集中，如何体现大国重器的责任担当，如何在高质量发展中重新焕发国有企业的活力，就必须明确国有企业自身的战略定位，以混合所有制改革为主线，率先实施质量变革、效率变革、动力变革，坚定做高质量发展的主力军。

作为企业而言，行业整合的目的有两种：专业化经营与多元化经营。同时，要尤其重视行业整合后如何实施有效的管理问题。整合的目的在于提高资源综合利用效率，如何将多个具有不同文化、不同技术基础、不同组织架构和管理体制的企业，按照共同的战略愿景和目标一致行事，是行业整合成功与否的关键。

在确定集团多元化整合路径时，可以使用业务评估矩阵来对集团旗下业务进行评估。业务评估矩阵主要是按业务吸引力和业务竞争力两个维度评估现有业务（或事业单位），每个维度可以分三级，分成九个格以表示两个维度上不同级别的组合。两个维度上可以根据不同情况确定评价指标。

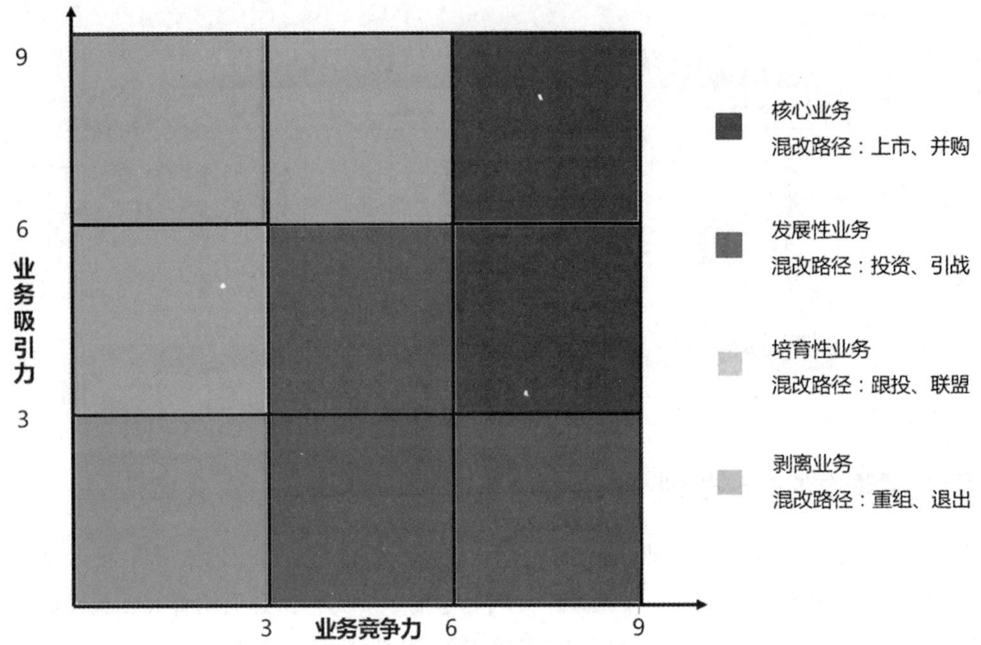

图 2　西姆业务评估矩阵

西姆研究院根据多年实践经验，把业务评估矩阵大致分为了四类业务，分别是核心业务、培育性业务、发展性业务和剥离业务。

核心业务是公司的业务支柱，负责提供公司大部分或主要的现金流及利润，同时为其他业务发展提供技术支持和资源支持。对于这类业务，在混改当中，要支持它们维持现有市场地位，巩固自身竞争优势，并通过自身的核心能力，加大业务的扩展力度。混改路径主要是通过上市或并购做强自身。

发展性业务是公司未来几年潜在的业务支柱，所以在战略上，对于这类业务需要大胆追加投资，尤其在关键的成功要素上加大投入，努力追求收入的快速增长以及市场份额的提升，迅速抢占行业领先地位。混改路径主要是通过集团自有投资，或者引进战略投资人来帮助业务迅速做大做强。

培育性业务，是有着较好的业务吸引力，但公司本身的业务竞争力并不强的部分业务，是公司潜在的战略业务，并且有可能成为未来的核心业务。这类业务并不十分适合引战，混改路径更适合的是员工跟投，或者联盟，从而激发员工及相关利益者的活力，推动业务成长。

剥离业务，是业务吸引力和业务竞争力都较差的业务，需要逐步退出市场或者通过重组寻求新的发展机会，比如通过降低成本、产品重构及管理优化等手段来发掘利润潜力。混改路径主要是重组及退出。

把业务评估矩阵总结成一句很经典的话，叫"高位优先发展，中位谨慎发展，低位拉它一把"，也非常生动形象的阐述了业务评估矩阵的使用方法。

（二）创新性资本运作

所谓资本运作，是指以利润最大化和资本增值为目的，以价值管理为特征，将企业的各类资本，不断地与其它企业、部门的资本进行流动与重组，实现生产要素的优化配置和产业结构的动态重组，以达到企业自有资本不断增加这一最终目的的运作行为。

从资本运作的定义可以看到，资本运作主要就是和资本相关的管理行为，比如企业发行债券，发行股票，已上市公司配股、增发新股，未上市公司增资扩股、老股转让，企业的合并、托管、收购、兼并、分立以及风险投资等，都属于资本运作的范畴。其主要目的就是实现资本结构或债务结构的改善，为实现价值最大化的根本目标奠定基础。

而在新一轮国企混改中，主要讨论的创新性资本运作方式主要是以资本市场为媒介，通过民企入股国企、国企入股民企、中央企业与地方国企混合、国企与外资混合等途径来实现国企效率的提升和规模的扩大。因此，西姆研究院在本章中主要考虑了引进战投、整体上市和分拆上市三种模式。

二、国企混改中的组织分析

厘清企业战略之后，为了贯彻和实施企业战略，如何在企业内部各部门和各层次间分配及使用现有的资源，以实现整体的战略意图，这就是组织设置需要完成的内容。其中，西姆研究院认为最重要的就是清晰界定管理关系。而新一轮国企改革提出了国资监管方式由“管资产”向“管资本”转变的思路，更体现了对改革国有资产管理体制的重视。

（一）清晰界定管理关系

根据改革的具体思路和要求，在“管资本”的总部定位下，基本形成了总部-二级平台-三级子公司的清晰架构。总部作为资本层，设立资本投资和运营平台，以股权关系为管理纽带对二级平台进行投资和资本管理，行使所有者的职责；二级平台以业务板块划分，作为专业业务管理平台负责业务推进；三级子公司则为具体的经营单位。具体的管理条线上，集团一般采用逐层管控模式，总部仅对二级平台实行管控，不直接管至三级子公司。为了实现这一具体要求，需要在集团管控体系的基础上进一步厘清总部作为投融资平台“管资本”与二级平台作为经营实体“管资产”的关系，明确总部与二级平台之间的功能定位以及各自应当加强的核心能力建设。

（二）健全公司法人治理

当前，多数国有企业已初步建立现代企业制度，但从实践情况看，现代企业制度仍不完善，部分企业尚未形成有效的法人治理结构，权责不清、约束不够、缺乏制衡等问题较为突出，一些董事会形同虚设，未能发挥应有作用。党的十九大报告明确要求：要完善各类国有资产管理体制，改革国有资本授权经营体制，加快国有经济布局优化、结构调整、战略性重组，促进国有资产保值增值，推动国有资本做强做优做大，有效防止国有资产流失，培育具有全球竞争力的世界一流企业。

法人治理结构是一套成熟的理论体系，本成果并不关注理论体系本身的相关内容，比如董事会要如何设置，监事会规则等等，本成果更侧重于讲述在此次国企改革中，在法人治理结构中纳入了非公经济和管理团队之后，原有的国有股东、非国有股东、管理团队之间要如何通过董事会、监事会、经理层的设置来达到一种“共赢”的平衡点。

比如，企业重大事项的决策权、经理层成员的选聘权、职工工资的分配管理权等重要权力，通常被认为是现代企业制度下董事会的主要职能，而在央企董事会中，这些重要权力却往往收归上级管理部门。在深化改革背景下，为改变这一现状，是否应把企业管理权力更多的交还给企业。董事会中心主义不是嘴上功夫，是要实实在在通过制度落实到实际操作中去。如果只是形式上的董事会中心主义，董事会实际上形同虚设，董事会治理失灵，也会对企业的发展产生不利影响。

三、国企混改中的股权设计

2018 年 9 月，发改委等八部门发布了《关于深化混合所有制改革试点若干政策的意见》，意见指出，对于按规定程序和方式评估交易的国有资产，建立免责容错机制，鼓励国有企业推动混合所有制改革；积极推进混合所有制改革试点企业员工持股，有效实现企业与员工利益和风险绑定，强化内部激励，完善公司治理。

（一）差异化股权设计

国企改革核心文件22号文中提出，要分类推进国有企业改革、完善现代企业制度、完善国有资产管理体制、发展混合所有制经济、强化监督防止国有资产流失等内容。其中尤其强调，新一轮的国企改革不强调搞一刀切，全覆盖，而是一企一策，成熟一个推进一个。

一企一策，就是要避免过去的运动式改革，要求改革的指导思想、改革的方法措施必须符合企业的客观实际。比如，在企业的股权顶层设计方面，可以考虑差异化的股权设计。

差异化股权制度是相对于同股同权的股权制度而言的。同股同权，是指同一类型的股份应当享有一样的权利。我国《公司法》第一百二十六规定：股份的发行，实行公平、公正的原则，同种类的每一股份应当具有同等权利。这是同股同权的法律依据，也是“同股同权同利”的由来。但是，“同股同权”虽然体现了“公开、公平、公正”的市场经济的基本法律原则要求，但它从根本上侵害了“契约自由”的法律精神。

差异化股权设计主要有两个维度，第一是从保障国有控股的角度进行差异化股权设计，比如AB股和有限合伙企业的设计。第二是从防止国有资产流失的角度进行差异化股权设计，比如优先股和黄金股的使用。

（二）员工持股与股权激励

本轮国企改革中，“探索实行混合所有制企业员工持股”作为重要内容被明确写入《关于深化国有企业改革的指导意见》中，曾经在国企股份制改革中实行过的员工持股政策重新回到历史舞台，被作为有利于转变政府职能、实现国有资产保值增值、理顺企业内部关系、增强企业经营活力的重要改革方针而贯彻实施，混改是国企国资改革的突破口，而员工持股就是混改的突破口。但是，之前的员工持股计划由于诸多因素实施效果并不理想，对员工持股的重要意义不仅认识不足，同时缺乏法律规范与正确指引，持股制度吸引力不足，操作不规范，过分追求平均化导致激励效果不明显。

混合所有制企业的员工持股做好了，就能优化股权结构，改善公司治理，提高企业效率，员工持股做不好，就容易存在利益输送，造成国有资产流失。因此，在混合所有制改革的背景下，员工持股不再只是一个简单政策问题，而要在具体的改革实践中研究并解决员工持股的法律法规、持股主体范围、持股比例确定、持股资金来源及股权退出等诸多现实问题，应该有选择、有限制、有步骤地实施，并严格、规范的操作。

员工持股在国企改革，特别是国企混改当中，是应当首推的一项改革措施，也是至关重要的一项改革措施，更是一项长期有效的改革措施。

关于员工持股及股权激励的具体操作方面，西姆国有经济研究院经过多年实践，结合此次国企改革的政策要求，总结了一套员工持股的十要素共生模型。

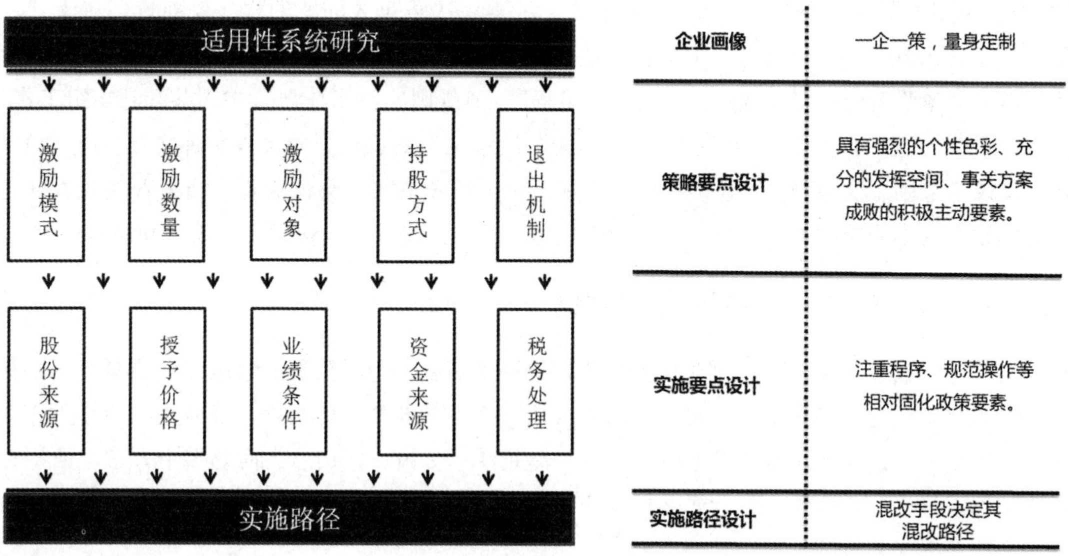

图3　十要素共生模型

在员工持股方案实际操作中，首先，要对企业进行具体的分析的判断，一企一策，量身定制。其次，要根据企业的战略规划、组织架构等具体情况，对方案的策略要点进行设计，包括激励模式、激励数量、激励对象、持股方式和退出机制。第三，则是方案实施要点设计，包括股份来源、授予价格、业绩条件、资金来源、税务处理等等。最后，则是方案的具体实施路径。

四、国企混改中的党建工作

党建工作包括政治建设、思想建设、制度建设、纪律建设、作风建设、组织建设等多个方面的建设工作，具有较为鲜明的实践性和指导性，它是确保党和国家在不同的时代、不同的环境下做出利国利民的决策并开展相关工作的政治保障。夯实党建是实现中国特色社会主义的重要物质基础和政治基础的重要保证。

（一）明确党组织法定地位

党组织在企业中的地位和作用，不仅仅要从思想上给予高度重视和充分认识，在企业治理层面同样也要得以认真贯彻和落地实施。具体应当体现在企业的规章制度和章程制定上。

中国特色现代国有企业制度，“特”就特在把党的领导融入公司治理各环节，把企业党组织内嵌到公司治理结构之中，明确和落实党组织在公司法人治理结构中的法定地位，做到组织落实、干部到位、职责明确、监督严格。

党建工作纳入章程不能停留在纸面上，而应渗透到国企工作的各个环节、各个方面，使党建真正融入企业中心工作。作为公司内部的“宪法”，章程规定毕竟较为概括，为保证党建进章程工作落到实处，应当制定更为详细、更具操作性的细化文件，保证公司章程中党建的有关规定能落到实处。

（二）完善党委会前置程序

在确定党委在企业中的地位和作用之后，企业应当制定《党委会议事规则》，进一步规范党委会议事程序，认真落实民主集中制原则，实行科学决策、民主决策、依法决策，加强和改善党的领导，充分发挥企业党组织总览全局、协调各方的领导核心作用。

《党委会规则》强调党委会研究讨论是董事会、经理层决策重大问题的程序要前置，对于“三重一大”等问题要先由党委会研究讨论，董事会、经理层拟决策的重大问题需由党委事先研究并提出意见建议，然后再由党政联席会、总经理办公会履行决策程序。《规则》除了体现《中国共产党党组工作条例》和《关于进一步推进国有企业贯彻落实“三重一大”决策制度的意见》等文件精神之外，还应该结合公司实际，从议事范围、议题确立、议事程序和规则、议定事项落实、会议资料、档案管理及责任追究等方面，对党委会议事决策的内容及程序进行明确规定，进一步完善了公司党委会议事和决策机制。

五、“四梁八柱”模型的实际应用案例

在提出国企混改“四梁八柱”理论模型后，西姆咨询团队在全国范围内的地方国企展开了积极的调研和研究，探究企业的真实需求，争取使“四梁八柱”模型接地气，可实操，好应用，能够真正为国企改革项目出谋划策。期间团队走访了上海、江苏、黑龙江、甘肃、四川、山西等多个省市，西姆在“四川国企改革调研报告”中介绍调研背景及根据四川省的具体情况，提出推进的维度、改革路径、改革机制设计以及改革操作要点等。

在此详述一个“四梁八柱”模型应用的整体案例。

某水务集团正式组建运行以来，按照以水为本、服务社会的企业宗旨，因地制宜确定发展布局。西姆国有经济研究院在为其做改革一体化方案时，重点思考如下问题：

战略方案的核心：公司如何通过明晰战略定位，夯实战略基础，执行战略举措，实现跨式发展，助推公司成为地方国资平台转型示范样本，实现企业长期健康发展。

公司目前的状况：公司成立 5 年，总体以水利建设推进水务一体化为核心业务策略，现阶段需要认清企业外部发展环境及公司自身优劣势，认清差距，明确企业发展的基础。

战略规划的目标：以全产业链战略视野明确方向，清晰的战略定位和战略目标，明确战略发展思路和商业模式，长远战略视野，支持公司持续发展。

战略实施路径：以公司整体利益最大化导向，实现内部战略协同；立足长远，明确业务组合策略；学习先进，明确业务发展战略和商业模式设计；围绕主业优势，形成差异化核心竞争优势；保障体系搭建，补齐企业发展的短板；战略能力培育，构建企业长期发展动力。

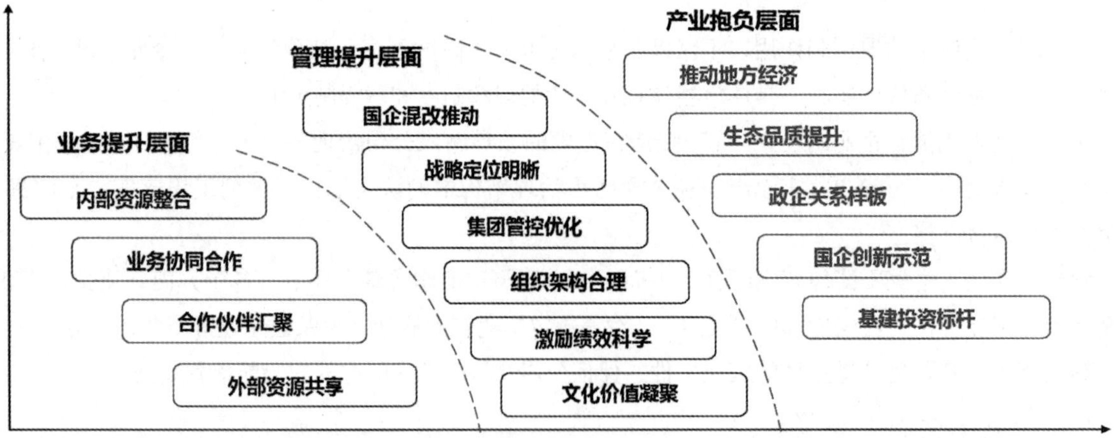

图 4　改革发展三个层次

（一）战略评估

根据内外部环境 SWOT 分析，西姆研究院对未来的发展战略做出初步判断：

1. *抓住机遇，市场扩张；依托优势，产业升级*

在巩固水利工程业务基础上进一步向水生态水环境建设、供水、农业节水、污水处理及管网建设等产业拓展；依托良好的政企关系资源，深耕省内市场，同时抓住国内水务一体化建设的发展机会，大力开拓省外水务一体化建设投资机会；以“一带一路”战略为突破口，利用自身节水技术优势，向各西部缺水省份甚至丝路经济带上的中亚国家进行节水技术输出；加强水利及周边设施综合运营能力，积极培育“水利+综合经营开发”的业务模式，增强企业的整体盈利能力。

2. *产融结合，规避风险；资源整合，克服劣势*

依托良好的银企关系和资源优势，开展项目全生命周期融资，优化业务结构，增加短中期业务比例，扩宽多元化融资渠道；趁着国企改革东风，优化健全企业内部管理体系，特别是通过股权多元化等手段，激活和吸引内外部人才，创新商业模式和管理机制，做大做强做优国有企业；加强对内外资源的整合能力，和行业内领先企业组成联合体或组建产业基金，弥补企业在融资、建设、运营各个环节的短板，利益分享，共同做大市场规模，提升盈利能力。

综合以上对于公司发展诉求及内外部发展环境的理解，西姆国有经济研究院认为公司在未来 5 年期间有以下 6 大核心诉求

1. 在水务一体化趋势、“一带一路”、国家安全生态屏障建设大背景下，如何做大做强核心主业，如何开拓市场。

2. 如何优化产业布局，形成长、中、短期产业相结合，“主业带动辅业，辅业回报主业”的多元化产业格局；各业务之间如何形成合力，增强企业整体竞争力。

3. 如何打造专业化产业板块，建立符合自身发展的商业模式，大力推动产业创新，提升产业盈利能力。

4. 如何推进企业内外资源的整合和战略协同，形成公司的综合竞争能力。

5. 如何加强多元化自主融资能力、项目全生命周期融资能力以及资本运作能力，有效支撑业务快速发展，化解未来的债务风险，构建企业长期健康发展的核心动力。

6. 如何抓住国企改革红利，通过优化内部机制，激活企业和员工，提升企业可持续发展能力。

（二）业务板块评估

公司已经初步形成以工程施工和城乡供水两大板块为主，以节水科技和水务置业为辅的业务格局，未来可以水生态环境建设、生态旅游、水务信息化、中水回收及水质监测等方向拓展。

西姆研究院经过对公司各细分业务板块进行初步评估，按照本成果中的业务评估矩阵，可以大致分为核心业务、基础业务、培育业务、保留业务。其中核心业务是节水科技板块，需要大力发展；基础业务是水利工程、供水、水源开发等业务板块；培育业务是水环境建设、中水回收、水质监测、污水处理、水务信息化等具备一定科技含量的板块，将来有望成为集团的核心业务；而保留业务则是物资贸易部分，可以控制资源投入，保持完成目标即可。

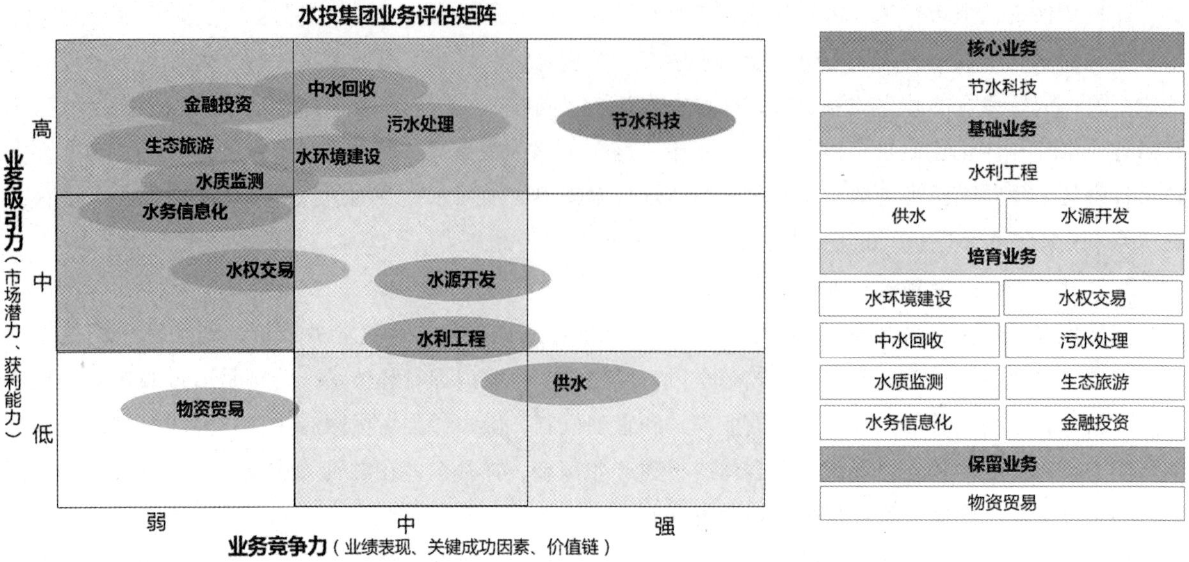

图 5　该集团业务评估矩阵

按照本成果中的业务评估矩阵，西姆研究院给予旗下各个业务板块不同的战略目标和发展路径。就集团而言，从 2019 年至 2025 年可分为“做强做大→跨越发展→创新驱动”三个发展阶段：到 2019 年底，培育产业核心竞争力，巩固基础，做强做大；到 2020 年底，助推公司成为省内水利基础设施投资运营引领者及国企改革标杆；到 2025 年底，“1+2+N”产业格局基本形成，成为国内一流的水务综合投资运营商；同时逐步将优质资产转化成资本，从“重资产”向“轻资产”转型，深入推动产业扩张和资本运作。

（三）三级集团化业务管理架构

在规划集团及旗下业务板块的战略发展路径后，接下来就是搭建该水投集团的三级集团化业务管理架构，理顺现有业务的管理体系。水投总部成为控股集团，各事业板块由专门事业部经营，并将优质资产和项目划归到事业部名下，由相应的项目公司或子公司经营，使得各项业务发展轻装起步。

同时，该水投集团的业务板块混合有政府公益性和市场竞争性业务，实施下属企业的分类分层管理是理顺集团化管控的重要手段。

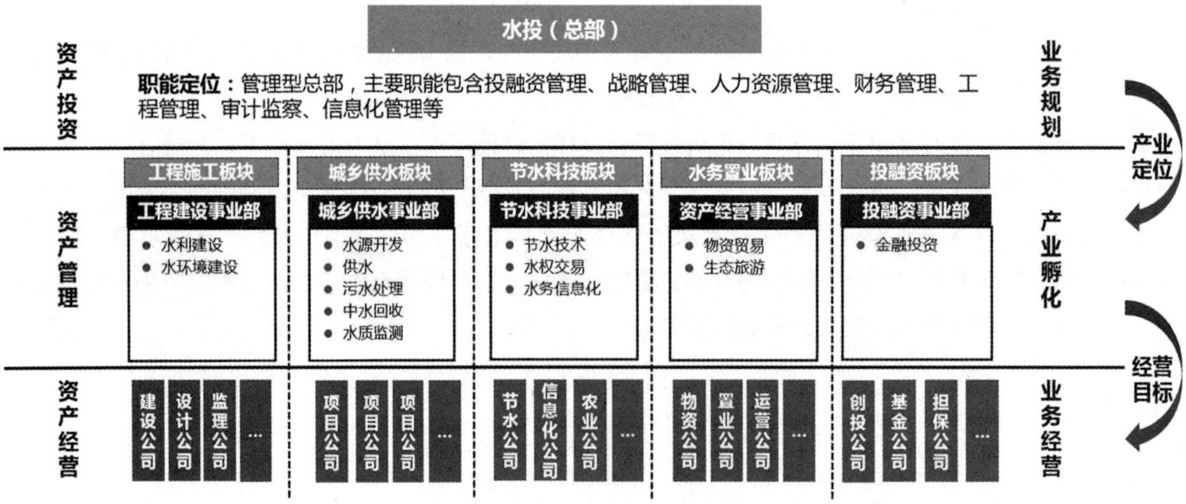

图 6　业务管理架构设计

对于最上层的国资监管部门而言，主要职能是理顺政企关系，明确角色定位；以管资本加强国企监管，明确管委会和企业的角色、资产、债务和授权关系。

对于该水投总部而言，打造管理型总部，发挥战略协同职能、管理输出职能、资源整合资本运作职能和融资职能。

对于事业部而言，重在封闭运营风险，若事业部承担政府性和市场化两种功能，建议将市场化业务下沉至下属子公司或成立新公司；事业部作为该板块的业务整合平台和孵化平台，业务板块优质资产尽可能装入事业部分管的下属公司，使下属公司也具备融资功能。

而对于最下层的下属公司，重在执行市场化业务；下属公司装入优质资产，实现优质资产与集团总部风险隔离，保障下属公司稳定经营；采取市场化运作方式，适时进行混改，如引入战投、员工持股等。

（四）项目总结及启示

此水务集团战略一体化方案中，西姆国有经济研究院综合公司发展诉求以及内外部发展环境的理解，提出公司在未来5年期间6大核心诉求，基于此战略方向的指引，根据业务评估矩阵，给予旗下各业务板块不同的战略目标和发展路径。明确企业战略后，为了贯彻和实施，搭建水投集团的三级集团化业务管理结构，理顺现有业务的管理体系，明确各层级部门职能及角色定位，推进内外部战略协同，促进业务快速发展。

该战略一体化方案得到集团领导层的一致认可，并以此为混改基础及方向逐层逐步实施，自2019年初方案实施至今已实现第一阶段“培育核心竞争力，巩固基础，做强做大”战略目标。

从水务集团案例中不难看出，在国企混改中，战略体系是从上而下贯穿始终的。国有企业在推进混改之前及过程中，应当就在身战略定位、方向、目标、发展规划、战略举措等进行认真系统的再思考，从而使自己的战略更加清晰，更加符合共有经济赋予企业的使命和责任，也更加符合市场经济和所在产业发展的方向。

本成果是西姆研究院针对国企改革提出的西姆“四梁八柱”模型，在具体的操作过程中，还要根据国企自身的情况，量身定做适合企业发展的改革方案。本成果中还详述了大量“四梁八柱”的实际操作案例，包括分项改革和整体改革的多个方案，希望能对正在进入深水区的国有企业改革提供系统思路和帮助。

成果创造人：徐怀玉、宋　蕊

投资型发电企业的转型创新发展模式研究

——以华能国际电力开发公司为例

陈自立　华能国际电力开发公司

华能国际电力开发公司成立于1985年6月，是电力企业第一家入选世界500强企业中国华能集团有限公司的子公司，是华能国际电力股份有限公司的第一大股东。华能国际电力开发公司是中国改革开放以后，第一家中外合资的电力企业，在电力领域创造了多项行业第一，为改革开放后中国的电力事业发展贡献了强大的能源动力。目前，华能国际电力开发公司注册资金4.5亿美元，股东持股比例为：华能集团公司75%，尚华投资有限公司25%，属于中外合资企业，最先在电力企业中发起设立股份有限公司，并最早推动华能股份公司实现纽约、中国香港、上海三地上市的电力公司，是我国第一个“一流电力公司”。截止2020年5月，现有控股参股企业35家，其中全资企业9家，50%以上控股7家，以及参股6家有限合伙企业，涵盖火电、风电、光伏、核电、海上风电、充电桩和垃圾发电等发电业务以及科技等领域。

本成果深入分析了国企改革背景下传统发电企业华能国际电力开发公司（以下简称“开发公司”）的投资转型升级的措施和方法，它的发展不仅验证了中国电力的发展壮大，也一步步见证着电力企业投资转型的发展之路。再转型创新发展过程中充分与企业实际相结合，这种模式也为相关的发电企业转型升级、拓宽新的业务、投资战略性新兴产业提供了发展经验。

一、投资型发电企业转型创新发展成果的背景

（一）新能源发展政策层面的推动

习近平总书记在2014年中央财经领导小组第六次会议上明确提出了“四个革命，一个合作”的重大能源战略思想。能源生产和消费对生态环境损害严重，受国家能源安全战略的影响，未来能源的开发利用将是以清洁能源的开发和利用为核心。党的十九大报告指出，“推进能源生产和消费革命，构建清洁低碳、安全高效的能源体系”，在传统能源由主导地位向辅助地位逐渐转变的过程，新能源的开发和利用成为能源企业竞相争夺的点。“十三五”规划中，就已明确提出“到2020年，非化石能源占一次能源消费总量的比重达到15%左右，单位国内生产总值二氧化碳排放量比2005年下降40%至45%。”在国家政策取向上，更加注重发展质量、调整存量、做优增量，积极化解过剩产能，更加注重结构调整，推进能源绿色低碳发展，清洁能源在国家政策层面布局越来越大，公司发展只有紧跟国家政策导向，才能顺应国家发展需要，履行好企业社会责任。

（二）应对电力市场环境变化的重要途径

电力市场环境不断在改变，世界能源转型变革步伐明显加快，清洁能源特别是新能源已成为我国电力增量的主体，新能源平价上网步伐加快，优质资源竞争更加激烈，可再生能源成为全世界关注的热点，长期以来以传统化石能源为基础的火力发电装机在国内的总装机比重在降低，需要电力企业以适应市场为目标，落实市场在资源配置中的决定性作用。自2002年“厂网分开”的改革以来，电力市场由垄断向竞争性的开放市场转变，尤其是在能源供给的发电侧，发电侧的市场竞争态势不断发展，极大的推动了我国发电量的增长，新能源在未来5到10年依然是电源投资重点，“十三五”时期风电规划新增装机8200万千瓦、光伏发电新增装机6200万千瓦。截至2017年底，“十三五”时期以来风电已投产3500万千瓦、光伏发电已投产8700万千瓦左右，预计风电将如期完成规划目标，光伏发电将大幅超额完成目标。[1]

根据环境变化改变资源投向、优化组织结构，从而形成新的经营模式和管理机制，实现新业务的发展；另一方面可再生能源的发电量在不断增长，可再生能源为代表的清洁能源再电力交易市场中受到更多的青睐。可再生能源发电增长率面临激烈的电力市场竞争，需要开发公司主动适应竞争态势，参与电力市场竞争，积极研判分析电力市场发展趋势，寻求质量优良的清洁能源项目，推动公司的转型发展。

（三）深化国企改革的需要

一是国企转型发展的主基调。2015年中共中央发布了《中共中央、国务院关于深化国有企业改革的指导意见》，为国有企业改革的推进和转型升级指引了具体的前进方面和导向。华能始终紧随国家的部署，始终走在国企改革的前沿，早期华能完成了国有企业从政府行政机关附属向独立的市场主体、法人主体的转变，成为我国首家独立发电企业集团。进入新时期积极参与“双百行动”，落实国有企业改革的各项要求和举措是转变发展方式，实现高质量发展的重要步骤要主动对标国企改革的要求，以国企改革的精神理念指导企业改革和发展，才能为企业的转型发展注入新的增长点和活力点。

二是国有企业改革聚焦主业，清理非主业资产。当前国有企业要做强主业和实现主业收益最大化，提高企业的经营效益和运行质量，就需要优化国有资本投向和业务结构，各大国有企业加大清理和处置低效无效资产的工作力度，必须坚持有进有退、有所为有所不为，按照国有经济布局战略性调整要求和国资委确定的主业，严控投资方向，取得结构调整和产业升级的突破，这是实现国有资产的保值增值的重要路径，也是国有企业做大做强的重要方式。

（四）公司内部自身改革的现实需要

内部环境的变化是推动企业转型发展的重要动力源，开发公司在将旗下的火电资产打包注入华能股份公司之后，按照华能股份上市招股书中的说明以及上市以来年度报告披露的相关信息，开发公司与华能股份公司要避免同业竞争，此后在股权调整后，华能集团公司也做出了相同的承诺，由此让华能股份公司成为旗下常规能源业务的最终唯一整合平台。唯独作为华能集团内部成立最早、成绩最优的开发公司在相继转让资产之后，面临主要业务被剥离或者说是缺少核心主业的尴尬处境，在剥离电力资产以及经历和集团公司合署办公的历程之后，实体化运作的公司急需寻找到自身的发展路径，为企业的生存和发展谋出路，转型创新发展就不可避免。

从早期注入火电资产到华能股份公司从这一运作来看，当时已经有了把公司往投资型公司发展道路上引领的意味。在进入新时代，公司面临的电力市场更为复杂，国内外电力企业竞争不断增强，因此转型发展，找到合适的发展战略定位是企业走向持续发展的重要路径，也是企业避免企业生命周期衰落走向的必要方式。开发公司有着二次创业和资本运作的经验，在资本市场的收购、重组等一系列运作也具有着丰富的经验，公司具有丰富的电力相关产业投资、建设、运营成功经验，同时在海上风电、垃圾发电等方面积累了大量项目经验，有利于公司在投资领域继续发挥优势和竞争力。

二、投资型发电企业转型创新发展的内涵

企业转型发展意味着企业根据其外部环境及企业内部资源和能力状况，为了追求自身的生存与发展，对企业产业定位、资源配置、管理模式、组织架构及企业文化等进行整体性、全方位的整合，使之能够重新适应外部环境变化，从而不断创造和保持企业竞争优势的行为与过程。[2]

投资型发电企业是指不涉及具体电力设计、建设、运营、日常管理，而只是以投资控股为主要方式介入各类发电源的的现代发电企业。面临日益激烈的发电侧市场，开发公司多次主动顺应市场变化和集团公司战略要求，积极从传统的发电企业向投资型发电企业转型。开发公司在推动转型发展过程中，牢牢贯彻创新、协调、绿色和共享的发展理念，紧紧围绕集团公司创建具有国际竞争力的世界一流企业的战略目标，把握战略目标的政策性，紧盯国家电力产业相关政策和要求，不断调整自己的转型发展战略。

（一）从单一业务平台到多元产业孵化平台

作为国内最早实行集外资办电的企业，开发公司从1985年成立就以利用外资办电作为公司的重要战略目标，在短时间内引进国外先进发电设备，形成“负债建设、自主经营、自负盈亏、自我发展”的华能办电模式，在筹措资金办电方面经验十分丰富，在早期为中国大规模经济建设用电开辟了重要的平台。在电力领域，华能的品牌声誉受到国内外广泛的青睐，具有很高的价值，可以说是电力领域的标杆，尤其是火电方面创造了多项第一的成绩。

在开发公司成立后8年时间里，实行开发、建设、运营、管理一体化的自主开发模式，完成投资超300亿元，其中利用外资88亿元，占当时全国电力工业利用外资的40%以上；投产装机容量1124万千瓦，占同期全国新增装机容量的11%。在逐步将火电资产注入华能股份公司，在剥离发电业务，整体打包上市公司之后，随着国内外能源的发展，以及电力市场体制改革的推进，单一的火电发电业务已经不符合国家电力政策发展的需要，公司在此时另谋出路开始向电力的上下游产业延伸，主要围绕电力产业上、下游进行投资，努力打造符合国家政策导向、具有广阔市场空间和战略意义的能源相关产业。围绕电力产业的上下游链进行开发，成功孕育了分布在湖北、陕西、江西、安徽、北京、吉林、新疆、青海等省、自治区、直辖市多个电源项目，在取得路条和核准后，部分优质项目装入相应上市公司，公司掌握股权，实现效益最大化和管理效能的最大化。

按照集团公司“两线”和“两化”的战略布局，利用机构职能整合的契机，公司优化调整产业结构，加强产业协同发展，增大新能源装机比重落实集团公司的发展战略，以实现新的盈利增长点为目标，布局核电板块，投资收购风电、光伏、热电联营等优质电力项目的基础上，积极推进煤层气、页岩气勘探开发，介入新能源汽车充电服务网络设施建设，深入研究进入分布式能源储能领域以及海上风电安装市场的可行性，进入垃圾发电领域，通过前期的投资孵化建立相关的项目公司之后公司只掌握股权，具体的运营管理交由属地内的集团区域公司协作管理。

（二）从传统电力产业公司到投融资型发电公司

产业结构调整和产业转型升级倒逼中国企业转型升级，对于电力企业来说，以往我国在火电领域的

高投入、高耗能和高污染的发展模式在推动我国经济快速增长的同时也带来了资源的浪费和环境的破坏。受外围大环境的影响，驱动变革的需要，开发公司主动顺应我国能源转型变革的大趋势，加快绿色转型的步伐，大力发展新能源，进行上下游产业链延伸，通过收购、合作等方式迅速进入发电相关业务领域，推动能源结构转型。

自公司实施实体化运作不再与华能集团公司本部合署办公后，公司与华能集团公司电力开发事业部实行两块牌子、一套班子的管理模式，增加了页岩气开发利用办公室实行“多块牌子、一套机构”运作模式，同时履行华能集团公司电力项目投资和油气产业专业投资管理职能，并开始围绕清洁能源拓展能源产品的多样性。由此走上了与以往完全不一样的电力企业发展之路，开始独立承担电力项目前期工作和投融资、资产管理、资本运营和股权管理等职能。从电力产业的投资，建设，运营和管理到只做电力产业的投资前期工作，充分发挥自身的优势，聚焦产业前端的投资业务，实现从传统电力产业的实体公司向投资型发电企业转型。

公司是华能集团下属的围绕投融资、资产管理、资本运营、股权管理的综合性管理平台，紧紧围绕主业推动全方位资产重组和资产并购，不断优化资产结构，提升产业链经营价值。尤其是发电企业是资金密集型企业，前期的积累为公司积累了良好的资金基础，公司积极开发华能空白区域，率先在青海、新疆、贵州等当时尚未设立区域公司的省份开疆拓土，投资建设了华能在三北地区第一个光伏电站——格尔木光伏示范项目和位于河北、吉林、新疆等地的风电项目，也成为华能最早介入风电、光伏领域的公司之一。

（三）完善公司治理结构，构建公司法人治理结构

2013 年《中共中央关于全面深化改革若干重大问题的决定》明确指出，完善现代企业制度的重要标志就是建立健全的公司法人治理结构。2017 年，国务院办公厅颁布《关于进一步完善国有企业法人治理结构的指导意见》中指出“在 2017 年年底前公司制改革基本完成，到 2020 年国有独资、全资公司全面建立外部董事占多数的董事会”。作为电力企业重最早的中外合资企业，在成立初期就按照中外合资经营管理模式构建了完善的公司管理结构，最早形成了以资产为纽带、母子公司结构为主、总分公司相结合的管理体制。

不断完善公司法人治理结构是推进公司各项业务发展的重要内容，按照国资委、集团公司的要求逐渐转型到完善的法人治理结构的现代化企业。公司治理始终按照制度化和规范化的要求进行运作，早期因为中外合资企业的性质使然，公司不设股东会，但是董事会、监事会和经理层完备，党的领导融入公司治理结构。股权管理是公司的重要业务之一，也是现代公司制度的重点，对股权企业、进一步规范股权管理工作机制和运行机制，不断完善投资企业法人治理结构，按照投资企业章程的规定，规范投资“三会”管理，严格履行公司决策事项审批程序，确保公司对已投项目的有效监督管控，落实股东权利，维护国有资产权益，实现股东合理的投资回报，重点加强对市场化运作公司的管理。

三、投资型发电企业转型创新发展实践做法

电力发展进入新时代，开发公司深入贯彻习近平新时代中国特色社会主义思想，坚持党的领导，加强党的建设，牢固树立创新、协调、绿色、开放、共享的发展理念，主动适应和引领新常态，秉承“三色公司”使命，坚持公司战略定位，以提高发展质量和效益为中心，以加快转型升级为主导，坚持创新发展、科学决策、防范风险、合资合作的工作思路，始终以服务集团公司战略为引领，以国有企业改革

发展为契机，以习近平总书记创新发展思想为指导，公司提出了“一聚焦两个平台”的发展战略，即聚焦新能源和科技产业发展，打造“产业孵化平台”和“投融资平台”，主要做法如下：

（一）聚焦电力发展主业，转型新能源和科技产业

1. 投资聚焦新能源发展

主动投资符合集团战略目标的清洁能源项目。以往公司注重火电资产，适应当时国内缺电的实际情况从产业结构来看，华能集团的火电资产在五大发电企业中的占比最大，因此随着集团公司战略方向的调整，大力发展新能源成为华能上下新的战略目标，2019年华能集团新能源发展创历史最好水平，全年新增装机502万千瓦，是2018年的4倍。项目核准（备案）、开工、投产均创历史新高，低碳清洁能源装机超过6100万千瓦。作为华能集团最重要的产业公司，为集团贡献新能源装机比重成为首要的重任，集团的发展战略也带动了开发公司在投资方向上的转移，“助力集团公司新能源发展”。投资业务向新能源倾斜，调整企业资源结构，将企业的重点发展目标放在企业的战略目标上，紧紧围绕集团公司提出的“两线”“两化”战略进行布局，提高清洁能源装机比重再带动自身转型发展的同时，也为集团公司的新能源战略发展贡献力量，从投资地域分布看，黑龙江、吉林、河北、天津，江苏浙江等地已然是公司发展的战略重地，在集团战略的加持下实现完美的契合，公司在这些区域的投资力度更大。例如，公司按照条约规定，收购霍林、康保和榆林三个公司共计125.5MW的光伏项目，围绕新能源发展战略进一步增加新能源装机。

2. 建立新能源基金和科技创新基金，加快新能源和科技领域投资

设立光伏产业基金。通过与资本公司联合设立产业基金进行投资，可以充分发挥华能的产业协同优势，实现了产融结合，借助金融市场杠杆作用，实业投资可以较小风险实现较大规模的扩张。公司对与华能资本公司联合设立的光伏基金一期、二期项目投资进行了研究比选，先后投资了康保、霍林郭勒、榆林锦阳等6个项目（装机容量共计430MW）14.52亿元，2015年时收取顾问费216万元，2016年顾问费收入1452万，实现了良好的光伏投资收益。

发挥强强联合优势，投资设立新能源建设基金。开发公司与上海电气集团旗下上海电气投资有限公司、上海电气风电集团旗下上海之恒新能源有限公司等签署协议，共同设立总规模约为40亿元的股权投资基金——华能上电新能源建设基金（即华景上电一号、二号基金），华能集团资本公司旗下的华能景顺罗斯（北京）投资基金管理有限公司为基金管理人。根据协议，双方将本着自愿、平等、公平、诚信原则，在以风力发电为主的清洁能源股权投资领域开展深度合作，实现资源共享、优势互补。

积极扩募，壮大发展科技创新投资基金。开发公司发起成立的科技创新投资基金为私募股权投资基金，华能系统内单位出资，华能投资公司全资子公司天津源融公司进行专业化的基金管理，初期认缴10亿元，目前已吸引到外部投资者，目标有望达到50亿元规模。该基金以成长期科技项目投资为主，重点投向海上风电全生命周期设计技术、陆上风电、光伏发电、先进储能技术、煤炭高效开采技术等领域，同时在所投企业引入市场化管理机制，加快科技产业孵化，努力打造具有实力较强的华能科技上市公司，借助金融手段加快科技产业发展，将有助于关键核心技术研发，促进科技成果向现实生产力转化，对于推动公司转型升级和创新发展具有重要意义。

3. 聚焦电力发展主业，清理处置低效无效资产

按照国资委和集团公司的要求，深化供给侧改革和处僵治困的工作安排，制定资不抵债企业处置方案，对所属企业“退出”处理，为聚焦能源主业腾空资金空间和精力，推动公司高质量发展。

一是注销矿产类的下属企业，按照国家的有关要求，对于之前作为投资重点的页岩气开发进行了注销清算，停止页岩气的勘探和开发，及时扭转投资方向，避免更大的时间成本、资本成本的投入为聚焦主业，加强电力发展清退空间，为公司转型发展助力。

二是对于非电力主页的亏损资产，按照与华能系统内公司的协议安排，开展宾馆酒店类资产的委托管理和资产移交工作以及固定资产等非电资产的转让处理工作，在把战略发展目标转移到电力主业的同时，积极主动推动企业业务再造，坚决从低效低质的产业退出，对下属酒店类的资产，转交给系统内的相关公司进行处置，为能源转型发展减负，为进一步聚焦电力资产做好铺垫。

（二）股权投资与资本运营

资本运营和股权管理是公司重要的业务之一，电力产业投资是重资金，回报期长，对于资金的依赖度十分大，股权投资的布局一方面可以以参股的形式介入相关领域，为公司参与某些公司创造条件，同时盘活公司资产，为公司的产业投资提供所需资金。

1. 强化资本运作，推动公司转型发展

向投资型电力企业转型，实现产业与资本的良好沟通。与集团公司一汽实施“龙马、骏腾项目”的资本运作，进一步将非上市火电资产装入上市公司，做大做强火电板块，增加可控运营装机849万千瓦，在建装机160万千瓦；配合集团公司完成了尚华公司受让中群、中昌持有公司20%股权及集团公司受让信达、中水持有公司7.25%股权相关工作；完成了青海发电公司、重庆矿产公司增资的相关工作；完成新疆奎屯河水电有限公司65%股权转让报批工作；投资参股设立了华能霞浦核电有限公司、深圳前海华景蓝天投资有限公司、上海石油天然气交易中心。

2. 进行股权投资，优化公司投资结构

股权投资是国有企业重要的经济活动形式，是一种高回报率的投资方式，提高资本运营效率，实现国有资本的保值增值。与华能集团内的专业性金融机构合作，联合资本公司下属的投资公司，加强与长城证券等金融机构的横向合作，专业的金融机构作为投资顾问，为投资项目把关，设立产业基金，打造创新发展级，聚焦新能源+科技创新，落实创新驱动发展，发挥金融协同和互动优势。集中资金投资集团牵头的重大“两线”“两化”项目，助力集团公司新能源发展战略。同时，打造科技创新基金，为科技项目孵化提供支持，为系统内的重大科技攻关项目，基金项目交由系统内的金融机构进行专业化的运作，带动了集团不同行业公司的共同发展。

3. 深化混合所有制改革，与民营企业合作力度加强

与民营企业合作，深化混合所有改革，布局战略性新兴产业。与以往围绕电力产业的上下游布局项目不同，在紧盯新能源市场发展的同时，开发公司作为华能系统内电力开发的先行者，布局战略性新兴产业是落实国有企业改革的精神，与民营企业合资成立公司，加大与电力行业优秀民营企业合作，以参股均股的形式成立国有资本与民营资本混合所有的公司，在公司章程及出资协议（如有）中约定各方的权限，民企负责运营管理，公司主要委派董事参与董事会决策以及委派监事对公司进行监督。

布局充电网络设施成立浙江亿能能源。探索能源领域“互联网+”模式的新尝试，进入下游售电市场及消费侧管理领域，抢占新能源汽车用电市场。早在2015年公司就与民营企业合资成立了浙江亿能能源服务有限公司，共同布局充电桩市场，打造公司新的业绩增长点，也是华能涉及充电桩领域的排头兵和试点，是华能集团与民营企业混合所有制改革的试点，充分发挥国有企业的资金优势，利用好民营企业的技术优势。这是发电企业首次跨界涉足充电桩领域，以充电网络作为入口，打造充电、销售、租

赁、4S增值服务、互联网金融以及互联网大数据云平台的“生态圈”，在电力销售端实现“互联网+”、移动支付和产融结合模式等。在开展充电服务的同时，适时开展售电业务，探索“以充促售”的商业模式，实现对发电主业的协同效应，建立市场化的经营模式，灵活用人机制和市场化的薪酬体系。

积极拓展海上风电运维市场。与民营电力企业远景能源合作成立景能科技有限公司，充分发挥民营风电企业的技术优势，服务公司发展战略，填补了华能业务空白。公司在注册成立后第一年就获得30万千瓦海上风电运维业务，承接了陆上风电400万千瓦风电项目，跟进山西、河南、山东、安徽、江苏等地约150万千瓦风电项目。同时将与集团公司一起投资射阳海上运维港口码头，打造江苏首个海上风电大型运维基地。充分发挥民营企业用人机制、薪酬机制的灵活性，采取劳务合作等形式降低用工成本，提高公司市场竞争力。

首次布局进军垃圾发电业务。公司与康恒环境公司组成联合体中标南京江北二期垃圾发电项目，与南京市政府签署PPP投资合作协议，开拓了华能首个PPP项目，正式进入垃圾发电领域。该公司主要从事发电、输电、供电业务，城市生活垃圾经营性服务，致力于提升长三角地区环境治理水平，优化基础设施水平和地区投资环境，为落实习近平总书记提出的共抓长江大保护做出贡献。

4. 以委托管理模式管理投资型公司参控股企业

公司人少精干，但是资金实力雄厚，优势在于投融资能力，围绕着电力相关产业，寻找好的项目，好的企业，进行股权投资。对于投资后的新能源项目，公司只是作为从资本层面来进行管理，对于日常的运营管理，按照属地化、专业化和节约化的原则，公司创新性的与集团系统内的相关单位签署委托管理协议，委托集团公司统一对开发的项目进行管理和运营，而集团公司按照属地化原则，以区域分公司作为具体管理的抓手来进行管理。

通过委托管理模式的创新，实现了“小公司”模式下对众多电力资产的有效管理，区域分公司更为熟知本地情况，同时效用最大化的运用区域分公司的人力和资源，极大的节省了人力成本，同时也为区域分公司的业务拓展开展新能源的运营积累了运营经验。

（三）健全公司治理机制，支撑投资型企业管理重塑

1. 坚持和加强党对国有企业的领导

加强党的建设，通过开发公司党委决策前置程序，将党建工作与公司经营工作有机统一。完善公司法人治理，依据开发公司章程进行决策，将坚持党的领导写入公司章程，建立中国特色的现代企业制度，加强党的领导与公司治理相统一，坚持公司党委把方向、定大局；落实“双向进入，交叉任职”的领导体制，全面实施“一肩挑”，公司董事长和党委书记由一人担任，确保公司党委在公司法人治理结构中的领导核心地位。制定“三重一大”方案，强化公司党委对重大事项的决策把关作用，党委会研究是董事长办公会、经理层决策的前置程序，重大经营事项必须经党委会研究讨论后再由董事会或经理层依法履行决策程序。

2. 向投资企业派出董事和监事，履行出资人职责

对于具体管理完全交由投资企业的经营层，作为投资企业的出资人，以管资本为纽带，对控股参股公司进行管理而不是按照一般的模式对投资企业进行人、财和物全方位的管理。对参股企业的管理，积极履行出资人职责，公司制定了《开发公司企业股权事务管理办法》和《开发公司股东代表、董事、监事出席会议管理办法》，以管理制度为依据进一步规范公司股权管理。规范股东代表、董事、监事的出席所属企业会议情况，规范股权管理工作机制和运作机制，按照公司相关制度要求，不断完善投资企业

法人治理结构，规范投资企业章程，按照投资企业章程，规范三会管理，严格履行公司决策事项审批程序，确保公司对投资项目的监督管控，落实股东权利，维护国有资产的利益，以董事监事为出发点，保障派出的董事监事正确维护公司股东利益和履职。

3. 机构改革顺应转型发展需要

一是集团职能的下放和转移，承载着集团原有职能部门。集团公司在总部机构改革工作中将原有的资本运营中心的股权管理职能下放和交给开发公司，统筹管辖集团公司参股企业，赋予了转型发展中的开发公司的新的战略发展目标，进一步强化了公司原有的股权管理和资本运作的职能，深入推进投资型公司的发展，激发了员工干事创业的动力，为公司的转型发展进一步加码。

二是公司机构设置、职能职责和人员配置方面。对公司现有机构、部门职责和人员情况进行全面的梳理，对相关业务部门进行需求，进行机构重组和人力资源再配置。公司部门由原来的9个部门调整为7个部门，强化规划投资和股权管理职能，另一方面对人力、纪检、审计职能部门根据业务导向进一步优化；加强人力资源方面的调配，将撤销的部门人员分流至各部门，加强了相关部门的人员配置，尤其是充实壮大了规划投资和股权管理方面的人才队伍，岗位调整率超过20%，进一步优化人员配置，部门设置更符合公司转型发展需要，人员结构进一步精干。

四、投资型发电企业转型创新发展实施效果及经验

传统发电企业在转型发展之中面临管理理念的转变，管理方式的创新，数字化发展等新时代新元素的全面冲击，尤其是在传统火电市场被压缩的背景下，突破传统电力企业的发展瓶颈，需要多方面的共同转变，促进企业完成转型发展目标，作为传统的发电企业，经历过发展的辉煌时期，为电力事业开拓了崭新的面貌，本成果的实施效果和经验具体而言有以下几个要点。

（一）实施效果

1. 实现转型升级效果显著，助推公司高质量发展

开发公司是中国电力企业改革的先锋，承载着华能集团求新求变求改革的创变基因，良好的改革经验为集团公司和公司的改革发展提供经验。目前，公司已经涉足发电的各个领域，涵盖风电、光伏、核电、垃圾发电。清洁能源占比越来越高，为集团公司提升清洁能源装机比重贡献了力量，实现了公司电力业务的多元化，参股企业的多种化，新能源布局沿着集团公司的战略部署和公司的发展目标在不断前进，产业孵化不断发展，股权管理扎实推进。同时继续沿着科技创新的步伐不断前进，发挥投资基金的作用，寻找合适的新能源和科技创新项目的投资机会；企业管理和治理水平显著增强，管理制度不断完善，对公司内部的管理更加高效，办事效率大大提升。

2. 公司经营业绩显著提升

在公司实施转型发展的道路过程中，公司经营效果明显提升，多次在集团公司的业绩考核中获得良好成绩，为集团公司归母利做出重要的贡献。截至2019年底，开发公司合并口径资产总额4453.73亿元，负债总额3197.97亿元，所有者权益总额1255.76亿元，已投入运行的可控发电装机容量为11345.61万千瓦。2018年公司总资产4343.05亿元，营业收入1739.19亿元，净利润27.64亿元；2019年公司总资产4514.05亿元，实现营业收入1782.47亿元，净利润75.17亿元，净利润大幅度提升，上升了47.53亿元。统筹协调对财务性股权投资的股票进行减持，累计实现投资收益超20亿元。

（二）主要经验

1. 坚持公司党委的领导，加强顶层变革的设计

对于中小型国有企业而言，准确的转型策略对于企业的发展至关重要，坚持国企党委（党组）对转变的把握，在统一对转型发展思路上大有裨益，减少突然变革的阵痛期。按照公司法和外商投资法的要求，公司修订章程，设立股东会，构建了股东会、公司党委、董事会、监事会和经理层职责清晰，分工明确，有效制衡的现代企业法人治理机制；党委书记和总经理分设，坚持党委决策，以制度为依据，以党委把握方向为导向，以完善的制度为决策依据，为公司各项投融资决策和公司管理指引处正确的发展道路。

2. 坚持新发展理念融入公司战略转型

党的十八大以来，习近平总书记顺应时代和实践发展的新要求，坚持以人民为中心的发展思想，鲜明提出要坚定不移贯彻创新、协调、绿色、开放、共享的新发展理念。创新是发展的第一动力。调整能源结构，大力实施创新驱动发展战略，强化现代经济体系的战略支撑，是习近平总书记对能源央企给予的希冀。在传统能源由主导地位向辅助地位逐渐转变的过程，新能源的开发和利用成为能源企业竞相争夺的焦点。

开发公司在推动转型发展过程中，主动顺应我国能源转型变革的大趋势，始终坚持践行绿色发展理念，紧紧围绕集团公司创建具有国际竞争力的世界一流企业的战略目标，按照集团公司“两线”和“两化”的战略布局，公司优化调整产业结构，加强产业协同发展，加快绿色转型的步伐，大力发展新能源，进行上下游产业链延伸，围绕电力产业上、下游进行投资，努力打造符合国家政策导向、具有广阔市场空间和战略意义的能源相关产业。

3. 坚持集团战略引领，积极回应市场动向

面对快速变化的电力市场环境，公司善于积极回应市场的变化，冷静准确研判电力市场面临的快速变化，顺应市场的发展是企业战略转型的重要因素。对于企业转型而言，内外环境既是推动力也是拉动力，积极拉动为了企业的生存和发展，自我主动求新求变，市场环境快速变化的敏锐判断，可以把握市场先机。开发公司为代表的发电企业的转型发展实践给那些具有同样地位的央企二级公司的转型发展一些借鉴发展的经验。对于大型的集团公司而言，母子公司在战略上保持一致，子公司与集团总公司形成战略协同无疑能够极大的获取战略竞争力，也是通过这样的战略定位将母子公司进行紧密而充分的联系。

4. 积极求变的内部自我突破

作为集团公司战略协同的战略投资者，既要积极应对外部环境带来的风险挑战，又要坚决扛起新时代华能“三色三强三优”的责任和使命，充分发挥公司主业投资、跨界投资、股权投资的经验和优势，从公司内部而言，作为中小型国企，公司人数不足80人，在推动创新转型过程之中由于自身能力的受限，要扬长避短，积极求变求新，转变以往传统发电企业在把优质资产转移出去之后企业出路问题，公司沿着转型发展之路不断创新，贯彻落实新发展理论，推动公司高质量发展，构建华能集团内部投资控股，股权管理的运作中心，以维护集团公司和公司的最大化利益为目标，实现国有资产的保值增值。

成果创造人：陈自立　华能国际电力开发公司

注释：

①李端开等.电力工业进入新时代及新能源投资思路刍议.中国能源,2018(5):18.

②现代企业战略转型的关键要素分析.中共福建省委党校学报,2015(3):99.

以构建现代国铁企业制度管理体系为突破 全面推进企业治理体系和治理能力现代化

——以兰州局集团公司为例

中国铁路兰州局集团有限公司

一、制度体系建设的背景

古人云："事必有法，然后可成"。什么是"法"？法可以是规律规则，也可以是方式方法。即做任何事情要找到规律，按照既定规则，选用正确的方式方法，才能把事情做成。引用到现实生活中，就社会秩序的建立与维护而言，"法"是法律法规，是道德标准，就企业秩序的建立与维护而言，"法"是制度规章，是企业文化。

经国序民，正其制度。制度是关系党和国家事业发展的根本性、全局性、稳定性、长期性的问题。自党的十四大起，就对制度建设提出了明确要求和具体目标，党的十八大以来，把制度建设摆到了更加突出的位置。党的十九届四中全会专题研究了坚持和完善中国特色社会主义制度、推进国家治理体系和治理能力现代化的若干重大问题，并审议通过了《中共中央关于坚持和完善中国特色社会主义制度、推进国家治理体系和治理能力现代化若干重大问题的决定》。该《决定》回答了"坚持和巩固什么，完善和发展什么"这个重大政治问题，既阐明了必须牢牢坚持的重大制度和原则，又部署了推进制度建设的重大任务和举措。坚持根本制度、基本制度、重要制度相衔接，统筹顶层设计和分层设计对接，统筹制度改革和制度运行，推动各方面制度更加成熟更加定型，把我国制度优势更好转化为国家治理效能。

（一）是适应"交通强国、铁路先行"发展要求的需要

近几年来，随着我国国有企业改革的不断深入，铁路企业改革也取得了前所未有的进展。从2013年中国铁路实行政企分开，到2017年全国18个铁路局完成公司制改革，标志着铁路改革与发展进入了一个新阶段。铁路企业作为国有企业改革的重点领域，更须始终坚持"两个一以贯之"，着力构建符合中央有关国有企业改革的总体部署、构建符合现代企业管理的发展方向、符合铁路改革发展需要的现代企业管理制度体系，来不断增强企业健康、持续、高质量发展的内生动力。

（二）是健全以公司章程为核心管理制度体系的需要

按照党中央精神以及法律法规规定，铁路企业公司制改革后应健全以公司章程为核心的管理制度体系，充分发挥公司章程在现代企业治理中的基础作用，实现公司治理依法规范高效运行。尽管我局先后制订推进了一系列配套改革措施，也取得了一定的成绩，但从现状来看，还存在许多亟待解决的问题，如：管理制度体系不够完善、管理管控模式不够灵活、制度评价机制不够健全等诸多问题，阻碍与限制

了企业公司治理体系与治理能力的健全与发展[1]。

（三）是破解公司制改革初期发展难题的需要

制度是用来约定企业在一定期间内，在安全生产、经营管理中对某一工作如何开展所制订的包含原则依据及具体任务、要求、标准、流程等内容的“条款式规定”[2]。经过探索与实践，我局制订了《制度体系建设实施方案》，从制度体系建设的组织结构、体系框架、格式范本、管理程序、监督检查等方面进行了全面规范，初步形成了制度的动态管理机制，但仍存以下主要问题：

一是对制度内涵理解不够到位。从实际情况来看，仍存在对“制度”与“文件”的概念理解不够、相互混淆的情况，将以文函形式发布的单项活动安排、具体工作事项、阶段性工作安排等非长效性文件纳入管理制度范畴的现象普遍存在。

二是对分级分类管理不够明确。现有管理制度“体量”庞大，经全面梳理有效管理制度后发现，我局本级层面的有效管理制度较多，所属站段层面的管理制度的数量也十分庞大。同时，未能按照管理制度体系进行分级分类管理，对各级管理者掌握各项管理制度、及时查阅查询造成很大困难。

三是对制度效能发挥不够充分。制度制定缺乏计划性与针对性，部分制度在相关约束条款的表述上过于模糊，造成在执行和操作层面的困难；个别制度在制定或修订时，出现了与未废止的制度、业务有交叉的制度内容冲突或要求不一致的情况；甚至有部分制度由于在执行过程中，缺乏有效督查督导，使制度执行不够严格和彻底。

四是制度执行流程不够清晰。流程是制度执行过程中的“程序路线图”，但部分制度中对“路线图”设计不科学、不合理，有的制度甚至缺失“路线图”，造成在制度的落实过程中出现执行不规范的问题。有的流程设置环节复杂繁琐，在执行过程中出现无法实现的情况，达不到制订制度的预期目标。

由此可见，制度是治理之基，制度建设是治理之法，只有通过建立基础管理规范、流程标准明确、责权界定清晰的管理制度体系，构建科学完善的制度体系模型，才是企业规范、有序、高效管理的基础保障。

在此背景下，本成果重点围绕自我局公司制改革以来，以构建制度体系模型为突破口，围绕制度建设的核心环节，建立科学完善的管理制度体系，使职能与制度、流程与制度、制度与制度之间形成一个相互联系、相互作用的整体，从而使整个管理制度体系具有高度的契合度，为铁路企业公司制改革奠定坚实的基础，从而建立与公司制相适应的运行机制，以此推动铁路企业法治化市场化运行，推进企业治理体系和治理能力现代化。

二、制度体系建设的创新点

本成果的制度体系建设，是以提升企业的发展能力、服务能力、竞争能力、创新能力为主导，坚持问题导向、目标导向，以规范建立现代铁路企业管理制度体系为主线，以各专业领域的基本管理制度建设为重点，围绕依法合规、继承创新、服务发展的目标，分层级、分系统、分类别组织推进，着力构建以公司章程为核心，与公司制管理运行相适应的管理制度体系，实现架构合理、系统全面、协调配套、运行高效的管理机制，为实现企业高质量发展提供坚强制度保障。

（一）形成了持续改进的制度体系

以自上而下的顶层设计为基础，充分调动自下而上的创新力，围绕公司管理制度的决策主体、督导主体与执行主体，实行目标管理制度。将管理目标、工作目标分解于各项管理制度中，细化、明确各专业系统的权力、职能与责任的界限，构建有效衔接、协调运转、权责清晰、各司其职的决策管理、专业管控、业务督导的管理机制，着力解决管理、技术、标准、流程中存在的不适应、不规范、不科学、不准确、不统一等现场实际问题，从而形成了科学实用、持续改进的管理制度体系[7]。

（二）形成了高度融合的制度体系

1. 推动制度体系与党的领导的深度融合。在制度体系的核心环境中深度融入党的领导，坚持党建入章；在公司章程的修订过程中，始终明确党对国企的全面领导，将党委会放置于内部管理的首要位置，明确党委的领导作用，强化党委对国企的监督作用，全面落实国有企业党组织的各项决策部署，确保重大事项的决策依循党的路线方针，与党和国家的战略规划相契合，实现国有资产的增值保值，维护职工的合法权益与社会效益[6]。

2. 推动制度体系与技术创新的协同融合。通过全面提升而企业安全、业务、经营、生产等专业技术管理标准，推动技术创新与技术成果的转化运用，通过技术成果的推广运用，突破“制度壁垒”，建立起了一整套职能与制度、流程与制度、制度与制度、标准与制度的协同融合的管理机制，有效避免了职能的模糊和缺失，流程的繁琐和遗漏、制度的交叉和空白，形成了协同融合、创新发展的管理制度体系[1]。

（三）形成了动态管理的制度体系

科学完善的制度管理体系必须是持续优化、动态更新的，在实践过程中，通过加强对政策的研究与分析，借助运用信息化手段，全面分析管理制度体系内容，定期组织开展“修、废、补、建”工作，动态优化管理制度流程，并定期更新管理制度目录，使管理制度体系既适应外部环境政策的变化，又满足内部发展创新的需要，形成了具有动态更新、弹性管理的管理制度体系。

（四）形成了双向构建的制度体系

完善管理制度体系是提升企业治理能力的基础和保障。治理能力现代化是企业可持续发展的根基和目标。管理制度体系的建设与企业的治理能力不是企业健康发展的独立要素，也不是一个单向的过程，通过管理制度体系与提升企业治理能力的双向构建，进一步理顺本级与所属站段的“两级管理关系”，更高效的推动企业高质量发展。

（五）形成了信息化管理的制度体系

积极推进信息化管理建设，按照集团公司管理制度体系建设主体框架为基础，通过建立可灵活扩展的信息化软件平台，形成了架构合理，层级清晰，分类准确，务实精炼，动态更新的管理制度体系，实现对集团公司、各职能部门、所属各单位管理制度的分层、分类管理，为管理制度建设提供信息化、网络化、便捷化服务，为提升公司管理制度的整体水平奠定了坚实的信息化保障。

三、制度体系建设的主要措施

（一）设立制度体系建设的基本原则

1. 坚持依法合规的原则。以相关国家法律法规、中央有关推进国有企业改革的部署要求，以及国铁集团管理办法为依据，在制度体系的框架设计、层级划分、制度构成等方面符合法定要求，切实保障管理制度体系的合法性和合规性。

2. 坚持继承创新的原则。在坚持现有制度建设典型经验的基础上，按照规范现代企业治理的要求，科学设计体系构架，调整制度构成，确保新的制度体系符合公司管理制度的一般特征，实现铁路企业公司制改革后的制度创新。

3. 坚持实际实效的原则。充分考虑铁路行业特点，紧密结合铁路企业实际，使新的制度体系符合铁路运输统一调度指挥的需要，符合实施战略和财务管控的需要，符合铁路安全生产、经营管理的需要。

4. 坚持分级负责的原则。按照“两级管理、统筹建设”进行合理分工，集团公司负责本级管理制度建设，构建本级管理制度体系，所属单位按照集团公司管理制度体系，结合本系统、本专业实际，推进落实本单位管理制度建设，形成上下贯通、协调配套的管理制度体系。

（二）强化制度体系建设的顶层设计

1. 强化公司章程的法定地位

从公司治理视角，建设现代企业制度的重点是明确公司章程所具备的法定地位，承认公司章程的对外对内的法定效力，并将其作为企业制度体系建设与安全生产、经营管理的基本准则与基本法。

2. 强化体系建设的组织保障

一是提高全员思想认识。打破固有思维、转变传统观念，对标国内同行业优秀物流企业，从思想上认知、认同管理制度体系建设的重要意义，形成上下联动、步调统一的良好氛围。

二是快速建立组织机构。成立制度体系建设领导小组，明确各级机构的工作职责，强化部门主体责任，突出组织领导，通过专业指导、考核评价全面推进。

三是全面落实任务分解。围绕“统筹规划、全面推进、持续改进”的工作思路，按照“确定框架—构建模型—编制范本—修订制度—评估评价—优化完善”全过程闭环管理的实施步骤，确定制度体系建设的总体工作目标、重点任务、工作责任及时间节点，在推进过程中突出立标打样，通过“典型引领、示范先行”的方式全面落实各项任务。

（三）搭建制度体系建设的主体框架

1. 管理制度体系的主体框架

结合职能定位以及战略决策、行为规范、组织指挥、协调服务、监督考核的管理方式，按照“一个核心，三个层级、二十项类别”的框架进行构建管理制度体系。

“一个核心”：就是公司章程，它是集管理制度体系中的核心制度、根本制度。

“三个层级”：是指管理制度体系分为三个层级，第一层级，是公司章程，是集团公司所有管理制度的“母文件”；第二层级，是基本管理制度，是各管理领域的总领性、指导性文件，全面界定企业与所属企业在相关业务领域的管理权责，明确管理原则和相关规则，是各管理领域具体规章制度的“上位法”；第三层级，是具体规章制度，是在基本管理制度下制定的配套制度，可以是基本管理制度的全面性实施办法，也可以是各管理领域中某一方面的具体实施办法，是各管理领域基本管理制度的“下位法”。

“二十项类别”：是指将全部基本管理制度按专业管理领域细分为二十项类别。每一个类别中，包含一个或多个基本管理制度，各基本管理制度效力相同，在各自的管理范围内施行，同时又在公司章程的统领下协调统一。分别是：战略管理制度、法人治理制度、投资管理制度、财务管理制度、人力资源制度、资产管理制度、物资管理制度、科技信息制度、安全管理制度、运输管理制度、铁路建设制度、审计管理制度、绩效考核制度、纪检监察制度、法律事务制度、内部控制制度、党的工作制度、群团工作制度、公共关系制度、综合管理制度。在“二十项类别”的基本管理制度下，制定具体规章制度，包括基本管理制度的实施细则和专项管理办法。

2. 界定管理制度的垂直从属关系。

通过“上位法”与“下位法”的关联属性，体现出管理制度的垂直对应管理关系，更直观地显示出一项工作制度的上位制定依据，本级的基本管理制度，以及下级的具体实施细则或管理办法。形成架构合理，层级清晰，分类准确，务实精炼，动态更新的管理制度体系。

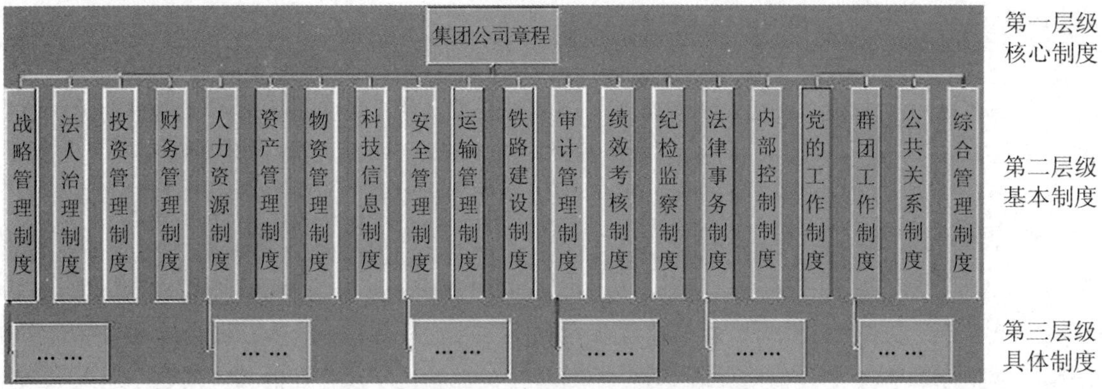

图 1　集团公司级别管理制度体系框架

3. 建立管理制度体系模型。

通过搭建管理制度体系框架，进行分级分类管理，逐步探索出以实现规范化标准化管理为目标，以加强过程管控为抓手，以信息化管理为支撑，以开展制度评价为手段，形成了以管理机制、管控机制、评价机制为主线的闭环式管理制度体系模型。

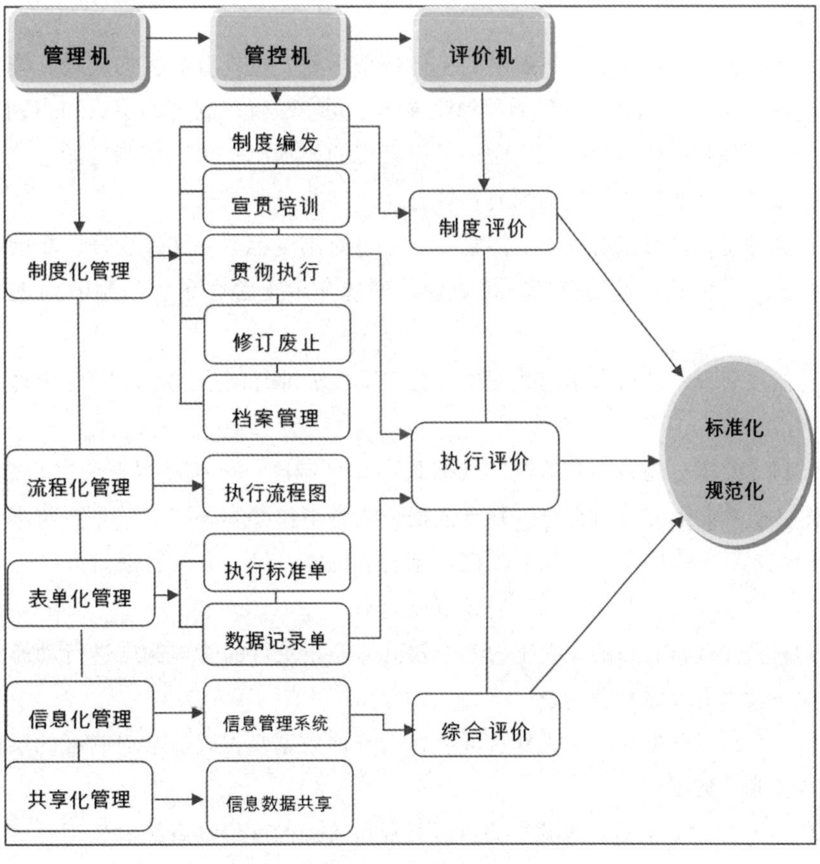

图 2　集团公司管理制度体系模型

4. 实行制度体系的“五化”管理

（1）制度化管理：以制度规范管理，用宣传强化推进，用培训提升标准，用督导贯彻落实。实施制度项目立项制度，明确制度立项目的。严把制度审议环节，通过采用重要文件合法性审查、重要风险审查、财务管理审查以及重大决策法律论证等方式，严格审核制度的编制依据、明确制度的编制原则，规范制度的编制格式，确保制度的合法性、合规性、合理性和规范性。

（2）流程化管理：坚持“简化、实践、明晰”的理念，不断优化业务流程管理，以《作业指导书》、《管理流程图》等形式开展“一事一流程”的规范管理，注重多个部门管理、多项业务交叉、多个风险项点重叠等关键环节的衔接与卡控，确保各管理环节畅通，以实现精益化管理。

（3）表单化管理：研究制定《执行标准单》，根据制度的重要程度、紧急程度将制度体系分为“非常重要且非常紧急、非常重要但不紧急、一般重要但非常紧急、一般重要且不紧急”四个等级，按等级分别制订工作的具体内容、工作标准、工作目标、完成时限等相关内容。同时，制订对未达到执行标准所对应的责任考核，以达到“执行有所循、考核有所依”的管理目标。此外，现场管理可结合工作实际，编制《数据记录单》，第一时间反馈制度执行过程中的原始记录及存在的相关问题。通过《数据记录单》，专业部门在业务指导过程中可及时发现现场作业中发现的问题，及时指导纠错并纠正执行偏差，以此来保证制度的可操作性和可执行性。

（4）信息化管理：积极推进管理制度信息系统的建设，通过借用信息化管理手段，实现由传统的管理模式向网络化管理的转变，由粗放型模式向集约化管理的转变。通过信息化管理来分析预测管理发展趋势，自动统计分析各类表单，进一步提升工作效率，优化管理流程，达到实现动态、高效管理的目标。

①制度管理：按照公司管理制度体系建设的主体框架思路，对规章制度的层级、类别、专业属性等进行定义，并通过“树形图”的直观图形界面清晰显示公司本级管理制度的层级和类别，也可按专业系统显示各基层单位的管理制度建设情况。同时，可更直观的显示出一项工作制度的上位制定依据，本级的基本管理制度，以及下级的具体实施细则或管理办法。

②文件检索：文件检索是系统的核心功能之一，通过对制度标题、文件字号、制度制定单位、制定时间等的关键字检索，系统后台运用合理算法快速、准确显示出符合条件的制度列表，实现管理上的“定置管理”。

③实时查询：制度管理系统后台用户数据与办公 OA 系统进行同步，登陆制度管理系统即可进行制度的实时在线查询。

④立项审查：对于集团公司各部门拟制定或修订的管理制度，可通过本系统进行立项申请及审查。一是可确保新制定的管理制度必须有充分的制定依据，或是工作必须补强。二是可与本系统数据库中的类似管理制度进行比对，有内容一致、相似或存在矛盾的制度，可一并修订或合并。三是可通过本系统对拟制定或修订的管理制度进行意见征询，提高审核效率。

⑤动态管理：对公司现行有效的、废止的、失效的、停止执行的管理制度进行动态管理，实时显示最新动态信息，便于管理者及时掌握动态。

⑥图形化显示：系统以图形化的方式显示可组合的统计数据，直观显示出制度的层次结构、分类数量、关注度、版本更新等数据。

（5）共享化管理：以建立信息资源共享为目标，通过管理制度信息系统的运用，进一步推进制度体系建设，使得外部信息资源和内部信息资源更为便捷的传输。同时，加强信息共享的严密性与时效性，进一步优化信息资源配置，提高信息资源利用率，大幅提升工作质量和工作效率。

5. 加强体系建设的机制保障。

建立制度管理的“五大”机制，即制度编发机制、制度培训机制、制度执行机制、制度修订机制、档案管理机制，每项管理制度均须做到过程详实、记录清晰，均须体现出管理“痕迹”。同时，将制度管理“五大”机制纳入年度经营业绩基础管理考核中，确保各项制度落实到位。

表 1　制度化管理“五大”机制

顺号	名称	工作内容
一	制度编发	制度立项
		编制初稿
		意见征求
		制度审议、合法性审查
		制度签发
二	制度培训	制度编制部门组织学习培训
三	贯彻执行	表册、台账的建立，执行过程中的原始记录
		制度贯彻落实的情况检查（包括传达学习、任务分解、具体措施、责任考核等相关资料）
		制度在执行过程中存在的问题反馈
四	修订废止	结合工作实际，动态修订制度条款
		结合工作实际，对制度进行废止
五	档案管理	对管理制度及时进行归档
		对制度档案定期进行整理

（1）制度编发机制

制度立项：实行制度申请立项制，制度起草部门提出制度的设立依据、主要内容及与相关制度的关系，由制度管理小组进行初步审核。

意见征求：对涉及范围较广、专业性较强的制度，应当广泛征求相关部门和单位的意见，必要时可组织专家论证，以增加制度的可操作性。

制度审议：对于重要制度文件，开展法律风险、财务风险、经营风险、安全风险等各方面的深入审查。制度审查后，提交党委会审议决策。

制度签发：经党委会、董事会或总经理办公会审议通过的制度，按照发文要求，履行会签与发布程序。

（2）制度培训机制

制度下发一月之内，制度起草部门要组织相关人员培训学习，掌握工作要点，明晰工作流程，熟悉工作标准，严肃责任考核，必要时刻采取现场实际演练的方式，便于学习掌握，确保制度贯彻落实到位。

（3）制度执行机制

管理制度必须严格跟车执行，并开展定期督导检查。检查管理制度的执行情况时，依据制度中制订的检查考核有关要求，对传达学习记录、任务分解、具体措施、责任考核等相关资料以及执行过程中表册、台账的建立情况、原始记录进行检查，并对制度执行中反馈的问题予以明确回复。

（4）制度修订机制

制度的修订分为定期和不定期两种方式。

定期修订：每三年一次，由制度归口管理部门牵头组织有关部门对已公布实施的制度进行全面梳理，结合制度实施过程中的信息反馈，提出对制度修订或废止的建议。

不定期修订：当制度中作为制定依据的法律法规或上位制度修订时；部分规定与实际工作不符时；同一管理事项在不同制度中规定相矛盾时；制度涉及的单位、部门发生职能调整等变化影响制度执行时或其他需要修定制度等情形出现时，制度编制部门应当及时对制度进行修定。

废止：当制度中规定的事项与实际工作完全不符时、因作为制定依据的法律法规、上位制度修改或废止，造成制定依据缺失时、同一事项已施行新的制度予以重新规范时或其他需要废止的情形出现时，制度编制部门应当及时对制度予以废止。废止制度应当根据管理需要考虑新制度的制定，避免出现管理真空。

（5）制度管理机制

对制度实行档案管理，并定期整理。同时，结合实际工作需要，建立《管理制度目录》，并按年度更新管理制度目录清单，充分发挥目录索引作用，提高管理效能。

表2　制度档案清单

顺号	名称	序号	档案名称
一	制度编发	1	制度立项（新建、修订）申请表
		2	制度初稿
		3	制度合法性审查、重要风险审查、财务审查等相关资料
		4	董事会（总经理办公会）会议议题呈报表
		5	正式文件
二	制度培训	6	培训学习记录

6. 推行制度体系的评价机制

推行以贯彻执行为核心的制度评价是管理制度体系建设中的关键环节，也是难点环节。经探索与实践，本成果形成了以信息数据应用为主要依据，包括制度评价、执行评价、综合评价等3方面内容的制度评价机制。

（1）制度评价。主要是运用制度编发机制，对制度的完整性、规范性、合法性等进行评价，积极推行“从下到上、反向评价”的模式，实行管理制度起草、审查、决策、发布流程等全过程的审查备案机制，规范管理制度的决策程序和发布形式，从而提高制度制定的严肃性和文本质量。

（2）执行评价。重点针对新制订或新修订的管理制度，首次执行时，以制度起草部门为主，以制度的指导培训为抓手，评估制度标准执行的符合性，通过将制度落实的控制过程前移，以实现“事前控制”的预期目标。通过对执行“过程+问题”的双向管控，及时梳理制度制定过程中出现的漏洞，提出改进措施方案，形成“预防控制—发现问题—分析整改—落实执行”的良性循环机制，确保制度在公司治理中切实发挥实际效用，有力促进管理效能的提升[8]。

（3）综合评价。大力推进制度管理信息化建设，通过建立可灵活扩展的管理制度体系信息化管理平台，形成架构合理，层级清晰，分类准确，务实精炼，动态更新的管理制度体系，实现对管理制度的分层、分级、分类管理，并提供便捷的网络化查询、全文检索功能。同时，动态优化调整管理制度数据库，通过运用大数据统计分析功能，形成《制度修订情况》《培训学习情况》《制度引用情况》《制度目录动态更新》等各类统计分析表，满足多元化、多角度分析，对关键重点数据的变化实行预警模式，快速发现体系中的空白点和梗阻点，为推进和改进制度体系建设提供强有力的数据支撑，进一步提升企业科学决策和整体管理水平。

四、制度体系建设的实施效果

（一）管理制度体系更加完善，企业管理水平显著提升

本成果紧密围绕企业发展实际，以推进企业治理体系和治理能力现代化为主线，以建立中国特色国铁现代企业制度和法治化市场化运行机制为方向，始终坚持目标问题导向，实施精益管理理念，着力抓创新、建机制；补短板、强内控；施法治、防风险等3个方面不断完善管理制度体系，进一步坚持党的领导与现代企业制度建设的统一，进一步理清各治理主体决策权责边界，进一步规范各项事务的管理程序，进一步提高发展驱动和保障能力，使得企业管理水平显著提升。

（二）内部协同运作更加顺畅，企业工作效率显著提升

立足于确保管理制度合法、适用、有效、可操作的原则，坚持做好制度体系建设的“加减法”，通过建立“横向协同、纵向贯通”的体系机制，全面梳理各项管理制度，分析各项工作流程，2019年度共梳理集团公司层级制度1622项，其中废止制度326项，较2018年废止制度581件减少43%。通过制度的废止、合并、补充、完善，不断调整各项工作职能，强化各项工作职责。

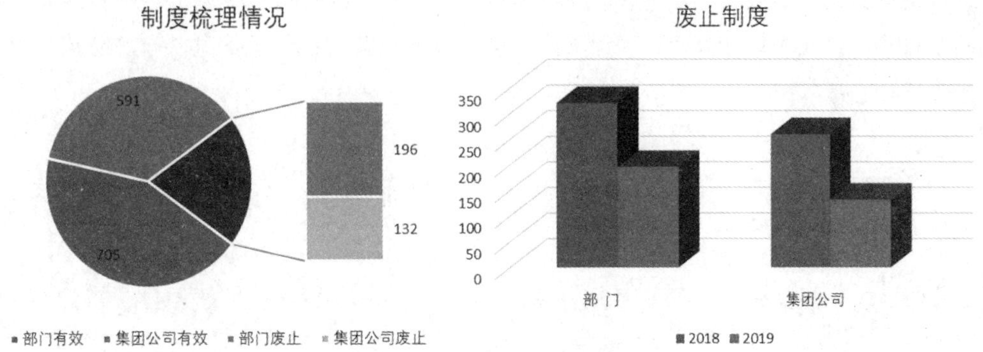

图3　管理制度体梳理情况

横向上加强部门间的沟通合作，及时解决职责交叉、模糊空白等“结合部”问题，纵向上坚持顶层设计、整体部署、同步推进，加强对口部门的监督指导，进一步明确“两级管理关系”，确保实现制度体系的一体化管理，充分发挥制度指引方向、规范行为、提高效率、维护稳定、防范化解风险的重要作用，切实把制度优势转化为企业治理的效能。

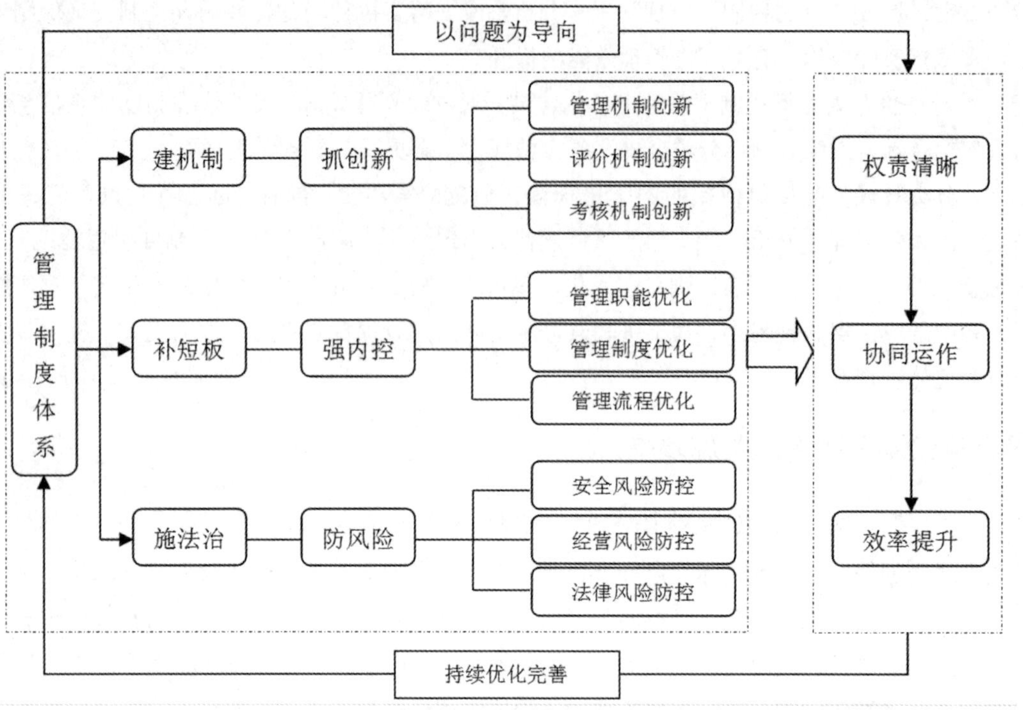

图4　管理制度体系优化模型

（三）现代发展理念更加鲜明，依法治企能力显著提升

各级管理人员树立以创新驱动推进企业现代化发展的意识，积极探索提升企业安全管理、生产经营等各方面的有效方法和载体，认真总结和提炼高质量提升的先进做法和成功的经验，推广应用先进管理方法，建立长效管理机制。同时，合理确定风险应对策略和防控程序，明确风险防控责任主体，不断提高企业风险识别、风险分析、风险控制的能力。运用法律风险辨识清单，将法律论证与市场论证、技术论证、财务论证有机结合，从可行性论证到立项决策、从谈判签约到项目实施关键把控，并通过信息管理系统进行全过程监控及大数据分析，确保法律风险防范全覆盖，在促进信息共享、防范法律风险、提升管理水平上取得新成效。

成果创造人：赵心蕊、杨　光、马微娜

【参考文献】

[1]门小文.与流程管控深度融合的企业制度体系建设[J].大众用电增刊,2015,(1)148.

[2]李敏.关于推进现代企业管理制度建设的思考[J].消费导刊,2019,(41):249.

[3]刘斌.基于"四化模型"的企业制度体系建设工作[J].科技创新与应用,2016,(26):280.

[4]刘楠.基于公司治理视角的铁路局集团公司 现代企业制度建设思考[J].北京交通大学学报,2020,(10):26-30.

[5]周丽莎.国有企业构建现代企业制度研究[M].北京:中华工商联合出版社,2019,(2):81-89.

[6]郝锐.推进现代企业管理制度建设的措施分析[J].环球市场,2020,(2):77.

[7]潘爱玲.关于国有企业建立现代企业管理制度的探讨[J].现代商业,2016,(5):99.

[8]石韵.国有企业管理体制改革路径研究[J].经济与管理科学,2019,(14):7.

国资基金市场化运作模式研究

上海国有资本运营研究院有限公司

随着多层次资本市场的不断创新，双创及供给侧结构性改革的深化，国有资本已成为国内股权市场重要参与者，而国资背景基金作为国有资本市场化运营的主要载体和专业平台，经过多年实践与探索，积累了一套相对成熟的运作模式。基于此，为系统总结与提炼可复制、可推广的市场化运作模式，继续深化国资基金创新发展，上海国有资本运营研究院依托上海国资基金50人论坛，先后调研了十余家具有代表性的国资背景基金，聚焦“募、投、管、退”全周期的市场化运作模式进行多维度分析。

一、十条借鉴：他山之石可攻玉

从先进性、针对性和影响力等角度，重点选取航天投资、上汽投资、越秀基金、海通开元和深创投等5家企业，围绕市场化运作机制进行多角度分析，总结和提炼可借鉴的创新做法与特色亮点。

表1　各国资基金基本情况、战略定位及投资方向

机构名称	分类	基本情况	战略定位	投资方向
航天投资	产业背景基金	总部位于北京，成立于2008年，通过5次增资扩股，形成股权多元化的法人治理结构	作为航天科技集团公司授权的投资管理主体、资本运作和战略合作的平台，主要履行中国航天科技集团产业孵化、资本运作、战略并购、投资融资等职能	1. 产业投资领域，主要聚焦在航天产业（包括火箭、卫星等宇航产品、关键分系统和零部件）、战略新兴产业（包括卫星应用领域、新能源新材料领域、节能环保领域和物联网领域等）和装备制造业（包括航天主导技术、进口替代、行业核心关键设备等） 2. 产融结合和产业金融领域，主要包括参与央企定向增发、IPO等的战略性投资

续表

机构名称	分类	基本情况	战略定位	投资方向
上汽投资	产业背景基金	总部位于上海，成立于2011年，注册资本33亿元，累计认缴管理规模400亿元，是上汽集团全资子公司，荣获2018－2019组合基金投资管理人20强以及中国最佳母基金TOP10	以汽车产业链科创投资为核心能力，以资产管理业务为增长引擎，打造金融创新平台，助力上汽集团持续增长和转型升级	围绕上汽集团汽车“四化”战略，重点投资新能源汽车、智能网联、移动出行服务等领域，并向高端制造、医疗、消费及TMT等上海未来战略性新兴产业领域延伸，以PE项目为主，覆盖企业发展全生命周期
越秀基金	金融机构背景基金	总部位于广州，成立于2011年，注册资本1亿元，累计认缴管理规模600亿元，由越秀集团发起设立，荣获2019年度中国影响力PE投资机构	大湾区领先产业资本运营商，服务越秀集团地产主业，并成为集团谋划战略性新兴产业投资平台和产融结合的关键抓手	1. 不动产方面，聚焦集团大湾区地产开发项目以及广州城市更新项目，不动产基金规模排名全国前十 2. 股权投资方面，聚焦新医药、新文娱、新消费、新制造等四大广州未来战略性产业，覆盖企业发展全生命周期
海通开元	金融机构背景基金	总部位于上海，成立于2008年10月，是中国证监会批准的第二批券商直投业务试点单位	作为海通证券下属的全资私募股权投资平台，依托于自身及母公司海通证券在资本市场上形成的专业积累和品牌服务，为被投资企业提供全方位的资本市场服务	重点专注于TMT、大消费、金融及金融服务、新能源、新材料、创意文化、生物医疗、信息技术、先进制造以及处于景气度上升阶段国家支持行业的投资机会
深创投	两类公司背景基金	总部位于深圳，成立于1999年，注册资本54.2亿元，累计认缴管理规模2562亿元，由深圳国资委、星河地产、致远投资等14家机构共同发起设立，荣获2019年度中国最佳中资创业投资机构TOP50第一名	壮大创投主业、拓展股权投资产业链、建立市场化的体制机制，建成多元化、专业化和国际化的综合性金融投资集团	聚焦自主创新高新技术企业和新兴产业企业，涵盖信息科技、互联网/新媒体/文化创意、生物技术/健康、新能源/节能环保、新材料/化工等领域，覆盖企业全生命周期

特点1：打造多层次产业投资基金集群

各国资基金均积极打造多层次产业投资基金集群，除部分战略性项目采用公司直投方式外，基金化投资方式已经成为行业主流，5家受访基金控/参股基金数量平均超过65支，打造覆盖不同领域、不同阶段的多层次产业投资集群。比如上汽投资发起设立创业基金、股权基金、证券基金、母基金等60余支基金，包括上汽创投、尚颀资本、上汽颀臻等。越秀基金发起设立创投基金、产业基金、夹层基金和母基金等80余支基金，包括城市更新基金、大湾区产业投资基金、广州国资产业基金、生物创投基金等。

深创投控股、参股129支私募股权基金，14支股权投资母基金，不动产基金、定增基金、PPP基金等16支专项基金，合计159支。

表2　各国资基金投资架构设置情况

机构名称	投资架构
航天投资	航天投资除本级直投业务之外，同时管理旗下8支基金
上汽投资	上汽投资发起设立创业基金、股权基金、证券基金、母基金等60余支基金，包括上汽创投、尚颀资本、上汽颀臻等
越秀基金	越秀基金发起设立创投基金、产业基金、夹层基金和母基金等80余支基金，包括城市更新基金、大湾区产业投资基金、广州国资产业基金、生物创投基金等
海通开元	海通开元及下属7家基金管理子公司，管理34只基金的投资运作
深创投	深创投控股、参股129支私募股权基金，14支股权投资母基金，不动产基金、定增基金、PPP基金等16支专项基金，合计159支

特点2：借助金融工具拓展多元化募资

从资金来源看，5家国资基金主要由自有资金和市场化募资两个部分组成，其中各机构均大力通过金融工具拓展多元化的资金来源。一般来看，优秀机构平均自有资本与对外募资规模约为1∶2或1∶3，自有资金参与度和杠杆能力较高。以深创投为例，其在发起设立基金份额占比一般为25%-40%，其余通过政府以及社会资本筹集。同时，发债和银行授信是当前国有股权投资机构筹集自有资本的重要来源，并充分发挥自身产业和国有背景优势，以自有资本为杠杆，撬动国企、产业龙头以及各级地方政府等外部资金，并申请引导基金资金支持，比如越秀基金积极盘活自身土地资源，通过停车场、产业园、城市更新等周期长、收益稳定的优质地产项目，打通保险和银行等金融机构融资渠道。

表3　各国资基金主要资金来源情况

机构名称	主要资金来源
上汽投资	上汽集团提供贷款授信，重点拓展地方政府、行业龙头、政府引导基金等外部资金
越秀基金	上级公司越秀金控统筹债券融资超过66亿元，银行授信837.8亿元，而且上级公司提供银行贷款担保增信，并重点拓展保险公司、本地国企、政府引导基金等外部资金
深创投	债券融资超过58亿元，银行授信153.5亿元，并重点拓展国企、地方政府、国内产业龙头、外资、市场化母基金等外部资金

特点3：上级母公司分类授权投资权限

投资权限上，除直投业务外，各国资基金上级集团公司大多数以战略管控或者风险管控为主，多数授权子公司/子基金进行项目表决，并给予适当投资权限，投资决策效率较高。比如上汽投资作为上汽集团全资子公司，集团总裁兼任上汽投资董事长，董事会对公司各项投资业务有着充分的授权，为上汽投资适应股权投资市场快速的竞争节奏提供了有力的支持。深创投在分级授权上，投资额1亿以下由投决委决策；投资额1亿元至最近一期经审计净资产的5%由董事会决策；投资额超最近一期经审计净资产的5%（约10亿）由股东会审议。

表 4　各国资基金投资权限情况

投资机构	投资权限
航天投资	航天投资主要管理投资方向和年度预算，并将投资方向的管理和对子基金公司的预算管理结合起来，在设立子基金管理公司时，在合伙人协议上清晰，凡在投资方向和年度预算内的投资，都由子基金管理公司的投资决策委员会决定
上汽投资	授权上汽创投、尚颀资本、上汽颀臻和恒旭资本四家子公司自主负责投资决策
越秀基金	经营班子下设置执委会、投委会、产品委员会，对资金募集、项目投资、产品策略等进行决策；投委会委员由公司高管、业务负责人、基金经理及外部专家构成
深创投	投资额 1 亿以下由投决委决策 投资额 1 亿元至最近一期经审计净资产的 5% 由董事会决策 投资额超最近一期经审计净资产的 5%（约 10 亿）由股东会审议

此外，各国资基金围绕“项目储备-项目立项-项目决策-项目退出”等方面，构建“规范化”的完整业务流程，并明确了不同阶段的负责人及成果交付物，有效兼顾投资决策效率与风险管理要求。值得注意的是，大多数机构均强调独立出具行研意见并进行财务尽调。

表 5　国资基金业务流程表

序号	业务流程节点	负责人与文件要求
1	项目储备	负责人：项目经理等 要求文件：《储备项目基本信息表》
2	项目立项	负责人：项目经理等 要求文件：《投资可行性分析报告（立项阶段）》
3	项目内审	负责人：研究部门、风控部门等 要求文件：《风险控制意见》、《行业研究意见》
4	项目投决	负责人：投决会、项目经理等 要求文件：《投资可行性分析报告（公司投决会阶段）》、《风险控制报告》、《行业研究报告》、专家意见
5	投资执行	负责人：项目经理、投后管理部门、风控部门等 要求文件：投资合同、企业情况季度分析
6	项目退出	负责人：风控部门、投资经理、投决会等 要求文件：退出建议书、退出决议

特点 4：风控强调“独立性”“前置性”

各受访国资基金投决过程中，风控特别强调“独立性”“前置性”，风险管理穿透投资决策全流程。具体来看：

一是各国资基金都建立独立的风控部门或者合规审计部门，而且风控部基本拥有公司信息查阅等最高权限，可以随时随地进行风险审查。

二是实行 A/B 角平行尽调机制，即在项目立项和投决环节，投资经理、风控部和研究部等分别从业务、财务、法律和行业等角度，出具投资建议书、财务尽调报告、法律尽调报告和行业研究报告等材料，共同递交立项委和投委会决策参考，风险管理介入时间大幅提前，覆盖范围进一步扩大。

三是风控部门负责制定公司风险管理体系，明确要求不同阶段、不同部门和不同人员的风险责任，并建立刚性的追责机制，确保风险管理落到实处。比如深创投建立项目倒查机制，对于因重大变故或者创新失败的项目相关参与人员免责，严格追责未尽到勤勉责任和存在道德问题的员工，实现鼓励创新和风险控制平衡。

以海通开元为例，一方面重视投决会作用，在海通证券母公司、海通开元及下属基金管理人三个层面均设立投决会，强调投决会的主导地位；另一方面形成“强中台”模式，中台主要由风控人员构成，包括财务及法务两条线；交叉对投资标的进行不同方面的尽职调查及进一步核查。

特点 5：构建激励相容的项目跟投机制

越秀基金、海通开元、深创投等参照国内外领先投资机构经验，建立项目跟投机制，明确要求项目组或者投决委员必须按照单个项目投资金额的一定比例强制跟投，有效对冲因信息不对称造成的投资风险，确保投资项目质量。以深创投为例，其跟投机制分为强制跟投和自愿跟投，凡是对单个股权投资项目投赞同票的投决会常任委员，对单个拟投项目强制跟投 1 万元；股权投资项目团队强制跟投基金投资总额的 1%；项目团队可以在投资项目中自愿跟投，但自愿跟投额度最多不能超过基金投资总额的 7.5%；深创投全员均可以在拟投项目中自愿跟投，自愿投资额度最多不能超过深创投投资总额的 15%。此外，设立项目损失补偿机制，即团队跟投 1%，如项目成功奖励 4%，如项目失败额外赔偿公司 2%。

表 6　各国资基金跟投机制情况

投资机构	跟投机制
航天投资	·航天投资本级项目组成员必须参与“模拟跟投”，用模拟跟投的方式将项目损益与项目组成员绑定，跟投 5 万元起步，最高不超过 20 万元，退出的时候按照收益领取分红，亏损则要按比例弥补亏损 ·子基金团队强制入股跟投管理公司，持股比例依基金规模设定，一般控制在 5%
越秀基金	项目组按照项目实际投资额不低于 0.2% 强制跟投
海通开元	海通开元及下属基金管理人的投资跟投制度要求是不挑项目，一跟到底
深创投	·投决会委员强制跟投：凡是对单个股权投资项目投赞同票的常任委员，对单个拟投项目强制跟投 1 万元 ·项目团队强制跟投：股权投资项目团队强制跟投基金投资总额的 1% ·全体员工自愿跟投：深创投全员均可以在拟投项目中自愿跟投，自愿投资额度最多不能超过深创投投资总额的 15% ·项目损失补偿机制：团队跟投 1%，如项目成功奖励 4%，如项目失败额外赔偿公司 2%

特点 6：突出“前台细化”“中台强化”

各受访国资基金在部门设置上专业化分工特征明显。一是各基金前台部门职能不断细化，大多数单设投资者关系部以及不同领域投资部；二是总部层面强调“战略”“研究”“风控”和“投后”等中台价值赋能作用，通过单独设立战略研究部、风险管理部和投后管理部，与下属子基金/子公司投资业务形成优势互补的发展模式。

表7　各国资基金部门设置情况

机构名称	前台	中台	后台
航天投资	投资一部、投资二部、投资三步、投资四部	风险控制部（审计部）、财务部、人力资源部（党群工作部）、战略发展部	董事会（总经理）办公室、纪检监察部（法务部）
上汽投资	股权投资部、资产管理事业部、财富管理中心	风控部（母子公司均有）	总经理办公室
越秀基金	投资者关系部、四大行业投资部、母基金投资部、夹层投资部、量化投资部	风险管理部、合规法务与投后管理部	综合管理部
海通开元	投资管理部	风险控制部	综合管理部
深创投	投资业务部（及各区域子公司和合营、联营公司）	业务管理部、风险控制部、投资研究中心（博士后工作站）	职能管理部

特点7：人员配置“专精化”趋势明显

人员配置上，各受访基金员工队伍呈现“前中台化”“年轻化”和“专业化”特征。据统计，从规模结构来看，各受访基金平均员工数量40-80人，人均管理规模达到2.5亿元，前中后台比例一般约为3∶2∶1，前台部门人员占比较高。从年龄结构来看，高管平均年龄要求在40-48岁，中层和普通员工大多年龄分布在30-40以及20-30岁之间，逐步形成梯次化的员工年龄结构。从任职要求来看，前台部门至少需要具备211、985硕士以上学历，以及3-5年以上股权投资或者相关专业经验。以越秀基金为例，股权投资部门博士学历占比50%，其中生物医药组博士学历占比100%。

表8　各国资基金人员数量及任职要求情况

机构名称	人数	不同层级人员要求
上汽投资	85	高层：40-48岁，硕士及以上学历，具有相关专业背景和10年以上相关工作经验 中层：30-40岁，国内外一流硕士及以上学历，具有5年以上相关专业背景和工作经验 普通员工：国内外一流院校硕士及以上学历，相关专业背景，具有3年以上相关工作经验
越秀基金	80	
海通开元	30	
深创投	436	

职级设置上，多数国资基金职级分为管理和专业两大职业序列，前台投资人员向专业序列转变，深创投、上汽投资和越秀基金等先进机构在原有职级管理序列基础上，根据前台员工特点，推行MD（董事总经理）体系，建立绩效考核结果和业绩/能力挂钩为导向的评估机制，实现员工职级和行政职务

分离。

特点8：高管团队全面推行职业经理人

上汽投资、越秀基金等机构均已推行高管团队职业经理人制度，实行市场化聘任，不挂靠行政级别，全面实施全任期生涯周期管理（一般3年）、契约化管理和相应权责体系、以及市场化的人事、劳动、分配制度和长效激励约束机制。比如上汽投资全面启用职业经理人制，市场化聘任，实施职业经理人薪酬考核办法。越秀基金则是建立了市场化的薪酬体系、基于战略的平衡计分卡考核体系、"秀七条"人才标准、契约化任期管理、全方位人才盘点等职业经理人管控制度。

特点9：考核强调中长期战略目标融合

企业考核上，上级考核以财务指标和功能性任务指标为主，强调与中长期战略目标相融合。财务指标一般涵盖净资产收益率、资产负债率、主营收入及利润增速等经济效益指标等；功能性任务指标则包括存量资产盘活、集团资产证券化率、战略性产业投资引领等。值得注意的是，由于股权投资具有"前期投资、后期回报"的发展特点，一般给予初创期股权投资机构2-3年的财务指标减免期。

以航天投资为例，对控股基金管理公司团队的考核充分考虑基金运作的周期规律，分阶段进行量化加KPI考核（量化指标占比75%）。具体考核目标包括立项数目、投资额度、重点工作、阶段IRR等，在基金运作的不同阶段量化指标的侧重点及权重不同，考核结果与基金管理公司总经理的薪酬直接挂钩。

员工考核上，大多数基金制定定量和定性相结合、体现"部门有别、人员有别"的精细化、差异化员工考核体系，其中前台以业务指标为导向，中后台以内部协同和管理效率为主。同时，实施较为刚性的末位淘汰制，以1年为考核周期，对于排名靠后的员工进行末位淘汰。

表9　部分国资基金员工考核机制

投资机构	考核指标	前后台差异	员工退出机制
越秀基金	主要考核财务层面、客户层面、内部流程、学习成长四个方面	前台部门重点考核收入创造、资金募集、投决数目等业务指标，权重占比超过60%；中后台更聚焦流程协同和学习能力	每年对考核不合格的人员淘汰
深创投	主要考核组织纪律、工作态度、工作能力、工作业绩四个方面	前台业绩考核占比70%，中后台则占比50%	连续三次考评成绩不称职，予以辞退

特点10：薪酬兑付充分挂钩业绩指标

薪酬体系上，各受访国资基金，薪酬水平体现差异化和市场化特点，具体来看，前中后台有差异，其中前台绩效、奖金与业绩紧密挂钩，工资与绩效+奖金比例大概1∶2，一般可"上不封顶、下不设限"；中后台则相对较为固定，比前台低，工资与绩效+奖金比例大概1∶1。

激励机制上，各受访基金激励机制与业绩充分挂钩，激励范围、对象、机制不断创新，大多数机构遵循市场化原则，激励机制与业绩充分挂钩，且在募资、新设基金、承做、退出等业务链条上增设专项激励，全面提高员工积极性。

表10 各国资基金激励机制

投资机构	激励机制
航天投资	在子基金层面，允许团队在管理公司持股。持股比例依基金规模设定，一般控制在5%
越秀基金	投成奖、募资奖、退出奖、特别奖、优秀员工奖、重大贡献奖
海通开元	业绩奖励分成制度（管理团队业绩奖励占比为6%–10%）
深创投	总部层面，建立“10+4”奖励方案，即每年超额业绩部分按比例奖励高管，税后利润10%作为高管及员工年终奖金，并将项目超额收益4%用于项目团队奖励 子基金层面，推行管理团队实行合伙人持股机制，实现公司经营发展和个人价值实现的有机结合

二、四大困境：明晰其发展瓶颈

作为“管资本为主”改革的重要尝试，基金已然成为当前国有资本运营管理的重要市场化手段，央企及地方国资背景基金呈现加速落地的态势。在清楚看到其取得显著成绩的同时，也应认识到市场化运作中仍旧存在的问题与瓶颈。

（一）资金瓶颈：资金来源渠道相对单一

国资背景基金目标管理规模普遍偏大，受资管新规趋严、财政及国有企业出资减少、交叉持股问题等因素影响，最终导致国资背景基金资金来源相对单一，直接影响国有资本的引导效果。

1. 资管新规趋严。银行资金受资管新规落地等监管政策趋严影响，后续出资能力存在较大不确定性；保险资金禁止进行创业、风险投资等股权投资；养老金等长期资金因安全考虑，对股权投资设有诸多限制。

2. 财政及国有企业出资减少。由于政府债务问题和国有企业去杠杆影响，政府及国有企业出资能力下一步存在不确定性。

3. 多元股东诉求不同。部分产业引导基金中，既有财政及国有企业出资，也有社会资本参股，股权结构相对复杂，导致不同国资背景LP诉求不同，增加实际管理难度，同时交叉出资下复杂的股东结构使得国有资本运作效率难以评估。

（二）效率问题：投资运作效率相对偏低

因为国有资本属性问题，大部分国资背景基金的治理结构也面临明显的行政化色彩，导致其投资运作效率相对偏低。

1. 国资监管要求较多。国资背景基金在实际运作中，国资监管上，需要资产评估、第三方机构尽调、上报审批等一系列规定动作，对于一些创投项目直接影响运作效率。此外，内部决策上，除投决会外，还需要完成党委前置决策、上级决策等环节，决策时间从几个月到半年不等。

2. 退出周期较长。依据和参照国有产权转让和评估管理制度，首先需对所投企业进行评估，再是进入联合产权交易所挂牌转让，并在此之前相关信息对外公告，征集潜在受让方，如果有多方受访者则需要启动竞拍程序，整个流程的时间周期较长，易错失退出机会和风险补偿的机会，并增加交易成本。

（三）人才短板：核心优质人才依旧短缺

近年来，国资背景基金虽然开始吸纳市场化人才，逐步探索建立市场化的考核激励机制，但仍面临核心优质人才短缺的问题。

1. 整体运作经验相对不足。据清科调查结果显示，国资背景基金管理人团队中最高学历为 MBA/EMBA 的占比不足 5%，低于市场整体 11% 的水平；在 VC/PE 行业具有 5 年以上从业年限的人员占比约 11%，明显低于市场整体水平 19%。

2. 核心管理团队稳定性不够。多数国资背景基金管理团队来自体制内或国有金融机构，部分岗位为兼任或短期任职，在任期结束或任职调整时可能被调离，导致战略部署和市场化改革的主动性下降。

3. 引入人才难以融合融入。通过市场化选聘的职业经理人，在进入国资背景基金后容易出现“水土不服”的情况，在外资企业与民营企业有丰富经验的职业经理人，不少都期望能将原有的业务理念、管理模式及工作方式融入国企，但现实中格格不入的情况却时有发生。

（四）激励约束：价值差异尚未完全体现

许多国资背景基金内部薪酬和职级体系并未充分体现岗位之间的价值差异。据调查，国资背景基金从业人员仅有 9.8% 获得项目分成收益，与外资机构 43.8% 存在交叉差距。

1. 薪酬体系仍旧受限。受制于严格的国企工资管理，国资背景基金薪酬水平与市场化机构还存在一定差距，很难招募到优秀的投资团队，现有投资团队也面临流动性大的问题。

基于国有企业较为严格的薪酬管理体系，国资背景基金薪酬水平很难招募到优秀的投资团队。

2. 市场化激励手段不足。一般 VC/PE 机构会有募资奖、投成奖和后端分成，但由于国企工资总额限制或惯性思维，难以建立符合市场规律的激励机制，甚至存在一定程度的兑现难问题。

3. 员工持股及跟投限制较多。基金运作效果很大程度取决于团队水平，但是受到现有国资监管政策影响，推进员工持股存在较大难度。此外，《国有企业领导人员廉洁从业若干规定》《关于规范国有企业职工持股、投资的意见》对国有从业人员投资入股有限制条款，影响了跟投机制的落实。

三、八项精进：乘势优化谋发展

（一）拓资金：全面提升自有资本实力

建议快速抓住当前债券市场低利率的窗口期，充分利用国有集团优势和金融创新工具，做大产业投资平台规模、提升信用评级，全面提升公司融资能力和自我造血功能。除股权融资、财政出资和银行贷款之外，重点拓展债券融资、基金募资、上市定增、夹层资金和资产证券化等渠道和工具。

（二）善治理：搭建高校公司治理架构

建议突出市场化运作理念和机制，遵循“小机构（人员精简）、大运作（规模化产业投资）”原则，规范设置法人治理结构，实现党委会、董事会、投资决策委员会、监事会和经理层充分履职有机结合。

（三）定边界：分类明确投资决策方式

一是投资权限上，建议董事会下设投资决策委员会作为投资决策机构，按照投资金额科学合理划分投资权限，重大事项报董事会、党委会及上级审批。

二是投资分工上，总部主要负责重大战略并购和投资项目以及直投优质项目；下属子基金作为市场化运作主体，纵向产业链不同领域设立不同的主题基金，横向生命周期投资布局中，探索设立包括孵化、创业投资、股权投资和并购在内的不同投资阶段的基金组合。

三是投资流程上，建立项目“储备-立项-决策-退出”完整业务流程，并明确各阶段的负责人及成果交付物。

（四）强风控：强化全过程内部风控体系

一是设立风险控制委员会。在董事会下专设风险控制委员会，强化项目投资的风险管控。

二是建立跟投机制。建议参考深创投的跟投模式，对于投决委员实施强制跟投，单个项目跟投1万，达年工资的30%停止跟投；对于项目组成员100%强制跟投；全员均可以在拟投项目中自愿跟投。

三是设立A/B角平行尽调机制。A角由投资团队赴拟投企业尽调，撰写投资建议书，阐述企业的优势、亮点与投资逻辑；B角由审计、法务以及行业研究等相关部门组成，分别从财务、法律和行业等维度揭示企业存在的问题或风险，形成报告并连同投资建议书共同递交投委会决策参考。

（五）精机构：精简组织架构和人员配置

一是部门设置上，建议按照部门职责三级分解方式，以“覆盖完整、相互独立、相互关联”为原则，优化部门架构设置。

二是岗位设置上，建议以“有效承接部门定位、宽幅岗位精简高效、规范统一接轨市场”为原则，设置投资、投资支持、职能管理等岗位序列。

三是员工数量上，建议按照人均管理资本规模2-4亿比例确定人员数量，60%或以上员工向前中台倾斜，其中投资部基于每年投资需求、投资业绩及考核情况，动态调整当年前台聘任职数。

（六）优管控：搭建母子公司管控体系

建议总部定位战略中心、资金中心、投研中心、大项目中心和风控中心，全面赋能下辖子公司投资业务发展；下属子公司定位公司对外投资的直接载体，并通过对外募集设立子基金等方式，放大自有资本杠杆作用。

（七）聚团队：全面推行职业经理人制度

一是对于高管团队，建议以“市场化选聘、契约化管理、差异化薪酬、市场化退出”原则，实施职业经理人制度，全员签订经营契约书，明确任期内目标、任务、奖惩等。

二是对于前台部门，建议投资人员主要采用市场化MD职级体系，突出员工进出市场化、薪酬严格考核化、差异化，任职要求覆盖资历（含学历、工作经验）和业务要求（含工作绩效）。

三是对于中后台部门，建议采用行政化职级体系（即管理体系），有力保障投资并防范风险。

（八）活机制：构建“精细化”薪酬体系

一是考核体系上，建议按照定量和定性相结合原则，设计体现“部门有别、人员有别”的精细化、差异化员工考核机制。对于高管团队，按照功能性任务指标和财务指标相结合，突出考核中长期战略目标实现情况；对于前台员工，突出业绩导向，重点考核收入创造、资金募集、立项数目、投决数目等业务指标；对于中后台员工，聚焦流程协同、职能效率和学习能力，弱化业务指标。此外，实行双底线淘汰机制，即年度业绩考核结果考核低于X分，予以降级；年度业绩考核结果考核低于X分，予以离职。

二是薪酬兑付上，建议薪酬全面对标同行先进，其中在完成指标前提下，前台部门基本薪酬：奖金比例可达1：2，原则上下属公司可结合各自发展目标，实行更加弹性薪酬和激励政策。

成果创造人：罗新宇、田志友、侯佳乐

军工央企存量资产盘活处置“五个一”体系建设

中电科资产经营有限公司

习近平总书记在党的十九大报告中强调，要加快国有经济布局优化、结构调整、战略性重组，促进国有资产保值增值，推动国有资本做强做优做大，有效防止国有资产流失。在深化中央企业（以下简称“央企”）改革进程中，盘活处置央企存量资产、提升资产运用质量和效益是至关重要的一步。只有破解制约企业活力迸发的资产处置问题，消除影响企业资产运用效率的桎梏，才能充分释放央企改革红利，为央企高质量发展奠定坚实基础。

2016 年，中国电子科技集团有限公司（以下简称集团公司）成立中电科资产经营有限公司（简称“电科资产”），以“打造集团公司资产经营平台，实现资产价值最大化”为主责，以集团公司产业园区开发、建设与管理，存量资产经营、盘活与处置为主业，为进一步优化中国电科的产业发展和区域布局，促进中国电科主业健康发展提供了有力支撑。电科资产定位于优化集团公司存量资产的平台化管理，积极创新存量资产盘活处置模式，灵活运用各种市场手段，统筹增量布局，开展存量资产盘活实践，激发资产活力，提升资产价值。电科资产在成立后的短短几年时间中，围绕存量资产盘活处置工作体系的创建开展了一系列研究与探索，创造性地提出了存量资产盘活处置“五个一”体系，有力地推进了集团公司的改革进程，激发了企业创新发展的活力，丰富了央企优化存量资源配置的理论和实践。

一、背景

（一）推动供给侧结构性改革的有效途径

习近平总书记强调，要把推进供给侧结构性改革作为当前和今后一个时期经济发展和经济工作的主线。国资管理体制改革是供给侧结构性改革的重要领域，国有企业改革是供给侧结构性改革的重要主体。国务院国资委在贯彻落实中央关于国资国企改革的工作部署时明确提出，以管资本为主线推动国有资本合理流动、优化配置，以市场为导向、以企业为主体，紧紧围绕服务国家战略，优化国有资本布局结构，增强国有经济整体功能和效率。积极推动要素市场化配置改革是供给侧结构性改革的客观要求，也是央企的重要责任。党的十九届四中全会决定进一步指出，要推进要素市场制度建设，实现要素价格市场决定、流动自主有序、配置高效公平；要加强资本市场基础制度建设；要深化标本兼治，推动公共资源交易等重点领域监督机制改革和制度建设。央企要率先推进供给侧结构性改革，坚持落实国有资产保值增值责任不动摇，必须提高国有资本配置效率，加大布局结构调整力度，积极参与公共资源交易相关的改革进程，加大对央企低效无效资产的处置力度。加快增长动力转换，全面提升盘活处置存量资产水平是央企优化供给结构、提高供给质量、改善供给效率的重要方式。当前尤其要在盘活存量、主动减量、做优增量“三量”调整上做文章，大力破除无效供给，果断处置低效无效资产，加快从不具备竞争优势的非主业领域退出。为更大范围内深化供给侧结构性改革，加大对央企低效无效资产的处置力度，需要研究好存量资产盘活处置问题。

（二）实现国有资产保值增值的必然要求

党的十九大报告中提出要促进国有资产保值增值。这是实现资源可持续利用，社会可持续发展的必要举措，更是央企的重大政治责任和历史责任。促进国有资产保值增值，摸清资产底数是重要前提，提高资产回报是有效手段。为加强国有资产管理和治理，中共中央印发了《关于建立国务院向全国人大常委会报告国有资产管理情况制度的意见》，国有资产处置和收益分配是《意见》的重点之一。《意见》还要求提高报告质量，组织开展国有资产清查核实和评估确认，统一方法、统一要求，建立全口径国有资产数据库和全口径国有资产信息共享平台，实现相关部门单位互联互通，全面完整反映各类国有资产配置、使用、处置和效益等基本情况。推进国有企业混合所有制改革是实现国有资产保值增值的重要途径。2020 年《政府工作报告》强调，“提升国资国企改革成效。实施国企改革三年行动。完善国资监管体制，深化混合所有制改革。”盘活处置央企存量资产是国有企业混合所有制改革的重要领域，也是通过混合所有制改革可以有效实现的目标。据中国产权协会统计，2012 至 2019 年，行业累计交易额达 52.88 万亿元，年均复合增长率超过 30%。央企是产权市场的重要参与者，也是产权交易处置的重要实践者。随着国企改革“1+N”政策体系落实到位，国资国企全面改革力度不断加强，国有资产交易规模大幅提升。2019 年京、沪、渝、津四大交易所共计披露项目 5 216 宗，同比增长 9.98%，涉及金额约 4 418.84 亿元，同比增长 2.49%。随着央企产权交易市场规模持续增长，必须进一步加强国有资本监督管理，维护国家所有者权益，提高国有资本营运效益，加大对央企低效无效资产的处置力度，落实国有资产保值增值的责任，需要研究好存量资产盘活处置问题。

（三）深化军工央企改革的重要内容

盘活处置存量资产是央企改革的重要内容，是降低企业杠杆率的重要手段。国务院发布《关于积极稳妥降低企业杠杆率的意见》（国发〔2016〕54 号）要求多措并举盘活企业存量资产，意见指出要分类清理企业存量资产、采取多种方式盘活闲置资产、加大存量资产整合力度和有序开展企业资产证券化。完善资产管理是央企改善经营的重要方面，也是改进国资监管的客观要求。国资委印发《关于进一步推动构建国资监管大格局有关工作的通知》（国资发法规〔2019〕117 号），要求统筹深化经营性国有资产集中统一监管，全面掌握国有资产分布状况，统筹加强国有资产基础管理。军工央企资产在自身属性、形成历史、使用目的、承载社会责任等方面具有一定的特殊性，系统化地做好存量资产盘活处置是军工央企深化体制改革的重要环节。推动军工央企进行存量资产盘活处置，有利于积极稳妥降低企业杠杆率和国有企业资产负债，轻装上阵促进改革目标达成，有利于通过资产盘活处置提供新动能，在资本布局、资产管理方面精准发力，加快军工央企改革步伐。

（四）破解资产经营难题的关键手段

2019 年，集团公司组建完成 10 余家子集团/专业公司，40 余家研究所已纳入子集团运行，集团公司法人户数为 586 家（含集团本部），其中二级单位 46 家（含各类子集团、专业公司及部分事业单位），三级单位 218 家，四级单位 216 家，五级单位 100 家，六级单位 5 家。从资本构成看，事业资产、企业资产占集团总资产比重约为3∶7，其中，事业资产主要集中于二、三级次之中；企业资产分布于各级次中，以二、三、四级居多，大量资产归属于事业单位及其所属的三、四级子公司。一是集团公司具有集军工资产、事业资产和企业资产于一身的典型特点，导致存量资产自身属性结构复杂，具有资产结构多元、收益率低、处置难度大的问题；二是产权交易的市场特性与央企特别是军工央企市场化运营能力存在较大的距离；三是央企特别是军工央企对资产处置的重视程度以及人才、能力储备相对薄弱。因此进行存量资产盘活处置体系创建是优化资产结构，破解相关问题的关键手段。

二、基本内涵与理论基础

针对目前集团内资产类别多、管理弱、市场化盘活处置手段匮乏等问题，结合集团公司对电科资产的平台定位和要求，电科资产组建专项研究小组，组织开展了存量资产盘活处置课题研究，围绕存量资产盘活处置体系创建进行了大量探索与实践，首次提出了存量资产盘活处置“五个一”体系。

（一）“五个一”体系的内涵与目标

存量资产盘活处置“五个一”体系是指：“一个资产信息库”“一个制度流程”“一个线上平台”“一个实施平台”“一套处置模式”。其中“资产信息库”是资产盘活的基础，是通过搭建统一数据标准，从种类、区域、生产利用情况、特殊属性等多维度对集团内各成员单位资产进行分类标识；“制度流程”是资产盘活体系的保障，是通过《存量资产业务盘活处置管理办法》《产权经纪业务收费细则》等体系化制度流程，保障工作的规范性；“线上平台”是盘活体系的高速公路，借此打通集团内外各部门、各机构间信息壁垒，步步留痕，将资产盘活处置工作信息化、流程化、精细化；“实施平台”是盘活处置重要的实体大脑，成立存量资产盘活处置中心，为集团内成员单位提供业务服务、政策服务，成为集团内细分领域的智库；“处置模式”是处置体系的应用层，通过资产重构、城市更新、不良资产处置、能力共享、金融化等手段保障存量资产处置任务顺利完成。

“五个一”是相辅相成、有机统一的整体，共同构成一个存量资产盘活处置的完整体系。该体系通过协同创新，适应不同企业主业发展需求，适用不同资产管理能力发展阶段，相互支撑，有效衔接，达到统、治、赢的目标。

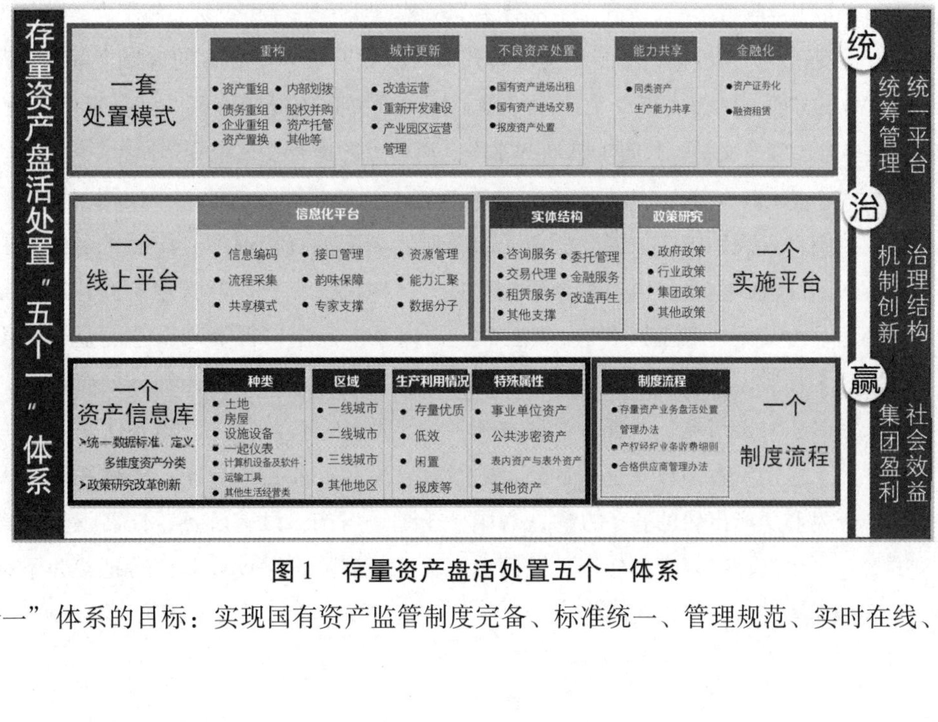

图1 存量资产盘活处置五个一体系

“五个一”体系的目标：实现国有资产监管制度完备、标准统一、管理规范、实时在线、精准有力，增强国有企业活力、创造力、市场竞争力和风险防控能力，最终实现统、治、赢的管理目标。“统”：即通过建设统一的存量资产管理平台，综合运用多种盘活处置方式，以存量促增量，实现存量资产统筹优化管理和配置。“治”：即创新存量资产管理机制，增强资产盘活处置动力和监管，引入市场化机制，丰富盘活处置手段；创新央企集团治理结构，依托平台统筹资源，实现资产确权和管理精细化，加快国企改革进程。“赢”：即实现集团盈利目标，发挥资产社会效益，促使国有资产保值和不断升值，焕发出新的生机和活力。

（二）“五个一”体系的理论基础与创新点

“五个一”体系的理论基础：“五个一”体系的提出借鉴了信息系统体系架构思想，遵循了经济学和管理学的基本理论，结合实践应用，以数据为中心，通过“过程流程化、方法模型化、信息数据化、手段工具化”构建了实用性强的工程化关键技术，融合了数据库技术、数据挖掘、数据分析等方法，建立各资产要素之间的相互作用、相互影响的关系，通过对信息数据的采集、存储、加工、传输、应用分解，提供可实施、可复用、可迭代、科学规范的一种理论和方法支撑，最终达到资产经营处置创造价值的目的。一是信息理论。信息理论认为信息是客观事物普遍属性的表征，是在一事物属性中所反映的另一事物的属性。通过充分利用信息管理的技术方法，形成信息管理的发展战略，开展信息资源的开发、加工与应用，可以极大地提升信息价值。“五个一”体系充分利用现代信息技术，通过创新性的信息技术平台开发，建立了强大的资产信息库，极大地提升了信息管理的水平、信息利用的效率，有力地支撑了产权管理、交易和处置。二是产权理论。现代产权理论认为，产权是包括占有权、使用权、收益权、处置权在内的一束权利，这些权利可以在一定程度和一定空间上进行分离。在市场经济条件下，产权的属性主要表现在三个方面：产权具有经济实体性、产权具有可分离性、产权流动具有独立性。“五个一”体系利用产权中不同权利属性的可分离性和流动的独立性，通过对央企资产产权进行重构，强化了国有企业的产权激励，提升了产权利用效率，扩大了资产回报。三是平台理论。产业经济学中的平台理论认为平台是有两个或多个互相提供网络收益的独立用户群体的经济网络。平台具有双边或多边属性，平台用户之间具有网络外部性。平台一边的用户可以通过参与交易为平台的另外一方创新价值，且平台一方的用户越多，平台另外一方的用户收益越高。“五个一”体系通过构建线上平台和交易实施平台，能够把央企产权交易和处置的各方联接起来。一方面，更多的资产转让方可以提升资产受让方的选择空间，提升其资产管理的质量和水平。另一方面，更多的资产受让方可以更好发现央企的资产价值，提高资产转让方的收益。平台的存在极大地提升了资产交易、处置、管理的水平，以有力的提升了央企资产回报。

“五个一”体系的创新点：首先，“五个一”体系是首个资产管理领域的体系架构。该体系将信息化体系架构思维移植到资产管理领域。数据分析做底层基础、制度流程作保障、线上平台做渠道、实体中心做平台、各类资产做终端，整合运用多种盘活处置方式，构建整套的资产管理模型，达到资产盘活和处置领域的“全流程、全要素”覆盖。其次，“五个一”体系涉及全口径资产属性的盘活手段。该体系以实践为基础，市场为标尺，将土地、房产、设施设备等各类资产科学分类，细分处置模式，多角度挖掘资产市场价值，多渠道对接市场，把资产管理做精做细。此外，“五个一”体系注重构建专业化、平台化的资产管理主体。区别于大多数央企平台公司的股权管理和产业投资导向，该体系跳出大多数资产管理公司单一地产开发和房产出售的业务方向，着眼于土地、房产、设施设备、仪器仪表等底层资产本身，借助专业的管理平台发挥统筹管理作用，做到上有资产管理的顶层设计和执行把控，下有资产盘活处置的项目入库和操作落地。

三、主要做法

（一）做好基础研究，建立资产信息库

集团内资产总量巨大，闲置资产种类丰富。资产分类方式与资产盘活处置模式和盈利模式紧密相关。通过对基础数据的梳理和建标，从有利于集团清晰掌握数据，统一市场化接口，参照国家标准、行业标准，结合资产盘活处置业务模式和盈利能力，提出多维度的科学规范的分类标准和定义。

（二）搭建制度流程，保障业务运行

在学习梳理各个层面相关政策法规基础上，明确国企改革、军民融合背景下，军工国企资产经营处置的政策障碍和制度约束。基于存量资产盘活处置商业模式分析，理清了公司主价值流程，重点突破国有资产进场交易经纪及出租经纪业务，以此作为窗口业务辐射存量资产经营上下游业务，并探索修订集团公司层面的制度和流程，搭建电科资产内部流程，为成员单位提供存量资产盘活处置服务菜单，满足成员单位存量资产盘活处置全方位需求。

图2　军工央企存量资产盘活处置商业画布

（三）建立线上平台，资产清晰可视

信息化平台建设的核心意义是数据存档、分析和运用，在汇聚集团内部固定资产、无形资产等基础数据基础上，利用物联网、大数据等技术和信息化手段，更好地解决信息不对称问题，通过存量资产盘活处置、能力共享、资产证券化等多种商业模式，对接外部供需资源及专业平台资源，开展资产管理、分析及盘活、处置。从三个层面加强资产管理数字化能力：一是资产分析，赋能盘清资产，识别资产优

劣，防止资产意外流失；二是资产运营，搭建数据化运营决策体系，帮助全业务在线化提效；三是资产处置，打通系统内外各部门、各机构间信息壁垒，全程报批及进展步步留痕，将资产盘活处置工作流程化、清晰化。该平台既是集团公司实现一物一档、资产管理的静态数据平台，又是集团公司资源共享，资产交易、资产整合的动态平台。

（四）构建实施平台，组建专业团队

电科资产充分发挥平台功能，在电科资产本部成立存量资产中心，获得集团公司挂牌授权，以中心为实施主体开展推进存量资产盘活处置。中心发展成为集团内开展存量资产持有经营、盘活处置业务的唯一综合业务主体，为集团公司提供资产管理、分析评价和政策研究支撑的核心智库，集团特殊资产剥离和管理的代持平台。中心作为“五个一”体系的协同创新实现主体，开展四方面业务。一是资产分类标准化，任务、方法和操作流程体系化制度化；二是在集团指导和授权下，承载部分资产盘活和转让过程环节的审批、管理功能，提升程序执行效率，政策性和市场化兼顾；三是通过加强集团支持和调配力度，成为不良资产剥离载体，集中、高效完成资产盘活和处置；四是灵活运用多种盘活处置方式，制定综合服务方案，构建多种盈利模式。在明确中心业务基础上，组建专业团队，为中心增添专业力量；通过对系统内资产处置人员的整合，多种形式归集于中心，降低代理成本。

（五）研究盘活处置路径，创建盘活处置模式

研究盘活处置路径的目的，是迅速判断释放出的资产是否具备盘活处置价值以及采用何种具体方式盘活或处置。不同的资产属性对应不同的盈利能力，需要采取不同的处置模式。基于我们构建的盘活处置模式，结合项目实践经验，本成果重点阐述以下四类方式：

1. 城市更新

由实施平台深度参与集团内成员单位存量土地和房产现状评估、更新策划、投资建设、运营管理等全过程，更新业务成果由集团公司评价考核。

在处置方式上，针对不同项目的特点和潜在回报，因地制宜，分类施策。对于集团内地理位置较好、产业资源优良的闲置老所区，优先采用城市有机更新的方式进行盘活，可以对存量建筑进行原址改造，通过重新规划设计，整合资源需求，注入新的运营概念，打造特色的军民融合产业园，突出展现集团公司科技型企业的产业优势和集群效应；还可以在此基础上，构建优质产业蓄水池，引入各大央企优质产业入驻，实现产业园区持续稳定运营收益，同时能够发掘优质股权产业标的，协同集团主业，助推高质量发展。对于集团内变性条件成熟、潜在收益巨大的闲置土地，可以联合地产类央企进行商业开发，实现土地的盘活和溢价退出；也可以与政府城投合作，通过央地联合，实现片区综合改造和区域更新提升，充分挖掘土地潜在价值，实现土地开发超额溢价，同时为所在地的企业、职工、居民、政府引入新的增长极。

表1　处置模式及目标

基础条件	优先建议模式	目标
地理位置较好、产业资源优良	城市更新、注入新概念	产业升级、集聚，高质量发展
地理位置较好、价值大的	变性、开发	溢价推出，价值最大化
地理位置较好、闲置不在实施主良资产	联合开发、挖掘潜力	盘活、处置、提升价值
闲置不良资产	城市更新、政府收储	处置、变现

在实施主体上，注重引入外部资本，实现战略互补和资源协同。引入外部资金成立产业发展基金，围绕城市更新及上下游产业链进行投资。选择城市更新和产业园开发过程中形成的具备良好产业聚集条件的存量物业，以存量资产盘活处置中心为依托，成立项目公司或运营公司，开展存量资产运营管理业务，招商引入符合集团产业发展的上下游企业，投资孵化集团内部具有良好成长性的创业团队，优化园区载体、打造创新平台、聚合科技产业、实现金融驱动，打造产业资源和存量资产相互促进、共生发展的生态环境。通过资管服务输出和自身品牌建设，最终形成存量物业保值增值，有效推动集团产业聚集发展。

2. 不良资产处置

通过不良资产处置，提升企业资产的周转率和收益水平，提高资产运营效率，高效完成资产清理任务，最大限度地实现国有资产保值增值。不良资产处置主要采用如下两种方式：

一是国有资产进场交易。此方法是不良资产处置的核心方法，重点培养和提升国资产权交易综合方案服务能力、国资产权政策研究能力和市场推广能力。这类业务流程相对成熟，包括四个主要环节，即确定出租或转让需求；制定资产处置方案，对不良资产（产、股权）制定资产盘活、内部整合、产权转让、吸收合并、清算注销等不同方式的综合方案；进行信息公布与撮合；最后进行终端服务，包括工商变更、价值分析、融资租赁、资产交割等周边服务。

二是设立不良资产处置基金。在股权架构上，可以通过集团内部划转，将不良资产权属划归电科资产享有，然后通过作价出资方式将不良资产装入专项基金，通过自身团队或者委托合作，将资产按照市场化方式进行处置，实现处置收益；也可以联合外部银行、保险、信托、财富管理等专业金融机构，合作设立不良资产处置基金。在运作模式上，结合市场形势和发展需要，构建不良资产运作的专业化业务体系，形成不同的运作模式，可以招聘不良资产领域的法务、评估、财务、处置运营等方面的专业化人才，自行搭建团队，深耕细作，也可以对接考察优质业务团队，形成委托管理、共同运作的深度联合业务体系。在业务开展上，可以通过诉讼保全、债务重组、债权转让等方式处置集团内外实物类和股权类不良资产，也可以采用债转股、资产重组、引入战略投资者、投贷联动等方式对不良资产进行价值整合，在问题企业重整、化解不良资产过程中获得收益，促使集团内部资产保值升值。

3. 能力共享

结合存量资产中同类资产的生产能力和应用需要，设计资源共享方案。以集团公司内计量检测能力为例，计划构建中国电科计量检测云平台，结合内外部业务需求，实现富余能力资源共享，提高存量资产的调剂效率。统筹集团内计量检测机构、设备和人员，在云平台上设计计量校准、检测试验、租售商城和供需对接等基本功能，通过对仪器设备信息、数据结构改造，形成动态维护机制和数据分析机制，实现能力上云，开展对外共享服务。

4. 资产证券化

通过资产证券化，融资租赁等方式保障存量资产盘活处置落地实施。以自持存量物业、城市更新及产业园开发过程中形成的存量物业等为载体，将运营管理成熟良好的资产打包成金融类产品（如 REITs、商业信托等），实现持续性收入和证券化出表，降低资产负债率、释放资产价值，实现投资退出。形成“开发建设—投资孵化—持有运营—成熟退出”的完整、闭合业务链条，发挥扩充股权退出途径、重资产向轻资产转变和风险隔离的战略价值。针对机械设备类资产，一方面根据集团内的现存设备情况，可以与银行、金融租赁以及融资公司开展售后回租业务，并可通过相关机构发行 ABS。另一方面对未来设备的需求情况，可以与银行、金融租赁以及融资公司开展直接租赁，在满足对设备资金需求的情况下，缓解集团对短期资金需求的紧张度。

四、成效

军工央企存量资产盘活处置“五个一”体系的搭建，实现了集团公司和产权单位的“三提升”和“三转变”，有力地推动了集团存量资源的优化配置，提升了资产利用的质量和效益，成效主要体现在以下方面：

（一）管理能力提升，从被动散点式管控向主动系统式管控转变

“五个一”体系的搭建，大幅提升了集团公司的资产管理水平，实现了从被动散点式管控向主动系统式管控的转变。

1. 基础资产管理能力提升

资产管理配套制度陆续出台。电科资产逐步设立专业化配套制度及政策，配合集团公司进行资产管理制度出台和完善，资产经营平台对集团公司资产管理的支撑作用逐步凸显。主要体现在以下方面：一是完善投资管理制度体系，协助进行顶层设计，研究梳理现行资产使用、处置、报废、土地利用等管理制度及流程，制定完成集团资产管理基本制度，配套印发资产报废、租赁、土地管理、资产处置等工作指引，特别是将出租和交易行为标准化，构建集团公司资产管理制度体系，提升了集团公司政策指导的合规性、统筹度和可操作性；二是电科资产自身不断完善《存量资产业务盘活处置管理办法》《产权经纪业务收费细则》《合格供应商管理办法》等体系化制度流程制定，明确业务流程保障业务顺利落地。

资产基础数据信息化步伐明显加快。目前，集团资产经营管理系统三期上线，系统基本实现集团全级次股权、土地房屋设备仪器等产权信息全部录入和实时更新，基本建立了资产与投资项目全过程监督管理体系。在此基础上，2020年电科资产承载资产可视化、信息化建设，参与推动实现“一物一档”资产信息系统建设。

2. 专业资产管理平台组建

公司正式提出在电科资产内部新设存量资产处置中心。定位于集团内开展存量资产盘活处置业务的唯一业务主体，为集团公司提供资产管理、分析评价和政策研究支撑的核心智库，集团特殊资产剥离和管理的代持平台。目前，公司通过一系列举措完成了专业资产管理平台的组建工作。一是通过集团挂牌授权，明确中心责任对象，达到从分散的、被动式的资产管理转向统一的、主动式的资产管理，以实现提升集团公司资产管理和经营专业能力，配合集团公司实现国有资产全过程监督管理，探索集团内资产所有权、经营权和使用权相分离的模式，助推加快实现事业性资产向经营性资产的转型。二是通过设置机构于电科资产，进一步发挥资产经营平台作用，与产业园区开发建设管控中心、园区智慧管理服务平台等板块形成联动，构建基于资产服务、代理、运营、资源整合等能力而产生的盈利模式。三是通过独立实体运营，组建一支精通资产盘活处置业务的专业团队，全过程深入到项目末端，深扎市场，通过独立核算、市场化绩效和考核机制等，保障盘活处置工作快速有效开展。

3. 全过程国资监管力度增强

通过四年努力，电科资产从资产处置零业务向以进场交易、出租为平台业务，辐射存量资产上下游全业务链发展。在做大做强成员单位的资产处置、对外出租工作，以进场交易、转让经营权等多元化方式承担具体实施工作，实现资产盘活处置收益的同时，关注并提供资产全过程管理服务，对存量资产全生命周期实施闭环管理，有力地提升了集团国资监管水平。针对成员单位非主业资产、不良资产（含股

权和资产）、特殊类型资产探索采用协议转让或委托管理等方式由中心统一持有处置经营；试水老区及闲置土地改造运营工作，从策划、编制盘活方案开始，参与用地指标调整、园区改造更新、老区开发、产业培育孵化等盘活增值工作；积极配合集团公司开展资产投资后评价工作，并承担了出台编制土地、房产等资产效率评价标准的重点任务，从合规性、收益性、对主业支撑性等多维度进行评价，同时提出整改提升建议。

（二）经济效益提升，从单一处置模式向多路径模式转变

电科资产先后为系统内接近半数的研究院所及公司提供进场交易代理服务，有效地规范了成员单位资产盘活处置行为，防止国有资产流失；及时回笼现金流，为成员单位创造新的利润增长点。处置模式上积极创新，从以进场代理资产转让为基础，逐步拓展开展进场代理资产出租，同时提出了产权不变、受托处置、收入分成的不良资产处置模式，代理项目类型的多样化、服务方式专业化和佣金收入水平与同类开展央企资产经纪业务的公司相比，均有一定的代表性。集团系统内存量资产盘活处置释放量、对外转让收入、利润实现较大提升。

1. 资产释放量增加

2019 年对集团内宾馆物业等存量资产类型进行了专项分析，先后组织成都、合肥、上海区域资产盘活处置调研分析；接手驻京办专项治理涉及相关资产，上报了一系列分析报告成果，并形成了具体的盘活处置方案，积极为集团专项工作开展提供专业支撑。在电科资产推动下，新增进入到处置计划项目库资产共计 1251 亩，建筑面积 99.1 万平方米，预计可产生收入 32.95 亿元。计划于 2020 年—2023 年期间完成盘活或处置。

2. 对外转让收入、利润提升

2019 年集团加大了资产转让力度，通过协议转让、对外转让等方式共完成各类闲置资产处置 899 项，回收资金 6.76 亿元。其中资产对外转让实现收入 8600.74 万元，实现利润 4947.89 万元，有效实现国有资产保值增值；2020 年集团公司主导提出全年资产处置达 10 亿元的整体目标。

从典型项目实施情况看，11 所巨龙光电宾馆股权转让项目是资产处置的亮点。电科资产通过提供方案咨询和交易代理服务，顺利完成了巨龙公司的法人压减任务，实现了宾馆租金提升和股权溢价。原资产基础条件不良，资产租金收入和巨龙公司经营利润收入累计每年不超过 240 万元。通过股权处置（含租赁协议）的方式，11 所现在每年可收取房租高达 695 万元，年收入增加 455 万元。同时在股权评估价值 187.61 万元的基础上，经过投资人上百轮激烈竞价，最终由以 952.61 万元成交，溢价 407.76%，当年一次性获得股权处置收入 952.61 万元。

（三）社会影响提升，由管家型资管机构向专业性资管平台转变

近年随着国企改革不断深化，各央企集团公司对资产管理能要求不断提高，其中三分之二央企均设立资产管理公司，且大多属性为全资子公司，承担存量建设、资产管理、不良处置等工作。由于央企主业性质不同，沉淀的资产性质差异较大，业务路径各不相同。主要集中在物业管理和资产经营类、资产处置和产权经纪业务类，以资产公司为平台成功运作资产盘活和价值提升的案例很少，大多数是房地产主业央企通过开发板块实现盘活。其中进场交易经纪业务各央企资产公司以委托代理和自行代理两种方式开展，目前经纪业务管理规模较大有国投资产管理有限公司、三峡资产管理有限公司、国家电投集团保险经纪有限公司等公司。与对标公司相比，电科资产处置资产规模和经济效益居中，但涉及的业态类型以及协同创新能力处于领先地位，社会影响力持续提升。

电科资产的资产处置体系构建得到了社会同业的广泛认可。同集团内外资产经营行业专家、央企资产经营平台公司、产权交易机构等多次就城市更新理念在存量资产经营过程中的应用与实践、存量资产改造更新过程中各相关方的利益分配、基金等金融手段在处置过程中的应用、集团在资产划拨、经营权转移过程中的授权控制、资产池建立及运营过程中的税务筹划等不同方面进行过专题研究和探讨，对进一步丰富存量资产盘活处置手段、建立行业联盟、推动市场资源共享等发挥了积极作用。

电科资产的服务工作和业务推进得到了系统内单位的高度认可。全面参与集团公司存量资产经营管理领域相关工作，对集团内 14 所、29 所、38 所、47 所、54 所、海康威视等半数以上成员单位各类资产，进行了百余次业务咨询和盘活处置服务，编制了《业务指导手册和典型案例汇编》，系统内专业影响力日益增强。

电科资产的专业能力得到了国内主流交易平台的一致认可。随着体系的逐步构建成形与完善，项目落地和开展渠道日益丰富和顺畅，电科资产目前具备北京产权交易所、上海联合产权交易所等四大产交所会员代理资质，同广州产权交易所、西部产权交易所、西南联合产权交易所等地方产权交易机构签署了长期战略合作协议。成立以来，电科资产先后斩获了上联交所“产权交易创新奖”“产权交易优质服务奖”，北交所“最佳交易案例奖”“最佳产权交易组织奖”“最佳实物资产交易组织奖”，天交所“最佳组织交易奖”等业内多项奖励。

五、启示

通过“五个一”体系建设，我们深刻地认识到管理创新对于央企，尤其是军工央企资产盘活处置的重要性。通过建设资产信息库、完善制度流程、优化线上运行平台、搭建资产盘活处置的实施平台、不断完善资产处置模式，“五个一”体系在军工央企的管理实践中不断优化，有力地推动了企业管理能力提升、经济效益提升和社会影响提升，实现了资产盘活处置的根本性转变。在市场形势不断变化，国企改革持续推进的背景下，“五个一”体系将围绕国企改革的相关精神和央企存量资产盘活处置的现实需要持续完善。随着“五个一”体系的内涵在探索中不断丰富，成效在实践中不断显现，未来具有在更大范围内推广应用的价值，将为国有企业存量资产盘活处置，为国有资产保值增值，为央企高质量发展作出更大贡献。

成果创造人：岳　峰、李国中、卢蕴绮、谭建良、
郭家豪、耿淑雅、季崇高、温　雯

坚持两个“一以贯之”
全力打造南网能源深改模式

南方电网综合能源股份有限公司

南方电网综合能源股份有限公司（以下简称“公司”），是中国南方电网有限责任公司（以下简称“南方电网公司”）控股的从事综合能源服务业务的专业子公司。其前身为南方电网综合能源有限公司，于2010年12月在广州挂牌成立。成立10年来，南网能源公司投建了一大批在全国有影响力的大型绿色能源示范项目，形成了立足南方五省、遍及全国的市场格局，荣列“2017年全国节能服务公司百强榜第1名”，荣获全国“十二五”节能服务产业突出贡献企业、广东节能突出贡献奖（2019年度），是全国唯一一家获得3项5A评级（公共设施节能领域、工业节能领域、建筑节能领域最高评级）的节能服务公司。

作为南方电网公司商业一类（竞争类）企业，南网能源公司自成立以来即在市场化改革中开展了大量卓有成效的探索，2018年、2019年先后入选国务院国资委国有企业改革“双百企业”和国家第四批混改试点企业。近年来，南网能源公司在南方电网公司党组的领导下，以习近平新时代中国特色社会主义思想为指导，坚持两个“一以贯之”，按照“完善治理、强化激励、突出主业、提高效率”十六字方针，聚焦发展中面临的问题，以全面加强党的领导和党的建设为核心，以混合所有制改革、“三项制度”改革、市场化经营机制改革为抓手，持续推进制度创新、机制创新、管理创新，取得了一批突破性成果，在完善中国特色现代企业制度方面走出了自己的路子，形成了“南网能源方案”。

一、改革背景

（一）推动国有资本做强做优做大的战略要求

党的十九大报告强调，要完善各类国有资产管理体制，改革国有资本授权经营体制，加快国有经济布局优化、结构调整、战略性重组，促进国有资产保值增值，推动国有资本做强做优做大，有效防止国有资产流失。深化国有企业改革，发展混合所有制经济，培育具有全球竞争力的世界一流企业。这是在新的历史起点上，以习近平同志为核心的党中央对国有企业改革作出的重大部署，为新时代国有企业改革指明了方向，提供了根本遵循。

成立之初，南网能源公司的股东分别为南方电网公司及其下属五省区电网公司（持股比例共72%）、广东省能源集团有限公司（原广东省粤电集团有限公司，持股比例18%）、广东省广业集团有限公司（原广东省广业资产经营有限公司，持股比例10%），八家股东均为国有企业。南网能源公司作为处于充分竞争行业的国有全资企业，实施混合所有制改革，有助于推动国有资产保值增值、提高国有经济竞争力、放大国有资本功能。一方面，可通过引入具有产业协同效应的战略投资者，发挥电网企业在能源领域的综合优势和战略投资者的技术优势、市场优势、资源优势，增强企业发展“新动能”。另一方面，可通过整体上市，将国有资产转化为证券化的国有资本，实现国有资本高效率的优化布局，有效联动社会资本促进经济发展，进一步增强国有经济竞争力、创新力、控制力、影响力、抗风险能力。

（二）提升公司治理体系和治理能力现代化水平的客观要求

党的十九届四中全会《关于坚持和完善中国特色社会主义制度 推进国家治理体系和治理能力现代化若干重大问题的决定》明确，深化国有企业改革，完善中国特色现代企业制度。首次提出了中国特色现代企业制度这一新表述，使之成为中国特色社会主义制度的重要组成部分。

南网能源公司自 2010 年成立之时即按照《中华人民共和国公司法》设立了股东会、董事会和监事会，编制了以《公司章程》为基础的系列法人治理运作规则，初步建立了现代企业制度体系。但改革之初，在一股独大的股权结构下，内部未能形成合理制衡，一定程度上削弱了其他投资主体的约束与监督作用，不利于构建各司其职、各负其责、协调运转、有效制衡的法人治理结构。同时，与控股股东南方电网公司的权责界限未能有效厘清，薪酬分配、重大投资等事项还依赖于南方电网公司的行政审批，未能有效发挥董事会的决策作用，企业的经营活力受到了一定的限制。因此，深化国企国资改革，加快健全完善中国特色现代企业制度，提升公司治理体系和治理能力现代化水平，既是认真贯彻十九届四中全会精神的工作要求，也是南网能源公司完善法人治理结构、落实国有资本保值增值责任的客观要求。

（三）激发企业发展活力的内在要求

南网能源公司从事的综合能源业务主要来自集团外充分竞争市场，其非股东业务收入占比在 2016 年已达 65%，并随着业务规模的壮大逐年攀升。党的十九大以来，综合能源服务业务迎来了新一轮的政策利好，节能与综合能源项目成为社会资本热捧的对象。一方面，外部市场竞争更加激烈，对企业的市场反应速度、内部运转效率等提出了更高的要求。另一方面，随着各地纷纷成立综合能源公司，市场对综合能源业务的人才竞争日益激烈，而南网能源公司受传统国企的薪酬管控模式制约，分配机制不够灵活，激励机制不够多元化，吸引人才、留住人才的机制优势不明显，加上同行业竞争对手“挖墙角”行为，核心业务团队建设面临较大的压力。以上这些问题，与高度市场化需求存在差距，不利于南网能源公司提高核心竞争力、快速做强做优做大产业规模、实现高质量发展，亟需在改革中加以解决。

二、主要做法

南网能源公司的改革实践，概括起来就是“一个核心+三个抓手”。一个核心——以全面加强党的领导和党的建设为核心，明确和落实党组织在企业法人治理中的法定地位，把党的领导融入到公司治理各环节，充分发挥党委把方向、管大局、保落实的领导作用。三个抓手——以混合所有制改革、“三项制度”改革、市场化经营机制改革三方面工作为抓手。法人治理层面，通过混合所有制改革，优化股权结构，完善治理体系，落实董事会职权，为深入推进经营管理层面的改革奠定良好工作基础。经营管理层面，通过“三项制度”改革和市场化经营机制改革，优化内部经营管理机制，提高运转效率，激发公司内生动力，推动公司的高质量发展，进一步促进国有资产保值增值、推动国有资本做强做优做大。

（一）全面加强党的领导和党的建设

一是明确和落实党组织在企业法人治理中的法定地位，把党的领导融入到公司治理各环节。认真贯彻落实新时代党的建设工作总要求，实行董事长、党委书记一肩挑，把企业党组织内嵌到公司治理结构中，将党建工作总体要求纳入南网能源公司及所属并表子公司章程，并将建立党的组织、开展党的工作作为企业改革发展的必要前提，对后续新设立、并购的控股子公司一并坚持党建条款进章程。修订《南网能源公司“三重一大”决策实施细则》《南网能源公司党委议事规则》等制度，将党委讨论研究作为董事会、经理层决策重大问题的前置程序，明确党委在决策、执行、监督各环节的权责和工作方式，使党委发挥领导作用制度化、规范化、具体化，充分发挥党委把方向、管大局、保落实的领导作用。

二是积极探索党支部参与基层治理的机制，把坚持和完善中国特色现代企业制度落到基层组织。在领导体制上，借鉴“双向进入、交叉任职”的领导体制，明确了党支部班子设置原则，在符合条件的党支部，逐步推进“党政一肩挑”；部分党员行政负责人逐步进入党支部委员会；单位规模较大、党员人数较多的党支部根据工作需要，设立副书记或专兼职党务人员。在决策机制上，探索基层党支部有效参与本部门、本单位重大事项决策的途径、方法和程序。落实《中国共产党支部工作条例（试行）》，印发《党支部参与部门单位重要事项讨论工作指引》，建立事业部、分子公司党支部参与本部门、单位重要事项研究讨论的工作机制。制定《南网能源公司建立健全监督体系提高监督能力实施细则（试行）》《党支部纪检委员及特邀监督员管理办法》，构建大监督格局，确保基层党组织在公司治理中积极发挥作用，有效推动公司党委各项决策部署在基层抓实落地。

三是将党的组织领导“融于责”，实现党建责任与经营责任的有机统一。完善和落实党建工作责任体系。突出党建是最大政绩，夯实党建主责意识，强化政治担当、履行主体责任。发挥好党建工作领导小组的作用，落实党建、党风廉政建设例会机制，落实《南网能源公司领导班子成员全面从严治党责任清单》，领导班子成员向党委汇报责任落实情况从每年 1 次调整为每季度 1 次，通过月度提醒、季度汇报，督促领导干部落实全面从严治党责任。加强对基层党建工作的督导。落实领导班子成员基层党建联系点制度，领导人员深入联系点开展调研，解决基层单位党建存在的问题。落实双重组织生活制度，领导班子成员以普通党员身份参加所在支部组织生活，指导督促党支部做好各项工作。落实党建责任制考核。实施党建与经营业绩“双 A 制”考核，将考核结果与组织绩效、个人绩效、干部调整挂钩，实施末位约谈，使党建工作成为从“软指标”变成“硬约束”。

（二）以混促改，进一步完善公司法人治理体系

1. 以“四步走”策略优化股权结构

2019 年以来，南网能源公司针对原来股东背景单一、一股独大的股权结构，通过“系统内股权划转-股东同比例增资-引战增资-整体上市”的“四步走”策略，深入推进股权多元化与混合所有制改革。

第一步：系统内股权划转。2019 年 3 月，将南方电网公司下属五省区电网公司持有的南网能源公司 44% 股权划转至南方电网公司，解决了两级持股问题。

第二步：股东同比例增资。2019 年 3 月，南方电网公司、广东能源集团、广业集团同比例增资 10 亿元，南网能源公司资本金增至 20 亿元。

第三步：“引战”增资。2019 年 7 月，南网能源公司通过公开挂牌“引战”，引入了绿色能源混改股权投资基金（广州）合伙企业（有限合伙）、广东省广业绿色基金管理有限公司、特变电工股份有限公司、广州智光电气股份有限公司等 4 家单位为公司战略投资人。通过“引战”，南网能源公司释放了 34% 的股权，引入了 15.25 亿元资金，资本金增至 30.30 亿元，在保持国有股东控股地位的同时，有效放大了国有资本功能。特别是引入的特变电工股份有限公司和广州智光电气股份有限公司，与南网能源

公司具有产业协同效应，对推动能源产业价值链整合、增强公司发展“新动能”具有重要的意义。

第四步：整体上市。南网能源公司在完成上述三个步骤的基础上，于2019年9月完成了股份制改造，实现由有限责任公司向股份有限公司的“蜕变”。2020年3月，南网能源公司基本完成了同业竞争清理、土地房产办证等重大问题整改，按照上市公司标准有效规范了法人治理运作、会计核算、关联交易等工作，通过了广东证监局的IPO辅导验收，完成了向中国证监会的IPO申报工作，进入了IPO审核阶段。目前，南网能源公司已完成了中国证监会首轮反馈意见回复工作，正在全力冲刺，力争2020年底前实现上市目标。

2. 对照上市公司标准完善法人治理结构

2019年9月，南网能源公司召开了股份公司创立大会暨第一次股东大会、董事会、监事会，对照上市公司标准选举了新一届董事、监事、高级管理人员，设立了董事会战略与投资委员会、审计委员会、提名委员会、薪酬与考核委员会等4个专门委员会，并建立了以公司章程为基础的法人治理制度体系。目前，南网能源公司董事会由9名董事组成，其中独立董事3名，股东代表董事6名，设董事长1名；监事会由5名监事组成，其中股东代表监事3名，职工代表监事2名，设监事会主席1名。在董事会、监事会的组建中，南网能源公司以股权结构为基础，在保持成员总数不变的基础上对结构进行优化：减少了控股股东4个董事席位和1个监事席位，增加了3个独立董事席位，向引入的2家新股东各释放了1个董事和1个监事席位，推动非公有资本股东积极参与公司治理，形成了定位清晰、权责对等、运转协调、制衡有效的法人治理结构。

（三）建“三能”机制，全面激发公司发展内生动力

1. 全面推行职业经理人制度，实现“能上能下”

一是坚持党管干部原则与董事会依法选择经营管理者、经营管理者依法行使用人权相结合，由点到面推广实施职业经理人制度。2016年，南网能源公司公开选聘总经理，成为南方电网公司首个在经理层推行职业经理人制度的二级单位。2017年—2018年，采用内部转身和市场化选聘相结合的方式，在所属企业深化推广职业经理人制度。至2018年底，完成了经营班子副职岗位职业经理人的全国公开选聘和所属经营单位第三批职业经理人选聘，实现了公司经营班子和二级经营单位职业经理人制度全覆盖。2020年上半年，完成第一批聘期届满职业经理人的考核及新一轮职业经理人的选聘工作。目前，公司共聘任各级职业经理人48名，其中公司经营班子成员5人，所属经营单位一至三级职业经理人43人。近三年，共有12名管理人员因竞聘失败、放弃竞聘、未完成考核指标而降岗、降薪或离职。

二是持续完善配套机制，建立一套具有南网能源特色的职业经理人制度体系。结合南网能源公司实际，制定了《南网能源公司职业经理人实施办法（2017年版）》《南网能源公司职业经理人考核评价管理细则（2019年版）》等制度文件，建立了经营单位职业经理人三级管理机制，形成了职业经理人“试用期考核+年度考核+聘期考核”的评价考核体系，和“基薪+年度绩效+聘期激励”的薪酬管理模式。同时，结合国务院国有企业改革领导小组办公室印发的《“双百企业”推行职业经理人制度操作指引》，编制了《南网能源公司所属单位职业经理人管理方案（2020年—2022年聘期）》，进一步厘清了公司党委、董事会、经理层等治理主体的权责界面，明确了职业经理人任期管理、契约签订、考核实施、薪酬管理、退出管理和选聘标准、人选来源、选聘程序等具体操作要点，为更深层次地完善市场化经营机制、提高企业的活力和效率提供了有效支撑。

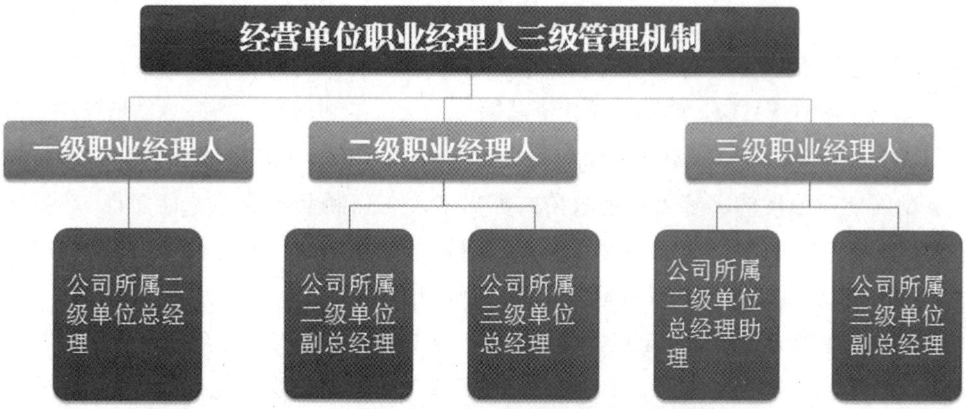

图1　经营单位职业经理人三级管理机制

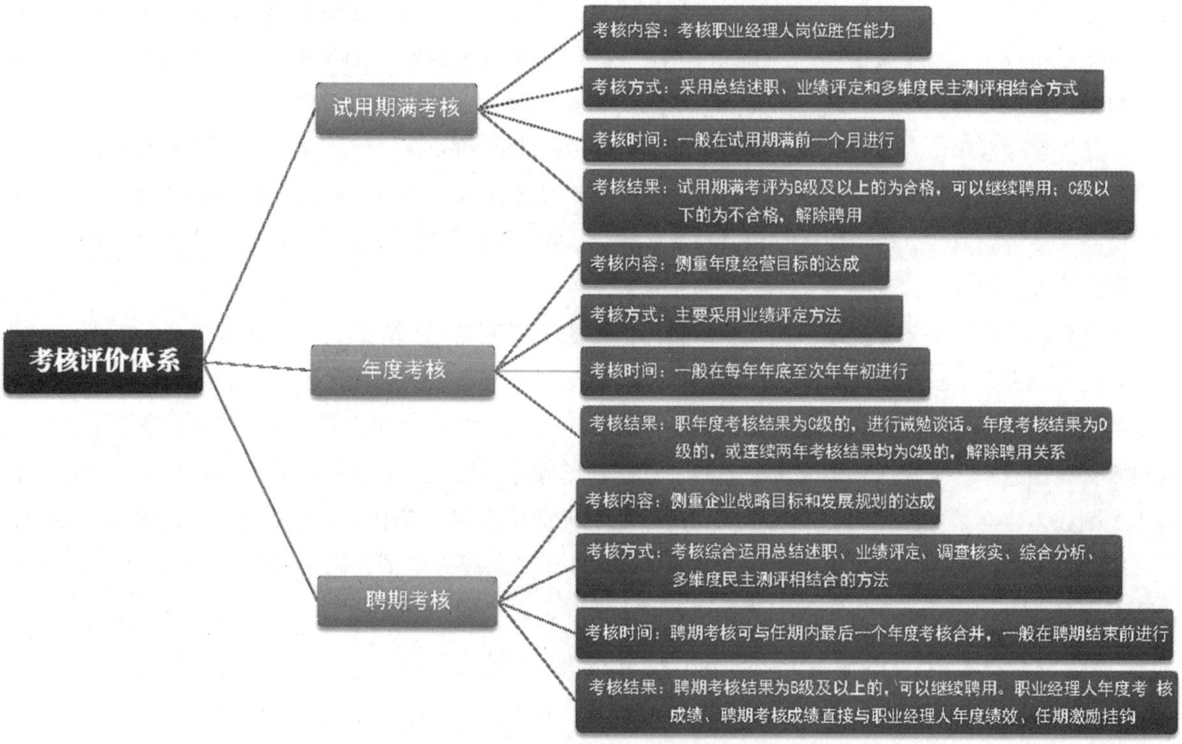

图2　职业经理人考核评价体系

2. 破除身份壁垒，实现“能进能出”

大胆破除电网企业原有的“身份”“终身制”“职级”等观念束缚，全面实行市场化招聘、契约化管理，将干部员工原有的行政职级保留在档案里，实行依能上岗、按岗定薪、定期考核、动态调整、优升劣降、岗变薪变的岗位管理机制。一是加强制度建设。制定《劳动用工管理办法》《劳动合同管理办法》等制度，从制度上保障人员能进能出，保持员工队伍活力。二是严把员工入口关。制定岗位任职资格和胜任能力标准，严格规范招聘管理程序，将劳动用工风险关口前移，认真做好招聘人选的资格审核和政审，确保招聘质量。三是加强业绩考核过程管理和结果应用。充分发挥直线经理在员工考核管理中的主导作用，对业绩考核不合格的员工及时予以降岗、调岗等处理，并建立试用期、日常考核、年度考核、任期考核等多渠道的退出机制。公司90%以上员工来自市场化招聘，人员流动率保持在10%~15%。

3. 落实“三个机制”、强化一个差异，实现“能多能少”

一是落实工资总额备案制。2019年2月，经董事会审议同意，南网能源公司实行由董事会依法管控的工资总额预算三年周期备案制，明确公司工资总额与人工成本利润率、利润总额增长率、净资产收益率指标挂钩；经上级备案的工资总额，公司在完成年度指标的情况下，可在3年周期内自主调节使用。在该机制下，南网能源公司的工资可以通过公式算出来，在总额上实现了“能多能少”，从以往的靠“要工资”变成自己“挣工资”，充分调动了各级经营班子的积极性。同时，3年周期内自主调节的机制，防止“旱涝不均”，从机制上也较好地保障了核心队伍的稳定。

二是落实以价值创造为导向的人工成本管控机制。建立经营单位预算、绩效考核与薪酬分配一体化机制，明确各经营单位业务发展目标、财务预算与人工成本的量化关系，各经营单位可根据其利润目标计算人工成本指标，或者以人工成本目标反推利润指标，做到量化透明、有章可循、有据可依。在该机制下，各经营单位的人工成本也通过公式算出来，在二级分配上实现“能多能少”，充分激励各单位超额完成指标、进一步“做大蛋糕”。同时，“增人不增资，减人不减资”的模式，也有效引导了各经营单位对用工总量进行自我约束，进一步提高劳动生产率。

三是优化经营单位内部分配管理机制。加大对职业经理人的授权，将所属员工的绩效薪酬分配权全部授予职业经理人，提高各单位的经营自主权，充分激发企业内在活力。同时，按季度对经营单位开展工资总额发放情况监控分析，强化过程监控及后评估，指导职业经理人合法合规地行使经营管理权，避免工资发放失控现象。

四是合理拉开薪酬分配差距。优化薪酬结构，构建了“基薪+业绩薪酬”的分配模式，加大业绩薪酬的激励约束强度，员工业绩薪酬占比最高达到了80%；建立了差异化的激励方式，各级职业经理人实行年薪制，职能部门人员实行岗位薪点制，业务人员实行“市场化协议工资+业绩提成分享”制；研究编制股权激励方案，积极探索建立中长期激励机制，形成了多层次、系统化的正向激励体系。突出考核量化和刚性，建立了价值导向、量化考核、刚性兑现的业绩评价考核机制，严格按考核业绩兑现薪酬。近三年，南网能源公司二级单位正职年度绩效薪酬差距最大的超过3倍，同岗位年度业绩A级的员工较业绩B级薪酬高10%-15%，实现了“业绩升、工资升，业绩降、工资降”。

（四）强化支撑，不断完善市场化经营管理机制

1. 深化资源整合与优化配置，打造精干高效管理本部

建立三个中心，提升本部服务支撑能力。建立财务共享中心，实行财务集中管控、业务集中处理，强化资金资产管理风险防范，提升财务综合管控能力和资金运作效率；建立法律共享中心，加大对经营单位的法律工作的支持和指导，夯实依法治企工作基础；建立技术经济中心，强化投资评估专业力量，推动投资项目可研评审、结算、后评价等工作专业化管理，切实提高投资管控水平。按照精简、高效原则，统筹优化本部职能部门和岗位设置。采取扁平化管理模式，将职能部门定员控制在10%以下，落实“本部机关化”问题专项整改方案，进一步促进本部转职能、转方式、转作风，推动公司向“企业化运作、市场化经营、法治化管理”转变。

2. 建立分层分类决策审批机制，打造规范高效运营核心

为提升企业决策效率、有效适应外部市场竞争，南网能源公司针对企业生产经营涉及的决策、审批业务事项，制定《南网能源公司授权与审批权限管理制度》，建立了分层分类的决策审批机制，明确了各个管理岗位和治理主体的职责和权限，并结合实际进行动态调整。2020年，根据南方电网公司总部授

权放权清单和《公司章程》，进一步修订《南网能源公司“三重一大”决策实施细则（2020 版）》《南网能源公司授权与审批权限管理办法（2020 版）》，进一步完善分层分类授权与审批权限管理机制，建立涵盖公司各级单位的 4 份权责清单，明确了公司“四会一层”权责界限，推动了公司“四会一层”依法合规有序运转；同时，结合下属企业的发展阶段，对所属二级子公司的投资、采购、合同审批进行差异化授权，持续提升企业经营效率。

3. 强化内控与监督体系建设，持续提升合规管理水平

一是完善企业内控机制。编制《内部控制管理手册》《内部控制评价手册》，印发合规义务清单、重大合规风险应对表、重点合规岗位手册，更新发布43 份合同标准文本，建立健全以合规为基础、以风险管理为重点、以内控为手段的内部控制体系。印发《南网能源公司关于建立项目投资全过程管理责任链的指导意见》《投资管控方案建议》，建立投资项目实施履职评价、考核、激励与追责等全过程管理机制。将法律、财务尽职调查工作置于公司股权投资、资产收购等重大经营事项的前置程序，做到了法律“三项”（重大决策、合同规范、规章制度）审核率100%。二是建立责任追究与容错机制。印发《南网能源公司违规经营投资责任追究实施细则（试行）》，进一步加强和规范对违规经营投资责任追究，并建立容错机制，保护企业决策层及经营管理人员进行企业决策和开展正常生产经营活动的积极性。三是充分发挥审计监督作用。加强审计反映问题整改落实工作，把审计整改落实情况纳入对有关责任单位年度目标责任考核，促进管理闭环；持续完善公司风险信息库，努力揭示风险，在大监督格局下，充分发挥审计对公司健康发展的“免疫”作用和“质量检验”作用。

三、改革成效

（一）经营效益效率持续提升，市场化理念深入人心

2017 年—2019 年，南网能源公司累计实现营业收入 36. 63 亿元，年均增长 26. 93%；利润总额 6. 90 亿元，年均增长 54. 77%；资产规模从 50. 86 亿元增长至 88. 82 亿元，EVA 从 0. 97 亿元增长至 1. 90 亿元，劳动生产率由 124. 44 万元/人提高至 155. 17 万元/人，始终保持高速发展。

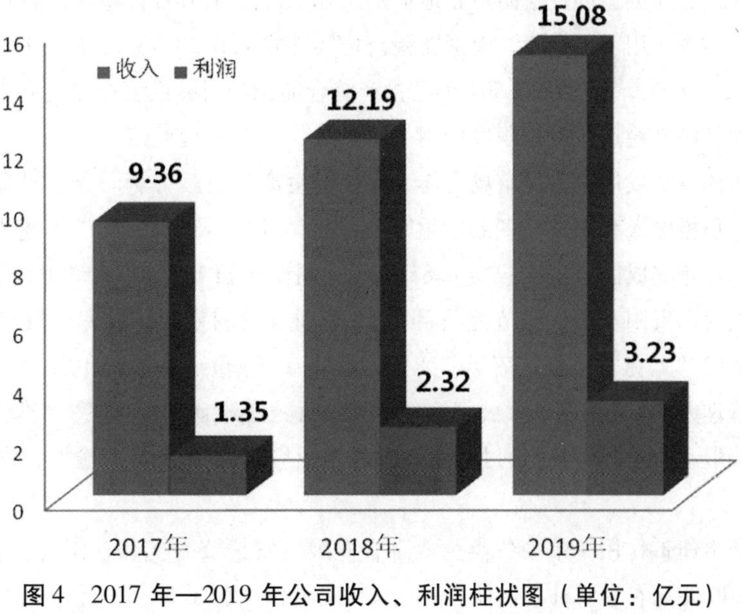

图 4　2017 年—2019 年公司收入、利润柱状图（单位：亿元）

近年来通过持续深化改革，南网能源公司有效建立了以《公司章程》为核心的法人治理制度体系，

形成了各治理主体权责清单，“四会一层”运转更加顺畅；依法落实董事会职权，建立健全分层分类决策审批机制，企业经营决策更加精准高效；公司经营班子和二级经营单位实现职业经理人制度全覆盖，市场化用工与薪酬改革全面深化，“能上能下”“能进能出”“能多能少”形成常态，“不看身份、不看级别，只看岗位、只看贡献”的市场化理念深入人心，成功打造了一支实干拼搏、英勇善战的市场化人才队伍。

（二）认真贯彻新发展理念，用实际行动为社会经济绿色发展贡献力量

截至 2020 年 6 月底，南网能源公司累计实施节能减排项目 1500 多个，实现项目节约电量 76.14 亿千瓦时，相当于节约标煤 245.9 万吨，减少二氧化碳 699.87 万吨。节能方面，开展节能诊断 7000 余户，建筑节能服务面积约 520 万平方米，托管项目电量达 4.8 亿千瓦时，推广 LED 灯具 300 万盏；实施的广东大厦、广州妇幼儿童医疗中心节能改造等 4 个项目获评“中美合同能源管理示范项目”；南方电网综合基地项目被评为国家住建部科技计划绿色建筑（园区）示范工程。新能源方面，实施了全球单个厂区最大的分布式光伏项目——中山格兰仕 52.38 兆瓦屋顶光伏项目，投资建设光伏项目装机容量超过 1 吉瓦，累计发电量已突破 27.36 亿千瓦时，项目电力电量就地消纳率 67% 以上，是全国最大的节能型厂房屋顶分布式光伏投资运营商，已并网光伏项目综合发电效率均在 80% 以上，保持行业标杆地位；牵头开发建设了广东省首个海上风电场和海岛智能微网示范项目，一期项目于 2018 年实现并网，累计发电超过 3.8 亿千瓦时。

（三）不忘初心使命，在疫情防控和“六稳”“六保”中充分展示国企担当作为

2020 年，南网能源公司顶住新冠肺炎疫情影响和经济下行压力，坚决落实总书记重要讲话和指示批示精神，贯彻落实党中央“六稳”“六保”决策部署，充分把握国内国际双循环，制订实施各类举措，统筹推进疫情防控和生产经营、改革发展工作，积极促进经济社会秩序恢复正常，在稳住经济基本盘上贡献力量、展现担当。

一是带头推进复工复产，积极促进经济社会秩序恢复正常。牢牢守住公司员工不成为传染源和不发生聚集性疫情的底线，建立健全同疫情防控相适应的工作秩序，千方百计稳住经营预期，在经济发展中充分发挥压舱石、主力军作用。上半年，南网能源公司实现收入 8.33 亿元、同比增长 6.8%，实现利润 1.41 亿元、同比增长 1.74%，有力保障 504 个已投产综合能源项目持续安全稳定高效运转，服务带动企业复工复产，为宏观经济平稳运行发挥积极作用。

二是大力支持实体经济发展，为保市场主体、保社会生产力贡献力量。稳定投资规模，突出精准投资，加大有效投资，积极融入和服务“两新一重”建设，推动项目审批、施工提速，以需求订单助力合作伙伴复工复产，上半年完成固定资产投资 8.82 亿元，同比增长 118%，推动海南逸盛二期光伏项目、辽宁朝阳智慧路灯项目、贵阳益田建筑节能项目等 21 个项目顺利投产，发挥投资对经济增长的拉动作用。制定实施公司做好“六稳”工作、落实“六保”任务 18 项重点举措，印发《南网能源公司保障农民工工资支付工作管理办法》《南网能源公司清理拖欠民营企业账款工作方案》，建立《民营企业合同台账》，严格履约，做到应付尽付、应付快付，保持民营企业应付款项“零”逾期，支持带动各类企业共渡难关。

三是发挥国有资本纽带作用，带动各类企业融合发展。发挥资金优势，围绕主业积极开展收并购，完成了贵州鹅毛寨 200 兆瓦农光互补光伏项目、兴义市乌沙镇牛膀子 50 兆瓦林业光伏项目并购，扎实推进光伏发电、生物质发电、工业节能领域 8 个重点项目并购，计划投资金额约 11 亿元。加强与各类企业

进行股权融合、战略合作、资源整合，主动和各类所有制企业共建产业链供应链，共同打造优势产业集群，近年来通过投资入股、合资新设、并购重组、增资扩股等多种方式，带动社会资本投资超过30亿元。

四、经验启示

（一）坚持加强党对国有企业的全面领导是根本保障

习近平总书记强调，中国特色现代国有企业制度，“特”就特在把党的领导融入公司治理各环节，把企业党组织内嵌到公司治理结构之中。深化国有企业改革，完善中国特色现代企业制度，必须牢牢把握两个“一以贯之”，落实党组织在公司法人治理结构中的法定地位，明确党委在决策、执行、监督各环节的权责和工作方式，充分发挥党委把方向、管大局、保落实的领导作用。把方向方面，即牢牢把住公司发展的政治方向，保证党的路线方针政策和上级党组织的重大决策部署在企业贯彻落实，保证企业的性质不发生变化。管大局方面，主要是全面把控企业各类风险，严控系统性风险的发生，增强抵御风险的能力和定力，促进公司的健康稳定发展。保落实方面，就是加强组织保障，抓好班子、带好队伍，充分发挥国企的政治优势，建设一支市场化的高素质干部人才队伍，为公司事业发展提供坚强的组织保障和人才支撑。

（二）持续全面深化国有企业改革是根本方向

习近平总书记在中央全面深化改革领导小组会议上指出，注重系统性、整体性、协同性是全面深化改革的内在要求，也是推进改革的重要方法。从南网能源公司的实践经验来看，任何一项改革都是个系统工程，要有相关的制度和机制作为配套，并与其他领域的工作协同推进，才能切实推动改革达到预期目的。以“三项制度”改革为例，集团层面，南方电网公司支持并推动南网能源公司实施混合所有制改革，并印发了《南方电网公司总部授权放权清单》，优化对南网能源公司的管控模式，奠定了南网能源公司进一步完善法人治理结构、依法落实董事会职权的工作基础，为深入推进“三项制度”改革创造了良好的实施环境；企业层面，南网能源公司近年来持续开展的职业经理人制度推广、市场化用工与薪酬改革，以及市场化经营体制机制的不断完善，为“三项制度”改革的落地提供了有力保障。正是南方电网公司和南网能源公司朝着全面深化改革总目标聚焦发力，各项改革措施在政策取向上相互配合、在实施过程中相互促进、在改革成效上相得益彰，才有效保障了改革的整体成效。

（三）健全完善公司治理体系是重要支撑

企业管理体系与管理能力现代化建设，决定了其长治久安，也决定了国有企业的改革能否增强国有经济“五力”，做强做优做大国有资本。企业管理体系，就是企业规则的集成，主要包括组织架构、责权利机制、运行流程的设计以及其他各类制度规范等。一流的企业必须有一流的管理。要按照治理现代化要求，在跟以往工作有机衔接、保持延续性的基础上，以深化改革、推动变革和制度建设为切入点，以战略发展为引领，以价值创造为核心，以资源配置为支持，以风险管控为保障，以基础管理为根基，形成一整套企业运作的基础设施，形成企业运作的基本流程架构，打造卓越的管理体系，促进企业运行科学化、规范化、现代化。

五、展望

目前，南网能源公司正在全力冲刺IPO，力争2020年实现整体上市目标。未来，南网能源公司将坚持以习近平新时代中国特色社会主义思想为指导，坚持服务国家发展大局和经济社会绿色发展，以落实国企改革三年行动方案为总牵引，聚焦建立完善中国特色现代企业制度，持续深入实施综合性改革，加快公司治理现代化步伐，借助上市平台，推动综合能源业务高质量发展，力争在2-3年内实现“再造一个南网能源公司”，全力打造国内领先、国际一流的综合能源服务企业。

成果创造人：秦　华、陈庆前、周　宇、詹　昕、陈　朴、翁军华、韩庆敏、雷　鸣、柯文彬、廖卫列、张　强、程国辉、林哲茜、曹　煜

中船精达国企混改与股权激励探索

中船九江海洋装备（集团）有限公司

一、改革背景

中船九江精达科技股份有限公司（以下简称“中船精达”）成立于2007年5月，前身是中国船舶集团有限公司（以下简称“中船集团”）第6354所（以下简称“6354所”或研究所）于1982年成立的研究一室滑环组，主要为研究所本部惯性测试设备提供配套；在二十世纪九十年代初期，研究所为推进滑环产品的发展，提升滑环产品在惯性测试领域的地位，将原滑环组、圆感应同步器组合二为一成立研究八室；进入二十一世纪后，研究所为进一步扩大电旋转连接器、小角度测量及计量产品的市场占有率，将原研究三室和研究八室合并成立检测事业部，年营收从100余万元增长至800余万元；2007年，研究所为响应国家事业单位企业化的要求，决定在原检测事业部的基础上注册成立九江精达检测技术有限公司，拟通过对原检测事业部的先行实体化运作为所部未来的改制积累足够的经验。

经过十余年的不断发展，中船精达已经成长为一家专业从事特种旋转传输设备、角度标定、计量产品研发、技术咨询服务的科技型企业，尤其擅长旋转连接和小角度应用研发。公司立足于科研开发型企业定位，稳步推进市场开拓和科技创新工作，产品达到国内领先水平，广泛应用于航天、航空、航海等领域及制造业、科研院所和大专院校，为“神舟”“天宫”等国家重点项目配套，高精度多齿分度台是国家计量检定的溯源标准。随着市场竞争日益激烈，中船精达长期存在的突出矛盾和问题日益突出，如传统国有企业的管理架构、“单件小批量”的产品结构、缺乏竞争力的薪酬分配和人力资源管理体系等因素，都限制了中船精达进一步做精做强。

穷则变，变则通，通则达，中船精达想要推动企业进一步做大做优做强，实现高质量发展，必须改革求变。党的十八大以来，在习近平总书记系列重要讲话精神和治国新理念新思想新战略的引领下，国有企业改革进入新一轮深水区[1]。特别自2015年以来，国资委、财政部、科技部相继印发《国有科技型企业股权与分红激励暂行办法》（财资〔2016〕4号）、《关于做好中央科技型企业股权和分红激励工作的通知》（国资发分配〔2016〕274号）、《关于印发〈国企改革“双百行动”工作方案的通知〉》（国资发研究〔2018〕70号）、《国务院国企改革领导小组办公室关于支持鼓励“双百企业”进一步加大改革创新力度有关事项的通知》（国资改办〔2019〕302号）等政策文件予以指导，标志着国企改革进入关键阶段。为深入贯彻落实党的十八大三中、四中、五中全会和十九大精神，遵照集团公司关于发展科研院所科技产业和放开搞活体制机制的要求，切实推进产业提升和机制创新工作，促进中船精达在经济规模、发展模式转变、管理能力提升等方面实现质变发展，迅速将优质且潜力巨大的产业做大、做强、做优并组建资源整合平台，中船精达相继组织开展了国有企业混合所有制改革、国有科技型企业股权与分红激励并实现新三板挂牌挂牌。

二、改革发展内涵

为进一步激发改革发展活力，中船精达深入学习贯彻习近平总书记重要指示精神和国务院《关于深化国有企业改革的指导意见》（中发〔2015〕22 号）文件规定，持之以恒坚持体制机制创新，凝聚人才活力，助推公司高质量发展。在实施改革的过程中，该公司始终坚持如下原则：

一是坚持建立现代企业制度的企业改革方向，大胆探索公有制的多种实现形式，大力发展混合所有制经济。

二是坚持市场化的改革方向，以培育优势产业、优势产品、优势技术为重点，促进产业结构的优化升级。同时，建立配套的薪酬激励政策、工资分配制度和绩效考核体系，让员工的业绩和效益挂钩，充分调动公司职工创效的主动性和积极性。

三是坚持推进企业机制管理创新，依照市场经济的运行规则，规范和完善企业法人治理结构，深化企业内部制度改革，强化对经营者的激励与约束，建立适应市场经济要求的国有资产管理、监督和营运机制。

四是坚持党对国有企业的领导作为全面深化国有企业改革的政治方向和根本原则。

从旱涝保收“吃皇粮”到改制创新的“市场化生存”，从创业之初的缺厂房、办公场地到现有资产实现过亿增长，从摸着石头过河到发展成为行业内著名科技型中小企业，中船精达本轮改革发展的内涵旨在破解国有企业体制机制固有掣肘，解决出资人与实际管理人不一致问题，探索新的体制机制模式，在上级单位指导下打造中国特色，明确员工怎么干、为谁干的问题，提高职工忠诚度和主观能动性，打破一潭死水，激发新的发展活力，量化改革发展红利。

三、改革与探索之路

改革永远是进行时，发展必须一直求变。通过体制机制创新，中船精达为自身制定了战略目标。2020 年前，依据上市企业规范要求，建立现代化的公司治理结构和清晰的产权制度，形成相互激励、相互监督和制约的契约式管理格局，筑牢长期可持续健康发展的基石。利用企业优势，以股份制改造为契机，倒逼管理，规范公司治理结构，转变传统管理模式，促进管理提升，实现挂牌成功并进入新三板创新层，达到市场占有率行业细分主导地位的目标。通过挂牌后资本市场持续运作，给予新成长骨干人才股权，提高现有骨干人才股份空间，充分调动员工的主动性和积极性。2023 年进入精选层，2025 年抓住战略机遇转板科创板。为实现以上目标，中船精达群策群力，集中全体干部职工智慧，采取了以下措施：

（一）实施股份制改造，实现新三板挂牌。

党的十九大报告明确提出：深化国有企业改革，发展混合所有制经济，培育具有全球竞争力的世界一流企业。而发展混合所有制经济是新时代深化国企改革的关键抓手和重要突破口，培育具有全球竞争力的世界一流企业是深化国企改革和发展混合所有制经济的主要方向和基本目标。

2015 年中船精达以“主营业务突出、拥有自主知识产权技术、可持续发展前景良好”等因素被选为中船集团国企改革试点企业。2016 年，确定了通过改制实现在“全国中小企业股份转让系统”挂牌的指导思想后，中船精达马上开始了股份制改革的准备工作，并于 2017 年正式启动了相关流程，开始了新三板挂牌的征程。

2017 年 5 月，中船精达明确了实行混合所有制改革，以“更大力度、更深层次”推动深化国有企业改革工作。并迅速在 7 月完成了股权激励方案，经职工大会讨论通过后生效。该激励方案得到了集团公司各级领导及国资委有关专家的悉心指导，并履行审批程序，在骨干员工自愿现金入股的情况下实施。股改全部上报文件通过中船集团党组审议并得到财政部、国资委批准后，中船精达进行了相关工商变更，股权调整阶段工作基本完成。公司股权实现了多元化，引进了中船投资发展有限公司作为战略投资者和自然人股东，中船精达已然变成充分竞争的市场主体。

2018 年 12 月，中船精达召开创立大会暨第一次股东大会，经全体股东方投票表决通过，将“九江精达检测技术有限公司”依法整体变更设立为“中船九江精达科技股份有限公司”。12 月 29 日，中船精达完成股份公司的设立登记，股份制改造阶段的工作全部完成。

进入 2019 年，在中船集团、中船九江公司、九江精密测试技术研究所的重点关注和推动下，3 月 29 日，中船精达提交公开转让申请书，并获得全国中小企业股份转让系统受理函；7 月 4 日获得全国中小企业股份转让系统《关于同意中船九江精达科技股份有限公司在全国中小企业股份转让系统挂牌的函》，7 月 31 日正式挂牌公开转让，8 月 22 日，中船精达新三板挂牌仪式在京顺利举行，国有股占比 96.6%，个人股份占比 3.4%。

中船精达新三板挂牌是中船集团通过“深化国企改革”实现高质量发展的重要尝试，既为中船精达未来的发展铺就了康庄大道、开辟了广阔空间、注入了强劲动力，又为中船九江公司整合地区资源，深入推进国有资产证券化工作打造了坚实的平台，更为今后其他成员单位深化改革提供示范和参考经验。

（二）推进混合所有制改革，建立中长期激励机制。

一直以来，国有企业受到资金规模、工资总额、分配机制等因素的制约，传统的激励机制，很难让员工直接感受到付出和回报直接对应。在社会高速发展的大环境下，国企的人才队伍建设受到市场很大的冲击。尽管这些年来，中船精达的人才队伍相对比较稳定，但已经越来越感受到市场上其他企业高收入待遇、灵活的发展前景对人才的强大吸引力，人才队伍建设受到很大的挑战。

在通过无偿划转和增资方式引入中船九江海洋装备（集团）有限公司和中船投资发展有限公司两家国有股东，实现了股权多元化后，中船精达根据集团公司党组批复，按照《国有科技型企业股权和分红激励暂行管理办法》（财资〔2016〕4 号文件）实施了国有科技型企业股权激励计划，推动增资扩股，引入公司核心骨干等自然人股东，实现了混合所有制形式改革。

混改初期，不是每一个人都对改革的前景无条件抱有信心，观望、存疑是正常现象。关键是领导班子如何教育、引导员工转变观念，更深地理解、支持、参与改革发展，共享发展成果。

在中船精达的混合所有制改革中，员工思想观念的转变工作十分典型。

2017 年 5 月，中船精达明确了实行混合所有制改革，切实贯彻落实国企混改的要求，采取股权出售方式实行员工持股。这种“直接持股、风险共担”的模式是较为彻底的改革方式，但也意味着员工与企业一同承担了改革的风险。一开始的时候，并不为每一个员工所接受。在第一次持股意愿调查中，只有 5 个人同意持股，比例非常低。

按照计划，7 月就要召开职工大会审议股改方案，只剩两个月，时间十分紧迫。经过调研分析，中船精达发现，员工的疑虑来自两个方面。一方面是担心改革的未来“换汤不换药”，自身利益得不到保证，因为个人持股必须是企业身份（独立与公司签订劳动合同），原事业编制内的职工，必须辞去编制才能持股；另一方面，则是担心企业改革后的发展前景，担心混合所有制改革会导致国有资产的流失。

为打消员工顾虑，中船精达迅速召开了员工大会和骨干员工会议，详细解释改革的必要性和可行性，分析企业未来的发展前景。借助股改，中船精达可实现股权分散化，达到股权有效制衡，同时完善内部激励约束机制，提升各类人员的创造性和积极性。通过利益绑定，中船精达能给大家一个未来，一个可以自己把握、自己努力和争取的、与企业共同成长的未来。在股权激励实施过程中，该公司总经理在房价较低的时候，毅然卖掉了家中的一套房子，凑足了股份认购的资金。在他的带动下，中船精达领导班子以身作则，丢掉“铁饭碗”，带头脱离事业编制，认购了股份，为成功实现员工持股打了强心针。

中船精达坚决的态度和有力的措施有效打消员工对未来的担忧，股权激励方案按计划落实，并在7月经职工大会讨论通过后生效。

通过股权激励，使得股东利益、公司利益和核心团队个人利益结合在一起，推动各方共同关注公司的长远发展。股权激励成功落实，对员工的归属感、积极性、主动性影响非常直接，有效促进了公司效益的快速增长。2019年期末总资产相比2017年同期增长99.33%，资产负债率同期由56.59%下降为39.15%，人均利润贡献由5.97万元增加至10.59万元，增长77.39%，全员劳动生产率由19.37万元/人提升至30.39万元/人[2]。

下一步，中船精达将继续学习和研究相关政策，为更好地改进完善员工激励措施，满足员工增持股份的需求做准备。

（三）推动市场化薪酬探索，实施三项制度改革。

成功挂牌后中船精达并没有放慢改革发展的脚步。作为江西省九江市唯一一家成功入选国资委国企改革“双百行动”名单的企业，中船精达继续加快推进国企改革“双百行动”2019年度改革台帐任务，在当年10月份提交了市场化薪酬体系调研报告，12月下发了薪酬制度体系文件（修订版），建立了以岗位价值和业绩导向为原则，岗位价值和任职等级决定基础工资、业绩完成度决定绩效工资的二元差异化薪酬结构，充分调动广大职工的工作积极性和主观能动性，实现了动岗动薪、分级分档、动态管理的工作目标。

在此基础上，中船精达进一步突出利润中心，健全以价值为导向的考核评价机制。结合公司实际，中船精达制定了量化考核管理办法，以经济目标分解到各部门，任务完成度直接与部门收入挂钩，突出利润中心考核，强化经济效益导向。2019年度，完成任务较好的事业部均取得了较高的收入，而完成任务较差的事业部则收入较低。对标外围劳动力市场，让内部分配关系向为企业创造价值的核心群体倾斜，充分发挥了薪酬激励的杠杆作用，为继续开展三项制度改革打下坚实基础。

在科技型企业的发展中，关键是要发挥“人”的关键核心主导作用。体制机制的问题，关键是“人”的问题；企业的活力问题，关键是“人”的创造力和积极性的问题。

面对人才资源紧缺这个发展瓶颈，中船精达通过股权激励尝试做出了示范。“员工能进能出，干部能上能下，收入能增能减”三项制度改革，在新的时期、新的形势下，应该有新的内涵。近年来，中船精达运用竞聘上岗、社会化招聘等方式，促进干部队伍作风建设，进一步优化选人用人机制，做出了积极有效的尝试，发现了一批年轻有为的干部，优化调整了人才队伍和干部队伍。下一步，该公司还将继续充分激发现有人才的主动性、创造性，发挥好现有人才资源的效率和作用。从根本问题入手，通过进一步探索股权激励、压缩固定工资、加强质量与薪酬的联系、调整职业上升通道等手段，进行薪酬体系与三项制度改革。

（四）探索职业经理人制度，持续提升公司治理水平。

1. 完善职业经理人制度改革方案，签订聘任协议

中船精达是中船集团九江地区职业经理人制度试点企业之一，将探索职业经理人模式在国有企业的应用，推动经理层任期制及契约化管理实施。

职业经理人制度是现代企业管理制度中的重要一环，但在国有企业推行这个制度，难度大、操作的复杂程度也很高。为了激发企业经营管理团队创新活力和创业动力，建立健全市场化经营机制，建设经理层高效团队，中船精达在前期“双百行动”综合改革实施方案思路基础上，根据国务院国有企业改革领导小组办公室《关于支持鼓励“双百企业”进一步加大改革创新力度有关事项的通知》，通过研究学习《关于印发〈双百企业〉推行经理层成员任期制和契约化管理操作指引和〈“双百企业”推行职业经理人制度操作指引〉的通知》等文件，针对充分竞争的行业特点，突出市场化导向，转变传统管理模式，积极探索实行工资总额预算备案制管理和职业经理人制度，组织制定了《职业经理人改革试点方案》并进行调研论证，在近日举行的中船九江海洋装备（集团）有限公司深化国企改革重点项目启动大会上正式启动了职业经纪人制度改革工作。

通过职业经理人制度的实施，中船精达致力于解决国有企业深化改革过程中的一些体制机制的深层次问题。由于国有企业所有制上的特殊性和军工央企产品的特殊性，在实际操作过程中，不能完全套用社会上的一般职业经理人模式，而是要提炼这个制度的精髓：以市场选聘、契约化等手段，通过合同的方式，界定规范董事会和经理层的职权利关系，降低企业经营过程中的行政影响，保证企业在合理合规合法的前提下更好地进行经营。而通过职业经理人制度的实施，以市场化的薪酬制度和选聘方式，激励经理人的工作激情，同时也刺激全体干部职工干事创业的热情和积极性。此项改革方案实施后可提升市场化营运机制，激发创新活力，用市场化的手段，整合社会化资源为我所用，多渠道解决人才瓶颈问题。

2. 夯实管理基础，持续优化法人治理结构

当前国有企业仍然存在的企业市场主体地位尚未真正确立、现代企业制度还不健全、国有资产监管体制有待完善、国有资本运行效率需进一步提高、企业管理混乱等等问题，在中船精达同样或多或少地存在。在新三板挂牌的准备过程中、在这一年的发展完善中，一些明显可见的、容易改的地方改好了，继续深入，便面临一些深层次的体制机制问题。

公司治理的核心问题是明确股东大会、董事会、监事会和经理层的定位，并厘清各参与主体的职责范围。规范化的治理，是上市公司健康、持续发展的基石。中船精达也深知这一点，把进一步提升公司的规范化治理水平作为常态化工作，按照监管部门和九江公司的要求，进一步完善公司相关规章制度。据悉，中船精达计划优化治理结构，不断完善股东大会、董事会、监事会、经理层的治理水平和科学决策程序，发挥监事会监督议事作用，加强经理层的监督与考核；持续调整和优化公司组织机构设置，加强部门间的组织管理、协调配合，提高产出效率；将风险管理融入公司治理和决策体系，全面梳理公司制度管理体系和内部控制体系，优化内部控制流程，持续开展决策事项风险评估情况检查，有效防范经济运行重大风险。

新三板挂牌，只是中船精达发展的新起点。中船精达坚持以上市为契机，倒逼自身对标国内乃至国外同类先进企业，进一步推动其管理体制机制改革，夯实管理基础，结合其自身特点引入与其相适应的先进现代企业管理理念和相关管理模式，提升管理水平，强管理促发展，真正实现向现代化管理科技型

企业转型。

作为资产证券化公司，必须按照现代公司制度进行规范化运作，为推进规范化治理，中船精达积极响应集团公司高质量发展战略、贯彻落实上级党组各项工作部署，落实相关法律法规及信息披露要求。2019年度报告期内，中船精达董事会在指定信息披露平台（全国中小企业股份转让系统官方网站）上披露文件共计23份，及时披露中国船舶工业集团有限公司与中国船舶重工集团有限公司联合重组事宜、公司半年度报告等。同时，积极做好现场调研、电话咨询等投资者交流工作，主动、及时地与股转系统督导部、江西省证监局、投资机构、控股股东、个人投资者保持良好沟通。组织参加集团防范内幕交易培训会议，严格执行各项规定，加强内幕交易管理，控制知情人范围，增强内幕交易防范意识，全年未发现内幕信息知情人在利用内幕信息交易公司及集团内其他上市平台股份情况，有效防范了内幕交易的发生。

而在企业内部管理方面，中船精达的内部控制得到进一步完善，合规意识逐步增强。该公司修订完善了《内部控制手册2018版》，建立了以业务流程为中心，以风险防控为重点的体系导向，确保内控工作实施落地闭环。同时，全面梳理公司制度管理体系，修订了《岗位说明书（第一版）》、完善了《人力资源管理制度》《休假及考勤管理制度》《薪酬体系文件》等制度文件；下发了《企业文化手册（第一版）》和《合规手册》，使职工了解到工作中的基本合规要求，有助于企业建立健全有效的合规管理机制，防范违法违规风险。

此外，中船精达也根据相关政策的要求，提高企业法人治理规范性，进行机构优化，理顺管理机制，实行了严格的资产评估，尽可能消除发生资产流失的可能。尽管过程艰巨，但随着各种改革措施的落实，中船精达科研、生产过程得到了规范、控制，企业增长趋势十分明显。

（五）全面提升核心竞争力，打造行业标杆。

面对日益激烈的市场竞争，要想实现高质量发展目标，内部改革同等重要，中船精达需要不断适应市场环境，坚定不移地推进科技创新和体制机制改革，努力提高企业经营发展质量，不断优化市场和产品结构。

根据实际业务情况和战略发展目标，中船精达克服困难，推动组织结构调整，根据产业业务特点，相继成立了各类产品事业部，并针对总体年度任务目标进行了相应分解，探索实施了事业部制改革和利润中心考核，制定了管理提升方案和成本工程专项工作。三大产品事业部形成了合作竞争的良好氛围，大大激发了职工的工作积极性和创造性，在效率提升、工艺革新、成本管控、质量提升方面取得显著进展，其中，完工产值同期相比增加26%，人均产出大幅增加，成本费用率由88.41%降至85.64%，同比下降2.77个百分点。

在高涨的工作热情的鼓舞下，中船精达的科技创新工作和市场开拓工作得以顺利推进。2019年，中船精达优化科研工作体制机制，加强高层次技术人才的引进，坚持自主创新，加快关键技术攻关，此外，多项技改项目、重点研发项目等获得批复，并完成了高新技术企业申报批复及科技型中小企业申报及批复工作。

中船精达还在加大力度进行新的市场拓展。面对人员不足的困难，公司加强人员培养，不断增强市场队伍竞争力水平。进行了二百余次新厂家、新型号的技术和市场推广，共涉及上百个单位。同时，着力提高产品的交付过程和售后服务质量，及时跟进产品交付和客户使用情况，对客户提出的问题进行细化处理，确保客户满意。

市场拓展的含义不仅仅是新的客户、新的产品，中船精达注重以市场化思维引领传统产业升级和产业链资源整合，积极接触外部机构投资者，推进项目孵化。公司启动了多个新研项目，积极做好准备，承接九江精密测试技术研究所及地区公司其他单位产品的导入，积极接触外部机构投资者，通过定向增发募集资金，用于项目能力建设、产能提升和上下游企业整合，以外部资金推动项目成果的落地及产业化实施。

中船精达产品主要应用于航空、航天、特种装备等行业，近年来国内外经济形势错综复杂，相关产品的市场需求随着国家航空航天产业的发展和特种装备能力建设不断增长，但目前中船精达生产能力、硬件设施无法满足市场需求，必须大力推动设施设备向机械化、电子化、产业化和智能化方向发展，加强工序智能化研究，既能保证产品质量，又能降低生产成本，从而实现公司产业结构调整和优化升级。

为此，以产能拓展为核心，中船精达正在谋划硬件配套外围建设，推动综合生产大楼建设，开展技改及扩能论证，提高导电滑环、圆感应同步器测角系统及惯组在线自标定转位机构批量化生产能力，提升空间站滚动电传输装置关键技术研究能力。中船精达将加快推动数字化、智能化制造，形成三类产品、三条生产线的智能化生产，为市场大规模批量生产积累能力，按照集团公司要求，着力实现空间滑环技术领域世界一流水平战略目标。

四、改革意义及效果

中船精达混改上市的尝试，不仅是企业自身的改革，更是九江地区企事业单位、乃至中船集团落实深化国有企业改革的试点，本成果可为未来提供经验和参考，有以下主要意义：

（一）工作活力得到释放。

中船精达新三板挂牌打造出风险共担、成果共享的发展模式，一举突破了长期以来制约企业做优做强的发展瓶颈，有效激发了企业员工干事创业的精气神，完成了由一个科研院所事业部到一家新三板挂牌的规范化股份有限公司的质的蜕变。

通过股权激励和体制机制改革，持股员工的责任心和主动性更强，个人利益的捆绑，使得管理骨干和技术骨干更加关注公司的健康发展和盈利能力，推诿扯皮的事情越来越少，主动工作、主动谋划、建言献策的事情越来越多，员工的精神风貌从根本上发生变化，敢于担当、敢于啃硬骨头、敢于战斗的工作作风初步形成。

（二）发展方向更加清晰。

作为集团公司内新三板挂牌样板，打造九江地区资本驱动、创新驱动的尖兵作用更加凸显。通过多轮认证，在骨干员工的积极参与下，公司的未来发展方向更加清晰，员工对公司的发展信心更加坚定。

未来，中船精达将以建设高科技、高质量、具备可持续发展能力的公众化股份公司为目标，进一步突出资本驱动、创新驱动与经营战略的势能结合，凝聚整合发展资源，将品牌优势、技术优势、产品优势转化为生产力，逐步发展成为具备较强核心竞争能力、业务专业特色鲜明的高新科技企业。

（三）产能瓶颈问题得到缓解。

经过多年发展，中船精达的经济总量形成了一定规模，行业市场也占据显著地位，但近年来公司的经济指标增速呈放缓趋势。受制于九江地区制造条件落后、配套加工条件不完善、产品特点非标定制较多等因素，精达公司在生产组织模式、设备配置及产出效率方面均存在较大程度短板。产能利用率较低，提升面临瓶颈。通过调整自生式发展模式，发挥资源整合优势，借助资本力量开展供应链上下游融合，可有效解决产能核心瓶颈，突破工艺条件制约，提高产能效率，促进中船精达主营业务做优做大做强，实现高质量发展。

（四）后续发展更加稳健。

2018年—2019年度，公司的营业收入分别为80,240,018.92元、100,422,454.50元，毛利率分别为34.03%、29.08%，净利润分别为10,780,973.48元、10,090,337.46元；因公司传统客户转位机构类产品销售订单稳定增长，收入规模实现同比增长25.15%[3]。通过改制，公司各项经营计划均如期完成，偿债能力大幅提升，现金流充足，有效保障了持续经营能力，夯实了公司高质量发展基础。

中船精达新三板挂牌后，成为中船九江公司重要的资产整合平台，以支撑中船九江公司资产证券化率的大幅度提升并在十四五期间实现科创板或创业板挂牌上市。充分利用上市公司资本和管理提升，创新企业管理和运营模式，推动科技创新、金融创新、军民深度融合，利用“投资平台-孵化团队-上市子公司”培育机制不断催生具有竞争力的市场主体。

成果创造人：程柏林、吴国亮、邓　军

【参考文献】

[1]周正.国有企业混合所有制改革历史逻辑与发展方向[J].商业经济,2020(08):102-103+142.

[2]中船精达.2019年度报告摘要.http://www.neeq.com.cn/disclosure/2020/2020-04-27/1587975613_510693.pdf.2020-08-15.

[3]中船精达.公开转让说明书.http://www.neeq.com.cn/uploads/1/file/public/201907/20190712170106_kosp8n8cdu.pdf.2020-08-15.

深圳燃气以混合所有制改革激发新机制新活力新动力推动企业高质量发展的探索与实践

深圳市燃气集团股份有限公司

一、成果的背景

2002 年 8 月，深圳市政府向海内外宣布，为了加快国有企业改革和发展，推动国有企业产权主体多元化，完善公司治理结构，提高企业国际竞争力，决定以深圳市燃气集团、能源集团、水务集团等五家国有企业为试点进行国际招标招募，引进战略投资者。在深圳市政府的领导下，深圳市燃气集团股份有限公司（简称“深圳燃气”）先后完成了组织准备、设计方案、选择战略合作伙伴、办理法律手续等关键工作。2004 年 4 月，深圳燃气正式引进了中华煤气有限公司和新希望集团有限公司等战略投资者，分别持股 30% 和 10%，由国有独资公司改组为中外合资企业，通过国际招标招募，深圳燃气完成了产权主体多元化的混合所有制改革。2007 年深圳燃气整体改制为股份公司，并启动上市工作。

2009 年 12 月深圳燃气在上海证券交易所上市，上市后先后实施非公开发行股票、公开发行可转债，合计募集 34.88 亿元资金，全部投资建设深圳市燃气基础设施，建立了较为成熟的产业集团和金融市场相互促进的投融资体系；深圳燃气上市后还先后实施了股票期权和限制性股票两期股权激励计划，探索出依托资本市场激活国有企业人力资源活力的有效路径。深圳燃气已经从地方性国企成长为行业影响力较大、区域布局较广、经营效益较好的全国性国有控股上市公司。

二、成果的内涵

在深圳燃气探索国有企业混合所有改革的过程中，始终坚持党的领导，充分发挥“务实高效、敢为人先、追求卓越”的企业精神，牢牢抓住了天然气行业发展的时代机遇，取得较快发展。回顾历史，面向未来，我们总结了本成果的有益启示：

（一）坚持党的领导是根本保障

深圳燃气一直以来重视党在制定战略规划、决策重大项目等“三重一大”事项决策过程中发挥把方向、谋大局的领导作用，注重把党建优势转化为发展动力。只有切实发挥党委的领导作用，切实把上级党组织和深圳燃气党委的各项决策部署落实到位，深圳燃气的各项事业才能顺利推进。

（二）天然气黄金时代是重要机遇

回顾城市燃气行业的发展历程，我国的城市燃气企业都曾面对不同的发展机遇，有的是政策带来的机遇、有的是市场带来的机遇、有的是危机带来的机遇。不同点在于，有的企业抓住了机遇，取得了突飞猛进的发展，有的企业没能抓住机遇，发展相对缓慢。于是成就了今天不同的燃气企业不同的发展路径、发展规模、发展水平、发展质量。深圳燃气正是抓住了天然气时代的机遇，实现了跨越式发展。

（三）选对合作伙伴是必要条件

深圳燃气选择的两家合作伙伴都是各自行业里的标杆企业，具有优秀的“基因”。香港中华煤气是全球品牌、百年老店，在安全、服务、技术等方面是最先进的燃气企业之一；新希望集团也是民企中的佼佼者。深圳燃气以一流的公司治理推动经营理念、管理制度、企业文化等方面的融合，实现了强强联合和优势互补。

（四）进军资本市场是必然选择

2009年以来，深圳燃气通过实施IPO、非公开发行股票、公开发行可转债等资本运作，募集资金全部投资燃气主业，用于建设天然气管网、场站、调峰储备库等基础设施，助推深圳市实现了从管道石油气时代向天然气时代转换，显著提高管道燃气供应能力，增强企业核心竞争力，形成了资本运营与主业经营的良性互动。

（五）坚持创新发展是必由之路

深圳经济特区在改革开放和社会主义现代化建设中先行一步，探索新路，在历代深燃人将改革精神和深圳特区精神同频共振，一次次大胆尝试、大胆地闯，把一个个不可能变成了现实，深圳燃气是国内A股首家实现整体上市的城市燃气企业，是首家推出股权激励并成功行权的国有控股上市公司，只有继续坚持敢想敢干、创新发展，才能推动公司开创发展的新局面。

三、改革的措施

（一）构建科学合理的股权结构，确保董事会运作规范高效

深圳燃气大股东为深圳市国资委，持股50.01%，中华煤气和新希望分别拥有26.48%与6.79%的股权。两个小股东股权合共超过三分之一，可以在重大事项里对一些特别预案表决时发挥重要影响并参与重大决策。深圳燃气意识到股权集中于单一大股东，往往企业会忽视与中小股东之间的沟通。因此，深圳燃气管理层作为三个股东之间沟通和协调的桥梁，在一些重大事项上与大股东、中小股东进行充分沟通达成协议。

在深圳燃气十五名董事中，大股东深圳市国资委提名了六名董事，包括董事长、总裁和党委副书记，还有三名专职外部董事，中华煤气提名三位董事，新希望提名一位，公司还有五名独立董事，董事会成员结构规范科学。董事会下设战略委员会、审计委员会、薪酬与考核委员会、提名委员会四个专业委员会，除李真董事长担任战略委员会主任委员外，其余专业委员会主任委员都由独立董事担任。这些外部董事、独立董事分别在资本运作、法律、会计等方面拥有丰富的知识和经验。董事会成员知识结构的互补性以及董事会成员所代表利益的多样性，提高了董事会的决策效率和运作质量。同时，深圳燃气董事会非常注重交流沟通，十年来形成了有效的沟通机制和沟通文化，提高了决策水平和决策效率。

（二）借力资本市场，有力支撑战略落地

2009年12月，公司首次公开发行股票上市（IPO），筹集资金9.04亿元，募集资金全部用于深圳市天然气利用工程，该工程主要投资建设次高压天然气管道，接收广东大鹏来自澳大利亚的天然气，实现了深圳市从管道石油气向天然气转换。

2011年12月，在国内股市低迷及资金紧张的情况下，公司成功实现了非公开发行9030万股人民币

普通股，筹集资金9.84亿元。募集资金全部用于深圳市天然气高压输配系统工程建设，投资建设高压天然气管道，接收西气东输二线天然气通过高压管道输送给电厂用户和城市燃气用户使用，实现深圳天然气双骨干气源的供气格局。

2013年12月，公司又成功发行了16亿元可转换公司债券，筹集资金16亿元，募集资金全部用于深圳市天然气储备与调峰库项目和高压管线项目，主要建设LNG储备、接收和气化设施，可以为城市天然气用户提供储备和调峰保障，将深圳市天然气储备能力由原来的不足1天提高到7天，并实现新增年供应天然气量10亿立方米（80万吨）。公司已于2015年5月5日完成可转债转股工作。

通过以上资本运作，深圳燃气上市以来合计筹集34.88亿元全部投资建设深圳市燃气基础设施，较好地实现政府实行管道燃气特许经营，改革城市基础设施投融资体制的目的。

深圳燃气上市以来累计现金分红30.5亿元，累计分红比例达40.29%，高于资本市场平均水平。深圳燃气上市以来的现金分红与募集资金总额规模相当，可以说深圳燃气将从广大投资者募集而来资金通过扩大企业规模、提升盈利能力、回报股东的方式又返还给投资者，形成了资本市场募资、企业经营管理增强、股东回报提升的良性循环。

（三）多次实施股权激励，激活人力资源活力

2012年9月，深圳燃气推出股票期权激励计划，向68名高级和中层管理人员授予1 849.05万份股票期权，建立了长效激励机制。深圳燃气已于2017年圆满完成所有激励对象的行权工作，成为A股市场首家推出股权激励计划，并且股权激励对象成功行权的公用事业企业。主要行权条件包括2013年—2015年度归属上市公司股东的扣除非经常性损益净利润相较于2012年度的增长率分别不低于50%、75%、100%；扣除非经常性损益的加权平均净资产收益率分别不低于12%；公司主营业务利润占营业利润总额的比重不低于90%。深圳燃气已于2017年5月圆满完成所有激励对象的行权及后续工作，股票期权长效激励计划实施完毕。

2016年8月，深圳燃气继续扩大激励范围，优化激励工具，授予高级、中层管理人员以及核心管理骨干合计319人限制性股票3 218.5万股，进一步完善了长效激励机制。深圳燃气成为新《上市公司股权激励管理办法》实行以来，第一家推出限制性股票激励计划的国有控股公司。主要解锁条件包括2017年—2019年度归属上市公司股东的净资产收益率分别不低于10%；归属上市公司股东的扣除非经常性损益后的净利润相较于2015年度的增长率分别不低于20%、30%、40%；应收账款周转率均不低于20次。深圳燃气已于2020年8月圆满完成所有限制性股票解锁工作，限制性股票激励计划实施完毕。

2017年2月，深圳燃气实施了《华安系统超额利润分享激励计划》，首次在下属二级公司层面实施长效激励计划，并且首次针对不同业务市场竞争程度单独实施激励计划，在全公司范围内实现长效激励机制管理人员“全覆盖”。激励计划综合考虑华安系统前三年度盈利情况和当年经营业绩提取超额利润进行分配，切实做到了“横比市场、纵比过往”，有效激发了竞争程度较高业务板块的积极性。2020年华安系统超额利润分享激励计划已按照激励方案要求完成兑现，实施完毕。

（四）加快燃气基础设施建设，提升燃气供应能力

2004年10月，深圳燃气启动了投资额为21.3亿元深圳市天然气利用工程建设项目，建设高-次高压天然气管道及相应的设施，2006年8月顺利承接国家首个液化天然气接收站项目——广东大鹏的天然气。2006年8月至2008年5月，完成深圳地区天然气转换，80万居民用户和2 000多户工商客户用上清洁、环保的天然气，深圳市进入到全新的天然气时代。

2009年9月，深圳燃气启动了投资额为15.5亿深圳市天然气高压输配系统（西气东输二线深圳配套工程项目），2012年5月10日顺利承接西气东输二线的天然气。此外，根据政府规划和公司发展规划，深圳燃气每年编制中压管道建设计划，加快市政中压燃气管道建设，特别是在2010年7月特区扩大化后，深圳燃气加快龙岗、宝安原特区外地区的燃气管道建设速度，提高原特区外地区基础设施水平，进一步提高燃气管道覆盖率，让更多市民享受到天然气带来的经济、安全、清洁与便利。

2013年11月，深圳燃气启动建设深圳市求雨岭天然气安全储备库项目及深圳市天然气储备与调峰库工程及天然气高压管道支线项目。该项目建有1座8万立方米的LNG储罐、24万立方米/小时的气化调峰设施、5套LNG槽车装卸系统以及1座5万吨级LNG码头，能够接卸1万至9万立方米LNG船舶。同时，该项目配套建设了约6.4公里的高压和中压燃气管道，连接深圳市天然气高压输配系统，实现了储备库与城市天然气管网的互联互通。该项目已于2019年8月18日接卸首船液化天然气，将深圳市的城市燃气应急保障能力从原来的2天提升至7天以上。

2019年2月，深圳燃气启动了深圳地区管道燃气业务改革，将深圳地区管道气业务按照深圳市行政区划，重新整合成10家区分公司。集团层面新设城中村改造办公室，并对组织人事部、规划发展部、计财部、安技部、客服部和供应链中心的部分职能进行了调整。实现从专业线条管理模式向矩阵式管理模式转变，为各项重点工作打开新局面。深圳地区管道燃气业务改革有力推动深圳燃气适应国企综合改革、营商环境改革、强区放权改革的新要求，为打赢打好全市城中村改造攻坚战和完成十三五及中长期战略规划奠定了坚实基础。

2019年起，深圳燃气充分发挥深圳市储备与调峰库战略优势，积极拓展海外气源，创新资源采购模式，紧抓LNG现货低价机遇，利用广东大鹏TUA和迭福LNG接收站累计采购LNG现货11船，累计节约成本5.08亿元。深圳燃气同时引入中海油、中石化等气源，丰富多气源格局，目前在深圳已形成5路气源保障，构建了完善的天然气资源采购、输配分销和储备调峰体系。

截止目前，深圳燃气已经基本形成“多气源、一张网、互联互通、功能互补”的供气格局。深圳燃气稳步提升管道供应能力，积极提高管道燃气覆盖率，为优化深圳市的能源结构、提高市民生活质量、实现经济可持续发展、构建现代和谐社会做出了积极贡献。

（五）实现安全生产，护航企业发展

安全生产是企业可持续健康发展的根基，是深圳燃气正常经营的前提和保障。2004年以来，深圳燃气树立“科学发展安全发展”理念，始终坚持“安全最优先权”原则，追求“0”事故，保障“100%”责任落实，持续完善安全生产激励约束机制、严密的安全管理体系、科学的现场管理措施，以安全为目的、以技术为手段、以设备为基础，通过细化管理、提质提效，紧紧围绕“细化管理、强化执行、保障安全、加快发展”的工作核心。构建富有“深燃”特色的重点突出、管理系统、覆盖全面的五维四度安全管理标准体系文件，从日常安全管理、责任追究、职业安全、安全投入和应急管理五个方面，在政策管理、流程管理、操作管理和记录管理四个层次建立安全标准化工作体系。

深圳燃气将安全绩效与经济效益挂钩，建立了权责对等、奖罚分明的安全考核制度，实行季度安全检查考评和年终综合考核相结合的方式进行考核管理，以考核促进问题整改和制度落实，促进完善管理流程，确保燃气管道设施的安全运营。

深圳燃气自混改以来未发生重大安全责任事故，荣获全国安全文化建设示范企业称号，连续十六年被授予全国“安康杯”竞赛活动示范单位。

（六）提升服务水平，提高用户满意度

深圳燃气作为一家为社会民生服务的公用事业企业，为用户提供优质服务是与生俱来的使命。深圳燃气提升服务标准，制定服务规范，实现了业务基本统一、服务礼仪基本规范。建立健全了服务标准化管理制度，并根据需要不断进行修订和完善。同时开展服务绩效考核，将考核结果与员工薪酬挂钩。

2020年深圳燃气在原有的基础上进一步深化了改革措施，出台了3.0版本的改革措施。参照世界银行营商环境评价标准，推出燃气报装“零资料、零跑腿、零费用、零审批”的“四零”服务，力争保持国内领先水平。

借助信息化手段向市民和企业提供智慧燃气服务，通过对接政务服务平台，将政务信息共享应用于用气申请环节，用户在线上报装时，通过刷脸即可获取相应电子证照，并自动共享给深圳燃气，实现无感报装，不用再提交资料，实现了线上线下全渠道报装零资料。

在工程项目规划许可方面，实现了企业与政府的信息共享。深圳燃气提前介入，做好市政燃气管道配套及红线内燃气管道设施建设准备。同时，燃气开过户与不动产登记业务实现联动，线上自动共享资料。此外，深圳燃气为每位用户指定1名服务管家主动上门服务，用户由原来的“最多跑一次”变成了“一次都不用跑”，更加省心省力。

针对装表容量在G25及以下新申请用气的小型工商用户。只要符合基本条件的，深圳燃气将免费安装，包括燃气系统设备材料、报警器、强排风联动系统以及红线内地下管道。针对不符合免费安装条件的用户，深圳燃气将提供设备租赁模式，大幅降低用气报装门槛。

深圳市发布了相关实施办法，对新建小型低风险社会投资项目附属的小型水电气接入，实行免审批政策，政府行政审批时间直接由原来的10天降为0天。2020年，深圳燃气还将把施工环节纳入用气报装时限整体考虑，推出燃气报装项目三种类别，整体承诺的办理时间分别压缩到4、9、14个工作日。两个措施叠加后，工商用户从申请用气、工程施工到最后的点火通气时间，由原来最长41个工作日压缩到14个工作日，缩短了66%。

“四零”服务取得了阶段性成效，在2020年的优化营商环境专项第三方满意度测评中，工商用户对深圳燃气的满意度为96.03分，达到了非常满意水平。

（七）优化战略布局，提升核心竞争力

在引进战略投资者过程中，深圳燃气按照“专业化经营”要求，大力发展城市管道燃气主营业务，实施主辅分离，相继完成工程施工、工程设计、厨具生产、炉具供应、自动抄表、钢瓶检测、加油站等14家非燃气主业的二级公司股权转让和资产处置工作，所得资金投入燃气主业发展。目前，深圳燃气的燃气主业收入占比超过98%。自2006年8月开始仅用了一年零九个月的时间就顺利完成了全市80万户的天然气转换工作，实现了转换工作“零事故”，完成了管道燃气业务由液化石油气向天然气的产业升级。

2004年以来，深圳燃气利用自身的技术特长、管理优势和资金实力，加快实施“走出去”战略，大力拓展异地燃气项目。截至2019年底，深圳燃气对外投资超过20亿元，异地企业总资产80亿元，实现净利润超过3亿元。深圳燃气目前已在广东、广西、江西、安徽、湖南、江苏、浙江、云南、湖北、河北和四川等12省（区）拥有48个城市（区）管道燃气特许经营权，服务人口超过1 800万人，经营项目超过70个，经营项目涵盖天然气液化加工、城市燃气经营和工业园区天然气供应、汽车加气等，涵盖天然气产业链的上游、下游和终端销售。

2020 年深圳燃气大力拓展电厂用户，完成东莞唯美电力（现已更名为深燃热电）80% 股权收购，首次进入气电一体化运营、热电联产综合供能领域，战略性布局大湾区能源市场，在实现资源优化整合的同时，推动产业上下游一体化，加快转型发展。

（八）加强技术创新，服务智慧城市

深圳燃气高度重视创新工作，自 1998 年起，连续举办了 15 届技术与管理咨询委员会会议，不断激励生产技术创新。2004 年以来，深圳燃气不断加强企业创新工作，努力发展成为高新技术企业，全面提升公司核心竞争力。

深圳燃气建立完善的研发体系，目前已拥有国家级的博士后科研工作站、广东省新型研发机构、院士（专家）工作站、深圳市企业技术中心、深圳市燃气工程技术研发中心等多个研发创新平台。围绕智慧管网、智慧运营和智慧服务体系核心建设目标，目前已上线了 GIS 系统（地理信息系统）和 SCADA 系统（数据采集与监视控制系统），成为国内首批采用互联网信息技术开展城市燃气管网智能调度的燃气企业；建成了国内首个城市燃气管道完整性管理系统，实现了燃气管网全生命 周期的数字化管理。深圳燃气自主研发的人脸识别开户系统、天然气管道 AI 智能安防系统、场站 AI 智能安防系统和无人机巡查系统，建立了基于城市燃气风险管理的双重预防机制，填补了国内燃 气行业多项技术尤其是智慧燃气领域的空白。深圳燃气通过大数据、物联网技术实现安全管理和客服质量的提升，同时开展了天然气压力能发电上网、LNG 冷能利用、“NB-IoT” 智慧燃气的应用研究、复合材料钢瓶、天然气水合物等多领域新技术研究。截止目前，深圳燃气累计申报各类专利 222 个，著作权 434 项，各类标准 45 个。知识产权的数量和科技含量均居国内燃气行业领先水平，并广泛应用于安全生产和客户服务，提高了安全和服务工作的技术含量。2018 年 11 月，深圳燃气获得“国家高新技术企业”称号。2020 年获批广东省工程技术研究中心，成功申报 2020 年国家工业互联网创新发展工程项目。

（九）履行社会责任，积极回报社会

深圳燃气作为一家为社会民生服务的公用事业企业，与生俱来肩负着履行社会责任的使命。深圳燃气持续关注和尊重利益相关方的期望和诉求，努力做到让客户满意、政府放心、股东满意、员工满意，最大限度的创造经济、社会和环境的综合价值。

深圳燃气积极推动实现包容性增长，帮助弱势群体改善生活条件，根据深圳市相关部门的指示，深圳燃气自 2006 年 12 月起，不再向深圳市首次开通管道燃气的用户收取开户费，有效降低社会公众用气成本；自 2004 年起，坚持对深圳市低保户管道气用户提供优惠，每年减免深圳市低保户燃气费合计约 20 万元。

深圳燃气加大安全用气知识宣传，努力改变普通客户用气安全意识薄弱、常识认知不足的状况，通过举办“市民开放日”“燃气安全进校园”“燃气宣传进地铁”等活动，全方面、多角度为市民群众提供专业的燃气知识。

深圳燃气通过多种途径和方式，逐步完善工作环境安全保障设施，及时做好职业危害告知和职业病检查工作，每年组织员工健康体检，建立员工电子健康档案，员工体检和建档率达 100%；深圳燃气专门设立深燃学院，在员工职业生涯全过程开展多层次培训、多元化培养，员工全面培训覆盖率达 100%，被确定为广东省高技能人才培养首批试点企业。

2020 年新冠肺炎疫情期间，深圳燃气出台燃气气费打七折、欠费不停气、免除违约金等措施降低企业用气成本，支持企业渡过难关、复工复产，提升企业的获得感。2020 上半年，深圳燃气已累计让利酒店、餐饮类企业等工商用户及电厂气费近2.5亿元，减免物业租金近480万元。

（十）加强党的领导，提供坚强组织保障

深圳燃气高举习近平新时代中国特色社会主义思想的旗帜，树牢“四个意识”，坚定“四个自信”，坚决做到“两个维护”，自觉在思想上政治上行动上同以习近平同志为核心的党中央保持高度一致，坚决把维护习近平总书记党中央的核心、全党的核心地位落到实处。

深圳燃气加强基层党校建设，完善基层党校工作机制；创新方式开展中心组理论学习，创办“深燃党建”微信公众号。几年来，扎实开展党的群众路线教育实践活动、“三严三实”专题教育，推进“两学一做”学习教育常态化制度化，学习型党组织逐步形成。

深圳燃气高质量完成“党建写进公司章程”工作，党委议事规则不断完善，党委领导作用得到充分发挥。坚持党组织设置与业务拓展同步延伸，创新开展“党建进班组，党员上一线”书记项目，组织党员挂点一线班组，打通企业党建最后“二十米”。高质量推进“两学一做”学习教育常态化、制度化，扎实开展“不忘初心、牢记使命”主题教育。加强党风廉政建设及廉洁从业建设，严厉打击私接私改等“微腐败”行为。稳步推行纪委书记兼监事会主席“新模式”延伸，统筹“六位一体”大监督体系运作，扎实开展“一案双查”和以案促改工作，干事创业环境得到明显改善。

四、改革取得的成效

（一）综合实力显著增强

深圳燃气自混合所有制改革以来，经营业绩大幅提升，特别是“十三五”期间，围绕“立足深圳、加快扩张、创新驱动、再造深燃”的战略主线，推动经营规模、盈利能力和运营效率不断提升。截至2019年底，深圳燃气总资产232.16亿元，是2004年23.14亿元的10倍；营业收入140.25亿元，是2004年52.29亿元的2.68倍；净利润10.58亿元，是2004年0.85亿元的12倍；天然气销售量达31.53亿立方米，是2006年2.38亿立方米的13.24倍，居民管道气用户达379.41万户，投资项目遍布广东、广西、江西、安徽、湖南、江苏、浙江、云南、湖北、河北和四川等12省（区），拥有48个城市（区）管道燃气特许经营权，服务人口超过1800万人。深圳燃气已经成为国内天然气产业链最完善的城市燃气企业之一，是中国A股销售规模最大、净利润最多、市值最高的城市燃气企业之一。

（二）法人治理水平持续完善

深圳燃气合适的股权结构能够提高决策水平和效率。大股东与两家股东中的任何一家达成一致就可实施决策，避免了部分改制企业出现的两家股东互相扯皮、牵制大于协同的现象。此外，决策权不是由大股东一家掌握，在重大决策上，如果三分之一以上股东不同意就无法形成决议。深圳燃气董事会下设战略、审计、薪酬与考核、提名四个专业委员会，大多数董事会专业委员会主任委员都由独立董事担任。15名董事会成员中，外部董事占比达80%，董事会成员知识结构的互补性以及董事会成员所代表利益的多样性，提高了董事会的决策效率和运作质量。深圳燃气制定了涵盖“三会一层”的议事规则，厘清了治理主体间的职责，建立了科学、规范、高效的治理结构。在上级部门领导下，创新建立了监事会主席兼任纪委书记、市国资委专职外部董事等公司治理机制，推动法人治理水平步入新阶段。

2012年12月，深圳燃气荣获上海证券交易所“上市公司2012年度董事会奖”，董事会奖是国内证券监管部门在公司治理方面给予上市公司的最高奖项。深圳燃气荣获“第九、十届中国上市公司董事会金圆桌奖百强企业”及“优秀董事会奖”“董事会建设特别贡献奖”。

（三）经营管理水平持续提高

深圳燃气已经实施股票期权和限制性股票 2 次股权激励以及 1 次下属二级企业超额利润分享激励计划，实现了高中基层管理人员长效激励“全覆盖”，有效激国有企业人力资源活力。深圳燃气从 2012 年起开始制订了“SGC518”信息化建设计划，全面向数字化转型。目前已经建成了以 ERP、CIS、OA、BI 等为核心的企业运营信息管理系统，实现了主要业务板块全覆盖，有力支撑深圳燃气业务的快速发展；深圳燃气发布了首个 NB-IoT 智慧燃气解决方案白皮书，完成管道完整性管理项目建设，成功上线移动工程系统、“易送气”和“一瓶一码”瓶装气管理平台，率先向智慧燃气转型。2018 年通过国家高新技术企业认定，成为深圳国资首家获得认定的直管企业，深圳燃气构建了多层次研发创新平台，与国家工信部联合开发工控安全技术，推进国家工业互联网安全项目试点。

（四）民生保障能力不断加强

深圳燃气先后建设深圳市天然气利用工程、西气东输二线深圳配套工程、深圳市天然气储备与调峰库工程等一批重大民生项目，同时引入中海油、中石化等气源，丰富多气源格局，目前在深圳已形成 5 路气源保障，构建了完善的天然气资源采购、输配分销和储备调峰体系，在深圳地区建成“多气源、一张网、互联互通、功能互补”的供气格局，将深圳市的城市燃气应急保障能力提升至 7 天以上。

深圳燃气立足于服务城市发展大局，按照“政府主导、以区为主、社区推动、企业配合”的原则和“三个一点”的出资模式，全面打响深圳市城中村管道气改造攻坚战，提升深圳市管道气普及率达到 61.1%。从 2006 年完成天然气转换到 2019 年的 14 年间，累计为深圳市供应天然气 124 亿立方米。加强城市燃气基础设施建设，新建及改造燃气管网超过 1000 公里，我市管网覆盖率达到 83.1%。全面推广天然气高效利用，在国内率先完成油改气、生物质改气，累计减排各类污染物 352 万吨，推动深圳市雾霾天数 2008 年的 154 天下降到 2019 年的 9 天。深圳燃气为保障城市能源供应、优化能源结构、提升市民生活品质、建设美丽深圳做出了积极贡献。

（五）履行社会责任成果显著

深圳燃气积极在湛江、汕头、河源地区开展梅田村、民乐西村等对口扶贫工作，实施基建帮扶、产业脱贫等举措，提高当地经济水平，提升幸福指数，在第九届深圳关爱行动评选中被评为“十佳爱心企业”。

深圳燃气连续 16 年先后委派 488 名新入职应届大学生赴贵州三都水族自治县进行支教、挂职，以此背景的纪录片《过端》在 2018 年加拿大金枫叶国际电影节上荣获“最佳纪录片”奖。2019 年，在深圳燃气的资助下，三都县又开启了大型纪录片《绣》的拍摄工作。

深圳燃气自 2012 年发布第一份社会责任报告以来，已经连续 9 年发布该报告，详实披露公司在保障气源供应、确保安全绿色运营、提供优质服务、发展低碳经济、悉心关爱员工、积极回报社会等履行社会责任方面的具体实践，得到社会各界的广泛认可，先后获得“2013 年中国社会责任典范企业”“2013 年度中国上市公司社会责任建设 100 强”“2013 年度广东省上市公司社会责任建设 20 强”等荣誉，连续多年荣登中国社会责任“金蜜蜂”企业榜。

成果创造人：李　真、郭加京、杨　光、杨　玺、舒　适

财务、法务管理与风险控制

大型水泥企业集团以合同管理信息化手段防范运营风险的探索与研究

西南水泥有限公司

西南水泥有限公司（以下简称西南水泥/公司）是中国建材集团有限公司（以下简称中国建材集团）的重要骨干企业，是中国建材集团抢抓西部大开发战略机遇和西南地区水泥行业结构调整契机，实施“大水泥”区域化发展战略的重要产业投资平台。

西南水泥通过“联合重组、管理整合”双轮驱动实现快速成长，现拥有成员企业104家，市场区域覆盖川、渝、云、贵。截至2019年底，西南水泥产能1.2亿余吨，资产总额627亿余元，员工近1.6万人，是西南地区最大的水泥产业集团。

自成立以来，西南水泥紧盯战略目标，坚持依法治企原则，通过提高管理效能和管理方式，确保各项经营事务合法合规。同时，着力防范重大经营风险，确保公司高质量可持续发展。

一、西南水泥合同管理信息化的背景

（一）全面提高风险防控及合规管理水平的需要

2019年1月21日，习近平总书记在省部级主要领导干部坚持底线思维着力防范化解重大风险专题研讨班开班式上发表重要讲话中，就防范化解政治、意识形态、经济、科技、社会、外部环境、党的建设等领域重大风险作出深刻分析、提出明确要求，强调防范化解重大风险，是各级党委、政府和领导干部的政治职责，大家要坚持守土有责、守土尽责，把防范化解重大风险工作做实做细做好。

在2019年3月召开的中央企业防范化解重大风险座谈会上，国务院国资委郝鹏书记提出了中央企业要着力防范8个方面26项重大风险，并要求在研究制定防范化解重大风险的具体举措方面下功夫。

西南水泥作为中央企业下属公司，严格按照党中央和国务院国资委的要求，不断完善风险防控措施。同时结合集团现状及管理需求，提出了以下具体风险防控要求：

1. 在完善企业规章制度体系方面，完善财务管理、劳动用工、物资采购等各项规章制度；健全规章制度实施机制，提高制度执行力，通过加强宣贯培训、纳入业务流程、明确岗位守则等方式，确保各项制度得到有效落实；

2. 在提升法律管理水平方面，进一步深化法律风险防范机制，加快促进法律管理与经营管理的深度融合，将法律审核嵌入管理流程，使法律审核成为经营管理的必经环节，在确保规章制度、经济合同、重要决策法律审核率达到100%；

3. 在管理模式方面，探索建立法律、合规、风险、内控一体化管理平台。探索创新法律管理方式方法，大力推进信息化建设，提高管理效能。

（二）合同管理是防范经营风险的重要抓手

公司日常经营风险中，绝大多数来源于合同风险。可以说，防控好合同风险，就能避免经营风险转化为经济损失。西南水泥在防范重大经营风险工作中，将防范合同风险作为工作的重中之重。

1.“人管人再管事”传统模式的弊端

集团化管控中，最难的是将上级的规范性指令毫无遗漏地传递到下级单位，让下级单位能无保留地贯彻执行。在传统的做法中，常用开会、发文、督导、检查等措施，通过“人管人再管事”的方式，实现具体经营事务的管理。但这种多级管理模式，必然会导致规范性指令在传导过程中有所衰竭甚至产生巨大偏差，难以真正地将具体经营事务管理到位。

在“人管人再管事”的模式下，整个合同管理信号传输及干扰模型如下图：

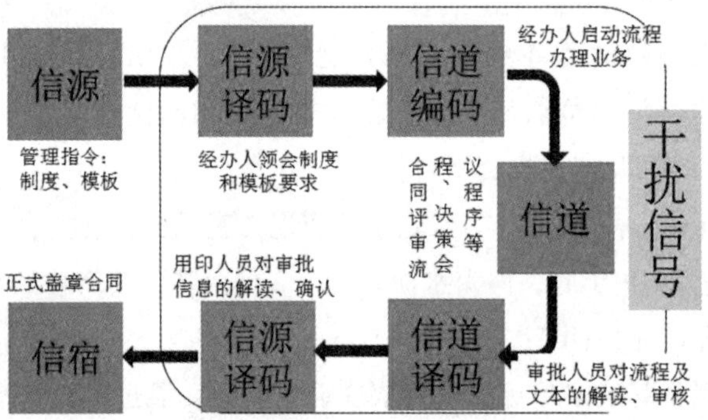

图1　合同管理信号传输

以上管理模式表明，在合同管理要求发出后，将在后续多个执行环节出现干扰信号，这些信号的来源有的是经办人对管理指令的理解不到位、有的是管理指令本身有漏洞导致执行偏差、有的是人为主观促成偏离结果。

2.“人管人再管事”模式的偏离因素分析

“人管人再管事”管理模式，主要偏离因素有：

（1）管理内容糅杂一体，未区分变量和固定量，在单一层级审批中放大了内容偏离的范围。如在合同评审管理中，对合同全文都作为变量管理，导致全内容管理执行同一种偏离率，放大了偏离范围。有效降低偏离率的方式是将变量部分重点监控，将固定量部分全部固化不可修改，最终锁定大部分内容，控制偏离范围。

（2）管理层级多，在指数上逐级放大了最终偏离率，导致结果不可靠。

（3）无及时纠错机制，仅存的事后监管只能是亡羊补牢，无法避免风险损失发生。

以各环节偏离率5%为例，经过4个层级传导后，正确率只有：$(1-5\%)^4=81.45\%$。在不变革管理模式的情况下，只有增加逐级复核工作量，才有可能降低偏离率，促使最终结果的偏离率降低。而增加复核工作量不但不创造价值，反而会消耗管理体系的人力财力。

（三）建立合同管理信息化平台的必要性

要防控化解合同风险，必须要改变管理模式，将之前的“人管人再管事”模式，革新为“人管信息化平台”的模式。有效的措施是建立一个统一的信息管理平台，让各级公司及业务节点上的人员都参与进来，各司其职，分工明确，一起完成合同管理工作。

“人管信息化平台”模式较之于“人管人再管事”模式，优势有：

1. 通过统一的信息化管理平台，确保上级信息指令保真，抗干扰信号功能强。

2. 在源头上监管每一个管理变量运行，重点监控管理变量运行情况。另外，将固定量直接固化到最终结果中，避免这部分管理内容出现偏差。

3. 管理平台中合理分配各层级各岗位职能，确保管理指令无误传递；同时大幅缩减冗余审批层级及流程，避免管理偏离率逐级放大。

4. 通过收集管理指令运行过程中的各种问题和干扰因素数据，正向反馈修正管理平台的管理水平，强化管理指令。

5. 能实现管理过程数字化，确保管理过程可追溯。

6. 及时高效。

建立合同管理信息化平台的目标，就是要建立“中心化”管理平台，将上级公司需要下级公司贯彻执行的各项制度要求“中心化”，使合同管理的各项事务都围绕着这个信息化中心运行，确保各个环节准确无误的执行制度要求，精准高效的完成整个流程。同时，在信息化平台运营中，监督管理各项风险事件，并及时防范化解。

二、西南水泥合同管理信息化的创新与实践

西南水泥针对集团化管控中存在的合同管理系统性风险问题，经过半年多对全级次经营合同管理进行系统调研，发现，合同管理存在以下具体系统问题：

（一）经营业务对应合同模板不统一；

（二）合同模板数量多且内容杂乱；

（三）合同评审流程载体不统一，纸质流程和 OA 流程共存；

（四）合同评审流程人员不固定，评审人员职责不清；

（五）合同评审流程效率低，影响正常经营业务活动；

（六）合同评审流程及用印流程未衔接，存在无价值流程；

（七）合同盖章文本存在与合同审批定稿文本不一致的情况，正式合同无防伪措施；

（八）合同存档及台账管理标准不统一，难以开展合同后评价工作。

示意图如下：

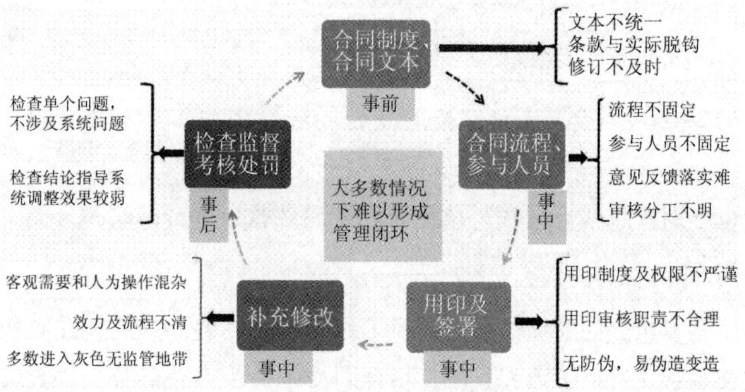

图 2　合同管理现状系统问题分析图

经系统研究，西南水泥决定借助信息化手段，彻底根治合同管理中存在的问题，主要措施如下：

（一）整理及分类全级次经营合同文本

经过调研发现，按照职能管理分类，西南水泥三级企业经营类合同存在5大管理职能，近80种合同业务，涉及的合同版本数百种。

表1　业务职能分类表

业务职能	业务类别	业务合同数量
生产技术类	5类业务：工程技改、维修施工、小成本管理、环保、危废	19种
物资采购类	5类业务：煤炭、包装袋、辅材、原材料、其他物资采购	24种
市场营销类	4类业务：水泥经销、运输、履约抵押担保、散罐租赁	9种合同，12项配套文件
行政管理类	3类业务：行政管理、人力资源管理、法律事务管理	16种合同
财务融资类	6类业务：融资、内部拆借、审计、税务、保险、信息化	11种合同

上表中的业务合同版本，是业务部门按照具体业务特征及需求长期使用的，存在散乱无序、合同模板的重复使用率低等问题。合同版本过多，导致各项经营业务人员花费大量精力匹配相关业务，时常发生错用模板的情况。

西南水泥按照上述经营业务需要，依据《合同法》中典型的合同类型，重新整理并减少业务合同种类。如将生产技术类的19项业务合同整体梳理后，归类为4类常用业务合同模板。其他不常用合同，则设置非模板合同评审通道处理，详见下表：

表2　生产技术类合同修改前后对照表

序号	修改后的合同类型	对应之前的合同类型	备注
1	加工承揽合同	①工程技改合同（设备安装施工合同、项目总包合同） ②外委维修合同（工艺类维修、设备类维修、工程机械维修）	给强制模板
2	运输合同	①厂内倒运、转运合同　②装载机业务劳务承包合同	
3	租赁合同	吊车、铲车租赁合同	
4	劳务外包合同	袋装水泥装卸承包合同	
5	建设工程施工合同	①工程技改合同（建设工程施工合同）②道路及建筑物维修	按非模板合同流程办理
6	中介服务合同	①清洁生产审核合同　②防雷接地检测合同 ③烟气在线检测系统运维服务合同　④节能审计	
7	重大合同	矿山承包及危废处理项目	

对于物资采购类的24项经营合同，全部按照《合同法》中关于买卖合同的专有条款进行归类和修改文本。

其他业务合同，也分别按照《合同法》典型合同专属条款，进行修改和分类。

（二）重构合同模板区块功能

合同模板的重构，是本次合同管理信息化项目工作的核心内容。为此，在收集归类合同类型的基础上，西南水泥对合同文本版式进行了重大革新，将合同文本分为三个部分，并具体规范出各个部分应实现的功能和应体现出的内容。以物资采购类合同为例，整个合同文本分为三个部分，其各自实现功能、承载要素如下：

1. 商务条款部分

该部分主要体现需审批的商品或服务的单价、数量、总价、税款、对应时间等数字化事项。该部分是合同评审中需要着重审核的内容。

主要涉及合同要素有：(1) 甲乙方基本信息；(2) 合同价款、数量、付款方式、税费等关键商务要素；(3) 合同有效期、质保期、交货期等时间要素；(4) 其他需特别约定事项。

该部分全部以表格方式呈现，其中的相关数字是作为合同评审流程中判断合同评审层级的依据。

2. 招投标或议价结果部分

该部分是将各方对合作事项招投标结果接入合同，起承接作用。集团化招投标过程中，形成的招标结果主要是商品或服务的对应型号、需满足标准、各项单价、验收条款及扣款条款等。因招投标工作已经解决了合同大部分主要内容，在本次建设合同评审平台的过程中，也同步建设了合同招投标结果的数据库，在合同评审时，可直接将该结果导入合同文本中。

另外，因该部分在前期已经履行过公司招投标审批程序，故在合同评审中属于不需审核的内容，将其直接导入合同避免了重复审批，提高了审批效率。

3. 法律条款部分

该部分属纯粹的法律规范类内容，主要是基于上文对合同的归类，按照《合同法》买卖合同等专用条款的规定及其他必备法律条款，确定的固化部分。

在固化该部分内容时，西南水泥将收集到的业务合同样本进行系统分析，提取实际运用过程中的必要条款，并经专业律师审核后，再次征求全级次业务部门的修改意见，最终确定形成的固化文本内容。

法律条款部分主要涉及的合同要素有：(1) 甲乙方权利义务；(2) 商务条款中关键要素的法律解释，如结算、税费发票、履约保证金等；(3) 合同生效、变更、违约责任及争议解决方式；(4) 其他事项。

法律条款的固化，也是保证合同文本100%经法律审核、减轻重复审核工作量的最优解决方案。

以上三个部分，作为合同模板的基本构成，各自承担不同的功能，并在最终审批后，直接组合形成完整的合同文本。

(三) 将招标结果嵌入合同评审流程中

1. 西南水泥合同管理全流程设计

西南水泥合同管理完整流程分为四个部分，如下表：

表3　西南水泥合同管理完整流程

管理阶段	对应事项	办理部门
合同前置程序	包括招投标程序、谈判等形成合作意向	业务部门
合同审批流程	按照公司制度规定需对合同文本进行审核的相关单位和人员，对合同文本进行审核批准的过程	业务部门、法务部门、财务部门及公司领导
形成正式合同	各方办理合同用印、存档	印章管理部门、业务部门
合同执行阶段	商品或服务兑现验收、收款及付款程序	业务部门、财务部门

在本次合同管理信息化建设项目中，西南水泥着重解决合同审批流程和形成正式合同两个流程，并为合同前置程序和合同执行阶段预留全套接口。

2. 合同招投标结果数据库

以物资采购业务为例，西南水泥物资采购业务推行三级采购体系，即重要物资由总部统一招标，其他常用物资由各区域公司集中招标，零星物资及小额物资由成员企业自行在当地采购。

总部及区域公司完成物资招标后，将物资的具体品类、规格、单价、符合标准、验收条款及扣款条款等招标要素确定后，后续企业可直接通过采购订单的方式，将本企业所需数量、到货日期及总价款作为评审内容上报，经批准后即可采购。

在合同评审前，各招标单位将最终招标结果录入合同管理平台数据库中，以备采购企业订购货物时直接引用招标数据。该数据库维护权限只能由招标单位物资采购部门行使，使用单位不能修改任何数据。

合同信息化平台招标结果版式如下图所示，黄色部分为填写项，其余白色部分为系统后台根据招标数据自动匹配项：

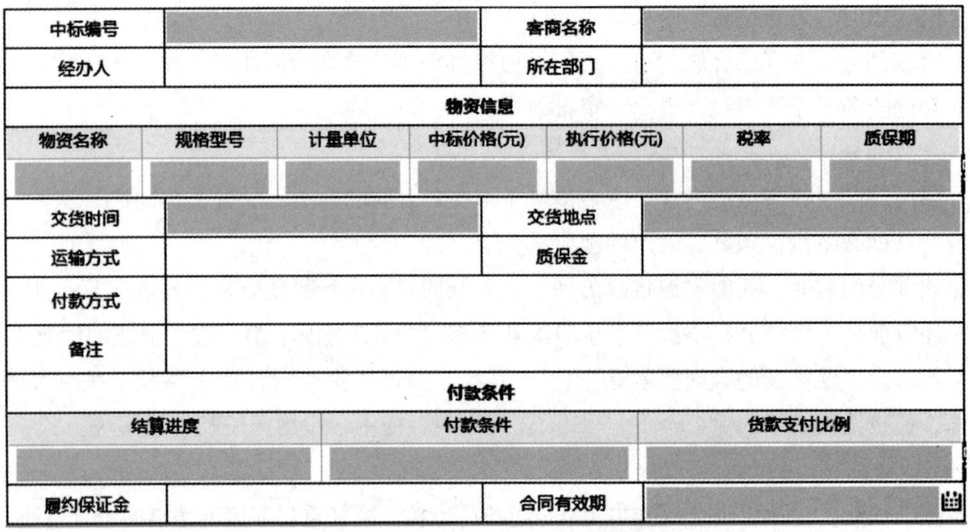

中标编号		客商名称	
经办人		所在部门	

物资信息

物资名称	规格型号	计量单位	中标价格(元)	执行价格(元)	税率	质保期

交货时间		交货地点	
运输方式		质保金	
付款方式			
备注			

付款条件

结算进度	付款条件	货款支付比例

履约保证金		合同有效期	

图3　西南水泥有限公司中标信息

3. 招投标数据库的使用

招投标信息数据库录入完毕后，下一年度此类物资的采购合同都可以使用该数据库提取招投标数据。成员企业使用采购订单即可解决本企业与供应商之间的订货需求。

最终采购订单提取该中标信息数据，形成合同审批页。有订货需求的企业仅需填写需求数量、执行单价等简单数量关系，即可发起合同流程。审核人员也只需要审核该需求是否真实存在即可。采购订单如下图：

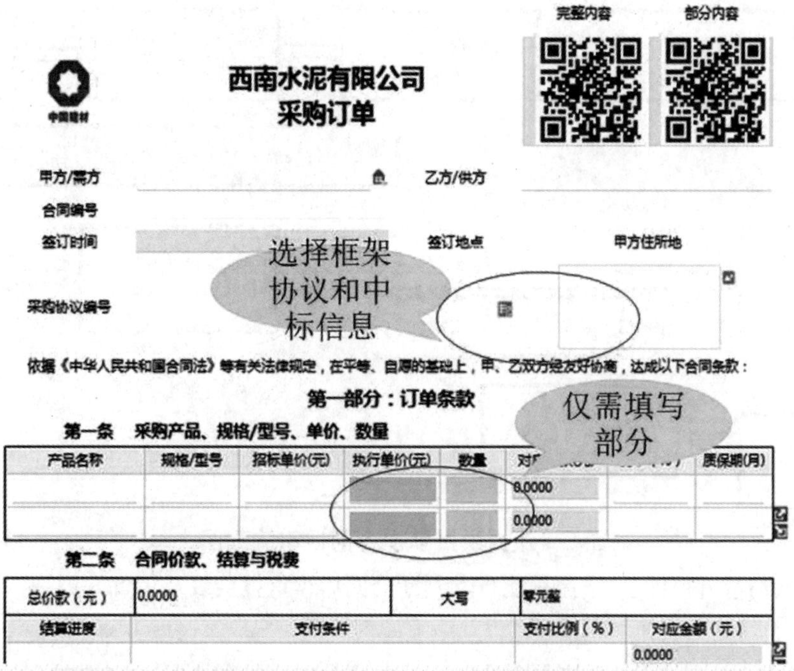

图4　西南水泥有限公司采购订单

在生产技术类合同中，也采用了类似的处理方式，将所需生产技术类商品或服务的招投标结果作为合同文本的重要组成部分，直接嵌入合同文本中。

（四）规范合同评审流程及人员职责

1. 固化合同评审信息化流程

西南水泥合同评审权限分为三个等级：

第一，属于10类重大合同的，需逐级报西南水泥总部审批；

第二，属上述以外的合同种类，由企业审批后报区域公司审批；

第三，小额合同企业自行审批后，报区域公司相应业务部门备案即可。

在信息化平台建设前，上述合同评审权限及层级要求在执行中存在诸多问题，如流程未按要求上报、相关部门未传签审核到位等。合同管理信息化平台建设中，西南水泥细致梳理了各业务层级的合同评审流程和各个审批节点的特点，将上述评审流程规定植入线上流程单中，在合同评审发起人发起流程后，合同流程将按照设定好的条件自动判断上报层级及人员，做到合法合规。

例如，在生产技术类加工承揽合同中，按照以下方式推进合同评审流程：

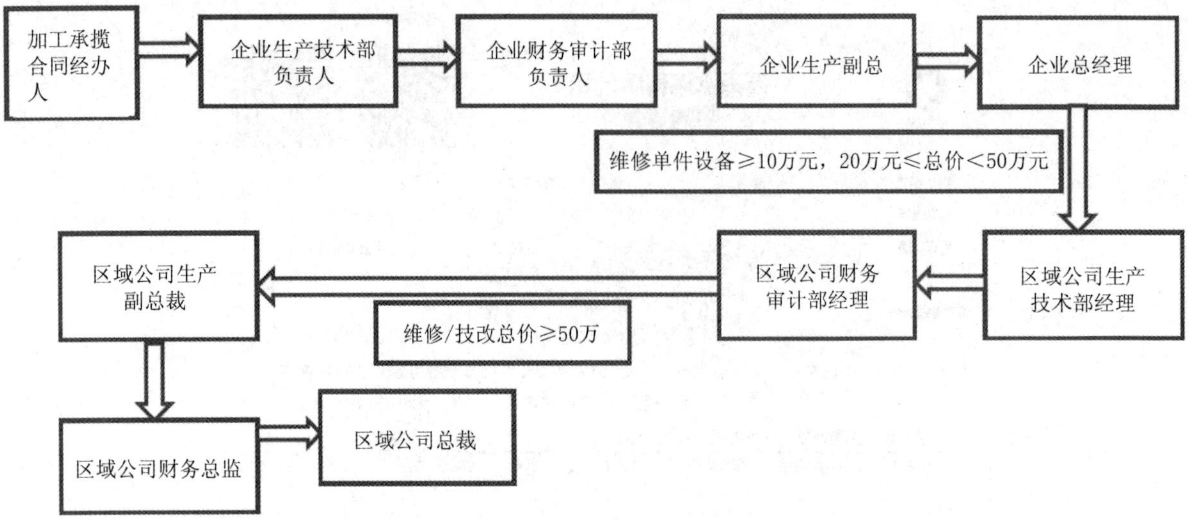

图5　外委项目承揽合同评审流程图

通过以上流程设置，使合同评审流程能自动判断合同后续审批层级及审批人员。

2. 通过锁定审批角色确定审批人员

合同管理信息化平台是在OA系统中建设的，因参与合同审批的人员，特别是100余家成员企业审批人员数量庞大，不可能将每个人的账号绑定在对应合同审批流程上，且各公司人员时有流动，通过锁定人员的方式固化合同评审流程既不便利，又不具备基础条件。

在开发过程中，西南水泥通过人事部门将对应办理业务合同的人员，按照三级管理的方式，依据办事职能及审批级别，将审批节点锁定在相应业务角色上，并为这些角色开通不同的管理权限。

具体如下：

表4　审批角色与人员对应表

公司类别	角色类别	角色部门	角色人员
水泥企业	经营管理层		企业负责人、生产负责人、销售负责人
	管理部门	综合管理部	综合管理部负责人
		财务部	财务部负责人
		营销部	营销部负责人
		生产部	全能工厂：生产部负责人、生产运行负责人、安环办负责人、预维室负责人、质检室负责人
			粉磨工厂：生产部负责人、安环办负责人、质检室负责人。
非水泥企业	经营管理层		企业负责人、生产负责人、销售负责人
	管理部门	综合管理部	综合管理部负责人
		财务部	财务部负责人
		营销部	营销部负责人
		生产部	生产部负责人

通过上述审批角色分类，将相应节点锁定到对应角色上。相关人员在任职或调离该工作岗位、审批角色变化时，由该公司信息化人员依据相关通知在合同管理平台上调整该人员所属的评审角色组别

即可。

这样既保证了流程的稳定性，又解决人员流动导致的审批流程延误问题。

3. 模板合同法务人员免审

模板合同制作过程中，法务人员已经固化了合同法律条款，并且合同流程也是由法务人员对照合同管理制度匹配对应的。

从另外一个角度看，合同模板类业务审批的主要是价格、数量、相关时间要求等，这些内容不属于法律审核范畴，对应业务部门及主要领导完全可以审批确定。

基于以上两点，在审批合同模板时，省去了法务人员审批节点，大大减少了法务人员的工作量。

（五）合同文本唯一身份证——可追溯二维码

1. 合同文本防伪需求

合同文本真伪是本次合同管理信息化项目力求解决的问题之一。在调研中发现，合同管理的过程中可能存在合同最终盖章文本与合同审批定稿文本不一致的风险。这种文本不一致风险，将会直接导致合同审批意见无法贯彻执行。

基于此风险防控需求，西南水泥着力研究在信息化平台上做到合同文本防伪功能，最便捷的方法就是使用合同文本二维码。

二维码是一个近几年来移动设备上超流行的一种编码方式，是用某种特定的几何图形按一定规律在平面（二维方向上）分布的、黑白相间的、记录数据符号信息的图形，近年来开发出多个运用功能。此次信息化管理平台，主要使用的是其信息获取、网站跳转、防伪追溯的功能。

2. 二维码防伪实现方式

西南水泥在开发合同管理信息化平台时，将二维码嵌入合同商务条款的首页抬头处。合同审批流程自发起后，直至最终一位审批人员审批通过后办理用印前，系统将自动为该合同流程分配两个二维码，当合同文本打印时，二维码会直接显示在合同文本上，一起办理盖章用印。这样纸质版正式盖章合同将匹配到对应的二维码。

第一个二维码是完整合同信息审批流程，只有西南水泥 OA 系统 APP 软件中的“合同扫码”功能能够识别。通过 APP 扫描，能够直接显示该合同审批商务条款文本及全部审批意见。该二维码的作用在于锁定合同审批的最终时点状态，使公司内部检查合同纸质文本时能快速对应，常用于对于合同的专项检查和真伪检验。

第二个二维码是商务条款部分信息内容，能够通过通用的网络扫描接口获取对应信息，如微信、浏览器等软件均可。获取的信息主要是甲乙方名称、合同金额、合同标的等主要要素。该功能是对外部单位验证合同真伪使用的。

通过以上二维码嵌入方案，西南水泥解决了合同文本防伪问题，使每一个合同都有唯一对应的“身份号码”，且为后续业务检查提供便利。

（六）其他信息化集成功能

在开发合同管理信息化平台过程中，为提高合同流程录入效率，西南水泥还开发了以下数据库：

1. 客商信息集成

客商分为西南水泥内部单位和外部单位两部分。内部单位由信息化团队一次性录入，将对应公司全称、注册地址、邮编、开户银行信息、银行账号、税号等内容全部数据化存入后台。当相关公司发起合同评审流程时，将在商务条款盖章处自动匹配该公司的全部客商信息。外部单位客商信息，在系统后台没有对应数据时，需要合同流程发起人自行录入并保存在后台。当后续有新的合同需与该外部单位签署时，流程发起人可直接在后台中调取该客商信息，不用再重复录入。

信息化团队会定期审核相关客商信息，将需更新的或存在错误的信息及时调整，保持该信息的可用性。

2. 合同电子档案

当未采用信息化系统管理合同时，对整个集团全级次经营合同进行数据分析需要占用大量工作量，且部分数据获取成本大大高于数据分析所得到的价值。

调研中发现，全级次单位没有统一存放历史合同数据，目前存在以下问题：

（1）合同台账要通过手工输入方式再次录入电脑，人工汇总，标准和口径多样且不统一；

（2）缺少专门部门或平台统计合同信息，各公司报表统计工作量大，且价值不高；

（3）跨年份、跨公司查询统计单项合同信息基本无法实现；

（4）全集团合同重要数据分析无客观数据库支撑，当前无法开展。

本次合同管理信息化项目，将合同电子化存档作为最终落脚点，在合同评审完结后，系统将自动提取商务条款中的合同数据，主要包含：合同编号、创建时间、发起人、合同类别、甲方乙方名称、合同批准时间、合同总价款、合同有效期等要素。

将上述关键要素在合同审批完结后沉淀进后台数据库，能为后续查找、分析某一类专项合同提供数据支撑，也为后续集团化大数据分析提供确切可靠的第一手数据来源。

（七）非模板合同审批通道设计

以上内容介绍了频发性经营合同管理方式，即通过合同模板划分功能区，将主要变量集中在商务条款部分，将招投标结果条款及法律条款作为固化内容，形成完整的合同模板内容。合同评审流程按照西南水泥制度管理规定固化不可修改。

但经营业务种类多样不可穷尽，且部分合同无法采用合同模板。如偶发性合同、强势对方不同意使用我方模板等，都需要重新设定另外的审批通道满足该类合同审批需求。

基于上述需求，西南水泥同步开发了非模板合同审批通道，将该类合同业务纳入信息化平台管理体系中。具体做法是：

1. 开发合同评审表格

此部分内容是借助于模板合同中商务条款版式的设计理念，将合同主要要素内容录入评审表格中。该表格主要涉及要素项有甲乙方信息、合同单价及总价、数量及单位、是否属于重大合同、合同主要条款等。

该评审表格属提供合同审批人员审阅的合同要素简介表格，合同文本仍需以附件方式上传供评审人员下载审阅修改。

2. 合同评审流程设定

非模板化合同评审流程，最能体现合同风险管控的亮点就在于完全固化流程，并加设公司法务人员审核节点。流程完全依照公司业务合同管理制度设置。通过法务人员定点审核，确保实现非模板合同100%法务审核要求，最大限度控制法律风险。流程设置方法参照模板合同流程制作。

3. 合同数据后台存档

合同管理信息化系统会在合同评审完成后，基于合同评审表内容，提取合同关键要素，将相关数据沉淀到后台中，确保该部分合同也能有信息化存档和相应数据留存。

三、西南水泥合同管理信息化防范运营风险的成效

经过近 1 年半的推广使用，通过合同管理信息化平台评审的合同业务种类有 15 项，其中模板化合同评审比例达 92%，非模板合同评审数量仅为 8% 条，合同管理信息化平台运行良好、效果明显，各项合同风险管控得力。

（一）规范合同评审通道，做到合同管理闭环

通过重新建立合同评审通道，完全实现了合同管理的闭环，模板类合同管理闭环示意图如下：

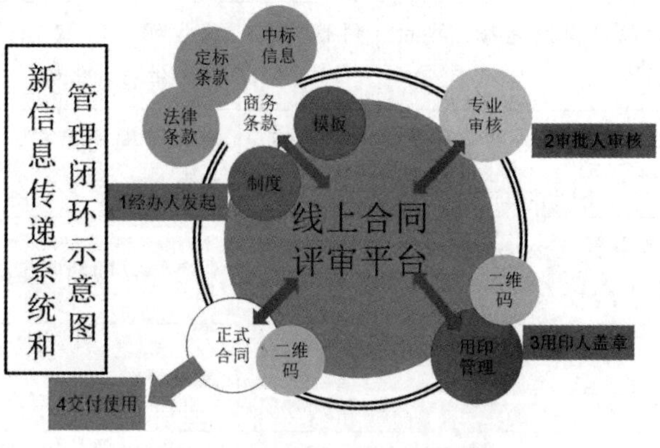

图 6　模板类合同管理闭环

非模板合同管理闭环示意图如下：

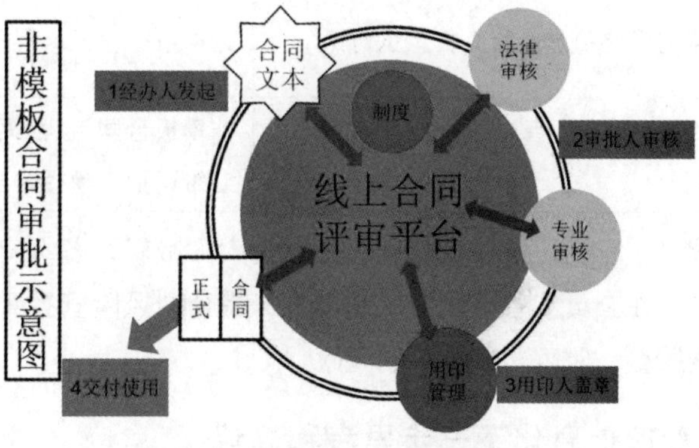

图 7　非模板合同管理闭环

（二）大幅提高了合同管理效能

1. 减少 2/3 中间审批环节

将原有合同模板定稿审批、合同评审审批、合同用印审批等环节全部集中为一个审批程序，减少 2/3 的中间审批环节。

2. 信息化管控覆盖率 100%

通过推行信息化管理平台，促使纸质化审批流程全部退出，三级公司信息化管控覆盖率达到 100%。

3. 电子档案归档率 100%；

4. 通过实现嵌入二维码防伪功能，为每个合同配上了唯一“身份证明”，确保了合同正式文本 100% 可追溯；

5. 实现了合同评审 100% 法务审核的基本要求。

（三）大幅降低各节点工作量

经过对比，在合同管理信息化系统建成后，各个合同评审参与人员的工作量大大降低，对比情况如下：

表 5　合同管理信息化系统建成前后对比表

审核人员	系统建成前	系统建成后	减少工作量比例
业务发起人	制度、合同文本内容、技术条款、商务条款、流程、用印	业务需求填报（数量和金额）	80% 以上
财务人员	单价、总额、付款比例及金额、税费、付款方式等条款	总金额、付款方式和比例、税率等数字审核	60% 以上
法务人员	合同全文格式、权利义务、冲突条款、合规审核、纠纷约定	模板流程不审核，非模板合同重点审核	90% 以上
专业主管	业务技术及商务条款复核、交易标的核验与收付款复核等	业务需求项数字审核	90% 以上
专业负责人	业务整体把关、前置审批复核、合同文本整体审核	简单复核	90% 以上
各级高管	业务技术及商务条款复核、交易标的核验与收付款复核等	日常合同可下放审核权，专注重大合同审批事项	80% 以上
用印人员	流程完整性、合同最终稿与审批人员意见对比	无需审核，见流程打印盖章	90% 以上
检查人员	按制度要求分组分业务检查合同，因工作量大，多抽查	非模板合同流程和执行情况，二维码抽查模板合同	90% 以上

通过以上对比表格可看出，合同评审参与人员的工作量大大减轻，各级审批人员重点关注与本岗位有关的合同审批信息。同时，在全员节省工作量的基础上，将合同风险管控重点转移至非模板合同审批环节，确保非模板合同审核质量，防范非模板合同风险。

四、西南水泥合同管理信息化下一步思考和建议

虽然西南水泥合同管理信息化方案取得了多项积极效果，有效防范了运营风险，但目前仍有很多功能需优化完善，具体如下：

（一）全面统筹合同全流程风险管控

合同管理完整的四个阶段中，最后一个阶段是合同的执行，这一阶段是合同目标是否能实现的关键阶段。涉及业务部门商品收发货、服务兑现验收、财务部门款项收付的确认等。本次建立的合同管理信息化平台，有机结合了合同管理的四个阶段，打通了各个阶段数据的对接渠道，为后续更加全面管控合同全流程风险提供了保障。

（二）建立大数据合同客商白名单和黑名单库

通过考察合同执行过程，对相关客商合作情况的考察和评价，能形成对客商服务能力、信用等级等

品质的划分，继而形成对客商继续合作还是终止合作的商业判断，形成优胜劣汰的合作格局。指导全级次公司优选白名单客商合作，回避黑名单客商。

（三）建立快速纠纷预警及处置机制

合同纠纷大多发生在履行过程中。实时监控合同履行情况，对我方即将违约发出预警提示，可最大程度地降低合同违约风险和可能发生的损失；对对方即将违约进行相关权利的保护或证据的收集，能在后续发生法律纠纷案件时先人一手，最大限度地维护我方合法权益。

（四）大数据分析及公司战略调整决策

对全级次公司合同数据的掌握，能支撑公司总部作出战略调整决策。比如通过分析调研某供应商是否有足够产能供应全部公司下属企业的需求，帮助公司决策层确定是否需要多渠道采购，保障公司供应稳定等。

（五）电子身份认证及电子印章使用

在2019年实施的《中华人民共和国电子签名法》中规定，在符合相应国家认证部门认证的情况下，电子印章与公司印章有同样的法律效力。目前电子印章使用的越来越广泛，如科技公司已经在电子发票上普及使用电子印章等。合同管理信息平台后续将优化用印管理程序，将经过国家认证的电子印章系统接入平台，实现在合同评审完成后，直接加盖电子印章，最终实现合同的电子化。

成果创造人：李晓虎、金　玲、李清波、孙志波、钟　波、安　然

资金管控体系的数字化转型与创新

——以祁连山水泥为例

甘肃祁连山水泥集团股份有限公司

甘肃祁连山水泥集团股份有限公司（下称“祁连山水泥”）是世界五百强中央企业中国建材集团有限公司（下称“中国建材集团”）旗下企业，是甘、青、藏区域最大的水泥生产企业，西北地区特种水泥生产基地，跻身国家重点支持的12户大型水泥企业（集团）行列，前身永登水泥厂是“一五”时期全国156个重点工业项目之一。公司成立以来，通过聚焦主业，逐渐形成了以水泥系列产品为主，发展商品混凝土和骨料，延伸上下游的产业链格局，产能规模从建厂初期的48万吨发展到现在的3000万吨，资产从5000多万元增加到现在的120亿元，生产基地从单个水泥生产工厂发展成为拥有16家水泥生产基地和9家商砼生产基地的产业集团，余热发电装机容量98兆瓦。是中国企业信息化500强，水泥行业信息化和工业化融合示范企业。

一、背景资料

（一）背景介绍

随着国家对经济发展战略的调整及供给侧改革政策的不断推进，中国经济的高增长增速放缓，支撑经济发展的主要驱动力必须由生产要素大规模高强度投入，转向科技创新和人力资本的提升。2020年8月国务院国资委印发《关于加快推进国有企业数字化转型工作的通知》，就推动国有企业数字化转型做出全面部署。《通知》中强调，新一轮科技革命和产业变革正在迅猛发展，全球经济正处在一个前所未有的变轨期。国有企业需充分发挥国有经济主导作用，主动把握和引领新一代信息技术变革趋势，引领和带动我国经济在这轮转型变革中占据国际竞争制高点。

另一方面，大数据技术进入蓬勃发展期，大量信息扑面而来，各个企业集团通过对大数据的挖掘、分析和利用，正在重塑产业结构和竞争格局，带动新一轮经济技术革命的变革。习近平总书记在G20大阪峰会的数字经济特别会议中强调：“要共同完善数据治理规则，确保数据的安全有序利用；要促进数字经济和实体经济融合发展，加强数字基础设施建设，促进互联互通；要提升数字经济包容性，弥合数字鸿沟”。

在此政策背景和信息技术快速发展的情况下，粗放式的管理已经不适应现代企业的发展和管理需求，甚至可能制约企业发展和价值创造；继续采用传统人工进行基础数据整理、固定流程管理和风险控制，可能降低工作效率和准确性，业务与财务不能形成无缝链接，无法真正实现大数据分析和风险防控，影响精益管理和提质增效工作。同时，对于业务环节生成的数据无法形成有效关联并提炼有价值数据，造成信息孤岛和浪费。在当前市场充分竞争环境下，可能导致无法紧跟市场变化，发现市场机会和领域。资金作为企业“血脉”，监管不到位，则会导致资金被挪用和资金链断裂的风险增加，只有通过资金的良性循环，才能够保证企业健康、稳定发展。

（二）必要性分析

1. 防范企业集团资金风险

以往的资金管理更多依靠人工判断和手工操作，即使建设和投入信息化，各信息系统之间也比较独立，互不共享，难以进行精准的体系监管。缺乏大数据分析和预警，容易引起资金管理混乱、资金错配甚至资金舞弊情况的发生，造成资本结构不合理，财务指标波动较大。在数据挖掘方面，许多与发挥管理职能相关的数据尤其是业务数据无法被会计信息系统采集并充分利用。

将基于大数据的风险防控措施嵌入 ERP 等信息系统，通过其自动化设定、系统集成共享、数据连接，减少人为干预，能够控制资金风险。数字化是在及时和准确传递信息的基础上，形成多维度、可视化的管理用图表和报告，利于管理层对资金进行动态和实时监控，同时可根据管理层需求设定大数据分析模型、风险应对机制以及指标波动警戒线，帮助管理层及时进行决策，对可能发生的风险提前化解；对潜在的效益和价值进行挖掘。

2. 实现企业集团票据全流程创新管理

以往的票据管理未形成全过程监管，舞弊现象时有发生，并为此付出沉重代价。主要原因包括：第一，票据较多、手工操作的权限和调节空间大，纸票在物理传递和保管流程中的管理风险大，业务处理人和管票人未能区分牵制、审核不严格、无法延伸至最末端，达不到全周期实时监控票据而产生舞弊风险；第二，未形成全流程管理平台，票据在期限、银行、金额、子公司之间容易错配，进而导致票据和资金双重风险，影响票据资产的流动性与效益性；第三，纸质和电子承兑汇票共存、期限差距大、时间差导致支付标准难统一、支付要求无法细化一致等，存在较大管理舞弊空间，造成支付方面风险等。

因此，管理者迫切需要形成一套全流程化、自动化的票据管理体系，能够根据在对各子公司资金需求分析的基础上，合理配置票据支付比例。同时，能够利用票据期限管理，实现精准调拨和支付的创新票据管理，从而降低融资成本和规避企业集团票据管理方面的风险。

3. 提升企业集团资金效率

伴随业务发展，下属公司越来越多，业务产生的交易流水也越来越大，企业发展壮大形成集团规模建制后，资金管理无法延伸到末端，导致资金利用率低下。分散式的资金管理会加大资金管控风险，不利于资金统一调度管理和集中归集，对于集团整体来说，降低了资金周转效率，加大了融资成本。

因此，管理层急需寻求一种提升营运效率的资金管控体系，能够在防控风险的基础上，实现资金业务处理自动化和精细化，提升资金集中度和资金效率，平衡各层级公司之间的资金调度，使财务人员从繁琐的基础工作中解放出来，从事财务分析和价值创造等管理会计工作，进而实现高质量发展。

4. 推进增强企业集团综合竞争力

数字经济代表了未来经济的发展方向，已成为经济增长的核心要素和企业竞争的关键领域，数字化转型是构筑国际竞争新优势的有效路径。新一代信息技术是新一轮科技革命的核心力量，孕育着产业变革的巨大潜能，是构筑竞争优势、抢占发展主导权的关键领域。加快数字化转型，将推动国有企业的生产方式、业务形态、商业模式等产生颠覆式重构，有机会发挥后发优势，抢占新一轮产业竞争制高点。

（三）可行性分析

1. 外部技术发展成熟

当今移动互联网、云计算、大数据分析、物联网、区块链、人工智能等新兴信息技术的迅猛发展，业务流程再造等管理新思潮和新工具已在企业管理实践中得到成功应用。新技术对财务管理的影响逐渐深入，诸如凭证处理前置化、原始凭证电子化、信息来源多样化、操作终端移动化、数据格式标准化、决策分析智能化、内部系统集成化、外部监管实时化等因素，致使企业管理必须向数字化和产业链生态建设转型。

2. 内部管理体制健全

祁连山水泥作为传统制造业，通过多年的经验积累和信息化投入，已经将内部控制的管理体系镶嵌于各信息系统，实现了制度流程化、流程表单化、表单信息化。同时，管理层在中国建材集团的先进文化带领下，对内部经营管理不断进行创新和完善，做好了迎接数字化转型的准备。

3. 基础模块系统搭建完成

祁连山水泥在过去几年中构建了跨银行现金管理系统、票据直连+跨区域集团票据池、结算中心、ERP 系统资金管理模块（资金计划、收支管理、报销、账务处理等）、业务流程审批系统（资金计划、付款、报销等的审批）、资金管理预警系统等六大资金管理模块，覆盖资金管理的全过程，为实现多系统集成和数字化转型做好铺垫。

（四）理念、原则及保障

祁连山水泥为解决企业集团资金管控面临的困境，贯彻执行数字化转型的理念，将大数据管控植入各信息系统，各信息系统互联互通。通过钻取、汇总、展示、等方式，将各系统、各板块、各环节的资金数据和信息以图表、表格等形式进行多维度展示、分析和监控，为各级决策者及时提供不同的财务信息。

1. 管理理念

移动互联网、云计算、大数据、人工智能、物联网、区块链等技术的突破与融合发展，正成为新一轮科技创新和产业变革的核心驱动力，致使资金管理逐步迈向数字化、体系化、精细化、效益化，其核心理念是：以防控风险为核心，以多资金管理信息系统为依托，利用信息化带动企业集团组织体系和业务流程优化，扩大资金管理边界，延伸资金使用末端，将资金数据和信息自动化、数字化，从统一融资到过程管控，再到分析预警和价值挖掘，形成资金管控的闭环管理。

2. 体系原则

为实现该管控体系，祁连山水泥在设计资金管理系统时还秉持如下原则：

（1）资金作业流程化。使资金管理由事后处理转变为过程管控，资金管理和业务信息对接，形成全方位资金管理体系，通过资金作业分工、任务分解细化、制定规范制度，设计作业流程图，形成资金流程管控模式。

（2）资金管控延伸化。资金管控不单单是集团资金管理部门的工作，而是和其他部门、下属单位相互协作配合、共同管控，形成系统化资金管理体系，将资金管理活动延伸到企业生产经营的各个领域，加以精细化作业流程，提升企业价值创造能力。

（3）管控机制权变化。资金数字化转型过程虽然要求强有力的制度来保障，通过制度来规范资金数字化转型过程。但任何一项创新或者变革都需要灵活和机动的应变，不能一成不变，必须及时根据企业外部环境和竞争对手的变化等做出相应调整。

（4）实施过程渐进化。资金数字化转型是一个有序推进的过程，不可能一蹴而就，必须结合企业集团实际需求和管理现状，优先推进转型的领域、后续跟进的领域以及领域之间横向、纵向以及时间上的协同配合，即设计分步推进计划，根据先日常业务后零星业务，先重要业务后辅助业务原则有序进行。

3. 体系保障

（1）网络信息技术发展和大数据开发是数字化与创新资金管控体系的技术保障。资金管理的系统化和制度化，均需要信息化加以支持，资金精细化管理需要和信息化同步发展。同时，企业积极建立资金大数据库，通过大数据库的建立，可以为资金预算、资金分析、资金决策等资金管理活动提供信息支持，提高资金决策的准确性。

（2）完善内部控制体系是数字化与创新资金管控体系的制度保障。例如：祁连山水泥在建立结算中心前，制度先行，分别制定了《资金管理办法》《结算中心管理制度》《结算中心资金结算管理办法》《结算中心岗位职责》《自有资金内部拆借办法》等制度，指导和完善结算中心的建立，同时，根据防控风险的方向和重点，不断进行调整和优化，发挥制度支撑作用。

（3）加强财务与业务的融合发展是数字化与创新资金管控体系资金管控平台的基础保障。首先，以资金预算为结合点，实现价值最大化。资金预算是企业管理的关键环节，应将有限资源在运营之中配置，做出合理的预测。资金管理从业务后端走向前端，从事后核算向事前预算发展，通过资金预算管理进一步了解生产经营业务内容。其次，以成本为结合点，助力降本增效。通过成本数据分析，发现高成本集中在哪些方面。第三，以资金为节点，合理配置资金。通过优化配置业财资源，在资金管控实施过程中，更好地实现资金业务融合，财务共享。

（4）提高资金管理部门人员工作水平是资金管控体系数字化与创新的智力保障。资金管控体系数字化与创新不仅需要工作人员熟悉资金管理知识，还必须了解企业的生产经营业务流程和业务管理制度，同时具有数据挖掘和数据分析的能力。因此，祁连山水泥资金管理人员会时常参加企业的生产经营管理会议或者下派到生产经营场所进行实地交流学习，以更深入了解企业的生产经营业务。另外，加强对资金管理人员大数据开发应用的学习，通过交流学习、培训等形式不断提高资金管理人员的工作能力和业务水平。

二、体系应用

（一）建设思路

1. 体系框架

企业集团资金管理的目标，要在保障集团整体现金流充足的前提下，平衡各成员企业的现金流，充分发挥企业集团的整体优势，有效提升资金效率和价值创造，管控风险和降低资金成本，实现引导和服务经营的协同共享和再开发。

祁连山水泥以风险防控为核心，以互联网、大数据等信息科技为支撑，构建多资金管理信息系统集成的管控体系，主要包括：融资管理体系、货币资金管理体系、承兑汇票管理体系、资金结算共享中心管理体系和资金管理预警系统等模块内容。在建设各信息系统时，将风险控制关键点嵌入各个管理系统，各管理系统进行连接，形成资金风险防控体系，对外与银行对接建立银企直联、票据直连，对内与各子公司对接形成收支分离、资金集中，最终利用资金大数据信息实现数字化转型和创新。整体结构图如下所示：

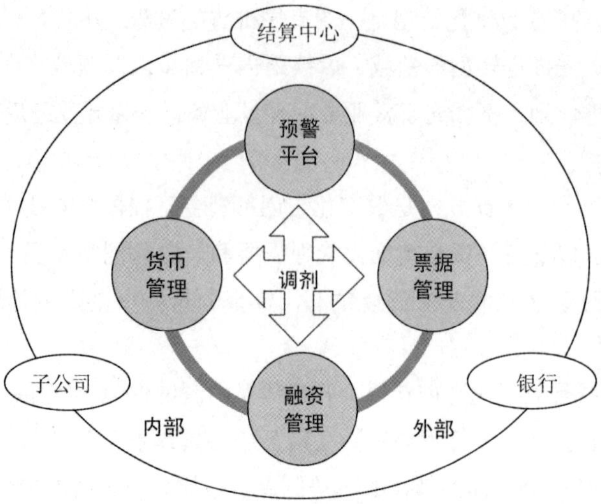

图1　整体结构图

整体框架图如下所示：

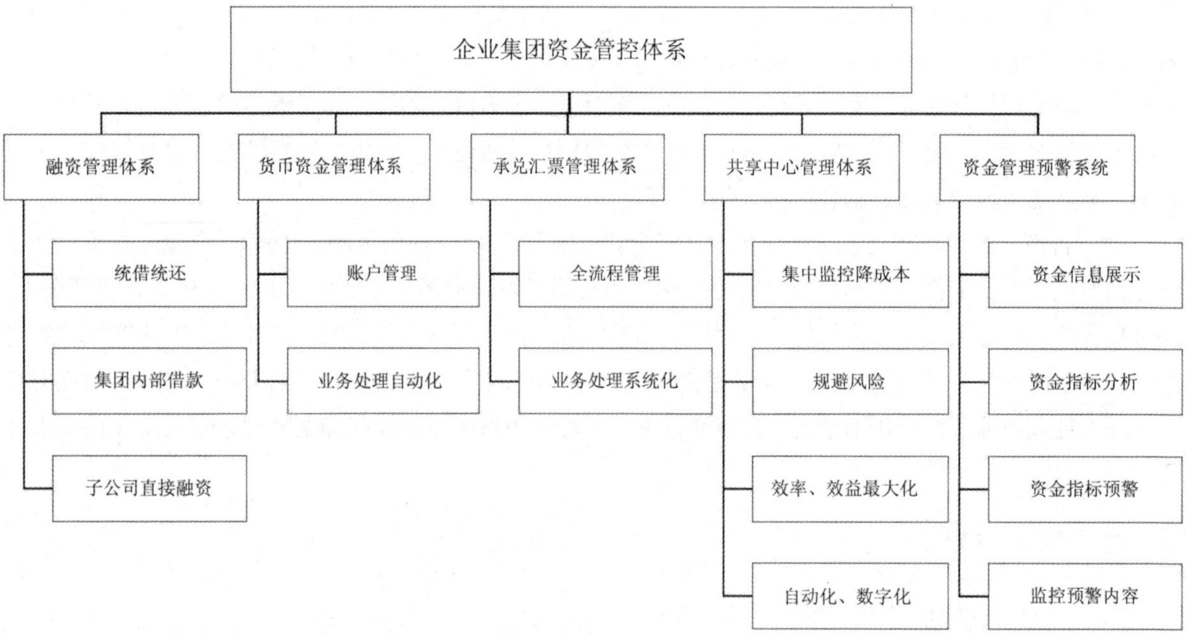

图2　整体框架图

2. 平台大数据库

将各资金管理信息系统进行整合，建设资金大数据库。除企业日常资金收付管理外，资金预算、资金控制、资金分析、融资管理、票据管理、资金风险预警、结算中心管理等业务集成在统一的资金管理平台，形成企业资金信息中央大数据库，从而使管理层可以随时查询企业各单位、部门实时资金状况，并能生成各时点各类资金统计分析图表。

企业集团统一资金管理平台还具有外延性和可扩展性。企业集团资金管理系统可以与银行数据衔接，实现银企直通、票据直连。与各业务管理系统进行对接，在获得授权的情形下，资金数据和业务数据可以互访，形成业务财务一体化的资金管控模式。多信息系统集成构建资金集中管控平台大数据库框架如下所示：

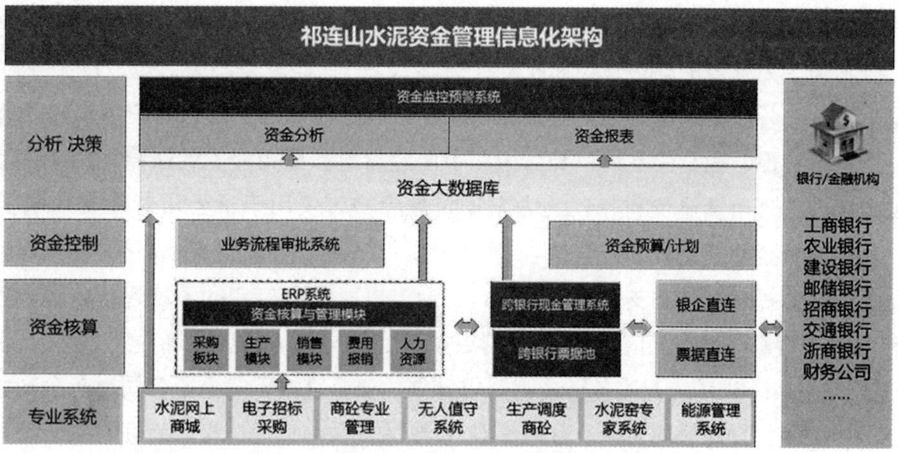

图3　资金集中管控平台大数据库框架

（二）具体内容

1. 建立融资管理模式实现“统一融资、平衡调度、优先低息”

企业集团通过统一融资方式能够获得一定的议价优势，在降低成体融资成本的同时，能够站在集团层面对融资进行总体管控，目前已经成为集团企业普遍采用的方式。祁连山水泥在此基础上确定了“统一融资、平衡调度、优先低息”三种融资模式并存的方式，实行既定原则下的灵活选择，总部统筹融资渠道，发挥集团资信优势，统一授信管理、审批融资主体、优化融资结构、控制融资风险，充分发挥授信空间大、信用优、评级高的优势合理安排融资。

在融资计划方面，淡季增加贷款、旺季归还贷款，将融资到期时间分散调整，避免融资集中到期。

在融资需求方面，允许集团内部公司之间进行资金拆借，拆借原则为“谁使用资金，谁承担利息；谁借出资金，谁获取利息”，内部借款利率参照同期外部贷款利率执行。除此之外，优先消化销售收取的银行承兑汇票，再使用银行承兑汇票等无息融资，以无息融资逐步替换有息负债。

在融资流程方面，总部财务中心提前做好“统借统还”融资事项的税务备案登记工作，消除利息费用无法在税前列支的税务风险，规避了关联方资金往来占用的涉税风险。

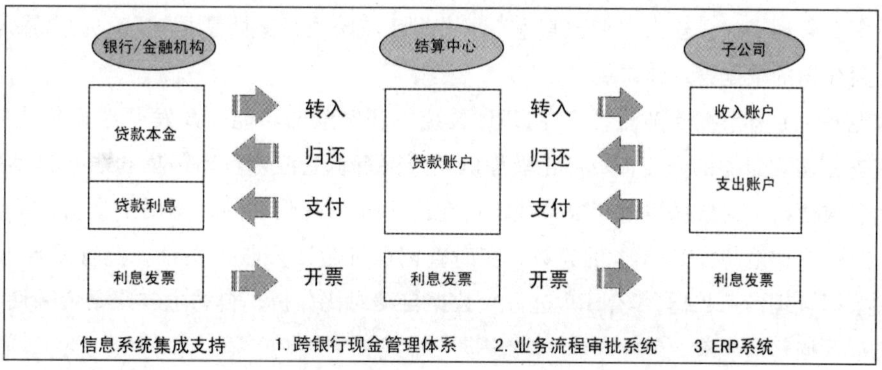

图4　以统一融资为核心的融资管理流程

2. 建立资金管理体系实现“资金集中、收支分离”

资金集中和收支分离是各企业集团在资金管控中采用的主要方式，部分企业可以做到资金集中率在90%以上，甚至更高，并且完全按照收支进行管控。但在具体执行过程中，仍然存在账外银行账户、无法全部集中、坐支等情况。祁连山水泥利用跨银行现金管理系统（CBS），与ERP等系统集成对接，将所有单位的银行账户进行集中管理，收款得到完全管控，支出按照业务预算和申请进行支付管理，从而实现全级次、全覆盖、无死角的集中管控和收支分离。

在账户管理方面，各子公司原则上只允许保留一个收款账户和三个支付账户（其一为基本户，仅限于个人报销、工资、社保、税金的支付；其二为在中国建材财务公司开立的账户，用于除个人报销、工资、社保、税金以外的货币资金支付；其三为票据付款专户，仅用于子公司对外支付电子银行承兑），所有银行账户均纳入资金管理系统。

电商平台作为客户提交订单和支付货款的入口，通过电商平台和CBS系统连接，将收款信息推送至ERP系统，利用数据检索，将收款信息与应收账款进行比对分析，完成收款信息归集并自动进行账务处理。在付款方面，通过ERP系统调取各子公司需求计划，资金直接下拨至子公司财务公司账户，根据系统调拨信息，实现关联方自动协同对账。月末ERP系统的资金信息通过银企直联与银行账户信息进行大数据比对，自动生成银行余额调节表，并将未达账项推送至本公司财务处长和会计进行分析处理，实现大数据的自动检索和推送，降低人为干预的风险。

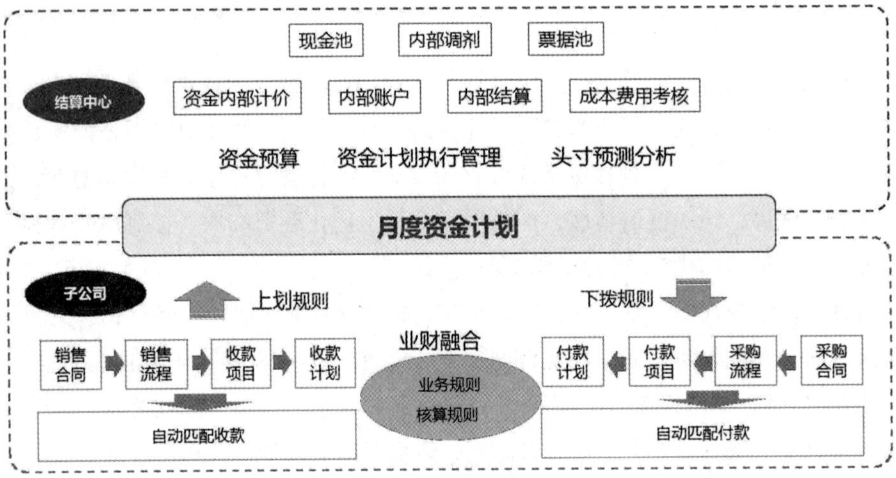

图5　月度资金计划

3.建立票据管理体系实现“票据直连、系统归集、统一调配”

比照货币资金管理模式，建立“票据直连”+“跨区域跨银行集团票据池”，完成票据全流程管理，建立全覆盖、无死角的票据管理体系。

祁连山水泥基于原有票据业务流程，在ERP系统中开发票据功能，开发“票据集成接口平台”将ERP与银行直连，实现票据的全流程数字化管理以及跨银行承兑汇票自动归集和账务自动处理。通过对各子公司资金需求分析，对票据进行期限管理，仅允许5-6个月到期的票据用于支付，降低持有风险和融资成本。同时将票据池与ERP系统的集成，实时查询保证金账户收支明细，监管票据背书流转过程。月末自动生成票据管理信息数据，与ERP进行大数据自动对比分析，自动生成票据余额调节表及时推送相关人员，防范票据管理风险。

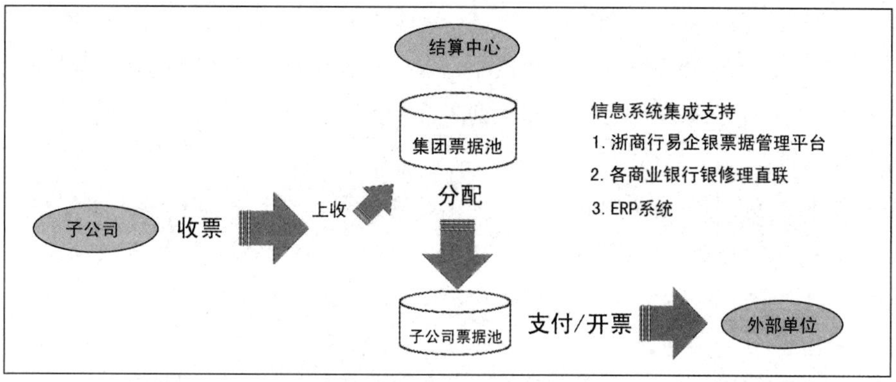

图6　以跨区域集团票据池为核心的承兑汇票管理流程

4. 建立结算中心管理模型实现“集中化、效益化、自动化”

（1）集中闲散、调剂余缺

通过资金结算中心，集中子公司闲置和分散的资金（包括货币资金和银行承兑），通过集团内部借款模式打破谷仓效应，调剂资金余缺，大幅降低公司整体有息负债规模，避免“货币资金”“有息负债”双高现象，降低财务费用，监控子公司的资金运作。同时强化子公司资金成本意识，促进子公司合理有效地运用资金，降低税务风险。

（2）合理计息、规避风险

结算中心将总部的归集、下拨资金业务和日常业务进行分离，加强总部对资金的管控；同时对子公司的存款进行计息与利息分配，合理规避关联方占用资金的税务风险。

（3）宏观控制、提升效益

结算中心负责子公司日常资金往来的上收下拨，通过收支两条线调节资金流向，审核资金支付头寸，加强资金流转，宏观控制资金的合理使用。将归集起来的资金用于降低集团企业“存贷双高”和获取更高的利息收入，达到收益最大化。

（4）自动处理账务、专注管理会计

公司资金管理系统日趋完善，收款、支付的账务处理信息将通过信息化流程节点控制自动获取，全级次资金账务处理和对账将统一由结算中心进行处理，在提高工作效率的同时，让财务人员从繁琐的核算当中解放出来，转向专注于更加有利于决策服务的管理会计工作。

5. 建立可视化资金预警系统实现“信息可展示、数据可分析、指标可预警、风险可控制”

祁连山水泥以风险控制为核心，开发建设资金管理预警系统，通过可视化的多维度信息展示和设置指标预警，有效监督资金流转情况，防控资金安全风险。同时，对资金信息进行挖掘和应用，形成数据分析和报告，为管理层提供决策支持。

（1）资金信息展示

将分散在各信息系统的资金信息进行收集、存储，依据业务活动类型，从资金计划项目、合同类型、收付方式、银行、成员单位和时间节点等视角设定资金存量、流入和流出的多维指标，依托各维度之间的关联关系，准确反映资金的来龙去脉。以“指标”加“维度”，由“汇总”至“明细”的方式，构建展示页面，实现对资金存量、流量、分布和趋势状况的多维度实时展示与钻取，快速提供可使用的资金信息，及时掌握资金状况，为资金管理决策提供依据。

（2）资金指标分析

建立资金分析模型，深度运用资金信息。通过资金数据的多维度钻取，深入了解特别关注资金的变动并分析原因，实现从源头对资金进行合规性控制，强化对资金监督的实时性、完整性和可视化，满足从决策层到管理层的实时、全面的信息获取和辅助决策需要。

（3）资金指标预警

每天将资金管理系统货币资金余额和票据池承兑汇票余额与ERP系统中对应的核算科目余额进行比对、实时将资金支付情况与“月度资金计划和年度资金计划”进行比对，对异常变动实时预警，及时分析差异，查找原因，规避资金风险，科学调度资金，提高资金使用效率。

（4）监控预警内容

资金存量。反映实时存量，包括银行存款余额、承兑汇票余额、银行授信余额、银行贷款余额、内部贷款余额和受限资金余额等。

资金流量。反映实时资金流入流出量，包括货币资金收支情况、承兑汇票收支情况和资金计划执行情况等。

资金分布。反映资金在成员单位、银行实时的分布状况，包括成员单位余额分布、银行余额分布、银行账户分布、银行贷款分布和银行授信分布等。

周转趋势。反映一定期间资金的存量、流量的变动趋势，包括货币资金余额变动趋势、承兑汇票余额变动趋势、货币资金收支变动趋势和承兑汇票收支变动趋势等。

资金报表。自动生成资金报表和台账，包括资金日报和月报、银行存款余额明细表、资金收支明细统计表、银行授信台账、银行贷款台账、内部借款台账和承兑汇票台账等。

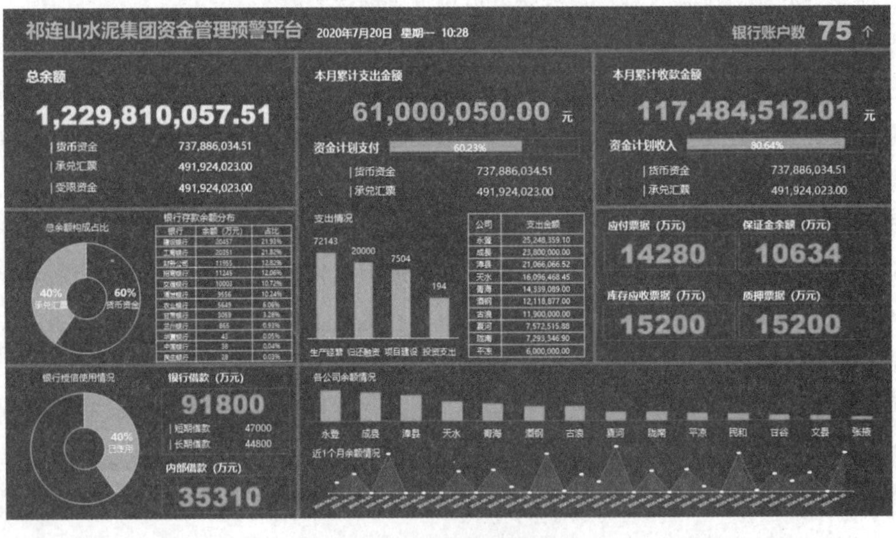

图7 资金管理预警平台

三、场景应用及成果展示

祁连山水泥通过实施以信息化为支撑向数字化转型的创新型资金管控体系，构建了多资金系统集成的资金管控平台，形成了资金的体系化管理，实现了全覆盖、无死角的管理边幅。以资金管理制度为依据，将风险控制点和资金业务流程嵌入各信息系统，加大业务处理流程自动化，降低资金舞弊风险的同时优化了业务处理流程和管理业务处理方式，同时，将各个资金管理系统进行互联，构建统一的资金管控平台。在此基础上，将资金数据和信息形成可视化的数字展示，实时推送资金信息，及时为管理者决策提供支撑，实现数字化驱动管理提升的目标，使资金管理逐步迈向数字化、体系化、精细化、效益化。

（一）场景应用

1. 场景应用一：资金和票据库存盘点

原流程：每月各子公司负责对本公司的现金和纸质票据进行库存盘点，对银行账户资金、电子票据与财务账面进行核对，并将盘点结果交由财务负责人复核确认。年底总部财务中心通过外部会计师事务所了解各公司实际盘点情况。

创新流程：将 ERP、CBS、票据平台系统集成，每天实施资金管理平台的资金信息、票据池中的承兑汇票信息与 ERP 系统中对应科目进行比对，实时监控发生额和余额盘点，并将盘点结果反馈总部。

创新点：祁连山水泥资金和票据的创新管理，延伸资金管理的末端，实现全级次公司资金信息、票据信息与账务信息之间的互联和系统自动比对，提升盘点的准确性，化解积聚性风险，减少人为干预，降低资金舞弊风险；其次，将库存盘点频率从每月提升到每天，及时掌控各子公司的盘点结果，增强总部的集中管控，真正做到“日清月结”。

2. 场景应用二：节点支付的创新管理

原流程：子公司资金计划报送总部财务审批后，按照所在公司的资金情况进行对外支付，个别公司不考虑支付节点，随意安排支付，月末将子公司多余资金进行整体归集。总部财务中心不定期下发通知对资金支付进行专项检查。

创新流程：通过实施资金集中将所有公司的资金进行集中管控，作为节点支付的先决条件。对资金计划的数据进行采集分析，分类控制，优化支付节点，精准拨付，实时生成动态支付数据，自动推送资金预警平台。

创新点：祁连山水泥通过节点支付的创新管理，集中闲散资金，扩大资金管理的边界，强化资金的合理使用；其次，摒弃随意支付的可能，有效的控制资金支付的时间、金额，从企业集团整体层面控制资金的保有量和正常循环；第三、平衡调度各层级公司的资金余缺，降低融资成本和规模，优化资本结构，提升价值创造；第四、自动生成资金报表，形成资金支付的大数据信息，充分挖掘资金支付信息，包括资金支付的时间、金额、类型、流向等，为经营管理提供参考信息；第五、资金支付信息将实施推送预警平台，管理层能及时掌握动态支付和异常支付情况并作出相应决策，降低支付风险。

3. 场景应用三：票据全流程创新管理

原流程：子公司 A 销售人员与客户沟通后，收到客户交 100 万元面额银承的水泥款，银承到账后，财务部与销售人员联系确认收款并进行账务处理，当月若未能对外支付，月末财务人员将银承背书归集至总部财务中心并进行账务处理。次月，总部财务中心根据资金审批计划将票据转让给子公司 B 用于对外支付。支付过程中如果满足不了支付要求，则该银承就会出现滞留。

创新后流程：系统通过票据直连直接获取票据信息推送至 ERP 系统，结算中心定时对子公司的票据进行整体归集，协同账务处理。按照审批的资金计划和支付时间节点按需分配至其他子公司，若在支付过程中发现金额、时间上存在错配，可以通过系统进行质押换开，完成对外支付，协同账务处理，月末自动生成票据管理信息数据。

创新点：祁连山水泥通过对票据全流程实施创新，将票据的收集、背书转让、质押、兑付和托收全过程嵌入信息系统，整体过程中减少了人为干预，避免了物理保存和传递带来的舞弊风险；其次，将票据集中形成票据池，可以实施票据的期限管理，优先分配使用4个月以上的票据，扩大无息融资比例，降低融资成本和有息融资规模；第三、协同账务处理实现ERP与票据信息的实时对应，增强会计信息质量，提升工作效率，减少财务基础工作；第四、在招标中增加票据接受程度评价因素，延伸指导业务前端，实现协同共享和业财融合；第五、自动生成的票据信息数据将进行进一步挖掘，“小银行”票据比例、单张票据金额、期限结构、电子票据的现状及趋势等等，作为数字化转型的基础。

（二）成果展示

1. 防范资金风险提升决策效率

数据信息可视，掌控资金全局。异常即时预警，业务闭环监控。防控税务风险，辅助管理决策。

资金管理预警系统将CBS、票据池和ERP等系统的资金管理信息集成、分析和预警，有效监督资金流转情况，防控资金安全风险，为管理层提供决策支持。

优化了业务处理流程和管理业务处理方式，强化对资金监督的实时性、完整性和合规性，自动化提供详实的资金信息，满足从决策层到管理层的实时、全面的信息获取，辅助决策。

2. 完善票据全流程创新管理

引入银行“票据池”管理平台，通过与银行合作进行个性化定制开发，统一了承兑汇票支付标准，建立了“票据直连+单一票据池集团化”的跨区域、跨银行新型集团票据池。

祁连山水泥比照货币资金管理模式，建立了全覆盖、无死角的票据管理体系。

一是以企业集团ERP系统为中心，建立“类CBS资金管理系统”的“祁连山公司票据管理平台”，实现票据“类资金化”的票据直连管理，银行承兑汇票实现线上化、自动化管理，解决了票据在期限、银行、金额、子公司之间的错配问题，实现资源共享，提升了票据资产的流动性与效益性问题。

二是解决了纸质和电子承兑汇票共存、期限差距大、支付标准难统一、不透明且存在舞弊空间的问题，同时提高了公司采购议价能力。实现了票据和经办人员的分离，减少人为干预，对票据进行全流程、全生命周期的管理。

三是依托互联网技术将商业银行的“票据池”管理平台嵌入企业集团ERP系统，以公司结算中心为纽带，将成员企业的单一票据池进行集团化整合，解决了传统“集团票据池”管理需要不同法人主体之间复杂的担保等问题，实现了全集团票据通过结算中心归集、分配和共享的管理创新。

3. 提升了企业集团资金效率

统筹融资管理，内部借款优先。资金集中共享，合理资金运作。票据精准管控，增加管理效益。

祁连山水泥企业对集团资金管控体系的数字化转型与创新符合《关于加快推进国有企业数字化转型工作的通知》及系列解读中数字化转型和国有企业高质量发展的思路和方向，主要体现在以下几方面：第一，理念和认识的转型，加强战略性统筹布局；第二，从企业集团实际出发，夯实技术、管理、数据、安全这四个转型基础；第三，从真正获得转型价值出发，把握产品、生产运营、用户服务、产业体系四个转型方向，重点从生产运营和产业体系方推进企业集团的数字化转型；第四，打造企业标杆，充分发挥数据要素驱动作用，打通全产业链、全价值链、全创新链，获得价值增量发展空间。

通过数据挖掘，统筹融资安排，充分用好各子公司闲置和分散资金，祁连山水泥有效优化了资本结构，降低了公司整体融资成本，强化子公司资金成本意识。五年来，公司资产负债率下降21个百分点，带息负债下降87%，财务费用减少100%。

推行内部借款，充分用好各子公司闲置和分散资金，调剂资金余缺，减少外部贷款，内部借款节约财务费用约4600万元/年。

通过构建跨银行货币资金管理体系，祁连山水泥在资金管理方面实现全级次、全覆盖、无死角的集中共享管控，总部归集下拨资金业务和日常业务进行分离，严格执行收支两条线，监控子公司资金运作，强化资金合理使用，加速资金周转，非受限资金集中度达100%，同时科学规划资金支付节点，年增加资金存款收益200万元。

采用“类资金”票据管控，探索解决票据管理过程存在的难点和痛点，强化票据的收取、背书、质押、托收、开票和兑付等业务环节的系统自动化管理，一方面提升了票据资产的流动性与效益性，2020年公司应付票据累计发生额20.70亿元，年节约财务费用约3000万元；二是“押短开长”，增加了收益。质押票据到期托收后资金获得时间差利息，年增加收益约100万元。

4. 推进了精益管理

减少人为干预，实现企业集团全级次全覆盖无死角的账户管理、收支两条线资金管理和资金集中管理。

祁连山水泥利用多系统集成的资金管理体系，以“业务流”为基础、“资金流”为核心、“信息流”为手段，将产、供、销等业务信息系统与资金管理系统进一步优化集成，加大业务和核算流程自动化和透明化。

利用资金管理平台对接多家银行，提高工作效率，有力的推动公司业务水平提升。

利用外部商业票据平台，结合公司实际业务情况，创新的进行改造升级，实现“类货币资金”管理，整体提高公司的资金使用效率，增加公司收益。

多系统集成的资金管理体系突破了传统资金管理和生产经营活动联系不紧密的缺陷，加大了资金数据的开发利用程度，识别资金管控风险、优化业务运作方式、提升了精益管理，进而提升了企业集团的综合竞争力。

四、展望未来

资金管控体系的数字化转型与创新在资金管控的各个方面提升了企业集团整体的精益管理，但管理是变革和循序渐进过程，需要跟随着内外部环境的发展变化不断调整和优化。祁连山水泥将在管理中继续推行和改进资金管控体系数字化转型与创新以及大数据风控的管理思路。第一、逐步引入人工智能应用于资金管控体系，利用财务机器人实现资金精准调度、支付、对账、常规分析等，所有子公司银行账户将不再存有资金，彻底实现集团资金集中度每日都达到100%；第二、通过对各公司大量资金支付数据分析，挖掘各类资金支付节点和金额的规律，科学规划支付时间和金额，实现精准支付，降低备付资金和财务费用，进一步提高资金存款收益；第三、分析子公司资金计划执行情况及准确率、货币资金和承兑汇票比例等，对子公司进行考核和奖励，进而提高集团整体资金使用效率；第四、拓展资金预警管理平台功能，搜集积累客户交易信息，包括交易习惯、合作银行、诚信记录、自愿接受承兑汇票的比例和流转链条、合作需求等等，分析客户财务状况，忠诚度、交易习惯、合作前景等，为中国建材集团开展产业金融打下坚实基础；第五、深度对接集团电商、物流、采购等平台数据，融合分析，扩大应用场景，完善大数据风控，加强数据价值的深度挖掘和价值创造。

祁连山水泥将集中资源推进资金管控体系的大数据风控与数字化转型，增强资金风险控制，实现了服务于经营的协同共享。但数字化转型并不仅限于此，它是全方位变革，通过局部突破促进整个企业数字化转型，扩大数字化转型应用场景，为企业经营管理的各个方面系统性赋能，如应用于水泥能耗监控、应用于客户关系管理、应用于人力资源管理等等，在建模分析中实现智能化的识别、预测与决策，借助高效协同、数据共享、示范效应等赋能企业的其他部门，整体提高企业组织的能力，最终实现线上线下相融合、数字化与智能化相辅相成的目标。

成果创造人：杨　虎、刘耀科、张高山、周　炜、郑　辉

构建满足市场化需求的价值管理体系

——中国移动苏州研发中心智慧财务创新实践

中移（苏州）软件技术有限公司

一、成果形成背景

（一）企业愿景的变化

国家对中国移动的愿景是：培育具有全球竞争力的世界一流企业；中国移动的愿景是：首批创世界一流示范企业；中国移动苏州研发中心（简称：中移苏研，下同）作为中国移动全资子公司，其愿景是：在完成能力储备后，从快速成长期向规模发展期转型。

中移苏研承接集团“创世界一流”战略转型升级要求，公司开展“云改”战略转型，在集团政企业务经营体系下，需要积极发挥“云网一体、战建协同、随心定制、自主可信”四大竞争优势。立足新定位，加快筑基础、强能力、聚生态、壮队伍，奋力实现公司发展目标。

“云网一体”是指根据中国移动“创一流企业”的战略需要，统筹布局，整合资源，通过中移苏研构建云网融合一体化服务能力，将云能力打造成为公司5G时代的核心竞争力。

“战建协同”是指中移苏研与中国移动各省公司发挥差异化竞争优势，由省公司主卖（“战”，深耕业务一线，发展业务），由中移苏研主建（“建”，全力打造移动云基础设施建设，加大产品研发力度），合力快速提升移动云市场份额。

（二）找准财务管理新定位

为实现公司上述目标，对财务管理定位提出更高的要求，即：产品定价更准确、资源配置更合理、经营决策更科学。

其中：产品定价更准确要求开展项目化精细核算，准确归集产品项目中的各项固定和变动成本；资源配置更合理指通过树立项目效益观，在资源配置过程中优先考虑高效益项目；经营决策更科学是指通过对全量数据整合分析，满足公司基础性决策和撑业务差异化管理需求。

根据《中国移动研发项目管理办法》要求：“为全面建设面向企业、面向市场和面向客户的科技创新体系，构建贴近网络、贴近业务和贴近客户的研究开发能力，进一步加强研发项目管理”；以及《中国移动研究开发支出财务管理办法》要求：“为了规范研究开发支出的财务处理，各单位需加强研发项目财务管理，支撑公司科技创新体系建设”。按集团下发的管理办法要求，公司着力探索以财务的视角，串联项目管理条线，让数据产生价值。

1. 数据孕育能力亟待强化

随着公司业务的迅速发展，项目体量逐渐扩大，但由于生产流程标准化比较欠缺、各条线职能、系统割裂，信息不对称、项目端到端管理职责落地力度不够等原因，公司亟待建立基于精细化核算的价值管理体系，构建业财融合的财务数据分析系统，从而有效发挥研发、运营、支撑一体化的“战建协同”效应。

2. 构建满足市场需求的价值管理体系

价值管理体系旨在通过项目化运作体系的搭建，体系化开展项目化核算和结算，以“考核”为工具，着力提升跨部门、跨生产线的协同效率，进而深化发挥公司战略转型中“战建协同”的竞争优势。实施过程中将项目划分为“定规则、算清楚、拓应用”三个阶段，聚焦公司战略目标，深化项目化管理，以“系统化的数据管理”为目标，规范信息管理制度与流程，构建管理信息化体系，通过财务数据分析系统实现项目运营数据的统一管理与分析，支撑公司经营分析、战略决策等通用需求及部门个性化管理应用。

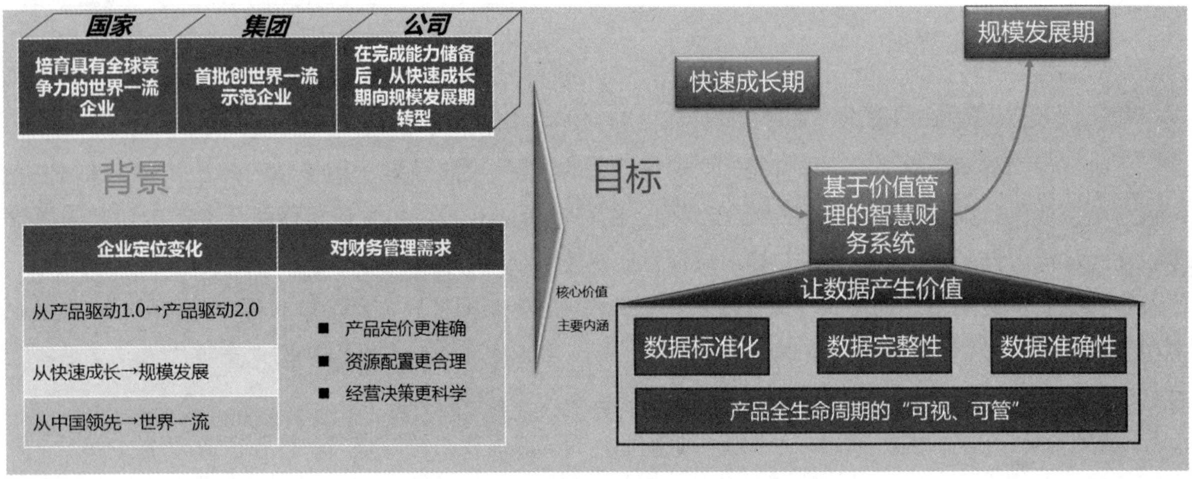

图1　背景与目标

二、成果内容

通过强化项目的全流程管理，用准确的数据来反映项目的运营情况，支撑公司经营决策、项目管理、项目化考核、云改转型等工作。项目化管理体系深化工程通过工作组的形式开展，将工程划分为“定规则、算清楚、拓应用”三个进程，制定六大任务和实施计划，通过月度专题例会、周报、专项沟通会等方式，加强协同，为工程有序开展提供保障。

“定规则”：一方面制定数据规则，共制定发布10项制度规则，制定落地36个数据模板；另一方面完善配套机制，制定配套业务系统优化方案，推动10个业务系统优化改造。

“算清楚”：一方面构建信息化系统，在系统中嵌入业财规则建设，同时打通接口贯穿业务系统壁垒；另一方面通过系统实现项目全量数据自动归集与核算，实时展示项目业财报表。

“拓应用”：一方面支撑项目常态管理和公司日常经营分析等通用应用，另一方面支撑公司/部门个性化管理需求。

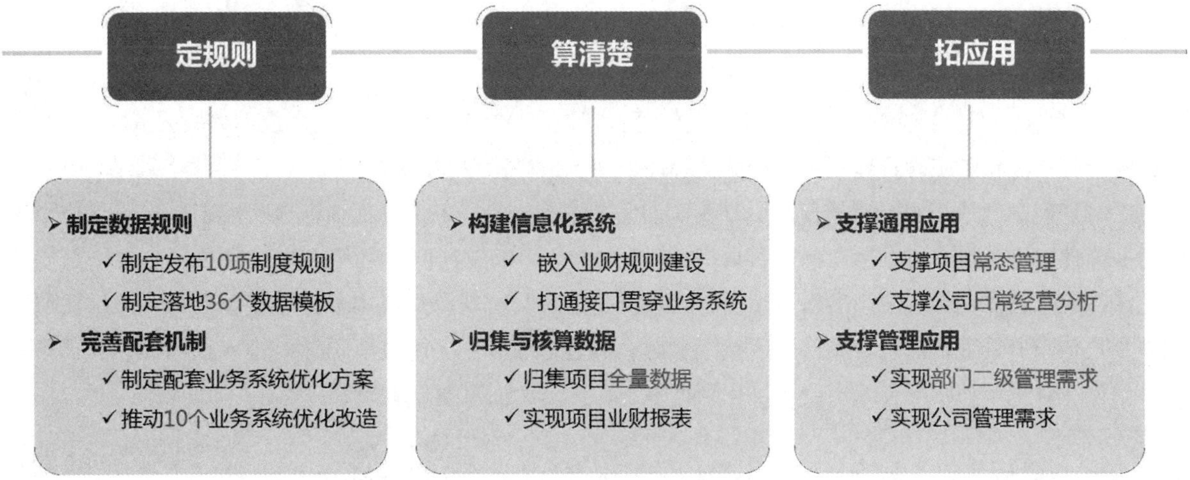

图 2　项目推进总体思路

（一）构建财务数据分析系统，输出业财报表

构建业财融合的财务数据分析系统，汇集 2016 年至今共 2162 个项目的全部业财信息，按收入核算、成本核算、效益分析、应用支撑 4 大功能模块，实现各类项目数据分类型、分层级、分岗位的汇总和明细展示，促进项目管理工作的效益意识培养。

建立业财融合数据仓库，打通系统接口，贯穿市场、研发等 9 个业务系统，依托数据字典、汇集形成 1027 个字段的项目信息仓库，嵌入 5 大类财务规则、3 大类业务规则，36 个数据模板；制定并执行数据同步、更新机制，数据常态化汇聚，预算、收入、差旅、外采等信息实现按日更新，自有人工、外协费用等信息按月更新；建立系统数据质量稽核保证机制，校验项目在不同系统中的数据一致性，实现数据多级钻取，支持查看每一笔的明细数据。

系统已实现通用管理报表 59 张（收入管理 15 张，成本管理 32 张，效益报表 3 张，项目数据核查 5 张，标杆库 4 张），支持分项目、分部门、分角色、分周期等维度查询展示，支撑各层级的基础数据需求。

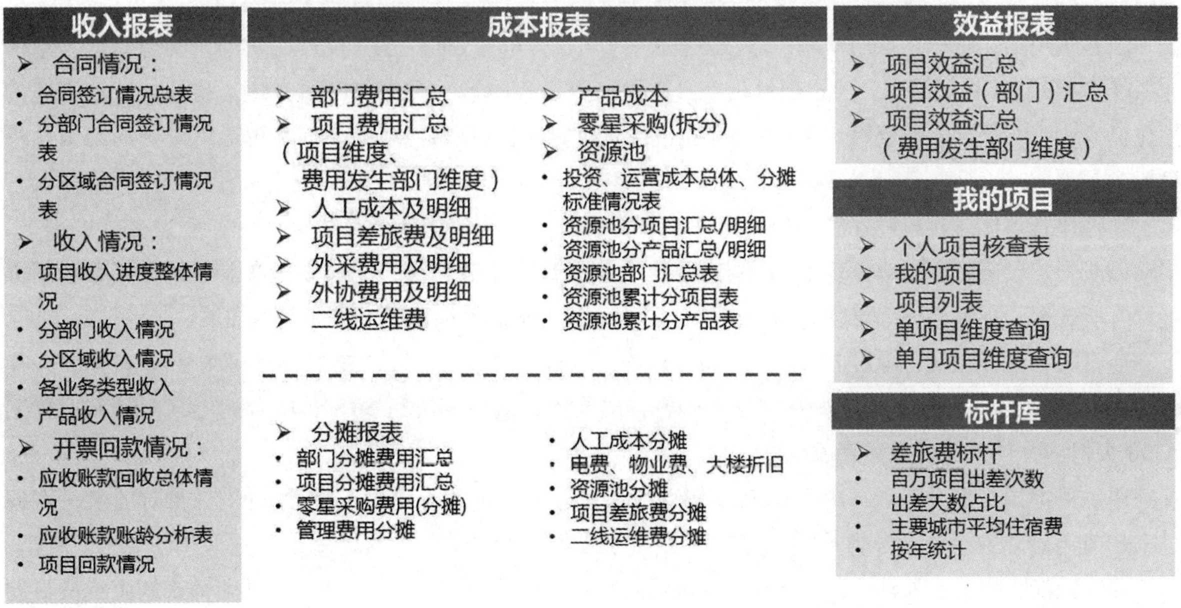

图 3　通用业财报表

（二）制定数据规则与完善配套机制，解决项目管理重难点问题

强化项目前端管控，与各职能管理部门、产品部门、区域中心深入探讨制定并发布 10 项业财规则，建立 36 个数据模型，如：新增了标前测试机资源管理规范、项目化核算方案（成本和收入）、收入多维核算模板等；优化了工时管理规则、产品库管理规则、预算管理实施指引等。

工时管理中，从“申报审核模式”转为“计划控制模式”，并支持自动申报功能，提高了工作量采集的准确性和及时性，所有生产部门落地执行填报率达到 100%；产品部管理中，战技部、市场部协同优化产品库管理机制，实现产品出入库全流程系统化管理，实现产品成本分摊至市场项目；项目资源管控中，与各归口管理部门、产品部、区域深入讨论明确管理职责、规范概预算申报审核流程、制定预算评估模型，各部门积极配合，实现项目化预算落地，资源管控效率显著提升。

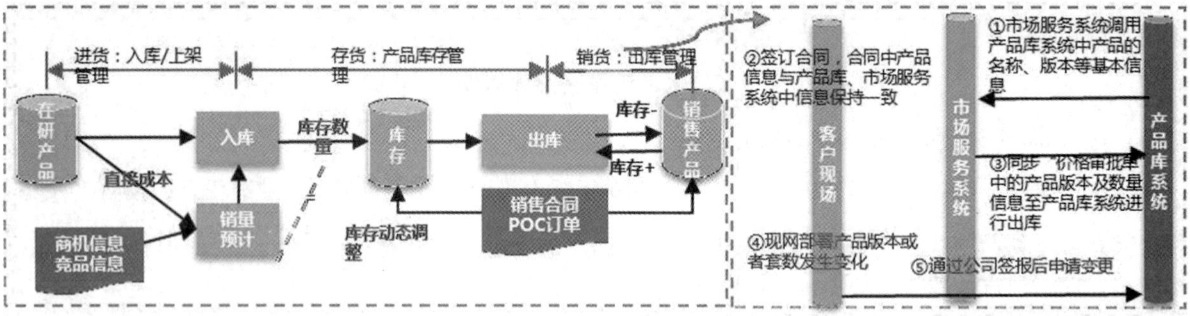

图 4　产品库管理规则

（三）关联整合特殊场景，支撑业务差异化管理

针对业务部门部分个性化需求，从试点需求和实际场景出发对财务数据进行关联和整合，拓展适用个性需求的管理应用报表，支撑各部门的管理应用和考核。

一是强化项目资源合理分配和管控。通过项目化工程分析各个部门在项目上投入的成本总额和结构，横向比较同一项目不同部门的支出情况；同时，针对重点费用（人工、差旅）进行专项分析，指导部门对不同类别项目的成本进行合理的分配和管控。

二是实现量化指标体系的落地，保证数据的一致性；同时，推广至其他产品部门，实现对部门整体的 KPI 和 GS 指标进展管控，通过项目化项目数据的分析和展示，跟进部门项目运营指标与管理措施的优化提升，包括部门、各班组、各项目、各产品的实时合同、收入、利润率等实现部门级别的二级管理目标。

项目化管理体系实施过程中，全面推进部门管理升级，从项目全生命周期管理、研发多维度推进、移动云能力建设三方面搭建量化指标监控体系，自运行以来，项目交付与研发过程、移动云百款产品推进均有所改观，项目整体健康度由 80 分提升至 94 分，整体呈良性发展。主要表现如下：

项目关键指标提升：项目侧合同完成率 111%，收入完成率 117%，线上升级平均成功率从 83% 提升至 92%，文档规范性检查从 79% 提升至 99%，成员配置规范提升近 80%，联合运维期时长基本控制在 90 天以内，项目关键指标完成较好。

研发关键指标提升：研发侧完成专利 102 个、软著 16 个、重点产品自主度 91%、及时上架一次通过率 97% 等多项指标，通过体系跟踪得到较大提升。

移动云能力提升：移动云百日攻坚负责 26 款产品（21 款新增，5 款优化），已全部正式上线。目前百项产品中 IaaS 产品 43 款，占比公司百项产品 35%。通过双百攻坚，移动云产品更加丰富。

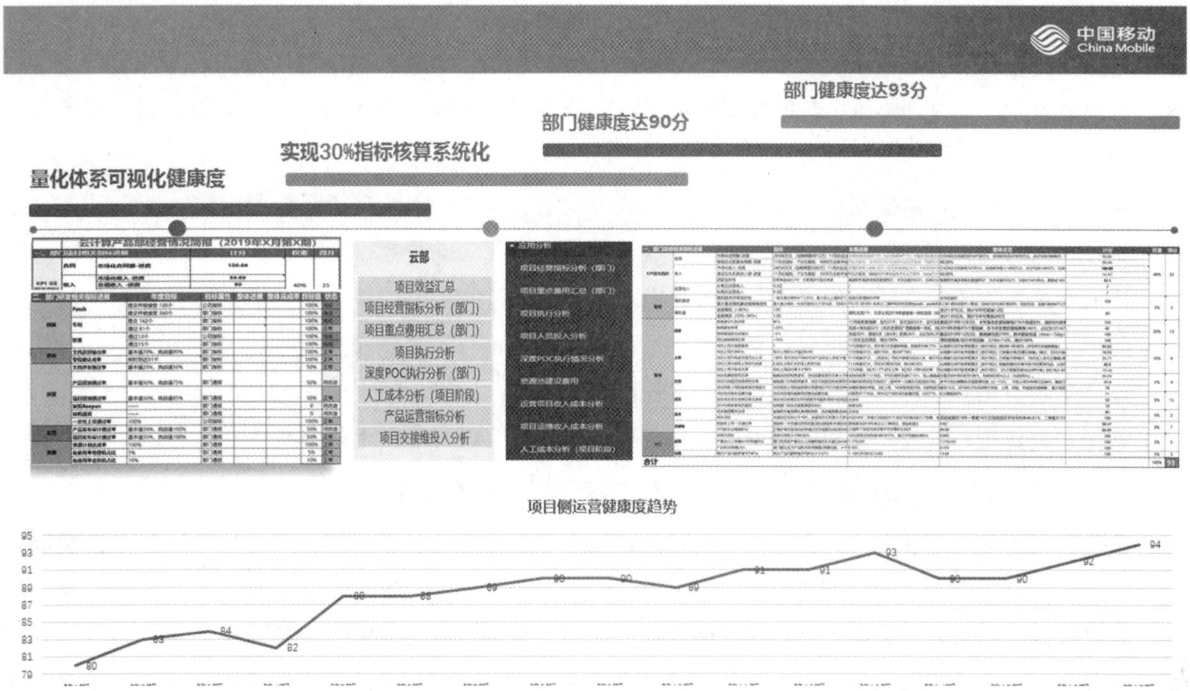

图5　量化指标体系模型

（四）构建研发支出精细化核算体系，全面支撑研发管理

通过强化项目过程管理实现研发成本精细化核算，加强数据的深度挖掘与分析，逐步拓展核算成果

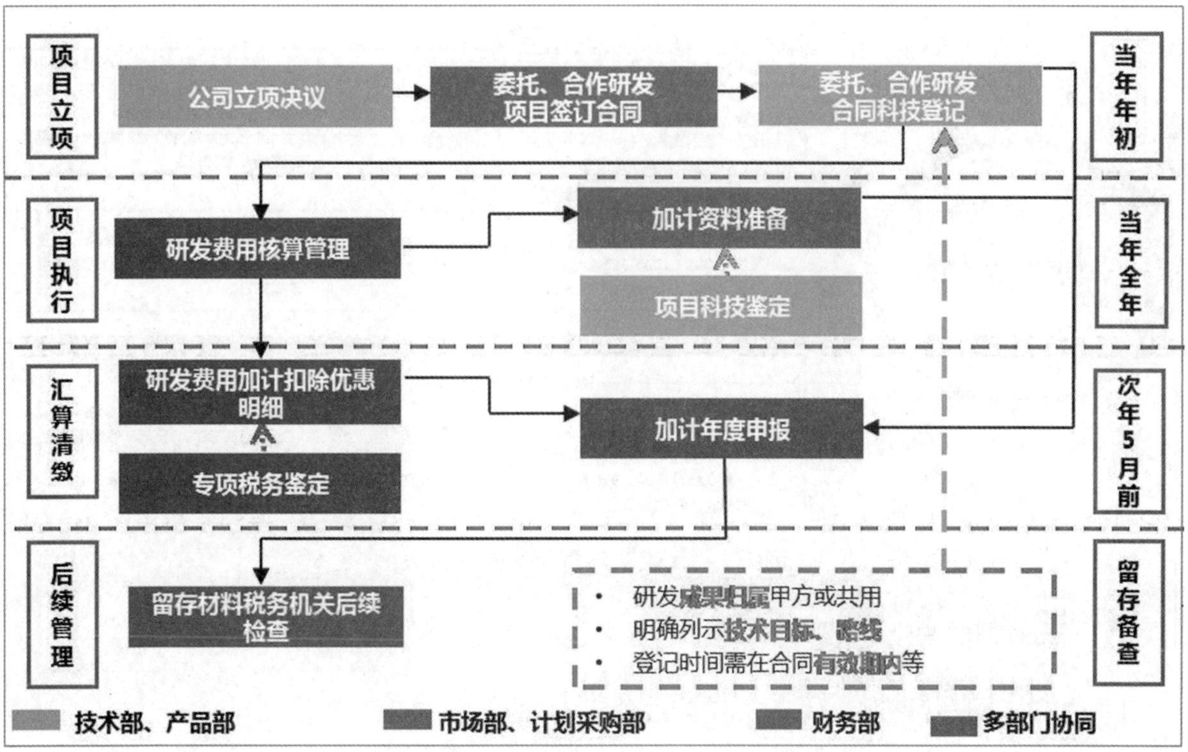

图6　研发加计扣除协同流程

应用，支撑研发资源配置、成本控制、产品定价、研发加计扣除等工作的开展。研发支出精细化核算体系中将自主拓展项目、委托研发项目和合作研发项目 3 类项目，人工、直接投入、折旧等 6 类费用清晰区分、规范管理。同时明确重点阶段成果要求，项目管理过程中同步形成加计扣除申报资料。研发支出主要构成：

人工费用：直接从事研发活动人员的五险一金等（补充养老、医疗属于其他费用）；

直接投入费用：直接消耗的材料；中间试验试制费；设备运维费等；

折旧费用：用于研发活动的仪器、设备折旧费（不含房屋折旧）；

无形资产摊销：软件、专利权、非专利技术（包括许可证等）摊销费；

设计试验费用：新产品设计费、新工艺规程制定费等；

其他相关费用：其他研发相关费用，如补充养老医疗、会议费等（上限 10%）。

（五）拓展管理层级需求，有效支撑“云改”工作落地

收集公司管理应用需求（运营运维项目投入产出分析、资源池建设费用展示、生产过程全景展示），助力云改，拓展适用于公司层面的管理应用报表，为公司管理提供有效的数据支撑。

一是开展运营运维收入成本分析，从项目合同和实际情况统计和分析运维项目的收入和成本，分析运维实际费用占比，作为后续类似合同中运维成本报价的参考，归集展示存量运营项目的业财信息，作为移动云核算方案的优化输入；二是以统一工程项目编码为标记，归集展示移动云资源池建设成本，涉及人工成本、差旅费以及产品调用成本等费用，强化移动云资源池的资源投入管控，进一步支撑公司云改发展，保证相关费用的有效归集；三是对生产过程全景展示，从部门、班组、人员等 3 个维度，实现生产过程的实时、全面、信息化可视，为生产管理提供数据支撑。

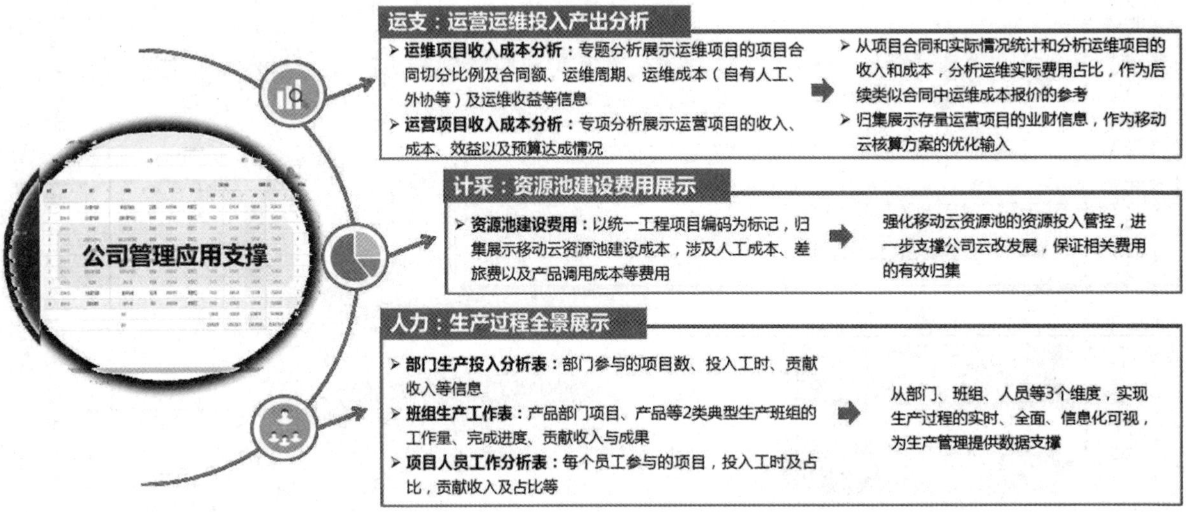

图 7　“云改”转型配套支撑报表

三、主要创新点

（一）衔接业财规则，实现项目全生命周期管理

围绕“项目过程管理、项目资源管控、项目数据核算”三个维度，与各职能管理部门、产品部门、区域中心深入探讨制定并发布 10 项业财规则，建立 36 个数据模型；结合业财实际管理需求，制定跨系

统数据接口方案，推动10套业务系统优化改造，实现从业务前端对项目业财信息进行管理和规范，保证业财数据的准确和统一。

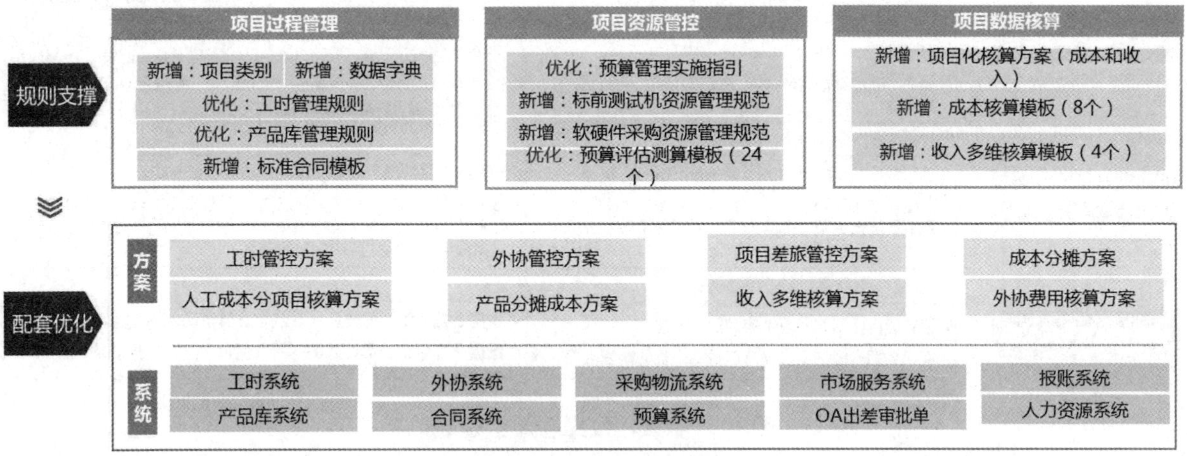

图8　项目化管理业财规则体系

（二）聚焦特殊场景，解决业务管理重难点问题

针对前期项目管理过程中存在的难点问题，如：工时管理、产品库管理、项目概预算管理以及特殊业务场景（如标前测试、软硬件外采）等，完善相关制度并推进管理提升。其中主要重难点规范有：

工时管理规则：战技部牵头优化工时填报机制，从“申报审核模式”转为“计划控制模式”，并支持自动申报功能，提高了工作量采集的准确性和及时性，所有生产部门落地执行填报率达到100%；

项目概预算管理规则：与各归口管理部门、产品部、区域深入讨论明确管理职责、规范概预算申报审核流程、制定预算评估模型，各部门积极配合，实现项目化预算落地，资源管控效率显著提升；

标前测试机资源管理规范：结合硬件销售特点及生产采购需求，制定临时标前测试设备（一般POC）成本资源管理规范，支撑业务发展并规范成本资源管理；

软硬件采购资源管理规范：规范软硬件采购资源管理，提高软硬件采购项目效益。

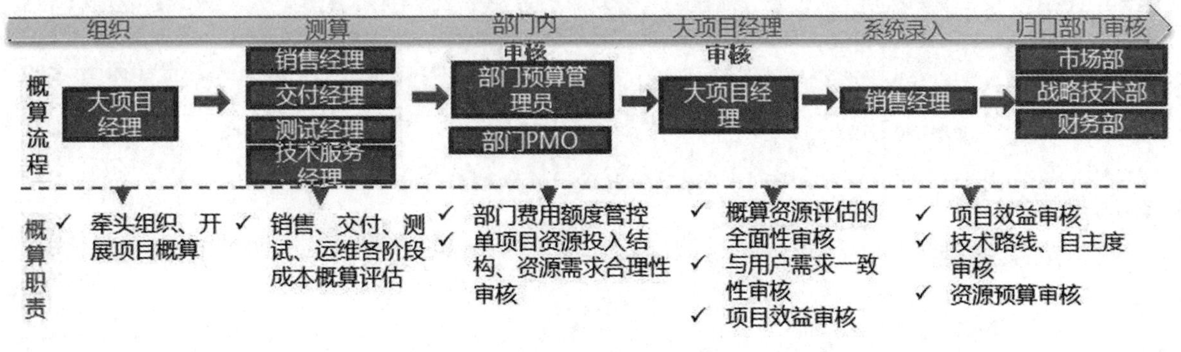

图9　项目概预算管理模式

（三）搭建数据仓库，打通业财数据系统壁垒

构建业财融合的财务分析系统，汇集2016年至今共2162个项目的全部业财信息，按收入核算、成本核算、效益分析、应用支撑4大功能模块，实现各类项目数据分类型、分层级、分岗位的汇总和明细展示。支撑项目管理人员及时、清楚知道“每个项目挣了多少，花了多少，花在哪里”，促进项目管理工作的效益意识培养。

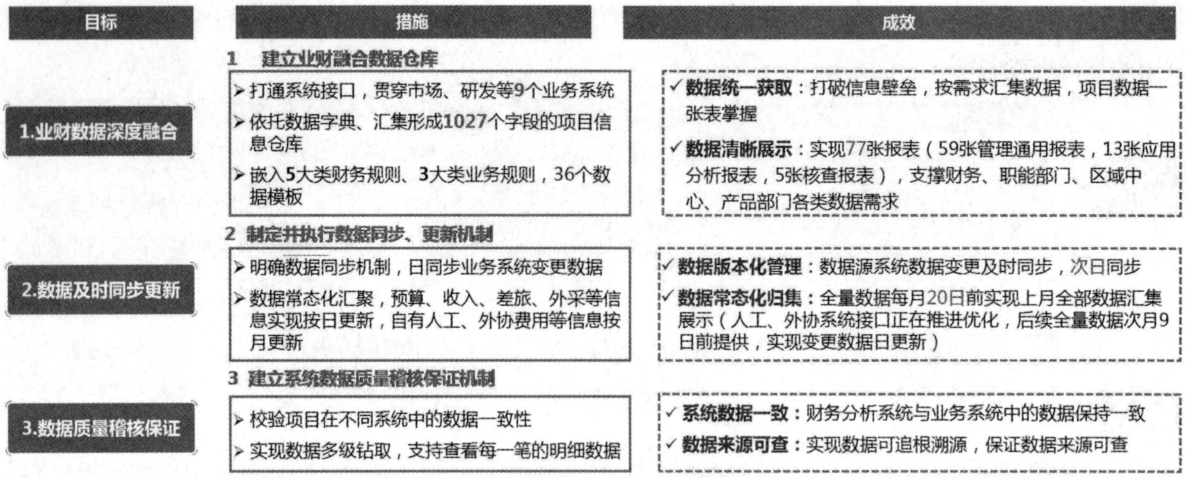

图 10　项目化数据仓库管理成效

（四）衔接新兴业务，助力公司战略转型

围绕战略转型目标，将项目化管理方法迁移至移动云管理体系中，设计移动云产品化核算体系，制定全网收入核算规则、业务结算实施流程、入账及报表规则、成本核算 COA 体系、成本核算办法及预算管理办法等。

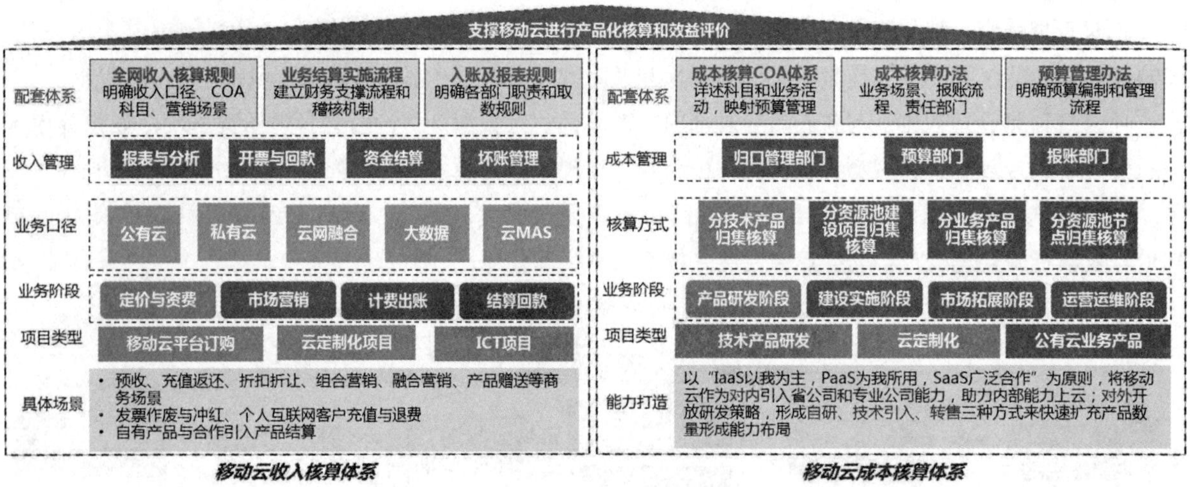

图 11　移动云收入、成本核算体系

四、成果效益

（一）经济效益

1. 研发加计扣除税收优惠

项目化管理实现了对研发支出精细化核算，进一步促进了研发费用加计扣除工作，公司累计享受减免税（增加净利润）约 1.46 亿元。研发支出精细化核算“四步法”：

研发、生产活动界定：因公司同时承担研发和生产经营任务，首先进行研发活动与生产活动的界定；

确定项目化核算范围：依据“费用重要性和核算可行性”原则，确定现阶段进行项目化核算的 10

类费用，费用额占比90%以上；

制定核算规则及业财支撑方案：研究每项费用核算规则，直接核算或根据动因分摊，系统取数或手工分摊，同时完善相应的业财支撑方案；

分产品、分项目核算：按核算规则，常态化开展分产品、分项目核算，相应的成本分别计入研发支出及主营业务成本。

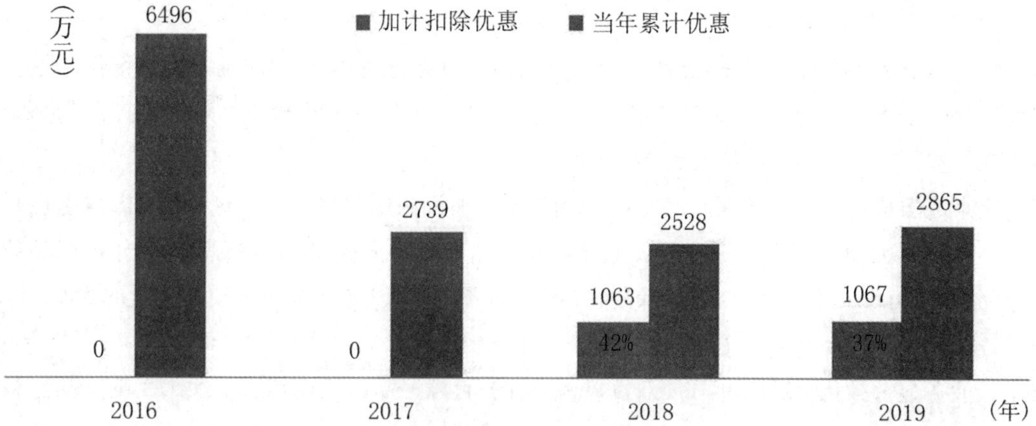

图12　企业所得税优惠减免退税情况

2. 研发支出结构优化，成本下降明显

研发支出结构有效优化，非自有人工类研发支出下降明显：2019年委外费用同比下降4%，差旅费同比下降70%，合计减少支出216万元；研发支出结构比例优化：委外费用占总研发成本比下降8%，自有人工成本占比上升14%，研发自行掌控能力得到强化。

3. 项目管理效率显著提升

一是收入管理效率大幅增长。系统上线后，实现里程碑财务前置审核，结合里程碑完成情况自动生成月度收入出账报表，大大节约收入全流程效率，全年提升42.4%，全年节约1000人时，折合人工成本约20万元；二是项目长期未回款情况稳步改善。销售经理可实时跟踪项目待回款情况账龄和余额，推动款项回收，长期待回款金额逐渐降低，全年完成项目类款项回收约4.5亿元。

（二）社会效益

1. 打通业财系统壁垒，分析数据质量有效提升

项目基础信息准确性提升，市场部牵头，各区域协同对市场服务系统中在实施项目基础信息进行梳理，对存在信息错误的项目统一调整，项目基础信息准确率提升至99%。

收入确认合理性提升，项目里程碑达到自动触发收入确认，随着项目逐渐实施交付，收入稳步增长。

重点费用预算“可控”“可管”，通过落实分项目预算管理、建立预算系统实时可视的执行跟踪报表体系、动态开展项目资源预算的调整及回收。

2. 强化市场项目过程管控，全生命周期“可视、可管”

项目基础信息准确性提升，市场部牵头，各区域协同对市场服务系统中在实施项目基础信息进行梳理，对存在信息错误的项目统一调整，项目基础信息准确率提升至99%。

收入确认合理性提升，项目里程碑达到自动触发收入确认，随着项目逐渐实施交付，2019年收入稳步增长，全年累计收入较2018年增长15%。

重点费用预算“可控”“可管”，通过落实分项目预算管理、建立预算系统实时可视的执行跟踪报表体系、动态开展项目资源预算的调整及回收。

3. 拓展核算成果应用，研发管理水平显著

资源配置管理水平显著上升，资源利用可视化加强：研发支出核算 100% 覆盖研发人员及自研项目，加强了资源可视化管理，有助于及时调整资源投向；预算配置准确性提升：2019 年研发项目预算达成率达到 90%，较上年提高 8%。

产品定价依据更为合理，研发支出核算为产品定价及调整提供了更加准确的成本依据，提升产品定价准确性，提高了产品在价格上的市场竞争力；目前公司存储产品的定价更新和 6 款产品的新定价，采用了研发核算数据，正向其余产品定价进行推广应用。

经营决策成效提升，支撑投资扩容决策：2019 年物理机利用率提升 125%，虚拟机宿主机利用率提升 16%，支撑了公司 IDC 资源投资决策；指导后续产品规划：依据 2018 年核算情况分析产品效益，支撑 2019 产品立项工作，2019 年延续立项的项目数达 24 个，占 19 年产品研发项目数量的 60%。

4. 促进生产资源调度效率，支撑公司业务有序发展

移动云业务显著强化，2019 年开展双百攻坚，补齐百项产品，预期年底上线 123 款产品、解决方案及服务；2019 年“移动云建设大会战”，预期 2020 年全年新建服务器 8 万台，其中 2019 年 4 季度和 2020 年 1 季度投资 20 亿元，建设 2 万台服务器等。

生产效率与质量有效提升，产品研发数量从 2018 年约 390 人年提升至 2019 年约 420 人年，预计年底上线 123 款产品；市场类项目相关工作质量有效提升（以 2 月 -11 月项目推进会数据为例）；里程碑交付及时率 98%，提升 5%；项目启动及时率 100%，提升 3%；项目交付滞后率 4%，下降 1%。

五、成果推广价值

（一）成果推广价值

1. 面向内部：公司内部推进智慧财务建设，助力财务数字化转型，深度推进“云改”工作落地

财务数据分析系统面向集团新 ERP 集中化系统架构建设，可与集团内各公司 ERP 系统良好兼容，助力财务数字化转型，推进智慧财务建设；围绕云改工作推进进展，结合项目化核算成本核算经验，进一步推动移动云产品化成本核算体系构建，支撑未来产品定价和业务决策。

（1）持续完善项目化管理体系

常态化推进项目化管理体系运作，持续优化系统功能和强化项目全流程管理，一方面提升系统友好性、可用性，同时进一步优化工时、外协等管理流程，提升数据核算及时性，降低业务部门管理成本；另一方面强化项目全流程管理，尤其是项目基础信息维护、里程碑动态管理、工时填报等业务前段规范性，确保核算数据准确。

（2）构建移动云核算体系

衔接公司云改转型及“研发、建设、运营、支撑”一体化的全新定位，重点围绕移动云的建设和运营两大方面进一步完善核算体系，支撑移动云产品和资源池的效益核算与评估。

建设方面：结合移动云资源池建设的项目特点，沿用项目化核算体系进行资源池建设及运维成本的归集；研究资源池建设项目的资本化和成本管理，推进移动云资源池建设成本核算和效能评估。

运营方面：设计构建移动云产品化核算体系，实现全网移动云分产品收入及成本（资产类费用、运

维支撑费用、营销费用等）核算及效益评估，支撑移动云生产运营分析。

2. 面向集团：面向全集团内研发机构推广项目化核算管理经验，支撑集团内各公司的个性化管理需求

项目化管理体系制定了标准化的研发项目管理规则制度，创建了丰富的数据分析应用，能够支撑项目常态管理和公司日常经营分析等通用应用，可推广支撑集团内各公司的个性化管理需求。

（二）进一步推广建议

1. 构建基于集中 ERP 的价值管理体系

基于集团集中化 ERP 系统架构建设，促进全集团项目精细化核算，以研发支出为基础，构建基于政企产品成本定价体系。

2. 深化推进智慧财务建设

从效益出发，推行项目化考核，促进集团进行更为合理资源配置，最终通过集成系统上云，带动企业信息流有效整合，实现各项业务全生命周期“可视、可管、可控”，经营决策更加科学。

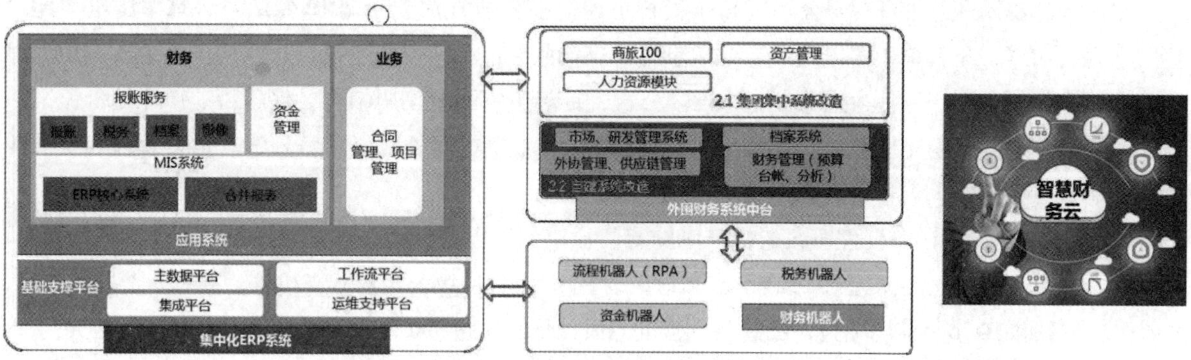

图 13　集团智慧财务云构想

成果创造人：赵　军、姚天驰、陈哲余

助力海外投资高质量发展的价值创造型财务管理体系建设与实践

中国电建集团海外投资有限公司

中国电建集团海外投资有限公司（以下简称电建海投公司）成立于2012年7月，是中国电力建设集团有限公司（以下简称中国电建）专业从事海外投资业务市场开发、建设、运营的法人主体，是以海外电力能源开发与资产运营为主的专业化投资公司，是落实中国电建调结构、促转型、产业链价值链一体化、全球发展战略的先行者和排头兵，是中国电建海外投资、海外融资、海外资产运营管理和全产业链升级引领平台。

截至2019年，电建海投公司在老挝、柬埔寨、尼泊尔、巴基斯坦、印尼、刚果（金）、澳大利亚、新加坡以及迪拜、中国香港等10多个国家和地区设有42个各层级公司及分支机构，共有8个投产项目、4个在建项目和10多个前期项目，在建及运营电力项目总装机超300万千瓦，资产总额达477亿元。

一、助力海外投资高质量发展的价值创造型财务管理体系建设与实践的背景

（一）顺应国际形势变化、提升风险防范能力，助力海外投资业务健康发展

当前，随着中美政治、经济摩擦范围和强度持续扩大升级，全球经济增长的不稳定性和不确定性不断加大，中国“走出去”企业面临着更为复杂严峻的外部环境。在这种宏观环境下，通过建设完善基础设施是世界推动经济增长的重要方式之一，我国的大国外交战略和“一带一路”倡议顺应这一趋势，为中国企业开拓国际市场开辟了全新的历史舞台。对外投资企业在推进海外投资业务的进程中面临诸多挑战，如全球化财务管理体系建设、资金平台的搭建、全球化人才的培养以及如何加强海外分子公司的管控，传统财务管理模式已经无法满足和适应海外投资业务的发展需求，必须构建以价值创造为导向的新型财务管理模式，紧跟国家政策，服务企业战略需要，以创新思维“量体裁衣”寻求价值创造机会，才能让企业在瞬息万变的国际新形势中实现海外投资业务健康和可持续发展。

（二）贯彻新发展理念、落实高质量发展要求，促进境外国有资产保值增值

企业的实质，即创造价值和实现可持续发展，进而维持可持续竞争优势，其核心和根本，就是要实现高质量发展。高质量发展是新时代新经济确定发展思路、制定经济政策、开展宏观调控的根本要求。面临当前国际经济形势，构建价值创造型财务管理体系对海外投资企业来说已经亟不可待。在高质量发展的前提下，海外投资企业要保持良好的经营发展态势，体现高效益、稳增长、创新驱动等核心发展要素，就要及时调整经营管理模式，特别是财务管理方式。面对复杂的海外投资环境，建设价值创造型财

务管理体系，聚焦海外国有资产保值增值战略落地，提升风险管控能力，是实现企业海外投资业务的高质量发展的重要前提。只有充分发挥财务管理在风险管控中的功能与作用，才能有效助推公司在海外投资过程中与合作国共同实现高质量发展的目标。

（三）促进财务转型升级、切实提升管理水平，保障公司战略规划落地落实

从经济的角度出发，企业经营的目的就是盈利，企业的一切活动和流程最终都要为价值创造服务，最终反映到企业的财务状况、经营成果和现金流量上。传统的财务管理模式重核算、轻管理，工作重心在事后的经营成果反映，难以发挥事前规划、事中控制和监督的作用，对业务发展和战略决策的支持力度很弱，缺乏价值创造能力。构建价值创造型财务管理体系，就是要持续加强会计信息价值管理、资产价值管理、资金价值管理、资本价值管理、税务价值管理，促进财务工作转型升级、提升财务管理水平，让企业的财务工作重点逐渐转向服务企业集团的战略目标、实现财务和业务的高效协同以及促进财务共享体系的建立，为企业的战略规划落地落实提供坚实保障。

二、助力海外投资高质量发展的价值创造型财务管理体系的内涵与做法

自成立以来，电建海投公司始终坚持财务管理要站在企业价值管理的高度参与企业总体战略布局，不断完善财务管理体系建设、发挥财务管理价值创造职能、有效控制企业经营风险和财务风险。随着电建海投公司海外投资业务的不断发展，经过多年的摸索和实践，逐步构建起“一个中心目标、三大任务支撑、一条风险管理主线”的“1+3+1”价值创造型财务管理体系。

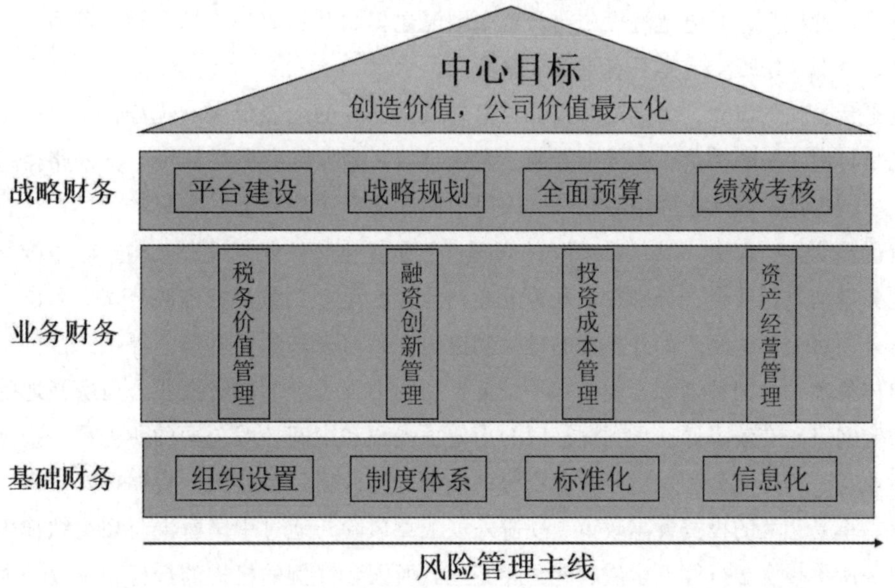

图1　电建海投公司“1+3+1”价值创造型财务管理体系框架

作为企业重要管理体系之一的财务管理体系，既服务于企业的价值创造，又在企业价值创造中发挥着能动性作用。电建海投公司价值创造型财务管理以公司价值最大化目标为出发点，通过积极参与公司投资、融资、建设、运营等各项经营管理业务，全方位对接公司发展战略，优化资源配置，有效管理财务风险，实现价值创造，助推公司海外投资业务高质量发展。

一个中心目标：持续为公司创造价值、实现公司价值最大化是电建海投公司价值创造型财务管理体系的中心目标。

三大任务支撑：按照为公司创造价值的类别，电建海投公司将财务管理工作划分为战略财务、业务财务、基础财务三类。战略财务的价值创造体现于服务公司总体发展战略，业务财务的价值创造体现于保障企业业务发展、提升业务开发能力和收益水平，基础财务是财务工作的基础，提升财务工作效率和会计信息质量，释放会计信息价值。战略财务、业务财务、基础财务是价值创造型财务管理的主要内容载体。

一条风险管理主线：电建海投公司坚持“风险管控永远是第一位的”管理理念，财务风险管理贯穿于财务管理的各项工作之中，为公司海外投资业务的发展保驾护航。

电建海投公司价值创造型财务管理的主要做法概括为以下四个方面：

（一）坚持战略引领财务，财务保障战略落地，实现战略管理价值

电建海投公司作为服务“一带一路”倡议的领先企业，致力于建设以海外电力能源投资开发与资产运营为主，具有国际竞争力的专业化投资公司，提出“1221”的发展蓝图。电建海投公司财务工作紧密围绕公司发展战略的要求，坚持战略引领，做好顶层设计，有利推动和保障公司战略的实现，体现财务工作的战略管理价值。主要工作包括以下三个方面：

1. 搭建投融资平台，推动海外业务发展

作为海外投资企业，在公司发展之初，亟需解决“钱从哪来、钱到哪去”的问题，需要打通投资、融资路径，为海外投资业务的发展创造条件和空间。为此，电建海投公司财务团队于2012年开展专题研究，比较中国香港、新加坡、迪拜等常见投资平台的优劣势，并于2013年完成中国香港控股子公司的设立。中国香港公司的设立，对电建海投公司乃至中国电建集团开拓海外市场空间、盘活境外资产、对接国际金融市场、降低系统资金成本具有重要战略意义。

中国香港平台公司的设立，为电建海投公司海外投资业务的发展带来的优势在于，一是提高投资效率，中国香港是自由经济的模范，无外汇管制，贸易自由，为投资业务畅通资金往来路径；二是拓展海外融资渠道，中国香港是国际金融中心之一，人民币离岸交易中心，金融与资本市场发达，股权融资优势和债权融资优势明显，解决“钱从哪来”的问题；三是优化海外业务投资架构，以中国香港平台为基础，将海外业务重新进行整合，分别在中国香港或其他地区设立二级投资控股公司，再由二级控股公司持有和管理海外项目公司，便于海外投资的进入和退出，并对未来的资本运作提供广泛的空间；四是优化海外项目整体税负，中国香港综合税负水平较低，利用中国香港、中间控股公司所在地的税收优势和广泛的税收协定网络，有效降低项目利润汇回的当地预提税和中间控股公司的所得税，提高股东投资境外项目的税后收益；五是充分利用境外智力资源，投资的海外项目需要充分遵循市场惯例、遵从投资所在国法律法规、享受相关的投资优惠政策、规避外汇汇兑风险，通过中国香港公司与法律事务所、会计师和税务师事务所、投资银行等高素质、有国际经验、懂国际惯例的机构的合作，快速增强公司人才队伍的整体能力。

2. 以全面预算管理为抓手，保障战略目标落地

企业创造价值依靠资源投入，资源的有效利用依靠正确的战略。为有效配置资源，提高资源使用效率，电建海投公司以全面预算管理为抓手，架起公司战略与业务执行之间的桥梁，统筹战略部署，推动战略实施。电建海投公司全面预算管理工作，不断深化业财融合的管理理念，加强财务与业务的横向协同、总部和项目的纵向联动；加强对营业收入、利润总额、应收账款、带息负债等关键指标的监控，做好预算执行控制和分析工作；通过五年滚动预算编制，做好预测分析，不断修正公司预算目标。全面预

算管理，是战略规划的起点，也是战略实施的有效控制方式。

3. 发挥绩效考核的激励作用，确保考核目标完成

围绕公司高质量发展的目标要求，电建海投公司不断健全绩效考核评价体系，有效发挥激励导向作用。在年度预算基础上，制定公司经营业绩考核指标，并将指标进行分解，且在分解过程中，注重各级子公司考核指标的设定与国资委政策导向及子公司实际情况的结合，从而切实对下级项目公司起到约束和激励作用，以保障公司整体经营业绩考核目标的实现。

（二）聚焦海外投资发展，落实关键要素管理，推动财务创造价值

电建海投公司财务管理工作聚焦公司海外投资业务，根据投资项目“开发、融资、建设、运营”全生命周期各阶段的特点，紧抓“6655”关键管控要素，创新开展税收筹划、融资管理、投资成本管控、资产经营等业务财务工作，为企业创造价值。

1. 开发期通过税务价值管理，设计投资架构，为企业创造价值

合理地进行税收筹划，是财务为企业赚取利润、创造价值的有效途径。进行税收筹划是在税收法律法规允许的范围内，结合公司实际情况，探讨与设计可行的纳税筹划方案，合法合理地节税。

通常情况下，进行海外项目投资，通过合理规划投资架构，可以达到降低项目整体税负的目标。投资项目架构设计主要从股息汇回和投资退出两个层面考虑。股息汇回层面，基于国际税收征管基本规则，通常项目所在国需要对汇出的股息征收预提所得税，即对非居民企业来源于该国的所得征税，为降低股息汇回税率，通常应充分考虑项目所在国签订的双边税收协定，选择一个中间控股公司，间接投资至项目所在国，以享受协定税率，并且，中间控股公司所在国对股息所得的所得税和股息汇出的预扣税应尽量低，同时，投资架构的设计还应权衡中间控股公司商业实质维护成本和整体税负降低效率，以做出税负和商业实质维护综合成本较低的选择；从投资退出的角度，通常情况下，直接投资至项目公司所在国在未来退出时可能会面临较高的所在国资本利得税，而选择设立中间控股公司的间接投资架构，可以将来选择以转让中间控股公司的方式间接退出项目投资，规避项目所在国资本利得税，增加投资项目退出的灵活性。

电建海投公司财务管理在投资项目开发初期即参与到投资方案的设计制定中来，研究投资项目所在国和投资控股公司的税制，寻找整体税负低、投资风险可控的最佳方案。除投资架构设计外，电建海投公司税务价值管理还包括税务尽调、向投资项目所在国争取最佳税收优惠政策、做好供应链管理的税务筹划、做好关联交易转让定价的税务规划、境外项目税务监督等。电建海投公司税务价值管理始于投资开发期，而不是等项目开始建设后被动进行管理，是财务管理职能前置、主动进行价值创造的直接体现。

2. 融资期通过融资方式选择，降低融资成本，为企业创造价值

在投资项目融资期，综合考虑金融和经济环境，通过选择恰当的融资方式，控制融资成本，从而实现价值创造。按照我国现行的规定，海外投资主体的资本金部分（通常为30%）须为投资企业的自有资金，剩余的投资额允许贷款，我国政府为了鼓励企业“走出去”，这部分贷款的利率优惠力度可观。海外投资的融资方式通常包括境外发行美元债券、境外发行人民币债券、内保外贷、内保外债、向境内银行申请境外投资贷款等。不同的融资方式，融资效率和融资成本存在差异。在不同的金融和经济环境下，同一种融资方式的融资成本也有所差异。因此，选择何种方式融资、哪个时点融资，真正考验一个公司财务管理水平、融资管理能力的高低。

电建海投公司作为海外投资企业，设立中国香港、新加坡等平台公司，为寻找低成本海外资金提供便利。相对国内融资而言，海外融资利率低，周期短，审批程序相对简单，这些都从综合层面上降低了公司的融资成本。

电建海投公司在多种融资方式比较分析基础上，结合业务特点与发展需求，采取的融资策略包括：一是拓宽融资渠道和品种，充分利用各银行特色业务，解决电建海投公司资金缺口问题；二是利用人民币跨境融资和内保外贷融资，获取低成本资金；三是创新项目融资担保结构，解决项目融资导致担保规模不断增加的瓶颈问题；四是积极推进境外发债（美元债或人民币点心债），用长线资金解决公司资本金不足问题；五是从长期角度，在条件成熟时，争取通过首次公开发行股票的方式，实现境外电力、矿产资源类项目公司的境外上市与再融资。

3. 建设期通过全过程咨询，控制投资成本，为企业创造价值

投资项目进入建设期后，“进度、质量、安全”是工程建设管理的关键因素，财务管控的关键因素是“成本”，即重点关注执行概算的目标控制，确保项目成本控制在预算范围内。投资项目建设期的最终目标是工程竣工，并顺利通过上级单位的竣工决算审计。

在电建海投公司发展初期，公司境外投资项目在建设过程中均不同程度存在合同管理较为粗放、设备物资管理存在漏洞、财务核算不够规范等问题。为解决这些问题，电建海投公司提出以竣工决算为导向的全过程跟踪咨询体系，通过聘请专业中介机构代公司行使对项目公司的监督职能，并协助项目公司解决存在的管理问题，提升建设过程中投资概算控制能力、业务合规控制能力、精细化管理能力。

电建海投公司目前在投资项目开展的以竣工决算为导向的全过程跟踪咨询工作，涉及项目建设全生命周期内的前期可研咨询、工程设计咨询、招标咨询、造价咨询、合同管理、设备材料物资管理、档案管理等方方面面，对公司投资项目竣工决算工作质量提升、项目公司管理提升都有明显的促进作用。

4. 运营期通过资产经营管理，盘活资产价值，为企业创造价值

电建海投公司的投资项目一般为绿地项目投资，其特点是周期长、投入大。投资项目进入运营期后，如何通过资产经营管理，盘活存量资产，加快资金回流，提高资产使用效率，是财务工作为企业创造价值的重要途径。

为了加强资产经营管理，电建海投公司积极研究探索出售、转让、资产证券化等加快盘活存量资产的方式，重点推进已进入运营期项目的股权转让工作。运营期项目股权转让工作的推进，一方面是落实中国电建集团整体战略要求，通过资产经营与资本经营并举，优化配置资源，合理调整资产结构，提升资产创收创效创现能力，实现提质增效升级，促进公司高质量发展；另一方是公司拓宽融资渠道、加快资金回收，支持境外投资业务发展的重要手段；此外，通过运营期项目股权转让还可以分散境外投资项目运营期经营风险、财务风险。

（三）重视底层财务建设，夯实会计基础工作，释放会计信息价值

财务基础工作是财务管理的基石，是上层建筑的地基，只有夯实财务基础工作，才能为价值创造型财务管理体系的建设创造条件。电建海投公司高度重视基础财务建设，完善财务会计体系，提升会计信息质量，为经营预测和决策分析奠定了坚实基础，有效释放会计信息价值。电建海投公司财务决算工作连续五年获得集团公司先进单位的荣誉。电建海投公司主要从财务组织设置、制度体系建设、财务标准化建设、财务信息化建设等四个方面夯实会计基础工作。

1. 财务组织建设

电建海投公司母公司设立在国内，投资的项目公司均在海外，财务组织机构和人员设置需要解决如

何对境外投资项目公司实现有效控制的问题。为解决这一问题，电建海投公司建立境外项目总会计师委派制度和定期述职制度。境外项目总会计师在子公司承担的主要工作是实时监控子公司财务工作、完善内部控制制度、企业价值管理、督促子公司与母公司保持政策一致等。目前，电建海投公司在境外投资项目均派驻总会计师，总会计师、财务经理的任命均需经过母公司批准，并且接受母公司的领导。

2. 制度体系建设

完善的财务制度体系，是使企业财务管理运作平稳、流畅、高效的法宝。电建海投公司重视财务管理制度体系建设，自公司成立起，结合公司业务特点，逐步建立、健全各项财务资金管理制度，每年根据业务变化等实际情况及时修订相关内控制度。目前财务资金制度涵盖财务管理、财务支出与费用报销、资产管理、产权管理、税务管理、境外投资财务管理、备用金管理、资金管理、银行账户管理、外汇管理等各个方面的内容，还通过《关于海投公司规范财务管理相关问题的指导意见》一系列文件，全面规范了公司及所属各单位的财务管理工作，确保各项管理流程的规定具体、明确和有操作性，从而保证财务工作合规、有序进行。

3. 财务标准化建设

财务标准化建设是提高财务工作效率和效果的有效手段，企业的转型发展必然会经过财务标准化的建设过程。为进一步规范公司财务管理业务、夯实财务管理基础、提升财务管理水平，电建海投公司成立《财务管理标准手册》编委会，由总会计师担任编委会主任，组织编制管理手册，并在实践中不断更新完善。财务管理标准手册共分为部门组织架构、人员编制、部门职责、岗位工作标准、专项业务操作手册、管理制度及指导意见等七项内容，目前共收录 21 条岗位工作标准，20 项业务操作手册，为财务管理工作提供全面指导。电建海投公司还通过统一数据标准和核算标准，规范会计基础工作，实现加强财务管控的目的。

4. 财务信息化建设

电建海投公司自成立以来，一直非常重视财务信息化管理工作，目前已经建成或在用的财务信息系统包括会计核算系统、财务报告系统、预算管理系统、费用报销系统、出口退（免）税风险管理申报系统、产权管理系统等。财务信息化建设在提高会计基础工作效率和质量方面发挥着不可替代作用，财务信息化建设对会计基础工作的提升是质的提升与跨越。电建海投公司境外投资项目所在国家大多为第三世界国家，通信网络等条件较差，这为财务信息化建设工作带来不少阻碍，经过多次尝试、对标学习、调研研究，电建海投公司制定财务信息化建设规划方案，并稳步推进。目前电建海投公司已实现将境外四十多家单位纳入统一财务系统平台，实现一键出表等功能，也正在拓展更多信息化功能，如多账簿、合并报表、管理报表等。

（四）完善财务内控体系，有效控制企业风险，提升风险管理价值

风险管控能力是电建海投公司促进海外投资发展建设六大核心能力之一，企业的经营风险、投资风险、管理风险最终都表现为财务风险。坚持为企业有效控制风险，是电建海投公司财务价值创造型财务管理体系的主线。当前，海外投资面临的财务风险越来越复杂，存在很多与国内财务管理完全不同，且无先例可循的问题。如何防范国际投融资的财务风险是中国走出去企业需要重点解决的问题。电建海投公司财务风险管理助力海外投资发展的关键做法包括以下三个方面：

1. 加强合同评审，从业务源头控制风险

电建海投公司自成立以来，坚持在合同评审中发挥风险管控的作用，经过多年的实践，积累起清晰

的评审思路、评审流程，并将经验固化，形成合同评审手册，促进海外投资业务向前发展。合同评审范围包括买卖合同、房屋租赁合同、中介机构咨询服务合同、采购合同等较为常见的合同，也包括投资项目过程中的股东协议、融资协议、运维协议、咨询协议、股权转让协议等具有独特性质的合同。

合同风险管理不仅需要财务风险管控，还需要法律合规风险管控，业务部门商业实质管控。为促进、融合各专业在合同起草、审查、谈判、签订、执行、存档等事务中的职责，进一步提高合同管理水平，规范经营行为，防范和化解经营风险，依法维护公司的合法权益，电建海投公司制定《合同管理办法》，对拟签订的合同进行评审并提出管理建议，从经济业务的源头发现风险和控制风险。

2. 关注国际税收，防范化解海外税务风险

在全球税收信息交换、税务监管趋严的国际税收环境下，海外投资项目更应重视国际税务风险的专项风险管控。

从海外投资项目运营过程来看，由于投资所在国尤其是第三世界国家存在税法变动频繁、税收征管存在一定程度的窗口指导等因素影响，从而为项目运营过程中，纳税遵从风险带来一定的挑战。在投资项目运营过程中，为防范化解税务风险，电建海投公司首先建立健全税务管理及风险防控制度，规范各项业务流程和决策程序的岗位职责、程序要求、履职地点，完善税务管理的内部控制；其次，建立税务风险定期评估机制，及时发现潜在风险，根据不同的风险事项及风险级别赋予不同的权重，制定风险应对方案，并及时向上级归口管理部门汇报；最后，加强所在国税收制度培训，要求财税人员深入业务前线，充分了解税局的征管口径，提升全员税务风险意识。

从国际税收大环境来看，随着BEPS行动的不断推进，开曼、BVI等避税港也出台了经济实质法案，国际税收合规性风险将进一步提升，海外投资过程中各个层级之间的关联交易将引起更广泛的关注。因此，电建海投公司在进行海外投资时更加关注统筹安排，根据不同业务情境制定符合独立交易原则的关联交易定价政策，强调利润与职能、风险的匹配，从合规性角度出发防范投资业务中的关联交易风险。同时，充分了解各国关联交易申报政策，严格按照税法规定整理同期资料档案，在履行公司内部控制程序后，及时递交税务机关，并与税务机关进行充分沟通，加强对政策的解读，以提高后期关联交易管理的针对性。

3. 利用信息化手段，全方位提高风险管控水平

在企业资金充足或者有能力应用信息化系统来处理企业各项业务时，通过信息化控制，可以使企业各项业务的处理拥有更加客观的依据，为企业风险控制带来便利。由于各种限制因素，信息化建设不是一蹴而就的，而是一个长期的过程。电建海投公司利用信息化手段为企业控制风险最为突出的内容包括三个方面：

一是网络报销系统的应用。报销往往是业务人员和财务人员矛盾的焦点，常常把财务人员推到风口浪尖上，网络报销系统的使用，可以规范报销流程，增强报销依据的客观性，提高财务人员报销的工作效率。电建海投公司成立后，立即开展网络报销系统的建设和应用工作，将财务报销制度纳入系统，将财务审核的关键管控要素嵌入审批单，合理设置审批权限。通过网络报销系统，使得整个报销流程透明化、标准化，财务人员更加有的放矢，财务内控客观、高效，提高工作效率。

二是产权管理系统的应用。境外产权管理是在优化国有产权结构配置、增强对所属企业控制力、确保国有资产保值增值的目标下，通过多种管理手段保障国有产权事项合法合规进行的管理过程。与境内产权管理相比，境外产权管理因涉及不同国别的法律制度，在其设立、持有、转让、评估等环节较境内企业具有很大的不同和不确定性，风险更高、管控更难。根据股份公司产权管理工作要求和产权管理工

作内容，结合海外投资业务特点，电建海投公司产权管理工作在强化产权管理意识的基础上，通过产权管理系统上线，实现从事后办理到事前管理、事中控制、事后登记的全过程管理，实现产权业务管理和产权登记管理互为促进，进一步实现产权管理合规性、产权登记及时性、资产评估合法性的管理目标。

三是出口退税风控系统的应用。电建海投公司自2016年始连续四年被评为北京市出口退税一类企业，响应税务局要求，电建海投公司建立健全出口退税风险管理系统，做好出口退税业务，防控出口退税风险。根据出口退税的全业务流程，包括供应商选择、采购合同签订、出口合同签订、运输合同签订、报关单管理、发票开具、出口退税申报、收汇等各个环节，出口退税风控系统设置了包含外部接口（税务和海关）、系统本身业务模块和参数设置等架构，将风险管控置于各个模块和业务流程之中，全流程管控公司的出口退税业务风险，最终实现了包括出口退税业务流程风险防控、关单申报风险防控、发票开具风险防控、退税政策不准确风险防控、关单和发票漏报风险防控、退税备案变更风险防控、供应商风险防控、无纸化风险防控、外汇收入风险防控和出口退税数据使用风险防控等各项风险控制工作，切实提高了公司的出口退税风险管理水平。

三、助力海外投资高质量发展的价值创造型财务管理体系的实施效果

（一）管理效益突出，实现公司财务工作不断转型升级

经过8年的努力，电建海投公司已初步建成体系完善、内容丰富的价值创造型财务管理体系，财务工作不断转型升级，成为中国电建集团财务管理标杆企业。电建海投公司财务工作坚持贯彻公司“五大坚持”管理理念，即坚持战略引领、坚持问题导向、坚持底线思维、坚持复盘理念、坚持管理创新，逐步发展成为承担战略规划、保障战略落地的执行者，服务价值创造、风险控制的监督者，公司领导依赖的信息提供者，业务愿意信赖、值得信赖的伙伴。电建海投公司财务工作多次荣获中国电建集团财务工作先进单位、资金工作先进单位、财务报表编制先进单位等荣誉。获得纳税信用A级企业、出口退（免）税一类企业等称号。同时，电建海投公司财务重视经验总结和推广，在理论探索和实际应用方面也取得一系列成果，如承担财政部研究课题1项、编辑出版专著3册，在财务重要期刊发表论文30余篇，主导的多项管理创新课题获奖等等。培养和造就一批具有国际视野和财务管理经验的人才，其中全国会计领军人才2人、国资委中央企业会计领军人才2人。

（二）经营效益显著，保障公司海外业务持续健康发展

通过建设和实施价值创造型型财务管理体系，电建海投公司经营指标大幅提升，经营发展效益显著增强。公司成立八年来，积极抢抓海外投资机遇，加快谋篇布局，稳步有序“走出去”，一系列重要项目扎实推进，公司主要经济指标连续7年实现两位数增长，连续7年超额完成生产经营任务目标，累计实现“八投产、七签约、七开工、四发债”目标。截至2019年底，公司实现营业收入109.81亿元，利润总额14.03亿元，资产总额477.27亿元，分别达到公司分立之初的90.63倍、82.77倍、8.70倍。提前一年实现“十三五”规划中营业收入和利润总额的目标，为“十三五”收官打下坚实基础。公司发展战略目标的实现得益于价值创造型财务管理体系的有力支撑。

（三）平台效益赋能，带动集团全产业升级和海外输出

电建海投公司积极探索投资架构设计，推动成立中国香港、新加坡、迪拜等平台公司，有利推动海外投资业务的发展，助力电建海投公司打造成为中国电建重要的“四大平台”，即海外投资平台、海外融资平台、海外资产运营管理平台、全产业链升级引领平台。平台公司优势明显，为公司发展赋能。截

至目前，电建海投公司通过中国香港平台公司完成3个火电项目、2个水电项目、2个风电项目、1个燃气电站项目的投资，带动集团内部设计、施工、制造、监理等业务的“走出去”和产业升级。通过中国香港、新加坡公司引领中国电建在境外金融市场亮相，完成四次境外发债业务，创造同期海外发债成本最低的佳绩。通过推动股权转让等资产经营业务，与业界优秀企业、基金公司合作交流，共同为“一带一路”沿线国家的电力事业发展贡献力量。

成果创造人：卢洪波、袁子丽、熊　兰、陈　佳、滕华英、高群武、徐　莉、文　韬

基于“投建运一体化”的海外电力投资项目全生命周期财务管理研究与实践

中国电建集团海外投资有限公司　孟加拉巴瑞萨发电有限公司

中国电建集团海外投资有限公司（以下简称“电建海投公司”）是中国电建专业从事海外投资业务市场开发、项目建设、项目运营与投资风险管理的法人主体，为推动中国电建国际业务优先发展战略落地做出了突出贡献。电建海投公司以投资为先导，带动海外EPC业务发展，成为中国电建调整结构、转型升级、推动国际业务优先发展的重要平台与载体。在实践中，电建海投公司也成功实施“投建运一体化”绿地电力投资开发模式，有效带动了中国电建投融资结构优化和产业升级，促进了中国电建海外业务产业链向价值链的转变。截止2019年底电建海投公司的总资产为477.27亿元、2019年度总收入109.81亿元，投产运营项目包括柬埔寨甘再水电站、老挝南俄5水电站、老挝甘蒙塔克水泥厂、老挝南欧江流域一期水电站、尼泊尔上马相迪A水电站、巴基斯坦卡西姆燃煤电站、刚果（金）铜钴矿等项目，在建项目包括孟加拉巴瑞萨燃煤电站、澳大利亚牧牛山风电项目、老挝南欧江流域二期水电站、印度尼西亚明古鲁燃煤电站等项目。

孟加拉巴瑞萨发电有限公司（以下简称“发电公司”）于2017年10月在孟加拉国达卡注册成立。由电建海投公司联合孟加拉本土企业Iso Tech公司共同注册。发电公司设立的主要目的在于通过建设-拥有-经营（Building-Owning-Operation）方式投资开发孟加拉巴瑞萨350MW燃煤电站项目（以下简称“巴瑞萨项目”）。巴瑞萨项目成功实现投产发电后，对孟加拉国调整电力及能源结构、缓解供需矛盾、优化投资环境、促进基础设施建设和人口就业、改善民生等方面将产生深远影响。截止目前，尽管受新冠疫情的影响，发电公司仍在稳步推进融资关闭、项目建设等各项工作。

巴瑞萨项目采用“投资、融资、建设、运营一体化”模式进行开发。自项目开发阶段的财税尽调、投资架构设计；融资阶段的融资方案设计、融资成本控制；建设阶段的投资管控、财税价值创造；运营阶段的成本管控、电价机制落实等精细化的财务管理将贯穿项目全生命周期，截止目前已实现经济效益过千万美元。

一、“投建运一体化”海外电力投资项目的全生命周期财务管理研究与实践背景

（一）加强国有企业境外投资财务管理，防范境外投资财务风险的需要

伴随“一带一路”倡议实施，国有企业采用“投建运一体化”模式开发的境外电力投资项目数量及

规模不断增长。与传统的海外EPC总承包工程不同，“投建运一体化”电力项目开发模式涉及范围广、周期长、风险大。

为加强国有企业境外投资财务管理，防范境外投资财务风险，财政部于2017年6月12日制定并印发了《国有企业境外投资财务管理办法》（财资〔2017〕24号，以下简称《办法》），从2017年8月1日起正式施行。《办法》对境外投资全过程涉及的重要财务问题做出规范：

1.明晰境外投资财务管理职责

界定直接开展境外投资的国有企业、国有企业集团公司和各级人民政府财政部门的财务管理职责。

2.构建境外投资事前决策合理机制

要求境外投资事前决策必须考虑财务可行性，规定财务尽职调查和可行性研究的形式和内容，强调履行决策职责的书面纪要、申请回避等程序，以利于遏制违规决策和盲目决策等问题。

3.规范境外投资事中运营财务管理

对资金管控、成本费用控制、股利分配、外汇业务等财务管理事项提出明确要求，以利于增强事中约束。

4.加强境外投资财务监督

要求建立健全内部财务监督和审计制度、开展实地监督检查等多种方式强化监督，依法接受主管财政机关和国家审计机关的监督检查。

5.建立健全境外投资绩效评价机制

要求建立健全境外投资绩效评价机制，定期开展绩效评价，以利于加强投资项目追踪问效。

（二）提高海外电力投资项目收益，提升电力项目投资管控能力的需要

“投建营一化”模式实施过程中，实施及提升项目开发、项目建设、项目运营全过程管控能力，确保成本管控及经济效益落到实处，财务管理需形成完整、成熟体系。提升财务管理在事先决策、事中管控、事后评价过程中的参与程度，综合运用财务管理手段，实现全过程的价值创造，同时协调相关部门及各参建单位，确保项目建设投资成本节约及投资效益目标以实现。

（三）促进业财融合，构建价值创造型财务管理的需要

投建营一体化项目的项目结构、资金投入、实施环境、开发周期、合同结构等都已经发生了根本变化，而为之提供支持、服务的财务管理工作也应随之调整，“投建运一体化”海外电力投资项目要求财务管理工作必须工作前移，与投资开发业务高密度融合，实现“业财融合”原则的落地。

财务管理的价值创造本身就在于对公司经营战略、发展方向、公司价值实现的参与和推进。在海外电力投资项目过程中，财务管理理应深入贯穿“投建运一体化”的各个阶段，并同不同阶段的业务部门紧密配合。在此过程中，能随之调整知识体系、思维方式、业务能力等方面的财务人员及机构，也必将享受投资开发模式所带来的变革红利，提升自身的财务价值创造能力。

二、“投建运一体化”海外电力投资项目的全生命周期财务管理内涵

（一）“投建运一体化”海外电力投资项目特点

“投建运一体化”海外电力投资项目是一种跨区域、跨体制、跨文化的投资行为，具有投资金额大、投资周期长、利益相关方多等特点，这使得海外电力投资项目不确定因素多，投资企业面临的风险纷繁复杂。

依据“投建运一体化”项目的发展模式，海外电力投资项目全生命周期可分为四个阶段，分别是：开发阶段、融资阶段、建设阶段和运营阶段（融资阶段贯穿开发、建设、运营阶段）。每个阶段各有特点、规律和管控要素，整体具有如下特点：

一是业务涉及特许经营、直接投资和收购与兼并等多种投资形式，业务领域广、专业管理难度较大；

二是境外投资特许经营时限长、实施环境复杂，对运营管理、风险防控要求更高；

三是海外投资项目分处多个国别市场，组织管控模式创新、本土化经营与跨文化融合任务重等特点。

结合“投建运一体化”海外电力投资项目全生命周期业务特点，需要建立一种高效协同一体化的财务管理模式，持续提升投资决策能力、海外融资能力、投资管控能力、投资收益能力。

（二）“投建运一体化”海外电力投资项目的全生命周期财务管理内容

“投建运一体化”海外电力投资项目的全生命周期财务管理，要求财务管理工作应探索投资规律、认识规律、敬畏规律、遵循规律，按照海外投资规律办事。

结合前文所述“投建运一体化”海外电力投资项目特点，在财务管理实施过程中，财务管理人员应仔细分析不同开发阶段面临的主要矛盾，深度融合投资业务过程，提高财务管理价值，具体来讲：

1. 投资开发阶段应与投资业务部门深度合作，开展项目市场开发工作，注意投资风险识别和防范，重点参与投资架构构建、投资国别、被投资方的财税尽调、资产价值评估等各项工作，以项目前期筹划实现风险规避及为后续价值创造提供直接指导方案。

2. 融资过程横跨项目开发、建设、运营阶段，在电力项目投资中具有重要作用。整合银行金融资源、保险机构、当地央行等政府机关、项目合作方、第三方顾问、公司内部各业务相关部门、项目参建实施方等各方资源，以风险管控为原则，以降低融资成本、优化融资条件确保按期完成融资关闭，满足项目建设资金需求为目标，坚持问题导向和底线思维，做好融资核心“架构、保险、土地、成本、风险、协议”六大要素的管控工作。

3. 建设阶段应协调公司其他部门，充分贯彻业主、设计、监理、施工“四位一体”建设管理组织管控模式，综合利用资金、税收、内控等多种价值创造方式，开展“投资成本管控”和全过程竣工决算的过程准备工作。

4. 运营阶段提前谋划，结合业主方和运维方“两位一体”运营管理组织管理管控模式，加强同电费回收部门、生产部门等部门合作，落实电价商定及回收机制，管控运营期成本费用，开展“投资效益”管控和精细化管理工作。

（三）“投建运一体化”海外电力投资项目的全生命周期财务管理目标

“投建运一体化”海外电力投资项目的全生命周期财务管理要求将财务管理贯穿于项目的“开发-融资-建设-运营”四个阶段的全过程中，达到“开发前期介入、融资过程组织、投资成本管控、投资收益提升”不同阶段的工作目标。

上述“投建运一体化”海外电力投资项目的全生命周期财务管理目标的设定，也是要求海外电力投资行业的财务人员要转变观念、提高专业技能，积极融入业务，由传统的事后监督向事前预测、事中控制、事后监督转变，要积极主动、全程参与业务发展，树立海外电力投资项目的全生命周期财务管理理念，做价值创造的践行者而不仅仅是记录者。

三、“投建运一体化”海外电力投资项目的全生命周期财务管理主要做法

（一）开发阶段的财务管理

项目开发阶段是每个项目风险管控体系搭建和管控思路构建的黄金时期，在这个阶段所有的风险点都需要统筹管理，总体把控，既要稳步推进项目发展，又要坚持底线思维。该阶段主要关注“技术、消纳、土地、环评、回报、协议”六大要素，做好重大风险把控工作。开发阶段的核心工作，主要包括：境外投资机会筛选、投资架构的设计、项目投资评估与决策、投资协议架构。

开发阶段，在电建海投公司的统筹领导下，巴瑞萨项目从顶层设计入手、严控投资风险，合理控制开发节奏，科学稳健推进市场开发工作。财务管理工作在此阶段主要体现在参与了以下几个方面工作：

1. 财税尽职调查

合格的财税尽职调查，有助于投资企业从项目国别投资环境、经济、财务、社会、风险等各个角度，对拟建项目进行全面的论证和评价，从而预测项目未来发展的前景，进而为项目决策提供依据。

巴瑞萨项目在投资初期，通过聘请专业的咨询机构，先后开展了孟加拉国别税收尽调、孟加拉合作方财务资信调查、孟加拉土地评估调查等多项报告，通过从技术层面对项目的方案和财务指标风险进行准确的定义和分析，为项目投资决策提供了支持。

2. 投资架构设计

巴瑞萨项目的投资架构设计，关系着未来投资收益的分布与实现，关键点在于合作方的选择与国际税制间的合理规划。

巴瑞萨项目进行了专业的税务筹划咨询，最终建立了多层次的税务管理架构，充分利用各国的税收政策和相互之间的税收差异进行国际税收筹划，通过设立境外投资平台公司，合理合法地降低境外投资及国际工程的税负，从而达到利润最大化的目的，并设立风险防火墙。

3. 投资协议评审

巴瑞萨项目的主体协议包括：执行协议（IA）、购电协议（PPA）、股权合作协议（SA）、土地协议（LA）、公司章程协议（MOA）等。

上述协议均独立签署，但又相互引用，成为不可分割的整体。作为确立投资人法律地位的重要组成部分，上述协议是融资机构和信用保险机构评估项目可行性的重要依据。

财务管理工作通过参与巴瑞萨项目前期开发协议的评审，一是促使财务人员了解了项目的投资背景、孟加拉国别投资环境、孟加拉电力市场环境、合作方综合实力等各方面真实情况；另一方面财务人员也通过自己的专业知识为项目相关协议在土地价值评估、公司授权资本设定、股权合作框架等方面提出了自己的专业建议，维护国有资产保值增值，从源头规避了项目实施风险。

（二）融资阶段的财务管理

项目融资过程贯穿项目投资开发、建设期及运营期，融资方案的设计、融资成本的控制及合理调度满足项目建设资金需求在项目融资中具有重要作用。一般以执行协议（IA）的签订或政府签发相关函件开始，借贷双方协定融资关闭期限（一般6-18个月）。

若项目未能在规定的融资关闭日前完成融资关闭，则应向政府提交融资关闭日延期书面申请，并额外提交履约保函。执行协议（IA）对融资关闭日延期申请次数及期限通常会进行约定。为避免保函没收风险，项目应提前谋划，尽早落实相应融资先决条件。若的确由于不可抗力影响或政府因素导致融资无

法实现如期关闭，项目需提前与政府签约方进行沟通与解释，全力规避风险。

1. 融资方案及架构设计

近年来，中国对孟加拉国投资合作发展势头良好。中国金融机构以中国进出口银行为代表在孟加拉国交通、电力、通信等领域资金支持了多个重大项目，其中参与燃煤电站项目不断增多。考虑未来电力消纳市场因素，及综合考虑孟加拉土地征用、境外投保存在难度，中国境内银行逐渐表现出对燃煤电站融资日益审慎的态度。

面对此种情形，为保证长期融资能够落地；海投公司及巴瑞萨项目在开发前期即与中国进出口银行等政策性银行及大型国有商业银行进行沟通，最终确定多家银行参贷。同时，电建海投公司、巴瑞萨项目充分准备土地、环评及保险等相关澄清材料，确保银团前期审批顺利通过。同时，综合考虑到孟加拉外汇审批的严苛，巴瑞萨项目账户结构于融资架构设计时即进行了初步安排，以进一步保障未来外汇通道的畅通性。

2. 融资相关协议谈判

融资相关协议（Financing Documents）为融资执行的核心依据文件，包含贷款主协议、账户协议及担保代理行等系列协议。

贷款主协议包含借贷双方责任及义务、贷款期限、利率、账户行、偿还期、提款期等核心内容，账户协议及权益抵质押协议包含账户架构及具体使用规定，权益文件转让规定。相关协议谈判中，必须综合其他项目长期融资过程中经验，结合孟加拉当地法规，对适用法律、利率、贷款期限以及抵质押资产对项目利益进行最大程度维护。

3. 融资关闭条件落实

（1）孟加拉境外贷款审批

孟加拉投资发展局（“BIDA”）于2016年9月1日依据《2016年孟加拉国投资发展局（BIDA）法》成立，该法授权BIDA提供多样化的投资服务，推动孟工业发展，负责鼓励和促进孟加拉国私人投资。

巴瑞萨项目应在与银团融资核心条款（Term Sheet）谈定后，及时向BIDA发起审批。BIDA会重点审阅投资项目的资本金贷款比率、综合贷款资金成本、项目收益率等信息，并根据实际审阅情况提交孟加拉贷款审查委员会予以表决审批。

由于不同项目境外融资的核心点同孟加拉法定惯例可能存在略微不同，项目需准备充分的解释及阐明材料。

（2）代理行机构选聘

当地代理行作为贷款行及资金代理行的代理人，在长期融资中具有至关重要的作用。限于目前孟加拉没有中资银行的分支机构，根据中国进出口银行的相关规定，优先选择全球知名、大型跨国银行分支机构作为其项目贷款执行的代理行机构。但鉴于全球环保政策原因，在孟设立分支机构的大型国际性银行，诸如汇丰（HSBC）、渣打（SCB）、花旗（CITI NA）等都无法继续承接燃煤电站相关业务。孟加拉作为发展中国家，煤电仍为其重点推进电力能源项目。

孟加拉国排名前三大的国有商业银行，鲜有境外项目融资代理行的相关经验，且由于其特有的国有背景、效率等原因，在业务承接主动性、业务推动专业性等方面都存在着重大障碍。

因此，在项目融资前期，项目应全面开拓孟加拉当地不同类型银行资源。一方面按融资行及内部制度的要求，保持与国际性银行、国有银行对接推进，一方面也在孟加拉金融机构市场上，主动出击，寻找具备经验值且信用评级、资产规模处于中上游的私人商业银行进行沟通，为贷款人及项目提供最优替代方案。

（3）融资协议CP条款落实

融资关闭先决条件（Conditions Precedent）主要包括合作各方所在国的全部法律审批手续、证照及许可；借款人及各级股东的合法注册文件、授权、决议、用款项目文件；融资相关的账户管理、抵押担保、权益转让、股东支持等各类协议签署；中介机构提供经济模型、税务及财务文件、律师意见书及其他贷款人认为必要的条件。

在众多CP条件中，财务管理工作重心在于，一方面与贷款人及银团律师充分沟通商谈，确定条件设置合法、合理；另一方面组织融资工作组按照融资CP清单做好核心突破，例如账户开立、担保代理协议的评审及签署，关键在于当地代理行的选定及同孟加拉央行维持良好的关系；保险权益转让关键在于同当地国有保险公司的沟通。因此，在其他CP条件落实中，要确定期限跟踪管理及不同部门责任分工，推动早日实现融资关闭。

（4）融资协议CS条款落实

鉴于长期融资提款期限及还款期限相对较长，且孟加拉当地土地转让、保险购买、税费豁免的特殊性，项目需对融资后置条件（Conditions Subsequent）落实提前考量及同相关机构开展沟通工作，避免后续产生提款风险。在此过程中，需充分发挥当地代理行及律师专业作用。

（三）建设阶段的财务管理

电建海投公司发挥中国电建全产业链一体化优势，总结出了以投资方为引领，建立业主、设计、监理、施工“四位一体”建设管理组织管控模式，以合同约束为前提，围绕工程建设目标，狠抓“进度、质量、安全、成本、环保”五大要素管控，通过全过程精益管理和风险管控，提高工程质量效益，降低经营成本，提升投资项目全生命周期市场竞争力，财务管理的重心体现在投资成本管控方面。

1. 投资成本管控

建设阶段，巴瑞萨项目结合“以竣工决算为导向的全过程跟踪咨询”工作的开展，以概算-预算-合同-执行概算-结算-竣工决算为管理链条，以构建“投资管控体系”为目标，深度参与项目投资控制工作，协助巴瑞萨项目定期开展概算控制、“已完工未结算、索赔存争议”清理等工作，确保巴瑞萨项目落实“两不超”要求，严格监控投资成本。

同时，巴瑞萨项目充分运用税收及资金多种价值创造手段，协调当地金融机构、政府机构，通过直接以美元进行资本金认定、税收优惠成果落地，累计实现规避汇兑损失、税收节余数千万美元。

2. 以竣工决算为导向的全过程跟踪咨询

“以竣工决算为导向的全过程跟踪咨询”是一种介于全过程造价咨询和全过程跟踪审计之间的业务形态。作为被委托方，巴瑞萨项目聘请的中介机构既可以“点到为止”的参与到项目管理本身，又可以以“第三方”的视角发现项目存在的管理问题，并协助项目解决问题。

“以竣工决算为导向的全过程跟踪咨询”工作的开展，成功的将全过程咨询工作介入项目建设全过程，通过每年一次的现场工作，与巴瑞萨项目各部门充分沟通、分享经验，通过举办培训或通过日常交流的方式灌输竣工决算要求，坚持以竣工决算相关法律法规、规章制度为准绳，协助巴瑞萨项目完善工程建设管理、档案资料管理、概预算执行管理、设备材料物资管理、财务管理，为巴瑞萨项目准确归集新增资产价值、规范编制竣工决算报告并顺利通过竣工决算审计奠定了扎实基础。

（四）运营阶段的财务管理

电建海投公司针对海外电力投资项目的特点，经多年实践和研究，总结出了以投资方为主导，建立业主方和运维方“两位一体”运营管理组织管理管控模式，以委托运维合同为基础，按照业主单位和运维单位的本质属性及岗位需求，构建一体化的管控流程，优化人员等资源配置，缩短管理链条，建立评价、考核、奖惩激励机制，狠抓“电量、电费、安全、效益、责任”五大要素管控，实施专业化、标准化、精益化管理，防范运营风险，提高电站运营效率和投资收益。

1. 成本控制与电费回收

巴瑞萨项目目前还处于建设期阶段，但“凡事预则立，不预则废”。

结合电建海投公司已投产运营的其他同类项目，巴瑞萨项目财务管理工作的重心是：狠抓生产成本费用控制、做好生产经营分析、配合电力回收工作，同时规避当地币电费回收的汇兑损失风险，落实电价协商机制，实行精细化管理、提升投资收益。

2. 财务队伍与人才建设

持续经营是“投建营一体化”项目的重要特征，也是项目成功获得利润的来源。巴瑞萨项目通过两年多的实践已培养了一些来自中方的财务管理人员和来自孟方的财税中介机构，但鉴于中方员工在海外长期工作的不稳定性和不现实性，巴瑞萨项目还应坚持属地化战略，通过多种培训方式，形成了一批素质高、业务精的本地化财务管理团队。

海外财务人员的属地化战略是保障“投建运一体化”项目长期科学发展的重要途径之一，是由项目所处的客观环境和项目持续发展的主观需要决定的。一方面，项目所在国财税政策的差异，可以将中方员工从具体琐碎的核算业务中脱离出来，将更多精力用于财务决策、财务管理提升工作上来；另一方面，聘用当地人员可为项目的长期发展创造良好的外部环境，有利于降低运营成本，有利于保持队伍的相对稳定。

四、“投建运一体化”海外电力投资项目的全生命周期财务管理效果

（一）管理效益凸显，防范投资决策风险

境外电力项目投资，投资期限长，且在境外面临风险错综复杂，包括激烈的市场竞争风险、政府审批效率风险以及不可抗力导致工期延误、运营期电费回收等各项困难。电建海投公司以战略思维的角度审时度势，把握孟加拉黄金窗口机遇期，多维度创新发挥合作方的属地资源优势，助力项目前期各项工作快速推进。

在市场开发阶段借助了知名律所、会计师事务所、咨询公司的专业力量，同时结合自身专业优势，让“专业的人做专业的事”，做好了对孟加拉国政治、经济、税务、外汇形势的评估，有效的防控了财务风险及提供了建设期的参考指南。

电建海投公司同时也聘请中介机构对巴瑞萨项目组织开展了财务可行性研究，并请承担可研的团队和机构独立出具书面报告，投资决策履行了严格的报告、评审等内外部程序，有效防范了投资决策风险。

（二）投资管控增强，有效控制投资成本

在巴瑞萨项目建设过程中，综合运用内控、税收及资金等各种价值创造手段，规避汇兑损失及实现税收节余数千万美元。

“以竣工决算为导向的全过程跟踪咨询”创造性引入，中介机构秉持建设项目全生命周期的咨询服务理念，发挥其专业特长以及系统管理和资源整合的优势，能够紧密围绕巴瑞萨项目的建设目标进行集约化管理，能够发挥建设工程项目咨询工作连贯性的优势，能更好地加强投资管控，实现投资成本控制目标。

巴瑞萨项目聘请的中介机构在工程造价咨询和工程财务咨询方面有丰富的经验，积累了大量基本建设项目有关的优秀案例和最佳实践，通过中介机构全过程的跟踪咨询服务工作，以合同管理为抓手，贯彻落实“投资、建设、设计、监理”四位一体模式，对巴瑞萨项目前期建设工作程序、合同执行情况、管理制度建设情况、设备材料物资管理情况、财务管理情况等进行全面诊断，并针对巴瑞萨项目实际提出切实可行的操作建议、指导巴瑞萨项目整改完善，并利用“回头看”的方面督促巴瑞萨项目落实，有助于巴瑞萨项目投资成本的管控。

（三）经济效益明显，保障项目投资收益

巴瑞萨项目在电建海投公司“投建运一体化”管理思想的指导下，努力探索并践行出适用于巴瑞萨项目“投建运一体化全生命周期财务管理”的良好模式，规避传统海外EPC项目财务管理的重事中控制、轻事先决策；重会计核算、轻管理分析的弊端，有效降低财务风险和建设成本，同时提前谋划运营期电费回收机制、成本费用管控模式，项目投资收益预期可观。

“不谋长远者，不足以谋一域”。巴瑞萨项目在境外投资实践过程中通过对“投建运一体化”财务管理特点的研究，进而稳健推进巴瑞萨项目投资、融资、建设、运营。巴瑞萨项目秉承“纸上得来终觉浅，绝知此事要躬行”的理念，认真履行项目实施过程中财务管理工作，脚踏实地走好每一步，更好地适应孟加拉市场，提升巴瑞萨项目市场竞争力，增强企业的控制力、影响力、抗风险能力，为其他电力项目财务管理体系建设提供借鉴。

成果创造人：卢洪波、赵振庆、袁子丽、户宝磊、王家琨

【参考文献】

[1]盛玉明，杜春国，李铮.《“一带一路”倡议下的境外投资开发实务》，北京：中国人民大学出版社，2019：1-379.

基于信息技术的合同风险管理体系建设

湖北三江航天万峰科技发展有限公司

一、基于信息技术的合同风险管理体系建设的实施背景

（一）完善企业内控体系，实现合同规范管理的迫切需要

任何企业的产品或服务都是通过合同实现的，合同管理在现代企业制度中起着重要作用。国资委下发了《中央企业全面风险管理指引》，财政部出台了《内部控制基础规范及其配套指引》，两个文件规定了企业内部控制和风险管理体系建设的基本框架和要求。合同管理是企业内部控制体系的核心业务，很多企业因为合同管理制度不健全、合同管理流程不完善、执行过程存在缺陷及管理工具缺失，导致出现合同无效、合同未归档、合同丢失、合同价格不合理、合同款项不能回收、出现重大合同纠纷等问题，对企业生产经营造成重大影响。根据企业内部控制应用指引第 7 号（采购业务）、第 9 号（销售业务）、第 16 号（合同管理）、第 17 号（信息传递）、第 18 号（信息系统）的要求，公司必须加快完善合同管理制度，建立起信息互通、资源共享、能力协同、灵活高效的现代化合同风险管控机制，实现合同管理的规范化、标准化、信息化、智能化，提高市场响应速度与合同履约能力，为公司科学健康可持续发展夯实基础。

（二）提升依法治企水平，助力公司防控风险的客观要求

党的十九届四中全会对推进国家治理体系和治理能力现代化作出重大战略部署，在推动经济高质量发展方面指出，要增强国有经济竞争力、创新力、控制力、影响力和抗风险能力，做强做优做大国有资本。当前，国有企业治理体系和治理能力现代化是全面深化国企改革、完善现代企业制度的核心内容。健全合同风险管理体系，提升依法治企水平，对国有企业治理体系和治理能力现代化有着重要作用。

企业经营活动都是通过合同的签订及履行来体现的，合同是企业从事经营活动取得经济效益的纽带和载体，也是产生纠纷和法律风险的重要源头。合同风险是企业常见的重要风险，企业大部分法律纠纷诉讼案件都是由于合同管理不规范及履行监督不到位引起的，企业的经营成败与合同管理关系密切，合同因其重要性决定了其控制不当会导致严重后果。有些企业对合同的签订比合同的履行更为看重，导致合同不能全面履行或监控不当，监控执行方面效率不高，浪费了大量的人力、物力，可能导致企业诉讼失败、经济利益受损。加强合同风险管控既是公司应对复杂市场竞争环境的需要，也是提升、整合、强化现有管理体系的客观要求，是落实中国航天科工“成本工程”与“价值工程”的有效举措。建立健全合同风险防范机制，是确保企业依法合规、诚信经营的重要条件，有助于提高企业参与国内外市场竞争的能力，降低和防范合同风险带来的经济损失。

（三）提升公司管理效率，加快公司转型升级的必然选择

合同管理过程包括市场调查、资信调查、比价、合同谈判、起草、审批、合同签订、履行、支付、变更、登记归档、违约处理、争议解决等环节，是企业管理的重要内容。万峰公司作为航天军工企业，其航天产品属于结构复杂的巨系统，呈现出研制生产周期长、协作配套多且广、批量小、品种多、更新快、需求急等特点，长期以来公司多型号并行、多状态并线，合同数量繁多，涉及的部门及岗位多，合同履约周期长。以前公司主要靠人工台账对合同进行管理，合同经办人员需提交纸质合同进行审核，往往要在部门之间来回奔波，且容易出现信息不对称、信息不全、信息不畅、信息失真等现象，导致合同管理难度大、效率低、利用不便、耗时耗力、易出差错、不易监控、易出现合同纠纷等问题。当前，万峰公司正处于转型升级、二次创业的发展机遇期与结构调整期，对技术水平和精益管理能力的需求越来越高，必须加快建设覆盖全面、统计准确、管理科学、运作高效的合同管理体系。通过采用信息化手段改进合同管理，可以大幅减少合同管理人员的重复劳动，提升合同信息的即时性、准确性、规范性，避免信息在人工收集与传递过程中的失真，令合同相关信息经授权后得以共享，促进合同信息利用，降低人工差错和舞弊的机率，从而提升管理水平，为推动万峰公司转型升级、高质量发展奠定坚实基础。

二、基于信息技术的合同风险管理体系建设的主要内涵及做法

本成果以系统控制理论为指导思想，以建设基于信息技术的合同全生命周期风险管理体系为宗旨，以“管理信息化、过程可追溯、统计自动化、监控实时化、控制自动化、利用自助化”为目标，全面识别合同管理各环节的风险因素，分析风险成因，评估风险影响程度，充分运用信息、反馈与控制等方法，深入开展合同风险专项治理，完善了合同管理制度，优化了合同管理流程，运用信息技术对合同进行系统管理，实现了合同管理与计划管理、合格供方管理、支付管理等业务联动，打造了一个集历次合同记录自动关联统计、合同收付款、审批、执行、质保金支付情况即时统计、跟踪控制、归档等功能于一体的“一站式”合同管理平台，确保了合同管理全流程的标准化、表格化、信息化控制，对合同全生命周期实现了闭环管理。通过建设基于信息技术的合同风险管理体系，为业务部门利用合同信息、及时监控合同执行及收支情况提供了平台，既为公司节省了时间成本，降低了交易成本，又加速了资金周转，提高了资金使用效率，提升了合同履约能力，从而有效防范了法律风险，降低了运营风险，控制了财务风险。主要做法有以下五个方面：

（一）深入开展合同风险分析与评价

公司组织业务部门全面搜集内外部合同管理风险信息及风险事件，梳理合同管理流程，深入查找内控环节重要风险点，分析合同风险形成原因。审计部门对合同相关流程存在的风险同步开展专项诊断，包括开展了科研生产计划执行情况的专项审计调查，主要调查与合同相关的科研生产计划下达、任务完成及回款情况，发现了合同相关业务部门存在信息传递不到位、漏结算的风险；开展了合同签订情况的审计调查，发现了合同金额有误、合同单价错误、合同约定的付款方式、物料型号、质保期限与谈判约定不一致等问题；开展了公司协外收入结算情况的审计调查，发现了协外业务存在“有计划无合同、有合同无结算、有结算无回款”的风险。经过各部门广泛收集信息，公司完善了合同风险清单，经过风险评估，共确定18项重要风险，主要涉及财务风险、运营风险及法律风险（见表1）。

表1　合同重要风险清单

序号	阶　段	重要风险点	造成的影响
1	计划管理	与有合作意向的客户未及时签订合同并启动项目实施	后期可能难以签订合同或未签订合同，公司无法结算收入
2	市场调查	合同承办部门对标的物的市场分布、生产厂家、价格、服务等未按照“货比三家”的原则做好市场调查	未能充分收集潜在的合格供方的信息，或收集的供方不满足要求
3	资信调查	对合作方资信审查不严格	合作方缺乏诚信或履约能力不足，导致合同不能全面有效履行
4	价格谈判	对市场价格调查不充分，未进行成本核算	合同价格不适当，影响公司利益
5	合同洽谈	未按照有理有利有节及公平合理的原则进行合同洽谈	合同内容有损公司利益
6	合同起草	合同条款不完整、内容不规范、条款内容不明确	影响合同执行，损害公司利益，易产生合同纠纷
7	合同审核	负责合同审核的相关部门未能认真审核合同条款的内容	可能出现合同标的物的数量、规格、价格、质量保证措施等内容达不到预期目的
8	合同审批	未按照合同授权规定提交审批，重大合同未执行“三重一大”决策制度	合同签订过程违反集团公司有关规定
9	合同签订	合同签署文件与提交审批的文件不一致，合同签署不规范，未经批准私自签订合同；未及时完成合同签订	出现舞弊行为或合同效力存在瑕疵
10	印章管理	合同专用章未按规定管理	未经批准私自签订合同
11	合同履行	公司未全面有效履行合同	产生法律纠纷，经济目标无法实现
12	合同变更或终止	合同变更或终止未形成书面文件	合同履行产生纠纷，或合法权益得不到支持
13	合同付款	本方违反约定多支付价款或提前支付价款	公司利益受损
14	合同回款	对方未履行支付价款义务	公司利益受损
15	合同登记归档	生效的合同未及时登记、归档	可导致合同丢失，影响合同及时履行，公司利益受损
16	合同日常管理	合同信息数据单薄，分类不满足报表需求，数据统计错误	统计数据无法共享，对合同执行情况监督困难
17	合同考核	未按照合同管理办法实施考核	合同管理制度流于形式，合同风险得不到有效控制
18	合同评估	未按要求定期对合同履行的总体情况和重大合同履行的具体情况进行分析评估	合同履行中存在的不足无法改进，合同管理水平难以提升

（二）制定合同风险管控目标和方案

万峰公司合同管理具有涉及的部门多、经办人员多、合同数量多、流程覆盖面广、执行时间长等特点，之前公司缺乏有效的统计管理工具，存在靠人工管理台账、部门之间合同数据不一致、合同信息不能共享、利用不方便、合同履行情况监控难等诸多问题。针对上述情况，公司提出了利用信息技术实现合同全生命周期闭环管控的建设目标，制定合同管理提升工作方案，立足公司合同管理现状，从完善制度、规范合同管理流程、加强合同履行过程监控为出发点，构建基于信息技术的合同内部控制与风险管理体系，将合同管理各项要求嵌入公司生产经营的相关流程，应用信息化手段实现合同数据标准统一、管理过程可跟踪、即时统计、自动控制、关键点预警，达到合同全生命周期信息化管控目的，提升合同管理水平及风险防控能力。

（三）开展合同关键控制点信息化需求分析

万峰公司组织综合计划部、信息技术部、财务部、物资部、质量管理部、科研生产部等部门，对科研生产计划管理、市场调查、资信调查、比价、合同谈判、起草、评审、签订登记、履行、支付与回款、合同变更、纠纷处理、归档等全过程的重要风险明确了管控策略，根据流程梳理及风险分析结果，对合同管理各环节的信息化控制需求进行了研讨，制订了风险管控措施。新搭建的合同管理信息系统将以合同关键要素为载体，利用流程运算、数据校验等系统控制方法，以合同生命周期为具体管控内容进行信息系统的搭建（见表2）。

表2　合同风险控制措施及信息化需求

序号	风险发生阶段	重要风险点	控制措施及信息化需求
1	计划管理	与有合作意向的客户未及时签订合同并启动项目实施	将合同号与科研生产计划关联，同步将合同号信息写入科研生产计划内并显示
2	市场调查	合同承办部门对标的物的市场分布、生产厂家、价格、服务等未按照“货比三家”的原则做好市场调查	提交市场调查报告，比价管理部门按照比价管理办法进行监督
3	资信调查	对合作方资信审查不严格	按照《万峰公司合同管理办法》执行资信调查程序，提交资信调查结果
4	价格谈判	对市场价格调查不充分，未进行成本核算	提供三家以上合格供方报价，并通过网络平台进行询价
5	合同洽谈	未按照有理有利有节及公平合理的原则进行合同洽谈，泄漏标的	组织比价谈判小组进行谈判，形成谈判预案，提交比价结果扫描资料
6	合同起草	合同条款不完整、内容不规范、条款内容不明确	使用统一的合同分类文本，加强合同条款的审查
7	合同审核	负责合同审核的相关部门未能认真审核合同条款的内容	实行合同网上审签，合同提交审核时，同时提交比价相关资料
8	合同审批	未按照合同授权规定提交审批，重大合同未执行“三重一大”决策制度	实行合同网上审签，按照合同分类、金额设置审批权限和流程

续表

序号	风险发生阶段	重要风险点	控制措施及信息化需求
9	合同签订	合同签署文件与提交审批的文件不一致，合同签署不规范，未经批准私自签订合同	完善合同管理系统，合同审批通过后，系统提供合同编号管理、合同文本水印控制打印管理
		未及时完成合同签订	实行科研生产计划与合同关联，定期开展科研生产计划与合同签订情况清理
10	印章管理	合同专用章未按规定管理	执行《万峰公司印章管理办法》，通过流程审批的合同方可盖章
11	合同履行	公司未全面有效履行合同，引起法律纠纷	建立项目计划执行情况反馈系统，实行科研生产计划与合同号关联，完善合同台账管理；定期清理并报告合同执行情况，实行财务收支预算管理
12	合同变更或终止	合同变更或终止未形成书面文件	合同变更文件与合同同时归档
13	合同付款	本方违反约定多支付价款或提前支付价款	严格按照合同约定付款，通过合同管理系统自动统计合同付款金额及比例，超额自动停止支付
14	合同回款	对方未按合同约定履行支付价款义务	将销售合同回款纳入预算考核，通过合同管理系统自动统计合同回款金额及回款率，逾期未回款系统自动提醒
15	合同登记归档	生效的合同未及时登记、归档	合同线下签订完毕后，合同承办人将合同信息录入系统，并上传签字盖章扫描件，进行合同归档
16	合同日常管理	合同信息数据单薄，分类不满足报表利用需求，数据统计错误	完善合同信息要素，实现各类数据自动统计，系统之间数据互联互通
17	合同考核	未按照合同管理办法实施考核	按照《合同管理办法》对合同承办人员进行考核
18	合同评估	未按要求定期对合同履行的总体情况和重大合同履行的具体情况进行分析评估	合同主管部门每年末对合同履行的总体情况和重大合同履行的具体情况进行分析评估

（四）完善合同管理制度和业务流程

通过大量的制度对标、流程梳理及职责清理，公司对合同管理业务进行了全面清查，对管理制度的薄弱环节、流程实施不畅之处进行了改进，从合同评审开始，以合同的签订、履约为主线，以收支管控为核心，将合同的流转过程与相伴随的资金流、信息流有机地结合成一个整体，将整个合同管理归纳为一个全程、全网的闭环工作流程，并在此基础上建立一个完全基于工作流的合同管理体系。

根据合同风险梳理情况，公司修订了合同管理制度，明确了合同相关业务流程的控制要求，共完善22项业务流程、约80余项审批流程。完善了《供方评定程序》《合同授权管理办法》《合同审批管理流程》《档案管理规定》《公司印章管理制度》等，对合同管理相关的业务活动进行了规范。

在合同管理信息化方面，公司应用合同管理系统实现合同审批管理，将合同审批流程按照审批权限和层级进行流程固化，各相关部门充分利用合同管理系统进行合同审批信息的流转，从而使合同文档、审批意见、签订状态等信息能够有效传递。合同管理系统提供了图形化的流程运行监控，可直观查看流程各节点的办理情况和办理信息，支持顺序、同步、异步、派生、支持协作和公式等复杂流程条件。公司 ERP 系统中对采购和销售业务均以合同为核心进行管理，包括采购请购、订货、到货、入库、开票、结算的完整采购流程，以及销售管理中订单、发货、开票的完整销售流程（见图 1）。

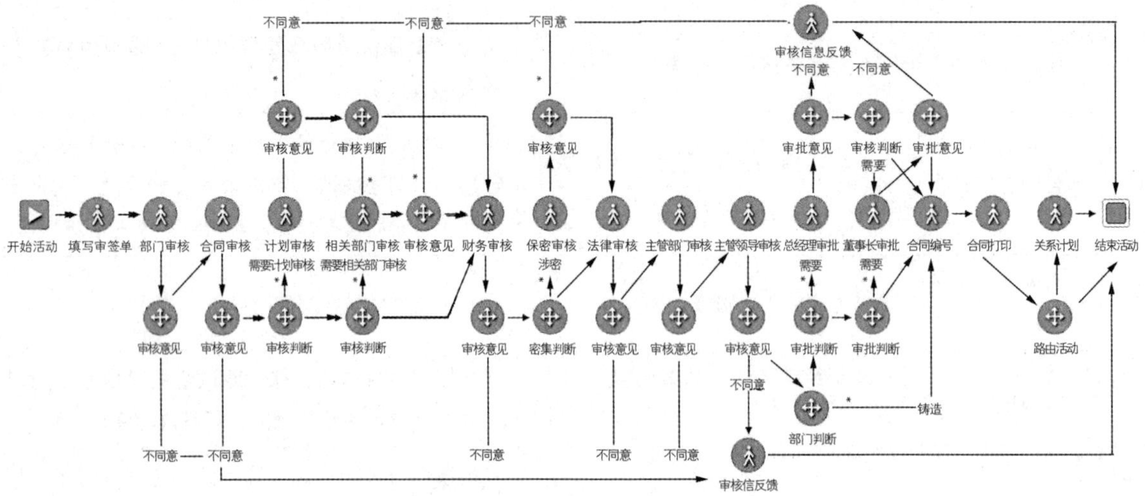

图 1　合同审签单流程图

（五）构建合同信息化管理系统

根据《企业内部控制应用指引第 16 号——合同管理》要求，合同管理部门应当加强合同登记管理，充分利用信息化手段，定期对合同进行统计、分类和归档，详细登记合同的订立、履行和变更等情况，实行合同的全过程封闭管理。万峰公司积极开展大数据、云计算、物联网、数据挖掘技术等新技术的研究与应用，自主开发的综合信息平台，是公司内部信息系统的核心和基础，也是公司各类业务应用纵向贯通、横向集成的桥梁，基于此集成了 OA 系统（办公自动化系统）、ERP 系统（企业资源计划）、PLM 系统（产品全生命周期管理）、BI 系统（商业智能数据统计分析平台）、MES 系统（制造企业生产过程执行管理系统）等多类系统，确保了数据实时交换互通。公司根据合同风险管控需求基于综合信息平台建立了合同信息化管理系统，具备良好的兼容性，能与 OA、ERP、PLM、BI、MES 等系统进行数据整合、业务集成、数据挖掘分析，实现了“合同数据上平台、统计自动化、实时可监测、过程可追溯、超标有控制、归档电子化”的信息化控制要求。

其主要内容如下：

1. 合格供方风险控制

为有效控制合同客商非合格供方不能满足质量要求的风险，公司在合同管理系统中建立了客商管理板块，对合格供应商进行分类评级，业务人员将拟好的合同文本提交审签时，合同客商需从客商管理板块合格供方名录中选取，非合格供方则无法完成合同签署（见图 2）。

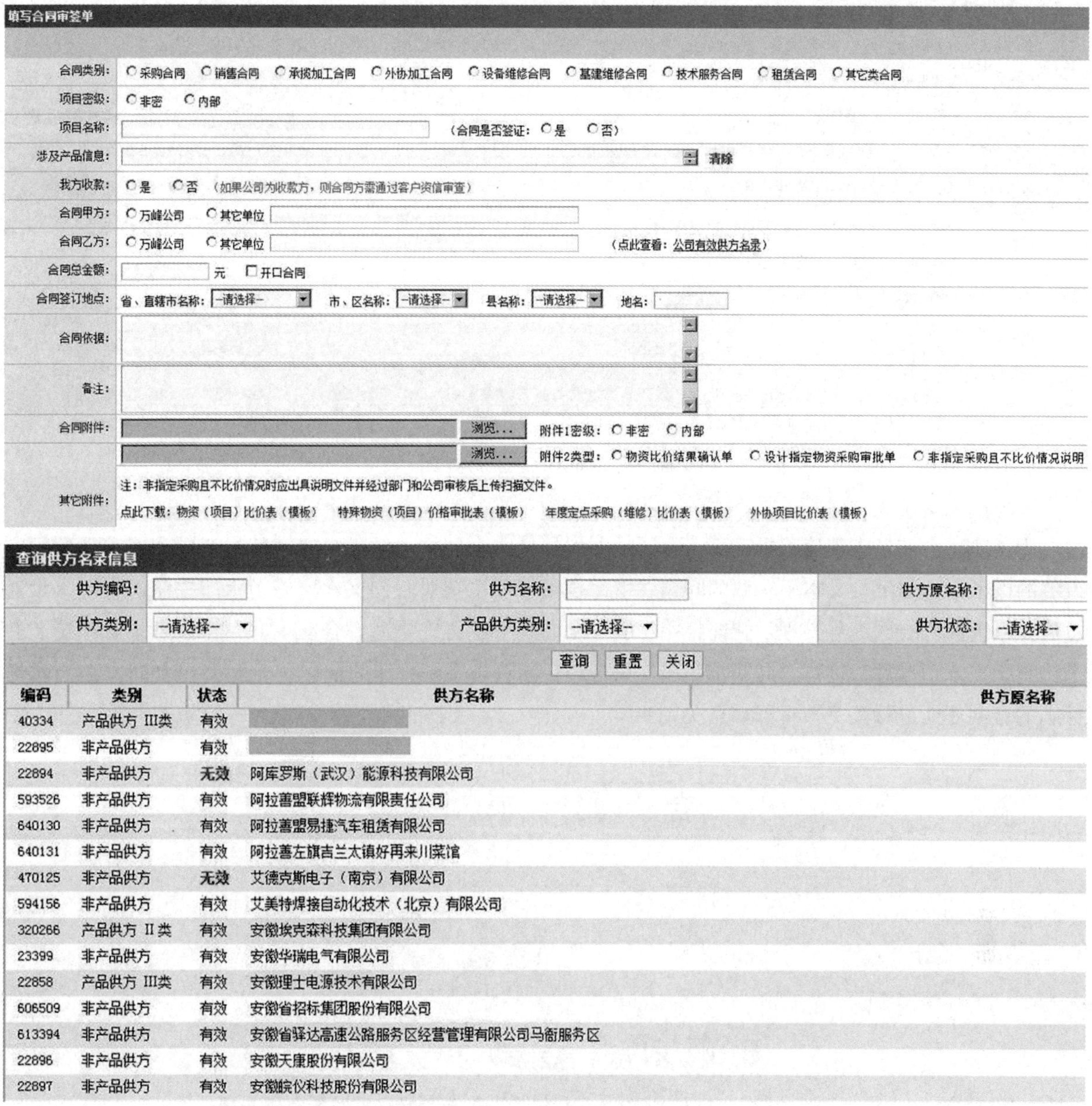

图2　合格供方控制界面

2. 合同价格风险控制

为了防范合同金额与比价金额不一致的问题发生，业务人员将拟好的合同文本提交审签时，必须在合同管理系统中同时提交相应的比价资料供相关审核人员验证，从而避免因信息不对称导致价格不一致的风险（见图3）。

合同审签单详细信息 【×】

合同编号：	WF(采)-19-294　合同总金额：110000 元，已支付 99000 元，支付比例 90 %。点此查看：支付记录	签订时间：	
项目名称：	**结构设计参数化嵌入式管理模块**	项目密级：	非密
合同类别：	采购合同 （不需要鉴证）	合同总金额：	110000 元 （壹拾壹万元整）
合同依据：	万峰公司2019年度本级固定资产投资项目，编号：2019ZWF002	合同签订地点：	湖北省孝感市
合同甲方：	湖北三江航天万峰科技发展有限公司	合同乙方：	湖北联硕软件技术有限公司
合同方信息：	目前公司与“湖北联硕软件技术有限公司”之间已有 13 次合同记录，合同金额总计 167.20 万元。已向该公司支付合同款总计 134.40 万元。 点此查看：合同记录　支付记录		

合同附件：

文件名称	文件密级	文件大小
294.pdf	内部	2122576 KB
结构设计参数化嵌入式管理模块采购.WF(采)-19-.doc	非密	80384 KB
技术协议（结构设计参数化嵌入式管理模块）WF(信)-2019-02.doc	非密	55296 KB

其它附件（添加）：

文件名称	文件类别	文件大小	备注
结构设计参数化嵌入式管理模块物资（项目）价格审批表.pdf	物资比价结果确认单	716228 KB	

图 3　合同价格控制界面

3. 合同文本风险控制

为了防止合同经审签流程批准后，合同承办人员打印合同文本时私自修改替换合同内容，导致提交审签的电子文本与纸质文本不一致的问题发生，合同管理系统对合同文本实施了水印控制。合同审批通过后，系统提供合同编号管理、合同打印功能。合同线下签订完毕后，合同承办人将信息录入系统，并上传签字盖章扫描件，进行合同初步归档。只有经合同管理系统打印的含有“万峰公司合同文本”水印标志的合同才能进行签字盖章归档（见图 4）。

合　同　书

万峰公司合同文本

项 目 名 称：电连接器

买　　方（甲方)：湖北三江航天万峰科技发展有限公司

卖　　方（乙方)：郑州航天电子技术有限公司

签 订 地 点：湖北三江航天万峰科技发展有限公司

签 订 日 期：2018 年 1 月 11 日

续图

0612-D-3024012-1790-非密-万峰公司合同文本

电连接器购买合同

买方：湖北三江航天万峰科技发展有限公司（以下简称甲方）

卖方：郑州航天电子技术有限公司 （以下简称乙方）

依据《中华人民共和国合同法》的相关规定，甲乙双方在公平自愿的原则下于 2018 年 1 月 11 日就 电连接器 项目，经协商一致，签订本合同。

第一条：货物名称、型号、规格、单价、数量和金额等：

序号	名称	型号	厂家	数量	单价(元)	金额

图 4　合同文本控制界面

4. 采购合同支付风险控制

对合同履行过程进行线上监控，为了控制采购合同付款进度，减少付款过程统计、查阅数据工作难度，防范业务部门超过合同额度付款风险发生，合同管理系统对超出合同额度的支付款项，将自动停止支付并发出预警信息，对合同付款环节的财务审核风险进行了强制控制，解决了审核把关不严的缺陷（见图 5）。

审签单号	待办情况	合同类别	合同编号	项目名称	合同总金额	已支付/回款金额	合同甲方
3460759		采购合同	WF(采)-19-82	车载定位定向设备	22420000 元	17936000 元 (80%)	湖北三江航天万峰科技发展有限公司
3459991		采购合同	WF(采)-19-78	气压高度计	22000 元	19800 元 (90%)	湖北三江航天万峰科技发展有限公司
3459903		采购合同	WF(采)-18-379	20kW直流取力发电机	1000000 元	300000 元 (30%)	湖北三江航天万峰科技发展有限公司
3459601		采购合同	WF(采)-19-81	锻件	376360.99 元	329203.08 元 (87%)	湖北三江航天万峰科技发展有限公司
3459372		采购合同	WF(采)-19-79	锻件	54915 元	50770.8 元 (92%)	湖北三江航天万峰科技发展有限公司
3456861		采购合同 （开口）	WF(采)-19-61(补)	关于WF(采)-19-61合同条款的变更协议	0 元		湖北三江航天万峰科技发展有限公司
3454321		采购合同	WF(采)-19-74	移动式万向摇臂钻床	44000 元	38575.86 元 (87%)	湖北三江航天万峰科技发展有限公司
3450609		采购合同	WF(采)-19-77	柴油发电机组	1740000 元	1392000 元 (80%)	湖北三江航天万峰科技发展有限公司
3447004		采购合同	WF(采)-19-72	角度传感器等	43620 元	87240 元 (200%)	湖北三江航天万峰科技发展有限公司
3446921		采购合同	WF(采)-19-73	技研所1306插接件购买合同	285600.97 元	257000 元 (89%)	湖北三江航天万峰科技发展有限公司
3446633		采购合同	WF(采)-19-71	工具采购	12100 元	12100 元 (100%)	湖北三江航天万峰科技发展有限公司
3445437		采购合同	WF(采)-19-70	批产品配套补差合同	3072000 元	3072000 元 (100%)	湖北三江航天万峰科技发展有限公司
3445386		采购合同	WF(采)-19-69	07批产品配套暂定价合同	1787900 元	540000 元 (30%)	湖北三江航天万峰科技发展有限公司
3443761		采购合同	WF(采)-19-68	01-P01批热像仪合同	30000000 元	9000000 元 (30%)	湖北三江航天万峰科技发展有限公司
3441264		采购合同	WF(采)-19-62	折叠机构暂定价合同	205000 元	164000 元 (80%)	湖北三江航天万峰科技发展有限公司
3440665		采购合同 （开口）	WF(采)-19-60	加油站定点加油合同	0 元		中国石油天然气股份有限公司湖北孝
3439684		采购合同	WF(采)-19-63	直流伺服电动机	177100 元	159390 元 (90%)	湖北三江航天万峰科技发展有限公司
3439668		采购合同	WF(采)-19-64	直流伺服电动机	431200 元	129360 元 (30%)	湖北三江航天万峰科技发展有限公司
3439458		采购合同	WF(采)-19-61	转载车喷保护膜	13500 元	12150 元 (90%)	湖北三江航天万峰科技发展有限公司
3438990		采购合同	WF(机)-19-02	升液管、密封垫、石墨转子采购合同	50100 元	45090 元 (90%)	湖北三江航天万峰科技发展有限公司
3438779		采购合同	WF(采)-19-66	综控显示终端	320000 元	256000 元 (80%)	湖北三江航天万峰科技发展有限公司

图 5　采购合同支付控制界面

5. 销售合同回款风险控制

为了加强公司销售业务回款管理，降低应收账款风险，公司合同管理系统实行了回款结算情况自动统计并计算回款比例，客商与公司所有合同关系、往来款项一目了然。合同逾期未回款，系统自动发出提醒信息，促进业务部门加强回款，同时为相关部门实施监控提供了便捷条件（见图 6）。

合同类别	合同编号	项目名称	合同总金额	已支付/回款金额	合同甲方
销售合同	WF(销)-18-103	[redacted]产品采购合	2100000 元	460000 元 （21%）	湖北三江航天红阳机电有限公司
销售合同	WF(销)-18-104	轮胎及电池销售合同	890000 元	890000 元 （100%）	中国[redacted]
销售合同	WF(销)-18-102	[redacted]装备研制合同（120工程研制补差价合同）	3505000 元	3505000 元 （100%）	湖北航天技术研究院总体设计所
销售合同	WF(销)-18-100	侧拉杆（二）销售合同	8000 元	8000 元 （100%）	湖北万航特机电科技有限公司
销售合同	WF(销)-18-101	[redacted]装备维修器材销售合同	253540 元	256540 元 （101%）	上海东湖机械厂
销售合同	WF(销)-18-96	XDH及XT项目销售合同	173700 元	173700 元 （100%）	中国[redacted]
销售合同	WF(销)-18-97	标准件、转向臂支座销售合同	31500 元	31500 元 （100%）	湖北万航特机电科技有限公司
销售合同	WF(销)-18-98	[redacted]加工合同-驱动电缆 I	12113 元	12113 元 （100%）	湖南华菱线缆股份有限公司
销售合同	WF(销)-18-95	舵支座后起吊块销售合同	645400 元	645400 元 （100%）	中国[redacted]
销售合同	WF(销)-18-94	标准件、转向臂支座销售合同	12600 元	12600 元 （100%）	湖北万航特机电科技有限公司
销售合同	WF(销)-18-93	买卖合同(湘电-转速光电转换盒)	1338461.55 元	1201538 元 （89%）	湘潭电机股份有限公司
销售合同	WF(销)-18-92	产品买卖合同	6756.75 元	6756.75 元 （100%）	天津市航天安通电子科技有限公司
销售合同	WF(销)-18-91	配套产品订货合同（[redacted]AXB20批备件暂定价）	9178000 元		中国航天三江集团有限公司
销售合同	WF(销)-18-89	特殊通讯用方舱及配套设备8358-3	3082000 元	3082000 元 （100%）	天津津航技术物理研究所
销售合同	WF(销)-18-90	特殊通讯用方舱及配套设备8358-1	3082000 元	3082000 元 （100%）	天津津航技术物理研究所
销售合同	WF(销)-18-88	特殊通讯用方舱及配套设备8358-2	3082000 元	3082000 元 （100%）	天津津航技术物理研究所

图6　销售合同回款控制界面

6. 合同文档归档控制

合同评审、合同签订、合同履行及合同收支管理数据，均以合同档案的形式归档到系统，形成了一套闭合、完整的合同管控数据体系，便于相关部门查询和追溯，同时规范了业务部门工作流程，提高了文件归档完整率（见图7）。

合同审签单详细信息 【×】

合同编号：	WF(采)-17-43 合同总金额：473000 元，已支付 473000 元，支付比例 100 %。点此查看：支付记录		
项目名称：	开关电源供应器、三相可编程交流源、大功率可编程直流电子负载	项目密级：	非密
合同类别：	采购合同 （不需要鉴证）	合同总金额：	473000 元 （肆拾柒万叁仟元整）
合同依据：	综合计划部计划	合同签订地点：	湖北省孝感市
合同甲方：	湖北三江航天万峰科技发展有限公司	合同乙方：	武汉新奥德斯科技有限公司
合同方信息：	目前公司与“武汉新奥德斯科技有限公司”之间已有 12 次合同记录，合同金额总计 471.40 万元。已向该公司支付合同款总计 391.50 万元。 点此查看： 合同记录 支付记录		

合同附件：

文件名称	文件密级	文件大小
电源、电子负载合同.doc	非密	78848 KB
三相可编程交流源技术指标.doc	非密	30720 KB

其它附件（添加）：

文件名称	文件类别	文件大小	备注
2.1.3.18 开关电源供应器单项论证表.doc	固定资产投资项目单项论证表	38912 KB	2017年06月12日，综合计划部张丽上传。
三相可编程交流源调研情况报告表.pdf	固定资产投资项目调研情况报告	474881 KB	2017年06月12日，综合计划部张丽上传。
大功率可编程直流电子负载调研情况报告表.pdf	固定资产投资项目单项论证报告	499269 KB	2017年06月12日，综合计划部张丽上传。
开关电源供应器调研情况报告表.pdf	固定资产投资项目调研情况报告	478783 KB	2017年06月12日，综合计划部张丽上传。
2.1.3.19 三相可编程交流源单项论证表.doc	固定资产投资项目单项论证表	38400 KB	2017年06月12日，综合计划部张丽上传。
2.1.3.20 大功率可编程直流电子负载资单项论证表.doc	固定资产投资项目单项论证表	38400 KB	2017年06月12日，综合计划部张丽上传。
直流电子负载使用说明17-43.PDF	其它	216280 KB	2018年12月20日，物资部刘杰上传。
开关电源、电子负载比价单.PDF	物资比价结果确认单	328862 KB	
开关电源17-43合同终验收报告.PDF	验收报告	383732 KB	2017年06月20日，物资部刘杰上传。

图7　合同文档归档控制界面

7. 签订合同的依据控制

为了准确查询合同签订的依据及合同执行情况，每份合同关联了对应的科研生产计划，并同步在科研生产计划依据栏内显示合同号信息，作为合同签订或执行依据，相关人员能及时查阅签订合同的依据及计划执行情况（见图8）。

合同审签单详细信息 【×】

合同编号：	WF(销)-19-91 合同总金额：396901 元，已回款 396901 元，回款比例 100 %。点此查看：回款记录	签订时间：	
项目名称：	专用装备备件采购合同	项目密级：	非密
合同类别：	销售合同（不需要鉴证）	合同总金额：	396901 元（叁拾玖万陆仟玖佰零壹元整）
合同依据：	依据[redacted]队需求，定制一批底盘滤芯备件。	合同签订地点：	湖北省孝感市
合同甲方：	中国人民[redacted]队	合同乙方：	湖北三江航天万峰科技发展有限公司
合同方信息：	目前公司与“中国人民[redacted]队”之间已有 6 次合同记录，合同金额总计 334.64 万元。 点此查看：合同记录		

合同附件：

文件名称	文件密级	文件大小
WF(销)-19-91.PDF	内部	3062032 KB
专用装备备件采购合同.PDF	非密	3020011 KB
评审记录表.jpg	非密	240790 KB

其它附件：	添加
申请人：	军品市场部 张玖玖 2019年04月22日
部门审核：	同意。 军品市场部 徐道峰 2019年04月22日
计划审核：	同意。 综合计划部 陈苑柳 2019年04月23日

相关部门审核意见：

审核意见	审核人	审核时间
同意。	军民融合技术研究室 冯肖	2019年04月23日
同意。	质量管理部 崔小武	2019年04月23日
同意。	质量检验部 刘杰	2019年04月23日

财务审核：	同意。 财务部 虞欢 2019年04月23日		
法律审核：	同意 综合计划部 赵辉艳 2019年04月23日		
主管部门审核：	同意。 综合计划部 夏明权 2019年04月23日		
主管领导审核：	同意。 公司领导 王啸 2019年04月25日		
总经理审批：	同意。 公司领导 苏陈颖 2019年04月25日		
合同编号人：	综合计划部 黄利敏 2019年04月26日		
关联计划：	科研生产计划编号：峰计（2019）第（51）号	关联反馈人：	综合计划部 陈苑柳 2019年05月16日

查询峰计（2019）第（51）号 关于下达底盘滤芯备件生产计划的通知信息

计划名称：	峰计（2019）第（51）号 关于下达底盘滤芯备件生产计划的通知				
计划编号：	峰计（2019）第（51）号 【关联合同编号：WF(销)-19-91】			计划密级：	非密
计划依据：	WF(销)-19-91			计划类型：	协外
计划下发时间：	2019年04月26日			要求完成时间：	2019年05月20日
图纸加盖公章：	协外			计划员：	陈苑柳
计划内容：	详见附件。				

计划附件：

附件名称	附件大小
峰计（2019）第（51）号 关于下达底盘滤芯备件生产计划的通知.doc	31744 KB

部门审核意见：	同意				
审核结论：	同意。	审核人：	夏明权	审核时间：	2019年04月26日
主管领导审核意见：	同意。	审核人：	王啸	审核时间：	2019年05月08日
生产令号：	XW/96735	计划员：	刘剑	下发时间：	2019年05月14日
传阅调度员：	刘剑				

计划执行情况反馈：

反馈部门	反馈人	反馈时间	计划执行反馈情况
财务部	杨三秀	2019年11月01日	同意。
物资部	杨普文	2019年07月03日	按计划要求落实。
质量管理部	崔小武	2019年05月30日	按要求组织落实。
科研生产部	王惠亮	2019年05月23日	按要求落实
工艺技术部	张鹏	2019年05月23日	按计划要求配合完成该滤芯备件的生产加工任务。
质量检验部	刘杰	2019年05月16日	积极配合完成任务。

计划员核实意见：	已完成	计划员：	陈苑柳	下发时间：	2020年04月17日

图 8　合同依据及执行查询界面

8.合同台账管理控制

合同管理系统提供“一站式”服务，一人录入信息后，授权人均可享用，避免了不必要的用户操作负荷，确保信息统一规范，在各系统中充分共享，实现“一个入口，多个出口”。合同管理系统提供多种要素检索查询服务，用户可以按照合同编号、时间、承办人、合同主体、项目名称、产品信息、合同类别、合同金额、付款比率等要素进行查询，便捷准确。系统支持数据库自定义导出、下载电子附件和进行数据的多级分类展示等（见图9）。

审签单号	待办情况	合同类别	合同编号	项目名称	合同总金额	已支付/回款金额	合同甲方	合同乙方
3690869		采购合同	WF(采)-19-410	强度试验装置	1362000 元	1362000 元 （100%）	湖北三江航天万峰科技发展有限公司	西安康本材料有限
3689899		基建维修合同	WF(基)-19-14	801厂房一层厕所改造工程合同	201000 元		湖北三江航天万峰科技发展有限公司	湖北三江航天建筑
3689894		基建维修合同	WF(基)-19-13	801厂房机加车间通道地坪漆涂装工程	95000 元	75600 元 （79%）	湖北三江航天万峰科技发展有限公司	无锡市庄周化学工
3689751		外协加工合同	WF(外.815)-19-104	40横梁委托热处理加工合同	18600 元	17670 元 （95%）	湖北三江航天万峰科技发展有限公司	武汉科虹麦特热处
3689661		外协加工合同	WF(外.815)-19-105	铝铸件委托运输合同	3250 元	3250 元 （100%）	湖北三江航天万峰科技发展有限公司	余志林
3689168		采购合同	WF(采)-19-396	直缝自动氩弧焊接设备	980000 元	196000 元 （20%）	湖北三江航天万峰科技发展有限公司	艾美特焊接自动化
3688920		承揽加工合同	WF(协.815)-19-78	加工定作合同	434175 元	285075 元 （65%）	湖北三江航天红林探控有限公司	湖北三江航天万峰
3688910		承揽加工合同	WF(协.815)-19-76	横梁加工协作合同	480800 元	480800 元 （100%）	鄂州科贝激光有限公司	湖北三江航天万峰
3688838		采购合同	WF(采)-19-463	激光器	82000 元	73800 元 （90%）	湖北三江航天万峰科技发展有限公司	长春新产业光电技
3688744		采购合同	WF(采)-19-453	开关、断路器、指示灯	99674 元		湖北三江航天万峰科技发展有限公司	贵州振华华联电子
3688357		其它类合同	WF(它)-19-57	2*2弹库原理样机订货合同	2080000 元	620000 元 （29%）	湖北航天技术研究院总体设计所	湖北三江航天万峰
3688176		承揽加工合同	WF(协.815)-19-74	机柜铸件加工协作合同	60000 元	60000 元 （100%）	河北兴锐特机电科技有限公司	湖北三江航天万峰

图9　合同台账管理界面

9. 合同统计管理功能

公司合同管理系统提供“一站式”的信息服务和业务办理服务，合同系统能够从不同角度对系统数据进行统计分析，授权用户可以提出自身需要的统计样式，进行报表定制。不仅实现了多要素检索查询功能，还具备对客商与公司所有合同记录自动统计、合同收付款情况即时统计功能，为用户提供精确、快速、有效的决策支持（见图10）。

合同审签单详细信息 【×】

合同编号：	WF(外.物)-18-11 合同总金额：103896 元，已支付 93506 元，支付比例 89 %。点此查看：支付记录	签订时间：	
项目名称：	外协零件加工	项目密级：	非密
合同类别：	外协加工合同 （不需要鉴证）	合同总金额：	103896 元 （壹拾万零叁仟捌佰玖拾陆元整）
合同依据：	生产计划	合同签订地点：	湖北省孝感市
合同甲方：	湖北三江航天万峰科技发展有限公司	合同乙方：	孝感合兴机械有限公司
合同方信息：	目前公司与“孝感合兴机械有限公司”之间已有 19 次合同记录，合同金额总计 122.14 万元。已向该公司支付合同款总计 218.92 万元。 点此查看： 合同记录 支付记录		

相关合同（关闭）：

合同编号	合同类别	项目名称	合同金额	已支付金额	支付比例	申请部门	申请时间
WF(外.制)-19-73	外协加工合同	零件外协加工合同	142123 元	0 元	0 %	科研生产部	2019年07月22日
WF(外.制)-19-63	外协加工合同	试样零件外协加工合同	15592 元	15592 元	100 %	科研生产部	2019年07月01日
WF(外.物)-19-52	外协加工合同	零部件外协加工	182215 元	163993.5 元	90 %	物资部	2019年05月27日
WF(外.制)-18-70	外协加工合同	零件外协加工合同	11925 元	10732.5 元	90 %	科研生产部	2018年09月26日
WF(外.物)-18-63	外协加工合同	底座零件外协加工	0 元	0 元	0 %	物资部	2018年08月31日
WF(外.815)-18-45	外协加工合同	封盖金属模具加工合同	3000 元	3000 元	100 %	有色铸造分公司	2018年06月26日
WF(外.制)-18-33	外协加工合同	零件外协加工合同	343270.62 元	343270.62 元	100 %	科研生产部	2018年05月18日
WF(采)-18-57	采购合同	底盘零件外协加工	91408 元	91408 元	100 %	物资部	2018年04月04日
WF(外.物)-18-11	外协加工合同	外协零件加工	103896 元	93506 元	89 %	物资部	2018年02月28日
WF(外.815)-17-05	外协加工合同	金属模具维修加工合同	7650 元	114550 元	1497.39 %	有色铸造分公司	2017年01月17日
WF(外.制)-17-03	外协加工合同	零件外协加工合同	244529 元	244529 元	100 %	制造部	2016年12月30日
WF(外.815)-16-85	外协加工合同	支架金属模修复加工合同	29500 元	29500 元	100 %	有色铸造分公司	2016年11月10日
WF(外.物)-16-71	外协加工合同	底盘零件外协加工及热处理	0 元	0 元	0 %	物资部	2016年10月05日
WF(外.制)-16-65	外协加工合同	零件外协加工合同	0 元	0 元	0 %	制造部	2016年09月01日
WF(外.制)-16-52	外协加工合同	螺纹座零件外协加工合同	0 元	0 元	0 %	制造部	2016年07月14日
WF(外.物)-16-11	外协加工合同	底盘零件外协加工	0 元	0 元	0 %	物资部	2016年03月01日
WF(外.制)-15-34	外协加工合同	底盘零件外协加工合同	0 元	0 元	0 %	制造部	2015年09月15日
WF(外.制)-15-30	外协加工合同	底座外协加工合同	0 元	0 元	0 %	制造部	2015年09月10日
WF(制)-15-13	外协加工合同	底座外协加工合同	46320 元	46320 元	100 %	制造部	2015年04月03日

借支单号	类别	借支金额	合同编号	收款单位	付讫时间	借支人
3747717	支付	1696 元	WF(外.制)-15-34	孝感合兴机械有限公司	2020年04月16日	物资部 胡伟
3683062	支付	63993.5 元	WF(外.物)-19-52	孝感合兴机械有限公司	2019年11月05日	物资部 夏维杰
3626045	支付	100000 元	WF(外.物)-19-52	孝感合兴机械有限公司	2019年10月10日	物资部 夏维杰
3622436	支付	15592 元	WF(外.制)-19-63	孝感合兴机械有限公司	2019年08月23日	科研生产部 郭志财

图 10　合同统计管理界面

10. 合同法律风险控制

《中国航天科工集团关于防范化解重大风险的实施方案》要求各单位建立健全合同法律审核工作流程，实现经济合同100%法律审核。万峰公司将合同法律风险分为合同内容风险和合同流程风险，并建立结构化的风险清单，进行分析、评价，能够有效预防企业合同法律风险。公司制定了合同文本自检表，由合同承办部门对市场调查、资信调查、招标投标、合同谈判、事项决策、合同授权等30项内容进行自查，出具自查结论，经自查合格的合同方可提交法律审核（见表3）。

表 3　合同文本自检表

<table>
<tr><td colspan="3">合同文本自检表</td></tr>
<tr><td colspan="3">合同名称：______________________　　　合同编号：</td></tr>
<tr><td colspan="3">承办部门：　　　　　　　　　　　　　　承办人员：</td></tr>
<tr><td>自检项目</td><td>自检要点</td><td>自检结果</td></tr>
<tr><td>一</td><td>合同准备</td><td></td></tr>
<tr><td>（一）</td><td>调　查</td><td></td></tr>
<tr><td>1. 市场调查</td><td>是否对标的的技术、市场等方面进行综合分析论证，合同项目是否经过可行性论证，专业性较强的合同有无咨询意见书</td><td></td></tr>
</table>

续表

2. 资信调查	（1）是否对签约对象的民事主体资格、银行信誉、技术和生产能力、产品质量、保密资质、专业资质和专业许可等进行审查	
	（2）签约对象是否具有拟签合同的履行能力和独立承担民事责任的能力	
（二）	签订方式	
3. 招标投标	需要以招标、拍卖等特殊方式签订合同的，是否履行招标、拍卖等程序	
4. 合同谈判	是否进行了合同谈判，谈判过程中的重要事项和谈判人员的主要意见是否形成书面记录并保存	
（三）	内部程序	
5. 事项决策	合同涉及“三重一大”决策事项的，该事项是否经过决策机构审议通过	
6. 合同授权	授权书内容是否完整、有效	
二	文本审核	
（一）	具体条款	
7. 名称	合同名称是否明确、规范，是否与合同约定的权利义务内容一致。如属于合同法分则中的有名合同，应使用合同法规定的合同名称。如属于无名合同，合同名称应与合同约定的权利义务内容一致，反映合同性质	
8. 主体	当事人名称、住所、法定代表人姓名、统一社会信用代码证号码等信息是否准确，是否与工商登记信息一致。当事人为自然人的，其姓名、住所、身份证号码等信息是否准确，是否与居民身份证一致	
9. 标的	（1）标的是否合法，是否处于受限状态，合同所涉业务是否属于航天科工、航天三江禁止开展的业务	
	（2）与标的相关的法律、规范和标准的引用是否全面、准确，尤其是对标的定性分析和定量描述是否全面、精准	
10. 交付	（1）标的物包装、运输和交付方式及费用是否约定明确	
	（2）风险转移和所有权保留以及保险条款约定是否明确	
	（3）交付等时间上的要求（起止、阶段、期限、期日）是否明确，时间衔接是否无冲突，是否符合法定的期限要求	
	（4）标的物所在地、提货地、送货地、路线、空间界限或者范围是否明确	
11. 支付	（1）总价、单价、价格构成、支付方式、支付步骤、账户等是否明确，对外支付预付款的比例是否控制在合同金额的 30% 以内	
	（2）支付等时间上的要求（起止、阶段、期限、期日）是否明确，时间衔接是否无冲突，是否符合法定的期限要求	
	（3）是否充分评估合同的约定和履行对合同税收的影响	

续表

12. 质量	（1）标的物瑕疵声明和保证条款是否明确	
	（2）安装、调试、验收条款及质量标准是否完备，协助、条件提供、交接验收手续是否明晰	
	（3）质量保证期限、范围及质保金、质量异议及通知方式的约定是否明确	
	（4）质量问题解决方式、争议解决途径约定、是否明确	
13. 担保	保证、抵押、质押等条款是否严谨，保证责任类型是否明确	
14. 保密	（1）保密条款约定是否清晰，是否符合要求	
	（2）违反保密条款，责任追究依据是否合法合规	
15. 知识产权	（1）知识产权权利归属、申请权利、使用权利、利益分配和权利转让等内容是否明确，是否符合我方利益	
	（2）对知识产权授权许可的许可性质、权利种类、分许可、转让和许可限制等约定是否明确，是否符合我方利益	
	（3）对于知识产权侵权等责任承担约定是否明确，能否维护我方合法权益，降低知识产权侵权风险	
16. 违约责任	潜在的纠纷预测是否全面，违约责任是否对应潜在的违约情形，违约责任形式是否可操作，是否足以挽回损失	
17. 争议解决	纠纷解决方式是否明确，是否存在无效情形，能否维护我方合法权益。选择诉讼方式时，管辖法院是否明确，是否有利于我方。选择仲裁方式时，仲裁机构是否明确，仲裁时适用的仲裁规则是否明确，仲裁员选择是否明确、合理	
18. 变更与解除	合同变更和解除条件约定是否适当	
19. 不可抗力	免责条款是否合理，对不可抗力情形描述是否适当	
20. 通知和接收	通知和接收方式是否约定明确，通讯联系方式是否有效，联系方式是否便于收集证据	
21. 合同附件	合同附件、前期沟通形成文书的效力的约定是否明确	
22. 合同生效	（1）合同签订是否取得应有的审批、登记或者备案，是否按照章程的要求经有关决策机构同意	
	（2））合同的效力所附带的期限和条件是否适当	
23. 其他	（1）除外条款、例外情形是否严谨	
	（2）是否存在不正当竞争或者变相商业贿赂，是否违反银行、证券、信托等的特殊监管政策，违反关联交易限制的情形	
	（3）格式条款是否突出显示（特别说明）	
	（4）术语条款中对于同一事物的表述方式，在不同的条款中是否完全一致	
	（5）“鉴于”条款所涉内容是否真实	
	（6）涉外合同中适用法律、文本效力等特别内容的约定是否明确	

续表

24. 合同尾部	(1) 当事人名称是否准确，签字、盖章是否完备适当	
	(2) 联系人及联系方式是否真实有效	
	(3) 签订时间、地点填写是否完整	
25. 意思	(1) 意思表示是否真实，是否反映当事人的真实想法，能否满足当事人交易需求	
	(2) 合同实质性条款是否招投标文件一致	
26. 框架	合同框架是否对交易主体、内容、方式等进行锁定，交易可能出现现象的预测是否完备，是否存在结构遗漏，合同之间或者条款之间、章节之间是否协调一致	
（二）	总体方面	
27. 权利	权利是否合理对等无遗漏，尤其应关注是否存在主要权利被对方排除，有关弃权或者格式条款是否适当，是否遗漏重要关键的权利	
28. 义务	义务和责任是否合理对等或者无遗漏，尤其是关注义务是否为各方接受，是否存在责任不合理排除和责任不合理加重的情形，是否遗漏重要义务和责任	
29. 风险	合同存在哪些风险，是否存在不合理的或者不可控的风险，风险防范措施是否落实以及能否凑效，交易是否安全	
30. 文字表述	是否存在严重影响交易目的实现或合同履行的语言歧义，语法、标点符号是否规范、准确，文档层次、排版是否规范、清晰	
三	结　论	
合法性	是否符合招标投标管理以及知识产权、国家秘密、商业秘密保护等方面的法律法规，是否符合上级和本级的规章制度，是否存在有损国有权益的条款，是否存在无效或者可撤销的情形	
经济实用性	合同文本是否做到标的明确、内容齐全、条款完备、责任清晰、用语规范、风险可控、交易安全，我方权益保障有力，交易需求得到满足	
备注：请自检人认真自查，在“自检结果”内简要填写自检情况。自检人对自检结果的真实性负责 自检人：　　　　（签字）		

11. 合同数据权限控制

通过权限控制使数据内容分级呈现，确保信息保密性；数字加密、数字签名等手段保证了合同网络审批的安全性、真实性、可靠性。同时，数据库的多重备份与合同文本原件的归档能够确保公司合同的安全性。

三、基于信息技术的合同风险管理体系建设的实施效果

（一）实现了合同管理信息化，促进了公司管理水平提升

万峰公司通过建设基于信息技术的合同风险管理体系，实现了合同管理全流程信息化控制。各部门所有合同均通过信息系统进行发起、审核和状态跟踪，确保合同管理无遗漏，通过自动化的流程管理，

使原本繁杂的手工操作由系统自动处理，避免了手工操作可能带来的失误，确保信息的可靠性、完备性。所有合同信息在系统中一次录入后，便可在整个信息系统中无限次循环利用，实现了合同信息经授权后共享，大大减少了合同管理人员的重复劳动，同时确保了企业生产、财务、行政等部门数据的一致性，各级管理人员在相同数据的基础上进行审核、分析、决策和统计，提高了合同管理的透明度，有效避免因信息不对称而造成误会和损失。合同管理部门及经授权的相关人员可以使用数据钻取功能，实时、清晰、快捷地掌握合同管理真实情况，直观了解合同履行情况，及时监控合同执行及收支情况。公司合同管理系统的合同自动编号、合同分类自动统计、合同文本资料自动归档、合同收付款情况及时统计等功能，保证了合同编号的唯一性、无遗漏，提高了合同归档完整率和数据统计的准确率，显著提升了合同管理效率。

（二）完善了公司内部控制，有效防范了经营风险

通过建设基于信息技术的合同风险管理体系，万峰公司完善了合同相关管理制度与流程，对合同履行监控、付款控制、归档管理以及各流程内部控制关键点，实行了全生命周期管控。通过信息系统实时掌握合同对应订单、交货、开票、回款、收货、借款、报销、付款情况。合同管理系统运用信息技术，实现了合同管理与计划管理、合格供方管理、支付管理等业务联动，具备对客商与公司所有合同记录自动统计、合同收付款情况即时统计、合同审批、执行情况跟踪查询、各步骤流程审核人查阅、合同支付功能自动控制、合同质保金支付控制等功能，不仅实现了合同从比价、供应商的选择、合同审批、合同支付、合同归档等全生命周期信息化动态管理，并且通过技术手段实现了合同文本水印控制、合同支付自动控制功能，对合同履行过程进行线上监控，利用统计分析工具实时识别和监控合同风险。尤其是针对合同付款环节的财务审核风险进行了强制控制，对合同收款环节风险进行预警，解决了收付款环节审核把关不严及管理缺失的缺陷，有效控制因差错导致的错误支付及私自替换合同文本的现象发生，大大降低了人工管理合同因信息不对称及差错导致的风险，提升了合同法律风险防范的能力。

（三）公司经济运行质量和运行效益明显提升

万峰公司通过建设基于信息技术的合同风险管理体系，使合同经办人员从繁琐的签字、审批、沟通协调等过程中解脱出来，缩短了合同审签时间，提高了合同审批效率，减少了大量的纸张及材料消耗，降低了执行成本和交易成本。通过合同风险专项治理，强化了合同预算管控，有利于财务部门在合同管理中发挥核心作用，形成有效的财务风险管控和预警机制，促进了资金回收，提高了资金使用效率。2018 年—2019 年，万峰公司经济运行质量持续改善，经营规模进一步扩大，“两金”管控效果显著，“降本增效”稳步推进，研制批产多边并行，公司经济效益实现大幅度提升。公司利润总额 2017 年为 3252 万元，2018 年为 4004 万元，同比增长 23%，2019 年利润总额为 5011 万元，增幅达 25%。公司营业收入 2017 年为 93713 万元，2018 年为 134877 万元，同比增长 44%；2019 年营业收入为 138953 万元，增长率为 3%。2019 年在公司收入规模保持稳定的情况下，公司利润总额产生了大幅提升，得益于公司对合同业务内部控制的加强，特别是“两金”管控有明显改善，公司应收账款 2018 年初为 30727 万元，2019 年初为 28860 万元，比上期减少 1867 万元，2019 年年末为 25193 万元，比年初减少 3667 万元。2019 年万峰公司通过合同风险专项治理，促进公司协外业务回款 2. 78 亿元。

成果创造人：蔡昭斌、张萌倩、张青华、庹　欢、王　宇、刘　杰、
罗贵宾、沈　冲、黄　多、王　浩、张玖玖、孙大伟

中国铁路兰州局集团有限公司法律风险防控体系的构建与实施

中国铁路兰州局集团有限公司

原兰州铁路局成立于 1956 年 3 月 1 日。党的十八大以来，按照党中央、国务院关于深化国有企业改革的决策部署，2017 年 11 月改制为一人有限公司中国铁路兰州局集团有限公司（以下简称兰州局），隶属于中国国家铁路集团有限公司，是中国国家铁路集团有限公司管理的大型铁路运输企业之一，同时也是西北地区最大的交通运输企业之一，经营管理以兰州为枢纽，由陇海、包兰、兰新、宝中、兰青、青藏、兰新二线、干武、兰渝 8 条普速干线和兰新、宝兰 2 条高铁干线及 10 余条支线构成的西北铁路网，经营范围涵盖了客货运输、商贸、宾馆、旅游广告、工业修建、房地产等多种业务。

近年来，兰州局始终坚持以习近平新时代中国特色社会主义思想为指导，深入贯彻全面依法治国基本方略，认真落实国铁集团决策部署，以体制机制改革为新起点，着眼于法治建设新要求和改革后经营管理面临的新问题，坚持依法治理、依法经营、依法维权共同推进，着力夯基础、强内控、防风险、促合规，深入推进依法治企，企业经营风险防控能力不断提升。但随着依法治国实践和国铁企业改革不断深化，国铁企业法治化、市场化经营加速迈进，集团公司面临外部的法律风险和法律纠纷日益增多，对提高企业法律事务管理水平提出了新要求。

一、构建法律风险防控体系研究的背景和意义

兰州局为适应深化改革和推进法治建设的新形势，开展法律风险防控体系的构建与实施，是深入贯彻落实国家全面依法治国战略的基础内容和必要步骤，是进一步深化国企改革的必然要求，同时也是全面建设法治兰州局，提升集团公司核心竞争力，做强、做优、做大兰州局的迫切需要。

按照中共十八届四中全会《全面推进依法治国若干重大问题的决定》中关于中国特色法治国家和法治体系建设的精神理念、中国共产党第十九次全国代表大会明确全面推进依法治国总目标是建设中国特色社会主义法治体系、建设社会主义法治国家的要求。依据国资委《关于全面推进法治央企建设的意见》的原则具体结合铁路总公司关于《中国铁路总公司关于加强铁路法治建设的意见》，尤其是 2006 年国务院国有资产监督管理委员会发布的《中央企业全面风险管理指引》和 2012 年国家标准化管理委员会发布并实施的《企业法律风险管理指南》的相关要求，运用现代法学理论和法治技术，从保障兰州局服务国家“一带一路”建设、加快西部大发展和助推甘肃经济社会发展的角度，通过完善现有制度和建立企业法律风险防范运行机制，构建法律风险防控体系，加快提高运用法律手段防范和化解经营风险的能力，保障兰州局依法规范经营管理。

在当前全面推进中国特色法治社会、法治政府和法治国家三位一体建设的大背景下，兰州局经营管理的制度机制也亟待向法治化、制度化、规范化进一步健全完善。这就需要既要借鉴过去以及其他法治

发展领先行业的有效治理经验，又要建立健全符合兰州局发展实际，具备行业和地域特点的国有企业（公司）经营管理的法律风险防控体系，树立兰州局决策、经营、管理和监督内外部各层级、各环节的守法经营和规范管理理念，这直接关系到兰州局未来的可持续健康发展，现实意义重大。

二、兰州局法律风险防控体系的主要内涵及特点

（一）主要内涵

兰州局全面落实国铁集团关于加快推进铁路局公司制改革的部署要求，以聚焦建设国内一流企业、做大做强做优集团公司为目标，在全面完成公司制改革后续重点工作的基础上，充分借鉴国内外典型铁路企业及我国相关行业优秀企业的经营管理模式，结合兰州局实际和国铁集团公司制改革要求，牵头组织相关处室，继续加强与高等院校、相关企业的沟通联系，研究完善兰州局经营管理和运行机制的相关意见，形成可供指导实施的高质量发展理论成果。

兰州局通过归纳整理经营管理现状存在的法律风险问题，运用科学方法对其中的法律风险进行法律定性、风险度评估和回应措施设计，进而通过设计方案试错反馈与回归验证，最终将法律风险防控体系方案，融入到集团公司组织构架、经营管理系统和流程中，形成一套融经验性与前瞻性为一体的事先防范、事中跟踪、事后完善的符合现代企业制度要求的法律风险防控体系。

按照国铁集团加强法治建设的要求，兰州局结合公司制改制后面临的新形势、新问题和新风险，在依法治企方面积极探索，排查短板，梳理问题，围绕“1+8+N”法律风险防控制度体系，修订完善了法律纠纷案件、授权委托、商标管理、营业执照管理、重要文件合法性审查、重大经营决策法律论证等管理办法组成了“1+8+N”法律风险防控制度。但与现代企业发展要求相比，传统的法律事务管理模式存在标准化程度弱、管理不规范、审查审批效率低、管理成本高等诸多问题，不能满足国铁企业高质量发展的新需求，迫切需要我们探索创新，构建统一、全面、高效的法律事务管理信息系统，实现各类法律事务的在线动态全生命周期管理，提高法律事务管理水平。2019 年，根据集团公司迈向市场化的实际，结合有关法律法规，精准识别、系统分析财务、市场、运营、建设等经营活动中的风险项点，建立了兰州局经营风险防控管理体系并不断完善，科学制定风险应对策略和防控程序，明确风险防控责任主体，切实把风险控制和化解在萌芽状态，不断提高企业风险识别、风险分析和风险控制的能力。

（二）主要特点

实现兰州局决策、经营、管理工作的法治化、制度化、规范化和程序化。

1. 法治化：坚持依法治理、依法经营、依法维权共同推进，着力夯基础、强内控、防风险、促合规，深入推进依法治企，着力推进依法经营。依法经营是公司治理的核心内容，是公司治理法治化的首要前提，真正实现“法定职责必须为，法无授权不可为”。

2. 制度化：兰州局积极推进落实现代企业管理制度先进理念，根据公司体制机制改革的新情况，结合生产经营实际，搭建制度体系框架，按照“一个核心，三个层级、二十项类别”的模式初步提出了兰州局及所属单位制度建设图谱，并拟定了兰州局管理制度建设实施方案。兰州局所有的部门、岗位、人员等，都需要建立详细的规章制度，真正实现从“以人管人”转变为“以制度管人”模式。

3. 规范化：按照“一体化设计、标准化实施、差异化使用”的顶层思路，实现法律事务工作标准化规范化。法律事务在线动态管理、法律风险管控全景式扫描。按照“统筹规划、专业指导、过程协调、重点监督”的原则，逐一梳理管理职责，并将职责、制度、标准、流程固化到法务系统上，将“软要

求”变成“硬约束”。满足兰州局到基层站段各层级法律事务管理的需求，实现第一责任人、部室负责人、专业职能机构、法律事务管理机构等上下一体贯通，各负其责，高效运转。加强规范管理。形成一套完善且行之有效的规范化管理体系，使各项工作都有与之相适应的标准，提高了兰州局核心竞争力，实现了持续健康发展。

4. 程序化：在全路率先搭建“法律事务一体化管理系统”。将法律事务管理要求嵌入到信息系统中，通过信息化的刚性约束手段优化程序，实现闭环管理，规范了法律事务管理工作。同时，运用系统进行大数据分析，实现信息共享、防范法律风险、提升管理水平，实现兰州局法律事务管理信息化的目标，通过对兰州局各项管理工作实行程序化管理，合理使用各种资源，提高兰州局的运营效率。

三、全过程动态卡控管理，保证风险防控体系全面实施。

（一）从提高意识、健全机构、制度保障入手，做好法律风险事先防范

1. 提高法律风险防控意识。“企业法律风险”，是指由于行为人做出的具体法律行为不规范而导致的，与企业所期望达到的目标相违背的法律不利后果发生的可能性。法律风险不等于违法风险，但所有导致法律风险的行为都具有不规范性。法律风险的成因包括违法行为、自甘冒险行为、法律的不确定性、法律环境的不完善性以及法律监控活动的不规范性等。所以要求一是转变观念，兰州局改制完成后，为适应新形势下的公司治理结构变化，使之有效运转，围绕公司章程，健全了“四会”议事规则及制衡监督制度，妥善处理党委会、董事会、经理层研究决策重大问题和推动实施重大事项的关系。二是树立理念，从适应兰州局法治环境建设的要求出发，通过普法宣传、培训座谈、以学代干等形式，自上而下树立全体干部职工依法治企的法治思维和法治理念。三是高度重视，健全兰州局法律风险防控组织机制，建立与律师事务所之间的法律合作机制，加强与法院的沟通联系，通过高度重视外部法律来源和力量的支持与交流，提高法律风险防范意识。

2. 健全机构和明确职责。企业法律风险分为外部环境法律风险和企业内部法律风险。对于外部环境法律风险，由于其引发因素不是企业所能够控制的，因而不可能从根本上予以杜绝。但对于企业内部法律风险，其引发因素是企业自身能够掌控的，因而成为企业法律风险防范的重点。所以，兰州局将法律事务管理归口在企业管理和法律事务处，除做好合同审核、案件处置等日常法律事务工作外，主要是推动健全兰州局管理制度和法律体系，积极开展并参与铁路立法研究、理顺两级企业管理关系研究；规范重大决策法律论证工作的开展，提供法律意见书，加大法律服务保障力度；加强重要文件合法性审查，利用法律的指引和规范作用，落实重要文件主办部门责任，准确把握文件制定依据，加强文件之间的衔接协调，切实把好文件出台的第一道关。

3. 制度保障加强准入审核。企业内部法律风险的引发因素包括：企业的设立行为、决策行为、管理行为、生产行为、经营行为，通过健全制度、理顺流程、规范文本，完全可以避免。根据兰州局实际情况，不断完善和修订法律事务管理方面的制度，使各项事务性工作贯穿归集在依法合规、规避风险这一主线上。一是加强合作主体的准入审核，对资质资信、合法授权、履约能力进行全方位评估审核。二是制定推广合同示范文本，争取合同文本的起草，预设合同条款，规避法律风险的同时，为我方争取权益最大化。

（二）从法律事务管理具体环节入手，做好法律风险事中控制

1. 合同管理方面。合同风险管理是企业开展法律风险防控的核心业务，需要我们树立精益求精的审

核把关意识，加强合同审核把关工作和法律监督过程控制，切实强化合同约束力。兰州局通过在合同起草时设置了包括合同类别、预算金额及文号、招投标信息等合同要素的填写。将国铁集团下发的158个标准示范文本，分类嵌入系统，全面推广使用。在起草过程中就控制了因合同条款表述不当带来的法律风险，极大提升合同起草的质量和效率。督促合同承办部门、财务部门，做好合同履行及补充、变更、解除等工作。同时，将合同管理分解为相对方管理、合同范本管理、合同联签审查、合同用印、合同签订、合同履行、合同更新与解除、合同查询、合同归档、合同统计等多个步骤，形成科学、合理的合同审核流程，精准掌握合同状态，以信息化系统实现合同管理标准化，提升了合同管理精益化水平（见图1）。

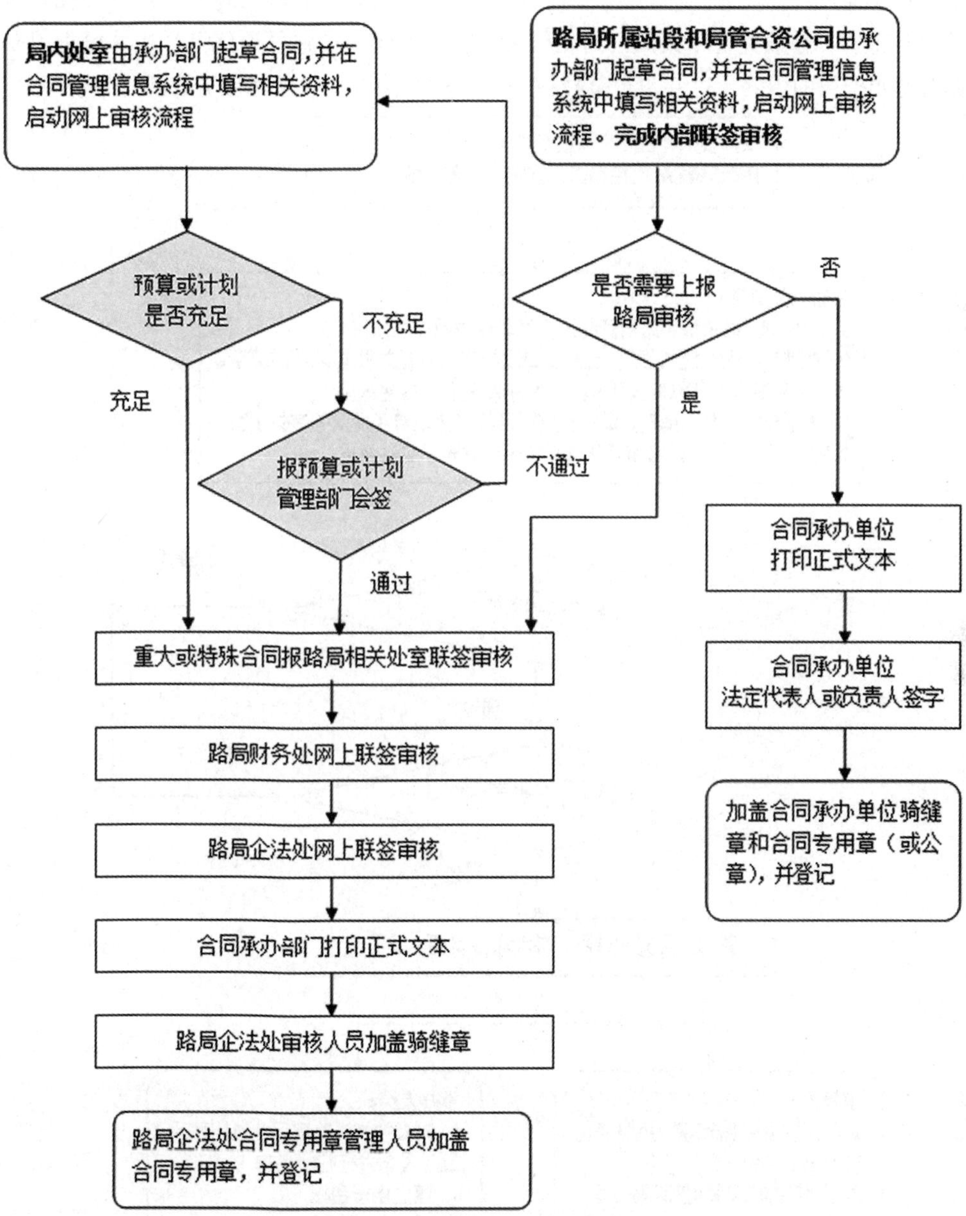

图1 合同签订审核流程

2. 授权委托及营业执照管理方面。按照权责分明、动态调整的原则，加强路局授权委托管理，规范委托代理行为，完善授权委托办理和证照管理流程。兰州局根据《中华人民共和国民法总则》等相关法律法规及《中国铁路总公司授权委托管理办法》（铁总改革与法律〔2014〕72 号）等规定，制定了《兰州局集团公司授权委托管理办法》，借以全面规范兰州局企业经营管理过程中发生的各类具有法律后果的委托代理行为。换句话说，规范了集团公司或集团公司所属法人单位的法定代表人，根据工作需要，对以本企业法人名义实施，应当由法定代表人办理或签字的有关事项，包括但不限于：对外签订合同、协议等文件；组织或参与招投标事项；办理公证、见证等事项；申请行政许可事项；代理诉讼、仲裁、复议等事项；办理银行账户的开立、变更、撤销等事项；办理工商登记、税务登记、证照年检等事项；办理固定资产、无形资产等资产的权属登记、变更等事项；出席参股公司的股东会并行使表决权事项等情形下，授权委托有关人员代为办理的统一条件和程序，并规范了格式化的统一授权委托审批表和授权委托书（样式）范本。修改完善了集团公司授权委托管理办法，实施分类分级授权，根据对外经营工作的需要，明确需要授权的内容，进一步规范授权委托管理行为，加强法律服务支撑作用。

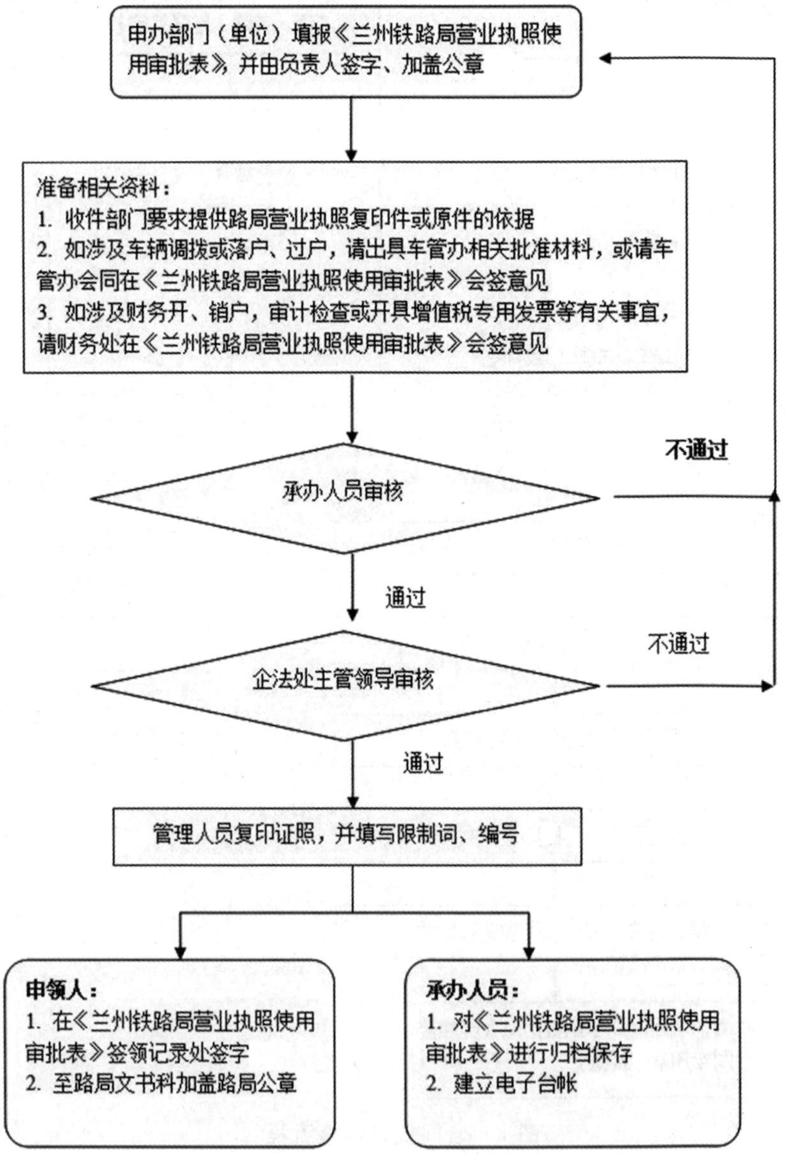

图 2　集团公司营业执照使用办理流程

营业执照管理工作是兰州局及所属各单位常项法律事务工作之一，兰州局依照《中华人民共和国企业法人登记管理条例》和《中华人民共和国企业法人登记管理条例施行细则》相关规定，制定了《兰州局集团公司营业执照管理办法》，由于各单位存在申请标准不一，审批流程繁琐，管理办法形同虚设等问题，将营业执照管理模块纳入到法律事务管理系统中，让硬流程规范软操作，使对外提供的每一张营业执照复印件去向可控，企业管理和法律事务部（以下简称企法部）是集团公司营业执照的归口管理部门，负责集团公司营业执照日常保管、使用审批、变更登记和定期年报等工作。对营业执照管理实行申请使用、一事一办原则。对需要使用原件的，必须由负责营业执照的管理人员携带办理（见图3）。

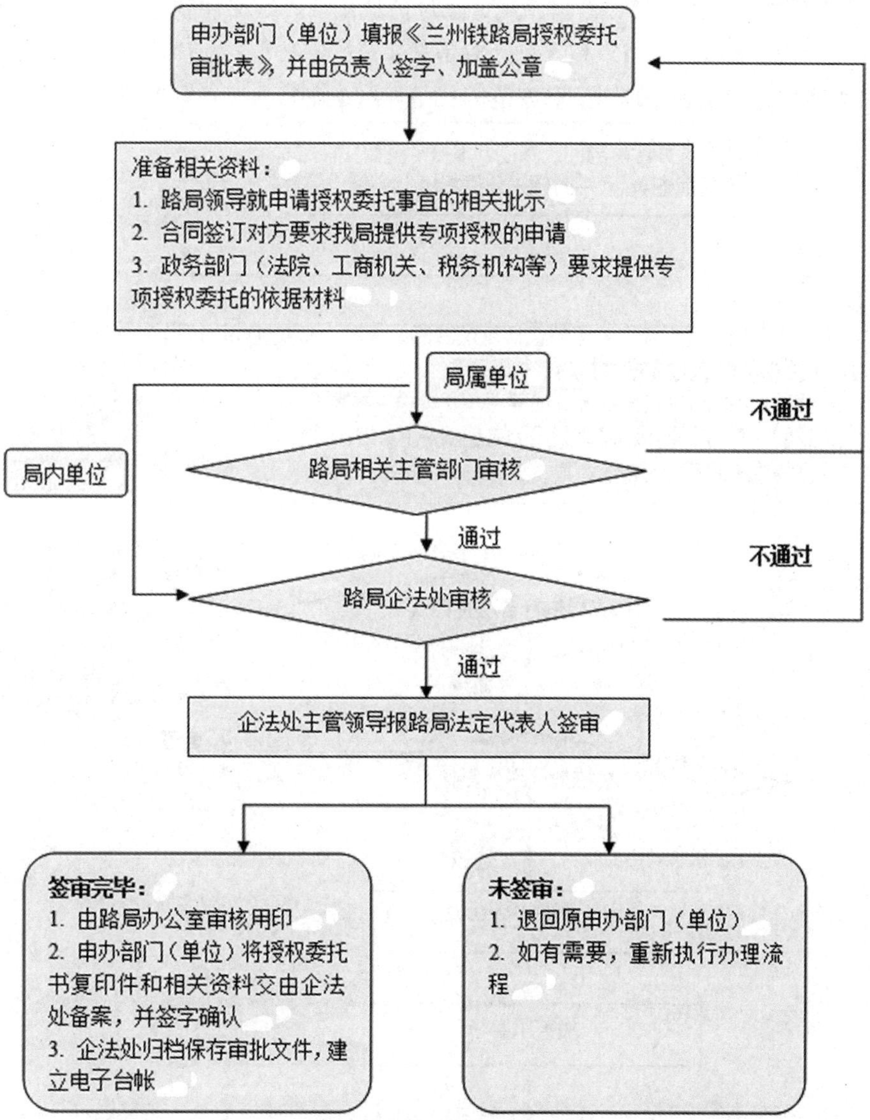

图3　委托书使用办理流程

3. 知识产权方面。制定兰州局企业品牌管理战略，包括商标在内的知识产权管理方面，完善品牌管理的规章制度，建立品牌管理的工作档案。修订完善了《兰州铁路局商标管理办法》，制定了《兰州局集团公司商标管理办法》，商标管理模块在此基础上优化了管理细节，突出了管理系统“登记、提醒、共享”三大功能。商标持有人将持有的商标在系统内进行登记，完整填写相关要素，包括持有人名称、商标申请时间、商标种类、何时到期、以及办理商标续展的日期等。如遇商标临近续展日，系统自动弹出对话框提醒办理。所属单位之间如因经营活动需要借用或转让商标，也可以通过系统第一时间了解商标基本信息和持有人，实现信息共享。在完善内部管理的同时，加大注重对外部环境的关注，加强了对现有资源的优化配置，合理规划利用好现有的市场环境，争取政府及有关部门的扶持，打下品牌发展的资源基础。

4. 重要文件合法性审查方面。做好重要文件合法性审查工作有利于推进依法治企，有利于推进企业经营管理体制机制的完善，有利于从源头防止违法违规文件的出台。针对国铁集团对文件的管理要求，兰州局修订了《兰州铁路局重要文件审查管理办法》，制定了《兰州局集团公司重要文件合法性审查管理办法》，将文件合法性审查流程灌入信息系统，通过信息化手段对文件制定目的、制定依据、起草说明等相关内容全面把握审核要点，由审核人员针对是否违背国家政策、法律法规；是否违背企业发展战略、决策部署和章程规定；是否超越企业职权范围；是否与企业其他管理制度矛盾；是否履行规定的审

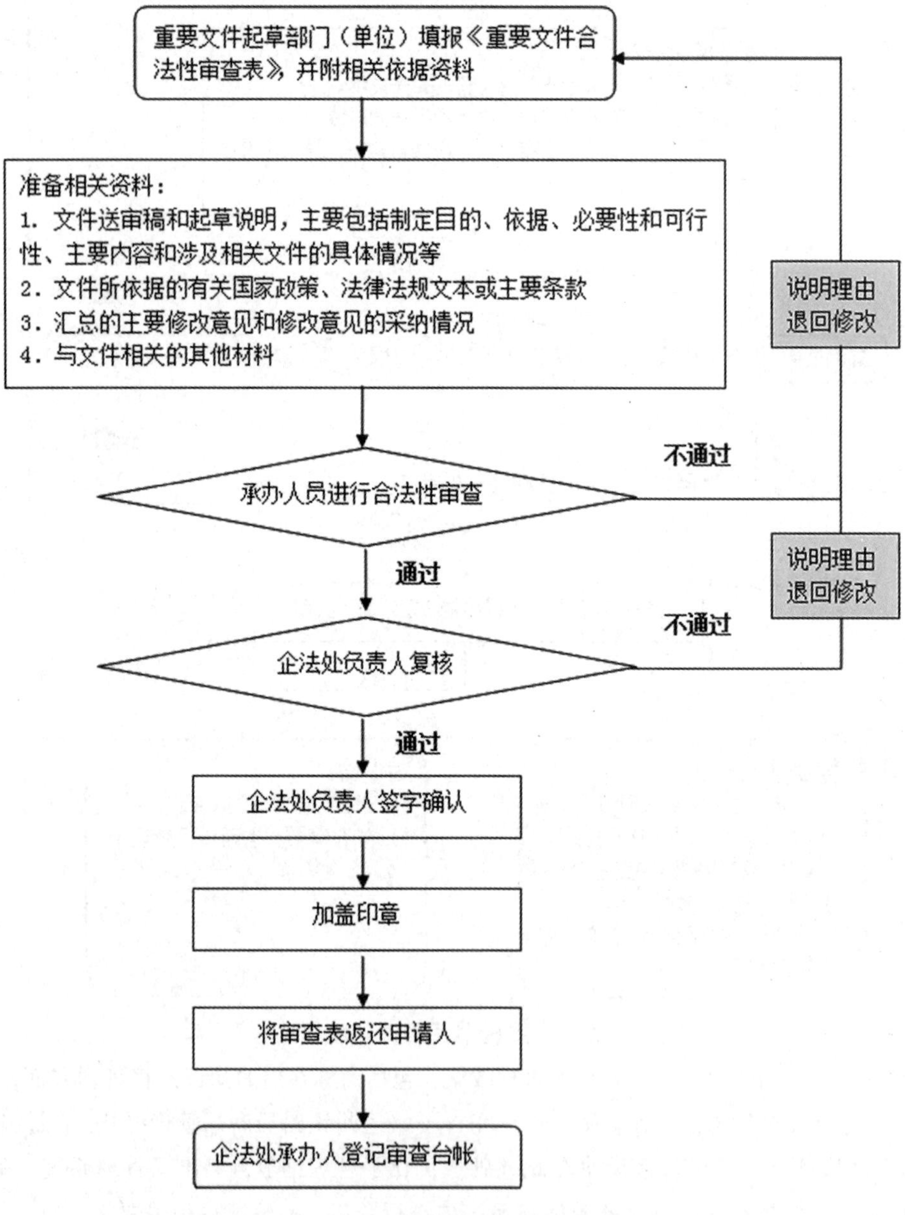

图 4　重要文件合法性审查办理流程

议程序等事项做好审查。申请人进行重要文件合法性审查，需要填写待审文件基本情况，并上传文本，审核人员根据需要审查文件的内容，判断是否属于审查范围。对不属于审查范围的文件审核人员点选，通过系统自动生成《不予受理通知书》。对于符合审核要求的文件，通过查看附件中佐证材料，使用模糊查询功能，与过去已经发布的规范文件比对分析，形成审查意见，经企法部负责人复核后签发最终审核意见，细化了审查规范和各环节要求，提高了审查效率和审查质量，保障了重要文件的依法合规（见图4）。

5. 重大决策法律论证合规管理

重大决策法律论证模块的创设对进一步规范兰州局经营活动，提高决策质量，防范重大决策法律风险具有重要作用。在法律事务管理系统中设置决策对象、决策目标、决策依据等内容，让决策事项更为直观的呈现给审核人员，提高决策质量和效率。规范的审核流程对各环节的审核人员形成刚性约束，对决策事项进行客观分析，提出可能存在的法律风险。

项目承办部门对论证事项进行项目情况录入，区分重点领域及审查要点，在模块中设置“拟重点解决的涉法问题”字段，对可能涉及的公司改制、资产转让置换、重大资产重组、固定资产投资等方面设置重点关注标签，由法律事务部门审核人员对项目概况做好初步分析，快速界定论证事项可能涉及的国家政策、法律法规及企业规定范围，并在审核系统中形成法律论证意见书，经企法部负责人审核后，由兰州局总法律顾问签发，确保法律论证意见客观权威（见图5）。

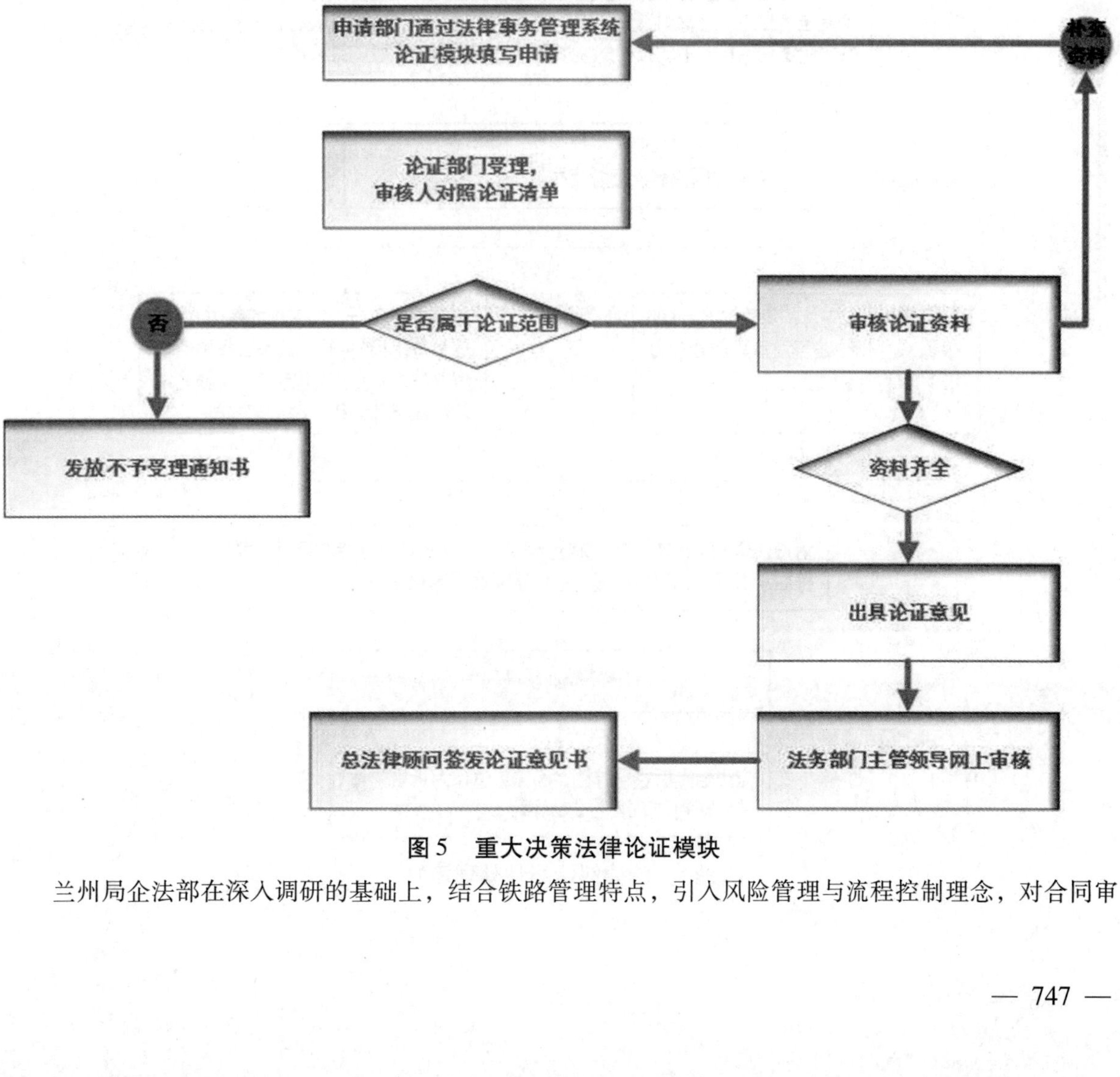

图5　重大决策法律论证模块

兰州局企法部在深入调研的基础上，结合铁路管理特点，引入风险管理与流程控制理念，对合同审核、营业执照、诉讼案件、授权委托、重大决策法律论证等工作进行流程再造，在全路率先搭建“法律事务一体化管理系统”，将兰州局法务相关的合同审核、诉讼案件管理、授权委托管理等分项管理进行整合，研发了兰州局法律事务管理信息系统，通过信息化的刚性约束手段，极大地规范法律事务管理流程。同时，运用系统进行大数据分析，在促进信息共享、防范法律风险、提升管理水平上取得明显效果，实现了集团公司法务管理网络化、专业化、现代化的目标（见图6）。

（三）从纠纷处置、检查监督、法律咨询入手，做好法律风险事后完善

1. 跟踪法律案件纠纷办理，及时总结经验。一是完善案件分析反馈机制。对法律顾问在办理诉讼案件过程中发现的隐患和漏洞，下发整改通知书，盯控整改，不断完善管理。在日常工作中，逐步形成主动维权常态制度，坚持把依法诉讼作为维护兰州局权益的有力手段，让合法权益最大保障。指导相关业务部门和单位对拖欠大额资金、设备源头质量问题、建设源头质量问题和侵害铁路设施设备、侵占铁路资产、破坏铁路运输秩序的行为主动追偿，指导并支持工作期间被路外人员侵犯人身权益的铁路职工积极诉讼，维护铁路企业和职工的合法权益。二是积极加强与人民法院、仲裁机构、相关律师事务所间的

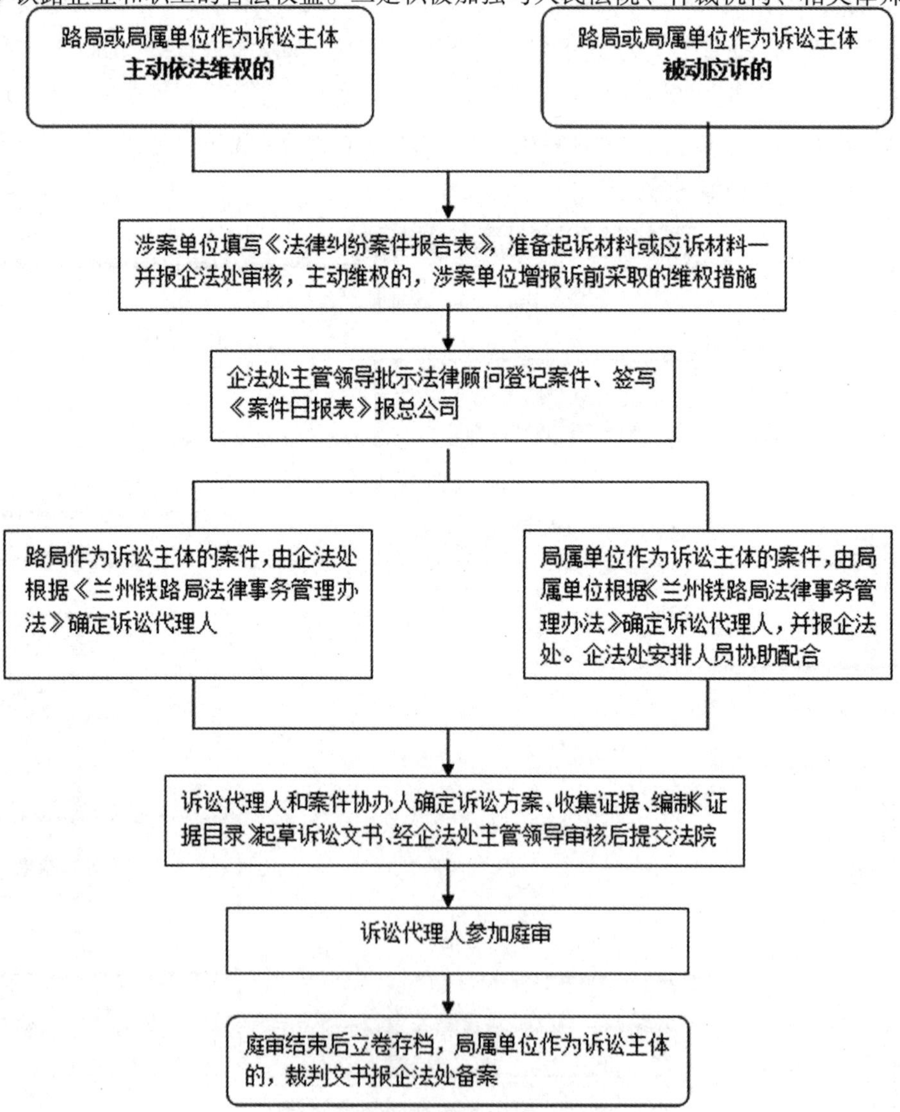

图6　法律纠纷案件处理流程

日常沟通与协调，积极维护集团公司在涉诉案件中的合法权益，尤其对于涉及人数众多和涉案金额巨大的案件，扎实调查取证，研究相关法律法规政策，积极主动应对，积极维护集团公司的合法权益。三是建立了重大案件督办沟通机制，分组查找有力证据材料，定期组织分析案件推进中的新问题，制定针对性的应对措施，确保重大案件得到有效处置。四是对典型诉讼案件进行案后分析总结，编制《企法内参》，提示经营管理漏洞，提出法律建议，为兰州局领导经营决策提供参考。

2. 推进外聘律师提过专业化法律服务。外聘律师服务是兰州局整合资源、适应法律服务市场竞争的需要，更是规避风险的有力手段。实现律师律所信息化管理，实现信息资源共享和整合，达到纵向、横向双向管理，是兰州局实现依法治企的重要手段。为规范外聘法律服务机构及个人管理，合理、有效运用外部法律资源，保证外聘法律服务机构及个人的服务质量，提高集团公司法律工作水平，兰州局企法部高度重视外聘法律服务机构及个人的法律素质、专业实力、职业道德、服务成果和最终效果等信息。通过法律事务管理系统，对法律服务机构及个人的入库、聘用、管理、评价实行动态管理。库的律师和律所的基本信息登记在法律事务管理系统律师库中，对所有用户开放查询权限。各单位可根据不同的法律诉求，参考模块中对律师或律所基本情况的概述，选择恰当的服务机构或个人，做到诉讼案件早介入，全面开展对诉讼案件的风险评估及专业法律咨询，有效预防损失扩大。入库机构及律师每年末向企法部上报年度工作总结，结合被服务单位的评价意见，作为下一年度是否继续受聘变更调整的依据。

3. 建立追责问责机制，加大检查监督力度。一是积极开展基层单位法律事务专项检查指导，切实提高基层管理单位法治思维和依法办事能力，逐步规范各级人员管理行为在法治的轨道上开展工作。二是建立法律纠纷案件责任追究制度，对因经营或管理行为不当引起的法律纠纷并给兰州局造成损失的案件，结案后要责任分析，追究单位或个人的责任，真正的实现从“救火员”向“防疫站”的转变，杜绝因企业自身违法违规引发的重大法律纠纷案件的发生。三是进一步细化落实《关于深化国有企业改革的指导意见》关于完善企业内部监督体系、明确法律等部门监督职责的要求，健全完善《领导干部参加庭审旁听实施办法》，在前期落实庭审旁听制度的基础上，扩大庭审旁听覆盖面，组织兰州局机关部室负责人和基层单位领导人员每年参加一定数量的案件庭审，增强领导干部规范管理、依法经营的意识。

4. 完善法律咨询制度，规范内部纠纷调解方法。一是通过多种形式拓宽法律事务服务渠道，让法律服务触手可及。建立法律服务咨询电话，随时随地为各单位经营涉法事务提供法律咨询服务，保障生产一线法律风险防范。二是根据原铁路总公司下发《中国铁路总公司内部经济纠纷调解办法》（铁总企法〔2018〕20 号）关于规范内部发生纠纷的调解处理机制的有关规定制定并实施了《中国铁路兰州局集团有限公司内部经济纠纷调解实施细则》兰铁企法函〔2018〕134 号，目前受理 62 件，已调解 32 件。

5. 积极营造良好的外部法治环境。2018 年下半年，兰州局与甘肃省人民检察院兰州铁路分院共同印发《甘肃省人民检察院兰州铁路分院与中国铁路兰州局集团有限公司工作沟通联系实施办法》（甘检兰铁分发会字〔2018〕3 号），依靠检察机关法律监督职能和手段，解决侵犯铁路财产权益及经营自主权益的问题，共同做好国有资产所有权、经营权和企业法人财产权的保护工作。2019 年 11 月 1 日，兰州局与兰州铁路运输中级法院在兰州东川货场正式签署《“一带一路”建设司法服务和保障合作协议》，并为“铁路运输纠纷诉调对接中心”“兰州铁路运输法院驻甘肃（兰州）国际陆港巡回审判点”揭牌。充分发挥铁路法院专门管辖铁路运输纠纷案件的跨区划优势和人民法院审判职能，建立、完善铁路纠纷的多元解决机制，维护铁路企业在铁路运输、安全经营中的合法权益以及国有资产安全。

6. 注重普法队伍建设。兰州局以全面增强履职能力为目标，坚持专职化专业化发展方向，组成了一支由公司律师和法律专业毕业的大学生为主的专业普法队伍负责普法工作，保证了普法工作的质量。同时，自2018年起，兰州局企法部从优秀法学专业毕业生和普法工作积极分子中择优选择部分业务基础好、工作能力强的骨干人员分批分期到集团公司参加普法和法务工作轮训，进一步熟悉和掌握集团公司法律事务工作的制度、标准和流程，为集团公司不断挖掘和培养普法骨干队伍和法律人才，充实自上而下的法律梯队打下良好基础。2019年以来，已举办18期轮训，培训人员106人次，部分人员经过推荐已从事法律工作。积极营造有利于队伍成长成才的环境和条件，打造了一支具有坚强执行力和丰富创造力的法律队伍。

7. 开展全员法律普及教育和法律风险管理文化建设。创新载体，推动普法宣传教育常态化。按照国铁集团对法治宣传教育“要创新宣传形式，注重宣传实效”的要求，灵活运用“互联网+”思维，创新普法形式，利用“兰铁普法”微信平台，充分利用新媒体、新形式，围绕路局中心任务，弘扬依法治企的法治精神，紧密贴近干部职工需求，在积极开展法律咨询的同时，定时推送内容新颖、实用的路局法治新闻、法律常识、隐患警示、风险防范措施等法律知识，发布的内容涉及到民法、刑法、行政法、诉讼法各个方面及法律热点知识和相关案例，同时，对各站段在开展普法活动中的比较优秀的方面，在微信平台上予以发布，供其它单位交流学习（见图7）。

图7　普法宣传平台

四、法律风险防控体系的实施效果

（一）防范意识显著提高。通过法律风险防范体系的构建实施，从兰州局各部室到所属各单位，彻底扭转了将法律提示视为“紧箍咒”的思想，工作局面也从被动要求变成主动办理。2020年以来，法律事务工作成效更加显著，一是在合同审核过程中，共发现各类问题3156件，占合同审核总份数的31%。二是审核办理授权委托书416份，同比增加了145.4%。三是提供营业执照复印件226份，同比减少了24.9%。

（二）法服作用明显增强。随着法律风险防控体系的构建，法律服务的作用不再拘泥于日常的法律事务工作，而是渗透延伸至决策、经营各环节。2019年以来，企法部对51项涉及生产经营的重大事项进行了法律审查和协助支持，保障了重大经营事项的顺利推进，共出具法律意见书46份，所提意见涵盖了股权投资、土地处置、废旧物资处置等方面，对存在的法律风险进行提示。

2020年上半年的发生的诉讼案件中，主动起诉维权案件49件，同比增加21件，增幅109.9%；被动应诉维权案件77件，同比增加45件，增幅140.63%；安全领域主动维权案件37件，同比增加37件，增幅100%。已结案件中，主动维权挽回经济损失8502万元。

（三）法治思维深入人心。法治思维的形成非一日之功，在法律事务部门长期推动法治宣传教育工作下，在法律风险防范的作用日益显现的过程中，遇事运用法律手段解除问题的法治思维已深入广大干部职工。一是“兰铁普法”微信平台发布推送250余期，关注人数从初期的六百余人上升到两万两千余人，推广受众面大幅提升。二是针对基层单位存在的法律风险，2019年和2020上半年度指派专人授课117余次，取得了显著的防范效果。三是在法律咨询方面，法律咨询次数同比增加316%。

法律风险防控体系的建立，从法治层面来讲，符合国家相关法律法规和国铁集团政策规范要求，保障兰州局服务国家“一带一路”建设、加快西部大发展和助推甘肃经济等方面起到了积极的作用。从集团公司层面来讲，有利于国家“十三五”发展规划等宏观目标和部署在集团公司的对接和实现，有利于集团公司未来5年—10年的中长期法治化、可持续发展。接下来，我们将进一步结合公司制改革工作，健全完善集团公司管理制度，建全法律风险防控风险的组织基础，为集团公司发展筑牢法律风险防控屏障。

成果创造人：丁　朴、赵银龙、翟　磊

搭建北京奔驰财务信息化ABCD体系，助推业财融合深化落地

北京奔驰汽车有限公司

北京奔驰汽车有限公司（简称北京奔驰）是北京汽车股份有限公司与戴姆勒股份公司、戴姆勒大中华区投资有限公司共同投资的中德合资企业。

在北汽集团和戴姆勒公司的缜密布局下，北京奔驰成功建立起全球梅赛德斯-奔驰乘用车生产网络中产量高、面积大、综合性强的制造基地；并成为戴姆勒全球唯一同时拥有前驱车、后驱车和电动车三大车型平台的合资企业。

近年来，得益于北汽集团和戴姆勒公司的前瞻性战略部署，北京奔驰在高质量发展道路上阔步前行。接连赢得“北京市智能制造标杆企业”“2018年全国质量标杆”、工信部“中德智能制造合作试点示范项目”称号等多项重磅荣誉。同时，工业总产值连续三年突破千亿，成为首都高端制造业与经济发展的重要力量。2018年北京奔驰汽车有限公司顺义分公司（简称顺义分公司）成立，北京奔驰将在顺义打造戴姆勒全球最先进生产工艺标准的奔驰高端乘用车生产基地。

未来，北京奔驰将继续围绕“奋力拼搏，团结协作，知难而进，志在必得”的北汽精神，积极建设“中国制造2025”与“德国工业4.0”践行示范，努力打造业界领先的高端汽车智能制造工厂，为北汽集团战略转型和首都经济建设作出新的更大的贡献。

一、搭建北京奔驰财务信息化ABCD体系，助推业财融合深化落地的背景

在国家大力实施并支持中国汽车工业由大到强的伟大跨越，实现汽车强国梦的时代背景下，北汽集团响应国家号召主动出击，乘势而为，继续深入推进“高、新、特”战略，坚持走高端化、新能源化之路。北京奔驰作为北汽集团新时期发展战略中“高端制造与高端产品”的核心实践载体，肩负着推动首都汽车工业持续向“高精尖”转型升级的重要使命。集团跨越式的发展对管理水平，特别是对财务管理水平提出了更高的要求，建立智能、安全、数字化、业财一体化的财务信息化系统成为财务转型的必要基础。北京奔驰财务与会计部本着“以创新为理念，围绕价值创造、效率提升、业财融合”的指导思想，持续进行财务管理体系的建设与完善，为公司发展保驾护航。

（一）财务信息安全、工作效率提升的要求

近年来，随着信息安全事件不断发生，国家对信息安全的重视程度也在不断上升，财务管理的核心是信息和数据，一旦财务信息和数据泄密，对企业将会造成不可估量的损失，我们要为企业的财务信息

和数据设置更加安全的保护手段，为了保证企业健康稳定发展，构建安全、可靠的财务信息化系统迫在眉睫。

建立一套完整的财务智能信息化管理体系，减少对信息流过程中的人工干预，全面提升财务信息化的整体水平，是适应新时代科技发展的要求，对提高财务信息化工作的效率和保障信息安全具有关键作用。

（二）业务价值创造、支持管理决策的要求

当下各行业竞争日趋激烈，企业财务决策的时效性和准确性愈发重要。传统的财务会计是针对企业过去发生的交易和事项进行事后分析，往往只能说明过去，不能说明将来，财务信息的及时性和可靠程度无法保证，不能满足现代企业管理决策的要求。

搭建统一的企业大数据平台，通过数据挖掘与分析技术协助决策层发现和解决企业经营管理的问题，支持企业管理决策，是财务从传统的会计核算、财务报告提供者，向运营支持者、价值创造者和风险管理者转型的必然要求。

（三）实现共享服务、推动财务转型的要求

传统的财务模式基本是过去式、单一式、独立式、台账式、片段式的，难以用数据表达市场与交易、财务与业务之间的场景与映射关系。企业现有的信息系统，财务信息与业务信息之间仍然存在壁垒，难以保证企业财务与业务信息的实时共享，实际并未形成真正的业财融合和智慧财务。

通过深入推进财务共享平台，构建数据集聚平台和数据共享的云平台，实现财务与业务、供应商、经销商等业务伙伴的信息共享，打通财务处理全过程的信息流，是实现传统财务管理方式的转变，使财务服务更加专业化、标准化、流程化，推动北京奔驰财务转型进程的重要手段。

（四）推进公司战略、深化业财融合的要求

ERP 系统的普及，为企业的现代化管理水平提高提供了条件。但 ERP 系统偏重以财务为核心，这导致在项目建设中往往不重视对业务的赋能。企业虽致力于信息管理系统建设，但财务与业务数据间不能无缝衔接，数据与信息传输中需人工干预，会导致财务数据与业务数据不一致，严重影响企业财务管理的质量。

建立高度集成的信息化系统，打造有效支持采购流程、生产流程、销售流程等一系列业务与财务贯通的数字化体系，优化改善业务流程，强化财务过程管控，是实现业财融合进一步深化，以及管理创新的必要条件。

二、搭建北京奔驰财务信息化 ABCD 体系，助推业财融合深化落地的内涵和主要做法

（一）搭建北京奔驰财务信息化 ABCD 体系，助推业财融合深化落地的内涵

在北京奔驰“走向卓越 2025”战略方针的指导下，北京奔驰财务与会计部打破财务与业务的壁垒，践行业财融合，达到“横纵双向贯通、实现动态防控、深化业务联动”的管理效果，并在现有财务信息化的基础上，2019 年通过“三步走”的方法有序推进了 ABCD 信息化体系（见图 1）落地。主要包含：

1. 率先实施代表人工智能发展趋势的财务机器人项目（AI-人工智能）；

2. 搭建了定制化的财务大数据平台，实现了多系统业务数据的贯通，推进了财务从数据管理向价值管理的转变（Big Data-大数据）；

3. 搭建财务共享服务平台、供应商财务信息平台、星播客平台、银企直连平台、奔驰星云平台，实现从订单到付款财务处理全流程的闭环管理（Cloud platform-云平台）；

4. 以业财融合为导向，通过定制、实施高度集成的顺义分公司信息化系统，优化改善业务流程，实现了财务从结果分析向过程指导的转变（Digitalization-数字化）。

通过财务信息化ABCD体系的搭建，助推北京奔驰打造“数字化、柔性化、绿色”工厂，促进了业务和财务的深化融合，提升了工作效率、审批效率、业务伙伴的满意度以及财务信息的安全性，实现了财务管理的全面转型升级，为公司健康平稳发展提供有力保障。

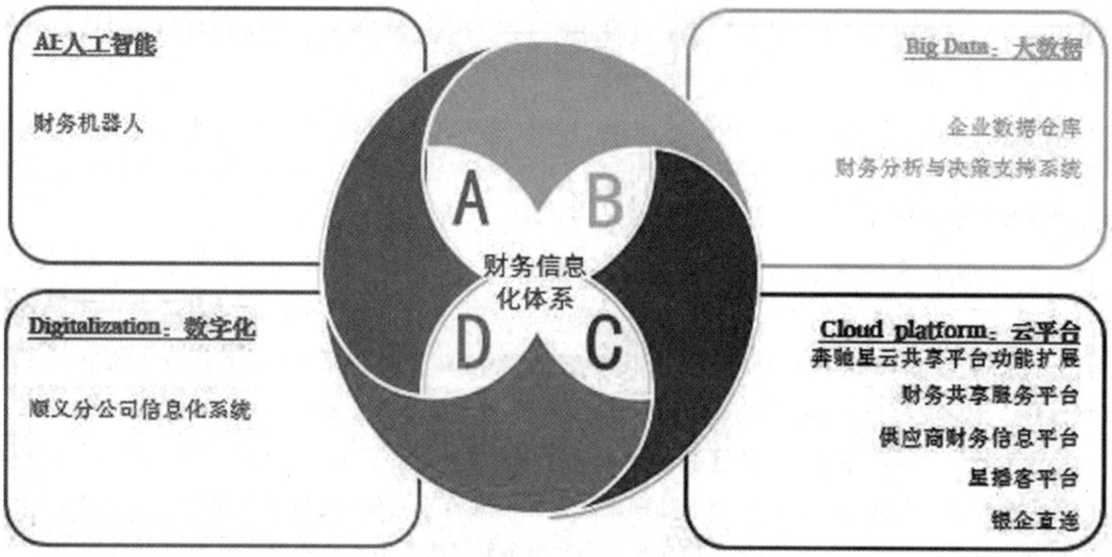

图1 财务信息化ABCD体系模型

（二）搭建北京奔驰财务信息化ABCD体系，助推业财融合深化落地的主要做法

1. 率先实施代表人工智能发展趋势的财务机器人项目。

在企业财务管理越来越呈现数据化、互联网化、智能化发展趋势的当下，随着人工智能的快速发展，财务机器人应运而生，北京奔驰财务与会计部紧跟时代步伐，进行AI尝试，牵头组建了跨部门财务机器人项目团队，在经过前期市场调研、内部流程梳理、可行性分析讨论、需求确认以及测试论证的基础上，我们以需要耗费大量人力的重复性工作和逻辑复杂的多系统联动作业为切入点，使财务机器人在北京奔驰财务得以落地实施。

（1）尝试业务案例1：用财务机器人处理大批量重复性业务，通过人工智能取代传统手工操作，工作效率提升了500%，同时避免了人为操作失误带来的风险。

北京奔驰各类资产多达几十万种，日常资产调拨业务需要耗费大量的人力物力，从不同系统进行操作。我们通过对现有资产调拨流程进行重新梳理，将OA系统、cbFC系统与财务机器人进行集成，财务机器人可以根据OA系统内审批完成的资产调拨申请，自动完成与cbFC系统内的资产主数据进行匹配，精准找到需要调拨的资产，完成资产调拨业务，并通过cbFC系统与Outlook邮件系统的集成，自动将每天的调拨日志发送至相关业务人员，整个流程全部为财务机器人自动处理（见图2），没有人为干预，提高了工作效率的同时，解决了因公司规模持续扩大，业务量日益增多，财务人员手工处理量越来越大的难题，保证了资产调拨的时效性和准确性。

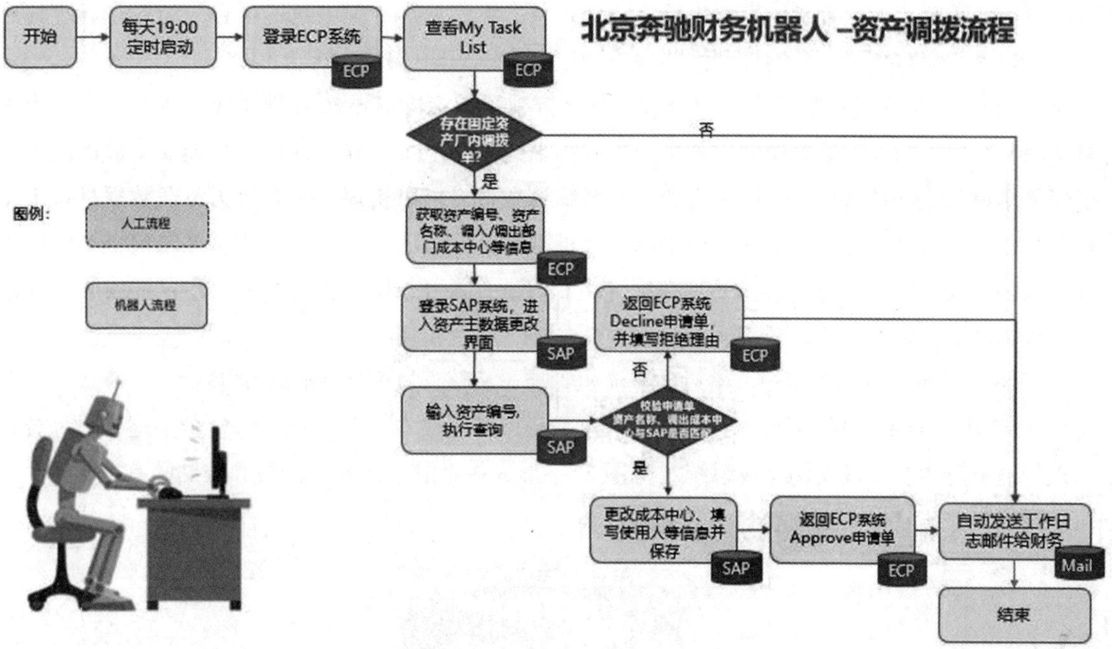

图2　资产调拨流程

（2）尝试案例2：用财务机器人完成逻辑复杂多系统联动的作业，实现了从0到1，从无到有的飞跃，并同时在公司其他业务领域范围内得到了推广。

为满足客户需求，提高客户粘性和对奔驰品牌的高端体验，北京奔驰实施了整体客户定制项目，公司对不同车型分别配备了智能互联软件的选装包。但是，却给财务核算增加了很大难度，数据量呈几何级增长，受外部局限及数据量庞杂的约束，初期我们只能在研发、采购等部门配合下完成软件成本的手工估算，耗费大量人力、物力，精准核算每台车智能互联软件的成本成为了财务分析的最大痛点。

智能互联软件流程实施后，财务机器人可直接从物流、财务等多个系统下载数据，按照既定逻辑进行复杂数据的精确计算，代替了传统的人工数据估算，大大提升了运营效率，高效精确获取智能互联软件实际成本数据，是北京奔驰取得的一个崭新突破，优势显而易见：

减少中间环节，财务机器人可以即时获取数据。改变过去需要反复沟通交涉才可获取智能互联软件估算数据。如今，可以即时获取每一台车上客户选择软件的精准数据。

掌握客户偏好，实现业财融合。通过财务机器人的应用，高效获取客户偏好的一手数据，不仅对公司财务分析提供支持，也能共享给研发、销售、产品决策等部门。更高效的掌握产品的市场反馈，从而服务北京奔驰战略的制定。

2. 搭建了定制化的财务大数据平台，实现了多系统业务数据的贯通，推进了财务从数据管理向价值管理的转变。

（1）整合多系统业务数据，满足综合数据分析的需求

为提高数据处理能力和处理速度，我们与信息技术部及其他相关部门在紧密合作基础上，开展实施了企业数据仓库项目（以下简称EDW）。并在项目中引入了性能优越、速度超前的内存处理和数据库技术（以下简称S/4 HANA），并与多个信息系统集成，搭建了cbFC系统与EDW系统接口数十个，设计了数据定期传输的机制。

应用1：在EDW中对抽取的资产数据整合，进行资产价值链分析。整合后的数据可以详细显示资产

的预算、申请、采购订单、收货、发票校验等数据信息，跟踪采购过程中投资项目的绩效。通过详细显示 WBS 元素、内部订单等各类主要信息，跟踪转换过程中投资项目的执行情况。

应用 2：助力材料采购差异的深层次分析。北京奔驰采用标准成本法对物料成本进行核算，由于采购价格会实时变更，每月数量庞杂的物料会产生大额采购差异。差异分析的准确性能支持成本的及时更新，确保单车材料成本的精准性。但原有的财务系统没有报表可以实现，需要每天下载数据进行手工分析，耗时费力，且数据实时动态变动，成本深化分析需求无法满足。EDW 平台完成了与财务系统的连接并实现数据抽取及清洗、整合，数据处理速度大大提升，保证了 EDW 呈现的采购差异报表的数据准确无误，实现了高效、精准的数据分析。

（2）从事后分析到事前、事中、事后的全流程管控，从核算过去转向管理未来

应用 3：利用 Tagetik 系统平台，我们成功搭建了涵盖产品成本、费用控制、资金管理、财务分析和项目管理的财务分析与决策支持集成系统（见图 3），形成一个财务计划、分析和控制的有机整体，满足了公司产品线日益丰富对全面预算管理的更高要求。

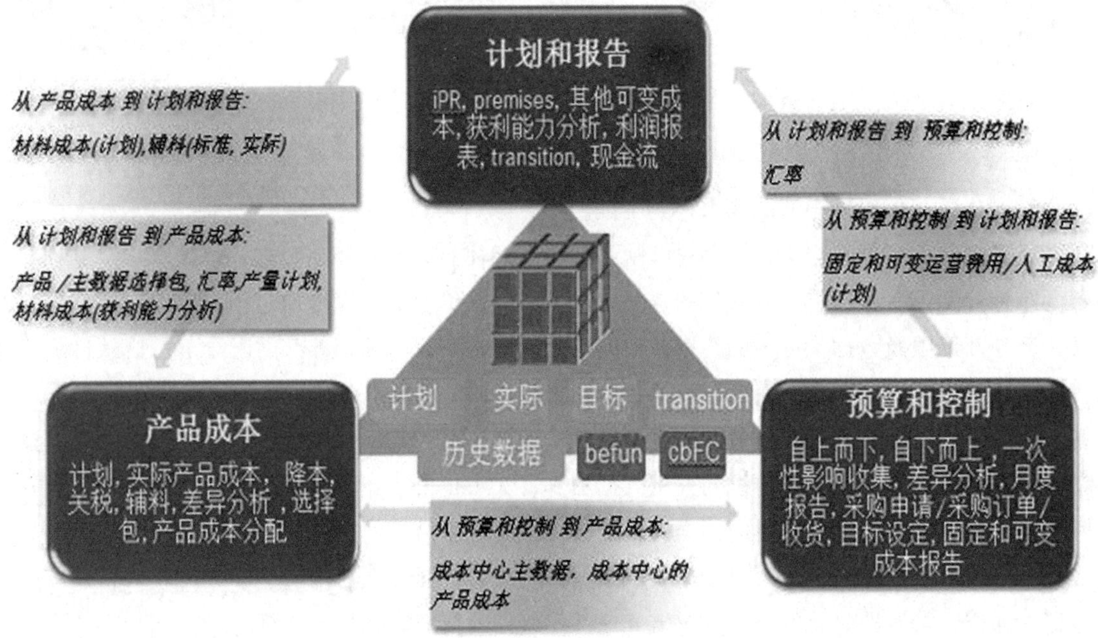

图 3　三个财务模块数据集成模型

此次财务分析与决策支持集成化系统的建立，基本涵盖了计划与控制所有业务模块，涉及成本预算、费用预算、实际与计划追踪、差异分析、整理利润表等多项细分业务和整体计算逻辑。使我们事前预测、事中控制能力得以加强，增加了业务涵盖内容，我们通过对各种业务信息系统的数据分析，挖掘数据价值，将业务与财务管理相结合，提升财务对业务的服务和支持力度，实现事前、事中、事后的全流程管控，为业务提供有效的数据支撑，为企业经营决策提供辅助支持，有利于推动企业财务数据的共享进程，进一步深化业财融合。

（3）应用 4：开发仪表盘、管理驾驶舱等可视化财务模型，为管理层经营决策提供有力支持

为提高财务报告的水平，EDW 系统以财务报表数据为基础，通过仪表盘等形式更加直观地展示财务分析数据，形成高度可视化的财务分析模型。

在各类报表数据的基础上，项目团队开发完成了企业指标分析驾驶舱（见图 4），可以轻松查询年

度、月度指标数据及对比分析，有利于数据的整合和大数据的管理，为管理层经营决策提供有力支持。

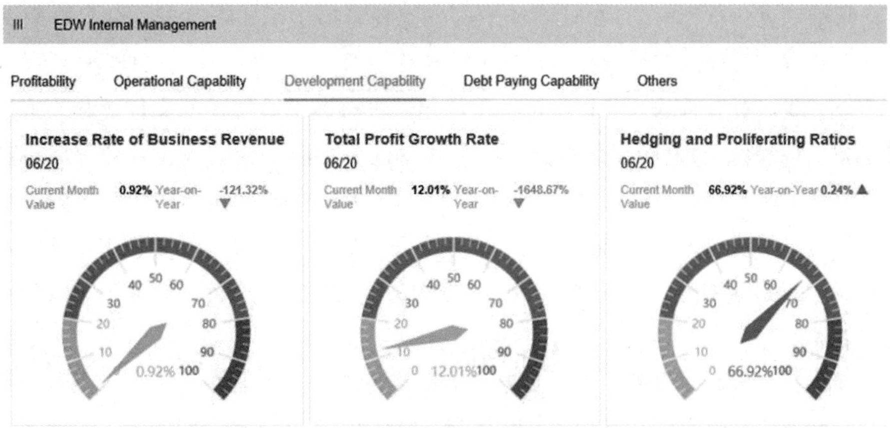

图 4　EDW 财务指标分析驾驶舱

3. 搭建“五大平台”，实现从订单到付款财务处理全流程的闭环管理。

我们通过搭建财务共享服务平台、供应商财务信息平台、星播客平台、银企直连平台、奔驰星云平台，将财务与业务伙伴、银行和税务等方面的断点连接起来，实现了从“合同-订单-收货-结算-银行-税务-业务伙伴”的全过程信息流的闭环管理。

（1）构建财务共享服务中心平台，实现供应商结算全流程自动化

财务共享服务中心平台是共享系统与财务系统的融合，打通了从“发出订单-系统收货-发票数据结构化-税企直连”的全流程自动化（见图5），实现与采购流程的业财一体化和信息的高度集成，解决采购流程中业务信息向财务低效传递、财务信息内部传递过程中的效率低、时间长、可追溯性差的问题，快速适应和满足北京奔驰经营管理与领导决策对信息及时性、准确性要求。

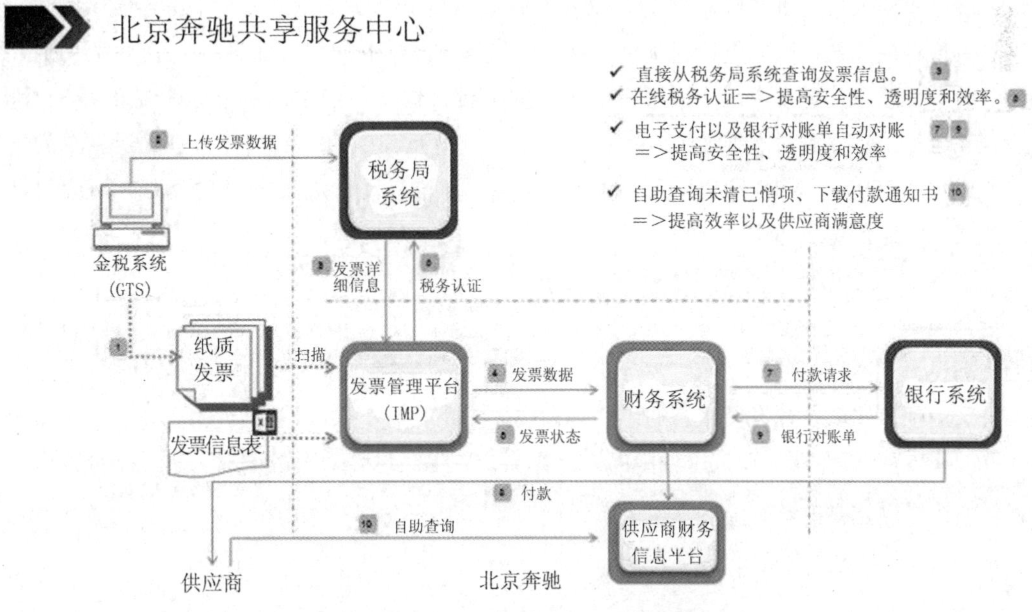

图 5　财务共享服务中心平台架构

北京奔驰财务共享服务中心平台可以直接从税务系统下载对北京奔驰开具的所有发票的底账数据，在共享中心平台形成发票数据仓库。并与纸质发票经过高速扫描并通过 OCR 识别技术识别后，形成的结

构化数据进行自动核对和真伪查验。然后将发票信息自动定时传输到财务系统中，同时抓取自税务局查验系统中的发票明细信息。也为财务 cbFC 系统中的发票校验提供了比对基础，并且在财务系统中设置后台作业，将自动发送的数据及与订单核对，同时形成作业报告，自动完成三单匹配工作。

在搭建过程中，我们对原有的业务流程进行了优化。将原有纸质传递的文件优化为通过将供应商邮件中填写的《发票信息表》，自动导入北京奔驰财务共享服务中心平台，为各业务部门节省了大量人工匹配合同、发票信息的时间和精力。同时，《发票信息表》中的数据会和结构化转换的发票数据一起传入北京奔驰的财务记账系统 cbFC，系统自动进行信息匹配并记账，避免了手工记账所需的等待时间和产生人为错误的风险；匹配不成功的，由财务会计人员每天对记账状态进行实时监控，发现这类案例后会重点进行分析和处理。

随着北京奔驰产量的增加，税务人员更多地忙于发票扫描这类重复性的工作，很难进行税务筹划创造价值的工作。在财务共享服务中心平台中，我们建立了记账凭证与纸质发票的关联关系。即财务共享服务中心平台在接收到 cbFC 定期发送的成功记账的凭证信息后，能够定位到其对应的发票信息，并自动进行批量税务认证处理。

（2）搭建供应商财务信息平台，实现供应商结算信息实时共享，提高供应商满意度

在原有采购结算流程中，供应商收到货款后，需要先拆分款项才能进行对账，相关咨询只能通过电话向应付会计询问或寄送询证函查询，效率不高且耗费大量人工成本。

财务与会计部联合采购部和信息技术部，基于财务共享服务中心的结算数据开发了供应商财务信息平台，在保证数据安全基础上，依照职能和权限将结算信息对相应的供应商开放，为供应商提供 7×24 小时自助查询服务，实现发票结算状态、付款明细的实时共享。

（3）搭建星播客平台，建立与经销商便捷的沟通机制

在原有经销商售后索赔流程中，存在沟通的断点。原始索赔业务的退款单通过邮件发送至经销商的业务人员，因经销商人员变更及邮箱网络等原因，退款单经常无法准确、及时寄送到经销商的责任人，款项跟进没有追踪的系统，只能电话或邮件询问，不仅影响经销商回款，而且产生了大量沟通成本。

财务与会计部联合信息技术部，通过搭建星播客平台，建立了经销商和北京奔驰的线上对接机制。使用星播客平台给经销商点对点推送退款单，实现每个经销商有多色的人员均可收到退款单的推送，确保了推送的成功率 100%。同时开发了反馈机制的功能，系统自动形成发送成功及对方阅读记录的反馈报告，以便及时跟踪推送成功率。

（4）实施银企直连项目，实现付款业务一键流

在北京奔驰产销量大幅上升的背景下，付款业务量急剧上升，传统的、基于纸质文件的付款管理模式已经无法满足海量数据的处理要求。鉴于此，我们组建了包括北京奔驰财务与会计部、信息技术部、银行等跨公司的项目团队，开发了银行通讯管理模块（以下简称 BCM）以实现银企直连、付款业务的自动化处理（见图 6），旨在减少在该过程中的人工操纵，在提高付款效率的同时，进一步提升资金风险管理水平，打通了付款信息流。

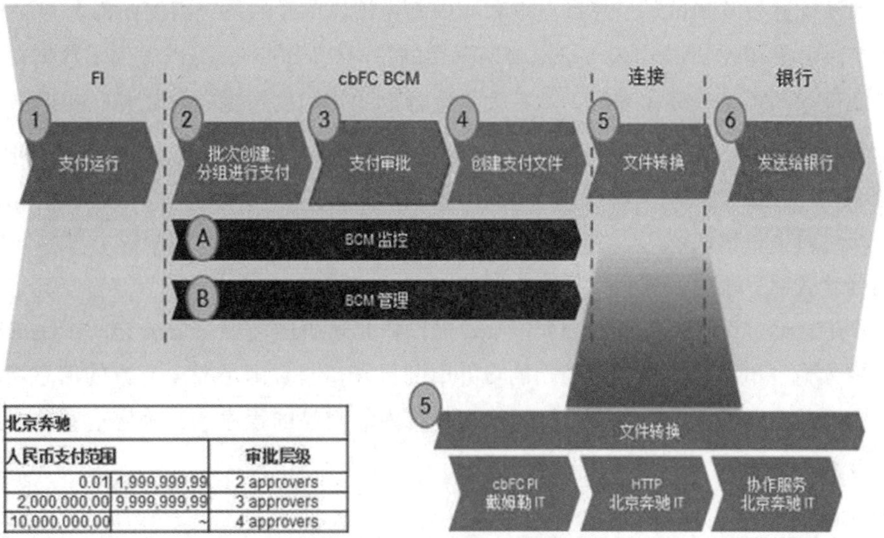

图6　银企直连自动付款流程

通过 cbFC 进行付款建议的运行，系统会自动完成付款凭证的编制，并进一步按照金额分批次发起 BCM 流程。我们在 cbFC 中按照付款金额部署完成了逐级审批的管理流程，并根据财务部的组织结构预设了区分不同审批流的审批权限。同时，通过 cbFC 中的审批流程与 Outlook 邮件进行集成，审批请求会以 Outlook 邮件的形式发送给指定的审批人，通过点击邮件中的快捷图标可以快速登录到 cbFC 审批界面中。

在审批过程中，我们也建立了系统信息反馈机制。针对不同的业务情景提出不同的信息流转路径，使相关责任人及时了解审批状态，保持追踪。通过 cbFC PI，与银行前置机建立的 web 服务器，最终将经过加密处理后的付款文件传递到银行系统进行付款。

未来，我们会积极拓展 BCM 功能应用范围至更多的业务领域，基于已经和银行搭建起来的接口程序，进一步开发银企对账功能，不断提高智能化水平。

（5）进行资源高度共享，打破“信息孤岛”

财务与会计部通过资源分类管理，建立一个基于 Web 的共享培训平台，打破传统培训模式在空间、时间上的限制；整合财务内部资源，形成财务信息输出门户，进行经验无障碍分享，提高人与人之间、部门与部门之间的沟通效率。

4. 以业财融合为导向，通过定制、实施高度集成的顺义分公司信息化系统，优化改善业务流程，实现财务从结果分析向过程指导转变。

为配合顺义分公司整体项目规划和进程，北京奔驰财务与会计部进行了深入讨论和研究，在现金管理、税务管理、资产管理、成本管理等会计信息系统建设方面实施了一系列的业务提升，在完善财务核算的基础上，强化过程服务和指导。

（1）确立定制化系统实施方案，实现总分公司间数据共享

在顺义分公司，我们确立了继续沿用北京奔驰现有财务管理核算系统 cbFC。并决定以利润中心为核算单元，实现同一公司代码下，总、分公司的独立核算、关联交易及关联业务的抵消。

cbFC 其标准功能仅能支持不同法人间的关联方交易处理，不能支持同一法人总分公司之间的关联方交易处理及合并抵消业务。基于此，通过与 cbFC 开发团队举行多次研讨会，进行可行性研究，方案制

定，分析研讨，系统开发及测试。最终确立以利润中心为核算单元的系统组织结构。

利润中心解决方案相较SAP中国市场上普遍采用的公司代码方案，可以做到主数据在不同利润中心间共享，对于新设立的顺义分公司来说，不必大量进行上线初期的数据迁移工作，也节省了上线后新建主数据的庞大工作量。

（2）优化合并抵消业务，开发过程监控程序，确保总、分公司报表准确性

在同一公司代码下，根据以层级架构设置不同的利润中心组，各利润中心组下可以根据SAP标准功能，独立编制会计凭证、账簿记载、出具财务报告。

在月结工作中，通过设置新的抵消利润中心，可以将北京奔驰与顺义分公司间产生的往来交易相互抵消，出具北京奔驰（BDA）与顺义分公司的合并财务报表，同时满足股东双方的信息需求。为确保方案实施效果，我们还开发了用于在月末结算时检查公司内部交易的程序，并确定这些公司内部交易的必要抵消过账的金额。

（3）强化系统集成，优化改善业务流程

借助北京奔驰系统间的高度集成环境，我们建立了支持整个顺义分公司采购、物流、生产、成本核算、销售等全模块的财务系统（见图7）。通过建立系统间的信息传递及反馈通道，在业务发生的同时完成会计核算，真正实现了业务和财务的高度融合，更好地对管理层决策提供及时准确的财务信息支持。同时在本项目中顺义分公司启用新的生产物流系统AMS，这是不同于北京奔驰原有的生产物流系统IPT的一个全新系统，这就意味着财务系统cbFC在一个公司代码下与两个物流系统进行集成，同时也存在同一物料在两个物流系统间流转的情况，这对财务系统建设提出了巨大的挑战。我们通过对流程及系统方案创新，实现了数据的灵活流转，即只需在前端系统进行简单操作，就能触发cbFC系统内北京奔驰和顺义分公司之间采购、销售流程的自动化处理等一系列复杂的总、分公司关联业务。

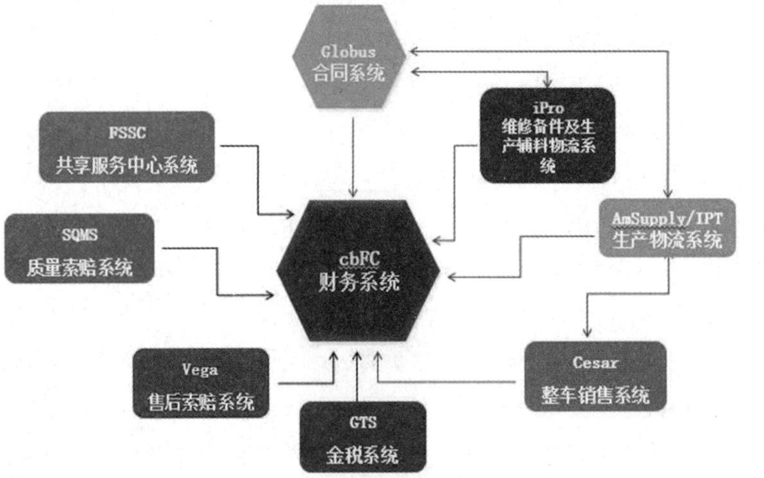

图7　顺义财务信息化系统集成概览

以北京奔驰与顺义分公司间的物料转移为例。该流程下，首先由北京奔驰前端物流系统IPT根据物料发出情况进行出库操作，该物料移动信息会通过系统接口自动转化为创建工厂间销售业务所必须的销售信息。

通过新开发的接口程序，源系统确认的卖方销售信息自动转化为买方所需的采购信息。相应地，顺义分公司物流系统会在收到零件实物时发送收货信息到cbFC，cbFC将自动编制物资到货凭证。整个循环中从北京奔驰前端物流系统IPT开启到顺义分公司物流系统AMS结束，全部实现安全高效的系统数字

化流程建设。

顺义分公司采用了新的整车销售模式，即首先销售给北京奔驰，再由北京奔驰销售并开具发票给经销商。cbFC 通过开发新的接口和丰富系统配置的方式，在系统内建立了一系列的自动处理手段，应用于销售、采购等关键环节。建立系统闭环管理，降低人工干预。虽然流程复杂化程度提高，但有效地控制了业务风险，提高了工作效率。

5. 建立数据风险防控体系，实现系统动态信息安全的全程管理

我们在平台搭建过程中，运用了大量自动化处理和跨系统集成技术，减少数据录入过程中的手工处理或干预，避免了人工操作失误造成的数据丢失，使数据更加安全。

在系统蓝图设计中，我们充分考虑了风险控制的要求，将控制点嵌入到系统流程中。大部分数据的处理和报表的生成由系统自动完成，这相比人工控制的效果更好，程序更加严谨和规范，内部控制的内容不再是账簿和报表，而是存储的数据及用户所进行的相关操作，确保财务数据信息的安全性。

三、搭建北京奔驰财务信息化 ABCD 体系，助推业财融合深化落地的实施效果

（一）管理提升

财务共享服务中心涵盖了 80% 的采购业务流程，实现了从订单到结算的高效处理和自动化，通过延伸开发的供应商对账功能，打通了北京奔驰采购结算的财务全流程的最后一环，帮助业务部门节约 40% 的流程执行时长。

借由定制化的财务大数据平台，建立企业指标分析驾驶舱，管理层可以轻松查询年度、月度指标数据及对比分析，为经营决策提供有力支持。

通过顺义分公司新系统自动化方案，建立系统间的信息传递及反馈通道，在业务发生的同时完成会计核算，真正实现了业务和财务的高度融合。

通过建立财务分析与决策支持集成系统平台，实现了系统计划/预算/预测功能，将财务分析从事后分析变为对事前、事中、事后的全流程管控，从核算过去转向管理未来，为管理层决策提供了强大的数据保障。

通过星播客平台对数百家经销商每周 100% 的准确发送对账单，有主动推送也有后续跟踪，使员工从“接线员”的角色解脱出来。

（二）经济效益

通过系统间集成方案，达成系统间数据共享，降低人工工作量，仅销售订单创建方面，将累计节约数十万份的手工创建工作。

通过顺义定制化信息系统，创新性地应用利润中心核算的解决方案，降低了采购、物流、销售、生产等信息系统的设计、开发难度，从而节约了项目整体系统开发费用。

财务机器人项目提升了工作效率和操作的准确性，代替人工的重复劳动，减少人工成本，降低人为错误造成的经济损失。它还可以替代系统间接口，从而大大节省接口开发费用和开发时间。

（三）社会效益

通过供应商财务信息平台和星播客平台的建立，实现了供应商结算信息实时查询，建立了产业上下游联动及与经销商便捷的沟通机制，有效提高了业务伙伴的满意度。

通过财务机器人应用于智能互联软件实际成本的精准计算，更加高效的掌握客户偏好，从而有针对

性的进行服务战略的制定，用客户的数据服务客户，提高客户的满意度。

银企直连项目树立了银行与企业合作的典范，也开启戴姆勒体系银企直连的先河，并在戴姆勒体系内得到推广应用。仅 2019 年上线的首月，银企直连项目完成对外付款达数十个批次，共支付款项千余笔，支付准确率 100%，降低了资金支付风险。

（四）环境保护

借由财务共享服务中心项目和银企直连项目，将各类线下审批转为线上审批，实现了无纸化办公。每年减少各类纸质审批单据及付款支持文件等达数十万份，同时为业务伙伴节省了大量的票据传递时间，提升了北京奔驰精益化管理水平，为“绿色奔驰”的建设助力。

成果创造人：郭　锐、朱　霞、魏　洁、任思思、刘　畅、刘　旭，陈　嫣、刘　勃、杨　威

图书在版编目（CIP）数据

中国企业改革发展优秀成果.2020：第四届：上、下卷 / 中国企业改革与发展研究会编. -北京：中国商务出版社，2020.12
ISBN 978-7-5103-3656-0

Ⅰ.①中… Ⅱ.①中… Ⅲ.①企业管理-经济体制改革-研究-中国-2020 Ⅳ.①F279.21

中国版本图书馆 CIP 数据核字（2020）第 250807 号

中国企业改革发展优秀成果 2020（第四届）下卷

ZHONGGUO QIYE GAIGEFAZHAN YOUXIUCHENGGUO 2020（DISIJIE）XIAJUAN

中国企业改革与发展研究会 编

出　　版：中国商务出版社
地　　址：北京市东城区安定门外大街东后巷 28 号　　邮　　编：100710
责任部门：数字出版事业部（010-64248236）
责任编辑：杨晨
总 发 行：中国商务出版社（010-64515150）
网　　址：http：//www. cctpress. com
邮　　箱：szcb2016cctp@ 163. com
排　　版：苑冬兴
印　　刷：天津联城印刷有限公司
开　　本：889 毫米×1194 毫米 1/16
印　　张：101　　字　　数：2631 千字
版　　次：2020 年 12 月第 1 版　　印　　次：2020 年 12 月第 1 次印刷
书　　号：ISBN 978-7-5103-3656-0
定　　价：398.00 元（上、下卷）

中国企业

改革发展优秀成果2020（第四届）下卷

THE COLLECTION FOR ACHIEVEMENTS OF
CHINA ENTERPRISE REFORM AND DEVELOPMENT

中国企业改革与发展研究会◎编

CCTP 中国商务出版社
CHINA COMMERCE AND TRADE PRESS

精益管理与高质量发展

中国铁物综合施策成功脱困

中国铁路物资集团有限公司

一、公司概况

中国铁路物资集团有限公司（简称中国铁物）是国务院国资委直接监管的大型中央企业，是我国规模最大、服务能力最强、专业经验最丰富、行业领先的铁路生产性服务综合提供商，被业内称为中国铁路“总后勤部”。集团公司总部设在北京，在中国、美国、澳大利亚、老挝以及中国香港等国家和地区拥有100多家分支机构。2017年12月，经国务院国资委批准，实施公司制改制，正式更名为中国铁路物资集团有限公司。2011年至2014年，中国铁物连续4年位列《财富》世界500强。

中国铁物源于1887年设立的中国铁路公司塘沽材料处，距今已有130多年历史。在各个历史时期，中国铁物都承担着全国铁路战略物资供应与管理工作，经营范围主要围绕国内外铁路运营、装备制造、建设施工，涉及铁路油品、轨道、装备、铁建、工业、物流、国际及相关多元等领域，涵盖与之相关的物资设备供应管理、质量监控、研发制造、运营维护、招标代理、国际贸易、物流服务、信息咨询、融资租赁等业务形态。中国铁物是全国“唯一”的铁路用油供应商、大维修钢轨供应商、铁路线路产品质量监督商，是全国乃至全球“第一”的铁路物资供应商、铁路物资招标代理商，拥有“独一”的铁路线路全寿命管理系统、高速铁路打磨技术、轮轨保护技术。历经百年传承，中国铁物已经成为具有较高科技含量、较强比较优势的专业化铁路生产性综合服务企业，其经营网点与整个铁路建设和运营网络高度契合、基础数据高度共享、业务资产相互关联，深度融入铁路产业经济循环。

二、扭亏脱困背景

中国铁物因2012年—2014年爆发系列钢贸风险事件，导致连续三年亏损，造成重大资产损失和严重资不抵债，2016年初引发债券兑付危机，引起中央领导高度重视。面对银行授信基本封死、个别银行查封资产和抽贷、偿债资金几尽枯竭等极端困难，中国铁物顶住集中偿还债务的生死考验，果断实施一系列综合举措，加强党的领导和党的建设、聚焦主责主业、稳定经营局面、实施债务重组、推动内部改革、夯实基础管理，改革脱困取得显著成效。

三、改革脱困综合施策举措

（一）化解债务危机，多措并举降杠杆减负债

面对严重资不抵债和资金链断裂局面，以及公募债券“刚兑”压力，中国铁物在国资委和有关监管

部门的支持下，有针对性地采取综合措施，有效促进了危机化解。

一是妥善化解债券兑付危机。2016 年初发生债务危机后，集团公司发行的 168 亿元债券兑付问题，引起社会广泛关注。为维护金融安全稳定，公司通过果断处置资产、强化清欠清收、诚通委托贷款、抽挤营运资金、协调央企快速回款等一系列强有力措施保“刚兑”，按时足额兑付 2016 年全部 6 期 68 亿元公募债券，迅速化解兑付危机，促进了债券市场稳定，维护了央企信誉，体现了中国铁物的责任担当。

二是高效完成债务重组。在解决债券兑付同时，坚持“市场化、法治化”原则，对涉及总额 337 亿元金融债务实施重组。仅用 9 个月时间就与金融债权人达成“本金安全+部分还债+留债展期+利率优惠+债转股选择权”，外加资金兜底的一揽子债务重组方案，创造了解决困难企业债务危机处置的新模式，实现了企业、银行、债券持有人等利益相关方的合作共赢，对市场化债务重组具有积极的示范作用。其中私募债重组成为国内对未违约私募债实施重组的首个案例，对维护债券市场健康发展具有重要的意义。通过债务重组，中国铁物显著缓解了短期偿债压力，降低财务费用，为企业扭亏脱困赢得了宝贵的时间和空间。

三是充分挖掘存量资产价值。面对降杠杆压力和难看的资产负债表，中国铁物在 2017 年底对存量资产梳理分类，将拟处置盘活和处于出租状态土地房产，在符合企业会计准则前提下，调整为以公允价值计量的投资性房地产，客观反映资产价值。经过资产评估，估值 186 亿元，增值 139 亿元，剔除递延所得税影响后，新增权益 117 亿元，当年降低资产负债率 27.8 个百分点，一举扭转连续四年资不抵债局面。

四是强力盘活资产，确保偿债资金。为应对债务危机，落实偿债资金来源，中国铁物成立了资产盘活专项工作组，早在 2014 年底就对土地房产进行了清查盘点，对低效无效资产制定处置清单和回款时间表。处置过程中创新盘活方式，利用产权市场广泛招商，对重点项目重点攻关，通过市场询价、招商比选确定土地盘活合作方，提前实现收益回现。2016 年以来先后盘活北京、上海、广州、成都、哈尔滨、武汉等中心城市的多宗闲置土地房产，累计盘活资金近 180 亿元，目前已收回现金 140 亿元，确保债务重组以来的偿债不动用经营资金。

五是成功实施市场化债转股。为了进一步降杠杆，改善财务结构，中国铁物设计实施了“设立拟上市平台公司，归集优质资产业务，出让平台公司股权，募集资金专项偿债”的市场化债转股路径方案，于 2018 年底与 7 家投资人签订总额 70.5 亿元的债转股协议，不仅解决了偿债资金来源问题，而且进一步充实了资本金，大幅降低杠杆率，被有关部门称赞为市场化债转股的经典案例，新华社、人民日报、中央电视台等主流媒体广为报道和好评。

六是推进业务重组上市。为推动公司优质业务重组上市，兑现债转股投资人资本市场退出通道的承诺，2019 年，中国铁物结合自身实际，全面系统梳理可实现的多种上市路径，从可行性、实操性、时间安排等角度细化上市路径分析，完善和优化上市方案。2019 年底与中国第一汽车集团有限公司共同筹划一汽集团旗下上市公司天津一汽夏利汽车股份有限公司与中铁物晟科技发展有限公司（以下简称物晟公司）的重大资产重组事项。截至目前，已完成重组置出、置入资产以及交易各方的尽职调查、审计和评估；交易方案变更，通过上市公司决策程序，公告重组草案；完成中国铁物内部决策，签署相关协议并出具承诺函等工作。重组事项已于 7 月初获国资委批复。

（二）回归铁路主业，确保生产经营总体稳定

近年来，中国铁物加速经营资源向铁路轨道领域集中，已经形成涵盖油品、轨道、装备物资供应，

以及铁建工程服务、工业制造、物流仓储等业务体系。过去3年，铁路业务无一单元亏损，且每年创造约10亿元利润，有力地促进了企业生产经营稳定。

一是持续稳固铁路专供业务。坚持使命担当，集中资源保障国家铁路燃油、钢轨等专项物资供应，近三年累计供应油品733万吨，供应钢轨465万吨，并通过对钢轨、焊头、道岔、扣件及相关产品质量监督，从源头打造保障国家铁路安全运行的“钢铁防线”，得到国铁集团充分肯定。同时，积极应对国铁集团物资管理职能转变，油料、轨道集团主动沟通对接，新签铁路柴油、钢轨采购供应委托代理协议，巩固了油轨专供地位。

二是深耕铁路建设市场。在保持油轨专供业务稳定同时，积极参与建设拉林、蒙华、京雄、京张、京津冀城际铁路和北京新机场、中老铁路等一批国家、海外重点项目，近三年供应铁路建设等工程钢材732万吨、水泥512万吨，为150多个建设单位、560多个建设项目提供招标代理等一体化服务。全系统聚焦“两根钢轨”，不断延伸拓展业务。油料集团在13个铁路局推广汽配加注业务，加大对加油站终端、厂矿、工业及物流园区等细分市场的油品供应。轨道集团积极开发市场化钢轨业务，连续两年获得铁路机车车辆整车订单，巩固中车造车材集中采购业务，每年高速、普速打磨作业里程超过6.6万遍公里。装备业务正在加快开发铁路物资循环产业，打造新的经济增长点。铁建工程服务不断向路外运营物资市场拓展，招标公司持续巩固招标代理服务和物资代理龙头地位。华东集团、成都公司、天津公司、武汉公司等各区域公司深耕区域终端市场，业务转型发展取得积极成效。工业集团水泥利润连创历史新高。

三是积极开展技术研发创新。中国铁物承担了全国普速铁路钢轨保护技术研究等多项行业性科研课题，自主开发的铁路燃油配送系统、钢轨全寿命周期管理系统、轮轨保护技术、高铁打磨技术、重载轨枕等填补国内空白，在多个细分业务领域成为全国“单项冠军”，仅轨道集团就拥有专利47项，企业核心竞争力进一步增强。

（三）坚持破立并举，着力提升资源配置效能

近几年，中国铁物虽然生产经营持续向好，但银行信用尚未根本恢复，企业经营资源捉襟见肘。把有限的资源用在刀刃上，成为改革调整重点任务。

一是果断实施“重组整合”，做强做优主业。近年来，中国铁物将深化改革作为实现企业本质脱困和高质量发展的关键抓手。聚焦铁路主业、核心优势，立足破解难题，实施专业化、集团化重组，投入注册资本金61亿元组建油料、轨道、工业、国际、华东5大集团，改组投资公司，实现业务体系、组织架构、运营机制全面重塑，企业发展好坏分离、风险隔离。其中，5大集团近五年年均实现营业收入372亿元、年均增长9.8%，利润总额8.4亿元、年均增长31.8%，确保了核心业务稳定发展，为企业存续发展发挥了中流砥柱作用。2019年，中国铁物进一步加大铁路核心主业整合力度，升格装备物资公司管理、组建供应链集团、资源科技公司、运维技术公司，累计增加投入4.8亿元，促进铁路外油料业务同比增长43%、钢轨市场占有率提高13个百分点、物流收入增长12.7%；其中，供应链集团组建以来，加快整合物流资源，发展国际供应链业务，确保中老铁路、匈塞铁路等重大项目顺利实施，推动中国铁路产品技术标准“走出去”。

二是持续推进“关停并转”，腾挪发展空间。将法人压减、法人新设与亏损子企业治理长效联动，并体现在对所属公司年度考核。借助集团财务动态和经营调度会，逐月通报亏损子企业情况；对无特殊原因连续亏损2年的及时预警，对连续亏损3年、扭亏无望的经研究后纳入压减范围；所属直管公司若

上年度净利润无增长，原则上本年度不允许新设企业，倒逼各级企业止住出血点、消灭亏损源、降低亏损面、培育增长点。2019年国资委挂牌的9户重点亏损子企业3户扭亏为盈、同比减亏2.5亿元，集团公司挂牌的10户特困企业7户扭亏为盈、同比减亏15亿元，完成企业压减5户收回资产7000万元，减少管理费用51万元。

（四）实施股权多元化，着力释放主业潜力

中国铁物立足公司长远和持续发展，积极创造条件，在集团公司及所属公司层面采取国有资产无偿划转、以资产或现金方式增资扩股等多种方式，引进战略投资者，壮大中国铁物在产业链、供应链、价值链上的综合实力和影响力，优化资本结构，扩大资本规模。

一是立足增加客户粘性，推进股权多元化。中国铁物顺应国家铁路深化物资管理体制改革需要，与中国国家铁路集团有限公司（以下简称国铁集团）及所属企业合资设立国铁供应链管理有限公司，中国铁物持股45%，并派出运营团队负责业务运营；共同发起组建全国煤炭交易中心，交易中心由铁路、煤炭、港口等涉煤股东组成，中国铁物并列第二大股东；与行业主导企业国铁集团等实施股权多元化合作，有效丰富了中国铁物的业务领域、客户粘性和行业影响力，2019年铁路业务规模同比增长10.8%。

二是立足弥补行业短板，推进股权多元化。响应绿色发展、循环经济号召，针对年达百亿铁路报废物资尚无专业、规范处置基地的短板，与上游铁路客户、下游钢厂充分论证，依托中国铁物与国家铁路高度契合的营销网络、高度共享的数据资源，引入“再制造”“逆向物流”理念，联合中国宝武所属马钢、地方政府先期投资1亿元于2019年7月组建中铁物总资源科技有限公司。该公司正在全国布局“1个网络平台、1个研发中心、若干个产业基地”，为全国铁路报废物资提供集约化、专业化服务体系，补齐行业短板，实现多方共赢。

三是立足放大业务优势，推进股权多元化。在各个历史时期，中国铁物均承担铁路机车车辆关键零部件的供应链管理工作，与国铁集团、中国中车建立了持久稳固的合作关系，形成了独有的业务优势。为进一步放大业务优势，2019年11月中国铁物与中国中车深化合作，中车资本按照市场化原则向中国铁物所属铁路装备物资公司增资9400万元，实现核心客户“亲上加亲”。

（五）深化三项制度改革，着力激发发展活力

中国铁物将体制改革和“双百企业”综合改革，作为深化三项制度改革的破题之作。近年来，通过总部“大部门制”改革、所属企业“专业化、集团化”重组，总部部门由25个压缩至12个，二级直管公司由36家压减至25家，管理层级由六级压缩至五级，同步深化三项制度改革，增强改革“穿透力”；通过2户“双百企业”率先改革，在推行经理层成员任期制和契约化管理、职业经理人制度和工资总额单列等方面，形成引领示范带动作用。

一是在干部能“下”上下功夫。进一步健全市场化选人用人机制，严肃任期制和契约化管理，打通干部能“下”的“堵点”。以制度形式固化干部“下”的刚性条件，对年度考核评价“较差”或连续两年评价“一般”，连续两年无特殊原因未能完成年度计划目标的坚决调整；以任期制和契约化管理严肃对经理层“下”的约束，对任期届满不合格的坚决调整。

二是在职工更“活”上下功夫。公司认为，员工有活力，企业才有“精气神”。以服务企业发展为出发点，通过合同管理、定岗定编，严肃岗位标准，明确任职资格、工作职责和升级标准；通过对标企业发展战略、定期盘点人力资源状况，预判用工总量及结构需求，实现控总量、优增量，2019年市场化选聘人才达到162名；通过健全全员绩效考核评价体系，将量化考核与民主测评相结合，作为人员培养、

选任依据，营造“幸福是奋斗出来的”的氛围。

三是在薪酬能“变”上下功夫。将薪酬作为激发企业发展活力的重要工具来使用。以更加灵活高效的方式管控工资总额，对所属公司按照管控难度、发展阶段、业务规模等分类调控，对重点支持企业和业务领域实行工资总额“单列”；以差异化、精准化方式考核分配，二级直管公司负责人绩效年薪权重由68.2%调高至79.4%，且有序拉开差距，年薪最高与最低差距达3.3倍；以突出目标导向加大正向激励力度，适时围绕公司重大战略任务，设置专项奖励，对部分项目实施跟投和风险抵押金，在全系统推广效益（增量）分红。

（六）夯实基础管理，有效防范经营风险

中国铁物加强基础管理，加大内部控制力度，扎紧制度“篱笆墙”，常念执行“紧箍咒”，有效防范经营风险。

一是规范管理体系。坚持从制度建设破题，全面开展制度“立改废”，进一步清晰责任主体和管控部门责权边界，切实解决“牛栏关猫”问题。结合集团公司的治理结构和实体化运作的管控要求，推进集团公司规章制度体系建设工作，全面梳理规章制度，制订并督促落实集团公司制度体系建设计划，印发《集团公司规章制度管理规定》，截至2019年12月31日，集团公司共印发制度142项，为公司依法合规管理提供重要依据和保障。

二是强化运营管控。以合同管理为主线，以资金管控为核心，借助信息化手段，实时跟踪、预警、处置、通报订单合同及大额资金流向，强化风险管理，督促逾期问题业务处置。恢复资金集中管理，全系统资金集中度日均达到90%以上。以“两金”压降为重点，持续压缩三项资产规模，有效控制应收账款增幅，经营净现金流连续三年维持在13亿元以上。成本费用连续三年低于预算进度，营业费用增幅保持低于营业收入增幅。西安公司、武汉公司等推行业务人员收付实现制考核，不回款不计奖。

三是加大风险隐患排查整改力度。以审计署审计、国资委督查，内部督查督办、审计监督、巡视巡察为契机，聚焦化解企业重大风险，组织全系统开展规范管理、强化执行和问责问效等工作，持续加大整改力度，2018年审计发现问题整改完成率达八成。

（七）优化监督机制，着力确保经营安全

中国铁物深刻吸取历史风险事件的惨痛教训，调整监督体系，优化监督机制，破解充分竞争企业风险管控盲点多的困境，保障生产经营长治久安。

一是强化监督职能的整体性。强调在公司党委和董事会的统领下，构建大监督体系，与总部机构改革同步，清晰部门职责，进一步明确监事会治理监督、巡视巡察政治监督、纪检机构专责监督、审计法律专业监督、财务业务职能监督、工会组织民主监督的功能定位。以清晰各自定位，作为形成“六位一体”大监督体系的前提，形成目标统一、相互协调、优势互补、资源共享的监督工作格局，实现监督工作对经营管理的全方位、全过程覆盖。

二是突出监督力量的独立性。突出力量配置的独立性，在3家核心优势企业试行委派监事长制度，在总部审计部门项下分设立2个区域审计中心，直接由集团总部管理。强化功能发挥的独立性，以审计成果利用为例，直接编发审计工作通讯，向“上”（公司领导）汇报情况获取支持；建立审计通报制度，向“下”（所属公司）通报问题组织排查；印发督促审计整改工作方案，向“中”（职能部门）移交问题督促整改，实现审计成果共享。近两年，集团公司总部累计审计资产总额681.4亿元，完善制度116项。

三是增强纪检监督的权威性。深入推进纪检监察体制改革，落实“三为主”要求，加强上级纪委对下级纪委的领导，切实执行立案、党纪处分事先报告等规定，严格履行纪委书记、副书记、纪委办公室主任提名考察程序，加强对子公司纪委书记履职考核，推动各级纪检机构更好发挥组织协调、监督保障作用。结合经营管理、风险防控、提质创效重点工作，开展有针对性的综合监督检查，既发挥职能部门的专业优势，又注重从中发现损害公司利益、谋取私利的行为，着力监督执纪问责，服务经营大局，追索流失资产。近年来，通过执纪审查促进追索并挽回经济损失5.5亿余元。

（八）夯实全面从严治党主体责任，不断提高党建工作质量

中国铁物深入学习贯彻习近平新时代中国特色社会主义思想，认真落实新时代党的建设总要求和新时代组织路线，把全面从严治党与改革脱困紧密结合起来，抓党建促脱困。

一是全面加强党的领导。集团总部和所属16家直管公司、设立党委的其他公司全部将党建工作要求纳入公司章程，明确党委在各级公司治理的法定地位，全面落实“双向进入、交叉任职”领导体制，以及党委书记、董事长“一肩挑”要求，进一步明确党委会、董事会和总经理办公会的权责边界，严格执行党委研究讨论前置程序规定，深化党委理论学习中心组学习引领，加强党的政治建设，充分发挥党委把方向、管大局、保落实的领导作用。

二是加强基层组织建设。全面抓好基层党建“三基建设”，按照“四同步、四对接”原则，做到基层党组织应建尽建，应换尽换，直管公司党委换届基本完成，实现基层党委书记现场述职、党支部书记培训、党员轮训全覆盖。党建活动形式多样、内容丰富，利用“铁物大讲堂”开展教育培训，组织“凝心聚力党旗红、同舟共济争先锋”等主题活动，一批先进集体和先进个人获得中组部、国资委、铁路总工会等表彰，基层党组织战斗堡垒作用有效发挥，广大党员先锋模范作用得到了有效调动。

三是落实管党治党责任。扎实推进党风廉政建设和反腐败斗争，严格落实中央八项规定精神，推进廉洁文化建设，坚持全面从严治党、依法从严治企，持续深化“三转”，聚焦监督执纪问责，设立巡视巡察办公室，完成全系统常规巡视20家，专项巡视19家。加大执纪问责力度，对违反中央八项规定与违纪违法案件处理，坚持内部公开通报曝光，开展警示教育，督促所在公司召开专题民主生活会，吸取教训，引以为戒。

四、改革脱困成效

经过艰苦努力，中国铁物终于从悬崖边“走”了回来，债务问题得到妥善解决，各项财务指标趋于健康，基本实现改革脱困目标。

（一）经营状况持续向好，实现连续四年盈利。由于加大瘦身力度，禁止融资性与“空转”贸易，中国铁物经营状况自2016年11月结束连续47个月亏损局面之后持续向好发展，营业收入由“虚胖”到“做实”，尽管经营规模较过去收缩，但经营质量明显提高，主营业务利润持续大幅提升。2016年—2019年分别实现营业收入556亿元、613亿元、632亿元、652亿元，利润总额2.8亿元、5.4亿元、12.5亿元、14.2亿元，经营性净现金流分别为9.5亿元、19亿元、13亿元、19亿元，资产负债率由125.5%降至78.3%，实现经济效益“四连盈、四连增”，总体恢复了健康可持续发展的能力。

（二）债务问题基本解决，负债率降至合理水平。中国铁物发生债务危机时的带息债务余额为356亿元，四年来通过资产盘活已归还了180亿元，通过债转股又降低了70.5亿元，其中，最后一笔私募债42.5亿元于2019年1月25日提前兑付。2019年末，企业带息负债余额已降至122亿元，带息负债比率

为28%。债务问题已基本解决。

（三）核心业务持续稳固，保障了铁路建设与运营安全。中国铁物作为我国铁路建设与运营物资主要供应商，坚持使命担当，履行社会责任，在资金十分紧张的情况下，集中资源保障铁路燃油、钢轨等专项物资供应，高效开展中老铁路、川藏铁路拉林段等重点工程物资集成供应服务，高速、普速打磨作业里程每年超过3万遍公里，有效保障了铁路建设与运营安全，得到国铁集团和18个铁路局的充分肯定。

（四）公司信用逐步恢复，融资环境日渐改善。中国铁物发生系列风险事件后，生产经营陷入困境，加上实施债务重组，给企业信用带来一定负面影响。但是，由于中国铁物的债务重组保障金融债权人本金安全，且严格执行重组协议，并提前偿付部分重组债务；企业核心业务保持稳定增长，又顺利完成了70.5亿元的债转股，显著增强了债权人的信心，企业信用逐步恢复，企业融资环境日渐改善。2019年末，各金融机构对中国铁物可用授信总额为271亿元，其中当年新增65亿元。

五、经验体会

中国铁物经历经营陷入严重困境的考验，经过艰苦努力，最终实现扭亏脱困。总结改革脱困艰难历程，有以下几点深刻体会：

一是必须坚持党的领导，牢固树立政治意识。中国铁物发生重大风险事件，招致严重债务危机，教训惨痛而深刻。作为中央企业，必须提高政治站位，增强“四个意识”，坚定“四个自信”，坚决做到“两个维护”，高举习近平新时代中国特色社会主义思想伟大旗帜，自觉在思想上政治上行动上与以习近平同志为核心的党中央保持高度一致。惟其如此，企业经营发展与党的建设，才不会迷失方向，才可能有危机解决危机，没危机持续健康发展。

二是必须始终保持战略定力，聚焦主责主业谋发展。首先，企业战略要符合自身实际，要在供给侧结构性改革中找准定位，既不能无所作为，也不能好高骛远。中国铁物过去出现重大资产损失的原因，除了经营管理与决策能力外，很重要的原因是战略失误，作为铁路企业发生“出轨”，不培育服务铁路发展的能力，而是通过融资性贸易盲目做大规模，发生危机也是必然。近年来，中国铁物积极回归铁路轨道交通主业，坚持服务国家战略，创新集成化服务模式，培育核心竞争力，毛利率与利润水平持续上升。同时，针对供给侧结构性短板，确定了努力打造国际一流的生产性服务业集团的战略目标。实现这一目标，不可能一蹴而就，需要保持战略定力，以钉钉子的精神，锲而不舍，一届班子接着一届班子地干。

三是必须全力维护公司信用，维护企业良好形象。市场经济是信用经济，一旦信用丧失，要恢复信用必将付出加倍的成本。中国铁物深信这一点，所以在危机应对与改革脱困过程中，努力维护公司信用。一方面确保债务不违约，全力筹措资金兑付敏感公募债券。另一方面，中国铁物的债务重组，是在没有发生违约情况下的主动债务重组，重组期间利息正常支付，重组完成后严格履行重组协议，甚至提前偿还债务。所以，中国铁物债务重组期间，在银行没有出现一笔不良贷款；重组后，中国铁物在银行的授信很快得到恢复。这是中国铁物走出困境的重要基础。

四是必须坚持深化改革，创新体制机制。改革是破除体制机制弊端，释放生产力与经营活力的主要手段。中国铁物在改革脱困过程中，按照党的十八大、十八届三中全会以来的国企改革系列文件要求，坚持深化内部改革，激发经营创新创效活力，先后实施总部机构改革、债务重组、业务重组、资产盘活、减员分流等一系列卓有成效改革，破除体制机制弊端，逐步走出困境。我们坚信，只要改革思路正确，措施有力，完全可以使困难企业焕发新的生机活力。

五是必须完善制度强化管控。中国铁物深刻反思风险事件教训，不断在内部控制上查缺补漏，全面开展制度“立改废”；进一步清晰各治理主体和管控部门责权边界，先后出台国内贸易管理办法和财务管理“二十四条禁令”，完善合同管理、资金管理、资产管理、投资管理等各项制度，明确经营管理底线和红线。通过强化审计监督等措施，全面排查融资性贸易业务，加强审计巡视整改，促进制度有效执行。

六是必须争取广泛支持，紧紧依靠广大职工。中国铁物能够走出困境，得到了监管部门、债权人、国铁集团、重要客户大力支持，更与广大干部职工的艰苦奋斗与团结拼搏分不开。在中国铁物最艰难的时刻，绝大多数干部职工与公司党委站在一起，不离不弃，共克时艰，表现出极高的忠诚度。中国铁物取得的改革脱困成绩是广大干部职工努力奋斗出来的。随着中国铁物经营状况与经营环境不断改善，全体干部职工对中国铁物踏上新征程、实现凤凰涅槃热情高涨，信心百倍。

成果创造人：朱碧新、廖家生、吴春权、杜　波、徐增堂、赵保辉、
赵　辛、郝文武、祝琳海、李鸿杰、张鸿雁

高端能源智库创新实验室能力体系建设

国网能源研究院有限公司

一、背景与意义

国网能源研究院能源电力规划实验室历史可追溯至上世纪九十年代，第一套自主研发软件电力系统电源扩展规划优化软件包 GESP-1 开发完成。此后，随着电力系统和电力规划理念的发展，电源扩展规划优化软件包不断升级，并用于三峡工程的国民经济评价、多个省级和区域级电网的电源规划研究和世界银行贷款电力项目的经济分析等相关研究。2016 年以来，国网能源研究院能源战略与规划研究所依托第三版电力系统电源扩展规划优化软件 GESP-III 和可计算一般均衡模型 CGE 等工具升级能源电力规划实验室，完成了 GESP 的第五次升级，同时自主研发了其他能源电力规划相关软件工具，如全景电力系统运行模拟分析平台 NEOS、储能发展与商业模式综合决策平台 ES Performance、一体化城市能源规划决策支持系统 UEPDS、市场环境下计及多利益主体的电力规划辅助决策软件 MAPT 等。2019 年，实验室进一步整合完善模型、软件和信息资源，形成能源（Energy）、环境（Environment）、电力（Electricity）和数字化（Digital）四大模块 EEED 布局，有效提升了部门在中国能源战略、能源电力规划、生态文明下电网绿色发展与政策评估和区域综合能源系统等领域的核心研究竞争力。

自成立以来，能源电力规划实验室在国网能源研究院院党委高度重视与战略性支持下，取得了长足发展。对外发布 GESP、NEOS 等多款自主研发软件，为政府、行业协会和市场主体有效提供了科学量化研究支撑与决策依据。先后承担并圆满完成了 530 余项研究项目，其中政府委托项目 55 项，国家电网公司科技项目 180 余项，取得国际、省部级奖项成果 30 余项，获评国家电网公司级实验室。在能源电力规划领域培养了一批知名专家学者和行业领军人才，研究成果在行业内颇具影响力与权威性。实验室紧扣国家能源发展形势与战略布局，立足能源电力前沿领域开展研究支撑，经过多年的理论探索与实践积累，逐步形成了以能源电力规划为核心，以能源转型理论认知创新和模型工具建设为两翼，布局中国能源战略、能源电力规划、电网绿色发展及区域综合能源系统四大研究业务的“一核、两翼、四支柱”发展思路和业务布局。

（一）建设能源智库创新实验室是落实国家创新驱动发展战略的必然选择

党的十八大以来，中央立足世界大势和我国发展形势提出实施创新驱动发展战略，要求面向国家重大需求、面向国民经济主战场，开展科技创新、制度创新、管理创新、商业模式创新、业态创新和文化创新。能源电力发展关乎“四个革命、一个合作”国家能源安全新战略落实，关乎国民经济命脉，必须作为我国创新发展的主攻方向之一。

能源电力规划实验室距离国家创新驱动发展战略要求的创新实验室还存在差距。一是自主技术创新需要进一步加强。一方面，实验室软件类型有限，在部分研究领域缺少自主研发的量化仿真支撑工具；另一方面，过去开发的软件工具难以模拟能源电力系统发展的新特点，必须持续提升软件开发与升级能力。二是管理创新与制度创新不足。实验室同时开展理论研究、软件开发、实证分析，工作量大、周期长，并且不同工作链条之间的配合容易发生进度失衡和人员冲突等问题。为提高实验室整体运转效率与员工活力，保障资源长期稳定投入，必须建立高效协同的组织架构、运行机制以及相应的管理和文化制度等。三是商业模式创新缺失。软件主要用于实验室内部支撑项目研究，为发挥软件边际效用递增带来的规模化经济效益，必须探索软件市场化推广的商业模式，扩大软件客户群和外部影响力。

（二）建设能源智库创新实验室是有力支撑能源革命研究的核心竞争力所在

随着供给侧结构性改革、能源革命、电力体制改革向纵深发展，走中国特色能源电力发展之路面临着一系列重大战略、规划和政策问题需要研究回答。但实验室在国家能源战略领域还存在短板，在能源电力规划领域还需加强重要发展问题的研究论证，需要提高前瞻性和储备性研究能力。这对实验室规划布局提出全新挑战，要求统筹优化业务和软件布局，提升对实验室整体的发展引领力。

另一方面，新时代下的能源电力发展规划问题发生了较大变化。一是规划问题的复杂度及维度大大提高，计算量随之增加。能源转型背景下，电力规划的目标由原先仅满足电力供应扩展至充裕、清洁、低碳和经济之间的协调，电力规划的相关主体也增加至常规电源、新能源、电网和用户，新能源发电的不可控性更是极大的增加了电力规划的难度。这要求通过模拟精细化仿真进行分析和预测，为能源电力规划提供科学决策支撑。二是规划问题视角扩展至能源-政治-经济-环境交织影响的大能源安全观。当前国际能源地缘政治动荡复杂、充满挑战，减税降费要求下用能经济性问题凸显，大气污染防治及应对气候变化对能源电力供应提出更高的环境约束。随着能源电力与政治、经济、环境的耦合性逐步加深，要求实验室实现“能源经济-电力规划-运行仿真-技术经济评估-生态环境-政策分析”研究链条的协同和贯通。三是大数据技术为规划问题提供了新的解决思路。数字革命加快发展，基于大数据的分析方法打破了以逻辑推理为基础的科学研究思路，提供了新的基于相关性的方法，规划领域也需要运用大数据去探索未知并指导实践。在此背景下，实验室需要进一步增强量化模拟分析能力，丰富软件工具类型并开展平台化研究，着眼未来新型基础设施培养大数据分析能力，全面提升工具研发的核心竞争力。

（三）建设能源智库创新实验室是发展企业高端智库的内在要求

党的十八大以来，习近平同志就建设中国特色新型智库做出一系列重要论述和指示，从推动科学决策、民主决策，推进国家治理体系和治理能力现代化、增强国家软实力的战略高度赋予智库建设重大意义。国家电网公司深入贯彻中央加强中国特色新型智库建设的要求，大力推动企业高端智库建设，以国网能源研究院为智库建设主体单位，建设运行智库研究平台、智库交流平台与智库传播平台。

对标企业高端智库要求，能源电力规划实验室作为平台载体还有不足。一是研究平台还需全面增强量化仿真模拟能力，以满足复杂形势下科学决策的支撑需求。二是交流、传播平台作用发挥还不到位。具体表现在实验室与社会各界的互动沟通形式单一、频率和成效较低，缺少在主流媒体领域的系统发声；对外渠道的不足制约了引领性观点和成果的策划输出，导致实验室及智库的影响力、话语权、美誉度还不够理想。这要求实验室建立系统性的交流、传播体系，提升交流、传播专业能力，扩大实验室外部影响力。

二、主要做法

立足贯彻落实国家创新驱动发展战略、着力于有效支撑能源革命研究，紧紧围绕服务国网能源研究院企业高端智库建设，努力突破创新实验室能力体系建设工作，即以规划布局为发展引领力、以工具研发为核心竞争力、以组织运行为内部驱动力、以推广传播为外部开拓力、以制度建设为综合保障力。

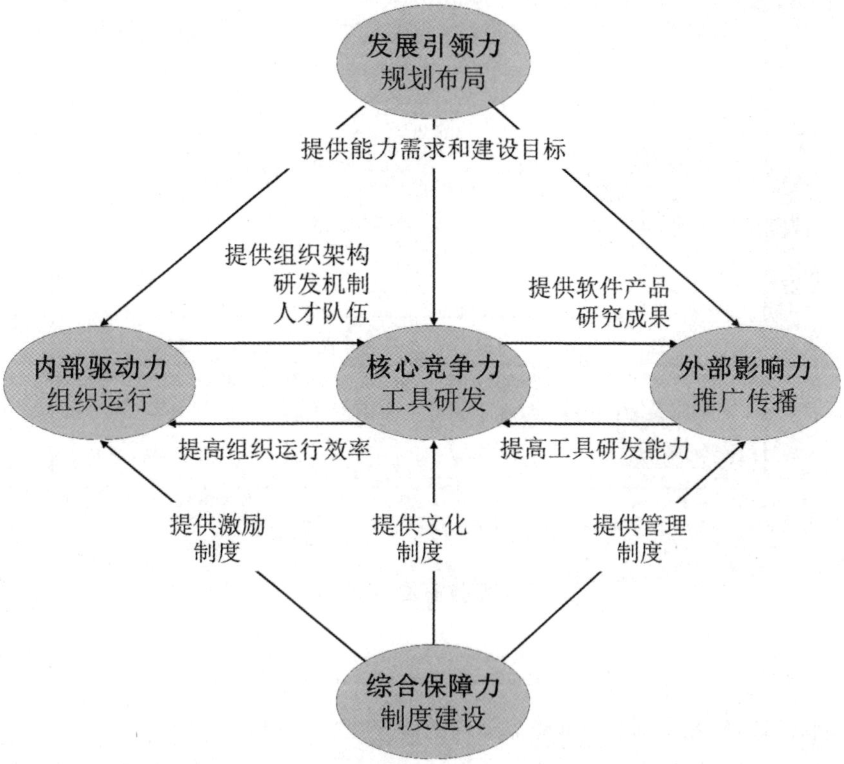

图1　创新实验室能力体系图

（一）提升规划布局的发展引领力

在发展规划上，实验室紧扣国家能源发展形势与重大需求锚定研究方向，根据研究方向提出的实际应用需求布局软件模块，建立业务深化开拓与软件研发升级双轨融合发展格局，为工具研发、组织运行、推广传播等工作提供目标和方向。

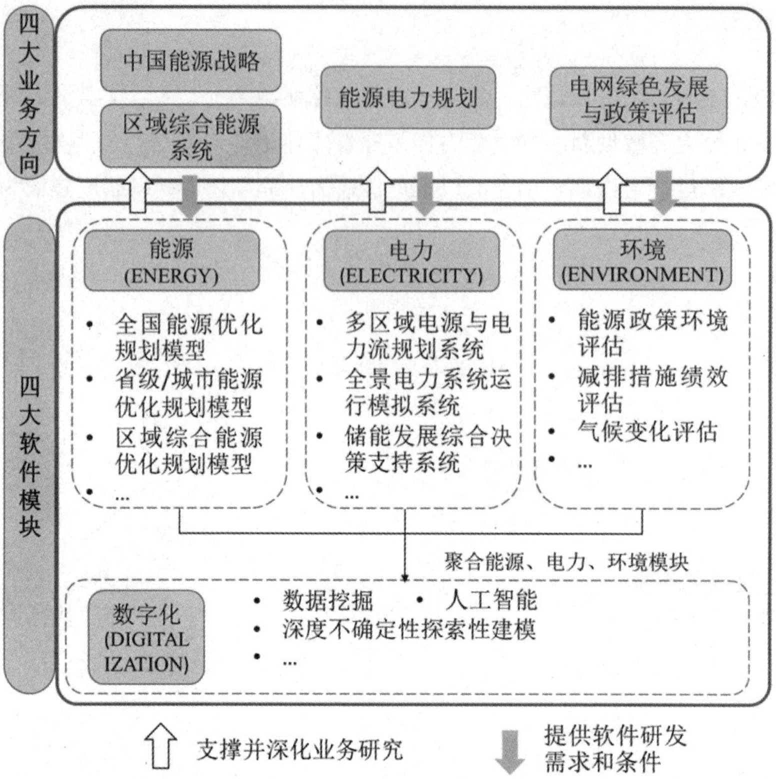

图2　实验室发展布局图

1. 业务布局

面向能源战略顶层设计，实验室建立国际、历史视野，以习近平新时代中国特色社会主义思想为指导，着眼体制机制改革，研究中国能源战略。面向能源电力发展规划，考虑政策、产业、技术影响，从规划、运行、效益分析层面研究煤电、水电、核电、风电、太阳能等各类能源发电的发展路径。面向能源-经济-环境协同发展，实验室建立大环保观，开展绿色发展规划、管理与评价。面向能源系统新形态和用能新方式，实验室建立能源互联网思维，加强对终端用能的认识，研究区域、城市群、城市等不同区域范围下的综合能源系统。

经过不断地理论探索与实践积累，建立了四大业务方向，分别是中国能源战略、能源电力规划、电网绿色发展与政策评估、区域综合能源系统，贯穿战略制定、规划、运行和效益评估全流程的决策环节，覆盖经济、生态、安全等能源战略规划需要考虑的各个方面。

2. 实验室功能布局

对接四大业务方向的实际应用需求，实验室自主研发兼引进能源类软件支撑中国能源战略研究和区域综合能源系统研究、电力类软件支撑能源电力规划研究、环境类软件支撑电网绿色发展研究；同时，重视应用大数据、人工智能等新兴模型方法，研发数字化类软件，建立能源、电力、环境与数字化四大软件模块。面向政府、电网、发电企业和研究机构等对象，提供从宏观政策研究、发展规划、运行模拟到商业运营的全场景一揽子解决方案。

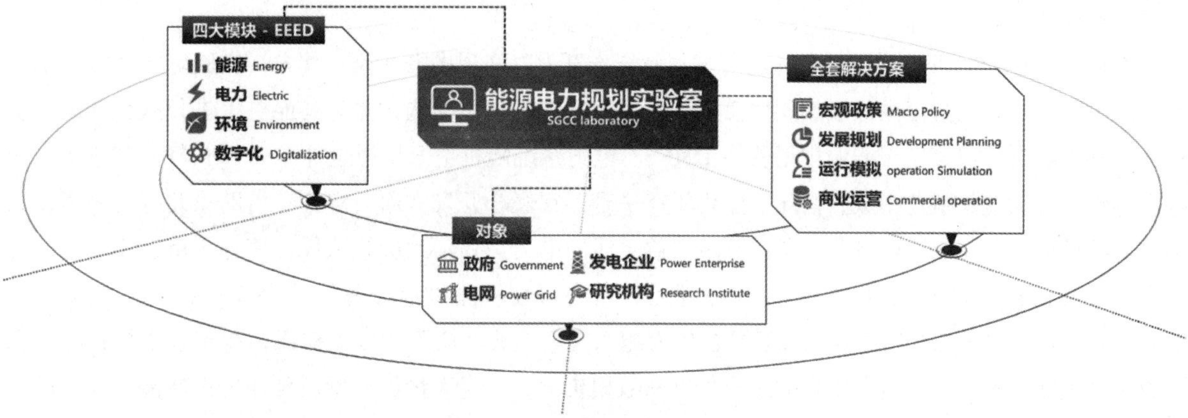

图3　实验室功能定位图

能源模块涵盖新一代能源战略分析模型、现代能源经济模型、全国/省级/城市/能源优化规划模型和区域综合能源优化规划模型，支撑我国能源战略的模拟分析、能源转型路径的演化模拟、区域综合能源系统发展规划方案的定量决策与综合效益评价等。电力模块涵盖多区域电源与电力流规划，全景电力系统运行模拟，储能发展综合决策支持等自主研发软件，支撑电源规划与电力流优化方案定量模拟分析、电力规划综合效益评价、清洁能源并网与消纳能力分析研究等。环境模块涵盖气候变化评估、能源政策环境评估、区域空气质量评估和减排措施绩效评估等工具，支撑电网绿色发展、电力行业应对节能减排策略研究。数字化模块着眼于能源电力系统的数字化和信息化变革，采用大数据和人工智能等方法研究能源电力系统演化机理，聚合能源、电力、环境模块，挖掘能源电力系统中的深度不确定性因素并对其影响机理进行探索性建模。

在业务和实验室功能布局的基础上，实验室重视科技成果转化，积极进行专利和软件著作权布局。结合各个业务研究和软件开发方向，提前调研专利和软著申请需求，制定申请计划和进度安排，与业务研究和软件开发同步推进。

（二）提升工具研发的核心竞争力

在软件布局阶段，实验室秉持开放理念丰富软件类型；在软件设计阶段，通过场景思维锚定研发升级方向；在软件实现阶段，利用产品意识提升用户体验，将场景思维、产品意识和开放理念贯穿应用于软件开发全过程中，全面打造软件工具研发的核心竞争力。

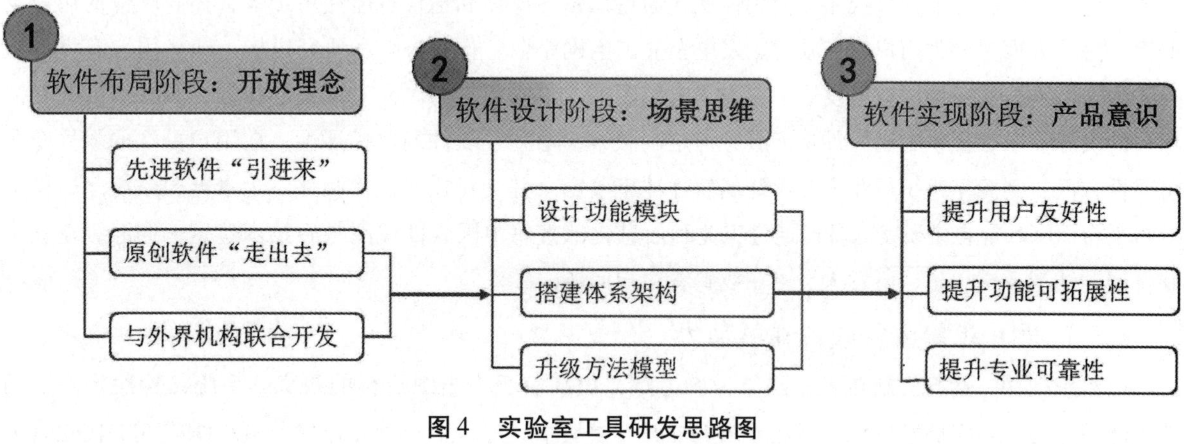

图4　实验室工具研发思路图

1. 开放理念

秉持开放理念，重视“引进来、走出去”及合作开发，实现多方共赢。首先，实验室在坚持自主开发之路的同时，也引进了国外成熟软件模型，充实完善软件体系架构，并与其他机构进行联合开发。引进的国外先进软件有多区域能源规划软件TIMES、电力系统随机生产模拟软件GridView等。基于此，实验室进行软件功能扩展与集成，搭建一体化研究平台。在联合开发方面，实验室借助华北电力大学在电力市场领域的专业优势，联合开发了计及多利益主体的电力规划辅助决策软件，填补了市场模拟软件的空白。其次，实验室以开放共享的平台化思维助推自主研发软件“走出去”，加速软件成长。全景电力系统运行模拟NEOS抓住国网新能源云平台作为能源互联网典型应用的历史机遇，在有效掌控自有知识产权基础上成功嵌入，抢占了宝贵的用户入口和数据资源，依靠大量用户反馈延伸软件功能，成为新能源消纳贡献度分解等多个外围模块的基础。最后，实验室在软件研发过程中定期组织专家交流会，与同领域顶尖专家研究应用前沿、推敲技术细节，促进软件尽快突破研发瓶颈。

2. 场景思维

运用场景思维，以实用化为导向，明确实验室软件开发升级的方向。离开业务支持的软件工具是无源之水，离开实用化目的的开发是自娱自乐，成果难免束之高阁。面向业务研究带来的实际应用场景和数据资源，实验室开展软件功能设计、体系架构搭建、方法模型升级等研发工作，采用“拼地图”方式在一个个项目中进行完善。GESP软件的开发升级即是根据应用场景的变化不断进行迭代的过程。2009年，能源电力发展中的生态环保意识逐步加强，需要量化电力生产带来的温室气体和污染物排放影响，统筹考虑经济、环境目标进行电力规划；为此，GESP增加了环保规划功能，可考虑电厂排放影响及其参与环保改造，建立了多目标电力规划模型。2014年，伴随新能源规模化发展，亟需研究含新能源发电的电力系统规划方案、输电规模、运行方式及效益评估，对含大规模新能源的电力系统发展规划工具提出迫切需求；在此背景下，GESP增加了新能源发电模型，刻画新能源时序不确定性，同时优化了交互界面并实现网络访问功能。2018年，面向储能、需求侧资源等新兴供用电技术的发展应用，GESP增加了储能和需求侧资源模型。通过自始至终瞄准应用场景更迭，对应完善软件功能，才形成了当前的成熟软件系统。

3. 产品意识

重视产品意识，以用户需求为中心，积极提升实验室软件友好性、可拓展性与专业可靠性。在软件研发过程中，实验室非常重视用户使用体验，通过试错、反馈和迭代打磨使用细节，提高软件的用户友好性。另一方面，软件用户覆盖政府、发电企业、电网企业、行业协会和研究机构，知名用户有世界银行、国家电网公司、中国核电发展中心和华电集团等。不同用户的研究对象不尽相同，实验室围绕具体用户的实际需求，提供定制软件功能服务与定制版本，增强了软件的可扩展性。在用户关注的软件专业可靠性方面，实验室组织行业内专家开展软件评审鉴定会并交付权威机构测评，全景电力系统运行模拟分析平台NEOS等自主研发软件已通过工业和信息化部直属中国软件评测中心技术鉴定。同时，建立了软件问题线上反馈渠道，研发人员可在线解答用户问题。

（三）提升组织运行的内部驱动力

以组织架构、运行机制与人才队伍为着力点，提高实验室组织运行的效率。系统结构决定系统功能，能源电力规划实验室持续根据业务拓展情况、模型工具建设情况动态迭代升级组织模式，优化有关机制，加强队伍建设，努力用体制机制的完善来激发更有活力的创新。

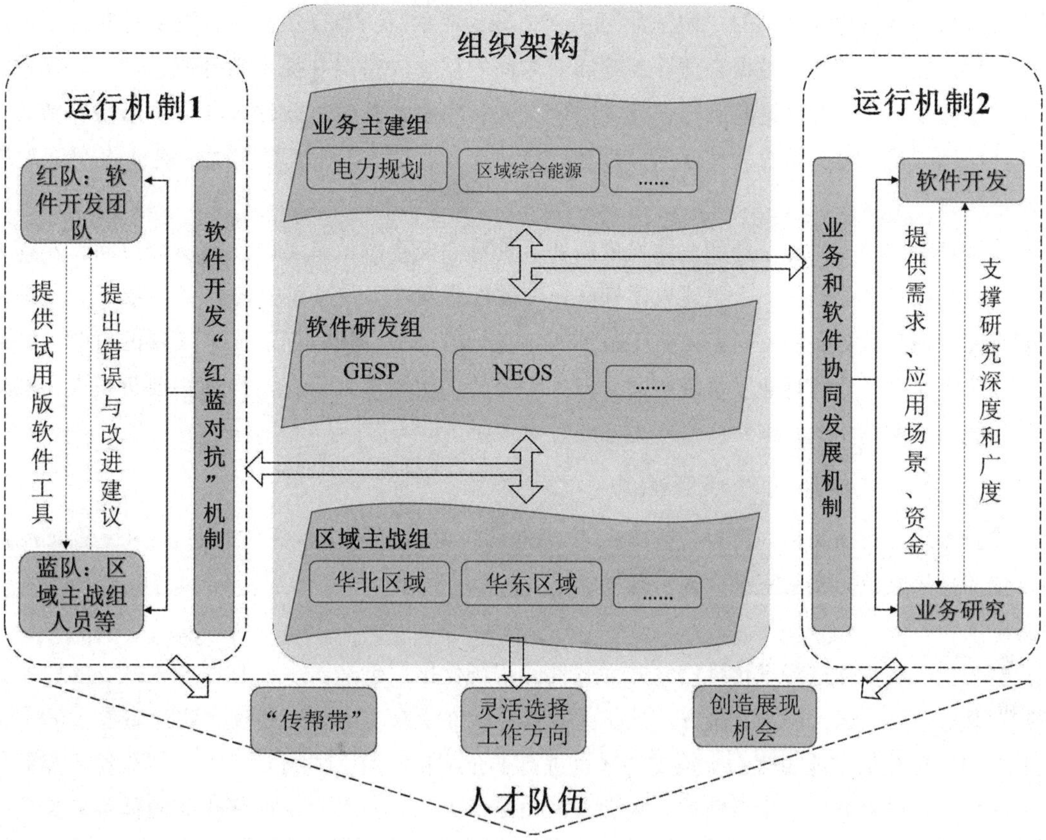

图5　实验室组织运行框架图

1. 组织架构

实验室形成了“业务主建、区域主战、开发主研”的理论研究-实际应用-软件开发三层架构。“业务主建”是指业务小组人员锚定能源电力规划面临的关键问题，集中开展突击式的深入研究，攻破理论和方法难关。实验室已形成的业务主建小组有“十四五”能源规划组、新能源与储能分析组、城市能源政策分析组等。“区域主战”是指针对华北、华东、华中、东北、西北和西南六大区域配备专责人员，收集数据信息，掌握地域省情与能源电力基础条件，搭建本区域分析模块，运用“业务主建”小组提供的理论方法开展更具有针对性的实际研究。“开发主研”是指开发组负责将业务主建组提出的理论方法进行软件功能实现，并把开发好的软件工具提供给各个区域小组。在协同运作的组织架构下，各小组之间分工明确、各有专攻，并以持续迭代运作方式来促进业务研究与软件开发协同发展。

2. 运行机制

一方面，建立业务研究和软件开发双向赋能的协同发展机制。业务研究和软件开发是实验室创新能力建设的两条主线。能源革命背景下的重大研究项目为软件开发提出了功能要求，带来了应用场景，提供了资金支持和人员保障等。实验室对接业务研究进程，有序开展软件研发的阶段性任务，包括技术研发、软硬件建设、鉴定评估、软著专利申请、布点应用、奖项申报等。反过来，软件的成功开发赋能业务研究，扩展研究深度和广度。依托GESP等软件的开发升级，实验室掌握了适应新能源大规模发展的电力系统规划运行分析工具，在含高比例新能源的电力系统规划相关问题研究上取得突破。

另一方面，建立软件开发“红蓝对抗”等机制。通过“找茬挑刺”，以攻促防、以攻促改，打造高素质、高水平的模型软件研发梯队。红队由各软件开发团队组成，包括GESP、NEOS和储能软件团队等。蓝队由对软件进行找茬挑刺的“假想敌”组成，分为专家蓝队和自然蓝队，重点针对模型原理、结果合理性、用户友好性和输入数据合理性校验四个方面发掘软件错误并提出软件改进建议。其中，专家蓝队以研究经验丰富、模型理论基础知识扎实的研究人员为主，并通过软件找茬对抗来培养新人；自然蓝队以软件应用人员为主，结合软件使用过程和计算结果开展对抗工作，在实战中促进软件升级完善。

3. 人才队伍

实验室综合考虑个人兴趣选择和整体发展需要，针对性安排每位员工的具体研究方向，发挥人才的专业能力。同时在每个业务方向上组建人才梯队，在软件研发等实践过程中通过“传帮带”发挥配合作用，形成研究合力。针对实验室研究人员年龄结构年轻化的趋势，积极创造成果展现的机会，推动多位员工进入储能专家委员会等行业重量级协会，安排年轻员工担当重大研究工作的主要负责人，锻炼年轻员工的研究能力、文笔文风和组织协作能力，激发人才队伍活力。

（四）提升推广传播的外部影响力

以实验室推广、传播交流为窗口，扩大实验室外部影响力。其中，实验室推广为传播交流搭建桥梁，多方位的传播交流为实验室推广提供载体。

1. 实验室推广

实验室依托多种载体进行宣传推广，并为软件的市场化推广创造了多元化商业模式。实验室推广载体有研究专著、论坛、云服务等，全方位地扩大实验室软件受众范围与知名度。实验室发布的《城市能源蓝皮书》对一体化城市能源规划决策支持系统进行了介绍和应用，详细介绍了一体化城市能源规划决策支持系统的软件模块架构、模型原理、数据需求和使用方法，并以北京市现代能源体系建设路径为实例展示了该系统的应用场景和具体功能。实验室还通过参加或主办论坛的方式发布最新软件成果，在第九届中国国际储能大会上，公开发布了自主研发的储能决策支持系统 ES-Performance，以及在该系统支撑下完成的《2019 中国储能产业现状分析与展望蓝皮书》；在实验室主办的电力市场设计与投资规划（江西）论坛上，发布了联合开发的计及多利益主体的电力规划辅助决策软件。此外，储能延缓配电网改造等软件实现阿里云云端部署，面向全社会公开，进一步提升了软件影响力。

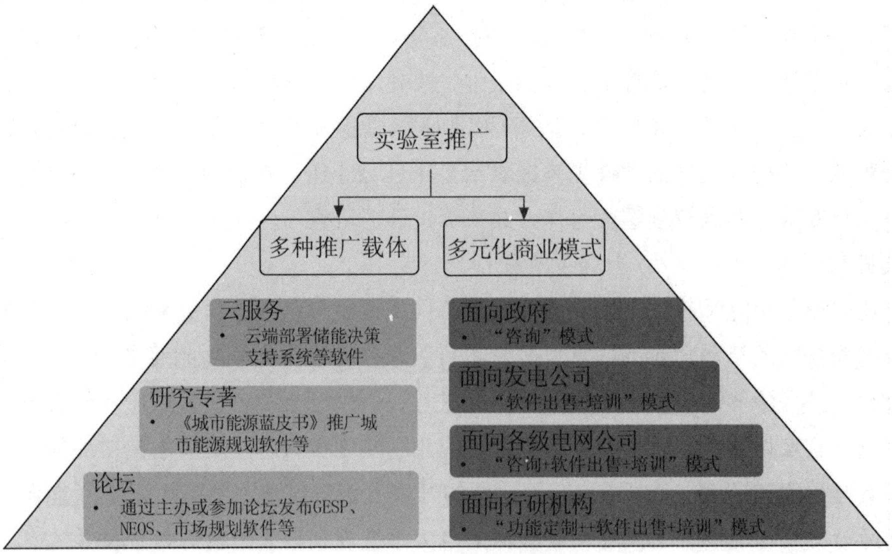

图 6　实验室推广体系图

在软件市场化推广方面，实验室根据不同用户的需求特点，制定了多元化商业模式，开拓软件市场并提高经济效益。面向国家与全行业，实验室软件应用的主要对象有各级电网公司、发电企业等各类电源投资主体、政府部门等能源政策制定者、行研机构等市场分析单位。其中，政府部门需求在于有价值的决策建议采纳，实验室以软件为支撑科学决策的模拟量化分析工具，面向政府部门采用“咨询”模式，提供决策咨询服务。各级电网公司主要需求在于项目委托研究，同时具有使用软件开展常态化工作的需要，实验室面向各级电网公司主要采用“咨询+软件出售+培训”的模式，在承担项目研究工作的同时为各级电网公司成员开展软件使用培训。发电企业的核心需求在于掌握研究工具，以便持续开展个性化研究，同时考虑到实验室以软件开发及前瞻性、基础性研究为核心能力建设方向，面向发电公司以“软件出售+培训”的模式为主，辅以“咨询+软件出售+培训”模式。行研机构具有市场分析等差异化需求，实验室面向行研机构主要采用“功能定制+软件出售+培训”的模式，提供软件功能定制与扩展服务。

2. 开展传播交流

在传播交流方面，实验室着眼于扩大决策影响力、社会影响力和学术影响力，开展媒体传播和学术交流，并创立运营自身公众号。媒体传播和学术交流为公众号带来流量、提高内容质量，公众号为传播交流提供了新平台，形成媒体、学术和公众号三维互动宣传格局，逐步扩大实验室影响力。

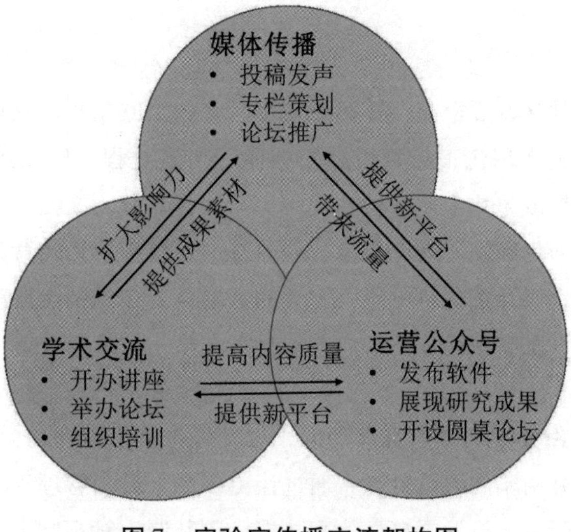

图 7　实验室传播交流架构图

一是重视研究成果转化，积极在行业权威及官方媒体上投稿发声，与相关主流媒体建立合作共赢的良好生态。面向各家媒体的不同定位与风格，统筹实验室研究成果，有针对性的策划文章和报道输出。其中，宏观分析类文章重点考虑官方媒体和舆情内参性质媒体，行业热点或最新政策解读等时效性较高的稿件重点考虑行业媒体和新媒体。在建立实验室媒体朋友“通讯录”的基础上，继续开展了更大范围、更深层次的合作。一方面，策划媒体平台输出引领性观点，实验室在中国能源报上策划发表“世界能源风向”专栏系列文章，提出新时代能源发展战略的“中国思路”。另一方面，邀请媒体深度参与实验室举办的论坛和成果发布会，2019 年底，实验室成功举办电力系统转型发展论坛暨国网能源研究院 GESP、NEOS 软件发布会，央视网、北极星电力网等十余家权威媒体给与全程推广支持。

二是通过论坛和讲座等方式与各界专家开展常态化学术交流，建立起良好的合作生态。实验室牵头创办了自己的论坛品牌“能源 20 人”论坛，就新时代能源发展议题进行常态化的学术研究与交流。每期结合实验室重点研究领域与国家、行业战略需求确定论坛主题，邀请内外部专家学者进行主旨发言与圆桌讨论。迄今为止，“能源 20 人”论坛已成功举办 5 期，参与人员从院内扩展至国家电网公司乃至中国石油公司、北京国际能源专家俱乐部等行业知名公司机构以及中国能源报等行业权威媒体，论坛影响力逐步扩大。另一方面，实验室采用线上线下结合方式定期开展讲座培训，邀请相关研究领域专家学者或实验室内部人员分享观点成果，不断扩展研究视野和知识边界，搭建学术合作的桥梁。

三是建立并运营了实验室自己的公众号——能源电力规划实验室公众号，开设软件获取专栏、软件应用专栏与研究成果专栏。在软件获取专栏发布软件更新版本及模型原理文档、用户使用文档、常见问题解答等配套资料，并设置联系窗口，提供用户与实验室直接沟通洽谈的公开渠道。在软件应用专栏发布软件应用实例，包括研究思路、过程和结果展示。在研究成果专栏发布实验室对能源战略与规划相关问题的认识和研判，侧重思想性的输出与创新。公众号成立之初，实验室通过积累的媒体传播途径为公众号进行宣传引流，学术交流成果也为公众号提供了丰富的素材。随着公众号的发展壮大，公众号已成为媒体传播和学术交流新平台，策划推出了“能源电力规划圆桌论坛”栏目，邀请内外部专家结合行业实际解读国家最新大政方针以及重要会议。

（五）提升制度建设的综合保障力

从建设弘扬工匠精神的文化制度、人人参与的管理制度和灵活高效的激励制度着手，综合保障创新实验室发展。

1. 文化制度

实验室提倡工匠精神是软件发展根基，号召研发团队弘扬工匠精神。软件研发具有长链条、高耗时特点，从模型理论创新到形成实用化工具是长周期的循序渐进过程。研发团队经过几百个日夜辛勤奋斗，迭代上百个版本，方可形成超数十万行软件代码库、数百页开发文档，工匠精神是漫长软件研发过程的坚强支撑。同时，在创新为新发展理念之首、能源革命、数字革命的背景下，实验室注重强调研究方法和工具变革的重大意义，以及掌握自主研发工具的必要性。在国网能源院院领导重视和激励倾斜的共同帮助下，着力打造了软件工具是核心竞争力的实验室文化。

2. 管理制度

实验室以“人人管理、积极奉献”为管理理念，激发每位员工内在动力，将管理工作划分为党建、科研管理、宣传策划等模块并由不同人员负责。通过让更多的人参与管理工作，逐步形成全员网络化管理自驱动状态，并由各模块管理人员发挥自身管理才能，创新制定管理制度。同时，注重在线文档等新兴数字化管理工具的应用。注重发挥“借力”管理优势，强调管理成果复用。另一方面，实验室各项管理负责人分别建立了绩效看板、软著与专利开发、实习生管理、对外宣传及公众号运营、办公环境维护等多项管理制度，提升实验室制度化、常态化、精细化管理水平。

3. 激励制度

实验室探索建立了灵活高效的激励制度。实验室发展需要业务研究、软件开发、商业推广、传播交流等各模块人员齐心协力，为激发各模块人员工作积极性，实验室探索实施在各模块中平等分配优秀指标的考核机制，并在评奖等方面给予激励倾斜。针对实验室各项运行机制制定了奖励措施，以充分发挥机制实效。更多的是，借助会议和日常交流的机会，通过精神激励鼓舞实验室全员不断学习、扩展视野、提升能力。

三、建设效果

（一）软件开发取得良好的社会反响和经济效益

一是工具开发核心竞争力不断提升。多款软件完成开发升级并专场发布。NEOS 和 GESP 完成开发升级，ES Performance 成功上云，MAPT 成功开发，并且分别在电力系统转型发展论坛、第九届中国国际储能大会、电力市场设计与投资规划（江西）论坛进行了专场对外发布。多款软件获得高水平奖项，《储能发展与商业模式综合决策支持系统研发与应用》荣获中国产学研合作创新成果奖一等奖，《基于电力系统全景运行模拟平台的“十四五”新能源消纳研究》获得国网能源研究院科学技术进步奖特等奖等。

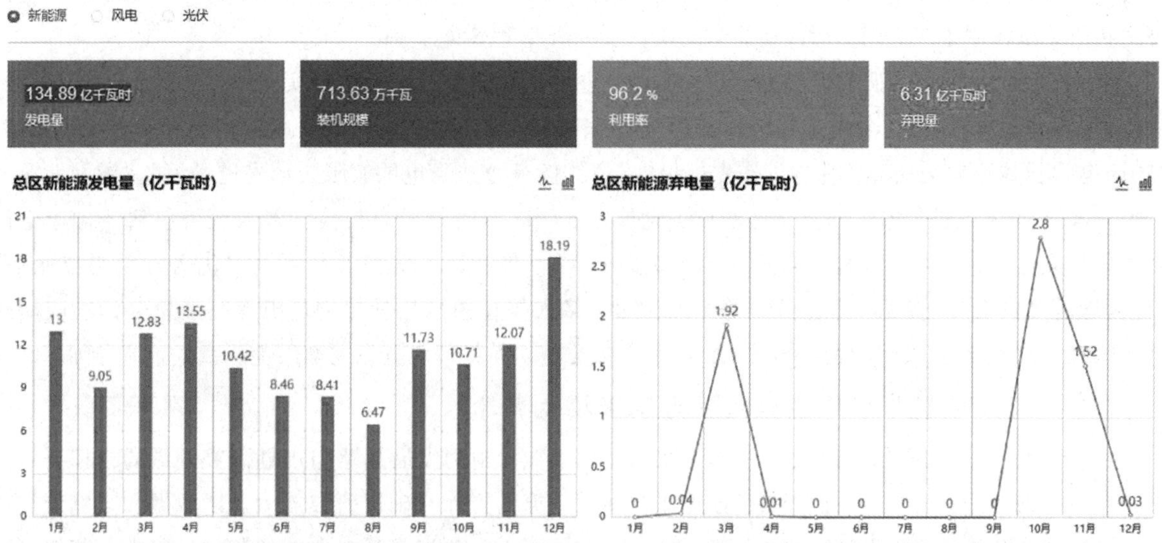

图 8　国网新能源云平台 NEOS 结果展示界面

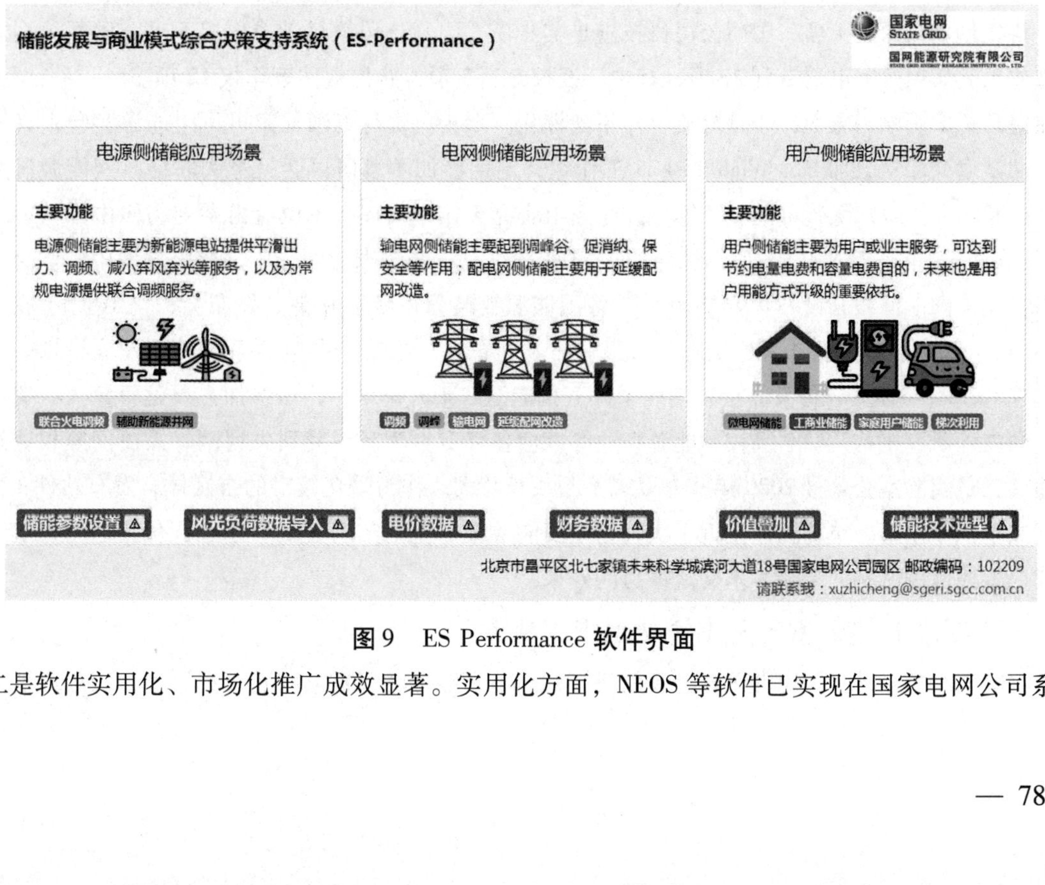

图 9　ES Performance 软件界面

二是软件实用化、市场化推广成效显著。实用化方面，NEOS 等软件已实现在国家电网公司系统的全面应用，顺利通过27家省级电力公司的测试与验证，用于各省2020年—2022年新能源消纳形势测算，并集成入国网新能源云，面向全行业开放。市场化方面，围绕软件购买和使用的市场化项目增多，带动市场化业务开拓，持续带来较大经济效益。软件在中国核电研究中心落地，华电山西集团等公司购买软件使用权，借助实验室工具平台能力年均签署项目合同额达到千余万。

（二）业务开拓和人才培养取得全面发展

一方面，围绕软件形成研究生态，带动能源战略与规划研究所业务向深度广度扩展。在实验室平台支撑下，能源规划所开拓了国家能源战略、城市能源规划、储能等研究新领域；从不同视角、不同场景系统性研究规划相关衍生问题，深化研究体系。同时，随着软件应用范围扩大，逐渐形成了以软件应用为基础、研究实力雄厚、多方共同参与的研究生态圈。以NEOS软件为例，软件现已在发电集团、电网公司和研究机构中推广应用，形成新能源高质量发展研究生态圈。

另一方面，实验室为研究人员提供广阔平台，业绩成果丰硕。围绕创新实验室能力建设，能源所形成合力，取得多项集体和个人荣誉。曾获得“国家电网公司2011年—2012年度科技工作先进集体”、“2016年度国家电网公司环境保护工作先进集体”“2017年度国家电网有限公司先进班组”、国网能源研究院“2017年度先进集体”以及“课题攻关党员先锋团队”等称号。实验室多人获得包括“国家电网公司科技先进工作者”“国家电网公司环保先进个人”、能源院“先进工作者”“优秀青年岗位能手”“优秀课题负责人”“优秀共产党员”等个人称号。多人担任中国化学与物理电源行业协会储能应用分会、IEEE PES能源互联网专委会等学术组织的专家委员，兼任华北电力大学硕士研究生企业导师。

（三）智库研究基础能力和影响力取得较大提升

在提升智库研究基础能力方面，实验室平台提供了能源电力发展战略与规划研究领域的模拟分析工具，服务智库健全具有自主知识产权的研究工具体系，夯实智库基础性研究能力。以数据和案例支撑观点，面向社会各界持续推出高附加值的智力产品，获得了117项国网系统内外部奖项。其中，获得国家能源局能源软科学研究优秀成果奖10项、北京市科技进步奖2项、中国产学研合作创新成果奖1项、电力企业科技创新成果奖1项、国网公司科技进步奖9项、国网公司软科学成果奖5项、国网公司调查研究优秀成果奖3项等。申请专利27项，其中，授权专利5项，获得软件著作权12项。

在提升智库影响力方面，一是交流合作不断深化。牵头负责与美国国家可再生能源实验室（NREL）开展定期学术交流；参加IEA Wind Task25工作组，定期参加学术研讨会；牵头联络国网能源研究院参与APEC能源合作组织低碳示范城镇等相关业务组研究工作；以理事单位身份参与组织中国核能智库联盟、“互联网+节能”产业联盟等行业协会的学术交流活动。与国家能源局中国核电发展中心联合出版核电专著；在中国能源报开设“世界能源风”各国能源战略分析专栏并举办发布会；与IRENA联合发布《未来：再电气化》报告。二是论坛规模与影响力不断扩大。成功举办电力系统转型发展论坛暨国网能源研究院GESP、NEOS软件发布会，连续举办五期能源二十人论坛，论坛参加人员达百余人，覆盖政府部门、国内外研究机构、知名高校、能源企业等社会各界专家学者，受到央视网、人民网等权威媒体报道关注。三是实验室公众号2020年开办以来不断成长壮大。作为受众较窄的自媒体，发布软件3款，发表原创文章三十余篇，单篇阅读量近千次，与中国能源报等业内知名公众号添加互信白名单，起到扩大优质成果传播范围、拓宽高端学术交流渠道的效果。

（四）有力支撑服务国家能源转型重大决策

实验室围绕贯彻落实国家能源安全新战略，把握国家能源转型重大问题，利用平台工具开展高水准量化分析和专题研究，研究成果获相关政府部门肯定与采纳。发表内参专报80余篇，获得党中央国务院领导批示12篇，获得国家电网公司领导批示15篇，有力推动了国家能源转型进程，重大决策支撑能力逐步提升。

一是服务新能源高质量发展。实验室的NEOS软件已集成纳入国家电网新能源云平台，能够计算展示不同地区、时间尺度下的新能源消纳能力结果，为新能源企业从事开发布局、国家电网促进消纳、政府部门制定发展政策提供大数据服务和决策依据。

二是服务能源电力发展重大决策制定。实验室基于平台工具开展煤电、核电、储能等电源中长期发展情景展望，形成众多引领性观点。其中，多个研究成果获得国家能源局感谢信并为有关能源工作思路提供了重要参考。另一方面，实验室利用平台工具深度支撑“十四五”电力规划研究与国家电网公司电网规划，推动重大项目纳入国家和地方相关规划。

三是服务地方能源革命。实验室的GESP和NEOS等软件已用于支撑山西、内蒙、甘肃、青海等地方能源革命思路研究，研究成果获有关省省委主要领导好评。基于实验室平台开展的青海清洁能源示范省发展战略研究已经青海省政府和青海省电力公司采纳，将作为青海省建设清洁能源示范省的实施方案面向全社会公布。实验室利用GESP和NEOS软件开展世界银行山西煤电发展控制研究，研究成果上报山西省政府，为“十四五”期间山西煤电发展策略和山西能源革命实施路径制定提供了决策依据。

成果创造人：鲁　刚、吕梦璇、元　博、刘　俊、伍声宇、焦冰琦、杨　捷、徐志成、冯君淑、李卓男、徐　波、闫晓卿、郑　宽、徐沈智、弭　辙、张晋芳、贾淯方、夏　鹏、张富强、金艳鸣、栗　楠、王晓晨、王　芃

以价值创造为导向的收入分配全流程管理体系建设

中国同辐股份有限公司

中国同辐股份有限公司（以下简称：中国同辐）是中国核工业集团有限公司（以下简称：集团公司）控股子公司，于 2011 年在原中国同位素有限公司的基础上重组设立，2018 年 7 月 6 日在香港联合交易所成功上市（中国同辐，1763. HK）。中国同辐业务覆盖核技术应用大部分领域，核医药、放射源等产品市场占有率处于领先地位，是集研发、生产、销售、服务于一体的国内核技术应用龙头企业。自重组以来，中国同辐一直保持较高的经济发展速度，营业收入、利润总额年平均增长率分别达到 17. 3% 和 16. 7%。截至 2019 年末，中国同辐总资产 89. 41 亿元，在全国设有 60 余家企业，员工 2853 人。

核技术应用产业作为中核集团三大支柱产业之一，正面临快速发展的历史机遇期。与发达国家相比，我国核技术应用产业在国民经济中所占比例非常小，产业规模发展空间巨大。中国同辐肩负着我国核技术应用产业发展的重要使命，为实现“做大做强做优”的战略目标，不断加大改革创新力度，引领核技术应用产业高质量、高速度发展。

一、实施背景

（一）贯彻国家和集团公司收入分配制度改革的需要

自 2015 年中共中央、国务院印发《关于深化国有企业改革的指导意见》以来，以此为基础的“1+N”国有企业改革配套文件基本制定完成，对国有企业收入分配制度改革提出建立健全与劳动力市场基本适应、与企业经济效益和劳动生产率挂钩的工资决定和正常增长机制，完善既符合企业一般规律又体现国有企业特点的分配机制的基本要求，以增强国有企业活力和创造力。近年来，集团公司坚持市场化导向，不断加大对成员单位收入分配的调控管理。中国同辐作为市场化程度较高的国有企业，以集团公司在成员单位试点工资总额备案制管理为契机，加紧完善收入分配管理体系，既有自身改革发展的内在驱动力，更是贯彻国家和集团公司收入分配制度改革要求的切实需要。

（二）推动中国同辐快速发展的需要

中国同辐正处于我国核技术应用产业快速发展的历史机遇期，面对我国核技术应用产业发展起步晚、在国民经济中占比低的发展现状，以及民营资本不断涌入、行业竞争不断加剧的市场环境，中国同辐面临着激励创新创造的内部机制有效性不足，无法支撑企业持续快速发展的突出问题。要实现中国同辐快速发展，必须深入挖掘员工价值创造潜力，提升员工价值创造能力，激发员工价值创造活力，跑出“同辐速度”。然而，中国同辐各成员单位在工资总额管理中一直存在“等、靠、要”思想，无法将工资总额管理作为推动公司业绩提升的重要手段，反而不断增加公司管理成本，削弱公司价值创造能力；部分成员单位由事业单位改制而来，一直沿用事业单位工资体系，工资水平唯学历、唯职称、唯级别，收入能增不能降，干好干坏一个样，内部分配不但没有起到激励员工的作用，反而成为一直让员工病诟的话题，挫伤优秀人才干事创业激情。因此，革新收入分配理念，理顺价值分配流程，加强收入分配管理成为推动中国同辐增强价值创造能力、实现快速发展的关键举措。

（三）实现人力资源管理转型升级的需要

在中国同辐的企业文化中，将人才作为企业核心竞争力的核心，坚持人是价值创造的主体，明确了“有为有位、人才育成”的人才观。近年来，针对中国同辐人力资源投入产出水平增长缓慢、人力资源周转率偏低，高水平、高效能人才短缺的问题，中国同辐人力资源管理以提升人力资源投入产出效能为改革目标，打破“六大模块”传统分工模式，按照人力资源管理“三支柱”理论，从中国同辐全系统协同发展的战略高度，建立集团管控模式的战略人力资源管理体系，持续推进三项制度改革。其中，通过分配制度改革提升人力资源管理效能作为三项制度改革的重点和难点，亟需在实践中得到创新突破。

二、内涵和主要做法

中国同辐为解决收入分配中工资能升不能降、激励性不足、工资总额管理与内部分配体系脱节等突出问题，以《国务院关于改革国有企业工资决定机制的意见》为指导，以集团公司开展工资总额备案制管理试点为契机，坚持市场化原则，以价值创造为导向革新收入分配理念，打通工资总额总量管理和企业内部分配管理两个层面，建立更加符合中国同辐发展战略、发展阶段、发展特点的灵活有效的收入分配全流程管理体系。改革工资总额“自上而下”层层分解机制，将工资总额作为支持企业发展的重要资源，建立以战略投入保障和工效挂钩激励“双轮驱动”的工资总额“自下而上”核定机制；改革工资总额年度预算管理模式，赋予工资总额资本属性，建立工资总额市场化跨年度借贷的周期预算管理机制；重构内部分配机制，以岗位价值对标管理为基础，夯实工资总额基数调整的微观基础；以价值增量考核为重点，完善差异化二次分配机制；完善人工成本投入产出运行监控平台和人力资源管理管理者转型赋能平台，保障新体系、新机制有效运行。

本成果是一项庞大的管理创新系统工程，涉及企业和员工核心利益，政策性强，创新突破难度大，中国同辐通过三年来不断深化改革、强化实施，成为集团公司首家也是唯一一家实施工资总额备案制的企业，有效推动中国同辐创新创效能力提升，促进公司高质量快速发展。

主要做法如下：

（一）坚持问题导向，建立收入分配全流程管理体系

2017 年，中国同辐积极筹备香港上市，调整优化发展战略，大力推进市场化改革，深化收入分配改革。通过广泛的内外部调研，对收入分配体系存在的问题精准把脉，建立收入分配全流程管理体系。

1. 深入开展内部调研，精准诊断问题

中国同辐自 2011 年重组以来，在业务层面不断融合发展，但各成员单位的内部薪酬分配体系差异较大，工资拉不开差距、收入能升不能降的现象普遍存在，工资总额管理成为被动的工资总额核算，“要工资”成为各单位增加工资的主要手段。重组后，中国同辐工资水平增长幅度基本保持稳定，与经济效益同向联动效果不明显，激励性不强。

为深入挖掘中国同辐收入分配体系中存在的问题，中国同辐通过“问卷调查+实地考察”的方式进行问题诊断。收集不同单位、不同岗位员工的有效问卷 856 份；实地考察 6 家成员单位及其分子公司，

通过现场汇报、重点访谈收集意见。诊断发现员工工资与市场水平存在差距，不同层级间收入差距较小；职务晋升是涨工资的唯一途径，缺少工资增长机制；薪酬构成项目繁杂，工资体系与岗位体系不匹配；奖金分配标准不明确，无法体现个人贡献差异；员工不了解工资总额核定规则，个人绩效与组织绩效不挂钩等问题。调研考察中也发现各单位员工都急切希望改变现有收入分配体系，通过完善工资体系和考核体系，按照员工价值贡献大小分配薪酬，建立经济效益与收入水平联动机制和工资增长长效机制。

表1　收入分配方面最急需解决问题的调查结果

在收入分配方面最急需解决的问题	职能管理岗位	生产技能岗位	研发岗位	总计
打破大锅饭，按价值贡献分配薪酬	21.52%	15.68%	20.00%	20.09%
建立健全经济效益与收入水平联动机制	20.61%	24.26%	20.00%	21.50%
建立健全收入增长长效机制	30.00%	25.15%	44.00%	28.04%
完善福利保障体系	5.45%	11.83%	0.00%	7.94%
完善员工绩效考核体系	14.55%	11.24%	8.00%	12.62%
其他	7.88%	11.83%	8.00%	9.81%
总计	100.00%	100.00%	100.00%	100.00%

2. 广泛开展外部调研，革新收入分配理念

带着问题找答案。通过调研学习华为公司的人力资源管理理念和各行业优秀企业的实践做法，中国同辐根据战略发展实际，明确了“以价值创造为导向”的收入分配理念：一是紧紧把握“同济民生、福泽社会”的企业使命，对内为客户、员工、股东创造价值，对外为国家、社会、行业贡献价值；二是以战略引导价值创造，战略发展需要什么，就考核什么、奖励什么；三是让市场评价价值贡献，激励员工自我实现价值；四是用机制保障价值分配，践行“多劳多得、价值分享”的付薪理念。明确了收入分配改革目标，实现两个转变：一是在企业层面实现从“要工资”到“争资源”的转变，赛马不相马，让各成员单位在“你争我抢”中将工资总额蛋糕做大；二是在员工层面实现从“发工资”到“创价值”的转变，变被动为主动，从“要我干”到“我要干”，将有限的工资总额资源优先向能为企业创造价值的员工分配。

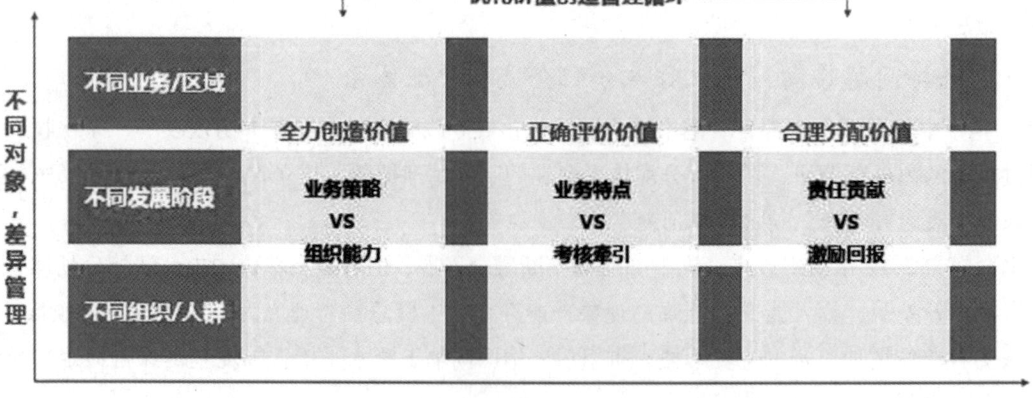

图1　华为公司价值创造管理循环

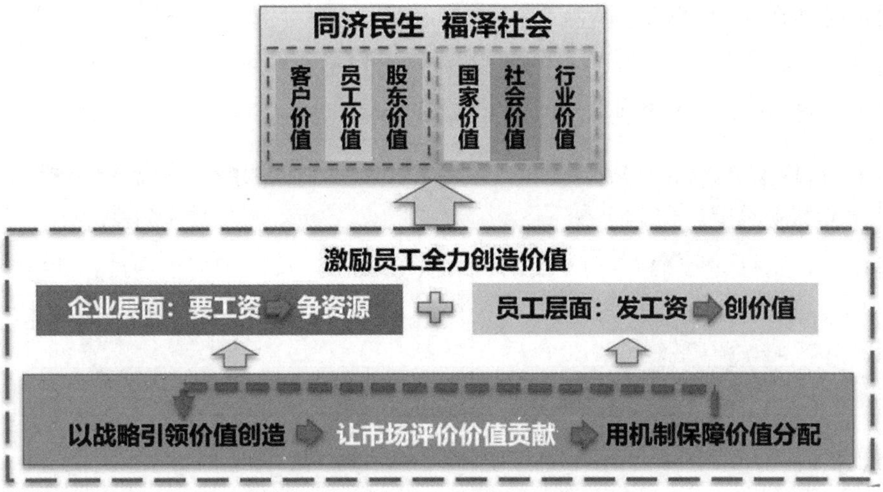

图 2 中国同辐价值创造管理理念

3. 持续改革实践，打造收入分配全流程管理体系

总量先行，倒逼内部分配改革。2017 年中国同辐完善工资总额管理办法，集中开展工资总额管理宣贯培训，明确工资总额分配规则，建立工资总额核定硬约束，倒逼各单位优化内部分配结构，以此为基础，中国同辐 2019 年实施工资总额备案制。

总部先行，稳步推进收入内部分配改革。2017 年中国同辐总部身体力行，率先改革，打造全新的薪酬体系和绩效考核体系。2018 年中国同辐在总部和各成员单位两个层面成立收入分配改革领导小组，将收入分配改革作为“一把手”工程，顶层设计与基层创新相结合，通过集中培训研讨，单独对接审核改革方案，统筹推进收入分配改革。

通过三年来的创新和实践，中国同辐贯彻落实“以价值创造为导向”的收入分配理念，形成收入分配全流程管理体系，有效统筹总量核定与分配，实现总量增长与个体激励相统一，推动企业价值与员工自我价值同步提升。

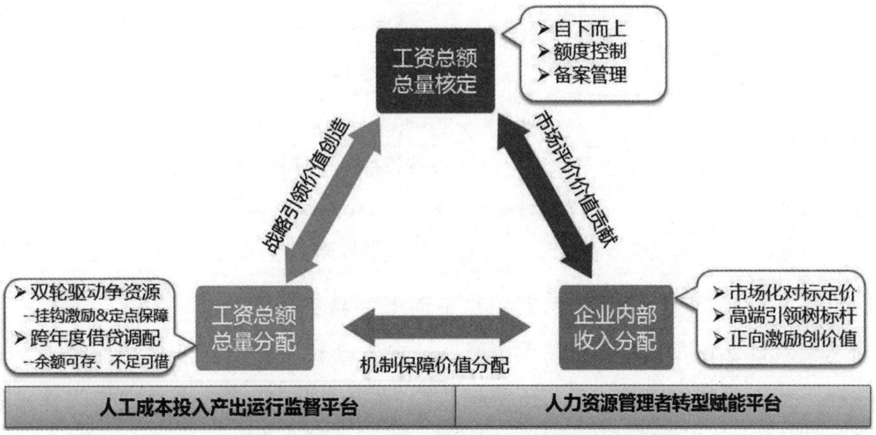

图 3 中国同辐收入分配全流程管理体系

（二）双轮驱动价值创造，建立工资总额“自下而上”核定机制

根据《国务院关于改革国有企业工资决定机制的意见》新精神和集团公司在成员单位试行工资总额备案制的新要求，中国同辐坚持“一适应、两挂钩”原则，强化工资总额的战略资源属性，优化成员单位工资总额分块管理，将工资总额工资划分为单列工资、基础工资、业绩工资和激励工资。单列工资为

根据战略需要定向投放的工资总额，基础工资战略性保障工资，业绩工资根据考核结果核定，激励工资为超额利润奖励。通过战略性定点投入保障和挂钩激励双轮驱动价值创造，打破工资总额“自上而下”层层分解的分配机制，建立“自下而上”的自主核定机制。

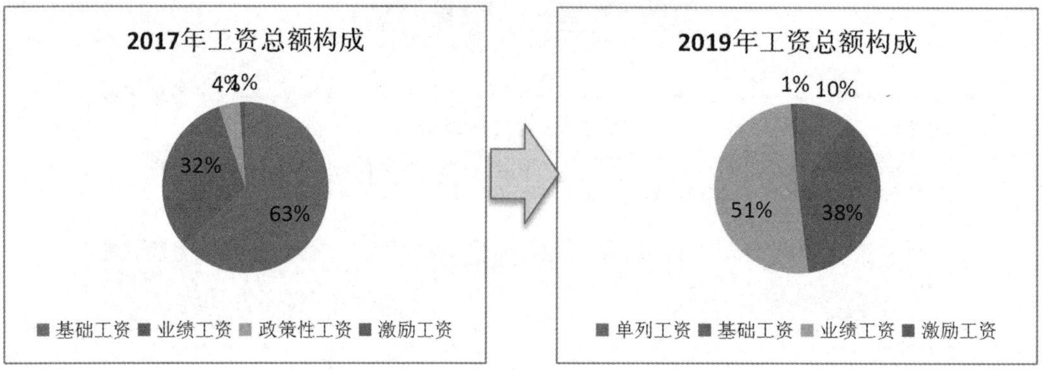

图 4　成员单位工资总额分块管理实施效果

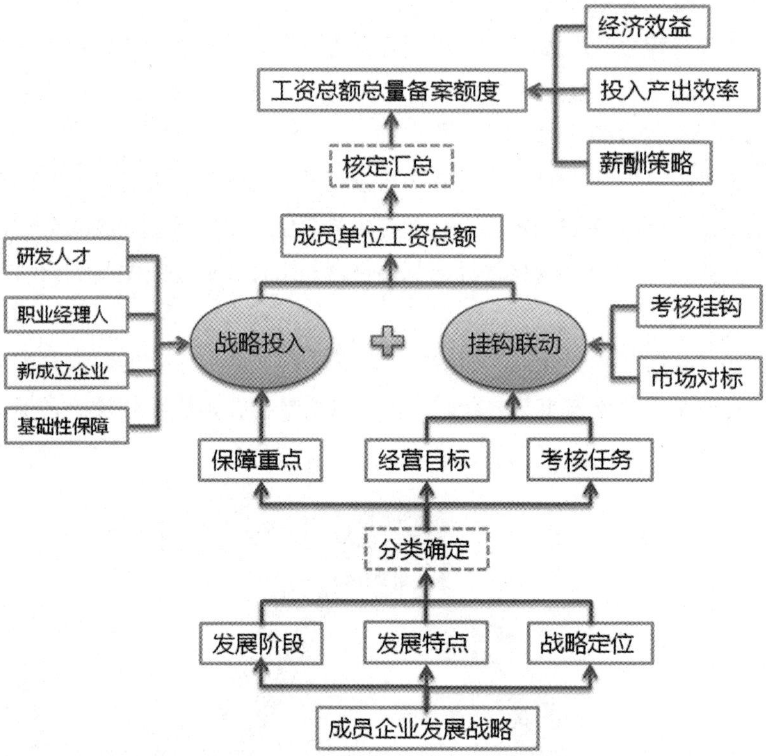

图 5　工资总额“自下而上”自主核定机制

1. 强化工资总额战略资源属性，优先保障工资总额定点投放

聚焦发展战略，为增强技术优势，培育价值创造能力，中国同辐将工资总额作为保障各成员单位增强核心竞争力的战略资源，对单列工资总额进行精准分配、按需分配、足额分配、优先分配。

一是优先保障中国同辐研究院各研发中心科研人才工资总额。各研发中心根据研发人才薪酬体系和研发奖励机制，自主核算工资总额，中国同辐研究院根据研发项目立项情况、研发参与人数及项目进展情况进行审核后，足额下达研发人才工资总额，支持中国同辐创新驱动发展。

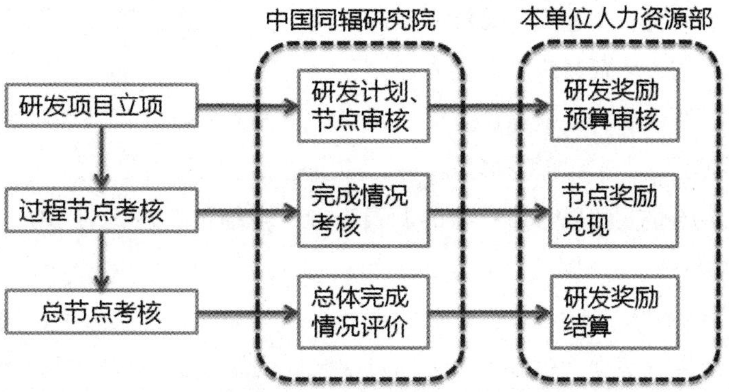

图 6 中国同辐研究院研发奖励核定流程

二是据实核增新设企业筹建期内工资总额。贸易型企业筹建期不超过一年，生产性企业筹建期不超过三年。筹建期内新设企业按照商业计划书及年度招聘计划新增人员的固定工资按薪酬体系据实核增，浮动工资按考核结果据实核增。

三是中国同辐总部新成立的各事业部、项目组按照成员单位进行考核，实行工资总额总量包干，内部二次分配，强化中国同辐总部新产业孵化功能。

四是各成员单位市场化选聘的职业经理人、协议制工资的科研创新人才，按照协议工资标准核增当年工资总额，并按规则调增工资总额基数。

2. 强化工资总额激励性，分类确定工效挂钩规则

中国同辐根据各成员单位的战略定位、发展阶段、生产经营特点等因素分类确定工效挂钩考核指标，分类制定工资总额核定机制，确保战略目标分解与工资总额分配导向一致。

表 2 成员单位分类考核指标

单位	经营指标		权重
原子高科、海得威、中核高通	营业收入	传统业务营业收入	20%
		战略新兴业务营业收入	20%
		出口营业收入	10%
	利润总额		40%
	EVA		10%
北方所、辐照事业部、双原公司、北京分公司	营业收入	传统业务营业收入	10%
		战略新兴业务营业收入	20%
		出口营业收入	10%
	利润总额		20%
	EVA		10%
中同蓝博、大连 213 所	营业收入	传统业务营业收入	50%
		战略新兴业务营业收入	20%
	利润总额		20%
	EVA		10%

对处于市场充分竞争的贸易类企业、销售平台，业绩工资占比达到 70%，加大工效挂钩力度，重点考核经济效益和市场占有率，培育客户服务能力。

对处于成长期的支柱性企业，业绩工资占比达到 60%，重点考核经济效益，关注管理能力提升，以增强国有经济活力、实现国有资本保值增值为目标，激发企业发展的内生动力。

对处于战略转型期传统企业和战略培育期的新设企业，业绩工资占比为 40%，重点考核规模收益，培育市场开拓能力。

建立成员单位超额利润分享机制，以经营业绩市场对标为基础，将成员单位超过行业平均水平的超额利润部分，按一定比例进行奖励。超额利润奖励与中国同辐及成员单位利润完成情况双挂钩，鼓励全体职工强化市场对标意识，真正与企业一起参与市场竞争，成为与中国同辐风险共担、收益共享的利益共同体。

通过强化实施工效挂钩激励，2017 年以来，各成员单位工资总额增长差异不断加大，激励效果不断增强。

表 3　2017 年—2019 年成员单位工资总额增长差异

工资总额增幅	2017 年	2018 年	2019 年
最高增幅	35.9%	46%	61%
最低增幅	0.5%	-17%	-4%
平均增幅	11.4%	13.4%	28.7%

3. 坚持市场对标，建立工资总额基数对标调整机制

中国同辐将市场对标调整引入成员单位工资总额基数核定机制，改革以上年度工资总额为基数核定当年工资总额的方式，将市场对标作为调整工资总额基数的唯一途径。坚持工资水平不对标，基数不调整。

工资总额基数对标调整可采用两种实现途径：一是按照工资水平、经营业绩“双对标”，定期整体调整工资总额基数；二是市场化选聘的职业经理人、协议制工资的高端、紧缺人才的基本年薪、固定工资标准超过本单位职工平均工资的部分，追加计入工资总额基数进行个别调整。

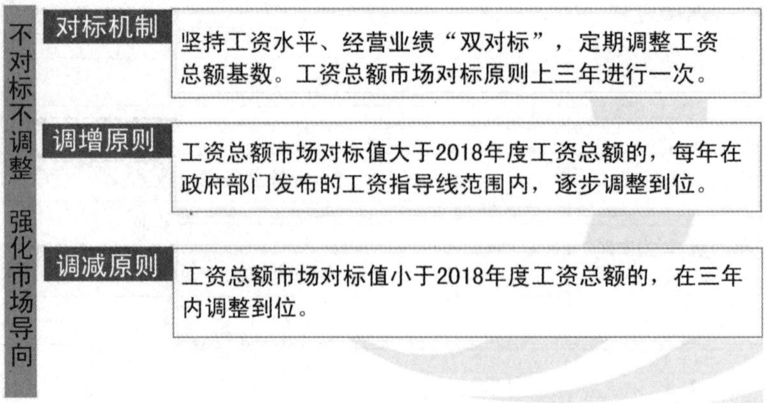

附表3：

市场化对标调整工资总额基数申请表

类别		对标企业名称	本单位	备注
总量对标	营业收入			
	利润			
	职工人数			
	人均产值			可结合实际选取劳动生产率、人工成本利润率、人均营业收入和人均利润等指标
	人均工资			
关键岗位对标 —高级管理人员	工资水平			
	固浮比			固浮比＝浮动工资/固定工资
关键岗位对标 —典型中层管理岗位	工资水平			
	固浮比			
关键岗位对标 —关键营销、技术岗位	工资水平			
	固浮比			
2019年工资总额基数对标调整	2019年平均职工人数			
	2019年人均工资预算标准			
	2019年工资总额对标基数			
	2019年工资总额基数申请调整数			

图7　成员单位工资总额基数调整规则

4. 建立工资总额总量约束，实现工资总额总量可控

中国同辐工资总额总量以各成员单位按规则核定的工资总额为基础，按照“双效挂钩”原则，建立工资总额总量控制机制，明确工资总额控制额度，确保工资总额总量与经济效益、人力资源投入产出效率同向联动，确保工资总额实际使用量控制在总量额度内。

一是完善工资总额总量分块核算。将工资总额总量划分为保障性工资总额、效益性工资总额和单列工资。以效益性工资总额为主体，占比达到60%，充分体现双效联动。取消政策性工资，压减单列工资。

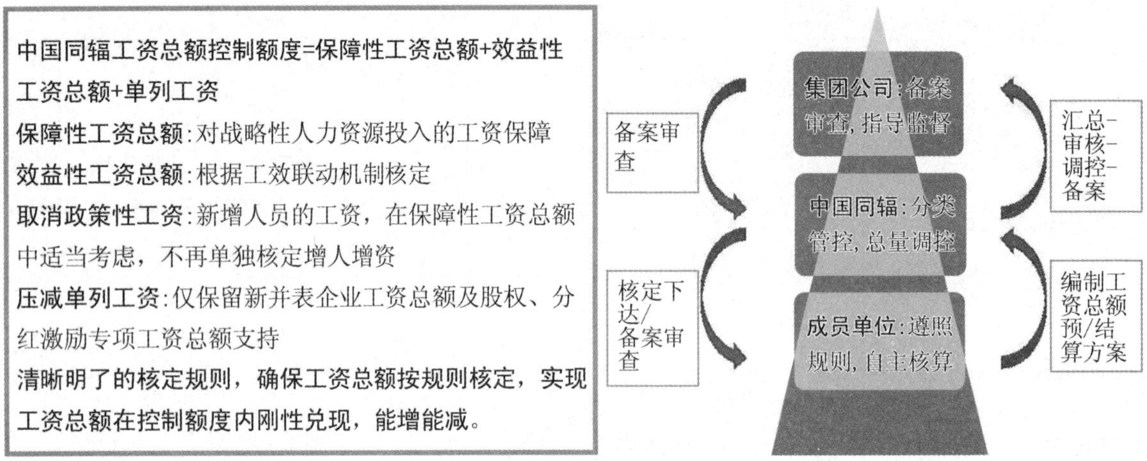

图8　工资总额的分块核定规则

二是明确工资-效益挂钩机制。中国同辐按照“做大做强做优”的战略发展要求，选取营业收入和利润总额为工效挂钩指标，指标权重分别为40%和60%。清晰明了的工效联动机制，自主自觉将个人贡献与企业效益挂钩绑定，贡献自身价值，推动企业发展。

三是引入投入产出效率调节机制。将劳动生产率等指标变动情况转化为投入产出效率调节系数，调节工资总额增长：经济效益增长，但劳动生产率未提高的，效益性工资总额增幅要低于经济效益增幅；经济效益未增长，劳动生产率提高的，效益性工资总额降幅可低于经济效益降幅。通过建立投入产出效率调节机制，取消政策性工资，严格执行“增人不增资、减人不减资”的核定机制，助推中国同辐不断优化人才队伍结构，提升人力资源配置效率和投入产出效能。

（三）遵循企业价值创造规律，建立工资总额周期管理机制

按照“投控源头、做强核心、扩张应用”的战略实施路径，中国同辐明确了放射性药物、放射源等七大业务单元，但目前在各产业方向上发展不平衡，各成员单位战略定位不同、发展阶段不同、经营模式不同，对工资总额的使用需求与经济效益增长并不完全同步。为建立既符合企业发展一般规律又体现企业发展特点的工资总额预算管理机制，中国同辐建立了以三年为周期的工资总额周期管理机制。

1. 创新工资总额周期预算管理模式，建立内部市场化分配机制

成员单位按照规则核定的工资总额满足当年工资总额分配计划的剩余部分可递延使用；成员单位因战略发展需要，按照规则核定的工资总额不足以支撑当年工资总额分配计划的，中国同辐可在工资总额总量控制额度内给予临时额度支持，实施“余额可存、不足可借、有借有还”的工资总额市场化调配机制，在总量层面实现工资总额跨单位、跨年度调配。

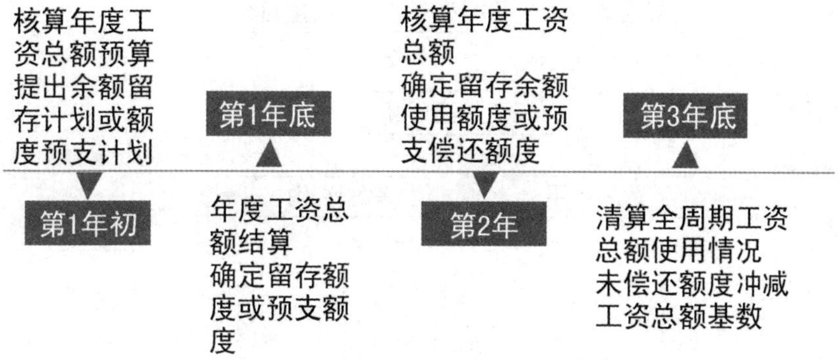

图 9　工资总额市场化调配流程

在工资总额调配过程中，赋予工资总额资本属性，中国同辐总部发挥类似中央银行对商业银行的最后贷款人作用，集中调节成员单位间工资总额结余与不足。

2. 支持人力资源战略性投入，明确“借工资”规则

中国同辐坚持将人才作为企业竞争力的核心和价值创造的源泉，为提前谋划人才布局，需适当进行人才储备。特别是对处于转方式、调结构等战略转型期的企业，当年的人力资源投入难以在当年产生效益。为提高工资总额管理的灵活性，中国同辐允许成员单位预支预借工资总额，所借工资有偿使用，按计划归还。

成员单位由中国同辐调剂支持工资总额临时支持额度的，需在未来两年内偿还，在次年偿还工资总额临时支持额度的，偿还额度为临时支持额度的 100%，次年无法偿还的，应在下一年度按照临时支持额度的 110% 偿还。成员单位在两年内未全额偿还临时支持额度的，按照剩余应偿还额度核减第三年工资总额基数。未按计划偿还的，视为超提、超发工资总额，扣发临时额度使用年度和应偿还年度在岗的企业负责人绩效年薪。鼓励成员单位改革创新，对成员单位获得集团公司各项奖励，中国同辐专项奖、突出贡献奖等一次性奖励的，可等额减免当年剩余应偿还额度。2019 年，中核高通因战略转型调整，为保持员工队伍稳定，预借工资总额 70 万元，计划于 2020 年还清或争取一次性奖励冲抵。

3. 允许工资总额递延使用，明确“存工资”规则

2017 年，中国同辐加大工效挂钩力度后，部分处于快速发展期的成员单位按规则核定的工资总额在满足当年使用后存在剩余，实行工资总额周期管理前，工资总额剩余普遍用于普调工资，激励效果不明显。实行工资总额周期管理后，中国同辐允许成员单位递延使用工资总额剩余，在预算周期内统筹使用工资总额，用于本单位薪酬体系优化调整、专项奖励、中长期激励等激励性更强的激励手段。2019 年，海得威公司营业收入和利润总额增幅均接近 30%，工资总额大幅增加，满足当年实际需求后，预存 1000 余万元工资总额，计划探索实施内部模拟股权激励。

（四）科学评估岗位价值，重构内部分配机制

为进一步规范成员单位内部分配秩序，形成收入分配体系从总量层面到个体层面的有机统一。中国同辐于 2018 年启动成员单位收入分配改革工作，以岗位价值为基础，打造相对统一的薪酬管理体系，综合考虑行业特点、岗位性质，持续推动从“行政性”薪酬向“市场化”薪酬转变。

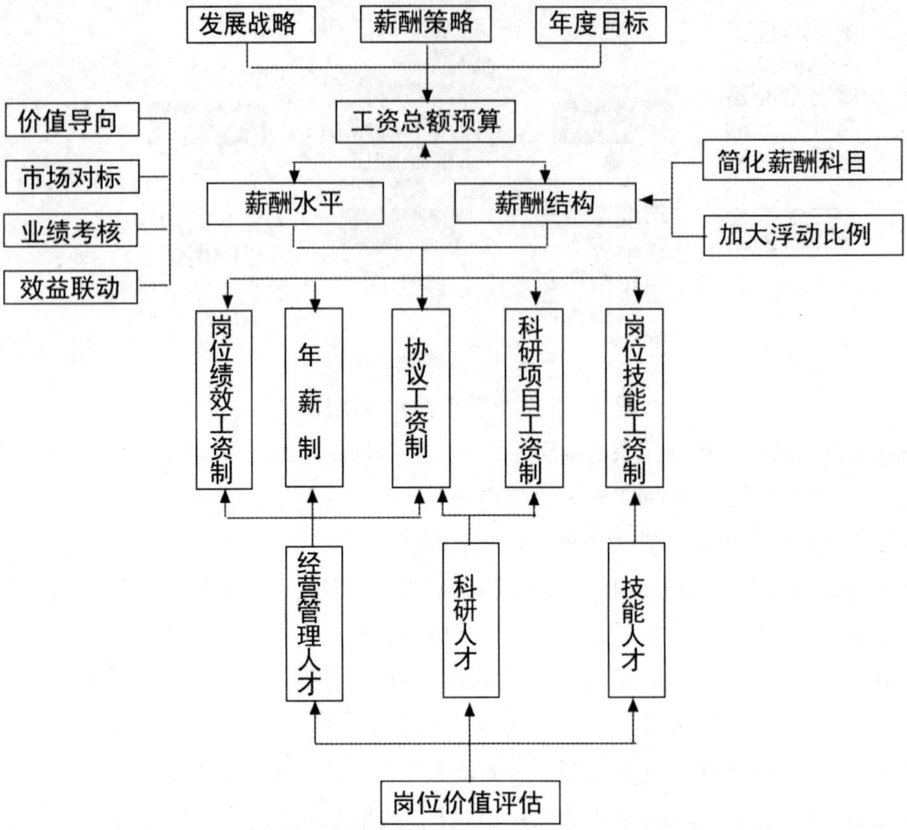

图 10　工资总额内部分配机制

1. 以岗位性质为基础，畅通三支人才队伍发展通道

一是打破经营管理人才职级限制，扩宽经营管理人才发展通道。以岗位管理为基础，打造面向市场的“职务、职级并行”的经营管理人才发展体系，按照单位规模分为 3 类单位，共设立 15 级岗位，分别对应 5 个职级。

表 4　经营管理人才“职务、职级并行”体系

职级	领导职务					岗位级别
	一类单位（正局级）	二类单位（副局级）	三类单位-正处级	三类单位-副处级	三类单位-其他单位	
甲级	领导班子正职					1
乙级	领导班子副职	领导班子正职				2
丙级	总经理助理级		领导班子正职			3
		领导班子副职				4
	部门正职					5
丁级	部门副职	总经理助理级		领导班子正职		6
		部门正职	领导班子副职			7

续表

戊级		部门副职	总经理助理级		领导班子正职	8
			部门正职	领导班子副职		9
	职能部门助理		部门副职	总经理助理级		10
				部门正职	领导班子副职	11
		职能部门助理		部门副职	总经理助理级	12
			职能部门助理		部门正职	13
				职能部门助理	部门副职	14
					职级部门助理	15

二是坚持高端引领，拉长科研人才发展通道。制定《高端科技人才引进实施方案》《首席专家和技术带头人管理办法》《技术带头人培养对象培养实施办法》，打开科研人才发展天花板，设立一般科研人才-科研骨干-培养对象-技术带头人-首席专家-四类高端人才的科研人才发展通道。

三是综合考虑技能人才职业技能种类、等级和精益管理能力，建立助理技师-技师-高级技师-首席技师发展通道。获批职业技能等级认定试点单位，打通技能人才职业发展通道。

2. 以岗位价值为基础，打造1+3+X薪酬体系

“1”：优化以岗位绩效工资制为主体的宽带薪酬体系。

“3”：建立与三支人才队伍发展相适应的薪酬体系。完善成员单位领导人员年薪制，建立科研人才项目工资制、技能人才岗位技能工资制。

“X”：为关键岗位人才、市场稀缺人才、柔性引进的科研人员等特殊人才建立“一人一议”的工资协议，为一流的人才匹配一流的待遇。

表5　1+3+X薪酬体系的薪酬构成

薪酬体系	短期激励项目		中长期激励项目	福利保障项目
	固定薪酬科目	浮动薪酬科目		
岗位绩效工资制	岗位工资 生产性津补贴	绩效工资 特殊奖励	股权激励 科技成果转化岗位分红、项目分红	工会福利 企业年金 补充医疗
年薪制	基本年薪	绩效年薪 特殊奖励		
科研项目工资制	基本工资 研发津贴	研发奖励		
岗位技能工资制	岗位工资 技能工资 生产性津补贴	业绩奖金		
协议制工资	基本工资	绩效奖金		

岗位绩效工资制是中国同辐薪酬体系的构建基础。在相对统一的岗位管理体系框架内，各成员单位通过梳理岗位说明书，开展定岗定编工作，借助第三方咨询机构，合理评估岗位价值，科学设置薪酬层级和薪酬档级。年薪制、科研项目工资制、岗位技能工资制锚定岗位绩效工资制，确定薪酬等级和薪酬

水平。

通过优化岗位绩效工资制的薪酬构成，使固定薪酬与总量管理中的保障性工资相适应，浮动工资与效益性工资相匹配，实现收入分配体系从总量层面到个体层面的有机统一。

3. 以行业对标为基础，合理确定典型岗位薪酬水平

根据成员单位的行业地位、发展战略及发展阶段，差异化确定薪酬策略。对原子高科、海得威等行业内龙头企业采取市场领先的薪酬策略，平均薪酬水平对标行业薪酬50分位之上；中同蓝博等处于转型发展阶段的企业采取市场跟随的薪酬策略，平均薪酬水平对标行业薪酬30-40分位之间；北方所等效益较差的传统企业采取成本导向的薪酬策略，平均薪酬水平对标行业薪酬25分位以下。

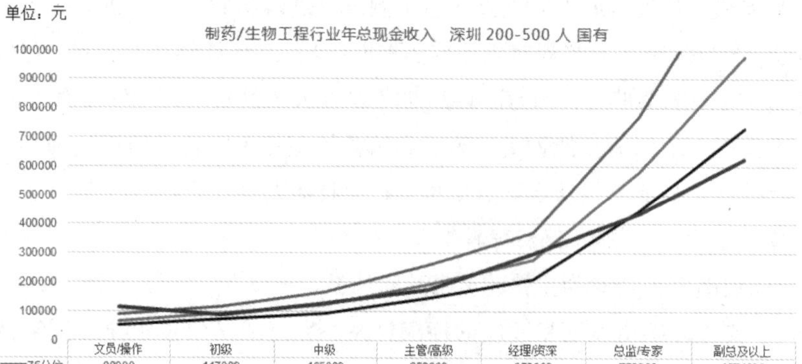

	文员/操作	初级	中级	主管/高级	经理/资深	总监/专家	副总及以上
75分位	88000	117000	165000	259000	370000	772000	1374000
50分位	67000	91000	123000	194000	278000	579000	979000
25分位	52000	72000	91000	145000	210000	446000	730000
海得威	113000	87745	129000	174000	300000	435000	625600

数据来源：薪智大数据中心

■ 海得威公司员工薪酬曲线与市场薪酬水平曲线相比呈现出由高到低的特点；文员/操作级员工达到了市场75分位值，处于较高薪酬水平；初级员工低于市场50分位3255元；中级员工略高于市场50分位值；主管/高级员工低于市场50分位20000元；经理/资深级员工高于市场50分位值22000元，处于中等水平；总监/专家、副总及以上均低于市场25分位值，处于较低水平。

图 11　海得威薪酬水平对标示例

坚持高端引领，重点对标成员单位高级管理人员和高端科研人才薪酬水平。一是对标全国医疗行业和北京市全行业同等规模企业高级管理人员年度目标总现金薪酬，以75分位水平为基准，确定市场化选聘的职业经理人年度薪酬标准，充分体现薪酬市场竞争力；以50分位水平为基准，确定由组织任命的成员单位负责人年薪目标水平，突出从“行政性”薪酬向“市场化”薪酬的转变。二是调研对标国内顶级高等院校和科研院所，综合确定四类高端科研人才薪酬目标水平及科研项目保障水平。

4. 效率与公平并重，调整优化工资结构

（1）简化薪酬科目，加大绩效工资占比

针对薪酬科目多，层级差异小的问题，简化合并薪酬科目。以中国同辐总部为例，原有薪酬体系中，各类普惠性津贴补贴多达7项，占工资总额的比重超过30%，设置的各类奖励基本平均分配，与绩效考核挂钩力度较弱。改革后，将全部补贴纳入岗位工资，将各类奖励项目纳入绩效工资，调整岗位工资、绩效工资比例，固浮比由3∶7调整为5∶5。

图 12　中国同辐总部薪酬科目简化示例

（2）坚持对标激励，实行职业经理人全面薪酬管理

对市场化选聘的职业经理人，建立以工资激励为主体，福利保障为补充，履职待遇、业务支出管理为重点的全面薪酬管理模式。坚持薪酬水平及结构、福利水平、履职待遇水平全面对标。2019 年，中国同辐在控股合资企业中核安科锐试行职业经理人制度，尊重行业惯例实行“年薪+任期激励”薪酬模式，固定薪酬水平占比达到 2/3，给予足够薪酬保障，绩效薪酬根据考核结果在 50%-100% 之间严格挂钩浮动，任期激励在职业经理人超额完成任期考核目标的基础上进行额外奖励，在成本可控的前提下给予不低于行业平均水平的履职待遇标准。

（3）激励与约束相统一，优化企业负责人年薪结构

一是为提高基本年薪的保障性，将基薪水平由中国同辐职工平均工资的 1.5 倍提高至 2 倍。二是为鼓励成员单位负责人跨单位交流，将各成员单位间负责人基本年薪差异由 40% 降低至 20%。三是坚持基本年薪与职工工资挂钩增长。四是加大绩效年薪浮动水平，将绩效年薪倍数浮动区间由 1-2.5 倍扩大为 0-3 倍。

（4）促进内部公平，统筹不同薪酬体系差异水平

在各成员单位内部，以岗位绩效工资制为基准，对标确定研发人才和技能人才薪酬水平。一是加大对研发人员的薪酬保障，专职科研人员、研发管理人员基本工资分别不得低于对标岗位平均固定工资的 1.3 倍和 1.1 倍。二是建立技能人才工资正常增长机制，确保技能人才岗位工资年度平均增幅不低于本单位职能管理人员岗位工资平均增幅。

（五）聚焦价值增量考核，拉大内部分配差异

为促进员工自我驱动价值创造，中国同辐构建起以价值增量考核为主体的量化考核体系，丰富考核结果应用，切实拉开员工收入差距。

1. 战略目标分解与岗位职责相结合，构建量化考核体系

通过战略解码、明确考核任务、层层分解责任任务，明确员工增量考核目标，进行加分考核，将组织目标与个人目标相统一；通过岗位分析，明确岗位职责和能力资格要求，设置员工基础考核目标，进行扣分考核，激励员工立足岗位尽职履职。在考核实施过程中，紧盯目标，及时评估、反馈考核任务指标完成情况，对关键考核节点未完成的进行预警、扣分，提高考核目标完成率。

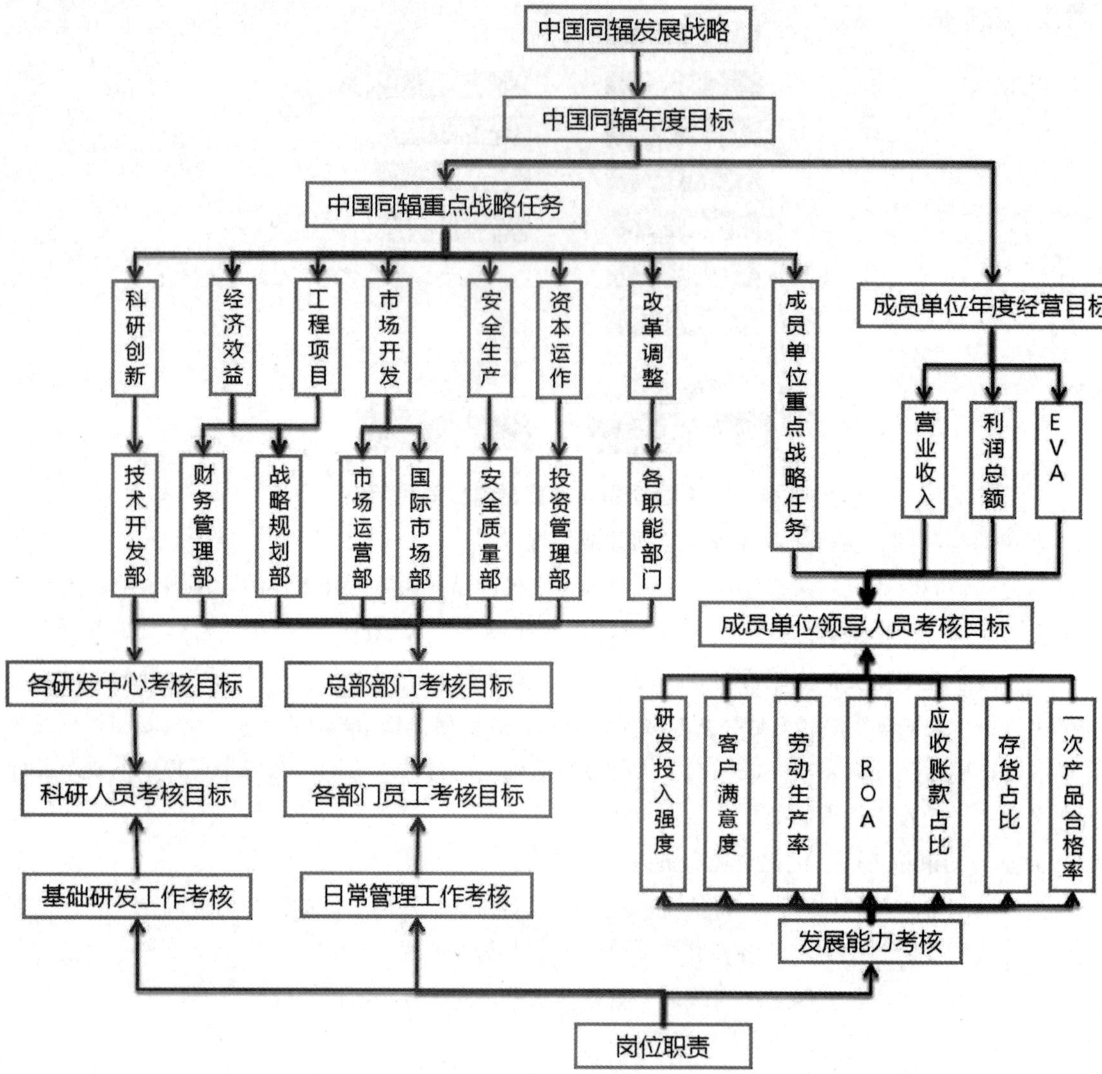

图13　战略目标分解与岗位职责相结合的量化考核体系

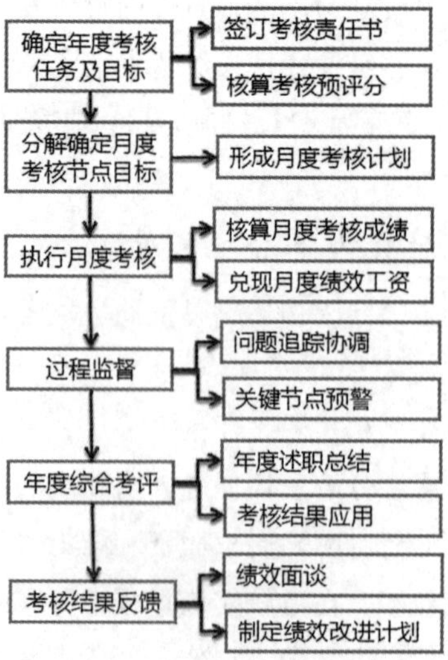

图14　量化考核体系实施过程

对研发人员根据研发任务和研发项目计划书，设置里程碑节点、年度节点和项目总结点目标，按节点考核，兑现奖励。对总部及成员单位职能部门员工绩效考核以日常工作考核为基础，以任务考核为重点进行增量考核，实行月度考核，根据月度考核结果兑现月度绩效工资，年终进行综合考核评价。对成员单位负责人业绩考核坚持经济指标、能力指标与任务指标并重，实行月度监督、年度考核。经济指标根据各成员单位战略定位进行分类考核；建立能力建设考核指标清单，进行对标考核。各成员单位技能人才考核以“成本、质量、安全”为基础，以精益改善为重点专项建立技能人才的量化考核体系。精益专项考核重点突出问题分析诊断、问题改善解决、精益创造价值能力。

2. 加大考核结果应用，拉开员工收入差距

一是严格按照员工绩效考核结果分配绩效工资。2019 年中国同辐总部同职级岗位绩效考核结果差异达到 25%，各成员单位差异超过 20%。2017 年-2019 年各成员单位负责人最高与最低绩效年薪差距由 2 倍扩大到 3.5 倍，进一步拉开绩效年薪考核兑现差异化水平；成员单位内部领导班子副职间的收入差距普遍达到 5%，原子高科等单位达到 10%。

二是根据考核结果调整岗位工资标准。按照上年度绩效考核结果差异化调整员工工资薪档，年度考核优秀或连续两年考核称职的员工岗位工资可晋升一档，年度考核不称职的工资下调一档并视情况调整岗位。

三是完善荣誉奖励机制，将考核结果作为推优表彰的基础，年度考核任务未完成的，不得参与各类评优。对绩效突出的员工通过定期组织优秀员工评选、同辐工匠评比等进一步给予精神激励，并在中国同辐年度工作会进行表彰，对先进事迹进行宣传报道，强化员工的荣誉感、价值感、使命感。

3. 鼓励超额价值创造，完善特殊奖励机制

一是为干部职工求实创新、攻坚克难、主动作为，对绩效加分不足以体现员工价值贡献的或超目标完成考核任务的，中国同辐及各成员单位均设置突出贡献奖进行额外奖励。2017 年以来，中国同辐共奖励在经济发展、市场开拓、科技创新等方面做出突出贡献的团队 35 个，团队平均奖励金额超过 8 万元，个人最高奖励 5 万元。

二是对于具有较大难度、较高的挑战性，对中国同辐的发展具有重要的战略意义的任务，设立专项奖进行单独考核和奖励。特别是对于重大科研项目、工程建设项目和资本运作项目，建立单独的考核激励机制。2017 年以来，累计奖励重大科研项目 7 个，科研人员 134 人，兑现奖励 160 余万元，个人最高奖励 9 万元。2018 年为顺利完成对宁波君安的收购工作，设置专项奖 30 万元，推动收购工作高效完成。

三是为鼓励员工在工作实践和学习中主动提升履职能力，对总部员工获得的与本职岗位相关的创新成果类、竞赛评比类、资格证书类专业能力提升给予积分奖励。

4. 分享公司价值增值，实施中长期激励

坚持短期和中长期激励相结合，按照国家和集团公司有关政策，对符合条件的核心骨干人才实施股权激励，让资本市场认可公司价值，让员工分享公司价值增值；以科研人员为主体实施分红激励，鼓励员工参与研发项目、共享研发成果。

（1）股权激励

2019 年中国同辐获批实施第一期股票增值权计划，聚焦公司关键管理岗位及核心技术人员，圈定三支人才队伍中核心管理人才和核心专业人才，筛选出关键岗位上承担重要职责、具备优秀专业能力、保持良好绩效和具有突出贡献的核心骨干，共计 164 人，占职工总数的 5.8%，成为首批股权激励对象。

将个人激励水平与岗位重要程度紧密相关。根据激励对象岗位重要程度与贡献度，赋予不同的授予

比例：高级技术人才细分为 12 类人员，设定 4 档授予比例；高级管理人才细分为 7 类人员，设定 4 档授予比例。

（2）科技成果转化分红激励

中国同辐将 2018 年之后新立项的科研项目全部纳入科技成果转化分红激励范围，对未达到集团公司科技成果转化岗位分红激励和项目分红激励实施条件的，由中国同辐在工资总额备案额度内自主给予分红激励，由各研发中心制定分红激励实施细则，优先鼓励科技成果转化在中国同辐自行实施。

（六）以预算管理为核心，建立人工成本分析监控平台

没有有效的监督，就无法维持收入分配秩序。中国同辐以预算管理为核心，建立人工成本分析监控平台，从监控预防工资总额超提超发为重点转变为以人工成本投入产出效率分析评价为重点，丰富监控手段，落实监控责任，有效促进人工成本投入产出效率提升。

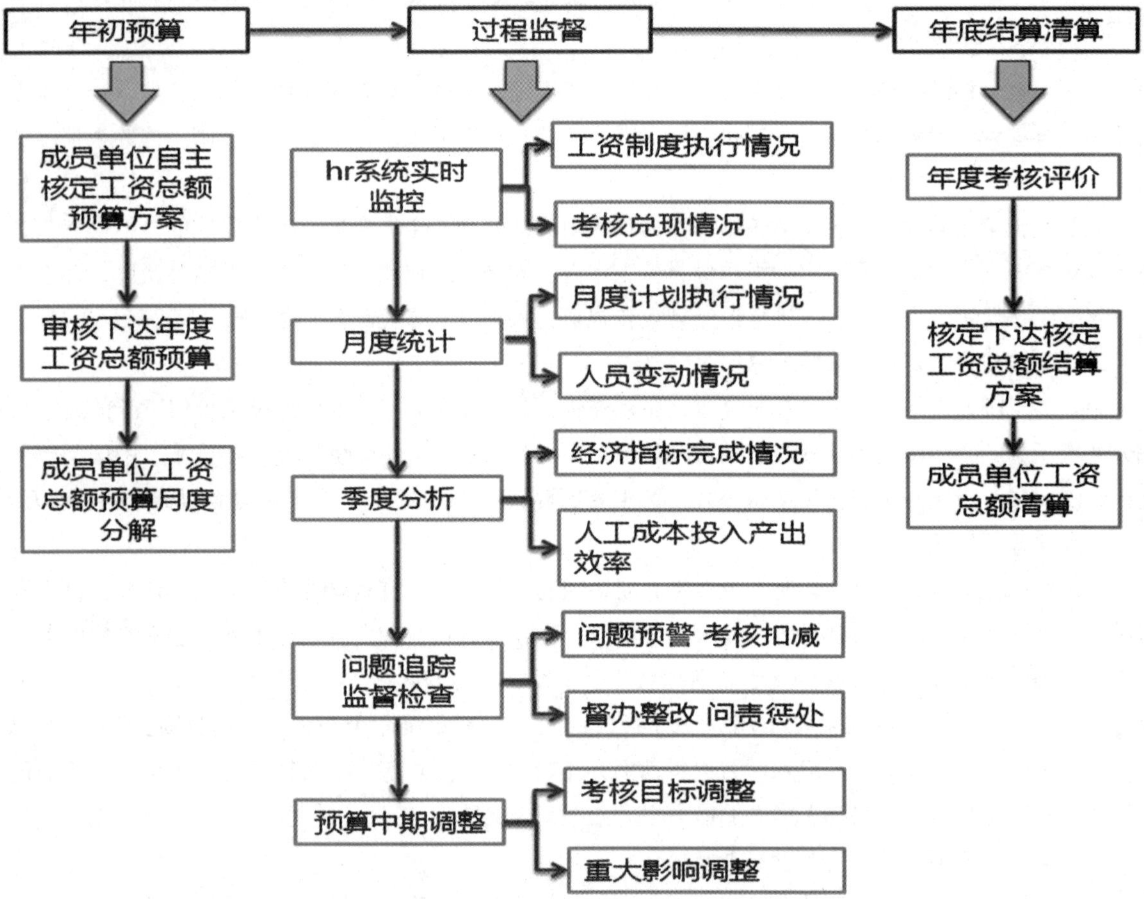

图 15　成员单位工资总额运行监控流程

1. 强化工资总额全过程预算管理

中国同辐按照分级管理原则，逐级逐户汇总落实预算管理责任，通过年初预算、过程监督、年底结算、与财务决算同步清算，加强工资总额全过程预算管理，确保工资总额按预算计划执行。因企业外部环境或自身生产经营等编制预算时所依据的情况发生重大变化时，同步调整经济效益预算和工资总额预算。

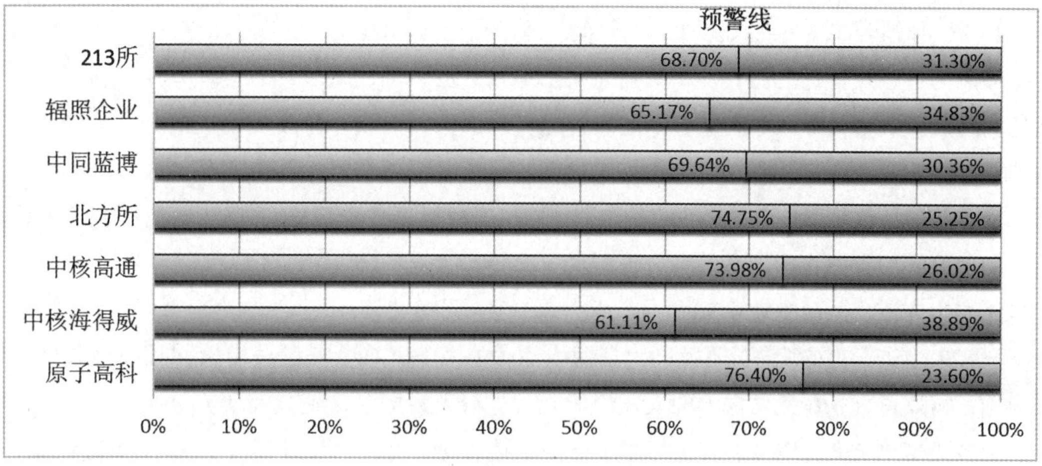

图 16　2019 年成员单位前三季度工资总额预算执行率监控样表

2. 完善工资总额预算全口径监控

一直以来，中国同辐通过定期报表，严格控制各成员单位工资总额不超发、不超提，通过工资总额清算确保不在工资总额科目外列支任何工资性收入。通过改革，不断完善工资总额预算执行监控机制，一是建立季度运行分析机制，全口径统计各成员单位工资发放情况，分析预算执行情况和与经济效益联动情况；二是完善薪酬收据报送信息化平台，在 hr 系统开放薪酬管理模块，实时监督各成员单位工资体系实施和月度考核兑现情况。

3. 加强人工成本投入产出效率评价

建立人工成本投入产出效率评价机制，从工资总额管控向全口径人工成本管控转变。通过分析对比各成员单位劳动生产率、人工成本利润率、人事费用率和人工成本占比等效率指标，指导各成员单位统筹分析人工成本投入产出效率与经济运行情况，发现生产经营中存在的问题，优化人力配置，改进生产工艺流程，深挖提质增效潜力。

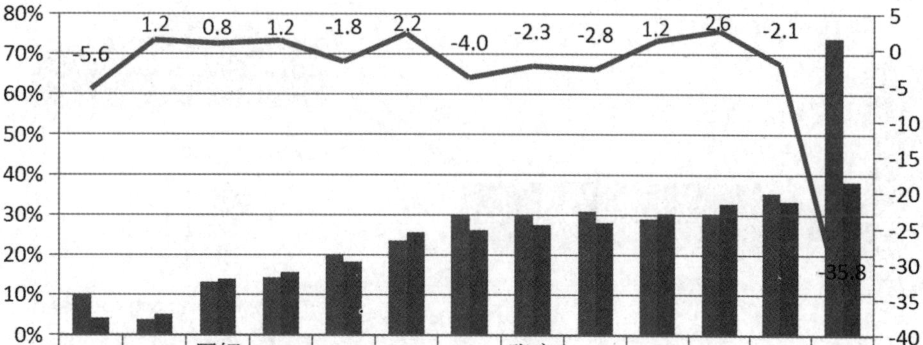

	中核同兴	海得威	同辐板块合计	中核高通	原子高科	中同蓝博	长春辐照	张家港华康	213所	华东辐照	北方所	海原公司	成都辐照
2016Q3	9.8%	3.9%	13.2%	14.4%	20.1%	23.5%	30.2%	29.9%	30.8%	29.1%	30.3%	35.4%	73.9%
2017Q3	4.2%	5.2%	13.9%	15.6%	18.4%	25.7%	26.2%	27.5%	28.0%	30.3%	32.8%	33.3%	38.2%
增长百分点	-5.6	1.2	0.8	1.2	-1.8	2.2	-4.0	-2.3	-2.8	1.2	2.6	-2.1	-35.8

2016Q3　2017Q3　增长百分点

图 17　成员单位人事费用率监控样表

（七）建立人力资源三支柱管理体系，搭建hr转型赋能平台

在新体系的搭建及运行之初，发现中国同辐总部和成员单位在人力资源管理方面存在定位不清、权责不明的问题以及人力资源从业者能力不足等问题，总部的顶层设计与成员单位的具体实践相脱离，人力资源从业者更愿意关注日常事务性工作，谋求创新变革的精力有限，动力不足。为提升人力资源一体化管理水平，打造一支精干、高效的hr队伍，中国同辐根据人力资源管理“三支柱”理论，建立集团管控模式的战略人力资源管理体系及人力资源从业者转型赋能平台。

1. 建立人力资源三支柱管理体系

中国同辐人力资源部的职能定位-人力资源专家中心（HRCOE）：根据中国同辐发展战略，制定人才发展规划，树立符合企业发展需要的人才价值观；进行人力资源管理政策研究、制度设计、流程优化等工作，为各成员单位人力资源管理工作提供专业支持、业务咨询，设计解决方案。2017年以来，中国同辐人力资源部转变职能定位，以广泛深入的内外部调研为基础，修制定制度50余项，为成员单位制定收入分配改革、高端人才引进、职业经理人制度建设等各项工作方案。

各成员单位人力资源部门的职能定位-人力资源业务合作伙伴（HRBP）：根据各业务板块战略发展需要，解决生产经营中的实际问题，推动战略的执行；负责中国同辐各项人力资源管理政策在本业务板块的落地执行，为本业务板块的人才规划、人才管理、薪酬绩效管理提供业务支持；向中国同辐人力资源部反馈业务需求，推动创新变革。

建立区域人力资源共享服务中心（HRSSC）：集中统一处理本区域各单位事务性、基础性人力资源管理工作，为各单位提供高质量、标准化的员工服务；反馈业务流程改进需求，驱动管理效率提升。2018年成立京区人力资源共享服务中心，已开展员工招聘组织实施、薪酬福利代发、社会保险管理、员工培训组织各项基础性服务工作。

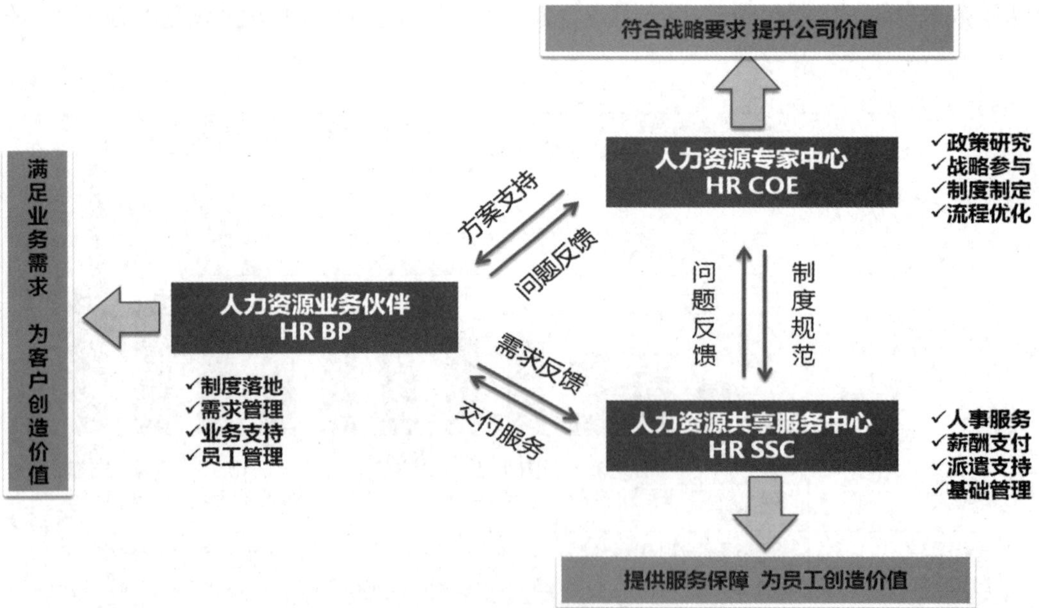

图18 中国同辐人力资源三支柱管理体系

2. 搭建人力资源从业者转型赋能平台

一是搭建轮岗交流平台。加大人力资源从业者交流锻炼力度，打破传统六大模块间的岗位隔离，通

过轮岗交流使成员单位人力资源部门员工成为能够综合解决问题，提出全面解决方案的多能工。原子高科、中核高通人力资源部员工在中国同辐锻炼提升后，在中国同辐交流学习后回原单位得到提拔使用。

二是搭建培训教育平台。加强中国同辐人力资源管理政策的集中宣贯，加大集中培训和专项培训力度。每年组织人力资源业务培训班，根据年度重点工作安排开展专项培训。2017 年以来，先后组织了薪酬绩效专题培训、走进华为对标学习培训、精益管理赋能培训。

三是加大考核激励力度。以考核促提升，加大成员单位保障战略落地，解决业务问题能力的考核。将高端人才引进纳入成员单位重点任务考核，丰富人力资源管控约束性指标，将“人才育成”作为成员单位负责人考核的重点指标。

表 6　人力资源管控考核指标对照表

序号	类别	扣分内容	扣分标准
1	人才发展	招聘完成率未达到 90%；核心人才流失率超过 5%；EHR 系统员工基本信息及薪资信息维护不及时，关键信息缺失率超过 5%；人力资源部门及员工配置未达到要求，中国同辐人力资源部对各单位人才发展工作的评价得分低于 80 分	每项扣 1 分，最高扣 4 分
2	干部管理	制度建设：未制定、发布中层干部管理制度及配套的管理办法	每项扣 1 分，最高扣 2 分
		规范管理：未按制度要求开展选人用人工作；选人用人工作民主测评认同度未达到 90%；年轻干部选拔力度不大，干部平均年龄未降低	每项扣 1 分，最高扣 2 分
3	薪酬绩效管理	制度建设：未制定、发布 JYK 管理制度、工资总额预算管理制度、JYK 考核结果和业绩工资挂钩制度、薪酬分配管理制度、员工绩效考核制度	每项扣 1 分，最高扣 2 分
		预算管理：未按规定分解、分配年度 JYK 工资总额预算；未于工资总额结算下达后的一个月内制定工资总额分配方案	每项扣 1 分，最高扣 4 分
		内部分配：薪酬分配体系不健全，内部分配秩序混乱；未按要求开展全员业绩考核，未建立战略导向的量化考核体系，员工收入未有效拉开差距、未向核心骨干人才倾斜；与考核结果联动的工资比例低于 50%	每项扣 1 分，最高扣 4 分
		规范管理：严禁超提超发工资总额、单位负责人薪酬或在成本费用中隐匿工资性收入	比例达到 4%，扣 5 分；不足 4%，扣 2 分

三、实施效果

通过强化实施，中国同辐以价值创造为导向的收入分配体系不断推动人才结构优化、人才层次提升，提高人力资源产出效率，增强企业发展软实力，推动企业管理创新和提质增效发展，促进企业文化塑造。

（一）人才结构优化、人才层次提升

通过在工资总额总量层面坚持“增人不增资、减人不减资”的基本原则，推动各单位开展组织变

革，不断优化人才队伍结构，加大高级经营管理人才、高端科研人才和高技能人才引进，压减低端岗位。2017 年以来，中国同辐党委通过公开招聘等竞争性选拔方式引进 26 名中高层经营管理人才，占比达到 28.5%，平均年龄 37.8 岁，其中博士 4 人，硕士 20 人，内部培养提拔中高层经营管理人才 50 余人次，领导人员年轻化水平和综合素质能力不断提升。引进各类科研高端人才 6 名，在各领域发挥了积极重要的作用，研发人才总量增长 40%。

（二）人力资源投入产出效率提升，推动企业提质增效发展

通过运行人工成本分析监控体系，关注人力资源投入产出效率。2017 年以来，交流使用中高级经营管理人才 80 余人次，进一步提升了加大人才使用周转率，与 2016 年相比，劳动生产率增长 12.3%，人事费用率保持基本稳定，推动中国同辐营业收入、利润年均增幅分别达到 18% 和 13%。

图 19　2016 年-2019 年全员劳动生产率、人均营业收入增长曲线

（三）改革创新能力提升，增强企业发展软实力

科研创新能力提升。2017 年-2019 年，中国同辐总共申请专利 178 项，其中含发明专利 65 项，共授权专利 75 项，其中含发明专利 13 项；累计注册各类商标 32 项，登记软件著作权 14 项。专利申请和授权总量稳步提升。其中，2019 年申请专利总量实现大幅增长，较 2018 年同比增长 75.5%。管理创新能

力提升。2017 年以来，中国同辐以精益管理为支撑，加大专项考核激励，持续推进降本增效工作，完成降本增效项目 304 个，人员参与率超过 70%，累计实现降本额近 1 亿元。

（四）构建以创新为核心的企业文化，促中国同辐品牌价值提升

以价值创造为导向构建中国同辐收入分配体系，坚持以能否为中国同辐创造价值和创造价值的大小作为衡量员工的第一标准，将创新作为中国同辐核心价值观，积极践行“有为有位、人才育成”的人才观，促进中国同辐“内塑文化，外树品牌”。中国同辐上市以来，在国内外资本市场大幅动荡的形势下，保持市值稳定增长。专业研究机构和投资者普遍看好中国同辐发展前景、认同中国同辐发展模式，在 2019 年中国融资大奖评选活动中，中国同辐荣获最具投资价值奖。以价值创造为导向的收入分配体系的实施效果得到国资委的高度认可，2020 年第 13 期《国企改革简报》刊登《中国同辐持续完善激励约束机制激发企业发展活力》的宣传报道，实践探索中的一些做法也得到了集团内外企业的认可，可推广性较强，对市场化程度较高的国有企业有一定借鉴意义，也可对其他企业提供有益启发。

成果创造人：孟琰彬、李　振、管　荷、郭春临、王　豪、
张　迪、胡巧荣、刘　丽、赵佳璐

基于打赢“疫情防控、复工复产”双线战役管理模式的创新与实践

北京汽车集团有限公司

北京汽车集团有限公司（简称“北汽集团”）是中国汽车行业的骨干企业，成立于 1958 年，总部位于北京。目前已建立了涵盖整车及零部件研发、制造，汽车服务贸易，综合出行服务，金融与投资等业务的完整产业链，实现了向通用航空等产业的战略延伸，成为国内汽车产业产品品种最全、产业链最完善、新能源汽车市场领先的国有大型汽车企业集团，位列 2020 年《财富》世界 500 强第 134 位。

自 1958 年北京汽车制造厂生产出第一辆自主研发汽车——“井冈山”牌轿车以来，北汽集团先后自主研制生产了中国第一代轻型越野车 BJ212 和第一代轻型载货车 BJ130，建立了中国汽车工业第一家整车制造合资企业——北京吉普汽车有限公司，中国加入 WTO 以后第一家整车制造合资企业——北京现代汽车有限公司，以及中德两国全面深化战略合资合作的典范——北京奔驰汽车有限公司，收购了瑞典萨博汽车相关知识产权等，创造了中国汽车工业的多个第一。

北汽集团旗下拥有北京汽车、昌河汽车、北汽新能源、北汽福田、北京现代、北京奔驰、北京通航、北汽研究总院等知名企业与研发机构。以北京为中心，北汽集团建立了分布全国十余省市的自主品牌乘用车整车基地、自主品牌商用车整车基地、新能源整车基地、合资品牌乘用车基地和通用航空产业基地，研发体系布局全球五国七地，在 30 多个国家和地区建立了整车及 KD 工厂，市场遍布全球 80 余个国家和地区。

近年来，北汽集团坚持“电动化、智能化、网联化、共享化”的创新发展理念，大力推动资源优化整合和核心能力再造，超前谋划布局新能源汽车产业，积极开展智能网联、大数据等前瞻技术研究和产业化探索，打造自主品牌核心竞争力，深耕汽车后市场，加快“走出去”步伐，深入推进从传统制造业向制造服务型和创新型企业的战略转型。

近两年，汽车行业遭遇 28 年来的连续负增长，诸多汽车企业面临严峻挑战，叠加今年以来新冠肺炎疫情的严重影响，更加剧了北汽集团在稳定发展中的不确定因素。自新冠肺炎疫情暴发以来，北汽集团深入贯彻落实党中央、国务院关于疫情防控工作的重大部署，以及北京市委市政府、市国资委等上级有关部门的指导安排，以对广大职工群众生命安全和身体健康极度负责的态度，全员上下众志成城，创新开展“7+6”管理模式同步打响“疫情防控、复工复产”双线战役，实现公司上半年主要业绩指标同比跑赢行业平均水平，为全年目标任务奠定坚实基础。

一、大型汽车集团“7+6”管理模式助推“疫情防控、复工复产”双线战役工作实践的背景

（一）落实全国疫情防控和复工复产工作的需要

新型冠状病毒感染肺炎疫情牵动着全国人民的心。党中央、国务院高度关注，紧密部署全国上下应对肺炎疫情，国务院各部门为贯彻落实中央应对新型冠状病毒感染肺炎疫情工作领导小组会议精神，进一步研究落实肺炎疫情防控期间相关支持措施，发布了一系列通知要求，为疫情防控工作保驾护航。

疫情防控取得阶段性成果之后，党中央、国务院又提出分区分级恢复生产秩序，推动全产业链复工复产。低风险地区要从应急性超常规防控向常态化防控转变，及时取消与正常生产生活秩序不相适应的防控措施，因时因势调整工作着力点和应对举措，不得采取审批、备案等方式延缓企业复工。要求湖北省、北京市及其他存在中、高风险县域的省份，根据本地区疫情防控形势采取差异化措施，安全有序复工复产。

（二）承担首都经济社会发展责任的要求

在全球疫情不断加速蔓延的态势下，作为国际交往中心的首都北京，疫情难以在短期内完全结束，有可能在较长时期处于疫情防控状态。北京市委市政府提出，首都北京疫情防控形势严峻复杂，要统筹好常态化疫情防控与经济社会发展，继续保持防控思想不放松，常态化疫情防控标准不降低。要求各机关、企业事业单位、社会组织等要适应疫情防控常态化，继续外防输入、内防反弹，严防死守、精准防治。随后陆续推出一系列措施帮助各类企业稳定生产经营，妥善解决困难企业融资问题、延迟缴纳社会保险费等，与企业共同打赢疫情防控阻击战起到至关重要的作用。

北京市委领导围绕“推进企业复工复产工作”主题调研北京奔驰顺义工厂时，曾指出，北汽要在毫不松懈抓好疫情防控工作的同时，发挥国有企业带动作用，提高复工复产效率，加强与海外供应链合作，守望相助，力争全年生产经营目标不退不让，努力把疫情影响降到最低。北汽作为市属国有龙头企业，要一马当先、发挥带动作用，尽快恢复产能，积极拓展市场，围绕“高新特”全面强化核心竞争力，为首都经济平稳运行作出应有贡献。

（三）企业保持高质量稳定发展的需要

严峻的疫情防控形势严重制约了企业生产经营的正常开展，疫情对社会收入和就业的影响，进而将在较长的时期内抑制购买能力，持续影响汽车市场走势。同时，海外疫情扩散蔓延势头并未得到有效控制，将对我国汽车出口造成严重影响。在此形势下，如何在抓好常态化疫情防控的同时，及时应对经营环境的颠覆性变化，抓供应保生产、强市场促销售，坚持高质量发展统领不动摇，成为北汽集团面临经营困局实现可持续发展的必然选择。

二、大型汽车集团“7+6”管理模式助推“疫情防控、复工复产”双线战役工作实践的内涵和主要做法

（一）“7+6”管理模式助推双线战役工作实践的内涵

习近平总书记指出“中国处于近代以来最好的发展时期，世界处于百年未有之大变局，两者同步交织、相互激荡”，可谓中国的经济发展直接影响全球未来发展形势。2020 年年初，新冠肺炎疫情的暴发，对全球经济造成严重影响，国内从春节后的全面停工到陆续复工复产后的防疫物资紧缺、员工无法按时返京、零部件配套企业断供等问题，均对汽车产业价值创造带来了较大挑战。作为北京市属重点国企的

北汽集团，深入贯彻落实国家及属地政府关于新冠肺炎疫情防控工作的重大部署和指导安排，坚决抓好“外防输入、内防扩散”两大环节，第一时间成立防疫专班、对所属单位进行领导负责制管理模式，建立由上至下，贯穿到底全方位立体抗战的优势，以对广大职工群众生命安全和身体健康极度负责的态度，不断夯实企业主体责任，北汽全体干部职工弘扬“奋力拼搏、团结奋进、知难而进、志在必得”的北汽精神，创新性提出“7+6”管理模式，即构建疫情防控7大管理体系：顶层指挥体系、人员管控体系、物资保障体系、前线支援体系、外专入境体系、海外驰援体系、文化引领体系；在平稳推进防控体系建设的同时，第一时间明确了一边防疫情、一边稳经营的经营方针，直击制约复工复产最为关键的痛点，下先手棋、打主动仗，提出6大解决举措：包括前瞻性制订复工复产方案、快速推进满负荷生产、重点加强供应商管理、推动产品焕新升级、创新营销管理模式、提升金融服务水平，形成“7大疫情防控体系保稳定，6大复工复产措施促发展”的局面，为确保年度生产经营任务全面达成，集团“十三五”收官打下坚实基础。

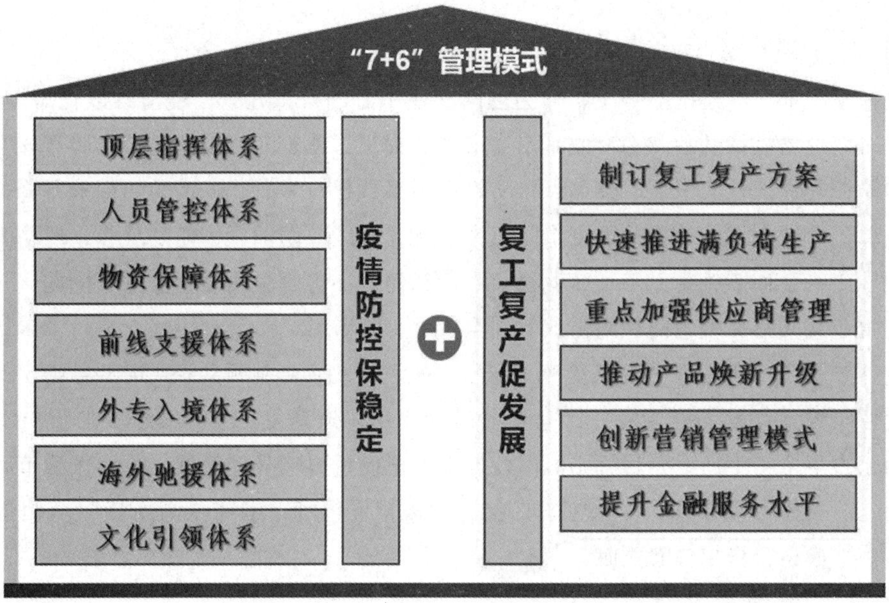

图1 “7+6”管理模式推进“疫情防控、复工复产”双线战役内涵

（二）“7+6”管理模式助推双线战役工作实践的主要做法

1. 构筑疫情防控“7大体系”，快速响应落实“四方责任”，全力以赴打赢疫情防控阻击战

（1）构建顶层指挥体系，快速启动战时保障机制，成立疫情防控工作专班确保部署落实

新冠肺炎暴发后，北汽集团于1月23日（腊月二十九），武汉全面封城当日，快速组织召开新冠肺炎病毒防疫专题会议，分析研判疫情发展形势，要求各所属单位从全局出发，持续有效做好疫情期间防治各项工作，包括生产经营的稳定开展计划，及13万干部职工不能发生疫情事故。同时迅速建立疫情防控情况日报告制度，并按时向相关部门报送。

1月26日（大年初二），北汽集团第一时间成立疫情防控工作专班，快速建立“统一领导、统一指挥、统一行动”的疫情保障机制，就下一步做好疫情防控工作进行了研究部署。组建由集团党委书记、董事长任组长，副书记、总经理任常务副组长，领导班子成员任副组长，集团总部各部室主要负责人、所属二级及重点三级单位党政主要负责人为组员的疫情防控工作领导小组，领导小组下设综合组（领导小组办公室）、防疫保障组、物资保障组、经营保障组、宣传舆情组、人力保障组、重点项目组、监督组八个工作组，13 万北汽人从这一刻正式拉开了抗疫大幕。

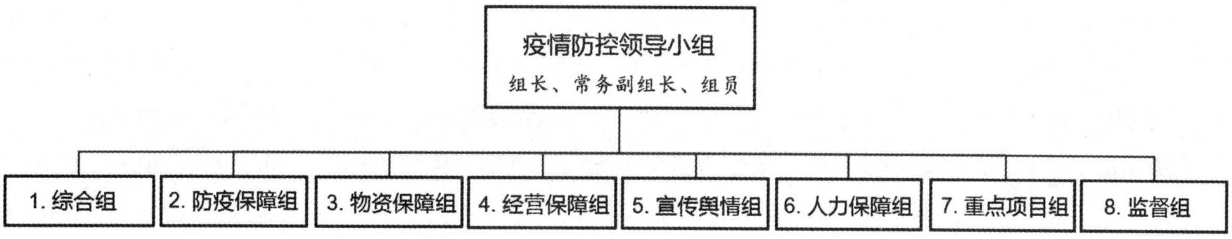

图 2　疫情防控工作小组机构图

可以说，北汽集团是全国各大汽车集团中，与湖北东风汽车同步，第一时间召开会议，快速建立疫情保障机制，形成完整疫情防控体系的汽车企业。北汽集团疫情防控组织成立以来，迅速发挥领导作用，全面指导集团疫情防控工作，先后开展专题会议、工作会议、现场调研等百余次，第一时间部署落实各方面工作要求，按照一手抓好疫情防控、一手抓好经济稳定运行的要求，不断完善工作方案和应急预案，全力推进各项防控措施落小落细、落实落地。同时，所属各单位按照一级防控应急预案要求，逐级建立防控工作领导小组，形成全集团一盘棋的完整防控体系，进一步加强对疫情防控工作的统一领导、统一指挥、统一行动，严格落实上级及集团防疫工作部署要求，全面落实早发现、早报告、早隔离、早治疗等措施，确保疫情防控工作科学有序进行。

（2）构建人员管控体系，动员全体干部员工多措并举共同抗击疫情，切实做好科学分类防控

北汽集团充分依托运用“大数据+网格化”手段打造人员管控体系，以全覆盖的方式，全面精准滚动摸排本系统所有人员，对离京、境外人员情况实施每日统计，精准掌握人员数量、去向、日程等详细情况及动态信息，切实做好科学分级防控。严密保持对确认感染、疑似感染、企业内密切接触者等重点人群的监测力度，针对外地返京的住宿员工，统一安排快捷酒店进行集中隔离。加强办公地点的访客管理，严格访客检测，设立访客专用接待室，详细登记访客信息。针对境外员工，在落实各项防控措施的同时，特别做好关心关爱，营造良好的人文关怀氛围。

国内方面，截至 7 月北汽集团全系统确诊及疑似病例、密切接触者均为 0 例。集团离京至湖北 496 人，已返京 465 人，尚在湖北 31 人。境外方面，集团境外中方人员总数 258 人（含在册人员 247 人、派遣及分包商人员 11 人），其中 143 人已回国并按相关要求实施集中隔离，均未发现确诊及疑似病例。

（3）构建物资保障体系，强化物资调配保障落实，统筹推进防疫防控工作

物资保障是开展疫情防控工作的重要物质基础。北汽集团以“广泛动员、集团统筹、单位主责、员工参与”的总思路，依托集团非生产性物资集中采购平台搭建物资保障体系，主要领导挂帅，集中人力、物力、财力采购防疫物资，强化对口罩、消毒液、酒精、测温枪等防疫物资的重点采购与整体调配，为集团内 58 家企业及时提供了防疫物资。

在疫情初期国内口罩“一罩难求”的情况下，北汽集团第一时间发动在波兰、德国、墨西哥等国的成员企业，筹措 40 万只口罩等防控物资，并与政府、民航、物流等单位进行积极沟通，横跨国家约 5 万公里，内外协同仅用 7 天火速通关送达，充分发挥了物资保障体系高效协同的优势，为北汽复工复产之初提供了极为宝贵的物资保障。

（4）构建疫情前线支援体系，敢于担当国企责任，积极支援武汉、北京等疫情防控第一线

在疫情发生后，北汽集团及所属单位全面动员，积极响应国家号召，以疫情一线需求为导向构建疫情前线支援体系，按照最大化发挥各单位自身优势、资源及综合实力的思路，从卫健产品、生产建设、

物流运输、爱心捐助四个维度，第一时间支援抗疫火线，为全国疫情防控胜利争取时间。

卫健产品方面，北汽集团所属北汽福田、福建奔驰承担国务院、工信部、各省市卫健委及相关机构下达的负压救护车生产任务，春节假期生产未停一天，截至 8 月底，已向海内外交付负压救护车超 2800 辆，向武汉火神山、雷神山、金银潭医院及湖北省等重点疫区医院发运车辆超 1400 辆，累计转运病症患者超过万人。其中，北汽福田除夕夜百余名党员干部成立“火线生产突击队”，双班昼夜连续生产，将生产周期压至 10 天；福建奔驰大年初二完成 20 辆负压救护车基型车紧急发运，都为一线救援工作争取了宝贵时间。在武汉封城期间，北汽福田组建 20 人的“图雅诺负压救护车服务突击队”千里支援武汉各个医院，对驾驶员、医护人员进行培训，主动上门对救护设备检查维护，提供了贴心可靠的全程保障。

图 3　北汽福田火线生产突击队与救护转运队合影

生产建设方面，北汽福田 1 月 26 日起通过经销商渠道协调武汉当地所有福田欧曼自卸车辆，北汽福田雷萨重机紧急派遣多台雷萨泵车、搅拌车及起重机，一同投入火神山、雷神山医院施工作业，24 小时保证设备昼夜运转，工程车辆以国典品质超长时间作业，在全国人民的“云监督”下，助力圆满完成医院建设任务。

物流运输方面，北汽昌河公司向湖北等疫区捐赠 24 辆 EV5 防疫物资运输车，向河北沧州交付 167 辆 EV5 公共卫生专用车，EV5 消毒运输车成为首批北京老百姓“菜篮子”进社区示范运营用车。北京现代 270 辆通勤用车无偿支援武汉抗疫医护工作者。华夏出行摩范速运在全国 10 城提供近 2000 辆新能源物流车，无偿为防疫一线提供物流服务。北京通航 P-750 飞机完成 500 余公斤防疫救援物资沪鄂点对点精准投送，成为急需、关键医疗物资快速运输、精准投送到抗击疫情一线的最有效方式。

爱心援助方面，北汽集团各所属企业、关联单位积极履行社会责任，踊跃奉献爱心，北京奔驰和北京梅赛德斯-奔驰销售联合经销商捐赠爱心资金 1000 万元；北京现代携手现代汽车集团捐赠 1500 万元驰援武汉，包括价值 500 万元的防疫物资及 1000 万元现金；北现金融向湖北省红十字会捐资 100 万元；北汽福田全力驰援武汉疫情防控再捐价值 700 万元的 18 辆图雅诺负压救护车和 2 辆奥铃医疗用品转运车。截至目前，集团及各单位累计捐款及物资价值总计超过 7200 万元。

（5）构建外专人境保障体系，保障重点项目进度，提升合资企业复工复产速度

新冠肺炎在全球迅速蔓延，防控形势依然严峻，北汽集团以保障各重点项目复工复产进度为目标，

建立与合资企业、外方股东的跨国联合工作专班，搭建与各国外事、民航、机场、海关、边检等部门紧密联动的工作机制，北汽集团提前一个月对接协调民航、机场、海关、边检等部门，构建外专入境保障体系，推进相关外籍高管和专家及亲属顺利返京工作、生活。通过全面摸排各个环节，做好境外专家人员梳理，制定入境保障方案，确保不出纰漏，实现对返程外专“点对点、人对人”对接，保证入境安全有序。

在国家及属地政府部门的高位协调下，在严格执行市政府防疫隔离要求及服从第一入境点要求下，北汽主动“点对点”精准帮助，完成戴姆勒及北京奔驰外籍高管和专家及家属455人顺利返京，并加强返京后的防疫管理，减少互相交叉接触和聚焦，为北京奔驰新车量产、技术改造等重点项目的正常开展提供时间保障。9月3日-4日，608名北京现代外籍专家及其家属分三个批次包机顺利入境进京，为今年3月须经第一入境点分流后首次直降北京的商业包机案例。在工作专班的全程严密组织下，结合入境进京要求，制定细化人员管理和安全保障方案，严格落实各项防疫措施，有序组织入境前防疫准备，入境途中多次体温检测，入境后酒店统一14天隔离、两次核酸检测等工作，安排专人服务隔离人员的饮食起居和日常活动。合资企业外专的顺利入境，保障重点项目进度，持续推进复工复产达达效，彰显了与海外合资企业同舟共济、守望相助的决心，为保障企业生产经营和项目建设目标达成提供了可靠保障。

（6）构建海外驰援体系，支援海外合作伙伴抗击疫情，彰显中国制造实力

在疫情的影响下，国际各行业均不同程度受到下挫，北汽集团在国家“一带一路”倡议下，坚持“走出去、走进去”的服务理念，积极构建海外驰援体系，通过全球抗疫捐助支援系列行动，持续加深与海外合作伙伴的信任和合作关系，用实际行动诠释“共建人类命运共同体”的中国企业态度。

为进一步维护与海外合作伙伴的战略发展基础，体现北汽与其携手共渡难关、共克时艰的决心，北汽集团在3月海外疫情暴发的关键时点，致函德国戴姆勒、西班牙海斯坦普、意大利莱奥纳多、韩国SK集团等10余家海外合作伙伴；各所属单位主动了解海外合作伙伴的经营形势以及防疫物资需求，竭尽所能提供帮助支持，为共同战胜疫情和稳定发展奠定牢固基础。海外企业纷纷回信表示，感谢中国政府、中国企业及时与全球各国分享抗疫经验，共同克服这一空前挑战，并对北汽在疫情防控方面给予的支持和帮助表示感谢。

防疫物资支援方面，北汽集团在北京市国资委的统筹协调下，与时尚控股代表北京市国资委分别向戴姆勒股份公司各捐赠10万只防疫口罩；北京奔驰“点对点”向戴姆勒集团子公司捐赠7万只口罩、100只电子体温计、100件防护服等防疫物资；北汽福田筹集9.5万余只口罩，以及测温枪56个、防护服500套，发往智利、秘鲁、厄多瓜尔、尼日利亚等31个国家和地区的重点市场经销商；北汽海纳川提供4.5万只口罩支援麦格纳、李尔等全球合作伙伴，以及英纳法、TAH公司等成员企业位于海外的十余家工厂。截至8月底，北汽集团及所属单位已向60余国提供防疫物资保障，捐赠超70万只口罩等防疫物资，助力打赢疫情防控阻击战。

车型产品支援方面，北汽福田成为中国首家负压救护车出海驰援的商用车企业，向菲律宾等国家发运交付8辆负压救护车，系菲律宾、厄瓜多尔第一批真正意义上的负压救护车，直接用于本土疫情救护，帮助患者从家中运送到COVID-19定点医疗机构；北汽福田欧辉客车成为智利首辆新冠病毒“移动实验室”，多款防疫功能产品彰显着国企担当及中国制造实力，助力加强复工复产产业链和供应链双方紧密协作，努力抗击全球疫情。

（7）构建文化引领体系，提升良好首都品牌形象，彰显北汽责任担当

在抗击疫情的关键时期，企业文化建设尤为重要，北汽集团以“两微一端”等集团官方媒体为支撑，构建文化引领体系，主动发声，及时总结宣传在疫情防控斗争中涌现出的先进典型和感人事迹，发布集团积极开展疫情防控工作的举措、进展及成效，为科学有序做好疫情防控工作营造良好稳定的文化氛围，进一步凝聚人心，切实提高群众防范意识，形成人人参与、群防群控的疫情防控格局。

北汽 2020 年档案展以“档案见证担当”为主题，以年度“疫情防控、复工复产”为内容，精心制作、创新线上发布《一张汽车人的抗疫长图》，记录北汽从新冠疫情暴发以来，干部职工在“疫情防控、复工复产”期间，全体动员、急赴前线、敢于担当、舍家为国等诸多鲜活案例，浓缩上百个动人场景，宣传推广在抗疫过程中所付出的辛苦努力及可歌可泣的感人故事，发布仅 10 小时，在线阅读人数就突破 2.5 万。

图 4　北汽抗疫长图示意

随着湖北省疫情形势不断好转，北京市出征的援鄂医疗队 136 名白衣战士迎来凯旋，集团借助此次契机，进一步彰显政治使命和责任担当，北汽集团 27 辆“北京之车”助力北京市援鄂英雄凯旋。包括由 18 辆 BEIJING® 牌纯电动轿车、北汽福田新能源大巴车、北京® 牌越野车组成的保障和摄影车队，以及 9 辆北汽福田医疗物资转运车、行李大巴车，在北京公交集团 30 名专业司机的共同配合下，圆满完成了北京市援鄂医护人员的返京交通保障服务。此事开展多渠道报道，通过立体化的传播矩阵，发稿 582 篇次，阅读量超过 150 万次，彰显了北汽责任担当，提升了北汽品牌形象。同时，北汽还为医疗队成员提供车辆使用权或购车优惠服务，提高北汽品牌美誉度和社会影响力。

图5 “北京之车”助力北京市援鄂英雄凯旋

2. 精准把握复工复产“6大举措”，直击痛点，全力稳增长促经营，保障生产经营有序运行

（1）前瞻性战略提出复工复产方案，协调上下游企业复工复产，下先手棋，抢夺全产业链资源，为跑赢大盘做足工作

北汽集团在1月23日新冠肺炎暴发之初，就在防疫专题会议上前瞻性提出保生产、稳经营的要求和部署，为接下来的全面复工复产奠定了有利基础。在确保疫情防控各项举措稳步推进落实的同时，北汽集团按照北京市政府、市国资委相关通知精神，认真研究春节假期后工作场所的疫情防控方案，率先制订并下发了《关于在新型冠状病毒感染的肺炎疫情防控期间灵活安排工作的通知》。自2月3日起，集团公司疫情防控工作领导小组全体成员、集团总部人员、各级防控工作专班成员、各单位党政班子，承担防疫生产保障任务、涉及重点项目的单位，按时返岗开展疫情防控及复工复产工作，迅速制订复工复产相关预案，提前协调产业链上下游资源，为全面复工复产提供可靠保障。2月10日，所有在京单位于按照政府通知要求全面复工复产，早于全国汽车行业平均复工时间10天。其中，北汽福田和北京奔驰分别创造了中国汽车行业企业和合资企业率先复工复产的“双第一”。

（2）提出快速推进满负荷生产，保障生产经营稳定运行，满足市场一线需求

北汽集团在做好疫情防控的前提下，组织具备条件的企业全力并快速恢复生产，依托集团产销平衡会进行高效的产销协同，抓好供产销、物流、人员安全各个重要环节，细化排产方案和节奏，加强采购、生产和销售订单信息的传递和共享，确保充分满足市场一线的订单需求。针对人员不足的单位，要求发挥党员领导干部先锋模范带头作用，在人员短缺时由管理岗位支援一线生产；针对外埠因属地政策尚未复工的企业，协调推动加快复工；针对已复工复产的企业要求重点提升生产交付量和生产负荷率，有需求的单位尽快实现满负荷生产，努力把疫情造成的损失夺回来。

为解决北京现代重庆工厂复工前夕生产经营人员紧张，多技能人才告急的问题，北京、沧州两地170名战士组成“双线战役”突击队，分批包机驰援重庆工厂生产一线，为重庆工厂全面复工复产提供

了有力支撑。

北汽集团还着眼长远，严格按照防疫要求，高标准、高质量推进北京奔驰顺义工厂、北汽新能源高端智能基地等项目等支撑未来发展的重点项目加快复工建设。

（3）重点加强供应商管理，采用“一人盯一件”方式确保零部件保供，确保满足市场需求

供应商是整个汽车产业复工复产的关键环节。汽车约由 3 万个零部件组装而成，超长的供应链间环环相扣，缺一不可，只要少了一个零件，就足以让整条生产线停滞。新冠肺炎疫情初期，发生了全国范围的停工与延期复工，各地的零部件工厂受到不同程度的影响，造成整个汽车产业链条面临巨大的中断风险。北汽集团时刻关注全球产业链的运营状态与零部件供应情况，国内方面，全面排查超 5000 家供应商及复工情况，结合库存量识别风险供应商，针对风险零部件采用“一人盯一件”的方式落实到人，协助供应商组织资源、派专人深入风险供应商、使用更灵活的付款方式、进口 KD 件、优化调整运力结构等措施保障供应，已协调 20 余省市近千家一级风险供应商全面复工。其中，北京奔驰为保证 2 月 10 日复工前的部分零部件库存缺失问题，迅速组建团队研究产能瓶颈、解读属地政策、制定物流应急预案，于 2 月 9 日在严重雾霾、高速封路的情况下，当机立断立即前往位于天津的重点 18 家零部件供应商现场调度，联系政府运管部门获得支持，将 106 辆次缺失零部件货运至北京，保障了北京奔驰复产初期两周的生产量。北汽福田采购系统全体员工以“797”的工作状态，持续监控体系内 1100 家供应商复工复产，使零部件交付率从 2 月的 65.9%，节节攀升到 5 月的 99.2%，为保障北汽福田的复工复产立下战功。

海外方面，北汽集团要求下属重点企业抓紧摸排进口零部件供应风险，加大对进口件的储备，要求满足至少上半年的生产，具备条件、价格较低部件要求储备至满足三季度生产需求。针对北京奔驰分布在约 20 个国家的 600 余家一级、二级供应商，与戴姆勒迅速成立由管理层挂帅的专项保供团队，推动国内外零部件资源支持，采用海运、空运方式联运，24 小时追踪进口件情况，特别全球首创调动奔驰德国、美国、南非等全球停产工厂的库存零部件统一支持北京奔驰生产，优先保障中国市场需求。

（4）推动防疫产品焕新升级，满足用户健康防疫需求，抢夺疫情防控产品市场，助推全国疫情防控局面向好发展

北汽集团发挥自主创新优势，以需求为导向，发力功能性新品车型，推出了集成紫外杀菌、空气滤净、血氧检测等 5 大健康系统的福田图雅诺负压救护车、欧辉客车、防疫版福田戴姆勒重卡车，以及紫外线消毒车、疫苗冷藏车、医疗废物转运车等卫健物流新品。特别是在 6 月份北京新发地暴发聚集性疫情后，北汽福田欧辉客车接到北京市卫健委、医保局核酸检测采样车需求任务，立即集合研发、制造、技术、质量等多部门人员，团队仅用 40 小时昼夜奋战，成功研发全国首创“核酸检测采样车”，于 6 月 28 日在北京西城区和朝阳区投入运营，助力首都防疫要务提供移动检测方案，推动我国汽车产品在健康防护领域更快发展。

围绕车内空气质量提升，北汽研发的车规级 CN95 空调滤芯获中汽研华诚认证中心“CN95 级”认证证书，对飞沫过滤效率达到 98.5% 以上，对空气中 PM2.5 等颗粒拦截效率达到 99.9% 以上，已成功搭载在 BEIJING-U7 等多款在售车型上。还在线上发布了集成空调过滤+杀毒、主动生理监测功能的 BEIJING®汽车智能健康座舱，可实现封闭环境内的消毒除菌工作。

（5）加强营销管理、创新营销模式，稳步推进经销店复工及消费升级，确保市场占有率

防疫期间谁能捕捉市场、抓住客户，谁将直接抢占先机。经销店的全面复工是销售工作顺利开展的前提，北汽集团销售部门针对各地疫情情况实行分级管理，深入经销商现场进行调研，针对不同经销商

复工面临的政策审批、人员、防疫物资不足等实际问题，因城施策、一城一策，协助经销商尽快复工，切实提升经销商复工率。

疫情期间加速了移动互联网各种商业模式的创新应用。北汽集团充分发掘“互联网+”时代红利，发展线上服务，畅通消费网络，培育壮大消费新业态，发动全体经销商开通线上智能展厅，打造抖音及快手直播平台声势，开展一站式购车等创新服务模式。北汽福田创新打造“云销售平台”，举办商用车线上发布会，一季度欧曼、欧航等品牌共计开展线上直播2994场，累计观看人数达8828万人次，成交2140辆；打造图雅诺“战疫车”明星品牌，2610万人次参与线上打卡，品牌曝光15亿次。

（6）优先提升金融贴心服务水平，缓解消费者及产业链资金压力

金融对于产业来说，就如同于人的“血液”，血脉通，增长才有力。北汽集团针对不同类型客户需求，开辟了金融服务绿色通道，制定一系列特色金融服务举措，促进产业链回暖。

消费者客户方面，升级购车金融优惠，推出个贷缓期交付、置换购车享补贴及“低首付、低利率、低月供”的个人零售专项产品，通过线上沟通即可完成金融产品业务办理。

经销商、供应链伙伴方面，北汽集团为受疫情影响严重的汽车产业链上下游企业雪中送炭，保障信贷规模、加强利率优惠、扩大授信供给，以小钱撬动大钱，全力支持北汽集团成员单位、经销商伙伴复工复产，注入企业生命源动力。北汽财务公司充分发挥产业链金融“蓄水池”作用，为产业链新增70亿元信贷支持额度，加大对北汽集团成员单位、经销商伙伴和汽车消费信贷客户的信贷投放力度；同时发挥同业优势，从外部合作金融机构“引流”，为产业链企业提供100亿元提款额度，帮助企业解决疫情期间融资难的问题。北汽产投公司成功发行6亿元疫情防控债，期限3年，票面利率为3.9%，成为交易所疫情防控债规则出台后首支受理并发行的债券，创造了深交所2017年以来私募债发行利率新低，为产业链企业提供短期流动性支持。北汽股份对接金融机构获得47.5亿元低息银行贷款、发行30亿元超短期融资债券，支持产业链上下游企业稳定恢复运营，共同实现了“抗疫情、稳经营”双线战役的阶段性胜利。

三、大型汽车集团“7+6”管理模式助推“疫情防控、复工复产”双线战役工作实践的实施效果

（一）经济效应

全集团积极部署“疫情防控、复工复产”双线战役工作，克服疫情严控期供应链断裂、物流受阻、关键零部件供应不足等严峻挑战，在严格落实各项疫情防控措施的基础上快速全面复工复产，整车生产销售方面，北汽集团推动产品焕新升级，加强产销协调，提升生产负荷率，创新营销模式，打造汽车互联网消费新业态，促进了线上线下消费融合发展，上半年完成整车销售89.6万辆，同比下降15.6%，好于行业平均水平1.1个百分点，实现营业收入2208.1亿元。在汽车行业市场艰难的情况下，北汽集团保持主要经营指标优于大盘，继续位列行业第四名，呈现良性平稳发展态势。

其中，北京奔驰7月整车产量突破6万辆，终端销售破7万辆，均创建厂新高；北汽福田4月、5月终端销量均超7万辆，创“十三五”期间月销新高，4月销售回款超100亿元创历史新高，市场占有率和行业地位得到进一步巩固。

（二）管理效应

在8个多月的抗疫过程中，每次面临重要的防控调级阶段和突发情况，北汽人都始终跑在疫情前头，牢牢掌握防控主动权，社会急需什么，北汽就生产什么，服务什么。从最初的负压救护车发运四

方、新能源物流车各地紧急运送物资，到移动核酸检测车加入战疫；从与合作伙伴守望相助、复工复产，到驰援海外、共克时艰，在这场波澜壮阔的抗疫斗争中，北汽集团积累了重要经验，收获了深刻启示，创新探索实践出了一套长效的防疫应急工作机制，无论是“7+6”整体疫情防控管理模式，还是围绕各专业的应急预案、工作方法等方面，均形成了宝贵的制度流程、工作手册以及档案材料，为今后类似重大突发事件提供及时、准确、可靠的参考，也为汽车行业及国有企业提供了示范效应，印证了北汽人的责任与担当。

（三）社会效应

从复工复产整体情况看，北汽集团推动生产经营稳定运行。集团及各单位小组成员、党政班子、承担防疫生产任务、涉及重点项目等的人员提前到岗，相关企业于2月10日全面复工复产，早于汽车行业平均复工时间10天。其中，北汽福田和北京奔驰分别创造了中国汽车行业企业和合资企业率先复工复产的“双第一”，不仅获得了各级领导的称赞，同时也获得社会媒体、疾控专家、社会机构等多个领域的高度肯定和认可，一系列全面、精细、高效的管理举措得到多家主流媒体的发布和推广。

北汽集团在“疫情防控、复工复产”过程中，全体北汽人自愿投入战斗中，发扬中华民族不怕牺牲、勇于担当、顾全大局、甘于奉献的精神，一直把打赢双线战疫作为重大政治任务，努力提高政治站位、强化使命担当，全面动员、全面部署、全面加强各方面各领域各环节工作，行业内下先手棋、打主动仗，创新管理方法和工具，以“7+6”管理模式为抓手，建立了一整套疫情防护保障机制，切实担负起国企社会责任使命，在疫情防控阻击战中当先锋作表率，确保党中央、国务院重大决策部署贯彻落实，为全中国战胜疫情及经济发展贡献了北汽力量。

境外疫情暴发态势仍在持续，国内部分地区疫情出现反复，外防输入、内防反弹的风险依然严峻。下一步北汽集团将在政府及相关单位的指导下，坚持底线思维，毫不放松继续抓好常态化疫情防控，振奋精神，共克时艰，为我国经济社会健康发展做出积极贡献。

成果创造人：陈　江、彭　进、王　涛、褚　壮、江青云、李　凯、
张建强、黎　彬、王春玉、张　蕊、许　伟、白云洁、
屈艾龙、李　科、陈　敏、韩　超、桂　华、马　征、
徐高鸣、王子迪、肖倩文

“新冠”疫情应急医院工程项目集成管理实践

中建三局集团有限公司

中国建筑第三工程局有限公司（简称中建三局）是世界500强（排名18位）企业——中国建筑股份有限公司（简称中建股份）的重要全资子公司。中建三局作为一个建筑企业，项目管理是立命基石。从改革开放初期计划经济时期的项目管理，到学习试点鲁布革经验、项目法施工、法人管项目、项目标准化管理与信息化建设，从“深圳速度”到“雄安质量”，中建三局秉承争先精神，不断实践并总结创新项目管理理念，始终处在不同历史阶段项目管理的前沿，并持续为全国建筑业贡献中建经验。

近年来，国家经济发展进入“新常态”，由高速发展转向高质量发展阶段，加之“全球化”趋势背景下“走出去”的战略，整个建筑市场环境和客户需求正发生重大的转变，在此关键时期，国家、行业、地方密集发布有关工程总承包的政策文件，力求通过推进工程总承包来适应国内外市场需求。在此背景下，中建三局快速反应，2012年启动工程总承包能力探索，2013年10月正式发布“加速提升工程总承包管理能力实施441计划”，积极推进试点项目探索与实践，逐步形成了系统的项目集成管理体系，为工程总承包项目管理提供有力支撑。

2020年新春，新型冠状病毒肆虐中华大地，湖北武汉深陷疫情中心，为了阻击“新冠”肺炎疫情蔓延，武汉市疫情防控指挥部要求按照2003年抗击“非典”的北京“小汤山医院”建设模式，在武汉建设两座传染病专科医院，即火神山应急医院和雷神山应急医院（简称“两山”医院）。中建三局作为湖北省建筑企业排头兵，主动请缨，勇担重任，牵头建设“两山”医院，将项目集成管理方法贯穿应用于项目全过程，发挥了联动各方、统筹全局、高效组织的重要作用，确保10天建成火神山医院、12天建成雷神山医院，即创造了新的“中国速度”和世界建筑史上的新奇迹。

“两山”医院顺利建成交付并高效运行73天，累计收治患者达5070名，为打赢疫情攻坚战提供强力支撑。《“新冠”肺炎应急医院快速建造关键技术》经专家评定达到国际领先水平，为类似应急医院建设积累宝贵中国经验。

一、应急医院工程推进项目集成管理的背景

“新冠”肺炎疫情下应急医院即呼吸类传染病应急医院，是应对突发性呼吸系统传染病建设的应急医院。此类应急医院工程建设通常具有建设周期短、技术难度大、资源组织难、质量标准高等典型特点。

（一）“新冠”肺炎疫情下应急医院的发展现状

在我国，“北上广”等一线发达城市，医疗水平较高，拥有大型传染病专科医院和综合医院传染病

区，可以直接应对一般性的传染病大规模爆发流行，但却无法直接应对类似武汉市如此大规模疫情的严重爆发。三四线城市医疗水平一般，传染病床位较少，一般性的传染病大规模爆发都难以应对。纵观国内外应急传染病医院的建设史，发现国外尚无应急传染病医院的建设，而在国内，著名的就是非典疫情时建设的小汤山医院。此次“新冠”肺炎疫情蔓延期间，武汉市拟建的“两山”医院，其累计建筑面积超过11万平米，开设床位超过2600张，分别是“小汤山医院”的4.5倍、2.6倍，且融合了大量新技术和信息化手段，当时在国内外均属首例，没有建设经验可以借鉴。

（二）“新冠”肺炎疫情下应急医院的建设难点

1. 建造标准高、配套系统复杂

“两山”医院按照传染病医院进行设计，建设有医疗气体系统、智能化系统、污水处理系统、消毒系统、垃圾焚烧系统等十余个复杂系统。功能区划分多，有严格的污染区和洁净区，所有病房均为负压病房，单独设置新风系统。

2. 春节与疫情交织，资源组织难度大

腊月二十九（1月23日）和正月初一（1月25日）接到建设任务，受春节和疫情防控双重影响，工人已返乡、工厂已停产、武汉已封城，人员、物资材料、施工机械等必备资源组织难度极大。

3. 安全生产与疫情防控任务重

疫情防控任务重，近35000名作业人员吃住均在现场就近解决，存在着大规模人员聚集、大范围广场作业、长时间疲劳作业等疫情防控风险。安全生产要求高，施工高峰期，现场各类大型机械设备及运输车辆3500余台（套），机械设备的安全与运输车辆的交通疏导面临巨大挑战。

（三）应急医院建设的项目集成管理思路

面对“两山”医院建设的艰巨任务，三局应用项目集成管理的思维，开展“六个全”管理，推进工程快速实施。

图1　“两山”医院建设项目集成管理思路图示

1. 注重全组织协同

项目参建单位众多，必须搭建起各层级联动的组织体系，制定扁平高效的组织架构和协同顺畅的工作机制，保证项目全员听指挥、一盘棋。

2. 注重全过程融合

项目工期极其短，正常情况下建设期两年的任务量要在10天内完成，这就需要建立全过程、全专业集成进度计划管理体系，开展计划监控与纠偏，避免“打乱仗”，确保工期目标完成。

3. 注重全需求集成

医院建设标准高，专业复杂，且项目设计时短、变更多，这就要求设计管理团队充分集成各方需求，加强设计与相关专业、业务间的融合，提高设计可实施性。

4. 注重全资源保障

项目资源组织难度大，受疫情和春节假期影响，项目人员组织、物资采购、设备调配存在切实困难，只有通过系统整合各方资源，发挥企业集群、产业联盟优势，保证资源组织高效。

5. 注重全专业联动

项目现场协调难度大，大兵团作战，上百家专业分包交叉施工，需要合理施工组织，部署多专业穿插施工，统筹现场总平面布置与交通物流管理，保证现场履约质量。

6. 注重全方位管控

项目安全防疫难度大，参建人员众多，24 小时两班倒不停歇施工，需要项目始终保持高度警惕，开展全方位的疫情防控措施，组织全覆盖的现场安全监控，确保不漏死角，不留隐患。

二、应急医院推进项目集成管理的实践应用

项目集成管理体系（简称 PIMS-Project Integrated Management System），是基于设计、采购和施工管理模式（简称“EPCM”）所提出的“一体化”管理体系，遵循“法人管项目、系统化管理、持续改进、相关方满意”项目管理方针，是中建三局推进“441 计划”工程总承包管理能力提升的重要阶段性成果。“两山”医院建设应用项目集成管理方法，开展项目组织、计划管控、设计管理、资源保障、施工建造、安全防疫等全业务、全过程管理实践，具体总结如下：

（一）搭建全组织协同的组织管理架构

1. 建立三级项目组织架构，开展矩阵式总承包管理

工程施工前，根据项目特点，组建覆盖政府组织、各参建施工企业和各参建劳务（专业）分包单位的三个层级管理组织架构，形成了管理层级清晰、管理线条扁平高效的矩阵式总承包管理组织模式，为保证医院建设组织得力、运转高效、沟通顺畅发挥了关键性作用。

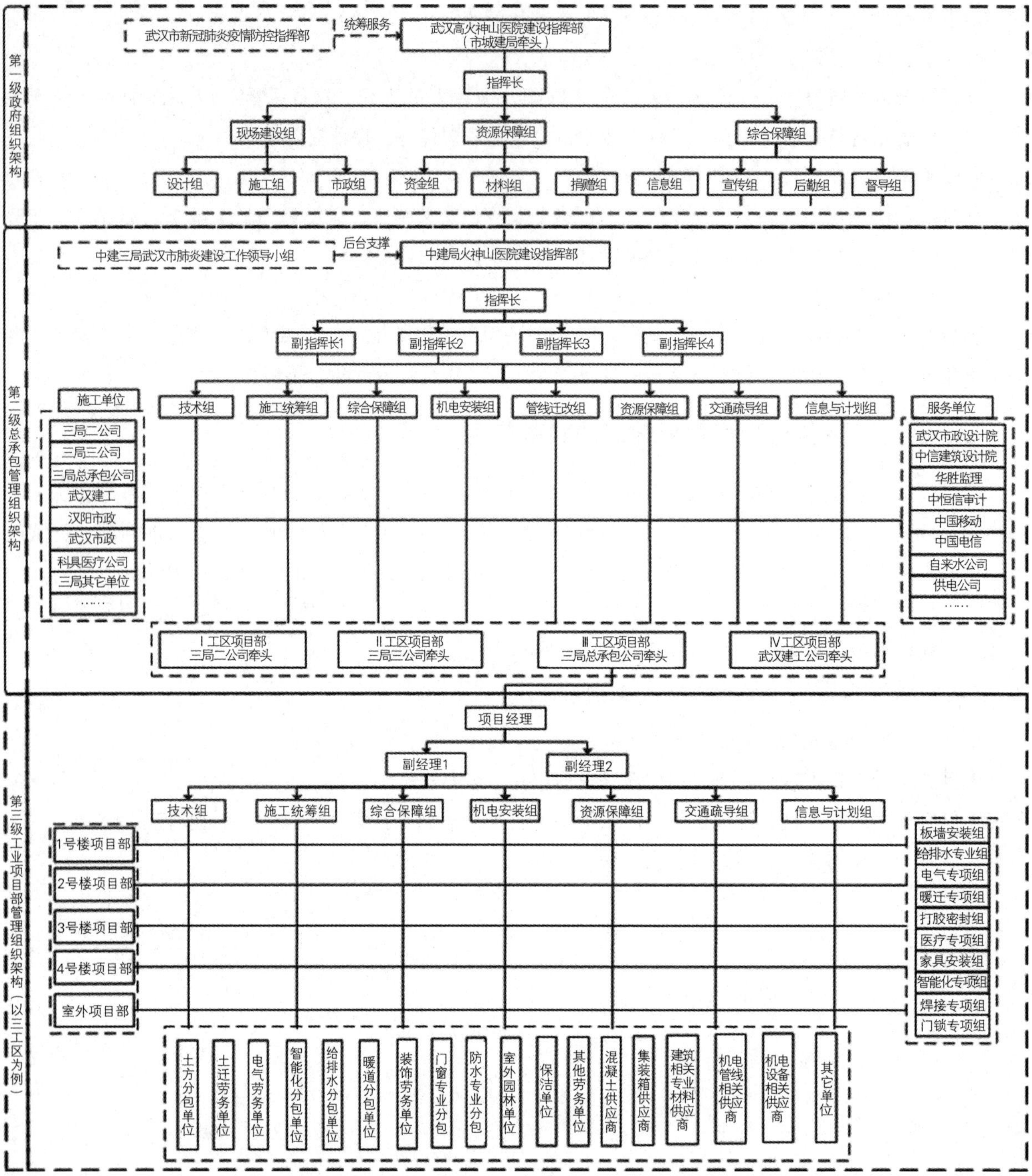

图2　武汉市火神山医院应急项目“三层级”组织架构图

（1）第一层级：政府层级组织架构。为确保医院顺利建设，武汉市城乡建设局组织成立“武汉市火神山医院建设指挥部”，主要职责统筹协调医院工程整体建设，为工程参建单位提供支持和帮助。建设指挥部设置为“扁平”的组织结构，下设指挥长1名和现场建设组、资源保障组、综合保障组共3个工作组，“上承”市疫情防控指挥部要求，协调政府职能部门，“下达”施工生产目标任务，解决具体问题。其中现场建设组下设设计组、施工组、市政组共3个工作小组，确保工程建设依法依规；资源保障组下设资金组、材料组、捐赠组共3个工作小组，保障各类资源集结到位；综合保障组下设信息组、宣传组、后勤组、督导组共4个工作小组，确保道路交通通畅有序、后勤服务充足到位。

（2）第二层级：总承包管理项目指挥部组织架构。由中建三局牵头，武汉建工、武汉市政、汉阳市政共4家主承建单位以及供电公司、水务公司、园林公司等参建专业单位，共同组建“中建三局武汉市火神山医院项目指挥部”，下设1个领导小组和8个工作组，领导小组由1名指挥长、4名副指挥长组成，统筹火神山医院项目各工区的施工建设，协调各工作组工作。

为进一步发挥中建三局集团资源组织与调配优势，加强企业总部对项目指挥部的后台支撑，中建三局成立了以集团董事长、总经理为组长的应急工程建设工作领导小组，统筹协调工程项目建设，决策建设重大事项，筹划相关对外宣传及舆情等工作。

（3）第三层级：工区项目部组织架构，由各参建企业组织相应劳务分包单位、专业分包单位组成“工区项目部”。根据工程施工分区下设4个工区项目部，负责统筹协调工区内参建施工单位，负责落实进度、质量、安全、防疫保证措施，确保高效率、高标准、高质量完成施工任务。

2. 制定项目运行机制，稳定推进日常管理

（1）信息沟通工作机制

为加强各参建单位信息沟通的效率，由武汉市城建局外宣处牵头成立信息沟通小组，各参建单位指定信息专员负责信息接收、转发和反馈，要求每天上午10：00、下午18：00报告现场进展情况，以信息专用群形式搭建两级信息共享平台，确保上令下达高效。

（2）倒班工作机制

为确保项目安全平稳施工，推进各项工作有序开展，在指挥部和项目部实行两班倒工作机制，以12小时和24小时相结合的方式，实现不间断施工作业。

（3）会议工作机制

项目建立了指挥部、工区间、工区内部三位一体的会议机制，提高沟通效率，实现统一指挥。各层级会议重点关注施工生产，研究解决影响进度的各类问题，部署下一阶段工作计划。但三个层级会议关注重心有所不同：

①建设指挥部会议。每日定时召开，主要包含两项内容：一是集中会议，传达上级精神指示，解决各单位遇到的共性问题，及需要指挥部协调的外部资源问题；二是现场巡查，检查当日施工内容完成情况，现场反馈发现的各类问题。

②项目指挥部会议。每日定时召开，会议主要讨论各工区当日进度完成情况、研究解决生产过程中遇到的各项问题，明确工区工作面、工作内容，并部署下一步工作计划。

③工区项目部会议。每天利用交接班间隙在现场召开，每次会议20～30分钟，集中讨论当班工作计划完成情况、需要解决的各项问题，制定下一班工作计划。

（二）实施全过程融合的计划管理体系

为保证工程各项工作快速有序推进，项目指挥部开展全面且有针对性的项目策划，通过理清工程各项工序以及工序间的关键线路，倒排工期，制定“小时制”作战地图，建立工程全生命周期的计划管理体系。

1. 统筹施工部署，制定有针对性的策划原则

（1）合理科学组织的原则

科学组织施工，精细工程策划，重点抓设计协调、资源组织、质量保障、交通疏导、安全防疫、信息沟通以及合理施工部署等关键环节，确保呼吸类传染病医院特有的负压病房以及“三区两通道”的功能实现。

（2）主动设计管理的原则

项目设计与施工同时开始，时间紧迫，虽不是EPC项目，但项目主动对接设计单位，寻求设计支持，在不违背设计要求前提下，提出施工更为快捷的设计建议。

（3）快速资源组织的原则

工程施工处于疫情和春节的极端时期，应当结合设计图纸，第一时间将能采购到的材料设备规格、相关参数反馈给设计单位，在保障使用功能的前提下，本着“有什么，用什么”的原则，选择常用而且能快速组织的建筑材料与设备。

（4）快速优质建造的原则

借鉴“兵团作战”思路，分片区包干，各区同时投入人力、资源、设备组织24小时不间断施工；组织紧密的工序穿插，从基础结构施工、箱式房吊装、墙板安装、机电安装等关键工序施工之间紧密衔接，做到歇人不歇作业面。

2. 细化计划制定，开展计划分级管理

（1）合理工程分区

工程分区遵循以下几个原则：一是工程量相近的原则，施工分区划分面积和工程量大致相等，相差幅度不超过10% ~15%，施工难度也大致相同，确保施工进度节奏接近；二是结构整体性的原则，施工分区的界限应尽可能与结构界限（如沉降缝、伸缩缝等）相吻合，或设在对建筑结构整体性影响小的部位，以保证建筑结构的整体性；三是独立施工的原则，各个施工分区相对独立，能同时开展施工。以火神山医院建设为例，项目共划分为4个工区，各区相对独立且工程量基本均衡，分区如下图：

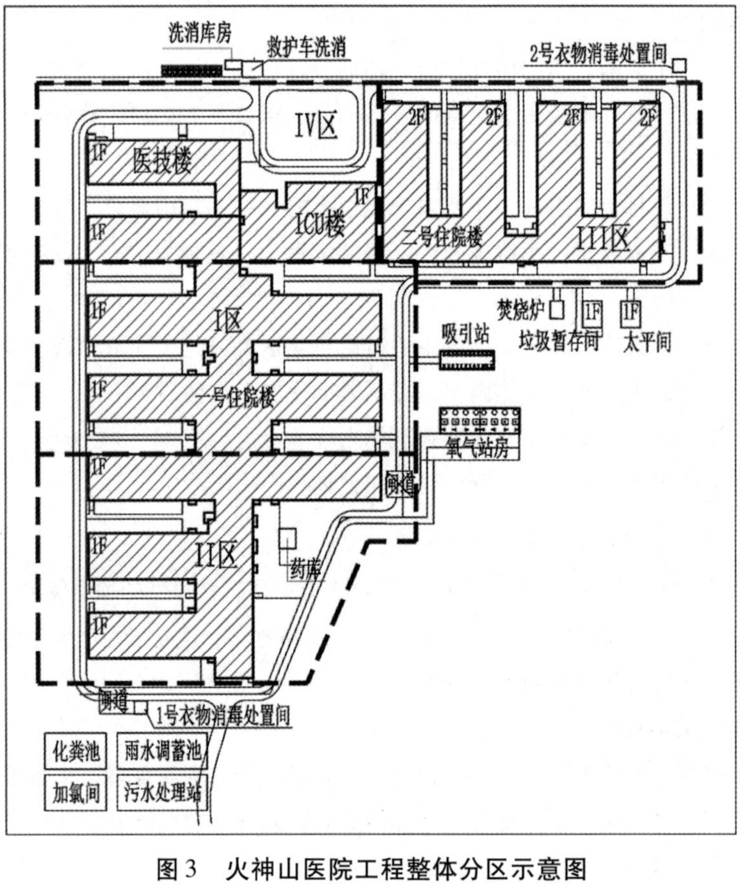

图3　火神山医院工程整体分区示意图

（2）划分工作界面

本工程参建单位众多，各个单位业务领域、专业优势不尽一样，应当将施工内容与各家单位专业优势匹配起来，科学合理划分工作面，“专业人做专业事”。

（3）开展工序梳理

将工程整体阶段划分为四个阶段，即场地平整阶段、基础施工阶段、箱式房安装阶段、室内机电及医疗设备安装阶段，同时梳理了室内工序、室外工序的施工内容。

①室内工序内包含土建、通风、空调、强电、给排水、弱电以及医疗设备等专业，工序繁多，需要梳理清晰工序前后关系及施工逻辑。

②室外工序包括市政电、市政水、排水排污管网、给水管网、强电、道路、污水处理站、雨水调蓄池以及氧气站、吸引站、垃圾暂存间等室外附属设施，根据区域划分梳理工序衔接，创造同步穿插条件。

（4）分级计划管控

编制详细工作计划，开展分级管理，项目指挥部信息与计划组制定工程总进度计划，明确里程碑目标及各专业穿插节点，各分区项目部以总计划为指导，分级编制工区计划、日计划、小时计划。同时相关部门制定设计工作计划、资源进场计划等配套工作计划，要求各区同时组织施工，投入充足、甚至富裕的资源，宁可资源等现场，也绝不能现场等资源，全力保障现场施工快速推进。

3. 过程计划管控，实时进度监控与纠偏

（1）实时监控现场进度。各级管理层实行24小时“轮班制”，每4小时了解汇总一次各专业的施工动态，发现有节点有延误，及时修正、加快进度，督导全体人员最大限度抢抓工期。

（2）每日计划复核。项目信息与计划组以每日日报的形式，对重点资源进场情况、进度完成情况进行通报，通过计划完成情况与总计划对比的形式对滞后情况进行通报。

（3）计划纠偏管理。指挥部提出“管大局、抓关键、破难题”的总体思路，每晚10点组织各参建方召开现场推进会，汇报当前进度、研讨存在问题、明确次日计划，必要时制定相应抢工措施，确保工程进度按计划执行。

（三）开展全需求集成的工程设计深化

应急工程设计就是要与时间赛跑的同时，兼顾各方需求，深度参与设计的全过程管理。指挥部组建了设计管理团队，按专业分为5个小组，包括建筑结构组、机电组、室外组、深化组、图纸资料组，拒绝“等靠要”图纸，开展设计优化与深化设计管理，真正实现设计施工一体化。

1. 方案设计优化

（1）总平面布局设计优化。靠近知音湖大道一侧场地条件复杂，高差起伏大。为避开此区域，将整个建筑往东平移15m，同步采取道路调整、放坡支护等一系列措施，保证总平面布局，同时降低施工难度。

（2）场地高差设计优化。在场平施工过程中，东西两侧的场平标高相差2.1m，为避免土方工作量太大，采用高差设计。整个医院设置两个正负零标高，一号病房楼区域24.35m，二号病房楼区域为22.35m，两者错层采用连廊连通。

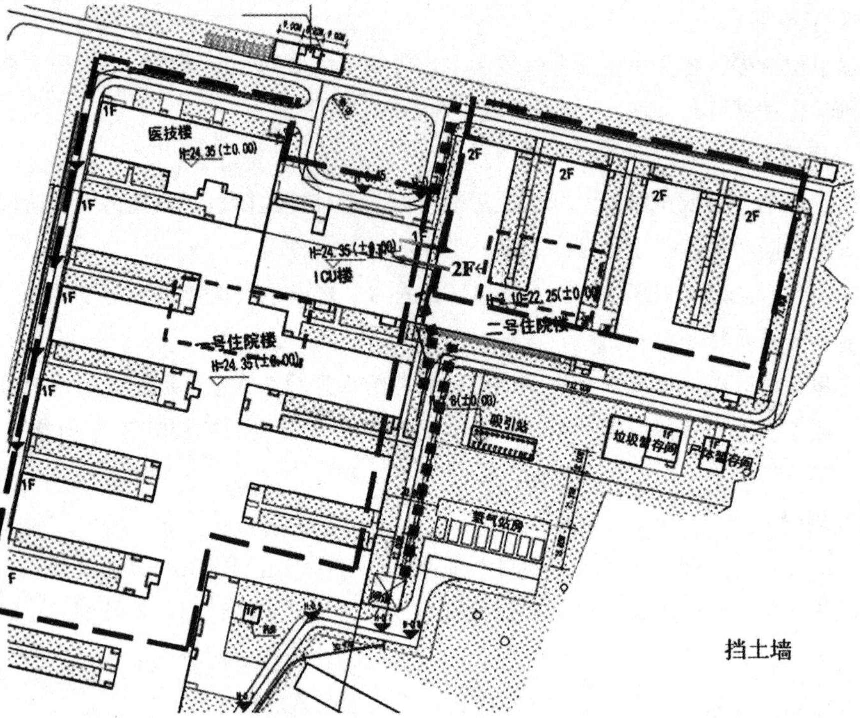

图4　场地标高优化图示

（3）附属配套设施布局优化。垃圾暂存间原先布置于二号楼病房楼右侧，施工过程中发现该处临湖，土层以淤泥为主。因此将暂存间以及后来增加的焚烧炉、吸引站、氧气站等附属配套设施移至二号病房楼南侧，该处虽为填湖区域，但经过多年沉积，土质已相对稳定。

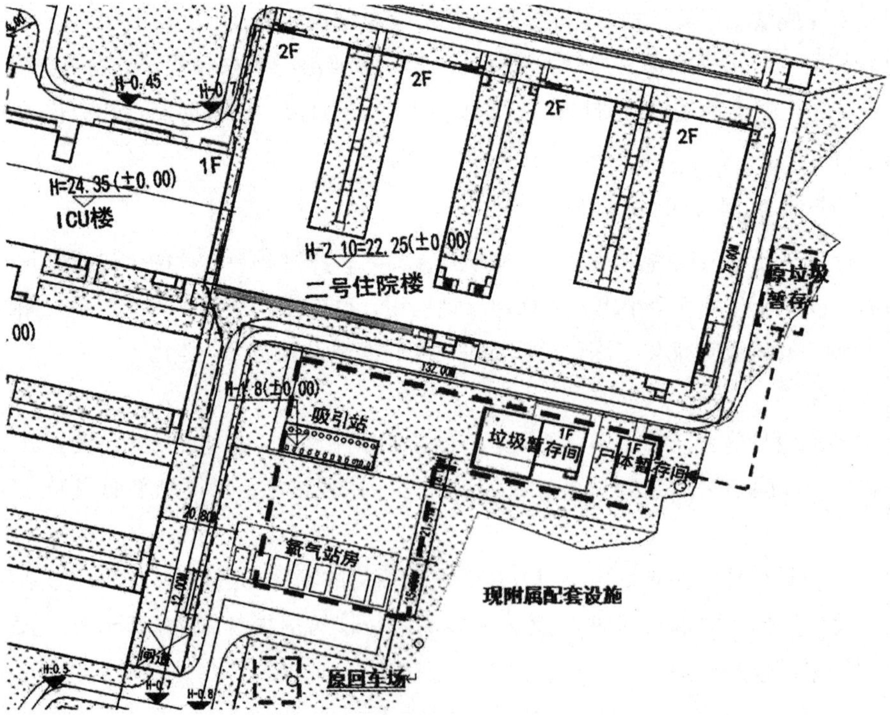

图5　附属配套设施布局优化图示

2. 施工图设计优化

（1）基础形式的比选分析。原条形基础较为经济，但施工工艺复杂耗时，且精度控制易出现误差。因此选择了筏板基础，其整体性较好，有利于减小不均匀沉降，施工方便，同时筏板上搁置方钢，作为集装箱的条基，施工灵活方便，并能适应集装箱拼装过程中的误差。

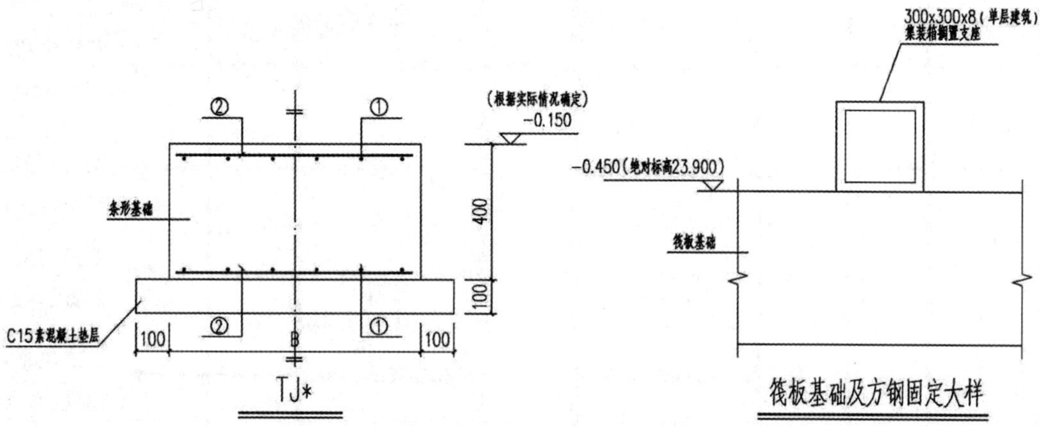

图6　基础形式比选优化图示

（2）屋面管线设计优化。医院管线及设备较多，若放置在屋面，安装过程中容易破坏集装箱屋面，也影响后期屋面防水施工。为此调整设计，沿房屋周边设置轻钢支架，作为管线设备支撑，避免与屋面防水施工冲突，也减小对集装箱成型屋面的破坏，降低渗漏风险。

（3）配电方案设计优化。原设计病房重要负荷用电为一路市政一路柴发，若市政停电 30 秒后柴发才能正式启用。因此在室外两路市政变压器间加设双电源切换柜（ATS），在不改变室外进户电缆敷设量的情况下，重要负荷变为两路市政和一路柴发供电，且两路市政互为备用，切换时间缩短到 0. 2 秒。

3. 深化设计管理重点

（1）集装箱深化设计

采购集装箱尺寸与原建筑设计方案标准模数有偏差，设计模块长宽为 6 米×3 米，采购进场集装箱标准模块尺寸为 6. 055 米×2. 99 米，拼装后存在约 75 厘米拼装误差。围绕上述问题进行深化，以过道箱体尺寸为总控，房间箱体宽缝位置留在标准模块间分户墙（双墙）位置，将拼装误差消除在 3 个走道箱体（为一个标准组）范围内。

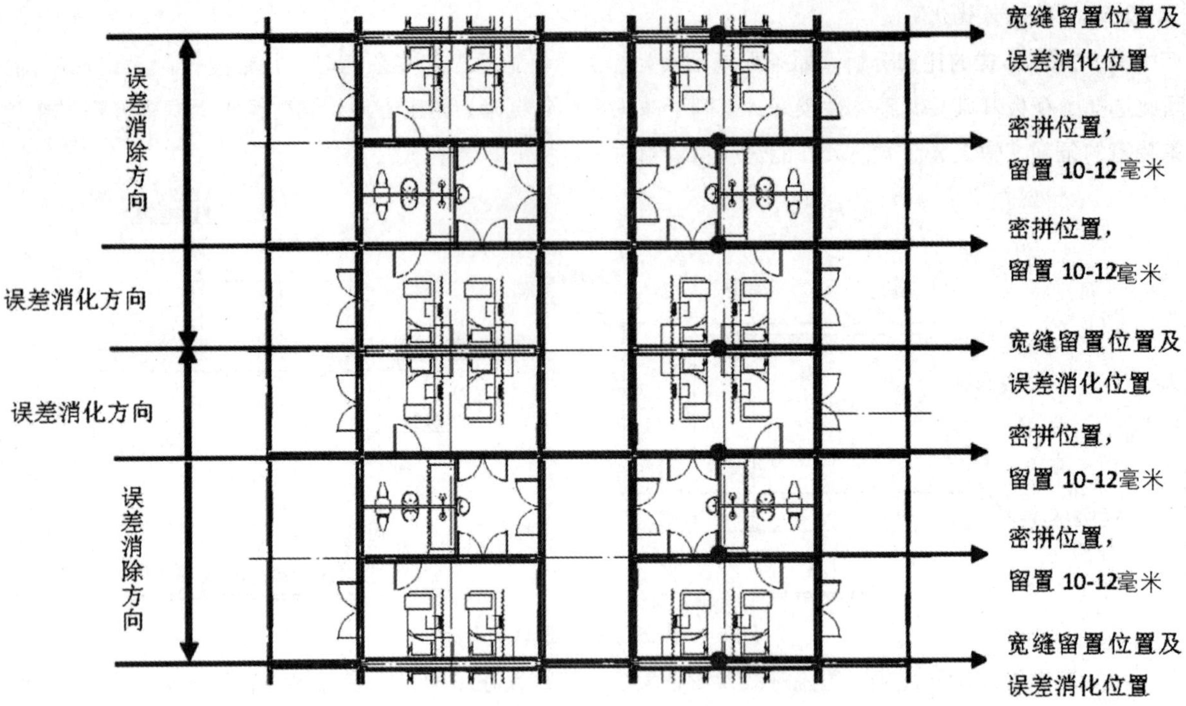

图 7 集装箱排布深化消除尺寸偏差

集装箱深化设计与其他专业协同，存在多专业接口与预留预埋问题。针对上述问题解决思路：制定各专业集中深化设计策划方案，对标准模块采用 BIM 应用技术三维模拟施工，解决深化设计碰撞问题及降低结构安全风险。

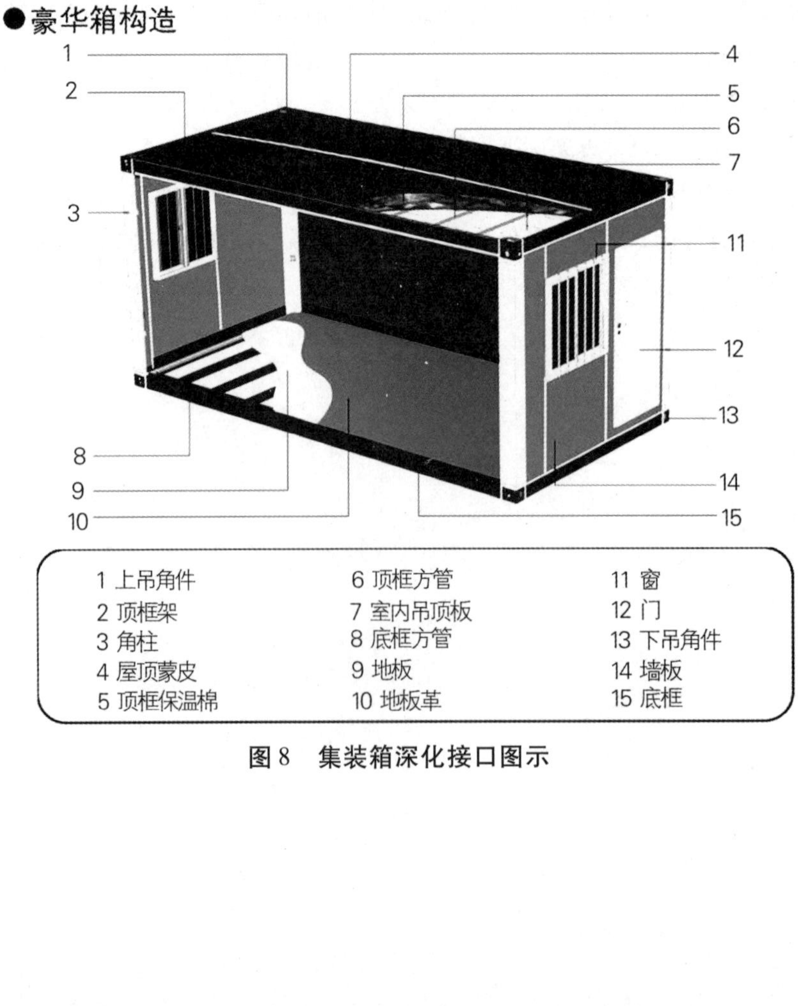

图 8 集装箱深化接口图示

（2）屋面构造深化设计

防水屋面结构材料比选。原设计采用压型钢板金属屋面，其结构做法采用方钢管屋架或 H 型钢轻钢形式，但施工效率周期长，难以满足项目施工交付要求。为此因地制宜，选取钢管架材料为防水屋面构造材料，通过多种搭设方案比对分析，并结合优化计算分析结果，选择结构受力合理、安装高效的搭设方案，保证效果同时大大节省了施工周期。

（3）管线综合深化设计

本项目管线主要集中在医护区走道和病房区走道，管线涉及空调、电气、弱电及医疗气体（氧气和真空吸引）等，此区域管线较多且专业分包多。为此，在施工前主动了解除水电风外其他专业的设计思路，了解主要管线路由走向，了解各专业施工工艺，预留合理的施工空间，统一制定管线综合图，支架安装的位置和型号统一深化，统一施工，减少交叉作业提高施工效率。

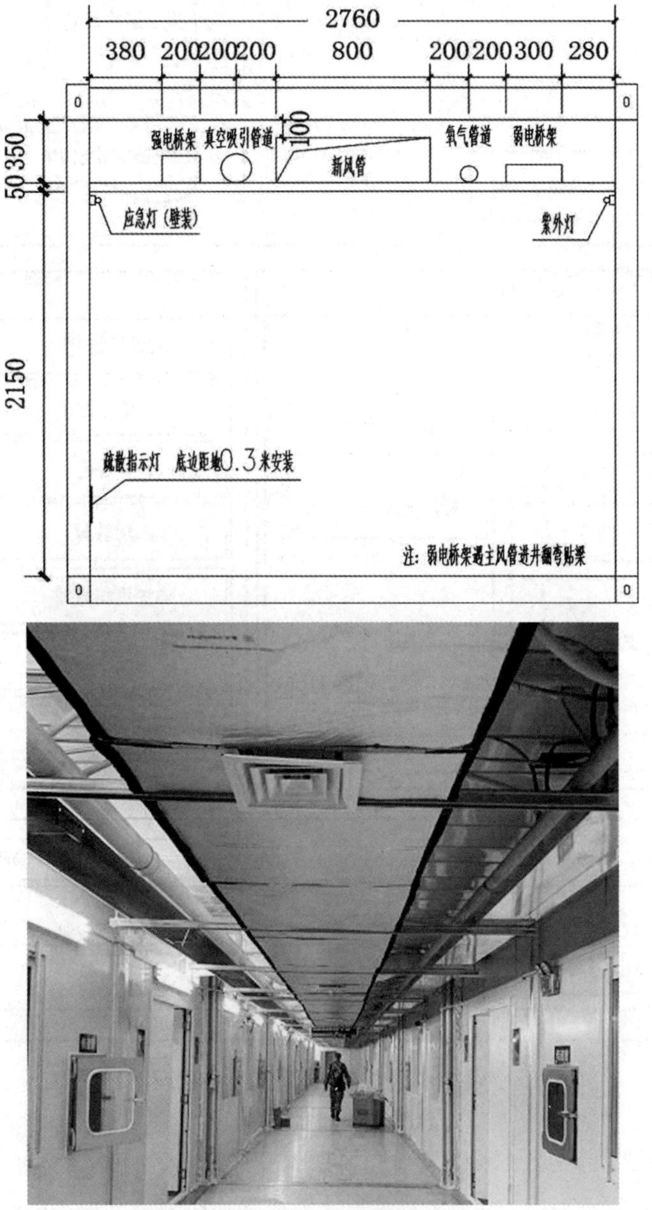

图 9　机电综合管理排布深化图示

（四）形成全资源保障的资源组织管理

应急医院的资源管理中，内部细化各类资源管理分组，组织开展资源计划管理、资源招采管理、资源进场管理。以火神山医院项目资源组织为例，其管理路线图如下：

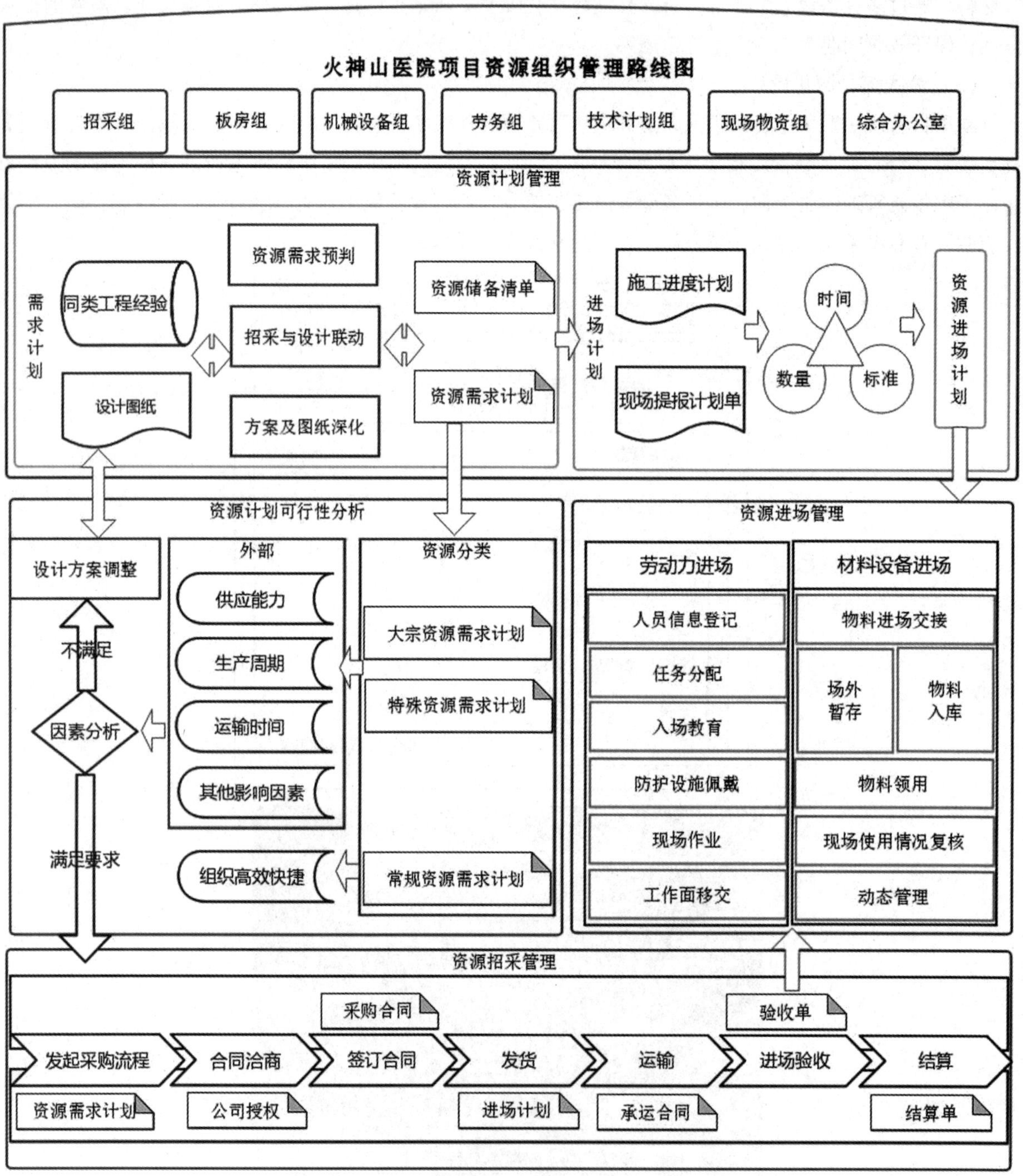

图10　火神山医院项目资源组织管理线路图

1. 资源计划管理

（1）资源需求计划

资源需求预判，项目进场初期，结合大型专科应急医院功能需求及以往医院工程施工经验，预估本工程的各类资源需求，形成全面的资源储备清单。全面摸排项目所需资源，进一步清楚资源在哪里、供应能力可否满足项目需求、加工周期及运输时间可否满足进度要求，提前做好各种因素的应急预案。

（2）资源计划可行性分析

把握资源有效可用，精确预估供方生产能力与运输周期。在工期紧、多资源集中供应等特殊条件形成的高强压力下，资源计划应充分考虑供方库存、生产能力、物流运输，以及可能遇到的交通关卡及现场车辆卸货的等待时间，精准判断各项资源进场数量与时间，确保现场正常施工组织。

（3）资源进场计划

把握资源供应及时充足，紧紧把控“宁可资源等现场，切勿现场等资源”的原则。开展资源进场计划安排，要全面考虑进场时间，所用区域、联系人、对接人、需用物流车辆情况、需用工人情况等，准确把控各项资源进场时间差，谋求最佳进场时间，高效运作资源供应。

2. 资源招采管理

开展合约规划管理，指导资源组织，同时厘清合约界面，便于现场资源管理，加速各类资源招标采购工作流程。

（1）合约规划管理

应急医院资源组织，通过合约规划，合理进行合约包划分，一方面指导项目招采工作开展，做好事前谋划；另一方面合理划分专业标段，明确合约界面，避免出现工作内容遗漏。

（2）合约招采管理

①劳动力招采。根据每日进度计划，结合各工序工程量，联动现场管理人员，提前一天测算、统计各工区、各工序劳动力需求，专人负责，定时联系、跟踪、落实并锁定劳动力资源，联系车辆、办理通行证，确保各工种准时到达施工现场。

②物资招采管理。打破常规招采模式，充分调动公司及二级单位的招采资源，采用当时洽商、当时签订合同、当时支付预付款、当时组织进场的运作模式，确保所有物资供应手续规范、程序合规，顺利进场。

③设备招采管理。引进三个物流单位，其中一家为全国大件运输协会会员，可在全国各地快速调配地方物流车辆，进行资源配送，大大提高资源供应速度，解决供方物流车辆不足问题，同时提前与政府相关单位沟通，办理工程车辆特别通行证，确保各项资源顺利抵达现场。

3. 资源进场管理

（1）落实资源服务最后 1 公里

强化场外跟踪服务。在南至项目南面南湖大桥，北至项目北面马鞍山隧道，设置两个岗亭。在材料到达南北两个岗后，及时与交通组联系，通过工作群及时了解现场交通情况，项目急用材料优先进入现场。待材料到达施工场地入口时，材料员及时将材料分配到各个工区，堆放到指定堆场，零星材料及机具交由库房统一保管。

（2）资源储备管理

搭建储备资源信息平台。以微信群集合同类资源，统一摸排，防止各供应单位互为备用，造成的摸排资源的重复与水分。强化后备资源管理，包括场内后备资源，如焊条、玻纤布铝箔胶带、氧气乙炔等消耗品，以及各类工具配件、五金件和劳保用品，根据领用情况控制进场量；场外充分利用周边供方库存，作为后备资源。

（五）落实全专业联动的快速优质建造

"两山"医院建设周期短、系统复杂、质量标准高，对现场的施工组织提出了更高要求。对此项目指挥部通过科学组织施工，实现应急工程的快速建造、智慧建造、优质建造。

1. 快速建造

（1）优化施工工艺提高建造效率

通过对施工工艺的提前优化，如病房区全条形基础优化为条基+钢结构组合基础、室外管网优化合并为"隔一布一"、下沉式卫生间优化为集成式卫浴、模块化集装箱施工技术等，实现施工工艺简单化、模块化、工业化。

（2）合理工序穿插充分利用工作面

结合各专业的资源准备情况、场地道路情况，对各专业的关键线路进行整合，制定合理的施工穿插流程，尽量做到减少作业面重复或闲置，避免作业面等人或人等作业面的情况发生。以火神山为例，梳理室内、室外工程多专业协作关系图，找到专业间的关联关系，再安排工作面衔接，实现工序合理穿插，提高施工效率。

武汉市火神山医院应急项目1#楼多专业协作关系图

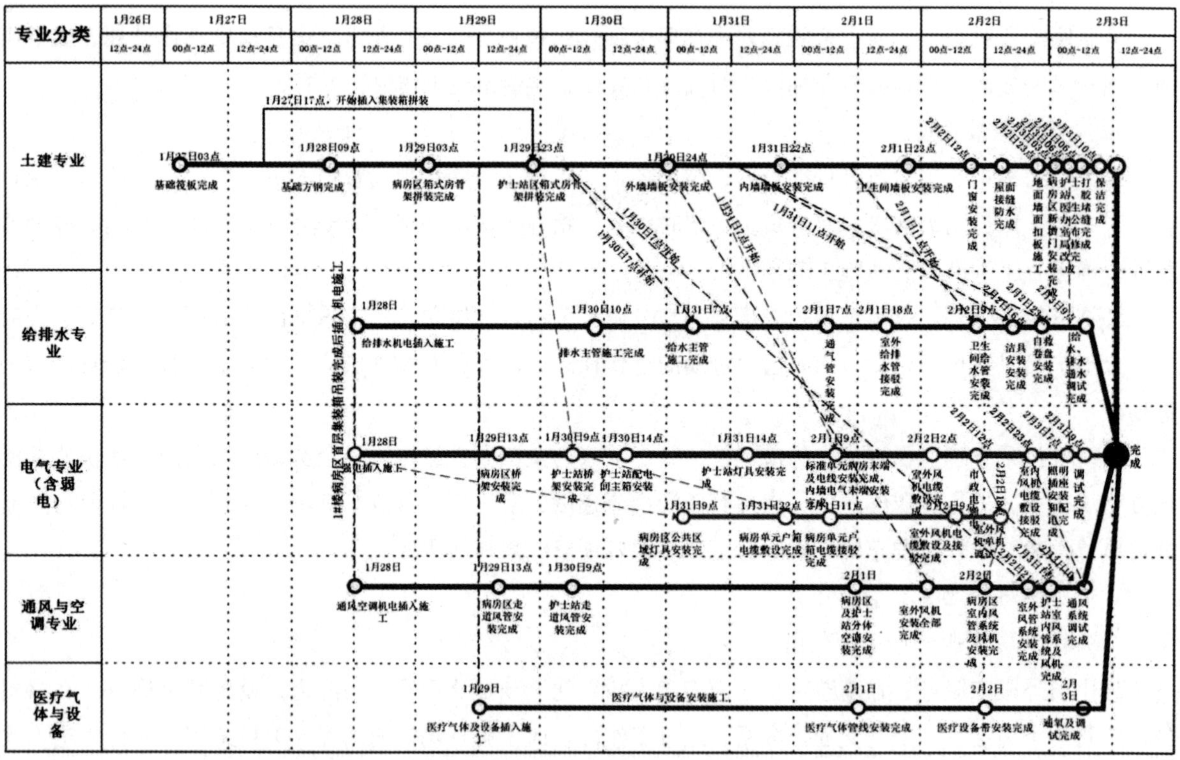

图11　火神山室内施工阶段各专业主要协作关系

（3）交通物流管理保证现场快速运转

针对现场条件，本工程交通物流思路为保流通、限流量、控流向、定流程的原则，确保现场水平与垂直运输顺畅高效。

①保流通：与政府机构联动，保证工程建设人员、车辆、材料能在市内外流通，及时进入现场，保证现场施工。

②限流量：成立交通协调小组，高峰期有成员56名，明确岗位职责，严格执行岗位值守制度，设置

分级限流岗亭，按照施工计划有序组织车辆进场，从而控制场内车辆数量。

③控流向：加快环形道路形成，道路形成与物流相结合的原则，场内的流动按照既定路线行驶，保证车辆不拥堵。

④定流程：对场内物流制度严格交底，场内占道、材料车辆进场实行审批制。

2. 智慧建造

（1）BIM 技术应用

火神山设计了大量 5G 和云平台技术的诊疗信息化系统，平时需要 2 个月安装调试的工作量要在 48 小时内完成，主要是利用 BIM 技术，提前对 36 万米各类管线、6000 多个信息点位进行模拟铺搭，确保现场安装一次到位，上千台无线终端设备、对讲分机等提前预装、模拟调试，提高现场工作效率。

（2）物联网技术应用

利用 BIM 技术，通过物联网技术动态二维码为纽带，从设计到工厂构件加工、构件运输、现场调配安装、质量验收实现钢构件信息化管理，提升了管理的精细度与准确性，确保了工程施工进度如期实现。

（3）智慧工地信息化应用

通过智慧工地数据平台，对“人、机、料、法、环”等各生产要素的实时监控和管理，实现业务间的互联互通，数据应用，协同共享。

3. 优质建造

（1）样板引路

为保证医院整体施工质量，项目坚持样板先行，树立建造标准，建立病房单元样板，指导各施工队伍现场施工，同时重点组织病房区安装专业标准模块施工，各施工区域在标准间病房模块吊装未完成、不具备室内施工条件时，根据样板提前预制，保障施工质量的前提下，节约施工工期。

（2）系统调试

调试工作是非常复杂耗时的工作，专业单位抽调专业技术人员成立调试小组，对设备安装方式进行提前预制和调试，将现场的工作前移至室内仓库进行，搭建模拟坏境进行设备的组装和调试。调试完成后，将设备进行分区码放，按照图纸对设备进行编码。各区域施工班组按照图纸编号和设备编号对照安装，安装完成系统即可上线。

（3）快速验收

为保证现场连续快速施工，现场工序验收将传统的“四检制”优化为扁平化验收模式，各劳务班组长、施工单位项目工程师和技术负责人、专业监理工程师均 24 小时驻场验收，严把过程关，做到施工完成即验收完成。

（六）组织全方位管控的安全防疫措施

1. 安全风险识别与应对措施

项目建设工期短，施工工序以小时计算，工作面、工序变化极快。项目通过提前梳理各施工工序安排，充分分析安全危险因素，提前制定措施，做到安全管控措施、防护设施在后续工序作业前布置到位。摒弃常规项目总包管分包、分包管班组、班组管工人的管理模式，制定了各单位专职安全管理人员直接下沉对接班组、一线工人，缩短管理链条，以保姆式的理念扎根现场，实现 24 小时不间断开展现场安全巡查、纠偏、整改的监管与服务。

2. 疫情防控应对措施

（1）进场与检疫相融合、保障人员健康入场

将实名制进场与检疫相融合，所有新进场人员必须先在安监部进行实名登记，接受疫情问询和防疫教育，排除存在疫情病人密切接触史，开展体温检测，正常后领取劳保用品及医用口罩进场作业，确保入场防疫筛查、宣教、检测到位，严防疫情流入。

（2）考勤与疫检相挂钩、确保场内检测覆盖

项目作为应急工程，采用成本加酬金的合同模式。现场人员出勤作为分包对总包、总包对业主的结算依据，安监部将每日测温记录作为分包作业人员出勤依据，有效保障场内作业人员每日防疫工作全覆盖。

（3）开展“五八二四”防疫阻击

为有效监控阻击疫情，建立“五八二四”防疫机制：5 台红外线测温仪、8 处现场测温棚、20 名流动防疫检测员、4 次分时测温，构建场内四道多维立体防疫战线。

（4）“5+3”式离场告知，提供人员追溯轨迹

施工现场作业人员离场采取“5+3 工作法”：

5 项登记：姓名、身份证号码、手机号、离场体温、劳务队/公司简称，为后期突发情况做好可追溯依据；

3 项自律告知：居家自行隔离、不要外出走动，与家人保持距离、分餐分住，讲究卫生。

三、应急医疗工程建设总结与思考

高水平的项目集成管理实践，是两座应急医院快速建设、有序组织的重要支撑，10 天建成火神山医院、12 天建成雷神山医院，累计完成建筑面积超 11 万平米，开放约 2500 张床位，累计投入 4000 余名管理人员、35000 余名工友、3500 多台套机械设备，中建集团系统内 11 家兄弟单位驰援武汉，确保“两山”医院顺利交付。武汉火神山应急医院于 2020 年 2 月 3 日投入使用，雷神山应急医院于 2020 年 2 月 8 日投入使用，两座应急医院累计收治病人 5070 人，治愈出院 4861 人。这两座特殊的应急医院为救治重症、危重症“新冠”肺炎患者立下汗马功劳，也同样实现了医护人员“零感染”、医院运行“零事故”、医疗废弃物“零污染”、重症患者低死亡率的“奇迹”。

“两山”医院应急工程顺利建成并投入使用，为打赢武汉疫情防疫阻击战发挥了巨大的作用，同时对今后应急医疗工程建设提供了宝贵经验，也为我国应急医疗工程的规划与建设提供一定启示。

（一）储备应急工程设计预案

针对今后可能会发生的突发性公共卫生事件，应该结合火神山应急工程的经验，建立相对完善的应急事件应对体系。

从总平面规划、建设初期策划、执行标准、相关应急抢建工程的规范到现场施工的容错性和存在的潜在风险，应该制定出一套完整的政策和预案，避免因准备不充分，导致设计和现场施工缺乏引导性文件。同时，国家相应管理部门应针对此类突发事件，研究制定适用于应急抢建工程的适用条文及办法，作为支撑应急建设工程的法律性保障文件。

（二）开展应急工程产业化研究

针对应急抢建工程不同功能建筑特点，开展针对性的研发工作，建议包括不限于以下内容：

1. 制定一套标准体系：基于“两山”医院科技成果及研发形成的集成技术，形成一套标准体系。

2. 搭建一个产业平台：以标准和图集为基础，完成产业链研发、生产线建设，与相关产品供应商形成合作关系，组建产品资源库，必要时组建产业联盟。

3. 开发一系列配套设备：研发配套防疫工程的快速建造设备、智能化运维设备、医废处理设备等一系列设备。

4. 形成一整套产业化建造技术：形成一整套涉及建造标准、设计图集、产品手册、产品生产线、配套设备的防疫工程产业化建造技术。

（三）推进“平疫结合”医院建设，提高疫情应急处置能力

疫情过后，各级政府为完善公共卫生服务体系，需要在建设新的大型综合医院时，考虑“平疫结合”的相应政策。和标准综合医院相比，此次火神山采用“三区两缓”的原则，在各分区间设置缓冲带，最大限度降低医患交叉感染；反之，标准综合医院则在布局上遵从“功能优先”的原则，以满足护理的便捷性为主导，并未设置缓冲带。对于平时使用，“三区两缓”存在一定局限性，会在一定程度上浪费综合医院场地，降低医护人员的日常工效，因此，为实现“平疫结合”的需求，既能保证大型综合医院的日常服务能力不衰减，又能保证适宜规模的疫情及负压病房的储备，需设计、建设等各方结合实践进一步探索具有前瞻性和多元性的建设方案。

成果创造人：陈卫国、魏德胜、赵　军、谢　华、李少军、崔　革、王　蕾

物流企业联盟助力物流业降本增效实践与探索

天津克运集运集团股份有限公司

2020 年 5 月 18 日，中共中央国务院发布《关于新时代推进西部大开发形成新格局的指导意见》，这是我国社会和经济发展在宏观空间层面一次大的、战略级别的调整，是内陆发展（包括东北振兴、中部崛起等）策略从开发到开放的升级。与之相适应的物流业要“积极发展多式联运，加快铁路、公路与港口、园区连接线建设。强化沿江铁路通道运输能力和港口集疏运体系建设。依托长江黄金水道，构建陆海联运、空铁联运、中欧班列等有机结合的联运服务模式和物流大通道”，这标志着国家已经意识到依靠提升单一运输方式的效率来提升社会整体物流效率的道路难以为继，发展多式联运成为物流业主流方向，这也是经济结构转型升级的必然要求。

一、多式联运与物流企业联盟内涵

（一）集装箱多式联运

当前，关于多式联运（multimodal transport）最具权威性和影响力的定义源于 1980 年的《联合国国际货物多式联运公约》。参照该条约可将集装箱多式联运定义为：按照集装箱多式联运合同，以集装箱为基本模块，依托水运码头、铁路中心站、公路枢纽中心等核心节点，以至少两种不同的运输方式，由多式联运经营人将集装箱货物从一国境内接管的地点运至另一国境内指定交付的地点。

集装箱多式联运在现代物流体系中居于重要位置，它具备运输快、成本低、过程安全便捷的特点，可以为各类客户提供高效的运输服务，优化物流运输的管理水平。

（二）物流企业联盟

企业联盟是指企业个体与个体间在策略目标的考虑下结成盟友，自主地进行互补性资源交换，各自达成目标产品阶段性的目标，最后获得长期的市场竞争优势，并形成一个持续而正式的关系。

聚焦到物流行业，可定义为：物流企业联盟是以物流为合作基础的企业战略联盟，指两个或多个企业之间，为了实现自己物流战略目标，通过各种协议、契约而结成的优势互补、风险共担、利益共享的松散型网络组织。

二、多式联运与物流企业联盟研究背景

（一）多式联运现状

我国国际物流业务中，以分段运输、国际联运、国际多式联运三种运输组织形式为主。由于受一些条件制约，分段运输的运量占总运量 90% 以上，致使我国运输成本高、效率低。以中小企业为主的国内

市场也由于企业部门间相互独立以及企业间缺乏协调机制，为多式联运进一步增加了障碍，使我国多式联运特别是我国集装箱铁水联运现状总体呈现起步晚、规模小、形式单一的特点。

（二）发展多式联运的重要意义

多式联运具有运输范围广、效率高的优点，它在提高综合运输系统的效率、有效地分配各种交通资源、适应公众日益增长的交通需求方面发挥着极其重要的作用。

改革开放四十年，我国经济取得了举世瞩目的成就，但是与发达的欧美日国家相比，我国经济发展仍然比较粗放，其中一个重要指标就是我国物流总费用占 GDP 比重仍然明显高于以上发达国家。尽管我国货运车辆不断升级发展，公路货运人也都保持着勤奋高强度的工作状态，但是公路货运费用高、货车排污严重的问题仍未得到有效解决。现实证明，试图依靠提升单一运输方式（公路运输）效率来提升社会整体物流效率的道路已经行不通，发展多式联运势成必然。、

此外，如果没有以多式联运为基础全新高效物流通道，就无法把我国内陆经济和沿海经济联系到一起，无法激活内陆经济潜力，最终内陆的开发是无法实现的。由此可见，推动多式联运对促进内陆经济发展亦有重大意义。

2014 年，国务院印发的《物流业发展中长期规划（2014 年-2020 年）》中，将发展多式联运作为名列第一的重点工程，明确了多式联运在国家层面的战略定位。

据第六届中国多式联运合作与发展大会的信息，2017 年我国多式联运货运量为 13.68 亿吨，占全社会货运量 2.9%，到 2020 年我国多式联运货运量有望达到 30.2 亿吨、规模占全社会货运量 6% 左右，占比仍然较低，与国家规划的目标尚有较大差距，多式联运依然具有很大的发展空间。

（三）当前困境及影响因素

1. 基础设施衔接不畅、技术装备水平偏低

目前，我国集装箱多式联运存在基础设施衔接不畅、铁路设施建设不足、技术装备水平偏低等问题。铁路、公路、水运等各种运输方式不能做到高效衔接，铁路和港口之间缺少有效联动和融合，导致道路运输不能充分发挥其快速集散的作用；另外，我国交通运输设施的技术装备水平仍然偏低，后备能力不足，不能适应运输需求大幅度增长的需求。

2. 运输标准和管理要求不统一

目前，铁路、公路与水运在适装品名、装载加固条件、危险货物标准、箱管规范等方面存在不一致，导致集装箱多式联运通而不畅。例如，铁路和水运对危险货物界定标准不一致，造成一些集装箱货物到港后被迫拆箱，更换包装后采用铁路棚车或敞车运输。

3. 统一的信息服务平台有待建立

目前，我国多式联运的信息化程度还很低，物流资源信息分散、不透明，信息标准不统一，各联运部门缺少信息共享，无法协同运作。铁路、港口、船公司、货运代理、货主、海关、检验检疫部门等各部门之间尚未搭建起统一的信息交换平台，不能实现信息的充分共享，无法为客户提供一站式便捷服务和实时信息查询。

4. 联合运输系统的协调不够

目前，绝大多数船公司、物流公司、货运代理企业在内陆地区缺少营业网点，而内陆地区的很多货运代理企业又没有国际货运代理权，很难开展“门到门”多式联运全程运输服务，不得不割裂成公铁水分段式运输，增加了操作环节和运输成本，制约了多式联运业务的开展。

5. 多式联运法律法规不健全

目前，欧盟和美国都出台了鼓励多式联运发展的法律法规，而我国在多式联运的立法方面还比较滞后，缺少专门的多式联运立法法案，部分规定散落于《国际海运条例》《国际货运代理管理规定》等法规之中，缺乏联合运输法规建设涉及集装箱运输的现行法规。

三、物流企业联盟推动多式联运发展措施

（一）打造有效的联盟模式

《交通运输部关于交通运输推进物流业健康发展的指导意见》中提出，到2020年“初步形成以若干全国性龙头骨干企业为引领、以区域性中小企业联盟为主体、以零散小微运输业户为补充、以货运中介为纽带的物流市场主体结构”。

事实上，物流联盟自然也包括大型企业间的联盟。大型企业为了保持其核心竞争力，通过物流联盟方式固定长期供应链关系，以迅速开拓全球市场。然而，我们谈及物流联盟，更多的是针对中小物流企业。近年来随着人们消费水平的提高，零售业得到了迅猛的发展，这给物流业带来了发展机遇的同时，也带来了新的挑战。因物流发展水平的长期落后，如物流设备、技术落后，资金不足，按行政条块划分物流区域等，相比大型物流企业，中小物流企业更难以适应新的需求，于是通过组建物流企业联盟的方式来解决这个矛盾的需求最为迫切。

中小物流企业通过联盟方式实现资源整合，是扭转物流市场主体过散，提升物流市场整合度的重要手段。而如何打造有效的物流企业联盟模式，是推动多式联运更快发展的关键。

1. 中小物流企业联盟模式——横向联盟与纵向联盟相结合

（1）横向物流联盟

横向物流联盟是指在一定地域具有共同服务范围的物流企业之间达成的协调、统一运营的物流管理模式。通过组建横向一体化物流联盟，可以使服务范围扩大，满足客户对综合物流服务的需求。此外，这种联盟可使分散的物流行业实现规模经济和集约化运作，从而降低经营成本和风险，并形成一个更完善的物流网络体系。

（2）纵向物流联盟

纵向物流联盟是指处于物流活动不同环节的企业之间，通过相互协调形成的合作性、共同化的物流管理模式。具体形式有两种：一是在不同作业环节具有比较优势的物流企业之间进行合作；二是形成供应链战略联盟，即生产企业与供应商、顾客建立良好的合作关系，从原材料采购到产品销售的全过程都实施一体化合作。通过纵向联盟，中小物流企业可以与其他企业共享信息平台，了解物流需求，在更广的领域、更深的层次提供物流服务（如图1所示）。

横向联盟与纵向联盟相结合模式的关键点是依靠信息技术和现代化的管理手段。就目前现状而言，需要政府在资金及人力资源、技术上给予一定的扶持力度。

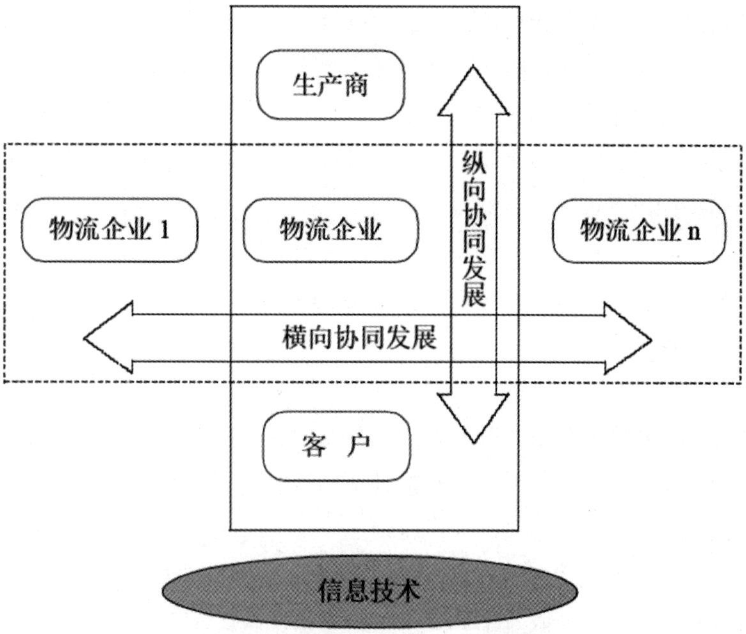

图1 纵向联盟与横向联盟相结合模式

克运集运集团正是在深入研究联盟模式的特点、优势以及联盟意向企业的特点、优势的基础之上，抓住网络信息化这一关键点，以探索者和开拓者的勇气、以核心企业的责任担当引领京津冀首批20余家中小物流企业共同组建了京津冀首家中小物流企业联盟，并运作顺利。

2. 建立物流企业联盟合作机制

中小物流企业为了提高物流服务水平，通过联盟方式解决自身能力的不足。物流企业联盟的宗旨为：公平、守信、有序、便捷，形成互惠互利、资源共享、规范共赢机制。

（1）建立联盟互惠互利机制

建立联盟互惠互利机制是中小物流企业联盟长远和有效发展的基础。中小物流企业之间通过组建联盟的方式，使各合作伙伴之间维持正和博弈的关系，树立互惠互利的合作观念，在物流企业联盟伙伴真诚合作的基础上，维持各方的合作热情，保证联盟的持久发展和绩效的日益提高，并最终提升各企业的市场地位。

（2）建立联盟信息共享机制

信息资源共享对于物流联盟的构建和维持具有重要作用，也是开展多式联运业务的重要支撑。中小物流企业联盟的合作以一定的信息共享机制为基础，以信息的准确、及时、快捷传递为高效运作前提。

（3）建立联盟规范共赢机制

建立有效的防范机制是规范物流联盟日常经营管理活动的手段之一。物流企业联盟可以增加欺诈、逃逸、懈怠等情况发生时的沉没成本，当然也可以通过法律的形式制定相应的惩治措施。各物流企业在加入联盟后运营更加有效率、增加合作收益，并获得新的知识、技术，实现联盟与企业“双赢”。

（二）择优选择联盟成员

1. 联盟成员选择的方法

联盟成员选择基本思路：首先根据联盟成员选择的原则和目标，结合联盟成员选择的影响因素，确定多式联运联盟成员选择指标，构建指标体系。然后结合主成分分析法和层次分析法构建混合模型，通过模型求解确定候选成员的排序，按照排序高低选择出相应的联盟成员。

2. 联盟成员选择评价指标体系的构建

遵循联盟成员选择的原则，结合多式联运联盟成员选择的影响因素及构建指标的方法，本文构建多式联运联盟成员选择的指标体系如下：

（1）产品服务质量

多式联运服务质量是衡量多式联运企业基本业务能力的指标。产品服务质量主要通过货物完好率、准时率和订单完成率三个指标来反映。

（2）产品成本指标

顾客选择物流服务时，其产品价格是顾客考虑的重要因素，而多式联运物流服务成本是产品价格的直接影响因素。产品成本主要通过服务成本、破损成本和运输成本来反映。

（3）财务风险指标

财务是一个企业健康发展的直接影响因素，因此在成员企业选择时必然要考虑财务风险。财务风险指标主要通过总资产周转率、总资产收益率和资产负债率来反映。

（4）多式联运技术指标

多式联运联盟在选择成员企业的时候要考虑多式联运技术指标。多式联运技术指标主要通过路径优化水平和运输方式组织水平来反映。

（5）合作兼容性指标

联盟成员企业之间的协同性对多式联运成员选择的影响很大。合作兼容性指标通过战略目标兼容性和企业文化兼容性来反映。

3. 基于混合模型的联盟成员选择方法

（1）主成分分析法检验及筛选指标体系

先利用主成分分析法对原始指标进行降维处理，将原始指标归纳为少数几个不相关的重要指标，这样就简化了数据的计算以及消除指标之间的相关性，并保持了原有指标的客观性。

（2）层次分析法确定权重及排序

在主成分分析法确定指标的基础上，应用层次分析法，结合定性与定量，综合主观与客观方法，确定伙伴企业最终的权重和排序，最终根据排序进行联盟成员的选择。

（三）构建联盟间服务网络系统

党的十九大报告提出了建设交通强国战略目标，而多式联运契合交通强国的初衷，更好整合各种交通资源。我国的中小物流企业通过组建联盟在多式联运领域实现合作发展，提升了中小物流企业的核心竞争力。但是，我国中小物流企业联盟发展仍处于成长培育期，多式联运服务网络系统还不完善，存在基础设施衔接不畅、运输装备没有标准化、信息资源交互共享严重不足等问题，在建设交通强国、促进物流降本增效中的作用有待提升，未能充分发挥出联盟的优势效益。

因此，要在考虑联盟企业间的合作协同度基础上致力建立一体化中小物流企业联盟之间的多式联运网络，以期实现多种交通运输方式“无缝”衔接和交通运输过程的连续，实现联盟效益最大化。

1. 建立一体化多式联运网络

（1）加强基础设施建设

多式联运枢纽是实现多式联运系统网络化和各种运输方式“无缝衔接”最基本的条件，中小物流企业联盟需要加快通道与枢纽站场建设，促进通道网络衔接，不断提升多式联运基础设施水平。

（2）推进运输装备标准化

运输装备标准化是多式联运发展的基础，而我国目前以道路运输装备为主体的装备很难实现与其他运输装备的兼容，中小物流企业联盟需要进一步推动技术标准建设，使用标准化的运载单元、专用载运设备、快速转运设备。

（3）推动多式联运信息系统建设

交通运输部于2019年末提出要推进第五代移动通信技术（5G）在交通运输各领域的研发应用，推动货运物流数字化发展。在5G背景下，中小物流企业联盟可借助5G技术数据密度高、传输速度低和超低延迟的优势进一步完善交通运输物流公共信息平台，促进多种运输方式间数据交换共享，推动多式联运公共信息系统建设。

（4）不同的运输区段采取的运输方式差异化发展

多式联运网络中所涵盖的港口、车站、空港等枢纽设施和运输线路走向和技术标准、港站地址的选择都受到自然条件、经济条件的影响。因此，在多式联运网络中，中小物流企业联盟要根据地区经济发展水平、结构特点以及自然地理条件，因地制宜地发展不同的交通运输方式。

2. 中小物流企业联盟网络协同

中小物流企业可通过组建联盟形成中小物流企业联盟网络，该网络包含由联盟成员企业拥有的或联盟共同投资建设的基础设施网络，在基础设施网络之上由成员企业所形成的组织网络，在前两者基础上为保障物流服务协同开展的以构建联盟管理体系为核心的业务网络，以及为联盟管理、物流操作等协同运行提供信息支持的信息网络。

上述联盟网络和各子网络内的要素有效流动和优化配置，实现充分协同，在实现各成员企业战略目的，保障成员企业利益的前提下，促进成员网络化、跨区域运作，实现联盟资源利用最大化、整体效能最优和综合收益最大化。

（四）确立中小物流企业联盟企业间合作模式

克运集运集团组建的首家京津冀中小物流企业联盟采用的是伙伴型、开放型、战略型三型合一的合作模式。第一，在保留每个联盟企业法律上独立性的同时，在服务上形成优势互补；第二，联盟企业战略目标一致，携手不断扩大市场占有率；第三，对联盟外企业合作不做约束。

克运集运京津冀中小物流企业联盟遵循“合作共赢，共同发展”的理念，严格按照联盟章程，打造最适用的统一信息应用平台和运营体系，以发展创新性服务，推进区域和全国市场化，提高联盟竞争力。

举例来说，克运集运京津冀中小物流企业联盟在共享网点和资源的基础上逐步实现车辆共享，并以甩挂运输试点为依托试行企业间无障碍互换挂车。在此过程中，车头和挂车都归各自企业所有，甩挂车辆只需开到省界处，与对开的甩挂车辆互换挂车即可。随着联盟的合作逐步走向深入，无障碍互换挂车将在多省及至全国之间畅行。

互换挂车在克运集运京津冀中小物流企业联盟内的成功运作，突破了长期制约甩挂运输发展的瓶颈，让甩挂运输真正在全国范围内“甩起来”。这一做法既节省燃油成本，也节约人力成本，极具应用价值。

除互相挂车，克运集运京津冀中小物流企业联盟内还可逐步实现尾板等设备设施共享。

（五）共建“以码头为核心”的业务运营体系

当前我国港铁多式联运体系构建以及中小物流企业发展存在着关键性痛点问题。尽管随着港口集疏运网络体系的推进，我国已形成层次分明、功能齐全、现代化程度较高的港口体系，但与集疏运系统相配套的城际物流发展却较为欠缺，海铁联运网状结构无法顺利形成。中小物流企业深耕基层，能及时保质完成商品的“落地配”要求，但受限于企业规模，他们无法在竞争日趋激烈且同质竞争、恶性竞争普遍存在的物流市场获得市场竞争力。由此，构建“以码头为中心”的多式联运物流联盟运营模式，实现口岸仓库整合、内陆堆场集装箱资源，以集装箱上门提货、送货上门服务为业务先导，发展仓配业务，利用物流+互联网技术，实现仓、储、运、配效率最大化，打通海运与陆运的各个环节，实现高效多式联运。

构建“以码头为中心”的多式联运物流联盟运营体系，可以从以下几个方面着手：

1. 实施资源整合，形成对接港口的集群效应

充分发挥联盟里现有的运输、仓储、配送网络等优势，以整合、改造为主线，发展、壮大有特色的、专业化的物流企业。

（1）改造传统运输企业。按照适时、适地、适质、适价的服务要求加大应用技术上的投入，鼓励运输企业按照码头标准增添集装箱车、冷装箱车及其他专用车。

（2）改造传统仓储企业。充分利用现有的仓储设施，实施改造工程，配备先进的仓储设备和管理软件，完善储存、分拣、装卸装配、条码生成、挂标签、刷标志、集货配送等各类功能。通过吸纳运输企业、运输代理企业实现资源互补和共享，形成一批区域性的（RDC）及若干全国性的配送中心（NDC）。

（3）改造商贸流通。加快建设标准化交易平台，形成有区域影响力的、专业化经营的交易中心和配送中心。

（4）打造内陆集装箱装卸站（ICD）。依据出口产业集群箱属数据、箱量数据建立ICD，综合提供包括海关监管、过境运输、配送和物流服务等方面的功能，进一步降低多式联运的成本，提高效率。

2. 集成各方运营力量，构建整体化集装箱联运运营模式

多式联运作为一种复合式运输方式，运作过程中涉及物流、信息流、资金流，流程复杂，信息量庞大。高效率的港铁联运的运营内容需包含集装箱运营、车辆运营以及货物运营。

鉴于不断的实践探索，克运集团率先组建集装箱联运数字化运营平台。

（1）集装箱运营

集装箱航运实践中分为货主箱（SOC）、承运人箱（COC）和一次性箱（OWC）三种类型。多类型集装箱在内陆堆场、港口码头、集装箱货运站（CFS）等多个场所辗转交付，手续繁杂，效率低下。由此，塑造“以码头为中心”的集装箱联运运营平台，建立集装箱联运生态体系至关重要。按照不同场所、不同箱型、不同运作流程对集装箱运营过程进行分割而建立的集装箱运营体系如图2所示。在这一体系下，中小物流企业联盟按照统一的标准和规范对集装箱的每个运作过程如实进行数据记载和传输。

图2　集装箱运营概念图

在集装箱匹配的业务流程过程中，口岸仓库与港口、船公司对接，内陆进行箱源匹配，促进产地还箱产地使用，示意图如图3所示。

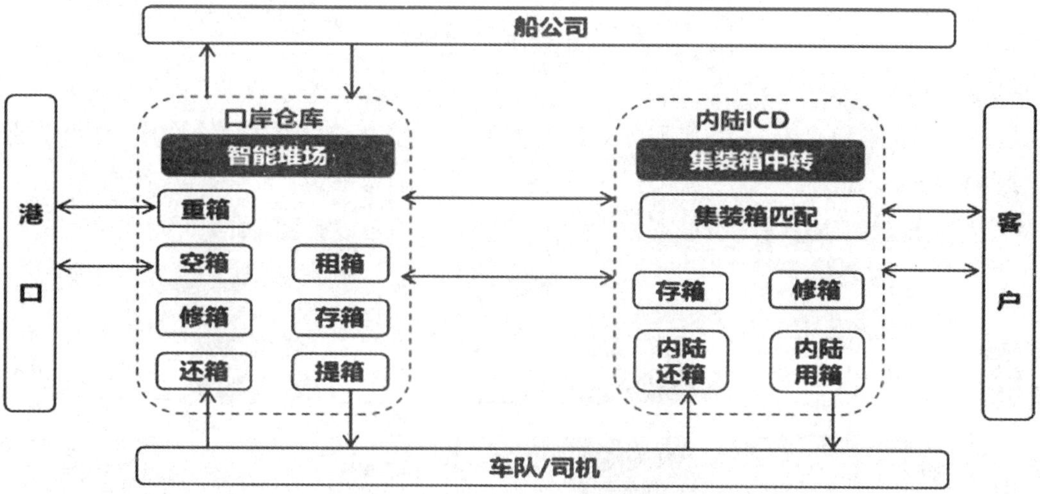

图3　集装箱匹配流程示意图

（2）车辆运营

车辆运输作为连接工厂和码头的纽带，其运输效率极大程度上影响着港铁多式联运的整体效率。物流联盟可以通过甩挂运输、集卡运输等方式大幅度提高运输效率，结合直集甩挂等模式配合，形成集装箱的运输网络。通过对市场上的散车运营商进行整合，形成运力充沛的“车队运力池”，进一步赋能运输网络。车辆运营的概念图以及集装箱运输网络示意图如图4、图5所示。

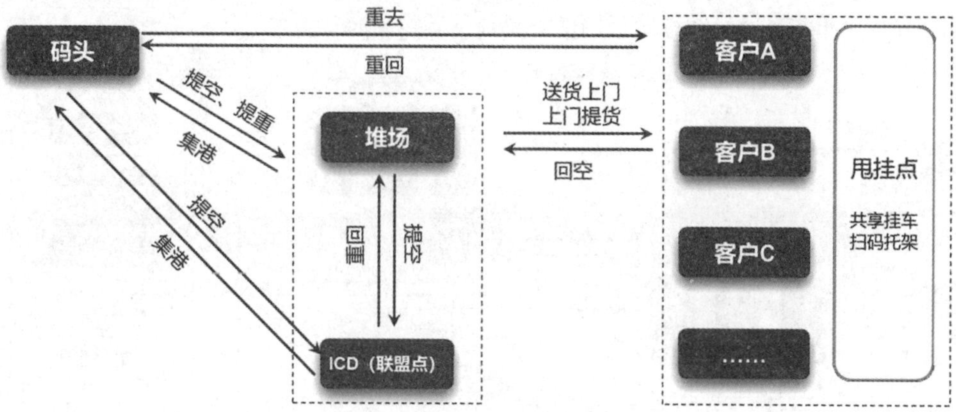

图4　车辆运营概念图

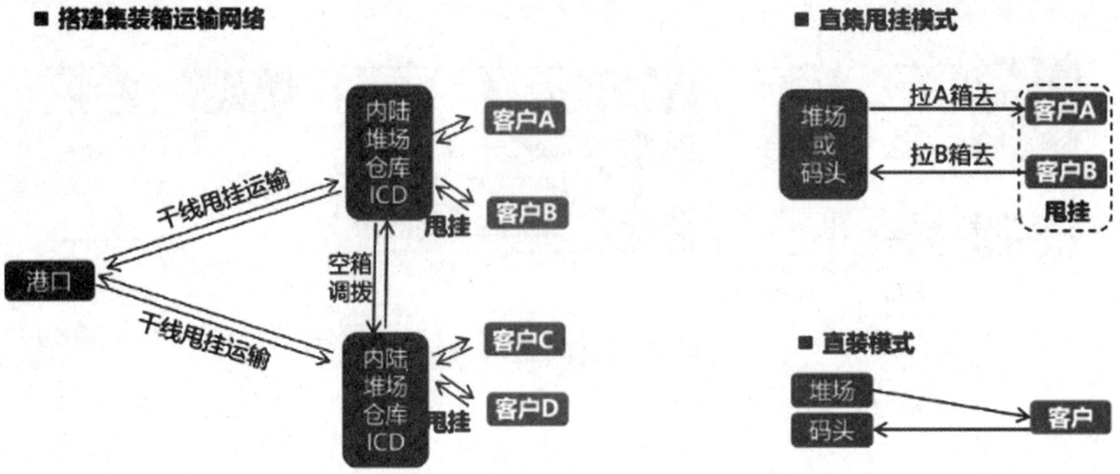

图 5　运输网络示意图

（3）货物运营

货物运营涉及到与货物有关的多种服务，如基本的物流方面的货运服务、仓配服务、单据服务等。同时，为了获得更大的市场竞争力，提高客户的顾客满意度，运营服务中也可以包括涉及金融的增值服务。但是不同的场所涉及的货物运营服务类型不同，具体的货物运营概念图如图 6 所示。

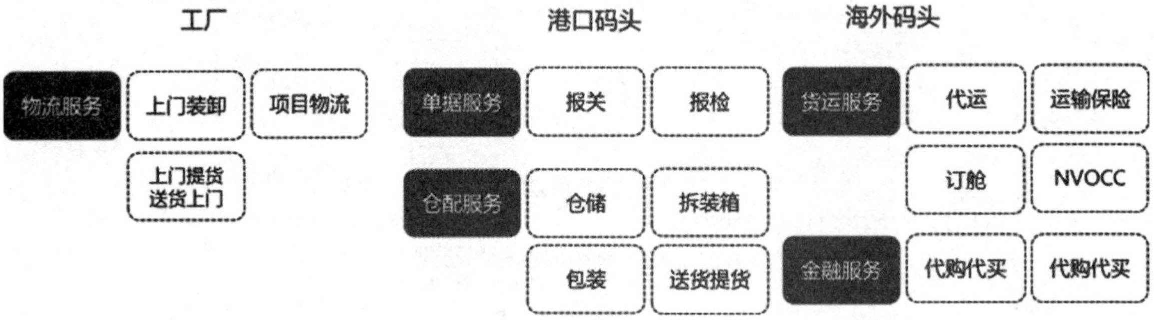

图 6　货物运营概念图

仓储服务和货运代理是港口联运货物运营主要内容。由于并非所有物流联盟的企业都驻扎于港口附近，因此需要建立港口集装箱货运站和内陆集装箱货运站，分别服务于近港和远港的物流企业。而内陆集装箱货运站通过上门接送货带动拆装箱业务与堆场集装箱的流转，增加营业额，提升联盟整体盈利能力，相对而言更为重要。具体的货物运营流程示意图如图 7 所示。

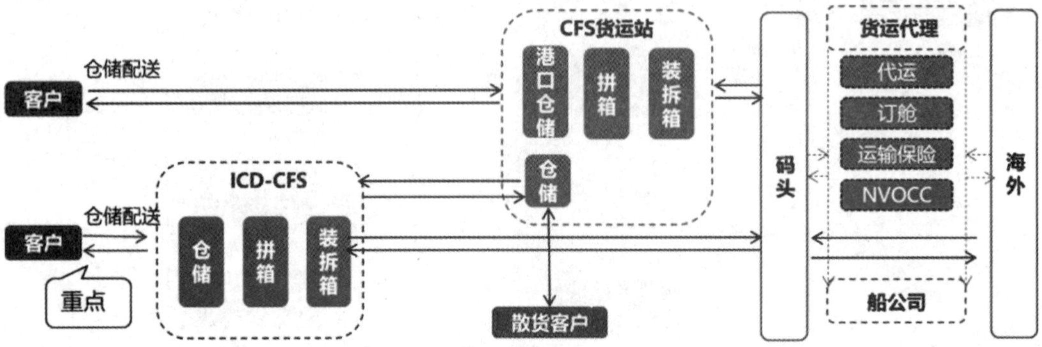

图 7　货物运营流程示意图

（4）集装箱联运运营

港铁多式联运的高效率取决于集装箱联运的效率，由中小物流联盟整合集装箱运营、车辆运营、货物运营，形成的运营关系图如图 8 所示。

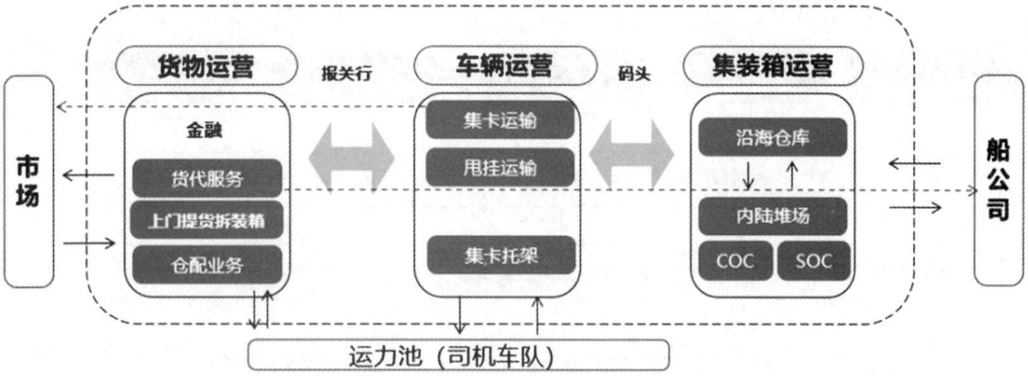

图 8　集装箱联运运营关系图

3. 建立惩罚与信任机制，维系物流联盟稳定

物流联盟的稳定性决定其在多式联运市场上竞争力的大小。为避免个别企业采取背叛策略，联盟可采取在合同中写入惩罚条款的方式，增加企业失信的违约成本。相对应的，信任也能确保联盟企业在有限理性范围内以能共同接受的行为对未知环境做出相应的反应。联盟可以建立成员历史绩效数据库，成立以“码头企业”为核心的联盟成员评价组，定期对联盟成员进行绩效评价。一旦联盟企业背叛联盟，必将会损害其信誉，使其失去伙伴信任，进而被剔除出物流联盟。

（六）数字化管理提升联盟效率和品质

企业联盟数字化管理是指将数字技术融入到联盟中，深化应用各种业务软件和物联网等新兴技术，实现数据驱动的决策分析，彻底变革企业联盟的业务流程。进行数字化转型，深入联盟核心业务运营，是以新建一种商业模式实现资源及能力的充分调用为最终目标的高层次转型。

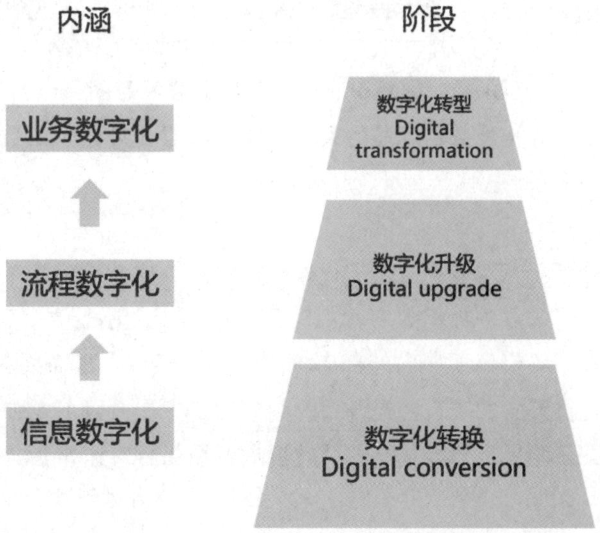

图 9　企业联盟数字化转型示意图

联盟的数字化管理就是摆脱传统的管理模式，将数字技术融入到联盟的计划、组织、协调、控制、监督等过程中，从而实现系统集成管理、大数据管理和实时动态管理。这对于联盟企业资源和能力的整

合，以及提升联盟企业的创新能力和市场竞争力具有重要意义。

关于如何做到数字化管理，可从以下几点思考：

1. 联盟运营流程梳理重构

将原来联盟企业盘根错节的业务流程进行梳理，并通过业务管理系统重塑业务流程。

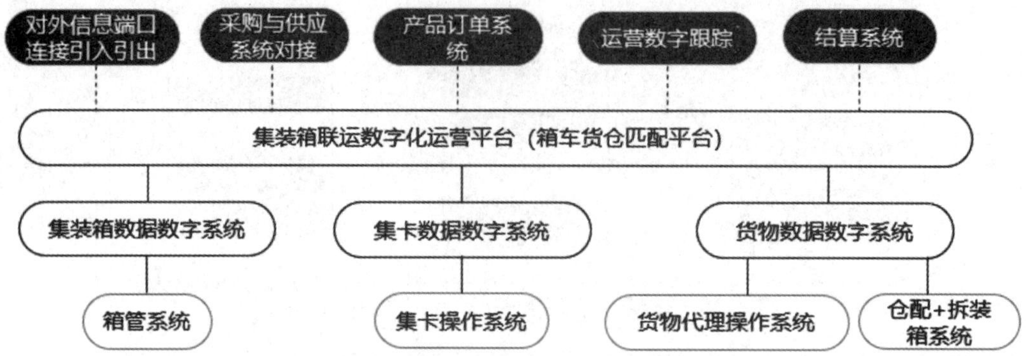

图10　集装箱联运数字化运营平台系统架构

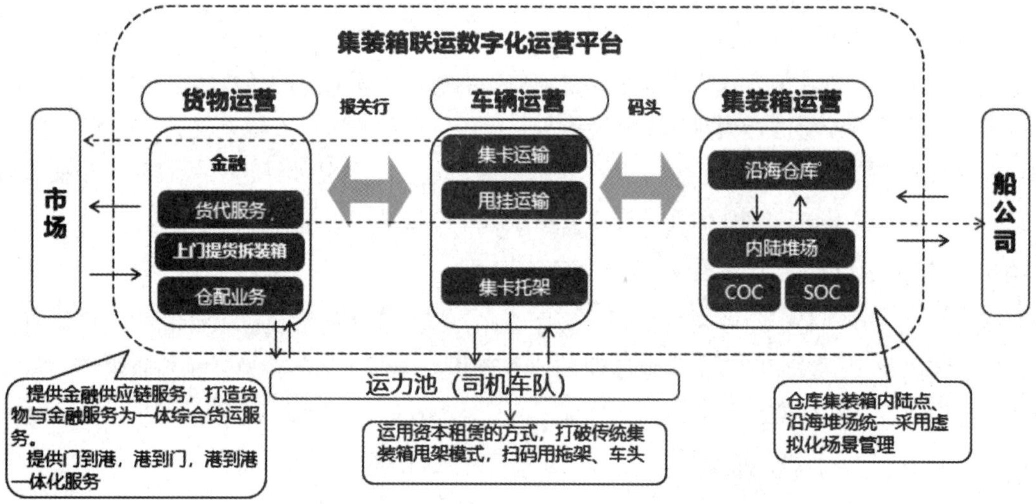

图11　集装箱联运数字化运营示意图

通过建立数字化匹配平台，构建数据互通的渠道，完成联盟业务链条的数据整合，充分调动企业资源，推动集装箱多式联运的发展。

2. 业务数据数字化处理

联盟企业借助大数据分析工具对业务数据进行处理，引入数据分析模型并通过可视化界面展示分析结果，最大程度挖掘数据价值。业务数据数字化处理只是第一步，还需要联盟企业人员能够驾驭数据，利用大数据实现精细化管理。不仅仅要面向外部市场进行量化经营，也需要对内部员工做到量化管理。高层管理者需要基于数据进行科学的决策，提升商业洞察力，中层管理者需要擅长对于业务指标进行专业化的人员管理和资源调配。基层运营人员能够及时根据业绩指标，来掌握自身项目组和下属人员的绩效情况和工作状态。

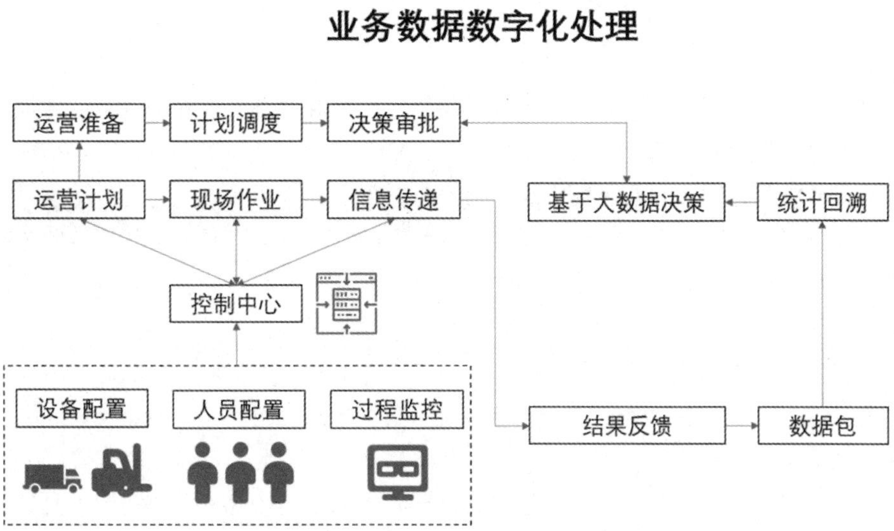

图 12　业务数据数字化处理

四、物流企业联盟推动多式联运实施效果

（一）物流企业联盟前的多式联运

首先，多式联运主体前期呈现规模较小的情况。早期集装箱运输企业规模大小不统一，能够提供完整全程物流服务的第三方物流企业还较少，导致早期的企业对多式联运并不能形成有效的组织和运营。同时，在货运运作效率不高、多式联运一体化完成度低，会产生额外的管理成本，加之市场不规范，小散乱现象突出等问题，难以提升整个集装箱多式联运的服务质量和水平，也难以依托集装箱多式联运创新运营组织模式、开辟新利润增长点，致使多式联运发展困难。

此外，早期国内的部分航运货物企业因为管理松散和运力紧张等原因很少建设专有的集装箱运输线路，大多利用货车进行托运，从而增加了中转的装卸费用，不能充分发挥铁路运力和多式联运的优势。

再者，多式联运主体之间信息不能及时共享，呈现一个管理散乱的局面。国内目前还没有大量使用针对集装箱多式联运的全程在线跟踪设备，从而造成各个运输企业之间信息衔接不畅，使客户不能随时追踪、掌握货物的实时状况，难以为客户提供一站式服务。

（二）物流企业联盟助力多式联运效果分析

克运集运京津冀中小物流企业联盟虽然组建时间不长，但是仍然提供了可供参考的物流企业联盟助力多式联运效果分析样例。

（1）通过实际分析京津冀中小物流企业联盟（成员）的成本降低和运营现状，物流企业联盟助力多式联运形成高效的运营，运营效率提高，给多式联运提供了一个降本增效的方法。

（2）通过实际分析京津冀中小物流企业联盟（成员）在多式联运的产生利润数据，物流企业联盟有利于整合，形成规模经济效益，有助于推动物流企业联盟稳步向上发展。

（3）通过实际分析京津冀中小物流企业联盟（成员）在多式联运方面产生的利润和运营现状，物流企业联盟能够降低一定的企业风险，有助于推动多式联运的发展。

物流联盟的核心在于通过对不同企业的核心竞争力进行优化组合，从整体上提高联盟的运行优势。克运集运京津冀中小物流企业联盟实践证明了其强大的组合优势，主要表现为：

1. 运营

（1）降低成本，节约费用

一方面，克运集运京津冀中小物流企业联盟企业通过在物流设备、技术、信息、管理、资金等方面互通有无、优势互补，可以减少重复劳动，降低成本。另一方面，克运集运京津冀中小物流企业联盟的建立有助于物流合作伙伴之间在交易过程中减少相关交易费。

同时，物流服务需求企业若要将物流业务纳入自我作业范围内，将要为非其核心业务的物流投入可观的资金和人力。而克运集运京津冀中小物流企业联盟就可以将市场知识、网络渠道和规模经济效益资源整合，借此自我扩展。

此外，两部委发布《关于进一步降低物流成本的实施意见》明确指出持续推进进出口“提前申报”，优化“两步申报”通关模式，这为企业多式联运提供了又一便利机制。

（2）有利于形成规模经济

克运集运京津冀中小物流企业联盟较大程度上克服了单个企业经营所需的资源不足的情况，而且这种规模经济并不影响组织的敏捷性。这种建立在敏捷组织上的规模是单个企业无法达到的。此外，克运集运京津冀中小物流企业联盟的企业准入机制也慢慢变得规范起来，由以往单一的合同关系，继而演变成有统一的战略目标的合作关系，而联盟内的企业由以往的竞争关系逐渐演变成互利互惠的合作关系。

（3）降低企业风险

通过克运集运京津冀中小物流企业联盟企业的协同运作，有效分散了单个企业的经营风险。通过合作签订协议使得联盟内的每个企业风险共担，这样便减少了各个企业的风险，提高了联盟内企业的抗风险能力。

2. 客户

多式联运是由多种交通工具相互衔接、转运而共同完成的运输过程，统称为复合运输。克运集运京津冀中小物流企业联盟的多式联运联盟管理以实现联盟战略目标为导向，组织并利用各个联盟成员企业的资源，借助管理手段，促使联盟资源优化配置和业务协同运作，集成核心优势，形成强大的整体力量，通过信息共享，满足客户需求，能够及时满足客户需求，通过提高市场应变能力赢得市场份额。

3. 效率

克运集运京津冀中小物流企业联盟的甩挂运输联盟的成立极大提高了甩挂运输的效率，并促进了物流运输业的发展。

甩挂运输联盟的实质是通过使用互联网技术来确认哪些线路需要开展甩挂运输，然后对这些线路统一进行安排和优化，对降低能源的消耗和公路资源的消耗拥有积极的作用，并且能够优化资源配置和减少二氧化碳的排放量，从而大幅度的提升联盟利益和社会效益。

此外，克运集运京津冀中小物流企业联盟切实推动了多式联运的设施设备进一步提升，基于物联网、大数据等信息手段建立联盟内信息数据平台，使得联盟内企业的物流信息实现信息共享，打通联盟内企业的高效运转的一大障碍。

同时，两部委发布《关于进一步降低物流成本的实施意见》明确提到建立全国多式联运公共信息系统，推行标准化数据接口和协议，更大程度实现数据信息共享，为多式联运的信息扫平了又一大障碍，对多式联运提效又增加一砝码。因此，克运集运京津冀中小物流企业联盟可谓生逢其时，前景光明。

五、结束语

2017 年 1 月，由交通运输部等 18 个部门共同制定的《关于进一步鼓励开展多式联运工作的通知》

中提出了当前我国多式联运发展存在的突出问题：发展水平仍然较低，协同衔接不顺畅、市场环境不完善、法规标准不适应、先进技术应用滞后等。而以中小物流企业为主的国内市场也由于企业部门间相互独立以及企业间缺乏协调机制，为多式联运的进一步发展增加了阻碍，使我国多式联运特别是我国集装箱铁水联运发展总体呈现起步晚、规模小、形式单一的特点。

本成果针对多式联运目前存在的突出问题，从中小企业物流联盟推动多式联运发展的角度提出了五大措施：打造有力的联盟模式、择优选择联盟成员、构建联盟间服务网络系统、确立物流联盟企业间合作模式、共建码头为多式联运运营中心体系、数字化管理提升联盟效率和品质，并且给出了具体的实施方案。

本成果是克运集运集团牵头组建京津冀中小物流企业联盟并开发上线“箱车货（仓）一体化匹配”平台的实践总结和理论升华，并在效率和效益两方面初见成效。事实证明，本成果是助推我国多式联运标准化、集装箱化、规模化、最优化、信息化和智能化发展的铺路石和敲门砖，也为物流业降本增效、转型升级开阔了相应的思路。

成果创造人：范金魁　公司管理团队

基于数据驱动平台的生产组织模式构建与实施

贵州航天电器股份有限公司

贵州航天电器股份有限公司（以下简称“航天电器”），是中国航天科工集团有限公司下属上市公司，成立于2001年12月31日，2004年7月在深圳证券交易所上市，股票代码002025。

航天电器始终坚守“致力高科技领域，追求卓越、共享成就”的使命，在高端连接器、继电器、微特电机、光电、线缆组件、二次电源、控制组件和遥测系统等领域从事研制生产和技术服务，是国内集科研、生产于一体的电子元器件骨干企业之一。贵阳产品事业是航天电器的军品事业部，主要从事连接器、继电器、电缆、及其组件加工，以多品种、小批量、定制化、短交期军品生产为主，是航天电器先进管理模式和管理型人才的孵化基地。2019年全年完成商品产值123697.18万元，同比2018年增长11602.56万元，资产净收益达到11.23%，全员劳动生产率提高了8.11%。

一、创建背景

（一）中国制造发展的时代要求

在中国制造2025的背景下，工业互联网的全球覆盖将推动企业管理变革，传统的生产制造管理方式将无法适应企业发展需求。企业内外部生态环境中，所有的管理流程、方法和行为将会通过数字平台固化、仿真和数字孪生，并反哺和驱动管理持续改善，促进企业高质量发展。航天电器作为国家智能制造示范企业，在生产制造管理方面推进精益管理和数字化管理，流程、过程管理浪费较多，以盈利为目标的企业价值流导向流程和管控亟待改善，实施数字化平台驱动的精益生产管理，减少各种浪费，构建企业价值流程和机构设置，对企业转型升级具有重要意义。

（二）军工制造行业和定制化制造业市场竞争的必然要求

随着国产化替代的新要求和新形势，军工行业面临客户端广（航天电器就有2000多家客户），同行元器件级制造商多（竞争对手超过千家）的产业链特点。产品需求面临小批量多品种的离散特点。交付周期从传统以季度、月度为单位，压缩为以周为单位，周期越来越短。准时交付性要求越来越高，整个行业向民品JIT要求迈进。新产品定制化程度越来越高，且形成批产与选型送样混合的生产模式。作为元器件制造商，以上外部环境与内部管理无法匹配，直接导致交付周期拉长、合同履约率低下、运营成本剧增的局面。以上环境必然趋势公司通过数字化平台结合精益生产方式变革，促进企业高质量发展。

（三）公司实施数字化转型的必然之路

随着公司规模的不断扩大，原有生产过程的经验管理方式早已被时代所抛弃，成为限制企业发展的绊脚石，异构化信息系统成为企业内部数信息孤岛。而数据数字化工厂概念的出现，成为了企业解决内部生产矛盾的强有力工具。航天科工集团公司深入推动公司“三大变革”，促进企业转型升级，确立了制造与服务相结合、线上与线下相结合、创新与创业相结合的“三结合”新业态体系，舱、云结合的管理思路需要配套企业以数字化平台作为支撑，以底层网状数据平台构建子集工厂数字平台，是解决整个集团公司发展的主要方式。作为制造型企业，经营的目标是降低库存、提高有效产出（销售收入）、减低运营投入，急需构建顶层数据平台驱动生产管理，将信息化与产线化相结合，形成一个基于数据化的虚拟计划和调度系统，统筹采集、策划、控制、回馈、闭环的平台，辅助生产管理，替代经验管理，驱动管理变革，实现管理人员虚拟化，工作线上化，思路由领导指挥转变成数字化平台指挥，将工厂管理交给计划调度系统，将公司战略和管理落地到产线上、平台上，实现运营目标最大化。

二、内涵与主要做法

数字化工厂是以产品全生命周期的生产过程主数据为基础，在计算机虚拟环境中对整个生产过程进行仿真、优化和评估，并进一步扩展到整个产品的生命周期的新型生产组织模式。作为沟通产品设计和产品制造之间的桥梁，数字化工厂是现代数字制造技术与计算机仿真技术相结合的产物。运营管理则是对运营过程的计划、组织、实施和控制，是产品生产和服务创造密切相关的各项管理总称。通过构建数字化管理平台，在数字工厂与运营管理相结合的基础上，提出结合市场需求与预测、供应需求与预测，构建全生命过程与全业务流程的数字化管理与决策，实现数据平台驱动数字化工厂建设和数字化管理变革。

为快速响应市场需求，推动数字化智能化转型，提升组织架构和流程的科学性，实现信息透明和数据决策，打造数字化工厂，提高生产运营管理效率。以精益价值流为导向，结合物流和信息流优化业务流，通过集成各类异构信息系统，构建数据管理平台打通信息流消除信息孤岛；通过精益 PQ/PR 分析等手段夯实生产主数据基础，并以此构建市场、产品、计划、资源、供应链、质量等数据模型和分析平台；以基础数据和内部资源结构优化产线建设，以产线为最小单元实现过程在线和 JIT 准时化的工序排产，建立产线连续流；以精确的数据基础和科学的排产仿真模型实现运营过程的计划管理，建立销售-技术-生产-质量-供应为一体的计划、组织、实施和过程控制的管理模式。通过数据在线、过程透明、计划仿真等数据平台功能，促进内部员工信息系统思想变革、指导和监控产品全生命周期、以数据平台优化资源配置、驱动管理变革，促进顶层科学决策。

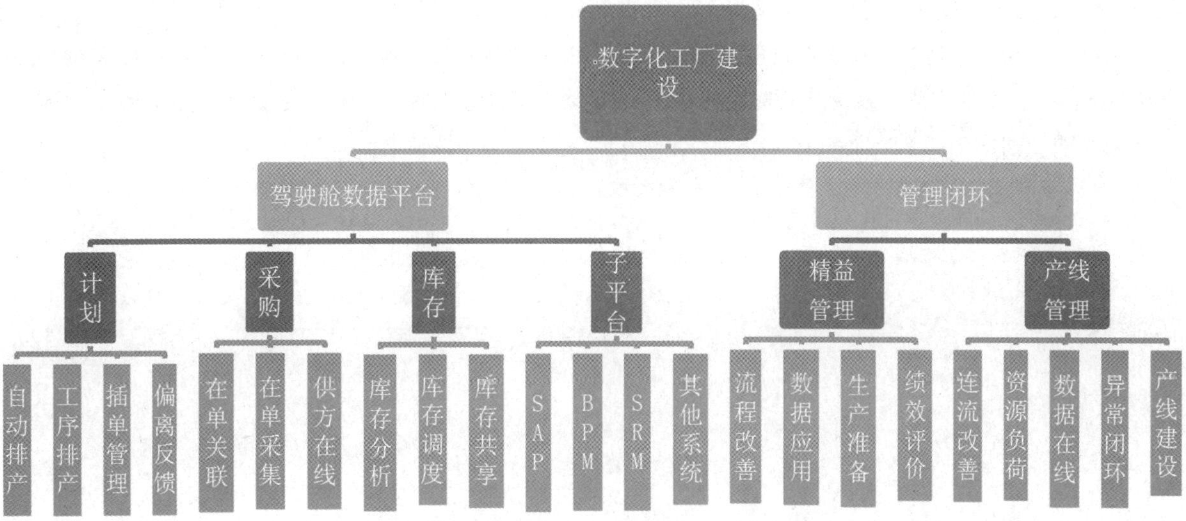

图 1　基于数据平台驱动的生产组织模式

（一）通过精益价值流构建产销驾驶舱数据平台

1. 携精益理念，踏实系统调研

项目于2018年9月进行需求调研，分为精益改善组和精益信息化组，并成立精益管理办公室信息化项目团队，借助内外部精益项目团队进行现状调研，调研由上而下分层调研，从事业部总经理、车间部门领导，到计划调度、车间班组长，历经2个月，于2019年10月，完成了驾驶舱项目的需求调研，并形成相应的21个需求调研纪要。纪要内容反映出当下销售、计划、生产的现状，结果如下：

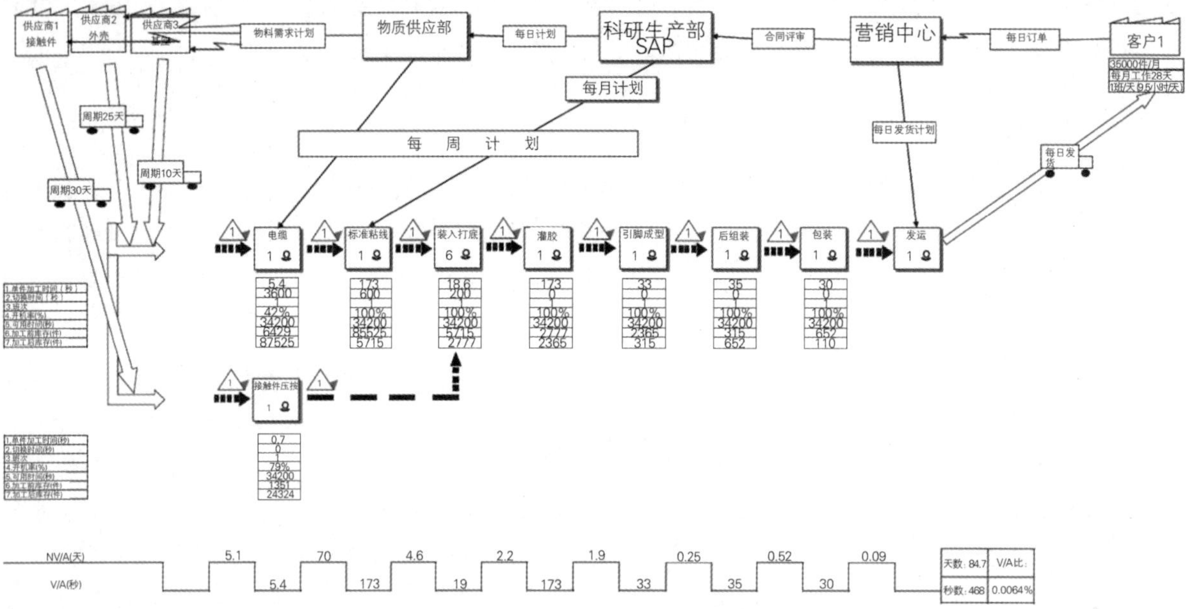

图2　J63A 系列 VSM 价值流图（现状）

过程中输出问题：

销售、科研生产部、物资供应部和各生产车间之间，各销售员、计划员、调度员、车间班组长和员工之间存在计划管理断层。各层采用各式 Excel 表格开展数据沟通管理；日计划滚动运算量1.5万批5000个编码依赖经验排产；跨部门缺乏有效的沟通、子孤岛业务系统错综复杂、流程节点繁琐、数据不规范；SAP、MES 和各类管理系统业务断层出现孤岛。

围绕准时交货，通过精益生产价值流图要求描绘工厂物流和信息流，描绘具有代表产品的 VSM 价值流图（现状）。以生产节拍最快，交货周期最短，减少 WIP（在制品），减少在制品原则，构建 VSM 价值流未来图。输出工厂制造业务流程图和优化的工厂主业务流程图。

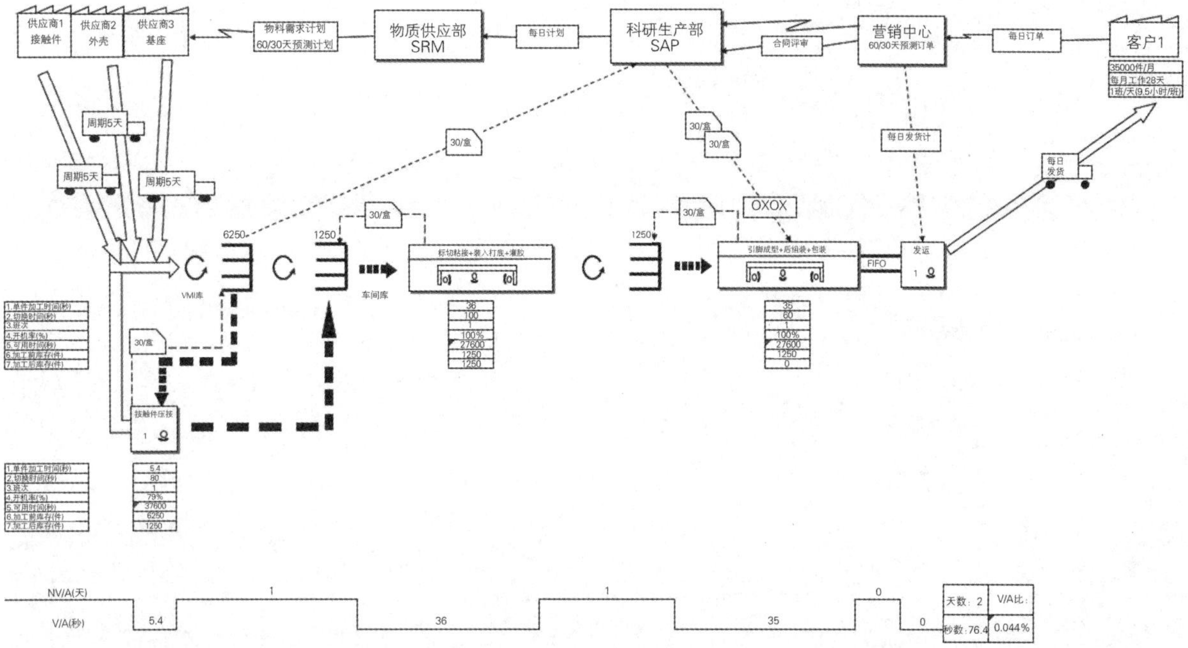

图 3　J63A 系列 VSM 价值流图（未来）示例

2. 分析价值流图，再造主业务流程

以 VSD 价值流图为导向，围绕主业务流程图，优化公司产主计划流程、销售计划流程、备货计划子流程、合同评审子流程、产品返工流程、成品计划创建流程、成品装配流程、零件计划创建流程、零件采购流程、零件自制流程、新品流程、原材料采购流程 12 个子业务流程。输出物流和计划流存在的断点，并重建优化的流程。

3. 分析业务流程，构建产销驾驶舱系统功能

以精益思想优化业务流程，保证业务流程的科学化和合理化，一次构建系统功能，保证系统实施的可行性。在优化的业务流程基础上，基于 SAP、MES 系统基础数据，通过“五个闭环”，即以有限产能高级计划自动排产构建销售订单到产品入库的计划闭环，以成品优先级关联零部件优先级构建成品与零件的配套闭环。

以产能负荷拉动主计划排程构建零件准时交付、准时配套、准时上下线的调度闭环，以各层计划定期锁定执行线上反馈构建管理和质量异常闭环，以工序计划排程扫码构建产线上下线日生产计划的执行闭环。构建了产销驾驶舱信息系统。

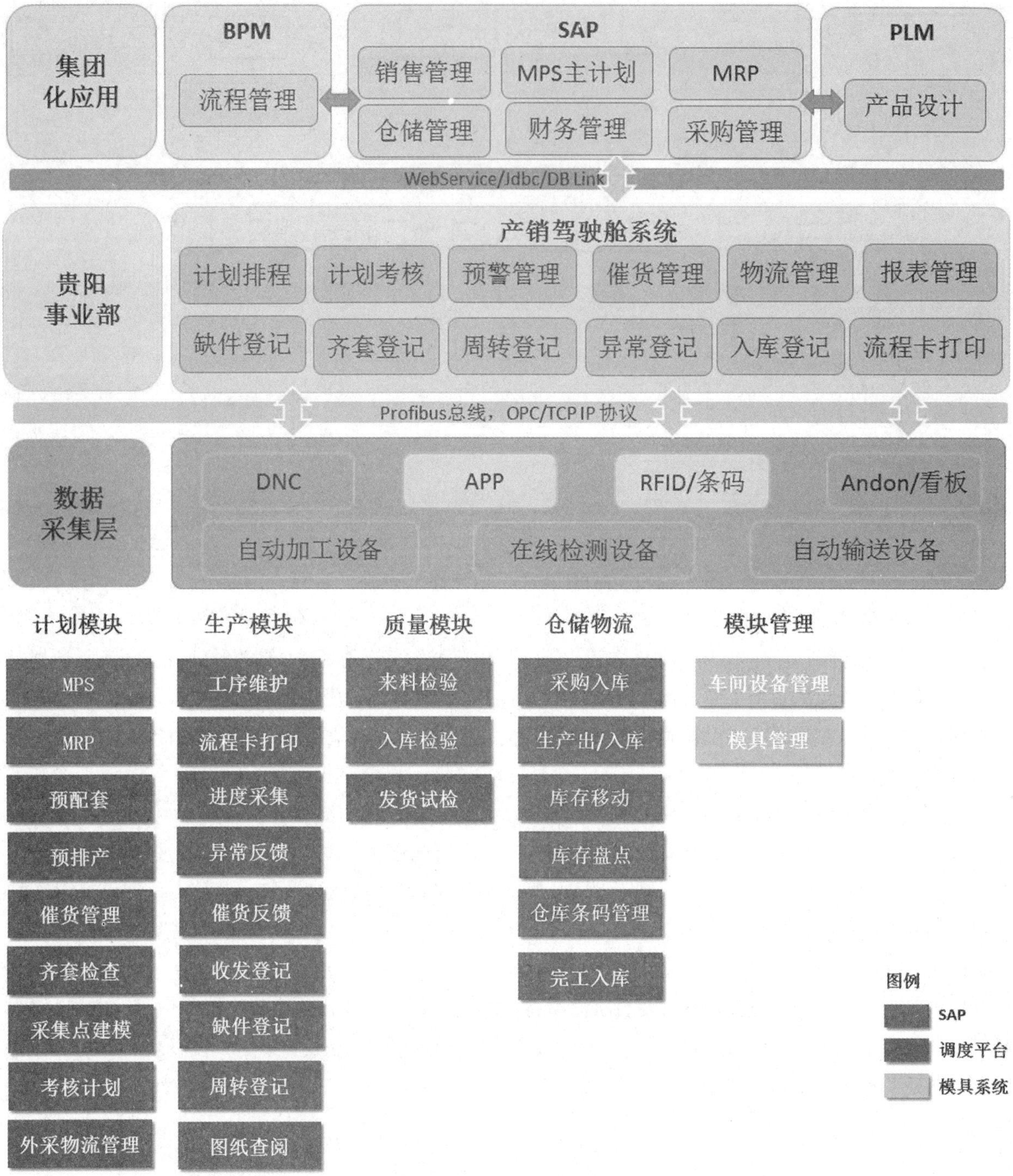

图 4　系统功能架构及模块

4. 围绕价值流，优化组织机构

从价值流重新梳理规划事业部组织架构，精简流程、明确分工。在销售计划前端组建市场计划部控制主计划排程，围绕数据分析运用设信息应用中心，围绕成品调度闭环设置成品和零件计划调度中心，各车间设置生产准备室控制计划准时上线，针对质量试验检验段设置质检中心，围绕齐套闭环设置物流中心和配套中心。对职责进行重新分工，让价值流程上的各子流程闭环，确保生产制造系统工作业务面向驾驶舱分配任务，为价值流程服务。

（二）立足产线化数据分析，改善生产现场

人工经验的排产是无限产能排产方式，由于车间无限产能，会最大程度的将订单派发到车间，由车间按自己的计划组织生产。一方面会导致销售计划、生产部计划和车间计划不同步，无法积极响应市场需求，紧急催货订单、内部生产异常等情况，使得本来就应接不暇的生产计划变得杂乱无章、生产过程不可控。计划源头与市场需求偏离过大，使得紧急插单完成率、准时交货率、内部生产效率和资源利用率等各项生产指标大幅降低，严重制约公司发展。

1. 分析产品族，优化资源结构

针对订单排产和计划问题，首先基于产品数据的 PQ/PR 分析，将所有产品按产线和产品系列进行数量、工艺数据分类，结合 VSM 价值流图推动车间产线变革。测算变革后的产线产能数据，用以支撑订单排产的产线约束、产能约束等排产规则库。

产品数据分析，推动产线变革所有产出统计数据均以车间作为单位，但车间加工产品种类繁多，如果将以车间作为资源池，信息系统实际排产不准确。因此，提出去车间化的产线产能资源思路。将贵阳产品事业部能划分产线的车间全部划分。

过程中采用精益生产 PQ/PR 的分析，制定产品系列划分的规则，收集了系列周期、经济批量、最大加工量、资源产能等基础数据，将6万多编码定义产品系列，将并对其中的数据不断进行验证、修正，保证主计划排产数据的准确性。最终形成408个小系列。

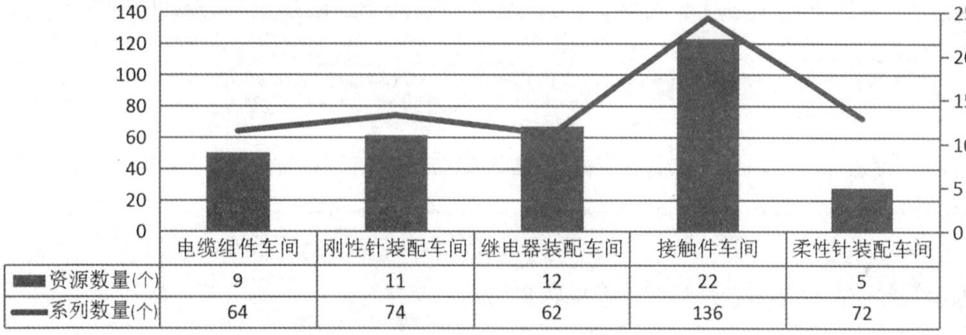

	电缆组件车间	刚性针装配车间	继电器装配车间	接触件车间	柔性针装配车间
资源数量(个)	9	11	12	22	5
系列数量(个)	64	74	62	136	72

图5　成品、合件系列数据情况

零件资源以采购、自制两种方式存在，产线化只能局部运用，因此在系统中采用系列化对应周期时间转换方式，实现零件周期标准，并不断迭代。针对所有型号进行了 PQ/PR 的分析，规定零件系列划分的规则，收集了系列周期、经济批量、最大加工量、资源产能等基础数据，将7万多编码定义零件系列，将并对其中的数据多次进行验证、修正，保证主计划排产数据的准确性。

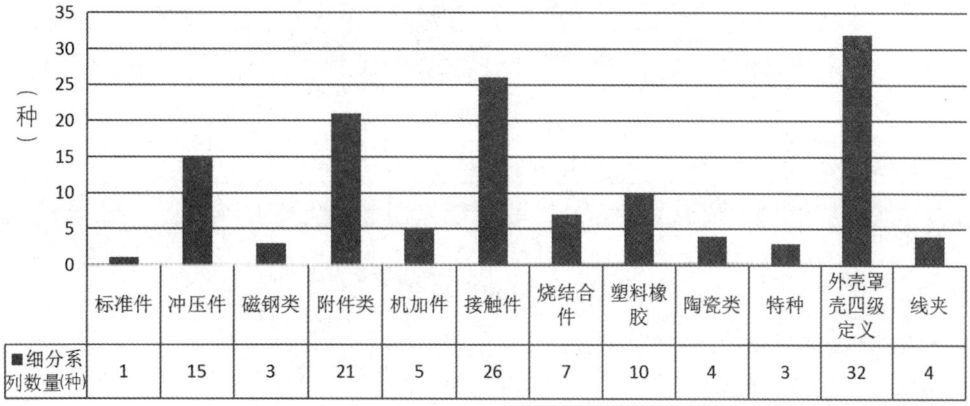

	标准件	冲压件	磁钢类	附件类	机加件	接触件	烧结合件	塑料橡胶	陶瓷类	特种	外壳罩壳四级定义	线夹
细分系列数量(种)	1	15	3	21	5	26	7	10	4	3	32	4

图6　零件系列数据统

2. 建设连续产线，支撑订单排产

车间产线数据 PQ/PR 保证产线变革的有效性。车间产线变革来源数产品数据分析，以数量特征和工艺特征形成 59 条生产线。围绕 59 条资源负荷调整车间生产现场，拆分生产线，建立了 30 条精益连续流生产线。并通过产线的产品类型、产品产线的产能数据测算，得到 552 个产品系列，62 个资源池，并整个车间资源多产能和产品提前期进行测算，支撑计划排产的资源产能和资源负荷。

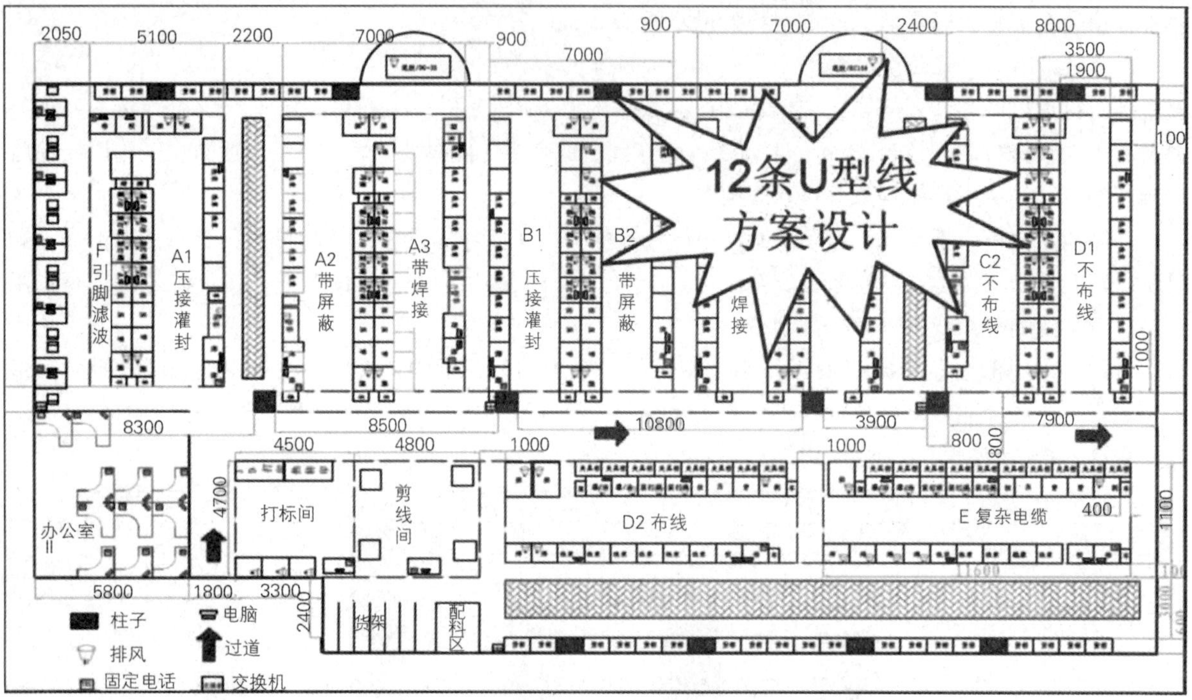

图 7　产线优化图示例

并通过产线的产品类型、产品产线的产能数据测算，支撑计划排产的资源产能和资源负荷。

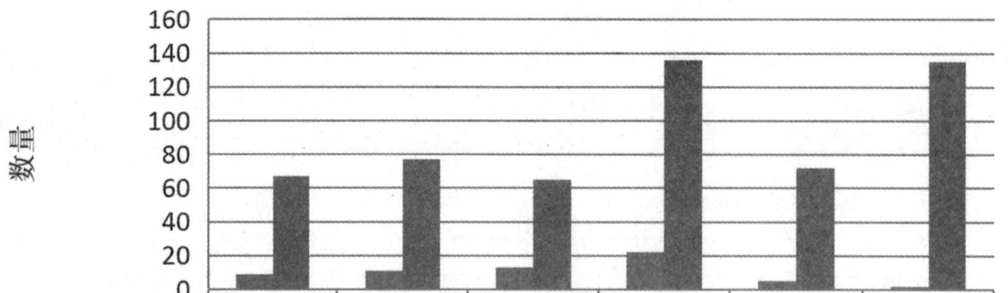

	电缆组件车间	刚性针装配车间	继电器装配车间	接触件车间	柔性针装配车间	机加、特种车间
■资源数量	9	11	13	22	5	2
■系列	67	77	65	136	72	135

图 8　资源系列分类

3. 排产生产计划，指导车间执行

产销一体化的订单排产的排产规则中，车间以产品系列为最小数据，合成产品系列之后得到产线数据。根据产线数据的产能测算、产品提前期测算、资源负荷上下线等参考因素进行排产。排产规则约束得到的订单排产结果，能真实反映车将的产线资源情况，排查结果与车间实际生产实力相匹配。

（三）建立 APS 排产模型，实现计划仿真

生产计划与排程是生产管理之核心，是企业的指挥调度中心，大部分企业计划管理的效果都不理想，原因不在于企业高层的重视程度，也不是靠个人英雄主义（主计划、总调度）所能驾驭的、当然也不是一个信息化系统能够解决的，其中需要对计划流程的梳理、生产异常的提前规避、基础数据、数据模型的准确，通过流程的优化，信息系统的辅助，最后达到趋向真实可行的计划，并且实现最终流程标准、过程可监控、结果可测量、经验可复用。

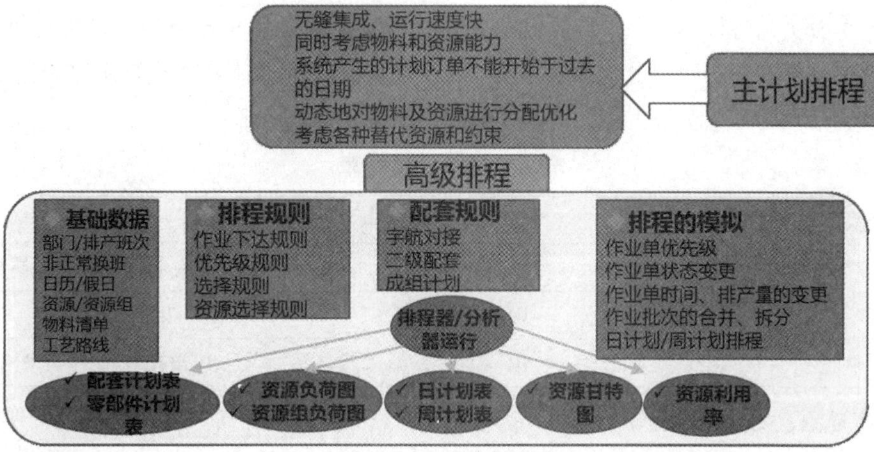

图 9　主计划排程

1. 研究排产算法，制定排产算法

当前 APS 界主流的 4 代算法，产销驾驶舱系统中借鉴其中：约束理论、瓶颈产能、优先规则、线性规划、启发式规则的相关算法思想。结合公司生产实际情况，选择基于约束理论的排产算法。计划排产调度的实施的关键是基于约束规则，基于约束自动的调配资源、优化排序来达到需要的计划目标。主要规则分类如下：基于订单的规则（Job Based）；基于事件的排程（Event Based）；基于物料的约束（Material Constrain）。

图 10　APS 主流算法

2. 制定排产规则，保障科学排产

如何让顾客交付周期最短，产能负荷最高，排产规则是关键因素，整个系统确定了 400 多条规则库。订单投产过程的约束问题可分为订单来源、计划生产、零件配套、零件准备等几个过程。其市场订单优

先级可用模型表示。假设订单 O 来自于客户 C，其订单类型为 Otp，客户要求的订单交付日期为 Ot。订单来源约束如下表所示：

表 1　订单来源优先级

约束类型	约束等级	约束规则
C	II	Ci>Cj
Ot	I	时间第一优先
Otp	II	Otpi>Otpj

订单状态 S 可分为销售订单状态、成品订单状态，产线资源 R 则根据资源分配类型分为活动资源、锁定的资源，而零件资源 P 则可以分为库存零件、在制或在途零件、计划零件等几种情况。零件资源占用优先级可以分为活动的紧急资源占用大于锁定资源。结果如下表所示：

表 2　资源占用约束

约束类型	等级	约束规则
S	III	C 在制>C 创建>C 销售
R	III	R 活动>R 锁定
P	III	P 库存>P 在途>P 计划

3. 占用生产资源，实现资源需求分析

预配套过程是一个资源计算和资源占用的过程，排产算法根据订单状态计算出当前的资源占用和资源需求情况，整个过程从销售订单开始，以 BOM 为主线进行资源运算。主要步骤如下：

Step 1：销售订单配套需求计算：根据销售订单下单情况集合 BOM 与预配套进行成品下一层子项，计算需求，根据实际 SAP 的已配套情况扣除已配套部分。

Step 2：库存批次预占：根据排列成品订单优先级依次预占，优先占成品储备类库、其次占用普通库库存，批次占有规则为根据预留表中的订单需求与库存批次入库时间进行先进先出（FIFO）进行批次预占。

Step 3：在制在途批次预占：根据排列成品订单优先级依次预占，在制在途订单依据下达时间，排列优先级进行在制在途批次预占，其中宇航产品不允许混批。根据资源运算，输出如结果如表所示：

表 3　资源占用及状态情况

生产过程	资源状态	
销售订单	销售订单缺件表	销售订单配套表
成品计划	成品计划缺件表	成品计划配套表
成品订单	成品订单缺表	成品订单配套表
零件状态	零件库存结余表	零件订单结余表

其中：缺件表：未下计划的销售缺件表，成品计划的缺件表，成品订单缺件表。配套表：未下计划的销售配套表，成品计划的配套表，成品订单配套表。零件结余：库存批次节约、零件生产订单结余、采购订单结余。

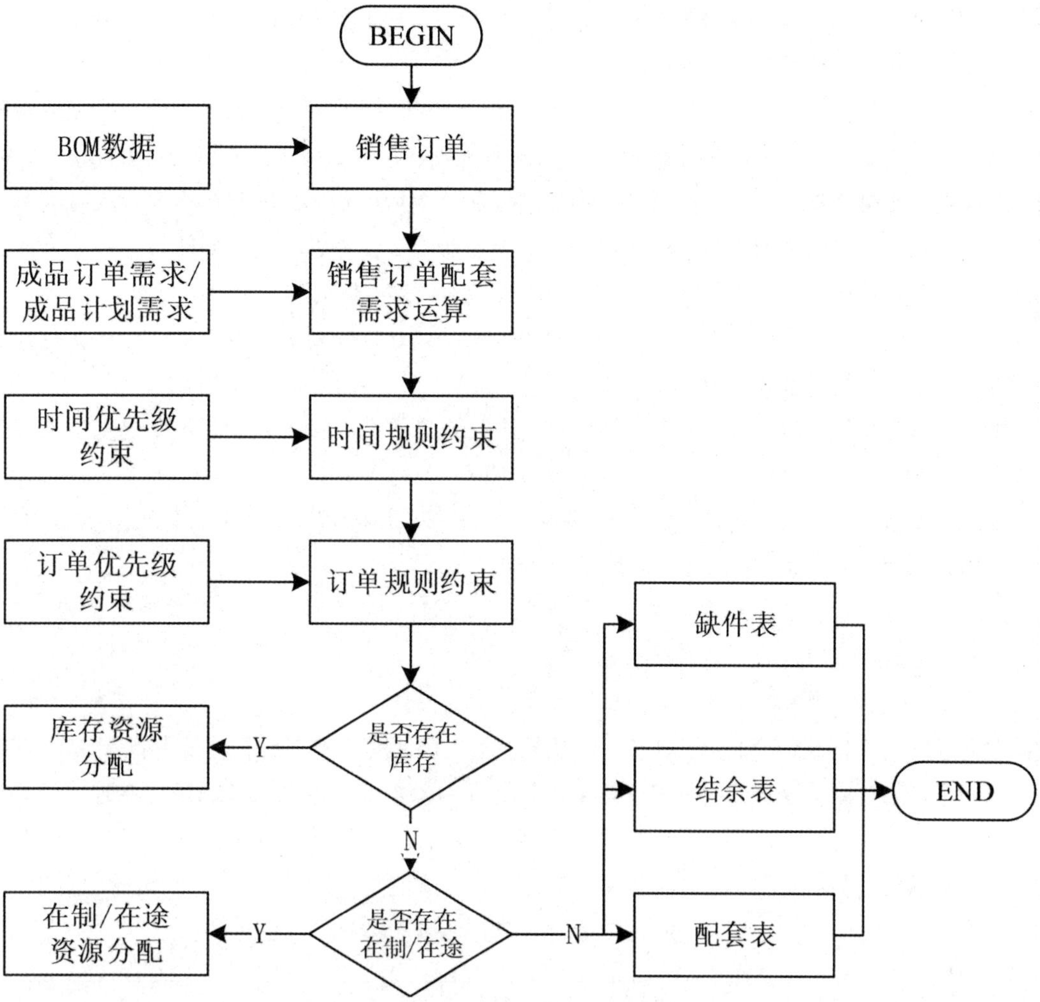

图 11　预配套资源占用流程

4. 预排产算法仿真，模拟订单生产过程

整个排产过程主要针对时间资源分配约束规则、产线资源约束规则以及零件资源约束规则进行排产，传统的排产方式有顺向排产和逆向排产的方式，本文根据两种特征，提出一种混合排产的方式。则订单排产步骤表示为：

Step 1：成品订单预排：根据排列成品订单优先级依次预占，根据系列的月度工厂日历、月度产量、加工周期。规划出每日系列的加工产能，设定成品订单要求零件入库日期，结合齐套情况，依次顺排每日产能预占，计算得出成品订单的开完工日期。

Step 2：零件订单预排分为 2 条线：

逆排：成品开工日期结合零件的产能，预估加工周期逆推零件的开工日期，如排产时间可行则排产结束，如不可行执行 b 路线。

顺排：从可用资源日为开始日期和零件的预估产能，预估加工周期顺推零件的开完工日期。

Step 3：确定成品交货日期排产：根据成品交货日期逆排成品开工日期，当库存不配套时，逆排零件的开工日期。

Step 4：成品与零件订单排产完毕后，系统将根据自动匹配对应的订单采集点数据，结合采集工时数据（或比例）预排出每个采集点计划开始完工节点，并结合采集点实际绩效进行匹配预警。

5. 柔性化计划控制，提高排产准度精度

为了处理不确定性因素如未计划的生产率变化情况或无法预期的生产资源停工期，产线驾驶舱系统通过采集点的过程采集可以随时监控工厂中与假设偏离的各种情况，并据此更新订单的预期完成时间。除了偏移造成继续重排之外，另一个特征是两步计划程序：增量计划：在现有排程中寻找时间差，以保证只对订单进行最小的时间上的调整。重新计划：由于最初的排程可以通过不同的订单顺序来改进，我们有时会考虑重新优化排程，目的是要产生新的成本更低的订单顺序。

计划统一，节约协调时间。销售、生产、车间各有三套计划，计划重合度：45%，计划合并后合并为一个主排程计划，计划重合度：100%。

系统排产，一键执行。将原来依靠人工逐个订单进行排产的经验决策方式，转变成复杂约束过程和复杂订单客户优先级排产运算，运算过程科学准确效率高，节约人工成本。

高效排产，解放人力。人工排产方式，连接器计划：（2500 批/周）手动排产确认：8 人 * 4h/天。系统排产：1min（2500 批/周）确认计划：2 人 * 30min/天。

零件需求，一键确定。零件汇总缺件、缺件计划分工合计、匹配计划与考核数耗费大量人工成本。系统分析后直接生成零件缺件计划表，1min 输出排程结果。

6. 提高计划完成率，让客户满意

周计划完成率（合同履约率）。计划进入驾驶舱之后，将销售考核计划、生产考核计划、车间考核计划合并成一个考核计划，让各部门更加聚焦生产计划，保障各生产节点的基调保持一致。订单类型完成率。计划进入驾驶舱之后，让各工段更加关注选型、核心计划，引导车间关注未完成计划，牵引车间生产客户比较急需的产品。

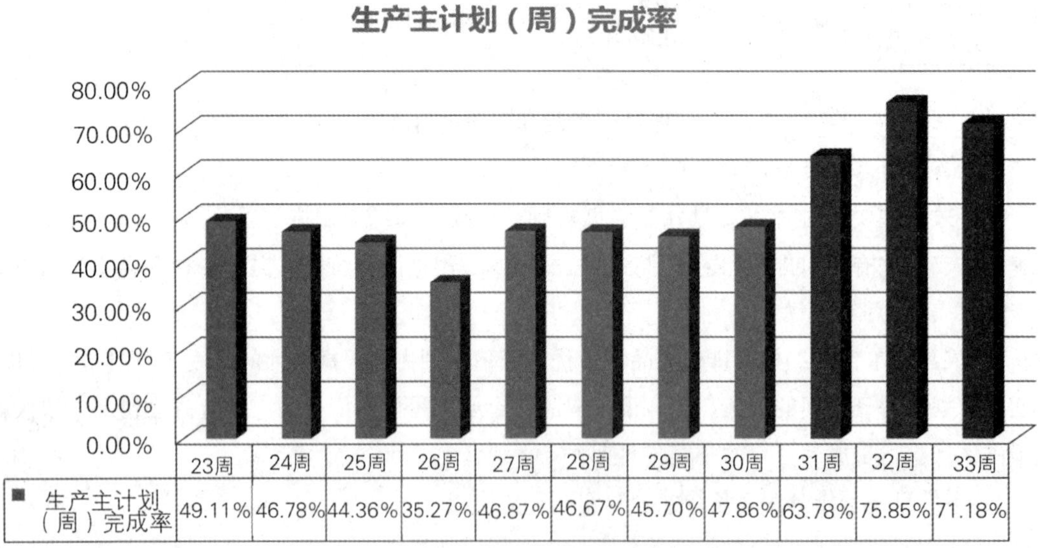

图 12　生产计划完成率

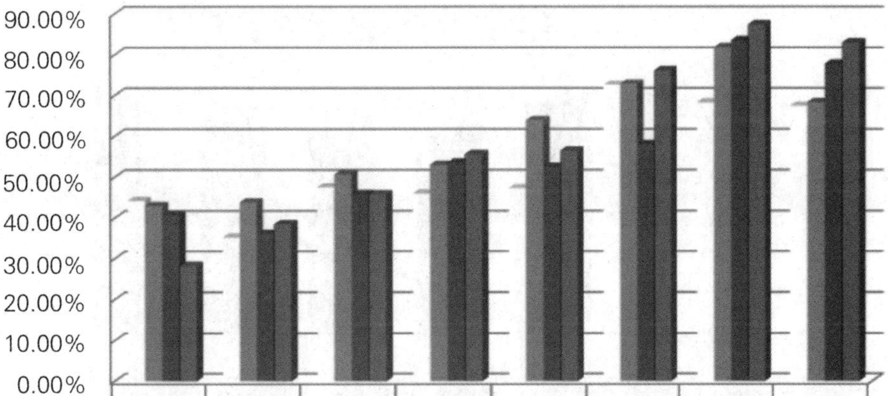

	26周	27周	28周	29周	30周	31周	32周	33周
普通	44.18%	35%	47.51%	46.00%	47.31%	72.55%	68.22%	67.39%
■ 重点	42.96%	43.84%	50.62%	53.01%	63.87%	72.86%	81.80%	68.33%
■ 核心	40.60%	36.10%	45.85%	53.54%	52.52%	58.04%	83.55%	77.78%
■ 选型	28.22%	38.37%	45.81%	55.56%	56.47%	76.14%	87.40%	82.93%

A　**柔性工段主计划完成率**

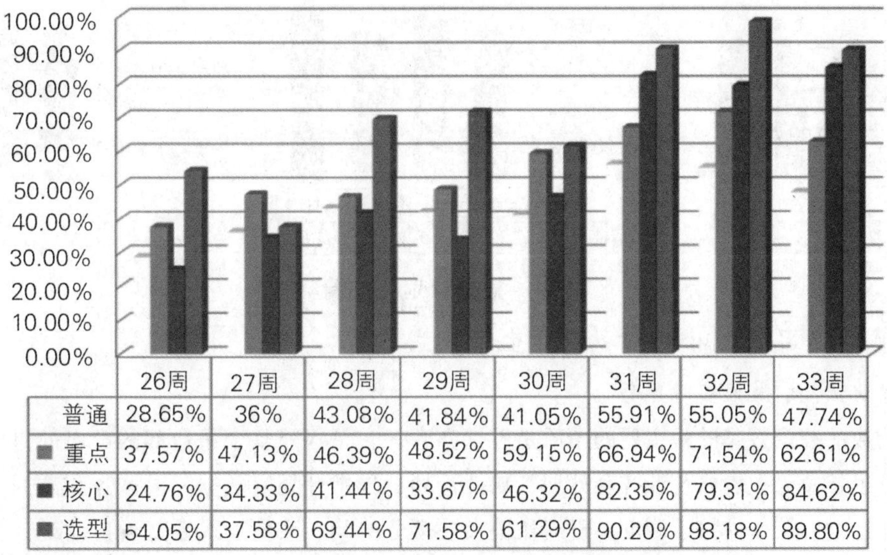

	26周	27周	28周	29周	30周	31周	32周	33周
普通	28.65%	36%	43.08%	41.84%	41.05%	55.91%	55.05%	47.74%
■ 重点	37.57%	47.13%	46.39%	48.52%	59.15%	66.94%	71.54%	62.61%
■ 核心	24.76%	34.33%	41.44%	33.67%	46.32%	82.35%	79.31%	84.62%
■ 选型	54.05%	37.58%	69.44%	71.58%	61.29%	90.20%	98.18%	89.80%

B　**刚性工段主计划完成率**

图 13　车间主计划完成率

紧急插单计划准时完成率。事业部紧急插单准时完成率从 5 月的 72.42% 上升至 8 月的 90.47%。车间紧急插单计划完成率持续提升，柔性连续三月完成率突破 80%。

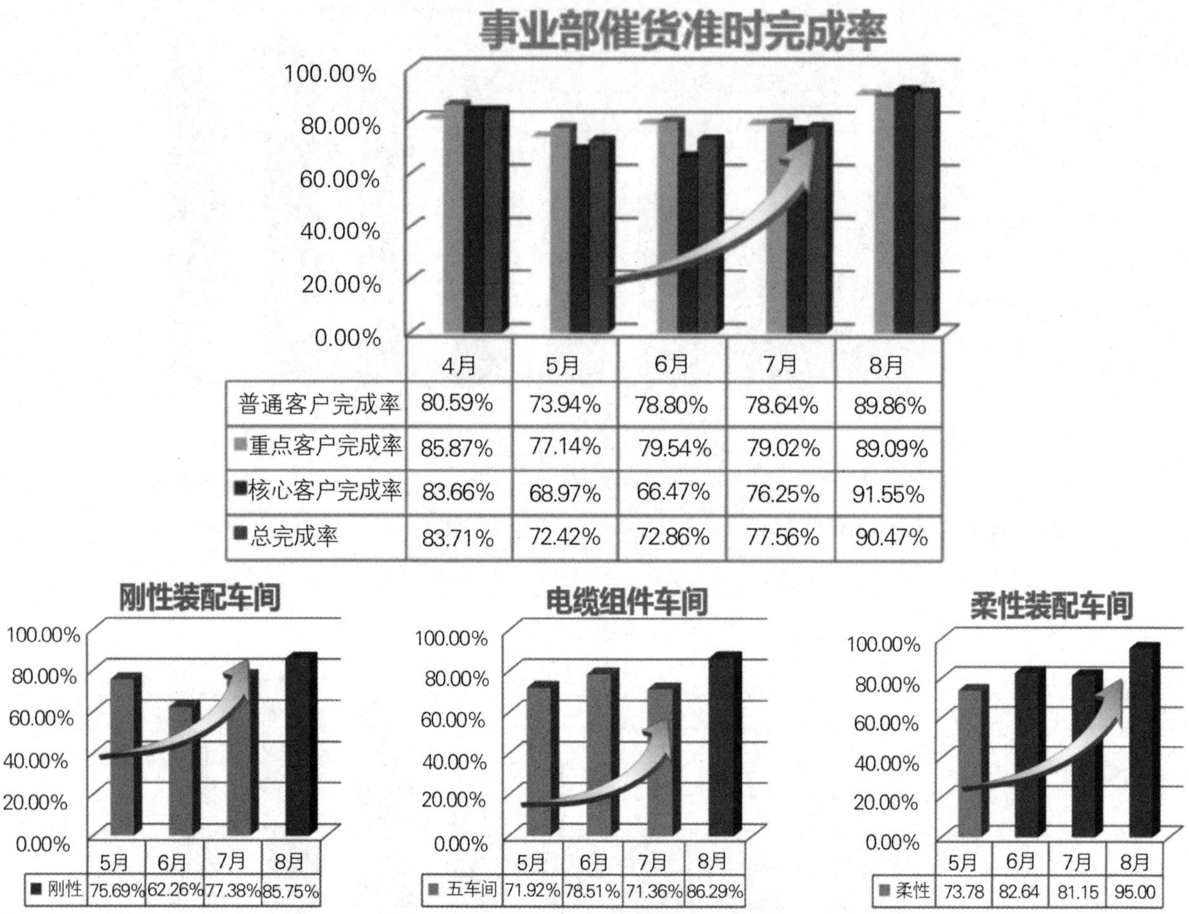

图 14　插单计划完成情况

（四）基于多品种、小批量的 JIT 生产模式构建

1. 数据提前预知，监控实时齐套

针对影响成品装配效率的最主要的矛盾是零件齐套，它是保障整个事业部的产出的重要指标。以前需要调度、班组长每天拉表格统计齐套计划、缺件计划、异常计划等数据，根据齐套数据预排日、周计划，统计齐套计划的工作占据了调度、班组长很大一部分时间。系统上线后每天自动统计各车间、班组计划的结转齐套情况、新增计划齐套情况、缺件计划情况、未配套情况、异常情况等数据，为各部门、车间领导做决策提供数据支撑，为调度、班组长做排产提供数据支撑。

时间	班组	齐套情况						缺件情况		
		齐套金额（万元）	齐套数量（只）	齐套批次	新增齐套金额(万元)	新增齐套数量（只）	新增齐套批次	缺件金额（万元）	缺件数量（只）	缺件批次
2020-04-11	401	859.67	36495	1151	14.56	609	31	44.5	3051	19
2020-04-11	402	298.33	13361	601	12.73	1199	50	8.87	601	14
2020-04-11	403	210.47	6599	226	3.66	132	18	2.29	128	5
2020-04-11	902	0	6	1						
2020-04-11		8.49	515	26	7.41	415	25			
2020-04-11	汇总	1376.95	56976	2005	38.35	2355	124	55.66	3780	38

2020-04-10	401	932.23	39523	1282	90.73	4904	139	52.08	3696	24
2020-04-10	402	312.93	13618	630	49.96	2404	206	10.64	518	15
2020-04-10	403	242.08	7193	250	16.98	867	57	2.29	128	5
2020-04-10	902	0	6	1	0	6	1			
2020-04-10		1.08	100	1						
2020-04-10	汇总	1488.33	60440	2164	157.67	8181	403	65.01	4342	44
2020-04-09	401	960.06	40124	1287	191.84	4639	121	49.08	2545	21
2020-04-09	402	314.06	13737	575	48.36	2074	76	9.32	498	13
2020-04-09	403	255.05	7607	252	54.92	2588	47	2.29	178	6
2020-04-09	902									
2020-04-09		1.08	100	1						
2020-04-09	汇总	1530.25	61568	2115	295.12	9301	244	60.69	3221	40

图 15　齐套缺件情况

2. 计划提前预知，预先生产准备

为了降低产线加工计划的调整次数、减低生产计划的准备时间以及提高计划的均衡排产，每个车间需要在收到计划时，就需要提前做生产准备，主要检查工装夹具、辅料、导线、技术文件、工艺路线、是否齐套等信息。以前生产准备的信息只维护在电子表格里面，而且信息不能实现共享，生产部排产无法考虑生产准备的内容，导致生产主计划排产的准确率较低，调整幅度大。

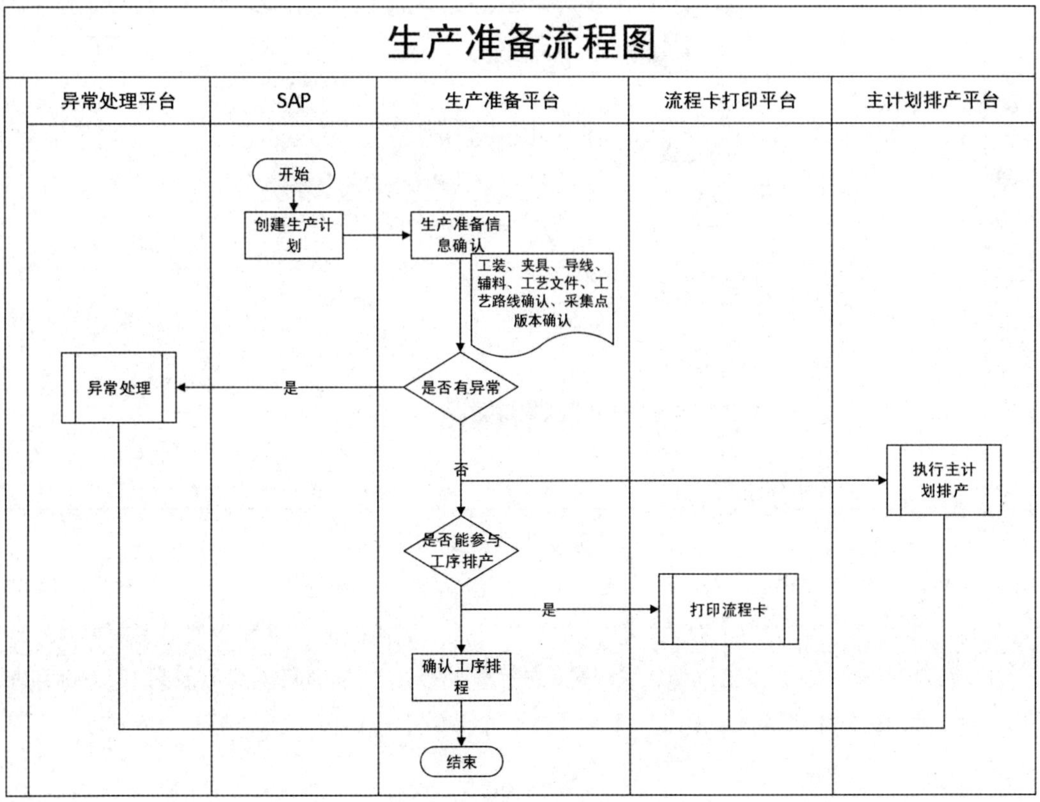

图 16　车间生产准备工作流程

在产销驾驶舱系统上线后，所有的生产准备工作在系统上进行，信息完全共享且高效。生产准备模块采取点检法进行检查工装夹具、辅料、导线、技术文件、工艺路线、采集点版本等信息，同时工艺路线的信息能共享到打印流程卡板块，生产主计划排产能兼顾生产准备维护的信息，提高了主计划排产的准确性。

3. JIT 准时工序计划，缩短典型产品装配周期

车间工序计划在采集点版本维护、工艺版本维护完善基础数据前提下，系统通过排产逻辑运算得到班组产线的工序计划。根据工序 PDA 扫码报工监控计划的执行情况、完成情况和异常情况。订单的扫码报工过程关联整个生产过程，一方面推动产线员工按日计划执行，根据异常情况方便快捷的处理，从而形成完备的班组计划管理和异常情况管理，提高产线效率、推动产线优化和质量改进。

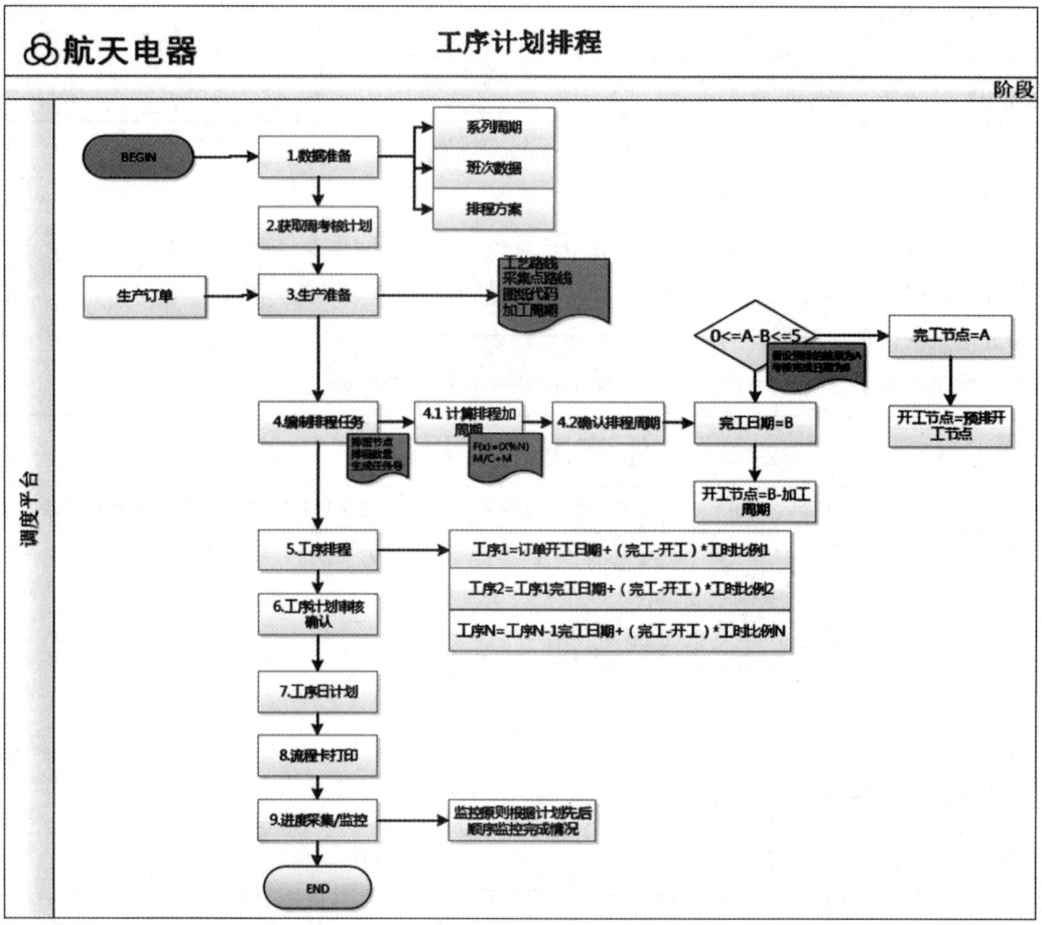

图 17　车间生产准备工作流程图

工序排产准时化推动现场管理改进、产线优化、过程监控和异常处理，从各方面缩短产品的加工周期，提高周均衡生产率。J63 产品：从 43 天缩短至 17 天，达到挑战值。柔性带线产品：从 43 天缩短至 22 天，达到项目挑战值。三头以下电缆：从 56 天缩短至 33 天，达到项目挑战值。图 18 为每月 J63 产品周期具体情况。图 19 为每月第一周入库产值，从 594 万元提升至 1819 万元，提升 206.23%。

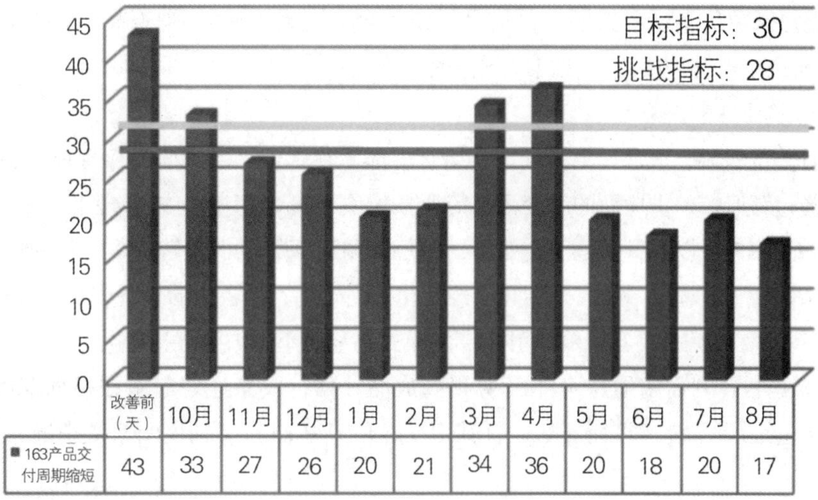

图 18　J63 产品周期

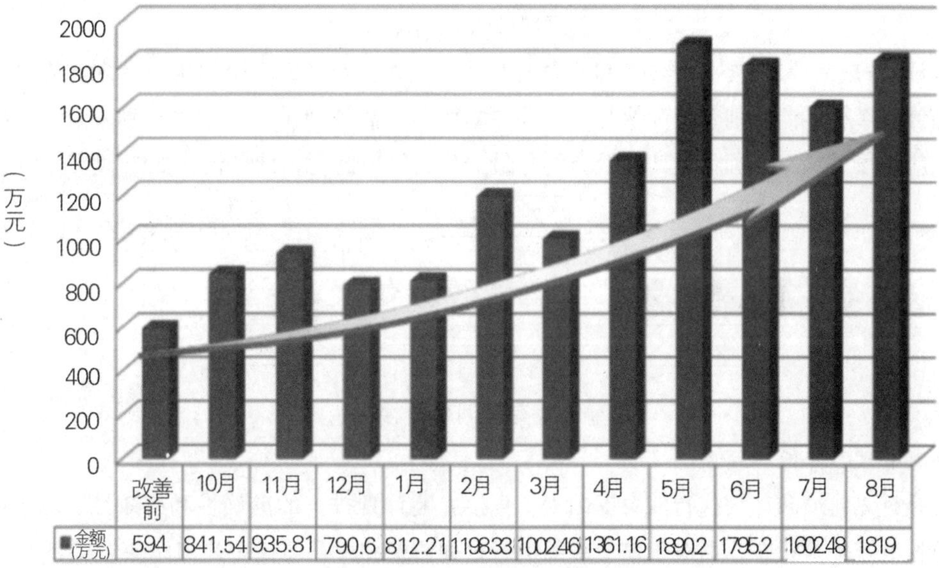

图 19　周均衡生产率

4. 及时预警，提高异常处理效率

异常管理。生产计划在执行过程当中会出现各种异常，以前只是通过 RTX 反馈异常，异常处理效率低下、信息没有闭环以及质量异常数据没有系统的数据进行分析。产销驾驶舱系统上线后，科研生产部、车间、质量部门在工作过程中遇到各类与生产相关的异常信息，都可以通过调度平台进行异常登记，后台管理人员或者异常解决人员可以在系统中首页醒目处查看到异常信息，后续能对异常信息进行统计展示，对于异常的分析决策，降低异常发生概率。

计划预警。产销驾驶舱平台通过监控周考核计划、工序日计划、催货计划、协作计划、异常处理等功能模块，能根据考核时间与实际时间或理论时间做比较分析，将计划即将超期或已超期的计划进行标识，并通过系统发送提醒消息到相关负责人 RTX 进行提醒。

（五）基于产供销一体化的协同管理模式构建

为解决企业库存资金问题，打通销售端与供应链端，生产端与供应端之间的信息壁垒，使得销售-

生产-供应链中端对端的信息过程透明。以信息系统平台为驱动，协同管理模式为载体，打造企业产供销三维一体化协同化生产管理模式，提出以下管理模式。

1.计划牵引，零件科学供应

以成品销售计划为核心，成品计划为导向，结合内部库存管理、供应商库存管理、供应商的质量信息管理、供应商生产过程监控、供应商的综合评价等业务板块开发SRM供应链管理平台，与企业SAP系统、驾驶舱管理平台相互集成。以提升采购工作效率，缩短采购周期、减少采购成本，快速响应市场、服务生产为目的。实现采购业务流程统一化、透明化、规范化、高效化、平台化的管理模式和管理平台。

单独的市场牵引生产模式或者订单牵引生产的模式在企业管理中存在弊端，缺乏快速的市场响应和需求分解与响应。销售计划需求通过MPS运算得到成品计划，成品计划需求在根据MRP运算得到零件计划，计划的来源会因为系统运算而滞后，且其中存在信息断档和信息流闭塞的情况，计划牵引模式如图20所示。

图20　原有计划牵引模式

构建销售计划-成品计划-零件计划三维一体计划牵引模式。市场需求牵引生产计划和零件计划管理和执行；成品计划牵引零件计划管理和执行；零件计划作用成品计划排产和销售计划发货。三维计划的协同是积极响应市场需求、合理化生产和资源利用最大化的集中体现，计划模式如图21所示。

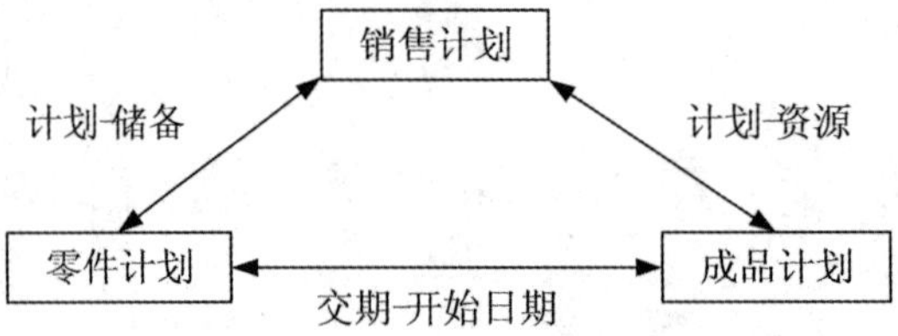

图21　现有计划牵引模式

2.多级库存管理，降低库存风险

库存资源是计划排产和计划执行的关键因素，直接影响计划排产的准确性和有效性。对于库存资源和订单资源监控处于失效状态，而对于供应商的生产过程监控和库存监控更是出库缺失状态。

计划前置策略。计划前置指零件计划前置，根据市场需求预测得到预测订单，根据市场需求计划将零件计划提前，作为成品计划的零件储备。将储备计划下达到供应商，供应商生产储备零件。

资源前置策略。当计划前置之后，势必会带来库存资金增多等问题。

策略一：在正常库存的基础上，引入VMI的库存管理模式，零件资源以供应商寄售形式寄存在寄售库房，结算方式为寄售库房的出库结算，以此作为缓解库存管理风险策略，保障零件资源供应的及时性和高效性。

策略二：在SRM系统中设置供应商库存信息管理，将资源缓冲设置前置，到供应商自制库存中。

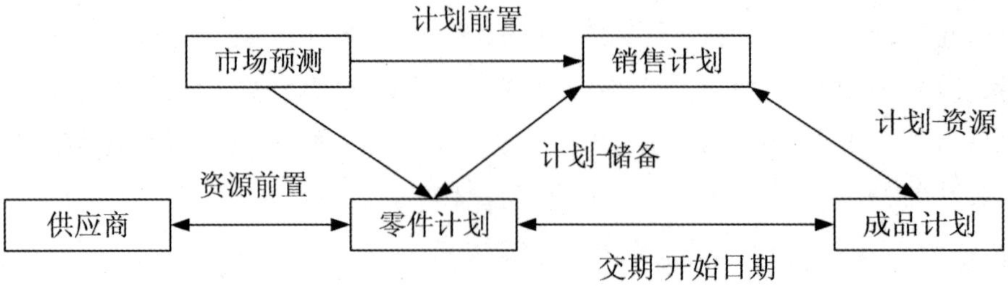

图22　现有计划牵引模式

3. 提高库存利用率，降低运营成本库

零件资源优化如库存数量降低、库存周转率提高、零件准时到位率提升等几个方面降低库存金额、提高库存利用率和采购效率。

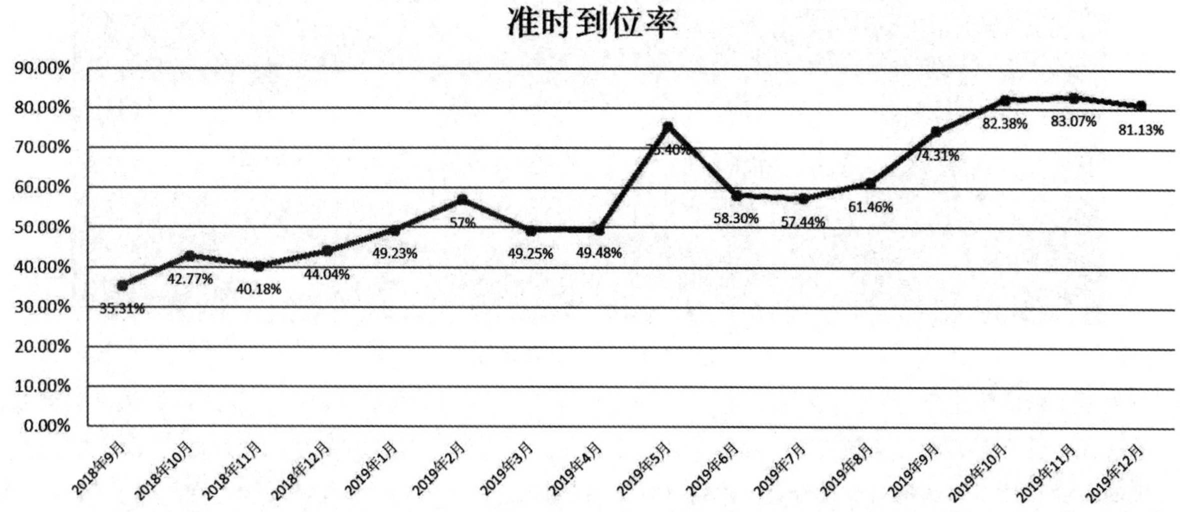

	2018年9月	2018年10月	2018年11月	2018年12月	2019年1月	2019年2月	2019年3月	2019年4月	2019年5月	2019年6月	2019年7月	2019年8月	2019年9月	2019年10月	2019年11月	2019年12月
准时到位率	35.31%	42.77%	40.18%	44.04%	49.23%	57%	49.25%	49.48%	75.40%	58.30%	57.44%	61.46%	74.31%	82.38%	83.07%	81.13%

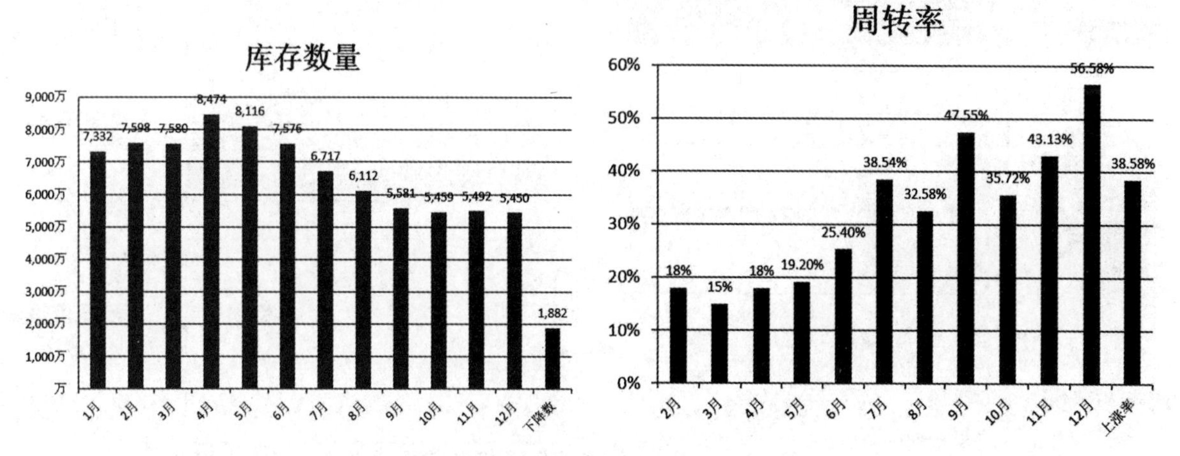

图23　零件资源优化

中央零件库的库存数量从四月份8474万只，每月逐步下降，截止12月份底由财务部门统计的数据，中央库存数量为5450万件。12月相对与1月库存数量下降了25.67%，超过目标值20%；库存周转率从4月份开始一直在增长，12月份达到了56.58%，相比于2月份从上升了38.58%，超过了目标值20%。18年的零件准时到位率一直均在40%左右，19年1季度的零件准时到位率均在50%左右，从3月份到12月份，零件准时到位率稳步提升，8月至12月准时到位率均超过目标值60%，其中9月-12月份的零件准时到位率超过了70%，达到了项目目标。

三、实施的效果

（一）系统集成数据共享，实现数据化工厂管理

优化并移植原有外采物流管理系统、紧急插单系统等，与SAP系统、MES系统、图纸管理系统之间

进行系统集成，完成 6 大系统的信息关联和实时传递，实现功能互补和信息共享，建立了事业部统一的信息化集成管理平台。

图 24　六大系统集成

数据平台实现生产全过程数据在线，在统一企业生产数据的原则下，建立了全公司的统一的计划、制造过程管理平台，实现各制造工厂的生产过程透明化、可视化，消除 SAP 系统在计划与制造执行过程管理的短板。建立从销售需求平台、主计划排程平台周计划平台、执行和异常反馈平台、催货平台、物料分析平台、工序排产等线上管理平台。

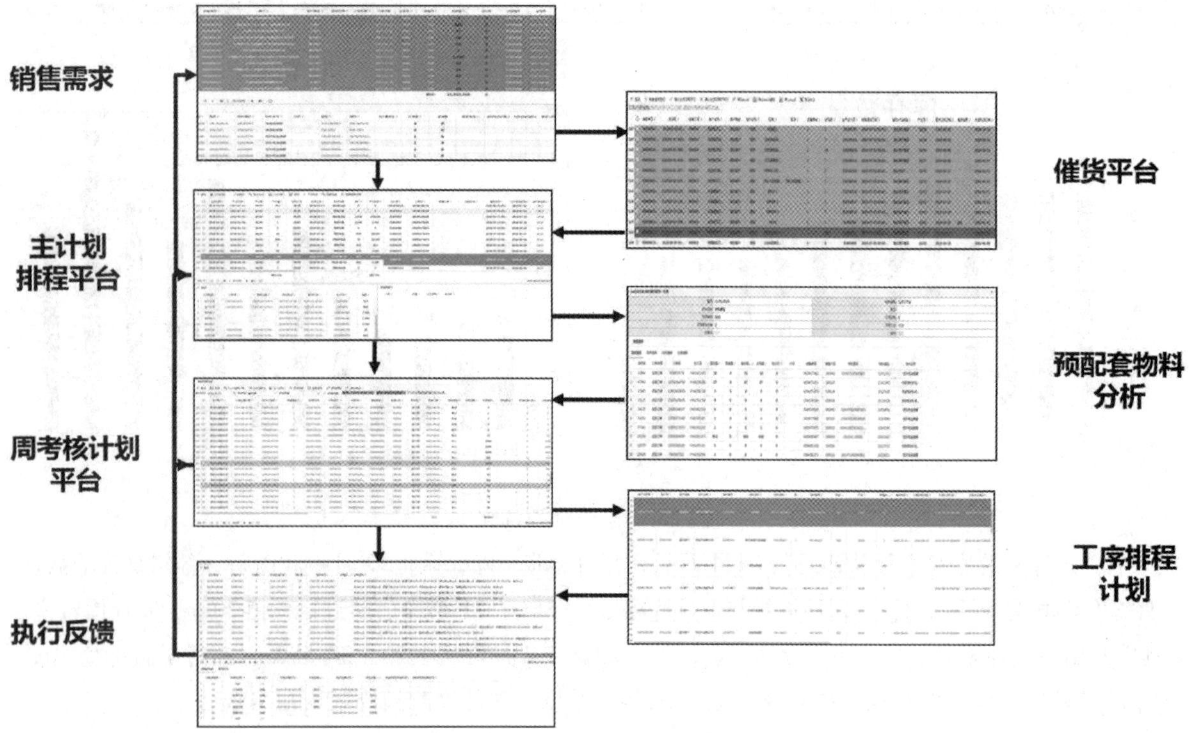

图 25　线上平台统一模块

实现计划六大管理闭环。从销售、计划、物资部、总调度、车间调度、班组长、操作工、质检员、围绕计划主线统一平台。对订单到发货、订单到采购、计划与排程、排程与执行、异常与执行、紧急插单与反馈的系统形成六大闭环。

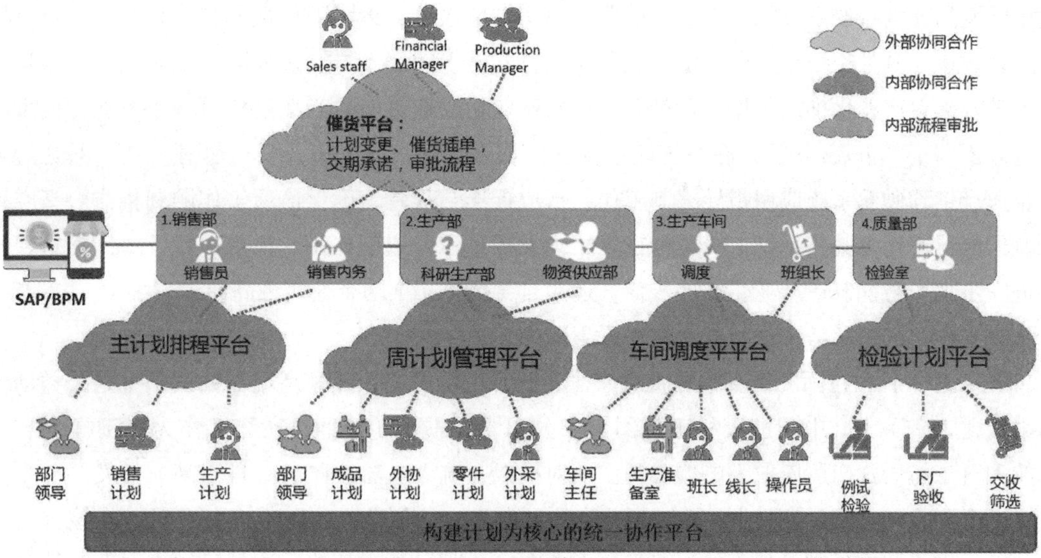

图 26　平台业务及部门协同

（二）各项管理指标提升，促进整体运营指标提升

管理指标稳步提升，作用经营指标增长．驾驶舱系统的上线运行，使得各项管理指标的稳步提升，最终综合作用到事业部 2019 年的主要经营指标上，相比较于 2018 年，销售收入年增长了 1.7712 万元，成本费用降低了-3.22%，全员劳动生产率提高了 8.11%。

表 4　2019 年主要经营指标完成情况

单位：万元

序号	经济指标	纲要目标	2019 年	2018 年	增减率	目标达成度
1	销售收入	120000	120400	102688	17.23%	100.33%
2	净资产收益率	11%	11.23%	11.19%	0.36%	102.09%
3	成本费用率	80%	79.78%	82.5%	-3.22%	100.28%
4	全员劳动生产率	37	39.44	36.48	8.11%	106.6%

（三）创新实践，行业推广

1. 集团公司高度赞许，布局数据平台行业推广

2019 年 11 月 20 日上午，集团公司党组书记、董事长高红卫在集团公司计划部部长胡雪梅、科研部部长杜江红、科质部部长郑辛及航天江南党委书记、董事长董群，党委副书记、总经理鲍斌等陪同下到公司调研企业产销驾驶舱运行情况。

高红卫高度肯定了公司产销驾驶舱系统建设工作，指出航天电器作为三线地区的企业，在经营管理、生产制造、市场拓展等方面树立新理念、提高新技术、实施新工艺、使用新方法，很好地实践了党中央、国务院鼓励企业实现产业升级的战略思路，在指标体系运行、经营管控等方面值得积极肯定。

一是航天江南先组织各单位学习交流并内部实施推广，在新园区建设中全面应用，带动其他单位共同发展。二是集团要将该项工作作为 2020 年科研生产提升计划，在集团范围内予以推广。三是集团要在 12 月份组织除财务公司、华腾公司、资产公司以外的其他二级单位主要领导、计划部及科研部领导现场学习交流，先解决认识问题，集团内各三级单位现场学习交流安排在 2020 年推进。四是针对多品种、小

批量、短周期的计划排产系统就选定航天电器产销驾驶舱系统，集团不再选择其他系统；针对长周期的计划排产系统也在其他三级单位中选定。五是航天电器要主动加大与航天云网及工研院的交流沟通与协调合作，做好平台产业化推广工作。六是航天电器智能化改造要向生产型或科研型服务业方向发展。七是航天电器要基于“五层两域”，在系统体系设计中加强数据信息采集及安全管理工作。八是航天电器要做好企业产销驾驶舱系统应用指导编制工作，形成标准与规范，确保该项工作顺利推进。高红卫最后指出，航天电器产销驾驶舱系统上线运行在集团内发挥了示范引领作用，很受鼓舞、令人振奋，希望航天电器进一步加大智能制造产业化发展步伐，运用自身优势，推动企业实现高质量发展。

2. 社会宣传，提高数据平台知名度和公司影响力

2020年4月2日，在国资委、中国企业家协会联合组织的“企业家高端对话网络直播公益活动——企业的数字化未来”上，中国航天科工集团有限公司党委书记、董事长高红卫作为案例提到了一家企业——航天科工航天江南所属航天电器公司。面对挑战，航天电器按照航天科工高质量发展要求，结合自身特点，全面贯彻“三类制造”（智能制造、协同制造、云制造），于2018年8月，在该公司贵阳产品事业部着手推行“产销驾驶舱系统”项目。根据航天电器的发展战略，该项目结合企业设计和生产计划、生产管理管理现状，研究国际国内设计和生产管理系统的发展趋势，规范计划管理业务流程，建立统一的信息管理平台，实现数据信息的集成和共享。

成果创造人：黄俊才、李忠奎、钱绘宇、曾安梅、令狐强、丁文彦、
周小波、罗有亮、王代琴、房　震、徐晓东、王有根

新时代驱动中国制造业高质量发展的“四项变革”研究①

王士奇等　中国铁路工程集团有限公司

推动制造业高质量发展是新时代我国实现经济高质量发展的核心，党的十九大做出了我国经济已由高速增长阶段转向高质量发展阶段的重大判断，明确指出“建设现代化经济体系，必须把发展经济的着力点放在实体经济上，把提高供给体系质量作为主攻方向，显著增强我国经济质量优势”，并强调“加快建设制造强国”。在科技创新方面，制造业不仅仅是实体经济的主体，也是现代化经济体系建设的核心。纵观世界制造业的发展史可见，制造业的发展处于某个特定时期会呈现出一种难以替代的集聚效应，各个国家的竞争优势、国际间的分工形式和与之对应的国际生产系统以及全球价值链的分布会显著地受到每轮工业革命的影响。除此之外，每轮工业革命还能够为后发经济体新兴国家提供宝贵的“第二机会窗口”，让他们真正实现经济技术的赶超。

作为不可逆趋势和21世纪世界经济最显著的特点，全球一体化不但促进各国间的合作与分工进一步明确，还使得国际竞争发生了显著的变化，已经由单纯的产品和技术竞争逐步向产业链、供应链和价值链竞争转变。在这样的背景下，制造业的高质量发展和建设制造强国要求我们进一步深入思考制造业围绕高质量发展的短板、挑战和关键路径。

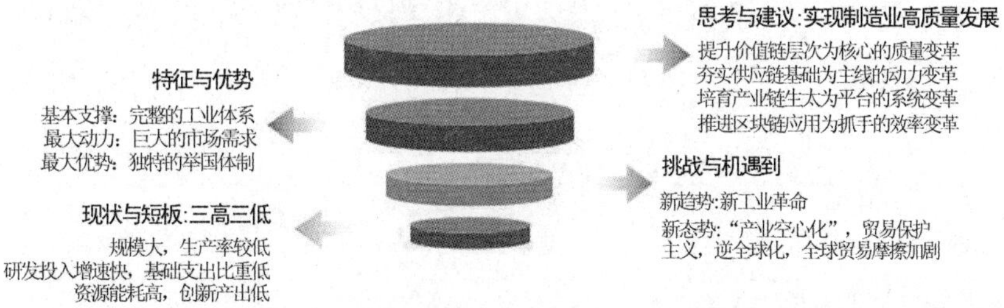

图1　“四个变革”实现新时代制造业由大变强高质量发展流程图

制造业是实体经济的关键所在，在产业发展方面具有引领科技创新、促进产业升级、防止产业空心化的作用（韩海燕和任保平，2020）[1]。因此，制造业高质量发展是经济高质量发展的核心内容，也是我国全面建成小康社会的核心战略支持，精准科学地把握制造业高质量发展的内涵与方向对于全面建设社会主义现代化国家具有重要的现实意义（李燕和赵昌文，2020）[2]。然而，近年来我国面临着外部环

---

①本研究成果得到了北京市社会科学基金项目“北京市高端装备制造业创新驱动的模式与路径研究”（15JGB088）、国家自然科学基金项目“基于集成理论的中国产业创新模式、路径与策略研究”（71350008）的支持。

境变化带来的巨大挑战，随着全球竞争的日益激烈，传统制造业的优势逐渐减弱，国际贸易与经济投资环境趋紧，我国制造业想要实现经济社会发展的动力变革、效率变革和质量变革，就必须要转变驱动要素、创新发展方式、升级主导产业（王洪涛和陆铭，2020）[3]。但我国制造业在产业革新的背景下还面临着一些问题，如资源依赖性较高、价值链分工受限和质量品牌建设滞后等（王洪涛和陆铭，2020）[3]。这就需要我国制造业加快供给侧改革，明确转型升级方向，构建高质量的制造体系与发展环境，加快技术创新的步伐，提高制造业与服务业的耦合度，塑造高品质的中国品牌，加速我国向世界制造业强国迈进（赵彦云等，2012；王军英和张姝，2019）[4,5]。

通过对已有研究的分析发现，学者们对制造业高质量发展的研究较多是从国家政策的角度进行解读，以某个特定地区的制造业为背景深入扩展，研究成果丰富，但对于我国当前面临的问题以及世界整体的产业发展趋势和挑战还未有一个明确总结与把握。同时，研究者的相关建议大多侧重于互联网工业等某一具体措施，对于价值链、供应链、产业链、区块链等整体性研究较少。与已有文献相比，本文以我国制造业近况为切入点，分析了其现状与短板，并围绕世界格局剖释了全球制造业产业面临的机遇与挑战，基于此针对我国的特征与优势，从整体的角度对实现我国制造业高质量发展提出了“四个变革”的思考与建议，以促进我国制造业由大变强的高质量发展以及综合国力的提升。

一、现状与短板

作为世界新背景下推进我国经济高质量发展的关键，制造业高质量发展是现代化经济体系建设全局中至关重要的一环，对于我国未来经济的综合实力发展和国际竞争力的提升也有着根本性的作用。因此，中国必须高度重视制造业的发展，坚持创新驱动发展战略，积极寻求产业的转型升级。但是，在由大到强的蜕变过程之中，仍存在着一些短板，其特点可以总体概括为“三高+三低”。

（一）规模巨大但生产率较低

总体看来，我国制造业规模巨大，我国制造业增加值由1994年占世界制造业增加值比重不足4%增长至2015年的26.74%，先后赶超英德日美等国家，2018年中国制造业增加值已经是美国的1.7倍多。然而，从内容上来看，我国仍以生产率相对较低、低技术含量较低以及附加值较低的加工制造为主。面对新时代的挑战，我国制造业迫切需要向高技术含量、高附加值产品的方向发展。

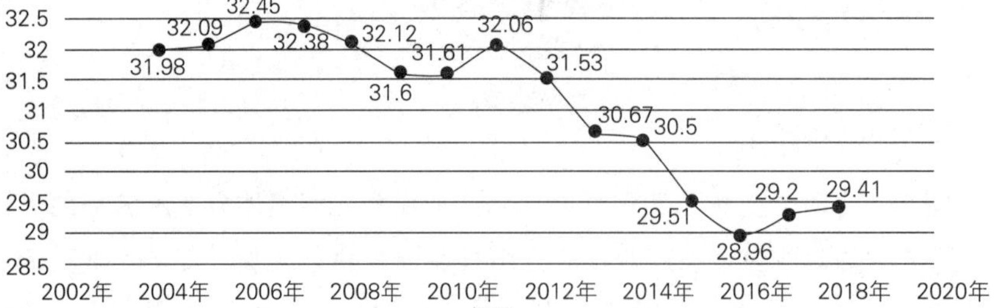

图2　中国历年制造业增加值占GDP比重（%）①

数据来源：快易理财网，https：//www.kylc.com/stats/global/yearly_ per_ country/g_ industry_ value_ added_ growth/chn.html。

①数据来源：快易理财网，https：//www.kylc.com/stats/global/yearly_per_country/g_industry_value_added_growth/chn.html）。

（二）研发投入增速快但基础研究的支出比重低

2018年中国已成为仅次于美国的世界第二大研发经费投入国家，研发（R&D）经费高达19677.9亿元，较1991年增长了138倍，此发展速度不仅仅高于美日德等发达国家，而且在世界范围内也处于领先地位。但是，2018年决定国家原创力的基础研究经费所占比重却很低，仅占研发经费比重的5.7%，低于其他发达国家。

表1　2010年-2019年中国研发经费总额及基础研究经费表

（单位：亿元）

年份	研发经费	基础研究经费	基础研究经费占比
2019年	21737	1209	5.56%
2018年	19677.93	1090.37	5.54%
2017年	17606.13	975.49	5.54%
2016年	15676.75	822.89	5.25%
2015年	14169.88	716.12	5.05%
2014年	13015.63	613.54	4.71%
2013年	11846.6	554.95	4.68%
2012年	10298.41	498.81	4.84%
2011年	8687	411.81	4.74%
2010年	7063	324.49	4.59%

数据来源：国家统计局：http：//data. stats. gov. cn/easyquery. htm？ cn=C01。

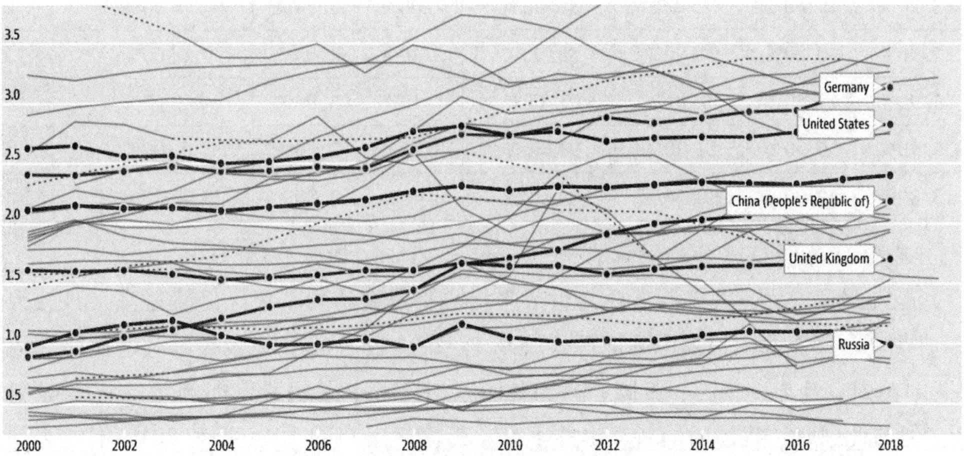

图3　2000-2018世界各国研发投入占GDP总额百分比对比图

数据来源：https：//data. oecd. org/rd/gross-domestic-spending-on-r-d. htm。

（三）资源能耗高但创新产出低

我国制造业还存在“高耗能、高排放、高污染”粗放低效型的生产方式的问题。1996年-2014年中国制造业能源消费总量历经了一个快速增长期，2014年我国制造业不仅每1000美元国内生产总值的能源使用量较英德美等国多130%-220%，而且与其以天然气为主要的消费能源结构相比存在很大差异。

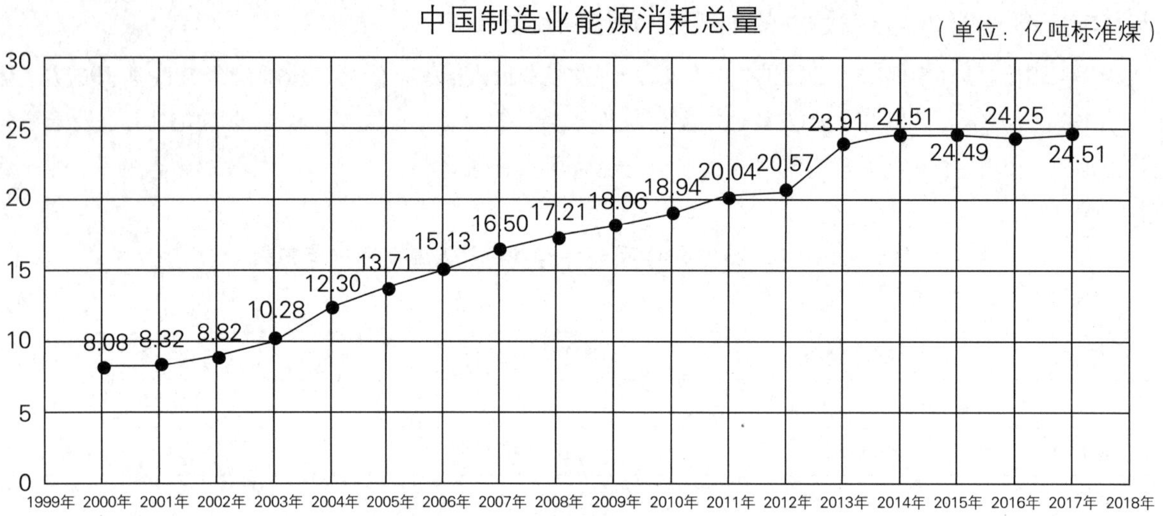

图4　2000 年-2017 年中国制造业能源消耗总量

数据来源：国家统计局网站 http：//data. stats. gov. cn/easyquery. htm？ cn=C01。

表2　2018 世界能源消耗结构

国家	煤炭占比	石油占比	天然气占比	化石能源占比	核能占比	水能占比	太阳能和风能占比	清洁能源占比
英国	12. 10%	40. 00%	35. 30%	87. 40%	7. 60%	0. 62%	12. 40%	55. 92%
法国	3. 50%	32. 50%	15. 10%	51. 10%	38. 50%	6. 00%	4. 40%	64. 00%
德国	20. 50%	34. 90%	23. 40%	78. 80%	5. 30%	1. 20%	14. 60%	44. 50%
俄罗斯	12. 20%	21. 10%	54. 20%	87. 50%	6. 40%	6. 00%	0. 10%	66. 70%
中国	58. 20%	19. 60%	7. 40%	85. 20%	2. 00%	8. 30%	4. 40%	22. 10%
日本	25. 90%	40. 20%	21. 90%	88. 00%	2. 40%	4. 00%	5. 60%	33. 90%
印度	55. 90%	29. 50%	6. 20%	91. 60%	1. 10%	3. 90%	3. 40%	14. 60%
澳大利亚	30. 70%	36. 90%	24. 70%	92. 30%	0. 00%	2. 70%	5. 00%	32. 40%
美国	13. 80%	40. 00%	30. 50%	84. 30%	8. 40%	2. 80%	4. 50%	46. 20%

数据来源：国际能源署（IEA），https：//www. iea. org/countries/china，2020 年 3 月 11 日。

此外，在能耗强度方面，我国制造业与世界平均水平及发达国家相比仍然偏高，且较为依赖煤炭等一次能源消费高污染能源。根据国际能源署（IEA）统计数据，2017 年我国制造业能源消耗强度是 8. 2，与同期的美国、日本、德国、英国、韩国等国家相比，中国制造业能源消耗比全球制造强国高出近 2 倍①。但与此同时，我国的创新产出并不高。彭博社发布的 2018 年和 2019 年国家创新力排名显示，我国明显落后于世界主要发达国家，仅分别排在第 19 位和第 16 位，虽然排名有所上涨，但总体幅度不大。

①数据来源：国际能源署（IEA）：https：//www. iea. org/countries/china，2020 年 3 月 11 日。

表 3　Bloomberg2018 年和 2019 年国家创新指数排名

2019 年排名	2018 年排名	变动	国家	总分	研发强度	制造业增加值	生产率	高科技企业数量	高等教育率	科研人才	专利
1	1	0	韩国	87.38	2	2	18	4	7	7	20
2	4	+2	德国	87.30	7	3	24	3	14	11	7
3	7	+4	芬兰	85.57	9	16	5	13	9	8	5
4	5	+1	瑞士	85.49	3	4	7	8	13	3	27
5	10	+5	以色列	84.78	1	33	8	5	36	2	4
6	3	−3	新加坡	84.49	13	5	11	17	1	13	14
7	2	−5	瑞典	84.15	4	15	9	6	20	5	25
8	11	+3	美国	83.21	10	25	6	1	43	28	1
9	6	−3	日本	81.96	5	7	22	10	39	18	10
10	9	−1	法国	81.67	12	41	13	2	11	20	15
11	8	−3	丹麦	81.66	8	21	15	12	19	1	28
12	12	0	澳大利亚	80.98	6	11	12	24	8	9	18
13	14	+1	比利时	80.43	11	26	10	9	41	16	9
14	13	−1	爱尔兰	80.08	32	1	1	16	15	14	38
15	16	+1	荷兰	79.54	16	29	21	7	42	12	12
16	19	+3	中国	78.35	14	13	47	11	6	39	2
17	15	−2	挪威	77.79	17	49	23	15	17	10	11
18	17	−1	英国	75.87	20	45	26	14	5	21	19
19	18	−1	澳大利亚	75.38	19	56	17	20	18	15	6
20	22	+2	加拿大	73.65	22	39	27	22	31	19	8

数据来源：Bloomberg2019 国家创新指数排名：https：//www. bloombergquint. com/global－economics/germany－nearly－catches－korea－as－innovation－champ－u－s－rebounds。

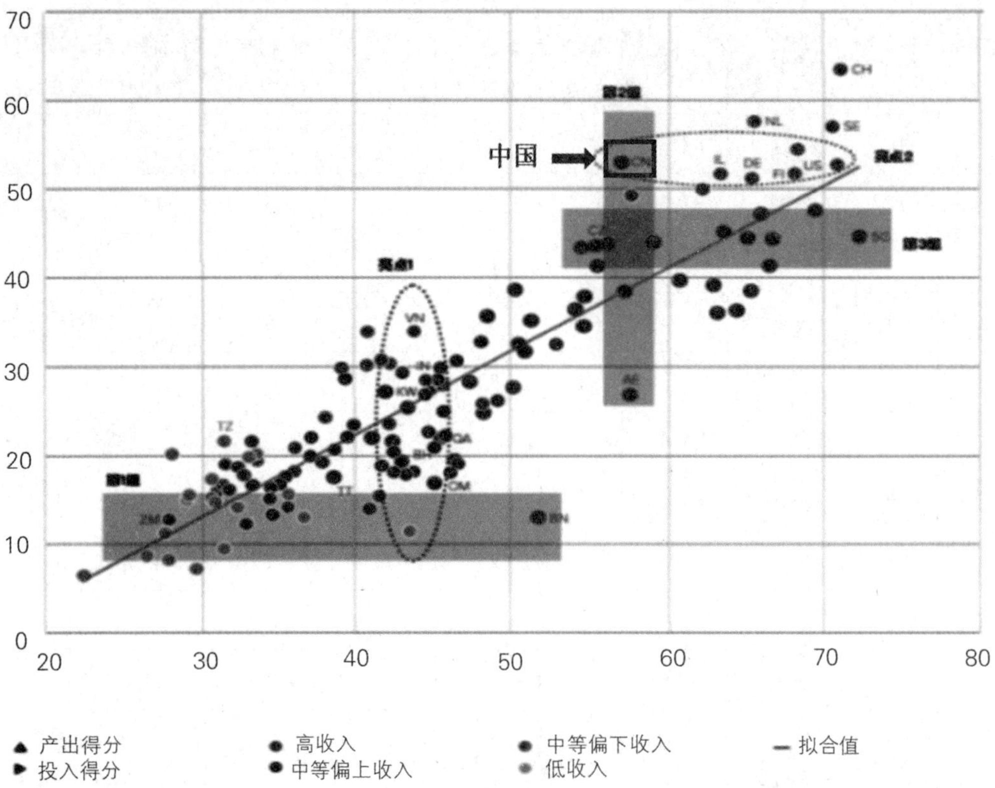

图5　2019年按收入组别分列的创新投入/产出表现

数据来源：世界知识产权组织《2019年全球创新指数》报告。

二、挑战与机遇

制造业正在随着全球产业竞争格局的不断变化重新成为当前世界产业竞争博弈的热点。全球生产制造的价值链分工网络体系已经逐渐呈现出“你中有我，我中有你”的特点，然而近年世界政治经济格局的演化却对我国造成了不小的冲击，我国被部分西方国家公开当作主要竞争对手，试图在地域、规则等方面孤立我国以限制中国的发展，我国制造业的高质量发展面临着严峻挑战。

（一）新工业革命带来的新趋势

世界制造业的发展史其实就是工业革命史，也是产业不断升级的发展史。制造业的高质量发展是基于每轮工业革命带来的新通用性技术扩散应用和生产方式变革而展开的，工业革命的持续演进给经济和社会带来了巨大的影响。现今新一轮的科技革命和产业变革方兴未艾，以大数据、云计算、人工智能、物联网等新一代信息技术的广泛应用为特征的新工业革命正在加速制造业进入“智能化”时代，其特征体现为生产智能化、个性化、全生命周期化以及生产组织形态扁平化、平台化、分散化。一方面，新工业革命推动了传统生产方式和商业模式的变革，导致了全球产业链出现重构，传统“微笑曲线”发生变形，国际分工出现新格局；另一方面，新工业革命也为制造业走质量变革、效率变革、动力变革的创新发展道路提供了机会。

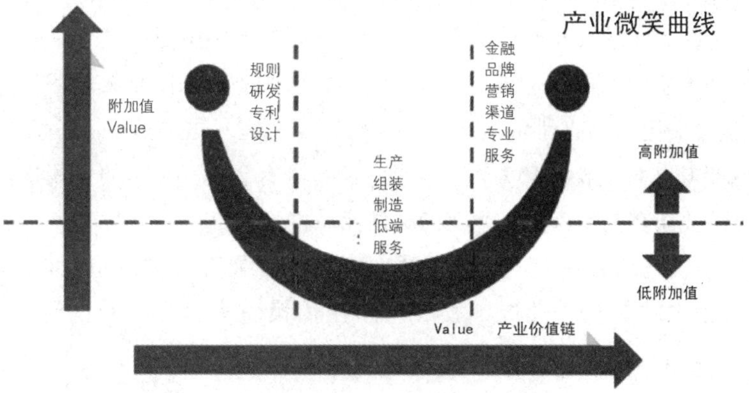

图 6 “微笑曲线”

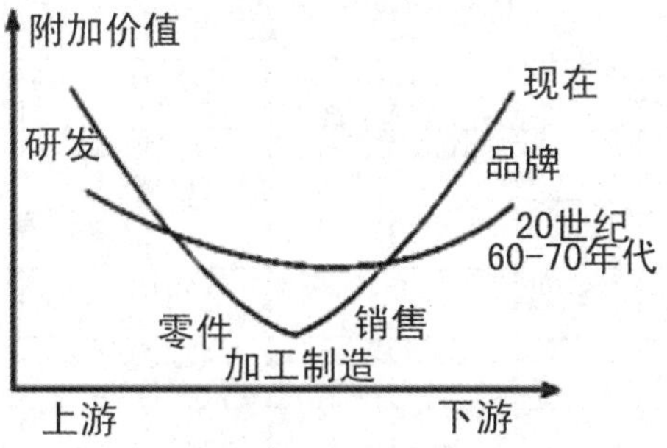

图 7 “微笑曲线”随时代的变化

事实上，我国不但在市场上具有广阔的潜力，在制造业产业的技术和应用方面也在一定程度上具有先发优势。很多技术和服务随着信息技术的不断发展逐渐成为交易品，发达国家的制造业以及这些技术和服务业中的诸多环节也逐步向新兴国家转移和拓展，从而在战略上也为我国开展技术创新创造了一定的机遇。

因此对于我国而言，这不仅仅是巨大挑战，更是宝贵的“机会窗口”。我国要充分把握新工业革命带来的机遇，加快推进创新驱动，通过提高在不同产业链位置的研发能力，攻关核心技术（高翔等，2020）[6] 来推动产业智能化、绿色化、服务化的创新升级，努力达成我国主要产业向全球价值链中高端攀升的目标，创造我国制造业的竞争新优势。

（二）全球经济面临的新态势

目前，全球经济正走到一个新的十字路口。长期以来，美国为了实现其利润最大化而采取了控制产业链的研发和市场营销的两端等手段，致使出现了“产业空心化”趋势。制造业先行国家在近年表现出强大的竞争实力，制造业后发国家则持续拓展其产业规模与发展空间，制造业在全球市场上受产业链两端挤压严重，我国既要突破制造业先行国家在产业链高端位置的钳制，也要面对制造业后发国家对于产业链中低端位置的追赶。

与此同时，我国制造业劳动生产率较全球制造强国相比较为落后，在国际竞争中不具备良好的竞争优势。从推动我国制造业高发展的动能角度看，随着人力、资源、能源和环境成本的上涨，我国制造业发展的传统生产优势正在逐渐减弱，如所依赖的要素数量多、资源价格低、环境容量大等，旧动能体系逐渐失效（王洪涛和陆铭，2020）[3]。具体来看，东盟八国（未包括新加坡和文莱两家东盟成员国）可利用的土地面积相当于中国可利用面积的 45%，但除了泰国以外，这一区域的人口年龄结构均优于中国，其中越南和中国 2001 年的人口结构类似、老挝和中国 1982 年的人口结构类似；除此以外，印尼、马来西亚、菲律宾对于在职业教育和熟练工人获得程度方面都比中国更具优势；在人工成本方面，2018 年中国人工成本明显高于东盟八国，达到了 807 美元/月，远高于马来西亚的 594 美元/月、缅甸的 112 美元/月；中国企业税费负担与企业利润比重高达 65%，而东盟八国的这一比率则显著低于中国，并且外资在华投资的企业所得税率一般为 15%，但东盟八国普遍有 2 年-15 年的免税期。由此可见，我国具有传统优势的加工制造业正在向东南亚、南亚国家逐步转移。

所以，想要进一步推进中国制造业高质量发展，就必须要对我国制造业的基础能力进行巩固和突破，以冲破基于后发模仿赶超、低成本发展的路径依赖，从而提升中国制造业在国际上的竞争优势。

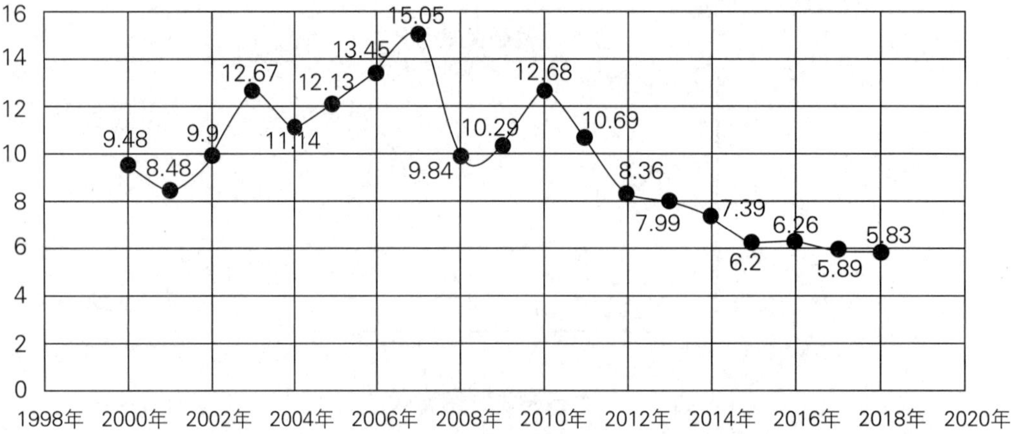

图 8　中国历年工业增加值年度增长率（%）

数据来源：快易理财网 https：//www. kylc. com/stats/global/yearly_ per_ country/g_ industry_ value_ added_ growth/chn. html。

三、特征与优势

基于新工业革命的背景，我国实现制造业高质量发展拥有几个得天独厚的条件与优点。

（一）完整的工业体系是基本支撑

在工业体系方面，按照联合国对全球工业产业的划分，世界产业可以分为 39 个大类、19 个中类和 525 个小类，而我国拥有全世界工业门类最齐全的工业体系，这对于企业建设优势互补的全面产业生态网络系统而言有着极大的促进作用。作为目前全球唯一一个拥有联合国产业分类中全部工业门类的“全产业链”国家，我国的产值规模巨大，钢铁、汽车、手机等 220 种以上制成品产量位居世界第一，进出口总额连续多年位居世界第一。

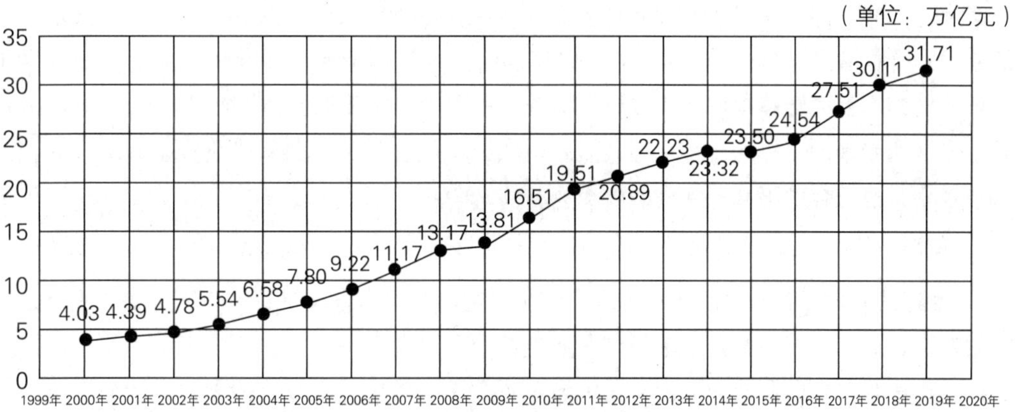

图9　中国历年工业增加值

数据来源：国家统计局：http：//data. stats. gov. cn/easyquery. htm？ cn=C01。

我国包含高端、中端、低端产业的工业生态体系不仅仅非常有利于系统内的企业开展横向与纵向协同，推进优势企业间的良性合作，而且还能够提升制造业与周边配套企业、关联系统间的协调与集成能力。我国制造企业可以依托这种完整的产业配套体系快速进行产品商业化生产，从而在技术方面实现赶超，还能够降低供应链的成本上，这对于世界上很多国家的企业而言在短时间内都是难以获得的优势。

（二）巨大的市场需求是最大动力

作为超大规模经济体，我国拥有世界上规模最大的中等收入群体。随着人民物质与精神生活的不断丰富，消费行业的转型升级速度开始不断提升、需求结构也在不断优化，消费者对产品的质量、性能以及种类丰富度都产生了更大的需求，显著体现出了我国的巨大内需驱动优势，为持续发挥超大规模的市场优势提供坚实基础。

中国现今庞大的市场规模和内需发展空间等显著的经济优势足以推动制造业高新技术与产业化标准的加速形成。我国拥有广阔的土地与丰富的人口资源，同时也满足了大规模要素供给与市场发展潜力等条件，因此规模经济的优势更加突出，规模经济也更易形成。随着市场规范与营商环境的完善，新兴的行业与产品技术会处于快速的上升势态，中国企业应当抓住此类高新行业大部分还未建立起全球认同的权威标准的机遇，大力推进“中国标准”的制定与发展，力争在激烈的国际竞争中取得相对优势。

我国人均基础设施存量水平仅有发达国家存量的五分之一，因此基建领域还存在巨大的发展潜力与投资需求；此外，国内的投资结构也在不断优化，新投资领域不断被开发。2019 年，我国道路运输业投资增长 9%，生态保护和环境治理业投资增长 37. 2%，信息传输业投资增长 17. 4%，高技术产业投资增长 17. 3%。以通讯技术领域的 5G 和 AI 人工智能为代表的新型基础设施建设的投资空间不断扩大，投资速度也不断提升；随着国家不断提倡制造业高新技术和设备流程的革新，对于生产过程中的核心工艺、重要零部件和高端装备等领域的投资力度将不断加大，形成的飞速发展新业态、新形式有利于市场内需潜力的深层释放。

不仅如此，中国政府还精确地对全球经济形势和市场的未来发展趋势做出了预判，深刻认识到国际要素整合与全球化分工合作的重要性与必然性，创造性地提出了“一带一路”倡议，为制造业走向高质量发展的转型道路奠定了重要的理论政策基础，为中国制造到中国创造的战略转变道路上获得国际认可度与竞争优势带来了巨大机遇。“一带一路”倡议通过联合沿线国家与中国的发展需求，互通各个国家的优势要素：技术、劳动力、资本等，从而构建新型产业分工体系，改善全球化大背景下的合作劳动生产效率。但是“一带一路”倡议的战略着眼点并不仅限于联动沿线国家的供应链要素，其最终目的是打造一个开放式的合作共赢平台。“一带一路”倡议不仅为中国制造业生产开拓了新的优质要素来源，更为中下游环节的国际梯度转移提供了承接地。沿线的每一个国家和地区都能够共享到“一带一路”为制造业高质量发展所带来的新机遇。其互利共赢的模式，不仅有利于中国制造业转型升级、完善产业发展体系的未来规划，也符合中国和平共赢的外交风格。

（三）独特的举国体制是重要优势

当今21世纪的时代，各国之间的综合国力竞争日趋激烈，全球化进程的不断加快给世界形式带来了前所未有的变动，掀起了新一轮技术革新与产业生机的大浪潮。。

纵观世界历史长河中的制造业大国，其中没有一个不是依靠国家政策的大力支持而逐渐壮大的。关系到国计民生的支柱产业通常都需要企业长时间、高成本地投入且需要较长的时间才能够获得回报收益。因此这些产业的发展必须依靠国家：国家投入与政策支持既能够给这些技术产业提供所需的启动研发资金，也能够使这些成长期的产业不必忧虑市场需求匮乏的问题。如此大环境下，企业才能专注于提升产品的技术水平、完善产品的质量保障，进一步在国际竞争中的取得相应的优势地位。

对此，党的十九届四中全会要求中国构建“社会主义市场经济条件下关键核心技术攻关新型举国体制”。中国攻克产业技术革新的独特优势就在于在国家重要发展方向上能够专注于任务目标，因地制宜地极速整合各方资源储备、有效发挥各方优势力量，齐心协力攻坚克难、各个击破，共同书写中国创造的辉煌未来。

四、思考与建议

如今部分国家的贸易保护主义和逆全球化的思想显然违背了历史发展的大趋势，中国不会接受这种某些地区持续盛行的态势。建国70年以来的种种历程不断印证了中国光明向好的未来发展前景，也促使我们在曲折的发展道路上注重自身道路的正确性，将面临的危机转化为国家创新的驱动力，抓住转瞬即逝的新机遇，完善制造业转型升级的高质量特色发展。

（一）通过以提升价值链层次为核心的质量变革，实现制造业高质量发展

新一轮的工业革命和产业全球化会彻底改变原有的供应链分布与商业运行模式，进而推动新型全球产业生态链的产生和价值链的转移。

当前中国的大多数企业仍然缺乏对于全球范围内价值链的引领能力，因此问题的唯一突破口就落在一些我国在其中拥有明显优势的领域上。中国从制造向创造转变可以通过扩大对“一带一路”沿线国家与地区的投资规模，深化技术革新能力与合作共赢，积极培育具有全产业整合能力的区域性价值链“链主”来实现。我国还应当加大完善稳步发展和竞争突破相结合的的投入机制，稳扎稳打地逐步培养出在核心技术、关键原件和生产工艺上掌握突破原创性技术从而引领产业转型升级发展的核心企业，打造自主可控的价值链，并在创新发展中构建服务全球的价值服务链。

（二）通过以夯实供应链基础为主线的动力变革，实现制造业高质量发展

供应链竞争已经成为国家和地区参与全球竞争的核心之一，供应链将逐步成为未来产业升级与发展的核心竞争力，美国近期禁止本土企业向我国部分高新技术企业提供核心零部件的政策也正是说明了这一点。制造业作为国家基础性产业，其供应链布局和发展情况直接代表其参与国际分工的地位和竞争力水平。

未来贸易战席卷的范围可能会出现一定程度的扩大，目前在美国，不同党派已经就合力压制中国一些企业的高新技术崛起已经达成了一致。如此国际局势给中国带来的产业链、供应链断裂风险确实会对我国的新技术革新产生一定不良影响，也必然会对“中国制造2025”战略的实施带来一些阻碍。此情形下，国家需要推进中美经贸的进一步谈判，尽力避免价值链断裂情况的发生，提前预防未来可能发生的极端后果并做好对应的应急储备方案。

不仅如此，2020年初突发的新冠肺炎疫情对中国以及世界范围的生产原料、资金链和消费水平产生的巨大冲击也给整个制造业供应链带来了不小的破坏，主要体现在。疫情使得供应链中的某些环节出现断裂后，破坏性影响会通过供应链网络层层放大，最终造成现在世界层面的经济贸易萎缩。因此，国家应当持续深化供给侧结构性改革，加大对于行业研究的资金投入，联合促进各地区各行业的核心企业总体协调发展来稳定提升产业供应链的稳定性与抗风险能力，夯实供应链基础，以防断供危机对中国经济体系的正常运转造成不良冲击。

（三）通过以培育产业链生态为平台的系统变革，实现制造业高质量发展

从产业发展层面来看，实现制造业高质量发展需要在持续扩大产业规模的同时促进产业质量、核心技术把控及产品需求弹性的协调发展。只有通过不断跟进信息化、智能化等趋势，重视强调基础学科教学、刺激各领域的创新研究来推动制造业生产效率的提升和现代化发展，为向高质量转型升级打下坚实基础。

产业基础能力为制造业高质量发展提供了支点与动力。产业基础薄弱，企业又如何能够进行高质量发展？而决定产业链控制能力高低的产业基础能力体现在我国企业能否掌握核心零部件的创新技术、能否引领产业生态发展上。因此国家要想稳固产业链的创新发展，促进制造业走高质量转型升级的道路，应积极推动基础再造工程，在核心零部件、生产原料、核验技术设备和智慧基建等领域给予政策鼓励，加大资金拨款力度，推动实施重大示范工程，加速补齐产业基础短板。

党的十九大报告中指出，国家应深化科技体制改革，建立以企业为主体、市场为导向、产学研深度融合的技术创新体系。同时，我国也出台了《国家创新驱动发展战略纲要》等文件，要求建立政府、企业、高等院校和科研院所等创新主体协同互动和创新要素顺畅流通、高效配置的生态系统，通过调动创新主体的积极性，提供良好的制度和环境保障，激发创新主体活力，促成创新链条有机衔接，创新效率大幅提高，实现科技对经济社会发展的引领和推动作用。

若要建立起能够良性循环的产业生态系统，实现现代化的产业链升级，我们必须立足长远发展，从战略层面做出相应考量：企业独立研发并掌握产业链环节的核心技术能够提升企业在价值链中所处的地位和国际竞争力；创新能力和附加值较高的产业链与供应链则可以通过进行全球范围的分工合作与资源配置来满足持续变动的市场需求，提高自身的生存与风险应对能力。

同时还需要以高精尖技术的孵化与应用为基础来培育产业链，通过创新联合的协作方式，搭建企业、科研院所与有关政府部门的合作桥梁，以市场实际需求为核心，打造多方联动的合作创新平台，构建产业创新与资金链、人才链协同发展的产业生态。在“政用产学研”协同合作下将高校的科研成果切实转化为生产力，实现优势互补，促进资源合理分配，推动企业对于产业链各环节核心技术与标准的把控，实现经济高质量增长。

（四）通过以推进区块链应用为抓手的效率变革，实现制造业高质量发展

第一代互联网大幅提升了信息传输的成本和效率，第二代互联网的核心——区块链技术旨在让价值

传递的成本与效率达到如和今信息传递一样的水平。目前区块链技术在全球范围内的不同地区和不同领域都得到了十分广泛的部署与应用，俨然成为了一片新的技术高地，因此各国对于区块链技术的研究与突破也都成为了热门话题。区块链自身所具有的公开性和隐私性、不可篡改性和不可逆转性以及去中心化和自治性等双重属性，使其对实体经济发展而言既是难得的历史性机遇也是不可小觑的全新挑战。

在科技革命和产业转型所带来的新一轮挑战和机遇下，我国应将区块链技术的发展重心扩展到其他各行业实体经济的生产创新，有效地解决工业互联网领域的价值互信问题，发挥区块链技术最大的商业潜力与价值，实现对既有制造业商业模式的重构，协调并改变各产业生态系统的发展模式，带动实体经济的生产效率提升。因此鼓励推进区块链技术与实体经济的融合有利于加速信息技术的创新与渗透，推动制造业产业高质量发展、提升国家经济发展效率和现代化治理水平，最终实现中国经济和综合国力水平的腾飞。

建议政府加大对于区块链基础设施的投资，辅以明确的区块链产业政策支持。通过上层建筑引导并规范区块链的运行规则与模式，搭建标准化的区块链体系，以实例示范区块链技术的研发与应用标准。国家应兼顾对其应用的放权与合理管控，推动区块链技术在各领域的合理应用与发展。同时，还能够以联盟集团的方式来加速区块链标准的制定，占领区块链产业在国际上的话语权。

目前，全球制造业领域的生产技术体系、创新制造模式和市场竞争格局迎来了重大变革。欧美主要发达国家希望借助新工业革命的机遇，改造传统生产模式、打造新的业务部门、催生新的主导产业，从而重振制造业并占据未来制造业的全球制高点。我们也要抓紧推动以上四个变革，实现我国制造业由大变强和高质量发展。

成果创造人：王士奇　中国铁路工程集团有限公司
萧新桥　中国中铁“三个转变”研究院
余吉安　北京林业大学
邓凯丹　北京林业大学
李亚轩　北京林业大学

【参考文献】

[1]韩海燕,任保平.黄河流域高质量发展中制造业发展及竞争力评价研究[J].经济问题,2020(08):1-9.

[2]国务院发展研究中心产业经济研究部李燕,赵昌文.加快推动新时代制造业高质量发展[N].经济日报,2020-07-23(011).

[3]王洪涛,陆铭.供需平衡、动能转换与制造业高质量发展[J].江苏社会科学,2020(3):1-9.

[4]赵彦云,秦旭,王杰彪."再工业化"背景下的中美制造业竞争力比较[J].经济理论与经济管理,2012(02):81-88.

[5]王军英,张姝.中美贸易摩擦背景下中国制造业调整成本分析——基于贸易增加值的测算[J].上海对外经贸大学学报,2019,26(05):16-25.

[6]高翔,黄建忠,袁凯华.中国制造业存在产业"微笑曲线"吗?[J].统计研究,2020,37(07):15-29.

深化国企改革、匹配战略使命，以“7S”模型赋能公司改革和高质量发展

中海油田服务股份有限公司

中海油服是中国近海市场最具规模的综合型油田服务供应商，服务贯穿海上石油及天然气勘探、开发及生产的各个阶段。业务分为四大类：物探勘察、钻井、油田技术及船舶服务。作为中国海上最大的油田服务上市公司，公司既可以为用户提供单一业务的作业服务，也可以为客户提供一体化整装、总承包作业服务。服务区域涵盖中国海域，并延伸至南美、北美、中东、非洲、欧洲、东南亚和澳大利亚等国家和地区。

2019 年度，中海油服实现营收 311.35 亿元，同比增长 41.9%，净利润为 25.02 亿元，同比增长 3434.2%，净利润位居世界行业第三，成为全球唯一实现两年连续盈利的油田服务上市公司。根据国际知名咨询机构 IHS、SPEARS 等第三方信息，公司的各板块行业排名取得历史最好成绩，物探合同工作量全球行业排名第四，钻井平台数量排名第二，固井、船舶市场规模全球排名第三、定向随钻、电缆测井市场规模全球排名第五、钻完井液市场规模全球排名第七。

2020 年，在全球疫情和低油价的双重挑战下，公司仍然实现了高效运营，在全力保障国家能源安全战略实现的同时，公司半年度营业收入 145.11 亿元，同比增长 6.99%，归属上市公司股东的净利润 17.14 亿元，同比增长 76.17%。

一、“7S”模型实现改革发展实施背景及步骤

（一）“7S”模型实现改革发展实施背景

国有企业改革是中央实施做强做大国有企业方针的重大战略步骤，推进国有企业改革，要有利于国有资本保值增值，有利于提高国有经济竞争力，有利于放大国有资本功能。习近平总书记指出，“现在我国改革已经进入攻坚期和深水区，我们必须以更大的政治勇气和智慧，不失时机深化重要领域改革”，“实践发展永无止境，解放思想永无止境，改革开放也永无止境，停顿和倒退没有出路”。

2014 年下半年以来的油价下跌重塑了全球能源市场版图，油服行业面临极为艰巨的挑战。在全球石油寒冬的影响下，2016 年中海油服工作量及服务价格均跌至期间最低点。伴随着收入下滑和资产减值，公司营业收入降至 151 亿元，净利润-114.6 亿元，自上市以来首次出现亏损。

在上述严峻的行业挑战和公司生存危机面前，公司深刻地认识到“变革已迫在眉睫”！虽然，中海油成立之初确立的“技术驱动、成本领先、一体化和国际化”四大战略，“十二五”期间公司坚持的

“做专做强”发展思路，均使得公司取得了优异的成绩，但随着油气市场格局突变，以往推动公司营收高速增长的重资产发展方式面临严峻挑战，发展过程中逐渐形成资产规模重、人员成本高、组织层级多等问题，以往运营模式在新时期难以满足公司未来长远发展，也无法满足党中央国务院在新时代对国企做强做优做大的新要求，公司的发展也将逐步进入高质量发展的新时代。

中海油服统筹考虑近中长期发展目标，以质量效益的抓手，积极转变发展思路，全面推进深化改革，按照“充分认识危机，为生存而奋斗”的工作主题，明确目标，梳理权责，匹配资源，不遗余力开拓市场，努力突破发展瓶颈。经过深入研判公司当前发展瓶颈，及发展需求，决定以“7S 模型”为基础，根据油服运营特点及国内国际环境形势，进行中国化特色改造，形成新油服“7S 模型”。

“7S”模型是二十世纪八十年代，托马斯·彼得斯和小罗伯特·沃特曼对美国著名企业进行深入调查、并与商学院的教授进行讨论，以麦肯锡顾问公司研究中心设计的企业组织七要素为研究的框架，总结了这些成功企业的一些共同特点，具体包括战略（strategy）、制度（system）、结构（structure）、员工（staff）、风格（style）、技能（skill）、共同的价值观（shared values），它指出了企业在发展过程中必须全面地考虑各方面的情况。

根据公司现发展现状，战略方面需要根据行业环境和国企改革新要求进一步聚焦；制度方面虽满足国内业务需要，但对于走向海外和全球一体化发展仍存在不适应的情况；结构方面，以往职能管理形成的组织形式在效率方面需要进一步挖潜和提升；员工方面，公司以自主培养员工为主的发展模式，受体制机制制约，无法快速适应行业的周期性波动，高端人才无法满足战略发展的需要；共同价值观方面，随着公司业务快速拓展，专业细分、队伍结构日益复杂，员工对公司的认同感存在下降趋势，对事业发展的决心和信念需要进一步提高。以上五要素与传统“7S 模型”工具匹配程度高，可以借助其理论推进改革。

而“7S 模型”中提出的风格和技能两要素，由于国企持续加强党建，油服打造的“铁军精神”等有力保障了公司的发展，风格要素作用不明显，同时公司持续强化专业取证培训，岗位练兵比武等，技能提升并不是改革的重点内容。但在业务构成方面，虽然此前十多年针对低效业务进行剥离，但是十八大以后，公司在业务发展方面，距离党中央“新发展理念”还存在差距，尤其是在创新驱动和绿色发展等领域还有很大潜力可挖；资产方面，十一五、十二五期间，全球油服市场高速发展，推动大型装备板块建造急剧扩张，公司在高速增长期资产也快速增加，但在今后长期的中低油价环境中，要想进一步提高经营效率，必须对资产结构进行调整。

根据上述研究，中海油服结合自身发展需求，修订完成中海油服“7S 模型”，包括战略、制度、结构、人员、共同的价值观、业务和资产七方面。五年以来中海油服以问题为导向，以改革为重要突破口，全面加强党的建设，通过渐进式改革逐年调整公司发展战略、管理制度、组织结构、人员模式、资产规模、业务特征及企业文化等一系列内容，从而促进并实现公司的高质量发展。

（二）“7S”模型实现改革发展具体步骤

所有的改革都不是一蹴而就，对于公司的战略转型也经历了一个层层递进的过程，中海油服改革共分“四步走”：

第一步：调整发展战略，优化组织结构。公司明晰技术发展和国际化发展两大战略，重新顶层设计及职能调整，确立近期、中长期及远期战略目标，即 2035 年实现“技术板块收入、海外收入双 70%”，2050 年进入世界行业前三。紧接着，公司全力展开职能改革试点，启动海外实体化改革，推进“事业部管建，区域公司管战”，精简机构编制和人员配置，国内分公司职责及岗位优化。

第二步：业务聚焦，完善分配激励制度。公司以深化改革创新为动力源泉，加快转变业务发展模式，努力培养新兴产业，全力打造新增长点，加快转型升级。在此基础上，公司启动“双百行动”综合改革完成方案制定与前期准备，建立技术产品产业化激励基金，开展差异化绩效考核改革，创新激励考核机制，全面推行绩效ABC分级，人力资源系统战略转型流程再造，试水分配机制改革，提高人工成本产出比，打破一张工资表，优化人才培养选拔机制，突出海外经验、年轻化，后备干部考察与储备及海外薪酬差异化等。

第三步：重塑价值观，推进资产结构调整。公司根据新时代的石油精神，重塑“二次创业”精神内涵，推进改革任务进入攻坚阶段，具体包括油技高端机加混改，管控模式变革，“三项制度”改革，持续深化调整用工结构，干部选拔突出国际化，聚焦年轻化，分类分级建立工资总额内部分配机制，试水科研项目经理责任制及中长期股权激励。在资产结构方面，公司坚持“重资产向轻资产重技术转移”“技术产品产业化系列化”发展，不断优化调整装备投资，践行公司发展战略。

第四步：优化人员结构，推进制度体系现代化。为适应公司全球化发展需要，提升系统管理质量和效率，构建全球适用的管理体系，制定《全球综合管理体系》，进一步推进制度体系现代化；公司推进人力资源改革，事业部两级部门优化，编制优化调减约35%，编制资源向一线及海外倾斜，深层次调整干部队伍结构，对接好集团“双向挂（任）职”制度，完善全球人力资源管理组织网络，全面完成海外人力资源体系建设，完成能力保证信息化系统开发应用，运营重心和管理资源全面向一线和海外倾斜。

二、“7S”模型实现改革发展内涵和主要做法

（一）改革发展内涵

1.推进改革是新时代特色社会主义国企改革使命担当

国有企业改革是中央实施做强做优做大国有企业方针的重大战略部署，习近平总书记强调，改革的一个终极目标就是要建立完善的现代企业制度，建立符合市场经济要求的企业治理结构。改革开放以来，国有企业改革可划分为改革的初步探索、制度创新以及纵深推进三个阶段。国企改革是一个“摸着石头过河”的探索过程，是中央推动与地方实践上下结合的产物，本质上是生产力与生产关系的相互作用，符合建设社会主义市场经济的客观需要。传统国有企业在体制、机制以及管理制度等方面为适应社会主义市场经济体制而进行的改革。中心环节和核心内容是建立现代企业制度，增强国有企业活力，提高国有企业的经济效益。

2020年5月22日，在国务院政府工作报告中习近平指出，提升国资国企改革成效，实施国企改革三年行动。中海油服作为央企中的一员，推进改革是新时代中国特色社会主义国企改革的使命担当，将坚定不移地落实习近平新时代特色社会主义国有企业，推进国有企业改革，促进国有资本保值增值，提高国有经济竞争力，最大程度放大国有资本功能。

2.推进改革是落实中国海油新发展思路的必然要求

为贯彻落实习近平新时代中国特色社会主义思想，中国海油石油以建设中国特色国际一流能源公司为战略目标，以“1534”新发展思路为发展方向，以深化改革创新为动力源泉，中海油服以集团公司战略目标为指引，匹配中海油服战略调整，战略阶段目标与集团公司同频共振。始终坚持集团利益最大化，为桶油成本控制做出最大努力，从2015年国际油价下跌以来，油服，关联交易服务价格维持较低水

平；同时，经过系列改革，落实战略为纲、资源协调匹配的局面全面形成，明确“技术发展、国际化发展”新战略，践行集团五大战略，制定六大领域38项重点任务，22项重大战略工程，编制《中海油服发展战略纲要》，成立战略管理委员会全面督导落实，发挥“先锋队、主力军、压舱石”三个作用，践行集团公司“创新驱动、国际化发展、绿色低碳、市场引领、人才兴企”五个战略，细化中海油服战略任务。

3. 推进改革是应对严峻市场形势高质量发展的重要选择

习近平总书记在党的十九大上作出重大论断：“我国经济已由高速增长阶段转向高质量发展阶段”。2017年中央经济工作会议强调，“推动高质量发展是当前和今后一个时期确定发展思路、制定经济政策、实施宏观调控的根本要求”。

2014年下半年油价“断崖式”下跌，“十三五”期间，全球主要油公司勘探开发总投资有较大幅度下降，根据国际著名咨询机构HIS统计，最高降幅达到31%。面对这样的外部环境，中国海服紧密围绕新时代实现高质量发展这一主题，在战略、组织、人员、资产及制度文化等方面持续优化，全力推进各项工作的系统改革，既是贯彻落实党中央精神的必然要求，又是中国海油提升发展层次和发展水平的自身需要。既是公司积极应对外部形势挑战的有效利器，又是新时期把握发展机遇的重要法宝。既是对公司过去成功经验的总结和升华，又是指引新时代中国特色国际一流服务公司建设的指导方针。

（二）“7S”模型实现改革发展主要做法

1. 调战略：公司发展方向更加清晰聚焦

战略是企业根据内外环境及可取得资源的情况，为求得企业生存和长期稳定地发展，对企业发展目标、达到目标的途径和手段的总体谋划，它是企业经营思想的集中体现，是一系列战略决策的结果，同时又是制定企业规划和计划的基础。

“十三五”之初，公司坚持“做专做强”，重点发展“做强”的战略，“做专做强”是公司管理层结合自身发展实际，反复研究讨论后制定的发展思路，已在“十二五”规划期成功实践。公司认真践行“做专做强”核心发展思路，坚持有所为，有所不为，主动淘汰了一批落后产能，优化了经营业务和管理机构，取得了国家认可、资本市场满意、行业及社会钦佩、员工自豪的发展业绩，创造了多个经营管理奇迹。

在新的宏微观环境下，为了匹配国家能源安全、“一带一路”合作倡议、集团公司发展战略，中海油服综合研判行业形势，精准对接集团公司发展战略，2018年，中海油服召开战略研讨会明确未来公司总体目标是建设具有中国特色的国际一流油田服务公司，并提出“技术发展、国际化发展战略，公司的发展进入新阶段”，中长期发展目标是2035年将中海油服建设成为全球第三大油田服务商，于2050年成为行业引领者，中长期发展总体思路是重资产向轻资产重技术转移，国内外并重、海上陆地并举。

技术发展战略是持续跟踪市场需求和油田服务行业技术发展方向和趋势，及时更新与完善公司的技术体系，促进先进信息与环保技术与公司各业务深度融合，通过自主创新和集成创新相结合的方法，灵活采用自主研发、合作研发、技术引进、技术并购等方式，形成具有自主知识产权的行业领先技术，推动公司从技术追随者到技术引领者的转变，实现公司产业升级和跨越式发展；国际化发展战略是以全球化运营为宗旨，持续推进商务、运营、产品研发、财务、综合管理五方面系统能力建设，以内源式（有机）和外延式（无机）相结合的发展模式，实现业务全球高质量布局与发展，打造一流油田服务产业和享誉世界的COSL品牌，推动公司国际化健康、快速发展。

根据新的发展战略，公司明确七项关键能力：（1）最受行业和客户推崇的作业实践表现；（2）最佳技术创新及装备运维管理能力；（3）满足全球调配的运营管理和作业团队；（4）最具竞争力的运营成本优势；（5）娴熟的商务运作能力；（6）享誉世界的油田服务企业品牌；（7）国际追捧的一流管理及安全文化。

2. 调制度：深化党的领导与现代企业治理

企业的发展和战略实施需要完善的制度作为保证，而实际上各项制度又是企业精神和战略思想的具体体现。面对建设中国特色社会主义新阶段，习近平总书记指出，党的领导是中国特色社会主义制度最本质的特征，国有资产资源来之不易，坚持党的领导、加强党的建设是国有企业的“根”和“魂”。公司自2001年成立以来不断探索实践，在历次改革中坚持将党的领导放在首位，这也是公司历经风雨，却能不断成长壮大的根本原因。公司通过完善企业法人治理结构进一步强化党的领导，依法修订公司章程，充分发挥党委“把方向、管大局、保落实”把关定向领导作用，进一步明确公司党委、董事会、监事会、经理层等治理主体的管理界面、职责权限和工作流程等。使董事会权力落实到位、完全独立行使企业运营的决策权的同时，充分保障经理层经营自主权，形成权责对等、运转协调、有效制衡的决策监督机制。

一是深入贯彻《中共中央关于加强党的政治建设的意见》，系统推进全国国有企业党的建设工作会、全国组织工作会议和宣传思想工作会议精神落地落实。中海油服召开股东大会，“党建工作总体要求写入公司章程”的议案以91.18%的支持率获得境内外股东高票通过，所属四家独立法人单位全部完成党建入章。抓紧抓实中央及集团党组巡视和公司党委巡察整改，持续提升党组织的政治功能，引导广大党员干部树牢“四个意识”，坚定“四个自信”，做到“两个维护”。

二是中海油服修订《党委会议事规则》《“三重一大”决策管理办法》，全部二级单位、47家三级单位建立“三重一大”决策管理制度。习近平总书记在全国国有企业党的建设工作会议强调，坚持党对国有企业的领导是重大政治原则，必须一以贯之；建立现代企业制度是国有企业改革的方向，也必须一以贯之。在改革实践中，中海油服始终高擎党旗，努力思考并实践如何将党的领导深入融合公司治理，充分发挥国企的制度优势和政治优势，党建入章至今，董事会审议的议案均经党委会前置审核。与此同时，中海油服同步强化海外党建工作力量，向境外派驻三个合规监督组。实施《境外道德合规体系》，推动“三重一大”向基层、海外延伸。中海油服制定党建工作责任制实施细则，建立健全党风廉政建设和反腐败工作协调机制，压实3方面21项管党治党责任。制定《容错纠错实施细则（试行）》，营造勇于改革、敢于创新、鼓励干事、合理容错的良好氛围。

三是坚持把学习宣贯习近平新时代中国特色社会主义思想和党的十九大精神作为最首要政治任务，以“不忘初心、牢记使命”主题教育、“两学一做”学习教育常态化制度化、“第一议题”“每日一学”为抓手，党的十九大以来，中海油服党委开展政治理论学习53次，凡中央和上级部署均及时研究落实。持续完善“双向进入，交叉任职”领导体制，中海油服党委和所属单位全部实现党政“一肩挑”；深化党委委员基层联系点制度，连续两年开展境外机构负责人述责述廉。深入贯彻新时代党建工作要求，进一步强化从严治党主体责任，按照“统一归口、集成整合”原则，结合中海油服业务特点，考虑职能对接，组建党建工作部，并对总部相关部门职能进行优化整合。坚持“民心相通”，推动海外雇员本地化，积极参与灾后重建、助学助残等，擦亮央企海外品牌。

四是中海油服构建适应与国际化、市场化发展相适应的人力资源管理体系，覆盖国内和海外及不同业务板块；建立全球装备体系，为装备全球管理提供完整制度保障；通过不断夯实“人机物法环”五大本质安全、加快QHSE的国际化、行业化进程，构建了国际行业认可的特色先进安全文化和安全体系，获得了国际同行的高度赞誉，为公司在海外的发展筑牢了安全之基；总部也在积极推进建立全球化综合管理体系。国际化体系的建立使公司国际化运营能力得到极大的提升。

3. 调结构：匹配公司战略推进组织变革

战略需要健全的组织结构来保证实施。组织结构是企业的组织意义和组织机制赖以生存的基础，它是企业组织的构成形式，即企业的目标、协同、人员、职位、相互关系、信息等组织要素的有效排列组合方式。

十三五以来，中海油服优化组织结构，明确总部“引领发展、促进发展、管控风险、保障发展”职能定位，管理重心向海外持续倾斜。海外逐步设立了欧洲钻井公司、中东、伊拉克、远东、亚太、印尼、马来等实体化运营公司，扎根当地，深耕国际市场，极大提升了公司的知名度和美誉度。新拓展道达尔、马来西亚国家石油公司、泰国国家石油公司等新客户，包括三个阶段：（1）2016年-2018年，推进海外机构实体化、国内分公司优化改革：中东、远东、亚太、印尼管理编制从373压减到175个，压缩编制53%，配套搭建海外HR管理中心，推动实体化运营战略落地；国内分公司优化改革部门优化：由32个减少至15个，缩减53%，所属单位优化：由11个减少至6个，缩减46%，管理编制：由485个减少至279个，缩减43%，实现扁平化瘦身，明确“做强支持与服务”定位；（2）2017年-2019年，总部部分大部制改革，人力、采办、财务、党建、科信、审计等总部优化：由14个减少至9个，缩减36%，管理编制：由245个减少至185个，缩减24%，公司从职能管理向业务管理模式转变，建立适应全球运营的扁平化、柔性化的一体化管理体系架构；（3）2019年-2020年，事业部部门编制压减：事业部两级机构平均压减编制35%，提升国内盈利能力，做实现场QHSE工作及竞争力培育，夯实技术、装备发展及专业队伍建设，加强支持能力，配合区域公司开拓市场。

以2016年为例，公司启动了以增强市场开拓和战略研究能力为目标的总部机关改革，具体措施包括：撤销战略研究与发展部，优化分解职能，成立了发展战略研究所。在总部机关新设立业务兼一体化商务岗，增加钻井、物探、船舶、油技、油化业务管理岗，统筹协调各专业和一体化市场的开发和维护；同时增设若干大客户经理岗，统筹公司关键客户的公关和维护。首次设置外籍市场总监，助力海外市场开拓。平稳高效完成天津分公司和综合服务事业部重组，实现服务板块资源配置优化。重组中东公司，试水以事业部模式运营驻外机构，真正实现管理实体化以及责权利的统一，对公司开拓海外区域市场具有重要意义。

公司创立了总部机关岗位绩效分级评价机制，实行机关员工效益奖ABC分级改革。所有岗位经理集体述职，机关部员360度履职能力评估，分级考评结果与效益奖分配直接挂钩，强化了绩效改革的导向和促进作用，打破了“干多干少一个样，干好干坏一个样”的局面。另外，还通过加大境内分公司在片区市场和QHSE管理职责的绩效考核，加速分公司对总部机关境内管理职能的承接。

通过系列的组织优化和改革，经营潜力得到进一步激发和释放，总部“大部制”改革，职能部门优化，管理编制压减，逐步向战略管控模式转变；国内分公司“瘦身”，明确“做强支持与服务”的新定位，发挥综合协调服务职能；事业部两级优化，编制资源向一线及海外倾斜，聚焦“管建”职能，培育行业竞争力；推进海外公司“实体化”转型，形成“区域公司管战、事业部管建”格局；创新科研管理机制，激励技术系列产业化，重点激励科研团队，激发了科研人员研发的热情；干部选拔突出国际化，聚焦年轻化，打造了一支战略执行力强具有全球运营管理能力的年轻干部队伍；以战略导向、效益导向、集约导向为引领，推进人力资源转型和用工结构调整；分配机制导向向提高劳动生产率与人工成本投入产出率转变，主营板块经营活力更加显著。

4. 调人员：建立灵活多元的用工管理模式

战略实施还需要充分的人力准备，实践证明，人力准备是战略实施的关键。中海油服以“控总量、提效率”为目标，构建灵活多元、精干高效、能进能出的用工管理模式，稳步推进人力结构变革。控总量实现在大型装备快速入列、技术支持服务点迅速增加的情况下，用工总规模仅增加3000人；严控自有员工规模，直接用工由“十三五”初期的13648减至目前的12057人，下降12%。调结构实现自有用工与社会用工向1∶3迈进，“十三五”期间社会化用工净增4600人，增长54%；匹配公司技术发展战略，实施“2050”科研人才引进计划，共计社会招聘162人。提素质包括贯彻人才发展规划，推进三支队伍建设；经营管理类：集团青年管理英才8人、国家经理储备人才59人、战略储备人才330人；技术类：集团资深专家1人、两级技术专家37人、集团科技英才56人、资深以上工程师469人；技能类：大国工匠1人、两级技能专家9人、中央企业技能能手19人、高级工及以上技能人才1920人。具体做法包括：

一是主营业务核心岗位用工以高校毕业生、成品人才引进为主，阶段性和操作岗位用工以项目化用工为主；

二是推进国内生产一线用工向“直接用工+社会化用工”调整转变，进一步调增弹性用工比例，增强人力资源与公司经营的协调性。2018年以来新增4家技术服务承包商，弹性用工增长6269人，比例由37.4%提升至53.5%；

三是大力推进后勤服务类和一线操作类社会化成熟业务外包，平台结构防腐、物探船收放缆等业务外包涉及100余人；17艘平台450余个配餐岗位业务整体外包；四是推进海外用工本地化，充分发挥海外区域人力资源中心作用，根据海外项目用工效益特点、项目周期和作业量，持续加大本地招聘力度。2018年以来，中海油服海外本地招聘用工增长1342人，本地招聘率提升6%；五是优化各级机构设置、压减两级机关机构编制，总部推进大部制改革，总部部门由14个减为9个，编制由247个减少到191个，在职人数由232人减少到176人；六家主营单位机关机构优化调整，平均压减幅度达30%，编制由1586个减少至1096个；六是妥善安置离岗人员，分流盘活富裕人员，及时清理长时间不在岗人员，清退陆地业务外包用工150余人。

通过改革，公司有力地提升了成本变化趋势与企业效益的联动性，用工成本弹性明显提升，深度挖潜人力资本的增值效应和提升全员劳动生产率，预计2020年，市场化用工与自有用工比为1.2∶1，抗风险能力和管理弹性显著增强，到2020年末，近四年用工结构调整创造的直接利润约为16.1亿元。

5. 调业务：逐年重点突破，促进两大战略落地

中海油服以中国海油集团公司发展思路为发展方向，以深化改革创新为动力源泉，优先培育新兴产业：加快转变业务发展模式，努力培养新兴产业，全力打造新增长点，加快转型升级：以市场为导向调整产业结构、产品结构。

技术发展战略方面：2016年：开拓海洋风电行业勘察作业及水合物勘探试采，试行钻井国际管理模式，进而推行COSL国际运营管理模式，重振完井产业，形成研发、制造、销售、现场服务、维保完整产业链；2017年：全新部署EPS（环境保护服务）产业，海上风电业务研究，推进D+W（旋转导向工具系统）等技术成果的规模投产，采油工艺业务优化，形成了4大方向56项工艺技术，参与海外物探多用户项目；2018年：合营公司改革优化，钻完井总包一体化服务，油技机加工业务托管，启动泉州新材料建设基地，陆地钻机业务，代管油公司钻修机，井下大修技术服务；2019年：海上弃置业务，海外经

营扭亏为盈特别行动计划，深度参与海外物探多用户项目，EPS 业务初具规模，启动油技机加工混改，海上风电嵌岩钻井技术应用研究；2020 年：推动稠油技术产业化，EPS 业务规模性发展，完成油技机加工混改，推进陆地非常规业务产能总包，过筛管压裂增产技术，推进工程测绘业务。

国际化发展战略方面：2016 年：设立六大海外产值贡献区，新开拓俄罗斯、阿曼、沙特、加蓬 4 个新市场和一批关键大客户合同落地；2017 年：完成中东、远东、亚太实体化改革，固井、泥浆业务实质性进入墨西哥湾市场，新开拓巴布亚新几内亚、阿根廷、科威特、喀麦隆等四个国家市场，以合营公司进入马来西亚市场；2018 年：斩获壳牌等公司的钻井服务合同，重回澳新高端市场，获得沙特阿美 5+2 年钻井服务合同，实现中东高端市场重大突破，成功进入新西兰、英国、巴西等战略市场；2019 年：构建全球适用的一体化管理体系，提升系统管理质量和效率，强化海外风险管控；与道达尔、马来西亚国家石油公司、泰国国家石油公司等国际油公司建立合作关系，斩获 CNOOC-REPSOL 巴西三维项目，多用户商务模式获得创新与突破；2020 年：抓住中东、非洲、南美、澳洲等区域和深水、弃置市场，全面增强与油公司的全天候战略联盟，加强英国北海、伊拉克米桑等重点海外区域的资源保障，共同推动集团海外业务高质量发展。

6. 调资产：深入推进向轻资产重技术转移

随着油价下跌，全球油气市场的低迷，重资产的发展模式已经在新的发展阶段形成巨大的挑战。因此，在资产结构方面，中海油服坚持“重资产向轻资产重技术转移”“技术产品产业化系列化”发展，不断优化调整装备投资，践行公司发展战略，大型装备以更新改造为主，技术装备以新增产能为主。租赁装备资产大幅上升，年均复合增长率 16%，2020 年占总资产的 41%。刚性成本压力降低，公司抗风险能力增强，为公司应对“低油价”奠定坚实基础。

“十三五”期间油气行业量价齐跌，市场竞争激烈，公司发展虽遭遇挑战，但经营业绩仍优于国际同行，发展质量获得进一步提升。公司资产总额完成率均在 85% 以上；总体债务规模逐步下降，2020 年 3 月末，资产负债率为 50%，降低了 6 个百分点。随着经营改善，公司总体负债水平下降，抗风险能力增强。公司坚持“重资产向轻资产重技术转移”，加快技术产品产业化系列化，“十三五”以来大型装备不断调整装备结构，关键核心技术装备实现产业化发展。

装备板块，物探装备：投产 HYSY751 专业震源船，770/771 等 2 艘专业支持船；钻井装备：投产中深水 HYSY982 平台，深水勘探能力进一步增强；购置 NH10 号项目，投资金额小、投资周期短、见效快、效益高；船舶装备：已投产三型十五艘，2019 年开建 12 艘 LNG 双燃料守护供应船，进一步发展清洁能源船队，践行绿色发展理念。

技术板块，公司坚持技术发展战略，不断加速推进技术产品产业化系列化进程，进一步加大自主研发装备占有比率，自主研发 D+W 设备由 0 增加至 43 台套。通过调整装备结构，公司刚性成本降低，应对行业低谷的灵活性和抗风险能力增强。

7. 调价值观，确立新时代海油精神

共同的价值观具有明显的导向、约束、凝聚、激励及辐射作用，统一所有员工的意志和欲望，促进战略目标落地。公司成立开始，中海油服的企业理念是“我们必须做得更好”，其含义在于：充分肯定过去所取得的成绩和进步；必须正视现在的缺点和不足，向选树的标杆学习，向国际更优秀的同行看齐；今天比昨天、明天比今天，存在着永无止境的进步空间，反映了广大员工“摆脱落后、比肩优秀、追求卓越”的精神风貌；残酷的竞争迫使我们只能进步，不进则退、退则淘汰，必须主动改进自身，用高标准规范行为；行为准则“精心做好每件事”体现了公司员工所倡导的精品意识和严谨作风，其目的是让每一个员工从自身做起，从现在做起，从每件事做起，反复总结昨天哪些不精心，今天如何再精心，明天怎样更精心，身体力行地贯彻“我们必须做得更好”的企业理念。

在新时代公司的核心价值观也迎来了新的变化，习总书记强调：“石油精神”是攻坚克难、夺取胜利的宝贵财富，什么时候都不能丢！在新的历史时期，习近平把石油工业优良传统集中概括和凝练升华为以“苦干实干”“三老四严”为核心的“石油精神”并赋予新的内涵和现实生命力，这将成为石油人的思想基础和价值追求。新时代必须大力弘扬石油精神，中海油确立了爱国、担当、奋斗、创新，丰富海油文化体系，进一步凝聚干事创业的广泛力量，体现了海油精神“根植于石油精神、发展于对外合作、矢志于国际一流”的特点，体现了中国海油的历史传承和发展战略需求，要深化研讨、形成共识，不断丰富新时代海油文化体系的内涵，为公司建设中国特色国际一流油田服务公司的发展目标汇聚共同的精神力量、夯实思想基础。

在此基础上，公司提出“二次创业”的号召，重新梳理公司企业文化，“二次创业”精神内涵就是守正创新意识、顽强拼搏精神、务实严谨作风、昂扬向上姿态。守正创新的意识，坚持“科技是第一生产力”的理念，加强前沿技术、核心技术攻关和高新技术发展，技术产品系列化产业化进程加速，科技创新能力不断提升；践行“绿水青山就是金山银山”的理念，多措并举把绿色发展、循环发展、低碳发展融入公司生产经营，推进新能源、新材料使用；根据国家数字产业化、产业数字化，引导数字经济和实体经济深度融合的要求，全力推进数字化、信息化转型；加快科技引才步伐，实行“人才兴企”战略；大力弘扬“勇于自我革命、持续保持颠覆现状”的精神，有效运用新的思维、新的理念、新的商业模式、新的创新管理谋划未来的发展，深化结构调整，加速增长方式转型升级；海内外履行社会责任，彰显国企担当，公司美誉度不断增强。

顽强拼搏的精神：面对高新技术壁垒和核心技术垄断，敢于挑战国际先进，不断自研攻关、合作进取。有迈向国际化、全球化新征程的勇气，在陌生的领域、陌生的环境面前前突后进，奋发有为，努力开拓；在装备规模快速增长、技术实力迅速提升、海外业务不断扩大、核心竞争能力显著增强的基础上，秉持“归零”心态，摒弃自我陶醉、浅尝辄止的思想，忘记过去的荣耀和成绩，再次突破发展瓶颈，挑战自我，深化改革唤醒生机活力，实现轻装上阵再出发。

务实严谨的作风：以习近平新时代中国特色社会主义思想为指引，践行“为中国人民谋幸福，为中华民族谋复兴”的初心和使命，严守党的政治纪律和政治规矩，坚定“在经济领域为党工作”“我为祖国献石油”的理想信念；坚决贯彻落实习近平总书记提出的“四个革命、一个合作”能源安全新战略和关于油气行业的重要指示批示精神，矢志能源报国；密切联系群众，加强调查研究，改革发展富有活力，资源配置与分配方式科学合理；秉承“我们必须做得更好”的文化理念，战略执行一丝不苟、精益求精；从健全制度、组织保障、风险管控方面建立高效协同的制度保障；廉洁自律，争做明底线、知敬畏、守廉洁的典范；不好高骛远，不妄自菲薄，一步一个脚印，战略规划立足当下，兼顾长远，助力高质量发展。

昂扬向上的姿态：在蓝色国土中开发，在金色沙海中攫取，在深山腹地中挖潜，恶劣环境面前精神抖擞，面对成绩，摒弃“歇歇脚”的思想，焕发时不我待、只争朝夕的激情，在思想上、行动上强化“不进则退”的危机感和紧迫感，强化逆流而上、加快发展的进取意识，面对残酷的市场竞争和实力更加强劲的对手，毫不退缩，迎难而上，面对行业低迷期依然信心满满、锐意进取，保持必胜的信念，远离亲人家属，在公众陌生的领域展现舍小家，顾大家的家国情怀。

这些精神与“我们必须做得更好”的企业理念，“精心做好每件事”的行为准则，“与股东、客户、员工、伙伴共赢，员工操守是诚信、敬业、协作、自律”的核心价值观，共同推动企业高质量发展。

三、“7S”模型实现改革发展实施效果

回顾五年的发展历程，中海油服不断在各个方面进行大刀阔斧的改革，在战略实施和落地取得了突出的效果。

（一）资产结构优化，2019 年净利润行业排名第一

公司近几年积极响应国家和国资委对国有企业将降低负债率的要求，持续优化债务结构、抓住债务低利率的环境和发行窗口，既实现了公司现金流的稳定，也进一步降低了公司经营成本、提高了公司对外竞争的成本优势。“十三五”期间，公司资产总额波动幅度不大；总体债务规模逐步下降，2020 年 3 月末，资产负债率为 50%，降低了 6 个百分点，资产与负债结构合理，抗风险能力增强。

在强力改革的推动下，中海油服资产结构持续优化，人工成本大幅下降，盈利能力不断提升，2016 年受国际油价营业收入跌入谷底，净利润为-114 亿元；2017 年-2018 年营业收入止跌回升，公司微利；2019 年受益于“七年行动计划”以及公司改革红利持续释放，公司盈利能力提升，营业收入完成率达 84%，营业收入重回 300 亿元量级，同比增长 41.9%，净利为 25.02 亿元，同比增长 3434.2%，净利润位居世界第三，成为全球油服公司唯一实现两年连续盈利。2019 年营业收入排名再次上升，位居行业第四，增幅连续两年排名第一；2019 年经营利润持续向好，净利润行业排名第一，2019 年末公司市值约 93.2 亿美元，在油田服务类公司中排第四。

（二）技术实力不断增强，达到国际先进水平

面对行业形势剧变，公司坚持技术发展战略，坚持自主创新和集成创新相结合，聚焦高温高压、深水、稠油、低渗等，不断加速推进技术产品产业化系列化进程，进一步加大自主研发装备占有比率，自主研发 D+W 设备由 0 增加至 43 台套。公司持续增加研发投资，从 2016 年的 3.01 亿元增加为 2020 年的 11.77 亿元，为技术发展战略的全面落实提供了坚实保障。“十三五”期间，公司逐年加大科技投入；规划科技投入约 41 亿元，实际投入 30 亿元左右，完成率 73%。取得科研成果：在物探勘察装备、测井定向井装备、钻完井液/固井技术、开发开采技术等领域的 35 个技术发展方向勠力攻关，攻克 103 项关键技术，核心竞争力不断提升；形成 54 项产业化应用技术，取得了良好的经济效益。物探勘察：以海亮®发泡固缆为核心的成套装备产品技术定型，形成初步产业化能力并实现商业应用；两宽一高地震采集技术体系建立并形成服务能力。钻完井：深水钻井液固井技术体系升级完成，形成完备的服务能力；高温高压钻井液和固井技术充分满足作业和国际投标要求并顺利实现海外作业；钻完井液软件全覆盖，整体水平国际先进。测井定向井：电缆测井系统技术实现高温、低渗技术突破，总体技术水平达到国际先进，部分技术实现了国际领先；随钻测井和旋转导向系统实现了三种尺寸全覆盖，建成了完整的技术产品体系，进入规模化应用和技术迭代升级阶段。开发开采：常规完井工具形成系列化并规模应用，高压气密及智能注水工具完成研制和技术储备；酸化压裂等系列增产技术成功引进并推广应用，增产问题解决方案系列化不断完善。

（三）布局“一带一路”沿线，深入践行国家战略

公司响应国家“走出去”战略，六大海外产值贡献区完成实体化，全力推进海外产值贡献区建设，积极融入国家“一带一路”倡议，践行集团国际化发展战略，营销能力素质大幅提升，建立了一支胸怀全局、清晰战略规划、专业全精通、熟悉财税法、娴熟掌握和运用营销策略与行事方法的营销队伍。公

司海外收入逐年增长，国际化稳步前行与“一带一路”沿线26个国家签署合同500余个，2019年海外收入比2016年增加21亿元，增幅44%；海外六大产值贡献区中，亚太、中东、远东区域增长较快。截止2019年底，公司海外签订合同累计485个，总金额达到295亿元左右，COSL品牌效应凸显，为建成国际一流油田服务公司奠定坚实基础。

（四）资本市场捷报频传，中海油服彰显央企品牌

由于改革带来公司整体运营能力和核心竞争力的提升，中海油服曾获得《亚洲企业管治》“最佳投资者关系公司（中国）”“中国明星企业奖”“最佳创新上市公司”、荣获“致敬新中国70华诞最具影响力上市公司领袖”等奖项，并连续多年被纳入恒生可持续发展指数。海洋石油721、751等深水装备在西非等区域作业“七上央视”，树立了良好央企社会形象，积极践行企业经济和社会责任。

中海油服持续关注股东和各利益相关者的回报，在过去几年行业的低迷期也不忘坚持投资者利益保护。自公司上市以来，中海油服已持续分红超过100亿元人民币，以实际行动保障了国有资本的保值增值。

未来，公司将一如既往坚定执行国家和集团公司战略，牢牢把握新一轮发展机遇，以技术发展和国际化发展两大核心战略为引领，勇于自我革命，发扬新时代“铁人精神”，激发创新活力，在“二次创业”的新征程中践行高质量发展新理念，为油服实现行业引领愿景，为集团公司打造新时代中国特色国际一流能源公司而艰苦奋斗！

成果创造人：齐美胜、黄　徽、吴艳艳、赵　璧、王冬石、秦　天、时　超

基于供应链管理的“三级采供”管理实践

山东山水水泥集团有限公司

山东山水水泥集团有限公司（简称山水集团），是以熟料和水泥生产为主导，集商混、骨料、管道、塑编、机械生产销售为一体的大型企业集团，是国家重点支持的12户全国性大型水泥企业之一。2008年在香港联交所上市，是中国首家在香港红筹股上市的水泥企业。山水集团的四大股东分属中央企业、地方国有、台资、民营，是标准的多元化混合所有制企业。根据地域分布，山水集团下设鲁东、鲁南、鲁西、山西、东北、新疆六个运营区，共有分子公司108家，分布在山东、山西、辽宁、内蒙古、陕西、新疆、河南、河北、天津、吉林十个省、市、自治区，水泥总产能超过1亿吨。山水集团先后获评“香港上市公司100强”“中国500强”“中国建材企业20强”等荣誉称号，位列2020《财富》中国500强排行榜第428。

当今世界正面临百年未有之大变局，世界经济一体化让竞争和挑战更加激烈，现代产业竞争正逐渐演变为供应链间的竞争，对于遵循传统管理模式的企业而言，必须重新审视与外部组织的关系，重新认识自己在供应链中的地位和作用。采购管理工作是供应链管理的重要环节，其重要性不言而喻。在全球企业的产品成本构成中，采购成本占总成本的比重平均水平在50%以上，是企业成本控制的主体，采购对企业绩效具有利润杠杆效应。当前全球经济快速发展，网络信息技术在企业广泛应用，供应链的竞争也进入了新的发展模式，要确保企业有效控制成本，提高市场竞争力和经济效益，必须制定科学合理的采购管理策略。

2018年之前，山水集团一直沿用传统的采供管理模式，108家分子公司各自为战，分散采购所需物资，采购支出高；没有相应管理平台，监控难度大；缺乏供应商管理机制，存在采购风险。随着发展规模不断壮大、股权治理结构的调整变化以及市场竞争的日益加剧，传统采购模式的弊端日益凸显。转变采购理念，建立适应多元化混合所有制企业发展的采供管理体系势在必行。

一、三级采供管理的实施背景

我国水泥行业目前面临三个突出问题：一是产能严重过剩，截止到2019年底，全国新型干法水泥生产线累计共有1624条，设计熟料年产能维持在18.2亿吨，实际熟料年产能超过20亿吨，2019年全国水泥实际产量23.3亿吨，居全球第一；二是行业集中度较低，前10大企业集团熟料产能占全国的58%，前50家企业集团熟料产能占全国总产能的76%；三是总体需求不足，熟料产能利用率75.6%。在此背景下，水泥企业之间的竞争不再是单纯的技术、质量、人才等单方面的竞争，而是转向更复杂的系统管理的竞争；也不再是单一企业之间的竞争，而是转向“采供管理、生产控制、物流运输”等要素构成的供应链之间的竞争。党的十九大报告提出“在中高端消费、创新引领、绿色低碳、共享经济、现代供应链、人力资本服务等领域培育新增长点、形成新动能”。这是党中央首次提出现代供应链概念，标志着“现代供应链”发展正式上升为国家战略。

（一）顺应供给侧结构性改革要求，推动经济高质量发展

推进供给侧结构性改革，是以习近平同志为核心的党中央深刻把握全球经济新格局和我国经济发展大势做出的重大战略部署，是破解经济发展中供需失衡、产能过剩等问题、引领我国经济高质量发展的创新举措。现代供应链作为连接供给侧和需求侧的桥梁和纽带，是以市场化方式推进供给侧结构性改革的重要抓手。发展现代供应链，有利于运用先进的供应链管理技术和模式来替代过去低效粗放的运营模式，促进降本增效，优化供给结构、供给质量和供给效率，推动经济高质量发展。在大数据时代的今天，互联网的作用已经越来越不可忽视，水泥行业尚未完全与其建立起密切的联系。现代供应链管理理念深入推进“中国制造+互联网”，能大力推动制造业供给侧结构性改革，加快新旧发展动能接续转换，推动水泥行业高质量发展。

水泥行业作为典型的传统制造业，面临严重的产能过剩、资源配置率低以及环境污染等问题。按照全球制造业认同的一般标准，当企业产能利用率在90%以下且持续下降时，就表明设备闲置过多，而目前我国水泥行业的熟料产能利用率只有75.6%，因此水泥行业的供给侧结构性改革已刻不容缓。水泥行业遵照“压减过剩产能、过载产能、低值产能和淘汰落后产能”的政策导向在供给侧改革方面做了大量探索和研究，取得了比较好的效果，特别是行业自律和错峰生产的推行卓有成效，错峰生产政策是针对产能严重过剩现状下从供给侧解决市场供需动态平衡的改革。

（二）弘扬创新精神，推进水泥行业转型升级

创新是企业发展的永恒动力和不竭源泉。当前，经济市场化、全球化程度越来越高，企业面临更为激烈的市场竞争，企业要想生存并实现持续的发展，必须做好经营管理创新，包括经营理念创新、科技创新、经营模式创新、机制和制度创新等方面。党和国家高度重视企业创新工作，习近平总书记在2020年7月21日召开的企业家座谈会上引用“富有之谓大业，日新之谓盛德。”再次要求企业家弘扬创新精神，强调“创新是引领发展的第一动力，企业家创新活动是推动企业创新发展的关键。改革开放以来，我国经济发展取得的举世瞩目的成就，同广大企业家大力弘扬创新精神是分不开的”。

改革开放四十多年，我国经济突飞猛进。制造业作为拉动我国经济增长的主要行业，它的发展状况直接影响着我国经济增长的速度和质量，然而近年来随着我国人口红利的逐渐消失以及原材料价格不断上涨等因素的影响，我国制造业正面临着前所未有的困难，转型升级已迫在眉睫，尤其面对当前严峻的国内外形势，制造业的平稳发展对保持我国经济的增长和社会的安定更是起着举足轻重的作用。在这种情况下，努力探询我国制造业的转型之路尤为重要。

面对产能严重过剩和市场需求不足，水泥行业转型升级的途径有两种：一是眼睛向内，通过优化工艺、改进技术、升级装备等措施提高工艺和装备水平，实现硬件升级，降低生产成本，这是“硬功夫”；二是思维向外，引入先进管理理念，通过整合上下游资源、借助互联网和大数据的优势，优化流通结构，节省交易成本，提高系统运行效率和服务意识，实现管理升级，这是“软实力”。三级采供管理体系，通过加强供应商管理、流程优化和再造、借助互联网和云计算等工具实现了采购管理的数字化、平台化和智能化，是山水集团采购管理模式的发展和创新，有利于山水集团长期、稳定发展，同时也为水泥行业的供应链规划探索了一条创新路子。三级采供管理的推广实施通过提升“软实力”，增强了“硬功夫”，提升了管理水平和竞争力，为企业实现可持续发展提供了动力，向着“创新—协调—绿色—开

放—共享”的目标前进。

（三）适应股权结构及管理架构调整，促进企业管理提升

山水集团的股权结构经过调整，最终形成了中央企业、地方国资、台资和民营的股权构成。伴随股权结构的调整，经营管理方式也进行了相应调整，改变了过去集团直接管理下属公司、跨度过大的管理方式，将108家分子公司依据地理位置、有效协同、战略规划等划分为六个区域，增设运营区作为集团的派出机构，进行区域化管理。

同一运营区域内的企业地理位置邻近，销售市场和原材料供应普遍存在共性，很多通用原材料货源渠道相同，甚至共用一个供应商，供不应求时，存在分子公司之间相互争抢资源的“内讧”现象，抬高了采购价格。由此，单一、分散的采购管理模式与企业发展和公司治理不相适应，采购管理作为影响企业成本最核心的环节，迫切需要模式创新和改革，从而促进企业管理水平的有效提升，进而实现企业经营效益的合理恢复。

二、三级采供管理的内涵及主要做法

现代供应链管理理念赋予采购管理更多的现实意义，即采购本身就具有增值能力，是企业名副其实的“第三利润源”，在供应链管理实践中增值采购管理已经成为一项日益重要的内容。山水集团的三级采供管理以“保障和效益”为目标，采取“统分”相结合的“混合制”采购模式，并借助“物流港平台”“阿里巴巴平台”“道路货物运输平台”等互联网平台工具，发挥互联网和大数据的作用，形成了“易统则统、易分则分”的“集团——运营区——分子公司”三级采供管理体系，在对采购物资进行系统分类和统一编码的基础上，不同管理层级被赋予不同的采购权限，在实施分级采购的基础上，实现由采购规模向规模采购的转变，是采购集约化管理理念的灵活应用，也是向现代供应链方向发展的探索。

（一）坚持完善制度和规范流程相结合，营造“管人靠制度，干事讲流程”氛围

在传统的企业经营管理工作中，采购工作被狭义地定义为花钱买东西，甚至对物资采购抱以怀疑态度。现代企业虽然对采购管理重要性的认识有所提高，但是在国内经济转型、国内外市场竞争加剧的新环境下，很多企业并未从企业战略发展高度认识采购管理的重要性与价值，因此制约了采购管理对于企业发展壮大、提升盈利能力等作用的发挥，也不利于企业进一步开拓发展空间、实现高效率低成本运作。所以，转变采购理念是完善采购体系的前提。

转变理念从统一认识开始，毕竟推行三级采供管理是一种“变革”行为，山水集团在推行之初进行了广泛讨论和发动，通过数据分析、理论培训、到同行企业学习交流等方式综合展现新旧采供模式的效果，首先使管理者在思想认识上保持一致。“规范管理，制度先行”，按照“效益为先、权责清晰、流程规范、监督到位”原则，对原有职责权限、制度和流程进行了重新梳理和完善。

1. 实施分级管理，明晰采购权限

水泥企业需要采购的物资品类数量多、品种杂，既有区域性的分散于企业周边、采购量巨大的石灰石、矿渣粉、粉煤灰、石膏等地方性原材料，又有通用性的遍布各地采购种类繁多的煤炭、耐火材料、润滑油、电气、机械设备、日常耗材、工程建设、维修维护服务等。推行三级采供前，子公司各自为战、所有物资自行采购，在性价比、使用寿命、售后服务等各方面差异较大。三级采供管理也不是一概而论地将采购物资全部由集团统一集中采购，而是采取先分类、后分层的采购策略。分类依据包括：物资材料对企业的重要程度、供应市场是否存在风险、材料是否容易获得、材料来源是否可靠以及企业和

供应商之间的力量对比、运输半径、区位优势、消耗时间长短等。在物资分类、归类基础上，借鉴知名学者罗伯特·史培曼提出的“企业内不同阶层会对采购有不同的任务”的分层采购战略理论，按照“易统则统、易分则分”的原则赋予集团、运营区、分子公司不同的采购权限，实行三级采购。见表1。

表1　三级采供目录

<table>
<tr><th>层级</th><th>类别</th><th>物资名称</th><th>备注</th></tr>
<tr><td rowspan="4">集团</td><td>集采物资</td><td>耐火材料，耐磨耐热材料，轴承，窑、磨大型设备及备件，大型风机，减速机，润滑油，收尘滤袋，电气设备，劳保用品等</td><td rowspan="4">凡纳入集采范围的物资，各运营区、子分公司停止自行采供</td></tr>
<tr><td>统谈分签</td><td>矿山开采，治理及基建工程，矿山勘察，资源技术服务，测绘地理信息，地质灾害防治，矿业合作开发，DCS系统升级改造，无人值守系统，空气悬浮、磁悬浮鼓风机，MES系统</td></tr>
<tr><td>设备备件</td><td>预算金额在20万元及以上的设备和备件</td></tr>
<tr><td>大型项目</td><td>预算投资金额在200万元及以上的各类项目</td></tr>
<tr><td rowspan="3">运营区</td><td>统谈分签</td><td>矿渣、矿粉粉、煤灰、氨水、助磨剂、熟料运输等</td><td rowspan="3">凡纳入运营区统谈分签范围的物资，各子分公司停止自行采供</td></tr>
<tr><td>较大型设备</td><td>预算金额在10万元及以上，20万元以下的设备和备件</td></tr>
<tr><td>较大型项目</td><td>预算投资金额在100万元及以上，200万元以下的各类项目</td></tr>
<tr><td rowspan="3">子分公司</td><td>小型设备备件</td><td>预算金额在10万元以下的设备和备件</td><td rowspan="3"></td></tr>
<tr><td>小型项目</td><td>预算投资金额在100万元以下的各类项目</td></tr>
<tr><td>其他物资</td><td>集团和运营区集采、统谈分签、招议标以外的其他物资</td></tr>
</table>

“统”与“分”是相对而言的，可操作性和经济性是判定依据，不适宜集团集中采购的物资，各运营区可以实施区域范围的“统谈分签式”采购。例如，水泥生产用的地方原材料虽然采购规模巨大，但是限于产地、适用性、运距等因素影响，实施集团范围的统一采购难度大、经济效益不明显，通过发挥运营区的协调和调度作用，有效整合外部资源和内部需求，建立稳定的供求关系，消除供需变化引起的价格波动。以粉煤灰采购为例，推行三级采供前，分子公司分别与货源单位（主要是电厂）谈判、购买，供大于求时，受存储和处理能力限制，电厂急于出库，价格降低；供不应求时，水泥企业争先采购，价格上升，供求双方是松散的合作关系，利益对立关系。推行三级采供后，运营区被赋予相应的采供管理权限，经过调研、测算和谈判，将内部企业不同时期粉煤灰的需求量与合理运输半径内电厂的供货量有机结合，与电厂签订战略合作协议，形成稳定的供求关系，既解决了电厂粉煤灰、脱硫石膏、炉渣等工业废渣的合理排放问题，又解决了内部企业原料的及时稳定供应问题，真正实现了双赢。经统计，两种模式对比，2019年上述三种物资节约采购资金3200万元，体现了“统与分、集与放”的灵活性，也是企业由“内部采购管理”向“外部资源管理”方式转变的路径。

通用性强、验收标准统一的主机设备及配件、通用性材料、配备件以及技术服务等，则完全实施集中采购，突出规模采购的优势，由集团按照“国际知名、国内或行业一流”的标准，遴选出最佳的产品制造商及服务提供商，并签订长期战略合作协议，建立稳定的直供合作关系，签约单位成为集团某一领域的首选供货商，是经集团专家小组依据供应商自身实力、行业地位和客户反馈等参数进行综合评判得出的，参数包括产能规模、供货能力、资金实力、行业内的市场份额、服务水平、客户口碑等，不同参数对应不同权重，其中供应商的行业地位占了较大权重，因为行业地位决定了一家企业在市场里的话语权，进而决定着企业的生命力。

截止 2020 年 9 月，签署战略合作协议的单位有 43 家，都是水泥上下游相关行业的佼佼者，不但能够为山水集团提供最优质的装备、材料和服务，而且成为山水集团供应链的重要组成部分，供求关系更加紧密，业务范围不断扩大，形成命运共同体，进而实现跨界融合、相互促进、共同发展。

2. 再造工作流程，提高运行效率

三级采供管理是一个系统工程，要实现系统高效运转，就必须对各项管理要素开展系统的规范化、程序化、标准化设计，形成有效的管理运行机制和流程。集团总部、运营区、分子公司都有独立的管理办法，但对于三者之间的衔接却很难较好地管控，这就需要对三级采供管理的流程进一步明确，将相关参与方都纳入到流程中，成为管理流程中的一个结点，明确事情谁来做？怎么做？做到什么程度？从人员、时间、空间、内容和方法等维度，衔接好集团总部与运营区、总部与分子公司、运营区与分子公司、部门与部门、岗位与岗位之间的各个环节。

流程是企业运转的催化剂，高效的流程能给企业带来难以模仿的竞争优势。流程可以视为企业的无形资产，但不是一成不变的，要定期或不定期地进行复盘，不断优化调整。本着“实事求是，顺畅高效”的原则，对原有的采供管理流程进行了再造，建立适用于三级采供管理体系的流程（见图 1）。

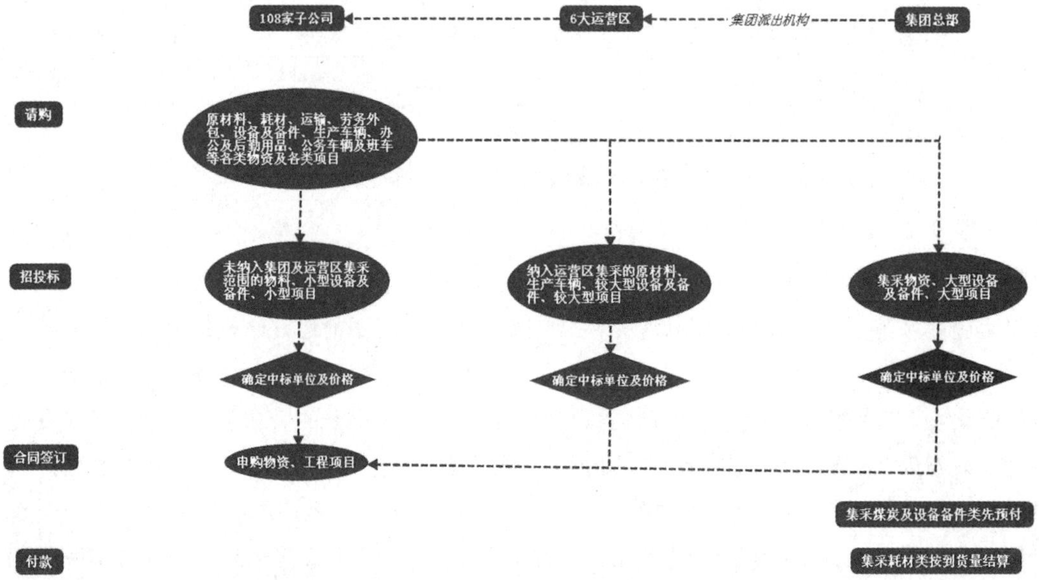

图 1 采购流程示意图

动态的流程需要静态的制度来规范。流程的运行效率和效果，需要与流程相适应的制度和绩效评估标准来保障，否则，流程没有存在的意义。山水集团采供监控部会同相关职能部门根据上市公司董事会批准的管理权限，制定了《采供管理办法》《集采物资管理办法》《煤炭采供管理办法》《废旧物资处置管理办法》和《供应商管理办法》五个管理办法，进一步明确各级采购部门的采购范围、管理权限以及审批流程，解决管理过程中的职责不清、重复审批、推诿扯皮现象，增强相互间的配合度，提高内部运行效率。

3. 建立监督机制，实现阳光采购

采供部门是权力部门也是窗口部门，代表企业形象，实现阳光采购，一方面要提高从业人员的素质和水平，做到“不想违规”，另一方面通过建立健全监督机制约束采购行为，做到“不能违规”。在三级采供管理的实践中，明确集团、运营区和子分公司采购权限的同时，也相应明确了监督机制。集团采供监控部接受集团领导、纪委、审计部等相关部门的监督；运营区采供部接受集团采供监控部以及运营区领导、相关审计监察部门的监督，分子公司采供部接受运营区采供部以及分子公司领导、相关审计监察部门的监督，形成了“上级监督下级，同级审计监察管控”的监督机制。

新的监督机制监督范围更全面、监督手段更多样、监督效果更显著。监督范围涉及采购价格、审批流程、合同文本、资金支付等采购全过程；监督手段有设立举报信箱、专项检查、数据汇总对比、采购过程跟踪等；新监督机制的实施，将权力关进“制度的笼子”里，有效地规范了各级工作人员的采购行为，使三级采供部门各负其责、有效制约、相互配合，实现阳光采购。

（二）借助大数据和互联网平台工具，搭建三个采购业务平台

企业大规模采购在缺乏有效信息平台辅助的情况下难免带有盲目性，不利于科学评估、跟踪、分析采购行为，对实施采购管理也有一定负面影响，因此，利用信息技术支持企业科学决策与管理是采购管理的重要发展方向。随着大数据、物联网、云计算、人工智能、区块链等现代信息技术在供应链中应用程度的不断加深，现代供应链的组织形式逐步向平台型组织主导延伸，平台化逐步成为现代供应链发展的重要特征。

为确保山水集团三级采供管理理念执行到位，集团筹划组建了三个落地实施平台，一是负责战略合作物资对接的物流港平台，二是承接分散物资采购的互联网采购平台，三是实施集团运输业务平台化运作的智慧物流平台。

1. 设立战略合作物资对接平台，确保重点物资的集中采购

目前，山水集团已签署战略合作单位43家，涉及上百种产品，108家分子公司与战略合作单位之间的衔接尤为重要，为确保衔接的高效率，保障集中采购和订单化采购的实施，集团成立了物流港平台，作为连接子公司与战略合作单位的桥梁，负责合同签订、计划对接、账目核对、数据统计以及对供应商的考核和评价等工作。

水泥企业的采购重点在大宗原燃材料上，而大宗原燃材料的采购重点在煤炭上，煤炭的采购管理是水泥行业供应链管理领域中最重要的研究方向之一。煤炭作为水泥企业最重要的能源物资，具有以下显著特点。一是成本占比高，经统计2018年1月至2020年9月，山水集团用煤成本占熟料成本的比重平均在46%—50%之间，随价格变化略有波动。二是总体需求大，集团2018年共采购煤炭447万吨，2019年采购504万吨。三是货源地集中，最适宜熟料企业使用的煤种集中在陕西省的神木、榆林一带。四是不宜存储，长期存储造成热值损耗，甚至发生自燃。五是环境影响因素多，环保政策、产能限制、运输条件等都会造成市场供求变化。

煤炭集团化采购是山水集团三级采供管理赋予物流港平台的一项重大职能，平台按照“集中管控，统一运作，价格透明、公平公正、共享共建”的总体原则实施煤炭的集中采供。

（1）优化货源渠道，推进规模采购

物流港平台成立前，集团各熟料企业自行采购煤炭，并且全部由中间商操作供货，供货商数量达几十家，分散采购方式抵消了集团应有的采购规模优势，形成“1+1<2”的不利局面。“煤种不统一、货源渠道不统一、质量控制标准不统一”造成煤炭质量和价格波动大，供货不及时现象时有发生，同时还存在虚假发票、资金支付不规范等现象，缺乏监管平台和相应机制，集团很难全方位开展质量、价格、

煤耗等数据的对比分析，造成生产、采购脱节的被动局面。

针对上述问题，物流港平台开展了大量的调研和数据分析工作，并广泛听取采购、生产、化验等各方面的意见，达成了“统一煤种、统一验收标准、优化供应商渠道”的共识。煤炭供应以大型煤矿直供为主，中间商为辅并逐渐退出；中间商以大型综合供应商为主，而且要固定矿点，便于煤炭源头控制；平台坚持“公开开放、共享共建”原则，所有熟料企业均可推荐优秀供应商，但是最终确定由集体决策，所有供货商准入后由平台统一管理，广泛接受监督、监控。

（2）实施“多式联运”，拓宽运输渠道

山水集团的熟料企业地域跨度大，既有东部沿海，又有西部内陆，距离煤炭货源地远，运距较长，之前一直依靠公路运输“一条腿走路”，保供能力差。为解决运输问题，山水集团制定了“做实汽运、做大铁运、做好水运”的运输目标。

从 2018 年开始，开展“多式联运”探索，逐步加大铁路及水路运作力度，先后与战略单位建立铁运及水运合作关系，实现“公、铁、水”三路兼顾的运输模式，有机融合了三种运输模式的优势。公路运输短平快、灵活性高，是运输量的基本保障；铁路运输距离长、运力大、受地形、天气等因素影响较小、运输价格平稳，可以有效弥补汽运在长途运输方面的不足；水运则具备运力大、运输成本低等优势，可以满足沿海地区熟料企业用煤的需求。

（3）强化过程管控，保障煤炭质量

煤炭质量是供求双方共同关注的焦点，直接影响结算价格和成本控制。影响煤炭质量的因素众多，既有客观条件，也有人为操作，并且贯穿源头开采、中间运输、终端验收全过程。为确保煤炭采购质量，物流港平台实施全过程质量控制，按照“抓两头、控中间、定规范、严奖罚”的路线开展具体工作。

抓两头，一是抓上游煤矿出矿质量，二是抓内部企业的检测结果准确性。出矿质量通过合同约定考核指标、专人常驻矿点等措施保障；检测结果准确性则通过加强对内部质监部门的管理、统一检验技术和操作规范等措施来确保，结果出现争议则由集团中心实验室以及第三方检测机构进行复核。控中间，主要是控制运输环节，制定科学的运输方案，引入定位和视频信息技术，严格车辆管理，避免运输途中的违规操作。定规范，包括煤炭进出场、运输管理、检验检测操作、资金支付等，做到全过程规范化操作。严奖罚，则通过建立严格的奖罚体系，改变过去对供应商只罚不奖的做法，对质量超出验收标准的实行奖励政策，调动供货商积极性。

上述措施的严格落实显著提升了煤炭采购质量，在采购数量同比增加 56.46 万吨的情况下，2019 年煤炭平均发热量同比提高 74.95 大卡，对稳定生产系统运行，保障产品质量做出了贡献。

（4）建立调价机制，规范透明运作

价格是供求双方最关心也是最敏感的问题。科学合理的成本核算和价格调控机制是确保供求关系稳定的基石。煤炭作为国家最重要的战略物资之一，价格变动受宏观和市场众多因素影响，制定既符合市场供求关系、又符合供求双方共同利益的价格调整机制尤为重要。物流港平台成立信息部，加强数据和信息搜集，动态监控煤价走势。一是密切关注煤炭指数变化、各大港口库存数据、进出口数量、生产供需变化等宏观数据。二是实地调研和掌握煤矿出坑价、开采成本变动、运输价格、同行企业的采购价格等微观数据。宏观微观结合，实事求是测算成本，同时综合市场供求、资金支付、行业整体利润水平明确合理的利润空间。

经过不断调整和优化，山水集团已经形成了完善的煤炭定价办法和实施细则，实现了阳光定价。物流港平台的成立，实现了煤炭源头采购、规模采购，减少了中间供应商的参与度，有效降低了煤炭的采购成本；“公、铁、水”多式联运，最大程度地保证了煤炭供应的稳定性，为熟料企业原材料“去库存”奠定了基础，同时解决了“分散采购”供货不及时及运输成本波动大的问题；通过加强质量管控，解决了“分散采购”存在的以次充好、质量不稳定影响系统运行等问题。

2. 搭建“一站式”互联网采购平台，提高分散物资的采购效率

对于水泥这种传统制造业企业而言，劳保用品、各类工具、测量仪器及办公用品等分散物资的采购大多数采用线下采购方式，存在经销商层级多、配送周期长、质量良莠不齐等问题，很难实现“一站式购齐”，影响企业正常生产管理。

在国家大力推进的“中国制造 2025”与“互联网+”两大战略引导下，智能化发展已成为水泥行业的关键词，而对水泥企业来说，采购又是智能化发展中最有必要、也最容易的切入点，山水集团引入互联网技术为企业供应链效率赋能，通过与阿里巴巴合作，搭建网络采购平台，平台融合采购寻源、线上招标、线上竞拍、供应商管理、采购参谋、线上结算等功能，实现了企业采购业务的协同化、数字化、自动化，达到物资采购活动“合规、提效、降本”的目标，将采购业务能力转变为企业的比较竞争力（见图 2）。

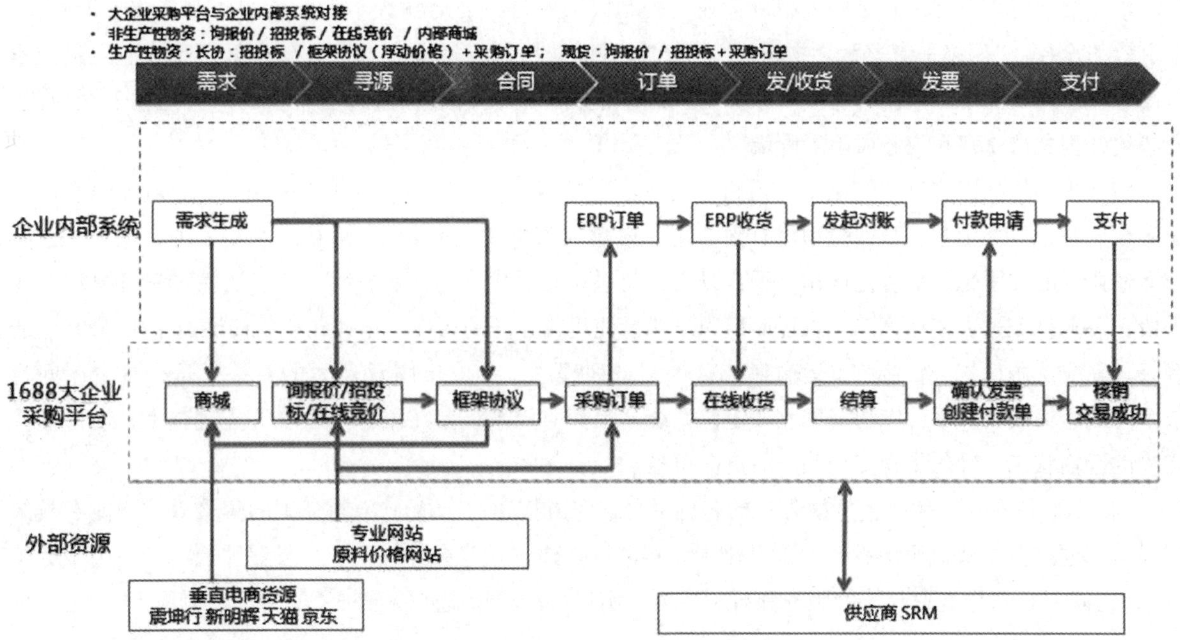

图 2　互联网采购平台系统示意图

互联网采购平台的建设大大提高了分散物资的采购效率。一是流程可视化、过程可追踪，实现采购全过程阳光透明，降低采购人员的风险。二是渠道更广阔、管理更高效，利用互联网平台的开放性既盘活了老供应商，又大量引入新供应商，优化了供应商结构，不断挖掘并赋能核心的战略供应商，实现对供应商的全生命周期管理和采购链闭环管理，支撑企业提升采购管理水平。三是数据作支持，决策更合理，实现多部门协同联合，自动生成数据并沉淀进而服务于生产和经营，为调整生产成本和销售定价提供决策依据。

2020 年上半年，通过网络采购平台共发布询价单 5620 单，总投标单位 11360 家，其中 4449 家为邀请报价，通过平台拓展投标单位 6911 家。采购订单总金额 1.54 亿元，与前期采购过同型号物资价格相

比，节约资金491.75万元。

3. 打造“智慧物流”平台，实现运输业务集团化、平台化运作

长期以来，我国物流成本偏高。从2015年的10.8万亿元到2019年的14.1万亿元，中国社会物流总费用保持着逐年上涨，但同比增速表现出先上升后下降的趋势。物流业在国民经济中起到促进生产和拉动消费的重要作用，但我国物流业总成本仍然偏高，进一步降低社会物流总费用是促进社会经济高质量发展的重要保障之一，随着供给侧结构性改革逐步深入，降成本已进入攻坚克难阶段，要进一步降低企业成本，必须有新途径、新思路。

按照《国务院办公厅关于深入实施“互联网+流通”行动计划的意见》（国办发〔2016〕24号）工作部署，交通运输部于2016年8月开始试点推行“无车承运人”，现已改称“网络平台道路货物运输”。党中央国务院高度重视道路货运和推进“互联网+”物流新业态发展工作。2019年1月，习近平总书记在全国生态环境保护大会上指出要“推动货运经营整合升级、提质增效，加快规模化发展、连锁经营”。2019年5月，《国务院办公厅转发交通运输部等部门关于加快道路货运行业转型升级促进高质量发展意见的通知》（国办发〔2019〕16号），明确提出要“加快制定出台网络平台道路货物运输经营管理办法”，规范“互联网+”物流新业态发展。

水泥行业是靠资源来发展的大型制造业，控制大宗原材料的运输成本是降低水泥制造成本最直接、最有效的途径。“网络平台道路货物运输”模式能有效解决传统运输方式存在的中间环节多、运输成本过高、货主与实际承运人没有直接联系，协同组织能力差、运输过程监管能力较弱产生运输安全风险、发票代开现象严重存在税务风险等弊端。

山水集团依托国家对“网络平台道路货物运输”的政策，2019年10月与中寰卫星导航通信有限公司等企业联合成立山东寰联智慧物流有限公司，搭建“智慧物流平台”，承接山水集团的运输业务，实施运输业务的集团化、平台化运作。平台以“信息系统集成化、结算业务线上化、运输过程可视化”为手段，逐渐打破过去依靠第三方承运商组织车辆承揽运输业务的局面，单体司机就能通过手机APP注册登录，完成从协议签订、接单、运输到结算等一系列程序，形成集团对运力的直接穿透，减少中间环节，降低运输成本。平台广泛应用北斗定位系统、视频监控系统、在线称重系统等先进技术，动态监控货物的运输状态，确保货物安全和产品流向可控。

“物流服务平台”是“智慧物流”的基础平台，完成搭建后形成了车辆资源的集聚效应，能有效解决运力问题。在“物流服务平台”的基础上，将陆续搭建“信息技术平台”“贸易平台”“金融服务平台”，延伸“智慧物流平台”的服务和盈利能力，实现由依赖物流向经营物流的转变（见图3）。

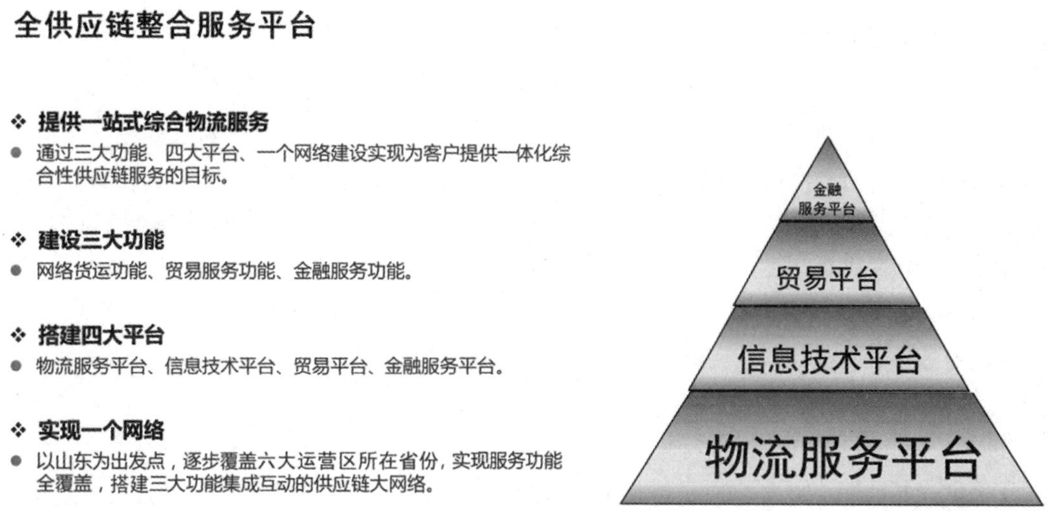

图3　智慧物流平台愿景

三、三级采供管理的实施效果

（一）形成协同效益和规模采购，大大提升了企业经济效益和核心竞争力

数量就是力量，这是谈判课程中基本的原理。在供求关系稳定的情况下，买方的采购批量是买方在谈判中的最大优势。三级采供管理将原先各自为战的分散采购改为集中采购，“统谈统签统付”模式使内部协同和物资规模效益得以发挥，获得更优惠的价格，大大降低采购成本。

据统计，山水集团2019年主要物资采购及大型项目投资支出共计108.59亿元，其中由集团总部及运营区招标采供的物资及项目金额共计56.61亿元，占总支出的52.13%。经综合测算，2019年共节约采购资金3.23亿元。其中煤炭节约0.83亿元，通用物资及工程项目节约0.42亿元，大宗原材料节约1.98亿元。

采购成本的降低得益于内部企业的协同以及与供应商战略合作关系的形成，采购成本的降低也进一步增强了水泥熟料等产成品的比较优势，提升了企业的经济效益和核心竞争力。

（二）实现去产能和去库存，有力推动了相关产业的供给侧结构性改革

“三去一降一补”是制造业供给侧改革的有效手段。三级采供管理使山水集团与供应商的合作关系更加紧密、订单化采购得到推广，“去产能”“去库存”效果显著。

去产能。对于现代企业采购而言，优质供应商永远是刚性需求，优质供应商的形成离不开市场竞争和需方的培养，山水集团与一流的上下游供应商实施战略合作，推行集约化和订单化采购，稳定了供求关系，让优秀企业的产能利用率大大提高，加快了相关上下游产业无效产能、僵尸产能的淘汰工作，有力推动了相关产业的结构性改革工作。

去库存。水泥企业有很多加工周期长、采购金额高的中大型配备件，一旦出现特殊情况，备品空缺或不足很容易影响生产，但是备品太多又占压较多资金。在传统模式下，供应商和采购方各自为政，都保持相当的库存，用来消除波动的影响，但是大量库存使企业在竞争中处于不利地位。三级采供管理模式下的库存管理，着眼点从单个企业扩展到运营区、扩展到集团，再扩展到供应商，通过信息共享，供需双方共同降低缺货或积压造成的库存风险，优化库存管理、实现共享仓储，最终达到“双赢”的目的，避免社会资源和资金的浪费。

（三）提升数字化和智能化水平，有效推动了“两化融合”进程

“两化融合”是信息化和工业化的高层次、深度结合，是以信息化带动工业化、以工业化促进信息化，走新型工业化道路；两化融合的核心就是信息化支撑，追求可持续发展模式。推动两化深度融合，是我国转变经济发展方式、走新型工业化道路的必然要求，是促进产业转型升级、构建现代产业体系的重要举措。

山水集团的三级采供管理在建设“物流港、互联网采购、智慧物流”三大平台的过程中，广泛借助和应用互联网、人工智能、5G通讯等先进技术，数字化和智能化水平大大提升，是发展工业互联网和推进智能制造的有效探索，推动了“两化融合”在传统制造行业的实践进程。

四、思考与建议

山水集团多元化的混合所有制形式要求采供管理机制要有创新性、灵活性和开放性的特点，做到“兼容并蓄、融会贯通”。山水集团的三级采供管理是党的民主集中制在企业管理实践中的具体应用，体现了民主基础上的集中和集中指导下的民主的辩证关系。自主采购，就是子公司生产和经营主张的充分表达和积极性、创造性的充分发挥；集中采购，则是集团整体意志、智慧的凝聚和行动的一致。

山水集团基于供应链管理的三级采供管理实践取得了一定成效，但是距离成熟的现代供应链体系还存在差距，三大平台之间的无缝对接、相互融合等工作还需进一步完善。山水集团将一如既往遵循党和国家的大政方针以及相关产业政策进行探索和实践，为我国水泥行业乃至传统制造业高质量发展探索路径，向制造强国迈进贡献力量。

随着水泥行业“兼并重组、相互参股”步伐不断加快，混合所有制性质的大型水泥集团越来越多，探索建立适宜企业发展、行之有效的采供管理体制和机制势在必行。探索过程挑战和机遇并存，一方面需要应对装备技术水平、管理理念、管理体制、企业文化等差异带来的挑战，另一方面也享受着云计算、移动互联网、物联网和区块链等新技术推广产生的发展成果。结合水泥行业采供管理工作的特点和山水集团的实践，混合所有制水泥集团的采供管理工作应遵循“集团化、智能化、数字化、精准化、效益化”的路径，以集团化战略采购为统领，借助现代信息技术实施智能化和数字化建设，提高数据收集和分析能力，精准指导采供战略和策略；通过加快与大数据、物联网、区块链等先进技术的融合进程，向准时化采购、电子化采购方向发展，逐步实现数据向效益的转变，突显采供管理对水泥行业发展的促进作用。

成果创造人：张继武、陈永胜、左静雨、于小强、赵书林、刘成磊、孙学忠

【参考文献】

[1]路红艳.发展现代供应链助力深化供给侧结构性改革.中国发展观察,2019年3月14日.

[2]陶园.浅谈现代企业采购管理体系的构建.财税月刊,2015年第10期.

[3]沈涌涛.供应链管理模式下采购管理研究.智库时代,2009年第16期.

传统电信运营商转型升级中的 IT 投资管理改革探索与创新

中移信息技术有限公司

信息技术领域是当前国家数字化经济的战略重点，“云大物移智”等新技术蓬勃发展，5G 商用快速推进，给 IT 发展带来难得的机遇，但同时也使传统的电信运营商面临着日趋激烈的同行和跨界竞争。固有的 IT 架构和运营模式已经无法适应快速变化的互联网+时代的要求，电信运营商的转型已是大势所趋，IT 能力的构建和提升成为影响企业转型发展的关键因素，必须通过转型和变革完成运营体系、流程和组织的再造，从而更好地发挥 IT 价值，赋能发展、提升管理。

在这样的时代背景下，中国移动深入学习贯彻习近平新时代中国特色社会主义思想，努力践行新发展理念，不断推进深化 IT 改革。2018 年，中移信息技术有限公司（简称 IT 公司）在行业转型发展的驱动下，为提升 IT 投资效益、提高 IT 精细化管理水平，对 IT 投资管理模式不断探索，并最终形成了“构建面向 IT 改革的集中化固定资产投资管控体系”创新成果。本成果以“市场导向、改革驱动、结构优化、管控科学、赋能创新、降本增效”为原则，以满足企业 IT 改革发展战略要求为总体目标，提出“明战略、定方向、控要素、齐配套”的思路框架，从战略方向、业务发展、运营效果、投资效益等多维度，深入研究了投资与需求之间的关系。通过应用本成果，改变了中国移动 IT 领域固定资产投资原本缺乏规划性、前瞻性和全局性的“基层需求单向驱动”管理模式，形成了站位 IT 全局的“上下双向驱动”新管理模式，同时完善了 IT 领域从投资协同审核机制、多节点需求统筹归并机制、IT 系统统一纳管机制、投资动态监控机制等一系列机制，实现了 IT 资本布局结构优化，促进需求与资源达到了最佳平衡，使得资源投入与改革发展成效相辅相成，在 IT 领域取得了明显的降本增效、精益管理的效果。

一、项目背景

（一）顺应资本市场诉求，不断提升 IT 领域投资效益的需要

中国移动在满足业务不断增长的情况下，总体投资规模逐年下降，但资本市场以中国移动资本开支占收入比指标仍高于国际通信运营商为由，对中国移动降低资本性开支（注：简称 CAPEX，即 Capital Expenditure，是指资金或固定资产、无形资产、递延资产在多个会计期间发生的支出）的诉求仍然强烈。

面对资本市场持续压降资本开支的诉求，IT 领域如何在固定资产投资管理中加强规划、优化配置、

聚焦重点、精准施策，准确把控市场需求、加强投资效益导向，成为了摆在我们面前越来越重要的问题。公司亟需构建规范、高效、先进的 IT 领域固定资产投资管理体系，优化 IT 资本布局结构，不断提升 IT 领域投资效益。

（二）持续推动降本增效，努力提升精细化管理水平的需要

2017 年中国移动集团集团公司领导曾明确指示“应进一步研究拓展中国移动 IT 领域投资预算理论、方法和评价体系，与实际情况紧密结合，考虑竞争市场环境、目标客户情况、单位客户成本、IT 成本、单位收入 IT 成本、单位员工 IT 成本、单位网络 IT 成本、服务质量 IT 成本、业务量 IT 成本等并建立精准模型。”

随着中国移动精益化运营不断走向深入，“降本增效”将成为公司常态化要求，但 IT 领域却是各个行业中发展最为迅速、变化最为剧烈、创新最为活跃的领域，与之相应的，业务服务的发展变化与创新也在不断加速，公司数字化转型也对 IT 系统也提出了更高要求，那么如何平衡这之间的矛盾，既保证投资规模适度可控又能适应科技发展和业务发展的要求？

为解决上述矛盾，不仅需要不断敏锐洞察科技和业务的最新发展趋势，更需要具备站位全局、资源整合、有的放矢、精打细算的能力。在此基础上，进一步创新探索多视角量化评价指标，建立全网 IT 投资量化分配指导模型，加强 IT 系统全生命周期管理，不断提升 IT 领域计划管理工作的效能，强化精细管理，大力促进降本增效。

（三）落实 IT 发展规划，全力实现 IT 改革远景目标的需要

在 IT 改革前，中国移动 IT 系统普遍分散建设，系统众多、烟囱林立，集中化程度偏低，IT 云资源池存在“小碎散”特征，传统 IT 设备老旧、扩展能力有限。除了总体规模控制外，IT 领域投资管控主要是以满足基层单位需求为驱动，缺乏规划性、前瞻性和全局性的整体 IT 视角，不符合 IT 改革的集中化诉求。

2018 年是中国移动 IT 改革的元年。IT 改革是一项艰巨复杂的系统工程，会有多条不同且并行的实现路径（系统集中、功能集中、整合集中等），也会有更加灵活的支撑模式（一点突破后全网复制、整合/入驻、一对多点远程支撑、底层中台集中/应用百花齐放等），还会有各单位 IT 能力整合至 IT 公司，这些将给系统、组织、项目等带来巨大变化，该如何调整投资管理模式以不断适配改革的最新变化满足改革的最新要求？应如何做好中国移动 IT 领域各个子域的统筹规划、协同发展，加快推进新 IT 体系落地实施？为解决这些问题，全面落实《中国移动 IT 发展规划》，亟需建立一套面向 IT 改革的集中化固定资产投资管控体系，增强战略引领，确保 IT 资源配置与公司战略一致，实现 IT 改革的远景目标。

二、成果内涵和主要措施

（一）成果内涵

IT 公司以问题为导向，解放思想、实事求是，通过借鉴标杆分析法、价值树分析法、宏观和微观结构法、九宫格法等国内外先进管理理念和方法，在企业 IT 改革实践中加以改进和发展，针对传统电信运营商在转型中面临的 IT 投资管控问题进行了有益探索，开创性地构建了面向 IT 改革的集中化固定资产投资管控体系。该体系以“市场导向、改革驱动、结构优化、管控科学、赋能创新、降本增效”为原则，以满足企业 IT 改革发展战略要求为总体目标，提出“明战略、定方向、控要素、齐配套”的思路

框架，通过规划落地增强战略引领，通过3W1H方法指导建章立制和系统配套，通过整合归并、模型分析和协同审核实现全局需求统筹和资源优化配置，通过数据对接和队列管理强化管理手段和提升管理效能，最终实现了IT资本布局结构优化，促进需求与资源达到了最佳平衡，使得资源投入与改革发展成效相辅相成。

为了更好地构建面向IT改革的集中化固定资产投资管控体系，公司首次提出了“明战略、定方向、控要素、齐配套”的顶层设计思路框架，明确了战略承接要求，从管控范围、管控对象、管理要素、配套保障四个方面提出了全方位的管理思路。

具体来说：

1.“明策略”：制定企业级IT发展战略和规划，并相应明确投资策略；

2.“定方向”：管控范围是指IT领域各个投资子域（例如业务支撑系统、信息化系统、资源池等）；管控对象主体是指总部下属的各个子单位IT部门；

3.“控要素”：管理要素主要包括投资计划整体管控、工程项目个体管控以及风险管控。投资计划整体管控包括制定投资策略、投资计划编制或调整、投资计划审核、计划下达与执行、投资预算过程监控以及投资后评估等模块；工程项目个体管控包括需求确认、方案编制及评审、立项决策、可研编制及批复、采购、设计编制及批复、工程实施、工程验收及项目后评价等模块；风险管理包括流程梳理、风险识别等模块。

4.“齐配套”：构建该体系需要包括组织、制度、流程、数据和系统多个要素的配套保障。

图1　构建面向IT改革的集中化固定资产投资管控体系的思路框架

（二）主要做法和落地措施

从上述成果内涵和思路框架出发，为了构建面向IT改革的集中化固定资产投资管控体系，首先要做的就是“明战略、定方向”，即通过“明确规划、精准投向、统一原则”来实现规划落地，打通IT发展规划到落地实施的通道。接着通过“模型分析、协同审核、整合归并、队列管理、数据对接”等系列方法覆盖IT投资管控的“点、线、面”，既要抓住每个项目关键节点，又要实现对IT各专业线条的有效协同，继而实现对全网投资全面的统筹管理，达到“全网一盘棋”的目标。最后是“齐配套”，通过

“3W1H”方法从组织、制度、流程、数据和系统各个方面提供对集中化 IT 投资管控体系的实施保障。主要做法如下：

1. 规划落地，打通 IT 发展规划到落地实施的通道

之前，由于缺乏明确的 IT 发展规划，中国移动的 IT 项目投资分类设置不够明确，导致各需求单位在填报 IT 项目需求时不规范、审核 IT 投资时也缺乏充分依据。各需求单位仅立足于本单位、提出本单位内的 IT 系统建设需求，导致形成了之前 IT 系统分散建设、集中化程度偏低、系统众多、烟囱林立的不良局面。举例来说，为了实现对工程项目的信息化管理，大部分省公司都建设了各自的计划建设管理系统，但实际上各省计划建设管理系统功能大同小异，分散建设属于投资浪费。

战略规划是企业发展方向的指明灯，投资则是承接战略规划的重要支柱。要解决系统分散建设这个痛点问题，需要通过“明确规划、精准投向、统一原则”这套组合拳来实现 IT 投资的合理管控。

（1）明确规划

中国移动 2018 年正式发布了企业级 IT 发展规划，针对不同的 IT 系统提出了明确的发展目标和方向。在此基础上，每年进行滚动规划，提出未来三年具体的 IT 发展目标，为投资提供方向指引。

（2）精准投向

在 IT 发展规划明确后，必须通过强有力的手段保证投资“不跑偏”，让投资“有的放矢”。为此，需要在投资需求编制阶段，从正向引导什么情况适合投资、从反向明确什么情况不适合投资。

从正向引导来看，对于适合投资的情况，可以设置符合 IT 规划的项目分类，并通过战略规划映射表，将每个项目一一对应到关联的战略规划上，从而有利于各需求单位将 IT 投资需求准确“投入”到设定好的项目分类框内，理顺规划与投资的对应关系。2018 年中国移动依据 IT 发展规划对 IT 领域项目集专业分类进行了动态更新，摒弃了原先模糊不清、不符合 IT 发展规划的旧分类，重新定义了更加准确清晰的一、二、三级专业分类，并对每个二级专业下的项目集依据重要性进行分类细化，更新后的 IT 领域项目集分类与 IT 集中化规划路径密切吻合。通过更新项目集设置这个重要手段，首次将 IT 发展规划切实落实在项目集分类设置中，将中国移动 IT 领域的投资需求收归到统一的 IT 集中化维度中进行需求填报、需求审核和投资批复，同时也便于对各个具体投向进行投资分析和监控。

从反向管控来看，对于不适合投资的情况，可以建立“负面清单”，禁止清单内的项目建设。中国移动根据国家和集团公司对固定资产投资管理的要求，制定了 IT 领域投资负面清单，明确 IT 领域不符合行业发展趋势、技术演进方向的禁止类项目为：

①新建、扩容与已形成能力的全网集中化业务平台、支撑系统功能重复的项目；

②新建不符合 IT 集中化发展规划的项目；

③新建采用传统“IOE”设备的项目。

（3）统一原则

以往在投资审核中，常常采用的是传统的人工审核法，即由不同的审核人对不同的项目进行投资审核。然而由于缺乏明确的发展规划指导以及统一的审核规则，审核人只能依据自身所积累的经验和知识进行个性化、主观化的审核，无法确保审核结果科学、准确。为此，在“明确规划”和“精准投向”的基础上，还需要进一步统一 IT 项目投资审核原则。

首先，在投资审核前，中国移动明确 IT 投资审核的总体原则为：以《中国移动 IT 发展规划》和 IT 领域负面清单为指导，重点保障全网 IT 集中化项目和当前市场发展重点项目，严禁负面清单内的项目投资，引导 IT 投资遵循改革要求，调结构、保重点、促发展，能够集中、适合集中的系统不再

分省建设。

其次，考虑到投资审核涉及多专业线条的专家，为降低不同评审专家对审核结果的主观性影响，把投资审核中适合量化的审核原则（如是否符合IT发展规划、项目分类是否准确、项目需求是否合理、项目估算依据是否充分等）提炼为标准审核模板并嵌入至信息化系统，通过信息化手段将重点审核内容和审核要素作为标准输出，最大程度上降低审核维度或颗粒度不一致的问题。

2. 模型分析，建立投资分配的科学指导手段

“投资需求”与“投资资源”如同天平的两端，是一对相互影响的矛盾体，要达到二者的精准平衡较为困难。每年各需求单位报送的IT投资需求与有限的IT投资“总盘子”之间总是存在着不平衡，以往由于缺乏有效的分析方法，无法全面考虑各种影响因素，只能依赖人工经验进行调配，最终调配结果虽能实现二者平衡，但缺乏科学理论支撑。因此，通过“明确规划、精准投向、统一审核”这套组合拳打通IT发展规划到落地实施的通道之后，在此基础上，在投资分配上还需进一步站在全网视角对投资资源进行统筹管控。

为了提升投资资源分配的科学性，中国移动建立了首度建立全网IT投资分析模型，既考虑IT整体投入和各专业方向的投入情况，同时分析投资历史数据、对标业界和内部先进标杆，从而实现IT投资结构的最优化配置。该模型通过宏观和微观结合，采用“投资专业+IT专业”双重专业视角从全网视角对投资资源进行统筹管控，以投资视角自上而下进行总量控制与宏观统筹，关注投资效益与价值的达成，从而实现“结构最优化把控”；以IT专业视角自下而上审定项目建设内容和技术实现方案，关注项目合理性、合规性、经济性，从而实现“项目合理化把控”。

（1）IT投资分析模型量化预测方法

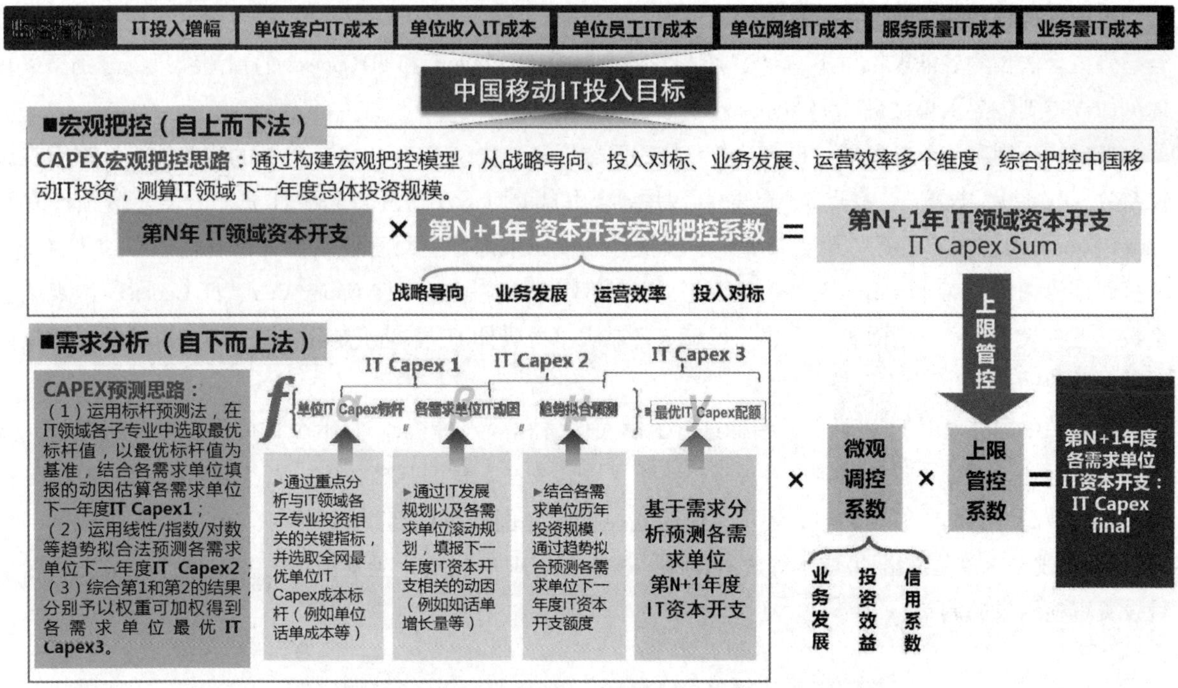

图2　IT投资分析模型量化预测方法核心思想示意图

从实际应用来说，中国移动在2018年使用该模型时，首先自上以IT资源战略导向为指引（例如可选取IT系统云化比例、统一客户端月活客户数、大数据服务调用次数等作为IT集中化建设能力关

键指标），基于上一年度（第N年）IT资本开支规模，考虑投入规模（IT投资占比）、业务发展（例如选取网元增幅、信息化系统登陆总人次增幅、话单量增幅、CRM订单量增幅等与业务发展关键指标）、资源运营效果（例如选取资源池CPU利用率、传统存储利用率等）因素，适当选取权重因子（根据公司情况设置一级和二级权重）和调整系数（取值在1上下浮动，可以选取中位值或考虑增量变化等），通过“第N+1年IT领域资本开支=第N年IT领域资本开支×第N+1年IT资本开支宏观把控系数（其中，第N+1年IT资本开支宏观把控系数=∑［（战略导向+业务发展+运营效率+投入对标）×一级权重×二级权重×调整系数］）”计算出全公司下一年度（第N+1年）的IT资本开支总额预计值IT Capex Sum。

投资宏观把控

名称			单位	一级权重	二级权重	第N-1年 IT Capex 实际值	第N年 IT Capex 预计值	第N+1年 IT Capex 预计值	调整系数
IT投入	IT CAPEX投入		万元			XX	XX	IT Capex Sum	
战略导向	集中化建设能力	IT系统云化比例（%）	%	XX	XX	XX	XX	XX	XX
		统一客户端月活客户数（万）	%		XX	XX	XX	XX	XX
		大数据服务调用次数（亿）	%		XX	XX	XX	XX	XX
投入规模	IT投资占比	中国移动	%	XX	XX	XX	XX		
		对标运营商	%		XX	XX	XX		
业务发展	业务发展需求	网管系统网元数增幅	%		XX	XX	XX	XX	XX
		信息化系统登录总人次增幅	%		XX	XX	XX	XX	XX
		话单量增幅	%		XX	XX	XX	XX	XX
		CRM订单量增幅	%		XX	XX	XX	XX	XX
运营效率	利用率	资源池CPU利用率	%	XX	XX	XX	XX	XX	XX
		传统存储利用率	%		XX	XX	XX	XX	XX
		基于X86服务器的分布式云存储利用率	%		XX	XX	XX	XX	XX

图3　IT投资分析模型自上而下预测第N+1年度IT Capex Sum方法示意图

接着从各个IT领域子专业的发展需求出发，利用历年历史数据计算并选取最优单位标杆值（例如单位话单成本、单位用户成本、单位工作量成本、单位设备成本等），再以最优单位标杆值×动因的方式，运用标杆预测法从业务需求自下而上预测各需求单位下一年度IT Capex1，然后运用线性/指数/对数等趋势拟合法预测各需求单位下一年度IT Capex2。综合IT Capex1和IT Capex2的预测结果，分别予以权重可加权得到各需求单位最优IT Capex3。

最后，分别利用业务发展、投资效益、信用系数因素与全网IT资本开支总额的相关性，计算微观调控系数（权重1、权重2、权重3、权重4），并结合由自上而下计算出的全网IT资本开支总额预计值IT Capex Sum和各需求单位下一年度IT Capex填报计划值，来确定上限管控系数（即各需求单位IT Capex填报计划值相比IT Capex Sum目标值需要缩放的比例）。最终通过“IT Capex final=IT Capex3×微观调控系数（∑权重1~4）×上限管控系数”可确定各需求单位具体IT资本开支目标IT Capex final值。根据此结果，可辅助IT投资量化审核。

此外，中国移动对IT领域关键指标进行了摸底调研和深入分析，对31个省公司进行分组分析，并建立成本标杆，结合各省公司具体表现指标给予预警、关注、良好三档评价。当各需求单位填报的IT投资需求与模型计算结果有偏差时，还可以借助监控指标（例如单位客户IT成本、单位收入IT成本、单位员工IT成本、单位网络IT成本等成本标杆）检查各需求单位指标异常情况，并根据监控情况指导项目投资审核结果的调整。

微观调控系数：

年度	全集团IT资本开支完成值	业务		效益	信用
		移动数据流量（亿MB）	员工总数（人）	通信服务收入（亿元）	资本开支计划完成度
第N-2年	XX	XX	XX	XX	XX
第N-1年	XX	XX	XX	XX	XX
第N年（预计）	XX	XX	XX	XX	XX
相关性1：全集团IT资本开支完成值与移动数据流量相关性	（可借助CORREL函数计算）		权重1：相关性1/∑相关性(1-4)	（按公式计算）	
相关性2：全集团IT资本开支完成值与服务内部总用户相关性	（可借助CORREL函数计算）		权重2：相关性2/∑相关性(1-4)	（按公式计算）	
相关性3:全集团IT资本开支完成值与收入相关性	（可借助CORREL函数计算）		权重3：相关性3/∑相关性(1-4)	（按公式计算）	
相关性4:全集团IT资本开支完成值与资本开支计划完成度相关性	（可借助CORREL函数计算）		权重4：相关性4/∑相关性(1-4)	（按公式计算）	

图 4　IT 投资分析模型微观调控系数方法计算示意图

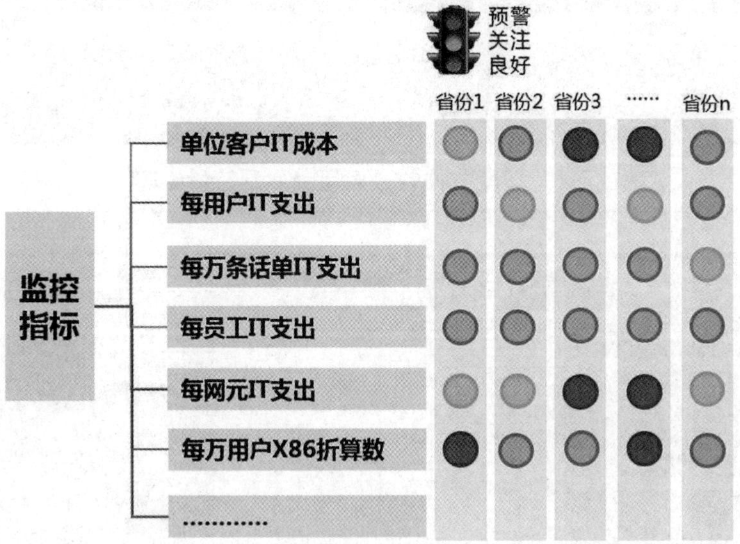

图 5　采用监控指标辅助投资审核示意图

（2）IT 投资分析模型“双九宫格”定性辅助分析法

在全网 IT 投资模型分析方法中，除了上述量化模型预测之外，对于自下而上的投资需求把控，公司还首次建立了“双九宫格法”进行辅助定性评价，即通过第一九宫格（投资方向与公司所处发展阶段矩阵）对各需求单位所处发展阶段与重点发展方向进行定性分析，进而通过第二九宫格（项目关键要素分析矩阵）对各需求单位 IT 项目按集中化、战略性、紧迫性、风险性、财务效益、创新性、系统利用率、难度、历史情况这九大要素进行综合分析和多维评价，通过定性分析对各需求单位填报的 IT 项目按照投资策略优先级（A 优先满足、B 尽量满足、C 适当满足、D 谨慎满足、E 末位淘汰）进行排名，从而可以辅助量化预测模型给出项目投资审核定性建议，有助于进一步提升投资审核的精细化程度。

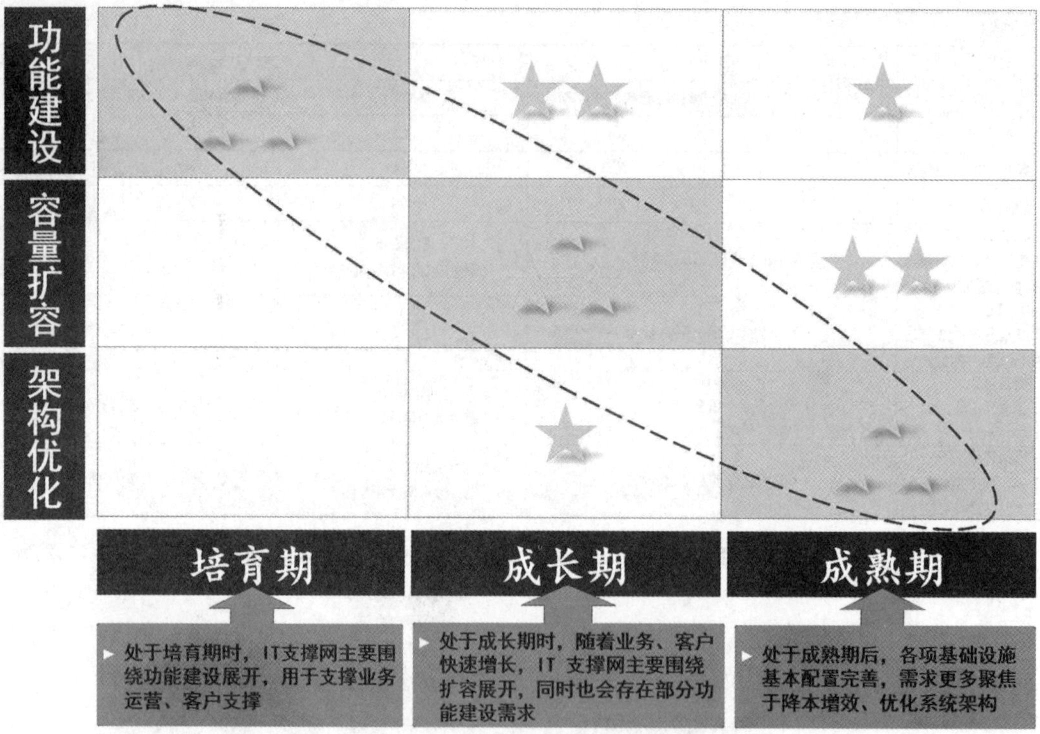

图 6　投资方向与公司所处发展阶段矩阵

示例

项目信息			填报维度					审核维度						总分	排名
公司名称	项目编号	项目名称	集中化	战略性	紧迫性	风险等级	项目重要度	战略性/紧迫性	战略性/风险等级	战略性/项目重要度	紧迫性/风险等级	紧迫性/项目重要度	风险等级/项目重要度		
xx省	No.xxx	xx项目	是	高	低	中	高	C-适当满足	B-尽量满足	A-优先满足	D-谨慎满足	C-适当满足	B-尽量满足	21	2
xx省	No.xxx	xx项目	是	中	低	高	中	D-谨慎满足	D-谨慎满足	C-适当满足	E-[illegible]	D-谨慎满足	D-谨慎满足	12	14
xx省	No.xxx	xx项目	是	低	高	低	中	C-适当满足	C-适当满足	D-谨慎满足	A-优先满足	B-尽量满足	B-尽量满足	21	2
xx省	No.xxx	xx项目	是	低	中	低	中	D-谨慎满足	C-适当满足	D-谨慎满足	B-尽量满足	C-适当满足	B-尽量满足	18	6
xx省	No.xxx	xx项目	是	中	低	低	中	D-谨慎满足	B-尽量满足	C-适当满足	C-适当满足	D-谨慎满足	B-尽量满足	18	6
xx省	No.xxx	xx项目	是	中	高	高	中	B-尽量满足	D-谨慎满足	C-适当满足	C-适当满足	B-尽量满足	D-谨慎满足	18	6
xx省	No.xxx	xx项目	否	低	高	中	低	C-适当满足	D-谨慎满足	E-[illegible]	B-尽量满足	C-适当满足	D-谨慎满足	15	12
xx省	No.xxx	xx项目	否	低	中	低	中	D-谨慎满足	C-适当满足	D-谨慎满足	B-尽量满足	C-适当满足	B-尽量满足	18	6
xx省	No.xxx	xx项目	否	低	高	中	低	C-适当满足	D-谨慎满足	E-[illegible]	B-尽量满足	C-适当满足	D-谨慎满足	15	12
xx省	No.xxx	xx项目	否	低	高	低	中	C-适当满足	C-适当满足	D-谨慎满足	A-优先满足	B-尽量满足	B-尽量满足	21	2
xx省	No.xxx	xx项目	否	高	中	低	中	B-尽量满足	A-优先满足	B-尽量满足	B-尽量满足	C-适当满足	B-尽量满足	24	1
xx省	No.xxx	xx项目	否	中	高	低	低	B-尽量满足	B-尽量满足	D-谨慎满足	A-优先满足	C-适当满足	C-适当满足	21	2
xx省	No.xxx	xx项目	否	低	中	中	低	D-谨慎满足	D-谨慎满足	E-[illegible]	C-适当满足	D-谨慎满足	D-谨慎满足	12	14
xx省	No.xxx	xx项目	是	低	高	低	低	C-适当满足	C-适当满足	E-[illegible]	A-优先满足	C-适当满足	C-适当满足	18	6
xx省	No.xxx	xx项目	是	低	中	低	中	D-谨慎满足	C-适当满足	D-谨慎满足	B-尽量满足	C-适当满足	B-尽量满足	18	6

图 7　项目关键要素分析矩阵应用举例

在 2018 年应用全网投资分析模型之后，中国移动 IT 投资结构得到了显著优化，2019 年中国移动 IT 集中化资本开支投入占比达到 52.69%，相比 2018 年提升 21.19%，大幅增加了对集中化项目的投入、降低了系统重复建设的风险，在投资投向上重点支持承接公司战略落地和市场重要业务与服务的项目，投资分配上“集中化增、非集中化减”，通过 IT 投资集中管控达到 IT 投资资源与需求科学平衡的目标。

3. 协同审核，提升审核专业度和针对性

公司以往在 IT 投资审核时仅为 CAPEX 单预算线条、单 IT 专业线条审核，未能充分考虑到 CAPEX 预算与 OPEX 预算之间以及 IT 领域不同专业之间的相互影响，投资审核结果可能出现不全面、不准确的问题。为提升审核专业度和针对性，公司在 IT 投资审核中开创性地设计了“多能力矩阵协同联动审核法”，充分发挥公司相关技术及管理线条专家的作用，以 IT 集中化为导向，通过应用投资协同审核模式，使得 IT 投资审核结果符合集团固定资产投资审核整体要求以及 IT 发展规划的投资把控要求。

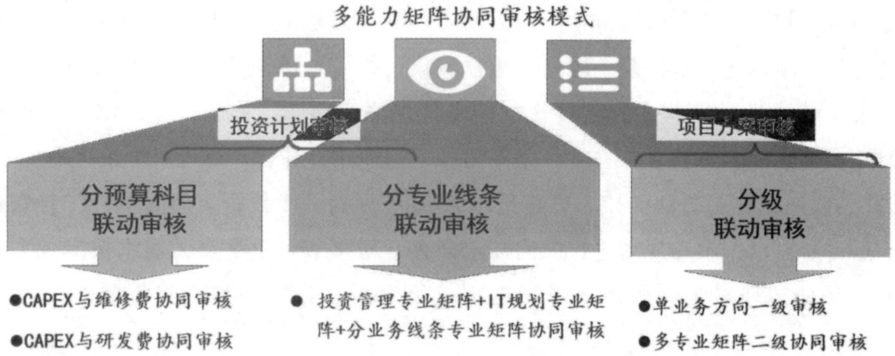

图8　多能力矩阵协同审核模式示意图（1）

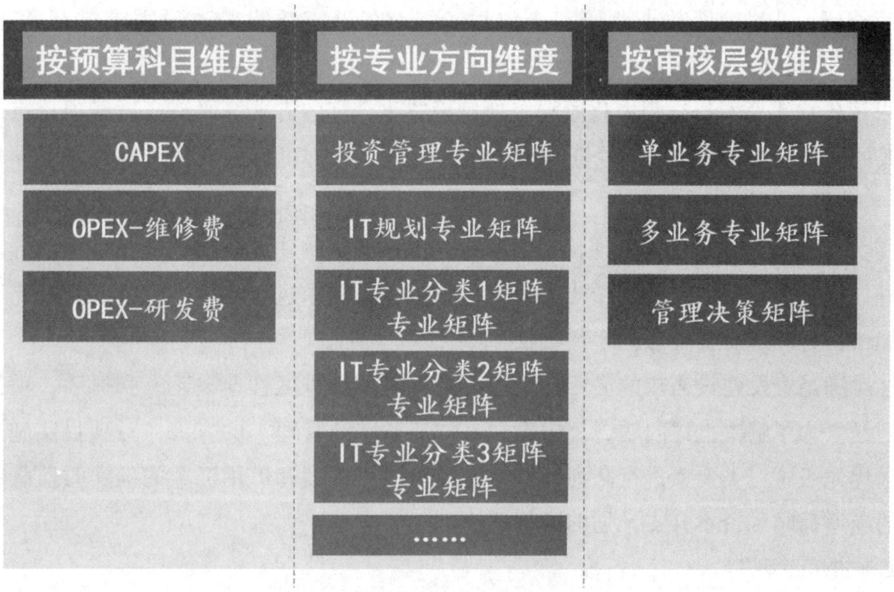

图9　多能力矩阵协同审核模式示意图（2）

（1）应用场景一：投资计划审核

在IT投资计划审核时，可以采用“分预算科目联动审核”和“分专业线条联动审核”两种协同审核方法。其中：

①“分预算科目联动审核”是指CAPEX-OPEX（资本性开支-运营成本）联动审核，将资本性开支与维修费、研发费协同审核，一方面可以避免预算重复核算，另一方面有利于更加准确地评价IT系统全生命周期成本；

②“分专业线条联动审核”是指IT规划专业矩阵、投资管理专业矩阵，以及分业务线条专业矩阵进行协同审核，每个能力矩阵各自负责专业能力模板中的重点审核内容，相互协同、相互监督，最终实现对投资全面合理的审核。

（2）应用场景二：项目方案审核

在IT项目建设方案审核时，可以采用“分级联动审核”协同审核模式，项目按专业方向定义所归属的单业务方向专业矩阵，并由单业务方向专业矩阵进行一级审核。一级审核后，再由多业务线条专业矩阵对项目方案进行二级协同审核，确保全面论证项目需求和预算合理、建设方案可行。

4.整合归并，解决多节点需求交叉重叠的痛点

在中国移动IT改革进程中，随着IT能力整合的步伐，不同属地的多节点逐步融合到IT公司。各属

地节点项目在融合之初，因历史原因常常出现需求存在交叉或重复，如果不对交叉重叠的建设需求进行聚焦整合，将会导致项目建设缺乏统一规划、重复建设、投资资源浪费、分立系统难以完成多节点协同等诸多问题。公司结合IT改革集中化建设规划的总体思路和原则，首创“纵向归并、横向整合”整合法，对不同属地多节点需求进行合并去重、化零为整，避免重复建设、烟囱林立的问题。

“纵向归并、横向整合”方法的核心思路是以IT发展规划、IT投资负面清单、IT投资供给作为输入前提，对单节点自身需求按滚动规划进行纵向需求归并，对多节点重叠交叉需求按专业方向和内容进行横向需求归并，从而实现对不同属地多节点需求统筹管理、化零为整，避免重复建设、烟囱林立的问题。

具体整合方法和步骤包括：

（1）摸底调研：通过前期数据调研和会议讨论，对各节点项目的建设需求进行深入摸底和仔细挖掘。

（2）需求评价：①对不符合集中化原则、项目设置不合理的需求，取消或更新项目需求；②对重要紧急程度较低的需求安排轮候；③经论证为符合发展规划、合理可行的项目需求列入下一步化零为整安排中。

（3）化零为整：对于通过了需求评价，但职责分工不明确的建设需求，进一步厘清分工界面，并应用“纵向归并、横向整合”方法对各节点合理但零散的建设需求进行集中，避免重复投资建设。

5.队列管理，针对三要素进行全方位把控

公司以往对满足突发建设需求的灵活性把控不足，对项目进度管理缺乏有利抓手，项目管理存在混乱和延迟的问题。为了解决上述问题，公司建立了“三条队列管理”的方法，对项目实施进度、重点监管对象和需求优先级这三类要素进行队列管控，实现对项目进度和可用资金的准实时监管，有利于及时满足计划外的新增需求和资本开支计划的顺利达成。

（1）“实施进度队列”

建立计划项目经理项目承包责任制，通过线上线下手段相结合，对各环节进度进行准实时监控分析，通过周报、月报、系统提醒等对延迟情况及时发出预警。

（2）“重要监管队列”

结合项目重要紧急程度、项目规模、客观施工情况等各方面因素，制定“重点冲刺项目”清单，将其列入重点监控队列，由计划项目经理-需求项目经理-采购项目经理建立互动推进关系，及时推动重点项目在各个环节的进展。

（3）“需求优先队列”

为快速响应国家政府、集团管理、市场业务的需求，对公司CAPEX全盘资源进行实时监控，对新增计划外项目需求进行优先级队列管控，及时释放多余资金，用以满足队列中优先级最高的新增需求，从而有效提高资源利用率和需求响应度。

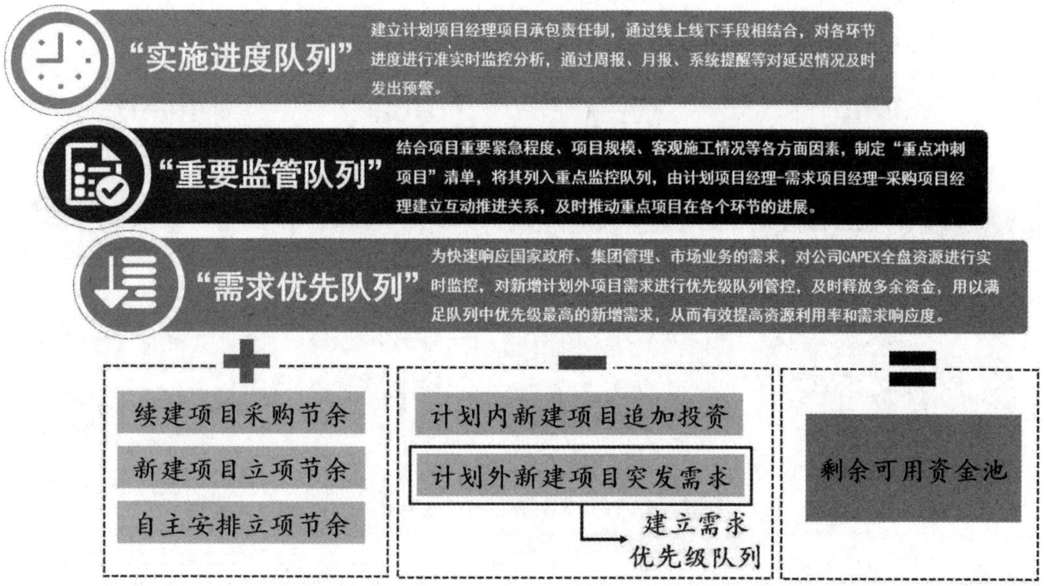

图 10　"三条队列管理"管控思路示意图

6. 数据对接，促进统一纳管和支撑后评估

公司项目以往在编制建设方案时没有明确的数据对接要求，导致部分系统未能实现统一纳管，存在系统管理隐患，且由于未纳管导致难以获取到相关系统的生产运营数据，不利于项目评价。为了实现"应接尽接、统一纳管"，并同时完善前评价、后评估，提升对固定资产投资关键指标的数据分析能力，公司首次制定建设方案编制"三介入"的要求，即在 IT 领域的工程项目建设方案编制中，应明确与安全管理系统、运营管理系统和公司级大数据平台等的对接要求（简称"三介入"）。通过"三介入"数据对接手段，促进各系统实现安全统一纳管、运营监控统一纳管、大数据统一纳管，并收集项目从需求提出至上线运行各个阶段的基础数据，提高项目调研数据的客观性、准确性，为后续投资后评估奠定了良好的基础。

7. 3W1H 法，指导建章立制和系统配套

在公司成立之初，建立 IT 投资管理体系的工作需从零开始，此时需要有明确的指导原则辅助体系搭建。在 5W2H（即 What、Why、Who、When、Where、How、How much）分析方法基础上，公司提炼出"3W1H（组织分工、流程设计、模板配套、系统固化）"工作法，其中，"3W"是指 Who（组织分工）、What（流程设计）和 Where（系统固化），"1H"是指 How（模板配套）（注：图 11 中"PDCA"是指"戴明环"，即 Plan-计划、Do-执行、Check-检查和 Action-处理）。

通过 3W1H 法可以完成 IT 投资计划管理的基础保障，即明确投资计划管理分工界面，建立起全生命周期的固定资产投资计划管理机制和本地化管控流程，并配套输出标准化、精细化、规范化的管理模板，通过信息化手段实现流程嵌入、数据贯通、权限控制和综合分析的目标。

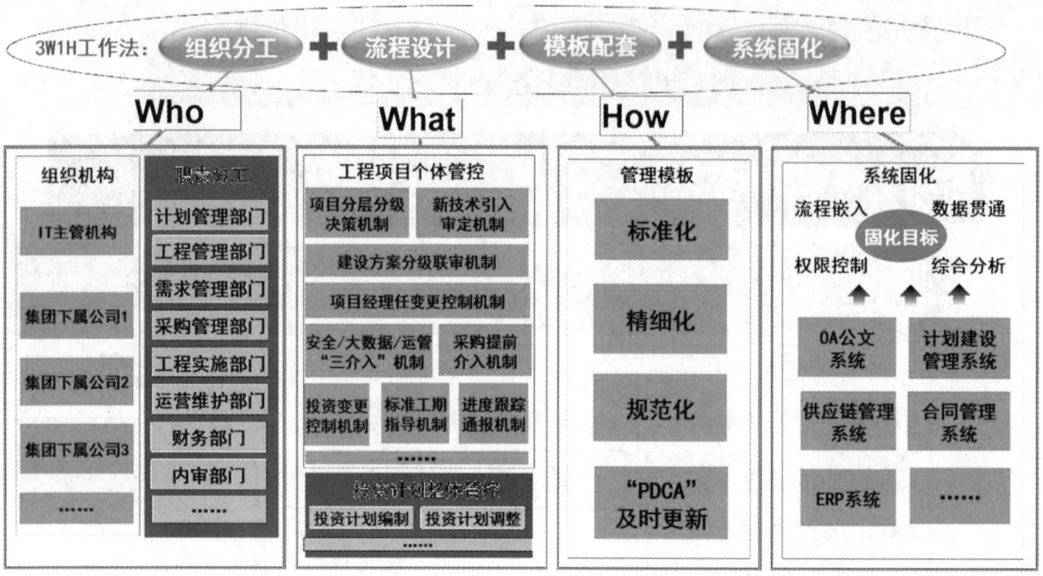

图 11 “3W1H（组织分工、流程设计、模板配套、系统固化）”工作法

三、成果主要创新点

（一）管理理念创新

为了建立面向 IT 改革的集中化 IT 投资管理体系，首次提出了“明战略、定方向、控要素、齐配套”的思路框架，明确了战略对接要求，从管控范围、管控对象、管理要素、配套保障四个方面提出了全方位的管理思路。在此基础上，从战略方向、业务发展、运营效果、投资效益等多维度，深入研究了投资与需求之间的关系，首次把影响 IT 投资分配的动因进行量化，通过宏观和微观结合，形成了投资分配指导模型。

（二）管理模式创新

该体系通过规划落地、模型分析、协同审核、整合归并，改变了 IT 领域固定资产投资原本缺乏规划性、前瞻性和全局性的“基层需求单向驱动”管理模式，形成了站位 IT 全局的“上下双向驱动”新管理模式，既有自上而下集团层面的全局管控，又充分考虑了基层单位的 IT 系统建设需求。

（三）管理机制创新

该体系完善了从规划到建设的落地机制、投资协同审核机制、多节点需求统筹归并机制、IT 系统统一纳管机制、投资动态监控机制等，在 IT 固定资产投资管理领域，为改革转型中的 IT 企业提供了具有良好实践意义的创新管理参考机制。

（四）管理方法创新

在构建面向 IT 改革的集中化 IT 投资管理体系中，首度提出了 5 个创新方法，并改良了 1 个原有方法。

1.“双九宫格法”——辅助 IT 项目投资综合定性评价；

2.“三条队列管理法”——对项目进度和可用资金的准实时监管；

3.“多能力矩阵协同联动审核法”——实现 CAPEX-OPEX 联动审核、跨专业线条协同审核；

4.“纵向归并、横向整合法”——有效解决多节点需求交叉重叠的痛点；

5.“三介入对接法”——促进 IT 系统统一纳管和支撑后评估；

6.“3W1H 法”——改良 5W2H 工作法，形成了在 IT 投资管理领域更具有具体指导意义的 3W1H 法。

四、成果应用效果

“构建符合 IT 改革目标的集中化投资管控体系”课题属于中国移动在 IT 业务支撑管理领域与固定资产投资管理领域的首次跨界融合研究创新，它能紧密衔接 IT 改革的发展需求，实现需求与资源的合理平衡，并有效增强战略引领、优化投资结构、推动降本增效、提升管理效能，有助于打造 IT 支撑的核心能力，实现建立“架构先进、运营高效、内外兼顾”的大 IT 体系的远景目标，具有良好的战略意义、创新性、实效性和推广性。

自 2018 年 5 月起开始应用本成果，并迅速推广至中国移动集团范围，用于实现 IT 领域投资资源精准配置，迄今主要取得以下成果：

（一）实现投资结构优化，衔接 IT 改革发展落地

通过应用面向 IT 改革的集中化固定资产投资管控体系，2019 年 IT 集中化资本开支投入占比达到 52.69%，相比 2018 年提升 21.19%，实现“集中化的增、非集中化的减”的控制目标，不断优化 IT 投资结构，紧密衔接 IT 改革发展落地。

（二）实现投资精准把控，大力促进降本增效

通过应用本成果，已完成对中国移动 2018 年（中期调整）和 2019 年 IT 领域投资计划审核，实现投资精准把控，大力促进降本增效，取得卓有成效的实践成效。其中：

1. 2018 年 IT 领域投资计划（中期调整）：共计核减 36.52 亿元总投资，相比应用成果前（2017 年中期）多核减 27.94 亿元，相当于每年进一步降低折旧成本 5.42 亿元（注：每年等效降低折旧成本 = 核减固定资产总投资 * 97%/5，按 5 年折旧估算，生产期末收回的固定资产余值按固定资产投资的 3% 估算）；

2. 2019 年 IT 领域投资计划：共计核减 55.39 亿元总投资，相比应用成果前（2018 年年初）多核减 9.41 亿元，相当于每年进一步降低折旧成本 1.83 亿元。

（三）提高精细化管理水平，提升 IT 领域计划管理效能

中国移动通过应用面向 IT 改革的集中化固定资产投资管控体系提高了 IT 投资管理的精细化水平，主要体现在两个方面：一方面是模式改进，即改变了 IT 领域固定资产投资原本缺乏规划性、前瞻性和全局性的“基层需求单向驱动”管理模式，形成了站位 IT 全局的“上下双向驱动”新管理模式，既有自上而下集团层面的全局管控，又充分考虑了基层单位的 IT 系统建设需求；另一方面是机制优化，完善了从规划到建设的落地机制、投资计划全生命周期管理机制、多节点需求统筹归并机制、IT 系统统一纳管机制等，取得了“流程高效、风险可控、模板统一、系统固化、有效协同、多维管控、统筹集中、创新灵活”的效果，显著提升了管理效能。

本成果不仅能推广应用到中国移动 IT 领域，并可推广应用至其他同行业运营商、互联网公司等 IT 企业，尤其是正在进行 IT 能力整合或变革的企业的投资计划管控。对于存在同样系统物理分散、投资需求重叠交叉现状的企业，可直接复制或借鉴中国移动整合过程中形成的经验、方法、成果，快速完成本企业的 IT 领域固定资产投资集中化管理工作。

未来，中国移动将坚持新发展理念，全面落实“创世界一流力量大厦”部署，继续围绕高质量发展

主线，聚焦战略落实和转型发展要求，总结经验、与时俱进、勇于创新，不断提升投资管理的精益化水平，助力企业转型升级和改革创新。

成果创造人：徐海勇、刘　虹、陈　国、李天波、马拂晓、洪文静、宋小璇

深铁运营城轨车辆“三位一体”维保管理体系创新与实践

深圳地铁运营集团有限公司

随着城市轨道交通的蓬勃发展，到2023年，深铁运营将进入14条线路538公里的超大网络化运营的新时代，也将迎来5096辆城轨车辆规模化运维的新挑战。为适应新形势下的运营管理需要，深铁运营将精益管理引入车辆维保，并与卓越绩效和三标管理有机融合，通过理论创新、应用创新和科技创新在全国率先建立了“卓越、精益、三标”三位一体的现代化车辆维保管理体系。

“卓越、精益、三标”三位一体车辆维保管理体系中，“卓越绩效”明确了车辆维保工作应该“做什么”，树立了开放式的战略框架和目标；“精益管理”明确了车辆维保工作应该“怎么做”，通过一系列先进方法和工具，指导和改善车辆维保工作，提高车辆维保的质量和效率，达成卓越绩效设定的战略目标；“三标管理”明确了车辆维保工作应该“怎么维持”，指明了如何固化精益改善成果，并将最佳实践进行标准化和复制推广，获取最大的价值和收益。

三位一体车辆维保管理体系构建实施以来，有效促进了深铁运营运营安全、质量、效率、效益的全面提升。实施前后，全网正线列车服务可靠度提升了5.6倍，达5142万车公里；正线故障率降低47%，为3.71次/十万列公里；维保效率提升近20%，降低车辆全寿命维保成本近19亿元；2018年深铁运营轨道交通满意度调查高达95.99%，2019年满意度得分在2018年基础上提升6%，再创新高，在深圳市公共交通行业中连续三年排名第一。

一、企业概况

深铁运营代表地铁集团全面负责地铁的运营管理、客运服务、列车运行组织及土建设施、车辆和运营系统设备的维修保养等工作，涵盖40多个专业，100多个工种，拥有员工一万七千余人，是直接服务于社会大众，展现深铁运营形象和服务水平的一个重要窗口。截至2020年4月15日，我司所辖线路最高日客运量达635万乘次，公交分担率最高为45.1%，一季度日均客运量为211.2万乘次。

深铁运营于2010年通过ISO9000、OHSAS18000、ISO14000三标认证，2011年引进卓越绩效管理模式，2013年荣获深圳市市长质量奖“鼓励奖”，2015年6月，正式加入国际地铁协会Nova分会，2016年，获得“深圳市卓越绩效管理示范基地”称号，2018年，完成质量、环境管理体系转版升级，2019年1月，荣获2018年广东省安全文化建设示范企业称号，2019年3月，荣获深圳市首届卓越绩效“卓越经营奖”，2019年9月成为国际地铁协会CoMET成员单位。2019年10月荣获“深圳市质量标杆”奖项。

在轨道运营领域，深铁运营秉承“从心出发、为爱到达”的服务理念，全力打造“安全、正点、舒适、贴心”的地铁运营优质服务品牌，目前承担着7条地铁线路、272.6公里的运营任务。运营辖内设备可靠度均达到99.5%以上，网络正点率和运行图兑现率常年保持在99.95%以上，达行业一流水平。目前，已累计安全运营5642天，顺利实现第15个安全年。目前我司配置车辆389列，到2023年我司将配备地铁车辆790列，轨道交通车辆维保规模迅速扩大。

二、三位一体城轨车辆维保管理体系综述

（一）三位一体理论模型

深铁运营在2009年通过质量、环境、职业健康安全三标管理体系认证，2014年导入波多里奇卓越绩效管理体系，并取得深圳市市长质量奖第四名，2017年以运营车辆维保为试点推行精益管理，并将卓越绩效、精益管理和三标管理有机融合，建立三位一体车辆维保管理体系。三者之间以目标为主线，围绕目标开展工作，并以目标管理为手段，通过目标有机地结合在一起，形成“周而复始、往复循环、螺旋上升”的科学管理体系。理论模型如下：

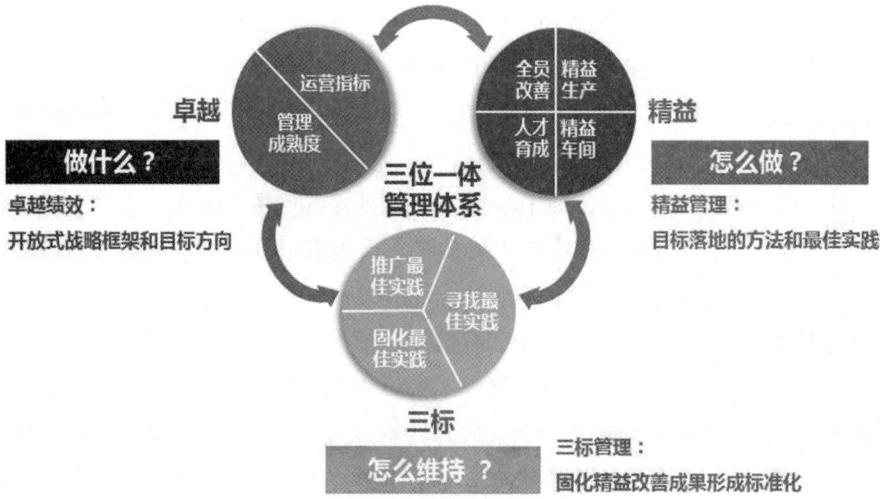

图1　三位一体理论模型

三位一体车辆维保管理体系，一是通过“卓越绩效”，分别从过程和结果两个维度入手，以运营KPI指标从结果维度确保企业战略和目标落地，以管理成熟度评价标准在过程维度驱动运营管理提升；二是运用“精益管理”，从精益生产优化、精益车间打造、人才育成系统建设、全员改善文化形成四个方面，优化维保工作流程和改善维保工作方法，提升了深铁运营车辆维保工作的效率和质量；三是与国际标准对接，运用“三标管理”寻找、推广、固化工作流程和工作方法的最佳实践，实现运营价值最大化。通过三位一体管理体系，解决了车辆维保管理做什么、怎么做、如何维持和持续改善的问题，具有较好的科学性、普适性、指导性和推广性。

（二）三位一体体系关键创新点

1. 理论创新

在全国率先建立了三位一体的车辆维保管理体系，实现了卓越绩效、精益管理、三标管理体系的有机融合。

2. 应用创新

行业首创"检、维、修分离+专业班组"的车辆精益运维模式。将精益生产的标准工时和生产线平衡方法论与车辆维保实践相结合，为维保自动化、信息化奠定了扎实的基础。同时，打造精益车间，一方面建立了维保工位制、节拍化、均衡化、准时化的作业标准；另一方面建立了可复制的专业化、可视化、精细化的基层班组管理标准。

建立了行业首个车辆维保管理标准和评价体系。在城轨交通行业中首创"卓越运营"管理模型，对车辆维保运营结果和管理成熟度进行综合评价，驱动企业运营管理持续改善，提升企业运营效率和核心竞争力，不断迈向卓越。

构建人才育成体系，行业内首次建立了车辆维保5大系列、13大类岗位素质模型。围绕选、育、评、用、留五大方面，全方位、深层次建立选人用人标准，做到了自我造血、人岗匹配，实现岗位设置、岗位培训、岗位评价、晋级晋升、薪酬激励有效衔接和良性循环。

3. 科技创新

通过三位一体体系的实施，行业首次提出并开展地铁车辆LCU、紧急运行模式、全冗余设计、故障自动智能处理、短臂受电弓等技术理念及装备创新；行业首次引入应用5G车地通信、工业以太网、永磁电机、变频空调等29项新技术。研发的"智慧列车+智慧监测+智慧检修"一体化车辆智慧运维系统领跑行业，让数据产生价值，助力智慧运维发展，最终实现设备状态修和全寿命周期管理。

4. 经营创新

在国企改革的新形势下，深铁运营秉持经营与管理并重、让管理为经营服务的理念，探索车辆维保部件及服务的互换互用模式，进一步培育地铁车辆可持续健康发展维保市场，让市场发挥资源配置和价格调节作用，以降低运维成本、提升经营效益。

（三）三位一体管理体系的构建

为有效推行三位一体体系的构建工作，深铁运营确立了项目推进组织，制定了"融合试点、深化推广、智慧升级"三步走的实施战略，遵循"工作流程化，流程标准化，标准表单化、表单信息化，信息智能化，智能机器化"的总体原则，稳步有序推进三位一体车辆维保管理体系的构建工作。

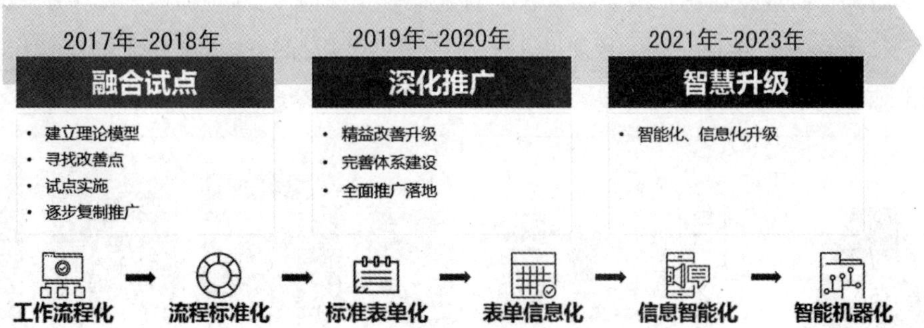

图2 项目总体实施路径

三、卓越运营

为提升企业运营效率和核心竞争力，深铁运营以公司战略为指引，以运营指标和管理成熟度提升为目的，引入精益两维度方法论，运用一系列精益方法和工具，推进卓越运营体系建设，驱动企业运营管理持续改善，迈向卓越。

（一）两维度方法论

图 3 精益两维度方法论

（二）卓越运营体系模型

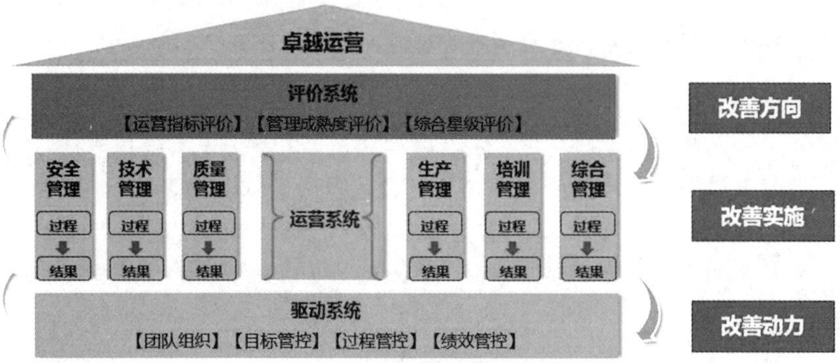

图 4 卓越运营体系模型

（三）卓越运营体系实施方法

1. 运营系统建设

（1）运营指标手册

运营指标关注的是企业运营的关键绩效结果。深铁运营以导向标杆、导向战略、导向改善、导向绩效可测量为原则，引入“平衡计分卡”将公司战略目标转化为可操作、可量化、可衡量的 KPI 指标，分层设立中心、部门和车间运营指标三级管控体系，制定了安全管理（29 项）、技术质量（61 项）、生产管理（25 项）、综合经营（64 项）四大板块共 179 项关键运营指标，建立了科学的运营指标管理体系，确保公司战略落地。

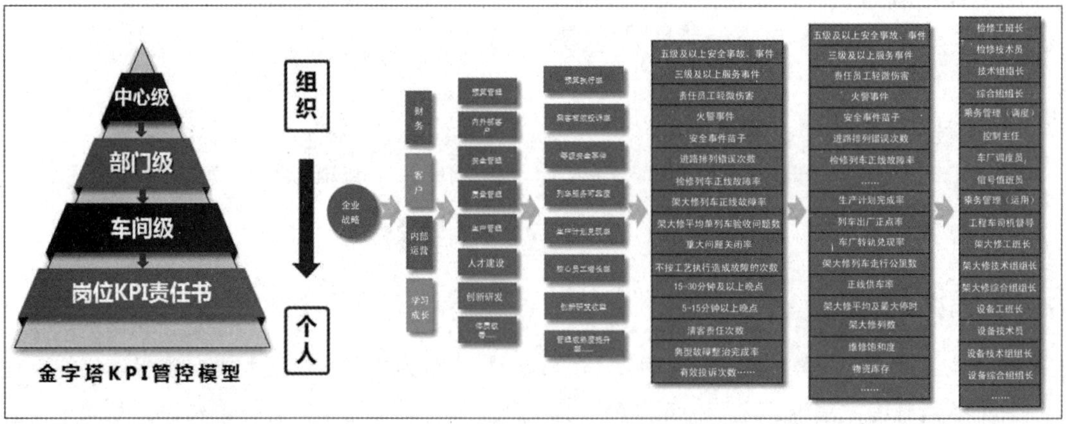

图 5 卓越运营指标管理体系

（2）管理成熟度标准

管理成熟度标准的建立，是从过程符合性和结果有效性两个方面入手。首先清晰定义管理的规定动作，梳理形成 12 大管理支柱、57 个管理模块、161 个管理主题、372 个管理要素及配套的执行标准，明确“管什么和怎么管”；再就是精准定义管理的目标和结果，制定与管理主题对应的 64 个关键结果指标和 5 级对标评价标准，明确“为什么管和管到什么程度”。

过程符合性，强调基于管理过程全价值链的要素辨析，按照支柱-模块-主题-要素的链条对管理架构进行拆解，识别各专业模块的管控要素，规范过程管理的执行标准和输出记录，明确“管什么和怎么管”。

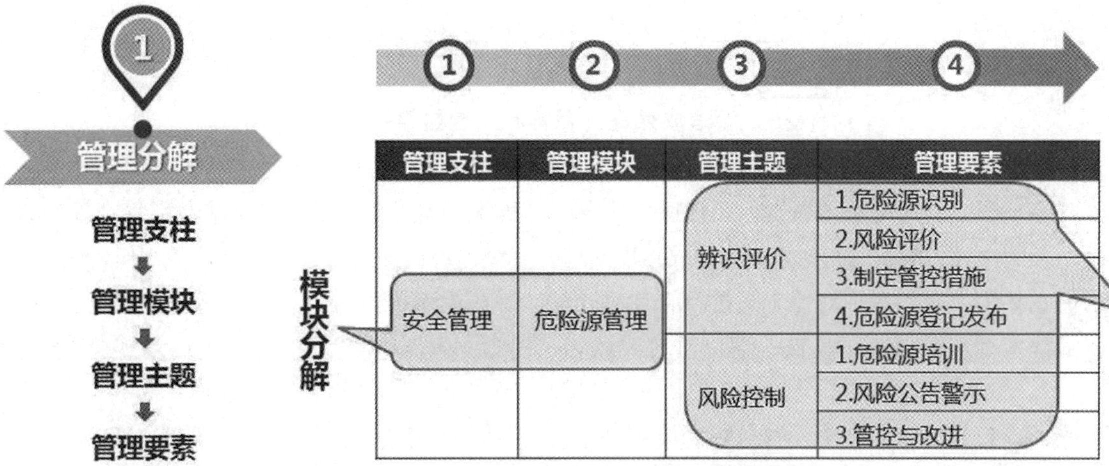

图 6　管理过程全价值链要素辨析

管理支柱	管理模块	管理主题	管理要素	过程与执行		符合性评价	
				执行标准	输出记录	否	是
安全管理	危险源管理	风险控制	1.危险源培训	1.每半年应少开展一次本单位较高及高风险危险源、存在较大隐患情况的全员培训。 2.本单位危险源登记册发生变更时，应在10个工作日内开展本岗位危险源变更培训； 3.新入司员工、转岗员工上岗前，应组织开展安全生产风险控制与隐患管理制度、岗位相关危险源及存在隐患的培训。	危险源培训实施记录	×	√
			2.风险公告警示	1.对本单位负责管控或影响本单位员工人身安全的较高级以上安全风险进行公告。 2.在醒目位置和重点区域分别设置安全风险公告栏，制作岗位安全风险告知卡。 3.组织员工进行班前、作业前风险评估或告知。	1.安全风险公告栏 2.岗位安全风险告知卡 3.班前、作业前风险评估或告知记录	×	√

图 7　管理成熟度（执行标准和输出记录）

结果有效性，则是战术角度出发，运用 OKR（目标与关键结果）方法，明确过程管理的方向和目标，将战术目标转化为可衡量的关键结果指标，明确“为什么管和要管到什么程度”。

管理支柱	管理模块	管理主题	管理要素	目标与结果			有效性评价				
				目标	关键结果	计算方法	1级	2级	3级	4级	5级
安全管理	危险源管理	风险控制	1.危险源培训 2.风险公告警示	提升员工对较高及高风险危险源的等级、风险和控制措施的掌握情况	危险源掌握合格率	1.抽问本单位较高及高风险危险源的等级、风险和控制措施的掌握情况。 2.抽问当值人员比例不低于工班总人数的50%	80%以下	80%-89%	90%-95%	96%-99%	100%

图 8 管理成熟度（目标和关键结果）

2. 评估系统建设

（1）准备阶段。针对运营结果指标和管理成熟度两个维度，遵循可评价、可比较、定量定性结合、长期短期结合的原则，制定运营结果和管理成熟度的综合星级评价标准。

（2）评估阶段。采用水平对比方式进行自我量化评价，识别自身短板及与行业领先者的差距，发现、探索最佳指标背后的最佳实践，用以借鉴和学习，为改进和创新提供支持，最终实现赶和超的目的。

（3）改善阶段。发掘有意义、有价值的改善项目，成立改善团队，运用 DMAIC、PDCA、八步法、六西格玛项目管理等工具方法，分析查找过程缺陷及解决方案，通过专项改善消除所有过程缺陷和无价值作业。

（4）复评阶段。对改善成果进行科学、全面的评价，检查确认数据指标改善后的评价结果，再次确认与行业标杆差距量，完善改善方案，直至达到最佳实践，形成完善的持续改善机制。

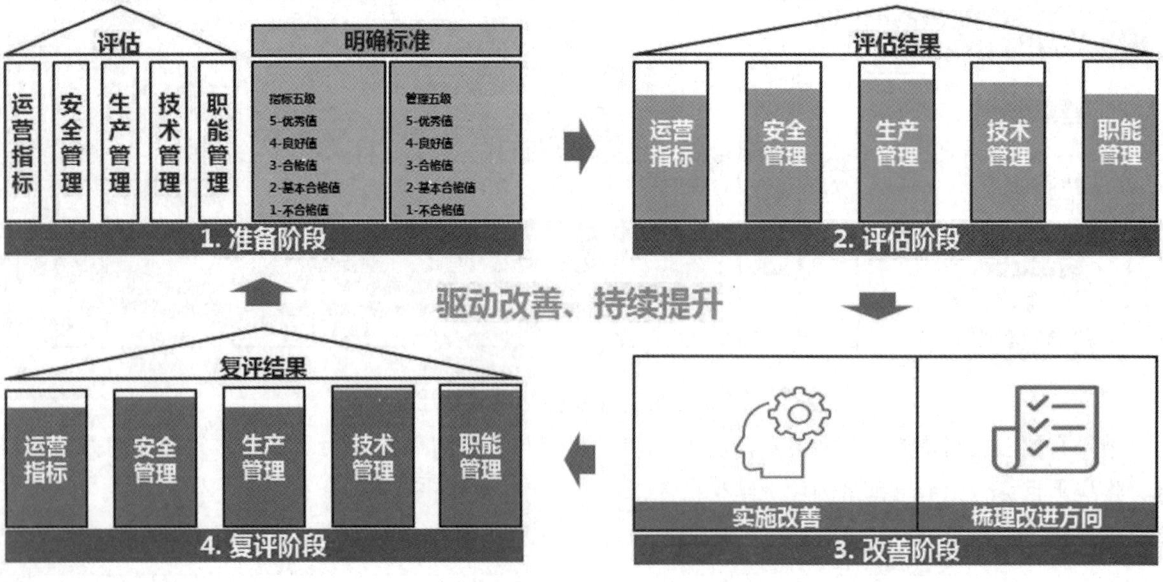

图 9 卓越运营评估的四个阶段

3. 驱动系统建设

为保障卓越运营体系的良好运转，从四个维度构建卓越运营驱动系统。从团队组织方面确保人力资源及系统推进动能；从目标管控方面确保工作方向合理和运营结果可控；通过定期审核评价，识别管理短板，驱动管理改善；从绩效管控角度，确保团队具有一定内外部动力。

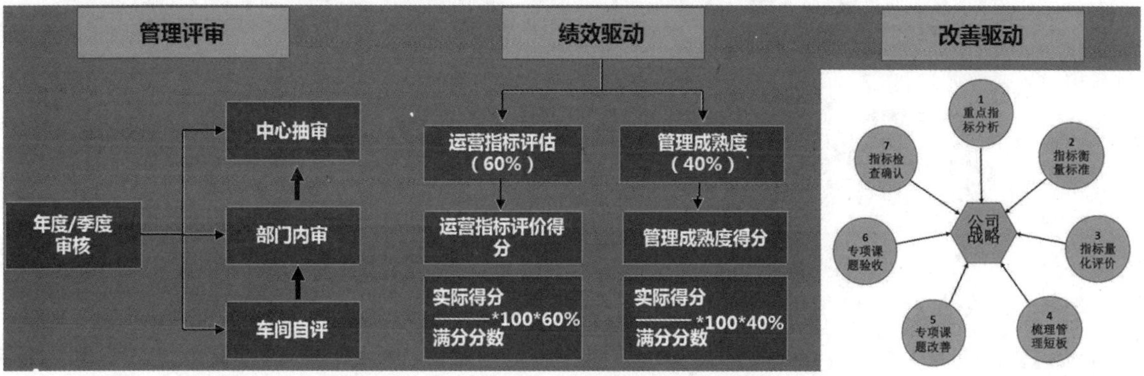

图 10　卓越运营绩效驱动及改善驱动

四、精益管理

深铁运营在精益生产方法论的理论依据上，结合行业特点、车辆维保的实际情况和未来发展需求，形成了深铁运营精益管理框架，并从精益生产、精益车间、人才育成和全员改善四个方面进行了广泛而深入的精益实践。

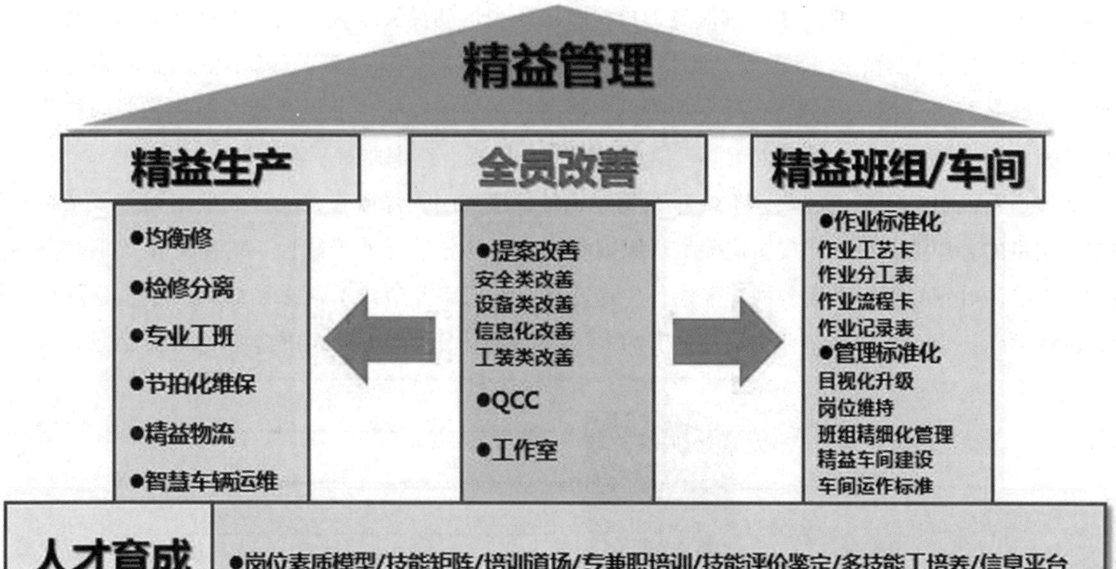

图 11　深铁运营精益管理框架

深铁运营在践行精益管理的实践中，结合自身实际情况和特点，总结提炼了深铁运营精益管理十大理念，有效促进了精益文化的扎根落地。

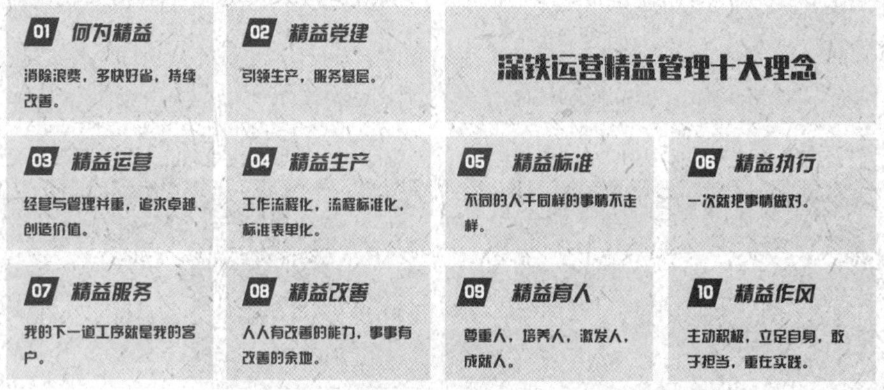

图 12　深铁运营精益管理十大理念

（一）精益生产

深铁运营以精益生产为核心开展精益管理实践，包括均衡修、检修分离、专业工班、节拍化维保、自动化流水线、精益物流等方面，重点解决深铁运营快速扩张背景下，公司关系不适应、传统管理成本太大、现场执行弱化三个突出问题。通过理顺技术、质量、生产、安全等关键模块生产关系，完善“流程标准化、标准表单化、表单信息化”的标准化管理，建立“职责清晰、管理链条短、员工主动参与”的高效管控模式和管理体系，最终实现安全、质量、效率、效益的全面提升。

1. 车辆维保“检、维、修”分离模式创新

2011 年以前，深铁运营采用的行业普遍做法“检修一体、计划检修、综合维保”相结合的传统维保模式。该模式下一是“检修一体”维保员工自检自修既当运动员又当裁判员，不利于问题的暴露。二是“计划检修”方式下车辆维保工作负荷不平均，特别是大修程集中时期造成列车备用需求多导致建设成本较高。三是“综合维保”方式下的多功能班组对基层员工的技能要求程度高，如一名普通检修人员需同时掌握各专业维保工艺、故障处置等，造成员工执行困难、维保质量不高问题。

深铁运营经过多年摸索实践，2012 年开始车辆维保逐步引入均衡修方式，即根据列车子系统部件维护周期制定的各作业项目，并按照均衡生产原则将维修内容分散至若干修程。均衡修模式下充分利用轨道交通早晚高峰窗口期特点实现列车零检备，提升列车利用率并节约车辆采购成本。在实施均衡修模式后，深铁运营三期工程中列车采购数量共节约 18 列 116 辆，节约车辆采购成本投入 8. 2 亿元。

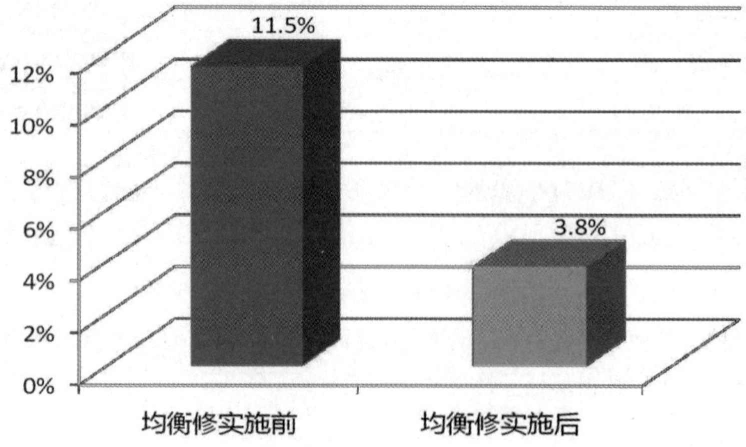

图 13　实施均衡修前后检备率变化

表 1　深铁运营三期工程列车采购节约情况

线路	现采购数量（列数×编组）	节约数量	节约金额（万元）
7 号线	配属 42×6=252 辆	3 列 18 辆	12780
9 号线	配属 29×6=174 辆	2 列 12 辆	8520
11 号线	配属 33×8=264 辆	2 列 16 辆	11360
2 号线三期+8 号线一期	配属 30×6=180 辆	2 列 12 辆	8520
9 号线一期+二期	配属 49×6=294 辆	3 列 18 辆	12780
6 号线一期+二期	配属 55×6=330 辆	4 列 24 辆	17040
10 号线	配属 29×8=232 辆	2 列 16 辆	11360
共计：		18 列 116 辆	82360

2017 年，深铁运营车辆维保全面导入精益管理，在行业内首创“检、维、修”分离精益运维模式，从执行层面对班组职责进行细分，将复杂问题简单化，致力于让员工干简单重复的工作。

“检修分离”是让发现问题和解决问题两者分开，促使问题充分暴露提升维保质量；日常维保专业化分工，促使员工专业技能纵深发展，培养专业工匠和行业精英，并促使车辆维保品质不断提升。

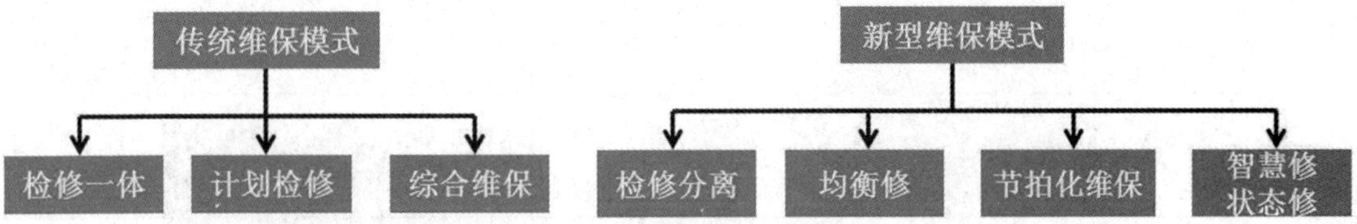

图 14　维保模式变化

新型维保模式中，实施“检修分离”精准弥补“检修一体”中存在的不足；节拍化维保方面采用制造业精益生产方式中的“标准工时”和“流水线平衡”理念，不单使维保人员的工作负荷呈均衡分布，而且维保工作效率从 2017 年以前的 6 小时/列缩短至 4.5 小时/列，年可节约 13 万人工时。而采用新技术则是为了紧跟时代发展的步伐，用领先行业的科技手段使得车辆维保变得更加科学智能，最终实现智能修、状态修。

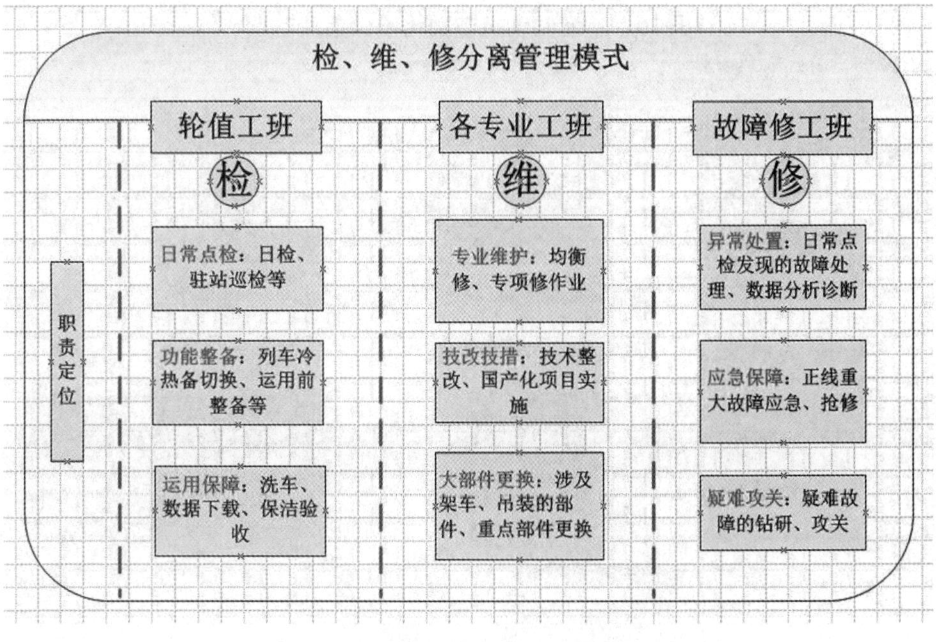

图 15　检、维、修分离后的职责分工

表 2　深铁运营列车日常维保停时变化

阶段	计划检修模式（2012 年以前）			均衡修模式（2012 年-2017 年）	精益维保模式（2017 年-现在）
修程	年检	三月检	月检	均衡修	均衡修
维修时间	5～7 天	2～3 天	1 天	6 小时	4.5 小时

2. 车辆部件节拍化维保

地铁列车部件具有小批量、多品种、多品牌、工艺要求高等特点，在部件维保特别是架大修维修中常面临人员投入大、周期长、员工技能要求多、质量问题难追溯等问题。2018 年以来，深铁运营车辆维保引入精益生产工位制、节拍化标准作业理念，开展车辆部件节拍化维保。深铁运营自主通过工艺再布局、流程再造、标准作业设计、非标工装设计制作等方式，全面提升部件维保效率及质量。

以地铁列车单元制动机架修作业为例，通过工艺梳理和平衡、工位设计、工艺布局调整、流程再造、标准工时制定、防错防呆设计、非标工装（解决部件传输和多品牌通用问题）设计加工等措施，在作业效率方面每台制动机的维修工时从 7 人工时/台，降为 2 人工时/台，年均可节约 1.7 万工时，在维保质量方面也有显著提升。

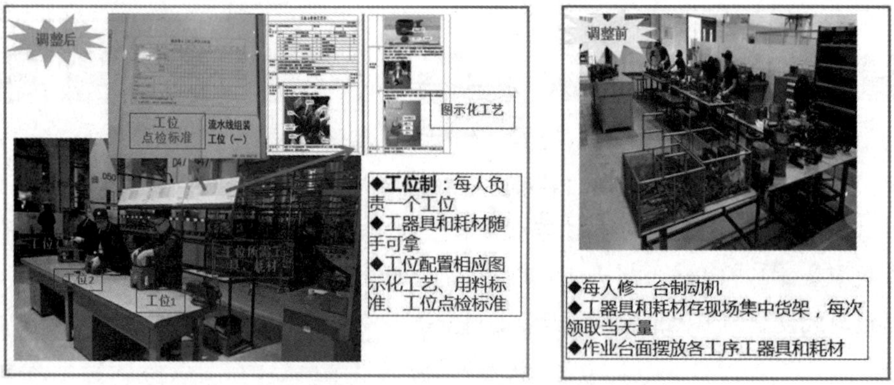

图 16　单元制动机节拍化维保前后对比

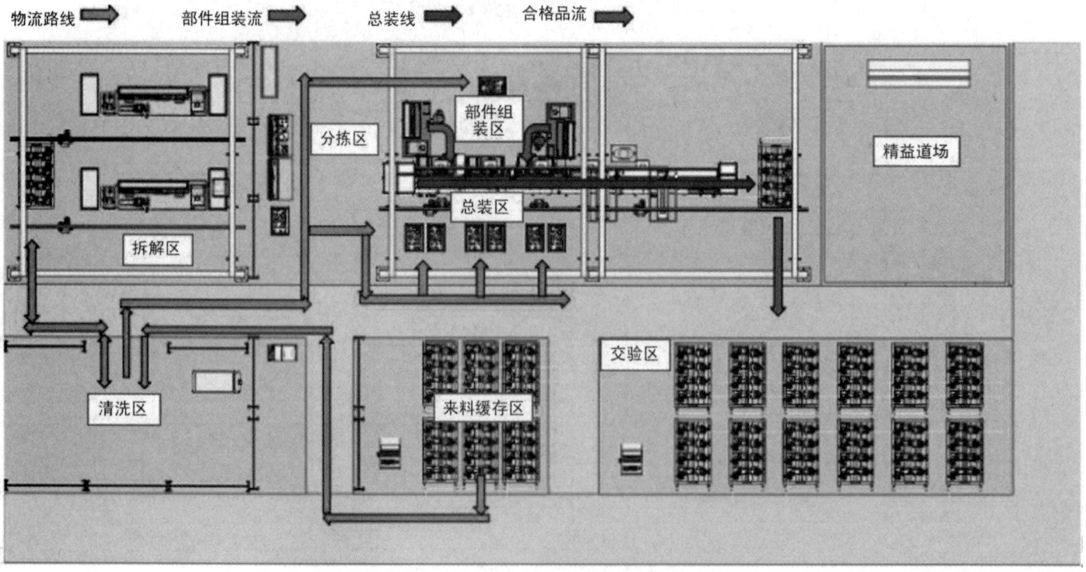

图 17　单元制动机架修工艺布局

3. 智能工厂规划

深铁运营立足工业4.0，遵循精益生产和智能制造理念，以“数字、柔性、绿色”为总体原则，引入全球智能工厂领先者华为、富士康以及数十家一流装备制造商为合作伙伴，围绕“信息化系统、节拍化流水线、智能装备、绿色修车、智能物流、RCM维修体系建设、智慧工厂管理”七大方面，形成行业首个引领未来的智能工厂整体规划，为行业全面数智化转型、智慧城市建设贡献深圳方案和示范样板。

（1）信息化系统。建立行业首个定制化MES生产执行管理系统。实现自动排产、任务自动派发、异常拉动、工艺推送、工时分析、列车履历管理等功能，并与既有资产管理、智慧运维系统之间互联互通，实现从设计制造、维保生产、应急保障全运营链条的智能联动。

（2）智能仓储物流。形成针对车辆维保特点的智能物流技术方案，利用AGV运输小车、部件身份识别、搬运机器人等装备及轮对转向架等大部件立体存储线边库实现仓储物流信息化、自动化升级。

（3）部件维修流水线和智能装备。建设转向架、电子板件维修等8条部件维修流水线，将复杂作业流程化、标准化，实现节拍控制和自动化。有效缩短架大修停时，提高产能效率，降低劳动强度，并实现质量可控制可追溯。

（4）绿色修车。建设水性喷漆库，行业首创高效沸石转轮废气处理，全流程VOC（可挥发有机物）减排99.9%。建立大部件清洗中心，采用激光脱漆、干冰、高压饱和蒸汽、生物等先进技术，大幅节能减排并提升可再生能源应用比例，实现绿色发展。

（5）RCM（以可靠性为中心）的维修体系。行业率先引入航空领域广泛应用的RCM体系，与健康管理相结合，重新定义维修深度和维修时机，建立以数据驱动的可持续优化的维保策略，推动行业修程修制改革。

智能工厂改变了车辆维保的生产面貌，极大提升安全质量管理水平，有效促进线网车辆设备资源的优化配置和价值创造最大化。架大修整体维修效率将提升51%，列车利用率提升15%，维修人员单位人均产值提升33%，修程修制改革可降低车辆维保成本超20%，智能工厂成本投资部分可在3-5年内实现回收。

图18 深铁运营架大修智能工厂规划

（二）精益车间

精益车间建设一是打造工位制、节拍化、均衡化、准时化的作业标准；二是打造可复制的专业化、可视化及精细化的班组管理标准。

1. 作业标准化

2017年以来深铁运营以“从设备角度制定维保项目，从维保人员角度制定作业标准”原则，在原有作业内容、作业物料标准基础上，新增标准作业分工、标准作业时间、标准作业动作、标准工器具使用、标准作业结果等，深化完善作业标准化体系，强化现场执行力，提升作业质量。

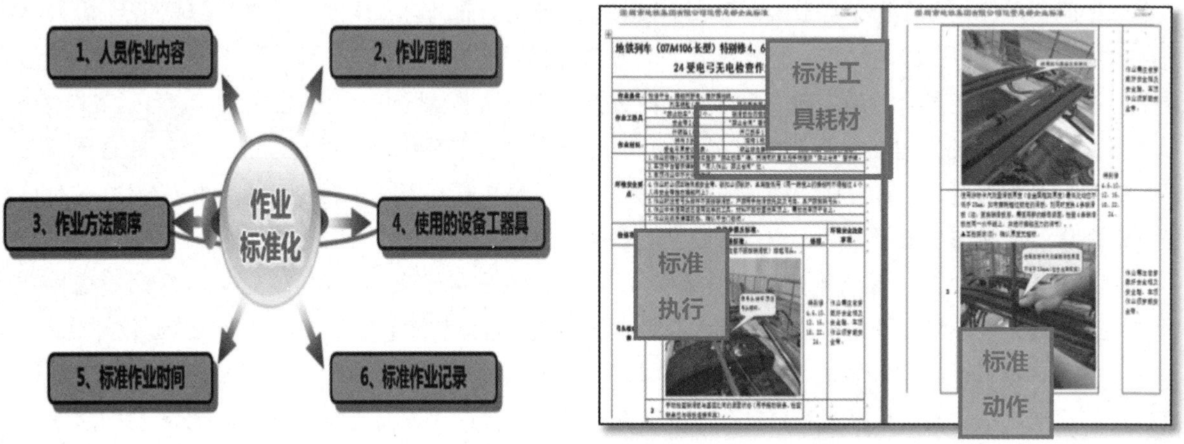

图19　作业标准化实例

2. 管理标准化

维修工班是车辆维保的最终执行单元。2018年以来，深铁运营车辆维保推行“1365”工班精细化管理，即1个目标（打造价值创造型精益班组），3个维度（标准化、表单化、信息化），6个工具（三标管理、卓越管理、6S管理、全员改善、专项改善、人才育成），5个事情（拉清单、理台账、建制度、立标准、搞评价），全年365天奔着同一个目标持续维持+改善。

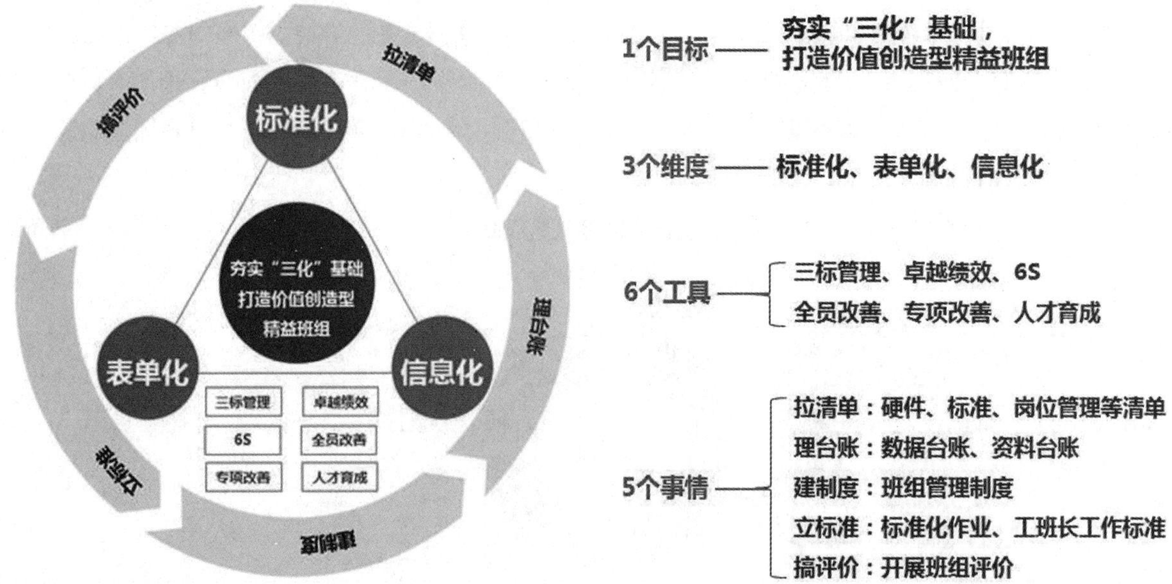

图20　工班“1365”精细化管理模型

在推行过程中，深铁运营在“理事”方面做到管理有制度、执行有标准、过程有监控、结果有评价；在“管人”方面构建工班长、安全员、班组包保人员的“铁三角”模式和“三人小组”最小战斗堡垒管理模式。通过运用精益价值流分析和制度流程化理念，将58个管理制度，逐级转化为具体执行动作，形成了20个业务板块、160余项重点业务管理流程，11个车间管理岗位、7个班组角色的行动指引，并固化为《工班长手册》《车间标准运作手册》，让员工清晰的知道做什么、标准的怎么做、不同人做出一样的效果。后续还将在标准执行基础上开发管理系统，实现管理自动化、智慧化。目前已形成了一套适合城轨道交通车辆维保班组、车间标准管理标准，供后期新线车间、班组直接运用实施，降低重复管理投入。

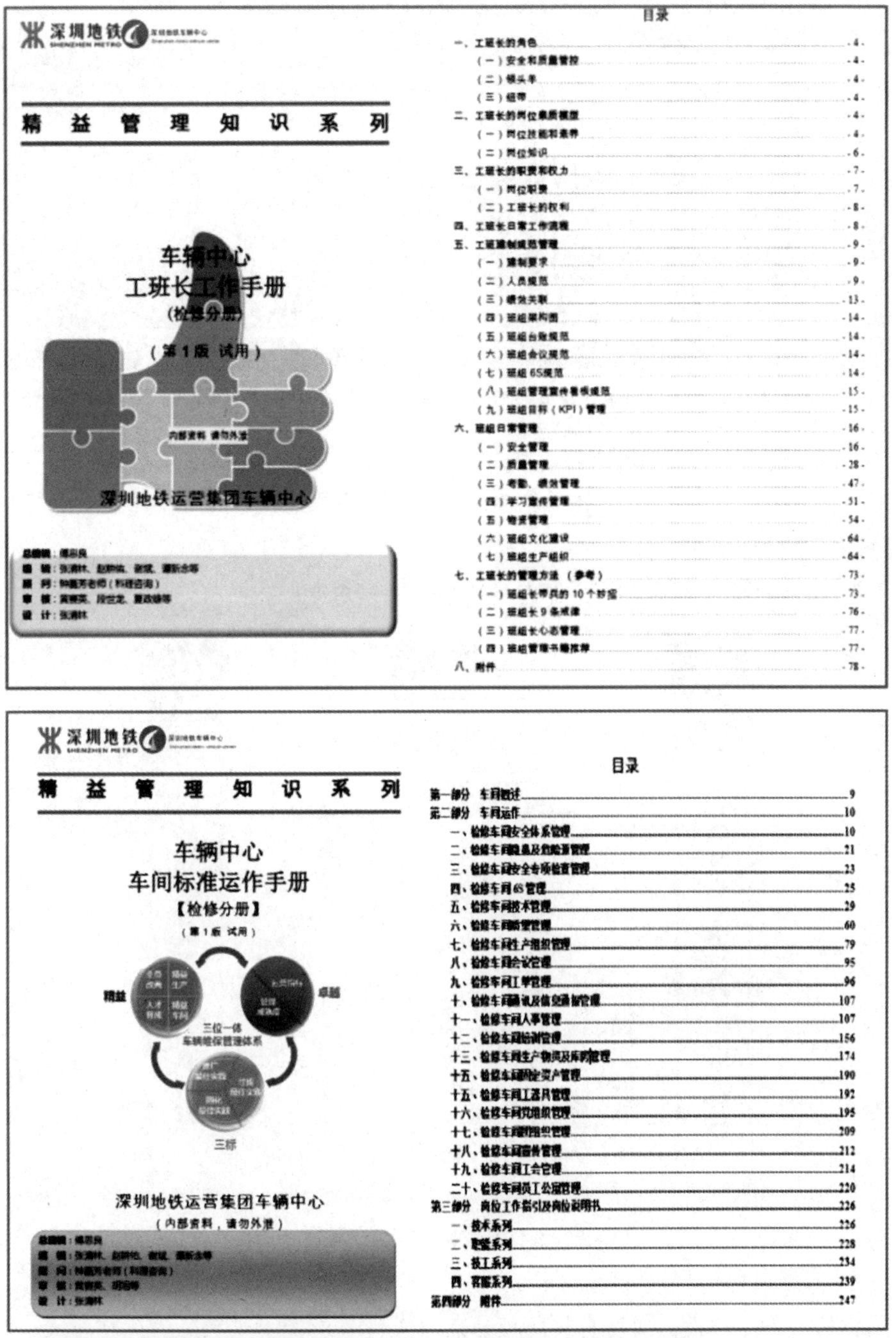

图 21　管理标准化输出（车间、班组管理手册）

（三）人才育成

1. 人才育成模型

深铁运营车辆专业的新型人才育成模式，是以选、育、评、用、留为指导原则，从人员需求和选人标准着手；完善培养方法和机制，助力实现因岗施教；精准测量、以评促学，加快人才成长；通过把合适人员放到合适岗位，实现人员价值最大化；为人才创造环境，帮助他们建立最适合的成长路径，通过事业留人；最终达到岗位设置、岗位培训、岗位评价、晋级晋升、薪酬激励有效衔接和良性循环。

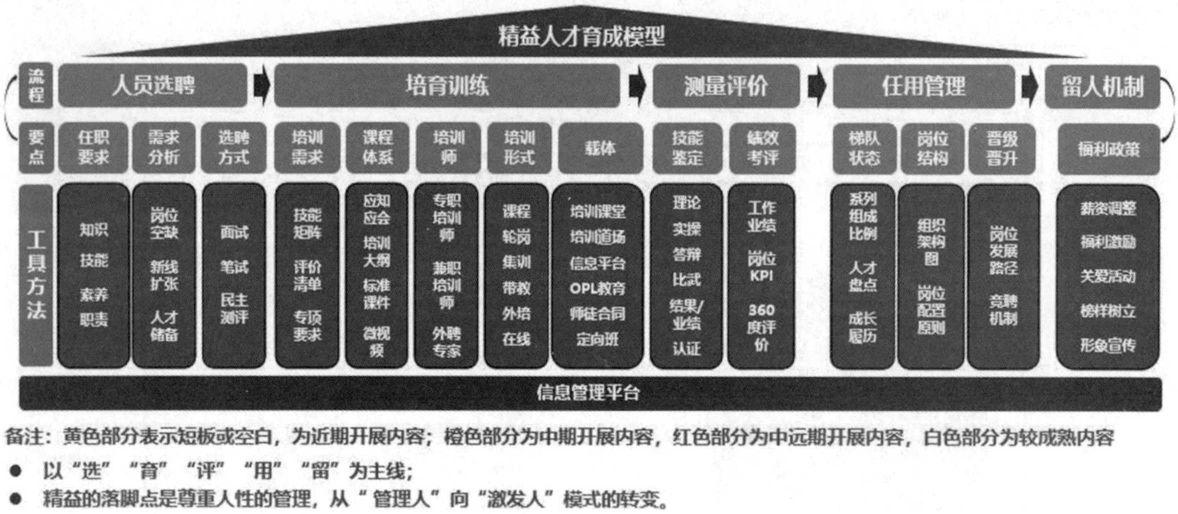

图 22　精益人才育成模型

2. 人才育成实施方法

（1）搭建岗位素质模型，包含知识、职业素养和技能三个方面。

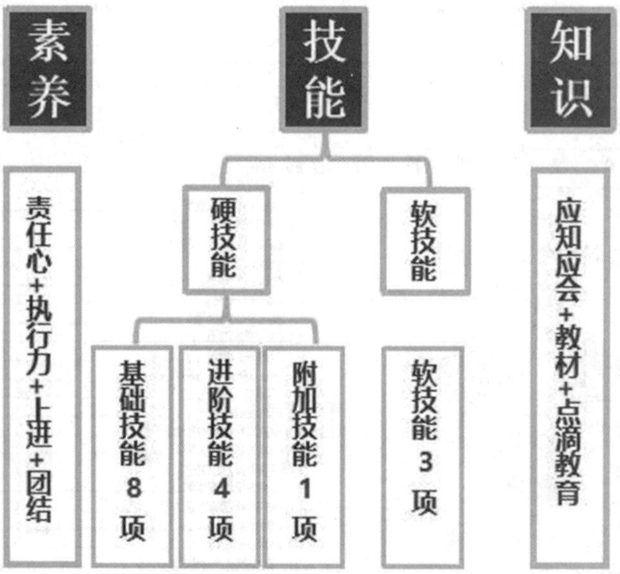

图 23　岗位能力素质模型

①技能梳理及五层级划分

从“广度+深度”两个维度，对所有技能项目逐一进行五层定义划分。遵循初学者-新手-熟手-多能工（专家）的原则，实现岗位层级与技能的挂钩。

架大修部检修工岗位技能项目清单

序号	技能	分类	一级	二级	三级	四级	五级
7	性能测试	基本技能	能按照工艺要求，知道测试项点、注意事项、测试方式，并能按要求执行测试。（85–90 分）	能按照工艺要求，知道测试项点、注意事项、测试方式，并能按要求执行测试。（90–95 分）	能按照工艺要求，知道测试项点、注意事项、测试方式，并能按要求执行测试。（95–100 分）	/	/
		每年1评实操（结合作业），偏向部件性能检测	【转向架】称重或者静压试验。 【主电路】继电器、电压/电流传感器、高速断路器或牵引逆变器测试。 【空调】空调机组功能测试。 【辅助】充电机模块测试或辅助逆变器测试。 【车门】挡销、行程开关、滑道检查、V 型防夹测试，或切除、车门开关门、密封性能或解锁功能检查。 【车体】地板面高度测试 【车钩】A–A 连挂、车钩高度调节 【制动】空压机运转状态、五分钟列车泄露、车上检漏或制动自检静调作业。 【PIS】司机室、客室广播控制主机检修、人工广播功能、数字化广播功能、动态地图 LCD 显示或者客室报警测试。 【通信控制】列车控制单元、车辆显示屏、通信模块功能测试。 【控制】司控器检修、旋钮按钮、维电器、微型断路器静态调试，（蓄电池供电检查；司机室指示灯测试；车间电源供电模式检查；特殊升弓；牵引制动功能；车门开关保护功能）或动态调试（限速、轮径值校准、旁路功能、制动距离或正线调试）			/	/
8	探伤（针对综合工班）	专业技能（针对综合工班）	能独立、熟练完成 3 种探伤方式（渗透、磁粉、超声波为主，涡流只有少部分人具备）的探伤作业，至少持有 3 种探伤方式的 2 级操作证。（90–95 分）	能独立、熟练完成 3 种探伤方式（渗透、磁粉、超声波为主，涡流只有少部分人具备）的探伤作业，至少持有 3 种探伤方式的 2 级操作证。（95–100 分）	在上一级基础上，能指导别人作业，并能针对裂纹的情况进行标准判定（95–100 分）	/	/
		每年 1 评实操（1、2 层级实操，3 层级结果验证）	探伤灵敏度校验、仪器性能测试或者探伤机操作，结合实际探伤作业进行考评。		各系统相应车型部件的裂纹判废标准	/	/
9	每年 1 评电子板件维修能力（针对电子工班）	专业技能（针对电子维修工班）	能完成基本识别能力，使用基本的测试工具进行检测。（85–100 分）	在上一级基础上，掌握焊接能力，具备一定的故障处理能力。（85–100 分）	在上一级基础上，能自主排查、处理故障。（85–100 分）	在上一级基础上，能完成复杂电路板的阅读、分析能力。（85–100 分）	/
		每年 1 评实操（1–4 层级实操，5 层级结果查验）	1. 能识别常用电子元件的图形符号和文字符号； 2. 能识别整流、基本放大电路中常用的电阻器、电容器、电感器、二极管、三极管等器件； 3. 能够拆除故障的元器件； 4. 能用万用表对上述电子元件进行检测； 5. 对简单电路故障进行检查并有一定的维修能力。	1. 能按焊接对象不同选择合适的焊接工具； 2. 能进行焊前处理； 3. 能安装焊接主要由电阻器、电容器、二极管、三极管等组成的单面印刷线路板； 4. 能识别虚焊、假焊； 5. 对一般电路故障进行检查并有一定的维修能力。	1. 能进行半波、全波整流稳压电路的调试、测量与维修； 2. 能进行基本放大电路的调试、测量与维修； 3. 在 PIS 系统、空调、门驱、主电路、辅电路中拥有 1 种板件维修能力。 4. 对较复杂电路故障进行自主分析并排查处理故障。	1. 能测绘由运放组成的应用电路； 2. 能阅读与分析由分立元件、运放组成的常用应用电路； 3. 能测绘常用的由组合逻辑电路和时序逻辑电路组成的应用电路；	1. 在 PIS 系统、空调、门驱、主电路、辅电路中拥有 3 种板件维修能力。 2. 具备简单的实用型板件测试工装能力

图 24　检修工技能五级划分

②技能矩阵制定

一岗一表，明确岗位的基本技能和进阶技能，让员工清晰知道每个岗位应该具备什么样的技能。

车辆中心检修工岗位技能矩阵表（检修一部）

	岗位层次	请销点及安全防护	台账填写	部件检查	清洁（含吹尘、吸尘）	润滑（含换油）	测量	部件拆装	性能测试	数据下载	故障处理	驻站与正线跟车	专项/通用设备操作	特种设备操作
轮值工作	1	1	1	2	/	/	/	/	/	1	1	1	1	/
	2	1	1	3	/	/	/	/	/	1	1	1	1	/
	3	1	2	3	/	/	/	/	/	1	1	2	1	/
	4	2	2	3	/	/	/	/	/	2	2	2	1	/
	5	2	2	3	/	/	/	/	/	2	2	3	1	/
	6	2	2	3	/	/	/	/	/	2	2	3	1	/
	7	2	2	3	/	/	/	/	/	3	2	3	1	/
	8	2	2	3	/	/	/	/	/	3	2	3	1	/
	岗位层次	请销点及安全防护	台账填写	部件检查	清洁（含吹尘、吸尘）	润滑（含换油）	测量	部件拆装	性能测试	数据下载	故障处理	驻站与正线跟车	专项/通用设备操作	特种设备操作
转向架工班	1	1	1	1	/	1	1	1	1	1	1	/	1	/
	2	2	1	1	/	1	2	1	1	1	1	/	1	/
	3	2	2	1	/	1	2	2	1	1	1	/	1	/
	4	2	2	1	/	2	2	2	2	2	2	/	1	/
	5	2	2	1	/	2	2	3	2	2	2	/	1	/
	6	2	2	1	/	2	2	3	2	2	3	/	1	/
	7	2	2	1	/	3	3	3	2	3	3	/	1	/
	8	2	2	1	/	3	3	3	3	3	3	/	1	/
	技师	/	/	/	/	/	/	/	/	/	/	/	/	/
	岗位层次	请销点及安全防护	台账填写	部件检查	清洁（含吹尘、吸尘）	润滑（含换油）	测量	部件拆装	性能测试	数据下载	故障处理	驻站与正线跟车	专项/通用设备操作	特种设备操作
车体车门	1	1	1	1	1	1	1	1	1	1	1	/	/	/
	2	2	1	1	1	1	2	1	1	1	1	/	/	/
	3	2	2	1	1	1	2	2	1	1	1	/	/	/
	4	2	2	1	2	2	2	2	2	2	2	/	/	/
	5	2	2	1	2	2	2	3	2	2	2	/	/	/
	6	2	2	1	2	2	2	3	2	2	3	/	/	/
	7	2	2	1	3	3	3	3	2	3	3	/	/	/
	8	2	2	1	3	3	3	3	3	3	3	/	/	/
	技师	/	/	/	/	/	/	/	/	/	/	/	/	/

图25　检修工岗位技能矩阵

根据每个员工的实际情况制作员工个人技能矩阵表格，让员工了解自己在各个方面的技能状态和即将所需学习的内容，以及岗位技能状态和下一步进阶技能要求，这些材料将成为培训需求来源。

姓名	岗位层级	类型	技能等级															
			请销单及安全防护	部件检查	清洁吹尘	测量	润滑换油	消耗性能部件更换	部件拆装	性能测试	软件操作	故障操作	正线操作	通用设备操作	专项设备操作	特种设备操作	台账填写	信息系统使用
刘一	1级	岗位要求	1	1	1	1	1	1	1	1	1	1	1	1	1	1	1	1
		实际具备	1	1	0	2	1	1	1	2	2	2	1	1	1	2	1	1
陈二	1级	岗位要求	1	1	1	1	1	1	1	1	1	1	1	1	1	1	1	1
		实际具备	1	1	1	1	1	1	1	2	1	1	1	2	2	1	1	1
张三	1级	岗位要求	1	1	1	1	1	1	1	1	1	1	1	1	1	1	1	1
		实际具备	0	1	1	1	1	1	1	2	2	1	1	1	1	1	2	2
李四	1级	岗位要求	1	1	1	1	1	1	1	1	1	1	1	1	1	1	1	1
		实际具备	2	2	2	1	1	1	1	1	2	2	1	2	1	2	0	1
王五	1级	岗位要求	1	1	1	1	1	1	1	1	1	1	1	1	1	1	1	1
		实际具备	1	1	1	1	2	1	1	1	1	1	1	1	1	1	1	1
赵六	1级	岗位要求	1	1	1	1	1	1	1	1	1	1	1	1	1	1	1	1
		实际具备	1	2	2	1	1	1	0	1	1	1	1	1	2	1	1	1
孙七	2级	岗位要求	2	2	1	3	2	3	3	3	2	2	2	2	2	2	3	3
		实际具备	3	2	1	2	2	3	3	3	2	2	3	3	2	2	3	3
周八	2级	岗位要求	2	2	1	3	2	3	3	3	2	2	2	2	2	2	3	3
		实际具备	2	2	1	3	3	3	3	3	3	3	3	3	3	3	3	3
吴九	2级	岗位要求	2	2	1	3	2	3	3	3	2	2	2	2	2	2	3	3
		实际具备	2	2	1	3	2	3	3	3	3	3	1	0	2	2	3	3
郑十	3级	岗位要求	2	2	2	3	3	3	3	3	2	2	3	2	2	2	3	3
		实际具备	2	2	3	3	3	3	3	3	3	3	3	3	3	3	3	3
朱十一	3级	岗位要求	2	2	2	3	3	3	3	3	2	2	3	2	2	2	3	3
		实际具备	3	2	2	3	3	3	3	3	2	2	3	3	3	3	3	3
秦十二	3级	岗位要求	2	2	2	3	3	3	3	3	2	2	3	2	2	2	3	3
		实际具备	2	1	2	3	3	3	3	3	3	3	3	3	3	3	3	3
尤十三	3级	岗位要求	2	2	2	3	3	3	3	3	2	2	3	2	2	2	3	3
		实际具备	3	3	3	3	2	2	3	3	3	3	3	3	3	3	3	3
许十四	3级	岗位要求	2	2	2	3	3	3	3	3	2	2	3	2	2	2	3	3
		实际具备	2	2	2	3	3	3	3	3	2	3	3	3	3	3	3	3
何十五	3级	岗位要求	2	2	2	3	3	3	3	3	2	2	3	2	2	2	3	3
		实际具备	2	2	3	3	3	3	3	3	3	3	3	3	2	2	3	3
吕十六	2级																	
施十七	3级																	
孔十八	3级																	
曹十九	3级																	
严二十	3级																	

图26　检修工技能评价结果

（2）优化培训训练

从软性环境上，培养训练解决“用什么培，如何培”的问题。如新员工课程大纲优化、标准化课件开发、岗位应知应会、点滴教育、专职教研组、轮训计划等。

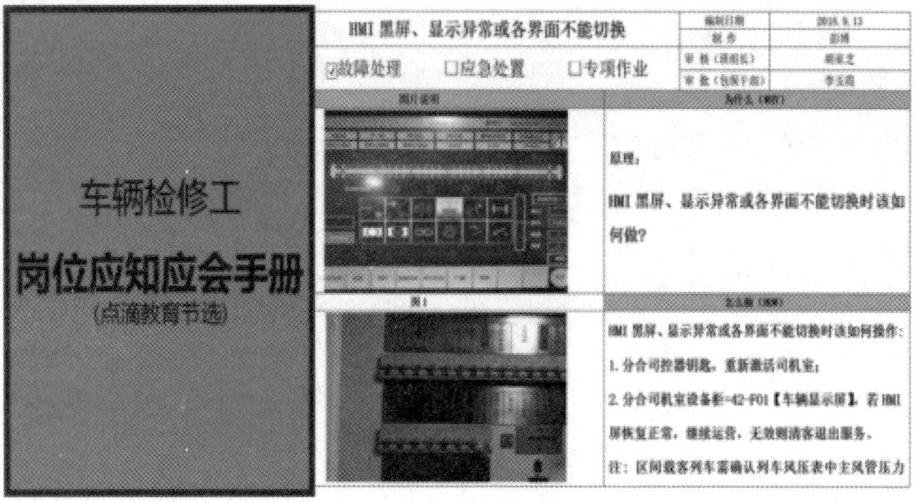

图 27　岗位应知应会+点滴教育

图 28　标准化课件开发

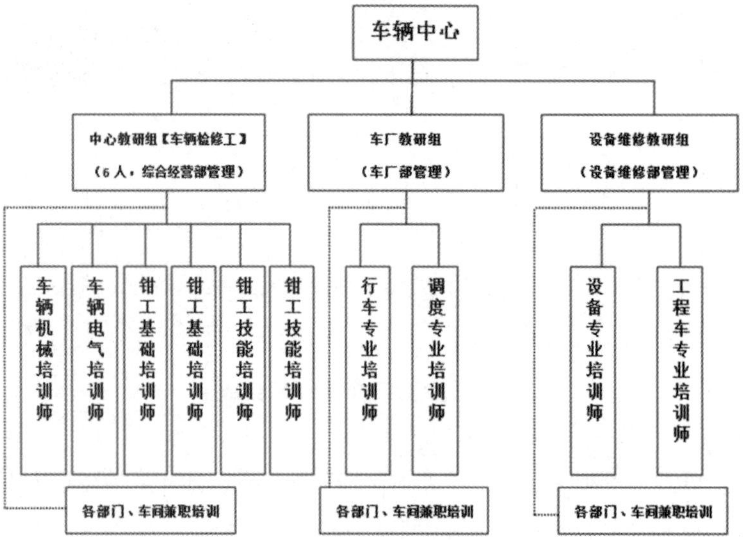

图 29　深铁运营

关键岗位管理提升轮训课程表（班组长/安全员/职能管理人员）			
日期	时间	授课人	培训项目
第一天（上午）	09：00-09：30	中心领导	中心领导动员讲话
	09：40-10：30	领队	军训
	10：40-12：00	段永魁	卓越绩效、精益管理、三标管理
第一天（下午）	14：00-16：00	聂基庚	安全业务素养培训
	16：10-18：00	聂基庚	如何做好基层安全管理工作
第二天（上午）	09：00-09：30	领队	军训
	09：40-10：30	宁小辉	面试汇报及演讲技巧
	10：40-12：00	唐源	如何做一名优秀的班组长
第二天（下午）	14：00-16：00	梁东华	经营成本管理理念
	16：10-18：00	王新宇	现场作业质量意识
第三天（上午）	09：00-09：30	领队	军训
	09：40-12：00	刘祥平	人性管理及阳光心态
第三天（下午）	14：00-16：00	曹文忠	沟通技巧
	16：10-17：00	黄赛英	公文宣传写作技巧
	17：10-18：00	吴贞桢	办公软件使用技巧
第四天（上午）	09：00-09：30	领队	军训
	09：40-10：30	每期最优学员	关键岗位管理提升轮训培训心得分享
	10：40-12：00	孙信贤	轨道交通技术发展趋势
第四天（下午）	14：00-15：30	傅思良	如何打造一流车辆维保品牌
	15：40 18：00	中心领导	1. 军训检阅 2. 学员培训心得分享 3. 精业座谈 4. 领导寄语、合影

图 30　轮训计划示例

从硬件环境上，完善和优化培训必需的设施，来协助培训顺利实施，提高培训的效率和质量，首先必须要对需要的场地和必要的设施进行布局规划。

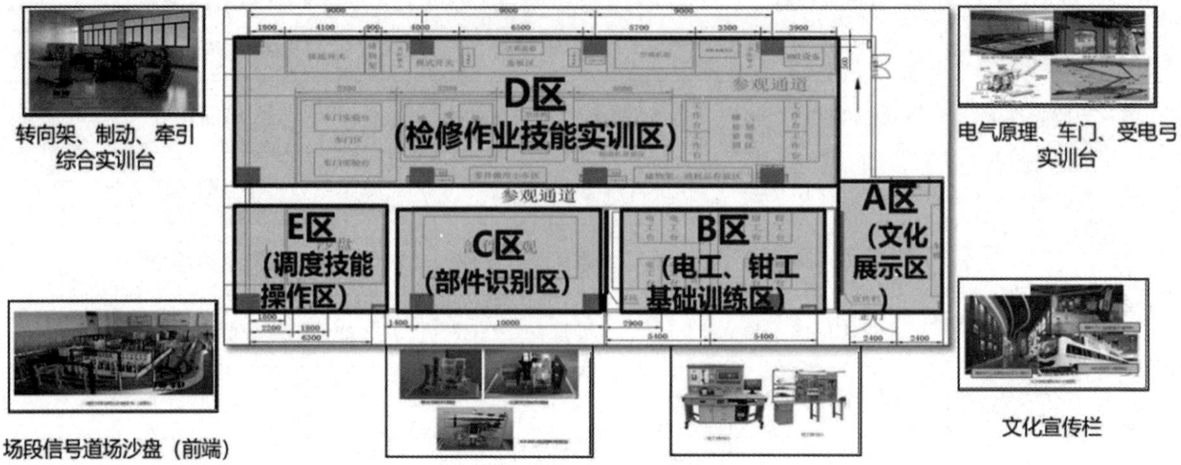

图31　培训道场布局示意图

（3）健全完善评价体系

引入360度评价和岗位KPI、技能积分制，完善评价体系，让评价真实反映员工工作技能。通过360度评价，对员工的综合能力进行评估，让领导和其他员工指出被评价员工的强项和弱项，后期有针对性的进行改善。

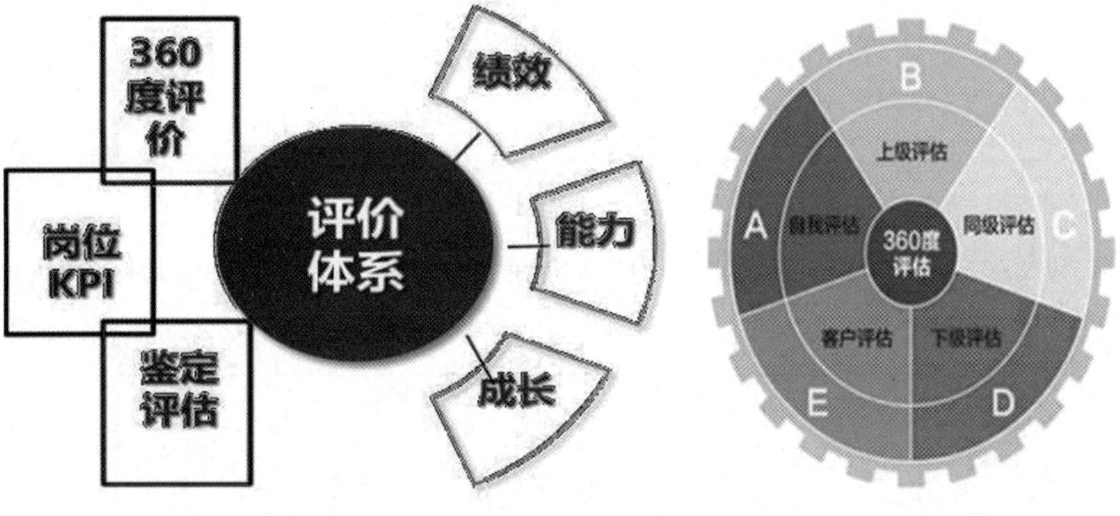

图32　360度评价

建立岗位KPI，让员工了解每个岗位的关注点是什么，让他们签订岗位KPI责任书，促使员工在本岗位上有针对性的去提高自己的技能水平，实现岗位与KPI考评相挂钩。

车体车门工班工班长岗位KPI责任书（以检修五车间为例）

	指标类型		指标项目	季度/年度目标值	考核评价标准	备注
评价项目	结果型指标	安全管理	责任五级及以上安全事件 事故三级及以上服务事件 安全事件苗子次数	0件	按《车辆中心安全监管与考核管理规定》、《关于规范车辆中心部门、车间层级目标考核及绩效考核原则的通知》落实考核。	/
		质量管理	作业质量	目标值：差错≤6次/季度； 缺陷0次/季度。 挑战值：差错及缺陷0次/季度	1.达到挑战值，季度考核+2分； 2.未达到目标值，季度考核-2分。	1.缺陷是指已出现后果（如故障、废品、计划未兑现等）的质量问题； 2.差错是指未出现后果（台账不合规、漏检但未出现故障等）的质量问题
			设备质量	（车体车门、客室司机室系统正线故障率叠加）： 目标值： 1.正线故障率≤0.98次/十万公里 2.下线≤3.6次 3.清客≤0.45次 4.2–5分钟晚点0次 5.5分钟以上晚点0次 挑战值： 1.正线故障率≤0.88次/十万公里 2.下线≤3.24次 3.清客≤0.36次	分正线故障率与服务可靠度两类季度统计： 1.达到挑战值季度考核+2分； 2.未达到目标值，按责任次数考核：下线-0.5/次，2–5分钟晚点/清客-1分/次，5–15分钟晚点-2分/次，15分钟以上根据实际情况考核。	1.挑战值设置原则为在目标值的基础上下降10%。 2.各指标均指责任指标，根据本车间KPI目标设定。
		人员培养	年度班组全员技能通过率	1.基本技能通过率100%； 2.特殊技能新增不少于2种·人，复训通过率100%； 3.进阶技能通过率大于90%。	未达到年度目标值，考核-2分。	人员培养指标的评价维度不限于基本技能、特殊技能、进阶技能，可结合实际设定其他维度，如“你讲我听”、“铁三角”等方式。
		自主改善	改善提案	季度内自主改善提案数量：1件	未达到目标值，考核-2分。	/
		宿舍管理	问题宿舍及优秀宿舍次数	/	按次考核，被评为问题宿舍，考核-1分/次，被评为优秀宿舍，考核+1分/次。	/
	任务型指标		地铁列车紧急解锁装置功能改善项目：2018年12月25日前完成改造列车不低于20列。		达到目标，考核+3分。	/
			2018年7月30日前完成05A2106长型列车乘客紧急对讲可视化整改。		达到目标，考核+3分。	/

图33　岗位KPI责任书

最后，从各个维度，采用多种评价手段来完善评价方法，让员工能够多维度、全方位和深层次的展示他们的知识和技能水平。将工作结果和业绩纳入评价体系，把技能评估与日常作业相结合，助力标准化作业水平提升。

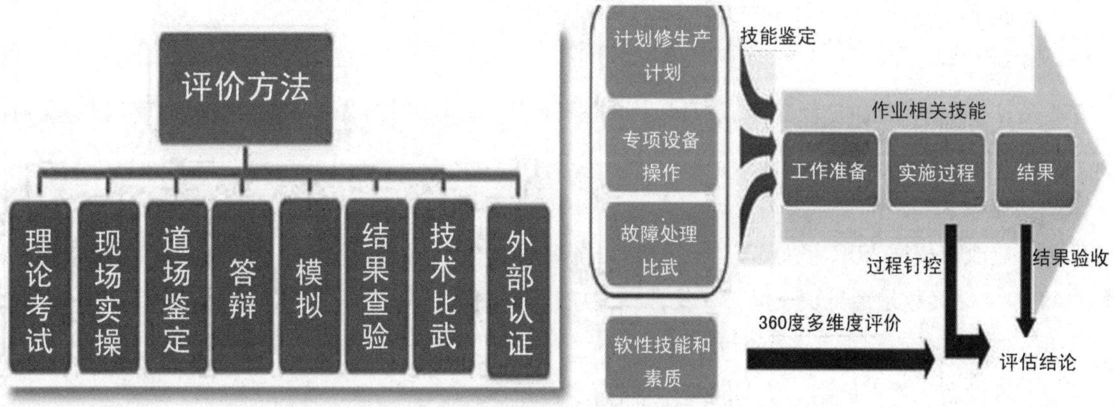

图34　检修工技能评价

（4）运用评价结果

新的评价体系改变了过去的做法，将评价结果与员工晋级晋升挂钩，以年度评价结果取代理论考试结果，同时调整年度评价的权重与20%相比将会有所上升，改变岗位晋升门槛和必要条件，提升学习积极性，从“要我学”向“我要学”转变。

（5）完善留人机制

从“感情留人、待遇留人、事业留人、环境留人”四个维度去完善留人机制，在此基础上，车辆专业还搭建技工、技术、管理三个通道，改变“挤独木桥”的现象，优化各系列层级组成比例，科学构建干部和人才梯队。从岗位晋级、合理的薪酬、福利等各个要素着手，把合适的人才放在合适的位置上，充分地发挥他们的才能，达到以事业留人的目的。

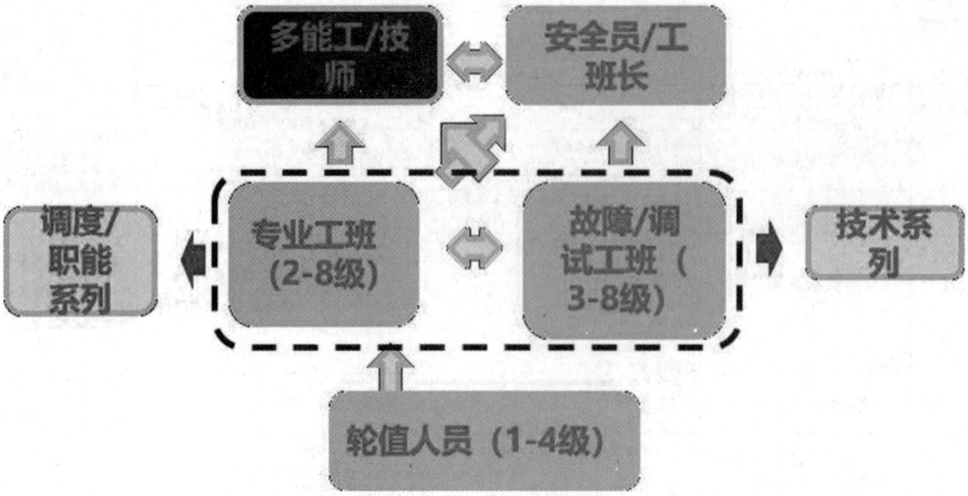

图 35　检修工职业发展路径示意图

（四）全员改善

全员改善是指员工对企业所有工作场所的作业进行不断地改进和优化，实现更低成本、更高效率的运作。依托全员参与、积极主动的改善氛围，为维保质量提升提供有力保障。全员改善主要通过改善提案、QCC 和创新工作室的方式来进行。

1. 自主改善提案

（1）实施流程

方案及评价标准制定-广泛宣传-教育培训-提案收集-提案初审-改善实施-提案终审-提案奖励-复制推广

（2）实施效果

车辆专业改善提案 2017 年度 322 件，月均提案 46 件；2018 年度 812 件，月均提案 68 件；2019 年度提案 1149 件，提案数量稳步快速增长，复合年度增长率达 80%。

上述改善提案的类型涉及各个方面，包含 6S 及可视化、安全、工装、管理提升、流程优化、设备改善、新增工具设备、修程修制、修旧利废、信息化等。

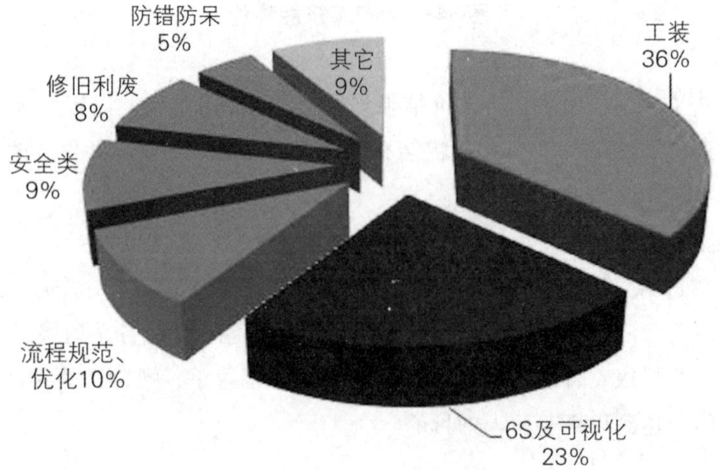

图 36　改善提案类型分布

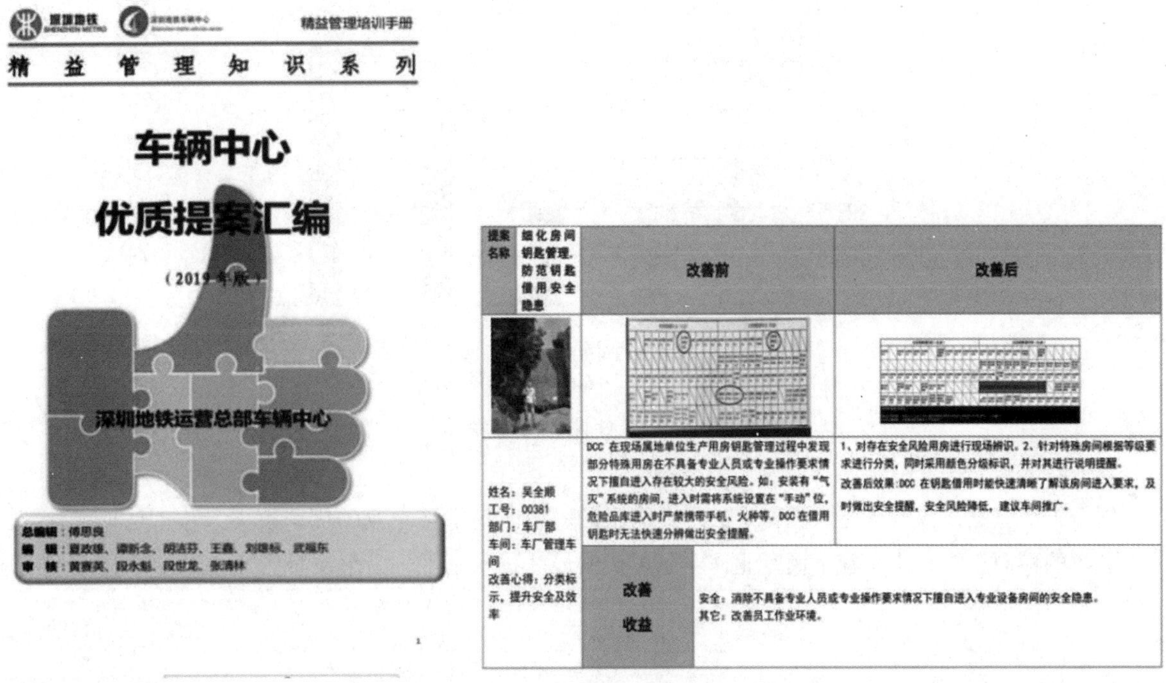

图 37　优质提案汇编手册

为及时总结提高，对2017年-2019年度的提案进行分类、筛选，编制了《优质提案汇编手册》，启发员工改善思路，引导改善工作开展更为广泛和深入。通过对节省的备品备件、耗材、工器具、人工时等进行统计，共计节省成本1678万元。用于改善提案奖励支出的费用共计24.7万元，投入产出比为68，可谓花小钱，办大事。

2. QCC 活动

（1）实施流程

组圈-活动主题选定制定活动计划-目标设定-现状调查数据收集-数据收集整理-原因分析-对策制定及审批-对策实施及检讨-效果确认-标准化-成果资料整理-活动总结及下一步打算-成果发表

（2）实施效果

QC小组活动实施以来，优秀的案例不断涌现，从2017年起，QC改善课题的数量逐年稳步上升，取得经济收益和单个QC课题产生的经济收益非常明显，2018年的QC经济效益达到2.6亿元。

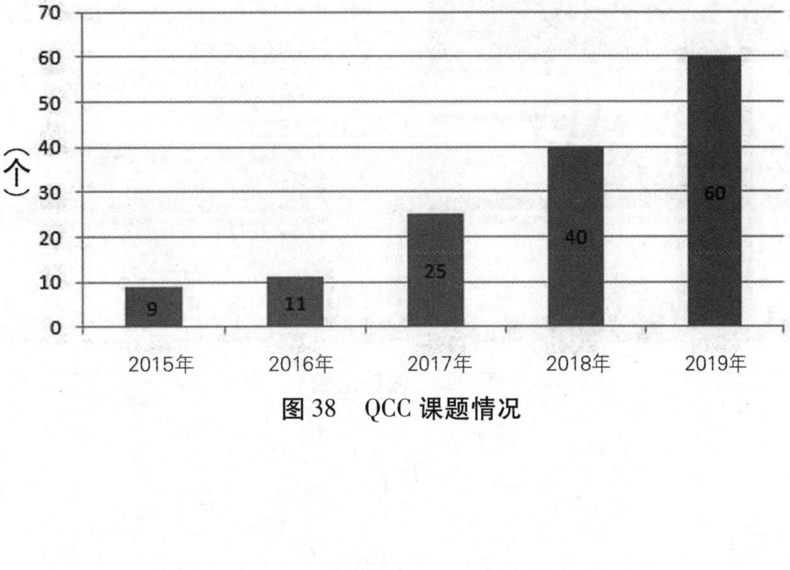

图 38　QCC 课题情况

图 39　QCC 课题效益情况

3. 创新工作室

创新工作室是以深入研究一类特定的专业为目的，团队集中该专业的优秀顶尖人才，是集中各部门优势人才的横向组织，代表着车辆专业该业务板块的最高技术水平，为解决日常复杂的专业技术型问题提供了有力的保障。

（1）实施方法

成立创新工作室：按照车辆系统的构成进行分类，创新工作室以优秀员工名字或车辆系统构成部分来命名，整个车辆中心组建了 11 个创新工作室。

实施流程：课题立项-确定创新工作室的组织架构-制定项目计划-组织定期会议-组织评比-表彰优秀创新工作室

图 40　深铁运营

（2）实施效果

11 个创新工作室围绕惯恶性故障攻关、设备功能完善、创新研究、企业标准制定以及人才培养等开展工作，既是“科研创新、前沿攻关”的主阵地，也是“传帮带”的工匠之家。以李宇波创新工作室为例，该创新工作室主要由架大修部电子板件维修兴趣爱好者以及相关技术骨干组成，负责地铁车辆电子板件攻关、维修、以及缺陷整改等工作，该创新工作室取得的成果如下图所示。

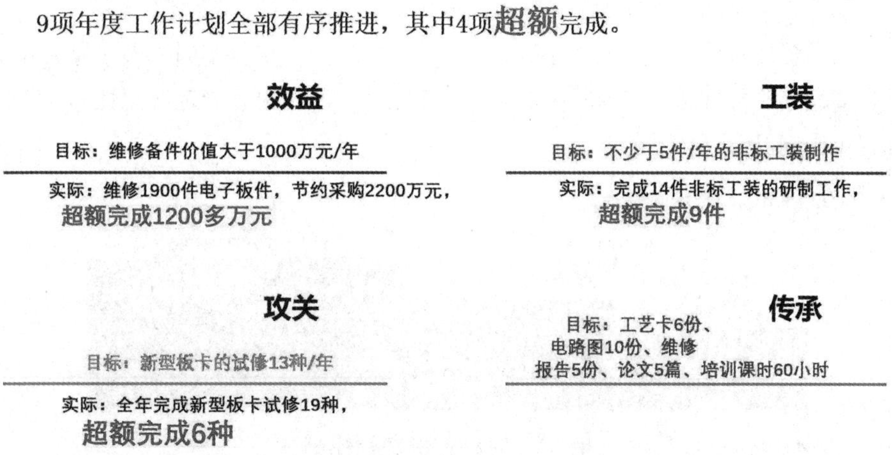

图 41　李宇波创新工作室 2019 年的业绩统计

据不完全统计，深铁运营车辆专业 11 个创新工作室在 2017 年–2019 年创造的经济收益超过 1 亿元。

（五）互换互用

1. 互换互用背景

目前整车集成市场基本都实现了有效竞争，但地铁车辆维保市场，具有一定的卖方市场特点。且由于供应商相对集中、技术垄断、替代品少，作为买方的运营单位处于劣势地位、话语权低。

随着近 10 年来车辆装备产业的蓬勃发展，包括牵引、制动、通讯控制等核心系统在内的几乎所有车辆系统部件在市场上均实现了品牌多元化竞争，具备三家以上公开招标的条件。所以，总体来看，市场格局正在向有利于运营单位的方向变化，只要进一步培育市场、发挥市场调节作用，车辆维保市场将实现可持续健康发展，让市场发挥资源配置和价格调节作用，可降低运维成本、提升经营效益。

2. 工作开展思路

进一步培育地铁车辆可持续健康发展维保市场，总体工作可以概括为“积极主动培育市场，将车辆维保成本中非竞争性因素转化为竞争性因素，形成多元化装车局面，让市场发挥资源配置和价格调节作用，实现经营效益提升目标”，主要工作方向如下：

（1）深入开展车辆设备国产化、化解来源单一风险，开展部件互换互用，形成良性竞争，降低物资采购成本。

①对于既有存量市场，通过国产化、部件互换互用工作形成竞争性物资采购市场，通过优化委外维修模式实现成本降低。

②对于新车增量市场，通过建立价格控制机制、增加系统部件竞争性和互换性要求、研究将维保服务采购纳入新车招标范围、推动整车标准化工作等措施为车辆维保市场优化和全寿命成本控制打下基础。

（2）优化委外维修模式，调整维保服务采购比例，实现维保服务采购多元化。

工作成果：已完成28类部件国产化替代品装车应用；完成501项采购物资澄清，51项物资具备竞争条件，16项已多品牌竞争采购；通过技术澄清、国产化替代品应用，打破单一来源采购垄断。倡导经营与管理并重理念，开展部件互换互用，引入竞争因素打破垄断，全年物资采购成本节约3373万元，未来5年预计可节约4~5亿元。创新采用采购集中化模式，提升采购效率42.86%。

五、三标管理

三标管理将精益管理中的最佳实践进行萃取，固化精益生产、精益车间、人才育成和全员改善中的宝贵经验，并形成循环改善机制，使制度在实践中不断完善，不断提升管理合规性和成熟度，为实现卓越的运营指标提供制度保障。

（一）三标管理的三个阶段

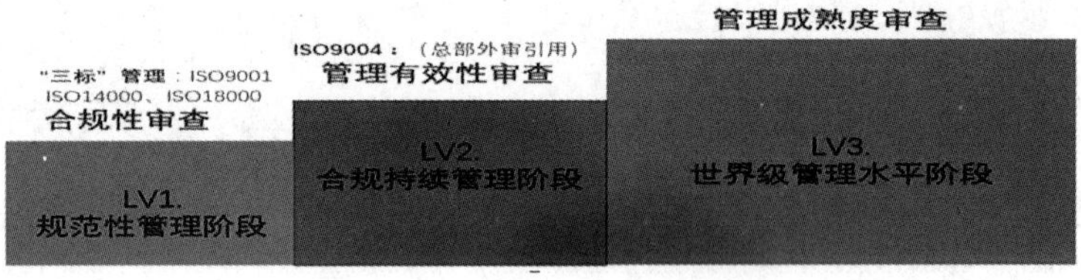

图42　三标管理理论模型

（二）三标管理的实施方法

1. 评价最佳实践

最佳实践从两个方面开展评价，第一方面是合规性要求，即符合国家强制的一些要求和三标理论；第二方面是总体评价，通过各个维度包含必要性、安全、技术、质量、成本、时间、效益、简易度等维度进行综合评价。

最佳实践评价矩阵（评价分值：0.1.3.9，某一维度表现越好，分值越高）		优化方向	评价维度									重要度
			必要性	安全	技术	质量	成本	时间	效益	简易度	其它	
最佳实践	最佳实践1		3	1	9	3	3	3	3	3	0	0.3
	最佳实践2		1	3	1	9	3	1	1	1	0	0.23
	最佳实践3											0
	最佳实践4											0
	最佳实践5											0
												0
重要程度			0.15	0.2	0.1	0.1	0.1	0.1	0.15	0.1	0	

图43　最佳实践评价矩阵

2. 固化最佳实践

组织的最佳实践萃取整理之后，形成指导手册、课程乃至图书，让后来者在前人的优秀经验的基础上成长。可以让新人快速成长，快速为企业创造价值。

车辆专业三标管理固化成果			
项目模块	序号	改善主题	固化成果（文本、标准、手册等）
卓越运营	1	运营系统	卓越运营指标手册 卓越运营管理成熟度标准
	2	评估系统	卓越运营管理评审流程 卓越运营管理评审规则 卓越运营评审报告输出模版
	3	驱动系统	卓越运营改善课题管理办法 卓越运营绩效奖惩规定
精益管理	1	精益生产	车辆中心生产异常拉动管理办法 生产异常拉动系统技术规格书 制动机维修流水线技术方案
	2	精益车间	车辆中心精益车间和精益班组建设工作方案 车辆中心防错防呆手册 关于进一步规范车辆中心基层组织建制责任落实和管理标准的通知 中心共计15种地铁列车图示化工艺卡
	3	人才育成	岗位素质指标文件 车辆检修工、技术、调度系列、副主任层级《能力矩阵表》 员工评价体系文件 轮岗管理制度 职业发展规划路径（车辆检修工、技术、调度系列） 车辆中心人才育成运作管理规定
	4	全员改善	车辆中心自主改善提案管理办法 车辆中心优质提案汇编

图44　三标管理固化成果

（1）将最佳实践规范化、文本化：萃取组织最佳实践是依托于组织的最佳实践，通过访谈技术了解事情的来龙去脉，通过发散技术了解更多可能经验，通过分析技术明确主要经验，通过收敛技术聚焦团队智慧，通过表达技术结构化地呈现最佳实践，将其拆分为案例、经验、步骤、难点、注意等几个方面，并提炼简单易记的标题名字，最后汇总成车辆专业的396个文本制度。

（2）最佳实践的维持，主要通过加强质量检查，检查过程提高针对性，诊断结果提高准确性。

3. 推广最佳实践

（1）文本制度的执行过程中，若出现不适应实际情况需要调整优化的内容，可以下发文件打补丁，在文本修订前汇总所有修订项，统一纳入文本。

（2）每年制定文本检查梳理计划，推进标准文本统一、优化、推广工作，重点解决管理类标准中重复、冲突、可操作性不强、内容歧义和理解困难等问题，对不同单位的最佳实践取长补短，然后实现统一推广，进一步提高管理标准编写质量和水平，实现标准文本的“流程化、标准化、精益化、国际化”。

六、三位一体城轨车辆维保管理体系的实施效果

三位一体车辆维保管理体系的建立，是以创造运营价值和提高企业核心竞争力为目标，综合运用卓越绩效、精益管理和三标管理的思想理念和工具方法，实现生产关系、人才育成、管理机制体系的高效化、精细化和科学化。有效促进了深铁运营运营安全、质量、效率、效益的全面提升，带来了显著的安全收益、经济收益、组织收益和社会收益。

深铁运营三位一体车辆维保管理体系实施以来，在城轨交通车辆维保行业发挥了较好的引领和示范作用，得到行业内高度的关注和认可，先后吸引了北京、上海、成都、东莞地铁等二十余家行业内企业前来学习调研、借鉴推广，为城轨交通车辆维保行业的高质量发展提供了深圳方案。

（一）车辆正线运行质量达行业领先和历史最优水平

实施以来，深铁运营车辆正线运营两项核心指标显著变化，处于行业领先和历史最优水平。三年来深铁运营全网正线列车服务可靠度最高达 5142 万车公里，较 2016 年提升 5.6 倍，相当于往返地球和月球之间 64 次的距离才出现一次 5 分钟以上延误事件。正线列车故障率最低为 2.13 次/十万列公里，较 2016 年下降 70%。2017 年至今实现车辆安全事故零发生，人因造成的质量安全事件降低 80%。

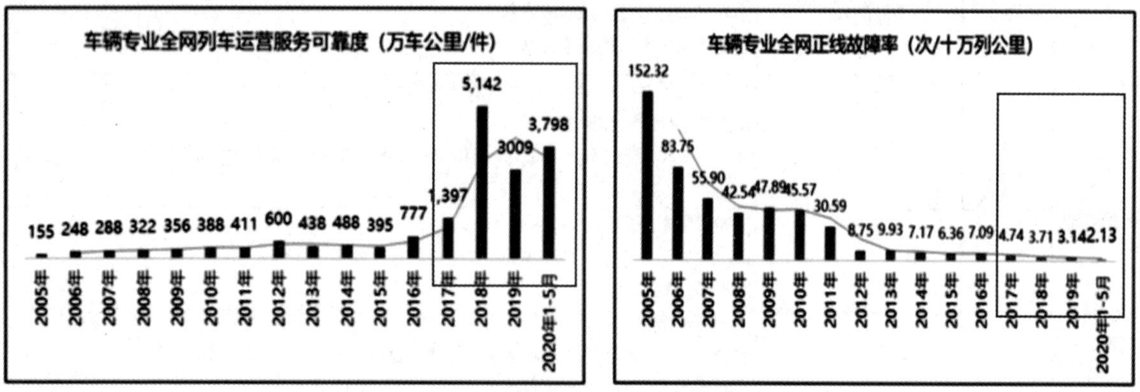

图 45　正线车辆核心指标表现

（二）助力企业效率效益双提升

三位一体模式系统性优化了车辆维保生产力和生产关系，提升维保效率 20%，近三年降低车辆维保成本近 19 亿元。

1. 精益生产

通过实施均衡修、维保模式创新、节拍化维保，持续提升维修效率，降低车辆维修停时，提高车辆利用率，通过节省三期线路采购新车、节省维修人工时，累计创造经济效益约 8.6 亿元。

2. 技术创新

深铁运营车辆维保以装备技术保安全，打造科技地铁，成为行业技术革新进步的领头羊。行业首创的 LCU 无触点逻辑技术替代继电器技术，运用至今未发生因 LCU 导致的 5 分钟以上晚点，还可节省列车全寿命成本 71 万元/列，按目前配置 389 列车计算，可节约成本约 2762 万元。目前已得到行业全面推广，保守估计节约成本将达数十亿元；行业领先的车辆智慧运维系统，实现了车辆状态修和全寿命周期管理，初步计算可降低车辆运维成本 20%，合计金额 0.65 亿元；通过紧急运行模式、全冗余设计、故障自动智能处理、短臂受电弓、5G 车地通信、工业以太网、永磁电机、变频空调等 29 项新技术，不断降低设备故障率和维修成本，合计节省成本约 2.13 亿元。通过技术创新，近 3 年累计节省成本约 3.06 亿元。

3. 全员改善

深铁运营员工主动参与企业建设，全员自主改善氛围不断浓郁，据统计 2017 年-2019 年期间，自主改善部分收获改善提案 2283 件，取得经济效益 1678 万元；QCC 品管圈部分开展课题 145 个，取得经营效益约 5.7 亿元；创新工作室部分 11 个创新工作室通过开展创新改善活动取得经济收益 1.09 亿元，三部分改善收益之和近7亿元。

4. 精益供应链

2019年起倡导经营与管理并重理念，开展部件互换互用，引入竞争因素打破垄断，2019年物资采购成本节约3373万元，未来5年预计可节约4~5亿元。创新采用采购集中化模式，提升采购效率42.86%。

板块	项目	收益	金额（万元）	备注
精益生产	均衡修	节约三期线路列车采购18列116辆	82360	2017年-2019年收益
	维保模式创新	每级均衡修缩短1.5小时，平均每级修程6.2人，每年36级修程，每列车每年提升工作效率节约人工成本约335人工时，389列车三年节约共39万人工时	3159	
	节拍化维保	提升工作效率节约人工成本4万人工时/年	972	
技术创新	地铁车辆LCU（无触点逻辑控制单元）	每列车全寿命周期可节省成本71万，深圳地铁目前配置389列	2762	折合成三年的平均收益
	智慧运维	均衡修2000工时/列*年，智慧运维工时至少节约20%，全网389列车，每年人工成本节约1260万元。 均衡修物料成本12万/列*年，按节约20%计算，389列车可节约934万元/年。	6582	全网推广后三年的收益
	新技术运用	紧急运行模式、全冗余设计、故障自动智能处理、短臂受电弓、5G车地通信、工业以太网、永磁电机、变频空调等29项新技术	21300	
全员改善	自主改善	2283件自主改善提案	1678	2017年-2019年收益
	QCC	145个QC课题	57000	
	创新工作室	11个创新工作室	10980	
精益供应链	备件互换互用	2019年起深圳地铁主动培育市场.引入竞争.打破垄断.开展备件互换互用探索实践，节约备件采购成本3373万元，占采购预算22%；未来5年预计可节约4-5亿元。	3373	仅2019年有收益
合计			190166万元	

图46　深铁运营三位一体车辆维保管理模式收益

（三）带来了良好的组织效益和社会效益

围绕核心目标，在国内首次建立了以"选""育""评""用""留"为主线的车辆维保人才育成岗位素质模型，行业内首次建立了包括5大系列、13大类岗位素质模型和技能鉴定标准，对深铁运营车辆专业3000余人各岗位技能梳理，形成岗位技能矩阵，建立最适合的成长路径，克服了2014年-2016年以来累计30%人员流失造成的青黄不接，为深铁运营线网的扩张提供强有力的人力资源保障，实现企业人才建设的自我造血，基层骨干力量不断夯实，同时也培养了三十多个行业技术专家和一百多个工匠。三位一体模式带来的良好车辆正线运营表现，准点率高达99.95%以上，得到了深圳市民的广泛认同，2018年深铁运营轨道交通满意度调查高达95.99%，2019年满意度得分在2018年基础上提升6%，再创新高，在深圳市公共交通行业中连续三年排名第一。

三位一体车辆维保管理体系，在2019年通过由中国城市轨道交通协会、北京、上海、广州、苏州、长沙、无锡、南昌、贵阳等城市地铁运营公司的专家评审组的评审。专家组评价深铁运营在行业首创三位一体车辆维保管理体系，符合全面对标和高质量发展的理念，切中行业痛点，推行思路严谨、方法科学，实施过程和结果达到预期效果，对轨道交通运营维保行业具有良好的示范借鉴意义，具有推广价值。已列入中国城市轨道交通协会示范项目。

成果创造人：陈　琪、侯文军、傅思良、刘祥平、黄赛英、段永魁、吴灿炎、段世龙、张清林、夏政雄、麦耀尹

构建业财融合供应链管理系统
推动企业高质量转型发展

中国国际工程咨询有限公司

中央经济工作会议深刻阐述了以新发展理念为主要内容的习近平新时代中国特色社会主义经济思想，会议作出“我国经济已由高速增长阶段转向高质量发展阶段”的判断，提出“推动高质量发展是当前和今后一个时期确定发展思路、制定经济政策、实施宏观调控的根本要求”。集团深刻认识到习近平新时代中国特色社会主义经济思想对推进国家经济发展的重大意义，坚决用这一重大思想武装头脑、指导实践、推动工作；深刻认识经济转向高质量发展阶段的重大意义，进一步坚定深化国企深化改革、产业转型升级并可持续发展的信心，突出企业转型发展理念，统一思想，凝聚力量，认真谋划业财融合供应链系统，推动集团实现更高质量的发展。

集团作为多产业并存的传统钢铁国企，一直致力于提升集团管理水平，利用现代化信息技术持续增强集团竞争力，如 OA 管理系统、ERP 生产系统、一开通系统、HOS 销售系统、SUN 财务系统、S&D 采购配送系统等分别部署于集团企业不同业务板块。

为满足多层管理架构下的集团管控模式，保障实施“结构调整、转型升级存续产业；多元主打、培育发展新兴产业”战略部署，实现集团信息互联互通，集团有必要开发设计一套量身定做的信息化管控平台，有效解决信息孤岛、业财融合管理、协作效率低下等问题，明确集团企业权责利匹配问题，进一步降低经营管理风险，提升集团企业管控水平，适应集团治理与业态高质转型发展的新要求。

一、文献回顾

（一）业财融合信息系统

经济发展新常态下，集团企业运用现代信息技术将业务信息与财务信息实现有机融合，为战略决策、管理控制和业务操作提供有力支撑，进而提升企业精细化管理水平[1]。同时，业财融合对现代集团企业要转型升级有着重大意义。理论研究成果显示，企业业务活动与财务管理互联共生。Robin 等（1985）刻画了业财融合理念，实质是将作业成本融入成本预算管理，形成业财融合理论体系雏形。Kaplan（1991）结合 BPR 为基础深入研究了 CPR 理论，提出业务流程、信息、组织、绩效等一体化运作方案，不仅优化业务流程，更为业财融合研究打下基础[2]。Reg 等（1993）阐述了业务与财务之间存在相辅相成关系，认为企业各项经营活动均涉及财务管理活动[3]。汤谷良等（2018）通过中国企业业财实践阐述了其理论框架不仅包含企业辅助战略而且涉足企业经营全过程[4]。诸多研究成果以新一代信息技术为支撑，设计研发业财融合信息系统。George（1999）利用信息技术设计了一体化业财平台，有效整合了业务与财务工作[5]。黄式涛（2017），赵加锋（2018）和刘海阳（2019）分别大数据时代为背景，阐述业财融合是有效提升企业管理水平的必经之路，通过信息化技术实现业财之间的无缝对接，增强企业价值创造力[6,7,8]。张玉缺（2018）构建了基于云计算的业财融合管理系统结构，实现了财务和业务两部门之间信息无缝对接。王海林（2017）以现代信息技术为支撑，搭建企业新型综合信息化平台，实现了业财管理活动的有效融合[9]。邵晓蕾等（2019）利用信息技术把业务流程、财务流程、管理流程有机整合，展开业财融合信息平台建设研究[10]。近年来，诸多学者与企业界人士开始深入研究业财融合路径并付诸实践。李闻一等（2015）面向中石油公司，以互联网为技术手段，提出业财一体化管控模式，创新企业业财融合新范式[11]。杜勇等（2017）以京能集团为例，阐述了集团业财一体化整合途径和运行机制[12]。张霁暄（2018）以烟草行业为例，阐述业财融合是现代企业财务管理新进方式[13]。刘慧诚（2019）以智能制造业为例，研究了在大数据视阈下实现业财融合的三步走路径，并设计了专用财务分析系统[14]。段君亮（2015）认为面对新常态，业财融合对企业转型升级具有积极助推作用[15]。郑浩宇（2019）以企业产供销过程的财务管理为视角，认为业财融合是企业经营管理转型的新思路[16]。朱建芳（2019）认为“业财融合”是企业转型升级战略的需要，依托信息技术推进财务业务一体化，实现企业业务流程与财务管理的无缝对接，有利于企业提质降本增效[17]。

综上所述，业财融合是现代企业管理的新模式，可通过现代信息技术实现业务流程、财务流程及管理流程的有机融合，实现企业智能化管理，推动企业转型高质发展。

（二）供应链管理系统

供应链管理系统紧随现代信息技术发展应运而生的新型管理系统，它是以供应链管理理念为核心，实现企业物流、信息流、资金流三流合一的重要手段，是有效降低运营管理成本、提升企业管理水平和创造企业最大价值的有效方法[18]。供应链管理系统备受学者和企业界人士的关注，将其视为企业管理的重要竞争资源。古川等（2013）利用云制造技术体系引领企业供应链管理革新，使得企业管理敏捷、柔韧、开放、自主，更具有创造性[19]。李晓林（2018）从 SCM 概念入手，借助物联网技术构建了供应链管理信息系统，并阐述了其构建机制[20]。薛京丽等（2011）采用 B/S 和 C/S 混合架构模式，构建了大型超市零售业的供应链信息管理系统，并阐述了供应商、人力、采购、销售、库存、物流和财务等管理模块的功能设计与实现[21]。李巍（2013）分析了线缆制造业生产经营管理特征，采用面向对象法结合先进信息技术，集成 ERP 系统和 SCM 系统实现企业和谐管理[22]。杨逸文（2105）以烟草商业为例，搭建了“三流合一”的敏捷供应链管理信息系统，并详细阐述了系统的架构和功能[23]。唐东平（2019）认为供应链管理系统比传统企业进存销系统和财务管理系统在管理手段方面更具有优势，从采购、销售、库存、物流及移动 APP 等功能模块视角，统筹设计了铝行业企业供应链管理系统方案[24]。近年来，财务管理视阈下的供应链概念为人熟知，虽定义尚未统一、理论体系尚未形成，但财务供应链管理系统已有学者与企业界尝试开发设计。徐敏（2015）认为财务供应链管理是一种新型企业管理模式。在供应链管理中融入财务管控，有助于企业规避管理风险，优化业务结构体系，增强财务能力与盈利能力，提高企业整体竞争能力[25]。朱中月（2016）认为财务供应链管理是以业财同步管理为目标，涉及订单实现过程的各个环节，同时互联人力资源管理、协同办公、财务管理等系统，实现各环节的信息对称共享[26]。邱薏莼（2018）认为财务供应链能够将财务管理和供应链管理融合融合一起，有效控制供应链管理流程，实现业务流、信息流和资金流的协同统一[27]。汪雯琦（2009）认为财务供应链系统以实物供应链为基础，以信息技术为支撑，优化整合供应链环节间及金融机构的业务流程，做到三流实时协同，进而改善企业运营资本管理，提高资金透明度[28]。常竞（2017）认为大会计时代财务管理与供应链管理相融合，体现财务即业务、业务即财务，能够实现企业三流合一，提高企业精准管控[29]。孙拥杰（2018）以合资石油企业为例，构建了基于企业 ERP 的六流匹配的集成系统框架，并阐述了采购、销售、财务和绩效考核功能模块，最后利用模糊层次分析方法对系统实施后的效益进行了评价分析[30]。洪洋（2012）以贸易流通行业为例，搭建财务供应链所涉及的企业内部功能模块，包括综合管理、财务管理、业务管理及一体化协同平台等，并对各功能模块做了详细阐述[31]。

综上所述，供应链管理信息系统备受业界和学术界青睐，研究成果层出不穷，但基于业财融合驱动下的供应链管理系统研究成果还不多见，且多以财务管理和供应链管理融合实现三流合一为主。因此，本文将从业财融合视域下研究以“三全五化、管控有序、六流匹配”为总体目标，集现代信息技术催生智慧供应链管理新范式的多行业集团公司的供应链管理系统，力求为相关集团企业以两化融合推动转型高质量发展提供一些参考。

二、系统总体架构设计方案

（一）系统设计目标

集团 SCMIS 总体目标概括为实现“三全五化、管控有序、六流匹配”。一是三全五化。建立一个灵活、高效的集业务运作、信息集成、制度落实、风险控制、财务管理于一体的综合性信息化平台，实现集团本部及各业务板块所属企业的全覆盖，集团财务、资产、项目、贸易、生产、销售和采购等核心业务的全集成，以 ERP 系统为基础的各业务系统信息全贯通，实现管理精细化、流程规范化、风险可控化、资源最优化、信息可视化，提高集团整体业务运营效率。二是集团管控有序。通过 SCMIS 实现生产组织、经营管理、专业管理和党群部门之间的管控有序。三是六流匹配。集团供应链管理信息贯穿于组织结构、各个子公司业务以及所涉及的各个系统，不仅涉及业务运营的信息流、物流、资金流的集成，而且还涉及集团管理的责任流、权力流、利益流的集成，为了保障业务运营的正常运转，在管理信息系统设计时要充分考虑六流之间的最佳匹配关系，实现集团全面关系高效管控，由此全面支撑集团业务发展需要。

按照 SCMIS 总体建设目标，集团公司所需应用系统重点围绕运营管控一体化、业财一体化、管理服务一体化等协同运营，建设集团公司总部机关以经营监督和运营管控为主，具体业务由各子分公司独立操作为主的信息化管控集成平台，确保数据在各系统之间互联互通，所有源数据只需在某个系统输入一次，保证数据的实时、准确、及时、一致和共享。

（二）系统设计思路

集团 SCMIS 总体建设思路是全公司一套系统、一个平台、一个门户、二级应用，面向集团公司主要业务形式进行管理，满足集团跨部门、跨业务、跨区域的集团化协同管控需求。

集团 SMCS 按照实现五级管理层级进行设计，一级为子分公司的业务运营管理，二级为集团的业务集中层，三级为统一财务核算，四级为企业经营决策，五级为公司信息门户。SMCS 采取条块结合式管理方式，既能实现业务运用、财务管控、集团管理等板块式监督管控，也可以分业务单元进行管控。

在管理层面通过 SMCS 建设实现从“组织分散”到“组织扁平”，从“管理松散”到“管理集中”，实现了集团管理的责任流、权力流、利益流的三流融洽，成为信息流、物流和资金流三流合一的驱动机制，为集团管控提供贯穿式的管理工具。

在应用层面要满足从“流程分散”到“流程优化”，从“信息分散”到“信息集中”，实现以业务流程带动的信息流、物流、资金流三流合一，信息传递及时，数据真实可靠，流程可视、可追溯。

在技术与架构上要满足稳定性、可靠性、安全性、前瞻性、高效性、实用性、开放性、高扩展性、高兼容性、可审计性。

（三）系统设计定位

本系统以实现五层级管理目标进行设计：一级为子分公司的业务运营管理，二级集团业务集中管控，三级为统一财务监管，四级为集团经营决策，五级为集团信息门户，如图1所示。采取横纵模块结合的管理方式实施，既能实现集团层面生产经营、财务运营、贸易经营等横向流程贯通，也可实现业务单元的纵向信息互通。

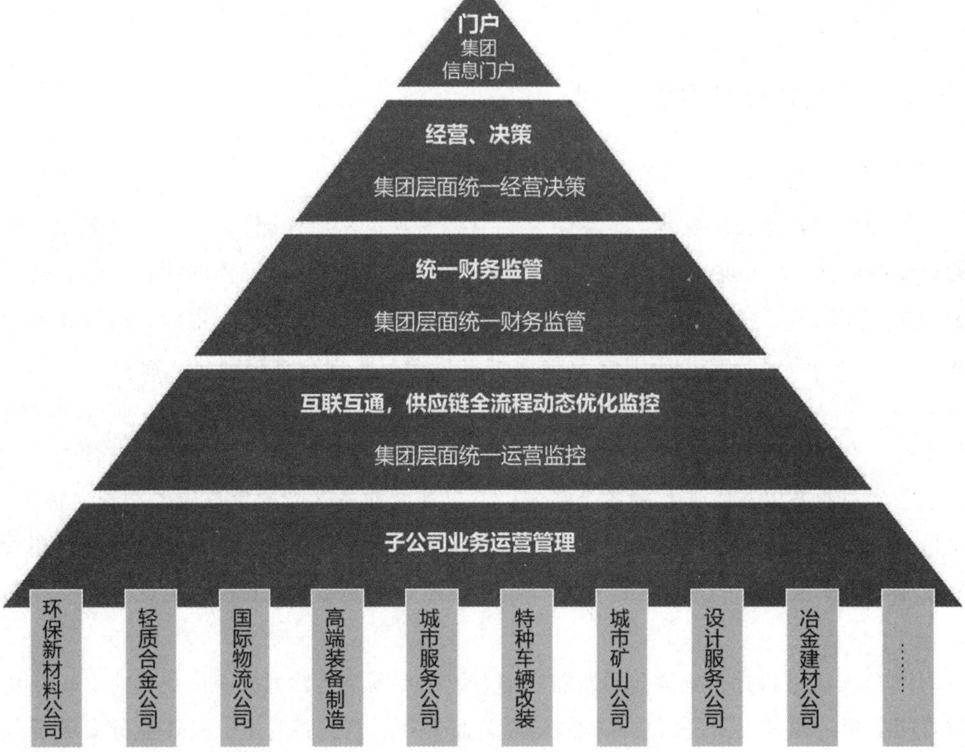

图1　集团供应链管理系统设计定位

（四）系统总体架构

本文是在既考虑了系统的开发性、统一性、标准化原则，又要充分体现了先进性、前瞻性和实用易用性原则的前提下，规划设计了业财融合视阈下的集团企业供应链管理系统，它是由多个子系统组成，交互、复杂的智能平台，其总体技术架构如图2所示。

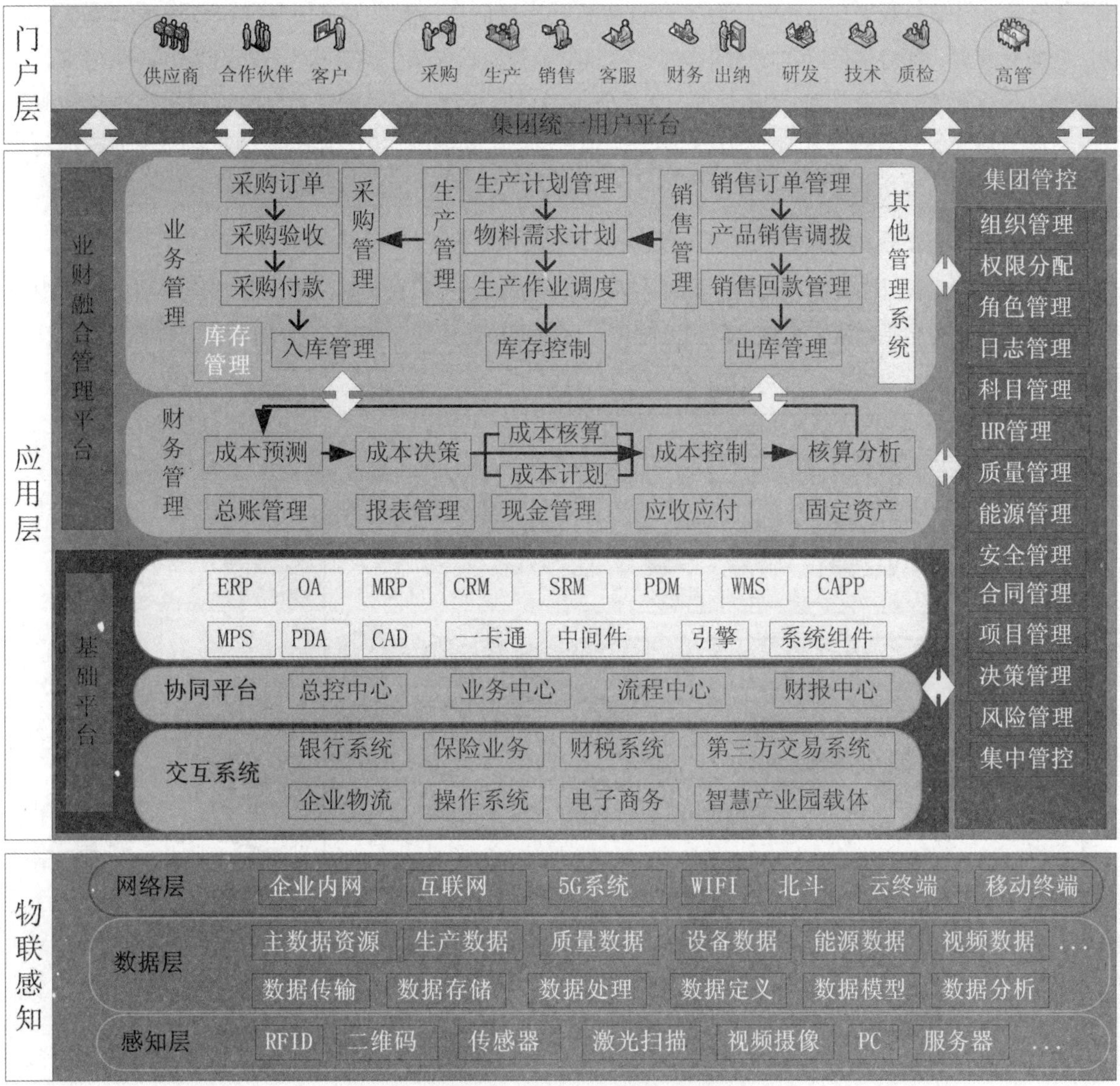

图 2　集团供应链管理系统总体架构

由图 1 可知，集团 SCMIS 的框架包含物联感知层、应用层和门户层。一是物联感知层。物联感知层是利用智能设备、网络设备、视频摄像设备、电脑以及其他能够信息数据资源的设备，对环境、物品、状态等信息，实现实时采集、监控和自动管理的功能，包括感知层、数据层和网络层。其中感知层主要是通过 RFID、二维码、传感器、视频摄像、PC 及服务器采集信息；数据层主要负责对各种数据定义、存储、处理、分析及传输等；网络层是利用现代网络技术，企业内网、互联网、移动网（5G）、云终端、移动终端以及 WIFI 承担信息传输与共享。二是应用层。它是整个 MIS 的核心部分，包括业务运营系统、财务管理系统、集团管控系统以及基础支撑平台。通过应用层，实现多个子系统的互通互联，信息共享，完成一系列业财、管理等工作。其中，业务运营系统是以供应链管理为设计理念，包括采购管理、生产管理、销售管理、库存管理以及其他管理系统；财务管理系统是以供应链的价值管理体系为基础，组织规划财务管理，包括成本预测、决策、控制、计划和核算，总账管理、现金管理、应收应付管理和固定资产管理，实现集团经济活动的管理控制；集团管控系统以一站式管理思想将各个子公司融为一体，实现集团分级分权管理，角色权限灵活可调整，数据信息可互联互通、实现信息资源共享，一体化、智能化管理，同时又可以实现风险合规执行和集中管控，包括组织管理、权限分配、决策管理、角色管理、日志管理、质量管理、HR管理、能源管理、合同管理、项目管理、风险管理和集中管控等功能。三是门户层。它是整个SCMIS的涉众平台，用户可通过集团统一用户平台，访问整个SCMIS的所有业务、财务、管理等功能。

（五）系统网络结构

集团公司网络设计上要求高带宽、高可靠性、高可扩展性，以及较高的安全保护能力和便于集中管理，同时能够支持包括系统的容错、管理、维护、保障等功能模块。集团企业MIS系统总体网络拓扑如图3所示。

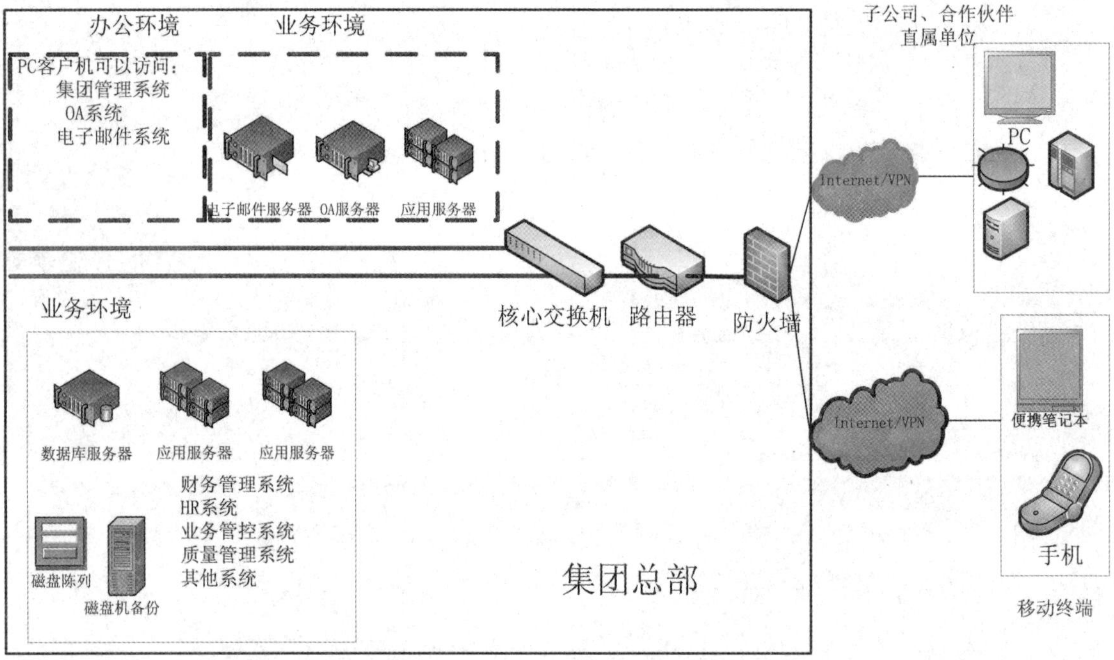

图3 集团SCMIS总体网络拓扑

在设计中，采用VPN技术，将集团公司建设为一个基于MPLS的IP骨干网络，充分利用集团内部各种网络资源，协助子公司、直属单位、商业伙伴同集团的内部网建立可信的安全连接，并保证数据的安全传输，逐步组建集团公司“大网络”，最终实现集团信息化全面管控。

三、系统主要功能设计方案

（一）系统总体功能模块

由2.4节可知，集团SCMIS核心部分包括集团综合管控系统、财务管理系统、业务运营系统、基础支撑平台以及门户系统，依此实现系统的横向流程贯通以及纵向信息互通。因此，SCMIS的总体功能涵盖了集团管控、财务管理、业务运营管控、基础支撑平台、门户管理以及子分公司业务操作功能。具体功能表述如图4所示。其中，财务管理功能模块是以ERP系统为基础，包括应收、应付、成本、资产、总帐、报表等，建设业务管理模块包括采购、销售、库存等，有通信协议的计量、检验数据自动采集，实现数据接口和数据上传功能，保证各子分公司业务数据与财务数据的匹配和对接的一致性，完成业务数据直接生成财务数据，实现财务核算信息的实时、透明和统一。业务运营管控，采用标准统一加个性化相结合模式，实现采购业务管理、销售业务管理、运输业务管理、项目管理、库存管理、生产管理等的基本业务建设以及各业务系统的集成，同时将业务数据自动传送到 ERP，实现业务、财务的统一，进而实现集团公司的经营监督、数据查询和数据分析。门户系统通过对众多业务系统的信息资源和服务进行整合封装，可通过统一入口获取各系统的重要信息并完成大部分日常操作，实现打开一个网页实现所有服务。子分公司业务操作系统是按照一企一策要求，根据不同板块业务设计不同操作模块，包括采购管理系统、生产管理系统、物流管理系统、进销存系统、合同管理系统、项目管理系统等，实现各子分公司经营业务的独立操作和数据互联互通。

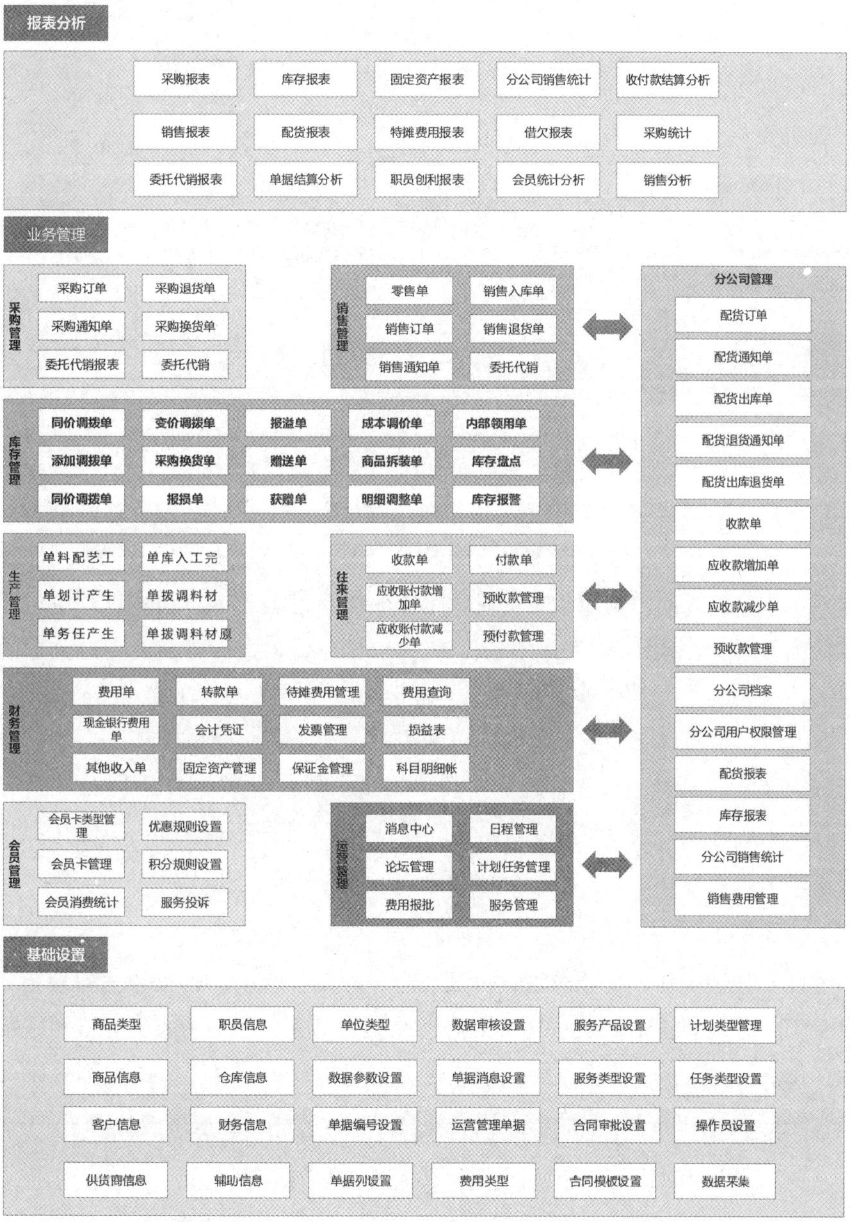

图 4　集团 SCMIS 功能

鉴于篇幅，本文介绍 SCMIS 的财务管理（ERP）和业务运营管控两大功能平台，并依此为主线详细介绍财务管理、采购管理、生产管理、销售管理等主要子功能设计方案。

（二）财务管理功能设计

财务管理（ERP）功能模块以ERP系统为基础，结合运营管控平台，通过数据共享，实现业务、财务流程全覆盖，财务管理（ERP）整体流程设计如图5所示。

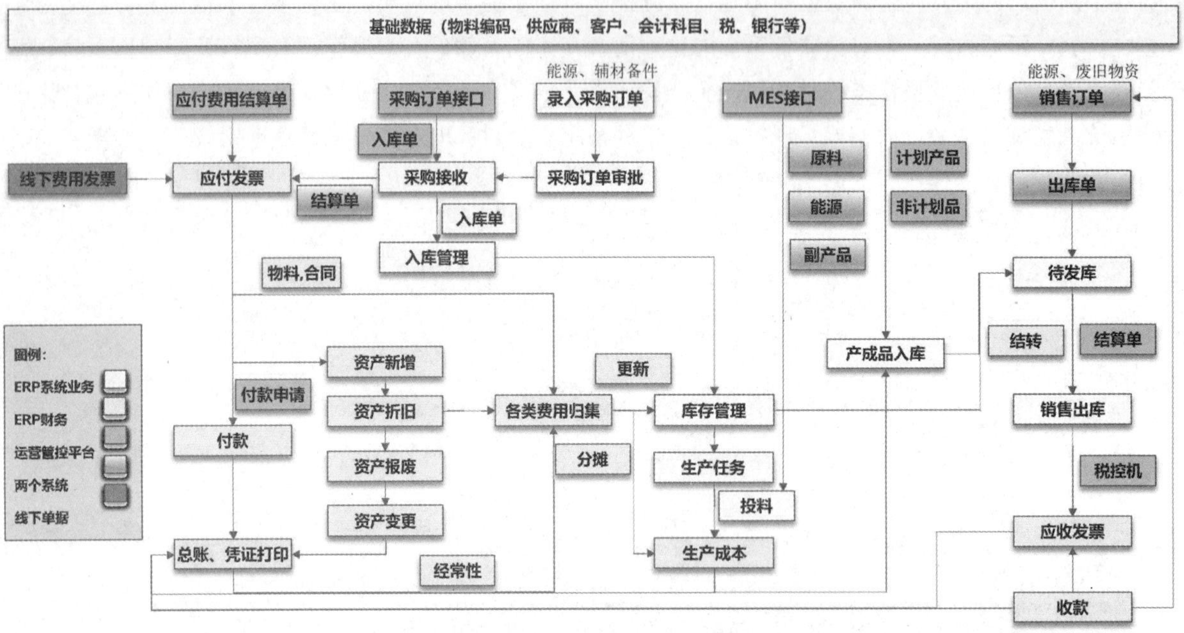

图5　财务管理（ERP）整体流程设计

财务管理（ERP）功能模块一般可下设成本管理、应付管理、应收管理、总账管理、资产管理、接口管理六大主要功能平台。其中，成本管理平台是建立相应的成本管理平台，按照不同成本核算方式，实现标准成本体系下各类差异的归集和分摊实现实际成本体系下的成本自动核算。应付管理平台是实现对供应商以及供应商发票，付款计划，实际付款，应付票据，付款银行等相关应付数据的管理。应收管理平台是实现对客户以及客户发票，收款计划，实际收款，应收票据，收款银行等相关应收数据的管理。总账管理平台是满足财务日常账务处理的规范和需求，汇总各个财务管理平台的数据，并以分类汇总或者明细的形式展示，满足财务日常管理和审计的需要。资产管理平台是实现对固定资产新增，折旧，报废，调整等数据的管理。接口管理平台是建立财务接口集中管理平台，实现与预算系统，合并报表等外围系统的数据交互。

（三）采购管理功能设计

采购管理系统以“按需采购、集分采购、智慧采购”为纲领，以平台服务为管理模式，通过“ERP+财务统控+采购管理”业财融合，构建一套集寻源、采购、结算、服务功能于一体的采购管理平台，采购管理设计流程如图6所示。该平台通过业财一体化，实现采购到结算环节的内部控制，通过发票结算对业务入库进行控制，规避差错、结算失误等业务运营风险，提高了交易管理效率。

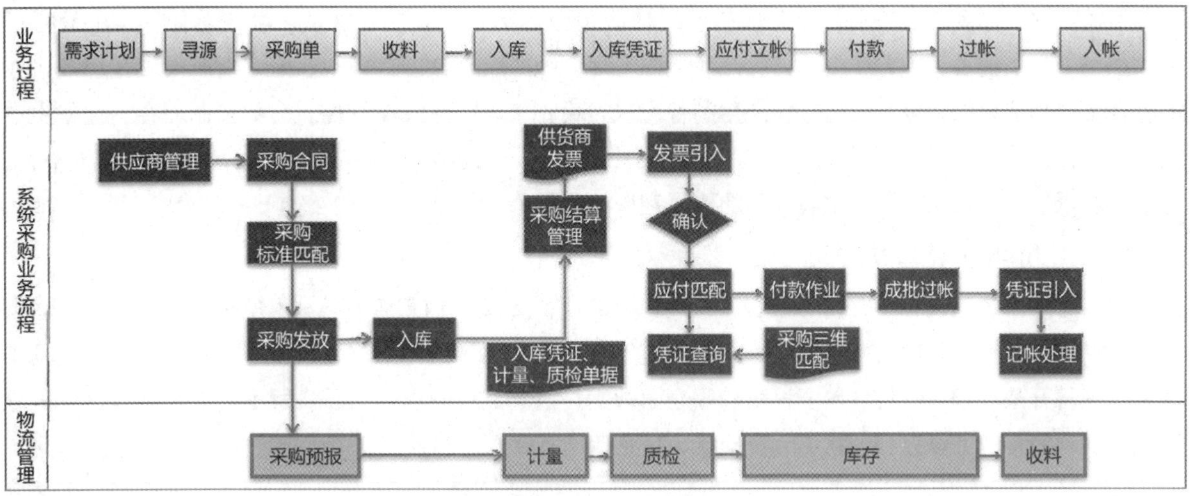

图6　采购管理平台流程设计

根据集团与子分公司对不同业务场景的需求，采购管理子系统提供了采购需求、供应商管理、招采管理、合同管理、订单管理、物流管理、对账结算、采购统计、电子报表等功能。为满足集团和子分公司需要，可以选择性开通所需功能，并形成完整的采购管控流程，实现集团采购管理的灵活机制。

（四）生产管理功能设计

生产管理是企业管理的基础，能可视化的显示出产品产量和生产进度、效率，可切实掌握不断变化的生产情况，与采购、财务、销售等子系统有良好的数据接口，组成完整的企业管理信息系统。充分体现以业财融合管理为核心的现代生产管理技术。生产管理系统是以“订单、合同、物料资源”为核心，通过“ERP+财务统控+生产管理”，构建一套客物料、生产、质量、计量、作业等管理功能于一体的生产管理系统，提供物料管理、生产管理、质量管理、计划管理、作业管理、能源管理等全面的业务流程管理，如图7所示。该系统通过业财一体化，实现生产过程的物流、资金流、信息流的有效管理和控制。

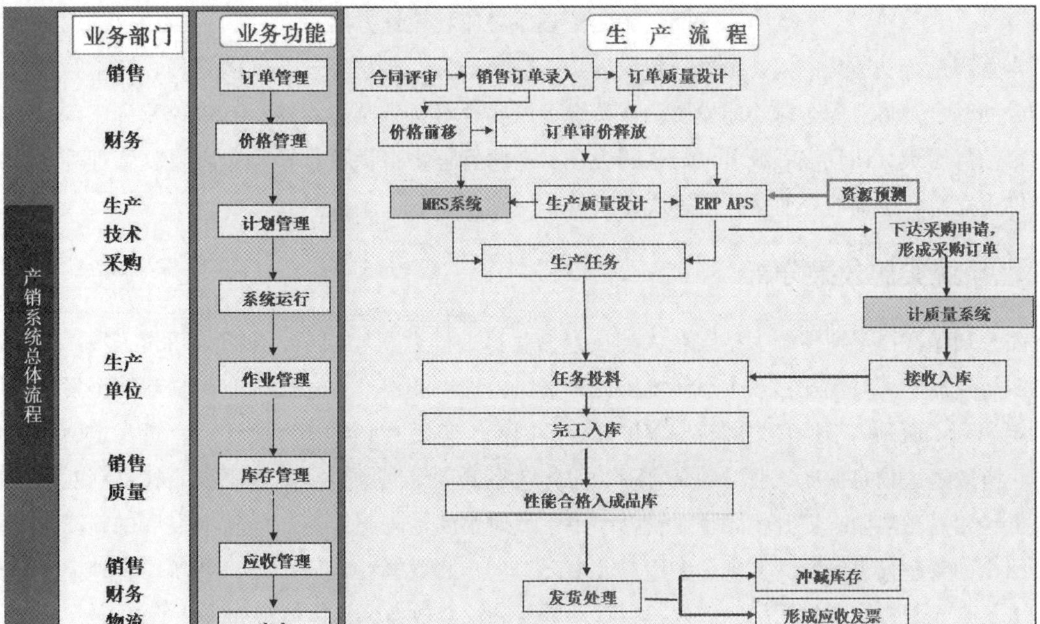

图7　生产管理系统流程设计

根据不同产品和任务需求，生产管理系统功能是由订单管理、计划管理、生产监控管理、设备管理、现场管理、能源管理、质量管理、产品追溯管理、生产库存管理、财务管理、生产报表管理等组成的综合生产功能模块。该系统通过提高生产智慧执行力，实现产品质量管控、有效控制库存、优化生产流程，并提供强大的集成化服务，最终为企业用户营造一个快速响应、有弹性的精细化生产管理平台，有助于减低成本、按期交货、提高产品的质量和服务质量。

（五）销售管理功能设计

销售管理系统以订单、合同为核心，通过“ERP+财务统控+销售管理”业财融合，构建一套客户、销售、物流、结算、售后服务功能于一体的销售管理系统，提供销售报价、销售订货、仓库发货、销售退货、销售开票处理、销售订单全程跟踪等全面的销售业务流程管理，如图8所示。该系统通过业财一体化，实现销售业务全过程的物流、资金流、信息流的有效管理和控制[32]。

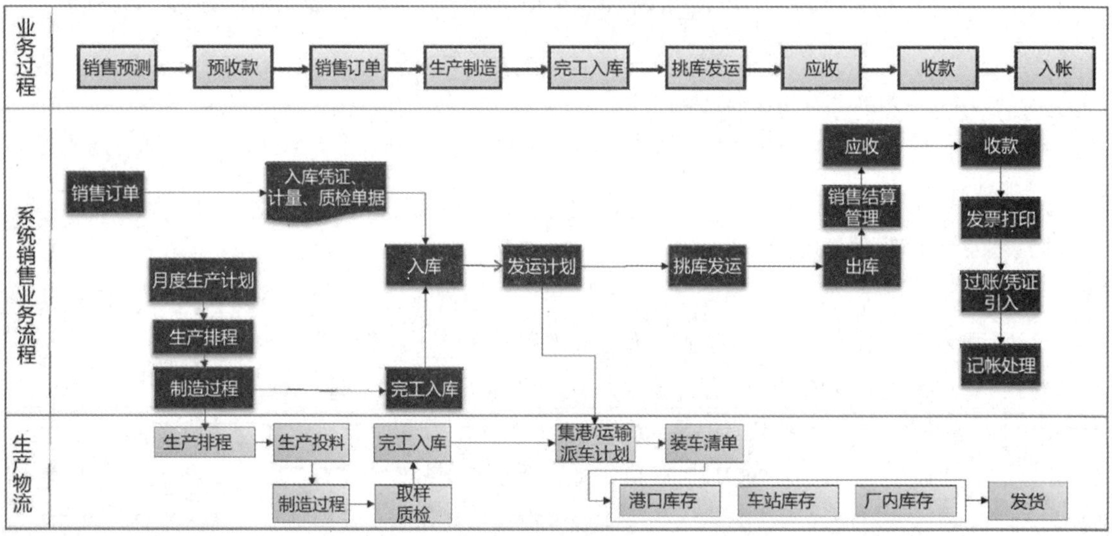

图8　销售管理系统流程设计方案

销售管理系统功能是由销售报价、销售订货、销售退货、客户管理、价格管理、订单管理、信用管理等组成的综合销售业务运营功能模块。该系统可以实现对销售全过程进行有效控制和跟踪，完善集团企业销售信息管理，而且该系统可以与采购管理、仓库管理、存货核算管理和应收款管理等系统结合运用，提供更完整、全面的企业供应链解决方案。

四、系统实施效果分析

集团公司是我国早期传统大型国企，拥有众多生产、经营机构组成，多年来采取多元化发展战略，涉及诸多行业。随着时代迁移及生态环境压力，集团公司主业停产，存续企业面临着转型发展，原有信息化系统遇到了瓶颈，不适宜集团转型发展需求。因此，集团有必要开发设计一套量身定做的信息化管控平台，有效解决信息孤岛、业财融合管理、协作效率低下等问题，明确集团企业权责利匹配问题，进一步降低经营管理风险，提升集团企业管控水平，适应集团治理与业态高质转型发展的新要求。本文搭建的集团全面管理信息系统，实现了多用户、多环节的信息共享、协同工作，创新了管理模式，而且系统实施1年来显著提高了集团的经济效益、管理效益和社会效益，具体体现如表2所示。

表2 智能物流管理系统实施效果一览表

序号	项目	平均指标	备注
1	采购成本（降低）	25%	经济效益
2	管理成本（降低）	20%	经济效益
3	生产成本（降低）	12%	经济效益
4	销售成本（降低）	25%	经济效益
5	人工成本（降低）	8%	经济效益
6	财务管理（集控度）	95%	管理效益
7	物流、资金流、信息流集成率（达到）	97%	管理效益

五、结论与启示

本文设计集团全面管理信息系统，是新一代信息技术视阈下，从业财融合管控入手，以三全五化、管控有序、六流匹配为目标，重构供应链管理流程，集现代信息技术催生智慧供应链管理新范式，为集团企业实现华丽转型提供技术支撑。同时，为相关企业以业财融合推动转型高质量发展提供一些参考。

成果创始人：王瑞江、朱宏意、张莉莉、赵　宏、王文博

【参考文献】

[1]关于印发《管理会计基本指引》的通知[R]. 财政部. 财会[2016]10号,2016.06.22.

[2]Kaplan,Muirdock. Core Process Reengineering. The Mckinsey Quarterly[J]. Mckinsey Quarterly,1991,(2):27-43.

[3]Reg Chapman,Alistair Norman,Marie Norman. Business and Finance[M]. Macmillan Education UK,1993.

[4]汤谷良,夏怡斐. 企业"业财融合"的理论框架与实操要领[J]. 财务研究,2018,(2).

[5]George Valiris,Michalis Glykas. Critical review of existing methodologies:The need for a holistic approach[J]. Business Process Management Journal,2002,5:65-70.

[6]黄式涛. 大数据时代的业财融合研究[J]. 全国流通经济,2017(29):26-27.

[7]赵加锋. 大数据时代下集团公司的业财融合研究[J]. 中国商论,2018,(10):53-54.

[8]刘海阳. 大数据时代企业的业财融合[J]. 财会研究,2019(12):109-110.

[9]王海林. 基于融合视角的企业会计信息化思考[J]. 会计之友,2017,(21):2-6.

[10]邵晓蕾,单国霞. 业财融合信息化平台建设研究[J]. 中国总会计师,2019,(9):48-49.

[11]李闻一,王嘉良,陈桢. 基于"业财融合"的一体化管控—中石油湖北销售公司案例[J]. 财会月刊(上),2015,(10):11-15.

[12]杜勇,李光辉. 京能集团业财一体化整合路径与机制[J]. 财务与会计,2017,(13):14-16.

[13]张雯暄. 基于"业财融合"的一体化管控研究——以烟草行业为例[J]. 财会学习,2018,(34):200+202.

[14]刘慧诚. 大数据下智能制造企业的业财融合研究——基于HD公司的实践[J]. 中国总会计师,2019,(5):30-33.

[15]段君亮. 积极推进业财融合,助力公司转型升级[J]. 财经界,2015:60+122.

[16]郑浩宇. 业财融入在企业中的运用现状与对策思考[J]. 纳税,2019,(4):122-123.

[17]朱建芳.企业“业财融合”的现状趋势分析及对策措施研究[J].中国会计师,2019,(3):154-155.

[18]罗文兵,邓明君.供应链成本管理研究综述[J].湘潭师范学院学报(社会科学版),2005,27(3):40-43.

[19]古川,张红霞,安玉发.云制造环境下的供应链管理系统研究[J].中国科技论坛,2013,(2):122-127.

[20]李晓林.基于物联网农产品供应链信息管理系统的构建[J].企业科技创新,2018,(11):78-79.

[21]薛京丽,宋人杰,李爽,解成俊.基于B/S和C/S相结合的六层架构的供应链信息管理系统的研究与开发[J].北华大学学报(自然科学版),2011,12(1):117-119.

[22]李巍.面向制造业的集成高效供应链管理系统开发与应用[J].现代电子技术,2013,(10):52-55+58.

[23]杨逸文.基于“三流合一”的烟草商业供应链管理信息系统初探[J].软件工程师,2015,18(3):9-11.

[24]唐东平.供应链管理系统在铝行业企业中的应用[J].企业科技与发展,2019,(2):152-155.

[25]徐敏.一体化财务供应链研究——基于年富供应链[J].时代金融,2015(05):222+226.

[26]朱中月.基于一体化财务供应链的研究[J].财务学习,2016,(20):78.

[27]邱薏莼.一体化财务供应链的解决方案与应用价值[J].现代国企研究,2018,(5):164+166.

[28]汪雯琦.财务供应链模型架构初探[J].现代经济信息,2009,(19).

[29]常竞.业财合一思想下的供应链系统研究[J].管理世界,2017,(8):100-101.

[30]孙拥杰.基于六流匹配的M公司集成系统的方案设计及效益评价[D].暨南大学,暨南大学专业学位论文,2018:27-62.

[31]洪洋.浅析财务供应链信息系统模块的搭建[J].财经纵横,2012,(4):102.

[32]张蔚虹,金瑶,谭晓莹.业财融合在企业购销业务整合中的应用研究[A].新时代经济高质量发展下的会计创新——中国会计学会高等工科院校分会第25届年会(2018)论文集[C],2018.

军工科研院所基于智慧企业流程变革的数字化转型实践

北京机械设备研究所

一、军工科研院所基于智慧企业流程变革的数字化转型实践背景

(一) 军工科研院所研发与精细管理的需求倒逼实施数字化转型

当前数字化浪潮席卷全球，互联网、物联网、大数据、云计算、人工智能、区块链等新技术应用不断深入，与制造业变革交互融合。信息技术正在对企业核心要素与能力进行全面渗透与彻底改造。以美国、德国为代表的发达国家正在全力施行“再工业化”“工业4.0”战略，全面推进制造业数字化变革。党的十九大报告中明确指出，加快建设制造强国，加快发展先进制造业，推动互联网、大数据、人工智能和实体经济深度融合，为制造企业未来发展绘制了蓝图，为企业与大数据相融合指明了方向。《国家中长期科学和技术发展规划纲要》将制造业信息化列为制造业发展的三大方向之一，明确提出要“大力推进制造业信息化”，全面提升制造业整体水平，并将“数字化和智能化设计制造”列为优先主题。信息化建设被提到国家战略的高度，军工科研院所推进企业数字化转型已成为当前的重要任务。

(二) 面对数字化转型压力，军工科研院所的流程优化和信息化基础薄弱

当前市场竞争日益加剧，信息技术迅速发展，全球化的浪潮日益增强，基于3C（顾客、竞争和变革）为特征的三股力量使企业所处的环境发生了巨大的变化，原有的“科层制管理”造成的流程分工过细、追求局部效率、流程环节冗长、部门壁垒森严、忽视顾客利益等使其越来越难适应企业的发展。金字塔式的结构使公司的高级管理层与公司客户的距离越来越远，而来自客户的需求可能在到达公司高层时也已经面目全非。自“十二五”期间，北京机械设备研究所业务快速发展，企业管理和研制的核心业务都有了信息化手段，例如PDM、TDM、CAPP等。但很多业务流程仍然停留在职能型，没有向流程型组织进行转变，缺乏数字化及流程化，还停留在线下管理、纸质记录的模式，线上业务流程割裂，数据孤岛严重；由于业务的频繁变更迭代，已经建设的很多系统已经无法满足使用要求。此外，已经建设的系统，缺少统一规划，底层平台杂乱、技术架构不一、系统操作方式各异，导致系统集成困难，IT运维困难、用户使用体验差。企业缺少一个有力手段，无法快速响应需求、灵活应对业务变化，无法实现各类软件系统平台精简集中化。

同时，针对“装备体系化、体系智能化、智能实战化”顶层发展趋势，企业亟需解决“互联互通难、信息共享难、业务协同难”的问题。实现全价值链上企业间的虚拟、协同、并行，完成从传统制造

模式到数字化工业体系的转变，以数字化技术为工具，提升柔性生产、精益制造、精细管理和快速响应的综合能力，加快面向智慧企业的快速转型。

（三）基于PaaS流程引擎技术的数字化转型实践是实现智慧企业的必然趋势

全面智慧就是要全面实现企业的运行智慧化。企业运行智慧化是智慧企业建设的高级阶段，通过大数据、云计算、物联网、移动互联网人工智能等技术的挖掘和应用，能够助力企业快速进入智慧化。PaaS（Platform as a Service，平台即服务），是一种面向应用的支持云端架构的平台服务，为用户提供一体化应用开发、部署、运行、管理和监控的托管环境，将软件研发的业务基础平台作为一种服务。基于PaaS的流程引擎技术在智慧企业平台的应用，能够实现企业快速形态变化、资源调配及时、业务调整的自适应及企业的自我管理、自我约束、自我调节。即实现企业运行监控全面由事中预警向事前防范转变，并根据事前防范情况实现企业运行状态的自适应和自调整。PaaS技术的应用是实现企业快速迈入智慧的核心“助推器”。

基于PaaS的流程引擎技术应用，能够通过流程驱动有效解决企业指挥控制、计划、规划等问题，实现跨业务、跨系统的智能管控和综合决策支撑，支持企业动态管控计划、经济、合同、物资、质量和风险等业务管理信息。全面促进所内各级业务决策水平、管控能力和工作效率的提升，加快决策指令的下达与执行反馈的响应速度，提高型号研制与综合管控的反应速度，有效保障科研生产任务的圆满完成，提升军工科研院所数字化能力和竞争力。

二、基于智慧企业流程变革的数字化转型实践的内涵和主要做法

近年来，北京机械设备研究所基于智慧企业流程变革的数字化转型实践坚持从顶层框架设计、业务流程再造、组织机构变革、分步自主实施、全面自评估的模式推进。在构建的统一企业架构框架下，明确业务与IT的架构组织关系；针对研发流程进行全面再造，深挖管理与研发流程的“淤堵点”，理顺业务流程关系；构建符合企业新模式发展需要的流程性组织机构，形成企业变革的发动机、助推器，形成人才与技术储备；坚持自主可控原则，采用基于Pass技术的先机流程引擎，构建技术实现平台，全面支撑流程性企业建设；深挖数据价值，以数据“表征”企业运行状态，为实现智慧企业打牢流程与数据基础。

（一）基于TOGAF架构理论，开展企业业务架构梳理与逐级分解实施

坚持企业顶层结构性框架设计，北京机械设备研究所企业总体架构规划的第一步是明确架构愿景，根据我所业务战略和需求提出架构目标，明确架构范围；第二步是总体架构设计：从理论上采用TOGAF企业架构框架，即由业务架构和IT架构组成，IT架构又由应用架构、数据架构和技术架构三个部分组成；第三步是架构的落地实施，直接目的是指导我所应用系统建设规划，同时辅助我所业务流程在信息化环境下进行优化与再造；第四步是待架构落地实施后，定期开展信息化水平评估，对我所信息化成熟度进行全面评价，为架构的更新和修正提供依据；第五步是架构更新：信息化总体架构是一个持续改进、不断迭代的过程，新一轮的架构规划设计都需要以信息化水平评估结果为实际指导，以促进我所的业务战略为最终目标。

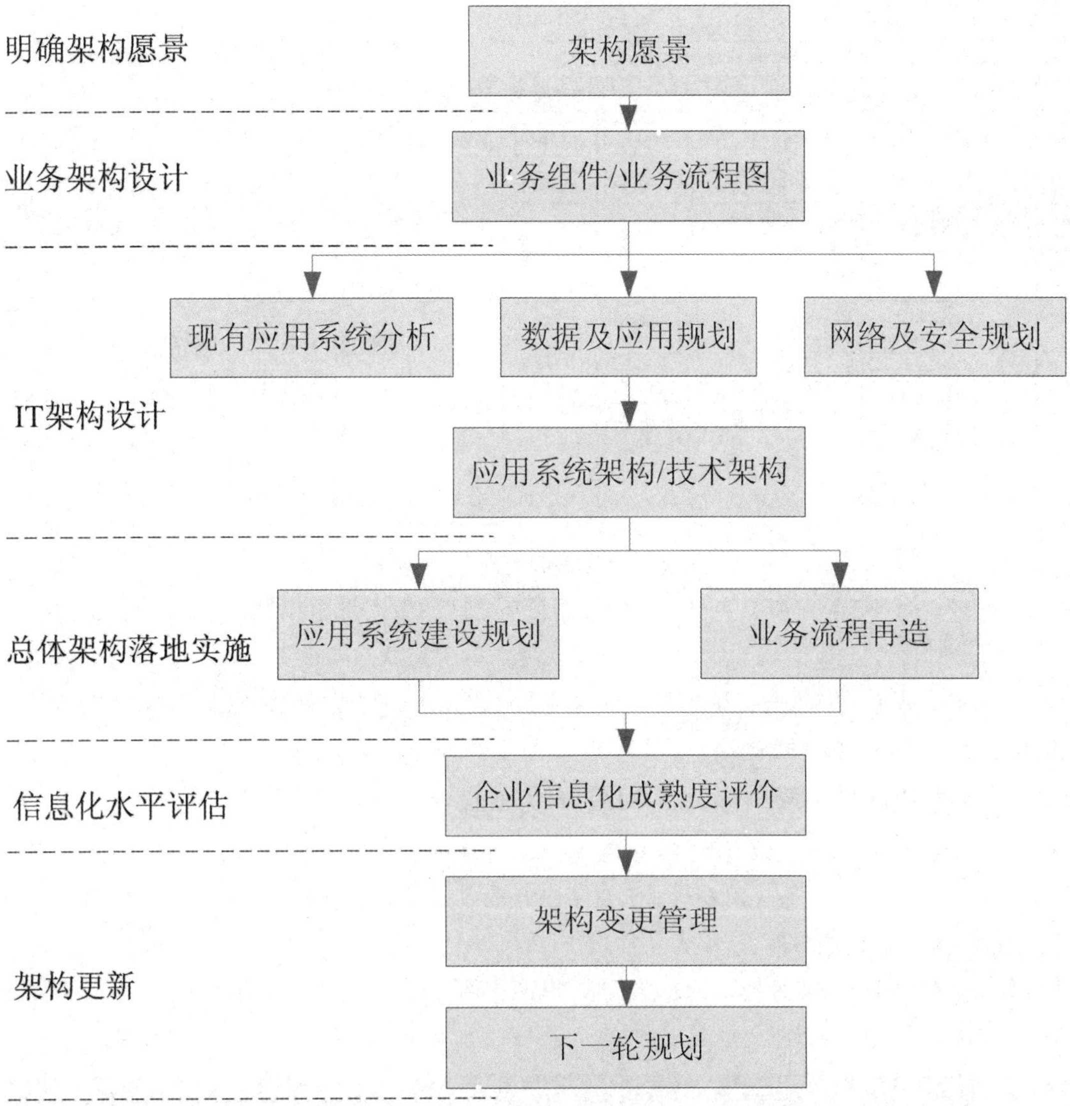

图 1　企业总体架构研究及实施流程图

围绕“完善架构、强化顶层，推进集成、协同共享，突出应用、严格考核”的总体思路，以实现我所的“转型升级”为最终目标。打造智慧企业信息化管理平台，实现企业的数字化转型；推进以流程优化为主导的管理信息化的全面应用，实现信息化由支持业务向支持企业战略发展的转变，提高集中管控能力和协同精细化管理水平。

基于智慧企业的建设需求，开展信息化业务架构设计。通过运用流程化的数据管理手段，围绕企业关注的业务的一次全面梳理，将企业全业务领域中各管理业务之间的指标协同关系绘制清楚，从而清晰地描绘企业经营发展核心业务的全景视图，运用信息技术支撑企业管理。共计梳理出符合全所业务实际的“3 大业务体系，13 类业务领域，64 个一级业务组件，274 个二级业务组件”。明确了业务流程-数据的权责关系。

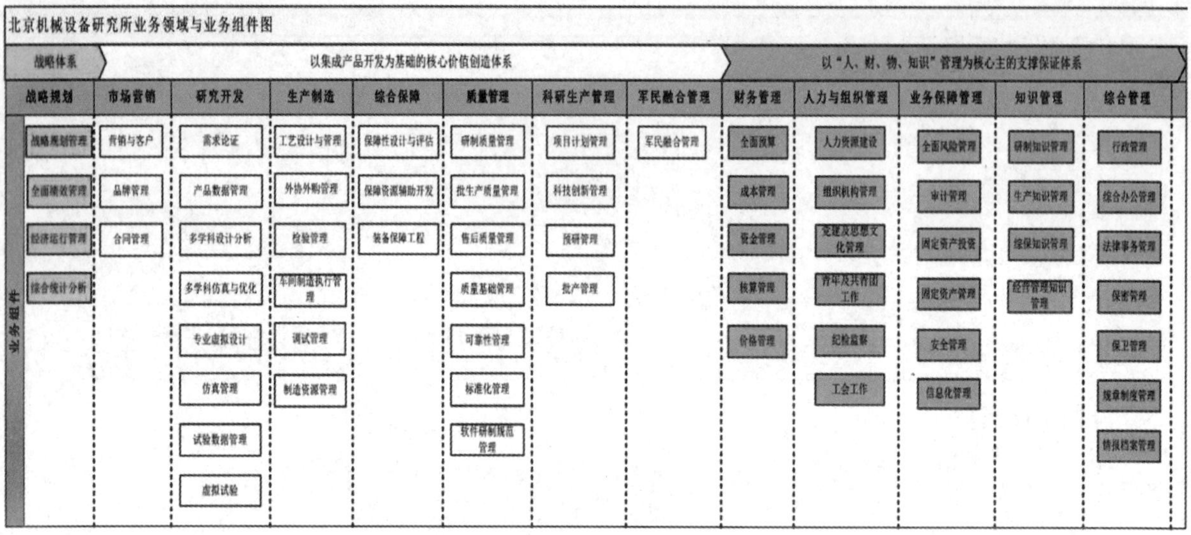

图 2　业务领域与业务组件图

以智慧企业平台建设为基础，实现信息化数据孤岛之间的数据贯通和整合。以流程信息化为目标，打通“部门墙”“管理竖井”，构建企业端到端的流程，确保经营战略落地。以信息系统“松耦合、即插即用”为目标，积累、固化企业 IT 资产，确保信息化建设服务战略“随需应变”，建设好智慧企业平台“最后一公里”的工作目标。

（二）推进 IPD 研发管理模式，围绕研发流程和项目管理开展试点应用

与华为公司深入开展 IPD 项目研发管理实施工作，于 2017 年启动研发流程管理咨询项目。共计组织了 140 余次的研讨交流，600 余人次参与，宣贯了 IPD 的管理理念，提升了研究所对 IPD 的认可度，初步构建了基于流程架构的统一语言。

针对军工企业的研发及管理模式，分析了 11 个设计评审点与质量体系文件的对应关系，应用于研制项目管理。

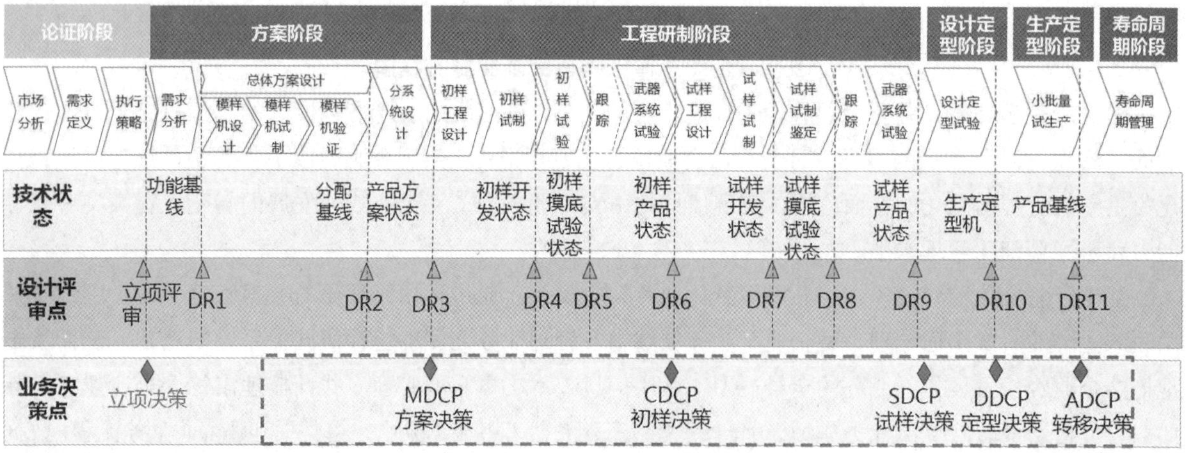

图 3　主干（产品开发）打通流程

通过推进 IPD 研发管理模式构建了流程型组织的架构组成，识别出价值创造主流程及支撑流程。拉通了从路线图编制、立项论证、技术研究与开发、产品与平台开发等端到端管理过程，输出有竞争力的、高质量的产品与技术方案。实现了通过一致的、规范的方法来指导产品开发过程，支持有竞争力

的、高质量的产品与技术方案的交付。

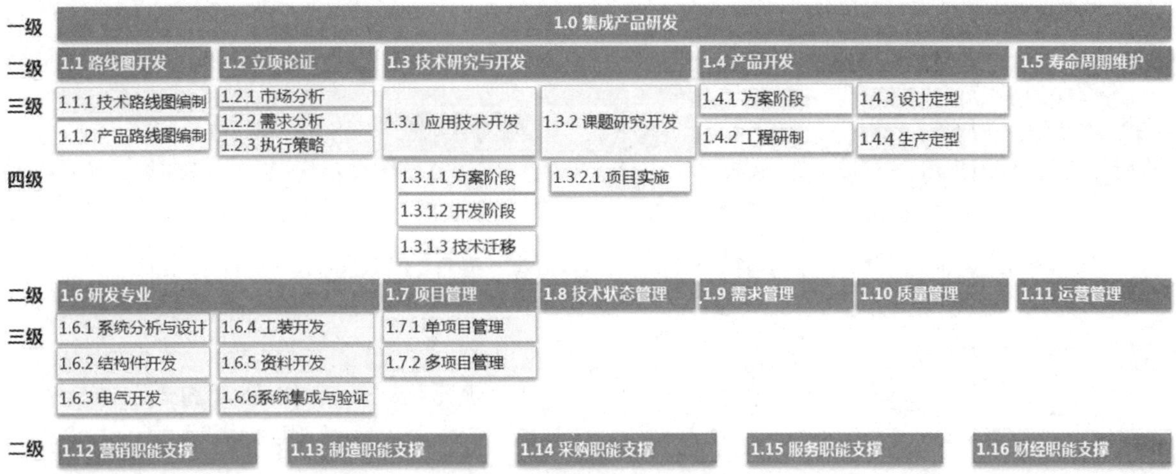

图4　研发架构键盘图

引入度量管理方法，开展度量模型研究，计划逐步构建北京机械设备研究所项目度量模型，支撑项目绩效管理，形成“赛马”机制。基于某型号进行了跨部门联合团队的实施，在设计过程中引入制造职能代表和财经职能代表，为后续跨部门联合团队运作推行奠定了部分基础。

（三）搭建基于流程的组织机构，重塑业务流程与信息化专业体系建设

建立健全企业架构组织机构是成功开展企业架构工作的重要条件之一。重点加强业务与信息化的流程融合梳理，强化信息化建设工作在所内发展战略上的牵引作用，信息化管理办公室下设在发展计划处，以数字化转型支撑企业流程变革，确保信息化对主营业务的“助推器”作用，引入信息化思维创新发展。

明确所内信息化责任人体系，特别明确将工程信息化的应用要求纳入了型号两总、型号产品线的计划考核中。按照所内总师负责制的管理要求，由型号总师带队、科研生产处牵头，组织型号信息化项目建设并监督应用绩效的实际落地工作。

对标主营业务与信息化的深度融合需要，重塑了所内专业技术体系组成，专业体系中特别新增了信息化专业委员会。委员会下设流程与IT治理、数据资产应用与保护、产品数据管理、MBD技术研究与应用四个专业。重点加强流程化的管理控制，关注围绕科研与管理的数据管理与再利用。通过设计师、管理人员及信息化人员的混合编队，共同组成专业委员会，保证信息化在工程及管理的有效融合应用。

复合型人才是保障流程与信息化深度融合的关键环节，遵循信息化人员接触业务，业务人员了解信息化思维的模式开展，提升互相业务的认知，促进相互融合。同时，所内关注信息化人才的发展培养工作，动态调整信息化专业师队伍，采取能者上的激励机制，给实干者舞台。全年对信息化人才“树目标、压担子”，年末开展信息化专业师的年度述职工作，对标本职工作设立业务流程与信息化融合提升工作目标，重点识别问题与改进内容，不断开展领域内信息化工作的自诊断、自完善。

（四）完善基于流程的技术架构设计，筑牢打通企业业务管理竖井基础

企业业务的核心就是流程，引入原生PaaS平台，经过大量定制，形成了更加符合军工科研院所的流程开发运行平台。PaaS流程引擎技术应用平台的BPM流程引擎实现了流程规划、流程梳理、流程建模、

流程执行、流程门户、流程运维、流程分析、流程监控和流程优化。

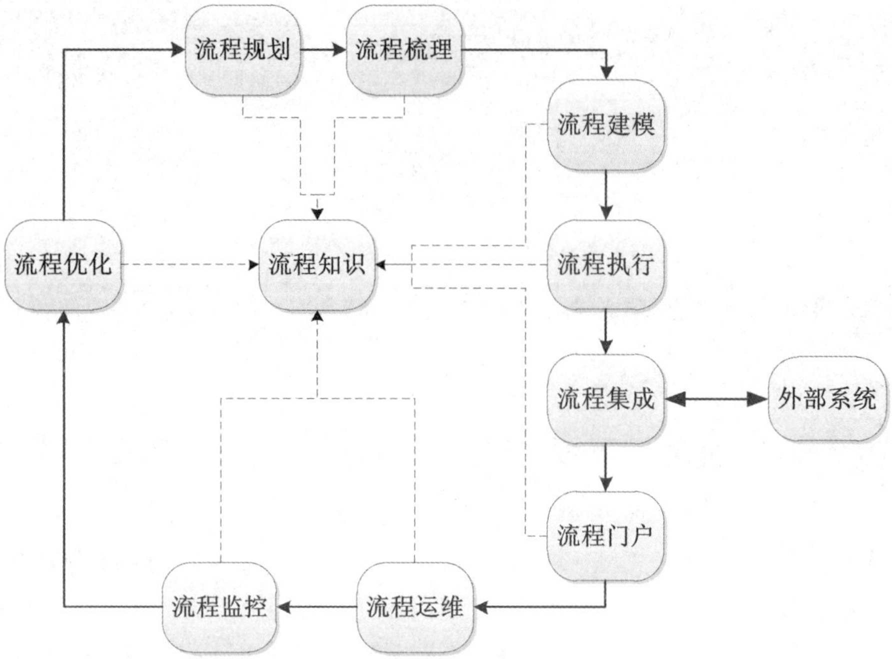

图 5　流程全生命周期管理技术

遵循最新的国际 BPMN2.0 规范，目前已经实现了 38 种 BPMN 符号的建模，可在零编码下实现工作流控制的大部分模式。包括：开始事件、中间事件、结束事件、任务活动、子流程、网关、连接对象、泳池泳道、工件和任务编排等。

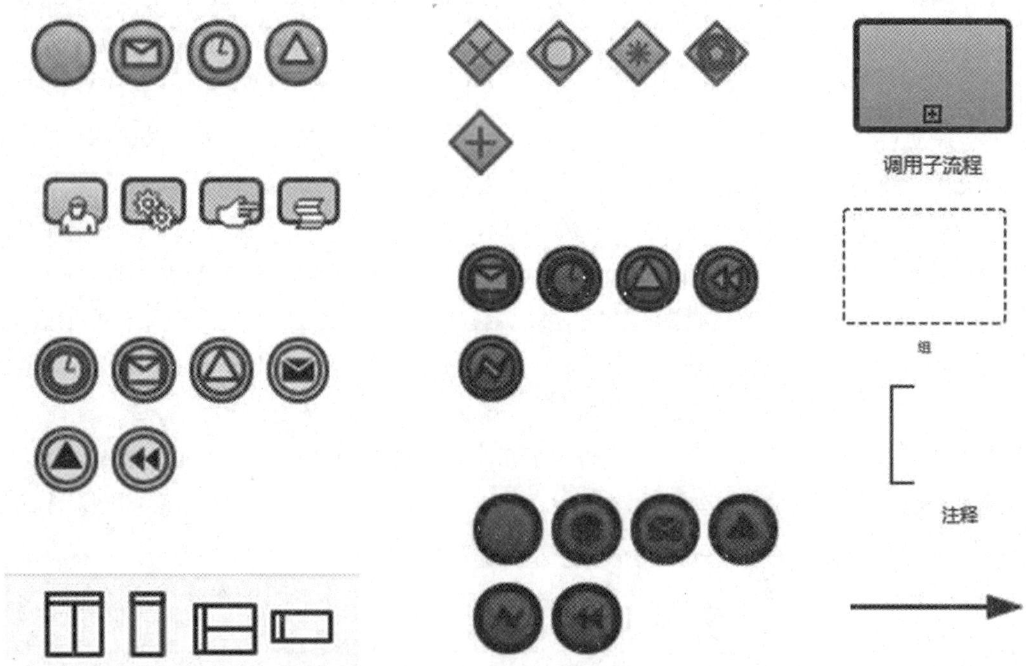

图 6　流程引擎支持的 BPMN 建模符号

流程引擎实现了在线的、可视化的建模工具。包括流程建模、表单建模、存储建模和报表建模。通过拖拽方式绘制流程图，完成流程建模。在流程图上直接设置流程运行所需的各类配置信息，实现低代码甚至零代码的可执行流程设计。表单通过数据库表自动驱动生成，然后进行在线可视化调整和设计。流程和表单配置完成之后，系统自动驱动生成可执行的完整的运行流程。报表建模，基于存储摸型和流程数据，直接生成统计报表、图表等模型。

构建应用的统一入口登陆，将应用系统的功能菜单入口统一至平台门户，实现统一用户操作、统一消息、简化信息化使用环境，通过流程外部集成的实施，实现了跨管理系统的流程调用与数据共享，打通了不同应用系统及不同业务间的数据链路，解决了长期困扰的“数据孤岛”问题。应用系统不再是一个个独立的“竖井”，实现了基于流程驱动企业业务管理。

（五）平台应用坚持自主可控原则，基于先进技术平台实施敏捷快速开发

从2016年开始，北京机械设备研究所所基于统一的PaaS平台技术，开展底层API、通用服务构建技术、微应用app技术、流程引擎应用技术和系统集成技术应用研究，自主开发了33个应用和系统，实现了企业综合管理业务全覆盖，具有自主知识产权。

通过PaaS平台，发布了公共服务和组件41项，例如主数据管理服务、网关集成服务、单点登录服务、统一待办服务、统一消息通知服务、外部系统流程控制服务、外部系统表单控制服务、流程任务控制服务、组织接口服务、权限接口服务、门户会话服务、收文待阅服务、三员管理组件等。极大扩展了平台的底层服务功能，提高了公共服务组件的重用度，减少了大量重复建设，提高了开发效率。

PaaS平台提供完整的应用基础构建服务，包括统一的集成和API服务、统一的公共设施服务，涵盖应用开发、运行、升级的全过程管控。采用国际最新的BPMN2.0规范，实现高可配、低开发量，覆盖流程梳理、流程执行和流程监控分析的流程引擎。经实际应用，平台低代码快速开发，比DevOps快5倍；平台的微应用架构，较主流BPM平台，运维效率提升一倍；基于统一集成管控，企业应用集成度提升一倍；并基于统一的业务数据，实现了业务数据统一搜索和业务数据绩效分析。

（六）实施信息化水平评估，阶段性“回头看”的持续推进智慧企业能力提升

参考GB/T23020《工业企业信息化和工业化融合评估规范》等文件要求，对照《北京机械设备研究所所信息化总体架构》《北京机械设备研究所所十三五信息化规划》的建设需要，开展信息化水平评估工作。本着立足实际需要，分阶段、分时期的引导全所信息化能力逐步提升，加强业务与信息化的深度融合，互促发展。评估工作主要从业务、流程、IT、数据、规范角度开展水平评估，以数据实事求是反映现状，客观反映全所各领域、各部门的信息化现状。

识别业务与信息化的协同融合情况，分析现阶段的业务牵引能力现状以及信息化建设的应用情况。对标以“用”为核心的重点工作，建立了覆盖44个二级业务域、112各业务组建的所级信息化评估的模型。

评估模型构建了了基础建设、单项应用、综合集成、协同创新的综合评价维度，全面对信息化业务以及业务信息化情况进行评价，识别出了各部门、业务的当前阶段及发展方向，为业务与信息化深度融合提供了数据指标依据。

信息化阶段	一级业务域	二级业务域	业务组件	测量值	计算方式	选择区间	评价模式	是否分解到业务部门
基础建设 L1-L3（一级）	基础能力建设	组织建设	专职人员队伍建设情况	各部门、各专业、信息化各领域的人员设置情况	依据设置全面性进行定性评分，不符合、基本符合、符合	0, 50, 100	定性	是
			信息化相关制度与执行情况	信息化管理制度、办法的有效性与执行情况	依据管理制度、办法更新情况执行情况定量评分。办法、制度等存在与实际不符并超过一年未修订的每增加一项扣30分，扣完为止；相关要求不依据执行的记录一次扣10分，扣完为止。	0-100	定量	否
			……					
		规划建设						
		……						
单项应用 L4-L6（二级）	价值创造维度	研发管理	数字化三维模型构建水平与能力	产品线、型号的三维模型增量情况	依据PDM系统数据进行增量统计定量评分，得分=当年PDM模型增量/上一年度模型数量*100%，大于5%得满分，小于5%大于0%得50分，小于0%不得分	0-100	定量	是
			产品性能与功能数字化验证水平与能力	本部门开展的单学科仿真优化情况	依据各专业、产品、型号进行定性评价	0-100	定性	是
			……					
		工艺管理						
		……						
	资源管理维度	经营管理	决策支持系统的应用能力	决策支持系统开展数据抽取、分析、展现的情况	依据BI的应用情况进行定量评分，年内每增加1项可抽取数据并进行分析加20分，满分100	0-100	定量	是
			部门业务结构化	完成准确的部门全部业务结构化梳理	依据梳理的准确性实际情况进行定性分析	0-100	定性	是
			……					
		财务管理						
		……						
	管理体系维度	……						
综合集成 L7-L9（三级）	价值创造维度	……						
	资源管理维度	……						
	管理体系维度	……						
协同创新 L10-L12（四级）	价值创造维度							
	资源管理维度							
	管理体系维度							

图 7　信息化水平评估模型（样例）

三、军工科研院所基于智慧企业流程变革的数字化转型实践效果

（一）全面打造流程型组织模式，助力企业高质量发展

通过构建基于流程的企业管理模式，充实了围绕流程的项目管理内涵，有效地将企业战略管理目标与业务流程优化进行了衔接，有力地支撑了企业快速发展，企业绩效稳步、健康、快速提升。截至 2019 年底，累计实现营业收入 232.4 亿元，年均增长率 22.7%，同比增长 121.9%；累计实现利润总额 30.4 亿元，年均增长率 9.7%，同比增长 159.2%；累计实现经济增加值（EVA）23.6 亿元，年均增长率 7.9%，同比增长 155.6%。通过多年的基于智慧企业流程变革的数字化转型实践，逐渐形成集成产品研发能力体系，实现总体分系统的协同研发能力，实现面向全生命周期的科研管理、面向信息集成与数据挖掘的综合管理、面向企业知识管理和复杂决策支持，提升研制效率与质量，全面有效的支撑了数字化模式的军工科研院所智慧企业建设。

（二）基于 PaaS 流程引擎技术应用，实现组织、业务、流程的一体化集成

通过基于 PaaS 流程引擎技术应用，实现了单位内 22 个系统的 104 个接口服务的开发注册和监控，实现了所有系统的待办集成、消息集成、人员用户集成、邮件集成、收文集成、12 类主数据集成；同时为外部系统提供数据服务，例如经营管理数据集成应用、BOM 数据集成应用、业务财务一体化数据集成应用、生产制造数据集成应用、资源管理数据集成应用等内容。接口平均运行频率 46000 余次/天。打造了一个简洁、松耦合的应用系统集成环境和服务管理模式，大力推进了数据集成，破除了数据孤岛。

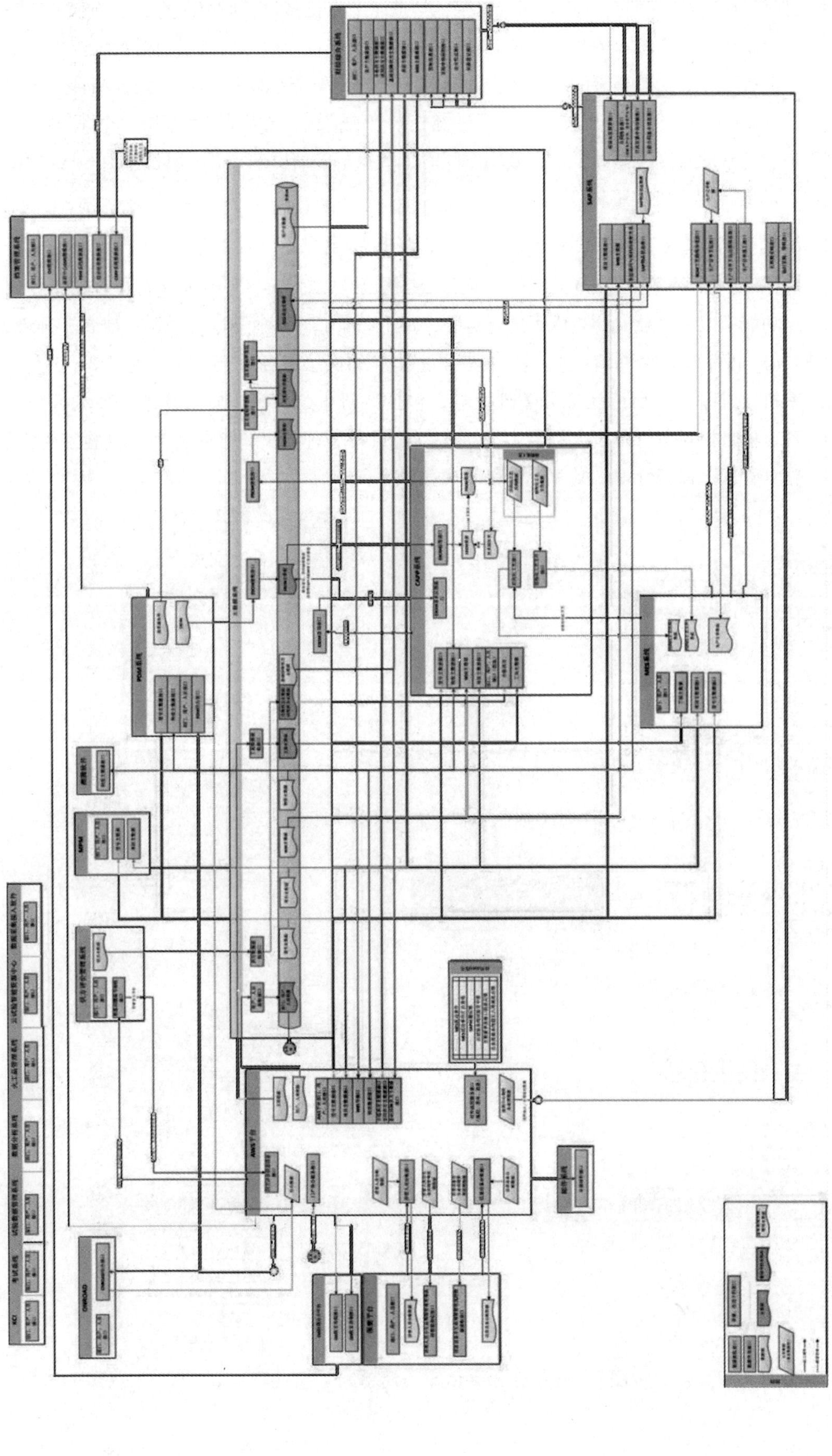

图 8　基于流程驱动的业务系统集成关系图

基于PaaS的流程引擎技术实现的企业业务综合管控，打造了北京机械设备研究所所企业内部的统一信息化数据交换与运行平台。基于统一的流程引擎和统一的IT开发平台为用户提供了一个系统集中、信息汇总、入口统一、流程统一、工具丰富的工作平台。实现了PDM、TDM、MES、OA、综合经营、主数据、流程中心、ITIL等20个系统的信息集成，实现了一键直接获取信息，屏蔽多系统间的来回切换，大大简化了用户工作信息的获取难度，提高了工作效率。同时，数据的及时共享，进一步迈入了“数据多跑腿，群众少跑路”的数字化集成应用阶段。

（三）基于流程引擎驱动业务流程一体化，实现中台模式应用构建

基于PaaS流程引擎技术的智慧企业平台自2017年正式上线至今，打造了以“app”为单位的企业应用开发模式。每一组功能都以一个独立的微应用进行封装，每个app都可以独立进行开发、部署、升级、监控、停用、卸载。app间可以通过PaaS平台提供或者自主扩展的底层服务进行通信。通过33个微应用的构建，覆盖北京机械设备研究所所大部分管理业务，包括科研生产管理、质量管理、决策事务管理、物资供应链管理、项目招投标管理、人力资源管理、仪器设备管理、工艺工装管理、试验室管理、信息化运维管理、党宣管理、保密管理、保卫管理和行政管理等。

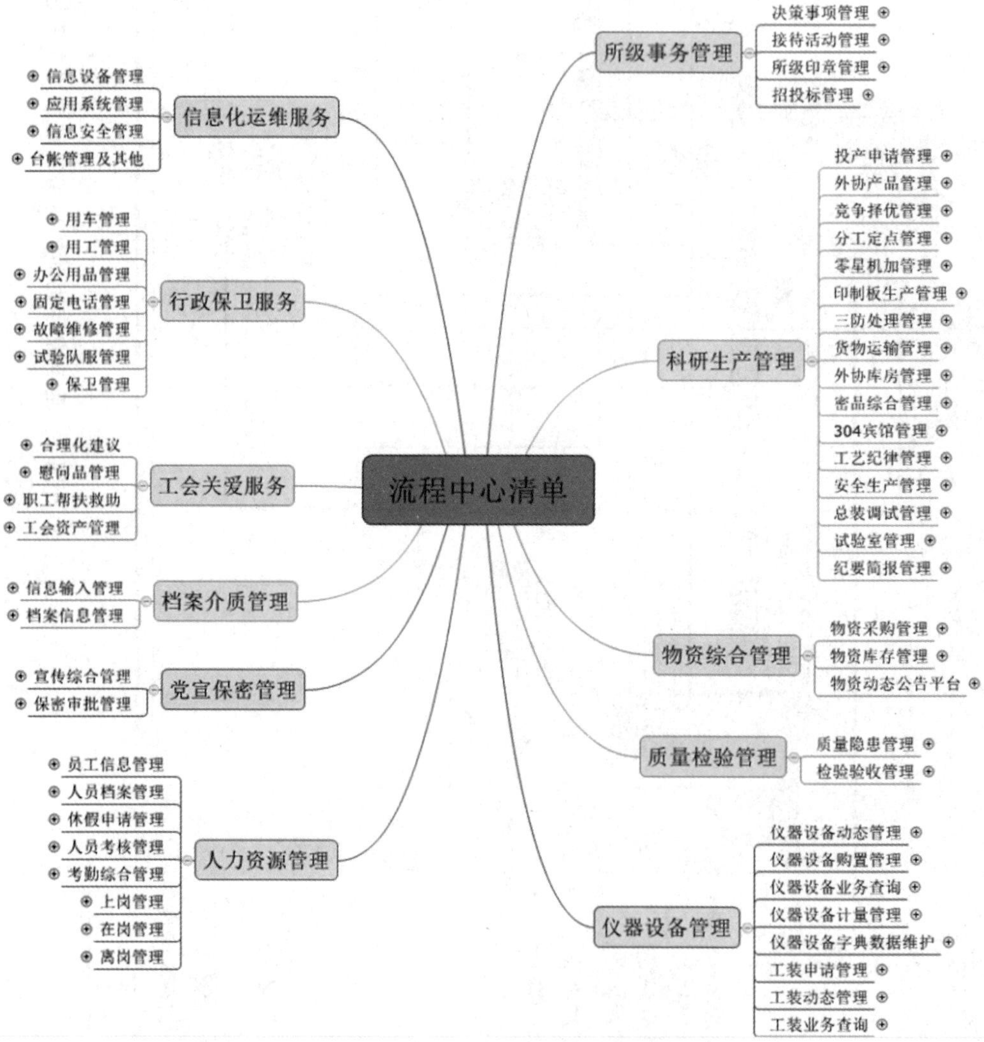

图9 智慧企业平台流程清单

图 10　智慧企业平台-流程中心微应用

截至 2019 年底，基于统一的流程引擎，共开发上线流程 186 支，运行流程 170362 个，完成审批 1663230 人次，基本实现企业审批无纸化。流程平均审批完成时间从最初的 7. 2 天缩短至 2. 2 天，管理效率改善 230%。

基于 PaaS 平台的低代码优势和可视化的开发模式，流程建模、存储建模、表单建模和报表建模的代码开发量减少 70% 以上，开发速度提升 120%，极大提高了信息化对业务的响应速度，提高了用户满意度。

不断淘汰企业中的“老、破、小、散”的系统，将其业务统一迁移至 PaaS 平台上，并且新建系统尽量统一至 PaaS 平台之上，目前基于 PaaS 平台整合了 13 个系统，系统集中度提高 30%，大大减少了企业内部的各类应用系统运行平台，统一了软件技术架构，精简了软件语言和开发技术，降低系统集成难度，降低了信息化的运维难度。

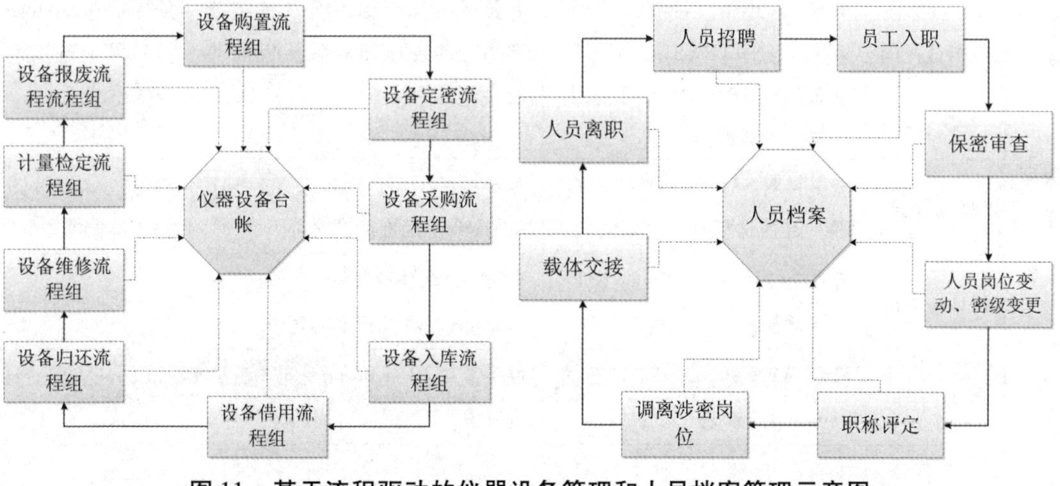

图 11　基于流程驱动的仪器设备管理和人员档案管理示意图

此外，实现了基于流程驱动的各类业务数据全生命周期管理和数据动态维护。实现了基于流程驱动的各类业务数据全生命周期管理。通过流程环节触发相关数据的同步和数据的自动变更，保证各类数据的自动、及时、准确变更。将BPM流程引擎嵌入SAP、MES、ITIL、仿真系统等专业系统，为各业务系统提供灵活的流程运行管理和数据集成，进一步打破了数据孤岛。

（四）平台技术先进性凸显，构建了符合军工科研院所的应用模式

基于PaaS的流程引擎平台，总体技术水平已经达到了国际领先水平。详细的对比如下。

表1　基于PaaS的流程引擎平台对比表

<table>
<tr><th colspan="2">对比项</th><th>基于PaaS的流程引擎平台</th><th>Lombardi BPM平台</th><th>Workflow平台</th></tr>
<tr><td rowspan="2">PaaS软件架构</td><td>产品架构</td><td>流程、业务、集成三合一的轻量级PaaS平台</td><td>通过与其他产品线组合的重量级平台</td><td>工作流驱动的单一流程工具软件</td></tr>
<tr><td>平台语言</td><td colspan="2">Java，可跨平台</td><td>.Net，不支持跨平台</td></tr>
<tr><td rowspan="6">流程引擎技术</td><td>流程建模</td><td>提供基于Web的流程建模工具，拖拽实现</td><td>必须下载安装客户端建模工具</td><td>必须下载建模工具。</td></tr>
<tr><td>本土化特性支持</td><td>提供数百个配置组合，灵活支持国内特色流程</td><td>Lombardi BPM，中国本土案例较少，未对本土需求考虑</td><td>特色支持不是很明显</td></tr>
<tr><td>版本控制</td><td>提供设计、运行和关闭三种版本状态管理，版本间流程实例数据共存。</td><td colspan="2">提供设计、运行和关闭三种版本状态管理，版本间流程实例数据共存。发布即不允许修改，必须重新发布新版本。</td></tr>
<tr><td>支持子流程</td><td>支持本地子流程、外部任意进程和联邦子流程三种模式</td><td colspan="2">只支持本地子流程</td></tr>
<tr><td>运行监控</td><td>提供可视化的性能监控看板和告警事件</td><td>需要集成IBM Tivoli</td><td>无</td></tr>
<tr><td>流程绩效分析</td><td>提供专业的业务流程大数据分析平台。</td><td>只支持一些简单的查询、统计，BI分析需采购IBM Congnos</td><td>只支持一些简单的查询、统计</td></tr>
<tr><td rowspan="4">系统集成技术</td><td>技术适配器</td><td>提供Database、SOAP、REST、JNDI、JMS、FTP、VFS、NativeCall、HTTP、COM、SMTP/POP等十余种标准技术适配器。</td><td>需要采购IBM相关ESB或集成产品，且性能差，需要极高的硬件环境</td><td>提供SmartObject技术，用于连接简单的技术系统。</td></tr>
<tr><td>SAP适配器</td><td>提供针对SAP各版本的RFC/IDoc连接适配器，且高性能</td><td>需要采购IBM ESB及for SAP Adapterr，且性能非常差</td><td>提供SmartObject for SAP适配器</td></tr>
<tr><td>JDE适配器</td><td>提供针对JDE ERP的BSFN连接适配器，且高性能</td><td>需要采购IBM ESB及for JDE Adapterr，且性能非常差</td><td>无</td></tr>
<tr><td>Portal门户</td><td>提供AWS Portal，可与三方Portal门户集成</td><td colspan="2">提供简单BPM Portal，可与三方Portal门户集成，或由实施开发</td></tr>
<tr><td rowspan="2">安全</td><td>国家保密要求</td><td>支持三员管理、日志审计、网关集成等</td><td colspan="2">无</td></tr>
<tr><td>文档加密</td><td>所有附件文档加密存储</td><td colspan="2">不支持，需实施商二次开发</td></tr>
</table>

续表

性能	集群部署支持	支持，且不需要三方采购其他硬件、软件	支持，需要采购 WebSphere 集群版和 Lombardi BPM 集群版	支持，但对 Windows Server 有要求
	分布式联邦部署	支持穿越多个 AWS 服务器间的流程、数据协作	不支持	不支持

平台的低代码优势和可视化的开发模式，流程建模、存储建模、表单建模和报表建模的代码开发量减少 70% 以上，开发速度提升 120%，极大提高了信息化对业务的响应速度，提高了用户满意度。同时，满足了军工科研院所的涉密信息系统应用要求，形成了一套可“自适应、自完善、自主可控”的成熟解决方案。

（五）开展流程绩效分析应用，以数据测度驱动企业实施数字化变革

流程绩效是驱动管理驾驶舱运转的神经，直接决定了可视化决策的精度与广度。从企业科研生产、经营管理等业务职能管理部门决策层的视角切入，针对跨组织、跨部门、多项目的资源配置与动态调控需求等建立企业流程绩效管理体系。

通过采集平台上所有的流程运行日志数据，自动送往 Spark/Hadoop 大数据计算服务，通过一系列的分析模型和算法，将原始数据加工成过程效率相关的 KPI 维度分析结果，并通过平台内的报表工具展现。为业务调整、流程优化提供可量化的直观数据。

基于大数据分析计算技术，从组织维度、时间维度、流程维度对业务运行情况进行多 KPI 分析。流程运行完成后，每天自动将运行数据加入分析库中。大大提高了企业的流程绩效分析能力，为企业经营管理和流程优化提供科学、量化的决策依据。平台实现的 22 类数据分析 KPI 指标如下。

表 2　业务流程关键 KPI 表

KPI 指标名称	KPI 指标含义
启动流程	流程创建个数
结束流程	流程结束个数
待办流程	待办流程个数
宽延期限外结束	在警告期限外结束的流程个数
宽延期限内结束	在警告实现内合理期限外结束的流程个数
合理时间内结束	在合理期限内结束的流程个数
平均处理时间	计算分析范围内的流程耗时数据的平均值
最大处理时间	取分析范围内的流程处理时间耗时最大值
最小处理时间	取分析范围内的流程处理时间耗时最小值
执行任务	任务执行个数（不包含系统通知、传阅类型）
结束任务	任务结束个数（不包含系统通知、传阅类型）
打回任务	计算审核意见中属于打回的任务（用户可自行配置参数）
待办任务	待办任务个数
结束常规任务	常规任务（包括转办任务）结束个数
结束传阅任务	传阅任务结束个数

续表

结束加签任务	加签任务结束个数（包括阅办、会签、加签、协同的任务）
宽延期限外结束	在警告期限外结束的任务个数
宽延期限内结束	在警告实现内合理期限外结束的任务个数
规定时间内结束	在合理期限内结束的任务个数
平均处理时间	需计算分析范围内的任务耗时数据的平均值
最大处理时间	取分析范围内的任务处理时间耗时最大值
最小处理时间	取分析范围内的任务处理时间耗时最小值

基于数据分析技术与关键 KPI 指标，开展企业业务流程的穿透性数据分析，可以实现不同维度的内容分析。针对流程数据的同比、环比、当年、当月的时间维度分析；部门、岗位、人员、角色的组织维度分析。

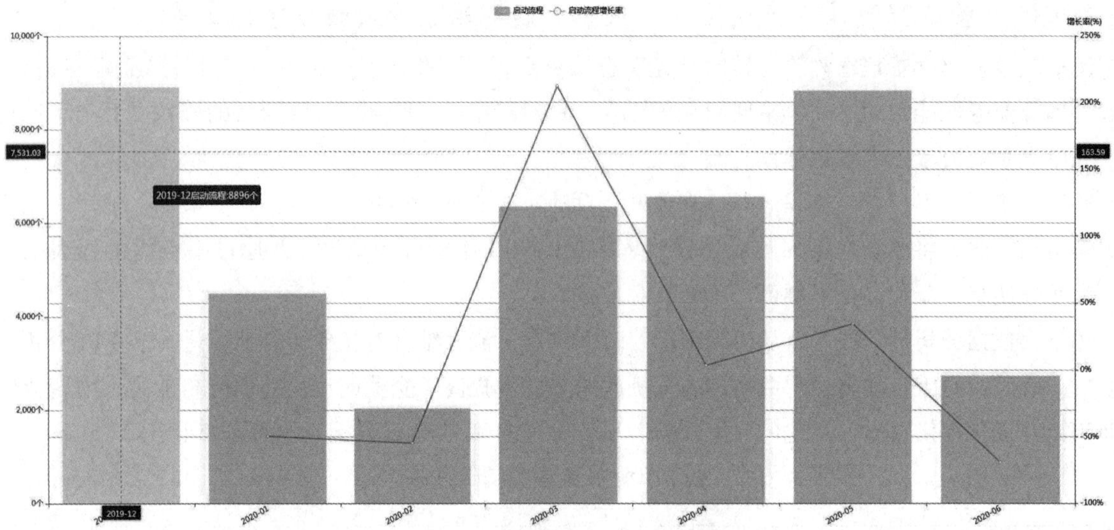

图 12　时间维度分析－同比数据

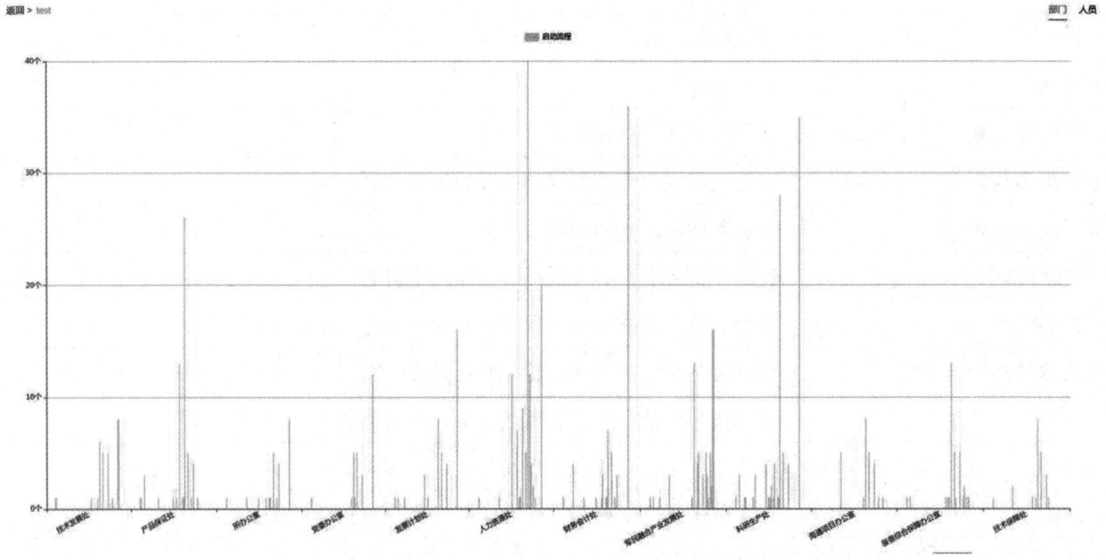

图 13　组织维度分析－部门数据

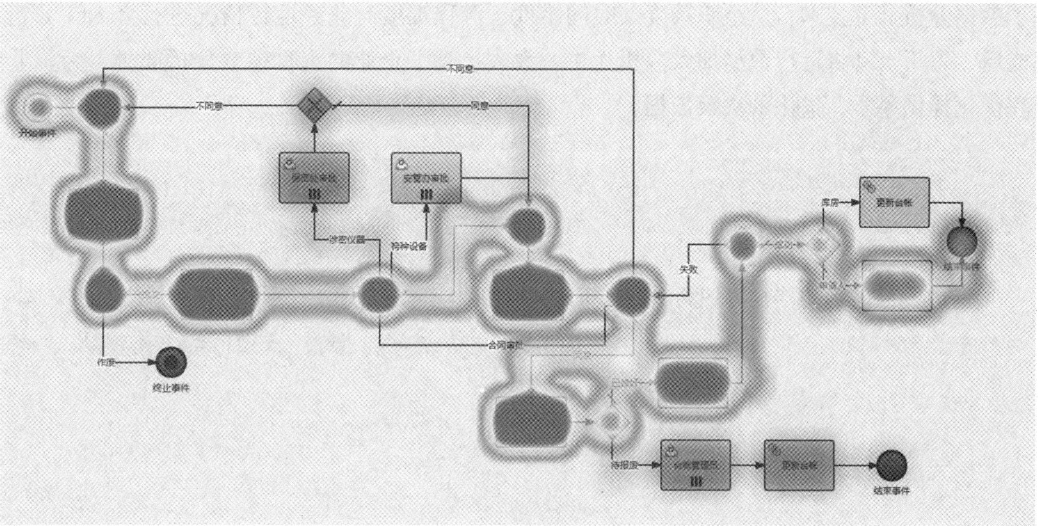

图 14　流程热力图

通过长期的数据积累分析，基于 PaaS 的流程引擎平台能够自动实现业务流程的热力图，识别单一流程的关键审批节点、流程“淤堵”节点，从而进一步为业务优化提供有效的数据支撑。

（六）开展智慧企业平台数据分析，数据资产价值创造能力初显

以先进的 PaaS 流程引擎技术为支撑，以流程与规则运行体系为基础，通过大数据等技术的挖掘和应用，基于智慧企业运行平台自动实现对企业运行状态的动态、及时、准确地监控、跟踪、反馈、提醒、报警等，并力争实现对指标的分析与发展预测，逐步实现管理过程的智能化。

以业务指标的及时预警监控为基础，全面梳理业务流程、规章制度、预警指标，加强各个系统之间的集成，将管理与决策系统和智慧企业运行平台进行集成，并不断对预警指标进行补充和完善，大力推进管理信息系统的集成、整合和平台化建设，推进管理过程信息化，不断提升数据的自动抽取比例，通过主数据和数据总线基础，实现对各项监控指标的预警自动化，即实现企业运行监控以事后预警为主、事中控制为辅。

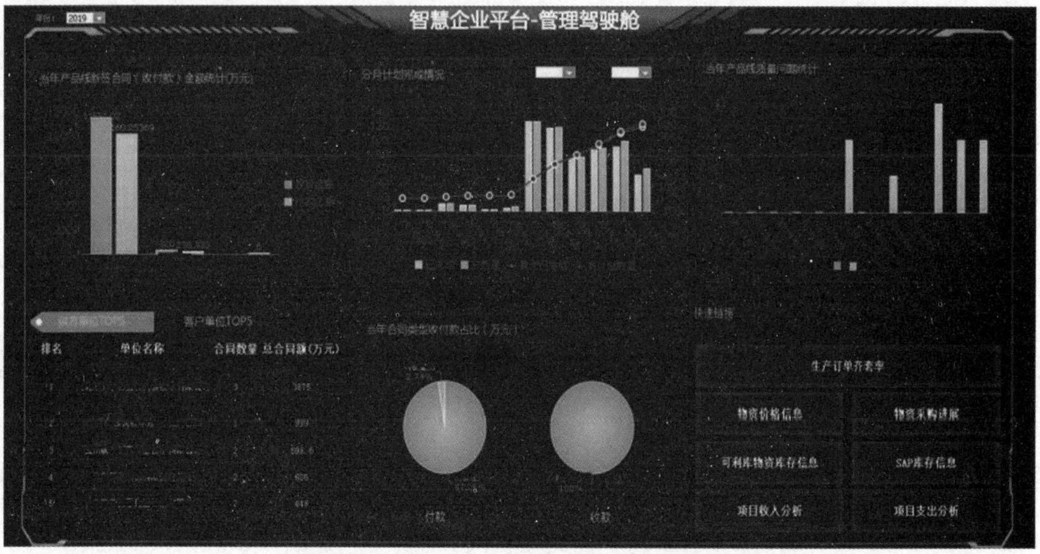

图 15　智慧企业运行平台-管理驾驶舱

基于数据分析计算技术，从组织维度、时间维度、流程维度对业务运行情况进行多KPI分析。流程运行完成后，每天自动将运行数据加入分析库中。大大提高了企业的流程绩效分析能力，为企业经营管理和流程优化提供科学、量化的决策依据。

成果创造人：杨小乐、范利明、王彦丰、黄　赟、薛　山、张　文、徐　磊、李　斌、王国锋、吴　凡、韩　永

服务企业改革发展的流程优化重构模式创新与实践

中国移动通信集团广东有限公司

中国移动通信集团广东有限公司（简称“广东移动”）隶属于中国移动通信集团有限公司。自成立以来，公司坚持发扬“敢为天下先”的精神，创新引领通信行业发展。1987 年，最早开通了第一台移动电话，首开我国移动电话先河。1995 年，最早开通了 GSM 数字移动通信服务，并先后最早在国内提供了移动互联网业务、GPRS 业务和 EDGE 等移动通信服务。还率先推出“全球通”“神州行”“动感地带”三大品牌、“沟通 100”服务营销体系和全球通 VIP 俱乐部，以及“动力 100”集团客户服务品牌，率先推出粤港澳大湾区通信服务计划，持续以创新引领通信业发展。

近年来，公司主动融入粤港澳大湾区和中国特色社会主义先行示范区建设，争当网络强国、数字中国、智慧社会主力军，全面加快 5G、数据中心等新型基础设施的建设，持续提升广东信息基础设施水平，助力广东高质量发展。

当前，公司正按照中国移动集团公司部署，全面落实“5G+”计划，大力推进 5G+4G（协同发展）、5G+AICDE（人工智能、物联网、云计算、大数据、边缘计算融合创新）、5G+Ecology（生态共建）、5G+X（应用延展）。加快建设“覆盖全省、技术先进、品质优良”的 5G 精品网，全力推动 5G 服务百姓、融入百业，更好地满足广大客户对美好数字生活的需要。

一、实践背景

（一）国家及集团公司的战略部署，对企业运营管理机制提出更高要求

国家层面根据新的发展形势，提出经济要由高速向高质量发展转变，中国移动集团公司层面响应国家关于国企做强做大和改革创新的部署要求，树立创建世界一流示范企业的目标，新时期的新任务和新挑战对企业内部管理效率及精细化运营水平提出新要求，流程管理作为企业管理的重要模块，已成为支撑战略目标达成的关键管理手段，建立适应战略需求和改革发展的流程是企业核心能力的集中体现，也是企业实现高质量、可持续发展的重要保障。

（二）通信行业内忧外患，亟待探索实施高效敏捷的转型发展新模式

一方面，通信技术向 5G 时代快速演进，行业乃至产业将实现颠覆式的发展，顺应新一代通信技术及数字基建的全面铺开，通信企业需增强快速应对市场变化、积极响应市场需求的能力。另外，通信企业的业务生命周期加速缩短，新业务层出不穷，需要企业流程紧随业务的变化快速调整优化，确保“战略-业务-流程”一一匹配。

另一方面，人工智能、云计算、大数据、物联网等新业务、新业务加速普及应用，跨界竞争与跨界

合作并进的趋势增强，竞合将成为行业或产业发展常态。新形势倒逼通信企业加快组织模式转型与业务模式变革，积极探索面向客户、高效敏捷的新型业务流程和运作模式，提升通信企业在全行业竞争发展中的核心竞争能力。

（三）国企流程管理痛点突出，制约了企业战略目标实施落地及内部运营效率的提升，成为转型破局的难题

大型国企因面临复杂多变的发展环境，在长期发展过程中累积了不同程度的弱、错、滞、低、繁、缺等流程问题，尤其是企业不断发展壮大、组织流程复杂化后，内部长流程运作的问题日益突出，而目前企业流程管理多以静态单次的流程优化、小范围自发的片段式流程优化为主，无法满足动态发展需求。以广东移动为例，随着企业转型进入关键期，部分流程暴露出服务能力较弱、管理者与执行者职责错位、部门壁垒高、跨部门协同滞后、过度控制、风控缺失等问题。另外，承担业绩直接压力的基层一线呼声越来越紧迫，亟需关注一线声音、聚焦一线触点问题，加快解决。

究其根本，三大流程管理难题亟待破局：一是流程优化管理如何科学、体系化推进，才能大力攻克积累已久的管理痛点；二是公司管理层精力有限，跨组织协同老大难，如何在解放管理层精力的前提下，提高组织协同效率；三是流程优化是长期性、持续性工作，不能运动式、一阵风，如何才能保证工作可持续、自运行。

二、成果内涵

基于国家及集团层面的政策部署以及企业内外部发展的形势变化，面向提升业务发展质量和经营管理实效，广东移动结合既往历史经验积淀和自身管理特点，主动变革、积极创新，自 2016 年以来，在集团公司战略的指引下，以问题导向、责任归属、优化实施、工作激励（4R）为原则构建实施制度流程卓越管理体系（BVS），并在此基础上探索实践了以民主集中、上下同欲、高效务实为核心要义的企业流程优化重构工作模式，打造广东移动流程管理的“黄金航道”，切实践行“为一线减负，为发展加速”的工作理念，为企业改革发展和基层一线注入更多的活力、更强的动力。

企业流程优化重构工作模式的主要内涵是：一个战略、两种机制、三段管控、四方协作、五项统一、六大支撑。其中，一个战略指的是集团公司规划制定的整体战略引领；两种机制是流程优化工作机制 PDO 和流程重构工作机制 BPR；三段管控指流程优化重构前期牵引、中期跟进、后期评估；四方协作指制度流程管理小组、牵引部门、流程 OWNER、协同单位四大流程优化重构关键主体的协同；五项统一为统一部署、统一机制、统一平台、统一行动、统一技能培训；六大支撑指的是宣贯到达、进度跟踪、上门服务、成果固化推广、表彰激励、平台建设。该工作机制的有效运行，实现了广东移动流程优化重构自下而上发起、上下同心同欲参与、自上而下受益的良好局面，保障了企业流程管理工作的顺畅、可持续推进。

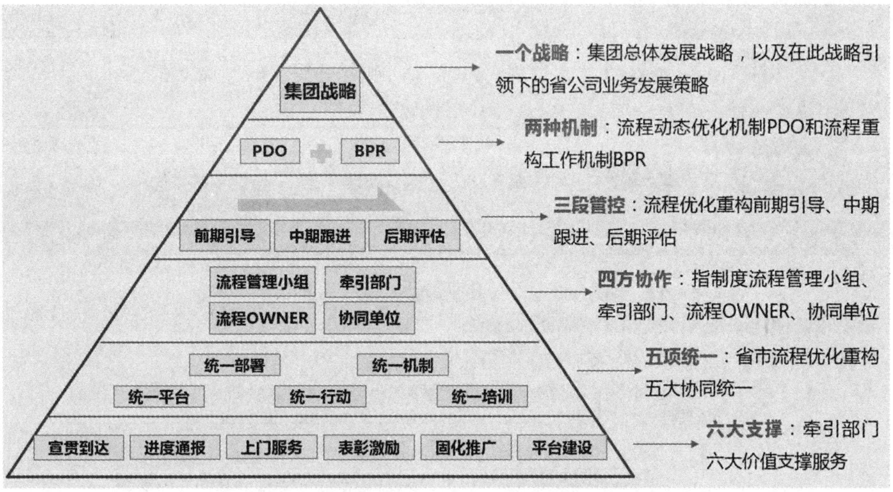

图1　广东移动流程优化重构模式内涵图

企业流程优化重构工作模式以提升协同效率、支撑公司战略转型，服务战略、基层、一线、客户竞争为主要工作目标，打造流程优化机制（PDO）和重构机制（BPR）两大核心工作机制，夯实流程框架、分级管理、评审决策、实施监控、评估体系五大基础运营模块，强化流程文化、管理制度、组织机构、人才队伍、系统平台五大支撑，全面保障企业高效有序运作。

其中流程优化和流程重构工作机制为模式中最核心的内容，流程优化是以一线员工、外部客户痛点问题为指引，将优化流程、提升效率作为业务转型、关爱一线、促进公司“内顺”的重要抓手。流程重构是基于集团战略驱动牵引，结合企业战略新兴业务发展需求，通过流程根本性、彻底性的再思考与再设计，建立一套适配的组织与流程，促进协同发展和一线生产，保障战略落地。2016-2019年，广东移动依托该工作模式，组织完成45项公司TOP级重难点流程的优化重构（32项优化、13项重构），流程年均提效35.5%，一线员工对流程的整体满意度评价达到优良水平（超过85分），有力促进业务转型发展和企业运营改革。2020年，广东移动正在组织开展12项关键业务流程优化重构。

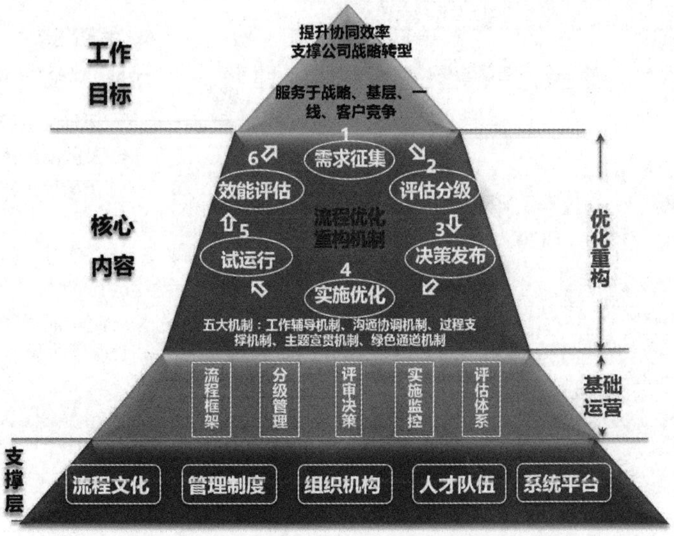

图2　广东移动流程优化重构工作模式

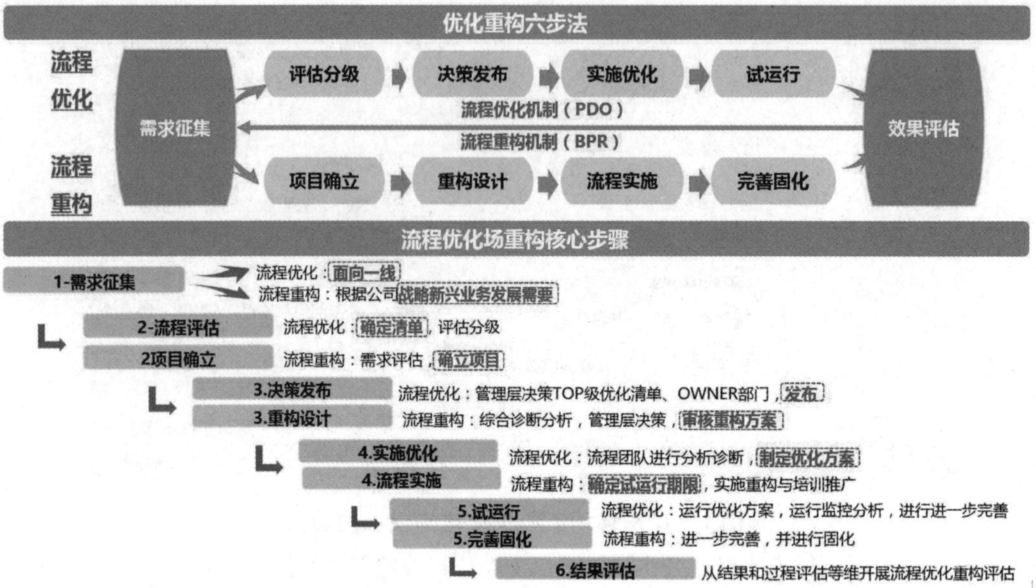

图3　广东移动流程优化重构六步法

为保障流程优化重构工作的有序推进，广东移动成立了流程管理专项组织机构，搭建集中管控、多方协同的管理平台，打造包括领导小组、牵引部门、OWNER部门和协同部门在内的四方联动工作模式。在工作开展中，领导小组统筹指导、协调决策，牵引部门驱动落实、宣传服务，OWNER部门主责推动、组织实施，协同部门协同推进、配合实施，实现了多元参与、多方联动、各司其职的方式，推动工作机制落地实施。

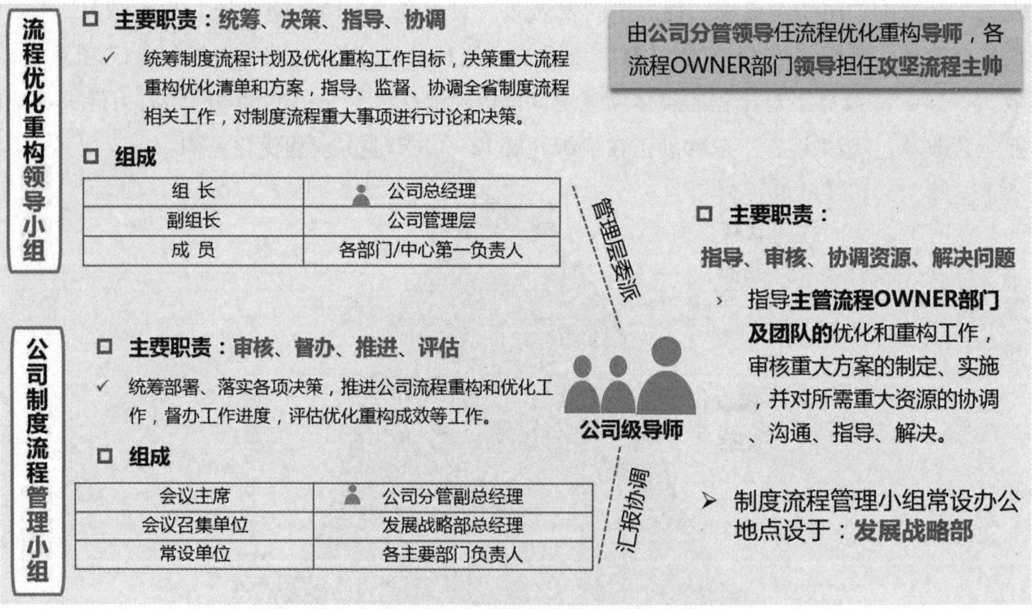

图4　广东移动制度流程工作统筹管理机制

图5　广东移动流程优化重构各单位职责分工

三、主要做法

广东移动流程优化重构工作模式坚持“问题导向”和“倒逼机制”，围绕一线痛点、战略热点和业务重点，打通基层一线到管理层的信息通道，凝聚上下各层级人员的智慧与共识，统筹聚焦战略需求和业务瓶颈，以有序步骤和科学方法推进关键流程优化重构，支撑业务大发展和企业竞争转型。

该模式主要针对企业长期存在的流程管理难题，集中从以下十个难点出发，有的放矢、各个击破，进行了十大方面的系统创新：

难点一：流程优化需求从何而来、如何成形？

创新一：打造O2O线上线下需求征集模式，全面挖掘一线需求。

“让听见炮声的人呼唤炮火”，基层一线作为客户的直接触点，对业务流程存在的问题、痛点和难点感受最深，有效、全面地对一线进行问题征集才能精准定位流程痛点，建立正确的优化方向和目标。为了更全面、及时地采集一线意见，广东移动采取线上（微信、QQ、OA系统、邮箱等渠道）与线下（访谈、调研、穿越等形式）相结合的方式，多渠道收集、挖掘一线需求，全面扫描流程痛难点。2016-2020年，广东移动累计征集来自一线的优化重构需求共计89大类566个细项，全省21个地市100%参与，集中覆盖了产品应用、业务运营、服务品质、网络建维、综合管理等众多公司重点、热点领域。

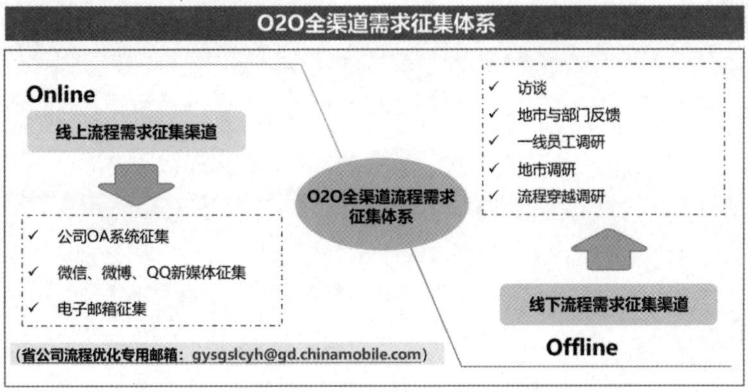

图6　广东移动O2O全渠道需求征集体系

难点二：繁多、杂乱的流程需求如何进行合理化定位和差异化管理？

创新二：构建漏斗分级评估模型，多维评估，提炼公司级重点优化流程。

一线征集的流程需求和痛点问题众多，在优化重构的重要性、紧迫性和颗粒度等方面各有差异。在有限的资源条件下，如何进行合理定位与分级管理，重点向高优先级的关键流程倾斜，是提高流程管理效率的重中之重。为此，广东移动建立流程分级评估漏斗模型，对一线反馈的流程优化重构需求进行全量扫描、筛选、分解和整合，从战略相关度、客户相关度、绩效相关度、流程横向跨度四大核心维度进行评估和分级，采用 10 分制打分，将影响公司战略实现、与客户紧密相关、制约运营绩效、涉及多部门的得分较高的问题流程列入待决策的 TOP 级流程范围。将其他重要程度次之的问题流程反馈给业务线条，纳入线条级或部门级优化范围，定期跟踪回顾，确保问题解决，整体上实现对流程优化重构需求的准确定位、分级处理、闭环管理。

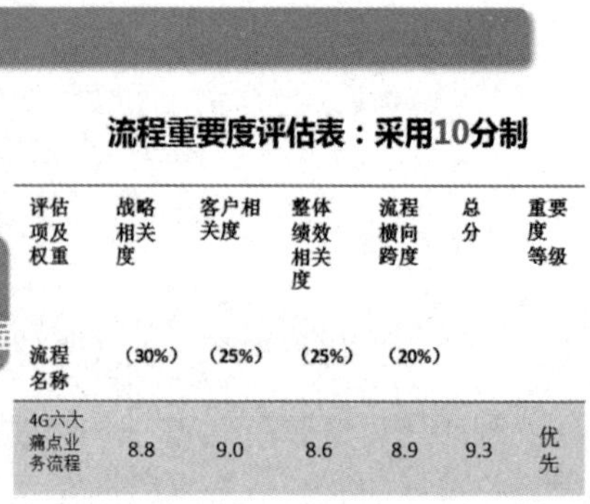

评估项及权重 流程名称	战略相关度 （30%）	客户相关度 （25%）	整体绩效相关度 （25%）	流程横向跨度 （20%）	总分	重要度等级
4G六大痛点业务流程	8.8	9.0	8.6	8.9	9.3	优先

图 7　广东移动流程优化重构需求评估模型

难点三：如何保障 TOP 级待优化重构流程源于一线、呼应战略、惠及一线？

创新三：创新双环互动机制，科学确定 TOP 级流程清单。

对征集的需求进行初步筛选后，为进一步论证需求的合理性，从而确立流程优化重构的工作重点，广东移动创新建立双环互动机制，确保在公司上下达成最大范围的目标共识。

双环互动机制包括：自下而上意见环，征询意见、凝聚共识；自上而下决策环，权威论证、聚焦战略。其中，在自下而上征询意见过程中，纵向通过流程信息系统渠道广泛听取一线人员声音、外部客户自下向上反馈需求，横向业务责任部门访谈沟通确认流程痛点，确保流程优化重构工作能切实反映一线人员实际需求、外部客户利益诉求；自上而下决策中，公司管理层以集团战略为导向，通过审阅指导、再次与业务责任部门沟通确认等环节，筛选符合战略方向与发展大局的一线关键诉求，最终决策确定 TOP 级流程清单并进行权威发布。

图 8　双环互动需求征集及决策机制

2016-2020 年，需求征集涉及 21 家地市公司及 30 个省公司部门，15 个业务责任部门参与横向沟通评估，向公司管理层领导一对一汇报审定，五年来采用该机制共确定了 57 条公司 TOP 级流程。

2016年优化流程清单

需求来源	流程优化重构名称	OWNER名称
四轮驱动和一体两翼战略业务领域	ICT业务流程	政企客户部
	家庭宽带长流程	市场部
	4G业务管理流程	市场部
	集团专线管理流程	政企客户部
一线反馈痛点流程	采购管理流程	采购物流中心
	业财协同流程	财务部
	营销方案管理流程	市场部
	网络保障管理流程	网络部
	基站应急发电流程	无线优化中心
	投资管理流程	规划技术部

2017年优化流程清单

需求来源	流程优化重构名称	OWNER名称
战略新兴业务	物联网业务支撑流程	政企客户部
四轮驱动和一体两翼战略业务领域	客户关键界面优化流程	市场部
	4G六大痛点业务流程	市场部
	智慧家宽管理流程	市场部
一线反馈痛点流程	网络运维管理流程	网络部
	客户网络质量感知提升流程	网络部
	IT系统开发及数据安全管理流程	信息系统部
	客户投诉处理流程	服务管理部
	网络建设管理流程	工程建设中心
	集采管理流程	采购物流中心
	投资一体化管理流程	规划技术部

2018年优化流程清单

需求来源	流程优化重构名称	OWNER部门
战略新兴业务	物联网网络故障处理流程	网络管理中心
四轮驱动和一体两翼战略业务领域	不限量时代核心产品管理流程	市场部
	停机客户降量及智能信控流程	市场部
一线反馈痛点流程	家宽运维支撑流程	客户响应中心
	采购精益管理流程	采购物流中心
	集客业务集中支撑流程	集团客户部
	存量客户运营流程	市场部
	统一订单系统和新型放号流程	市场部
	资产精细化管理流程	财务部
	基于集团ERP集中化的公司涉财全流程	财务部

2019年优化流程清单

需求来源	流程名称	OWNER
战略新兴业务	5G时代的精准拉新流程	市场部
四轮驱动和一体两翼战略业务领域	私有云建设运维运营管理流程	信息系统部
	ICT业务管理流程	集团客户部
	IDC业务开通流程	政企客户中心
	基于集中运营的存量客户精准营销流程	存量运营中心
	全球通品牌重塑流程	市场部
一线反馈痛点流程	家宽全量商机单收集与闭环管理流程	客户响应中心
	传输网络微观规划流程	网络管理中心
	公司管理决策审批流程	发展战略部
	铁塔服务费全生命周期管控流程	网络部
	工程项目全生命周期流程	工程建设中心
	投资一体化及效率效益管理全流程	财务部
	供应链协同管理流程	采购物流中心

2020年优化流程清单

需求来源	流程名称	OWNER
战略新兴业务	面向垂直行业应用的5G端到端切片流程	网络部
四轮驱动和一体两翼战略业务领域	面向个人、家庭和政企的CHBN产品体系	市场部 集团客户部
	智慧家庭场景化端到端流程	市场部
	集团客户信息化项目管理流程	集团客户部
	ICT业务全流程	集团客户部
	移动云业务流程	集团客户部
一线反馈痛点流程	专线业务长流程	集团客户部 网络部
	集团成员市场运营管理流程	集团客户部
	网络满意度协同管理流程	网络部
	投诉全流程一体化管理流程	服务管理部
	集客业务一站式标准化销售流程	产品研发中心
	新形势下的全面预算管理流程	财务部

图 9　广东移动 2016-2020 年流程优化清单

难点四：如何保证流程优化重构政令高效、统一到达全省，如何有效传递权责利，实现工作部署下达？

创新四：落实军令状模式及导师制，有力消除工作到达阻力。

为保证全省政令统一、部署统一下达、职责明晰，增强团队的使命感和动力源，广东移动在面向全省统一发布TOP级流程优化重构清单，统一部署全年流程优化重构工作的同时，推动公司管理层授予TOP级流程OWNER部门专属“流程优化重构令牌”，以军令状的形式向流程OWNER传递责任和要求，又赋予其资源调配、工作分派、进度统筹等相关职责，既实现政令有效到达执行单位，又清晰明确各方责权利。同时，聘请公司分管领导作为流程优化重构导师，指导、督战流程优化工作开展，一定程度上消除了后续工作执行层面的阻力。2016-2020年，公司共为57个流程优化重构团队OWNER授予电子令牌，聘任公司级导师57人次。

图10　广东移动流程OWNER电子令牌

难点五：流程团队技能弱，经验缺乏传承，如何提升？

创新五：搭建四维一体传播体系，文化育人，技能到家。

面对流程团队技能弱、经验缺乏传承的问题，为进一步提升团队战斗力和工作开展质量，广东移动打造四维一体传播体系，全方位助力各流程团队落实流程优化重构工作。其中，四维渠道包括：送课上门优服务、大力开拓新媒体、夯实系统建平台及案例总结传经验。2016年-2020年，开展的培训及送课活动覆盖全省8000余人，行动学习活动累计覆盖人员超1万人次，开展专题宣贯超200次，印制发放2016年-2017年度、2018年度、2019年度广东移动流程优化重构优秀案例集。

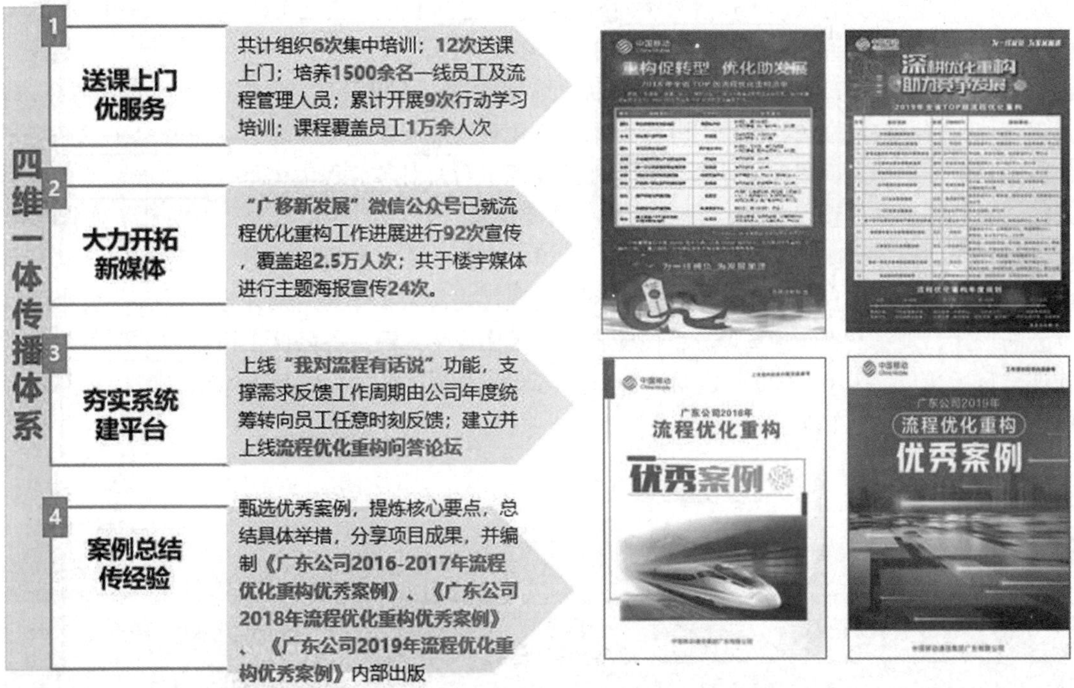

图 11　广东移动流程优化重构四维一体传播体系

难点六：推进实施中出现协同难题如何攻破壁垒，有序、高效协调解决？

创新六：建立四级协商机制，专攻实施难题，分层处理、协同联动。

流程优化重构涉及方较多，涉及的协同单位也不少，在实施运行过程中，难免遇到跨线条、跨部门协同的问题。为了指引团队有序、高效解决问题，建立四级协商机制，根据问题涉及的层面和解决的难度从团队层、部门层、导师层、总经理层四个层级进行分层分级协调管理，将复杂的问题简单化，引导团队有序、高效寻求解决方案，减少大量沟通成本和互相推诿的情况。

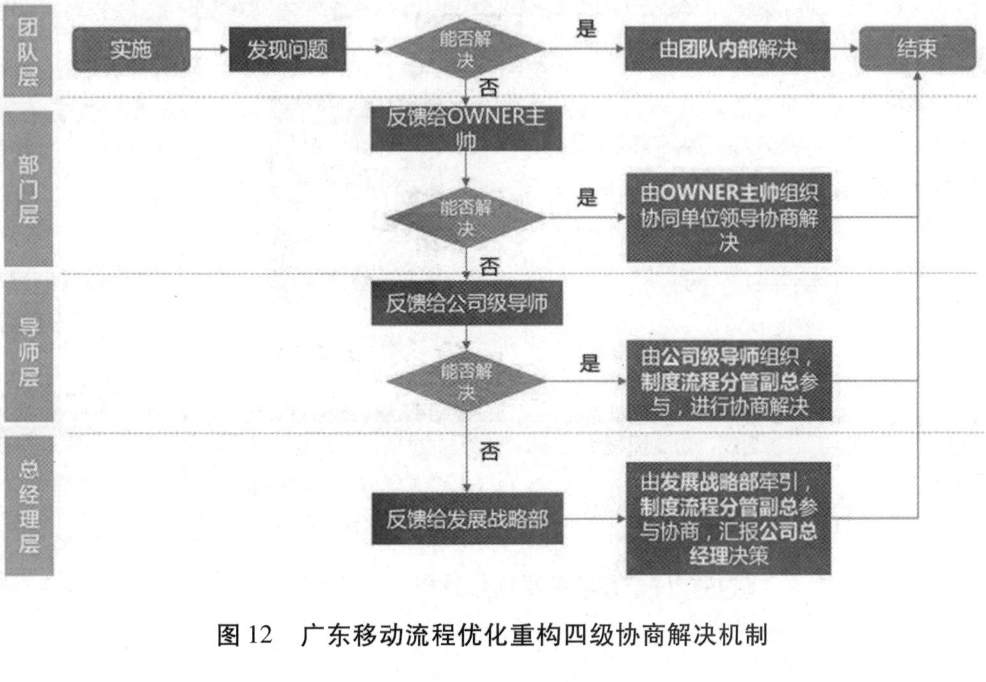

图 12　广东移动流程优化重构四级协商解决机制

难点七：管理层精力有限，工作过程时间跨度长、任务多，如何推动工作落实、促进目标达成？

创新七：实施“两会一追踪”，全过程跟踪，闭环式管控。

在流程优化重构推进过程中，广东移动采取“前期推进、过程跟踪、后期评审”的“两会一追踪”的全过程管控模式。前期推进，通过召开年度流程优化重构部署与服务沟通会，明确全年工作规划，开展工作实施宣贯。中期过程跟踪，是基于制度流程管理平台，对各流程优化重构团队进行工作牵引、督促、跟踪、服务等全方位管理支撑，通过一对一进度跟踪了解项目进度，通过周期性工作通报牵引督促，通过组建协同服务团队提供专项培训、行动学习、专题宣传、点对点沟通、现场指导协调等多样化方式服务支撑，推动各流程团队科学、有效地开展流程优化重构工作。后期评审，以公司级年度目标达成评审会的形式，现场汇报、现场评分，检验各团队工作成果，评定各团队工作成效，保障全年工作的闭环管理与目标达成。2016-2020 年，累计召开公司流程优化重构服务沟通会 8 次，年度目标评审 4 次，1 对 1 服务支撑 31 次，工作通报 12 次。

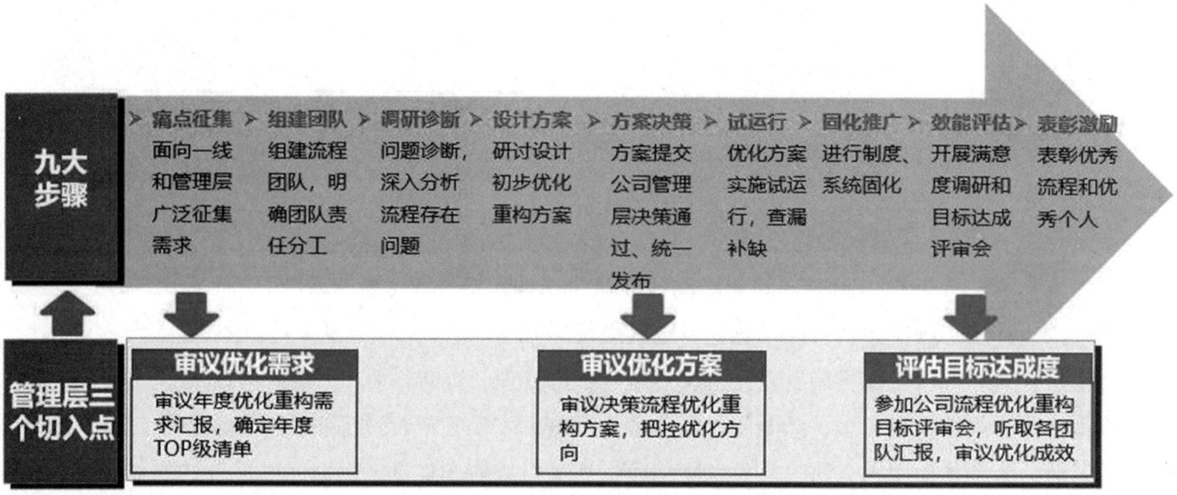

图 13　广东移动流程优化重构管理层切入点

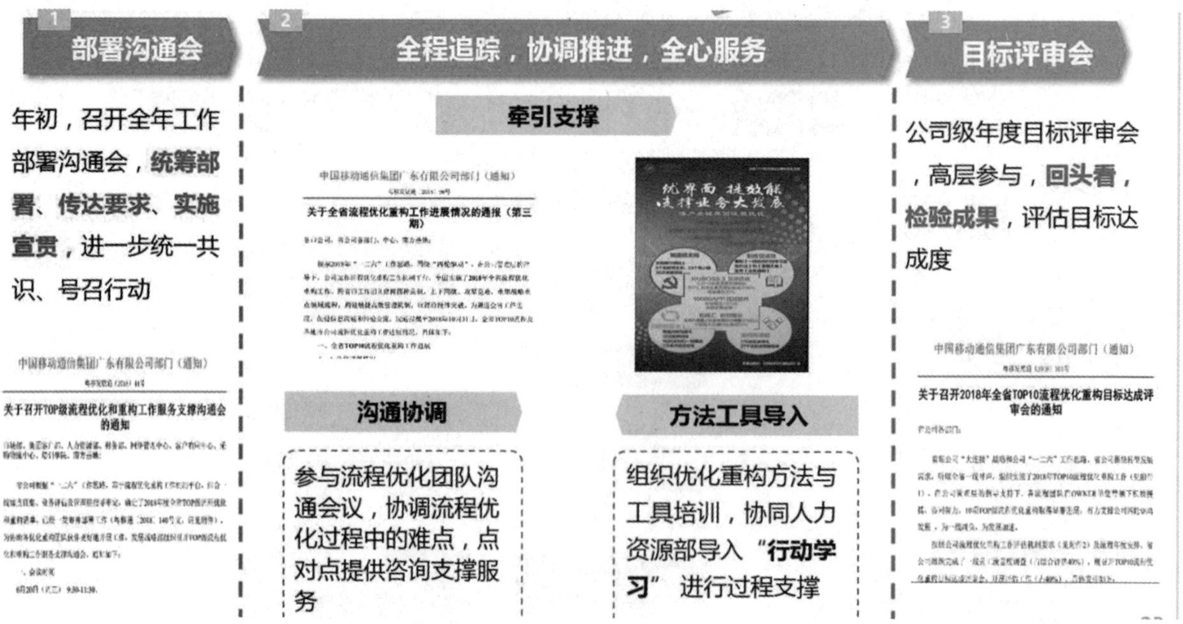

图 14　广东移动流程优化重构两会一追踪模式

难点八：新时期，如何发挥国企党建优势，引领运营管理与队伍建设提升，促进企业党业融合发展？

创新八：创新嵌入党建工作模式，发挥基层党组织在生产运营中的先锋堡垒作用。

加强国企党建工作对于保证国企改革发展方向、提升国企竞争优势、促进国企做大做强具有重要的战略意义。有效发挥党建优势作用，将党建工作模式与企业运营生产有机结合，能极大提高队伍的凝聚力与战斗力，促进企业持续、健康发展。

广东移动在企业流程优化重构工作中，创新引入党建元素，通过成立临时党支部、开展党组织活动、推进党员岗区队建设，全面深化党建与生产经营融合发展。以 2018 年为例，市场党支部作为 4 个公司 TOP 级流程的 OWNER，将支部建在流程项目上，成立 4 个临时党支部，下设 24 个党小组，开展主题党支部活动 32 次。同时，为做好 4 个流程重构优化的支撑工作，共申报创建 12 个党员“岗区队”，充分发挥基层党组织及党员在流程工作中的先锋模范作用。经年底综合评估，市场党支部 4 个流程均获得公司的流程优化重构银奖、铜奖项目。

图 15　广东移动流程优化重构创新嵌入党建

2020 年针对专线长流程优化通关，组织开展“支部+专线长流程项目”融创活动，12 个部门联合成立专线长流程项目突击队，以党支部战斗堡垒作用和党员先锋模范作用助力项目组攻坚克难。截至 2020 年 5 月底，该项目已提前、超标准达成阶段性目标，业务流程提速达 40%，业务流程满意度提升明显。

图 16　广东移动专线业务流程优化党建融创活动

难点九：流程优化重构的效果如何全面、准确、标准化评估？

创新九：首创 360 度效能评估，高层一线参与，过程结果兼顾。

效能评估是实现工作闭环管理、促进计划有效实施的重要环节。效果好不好，用工作成果说话，流程客户说了算。为了全面、准确、高效评估每个流程优化重构团队的工作，广东移动搭建流程优化重构成效 360 全维度评估机制，实现对各流程优化重构团队工作成果的科学评价及系统性检验。360 度效能评估坚持“以结果为导向兼顾过程，以实效为核心兼顾感知”的原则，针对流程优化重构结果（重点突出目标达成和流程满意度得分，分别占比 40%）和过程（团队建设、协同推进、流程固化共占比 20%）两大维度，实现对流程优化和流程重构工作的前、中、后三阶段进行综合评估，既用成果数据说话，也用客户感知数据说话。其中，目标达成评审：召开流程优化重构目标评定会，组织流程小组评委对全省 TOP 级流程工作成效进行现场汇报、现场评分；流程满意度：以广东移动自有的制度流程管理系统为承载平台，通过在线问卷调查形式，征集省市一线流程使用者对流程优化重构的实际感知，并以量化分数作为评价标准；过程评估：梳理统计各优化重构团队的工作过程情况，确定过程评估得分。经三项分数综合统计后得出流程优化团队最终效能得分。

图 17　广东移动流程优化重构工作 360 度效能评估机制

难点十：如何激励团队，推动流程优化重构循环向上、持续开展？

创新十：引入“赛马”激励，既“赛马”更“奖马”，激发持续积极性。

优化重构工作如跑马拉松，既要赛马，更要奖马！广东移动基于效能评估结果，对相关流程优化重构团队及优秀个人给予多方面的荣誉与奖励，如金银铜奖团队评比、组织绩效考核加分、创新成果推荐、QC 积分激励、入选标杆推广等，鼓励更多优秀团队深入开展流程优化重构，以正向拉动方式激发组织积极性，牵引优化重构循环向上、良性持续。2016-2019 年，共表彰奖励团队 45 个，涉及单位 107 个，表彰奖励个人 2000 余人。

图 18　广东移动流程优化重构工作正向激励模式

四、实施效果

（一）推动业务生产大提速，助力企业转型发展

2016 年-2019 年的流程优化重构推动整体流程平均提效 35.5%，切实发挥了“为一线减负、为发展加速”的积极作用，助力公司保持行业竞争优势，支撑公司在集团内的业绩考核成绩逐年提升，广东移动多年保持为国内信息通信行业中规模最大的省级公司、广东省最大的通信运营商。

以 2019 年为例，流程优化重构工作在拉动业务发展、降本增效、提升管理效率等多方面发挥显著作用，主要成效体现在：

1. 节省运营成本：传输网络微观规划流程重构，实现节约投资约 3500 万元；工程项目全生命周期管理流程优化，实现 3 年以上滞库工程物资盘活 4637 万元，1-3 年滞库工程物资盘活 7312 万元；投资一体化及效率效益管理全流程优化，实现年度直接成本节约超 2 亿元，清理盘活滞库物资超 1 亿元；供应链协同管理流程优化，盘活呆滞物资 2.67 亿元。

2. 提升生产管理效率：5G 时代的精准拉新流程重构，实现年度累计拉新突破 300 万；家宽全量商机单收集与闭环管理流程重构，支撑年度净增家宽用户超 200 万户，电视用户近 300 万户；ICT 业务管理流程优化支撑 ICT 项目合同签约金额及收入金额同比增长超 131%、251%；公司管理决策审批流程重构，实现预算、立项、采购、合同、报账等各模块提效 30%-80%，最高达 91%。

3. 重构业务运营模式：在 TOP 级流程优化工作牵引下，部分业务运营模式重构，不断逐优，形成业务快速发展的支撑力。如：集客业务集中支撑体系重构项目对原有集客业务支撑流程进行全面重构再建，打造全省集客业务一站式集中化生产管理平台，实现客户经理由“跟单制”向“甩单制”转变、业务办理由“分散式”向“集中式”转变，实现资源集中化管理。

4. 管理辐射带动：公司TOP级流程优化重构直接部署、牵引带动了公司内线条、地市流程工作开展：如IT线条开展流程优化集中，原地市系统支撑的流程从2400缩减到300多个，直接推动全省IT支撑费年度下降约4000万；2019年，19个地市开展了104项属地化专项流程优化重构，年节约成本逾1.2亿元。

（二）理顺组织内部协同，提高企业运营效率

流程优化重构工作涉及跨部门、跨线条、跨省市，经过四年的实施运行，建立了一系列省市协同机制，强化了内部协同文化，促进了企业内部运营管理效率的提升，有力支撑了企业可持续发展。2016年-2019年，全省TOP级流程涉及16个OWNER部门、22个协同部门以及21个地市间的紧密协作，高效协同实现四年间的流程整体提效分别达40%、35%、33%、34%。

（三）管理层及一线高度认可，凝聚人心促进发展

广东移动流程优化重构坚持“一线发起、一线参与、一线评价、一线受益”，让优化重构切切实实作用于业务发展和一线员工，极大程度提高了员工士气、凝聚了人心，营造内顺外和氛围，保障了广东移动连续四年在集团内部业绩考核中排名前列。2016年-2019年，年均超3000名一线员工对优化重构的流程感知评分达86.6分、87.7分、86.5分、85分。广东移动管理层评价“流程优化重构积极推进、创新落实，取得很好成效，为公司发展在管理上立了功，有效助力业务生产提速、运营效率提升。公司好的业绩离不开你们的努力”；一线员工评价“为流程优化点赞，不仅因为它解决了诸多痛点问题，更因为它把‘用户体验’提升到与‘公司战略’同样的高度去对待，真正做到认真倾听并努力解决”。

（四）民主集中一以贯之，探索企业管理新道路

成果深入贯彻了“以人民为中心”的发展理念，将民主集中贯穿到国企运营生产与日常管理中，充分激发出员工群体的能动性与创新力，促进企业健康和谐可持续发展。2016年-2020年，全省超过2万人次参与到本项目的实施开展中，需求确定环节的“双向互动”、实施环节的“四方联动”、问题解决环节的“四级协商”、服务支撑的“后台协同”、效能评估环节的“双轨并行”、表彰激励环节的“多维奖励”等均诠释了企业管理的民主、集中、公开、透明、创新。

（五）社会行业高度认可，收获良好外部影响力

广东移动《面向企业战略的流程动态优化机制管理》荣获广东省经济与信息化委员会、广东省人社厅等四厅委联合颁发的广东省企业管理创新成果奖；《基于“民主集中、上下同欲”的流程优化重构模式探索与实践》获广东省总工会颁发的企业民主管理三等奖（通信企业唯一）。同时，《承接大连接战略，广东移动4R流程管理出实效》于2017年10月刊载于国内权威期刊《中国电信业》；广东移动制度流程基础管理及优化重构工作方法被《通信产业报》、中国通信网等多家媒体专题报道。本成果获国资委2019年全国国企管理创新成果二等奖。

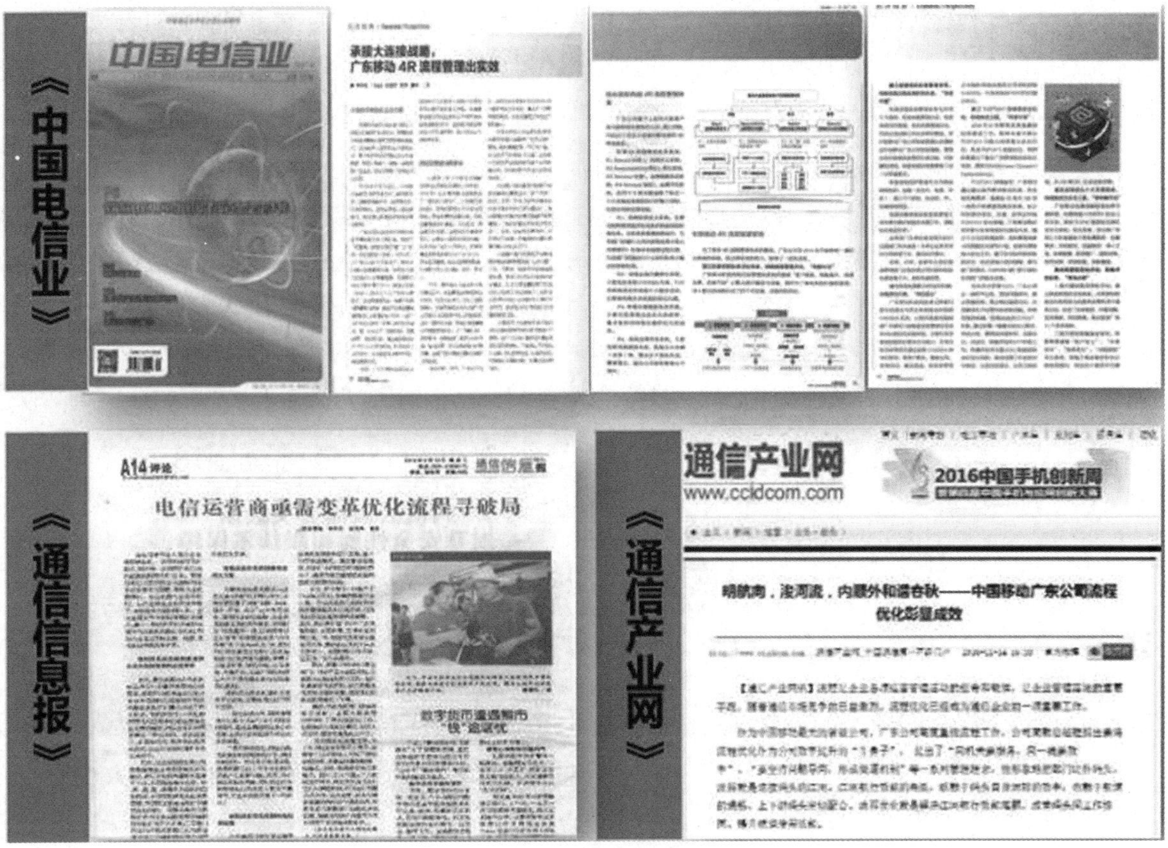

图 19　本成果获多方媒体报道

五、推广价值

（一）为解决问题而生，经实践检验而立

本成果是广东移动结合近几年全集团流程管理实际难点，针对性开展的创新探索，其诞生的出发点就是为了解决企业长流程运作效率低、国企改革转型发展环境复杂等内外部问题，不是简单的“拿来主义”或复制改造，而是在企业内、行业内具有首创性和较强创新性的管理成果。目前经过了广东移动4年多的广泛、完整的实践检验，事实证明行之有效。

（二）蕴涵管理智慧，成为企业管理服务典型案例

一是，坚持以人为本，通过多样化正向激励激发人的善意和潜能，同时搭建体系化的工作机制、平台、IT 系统，全程牵引、全程服务，全面为工作团队赋能。

二是，聚焦核心问题，抓住主要矛盾，不搞“摊大饼”式、错位式管理，最大程度避免了内部管理执行中的责任模糊、互相推诿、虎头蛇尾等情况，且本成果的实施不受公司管理层参与的深浅、高层投入时间精力的多少、经营环境变化、流程复杂多变、组织架构人员变化等影响，实现了“以不变应万变”。

（三）低成本高效率运行，易复制推广

总体而言，本成果所需的人力、财力成本可控，整体管理体系高效、务实。从广东移动目前的实施情况来看，本成果的落地实施无需增设新的岗位和人员，也无需增加额外资金投入，融合日常业务工作开展，涉及的每个单位核心牵引人员仅 1 人，在综合投入不高的情况下，大量释放各级管理层精力和时

间。另外，本成果已总结形成相对标准化、程序化的工作模式和配套机制、文案模板，可低成本甚至零成本复制推广落地。目前，该成果受到中国移动集团公司高度肯定，作为全国先进经验成果进行专题分享。近年，约20个其他省份移动公司联系交流学习该项工作模式经验。

（四）扎根国企土壤，适配国企特性，服务国企发展

本成果从广东移动"土生土长"，是根植于国有企业土壤后生根发芽、落地开花的，其"出生"需要解决的是国有企业面临更为复杂多变的内部外改革发展环境、实现转型升级和高质量发展的问题。成果坚持民主科学管理，将"民主集中、上下同欲"贯穿需求征集、行动确定、团队活动、评估奖励等整个工作模式运作的始终，让公司管理层、中层管理人员、基层管理者、一线员工多个角色共同参与、齐心协作，既体现柔性管控，又能汇聚心气，较好地顺应了国有企业管理运行需求。

图20　本成果六大优势

结语：广东移动流程优化重构模式经历了"从实践中来、到实践中去"、"来源于一线、作用于一线"的诞生与成长过程，经过四年多的检验与锤炼，成为支撑战略目标实现、业务高质量发展、客户满意度提升、一线员工减负的重要管理成果。但随着时代、环境与需求的变化，模式本身仍需与时俱进、不断精进。下阶段广东移动将面向国企的高质量发展与改革创新，结合国企发展面临的新任务与新变化，继续努力、持续探索，进一步完善和提高模式的综合应用能力，逐步推动并努力实现流程管理"从把关到通关、从利己到利他、从OK到PK、从求全到求简"的四大转变。

中国企业改革正处于关键时期，在明确改革方向后，企业内部运营管理机制的创新将成为企业改革的关键环节之一。希望广东移动对自身流程优化重构模式创新与实践，可以在服务自身改革发展的同时，沉淀工作模式与管理经验，向更多面临类似问题的企业提供智慧、输出价值，为中国企业改革和发展贡献绵薄之力。

成果创造人：杨大凯、应鸿伟、蔡伟文、苏卓生、巢　京、何　虹

面向价值创造的创新成果精萃提纯模型探索与实践

中国移动通信集团广东有限公司

中国移动通信集团广东有限公司（简称广东移动）隶属于中国移动通信集团公司。中国移动在2019年《财富》世界500强企业中排行榜第56位，在中国500强排行中排名第8位，并被国资委列入10家中央企业创建世界一流示范企业名单。广东移动作为中国移动乃至我国信息通信行业规模最大的省级公司和广东省规模最大的通信运营商，主要在广东地区经营移动话音、数据、IP电话、多媒体和企业信息化等业务，连续多年荣获广东省纳税十强企业称号，为通信行业及地方经济发展做出了重大贡献。

一直以来，在集团公司和广东省委省政府的正确领导下，广东移动坚持发扬“敢为天下先”的精神，在信息通信运营实践过程中始终坚持在发展中改革创新，以改革谋全局、以创新促发展，用实际行动创新引领通信行业发展。1987年，广东移动在国内最早开通移动电话业务，1995年最早开通了GSM数字移动通信服务，最早在国内提供了GPRS、EDGE、3G/4G/5G等移动通信服务。2000年以来，广东移动最早在国内推出了“全球通”“神州行”“动感地带”三大品牌，并被中国移动通信集团采纳并在全国推广；率先推出了“移动梦网”商业模式，引爆了短信彩信业务的飞速增长；创新并实施了“沟通100”服务营销体系，率先推出了“动力100”集团客户服务品牌，全面助力集团客户、中小企业实现数字化时代的转型升级。

近年来，广东移动主动融入粤港澳大湾区和中国特色社会主义先行示范区建设，争当网络强国、数字中国、智慧社会主力军，全面加快5G、数据中心等新型基础设施的建设，持续提升广东信息基础设施水平，助力广东高质量发展。当前，广东移动正按照中国移动集团公司部署，全面落实“5G+”计划，大力推进5G+4G（协同发展）、5G+AICDE（人工智能、物联网、云计算、大数据、边缘计算融合创新）、5G+Ecology（生态共建）、5G+X（应用延展）。加快建设“覆盖全省、技术先进、品质优良”的5G精品网，全力推动5G服务百姓、融入百业，更好地满足广大客户对美好数字生活的需要。

一、项目背景分析

（一）国家创新驱动发展战略和广东创新先行省建设的重要要求

自党的十八大明确提出实施创新驱动发展战略，将其作为关系国民经济全局紧迫而重大的战略任务以来，创新已经成为“创新、协调、绿色、开放、共享”五大发展理念之首。在十九大报告中，“创新”一词出现50余次，习近平总书记多次强调“创新是引领发展的第一动力”。2020年两会期间，习近平总书记再次强调“要大力推进科技创新及其他各方面创新”。2015 年以来，广东省委、省政府多次下发《关于加快建设创新驱动发展先行省的意见》，将“创新先行省”作为重要发展目标，2018 年 7 月，广东省发布《关于加快建设创新驱动发展先行省的意见》，提出完善创新发展的体制机制。如今，信息经济是国民经济命脉，也是国家创新发展的重要动力，电信运营企业如何利用优势资源，不断开展创新学习和再创新，激发企业内在创新动力，推动电信运营企业创新发展，已成为响应国家创新驱动发展战略的重要课题。

长期以来，广东移动致力于培育创新文化土壤，从当年的四大品牌创新到当前的 5G 发展创新，广东移动高层领导班子一直积极响应国家创新驱动发展战略和广东省创新先行省战略落地的重要要求，大力实施创新驱动发展战略，大幅提升全面创新能力，打造从原始创新、合作创新到消化吸收再创新的全方位创新能力，打造从创新项目立项、项目实施到创新成果应用推广的全过程创新体系，构建有效的创新推广应用和再创新机制，促进企业的快速发展。

（二）解决国有企业尤其是中央企业创新创业纵深发展难题的需要

经过国家创新驱动发展战略的持续发力，国内社会各界的创新创业浪潮滚滚，创新成为一种价值导向、一种生活方式、一种时代气息、一种发展趋势。这种趋势成为对冲经济下行压力、促进社会就业稳定、适应和引领经济新常态的重要途径。国有企业尤其是中央企业抓住了创新创业的赋能机遇，不断完善和丰富企业内部创新创业机制，着力培育创新人才和创新文化，并在生产实践中创造了大量优秀创新成果。传统的国有大中型企业的创新优势在于优化创新资源配置、打造创新平台、集中力量研发创新成果，但国有企业乃至中央企业的创新链中缺少一个重要的环节，即创新成果的再创新和推广应用这个环节，导致创新领域研发容易推广难、消化容易吸收难、学习容易复制难，进而对创新成果普及和应用、创新引入和推广、二次创新带来了新的难题。因此，解决创新创业纵深发展的难题，填补通信行业内部乃至整个国内企业创新成果再创新与推广应用领域的空白，成为广东移动推动创新价值链高质量发展的重要使命。

（三）解决公司创新实践积弊、推动企业改革创新和高质量发展的迫切需要

过去几年，在中国移动“正德厚生、臻于至善”核心价值观和“十三五”战略规划的指导下，广东移动作为国内信息通信行业创新的排头兵，积极践行中国移动“力量大厦”的战略要求，不断创新信息服务能力，持续提升企业运营水平，孵化出一批优秀的管理创新、市场创新、技术创新成果，平均每年孵化和创造 300 多个创新成果、110 个“双创”创意、超过 1000 项在岗技术革新成果、近 4000 个群众性质量创新成果等，通过创新每年创造经济效益超过 5 亿元，有效推动了企业创新发展和高质量发展。

随着国企改革的深化和信息产业的转型升级，与通信行业密切相关的 5G、物联网、大数据、云计算、人工智能等科学技术和产业经济已经步入加速发展的快车道，国有企业尤其是中央企业都面临着改革创新和高质量发展的新课题。

广东移动拥有领先的市场份额和良好的创新传统，但随着新技术、新业务、新商业模式的迅猛发展，其作为运营商对产业链的主导权受到了前所未有的挑战，与此同时，随着近年来创新激励力度加大，公司在创新全过程管理中，遇到企业创新管理工作常面临的重获奖轻推广、重宣传轻应用，以及创新推广意识不强、动力不足、方法不到位等痛点，具体体现在以下几个方面：

1. 创新成果引入及解构缺乏科学的工具和方法，易流于形式

广东移动长期以来高度重视通信行业内的优秀创新成果沉淀工作，在大力培育创新团队、创新导

师、创新人才的同时，积极做好对通信行业内优秀创新成果的对标学习和分析借鉴工作，建立了完善的优秀创新成果案例库。但在对优秀创新成果的引入及准入机制建设上缺乏科学、客观、成熟的衡量工具和方法，过于依靠创新骨干成员在实际工作中积累的经验和该成果实际获奖情况进行综合判断，导致对优秀创新成果是否适合本单位引入缺乏标准的准入流程。

在解构创新成果的过程中，广东移动一直采取创新团队带头人评估或组织专题研讨会等形式来开展工作，不仅费时费力，而且往往受人为主观因素影响过多，无法迅速准确地找到突破点。另外，由于业内普遍缺乏对创新成果解构的科学的操作工具和方法，造成创新成果解构流程过于冗长，易流于形式，对优秀创新成果的剖析工作无法做到洞察清晰、精准提炼，极大增加了创新人员的工作量。尤其在重大创新研发工作上，如何在短时间完成大批量优秀创新成果的分析及亮点转化，工作短板愈加明显，极大影响了对优秀创新成果转化工作的效率。

2. 优秀创新成果在落地推广上无制可依、无例可循，转化效率低

在广东移动众多优秀创新成果项目实施过程中，如何实现“高价值落地推广”一直是技术性的难题。受广东省各地市独有的地理环境、经济发展、社会生态、文化特色等多方面因素的影响，同一个优秀成果在珠三角地区能够顺利实施并产生巨大的经济效益，但在粤东或粤西地区却可能遭遇“学不会”“学不像”“学不精”等现象，从而导致优秀创新成果出现“水土不服”，转化效率低下等结果。同时，无论是通信行业还是其他社会经济领域，创新业界也存在着创新成果引入、复制、推广方面的“空白区”“无人区”，即创新成果的消化（学习）、吸收（应用）、代谢（价值转化）全过程，没有明晰且成功的机制方法可循。企业对内外部优秀创新成果解析过程中，如何才能萃取提纯成果精华部分，转化成高价值应用并满足不同领域、不同市场环境、不同战略规划或创新项目要求？广东移动在过去开展创新成果实践推广的过程中，一直尝试各种不同的方法，如鼓励各地市分公司结合自身情况自行改造成果实施步骤、重新开展数据调研、重新匹配相应的执行项等，从实际推广的效率和成效上看，意识到仍缺乏一套科学的创新成果落地推广体系和辅助工具。

3. 传统的创新学习及再创新活动成本高、效果弱，导致创新价值衰减

传统的创新学习和再创新主要通过线上和线下完成。线上的创新学习形式包括对标研究、成果分析、在线培训等，这种学习方式只能了解到其他企业创新的公开资料或外在形式，无法深入理解企业创新的内涵及其所处的内外部环境特点，更难以吸收和应用标杆企业的创新举措。线下的创新学习形式包括跨界交流、对标学习、线下培训等，此类学习方式可以深入了解企业创新的环境、背景、内涵和举措等，但这些活动的沟通成本、学习成本非常高，而且学习效果与目标企业交流学习的专业能力、技术知识、管理经验有密切联系。

因此，在现代企业的生产经营过程中，迫切需要在传统的线上学习和线下学习的渠道之外，开辟适合企业创新主体的新型创新学习和再创新模式，实现既节约学习成本、沟通成本，又能快速达成学习效果、产生创新价值的目的。

4. 创新由精英式向大众化转型迫切要求创新成果推广工具简单可用

对于公司创新管理体系而言，创新文化建设的重要性毋庸置疑。广东移动多年来一直坚持开展专项创新和群众性创新活动，打造了“粤移创+”员工内部创业品牌活动，开展了多期创新训练营、创新研思坊、创新沙龙等系列活动，大力培育创新苗圃、创新温养池，建立了金字塔型的创新人才培养模式，培训了一大批创新人才和尖兵团队，营造了浓厚的创新学习与分享氛围。但在优秀创新成果的转化及应用过程中，主要的受益者仍然是创新骨干团队，对于普通员工而言，受到创新专业知识缺乏所限，希望

借鉴学习一些优秀创新成果却不知如何入手，缺乏简便易用的创新成果学习工具方法，容易因一知半解而产生知难而退的畏难情绪，甚至影响了对参与创新工作的积极性。因此，研发一种高效便捷、易于推广的解构创新成果的工具和方法，对于提升创新文化建设成效，助力创新成果实践推广工作至关重要。

综上所述，基于外部社会经济和竞争形势的要求、内部管理价值化和精细化的需求，广东移动在实施创新管理的过程中，一方面全面激发员工创新创业活力，确保高价值创新成果的不断产出，另一方面也迫切需要推动创新成果推广和应用的深入和广泛普及。为此，通过完善创新价值链和创新成果推广应用机制，充分调动员工参与创新、应用创新、二次创业的积极性，解决企业创新发展的破局难题，发挥国有企业在实施创新驱动发展战略中的骨干和表率作用，成为广东移动探索改革创新和高质量发展道路的动力。

基于此，广东移动构建并实践了面向价值创造的创新成果萃取提纯模型，打造基于波特价值链模型的最佳实践推广管理机制，并通过科学合理的创新成果全价值链分析与管理，实现创新成果的萃取提纯及要素重构，确保最佳实践的关键要素可控可复制，同时规避潜在管理风险，从而在原有实践的基础上实现价值重构和二次创新。通过自主性、内生性的创新价值模型构建，既填补了业界缺乏对创新成果科学解构的空白，更实现企业创新发展的价值化、规范化。

二、理论基石

当前世界上流行的创新管理工作方法和理论众多，广东移动在创新实践中通过萃取提炼，自主摸索形成了创新成果推广和应用机制，并在实践过程中找到该模型与波特价值链的融合点，汲取波特价值链的精华，构建并完善了业内首创的面向价值创造的创新成果萃取提纯模型。

由美国哈佛商学院著名战略学家迈克尔·波特提出的“价值链分析法”，把企业内外价值增加的活动分为基本活动和支持性活动，基本活动涉及企业生产、销售、进料后勤、发货后勤、售后服务。支持性活动涉及人事、财务、计划、研究与开发、采购等，基本活动和支持性活动构成了企业的价值链。价值链模型认为，不同的企业参与的价值活动中，并不是每个环节都创造价值，实际上只有某些特定的价值活动才真正创造价值，这些真正创造价值的经营活动，就是价值链上的“战略环节”。企业要保持的竞争优势，实际上就是企业在价值链某些特定的战略环节上的优势。

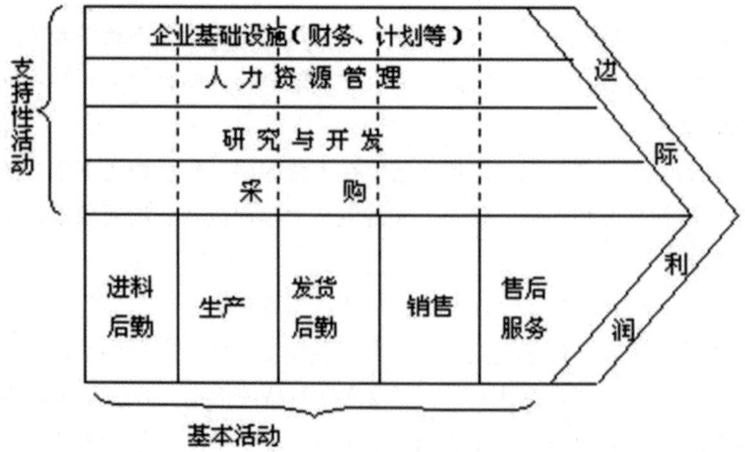

图1　波特价值链模型

在创新管理过程中的最佳实践推广环节，每个创新成果的本质是通过业务服务、网络技术、企业管理的各层级创新达成企业组织战略目标，为组织带来边际利润。因此在创新成果推广实践中，如何对创新成果的目标（战略目标、成果内涵）主价值链（价值创造的过程和做法）和辅价值链（价值创造的条件与保障）等进行精萃提纯，成为了项目的关键。

三、成果内涵与做法

（一）创新成果萃取提纯价值链模型内涵

广东移动构建的面向价值创造的创新成果萃取提纯模型，紧扣创新成果的主价值链（价值创造过程）和辅价值链（价值支持过程）进行分析，通过价值判断识别（价值解构，Judge）、价值驱动分析（萃取提纯，Extract）、价值创造运行（价值重构、Reconstruction）以及价值实现（价值重构显示、Achieve）JERA 四位一体的关键环节管控，输出面向价值创造的创新举措，实现降本增效的二次创新目标。

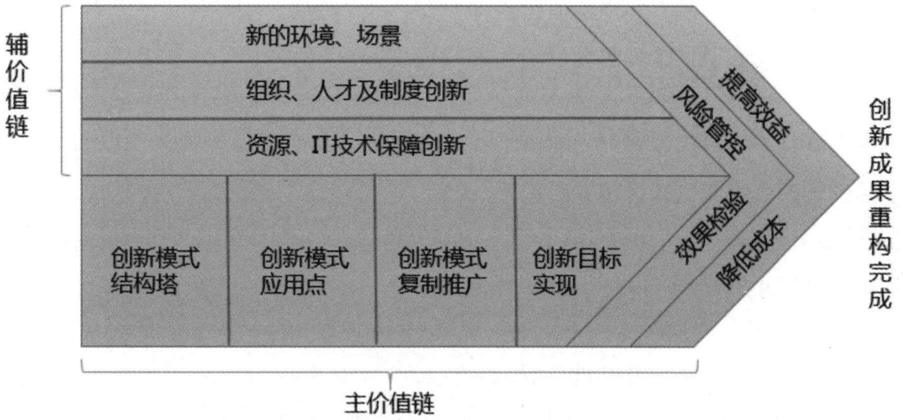

图 2　创新成果萃取提纯价值链模型

创新成果萃取提纯的四位一体环节包括：Judge（价值解构），即对创新成果进行深度解构，通过价值判断识别确定创新内容能否采用；Extract（萃取提纯），即通过价值驱动分析，对创新内容开展价值驱动分析，进行萃取并提纯；Reconstruction（价值重构），即经过萃取提纯之后的创新要素重新排列组合，实现重构；Achieve（价值实现），即形成新的创新价值链模型，实现预期创新效益，完成整个价值创造的创新目标。

（二）创新成果萃取提纯价值链模型关键实施步骤

1. 面向价值创造的创新成果萃取提纯模型中，辅价值链内容包括：

（1）环境、场景适用条件：评估创新成果可否适用于本单位应用环境或应用场景，适用的条件又是什么，可结合最新发布的创新政策、企业创新大环境等。

（2）组织、人才及制度保障：采取横向对比的方式，结合本单位创新情况，分别对创新成果内容所提及的组织架构、创新人才及制度保障进行充分评估。

（3）资源、IT 技术保障：采取横向对比的方式，针对创新成果内容在资源和技术保障方面的优势，充分评估本单位在创新工作中可提供的各类资源和 IT 技术保障。

2. 相比于辅价值链，主价值链的内容更加能够全面展示创新成果的关键内涵，主要是指创新成果推动企业运营产生价值的全过程，例如采购、加工、销售、服务等价值创造的全过程：对于主价值链的识别，广东移动主要从 JERA 四个阶段进行精萃提纯：

（1）第一阶段：价值判断识别，即价值解构（Judge）

内涵：对创新成果进行深度解构，通过价值判断识别确定创新内容能否采用。

推荐使用工具：鱼骨图、PDCA

可解决难点：学习容易复制难。

以往在进行外部优秀创新成果分析时，需要公司创新专家先进行深度研究，再组织创新团队讨论。应用该阶段工具方法后，可精准判断外部创新成果是否值得全部引入或部分引入。

可使用方法：Q10 提问法，具体为：

Q1-Q2：战略价值

Q1：该项目是否经过高层驱动过程？

Q2：该项目与我方战略目标是否一致？

Q3-Q4：目标价值

Q3：该项目成果可否助力我方实现价值化目标？

Q4：该项目成果与我方项目领域契合度如何？

Q5-Q8：创新价值

Q5：该项目成果是否获得创新专利或奖项？

Q6：该项目成果创新价值可否为我方所用？

Q7：风控价值

Q8：如果我方应用此项目，风险评估值是多少？

Q9-Q11：投入产出比

Q9：项目总投入成本是否在我方可行范围内？

Q10：如果我方应用此项目，可获得哪些经济效益、管理效益及社会效益？

Q11：如果我方应用此项目，投入与产出比值是否适合？

（2）第二阶段：价值驱动分析，即萃取提纯（Extract）

内涵：通过价值驱动分析，对创新内容开展价值驱动分析，萃取提纯。

推荐使用工具：提纯法则、矩阵图

可解决难点：消化容易吸收难。

以前缺乏科学解构创新成果工具和方法，无法对已解析的优秀成果精华部分进行转化，应用该阶段工具方法后，可轻松实现对优秀成果的萃取提纯，吸收精华部分，去除冗余内容。

可使用方法：亮点提纯主要包含六个模块：

第一个模块：构建差异化评估表

第二个模块：通过分析法分析列表

第三个模块：比较差异评估点

第四个模块：转化差异创新点

第五个模块：如果差异化评估未果，调整或重构初始列表

第六个模块：完成分析与评价

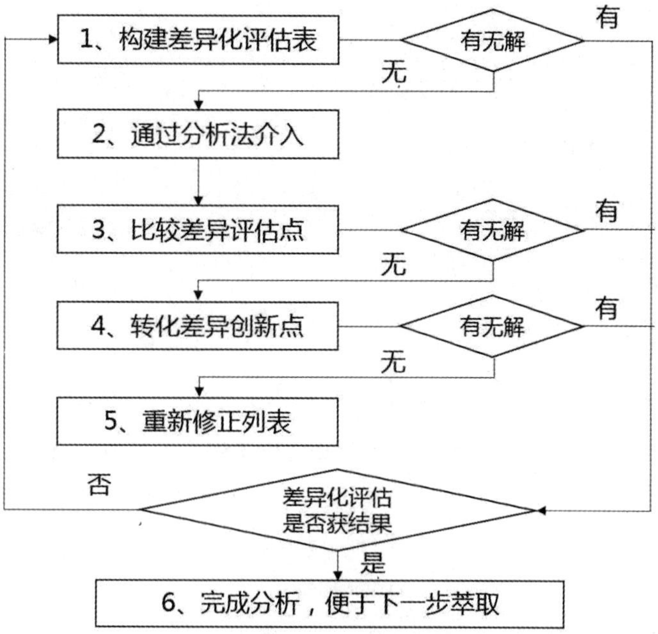

图 3　价值驱动分析模型

（3）第三阶段：价值创造运行，即价值重构（Reconstruction）

内涵：将经过萃取提纯之后的创新要素重新排列组合，实现重构。

推荐使用工具：BVS、MECE

可解决难点：为创新员工减压、减负、减繁，提升工作效率。

可使用方法：价值重构的萃取方法可采用 CLCS 四步法：

步骤一（分类，Classification）：对差异化评估结果内容进行分类萃取；

步骤二（列举，List）：列出关键点，并且完全穷尽；

步骤三（检查，Check）：检查每一项是否完全独立，如果不是，对它们进行再次分类和归纳；

步骤四（穷尽，Spread）：再展开每一层是否完全独立，而且穷尽。

（4）第四阶段：价值实现，即价值重构显性展示（Achieve）

可解决难点：研发容易推广难。

以往公司集中优势资源研发的创新成果，由于受省内不同地域经济发展水平、环境因素等影响，在推进优秀创新成果落地，产生新价值、新极点方面难度较大。应用该阶段工具方法后，可帮助其他地市分公司在精粹提纯优秀成果后，迅速完成二次创新，普适性非常强，因为工具方法已明晰显示出对标优秀成果适用的人、机、料、法、环，使用者只需要根据本地化创新需求，调整每部分内容即可。

在完成创新成果的萃取提纯和价值重构后，再组成新的主副价值链模型，实现创新成果二次创新。

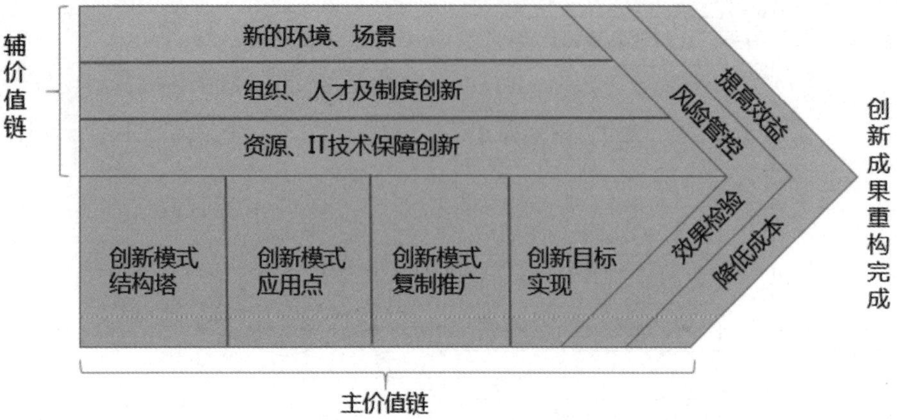

图 4　创新成果萃取提纯价值链重构模型

在具体实践应用流程上，可以通过 APRP 四步法（即分析（Analysis）、提纯（Purification）、重组（Regroup）、推广（Popularize））来开展，具体可见以下图示。

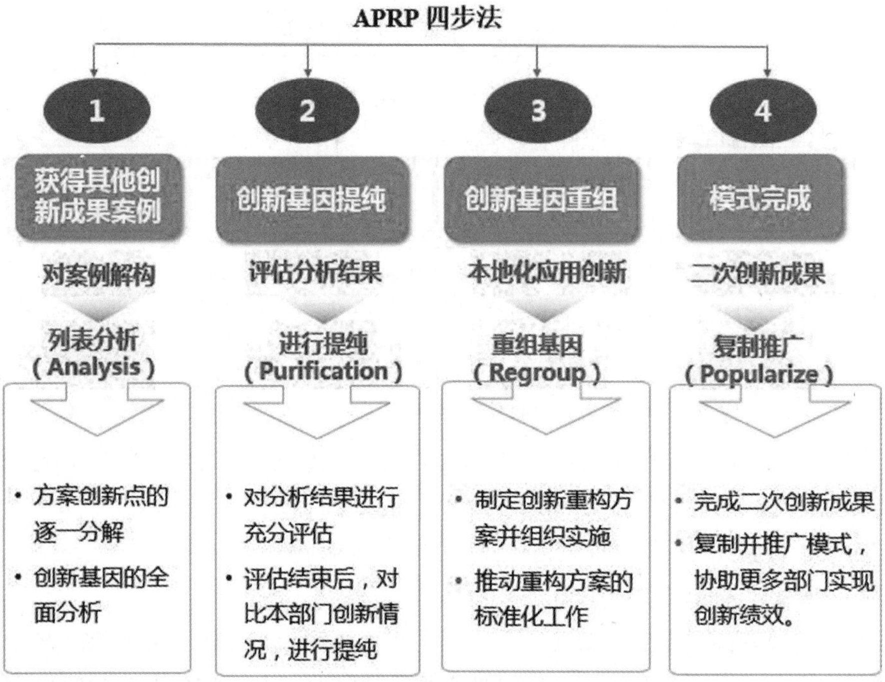

图 5　创新成果萃取提纯价值链应用流程

（三）创新成果萃取提纯价值链实施表单化

在创新成果萃取提纯价值链具体实施上，为了便于使用者快速方便使用，仅需要使用者对照需要对标分析的优秀创新成果内容，填写两份流程化表格即可完成大部分分析工作内容。一是《创新成果价值清单评估表》，二是《创新价值萃取提纯流程表》。

表 1　创新成果价值清单评估表

序号	评估维度	评估重点	评估点摘要	评估分值参考标准	评估分值	评估分值对应结果
1	战略价值	该项目是否经过高层驱动				
		与我方战略目标是否一致				

续表

2	目标价值	助力我方实现价值化目标				
		与我方项目领域契合度				
3	创新价值	曾获创新专利或奖项				
		创新技术或方法能否为我方所用				
分数总计						

《创新成果价值清单评估表》使用者需按照对标分析的优秀创新成果内容，对应表格当中的细项逐一填写并进行评分，判断下一阶段是否对创新成果进行提纯。

表 2　创新价值萃取提纯流程表

序号	萃取维度	创新价值点	创新成果内容列举	创新价值点萃取评估	是否提取	融合再创新举措
1	环境	宏观政策环境				
		市场竞争环境				
		以往创新成果积淀				
2	组织	创新成果架构				
		创新制度流程				
		创新文化特色				
3	资源	创新团队				
		创新成本投入				
		IT 技术支撑/市场营销				
4	价值驱动	高层/IT 驱动目的				
		管理/业务驱动目标				
5	价值创造	应用创新内容				
		流程创新内容				
		突破创新举措				
		营销创新策略				
		持续创新周期				

《创新价值萃取提纯流程表》在创新成果内容列举部分和融合再创新举措需要使用者自行填写。其中创新成果内容列举为根据创新价值点，列举成果中对应内容；融合再创新举措为经过评估和提纯亮点匹配后，适合本单位/本部门应用的创新举措。

四、成果实施效果

广东移动研发本成果周期为 2 年，持续开展了 1 年多的创新实践，并在 8 个地市分公司同时开展为期 6 个月的试点工作，获取丰富的数据表格和反馈后正式投入运行，先后有近 800 多名创新团队成员应用该成果模型并取得良好的效果。从实践效果来看，本成果较好地解决了在公司内部构建最佳实践推广和复制机制，确保创新价值的持续落地和深化的问题，主要体现在以下四个方面：

（一）科学智萃，为解决创新成果萃取提纯提供高效解决方案

本成果系统性的解决了对创新成果分析及精华部分萃取提纯的诸多难点，如工具方法及衡定标准不统一、分析维度缺乏专业性和专业深度、评估方式无法量化等等。使用者既可参照模型各个阶段提供的工具和评估方法来自行完成创新成果的分析和萃取提纯，亦可再重新组合创新关键性因素，进行二次创新或开展相关创新课题研究。在具体实施过程中，使用者仅需按照要求在线填写完毕《创新成果价值清单评估表》和《创新价值萃取提纯流程表》，即可完成大部分的流程步骤。两份表格中各维度分析及功能设置严格遵照本成果的各个步骤来设计，使用者在填写过程中即等同于使用创新成果精萃提纯模型的科学分析工具方法，所总结的成果内容具有很高的创新应用价值。

创新成果价值清单评估表

一、战略价值

*1.1 该项目是否经过高层驱动过程?

○是

○否

*1.2 该项目与我方战略目标是否一致?

○是

○否

二、目标价值

*2.1 该项目成果可否助力我方实现价值化目标?

○是

○否

*2.2 该项目成果与我方项目领域契合度如何?

○非常不契合

○不契合

○一般

○契合

○非常契合

三、创新价值

*3.1 该项目成果是否获得创新专利或奖项?

○是

○否

*3.2 该项目成果创新价值可否为我方所用?

○是

图 6　《创新成果价值清单评估表》线上填报版式

以中国移动广东移动佛山分公司为例。创新团队成员在应用了本成果对标萃取提纯其他优秀创新成

果后，解决了“学习容易复制难”难题，精粹提纯出对标创新成果的精华部分，通过二次创新，研发了“面向停机用户的智能通道设计”创新成果项目，获得了巨大的经济效益。

该项目背景为佛山分公司发现有部分客户在欠缴话费停机后无法得到充值提示，须亲自前往服务营业厅办理开通业务。通过该创新项目的实施，全部停机用户均能实现停机后自动跳转到温馨提示页面，并可以实现在线充值。

表 3　创新成果价值清单评估

评估维度	评估重点	评估分值
战略价值	该项目是否经过高层驱动	高度重视：8 分
	与我方战略目标是否一致	高度一致：9 分
目标价值	与我方项目契合度	非常适合：9 分
	助力我方实现价值化目标	帮助很大：9 分
创新价值	曾获创新专利或奖项	获省级奖项：5 分
	创新价值能否为我所用	非常适合：8 分
风控价值	我方应用此项目的风险评估值	风险很小：8 分
投入产出比	项目总投入成本是否在我方可行范围内	非常可行：9 分
	项目所获经济效益/管理效益/社会效益	非常显著：9 分
	如我方应用此项目，投入与产出比值是否适合	非常适合：9 分
合计	83 分，可以进入下一阶段提纯	

表 4　创新价值萃取流程表

萃取维度	创新价值点	创新成果内容列举
环境	宏观政策环境	停机用户往往是最容易离网的用户，在携号转网推上日程和大背景下，让停机用户有良好的感受对保有用户和保有营收至关重要。
	市场竞争环境	携号转网推上日程，各运营商之间抢占用户空前激烈
	以往创新成果积淀	以往内容计费的创新成果可供参考
组织	创新成果架构	构建温馨提示、在线充值、营销推广三位一体的创新功能
	创新制度流程	通过流程设置避免了客户停机后无法收到提示及充值页面
资源	创新团队	组成跨省市跨线条跨部门工作团队
	创新成本投入	极低，人力成本支出为主
	IT 技术支撑/市场营销	公司网络、市场线条部门支撑
价值驱动	高层/IT 驱动目的	提升用户体验，增加营收 XXXX 万元
	管理/业务驱动目标	提升服务质量，增加营销触点

续表

价值创造	应用创新内容	本项目在核心网设计一个面向停机用户的智能通道，客户可以在停机后通过智能通道完成充值流程
	流程创新内容	1、停机后出现温馨提示页面
		2、用户停机后，通过本项目可以让用户在停机状态下使用手机进行在线充值，迅速恢复业务。
		3、创造了一个新的营销触点，广告平台点击量大。
	突破创新举措	本项目让用户在停机状态下使用手机进行在线充值，充值后可以马上恢复业务。
	营销创新策略	提醒页面嵌入有针对性的营销优惠触点，提升市场营销方案的转化率，增加市场收入。
	持续创新周期	年度
风险管控	创新成果产出评估	预估一年的充值额超过XXX万元；营销广告每日达到X万点击量，隐性收益难以用具体金额衡量；大大节省投诉处理的人力成本。
	创新成果增值性评估	增加营销触点有较大增值空间。
	知识产权/项目专利风险评估	本项目由移动公司单独完成。
	创新成果获奖情况	省公司发文推广，广东移动科技创新成果奖。
价值实现	创新成果可复制性情况	全国各省移动公司均可复制
	创新成果推广情况	目前已实现全省推广，下一步面向全国推广。

图7　佛山分公司研发团队讨论创新成果

（二）降本增效，成功解决了创新成果落地应用推广难题

本成果研发实施后，创新成果的“本地化应用”难题迎刃而解。究其缘由，在于本成果严谨遵照波特价值链当中主辅价值链的闭环自检及交互联通效果。在价值判断识别（价值解构）、价值驱动分析（萃取提纯）、价值创造运行（价值重构）以及价值实现（价值重构显性展示）等四大流程执行过程中，具备创新管理专业知识的团队可以通过鱼骨图、PDCA、提纯法则、矩阵图、BVS、MECE等等多种专业的策略及数据分析工具，在对标参照已有优秀创新成果具体实施举措的基础上，自行进行本地数据匹配和检查识别，再通过提纯法则的闭环应答机制，萃取提炼再造新的创新成果，解决了“消化容易吸收难”问题。如广东移动肇庆分公司“构建创新双环互动机制”成果项目，按照以往的创新成果研发经验，因为投入创新成果的资源优势较少，经评估短期较难申请到全省资源支持，但应用本成果后，即是在对标广东移动《基于“大连接战略”的流程优化重构模式探索与实践》创新成果上，自行研发的获奖项目，实现了“小资源办大事”，为公司流程管理节约了1400多万的成本费用。

又如广东移动茂名分公司《基于产业链的物联网拓展模式》优秀成果，通过对个人穿戴市场和车联网行业的分析，提出基于产业链的物联网拓展模式，不仅对智能穿戴和车联网行业的拓展提供了全面有效的支撑，也对其他行业使用该模式提供了借鉴意义，实现了创新成果在其他行业的快速复制推广。在实际应用过程中，该成果与当地车联网平台达成2000多万的合作协议，实现了创新成果变现。

（三）即插即用，迅速提升创新成果转化率再造新价值

本成果提供从“理念——体系——模式——工具”完备的科学体系，不依赖于IT系统而自成为解构“黑匣子”，价值点主要体现在能够适应不同行业环境、不同地域差异、不同战略规划要求或创新项目要求，由使用者自行组合再造，只需严格遵照本成果流程内容即可迅速提升创新成果转化率并再创造新价值，实现创新管理工作的新突破，成功解决了“研发容易推广难”的难题，具备普适性和快速推广性的特点。

以广东移动创新管理体系为例，之前创新管理体系均按照公司战略规划有序升级并逐步完善，难以取得较大的突破。当本成果实施后，在极短时间内，广东移动按照四个阶段梳理、萃取、提炼并二次创新既有的管理体系内容，形成了《六维一体创新驱动发展管理体系的构建与实施》创新成果，打造了六维一体的创新模式，即：一个战略、两种形态、三大基础、四大领域、五大保障、六轮驱动；其中，一个战略指的是“创新驱动发展”；两种形态是微创新解决大问题、大创新推动新发展；三大基础即P-M-M（创新平台、创新机制、创新模式）；四大领域则指组织创新、技术创新、业务服务创新、管理创新；五大保障为创新管理制度、专家人才队伍、创新积分体系、创新平台支撑、创新文化建设；“六轮驱动”是创新驱动发展管理体系的实践基石与动力保障，包括：员工创业、科技创新、产品研发、网络IT研发、联合孵化、双创落地。通过六轮驱动的全面推动，广东移动创新管理工作取得新的突破，实现了创新文化扭转、战略价值输出、组织转型发展。该创新成果已荣获“通信行业管理创新成果一等奖”和“中国移动管理创新成果奖”，并受到业界同行的高度评价及参照借鉴执行，实现快速推广。

（四）迭代多变，构建最佳实践推广管理新生态

本成果在具体实施过程中并非如其他管理模型一样一成不变，而是具备了自我迭代多变、可自行升级的特色。一是本成果四个阶段所建议的工具方法具备柔性管理的特点，可以根据使用者的需要，自行采取其他管理工具方法来替代，只要严格遵照各阶段的流程来实施同样可以达到既定的效果。二是本成果匹配的表格功能选项可以根据使用者所在行业的实际情况，自行调整部分选项，更接行业地气，实现

跨行业应用及创新成果迅速复制推广的成效。三是本成果对使用者的资质不做硬性要求，普通的基层员工亦可以通过在线填写表格，轻松获取创新成果创意及二次创新课题，或者使用本成果工具参与其他创新团队的创新研发工作，实现从“创新菜鸟”到“创新人才”的快速成长。经过本公司 1 年多期间所有创新团队成员的实践应用后，在对标分析创新成果时间成本上同比缩短 3.5 天，提升优秀成果转化率 36.8%，为公司增收了近 1.5 亿元的利润。

综上所述，本成果具备极强的普适性和快速推广性，弥补了当前创新管理理论界、实践界的空白，是业界首创的创新成果精粹提纯价值链模型，一举解决了多项创新成果解构难、落地难、推广难、再创新难等一系列难点问题。本成果经实践应用后，既实现了创新管理的降本增效，完成对外部创新成果“来料加工”，成为原料加工厂；又简便易用实用，为一线创新员工减压、减负、减繁，成为众多创新团队竞相使用的利器；更通过创新成果二次创新，创造新的价值成长点，产生较好的企业效益和社会效益，锻造创新管理的新价值。

本成果具备较广阔的后续研发和延展能力，后续可结合小程序辅助，嵌入 AI 智能识别、职能解构、智能输出等智慧管理功能实现大数据和人工智能化，大大节省模型使用者的成果解构提纯时间，提升创新成果转化率。通过创新成果精萃提纯模型的探索与实践，以“小工具”落实“大战略”，促进企业高质量创新发展，助力国企转型发展实现中国梦！

成果创造人：杨大凯、应鸿伟、蔡伟文、苏卓生、秦　蓁、黄　琦

航天火化工企业提高安全保障能力的产品质量管理研究

中国航天科工集团公司第六研究院 8610 厂

中国航天科工集团第六研究院八六一〇厂（以下简称 8610 厂），又名“湖北三江航天江河化工科技有限公司”，地处湖北宜昌地区，现有员工 1100 余人，各类专业技术人员 500 余人，中高级专业技术人才 400 余名。8610 厂始建于 1969 年 7 月，2010 年改制为有限责任公司，是航天型号发动机装药、配方研制、总装及某型号系统总装、试验的国有航天大型火化工厂，主要承担国家数十个航天型号的研制与生产任务，拥有两条型号批产生产线和一条高能材料生产线，具备高能产品等多种型号、高能材料的研制与生产能力，企业工业总产值 15 亿元，湖北省高新技术企业，湖北省“最佳文明单位”，多次荣获“全国质量管理小组活动优秀企业”“全国优秀质量活动小组”“全国质量信得过班组”“航天优质产品”“中国航天质量奖”等称号。

一、航天火化工企业提升安全保障能力的产品质量管理研究实施背景

（一）航天装备系统安全性可靠性和保障性的行业需要

航天装备产品必须满足安全性、可靠性和保障性，即不导致操作使用人员伤亡、不危害健康及环境、不给设备或财产造成破坏或损失的能力，产品在规定的条件下和规定的时间内完成规定功能的能力，系统的设计性能和计划的保障资源满足平时战备及战时使用要求的能力。8610 厂是航天装备研制生产骨干企业，承担多型号研制生产任务，技术密集、系统复杂、精度要求高，研制生产的产品是航天装备的核心动力部分，在整个武器系统中至关重要。在产品研制生产及交付使用过程中，投入高、风险大，存在“一人出错，整体受损；一件报废，一批受阻；一个隐患，酿成灾难；一个缺陷，系统毁灭”的安全质量风险和不可逆性，尤其是最终交付使用的产品，合格率必须达到 100%，才能保障整个装备系统的安全可靠性，质量就是生命，质量就是胜算，产品质量优劣，直接关系到战争胜负和国家民族安危。同时企业的研制生产的产品，是国防科技工业发展需要，提升装备系统的安全保障能力，是贯彻落实全国装备质量工作会议精神和中央巡视组对航天装备提出的工作要求，也是实现中国航天科工集团公司关于“建设成为国际一流航大防务公司”发展战略的必由之路。因此，企业产品质量管控和管理创新，关乎航天装备的先进性和整个系统的安全性、可靠性和成功运行。

（二）企业产品和生产工艺的特殊需要

8610 厂作为大型航天火化工企业，研制生产的固体火箭推进剂发动机及火工品，无论是生产原料，

还是最终成品，大多极具易燃易爆危险性，威力巨大，尤其是少数配方组分对压力、温度、感度的敏感性极高，高能高燃速材料在产品中应用，危险性更甚。因此，研制生产过程始终伴着危险，产品质量问题有可能引发或转化为安全问题，甚至可能导致整个武器系统的重大安全事故和功能失败，造成无法估量和无法弥补的损害。回顾同类企业科研生产之路，质量问题总是伴随安全事故，例如，某企业在高能材料生产过程中发生爆炸，2人死亡，厂房设备报废；某企业在清理发动机壳体内残留推进剂时引发爆燃，1人重伤；某企业在浇注过程中高能材料与设备摩擦突发爆燃事故，1人全身重度烧伤面积达90%以上，损失400万元以上；某靶场飞行试验发动机点火失效导致试验任务失败。这些事故，凸显了火化工品的生产特性。同时，现阶段航天火化工企业，大多产品的生产工艺特点是集体作业和手工操作，需要同岗位多人配合，群体完成操作，作业时人员多，环节复杂，任何一个人或工序出现问题将会导致质量问题或引发安全事故。产品质量问题或隐患，必须在产品生产过程中和最终产品交付使用之前彻底消除，否则不仅影响武器装备研制生产进程，而且对整个装备系统的安全可靠性构成严重威胁，必须强化提升安全保障能力的产品质量管理。

（三）企业提升市场竞争力的现实需要

航天型号研制生产任务是8610厂赖以生存和发展的根本，安全顺利完成国家亟需的多型号定制化的航天型号研制生产任务，是企业生命线，也是神圣使命和政治责任。提升全系统安全保障能力，强化质量管理，是贯彻落实航天科工集团公司“1+2+3+4+5+N”转型升级发展思路及战略措施，是在军民融合发展、民参军、军品市场竞争激烈环境中，赢得生存和发展的重要举措。多年来企业已为国防建设提供了大量优质产品，但也认识到在研制生产过程中存在的巨大风险和低层次、重复性的质量问题，产品的生产工艺技术涉及到高能材料制作、绝热、称量、混合、浇注、硫化、整形、部装、总装、试验等，需要集体作业完成任务的班组达3/4以上，特殊工种、关键工种20余类，65.5%为集体手工作业，个体技能差异和操作质量都会影响产品质量，影响整个系统的安全可靠性，企业必须在研制生产过程中严控安全质量风险，否则，不仅科研生产停滞、企业发展受困，而且是政治和社会问题，因此，提高装备质量责任和危机意识，保证产品实物质量，提升武器装备系统安全保障能力，既是企业质量管理新的挑战，更是企业生存发展和提升市场竞争力的现实需要。

二、航天火化工企业提升安全保障能力的产品质量管理研究基本内涵及主要做法

企业根据航天装备产品特性、研制生产工艺技术特点、研制生产过程的巨大风险性、危险性和不可逆性，改变传统质量管理思路，实施以提升安全保障能力的产品质量管理，重塑产品自身安全质量意识暨保障装备系统安全可靠性的质量管理理念，在生产源头坚持“三不原则”，在操作过程实行“三个确认”、对待问题做到“三不放过”，应用新技术和信息化等质量管理手段，建立“3H”关爱和客户互动机制，以追求产品零缺陷为目标，不断打造航天优质产品，从产品研制到交付使用全过程提升安全保障能力，从而保障武器装备系统的安全可靠性，提升企业核心竞争力。主要做法如下：

（一）明确管理目标与思路，重塑全员质量意识和理念

1. 确定质量目标与管理思路

企业明确了“以法治质，以德兴质，顾客为本，系统预防，安全可靠，争创一流”的质量方针，培养人格化的质量，把提升安全保障能力作为产品质量管理的生命线，全员正确履行岗位质量职责，树立“工作无差错，产品零缺陷”的质量文化理念，树立“一人出错，整体受损；一件报废，一批受阻；一

个隐患，酿成灾难”的安全质量风险观，奉行“老实做人，照章办事，一次做对”的质量行为准则，提高产品研制生产各层面各环节各要素的质量管控能力，实现型号发动机地面热试车成功率100%、飞行试验成功率100%、产品交付验收合格率100%，以提升产品质量保障武器装备系统安全可靠性，实现企业“安全第一，质量至上，产品优质，保障有力”的管理目标，增强市场竞争力，赢得更好发展机遇。

2. 优化组织结构和条件保障

将质量检验处，调整设置为质量处、计量理化检测中心，两个独立职能部门，质量处为职能管理部门，计量理化检测中心为执行保障部门，进一步强化与明确了产品质量管理和产品质量检验的职能与工作职责。质量检验处拆分为两个部门之后，立法与执法分离，相互制约与监督管理，两者的管理职责、责任边界更加清晰，质量部门完全独立行使立法、监督管理与考核职权，检验中心执行检验标准与操作规范，为产品质量把关，避免了以往质量检验处既是立法部门又是执法部门，既是裁判员又是运动员的弊端，有利于强化质量部门的立法与监督职能，有利于提高检验部门的执行力，有利于对产品质量的控制和对产品质量的检验确认。进一步优化了领导班子成员的职责分工，指定了质量工作和检验工作的分管领导和协管领导。独立设置技安处、安全生产技术研究室，重点车间设置了安全总监，主要车间配备了质量联络员，关键操作岗位和工序配置了专职检验员，形成多层级产品质量管理平台。同时，强化了对有关产品安全、质量保障能力提升的技改项目经费、物资和人员等条件保障落实到位。

3. 教育培训重塑理念

组织开展危机意识教育和操作技能培训，使员工充分认识产品质量不仅关系航天事业，保质量就是保生存、保发展、保饭碗，质量问题引发安全危机和装备系统安全风险，必须将质量管理由事后把关向事先预防转变、由被动管理向自主管理转变，从根本上解决低层次、重复性质量问题和人为质量事故，实现产品零缺陷，才能保障产品自身安全可靠性进而保障武器装备系统的安全可靠性。3年来投入46.5万元，组织国军标、军检验收细则、零缺陷管理、质量体系等质量基础知识学习，请进来辅导，送出去培训，对经营管理人才队伍、科技人才队伍、技能人才队伍的业务需求进行精准培训，不断提高岗位人员操作技能。开展评选“质量能手”“质量过硬班组”“免军检检验员”“免检工序”活动，推行“自检、自分、自填、自查、自纠”五自活动，倡导“第一次就把工作做对，第一次就把工作做好”和“本岗工作无差错，本岗产品零缺陷”的质量行为。在每年“3·22”航天质量日、全国质量月，举办质量警示教育、知识竞赛、演讲比赛、辩论赛、签名承诺、案例展览、专栏讨论、质量征文、警言警句等专题活动，营造大质量大安全文化氛围，激励并重塑员工提升保障能力的质量价值观。

（二）生产源头坚持“三不原则”，追求产品零缺陷和安全可靠性

提升装备系统的安全保障能力，必须研制生产和交付零缺陷产品。企业从生产源头抓起，岗位人员坚持“三不原则”，从源头、岗位、工序、交付等环节，强化提升装备系统安全保障能力的质量管理。

1. 不接收不合格产品

各岗位职工和操作人员在生产过程中，强化关注本岗、本环节、本工序不接收有缺陷的决策、信息、技术、物资或零部件，始终坚持做到在本岗位、本环节、本工序不接受不合格产品，对有质量问题或缺陷的决策信息、原材料或产品、零部件、生产设备、工装及配套件，包括产品状态、工艺技术状态、生产准备状态等，不予盲目接受与接收，并做到及时报告并纠正处理，直到决策信息、状态准确、产品合格以及“人、机、料、法、环、测”等要素满足产品质量要求，本岗位、本环节、本工序才接受与接收，坚决杜绝“三违”，从源头控制质量和保障产品安全可靠性。

2. 不加工不合格产品

各生产操作岗位人员充分认识到航天产品特性，大多数工艺、工序、生产过程都具有不可逆性，一旦产品经过了本工艺、本工序、本流程之后就不能逆转，也没有弥补和返修的余地，一竿子走到底则会造成安全质量隐患和无法估量的损失，质量在心中，质量在手中，必须在本岗位把住安全质量关，岗位人员在设计图纸状态未弄明白、工艺过程未弄清楚、技术标准未吃透、安全技术操作规程不熟悉、关键质量控制点不掌握的情况下，不急于生产、不急于操作、不急于加工，在各要素和状态都处于稳妥、操作技能满足产品加工的情形下，才生产加工产品，并保证本岗位操作或完成的工部或产品检验 100% 合格，“产品折射人品”，本岗产品零缺陷，是保障产品自身和装备系统安全可靠性的不懈追求。

3. 不传递不合格产品

各岗位人员非常清楚本岗位生产加工的火化工产品极具易燃爆和敏感特性，安全质量风险巨大，多数最终产品经过总装后形体巨大，由无数个小部件和产品单元构成了航天装备系统，只有每个加工过程、装配过程、使用过程中的每个人、每个系统都能正确操作，做到“一次把工作做对”，才能保证产品质量和装备系统质量，本岗位生产加工的每一个部件或产品的质量，直接关系到整个产品、整个系统的安全可靠性，个体的质量意识、质量责任和操作技能都会影响产品质量，自己加工完成的产品，必须心中有数，因此，在本岗位认真完成自检、互检和专检并达到 100% 合格后，才传递到下一个岗位，下一道工序或向用户交付，绝不能向下一个岗位、下一道工序和用户传递有缺陷的操作及产品与服务，以保障最终产品质量和装备系统的安全可靠性。

（三）生产操作过程实施“三个确认”，对产品质量及安全可靠性负责

由于企业生产工艺特点，在产品生产过程中需要集体作业方式完成任务的工序和班组较多，而在集体作业中，人数越多，责任越分散，质量难以控制，质量责任不易划分。各岗位人员实施“三个确认”，对产品质量及其安全可靠性负责，在生产操作过程中提升保障能力。

1. 确认上道工序的产品质量

在相同型号产品研制生产过程中，本工序的生产操作者应用相同质量标准，对上道工序流转下来的产品进行质量确认，如果上道工序质量不合格，应做好记录，并及时向相关工艺技术、质量、检验和上道工序操作人员汇报反馈，协助解决处理，再次检验和本工序人员确认完全合格后，才接收任务，才进行本道工序的操作，否则，因前者的问题造成质量事故，完全由本工序操作者负责并承担责任。

2. 确认本工序工艺技术要求和操作质量

每一位操作者在生产操作之前，要确认本工序的生产内容、相关技术要求、设备、工装及有关的工艺条件和参数，生产操作时严格按照岗位标准操作规程操作，严格遵守岗位标准操作规程和工艺纪律，确认自己的操作过程是否符合工艺技术要求，发现问题要及时提出和报告，经工艺技术人员和本人再次确认后继续进行生产操作，对自己的生产操作过程要进行生产质量确认，操作质量确认，产品质量确认，否则造成的质量问题由自己负责并承担责任。

3. 确认交付下道工序的产品质量

生产操作者在本工序完成后，在交付下道工序和用户使用之前，要进行质量确认，不得将不合格品转入下工序，通过自检、互检、专检合格后，才能转到下工序。同时每道工序都要按照质量问题处理程序对不合格品进行分析，找出原因，拟定对策，预防类似问题再次发生，对关键质量控制点，邀请驻厂军代表现场跟踪检验和确认，在产品定型、地面试验、飞行试验、装箱交付前，还要通过军检开箱验收

检验，对交付产品质量合格率进行最终确认，防止一竿子走到底才发现质量问题所带来无法弥补的损害，从而保证在生产操作过程的产品质量，巩固装备系统的安全保障能力与可靠性。

4. 执行操作签名和优化流程

某企业热防护车间4名操作人员负责安装某型号发动机4个填充块，其中3号反喷口填充块的方向装反了，出现了质量问题，在责任追溯时，虽有操作签名，但没有写明谁安装了几号填充块，不能落实具体责任人，只能集体受罚，出现了操作人员之间不和谐情绪。为此，企业举一反三，对生产调度、工艺技术、称量、混合、浇注、装配、质检等40余个生产转运环节，进行工艺优化、流程简化、操作细化，将每一个计划、任务、工步的质量责任落到实每一个操作者，克服交叉重复操作，化繁为简，使每个员工便于操作，做得了，做得对，做得好，每一个操作者在每一次操作后，都要详细记录并签字留名，对自己的操作行为和质量责任负责，以满足航天产品质量可追溯性要求，从工艺技术和生产操作流程上提升安全保障能力与装备系统可靠性。

（四）对待质量问题做到“三不放过”，强化问题归零管理和责任追究

在生产操作过程中，出现质量问题也是难免的，要在本岗位和传递到下道工序或者交付之前彻底解决掉质量问题和缺陷，保证产品100%合格，才能保障产品安全可靠性。企业坚持“质量是生命，质量是胜算，军品必为精品”，对待安全质量问题或缺陷“三不放过”，做到“问题归零管理，合格才能交付”。

1. 原因责任未查清不放过

由于航天产品的技术密集、工艺流程复杂、型号交叉并行、操作流转环节繁多等特点，也容易出现安全质量问题。因此，对出现的质量问题或缺陷不轻易放过，一定要查清除发生问题的原因和责任，准确确定发生质量问题的故障或缺陷部位，通过地试和理论分析确定问题发生的根本原因和机理，复现问题现象，追根溯源，避免和杜绝类似问题重复发生。

2. 整改落实措施不到位不放过

通过理论分析、地面试验、仿真试验或其他方法复现问题现象，验证定位问题的准确性和机理分析的正确性后，对问题产生的原因和机理而制定有针对性的、具体可行的纠正措施和实施计划，并证明有效，按照“两彻底”要求落实整改工作，做好技术、管理归零后评价管理，并跟踪整改落实，形成整改完成情况报告。

3. 责任人未受到教育处理不放过

在过程清楚的基础上，分清造成质量问题的责任单位和责任人应承担的责任，从主观上和客观上、直接和间接方面区分责任主次、大小，对相关责任人进行处理，对属于重复性质量问题和人为责任质量问题的责任单位和责任人，按照责任和影响大小，给予批评教育、通报、离岗培训、待岗、调离岗位等行政处理，或给予经济处罚，使责任人真正受到教育，对其质量责任负责，使其在思想上提高认识和质量意识，态度上严肃认真地对待所发生的质量问题，行动上积极整改质量问题和完善改进措施与提高质量管理技能，达到思想态度端正、警示惩罚有力、示范借鉴作用明显的效果。

4. 实行问题归零管理

对型号（任务）在预研、研制、生产、试验、使用过程中出现的质量问题，从技术上分析产生的原因、机理，按照“定位准确、机理清晰、问题复现、措施有效、举一反三”的标准实施技术归零；从管理上分析引发问题的原因、责任并采取技术改进、管理纠正措施，按照“过程清楚，责任明确，措施落实，严肃处理，完善规章”的标准实施管理归零，通过“双五条标准”对质量问题进行归零管理，以避

免问题重复发生，提高产品合格率，保障产品安全可靠性。

5. *加强考核激励与责任追究*

修订细化了质量考核奖惩细则（见表1），每年对研制、批产产品质量进行专项质量考核和通报，对提高研制产品合格率，实现批产“零缺陷”的高质量风险单位，一次性拿出20余万元给予奖励。每年设置质量风险奖30万元，每季度评定一次，在科研生产讲评会上进行点评，对产品质量好的单位和个人，给予100-3000元奖励，3年来奖励100万元以上（见表2）。修订了质量责任追究制度，明确了各类人员质量职责，签订质量责任书，落实主体责任、监管责任、质量行为规范。对关键工序和操作步骤可能出现质量问题和不稳定性等，组织有关人员进行操作前预想及过程回顾，设置质量隐患与风险预警点，开展质量策划，提出注意事项或预防措施，提前预防质量问题。以质量预防、考核奖惩、责任追究，对员工质量责任和质量管理行为进行记录与评价，与其成长通道、绩效考核、岗位调配、评先晋升等形成钩稽联动，激发员工自我提升操作技能和自主质量管理动力。

表1　质量考核奖惩细则

考核范围	质量管理体系所涉及的部门或过程（单位、个人）	
	奖励标准	处罚标准
质量基础管理考核	凡符合下列条件者，一次性奖励300-600元： 1. 在执行“三检制”、“三不带”、“三工序”过程中，积极查隐患、查故障、及时反馈质量信息，防止事故发生或避免质量问题的操作、检验人员或班组。 2. 认真进行质量评审、质量复查和设计、工艺复查，发现质量隐患，防止问题发生的个人。	（一）责任单位出现不合格品后，将依据经济责任制实施细则中有关条款进行质量系数考核。对于重复性主观人为责任造成的质量问题，同时处罚单位1000-3000元，再次重复则加倍处罚；对于有专项考核规定的重复性问题，按专项考核意见实施；对因主观原因导致产品出现严重质量问题、降级使用或报废的，处罚单位2000-10000元。 （二）不合格审理单填写不及时、不完整或不合格特征描述不准确、描述错误，将视问题的严重程度对责任单位处罚300-500元。
型号专项考核部分	（一）XX型号年度内或接上年度，各生产单位实现本发动机（不少于X台）实现“零缺陷”，奖励1500-3000元，对质量检验处奖励200-300元。	（一）凡因单位主观原因，造成附件所列质量问题、制品经审理可让步接收、返修（工）后超差使用，或报废的，按实施细则处罚，若导致严重质量问题，将加大处罚力度并进行管理归零，处罚1000-5000元。

表2　质量管理激励措施实施情况统计表

年度	质量风险抵押金（元）	质量预防奖（元）	质量基础管理专项奖	专题质量活动奖	正负面行为清单（次）	年度正负比值
2017	设置：300000	450000			37	781820/37230
	兑现：296270	46850	151000	207700		
2018	设置：300000	480000			25	760270/70030
	兑现：296070	23100	230500	210600		

续表

2019	设置：300000	500000			18	759458/51542
	兑现：292058	19600	245300	202500		
合计	设置：900000	1430000			80	2221548/158802
	兑现：884389	89500	490500	620800		

（五）应用新技术和信息化管理手段，提升产品质量及其安全可靠性

1. 运用“田口”方法提高产品设计质量

技术人员借鉴当代日本学者田口玄一博士创立的质量工程技术，提出系统设计、参数设计、容差设计三次设计思想，将正交试验方法应用于产品研制设计阶段对参数的合理选择，为提高产品设计质量提供了理论和方法，经过实践检验效果较好，保障了产品设计质量的安全可靠性。

2. 应用“3F”技术减少产品故障率

设计、工艺、技术、工程、质量、检验、管理人员和安全技术研究人员，在质量管理工作中注重应用故障模式和影响及危害性分析（FMECA）、故障树分析（FTA）和故障报告、分析与纠正措施系统（FRACAS）的分析技术和管理技术，对产品质量问题和故障进行综合研究分析，刨根问底，有的放矢采取对应措施，提高产品质量及其安全可靠性。

3. 应用信息化系统在线管理产品质量

建设使用“质量信息化管理系统”，两次升级改造完善“PDM 工艺系统”“关键岗位和工序在线检测检测系统”，实现在线快速审查审批设计、工艺技术文件和传递签署完整的文件，通过质量信息化管理系统，时时在线掌握各个工序、工步、操作和检验的产品质量数据，及时指导发现纠正问题和缺陷，在关键岗位、关键环节、关键工种、关键流程设置足量专职检验员，全程跟踪检验，辅以用户代表质量监督检验，在专职检验员对本道工序或操作步骤进行检验合格并签字确认后，才能进行下道工序或步骤，防止不合格品进入下道工序、步骤和交付使用，实现了产品质量过程控制和在线管理，保证了最终产品的安全可靠性。

4. 使用 QC 工具促进质量管理成效

质量管理活动小组（QC 小组）围绕经营战略、方针目标和现场存在的问题，以改进质量、降本增效、完善提高为目的，在质量管理活动中，不断正确使用新的 QC 工具，如关联图法、KJ 法、系统图法、矩阵图法、矩阵数据分析法、过程决策程序法、牵头图法，辅以老的 QC 工具，如分层法、直方图、控制图、排列图、因果图、散布图和调查表，使质量管理活动工作起到了事半功倍的成效。

5. 运用新检测技术设备提升产品质量

投入巨资建成具有国内先进水平的“产品无损检测系统（工业 CT）”，对产品进行深层及断层检测药柱质量合格率，实施运用“质量质心测试仪”检测战斗部合格率，应用“工业内窥镜仪”检测发动机内部表观合格率，使用“超声波检测仪”检查发动机绝热层粘贴合格率，辅以国内最先进的计量理化分析检测设备，对产品性能质量进行全方位体检，全面彻底消除产品质量问题或隐患，保障产品及装备系统的安全可靠性。

6. 技术改造保障生产设备安全可靠性

重视生产设备的安全技术改造，对捏合机、浇注提升机、烘干机、固化炉、试车控制台、装载吊车等生产设备和工具进行了安全技术改造，定期开展针修保养，以确保运行良好，提高设备本质安全度。

组织对新材料、新工艺和新配方进行安全性研究与测试，了解掌握特性和安全可靠性注意事项和控制措施，以便指导产品生产和实际操作过程，提升材料、工艺、配方和操作手段的本质安全度，从而保障产品生产过程的安全可靠性。

（六）建立“3H”关爱和客户互动机制，综合提升安全保障能力

1. 实施“3H”关爱，消除不利因素

产品质量往往与职工思想情绪、心理状态、操作技能和安全质量意识紧密关联。企业地处山区，工作与生活区较远，分散在武汉、宜昌、孝感、远安等城市和内部宿舍区，子女上学、看病就医、赡养老人等实际困难，容易对员工思想情绪和心理产生影响，也会对产品生产带来不良因素或隐患，甚至构成威胁，如，某检验员着急赶地方班车回300公里外家中探望家人，未履行最后检验程序而匆忙签字确认放行，因该产品存在缺陷导致抛撒试验失败。

为消除对产品研制生产和质量控制的不利因素，企业以人为本，建立实施了“3H”关爱机制，从健康（Health）、和谐（Harmony）、幸福（Happiness）三要素，开展普惠服务，维权服务，帮扶服务，生活服务，做到应保尽保，应维尽维，应帮尽帮，应惠尽惠，努力为职工办实事、解难题，及时回应职工普遍关注的热点问题和合理诉求，促进职工身心健康，提升幸福指数。投资改善了工作环境和住房条件，新建单身公寓，修建锻炼场所设施，安排通勤车接送家在外地的职工，解决职工子女就近上学和接送专车，为职工提供工作餐，安排职工体检、疗养和旅游，力所能及安排职工子女就业，慰问高温作业和加班职工，组织探望住院职工，使职工爱岗敬业，快乐工作，健康生活，精心打造航天优质产品。

2. 建立客户互动机制，综合保障安全可靠性

以“质量至上，客户满意”为关注焦点，以保障装备系统安全可靠性为质量建设宗旨，企业加强供方与用户的互动管理，以用户满意度作为产品研制生产和服务质量的衡量标准。建立军企沟通协调、质量联检机制、成立联合课题攻关组、军地一体化质量管控工作组，联合下发质量监督细则，联合产品监制和验收，联合管控质量。梳理外协外购产品发生的质量问题，建立关键外协外购厂家清单和质量审核机制，与供方签订质量保证承诺书，向各合作方输出和传播航天质量文化，通过走访用户、满意度征询、座谈联谊、评选优秀供应商等形式，满足用户对航天产品的高质量品质需求，提升综合防护与安全保障能力。

组织定期对顾客满意度进行统计分析，在质量管理评审中对顾客满意度测量方法进行审核，对其覆盖顾客群体、调查方法及调查项目进行分析，确认是否与企业战略一致。通过拜访客户或召开专题座谈会，以会议纪要、合作协议、设计任务书、调研报告等形式明确顾客具体要求，变化信息以及未来需求，组织各部门建立顾客关系及提供顾客往来途径办法进行评审，对顾客不满意的提出改进措施，对成功经验进行推广应用，及时更新技术和服务，改进工艺、品质和质量管理措施，提高产品性能和服务质量，完善企业提升安全保障能力的质量管理体系。

三、航天火化工企业提升安全保障能力的产品质量管理研究实施效果

（一）企业建立了新的安全可靠的质量管理体系

本成果实施，是企业创新质量管理思路，提升质量管理能力，转换质量管理模式的一次重大变革，改变了企业既往由被动强制型转变成主动预防型，即由强制性执行质量标准和规章制度、事后追责的质量管理，转变成事前预防、过程控制、主动完善、自我约束的质量管理；由说教灌输、监督检查、处罚

追责的制度文化管理，转变为自我提高、主动纠正、追究零缺陷的行为文化管理；由保证自身产品质量和按时交付任务的管理目标，跃升为保障装备系统的安全可靠性和用户满意度达100%的管理目标，铸就了员工“一次就把事情做对，次次都把事情做对”“质量就是生命，质量就是胜算，军品必为精品，产品折射人品”的质量管理核心理念，激发了各层面、各环节、各要素的内生活力，提升了质量管理绩效，建立了系统预防、层层穿透、严密管控、责任落实、质量提升，绩效稽联，产品优质，安全可靠，运行有效，以提升航天装备系统安全可靠性和保障能力为导向的新质量管理体系，更加适应武器装备质量建设的新形势、新任务和更高要求。

（二）企业产品质量全面受控，用户满意度较大提升

本成果实施以来，企业承担的航天型号产品质量全面受控，研制、批产及各项地面试验和飞行试验取得成功率100%；产品一次交检合格率100%；批产型号靶场和交装开箱合格率100%；研制型号靶场开箱合格率100%；顾客满意度从93.48%上升到100%；批次性、重复性、人为责任质量问题及重大质量事故为零，型号产品荣获中国航天科工集团“航天优质产品”称号，不合格品审理单逐年下降，人为质量事故、重大质量事故为零，一般质量事故从90.3%逐年下降到99.6%以上，用户满意度提上较大（产品质量提升情况见表3）。

表3　产品质量提升情况统计表

类别	2015年	2016年	2017年	2018年	2019年
不合格品审批单办理	275	188	136	55	22
纠正交检合格	98.98%	99.70%	100%	100%	100%
地面、飞行试验合格率	100%	100%	100%	100%	100%
厂内交检合格率	99.96%	100%	100%	100%	100%
批产型号靶场开箱合格率	100%	100%	100%	100%	100%
批产型号交装开箱合格率	100%	100%	100%	100%	100%
研制型号靶场开箱合格率	100%	100%	100%	100%	100%
人为责任质量问题	0	0	0	0	0
重大质量事故	0	0	0	0	0
一般责任事故	下降90.3%	下降95.78%	下降97.56%	下降98.65%	下降99.6%
用户满意度提升率	上升至93.48%	上升至97.89%	上升至98.96%	上升至99.59%	上升至100%

企业职工积极参与群众性质量管理活动，解决了一些关键质量问题和工艺技术瓶颈，提高了产品整体质量管理水平，自2004年以来，累计完成QC成果数十项，省部级奖项45次，有24次获得由中国质量协会、中华全国总工会、中国科学技术协会、共青团中央联合命名的QC成果奖，其中3次国家级质量管理荣誉称号，20次荣获“全国优秀质量管理小组”、3次“全国质量信得过班组”称号，本成果实施以来，5次获得国家级QC成果奖励。

企业质量工作绩效得到提升，一次顺利通过中国新时代质量体系认证中心审查达标和换证复评审查，在用户单位和科工集团组成的军地联合质量专项检查中，获得高度评价，认为“工厂质量体系运行正常，具有较强的自我完善能力，产品满足使用方要求”，在2015-2019年多次外部二方质量审核和认证中心的监督复审中获得较好评价（外部审核评价见表4）。

表 4　外部质量审核评列价列表

年度	审核机构及类别	评价结论
2015	中国新时代 第三方监督审核	工厂领导高度重视质量管理工作，员工的质量意识较强，并通过内部质量审核和管理评审，产品生产过程受控，质量体系运行有效，具有较强的自我完善能力，顾客满意度较高，同意推荐注册。
2016	科工四院二方 质量审核	工厂领导高度重视质量管理工作，资源配置齐全、人员保障到位；质量系统能独立旅行职责，质量方针目标得到不折不扣落实，质量文化建设富有特色，全员质量意识较强；定期开展质量审核和日常监督检查，体系运行有效；检验要素设置合理，计量基础管理做的较好。
2017	科工四院二方 质量审核	工厂领导重视质量工作，全面策划了年度质量工作，针对任务特点分类制订了考核奖惩办法，加大了奖惩力度；各项质量基础管理得到保持；坚持质量监督和质量审核，促进质量职责落实和质量目标的实现；产品质量总体受控，质量管理体系运行正常有效。
2018	军地联合质量 专项检查	工厂质量体系运行正常，具有较强的自我完善能力，产品满足使用方要求。
	科工四院二方 质量审核	工厂领导重视质量工作，质量基础管理不断提升，质量复查工作效果明显，质量考核的正向激励发挥较好，发动机装药、总装、试验过程受控，产品质量稳定，质量管理体系运行正常有效。
	科工三院二方 质量审核	产品生产过程受控，产品质量满足用户要求。
2019	新时代武器装备 质量管理体系 第一次监督审核	工厂领导高度重视质量管理工作，员工的质量意识较强，并通过内部质量审核和管理评审，产品生产过程受控，质量体系运行有效，具有较强的自我完善能力，顾客满意度较高。待对不符合项采取纠正措施，经书面验证符合要求后，推荐保持并更新注册资格。

（三）企业核心竞争能力增强，取得显著的经济效益和社会效益

由于企业产品质量全面受控，质量管理能力提高，安全保障能力提升，新的质量管理体系更加适应武器装备质量建设需要和市场变化与用户需求，使企业在激烈复杂的市场环境中，增强了核心竞争力，不断前行，在市场竞争中优势明显，承担航天型号科研和批产任务逐年增加，研制生产能力逐年提高，成为航天骨干企业，在同行中名列前茅，承揽协外型号和配套任务由 2013 年 6 个发展到 2019 年 30 个，合同金额由 8000 余万元攀升至 15000 余万元；企业经济效益逐年增长，工业总产值由 2015 年 6 亿元提升到 2019 年 16 亿元，本成果实施以来累计创造效益 5000 余万元。为企业实现“打造中国航天骨干力量，中国一流航天企业”的发展目标奠定了坚实基础。

同时，企业积极履行社会责任，开展以“农村精准扶贫项目”“结对子资助贫困学生”为重点的公益活动，在行业和地方的美誉度显著提升，不断吸引了高科技人才和高新技术加盟。企业连续 10 次被湖北省委省政府评为“文明单位”，荣获“湖北省五一劳动奖”、国家科学技术进步奖特等奖、中国航天质量奖，研制的航天产品多次在国庆阅兵式上接受党和人民的检阅，为国防现代化建设做出了积极贡献。

成果创造人：陈永钊、李九胜、何前明

军工研究所批生产项目成本精准管控体系构建与实施

中国航天科工集团第六研究院210所

中国航天科工集团第六研究院210所建于1965年5月，原为超炮反导总体所，现为固体火箭发动机和姿轨控发动机产研结合型研究所，是航天科工集团固体姿轨控发动机技术分中心，主要承担中小型固体火箭发动机、固体姿轨控发动机及防空武器系统地面设备的研制和批产任务。建所五十多年来，研制了50多个型号产品，多个列装部队。210所拥有以发动机为主的多专业、多领域优秀人才800余人，获得国家级科技进步奖9项，部委级科技进步奖101项，多项科研成果达到国际先进水平。2016年荣获中共中央国务院、中央军委颁发的“高技术武器装备发展建设工程突出贡献奖”。2019年获得“中国航天科工集团有限公司庆祝中华人民共和国成立70周年阅兵装备保障任务突出贡献奖”。

近年来随着国防建设的需要，批产任务量激增，210所全面贯彻落实集团公司成本工程实施意见，以系统的成本控制与优化理论为指导，结合军品型号科研生产管理体系，依照价值规律，主动适应以军方客户提出的“低价、优质”采购要求，通过降本增效，持续提升市场核心竞争力，巩固210所在航天军工行业中的战略地位，全力打造国内固体动力“小巨人”。

一、军工研究所批生产项目成本精准管控体系构建与实施背景

（一）贯彻落实国家和集团公司发展战略的需要

2014年，中国航天科工集团公司战略管理委员会第六次会议审议通过了实施航天防务产业成本工程（以下简称“成本工程”）的指导性文件，并对落实工作做出了部署，要使控制成本和创造价值成为全员的自觉行动。2016年，国资委下发了《关于做好2016年中央企业提质增效工作的通知》文件，召开提质增效攻坚战动员会，要求各中央企业从严控制成本，全力提高效益。210所全面贯彻集团公司成本工程实施意见，落实国资委“提质增效”工作要求，实施成本精准管控，成本管理水平明显提升。

（二）是谋求自身生存发展，实现210所经营目标的需要

批生产项目是决定210所生存与发展的重要经济命脉。210所目前的批生产项目中有多个定型较早，产品的技术状态稳定，随着市场的快速发展，原材料、元器件、人员费用等制造成本不断提高，而军方客户很少调整批产产品价格。因此，批生产项目正面临着生产成本不断上升、盈利空间不断减小的双重压力。需要通过批产项目的成本精准管控，主动降低成本释放利润，并带动降低研制型号成本，挖掘发展潜力，提升发展后劲，实现210所经营发展的良性循环。

（三）是应对市场激烈竞争，提升 210 所核心竞争力的需要

进入 21 世纪，国家新的武器装备采购条例提出在装备采购中引入竞争机制，允许民营科研机构和民营高技术企业参与国防现代化建设。在军工企业面临“民参军”、军民融合，民用产业市场激烈竞争的形势下，210 所需要通过成本精准管控，主动承担并努力提升为客户创造价值的责任和能力，塑造能为客户提供“性能优、质量优、价格优、服务优”的品牌形象，不断增强核心竞争力，巩固在武器装备领域的战略地位。

（四）是面对国企改革新形势，推动 210 所转型升级的需要

党的十九大报告对国有企业改革做出重大部署，提出“培育具有全球竞争力的世界一流企业”，中央企业混合所有制改革、事业单位分类改革步伐加快，军品科研生产能力结构调整、军品定价机制改革持续推进，集团公司转型升级、二次创业向纵深挺进，对 210 所发展带来新的挑战，需要在军工产品制造中加快推进降本、增效，积极适应改革要求、适应市场价值规律要求、适应升级发展要求。

二、军工研究所批生产项目成本精准管控体系构建与实施的内涵及主要做法

航天军工批生产项目成本精准管控体系构建与实施的内涵是：围绕航天军工项目成本管控核心目标，遵循“市场在资源配置中起决定性作用”的现实规律，结合 210 所自身发展的需要，以批生产型号成本管控为突破口，运用系统工程的方法，紧紧围绕“精准”核心，规范和优化采购供应、生产制造、试验交付等全价值链的关键环节，通过对事前、事中、事后关键指标的考核评价，推动思维方式转变、规章制度完善、管控流程优化，实现全产品、全周期、全要素、全员的成本精准管控。

航天军工批生产项目成本精准管控体系构建与实施的主要做法如下：

（一）明确思路目标

明确思路：一是建立与批生产项目管理特点相适应的组织落实、制度健全、权责明晰、奖惩有效的成本管理体系与机制，通过事前算赢、事中监督控制、事后分析考核的全员、全过程成本控制，实现成本预测、成本计划、成本核算、成本分析、成本考核、成本控制等各环节的有效管理。二是建立经营各环节的成本管控措施，持续开展成本工程，围绕研发设计、采购供应、生产制造、试验验证和售后服务等五个环节进行管控，实现产品设计、采供、生产、试验、交付、售后等全寿命周期各环节的成本管控。

确定目标：通过建立项目经济责任制、内部结算体系，坚持开展成本工程、价格工程，落实项目成本责任，营造成本管理的文化氛围，使成本理念、成本文化深入到每一位员工的思想和行为中。

（二）加强组织领导

成立由主管批生产项目的所级领导为组长，项目负责人为副组长，技术、管理、服务保障人员为主要成员的成本管控小组，负责各项目在产品实现过程中成本管控工作的全面推进、组织、协调和考核。项目组调度成员包括技术、管理部门负责人，负责策划制定项目目标成本方案，协调考核目标成本的执行落实，处理项目在产品实现过程中的成本管控等各项工作。项目组技术成员包括型号设计师、工艺师、质量师等专业技术人员，负责项目中涉及的设计成本、工艺成本、质量成本等成本管控工作。项目组保障成员包括计划采购、检验计量、试验售后等专业人员，负责项目中涉及的物资成本、计量试验成本、交付售后成本等成本管控工作。截止至 2019 年，共成立 11 个成本管控小组，100% 覆盖 210 所批生

产项目，各小组共 76 人次，参与到不同项目的成本管控具体工作中，已成为项目各方面成本管控的骨干。

（三）精准建立成本体系

根据批生产项目成本形成的客观规律，建立成本预算、成本核算、标准成本管理、价格管理、成本分析及成本评估的成本控制体系，抓数据、重分析，细分成本构成，对应建立成本库，对成本形成全过程进行科学归集，作为评价改善的基础。

1. 成本预算管理

在数据分析的基础上，按照成本费用的不同特点、分类进行预算，整体平衡策划，形成各项目成本费用的控制目标。确定计划期内成本水平，编制成本预算，分解到有关责任部门。

项目经费策划：全面系统实施项目经费策划管理，严格项目经费策划在编制、审查、审批、使用、调整、分析考核各环节工作，不允许无策划开支发生，经费策划覆盖度达到 100%，实现项目经营系统风险受控。通过项目经费策划编制和审查，明确试验数量、投产数量、工艺备份原则，确定项目目标成本，明确成本控制标准。科研生产管理部门负责各项目的经费策划编制和变更。

直接成本预算：直接成本包含直接材料、外协、工装材料等，各项目根据任务量设定控制目标，直接成本发生水平由工艺技术部门负责管控。

辅助材料预算：辅助性材料控制，根据各生产车间辅助性费用核算结果确定控制目标，由生产车间负责管控。

两金指标控制：建立以项目为主线的两金控制目标，并对项目责任人进行考核。

2. 成本核算管理

成本费用按项目进行核算，改进成本归集的及时、准确性，为项目成本管理依据。

项目立项及令号设定：项目令号是项目经费开支与成本归集的“户口”，财务部门在收到审批通过的项目经费策划方案后，方可设立并下发令号，同时明确项目令号使用责任人与成本目标，进行过程控制。

项目合同管理：业务部门依据项目经费策划，进行合同审查、订立，价格谈判，以达到提高项目利润空间，保护 210 所利益的目的。

直接材料、外协的归集与核算：依据项目经费策划，对直接材料、外协费用进行审查、核算，逐步实现物资部门对外协以及成品、半成品物资统一出入库管理，通过暂估入账提升成本归集及时性和准确性，实现成本数据客观、实用。

工装的归集核算：依据项目经费策划，进行工装投入控制及核算，定期对工装的使用情况进行评价；设立工装台账，及时归集成本，实现闭环管理。

辅助材料、刀具核算：各生产车间辅助材料、刀具费用根据车间归集结果按项目分摊；专用辅助材料、专用刀具按照车间归集按项目确认。

试验费用的归集与核算：计量测试部门负责按项目进行试验费用的归集与分摊。

项目完工与结转：科研生产管理部负责在项目交付后，以项目完工通知单，项目交付单为依据开展项目完工确认与结转，并督办成本及时归集。

项目成本结算：财务部门组织项目成本结算并对照项目策划、成本控制目标进行项目成本分析，总结。评价控制点责任落实情况，对责任人进行评价及奖惩。

内部结算体系：以财务部门“内部银行核算系统”作为各项目开展结算和经济责任核算的依据进行绩效结转。

3. 标准成本管理

科研生产管理部门负责组织建立成本管理标准，为确定成本管控目标奠定基础。

直接材料消耗定额：建立直接材料实际消耗定额，每一个项目由物资管理部门根据直接材料实际消耗定额进行物资采购、材料领用控制；建立材料消耗利用率指标，工艺部门负责对材料消耗利用率进行统计、分析，提高材料消耗利用率。

辅助材料消耗定额：生产车间负责组织辅助材料消耗定额体系建设，规范辅料消耗水平。

刀具的消耗定额：工艺部门负责组织刀具消耗定额体系建设，规范刀具消耗水平。

工时定额：科研生产管理部门负责组织开展工时定额系统建设，实现工时管理标准化、科学化。

4. 价格管理

持续开展价格管理工作，实施规模采购，提升议价能力。打破型号采购界限，合并多型号零部组件采购计划，提高采购数量，提升议价能力，节约采购成本，大批量重复采购价格降低5%。采购价格审核全覆盖，设定年度采购压降目标。优化采购价格管理，简化价格管理流程，广泛开展比价、议价采购。根据外协外购产品市场价格特点、采办业务类型、供应商特点和所属项目性质等进行分类审查、管控，制定年底价格谈判计划。

设定重点项目采购成本压减目标，跟踪考核。通过项目经费策划评审，锁定项目成本控制关键点，形成重点价格审查目录，建立项目成本控制关键点跟踪管理机制，确定成本压减目标和实施责任人，并进行跟踪和考核。启动关键型号重点物资采购价格压减工作，通过经费策划审查，圈定外购和外协价格压减目标，并明确责任人落实实施，开展价格谈判工作。依据科研生产重点工作，圈定外协重点价格审查名录，制定价格审查方案并实施。

开辟第二合格供方，打破价格垄断。以重点项目项目为牵引，开展原材料、半成品、加工协作单位双备份工作，建立使用单位与设计单位协调联动机制，打破单一供方瓶颈，攻陷价格壁垒，为降低采购成本开辟新路径。

5. 成本分析与预警制度

财务部门组织整理成本数据，定期进行对比分析与跟踪预警，以经济数据为依据，提供管理建议与决策依据。

项目数据：包括（1）项目策划信息：投产备份比例、工艺备份比例（工序合格率要求）项目利润率、项目直接成本水平、项目策划例外信息；（2）行业标准信息：专业平均利润率、平均直接成本水平；（3）执行信息：项目执行与项目策划的符合度；直接材料、外协、辅助材料、刀具、工装的消耗水平；（4）项目结算总结与奖惩。

6. 成本考核

针对各项目设立项目责任人，对项目成本、利润负责，项目所有的成本费用开支都必须由项目责任人负责，推行令号本管理，严格控制项目经费开支。项目经济管控成效与个人绩效挂钩。为了量化项目成本控制效果，建立良好的成本管理激励机制，建设成本考核指标体系，设定5个成本管控考评指标，并不断完善，逐步建成全面的成本考核指标体系（见表1）。

表 1　210 所成本管控考核指标

<table>
<tr><th>序号</th><th>指标名称</th><th>指标涵义</th><th>考核责任部门</th></tr>
<tr><td rowspan="2">1</td><td>项目直接成本实现符合度</td><td>=1-项目直接成本/项目策划直接成本</td><td>项目负责人</td></tr>
<tr><td colspan="3">可分解为 5 个指标：材料成本实现符合度、外协成本实现符合度、工装成本实现符合度、军工专项费实现符合度、辅助材料成本符合率。</td></tr>
<tr><td>2</td><td>主要消耗材料利用率</td><td></td><td>项目负责人</td></tr>
<tr><td>3</td><td>工序生产合格率</td><td>分解：各工序</td><td>生产车间</td></tr>
<tr><td rowspan="2">4</td><td>项目目标成本符合度</td><td>=（计划完成率×0.7+备份水平降低率＊0.3）-（批生产质量损失占比×0.7+批生产成本费用率×0.3）</td><td>项目负责人</td></tr>
<tr><td colspan="3">4 个指标综合评定：项目计划完成率、备份水平降低率、批生产质量损失比、批生产成本费用率</td></tr>
<tr><td>5</td><td>成本管理规范性考核指标</td><td>按制定要求规范管理，每发生一次扣 1 分，重复问题发生 10 分，第三次发生调离岗位.</td><td>项目负责人</td></tr>
</table>

按照项目成本考核指标体系，对 2018 年、2019 年两年的批生产项目进行考核统计，各指标均有明显提升（见表 2）。

表 2　2018 年、2019 年两年批生产项目考核结果统计

序号	指标名称	考核结果	
		2018 年	2019 年
1	项目直接成本实现符合度	87.6%	91.4%
1.1	材料成本实现符合度	86.3%	93.7%
1.2	外协成本实现符合度	88.1%	92.3%
1.3	工装成本实现符合度	90.9%	95.4%
1.4	军工专项费实现符合度	95.5%	98.8%
1.5	辅助材料成本符合率	91.8%	95.1%
2	主要消耗材料利用率	87.9%	92.6%
3	工序生产合格率	85.8%	90.1%
4	项目目标成本符合度	86.6%	94.8%
5	成本管理规范性考核指标	92%	98%

（四）精准优化采购供应

1. 制订采购计划

提高物资齐套率，建立物资年度采购计划的标准模板和评审流程，确定长周期材料采购的备库原则，依据生产任务合理制订采购计划，年度采购计划经过评审后执行。根据批产项目任务预测，提前进行长周期物资采购。根据发动机、点火器组批原则，在火工品、非金属材料方面合批采购、分组交付，减少抽检试验数量，减少起点定货损失费、运输费等各项费用。2018 年度，累计节约采购成本 263 万元，2019 年度，累计节约采购成本 312 万元。

2. 加强采购管理

建立并完善了物资管理业务流程，从需求提交、计划采购、库房管理、统计核算实现了全业务信息化管控。严格采购管理程序，采购前必须进行询价、比价，必须签订规范的采购合同，各条款清晰、明确，设定交付进度、质量等违约责任，并进行风险分析。合同必须进行评审或会签，控制采购风险，降低风险成本。严格按照合同或相关技术协议、标准等对入所物资进行质量检验，杜绝有批次性质量问题的物资进入生产环节，放大质量损失。发现不合格物资，必须坚决执行退货、换货、追偿，挽回经济损失。开展专业物资规模化采购、年度订单采购等模式进一步降低采购成本，提高采购资金使用效率。建立和巩固与合格供方的协作与互信关系，寻求优先供应、代储、换货、垫资等优质服务，提高资源利用率。依据实际需要，针对单一供方的型号物资，开展第二合格供方，确保物资供应顺畅，保持供方竞争氛围。

3. 规范物资管理

开展物资定期盘点和动态分析，结合库存确定合理的原材料备料时序、到货时间和期间数量，严格控制物资库存数量，加快生产物资周转，紧密贴合生产，做到敏捷采购。严格执行库管工作流程，确保型号物资合格入库，正确标识，准确发放和配套。通过 ERP 系统，严格按项目进行物资采购和申请领用。对库存物资按要求妥善保存，定期巡查、清理，防止物资损坏、变质、超期、长期呆滞。对于库存积压、超期、废弃的物资，根据实际情况合理利用、处理和处置，以减少损失、杜绝浪费。

通过在采购供应各环节开展成本控制，以更低的采购成本为目标进行物资采购供应，从生产起点上控制了产品成本。2018 年以来，批产项目长周期物资采购计划覆盖率达到 100%，计划齐套率 100%。通过比价采购，2018 年累计压降 678 万元，2019 年累计压降 766 万元，通过库存物资清理，减少损失 189.3 万元。

（五）精准压减外协成本

引入良性竞争，降低外协成本。针对无历史价的产品和工装进行比价外协，在同种类型厂家中选择质优价廉的进行价格谈判，批量产品统一价格压减，有效降低了外协成本。2018 年度，外协成本压减 97.5 万元，2019 年度，外协成本压减 120.8 万元。广泛开展内部协作，加强集团公司所或六院属单位之间的沟通交流，在物资调配、外协加工等方面广泛开展内部协作，将“外部成本”转化为“内部成本”。

（六）精准严控质量成本

树立“生产出不符合标准的产品就是最大的浪费”的思想，按照质量管理体系的八项要求和零缺陷的管理理念加强产品实现过程的控制。合理分配质量成本，以加大质量预防成本和质量鉴定成本投入换取质量损失成本的减少。持续开展零缺陷系统工程，落实质量责任终身追究制，确保质量问题“双归零”“两彻底”，将现场控制作为质量管理关键，杜绝低层次、人为和重复性质量事故，全面开展产品一次交检合格率和返工返修率的统计，进行质量成本归集和分析。2018 年以来，随着对批生产项目质量的严格控制，质量问题数量明显下降，减少质量成本 537.5 万元。

（七）精准紧抓工艺成本

1. 发挥工艺总方案对成本控制的指导作用

各批生产型号按批次全面修订完善工艺总方案，增加工艺总方案中对工艺成本控制的要求，从工艺流程方法、零件工艺备份数量、工装配置、材料工艺定额等关键项目及攻关措施、关键工序工艺措施等要素入手，充分考虑产品制造的经济性，选择制造成本低、经济性好的工艺方案。

2. 完善工艺文件，避免低层次工艺质量问题

一是在工艺文件编制过程中，强化工艺文件编制质量，做到工艺文件专业化、标准化、无歧义、易理解，保证任何操作人员都能按照所编制的工艺文件加工出合格的产品。二是编制工艺文件时，从设备

结构、性能、参数等指标充分考虑，合理选择适合的工艺设备，要减少对关重、瓶颈设备的依赖。三是配置工装应在满足产品设计要求的前提下，尽量采用通用工装、借用工装或柔性化简易工装的方案，减少专用工装投入，达到缩短产品生产准备周期，降低成本的目的。四是统筹考虑专用刀具合理使用，从降低成本的角度出发，合理选择刀具并通过优化工艺参数等手段降低刀具磨损和报废，降低生产成本。五是结合工艺方法的改进和操作者熟练程度的提高，在批生产项目产品工艺文件中对材料定额和工时定额不断完善、修正，达到降低使用消耗和成本的目的。

3. 深入开展工艺优化

持续开展工艺优化和技术改造，进行工艺经济性分析，综合材料、人工、设备、场地四项直接成本构成，杜绝一切浪费，减少使用消耗，降低生产成本。梳理生产作业流程，分型号制定工艺优化方案，激励全员参与工艺优化。通过合理控制原材料工艺定额，减少投料、下料损失，优化作业流程，降低生产成本。不断开展工艺优化和流程改造，放大增值作业、减少非增值作业，降低资源消耗，提高工作效率。依据实际情况调整生产定点分工，改进生产车间布局，以最短流程和最集中区域安排生产作业，减少转运、等待、集件等非增值作业环节，坚决杜绝逆工序流转。强力推进“三化”和“新三化”，推广加工工装通用化设计，达到控制成本的目的，先后完成了焊接工装、两级对接装配工装、热处理吊具的通用化设计。2018 年以来，批生产项目共梳理工艺优化 44 项，节约成本约 523 万元。

4. 建立工艺成本量化指标考核体系

工艺成本的控制应该实现可量化、可考核，因此，根据批生产项目工艺成本实际管理情况，建立包括年度材料综合利用率、工艺标准化率、新工艺技术效能指数、年度产品合格率等四项工艺成本量化指标体系，工艺部门按照型号梳理、分析做好基础数据的收集、积累工作，依据这些指标对实施效果进行评价（见表 3）。

表 3　210 所工艺成本量化指标体系

<table>
<tr><th>名称</th><th>含义</th><th>采集办法</th><th>采集周期</th></tr>
<tr><td rowspan="2">年度材料综合利用率</td><td>型号材料利用率 =（各型号发动机净重量/各型号发动机消耗原材料总重量）×100%</td><td>统计当年生产各型号发动机（研制、批生产）不同材料净重量（不含元器件、外协外购成品件）以及原材料消耗总重量，算出本型号材料利用率</td><td>批次采集</td></tr>
<tr><td>年度材料综合利用率 =（全年所有型号发动机净重量/全年所有型号发动机消耗原材料总重量）×100%</td><td>对当年所有型号发动机（研制、批生产）进行统计，根据分析数据，分别计算出各材料在所有发动机型号的年度综合材料利用率</td><td>年度采集</td></tr>
<tr><td rowspan="2">工艺标准化率</td><td>型号工艺标准化系数 =（型号采用标准工艺文件总份数+型号采用典型工艺文件总份数+型号采用通用工艺文件总份数）/型号全部工艺文件总份数</td><td>统计各个型号采用的标准工艺文件总份数、典型工艺文件总份数、通用工艺文件总份数及该型号全部工艺文件总份数，分别计算各型号工艺标准化系数</td><td>批次采集</td></tr>
<tr><td>工艺标准化率 =Σ 型号工艺标准化系数/N。（N = 该年度研制、批生产的型号总数）</td><td>对当年生产的所有型号发动机（含研制和批生产等）进行统计，根据型号工艺标准化系数，计算年度工艺标准化率</td><td>年度采集</td></tr>
</table>

续表

产品合格率	各型号发动机合格率=（型号发动机合格自制部件总数/全年投入研制型号发动机自制部件总数）×100%	统计各型号发动机零部组件合格品数量（不含元器件、外协外购成品件）及投产量，计算算各型号发动机批次产品合格率	批次采集
	年度产品合格率=（全年研制型号发动机合格自制部件总数/全年投入研制型号发动机自制部件总数）×100%×0.3+（全年批产型号发动机合格自制部件总数/全年投入批产型号发动机自制部件总数）×100%×0.7	根据当年生产的所有型号（含研制和批生产）发动机合格率，计算所有型号产品的年度产品合格率。	年度采集

工艺环节决定着生产制造的进度、周期、质量等，直接影响着制造成本。针对批生产项目工艺成本管理中存在的典型问题，从工艺角度控制原材料消耗、工艺方法、工艺参数等基本要素，有效降低生产成本。建立工艺成本量化指标体系，从年度材料综合利用率、工艺标准化率、年度产品合格率等指标进行分析，量化评价工艺成本控制成效。实施两年来工艺成本持续下降，2018 年下降 33%，2019 年同比下降 35%。

（八）合理组批抽检、交付降成本

在批生产前，科研生产部门和设计工艺部门联动，根据年度生产任务，积极与总体单位沟通协调，根据发动机装药、发火管等火工品的原材料批次、外协厂生产能力、抽检原则等合理组批，减少发动机装药抽检试验数量、发动机批抽检试验数量、液压爆试试验数量以及验点火器、喷管堵盖打开试验数量，既方便组批生产和交付，又能节省成本。2018 年以来，各批生产项目通过合理组批抽检、交付，减少发动机装药抽检试验数量 8 发、发动机批抽检试验数量 8 发、液压爆试试验数量 24 发，减少点火器、喷管堵盖等其它产品试验数量 56 件，累计节约成本约 360 万元。

三、军工研究所批生产项目成本精准管控体系构建与实施效果

（一）批生产项目成本得到有效控制

批生产项目成本精准管控体系构建与实施以来，在实际应用中不断探索改进，已经形成了完整的管理体系，成本得到有效控制。实施两年来，节约采购成本 2208.3 万元，压减外协成本 218.3 万元，减少质量成本 537.5 万元；梳理批生产工艺优化项目 44 项，工艺成本分别下降 33% 和 35%，节约成本约 523 万元，减少产品抽检试验数量，累计节约成本约 360 万元。两年来共计节约成本 3847.1 万元，管控成效显著。

（二）成本管理水平明显提升

随着批生产项目成本精准管体系构建与实施，成本意识深入人心，人人形成注重成本控制的思维方式和管理习惯，对 210 项目成本管理能力提升起到了较大的推动作用。不仅仅在批生产项目，在预研研制项目和其它项目中，管理人员、技术人员、生产人员以及服务人员对成本有了统一深刻的认识，自觉的将成本控制的各项要求落实到研发设计、采购供应、生产制造、试验交付等各项经营活动中，多层次、全方位实现了成本管控，推动了 210 所成本管理水平向更深层次提升。

（三）建立完善了规章制度

建立健全了管理制度，主要包括以下 10 项：《210 所成本工程管理考核办法》《210 所成本工程经济责任追究管理办法》《210 所项目成本管理办法》《210 所材料消耗定额管理实施细则（试行）》《210 所投招标管理办法》《210 所采购价格管理办法》《210 所外购管理办法（试行）》《210 所军品项目物资外购管理实施细则（试行）》《210 所型号产品外协管理办法（试行）》《210 所采购价格管理办法》。通过制度实施，规范了成本管理过程，实现成本管控体系化、制度化、常态化。

（四）行业地位持续巩固

近年来，批生产项目成本控制成为 210 所成本控制的典范，为其它项目降本增效提供了有效参照，某重点型号发动机批生产成本控制项目获六院 2019 年度突出贡献奖。批生产项目成本精准控制的方法思路拓展应用到预研研制型号中，完全适应了军方客户提出的“低价、优质”采购要求，在多个研制型号竞标中占据主动地位，已成功中标陆军、海军、空军等多军种多个型号产品的承制，在固体火箭发动机制造领域的地位得到巩固。

成果创造人：蒲建军、杨立合、张志正

新能源企业发挥新时代党组织作用提升企业创效的创新实践

大唐黑龙江发电有限公司

大唐黑龙江发电有限公司（以下简称大唐黑龙江公司）发挥新时代党组织作用围绕新能源领域生产经营开展工作，以“创岗建区”活动为载体，聚焦新能源企业风电场“弃风”问题，创新引入“单位小时创效”和“风能利用率”指标，以“党员责任区”为单位，以风机历史运行数据拟合风机理论功率，测算实际发电量与理论发电量比值，风电场实际发电能力与额定发电能力对标，科学制定风机日运行方式，实现不同风场创效指标平行可比，通过创新实践基层党组织干事创业热情和干劲提升，企业创效能力增强，实现以高质量党建推进企业高质量发展。

一、意义与背景

随着新能源产业的蓬勃发展，对电力生产实施精细、经济、高效管理的要求日益迫切，而往往国有企业基层单位党建与生产运营管理等中心工作未能深度融合，未有效的利用国有企业管理优势，存在“两层皮”现象。一方面党的基层组织就党建而抓党建，对生产经营工作关注不足。另一方面基层党组织特别是一线生产部门只注重生产经营，对党建工作轻描淡写不懂融合。“两层皮”现象的出现归根结底，是没有找到切入点将二者很好地结合起来。党建工作和生产经营工作是不可分割的有机整体，二者之间存在着必然的联系和依附关系，不能把二者有机地结合起来，就使得这两种事物发生游离而单独存在。就新能源基层党组织而言存在的主要问题：一是基层党支部以各风场为单位进行划分比较分散管理难度大，主要工作以保证支部规范化标准化建设为主，围绕生产经营开展工作意识不强。二是风场创效“看天吃饭”党员职工干劲不足抓手不实。如何将这两项问题有效解决成为了2020年大唐黑龙江公司对新能源公司各级党组织设定的一项重要课题。

二、需求与目标

（一）实现党建、生产、经营深度融合。坚持党建工作融合生产经营不偏移，切实提高企业经济效益、增强企业综合实力、实现国有资产保值增值，坚持以党建、生产、经济深度融合为出发点和落脚点，以企业改革发展成果检验党组织的工作和战斗力，从根本上落实党对国有企业的领导，发挥党组织对国有企业改革发展的把关定向作用。基层党支部人员一岗双责，“物质文明建设”和“精神文明建设”两手抓，健全融合机制保障，不断深化企业改革，深入发挥党组织地位作用，健全党员干部和基层党组织职责，创新和完善工作方式，进一步巩固党的领导地位，保证党组织参与企业重大问题决策，保障党员干部在各战线发挥党员先锋模范作用，实现党建、生产、经营三者的有机融合。

（二）实现风电场大数据管理。因风资源的长期稳定短期多变的基本特征，在实际运行管理中，对风机指标采集存在以下难点：1. 风电机组出厂指标难以在实际建设环境中复核测量；2. 生产运营中机组性能随运行时间和风况动态变化难以实时跟踪、及时标定；3. 机组及风电场的风能利用能力（风能利用率）难以在短周期内获得；4. 公司现行的基于长周期数据统计的传统风电生产管理方式，无法做到按周甚至按日的短周期量化分析。以往设备管理中存在按经验采用的一些常规方法，因科学性和严谨性存在缺陷，加之无及时有效的数据和工具支持，分析经常被误导，甚至做出错误的判断；缺乏科学的评价体系和手段支持，公司内部深入广泛开展公正的对标纵评横评等管理措施受到很大限制；缺乏合理的分析方法和及时充分的数据支持，科学运维、精细运维、挖潜增效成果大打折扣。

需要通过建立集控系统，搭建大数据平台，对风机历史运行数据进行统计，拟合计算出设备理论发电功率曲线，科学还原设备真实发电能力和风电场设备管理水平。建立精准时效兼备的日常风能利用指标体系，为各类生产管理手段提供科学的量化指标。研究科学合理的风电机组理论功率曲线和实际功率曲线生成方法，为机组的投运、运行、维护三大环节的全程技术管理提供可视化数据依据和标准。消除气象等不确定性因素影响，采用科学一致的评价系统。为风电场深入开展对标纵评与横评等活动提供具有时效性的体系化技术和工具支撑。采用风电场风能力利用率辅助分析决策系统。为风电机组微观选址扩容、风电机组运行参数优化，以及设备维护重点方向等提供参考性信息和数据支持。风电场设备维修方式从传统的“事故维修”“定期维修”过渡到现代化的“预知性维修”，实现了设备管理模式从较为被动的“综合设备治理”到提前主动的“科学设备管理”的全面提升，促进风电设备管理科学化、规范化，提高设备发电能力。通过以上举措全面提升电力生产效益，带动公司生产向低成本、高效益方向进步，增强核心竞争力。“四化”为：“信息化”，缩短了风电场与管理机关本部之间的距离；“数据化”，缩短了定性分析与定量分析之间的距离；“自动化”，缩短了人人交互与人机交互之间的距离；“智能化”，缩短了理论知识与实践经验之间的距离。

（三）实现以高质量党建推动高质量发展。高质量发展是党的十九大提出的新表述，表明中国经济由高速增长阶段转向高质量发展阶段，方向正确性尤为重要。作为国有企业，犹如车头，肩负着这辆飞驰列车的方向和动力。方向大于努力，这就要求国有企业要有高质量党建指引高质量发展。近一个时期来，中国大唐集团深入贯彻习近平新时代中国特色社会主义思想和党的十九大精神，认真落实党中央各项关于国有企业党的建设指示精神，聚焦改革发展中高质量发展与高质量党建不平衡不充分的矛盾，努力探索开辟高质量党建驱动高质量发展新道路，坚持把建设世界一流能源企业作为引领未来发展的总目标，坚持提供清洁电力，点亮美好生活的美好愿景。坚持把加强党的领导和党的建设作为未来发展的政治保证。坚持党对国有企业的全面领导，树牢“四个意识”，坚定“四个自信”，做到“两个维护”，始终在党和国家事业大局下谋划和推进企业各项工作，确保发展政治方向正确。深入落实“两个一以贯之”要求，改进领导体制，完善现代企业制度，发挥党组织把方向、管大局、保落实重要作用。贯彻新时代党的建设总要求和党的组织路线，以党的政治建设为统领，全面提升党建质量，打造忠诚干净担当的高素质干部队伍，以一流党建引领一流能源企业建设。坚持以人民为中心，努力让职工群众有更多更实在的获得感、幸福感和安全感。狠抓正风肃纪，努力营造海晏河清的政治生态和干事创业的积极氛围。作为大唐集团的二级公司和地方国有企业，大唐黑龙江公司始终坚持区域对标龙头企业总目标，以高质量党建推进高质量发展为主线，不断从党建、生产、经营各方面进行对标管理，总结经验，提炼亮点，坚持一流标准，“干就干一流的事，干就干成一流”，做就做到极致，推进各方面工作不断精进超越，矢志追求卓越，聚沙成塔，集腋成裘，加快建设安全、绿色、智慧、高质量发展的一流国有企业。

“始于思、践于行”。大唐黑龙江公司倡导发扬党员先锋作用同时，充分利用科学手段，将党员先锋作用与目标任务结合，将各项带头作用和带头工作数字化，实现对标管理。在各基层企业间以“创岗建区”活动为契机，各支部责任区将党建、生产、经营指标深度融合的同时进行单位间的对标管理，弘扬“比学赶超”和“撸起袖子加油干”的精神，践行大唐龙江人提供清洁电力的初心与使命。

三、做法与经过

（一）结合公司实际，开展“创岗建区”实践活动。“创岗建区”即创“党员示范岗”建“党员责任区”。创“党员示范岗”是指党员要在本职工作岗位上，率先达到岗位标准，模范履行岗位职责和党员义务；建“党员责任区”是指党员团结带领周围群众，共同完成生产经营发展等各项任务。基本要求是：要求党员在本支部内既要做好本职工作，又要把身边的群众带动起来，接受党内党外监督，真正成为一面旗帜。

“创岗建区”的基本方法是先设置“党员示范岗”和划分“党员责任区”，新能源公司结合实际每个风场设立一个“党员责任区”，每日填报党员责任区“单位小时创效”指标及“风能利用率”指标，生成日指标曲线，每月进行综合排名，每季度党委认定“党员红旗示范岗”和“党员红旗责任区”。

（二）坚持问题导向，打破固有管理壁垒。新能源风电行业领域面临的共性问题：因新能源风电行业生产运营数字量化技术欠缺，至使相关管理进步受到瓶颈性制约，唯有打破瓶颈，才有望在生产中取得突破式的进步。

在未来数年内新能源风电行业竞争将日趋激烈，衡量投入产出比，向精准施策要效益、向精细化管理要效益、向潜能到产出的深入转化要效益将成为所有新能源风电企业的发展方向。具体讲主要体现在以下四个方面：

一是建立精准时效兼备的日常风能利用指标体系，为各类生产管理手段提供科学的量化指标。

二是研究科学合理的风电机组理论功率曲线和实际功率曲线生成方法，为机组的投运、运行、维护三大环节的全程技术管理提供可视化数据依据和标准。

三是消除气象等不确定性因素影响，采用科学一致的评价系统。为风电场深入开展对标纵评与横评等活动提供具有时效性的体系化技术和工具支撑。

四是采用风电场风能力利用率辅助分析决策系统。为风电机组微观选址扩容、风电机组运行参数优化，以及设备维护重点方向等提供参考性信息和数据支持。

通过以上四方面可全面提升电力生产效益，带动公司生产向低成本、高效益方向进步，增强核心竞争力。

（三）实施技术创新，达成目标成效。

1.“四化”为支撑，践行创新管理。“信息化”缩短了风电场与管理机关本部之间的距离。确保本部管理人员可实时查看风电场每台设备运行情况，提高了管理人员管控能力和应急处置能力。于此同时，“信息化”可有效解决人员移动办公问题，手机 APP 可查看公司生产运行关键信息，实时掌握设备信息。特别是在今年“新冠状病毒”防疫期间，公司发挥了“信心化”办公优势，管理人员在家实现“无缝对接”远程办公模式，公司设备管理实现“零”延时。“数据化”缩短了定性分析与定量分析之间的距离。数据将是企业未来最宝贵的财富，建立企业生产经营大数据库，全年工作目标分解落实到个人，个人任务分解至每个月、每一个天，每一天每一项工作进行“数据化”量化，企业管理从“量变”

到“质变”是一个过程，而数据化将采集每一次“量能”指标，跟踪每一项数据化指标，并将每个人、每项工作进行“量能”评价。对风机运维管理进行“数据化”采集和处理，进行大数据分析，实现了设备管理“量”与“质”的有机结合。“自动化”缩短了定性分析与定量分析之间的距离。现场可以进行“集中监控，少人值守”的运行模式，将大量常规简单的“机械式”工作转为“自动化”，大力解放现场人员生产力，降低了风电场现场人员数量上的“刚需”，实现风电管理的“工业化革命”。“智能化”缩短了理论知识与实践经验之间的距离。随着经验的增加，我们进行了故障报警和参数越限的采集和分析，建立生产大数据库，对每一次故障报警、缺陷处理、参数越限持续报警趋势进行了关联和分析，对每一月风机发电能力进行排名和内部对标，不断提高自身的业务能力和科技水平。

2. 基于大数据平台的指标数据拟合计算。新能源公司下设 13 个风电场，风机厂家、机型、轮毂高度、生产年份有很大差别。由于风机风速仪在机舱尾部，所测风速非叶轮受力风速，各风机根据出厂设置将风速仪所测风速乘以传递系数后计算出风机风速，但由于不同厂家不同机型不同年份，计算风速结果无法真实反馈桨叶受力风速，进而无法使用风机出厂标准理论功率曲线测算理论发电量。新能源公司首先采用风机历史运行数据进行理论功率拟合，每个风机以自身历史运行数据为标尺，避免了风速指标不统一的误差。为进一步提高风能利用率准确性，确保风机设备理论发电量计算方法科学，测算结果与实际相一致，新能源公司在原集控系统的基础上增加了理论发电量算法优化模块。原集控系统理论发电量算法为：剔除各风速下对应的低于标准功率 70% 的点后对各风速下的功率进行拟合，风速间隔为 0. 5 米/秒，同时对（切入风速至 7 米/秒）风速下每个隔 0. 5 米风速在理论功率上限增加一个最大值限定，超过这个最大值的功率将全部剔除，超过 7 米/秒风速不设定理论功率最大值，刨除所有低于理论功率 70% 点对所有数据进行拟合，功率曲线采用按所有每月历史数据（吉成、东辉风场除外）拟合当月理论功率曲线方法。吉成、东辉投产时间相对较短，由于历史数据少的原因采用全部历史数据进行拟合功率曲线的拟合。理论发电量优化算法为：采用 2019 年 1 月 1 日以后的数据进行累计（2013 年-2018 年数据包含了大量历史限电数据和调试数据，导致理论发电量偏低）；剔除各风速下对应的低于标准功率 100% 的点（70% 升至 100%）；风速间隔为 0. 5m/s；风速小于 5m/s 时，增加功率限定值，实际功率大于限定值参与计算；新增风功率密度修正系，原始值为“1”，后续结合风机资源差异，对个别风机进行微调。理论发电量算法优化模块为单独模块，结合创岗建区方案和需求，开发对应功能和报表，不会改变系统原理论发电量拟合数据，确保理论发电量算法优化期间不影响集控正常运行。理论发电量算法优化模块上线运行后，初步解决了风电场指标公平。新能源公司将引入 CFD 技术，对风电场进行建模并使用测风数据还原每台风机受力风速。

3. 利用 CFD 技术提高风能利用率——风电场风能利用支撑技术研究及平台开发项目。该项目的基础技术为计算流体力学，即 CFD 技术，在准确的地理信息建模后，使用该技术可模拟出风电场范围内空气流场的动态分布，进而达到对日常风能利用指标体系的建立、风电机组理论功率曲线和实际功率曲线的生成、消除气象等不确定性因素的电力生产评价、微观选址扩容和机组运维等提高风能利用手段的支持。

将解决当前风电企业普遍存在的标准化和定量化指标无法支持日常生产管理等关键问题，并推动风电生产精细化管理技术进步。主要作用如下：

一是通过建立科学的指标体系，快速分析电力生产过程，约束生产行为，指导提高有效风能利用率工作，解决日常生产中当前标准易受气象等频繁变化因素干扰的问题。

二是通过短周期反复刻画风电机组现场运行的理论性能和实际性能，逐小时分析理论值与实际值的偏差来源，给出风电机组的运维增效建议，解决当前凭经验判断，克服用时长、人力投入大等问题，并可消除误导误判隐患。

三是通过开发先进的测量推算方法，充分利用现有标配的测风塔系统和 CFD 推导技术，实时高效地测量推算所有风电机组的叶轮前自由流风速。解决直接采用机舱风速的偏差不可控，采用物理测量法工期长资金消耗大以至无法普遍开展等问题。

四是通过提供风能利用率分析等辅助工具，丰富应用领域，扩大支持范围。在分析风电机组当前机位的风资源评价、机组位置迁移和增加机位等微观选址方面提供全方位支持，解决深挖风资源可利用潜能、小代价扩容增效等方案无据可依的现实。

4. 精细化管理，标准化作业。首先制定严谨的工作制度，实行定人、定机、定质量、挂牌制度和交接班制度，做到责任到人。设备定人也称“分包领养”制度，强化每台风机“领养人”的巡检频率和内容，风场运维人员科学开展定检维护和制定故障处理预案工作，力争缩短故障处理时间，并在处理过程中不断学习故障分析和处理的经验，提高风机可利用率。结合单机发电量和风能利用率对标、故障停机、故障报警数量等指标统计分析结果，将单机指标按照权重同责任人绩效挂钩，强化人员的责任意识、竞争意识和积极性。定质量即严格做好设备管理，加强细节化作业项目，标准化作业程度，优化机组运行方式，切实提高运行可靠性。以“第一时间消缺”“最快速度消缺”“保质保量消缺”三项模式开展，按照准确、齐全、规范的原则，做好检修记录，验收记录，为机组运行提供备案资料。加强运维人员技能培训工作，在日常培训中重点开展风机系统图、故障分析、故障处理等知识的培训，提升运维人员的技术水平。各风场利用班后会，组织开展变电所设备的构造、工作原理、运行状态、巡检项目、维护方法的专项分析学习，从而提高人员优化设备运行的能力。

经过不断的探索、实践和创新，各党支部和各单位高效协同、高度默契和高度融合，效能显著，促进大唐黑龙江公司安全生产管理更加科学化、规范化，实现了高质量党建推动高质量发展的可持续发展。

四、成效与反响

深入贯彻习近平新时代中国特色社会主义思想，贯彻落实新时代党的建设总要求，坚持加强党的领导和完善公司治理相统一，把党的领导融入公司治理各环节；坚持党建工作与生产经营深度融合，以企业改革发展成果检验党组织工作成效；坚持党管干部、管人才，培养高素质专业化企业领导人员队伍和人才队伍；坚持抓基层打基础，突出党支部建设，增强基层党组织活力；坚持全心全意依靠工人阶级，体现职工群众主人翁地位；坚持“干就干一流的事，干就干成一流”总要求，健全完善基层党组织发挥战斗堡垒作用和党员发挥先锋模范作用的实践载体，深化党员“创岗建区”活动，团结带领周围群众共同完成安全生产经营管理各项工作，增强国有经济竞争力、创新力、控制力、影响力、抗风险能力，为集团公司建设世界一流能源企业提供坚强政治和组织保证。通过 3 个月的实践，新能源公司各个责任区积极研究、深入总结、客观准确地查找创建活动存在的困点、难点和梗阻点，通过深挖机组潜力、摸索机组最佳运行方式，充分调动了党员们精耕细作“责任田”的积极性，实现管理效益、经济效益和社会效益同步提升。

（一）管理效益

1. 全面提高设备的可靠性，保障企业安全生产生命线，降低企业发生倒塔、飞车等事故发生的可能性，筑牢企业安全生产基石；

2. 提高设备利用率，减少机组非停、降负荷等故障，提高风机发电能力，实现发电量和对标双提升，企业生产维护成本进一步降低；

3. 建立数字化风机健康档案，全方位记录风机设备部件信息和运行情况，进一步为设备大数据分析提供了数据基础，企业设备数据是企业设备管理最宝贵的财富；

4. 提高设备管理效率，解放生产力，进一步管理成本和工作量；

5. 科学运维，实现预测性维修管理，保障设备健康水平，公司设备管理和发展迈上新台阶；

6. 实现大规模风电场风力发电设备的集中远程管理，为企业降本增效。“集中监控、运维合一、少人值守、预知性判断、科学检修”是企业发展必经之路，为集团进行区域一体化管理提供优质方案；

7. 提高区域对标、品牌形象和知名度，从技术和管理上确立了企业龙头地位。

（二）经济效益

1. 进一步奠定风电场实现“集中监控、运维合一、少人值守、预知性判断、科学检修”的管控模式，降低了设备维护量和运行人员数量，每个风电场 2 个运行班组每班减少 2 名运行人员日常运行工作量，进而降低了风电场的 4 人次定员需求，实现了降低运行管理成本。公司 12 座风电场，每人次 15 万元薪资总额，折合每年降低人民币 720 万元（12 座×15 万元/人×4 人/座）的人员薪酬成本；

2. 风电场风机、变电设备管理从“专项治理”到“科学管理”，设备检修从“问题检修”到“预知性检修”，每个风电场降低了风电场检修人员工作强度和检修部门的交通成本，实现了降低设备维护成本。减少设备一般故障损失每年约 60 次，折合部件约为 150 万元。减少大部件损失每年约 10 次，折合维护费用 600 万。合计每年减低设备故障损耗 750 万元；

3. 根据区域限电形势，通过该系统的投入，统筹风电场负荷出力，合理分配检修计划，减少设备维护损失电量，降低弃风限电影响，充分利用风资源，每年可为风电场带来大约 5-10% 的电量提升。新增销售额=新增发电量×结算电价；新增发电量=年利用小时数×容量×项目提升比；新增利润=发电量利润增益+人工成本利润增益+设备维护成本增益；发电量利润增益=新增发电量×结算电价=新增发电量×（结算电价-成本电价）。

（三）社会效益

1. 经统计测算，项目为社会带来约 7000 万千瓦时的清洁电量，相当于节约 2.7 万吨标准煤，减少 7 万吨二氧化碳排放；

2. 集团内或区域内的专家资源与知识资源统一调配和共享，可形成全国范围的专家在线系统，促进企业人才战略培养和高精尖技术交流；

3. 预知性检修维护成为新常态。通过大数据库的建立和人员科学分析设备能力的提高，企业对设备的管理能力进一步加强，可以预判设备问题，提前维修或更换部件，减少不安全时间的发生，保障企业可持续发展；

4. 数字化绩效，进一步量化工作和量化工作评价指标，对工作和个人的评价更加客观；

5. 具有深度开发的功能，可以扩展到其它重要的设备系统，包括火电、水电、电子电力、机械运行等跨行业都有借鉴和推广的价值，可进行深度管理；

6. 设备维护大数据、互联网+、专家在线、资源共享、远程指导、预知性故障判断、设备阈值越限分析、设备科学化健康档案，该项目中探索与实践的课题内容具备一定的前瞻性和超前性，也必然是科技发展和企业发展即将遇到的并且主攻的必然方向；

7. 近年来因为设备老化、机械损伤等问题带来风机设备倒塔、飞车事故频发，发电机、齿轮箱等由机械原件组合的设备由于一个零件损伤带来一系列连锁事件往往会造成严重经济损失。该项目可进一步解决该问题，实现根源出发，过程监督，效益提升的目的；

8. 目前各大集团都在进行区域整合，可作为区域整合方案，提高整合效率。

“始于思、践于行”。大唐黑龙江公司倡导发扬党员先锋作用的同时，充分利用科学手段，将党员先锋作用与目标任务相结合，将各项带头作用和带头工作数字化，实现对标管理。在各基层企业间以“创岗建区”活动为契机，各支部责任区将党建、生产、经营指标深度融合的同时进行单位间的对标管理，弘扬“比学赶超”和“撸起袖子加油干”的精神，践行大唐龙江人提供清洁电力的初心与使命。

成果创造人：王立岩、徐　光、李　志、张新斌、
董佳斌、施元辉、乔　木、解伟锋

中国移动软件造价成本管控体系构建与评价创新研究

——以湖南移动公司为例

中国移动通信集团湖南有限公司

中国移动通信集团有限公司是按照国家电信体制改革的总体部署，于2000年4月20日成立的中央企业。中国移动全资拥有中国移动（香港）集团有限公司，由其控股的中国移动有限公司在国内31个省（自治区、直辖市）和香港设立全资子公司，并在香港和纽约上市，主要经营移动语音、数据、宽带、IP电话和多媒体业务，并具有计算机互联网国际联网单位经营权和国际出入口经营权。2019年7月，《财富》世界500强排行榜发布，中国移动通信集团公司位列56位。2019年7月，中国移动在中国500强排行中，排名第8。2020年4月，入选国务院国资委“科改示范企业”名单。

中国移动通信集团湖南有限公司（以下简称“湖南移动”）是湖南省内最大的一家专注于移动通信发展的运营商。2019年湖南移动客户数3600万，主营收入接近227亿元，总利润超32亿元，全省员工总数约为1.5万人。

一、中国移动进行软件造价成本管控创新研究的背景

（一）国家软件产业发展的需要

随着国家“新基建”战略的推动，5G、人工智能、工业互联网、物联网等产业的发展进入了快车道，这些产业的发展均离不开软件的应用。

长期以来，软件价值的评估一直是产业界的难题。由于缺乏科学有效的方法，仅靠市场机制确定软件价值的方式，一方面导致了信息化建设，特别是软件开发项目的预算编制主要依据专家经验，部分项目建设费用虚高导致了资金浪费；另一方面，招投标过程中恶意竞标、围标现象屡见不鲜，众多软件企业的竞争焦点在于报价而非质量，最终导致“劣币驱逐良币”，质量与创新更多成为一种口号而非企业的核心竞争力。

2011年，国家正式提出了“质量强国战略”，而在党的十七大报告中更是明确提出实现“三个转变”。这其中，对于软件产业，“促进经济增长由主要依靠增加物质资源消耗向主要依靠科技进步、劳动者素质提高、管理创新转变”的关键就在于能够对软件价值建立正确的认识并形成“公允价值”，进而引导企业在获得合理利润的前提下，持续提升创新能力和研发效率，并最终提升行业的整体效能和国际竞争力。而软件价值评估的科学方法，正是实现上述目标的关键基础设施。因此，近年来，软件价值的评估相关方法及标准得到了国家行业主管部门的高度重视。2018年12月，国家标准《软件工程 软件开

发成本度量规范》正式发布[1]。2019 年 6 月 28 日，在“2019 年全球软件产业发展高峰论坛”开幕式上，工信部苗圩部长明确提出“推广软件价值评估规范，完善软件价值评估机制，引导各地积极开展软件成本度量标准的试点”，工业和信息化部也将优化产业环境，推动软件产业发展。

（二）中国移动软件项目造价成本管控的需要

中国移动作为大型国有企业和行业龙头企业，对于落实国家战略并推动产业快速、高质量发展责无旁贷。2020 年是我国“十四五”规划的第一年，“十四五”规划中，针对信息发展方面，5G 的应用将促进信息产品和服务的创新，智能终端设备性能将进一步提升，互联网-物联网线上线下融合对生产生活方式的变革。

在信息化技术水平高速发展的同时，在项目的取费、计价方面还未见引用或参照的取费和计价标准或依据，有关信息化建设项目如何尽可能准确度量、合理取费、定量计价的问题一直是困扰信息化工程项目的建设方和承建方的一大难题。

为了更好的满足中国移动集团 2019 提出“坚持创新发展，狠抓降本增效”发展要求，对信息化投入进行合理规划和精细化管理。依据 2019 年 7 月国家标准《软件工程 软件开发成本度量规范》，集团公司内审、信技、网络、计划建设等专业线条围绕软件开发全生命周期过程中发现的问题，纷纷提出了相关工作要求。

集团公司内审部发现，2018 年软件开发计价审计项目在明确软件开发计价评估模型及其使用要求、设计和建立评估模型、运用评估模型等方面需要改进，要求从风险防控角度推动专业部门联动整改。

2019 年，集团公司信息技术中心、网络部相继发文明确软件造价成本管控模型建设相关要求。集团公司计划建设部组织编制了项目类软件开发度量评估及应用指导文件，要求各单位结合自身情况优化项目软件度量评估方法，不断提升软件开发项目投资管控的科学合理性。

湖南移动为了响应中国移动集团软件开发项目投资管控具体要求，作为先行试点单位，在信息化投入进行合理规划和精细化管理方面做出了有益探索。

（三）湖南移动解决自身软件项目问题的需要

软件系统具有固有的本质特性：复杂性、一致性、可变换性和不可见性，使得软件难管、难控、难保障运转效率。围绕国家、集团相应的软件开发及管理要求，湖南移动梳理软件项目面临的问题，总结归纳出主要存在四大“痛点”（如图 1）。

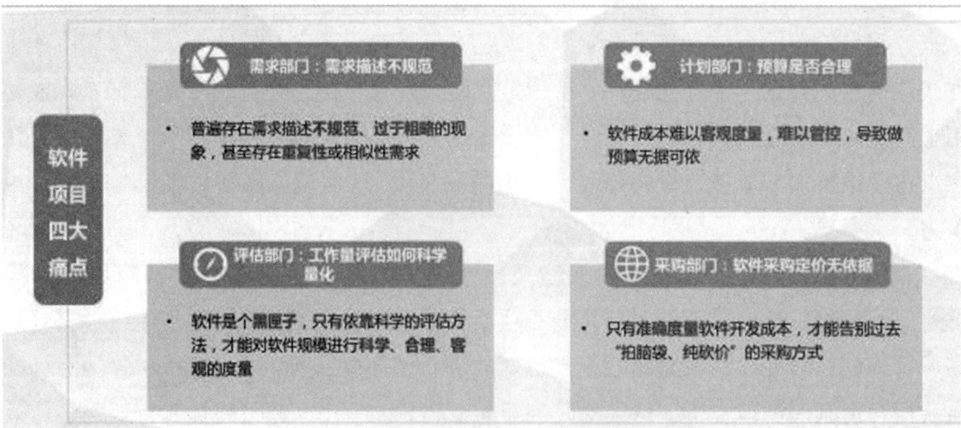

图 1　软件项目四大痛点

一是需求部门对于项目需求的描述不规范。软件开发具备复杂性和不可见性等特点，存在功能重复、描述不准确等问题，软件开发效率、质量难以保证。

二是计划部门对于预算是否合理心里没底。客观上，软件成本难以度量，难以管控，导致做项目预算无据可依。

三是评估部门对于项目软件造价成本管控不知如何科学量化。软件造价实质上是个黑匣子，只有依靠软件造价成本管控体系，对软件规模进行科学、合理、客观的度量，才能告别过去"拍脑袋"的评估方式。

四是采购部门对于软件项目采购定价无依据。招评标无法规范定价防范恶意中标，采购谈判无定价标准难以确保成交价格合理。只有准确度量软件开发成本，才能告别过去"拍脑袋、纯砍价"的采购方式。

二、内涵与主要做法

（一）基本内涵

1. 整体概述

软件在国民生活和企业发展中的重要性不断增加，但是软件具有成本难于评估的特点，为了防范软件采购过程中的廉洁风险，同时提高对于软件开发和使用的管理水平，湖南移动围绕"低成本高效率软件成本管控"的目标，基于软件成本度量国家标准（体系框架如图2），建立了一套湖南移动特有的软件造价成本管控体系，做到从制度、组织、质量和支撑等四个方面保障，强调有机高效、协同、创新，促进了评估能力内化、评估手段信息化，实现了经济效益、管理效益、风控效益三提升，构建了低成本、高效率"内化型"的软件造价评估能力，具备科学性、权威性、可操作性的特点。

本成果是一整套管理体系，主要包含三方面内容：一是符合国家标准的且结合自身特点完善的软件成本度量标准；二是为了使标准落地创新的全方位管理配套举措；三是用电子化手段支撑保障全过程完全符合管理要求不走样、可追溯、可审计。

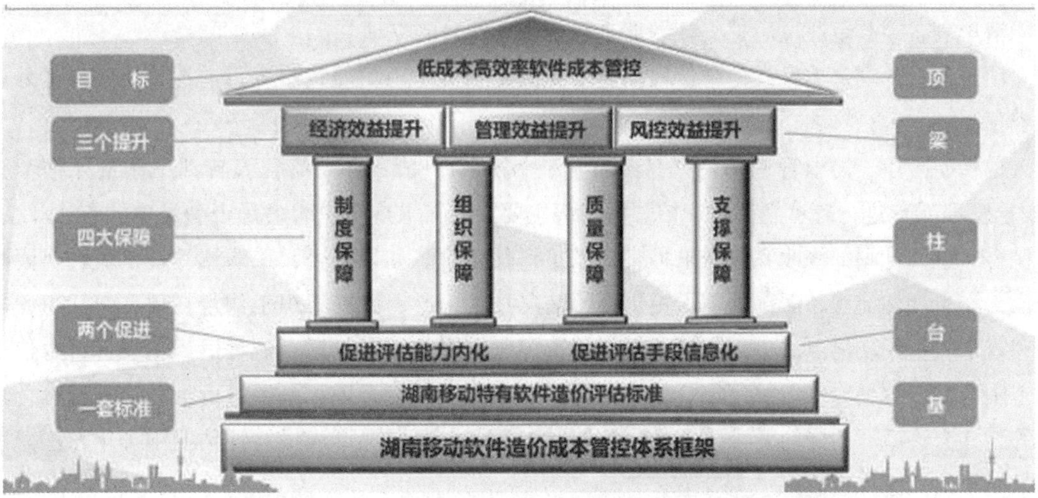

图2 湖南移动软件造价成本管控体系框架

2. 使用时间和效果

湖南移动对定制软件的采购量非常大，近些年平均每年4个多亿。2010年，湖南移动针对首次尝试引入功能点法（IFPUG-FPA）进行研究。2013年，发布制度明确针对定制软件项目采用功能点法、针对日常小需求采用原子功能点法进行工作量评估，提交采购作为谈判依据。2017年，完成公司内部98名评估专家培养，全部取得工信部“软件造价师”职业资格证书，并开始进行初评、复审两级评估管理。2018年，为评估专家争取到额外评估劳务报酬。贯穿至今，湖南移动一直在软件造价成本评估方法、管理配套、电子化支撑方面积极探索、完善、创新，为公司节省了大量成本费用，降低了采购廉洁风险，同时获得了软件开发厂商的一致认可，认为双方基于同一标准谈判有理有据，畅通和保护了乙方的沟通权利。

3. 外部和内部评价

2018年9月，在第三届中国软件估算大会上，湖南移动做了《深入防范软件采购风险，构建成熟工作量评估体系》主题演讲，全面展示了湖南移动在软件研发成本度量应用工作中的卓越表现，同时被中国计算机用户协会软件造价分会评为“工信部行业标准《软件研发成本度量规范》2018年度应用示范单位”。本次大会有来自政府、金融、通信、科研院所等各行业400家单位共600名代表参会，涵盖了软件造价评估市场的整个服务链。会后，很多银行、海关、公安、通信、电力行业代表进行了详细咨询。在软件度量国标发布之后，很多大型国企在这方面都有非常强烈的需求，认为解决的很多问题正是他们目前遇到的，对湖南移动的国标落地和管理创新表示了浓厚的兴趣和认可。

2019年8月，中国移动集团公司计划部发文要求各省、直属单位依据国家标准进行软件项目度量，将湖南移动纳入最佳实践案例单位，向全集团推介。湖南移动成为集团内唯一一个评估方式为自主评估非第三方评估的单位。

2020年4月，《基于国家标准构建的软件造价成本控制管理体系》成果荣获2020年度“湖南移动管理创新奖”第一名。

4. 体系具体流程案例

以“湖南移动2019年大数据系统能力提升（第8期）”项目为例：

在需求阶段，需求提出单位（信息技术中心）依据集团规范和本省需求，汇总形成本项目需求，并要求定制开发厂商华为和新大陆分别针对自身开发部分按照规定的模板编制软件开发需求规格说明书和软件功能清单表，经会审通过后提交计划部进行定制软件采购立项。

在立项阶段，计划部委托设计单位根据需求规格说明书使用功能点法进行前评估，并参考外省情况确定投资预算。

在采购初始阶段，需求管理部门（计划部）提交采购申请，首先流程流转到工作量评估牵头部门（信息安全管理部）进行需求规范性审核。信安部主要审核需求规格说明书是否满足功能点法评估要求，如果不符合，退回计划部修改完善需求书直到满足评估要求。如果符合，采购流程往下流转，同时信安部另开启工作量评估流程，派单给需求提出部门信息技术中心，由其组织工作量初评，包括组织内部评估专家和需求人员用功能点法进行初评并提交其部门领导审核，通过后，流程返回信安部，由信安部在全公司范围内抽取评估专家组织复审。复审主要审核功能点是否合理、是否过度细化、是否符合功能点法要求等，并允许就一些疑问要求厂家做出澄清和解释，根据情况形成最终评估明细和审核汇总表。但最终评估结果对厂家保密。

在采购后续阶段，信安部将最终评估结果提交采购中心。采购中心组织商务组进行谈判。工作量评估结果谈判当场开封。商务组会把预算金额和工作量换算金额（每个厂家的工作量人日单价不同，工作量换算金额=工作量人日 * 厂商人日单价）作为上限，并根据其他情况和厂商进行最终价格谈判。

在建设阶段，工程建设部门根据需求开发文档初验和终验，从而确保软件施工质量和需求书内容一致。

所有流程和资料进入系统留存，可回溯可审计。

（二）主要做法

1. 创新标准方法，保障评估科学

结合我省实际，优化创新形成湖南移动特有的一套软件造价评估标准。该标准是基于2003年成为ISO国际标准功能点法（IFPUG-FPA）和集团业务支撑网原子功能点法两种评估方法不断创新优化形成，两种评估方法分别能很好地适用于“交钥匙”工程、框架协议两种典型的软件项目，通过对规范的需求规格进行定量核算，就可以科学、客观地计算出软件开发所需要的工作量。

2013年，功能点法（IFPUG-FPA）被工信部纳入《软件研发成本度量规范》行业标准，2019年被纳入《软件工程软件开发成本度量规范》（GB/T 36964-2018）国家标准。2013年，集团发布《中国移动业务支撑网需求管理办法V3.0》规范，推荐用原子功能点法评估新业务开发类需求。这些年来，湖南移动不断结合实际进行优化创新。对于功能点法，创新建立功能点合并模型、功能优化模型、开发复用度模型，对于原子功能点法，创新增加功能属性、引入复用度、扩展功能类型和关联满意度等属性，最终汇总形成湖南移动特有的软件造价评估标准（如图3）以控制软件造价。为保障操作性和规范性，针对功能点法、原子功能点法分别建立《湖南移动工作量评估功能点法应用操作规范V2.0》和《湖南移动工作量评估原子功能点法标准V1.0》等操作规范和标准。

图3　湖南移动特有的软件造价成本评估标准

2. 建立章程制度，促进流程规范

建章立制，规范流程。湖南移动通过制度明确界定软件造价评估中各方角色职责，明确评估标准和规范对应的管理流程。为确保内外部沟通一致，先后印发定制软件工作量评估管理细则、评估专家管理办法等2项制度规范，印发功能点法和原子功能点法应用操作规范等2项操作指引以及制定《定制软件开发需求规格说明书》《定制软件业务功能清单汇总表》《工作量评估明细表》《湖南移动工作量评估原子功能点法标准综合表》《软件开发工作量审核表》等8个模板，全方面指导工作执行。

对于定制软件项目，采用功能点法评估管理流程，从需求规格说明书入手，经初评组初评、复审组复审后，形成软件开发工作量审核表签字盖章，作为采购谈判上限；对于新业务需求，采用原子功能点法评估管理流程，从季度需求开发工作量初评明细表入手，经初评组初评、复审组复审后，形成季度需求开发工作量审核汇总表签字盖章，作为采购结算依据。如图4评估管理流程。

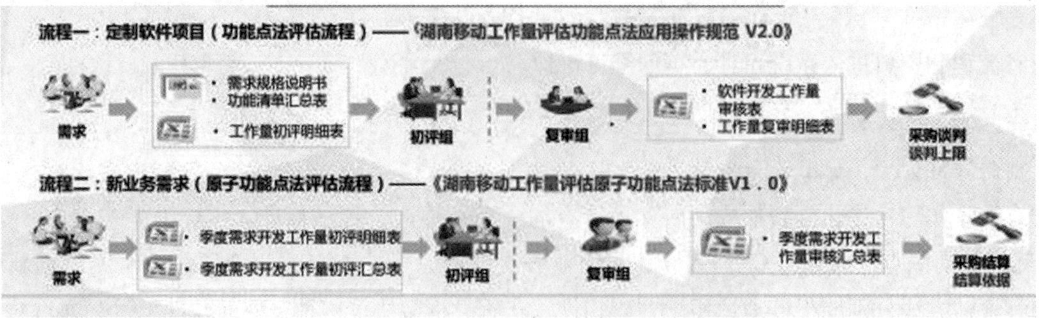

图 4　评估管理流程

3. 变革评估组织，强化评估协同

能力内化，组织保障。随着应用软件在当前 IT 系统中所占比例的日趋扩大，湖南移动软件开发软件造价成本管控工作复杂且工作量大，需要投入大量精力和时间，在评估人员方面，评估支撑力量（包含人员数量和能力）愈发不足。

为解决评估人员和评估风险问题，湖南移动在公司内组织各专业跨部门的技术骨干开展培训，培养了 98 名软件造价成本管控专家，并获得工信部认可的“软件工程造价师”资质证书，这些人员经各部门审核把关，一并入库建立软件造价评估专家库，打造了跨部门跨专业条线评估团队。为提高专家评估积极性，湖南公司提供资源保障，发放评估报酬和给予人才积分激励。基于评估力量不足和存在廉洁风险的问题，湖南移动首创“初评复审”两级评估机制。信息安全管理部作为软件造价成本估算管理牵头部门组织协调公司内各部门职责分工，促使组织协同，并督促固化流程切实执行各项评估工作。包括组建各部门内部评估力量的初评组、跨部门的复审组，以及事后开展廉洁风险“回头看”，检查评估环节合规性的督查组，以保证评估独立性、客观性，以实现保障有力，风险降低，组织保障如图 5。

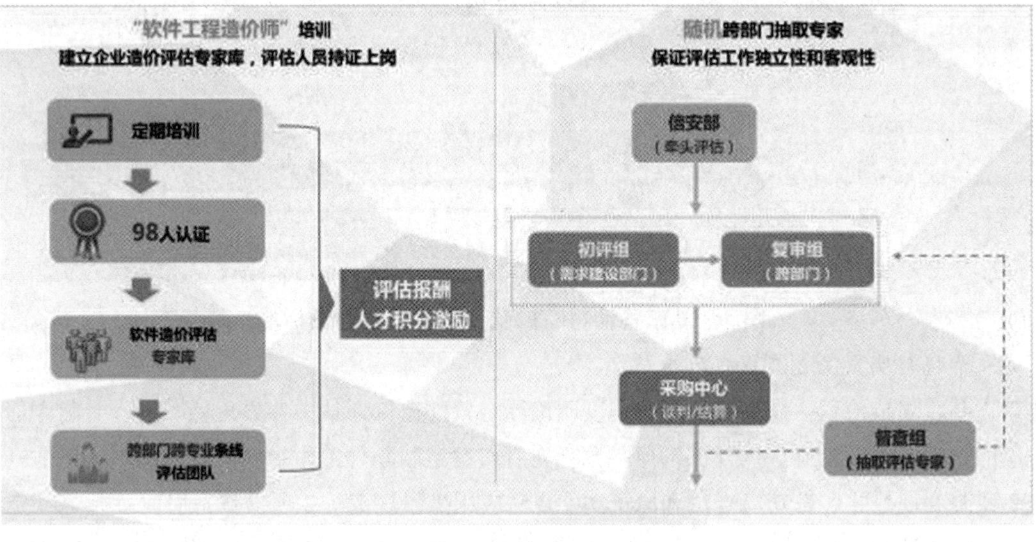

图 5　组织保障

4. 强化纵深协同，保障评估质量

强化标准化文档，统一需求规范和评估模板，并全流程贯彻执行。多年以来，湖南移动需求部门人员组织各开发商编写需求标准文档，明确需求的系统边界、清晰的功能结构图、规范的系统功能性描述，并且需求功能细化至可开发粒度。每年在需求准备阶段，软件开发商从功能点视角细化和自查软件开发需求规格说明书，并提交给移动需求部门。在采购申请阶段，评估牵头部门对提交的需求规格书再次开展合规性审查，判断是否符合标准方法评估要求。通过强化需求编写和审查管理，促使需求部门提需求时考虑需更深入细致，开发商在软件开发过程中目的性更强，从而建立起各方基于需求的强协同纽带。

为了使评估人员能清晰了解功能，制定《需求功能清单表》，一一对应到需求规格说明书，包含多级功能名称、对应需求书目录、功能描述、功能复用情况、需求出处等。在此表的基础上，按照评估标准要求，将功能分拆成标准功能点，由初评组进行评估形成《初评明细表》。针对初评明细，组织复审组专家逐一审核修订确认，所有确认记录留痕，形成《复审明细表》，汇总明细表中数据后生成《工作量审核表》，评估组成员和领导签字盖章后提交采购中心供谈判参考，质量保障如图6。

协同方面，创新评估机制。湖南移动创新“初评复审”两级评估机制，建设评估新型组织，一方面评估资源改善，评估质量提升，有效提升了软件造价成本管控效率与质量，原因一是需求建设部门熟悉软件功能开发，对软件的功能需求、技术架构了解透彻，能够把好软件造价成本管控第一道关。二是需求建设部门领导审核初评结果，可调配资源，有效确保工作量初评质量。复审组在初评基础上，全公司抽取专家，依据评估标准，从事务性功能和数据性功能是否分类合理、是否存在功能点拆分过细、功能复杂度是否合适、可复用功能是否核减去审核，进一步逐功能点进行详细审核、修订、确认，提升评估质量，质量保障如图6。

通过标准化文档管理和初评复审两级评估，加强了公司内评估组织的协同合作，大大降低了软件造价成本管控中技术人员与业务人员交流中的认知瓶颈，充分评估，从而提升了评估质量，使得软件造价成本管控结果更易为各方人员所接受。

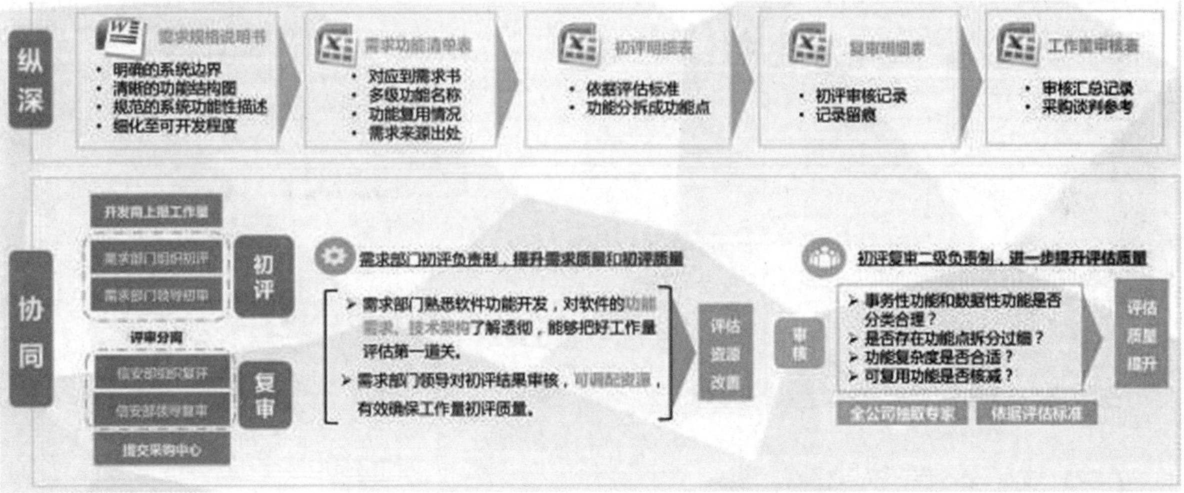

图6　质量保障

5. 应用信息化手段，提升评估效率

建立了电子化的管理流程，全程在线把控。对于定制软件项目评估管理流程，从软件开发管理部门提交需求文档开始，到采购谈判、公司办公会决策结束，其中包含采购申请流程、工作量初评、复审流程等三个子流程。对于新业务需求评估管理流程，从开发商上报需求原子功能点工作量开始，到采购中心处理订单结束，其中包含工作量初评、复审流程等二个子流程。

两类流程中围绕需求审核，初评复审评估细节可追溯，直观、全过程公开，多节点分级审核，确保评估有依据，流程更清晰，过程可追溯，从而降低评估风险，提高评估准确率和效率，支撑保障如图7。

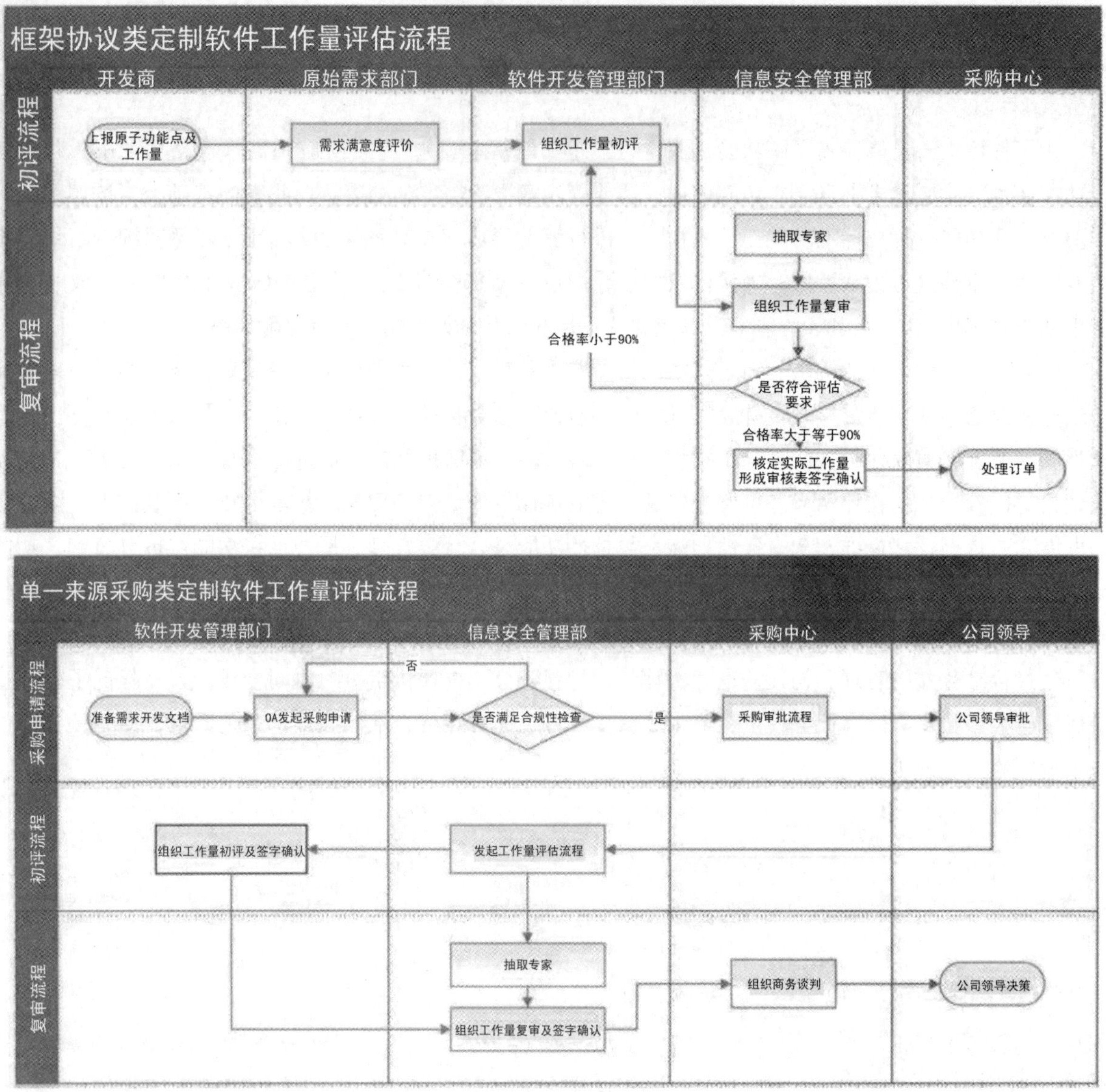

图7　支撑保障

三、创新亮点

（一）面向全流程的管控体系

湖南移动软件造价成本管控体系贯穿需求立项阶段、采购阶段、建设阶段全流程，通过“需求不规范不评估”“未完成评估不采购”“不满足需求规范不验收”，有效降低项目建设成本，提升软件项目质量。

在需求立项阶段，需求不规范不接受评估，通过规范需求文档制作，准确定义开发需求，提前细化实现方案，确保能准确测算项目预算而达到可接受评估程度；在采购阶段，未完成评估不进行采购，通过初评和复审，准确评估开发工作量，准确测算项目建设成本，以提高对项目采购的议价管控能力；在建设阶段，以不满足需求规范不验收为标准，促使加快软件开发速度，提高软件开发质量，提高项目交付质量。如图8面向全流程的管控体系。

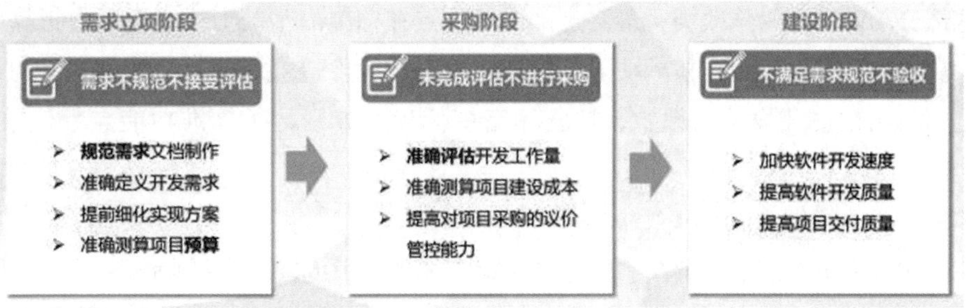

图 8　面向全流程的管控体系

（二）具备行业特色的标准落地

2003 年，功能点法（IFPUG-FPA）成为 ISO 国际标准，2013 年成为工信部行标软件研发成本度量规范（SJ/T 11463-2013）。2018 年，《软件工程 软件开发成本度量规范》成为国家标准（GB/T 36964-2018），2019 年 7 月 1 日正式发布。

2010 年，湖南移动引入功能点法（IFPUG-FPA）。在通用评估标准基础上，多年来结合实际，对功能点法（IFPUG-FPA）和原子功能点法做了不间断优化和创新，形成了具有行业特色的我省自有标准，确保评估更准确、更客观，同时进一步降低软件开发造价。在 2018 年《软件工程 软件开发成本度量规范》国家标准发布后，湖南移动通过对标，软件软件造价评估标准完全符合国家标准，且更适用于通信行业，从而第一时间标准落地，标准落地演进图如图 9。

图 9　标准落地演进图

1. 标准落地：功能点法标准创新优化

功能点法（IFPUG-FPA）是一种基于用户需求、有具体算法支撑、客观独立于技术实现、且可在实际开发前进行估算的一种软件规模度量方法，具有强科学性、权威性和可操作性等特点，是国家标准、行业标准采用的方法。该方法适用于完整的资本类及成本类项目需求。

通信行业软件定制开发有很多自身特点，比如二次开发项目多，软件开发复用程度高，但是在 ISO 国际标准、行业标准、国家标准中并没有明确定义这几种情况。我省在通用评估标准基础上，对功能点法标准模型做了一些优化和创新，建立功能点合并模型、功能优化模型、开发复用度模型。确保评估更准确、更客观，同时进一步降低软件开发造价。一是创新功能点合并模型。合并核减标准功能点数量，以降低软件造价。针对原标准功能点出现频次最高的增、删、改、查功能点，我省合并为改、查两种功能点。如某项目人员管理模块，功能点法标准规定增加人员、删除人员、修改人员和查询人员要算 4 个基本功能，评估组识别后认为增加、删除人员本质上和修改人员是一样的，所以把这三个功能合并为一个。二是创新功能优化模型。从软件需求角度核减功能点数值，以降低软件造价。针对我省扩容项目中出现较多的优化类功能需求，在标准功能点基础上创新了修改完善类开发类型，给予标准功能点数值乘以 0.6 的系数调整。如某项目考核管理模块，因其在前期此模块已具备一定功能，本期主要是修改完善，评估组针对这部分功能定义为修改类，最终这部分功能点在标准的基础上按0.6系数折算。三是创新开发复用模型。从软件开发重用角度核减功能点数值，以降低软件造价。针对软件开发复用情况，在标准功能点基础上创新出软件开发复用系数，按复用高中低程度分别给予标准功能点数值乘以0.1、0.2、0.4的系数调整。

2. 标准落地：原子功能点法标准创新优化

原子功能点法是通过对需求的分析，将需求实现功能拆分为原子功能单元进行工作量核算的方法。原子功能单元指具有完整意义的最小业务功能开发单元，如：报表、服务、接口、进程、模型、配置、数据处理、页面等。该方法主要适用于零散的、小额的日常新业务需求工作量评估。日常需求有很多非功能性需求，如配置类、数据提取统计类及一些简单维护类需求不涉及功能开发，无法使用功能点法。功能点法门槛高，普通人员难以掌握。原子功能点法易掌握，普通需求管理人员上手快，特别适合量大、面广的日常需求。

原集团业支推荐的原子功能点方法描述较简单，并存在对部分系统适应性不足、评估规则不易把握、评估维度不够丰富等缺陷，我省重新制定了标准。新标准增加公用和专用功能点属性、拓展功能类型并详细定义、补充应用场景案例、引入开发复用度与满意度评估维度，并降低标准取值，实现评估场景化、具体化、精细化，确保评估更准确、更客观，同时进一步降低软件开发造价。一是增加功能点属性。首次将B域、O域、M域的评估标准进行整合，通过增加公用，专用属性来区分适用范围。公用：通用评估标准，适用于所有专业的通用功能，如：页面、报表等；专用：特殊评估标准，适用于某些专业的特殊功能，原子功能点法和功能点法相辅相成，互相补充，分别对应我省不同的需求应用场景。

（三）完全自主的能力内化

为落实“三融三力”战略要求，以增加自主核心能力为目标，打造坚强有力的评估专家队伍，组建跨专业跨部门的评估团队，开展多重激励，加速了人员技能储备，推动了数字化新型人才能力转型。

建立专家队伍，持续专项培训，持证上岗，打造专业评估专家库，提升能力；围绕项目，组建“1+1+N”评估团队，由1个牵头部门和1个需求部门与N个跨专业跨部门人员组成，汇聚合力。开展多重激励，公司为评估专家提供人工成本奖励、人才积分激励，促活力，自主的能力内化如图10。

完全自主的能力内化取得一定成效，在专家人才培养方面，湖南移动已经培养了98名专家获得工信部教育与考试中心颁发的“软件工程造价师”资格证书。我省采用自评估方式，每年节约评估成本300-400万元。

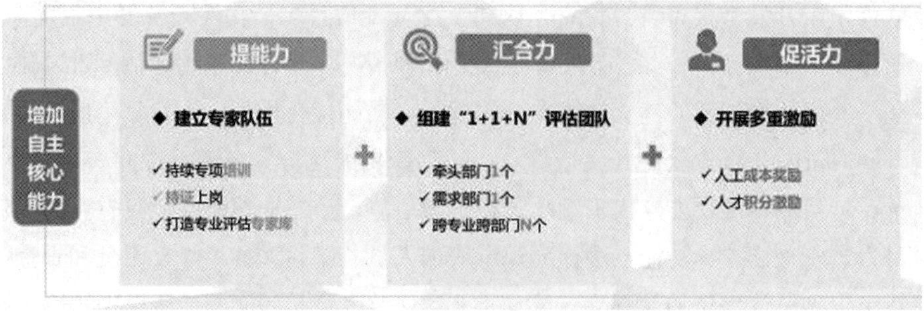

图10　自主能力内化

（四）基于大数据的智能支撑

建立信息化流程，促进评估规范、高效，开发需求智能查重工具，减少资源浪费，并积累大量高质量的功能点数据，借助大数据分析等新兴技术，探索开发工作量智能识别平台，支撑评估人员提升评估效率。

流程信息化管理方面，开发工作量评估流程，在线评估审核留痕；制定功能点评估模板，嵌入公式，自动计算；整合评估模版，集汇评估记录，方便评估。需求智能查重方面，开发信息化查重工具，辅助审核需求重复率；建立需求及功能点清单历史资料库（已沉淀三年400余个项目数据，累计183765条已审核的需求功能项清单记录，350832条已验证的功能点明细记录）；文件或关键字方式检测功能项（点）的重复率，辅助人工审核。工作量智能识别方面，依托大数据分析、机器学习技术，训练功能点模型，提升对新数据的评估识别效率。功能点模型训练包括分类模型选择、参数优化以及模型评估验证等，智能支撑如图11。

依靠建立的信息化支撑手段取得很好的成效，评估平均用时10个工作日，较体系建立前节约45%，软件采购周期平均缩短2周，开发周期大大缩短。

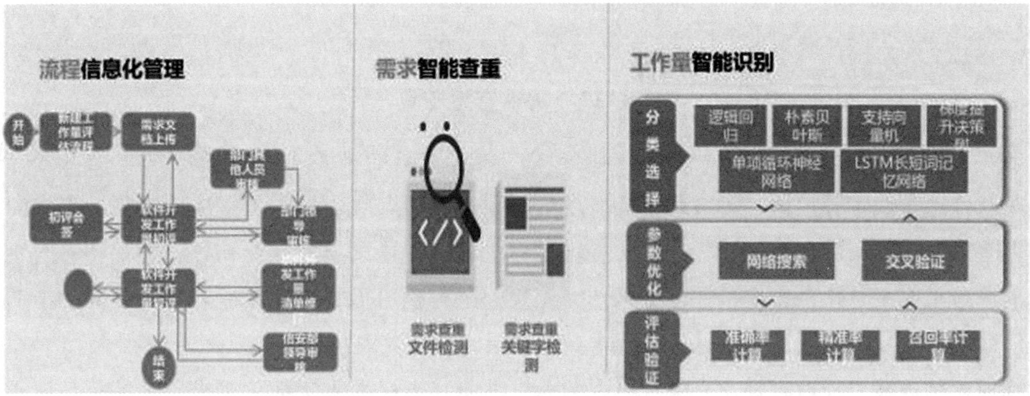

图11　智能支撑

四、成果效益

（一）经济效益：节约成本，避免重复建设

基于国家标准创新的软件造价成本管控体系实践为湖南移动实现降本增效做出了显著贡献。自2017年以来，三年累计节约18000余万元，平均每年节约6000余万元。在体系前，评估核减率为12.01%，体系后，评估核减率为37.76%，节省率提升25.75%。

另外，该体系使用后，有效破解了软件项目建设中需求功能重复开发难题，在需求提出阶段，通过需求查重工具在全公司范围内所有历史项目中查出疑似重复需求，然后人工在线识别、剔重，有效防止重复建设，节省成本，需求查重工具如图12。

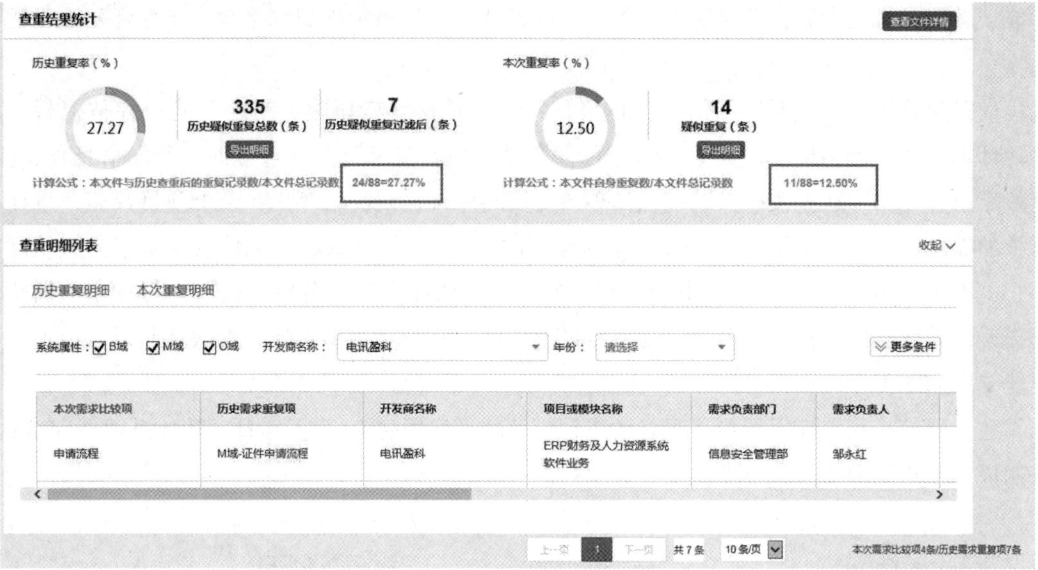

图 12　需求查重工具

（二）管理效益：解决多环节管理难题，提升软件项目工程质量

通过软件造价成本管控体，解决了 4 个痛点问题，并为难点问题提供了解决的途径：审核需求规范性和是否有重复需求，不合格则下一步无法进行工作量评估；通过功能点法初评，确保预算合理；依据评估标准进行工作量量化；工作量评估结果作为谈判上限有据可循；在项目验收环节，除功能验收，还可进系统检查真正实现情况；内审部门对成本效益的后评估变为可能。

为确保评估规范、合理，针对需求规格说明书，纵向基于标准方法细化需求，标准化功能点，确保所开发需求的清晰性、完整性，强化合规性审查，确保各专业条线需求统一性、规范性、合理性。（具体案例：过去，需求描述简单、模糊；缺乏统一的评审标准；现在，制定软件开发需求规格说明书模板，明确系统边界，提供清晰的功能结构图，规范系统功能性描述），管理效益如图 13。

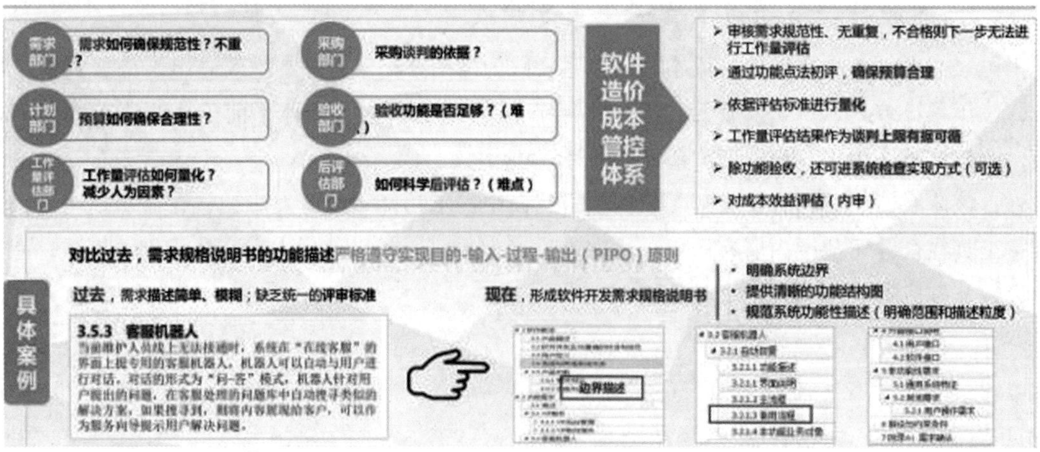

图 13　管理效益

（三）风控效益：廉洁风险防控

软件造价成本管控体系实践能降低工作量评估偏移引发的软件采购廉洁风险。统一采用国家标准的功能点法（IFPUG-FPA）以及集团规范标准的原子功能点法评估工作量，降低自由裁量权；实施软件开

发管理部门与评估牵头部门的评审分离两级负责制，做到双节点双层级，从机制上防范单一节点风险；评估过程透明，各类评估文档在线留存，评估数据有依据，评估结果可追溯、可审计。初评、复审等关键环节做到嵌入式廉洁风险防控；培训98名人员获得“软件造价师”认证证书，基本覆盖所有涉及软件开发管理的专业，保障评估质量；工作量评估结果作为采购商务谈判的上限和参考。同时后续商务谈判也可以进一步降低采购的风险。

整个采购流程，技术和商务环节有机结合，共同发挥作用，从机制上降低了廉洁风险，风控效益如图14。

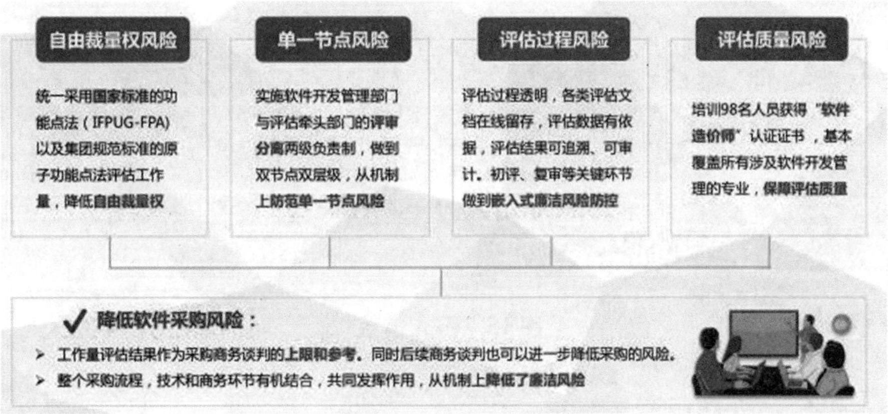

图14　风控效益

五、推广优势

（一）封装评估服务能力对外赋能

湖南公司所有定制软件开发项目已100%开展工作量评估，同时已建立98人持证评估专家队伍，具备提供对外评估服务能力。湖南公司具备能力向政企客户部等单位的ICT项目提供评估支撑服务，提高ICT软件开发项目管控能力，提升项目的质量和产品竞争力。在ICT项目应标阶段，准确理解客户需求，准确评估开发成本，提高对转包项目的管控能力。在ICT项目开发阶段，能加快软件开发速度，提高软件开发质量，提高项目交付质量，对外赋能如图15。

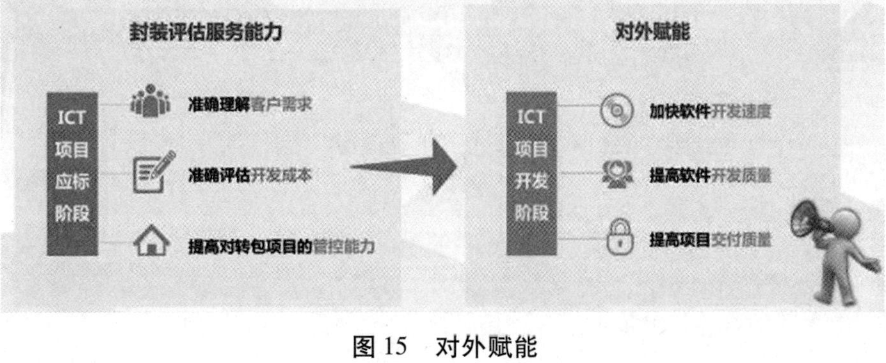

图15　对外赋能

（二）管控体系可供全国其他单位借鉴和引入

2018年，中国移动集团公司曾经调研全国移动公司，发现各省/专业公司均不同程度的应用了软件开发工作量评估，但不同程度存在评估方法、模型不标准等问题，存在软件开发工作量管控风险。

湖南移动使用功能点方法十余年，结合移动自身特点，遇到问题自主创新，不断迭代发展的软件造价成本管控体系，通过多年实践，证明在湖南移动运用效果优秀。

该管理体系基于国家标准，具备通用性、普适性，湖南移动在标准落地和管理创新中碰到的问题并不是个性问题，并不特针对具体行业，而是普遍性问题，适用于各行各业。体系中的管理制度和流程，具有良好的可移值性，配套的评估工具、参数模板、电子化支撑系统方便推广，也特别适合全国其他行业的单位借鉴和引入，直接引用或稍加修改就可以帮助企业快速建立体系，降低软件采购廉洁风险，达到降本增效的效果，从而有助于全国软件造价成本管控能力整体提升，引入借鉴如图 16。

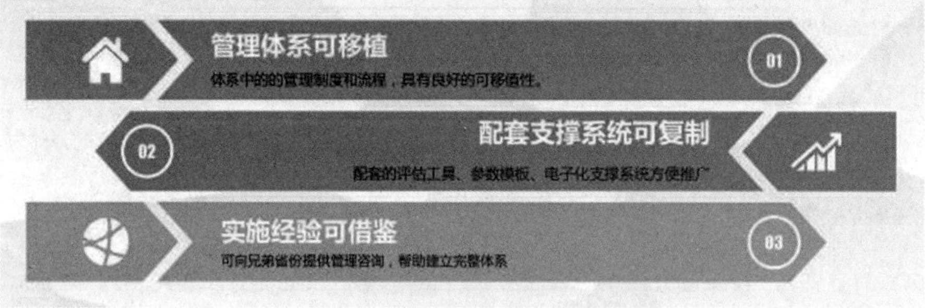

图 16　引入借鉴

成果创造人：王　钋、张云龙、李志成、李　湘、刘威威、黄　伟、陈　霖

【参考文献】

[1]GB/T 36964-2018 软件工程 软件开发成本度量规范.

[2]DB11/T 1424-2017 信息化项目软件运维费用测算规范.

[3]王海青.软件研发费用度量规范释义[M].北京:机械工业出版社,2015.

[4]郑人杰.软件工程实践者的研究方法[M].北京:机械工业出版社,2011.

基于预测性维护的设备管理模式构建与实施

贵州航天电器股份有限公司

贵州航天电器股份有限公司（以下简称“航天电器”），中国航天科工集团有限公司下属上市公司，成立于2001年12月31日，2004年7月在深圳证券交易所上市，股票代码002025。航天电器是中国军民融合电子元器件龙头骨干企业，在高端连接器及线缆组件、继电器、微特电机及控制组件、光电模块、智能装备及服务等领域从事研制生产和技术服务。航天电器员工集团化、跨地域经营，在贵阳、上海、遵义、苏州、泰州、镇江、东莞等地拥有控股子公司。作为国家高新技术企业、国家创新型企业、国家技术创新示范企业、全国企事业知识产权示范创建单位、全国安全文化建设示范企业、国家工信部智能制造新模式应用示范企业；航天电器拥有国家认定企业技术中心、国家精密微特电机工程技术研究中心、博士后工作站、院士专家工作站等创新平台；是全国五一劳动奖状、全国质量奖、中国驰名商标获得者。

航天电器现有资产总额56亿元，员工4668人，2019年实现营业收入35.28亿元，利润总额5.05亿元。35岁以下员工占比为75%，是一个以年轻员工为主的生产制造型企业。在“管控+自主”政策引领下，航天电器不断传承优秀企业文化，始终坚持持续改革和创新，经营规模和业绩连续保持稳健、快速的增长，2019年度在中国电子元器件百强企业中名列第24位，在高端电器元器件细分领域综合能力名列前三名。

一、基于预测性维护的设备管理模式构建与实施背景

（一）基于预测性维护的设备管理模式构建与实施是两化深度融合的战略需要

航天电器作为一家军工上市公司，秉承“国家利益高于一切”的核心理念，以“以顾客为中心，勇于争先，体现奋斗价值”为价值准则，“能拼善搏、精雕细琢”为精神要旨，以“连接世界，驱动未来”的恢宏气势和信心，力争建设成“国际一流互连互通、驱动控制、智能制造解决方案提供商”。在当前信息化和工业化同步推进的环境下，航天电器识别信息化发展带来的机遇和挑战，结合自身的经营发展战略，按照《信息化和工业化融合管理体系要求》的要求，构建和实施以预测性维护的设备管理模式，是实现企业信息化与工业化深度融合的战略需要。

（二）基于预测性维护的设备管理模式构建与实施是打造数字化工厂的基石

航天电器承担着国家重大工程及重点型号产品的生产配套任务，随着“互联网+”信息化时代的到来，航天电器积极落集团公司及十院的战略部署，率先在贵阳本部开展智能制造试点工作，作为集团公司和贵州省首个中德智能制造合作试点示范项目的试点单位，航天电器全面上线非标自动化设备，并通

过“三哑改造”实施设备通讯互联，实现了数字化生产的目标。在国家大力倡导的“大众创业、万众创新”以及贵州省“后发赶超、弯道超车”的转型升级趋势下，以信息化手段建立预测性维护的设备管理模式，强化核心竞争力，与驾驶舱系统挂钩，将设备性能、产能数据同步传输生产管理、科研计划、物料储备系统，为计划排产和小时产能监控提供信息支持，成为航天电器打造数字化工厂的基石。

（三）基于预测性维护的设备管理模式构建与实施是企业转型升级发展的迫切需求

航天电器作为推行智能制造的创新型企业，对设备综合利用率的提升依赖性较强。近年来，受国内外经济形势的影响，互联网的发展、经营方式的改变对行业产生巨大冲击，传统经营管理模式正在制约企业自身发展，传统企业迫切需要通过转型升级以追上时代变革。航天电器作为传统经营模式制造企业也面临着严峻的挑战，为了获得更高的销量，抢占更多市场，增长利润水平，迫切需要企业加快转型升级，推动企业高质量发展。将对设备完好率的管理，改变为对设备利用率的管理，通过有效掌握设备的运行状态，用客观数据实时分析设备的综合利用率，为设备运行效率的提升提供管理决策数据，从而进一步提升全员劳动生产率是企业转型升级发展的迫切需求。

二、基于预测性维护的设备管理模式构建与实施内涵与主要做法

基于预测性维护的设备管理模式构建与实施的内涵是：航天电器以促进两化深度融合为指导思想，积极落实集团公司“三化”“三创新”工作要求，结合前期“三哑设备改造项目”推行设备在线监测系统的经验，梳理设备全生命周期流程管理的关键节点与工作职责，同时推行全员生产性保全的设备管理活动，将对传统设备完好率的管理转变为对设备综合利用效率的管理考核，通过开发设备在线监测与设备信息管理平台，有效掌握设备实时的运行状态，利用客观数据科学分析发出预警，在设备还未发生故障停机之前进行设备维护，减少计划外停机时间，提升设备综合利用效率，从而进一步提升全员劳动生产率。通过该模式的构建与实施，转变了传统设备管理思想和目标，实现设备全生命周期流程的开发与管理，达到降低维护成本，识别并突破产能提升瓶颈的目的。

主要做法如下：

（一）建立设备全生命周期管理模型，构建设备管理模式

1. 分析对标结果，构建管理模型

2017 年航天电器开始推行卓越绩效管理模式并于 2019 年荣获第十八届全国质量奖，按 GB/T 19580《卓越绩效评价准则》中设备管理的相关标准及要求，通过对各项条款的对标学习，构建设备全生命周期管理模型。管理模型横向上，集成设备前期管理、设备使用、设备管理控制过程等三个管理维度，囊括了设备从需求开始到报废全生命周期；纵向上，集成各项子过程及过程变更、风险管控的需求，根据结果评价要素，识别管理支撑要求及改进方向。设备管理模型的构建是设备管理工作开展的第一步，也是最重要的一步。通过该模型，可以系统的分析设备管理工作中的各项要素因果关系及管理盲区。

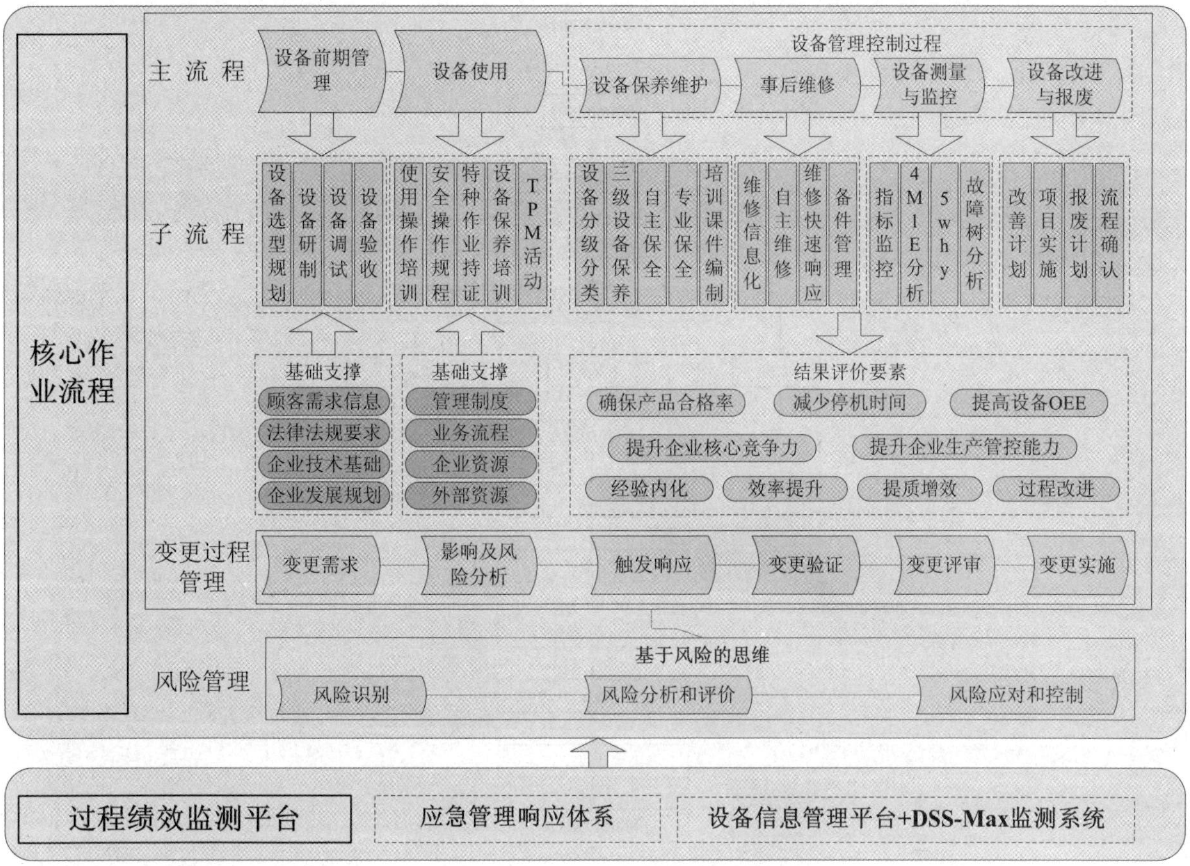

图1 设备全生命周期管理模型

2. 识别关键节点，确定改进方向

设备综合利用率的提升主要关注设备利用率、加工合格率、加工效率（节拍）等方面的提升，以往设备管理工作仅仅是关注设备控制过程，目的是如何快速高效的解决设备故障，例如：设备前期管理就一直存在管理盲区，导致很多设备采购回来后往往因加工效率低或性能不达标等原因闲置在现场，造成了资源的极大浪费。团队通过梳理设备全生命周期流程，识别出采购立项评审、设备验收、日常点检、故障间隔时间、故障修复时间等多个关键节点对设备综合利用率的提升具有显著影响，并以此为依据制定设备管理模式完善计划。

3. 制订管理方法，规范管理流程

航天电器所有设备均以技术改造项目（简称技改项目）的形式采购，所以管好技改项目的工作流程即可规范设备前期管理工作，避免设备闲置状况。通过梳理设备全生命周期管理模型，对标航天电器现有设备管理工作，为规范技改管理工作的开展，航天电器编制下发了《技改工作管理办法》，明确了工作中各部门的工作内容职责，规范技改工作流程，并对设备前期管理工作流程进行了持续优化，从设备采购立项、调研、试运行、验收、入固、后评价等各个环节对设备管理流程进行了补充和优化。

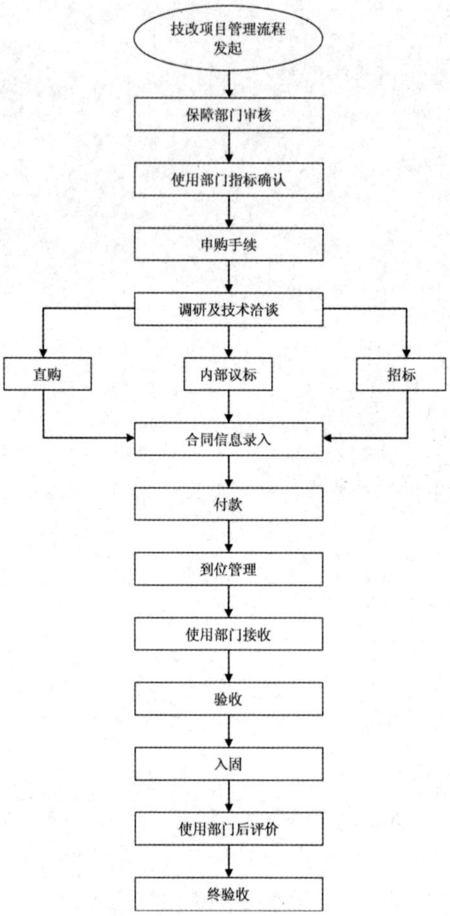

图2　技改项目实施及管理流程图

4. 开发 BPM 流程，固化改进成果

结合 IT 信息化技术，通过 BPM 系统将设备管理的全流程集成于一个 BPM 系统流程中，达到对设备前期周期管理的目的。该流程包括了设备申购、调研、采购、试运行、验收、入固、后评价等各个节点，将设备管理中涉及的技改管理部门、使用部门、设备管理部门、设备制造部门、财务部门等多个部门用 BPM 流程的形式串联起来，固化流程改进成果的目的。

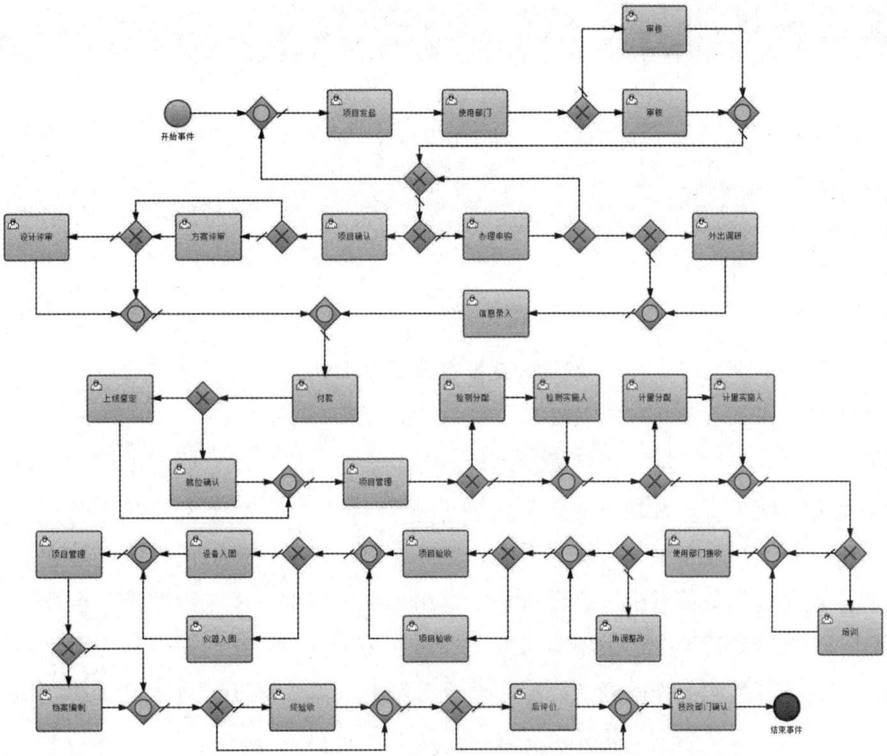

图3　设备管理流程图

（二）开发设备在线及信息管理平台，奠定信息管理基础

流程对准业务，是对业务流的一种表现形式，IT是承载业务流并实现业务数据自动传递和集成的工具，是用技术手段来固化流程，即流程通过IT落地运行。由于设备管理各项工作职责归属不同部门、岗位，部门墙、业务分割使得二者很难有机融合，也难以从设计到落地全流程规划与部署，没有IT支撑的流程容易成为一堆纸，难以执行，流程管理便只能停留在研究阶段。针对问题、借鉴标杆，分析流程与信息化关系，将流程与IT整合为一个业务域，设计“设备在线及信息管理”平台，与之对应构建了设备在线信息管理、设备备件管理、维修信息管理、设备保养管理、设备检修管理、数据分析管理等六大信息化模块，同时建立和完善信息化设备维护管理机制，实现企业将预测性维护理念和信息化手段相融合的目标。

1. 建立设备管理平台，规范设备信息管理

针对原有设备管理工作混乱的问题，将现有设备所有数据重新核定制作设备电子台账，内容包括设备编号、出厂编号、型号/规格、使用部门、安放地点、操作者等基本信息，对所有设备按其加工工艺、加工特点或加工方式进行科学分类并重新编号，把航天电器全部加工设备分成了三大类61个小类别，同时还按“重大精关贵”的原则将设备分为A、B、C三大类进行不同类别的维护保养管理。完善后的设备信息库通过搭建数据库的形式存储在企业服务器中，可在任意联网计算机上查看，并根据不同权限进行信息更新管理。

图4　设备管理信息平台

2. 维护计划滚动生成，自动生成计划提醒

根据设备不同的保养类别，通过统计设备运行台时及设备维修情况，确定了所有设备不同层级的保养计划并在设备管理系统中实现计划自动更新和滚动提示。同时保养计划的每次更新都将通过企业内部的实时通讯软件及时的通知设备维护人员，完成的保养记录会以网络表单的形式存储在服务器中，并会关联到设备台账中的每台设备信息中。将设备精度检测工作计划也集成在设备信息台账中，参照设备保养计划的形式利用设备管理系统中的设备检修模块自动更新检测计划并到期实时提醒设备管理人员进行精度检测工作，同时还将检测工作的确认权下放至设备维护人员，保证了每次设备精度检测工作都会被认真对待。

图5　设备维护计划滚动界面

3. 开发终端扫码报修，提高维修响应速度

按设备信息数据库中的信息利用每台设备独一无二的资产编号，制作并张贴了每台设备自己的二维码，使用设备二维码报修可以令设备维护人员第一时间了解故障设备信息并及时维修，减少了以往报修人员描述不清导致维修人员到处寻找故障设备的维修浪费时间，极大的提高了维修识别速度。

由于航天电器属于军工保密单位，生产车间内禁止携带移动通讯设备且局域网信息与外网也无法及时传递。通过开发专用移动终端APP的方式，实现了快速报修功能。该APP扫描设备二维码后可自动生成故障设备信息、报修时间、设备地点、报修人员等内容，报修人员仅需简单描述故障现象并拍照即可通过局域网内实时通讯工具将报修信息传递给设备维修人员、生产计划员、生产班组长、车间主任等。相比传统电话报修方式，使用APP报修既能准确反应设备故障并根据故障图片帮助设备维修人员更早的确定故障信息，同时维修开始和维修结束的信息还会及时通知生产管理、计划排产、设备管理等岗位，使设备管理工作更高效的融入生产工作中。

图 6　APP 扫码报修

4. 完善备件寿命管理，减少非计划内停机

对设备备件的管理工作是对预测性维修理念的强化，同时开发备件全生命周期管理也令设备维护工作更具科学性和实用性，既减少了重复采购备件造成的资金浪费也减少了采购过多备件的库存浪费。由于大多数设备长时间停机均是由于关键备件不能及时采购到位引起的，在梳理出关键备件清单后，航天电器的设备维护人员建立了网络备件库。即将所有储存备件的位置均按统一原则编号，同时将关键备件与编号一一对应后录入服务器数据库中，当查询备件时，不同位置的备件信息均会显示可就近取用。通过对关键备件使用情况的统计，设置备件安全库存提醒，当实时库存低于安全库存时，会第一时间通知备件管理人员及时采购。对关键备件的信息化管理，大大减少了设备停机时间，同时又解决了以往备件重复采购和备件数量不能及时更新等设备管理老大难问题。

备件台账记录了关键备件的相关信息。主要包括备件编号、备件名称、备件型号、库存数量、最低库存数量、采购等待时间、采购周期、备件使用寿命及关联设备等相关信息。当备件的库存数量低于最低库存数量时，该备件信息会置顶并发出红色预警，同时 RTX 系统会自动弹出提醒信息，提示采购人员及时进行备件采购，确保关键设备的备件到位率。通过计算每次备件从开始采购到采购结束时间的平均值来确定备件的采购周期，根据计算出来的采购周期，可以更加科学合理的设置备件的最低库存，减少备件库存数量，降低储备成本。

图 7　设备备件库台账

（三）备件采购流程信息化

备件管理从“诞生”开始，通过对 BPM 工作平台的开发，定制了备品备件采购流程，并在流程结束后按不同的流程结果自动将采购备件的型号、规格、数量、位置编号等信息录入设备管理系统中。同时，在备件采购流程中还规范了备件采购要求及相关信息数据的准确性检测，让备件管理工作开始在它还未“诞生”之前。

（四）备件使用流程自动化

备件在网络备件库中登记后，每次使用都会自动在服务器中留下使用数量、使用设备、使用时间、使用人等备件好似用信息，备件库存数量按使用数量自动刷新的同时与安全库存数量比较，当库存数量低于安全库存该备件会在设备管理系统中置顶显示并通过实时通讯软件提醒备件管理和采购人员。根据备件的采购及入库信息设备管理系统会自动计算备件的采购周期，并对结果不断进行优化，让安全库存设置的更加科学合理。备件使用记录主要记录了备件的使用设备、使用部门、相关备件信息、使用数量、使用时间、及寿命倒计时等信息。可以做到备件使用的跟踪追溯，达到闭环管理的目的，通过记录每次维修后使用的备件情况，系统中会自动变更相应备件的实时库存。而且通过分析备件使用记录也可以为后续相关工作开展积累数据。例如 2018 年自动化设备运行分析报告中，就运用到了此项数据。

表 1　设备故障分类表

	点焊	压接	插孔
备件更换	20（31.3%）	11（15.1%）	9（13.8%）
故障维修	25（39%）		35（53.8%）
焊点不良	19（29.7%）		
尺寸不稳定		17（23.3%）	
来料不良		45（61.6%）	
卡、掉、伤料			21（32.4%）
总计	64	73	65

从故障分析可以看出：三者均存在备件因长期使用造成的失效情况，主要包括激光灯管能量降低、模具（夹爪、冲头、探针、滑块等）机械磨损、气缸老化失效、线路老化等现象。此类备件使用频率较高，每天达几千次乃至上万次，因而对关键备件使用寿命进行统计至关重要，到达使用寿命后提前对其更换将有效的降低此类故障，起到预测性维修的效果。

（五）备件寿命管理智能化

传统备件管理工作往往只注重当前，等设备报修的时候才去检查哪个备件坏了然后买来更换，往往这个过程中产生了大量的时间浪费，同时备件在功能下滑要坏未坏之际，对产品的合格率影响很大。每一个备件都会有一段最佳使用期，这段使用期称之为备件寿命，当备件使用时间超过备件寿命就会出现设备故障率提高，产品合格率降低的问题。目前对备件寿命的管控是通过分析备件的使用情况，系统自动计算备件的更换频次与更换时间来校正备件寿命，而后通过寿命倒计时进行实时提醒管控，当备件到达使用寿命前，提前对其进行更换，达到预测性维修的目的。比如激光点焊机的激光发生灯管，当接近使用寿命极限时激光发生功率会变的不稳定导致针头点焊合格率也变的不稳定，同时随时有可能炸裂导致冷却水流出增大维修难度。航天电器针对备件全生命周期管理数据信息开发了备件寿命智能预测系统，对激光发生灯管这类关键易损备件的历史使用记录进行统计，并应用性能衰减曲线数据分析模块生成备件使用寿命曲线记录图，通过不断新增的备件使用记录保证分析数据不断趋于准确，当备件使用时长接近设置的提醒点时，设备管理系统会自动发出报警并提醒设备维护人员及时更换备件，目前该技术已经航天电器麻花针车间自动生产线上得到利用。

查询 导出到表格

使用设备	部门	类别	备件编号	备件名称	备件型号	使用数量	使用时间	寿命倒计时
一体机-9B	麻花针车间	一体机	A2-4-2-6	SMC气缸	CDQ2L20-10SZ	1	2020-04-08 09:03:22.0	
压配-13B	麻花针车间	压配	A3-3-2-6	SMC电磁阀	SY7120-5LZD-02	1	2020-04-07 09:11:44.0	
点焊2-2	麻花针车间	点焊	A2-3-2-3	SMC气缸	CDU20-90D	1	2020-04-01 10:54:00.0	895
冲胖6-2	麻花针车间	冲胖	A3-2-1-5	磁性开关	D-T991 冲胖旋转气缸	1	2020-04-01 07:46:44.0	745
一体机-10	麻花针车间	一体机	A2-4-1-1	SMC气缸	MDSUB1-90D(MSUBOEO2)	1	2020-03-31 07:59:06.0	359
插孔-1	刚性车间	插孔	A3-1-2-2	SMC传感器(白色2线)	D-M9B	1	2020-03-26 07:52:25.0	980
插孔-1	刚性车间	插孔	A2-3-1-1	SMC气缸	MHZ2-10D	1	2020-03-26 07:52:12.0	711
一体机-4B	麻花针车间	一体机	A3-1-1-6	SMC传感器(白色3线)	D-M9N	1	2020-03-24 14:48:06.0	986
点焊8-2	麻花针车间	点焊	A5-4-1-1	步进电机驱动板	点焊	1	2020-03-23 18:29:04.0	736
冲胖8-2	麻花针车间	冲胖	A3-2-1-5	磁性开关	D-T991 冲胖旋转气缸	1	2020-03-16 16:57:03.0	729
基座-1	刚性车间	基座	A3-3-2-5	SMC电磁阀	SY5120-5G-C4	1	2020-03-16 11:57:27.0	978
线缆-3	柔性车间	线缆	A4-2-2-6	滚轮	线缆 标签机	2	2020-03-10 14:22:57.0	723
线缆-2	柔性车间	线缆	A2-3-1-1	SMC气缸	MHZ2-10D	1	2020-03-10 14:18:26.0	695
插孔-14	麻花针车间	插孔	A2-1-2-4	SMC气缸	MXH6-20	1	2020-03-10 08:26:38.0	463
冲胖3-2	麻花针车间	冲胖	A3-1-1-6	SMC传感器(白色3线)	D-M9N	1	2020-03-09 21:25:34.0	
冲胖4-1	麻花针车间	冲胖	A4-3-2-5	J63压块	冲胖	2	2020-03-05 13:22:00.0	80
一体机-1B	麻花针车间	一体机	A2-3-2-1	SMC气缸 J56扶正气缸	MHY2-10D	1	2020-03-05 08:01:05.0	910
一体机-4B	麻花针车间	一体机	A2-4-1-5	SMC气缸	MDSUA3-90S	1	2020-03-05 07:45:37.0	325
冲胖7-2	麻花针车间	冲胖	A3-1-2-2	SMC传感器(白色2线)	D-M9B	2	2020-03-02 10:28:36.0	964

图 8　设备备件闭环管理

（六）实施数据在线统计及分析机制，突破产能提升瓶颈

随着航天电器规模的不断扩大，产能瓶颈已经成为制约其发展的一大要素。原先，航天电器依靠增加设备来提升产能，但设备的增加不仅仅是固定资产的投资，还需要配置加工人员和维修人员，导致了后期成本的不断增加。通过对设备数据的实时采集，积累了设备运行时间、加工数量、产品合格率等第一手真实数据，根据大量的历史数据，通过分析同类设备的运行时间、产品产量，产品合格率等数据，制定设备的维护保养计划、备品备件采购计划，避免设备的长时间停机维修，同时也保证了产品的质量稳定性。通过设备在线的状态分析和看板管理，及时发现设备运行状态，通过饼图、柱状图、趋势图等分析图表，使航天电器各职能部门和车间了解设备的运行效率，制定管理措施，提高设备利用率。

1. 运行状态实时监控，搭建数据分析平台

决策支持系统通过 TCP/IP 协议，利用 PLC 和 OPC 等服务可以将设备运行状态、故障次数、报警类型、累计产量和加工合格率等信息采集至云端，经过信息处理模块后将编码信息以目视化图表的形式展示出来，并根据数据信息实时运算设备的运行效率及加工状态。该系统的应用为设备维护管理工作提供了科学准确的数据来源，保证了决策数据的准确分析。通过信息化手段强化的设备维护管理工作相较以往传统设备维护管理工作提升明显，平均故障停机时间由 400 小时提升至 1200 小时以上，平均故障修复时间由平均 9 小时降低至 2 小时以内。2019 年团队组织策划并实施了绕线机断线检测改造、点焊机激光切割工艺改造、一体机测胖收胖 CCD 改造、一体机上料机构改造、一体机自动/半自动切换改造、接触件车间设备在线状态检测项目等多项工作，这一系列改进工作带来的是针头合格率从年初的 88.08% 稳定提升至 92% 以上，9 月份更是达到了 93.46%。

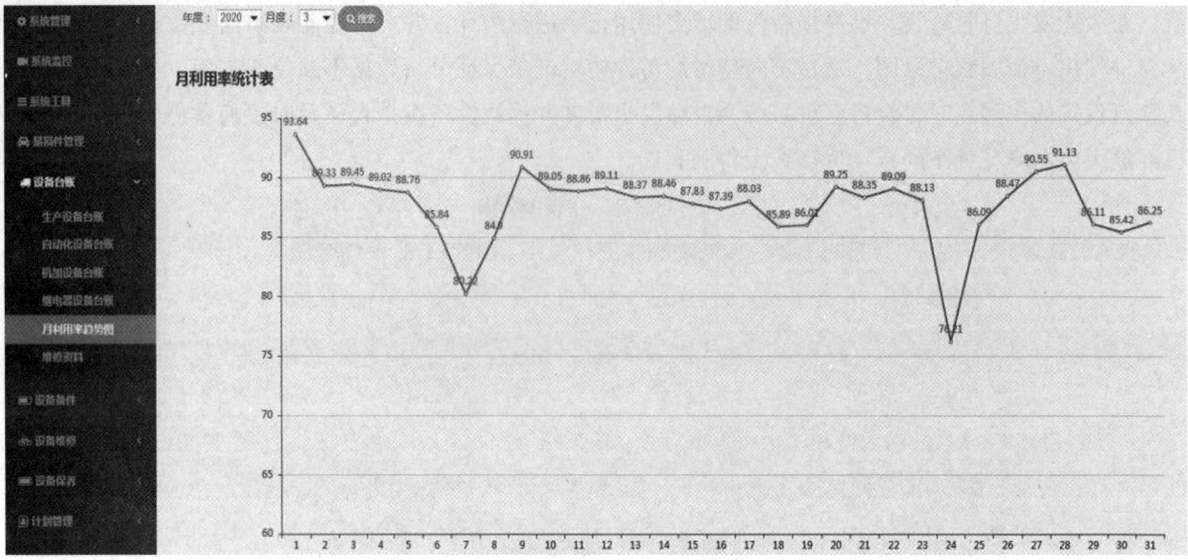

图 9　月度利用率趋势图

2. 历史维修数据总结，提供工作改进方向。

利用设备管理系统中的数据分析模块，对每台设备维修时长、故障频次、故障类型等历史故障信息计算分析，找出设备生产运行短板，并根据木桶原理制定每月重点工作计划。让设备维护改进工作相比传统救火式维修进行的更有针对性和预见性的同时也更富成效。设备维护管理水平效率及质量的提升同时助力车间设备利用率的提升。以接触件车间为例，作为自动化率超过75%的生产制造车间，设备利用率长期在55%左右徘徊，受益于设备维护管理水平的提升，2019年车间设备年度平均利用率最高达到了88.40%，远超同行业平均水平，绕线设备利用率更是稳定在91%以上，2020年3月设备单日利用率突破93%，创历史最高水平。

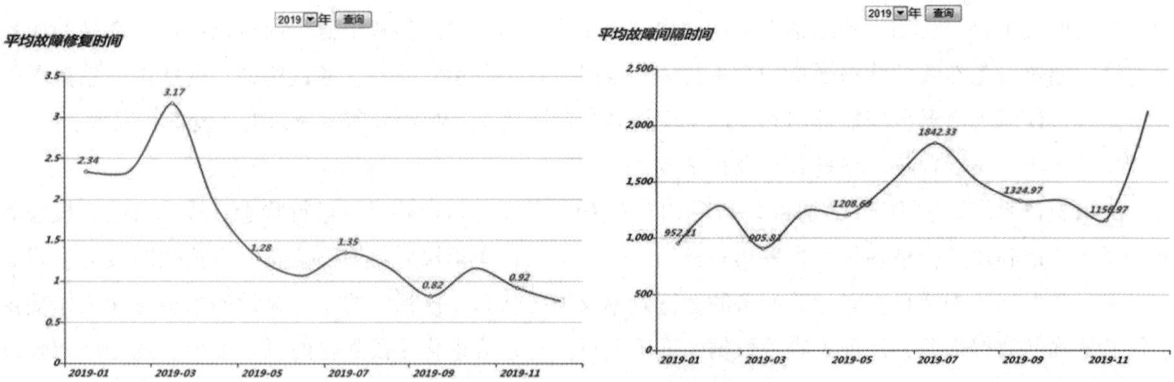

图 10　设备维修指标 MTTR&MTBF

3. 多维信息数据分析，有力促进产能提升。

航天电器设备管理部门每月的设备运行分析报告中，根据设备运行数据、历史维修数据、设备保养点检情况、生产计划执行情况、关键设备停机原因分析、重大停机问题分析等多方面内容，找出当前生产计划中设备运行的短板并对其运行数据分析后制定相应的改进提升措施，次月对改进计划的实施情况进行总结并根据反馈结果重新制定改进计划，如此“PDCA”的循环，让设备管理工作极大的促进了设备产能的提升，同时也为设备产能瓶颈的突破做出极大的贡献。

你输入的关键词设备运行分析查询公告结果如下：

2020年3月份自动化设备运行分析报告(2020-04-07)
2020年1月份自动化设备运行分析报告(2020-02-20)
2019年12月份自动化设备运行分析报告(2020-01-03)
2019年11月份自动化设备运行分析报告(2019-12-06)
2019年10月份自动化设备运行分析报告(2019-11-04)
2019年9月份自动化设备运行分析报告(2019-10-08)
2019年8月份自动化设备运行分析报告(2019-09-02)
2019年7月份自动化设备运行分析报告(2019/8/7)
2019年6月份自动化设备运行分析报告(2019-07-05)
2019年5月份自动化设备运行分析报告(2019-06-02)
2019年4月份自动化设备运行分析报告(2019-05-07)
2019年3月份自动化设备运行分析报告(2019-04-02)
2019年2月份自动化设备运行分析报告(2019-03-04)
2019年1月份自动化设备运行分析报告(2019-02-15)
2018年12月份自动化设备运行分析报告(2019-01-04)
2018年11月份自动化设备运行分析报告(2018-12-04)
2018年10月份自动化设备运行分析报告(2018-11-8)
2018年9月份自动化设备运行分析报告(2018-10-10)
2018年8月份自动化设备运行分析报告(2018-9-6)
2018年7月份自动化设备运行分析报告(2018-8-1)
6月份自动化设备运行分析报告(2018-7-2)
5月份自动化设备运行分析报告(2018-5-31)
2018年4月份自动化设备运行分析报告(2018-5-11)
2018年3月份自动化设备运行分析报告(2018-4-3)
2018年2月份自动化设备运行分析报告(2018-3-14)
2018年1月份自动化设备运行分析报告(2018-2-11)

图 11　设备运行月度分析报告

（七）组织开展全员生产性保全活动，推进管理模式落地

1. 全员培训，建立设备管理新体系

全员生产性保全活动也称 TPM 活动是从价值流中寻求改进机会，它能识别出损失的源头并为消除这些源头而努力，它将生产力的零损失作为重点。TPM 的理念基础是全员参与，即所谓的自主维护，操作者通过接受培训来防止异常情况的发生，因此培训是其中的关键，而且应与现场 6S 工作相结合。2019 年通过组织全员生产性保全的活动的推进，开发并完善了 TPM 自主保全培训、TPM 计划保全培训、TPM 工具应用等多份新型培训课件，编制 TPM 自主保全基准书及日常点检表共 14 类 179 份，利用宣传报道、技能培训等方式组织航天电器员工完成各类技能培训 80 余次、培训人员多达 600 余人/次，为全员普及 TPM 活动的设备新思想打下夯实基础。

图 12　TPM 活动宣传海报

2. 日常点检，发展全员消除微故障

操作者是 TPM 的核心，同时也是过程专家，他们处在开展改进活动以处理事故、缺陷和故障的最适合岗位。组织操作者按自主保养基准书的要求日常进行清洁检查、日常润滑、拧紧固件等工作，可以第一时间发现微小故障，在其还未发展为停机故障前解决，可以大大减少设备的计划外故障停机，消除因非正常停机带来的生产力损失。

自主保全基准书

编号：		
批准	审核	编制
	刘旭	李博
	20190109	20190109

所属	电镀车间	设备编号		设备名称	镀金生产线

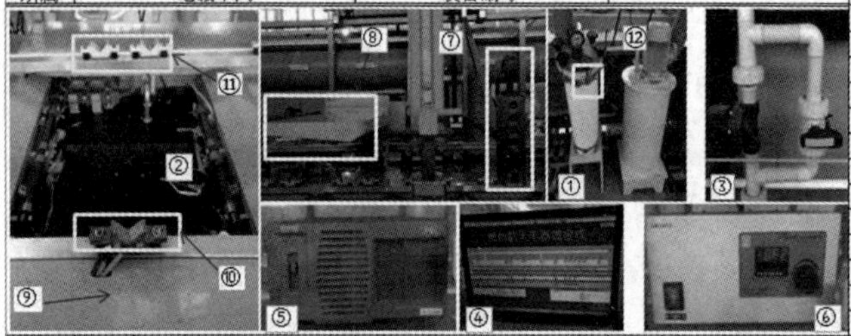

NO	部位名称	功能
1	过滤机	镀液循环过滤
2	镀液	/
3	回路阀门	控制水流
4	温控系统	温度控制
5	电镀电源	提供电镀电源
6	超声波电源	提供超声波电源
7	行车操作面板	控制行车
8	接水盘	接取镀液
9	镀缸表面	/
10	导电电极	电镀导电端
11	滚筒电源电极	滚筒电源端
12	过滤机锁紧环	密封过滤机

	序号	部位	基准	方法	工具	所需时间	周期			责任人
							班	日	月	
点检	1	过滤机	工作正常、无漏液	目视		1 min	√			操作者
	2	镀液	无低液位报警、满足工艺要求	检测	PH试纸	5 min		√		操作者
	3	各阀门及回路	阀门开关正常、无漏液	目视		1 min	√			操作者
	4	温控系统	达到设定温度	检测	温度计	1 min	√			操作者
	5	电镀电源	散热风扇正常旋转	目视		1 min	√			操作者
	6	超声波电源	显示屏数字正常显示	目视		1 min	√			操作者
	7	行车操作面板	开关功能正常	检测		0.5 min		√		操作者
清扫	8	接水盘	无残液	清扫	抹布	2 min		√		操作者
	9	镀缸表面	无污渍、残液	清扫	抹布	30 min			√	操作者
	10	导电电极	表面光洁、无锈痕	打磨	砂纸	5 min		√		操作者
	11	滚筒电源电极	表面光洁、无锈痕	打磨	砂纸	30 min			√	操作者
紧固	12	过滤机锁紧环	牢固不松动、无漏液	紧固	活动扳手	2 min	√			操作者

图 13　自主保全基准书

3. 持续改善，评选交流优秀单点课

TPM 要求对清扫困难点、污染源等部位进行持续改善，在活动推进过程中涌现出了大量优秀的单点课，单点课源自于员工之手，它是操作者在工作中长期积累下来的某一种经验成果的巩固，把这些经验以“单点课”的形式编制出来，通过组织评审，培训等一系列活动，最终在车间优秀单点课看板上展示，或者在大师工作室进行展示，目的在于不断提高员工的工作效率，完善其在工作中遇到的各种问题。除了组内进行经验交流公司还组织各车间开展 OPL 单点课分享活动，活动期间累计收获单点课件近 200 份，还对优选单点课件的获奖者进行经济和绩效的奖励。同时周美琴技能大师工作室申报的“OPL 单点课的全面推广”在 2019 年贵州省国防工业职工创新创效大赛中荣获管理创新创效优秀成果一等奖。

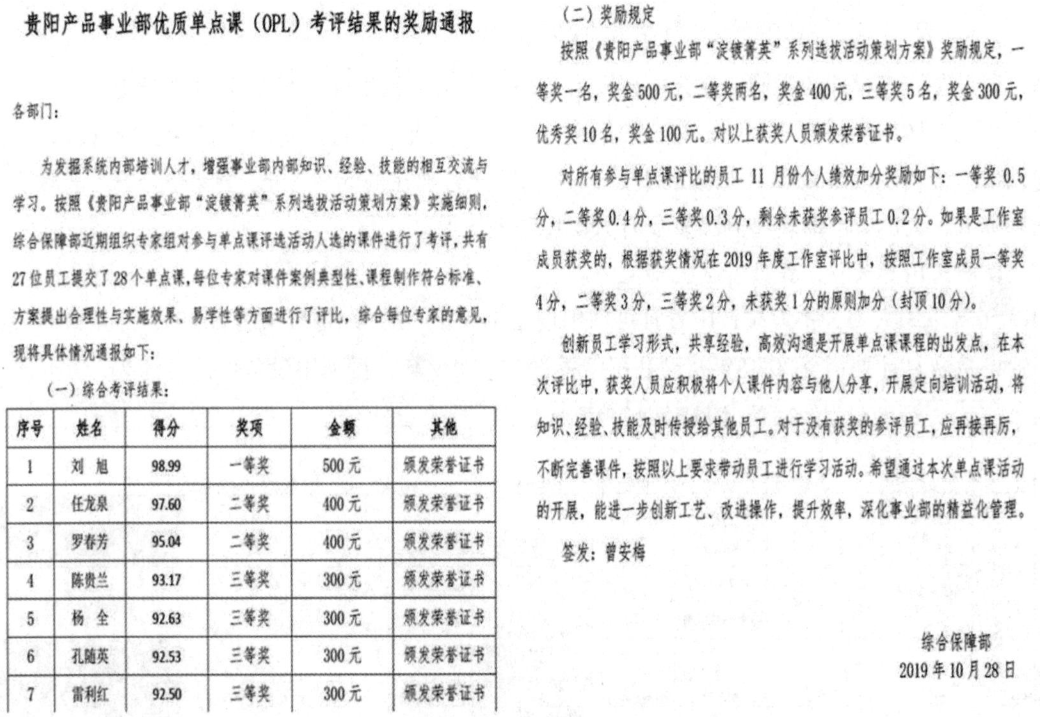
贵阳产品事业部优质单点课（OPL）考评结果的奖励通报

各部门：

为发掘系统内部培训人才，增强事业部内部知识、经验、技能的相互交流与学习。按照《贵阳产品事业部“淀镀菁英”系列选拔活动策划方案》实施细则，综合保障部近期组织专家组对参与单点课评选活动人选的课件进行了考评，共有 27 位员工提交了 28 个单点课，每位专家对课件案例典型性、课程制作符合标准、方案提出合理性与实施效果、易学性等方面进行了评比，综合每位专家的意见，现将具体情况通报如下：

（一）综合考评结果：

序号	姓名	得分	奖项	金额	其他
1	刘 旭	98.99	一等奖	500 元	颁发荣誉证书
2	任龙泉	97.60	二等奖	400 元	颁发荣誉证书
3	罗春芳	95.04	二等奖	400 元	颁发荣誉证书
4	陈贵兰	93.17	三等奖	300 元	颁发荣誉证书
5	杨 全	92.63	三等奖	300 元	颁发荣誉证书
6	孔随英	92.53	三等奖	300 元	颁发荣誉证书
7	雷利红	92.50	三等奖	300 元	颁发荣誉证书

（二）奖励规定

按照《贵阳产品事业部“淀镀菁英”系列选拔活动策划方案》奖励规定，一等奖一名，奖金 500 元，二等奖两名，奖金 400 元，三等奖 5 名，奖金 300 元，优秀奖 10 名，奖金 100 元。对以上获奖人员颁发荣誉证书。

对所有参与单点课评比的员工 11 月份个人绩效加分奖励如下：一等奖 0.5 分，二等奖 0.4 分，三等奖 0.3 分，剩余未获奖参评员工 0.2 分。如果是工作室成员获奖的，根据获奖情况在 2019 年度工作室评比中，按照工作室成员一等奖 4 分，二等奖 3 分，三等奖 2 分，未获奖 1 分的原则加分（封顶 10 分）。

创新员工学习形式，共享经验，高效沟通是开展单点课课程的出发点，在本次评比中，获奖人员应积极将个人课件内容与他人分享，开展定向培训活动，将知识、经验、技能及时传授给其他员工。对于没有获奖的参评员工，应再接再厉，不断完善课件，按照以上要求带动员工进行学习活动。希望通过本次单点课活动的开展，能进一步创新工艺、改进操作，提升效率，深化事业部的精益化管理。

签发：曾安梅

综合保障部
2019 年 10 月 28 日

图 14 单点课评选活动

（八）加强过程监督检查与绩效考核，支撑成果持续改进

1. 工作经验固化，编制管理办法

通过对全员生产性维护工作及设备管理工作成果的总结，航天电器下发了《TPM 全员生产性保全管理办法》，将设备维修、保养、检修、自主保全等内容固化，成为标准化的工作流程；同时还下发了《设备备件管理办法》、《设备检查评比管理办法》等相关工作办法，对原有工作流程进行了优化管理。

2. 健全监督机制，保障成果实施

航天电器出台《设备考核与奖惩管理办法》，对设备维护管理工作进行监督考核，同时将设备运行的关键指标如设备利用率、设备综合利用效率 OEE、平均故障间隔时间 MTBF、平均故障修复时间 MTTR 等纳入生产车间和设备管理部门的绩效考核中，每月进行绩效考核；同时每月组织车间进行设备保养之星评比并予以奖励，每季度由设备管理部门组织设备保养情况检查并对检查结果在航天电器局域网进行公示通报，对表现突出的个人和车间予以一定的经济奖励。将计划实施与监督检查工作同步推进，保证了管理创新成果的有效实施。

三、基于预测性维护的设备管理模式构建与实施实施效果

（一）思想转变，预测性维护工作得到重视

通过本成果的实施，员工的思想实现了设备必然会故障停机到设备可以0故障的转变，人们普通开始意识到设备定期维护是非常重要的，通过制定规划来确定多久进行维护是必要的，维护以何种方式进行，以及对过程应如何进行审核避免了以往因生产压力导致的无限期拖延维护或设备故障后的救火式维修，从而使维护工作变为积极预防，而不是消极应付。在此基础上，结合设备实时运行数据分析，制定定期检修计划及备件预测性更换工作得以顺利展开。

（二）模式实施，设备综合利用率不断提升

通过该设备管理模式的实施，航天电器设备管理工作更加精细化、科学化和数据化，设备利用率及产品一次加工合格率显著提升，设备综合利用率节节攀升，通过推进全员生产性保全的管理，产线及车间平均设备综合利用效率OEE由原先的不足30%，提升为现在的55%。同时闲置设备逐渐减少，维修费用显著降低，为航天电器转型升级发展有力支撑和经济保障。

1. 开发利用闲置设备，提升资金流动能力

2019年初组织人力、物力统计闲置且可利用设备146台/套，设备价值合计1412万元，通过制定并执行闲置设备恢复计划，至2020年初已利用闲置设备14台/套，再利用设备价值合计212万元。

闲置、使用率低设备清理

序号	部门	设备编号	设备名称	设备型	原值	使用情况简要说明	备注	核实情况	原因归类	打分结果	闲置原因	处理结果	责任人
43	质量部	65140100-009	高低温度冲击实验箱	VT7012S	846190.08	无法制冷，已经开不了机长期闲置	401厂房一楼	开不了机长期闲置，可更换控制系统改造	设备老化	304.62	需改造	已改造	全祖云
42	质量部	83030000-015	高低温度冲击实验箱	HT7012	477814.36	无法制冷制热，已经开不了机长期闲置	401厂房一楼	开不了机长期闲置，可更换控制系统改造	设备老化	302.78	需改造	待验证后改造	全祖云
24	电缆组件车间	/	稳压仪	/	5000	未使用	六楼组件班	220V转220V+110V稳压电源，现场无使用需求，可考虑转质量部使用	无需求	300.5	闲置无用	已转质量部	刘旭2
58	三车间	7906000-011	电热鼓风烘箱	/	22990.00	时间长了设备老化，长时间未使用	401厂房三楼烘箱间	仅能加热150℃以下，但是容量大，可以考虑转其他车间使用（质量部有需求）	无需求	292.23	闲置无用	已转试验室	刘旭2
21	电缆组件车间	63339900-135	烘箱		24568.97	已坏未使用	八楼U3班	温度设置及显示均不正常	损坏	290.46	需维修	已维修	刘旭2
50	三车间	W12080041	继电器综合参数测试仪	RPT-III	30000	坏了许久，无法修复	401厂房四楼交收间	电脑无法开机，可更换主机试一下	损坏	290	需维修	已维修	刘旭2
11	特种车间	/	真空清洗线	/	157885.47	超声波功率低，满足不了要求，零件清洗不干净，目前闲置未使用	电镀2班	可采购超声波后改造	无法满足工艺	289.8	需改造	已完成	刘旭2
77	特种车间	/	污水处理回用水系统	/	396920.00	前端预处理水质不达标，无法正常使用	电镀二楼	膜系统是好的 进水水质不达标	无法满足工艺	279.69	需改造	已完成	刘旭2

图15　闲置设备清单

2. 设备维修费用、万元产值能耗大幅降低

通过本成果的实施，间接创造经济效益2082.16万元。同时，连续两年的设备维修费用、万元产值能耗都有了大幅度降低，2019年度万元产值能耗0.01238吨标煤/万元，同比降低6.77%；2019年度设备维修费用149.68万元，降比结果纳入部门绩效指标进行考核，同比下降13.64%，最终综合作用到事业部2019年的主要经营指标上，相比较于2018年，销售收入年增长了1.7712万元，成本费用降低了-3.22%，全员劳动生产率提高了8.11%。

表2　2019年主要经营指标完成情况

单位：万元

序号	经济指标	纲要目标	2019年	2018年	增减率	目标达成度
1	销售收入	120000	120400	102688	17.23%	100.33%
2	净资产收益率	11%	11.23%	11.19%	0.36%	102.09%
3	成本费用率	80%	79.78%	82.5%	-3.22%	100.28%
4	全员劳动生产率	37	39.44	36.48	8.11%	106.6%

（三）管理规范，公司品牌影响力不断展现

通过本成果的实施，公司设备管理工作的规范性及有效性得到各级单位及集团公司专家的一致认可，在内外审过程中为公司各项管理工作提供有力支撑。同时项目衍生的设备管理系统及相应管理办法目前正向苏州、遵义等集团公司子公司推广。基于预测性维护的设备管理模式的实施有效促进了航天电器高质量发展，取得了良好的社会效益，促使公司荣获第十八届全国质量奖，事业部车间荣获四星级现场，同时在此工作基础上衍生出的《设备APP管理平台研究》项目获2018年管理创新课题奖，《TPM设备管理模式应用与推广》项目荣获2019年集团公司管理创新成果二等奖。

成果创造人：刘　旭、曾安梅、刘　旭、蒙泳行、李　博、
陈孟江、杜　洪、邢万青、常　晨

以装备体系化为牵引的军工科研院所科技创新管理实践

中国航天科工集团第三总体设计部

中国航天科工集团第三总体设计部（以下简称三部）成立于1960年，是我国军工领域重要的总体设计单位与产品研发基地，主要承担飞航高科技产品的总体设计、系统集成、试验验证及售后服务等任务。三部现有在职职工1439人，其中研究员157人，高级工程师449人，下设飞行器总体、导航制导与控制等28个特色专业，拥有国防科工局复杂系统控制与智能协同技术国防科技重点实验室、国防科技工业海洋安全体系创新中心，航天科工集团公司空间数据应用中心、水下武器装备及作战体系研究中心、作战任务规划技术与工程应用中心、可靠性工程中心6个集团级以上创新平台，拥有600万亿次（即将升级为1400万亿次）高性能计算中心、虚拟样机中心等一批国内一流的研试平台，形成了以北京云岗地区为核心、河北涞水地区为外延的国内领先、国际一流的研发格局，为装备体系化发展奠定了坚实基础。

建部60年来，三部秉承“国家利益高于一切”的核心价值观，走出了一条“仿制改型-自行设计-自主创新”的发展之路，先后研制出多型国家急需的飞航高科技产品，成功填补了我国装备体系的六大空白。近年来，三部共获得国家级、省部级科学技术进步奖近330项（其中国家科学技术进步特等奖4项），被授予载人航天贡献奖、全国五一劳动奖状、全国文明单位、全国质量奖、国家级企业管理现代化创新成果一等奖等多项荣誉，为推动我国国防现代化建设做出了突出贡献。

一、实施背景

（一）国家战略发展提出新需求，亟需通过改革创新推动科研院所向新型体系化装备供应商转变

习近平总书记深刻指出：“强国必须强军，军强才能国安”，巩固国防和建设一流人民军队是实现中华民族伟大复兴的战略支撑。党的十九大报告明确指出了未来国防和军队现代化建设的“三步走”战略要求，即：确保到2020年基本实现机械化，信息化建设取得重大进展，战略能力有大的提升；到2035年基本实现国防和军队现代化；到本世纪中叶把人民军队全面建设成世界一流军队。

面向国家战略新需求，三部作为老牌军工科研院所，原有的“计划经济”式的组织结构和管理模式难以支撑科研院所实现装备体系化发展转型。在科技创新层面，传统的装备生成模式不能确保装备体系贡献度提升，传统的项目管理模式不能确保装备实战化、体系化水平，传统的专业技术管理模式不能确

保技术水平实现“并跑、领跑”，传统的创新生态建设不能确保总体引领作用的充分发挥。因此迫切需要以装备体系化发展为牵引，全面深入开展改革创新，推动三部由仅提供装备产品向提供“产品+服务”复合型企业转型，由传统飞航装备供应商向新型体系化装备供应商转型，以更好的履行国家赋予的历史使命。

(二）军事体制变革提出新挑战，亟需依托重大项目支撑装备体系化发展

进入新时代，为适应世界新军事革命发展趋势和国家安全需求，国家全面推进国防和军队现代化建设，全面深化国防和军队改革，迈出了强军兴军的历史性步伐。按照“军委管总、战区主战、军种主建”原则，健全军委联合作战指挥机构，组建战区联合作战指挥机构，形成平战一体、畅通运行、专司主营、精干高效的联合作战指挥体系。坚持战斗力标准，加快实施科技兴军战略，统筹推进各军兵种武器装备发展，逐步形成以高新技术装备为骨干的现代化武器装备体系。

面向军事体制变革，装备体系化发展已成大势，而体系化发展的核心支撑在于重大项目，其对于装备体系化发展具有很强的辐射带动作用，三部原来的需求牵引的单一装备设计理念和研发模式难以有效应对新的挑战。因此亟需大力推动重大项目立项，开展以体系化、实战化为导向的项目管理创新实践，推动装备方案孵化从原有的需求牵引模式向体系牵引模式转变，装备发展由族谱化向体系化转变，装备交付从注重性能指标向注重战斗力提升转变，从而满足国家“设计装备就是设计未来战争”的顶层要求。

(三）新一轮科技革命带来新机遇，亟需依托技术创新增强科研院所核心竞争力

当前世界正在迎来以绿色和智能为特征的新一轮的科技和产业革命，新兴科技和颠覆性技术不断涌现。军事技术也处于新一轮创新突破期，以美国为典型代表的科技强国已经将新技术与军事应用相结合，改变战争规则的装备层出不穷，技术创新正在不断改变着战争面貌，并深刻改变着世界军事发展的战略走向，同样科技创新也成为了促进我国装备体系化发展的根本动力。

面向新一轮科技革命带来的新机遇，三部以装备体系化发展为牵引，围绕专业技术发展规划，自主创新和研发能力不断提升，专业技术发展推进工作整体形势良好，但在新一代装备研发过程中，部分专业技术核心关键储备不足、前瞻性布局不够、发展方向不聚焦等问题逐渐凸显，专业体系化、平台化发展步伐缓慢，难以快速形成“并跑”或“领跑”的良好态势。因此，三部迫切需要加强专业技术管理创新力度，推动形成专业长板优势，持续增强企业核心竞争力。

(四）企业发展面临新瓶颈，亟需不断优化创新生态助力科研院所转型升级

“十三五”以来，三部发展进入了新时期，装备研发面临着体系强、技术新、进度快、质量高的发展要求。在此形势下，三部装备发展体系牵引不够，传统“多点布局、逐个突破”的装备论证方式难以厘清装备体系定位、与战场要素配合等关键问题，不能满足新时期装备建设要求；其次，在专业高度融合的发展趋势下，三部以飞航装备为代表的单一业务面临来自多方面、常态化的外部竞争，传统领域面临外部的全面竞争；最后，长板技术优势不足、发展后劲乏力、成果转化不够、创新活力不足等一系列发展瓶颈问题逐渐显现。

通过深刻分析问题背后的原因，传统的科技创新生态难以满足新时代的装备发展要求，亟需推进创新生态管理，依托“协同开放、内外联动”的创新生态环境，通过创新文化不断深入人心，切实推动装备体系化发展，专业技术长板优势快速成型，企业实现转型升级，是三部谋求长远发展，推动实现“世界飞航总体技术发展的引领者、国家精确打击体系建设的主力军、重要新兴领域开拓的核心力量”战略

目标的必要保障。

二、内涵与主要做法

以装备体系化为牵引的军工科研院所科技创新管理实践的内涵是：面向国家战略发展、军事体制变革、新科技革命、企业发展瓶颈等新形势和新需求，围绕装备论证层、项目管理层、技术管理层、创新生态层：

坚持战略引领、体系牵引，建立“概念-体系-装备”的研究链条，创新装备论证模式；

坚持实战导向、精准管控，推行“脉动式 IPT+首席负责”式管理，创新项目管理模式；

坚持技术驱动、跨越发展，推行“体系化+平台化”管理，创新专业技术管理模式；

坚持生态支撑、总体引领，厚植科技创新文化底蕴，创新生态环境管理模式。

通过以上四个“层”和四个“创新”之间互相牵引、互相支撑，构建了一套以装备体系化为牵引的科技创新管理体系，加速了三部二次创业、转型升级进程，形成了“一主两翼”产业发展格局，为把三部建设成为世界飞航总体技术发展的引领者、国家精确打击体系建设的主力军、重要新兴领域开拓的核心力量打下了坚实基础，为保障三部切实履行好强军首责做出了贡献。

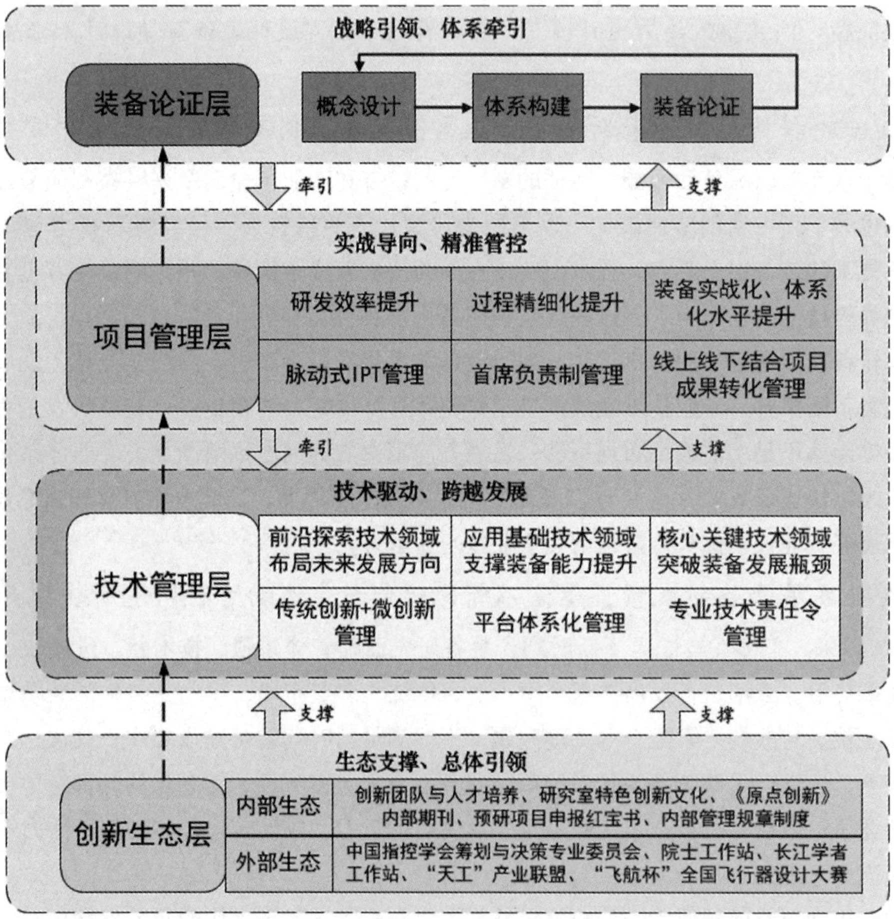

图 1　以装备体系化为牵引的军工科研院所科技创新管理实践内涵图

（一）坚持体系牵引，建立“概念-体系-装备”的装备方案生成链条，提升装备孵化水平

1. 落实发展战略，明确科技创新管理总体思路

党的十九大报告明确指出了“面对强国强军的时代要求，必须全面贯彻新时代党的强军思想，贯彻新形势下军事战略方针，建设强大的现代化陆军、海军、空军、火箭军和战略支援部队，打造坚强高效的战区联合作战指挥机构，构建中国特色现代作战体系”的国防建设顶层要求。中国航天科工集团有限公司基于对外部形势与自身转型升级发展实际的研判，研究制定了“1+2+3+4+5+N”转型升级发展战略和“五四三二一”系列重大举措，确定了“两大目标四步走”的战略方案，部署了“八重大一专项”和十个“国之重器”战略项目，提出了着力打好质量提升、结构调整、发展方式转变的“三大攻坚战”。中国航天科工三院为持续提升核心竞争力与自主创新能力，抢占未来军事战略制高点，2016年做出了中国航天科工三院关于加强“十三五”预先研究工作的决定。

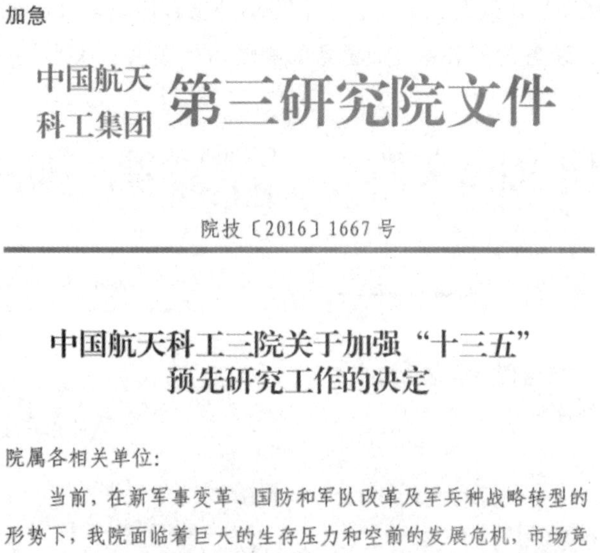
加急

中国航天科工集团第三研究院文件

院技〔2016〕1667号

中国航天科工三院关于加强“十三五”预先研究工作的决定

院属各相关单位：

当前，在新军事变革、国防和军队改革及军兵种战略转型的形势下，我院面临着巨大的生存压力和空前的发展危机，市场竞

图2　航天三院关于加强“十三五”预先研究工作的决定

在以上顶层战略的引领下，三部作为三院在飞航领域的总体设计部，聚焦强军主业，切实履行强军首责，以问题为导向，针对未来战争对装备的作战能力需求，坚决贯彻落实国家、集团公司以及三院系列战略部署，以组织结构优化和管理制度创新为抓手，以信息化、社会化、市场化和国际化为导向，推动开展科技创新管理工作。

一是“战略引领、体系牵引”。以国家战略为方向指引，面向未来战场，以装备体系化发展为牵引，以形成战斗力为目标向军方提供体系化解决方案，形成对武器装备的牵引性战技指标，推动武器装备概念图像和体系能力的跨越与提升。

二是“实战导向、精准管控”。面向军队“能打仗、打胜仗”的顶层要求，统筹规划各军种发展思路，立足飞航领域的可持续发展，依托重大项目，实施项目过程精准管控，推动项目成果支撑装备实战化、体系化发展。

三是“技术驱动、跨越发展”。以装备体系化发展为牵引，贯彻创新驱动发展战略，落实长板专业技术战略，增强自主创新和系统集成能力，形成长板技术优势，抢占未来技术竞争制高点，推动飞航领域产业转型升级。

四是“生态支撑、总体引领”。按照“以总体设计立部、以专业技术兴部、以体系发展强部”的指导思想，狠抓总体设计能力、基础支撑能力和人才队伍建设。以体系总体的视野引领分系统单位协同发展，以开放的格局打造国内优势单位的合作联盟。

2. 优化组织结构，夯实体系研究基础

以装备体系化为牵引，瞄准“航天强国”和“世界一流军队”的奋斗目标，为推动武器装备创新发展，从原始概念出发，加强体系研究力度，孕育新的产业领域，三部紧紧抓住了水下和信息两大特色领域的发展契机，创新性提出并实践了“综合型科研院所+特色型科研院所”组织结构优化模式。三部先在内部成立信息装备总体技术研究室和水下装备总体技术研究室，通过承担信息和水下装备研发相关工作发展壮大后，孵化成立了体系对抗与智能信息系统总体部和水下攻防体系与装备总体部，挂靠三部运行，为非法人机构，已经发展成为了集“战略规划、需求论证、技术研发、产品研制、工程应用、学术交流、协作创新、市场拓展”一体化的特色产业领域发展平台，并发展成为了三院“两强”产业。通过以上组织结构优化，三部从新型作战概念研究、军事需求开发、体系设计与推演仿真、装备作战运用等各个方面，为“概念-体系-装备”的装备生成链条的顺畅运行提供了基础。

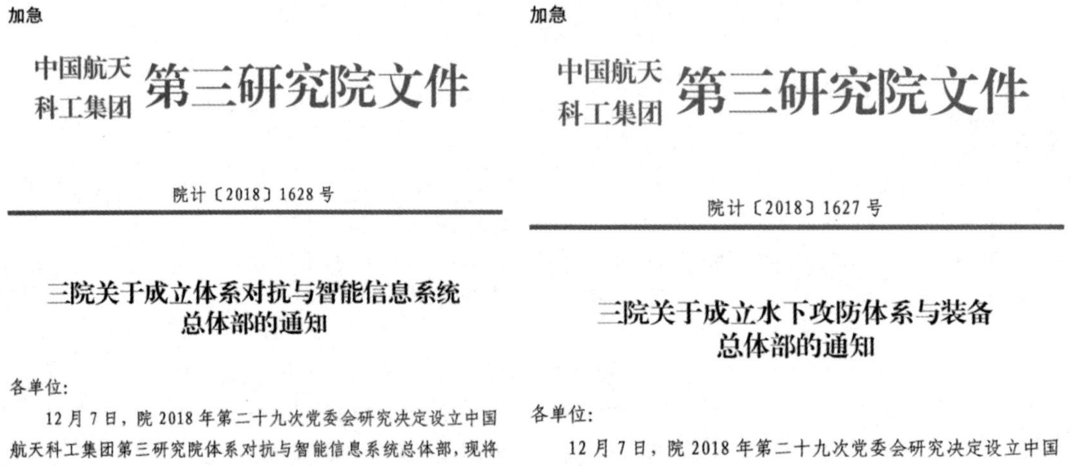
加急

中国航天科工集团 第三研究院文件

院计〔2018〕1628 号

三院关于成立体系对抗与智能信息系统总体部的通知

各单位：

12 月 7 日，院 2018 年第二十九次党委会研究决定设立中国航天科工集团第三研究院体系对抗与智能信息系统总体部，现将

加急

中国航天科工集团 第三研究院文件

院计〔2018〕1627 号

三院关于成立水下攻防体系与装备总体部的通知

各单位：

12 月 7 日，院 2018 年第二十九次党委会研究决定设立中国

图 3　航天三院关于成立信息装备总体部与水下装备总体部的通知

3. 变革管理流程，建立“概念-体系-装备”的装备方案生成链条

随着武器装备的发展和体系作战的深化，强化体系作战研究和建设已在军地双方达成共识。作战体系已成为牵引装备发展的原动力，也是武器装备研发单位争取行业领军地位的立足点，新装备如果具有清晰的体系定位和明确的体系贡献度，将能更顺利地获得立项发展。在此形势下，三部主动变革管理流程，推动装备论证模式由传统的“单装论证”模式向“体系综合解决方案论证”模式转变，由“交付装备”向“交付体系作战能力”转变。

一是构建直击“痛点”问题的概念论证模式。作为集团公司某重大工程牵头单位，面向新军事变革下陆、海、空、天、网、电等新战场，注重从源头寻求概念和需求，深刻挖掘目前装备论证中存在的问题，前瞻我军装备体系建设动态，准确捕捉体系能力短板和创新切入点，从解决现实问题、抵消可预期的威胁、牵引新的能力增长点等不同层面提炼“痛点”问题，为新概念研究提供输入。

二是构建面向任务的作战体系研究模式。以问题为导向，三部面向典型作战任务，特别是国防和军队的重大关切任务持续开展独立闭合的作战体系研究，组织专项研究团队，论证形成了 9 大作战体系。在作战概念研究基础上，进一步加强装备作战运用、作战能力需求研究，为解决局部作战任务难题提出有效的解决方案，同时牵引武器装备指标和方案论证，提升装备体系贡献度和作战使用能力，牵引武器装备发展。

三是全面落实体系牵引的装备方案论证模式。针对军方能力需求，从提高交战进程控制能力、形成并放大信息获取与运用能力的不对称性等方面入手，发挥飞航装备类型多任务广、体系要素覆盖全的优势，利用三部在作战规划、推演评估、作战效能、体系设计与评估等方面深厚的技术储备，形成体系研究合力，提升体系设计、作战运用、新装备发展的话语权和产品竞争力。在“十三五”规划中，推动3个系统级项目通过立项审查，3个研制型号、3个演示验证项目、7个潜在背景项目纳入规划案，预计获批经费达75亿元。

（二）实施精准管控，建立“实战导向、技术驱动”的过程管理模式，打造体系化武器装备

1.项目层面，推行“脉动式IPT+首席负责”管理模式，促进装备实战化、体系化水平快速提升

成果实施期间，三部承担创新项目的来源与类型越来越丰富，对于装备体系化发展的需求愈来愈强烈，对于项目研究成果向研制型号实战化转化的要求越来越高。面临新需求，三部以军队“能打仗、打胜仗”为顶层要求，立足飞航领域的可持续发展，统筹规划各军种发展思路，精干装备系列化型谱，推动实施基于集成产品开发团队（Integrated Product Team，简称IPT）的快速研发模式，大力推行项目首席负责制，依托线上线下相结合的项目成果转化管理模式，充分发挥了自身专业配备齐全、抓总能力强等优势，推动装备向实战化、体系化方向发展。

（1）实施脉动式IPT快速研发模式，提升项目研发效率

随着市场竞争的日趋激烈，产品开发能力已成为企业是否具有竞争力的关键因素。三部基于IPT管理理念，结合自身特点，针对短周期内亟需集中耦合度较高的专业协同攻关的急难险重任务，研究形成了具有航天特色的脉动式IPT快速研发模式，推动多项重大任务圆满完成。某IPT团队获得了“2016年度火箭军武器装备建设先进单位”称号。一是针对重点项目特定研发需求，瞄准提高项目团队内部协同工作效率，缩短技术协调链条，将重点项目中团队中专业耦合程度较高的部分人员，成立IPT协同工作室组织机构。在一段时间内，从物理办公环境方面实现项目技术负责人、设计人员、工艺人员和管理人员集中协同办公，专职承担专项研制工作，提高研发工作效率和集智攻关能力。二是从管理方式方面制定专门的管理办法，为IPT协同工作室运转提供保障条件。协同工作室人员可以根据实际工作需求，通过填写进驻/撤出申请表，报领导组审批后可予以动态调整。三是待重点项目特定研发任务完成后，IPT协同攻关团队自动解散，团队成员回归原单位。这在一定程度上，发挥了“集中力量办大事”的优势，确保了以某国家重大项目为代表的多项重点攻关任务圆满完成。

图4　三部某IPT团队获2016年度火箭军武器装备建设先进单位

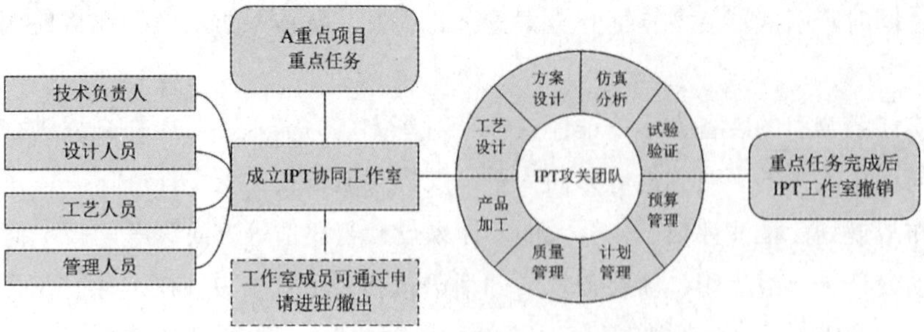

图5　三部IPT快速研发模式示意图

（2）推行项目首席负责制，提升精细化管理水平

结合外部发展形势变化和自身结构优化、转型升级的迫切需求，飞航装备、水下及信息装备等领域的系统级项目研发需求旺盛，涉及到多专业联合的系统级项目在过程精细化管控水平、完成质量等各个方面对于首席负责制的项目管理需求更加迫切。一是依托首席负责制项目管理制度，将进一步促进多专业联合创新力度，打通跨专业协同创新流程，打造专业间协同创新生态链。二是通过项目首席负责制的实施，统筹整合内部资源，下放管理职能，由项目首席的带领团队明确项目研究目标、详细执行计划以及经费预算计划。这将确保项目研究过程得到更直接、管理颗粒度更细更严的管控。尤其针对里程碑节点成果技术指标的先进性和质量进行严格审查和把关，快速促进项目成果高质量落地。三是明确项目首席对于团队建设与人员的考核权利后，首席将依据项目特点及其研究内容对于相关专业人员需求来组建团队，组建过程中首席和团队成员之间是一种双向选择关系，经过这样磨合和沟通，组建起来的团队内部氛围更加融洽、凝聚力和战斗力更强。同时利用首席对于团队成员的即时奖励等特殊激励手段，进一步激发研究团队潜能与活力。依托首席负责制项目，培育了一批专业技术水平高、团队意识及创新能力强的综合性人才。

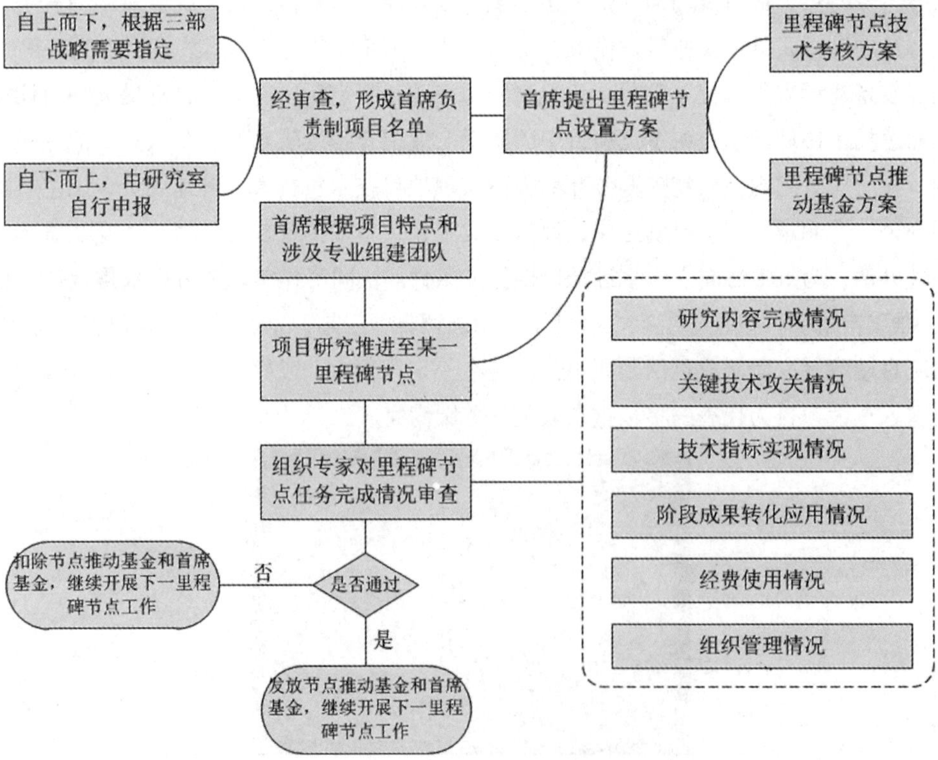

图6　三部项目首席负责制管理流程图

（3）线上线下相结合促项目成果转化，提升装备实战化、体系化水平

三部依托“脉动式 IPT+首席负责”管理模式，推动项目研究高效进展，形成了一大批卓有成效的技术成果，包括技术文档、软件代码、结构图纸、试验样件、原理样机等。这些成果经过长时间的积累，数量可观、范围广泛，具有很高的转化应用价值。瞄准装备实战与体系能力提升，三部采取了线上线下相结合等一系列措施，进一步激励科技人员创新创业，营造科技成果转移转化的良好氛围。一是建立三部规划预研资源库，支持资源在线上传、查询和下载，充分利用信息化手段，推动成果转化应用；二是举办线下预研创新成果发布会，面向客户，聚焦军队战斗力提升，搭建设计与用户之间的线下交流平台，促进成果共享、技术资源共用，提升装备实战化与体系化水平；三是制定《三部预先研究成果管理办法》，闭环预研创新项目管理流程，加强预研创新成果管理，促进项目研究成果向型号研制、产业发展等方向快速转化应用。

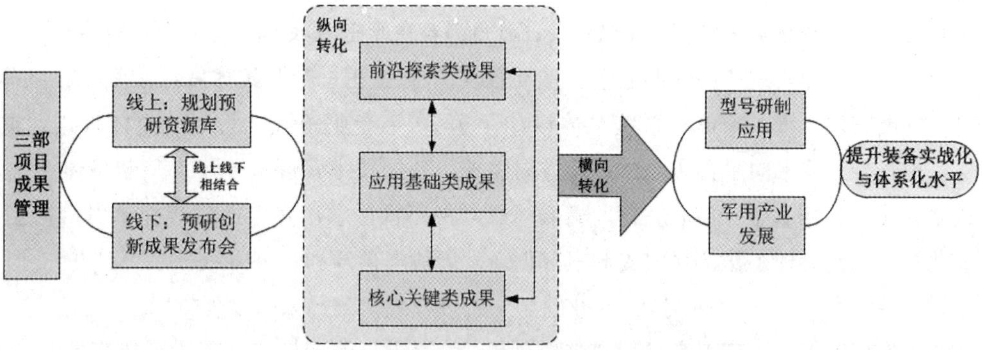

图 7　三部预研创新成果转化示意图

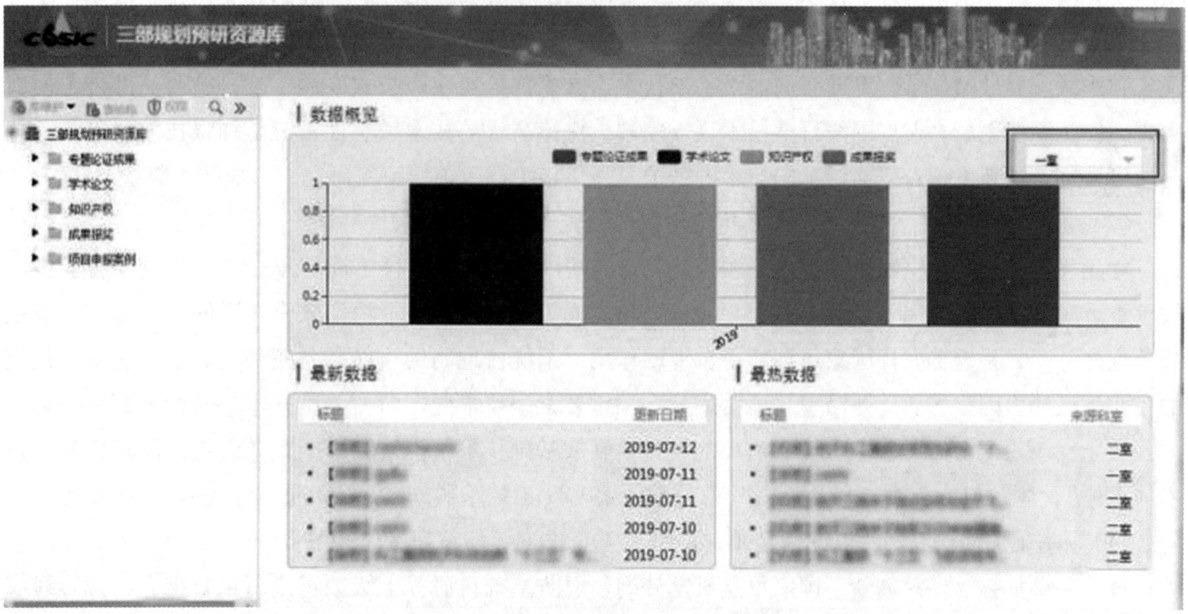

图 8　三部规划预研资源库首页

图9　三部预研创新成果展览发布会

2. 技术层面，推行“体系+平台”管理模式，打造科研院所长板技术优势

在新一轮军事变革和科技革命的形势下，推动落实“十三五”专业技术发展规划论证的全面布局，根据科研院所发展需求，重点聚焦“系统总体设计”等20个专业领域，落实“整体推进、重点突出”的长板战略，推行专业技术向平台化和体系化方向发展。依据技术发展成熟度，从装备体系化发展过程中对于“前沿探索、应用基础、核心关键”等技术领域的不同需求出发，通过相互牵引、相互支撑、有机融合，推动技术创新管理工作，强力支撑三部创新发展战略落地和转型升级。

（1）前沿探索领域，实施“传统创新+微创新”管理模式，布局未来发展方向

针对新装备发展需求，三部大力推行“传统创新+微创新”管理模式，其中微创新重点支持符合战略发展方向，应用前景良好、技术创新性强、经费需求小、成果应用方向明确的各类微创新活动，孕育孵化重大自主创新项目，强化新兴前沿基础技术研究，为新领域、新方向拓展储备技术支撑。一是围绕国家和军队发展战略需求，提前布局前沿基础技术，支撑装备实现跨越式发展；二是结合三部自主创新需要，加强原始创新，重点围绕科学技术热点领域，保持高度的技术敏感性；三是加强技术研判，挖掘飞航领域装备创新发展对于前沿基础技术的需求，强化相关技术领域跟踪研究，形成技术储备。

（2）应用基础领域，实施平台体系化管理模式，支撑装备能力提升

立足飞航领域特色，深挖传统优势领域，一是成功申请成为国防科工局“复杂系统控制与智能协同技术重点实验室”的唯一主依托单位，以及国防科工局“国防科技工业海洋安全体系创新中心”三家依托单位之一。二是充分发挥国家级创新平台带动作用，系统梳理制约飞航装备精品化、推动装备跨代化的飞航领域能力因素方向，并沿着“能力因素→关键要素→技术群方向→关键技术→研究内容→基础技术”自上而下层层分解，直至分解到底层的设计要素或基础技术，构建能力提升全部要素及其相关“技术体系树”，体系包括9项能力因素、40项关键要素、89项技术群方向、207项关键技术、502项研究内容、540项基础加强研究。并以此为纲领，按照“重点推进、培育研究、探索论证”三个层级有序向军委科技委基础加强、前沿创新，国家重点研发计划，国防基础科研等上级渠道进行项目推介，为后续成体系的布局专业技术发展和牵引关键技术攻关奠定基础。

图10　三部国防科技重点实验室及国防科技工业创新中心

（3）核心关键领域，实施技术责任令管理模式，突破装备发展瓶颈

瞄准“体系化、智能化、实战化”发展需求，向专业师队伍下达年度专业技术责任令任务，确保以专业副总师为代表的团队在核心技术攻关、项目申报等方面的年度任务明确，考核指标清晰。推动突破打造装备精品工程的核心关键型技术，突破支撑装备换代升级的瓶颈制约型技术，打造一批长板优势专业技术，实现专业技术体系核心能力整体大幅提升，为装备研制夯实基础。

一是加强型号研制与专业技术发展密切联系。保证型号研制与技术发展有机结合，共同促进，共同发展。做强型号研制亟需突破的瓶颈核心技术，布局抢占战略新兴领域远期核心竞争优势，为实现飞航领域装备的四个新一代战略奠定技术基础。二是强化上级项目申报。以项目带动发展，跟踪需求、发掘需求、引导需求，全面收集上级项目招标信息，运用“技术洞见”思路提出新解决方案、新技术概念，做好项目推介工作，着力打造一批集团级以上重大项目，促进项目申报立项全面开花。同时，专业技术经费投入倾向于重大需求专业、优势长板技术，将围绕优势长版专业技术打造三部自筹创新项目。三是加大研究性试验设施建设力度。从偏重型号工程研制保障设施向工程型、研究性设施建设并重转变，加大在技术研究试验能力建设方面的支持力度，根据梳理的专业技术长板，提前瞄准下一代飞航装备升级换代需求，统筹协调各专业技术领域能力创新发展需求，支撑前瞻性技术的研究与开发，建立结构合理、进度科学、统筹协调、动态重构的技术开发保障运行机制，形成对专业技术创新发展的有力支撑。

（三）注重生态支撑，建立“协同开放、内外联动”的创新生态管理模式，塑造浓厚创新文化氛围

1. 围绕内部生态，推动创新文化管理，建成研究室级创新生态

文化是一个企业软实力的直接体现，在新一代飞航装备技术指标全面跨代，技术难度与研制周期、研制成本之间的矛盾十分突出的形势下，预研创新关系到三部未来生存与发展，因此对创新文化建设提出了更迫切的需求。三部在推进科研评价制度、奖励制度和人才管理制度不断完善的过程中，在优化学术环境和人才成长环境的过程中，着力营造一种鼓励探索、敢为人先的氛围。

一是建设研究室特色创新文化，加大创新人才培养力度。推动创新文化建设工作，借助党工团合力，以班组文化建设推动文化落地，形成了“体系牵引、技术驱动、抢先拓域、强基赋能”的创新文化理念，倡导积极向上的创新文化氛围，不断激发技术人员创新热情，实现三部创新文化建设的全面提升，建立了良好的内部创新文化生态。通过“传学帮带”助力人才梯队建设，建立人才成长通道，成功推荐9名专家入选军委科技委专家组，12名专家入选军委装备发展部专家组，并成为军委装备发展部机

载武器技术专家组挂靠单位。

二是促进内部交流，打造品牌宣传阵地。一方面为宣传三部自主创新热点、促进各专业间学术交流、打造良好的创新生态环境，创办了《原点创新》内部刊物。刊物以“努力打造预研创新领域一流综合性期刊”为发展目标，不断扩大主题领域和发放范围，从而更好的宣传三部自主创新热点、促进专业间学术交流、营造创新文化氛围。另一方面为提升员工项目申报效率，针对预研项目各类申请渠道，编制印发《三部预研项目申报红宝书》，介绍了项目内涵、申报流程、管理渠道，对各类型项目涉及的经费管理办法进行解读，明确了申报注意事项，提高了员工申报项目的工作效率，有效促进了三部预研创新管理水平提升。

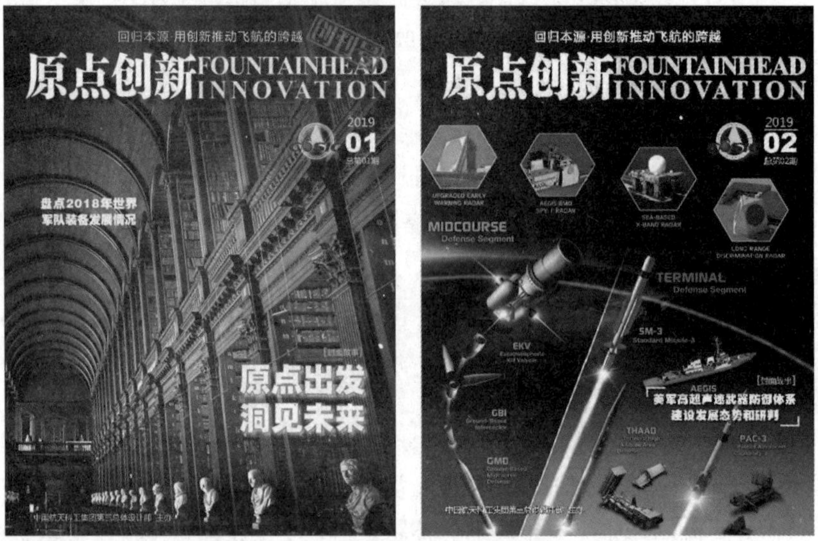

图 11　《原点创新》内部期刊

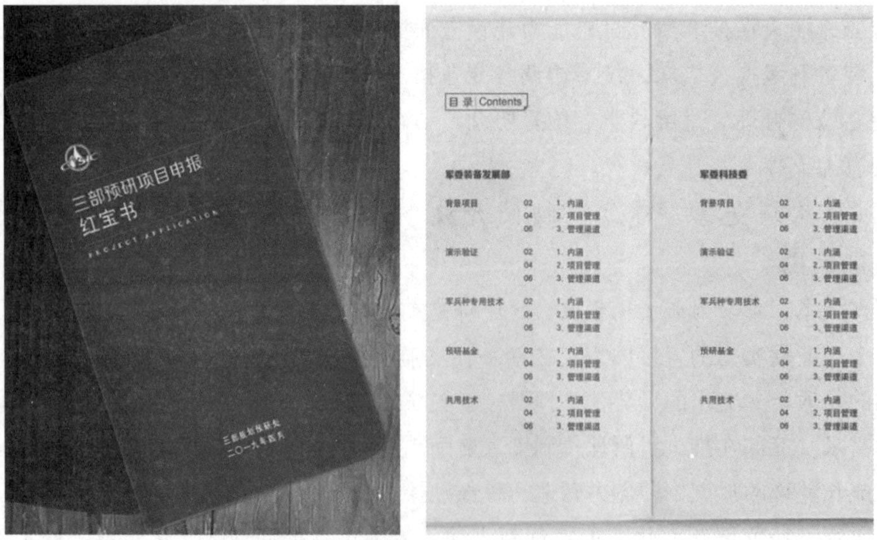

图 12　三部预研项目申报红宝书

三是注重制度保障，持续优化管理制度。成果实施期间，三部定期组织无记名网络问卷的方式开展了预研创新管理情况调查，通过整理分析形成《三部预研创新工作情况调查统计分析报告》，总结归纳形成预研创新管理制度优化的相关意见与建议，供后续管理制度优化参考。结合目前科技创新管理形势，基于现行各种管理制度，持续对已有制度进行修订完善，对缺项制度进行补充，形成《三部研究室综合绩效考核办法》《三部创新奖励管理办法》《三部创新发展任务管理办法》《三部专业技术研究管理办法》《三部学术交流管理办法》《三部微创新基金管理办法》《某型号 IPT 协同工作室实施方案及运行管理办法》《三部首席负责制项目管理办法》《三部知识产权管理办法》等一系列规章制度，全面保障预研创新工作高效运转。

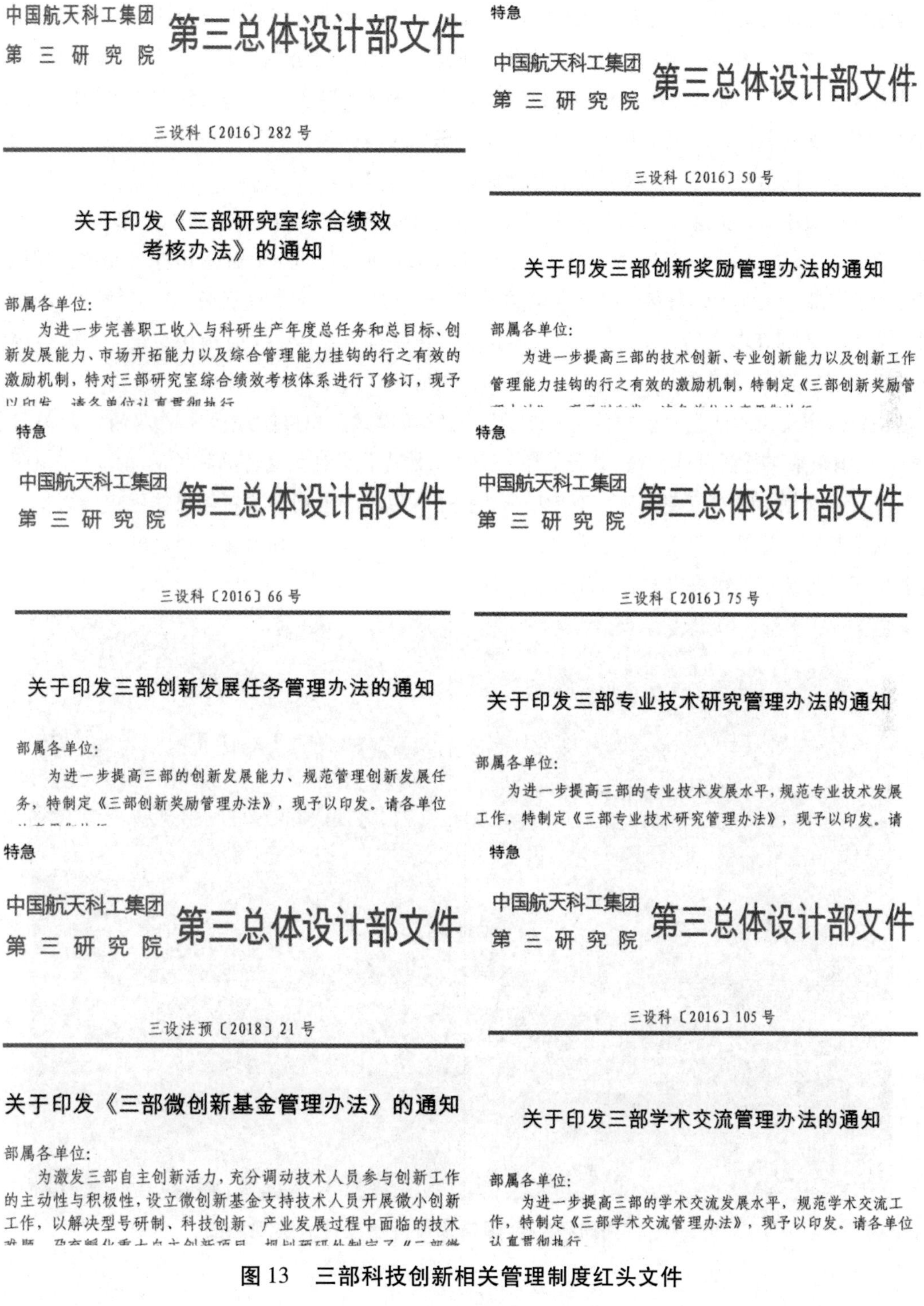

中国航天科工集团 第三研究院 第三总体设计部文件

三设科〔2016〕282 号

关于印发《三部研究室综合绩效考核办法》的通知

部属各单位：

为进一步完善职工收入与科研生产年度总任务和总目标、创新发展能力、市场开拓能力以及综合管理能力挂钩的行之有效的激励机制，特对三部研究室综合绩效考核体系进行了修订，现予

特急

中国航天科工集团 第三研究院 第三总体设计部文件

三设科〔2016〕50 号

关于印发三部创新奖励管理办法的通知

部属各单位：

为进一步提高三部的技术创新、专业创新能力以及创新工作管理能力挂钩的行之有效的激励机制，特制定《三部创新奖励管

特急

中国航天科工集团 第三研究院 第三总体设计部文件

三设科〔2016〕66 号

关于印发三部创新发展任务管理办法的通知

部属各单位：

为进一步提高三部的创新发展能力、规范管理创新发展任务，特制定《三部创新奖励管理办法》，现予以印发。请各单位

特急

中国航天科工集团 第三研究院 第三总体设计部文件

三设科〔2016〕75 号

关于印发三部专业技术研究管理办法的通知

部属各单位：

为进一步提高三部的专业技术发展水平，规范专业技术发展工作，特制定《三部专业技术研究管理办法》，现予以印发。请

特急

中国航天科工集团 第三研究院 第三总体设计部文件

三设法预〔2018〕21 号

关于印发《三部微创新基金管理办法》的通知

部属各单位：

为激发三部自主创新活力，充分调动技术人员参与创新工作的主动性与积极性，设立微创新基金支持技术人员开展微小创新工作，以解决型号研制、科技创新、产业发展过程中面临的技术

特急

中国航天科工集团 第三研究院 第三总体设计部文件

三设科〔2016〕105 号

关于印发三部学术交流管理办法的通知

部属各单位：

为进一步提高三部的学术交流发展水平，规范学术交流工作，特制定《三部学术交流管理办法》，现予以印发。请各单位

图 13　三部科技创新相关管理制度红头文件

2. 围绕外部生态，推动合作模式创新，建成产学研用一体化创新生态

随着人工智能、量子、微系统、先进材料等前沿技术飞速发展，相关技术推动装备发展的速度不断加快，三部以“社会型科研院所”的发展模式，发挥科研院所“资源聚集”效应，加强与产业链上下游的战略合作，推动构建合作型产业联盟，扩展技术领域的“朋友圈”，联合优势单位构建众创机制，针对用户需求迅速形成解决方案，加速推动产品研发和服务拓展。

一是联合外部优势资源，成立院士工作站。三部秉承“加强国防科技基础性研究、培养高水平科技人才”的宗旨，推行“开放、流动、联合、竞争”的运行机制，联合国内科研院所及高校等优势资源，创新高端人才引进机制，完成了中国科学院侯朝焕院士、程耿东院士，中国工程院沈昌祥院士以及长江学者郑耀教授的签约聘任，构建了开放共赢的发展生态，对总体设计、气动设计、制导控制、结构热防护以及水下装备、网信安全等专业领域发展起到深远的带动作用。

二是创新产业模式，打造“天工”生态产业联盟。针对装备智能化、体系化、信息化以及核心技术自主可控的迫切需求，推动与8511所、23所、33所、8357所、九部、十部等10余家集团内单位以及龙芯、浙江大学、北京工业大学等多家外部单位共同成立“天工”生态产业联盟，以开放性、标准化、插件化的“天工”协同环境产品（ACCE）为基础，联合开展自主芯片、实时操作系统、中间件等产品研制，形成系统解决方案，打造共赢、共享、互利的自主可控“天工”生态体系。

三是创新合作模式，打造“小核心，大外围”研发新模式。积极响应国家“双创”政策号召，以“飞航杯”全国未来飞行器设计大赛、“天工杯”全国结构优化设计大赛等品牌性活动搭建交流平台，以集团公司专有云众创空间“三期三池”双创项目为抓手，以中央电视台等新闻媒体为宣传渠道，通过合作研发、共享基础设施等多种新型合作模式，共同分摊先期资源投入和风险，通过较小代价实现先进技术的为我所用，加速推进解决方案和产品研发进程。

图 14　“飞航杯”全国未来飞行器设计大赛现场图

三、实施效果

（一）产业发展格局不断优化，企业转型取得重要突破

成果实施以来，三部全面贯彻落实习近平强军思想，将其与自身实际发展相融合，转型升级成效显著。一是装备体系化发展成效显著，战略影响力日益提升，20余位军委高层首长莅临三部指导工作；二是从顶层布局形成了以飞航装备为“一主”，以水下装备和信息装备为“两翼”的产业格局，成立了三院“水下攻防体系与装备总体部”和“体系对抗与智能信息系统总体部”，形成了与之运行模式相适应的管理办法，按照“社会化科研院所”发展思路，搭建了集“规划论证、需求研究、技术开发、产品研制、工程应用、协作创新、市场拓展”于一体的产业发展平台，发展成为三院“两强”特色产业领域；三是推动三部由仅提供装备产品向提供“产品+服务”复合型企业转型，由传统飞航装备供应商向新型体系化装备供应商转型，军用领域由装备级向体系级发展，产品由武器平台级向战术、战役级发展，用户覆盖各军兵种，并向战区发展，为用户提供了16项“十三五”装备设计方案及体系解决方案。

（二）重大项目立项成绩斐然，引领带动作用充分发挥

围绕“一主两翼”产业格局，以装备体系化为牵引，推动以某军委科技委重大项目为代表的18个重大项目落地生根，项目获批经费6.95亿元，从数量和经费规模上均较“十二五”增长3倍以上，以此带动各大产业领域迅猛发展。飞航装备领域，在“十三五”规划中，推动3个系统级项目通过立项审查，3个研制型号、3个演示验证项目、7个潜在背景项目纳入规划案，预计获批经费达75亿元。推动装备向体系化、实战化方向发展，2018年度内实现2个国家重大战略发展项目立项，带动该领域发展处于世界先进水平，有力提升了三部在国家精确打击体系中的战略地位，并为后续可持续发展奠定了良好基础。水下装备领域，获得了以军委科技委某重大系统级项目为代表的42个项目立项支持，并依托该项目研究填补了国内该领域多项技术空白，形成了“一个空间、两条主线”的发展思路，支撑三部在水下领域的国内领先地位。信息装备领域，获得了以军委联参重大项目为代表的63个项目支撑，以“五层两域”总体架构布局未来颠覆性技术，形成信息装备系统总体集成解决方案能力，打造跨代产品与技术平台优势，全力推进信息装备七大领域产品、技术和市场拓展。

（三）专业技术水平不断提升，国内领跑优势逐渐成型

面向“着力攻破关键核心技术，抢占事关长远和全局的科技战略制高点”的新时期发展形势，技术平台化发展方面，立足飞航技术优势，三部取得历史性突破，成功申请了2个国家级创新平台，成为了国防科工局“复杂系统控制与智能协同技术重点实验室”的唯一主依托单位，以及“国防科技工业海洋安全体系创新中心”三家依托单位之一，推动试运行工作有序开展，为技术发展提供了良好的平台。此外，联合青岛海洋科学与技术国家实验室共建海洋高端装备联合实验室，共同开展技术研究开发工作，不断提升双方创新能力，为海洋强国战略做出积极贡献。技术体系化发展方面，持续聚焦装备发展需求，以军事智能发展为主轴主线，三部重点围绕制约装备跨代发展的核心关键技术、支撑新一代装备论证的应用基础技术、牵引装备实现跨越式发展的前沿探索技术，自顶向下构建形成互相支撑、互相牵引的专业技术体系，梳理形成了自主协同技术等60个可打造成为国内数一数二的专业技术方向，依托创新项目研究和型号发展，不断夯实总体、控制、精导、气动、结构、任务规划等核心专业。近三年，获得了国家科技进步特等奖1项、一等奖1项，国防科技进步特等奖2项、一等奖2项，其他省部级以上奖项31项，拥有了发明专利550余项，较“十二五”同期取得突破性进展，技术水平和研发实力得到大

幅提升，确立了三部在国内相关专业方向的领跑地位。

（四）创新文化建设卓有成效，生态环境建设成果丰硕

随着以装备体系化为牵引的科技创新管理实践的深入推进，三部科技创新管理水平迈上新的台阶，建成一种内外联动、协同开放的科技创新生态环境，为装备论证、项目管理、技术创新等方面的发展提供了良好的成长土壤。外部生态方面，随着国家新时代强军战略的加速推进，三部胸怀更加开放，朋友圈不断扩大，与各领域优势单位互联互通共谋发展，建成三个院士工作站和一个长江学者工作站，为相关技术领域的发展提供了良好的发展平台。三部成为中国指挥与控制学会筹划与决策专业委员会、中国宇航学会飞行器任务规划二级专业委员会挂靠单位，大幅提升了三部信息装备相关专业的国内影响力，确立了三部的专业引领地位。内部生态方面，持续建立健全内部管理制度，建成了以研究室为主体的特色创新文化，推动“体系牵引、技术驱动、抢先拓域、强基赋能”的创新文化理念逐渐深入人心，形成了全员创新的良好局面。培育了国家级和集团级创新团队13支、军委科技委专家组专家9名、装备发展部专业组专家12名，并成为装备发展部机载武器技术专家组挂靠单位，充分发挥了各级创新先进人物与团队模范带动作用。

成果创造人：程　进、宁国栋、张　克、程　进、宁国栋、张　克、于长波、张永平、韩　冰、倪雪松、陈梦云、刘　杨

大型电力企业投资咨询评估体系研究

南方电网能源发展研究院有限责任公司

一、研究背景及内容

（一）研究背景

随着国家对输配电企业监管的日渐趋严，以及《国务院办公厅关于建立国有企业违规经营投资责任追究制度的意见（国办发〔2016〕63号）》《中央企业投资监督管理办法》（国资委令第34号）《中央企业境外投资监督管理暂行办法》（国资委令第35号）和《中央企业违规经营投资责任追究实施办法（试行）》（国资委令第37号）等一系列文件的颁布，国家层面对投资决策的要求不断提升；同时，南方电网公司未来开展的市场竞争性项目将呈爆发式增长，风险不断加剧，因而降低投资风险，提升投资效益重要性进一步提升。

为进一步完善投资决策程序，提高投资决策的科学性和民主性，参照《国家发改委投资咨询评估管理办法》（发改投资规［2018］1604号），以南方电网公司为例，对大型电力企业重大投资项目投资咨询评估体系研究进行研究。投资咨询评估在投资审查委员会研究审查、公司董事会决策之前开展，逐步形成"先评估、后决策"的投资决策机制，并通过建立投资决策评估指标体系，为开展投资决策回顾和投资项目阶段性评价、后评价等工作提供标准支撑。本成果规范研究了投资咨询评估的主要内容、评估指标体系以及开展方式。

（二）投资咨询评估对象

根据南方电网公司管理实际，本成果拟确定的投资决策咨询评估对象为需要公司投资审查委员会研究审查、公司董事会决策的重大投资项目。

根据公司发展规划以及投资项目不同特点，主要面向管制业务固定资产投资、新兴业务固定资产投资（含调峰调频电源、综合能源等）、境外绿地项目、境内股权投资和境外股权投资5大类项目。并分为前期决策和投资决策两个阶段。各类项目需要开展哪个阶段的咨询评估详见表1。

表1　项目分类及评估阶段一览表

序号	项目类别	前期决策（前期立项）	投资决策	备注
1	管制业务固定资产投资		√	仅特别重大项目需要开展投资决策评估
2	新兴业务固定资产投资（含调峰调频电源、综合能源等）	√	√	仅调峰调频电源项目需要开展前期决策评估
3	境外绿地项目	√	√	

续表

4	境内股权投资		√	
5	境外股权投资	√	√	

（三）研究内容

本项目研究内容主要包括三个部分：

1. 投资咨询评估主要内容。根据不同项目特点，研究各类项目在前期决策和投资决策阶段需要重点评估的内容。

2. 投资咨询评估指标体系。依托评估内容，进行梳理提炼，研究建立相应的评估指标体系，并分别研究各指标的评价方法和评价标准。

3. 投资咨询评估机制。基于国家相关要求，并结合专业特点和南方电网公司具体情况，研究构建一套适合南方电网投资管理要求的投资咨询评估机制。

（四）研究方法和技术路线

本成果采用的研究方法主要包括以下几种：

政策分析：项目研究了国家关于央企投资的系列法规政策，梳理了南方电网公司投资管理相关规定，制定出符合国家要求和公司规定的投资咨询评估指标体系。

理论研究：项目组广泛查阅投资决策与评估方面的书籍文献，全面掌握相关理论。科学的投资决策要求在充分调研的基础上，对备选项目的投资规模与方向、投融资结构、投资收益及业务布局等方面进行经济技术分析，从而决定项目是否必要和可行。

案例分析：为拓宽借鉴维度，项目研究了国家电投、华电集团、大唐集团、三峡集团、华润集团等多家电力央企的管理制度。结合上述企业具体实践，从正反两方面全面分析其投资决策、投资管理和投资风险评估制度的优缺点，为建立公司投资咨询评估机制提供借鉴。

本成果研究技术路线如图 1 所示：

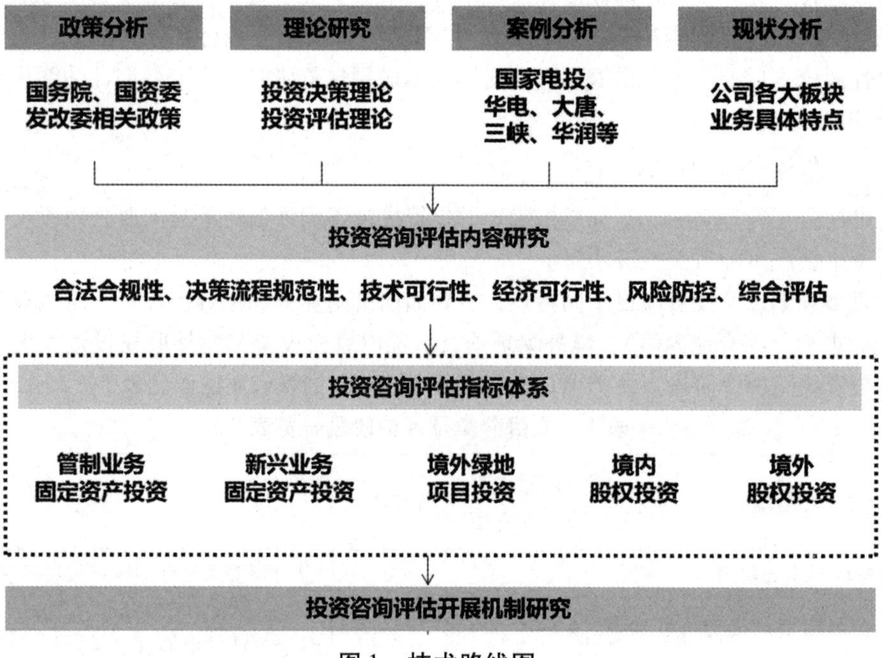

图 1　技术路线图

二、投资咨询评估内容研究

投资咨询评估的目的是提高投资决策的科学性和民主性。根据国家发展改革委员会要求，政府和央企在审批投资项目及相关专项规划时，应当坚持“先评估、后决策”的原则，经相关工程咨询单位咨询评估，在充分考虑咨询评估意见的基础上做出决策决定。

投资咨询评估不同于项目评审，其是对支撑投资决策的关键问题开展评估并出具相应意见，因而其评估内容是高度凝练而不是面面俱到。

根据当前国家监管要求和公司关注重点，投资咨询评估内容主要包括：合法合规性评估、决策流程规范性评估、技术可行性评估、经济可行性评估、风险防控评估以及在各分项评估基础进行的综合评估。

（一）合法合规性评估

评估项目投资的合法合规性，是否符合国家政策导向，尤其关注是否属于国资委和公司的投资负面清单以及有没有非主业问题。评估与公司发展战略是否相符。

（二）决策流程规范性评估

评估项目决策流程是否符合制度要求，提交的决策材料种类及深度是否满足要求。

（三）技术可行性评估

评估项目投资面临的内外部环境是否满足项目开展需求，评估项目采用的核心技术能否支撑项目的可持续发展。

（四）经济可行性评估

复核和评估各类输入指标和参数是否合理，复核项目的投资收益和相关影响，评估其是否满足相应要求；复核和评估项目纳入公司运营体系后为公司带来的附加效益或效果。

（五）风险防控评估

复核和评估各类主要风险及防控措施（重点考察的风险因素视不同类型项目的特点有很大不同，根据实际需要而定）。

（六）综合评估

综合以上各项评估，给出综合评估结论。

以上是投资咨询评估的基本评估内容，未来随着外部形势变化和投资决策机构关注焦点的变化可以进行适当的动态调整。

三、投资咨询评估指标体系研究

指标设置的基本原则是充分考虑每一类项目的特点，同时满足国家和公司对投资项目决策的政策和规章制度要求，定性与定量相结合，尽可能地可量化、可核查。

（一）管制业务固定资产投资

1. 咨询评估指标选取依据

电网公司管制业务固定资产投资项目是指政府特许经营，政府管制价格，具有固定回报的投资项目。包括公司总部及直属机构、分公司、各省（级）电网公司、广州电力交易中心投资建设，且能纳入西电东送电价核算或输配电价核定有效资产的电网基建、小型基建、技术改造、科技、信息化、增量配电网项目，以及已核定独立电价的电源送出工程等。管制业务固定资产投资具体项目类型见表 2 所示。

表2　管制业务固定资产投资项目类型

序号	项目类别	项目内容
1	电网基建	主要包括境内35千伏及以上的新建输变电工程及其配套工程（包括与其同步建设的通信系统、安稳装置、无功补偿装置、融冰装置、巡检中心等）；新建专业系统设施（如调度自动化系统、通信专项工程等）；电源送出、用户输变配电资产等购置（回购）项目；新建和扩建一次、二次中低压配电网工程及其相关的配套设施（购置类、零星或应急的维护改造除外）；科技项目配套的电网一、二次设备新建与扩建项目
2	小型基建	主要包括调度控制中心、信息中心、检修中心、状态监测及评价中心、巡维中心、物资仓库、采购业务用房、95598呼叫中心、计量检定中心、机巡中心、应急中心、供电所、实操基地、输电所/变电所等基建项目，以及业务办公和改善偏远、特殊地区员工生产生活条件等功能的建筑物及其配套设施建设或购置项目（上述功能可合并实施）
3	生产技改	主要包括发电设备改造，35千伏及以上变电一二次设备、输电线路改造，20kV及以下零星改造和应急项目（常规中低压配电设备更新改建视为新建或扩建工程，纳入基建项目管理），生产工器具购置和生产车辆购置、特种车辆购置（含发电车、高空作业车、吊车、带电作业车、工具车等），自动化系统改造，通信设施改造，网络安全设备改造，发电厂、变电站、配电站综合改造，生产配套建筑设施（包括输变电综合楼、生产检验修试综合楼等）的局部改造
4	营销技改	主要包括电能计量装置、计量自动化系统改造，营销专业配套设施改造（含营销场所局部更新改造）和计量工器具购置等
5	其它技改	主要包括其它车辆购置，各类生产办公场所日常办公设备购置；现有生产调度指挥中心、培训中心及实训场所、物资仓库、其它类型综合楼等建筑的局部更新改造；新建物资仓库需配套的叉车、智能系统等购置；现有周转房局部更新改造等投资
6	科技项目	要包括新技术、新材料、新设备、新工艺的研究、开发或研制，新标准研究项目，技术创新平台建设与升级改造项目，科技成果与新技术应用项目等资本性支出
7	信息项目	主要包括信息系统开发推广与升级、信息基础设施建设与升级、信息安全体系建设与升级类项目的资本性支出；信息技术业务功能用房的工艺装修、气体消防、精密空调、通信工程、内部配电系统

针对管制业务固定资产投资项目，结合《中国南方电网有限责任公司投资管理规定》相关规定，根据公司投资工作实际开展情况，需要提请公司进行决策或审批的管制业务固定资产投资项目特点如下：

（1）公司主要对重大项目的投资决策环节进行决策或审批。按照《“三重一大”决策管理办法》，公司仅对管制业务固定资产重大投资项目履行决策或审批，而对于纳入投资规划内的项目，项目单位可根据进度直接开展前期工作，基本很少有规划外的管制业务固定资产投资重大项目。

（2）国家能源战略、区域发展战略等国家宏观政策是项目投资决策的重要依据。具体宏观政策包括：增强西电东送能力，优化资源配置，改善区域不充分发展问题，支持清洁能源开发与消纳等。

（3）投资决策审批流程除执行公司内部程序外，还应严格执行外部程序。重大管制业务固定资产投资项目往往需要国家和相关部委核准或审批，因此应在履行公司内部程序后，实施前应按照规定报国家发改委、国务院国资委等履行相关程序。

（4）投资项目社会效益重大。由公司进行决策或审批的管制业务固定资产投资属于重大项目，主要包括西电东送等项目，项目投资过程中及投产后，对当地的社会影响重大，带来了非常良好的社会效益。

（5）更加重视技术先进性与经济合理性。由于项目对能源环境和社会经济发展影响较大，自身建设所需要的资金投入也非常巨大，因此项目在投资决策环节更应重视技术先进性与经济合理性，确保以合理的资源投入带来最大的产出效益。

2. 咨询评估指标体系构建

根据南方电网公司决策或审批的管制业务固定资产投资项目具体特点，并结合公司相应的投资策略与管理规定，建立咨询评估指标体系如表3所示。

表3　管制业务固定资产投资项目类型

序号	评估维度	评估指标
1	合法合规	战略支撑性 政策导向性 合法合规性 投资负面清单筛查
2	程序规范	内部决策程序规范性 外部程序规范性 投决策材料规范性
3	技术可行性	宏观环境 市场环境 技术先进性 利用小时数
4	经济可行性	项目投资 成本费用 营业收入 投资回报率 电价水平 社会效益
5	风险防控	投资监管风险 投资有效性风险 投资管理风险

（二）新兴业务固定资产投资

1. 咨询评估指标选取依据

公司新兴业务是围绕输配电核心业务开展，利用新技术、新产品、新业态、新模式，沿能源产业价值链向能能源供给侧和用户需求侧延伸而衍生的新业态，是公司新的效益增长点之一。当前公司新兴业务固定资产投资主要聚焦方向包括电网调峰调频服务、新能源、节能服务、信息科技、市场化售电、电动汽车服务、智能电网技术应用、互联网运营、电力工程建设、存量土地及物业资源市场化盘活等十个领域。

针对应由公司总部履行决策程序的新兴业务固定资产投资项目，结合《南方电网公司发展战略纲要》《“三重一大”决策管理办法》《中国南方电网有限责任公司投资管理规定》等相关规定和策略，根据公司投资工作实际开展情况，前期决策（仅电网调峰调频服务须由总部履行前期决策程序）将从合法合规、技术经济、风险防控等三个维度开展初步评估，投资决策阶段将从合法合规、程序规范、技术可行、经济可行、风险防控等五个维度开展评估。评估各维度选取说明具体如下。

（1）合法合规是新兴业务项目开展的根本要求。从国家监管和公司发展布局等较为宏观的层面评估，新兴业务应符合国家政策监管和要求，应支持公司发展布局。合法合规性主要评估依据包括《南方电网公司发展战略纲要》《推动高质量发展加快建设具有全球竞争力的世界一流企业的实施意见》《向能源产业价值链整合商转型的意见》《中央企业投资项目负面清单》《南方电网公司投资项目负面清单》《固定资产投资策略》等共性依据，各具体业务还应针对性地吸收相应领域存在的国家监管政策。

（2）新技术是新兴业务的重要属性标签，技术可行性评估是支撑新兴业务决策不可或缺的环节。围绕支撑服务输配电核心业务，同核心业务形成协同经营效应，包括能否在新兴业务间形成协同经营效应，是新兴业务在公司发展中的定位，同时，新技术是新兴业务的重要属性标签，技术成熟度或先进性对新兴业务发展至关重要。新兴业务涉及领域广泛，公司暂未出台新兴业务技术指标相关标准，不同领域项目技术评估应因项目制宜。

（3）投资回报是新兴业务项目最主要优选指标，经济可行性评估是支撑新兴业务决策最为重要的环节。培育新的效益增长点是公司开展新兴业务的根本目的，投资收益率是新兴业务项目优选的主要指标，应作为重点评估指标。新兴业务商业模式的可行性和经济性也应重点评估。《固定资产投资策略》等相关公司制度是经济可行性评估的重要依据。

（4）风险管理是新兴业务项目决策的重要依据。新兴业务项目是以市场为导向，应坚持风险可控原则。风险分析材料始终是新兴业务的重要辅助决策材料，尽可能充分揭露风险，评估是否存在导致项目不可行的风险因素。当前公司并未出台专门的新兴业务风险管理制度，《中国南方电网有限责任公司投资管理规定》《中国南方电网境外投资项目管理办法》中项目风险管理要求可作为参照依据斟酌执行。

2. 咨询评估指标体系构建

（1）投资评估指标体系

根据南方电网公司决策或审批的新兴业务固定资产投资项目具体特点，结合公司相应的投资策略与管理规定，建立电网调峰调频服务固定资产投资项目前期立项投资咨询评估体系和新兴业务固定资产投资项目决策投资咨询评估指标体系，分别如表4、表5所示。

表4　调峰调频项目前期立项投资咨询评估体系

序号	评估维度	评估指标
1	合法合规	政策导向性 公司产业发展布局转型支撑性 投资策略的相符性 投资负面清单筛查

续表

2	技术经济	项目建设必要性 地理环境 燃气供应 技术指标
	经济可行性	市场供需情况 税后投资内部收益率
3	风险防控	价格机制风险 监管政策变动风险

表 5　新兴业务固投项目决策投资咨询评估指标体系

序号	评估维度	评估指标
1	合法合规	政策导向性 公司产业发展布局转型支撑性 投资策略的相符性 投资负面清单筛查
2	程序规范	决策流程规范性 投决策材料规范性
3	技术可行性	宏观环境 市场环境 技术可行性 经营协同效应
4	经济可行性	收入相关参数复核 成本费用相关参数复核 收益评估 新兴业务实施企业净资产收益率 新兴业务实施企业资产负债率 商业模式经济可行
5	风险防控	监管变更风险 价格机制风险 财税风险 市场风险 技术风险

（2）评估具体指标选取说明

新兴业务固定资产投资项目决策投资咨询评估指标体系涵盖前期立项投资咨询评估体系的所有内容，并在此基础上进一步丰富和延伸。故本部分仅说明新兴业务固定资产投资项目决策投资咨询评估指标体系涵盖的五个维度评估指标的选取依据，具体从各项评估指标内涵及评估标准或依据两个方面详细说明。

（3）境内股权投资

①咨询评估指标选取依据

南方电网公司境内股权投资项目是指竞争性业务单位在境内开展的股权投资项目，包括涉电竞争类业务股权投资项目、金融板块股权投资项目。

针对境内股权投资项目，结合《中国南方电网有限责任公司投资管理规定》相关规定，根据公司投资工作实际开展情况，需要提请公司进行决策或审批的境内股权投资项目是重大投资项目，包括投资上市公司；公司总部股权投资；管制类公司单项金额1000万元以上的境内主业股权投资；管制类公司境内非主业股权投资；竞争类公司单项股权投资额在所有者权益30%以上或投资额在1亿元以上的境内主业投资项目；竞争类公司单项股权投资在所有者权益10%以上或投资额在5000万元以上的境内非主业投资。

②咨询评估指标体系构建

根据南方电网公司决策或审批的管制业务固定资产投资项目具体特点，并结合公司相应的投资策略与管理规定，建立咨询评估指标体系如表6所示。

表6　境内股权投资项目决策咨询评估

序号	评估维度	评估指标
1	合法合规	战略支撑性 政策导向性 合法合规性 是否聚焦主责主业 投资负面清单筛查
2	程序规范	决策流程规范性 投决策材料规范性
3	技术可行性	宏观环境 市场环境 技术先进性
4	经济可行性	成本费用 项目估值 投资回报率 融资方案 交易模式 商誉减值 协同效应 标的公司治理结构 分红比例

续表

5	风险防控	法律风险 行业风险 业务风险

（四）境外投资项目

1. 咨询评估指标选取依据

南方电网公司境外投资项目主要分为境外绿地项目（含跨境联网互联互通项目境内段）和境外股权项目两大类别。针对境外投资项目，结合《中国南方电网有限责任公司投资管理规定》和《中国南方电网有限责任公司境外投资项目管理办法》等相关规定，根据公司投资工作实际开展情况，需要提请公司进行决策或审批的境外投资项目特点如下：

（1）公司主要对重大项目的投资决策环节进行决策或审批。按照《"三重一大"决策管理办法》，境外股权投资属于重大投资项目，需要由公司进行决策，境外非重大投资项目由国际业务平台公司自行开展决策程序后报公司总部备案。

（2）"一带一路"倡议等国家宏观政策是项目投资决策的重要依据。公司积极响应国家"一带一路"倡议，开展"一带一路"沿线及其它重点国家投资项目，澜湄国家互联互通项目是公司境外投资的重要投资方向。

（3）投资决策审批流程除执行公司内部程序外，还应严格执行外部程序。境外项目往往需要国家和相关部委核准或审批，因此应在履行公司内部程序后，实施前应按照规定将境外项目有关信息报商务部、国资委等履行相关程序。

（4）高度重视项目经济可行性。除了具有战略意义之外，境外项目的经济可行性也十分重要。因此项目在投资决策环节更应重视经济性，确保项目未来可以实现显著的经济效益。

2. 咨询评估指标体系构建

根据南方电网公司决策或审批的管制业务固定资产投资项目具体特点，并结合公司相应的投资策略与管理规定，建立咨询评估指标体系如表7所示。

在境外投资项目前期立项评估方面，评估指标体系如下：

表7　境外投资项目前期立项评估

序号	评估维度	评估指标
1	合法合规	政策导向性 合法合规性 是否聚焦主责主业 投资负面清单筛查 战略支撑性
2	技术经济	宏观环境 市场环境 技术先进性 投资收益率

续表

3	风险防控	法律风险 财税风险 担保风险 利率风险 汇率风险 政治风险 外交风险
4	综合评估	综合以上各项评估，给出综合评估结论

表8　境外投资项目决策咨询评估

序号	评估维度	评估指标
1	合法合规	政策导向性 合法合规性 投资负面清单筛查 是否聚焦主责主业 战略相符性
2	程序规范	内部决策程序规范性 外部程序规范性 投决策材料规范性
3	技术可行性	宏观环境 市场环境 技术先进性
4	经济可行性	成本费用 项目估值 投资回报率 加权平均资本成本（WACC） 融资方案 商誉减值（只针对并购项目） 交易模式（只针对并购项目） 协同效应 标的公司治理结构（只针对并购项目） 分红比例（只针对并购项目）

续表

5	风险防控	政治风险 外交风险 法律风险 担保风险 汇率风险 利率风险 市场风险 财税风险 环境和配套条件风险（只针对绿地项目） 组织管理风险（只针对并购项目）
6	综合评估	综合以上各项评估，给出综合评估结论

3. 投资决策咨询评估开展机制

南方电网公司在重大项目投资决策时，应坚持“先评估、后决策”的原则，经投资咨询单位咨询评估，在充分考虑咨询评估意见的基础上做出决策决定，投资咨询评估应纳入公司投资决策程序。

（1）投资决策咨询评估开展流程

一般应在项目建议书或可研等投资前期材料获得审批后，在投资审查委员会的研究审查之前，由投资管理部门委托投资咨询评估单位开展投资决策咨询评估工作；对于少量特别重大且特别紧急的投资项目，可以在开展项目建议书或可研工作的同时，提前介入同步开展投资咨询评估工作，以缩减工作周期，提升咨询评估质量。投资管理部门在投资咨询评估完成后视需要开展对咨询评估质量的评价。常规咨询评估流程如图 2 所示。

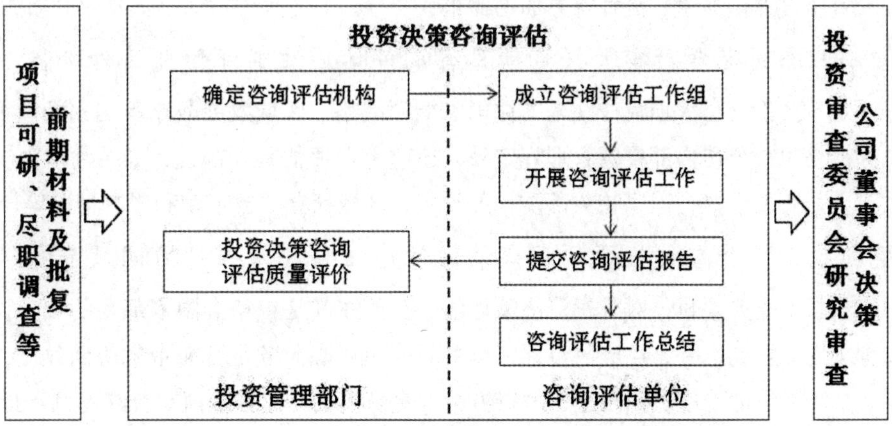

图 2　投资决策咨询评估流程

对于部分调峰调频电源、境外绿地项目、电网互联互通项目、境外股权投资等前期工作量大及耗费不菲的项目，在提交投委会审批前需要开展前期决策评估。

（2）咨询评估单位选择

基于公司目前的机构设置和管理实际，明确南方电网能源发展研究院作为唯一的投资咨询评估机构，充分发挥其技术审核把关作用，由其具体开展咨询评估工作。

在接受评估任务后，评估机构应当确定项目负责人，成立评估小组，制定评估工作计划，定期反馈评估工作进展，在规定时限内提交评估报告。

（3）投资咨询评估经费来源

公司委托的投资咨询评估纳入投资决策程序、为投资决策服务，咨询评估范围、咨询评估机构由公司投资管理部门确定，投资咨询评估费用由项目具体实施单位支付，列入项目前期费用，投资咨询评估工作向投资管理部门负责，成果由投资管理部门管理。

（4）咨询评估输入资料

根据公司现有管理制度，以管制业务固定资产投资项目为例，评估项目应提交的材料包括但不限于：项目投资报告，投资单位决策文件，项目可行性研究报告及评审意见（含风险评估防控分析），可研批复文件，其它必要材料等。以境外股权投资项目为例，评估项目应提交的材料包括但不限于：尽职调查报告、收购估值报告、商务（含融资）方案、风险防控报告、投资实施方案、主要投资合同项目投资报告等。

（5）咨询评估完成时限

考虑到公司提交到投委会的项目，尤其是竞争性项目，都亟待投资决策和推进，投资咨询评估组应尽早介入项目开展工作，尽快提交评估成果，一般不超过 15 个工作日。

四、研究结论

（一）本成果研究制定了投资咨询评估内容、指标体系和机制，初步构建了公司投资咨询评估体系

初步构建了包括管制业务固定资产投资、新兴业务固定资产投资、境内股权投资、境外股权投资等在内的投资咨询评估体系。研究成果是对投资管理部门固化在制度中的投资咨询评估环节的及时承接，满足了公司在投资咨询评估抓手、流程等方面的需求。

（二）管制业务固定资产重大投资项目咨询评估应注重评估项目外部性

管制业务固定资产投资重大项目往往是支撑国家能源战略、区域发展战略等国家的政策项目，对其投资决策评估除严格执行公司内部投资管理规定外，还应重点评估其外部性，如关注能否支撑西电东送等国家宏观政策，是否严格执行国家相关部委外部程序，区域社会效益带动和影响情况等。

（三）境内股权投资重大投资项目咨询评估应注重评估项目协同效应和经济可行性

针对境内股权投资重大项目，对其投资决策评估需要关注其是否符合国家部委的相关投资限制和公司内部投资管理规定。除此以外，还应注重评估项目对公司核心业务是否能带来协同效应，并关注项目的经济可行性，如项目估值、投资回报率、融资方案、交易模式、商誉减值、分红比例等指标。

（四）境外投资项目咨询评估应注重评估项目战略意义、经济可行性和风险防控

与“走出去”相关的国家宏观政策是项目投资决策的重要依据，对境外投资项目应重视评估其战略意义和价值，如是否是对“一带一路”倡议的响应等。此外，在投资决策环节也应重视项目的经济性评估，确保以合理的资源投入带来最大的产出效益。由于各国的政治环境、社会环境、经济发展水平、货币等诸多方面存在差异，境外投资项目面临着更多元的风险，如政治风险、外交风险、法律风险、财税风险、汇率风险等，因此对境外项目评估也应对其风险防控方面着重开展评估。

五、成果应用及效益

（一）本成果为南方电网公司建立了“先评估、后决策”的投资咨询评估机制

本成果建立了一套符合国家政策要求和南方电网公司实际的“先评估、后决策”投资咨询评估机制，明确南方电网公司重大投资项目在投资审查委员会审查前均应开展投资咨询评估。该机制已被《南方电网公司境外投资项目管理办法（2019）》明确采用，该制度中明确规定：“境外重大投资项目在向公司总部提交投资审查材料前应由第三方投资咨询评估机构开展投资咨询评估”。

（二）本成果支撑了南方电网公司多份投资咨询评估文件的编制和印发

基于本成果，南方电网公司出台了多份文件。《南方电网公司关于进一步加强境外投资评估的通知（办规划［2019］31 号）》明确，南方电网公司将结合国家和相关部委的管理要求以及项目所在国政治经济、法律监管、市场环境等实际情况，以投资收益为核心，不断完善境外项目投资评估标准体系；国际业务平台公司应确保项目评估等工作依法合规、科学客观。另外，基于本成果，《南方电网公司关于进一步加强公司重大投资项目决策环节规范化管理的通知（办规划［2020］34 号）》明确了重大投资项目风险库中 100 余条重大投资风险。本成果在较大范围内实现应用和推广。

（三）本成果在南方电网公司系统内多个境外股权收购项目投资咨询评估中得到应用

本成果已经形成一套较为完善的投资咨询评估技术体系。应用本成果，课题组对总投资额约 27 亿美元的越南永新三期项目进行了系统性评估，这是南方电网公司系统内首个境外股权投资项目投资咨询评估。评估报告成为南方电网公司投资审查委员会审查的核心支撑材料。同时，本成果还在《中老铁路供电项目投资咨询评估》《阿曼马斯喀特配电公司股权收购项目投资咨询评估》等多个重大境外投资项目的咨询评估中进行了全面应用。

（四）本成果在未来应用前景广泛，实用价值显著

对重大项目进行投资咨询评估是国家发改委提出的明确要求，也是南方电网公司整改落实中央巡视组反馈意见的一项重要任务。未来还将持续开展境内、境外重大投资项目投资咨询评估。投资咨询评估对于提升投资决策的科学性和民主性具有良好的推动作用，是南方电网公司大力推行的一项制度性工作，因而以上成果应用前景广泛，实用价值显著，未来也将持续发挥作用。

成果创造人：吴鸿亮、戴志伟、王　玲、潘骏超、彭道鑫、
林蔚颖、才　华、姚　鹏、魏志恒、陈　洋

【参考文献】

［1］中国人民大学国家发展与战略研究院. 2018 一带一路能源资源投资政治风险评估报告. https://www.sogou.com/link?url=hedJjaC291Pvew7-hBRI6fPugYsVlFv3IBYt1j8XSJJxdXJniwbQlkz2FdfeD0-pqRFYblrKPAz-ArBTjpAYFA. 201903.

［2］李飞. 中央企业境外投资风险控制研究. 财政部财政科学研究所,2012.06.

［3］张路. 国有资本境外投资的风险控制及评价研究. 财政部财政科学研究所,2012.06.

［4］杨涛举. 境外电力项目投资风险分析及防范措施研究. 华北电力大学,2009.03.

中国华能集团高效技术创新体系研究

中国华能集团有限公司

当前世界能源正向清洁、高效、低碳方向转型发展，新一轮能源革命正蓬勃兴起。十九大报告指出，要“推进能源生产和消费革命，构建清洁低碳、安全高效的能源体系”。华能作为我国能源领域国有重要骨干企业，在对我国创新驱动发展战略大背景及能源转型大趋势充分认识的基础上，提出了适应新形势、优化原有技术创新体系，构建集团公司高效技术创新体系的新要求。

中国华能集团高效技术创新体系研究通过对能源形势、集团公司发展战略、技术创新体系现状分析及SWOT模型分析，归纳出若干重点问题并进行深入研究，提出加强集团总部顶层设计，做好集团科技规划和项目统筹布局；多渠道增加研发投入强度；加快建设高水平研究团队，形成华能集团战略科技力量；强化科技创新贡献相关绩效指标在考核激励体系中的导向性作用；激发人员成果转化积极性，打通系统内部成果转化渠道；优化项目管理方法与制度，强化项目高效全链条管理等若干建议。

一、成果背景

创新驱动是世界大势所趋、是国家命运所系，习近平总书记把创新摆在国家发展全局的核心位置。党的十八大作出了“创新驱动发展”的战略部署，党的十九大报告更是为加快建设创新型国家进一步指明了方向，提出到2035年基本实现社会主义现代化，我国经济实力、科研实力大幅提升，跻身创新型国家前列。中共中央、国务院2012年印发《关于深化科技体制改革加快国家创新体系建设的意见》，其中明确指出要“强化企业技术创新主体地位”。2016年，中共中央、国务院发布《国家创新驱动发展战略纲要》提出“明确企业、科研院所、高校、社会组织等各类创新主体功能定位”。

当前世界能源正向清洁、高效、低碳方向转型发展，新一轮能源革命正蓬勃兴起。十九大报告指出，要“推进能源生产和消费革命，构建清洁低碳、安全高效的能源体系”。集团公司作为我国能源领域国有重要骨干企业，在对我国创新驱动发展战略大背景及能源转型大趋势充分认识的基础上，提出要适应新形势，优化原有技术创新体系。根据中国华能集团有限公司软科学研究项目《集团公司高效技术创新体系研究》研究需要，科技创新部会同中国科学院科技战略咨询研究院开展了项目研究工作，旨在基于能源形势、集团公司发展战略及技术创新体系现状，运用SWOT模型分析现有技术创新体系的优势、劣质、机会、挑战，给出优化建议，针对如何合理提高研发投入强度、如何建立高效的项目管理制度与方法、如何建立有利于科技创新的考核评价制度、如何建立基于新的战略导向的激励制度、如何提高科技成果内部转化率等若干重点问题深入剖析，形成集团公司高效技术创新体系。

二、内涵与高效技术创新体系构建

（一）集团公司现有技术创新体系SWOT分析

运用SWOT模型对集团公司技术创新体系优势、劣势、机会与威胁进行分析，为集团公司构建高效技术创新体系提供支撑。

1. 优势（S）

（1）电源结构持续优化

2015-2018年华能火电发展规模及变化如图所示，火电仍是主力装机，火电装机年增速逐步趋缓；2015-2018年华能低碳清洁能源发展规模及变化如图所示，2018年，华能新增低碳清洁能源装机533万kW，同比增长10%。截至2018年底，华能低碳清洁能源装机容量达5858万kW，占公司总装机容量的33%。

（2）公司加快工业互联网建设，打造智慧华能

华能企业云数据中心投入使用，工业互联网建设也在逐步实施中，目前已经完成智慧风电建设方案和智慧集控数据采集标准；信息系统整合以及营销管理、全面预算等信息化项目建设积极推进。

（3）拥有多层级的科创平台，保障科技创新

为提升公司技术创新能力，公司成立华能人才创新创业基地和科研试验及产业基地2个研发基地，共有7个国家级实验室及涵盖5个领域技术研发的22个公司实验室，为公司技术研发提供支撑平台。

（4）坚持开放式合作创新

面对能源行业转型发展带来的各领域企业的大量涌入，公司应不断加强与高校，地方政府、企业、协会等的战略合作，探索广泛的合作交流机制，优势互补，协同发展。

（5）体制上层次清晰、分工明确。

由集团公司、产业公司和研发机构、基层企业组成的三级技术创新管理体系以及由中央研究院、产业公司技术中心和基层企业生产和技术部门构成的三级研发体系，不同层级、不同类型主体之间的分工明确，不同管理/研发主体的目标与思路较为清晰。

（6）机制上形成了投入、项目管理、成果转化、考核激励等相关配套政策体系。

机制层面上为确保技术创新体系高效运转，集团公司出台了一系列政策文件，如《中国华能集团公司科技创新绩效考核办法》《中国华能集团公司科技项目管理办法》等，让政策落到实处，有规可循。

2. 劣势（W）

（1）体制方面

从顶层设计看，科技战略规划和项目统筹不足，专家委员会及专家组的作用没有完全凸显。顶层设计不足，在项目部署和指南编制时缺乏长期规划，有重复资助现象。研究主体的职能定位、研究方向等方面还存在一定问题。科技创新平台分布呈现不均衡。根据集团公司目前实验室的领域和数量上看，火力发电及煤电领域实验室数量上超过半数，而风力发电、水电、太阳能发电等领域实验室相对较少，研究还需要继续细分。

尚未建立完备的科技管理组织体系，基层企业缺少专门的科技管理部门或人员。从科技管理人员配备方面看，多数产业公司、基层企业还未设置专职的科技管理部门或人员，多为兼职人员。总部对科技工作有关部署的实施在基层企业得不到保障，形成科技管理组织体系上的断层。

（2）机制方面

投入机制：集团公司研发经费投入强度与国资委的相关要求及能源行业发展内在需求相比还有较大差距，研发投入强度低。对标国际一流企业，当前国际知名企业的研发经费投入强度不断增大，集团公司现有的研发投入强度偏低。

项目管理机制：立项权过于集中，立项周期长、效率低，不适应清洁能源产业发展需求，且存在“重立项、轻管理”现象。对于经费体量在300万以上的科研项目，产业公司没有自主立项权，不利于激发产业公司的积极性。立项周期长、效率低耽误了最佳科研时机，“重立项、轻管理”现象普遍存在。

成果转化机制：转化率低，未激发人员转化积极性，配套政策不完善。从内部看，公司内部进行成果转化的渠道不畅通，转化率较低。从外部看，与其他单位合作时的产权归属问题还没有明确的管理制度。特别是集团公司系统内部科技成果转化渠道不畅，科研人员和生产企业转化积极性不高。

考核机制：在对个人及机构的考核中，科技创新绩效贡献指标导向不够突出，不利于科技产出。集团公司现行的绩效考核指标体系中，科技创新绩效贡献相关指标占比较少，不利于形成追求创新的良好科研生态。

3. 机会（O）

（1）国家营造了良好的创新环境

创新驱动发展、高质量发展作为国家战略，营造出了尊重知识、尊重技术、尊重人才的良好社会氛围，有利于企业技术创新体系稳步运行，发挥作用。

（2）当前能源技术创新正处于高度活跃期，也是机遇期

主要发达国家在能源转型过程中以科技创新为先导，正孕育一批具有重大产业变革前景的颠覆性技术。集团公司应抓住能源变革的机遇，抢占能源技术竞争战略制高点。

4. 威胁（T）

面对能源转型及新能源与传统火电在项目决策、生产建设周期、投和产业布局等方面存在的显著差异，要求公司技术创新体系做出调整以适应世界能源转型形势，应对能源形势变化带来的挑战。

（1）国际能源趋势变化使得原有体系不再完全适用

全球能源生产与消费革命正在不断深化，能源系统正在从化石能源绝对主导向低碳多能融合方向转变。集团公司现有技术创新体系是为服务于过去煤电为主的创新需求，而目前国际上新兴能源技术正以前所未有的速度加快迭代，旧有的体系在时效性、运行方式上需要做诸多调整，以适应能源企业科技创新的新要求。

（2）能源行业竞争日趋激烈

从国内角度看，伴随着新能源技术的兴起，除传统意义的老牌国企外，越来越多的民营企业也加入市场竞争行列并占得一席之地。从国际角度看，全球化乃是大势所趋，外国能源公司逐渐进入中国市场，对包括集团公司在内的国内企业形成一定威胁。

分析集团公司现有技术创新体系，从优势方面看，具有体制上层次清晰、分工明确，配套机制较为完备的特点。从劣势方面看，体制上主要存在顶层设计不足、科技管理组织体系不完备的问题，机制上的主要问题有科技投入少、“重立项、轻管理”、科技成果转化率低、考核中科技创新导向不足等。从机会方面看，我国目前实施创新驱动发展战略，国际能源技术创新又正处于高度活跃期，这为华能带来前所未有的机遇。从威胁方面看，旧有技术创新体系不能适应新形势、新要求，以及来自国内外日趋激烈的同行竞争都是需要考虑的因素。

（二）集团公司高效创新体系若干重要问题研究

1. 如何合理提高研发投入强度

同国际、国内电力企业相比，集团公司研发投入强度偏低。

解决措施

（1）明确研发投入所包含的经费类别，重新进行研发投入经费核算。依据国家统计局2019年最新修订的《研究与试验发展（R&D）投入统计规范（试行）》，研发经费投入包括日常性支出和资本性支出，实际用于研究与试验发展活动的人员劳务费、原材料费、固定资产购建费、管理费及其他费用支出均列入研发投入。集团公司应修订科技（研发）投入管理办法，列入之前未包含的统计科目，提升研发投入经费核算准确度。

（2）将研发投入列入利润科目，免除研究院、产业公司和基层企业的后顾之忧。一方面，根据不同经营主体的功能定位，企业经营业绩考核实施分类考核。对科技进步要求高的二级单位，经营业绩考核中，将研发投入列入利润科目，视同利润加回。另一方面，企业负责人考核中突出创新驱动。

（3）优化研发投入布局，加强科技创新顶层设计能力，充分发挥专家委员会作用。集团总部对各级科技创新主体申报的科技项目进行科学统筹规划，面向生产和发展需求合理布局。同时应充分发挥专家委员会作用，充实现有专家队伍，并根据新能源的发展需求建立相应的新兴领域专家委员会。

（4）明确各创新主体的职能定位，特别是两家中央研究院的定位分工，避免集团内部重复资助。明确分工定位有利于统筹分配科技资源，避免由于研究领域交叉而带来的集团内部恶意竞争和重复资助现象，提升创新效率。

问题及成因分析

（1）研发投入强度偏低。成因：①数据统计归口不准确。只统计了研究经费，未统计试验发展经费，例如技改等相关经费没有纳入。②考核体系未向科技创新倾斜，创新主体经营性指标考核压力大，影响研发投入积极性。

（2）研发投入结构有待完善。成因：集团研发投入布局不清晰，缺乏统筹，专家委员会作用未完全发挥出来。各级创新主体承担科技项目的研究方向不够明确，缺乏长期的、延续性的科技项目部署统筹规划，部分研究主体的研究方向存在交叉。

提高研发投入强度必要性分析

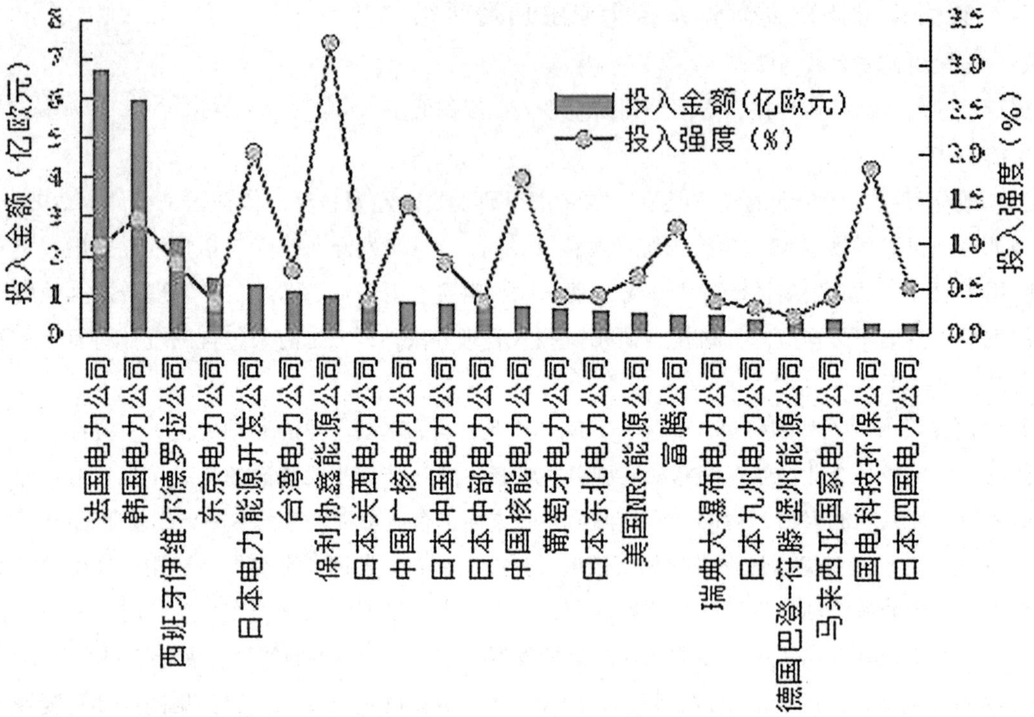

图1　2018 年全球研发投入最大的 22 家电力能源企业投入金额（亿欧元）与投入强度（%）统计情况

数据来源：欧盟委员会，R&D ranking of the world top 2500 companies。

对标国际和国内一流企业，集团公司现有的研发投入强度偏低（小于 0.2%）。从国际电力行业来看，法国电力集团的电力行业研发投入最高，达 6.74 亿欧元，韩国电力和西班牙伊维尔德罗拉公司分别排在第二、三位，研发投入金额为 5.965 和 2.464 亿欧元，这三家公司的研发投入强度为 0.8%－1.3%。

2. 如何建立高效的项目管理方法与制度

目标为实现科技项目高效全链条管理，平衡紧管与松管之间的矛盾关系。

解决措施

（1）适当下放项目立项权。对于已经批准列入科技投入预算的企业自立科技项目，取消经费规模 300 万元以上项目需集团总部批复立项的规定，由产业公司、区域公司批复。

（2）加强项目申报相关培训，确保层层落实。定期组织二级单位科技项目管理人员参加项目申报有关培训，并要求有关单位自行组织科研人员项目申报培训，增强项目申报规范性。

（3）集团和项目承担单位分工管理。把项目管理的责任传导到项目承担单位，提升管理效率。对于总部设立的科技项目，由集团公司负责全过程管理；对于二级单位自主设立的科技项目，由项目承担单位负责实施过程管理。

（4）由项目负责人制度转向法人责任制。集团公司进行总部设立的科技项目管理时，由原来的项目负责制逐步改为法人负责制。承担单位对项目负责，并将相关情况纳入领导班子绩效考核指标体系，在单位内部可对项目负责人实行末位淘汰制。

（5）补足科技管理人员缺位。为保障集团公司各项科技管理任务的贯彻落实，要求各二级单位根据实际需要设立专门的科技管理人员或部门。

（6）完善项目后评价制度，提高项目验收标准。严格执行相关规定，每年对项目进行集中评审，并对项目完成情况评级排名，未达到验收标准的项目要求限期整改。

问题及成因分析

（1）项目立项权过于集中，300 万以上项目均需通过总部立项，影响产业公司积极性。成因：集团公司原有的战略中，出于严格把控项目立项的考虑有此要求。

（2）项目立项周期长，可能延误科研时机。成因：项目申请人写申报书时规范性有待加强提交的材料很难一次达到要求，项目申报书反复修改，耗时较长。

（3）轻管理，过程管理及验收评估薄弱，项目质量控制不足。成因：①集团科技管理人员配备不足。②项目单位对项目的管理力度不够。③项目验收和后评价机制不完善，验收标准较低，导致部分项目承担单位重视程度不足，敷衍了事。

建立高效的项目管理方法与制度必要性分析

从项目生命周期管理角度看，项目的实施阶段是人、财、物投入最大，历时最长的阶段，公司对科技项目的管理确轻视了这一阶段，把大量的时间和人力放在立项环节，忽略对项目的全生命周期管理，立项后的管理投入大大减少，形成“重立项、轻管理”的弊病。

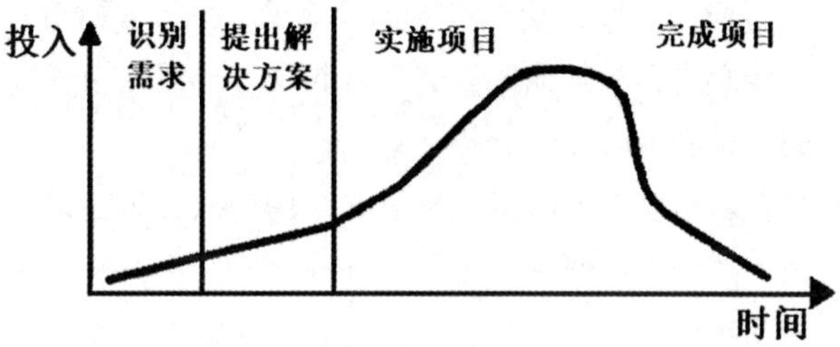

图 2　分阶段项目投入曲线

图片来源：重大科技专项的三种组织管理模式，招富刚。

3. 如何建立有利于科技创新的考核评价制度

目标是优化分类考核制度，提升科技创新相关指标在绩效考核体系中所占权重。

解决措施

（1）加强科技创新指标权重。在对机构、团队、个人的考核评价中，增加科技创新相关指标的权重并与绩效工资挂钩。针对在科技创新方面取得重大成果、获得重大科技奖项的单位，在年度经营业绩考核中给予加分奖励。

（2）加强同行评议，定量与定性评价相结合。在进行绩效考核时，坚持定量与定性相结合的原则，除定量数据监测外，还应组织同行评议，形成专家组定性考核意见。对于重大项目、重点发展团队、机构重要节点性评估试点开展国际评估。

问题及成因分析

（1）科技创新绩效贡献考核指标导向不够突出。成因：长期以来受重经营、轻科技的考核传统影响，特别是对产业公司的考核中，科技创新绩效相关指标权重较低。

（2）同行评议作用未完全发挥出来。成因：过去的项目管理机制重立项、轻管理，项目后评价相对较为松散，因此同行评议的作用没有凸显出来。

建立有利于科技创新的考核评价制度必要性分析

考核评价是影响科技产出的重要因素，评价指标体系有非常强的导向性作用。要想实现创新驱动发展、促进科技成果重大产出，就要配套的考核体系作为指挥棒，加大科技创新绩效贡献相关指标权重。中科院知识创新工程以来践行的“一三五评估”产生的效果和影响可作为参考。

4. 如何建立基于新的战略导向的激励制度

目标是通过激励机制更好地激发员工科技创新积极性。

解决措施

（1）探索项目分红、岗位分红、股权等相结合的激励模式。优化现有项目分红机制，积极探索研究制定岗位分红管理办法，按照国资委相关文件精神试点股权激励机制，多途径激发创新活力。

（2）探索科技创新奖励不占用企业工资总额的有效路径，如设立创投基金培育孵化有产业应用前景的科技成果，建立市场化奖励机制。

问题及成因分析

（1）项目分红方式未激发产业公司管理层积极性。成因：激励对象不包括享受年薪制的企业领导干部，管理层权责不一致。同时，实施项目分红的企业必须连续 3 年或未来 3 年研发费用占当年企业营业收入均在 3% 以上，企业研发人员占职工总数 10% 以上。目前公司研发投入水平整体偏低，多数二级单位不满足该条件，不能有效激发科研人员的创新积极性。

（2）激励资金来源得不到保障。成因：受国资委监管要求，集团公司对科技人员的奖励一般纳入工资总额，当奖励数额较大时，势必要影响其他员工的正常收入，从而较难落实。

建立基于新的战略导向的激励制度必要性分析

激励制度对科研人员科技创新积极性的激发至关重要，例如从集团公司内部看，2018 年西安热工院实施 5 项分红激励项目，为热工院新增产值 1.4 亿元，分红激励总额达到 614 万元，激发了科研人员的积极性，促进了科技成果的转化和应用。

5. 如何提高科技成果内部转化率

科技成果转化率低，特别是内部科技成果转化率低是集团公司现存的重要问题。目前学界对于科技成果转化率没有统一的计算标准，依据集团公司实际情况，本研究中将内部成果转化率定义为“已内部转化成果数/总成果数”。

解决措施

（1）立项前借助内外部专家力量充分论证。在立项审批时，邀请技术专家、产业专家、投资专家组成专家组，进行充分论证，特别是加强项目产业应用前景的评审。并探索引入创投基金等市场化方式。

（2）增强科研人员转化动力。通过股权、项目分红等方式进行激励，借鉴中国电科三十八所经验，探索无形资产评估奖励并作价入股的成果转化模式；加强科技成果转化相关绩效考核指标。

（3）激励基层企业转化积极性。建立科技成果转化中免责和容错机制、成果转化奖励机制，推动科技成果转化应用。

问题及成因分析

（1）成果应用性不强，不具备转化条件。成因：立项时缺乏充分论证，应用性不强；部分科技项目不具有普遍性、可复制性，对其他工程只具有借鉴意义。

（2）科研人员没有成果转化动力。成因：在集团层面，虽然将科技成果转化率纳入绩效考核指标体系，但由于系统内部成果转化渠道不畅，产业公司技术中心和基层企业促进成果转化的积极性和主动性不强。在员工层面，分享科技成果转化收益的机制尚未建立，企业科技人员无法享受成果转化的利益。

（3）基层企业不愿运用新成果，特别是大型成果。成因：新成果应用会使企业的生产和经营方式产生改变，可能会引起与现行生产模式或绩效考核冲突，基层企业（电厂）不愿意承担科技成果转化带来的不安全风险和经济损失风险。

提高科技成果内部转化率必要性分析

在我国国家创新体系建设中，企业是创新成果应用的主体，企业的研发定位主要为应用研究和试验发展，均是成果转化导向的。推进科技成果转化对企业发展起到积极作用。

6. 如何建设高水平研究团队

通过考核、激励、科创平台集聚人才等多种方式，提升研究团队水平，培育重点研究方向，建成若干国际一流的高水平研究团队，储备华能集团战略科技力量。

解决措施

（1）集团总部遴选科研团队给予稳定支持。借鉴农科院“创新工程”模式，总部在集团范围内遴选若干科研团队，拨付专项经费给予稳定支持并定期考核，培养华能集团战略科技力量。

（2）中央研究院加快培育重点研究方向，组织相应队伍。对于中央研究院，借鉴中科院“一三五”评估经验，要求确定一个定位，三个重大突破、五个重点培育研究方向。以此督促研究院凝练研究方向，组织研究队伍。

（3）支持产业公司根据自身优势建立科技创新平台，集聚领域内科技创新人才。

问题及成因分析

（1）研究团队水平参差不齐，高水平团队少。成因：①传统煤电领域研究水平较高，新能源领域相对较弱。②在对企业和个人的考核过程中，经营利润指标权重过高，导致科研人员无法专心从事科研工作。

（2）小团队多大团队少，研究方向较分散。成因：在研究方向培育方面薄弱，单兵作战多，未从机构层面统一规划，合理布局人员队伍，形成合力。

建设高水平研究团队的必要性分析

人才是科技创新的基础和引擎，国内外一流科研机构均十分重视研究团队建设工作。以中国科学院深圳先进技术研究院为例，该院始终贯彻“人才强院”理念，实施全球招聘战略，经过十余年努力，在国内率先建立起一支海归为主、国际化程度较高的科研队伍，并受到地方政府大力支持，引进的科研团队落地后陆续孵化创新企业，形成了重要的产业带动作用。

三、措施及效果：关于构建高效技术创新体系的建议

（一）总体描述

基本保留原有的技术创新三级管理体系及研发体系，既三级管理机构由集团公司、产业公司和研发机构、基层企业的科技管理部门组成；三级研发机构由中央研究院、产业公司技术中心和基层企业生产和技术部门组成。结合国家政策环境、国内外能源产业变革及华能自身的战略考虑，建议现有技术创新体系在下述方面做相应调整，形成优化后的集团公司高效技术创新体系。

体制方面。加强集团总部对科技规划、项目统筹部署方面的顶层设计能力，更好地发挥专家委员会作用。根据实际工作需求，增强科技创新管理组织体系建设，特别是基层企业科技管理部门及人员设置，确保科技管理工作层层推进，落到实处。

机制方面。对投入机制、项目管理机制、成果转化机制、考核激励机制做适当调整。其中，投入机

制方面，能源行业的科技创新前期投入较大，自有经费不足、注重短期效益等原因制约企业创新能力的提高，影响企业创新绩效，未来应制定公司研发费用专项方案，多渠道增加研发投入，同时根据公司发展战略和行业趋势，适时调整研经费分配比例。项目管理机制方面，形成项目全链条管理，做好“严管”和“松管”之间的平衡。将更多自主立项权下放产业公司，激发创新主体活力，缩短立项周期，提高理立项效率，注重项目事中及事后管理与评价。成果转化机制方面，探索通过分红、股权激励、绩效考核指标导向等方式提升人员成果转化积极性，建立容错机制。考核激励机制方面，对集团公司下属企业、机构的考核加强科技投入导向，对从事科技活动人员的考核增加科技创新绩效相关指标权重，营造尊重知识、尊重人才、尊重创新的良好氛围。

（二）重要举措

1. 加强集团总部顶层设计，做好集团科技规划和项目统筹部署。充实专家队伍，充分发挥专家委员会的智库作用，组织深入开展集团科技战略规划研究，确定重点研究方向及重大成果预期，并根据科技战略规划合理进行资源配置，统筹集团科技项目布局，避免集团内部因领域交叉而重复资助。

2. 多渠道增加研发投入强度。从传统渠道看，着力解决研发费用对标落后问题，加大研发投入考核权重；规范科技投入及统计制度，将科技费用列入科技研发投入财务科目，免除研究院、产业公司和基层企业的后顾之忧。从市场化渠道看，探索“创投基金”等市场化资金筹措机制。

3. 加快建设高水平研究团队，形成华能集团战略科技力量。从总部层面看，在集团范围内遴选若干优质科研团队，给予稳定支持并定期考核。对于中央研究院，敦促其确定一个定位，三个重大突破、五个重点培育研究方向，合理组织整合现有研究人员，并按照规划需要引进优秀人才充实队伍。支持产业公司建设科创平台，集聚领域内顶尖人才。

4. 强化科技创新贡献相关绩效指标在考核激励体系中的导向性作用。一方面在考核体系中增加研发投入、科技创新能力、科技创新产出相关指标所占权重，明确政策导向。另一方面应实行分类考核管理，减轻中央研究院经营利润考核压力，确保研究院将更多精力投入到科研当中。

5. 激发人员成果转化积极性，打通系统内部成果转化渠道。积极探索岗位分红、股权激励等成果转化激励机制，完善相关奖励办法，建立容错机制，提升科技成果输出端（研发团队）和接收端（生产企业）的转化积极性。

6. 优化项目管理方法与制度，强化项目高效全链条管理。赋予二级单位更多自主权，按照生产经营的实际需要独立组织项目立项评审。对项目立项实行分类管理，缩短项目（特别是新能源项目）立项周期。强化全链条管理理念，避免“重立项、轻过程”现象，加强对科技项目的过程管理和事后验收。

成果创造人：赵　毅、李晓轩、黄　斌、徐晓阳、梁昌乾、
黄　中、文　军、申建汛、徐　然

基于系统化设计的精益工厂建设

西安飞机工业（集团）有限责任公司

西安飞机工业（集团）有限责任公司（简称航空工业西飞）创建于1958年5月8日，是我国大中型军民用飞机研制生产的重要基地。公司拥有20多家控股和参股企业，科研生产占地面积近400万平方米，拥有各种设备12000余台（套），员工近20000人，资产总额约380亿元。近年来，西飞发展驶入快车道，各项经营指标持续高速增长，2019年营业总收入达到251亿元。航空工业西飞坚持“生产一代、研制一代、预研一代、探索一代”的发展方略，先后研制生产了轰六系列、运七系列、大型运输机等30多个型号军民用飞机，累计交付飞机数百架，为我国空、海军提供了大批高质量、高性能的武器装备，同时为中国民机产业的发展做出了卓越的贡献。

一、基于系统化设计的精益工厂建设的实施背景

精益工厂是一种能够高效、快速、准时的响应及满足客户需求，并通过不断的流程优化、消除浪费等持续改进，实现高质量、高效率、低成本生产，准时化交付的生产组织形态。航空工业西飞作为国有大中型军民用飞机研制生产企业，长期处于多型号并行研制、生产阶段。同时由于航空产品的特殊性，存在工艺流程复杂，生产周期较长，产业链条长等特点，造成瓶颈问题多，管理难度大。以往单点上的改进，仅能缓解部分瓶颈压力，难以从根本上解决系统性问题，无法解决企业整体转型发展需要。

（一）国家战略发展的形势需要

党的十九大中提出“中国经济由高速增长阶段转向高质量发展阶段”“国有企业要通过改革创新，走在高质量发展的前列”。要想参与世界级竞争，必须围绕公司价值创造主链，实行精益管理。同时，航空制造业作为国家战略性产业，面对其“做强、做精”的宏观环境与客户由追求速度向追求高质量、低成本、准时化交付的形势需要，单点式的改进已经无法满足需求，精益工厂建设已经成为飞机整机制造单位的必然选择。

（二）行业未来发展的现实需要

与国际航空制造标杆企业体系化的生产管理模式比较，公司生产制造模式带有深刻的计划经济时代烙印，局部改进式的创新已经很难解决根本问题。要想参与世界级竞争，融入世界航空产业链，必须围绕公司价值创造主链，建设精益工厂，系统性提高运营管理水平，形成核心竞争力，才能站上与国际先进航空制造企业同场竞技的舞台。

（三）公司深化改革的内在需要

面对高质量发展和卓越绩效企业的要求，公司在经营质量和效益方面还存在很大的提升空间。之前

我们做了大量的改进工作，但仍无法满足企业的发展需求：

对某零件族或某型飞机生产线的单点改进，没有对公司整体精益转型进行通盘设计和实践。单一管理要素的改进已经无法满足企业高质量发展需要。仅对单一的管理要素如计划、物流等的改善，没有对飞机生产全过程管理要素（生产组织、计划排产、工艺技术、内建质量、生产过程管控、生产保障、领导力、团队管理等）的全面改进。仅对改善结果进行评价，无法对改善的全过程进行策划、指导和监控。需要整体转型必须从根本上对精益转型的目标、策略、路径等进行全面、系统的设计。

基于以上现状，企业急需进行基础系统化设计的精益工厂建设。改变现有生产组织方式、探索精益工厂建设路径、实践精益生产方式将成为公司深化改革的关键一步。

二、基于系统化设计的精益工厂建设的内涵

系统化设计的精益工厂建设是聚焦国有企业精益生产运营，以企业卓越运行绩效为目标，以评价体系为指引，以精益单元为载体，推动企业精益化改革。区别于传统的“以问题为导向”，单点推进的改进模式，本成果采取“问题导向、目标导向、绩效导向”相结合，以体系化思维统筹资源，进行全景、全路径、全过程评价的系统性设计（如图1）。

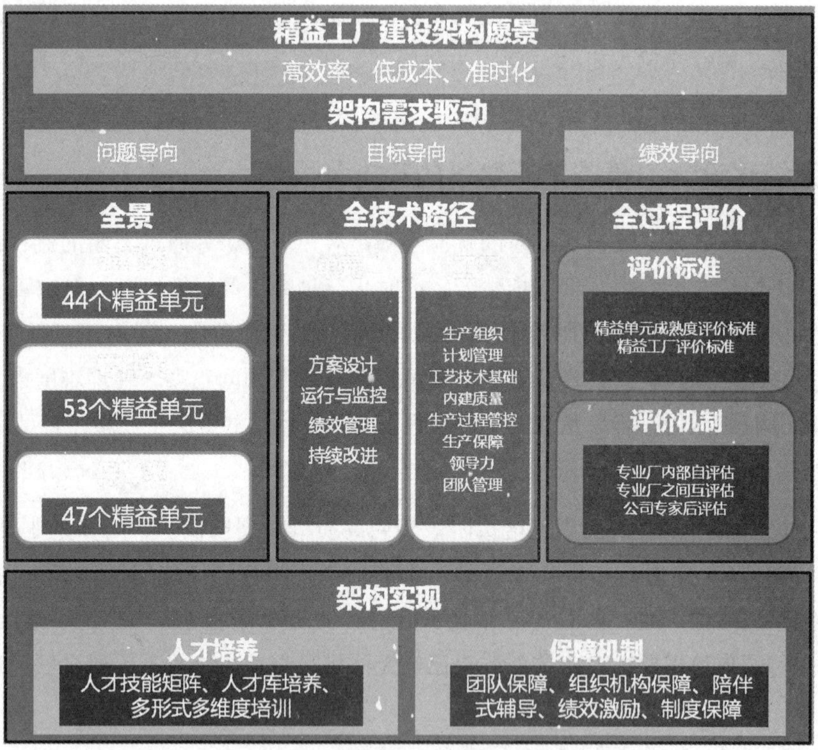

图1　精益工厂建设架构

精益工厂建设作为公司深化改革的有力抓手，通过按照飞机整机制造流程及产品特点进行分族分类，以内部供应链需求作为驱动，从技术路径上设计，构建精益工厂建设全景图。围绕生产制造主线，从生产组织、计划管理、工艺技术基础、内建质量、生产过程管控、生产保障、领导力和团队管理八个维度，设计精益工厂评价体系，对精益工厂进行全过程能力评价，同时也是系统性规划了精益工厂建设的全息路径。实施过程中以生产制造流程为主线，以工艺技术为核心，以领导力建设为支撑，转变生产组织模式，构建生产保障机制，实现加工效率和产品质量的提升。同时通过建立系统化的人才培养机

制、薪酬激励机制、单元文化的建立，来激发员工参与改进的积极性，最终通过管理流程和制度的固化，实现单元自主运行。

公司统一策划、统一目标、统一路径、统一标准、统一组织，形成多部门、多层级、多要素的全面融合，建立PDCA螺旋上升的持续改进机制，保证精益工厂建设全面落地，并不断自我完善，实现企业“高质量、低成本、准时化”交付的精益生产运营目标，推动企业高质量发展。

三、基于系统化设计的精益工厂建设的主要做法

（一）系统设计精益工厂

1.设计精益工厂转型框架

精益工厂转型框架聚焦为客户创造价值，以按时交付、周期缩短、成本降低、质量提升、库存降低、效率提升等为目标，以领导力为引领，以精益流程、均衡计划、内建质量为三条主线，以结构化、标准化的工作及人员能力培养为基石，全面运用精益理念，以系统思维构建精益工厂转型框架（如图2）。

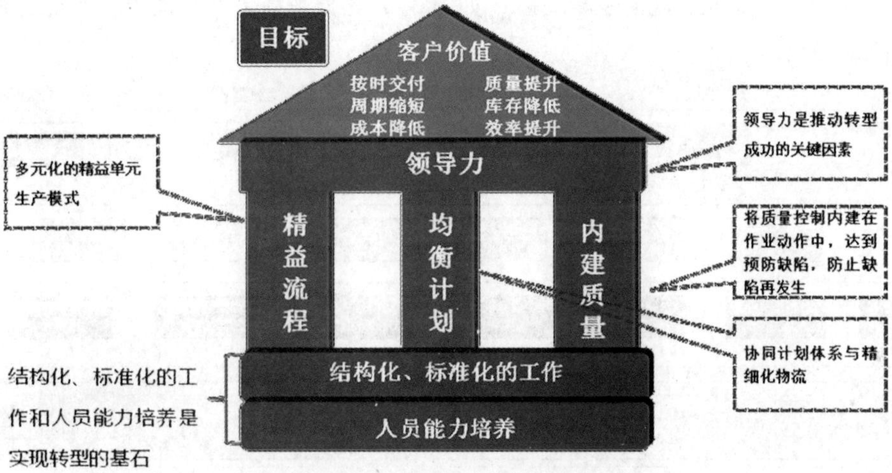

图2　精益工厂转型框架

主线一精益流程：结合现场实际，采用编码分类法、生产流程分析法（P-R分析）、视检法等方法，对所有产品进行分族分类。通过生产规划分析和产品工艺成组技术应用，依据产品分族分类结果，有针对性的开展工艺标准化，并依据当前生产现状、未来产品需求和生产能力确定绩效目标，进行精益单元建设，将原来功能性布局的混线生产模式转型为以产品/零件族为对象的精益单元生产模式，实现高效灵活的精益生产组织方式，完成精益单元与精益装配生产线的建设，逐步向精益工厂转型。

主线二均衡计划：围绕公司整体规划，建立需求驱动供应链，完成以装配需求为计划牵引的零件制造、物料需求计划的全过程贯通。基于飞机整机制造产业链条长、过程复杂、不确定因素多的现状，公司设计了三级计划管理体系，即年度运营计划为一级计划、年度生产主进度计划为二级计划、生产作业计划为三级计划。末端作业计划即三级生产作业计划的编制是计划能否落地的难点。三级生产作业计划结合当前实际生产需求对生产资源进行能力平衡，并通过限定的排产方法编制完成单元级生产作业计划。其作用包括：提前预测生产的瓶颈，保护瓶颈生产能力；在有限资源下，最大程度满足目标；为生产过程管控提供有效的执行依据；为辅助流程与生产过程的协同配合提供依据；加强生产人员对承诺和责任的履行，将员工的薪酬机制有效的与计划完成率相结合；转变粗放式的管理习惯，推动生产计划均

衡化、精细化管理。

主线三内建质量：将产品质量标准、工作流程标准、作业标准等明确传达至每一位员工，将质量控制融入流程中的每个要素，严格按照标准付诸行动，达到提升产品质量的目的。具体做法：利用风险分析的工具开展风险识别与管控，辨识出质量、安全风险点，并采取措施降低风险。应用防错技术，包括通过工装、工作场所和工作方法等的重新设计与优化，达到消除由于人为因素所导致错误的产生，让操作者按照正确的顺序和方法做正确的事。通过 AO/FO 培训验证，确保操作人员的技能满足产品加工需求。帮助操作人员在验证考核过程中，掌握关键工序步骤的操作要点、技能需求、检验要点及易出现质量问题的注意事项，可以有效提升操作工人的操作技能和质量意识，提升产品质量。推进自主质量控制。改变原有产品质量控制模式下，产品加工流程中的检验工作均由专职检验员来完成的现状，开展复检人员授权检验工作。实现过程控制从“生产检验型”向“预防控制型”转变，充分调动复检人员在质量控制中的主动作用。

2. 规划精益工厂全景图

围绕飞机生产制造模块，以制造流程为主线，以精益理念为指导，以均衡生产和资源效能最大化为原则，详细梳理各产线、单元之间的逻辑关系（如图 3），充分平衡各产线能力，实现资源的柔性化管理，设计精益工厂全景。

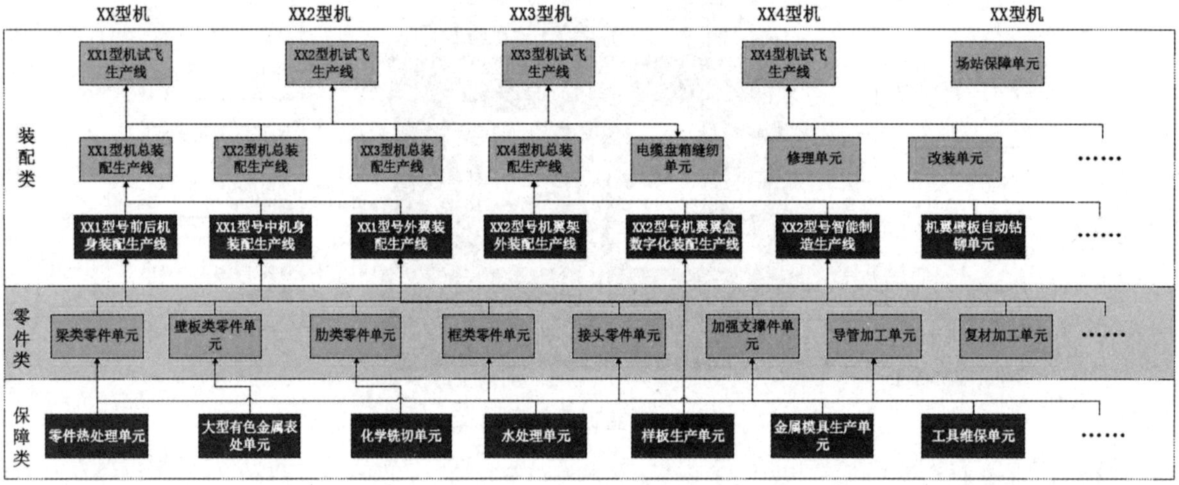

图 3　全景图设计逻辑图

将精益工厂下设的 19 个专业厂（中心）按照各自工艺特点及生产模式，划分为三类：即装配类专业厂、零件类专业厂和保障类专业厂。

根据飞机产品零件“多品种、小批量”的特征，借助零件分类编码工具，以零件的文本特征、几何特征及其分类规则以及型号产品通用工艺设计流程进行了梳理和分析，构建了三级零件分类编码结构方式。结合现场实际情况，分别采用编码分类法、生产流程分析法（P-R 分析）、视检法等，对所有产品进行分族。同时，根据是否军检、通用性、波动性、价值、制造周期等因素将零件分为 A、B、C 三类，针对不同类别的零件制定不同的排产策略以及库存策略。

装配类专业厂（中心）按型号、按专业、按装配流程为原则进行单元划分；零件类专业厂（中心）按工艺流程相似性，同时考虑原材料、尺寸大小、使用设备等，进行产品家族划分，按产品家族划分单元；保障类专业厂（中心）按专业特性、工艺特性、服务特性为原则划分单元。

基于以上分族分类分单元的“三分法”，公司整合原有 203 个传统功能型生产工段，构建了由 144

个精益单元组成的《航空工业西飞精益工厂全景图》（如图4）。

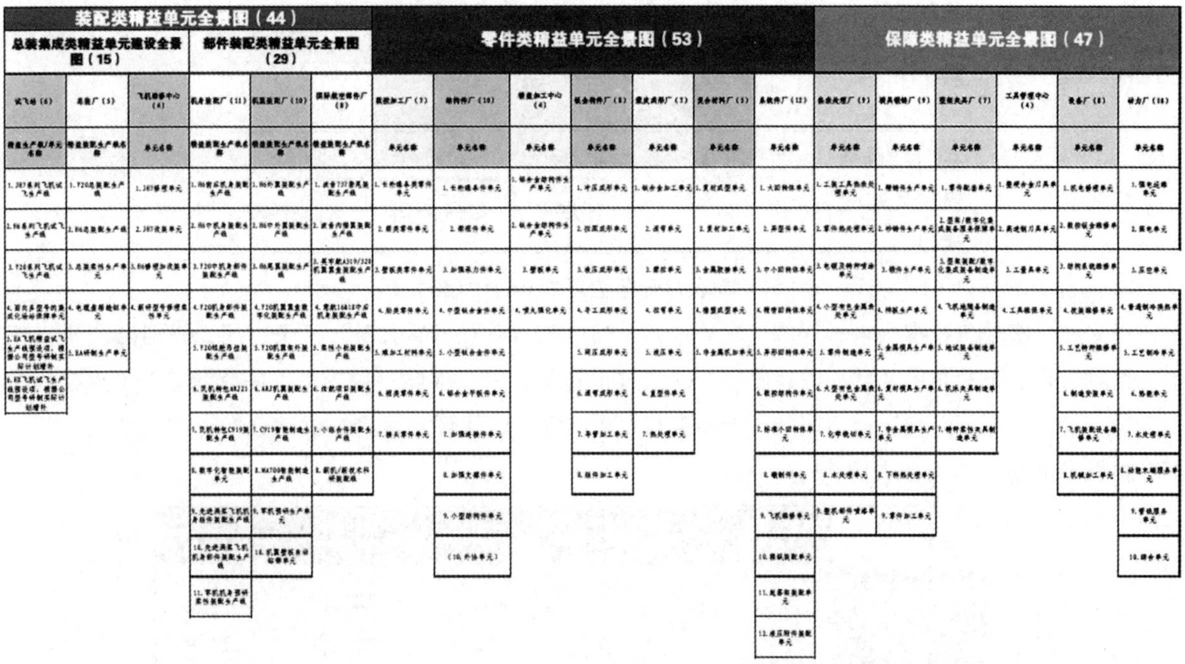

图4　航空工业西飞精益工厂全景图

3. 制定精益工厂评价标准

开发精益工厂推进评价体系，进行整体规划，明确技术路径，解决精益工厂推进中的问题，以评估的形式，有针对性的提升系统推进精益工厂转型的能力，将对精益工厂的认知转化为行动，牵引促进精益工厂建设的推行。

（1）精益工厂评价标准的核心作用

构建精益工厂评价标准，从方案设计、过程实施、识别差距、成果评价全过程指导精益工厂建设，支撑战略目标的实现。其核心作用在于：

指导方案设计：指导精益工厂建设的整体方案策划、推进路径设计、阶段目标及工作计划制定，促进各专业厂/相关业务同步推进，互相协同、有机结合；

指导过程实施：依照精益工厂评价标准，对各专业厂/业务部门的具体实施过程、年度工作目标、推进计划制定进行宏观指导；

识别差距及需求：依据评价标准进行评估，实际状态得分与标准要求之间的差距就是推进的方向，从而推导出得出下一步的行动计划，同时根据各专业厂的推进评估情况配置支持资源，包括理念方法培训、专家团队培养、项目指导等；

改善成果评价：对精益工厂建设实施进展、成果进行量化评价的依据，确定成熟度状态，激励不断追求更高目标。

（2）精益工厂评价标准的模型

将精益工厂评价标准分为专业厂级和单元级，每个层级对应不同的评价标准，每类评价标准又将相应评价对象分为五个阶段（如图5），标准和要求逐级提升。

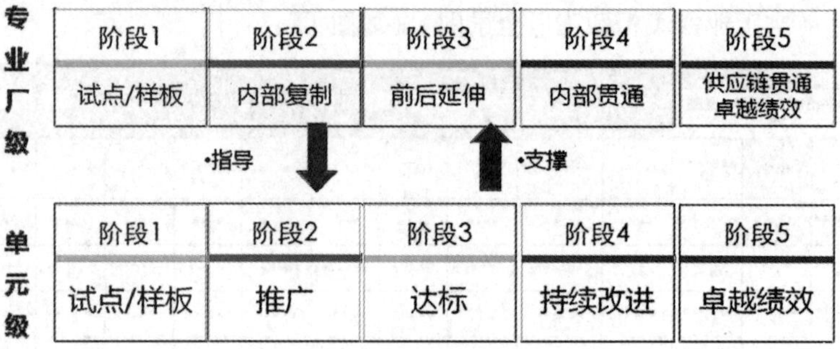

图5　单元级与专业厂级评价标准关系

以专业厂级评价标准为例，围绕“生产JIT”“管理JIT”“变革引领”三条主线，识别出“生产组织、计划管理、工艺技术基础、内建质量、生产过程管控、生产保障、领导力、团队建设”8大核心模块，每一模块在不同阶段对应不同的评价要素和要素细则，确保评价标准能够充分发挥“全要素、全周期”的指导和评价作用（如图6）。

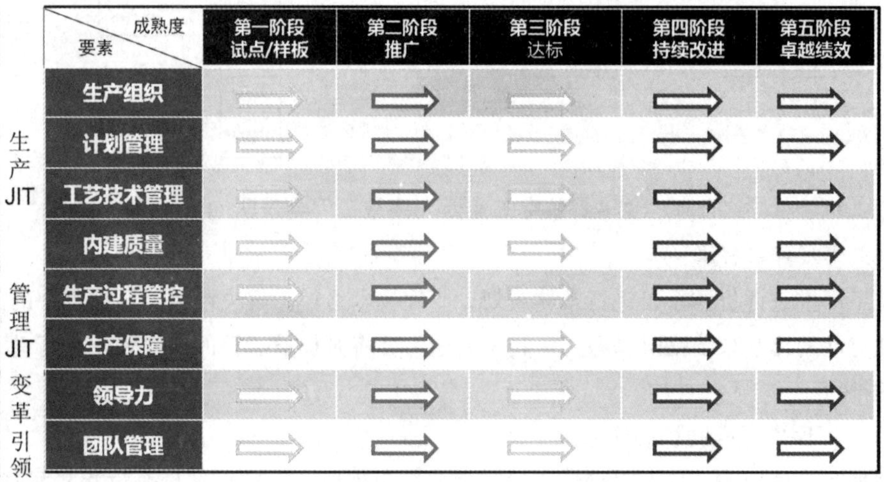

图6　评价标准（专业厂级）模型

（3）精益工厂评价标准的内容

单元级评价标准从“单元方案设计、单元运行与管控、绩效管理、持续改善”等4个模块共19个要素对单元进行成熟度评价（如图7）。

模块	包含要素
单元设计方案	精益单元目标
	工艺优化与技术管理
	精益布局与物料流动性
单元运行与管控	计划排产
	可视化管理与分层例会
	生产现场改进
	物流管理与配送
	标准作业
	多能工培养

模块	包含要素
单元运行与管控	全面生产维护
	管理深入现场
	人员精益培训
	内建质量
	党组织作用发挥
绩效管理	成本（C）
	质量（Q）
	交付（D）
持续改善	快速改善
	员工激励

图7　单元级评价标准各模块及要素

专业厂级评价标准按照各专业厂特点分为零件类、装配类、保障类，从“生产组织、计划管理、工艺技术基础、内建质量、生产过程管控、生产保障、领导力、团队管理”等八个模块26个要素进行评价（如图8）。

模块	包含要素
生产组织	价值流设计与实施
	布局优化
	产能规划
计划管理	三级生产作业计划
	能力平衡
	进度跟踪与反馈
工艺技术基础	工艺成组化
	工艺精益化
	工艺标准化
	基础数据管理
内建质量	防错设计
	标准化作业
	自主质量控制

模块	包含要素
生产过程管控	可视化管理
	SQCDP
	快速问题响应
生产保障	设备维护
	生产配送
	工装工具管理
	支持流程设计与优化
领导力	理念与文化
	领导参与
	资源配置
团队管理	岗位职责
	人才与能力
	薪酬与激励

图8　专业厂级精益工厂评价标准各模块及要素

4.策划精益工厂建设路径

依托精益工厂评价标准，明确了精益工厂推进的技术路径：

（1）生产组织——生产组织方式精益化，建立单元化生产模式。

科学、合理配置生产资源，用“三分法”（产品分族、分类、分单元）进行生产单元系统规划，通过产品分族、工艺标准化、精益化设计、精益物流设计、布局优化、单元管控机制、持续改进等建立生产单元，逐步实现全面单元化运行。

（2）计划管理——构建需求拉动的计划管理执行机制

建立并持续完善标准工时库，实现准确排产，在此基础上不断完善信息化系统中三级生产作业计划的相关数据，在过程可控的基础上实现精准计划控制，上下游流程间实现需求拉动的计划控制。

（3）工艺技术管理——构建精益生产的基础

产品的分族分类，以工艺精益化的指导思想进行工艺优化、工艺标准化设计，形成系列产品的典型工艺，建立各专业工艺技术知识库，并实现关键操作标准化；工艺模块化、参数化、标准化的理念向产品设计端延伸，拉动制造与设计的融合。

（4）内建质量——质量内建于制造过程

利用防错技术和先进质量工具，分析、查找问题根本原因，制定纠正措施，形成案例库建立质量改进系统，提升产品质量。做实培训验证、质量印章管理，减少质量波动。

（5）生产过程管控——准时生产（JIT：Just In Time）

持续优化生产现场自主管控体系，沿着质量、效益两条主线，降低在制品库存，均衡生产、高质量准时化交付。优化布局，用精益物流的原则进行物流规划与设计，实现全价值链的高效物流。全面推行可视化管理，实现“透明化工厂”。

（6）生产保障——为单元生产提供有力保障

全面生产维护（TPM），在设备使用期内建立全面预防维护的体系。强化设备的日常点检，提高设备完好率；减少生产准备时间，识别生产环节的浪费，现场改进，实现快速换型；实行生产用物料的配送，建立相应的配送管理制度，构建物料配送体系；建立分层例会机制，成立快响团队，依托SQCDP看板，全面反应现场问题，并及时处理。

（7）领导力——目标的制定、团队建设及计划的编制

各专业厂应制定精益工厂实施规划，组建团队，领导参与、支持、指导并授权改善团队开展工作。将精益思想全面融入经营、管理各方面，结合企业生产实际，组合、创新工具方法，形成“金砖”，持续改进，最终实现精益工厂建设目标。

（8）团队管理——团队管理“科学化”“专业化”“标准化”

制订清晰的目标和计划，明确团队职责与义务。将各层级管理者的日常工作以管理者标准作业的形式进行明确并执行。建立各类人才、培养机制，提高员工职业素养。

5. 明确精益工厂目标路线

精益工厂建设以企业卓越运行绩效为目标，以评价标准作为指引，以全面单元化建设为载体，明确“评价体系开发”“精益工厂构建”“打造卓越绩效”的整体推进目标路线（如图9）。

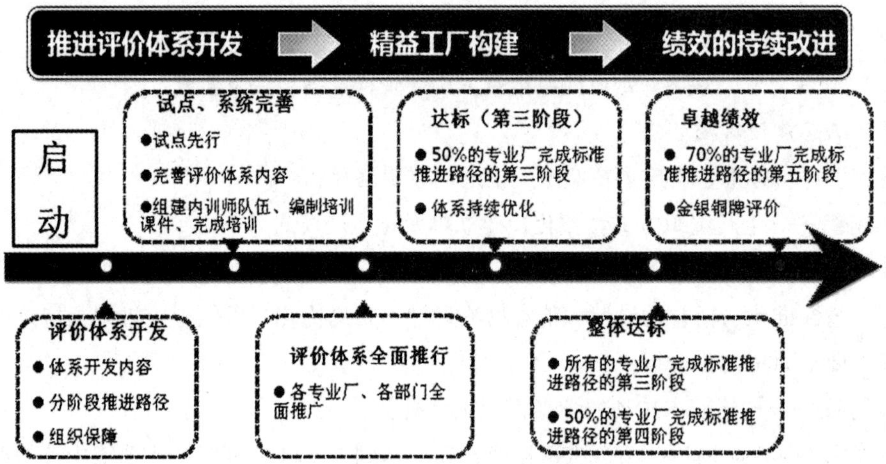

图9 精益工厂建设目标路线

（二）分步推进精益工厂建设

航空工业西飞立足自身发展定位，在多轮机构改革的基础上，进一步瞄准传统国有制造类企业痼疾，以强大的发展主动性和价值驱动力，以先试点、再推广、全面实施的推进路径，全面推动主业制造机构基础级精益化改革转型，基本形成了与现代供应链管理模式相匹配的精益生产方式，航空产品生产制造的连续性、均衡性、稳定性达到历史最高水平，客户满意度进一步提升，职工工作环境明显改善，劳动强度合理降低

1. 主抓核心围绕瓶颈，试点推进精益工厂建设

在试点推行阶段，选取了机身装配厂、机翼装配厂、蒙皮成形厂、钣金构件厂、结构件厂、数控加工厂等6个专业厂作为试点单位，选取精益加工中心为经验共享单位。各试点单位在本单位内部建立了至少1个试点精益单元。

各试点单位从“目标识别制定、单元建设推进路径与策略、单元计划/保障管理、单元运行管控、

岗位设置与匹配，各类岗位人员职责、人员培养、围绕交付的薪酬考核与激励”进行探索，形成了“依据生产节拍，通过价值流分析，识别瓶颈站位，绘制紧前关系图，寻找关键路径，优化工艺流程，进行生产线平衡、工作站拆分，重新调整资源；细化三级生产作业计划，明确单元物料需求、配送方式和物流路线，在关键路径上设置预警管控机制”的装配类单元建设技术路径。同时也总结了“依据装配需求拉动零件生产，结合分族分类结果，选取典型产品家族，进行工艺精益化和工艺标准化设计，定产品、定设备、定人员，有针对性的开展一人多机，培养多能工；建立各专业工艺技术知识库，实现了关键操作标准化”的单元建设技术路径（如图 10）。

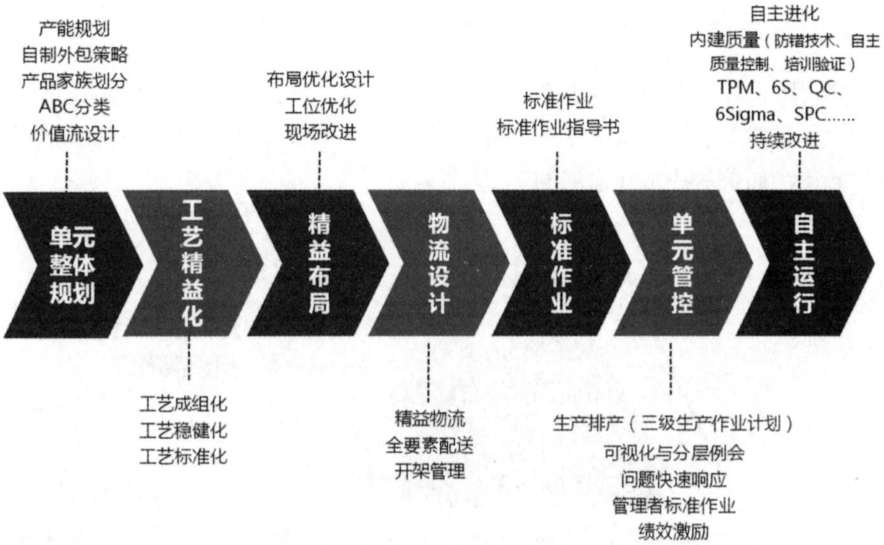

图 10　精益单元建设技术路径

通过 6 家试点单元建设以及经验共享单位的共同努力，生产单元精益化改革试点工作达成了既定目标，为后续精益单元建设全面推广奠定了坚实的基础也提供了宝贵的经验。

2. 路径清晰特点鲜明，深入推广精益工厂建设

推广应用阶段，在试点推行的基础上，将成果向各专业厂推广单元进行推广应用。组织相关专业厂按照精益单元建设全景图及 ODMO 的精益单元建设技术路径，依据自身特色，启动推广一期到推广四期精益单元建设。专业厂撤销原有工段，实现了全面单元化运行，结束了航空工业西飞功能型生产组织方式的历史，形成了与现代供应链管理模式相匹配的精益生产方式。具体实施如下：

由各专业厂 IPT 团队负责组织编制各个精益单元的建设方案和实施计划，编制后提请公司业务专家团队进行评审，业务专家团队评审通过后提请公司精益推进规划保障团队进行评审，评审通过后通过红头文件将方案和实施计划进行正式发布。

方案发布后，公司为精益单元设置单元长、副单元长、技术质量管理者等岗位，同时配备人员。由专业厂负责组织各精益单元建设方案和实施计划的执行。同时公司给予相应的保障措施，如精益单元周例会、精益沙龙、精益人才培训、精益劳动竞赛等。

按照推广第一至第四期的推进情况，精益单元建设方案和实施计划发布 6 个月后，公司组织业务专业团队对各精益单元按照精益工厂评价标准进行评价验收。验收不通过的单元，根据评分结果和专业组建议进一步整改，随下一批单元再次验收；验收通过的单元，重新寻找瓶颈，持续改善。

3. 纵向贯通横向协同，全面实施精益工厂建设

精益单元建设的同时，全面推进专业厂层级的精益工厂建设，通过详细划分各业务室与精益单元的

职责权限，优化业务室组工作流程，从工艺优化、计划管控、生产保障、内建质量等八个维度，实现业务室组对精益单元的全面保障，分批次逐步实现 19 个专业厂的精益工厂建设达标。

最优的点效率之和不等于最优的系统效率，在推进精益工厂建设过程中，围绕暴露出的流程机制问题，发挥厂际协同、厂部协同作用，聚焦生产制造主线，利用精益理念和精益工具识别瓶颈问题，持续优化上下游工序，打通厂际协同"短链"，提升"多兵种作战"的协同能力，通过业务流程的改善来支撑精益工厂建设、支撑业务发展，通过构建绩效卓越的精益生产模式，打通生产组织变革的"最后一公里"，推动精益工厂建设工作全面落地。

（三）全面保障精益工厂建设

1. 建立各层级 IPT 团队，提供组织保障

在推进组织上，航空工业西飞成立了三级精益工厂建设团队，从顶层策划到过程指导再到全面实施，明确推进过程中的职责与分工（如图 11）。

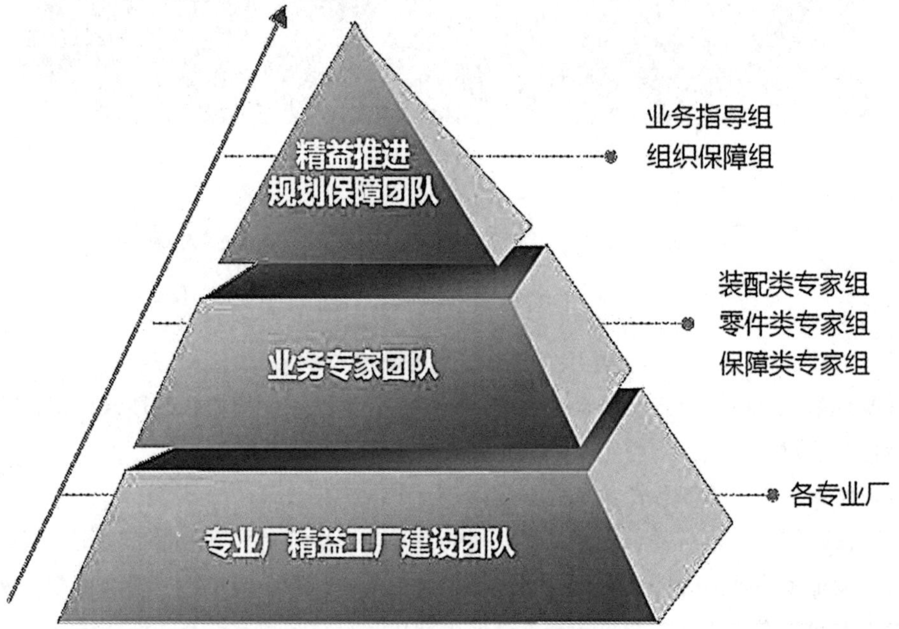

图 11　精益工厂建设推进团队

精益推进规划保障团队。主要负责组织制定顶层产品分类、家族划分原则/方案；审核各专业厂精益单元建设实施方案；对各专业厂精益单元、精益工厂建设进行评价，发布评价结果；根据精益单元运行机制及管控模式，建立精益单元岗位设置标准等。

业务专家团队。主要负责辅导并评审各专业厂精益单元推进的策略、工作目标、实施方案及推进工作计划；按照符合性评价和业绩性贯标两个维度定期对单元运行效果进行评估等。

专业厂精益工厂建设团队。主要负责是按照精益单元全景图、推进路线图，制定本单位精益单元的整体推进方案及计划，并实施推进；负责精益工厂建设自评估及精益单元建设自评估，根据评估结果，制定改进计划，实施改进等。

在推进过程中，由于各单元产品结构不同，特点迥异，全景图中所有精益单元都要按照整体实施路径系统识别瓶颈、规划单元建设目标，并制定详细的单元建设方案和实施计划。每一个精益单元建设方案都将由专业厂精益工厂建设团队、业务专家团队和精益规划保障团队多轮评审后统一发布实施，从精

益单元建设源头把好了方向。

2. 构建陪伴式辅导机制，全过程指导纠偏

每季度召开"精益工厂建设暨生产单元精益化改革工作会"，明确精益工厂建设工作的推进目标、实施策略、里程碑节点，总结相关推进进展，并部署下一步实施计划。每月召开现场精益沙龙活动，设定不同改善主题，选择具有代表性的专业厂共享现场改善经验，促进专业厂提升现场管理水平，加强专业厂之间的学习与交流。每月组织所有专业厂精益主管师团队，针对推进过程中的问题进行研讨。通过对不同阶段专题内容的研讨，交流各专业厂间的推进经验，同时掌控全局推进进展及状态。每周从装配类、零件类、保障类各选出一个单元，组织专家、主管师、单元长等进行现场诊断指导。由单元长介绍单元建设基本情况及推进过程中的问题和困惑，与会人员根据现场识别出的问题和相关管理经验，为单元解决困惑并提出改善建议。

3. 构建绩效考核机制，以政策激励变革

为通过在现有管理体系下进行创新试点，进一步破除体制机制障碍，营造改革推进的良好氛围，促进各项改革举措扎实、有效落地，下发了《生产单元精益化改革人力资源政策二十条》，有效促进了运营管理体系与生产单元业务的有机衔接。同时，通过专项劳动竞赛、总经理管理创新项目评比、精益六西格玛项目评比、精益发表赛等形式，对在精益工厂建设过程中发挥积极作用，取得良好成效的团队及个人进行奖励，让职工收获改善红利，激发全员参与的热情。

4. 实施组织机构变革，管理有效落地

全景图中各精益单元建设方案经评审并正式下发后，人力资源部同步设置相应的组织机构和岗位。截至目前，各专业厂共配备单元长/副单元长共计 298 名。其中，35 岁以下人员 155 名，占比 52%，来自技术岗位的 160 名，占比 53.7%，单元长队伍呈现出年轻化、高学历的趋势和导向。同时，将技术人员、生产保障人员下沉至单元，使其更好的支撑单元自主运行，缩短问题协调流程，实现异常问题的快速响应。

5. 构建运行制度保障机制，支撑常态化运行

为保障精益工厂建设成果能够得到固化，航空工业西飞系统性梳理了精益工厂运行过程中的业务场景，下发了精益单元运行管控文件要素表及管控文件，通过主管业务部门对各管控要素提出管控要点要求，由单元和专业厂在文件制度体系中落实相应管控要点，指导各精益单元构建自主运行机制，保障运营管理体系要求在生产现场落地。在此基础上，通过不断的优化，来持续提升单元管理水平和生产组织能力，逐步迈向卓越，形成持续改善的循环机制（如图 12）。

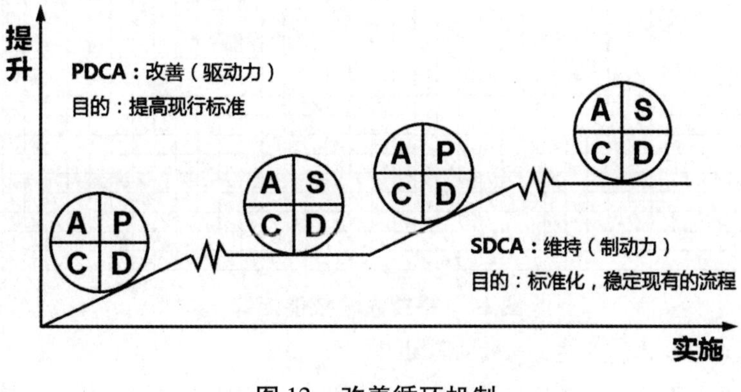

图 12　改善循环机制

（四）构建精益人才培养机制

构建全面、系统的精益培训机制，通过多形式、多角度、立体化的精益培训，提升全员思想认识，培养精益人才，为推进精益工厂建设提供人才保障。

1. 识别各类人员能力需求，设计精益人才技能矩阵

按照精益工厂评价标准以及建设技术路径，梳理了各类人员的能力需求，依据精益工厂各类人员能力需求模型，针对能力矩阵设计各层级岗位对应的培训体系（如图 13）。

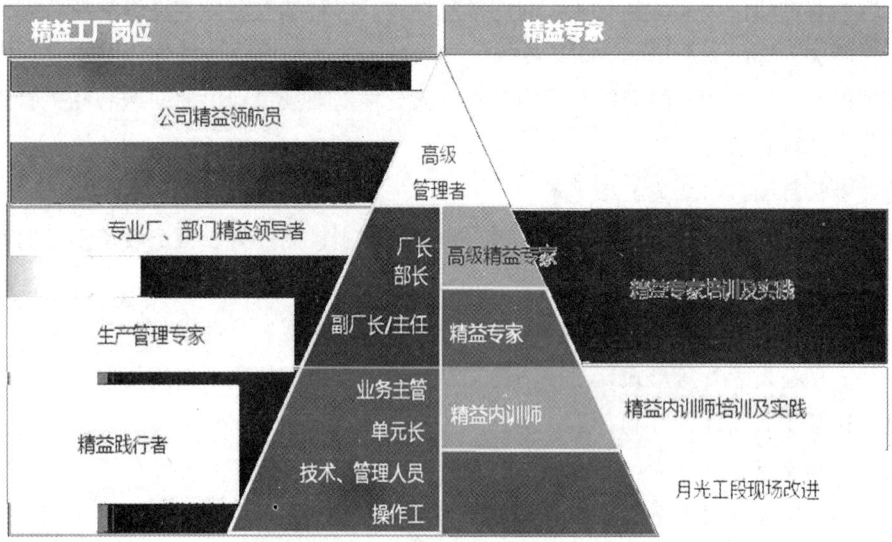

图 13　各类人员能力需求

职能岗位包括供应链相关职能部门领导、专业厂厂长、副厂长、主任、主管、技术和生产管理人员、单元长、操作工等；专家角色包括：高级精益专家、精益专家、精益内训师等。针对上述岗位，形成了岗位/精益技能矩阵（如图 14），围绕能力矩阵规划培训方案并实施。

精益人才技能矩阵

岗位/精益技能			领导力							精益单元化									精益物流			生产计划			可视化及持续改进					内建质量			精益保障			精益供应链					精益沙盘
序号	岗位类别	岗位名称	精益生产体系导入※	目标方针开展※	变革管理※	激励技巧※	领导团队※	沟通	教练技术※	精益概论	精益转型	团队建设	发现浪费	生产现场改进	价值流分析	工艺精益化	工艺标准化	精益单元/布局	ABC分类管理※	精益物流模式※	生产配送※	生产计划与控制※	看板与拉动系统※	三级作业计划	管理者标准作业	SQCDP	低成本自动化	基础持续改进工具	标准化作业※	防错设计	自主质量控制	FMEA	TPM	快速换型	多能工（交叉技能矩阵）※	自制/外包决策※	原材料库存优化※	供应链转移※	供应商质量※	供应商供应链管理※	精益沙盘游戏（多轮）※
1	行政职能	供应链相关职能部门领导（计划、采购、物控、财务等）	✓	✓	✓	✓	✓	✓	✓	✓	✓				✓																					✓	✓	✓	✓	✓	✓
2	行政职能	厂长	✓	✓	✓	✓	✓	✓	✓	✓	✓				✓			✓							✓	✓									✓						✓
3	行政职能	生产厂长	✓	✓	✓	✓	✓	✓	✓	✓	✓		✓	✓	✓			✓	✓	✓	✓	✓	✓	✓	✓	✓	✓						✓		✓						✓
4	行政职能	技术厂长	✓	✓	✓	✓	✓	✓	✓	✓	✓		✓	✓	✓	✓	✓	✓									✓		✓	✓	✓	✓	✓	✓							✓
5	行政职能	专业厂业务主管（工艺/计划）								✓	✓	✓	✓		✓	✓	✓	✓				✓	✓	✓						✓				✓							✓
6	行政职能	单元长	✓				✓	✓	✓	✓	✓	✓	✓	✓	✓	✓	✓	✓		✓	✓	✓		✓	✓	✓	✓	✓	✓	✓	✓	✓	✓	✓	✓						✓
7	行政职能	操作工								✓	✓	✓	✓	✓												✓	✓	✓	✓	✓	✓		✓								✓
8	专家	高级精益专家	✓	✓	✓	✓	✓	✓	✓	✓	✓		✓	✓	✓	✓	✓	✓	✓	✓	✓	✓	✓	✓	✓	✓			✓	✓	✓	✓	✓			✓	✓	✓	✓	✓	✓
9	专家	精益专家	✓	✓	✓	✓	✓	✓	✓	✓	✓	✓	✓	✓	✓	✓	✓	✓		✓	✓	✓	✓	✓	✓	✓			✓	✓	✓	✓	✓			✓	✓	✓	✓	✓	✓
10	专家	精益内训师	✓							✓	✓	✓	✓	✓	✓	✓	✓	✓		✓	✓	✓	✓	✓	✓	✓			✓	✓	✓	✓	✓	✓		✓	✓	✓	✓	✓	✓

图 14　精益人才技能矩阵

2. 开发精益培训课程体系，构建公司精益人才库

根据精益人才技能矩阵，精益工厂建设相应的培训体系课程主要包括领导力、精益单元设计、精益

物流、生产计划、可视化及持续改进、内建质量、精益保障、精益供应链等9大类39门课程。结合精益工厂建设推进进展，通过理论知识与实际案例相结合的方式，使培训内容更易理解且具指导性。

3. 开展多形式、多角度、多范围的精益培训

（1）AOS夜校

自2015年以来，利用业余时间组织开展AOS夜校培训工作，针对各专业厂精益主管师、单元长、技术/管理人员、月光工段人员等进行精益专项培训。开班以来已累计为公司培养精益人才2500余人次。

（2）内训师

从各专业厂选拔精益骨干人员作为内训师进行培养。让精益骨干人员在掌握精益理念和工具方法的同时，能够作为公司级精益教师在公司范围内开展培训工作，满足基层的培训需求，有技巧的将所学、所思、所想更好进行传播，培养更多“知精益、做精益、讲精益”的多能型人才。

（3）持证持带人员

开展专业化、系统性的外部培训。通过精益工程师、精益班组长、精益单元长、精益六西格玛黑带、绿带、IE工程师等多种外部培训，培养了一批系统掌握精益理论的骨干成员，通过带项目参加学习，将所学知识与生产现场实际相结合，做到学以致用，融会贯通。

（4）高端人才标杆学习

为培养高端管理人才，学习国内精益标杆企业管理理念和方法，组织骨干深入沃尔沃、中车、西门子等精益标杆企业现场，了解企业文化及发展思路，学习企业管理理念和方法，进一步开阔视野。

（5）精益集结号

利用新媒体覆盖面广、传播速度快的特点，建立“精益集结号”群组（微信群组、商网平台群组），每月由不同专业厂轮值，分享在精益单元建设过程中的经验与体会，供各级精益推进人员学习、交流。

（6）精益微课堂

创办“精益微课堂”，以音频课件的形式，来讲述精益理论知识、分享精益单元建设经验，结合精益工厂建设进展及过程中的问题，及时为职工提供专业的指导。

（五）定期评价精益工厂

1. 构建达标式考核机制，分层级逐级进阶

按照推进计划安排，定期组织专家团队依据《精益单元成熟度评价标准》《精益工厂评价标准（专业厂级）》，围绕建设符合性和实际效果对精益单元和精益工厂进行评价。专家组依据评价标准对现场改善情况和绩效指标完成情况逐条进行评价，以雷达图形式分析相应的改进点，形成评估报告，指导单元逐步实现达标，并迈向卓越（图15为评价结果举例）。

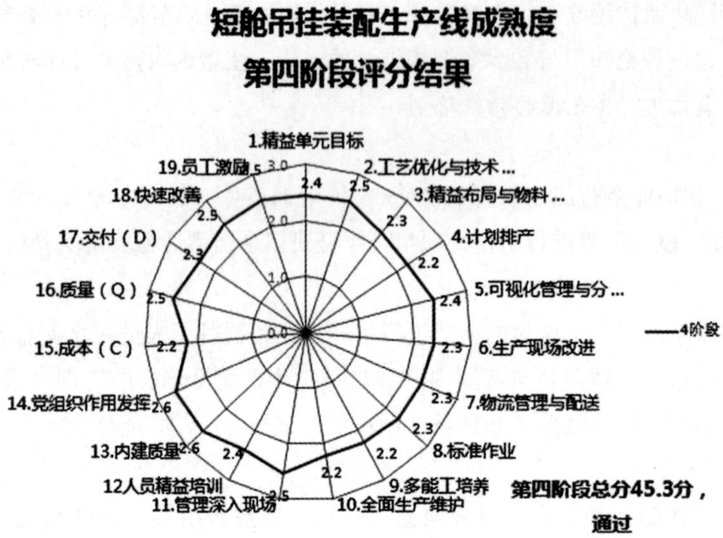

图15　评价结果举例

2. 构建自主运行监控机制，持续改善有监督

对于已通过达标验收的单元/专业厂，航空工业西飞还建立起精益单元自主运行监控机制（如图16）。以“自评、互评、后评”为抓手，每月由专业厂对精益单元进行自评，识别差距，持续改进，压实专业厂对精益单元管控的主体责任；每季度由专业厂精益团队之间进行互评，查找问题，共同提高；每半年由公司专家团队对绩效指标连续异常、互评结果出现较大波动的精益单元进行后评估，追根溯源，限期整改，形成单元达标和持续改进的良性监督机制。

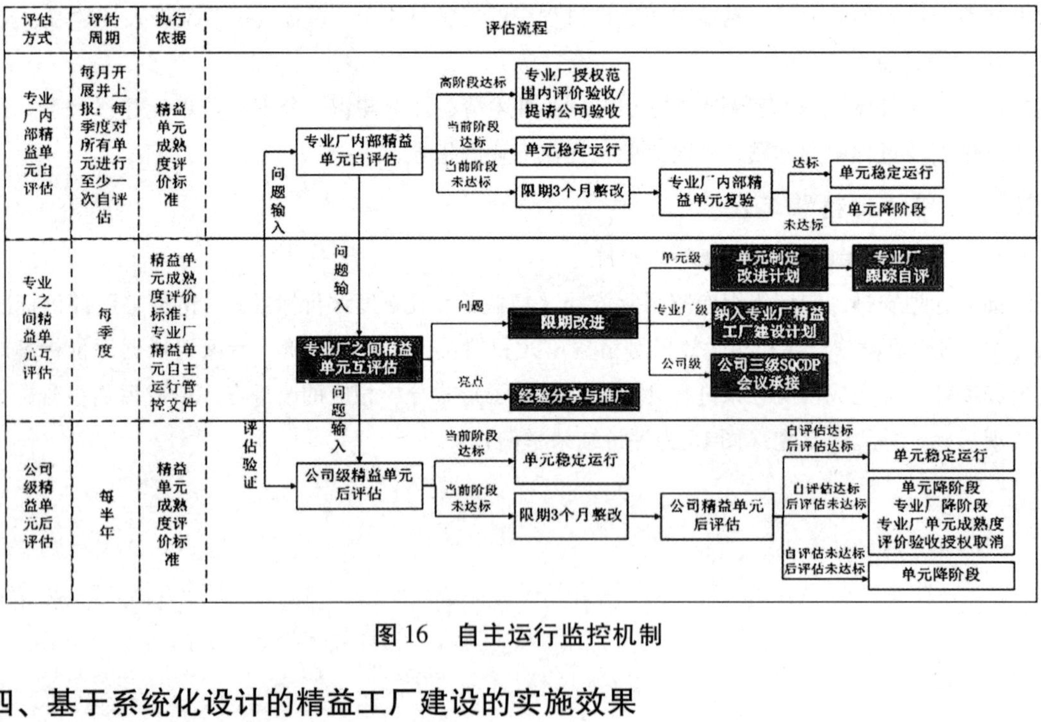

图16　自主运行监控机制

四、基于系统化设计的精益工厂建设的实施效果

（一）实现了企业转型升级的发展目标

通过推进精益工厂建设，企业完成了精益化转型，实现了全面单元化运行，逐步向高质量、高效

率、低成本、准时化的均衡生产目标迈进。同时构建起精益化的生产组织模式、绩效卓越的组织架构及运行机制，专业厂和职能部门深度协同，从体系上优化了业务流程，缩短了管理链条，提高了运营效率，消除了企业的不增值环节，改革红利充分释放，公司焕发出勃勃生机，真正踏上了从“大西飞”向“新西飞”的迭变重生之路，为建设智慧西飞，实现西飞“第三次创业”目标奠定了坚实基础。

（二）探索形成了一套精益工厂建设的方法和路径

航空工业西飞通过探索实践，从“目标识别制定、单元建设推进路径与策略、单元计划、生产保障、单元运行管控、岗位设置与匹配，各类岗位人员职责、人员培养、围绕交付的薪酬考核与激励”等方面，形成了一套完整的精益推进的方法和实施路径。

（三）取得了良好的经济效益

通过精益工厂建设，航空工业西飞产能进一步释放，批产飞机产出总量大幅提升，体现了“价值创造”的本质，为实现连续均衡生产奠定了坚实的基础。2017 年、2018 年营业收入在 200 亿元基础上连年攀升，利润增幅每年保持在 1 亿元左右。近三年全员劳动生产率复合增长率达 11.3%，同时员工也分享改革红利，员工人均收入增幅逾 20%。不仅如此，还高质量完成了科研生产交付任务，飞机交付实现了“1234”阶段性均衡交付目标，获得用户代表的高度肯定。

（四）提升了管理水平，树立良好“品牌”形象

通过搭建平台以及科学的激励与考核手段，引导和培育了员工形成正确的价值观，“让精益成为习惯，让卓越成为可能”的精益理念已成为职工行为的价值观，充分体现了以人为本的思想，职工对公司的满意度、忠诚度和感恩思想的建立，使职工开始真正关注生产制造过程中存在的各类问题，依托精益单元构建，积极投身持续改进工作，极大的促进了生产效率的提高和产品实物质量的改善，培育了公司持续改善的基因。同时，通过精益工厂的建设也为公司培养了一大批现场精益改进队伍，形成了良好的改进氛围和企业文化。航空工业西飞“精益化改革”工作一直走在航空工业前列，从生产组织模式到现场面貌上进行了脱胎换骨的再造，赢得了上级机关及军方客户的高度赞扬及一致好评，精益工厂建设经验已逐步向飞机板块内相关单位进行推广。

成果创造人：何胜强、吕　林、雷阎正

以“三单元”管理架构创新建立商品混凝土企业综合服务体系

南京中联混凝土有限公司

作为传统制造业，商品混凝土企业对多站点的管理一直实行“站长负责制”，即由站长对站内所有事务负责，并对接项目保供服务。这种管理模式对站长的业务能力、个人素质、职业素养、道德品质要求较高，现实中往往难有匹配的人选，造成厂站管理水平参差不齐的局面。尤其对于大型商品混凝土企业来说，这种管理水平的参差不齐会带来由点及面的负面影响，即一个站点的管理缺失会对公司整体的口碑和形象产生全面影响。更为关键的是，公司管理部门的对口协调、指导、监督和考核难以精准到位，纠偏和提升效果极不理想。

在21世纪的今天，第三产业蓬勃发展，新一代信息产业与传统产业深度融合的时代背景下，客户更加侧重产品的全过程服务，混凝土行业也陆续开始转变竞争思维，注重提升客户服务品质、不断提高客户体验已成为行业的基本共识，商品混凝土企业的差异化服务能力已然成为核心的市场竞争力。

鉴于商品混凝土这个产品的特性，其产品品质的成型主要是由预拌生产和现场浇筑成型两个主要阶段的工作质量决定的。也就是说，产品在履行交货验收之后，还有个重要的浇筑质量管控阶段，这就要求任何商混企业必须要具备完善的保供体系、专业化的保障服务队伍以及精准的售后服务质量，以实现与客户的全面对接。行业发展到现在，商品混凝土自身的服务属性越来越凸显（相关行业发展论坛上已经有商品混凝土行业是服务业而非制造业的观点且已为业内逐渐接受），对整个过程实施精准管控和服务的要求也越来越高。

经过精心谋划与市场调研，南京中联混凝土有限公司于2019年率先进行站点管理模式的创新变革，实行公司生产经营“营销、生产、保障三单元管理”体系改革。其中，营销单元负责产品销售、市场拓展、客户维系等；生产单元负责场站后勤管理、质量控制、成本管控、设备管理、安全生产等；保障单元全面承担起质量外协、计划发运、现场服务、物流管理、客户管理等职责，将传统站点大一统的管理模式实施区块切割、“内、外”职责相对剥离，精力专注，有效避免因“内外兼顾”而导致的“样样都要管、样样不到位”的局面。

一、营销单元

主要工作内容十字方针是“价格、方量、订单、回款、对账”。

“价格”是公司经营获利的保证和参与市场竞争的杠杆；“方量”公司发展的基础和提升规模效益的条件；“订单”是公司保持稳定产量的保障和奠定市场地位的证明；“回款”是公司实现正常经营的要求和降低资金风险的途径；“对账”是公司经营的管理指标和防范化解经营风险的重要举措。

营销单元是公司发展的引擎，也是公司“三单元”体系中的龙头。在工作开展中，围绕其工作内容的“十字”方针，始终践行中国建材“价本利”经营理念，瞄准全年目标任务，围绕市场整合与拓展、坚持“外拓市场、内抓管理”的工作重点，以绩效考核为抓手，实行优化区域性市场布局、信息化管理、风险管控、加强协同合作等多措并举，与重点客户建立战略合作伙伴关系，推进项目经理制实施，精准施策，持续保持市场占有率目标，致力于牢固建立公司的市场地位。

（一）市场布局

1. 供给侧调整，去产能

南京混凝土产能过剩问题十分严重，特别是进入经济新常态后，产能利用率不足 30%，没有淡旺季之分，市场始终处于恶性无序竞争。几年来，南京中联对一些设备老化、工艺落后的搅拌站实行关停处置，主动“去产能”945 万方。2017 年，积极推动中国联合水泥完成对江苏省监狱管理局的江苏双龙集团有限公司的股权并购，并在一年内对落后以及区域覆盖重叠的冗余生产线关停、拆迁，减少产能 300 万方，全行业产能 1.32 亿方，2019 年下降到 1.05 亿方。

2. 布局江北，促优化

南京区域的商品混凝土业务虽然有一定规模量，但分布不均衡，江北新区被定为国家级新区后，迎来 5-8 年市场机遇期。南京中联按照“市场双覆盖、打造双引擎”的思路迅速调整市场布局。稳江南、拓江北，在江北市场从零起步，重拳出击，迅速构建沿江“六点一线”全辐射战略布局，形成 300 万立方米的年销售规模。高效地市场布局调整确保南京区域顺利搭乘江北国家级新区的东风，对接南京城市建设重心北移，对各区域市场全面参与市场竞争，为在南京市场保持长期竞争力和发展奠定了基础。以此为基础，辐射周边市场，也激活了句容和安徽等毗邻地区的行业竞争。

图 1　混凝土微商城

（二）业务拓展

1. 促进行业竞合，引领由做企业到行业

南京中联的经营发展一直秉承“行业利益高于企业利益，企业利益孕育行业利益之中”的核心理念，一直致力于行业发展，以供给侧改革为主线，推进产业结构调整和转型升级，推进科技进步和人才建设，推进诚信建设和行业自律，推进全行业聚焦市场行为守住底线并把控风险，推进运行质量逐年提升，迈出了从“做企业”到“做行业”的关键一步。

2. 划分板块，全区域覆盖

南京中联营销单元实施分公司营销模式，根据下属13个厂站辐射范围，将其划分为江宁、溧水、栖霞、河西、江北五大片区，产品可辐射南京全市、镇江句容、安徽马鞍山等地，实现了“区域覆盖——周边影响”的市场策略。

3. 自主开发混凝土微商城平台，实现微信一键采购

信息互通，万物互联，南京中联紧跟技术发展步伐，积极探索混凝土智能交付新模式，不断拓宽市场广度与深度。小程序大应用，量身定制商品混凝土微商城平台，为客户提供询价-订货-支付-跟踪-交验-结算-评价一站式服务，源头可溯、过程可控、轨迹可查，实现抢占市场先机、完善风险控制双保险。平台为小方量的混凝土需求提供了便利快捷的购买渠道，客户根据自身需求在手机端进行操作，可以自主选择浇筑时间、地点、方式、标号、方量等，下单完成后自动进入排序模式。客服人员及时处理订单，将任务合理分配至发货站点，站点调度通过短信回执功能与客户进行后续联络。该流程在小微客户提供敏捷响应、柔性定制的同时，也让他们享受了大规模生产低成本优势。自平台上线以来，累计发货量达50.9万方，新增销售收入达2.35亿元。

4. 建立大客户制度，精准服务

南京中联坚持抢抓大项目，紧盯重点客户的管理与服务。本着“公司利益最大化”的原则，注重重点客户关系的培养与维护，一是重点项目领导亲自挂帅、亲自跟踪，提前介入，一着不让，实行项目经理制，锁定重点客户群体；二是通过“签订战略合作协议”的方式，有选择性地将区域中“中”字头建筑企业与南京市较大的建筑企业作为长期稳定合作对象，加强对重点项目跟踪及管理，做好客户的开拓与维护，保持与客户高层的直接沟通与交流，防止内部价格竞争，最大限度地提高公司市场占有率，确保大客户销量的稳定。

5. 税制改革，引领行业变革

2019年9月1日，南京中联正式实行13%增值税税率改革，以点带面，逐步覆盖至下属十一个生产站点。通过税改政策，一方面，推动资源整合与外延发展，公司的竞争能力、议价能力显著增强，订单保有、销售价格、盈利能力、结算条件都有明显提升。另一方面，南京中联以行业领头羊的身份，逐步改善混凝土市场偷税漏税的不良风气，净化行业环境，进而推动整个南京混凝土行业的税改变革。税改期间共发函571份，有效同意回复216份，涉及合同量417万方，优化结算增加合同应收0.6亿元。

6. 品牌建设，发挥主导优势

公司的主导品牌产品为“CUCC”预拌混凝土，经过多年的市场锤炼，在行业内知名度较高，连续三年市场占有率达21%以上。南京中联以市场调研、广告投放等措施评估公司品牌的知名度、美誉度，积极拓展公司的影响力，同时以重点、重大工程项目的业绩来提升公司的市场竞争力。自运营以来，公司参与了禄口机场、南京南站、南京地铁、青奥中心双塔楼等大型施工建设项目，与中国建筑、中交集团、中铁建、上海建工、绿地建设以及诸多地方建设集团等大型公司与达成长期合作关系。

图2　合作伙伴

（三）客户管理

1. 合同订单

坚持抢抓订单不放松，定期更新项目信息。从“信息的收集、摸排、跟踪、落实、签单、服务”一条龙式落实销售管理，以抢订单为核心，全面组织销售员对周边工程信息进行扫马路式的摸排分析，原掌握信息更新进度，新开工信息及时跟进，对摸排项目按区域分配，定人跟踪，定责落实，定时反馈。树立销售人员责任意识、目标意识、客户意识。严格合同评审，规范评审流程。

2. 回款压减

营销单元坚持强化回款落实，分类分项梳理。按照“三精管理”要求，瞄准“2422”目标与“12. 31”时点，紧扣“回款”这根弦不放松，坚持“四抓四控”（抓责任落实、抓账目核对、抓过程督导、抓重要节点，控结算条款、控临供授信、控合同应收、控逾期尾款），构建对账、督导、管理、策略支撑体系，应收压减工作有序推进。

3. 风险预警

坚持对在建合同定期“体检”，现场调查审核工程施工进度，一是清楚掌握订单余量，二是对达到节点的及时列入合同应收，确保应收账款计算准确。通过信息化手段，结合合同付款要求，建立应收账款预警机制，实现逾期报警、自动锁单、信息推送，以智能手段加强管控，及时采取相应针对性措施，将应收风险降到最低。

4. 客情维护

营销单元始终坚持“客户至上”的服务理念，将客户关系维护作为工作重点，关注客户全过程的产品使用体验，深入客户、融入客户，以点带面，深化合作。

二、生产单元

主要工作内容十字方针是“质量、成本、安全、环保、职场”。

“质量”是企业发展的根本和生命；“成本”是公司管理和技术水平的具体体现，也是提升企业获利空间的要求；“安全”是公司生产经营活动中不可逾越的红线；“环保”是公司积极践行绿色发展的基本内容；“职场”是公司实行精细化管理的重要组成部分。

生产单元是产品质量的核心，秉承中国建材集团“善用资源、服务建设”的核心理念，按照“调结构、降能耗、优资源、促循环”的低碳化发展思路，加强生产全过程安全隐患排查，积极贯彻相关环保政策，持续营造舒服健康的职场环境。公司的绿色制造、绿色发展的成果一直在全国行业内盛名卓著，成为标杆。

（一）绿色制造

1.“两个全封闭”，整治厂站形象工程

为有效地减少生产过程中产生的粉尘，积极响应国家相关环保政策，南京中联对海华站、秣陵站、铜井站、科学园站等多个下属厂站进行了搅拌楼主体封装以及料场改造，累计投入资金上千万元，整体形象大为改善。

图3　搅拌楼封装

2.“三个零排放”，践行绿色生产理念

南京中联对下属所有厂站的实际状况制定了定制化、专项环保治理提升计划（粉尘零排放、污水零排放和生产废料零排放），全面对接政府部门的数据采集系统，接受实时监督。通过技术引进和自主改造，使用多层次除尘系统、污水回收系统、固废处理系统等，真正实现厂站生产过程中废水废料的自主消化，职场环境大幅改善。

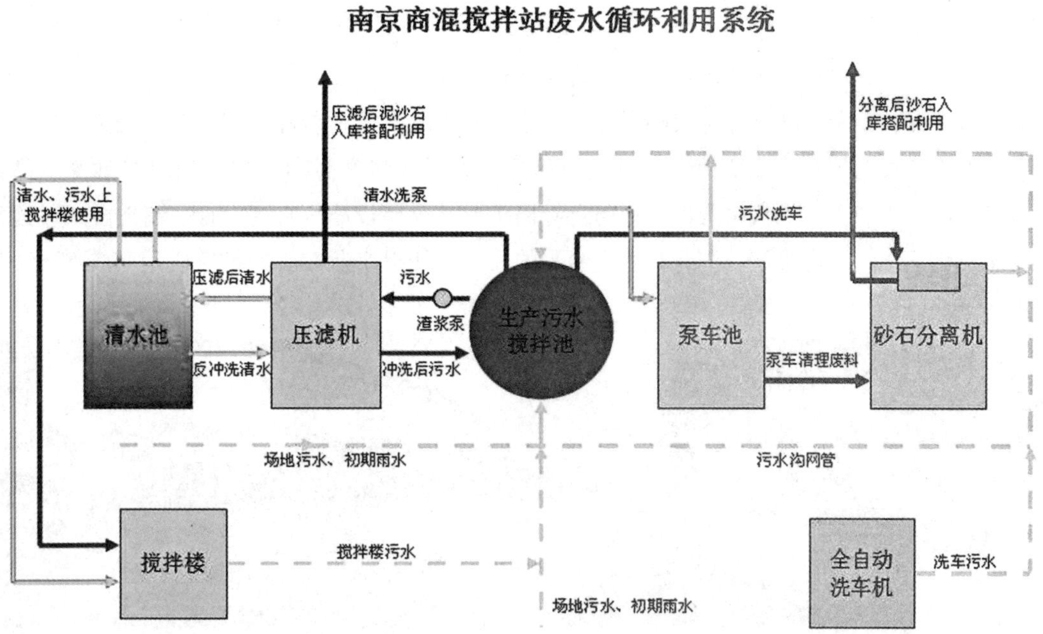

图4　废水循环利用系统示意图

3. 净车出场，杜绝“抛、洒、滴、漏”

为治理改善搅拌运输车出厂形象，南京中联投入资金，在中联站、溧水站、秣陵站、高桥站等厂站安装了全自动洗车机，利用高压、大流量洗轮+整车摇摆喷淋洗车+泥水收集压滤模块化设计，能够360度无死角地对搅拌车进行全方位清洗，确保出厂车辆车身、底盘、车轮等全部清洁、无附着物，彻底解决混凝土运输过程中的道路污染问题。

图5　自动洗车机

图6　净车出库

（二）质量控制

1. 布局沿江，坐标前移，实施源头集中采购原材料战略

随着国家环保政策和长江大保护战略，混凝土生产所需的砂石材料越来越紧张，为此，南京中联以资源布点、渠道建设为核心，重新构建企业供应体系，先后与华新骨料、洞庭湖直采砂企、马钢南山矿、安徽亿瑞矿业等建立直供战略合作，利用自有码头及其仓储设施，自主设计、制造合成砂连续定量喂料及均化发货系统，大大缓解了细骨料供应紧张的局面，使得企业在骨料供应质量和成本上，达到了行业领先水平。

图 7　古雄码头砂石堆场

2. 注重技术创新，实施人才培养战略

科学技术是第一生产力，2020 年 5 月，南京中联在原有部门“技术研发中心”的基础上将其转型升级为“技术中心”，在职人员 47 名，其中博士 1 名，高级工程师 4 名，南京工匠 1 名，全国技术能手 1 名，工程师 18 名，本科及以上学历 63%。

通过人员引进与自主培养相结合的人才战略，形成了一支初具规模的专业技术团队，同时与东南大学、河海大学、南京工业大学、江苏省建筑科学研究院、中国建筑材料科学研究总院和南京水利科学研究院等国内知名高校或研究院建立了长期合作关系。

技术中心的建设与成长，为生产质量控制及企业可持续发展提供强大的技术支持与动力，并通过积累技术创新成果，致力于扩大公司品牌在行业内的影响力。

图 8　技术中心

（三）智能高效

智能高效是上级集团公司全面对标国际一流的一个主要内容，南京中联商混公司率先垂范，在近几年专门成立领导小组并且投入巨资，做好顶层设计，对公司全系统、全流程实施信息智能化改造，取得明显效果。

1. 生产污废处理

公司积极吸收和引进国内外先进的混凝土生产理念和处理技术，通过在各厂站安装全套的污废处理循环利用系统，包括砂石分离机、浆水压滤机等相关设施，实现了生产污水、废料的再利用，真正做到了零排放。下属厂站中联站、溧水站和海华站等先后被南京市环保联合执法指挥中心、南京市扬尘管理办公室授予“环保示范站”称号。

图9　砂石分离机

图10　自动拉板式压滤机

2. 雨水收集与再利用

过去，由于社会各界认识上的差距，一直未对受污染的雨水处置予以重视，随着环保力度的不断加大，对搅拌站内初期雨水的收集处理已经提上环保管控重要指标，因此，南京中联通过引入雨水处理装置与系统调试，确保雨水经过 pH 调节和悬浮物去除后达标排放标准。

图11　雨水收集池及相关设备

3. 多层次除尘系统

由于站点环境复杂，结合不同场所的扬尘产生特点，公司投入资金建设了多层次除尘系统，主要有室外场地降尘雾桩、料场喷雾降尘系统、挡尘墙、脉冲式除尘器、全自动洗车机洗车等，构建多方位、全流程除尘体系。

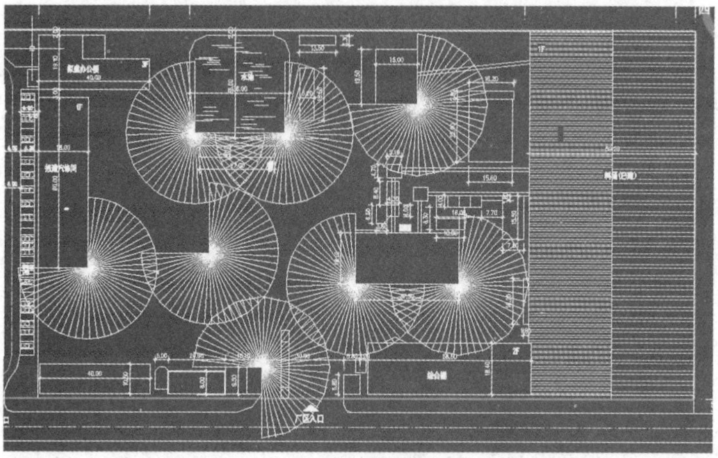

图12　雾化桩分布图

图13　料场喷雾装置

图14　挡尘墙

图15　脉冲式除尘器

（四）安全生产

1. 健全机制，实现常抓长效

南京中联制定《环境保护管理制度》《突发环境事件应急预案》《职场管理标准》，确定“三不两一”的站点职场管理标准，形成常态化的管理体制。公司坚持严要求、勤检查、细落实，采取“不打招呼、直奔现场、突击检查、直接处理”的方式，对站点职场环境进行随机检查。与此同时，公司形成了班组每日自查、站点每周检查、公司每月巡查的三级检查和各类专项检查、节假日前检查、特殊天气下的检查等相结合的环境检查监督体系。通过检查，安全环保问题逐步减少，职场环境有了很大的改观。

2. 示范引领，以点带面，深化对标找差

2017 年公司兴建的绿色化、智能化搅拌站——中联站建成投产，该站以高标准规划设计，在节能、环保方面处于全国领先水平。公司制定厂站升级改造“148 方案”，即一个示范站、四个标准站、八个达标站，分步推进生产治理工作。

图 16　中联站

三、保障单元

主要工作内容十字方针是“精准、品牌、形象、安全、成本”。

“精准”是商品混凝土行业对客户服务的具体要求；“品牌”是企业实现可持续发展的基础，是一种核心竞争力；“形象”是决胜市场竞争的强力支撑；“安全”现场作业安全也是企业防范的重点区域；“成本”是提升公司管理特别是物流管理水平的重要组成部分。

保障单元是客户服务的桥梁，作为公司探索行业发展方向的排头兵，保障单元贯彻公司“客户至上”的服务理念，以“对接、协调、指导、监督、排查、反馈、取证、随访、记录、总结”为工作具体流程，信息化产品为工具，开展产品交付过程精品服务，提升客户体验满意度，创立公司服务品牌。

（一）智能调度

1. 精准调度，合理安排。

利用微信计划上报功能，实现客户自主产品性能选择，同时将客户计划转入生产系统，实现初步分选。厂站调度人员根据下达计划，结合计划特点、原材料等进行顺序合理安排，统筹兼顾；计划执行过程中，根据车载 GPS 与现场人员远程反馈，动态调整发货节奏，实现双向控制与合理配置。全面实现现场浇筑信息可视，所有站点进行视频跟踪系统改造。最大化地利用站点资源配置，尽力提供最优的计划保供，工程开盘必保。

（二）物流管理

1. 引入轻量化搅拌车，更新物流形象

南京中联采取“轻资产”模式，引入专业物流单位运营，运营价格低出行业 5-8 元/方，老旧车辆按照“净值+溢价”1-1.1 倍转让，“人随资产走”，减轻了企业负担，建立客户物流满意度评价机制，保供实力大幅提升。

坚决支持政府的号召，体现企业责任与担当。2020 年，为顺应混凝土运输限超限载的法规要求，南京中联商混克服困难，以大企业担当的气魄，一次采购了 800 辆轻量型混凝土搅拌车，这种混凝土车载量不超过八方的搅拌车呈现出的是一种传递环保与安全的碧绿色，如今所有采购的法规车已经全部投入使用，成为南京市场上一道别致的风景。

图 17　轻量化搅拌车交付现场

（三）现场服务

1. 标准配置，打造金牌服务团队

为进一步加强客户服务，迎合市场发展趋势，南京中联商混创建了专业一流的保障服务团队，致力于为客户提供高效、精准、专业的混凝土现场服务。南京中联为保障团队配置了统一着装与设备，并制定了标准化的管理要求，包含着装要求、文明行为、设备使用等，确保保障团队的高素质、高标准、高要求。

保障服务团队的主要工作内容是全面对接商品混凝土的交付验收以及现场浇筑供应的服务工作，量化考核内容，包括服务工程项目、服务要求和内容，涵盖验收、现场布置检查、供应信息反馈、浇筑过程质量跟踪、现场安全管理以及售后回访等，对客户实施点对点贴心服务。这种跟踪服务不仅顺应了客户的现场需求，同时也能更好维护公司的自身利益，对于客户在浇筑成型过程中的质量管控不足能够做到及时地监督和纠偏。

图 18　着装标准

2. 引入外场服务系统，运用创新服务手段。

南京中联积极引入信息化技术手段，构建外场服务系统，该系统主要由采集工作站、外场记录仪和软件平台构成。

采集工作站能将记录仪摄录的音像资料自动采集至本地存储，采集完毕后自动将记录仪中资料删除，对已拷贝音像资料做整理。提供本地查询、回放和远端查询、回放和管理，以及一些相关服务和操作，以上功能全部自动完成，无须专人操作，完全替代了数据管理员的所有工作，解放了人力，提高了工作效率和安全系数。

外场记录仪是高度集成设备，该产品能够公正、客观地还原录制现场实景。设备支持数码照相、录像、录音、本地存储、红外夜视、4G 无线传输等功能，体积小、重量轻、携带方便、单手一键式操作，是现场保障的好帮手。

公司组织对现场保障人员的工作情况和结果的检查和监督。

图 19　数据采集工作站

图 20　外场记录仪

（四）客户评价

以客户满意度调查为核心内容的客户评价体系的建立，是对保障服务质量的检验，也是公司管理体系的一个关键性指标。公司制定客户满意度，目的就是要衡量公司经营活动中的管理水平，也是考核保障单元工作绩效的依据。

1. 全过程客户关系维持

针对项目施工节点，保障单元将优质、高效服务贯穿整个流程，通过前期项目专业对接、项目实施过程跟进、售后随访等内容，了解客户各阶段的真实需求，加强与客户的沟通，增进双方关系。

2. 客户评价收集与评估系统

南京中联利用微信客户端对客户提交的计划进行评价收集，将评价等级分为 1-5 星，对现场服务、泵送服务、配送服务、质量情况进行打分，然后利用浇筑通知单评价分析系统进行汇总分析，得到可供参考的客户评价数据。2020 年 1-8 月，共收集客户有效评价数 64786 条，以百分比计算，客户满意率达 95.8%，高于 95% 的目标要求。

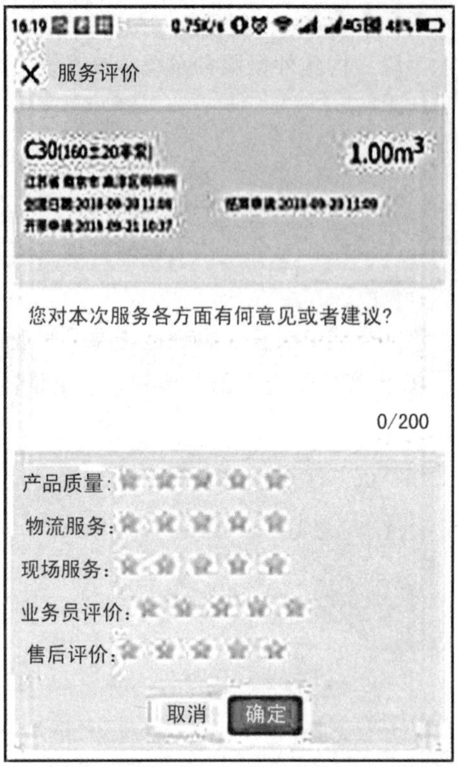

图21　客户评价页面

四、三单元融合

“三单元”管理架构的建立实现了商品混凝土企业生产经营核心板块的工作内容和职责的明确切割，使得各流程管理职责更加具体和明确，各板块的管理也更加精准和到位，是符合商品混凝土行业特点和未来发展趋势的管理革新，创新地阐释了这一产品的服务属性。但是商品混凝土这种产品从供需关系建立一直到产品成型是个全流程的管理，所以融合管理也是必须要解决的问题。

各单元的管理职责平行转移时需要做到信息互通、无缝对接，相互密切协调和补充。要想解决这个问题，不仅要依靠制度建设，还需要采取各种措施去辅助实施。

主要涉及的问题和采取的措施如下。

（一）管理体系架构

“三单元”管理架构在公司内是一种平行横向管理体系，这种管理体系需要实现纵向良性延伸到每个具体岗位。

公司市场营销中心和生产技术中心设立专门管理部门，实施对区域公司和站点的管理，主要有协调、指导、监督、考核等职能。

营销单元实行区域营销经理领导下的区域负责制，生产单元实行站长负责制，保障单元实行区域保障经理领导下的站点保障管理制，架构实现纵向延伸，管理层次分明。

（二）信息智能化管理

南京中联商混紧跟时代步伐，积极引入信息化工具，打通企业生态链全环节，信息化改造成体系化，提高信息传递效率与准确度，全方位提升服务质量。

营销单元：坚持管理创新，通过“微商城、微信计划、电子校验单、生产智能调度、外场保障服务、中联云、网络互通、CRM”等模块，建立风险预警客户管理系统，逐步实现了中联与客户间的无限畅联，极大地提高了生产效率与服务水平。

生产单元：以高效生产、环保治理、技术改进为核心，积极引入信息智能化工具，推行一机双控、环境监测、无人过磅等内容，生产生产远程控制，降本增效，提质创优。

保障单元：以信息化手段解决行业痛点——信息交互方式单一、不对称现象，使用车辆管理、外场服务系统、客户评价分析软件、现场保供实时传输与显示等，注重客户体验，不断提高服务水平。

（三）绩效评价与改进

对于企业而言，管理体制的改革必须要有与之适配的绩效考核方案，才能不断激发职工的工作积极性。南京中联商混对各单元实行“差异化考核、整体化考量”的绩效评价方案，各中心对各管理单元分别制定绩效考核方案，通过定期组织召开总经理办公会、生产经营分析会，对考核评价体系中存在不足之处进行调整，包括对绩效考核的考核项目及指标的权重分配，根据环境及生产变化等及时进行相应的调整，确保绩效评价体系的及时性、有效性。

（四）安全、质量、服务等共性管理内容因素的管理

商品混凝土的优质服务创造过程离不开营销、生产、保障三单元的密切配合，需要建立有效的协调机制。主要共性因素包括：

安全：营销单元强化安全类知识的自我学习与客户宣传；生产单元恪守安全生产红线，严格遵守相关规定，强化过程监管；保障单元规范物流管理，杜绝现场隐患，确保产品安全交付。

服务：营销单元抢抓大项目，强化客情维护；生产单元加强；保障单元精准对接、注重过程服务、售后随访，确保服务水平协同发展。

质量：质量是贯穿整个公司经营活动的全过程管理，公司有专门的技术中心负责统筹协调和管理。营销单元加强公司宣传，以质量赢市场；生产单元加强技术创新，设备改造，确保产品出厂质量；保障单元规范产品运输、过程浇筑，产品质量交付无异常；对浇筑过程中行为进行如实反馈和记录等。

五、改革成果

南京中联实施营销、生产、保障三单元管理体制改革以后，部门协同与组织效率明显提升，在多方面取得了良好成效，主要体现在各单元的关键考核指标上均有较大程度地提升，具体数据参见下表1、2、3。

表1　营销单元的关键指标

编号	关键指标	单位	2018 年	2019 年	同比
1	全年销量	万方	902.0	934.9	+32.9
2	回款率	%	96.0	99.2	+3.2
3	对账率	%	99.8	100	+0.2

表2　生产单元的关键指标

编号	关键指标	单位	2018 年	2019 年	同比
1	全员劳动生产率	万元/人	396.7	471.8	+75.1

续表

2	万元总产值综合能耗	吨/万元	0. 026	0. 018	-0. 008
3	质量损失率	%	0. 02	0. 01	-0. 01

表 3　保障单元的关键指标

编号	关键指标	单位	2018 年	2019 年	同比
1	计划完成率	%	90. 1	96. 2	+6. 1
2	客户满意率	%	95. 0	96. 9	+1. 9
3	工地服务率	%	75. 0	91. 5	+16. 5

六、结论

预拌混凝土行业虽然起步较晚，但发展的步伐却很快，客户对综合服务品质的要求越来越高。如何满足客户需求、顺应行业发展趋势、改进和提升企业核心竞争力，是企业必须要解决的问题。

南京中联以“三单元”管理架构创新构建综合服务体系是切合行业特点实施的管理改革，是一种管理模式创新和探索。实际施行以来，公司的市场地位持续巩固，收效甚多。

“三单元”管理架构的建立，其关键在于各流程管理板块的合理有效切割，职责明晰，责任可追溯，实现企业经营管理精准到位、精细到点。在实施过程中，关注的核心问题是各管理单元职责平行转移的无缝对接和指令纵向执行的管控力度，实现生产经营横向到边、纵向到底的全覆盖管理。

行之有效的管理模式是企业成功发展的先决条件，南京中联将积极面对新形势的挑战，不断创新，保持定力，为客户提供更高标准的混凝土专业服务。

成果创造人：王盛伟、熊巧林、高　江

大型集团化传统制造企业精益管理体系建设

万达集团股份有限公司

万达集团创建于1988年，位于胜利油田的发祥地——山东东营。集团现已发展成为覆盖港口物流、石油化工、橡胶轮胎、国际贸易等产业于一体的国际化大型民营企业集团。公司连续多年进入中国企业500强、中国制造业500强、中国民营企业100强、山东化工产业领军民营企业十强、山东民营企业百强前十位；并荣获全国五一劳动奖状、国家重点高新技术企业、中国重合同守信用企业、国家标准化良好行为AAAA级企业、国家级知识产权试点企业、山东省省长质量奖、东营市突出贡献企业等多项荣誉称号，并当选为山东省民营企业家协会会长单位。

集团拥有国家级企业技术中心、国家级博士后科研工作站和四个国家级实验室，十余个项目分别被列入国家星火计划、国家火炬计划和国家高技术产业化示范工程。公司获得国家各类专利近1000项，十大系列产品在我国参与起草或主持制定工艺技术标准和检测标准，产品远销全球168个国家和地区，其中，二氨、潜油泵电缆国内市场占有率35%；MBS、探测电缆国内市场占有率达20%以上。

近年来，集团按照“永远创业、永不守业，不做最大的企业、做最健康的企业”的发展理念，坚持“以创新为先导，打造港口物流石化橡胶一体化，形成龙头产业突出、相关多元发展的产业格局”这一发展战略，大力加快新旧动能转换和企业转型升级，坚定不移实施管理创新，大力建设万达特色精益管理体系WES，全力推动企业向创新驱动型、绿色低碳型、智能制造型方向发展，不断提升企业综合实力，稳步推进企业高质量发展，全力为经济社会发展做出积极的贡献。

一、精益管理体系建设背景

（一）“新旧动能转换”提出背景

自2015年10月份起，李克强总理在政府会议上对当时的中国经济进行了初步判断，指明中国经济正处于新旧动能转换的艰难进程中，新旧动能转换也由此提出。2016年政府工作报告中，将新旧动能转换作为重点议题，强调要加快中国新旧发展动能连续转换。2017年1月，国务院办公厅印发了《关于创新管理优化服务培育壮大经济发展新动能加快新旧动能接续转换的意见》，这也是加速推动新旧动能转换的第一份正式文件，3月份举行的“两会”上，李总理指出，山东发展得益于动能转换，希望山东在未来的发展中继续挑大梁，在新旧动能转换的过程中发挥主导作用，4月，李克强总理在贯彻新发展理念座谈会上强调，实现经济结构转型升级，需要加快新旧动能转换。

（二）行业挑战与管理变革启动

万达集团公司旗下炼油、轮胎、炭黑、化工等各子公司作为资金密集型、高污染、高能耗的传统动能的典型代表之一，在经济增速换挡、结构调整阵痛、经济下行压力增大的大环境下，如何改造提升传统动能，成为摆在集团公司董事局面前的一个严峻的问题。

万达集团成立30多年来，始终致力于管理的不断提升和创新。集团公司董事局意识到，与要素驱动发展模式相对应的传统管理方式必须要变革，而要实现企业从要素驱动向创新驱动转型，管理方式的变革首当其冲。企业在日趋激烈的市场竞争中生存、发展必须走强化管理、提高效率的精益管理之路，以最少的资源创造最大的价值。精益管理，源自精益生产，是衍生于日本丰田生产方式的一种管理哲学，其核心即以最少的资源投入创造出尽可能多的价值，精益管理已在世界各地发扬光大并被无数企业验证成功。集团公司董事局下决心以精益管理变革为核心，加强企业综合管理，提升企业核心竞争力，抓管理提效率，以管理降成本，向管理要效益，"不做最大的企业、做最健康的企业""使传统产业不传统"。

二、精益管理体系WES内涵

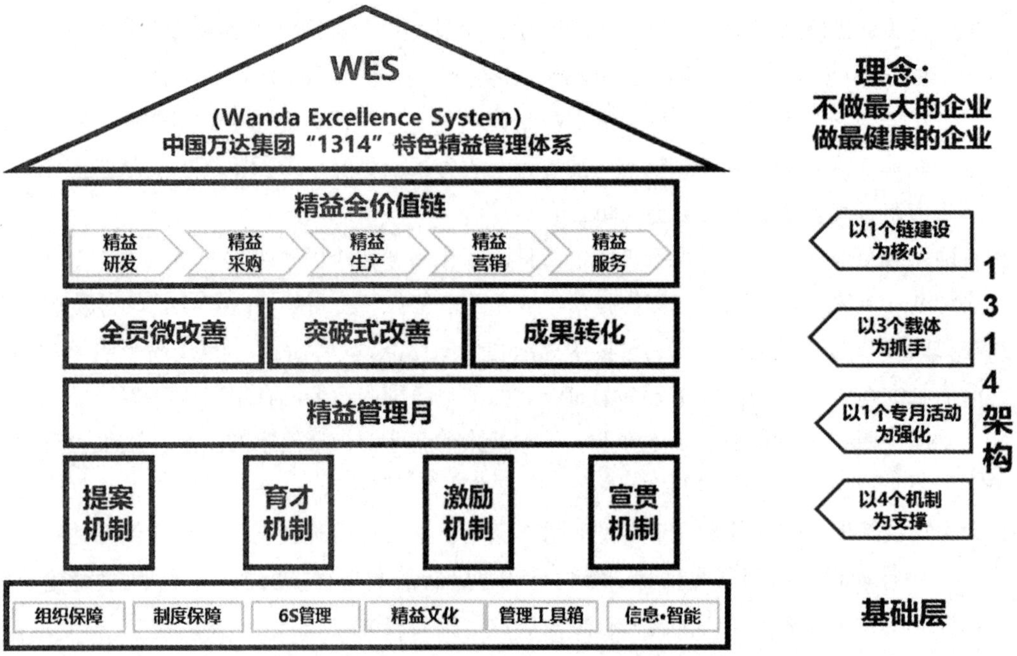

图1　万达集团精益管理体系WES架构

自2017年起，万达集团在"不做最大的企业、做最健康的企业"发展理念下，持续完善和大力推广万达特色"1314"精益管理体系WES（Wanda Excellence System）。基础支持层面，含组织保障（成立专项推进组织）、制度保障（颁发年度实施方案、制定各类规章制度）、现场6S管理（办公及生产现场6S活动）、精益文化培育、管理工具箱（含各类工业工程、精益六西格玛等改善工具）、信息·智能（充分利用信息化、智能化技术提升工作效率与产品质量）；"1314"架构见下文所述；升华经验，组织编制了34000余字的《精益管理标准》（Q/WD 001-2019），便于内部学习、复制与推广。

（一）以"1"个链（精益全价值链一体化体系建设）为核心

即将精益的思想和工具运用到企业的各项经营活动中，打造贯通研发、采购、生产、营销、服务等各环节。

（二）以"3"个载体（全员微改善、课题攻关、成果转化）为抓手

大力开展全员参与的持续微改善或微创新活动（通常为不涉及资金投入或投入少于2000元的改善

行为，改善容易、实施快速)，推进“点滴行动”。围绕公司年度重点工作，强化问题导向，建立倒逼机制，针对长期痛点、难点等问题组成攻关小组。将主要改善成果标准化并加以推广，通过专利申报及论文发表等巩固改善成果。

(三) 以“1”个专月活动 (精益管理月) 为强化

以点带面，以月促年，强化精益意识与改善能力，每年5月份为集团“精益管理月”，4月份下发活动实施方案，5月份有序开展，含启动大会、线上精益知识竞赛、改善项目发表赛、主题演讲比赛、大咖培训等，6月份全面总结活动成果并向全集团下发总结暨表彰通报，表彰在此期间表现突出的个人和团队。

(四) 以“4”个机制 (提案机制、育才机制、激励机制、宣贯机制) 为支撑

鼓励全员积极提报精益改善提案，为员工提供实现自我价值的平台。集团精益办、精益内训师及联合外部咨询公司大力开展精益培训，夯实精益人才基础。建立各类激励机制，树立标杆，表扬先进。搭建全方位、多形式、立体化的多维“1323”宣贯机制，即1网（内部精益专网)、3报（《精益旬简报》《精益管理电子月刊》《今日万达报精益专刊》)、2号（集团官方微信公众号、精益办微信公众号)、3集（《“一图读懂”精益管理系列集》《“一图展示”精益改善典型项目案例集》《精益管理优秀案例集》)，宣传精益思想与先进事迹，营造浓厚精益氛围。

三、精益管理体系 WES 内容

(一) 精益管理“三步走”总体战略规划

制定了“三步走”总体战略规划，为全面推进精益管理明确了方向和路径。

1. 第一步：全员精益意识养成与试点开展及特色精益管理体系 WES 搭建。全员要建立持续改善、消除一切浪费的精益意识，意识养成是关键，因为意识决定行为、行为养成习惯。通过识别危机与挑战，强化精益培训与人才育成，试点先行、样板示范，由点到面，由面到体，全员逐步养成精益改善意识。建立健全特色全价值链精益管理体系 WES（Wanda Excellence System，万达卓越系统)，涵盖研发、采购、制造、营销、物流及财务、HR、IT 等全方位的企业精益管理系统。

2. 第二步：精益体系完善与推广。在实践中博采众长、沉淀积累，不断完善 WES 内容，将更丰富、更科学、更先进的精益管理理论、方法、工具融入到 WES 中，并在集团各子公司全面推广，各子公司在实施 WES 的同时，因地制宜，根据各行业特点，打造成符合自身生产经营特色的精益管理体系，企业竞争力持续增强，成为各行业标杆企业。

3. 第三步：精益文化塑造及精益供应链延伸。全集团形成浓厚精益文化氛围，全员参与、持续改善在日常工作中蔚然成风。并将精益管理向上下游推进，打造精益供应链，建立协同机制，带动全产业链实现精益管理。

(二) 实施内容

1. 组织保障，资源到位

精益管理推行成功的首要因素，就是需要建立一个高规格、强有力的推进组织，以强力协调各方资源，确保各项工作全面落实。2017 年，为科学规划、统一领导与实施，成立了三层级精益管理推进组织：

第一层是集团精益管理推进委员会（简称精益委），董事局主席亲自任主任、轮值执行总裁任执行主任、各董事局成员、副总裁等高层领导任委员。精益委作为集团公司精益管理工作的常设领导和决策机构，负责精益管理战略规划、总体部署、方向指导、任务下达、资源协调、制度审批等工作。

第二层是集团精益管理推进办公室（简称“精益办”），精益办隶属于总裁办，并作为总裁办常设机构，并新成立供应链管理部，聘任具有丰富世界500强跨国企业精益供应链从业经验的人员为部门总监，招聘多名专职人员，充实专业人才队伍。精益办主要职责是贯彻落实精益委决策部署，精益战略落地执行，精益人才育成，精益管理制度及考核办法制定，精益活动组织、检查、评价，精益管理工作报告，精益活动奖励评审，精益知识宣贯，精益专网维护，优秀精益改善成果交流、展示与推广平台搭建等工作。

第三层是各专业化公司成立精益管理推进工作小组（简称“精益推进组”），由各单位第一负责人任推进组组长、包含各部门负责人及相关推进人员。精益推进组主要职责是贯彻落实精益委及精益办工作要求，组织开展本公司精益管理工作，推进精益管理项目执行，定期检查活动开展情况，组织精益改善绩效评价及表彰，编制精益管理报告等。

集团各职能部室也有相应明确职责，如财务公司要全过程参与改善项目实施过程，并验证收益结果的符合性；流程与信息化管理部紧密配合精益办充分利用信息化利器节约人工、降低成本、提高工作效率；人力资源部支持精益人才育成，激励奖金落实，在各类升职加薪政策制定及执行中，对在精益管理方面表现突出的人员优先考虑。集团办通过《今日万达报》、集团官网、公众号等渠道积极宣传精益管理优秀个人及团队事迹，营造浓厚精益氛围；其他职能部室在本部门内部推行精益管理的同时，配合精益办落实相关事项等。

另外，为便于精益办与各单位（部门）之间的日常联系，还建立了精益对接人制度，由集团各职能部室、各子公司选定唯一对接人，加入集团精益管理推进微信群，负责与精益办进行日常对接，传达精益办精益管理工作部署、汇报本单位精益管理工作动态、收集整理和审核本单位奖项申报材料、参加集团精益办相关会议等。精益对接人因工作调动等原因需要更换，需要及时向精益办报备。

2. 意识唤醒，大会动员

精益管理成功实施的关键，不是掌握一些精益改善工具，而是全员参与、消除浪费、精益求精、追求完美的精益理念与意识，只有唤醒这种意识，才能让全员积极参与到精益改善活动中，实现从被动改善到主动改善直至主导改善的转变。

自2017年以来，集团公司便组织年度精益管理动员大会，集团公司董事局、副总裁、各单位负责人及相关精益推进人员参会，集团公司董事局主席亲自参会并作动员讲话。通过表彰先进人员，总结过去一年精益成果，安排部署下一年精益计划，统一思想、全面动员。

图2 万达集团年度精益大会

3. 试点先行，稳步推进

集团精益委首先选定集团旗下拥有人数最多的万达宝通轮胎公司在2017年开展精益管理试点工作，然后逐步推广至下属的炭黑公司、天弘公司、油矿电缆公司等，并取得显著效果。

4. 精益全价值链建设

即将精益的思想和工具运用到企业的各项经营活动中，打造贯通研发、采购、生产、营销、服务等各环节。

（1）精益研发

建立精益研发体系，从源头降低成本、提高产品质量；完善组织流程、人员技能、工具技术子系统，消除开发过程中的浪费；与客户需求精准对接，适应客户个性化需求，缩短开发周期，精简产品型号，打造“爆款”；对标行业关键研发指标，提升研发产品的市场成功率。加快推进技术创新，促进协同创新和科研成果传导转化。

（2）精益采购

强保障、降成本，建立全流程数字化、可视化、阳光高效的精益及时制（JIT）采购管理体系。利用精益管理的思想、手段和方法，强化“降低总拥有成本（TCO）”的战略采购理念，与核心供应商建立互惠共赢的长期战略合作关系，创新采购模式，加强采购计划性、交付准时性，严控采购风险，追求成本、质量、交期的最佳配置。

（3）精益生产

将精益思想融入整个生产制造过程中，充分利用各种精益工具方法，持续追求“零切换、零库存、零浪费、零不良、零故障、零停滞、零灾害”的“七个零”的精益制造目标。重点推进以下模块。

——6S管理：通过规范现场、现物，营造干净整洁、一目了然的工作环境，培养员工良好的工作习惯，创造人和设备都适宜的环境，改善，提高企业形象。

——可视化管理：用形象直观而又色彩适宜的各种视觉感知信息来组织现场生产活动，提高生产效率，实现管理透明化。

——标准作业：将人、物、设备等有效地组合，以人的动作为中心，以没有浪费的操作顺序，实现各项管理目标（品质、成本、时间、安全等）的最有效的作业规则，并且持续改善与优化。标准作业是管理生产现场的依据，也是改善生产现场的基础。

——多能工：健全多能工管理机制，在一线员工中选拔培养多能工，打造一专多能的高素质团队，建立一线员工多能工岗位技能库，以降低因人员流失和调动造成的生产停滞，提高生产的连续性和灵活性，发掘员工潜在能力，增强组织活性化，培养团队合作精神，通过多能工的合理调配以降低人力成本。

——单点课（OPL）：针对现场某一技术问题或者难点故障等，由能够较好地解决问题、处理故障的人员编写浅显易懂的简短教材，召集相关人员进行生产现场集中讲解，利用较短时间（通常10分钟左右）传授独到经验和技能。形成单点课程培训体系，打造教育型团队，实现有效现场知识管理，让人人都是教师，形成“自主学习、乐于分享”的良好氛围。

——精益班组：班组是战略落地的基点、推动变革的关键、人才成长的起点、质量管理的保障、利润产生的源泉。高效的班组运营平台是实现精益转变的基本载体。以“学习型、安全型、节约型、清洁型、和谐型”的“五型”班组建设为抓手，持续提升班组活力和绩效。

——快速换产（SMED）：快速换产是精益生产的基本特征，通过区分内部作业转换和外部作业，并将内部作业转换尽可能变为外部作业，然后尽可能地缩短内、外部作业时间，持续缩短换产时间，有效提高设备稼动率，缩短交货期，推进柔性生产，减少批量，降低库存水平，提高生产效率。

——防错管理（Poka-Yoke）：通过“断根、保险、自动、相符、顺序、隔离、复制、层别、警告、缓和”的十大防错原理，在作业过程中采用自动作用、报警、标识、分类等手段，减少作业失误及降低产品不良率。

——全员生产维护（TPM）：以设备综合效率和完全有效生产率为目标，以全系统的预防维修系统为载体，以员工的行为规范为过程，以全体人员参与为基础的生产和设备维护、保养维修体制。

（4）精益营销

增销量、提结构、强品牌、扩产出。在秉承精益思想的基础上，发掘顾客真实需求，为顾客提供精准的解决方案；优化营销过程管理，强化商机管理；追求交付计划的准确率，降低销售费用，提高顾客满意度，扩大市场份额，提升市场地位。

（5）精益服务

为客户打造完美服务体系，一是服务效率更高，二是服务质量更好，三是服务效益更佳。提升快速反应速度，通过微信小程序等信息化手段做好售后服务、快速三包理赔。

5.3个推进载体建设（全员微改善、突破式改善、成果转化）

（1）全员微改善（快速改善活动）

大力开展全员参与的持续微改善或微创新活动（通常为不涉及资金投入或投入少于2000元的改善行为，改善容易、实施快速），推进“点滴行动”，从小处着眼，从细处着手，从身边各类微小改善做起，通过提案、合理化建议、自主改善等多种形式开展，激发全员精益求精的工作态度和持续改善的氛围。

（2）突破式改善（课题攻关）

围绕公司年度重点工作，强化问题导向，建立倒逼机制，针对各部门工作与公司要求的差距及长期的痛点、难点等问题（工作流程、工作效率等），客户抱怨问题（客户满意度、交货及时率、审批时间、产品质量等），与行业标杆差距问题（单位能耗、单位产品成本、产品质量、管理费用等）等，自上而下推进，组成攻关小组，创新方法，打造一批具有较高水平和突出成效的重点课题项目，通过突破式改善达成目标，实现较大收益。如轮胎公司提升出口集装箱装载量项目，组建团队、集中攻关，通过综合利用精益及 TRIZ 等改善手法实现突破式改善，每个集装箱可提升 10% 的出口轮胎装载量，每年可为客户及公司节约运费 800 余万元。

（3）成果转化

完善成果辨识、价值运用、推广固化等管理机制，改善成果转化运用能力。将主要改善成果标准化并加以推广，适时通过专利申报及论文发表等巩固改善成果及提升企业形象（专利、论文相关激励，根据集团公司有关政策执行）。如《精益供应链管理体系助力轮胎企业降本提质增效》《轮胎厂用蒸汽锅炉燃煤改燃气经济分析》《化工机械设备安装工艺技术研究》《浅谈高频电化学水处理系统在电厂中的应用》等各类精益改善实践的学术论文分别在专业技术期刊发表。

6.“精益管理月”活动

以点带面，以月促年，强化精益意识与改善能力，将 5 月份“精益管理月”打造成为公司特色精益管理活动。每年 4 月份形成“精益管理月”活动实施方案并下发，为 5 月份的专月活动保驾护航。在 5 月份集中开展一系列形式多样、内涵丰富的精益管理活动，强化全员精益改善意识，营造“精益于心、改善于行”“乐于精益，成于精益”的浓厚精益文化氛围，掀起学习精益、实践精益的热潮，让全员形成“天天都是精益日，月月都是精益月，年年都是精益年”的思想状态，促进公司实现持续高质量发展。活动内容具体如下。

（1）启动大会：集团公司董事局、各下属集团、经营管理单位第一负责人，集团职能部室第一负责人，各单位（部门）精益管理推进人员、集团精益骨干等参加。统一思想、凝聚共识、全面动员，深刻领会推进实施精益管理的必要性。

（2）氛围营造：精益管理月活动期间，各单位充分利用展板、宣传栏、电子屏、横幅、微信公众号等形式，广泛宣传精益管理知识，营造出了浓厚精益氛围，极大地提升了全员精益改善理念与意识。

（3）精益改善经验交流座谈会：大家畅谈精益改善历程，分享在效率提升、成本降低、工艺参数优化、流程优化等方面的精益改善经验，相互学习借鉴，共同提升精益管理水平。

（4）线上精益知识竞赛：大家积极学习精益知识、踊跃参与线上答题，迅速掀起学习精益、实践精益的热潮，2020 年线上答题中共有 5941 人参加，答题人数创下最高纪录。各单位竞赛排名向全集团公示，大力表彰答题优秀个人，并从答题者中随机抽取幸运奖，提升大家参与热情。

（5）精益示范现场参观交流：组织各单位精益推进人员在集团示范现场观摩及面对面沟通，借鉴学习优秀方式方法，助推各公司精益管理工作再上新高度。

（6）精益主题演讲比赛：紧紧围绕精益年度主题，各位选手充分展现自己的特色与才华，展示作为万达人应有的青春风采和思想境界，从不同侧面阐述精益管理对自己、对企业的正面影响。

（7）最佳 SOP（Standard Operation Procedure，标准作业指导书）评选。以比赛为契机，激发各单位对 SOP 的高度重视，大家学习借鉴兄弟单位优秀 SOP 案例，进一步提升 SOP 编制水平。

（8）精益改善项目发表赛：由各单位精选选送，均为当年新立项项目，且赛前实施完成并经效果验证，各单位从项目选择、计划制定、现状调查、目标设定、原因分析、对策制定、对策实施、效果验证、创新推广等方面进行精彩阐述，评委从项目选题、精益方法、项目收益、项目创新性与推广性、现场发表效果等方面现场打分，现场宣布比赛成绩。发表赛也为集团各公司建立了精益改善沟通交流的平台，大家同台竞技、取长补短、借鉴学习、共同提升。

（9）各单位自主精益特色活动：各单位除参加集团公司统一组织的活动外，还结合本单位特点，围绕年度主题，组织开展精益技能比武、精益读书会、精益征文、精益板报、6S 红牌作战等各种特色活动。

（10）先进单位评比："精益管理月"活动结束后，集团精益办将从各单位自主活动开展的多样性、创新性、规模性、员工参与积极性、氛围营造情况、活动效果等方面，及氛围营造情况、精益专网投稿情况、特色活动开展情况、各类比赛成绩、总结报告编制等综合评选出先进单位。

（11）全面总结："精益管理月"活动结束后，集团精益办全面总结活动成果，并大力表彰活动中涌现的先进个人和团队，向全集团下发总结暨表彰通报。

7.4 个机制建设（提案机制、育才机制、激励机制、宣贯机制）

（1）提案机制：为员工提供实现自我价值的平台，鼓励全员积极提报精益改善提案，充分激发主观能动性和创造力，消除智慧浪费，提升企业创新活力。提案内容围绕提高效率、提高质量、降低成本、降低消耗、优化工艺、优化流程、改善环境、提高员工士气等一切有利于企业高质量发展的改善活动，提案具有独创性、先进性、可行性、经济性。

（2）育才机制：倡导"造物先育人"，人才培育是决定精益成败和可持续的重要课题。公司以精益培训为路径，大力加强精益管理人才队伍建设，为精益管理的顺利推进奠定了成功的基础。

——精益办大力开展精益课堂活动：精益办全员任讲师，按照各单位人员缺什么补什么的原则，因人制宜、因材施教，将各类精益工具结合现实改善案例编制培训课件，培训效果主要体现在精益理论内容熟知、并运用到实际工作中，3 年来共举办 6S、可视化管理、标准作业、动作分析法、多能工、防错法、SPC（统计过程控制）、FMEA（潜在失效模式及后果分析）、8D（团队导向问题解决方法）等培训课堂近百场，培训 2000 余人次，极大地提升了参训人员精益改善意识及工具运用能力，培训满意度高达 99% 以上。

——携手外部知名精益咨询机构开展精益大讲堂活动：邀请精益大咖来公司举办多场精益大讲堂，对从各单位精选的 80 余名精益骨干和精益积极分子重点培养，涵盖价值流图析、拉动式生产、精益成本管理、精益项目管理等 11 个模块，完善了参训人员的精益管理知识体系、提升了理论水平与实战能力；并对各参训人员的精益实践活动进行跟踪落实，年底评价，闭环管理。

——各单位精益内训师开展特色精益培训活动：以各单位精益骨干和其他精益人才为基础，将其中能力突出者提升为各单位兼职精益内训师，结合本单位行业特点，开展精益专项培训工作，建设一支"专兼结合、素质优良"的精益内训师队伍，推进精益人才育成工作全面实施。

——外训提升：鼓励各单位到外部精益标杆企业、精益论坛、精益专题会议等交流学习，消化吸收先进精益管理理念。

——自我提升：利用经典精益书籍、各类网上资料等，鼓励大家自主学习、持续提升。

（3）激励机制：以"精神激励为主、物质激励为辅"和"正激励为主、负激励为辅"的原则，建立各类激励机制，树立标杆，表扬先进，激发全员参与精益改善的积极性、主动性和创造力，为公司创造更大价值。通过树立典型，用身边事教育身边人，能够起到春风化雨、润物无声的效果。精益的贯彻，既需要个人自觉，也需要典型带动，模范榜样是一种精神感召，更是价值渗透，通过营造学习典型、争做典型的良好氛围，充分释放榜样示范效应，把抽象的标准转化为具象的样本，带动全员对照身边的榜样找差距、找不足、找方向，让学习精益、实践精益蔚然成风。

为此，公司建立了月度及年度奖项评选制度，精益办协同财务、审计、集团办、集团人力资源部定期联合公开评选，评选结果在内部精益专网公示无异议后向全集团下发奖励通报。评选活动成为精益推进的有力抓手，起到了良好的引导和激励作用，各单位积极参与，如2019年就有17家单位（部门）精选了约600项精益改善材料参选，其中有100余个人及团队获奖，涌现出了一大批杰出的精益改善人才和团队。

各单位也建立起各类激励机制（多能工培养、改善项目发表赛、OPL评选、技能比武、知识竞赛、精益班组、6S现场等），并广泛宣传优秀个人或团队事迹。

（4）宣贯机制：打造了全方位、多形式、立体化的多维“1323”宣贯机制，即1网（内部精益专网）、3报（《精益旬简报》《精益管理电子月刊》《今日万达报精益专刊》）、2号（集团官方微信公众号、精益办微信公众号）、3集（《“一图读懂”精益管理系列集》《“一图展示”精益改善典型项目案例集》《精益管理优秀案例集》），展示精益工作动态、理念、工具和方法、改善成果、先进事迹等，营造浓厚精益氛围。

——精益专网：是面向集团内部的专门展示精益相关内容的网页，旨在传播精益知识，展示精益工作动态，宣传优秀个人和团队，充分调动全员改善积极性，激发创新活力和潜力，为践行精益理念营造良好氛围。含工作动态、精益感言、模范风采、他山之石、大咖观点、知识讲堂、精益提案、答题系统等板块。精益专网成为重要精益宣传阵地和精益管理推进的有力抓手。

图3　万达集团内部精益专网

——精益旬简报：在各精益管理重点实施单位每旬发布，含项目进展、推进计划、实时资讯、他山之石等版块，紧贴实际需求与项目动态，时效性强。

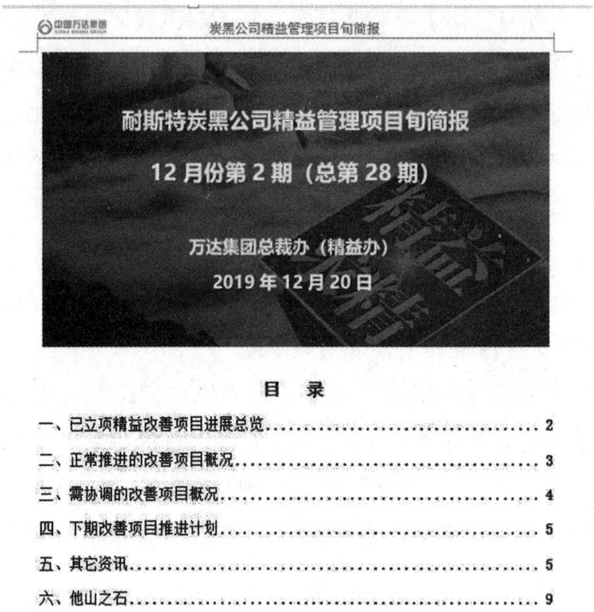
炭黑公司精益管理项目旬简报

耐斯特炭黑公司精益管理项目旬简报

12 月份第 2 期（总第 28 期）

万达集团总裁办（精益办）

2019 年 12 月 20 日

目 录

图 4　《精益旬简报》

——精益管理电子月刊：集中展示过去一月集团公司董事局精益管理工作指示、集团公司及各单位精益管理工作动态，积极弘扬团队及个人优秀精益改善事迹，树立标杆、鼓励先进，他山之石借鉴经验，大力宣扬精益知识和文化，努力营造精益氛围。

中国万达集团
CHINA WANDA GROUP

万达集团精益管理　电子月刊

CHINA WANDA GROUP LEAN MANAGEMENT MONTHLY

第 1 期（总第 1 期）

2020 年 4 月 22 日出版

主席寄语
创刊介绍
工作动态
标杆示范
系列知识
他山之石

万达集团总裁办（精益办）

图 5　《万达集团精益管理电子月刊》

——《今日万达报》精益专刊：对内、外部宣传典型精益改善项目成果及优秀事迹。

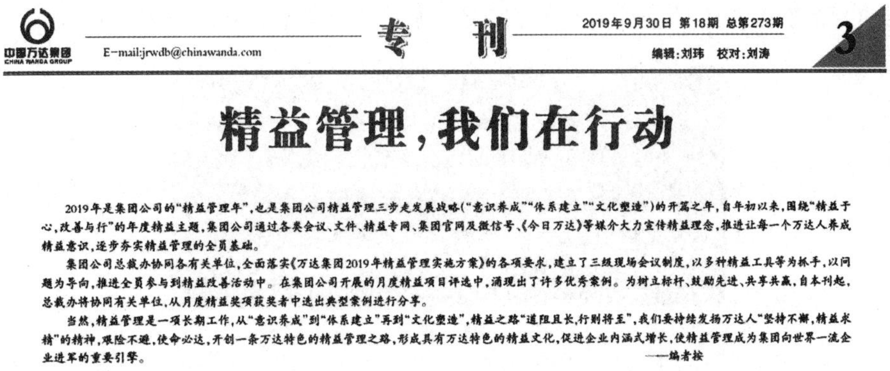

专 刊

2019年9月30日 第18期 总第273期

编辑：刘玮 校对：刘涛

E-mail:jrwdb@chinawanda.com

精益管理，我们在行动

2019年是集团公司的"精益管理年"，也是集团公司精益管理三步走发展战略("意识养成""体系建立""文化塑造")的开篇之年，自年初以来，围绕"精益于心，改善与行"的年度精益主题，集团公司通过各类会议、文件、精益专网、集团官网及微信号、《今日万达》等媒介大力宣传精益理念，推进让每一个万达人养成精益意识，逐步夯实精益管理的全员基础。

集团公司总裁办协同各有关单位，全面落实《万达集团2019年精益管理实施方案》的各项要求，建立了三级现场会议制度，以多种精益工具等为抓手，以问题为导向，推进全员参与到精益改善活动中。在集团公司开展的月度精益项目评选中，涌现出了许多优秀案例。为树立标杆、鼓励先进、共享共赢，自本刊起，总裁办将协同有关单位，从月度精益奖项获奖者中选出典型案例进行分享。

当然，精益管理是一项长期工作，从"意识养成"到"体系建立"再到"文化塑造"，精益之路"道阻且长，行则将至"，我们要持续发扬万达人"坚持不懈，精益求精"的精神，艰险不避，使命必达，开创一条万达特色的精益管理之路，形成具有万达特色的精益文化，促进企业内涵式增长，使精益管理成为集团向世界一流企业进军的重要引擎。

——编者按

图6 《今日万达报精益专刊》

——集团官方微信公众号、精益办微信公众号：注重实效性，在精益办微信公众号推送各类精益工作动态、精益知识；重要活动在集团官方微信公众号进行推送。

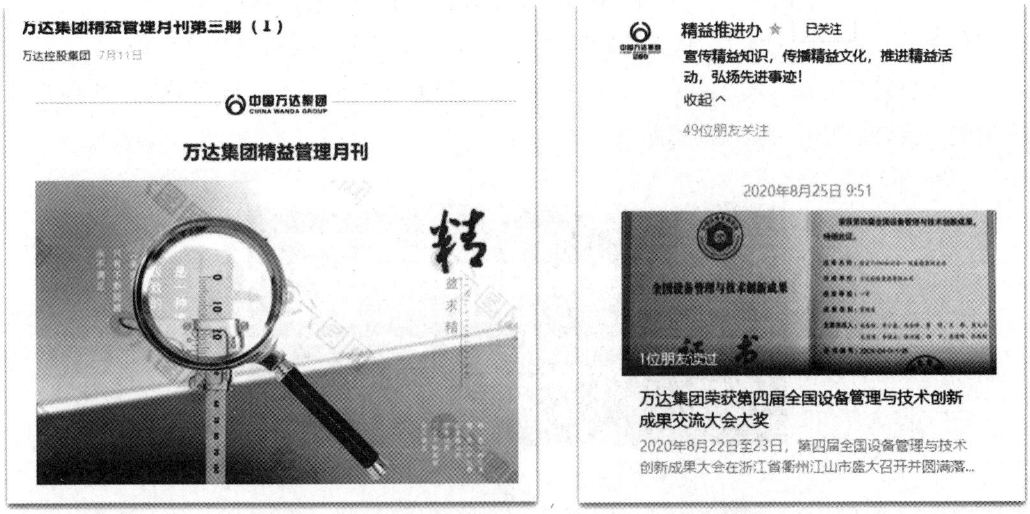

图7 集团官方微信号、精益推进办微信号

——《"一图读懂"精益管理系列集》：一张图形式展示精益管理知识系列，共分为基础知识模块、基本精益工具模块、IE（工业工程）分析方法类和QC（质量控制）手法四大部分、50余项，大道至简，高效推广。

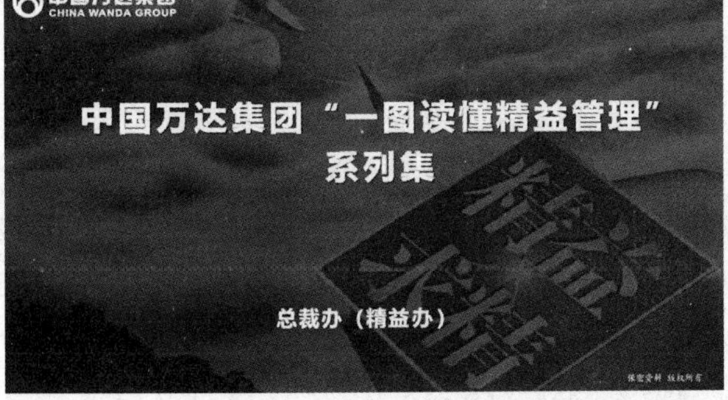

图8 《万达集团"一图读懂"精益管理系列集》

——《"一图展示"精益改善典型项目案例集》：从集团精益改善实践中精选成本降低、效率提升、质量提升、安全保障四大类计 60 余个典型案例，用一张图形式展示，整理成集，复制推广。

目　录

图 9　《“一图展示”精益改善典型项目案例集》

——《精益管理优秀案例集》：将具有示范意义的精益管理优秀案例进行详细解读，从背景介绍、问题发掘、改善思路与实施、效果验证、成果总结、心得感悟等方面系统、全面总结，汇编成集。方便大家深入研究与借鉴学习解决问题的思路与方法。

内部资料请勿外传

目录

图 10　《精益管理优秀案例集》

8. 经验升华，编制标准

根据公司开展精益管理实施经验，借鉴国内外标杆企业的先进经验，本着既注重应用性、对策性、时效性，又考虑全局性、战略性、前瞻性、全面性的原则，起草编制《中国万达集团精益管理标准》，全文共 15 个章节，30000 余字，内容涵盖精益营销、精益研发、精益采购、精益制造、精益物流等全价值链条。便于内部复制推广，培植万达特色精益文化。

QB

万 达 集 团 企 业 标 准

Q/WD 001-2019

精益管理标准

Lean Management Standard

2019-12-27 发布　　2020-01-01 实施

万达集团总裁办　发布

图 11　《万达集团精益管理标准》

四、精益管理体系 WES 实施效果

（一）直接经济效益显著

通过 3 年来的精益管理变革，累计实现收益 1.954 亿元，平均年度收益 6513 万元。效果显著。

（二）各项经济指标提升

各项运营指标提升明显，销售收入提升了 5.35%，利润提升了 5.37%，净资产收益率提升了 5.4%，总资产报酬率提升了 4.32%，销售（营业）利润率提升了 4.64%，全员劳动生产率提升了 2.72%，万元产值能耗降低了 3.23%。

（三）集团综合实力增强

随着万达集团精益管理的持续推进，精益文化蔚然成风，精益成效更加明显，企业竞争力和品牌力持续提升。集团公司位列中国企业 500 强第 209 位，中国制造业 500 强第 92 位，中国民营企业 500 强第 65 位，山东省民营企业 100 强第 4 位。

2019 年 8 月，在全省推进改革举措落实落地工作会议上，公司荣获山东省优秀企业，改革案例作为全省 19 家企业之一在全省推广（东营市唯一一家）；同年 11 月，在中国石油和化工民营企业 100 强发布会上，公司作为全国唯一一家中国 500 强企业代表发言。2020 年 5 月 8 日，在山东省 2020 年“中国品牌日”发布会上，公司位列 100 强第 12 位，并跻身高端化工产业品牌价值 10 强第 2 位。下属天弘化学公司拥有 2000 万吨/年综合加工能力和单套 500 万吨/年原油一次加工能力，是省委省政府重点支持发展的五家炼化企业之一，不参与山东省地炼产能整合；公司配套建有 4 个万吨级液体化工码头和 156 万 m3 油品库区、60 万 m3 原油保税库区；智能制造项目被列入东营市石化产业集群新旧动能转换示范项目，并被国家工信部认定为“国家制造业与互联网融合发展试点示范项目”；MES 系统成为东营及周边地区民营炼厂首套成功运行的生产管理系统。万达宝通跻身世界轮胎 75 强、中国轮胎制造企业出口十强和山东省轮胎行业重点培植的六家特色品牌之一。在青岛保税区设立的万达国贸集团，位列 2019 年青岛市民营企业百强第 2 位、民营企业服务业十强第 1 位，打造了产销一体、“买卖全球”和“24 小时交易”的万达国贸。2020 年 5 月，“万达石化研究院”和“东营创新孵化基地”揭牌成立，填补东营港民营企业研究院空白，成为第一个入驻山东省高端石化创新创业共同体的项目。同时，天弘化学与世界500强公司霍尼韦尔UOP公司签订战略合作协议，将为企业技术和产品创新以及东营港在高端石化基地建设、石化产业转型升级方面注入新活力。2020年7月，与山东省港口集团联合开发建设的4×10万吨级液体化工品码头项目正式开工，建成投产后，年吞吐量将达到2000多万吨，将进一步发挥万达集团产业链“桥头堡”作用，持续发挥公司产业链优势，并年可为港区和腹地石化企业节约运输成本10多亿元，是东营港打造丙烯产业链条上的关键支点项目，也是转型升级、优化结构的重点项目。

（四）精益管理成果获山东省政府高度认可

1. 荣获省企业管理创新成果奖：2018年，山东省人民政府下发鲁政字〔2018〕200号文，公司的精益管理成果在全省百家企业中脱颖而出，荣获第五届山东省企业管理创新成果奖并获专项奖金。

每两年评选一次的“山东省企业管理创新成果奖”是省政府在企业管理创新领域设立的最高奖项，授予为我省企业管理工作做出突出成绩和贡献的创新成果。

2. 荣获省长质量奖：2019年，山东省人民政府下发鲁政字〔2019〕177号文，公司荣获山东省人民政府设立的最高质量奖项——第七届山东省省长质量奖。在省长质量奖现场评审过程中，万达集团的精益管理杰出成果得到评审专家组的高度认可，成为最终获奖重要推动因素之一。

3. 荣获省工信厅“质量标杆”：2019年，山东省工信厅下发鲁工信技〔2019〕162号，公司的精益管理成果荣获山东省工业企业“质量标杆”典型经验。

本次评选按照工信部下发的《工业和信息化部办公厅关于做好2019年工业质量品牌建设工作的通知》（工信厅科函〔2019〕53号）进行，公司是东营市2019年度唯一一家获选。

（五）精益管理成果获中设协、省设协等大奖

荣获中国设备管理协会“设备管理与技术创新示范单位”、“全国设备管理与技术创新一等奖”“精益企业奖”，山东省设备管理协会“设备管理优秀单位”“设备管理创新成果奖”等。

五、结语

精益管理永远在路上！万达集团将不断增强推进精益管理工作的紧迫感和责任感，坚持“以创新为先导，打造港口物流石化橡胶一体化，形成龙头产业突出、相关多元发展的产业格局”这一发展战略，持续完善万达特色精益管理体系WES，加速改造提升传统动能，谱写精益管理新篇章，为经济社会发展贡献更多力量！

成果创造人：尚吉永、曲春林、闫圣利、赵新路、慈夫山

【参考文献】

[1][日]大野耐一著，谢克俭译.丰田生产方式[M]北京：中国铁道出版社，2006.21-38.

[2]刘丽文著.生产与运作管理[M]北京：清华大学出版社，2016.337-346.

[3]马士华、林勇著.供应链管理[M]北京：机械工业出版社，2010.82-93.

[4]马林、何祯著.六西格玛管理[M]北京：中国人民大学出版社，2007.440-462.

全球优质农业食品资源对接国内市场管理实践

大康国际农业食品股份有限公司

“三农”兴则国家兴。古老的中国赋予农业厚重的使命。

大康国际农业食品股份有限公司（以下简称“公司”“大康农业”）应运而生。前身为成立于1997年的怀化外贸畜禽产品开发有限公司，经湖南省金融证券领导小组办公室批准，于2002年8月整体变更为股份有限公司，依托在湖南生猪养殖产业的发展，于2010年11月在深圳证券交易所中小企业板公开发行上市，公司股票代码“002505”。

2014年4月大康农业通过非公开发行引入了战略投资者，上海鹏欣（集团）有限公司（以下简称“鹏欣集团”）成为公司新的控股股东。鹏欣集团控股大康农业以后，依托其雄厚的实力，稳步推进企业转型发展，已由原来单一的生猪业务逐步发展为涵盖农资与粮食贸易、牧业、乳业等多元化、国际化企业。2016年大康农业正式更名（原名湖南大康牧业股份有限公司），通过“4+1”产业发展模式，确立了以粮食与农资、肉牛、肉羊、乳业为核心的四大产业板块和食品原料贸易等产业布局。通过整合全球农业、食品资源，对接中国广大市场及消费升级，向中国消费者提供安全、健康、优质的食品，为中国的粮食稳定和食品安全贡献力量。目前公司业务遍布全国及巴西、新西兰、缅甸等多个国家。公司营业收入从2014年的5.85亿元增加到2019的134.88亿元。

截止2020年6月30日，大康农业总资产135.44亿元，净资产59.42亿元。公司现有员工2600余人，拥有境内公司41家、分公司13家，境外公司34家。截至2020年8月31日，公司市值179亿元。

一、核心产业发展实践

大康农业以“全球优质农业食品资源集成商和价值链增值服务商”和“全产业链蛋白质的集成商和分销商”为战略定位，在全球范围内布局，现已形成了粮食与农资、肉牛、肉羊、乳业、食品原料供应链等五大核心主业，业务遍布中国及巴西、新西兰、缅甸等国家。

2016年、2017年，大康农业连续收购巴西 Fiagril 和 Belagricola 两家公司，控制了700万吨粮食资源，为国家粮食安全和食品安全贡献力量；2018年，积极响应“一带一路”倡议，推进中缅跨境肉牛产业，将缅甸肉牛资源对接国内市场，满足消费需求，现已形成亚洲单体最大的50万头屠宰规模；经过8年培育，肉羊产业年存栏量达16万只，规模全国第一，并通过管理技术输出和助力扶贫模式在新疆、广西等地进行100万头肉羊产业布局；在新西兰拥有29个牧场和三万多头奶牛，为满足中国消费升级提供资源支持。目前，公司已成为农业对外合作“20+20联席会议机制的成员企业，承载好国家粮食安全战略，打造具有竞争力的国际粮商，并连续两年获评“农业对外合作企业AAA信用等级”。

经过近几年的发展和沉淀，公司已形成非常清晰的战略目标和核心主业，在全球资源配置中把握住了先机。未来公司将更加聚焦战略，聚焦主业，把大康农业打造成为具有全球影响力的国际农业食品企业。

（一）服务国家战略，建立中巴粮食及农资资源平台

“种世界的地，产中国的粮”这是企业战略，更是国家战略。近年来，围绕“全球优质农业食品资源对接中国市场”的宏伟目标，大康农业在“一带一路”倡议、金砖国家合作机制以及中巴双边贸易合作机制的大背景下，在全球范围内通过兼并收购掌控优质绿色的农业食品资源。在国外的纵深布局，既有全球化趋势下企业发展的战略意义，更有一种造福国人的家国情怀。大康农业积极抢占海外粮食资源高地，通过控制海外粮食资源，变海外粮食为中国粮食储备，变海外土地为中国的耕地储备，为国家的粮食安全贡献力量。

1. 深耕产业发展，布局中巴粮食与农资贸易平台

巴西是世界第二大农业国，农业资源储备丰富。巴西丰富的资源和中国巨大的市场，具有天然的协同和互补效应。正是出于对国家粮食安全的考虑，在考察了国际主要粮食产区后，大康农业抓住巴西近年“金融危机”的机遇，围绕“全球优质农业食品资源对接中国市场”的投资战略，过去四年中持续在巴西布局大豆产业。2016 年，收购了巴西粮食贸易公司 Fiagril 公司 57. 57% 的股权。一年后，收购了另一家巴西著名粮食贸易公司 Belagricola 公司 53. 99% 的股权。

图 1　巴西大豆

在大康农业的战略布局中，Fiagril 和 Belagricola 公司地处巴西两大粮食主产区马托格罗索州和巴拉纳州，经营模式相似，主要从事农资销售大宗农产品生产组织与贸易，分别在其所在的区域拥有近30 年的经营历史，是巴西本地最成熟，最负盛名的粮食贸易和农资分销平台。所覆盖大豆种植面积超过 800 万公顷，享有极高的市场美誉度，和农户也有极强的黏性，为中巴平台未来的发展奠定了坚实的基础。同时马州和巴拉那州大豆总产量更是高达 5200 万吨，为打造海外大豆生产基地，实现掌控 3000 万吨大豆的战略目标提供了重要基础。一旦国际市场出现大豆供给紧张或国际粮商蓄意炒作，两家公司所覆盖的“一手粮源”可随时启动收购，及时保障国内需求的有效供应。

当前国际贸易市场变数增多，这为中巴农业产业合作和中国企业在巴西深耕布局创造了更多的机会，中巴农业之间的深度合作会进一步加快，巴西的农业资源与中国市场协同优势开始凸显。未来巴西通过耕地开发，大豆增产空间巨大。据介绍，以 Fiagril 公司所在州为例，地区拥有全球 9% 的大豆玉米产量，占巴西大豆产量的 30% 左右，而且还有一定的发展潜力，因此从整个产业发展角度来讲，巴西大豆等粮食产业的发展空间巨大。

2. 释放产业价值，中巴粮食与农资贸易平台优势凸显

Fiagril 和 Belagricola 以“公司+农户”的经营模式，分别向 14000 多家长期合作的农户提供种子、农药、化肥等农业生产资料的一站式采购方案、农业金融服务以及农业技术顾问服务等差异化服务，并依托优质的产品质量与服务以及分布广泛的零售点及粮仓，提升农户合作粘性，建立良好客户关系和客户粘性，这是确保收购季节采购到优质粮食资源的根本保障，从而从产业链最前端锁定巴西农民的粮食资源，这也是巴西两个平台区别于 ABCD 四大粮商的最显著的优势。同时，通过以物易物核心供销模式，锁定收获季节可收到的农产品数量保证了农产品贸易业务中农产品的供应，不仅提高与国际大粮商的议价能力，更增强大豆来源的稳定性和贸易的主动权，同时，直接进口大豆满足中国市场需求，也增强了国内大豆客户的黏性，为业务的长期持续高效运营打下了坚实基础。

目前，大康中巴粮食贸易项目现已被纳入国家粮食战略储备计划，被中国农业部列入 20+20 合作机制，并获得了国家开发银行的专项信贷支持。同时，通过双向贸易平台，作为中国供给侧结构性改革的践行者，大康农业将积极作为，将中国具有比较优势的化肥、农药等过剩的农资产品出口到巴西，锁定巴西的大豆等粮食资源，对接中国国内的粮油、豆粕下游产业链，实现植物蛋白和动物蛋白的有效转化，形成全产业链闭环，为服务国家战略和国家粮食安全作出更大的贡献。

（二）响应“一带一路”倡议，推进中缅跨境肉牛产业

1. 紧跟国家战略 项目应运而生

近年来，由于国内对牛羊肉的需求大幅攀升，国内牛肉价格与周边国家差距巨大，在利益的驱动下，通过缅甸、老挝等国家非法入境云南省的肉牛数量也逐年上升，使国内重大动物疫病防控工作面临严峻形势，给我国畜牧业生产安全和公共卫生安全带来极大威胁，严重影响边境经济发展和社会稳定。在此背景下，云南省向国家农业部、海关总署、商务部和国家质检总局提出规范化运作跨境肉牛疫病区域化管理的试点申请。

图 2　瑞丽肉牛产业基地

2017 年 5 月，国家四部委即联合发文，要求进口屠宰用肉牛应来自境外指定区域，经过严格检疫程序进入境内试点区域屠宰加工后供应国内市场，明确德宏州瑞丽市、西双版纳州景洪市和勐腊县为首批试点区域。以此为契机，在同年 7 月，大康农业积极响应国家号召，参与到一带一路建设中，竞标成为

云南省农业厅确定的边境肉牛产业发展企业，在德宏州瑞丽市开展“中缅跨境肉牛项目”。中缅跨境肉牛项目的实施不仅可以防控境外肉牛的非法入境，疏通肉牛进口贸易渠道，推动中缅边境地区肉牛及其产品国际贸易；同时，通过肉牛产业链的延伸开发，提高产业附加值，有助于进一步促进云南边境地区经济的持续健康发展，增加税收，带动当地就业。

2. 缅甸肉牛资源对接国内需求 填补消费缺口

缅甸的肉牛资源是尚未挖掘的宝藏，存栏近2000万头，且缅甸肉牛采购成本低，在缅甸当地采架子肉牛需0.5-0.7万元/头，而国内采购成本在1.2万元/头左右。在饲料资源方面，由于缅甸地处热带季风气候，用于肉牛养殖的饲料资源丰富，当地的甘蔗梢、玉米秸秆价格极为低廉，可以直接加工成青储饲料等粗饲料。同时，通过在当地建设饲料加工厂，将当地收购的玉米直接蒸汽压片制成精饲料，通过青储饲料和精饲料的科学配比，使境外饲养育肥的日饲料成本大大低于国内，境外育肥可以获取很高的经济效益。

大康农业通过瑞丽市肉牛产业基地建立进口隔离检疫场与总计50万头屠宰能力的规模屠宰厂，牛肉熟食加工厂，以及皮革及内脏处理等工程项目等相关经营配套设施；在缅甸建设活牛收购蓄养育肥基地，一方面充分利用缅甸丰富的农业资源（土地、农作物、劳动力等）将肉牛的原生态养殖最大化，推进缅甸农业发展的同时将屡禁不止的走私活牛合法化，同时通过蓄养育肥有效地控制了检疫环节，杜绝了疫病等安全隐患；另一方面又满足了国内消费需求，还可以借此逐步打造出国内首个集蓄养-隔离-育肥-屠宰-加工一条龙的完善规范的整套产业链，形成从饲料培植、育肥屠宰到精细加工的全链条监控，成为调控和引导国内牛肉生产消费市场良性发展的“蓄水池”。此举加快了国内牛肉供应产业链调整，为国民食品供应加杠质量和安全双保险。

图3 缅甸康瑞公司育肥场

3. 境内外联动 构建一体化肉牛产业链

按照大康农业的总体规划，中缅跨境牛肉项目将分成境内瑞丽市肉牛产业基地和境外肉牛养殖基地两部分。瑞丽肉牛产业基地 2018 年初正式落地后，以高效快速的效率实现了当年签约、当年建设、当年具备生产条件的建设速度。目前一期项目境内隔离场、屠宰厂工程建设及运行调试顺利完成，已具备肉牛屠宰、分割和精加工等生产能力。与此同时，公司积极在缅甸做好产业布局，深耕活牛产业发展。康瑞公司作为中缅跨境肉牛项目在缅甸的落地执行单位，于 2019 年 6 月获得缅甸关于肉牛项目投资申请的正式 MIC 许可成为目前缅甸唯一一家在缅经营肉牛养殖销售的外资企业。

中缅跨境肉牛项目利用缅甸等国家的廉价土地资源、饲料资源和劳动力资源优势，以“农户+合作社+公司+企业”的模式，把缅甸打造成为我国在境外规模较大的肉牛育肥养殖和牛源供应基地，在境外完成植物蛋白到动物蛋白的升级转换，实现境外肉牛资源与中国巨大消费市场的资源对接与优势互补。通过境外隔离育肥、境内隔离屠宰、国内市场营销的全产业链运营模式，形成大康肉牛产业在国内市场的竞争优势。

4. 牢筑安全食品防线，让老百姓吃的更放心

大康农业一直将以人民对美好生活的向往作为公司的奋斗目标。以最低的成本和最优异的加工品质回报社会，改变中国人的牛肉饮食文化，让中国人吃得起健康美味的好牛肉，让百姓过上更加美满幸福的好生活。

中缅跨境肉牛项目在做好境外隔离场和集中饲养场的全方位布局基础上，创新经营理念，改变传统隔离程序，以境外“120 天隔离+育肥”模式替代 75 天的检疫隔离期，牛肉品质可与我国育肥黄牛相媲美。同时，肉牛屠宰前，在境外隔离场转运入境后，还须在境内隔离场进行检疫隔离，确保动物疫情的有效防控。只有经过境外境内双重隔离后的安全肉牛，才能进入境内屠宰加工厂，再通过物流网络进入各地的农贸市场、商超和餐饮行业，最后端上市民的餐桌。

目前，已建成投入生产的云南跨境肉牛项目瑞丽弄岛屠宰加工厂的主生产区平面布局由中美两国专家联合设计，密闭、恒温的加工环境符合美国 FDA 食品卫生标准及欧盟卫生标准，是集屠宰工艺、冷藏排酸工艺、现代化分割为一体的国际标准现代化肉牛屠宰加工基地。设计年屠宰能力达 50 万头肉牛，日屠宰肉牛可达 1667 头。其生产线选取德国、美国、荷兰、西班牙等国设备精华，工艺科学、流程合理，是目前国内唯一一家双线并行肉牛屠宰加工厂。

图 4 肉牛屠宰生产线

在拥有了强大的硬件设施基础之下，中缅跨境肉牛项目还采用了先进的生产工艺保证牛肉的质量。同时，公司高度重视食品安全，坚持从产品的源头做起，实现牛肉产品从育肥饲养、屠宰加工和销售的全过程品质监控，从屠宰到加工，严格把控牛肉品质，力图做到从牧场到餐桌，全产业链式、全程可溯源服务，把最生态、最安全、最健康、最美味的牛肉带给广大消费者。

5. 疫情催生新型消费，肉牛产业再迎新机遇

2020年新冠肺炎疫情的爆发，改变了人们的日常生活轨迹，无形中也培养了诸多新型消费习惯，产生了与之前不同的消费新场景、新理念、新方式，消费升级趋势明显，新型消费有望强势崛起，给传统消费行业带来新机遇。另一方面，疫情导致对动物蛋白的需求可能会进一步加剧，为提高免疫力的蛋白质产业链带来了机会。随着疫情稳定后，餐饮业也将迎来一段时期的报复性消费，带动肉类需求增加，如果供求矛盾无法解决，未来动物蛋白价格将会报复性上升。疫情之下，牛肉消费水平有望进一步提升。

公司在推动肉牛产业发展的过程中，实行三步走计划，第一步通过云南瑞丽肉牛屠宰项目的建成，实现两分体、四分体肉牛供应，满足市场需求；第二步加快云南瑞丽肉牛产业园区建设，以屠宰厂为中心加快上下游产业的整合和延伸，推动深加工产业发展，实现产业升级；第三步，未来将和云南瑞丽政府一起，搭建瑞丽肉牛产业交易平台，通过设立相关标准，开展防疫和信息化技术交流，改良当地肉牛品种等一系列措施，将全球优质的肉牛养殖资源和技术集聚平台，并辐射内地，推动我国肉牛产业的发展。

（三）树立行业标杆，打造中国纯种湖羊第一品牌

1. 以科学技术为抓手，致力规模化、集约化肉羊养殖

近年来，随着我国食物消费结构的调整对蛋白质含量高、胆固醇含量低、营养丰富的羊肉需求量明显增加，尤其是优质羔羊肉的需求量增加最为显著，极大地促进了羊肉生产行业的快速发展。作为国内农业与食品上市公司，大康农业经过多年的探索研究，在安徽成功投资建设肉羊产业项目，以湖羊为主导品种，致力于发展规模化、集约化的先进肉羊养殖业，现已成为国内规模最大的湖羊养殖企业之一。

图5　安徽涡阳肉羊养殖基地

大康农业肉羊产业项目一直坚持以科学技术为第一生产力，以创新管理模式为抓手，以安全高效、生态环保为目标，开拓创新、成功构建了“自繁自育、闭环运作”生产经营模式和“车间（单元）、场、司三级目标考核”管理模式，技术质量、管理水平、经济效益均是全国同行业中的佼佼者。近年

来，公司不断加大科技投入，广泛开展产学研合作，与中国农大、中国农科院、华中农大、安徽农大、安徽农科院等高等院校和科研院所，及澳大利亚等羊业发达国家的同业同行专家建立了良好的合作关系；主持或参加国家重点研发计划、安徽省重点研发计划等科技项目5项，获得安徽省科技进步一等奖1项、农业部丰收奖二等奖1项、省科技成果4项，技术研发能力和水平居全国先进行列。经过多年实践发展，公司现已成为农业部标准化养殖示范场、国家现代肉羊产业技术体系示范场、国家重点研发计划参加单位和示范企业、安徽省院士工作站、亳州市农业产业化龙头企业。

2. 稳定行业领先地位，成功实现“走出去”战略

大康农业肉羊项目现有存栏优质湖羊16万只，被业界公认为目前国内存栏规模、繁育技术、种羊销售价格都领先的湖羊养殖企业。

2019年，肉羊产业凭借多年来的积累和沉淀，加快行业头部企业建设，以轻资产复制和管理与技术输出模式，成功实现“走出去”战略，走出安徽，走向全国，向打造中国肉羊领先品牌的目标迈出关键步伐。通过产业扶贫，公司首个肉羊全产业链扶贫项目在广西大化正式落地，为当地带来了先进的养殖技术，助力脱贫攻坚，随着后续不断发展，未来将建成中国西南最大的肉羊产业精准扶贫示范县，打造南方羊都；同时，肉羊产业“走出去”步伐已延伸至新疆巴楚县和新疆建设兵团农三师。通过自身种羊、集约化养殖、技术和管理等优势，在新疆图木舒克市和巴楚县开展肉羊全产业链扶贫项目，推动当地肉羊产业发展，实现精准扶贫。公司肉羊产业正在朝着全国性羊业品牌发展目标稳步前行。

未来5年，大康农业将建立“互联网+”养殖模式，打造未来智慧羊场，不断扩充完善产业链，向上游延伸完善饲料厂配套，向下游延伸产品销售深加工，实现肉羊一体化产业链模式，达到年出栏300万头规模，成为中国纯种湖羊第一品牌。

（四）对接国内消费升级，打造新西兰“黄金牧场”

1. 深耕海外牧场资源，掌控优质奶源

由于全球资源禀赋的差异、以及不同区域的多样性需求，会带来巨大的商机。因此，大康农业基于中国市场的特点和中国消费升级，在全球范围内寻发优质资源，对接中国市场，更好的服务中国消费者。

图6　新西兰牧场

凭借敏锐的市场嗅觉，大康农业紧抓消费升级带来的乳制品高端化发展趋势，经过多年布局，现已在新西兰控制了29个原生态牧场，牧场总覆盖面积约26，000公顷，拥有奶牛三万多头，年产能约1亿2千万升牛奶，是新西兰最大的海外投资牧场主。旗下牧场管理公司已成为新西兰第三大牧场集团，是恒天然集团第五大股东。牧场在产量、利润、环保标准、动物福利等方面达到了全球一流水平，产出国际一流标准的奶，同时牧场管理在新西兰也处于领先地位，受到了新西兰海外投资办公室的高度评价。

2. 打造从牧场到餐桌全产业链，服务中国市场

大康农业与新西兰唯一一家由毛利团体控股的奶制品加工厂Miraka合作，将全球最高品质与安全标

准的“纽仕兰”品牌奶制品带到国内。同时，公司于2017年年底通过战略合作引入阿里巴巴，从线上加大“纽仕兰”品牌对接中国市场，打通“洋超对接”，进一步打造“全球优质高频快消品集成平台”。通过垂直一体化产业链建设，构建了一条“从牧场到餐桌”的完整产业链闭环。

纽仕兰乳制品除了主打的UHT产品，公司先后还开发了成人奶粉，麦努卡奶粉，鲜奶产品。目前，“纽仕兰”已成为国内知名品牌，深入中国的各个角落，覆盖全国超10亿人群，成为盒马进口乳品销售冠军、屡次斩获天猫进口乳品销售榜榜首，广受大众消费市场追捧。2018年开始，“纽仕兰”品牌连续参展两届进博会，让“纽仕兰”成为进博会的新闻焦点。2019年公司斩获新西兰乳业行业冠军大奖，此奖项在新西兰乳业影响巨大，堪称是行业标杆，也体现了新西兰牧场科学管理的成果。

未来，公司将朝着高附加值产业目标转型升级，探索建设绵羊奶牧场，并通过管理输出，建立轻资产撬动重资产的管理模式，控制更多的优质牧场资源，提高资产收益率。

（五）构建综合性食品原料贸易平台 打造“食品原料生产商的供应商及供应链增值服务商”

大康农业食品原料贸易板块以“食品原料生产商的供应商及供应链增值服务商”为定位，专注服务于食品、饮料、烘培、动物蛋白等终端客户领域，汇聚各方资源，连接上下游产业，在价值链增值平台上实现新动能。现已与百事、健力宝、统一、加多宝、中粮等上下游终端生产商建立了良好的合作关系，开展了糖类、咖啡、奶粉、食用油及工业食品原料等业务。通过集采分销、委托采购、异地配送、供应链金融等业务模式，帮助终端客户实现定制化采购，提高其效力，以实现客户价值最大化和企业收益最大化为目标，持续与客户共同创造最大价值，实现共赢。秉承着服务创造价值、品牌提升价值、管理支撑价值、模式实现价值的经营理念，构建完整的供应链体系，更好地为终端客户创造更大的效益，成为客户最值得信赖的合作伙伴。

未来，公司将通过不断聚合社会资源，来构建以糖奶产品贸易、物流、供应链金融服务为一体的综合性食品原料贸易平台。

二、公司治理与管理创新

（一）严格风险管理控制

作为一家全球化农业与食品公司，大康农业为实施全球化战略布局，高度重视治理体系和风控体系建设，秉承‘风控是1，其余为0’的理念，规范治理、加强风控，助力主营业务起飞。为加强内控体系建设，严格风控管理控制，大康农业构筑起风险控制的三道防线。首先，各业务单元是风险管理的第一责任者和第一道防线，作为业务执行部门，对日常业务中的风险进行识别跟踪，将风险控制在可承受范围内。其次，风控部作为公司风险管理的独立管控部门为第二道防线，根据各部门业务特点建立相关规章制度，对业务部门的风险进行度量和评估，设定界限，建立风险信息系统和预警系统，确定关键风险指标并进行监控。第三，内审部作为公司的稽核审查部门，为第三道防线，独立、客观地审查并监控业务单元的业务风险。通过采取科学的评价、监督和改进、提升，从而确保风控管理得到有效落实。

（二）培育诚信企业文化

公司始终恪守商业道德，把依法合规、诚实守信作为企业实现可持续发展的必要前提，不断完善公司合规治理，注重提升员工法律意识，培育具有合规经营原则的企业文化。同时，公司也遵守相关国家和地区的法律法规，将良好的公司形象融入当地文化。

（三）构建企业管理体系

公司通过管理体系建设，达到企业增值、风险管控、实现协同三大目标。

1. 稳定业务、企业增值

通过管理体系建设，实现业务的持续发展，通过管理的有效性，促进价值链增值的形成，实现业务稳定、企业增值。

2. 完善治理、风险管控

对子公司的治理要求应符合公司作为上市公司的规定以及海外子公司所在地相关法律法规；通过日常管理机制的设计，不仅对子公司经营风险实现有效管控，同时，确保对收购企业在战略、财务和运营上的控制。

3. 尊重差异、实现协同

以业务与管理交流为支点，增进上市公司与子公司团队的沟通与信任；尊重海外子公司的管理自主性以及企业文化，实现理解基础上的有机融合，打造全球业务版图的同时构建大康大家庭。

三、坚持做有社会责任感的企业

大康农业坚持经济效益与环境效益并重，社会服务与共赢成长融合，聚焦全球优质资源嫁接国内市场、为利益相关方创造共享价值、谱写合作共赢新篇章、践行责任回馈社会、呵护生态绿色发展等核心要义，最终实现企业与社会、经济、环境的协调永续发展。

（一）勇担社会责任，助力精准扶贫

2020年是我国全面建成小康社会的收官之年，也是全面打赢脱贫攻坚战决胜之年。作为一家全球化的农业与食品上市公司，大康农业始终以高度的责任感和使命感，主动承担社会责任，积极响应国家扶贫政策，参与脱贫攻坚，推动扶贫事业的发展。大康农业所属各子公司也纷纷投身其中，共同为社会的和谐发展做出贡献。

1. 瑞丽鹏和响应号召，积极参与精准扶贫工作

作为来瑞投资的大型农业企业，大康农业旗下瑞丽鹏和公司积极响应瑞丽市委、市政府的号召，主动参与瑞丽市精准扶贫行动，向瑞丽市“万企帮万村”基金会持续捐款。

随着瑞丽市肉牛产业基地一期工程的竣工投产，公司通过以项目加工屠宰厂“就业扶贫”为主线，积极带动周边贫困人口就业，提高收入，截至目前，共吸收就业人员220余人。同时，通过举行正规化、标准化技能专项培训，为周边贫困人口拓展就业渠道奠定了基础。此外，公司还积极参与扶贫专项活动，捐资支持教育等社会公益事业。同时，中缅跨境肉牛项目的实施不仅为当地带来巨大的经济效应，还肩负着产业扶贫的重要使命，在推动当地产业发展过程中，跨境肉牛项目不仅有利于中缅边贸经济发展，更将实实在在地带动当地就业、农民增收，在扶贫脱贫攻坚战中发挥出上市公司应尽的社会责任。

2. 安欣牧业开展精准扶贫，助推产业发展

作为大康农业在安徽投资建设的全资子公司，安欣牧业主动承担社会责任，参与脱贫攻坚。在安徽涡阳县，安欣牧业采取“政府+金融+公司+养殖基地+贫困户”五位一体模式在涡阳县境内24个乡镇（街道）定点、精准扶贫2000户贫困户，是当地政府扶贫攻坚产业基地。在广西大化瑶族自治县，安欣牧业与大化县政府通过“政府（平台公司）+龙头企业（产业示范基地）+扶贫车间（标准羊舍）+贫困户”的合作方式发展肉羊产业。公司将以示范基地为依托，为大化县发展养羊的扶贫车间提供优质的种羊，回收羔羊、育肥羊，同时作为技术服务和培训的基地，将羊粪加工成优质的有机肥产品，助力脱

贫攻坚，预计至 2021 年，将带动约 8000 户贫困户脱贫致富。

与此同时，作为亳州市农业产业化龙头企业安欣牧业秉承环境保护为根本，带动当地经济发展为目标，探索出了一条充分利用农区秸秆资源、发展节粮型草食畜牧业（肉羊）的成功之路，促进并带动了项目所在地的农业、交通运输业等行业的发展，为地方经济作出了较大贡献。公司每年可消纳各类秸秆约 13 万吨，极大地减轻了当地农区秸秆对环境造成的污染，并将秸秆资源直接转化成当地农民经济收益。同时，利用养殖废弃物产业化方面的优势，将有机肥厂、堆粪棚、污水处理场等粪污资源化利用，每年可生产优质有机肥 5 万吨，实现了种、养良性循环，注重环境保护的同时，不仅增加了当地农户收入，而且有利于产业可持续发展和人居环境改善，取得了良好的经济效益、社会效益和生态效益。

（二）始终把环境保护放在首位，确保企业高质量可持续发展

公司始终坚持"保护环境，可持续发展"的理念，在各地开展业务注重长远目标和发展，在过程中通过多方合作，更加理性地使用能源和资源。多年来，大康农业在生产管理中通过固体废物的回收、生产过程中水处理与再利用等方法来减少环境影响。

（三）投身公益事业，履行企业社会责任

大康农业在自身发展的同时，不忘做"有爱心、有责任、有温度"的企业，积极投身公益事业，践行现代企业的人文关怀与社会使命感。

1. 关爱生命健康，守护青少年成长

开展 Canora 项目帮助被剥夺自由的青少年提供一种新的生活视角，让他们通过音乐来完成在 Londrina 医院被剥夺自由时期的社会教育。我们相信只有通过教育，才能唤醒他们的自我意识，发展他们的新技能，避免在犯罪行为中再犯。项目通过音乐化的理论与实践活动，在模拟环境中参与行动，保证节目内容的学习，加强社会共存性。

与此同时，大康农业还持续关注自闭症儿童这一特殊群体，组织全体员工积极捐献爱心，为这群星星的孩子送去爱的温暖，还与慈善基金会长期保持合作，时刻关注他们的身心健康发展，旨在用企业的力量让每个在困境中的家庭能收获爱的力量，让每个孩子都能在关爱中成长。

2. 关爱老人，传递温暖

"老吾老以及人之老"，社会需要爱的传递。为积极履行社会责任，弘扬中华民族爱老、敬老、助老之传统美德，大康农业联合总工会开展了以"关爱老人、传递温暖"为主题的爱心公益活动，为孤寡高龄老人送去慰问品，让老人们真切感受家人般的关爱与呵护。

大康农业作为一家全球化的农业与食品上市公司，在企业的发展过程中，始终把积极参与公益事业作为履行社会责任的重要内容，坚持做"有爱心、有责任、有温度"的企业，为和谐社会建设做出应有的贡献。今后，大康农业将一如既往地把公益活动开展下去，用我们的爱心传递温暖，传播文明，让社会充满正能量。

四、展望未来，我们满怀希望

中国正处在百年未有之大变局的关键阶段，从国家粮食安全战略的大局看，农业行业大有可为。大康农业将继续把"做全球农业食品资源集成商和供应链增值服务商"作为责任使命，通过进行全产业链投资，将产业协同融合，实现价值提升；坚守既定的战略目标，着力构建和强化后台支持体系，以国际化标准和产业背景为前提，建立符合大康特色的海外企业管理体系；同时打造与公司产业定位相匹配、产业布局相一致的国际化治理体系，支撑公司国际化发展需求。

公司在稳步发展的同时，将持续股东价值创造，加强与合作伙伴的协同发展，注重员工培养和关爱，践行责任回馈社会，坚持经济效益与环境效益并重，社会服务与共赢成长相融，聚焦全球优质资源对接国内市场、为利益相关方创造共享价值，最终实现企业与社会、经济、环境的协调永续发展，为国家粮食安全战略作出贡献。

大道行思，取则行远。面对机遇与挑战并存的发展环境，我们既要有中流击水的豪情，更要有荣辱与共的笃定，继续向着“成为农业食品行业发展的引领者”的美好愿景，在时间的编年中，行稳致远。

成果创造人：葛俊杰、沈伟平

基于负荷批量控制功能及其创新应用的精益管理体系建设

国网四川省电力公司南充供电公司

一、基于负荷批量控制功能及其创新应用的精益管理体系建设实施背景

（一）全面履行社会责任，确保供电安全可靠的需要

随着电网规模的持续扩大，电网间的相互联系越来越紧密，局部故障对整个电网安全稳定的影响逐步增大，电网故障处置不及时可能导致事故扩大，甚至酿成大规模停电事件。因此，有效防控电网故障，保障供电安全性与可靠性，是供电企业履行社会责任的首要任务。

四川电网通过“八交四直”成为联通西北、华中、华东、华北四大区域电网交直流混联运行的枢纽电网。2019年，渝鄂直流背靠背联网工程投运，四川及西南电网独自同步运行，形成跨区异步互联的大型水电基地送端电网，南充电网位于四川电网东北部，是四川电网的重要节点，川东北电网枢纽。因此，加强电网故障应急处置能力，确保局部电网安全稳定运行，避免连锁故障导致电网崩溃，是维护社会稳定和人民生产生活的重要保障。

（二）应对电网供电瓶颈，保障电力有序供应的需要

南充电网主供电源为500千伏南充变电站，分别与广安、遂宁、德阳500千伏电网相连，其中500千伏南黄一、二线是川电东送第二通道。220千伏电网由南、北电网两部分构成，南部电网双环网运行，北部电网单环网运行，网架结构薄弱。

2019年迎峰度夏期间南充电网用电负荷连续3次创新高，最大负荷211.1万千瓦，预计2020年最大负荷达235万千瓦，同比增长11.37%，安全可靠供电压力大。一是，南充电网主供电源为500千伏南充变电站，220千伏断面稳定限额105万千瓦，预计2020年负荷缺额130万千瓦。二是，嘉陵江流域在南充境内有十座水电站，装机总容量115.93万千瓦并入南充电网运行，若水电停机避峰将大幅度影响发电出力，南充主变下网能力成为制约地区供电能力的瓶颈。三是，南充公司虽然及时采取了开展南充主变过载能力校核的措施，在保障安全的前提下深挖主变供电潜力，将主变下网限额提升至105万千瓦，仍然不能完全满地区的供电需求。

随着500千伏南部变电站列入规划，南充电网供电形势可得到缓解，但建设工程短期内难以完工。因此，大负荷情况下，必须有效运用负荷批量控制功能，应对南充电网供电瓶颈，快速、精准控制负荷，保障重要负荷和高危用户的可靠供电，保障电力有序供应。

（三）推进调控技术建设，适应智能电网发展的需要

为更好地适应智能电网发展的需要，强化调度控制技术支撑手段建设，2016年推进负荷批量控制技术

手段建设被国网公司纳入调度控制重点工作年度任务，2017 年四川电网完成功能建设，实现全网覆盖。

随着调度负荷批量控制功能在全川的全网覆盖和深化应用，为调控机构适应智能电网发展提供了技术保障，同时其功能及创新应用管理体系也亟待完善。目前，国网公司仅有《智能电网调度控制系统负荷批量控制功能规范》规范其使用。

为确保负荷批量控制功能及其创新技术的应用有序推进，南充供电公司将迎峰度夏供电能力不足的“劣势”转变为“优势”，功能建设完成以后，在紧急情况下大力运用负荷批量控制手段，强化专业协同配合，建立应急协同机制，同时创新思维，全国首创基于负荷批量控制功能的小电流接地故障智能切除功能和无功返网批量控制技术，在应用中完善负荷批量控制技术手段及其创新功能的管理模式，积极适应智能电网调控新技术的研究和实践。

二、基于负荷批量控制功能及其创新应用的精益管理体系建设内涵及主要做法

南充公司以构建负荷批量控制功能管理体系为目标，以应对南充电网网架结构薄弱、供电瓶颈突出为导向，大力研究运用负荷批量控制，并将其核心技术与调控工作结合，创新思维，全国首创研发应用基于负荷批量控制的小电流接地故障智能切除和无功反送批量控制功能，积极探索泛在电力物联网调控应用。负荷批量控制及其创新功能应用在接受国家电网公司领导及 7 家省（区、市）调控中心的现场指导后，以打造智能、高效、精准的电网事故处置为主线，围绕当前南充电网运行实际，结合调控工作自身特点和需求，通过健全领导指挥体系，建立协同配合机制，创新拓展应用功能，统一创新技术路线，完善功能管理体系，构建起适应于电网安全可靠运行的负荷批量控制及其创新功能精益管理体系，大力提升负荷批量控制管理水平和电网事故处置能力，提升优质服务水平，确保电网安全高效运行。其主要做法包括：

（一）统一指挥、省地联动，健全领导指挥体系

1. 统一决策部署，完善常态工作领导体系

省地两级建立负荷批量控制领导体系。在南充公司层面，建立由总经理任组长的负荷批量控制应急领导小组，在事故紧急情况下立即控制负荷，启用有序用电，确保电网安全。

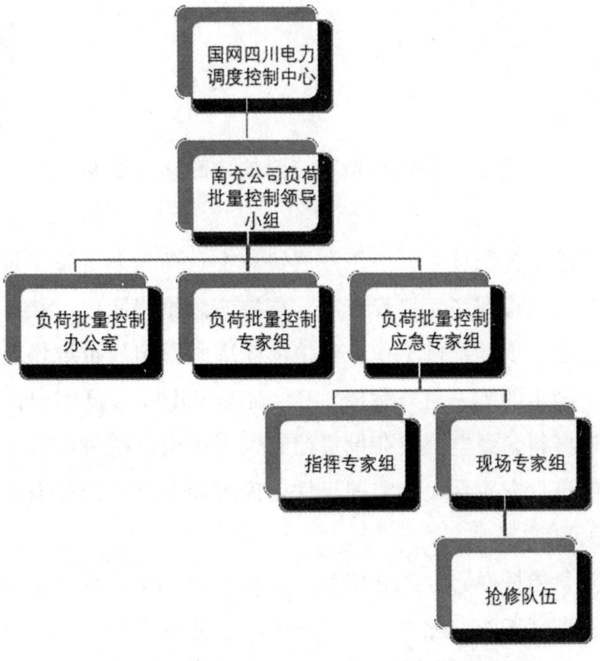

图 1　国网南充供电公司负荷批量控制领导体系

2. 省地协同联动，构建纵向统一指挥体系

为建立省地一体协同联动事故处置机制，构建电网负荷批量控制应急处置指挥体系，提高事故处置期间的指挥协同能力和高效处置能力，南充公司与四川省调建立“纵向统一”的负荷批量控制管理机制，确保负荷批量控制统一落地，消除因层级带来的“矛盾点、空白点、交叉点”，有效提升负荷批量控制应用在省级和地区电网协同顺畅。

（二）快速响应、统筹协调，建设协同作战体系

1. 快速实施应对，开展全方位应急联动

（1）快速响应

根据负荷控制风险拟定不同级别控制预案，国网南充公司及其分公司针对每个级别均启动电网事故响应机制，有序开展负荷控制工作。

负荷批量控制启动有序用电均由国网南充公司应急领导小组直接领导。国网南充公司负荷批量控制领导小组组长（总经理）赴公司应急指挥中心参加紧急控负荷应急处置，调控中心负责启用负荷批量控制功能快速控制负荷，相关部门协同配合、跟踪协调，共同开展电网紧急限负荷处置工作。

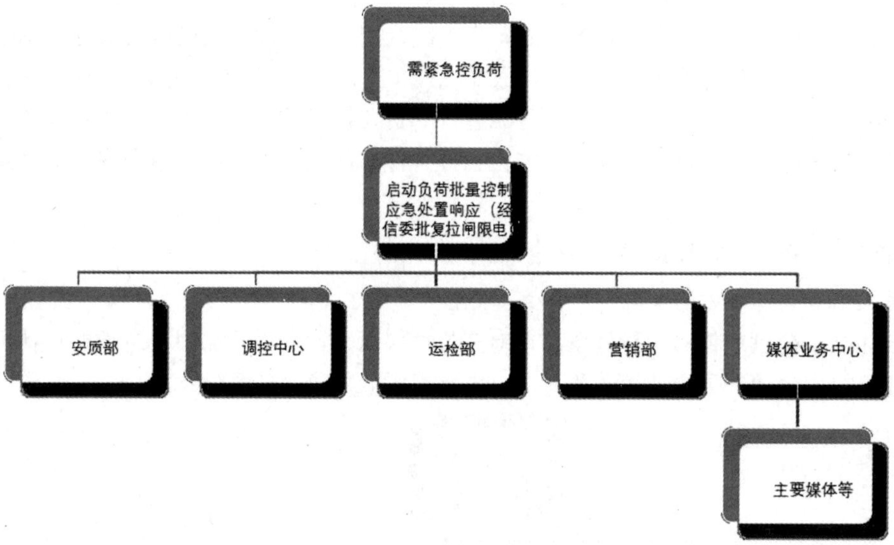

图 2　电网限负荷应急响应联动示意图

（2）上下联动

调控中心作为事故处置的指挥和核心，组织开展快速控负荷先期处置，调整电网运行方式，复核批量控制预案，确保电网安全。运检部制定抢修方案，调集应急抢修队伍、装备、物资，开展设备抢修和支援，向现场派出工作组，指导现场抢修工作。营销部梳理所影响的重要供电客户名单，向重要客户通报突发事件情况，按照公司确定的统一对外解释口径，制定 95598 答复客户内容。媒体业务中心收集有关信息，组织编写新闻报道材料，经电网负荷批量控制领导小组审核批准后统一披露，联系和接待社会新闻媒体，对外披露新闻信息。安质部负责掌握事件处理进展情况，统计财产损失信息，向电网电网负荷批量控制指挥部办公室汇报。

分公司基层单位启用应急指挥中心，开展信息汇总和报送工作。按照负荷控制预案处置原则及本单位预案规定开展应急救援、恢复工作。配合市公司开展信息披露工作，及时与本单位供电区域停电造成影响大的用户进行沟通，协助其进行恢复供电，必要时提供应急电源支持。

（3）统筹资源

南充电网紧急限负荷严格按照南充经信委拉闸限电序位表执行。为保证批量控制负荷的事故处置及时响应，在承担日常电网工程建设、大型检修等业务的同时，加强应急抢修队伍人员的安全教育、技能培训和实战演练，确保紧急情况下具备随时进入工作状态的能力。在发生大面积限电，启用负荷批量控制时，可作为迅速响应抢修需求、快速完成抢修的专业队伍，及时承担供电抢修、恢复重建任务，最大限度减少用户停电时间。

2. 强化舆情监测，实现全过程信息披露

作为四川电网供电能力不足矛盾最突出的南充地区，在大负荷期间，南充站主变重载运行，若发生主变 N-1 停运或嘉陵江流域电厂停机避峰，需紧急限制负荷，南充市减供负荷将达到用电负荷的 20% 以上 40% 以下，构成一般电网事故（四级电网事件）。

在这种情况下，必须规范电网事故信息披露，强化事故舆情监测。通过加强事故相关新闻报道的组织协调，深化与政府网站、主流媒体合作，努力营造良好舆论环境，实现舆情监测与电网事故响应联动。在紧急限负荷后，主动与新闻媒体联系沟通，通过公司网站、市新闻媒体、电话告知、短信群发、公司微博等渠道进行相关信息发布工作。即 20 分钟内利用公司微博等方式完成首次披露，在此后 1 小时内进行事件相关信息披露。披露信息和新闻报道内容由公司电网负荷批量控制指挥专家组授权，通过媒体业务中心统一发布。

（三）建章立制、标准先行，构建功能管理体系

1. 建立以用带检，确保功能演练常态化

国网南充供电公司围绕电网安全可靠运行要求，南充地区大负荷期间，以负荷批量控制应用为抓手，常态化、周期化开展负荷批量控制实操演练，建立负荷批量控制功能“以用带检”机制。为应对南充地区大负荷时期供电瓶颈，南充公司按照稳定运行规定严格控制北部断面功率，优化电网运行方式安排，加强设备运维，做好响应的故障处置预案和常态化开展负荷批量控制演练，保证功能随时可被启用，快速精准控制负荷，确保重要负荷的可靠供电。

2. 专业协同作战，促进实操演练专业化

南充公司自 2017 年负荷批量控制功能建成以来，每年均开展负荷批量控制实操演练，检验南充公司紧急情况下快速控制负荷，启用有序用电的能力。南充公司通过调控中心、安监部、运检部、营销部、检修分公司等相关部门互相沟通、协调，建立常态化负荷批量控制演练协作机制。

针对南充电网网架结构薄弱且电源点不足等情况，专项设置演练科目，进行多方、多形式负荷批量控制实操演练，并从事故处置的正确性、规范性、处置速度等方面量化评价各级调控人员的素质与能力，为电网的安全稳定运行与事故处置做好人力资源保障，全面提升各级电网协同处置电网事故的能力。同时，负荷批量控制实操演练需要跨专业、跨部门联合协作演练，集中调配应急相关人员共同参与，充分检验南充电网应对大面积限电、紧急控负荷的协同作战能力，2019 年负荷批量控制实操演练成效得到了国调中心和 7 家省（区、市）调控中心的现场观摩和高度肯定。

图3　南充公司负荷批量控制演练现场图

3. 创新技术手段，推动功能应用多样化

南充公司在省调指导下，基于OPEN3000/D5000系统将负荷批量控制技术与其他调控工作结合，全国首创研发应用基于负荷批量控制技术的小电流接地故障智能切除功能和无功反送批量控制功能。

小电流接地故障智能切除功能充分利用调控一体化数据集成“快、全、准”优势，在母线接地时，基于母线电压、开关状态、重要客户信息等多维数据研判，结合零序幅值、相电流差值比对自动生成控制策略，快速拉合、排查接地故障线路，可一键切除配网母线接地、单（多）条馈线接地，适用于所有小电流系统单相接地故障类型。

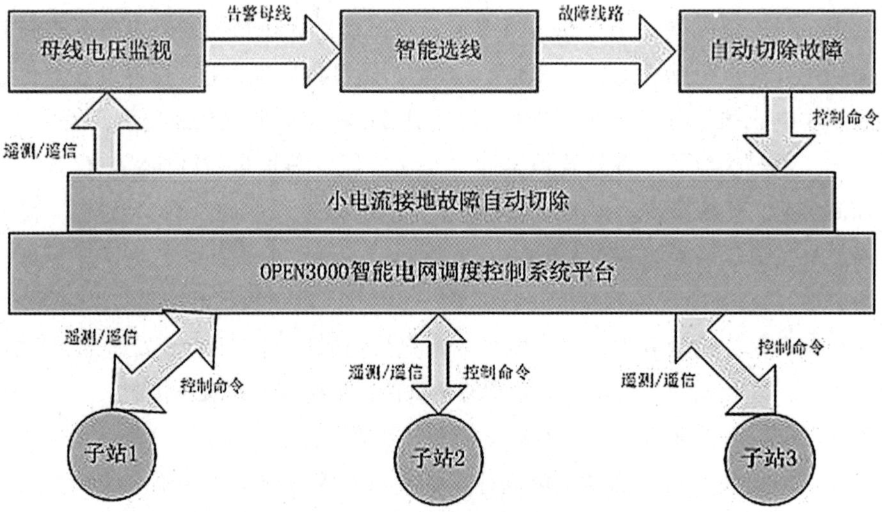

图4　小电流接地故障智能切除功能总体框架

无功反送批量控制应用通过智能电网调度控制系统负荷批量控制模块中预先录入控预案，在电网轻负荷特殊时段一键精准切除不同厂站的电容器和空载线路，快速控制无功大规模返送主网的问题。

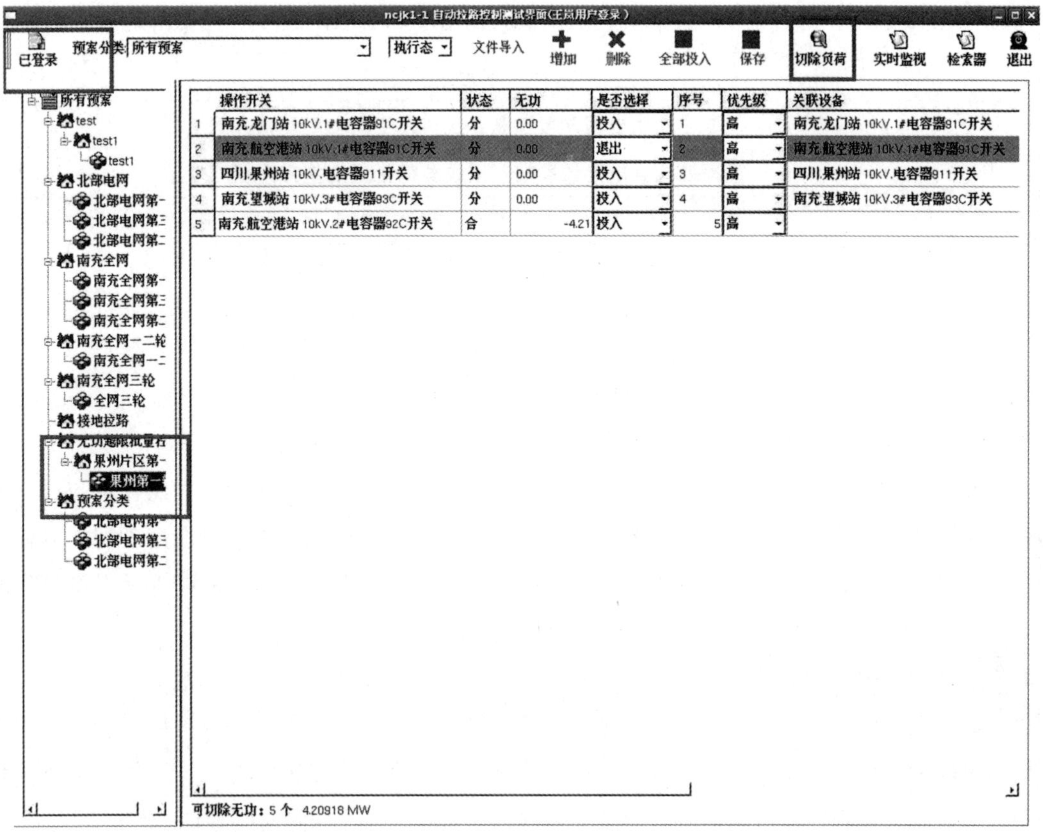

图 5　无功反送批量控制预案录入界面

4. 健全管理机制，实现功能管理标准化

负荷批量控制功能运行初期，快速控制负荷的技术于各专业十分陌生，为确保功能切实落地，在各省、地调全面推广应用，2018 年迎峰度夏洪峰过境期间，南充公司在全川率先应用负荷批量控制，坚持省地一体协同联动，30 秒内精准控制负荷 10 万千瓦，确保有序供电。

在负荷批量控制省地两级调度一体化管理中，坚持两级调度上下联动机制，确保相关部门管理措施的横向落实，最终形成“纵向联动、横向落实、安全共保”的局面，为四川调度负荷批量控制功能应用实现 100% 全覆盖提供了基础，也为我们应对大电网快速控制负荷手段的实用性提供了强有力的应用验证。

南充公司根据国网公司负荷批量控制功能规范和调度运行需求，先后牵头编制了《四川省电网调度控制系统负荷批量功能测试大纲》《国网四川省电力调度控制系统负荷批量功能应用管理规定》《国网四川省电力负荷批量控制系统运行管理办法（试行）》《四川智能电网调度控制系统小电流接地故障智能切除功能应用管理规定》《国网南充供电公司负荷批量控制系统运行管理办法（试行）》等五项规程制度，明确功能应用职责分工，统一创新技术路线，逐步形成了较为完整的负荷批量控制功能及其创新应用的制度体系，有效的指导公司负荷批量控制技术应用，弥补了国网公司负荷批量控制及其创新应用管理缺口，实现了负荷批量控制全过程管控、标准化管理。

表1　负荷批量控制及其创新功能管理制度

序号	制度名称
1	四川省电网调度控制系统负荷批量功能测试大纲
2	国网四川省电力调度控制系统负荷批量功能应用管理规定
3	国网四川省电力负荷批量控制系统运行管理办法（试行）
4	四川智能电网调度控制系统小电流接地故障智能切除功能应用管理规定
5	国网南充供电公司负荷批量控制系统运行管理办法（试行）

（四）泛在物联、智能研判，实现三高故障处置

1. 泛在电力物联，实现高智能故障切除

配网单相接地故障一直以来都是电网运行研究的难题，南充公司将负荷批量控制技术与小电流接地选线结合，全国首创研发应用小电流接地故障智能切除功能，实现单相接地故障线路的智能判断、远方切除，把调控员从繁琐的操作中解放出来，将主要精力投入事故处置，为配网故障处置提供可靠的技术支撑。

小电流接地故障智能切除功能是基于主配网一体化系统接入电网的实时运行数据，利用调控一体化优势，进行数据资源整合共享，为电网运行提供最优策略，对电网核心设备实现智能控制，为调控大运行泛在电力物联网应用工作作了积极探索。利用小电流接地故障智能切除功能，在调度端对10千伏线路开关进行远方操作，实现故障线路的全自动拉合、判断、切除，故障切除时间≤1.5分钟。

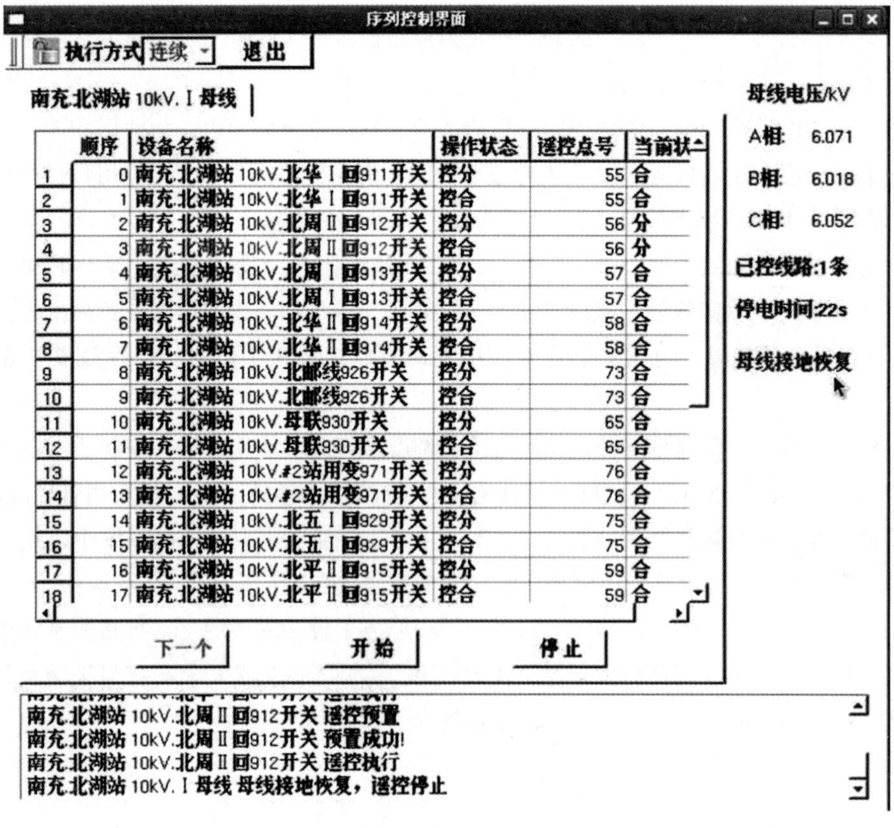

图6　小电流接地故障智能切除执行结果展示

2.规范远方操作，实施高效率故障处置

负荷批量控制、小电流接地故障智能切除功能和无功反送批量控制功能应用的高效性依赖于开关远方操作的速度和变电站遥测信息上传速度。明确负荷批量控制及其创新功能应用电网开关远方操作技术条件，实施开关常态化远方操作预置试验，确保调控端对开关可控、能控、在控。建立日常计划检修工作及节假日保电开关常态化远方遥控预置机制，为启用负荷批量控制功能控负荷和小电流接地故障智能切除功能快速切除配网单相接地故障，恢复电网运行提供了有力技术保障。在发生事故后无需调度拟票、下令，监控逐项操作、回令即可一键操作，提升电网故障处置效率，缩短故障处置时间。

3.明确处置流程，形成高标准处置案例

南充公司通过对小电流接地故障智能切除应用处置流程的总结和梳理，制定了配网单相接地故障标准化处置流程。明确了故障处置各阶段的处置要求和标准，严格控制故障处置时间，确保故障处置效率，为调控员配网单相接地故障快速处置提供指导。此外，根据小电流接地故障智能切除功能日常应用情况，收录历史事故案例及故障分析、处置恢复举措，为调控员开展配网单相接地故障处置提供经验借鉴和参考。通过加强日常对该功能的应用总结和提炼，优化完善其功能模块，使其真正解决生产中配网单相接地故障的切除。

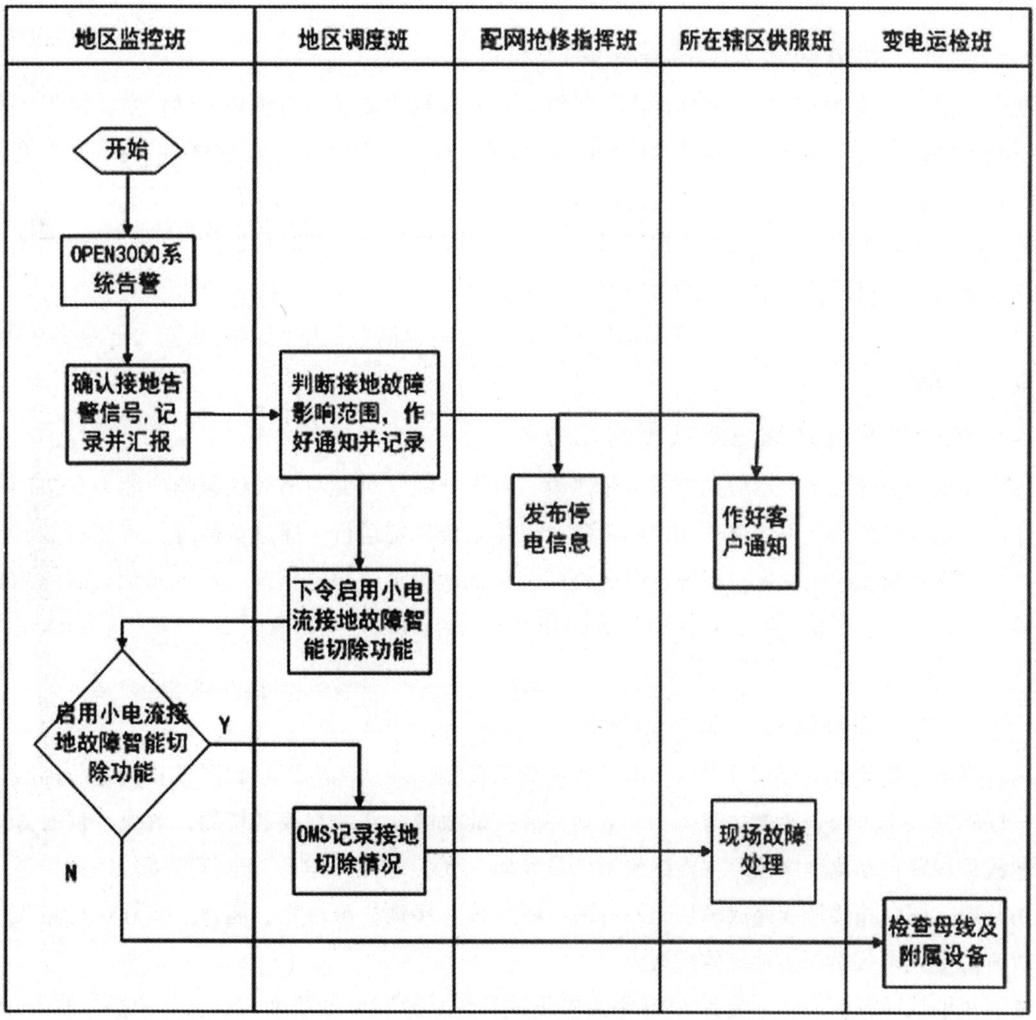

图7　小电流接地故障智能切除工作流程

（五）强化应用、专项培训，打造专业创新队伍

根据《四川省电网调度控制系统负荷批量功能测试大纲》定期对负荷批量控制功能进行测试，以便随时高效准确启用。测试过程中对调控人员开展负荷批量控制应用培训，确保调控人员正确理解并应用该功能。

邀请电信、高校等外部泛在电力物联网研究方面专家和教授对泛在电力物联网进行解读培训，通过与专家教授学习沟通，找到泛在电力物联网与负荷批量控制技术的契合点，深挖小电流接地故障智能切除技术和无功反送批量控制技术，为泛在电力物联网建设调控应用提供专业指导。

（六）及时总结、准确分析，促进总结评估推广

在负荷批量控制及其创新功能应用后，由公司调控中心牵头，统一组织公司相关专业人员，开展功能应用情况数据统计分析和总结评估工作。及时收集各类数据，对负荷批量控制及其两项全国首创功能应用情况、相关规范落地情况等提出改进措施，并将应用情况整理汇编，及时向四川省调报送总结评估报告，以便规范负荷批量控制管理及创新功能推广应用。

三、基于负荷批量控制功能及其创新应用的精益管理体系建设实施效果

（一）提升了协同处置大电网事故的能力

省地一体协同联动事故处置机制的建立，各级电网调控机构能够同步感知电网信息，确保了电网事故在上下级电网信息的实时共享，负荷控制耗时缩短 90.3%，控制目标误差在 1% 以内。如南充上级电网（500 千伏南充变电站）1 号主变发生故障跳闸，需快速在南充片区限负荷 30 万千瓦，以防止 2 号主变过负荷跳闸，扩大事故。南充电网根据四川省调负荷批量控制功能实时推送的信息，及时调整运行方式，精准控制负荷，启用拉闸限电，确保南充电网安全稳定运行。

可以预见该模式若在国（分）调度机构层面推广，必将提高各级电网协同处置大电网事故的能力，确保供电安全可靠。

（二）提升了应对系统稳定风险的能力

通过持续推进负荷批量控制协同作战机制建设，增强电网应对突发事故快速响应能力和协同作战能力，确保南充电网紧急情况下快速精准控制负荷，保障系统稳定运行。通过负荷批量控制精益管理体系的建设，紧急控负荷期间实现统一指挥、高度协同，在批量控负荷应急指挥、资源调配、故障处置、信息披露等环节，运检、营销、安监等各部门协同作战，有序对接，全面提升公司应对系统稳定风险的能力。

（三）提升了配网运行效益和优质服务水平

全国首创基于负荷批量控制技术的小电流接地故障智能切除功能应用于配网单相接地故障线路智能切除，全程不需人工干预，通过一键执行，自动完成接地故障线路的查找和切除，解决了现有方式查找单相接地故障线路自动化程度低、主要依赖调控员经验、人工远方操作开关过程繁复等问题，适用于单条、两条及以上同名相接地线路故障切除，母线及附属设备接地故障排查，涵盖了实际运行过程中可能碰到的所有小电流系统单相接地故障类型。

小电流接地故障智能切除系统自 2019 年实用化以来，坚持安全是基础，效益是中心，服务是宗旨。在安全运行方面，快速、精准切除配网单相接地故障 658 次，小电流单相接地故障处理时间由以往的 30

分钟缩短至 1.5 分钟以内，平均耗时 23 秒，故障处置效率提升 97%；在经济效益方面，累计减少对外供电量损失约 107 万千瓦时，增加经济效益近 54 万元，减少现场设备改造（加装零序 CT 和中电阻设备）投入约 400 万；在优质服务方面，缩短停电时间约 355 小时，调控类优质服务投诉压降 100%，实用化至今实现“零投诉”。

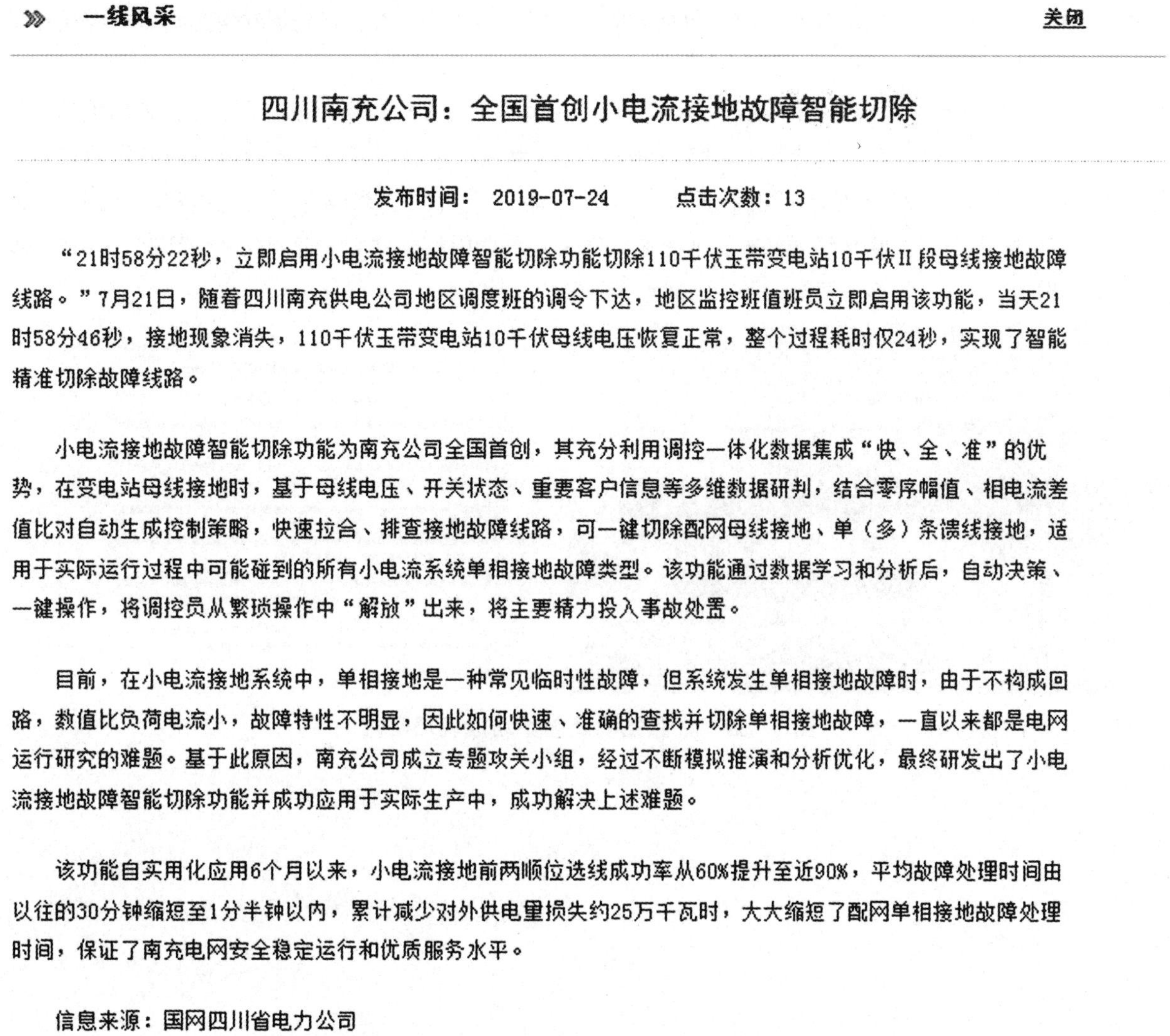

» 一线风采　　关闭

四川南充公司：全国首创小电流接地故障智能切除

发布时间： 2019-07-24　　点击次数：13

“21时58分22秒，立即启用小电流接地故障智能切除功能切除110千伏玉带变电站10千伏Ⅱ段母线接地故障线路。”7月21日，随着四川南充供电公司地区调度班的调令下达，地区监控班值班员立即启用该功能，当天21时58分46秒，接地现象消失，110千伏玉带变电站10千伏母线电压恢复正常，整个过程耗时仅24秒，实现了智能精准切除故障线路。

小电流接地故障智能切除功能为南充公司全国首创，其充分利用调控一体化数据集成“快、全、准”的优势，在变电站母线接地时，基于母线电压、开关状态、重要客户信息等多维数据研判，结合零序幅值、相电流差值比对自动生成控制策略，快速拉合、排查接地故障线路，可一键切除配网母线接地、单（多）条馈线接地，适用于实际运行过程中可能碰到的所有小电流系统单相接地故障类型。该功能通过数据学习和分析后，自动决策、一键操作，将调控员从繁琐操作中“解放”出来，将主要精力投入事故处置。

目前，在小电流接地系统中，单相接地是一种常见临时性故障，但系统发生单相接地故障时，由于不构成回路，数值比负荷电流小，故障特性不明显，因此如何快速、准确的查找并切除单相接地故障，一直以来都是电网运行研究的难题。基于此原因，南充公司成立专题攻关小组，经过不断模拟推演和分析优化，最终研发出了小电流接地故障智能切除功能并成功应用于实际生产中，成功解决上述难题。

该功能自实用化应用6个月以来，小电流接地前两顺位选线成功率从60%提升至近90%，平均故障处理时间由以往的30分钟缩短至1分半钟以内，累计减少对外供电量损失约25万千瓦时，大大缩短了配网单相接地故障处理时间，保证了南充电网安全稳定运行和优质服务水平。

信息来源：国网四川省电力公司

图 8　国网公司报道小电流接地故障智能切除应用成效

（四）提升了负荷批量控制的管理水平

通过充分发挥负荷批量控制在南充电网大负荷期间应对电网供电瓶颈的优势，构建基于负荷批量控制的精益管理体系。通过基于负荷批量控制技术的深度应用，统一创新技术路线，完善功能应用标准，弥补了国网公司关于负荷批量控制及其创新应用管理方面的缺口。

南充公司在四川省调指导下，在负荷批量控制及其创新功能应用管理体系建设过程中不断探索、不断完善，形成一系列可供学习、推广的经验成果，编制了省公司管理应用规范 4 项，弥补国网公司负荷批量控制实际应用中各部门职责分工及创新应用技术规范的缺失，摸索出一套在供电系统范围内行之有效并可推广、可复制的负荷批量控制管理模式，对国网公司负荷批量控制功能及其创新应用管理水平提升具有较强的借鉴意义和推广示范价值。

（五）塑造了泛在电力物联网在调控应用的实践典范

全国首创基于负荷批量控制技术的小电流接地故障智能切除功能，打破了传统模式下调控远方操作方式，推动调控由“传统经验判断”向“数据智能驱动”转变，为调控大运行泛在电力物联网应用作了积极探索。

该功能在2019年5月接受国网公司及七家省调的现场观摩指导后，相关报道登上国网公司网站、国家电网报、中国电力网等5大宣传媒体，获得两项国家专利。成果被国家电网、四川电网工作动态收纳交流，应用情况列入“2019省公司配网创先典型案例汇编”、省公司“2019年泛在电力物联网最佳实践案例”，获得四川省公司2019年第二次安全特殊贡献奖、管理创新成果奖、工人技术创新奖、科技进步奖，已在四川、山东、江苏、湖南、新疆电网等5省推广应用。

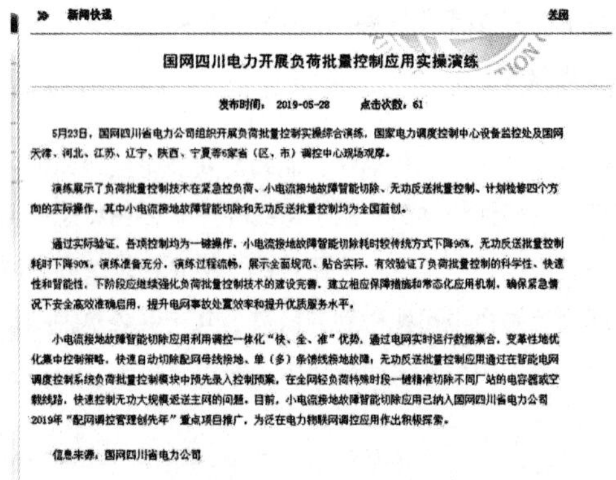
新闻快递　关闭

国网四川电力开展负荷批量控制应用实操演练

发布时间：2019-05-28　点击次数：61

5月23日，国网四川省电力公司组织开展负荷批量控制实操综合演练，国家电力调度控制中心设备监控处及国网天津、河北、江苏、辽宁、陕西、宁夏等6家省（区、市）调控中心现场观摩。

演练展示了负荷批量控制技术在紧急控负荷、小电流接地故障智能切除、无功反送批量控制、计划检修四个方向的实际操作，其中小电流接地故障智能切除和无功反送批量控制均为全国首创。

通过实际验证，各项控制均为一键操作，小电流接地故障智能切除耗时较传统方式下降96%，无功反送批量控制耗时下降90%。演练准备充分，演练过程流畅，展示全面规范、贴合实际，有效验证了负荷批量控制的科学性、快速性和智能性，下阶段应继续强化负荷批量控制技术的建设完善，建立相应保障措施和常态化应用机制，确保紧急情况下安全高效准确启用，提升电网事故处置效率和提升优质服务水平。

小电流接地故障智能切除应用利用调控一体化“快、全、准”优势，通过电网实时运行数据集合，变革性地优化集中控制策略，快速自动切除配网母线接地、单（多）条馈线接地故障，无功反送批量控制应用通过在智能电网调度控制系统负荷批量控制模块中预先录入控制预案，在全网轻负荷特殊时段一键精准切除不同厂站的电容器或空载线路，快速控制无功大规模返送主网的问题。目前，小电流接地故障智能切除应用已纳入国网四川省电力公司2019年“配网调控管理创先年”重点项目推广，为泛在电力物联网调控应用作出积极探索。

信息来源：国网四川省电力公司

图9　负荷批量控制及创新功能现场研讨

成果创造人：杨紫苓、王先强、宋永娟

基于移动互联网的智能化实时动态运营管理综合平台建设与实践

中石油铁工油品销售有限公司

中石油铁工油品销售有限公司（以下简称“公司”）成立于2013年，由中国石油和中国中铁共同出资成立。公司将中国石油资源、销售、配送网络优势和中国中铁的市场优势相结合，实施集采专供，中国石油以专项计划方式保障供应，并提供优惠价格和配送储存等方面的服务，中国中铁对汽柴油、沥青、润滑油脂等各种石化产品实施战略集采。集采范围覆盖全国31个省市和中铁部分海外项目，集采产品涵盖汽柴油、沥青、润滑油、重油、改性剂等主要石化产品，多年来，累计供应终端项目超3500个，销量370万吨，销售额230亿元，中油-中铁联名加油卡6万张，东南亚、伊朗等地区海外业务稳步发展，加油站创新合作成效显著。

作为两大央企战略合作实施主体，公司业务迅速发展。2016年以来，公司将信息化建设作为重中之重，借助“互联网+集采管理+供应链+大数据+移动应用+云服务”等先进的信息化手段，参照大中台、轻应用的系统设计理念，创新设计系统功能与流程，创建基于移动互联网的智能化实时动态运营管理综合平台，覆盖公司经营管理、业务运行、办公管理、智能物流等方面，打造业务管理链、金融保障链、供应服务链，三链合一的数字化集采服务生态圈。

一、基于移动互联网的智能化实时动态运营管理综合平台建设背景

（一）“互联网+”行业发展新生态逐步形成

国家提出“互联网+”行动计划以来，互联网对各行各业的资源配置和布局带来了深刻变革，为传统行业转型升级提供了发展新动力。石油能源行业，是资金密集、技术密集、员工密集型行业，精细化管理需求更加突出，信息化建设至关重要。数据显示，2013年我国石油信息化行业投资规模为226.6亿元人民币，2018年超过360亿元，综合增长率长期维持在8%以上。行业人士指出，能源行业推动产业结构向中高端迈进、强化制造业创新优势，以满足我国经济转型升级战略需要，成为了众多产业转型升级的新目标。石油能源行业同步推动向智能制造企业转型，成为了升级之路。

（二）整合供应链管理升级的需要

公司成立6年来，集采对象包含了中国中铁各工程局，集采产品涵盖汽柴油、沥青、润滑油、重油、改性剂等主要石化产品，加油卡、非油和中铁投资建设的服务区加油站也纳入集采范围。上游除了中国

石油销售板块公司，外部供应商的入选数量越来越多；下游已经为中铁30多个局1600多个工程项目进行石化产品供应；中游已经开始不再仅仅借助于中国石油运输公司，而是越来越依靠于公司自己选择的外部承运队伍来承运大量的石化产品，目前已发展形成了入围第三方承运商15家、运输车辆500余台、服务人员1000余人的现场配送服务团队。

公司在集采供应链中承担协调资源、保障石化产品战略集采实施落地的角色。面临着施工项目多、供应渠道多、产品种类多，资源调度难；地域分布广、动态变化快、配送频率高，现场交割难；项目期望高、保障任务重、对账结算难。一旦上游供应数据、中游承运数据、下游接收数据不及时回传至公司，回传数据存在错误、误差，或者中游承运商偷油换油等，这些问题势必严重影响了公司的日常经营结算，影响财务数据的准确性和财务信息反馈的及时性，影响公司的长期发展和企业管理水平。

因此，建立综合平台，将上游、中游、下游、公司四个主体联为一体，在统一的平台上传数据，共享相关信息，满足公司对相关数据及时性、准确性的要求，成为必行之路。

（三）深化“业财一体化”提升治理能力的需要

随着公司业务规模不断扩大、在供项目数量激增，而工作人员少、手工工作量大，大部分业务人员根据工作时间和任务紧急性，录入相关数据，并传输到财务部门。另外由于缺乏上游供应商、中游承运商和下游中铁项目方等三方提供原始数据来源依据和对数据的确认，原业务系统中的数据存在各种问题，最终导致财务数据缺失。

公司财务人员多集中于日常账务处理，大量的财务资源与精力投放在财务会计核算职能上，并且手工会计凭证工作量巨大，导致财务人员只能按照最基本的财务核算要求完成初步记账的职能，而无法进行财务核算的细化，更没有精力投放于财务分析和管理层决策支持方面，最终形成“重会计核算、轻财务分析和决策支持”的局面，财务的参与力度严重不足，从而使得财务在整个公司的快速发展中难以发挥管理监控的作用。

因此迫切需要通过建立业务和财务一体化的综合平台，融合业务数据和财务数据的一致性，快速提供和整合高质量的一体化信息，规范业务运作水平，提高财务处理效率和保证会计核算质量，为企业经营决策提供支持。

二、基于移动互联网的智能化实时动态运营管理综合平台内涵和做法

公司经过多年快速发展，战略集采专供的管理模式和框架体系基本确立并逐步完善，而成熟的集采体系反向推动业务二次快速发展。这种形势下，如何实现从传统贸易模式向智慧集采转变，克服过度依赖劳动这一生产要素，依靠信息化手段实现可持续发展，成为了摆在全员面前的一个重要课题和现实问题。公司立足已有运营模式，注重管理体系与信息手段的联动，重点建立基于移动互联网的智能化实时动态运营管理综合平台，以运营综合系统和智能物联系统为支撑，集成外部协作系统，并实现移动办公。

（一）明确平台建设的基本原则

1. 统一性原则。信息化建设要遵循统一规划、统一标准、统一设计、统一投资、统一建设、统一管理的原则。对于供应商、客户地域分布广泛、业务复杂的情况，信息系统的建设必须服从统一性原则才能真正发挥信息平台的优势，保证信息系统实施和运行的整体效益。

2. 业务主导原则。系统建设的需求来自于业务部门，系统建设的目标是为业务服务。在系统的开发建设上，要突出业务主导特点，通过加强业务需求的顶层设计，确保系统功能全面反映业务管理需求和业务发展发向。

3. 先进与适用原则。采用领先的信息技术，使系统建设达到“国内领先、国际一流”的水平；同时也要考虑项目实际需求，选取最合适的和成熟度高的信息技术，确保实施的顺利进行。

4. 安全性原则。平台建设要充分考虑对信息系统安全的要求，参照行业标准，结合最新信息技术，保障系统稳定运行，保障系统数据安全。

5. 可扩展性原则。平台建设必须服从可扩展性原则，以适应公司业务的发展变化。

（二）强化平台建设组织管理

一是建立专门机构，提供组织保障。综合平台建设，是智力密集型活动。极易导致信息建设与业务快速处置在人才需求上的矛盾。为此，公司抽调各部门业务骨干成立信息化建设小组，兼职负责，给以专门奖励，梳理公司已有业务流程，着眼未来，设计未来流程。随着信息化建设不断推进，成立了企业管理部，专项负责信息化建设工作。同时邀请股东单位信息化部门为专家顾问团队，为公司信息化建设保驾护航。

二是立足物流系统，广泛调查研究。没有调查研究就没有发言权，我们的信息化建设，过去是什么样的，现在在哪里，准备到哪里去。要准确回答这些问题，既要立足公司实际，也要走出去，了解行业的状况，进行广泛的调查研究。公司总经理牵头，到中油运输等多家中大型物流央企进行调研，准确把握公司信息化建设走向。

三是密切联系实际，精准定向开发。按照信息化建设惯例，有三种方式：采用大型软件公司成熟模块，完全调整公司相关流程，使流程符合系统；或者搜寻符合公司现有流程的模块，进行集成，使应用模块最大限度符合公司设计流程；或者建立开发团队，完全按照公司流程设计相配套的线上系统。经过研究，最终确定分两步走的基于移动互联网的智能化实时动态运营管理综合平台建设思路，第一步进行外部模块集成，流程和模块互相匹配；第二步建立开发团队，筹划未来需求，进行精准定向开发。

（三）构建统一的信息标准规范体系

一是统一基础信息。统一的基础信息是公司进行业务、财务一体化建设的重要前提，只有统一基础信息，才能保证业务、财务一体化建设顺利开展。基础信息主要包括往来单位、成本中心、产品类别、加油卡卡号、业务分类类别、结算方式、计量单位、配送方式等。

为了避免往来单位信息管理混乱的情况，加强往来单位的管控，指定专人添加和管理往来单位，并以数字编码确定往来单位的唯一性；对各类产品品号进行统一梳理和规范，以数字编码来确定产品类别的唯一性；为了对库存商品核算和管理更加细化，公司根据承运商、项目等多重属性编制成本中心名称，并以数字编码确定成本中心的唯一性；为了加强对加油卡的管理和核算，公司对加油卡的管理细化到加油卡卡号，以卡号号码来管理加油卡。

二是统一权限管理。在业务财务一体化的信息平台中，有多个后台数据需要维护，有多个节点需要不同层级人员进行审核和审批，公司根据不同主体的不同管理角色、不同管理层级对权限级别的要求，制定出统一的权限管理规范。对往来单位进行类别管理，不同类别的往来单位由不同部门的制定人员统一添加和维护；对成本中心和加油卡卡号实行部门管理；业务人员在业务系统只有录入业务单据的权限，本部门的负责人有审核的权限；财务人员对业务单据只有查询和制证的权限，没有修改的权限；业务人员对部分财务账套中的数据有查询权限；不同的主管领导对不同的业务类型有审批权限，不能越权审批。

三是统一数据和档案管理。为保证信息化统一平台中的数据从业务端到财务端有效识别和传递，公司对业财共享的关键数据，如往来单位、成本中心、加油卡卡号、产品品号、采购入库量、销售出库量、签认结算量等进行全面梳理，做到数据源头一致性、数据共享及时性。同时，对于不同类型的档案，各部门各司其职，对相关数据和档案进行统一管理，以确保各项数据传输的及时性和统一性。

四是统一财务制度。公司对财务制度进行了进一步梳理和修订，根据目前的业务模式和信息系统的要求，重新制定了部分相关的财务制度，对资金管理、会计核算基本规范、往来款项管理、财务购销存管理等进行了明确的规范，为统一的财务信息系统的应用打下基础。

五是统一报表管理。公司根据相关规定和决策的需要，建立了统一的报表管理体系，包括统一的报表格式、运算公式、取数公式、审核规则等，并且在报表管理模块进行了维护和管理，制定专人负责管理报表的添加、公式定义等，便于快速有效地出具相关报表。同时，在该系统中，还可以根据不同的需要制定个性化取数公式，确保财务工作及时、有效，财务数据真实、准确。

（四）打造动态运营综合平台，构建智慧集采业务基础

一是OA办公系统。利用网络化的电子办公环境管理本单位收到的各类公文，通过平台的录入、审批、流转、审阅和存档等功能实现公文批办的自动化处理，提高工作效率；提供通知公告的发布、维护、查看及统计等功能；对公司章、业务章、党委章、工会章、团委章进行统一管理，根据用章情况自动汇总形成用章台账；管理领导、员工会议、行程安排，会议室调度；低值易耗品的需求提报，采购申请、审批，领用申请、审批，低值易耗品库存管理。二是人力资源管理系统。主要包括组织管理、员工管理、招聘计划、薪资管理、个税测算、员工考评、考勤管理、员工合同管理等功能，员工信息同报销管理、会计核算、OA集成同步，与考勤机打卡记录匹配自动计算加班时长。实现员工日常管理、薪酬计算、社保个税计算自动化。三是合同交接系统。按照部门职责，市场开发与运营分属不同部门。在合同系统上线前，项目交接采用传统的纸质线下交接，并安排专人登入台账，项目交接过程混乱、后期查找困难，并且极大的浪费了人力劳动，同时审批效率影响影响下游运营结算及欠款催收工作，极大的束缚了公司业务的正常运转。合同系统的上线主要实现了项目交接、合同评审的流程化、标准化、规范化，全流程跟踪、各环节信息共享；合同系统与集采通手机APP的对接，可实时进行审批，加快了业务的流转速度。四是构建安全、清晰的影像资料管理平台。公司在信息化平台中构建了两种影像资料管理模块。一种是产品销售出库影像资料管理。业财融合的信息化统一平台上线后，承运商通过集采通手机APP上传中铁项目方的收货单据，传输到信息平台中，业务人员直接通过审核收货单据的影像资料，确认油品运输。上传油品销售出库影像资料至信息化平台，一方面为客户收货提供了依据，另一方面极大节约了纸质单据邮寄所耗费的时间和财力，为财务入账的及时性和财务数据的真实性提供了保障。一种是网上报销影像资料的管理。公司将网上报销与影像资料扫描功能相结合，报销人员在网上提报报销需求和上传影像资料，提升审批效率，降低财务风险。

（五）建立核心物流智能物联系统

针对公司在油料配送过程中的监管盲区，研发了一套基于物联网技术的智能管控信息系统，结合公

司在用的业务系统，打造公司、运输车辆、项目多方协同的新型油品现场智能物联管理模式。

1. 硬件研发

核心采集模块：定制开发专用核心采集模块，具有卫星实时定位、远程数据传输、设备工作状态监测、传感器数据采集、拆除报警等功能，并通过防爆认证，综合防护等级达到 IP67。

液位传感器：定制开发专用油罐液位传感器，传感器将数据发送至核心采集模块，进而上传至智能管控信息系统。

视频监控：选择适合不同监控场景的视频设备，集成到智能管控信息系统，实现运输车辆及中储罐区域出入场地联动录像、防侵入报警等功能。

一体化监测站：集成核心采集模块、液位传感器及摄像头等硬件设备，实现中储罐液位实时监控、防侵入报警及视频监控等功能。

2. 实现功能

在公司现有信息化管理手段及管理流程基础之上，加装车辆卫星定位系统、液位监测传感器、摄像头等前端感知设备，实现对油品配送全过程的实时监控和异常报警。

数据管理：数据管理内容包括数据采集、数据分析和数据统计三个模块。油品液位高度、车辆姿态数据、运行时长、行驶里程、地理位置等数据通过传感器采集；单位名称、人员姓名、电话、证件信息等基础数据从业务系统读取，各种信息数据统一保存。数据分析和数据统计是系统对获取的各种数据进行处理，供用户查阅。

监控管理：监控管理包括行为监控、过程监控和自故障监控三个模块。一部分监控通过摄像头实现，一部分通过数据分析所得。承运车辆出入库、视频监控等行为监控和过程监控通过摄像头监控录像实现，承运车辆轨迹偏离行驶路线、非指定区域装/卸油、油量异常减少、电子围栏区域违规进入/驶出等报警管理通过数据分析所得。当系统硬件出现故障或电源断电时，即可触发报警，属于自故障监控范围。

资源管理：资源管理包括车辆管理、人员管理和油罐/库管理三个方面。承运车辆车牌、罐体容积、剩余油量、年检信息、运营证件信息等内容属于车辆管理的范畴。运输人员姓名、电话、证件信息等基础资料管理属于人员管理的范畴。中储罐编号、位置、罐体容积、剩余油量、电子围栏等属于油罐/库管理的范畴。

系统管理：系统管理包括项目管理、权限管理、任务管理等内容。其中项目名称、位置、设备数量、电子围栏等基础信息属于项目管理的范围。权限管理是对项目管理人员账号进行分级，并对不同级别账号赋予不同权限的功能模块。智能管控信息系统定时获取业务系统的工作任务数据，并与硬件采集的实时数据对比分析，实现对工作任务实施的全过程监管。

3. 物流信息动态实时可视化

公司搭建物流信息显示大屏，集中显示库存设施位置、库存状态、运输车辆实时位置、液位实时监控状态、各承运商 30 天内出入库情况、车辆运输轨迹、路线偏离报警及相关提示信息，实时监控、跟踪货物运输、交接情况，并将货物流转的数量、交割地点、时间通过移动终端自动生成与上下游企业的签认数据，减少交接纠纷和运营风险；将移动终端生成的货物交割数量、价格等数据上传到企业数据中心，形成标准的结构化数据。通过显示大屏，能够全方位掌握承运商总体情况。

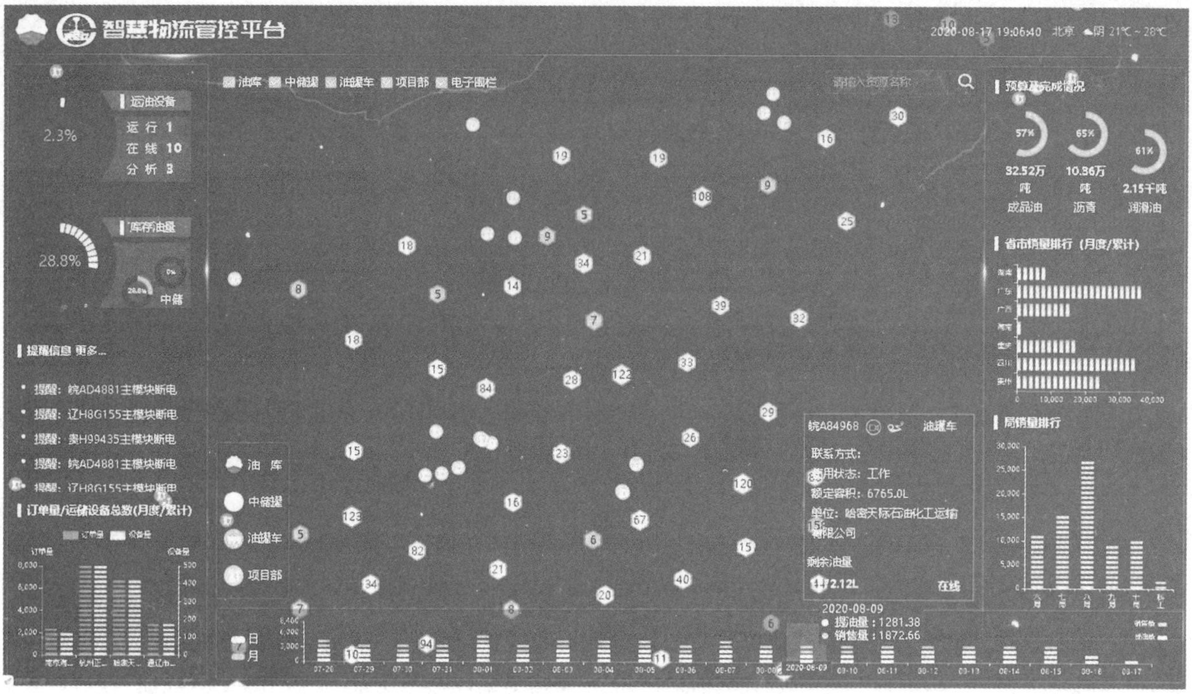

图1 这是分布在全国的项目图

（六）构建业财一体化财务信息共享平台

为了减轻财务人员的工作压力和财务数据处理的及时性，公司在平台正式上线前，建立了临时的业务和财务一体化系统，在临时系统运行期间，对原有数据和基础信息进行了规范性调整和重新加工处理，以满足正式信息平台运行的数据标准化的要求。在正式的信息化统一平台上线后，先后完成了会计核算模块、预算管理模块、报表管理模块等（资金系统模块正在开发中），并完成了库存数据对接和业务单据集成工作。

一是业务单据系统集成会计凭证。业务和财务一体化的信息化统一平台建成后，公司业务人员通过集采通手机APP下需求计划后，采购入库相关业务模块自动关联相关数据，采购相关单据自动生成，及时传输到财务信息平台，自动生成会计凭证。通过信息化统一平台，保证了业务流程和财务流程的无缝衔接，确保了业务数据和财务数据的一致性。

二是预算指标管控费用。建立信息化统一平台后，公司开始使用以网上报销系统代替以前的线下报销流程，并将差旅费用、运输费用、会议费用和日常费用报销等通过网上报销实现业务与财务整合。同时在信息化统一平台中，设置预算项目和预算指标，一旦费用超预算使用，将无法通过网上报销系统进行报销，严格管控了各项费用的使用情况。

三是资金计划管控付款额度。建立信息化统一平台后，公司业务人员在线上提交付款申请，自动传输到财务资金岗，由财务资金岗根据每月资金计划确认是否存在超计划付款情况，严格管控资金支付情况，合理筹措资金。

四是保证费用计提规范化和及时性。公司变动费用主要为运输费用和管理服务费，业财融合的信息化统一平台上线后，财务不再以收到运费发票和管理服务费发票后再入账，而是每月业务结账后，根据后台设置的运费和服务费计算依据等基础信息，自动计提并传输到平台自动入账。通过业财融合的信息化统一平台，保证了费用入账的及时性和准确性，保证了财务数据的真实性。

五是财务辅助核算多维度化。建立业务财务一体化的信息化统一平台后，公司对于基础信息的管理更加精细化，并运用到财务核算中，包括收入、成本、费用核算更加多维度，如库存管理从产品种类、成本中心、供应商等多个角度进行核算；收入和成本从产品种类、往来单位等角度进行核算；运输费用和管理服务费从部门、运输商和项目等角度进行核算；并且根据中铁方的层级关系，开创性得对往来欠款实行实际使用油品的项目方和实际开票单位两重维度并行核算。财务辅助核算的多维度化极大推动了财务信息的精细化传输，并为财务数据的深入分析奠定了基础。

六是财务数据分析更加深入和细化。业务和财务一体化的信息化统一平台上线后，财务核算更加多维度化和精细化。通过对相关会计科目进行一维或者多维的明细余额查询，可以清晰、准确地分析相关财务数据，如可以分析项目或者产品的盈利能力，实时监控承运商承运的油品量。财务数据的细化分析，及时反馈业务运行存在的问题，为管理层决策提供了数据支持，并推动了财务会计与管理会计的衔接，为公司财务部门转型奠定了基础。

七是集成智能硬件设备，实现发票管理自动化。公司每月需要对接超过1000多个项目，财务部门每月需在20日后的10天内集中开具超过2000张发票，人工操作费时费力，且技术难度要求不高。原手工操作情况下，财务部专门人员需要加班加点，尚不能完成工作任务，只能依靠将客户结算周期向前提前或分阶段结算，这造成结算效率低下，造成大量垫款不能形成应收账款，不符合管理要求，不利于公司决策。为此公司采用智能开票机器人，与税务系统对接，能够自动批量化打印发票，实现自动分联和自动盖章；后端连接发票扫描设备，开具发票自动扫描成图片，以供备查、贷款、清欠等业务使用。

（七）开发集采通app，实现数据移动化

在大数据时代下加快业务财务一体化进程，企业必须保证数据信息的完整性、准确性，提供大量的数据支持，才能使业务财务一体化的效果达到理想目标。集采通即时通讯工具实现了私信、群聊、社交等功能。聊天记录存储在企业私有云，保障通讯消息的保密性、安全性；建设报销管理、OA系统、合同管理、人事管理移动在线审批功能，根据系统设置的流程给审批人实时推送审批消息提醒，使审批人员能随时随地业务审批，加速业务流程处理进度，提高企业运行效率。

建设集采通手机APP，覆盖客户、供应商、承运商等所有合作单位用户和员工个人用户，实现了成品油从需求提报到现场收货签认的物流信息全过程的管控，整个过程中的数量、金额信息也是业务信息和财务信息的直接来源，从最开始的业务环节直接生成结构化的物流数据，数据容易获取且真实可靠。所有集采通APP用户都执行标准化的数据采集流程，让经营过程产生的数据完整地在信息系统中归集，并且保证业务、财务系统数据一致。解决了业务系统数据不及时、线下上传的问题，实现了需求计划、供应商发货、项目/承运商收货、配送司机现场配送的数据、影像资料实时在线上传，并在业务系统（PC端）进行入库、出库核算。

（八）强化外部协同系统集成

1. 与中铁网上商城相连。中铁网上商城为中铁内部集采平台，公司在商城上开辟专卖店，销售石化产品。通过综合平台集成，实现客户在网上商城系统下采购订单，订单数据推送到消息池，综合平台主动读取消息池订单数据，生产采购计划单。采购计划单配送物流信息由厂家维护，然后通过物流接口同步给网上商城。客户收到货物后，在网上商城进行收货确认，同时将订单状态同步给综合平台，公司据此进行销售、开票结算等后续业务处理流程。

2. 与顺丰速递系统相连。与顺丰速递公司搭建集成通道，实现快递在线下单，快递物流信息自动返

回，本地化存储。实现在线跟踪发票邮寄的物流信息，避免发票邮寄交割纠纷和物流信息时效性问题。实现开票申请单、会计凭证、发票、快递单四号集成，方便查询。

3. 与税控系统相连。综合平台与税控系统相连。公司与中铁项目核对后的销售签认单经审核后生成开票通知单，开票通知单数据自动生成税务管理的销项发票，实现开票申请单自动生成税控盘发票，避免销售发票手工录入产生的错误，极大减轻开票人员工作量。发票开具成功后，发票号码自动回写至业务模块开票通知单备注文本框内，一个项目在合同执行期内的签认单对应一个往来单位并在业务模块维护对方项目对接人员和发票邮寄地址信息，业务模块连接快递服务商数据终端根据该信息自动生成快递单并通知快递人员揽件并自动回写快递单号。通过税务模块、业务模块和快递服务商数据终端协同，将开票通知单、发票号码和快递信息对应起来，可联查签认单数据、发票信息和快递寄送状态。

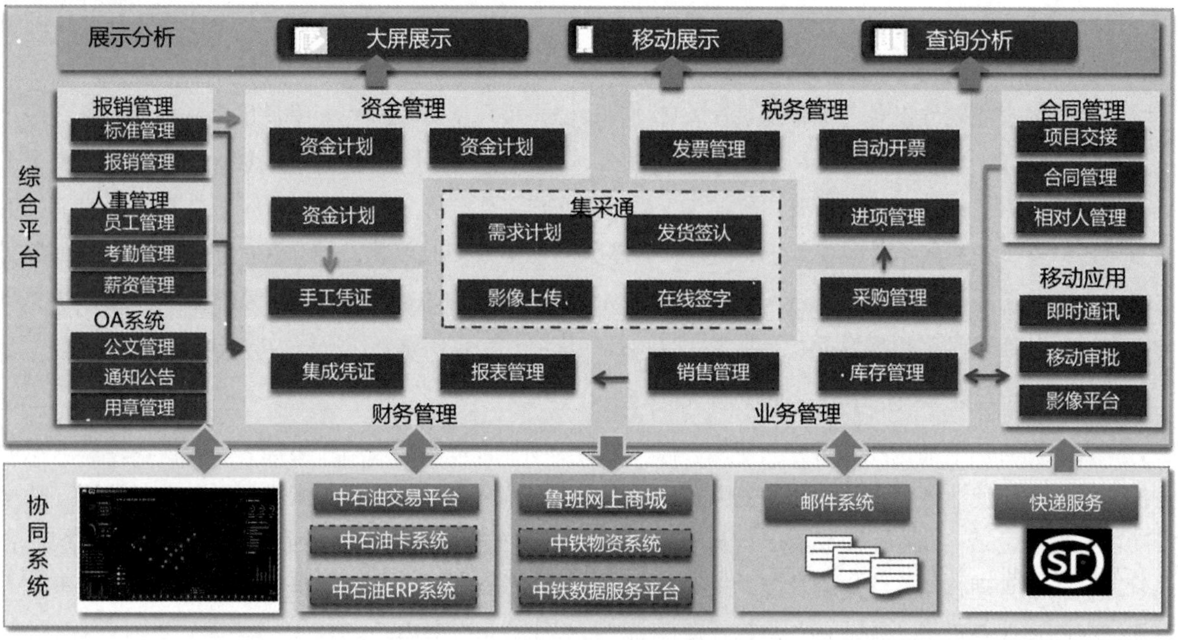

图 2　独立研发出的发票结算系统

此外，税务管理模块连接国家税务总局电子底账库，实现进项税发票读取、存档、认证，实现财税、企业，联查、联通机制。

三、基于移动互联网的智能化实时动态运营管理综合平台管理效果

（一）公司规模迅猛发展，人均生产力大幅提升

综合平台应用以来，手工操作全部转到线上综合平台进行，人力瓶颈彻底消除，公司规模迅速发展。2016 年实现销量 47 万吨，2017 年销量 63 万吨销售额 37 亿元，2018 年销量 70 万吨销售额 50 亿元，2019 年 86 万吨销售额 58 亿元，人均产值长年维持在 1 亿元量级；近年开发项目数量保持在每年 500 个以上；人均管理项目数量、业绩与薪酬、福利等整体稳步提高，员工成就感进一步增强；实现了日清月结，月处理单据 5 万笔，破解了点多面广，量少频高，现场交接难、对账结算难的难题，初步建立了日清月结运营新秩序，极大提高了劳动效率。

（二）治理能力显著提升，降本增效效果明显

综合平台在流程化、集成化、协同化、移动化、可视化、自动化方面实现重点突破与创新，以管理

流、业务流、货物流、票据流、数据流为主线，构建集市场、采购、销售、调度、运输、结算、核算、数据分析、辅助决策等为一体的智能化、数字化综合应用平台。实现公司、供应商、客户、运输公司多方全链条、全流程的贯通和联动。

在建设综合平台过程中，同步加强公司合规建设，梳理四大类共53项制度并编订成册，员工规矩意识逐步加强；全员从复杂的手工工作中解放出来，将更多的精力放在科研和难点公关当中，一方面坚持润滑油产销研一体化，多方协调中石油燃料油公司、中铁装备、施工局等单位，定制化生产中铁专用的昆仑盾构油脂；一方面进一步拓展海外业务，对接中铁在孟加拉、刚果、马来西亚、东帝汶等国家的项目，逐步扩大海外集采成果，拓展国际化管理视野；一方面优化资金催收机制，成立了清欠小组，整合战略清欠和日常清欠，全体领导分区“承包”，各业务部门人员分工负责；一方面加大走访力度，推广“统谈、分签、分付”模式，缩短支付层级，提高资金支付效率。

受益于综合平台，公司纽带作用充分发挥，高效协调中石油优先保障中铁各级客户需求，有效化解市场资源波动对工程用油的影响；构建了阳光战略集采供应链，营造清正廉洁的集采氛围；为客户单位节省采购成本超过22亿元；股东实现增值接近200%，上缴税款3.5亿元，成为所在地政府重要骨干企业。

（三）保障战略集采专供，取得了良好社会效益

公司的创新管理模式，被国资委评价为央企间互助合作新模式和供给侧改革的有效手段，荣获中国中铁股份有限公司管理创新成果一等奖，被中铁股份科技成果评审会认定为信息化“整体技术达到了国际领先水平”，入选中关村高新技术企业，被中国企业改革与发展研究会授予全国诚信经营示范单位，入选国家级管理创新成果，被门头沟区评定为“2019年度重大贡献企业”，连续两年被中铁物贸集团公司评为先进单位。在集采专供企业圈及行业内的品牌认可度进一步提升，多次迎接政府及兄弟单位指导调研。在陕西榆林暴雨、四川宜宾地震等灾难来临时，公司依靠综合平台快速反应，灾区人民和政府提供了无私的帮助，为抗震救灾车辆无偿加油，受到当地政府好评。

成果创造人：王之君、郭　斌、韩　笑、王文元、胡亚群、朱炎安、田　双、范占朋、魏晓驹、文　军、孙自强、齐　智、胡红岩、孙　航

全面创新打造耐火材料转型升级新引擎

瑞泰马钢新材料科技有限公司

中国建材集团旗下瑞泰科技与马钢集团共同出资成立的瑞泰马钢新材料科技有限公司（以下简称“瑞泰马钢”），其前身为具有60年历史的安徽马钢耐火材料有限公司。公司成立于2017年5月19日，9月29日开工建设；2018年9月19日全线投产，12月28日整体搬迁。公司坐落于安徽省马鞍山市雨山经济开发区，是中国耐火材料行业协会常务副会长单位和高新技术企业。

通过转型升级，瑞泰马钢实现了制造智能化、生产绿色化、产品高端化，在智能制造、“两化”融合和绿色节能环保等方面为行业起到了较好的示范作用，产品技术指标和使用效果得到显著提升和增强，人均产量和生产效率大幅增加，企业各类排放指标均优于国家和行业标准，吨砖综合能耗远低于行业先进企业指标，并获安全生产标准化三级企业，马鞍山市透明化智能工厂、数字化车间称号，进入马鞍山企业（综合）100强和制造企业20强，雨山区十强。智能制造成果行业领先，成为行业实现高质量发展的创新标杆，其转型升级、高质量发展的经验做法被央视《焦点访谈》点赞。公司获中国建材集团和总院先进基层党组织称号。

一、体制创新，促进企业实现高质量发展

为使多年陷入生产经营困境的地方老国企实现转型升级、腾笼换鸟，瑞泰马钢前身的马钢耐火公司痛定思痛，锐意进取，坚定不移、积极稳妥推进国企改革与转型升级，在认真思考耐火公司自2012年至2016年3月以来的产权多元化改革和合资工作情况下，努力寻找突破口，最终，在2016年8月，抓住供给侧机构改革有利契机，全力促进加强省属企业与央企对接工作，积极推进马钢集团与中国建材集团旗下瑞泰科技合资合作，注册成立新的合资公司。同时，认真做好合资进程中的人员、资产、业务和财务四项交割工作，取得预期成效，确保了人员和各项业务工作的稳定顺行。此举，实现了耐火材料企业与钢铁企业上下游的强强联合，助力了耐火材料专业化和体系化的快速发展及打造耐火材料企业品牌，为进一步提高中国耐火材料行业集中度起到了积极的推进作用，成为当年中国耐火材料工业十件大事之一，以及地方国企与央企对接合作的成功典范。特别是根据耐火材料工业由传统产业向自动化、智能化转型升级的客观需求，瞄准国际先进水平，在推动信息化和耐火材料工业深度融合上寻求创新突破，取得了显著成效，成为优化资源配置，改造提升传统产业，推动新旧动能转换，全力实现高质量发展的一项具体成果。

2017年9月29日，瑞泰马钢开工建设了“节能环保型高温材料智能化制造基地和钢铁高温材料创新中心”项目。该项目顺应了耐火材料工业由机械化向自动化、智能化转换，从传统产业向现代化产业跨越，不断做强做优的客观需求，以自动化装备系统、信息化系统为基础，应用工业互联网等新技术，

实现从产品设计、工艺、制造、服务到退役全生命周期运营管理。是徽商大会签约汇报项目，及马鞍山市重点建设成就项目，并作为马鞍山市唯一一家入围申报为工信部智能制造综合标准化与新模式运用项目，通过省级评定，为企业成为国内领先、国际一流的钢铁工业耐火材料综合服务商奠定了坚实的基础。

瑞泰马钢成立后，仅用一年时间就完成了新厂建设和整体搬迁，为所在雨山经开区创造了开工建设的“新雨山速度”，树立了良好的企业形象。2018 年 12 月 28 日整体搬迁后，先后开展“管理年”、“市场年”等活动，创造了一年利润相当于前 10 年利润的公司经营史上最好业绩。通过三年多的努力，瑞泰马钢已经成为我国耐火材料行业乃至建材行业智能制造数字化转型升级的先行者，取得了丰硕的成果。

瑞泰马钢的经营业绩不断创新高。2018 年实现营业收入 120170 万元，比预算数增加 14%；利润总额 3725 万元，比预算数增加 23%；净资产收益率 17%，比预算数增加 18%；自产收入占比 45%，比预算数增加 13%；应收账款周转率 126 次，比预算数增加 121%。2019 年实现营业收入 125016 万元，较预算比增 4. 12%；实现利润总额 4752 万元，较预算比增 57. 93%，较确保指标增 35. 77%，较奋斗目标增 25. 05%；净资产收益率 18%，较预算比增 50. 00%；“两金”占用 3460 万元，较预算比增-11. 28%；较好完成总部下达的各项经营目标，进一步促进瑞泰科技提高了经营业绩和在耐火材料行业中的影响力。

二、管理创新，推动企业精益运营

瑞泰马钢秉持绿色发展理念，努力创建资源节约型、环境友好型工厂。瑞泰马钢的搬迁项目，更是贯彻习近平总书记抓长江，不搞大开发，把长江母亲河保护好的一个优秀范例。

瑞泰马钢的前身马钢耐火公司，是个有着 60 多年历史的老国企，是个高污染企业，由于马钢耐火公司受体制机制束缚，长期投入不足，技术装备落后，特别是在国家刚性环保政策下，企业的生产经营活动更是难以为续，困难重重。即使在主动关停并转局部落后、亏损、污染严重的粘土高铝生产线，购买一些高档进口环保材料的情况下，仍然难以解决根本问题，特别是附近新建居民区后，经常因为环保问题被居民反映，到了非整改不可的窘境。要彻底解决环保问题，就必须走出一条传统产业转型升级，实现高质量发展之路。

瑞泰马钢勇做马鞍山整治长江沿线的急先锋，公司成立后，认真贯彻习总书记 2016 年 1 月 5 日，在重庆召开推动长江经济带发展座谈会上指出的：“要把修复长江生态环境摆在压倒性位置，共抓大保护，不搞大开发。”讲话精神，转变发展思路，树立新发展理念，努力走出一条不关停企业，通过传统产业转型升级，进行异地搬迁，实现智能制造、高质量和绿色发展，来彻底解决环保问题的新路。

在转型升级过程中，坚决淘汰了陈旧落后、污染严重的生产线、生产工艺和设备，投资 2 亿多元，搬进经开区智能产业园，在新厂区按照高标准、高起点，按照绿色智能工厂的高标准，建设了一个绿色环保企业，并用最短时间完成了整体搬迁。同时，瑞泰马钢充分利用清洁能源，利用厂房空闲屋面，建成投用了 2. 47 兆瓦光伏发电系统，年发电量约 300 万 KWH，既实现清洁能源使用，又大幅降低成本，节能减排。特别是为彻底解决粉尘污染问题，创新将过去散运散堆和小袋装运生产原料的方式，改为大吨装袋密封装运，扫码上架，智能仓储，偌大的厂房呈现出整洁干净无污染的绿色状态。为解决固体废弃物污染环境问题，瑞泰马钢不断加大环保设施投入，通过技术进步不断加强废次耐材综合利用水平，对总包范围内用后耐火材料实行回收再利用，利用技术处于行业领先地位，并取得了固体废弃物、工业废水零排放和废气超低排放的好成效，公司顺利通过环境和能源管理、职业健康安全认证，其转型升级、高质量发展的经验做法被央视《焦点访谈》点赞。

三、思维创新，助力企业转型升级

瑞泰马钢将数字经济和区块链信息技术等，作为包括耐火材料和建材工业在内的产业转型升级，推动经济高质量发展的重要驱动力，全力推进耐火材料和建材工业智能制造数字转型升级，并将此作为适应耐火材料和建材制造业转型升级、“5G+工业互联网”等新一代智能化数字化网络化信息通信技术创新发展趋势和需求的正确举措和有力抓手，特别是随着5G时代的到来，更是进一步推动5G技术向耐材和建材行业企业生产内部环节不断延伸。同时，瑞泰马钢积极引领行业及时发挥新一代信息通信技术优势，努力在技术创新、产品创新、模式创新、管理创新和业态创新，推动信息产业与耐材工业融合、耐材产业与上下游产业融合、耐材制造业与生产性服务业融合，实现全产业链集成化应用方面做出成绩并取得创新性突破，从而，进一步促进提升经济效益和全行业的高质量发展，加快耐材行业迈入先进制造业。

为更好地实现数字化、网络化、智能化发展，瑞泰马钢先做好顶层设计，积极引入新技术、新理念，树立典型，总结经验，找出行业在此方面成功企业发展的最佳路线和方法，并逐步推广应用。同时，瑞泰马钢一是在硬件上加以创新投入。这方面主要是根据行业智能化数字化转型的迫切需要，及企业的战略发展规划，合理进行企业生产设备等升级换代，放宽思维，将其他行业一些先进的生产设备和装备，创新借鉴或改进引用到自己行业中；二是在“软件”上形成特色优势。硬件投入只要有资金就可以普遍实现，但更重要的是管理、经营等驾驭先进设备、装备和网络应用等软实力的提升，尤其是企业在持续推动整体科技创新驱动能力方面的提升。而这方面没有固定的模式，瑞泰马钢根据自己企业的发展和员工等实际情况，形成了自己企业促进经营发展的“软件”特色优势，这也是企业决胜和实现高质量发展的重要方面。

从2019年开始，瑞泰马钢创新建设透明工厂，进一步推动智能制造数字化转型，他们将透明工厂（数字孪生）和区块链技术作为促进耐材工业与数字化技术在更广范围、更深程度、更高水平上融合发展的有效切入点，作为企业转型升级和经济高质量发展打造的新引擎，作为推动数字经济和智能制造深度融合的管理创新驱动，更是作为迎接5G时代到来的具体抓手。从2019年开始，瑞泰马钢积极与飞马智科、腾讯等企业进行创新合作联合攻关，根据耐火材料生产特点，进一步通过推进信息化建设实现管理升级，搭建了企业资源计划系统（ERP系统）、产品全生命周期管理系统（PLM）、生产过程管控系统（PMS）、办公自动化系统（OA）及微瓴物联平台，建成了行业领先的透明工厂，通过了“两化”融合管理体系认证。一是引进自动配料系统、自动混碾系统、全自动液压成型设备系统、工业机器人、智能仓储系统及湿养护、干养护、环保热处理设备系统等，开发自动配料混碾系统、睏料系统、成型系统、仓储系统等控制系统，通过物流辅助设备与信息化系，实现各设备和系统的无缝连接，建成高温材料的全流程自动化智能化生产线；二是开发PMS系统，与过程控制系统对接，实现对原材料入库到成品出库的整个生产过程实时数据的自动采集，通过系统内多模块的组合实现生产过程的数字化管理，提高智能制造工厂的生产效率，实现生产过程的智能管控。拥有安防、门禁、考勤、产线监控等功能模块；三是导入ERP系统，构建人力资源、供应链、生产管理和财务管理等模块，并与PMS系统进行无缝对接，数据实时联动，达到‘业财一体化’的管理目标，实现从管理向经营的转变。协调智能制造工厂内各管理部门围绕市场导向，更加灵活或柔性地开展业务活动；四是完成产品生命周期管理系统（PLM）与ERP集成，实现产品研发、生产、应用过程中产生数据的高效利用，促进产品研发周期的缩短。”

这对瑞泰马钢来说是个变革和创新，通过搭建从研发设计层、智能装备控制层、生产管控层、企业资源计划层、AI/BI 分析层到透明工厂（数字孪生）的“5+1”层级架构，实现研发设计、物流采购、生产控制、经营管理、市场营销为一体的信息化系统，尤其是利用高性能引擎进行 3D 建模，打造出画面精湛的透明工厂（数字孪生），为管理者创造全新的服务模式及体验，为 5G 技术在工业物联网上的应用打好了平台基础。同时，充分利用区块链技术探索数字经济模式创新，及时掌握区块链在耐材工业领域的应用，抓住区块链技术融合、功能拓展、产业细分的契机，发挥区块链在促进数据共享、优化业务流程、降低运营成本、提升协同效率、建设可信体系等方面的作用。

在此基础上，瑞泰马钢又着力将智能安防、设备状态、生产、财务、质量、AI/BI 等分析数据整合进腾讯微瓴平台，并进行 3D 可视化呈现和数据的深度开发利用，尤其是加强公司信息化系统和微瓴物联平台在管理过程中的应用研究，充分利用平台优势，提高工艺控制过程的稳定性，通过产学研合作，探索如何利用大数据的分析以改善提高产品的品质。并进一步加强产品使用数据的利用，逐步规范用户使用数据收集整理，进而加以分析，以指导现场使用、分析使用异常原因和改进方向，以此不断提高企业的软实力和竞争力，推动企业管理再上新台阶。

四、科技创新，积蓄可持续发展动力

瑞泰马钢主动拥抱变革，通过自身努力，打通融合壁垒，突破关键技术，实现流程再造，积极探索实现传统企业的数字化转型升级，打造了一个全链条全系统信息化、数字化和智能化应用方案，实现了自身迭代跃迁，不断推动着企业实现高质量发展。在这个过程中，瑞泰马钢通过与瑞泰科技的合作让公司加入了中国建材大家庭，在转型升级建设新厂时，在中国建材总院和瑞泰科技专家的指导下，坚决淘汰陈旧落后的生产线和设备，切实解决环保污染等严重问题，特别是充分考虑制造业数字化、网络化、智能化转型发展趋势，积极根据耐火材料工业由传统产业向自动化、智能化转型升级客观需求，瞄准国际先进水平，创新地将智能制造技术、信息化技术，引入高温材料生产线和工厂管理环节，着力加强新一代信息技术和耐材工业的深度融合，努力推动耐材工业走转变发展方式、调整产业结构、转换增长动力，迈向高质量发展的全面创新之路。在反复论证基础上，敢于先行先试，按照绿色智能工厂的高标准，推出了一套全国第一家集研发设计、物流采购、生产控制、经营管理、专业服务、市场营销和节能环保为一体的全链条全系统信息化、数字化和智能化应用方案。目前，这套方案已经落地生根开花，成功建成了国内领先的节能环保型钢铁高温材料智能化制造基地及钢铁高温材料创新中心。这个基地主要包括年产 15 万吨高性能不定形耐火材料、年产 5 万吨钢包衬和精炼炉用耐火材料、年产 1 万吨滑动水口三条生产线。主要引进了先进的智能仓储系统、全自动上料配料系统、EIRICH 混碾机、LAEIS 液压压砖机、节能环保烘烤和烧成窑炉等智能制造装备，搭建了全流程智能化、自动化管理和控制系统。

基地的建成使企业完全实现了智能化生产、网络化协同、规模化定制、服务化延伸的高质量发展模式，已经走在了行业的前头，成为引领行业创新转型升级，实现智能制造、节能环保、“两化”融合的高质量发展标杆，为全行业树立了可借鉴的示范，其智能制造技术的创新应用在解决行业的压机控制、窑炉优化、全自动立体仓库等集成系统解决方案等关键共性技术上取得了创新性突破，是全行业最早创新应用全自动立体仓库集成系统的企业。

瑞泰马钢仅用 3 年左右时间，就获批高新技术企业、安徽省科技进步奖、马鞍山市节能环保型高温材料智能制造工程技术研究中心和节能环保型高温材料数字化车间等一系列称号，拥有发明专利 9 项，实用新型专利 8 项，省级高新技术产品 6 个，国家标准 2 项，行业标准 10 项，并与武科大和洛耐院合作研修相关国际标准及国家标准，获中国建材集团技术开发二、三等奖各一项，瑞泰科技科技创新特等奖、一等奖各一项，“节能环保型无碳钢包衬砖的研制与应用关键技术”等两个项目，更是被中国耐火材料行业协会评价为综合技术达到国际先进水平，钢包预制砖等产品和滑板生产、废次耐材综合利用等技术处于行业领先水平，开发的RH精炼炉用等绿色环保新技术产品正在国内外市场推广使用，新产品及专利技术不断涌现。同时，依托马钢集团和中国建材平台，与武汉科技大学签订《产学研合作协议》，建立了以企业为主体、市场为导向、产学研深度融合的技术创新体系，制定了专利管理办法，组织开展了钢包机压无碳砖渣线包底整体试验包、钢包滑板新技术研究等一系列的产品试验和技术进步项目推进。

五、模式创新，打造行业领先的制造型综合服务运营商

瑞泰马钢不断优化流程，提质增效，探索提供耐材设计配置、生产供应、施工维护、技术服务、回收利用的全流程、全寿命周期系统解决方案，成功实现从耐火材料生产商向综合服务商的转型，形成了一套可复制的钢铁冶炼全流程用耐火材料整体设计研发、制造配置、施工维护、技术服务及用后耐材回收综合利用的耐材全寿命周期总承包模式，确保了总包业务的规范平稳运行，特别是采取的“提质降本，精品制造，不断提升耐材应用技术水平；深度融入，精心服务，为业主单位提供有力保障”的总包措施，为业主和马钢股份公司生产顺行提供了优质的耐火材料支撑保障。2003年以来，瑞泰马钢先后承接了合肥钢铁公司、马钢各炼钢厂钢铁包、中间包以及山西新泰钢铁公司钢包、中间包耐材区域整体承包业务。2010年以来，先后对马钢第四钢轧总厂、第一钢轧总厂、特钢公司实行了产线吨钢耐材总承包。2016年以来，按产线对马钢股份公司各冶炼总厂实行了生产维护用耐火材料吨钢费用总承包。

全面总包以来，瑞泰马钢发挥自身专业优势，深度融入主业生产运行全过程，精细管理，精心服务，不断提高客户满意度。在服务马钢市场的同时，公司还积极通过自主直销及业务协同积极拓展外部市场，扩大滑动水口、精炼炉耐材、钢包耐材等优势产品的对外销售业务。稳定了宝武钢铁、首钢京唐、安阳钢铁、太原钢铁、新余钢铁、南京钢铁、鞍钢鲅鱼圈、三钢闽光、青岛特钢、印度、墨西哥、泰国等国内外滑动水口（钢包、转炉）系列耐材用户市场份额；宝武钢铁、湘潭钢铁的RH无铬化耐材主要用户；鄂城钢铁、山钢日照的钢包耐材主要用户。外销收入不断提升。

同时，为保证总包业务可持续平稳运行，瑞泰马钢提出建立耐材总包业务价格调整机制。马钢股份公司价格管理部门在广泛调研、充分论证的基础上原则同意并形成了《耐材总包业务定价方案》。每年，马钢股份公司价格管理部门牵头，采购部门，管理部门、使用单位和总包方参加，通过同行业对标和重点分供方走访调研，全面掌握耐材及上下游市场动态。形成调研报告，提交公司决策参考。自2017年下半年实施以来，运行效果良好，得到了业主、总包方及分包方的一致好评，为总包安全稳定顺行及运营效果改善奠定了良好的基础，产生了较好的经济效益和社会效益。

在此基础上，瑞泰马钢立足战略协同，落实“四精”，不断推动耐材总包业务平稳运行。一是建立耐材全寿命周期的总包业务管理标准化体系，实现业务模式化、模式体系化、体系标准化。实现从保供到服务，从产品到品牌，从数量到质量的转变。二是全面落实“四精”方针，“扩品种、提品质、创品牌”，以市场为向导，为客户提供系统解决方案和延伸服务，推动总包业务向纵深发展。重点以节能环保型钢铁高温材料智能化生产线为支撑，实现产品质量提升、结构优化的“精品智造”；加强项目管理，建立对项目管理人员的客户满意度调查评价考核机制，建立与业主定期交流沟通机制和联合攻关机制，不断提供延伸服务和增值服务的“精心服务”；推出从材料设计、制造配置、仓储物流、质量控制、施

工维护、回收处置寿命周期管理的全过程管理，人员、安全、环境的全方位管理，24 小时跟进的全天候管理的“精细管理”；引入卓越绩效模式，建设并运行六大管理体系，创建精益工厂。将总包业务纳入精益工厂、精益现场创建管理。积极主动跟进业主单位创建活动的“精益运营”。三是打造安全、稳定、高效、可持续、有竞争力的耐材供应链，培育稳定的战略供方，实现互惠共赢。四是加强国内外同行业沟通交流，跟踪世界钢企耐材应用前沿技术。

这些创新成果的取得，不断促进着高温工业的技术升级和节能技术进步，为钢铁工业的服役安全、长寿命技术、节能进步提供了技术借鉴和积累了可复制的成果经验，为我国高温材料产业升级和发展做出了应有的贡献，公司也被业内称为中国耐火材料行业实现产业优化升级，走绿色、节能、环保、智能发展之路的引领者，成为行业内具有一定影响力的典型企业。

此外，瑞泰马钢还先后组织举办了钢铁高温材料科技发展研讨会，承办了中国耐火材料行业协会会长办公会暨七届七次常务理事会和瑞泰科技有关会议，接待了中国耐材协会、腾讯、中汽研、宝武、鞍钢和巴西盖道尔、俄罗斯、韩国等行业内外专家的慕名考察交流。

六、党建创新，形成特色鲜明的党建品牌

瑞泰马钢成立以来始终重视党建工作，创新开展“以党建促经营，以经营促发展”活动，形成了以“政治体检”和“财务体检”为抓手的跨区域党组织长效管理新模式，有效提升了企业经营业绩。2018 年 5 月 18 日，瑞泰马钢第一次党代会首次提出以“党建促经营，经营促发展”为主旨的“区域党建促发展”品牌理念，并将该品牌建设与企业中心工作同布置、同检查、同考核。

（一）探索开展“政治体检”活动。公司成立考察组，每年底对各基层党支部开展“政治体检”活动，努力梳理查找和解决存在的问题，并在相关会议上，通报“体检报告”，下发问题整改清单，次年年中进行“回头看”，检查整改落实情况。

（二）以集中和分散自办等灵活多样的活动为载体，确保党组织各项活动开展落实到位。加强中心组集中学习和党支部分散理论学习，通过举办“党建标准化建设”“廉洁风险防控体系建设”“宣传报道”等党建基础知识和党务工作者集中培训及参观廉政警示教育基地，开展支部间工作交流和“不忘初心，牢记使命”“追寻红色足迹，传承革命精神”“七一”表彰等各项特色鲜明的党建活动，丰富和彰显了党组织的活力。

（三）通过头雁引领形成品牌优势。以瑞泰马钢承继的国企党建优良传统优势，引领所属企业党支部党建工作的完善和提高，较好解决了部分企业在党建方面存在的对党建工作认识不足，党群干部配备不全，党组织基础工作相对薄弱等情况。督促个别分子公司党支部落实相关要求，修订公司章程，把党建内容落实纳入公司章程。指导各党支部完善了党员活动室、组织机构框架和党务公示栏等硬件场所设施建设；规范、完善“三会一课”记录和廉洁风险防控体系、设立党风廉政监督岗等软件和资料积累。逐步改变了个别党支部党建工作形同虚设，党员主体意识弱化，职工思想混乱等情况，不断增强了党组织的威信，确保了党的路线方针能够及时传递到最基层，及混合所有制企业党建工作的健康发展。

（四）通过监管机制确保品牌成效。制定和完善“区域党建促发展”品牌相关监督、检查和考核机制，确保品牌取得较好成效。

同时，瑞泰马钢不断推进人力资源优化，将原“10 部 3 分厂”组织机构调整为“6 部 1 院 1 分厂”，机构精简率 38.5%；优化人力资源，将 248 名员工优化到 198 名，企业瘦身健体 30%。今年疫情期间，更是把稳定就业当作经济发展社会稳定的一个头等大事，面对疫情带来制造业遭遇的复工延迟、频繁裁

员等寒冬局面，逆“疫”而行，通过改变以往招聘步骤，面向社会公开招聘18名新员工，以满足企业高新技术不断发展对高素质员工越来越多和越来越高的需求，抗疫稳岗扩就业事迹还被选为案例上报中国建材集团。

瑞泰马钢在企业发展的同时，注重感恩，勇于承担社会责任，积极回报社会，开展献爱心扶贫捐赠活动，履行社会责任担当。2019年12月18日，捐赠资金20万元帮扶佳山乡马塘村。2020年疫情以来，充分弘扬“一方有难，八方支援”的传统美德和奉献精神，向雨山区捐赠20万元，用于防疫物资购买，一线医务人员、环卫工人、交警和民警慰问等疫情防控所需，以实际行动支援疫情防控工作；同时还于3月3日，向马鞍山市第四人民医院捐款2万元，慰问辛苦战斗在防疫一线的医务人员。公司领导、干部和党员充分发挥带头在前的先锋模范作用，纷纷自愿为抗击疫情进行献爱心捐款，共捐款22540元。同时，坚持把做好疫情防控工作与复工复产作为今年以来的头等大事，举全公司之力坚决打赢疫情防控阻击战和复工复产的攻坚战。全公司员工在非常时期积极行动，加班加点紧急驰援中国宝武集团武汉耐材公司急需钢包耐材，齐心协力贡献了“瑞泰马钢力量”。

短短的3年时间，瑞泰马钢先后荣获中国建材集团、研究总院和瑞泰科技先进基层党组织，研究总院安全生产先进单位，瑞泰科技优秀业绩奖、创新型企业、智能制造明星企业和知识产权先进单位，马鞍山市雨山区年度经济发展突出贡献先进集体等众多荣誉，企业迈上了高质量发展的良性发展道路。

成果创造人：陈海山、卢咏明、郁书中

自主创新、数字化发展与产业升级

以“三精工程”改革激发创新活力 占领产业自主创新制高点

航天精工股份有限公司

一、成果背景

我国紧固件产业的企业众多、规模庞大，但低端市场饱和、能力过剩，高端市场能力不足，以航空航天领域为代表的战略性新兴产业重点工程高端配套紧固件仍然长期依赖进口。为打破关键紧固连接件配套瓶颈，实现替代进口自主创新发展，航天精工股份有限公司（以下简称航天精工）作为航空航天高端紧固件的重要配套单位，秉持科技强军、航天报国价值观，深化企业改革调整，深入开展“三精工程”（即精准研发、精益改善、精才工程），优化专业化发展布局，走自主创新发展道路，实现大量关键紧固连接件替代进口，以自主知识产权拥有量行业第一，成为国内航空航天高端紧固件连接件自主创新的先行者，荣获“国家知识产权优势企业”称号。作为紧固件产业集团化管控企业，航天精工以“三精工程”系列方法改革探索，取得自主创新发展的新突破，成为业界新阶段改革发展的有益借鉴。

（一）公司基本情况

航天精工是中国航天科工集团有限公司（以下简称科工集团）直接管理的集高端紧固件研发、制造和检测为一体的高新技术企业，2000 年 5 月 18 日设立于天津，注册资本：44 515.2686 万元。2019 年资产总额 20.67 亿元，从业人员 1750 人，营业收入 8.79 亿元。公司主要产品涉及航空航天高端紧固件全业务领域，是国内航空航天重点型号紧固件市场的核心配套单位，也是我国航空航天高端、关键基础产品替代进口及创新发展的重要力量。所属三个制造基地，即一个分公司（天津分公司）和两个全资子公司（河南公司、贵州公司），公司本部设立一个内部机构（营销公司）。

航天精工目前已建立健全完善的质量管理体系。通过 GB/T19001-2008 和 GJB9001B-2009 质量管理体系认证，GB/T24001-2004 和 GB/T28001-2011 环境与职业健康安全管理体系认证。航天精工依托中国航天科工集团公司标准紧固件研究检测中心，通过国家和国防实验室认可。取得 GE 公司 S400 国际独立实验室等多项国际质量认证，正式加入 GE 航空公司供应链系统，并通过了美国联邦航空管理局（FAA）审核。10 项试验检测项目通过美国 CTS 和法国 AGS 机构的试验能力验证以及美国 GE 公司的实验室质量体系认证。热处理、化学处理、无损检测及材料实验等 47 个项目通过 NADCAP 审核认证，具备了为国际民用航空航天高端紧固件进行配套的资格。公司集研发、生产、检测、服务为一体，可以批量生产 HB、GJB、GB、QJ、YC 以及其他航空航天企业标准和各种非标准紧固件、连接件等基础件，为航空、航天、兵器、电子、船舶、核工业等行业提供高端基础件配套服务。航天精工研制生产的高性能紧固件广泛应用于装备制造业和国家重点工程，全面完成了“神舟”系列飞船、“嫦娥”系列卫星、各型飞机等国家重点型号和重点工程的配套任务，为国家实施重大项目做出了重要贡献。

（二）发展面临的形势与挑战

航天精工目前在国内紧固件军品领域处于龙头地位，但对标世界紧固件同类知名企业（如美国 Arconic、法国 Lisi、美国 TriMas 等公司）存在较大差距，在国际领域尚未被列入竞争对手。航天精工核心产品主要以钛合金、高温合金紧固件为代表，主要差距是自主创新产品不足，缺乏国际影响力和竞争实力。

航天精工对国外从事高端标准紧固件科研生产业务的企业进行了认真的分析和筛选，目前国外具有代表性的航空航天紧固件企业主要包括美国 Arconic、法国 Lisi、美国 TriMas 等，它们几乎垄断了全球航空航天紧固件市场的 80%、全球高端市场份额的 15%。其中，Arconic 在航空航天紧固系统领域处于全球首位，其高端多材料紧固系统广泛应用于飞机和航空发动机；Lisi 在航空航天发动机和结构用紧固连接解决方案方面排名世界第三；TriMas 是航空航天领域盲螺栓技术的领导者，是目前全球最大的复合材料紧固件设计制造商。经与国际同行业知名企业对标分析认为：

第一，航天精工市场开发力度不够，产品种类单一，主要为国内航空航天军品，客户过度单一，依赖性强，经营风险大，受国家政策（军品定价政策、武器装备规模政策、紧固件市场开放状态政策等）影响较大，利润总额受军品定价政策和客户库存压减影响较大，新产品的研发、产业化速度不够，产品结构有待优化。

第二，航天精工以紧固件产品为主，产品延伸不足，产品国际化经营业务不足。近年来仅在轨道交通领域有较为良好的表现，在国际化方面尚处于市场开发启步阶段，初步与 GE 航空、庞巴迪宇航公司、配套合作，跨国指标低，需要加快提高国际化能力。

第三，航天精工经营管控模式不适应新的市场发展需要，专业化布局、研发体系、营销体系有待完善，研发和生产效率低。“十三五”前期，经营管理模式与市场需求严重不相适应，研发体系和营销架组织构架设计不合理，制造公司不直接与市场对接，导致分子公司的市场主体责任不明，市场意识弱化；内部管理流程链条相对较长，市场信息传递的及时性，对市场变化的规律性和准确度把握不足，在经营生产中生产产出、产品发出、收入确认环节没有形成有效的闭环，生产组织与交付需求差距大，导致“两金”占用偏高，形成了企业负担。市场客户需求不能有效传递，市场反应能力差、效率低；技术对市场的牵引力不足，技术、市场、生产与市场未能形成有效的合力促进市场发展，在创新投入方面每年虽投入很大，但效果不明显。

第四，工艺技术落后，未系统形成具有核心竞争力的原创技术和产品。公司“十三五”期间加大力度开展了核心技术、关键产品的攻关，在国内形成一定技术优势，但对于替代进口关键产品以及制约公司发展的一些核心技术仍未获得有效突破。主要表现为制造工艺落后，核心技术机理研究有待加强。尤其在加工成形工艺技术方面传统，热处理、表面处理等特殊过程中的特种材料热处理技术、特种涂覆（镀层）技术还没有完全掌握。

第五，人才队伍不能满足发展需要，人才队伍结构需进一步优化，高层次和新领域领军人才相对缺乏。受地域等因素影响，公司信阳、遵义地区单位对人才的吸引力有所欠缺。由于行业竞争激烈，造成部分人才流失，有的还成为公司的竞争对手。公司管理人员基础管理和基于价值创造的能力还需进一步加强，技术人才队伍需进一步扩大，技能人才水平需进一步提升，民用产业人才的引进与培养力度需进一步加快。人才队伍现状制约了管理水平的提升和新业务新市场的拓展。

二、成果内涵

航天精工以“三精工程”(精准开发、精益管理、精才工程作为改革发展方法论，是航天精工应对风险挑战、破解发展难题的战略措施，是深化改革、自主创新发展的新思路。通过精准开发找准创新方向，明确创新目标；通过精益管理优化业务流程，提高研发能力和运营效率；通过精才工程激发员工创新活力，培育核心动能。

（一）精准开发

实施精准开发，包括精准市场开发、产品开发和技术开发。

1. 精准市场开发

实施专业化分工布局调整和营销体系改革，以此基础上发挥分子公司的主体作用和专业化分工优势，分别聚焦航空、航天、发动机三大配套领域，以总体设计单位需求为引领，以关键基础件替代进口为重点，实现关键技术突破，解决配套供应瓶颈问题，形成自有知识产权，并加快成果转化，走专业化生产、产业化发展的道路。

2. 精准产品开发

以成果转化为中心，以大数据分析为依据，强化资源投入，建设同类基础件加工单元，实现研制产品由单一化向系列化拓展、向系统化升级、向智能化发展。

3. 精准技术开发

实施技术创新，聚焦以近净成形为核心的新技术（精密塑性成形、精密热处理改性、精密表面改性、高精度模具、精密连接），发展配套技术（模拟仿真、智能制造、精密加工），探索前沿技术（集成紧固、智能紧固）。

（二）精益管理

实施精益管理，包括营销体系优化、制造流程优化和供应链优化。

1. 营销体系优化

以专业化分工为基础，深化营销体制改革，发挥分子公司的主体作用和本部营销公司的管理服务职能，实现与客户全流程无缝对接，保障创新方向正确，满足真实需求。

2. 制造流程优化

以“全员参与、持续改善”为核心，把PDCA循环作为基本工具，深入推进6S管理、全面生产维护（TPM）、看板管理等方法的应用，使生产制造体系与质量管理体系深度融合，在保证质量的前提下，提高交付效率、降低制造成本、提高创新效能。

3. 供应链优化

通过加强需求对接、集成供应、“寄售制”及线上招投标等新的供销方式，优化企业和供应商之间的业务关系，形成低成本、高效率的供应商群体，从而降低成本，提高质量，加速新产品上市时间，增强企业的产品竞争力。通过研究院协同企业营销处，加强内外部的管理协同，及时了解供应链上下游企业及外部企业的创新需求和技术优势，提高适应市场能力，激发创新能力。

（三）精才工程

实施精才工程，包括树立精才理念、推进精才办法、实施人才激励。

1. 人才理念：“人人皆可成才”——企业发展需要各方面的人才，每个员工可以根据个人特长，结合企业需求，经过专业培训后，在合适的岗位上为企业创造价值。“人人皆应成才”——企业的成功需要所有员工的共同努力，激烈的市场竞争不容许不劳而获或者少劳多得，每一个员工都要自尊自强，不断激发自身的潜力，提高为企业创造价值的能力。

2. 人才标准：评价员工的重要条件是“一心三力”。

责任心——在岗位上履职尽责、在团队里帮助队友、在社会中遵规守法；

计划力——首先能够分析工作中存在的主要问题及产生原因，其次是提出解决措施和行动计划，最后要推动计划分解落实。

沟通力——首先是创造有利于沟通的条件，其次在沟通中能换位思考、达成共识，最终要形成合力、推动工作。

现场力——首先是要熟悉相关专业知识，二是经常深入现场、掌握第一手资料，三是能解决实际问题。

3. 人才通道：“领军人才+团队建设”。

实施“精工英才”“精工巧匠”计划，从科技、生产一线发掘具有专注精神的工匠型人才，作为引领航天精工实现跨越式发展的领军者。同时，以班组建设为平台，提升全体员工的专业水平和协同能力，增强企业整体竞争力。

三、改革措施

（一）以“优势产品+优势领域”调整专业化分工布局，增强“精准研发”专业化基础能力

航天精工具有三个制造公司，是航空航天等高端制造业领域紧固件配套的主要供应商。但由于历史问题，存在能力重复建设的问题，研发和生产资源分散，产品同质化，自主创新能力不足，国产化进展缓慢。为统筹利用天津、河南、贵州三地优势资源，发挥各公司技术研发和生产优势，走专业化发展道路，航天精工在“十三五”期间，通过大力改革调整，优化了专业化布局。

1. 以规划引领、组织保障，制定系统方案实施推动

优化专业化分工布局作为公司“十三五”规划的重点内容，规划明确分子公司的专业化总体发展战略及产业定位，作为专业化工作开展的重要指导和依据。公司成立产专业化分工领导小组领导专项工作，解决实施中的具体问题，成为工作推动的组织协调保障。为保障专业化分工系统有序推进，公司在深入调研、广泛征求意见的基础上，制定了系统的实施方案，先后印发了《三大制造公司专业化分工实施方案》《深化落实航天精工股份有限公司专业化分工实施方案》，明确制造公司专业定位、阶段目标、实施路径、相关工作安排及配套客户及专业化分工明细表。

2. 统筹布局、突出优势、动态优化

围绕解决公司产品同质化和同业竞争问题，调整产业布局及专业技术分工，对主要行业领域、主要

产品和技术、重点客户细分，按照“产业方向清晰，专业优势突出，资源协同共享”原则分工落实。各单位按照专业化分工的市场研发产品、服务客户，实施精准开发。在实施过程中，不断协调并动态优化，随着专业化分工进程的推进，客户和产品在不断变化，同时分工也要逐步细化，需要进一步研究并调整市场职责界定，完善订单分配流程，加强专业化技术指导，使分子公司不断加强专业化能力建设和生产组织，突出产品制造的专业优势。

3. 建立基于专业化分工的运营机制

对研发和产业化项目立项、固定资产投资需要符合专业化分工要求，对专业化分工范围内研发项目、产业化项目实施激励。对符合专业化分工必要的投资予以重点支持。专业化分工方案实施纳入经营业绩考核管理，对分子公司的订单、收入、回款指标按照专业化分工区域内的指标考核，同时，对日常专业化工作履职实施考核，对未按专业化分工履职的部门和单位扣分或亮牌处罚。

通过持续完善专业化分工布局方案并实施，充分激发了制造公司在定位区域主动开拓市场、服务客户、自主创新的积极性，不断强化核心技术、核心产品的竞争优势，在飞机机体、航天、发动机配套领域形成专业化和产业化发展优势产品和领域配套定位，初步构建专业化优势突出、资源整体协同、服务敏捷高效的产业化集群。通过专业化分工实施，航天精工河南公司成为航天配套高端紧固件第一供应商，贵州公司成为航空新型发动机紧固件主要供应商，天津公司成为航空高锁、快卸锁、抽钉紧固件优势企业。制造公司优势得到发挥，整体竞争力不断增强，专业化核心能力和自主创新能力不断增强。

（二）以“矩阵式+云上服务”结构改革研发与营销体系，发挥研究院引领和制造公司的科技创新主体作用

航天精工原有的经营模式，以营销统一、研发统一，为主要特征，随着新时期紧固件市场高端化、个性化和短周期的需求变化以及国产化迫切要求，航天精工原有经营模式不适应市场的变化，需要进行大力改革调整。航天精工在专业化发展的基础上，以科研及营销体系改革为切入点，拉开了深化改革调整的序幕。

1. 研发与营销体系由集中式向“矩阵式+云上服务”转变

改革优化本部与制造公司责任体系，落实制造公司主体责任。明确制造公司科研创新和市场开拓的主体责任，明确制造公司对专业化分工区域内的研发项目立项的自主权、对营销办事外营销业务人员的管理权，优化管控模式和业务流程，充分发挥了制造公司的经营潜力。原集中式研发与营销管理体系（见图 1），制造公司与市场客户隔离，只有通过研究院、营销公司对接。

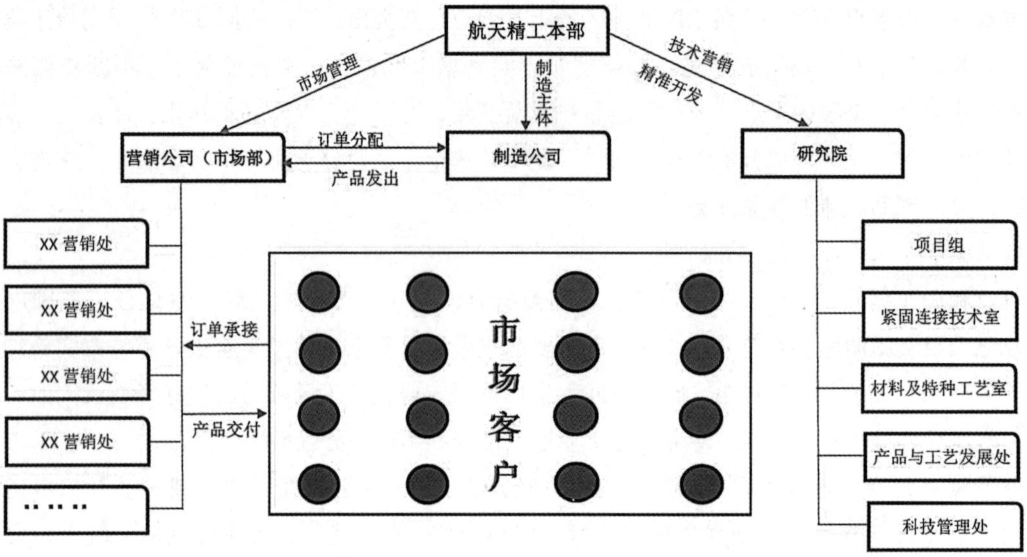

图1　航天精工原研发与营销体系

改革后的“矩阵式+云上服务”研发与营销体系（见图2）使制造公司直接面向客户，研究院发挥研发组织指导和技术营销作用，营销公司发挥市场管理服务职能。另外，公司在线上开展云上服务，充分利用专有云、航天云网开展云营销，实现“矩阵式+云上服务”的研发与营销体系改革。

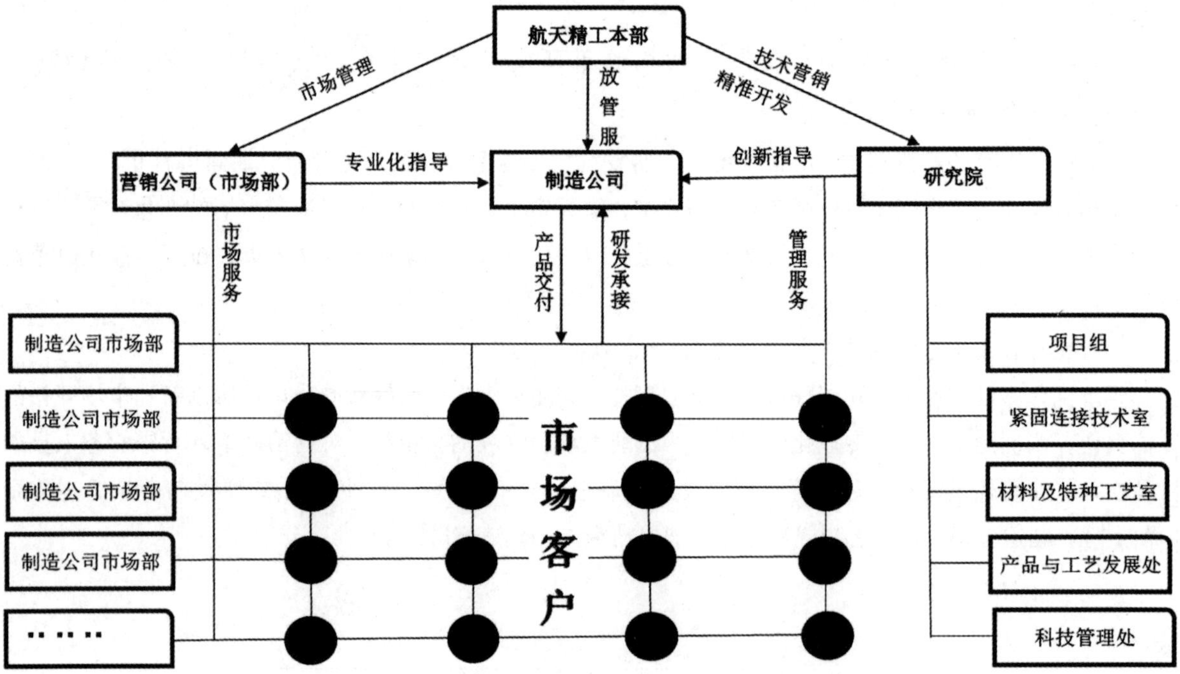

图2　航天精工改革后研发与营销体系

2. 建立以研究院为科技引领机构，以制造公司为创新主体的科技创新体系

整合研发资源，完成研究院研发资源整合工作，推动研究院重组运营，整合后的研究院负责公司技术统一规划布局，按专业特点设立若干研究室作为支撑机构，突出技术前沿预先研究和共性技术研究，牵引带动制造公司产品研发和工艺创新，打造航天精工的技术龙头和科研创新总体部；确立以市场需求为导向，以研究院为科技引领机构，以制造公司为实施主体、产学研相结合的开放式科技创新体系。同

时强化研究院、营销公司与制造公司的市场联动，落实制造公司产品研发、订单交付、成本控制、质量保证责任，完善研发成果的共享机制。通过科技创新资源整合改革，保障了公司科技发展战略和规划目标清晰、定位准确，科研组织架构进一步健全，科研管理制度进一步完善，研发运行机制高效顺畅，科技人才队伍结构合理，科技成果转化高效，知识产权管理规范，形成了良好的企业创新文化和创新环境。

3. 大力推动激发制造公司活力的营销体系改革

为解决研发生产与市场脱节的主要矛盾以及市场拓展过程中的突出问题，公司以市场化为导向，实施了以营销体系改革为重要突破口的改革调整工作，编制印发了《航天精工股份有限公司营销公司调整优化方案》，以整体提升公司市场拓展能力为目标，从组织架构优化调整、优化业务流程、改进完善考核激励机制、营销费用管控调整等几个主要方面进行优化，赋予制造公司主动开拓市场、直接服务客户的责任、权力和义务，将市场开拓和服务的主体作用从营销公司调整到制造公司，使制造公司与市场客户直接沟通对接，缩短业务链条，提高对客户需求的响应速度和服务质量。

对办事处按客户分布领域和所占市场份额进行合并，将现有办事处由 12 个精简为 10 个，优化营销公司内设机构和岗位设置，着力提升部门价值创造能力和人员创效能力，人员由年初的 120 人精减为 94 人，富余人员调整到科研生产销售一线，竞聘上岗 94 人中 55 人下沉到各制造公司，充实了基层单位市场开拓力量。初步实现减员增效阶段性目标，进一步规范营销公司作为本部部门的管理职能

调整办事处主要职责，办事处主任负责对所辖办事处业务人员的管理协调工作，负责督促落实公司下达的各项指标任务，负责市场前沿信息的收集整理与传递和相关的走访接待协调等事宜，办事处具体订单处理等相关业务职能调整到制造公司，所有订单、收入、回款等经营指标考核同时下达到各制造公司。根据专业化分工定位，将营销办事处全部营销业务员分配到三家制造单位并明确个人指标任务。完善新体系配套制度建设，制定《公司驻外营销人员管理模式改革调整方案》，按权责对等管理要求，重点从人事关系、业务管理权限和薪酬费用列支三个部分进行调整优化；强化考核激励，修订印发了新的薪酬考核办法，将办事处业务人员收入与个人业绩直接挂钩，建立“业绩升收入增、业绩降收入减”的分配机制。

公司研发和营销体系改革调整后，制造公司直接对接专业化客户，拉近了与客户的距离，经营的积极性和主动性明显增强，服务的精准性明显提高；各单位对订单实际需求的判断和交付日期的掌握更加精准，对营销业务人员的分工更加精细，订单和交付状况得到好转；各单位积极开展研发与营销对接走访客户，通过与各主机厂所进行需求直接对接，紧密跟踪研发进展动态，协调推进装机评审工作，实现由研发到订单的转换，形成新产品市场显著突破。2019 年全年新增订单 11.77 亿元、同比增长 31.51%，当年实现营业收入 8.79 亿元、同比增长 13.69%、利润总额 0.23 亿元，同比增长 90.51%；2020 年 7 月底，公司累计新承接订单 10.21 亿元、同比增长 41.07%，实现营业收入 57，632 万元、同比增长 32.45%，利润总额 3，325 万元、同比增长 47.08%。

（三）以“三项核心技术+三类制造”重构制造流程

航天精工以航空航天配套紧固件为核心业务，强化推进三项核心技术（近净成形系列技术、系统紧固连接技术和智能连接系统技术）和三类制造（智能制造、协调制造和云制造）。

1. 三项核心技术突破强化了自主创新能力

近净成形系列技术包括精密铸造、精密塑性成形、精确连接、精密热处理改性、精密表面改性、快

速原型制造、精密模具、精密加工八个专业技术领域，是新工艺、新装备、新材料以及各项新技术成果的综合集成技术。近净成形技术是航天精工实现及时交付产品、降低成本、提高质量、提升核心竞争力的关键抓手，航天精工以近净成形技术提升作为重要战略举措，全面推动公司先进制造工艺技术向高强度、轻量化、耐腐蚀、低成本、短周期快速发展。至2020年上半年，航天精工近净成形专项工作完成了发动机螺栓、螺母、A286高锁螺母等二十余项典型产品及关键技术的近净成形技术攻关，并应用于产品研发交付工作，各单位采用近净成形工艺实现度达到3级及以上，已完成约1.5亿元产品入库，完成工艺更改207份、模具设计2092份。

系统紧固连接技术的紧固连接需求逐步转向包括设计、仿真、制造、检测、安装、服务为一体的整体解决方案。航天精工开展紧固连接技术方面的能力建设，拓展紧固连接领域的全过程解决方案，是落实国家制造业发展战略的重要举措。

智能紧固系统技术为新一代紧固件制造和应用技术。目前的高端紧固件为传统的紧固件。智能紧固件为新一代紧固件，智能紧固件实现部分参数的无线传输。目前，航天精工开展的带传感器紧固件的研制已成功完成样机，正进行装机实验，并完成了3项发明专利申报授理和1项实用新型专利授权，初步具备产业化基础。面向未来，航天精工积极推进成果转化，引领产业发展，正在形成新的增长点。

2.“三类制造”强化了成果转化能力

航天精工积极推进“三类制造”（智能制造、协调制造和云制造），加强顶层策划，明确建设方向、路径及重点任务，实施生产线智能化试点改造，完成了高锁螺母生产线与轨道交通生产线智能化改造以及OEM/ODM智能制造示范中心建设，生产效率明显提升、质量一致性得到了保障。通过精益生产及自动化改造，完成了16条产线、13个单元的精益布局及设备自动化改造，生产效率提升了30%。依托PLM平台建设项目实施，推进研发设计领域变革，重塑研发设计领域管控模式，实现研发设计与工艺管理由二维向三维转变，实现PLM与SAP、MES等系统集成，打通了设计、生产、营销、检测等环节，研发设计效率与服务能力不断提高，为成果转化和产业化发展创造了良好的条件。

（四）以“项目分级管理+精才工程”鼓励全员创新创效

为充分激发公司技术开发团队的创新活力和潜力，切实提升航天精工精准开发的效率和效益，围绕抢订单、拓市场，聚焦“打粮食”，本着正向激励和风险共担相结合的原则，制定了《航天精工技术开发团队期望激励暂行办法》，通过认缴和兑现产业化风险保障金的方式，按科研项目实现的产业化销售收入及毛利率进行评价及奖励兑现，紧密贴合市场需求，进一步加强航天精工技术—产品—商品转化能力。2019年公司完善科研项目管理办法，聚焦重点项目，实施项目分级（A-前沿预研类、B重点创新类、C自主优化类）管理和激励，抓A类、控B类、放C类，将A、B两类项目纳入公司年度科研计划，C类项目由承研单位自行纳入年度计划，强化A、B两类项目研发投入，累计投入5300万元，已完成了科研项目97项目，有力促进了技术创新工作。2020年，航天精工向国家申报并获批某类重点自主创新项目21项，高居航空航天紧固件产业榜首。预计2020年度科研投入7760多万元，同比增长46%，创新投入大幅增长，成为本行业自主创新的主力军。

为鼓励全员创新，公司贯彻“全员参与、全员改善、全流程优化”的精益改善思想，实施对全体员工设立优秀精益改善项目，项目覆盖市场营销、物资采购、投产管控、产线管理、开票回款等产品交付全过程，优化流程、降低成本，完善供应链，提升了生产效率和产品质量。截至2019年末，航天精工累计实施精益改善项目3，354项，人均（含劳务外包）实施1.7项，整体精益改善参与率97%，有效激励全员创新和创新项目实施。

公司加强创新工作的人才保障，持续推进精才工程。制定“精才工程”实施方案并分解人才结构优化指标至各单位，建立精才工程队伍建设标准和积分明细表，推行“一岗位一积分”工作，在各类评优推先工作中先行先试积分评价。开展高层次技术岗位人才评聘工作，制定薪酬管理规范落实高层次技术岗位人才待遇。每年开展拔尖、优秀后备人才选拔推荐，现已评出各级拔尖优秀后备13人（其中集团级1人，公司级4人，三级单位级8人），2020年又选拔推荐7人。按标准实施每月发放5000、3000、2000、1000元等补贴。从基层一线选拔表彰30名“精工巧匠”类人才，给予每人每年不低于2万元的专项奖励。完善专业师职务体系，打通各类岗位晋升通道。2019年实施“精才工程”专项奖励64万元。通过实施“精才工程”，稳定了创新团队，有力激励了创新工作。

四、改革成效

（一）保持知识产权行业第一

航天精工持续深化改革，聚焦主业发展，围绕新研型号需求，以航空航天重点型号和国家重点工程为重点，通过“精准开发”不断提高航空航天等高端市场配套能力，多项重点项目取得新突破、新成效，实现军工主要武器装备领域高端紧固件配套全面覆盖，持续保持国内航空航天高端紧固件市场占有率第一，牢固占据国内航空航天高端紧固件市场龙头地位。截至2019年末，航天精工累计有效专利353件，其中发明专利179件、实用新型专利172件；截至2020年7月，累计有效专利372件，其中发明专利184件、实用新型186件。专利申请量和授权量继续领跑高端紧固件行业。

（二）成为“国家知识产权优势企业”

“十三五”期间，航天精工不断优化产业布局，核心技术和新产品研发能力不断增强，多项关键技术取得了重大突破，完成了航天型号以新一代运载火箭为代表的新型钛合金系列紧固件的研制生产，航空“两机两发”为代表的系列钛合金、高温合金紧固件国产化研制，多项技术填补了国内空白实现了替代进口和自主创新。“十三五”以来累计开展新产品研发、技术基础等课题500余项，先后参与起草制定内外部标准200余份，公司新产品收入占比达到20%以上，自主创新发展促进经营质量稳步提高，同时带动了上下游产业的发展。航天精工围绕知识产权创造、运用、保护、管理方面建立知识产权体系和工作机制，切实将知识产权工作与发展战略相结合，多措并举推进技术产品开发，扎实聚焦科技创新，以知识产权数量、质量和效益同步提升为目标，全面实现科研生产经营各环节的知识产权管理，发展成为具备较强的竞争优势企业，于2017年获得“国家知识产权优势企业”荣誉称号，于2019年经工信部批复获得“工业企业知识产权运用试点企业”。

成果创造人：赵　康、焦光明

大型航空制造企业两化融合管理体系构建与实施

沈阳飞机工业（集团）有限公司

沈阳飞机工业（集团）有限公司（以下简称沈飞公司），隶属于中国航空工业集团有限公司，是以航空产品制造为核心主业，集科研、生产、试验、试飞为一体的大型现代化飞机制造企业。企业主营业务覆盖军用飞机制造与维修、民用干支线飞机零部件制造、通用飞机制造、仓储物流设备制造等。公司成立于1951年，现占地面积800万平方米，其中，生产区面积390万平方米。现有员工约15000人。60多年来，沈飞公司研制生产了众多机种的数千架歼击机，创造了中国航空史上一个又一个第一，为我国航空武器装备的发展做出了重大贡献，被誉为“中国歼击机的摇篮”，是中国创建最早、规模最大的现代化歼击机研制生产基地。

一、企业两化融合管理体系构建与实施背景

（一）实施两化融合是国家发展战略

两化融合是以信息技术为代表的高新技术与传统工业领域所有要素相融合，进而提升、变革、创新、改造传统工业，形成新型工业装备，催生新型工业模式，构建新型工业体系，提升工业能力和素质的过程。广义讲，推进信息化与工业化融合是信息化与工业化两大社会历史进程的交织、融合和相互促进发展，覆盖经济和社会发展的全局。狭义讲，是推进信息化与产业体系、工业体系融合，构建现代产业（工业）体系。大力推进信息化与工业化融合，信息化带动工业化，工业化促进信息化，走新型工业化道路，是党中央一贯强调的战略举措和国家级战略部署。在国民经济“十二五”“十三五”发展规划中，都进一步提出了要坚持走中国特色新型工业化道路，推动信息化和工业化深度融合，加快经济社会各领域信息化。2015年，国务院提出的制造强国战略，将“推进信息化与工业化深度融合”列入了九项战略任务之中。

（二）实施两化融合是世界先进制造强国的共识

全球范围内以信息技术为核心的新一轮科技革命和产业革命正在孕育兴起，新一代信息技术与制造业深度融合发展成为制造业赢得未来竞争优势的关键驱动力。为在新一轮工业革命中抢占先机，世界主要强国和大国相继出台了制造业发展战略。综合分析美国再工业化和工业互联网、德国工业4.0以及中国制造强国战略等，其本质都是新一代信息技术和制造技术的深度融合。由此诞生的融合新一代信息技术应用的组织管理、价值链协同、虚拟集成开发和制造运行管理等正在重塑制造业的价值创造模式。

（三）实施两化融合是企业改革创新、快速转型发展的需要

在信息化和互联网时代，企业作为工业化的主体，同样是信息化的主体。进入21世纪以来，客户对

产品的需求愈发呈现差异化、个性化，产品交付周期明显缩短，对企业的快速响应能力提出了更高的要求。企业只有通过信息化，加快发展，才能有效地应对日益激烈的国内外市场竞争的挑战。沈飞公司作为大型航空制造企业，同样面临着追求可持续发展，实施企业发展战略转型，提高自身核心竞争力的迫切需求。从国际上来看，新一代信息技术与制造业深度融合，正在引发影响深远的产业变革。世界发达国家都在着力研究以信息化为特征的工业自动化、智能化发展问题，规划制定未来制造业基于信息技术的工业自动化、智能化整体解决方案。其核心是实现数字化设计制造、信息化运营管理、数字化生产线、信息化基础设施等方面的信息技术的高度集成与协同。航空产品在制造难度、技术复杂程度等各个方面位于各类产品之首，是第四次工业革命的引导者和应用的先行者。随着产品研制模式发生的重大变化，航空制造企业正逐步向基于三维模型进行产品数据组织、关联与传递，高度并行业务协同设计制造方向发展。这就要求企业必须探索产品研制技术应用新模式、新途径，打造信息化环境下的新型能力。

二、企业两化融合管理体系构建与实施内涵及主要做法

近年来，沈飞公司坚决贯彻党中央“两化融合”的指导方针，紧密围绕企业发展战略，以支撑战略发展为基础，以打通内部数据流为主线，以促进系统间融合为核心，紧密结合体制机制改革，促进了生产精益化、管理科学化、体制现代化，实现了企业管理水平的逐步升华。在信息化条件下，两化融合是企业获得可持续竞争优势的必由之路。按照“智能沈飞”的建设目标，沈飞公司不断坚持推进信息化和工业化的深度融合，重点围绕基于模型的三维工艺设计、产品数据管理、企业资源计划、知识工程与大数据以及智能制造信息化支持五个方面，开展相关技术研究及软件系统建设与实施应用，面向企业全业务全流程，打造一个平台，建立信息化条件下的五种新型可持续竞争能力，形成两化融合管理体系，促进企业生产方式的根本性变革，推动产品研制能力和企业运营管理水平的整体提升。

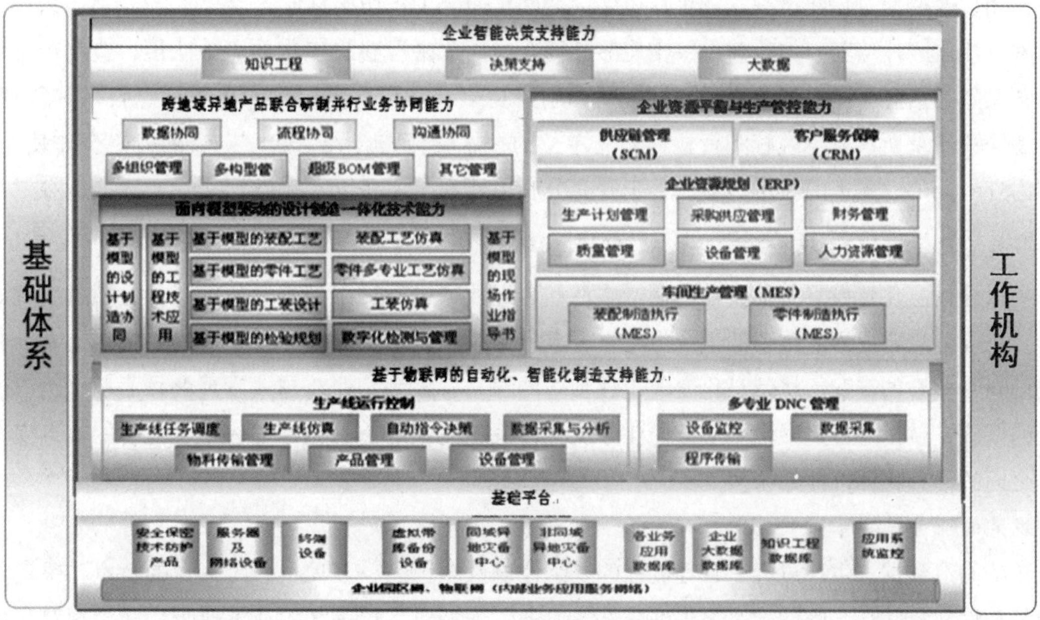

图1　两化融合管理体系及信息化条件下的五种新型能力

（一）建立健全工作机构，促进体系落地执行

实施两化融合，首先必须建立健全工作机构，充实强有力的人才，形成推进合力。沈飞公司高度重

视两化融合工作，将两化融合纳入公司信息化规划管理工作中。目前，由公司主要领导和各职能部门负责人组成的信息化工作委员会，全面领导企业的两化融合工作。公司总经理是两化融合体系最高管理者，承诺按两化融合管理体系标准要求建立、实施两化融合管理体系，并持续改进其有效性。公司总经理发布《管理者代表任命书》，任命公司总工程师作为企业CIO（首席信息官）和最高管理者代表履行管理者代表职责，代表公司行使企业两化融合的主要领导权力。信息化工作委员会下设日常办事机构，负责执行信息化委员会的决定，组织制定公司两化融合发展战略和总体规划。在企业各主要部门，均设立了部门级信息化工作小组，负责本部门两化融合工作的推进。

首先，根据工业和信息化部《信息化和工业化融合管理体系要求GB/T 23001—2017》《工业企业信息化和工业化融合评估规范GB/T 23020—2013》等宏观性指导文件，结合企业实际情况，编制和修订了以《两化融合管理手册》为主体的一系列两化融合管理制度和规范，形成了初步的企业两化融合管理文件体系。

其次，遵循两化融合管理体系的基本要求，制定企业年度内审计划，对相关体系执行情况进行例行审计，以检查两化融合管理体系运行的符合性和持续有效性。在每年公司召开的信息化工作委员会年会上，融入两化融合管理体系的管理评审内容，在通过年度信息化工作总结及工作计划的同时，对企业两化融合管理体系年度内审过程中发现的问题进行确认，并审议批准相关措施。

第三，组织相关负责人员，积极准备和迎接工业和信息化部对企业两化融合管理体系的监督审核、中国航空工业集团有限公司对企业年度管理创新和两化融合水平的评估。对评估审核中发现的不符合项，积极进行整改，采取措施，及时纠正，促进企业两化融合管理水平的不断优化和提升。

第四，信息化部门与业务部门建立明确的分工原则，遵循“业务部门主体负责，信息化部门技术支持，主管部门监控考评”的工作责任机制，充分发挥各业务部门在两化融合推进工作中的主观能动和需求牵引作用，改变信息化建设观念和工作思路，使两化融合工作切实落地。

第五，注重人才培养，加速建设一支能够胜任企业两化融合建设工作的人才队伍，造就一批既懂专业技能，又熟悉信息化建设的复合型人才，适当引进更多高学历、高层次的优秀信息技术和管理人才。积极开展与科研院所、大学院校和行业内领先单位的技术交流与合作，建立广泛的战略合作伙伴关系，借助国内外专业的、先进的技术力量，善于并充分利用外部人才和技术优势。

（二）实施两化深度融合，策划构建基础体系

针对以往信息化建设只是对企业的制造生产和管理数据进行加工处理分析的局面，通过实施两化深度融合，企业信息要成为最重要的生产力之一，成为企业的战略资源。同时要通过以技术支持为核心到以管理创新为核心的转变，将信息化变成管理创新的源泉，成为企业跨越式发展的核心驱动力。促成这种转变的措施，就是通过建立健全规范的业务流程体系、完善的信息化标准体系、完备的信息安全保密体系、全面的信息化评价体系来实现。

1.规范的业务流程体系

企业的制造数据、生产过程、管理流程的复杂性以及多产品、多项目、跨平台的特点，决定了业务流程的复杂性和特殊性。因此，需要仔细分析各业务工作特点，梳理相关业务流程，建设规范化的业务流程体系。

业务流程体系建设聚焦生产制造，以流程为主线，以信息系统为平台，逐步实现从粗放化管理向精细化管理，从人治化管理向法治化管理，从以职能和职权为中心的管理向以流程为中心的管理转变，最

终完成企业运营管理模式的转型升级。依据企业业务功能分类，横向将沈飞公司业务流程分为三大类和17个业务模块。三大类包括管理类、核心类、支持类；纵向将公司流程体系自上而下分为五个层次：业务域级（L1）、流程组级（L2）、流程级（L3）、步骤级（L4）、活动级（L5）。在此基础上，以信息系统为平台，按照业务流程化、流程制度化、制度表单化、表单信息化的工作思路，开展流程体系设计、流程要素梳理、制度文件规范和流程成熟度评价工作，逐步推进业务流程管理显性化、模型化、体系化。

2. 完善的信息化标准体系

信息化标准是信息共享和业务协同的基础，是信息资源规划、整合和开发利用的重要前提，是信息化条件下实现业务流程规范化，推进业务持续改进和提升的必要保障。国资发〔2007〕8号《关于加强中央企业信息化工作的指导意见》明确提出要"加强信息化技术标准和管理规范建设，保障信息集成共享和管理科学高效。"企业信息化标准体系是针对航空产品研制过程中信息技术的应用、信息产品的开发、使用和信息系统建设、运行和管理而制定的标准体系。要构建涵盖信息技术及其应用范畴的信息化标准体系，编制和贯彻一批企业信息化标准，以支撑企业核心业务信息化工作的规范化，实现业务应用系统的互联、互通，促进企业业务管理的优化与创新。

3. 健全的信息安全体系

信息安全技术标准是为规范信息安全技术体系而制定的标准。根据国家相关保密法规和标准以及企业信息系统的安全策略，构建完善的信息安全管理制度和相应的安全技术措施，确保信息系统物理安全、运行安全、信息安全，为各业务系统的深化应用保驾护航。

4. 全面的信息化评价体系

通过信息化部门与业务部门绩效考核和信息化水平评价等三个层面的信息化评价体系建设，为企业信息化管理部门评价关键应用系统效能、信息化投入产出比等提供依据。

（三）注重信息环境建设，夯实共享基础平台

建立了支撑企业两化融合主要业务的基础平台，包括：1. 园区网（涉密与非涉密采用分级防护，不连接互联网）。2. 外网园区网（连接互联网）。3. 专用物联网：形成对近千点左右物联节点的支撑能力，为多专业DNC联网、智能生产线应用等奠定基础。园区网网络基本涵盖园区内所有业务部门和职能部门，计算机联网率达到98%以上。企业园区网实现了万兆核心、千兆汇聚、千百兆桌面的高速传输网络，光缆铺设距离达数十公里；服务器、终端计算机及外设产品数千台；建成企业内部同城异地实时在线存储安全保障系统，实现双机双活热备，能够在意外事故下快速恢复，保证数据安全性及业务应用的连续性；硬件环境已经基本满足企业科研生产经营管理需求。按照国家保密标准要求，加强计算机和信息系统安全保密技术防护工作，实施安全防护产品。

企业对公共资源实施统一管理，如各应用系统数据库，数字化情报、数字化档案、软件等。发布了《应用系统建立与应用系统管理》制度，规范软件的计价、获取、登记与备存、使用、日常管理、报废等诸多环节规范化管理，通过出台软件白名单，维护了软件资产使用的合法性，提高软件资产的使用效率。

（四）规划全新技术体系，打造面向模型驱动的设计制造一体化技术能力

当今世界制造业主流产品研制模式显著特点就是以三维模型为核心，深入应用设计制造并行业务协同理念，让产品研制过程中的设计与设计、设计与工艺、工艺与工艺、产品与工装、设计与制造、设计

与制造过程中的多专业仿真分析等环节之间并行协作，大幅提高产品并行协同研制工程协调质量和效率，缩短研制周期，提升产品能力。这是一个复杂的需要信息化数字化技术支持的技术支撑体系，其关键是在产品研制全过程基于MBD三维模型将产品信息以数字量进行连续传递。当前企业采用的业务应用模式和技术途径下，没有统一的工作平台，大多还是在并行阶段投入人力进行工程协调，二维图及纸制文件仍作为主要协调依据，没有充分利用MBD三维模型信息传递与表达能力，工程协调效率较低，工程变更响应慢，产品数据传递周期长，并行业务协同能力没有充分发挥，与形成产品快速研制能力还有很大距离。为此，我们以三维工艺设计为核心，构建面向模型驱动的设计制造一体化工作平台，实现面向产品研制全过程的基于模型的产品数字化定义，工艺规划、数据组织、关联、传递与发布，设计制造多专业并行业务协同，以及数字化检测等，利用多专业仿真分析技术优化设计，贯通与企业资源平衡与生产管控平台之间的数据流，形成面向模型驱动的设计制造一体化技术能力。

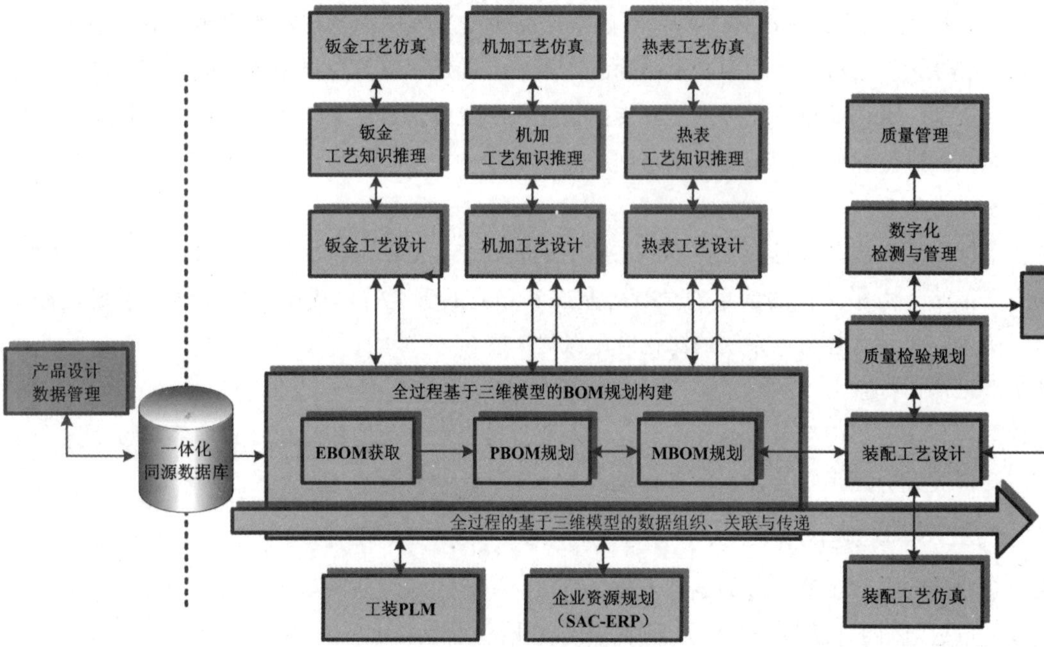

图2　面向模型驱动的设计制造一体化技术能力

（五）建立动态企业联盟，打造跨地域异地产品联合研制并行业务协同能力

目前，航空领域产品跨地域异地联合研制已成为航空工业发展的主趋势。采用这种研制模式，建立逻辑上的动态企业联盟，能够充分发挥各单位的资源优势，减少新技术条件下的产品研制过程中固定资产重复建设，共享产品开发的资源和经验，降低研制成本，缩短研制周期。为此，我们结合产品研制的实际需要，以自身作为主承制商，以产品数据管理技术应用为核心，开展跨地域异地业务协同技术支持平台规划建设，形成跨地域异地产品联合研制并行业务协同能力。基于这一平台，建立起满足产品制造、采购供应、销售服务及质量管控需求的多构型超级BOM，切实贯通与参研单位间的业务流程，实现跨地域的项目管理、流程协同和数据组织管理等。

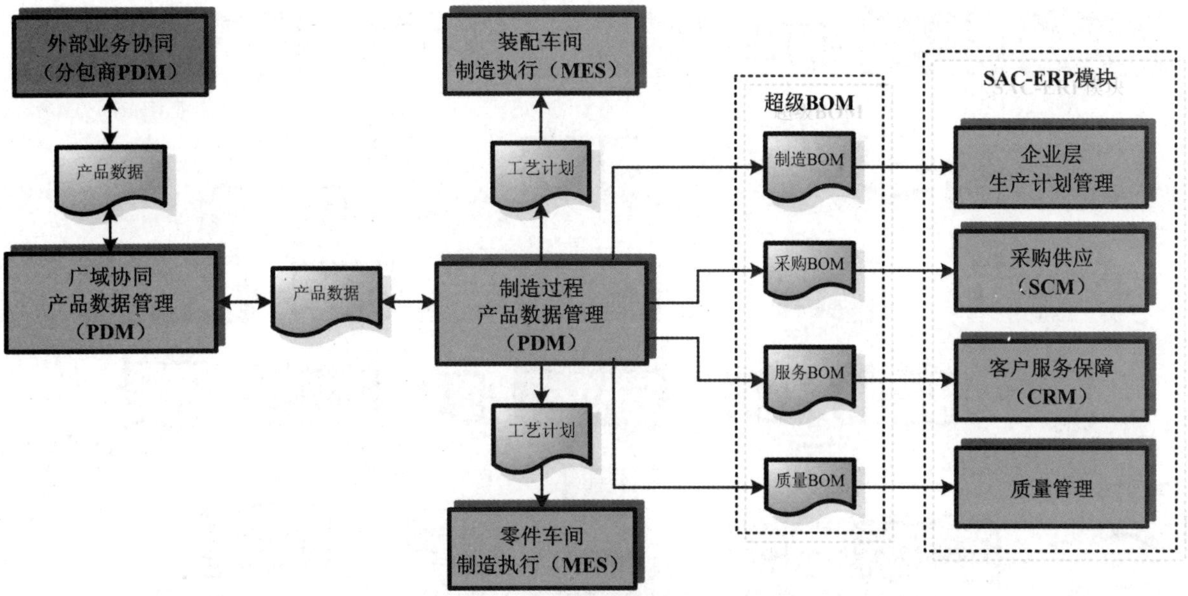

图3　跨地域异地产品联合研制并行业务协同能力

（六）优化整合管理系统，打造企业资源平衡与生产管控能力

随着国际形势和周边形势的日趋复杂多变，国家对航空武器装备的需求越来越急迫，要求也越来越高，企业的生产压力越来越大。如何有效地调动平衡企业资源，实行科学合理采购，在确保质量前提下实现产品的按计划交付，是我们要重点解决的问题。而其关键在于要实现以计划为核心，拉动原材料采购、产品生产及产品交付等环节的业务，实现按计划采购，按计划生产、按计划交付的科学合理的生产组织模式，实现企业资源的最优化，生产管理的透明化，达到对产品生产全过程的有效管控。以信息技术为核心的ERP技术应用是提高企业资源平衡与生产管控能力的有效技术手段。为此，我们开发实施了生产计划管理、车间生产管理、设备管理、财务管理及人力资源管理等多个应用系统，通过对现有系统的优化、深化、整合和替代相结合的方式，总体规划、分步实施，构建以企业资源计划（ERP）为核心的支撑企业运营管理的信息化架构体系，形成覆盖企业主流程主业务的企业资源平衡与生产管控能力，全面推动企业产、供、销、人、财、物等领域业务的一体化管理，实现企业物流、信息流、资金流统一，提升企业整体运营质量。

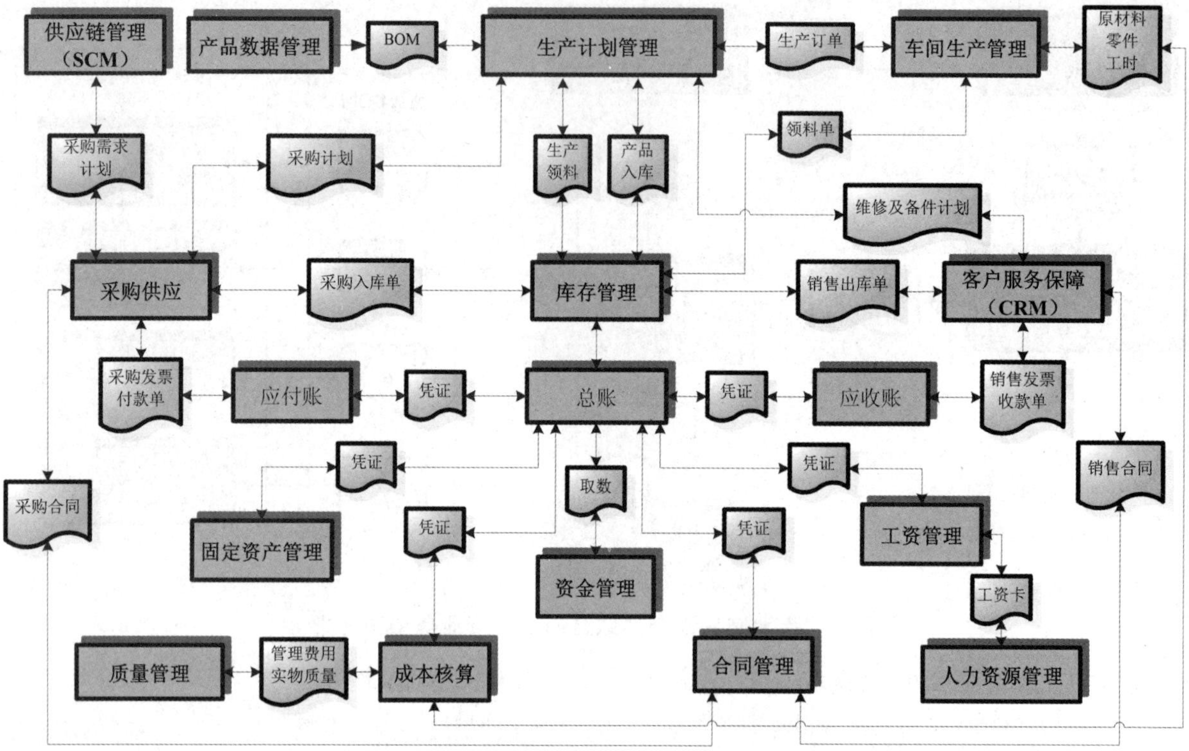

图4　企业资源平衡与生产管控能力

（七）综合运用知识数据，打造企业智能决策支持能力

企业发展过程中不断产生并积累着庞大的产品设计制造类和企业运营管理类的各种数据信息资源，分散在各部门和业务领域以及各软件系统中。对这些数据信息资源按照业务逻辑规则加以挖掘、提炼，可以成为对企业内外的快速透彻感知、产品设计制造及企业运营管理的重要依据，是企业进行智能决策的关键。知识工程及大数据技术是优化、挖掘与整合企业数据信息资源的有效技术途径。通过知识工程技术，建立产品研制过程中工程专业技术领域的知识搜索分析引擎，建立各类工程专业技术领域的专业技术知识库，实现基于知识的自动推理以及工艺加工方法的自动选择，最终应用到产品设计制造过程中，提高产品研制的质量和效率，形成的知识库也是实现智能制造的关键数据。知识工程应用的结果既是用于产品设计制造的专业技术知识，又可以作为大数据技术应用的数据子集。通过大数据技术对企业各类运营管理数据信息资源的收集、整理与分析，使企业能够对运营状况、产品研制能力及未来发展的进行有效感知和预测，促进业务流程整合和自我优化，有效指导企业发展战略的制定和经营决策实施，实现运营管理的自我调控，形成基于企业大数据的智能决策支持能力。

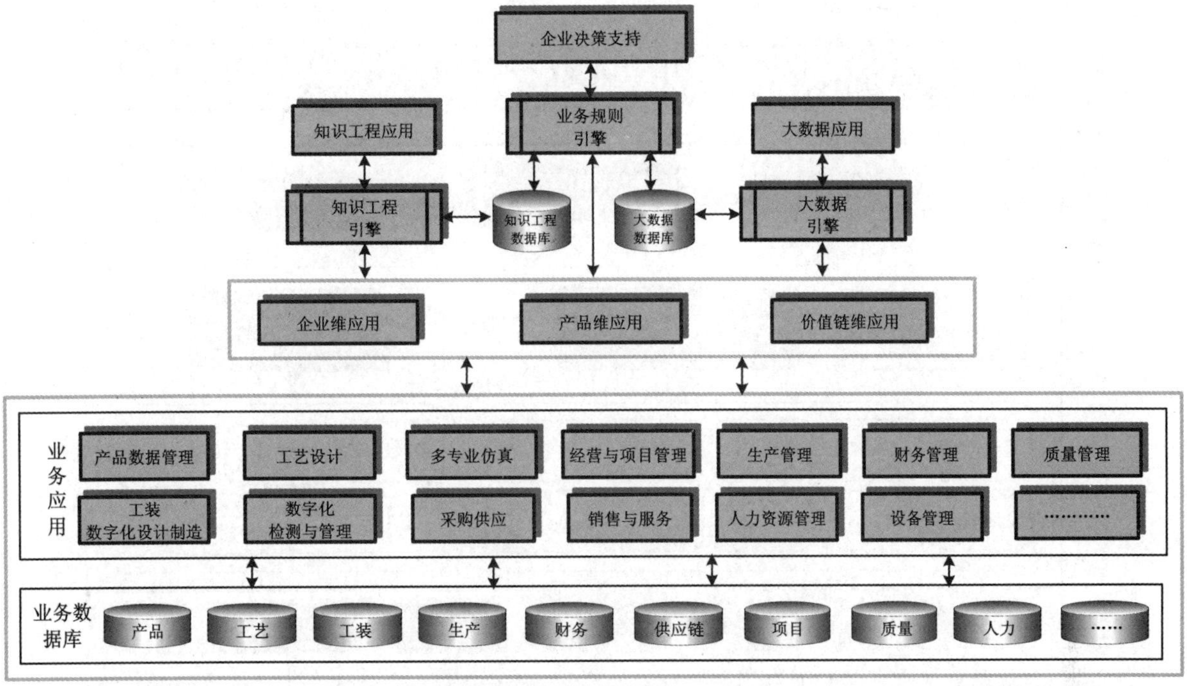

图5　企业智能决策支持能力

（八）融合互联物联技术，打造基于物联网的自动化、智能化制造支持能力

智能制造是未来制造业发展方向，发达国家都在着力开展此方面技术规划、研究，中国制造强国战略对我国制造业发展提出了具体明确的要求。智能制造基本思路是将互联网技术或物联网技术、工业自动控制技术、企业信息集成与优化技术以及数字化设计制造技术高度集成化的技术体系。智能制造的核心是数字化、网络化、智能化，它可以为企业提供自动识别、自动推理、自动规划、自动搬运与装夹、自动加工、甚至自动检测的技术支持能力，能够大幅提升产品研制质量和效率。面向此领域，我们结合航空工业智能制造架构规划，开展智能制造信息化技术支撑架构研究，在点和线上进行突破，实施生产线运行控制系统及制造执行系统，实现对生产线的工况状态快速透彻感知、生产线数据实时分析、设备工序调整自主决策以及作业指令精准执行，并在特定生产线上进行典型应用，形成基于物联网的自动化、智能化制造技术支持能力。

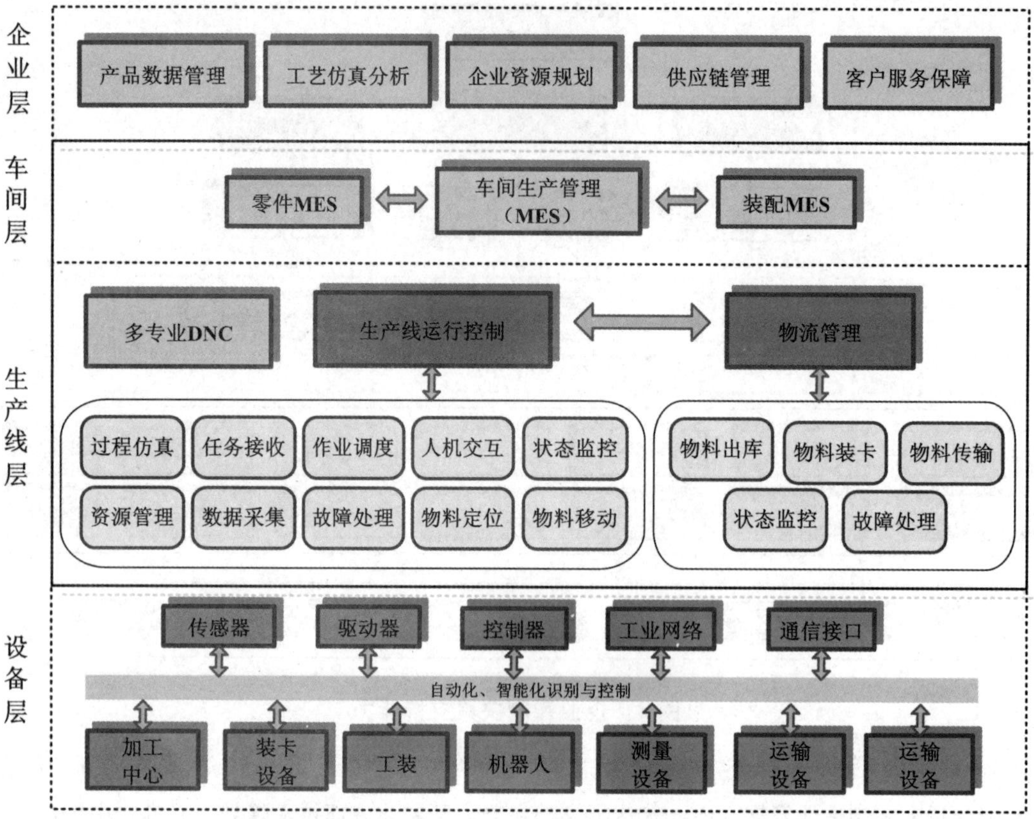

图6　基于物联网的自动化、智能化制造支持能力

三、企业两化融合管理体系构建与实施的应用效果

（一）组织变革与管理创新

企业以推进两化融合管理为抓手，开始按照数字化设计、制造的特点，优化业务流程，调整劳动生产组织，按照物流、信息流同步的原则，对企业原有组织机构进行大刀阔斧的改革。按照聚焦主业发展、优化组织机构、压缩管理层级、精简人员编制、提升管理效能的原则，重点优化整合职能部门和功能支持部门的机构与职能，大幅压缩管理层级为部室两级，精简管理人员编制，领导职数精简15.4%；责任单位由81个精简为52个，实现组织机构的扁平化；深入推广应用AOS管理，完成部分业务的流程梳理，基本构建了结构化、显性化的流程体系。在人力资源管理方面建立了科学、高效的人力资源信息平台，为企业人力资源的决策、管理、执行提供信息化支持。在全部单位推广了分层例会、可视化看板、管理者标准作业等五项管理工具，为规范生产现场管理工作打下基础。在物资供应管理方面降低整体供应链的库存水平，减少资金积压5%，加快资金流动5%。通过对一次交检合格率、关重要素一次交检合格率、废品率、单机不合格品审理单份数、工装故障返修率等质量指标的统计分析强化公司质量目标的考核管理。企业实现了资源的优化配置和运营管理模式的转型升级。

在某产品的研制中，通过建立全流程信息管控平台，并覆盖到企业22家生产厂，实现了生产厂二级成本的自动生成和与公司级成本系统的无缝集成。通过网上计划管理，加强了对产品研制全过程的管控，满足不同层次项目管理人员的需求。借助强大的看板功能，对生产状况进行管控，辅助领导全面了解生产情况。通过网上实现生产计划考核、结算，多视角指标综合评价。在车间生产执行管控上以条码贯穿生产全过程，提升生产质量追溯能力，实现自动生成电子产品制造记录，提升了零件质量追溯能力。以生产看板监控生产全过程，掌控生产动态，实现物料配送，提高设备利用率。基于 MES 系统的刀具、工装、原材料的资源配送，实现车间生产执行管控，提高设备利用率，减少工人走动距离 600 米以上/次，减少数控设备停机等待时间 1.5 小时/台，数控设备利用率增加 8.3%以上。均衡生产取得阶段进展，零件准时配套率、关键器材准时配套率大幅提升，部装生产基本实现均衡交付。

（二）产品应用与技术创新

在信息化综合集成基础上，企业的研制生产模式发生了根本性变化，以三维模型为核心的设计制造，突出设计与制造多专业并行协同，将制造技术前移，全研制过程基于三维模型进行产品数据组织、关联与传递。企业在生产中应用并行工程，在工艺设计、工装设计制造、生产管理等方面都体现了新的变化。这种变化提高了工作质量，生产研制周期显著缩短，成本明显降低。在数字化的生产方式下，工程技术人员基于网络化的协同工作环境，以产品数字样机为核心，在同一数据源下，根据设计结果成熟度的变化，不断追踪产品的设计状态，据此动态调整，协同进行产品、工艺、工装的设计工作，以尽早发现并协调和解决设计、工艺、工装之间的不协调问题，最大限度地保证并行产品数字化定义工作的质量和效率。以此方式逐步建立并打通飞机数字化制造生产线，实现了飞机制造从模拟量协调到数字量协调的全面转变，使得企业从传统的飞机制造模式跨越到现代飞机数字化制造模式，缩短飞机研制周期 25%，大幅降低了研制成本，加快了新产品的研制速度。

两化融合管理体系站在改变企业生产方式的高度，对数字化条件下大型航空制造企业的技术流程、生产组织方式进行认真疏理，将企业内部分散、孤立的各种数字化技术资源进行统一整合，提出了适应我国飞机制造业特点的数字化生产流程和方式，从根本上改变企业的现行运作模式，提升企业的综合制造能力。在某产品研制过程中，通过两化融合，大幅减少了工装数量，仅新制 28 套标准量规，标工数量减少了 1807 项；新制专用工装 15000 项，减少 15000 多项。其中结构件数控加工生产线在沈飞公司多个产品零件制造中得到应用验证，其中自动编程技术缩短编程时间 50%-70%，提高加工效率 20%-40%；采用基于数字量协调的组合夹具替代大部分专用工装，缩短工装研制周期 80%以上，节约工装制造经费 50%以上。采用钣金数字化制造生产线进行航空钣金零件加工前仿真验证、蒙皮数字化精准制造，解决了零件回弹误差大、不贴模等问题，实现了零件快速成形性分析、回弹补偿和快速模具设计，平均减少敲修量 70%，减少材料报废 20%，提高工装设计效率 30%以上。数字化装配生产线在部装车间全面应用，飞机翼面类部装的柔性装配工装和移动式制孔单元在某产品平尾部件批生产中，实现了平尾装配周期由 32 天减少至 24 天，制孔位置精度由±1mm 提高到±0.2mm，孔精度由 H9 提高到 H8，由 3 套刚性专用工装减少至 1 套柔性装配工装，重构后可应用于多型飞机平尾装配过程；采用装配过程可视化仿真软件应用于产品装配，提前发现并解决对装配影响重大的问题 1226 项，缩短典型部件装配周期 40%-60%，减少现场协调工作量 30%以上。

（三）企业两化融合管理体系的示范作用

从全球范围企业管理发展实践的经验看，在不同阶段、不同技术背景下形成不同侧重的管理体系是帮助和引导企业完善管理、实现价值的重要手段和方法。目前，国际上比较成熟的有 ISO 管理体系，以及我国参照国际管理体系标准，开发的专业领域管理体系标准，如武器装备质量管理体系等。这些管理体系大都是围绕企业的质量、环境、信息安全等某一特定的专业领域，有些是在工业化时代背景下产生发展起来的，有些是在信息化浪潮中发展起来的，各领域之间缺乏必要的内在联系。两化融合管理体系针对的是企业所有在信息化环境下，通过数据、技术、业务流程和组织结构的同步创新，可打造或提升的新型能力，整合了信息化和工业化相关要素，也涉及到原来各种管理体系的内容。这样通过信息化环境下的能力建设，就可以将不同管理体系有机联系在一起。两化融合管理体系在信息化环境下为各类管理体系的深层次整合搭建了一个总体框架，从而帮助各类管理体系在这个总体框架下，随着两化融合水平的提升，逐步把原来的体系内容融合到两化融合管理体系中。经过近年的两化融合管理体系建设，沈飞公司获得了包括国家级信息化和工业化深度融合示范企业、全国重点行业信息化和工业化融合管理体系贯标试点企业的荣誉称号。2016年，沈飞公司通过了国家两化融合管理体系贯标评审，证明其管理体系符合《信息化和工业化融合管理体系要求（试行）》，被工业和信息化部授予“两化融合管理体系评定证书”。2017年，工业和信息化部组织“两化融合管理体系贯标示范企业”申报活动。在众多的申报单位中，沈飞公司脱颖而出，获得成功，成为全国首批50家两化融合管理体系贯标示范企业之一。上述荣誉，标志着沈飞公司在落实国家“两化融合”发展战略上的突出进步，标志着我公司在坚持实施以飞机数字化生产方式转变为核心的信息化与工业化融合实践中取得了丰硕成果，极大地促进了企业坚持走新型工业化道路，着力推进信息技术在生产、经营、管理等环节开展全方位、深层次应用的步伐。同时，基于国家级两化融合管理体系评定标准的规范性、严肃性和客观性，可以认为，我们企业所建立的两化融合管理体系具有行业领先性和代表性，企业信息化应用较为全面、综合基础集成水平较高、模式创新突出、融合程度高、效益明显、保障能力强，具有较高的推广价值和行业示范作用。

成果创造人：乔兴华、洪　杰、刘东初、刘赫桐、高兆钦

军工总体基于“双轮驱动”的综合电子信息装备元器件自主可控管控体系构建

中国电子科技集团公司电子科学研究院

一、概述

中国电子科技集团公司电子科学研究院（以下简称“电科院”）始建于1984年，员工1500余人，中国工程院院士3人。拥有国家级系统电磁效能测评中心，是国内唯一大型综合电子信息系统总体设计单位，是从事电子信息技术发展战略研究、大型信息系统顶层设计、工程总体研发及综合集成的国家级电子信息系统研发基地。近年来，电科院在军事发展战略研究、综合电子信息系统论证和机载平台任务电子系统研制等领域取得了丰硕成果，在武器装备研制等方面为国防建设做出了突出贡献，先后获得国家科技进步特等奖1项，国家科技进步二等奖3项，国防科技奖33项。

预警机是国家战略性装备，是我军综合电子信息装备的典型代表。以电科院为总体的预警机研制单位，于2007年成功研制了达到世界先进水平的空警-2000预警机，圆满实现“研制部门一定要争口气，否则总是要被别人卡脖子”的中央批示。并以此为契机，电科院始终以实现武器装备的自主可控为己任，一步步实现武器装备、整机设备，乃至元器件、关键软硬件的国产化。

本成果聚焦综合电子信息装备研制的元器件自主可控问题，从军工总体的角度，提出了“基于国产元器件的系统设计”基本思路，成体系的构建了基于“双轮驱动”的元器件自主可控管控体系，并在多个重点型号工程中进行了实践，取得了重要成果。

二、实施背景

（一）发达国家在技术和军事上遏制我国发展的态势越来越严峻

西方发达国家借助工业革命以来形成的巨大技术和科学优势，在全球产业分工体系中，牢牢垄断了先进技术的话语权。为了在战略上持续保持对华技术和军事优势，设置了各种对华军事、技术限制和约束。以《瓦森纳协定》为代表的技术和产品封锁对我国军民技术发展带来了巨大的阻碍。

随着我国科技和军事的发展，以美国为代表的西方发达国家更加频繁使用“卡脖子”手段。在预警机领域，在国产预警机的研制初期，我国选择和国外合作研制。但由于西方某大国的蛮横干预，我国预警机对外合作被迫中止。时任中央军委主席为此做出重要批示“研制部门一定要争口气，否则总是要被别人卡脖子”。从那时起，以电科院为总体的预警机研制全线不畏艰辛、集智攻关，挑起了预警机自主创新、自主可控、自力更生的使命重担，于2007年成功研制了达到世界先进水平的KJ-2XXX预警机。在KJ-2XXX研制成功后，某大国不再向我国出口伊尔-76载机，严重制约了预警机的批量生产和规模战斗力的生成。同时选用的进口服务器、工作站全面停产，全寿命保障面临严峻局面。为彻底解决我国预警机发展过程中的卡脖子问题，中国电科提出了数字阵雷达系统，通过系统减重、成系统国产化替代，实现了“小平台大预警”，解决了预警机的规模化自主可控难题。

2018年4月，美国商务部发布公告，在未来7年内禁止中兴通讯向美国企业购买敏感产品，直接导致中兴通讯公司进入“休克”状态。2018年8月，美国商务部和安全局发布正式文件，宣布在美国政府“出口管理条例”清单中增加44个中国机构/部门，涉及8个机构和旗下36个附属机构，主要集中在军工研究机构。

为了改变这种受制于人的被动局面，十八大以来，习近平主席在多个场合曾强调过科技创新的重要性，并指出“核心技术靠化缘是要不来的，只能依靠自力更生”。“只有把核心技术掌握在自己手中，才能真正掌握竞争和发展的主动权，才能从根本上保障国家经济安全、国防安全和其他安全。不能总是指望依赖他人的科技成果来提高自己的科技水平，更不能做其他国家的技术附庸”。为了推动型号装备研制的自主可控工作，中国电科要求各成员单位将国产化工作作为一项政治任务予以落实，切实为部队提供“能打仗、打胜仗”的装备。

（二）实现装备的元器件100%自主可控是我国武器装备发展的必然趋势

国防安全离不开自主可控，没有买来的国防安全。原总装备部在2006年颁布了XXXX使用进口电子元器件管理办法（装法〔2006〕X号），对进口元器件的安全等级按照红、紫、橙、黄、绿5个等级进行分级，明确了型号研制中进口元器件的规格比、数量比、经费比例以及紫橙黄3色规格比和数量比要求，并禁用红色等级进口元器件。为进一步落实元器件自主可控要求，原总装备部在2011年发布国产元器件选用管理办法和进口元器件选用管理办法实施细则2个文件，结合型号鉴定等级提出了分级指标要求，并将元器件指标达标情况作为鉴定的必要条件之一。

2011年军工产品定型委员会办公室发布《关于在装备定型工作中加强电子元器件使用情况审查事》（军定［2011］70号文），要求各级定委在组织装备定型审查时，严格审查装备研制生产使用的国产电子元器件和进口电子元器件情况，将审查结论纳入装备定型审查意见。未按要求进行使用情况评估的，不受理定型审查；未按规定和要求使用电子元器件的，不得通过定型审查。

“中兴事件”以来，集团要求树立“100-1＝0”的意识，全面推进100%自主可控，在装备研制过程中执行自主可控三原则，严格落实负面清单制度，确保装备的研制、生产和全寿命保障自主可控。

（三）成体系创新管理方法才能化解元器件自主可控面临的一系列问题

传统的元器件管控模式难以满足新时期自主可控要求。一是在传统的元器件工作体系中，行政指挥系统和设计师系统均缺少元器件抓总的组织或责任人，元器件工作分散在可靠性、质量、物资等不同的设计师和部门，且在各自职责中缺少与新时期元器件自主可控要求相适应的职责要求；二是元器件选用控制要求不明确，各整机单位选型发散，对进口元器件选用把控不严；三是设计模式亟需改进，以对标进口元器件开展原位替代的设计思路局限很大，导致国产元器件上机阻力大，元器件用研生态难以形成；且应用验证程序还不完善，国产元器件装机后的风险较大；四是硬件设计师获取元器件信息的手段有限，导致设计师难以全面掌握可用元器件信息，无法选好、用好国产元器件。

军工总体单位是落实自主可控的关键责任主体。为了解决型号工程中元器件自主可控问题，总体单位必须实行一揽子元器件管控模式和工作机制，成体系创新元器件自主可控管理方法，才能实现元器件自主可控要求。

三、内涵及主要做法

以实现大型综合电子信息装备自主可控为总目标，全体人员树立“100－1＝0”的底线思维，通过“双轮驱动”和上下联动，成体系采用“基于国产元器件的系统设计”的方法，实现大型综合电子信息装备元器件自主可控目标：在组织管理层面，加强行政线管理和制度建设，设立元器件分系统，组建面向一线设计师的元器件工作组织；在技术管理层面，加强系统规划，以元器件100%自主可控为目标谋划整体解决方案；构建以基于国产元器件进行设计为核心的元器件选用模式、建立协同设计机制和完善元器件信息保障，规范元器件应用验证流程。全面促进一线设计师选好、用好国产元器件。

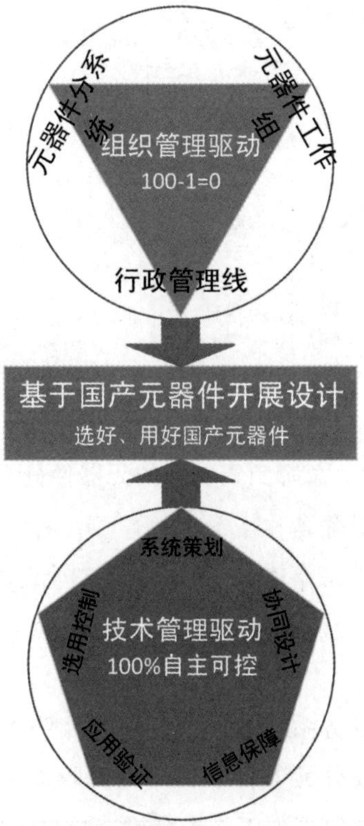

图1　元器件“双轮驱动”管控体系模型

四、主要创新措施

（一）重构元器件设计与管理的工作和责任体系

1. 加强行政线管理和制度建设，“双总”系统齐抓共管

由总体单位牵头，按照“系统－整机－模块－元器件”技术状态分级管理的层级，构建行政线和技术线“双总”管理体系，牵头落实元器件自主可控要求。

2018年中兴事件后，按照集团要求，全研制战线树立“100－1＝0”的底线思维，将元器件自主可控管理工作从型号行政线管理提升到单位党委管理，构建将元器件工作作为单位党委“一把手工程”的监管体系。各配套研制单位报送的元器件选用材料，必须经过单位党委严格把关，经单位党委会讨论通过后报送总体单位。

2. 设立元器件分系统，统抓型号元器件自主可控工作

实施总师负责制下的元器件分系统工作机制和责任体系。在型号工程设计师系统中设置元器件分系统，任命元器件总师。元器件分系统作为总师系统的一个领域分系统，在型号总师的领导下开展元器件工作。由元器件分系统牵头组建元器件工作体系，制定并发布型号元器件选用管理文件，规范元器件选用控制要求，负责元器件自主可控目标的实现。

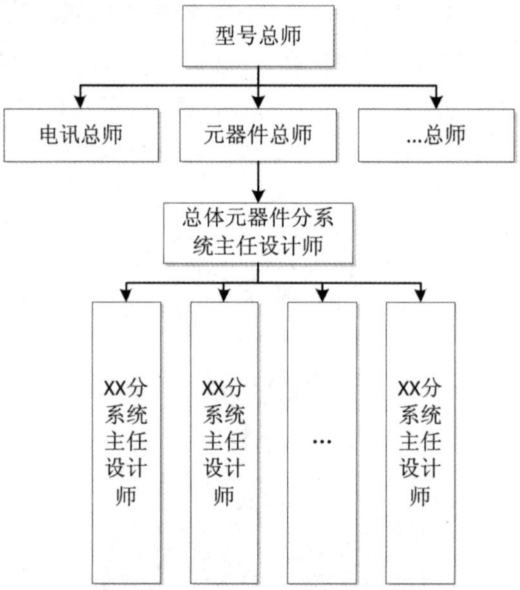

图2　总师负责制下的元器件分系统

3. 建立面向模块电讯设计师的元器件工作体系

建立面向模块电讯设计师的元器件工作体系，形成元器件分系统与一线电讯设计师直接对话的工作机制。

元器件工作体系包括三部分：

一是总体元器件工作组，由元器件分系统牵头组建，包括型号总体电讯设计师、总体各分系统专业负责人、元器件分系统设计师组成。总体元器件工作组主要职责是牵头策划元器件自主可控工作目标，提出工作方案，并组织落实，对分系统元器件工作进行检查，组织提供元器件选用咨询服务等；

二是配套研制单位成立分系统元器件工作组，由分系统负责人、分系统元器件负责人、单元/模块电讯设计师组成，其中电讯设计师是元器件选用的第一责任人。电讯设计师的责任包括：依据设计需求开展元器件选用分析和论证、提出元器件全国产化方案，在设计过程中原则上不得选用没有国产化方案的进口元器件；结合国内元器件单位研制能力，提出新品元器件研制需求，牵引元器件技术发展；针对特定的设计需求，且确认国内没有元器件研制能力的情况下，申请将进口器件纳入负面清单。

三是元器件专家组。元器件选用管理专家和元器件领域专家：

（1）依托元器件技术咨询服务单位委派元器件选用管理专家，主要提供元器件选用管理信息咨询与服务，协助元器件分系统开展型号元器件工作策划，为总师系统和元器件分系统提供元器件工作建议；协助编制、动态更新元器件优选目录；协助开展电子元器件选用评定和质量评定工作，按阶段对选用的元器件情况进行梳理和审查，提出元器件国产化替代建议；提供电子元器件超目录审批、停产预警、国

产替代等信息支撑；协助总体单位开展元器件国产化工作，包括需求梳理凝练、元器件研制单位与本系统设备承研单位技术对接及验证评价等工作。

（2）依托基础元器件单位组建元器件领域专家组，主要职责是协助元器件分系统开展元器件选用控制工作，参与元器件选用和使用评估，解决核心元器件的研用结合问题，提供专业范围内元器件自主可控解决方案建议；参与型号元器件新品需求论证，为新品元器件研制需求把关和上机应用验证提供技术支持；协助解决工程中出现的其他重大元器件问题。基于预警机任务电子系统特点，元器件领域专家主要涉及数字集成电路领域、微波器件领域、混合集成电路领域以及型号工程特殊应用器件的领域专家。

（二）系统谋划全研制过程元器件工作整体解决方案

在型号工程方案阶段，制定“基于国产元器件的系统设计实施方案”，确定元器件自主可控总体目标，对元器件工作体系、元器件需求分析与选用论证、国产元器件新品需求牵引、元器件上机验证、微系统规划、元器件质量持续评估、元器件信息系统等方面提出工作思路和实施途径，全面规划型号研制过程中的元器件自主可控工作。

结合有关法规文件、标准，配套制定并发布型号顶层元器件选用管理办法。以元器件100%自主可控要求为总体元器件工作的核心目标，制定元器件报批管理要求和程序，配套编制优选目录和统型目录，促进设计师基于国产元器件进行电讯设计。优选目录中仅包含国产元器件。统型目录是以有关基础性统型目录为依据，进行适当剪裁而形成。统型目录中可包含已列入研制计划的对应进口器件。

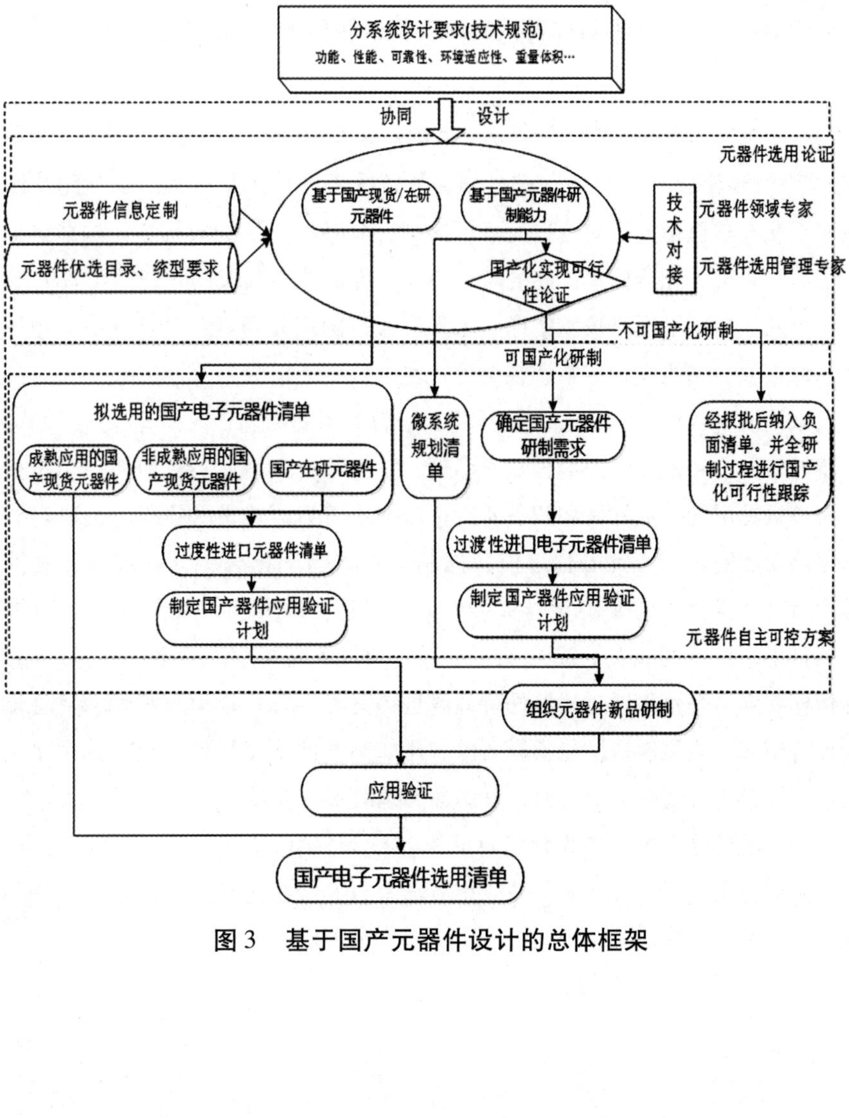

图3　基于国产元器件设计的总体框架

（三）构建以基于国产元器件进行设计为核心的选用模式

在研制过程中，严格要求基于国产元器件进行设计，重建元器件选用模式。将传统的以替代为核心的选用模式，转变为以基于国产元器件进行设计为核心的选用模式，即以基于国产元器件产品和基于国产元器件研发能力进行系统设计。

基本思路是在国产元器件选用时，不盲目要求与进口元器件指标完全一致，而是与设计需求进行可行性分析。如果国产元器件能力实现功能设计需求，即使与进口元器件指标不一致，也必须选用国产器件。基于国产元器件进行设计极大拓展了元器件选用的范围，不再局限于指标参数、封装、接口等差异性，充分发挥设计师的主观能动性，依次采取“器件替代、功能替代、方案替代”的思路进行元器件选用和电讯设计。

元器件选用控制基本原则是在不影响系统整体功能、性能的前提下，分类对元器件的选用进行控制：

一是可以用具有成熟应用经验的国产元器件实现的，直接纳入国产元器件选用清单；

二是可以选用国产元器件进行实现，但缺少该元器件的应用经验或该器件为在研器件，结合型号研制过程和元器件采购情况，制定元器件应用验证计划；

三是经过调研和论证，可以通过新品研制实现的，通过牵引元器件新品研制，实现国产化；

四是对于经过论证确实无法通过国产器件实现的设计需求而必须选用进口元器件的，按有关程序进行报批，纳入负面清单。并在整个研制过程，定期进行研制能力评估，一旦条件成熟，立即牵引新品研制。

（四）构建纵向和横向设计协作关系，促进装备领域的元器件用研生态发展

按照“系统->整机->模块->元器件”进行分层分级统筹的体系化管理，通过组织不同层级设计师的广泛协作，采取系统与整机协同、整机与元器件协同、分系统间协同等措施，构建纵向和横向设计协作关系，实现系统、分系统、元器件单位间的联合协作，促进装备领域的元器件用研生态发展。

1. 系统与整机协同。当下一层级技术指标需求无法通过国产元器件设计实现时，组织上一层级设计师开展协同设计，评估上一层级设计方案调整的可行性以及可能采取的补偿措施。比如：基于国产 DDR 性能水平重新调整系统需求，由 32GB 调整为 16GB，以满足当前需求；

2. 整机与元器件协同。一是针对关键核心元器件，整机单位牵引元器件研制单位进行元器件技术攻关和产品研发，为整机单位的技术发展和装备研制持续提供符合需求的关键核心元器件；二是针对元器件耦合较紧密的电路功能需求，由元器件单位协同制定整体国产化解决方案，配套提供国产套片元器件；三是以型号项目为背景，为了实现型号整体的元器件国产化目标，统筹牵引、安排国产化研发项目。在某已定型项目中，整体性牵引了 22 项新品立项。四是系统性能持续提升管理。当国产元器件性能暂不能完全满足指标要求但是可以通过元器件持续改进提升元器件性能时，将元器件性能提升纳入性能提升计划，在设计定型前，达到装备性能指标要求。比如某微波功率器件，当前技术水平难以一步到位满足系统设计要求，则采用分步研制的思路，最终达到系统设计要求。

3. 分系统间协同。通过分系统间的设计信息共享，在 FPGA、DSP、AD、以太网、存储等共性需求的元器件方面进行协同统型。组织开展元器件应用需求分析和统型论证，将元器件选用需求聚焦到国内有能力供给的元器件类别上，形成统型方案，纳入统型目录管理。

（五）规范应用验证流程和要求，确保新研新用元器件可靠应用

为了确保新研新用元器件成功上机应用，加强元器件应用验证管理。按照“满足空基信息化装备需要，规划必要且充分的验证项目，与型号计划进行统筹”等原则制定元器件应用验证项目和流程，通过开展不同层级的试验和TAAF（试验-分析、改进）过程管理，尽量在早期暴露设计、工艺、元器件等方面的缺陷和问题，验证元器件应用的可靠性。

一是从型号层面制定元器件应用流程，规划的试验层次包括器件指标测试、板级功能性能测试、单元测试和试验、系统联试联调和试验。针对不同的元器件成熟度情况和应用掌握情况，视情开展可靠性、环境摸底试验、可靠性强化试验等试验项目。

二是总体单位在项目策划时，做好应用验证项目统筹。综合考虑型号中元器件功能性能和使用分步情况，确定不同的试验需求，规划好试验样件和试验费用。

三是加强过程管控和协调。对于重要元器件，制定应用验证工作计划，通过FRACAS系统和可靠性增长管理，实现元器件可靠应用。

四是加强系统级验证。通过系统级应用验证检验前级应用验证的效果，并评估装机应用风险，为装备使用提供依据。

（六）建立多元化元器件信息咨询服务机制

由元器件分系统组织建立工程信息咨询服务机构，确定多元化信息咨询形式和制度。主要包括4种形式。

1. 集中式审查机制。由元器件分系统牵头，在详细设计阶段的重要节点，组织项目级进口元器件替代集中对接。集中组织全系统电讯设计师与国内主流元器件研制单位专家进行现场技术对接，逐项进行国内外产品差异、替代可行性、替代风险、替代验证需求及不替代原因等内容的研讨和分析，同时元器件单位进行现场举证（供货记录、应用证明、差异性报告等），消除设计师疑虑。通过对接会为用研双方设计师建立直接对话机制，方便后续技术交流，形成用研相互牵引、相互支撑的良性机制。

2. 定制化信息咨询服务。根据电讯设计师的具体需求，定制化提供国产元器件替代信息咨询服务。以元器件信息技术咨询与支持机构为依托，建立协作关系。采取面对面咨询、以进口元器件清单为目标的国产化替代信息服务等形式，提供点对点信息咨询服务。以元器件专家组为依托，提供点对点式元器件选用和应用方案咨询服务。

3. 发布定向信息资源。元器件分系统组织收集元器件替代、停产等方面的信息，针对配套单位的具体元器件选用情况，定向发布元器件信息资源。

4. 促进分系统间信息共享。由元器件分系统牵头，组织电讯设计师之间建立自助式应用咨询，对具体元器件的使用方法、应用方案、使用问题进行咨询和答疑。在型号研制过程中，由元器件分系统收集元器件应用问题，经处理后，在相关设计师之间进行共享。

五、实施效果

（一）显著提升了装备型号中元器件自主可控水平

在某已定型型号装备研制过程中，首次大规模成系统性的开展了国产化替换工作。经过3年持续努力，首次将航空电子系统的国产化率提高到XX%以上，相比实施前提升了超过20个百分点；经费比超过XX%，提升了约10个百分点。其中某关键分系统国产化规格超过了XX%，数量比超过了XX%，经

费比超过XX%。该项目的自主可控推进水平走在了航空武器装备的前列。

针对在研装备，全面贯彻落实习主席关于国防科技和武器装备创新发展的一系列指示精神，切实为部队提供“能打仗、打胜仗”的自主可控装备，全系统树立了“100-1=0”的底线思维，通过全面开展基于国产元器件的系统设计，形成了元器件自主可控方案，明确了阶段性选用进口元器件的国产化替代路线图，确保在定型时满足100%自主可控要求。

（二）推动了预警机产业领域元器件自主可控体系升级

随着元器件自主可控工作的深入推进，推动了预警机产业和领域元器件自主可控体系的升级。通过整机牵引，用研双方协通攻关，预警机领域中关键核心器件实现了国产化，并达到了国际先进水平。比如雷达系统用到的微波功率放大器件、DSP等已经形成了国际领先的产品。在FPGA、AD、CPU等高端数字电路领域，已经初步形成了适应以预警机为代表的信息化武器装备发展需求的国产元器件保障能力。

（三）带动了国内基础元器件研制能力提升和基础产业生态发展

在型号中坚定不移的推进元器件自主可控工作，为国内基础元器件单位提供了巨大的需求和发展机遇。预警机是一种高价值高技术装备，具有典型的示范和牵引作用。一是在元器件技术层面，预警机所需的元器件属于高端器件，通过国产化的牵引，促进了国内元器件单位研发能力的大幅度提升。二是在经济效益层面，预警机任务系统价值高，单机国产元器件费用比由早期的约XX%提升到XX%以上，为国内军用元器件创造了数十亿元的市场规模。在研型号实现100%国产，预期会新增数百项国产化元器件研制和应用需求，以及后续批量装备需求，为国内军用元器件创造了数亿元的市场规模。自主可控的效果直接带动了国内元器件单位的经济效益，促进了元器件基础产业生态的发展。

（四）引领了军工电子行业元器件自主可控的整体发展

自2012年在某型号上开展元器件自主可控工作以来，元器件自主可控工作模式得到了逐步完善和创新，取得了一些工程成果，具有典型的示范意义，和良好的带动作用，被各级机关高度认可。中国电科集团公司将预警机元器件自主可控工作作为工作典范进行宣传和推广。元器件自主可控工作模式和经验在同期其他型号中被借鉴、推广，引领了军工电子行业元器件自主可控的整体发展。同时，通过管理创新及工程实践，证明了基于国产元器件开展装备设计的可行性，促进了整机单位对国产元器件的信心和认可度，提升了武器装备整体的国产化潜力和预期。

总的来说，受限于国内当前的实际情况，武器装备的自主可控工作任重而道远，需要包括用户、型号总体、整机单位的共同努力，攻坚克难。我们的实践表明，武器装备的自主可控一定可以实现。

成果创造人：叶海军、周晓龙、殷　毅

中科院合肥技术创新工程院：构建“四位一体”科技成果转化示范格局 聚力打造协同创新大平台

中科院（合肥）技术创新工程院有限公司

科技是国家屹立之基，创新是民族复兴之魂。党的十八大以来，党中央超前谋划创新驱动发展战略顶层设计，高频出台体制机制改革举措，打通科技创新与经济发展双向通道。习近平总书记多次指出：实施创新驱动发展，最紧迫的是要破除体制机制障碍，最大限度解放和激发科技作为第一生产力所蕴藏的巨大潜能；只有实现从“科学研究-实验开发-推广应用”的三级跳，才能真正实现科技成果的创新价值和驱动发展。

近年来，作为合肥综合性国家科学中心布局的新型产学研协同创新平台，中科院合肥技术创新工程院（简称“合肥创新院”）着力推动技术孵化、成果转化、企业培育、创业投资“四位一体”全链条创新创业生态工作，在高效推进科技成果研发转化的道路上进行了一些探索和实践。

一、让创新之流奔涌：合肥创新院成立始末

本世纪以来，安徽省会合肥市坐拥中国科学技术大学、中国科学院合肥物质研究院（简称“合肥研究院”）等国家级科教平台，并逐步建立起以“芯（芯片）、屏（显示屏）、器（装备制造及机器人）、合（人工智能和制造业融合）”为代表的新型产业集群。2017 年 1 月，获批综合性国家科学中心；2018 年 6 月，成为 G60 科创走廊节点城市，合肥始终保持着科教资源优势和前沿创新能力；合肥研究院以“科学岛”之名享誉于世，是中科院所属最大的综合性科研机构之一，已建成并运营国家大科学装置 2 个（建设中 1 个），其发展的一系列面向国民经济建设的高新技术也在不断探寻产业化发展。相似的战略诉求促成了合肥市政府和合肥研究院的创新战略合作。

2014 年 6 月，合肥市人民政府和合肥研究院签订《战略合作协议》，成立中科院合肥技术创新工程院，双方分别委托合肥市国有资产控股有限公司（后重组为合肥市产业投资控股集团）、合肥中科研究院资产管理有限公司共同投资成立中科院（合肥）技术创新工程院有限公司。采用“两块牌子一套人马”的模式，以企业化运作方式推进科技研发成果的转移、转化、落地。合肥研究院为科技成果转化打通“经络”，产投集团输出先进企业管理和资本运作理念，双方相得益彰，共同提高技术成果产业化率，将技术成果转化为直接生产力。

经过 6 年多的探索实践，合肥创新院被认定为“国家级科技企业孵化器”“国家技术转移示范机构”和“国家双创示范基地双创服务平台”。在合肥综合性国家科学中心的整体格局中，合肥创新院也承接着产业技术创新与科技成果转化基地建设的重任。秉承“创新+创业+创富”的三创运营理念，合肥创新

院全面夯实创新载体建设，持续推进“技术孵化—成果转化—企业培育—创业投资”四位一体发展格局，注重招才引智，不断推进体制机制创新，走出了一条“源头创新-技术开发-成果转化-产业创新”的新路，具体内容如下：

二、合肥创新院打造协同创新大平台的举措和成效

（一）开拓进取　全力推进“四位一体”

1. 技术孵化：专业技术支撑，提供内生动力

自成立以来，合肥创新院借助中科院人才优势，围绕智能传感+互联网技术、精准医疗关键技术、精细生物农业技术等领域，重点打造了移动互联网、健康促进服务、智能系统与装备、水环境监测、精准靶向药物、肿瘤测序与分子诊断、智能感知、能源林、光化学、农业大数据应用、石墨烯、液相环境激光制备与加工、微流控基因检测等15个工程技术研发中心。各中心负责承担国家自然科学基金项目、国家重点研发计划、省科技重大专项、中央引导地方科技发展专项等各级科技计划项目，以及推进待产业化成果的小试、中试进程。

截止2020年5月，各工程技术研发中心累计提交知识产权申请252项，其中发明专利144项、实用新型专利41项、软件著作权54项；累计获得知识产权授权114项，其中发明专利授权21项，实用新型专利29项、软件著作权54项。创新院各中心累计获得科研经费过亿元，其中承担科技计划项目26项，项目总金额7781万元；各中心已签订技术合同130项，合同总金额5308万元。此外，还面向社会提供技术咨询、技术开发服务，累计承担政府、企业各类科研项目近200项，项目总金额1.6亿元。

在技术攻关的过程中，科研人员也陆续发现新的技术点，不断丰富待产业化项目库。其中部分已成熟的成果已成功转化，以中心为载体成立产业化公司进行运作，如移动互联网中心技术孵化中科美络公司、健康促进服务中心技术孵化中科本元公司、肿瘤测序与分子诊断中心技术孵化中科金臻公司、光化学中心技术孵化中科合聚公司等。各中心以技术驱动为核心，打造“服务+孵化”、“中心+企业”的发展模式，为创新院发展提供源源不断的内生动力。

2. 成果转化：技术转移输出，实施就地转化

依托国家大科学工程和国家战略高技术研发所产生的、具有重大应用前景的产业技术，合肥创新院积极与各院所进行对接，遴选出产业化前景好、市场潜力大的成果，经由专家评审、实地调研、总经理办公会等环节考察后，进行就地转化。目前已累计孵化企业135家，企业注册资本总额超过10亿元，其中引入外部投资9.5亿元，带动社会就业超5000人。

针对孵化企业的具体情况及需求，创新院提供包括工商及入驻、法律咨询、政策兑现及项目申报、无形资产评估、市场推广等在内的双创“一站式”配套服务，帮助企业快速步入发展正轨。

在科技工作者携带科研成果进行转化时，合肥创新院还鼓励他们投入一定现金，促使科研团队勇于承担创新创业的责任，更好地满足市区政府天使投资与安徽省高层次团队扶持基金的要求。由于市区政府天使基金的非盈利性、可回购性与安徽省高层次团队扶持基金的有条件奖补性，创业团队在5年扶持期内花同样的资金以低估值引入上述政府引导基金可得到的更高比例的股权，从而可以提升科技创业企业未来融资的能力。

在已孵化的企业中，有21家通过“高新技术企业”认定，25家被认定为科技型中小企业，3家入选合肥高新区瞪羚及瞪羚培育企业榜单，22家获得超过3亿元各类基金投资，4家获得国赛优胜奖，4

家获得中科院STS双创引导项目支持；孵化企业承担或参与的科技计划项目超过20项，获得各类知识产权授权659余项。以服务地方公务用车改革的中科美络公司、精准医疗行业的中科普瑞昇公司、推进环巢湖治理的中科新天地公司等一批企业为代表，切实为地方经济社会发展贡献出了一份力量。

3. 企业培育：聚合资源优势，夯实载体建设

自成立以来，合肥创新院不断聚合资源，夯实创新载体建设，为在孵企业提供高质量服务，以“生命健康”和“数字经济”为两大产业技术布局方向，形成了优势互补、分工明确、成果共享、风险共担的开放合作模式。

修炼于内，打造创新“子平台”。为科技企业提供物理空间、基础设施和包括技术转化、创业孵化、技术交易等服务配套，建成工程技术研发平台、技术咨询交易平台、创业孵化平台、投融资服务平台、人才培养平台、“科学岛创客学院”平台、军民产业融合平台、合港创客空间平台等八大公共服务平台；积极响应国家“军民融合”号召，与合肥高新区管委会、深圳市绿航星际太空科技研究院共同设立“合肥高新区太空科技研究中心”，打造共通共用、共建共享的军民融合示范平台。

播扬于外，提升创新“软实力”。通过主办合港创新创业交流大赛、承办航天营养与食品工程高峰论坛等系列活动搭建创新“软载体”，实现社会影响力、市场知名度双提升。在第五届中国创新创业大赛中，4家在孵企业获得全国赛企业组优秀奖；第六、七、八届中国创新创业大赛中，各有2家在孵企业进入全国总决赛；此外，另有3家企业获得“创响中国”安徽省赛第一、二等奖。

八面来风，扩展创新“朋友圈”。作为发起单位筹备成立安徽省技术经理人协会；发起成立长江中游城市群新型研发机构（产研院）战略联盟，被选举为首届秘书长单位；筹备成立合肥高新区科技企业孵化器联盟，并成为副理事长单位。

对标诊断，当好创新“服务者”。合肥创新院团队连续五年承担合肥市经信局组织的合肥市技术改造对标诊断服务工作，累计服务企业数达到67家，合同总额约500万元。2019年，以单价20万/家的报价中标省经信厅组织的安徽省企业管理咨询与诊断服务项目，围绕滁州市10家企业展开诊断咨询服务，为企业提供诊断意见及科学合理的解决方案。

截止2019年底，合肥创新院在孵企业中已培育21家国家高新技术企业。园区代表企业有中科美络、中科新天地、中科本元、中科普瑞昇、中科智泰、中科根云、中科光博等，目前均已成为行业内的翘楚，具备一定的产业基础优势和良好的影响力。中科美络入选合肥高新区“瞪羚企业”，中科新天地及中科中涣入选合肥高新区“瞪羚培育”企业；中科本元在“安徽省科技创新专板”成功挂牌。

其中，最为知名的是刘青松研究员带领的医学创新团队，他们由8位来自哈佛大学医学院的博士后和受其吸引留学归国的近30名青年科技人员为核心组成，该团队主要致力于肿瘤体外模型构建、药物检测新技术开发、临床精准用药检测技术开发三大领域。以该团队为技术依托，以中科院（合肥）技术创新工程院有限公司为产业孵化平台成立了合肥中科普瑞昇生物医药科技有限公司，公司集中攻克和优化了激酶依赖的BaF3工程细胞株的构建技术体系。目前公司构建了全球规模最大的激酶靶向药物全细胞评价技术体系，填补了国内在该领域的空白；开发了针对白血病的国家I类靶向新药并申报了临床实验；发展了国际前沿的肿瘤临床精准用药技术体系；承担安徽省政府“三重一创”精准医疗重大工程。受到央视新闻联播，焦点访谈，人民日报等媒体专题报道。中科普瑞昇“哈佛剑客”归国创新创业的事迹，已成为海外归国人员的典型而家喻户晓。

4. 创业投资：产业资本融合，助力企业腾飞

为加速科技成果与金融资本的有效对接，针对企业筹建、初入市场、爬坡上升等不同阶段，合肥创

新院建立起了“引导性股权投资+社会化投资+天使投资+投资基金+基金管理”的多元化、链条化科技投融资体系。

在企业筹建期，通过专利技术转让、技术合作、技术入股、现金出资等方式对科技成果进行引导性投资，同时鼓励团队成员以现金参股，既提升科研人员的创业积极性，又增强社会资本和市场的认同度与信心。合肥创新院还通过定期举办资本项目对接会、科技金融路演、创客沙龙等活动，帮助科技成果与社会资本对接，与社会资本共同完成项目公司的股权架构设计。

基于科技工作者在创业过程中缺乏控制权的概念，合肥创新院倡议初创企业做好股权顶层架构设计，确保创业者的利益。为了提高科技创业团队的积极性，通过设立持股平台、公司控股权设计、国有股5年内协议定向转让、政府引导基金回购，公司控制权设计（包括但不限于董事会多数席位提名权、委托表决权、AB制表决权制、合伙企业制等组合措施），确保创业团队在融资过程中始终持有创业公司的控制权。

企业成立后，针对企业进行“一对一”的培训辅导，组织申报市、区级政府天使基金，帮助企业度过发展低谷。待企业步入发展正轨后，牵线搭桥，为企业引入来自内、外部的投资基金。内部投资基金，即为合肥创新院联合合肥高新投、中安创谷及社会资本共同发起设立的中科创投基金，该基金总规模3300万元，主要用于定向投资创新院的科技成果转化项目，这也是我国首支科技成果转移转化定向投资基金。该基金已于2019年上半年正式封盘，累计投资和落地合肥高新区10个项目，涵盖集成电路、智能制造、新材料、大健康、节能环保等领域。外部方面，与多家政府投资基金、风险投资机构建立良好合作关系，定期向其推荐创新院优质孵化项目。

在孵企业达到毕业条件后，合肥创新院与毕业企业签订跟踪服务协议，继续对毕业企业跟踪服务，允许毕业企业继续共享孵化器内的服务设施和资源，并提供相应的孵化服务；建立与毕业企业之间的定期访问制度，关心毕业企业的最新动向，帮助毕业企业解决运营过程中的实际问题；为毕业企业与在孵企业之间搭起对接的通道，同时在日常合作中为毕业企业寻找合作伙伴。

为全面把握创业股权投资管理，合肥创新院与社会资本共同设立了中科亚商创投基金管理公司，做出了创新院股权投资管理新的尝试。2019年10月，创新院发起并联合六安市政府、裕安区政府设立了裕科创投基金，成为安徽省科技成果转化引导基金首批签约的子基金，为院地合作及科技成果转化创新运营模式，为安徽地方经济高质量发展树立标杆典范。

以中科普瑞昇为例：公司成立后，创新院通过在资本与项目之间“牵线搭桥”，为其提供了多渠道的融资服务，帮助企业解决创业初期融资难的问题。2019年11月，安徽安华创新基金风险投资基金与中科普瑞昇签署了投资协议。2019年，中科普瑞昇被认定为国家级高新技术企业，并获安徽省“三重一创”产业发展基金单笔1亿元资金扶持。

（二）齐头并行　布局赋能产业前沿技术

1. 数字经济

以产业互联赋能产业数字化，推进数字经济基础设施“基底”建设，聚焦新能源、信息、食品安全、质量安全、物流交通等安徽省主导产业，着力建设成为安徽省数字经济高地重要载体，打造安徽“数字经济服务芯”。

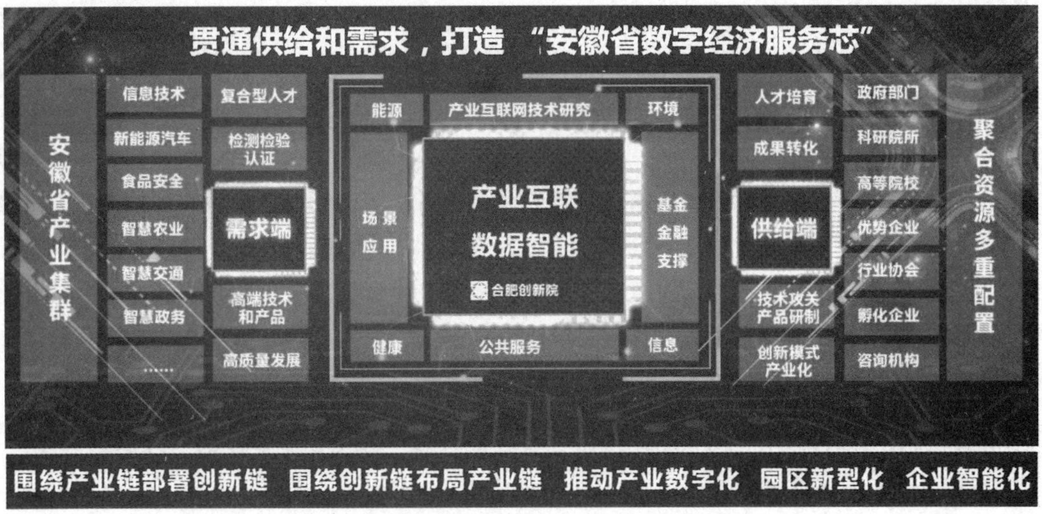

图 1　合肥创新院贯通供给和需求，打造“数字经济服务芯”

合肥创新院孵化企业中科美络公司为政务治理现代化提供技术和平台支持，构建机关事务大数据中心，以公车信息化管理为抓手，面向生产方/消费方/服务方提供基层公务、城市运维、商旅出行、城乡物流、园区出行、应急调度等数据共享服务，以数字技术创新链带动新能源汽车产业互联，实现数据流通、资源整合、价值放大，企业助力机关事务治理实践获得了中央公车改革小组办公室简报刊发，成为全国公车信息化管理成功蓝本。

中科智链、中科智驰等企业为智慧园区建设定制“两端一云”（物联网数据采集终端、人机交互智能终端、智慧运营云服务平台）多场景一站式服务，促进信息技术与园区产业生态深度融合。

2. 生命健康

结合生命健康产业生态圈“预防+保健+诊断+治疗+康复”的五大环节，打造“健康技术研发+健康装备制造+健康服务促进”产业链条，以 C 端健康消费需求为引，以 B 端医疗创新需求为纲，做生命健康产业的“联通者”，着力建设成为安徽省生命健康产业集聚基地。

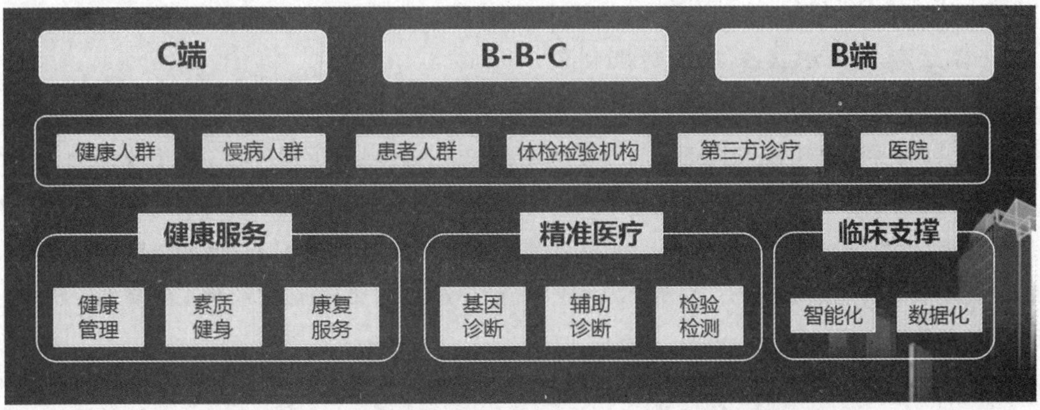

图 2　合肥创新院联通生命健康产业，打造产业集聚基地

围绕“预防”领域，进行心肺疾病、糖尿病早期筛查，早期预警多类别肿瘤，对身体成分和营养代谢做出检测分析，推进健康风险早期预警相关产业发展。

围绕“保健”领域，研发智能化健身设备和系统，推出运动功率测试和耐力、力量测评，探索智能跳远、智能摸高等体能素质测试，推进智慧健身、体质能力测试相关产业发展。

围绕“诊断”领域，研发全基因组高通量癌症检测技术、微流控芯片技术等肿瘤辅助诊断技术，进行全自动核酸分析病原微生物检测，对糖尿病、动脉硬化展开早期无创检测，推进疾病辅助诊断相关产业发展。

围绕“治疗”领域，开发 HDGS 精准用药检测技术体系，以临床相关性高、检测周期短、操作成功率高等优势，定制检测药物数量，帮助肿瘤患者解决“无药可吃”的问题，推进肿瘤精准医疗相关产业发展。

围绕“康复”领域，研发慢病运动康复配套健康服务设备、远红外健康理疗设备，开发慢病运动康复闭环服务系统，推进慢病康复与健康理疗相关产业发展。

（三）引智育才　着力打造创新人才高地

合肥创新院通过与地方政府、高校科研院所、企业展开合作，构建立体化的人才引进和培养体系，为科技成果转化工作筑牢人才根基。

在人才引进方面，采取岗位聘用、项目聘用、任务聘用等多种方式并举，引入创业团队 65 个，吸纳各类行业高端人才百余人，其中已有 39 人（团队）入选国家各类双创人才计划。通过实施市场化的薪酬制度，以科技创新价值和科技成果转化贡献作为主要考核指标，充分调动高端人才的“双创”活力，努力帮助“既有创新能力又有创业意愿的科技工作者”实现创富的梦想。

在人才培养方面，除承担“科学岛”工程硕士的培养任务外，合肥创新院还与安徽大学合作，联合培养计算机技术、电子与通信工程、化学工程三个专业学位的硕士研究生。在培养方案中，首次尝试将创新创业活动纳入到专业硕士学位研究生的考核体系中，鼓励学生参加各类双创大赛，旨在培育“懂知识、懂产业、懂基础、懂实践”的“四懂”应用型、复合型人才。为科技成果转化工作储备力量。

在创业辅导方面，自 2015 年起举办“科学岛创客学院”系列培训活动，为科学家创办企业提供与企业经营发展息息相关的系统性培训课程。迄今为止已举办 35 期，参训企业超过 400 家，参加培训人数超过 1800 人次。创新院 CEP 中心注册学员总数突破 300 人；累计组织 14 场创新型思维培养项目教学活动，超过 1000 人次参加学习培训。科学岛创客学院帮助许多科学家迈出了创业的第一步，也帮助更多的创业者完成了从科学家到企业家的身份转变。

（四）勇立潮头　积极探索体制机制创新

在创新创业的时代背景下，“创新院模式”代表着中央单位与地方联合设立新型研发机构的一种尝试，这在当下已成为推动产学研协同创新的重要组织形态，和区域创新体系的关键组成部分。然而，在实际运行中，由于中央单位和地方隶属关系不同，此类新型研发机构普遍存在几类问题：一是决策链条较长，层层报请讨论，决策机制不完善；二是管理人员无法享受到市场化的待遇和激励，人才管理机制有失灵活；三是成果转化通道不畅，创新资源无法实施有效配置；四是运营经费主要靠地方提供，吸纳社会资本创新的能力有限。

总结上述经验教训，合肥创新院以“四化”并举为抓手，推进央地共建新型研发机构市场化管理改革：

一是决策管理“快速化”，合肥研究院将合肥创新院作为科技成果转化主渠道，除委派院长外，基本不干涉创新院的日常管理，创新院享有 500 万元以下的投资权限。

二是人才管理“市场化”，通过岗位聘用、项目聘用等方式，支持合肥研究院委派人员与市场化方式引进人才实现同岗同酬，突破国有科研机构用人束缚。

三是成果转化“全程化”，转化前端，由合肥研究院将成果评估后转让给创新院，转让收益的70%奖励给科研人员；转化中端，合肥研究院将科研人员在创新院的转化业绩纳入绩效考核，创新院再将转化增值部分的70%奖励给科研团队；转化后端，搭建产业共性技术平台，定期开展项目孵化路演，加快推进成果中试、熟化和产业化。

四是项目融资“多元化”，构建“引导性股权投资+社会资本+政府基金+产业化专项基金+风险投资”多元投资融资体系，建立股权代投机制，定向投资孵化项目。

因在探索科技成果转化机制、人才引进机制、市场化薪酬制度等方面的突出表现，2016年7月，根据《安徽省人民政府办公厅关于印发安徽省系统推进全面创新改革试验任务分工等的通知》（皖政办［2016］35号），创新院被列入“全创改”全省11个试点单位之一。按照省市政府要求，创新院组织人员编写了实施方案，多方论证、几番修改，《中国科学院合肥技术创新工程院系统推进全面创新改革试验实施方案》（皖全创改［2016］7号）于同年11月正式印发成文，得到了来自各方的认可与肯定。

2017年6月，作为全创改单位代表，合肥创新院向国家全创改中期检查组及安徽省发改委做了试点工作推进情况汇报，并得到充分肯定。同年11月，安徽省委副书记、省长李国英在合肥调研科技成果转化工作会议上对创新院多元化融资举措促进科技成果转化工作给予了高度评价。2018年10月，国家发改委发布《全面创新改革试验百佳案例》，合肥创新院作为典型案例成功入选。2019年11月，学习强国平台刊登了《安徽合肥：成果转化闯出新天地》一文，详细介绍了合肥创新院多元化股权融资助力科技成果转化的做法。

三、改革发展经验启示

（一）探索成果转化创新生态

合肥创新院以吸引科研院所科技成果转化为重点，通过企业孵化培育、产业技术研发、科技投融资等举措推动企业孵化培育，持续加强与科研人员联系，通过工程化服务平台，加深企业对各项技术及成果的了解，推动中科院特别是合肥研究院的科技成果与地方企业需求的衔接。在此基础上，遴选优秀项目进行孵化。不成熟项目将被引进到工程技术中心进行技术的二次熟化，即通过技术的中试，缩短科研成果与产业化之间的距离，提高科技成果转化率。

高质量成果转化生态的形成离不开孵化企业数量和质量的提升，一方面要集聚创新创业资源参与孵化器建设，拓展科技成果转化来源渠道，引导适合转化的科研成果源源不断地输入创新院，吸引优质创新团队创办企业，坚持孵化企业的增量优选，形成孵化器发展“源动力”。另一方面要充分发挥合肥创新院的品牌特色，依托人才、智力资本和技术优势，提升孵化企业的竞争优势，培育高质量高成长企业，分享企业成长发展收益。

（二）深化孵化服务能力构建

强化创业导师队伍建设，以创业者需求为导向，建立创业导师与在孵企业一对一、多对一、多对多等多种辅导模式，针对企业在战略定位、技术开发、市场渠道、企业投融资等方面的问题提供专业性、实践性辅导服务。通过创业导师的辅导，为企业实现跨越式发展推波助澜，促进企业良性发展。

持续提升孵化器运营管理团队的从业人员水平，增强孵化器增值服务能力建设。围绕创业企业实际需求，巩固提升基础服务运营效率，积极开拓创业辅导服务和创新支撑服务等增值服务。在初创型科技企业成长的不同时期，提供创业咨询、团队搭建、产品改进、财务顾问、市场拓展、技术成果评估、科学实验等多要素资源。整合孵化器与知识产权、法律、投资机构、咨询等第三方专业服务机构深度合作，提升孵化服务综合能力。

（三）强化全链条发展动能

合肥创新院构建了完整的“产业技术研发+企业孵化培育+科技投融资”全链条发展服务链，在几年的发展进程中，先后斩获了“国家级科技企业孵化器”“安徽省新型研发机构”“安徽省精准医疗装备行业技术中心”“国家双创示范基地双创服务平台”等称号，各个综合平台协调联动发展。通过新型研发机构以及工程技术中心建设，将实验室成果转化为工程化样机，并以创办初创型企业来进行孵化，坚持创新驱动。紧密结合双创示范基地双创服务平台，通过创业活动、创新培训为企业提供各类创新创业服务，激发企业创新创业活力，打造双创高地。同时，建立了多元化、多层次、链条化的科技投融资服务体系，孵化器与投融资相互融合发展，推动企业与资本对接，加强资本驱动功能，满足不同阶段的创业企业对资金的需求。新型研发机构能力的提升推动孵化器创新型初创企业的孵化，多元化科技投融资体系的构建助力初创企业健康可持续发展。全链条发展动能链功能进阶，使孵化器与在孵企业紧密结合，共同成长发展。

产业是城市发展的脊梁，科技是产业创新的灵魂。合肥创新院成立以来，在科技+产业+资本的碰撞上做足文章，激发产业发展新动能，激活城市血脉中的创新因子。放眼未来，将构建更加和谐的产业生态，形成相互促进、互为支撑的产业生态格局，让创新之源奔涌，筑创新前路宽阔。

成果创造人：黄叙新、吴仲城、李　昂

构建数据资产组织赋能体系推动企业数字化转型

北京交通大学经济管理学院数据资产与创新实验室

一、成果背景

传统的企业信息化，其目的主要是通过实现已有业务的电算化、自动化和集成化，提高生产运营的效率。然而，随着云计算、大数据等新兴技术及理念的提出与发展，信息化正逐步演进为以数据为基础和驱动，依托合理的数据技术架构和明晰的数据治理策略，通过核心数据的共享牵引和全量数据的智能分析，将企业的数据资产变为助力企业转型、创新和可持续发展的战略信息资源，以便更加有效地支撑企业的运营管理和价值创造。

尽管数据资产的作用越来越成为共识，但与之相对的是，企业如何进行数据资产管理、充分发挥数据资产价值却还处于初级摸索阶段，理论研究和实践经验均处于基本空白状态，成为当前企业迫切需要解决的问题。

（一）数据资产管理是企业实现数字化转型的核心路径

世界正面临百年未有之大变局，企业面临的不确定性剧增，数字化转型成为企业持续发展的必然要求。近年来，经过理论与实践的不断探索，作为企业数字化转型的主线——数据资产管理的概念进入了人们的视野。

数据资产管理是对数据的重新定义，是将数据作为企业的一项核心资产，通过一个持续和动态的全生命周期管理过程，使数据资产能够为企业数字化转型提供源源不断的动力。数据资产管理通过解决释放数据价值解决企业管理过程中面临的诸多问题，具体体现在以下方面：

1.数据资产的管理决策价值

在不确定的未来，企业的经营不再是高度依赖验主义，而是需要利用海量、多维数据建立起更加全面的分析评估体系，在产品决策方面，以供企业进行基于供需双方精准匹配的产品与服务业务创新；在经营管理方面，可将工作流程划分为多个细分环节进行分析，以实现对每个环节带来不同程度的效果提升，提升运营效率，提升企业的决策效率和准确率。

2.数据资产的企业映射价值

数据资产管理的切入点是对数据资源进行全面盘点，为业务应用和数据获取夯实基础。以数据地图为例，从资产化管理和展示数据的角度出发，数据地图作为数据资产盘点的输出物之一，不承载具体数据内容，却可以帮助业务人员快速精确查找他们想要的数据；其次，数据地图作为企业数据的全盘映射，帮助数据开发者和数据使用者了解数据，并成为对数据资产管理进行有效监控的手段。

3.数据资产的互联互通价值

数据资产管理通过制定企业内部统一的数据标准，建立数据共享制度，完善数据登记、数据申请、数据审批、数据传输、数据使用等数据共享相关流程规范，打破数据孤岛，实现企业内数据高效共享。

同时搭建数据流通开放平台，增强数据的可得性，促进数据的交换流通，提升数据的服务应用能力。

4. 数据资产的效率提升价值

据全球最具权威的IT研究与顾问咨询公司Gartner统计，数据分析人员或数据科学家需要花费70%到80%的精力在数据准备上。数据资产管理通过搭建数据管理平台，采取机器学习等相关自动化技术，将大量前期的数据准备时间和交付项目的时间缩短，提升数据的获取和服务效率，让数据随时快速有效就绪，缩短数据分析人员和数据科学家的数据准备时间，加快数据价值的释放过程。

5. 数据资产的质量优化价值

数据资产管理通过建立一套切实可行的数据质量监控体系，设计数据质量稽核规则，加强从数据源头控制数据质量，形成覆盖数据全生命周期的数据质量管理，实现数据向优质资产的转变，提升数据资产的评估价值。

从上述5个方面可以看出，数据资产管理是技术问题，更是管理问题，是企业数字化转型的必由之路。

（二）企业数据资产管理实践中问题重重

目前企业数据资产管理中面临诸多问题，这些问题阻碍了将数据资源向数据资产的转变过程，成为了数据价值难以有效释放的瓶颈，难以实现企业数字化转型。主要表现为：

1. 数据资产管理体系缺乏

这是企业数据资产管理的核心问题，大部分企业还没有建立起一个有效管理和应用数据的模式，包括数据价值评估、数据成本管理等，对数据服务和数据应用也缺乏合规性的指导，没有找到一条释放数据价值的“最优路径”。

2. 数据管理孤岛

据数据统计，98%的企业都存在数据孤岛问题。企业的数据资源散落在多个业务系统中，企业主和业务人员无法及时感知到数据的分布与更新情况，无法快速找到符合自己需求的数据，也无法发现和识别有价值的数据并纳入数据资产。而造成数据孤岛的原因既包括技术上的，也包括标准和管理制度上的，这阻碍了业务系统之间顺畅的数据共享，降低了资源利用率和数据的可得性。

3. 数据质量低下

糟糕的数据质量常常意味着糟糕的业务决策，将直接导致数据统计分析不准确、监管业务难、高层领导难以决策等问题。根据数据质量专家的统计，不良的数据质量使企业额外花费15%到25%的成本。而数据能够被当作资产，并发挥越来越大的价值，其前提是数据质量的不断提升。

4. 数据安全风险问题

数据安全造成的风险主要包括数据泄露与数据滥用等。根据数据泄露水平指数（Breach Level Index）监测，自2013年以来全球数据泄露高达130亿条，其中很多都是由于管理制度不完善造成。随着各个机构数据的快速累积，一旦发生数据安全事件，其对企业经营和用户利益的危害性将越来越大，束缚数据价值的释放。

（三）企业数据资产管理的人才缺乏

鉴于数据资产的学科交叉性，数据资产管理人才需要兼具计算机科学领域、信息领域、管理领域等学科知识，一般企业的数据资产运用还涉及到业务领域，还需要具备业务知识，是综合性、交叉性的人才需求。而我国的人才培养体系目前还并不支持多学科交叉培养，计算机科学、信息科学、管理科学都是独立学科的人才培养机制。而企业内部也缺乏这一方面的经验，缺乏人才积累和培训能力，因此数据资产管理人才的缺乏是企业遇到的最大难题。

总的说来，企业如果希望持续释放数据价值，实现数据资产管理的目的，在技术方面，需要建设现代化数据平台、引入智能化技术，确保数据资产管理系统平台持续、健康地为数据资产管理体系服务；在数据治理方面，需要建立一套符合数据驱动的价值评估体系；在人才积累方面，需要采取多种形式加强对员工的培养。除上述措施外，数据资产管理还关系到组织结构、制度流程、人力资源等深层次问题，牵一发而动全身，这也是为什么很多企业都在谈数字化转型，而实际上却无法推动的根本原因。

二、成果内涵

数据因场景而产生价值，推进企业数据资产管理创新的难点之一就在于对不同场景的把握，无论是数据战略、数据政策、数据架构的规划，还是数据开发、数据使用、数据治理等操作，在不同场景下均体现着不同的特征。但场景又呈现出千万种姿态，过度陷于多场景化会使理论和实践的推进难以系统化和理论化。这就导致对于数据资产的研究和实践应立足于场景，又要超脱于场景。因此创新必须与企业业务场景紧密结合。

同时，企业数据资产管理的创新过程存在着创新资源的有限性、创新技术的困难性、创新领域的广泛性、创新资金的规模性、创新风险的不可预测性等，决定了在这一领域的创新过程中，必须从点到面，逐步推进，从单场景和价值点开始，再逐步过渡到系统性、链条性问题，最终达到组织层面。

在与企业就数据资产管理创新进行合作探索过程中，北京交通大学经济管理学院建立起了多主体、多学科、多模式的数据资产实验室运作模式，提出了构建企业数据资产管理内部创新生态系统的思路，即从数据资产的单场景赋能切入，过渡为多场景赋能，再逐步演化为组织场景赋能，推动企业的数字化转型。具体思路见图 1。

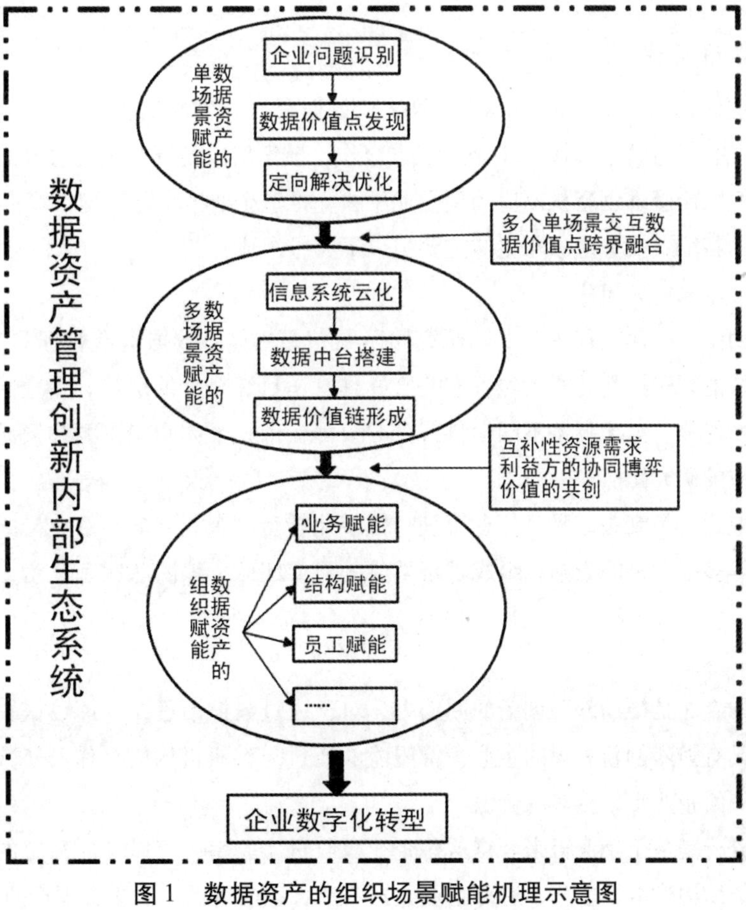

图 1　数据资产的组织场景赋能机理示意图

如图1所示，对于企业来说，首先应识别出企业当前最重要的问题所在，针对该问题寻找数据解决方案，创新数据的运用技能及方法，通过数据价值的实现使问题能够得到解决或优化，这一环节是针对问题焦点的单场景数据赋能，是企业进行数据资产管理创新的起点。

企业场景的复杂性、系统性和联动性使得在单场景数据资产价值实现过程中，场景的交互与融合是必须面对的问题，甚至是问题解决的一部分，多场景会自然引入到单场景解决方案中来，通过场景交互中的数据产生、使用、分析和治理的过程，逐步建立起信息系统的互联互通。多数企业是以上云或上平台的方式解决数据孤岛问题，建立起企业的数据中台，链接数据价值点，数据价值链得以形成，为多场景赋能。

多场景数据资产赋能方式已经涉及到了组织深层次的变革，在这一过程中，数据价值的实现需要各部门、各层级、各形态的企业资源与数据资源互补融合，需要多方协同合作，存在利益方相互博弈的过程，将会带来企业的业务流程、组织结构以及各级员工的水平和能力的提升，呈现出企业定位提升、业务赋能、结构赋能、员工赋能等多方面数字化赋能价值，这一阶段意味着企业进入了数字化转型的实质推进阶段。

上述三个阶段是数据资产价值的逐步释放过程，是数据资产管理体系的逐步形成过程，更加是企业数字化转型的逐步实施过程，该机理是本成果的核心内涵。

三、成果措施

（一）成果实施主体

本成果的实施主体为北京交通大学经济管理学院数据资产与创新实验室（以下简称“实验室”）。实验室与企业深度融合，与需求企业、IT企业三方合作，摸索出以场景共生为主导思想的产学研合作模式，将数据资产组织赋能管理创新机制应用到企业中去，推进企业数字化转型，取得了良好的效果。

鉴于数据资产的特征，实验室参与主体主要由以下三方组成：

1.研究主体——学院研究团队

在实验室组成团队的构建过程中，学院研究团队是核心主体。数据资产管理具有多学科交叉特征，研究团队需要多领域的师资，而北交大经管学院恰好具有学科综合性的优势，是全国经济管理学科较全的商学院。发挥这一优势，汇聚具备不同学科背景的教师，依托个体知识资源和素质结构的多样性及不对称性，组成实验室的研究团队。

研究团队由学院副院长牵头，吸收信息管理、数字化转型、企业战略、商业模式、财务管理、金融创新、供应链管理等多个学科的教师，组成了跨学科的研究团队，该团队联系紧密，共同就数据资产管理展开研究。

2.场景主体——企业

在市场中打拼的企业是推动管理创新的原动力，对于通过数据治理，发挥数据资产价值有着强烈的需求，尤其是一些具有强烈创新意识的企业，希望能够通过与科研机构的合作，使数据资产化，走在数据资产管理的前列，给企业带来更多的价值。

场景的发现与分析是基于企业得来。将这些企业吸收进实验室，可以开展稳定的、长期的合作，可以深入企业场景，帮助构建数据生态，追踪企业数据资产管理的进展，真正实现产研结合的效果。

迄今为止，实验室已经引入了多家企业，共同开展数据资产管理的研究和实践。

3. 数据架构主体——IT 企业

数据资产化的基础是数据获取、数据采集、数据存储等，不仅需要一定的计算机和信息技术水平，还需要相应的开发与维护能力，为了能够实实在在帮助企业加强数据资产管理，解决企业问题，实验室引入了具备数据系统开发维护能力的 IT 企业共同进行研究探讨，实现三方共赢。目前已经吸收思源时代、四野科技、中铁鲁班公司等多家 IT 企业。

上述三个主体为实验室的主要参与方，实验室还采取人员活化的机制，根据需求的变动灵活进行人员的调配以及参与主体的变动，实现多方的共生共赢。

考虑到数据资产案例研究和案例沙盒等的研究和培养特色，实验室的执行机构设立在北交大经管学院案例中心，学院科研科和校友办公室协同工作。

实验室场景共生合作模式的具体构成见图 2。

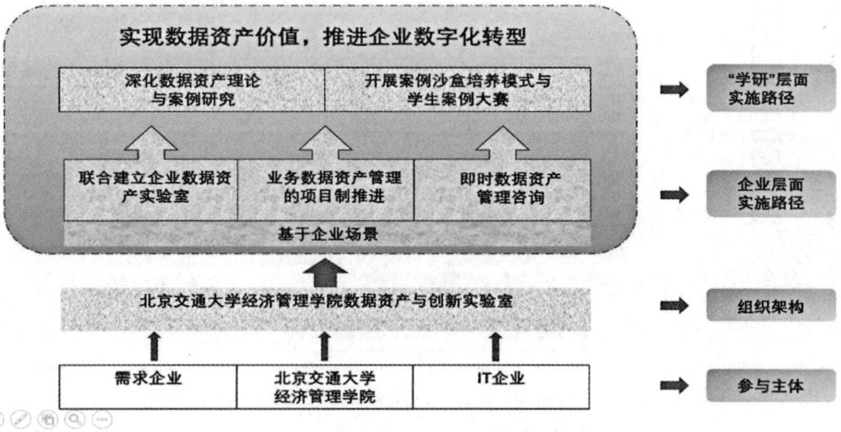

图 2　场景共生机制的实验室运作模式

（二）成果实践应用的典型案例

在数据资产管理创新的实践研究过程中，实验室参与各方聚集智慧，将数据资产管理创新内部生态系统的构建思路应用于多个行业领域的企业实践中，与企业共同探索，不断完善提升，其效果得到了企业的认可。下面就典型成果进行介绍。

1. 业务场景切入的数据资产组织赋能实践

业务场景是指企业主营业务的环境以及内容等。从业务场景起始，开展数据资产赋能的案例企业是中铁物贸集团有限公司（以下简称“中铁物贸”）。中铁物贸是中国中铁股份有限公司全资子公司，是中国中铁唯一指定专业从事物资集中采购和物资贸易的大型企业集团。该公司近几年来发展势头良好，营收规模迅速增长，但公司同样面临发展瓶颈问题。

中铁物贸与北京交通大学数据资产与创新实验室的合作始于实验室初创期，最初仅是要解决采购业务管理中存在的问题，在双方不断地合作探索中，逐步建立起了数据资产管理的体系，为企业的数字化平台化转型奠定了基础。双方一直合作至今，是数据资产的组织赋能机制最初也是最成功的是实践应用。其赋能机理见图 3。

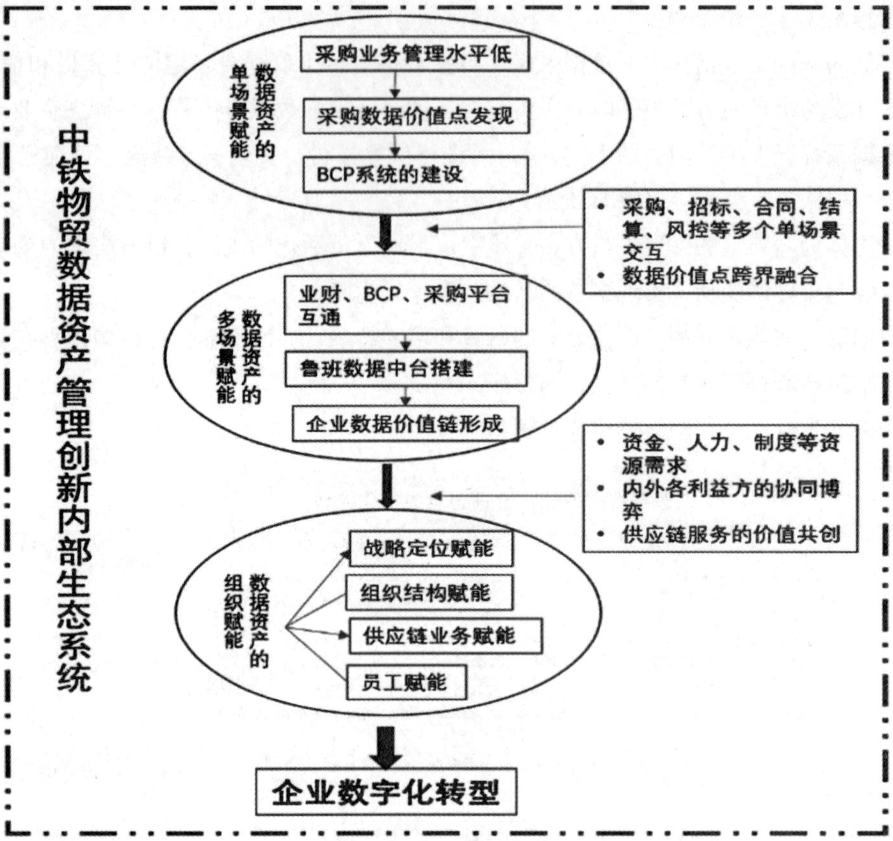

图3　中铁物贸数据资产管理的赋能体系构建

（1）单场景的数据资产赋能

中铁物贸的主营业务是为中国中铁提供物资采购，在业务管理过程中发现存在审批流程过长、效率过低，信息统计汇总不全、招投标风控不足、供应商管理水平较差等诸多问题，基于上述问题，企业希望寻找解决办法。

围绕这一业务场景，实验室引入IT企业思源科技组成三方团队，共同寻找数据资产解决方案，提出应充分发挥数据在业务场景中所具有的价值，建设企业业务协同系统（BCP）。

BCP系统成功上线之后，是我国大型基建行业采购管理中的首个业务协同系统，为中铁物贸带来了极好的效果，中铁物贸首次看到了数据所带来的赋能价值，管理层非常满意，并向外进行示范推广。

（2）多场景的数据资产赋能

但经过一段时间运行之后，也发现了其中存在的一些问题，BCP虽然解决了采购业务流程以及数据采集方面的问题，但是与企业的财务场景、风控场景、管理流程及制度等的协同程度不足，某种程度上甚至降低了业务效率。此时如何实现采购、招标代理、合同管理、结算、风控、供应商管理等多场景融合的数据赋能被提上日程。

对于多场景的数据赋能，首先应推进信息系统的互联互通，基于中铁物贸的实际情况，采取了建立中铁供应链协同平台的集成方式，将BCP系统、财务共享、电商采购平台（鲁班平台）的进行联通，并接入外部相关信息平台，解决数据孤立、质量低、获取时间长、安全性差等问题，提升数据对于多场景下的决策分析、流程管控的赋能作用。

（3）组织层面的数据资产赋能

在进行了第二阶段工作的过程中，发现数据资产管理的治理体系依然难以顺畅建立，深层次问题不断暴露，表现为数据资产治理所需要的人力、制度、技术多方互补资源难以满足；员工工作效率、风控管理要求、财务制度约束等各方利益彼此交互博弈；数据资产所产生的共创价值难以计量等等，各方矛盾随着数据治理的深化越来越突出，触及到了企业的组织机构、流程管控、员工能力等核心要素，这些要素已经成为企业数字化转型的能力约束。

在中铁物贸高层的支持下，实验室探讨实施第三个阶段的赋能，即数据资产的组织赋能阶段。这一阶段是数据生态系统构建的最核心阶段，是企业真正步入数字化转型的阶段，也是最艰难和漫长的阶段。

对于中铁物贸来说，这一阶段的数据资产赋能表现为多个方面：战略赋能，即企业战略的进一步提升，从原来的“提供建筑行业的供应链集成服务商”转变为“建筑行业供应链生态的构建者和运营者”的战略定位；组织结构赋能，即集团总部和三级公司的部门组成、业务职责在数字供应链上的重新划分和定位，向平台型、智慧型企业组织结构转变；供应链业务赋能，即采购之外的其他供应链服务的拓展，以更好地构建基建行业数字供应链；员工能力的赋能，即员工在智慧供应链下的业务能力提升等，当然还包括组织其他方面的提升。

目前中铁物贸正处在第三阶段，十四五期间将稳步推进，真正实现数据资产的管理，凸显数据资产价值，推动企业数字化转型，为我国基建行业提供更加完善的供应链服务。实验室也正在与中铁物贸紧密合作，对其转型过程进行仿真模拟，提出更加细化的转型措施。

2. 研发场景切入的数据资产组织赋能实践

这方面的案例是与航天科工二院 283 厂共同合作进行。双方联合建立了企业层面的“数据资产与创新联合实验室”（以下简称“283 实验室”），该实验室于 2018 年 12 月成立，以北京交通大学经济管理学院数据资产与创新实验室成员和 283 厂高管及战略部门为主要成员。

283 实验室成立之后，该厂专门为实验室配备了办公场地，构建了灵活的实验室管理机制体系。

由于该厂的特殊性，数据资产具有较强的保密特征，在数据资产的生态系统构建方面，283 实验室研究团队提出首先从容易进入的研发场景切入数据资产的赋能。

其中取得的重要成果是 283 实验室人员在交大实验室指导教师的带领下，创建了科研成果数据管理的“三期三池”模型，透过科研成果数据的获得、创造、分享、整合、记录、存取、更新等过程，达到数据存储，加速知识不断创新的最终目的，成为企业的智慧资本，帮助企业做出正确的决策（见图 4）。

图 4　三期三池科研成果数据管理模型

这一体系的创新之处在于对应每个阶段的池子，都要创建数据库工作看台，即在厂级信息与知识管理系统（设置最小范围的访问权限）中，通过数据库工作看台、源数据采集等基础形式存储相关信息以按期完善数据库的基础数据。力争做好源数据的采集工作，依托企业内信息和知识管理系统，建立成果活化的平台。有助于企业不仅可以提取不同时期的试验数据，更能够对同类型的产品取其精华，设计出具有核心竞争力的拳头产品。

与283厂联合成立的数据资产与创新实验室推动了该企业研发场景的数据资产管理，进而逐步开展多场景的数据资产融合，采取的是开展企业员工案例沙盒大赛方式，激发员工对于数据资产及创新的探索，赋能予各层级员工。

目前北交大实验室和283厂实验室正在摸索推进多场景、深层次的数据资产赋能模式，促进该企业的数字化转型。

3.财务场景切入的数据资产组织赋能实践

财务场景的切入主要源于业财融合的发展。由于业务与财务数据存在天然鸿沟，造成全面预算管理的效率低、效果差，会计核算质量不高、效率低下，资金支付风险大、效率偏低等问题。对于该问题，理论界和实务界提出了多种措施，其中基于数据资产治理的角度也提出了多种解决方法，例如有学者提出基于XBRL业财融合总体框架，借助XBRL整合业务与财务各类数据，形成基于XBRL的统一数据集市，全面支撑管理决策、预算管理、风险防控等关键性工作等数据资产的解决方式。

实验室与神华铁路装备有限责任公司（以下简称“神华装备”）合作，经过对数据资产管理的多次反复探讨，从财务场景作为切入点，对该企业的数据资产管理进行探索，尝试推动该企业的数字化转型。

对于财务场景来说，需考虑如何从财务赋能角度找到数据价值点。实验室为该企业设计了以“业财融合”为核心的主数据管理系统及数据共享的架构方案，以解决数据共享与集成方面存在的潜在问题，包括数据共享的范围和边界，数据部署的规则和技术架构等；同时编制基于数据驱动编制预算管理规范，特别是针对物资采购和材料消耗的预算管理方面，解决数据规格模型与业财融合相结合的问题，包括面向物资采购和材料消耗、车辆维修、业务经营等方面的预算、成本和绩效管理，探究数据驱动的管理会计实施规范。

在此基础上，将神华装备的数据资产管理向多场景赋能演化，结合该公司新建的物联网平台，探究智能数据分析主题与相关规范，挖掘该公司在解决智能数据分析方面存在的潜在问题，包括风险分析与风险控制，基于资源网络的智能分析与调配（设备维修/备品备件/人员调动）等多个场景。

在数据的多场景赋能阶段，还根据数据资产价值链思想，设计开发“全生命周期+端到端”的企业数据资产运营模型，绘制基于数据资产的业务运营图，并对业务和数据体系进行建模，设计共享数据/信息模型。进一步梳理数据治理策略方面存在的潜在问题，包括从业务/管理/技术等维度，明确数据资产应用的责权利，完善该公司的数据资产治理体系。

数据资产治理体系的形成为公司继续推进数据资产的组织赋能提供了条件，公司进入组织、制度、流程、人力等提升阶段，向数字化与智慧化组织演进。

上述三个实践案例仅是本成果的典型案例，实验室还将该成果运用在了多个企业中，均取得了较好的效果。

四、取得成效

（一）帮助企业提升数据资产管理水平，加速企业的数字化转型过程

本成果为企业提升数据资产管理水平，构建数据资产内部创新生态系统，进行数字化转型提供了有效的路径，受到了需求企业的认可和表扬。

以上述典型案例取得的成果为例，中铁物贸四年以来持续与实验室进行合作，从单场景数据赋能的开展到如今企业的全面数字化、生态化、平台化转型，成果已经显现。中铁物贸已与实验室签署了全面战略合作协议，以项目、咨询、员工招聘等多种方式深度合作，证明了该企业对这一机制的高度认可。

与283厂联合组建的数据资产与创新实验室为企业带来了活力与创新，使企业加深了对数据资产的认识，数据资产赋能思想已经深入企业中，该实验室还获得了283厂实验室年度评比的第一名。

与神华铁路装备有限责任公司开展的以业财融合为场景的数据资产管理体系建设以课题合作的方式进行，其初步成果亦得到企业认可。

除此而外，多家需求企业和IT企业长期与实验室保持合作，共同探讨数据资产价值实现以及数字化转型问题，并以持续的项目合作反映了对这一体系的认可。

（二）形成了一系列理论研究成果

在理论研究方面，实验室也取得了一系列的成果。基于案例研究以及行动研究等方法，针对数据资产管理及其价值、基于数据的业务提升、企业创新能力、企业数字化转型等方面，实验室研究团队撰写发表（含录用）了多篇中英文论文：《Affordance Discovery to Create Value from Massive Data：A Process Model of BDA Affordance Exploration，Exploitation and Systemization》《Supporting transparent information/knowledge federation in collaborative administrative environments》《How to Effectively Make and Use Knowledge Graphs through Collaborative Activities：A Socio-Technical Perspective》《Implementing Green IT Transformation for Sustainability：A Case Study in China》《Supporting transparent information/knowledge federation in collaborative administrative environments》《IT能力与组织管控促进复杂产品研发敏捷性研究》《基于信息处理的复杂产品制造敏捷性研究：以沈飞公司为案例》等。团队还主持了《基于数据分析的协同网络中场景化行为智能研究》等国家自然科学基金项目。

（三）对于“产学研”一体化体系构建的借鉴作用

在高校的“产学研”一体化过程中存在着各种各样的问题。很多“产学研”合作就是合作开展课题研究，课题结束，合作就结束，后续跟进以及关联成果较少，也很难运用于教学培养上。

本成果的示范作用在于，数据资产与创新实验室作为核心架构，将具有数字化转型需求的企业、多学科研究团队、进行基础数据采集与集成的IT企业聚集在该架构下，在产业端，帮助企业构建基于业务场景的数据资产管理生态；在研究端，以企业场景与理论相结合，开展数据资产管理的案例研究与理论研究；在培养端，基于场景开展数据资产案例沙盒等教学模式，并采取案例大赛等方式进一步促进数据资产管理的人才培养。实现了企业、多学科科研团队、IT企业的多主体共生共享、融合创新。

五、对于企业进行数字化转型的示范意义

对于企业来说，真正要实现企业数字化重塑，需要从战略到架构、从管理到运营、从技术到组织进行全方位、深层次的自我颠覆和重构。这一过程往往漫长而艰难，充满了不确定性，企业常常无从开

始，找不到正确的起点，路会越走越迷茫。本成果的意义在于：

（一）引导企业从单场景数据资产赋能开始数字化转型之路

从企业管理的整体角度看，包括多种生产场景和管理场景，同时数据资产最大的价值就在于能够综合而细致地反映综合场景，为企业决策提供基础。但在构建企业数据资产业务运营图的过程中，应该摒弃初始就追求大而全的思路，先从单场景切入，识别企业当下面对的最重要的问题，找到数据资产价值点，进行该场景下的数据资产赋能。

（二）要注重从单场景赋能到多场景赋能的数据资产管理创新

数据资产管理并非只涉及到某一个部门或某一种业务，而是需要企业在战略规划、组织架构、制度流程、审计风控、人员培养等多场景下综合考虑。在解决了企业目前的问题之后，企业应该进一步引导从某一业务层面的数据资产应用过渡到多个业务、多个部门的数据资产应用，形成数据资产价值链，赋能于多个业务场景。需注意的是，不同单场景过渡到多场景融合的路径和方式是不同的。

（三）组织层面的数据资产赋能是一个演化过程

从单场景赋能到多场景赋能，再到组织赋能，从而实现企业数字化转型，其中最难的过程就是第三阶段的组织赋能阶段。在这一阶段，管理者的引导推进固然十分重要，但是要充分认识到，这是一个内外因素同时作用的自然演化过程，强制赋能会引发组织内部的动荡，甚至发生倒退。

（四）需加强数字化转型的战略认知和氛围营造

自上而下和自下而上的变革路径均为可行，本成果认为对于数据资产价值发掘角度的数字化转型应采取自下而上的路径更为恰当，然而这并不是说企业层面关于数字化转型的战略推进就不重要，恰恰相反，企业管理层对于企业数字化战略的共识，以及数字化氛围的建立会对数据资产赋能过程产生加速推进的作用。

成果创造人：崔永梅、张莉莉、赵晓丽、苟娟琼、
应文池、冯　瑶、曾德麟、郭　名

基于资源合作的社会化联盟体构建与实施

中国航天科工集团第二研究院二八三厂

中国航天科工集团第二研究院二八三厂（简称“二八三厂”）是航天科工二院总装厂，是我国航天国防尖端装备总装制造企业，重点保军单位，承担着国家多个系列型号产品研制、批生产、售后维修任务。从1983年建厂至今，经历30多年的发展，目前已具备多品种研制和批量生产能力，在装备加工生产制造、产品总装测试技术、金属焊接、复合材料、电缆网制作等多个专业领域内具备较雄厚的技术实力，年销售收入60多亿元。现有职工1400余名，生产厂库房分布在北京、河北等地区，民品合作涉及多个区域。企业基于国家提出的满足部队“能打仗、打胜仗”和“高质量发展”的要求，以“研发+生产+销售”并重的管理理念，构建基于资源合作的社会化联盟体，加快推进企业提质增效和转型升级目标的实现。

一、实施背景

（一）创新驱动战略下军工企业提升可持续发展能力的新举措

党的十八大提出了实施创新驱动发展战略，党的十九大报告也指出，创新是引领发展的第一动力，是建设现代化经济体系的战略支撑，创新发展、协调发展、绿色发展和共享发展的新发展理念深入人心。新时代开启了我国科技创新全面提升能力，实现从跟随到引领转变的新起点。为响应航天科工集团公司打造“社会化总体院、社会化总体部和社会化总装厂”的发展思路，面对目前资源分散、创新合力不强的制约，在大众创业、万众创新的新环境下，军工企业需要加快作为，突破将创新置于企业内部、在研发上搞“大而全”的传统模式，充分利用外界创新速度快而且动态性强的优势，通过全面整合资源形成合力，在技术创新、管理创新和商业模式创新上持续发力，在日益激烈的竞争中保持并增强核心竞争优势，对原本割裂的社会资源进行整合、为我所用，借助于科研院所和高校的技术创新资源、民营企业的资金和设备设施等平台资源，通过系统化的资源重新配置来提高企业的可持续发展能力。

（二）军民融合发展战略下军工企业提质增效的新方式

党的十九大报告将军民融合发展战略列为国家“七大战略”之一，强调要深化国防科技工业改革，形成军民融合深度发展格局，军民融合发展由初步融合迈向深度融合的过渡阶段，为军工单位提供了新的发展机遇和挑战。在高质量完成科研生产任务的同时，军工企业需要转变过去要素投入型增长模式，进一步解放思想，面对资源瓶颈时主动作为，在整合行业资源的同时，创新外部资源利用方式，对不同来源、不同层次、不同结构、不同内容的资源进行识别与选择、汲取与配置、激活和有机融合，积极探索将社会资源转化为企业战略发展所需资源。军工企业高质量、高技术、高可靠性的固有特性，使得降低内部成本的方法单一，难以重复使用，内部成本削减具有不可持续性和短期性特点，迫切需要借助外部资源和能力降低成本。因此，通过引入技术研发资源、生产资源、销售资源等多种形式加快新产业发展，推动产业链向上、下游应用延伸，不断扩大产业规模，以企业内外部资源的系统性整合来促进军民深度融合发展，实现优势互补和利益共享，即以企业为中心的利润创造转向以社会为中心的价值创造，提升发展的质量和效益。

（三）转型升级下军工企业提高风险管控能力的新途径

近年来，军队装备建设形势快速变化，武器装备产品研制、批生产任务逐年大量攀升，朝向多品种、小批量趋势发展，对多型号研制的快速反应提出了更高要求，军工单位需要不断更新技术和设备设施才能够满足国防现代化以及军民融合发展的战略需要。但是大量资金用于重资产购置、技术研发等方面会带来融资难、流动资金少、市场应对速度慢等一系列经营风险。随着装备订货任务的持续快速增长，基于军工企业内部资源和能力的经营逐步达到一个极限，企业进一步发展瓶颈问题日益突出。想要突破发展瓶颈，一是向上突破“天花板”—企业现有的经营模式；二是向下突破“地板”—企业发展的资源基础；三是左右突破，拆掉企业内部和外部的“围墙”，全方位地融入社会之中。面对经营管理的新需求，二八三厂响应集团公司提出的“社会化总体院、社会化总体部和社会化总装厂”的发展思路，有效避免盲目投资和重复建设，降低资源使用成本，提高资产报酬率和风险管控能力，实现国有资产保值增值，在从内部降低经营风险同时，更加注重从外部降低经营风险，以加大社会资源整合的方式更好的融入社会，将自身利益同更多的利益相关者甚至整个社会利益融为一体，将经营风险从单个风险转变为系统风险，增强企业经营的安全性。

二、内涵和主要做法

资源是指与企业紧密结合的资产（可分为实体性资源和非实体性资源），联盟的目的就是为了获取企业发展所需的战略资源。企业会在联盟时投入多种资源，联盟为成员互动、关系管理以及实现相互制衡提供了组织平台。

（一）基于资源合作的社会化联盟体总体框架

1. 基于资源合作的社会化联盟体的特点。

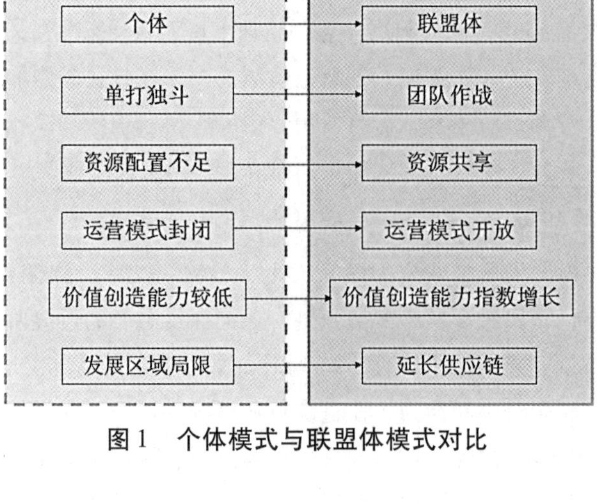

图1　个体模式与联盟体模式对比

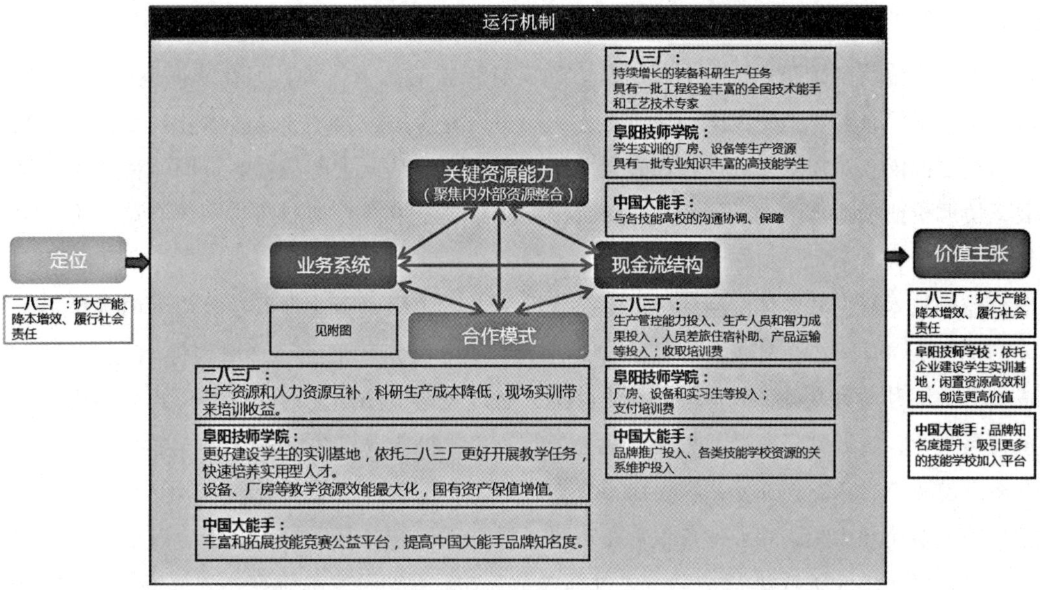

图2　二八三厂与阜阳某学院、大能手合作模式

传统制造企业作为一个整体的经济实体，将研发设计、生产制造、市场营销等环节作为企业内一条完整的价值链进行一体化经营，仅依托内部资源进行价值创造，运营成本和资源需求都较高。在自身资源有限的条件下，需要整合内外部资源共同为己所用，将企业业务按照业务职能区块划分、将关键产品和技术掌握在手，根据自身的优劣势情况来综合决策各类业务区块的经营方式，实现成本的最小化和利润的最大化，突破传统单一价值链的发展瓶颈，以构造价值网络的形式创造更多的价值，快速反映，拓宽成长空间。

公司从实际需要出发，根据分布式布局规划综合考虑地域、市场状态、优势资源等因素，联盟方提供基于所有权的有形资源，双方通过合约协议式联盟，统筹组织能力资源，进行管理。

2. 二八三厂基于资源合作的社会化联盟体的构成。

为解决内部资源与企业转型升级发展需求不匹配问题，二八三厂深入实施军民融合发展战略，从企业实际和战略发展需求出发，应用资源整合这种系统论的思维方式，改变传统制造企业独立创造价值的孤立、零散、竞争性运作模式，在内部资源有限的条件下，创新外部资源利用方式，对不同来源、层次、结构、内容的社会资源进行识别与选择、汲取与配置、激活和有机融合，通过联合社会化资源打造以技术研发、生产制造、市场营销为核心的系列联盟体，将社会资源吸纳、整合为企业战略发展资源，补足企业资源短板，实现外部优质资源为我所用，打造基于资源合作的社会化联盟体，增强企业核心竞争力，加快推进企业转型升级。

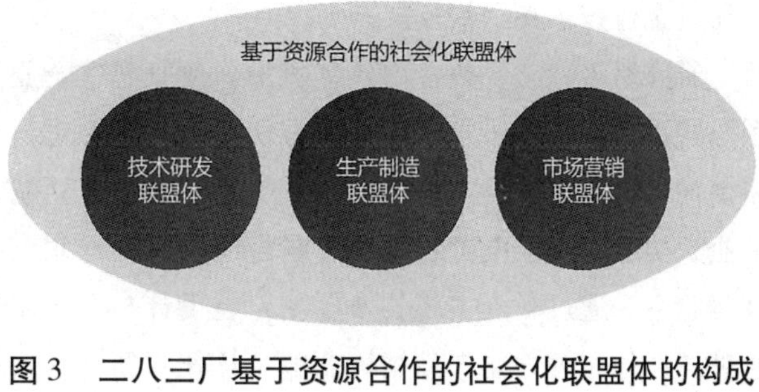

图3　二八三厂基于资源合作的社会化联盟体的构成

（二）构建社会化技术研发联盟体，提升企业技术能力

二八三厂作为传统制造企业，在生产制造方面具有较强的竞争优势，但在研发设计方面积累较少，相对优势不足。尽管企业加强研发能力建设投入，加快培养军民融合产业销售人才，但在培育能力和培养人才的速度方面同企业需求之间还存在较大差距。利用产业链上下游的社会资源，将技术研发体系社会化发展，协调价值创造环节的不同工作，将有限资源集中于发挥生产制造这一核心竞争优势上，有利于企业快速补足短板。

资源合作的技术研发联盟体的组建是以上游资源为外部牵引、企业内部实验室为内部牵引，借助外部相关方的优势资源，三方位齐发力，构建优势互补、资源共享的联盟体。联盟体以合作创新为目的，以内部成员的共同利益为基础，以优势互补为前提，通过契约或隐形契约的合作模式而形成，为实现联盟体的利益最大化，资源共享化，成果最优化为最终使命，打造合作共赢的技术研发联盟体。

1. 整合上游资源，牵引企业主体研发能力提升。

对于传统制造企业来说，企业的价值创造取决于核心部件在产品中的关键程度以及相关技术含量的高低。二八三厂对上游的资源进行整合，通过与二部、206所等研发单位合作，提高企业的技术水平，使核心部件在产品中的关键程度不断提升，谋求自身核心技术的主导地位。通过整合上游资源，将研发端需求引入生产流程，将生产情况反馈至研发端作为输入，使研发与生产无缝对接、充分融合，不断促进企业主体研发能力的快速发展。

2. 整合内部资源构建实验室研发平台，助力企业转型升级。

随着军品竞争环境发生改变，二八三厂作为产业链发展下游的总装制造企业，为促进企业转型升级，使企业实现可持续发展，实现“创一流”的战略目标，企业对标洛克马丁公司的“臭鼬工作室”，在自主创新方面不断发力，创建了如数据资产实验室、3D打印实验室、超临界水氧化实验室、航天焊接实验室等系列创新实验室，组件成创新平台。利用内部资源整合构建的研发平台，充分发挥企业在工艺创新技术研发方面的优势，大力拓展技术创新能力，营造企业内部创新创效氛围。内部实验室研发平台一方面可有效承接上游资源的研发设计输入，将其快速转化为为企业所用的技术要素，将创新研发融入生产全过程，另一方面可作为与外部相关方资源合作的有效载体，不断吸引外界相关方与二八三厂的创新平台深入开展合作，为企业研发能力注入不竭动力。通过整合内部资源构建实验室研发平台，持续推进企业在技术研发方面的改革创新，深入开展企业转型升级的各项关键举措，为企业创新发展凝聚新鲜活力。

3. 整合外部相关方资源，合作共建协同研发。

基于企业战略发展需要，提升企业自主研发能力，本着优势互补、互利共赢的原则，持续深化合作，基于共同发展需要，采取与研究所、高校成立联合实验室、与民营企业合作研发等方式，整合内外部优势技术资源协同研发，促进企业技术能力快速提升。

持续吸引社会上的高校、研究所等参与，整合内外部资源，建立起以企业为主体、市场为导向、产学研相结合的技术研发体系。通过协同技术研发，集聚各方优质人力资源进行合作，形成竞争合力。二八三厂与四部成立了飞行器结构增材制造联合实验室，与长春理工大学成立航天装备检测技术研究与应用联合实验室，与哈尔滨工业大学成立人工电磁超材料等联合实验室，与北京航空航天大学成立了无人机系统实验及训练技术联合实验室，通过联合实施技术创新，在设计与生产制造方面发挥协同优势，先后攻克了多项关键技术。通过与合作相关方在产品结构功能一体化、新材料新工艺研发、基于增材制造

的设计制造新体系等研究领域齐头并进，扎实做好各项研究工作，逐步从跟踪新技术转变为引领新技术，加速增材制造、人工电磁超材料、无人机系统等技术在航天产业中的推广应用，联合推进了航天装备领域相关技术的产业化发展，促进企业研发能力的提升、助力企业转型升级。

与民营企业共同研发空气净化器、净水处理系统等环保产品，深度贯彻军民融合发展战略，与社会企业接轨，向中小型企业创业公司共同拓展市场营销途径，汲取整合社会资源，拓宽企业发展路径，进军环保领域市场。通过与民营企业协同研发，为企业可持续发展、实现做“民之卫士”发展战略，提供可行之策。

（三）构建社会化生产制造联盟体，提升生产能力，降低企业经营风险

资源合作生产制造联盟体的核心在于充分利用双方资源及发展目标前提下，本着轻资产化运营的原则，将市场需求、生产效益、风险管控有机集合，提高综合发展能力。二八三厂建立了青岛合作模式为代表的生产制造联盟体，二八三厂提供核心技术、质量管理、生产制造管理等方面的基于知识的无形资源，联盟方提供运营（资产管理、保卫、人员招聘与管理、后勤、财务）方面的有形资源，共同推进“3+1”管理模式，双方深入合作，彼此依赖，形成协同创新、协同发展的利益共同体，可升级承接任务难度，降低信息不对称带来的风险和阻碍，达成更友好型、信任型、协同型、可持续发展型经济融合体，达到低交易成本，低信任成本，高渗透率，高效能，最大化创造价值。

表 1　社会化生产制造联盟体运行

相关方	二八三厂	联盟企业
目的	扩大产能、减少投入、降低经营风险	获取经济收入，拓展业务
盈利模式	产能扩张带来的收入增长；军民融合产业发展能力提升带来的收入增加	收取租金和服务费用，进入军品科研生产配套的机会可能带来的预期收益
关键资源能力	持续增长的曲奇装备科研生产任务；资源头筹调配能力；航天品牌价值	民营企业社会闲置资源
现金结构	支付租金和费用，获得科研生产收入	厂房、设备和人力等投入，收取租金和费用
价值实现	产能提升；军民融合产业发展能力提升	闲置资源带来的效益；“民参军”带来业务拓展的可能性

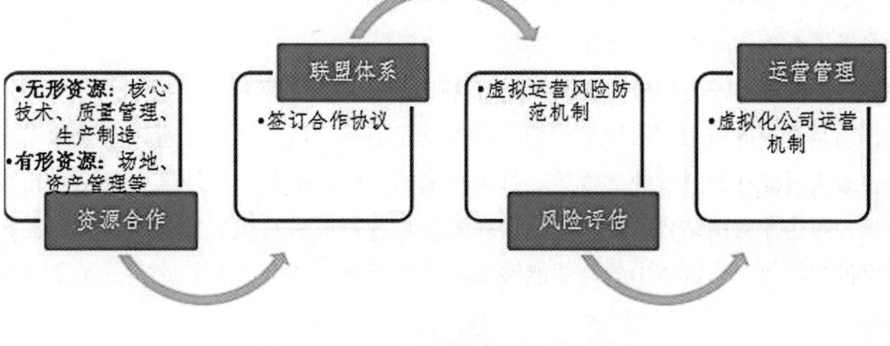

图 4　生产制造联盟体系设计思路

1. 定制化管理模式，促进生产制造联盟体灵活发展。

根据联盟方生产能力及任务需求，制定派驻式和监管式合作模式：

联盟方具备一定生产能力（人员，设备充足，生产能力满足任务需求）则采取监管+定期审核模式。

联盟方原有的生产能力偏弱（人员技能待提升，设备待采购，生产能力不足）在生产能力提升之前，则采取派驻式合作；后期具备一定生产能力之后，采取监管+定期审核模式。

2. 虚拟公司化运营机制，形成牢固利益共同体。

在发展空间大幅提升的同时，为化解联盟体在组织运行中的结构性矛盾，大力推动“定制化经营租赁”和“系统化配套服务”模式落地，进一步释放管理权限，公司集中精力在生产制造进度、技术、质量管理三方面管理；联盟方在运营（资产管理、保卫、人员招聘与管理、后勤、财务、采购、物流）方面进行管理。双方成立管理团队，组建事务沟通确认机制。

在虚拟公司化运营的利益分配方面，从合作的持续发展来看，合作发展的最终目的在于提供高于一般市场的价值即（超额价值）。联盟方投资回报速度更快，投资方式也不局限于场地、设备的租赁费用，而是双方共同经营，增加职责、利益、风险共担，形成牢固的利益共同体。

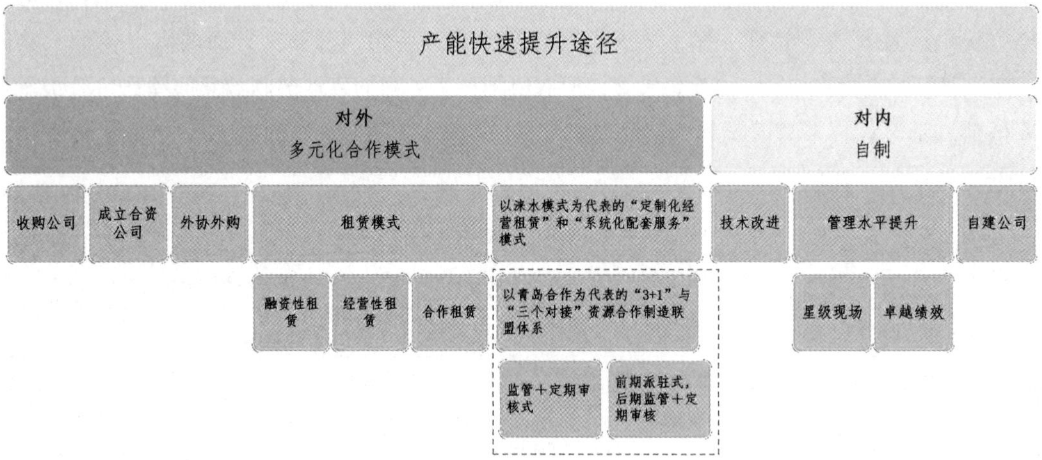

图5　产能快速提升途径

3. 联盟体共同签发管理规章制度，促进联盟体管理规范化。

企业根据项目顶层设计与联盟体构建实施，本着双方和谐共赢的原则，与联盟方共同签订管理制度，夯实基础管理，如：员工管理办法、质量管理办法、保密管理办法、保卫管理办法、安全管理办法等，有效规范了联盟体业务流程管控。

（四）构建社会化销售联盟体，做强基业促进新领域拓展壮大

1. 联合外部资源打造市场营销联盟体，实现1+1>2。

从市场和客户的需求出发，积极打破传统的市场边界，通过与环境中的企业合作，共同开发市场，快速融入市场，满足客户的需求。资源是一切能够为企业创造价值的因素，所以企业除了发挥企业内部能力之外，需要最大可能性的开发外部资源。打破环境的约束，将企业的外部资源纳入市场营销开发与运作的范围中来，与企业营销结合，使企业营销在外部整合资源后重组、重释、延伸，提高企业满足客户需求，创造价值的能力。联盟体中的企业能够实现资源互换，共生共赢。此方式主要应用在二八三民品市场开发领域。

市场营销型联盟目的在于提高市场营销的效率和市场控制能力。该联盟体是相互利用各自的专业价值，差异互补，从而形成的战略联盟，从而实现1+1>2的效果，是联合抢占市场的有效手段，除了具备资源补缺型的优点外，还能较好的适应多样化的市场需求变化。以环保事业部市场营销为例，企业提供

可替代性较低的设备及服务，联盟方具有生产资质，通过联盟方租赁厂的设备和服务的方式，迅速打开新市场。

2. 联盟体模式复制，完美融入当地市场。

以含油污泥处理为例，大庆油田为规范含油污泥处理市场，拟甄选5-6家具有技术实力和良好信誉的单位作为含油污泥处理服务的供应商。大庆油田市场经过两年的持续跟踪，已经同油田公司、机关管理部门、管局单位、相关采油厂等建立了良好沟通的渠道。大庆油田提出“在开发中保护、在保护中开发”的环保战略，为快速进入大庆的市场以及探索新的商业合作模式，二八三厂以采油七厂实施为切入点，与客户以设备技术外租的方式，解决了无环保处理资质的难题，通过项目的实施争取进入大庆油田供方名录，取得处理资质。在新疆以同样的方式，借助联盟方奇彩的环保处理资质，以第三方的身份进入当地含油污泥处理市场，提供优质的设备与处理技术服务，服务客户的客户，让客户的客户成功，完美融入当地市场，以合作共赢得方式拓宽了市场路线，为后期的民品市场开发积累了经验。

三、基于资源合作的社会化联盟体的实施效果

（一）科研生产效率大幅提高，企业生产任务顺利完成

企业每年科研生产任务以15%以上速度增长，通过社会化资源整合，大幅提高了科研生产效率，顺利完成科研生产任务。通过社会资源解决场地、厂库房等资源瓶颈，通过租赁经营，降低了厂房、库房和设备等重资产在企业总资产中的比重，有效提高了企业灵活应变能力降低了企业经营风险。环保产业以快速合作获得千万级合同。发挥军工企业在质量、技术和科学管理方面以及民营企业在资金资源方面的各自优势，推动了军民融合的深度合作和协同创新，有效推进了建设社会化总装厂的进程，也为公司实现转型升级战略的有效落地打下坚实的基础。

（二）研发能力持续增强，企业战略地位得到巩固

“十三五”以来，科技委外部委员提出建设性决策参谋提案100余项，在技术牵引方面协助企业争取集团级以上课题总计约5000万元，各类技术创新奖励项目每年增长40%，争取专项资金2019年较前三年平均增长56%，在经营管理方面带动企业绩效改进、组织机构调整，为企业快速发展发挥了重要作用，增强了企业核心竞争优势，巩固了企业作为总装厂的战略地位。

（三）社会效益获得显著提升，企业发展势头强劲有力

社会效益获得显著提升，企业发展势头强劲有力。通过社会化运行，在资源整合提升企业能力的同时，提高了在社会各界的知名度和影响力，在推动落实京津冀一体化建设、军民融合发展、三类制造中示范作用显著，对于军工制造企业的转型升级具有重要参考价值。

成果创造人：耿树庆、李建峰、张　伟、于超跃、李　靖、张秀秀、刘名洋、
魏佳童、陈　峰、贾智超、徐学昊、陈忠伟、李凌峰

新时代企业家创新思维研究

新时代企业家创新思维研究课题组

党的十八大以来，习近平总书记反复强调创新及创新思维的重要性。2014年11月习近平总书记在亚太经合组织工商领导人峰会开幕式演讲中指出：“惟改革者进，惟创新者强，惟改革创新者胜”。2017年10月，在党的十九大报告中，习近平总书记再次强调：要“坚持战略思维、创新思维、辩证思维、法治思维、底线思维”，把“创新思维”提高到治国理政的新高度。2020年7月，习近平总书记《在企业家座谈会上的讲话》中进一步指出：企业家“要勇于创新，做创新发展的探索者、组织者、引领者”。习近平总书记对创新和创新思维的一系列重要论述，既是对新时代治国理政提出的新理念，也是对新时代中国企业家带领企业创新发展提出的新要求。

创新与创新思维既有联系又有区别。创新是指在新设想、新理念指导下，进行新成果创造的过程。这个新成果既可以是精神层面的思想成果，如经营思想、管理工法；也可以是物质层面的有形产品，如无人驾驶汽车、新冠疫苗。而创新思维则是一个创新成果产生前期，人在意识层面必须经过的逻辑性与非逻辑性的思维过程，是新设想、新理念产生的必经阶段。创新思维的核心要义就是要破除自身思维定式，冲破精神束缚，努力提出新设想、探索新理念、指导新实践，创造新成果。也是引领创新实践的指导思想和思维路径，贯穿于创新的整个过程。

那么，新时代中国企业家是如何运用创新思维推动企业创新发展？其创新思维具有什么样的基本特征呢？本文以习近平新时代关于企业创新及创新思维重要论述为指导，以创新思维基本原理和国、内外专家、学者关于创新思维的研究成果为理论基础，以新时代企业家代表人物宋志平、董明珠、任正非、马化腾、张瑞敏以及三只松鼠章燎原等企业家创新实践案例为主要研究对象。通过深入研究，发现新时代中国企业家在创新思维方面主要是善于将看似平常的加、减、乘、除概念和原理，大道至简地运用到自己的创新思维和实践之中，形成了中国企业家特有的创新思维方法，即：加法思维、减法思维、乘法思维和除法思维。具体有四大特征，即：推动做快做大，渐进创新的加法思维；推动归核做精，理性创新的减法思维；推动跨越做强，聚势创新的乘法思维；破除“守成”意识，颠覆创新的除法思维。

一、推动做快做大，渐进创新的加法思维

所谓加法思维，是指企业家在对企业创新问题进行思维时，将企业内、外对自己产品与技术、经营与管理有利要素有机相加，进而推动企业产品和经营渐进创新，助力企业做快做大的思维方法。它既可以是数量的增加，也可以是范围的扩大，甚至是不同事物的组合，从而产生创新的效果。

（一）加法思维推动产品创新案例

董明珠是一位坚守创新理念的企业家，她在2019年“两会”代表通道上回答记者提问时曾说：“我

们一定要以我们的创新服务于世界、以我们的技术改变世界，让这个世界更加美好，让人民的生活更加美好。”基于这样的创新理念，格力多年来一直走在制造业创新的前列。2020 年新冠疫情突如袭来，董明珠带领格力人用“加法思维”，在原有空气净化器基础上增加高压电离技术进行产品创新，只用55 天就开发出可杀灭空气中 99% 以上新冠病毒“猎手”系列空气净化器，一上市就受到了热烈的欢迎。尤其是一些医院和学校将此净化器作为首选，一些复工企业也将其作为抗疫期间选配的空气净化用品，再加上董明珠直播的推动，开辟了疫情之下的新市场。

图 1　创新后的格力净化器

格力不仅在产品上用加法思维推动产品创新，同时还用加法思维在产品品类上推进多元化，如冰箱、小家电、手机等。面对外部的多元化与专业化的质疑，董明珠答道：“格力专业化的思路并没有变，只是产品品类的多元化。格力将保持专业化的战略……从一条跑道到多条跑道，格力的多元化，做的是加法”。这段关于专业化与多元化的描述，做加法的回答，进一步体现了董明珠运用加法思维推动企业产品渐进创新的特征。

（二）加法思维助力企业快速做大案例

加法思维不仅在产品和技术上有助于创新，一些企业在做大规模的过程中，通过运用加法思维，对符合自己企业战略发展需要的企业，采用兼并重组的方式，迅速扩大了企业规模。中国建材集团公司在从新型建材行业转身实施“大水泥”战略、做大企业规模的过程中，时任董事长宋志平先生没有采用靠自建水泥企业滚动发展的模式，而是运用加法思维，提出“央企的实力+市场的活力=企业的竞争力”的混改公式，以“联合重组”做加法的创新合作思路，从 2006 年起，在原有的中联水泥只有 3 家水泥企业的基础上，通过“战略合作”收购徐州海螺，“汪庄会谈”与浙江省的四家民企水泥公司进行“业务重组”，形成了南方水泥的基础，与吉林白山市金刚水泥合作组成北方水泥，与西南 25 个地级市水泥企业进行重组成立西南水泥，通过一系列的加法运作，大规模的联合重组，仅用六、七年时间就“加出”了中国联合水泥、南方水泥、北方水泥、西南水泥四大水泥公司，“加出”了近千家水泥企业，中国建材也一跃成为全球水泥领域的领跑者。从 2011 年起，已经连续 10 年进入世界 500 强，也兑现了宋志平在香港上市时承诺的“一个快速成长的故事”。

图2 宋志平

在《问道创新》一书中，宋志平对“加法”创新更有其独到的见解，他认为“互联网+”模式，“最大的亮点不是互联网本身，而是‘+’的模式。”他讲到中国建材“+”的案例时曾这样描述：“我们水泥企业来说，‘水泥+’就是加骨料、机制砂、商混和干拌砂浆。我们青州的水泥厂，2018年4.6亿的税后净利润中，水泥赚了1.6亿，‘+’业务却赚了3亿元。如果这个工厂的厂长不做‘+’的业务我也无话可说，我也给他带大红花奖励他，但是他搂草打兔子，大家想草值多少钱，兔子值多少钱，这就是经营的逻辑”。通过这段普遍到特殊、抽象到形象的描述，不仅体现了宋志平对“互联网+”的深刻理解，其对加法的本质特征的深刻认知，也体现了其由此及彼、由表及里的哲学思维水平，更体现了其善用加法思维发现经营逻辑的企业家创新特质。

（三）加法思维对企业家创新思维的启示

企业家推动企业产品创新，助力企业渐进创新，要善用加法思维。在产品与技术创新上，可以从以下几个方面入手：开发新产品、运用新技术、采用新工艺、设计新款式、使用新材料、增加新功能等。具体在进行加法思维进行产品创新时，既可以思考产品与相关要素的单加，也可以思考产品与相关要素的多加。老产品与新技术相加，也可以成为市场领先的新产品；老产品与新款式相加，还可以创造出具有市场竞争力的好产品。在助力企业渐进做大时，用好加法思维，也可以引领企业跨上发展的快车道。老企业与新模式相加，还可以创造新的经营突破；新企业与老模式相加，更可以让企业稳中求进。总之加法思维是企业家进行渐进创新，做快做大的重要创新思维方法之一。

用加法思维可以推动创新，但做加法不当，也会使企业陷入困境。如海航集团在2015年-2017年间由于错误决策，离开主业做加法，短短两年多时间就进行了40多宗、400亿美元的跨境并购，过度的加企业、加项目，导致企业资金链出现断裂，把海航的航空主业也推到了生死边缘。

因此，企业家在运用加法思维进行经营创新时，要注意把握好以下三条原则：一是要明确目的。先确定要什么，然后有目的、有目标的寻找有利要素，以服从服务于产品定位和企业战略而相加，防止出现背离战略的过度相加；二是要把控时机。企业家在为企业做加法时，既不能犹豫不觉，错失战略机遇窗口期，也不能超前相加，使企业陷入被动局面；三是要慎重行事。在做加法的过程中，始终围绕相加要素是否促进核心优势、扩大有利要素来思考问题，谨慎行事，科学相加，防止出现更大风险。

二、推动归核做精，理性创新的减法思维

所谓减法思维，是指企业家在对企业创新发展问题进行思维时，将思维视角调整到与加法思维相反的视角，从减少、克服对企业产品与技术、经营与管理等企业发展不利因素来进行思维的方法，进而达到促进企业创新发展的目的。

（一）减法思维助力产品战略创新案例

企业产品做加法是创新，有时为服务企业战略大局，将那些曾给企业带来丰厚效益的产品减掉，对产品做战略性减法也是创新。

从2018年起，美国一些政客为扼制中国5G的领先局面，对华为使出了一波又一波的制裁手段，任正非以企业家不屈不挠的斗志，带领华为拿出了一招又一招的“备胎”予以反制，但由于华为每年要消耗几亿支手机芯片，在美国的打压下，华为麒麟芯片的备货量只有1000万左右，芯片储备严重不足，这不仅给华为发展带来了困局，也使背后170个国家的代理商和分销商受到牵连和影响。面对美国扼制华为芯片供应生命线的问题，任正非清醒地认识到：“华为在美国的一波又一波严厉的制裁下，使我们终于明白，美国某些政客不是为了纠正我们，而是要打死我们。”面对生死危局，任正非理性、果断地做出战略减法的决策——将给华为曾带来荣誉和效益的荣耀品牌手机产品整体出售。2020年11月17日，深圳智信新信息技术有限公司等30多家荣耀手机供应链合作伙伴共同接盘。一时间社会对华为出售荣耀手机产品的做法反响强烈。那么荣耀，对华为不重要吗？事实上，荣耀对于华为非常重要。荣耀，是一个诞生于2013年的互联网品牌，于2017年以5450万台的销量，789亿元的销售额成功登上中国互联网手机第一的宝座。2019年，荣耀销售量4400万台，比小米还多出400万台。2020年第二季度，华为手机总销量5580万台手机，其中，荣耀系列1460万台，占26%，通过华为+荣耀高低搭配、攻守兼备的战略，华为手机出货量多次位居世界第一。卖掉荣耀之后，不仅华为手机将失去世界第一的位置，而且还将影响华为的现金流。荣耀如此重要，为什么还要卖掉？其实这正是面对生死考验，任正非再一次以断臂求生的勇气，对华为产品做出的一次战略性的减法。卖掉荣耀手机，不仅保全了荣耀手机产品和团队，更保全了与之相关的上下游供应链合作商，华为也因此获得了上千亿的真金白银，储备了过冬的粮草和再打硬仗的弹药。

如果说卖掉荣耀是一次危局下悲壮的战略减法，那么华为发展过程中，任正非曾多次用减法思维对

已经做到全国领先领域的产品做减法：2001 年，华为以 7．5 亿美元卖掉了位居全国第一的电源业务，扛过了互联网泡沫破灭的冲击；2008 年，华为以 8．2 亿美元的价格出售路由器与交换机业务，获得了抵御金融危机的铠甲。在任正非带领华为奋斗的 30 多年中，用创新的减法思维进行“断臂求生”式复兴的壮举还有很多，任正非在多年前总结华为做减法与企业关系时说：“现在我们已经开始在成熟领域做减法，华为正在走向新形象。”正是任正非对华为产品精于做出战略性减法的大手笔，才使华为能够集中优势力量，归核做精，成功战胜了市场一轮接一轮的危局，华为也在一次又一次的浴火中得到重生。任正非说：“战略战略，只有略了，才会有战略集中度，才会聚焦，才会有竞争力。”这种对“略”字的精妙解释，正体现了任正非用减法思维对企业归核做精、理性创新的深刻思考，也反映了其高超的创新思维艺术和水平。

（二）减法思维推动管理创新提质增效案例

在管理上，随着企业的发展，企业的机构、层级、人员会不断地增加，增加容易，减少难。如何用创新思维的方法，找到解决问题的思路和方法呢？减法思维可以助力企业家找到解决问题的抓手。中国建材集团随着企业的发展壮大，企业的机构、层级、人员不断增加，原董事长宋志平面对 20 万员工，1000 多家企业管理上出现的“大企业病”症兆，为了实现降本、提质、增效的目的，创新性的提出推行了“组织精健化、管理精细化、经营精益化”的“三精管理”，尤其是“组织精健化”正是运用减法思维推动管理创新的经典案例。

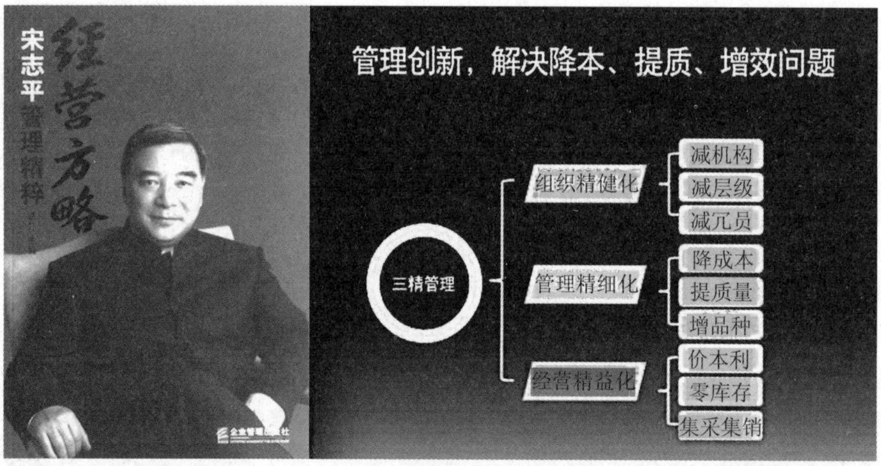

图 4　“三精管理”的结构

宋志平在谈到“三精管理”时说：“企业在发展的过程中会不自觉地持续膨胀，机构越来越多；管理恰恰是一个相反的过程，有意识地去控制膨胀、缩小规模，使企业向组织精健化不断推进。中国建材近年来大力开展‘减应收账款、减存货、减法人、减杠杆和减层级、减机构、减冗员、减公车’的‘双四减’工作”。通过重点的“减层级、减机构、减冗员”的减法大动作，中国建材在“减机构”方面减少法人近 500 家；在“减层级”方面实现了管理层级四级、法人层级 5 级；在“减冗员”方面，集团总部以下采取“五三三”定员，即业务平台公司定编 50 人，区域运营中心定编 30 人，日产 5000 吨水泥熟料生产线在定编 300 人的基础上，进一步精简精干，智能工厂已做到 50 人。以上一系列“减”法，体现了宋志平对“减法思维”的娴熟运用，也体现了运用减法思维创新管理模式的创新思维特性。一系列管理上的减法创新举措，有效地推动中国建材企业组织精健化的实现，尤其是在经过了快速发展和 2016 年的“两材”重组（中国建材集团与中国材料集团重组）的大变革中，机构、层级、人员不仅没有增加，而且集团总部还实现了部门由原“两材”的27个减少为12个、人员由原269人减少为不到150人，保持了机构、人员的双精简，打赢了组织精健化的胜仗。

（三）减法思维对企业家创新思维的启示

如果说加法思维是增加有利因素，而减法思维则是舍掉不利因素。有选择就有放弃，有重点才有战略，减法思维的核心就是聚焦核心优势，成就核心竞争力。企业家在进行减法创新思维时，既可在产品定位上做减法，开辟出一片独创的蓝海；也可在产品线上做减法，突出主导产品优势；还可以在市场规模上做减法，收缩战线，集中兵力打歼灭战，迅速扩大局部市场优势；更可以在管理上做减法，精兵简政，提高工作效率；还可以在战略上做减法，从多元化回归专业化，从进攻回归到收缩，以使企业做实做精。积极主动的减法思维，是具有战略意义的创新，是用创新思维打开经营新局面的有所作为。任正非曾说：“那么多的小企业在竞争中死掉，其中90%以上的是把管理当成加法，其实管理是做减法”。任正非关于管理与减法关系的论述，正体现了一位伟大企业家对减法思维在企业创新发展中重要性的深刻认知。企业家只有善于做减法，精于归核做精，把有限的时间和精力，放在最重要的人和事上，才有可能达到更高的高度，创造更壮丽的辉煌。

图5　任正非和华为

用减法思维可以推动企业创新，但减法不当，也会使企业创新意愿走向反面。如江淮汽车为降成本做减法，将车身镀锌板材料替换成普通铁板，使11万辆轿车出现车身锈蚀、脱漆，经央视3. 15节目曝光后，只得召回，企业经营和品牌美誉度严重受损。因此，企业家在用减法思维进行创新时，要把握好以下三个原则：一是以战略的眼光从减法中寻求突破，以谋定而后动的策略去做好减法，而不是只关注战术，不顾战略；二是对经营做减法思维时要善于找到企业最擅长运作、最有市场前景、最具可持续性的核心竞争力优势，减掉那些运作成本高、影响可持续发展的劣势；三是在管理做减法时，要从企业发展的总体入手，既要做局部减法，还要做整体减法，同时还要兼顾整体与局部的关系，使减法思维最大限度发挥应有的创新作用。

三、推动跨越做强，聚势创新的乘法思维

所谓乘法思维，是指企业家在对企业创新问题进行思维时，将企业自身问题要素放大到市场、行业、社会、国家、社会、人类的高度，进而通过前瞻性、战略性的商业逻辑重构，运营模式再造，实现企业内在资源要素与外在势能要素之间重新聚合，进而产生强大乘积效应的思维过程。

（一）乘法思维助力产品聚势创新案例

坚果是营养丰富且有预防疾病作用的可食种子。在零售市场一般都是论斤售卖。如何让论斤销售的坚果卖出好价格，许多商家都有一些促销之招，但由于其采用市场常规批发、零售的方法，企业很难做大。三只松鼠股份有限公司创始人章燎原，在担任一家坚果企业近十年职业经理人后，基于对坚果产品和新消费时代的深刻认知，于2012年创办中国第一家定位于纯互联网食品品牌的企业，在创业的过程中，他运用乘法思维进行三个产业的势能聚整合，使坚果这一农副产品产生了巨大的乘积效应，实现了企业的跨越式成长。首先，第一产业定使命。章燎原确立了“打造一个互联网时代的生态农业产业链”的使命，使坚果这一类属于第一产业的农副产品，进入了互联网时代的电商大平台——三只松鼠，也让我们看到一个企业家建立企业的创新思维原点，这就是要将农副产品，放大到农业产业的高度，并将农业产业链作为企业经营的核心要素；其次，第二产业精加工。在原产地优选了50家供应商，按照订单完成加工任务后，运至三只松鼠总部所在地的芜湖高新区分装工厂接受半成品检验，各项指标检验合格后，工厂按照实际订单需求进行标准分装，并将成品保存于恒温保鲜库内。按照此模式，三只松鼠既有效的控制了源头，保证了产品质量，同时，将附加值最低的粗加工环节以代工的方式进行，大大的提升了供应链效率。坚果这一农副产品通过此模式，就从第一产业进入了第二产业工业；三是，第三产业做电商。三只松鼠在淘宝、天猫、京东等电商门户网站开网店进行销售，ERP系统识别网购客户订单后，委托第三方快递公司将网购顾客所定货物直接送至顾客指定收货地址。这样一来，坚果这一农副产品又进入了第三产业服务业；再加上三只松鼠“森林定位”的品牌塑造、互联网平台跨时空的聚合、近800万美元的资本融入、“卖萌式”服务创新等多种经营管理势能要素的聚合，三只松鼠章燎原使坚果这一农副产品，产生了（第一产业）×（第二产业）×（第三产业）的乘积效应，成为当之无愧的“六产达人”，创下了坚果食品类企业的奇迹，开业一年就创出1个亿的销售额。

图6　章燎原及三只松鼠股份有限公司上市

2019年，三只松鼠在“双11”电商购物节以10.49亿元销售额刷新中国食品行业交易记录，全年销售额突破百亿，成为零食行业首家迈过百亿门槛的企业。同年，三只松鼠登陆创业板，成功上市。三只松鼠之所以取得巨大的创新奇迹，这都有赖于章燎原善用乘法思维，让坚果这类属于第一产业的农副产品，通过“一产×二产×三产”三个产业与互联网战略红利期的聚势创新，产生了巨大的乘积效应，推动了三只松鼠的跨越式发展。

（二）乘法思维对企业家创新思维的启示

彼得·德鲁克说："一个企业只能在企业家的思维空间之内成长，一个企业的成长会被其经营者所能达到的思维空间所限制。"企业家要想从容运用"乘法思维"解决企业问题，就要具有由内向外，以企业为圆心因素，行业为半径因素，社会、国家、世界为圆周因素的思维空间，进而将外部世界的需求、信息转化为对企业战略环境，战略发展的机会因素，组成"乘法算式"进行"乘法运算"，进而实现微观与宏观，局部与全局的有机相融，形成整合多方资源的聚势大平台，通过平台间因素相互聚合、促进、转化，产生巨大的势能，方可成为具有"胸怀企业，放眼世界"格局和境界的创新型企业家。

乘法思维可以推动企业创新，但企业做乘法"聚势"过度，也会使企业出现大的危机。如乐视创始人贾跃亭用上市平台、PE、VC 多种融资手段做杠杆，试图整合影视、电视、手机、体育、汽车、金融、地产七大生态，由于做乘法"聚势"过度，从 2016 年起，乐视出现大面积亏损、资金链断裂，走到了破产的边缘。最近贾跃亭又被宣布永久禁入证券市场，个人也只能长期滞留国外，教训深刻。

因此，企业家在运用乘法思维解决企业创新问题时，要坚持以下三个原则：一是要培育自己的思维格局，善于从更高的站位、更广的视野、更大的跨产业格局来寻找与企业联系的外在势能；二是要善于寻找企业擅长的核心竞争优势，发现企业所能的内在因素，并将其放在更大格局中去寻找企业优势的势能；三是要把握将企业内在优势因素与外界战略机遇窗口期进行"乘法"运作，既不能超前行动成为先驱，也不能错失机遇贻误战机，要做到把控趋势，抓住机遇，聚势创新。

（三）破除"守成"意识，颠覆创新的除法思维

所谓除法思维，是指企业家在不确定性的外部环境下，

勇于破除成果、经验、理论等"守成"的思维意识，敢于打破现有平衡，对企业产品和技术、经营与管理进行创造式破坏、颠覆式创新而进行思维的过程。是企业更高层次的创新，也是企业家更高层次的创新思维。在"除法思维"中，没有破除"守成"思维意识，颠覆创新就无法实现。

1. 除法思维推动产品迭代颠覆自我案例

始创于 1999 年的 QQ，是马化腾创立的腾讯公司开发的一款即时通信软件，到 2010 年 QQ 注册用户数已超过了 1 亿，在即时通信市场占有率高达 79.1%。面对巨大的市场占有率，在腾讯内部一片欢呼声中，马化腾却以他企业家独有的创新特质，深感腾讯大部分人"守成"意识给腾讯带来的巨大危险。随着苹果手机的推出，移动互联给互联网带来了巨大冲击，而作为基于 PC 端的 QQ，将面临着未来生死的考验。对于此时的心情，他在日后一次演讲中提到："世界是很残忍的，诺基亚手机从原来的如日中天，到一下子垮掉，变化触目惊心，多大的巨人随时都可以倒下，我们摸着体温还是热的，就在你面前倒下了。所以你再大的技能都是要战战兢兢，因为前面的路如履薄冰。"那如何让腾讯不至于成为倒下的巨人，他以企业家创新的勇气，下决心要破除"守成"意识，开发一款能够打败 QQ 的社交产品。2010 年 10 月一款为智能终端提供即时通讯服务的免费社交程序正式筹划启动，马化腾将它命名为"微信"，2011 年 1 月 21 日 1.0 版微信正式上线，深受用户欢迎，只用一年时间用户就突破 5000 万，微信异常的活跃度严重的影响了 QQ 用户的增长，面对公司内部"互相残杀"的抱怨，马化腾异常平和，他在央视节目《对话》上描述了自己的心声："我们之所以开发微信和自己的 QQ 竞争，我们想的是与其别人颠覆我们，不如我们自己颠覆自己。"正是这种破除"守成"意识、颠覆自我，敢于进行熊彼特所说的"创造式破坏"的强大内心世界，成为腾讯不断超越自我、超越同行的创新力量源泉。

图7　马化腾及腾讯 QQ

2013 年用户即突破一亿大关，只用两年实践就赶上了 QQ。2017 年，微信用户突破 10 亿大关，成为中国“新四大发明”的一员。对此，马化腾感慨道：“腾讯如果没有微信，可能是一场灾难”，正是“这次的快速转型，挽救了我们后续的发展！”面对微信的成功，马化腾并没有沾沾自喜，他从 2018 年起，又开始思考“下一个十年，互联网升级的大致方向在哪里”？“打败微信的，绝不是下一个微信”的问题了。通过以上案例，我们可以看出，马化腾和腾讯的成功，既是中国企业自己战胜自己，也是企业家敢用“除法思维”，破除“守成”意识，否定自我，打破平衡，勇于推动产品迭代，颠覆式创新的经典案例。

2. 除法思维推动管理创新颠覆变革案例

企业家既要在产品上破除“守成”意识，颠覆创新，更要在管理思想上大胆破除“守成”意识，否定自我，进行颠覆式创新。作为中国企业家代表人物的张瑞敏，自 1984 年担任海尔冰箱厂长以来，始终以“如临深渊，如履薄冰”作为自己的座右铭，在 36 年的企业经营的历程中，进行了名牌战略、多元化战略、国际化战略、全球化战略、网络化战略、生态品牌战略六次战略大转型，基本上是每 6 年进行一次战略调整，这在管理史上是非常鲜见的。那究竟是什么促使张瑞敏能够连续六次进行这样的战略转型呢？这其中是张瑞敏不断破除“守成”意识，打破现有管理格局，不断否定自我，不断进行颠覆创新精神和“自以为非”的个人特质起到了重要作用。从创业之初，张瑞敏就十分注重管理思想和管理模式的创新，从最早的自主管理班组，到后来的 SBU 战略事业单元，他不断地探索符合时代和企业发展的管理模式。2000 年起，面对奔涌而来的网络化时代，张瑞敏清醒地提出了“三种颠覆”的观点：“互联网带来的‘零距离’将以企业为中心颠覆为以用户为中心，使大规模制造变成大规模定制，这是对科学管理原理的颠覆；互联网带来的“去中心化”把员工的领导从过去的上级变成了用户，这是对科层制的颠覆；互联网带来的“分布式”意味着资源不局限于企业内部而是来自全球，‘世界就是我的研发部’，这是对企业内部职能再平衡的颠覆。”基于对这“三种颠覆”的深刻认知，张瑞敏以“砸冰箱”的勇气，开始了“砸组织”的管理模式创新，2005 年，他从中国传统文化中汲取智慧，融贯中西文化，提出了“人单合一”这一符合互联网和物联网时代的商业模式。“人单合一”的“人”，指员工；“单”，指用户价值；“合一”，指员工的价值实现与所创造的用户价值合一。“人单合一”的基本含义是，每个员工都应直接面对用户，创造用户价值，并在为用户创造价值中实现自己的价值分享。员工不是从属于岗位，而是因用户而存在，有“单”才有“人”。在“人单合一”模式下，张瑞敏将自己亲手缔造的“海尔组织大厦”砸掉，去掉了企业中间管理层，将存在百余年的科层制彻底颠覆，并将企业管理者最重要的“三权”——用人权、决策权、薪酬权让渡给员工，搭建了一个“人人都有机会成为创业家”的平台，激发了每个员工的创新活力。“人单合一”商业模式提出的 15 年来，已经经历过 1.0 版的自主经营体、

2.0 版的利益共同体、3.0 版的小微公司，4.0 版生态链小微群，尤其是 2019 年 4.0 版的提出，标志着“人单合一”模式再次升华，成为第六次战略转型——生态品牌战略的理论基础。为了推进“人单合一”在制造领域应用落地，海尔推出的具有中国自主知识产权、全球首家引入用户全流程参与体验的工业互联网平台——卡奥斯（COSMOPlat），被 ISO（国际标准化组织）、IEEE（电气和电子工程师协会）、IEC（国际电工委员会）三大权威标准组织确定为大规模定制模式国际标准制定者。

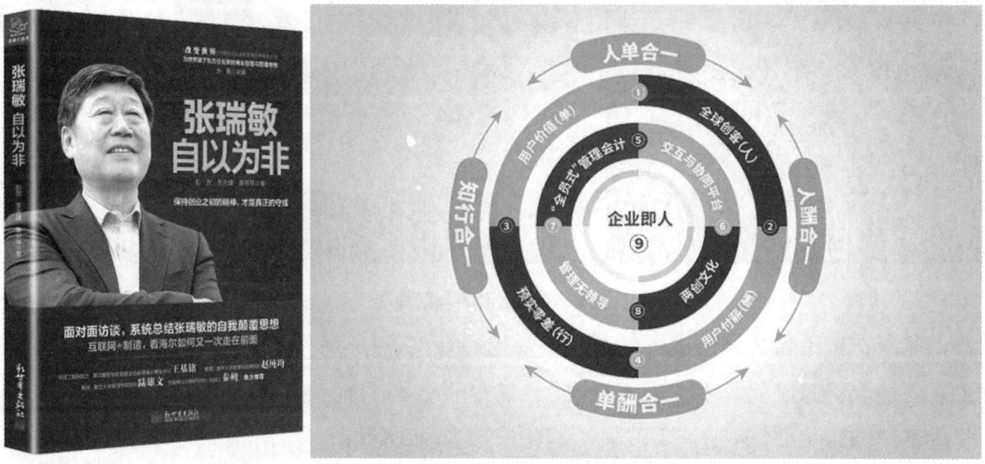

图 8 《张瑞敏自以为非》和“人单合一”模式

现在海尔已成为既为市场提供家电产品，也提供智能制造和大规模定制解决方案，实现了从制造商到服务商的转型升级，海尔卡奥斯（COSMOPlat）用户全流程参与的大规模定制模式，已在海尔 11 个互联工厂成功落地，并孕育出建陶、房车等 15 类行业生态子平台，同时在全球 20 多个国家跨文化复制推广，服务全球企业达 3 万多家。《哈佛商业评论》认为，国际管理术语过去是美式的，后来是日式的，今后要习惯中国的——Rendanheyi（人单合一）。如果张瑞敏没有破除“守成”的思维意识，没有“自以为非”的特质，没有颠覆自我的勇气，就没有海尔转型升级的新局面。

3. 除法思维对企业家创新思维的启示

企业家之所以带领企业取得颠覆创新的成功，其最关键的因素就是敢于在不确定性的外部环境下，破除“守成”的思维意识，打破现有平衡，勇敢的对企业产品和技术、经营与管理现有状态进行创新的结果。如果不能破除成果、经验、理论的“守成”思维意识，企业的创新就无法产生质的升华。任正非曾说：“创新本来就有可能成功，也有可能失败”。如果企业家总是抱着“守成”的思维定式，沉浸在已经取得的成功之中，企业看似暂时处于比较平衡、稳定的状态，但这正是企业停滞不前，走向衰败的症兆。对此，任正非更有其深刻的理解：“要通过自我否定，使用自我批判的工具，勇敢的去拥抱颠覆性创新”。张瑞敏也表示：“我们所谓的创新实际上就是不断地自我颠覆”。两位七十多岁的中国企业家优秀代表人物对自我否定、创新和颠覆的相同认知，让我们再次感受到了两位企业家敢于拿起批判的武器否定自我，拿起自我否定、自我批判的创新武器，破除“守成”思维意识，颠覆自我的创新精神。

除法思维可以破除企业家心中的“守成”意识，推动企业敢于开展颠覆式创新。但实际中，大多数企业家在大干快上、建功立业方面敢作敢为，但在企业成功辉煌之后破除定式、否定自我、颠覆自我却总是行动迟缓、难下决心。曾经的手机霸主诺基亚，手机业务轰然倒下。面对现实，CEO 约玛奥利拉说了一句话，“我们并没有做错什么，但不知为什么我们输了。”诺基亚之所以倒下，最重要的原因就是在手机进入智能终端时代，沉浸在霸主的“守成”思维意识之中，没有迈出颠覆自我的步伐。明代思想家、心学家王阳明曾说："破山中贼易，破心中贼难"。那么企业家如何才能让自己既能征战市场，攻坚克难，不断取得破"山中之贼"的辉煌战绩，又能具有超越自我，颠覆自我，破除"心中之贼"的勇气，就一定要高度重视"除法思维"的培育，清醒认知"守成"思维意识对阻碍创新的消极作用，坚决克服自身存在的"守成"思维意识。

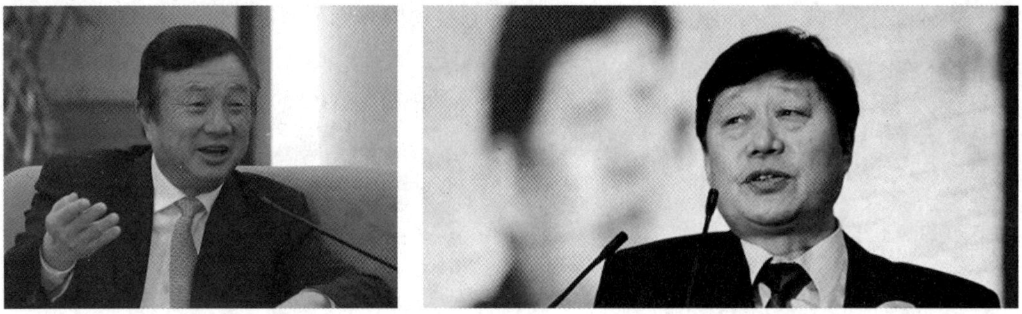

图9　任正非和张瑞敏

因此，企业家在运用除法思维进行创新时，要把握好以下三点：一是要破除"成果守成"的思维意识，要对企业已经取得的成就敢于"视而不见"；二是要破除"经验守成"的思维意识，对自己的既往成功的经验敢于"自以为非"；三是要破除"理论守成"思维意识，要对前人的管理理论敢于"革故鼎新"。只有把握好这三点，方可推进企业颠覆式创新的开展，助力企业实现新的飞跃。

（四）结语

企业家面对的企业创新问题是错综复杂、变化无常的，但成功企业家在解决创新问题时，总是能化繁为简，找到最接近于事物本质和规律的解决思路、方法和方案。企业家在具体运用加、减、乘、除四大创新思维方法时，要注意把握好三个原则：

一是要始终坚持问题导向。习近平总书记说："问题是创新的起点，也是创新的动力源"，企业家要在把握创新思维规律的基础上，对习近平总书记在《在企业家座谈会上的讲话》提出的"生产组织创新、技术创新、市场创新"等问题进行深入、系统的思考，按照认识问题、分析问题和解决问题的思维运动的流程进行创新思维，提出更多的"为客户提供价值和满意度"（彼得·德鲁克语）的创新设想、创新理念。

二是要注重创新思维方法运用能力提升。企业家既要学习古今中外各种创新思维工具和方法，丰富创新思维知识和方法的储备；也要从大道至简的高度出发，深刻理解熊彼特提出的"创新是生产要素的重新组合"的内涵，正确运用加、减、乘、除四大创新思维方法对企业生产要素不断进行重新组合，不断产生新的创新思路，不断丰富、完善加、减、乘、除思维方法；还要善于灵活、系统运用，如：加法+减法、加法+乘法、减法+乘法、减法+除法等不同的组合，从多维度进行创新思维，构建系统性的创新思维结构；甚至可以进行加法+减法+乘法+除法的"创新思维四则运算"，进而全面、系统的解决企业创新问题。当然，运用加、减、乘、除思维方法创新时，既要大胆，也要适度，防止因过度创新，使企业陷入困境。

三是要注重创新素养的全面提升。要关注宏观、中观、微观形势，关注政治、经济、科技、文化、社会发展变化的现状和趋势，提升自己决策的信息储备；要加强自我学习，通过读书学习、面授学习、交流分享、向优秀企业家学习等形式不断更新自己的知识、信息储备；要不断进行企业创新经营的实践，大胆试错，以创新的数量来推动创新质量的提升；更重要的是要不断通过自己的哲学思考，将自己的对企业的创新思考、创新做法总结、归纳、提高到规律性的认识层面，将自己的创新方法，上升到理论的高度，形成新的创新思维世界观和方法论。

总之，新时代企业家要以习近平新时代创新思想为指导，深入学习党中央、国务院以及各级政府部门出台的鼓励、支持创新的大政方针，国有企业家要发挥企业党组织的领导核心和政治核心作用，民营企业家要发挥好党组织的政治核心作用，不断突破影响创新的各种障碍，开创企业创新发展的新局面。在此基础上，新时代企业家还要遵循创新和创新思维的规律，推动企业做快做大、渐进创新时，活用加法思维；推动企业归核做精、理性创新时，善用减法思维；推动企业跨越做强、聚势创新时，智用乘法思维；推动企业破除“守成”意识、颠覆创新时，敢用除法思维。真正成为习近平总书记所期望的“创新发展的探索者、组织者、引领者”，为中国经济社会的发展，做出新时代中国企业家应有的创新贡献。

成果创造人：温亚震、刘秉君

【参考文献】

[1]宋志平.经营方略(升级版).北京:中信出版社,2019年.

[2]宋志平.问道创新.北京:中国财富出版社,2019年.

[3]温亚震,张伟.职业经理人九项修炼.北京:机械工业出版社,2008年.

[4]刘秉君.思维的力量.北京:中国经济出版社,2013年.

[5]希文.任正非内部讲话.哈尔滨:哈尔滨出版社,2019年.

[6]彼得·德鲁克.创新与企业家精神.北京:机械工业出版社,2009年.

[7]彭贺,李天健,黄思琴.张瑞敏:自以为非.北京新世界出版社,2016年.

[8]杨建.企业家的思维盛宴.北京:人民邮电出版社,2008年.

[9]李淑文.创新思维方法论.北京:中国传媒大学出版社,2005年.

[10]李小三.现代领导哲学思维.北京:研究出版社,2009年.

[11]刘秉君.当代企业家战略思维研究——中国企业改革发展优秀成果——2019(第三届)上卷81-93页.北京:中国商务出版社,2019年.

[12]林惠春.做加法 做减法 企业发展的进退之道.北京:新华出版社,2006年.

[13]周锡冰.任正非谈华为创新管理.深圳:海天出版社,2018年.

[14]《董明珠:科技创新是战疫关键力量》http://finance. sina. com. cn/stock/relnews/cn/2020-06-20/doc-iirczymk8088655. shtml

[15]《专访足力健创始人:亏掉3000万后,如何靠老人鞋做成10个亿大生意?》https://www. sohu. com/a/361058995_638387

[16]《王健林资产加减法》http://finance. eastmoney. com/news/1354,20170712755162382. html

[17]《创业天下:三只松鼠跑得快》http://www. 3songshu. com/154. html

[18]《马化腾:腾讯如果没有微信,大厦可能早就倒塌》

http://mini. eastday. com/a/180305144708336. html? qid=02263&vqid=qid02650

[19]《格力董事长董明珠:创造改变世界》http://finance. haiwainet. cn/n/2016/0724/c3541670-30123772. html

移动扫码签章技术在B2B供应链交易平台的创新应用

大唐电商技术有限公司

一、引言

2020年初新冠疫情突然来袭，人员聚集交叉传染风险极高。传统的聚众开标、集中评标模式，在病毒面前只能踩下刹车，而电子化招标系统虽然解决了投标人足不出户可以参与项目的问题，却无法解决评标专家难以到达指定评标室开展评标活动的问题，导致绝大部分公共资源交易、企业、政府采购纷纷宣告停摆。为此，大唐电商技术有限公司（以下简称“电商公司”）将中国大唐集团B2B①供应链②电子商务平台（以下简称“电商平台”）改造升级，将移动扫码签章技术应用于多个业务场景，使系统快速适应疫情带来的影响，为传统评标注入科技新“血液”。本成果将移动扫码签章技术在电商平台的创新应用作为讨论重点。

二、成果背景

（一）企业简介

中国大唐集团有限公司（以下简称“大唐集团”）是2002年12月29日在原国家电力公司部分企事业单位基础上组建而成的特大型发电企业集团，是中央直接管理的国有独资公司，是国务院批准的国家授权投资的机构和国家控股公司试点，注册资本金为人民币180.09亿元。主要经营范围为：经营大唐集团及有关企业中由国家投资形成并由大唐集团拥有的全部国有资产；从事电力能源的开发、投资、建设、经营和管理；组织电力（热力）生产和销售；电力设备制造、设备检修与调试；电力技术开发、咨询；电力工程、电力环保工程承包与咨询；新能源开发；与电力有关的煤炭资源开发生产；自营和代理各类商品及技术的进出口；承包境外工程和境内国际招标工程；上述境外工程所需的设备、材料出口；对外派遣实施上述境外工程所需的劳务人员等。

大唐集团实施以集团公司、分（子）公司、基层企业三级责任主体为基础的集团化管理体制和运行模式。大唐集团拥有5家上市公司、13个省发电公司，4个分支机构和11家专业公司，共计600余家基层企业，截至2019年底，中国大唐在役及在建资产分布在全国31个省区市及“一带一路”沿线16个国家，资产总额达7585亿元，员工总数约10万人，发电装机规模为1.44亿千瓦，清洁能源机组占比达32.51%。自2010年起，大唐连续9年入选世界500强。

大唐电商技术有限公司注册资金5000万，主要负责电商平台的建设和运营。该平台拥有采购组织1000多家，注册供应商9万余家，近三年平均交易规模超过500亿元。电商公司按照集团化管控、专业化运营、市场化运作模式，建设运营电子商务平台，构建“两级三线”运维体系，明确“一平台、三中心”业务定位，致力于建设安全稳定的软硬件平台、高效完备的运维体系，移动互联网、物联网、大数据分析等先进信息技术充分应用，物流、资金流、信息流高效融合，大数据分析成果显现，形成业务全面覆盖、数据融合共享、决策科学有据的数字化采购及物资管理支撑服务体系；对内服务于集团公司采购及物资管理，提供专业化支撑，对外以面向电力行业采购与服务为主要目标，快速拓展集团外市场，提供社会化服务。

（二）扫码签章技术提出的背景

近年来，电子交易系统因其公开透明、高效合规的特点，在政府及大型企业得到不断推广应用，但传统电子交易平台仍然需要供应商用户同时采用纸质、电子双文档方式进行身份认证。一包CA[③]锁、一批账号和密码、一捆U盘，用户不断重复搬运静态碎片信息资料用以识别认证成为常态。这样的方式不仅给用户带来了很高的购置成本，而且互不通用的物理CA硬件介质维护管理起来费神费力。究其原因主要包含以下两个方面：

一是驱动不兼容，标准不统一。传统的CA锁是将数字证书和电子印章写入硬件介质KEY而形成的。受传统管理体制和互联网技术制约，CA自诞生之日起就没有国家统一根证书；每家CA各自使用各自根证书，导致不同CA机构之间的驱动不兼容、标准不统一、不同CA机构间互不相认。

全国有2000个电子交易平台，即使面对同一CA机构，同一家企业可能就需要办理2000把CA硬件锁。当面对51家不同CA机构时，则可能需要办理2000×51把CA硬件锁，成本高，管理难，用户苦不堪言。以浙江建工集团为例，该公司共有1267把CA锁，专门设置了CA锁管理员，平均每天有3把锁需要换证，此问题引起了国务院的高度关注。

二是业务员间信息不共享。同一家企业在参与投标时可能不同的项目由不同的业务员办理，而业务员之间由于所需组织机构、部门的不同，造成消息不流通，同一企业在同一个交易平台重复注册、资料重复提交、平台重复审核等问题，严重影响了交易效率。

面对这一新技术、新平台带来的新难题，国家发改委自2013年起多次提出支持不同电子数字证书兼容互认，并陆续出台了很多相关政策（详见表1）。2019年，国资委委托相关行业协会开展优化市场营商环境研究课题，将共享CA与手机扫码互认作为重点研究内容。

表1　移动扫码签章技术相关政策

时间	文件名称	内容
2013年	《电子招标投标管理办法》（发改委20号令）	需要支持不同电子认证服务机构数字证书的兼容互认。
2016年	《公共资源交易平台管理暂行办法》（发改委39号令）	要求应当支持不同电子认证数字证书的兼容互认，市场主体已经在公共资源电子交易系统登记注册，并通过公共资源交易电子服务系统实现信息共享的，不得强制要求其重复登记、备案和验证。

续表

2017 年	《“互联网+”招标采购行动方案（2017 年-2019 年）》	对公共服务平台明确立足功能定位“研发提供 CA 证书互认、主体注册共享等公共技术保障服务”的目标要求。
2019 年	《关于深化公共资源交易平台整合共享的指导意见》（国办函〔2019〕41 号）	优化交易服务，促进数字证书（CA）跨平台、跨部门、跨区域互认，逐步实现全国互认。

为协同推进“互联网+”招标采购市场体系的深度融合行动，助力优化招标采购市场营商环境，国家发改委于 2018 年 12 月特委托中国招标投标协会组织中国招标投标公共服务平台开展推进“互联网+”招标采购，优化市场营商环境的专项课题研究，以实践落地方式解决行业痛点。同时，《国家发展改革委办公厅关于积极应对疫情创新做好招投标工作保障经济平稳运行的通知》（发改电〔2020〕170 号）第十二条也提出“相关单位要加快推进 CA 数字证书网络共享，运用手机扫码等技术实现免插介质完成身份验证、签名盖章、加密解密等交易流程”。

（三）市场现状

2018 年由中国招标投标公共服务平台提出了基于手机 APP 的扫码技术和移动 CA 技术，解决 CA 互认和主体共享“双难题”，并在“全国公告公示标准发布工具”（国家平台版）上先行先试。2019 年，为加快推动手机扫码和移动 CA 在交易平台的扫码加密、扫码解密等全交易过程落地应用，中国招标投标公共服务平台又进一步优化方案，提出了基于手机扫码 CA 互认的优化方案，如下图 1 所示。

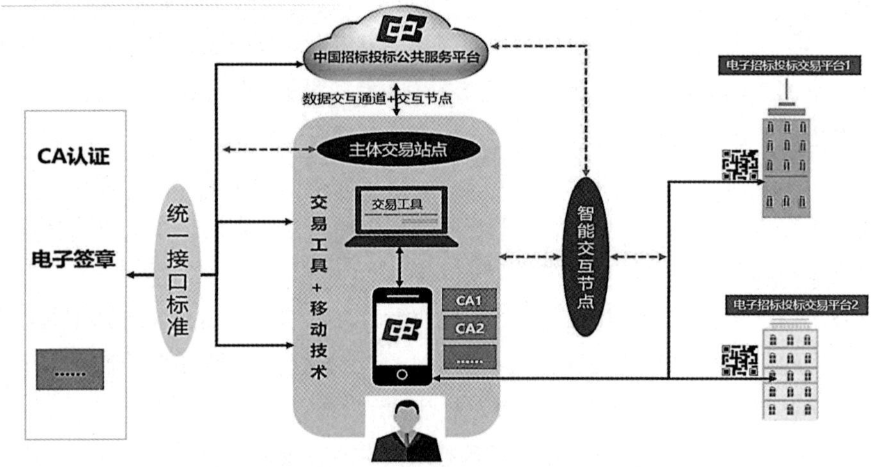

图 1　手机扫码 CA 互认

手机扫码 CA 互认技术与传统 CA 相比有共同点也有不同点，主要对比结果如表 2：

表 2　移动扫码 CA 互认与传统 CA 的对比

分类	手机扫码 CA 互认	传统 CA
共同点	CA 发证主体和证书信息不变	CA 机构负责发证，证书信息符合电子签名法
	不改变交易平台选择 CA 和印章机构的方式	交易平台选择 CA 和印章机构

续表

不同点	CA 证书采用分割算法存入手机移动设备	CA 证书连同“平台属性”注入硬件介质 KEY
	手机在线办理 CA，效率高	现场窗口办理 CA，效率低
	扫码签章签名、加密解密，携带使用方便	用 CA 锁签章签名、加密解密，携带不便
	一个手机可绑定多张不同 CA 机构的 CA 证书，方便管理且信息可追溯	一个 CA 硬件介质只能绑定一张 CA 证书，市场主体通常设置 CA 管理员来管理 CA，且信息不可追溯
	从应用层解决，较简单	从底层解决，实现复杂
	支持一把 CA 走天下的跨平台使用	一把 CA 锁只能在一个平台使用
	取消年审，按年购买服务	年审通过换 CA 锁收费

三、实施过程

电商平台作为国资委网络共享 CA 与手机扫码认证试点单位，以创新为驱动力，对原系统接口进行了积极改造，快速上线移动扫码签章功能，使用户操作便捷化，为平台用户减轻负担，提升用户体验。

（一）开发过程

本成果开发主要包括业务需求阶段、系统设计、编码及测试、现场实施以及运行维护 5 各阶段逐步进行。各阶段完成的主要内容以及进度控制措施具体如表 3：

表 3　本成果实施过程

阶段名称	主要内容	进度控制措施
业务需求	完成需求调研及编写调研报告、需求分析及编写需求说明书、需求评审与确认	成立业务需求小组，加强组织协调及人员调拨力度；筛选具有丰富调研经验的工程师参与本项目调研工作。
系统设计	系统概要设计	严格把控需求分析阶段进度，保证足够资源投入以及设计人员设计经验丰富。
	系统详细设计	严格把控概要设计阶段进度。保证足够资源投入以及设计人员经验丰富。
编码及测试	完成系统编码、测试工作	严格按照项目进度计划进行控制。SQA 将对项目开发计划以及测试计划进行评审；协调资源，保证人员的充分投入。按照公司 CMM 规范，加强质量评审、配置管理、测试管理。
现场实施	完成系统安装、调试、培训等工作	严格按照项目进度计划进行控制，保证开发、测试工作按时完成。做好实施前期充分准备，编写实施计划、培训计划以及相关培训文档资料。筛选有丰富实施经验的工程师参与实施工作。组建项目实施小组，负责实施期间的协调组织工作。
	完成系统试运行及验收工作	需求变更进行合理控制，试运行期间，实施人员全程跟踪，并每日汇报修改意见，开发小组成员及时修改并进行系统更新。
运行维护	运行维护及升级	无

最终，经过近4个月的技术攻关和项目研发，移动扫码签章技术得以在电商平台多个业务场景中完成应用。

（二）扫码加密接入

1. 业务场景

以往投标人在完成投标文件编辑后，需要在PC端插入电子钥匙对文件进行加密盖章。移动扫码加密技术可以使投标人完全摆脱硬KEY的限制，在已扫码登录的情况下，可以在网页端或投标工具端对投标文件进行扫码加密。

2. 业务流程

首先由投标人扫描电商平台生成的二维码，然后APP将扫描状态反馈至平台。若超时扫描则流程结束，用户需要重新扫描二维码；若在规定时间内进行扫描，则进入加密流程，获得用户加密签名和公钥证书[④]信息。平台在接收到二维码扫描状态成功的信息后调用加密控件，对投标文件完成加密，获得最终秘钥并在电商平台留存。电商平台投标文件扫码加密的流程如下图2所示：

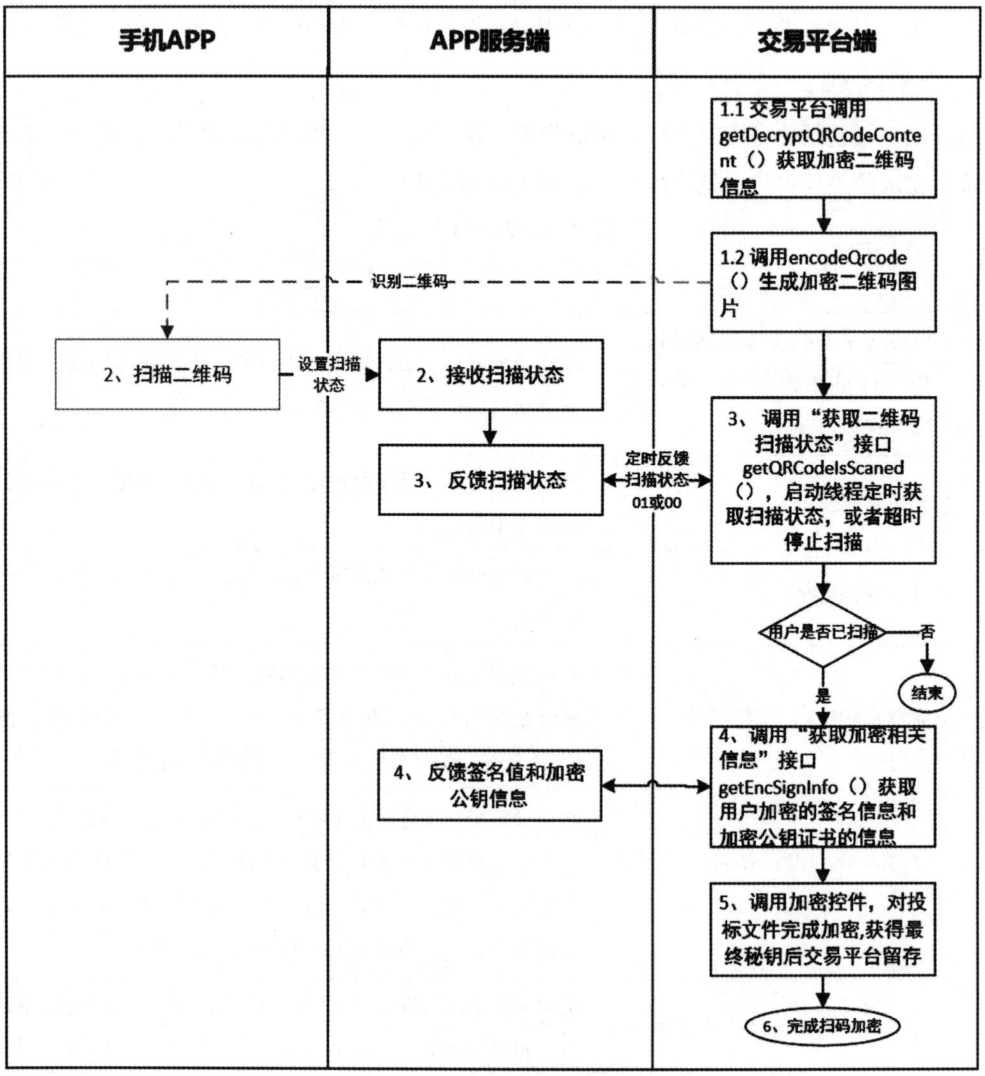

图2　投标扫码加密流程图

（三）扫码签字接入

1. 业务场景

扫码签名适用招标人、投标人、评标专家等扫码登录后，对文件进行扫码加盖个人签名的环节。如：招标人在编辑招标文件、招标公告后对文件加盖个人签名；投标人在编辑投标文件后加盖个人签名；评标专家在评审完成后对评审结果进行个人签名等。当用户需要撤销在评审结果中已添加的个人签名时，也可以通过扫码撤销该签名。

2. 业务流程

一是移动扫码签字流程（图3）。用户在电商平台网页端或工具端中点击“签章”后，平台生成签名二维码。执行人扫描二维码图片，由APP端将扫描状态反馈至电商平台，若超时扫描则流程结束，用户需要重新扫描二维码；若在规定时间内进行扫描，电商平台调取获取个人签名接口，完成个人签字。最后，平台重新刷新文件，展示签字后的文件。

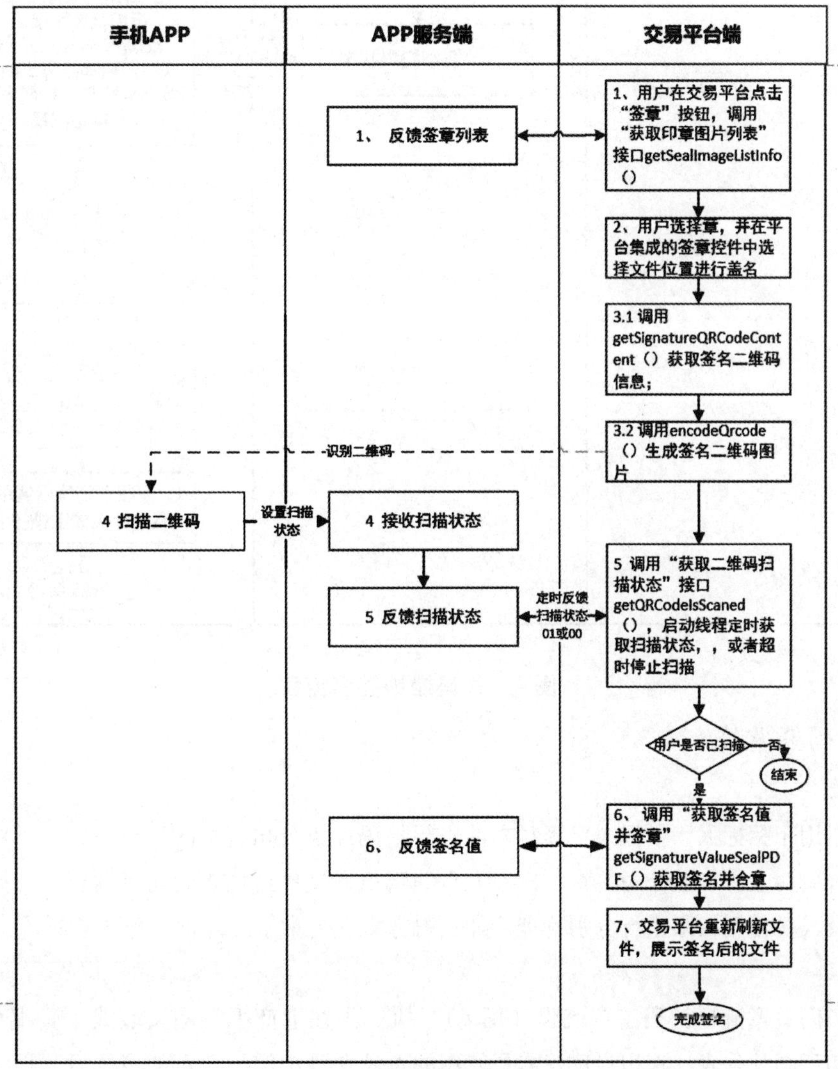

图3　扫码签名流程

二是在评标结果中撤销签字流程（图4）。首先由评标专家扫描电商平台生成的撤销签名二维码，然后APP将扫描状态反馈至平台。若超时扫描则流程结束，用户需要重新扫描二维码；若在规定时间内进行扫描平台接收到扫描成功的信息，则撤销个人签名，并更新评审文件为未签名状态。

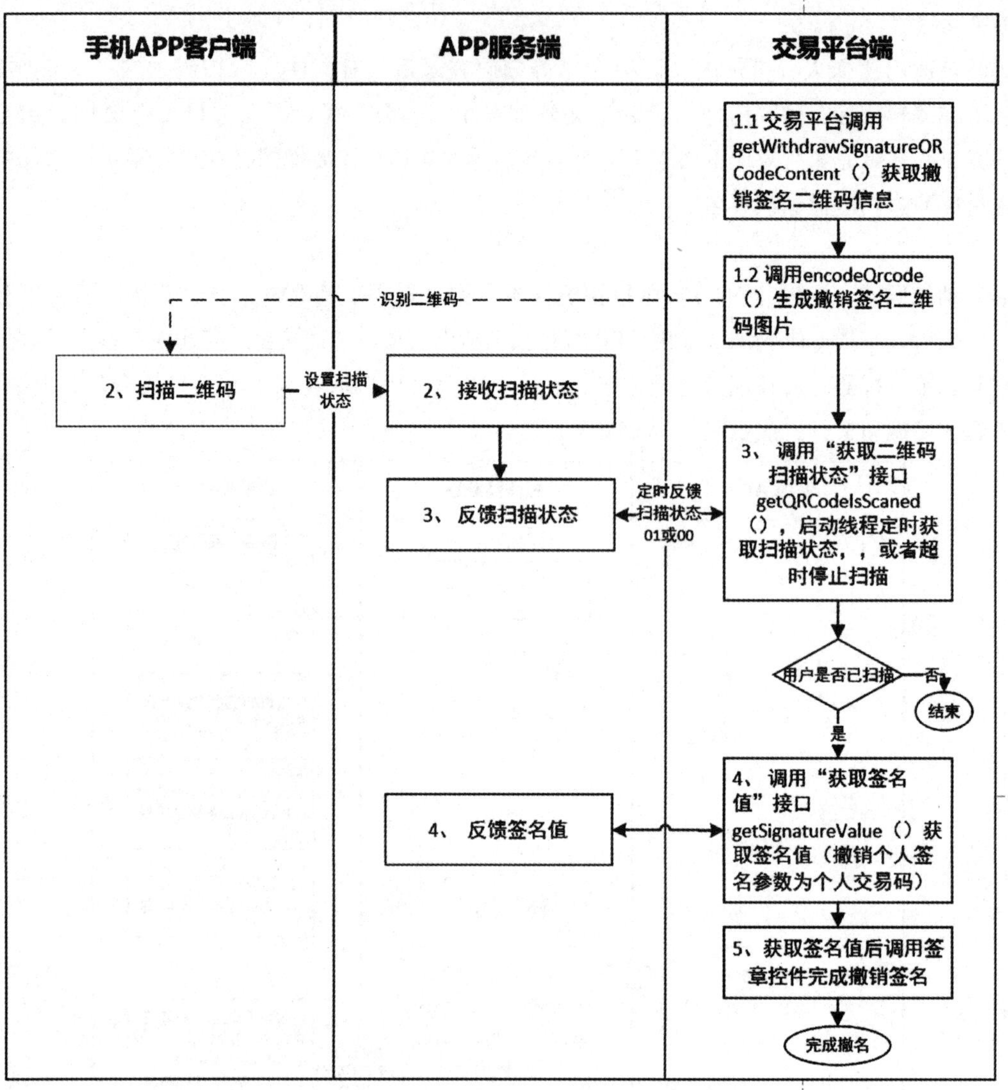

图4　扫码撤销签名流程

（四）扫码签章接入

1. 业务场景

扫码签章适用于招标人、投标人、等对文件进行扫码加盖公司签章的环节。如：招标人在编辑招标文件、招标公告后对文件加盖公司签章；投标人在编辑投标文件后加盖公司签章等。扫码签章可对公司用章根据类别及人员使用权限进行分别管理，如：财务章、公章、法人章、合同章等。

2. 业务流程

一是移动扫码签章流程扫码签章流程（图5）。执行人在电商平台网页端或工具端中点击“签章”后，平台调用印章图片列表，在用户选好需要使用的章及文件中需要盖章的位置后，平台生成签章二维码。执行人扫描二维码图片，由APP端将扫描状态反馈至电商平台，若超时扫描则流程结束，用户需要重新扫描二维码；若在规定时间内进行扫描，电商平台启动获取签名值并签章接口，传递参数为单位授权个人的交易码，完成机构签章和合成签章。最后，平台重新刷新文件，展示签章后的文件。

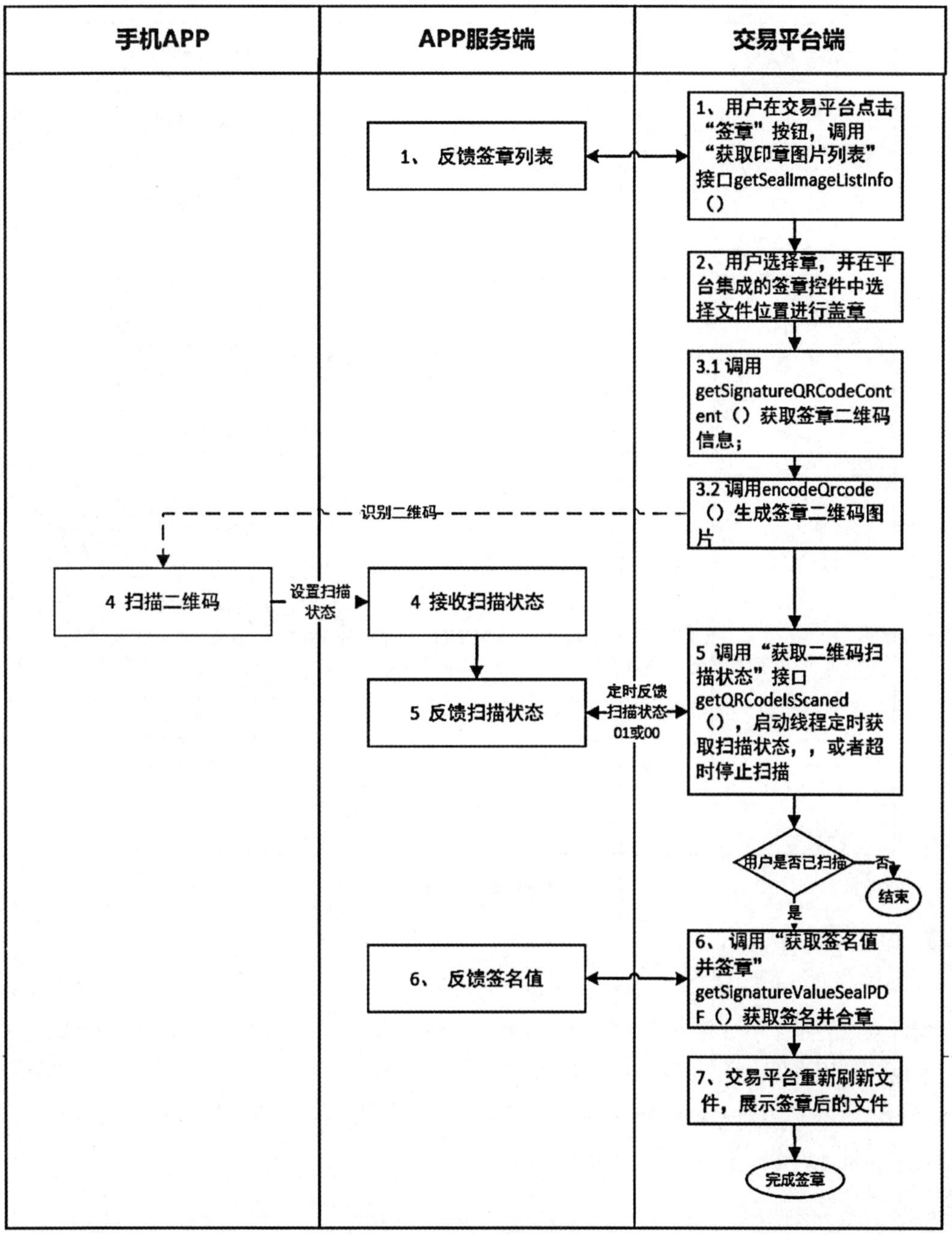

图5　扫码签章流程图

二是扫码撤销签章流程（图6）。首先由执行人扫描电商平台生成的撤销签名二维码，然后 APP 将扫描状态反馈至平台。若超时扫描则流程结束，用户需要重新扫描二维码；若在规定时间内进行扫描平台接收到扫描成功的信息，则撤销电子合同中已加盖的企业章，并更新电子合同签章状态。

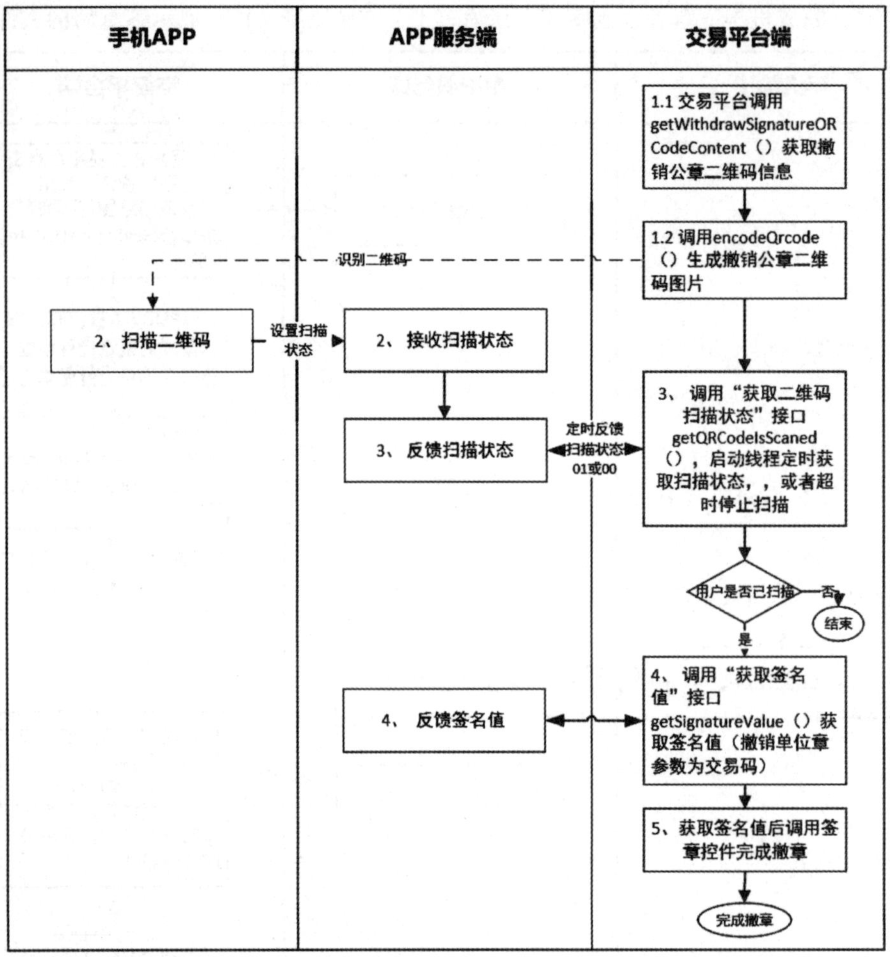

图6　扫码撤销签章流程图

（五）扫码身份认证接入

1. 业务场景

扫码身份认证适用于不分角色的通用身份认证，即不区分投标人、招标人、专家等，也适用于交易平台区分角色的专用身份认证，即将投标人、招标人、专家等加以身份认证。由于扫码身份认证中的用户对于电商平台均为老用户，因此平台仅判断用户信息在本平台是否存在更新，存在更新则在平台更新用户信息后完成认证，否则不更新直接认证完成。

2. 业务流程

用户登录账号后扫描电商平台生成的身份认证二维码，然后 APP 将扫描状态反馈至平台。若超时扫描则流程结束，用户需要重新扫描二维码；若在规定时间内进行扫描平台接收到扫描成功的信息，则平台获取用户最新信息，完成身份认证。

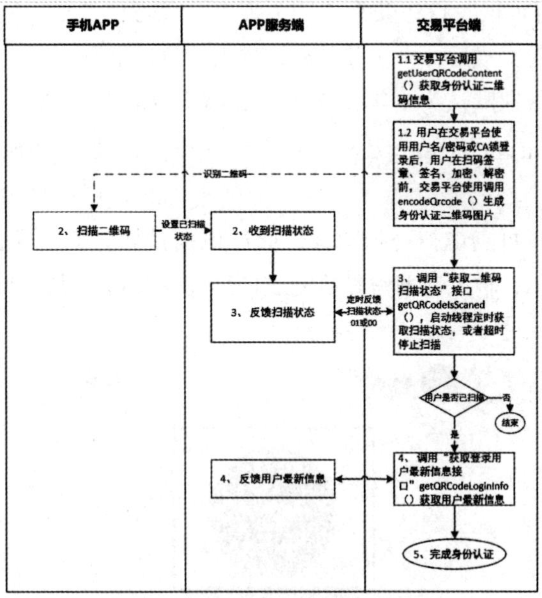

图 7　扫码身份认证流程图

四、主要功能说明

电商平台利用移动扫码签章技术打造适合各类招投标业务场景应用的 APP 及工具端，可以实现取消硬件（KEY）介质、在线办理 CA、注册共享、CA 互认、签章互联、授权管理，为用户提供灵活多样的服务。主要功能包括以下几项：

（一）办理证书

用户可通过点击首页“单位证书”图标，进入单位证书页面，可点击“申请单位证书”按钮向管理员申请证书。在申请证书页面，选择需要申请的单位、交易平台和 CA 机构，填写申请说明后，点击“发送申请”按钮，即可提交申请证书成功，数据流转至管理员待办任务列表。如图 8：

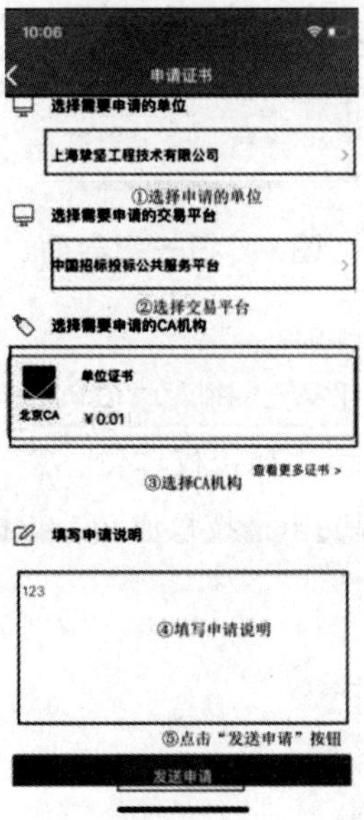

图 8　申请单位证书界面

管理员审核通过后，“待审核”按钮变为“购买证书”状态。点击“购买证书”按钮，页面跳转至购买证书引导页。手机端支付完成后，再次登录时，进入单位证书页，原“购买证书”按钮位置，此时显示证书有效截止日期，有效期默认为 1 年，格式为 XXXX-XX-XX。且在页面顶部有未安装证书提示信息，点击“立即安装”按钮进行手动安装（如图 9）。用户账户加入的所有单位的证书均可在购买记录中查看历史记录。

购买证书后，用户在首页可点击扫一扫图标，通过识别投标管家登录、签章、撤章、撤标、投标、解密处二维码，选择相应证书，输入证书密码后完成扫码等一系列活动。如下图：

图 9　扫一扫界面

（二）单位印章管理

用印申请用户点击首页“单位印章”图标，进入单位印章列表页，可点击“申请印章授权”按钮申请印章使用权限。在申请印章授权页面，可选择授权单位、需要申请的印章和授权有效期，填写申请说明后，点击“确认并提交”按钮，即可提交申请授权成功，数据流转至管理员待办任务列表。如图 10：

图 10　用印授权管理界面

管理员审核成功，用印申请用户的单位印章列表中添加显示一条可用印章授权记录。当授权有效期过期后，该条授权记录显示“已失效”状态，且状态置灰无法再被选中使用。

（三）个人签名

用户点击首页“个人签名”图标，进入个人签名页面，点击重设签名按钮，在重设签名页可重新设置签名内容，并可以设置相关签名字体属性，如颜色、粗细等效果，点击保存即可完成签名设置。如图 11：

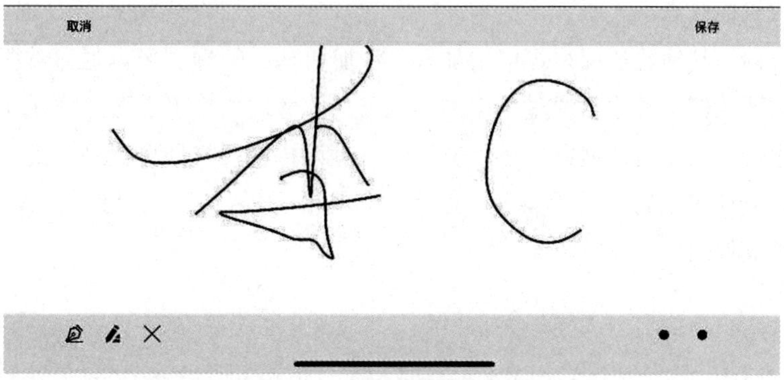

图 11　个人签名设计界面

（四）单位群管理

组建一个单位群需要使用管理员账号在单位群页点击“注册机构”按钮，跳转至机构注册页，可以切换单选框选中“我是法定代表人”或“我是机构管理员”身份，填写相关信息后，点击“确认并提交”按钮注册机构成功。注册成功的机构即组建了一个单位群。

图12　机构成功注册界面

注册机构仍需进行认证，在点击“立即认证”按钮后，系统自动跳转至机构认证页，在上传该机构营业执照原件后完成机构认证。

在群成员管理方面，其他普通用户可申请加入已注册机构，管理员可以通过或拒绝加入申请，管理员还可以根据业务需要从群里移除已通过审核的其他用户。管理员也可以通过邀请的方式将其他用户添加入群。普通用户也可以主动提出退群申请，退群后所有该机构授权即刻无效。此外，单位的管理员可以进行转让，点击“转让单位管理员”菜单，进入搜索新的管理员页面，可勾选管理员，点击“完成”按钮即将身份转让给其他用户。

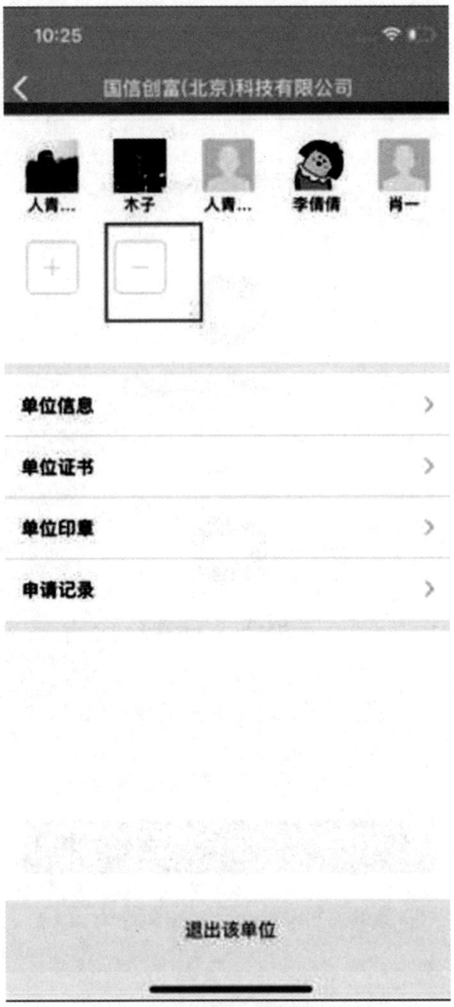

图 13　群成员管理界面

在成员授权方面，普通成员可发起单位证书、印章等授权申请，管理员可审核通过或拒绝成员单位证书、印章等授权申请。

（五）实名认证

用户点击身份未认证，弹出立即验证提示，进入身份认证页，输入真实姓名、证件号码，点击“确认并提交”按钮，提交身份验证（如图 14），点击“拍摄/上传人像面或国徽面”，可通过拍照或从相册选取上传身份证正反面，点击“下一步”按钮，即可完成身份实名认证成功。

图 14　身份认证界面

完成认证后进入“我的”页面，实名认证状态自动变为“已认证”。

五、创新应用

扫码签章技术不仅在文件加密、个人签名、对公签章方面为用户提供了便捷的操作，也在用户信息共享、身份认证方面实现了用户内部上下级成员间的管控。基于该技术，电商平台在多个业务场景得以创新推广应用并取得了良好的效果，主要的创新包括以下几个方面：

（一）投标中的应用

通过统一开放手机 APP 提供的“CA 扫码互认共享”服务，接入扫码加密功能，电商平台将移动扫码签章技术在招标模块应用后主要解决了以下几个方面的问题：

1. 去介质，解决驱动过多和不兼容问题：用手机取代实体介质，降低使用成本，提升使用便利；

2. 远程在线办理 CA，解决线下办理难题：通过手机端人脸识别的方式，实现 CA 证书、印章的远程申领办理，方便用户开通使用；

3. 一个手机绑定多张证书，解决 CA 互认应用问题：支持手机客户端通过标准接口安装接入多 CA 方式；

4. 机构授权管理，解决机构成员动态管理：通过机构授权管理，解决机构对成员的动态授权、机构印章授权、机构 CA 授权、机构管理员转让等问题。

手机扫码签章功能的上线解决了 CA 驱动不兼容，标准不统一问题，也实现了用户成员间的信息共享，由于移动技术的高效便捷应用，解决了疫情期间传统 CA 不能现场办理的难题，进一步保障了平台投标用户的权益。

在传统投标模式中曾出现过这样的情况：甲公司的业务员 A 离职，由于该公司帐户管理的失误，业务员 A 仍然登录并使用了甲公司的帐号恶意投标，给该公司造成了严重的经济损失。而应用了移动扫码签章技术后，可以完全避免甲公司的遭遇。企业可以通过群管理，将离职人员通过移出群的方式实时关闭该名业务员帐号下的所有授权，降低企业管理风险。

（二）在远程异地分散评标中的应用

2020 年初疫情肆虐，人员聚集交叉传染风险极高。传统的电子化招标系统虽然解决了投标人足不出户可以参与项目的问题，却无法解决专家远程评标的问题，尤其是传统手写板签字无法解决专家远程签章问题。为此，电商公司将原有的招标系统进行改造升级，迅速研发出远程异地分散评标系统，为传统评标注入科技新“血液”。该系统利用移动互联、CA 数字签名、移动扫码签字技术对原有的评标专家电子签名功能进行升级，在原有签章手写板的基础上增加了手机客户端扫码签章认证，解决了专家在分散评审工作中的签字确认问题。在移动扫码签章技术的助力下，疫情期间大唐集团采购得以顺利开展，有效保障了疫情期间电力的供应。电商平台完成远程异地评标项目近 70 个，参与评标专家约 210 人。

（三）在电子合同中的应用

电商平台与大唐集团法务系统对接，利用电子文档技术和基于扫码签章的数字签名技术，以采购结果为源头进行在线合同编制、审批及签订，全部采购合同实现电商平台电子签章功能。从采购计划到合同签订的全部环节实现数字化应用、源头可控、全程可溯，大大提高了合同管理效率，避免了由于伪造签章引发的系统性风险，同时解决了因纸质合同与评审电子版本不一致的风险。此外，合同执行是整条采购链的起点，扫码签章在电子合同中的应用将进一步推进采购的全生命周期管控，推进供应链条的发展。

以 A 公司为例，在采购流程结束后，A 公司与供应商 B 签订了采购合同。在合同执行过程当中，A 公司在收到供应商 B 发出的货物后发现，该货物属于伪劣商品，于是将供应商 B 告上法庭。出人意料的是，在经历了一番调查后发现，此次事件是由三名不法分子伪造供应商 B 的公章与 A 公司签的伪合同。而基于扫码签章的数字签名技术可以大大降低这方面的经营风险，电子签章是可以通过 CA 检验，从源头可追溯的，从根本上杜绝了用印造假问题。

（四）在货款支付中的应用

电商平台在 2018 年依托银行 B2B 交易平台及大唐网银，对接 ERP 接口平台，实现了平台电子商城采购模式货款在线支付，2019 年在上述功能的基础上，统一了电商平台招标、非招标、电子商城订单中心，并基于订单中心打造统一的支付中心，将电子商城货款支付推广至平台招标、非招标等所有交易模式。在此之后，电商平台基于货款在线支付，将供应链金融业务逐步从传统的应收贷款保理的金融服务模式逐步推广至订单融资业务。

由于手机扫码身份认证与生物识别相结合的特性，在货款支付时，可以通过人脸识别对付款操作人的身份进行鉴别，大大提升了资金流转的安全性；此外，扫码签章技术的用户内部管控模式解决了平台用户在货款支付的权限管控问题，通过货款支付的签章认证，防止了采购人员、销售人员与财务人员角色混用，进一步降低货款支付和供应链金融融资风险。

例如，公司 A 的采购员需要支付一笔货款，而该公司的财务制度规定，付款转账需要由出纳操作。一笔货款的支付需要分割成段，由不同角色的人员参与才能完成。以往采购员、出纳在交易平台通常使用同一帐号登录操作，如果出现任何问题，无法追溯真实操作历史。而移动扫码签章技术可以在同一个公司群组中给业务员和出纳按照业务需求分配不同授权，且关键节点在操作前都需要进行手机扫码人脸识别，以确定该操作是由相应权限的人真实操作，确保资金安全。

六、效益提升

移动扫码签章技术在电商平台实施应用以来，取得了良好的效果，管理提升明显，经济效益和社会效益显著。

（一）管控效率提升

本成果的应用不仅提升了大唐集团的管理水平，同时也解决了长久以来困扰投标主体的权限管控问题。

在合同管理方面，一方面由于移动扫码签章技术在电子合同中的应用，从采购结果开始，合同编制、审批及签订，全流程可实现在线操作，使合同全流程电子化，大大提升了合同签订速度及管理效率。另一方面，从采购计划到合同签订，实现数字化应用、源头可控、全程可溯的闭环管理，降低了合同执行的系统性风险，进一步加强了合同执行力度。

在投标主体项目管控方面，移动扫码签章技术的应用为投标主体解决了机构成员实时动态管理、动态授权、管理员转让、机构印章授权、机构 CA 授权以及省去了对电子钥匙的管理等问题，明显提升了投标主体对人员、权限、项目的管控效率。

（二）经济效益提升

首先，是为投标人省去了办理电子钥匙的成本，大大节约了开支。投标主体在电商平台参与项目无需办理电子钥匙，使用手机扫码即可进行 CA 认证，省去了投标人 CA 硬件锁这部分费用。

其次，是扫码签章在电子合同中的应用省去了纸质合同带来的各项成文。由于合同全流程电子化的应用，缩减了合同打印、装订、邮寄等环节，在提升签订效率的同时，每年可为大唐集团解决装订、邮寄费用超 1000 万元。

最后，远程异地分散评标系统整合了视频会议、视频监控、扫码签章的异地评审系统大大降低了评标室硬件要求，将为大唐集团未来异地评标室建设投资节约数千万元，同时每年将为招标公司节约各类评标费用 3 千万元以上，降本增效明显。

（三）社会效益提升

电商平台将向中国招投标协会反馈了电商平台在远程开评标方面所做的工作以及方案，中国招投标协会认为大唐集团电商平台制定的内外网远程评标方案，考虑周全，切实可行，移动扫码签章技术的应用走在央企前列，发挥了行业带头示范作用，为其他同类型交易平台未来的发展提供了榜样。本成果也为《国家发展改革委办公厅关于积极应对疫情创新做好招投标工作保障经济平稳运行的通知》（发改电〔2020〕170 号）文件的出台，提供了央企案例支撑。

七、结语

移动扫码签章技术的出现不仅解决了硬件介质未能解决的CA互认、难办理、难管理等问题，还给企业在电子交易过程中在鉴权、认证、电子签章等多个环节提供了更好的解决方案。电商平台在新冠疫情期间将移动扫码签章技术在多个方面的业务场景进行了创新应用，并获得了良好的使用效果反馈。

一是在投标业务中的应用一方面为投标人降低了硬KEY购置成本，另一方面解决了投标主体内部对人员角色、授权管理等问题。

二是远程异地分散评标系统利用移动互联和CA数字签名技术，使用手机客户端扫码签章认证，解决了评标专家在远程异地评审工作中的签字确认问题。

三是将移动扫码签章技术在电子合同中进行应用，全部采购环节实现数字化应用、源头可控、全程可溯，解决了因纸质合同与评审电子版本不一致的风险。

四是货款支付及供应链金融中的应用，通过人脸识别对付款操作人的身份进行鉴别，提升了资金流转的安全性，降低供应链金融融资风险。

未来，电商平台将进一步探索该技术在平台功能的应用场景，如在现有物流轨迹在线的基础上，基于数字认证开展无车承运业务；结合数字安全认证和区块链技术在电子合同、电子订单、电子仓单、电子发票等所有涉及纸质单据的环节进行优化，推进实现无纸化交易，实现溯源查证、信息追溯；保证人（投标人/供应商）以使用CA证书进行电子签名的电子保函在供应链金融中的推广应用等。

2020年是两个一百年交汇之年和“十三五”规划收官之年，我国发展将跨入历史新纪元。为深入学习贯彻习近平新时代中国特色社会主义思想，贯彻落实党的十九大和十九届二中、三中、四中全会精神，践行新发展理念，推进深化改革，电商公司及时总结本企业发展过程中的凝结的改革成果，为行业内其他企业未来的发展提供可行性参考案例，助力同行业企业加快转型升级，持续提升本企业应对经济下行压力加大和新冠肺炎疫情冲击等新形势的能力和水平，抢抓“新基建”等国家级战略机遇，实现高质量发展。

成果创造人：叶河云、马燕南、潘玉平、刘国林、台哲学、喻　疆、陆　磊、张嗣欣、赵　亮、张文玉、周东泽、程雅欐

【注释】

①B2B（Business-to-Business）：是指企业与企业之间通过专用网络或互联网，进行数据信息的交换、传递，开展交易活动的商业模式。

②供应链（Supply chain）：是指生产及流通过程中，涉及将产品或服务提供给最终用户活动的上游与下游企业，所形成的网链结构。

③CA（Certificate Authority）：即电子证书的认证机构，负责电子证书的发放及管理等工作，使用数字证书的方式实现对网络中用户数据的确认。

CA认证：即电子认证服务，是指为电子签名相关各方提供真实性、可靠性验证的活动。

④公钥证书：是一种数字签名的声明，它将公钥的值绑定到持有对应私钥的个人、设备或服务的身份。

公钥：公钥是与私钥算法一起使用的密钥对的非秘密一半。公钥通常用于加密会话密钥、验证数字签名，或加密可以用相应的私钥解密的数据。公钥和私钥是通过一种算法得到的一个密钥对，其中的一个向外界公开，称为公钥；另个自己保留，称为私钥。

基于大数据运用的公交智能化管理实践

深圳巴士集团股份有限公司

深圳巴士集团股份有限公司（以下简称巴士集团）创建于1975年，前身为宝安县深圳镇公共汽车公司，2004年底，通过股权多元化改造成功引入香港九巴，正式成立深圳巴士集团股份有限公司。经过45年的发展，巴士集团已经成为全国公交唯一的全牌照产业集团，全球最大的纯电动公交企业，业务范围包括深圳、广州、惠州、沈阳、哈尔滨、香港等城市（地区）。巴士集团是国际公共交通联合会（UITP）巴士委员会执行委员单位，第一家加入执委会的中国执行委员，UITP出租车及网约车委员会主席。企业近年获得“第63届全球公共交通最高荣誉奖”“全国质量标杆”“国家级管理创新一等奖”“改革开放40周年广东省优秀企业”“广东企业500强”等多项荣誉。

为适应市场变化，提高企业核心竞争力，近年来企业在实现公交大巴、出租车全面电动化的基础上，以信息技术为支撑，以打造“智慧公交”为目标，开展基于大数据运用的公交智能化建设项目，不断提高城市公共交通服务能力和服务品质，推动企业可持续发展，经济效益和社会效益迈上新台阶。截至2020年6月底，巴士集团总资产77.07亿元，净资产8.53亿元，员工26043人，营运车辆12774辆（其中纯电动公交5928辆，纯电动出租车4731辆），常规公交线路323条，优点定制线路500条，已建大巴充电桩1669个，出租车充电桩1098个。巴士集团目前是集城市公交、定制巴士、巡游出租、网约出租、城际客运、旅游包车、微循环巴士、校园巴士、汽车租赁、深港跨境客货运输、公交广告、公交场站、物业管理为一体的专业化城市公交集团。

一、项目实施背景

（一）紧抓国家政策机遇、推进智能公交发展的需要

2015年7月，国务院印发《关于积极推进“互联网+”行动的指导意见》，这是推动互联网由消费领域向生产领域拓展，加速提升产业发展水平，增强各行业创新能力，构筑经济社会的发展新优势和新动能的重要举措。

2016年5月，交通部发布《交通运输信息化“十三五”发展规划》，提出大力推进智慧交通建设，行业主要业务领域运用大数据能力显著提高，“互联网+”促进行业转型升级取得新突破，信息化在引领综合交通运输发展等方面发挥重要作用。2017年1月，交通运输部发布《推进智慧交通发展行动计划2017-2020》，明确鼓励有条件的交通运输企业，应用大数据、云计算等技术，创新经营管理模式，建设协调联动的智能调度等运营管理系统，实现对场站、车辆、人员等运输资源的动态监测、优化配置、精准调度和协同运转，提高交通运输企业运营效率和安全生产水平。

2019 年 2 月，中共中央、国务院印发了《粤港澳大湾区发展规划纲要》，在国家交通强国战略推进和粤港澳大湾区建设背景下，深圳着力构建辐射国际国内、联通大湾区、融合都市圈的全方位立体化对外战略通道体系，高标准、高质量、高水平共建大湾区国际性综合交通枢纽。

推进公交智能化建设是国家、省、市战略性新兴产业和城市信息化进程中的前沿理念和探索实践，公交系统作为城市流动血脉，应在信息化建设、科技化应用等方面与城市发展协调匹配。基于此，巴士集团启动基于大数据运用的公交智能化建设。

（二）满足新时代乘客日益个性化、多样化的出行需求

近年来，我国智能交通发展态势良好，城市公共交通发展出现定制出行、共享出行、智能驾驶等革命性变化，但人仍然是交通发展的核心，关注人、关注人的出行、提升人的出行品质，注重以人为核心的一体化出行体系的塑造，是未来城市公共交通的发展方向。

为调查了解新时代乘客对巴士集团公交服务的满意程度和具体服务需求，巴士集团每年定期开展乘客满意度调查工作，借助“巴士之友”“民意车厢”“一线一微信群”“跟车调研”等举措搭建乘客了解公交平台，坚持深入社区一线开展民意调查活动。其中 2018 年共发放问卷 24000 份，收回有效问卷 22417 份，有效率为 93.4%，通过调研了解到，新时代公共交通出行的主要特征体现在以下两方面：一是出行需求目标由简单的能够完成出行逐步上升至高品质出行，特别是需要高的空间可达性和时间可控性；二是随着公共交通智能化水平不断提升，乘客更关注出行模式的个性化、多样化。因此，随着“互联网+交通”的全面推进，智能化手段的应用将个体出行决策行为分析与公交系统运行特征相结合，公交运营迈入精细化、精准化管理，从而满足新时代乘客日益个性化、多样化的出行需求。

（三）深化企业战略转型，实现企业提质增效的需要

深圳地面交通出行客流在 2012 年已达到顶峰，随后几年客流开始大幅下滑，造成这一局面的因素有：一是地铁成网建设造成客流下降；二是私家车快速发展导致公交出行人数减少；三是网约车、共享单车等交通新业态对公共交通系统的冲击严重。巴士集团作为深圳最大的公交运营企业，迫切需要结合主业精进需求补短板、挖潜力、增优势，按照市场需求，完善新能源公交技术转型战略，以新能源公交为载体，借力智能化发展，顺应共享出行、个性化服务的市场需求，构建绿色、安全、高效、共享的全新公交产业生态。

此外，巴士集团于 2017 年实现公交全面电动化，车辆能源结构的改变带来很多新的经营管理问题，一是运营组织体系变化，车辆调度除了需要考虑传统因素外，还要考虑充电时间、充电成本、充电模式，使得调度过程更加复杂；二是车辆维修保养体系的变化，新能源车对于维修人员的技术要求不一样；三是安全保障体系的变化，主要是充电桩及充电过程，包括车辆运行以及技术人员保障等方面。

基于此，巴士集团提出“全面智能化”战略，依托互联网技术规划智能公交发展规划，以信息技术手段规范运营并整合供需信息，制定更加高效的组织运营方式，提供有别于常规公交运营组织的个性化高品质公交运营和服务模式。

二、项目内涵及主要做法

美国营销专家劳特朗教授 1900 年提出 4C 理论，4C 理论是以“消费者需求”为导向的市场营销理论，强调企业首先应该把追求顾客满意放在第一位，最后要充分注意到以消费者为中心实施有效的沟通。项目结合 4C 理论，根据《城市公共交通乘客满意度评价方法》（GB/T 36953-2018），借助运用大

数据手段实施公交智能化管理，着力提高乘客在公交出行安全性、可靠性、便捷性、舒适性、经济性的满意度。

项目以“精准分析、科学规划、动态管理、人本服务”为实施路径。在企业内部，通过制定企业智能公交发展规划，搭建智慧公交大数据运用平台，广泛应用云计算、大数据、物联网和移动互联技术，提升公交出行信息统计分析和业务应用水平，提高管理决策能力以及电动化时代车辆“运营”“安全”“技术”上的动态管理水平；在企业外部，通过推出有别于传统公交的定制公交、动态巴士、智慧出行、智能支付等新兴业态，在收集需求、规划线路、开通线路、线路运营、便捷支付等方面为市民提供全流程人本化服务。更好地满足乘客的出行需求，提高出行满意度，推动企业转型发展。

基于大数据运用的公交智能化管理实践主要做法如下：

（一）科学制定智能公交发展规划

1. 强化组织领导

针对公交行业的智能化发展趋势，深圳巴士集团给予了高度重视，认识到开展智能公交建设是顺应时代与潮流发展的必由之路，也是实现企业现代化管理的必要手段，并提出企业“全面智能化”的战略发展目标。由集团董事长亲自挂帅，组织成立内部“全面智能化”管理与执行机构，并将“全面智能化”的理念纳入了集团“十三五”战略规划中，举全集团之力，统一认识，精心部署，全力推进巴士集团的智能化建设工作。

2. 明确推进思路

随着互联网技术和大数据开发技术的不断发展应用，很大程度上促进了“互联网+”公交产业的融合发展。未来，借助信息通信技术创新公交服务模式、提升公交运营效率、改善乘客体验、充分挖掘庞大公交客流数据的商业价值，已经成为公交企业下一步发展的主要方向。对此，巴士集团明确全面智能化的建设目标，以“公益定位、服务导向；统筹规划、业务协同；基础先行、资源集约；信息共享、架构开放”的思路，借助互联网和新兴科学技术，依托深巴资源和经验优势，推动数据技术与传统经济的创新融合，将集团从传统的运输型企业转变成为新型的城市出行服务商，推动深圳巴士集团在信息时代的转型与发展。

3. 搭建智能化发展架构

根据企业“全面智能化”发展部署，巴士集团规划了智能公交云平台业务系统建设体系，明确基于数据中心的智能公交云平台“1+9+N”的总体架构，即以建设1个智能公交云平台为核心，围绕集团的9大业务板块，重点打造39个智能化子系统，提高集团营运生产调度管理信息化、自动化、智能化，以及公交信息服务快捷和多样化，不断提高自动化程度和智能化水平，推动智能化系统深化应用水平的持续提升，推动公司管理模式、业务模式创新，建成国内领先、世界一流的智慧公交系统。

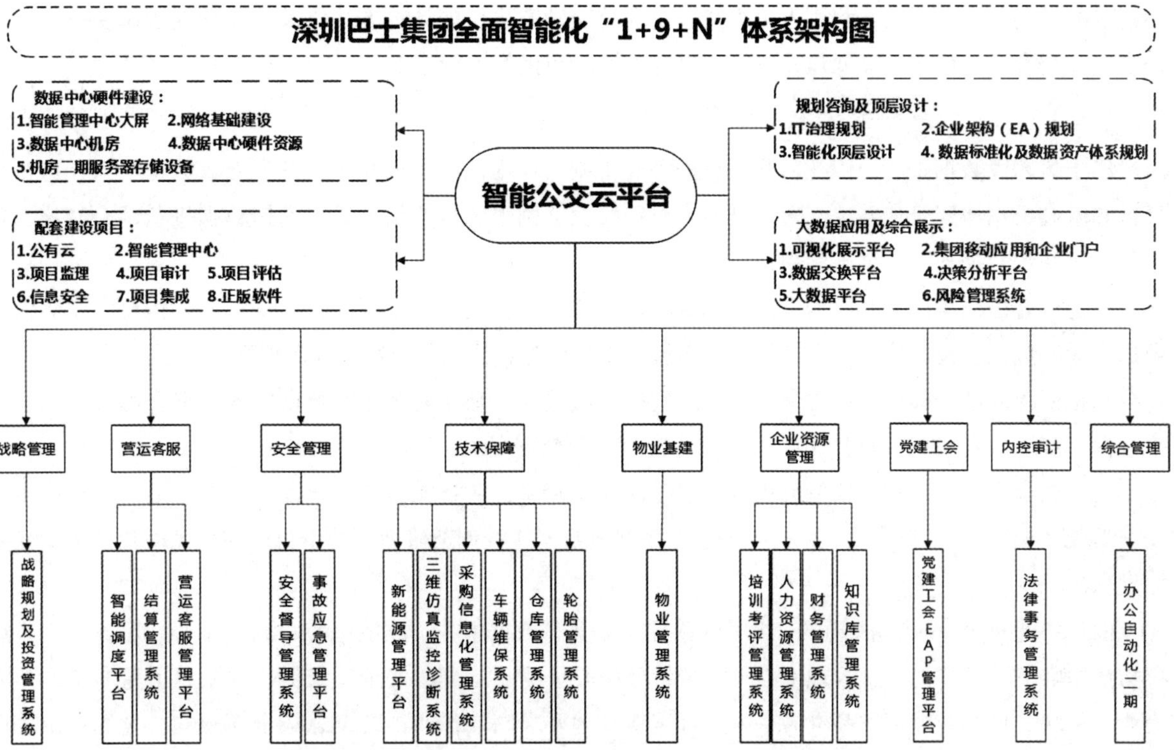

图1　巴士集团全面智能化“1+9+N”体系架构图

（二）明确智能公交建设发展路径

1. 加强内部建设

为加强公交智能化项目建设力度，巴士集团于2016年底进行组织机构调整，将原信息中心与智能调度中心合并为智能部，并升级为一类部门。在智能调度全面应用基础上，以智能调度为切入点，全面开展涵盖运营、安全、技术、服务等在内的智能公交体系建设。

2. 引入外脑力量

为加快传统公交企业智能化转型升级，巴士集团联合滴滴出行、深圳先进院成立“深圳滴滴优点网络科技公司”（以下简称滴滴优点）。滴滴优点致力于开发移动互联网、物联网及大数据等新型技术下的城市公交系统运营、管理、调度及相关技术应用，利用智能调度优势帮助改善城市交通拥堵问题，协助设计智能交通管控方案。滴滴优点打造“优点巴士”APP，为市民提供公交预约出行、定制公交服务，公交到站信息实时查询服务，同时开展班车、城际巴士、旅游、地铁接驳、校巴以及包车等多种交通服务。滴滴优点为巴士集团智能化建设工作提供技术支持，为定制公交、动态巴士等新兴业态提供规划服务，为定制公交等新业态出行方式提供运营服务平台。

3. 推动“产学研用”一体化

推进产学研用一体化是实施创新驱动发展战略的必然要求，是把创新成果转化为现实生产力的必由之路。巴士集团在推进全面智能化工作中，始终秉持包容开放的态度推进产学研用一体化，积极借助科研院所、高等院校等力量，建立创新联合体。集团积极与华为、腾讯、光启等知名公司开展创新研究，成立公交创新实验室。2018年5月，联合海梁科技、南方科技大学成立了“智能交通研究中心”，探索运用5G通信、人工智能、车路协同、云计算等先进技术，探索解决智能网联汽车中的协同感知、海量数据传送、深度决策等关键技术问题，实现公交运行的实时调度、远程操控；针对深圳公交固定站点、固定线路的传统运行方式，利用人工智能，研究公交动态出行的计算方法以及智能化交通解决方案，进一步提高公交运行效率、降低运营成本，更好地满足市民的出行需求。

（三）打造智慧公交大数据运用平台

巴士集团以数据中心为依托，开展数据管控机制、数据标准的研究，开发公交大数据平台、可视化平台和基础数据协同管理系统，通过对乘客出行数据、刷卡客流数据、线路发班数据进行综合建模，促进各应用系统数据充分融合与利用，提升信息化平台的应用价值。

一是整合巴士集团现有数据资源，包括运营台账、运营收入、车辆综合信息、调度信息、视频监控数据、线路数据、设施数据、人员数据、客流数据、服务数据、安全数据等数据资源。

二是引入外部合作方的数据资源，对接包括政府交委、互联网企业等数据资源。整合可以获取的交委数据、滴滴、互联网中的公开数据（天气数据）等数据资源。

三是联合多方共同打造创新孵化器，成立创新实验室，在智能公交顶层设计、客流数据应用、主动安全驾驶、人脸识别支付、5G 公交应用等方面开展数据业务创新研究，奠定集团在信息时代的数据商业拓展基础。

四是搭建集团-分公司-基层三级联管联控体系兼具数据中心、监控中心、调度中心、服务中心、应急指挥中心五大职能的智慧管理中心。智慧管理中心承载“运调、安全、维保、客服、出租、充维”六大业务板块，依托智能化体系融为一体，可实现管理要求高效传达，安全态势全面感知，全局资源协同指挥的效果，实现生产数据动态分析与生产综合性管理，可对业务数据进行多维度挖掘分析，为集团运营提供决策建议。打造为“集团大脑”，国内行业一流的综合性管理和展示中心。

五是结合业务多维要素进行综合分析，各业务板块的监督及分析的功能进行了强化设计，主要功能如下：

运调板块：设计营运分析、应急调度等功能；

安全板块：设计应急值班、安全监控等功能；

维保板块：设计车辆维保状态监测及能源监控等功能；

服务板块：设计出行动态信息发布、综合咨询及意见收集等功能；

出租板块：考虑客运、出租、货运、物业等市场化板块的业态发展，按市场化模块设计做适当的前瞻性功能设计；

充维板块：考虑到集团委托客货中心负责充电场站运营与管理的具体工作，该板块设计充维平台运维及场站安全监控功能。

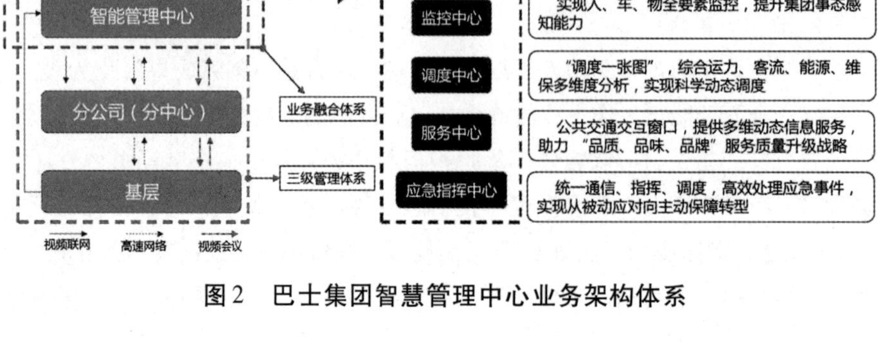

图 2　巴士集团智慧管理中心业务架构体系

（四）创新企业智能经营管理手段

1.“科技强运”，打造营运管理利剑

一是成立了智能调度中心专职机构，负责智能调度的推广、系统功能的提升、系统的保障维护等工作，并开发智能调度培训课程，引导集团、分公司、基层各级管理人员全面应用智能调度系统。

二是全覆盖安装智能调度车载终端设备，车载终端作为运营监控、运管互动、智能调度的基本配置，集数据采集、人员考勤、语音报站、视频监控、异常告警等功能为一体。目前集团公交车辆已全部安装车载终端，单日数据量在8000万条左右。

三是创新推行拟合度分析，通过建立调度评价指标体系，科学评价发班高峰与客流量高峰的断面匹配情况，为科学运调决策提供支持，进一步提高车辆精准调度发班，有效抓住尖峰客流。

四是创新运行关键指标预警功能，紧跟行业考核要求，上线各类指标预警监测功能，实现异常指标实时警报，做到风险及时预警，实现车辆运行过程综合监控。

五是打造公交运营管理系统APP（深巴调度），APP提供关键营运指标数据总览总控，基层管理人员通过移动综合监控模块实现细节监管，有效提高监管效率及便捷性，实现一屏在手知全局，达到“宏观看态势、微观看细节”的效果。

2.“科技强安”，打造安全管理盾牌

一是建设安全监控信息平台，从违章检查、违章上报到全流程的处置，将所有数据以及流转信息形成电子信息链，实现了安全管控（上报、分工、处置、审核、复议、结案）的全流程闭环式管理。

二是设立三级查控组织，在巴士集团本部的24小时应急值班室设立专门席位进行查控，各下属单位均设立智能化监控分中心，配置专职监控人员进行查控，各车队管理人员按照排班情况，轮流开展智能化查控工作。

三是建立一套视频查控管理模式，实施了《营运车辆GPS安全监控管理规定》，明确了《GPS监控系统监控员工作职责》，每台车查控时间不得低于3分钟，集团值班室每天抽查集团公交车的10%，各分公司每天抽查本单位公交车的1/3以上，各公交车队每天查本单位公交车的1/2以上。

四是开发主动安全防控系统，以智能防控系统的DSM（驾驶员状态监测）模块对驾驶员常见异常情况进行监测预警，并将所有的预警信息、视频、图像等上传至后台进行大数据分析，形成每个驾驶员独有的雷达图，进行更有针对性的安全培训教育，并辅助利用车载终端监控系统（GPS），进行实时动态监控，执行三级视频查控，让驾驶员的不安全行为大幅减少。

五是持续开发安全管控功能，在轨迹回放、车速监控、视频监控等功能的基础上，实现电子围栏查控功能，实现下属场站远程实时监控，实现所有公交线路安全风险及事故违章信息数据化，实现场站安全风险数据化，实现消防器材管理信息化，逐步夯实安全事故预前管理的基础，促进公交安全从传统的被动式管理转变为主动式管理。

3.“科技强技”，打造技术管理明镜

一是搭建基于CAN总线的车辆技术管理系统，通过云计算、数据模型计算整合了CAN、GPS、GIS、GPRS等先进技术，CAN总线系统采集整车电池、电机等各节点数据进行数据模型分析，最终实现数据整合、分析、建模，从而指导车队对车辆技术、能耗分析等进行精细、高效管理。

二是采集获取的车辆总电压、总电流及里程数据，计算车辆百公里能耗，准确找出高能耗车辆，通过能耗模型分析影响因素，为能耗控制管理提出针对性建议。

三是实时显示车辆电量，及时预警电量不足车辆情况，优化排班安排及运调方式。在与智能调度系统完成对接、实现系统数据互补互联之后，从而指导优化营运生产组织，科学、合理调度车辆，实现充电调度与发车调度双匹配，力争找到线路充电成本与营运的均衡点。

四是对故障进行有效分类处理，以及根据故障等级进行分级处理：①紧急故障：对于影响行车安全的，结合营运调度合理调配车辆；②一般故障：不影响行车安全，提示机务人员对车辆进行检查；③警告故障：提示车辆保养需求，消除技术和安全隐患。

（五）推出多样化的公交出行产品

1. 点到点的定制公交“优点巴士”

“优点巴士”是 2016 年巴士集团与滴滴优点公司合作推出的首款互联网预约出行服务产品。通过搭建手机移动智能出行平台，利用大数据精准计算，帮助每个有出行需求的市民匹配到所需线路，为相同出行地点、出行时间和目的地的人群提供快捷直达的定制服务。主要做法如下：

一是多渠道收集乘客出行需求。通过线上收集优点出行 APP 数据、深圳通刷卡数据、滴滴提供的网约车用户信息、现有定制公交 OD 数据等，结合线下公交站点和场站位置条件，在出行量满足开线要求的起讫点之间，选择耗时最短的路径，设立不超过 10 个停靠站，得到定制公交线路。

二是利用大数据智能分析和规划线路。常规公交在运营中总会发生诸如高峰时段线路运力不足、到车频次不均、线路设置不合理等一系列问题，导致市民公交出行体验不佳。通过大数据分析技术对历史公交调度记录及历史客流量数据进行挖掘分析，建立智能调度和线路优化模型，根据实时客流及车辆运行情况进行实时智能调度，以弥补常规公交运力不足或覆盖不到位。

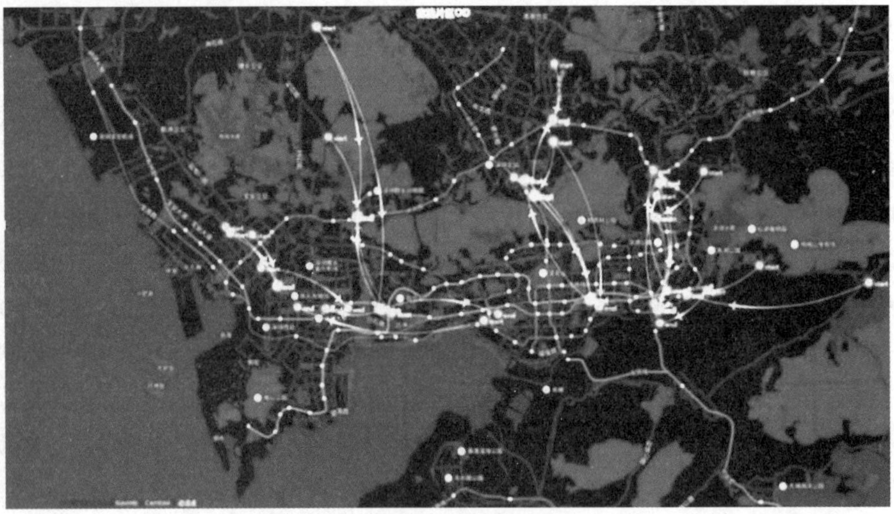

图 3　大数据分析的客流片区 OD

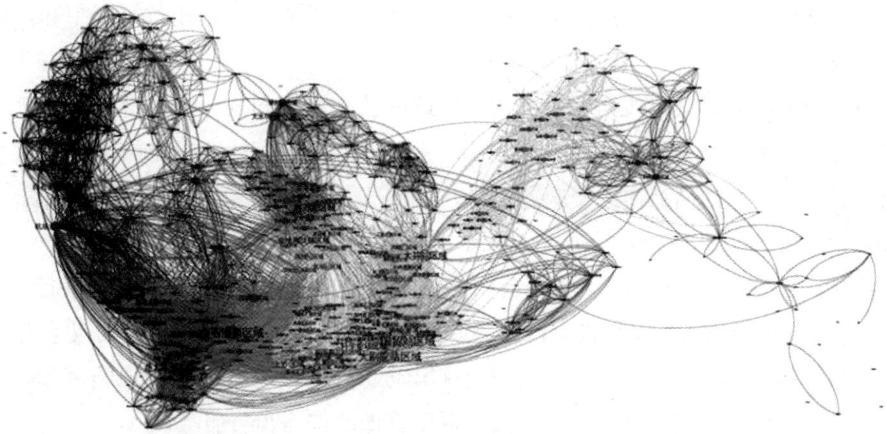

图4　大数据分析的客流分布热力图

三是利用互联网信息技术改善乘客出行体验。公交要提供优质服务，就必须准确掌握社会公众的出行需求和对公交服务的质量要求。预约定制公交应用互联网信息技术开展新的业务板块，打破常规公交固有的运营模式，通过各种互联网应用可以了解社会公众出行的需求，掌握人们工作、学习、消费的分布及总体人群数量和出行方式，宏观掌握总体出行需求数据，从而按需求量来分配公交供给能力，更好地为公众出行服务。

图5　“滴滴优点”出行 APP 预约出行操作界面

四是根据城市结构性分布提供差异化服务。快速城镇化背景下中长距离通勤矛盾日渐突出，城市中心空心化、职住分离现象日益严重，根据城市结构性分布以及客户分层，提供差异化服务，缩小公交出行与小汽车出行在服务品质上的差距，形成公交优势，发掘不同类型通勤群体对公共交通服务差异化需求及其支付能力和支付意愿，为乘客提供期望购买的公共交通服务产品，让私家车主和网约车用户回归集约化的公共交通。

优点巴士根据乘客的需求设定线路，采用一站直达的公交服务模式，具有定上下客地点、定车、定时、定价、定人等与普通公交不同的特点，具备“一人一座、一站直达、线路灵活”等优势，为乘客提供安全、快捷、舒适、环保的高品质公交服务。

2. 随需而至动态巴士“优+小巴”

2018年6月14日，巴士集团联合滴滴优点公司全球首发“优+小巴”动态巴士运行。动态巴士是基于“互联网+交通”的出行理念，采用没有固定站点和线路，乘客在任何站点均可动态呼叫巴士，系统根据乘客数量、乘客起终点需求、车辆位置及交通状况动态确定接送乘客的最佳顺序和路径，将传统公交与网约拼车相结合，提供比网约拼车运量更大、费用更低的按需出行服务。

为了达到理想中的动态调度效果，项目采用途程构建启发式算法（Route-building heuristic）、通用启发式算法（Metaheuristic），打磨出一套适合公交运营场景的多点多线路自动优化自研算法，同时在底层选用了分布式高并发架构，能够支撑各种复杂的高并发业务场景。动态巴士运营主要通过三个系统实现：

一是自动化地面交通调度系统。车辆发车遵守三层逻辑，优先级由高到低分别为：第一层发车上下限时间，车辆在最小发车时间的间隔内不会发车，当无需求且达到发车时间上限时必须发车；第二层逻辑为用户需求，当车辆进入等待发车状态，如果若匹配到用户订单，驾驶员须即刻发车；第三层逻辑为线路权重，触发本级的前置条件是，到了预设发车时间且没有接收到用户需求，则按照预设线路的热门程度设置的权重算法，给该车辆发送预设线路的前两站，并引导车辆按预设线路（途中随时可以接单）行驶。所有车辆按发车场站进行序列发车，即所有的车辆，在某一发车场站时，做好发车准备（充电、驾驶员休息等）后，即可进入发车匹配序列。

二是智能化需求匹配系统。“优+小巴”区别于常规线路的最大区别在于按需分配运力。车辆在运行过程中，驾驶员的行驶路径完全由系统推送的线路决定，不可自行更改。同时为了保证动态效果，且能够满足即时的用户需求，系统只会给驾驶员推送预计的后续两站距离的行驶路径。系统推送给驾驶员的路线，在有需求时，若需求可以匹配到车辆，则系统会修改当前导航路径，使得车辆可以灵活地接到乘客，满足按需出行；在没有需求的时候，系统根据路况和预期方向，自动给车辆推送后续站点信息，使得车辆在没有乘客的情况下可以从起点场站向终点方向运行，减少丢单率；当车上有乘客的时候，车辆会根据车上所有乘客的情况，在一个时间窗范围内动态接客，如果新匹配的用户路径会影响车上乘客的时效性，则不会生成订单。

三是路径优化系统。车辆行驶路径，是根据地面公共交通出行习惯，以及车上乘客的实时情况、车辆当前位置、行驶方向、路况信息、车下乘客的需求范围、步行时间、时效性的要求进行动态规划的系统。

预约出行、随需而至的动态巴士模式，是在定制巴士的应用基础上的进一步提升，将动态拼车技术应用到公交出行领域，实现车辆的动态调度和按需服务，具有灵活、便捷、精准匹配的特点，将会是未来公交出行的重要方向。未来将实现高峰期或主要客流走廊使用大运量运输工具，低平峰或非客流走廊使用动态巴士运营模式，两者互补，相辅相成共同提供市民出行服务。

3. “MaaS”智慧出行服务

2019年8月5日，巴士集团联合深圳交通中心推出的“MaaS”智慧出行服务正式上线。“MaaS”智慧出行服务以客户体验为核心，将各种交通方式整合在同一平台，集成出行数据、出行方式和支付。“MaaS”智慧出行服务的关键实施要素如下：

一是获取精准的OD数据。联合深圳市城市交通规划研究中心，通过收集深圳通刷卡的数据、手机的信令、GPS数据、共享单车数据、交通指数等多源信息，获取精准的OD数据，奠定精确客流分析基础。

二是建立科学的模型算法。充分利用历史数据，融合每日的特征，如天气、温度、路况等，通过深度学习的方法开展需求预测，耦合机器学习算法，形成一套由数据驱动的动态规划体系。

三是进行有效的仿真校验。利用实时在线仿真系统对运行方案进行动态综合评估，并同步反馈到调度系统，进行实时优化。

四是实现实时的动态匹配。运用“互联网+”技术，实现发车计划与出行需求动态匹配，并提供一站式的出行助理服务，乘客通过小程序预约，云端根据预约、路况等因素实时生成发车指令，同时动态匹配到发车端。

“MaaS”智慧出行服务实现了各种交通方式的无缝衔接，推进以需求为导向的供给侧改革，具有“需求导向、安全便捷、动态匹配车辆、客流数据精准”等特点，在解决最后一公里、公交与地铁的接驳、平衡城市交通运转压力、提升市民出行体验等方面起到了良好的作用

4. 丰富多渠道的智能化支付手段

深圳是全国最早开展移动支付的城市之一。目前，巴士集团旗下公交已支持多种移动支付方式，使用人群及使用人次也处于一线城市前列，最大程度的满足了市民的便捷出行需求。

一是手机深圳通移动支付方式。手机支付技术在公共交通领域的应用主要利用无线近距离通信技术，乘客通过一部手机就可以刷手机乘坐公交。其中2.4G RFID手机深圳通从2011年下半年开始发行，主要与中国移动、中国联通合作，发行量超过100万张。NFC标准的手机深圳通从2014年底开始发行，与华为等多个手机厂商合作，发卡量超过40万张。

二是二维码移动支付方式。2018年初全面推出深圳通二维码产品，正式实现城市公交线上支付。深圳通二维码业务采用“先消费、后支付、免密码”的模式，融合条码自动识别与二维码支付技术，将随身的智能手机变成一张畅行的公交卡，帮助公共交通行业客户整合优质功能服务的同时，节约乘车时间，改善用户体验。目前深圳通二维码注册用户数已经超过2456万，日交易量230万笔以上。

三是全国一卡通。2018年深圳公交全面受理全国一卡通，完成全国一卡通设备的升级改造，深圳市所有路面公交均可受理全国互联互通卡、深圳通+二维码、岭南通卡等，2018年5月29日完成全国一卡通刷卡终端设备终验工作，并持续推动二维码支付业务结算周期从“T+10”缩短为“T+3”。目前金融IC卡累计刷卡笔数超过3200万，累计刷卡金额超过7200万元。

四是金融IC卡。2018年8月16日，深圳市公共交通领域金融IC卡应用项目在全市公交车载终端启动全面升级改造；同年9月18日，深圳市公交全面开通金融IC卡支付方式。市民只需持有境内外银行发布的待遇银联标识的金融IC卡（借、贷记卡均支持），即可挥卡乘车，无需输入密码，此外也可用智能手机、手表、于环等可穿戴设备购票乘车。

三、项目成效

巴士集团开展基于大数据运用的公交智能化建设，有利于企业管理效率的提高，满足新时代市民在城市公交出行上的多样化需要，促进企业的转型升级，并在新冠疫情特殊背景下发挥了关键作用。项目

在以下几个方面取得显著成效：

（一）乘客出行满意度逐年上升

通过开展智能化建设，巴士集团2017年、2018年、2019年连续三年政府服务质量考核结果行业第一，服务投诉量大幅减少，2019年投诉率为0.08例/10万人次，同比下降11%，乘客满意度逐年上升，2019年乘客满意度得分为88.51分，较2018年上升0.57分，乘客满意度调查评价等级为“很满意”。巴士集团服务投诉指标大幅下降，服务工作趋稳向好，政府服务考核指标连续三年位居行业第一。

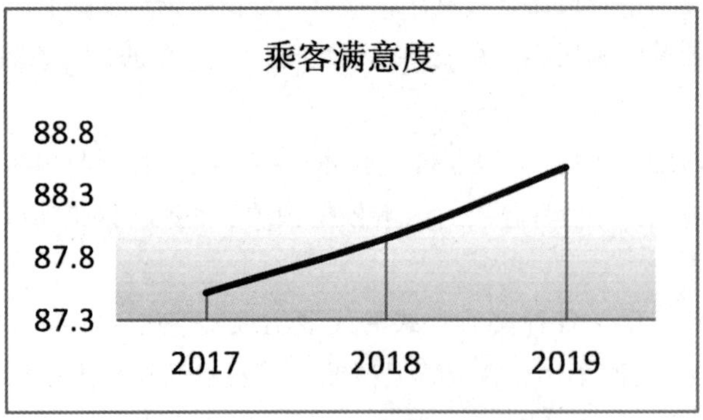

图6　2017年-2019年乘客满意度情况

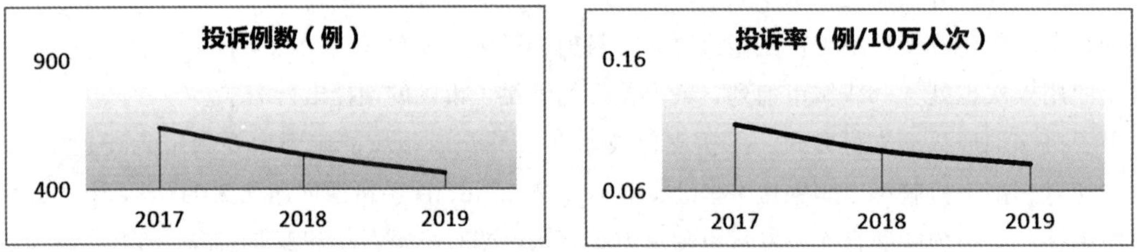

图7　2017年-2019年服务投诉量情况

（二）企业管理水平显著提升

巴士集团自实施智能化建设以来，服务、安全等管理指标逐年向好，集团安全四大指标实现大幅下降，2019年，巴士集团公交大巴安全四大指数全部达标，其中百万车公里事故率、百万车公里伤人率与上年同比分别下降-41%、-60%，安全形势平稳可控。

（三）企业经营成本有效下降

巴士集团自实施智能化建设以来，技术管控持续向好，企业管理效率有效提升，一是平均电价持续下降，2019年平均电价0.42元/度，同比减少0.03元/度，同降幅12.8%，按照全年总电量3.9亿度测算，一年节约成本近1170万元。二是人员工作效率提升，实施智能调度后，均由传统双边调度模式改为单边调度模式，省去人工填写路单、人工计算趟次里程等工作，人员工作效率大幅提升。按照采用单边调度的原则，调度人员可减少1/2左右，按调度员人工成本6万/年计算，每年可节约人工成本1650万元。

（四）公交新业态经营效益显著

截至2020年6月30日，巴士集团定制公交产品“优点巴士”在运行线路500条（规模全国领先）。平均票价4.09元（高于常规公交1.84元），累计服务旅客1839万人次。其中2019年全年客运量909.5万人，总营收3370.74万元。期末平均上座率为76.19%，上座率全国领先，平均每车次客运量为39.61

人，是目前我国上座率最高的定制公交。目前已在南京、贵阳、青岛、临沂等15个城市推广上线。

（五）防疫及复工成效卓越

在新冠疫情爆发后，巴士集团在前期构筑的智能化体系基础上，迅速推出多种举措，在保障疫情防控与公交生产运营方面获得了卓越成效。一是有效保障了公交安全运营。疫情期间推出的“车厢防疫安全距离预警”系统、“一车一码”车辆同乘信息追溯机制等措施，对车厢内站间实时载客量追踪与分析，记录乘车人员及所乘车辆车号、位置、乘车时间等信息，确保疫情防控期间人员可追踪、风险可防控，有效保障人员安全，员工、乘客以及场站、办公区等场所均未发生感染扩散或输出型病例，达到“零感染、零扩散、零输出”的高标准。二是大力保障了城市运力输出。除了自2月24日起常规公交线路已100%恢复营运外，还基于疫情背景下乘客对交通出行的特殊需求，在原有定制服务平台的基础上，推出多种复工复产、复学复课定制出行服务。2020年常规公交线路截至上半年已累计服务乘客1.47亿人次；返深复工定制出行平台截至2020年7月累计收到7659位乘客、95家企业复工定制需求，开通复工定制出行线路499条（其中，企业复工包车线路195条、个人复工定制线路304条），累计为近159万人次提供防疫复工出行服务。

成果创造人：戴　斌、顾楠洲、高　波、黄焕亮、张天宇、
何宏伟、罗海威、陈　纲、潘　琛、姜沛林

物料全周期智能条码管理系统及大数据分析

佳木斯电机股份有限公司

一、项目背景及必要性

（一）项目背景

在当今全球一体化背景下，信息通信技术已经成为实现世界互联互通、业务高效协作的重要手段。物联网、云计算、大数据、移动通信等新一代信息技术的发展，正深刻改变着传统制造业的发展模式。为保持技术发展领先地位，实现本国产业升级，主要发达国家纷纷推出了“再工业化”战略。

世界经济一体化是全球化制造的最新趋势，在增加了企业管理复杂性的同时，进一步确立了物流战略在当今企业管理中尤为重要的地位，特别是在电子商务环境下的后工业经济时代，企业在降低生产成本、改善产品品质和扩大销售方面的竞争已经发展到相当成熟的地步，企业在生产领域进一步挖掘利润空间已十分有限。在此大环境下，企业要在多边市场环境下立足并谋求发展，就必须不断寻求新的竞争优势，物资供应仓储管理领域存在较大的可挖掘潜力空间。

哈尔滨电气集团佳木斯电机股份有限公司（以下简称佳电股份）是我国大中型、特种电机的创始厂和主导厂，研制出了我国第一台防爆电机、第一台起重冶金电机、第一台局部扇风机和第一台正压型防爆电机，现已发展成为拥有产品269个系列、1909个品种、2555799个规格，单机功率覆盖0.12～25000千瓦、年生产能力1000万千瓦以上的国内产品链最全、竞争力领先的特种电机企业，先后获得了国家级安全企业、国家标准化一级企业、国家一级计量单位、国家出口创汇先进企业、全国五一劳动奖状等荣誉称号。公司先后承担了多项国家及省部级科研计划，研发的产品曾多次获得国家级及省、部级科技进步奖。近年来，公司在保证原有产品持续领先的前提下，通过不断的科技创新和优化管理，企业核心竞争力逐年提高，实现了跨越式发展。

在现代物资供应的管理中，越来越注重物资供应链条各环节之间信息传递效率和岗位部门企业之间的协同，来协调整个物资供应。但佳电股份公司又面临着诸多挑战，如实物与SAP账目库存不同步，做不到实时库存；物资积压时间较长且没有预警，积压物料较多，给库房管理带来不便的同时，还无法查找积压原因，未对积压库存进行有效的数据统计和分析；存在一物多码和一码多物问题，发料前需要转编码或转工作号，工作繁琐；存在紧急借料，补单周期加长的问题，线下记账跟踪困难；月底集中关闭生产订单，存在先出库记账，实物滞后配送的问题；存在着投入产出不平，成本缺失的问题；存在着原材料无法追溯的问题；存在着物料保管贮存期、生产日期人为控制的问题；存在着先进先出的问题；存在着信息流滞后实物流的问题；存在着统计分析困难的问题；存在着流程复杂且人为干涉较多的问题。

随着精细化管理要求逐渐提高，要求在现有 SAP 基础上进行完善和补充，依托现代新技术和信息化手段，加强各环节之间信息的交流和共享，增加物资供应决策信息的透明性、可靠性和实时性，在打好实物管理基础上逐步加强自动化和智能化管理。而这，正是佳电股份物资供应管理所急需要解决的问题。

应用物料全周期智能条码管理系统解决方案充分借鉴国内外物资供应管理经验，依托条码标签智能终端等物联网技术，紧密贴合国内传统制造行业，尤其是国有大中型企业的业务特色和管理现状，实施了一款专业化强，技术先进，且极具前瞻性的智能物料条码管理软件，并在相关企业进行了实践检验，并结合企业特点量身定制，完全贴合企业的管理要求。

（二）项目必要性

在现代物资供应的管理中，不再把库存作为维持生产和销售的措施，而将其作为一种供需平衡的机制，其作用主要是协调整个物资供应。但现代企业同时又面临着许多不确定因素，如何减少积压物料的产生，如何控制好库存保持在相对平衡的总量，如何提升企业资金的使用效率，都是大中小型制造业面临的问题和矛盾点，所以对企业来说处理好库存管理与不确定性关系的唯一办法是加强企业之间信息的交流和共享，增加库存决策信息的透明性、可靠性和实时性。而这，正是全周期智能物料条码管理系统所要帮助企业解决的问题，并逐渐向自动化和智能化迈进。

佳电股份原材料资金占用居高不下，积压库存占比走高，原材料积压、物料问题可追溯性差，基础数据大，但基础数据统计分析利用效果不好，未能应用大数据分析指导工作和方向决策。还有原材料入出库效率低，人为干预因素较多，无法达到实时库存，库存对于供应链和设计部门参考价值不大。

原材料保管、配送、交接、出库等随意性较强，管理精细化和信息化程度与先进制造业相比差距较大。因此，建立一个能够及时记录库存物资周转各环节状态信息、能快速识别及定位库存物资，并借助电子化、信息化将库存物资周转信息、物资存储量及位置与仓库管理者三者紧密联合的仓储管理系统成为新经济环境下的高质量发展的需求，是很紧急和迫切的，更是必要的。

（三）行业趋势

智能仓储管理系统已经普遍应用于制造业、分销业及公共仓储业务中。在制造业方面，智能仓储管理系统以仓储管理技术的整合为主要目标，使库存成为物资供应的一个流动环节，也使库存操作成为物资供应的一个核心组成部分。不仅整合设备系统，也整合工艺流程系统，还融入到更大范围的企业整体信息化系统中去。以仓储业的经营决策为重点的应用系统，为企业经营提供决策支持信息。

随着科学技术的进步，特别是现代物流设备及物联网技术的出现和发展，给仓储管理带来了一系列的重大变化。在整个仓储活动过程中，利用信息化系统实现仓储工作人员专业化，仓储管理科学化，仓储手段现代化。目前，许多先进的国际仓储活动，已经不是原来意义上的仓储，而变成了一个物资供应中心，并发展成为现代化的仓储系统管理。

二、IWMS 系统实施的主要经验和做法

（一）建设目标

建设 IWMS（物料全周期智能条码管理系统）系统，实现仓储作业管理标准化、仓库货位管理数字化、物资资料的电子化，库存物资信息直观可视化，整合物联网技术，建立协同的组织，搭建统一的信息化支撑环境，提高企业物流各环节效率，逐步实现物资仓储管理智能化目标。将物资供应过程的关键环节进行可视化跟踪展示，从需求计划提出到最终完成 ERP 记账，涵盖了发货、收货、质检、上架、盘

点、领料、配送各个节点，随时掌握物资动态。实现全部物资仓库条码标签的实物流转管理，进一步促进物资流转效率的提高，提高保供服务水平。

IWMS系统建设通过实时采集物资周转过程中各节点的详细信息，实现物资从实物移动到财务记账的全周期管理，充分利用物联网和移动互联技术，通过标签/条码及RF设备的应用，对物资进行数字化标记和自动感知，提高各环节作业效率和精准度，实现物资仓储管理便捷高效，并通过整体供应链条的逐渐优化实现降低库存成本，提高保供服务水平，最终通过数据报表实现原材料的各类统计分析。具体目标包括：

1.采用条形码/电子标签等物联网技术，实现仓库货位标准化和物资标识标准化；

2.围绕仓库核心业务优化流程，全程应用条码/电子标签及移动终端，实现仓储作业标准化，简化人工操作，提高仓库作业效率和质量；

3.实现物流与信息流一致，库存收、发、存状态全程跟踪，及时准确记录，实时共享；实物库存品种、数量、批次、存放位置、质量状态、实物到货情况、配送情况等信息可随时掌握；实物库存与ERP库存差异清晰明了，差异可随时查看、统计分析；

4.从仓储角度制定28字目标："标准统一、方便快捷、实时库存、定点定位、可追溯性、预防预警、精准统计"。

5.基于强大的基础数据积累，进行积压物料统计、库存分析报表和原材料入出库明细跟踪表，按积压时间段进行排序预警，按积压供应商进行统计，按积压保管员进行统计，按积压类别和金额分别统计。计算每一批次和每一类原材料物料周转率和库存循环率，制定合理安全库存。提升财务月现金周转，降低积压库存和制定合理安全库存。

（二）建设内容

佳电股份预建设一套符合佳电生产制造实际的IWMS（物料全周期智能条码管理系统），内容包括需求执行跟踪、采购过程跟踪、供货执行管理、仓储作业管理、质检管理、领料管理、出库管理、配送管理、大数据统计分析及业务支持等功能，从供应商发货开始，到领料出库完成为止，覆盖企业全部物资供应业务，并与ERP系统实现无缝集成，实物流转上下游信息通过消息待办预警进行业务驱动，支持符合企业实际需求的权限设置，系统管理及日志管理功能。

（三）经验与做法

1.方案设计

IWMS系统贯穿物资供应管理实物流转全过程，应用实物条码和单据条码相结合的条码设计，记录实物流的整个过程，让IWMS与SAP ERP系统自动集成实时过账。从仓库上下游开始与仓库形成整体联动，仓库环节的收发货作业指令来自于上下游计划控制部门，包括紧急收发货通知。仓库管理人员仅需要依据作业指令进行收发货、上下架操作；利用移动设备和智能感知设施，强化现场实时操作，保证信息及时共享准确无误。利用数据库积累捕捉基础数据，进行数据统计报表分析，包括库存统计报表、到货记录报表、出库记录报表、送货单报表、领料单报表、质检单报表、配送通知报表、退库报表、ERP集成过账报表、转储报表、货位调整报表、积压分析报表、月库存分析报表、供应商送货履约率报表、供应商送货合格率、原材料入出库明细跟踪报表。预计实现20余类报表供查询、追溯、统计分析。如下图所示：

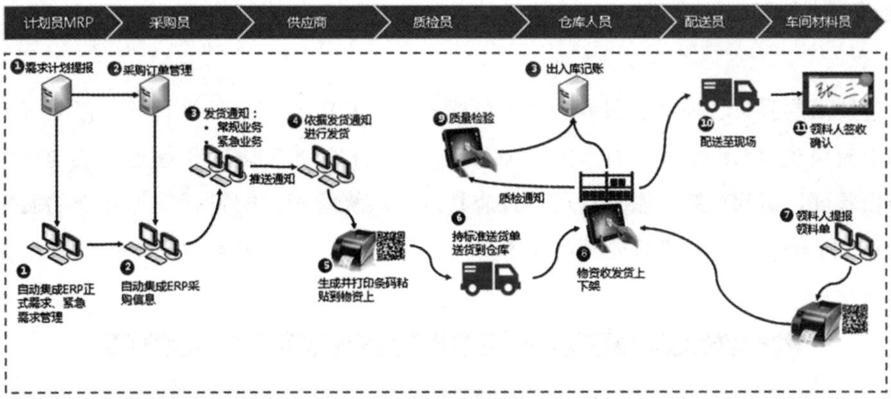

图 1　整体解决方案

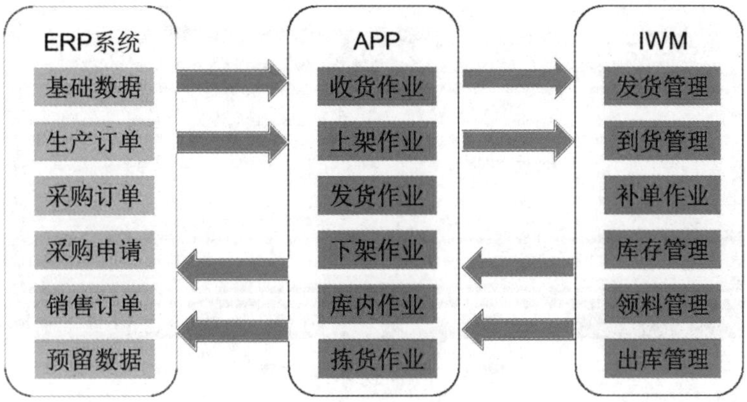

图 2　SAP-IWMS-APP 设计方案

图 3　整体功能设计

2. 技术构架

IWMS 系统采用前后端分离技术并结合移动互联网，物联网等相关技术，基于统一架构平台搭建而成。

前端使用 HTML5，CSS3 等目前流行的前端技术实现，请求方式为 ajax，数据格式为 json。前端项目可独立部署不依赖于后端应用服务器，减少静态资源的访问对后台服务的压力。系统通过提供标准的业务服务 API 接口实现统一的后端服务，为 PC 浏览器、手持安卓终端、即时消息、SAP 接口等交互层应用提供服务。

服务端通过展示层服务、控制层服务、业务层服务、交互服务、持久化服务、存储服务等一系列服务组件实现基于模块化的系统架构，有效的增强了业务功能和技术实现的扩展性。架构平台提供基础服务功能，如身份验证、访问控制、服务管理、日志管理、系统管理、配置管理等标准的服务组件。基础设施层通过 nginx 和 keepalive 等技术实现双机热备、负载均衡、高可用等为基础设施提供保证。系统总体架构如下图所示：

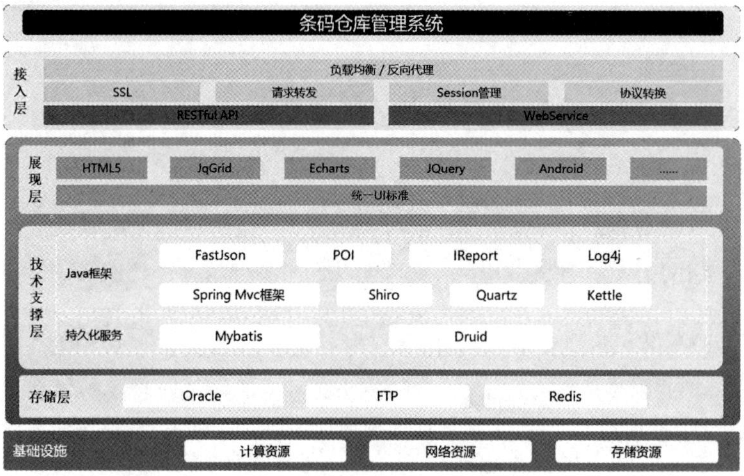

图4　总体技术架构图

3. 流程设计

IWMS 系统按照实物流转节点和路径进行标准化规划，通过 15 套业务流程涵盖佳电股份所有业务场景，确保每一个物资流转都能留下系统痕迹。物资的其他属性，包括所有权、成本归属流向等均通过后端业务逻辑与 ERP 系统集成自动记账实现，15 套业务流程包括一般入库流程、紧急入库流程、入库补单流程、一般出库流程、紧急出库流程、出库补单流程、退库流程、质检流程、不合格品处理流程、盘点流程、报废流程、转储流程、货位调整流程、直送流程、带料加工流程。

流程对应清单如表 1：

表 1　流程设计

编号	设计流程	对应现状流程	备注
1	一般入库流程	正常业务的入库、零库存实际工作业务入库、寄售物资入库	
2	紧急入库流程	紧急采购业务场景，无订单情况入库	
3	入库补单流程	新增完善流程（针对紧急入库业务，具备后续补单处理，实现完整的闭环管理）	
4	一般出库流程	正常业务的出库、零库存业务出库、寄售物资出库业务	
5	紧急出库流程	适用于调度指令发货流程	
6	出库补单流程	针对调度指令发料流程出库业务的后续处理，完成出库业务闭环管理	
7	退库流程	适用于退料相关业务	

续表

8	质检流程	适用于质检物资质检结果的管理	
9	不合格品处理流程	针对质检不合格的物资进入不合格品的处理，记录不合格品处理的结果	
10	盘点流程	盘点业务流程适用于实物物资的现场盘点	
11	报废流程	报废流程适用于物资报废业务	
12	转储流程	转储流程适用于转储业务管理，包括转码、转工作号等业务	
13	货位调整流程	货位调整流程适用于现场物资位置的调整	
14	直送流程	直送流程适用于从供应商直送到需用单位现场的业务场景	
15	带料加工流程	带料加工业务流程适用于企业采购原料，委托供应商加工的业务场景。涉及到领料出库，加工后成品入库两部分	

4. 条码标签设计

IWMS 系统应用条形码和 RFID 贯彻整个实物流转过程，应用实物条码和单据条码相结合的技术设计，通过手机或者 Pad 进行扫码，实现企业物资实物流转过程标准化，将单据、货位、物资、人员进行标准化编码，实现仓储整体作业的标准化；依托条码、RFID 等物联网技术对物资仓储业务进行数字化标识和管理，便于物资信息高效便捷的识别、验证、采集、共享、追溯。

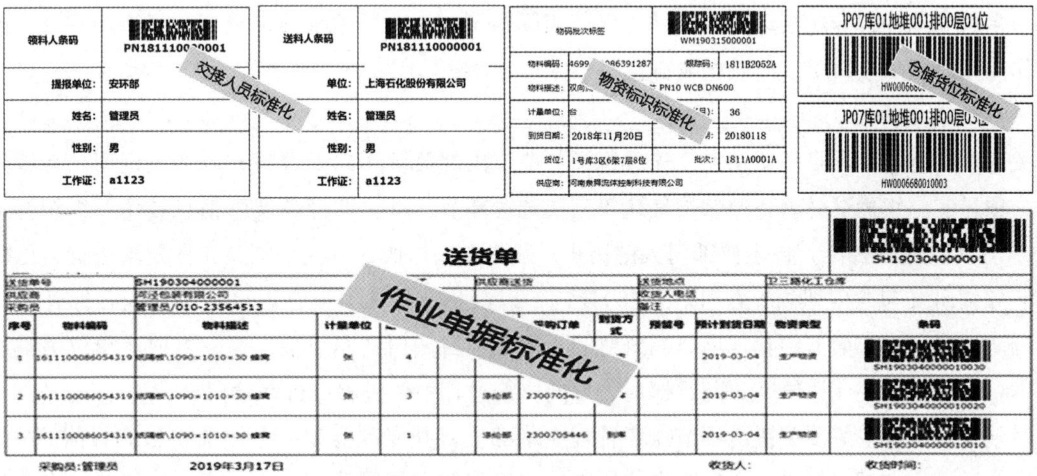

图 5　物料条码和单据条码

5. 基础数据整理

IWMS 系统实施过程中，项目组特别重视基础数据准确性、规范性，对 SAP 系统的基础数据又做一轮梳理和完善，对 IWMS 系统需要数据进行详细统计和整理，包括直送目录、直接目录、后勤组目录、供应商目录等等，本项目总计整理和完善的数据达 70 万条以上。具体如下图：

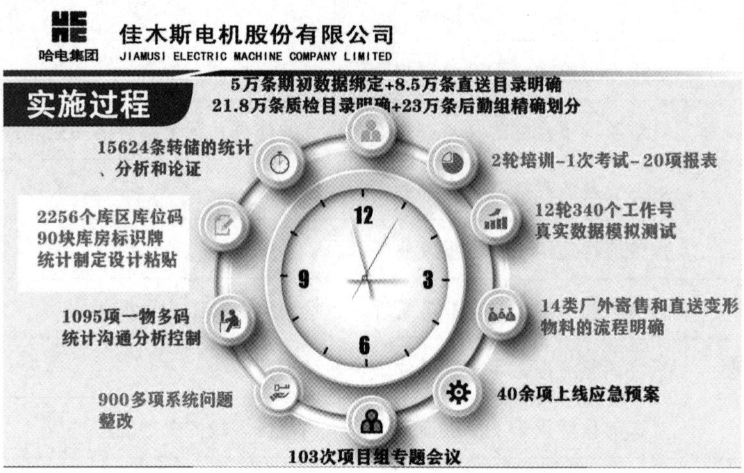

图 6　基础数据整理情况

6. 实施关键方法

佳电股份 IWMS 系统项目能在短短的 7 个月内实施成功，并且达到一定效果，在前期基础准备和实施方法上比较重视，具体如下：

（1）基础准备工作

佳电股份仓储部和相关部门在项目上线前期便开展内部调研工作，将流程变形、业务漏洞、流程冗余、SAP 系统与实际业务结合的问题、一物多码、库存情况、寄售和直送业务等进行了详细的调研和梳理，召开多次仓储内部专题会议讨论，结合生产实际情况，逐项开始统计、分析、规范和完善，前期的准备工作为项目的成功打下了坚实的基础。

（2）切实有效方法

①关键用户选用。项目调研初期，先进行了各单位内部关键用户的选拔，内部关键用户必须经过部门推荐—项目实施组面试—项目组领导确认等三层选拔环节，以“严谨务实、信息技术、组织沟通、业务能力”16 字为选任标准，各主要部门关键用户一般由 2 人组成，一主一辅，先按要求进行自己内部的流程和业务调研（包含内部领导），以问题为导向，以简化流程为方向，以可追溯性为目标开展整体项目内部调研工作。一方面节约整体项目调研时间，增加项目调研的实效性；另一方面各单位关键用户基本熟知本单位业务，在流程研究、问题探讨、方向决策过程中能提出可行性建议。

②有效专题会议。每项关键流程节点和管理变革都会召开专题会议，会议前将方案提前 OA 协同下发各单位关键用户和部门领导，会议中进行详细阐述原因和讲解思路，会后形成会议纪要再次下发，有效期为 3-5 天，有效期内可以继续研究或者更改决议。有效期过后组织各单位签字确认。

③真实模拟演练。项目组搭建 SAP 模拟行动与真实系统完全一样的真实测试环境，IWMS 系统与 SAP 同时模拟应用，共进行 12 轮 340 工作号系统测试，主要测试内容包括流程测试、系统功能测试、SAP 集成测试、业务模拟测试、数据准确性测试等，流程运转也采用真实人员，由供应商发起、打印、粘贴，由车间或保管员手持或 PC 收货，由系统自动集成过账。测试过程中发现立即整改。

④因人制宜培训。分年龄层次、文化水平和接受能力制定培训计划和内容；先由项目组对关键用户进行培训，进行培训现场演讲考试，不合格由项目组继续培训。合格由关键用户组织各单位培训。各单位培训分年龄批次、分文化水平和业务能力进行多轮多批次培训，先进行一次系统认知培训，在进行一次基础的常用的操作培训，系统上线后立即组织查询报表培训。培训后让大家进行业务模拟测试和实际

应用，增加培训效果和实际应用水平。

⑤专注流程细节。上线初期各单位报送流程百余种情况，样式各异，最终经研究整理，上线初中末反复测试系统流程关键节点。不清楚不明确环节提出整改需求，每一节点的时间地点人物动作都很清晰。简洁的流程和可追溯性达到了预期效果。

⑥大数据分析研究。系统上线前期，佳电股份特别针对系统报表进行了专项研究，想通过数据得到哪些分析论证我们明确了目标和方向，有针对性了增加了一些字段和改变了一些数据结构，截至目前，佳电股份已经从每月 4 万笔到货业务和每月 5 万笔出库业务中得到了一些大数据分析的结论，随着数据量的逐渐增大，项目组将逐步验证这些大数据分析的结论，为下一步公司精细化生产和高质量发展明确方向。

三、IWMS 系统项目取得的成果

虽然佳电股份 IWMS 系统仅仅上线 4 个月，系统及各环节也刚刚趋于稳定运行和应用，但成果也已经有所显现，效率和效益的成果呈加速显现趋势。现将具体产生的效果阐述如下：

（一）精细化管理效果

1. 基础数据成果

IWMS 系统的数据是对 SAP ERP 数据的又一轮拓展和升级，也是对 SAP 系统缺失数据的又一轮整理和完善，IWMS 系统内送货记录、收货记录、质检记录、配送记录、领料单记录、出库记录、转储记录、过账记录等数据齐全、查询方面、查看直观。更是为了我们沉淀数据、积累数据和数据分析奠定了坚实基础，从 2020 年 1 月 13 日到现在，约为 130 天，佳电股份总计积累数据为 120 万条以上，其中基础支撑数据为 70 万条，50 万条为可进行数据分析的业务数据，而且业务数据以每月 10 万条左右趋势增长，数据的积累将成为佳电股份精细化和高质量发展过程中的独特优势。同时也为下一步的智能制造和自动化发展提供有力的数据支撑。佳电股份的大数据分析应用时代即将到来。

2. 可追溯性成果

截止目前，SAP 系统已应用 5 年，系统的流程、财务的成本和生产的组织让我们受益匪浅，但佳电股份当时实施的 SAP ERP 对过程的控制、可追溯性以及供应链的细节还很粗糙，IWMS 恰好弥补了 SAP 实施的不足。物料到车间点点有记录、步步有留痕、层层有控制。从采购订单—供应商送货单—仓储或者车间收货—保管时效—司机配送—车间应用。整个过程谁送货、谁收货、谁质检、谁配送、谁接收，物料应用到哪个工作号项号上，全过程流程记录。保管员的收发及时性、先进先出性、账物相符性、库位准确性、保质期准确性、配送及时性、冲销次数等均可查到，问题明显，责任清晰，可追溯性强。供应链系统人员思想意识和工作细心程度明显加强，精细化管理基础正在逐渐形成。

3. 仓储精细管理成效

（1）批次管理。以前没有批次，IWMS 系统正式启用批次管理，物料批次将成为物料的唯一标识、直到出库后批次结束。对物料跟踪、先进先出管理都是历史性变化。

（2）生产日期和质保期管理。以前没有将生产日期和保质期纳入系统，都是靠物料标识去手工计算积压和超期；本次将“二期”纳入系统，为物料的精细化管理提供了基础保障。

（3）质检管理。以前物料都是线下质检，现在将质检记录纳入系统是对原材料的全生命周期的管理的完善，还可以针对积压、过期、磕碰等情况发起在库质检。实现了检验过程全覆盖。

（4）工作量衡量。以前无法用数据衡量工作量大小，现在可以用一段时间内到货记录和出库记录来衡量保管员实际的工作量大小。

（5）条码标签和单据统一。以前入库物料都是供应商自己的标识和送货单，有的还没有标识，现在统一大小标签和送货单。

（6）先进先出。以前没有批次，靠保管员责任心控制。现在出库时系统自动提示出哪个最早批次，这个批次的物料在哪个库区库位。也可查询到保管员是否按先进先出发货。

（7）定点定位。以前一个保管员存放的物料其他人找不到，现在增加了2256个库区库位码和108块位置数字码和标识牌，只要用iPad在库房内一查，便可得知物料存放位置。

（8）精准领料。以前仓储送料和车间提料都随机，现车间提料时间、仓储配送时间、厂内运输送货时间规范、清晰。而且车间按库存精准领料。

图7　库房定点定位

4.员工思想变化

通过系统的待收货、待通知、待过账和实时盘点，将清楚了解哪些员工收发料不及时、哪些员工账物保管不符、哪些员工未按先进先出批次出库，账物相符性、库位准确性、保质期准确性、配送及时性、冲销次数等均可查询，结合部门《员工绩效管理考评办法》，与工资奖励挂钩，各保管员思想意识和工作细心程度明显加强，人员的思想从我随意、我小心、我谨慎、我认真、我努力的精细化管理基础正在逐渐形成。

5.物料标准化成效

结合IWMS系统的推进，历经一年的时间，经仓储统计、沟通、分析和控制，经设计标准化图纸进版和标准统计，经对采购部门的严格要求，截止目前，对IWMS系统上线初期统计的1095项一物多码情况进行标准化改进，现还剩余5条。对以前的无效编码进行转储或退货，对在发生无效编码物料拒收，代用替用由采购发起审批，由设计批准后实行。成功实现了佳电历史上从未能解决的一物多码问题。一物多码的整理、规范和消失，提升了设计标准化水平，间接提高了用料规范，规避了产品质量风险。

6.财务成本成效

供应链物料流转环环相扣，人员干预因素几乎为零，系统有效的规避了各单位在执行过程中不规范操作的情况，剩余暴露的个别问题将转移至仓储待过账页面，由仓储安排专人每天协调处理完成。由顺利关单而产生的供应商结算准确、订单成本准确将是必然结果。以前月末关单投入产出统计时因各个环节产生的300-500个问题变成现在每月几十个问题，责任清晰，一般均是供应商实物已送到，供应商漏打送货单。此类物料免费应用。

（二）工作效率成果

1. 收发效率对比

在IWMS系统未应用之前，保管员从到货、质检、到最终入库过账等几个过程，都是纸质版在传递签字，出库也一样，一般需要2-10天；IWMS系统上线后，应用Pad或者手机扫描收货或者出库，收货即入账，出库即过账。收货与质检互不影响。以现在收货、出库到过账的最慢速度60分钟计算，以前最快则需要48小时，入出库到过账效率提升48倍。

2. 月末结账效率对比

在IWMS系统未应用之前，供应链月末结账大概需要2-3天核实投入产出情况，经常性加班进行月末关单。并且采购、车间、仓储分别找原因。原因也很不明确，现在我们具备随时关单的条件，不仅投入产出不平的条数明确，而且原因清晰。预计4个小时便能处理完成。月末关单效率至少提升12倍。

3. 盘点效率对比

在IWMS系统未应用之前，要进行库房自查盘点，保管员需要在SAP里面导出库存、筛选、整理、打印，表格能力比较好的保管员预计准备时间为2-3小时。IWMS系统上线后，可以随时建立明盘、暗盘、抽盘等方式实时检查、自查。预计保管员建立时间为15分钟。可以实时到库房应用Pad进行盘点。效率预计提升8倍

4. 统计分析效率对比

在IWMS系统未应用之前，仓储应用的报表在SAP内只有2个，一个是积压分析报表，一个是物料凭证查询。以为入库时间不准、没有生产日期和保质期基础，很多时候需要手工统计积压。现在仓储可应用的常用报表有14个，报表数量提升7倍。查询、统计报表所提供的统计查询效益无法用数字预估。

（三）产生效益成果

1. 积压利用效益

IWMS系统未实施之前，很难统计，耗时耗力的勉强统计也不会全面、准确，所以在SAP系统应用阶段，原材料从未进行积压利用的专项统计工作，利用过程和利用成效无法得知。IWMS系统上线后，从2020年03月份开始，应用IWMS系统的大数据积压分析报表，结合出库记录报表，首先对电磁线进行专项积压库存利用。3个月内，电磁线中圆线利用效果较好，总计利用70.5吨，减少采购金额281.8万元；扁线利用9.3吨，减少采购金额37.2万元。其他轴瓦、有色、电缆等原材料也即将逐步利用。

2. 大数据分析效益

在IWMS系统上线前，SAP因为单据传递的原因，无法做到实时库存，库存对采购、生产、车间的参考程度不大，造成库存量大甚至积压的原因不是很明确。IWMS系统上线后，可对重要原材料进行库存分析，它对于库存进行全方位统计和对比，并且引入了库存同环比、入出库量差值、月平均库存、库存周转率和库存循环周期等概念，根据一系列的数据可制定安全库存和控制库存措施。佳电股份以矽钢片为首项控制原材料，2-3月份结合系统大数据分析，延伸控制计划、采购周期、供应商发货、先进先出等过程，矽钢片由以前每月的平均库存量4100吨，4-6月份减少到月库存2800吨，现市场平均价格约为每吨5600元，每月将为公司财务每月减少流动资金占用728万元。因矽钢片使用规格较多，为规避影响生产经营的风险，后续将逐步小幅度降低，最终计划实现1500-2000吨安全库存范围。结合矽钢片的控制库存经验，后续将利用大数据逐类原材料进行分析控制。

随着时间的延长和数据量的积累，大数据分析效益将持续体现，哪些供应商履约率较差、哪些供应

商合格率较差、哪些供应商积压物料较多、哪些采购员积压物料较多、积压物料金额较大前十类物料、哪类物料库存周转率和库存循环率较差，这些大数据分析出的结果，便为我们下一步工作引明了方向，提供了措施，节约了成本。

3. 减员增效效益

2019 年 4 月，佳电股份计划开展 IWMS 系统，当时仓储部员工为 44 人，经过 IWMS 系统上线后的退休不增人和岗位合并等措施，截止 2020 年 5 月，佳电股份仓储部人数为 34 人，人员减少幅度为 23%。2020 年 11 月份，仓储部将有 4 人退休，2 人产假，仓储部员工为 30 人。整体比 2019 年度人员减少幅度 32%。佳电股份仓储部以 IWMS 系统为着力点，将坚决采取不增人的措施保证公司正常的生产经营，且逐步实现仓储精细化管理。IWMS 系统的成功上线，将人员调整补充到其他岗位，仓储预计 2020 年度总计减少 14 人，以每月 4000 元标准计算，每月人工成本减少 5.6 万元，每年减少 67.2 万元。

4. 办公耗材效益

IWMS 系统未上线时，仓储部打印材料验收检查单（四联链纸），每月 50 箱，各车间打印领料单，预计 60 箱。每箱京东采购 60 元，每月佳电股份领料单和检查单纸张费用为 6600 元。现 IWMS 系统上线后，由供应商打印送货单，车间的领料单只需要一份，而且只要是 A4 纸张即可。经估算，佳电股份每月节约办公费用 5000 元，每年 6 万元（不包括办公针式打印机的维修维护）。

成果创造人：郝奉孝、杨长宇、孙继峰、杨怀海、李晓东、张东宇、李　兵、杨姗姗、秦万坤、邓守福、王玉龙

基于物业管理 打造智慧社区服务生态

——老旧小区可持续发展路径探索与实践

北京首华物业管理有限公司

党的十九大指出中国特色社会主义进入新时代，对国有企业提出了新定位，国企是社会主义经济重要的物质基础、政治基础、社会主义经济的顶梁柱。

首开集团旗下首华物业公司作为国有全资企业，具有较高的政治素质，秉承开拓创新、追求卓越、勇于担当的使命与责任感，投身到城市有机更新运营服务中，从单一房管维修到满足业主、用户需求。在探索国有企业高质量转型升级发展的同时，守初心、担使命，始终把人民对美好生活的向往作为奋斗目标，多措并举，强化资源的统筹配置和布局优化，不断扩大优质服务供给，持续增进民生福祉，为市民安居保障，为老旧小区管理与服务不断求索。

以老山东里社区为例，该小区2018年作为非经营性资产移交给首开集团首华物业公司进行管理；2019年7月，公司联合老山街道、老山派出所、城管执法队等相关部门人员共同拆除3200个地锁，打响老旧小区有机更新攻坚战第一枪；2019年11月通过区企合作，完成“10+1”项有机更新改造工程，改善居民生活条件，房屋安全性也得到加强。同时，我们通过建立房管员（区域管家）制度，提升服务品质，使原来多年失管的小区焕发了生机和活力，获得了居民的高度认可并得到各方好评和媒体持续关注报道；2020年7月，启动了停车收费，其中地库收费率达到97.34%；目前，聘请第三方评估机构进行物业费评估，结合物管会的成立启动综改方案及物业服务标准、收费标准的宣贯，开展居民物业服务合同签订工作，推进长效机制的建立。

从小区接管之初，我们就引入“老房管”智慧社区服务平台，为居民提供维修、保洁、社区早市、缴费、停车、门禁等功能，在为居民增加生活服务配套设施，改善人居环境、有效提升居民的获得感和幸福感的同时，使物业实现“造血”功能，使小区朝着可持续发展的方向，坚实迈进。

小区的建设和巨大变化，受到市领导的关注，市委书记蔡奇同志到小区现场进行了调研、指导，并对相关工作给予了肯定。

居民的认可，领导的肯定，使我们更加坚定地围绕五个“新”，以物业管理和服务为突破口，探索老旧小区可持续发展的新路子。

一、适应新形势

2020年5月1日新修订的《北京市物业管理条例》发布实施。

2020年7月12日中共北京市委办公厅北京市人民政府办公厅印发了《关于加强北京市物业管理工

作提升物业服务水平三年行动计划（2020—2022年）》的通知。要求坚持以人民为中心的发展理念，完善物业管理体制机制，加强精细化管理，切实提升服务水平，持续改善人居环境，推进首都城市治理体系和治理能力现代化，不断增强人民群众获得感、幸福感、安全感。

2020年7月20日国务院办公厅印发了《关于全面推进城镇老旧小区改造工作的指导意见》（以下简称《意见》），要求以习近平新时代中国特色社会主义思想为指导，全面贯彻党的十九大和十九届二中、三中、四中全会精神，按照党中央、国务院决策部署，坚持以人民为中心的发展思想，坚持新发展理念，按照高质量发展要求，大力改造提升城镇老旧小区，改善居民居住条件，推动构建“纵向到底、横向到边、共建共治共享”的社区治理体系。

一系列文件的密集出台，体现了党和国家“让人民群众生活更方便、更舒心、更美好”的美好初心，落地的决心。

据测算，2000年底前建成需改造的城镇老旧小区有约30亿平方米的规模，老旧小区的可持续发展问题，成为城市建设、基层治理中不可回避的一个重要课题。

（一）老旧小区面临发展瓶颈

随着国家经济建设不断发展，城市建设及人民生活水平不断提高，然而老旧小区建设标准不高、设备设施落后、功能配套不全、缺乏长效管理机制等问题日益突出。

1. 老旧小区基本情况

老旧小区，是指建成年代较早、失养失修失管、市政配套设施不完善、社区服务设施不健全、居民改造意愿强烈的住宅小区。主要有以下特点：

一是房屋老化严重。由于建成时间早，随着房屋使用时间的增加，老旧小区普遍存在维护结构保温性能差、渗水漏水多发；给排水、供暖管道锈蚀、堵塞；电梯、水泵、配电、消防等设备设施落后、老化；墙面、阳台、通廊钢窗等局部脱落、坠物；楼梯间、电梯厅等公共环境破旧、脏乱等建筑本身的问题，存在较大的火灾、坠物等安全隐患。

二是配套设施不全。由于建设时期标准偏低、社会经济发展水平不高的原因，老旧小区普遍存在停车位不足、安防监控措施缺乏、绿化景观面积偏小、无障碍和养老服务设施缺乏等问题，有的小区还存在没有接入市政燃气和热力的情况。

三是物业管理缺位。上世纪90年代以来，城镇住房制度改革逐步推进，老旧小区逐渐形成房改房、承租房、回迁房、商品房等多种房屋产权形式共存的局面，形成了较为复杂的所有权结构，产权界定模糊不清，有的产权单位已逐步灭失。与此同时，与之配套的物业改革相对滞后，物业服务和收费标准无法统一，物业费收缴困难，造成老旧小区普遍缺乏必要的物业管理服务，缺少必要的维护维修，有的小区甚至处于无人管理的状态。

2. 老旧小区主要类型

首华物业公司管理面积中，有半数是北京市市管企业的非经营性资产、中央在京企业“三供一业”及胡同街巷物业，这些项目长期失管、失修引发的社会问题，不仅是脏、乱、差，老、旧、破的问题，还存在很大的社会不稳定、安全隐患的问题，与建设北京和谐宜居之都格格不入。

一是“非经”小区。“非经”是非经营性资产的简称。是指企业资产中所列、国家划拨形成或企业投资形成、非用于企业生产经营的资产，包括职工住房及其配套的附属公用设施和商业配套设备等。破旧、缺失老旧小区比较多，无论从接收还是后续修缮、管理上来说，都是一个亟待探索的艰辛过程。

二是“三供一业”。“三供一业”是指企业的供水、供电、供热（供气）和物业管理。“三供一业”分离移交是指国企（含企业和科研院所）将家属区水、电、暖和物业管理职能从国企剥离，转由社会专业单位实施管理的一项政策性和专业性较强、涉及面广、操作异常复杂的工作，是党中央、国务院决定“剥离企业办社会，解决历史遗留问题”的一项重大举措。

三是胡同街巷。胡同是北京的一大特色，是指主要街道之间的、比较小的街道，一直通向居民区的内部，它是沟通当地交通不可或缺的一部分。胡同从外表上看模样都差不多，但其内在特色却各不相同，它们不仅是城市的脉搏，更是北京普通老百姓生活的场所。胡同一般距离闹市很近，但存在拐下主路就见脏、乱、差的乱象，对于城市的和谐，胡同整治与管理有着重要的意义。

（二）物业企业的机遇与优势

物业管理是推进城市精细化管理的重要抓手，小物业，大民生，更是城市治理体系的重要组成部分。绿色发展将逐渐成为我国经济发展的主流形态。物业企业抓住用好绿色发展的新机遇，积极参与基层社会治理，推进党建引领，做好《北京市生活垃圾管理条例》《北京市物业管理条例》和《北京市街道办事处条例》三个条例的贯彻实施，拉近我们与属地政府、党组织之间的关系，更好地经营企业，服务社会，这是我们长远可持续发展的机遇。

北京首华物业管理有限公司前身为北京市第一房屋管理修缮工程公司（北京市房管一公司），成立于1953年，现为首开集团旗下物业公司，属国有法人独资企业。首华物业公司60多年以来不断发展壮大，是建设部首批授予物业管理一级资质单位。传承红色基因，公司一直是为中直机关、国务院办公厅、国管局首长服务的最大企业；公司业务迅速发展，管理的物业、供暖面积已超过3000万平方米，目前已发展为北京市最大规模的物业公司。

公司以“真心为业主服务，全心为城市运营服务”为使命，以“做物业行业的先锋，做多种业态规范化管理的典范，做盈利模式的创新”为企业愿景，致力于让国企物业更有生命力，让“老房管”成为“中国范儿”这样一个值得信赖的百姓服务平台。公司秉承“为中央国家机关用房服务，为国资国企调整改革服务，为首都市民安居服务，为维护古都风貌服务”的宗旨，是北京市级非经营资产管理平台、特殊功能类企业。

公司悠久的历史，丰富的物业管理经验，前瞻的管理理念，在面对老旧小区可持续发展长效管理机制建立这个重要课题和机遇时，有着得天独厚的天然优势。我们掌握的资源、自身的能力，包括管理能力、综合能力、融资能力；我们的市场信誉，政府信任度，完善的队伍，这都是我们的优势。

二、探索新模式

方法论：需求决定服务，服务引领需求。

我公司承接了很多老旧小区管理，如何发挥“老”的优势，克服“老”的不足，使“老”的小区一样宜居，在让老小区焕发新生机活力的同时，为企业转型升级探索出一条新的路径，是我们一直以来孜孜以求的努力方向。

针对北京市老旧小区可持续发展模式有以下思考：

（一）第一阶段：政府扶持

方法是推进“四个一点”，形成初步可持续。

采取“产权单位担一点”“政府资金奖一点”“居民群众出一点”“公共收益收一点”“四个一点”

资金筹集方式，推动老旧小区有机更新，实现初步的可持续。

（二）第二阶段：政策助力

方法是建立新运营模式，实现造血可持续。

1. 物业提升做两方面的事

一是通过提升服务科技含量，实现流量变现。通过小区人脸识别门禁（可播放针对性广告）、电梯广告屏、道闸广告等收取费用，此项收益可逐步提高收费标准，实现收益的可持续增长；通过“老房管”APP和微信公众号（公司自主研发的产品）实现收费、巡检、安防、考核、检查、统计等管理功能，改变人工管理模式。通过引进机械或自动化设备，逐步减少人力投入，实现收益的可持续增长；完善智慧平台，提高上线率和用户粘性，利用线上平台播放广告，实现线上流量变现。通过开办线下实体店，为住户提供线下体验机会，实现收益可持续增长。

二是通过提升服务技能，实现增收。改变现在的物业管理层级，逐步实现扁平化管理，减少管理层级和管理人员的人数，增加一线直接面对住户的人数，培训其专业技能，从事入户维修、家政、早市、快递100米、仓储等增值服务项目，实现收益的可持续增长；加大小区的建筑物和设备设施普查力度，通过小型改造施工，增加收入，实现收益的可持续增长。

2. 政策助力做两方面的事

一是通过挖掘社区资源，实现增收。向管理服务范围内的非居民商户收取物业费，实现收益的可持续增长；通过与政府各管理部门沟通协商，对自行车棚、废弃锅炉房、闲置地下室等消极空间的开发利用，实现收益的可持续增长；装修垃圾及大件垃圾清运，要针对不同的情况差别定价，实现收益的可持续增长；支持小区建立快递驿站，统一配送到户，从快递公司分一杯羹，避免快递进户带来的交通问题和住户物品丢失问题。

二是通过居民和非居民购买服务，实现增收。现有居民缴费做到应收尽收，明确各项收费项目的内容、标准和收费对象，实现收益的可持续增长；进一步挖潜停车资源，对固定车位有需求的居民差别定价，用价格杠杆调配资源，同时通过建立体停车位实现应停尽停。对非小区停车执行差别定价，通过调整小区停车费标准，实现收益的可持续增加。

（三）第三阶段：物业转型

方法是打造智慧社区服务生态，物业实现转型升级可持续。

搭建“老房管”智慧社区服务平台，线上通过“老房管”微信公众号、“老房管”APP，发现刚需、提供服务。线下建立“老房管”实体中心，构建维修、家政、收费、停车、快递、社区早市等功能加前置仓的一站式服务体系，使每个实体服务中心成为一个自主经营的实体（类似海尔众创空间和中石油的加油站），满足用户日益增长的多元化需求，实现物业转型升级的可持续发展。

三、创造新经验

针对老旧小区、街巷项目年代久、标准低、散乱差、缺少自治及管理的现状，为了有序管好这些项目，实现“兜得住、管得好、可持续”，公司坚守“真心为业主服务，全心为城市运营服务”的使命，分别从持续推动“疏解整治促提升”，提升老百姓获得感和物业服务可持续几方面进行了努力探索，以业主为中心，以问题为导向，对老旧小区管理进行了探索与创新实践。

我们重点围绕三“改”三“构”来创新探索老旧小区可持续发展新经验。

（一）改造小区硬件

根据北京市人民政府办公厅《关于印发老旧小区综合整治工作方案（2018-2020年）的通知》（京政办发〔2018〕6号）精神，对所接管的老旧小区开展全面排查，摸清情况，建立台账，结合小区实际和居民意愿，积极争取和推动小区综合整治工作落地，实现小区硬件改变与环境品质提升。

在此过程中，观念的改变不是一朝一夕的事情，是一个渐变过程。对于业主方，建立新的观念，由过去的政府包办改为契约管理，引导业主参与决策、监督，共同维护小区秩序。通过契约约定改造范围，树立花钱买服务观念，不做小区破坏者的观念，真正建立起“小区是我家，建设靠大家”的自觉自愿意识。对于物业服务方，建立有服务才可收钱的观念，把小区公共区域“安全防范到位、绿化保洁优良、维修维护及时、停车管理有序”作为服务标准。同时，随着时代的变迁，原来是房屋管理，后来是物业管理，再后来是物业服务，如今要建立满足业主多元化需求的观念。

（二）改变运营模式

建立“一个呼叫中心+N个维修中心”的运营服务模式。呼叫中心统一一个电话，分配维修任务；一个维修中心设立一名维修总监，承担派单、分配工人工作及收入，第一时间与用户沟通，答复业主关注的问题。每个维修中心10-15人，工种齐全，负责半径1公里范围的维修，覆盖3平方公里服务区域，形成规模相当的“小实体”。类似海尔的创业团队，设维修总监，管成片划分的几个小区，维修总监集项目负责人、房管员职责于一身。

推行“房管员”制度。这个房管员是社区的大管家，通过建立微信群，物业管家与业主24小时零距离沟通，密切联系，拉近关系，随时响应业主的问题，让业主切实感受“物业就在我身边”。一方面“刷”存在感。通过我们有形的服务，让业主随时能看到物业保洁、保安、绿化服务的效果，真切感受到物业服务的价值；一方面有参与感。利用“国企开放日”或者节假日，引导业主参观我们服务的现场，让业主了解物业的服务与付出，并感同身受，让业主参与到物业服务场景中；另一方面与政府联合互动，密切联系与配合。结合《关于做好住宅小区物业项目负责人到社区报到相关工作的通知》要求，项目负责人社区报到，积极参与社区议事，接受社区监督，进一步加强与社区的沟通和联系，实现“民有所呼，我有所应”。配合新版《北京市物业管理条例》的实施，积极推动业委会（物管会）的成立，推进老旧小区实行物业管理。

（三）改进物业服务

很多人认为增值服务只是单纯为了企业提升利润率而提供的服务，但实际上增值服务是通过物业服务为业主提高物业价值，让业主获得更多的价值回报，让物业服务更简单，更有价值。

目前物业行业上市公司中，规模增长很快，但单平效能增长不明显，增值业务探索是重点发展方向，老旧小区面临两方面矛盾：一方面，老旧小区老、旧、破，需要的投入越来越多；另一方面，业主的要求越来越多，员工收入要求越来越多，而提升物业费无望。一系列矛盾急需化解，探索增值服务成为必然。

首先树立“只要有人、有地盘、有设备就有机会”的观念。人员方面，应该让劳动者最大限度利用其所有劳动时间为业主服务来挖潜。目前物业存在外包，是因为有违规红利，一旦这个红利消失，物业就会回归服务业本质，是就业的最大容纳行业。充分用好“人力”这个最大的资源，合并岗位，减少脱产岗，更多人面向一线业主，充分利用闲散时间，降低人工成本；地盘方面，发挥物业拥有众多小区、广大业主群体的优势，引入第三方服务实现创收，还可以通过地盘共享分成，比如车棚与充电、菜站、快递的合作；设备方面，提高智能化程度，增加机械化设备如扫地机等的应用，提高工作效率，减少人员费用，同时保养维护及时，延长使用寿命。

另外，服务收费原则是：原来有，不收费，但现在有升级版可供选择，那么选择升级则需收费；原来没有，现在有了，这项服务同理收费。

（四）构筑智慧平台

随着智慧城市建设的加速，智慧社区建设成为了首要的民生工程，不少社区项目改造集合了“物联网、大数据、云计算、人工智能”等高科技，为的就是给社区管理服务装上“大脑”。

公司建立了“老房管”智慧社区服务平台，旨在“提升物业管理水平，增强市场拓展能力，打造术业专攻的物业企业”。

一是以智能化管理手段，保证物业服务品质可持续。对于响应度：要求接到工单5分钟响应，平台设软件提醒记录；对于回应度：要求维修工半小时上门；对于满意度：入户维修后由用户选择评“星”；对于监督，可让用户参与，随时将自己看到的物业员工违规表现拍照上传到考核中心，并自助接收红包奖励，使用户成为产品的一部分，突现互联网思维的本质。

二是解决劳动力多劳多得问题。物业最大的支出是劳动力，所以解决劳动力增收问题就等于抓住了“牛鼻子”。通过员工上线020平台解决劳动创收。维修是低频次的需求，但量很大，家政服务是高频次的，发展前景良好。通过020平台的推广和口碑相传，使不是我们服务的小区用户上线平台，拓展市场，扩大覆盖范围，提供上门服务实现创收。

三是以智能手段引领市场拓展。微信公众号、APP是以口碑相传为特点，一方面用户看到首华物业能干什么，就可能将一些小工程随时通过APP尝试交给我们，扩大了市场；另一方面，维修中心半径1公里内，有很多小区不是我们管的，同时急需维修服务。即使有一天我们被“炒了”，那么依然阻挡不住用户维修的诉求，因此，我们要打造一支术业有专攻的物业团队。

四是通过智能化，把各点的工作连成片，实现智慧社区功能，打造智慧城市。通过开展维修、缴费、家政、巡检、门禁、停车、三方业务等，初步形成系统功能。APP方便、准确、客观的优势逐步显现，通过智能手段完成各类工作，未来平台可以开展养老、旅游，甚至保险、理财，前提是有一根针捅破天的专业服务在支撑，这是制胜的法宝。

公司自己研发的“老房管”智慧社区服务平台，已获得36项软件著作权，21个商标证书。三项发明专利和两项软著正在申请中。截止2020年6月底，各城区建立维修中心68个，覆盖社区877余个，覆盖用户71万人。此平台最大特点是改变了烧钱买用户的惯例，充分利用自有员工与用户密切接触的特点，发动所有员工以各种形式推广关注。另一方面以维修为抓手，一根针捅破天，维修解决了，一半问题解决了，效仿滴滴平台收费，平台收取30%费用，负责地推、奖励等支出，保证了盈利。

平台维修采取派单制。一是有利于物业公共维修不耽误，二是有利于合理分配任务，三是多劳多得，激励员工学技术。我们的维修工都是自有员工，入户维修只是收入的提升部分，改变了社会上以入户维修收入保证人员生活的做法。

（五）构建绿色生态

传统物业的生存空间正逐步被压缩，甚至逐渐消失。智慧社区生态圈已成为未来物业进化的方向。要从模式上建立入口思维、平台思维、生态思维。其中生态思维包含三层意思：

第一层面叫做产品生态，就是解决所有围绕物业服务产生的刚性需求。比如小米做路由器、充电宝等，用户需要什么就做什么，这叫做产品生态。

第二层面是建立起内在联系或者关联点生态。例如住户按时交了物业费，物业就赠送给住户一张满200减100元的入户维修代金券。代金券可以用作保洁服务、入户维修、社区早市等等，这就建立起内在联系交易的生态，带动循环。

第三层面是靠手段工具内在联系建立的生态。实际上是一种国家盈利模式，这也是企业最高级的盈利模式。举个例子，阿里巴巴建立了淘宝，随后有了大数据，通过大数据能够分析出受众人群的许多情况，就能给人提供贷款，于是促使了互联网金融的产生，最终存储在阿里云上。在淘宝上购物要通过用支付宝替代现金进行交易，不用的钱存在余额宝，全在“阿里”中循环。“老房管”平台也可以学习这种盈利模式，通过“老房管”平台实现线上买菜、缴费等业务，进而记录、追溯所有业务，进一步将我们所有的业务都放到平台上。

如今，业主需求不再只是单纯的满足安全、基本生活保障等，而是已经上升到对于小区管理、服务沟通的尊重获取、社群社交等更高层面的需求。而且，随着年轻的新生代逐步迈入社区主流消费群体，形成社区人工智能、大数据应用的需求集中爆发，物业服务要紧跟科技发展智慧趋势，促使业主与物业之间真正产生联系，提供更高层次的服务。

通过技术赋能，延展公共资源与资产管理服务，利用大数据创新业务，从传统物业服务向智慧化、生态化进行转型升级，一方面物业服务模式从线下零散向平台整合方向转变；一方面物业服务的范围从基础物业服务延展至围绕着社区用户的深层次需求的全生命周期服务；另一方面物业服务场景从单一场景延展至衣、食、住、行、娱、商等城市生活全场景覆盖，并紧跟科技发展的智慧趋势，让业主与物业之间真正产生连接，通过社群运营带来同质化需求，转化出商业价值；通过大数据与技术，将人、物和服务结合起来，构建起人居和谐的智慧社区服务生态圈。

未来，“老房管”智慧社区平台更多以“开放共享”为重点，着力推进技术成果转化和产业化。一方面，向全市居民和其他物业公司开放，通过提供规范的物业管理服务，填补老旧小区、胡同平房物业管理的空缺，通过规划布局与小微物业公司合作，提升市场占有率；另一方面，对第三方商户开放，通过整合社会外部优质资源，延伸物业服务边际效益，旨在让智能快递柜、智能回收站、自助充电洗车、免费体检、智慧养老、共享健身等功能引进社区；同时应用大数据分析，整合业主需求，优化服务体验，提供精准服务，构建人性化、多元化、产业化的智慧社区生态圈。

（六）构造资本市场

目前物业是大行业，小企业阶段，这是一个万亿以上的行业。物业仍处于饱马圈地做规模阶段，那么做规模靠人力占地盘毕竟有限，靠收购重组占地盘可能失控，所以必须有一个抓手，即APP统一服务、统一管理、实时在线，这才能实现扩张规模而不失控，同时提升单平效能，达到业绩持续提升。以智能手段管理物业，挖潜创收，探索整合并购。

一方面扩大地盘增长，叫做广收；另一方面针对某几个点发力，一根针捅破天，叫做深耕。就好比：百度主页搜索不赚钱，广告赚钱；腾讯微信不赚钱，游戏赚钱。所以一旦目标确定了，坚持下去，做着做着路线就清楚了。

从上市公司来看，以房地产经营为题材比以房地产服务为题材市盈率普遍要高，那么以智慧社区建设为题材上市会是什么样的市盈率？是一个值得探索的问题。

四、取得新成效

贯穿公司老旧小区可持续发展实践的“老房管智慧社区服务平台”始建于2015年底，业务从维修、缴费向保洁、停车、电子门岗不断延伸。平台流水也从2016年底的100万元，大幅增长到2018年底突破9000万；2019年底，平台流水超过1.7亿；2020年疫情期间，紧急开发的“社区早市”送菜上门，目前已经覆盖100多个社区，上架品类800余种，营业额超过1200万元。

从网上下单到服务上门，到线下实体店落户社区，“老房管”智慧社区生态建设一步步拓展深入。2019年8月，“老房管”首家快修线下实体店正式落地营业，开始为首都核心区居民提供最为平价、高质量的居家用品和半小时内上门服务。居民不仅可以买配件自行维修，也可以叫维修师傅上门安装。

随着智慧社区建设的深入，“老房管”平台房屋信息化系统、物业监督系统、家政保洁业务、智能门禁、会员营销等多个功能上线，服务更加多元化，数据更加精准化。多个“老房管”便民服务实体店进入社区，线上线下一体化服务和全龄覆盖，促进社区品质生活的提档升级，也带来社会效益、经济效益、企业生存能力、职工动力的共同提升。

2020年，突如其来的新冠疫情下，电子门岗、消杀巡检、健康登记、社区早市……“老房管”智慧社区服务平台“无接触”智慧科技服务项目应运而生，不断上线，通过多方共赢的互联网模式，满足新需求，解决新痛点，构建社区服务生态，给基础设施配套不足，服务能力相对薄弱的老旧小区送去一份贴心和安心。

“老房管”微信公众号活跃粉丝近19万。2019年6月，获得中国物业管理协会“物业管理微信公众号影响力TOP100”第23名。今年7月，在首都国企新媒体影响力排行榜上热文排名第4名，综合排名第3。

五、迎接新挑战

（一）老旧小区治理模式是否成功的判断

一是可持续的判断。所谓“可持续”，就是物业收入大于支出；二是长效机制的建立。是要有技术手段进行监督和更新，否则就是冲刺机制；三是党建引领。是集体决策，明确第一责任人，而非个人决策，集体负责。

（二）面对复杂的形势如何去做

1.要克服“熵增”对经营管理带来的影响。熵增原理揭示的是任何管理都是从有序到无序，从可控到不可控，没有什么是永恒不变的，这是个规律。如果让它从无序再回到有序、从不可控再回到可控，就需要“创新”，去达到一个新的或更大的空间。

2.要转变为对人的服务。对人的服务讲究的是及时性，并没有标准可依据，一定要在人们最需要的时候提供相应服务，因此要求基层能够做到迅速反应、服务到位，而非层层请示。

3.要争夺终端客户。终端客户是企业成败的关键。所以我们提倡多创造机会和终端客户接触，从而让他们对物业产生好感。对此在物业界有不同的呼声，比如在送外卖、送快递这项服务上，有的人不提倡由物业将快递送到住户家中，理由是这样做浪费人力、物力。但我们认为，在条件许可的情况下，可以开展这项服务。一开始可以选择性地开展，通过发放优惠卡等形式让支持物业的业主享受到对应的福利，这种导向作用可以促进物业工作的开展。

4. 要赋能基层。近两年有一个新词叫“赋能”。北京市提出给属地街道赋能，包括物业管理条例的很多权利职能也是归属街道，而不是各委办局。如果我们的认识还停留在只有上级机关才能拥有相关权利上，就会与之背道而驰，正如任正非说的，“要让听到炮火的人做决策”。

结束语：老旧小区的可持续发展，在今后将更多以开放共享为重点，着力推进技术成果转化和产业化。通过提供规范的物业管理服务，填补老旧小区物业管理的空缺；通过整合社会优质资源，延伸物业服务边际效益，将更多服务引进社区；同时应用大数据，整合业主需求，优化服务体验，提供精准服务，构建多元化、人性化、产业化的智慧社区生态圈。

首华物业公司作为首都国企，必须把握机遇，乘势而上，始终以“真心为业主服务，全心为城市运营服务”为使命，践行国企担当，在提高业主获得感、幸福感、安全感的道路上不断创新，使企业在服务社会、服务广大人民的同时，得到广泛认可，获得高速成长，实现良性发展，努力给业主创造更轻松惬意、更高层次的舒适生活！

成果创造人：李　忠、张　敏

深圳机场实施数字化转型　打造智慧机场先行示范

深圳市机场（集团）有限公司

深圳市机场（集团）有限公司（简称“深圳机场集团”）于1989年经深圳市人民政府批准成立，为深圳市国资委直管企业，是深圳宝安国际机场（以下简称“深圳机场”）的管理机构。深圳机场集团主营航班运行和旅客服务、货运物流、临空经济三大业务板块，注册资本为人民币120亿元。

深圳机场1991年10月通航，1993年5月成为国际机场，1996年成为中国第四大空港，是国内首批由地方政府筹建、实行属地化运营的机场，是全国民航最早实现市场化、企业化运营管理的机场之一。

通航29年来，得益于中国民航和深圳经济社会的快速发展，深圳机场旅客吞吐量实现了千万量级的五次跨越：2003年突破1000万人次；2007年突破2000万人次；2013年突破3000万人次；2016年突破4000万人次；2019年首次迈入5000万大关，达到5293万人次，全球排名从第32位上升到第26位，增速（7.3%）居全球前30大机场第二位。在全国航空货运增速放缓、下行压力加大的背景下，国际国内货邮全线逆势上扬，货邮吞吐量达到128万吨，全球排名从第25位上升到第23位，增速（5.3%）居全球前30大机场第三位；航班起降达到37万架次，同比增长4%，其中宽体机运力同比增长32.9%，增速排名全国大型机场第一。

根据民航局批复的《深圳宝安国际机场总体规划》，深圳机场定位为立足粤港澳大湾区、面向亚太、辐射全球的国际航空枢纽和航空物流枢纽，粤港澳大湾区世界级机场群的核心枢纽和粤港澳大湾区重要的国际性综合交通枢纽。未来深圳机场年航班起降将超过54万架次，年旅客吞吐量达到8000万人次，年货邮吞吐量450万吨。

深圳机场集团秉承特区开拓创新基因，聚焦航空主业，服务城市发展，取得了令人瞩目的改革创新成效。2019年，深圳机场ACI（国际机场协会）服务质量排名全球第11位，荣获“2019年度广东省政府质量奖”“2019年度深圳市市长质量奖（经济类金奖）”，连续两年荣获“深圳市十佳质量提升国企”称号，连续四年获得CAPSE（民航旅客服务测评）“最佳机场”称号，获得CAPSE“机场服务与设施”年度测评第一名及最佳专项奖，获评民航“无纸化”便捷出行示范单位，获得国际航协颁发“场外值机”最佳支持机场奖等荣誉及称号。

一、深圳机场实施打造数字化最佳体验机场的项目背景

通过数字化转型变革实现跨越式发展，是深圳机场集团在“成为世界领先、国内一流的机场”愿景目标下追求卓越的主动选择，有着鲜明的时代背景和迫切的现实需要。

（一）全球层面：数字化驱动服务转型成为发展潮流

世界已进入数字化时代，企业纷纷探索数字化转型之路以创造新的竞争优势和商业模式，交通行业

目前仍处于数字化的起步阶段，即将进入爆发期。深圳机场集团创新求变，主动拥抱数字化变革，为成为行业标杆、引领交通行业数字化转型打下坚实基础。

（二）国家层面：推进治理体系和治理能力现代化的重要探索

党的十九届四中全会提出要推进国家治理体系和治理能力的现代化，民航局、民航中南局提出了民航治理体系和治理能力现代化的目标和要求。2019 年，深圳机场旅客吞吐量已突破 5000 万大关，迈入了全球最繁忙机场行列。按照最新批复的深圳机场总规，到 2028 年，年旅客吞吐量将达到 8000 万人次。深圳机场集团亟需更新传统的管理思路与运行模式，通过数字化转型和智慧机场建设，提高运行效率，补齐发展短板，全面提升大型机场治理能力现代化水平。

（三）行业层面：落实中国民航“四型机场”建设的重要举措

习近平总书记在北京大兴国际机场投运仪式上，对四型机场作出重要指示。冯正霖局长在全国民航工作会议上作了具体部署。在中南局的支持下，2018 年，深圳机场入选民航局首批“四型机场”示范项目。2019 年 12 月，中南局专门在深圳举办了智慧机场建设现场会，并发布了支持深圳机场集团建设智慧机场先行示范的指导意见，在行业内产生了巨大反响。深圳机场集团有幸成为“智慧机场”建设的重要参与者、探索者和推动者，在更高起点、更高层次、更高目标上推进“四型机场”建设，努力为全国民航探新路、作标杆。

（四）城市层面：打造智慧城市建设的重要示范

深圳正在加快建设先行示范区，并出台了新型智慧城市建设总体方案，致力于建成国家新型智慧城市标杆。深圳机场是深圳的窗口、特区的门户、城市发展的动力源。智慧机场是智慧城市的重要组成部分，打造智慧城市标杆，必须有一个先行示范、改革创新的智慧机场。深圳市委市政府对智慧机场建设高度重视，要求深圳机场集团与高科技企业加强合作，大胆使用最新的技术，展示高端产品。深圳机场集团智慧机场建设，被写入了深圳市市长的政府工作报告。

（五）客户层面：践行“以人民为中心”理念的客观需要

以人民为中心的理念，在深圳机场集团的角度，就是要以客户为中心。当前，人们对个性化、多元化、体验式的航空出行需求日益增长，需要更多全流程、高效率、高品质的服务产品。深圳机场集团希望通过改革创新，利用智慧化、数字化手段，提供更有温度、更加便捷的出行体验，为广大旅客提供优质便捷的出行服务，不断提升客户的获得感、幸福感。

（六）自身层面：集团上下基于愿景驱动的主动选择

深圳机场集团确立了成为“世界领先、国内一流机场”的愿景目标，数字化转型是基于愿景驱动的主动选择。深圳机场集团明确“客、货、城、人、智”五大发展战略，首次将数字化转型作为战略选择和集团发展的重要支撑，取得了前所未有的广泛认同。近两年，在民航中南局的支持下，深圳国际航空枢纽建设实现了历史性的突破。深圳机场集团班子精诚团结，集团上下风气更好、干事创业的氛围更浓，迎来了大建设大发展的“好时代”。集团全体干部员工对智慧机场建设充满热情、充满期待。

二、打造数字化最佳体验机场的顶层规划及建设思路

深圳智慧机场项目是从客户视角系统推进的，从项目开始就明确了建设宗旨及目标，即以满足广大旅客的出行体验为宗旨，不是为“智慧”而“智慧”，为“创新”而“创新”。智慧机场建设的落脚点，

就是让机场的运行更顺畅、安全更可靠、服务更贴心、管理更有效、发展更具品质，最终给旅客带来更多的获得感、幸福感。因此，深圳机场集团将“打造数字化的最佳体验机场”作为数字化转型愿景（见图 1）。

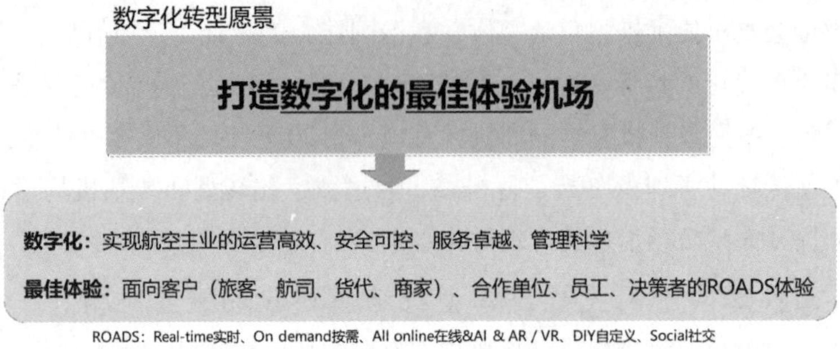

图 1　深圳机场数字化转型愿景

（一）最佳体验识别及管理内涵

1. 最佳体验识别

2018 年 1 月，深圳机场集团携手华为，在国内机场中第一个全面、系统地启动数字化转型变革。深圳机场集团结合以“平安、绿色、智慧、人文”为核心的“四型机场”建设等政策要求，对标新加坡樟宜机场、伦敦希思罗机场、纽约约翰·肯尼迪机场、美国亚特兰大机场等国际一流机场，对大量旅客、航司、货运代理人、机场运营管理同行等不同群体进行访谈调研，通过 91 场访谈、198 场研讨会、31 场部门宣贯培训、7 场行业分享、1 次高层研讨、2 次高层汇报等主题活动，与各级单位的中高层和骨干人员深度互动，对客户关注的各项体验抽丝剥茧，归纳形成最佳体验的四大内涵：“快速”“便捷”“精准”“无感”（见图 2）。

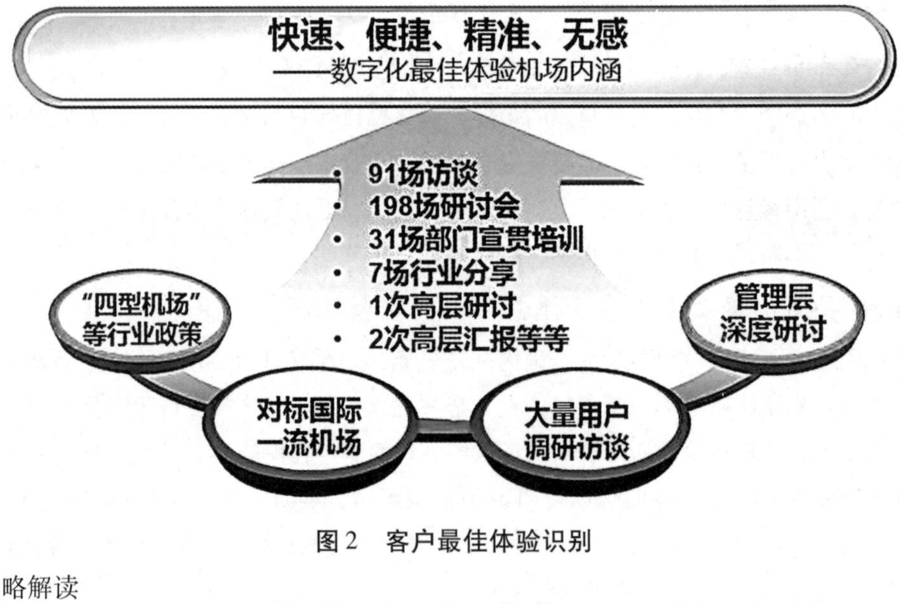

图 2　客户最佳体验识别

（1）战略解读

深圳机场集团以内外部相关规划报告为基础，分别从相应的业务领域解读国家政策、行业发展政策等上级文件，结合集团十三五规划、工作报告、专项规划等，深刻分析解读深圳机场集团未来几年的发展方向，收集并研读了从顶层的战略规划到底层的作业指导等 500 份相关文件，开展了 19 场公司中高层管理者访谈，对超过 18 份战略文件进度深度研讨和解读，充分识别出各业务领域对数字化转型的诉求，从而为数字化转型愿景、目标等关键环节提供输入。

（2）访谈调研

设计面向不同对象的访谈提纲并制定详尽的访谈计划，对大量客户进行用户意向和想法征求，同时制定面向管理层的线上调研问卷。共收回 49 份数字化成熟度评估有效问卷和 52 份 IT 满意度有效问卷，访谈覆盖高层、中层、骨干、基层等 110 人次，汇总形成 842 个访谈问题原始记录。

（3）行业及标杆机场调研

通过开展 IATA（国际航空运输协会）及民航院校的多场交流分享，调研广州白云机场、昆明长水机场、杭州萧山机场、上海虹桥机场、北京首都机场、香港国际机场等多家国内机场单位，举办机场及相关单位调研实践分享超 10 场，行业伙伴专题实践分享超 5 场，共同厘清旅客关注集中痛点及数字化转型核心问题，刷新并确认 70 多个问题痛点。见图 3。

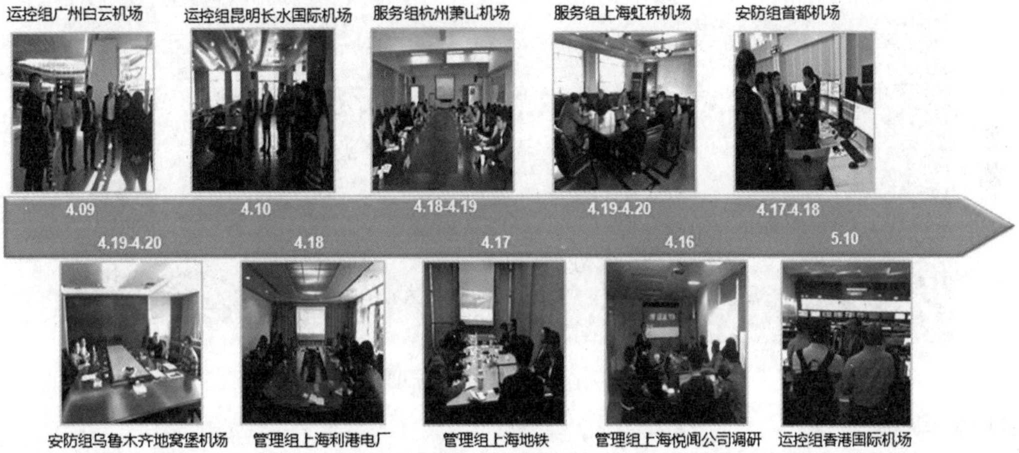

图 3　多方调研

2. 最佳体验内涵及衡量标准

从顶层设计考虑，聚焦数字化最佳体验机场建设目标，设立四大建设目标及顶层 KPI，具体见图 4。

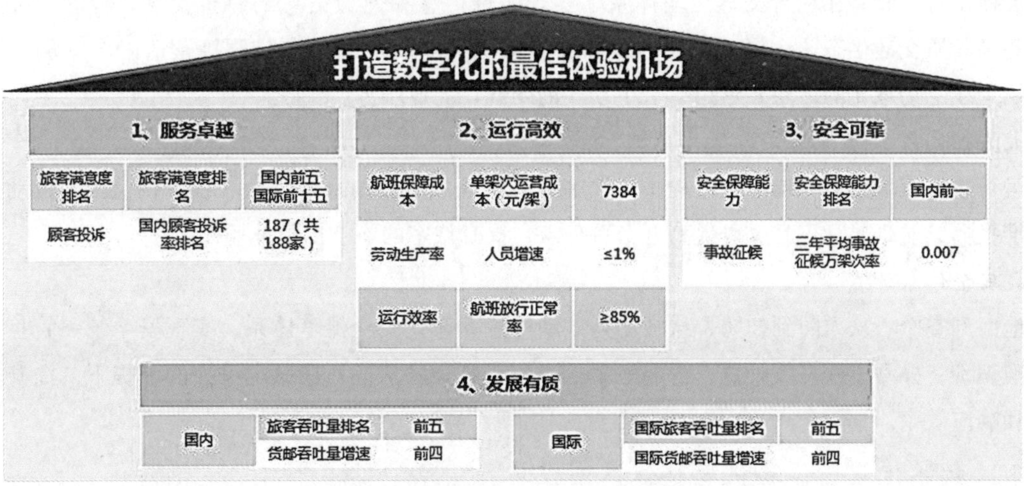

图 4　数字化最佳体验顶层 KPI

（二）数字化最佳体验机场顶层规划

深圳机场集团坚持规划先行，全面制定打造数字化最佳体验机场的总体蓝图。经过组建联合团队，抽调专业技术骨干，认真梳理分析，把机场主业总结提炼为大服务、大运控及大安全三大体系，将零碎的应用业务进行功能整合，构建大服务一条线、大运控一张图、大安全一张网。为了支撑这些业务，深圳机场集团通过云计算、大数据等新技术打造了云网协同的ICT基础架构，上线了万物互联的数据平台，引入世界级的科技企业，搭建了与业务合作伙伴持续创新的科技生态环境。

数字化最佳机场顶层规划见图5。

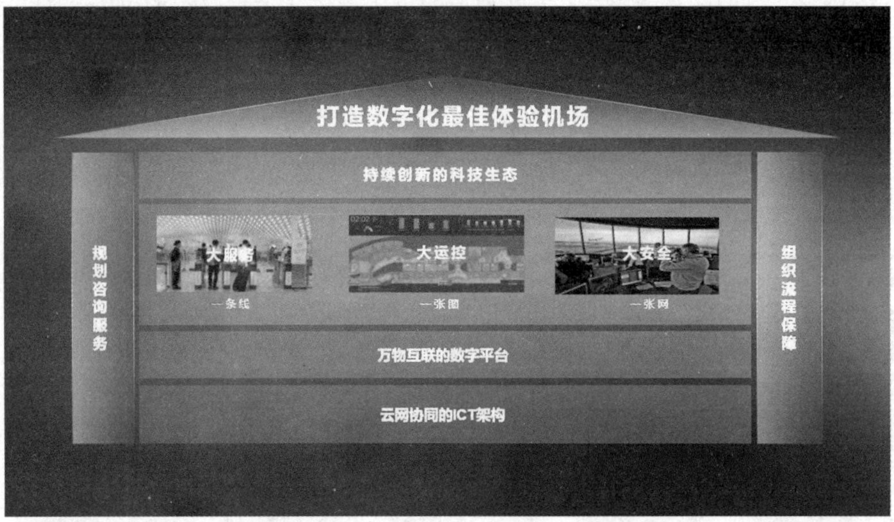

图5　数字化最佳体验机场顶层规划

主要内涵及解释如下：

1. 大服务体系

通过利用信息技术实现旅客出行关键触点的有效、实时数字化全联接，为旅客提供快速、精准、无感式服务；打造基于人脸识别的全流程自助服务，实现行李全程可视可跟踪，为旅客提供自主、自助、无感的便捷出行体验；在综合交通运输体系下实现航班信息和交通信息的有机交互，智能调配地面交通，构建高品质交通生态圈；探索机场数字商业新模式，以商户的全在线联接营造融合共赢的商业氛围，以线上线下场景化的体验式营销打造主动式的个性化商业服务。

2. 大运控体系

从运行数据获取到运行指挥全过程实现数字化，实现数据自动采集、全流程可视监控、自动预测预警和精准指挥，航班放行正常率可提高五个百分点，提升旅客的航空出行体验。

3. 大安全体系

从地面到空中、从人防到技防、从被动到主动构建立体化安全保障体系，实现安全统一管控，风险隐患精准识别，异常事件高效处置，智能联动，安全态势全局掌握，在稳定可控的前提下，提升安全处置效果和响应效率。

（三）数字化最佳体验机场整体蓝图设计

蓝图是引领最佳体验机场的旗帜。深圳机场集团以“打造数字化的最佳体验机场”为愿景目标，精心描绘深圳智慧机场新蓝图。一是按照“统一规划、统一建设、分步实施”的原则，布局适度超前的新

ICT 基础设施，实现资源整合、数据整合、应用整合，努力构建智慧机场建设的“深圳方案”；二是基于愿景目标和业务流程洞察业务差距，从业务流程重构入手，依托企业架构方法论，从整体规划、解决方案、企业架构、治理体系四个维度，描绘深圳智慧机场新蓝图（见图 6）。

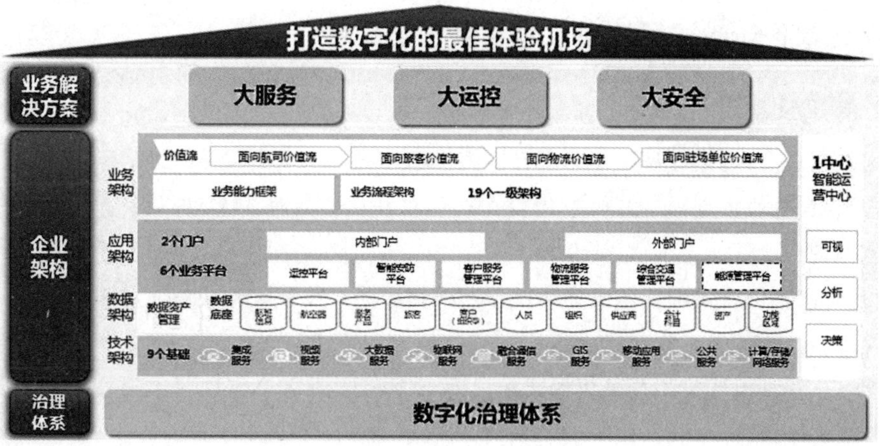

图 6　数字化转型整体蓝图

主要内涵及亮点如下：

项目根据企业架构方法论，设计深圳机场业务流程架构、数据架构、应用架构及技术架构（简称“4A 架构”）。4A 架构科学系统地梳理了机场的业务、数据、应用和技术框架，明确了相互之间的联系，为后续数字化转型和信息化项目开展提供了总体蓝图。

1. 业务流程架构

对机场业务进行系统梳理，基于对机场的业务分析，定义了 19 个流程类，84 个流程组，352 个流程，支撑业务效率、客户体验、运行安全和运作成本的持续运营优化。

2. 数据架构

对机场数据资产进行梳理，包括 14 大主题域分组、50 个主题域、402 个业务对象（含 11 个主数据），并定义 88 个关键业务属性的数据标准，统一数据源和数据标准，为加强数据管理、实现数据资产价值奠定基础。

3. 应用架构

系统描绘了未来信息系统框架，明确构建“1 中心”（智能运营中心）、“2 门户”（内部办公门户、外部连接门户）、“6 平台应用系统”（运行指挥平台、客户服务管理平台、智能安全平台、物流综合管理平台、综合交通管理平台、能源管理平台），共设计 17 个应用域、78 个应用组、288 个应用，有效实现系统贯通，避免数据孤岛，提升业务效率。

4. 技术架构

系统思考技术路线和技术平台，明确构建 9 个基础的技术平台，包括集成服务、物联网服务、视频服务、融合通信服务、大数据服务、GIS 服务、移动应用服务、公共服务、计算/存储/网络服务基础设施等，为业务数字化转型提供统一的技术基础，避免重复无效投资。

5. IT 和数据治理体系

整合搭建一体化的数字化管理组织，丰富数字化管理部门职能，加强业务与技术的统筹，使之真正成为强有力推动数字化转型的中枢，并加强 IT 人才配置和激励。同时，项目设计了数字化管理的详细流程，包括8个二级流程、26个三级流程，确保可操作、可落地。

在对服务、运控、安全等领域现状分析基础上，运用数字化转型方法论，基于14个业务场景，分别设计25个业务解决方案，并输出项目清单。

三、数字化最佳体验机场的建设过程及主要亮点

（一）主要建设过程

2018年1月，深圳机场集团携手华为，在国内机场中第一个全面、系统地启动数字化转型。

2018年7月，深圳机场集团智慧机场建设一期项目开工，共有34个项目，投资近6亿元，项目于2019年12月基本建成。

2019年4月，深圳机场集团智慧机场建设二期项目启动，共有65个项目，投资5亿元，项目计划于2020年12月完工。

2019年12月，深圳机场集团智慧机场建设三期（卫星厅弱电总包项目）开工，投资约9亿元，项目计划于2021年6月完工。

（二）建设过程主要亮点

深圳机场集团的数字化最佳体验机场建设过程中，前置条件和依赖关系互相交织，参与主体繁多，业务复杂，技术新颖，工期紧张，统筹协同难度大。深圳机场集团通过多种有效手段，有力管控了项目进度和风险，多个项目群齐头并进，成功达成了预期目标，总结如下（见图7）：

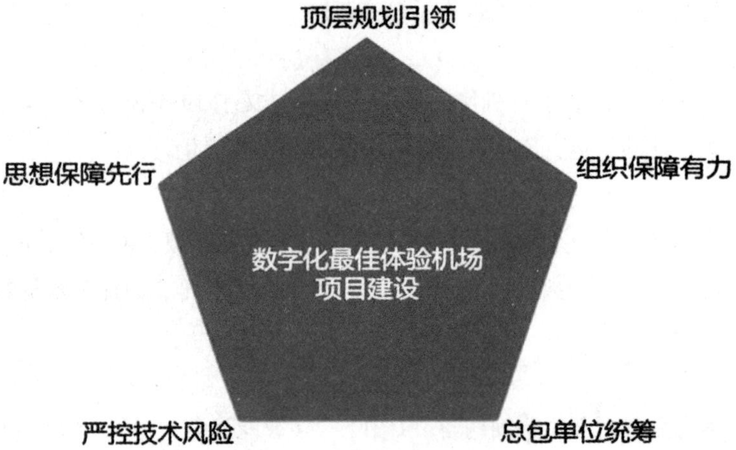

图7　五个建设亮点

1. 思想保障先行

人心齐，泰山移。首先，深圳机场集团将数字化转型作为集团党委重大调研课题，由集团董事长牵头成立数字化转型领导小组，反复研讨，提出了通过数字化转型建设数字化最佳体验机场的目标，使高层在认知上达成一致；同时，深圳机场集团在“十三五”中期战略调整中，提出“客、货、城、人、智”五大发展战略，把数字化转型作为五大战略之一。

其次是解决好业务和IT部门的认知问题。深圳机场集团聘请了华为团队进行管理咨询，抽调10多名业务骨干全程脱产与华为团队“零距离”工作，培养了超过100位数字化转型“金种子”人才；强化宣传培训，营造了全集团数字化转型的良好氛围；发布《深圳智慧机场数字化转型白皮书》，明确了数字化最佳体验机场的建设目标。

通过以上手段，深圳机场集团上下对数字化转型和数字化最佳体验机场建设的认知得到全面统一，心往一处想，劲往一处使，形成了共同推动项目建设的良性互动局面（见图8）。

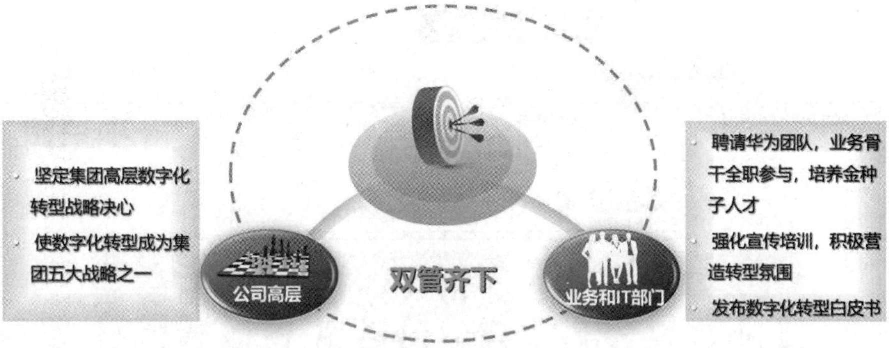

图8　认知统一

2. 顶层规划引领

深圳机场集团用了近一年的时间，对组织架构、业务领域、信息系统和运行流程进行了全面梳理，在此基础上以“打造数字化的最佳体验机场”为愿景，系统规划了项目建设的蓝图、目标任务和实施路径，围绕服务、运控、安全三大业务，提出了构建“大服务”“大运控”“大安全”三大业务体系的整体目标。

按照“统一规划、统一建设、分步实施”的原则，深圳机场集团提出“三步走”分期建设的思路（见图9），有序开展相关项目建设。

第一期项目定位是“打基础、补短板、建平台”，在全面补齐基础设施短板的同时，探索云计算、大数据、人工智能在服务、运控和安全上的应用创新；第二期项目定位是“建体系、聚生态、上应用”，主要围绕服务、运控、安全，集中新建和升级改造一批重点应用项目；在全面评估一、二期建设成效的基础上，以T3卫星厅投运为目标，实施第三期项目，基本实现“打造数字化的最佳体验机场”目标。

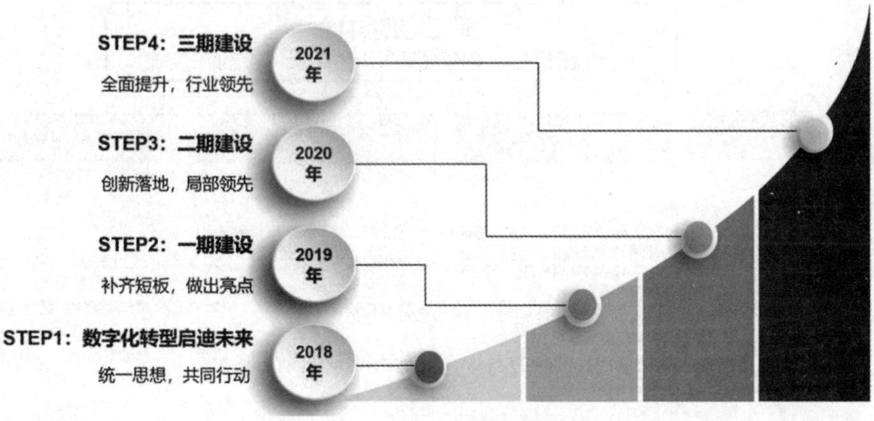

图9　三步走分期建设思路

3. 组织保障有力

面对如此多的项目、如此多的参与主体、如此多的交叉，深圳机场集团的第一项措施是率先实施IT组织变革，为项目的大建设提供组织保障。深圳机场集团按照“规划、建设、运维一体化”的思路，将原本分散在不同单位的IT组织和人员进行整合，组建集团数字化管理中心，实施一盘棋管理。第二项措施是成立跨职能、跨单位的矩阵型项目组织，由集团高层直接领导，将项目的所有相关单位和干系人纳入同一个组织体系内，在组织内进行议事、协调和决策，极大降低了沟通难度和协调成本，提升了项目推进效率（见图10）。

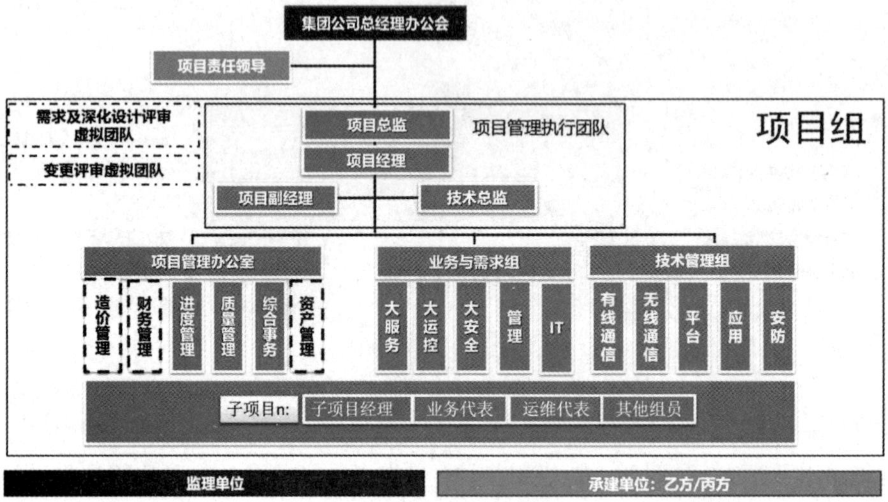

图10　项目组织架构

4. 严控技术风险

深圳机场集团秉承深圳创新的基因，充分利用深圳城市高科技创新优势，积极应用大数据、人工智能、视频分析等IT新技术。但同时，深圳机场集团在技术选用上始终结合实际，坚持适度超前，尽可能选用成熟或已趋近成熟的技术和产品，不盲目追求新技术，从而牢牢控制住技术风险，确保了项目进度和投产后的稳定性。另一方面，对于全新技术和产品，深圳机场集团建立了联合创新机制，与华为等单位成立了联合创新实验室（见图11），在实验室对新技术、新产品进行充分测试验证，成熟后再规模部署。如机位智能分配等项目，先期在实验室孵化1年后，最终成功以项目形式落地的创新成果。

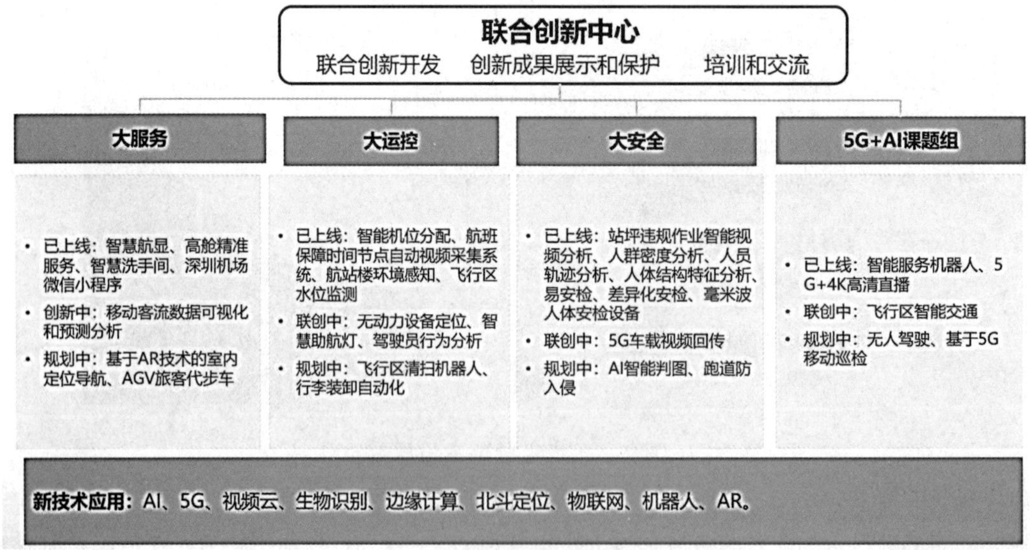

图11　联合创新实验室

5. 总包单位统筹

深圳机场集团坚持“招大标、招大商、招能商”的采购模式和“总设计、总承包、总监理”的建设模式（见图 12），与华为、腾讯等世界一流高科技公司加强合作，将打造数字化最佳体验机场的近百个项目，作为一个整体来集成建设，实现了统一架构、统一平台、统一管理。深圳机场集团通过总包单位进行项目抓总，统一对项目负责和兜底，减少了沟通界面，极大降低了业主单位的管理难度，确保了近百个项目在齐头并进的同时步伐不乱、进度不慢、沟通顺畅。

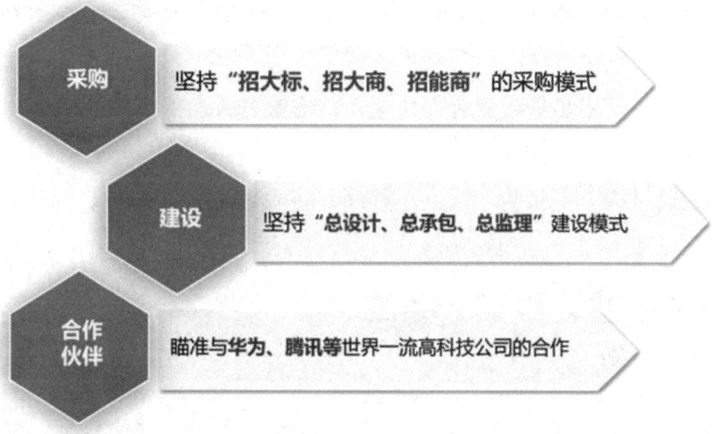

图 12　建设模式

四、“数字化最佳体验机场”模式介绍

数字化最佳体验机场从客户感知出发，紧密围绕客户体验感知进行规划及设计，从大服务、大运控、大安全三大业务领域进行系统规划，并通过组织流程保障、规划咨询服务、科技生态、数字平台、基础架构等多种方式支撑最佳体验机场的落地。数字化最佳体验机场业务全景图见图 13。

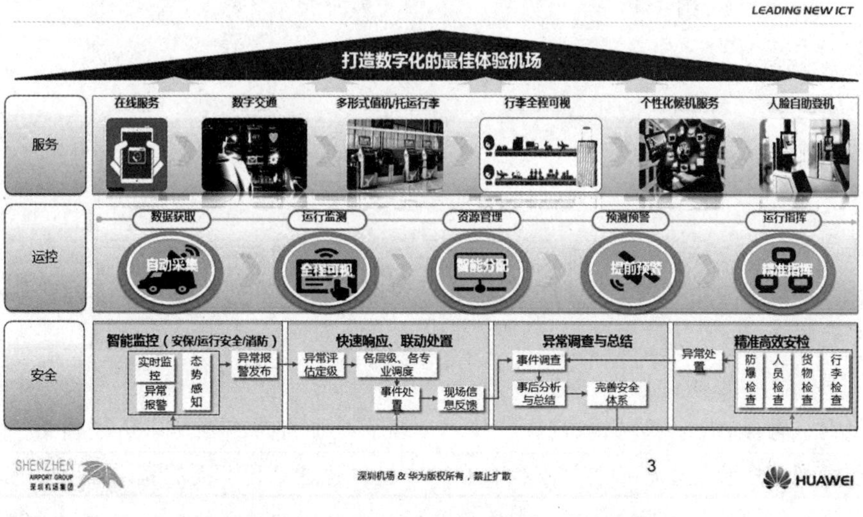

图 13　数字化最佳体验机场业务全景图

具体规划亮点介绍如下：

大服务：以旅客流为核心，通过线下一张脸、线上小程序，将旅客出发、中转、到达一线串通，实现服务一条线。

大运控：以航班流为核心，构建智能、高效的大运控体系，通过运行一张图实现数字化最佳体验机场高效运营。

大安全：基于数字化最佳体验机场新ICT基础设施，以全场景为目标构建安全一张网实现风险隐患精准识别、异常事件高效处置、安全态势全局掌握。

（一）出行一条线，提升顾客快速、精准体验

1. 传统出行管理主要问题

对出行服务缺乏系统规划，旅客通关流程繁琐，等待时间长，体验差；服务资源不足，服务设施自助化程度低；缺少对旅客信息的系统收集及精准分析，无法在各个服务环节对不同类型的旅客提供有效的、精准的个性化服务。以上不足导致旅客在快速及精准服务方面的体验感较低。

2. 大服务业务全景：出行一条线

以旅客流为核心，通过线下一张脸、线上小程序，将旅客出发、中转、到达一线串通，实现服务一条线。大服务业务全景见图14。

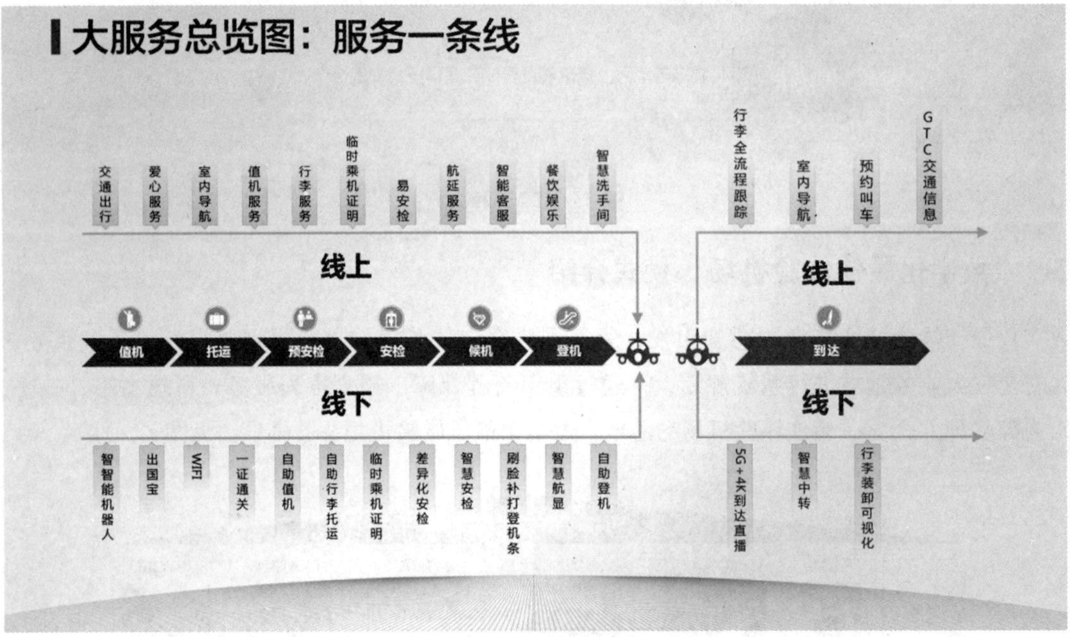

图14　大服务业务全景图

3. 主要解决方案

通过自助化智能设施为旅客打造便捷出行，提升快速体验；通过个性化、多元化的全方位精准服务，提高旅客幸福指数。

（1）线下一张脸，无感畅行

基于数字平台，融合AI、大数据和视频云技术，线下一张脸为旅客提供机场出行“全流程，全环节”服务：刷脸值机、刷脸托运、刷脸预安检、刷脸安检、智慧航显、高舱精准服务、催促登机和刷脸登机等八个业务子系统的服务。旅客服务向个性化升级，通过商业服务转型，变革出行模式，改善出行体验。旅客在机场的每一个环节，都用人脸作为OneID，实现无感畅行。具体见图15。

图 15　基于人脸识别、差异化安检、自助服务等实现一张脸自助走遍机场

线下一张脸背后是八个子业务系统的流程打通，而最具挑战的是八个子业务系统的数据异构以及对人脸识别算法要求不统一。数字平台通过数据融合解决以上问题，支撑八个子业务系统的通用视频能力开发，通用的视频能力，满足不同业务子系统对人脸算法的要求。

（2）线上小程序，精准个性

深圳机场集团通过微信小程序实现了全方位的线上服务。微信小程序按照出发、中转、到达以及访客四类服务群体的不同服务需求，打通线上线下功能，将旅客信息与大数据结合，通过旅客画像，在线上服务中对不同旅客群体进行智能识别，提供交通出行、差异化安检（易安检）预约、在线值机、临时电子乘机证明、智能客服、室内定位导航等 35 个功能模块，全方位提供个性化精准服务；通过先进的 AR 室内导航技术，为旅客提供全场景的精确定位服务；结合线下服务机器人打造线上智能客服；全面提升旅客出行体验和人文关怀。具体见图 16。

图 16 深圳机场微信小程序

4. 出行一条线主要亮点介绍

深圳机场集团针对旅客出行各环节进行线上线下、全链条数字化改造，通过线下一张脸、线上小程序，倾力打造“服务一条线”，让旅客出行体验更便捷。主要亮点如下：

（1）线下一张脸服务，提升快速体验

①自助值机

投入自助值机设备共 107 台，其中国内 83 台，国际 24 台，实现除春秋航空外，所有国内航司均可共享值机，为旅客提供了一站式自助值机办理服务；2019 年旅客自助值机比例超过 77%，并荣获 IATA“2019 年度场外值机最佳支持机场”大奖。

②自助行李托运及可视化跟踪

以行李全程可视为核心，通过集成行李信息的相关系统、应用 RFID 等物联网技术，实现行李信息自动收集、分拣自动处理，运输状态关键节点实时可视。

在行李自助托运方面，深圳机场改造 36 套自助行李托运柜台，部署离港 EMD 系统实现一站式逾重行李缴费网上支付功能；在行李跟踪服务方面，与东方航空合作，融合 RFID 技术率先实现行李全流程跟踪商用服务，深圳-浦东、深圳-虹桥、深圳-西安、深圳-武汉四条航线的进出港旅客，可实时查询托运行李的状态，并正在进行规模化应用推广。

行李可视化业务设计见图 17；自助行李托运见图 18。

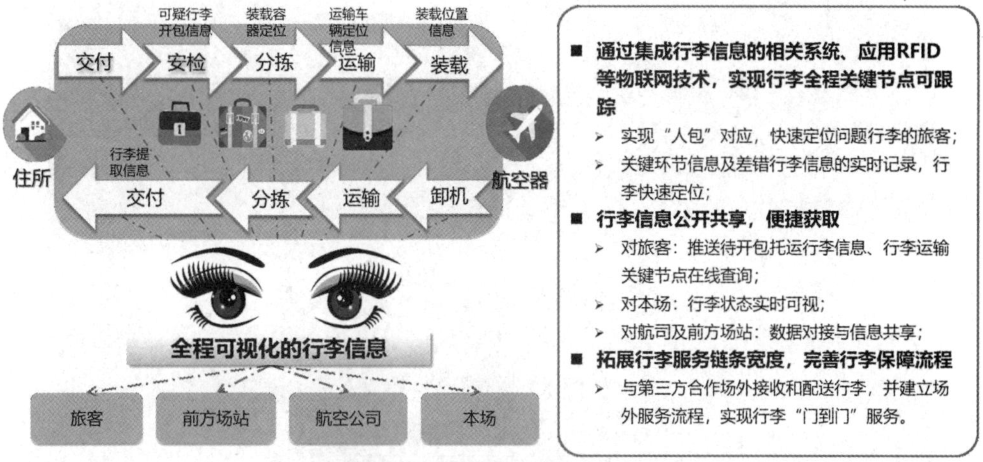

图 17　行李全程可视解决方案

图 18　自助行李托运

③差异化安检（易安检）

深圳机场的差异化安检是一种创新安检模式，根据旅客安全信用记录进行旅客分流。对安全信用记录较好的常旅客，系统会提示进入易安检通道（见图 19），旅客可享受笔记本电脑等随身行李物品不再需取出开包检查的安检服务。

目前，已有近百万名信用记录良好的常旅客享受了快捷安检服务，较普通的旅客安检过程缩短近40%，快捷通道放行效率比普通安检通道提升 60%，旅客过检体验提升效果显著，充分体现了“安全性”向“高安全+高效率”的转变。

图19 基于旅客信用的易安检服务

④智慧安检通道

采用人脸识别、自动回筐、毫米波等先进技术让旅客过检变得更快速、更简洁（见图20）。目前，已经安装了14条通道，放行率达到230人/小时，最快3秒通关，大大提升了工作效率，增强了旅客的出行体验。

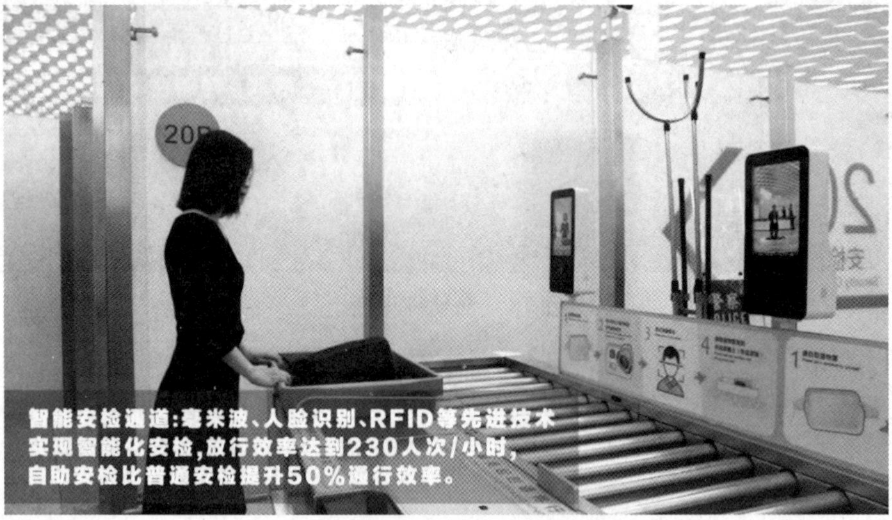

图20 智慧安检通道

⑤智慧航显

为了避免旅客长时间等待航显屏翻页显示寻找所乘航班，智慧航显设备通过人脸识别旅客，直接调取旅客乘坐航班信息，优先在屏幕上显示，大幅度提升服务品质。

⑥自助登机

采用人脸识别技术，与安检信息系统联动，实现刷脸自助登机（见图21），同时支持刷证或扫码自助登机，率先实现“五合一”通关（包括纸质登机牌、身份证、刷脸、电子身份证/临时乘机证明以及电子登机牌），并已安装单门双通道自助登机设备34套，简易刷脸登机设备81套，国内自助登机覆盖率

100%。系统上线使用后，平均每位旅客 1 到 2 秒完成自助登机，实现登机效率翻倍。

图 21　自助登机

⑦行李装卸可视化

旅客在行李转盘处可以直接查看到行李装载、卸载的全过程和当前行李的状态（见图 22），在规范工作人员操作的同时缓解旅客等待焦虑。

图 22　行李装卸可视化

⑧5G 航班直播

运用 5G+4K 的高清摄像头，让接机的旅客能够在航站楼内直观地了解飞机起降动态，缓解旅客焦虑感，增强感知度。

（2）线上小程序，提升精准体验

通过微信小程序，打通线上线下功能；通过旅客信息与大数据结合，实现旅客画像；通过 35 个功能模块，全方位提供个性化精准服务。以下选择主要服务模块进行重点介绍。

①交通出行

结合大数据分析依据当前用户画像数据和在线地图精准判断旅客的地理信息，为旅客提供最优的出行路线。

智能交通解决方案见图 23；技术方案见图 24。

②爱心服务

为特殊旅客提供陪护、电瓶车接送等便民服务，实现无纸化预约，节省旅客线下申请的时间，提高满意度。

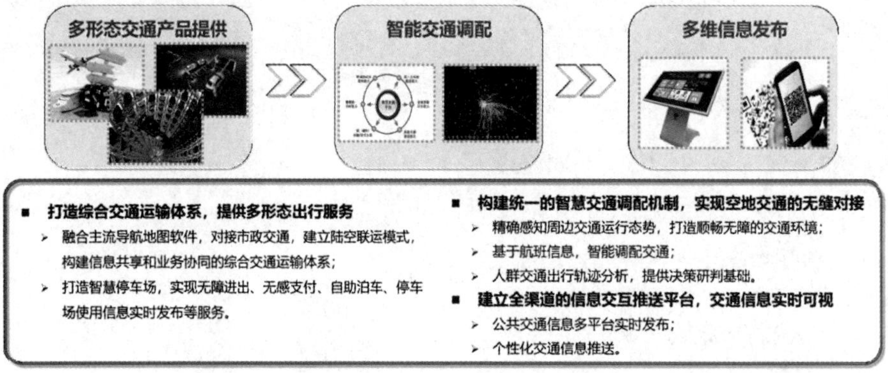

图 23　智能交通解决方案

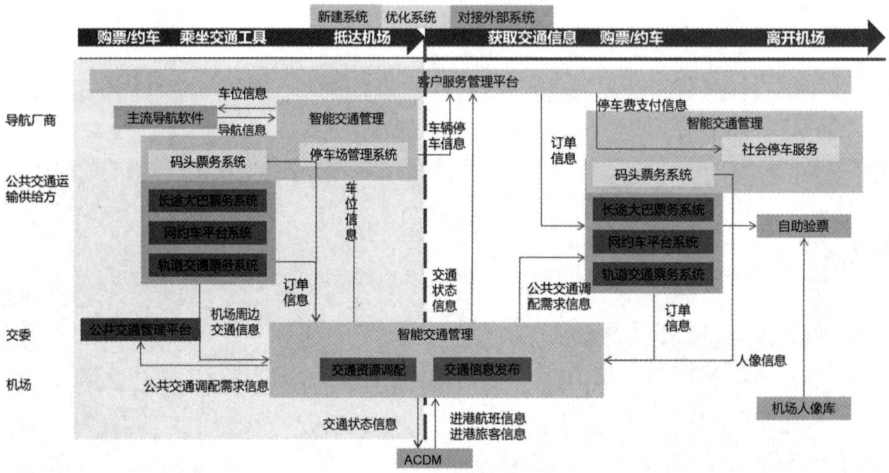

图 24　智能交通技术方案

③智能客服

使用当前互联网行业顶尖文字和语音识别技术，结合机场海量的服务场景及语音资料，缓解地服工作人员压力，提高回复率，用科技代替人力，提高满意度。

④室内导航

结合旅客动线，实现室内一站式的值机-安检-登机的位置引领，帮助旅客快速找到所需位置。

⑤航延服务

通过小程序订阅消息精准推送航延信息，发送航延餐、航延酒店等服务安排。

⑥旅客服务平台

结合微信实名认证和机场安检数据，平台智能分析旅客出发、到达、中转动线过程中信息，并推荐相关服务，提高旅客满意度。

通过大服务体系建设，深圳机场在 2019 年成为全国投诉率最低的机场之一，ACI 旅客满意度全球排名由第 12 位上升到第 11 位，连续四年获得 CAPSE（民航服务测评）最佳机场荣誉，并荣获 IATA“2019 年度场外值机最佳支持机场”大奖。

（二）运行一张图，提升客户便捷体验

1. 传统机场运行主要问题

因为缺乏信息技术的支撑，以往机场无法对航班流与机场运行整体态势实时监测与监控，无法为指挥人员提供科学决策依据；运行资源调配以人工手动为主，费时费力，保障被动，资源利用效率低；车辆、人员、航空器等关键资源弱联接、状态信息手工或事后补录，导致数据不精准，资源分配不合理，机场整体运行效率不高。

2. 大运控业务全景：运行一张图

以航班流为核心，构建智能、高效的大运控体系，通过运行一张图实现了机场高效运行。大运控业务全景见图25。

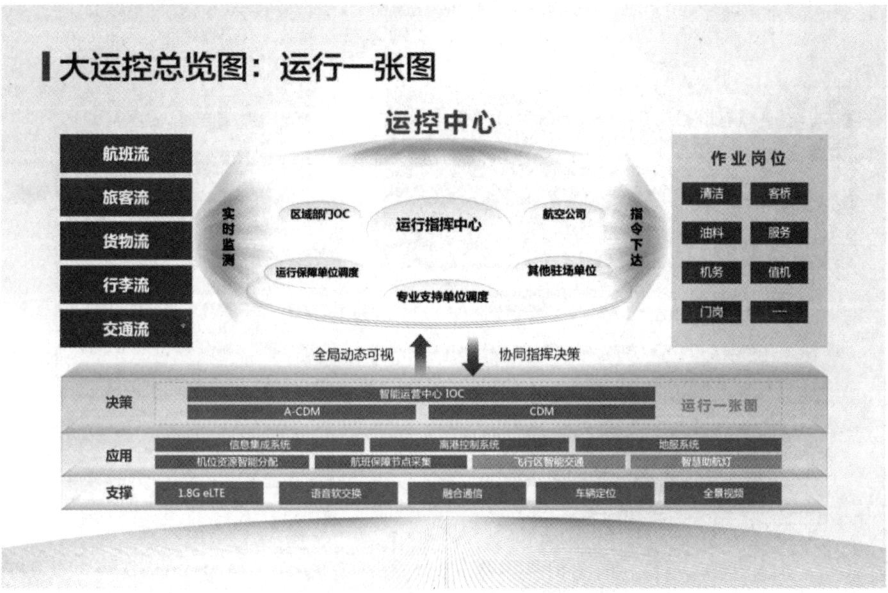

图25　大运控业务全景图

3. 主要解决方案

大运控的目标是建立机场集中指挥、分层管理、整体联动、协同决策的运行指挥模式。

以业务流程管理为驱动，将人员、车辆等保障资源全连接，通过自动、实时、准确的数据采集和交互，支撑跨单位跨部门跨区域高效协作的运行指挥。

以1.8G eLTE、语音软交换、融合通信、全景视频为支撑，结合信息集成系统、离港控制系统、智能机位分配、航班保障节点采集等应用系统，在智能运营中心（IOC）、A-CDM、CDM上呈现，最终实现航班流、旅客流、货物流、行李流、交通流的实时监测，并能将指令直接下达给一线作业岗位，实现跨部门的高效协作。

以航班流为核心构建运行一张图，打造机场运控大脑，构建未来机场的综合指标体系，支撑从传统AOC到未来全面机场管理（TAM）的平滑演进。

以IOC为牵引，通过运行一张图实现了未来机场运营管理中心对空侧、陆侧及地面交通全局可视、精准预测、多域协同，提升指挥调度水平，提高资源利用效率、航班保障效率和航班正常性。

航空器保障全程无缝衔接解决方案见图26；航班保障节点数据的自动采集解决方案见图27。

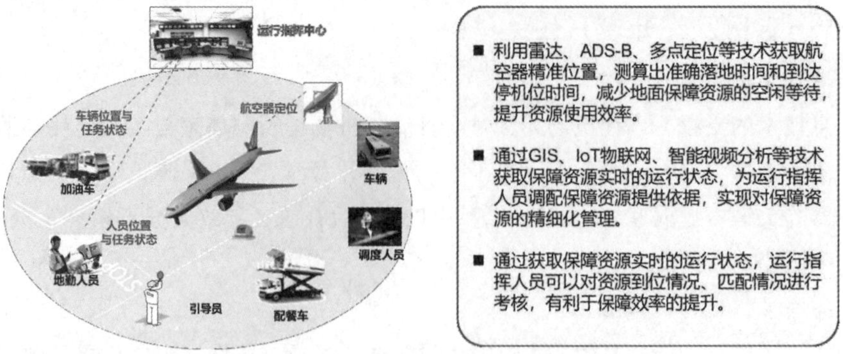

图26　航空器保障全程无缝衔接

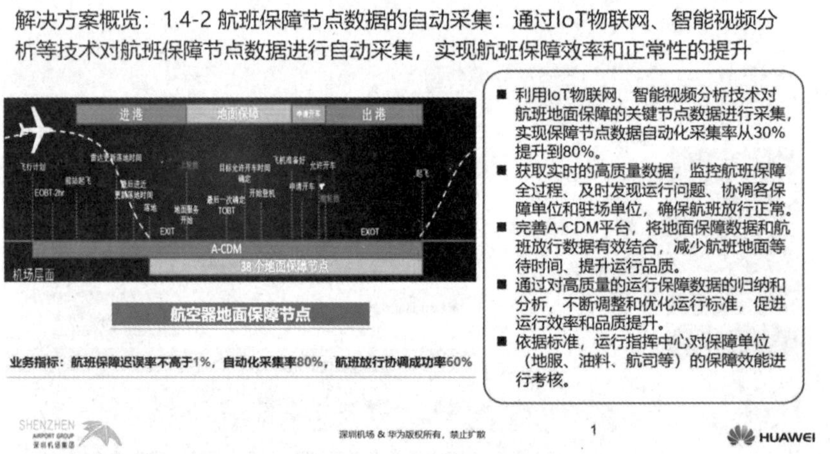

图27　航班保障节点数据的自动采集

（1）全局可视，打造运行一张图

打造物理与数字机场两维一体一张图可视：机场全景视频拼接，安全全域监控，实现物理可视全视野；机场IOC、航班保障节点采集实现数字可视更全面、更精准。

（2）精准预测，实现资源智能分配

基于全域大数据和AI智能分析能力，实现指标、动态精准预测，打造机场运行综合指数体系；机位、登机口、安检口等全域保障资源实现智能分配和最优调配，保障运行更高效，领导决策更精准。

利用数字平台的跨平台、跨机构、跨域的大数据融合优势，IOC充分挖掘空管、航司、机场等各领域数据价值，结合行业经验，进行数据建模及人工智能分析，使多维数据碰撞，让数据产生新的价值，催生业务创新。

（3）多域协同，确保运行高效安全

基于ICP、IoT及5G、1.8G eLTE、多点定位等新技术，打通空侧、陆侧、地面多域全面协同：航空器流运行协同，地勤车自助协同，地勤保障可视化协同，应急处置会商信息协同，使运行更高效、更安全。

4. 运行一张图主要亮点介绍

通过智慧机场建设，深圳机场对各个运行环节进行数字化改造，率先建设高效协同的大运控体系，以IOC为牵引，以航班流为核心，构建机场运控的大脑，打造运行更高效、决策更协同“运行一张图”。主要亮点如下：

（1）智能运营中心（IOC）

飞行区全景视频系统保证了航空器机坪管制业务的顺利接管，IOC 实现业务流全程可视、态势全局感知。IOC 解决方案见图 28；IOC 运行大屏幕见图 29。

IOC 打通 20 多个与运行相关的业务系统数据，提供全国航路监控、终端区监控、地面运行监控等 8 张视图，同时通过 3D 建模，实现对机坪全场面监控。该系统为机坪管制、空管塔台、运行指挥以及安全保卫提供可视化的信息服务，实现多方高效协同。

IOC 将航班、旅客、资源、场面等指挥员所需的信息全部整合融入到一块大屏上进行统一展现，便于指挥员通过此屏幕实现全局可视、精准决策。该块屏幕上还能提供航路监控、航班运行、机坪运行、航站楼运行、旅客服务等视图，实现“一个航班一个航班地盯，一个环节一个环节地抓”。

（2）通讯系统

1.8G eLTE 无线专网，该系统覆盖全场区，是迄今为止全球规模最大的机场专用宽带集群网络，实现场区通信一网一终端，构建集语音、视频、数据和定位于一体的无线通信平台。

语音软交换系统，采用高可靠的软交换核心设备实现 IP 交换，支持与其他通信系统互联互通；桌面大屏智能话机能满足视频通话、视频会议等多种需求。

融合通信平台，采用纯 IP 化技术方案，实现语音软交换、内通对话系统、1.8G eLTE 无线集群及视频会议系统间的互联互通，用户可跨网通讯，满足多样化业务需求。

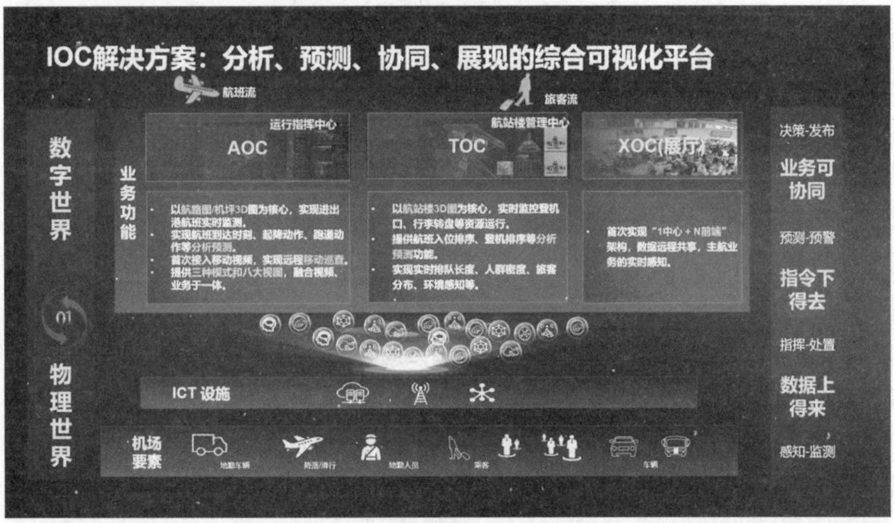

图 28　IOC 解决方案

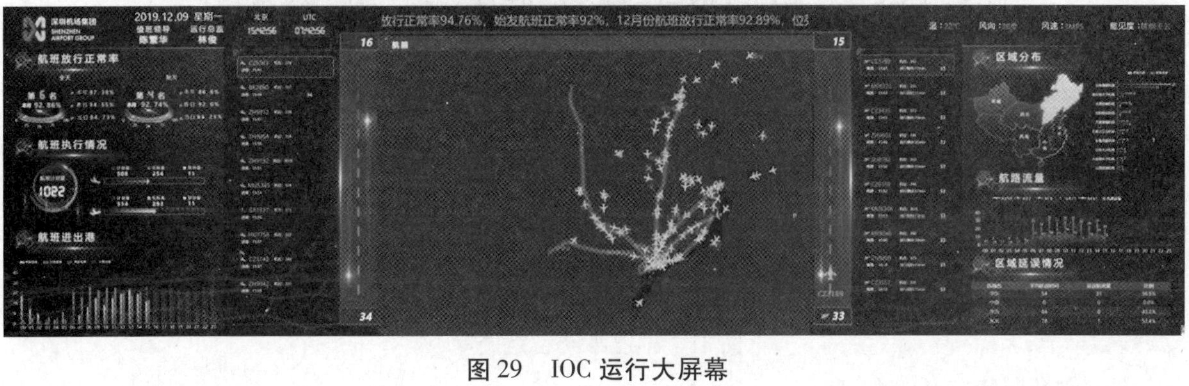

图 29　IOC 运行大屏幕

（3）CDM 协同决策、A-CDM 协同决策

CDM 作为空管协同决策系统，A-CDM 作为机场协同决策系统，两者相互配合，可以提早预警不利条件的发生和发展，提升机场的协同指挥能力。

A-CDM 系统汇集地服、集成、离港、空管等系统数据，进行实时数据分析和挖掘，以可视化的形式展现航班运行全流程状态，为 5-10 分钟即将出现放行不正常的航班的精细化管控提供手段，系统上线后放行正常率提升 5.6 个百分点。

A-CDM 协同决策系统见图 30。

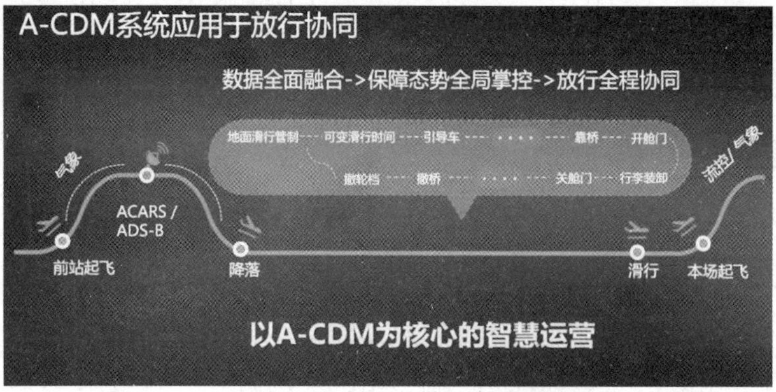

图 30　A-CDM 协同决策系统

（4）机位智能分配

人工智能机位分配系统将 60+运行规则，融入 AI 算法策略，实现机位自动化、智能化分配，提升靠桥率的同时最小化机位及滑行冲突，助力机场资源分配全局最优化，在保证地面运行安全的基础上提高运行效率和旅客满意度。通过该系统，对 1000+航班机位批量分配只需耗时 1 分钟，并支持 10 秒级动态刷新，速度快，可以使近机位靠桥率提升近 10 个百分点，全天廊桥周转提高接近一个架次，平均每年增加 200 多万旅客可以享受近机位服务。

（5）智能地服

地服系统（见图 31）是航班运行的核心信息系统，彻底改变传统地服通过语音对讲进行地服人员和车辆调度作业模式。

该系统可以实现智能调度、任务管理、保障监控、跨部门协同等多种核心功能。地服作业系统通过 2000 余部手持智能终端，实现航班动态、电子工单和调度指令的“掌中在握、指间可达”。目前地服应用范围涉及二十多个业务部门，实现了地服作业的高效协同。

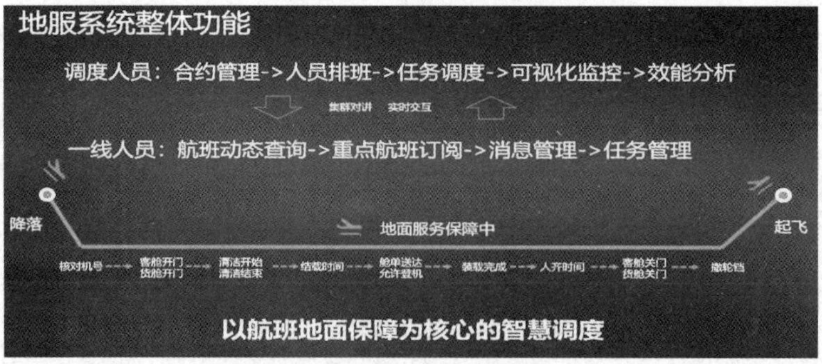

图 31　地服系统智慧调度

（6）航班保障节点自动采集

过去，航班保障节点数据采用人工报告、后台录入方式采集，此系统采用视频 AI 分析技术，实现航班入离位、客舱门开闭、客梯车靠撤等 10 余个航班保障节点时间的自动采集，时间偏差不超过一分钟，准确率达 95% 以上，未来可实现 18 个节点时间采集以及与 A-CDM 系统的对接（见图 32）。

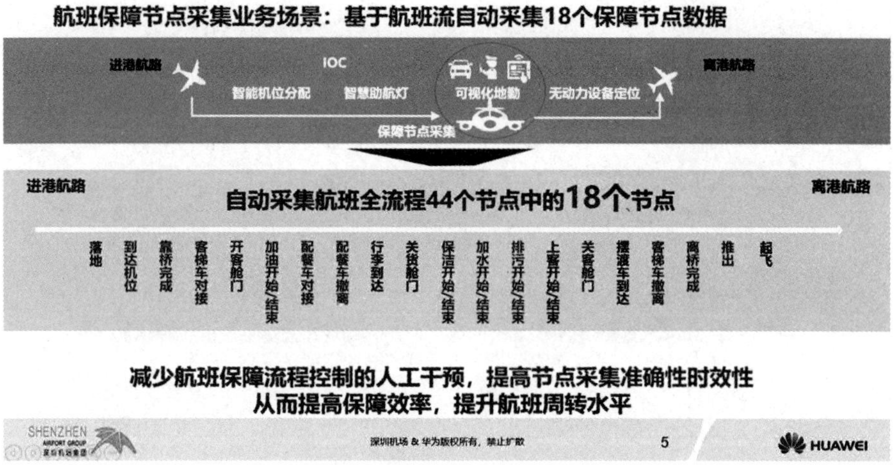

图 32　航班保障节点时间自动采集

（7）机坪车辆定位

基于地理信息系统搭建，实现车辆和飞机数据可视化监控、车辆运行风险预警等。目前已实现了 800 辆车的实时精准监控，正在接入所有驻场单位车辆数据，共计约达 2000 多辆。

通过大运控体系的建设，深圳机场整体运行效率和运行效能大幅提升，2019 年航班放行正常率 87.8%，同比提升 2.6 个百分点。排名全球大型机场出港准点率第六名，历史性首次实现航班正常率连续 19 个月超过 80%。

（三）安全一张网，提升顾客无感体验

1. 传统机场安全主要问题

过去，机场安防体系存在诸多短板和缺陷，如：部分安防摄像机采用模拟标清摄像头，图像画面模糊，存在监控盲区，不满足 90 天存储要求；安防各系统孤立、封闭，响应迟缓；分区而治，没有联动；被动安防，事后追溯难等，无法实现风险有效防控及异常事件高效处置。

2. 大安全业务全景：安全一张网

基于智慧机场新 ICT 基础设施，以全场景为目标构建安全一张网，实现风险隐患精准识别、异常事件高效处置、安全态势全局掌握。大安全业务全景见图 33。

图 33　大安全业务全景图

3. 主要解决方案

局方《民用运输机场安全保卫设施》（MH/T7003－2017）标准对安全管控能力提出了更高的标准，要求对机场的安全态势进行全局化、可视化管理。

深圳机场以安全控制中心（SOC）（见图 34）为牵引，从地面到空中、从人防到技防、从被动到主动构建立体化安全保障体系，实现安全一张网。

图 34　智慧机场安全保卫控制中心（SOC）

为实现安全一张网，部署了 1+4 智能安防管控系统（一个一级集中管控系统和四个二级大区域管控系统）。在大安全领域，按 4 大区域实现了两个整合，首先是视频改造并整合，将约 20 个系统的 9500 多路模拟摄像机改造为数字高清摄像机，所有视频监控都在一张网内，在一个平台上可视。其次是将视频监控、门禁管理、隐蔽报警、围界等安防相关子系统进行整合，实现子系统之间的协调联动。利用智能视频分析技术，应用在人员布控、人员轨迹查询等场景，实现联动、智能、精准化安防。同时打通了与公安的视频信息，基于“一张网”呈现机场全局安防态势，以实现安全管理全局化、可视化的需要。系统方案架构见图 35。

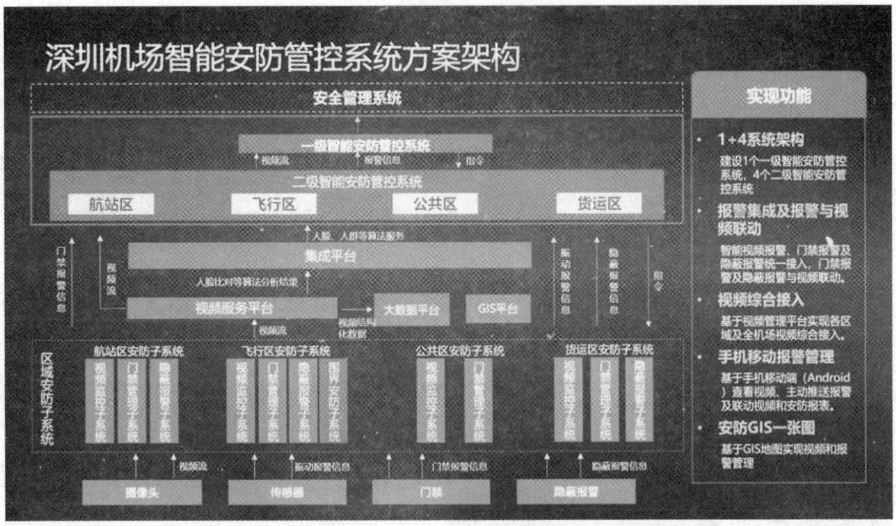

图35　安全管控系统方案架构

4. 安全一张网主要亮点介绍

以全场景为目标，以机场安全保卫控制中心（SOC）为牵引，部署了1+4智能安防平台，实现视频监控、门禁管理、围界报警等安防业务系统的统一管理和协调联动。主要亮点如下：

（1）智能安防管控系统

智能安防管控系统（见图36）是构建“安全一张网”的核心系统，通过智能安防管控系统将机场各区域的视频监控、门禁管理、围界报警等子系统进行整合，让航站区、飞行区、公共区和货运区4个区域的全局安防态势能够在“一张网”上呈现，实现监控资源全网共享、全域覆盖、全程可控，当出现异常安全报警事件时，管理人员能够根据视频画面分析，第一时间采取相应措施。

图36　智能安防管控系统

（2）航站区

①人群密度分析

通过该系统对航站楼重点区域人群密度实时检测，超过设定阈值会弹窗告警，后台人员就可以通过视频画面来判断是否需要采取应急措施（见图37）。

②智能寻人服务

在航站楼内关键路口安装摄像头，通过人脸识别方式，快速寻找特定人员。例如，当值机人员发现旅客未及时登机，可通过调取该旅客行走轨迹，精准找到旅客位置，通知其登机，不再需要区域广播大范围寻找。当某些特殊情况下未抓拍到人脸时，还可通过旅客的穿着、形体特征、行走轨迹进行搜寻（见图38）。

③3D自动巡航

利用三维视频技术，将虚拟场景和现实融合，对航站楼内出发大厅进行7＊24小时全场景自动巡航，对各类事件进行全程可视化管控，解决以往人力巡视弊端。

图37　人群密度分析

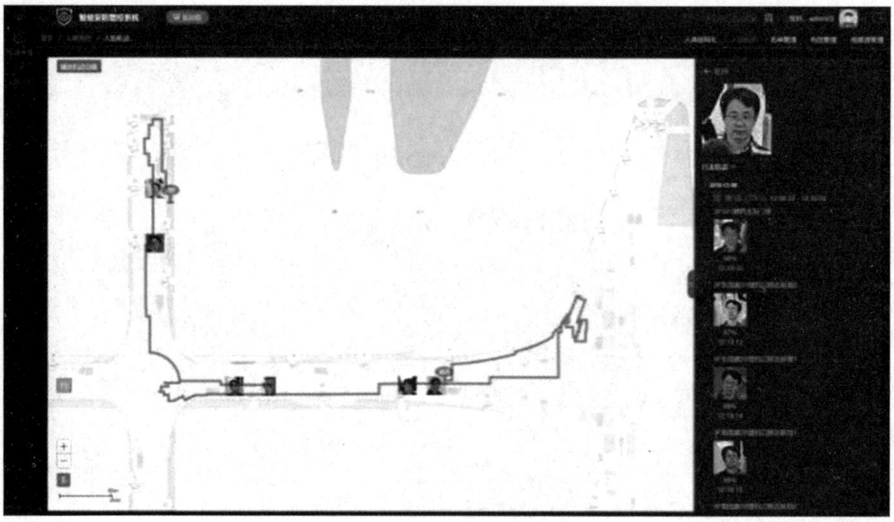

图38　智能寻人服务

（3）飞行区

①3D全景视频

为解决原塔台对飞行区跑滑区域、近机位监控等盲区监测不全和因天气原因人眼监测不全的弊端，在站坪设立4根38.5米单管塔，安装40台4K高清摄像头，采用全景视频技术，实现飞行区全场景可视化，代替物理塔台。系统支持全场景历史回溯，便于调度人员对异常事件进行回查。

②智能围界安防

围界安防系统（见图39），集成报警、视频、灯光、广播等子系统，能够对机场28公里围界进行无盲区、全天候、智能化覆盖。通过振动传感器+视频监测报警技术，帮助后台人员第一时间监测异常报警情况。该系统报警定位精度可达到3米以内，替代以往人力巡查方式，极大提高效率。

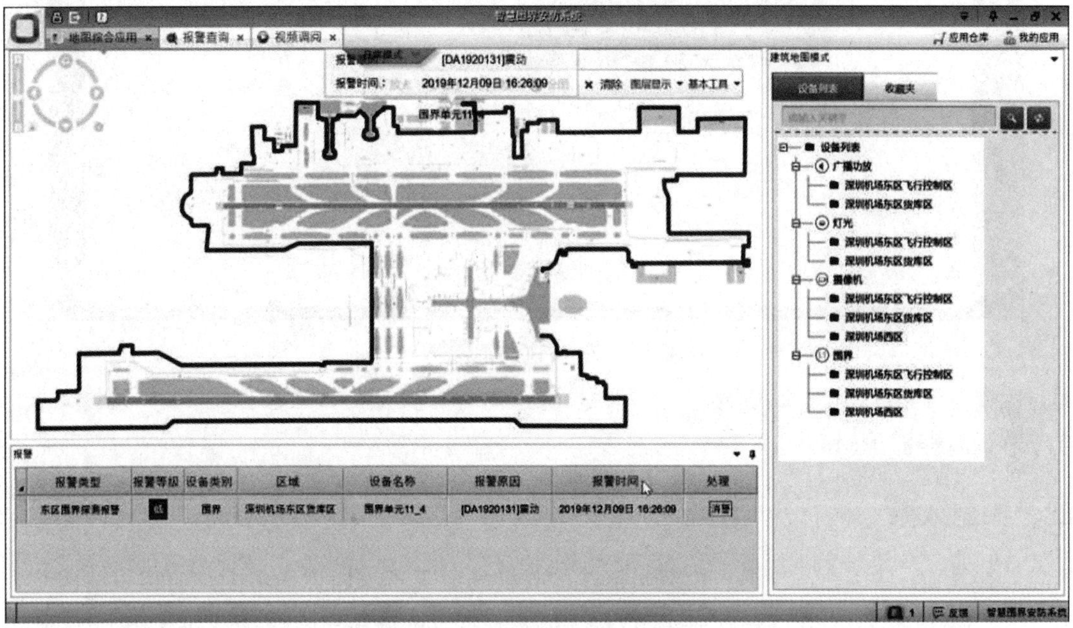

图39　智能围界安防系统

（4）公共区

公共区三维全景视频系统基于三维GIS的视频融合技术，将零散监控画面有效整合，实现航站楼离港平台三维全景展示，一键联动，快速捕捉车辆细节。

①道路3D巡航

对离港平台分立各处的摄像头进行整合，进行全场景展示，用第一人称的视角7＊24小时不间断巡航，便于调度人员直观准确掌握现场情况。

②离港平台全景

该系统可以对航站楼外的离港平台车流密度进行实时监测，准确率达到95%以上，当发生车流拥堵等情况时，后台人员可以及时调配人员疏导，减少人力巡视的同时提高效率。

（5）货运区

车辆轨迹追踪

与航站楼内智能寻人相同，此系统是对货运区车辆车牌进行抓拍，实现货运区车辆行驶轨迹查询，便于对违规事项调查时，进行回访取证（见图40）。

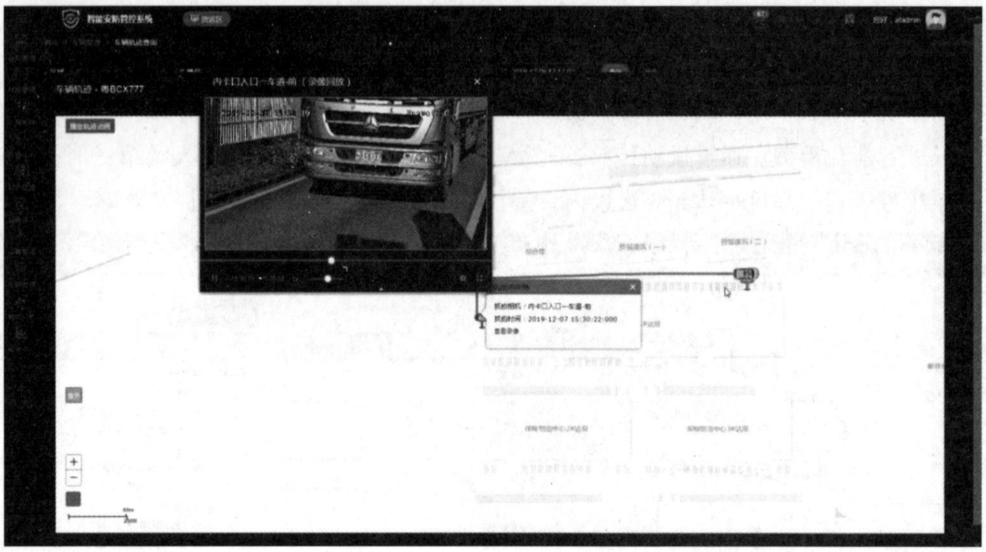

图 40　车辆轨迹追踪系统

通过大安全体系的建设，2018 年以来，深圳机场三年事故征候万架次率保持 0%，机场安全保障能力季度得分最高排名全国第一。

五、实施效果

紧贴时代脉搏，勇立改革潮头，数字化最佳体验机场展现了深圳机场集团与时俱进的改革创新精神。以“智”提“质”，推进机场高质量发展。2019 年深圳机场旅客吞吐量突破 5000 万人次，增速（7.3%）居全球前 30 大机场第二位；荣获“2019 年度广东省政府质量奖”“2019 年度深圳市市长质量奖（经济类金奖）”，连续两年获得“深圳市十佳质量提升国企”称号，连续四年获得 CAPSE（民航旅客服务测评）“最佳机场”。

（一）服务更便捷

深圳机场集团对服务流程进行了数字化改造，全面落实民航局九项便民举措，深入践行真情服务理念。根据民航局运输司发布的通报，2019 年，深圳机场成为全国投诉率最低的机场之一；ACI 旅客满意度全球排名由第 12 位上升到第 11 位，连续四年获得 CAPSE（民航旅客服务测评）最佳机场荣誉，并获得“2019 年度广东省政府质量奖”，成为广东首家获奖的民航企业。

推行大服务体系建设以来，深圳机场旅客自助值机比例超过 77%，基本全面实现共享值机，荣获 IATA“2019 年度场外值机最佳支持机场”大奖。国内航班自助刷脸登机覆盖率 100%，登机效率翻倍。率先实现行李全流程跟踪；率先实现刷脸自助安检验证，最快 3 秒通关；率先实现“五合一”通关。线上小程序使用人次超过 150 万+；易安检使用人次超过 100 万+；具体见图 41 至 45。

图 41　旅客自助值机比例

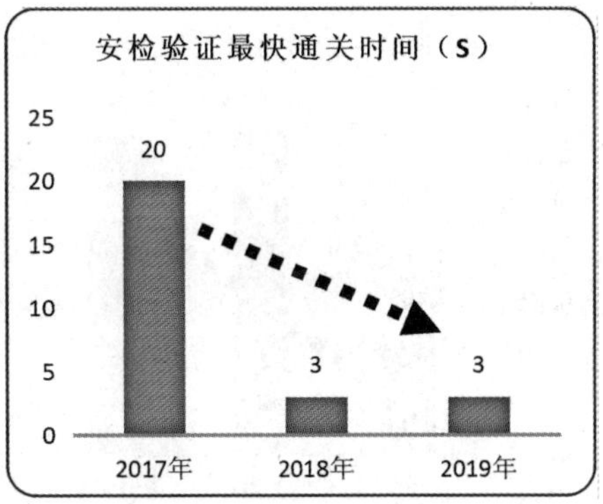

图 42　安检验证最快通关时间

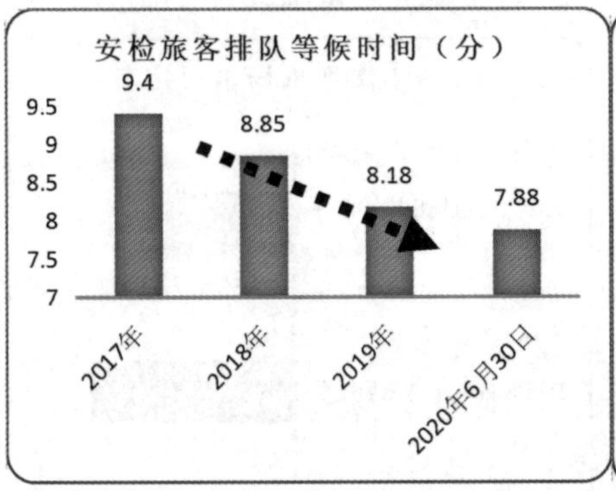

图 43　安检旅客排队等候时间

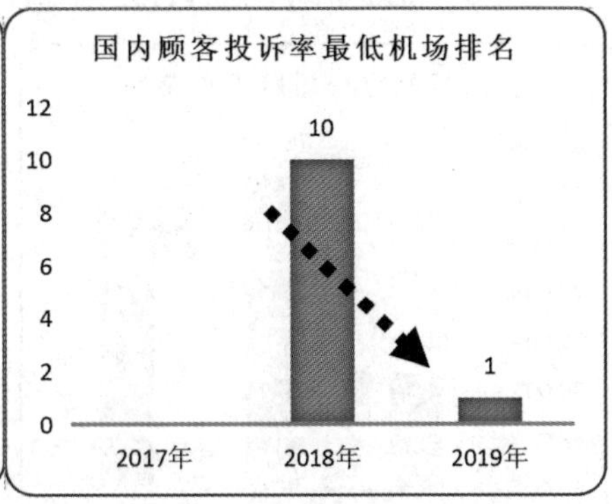

图 44　国内顾客投诉率最低机场排名

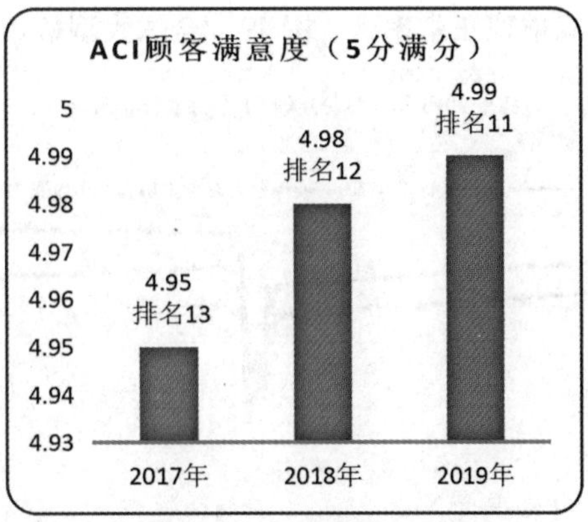

图 45　ACI 顾客满意度

（二）运行更顺畅

2017 年，深圳机场旅客吞吐量（4561 万人次）早已突破了 T3 航站楼设计容量（4500 万人次）。在资源日趋紧张的情况下，通过智慧机场建设，深圳机场整体运行效率和运行效能大幅提升，2019 年对比 2017 年（智慧机场建设前），平均航班放行正常率近 88%，提升 8%；排名全球大型机场出港准点率第六名；航空公司航班离港正常率达 80. 86%，提升 7%；航空公司航班正常率 77. 51%，提升近 7%；航班时刻主协调机场排名第 8 名；历史性首次实现航班正常率连续 21 个月超过 80%，且均值达到 89. 67%。具体见图 46 至 50。

图 46　机场平均航班放行正常率

图 47　航空公司航班离港正常率

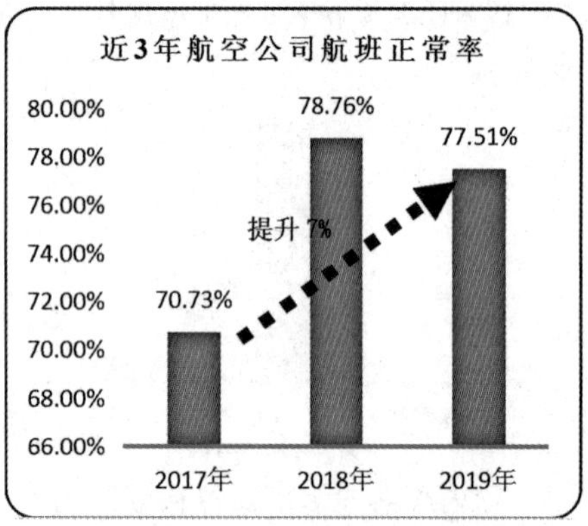

图 48　航空公司航班正常率

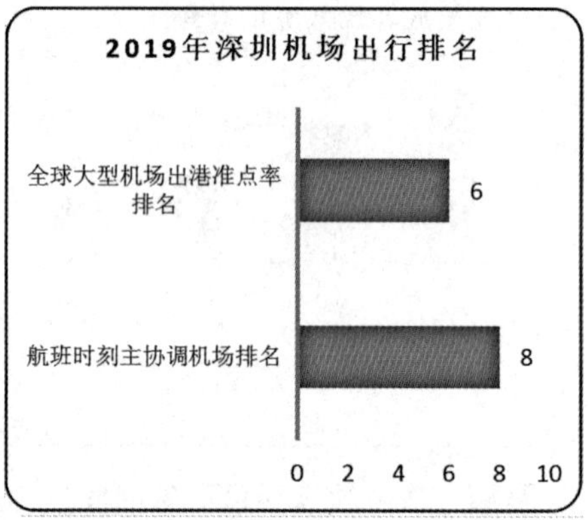

图 49　全球大型机场出港准点排名

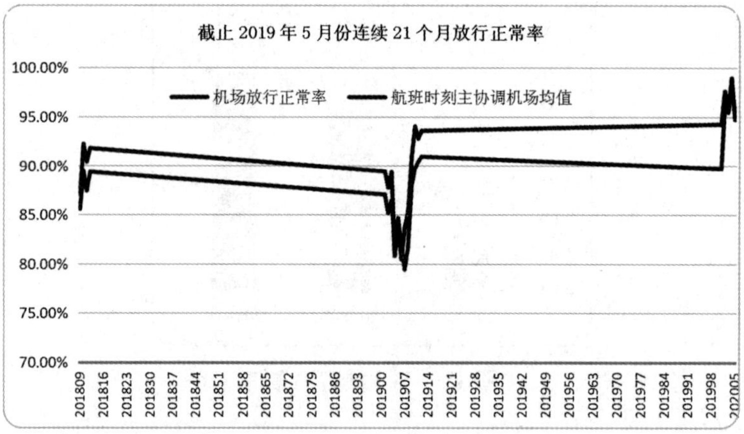

图 50　连续 21 个月航班放行正常率

（三）安全更可靠

安全是发展的基石，深圳机场打造数字化最佳体验机场以全场景为目标，编织安全一张网，实现安全质量之变。实施全区域、前后端数字化改造，通过视频拼接、3D 融合技术、视频智能分析等技术的应用，实现了安全隐患的主动预测，构建智能化安防体系，筑牢安防基础。2018 年以来，三年事故征候万架次率保持 0%，机场安全保障能力得分 2018 年第三季度最高排名全国第一；围界人防理论预期可下降三分之一，通过各项智能系统，隐患数字化识别准确率理论预期可超过 95%。

（四）发展更有质

2019年，T3航站楼单日旅客量最高超17万人次。全年实现旅客吞吐量5293.2万人次，全球排名从第32位上升到第26位，增速（7.3%）居全球前30大机场第二位；货邮吞吐量128.3万吨，全球排名从第25位上升到第23位，增速（5.3%）居全球前30大机场第三。

2019年，深圳机场国际旅客增长创下新纪录，国际旅客吞吐量历史性突破500万（达到525万人次），连续三年增长超过30%，增速居全国大型机场第一位；国际货邮吞吐量（达35.2万吨）同比增长16.9%。在业务量全面增长的情况下，人员增速逐年下降，2019年人员增速仅1%，人均效能明显提升。具体见图51至55。

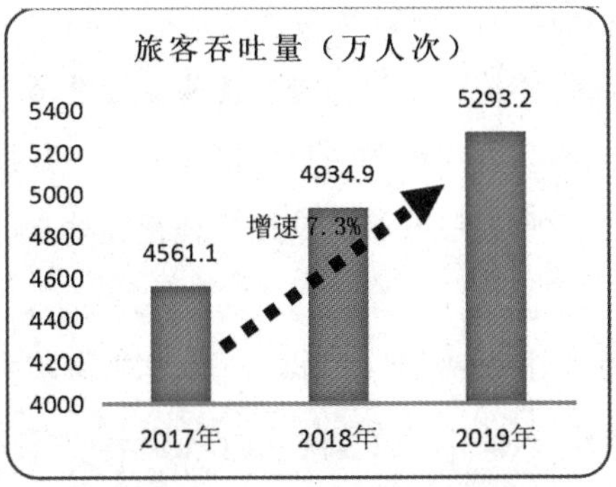

图51　旅客吞吐量

图52　货邮吞吐量

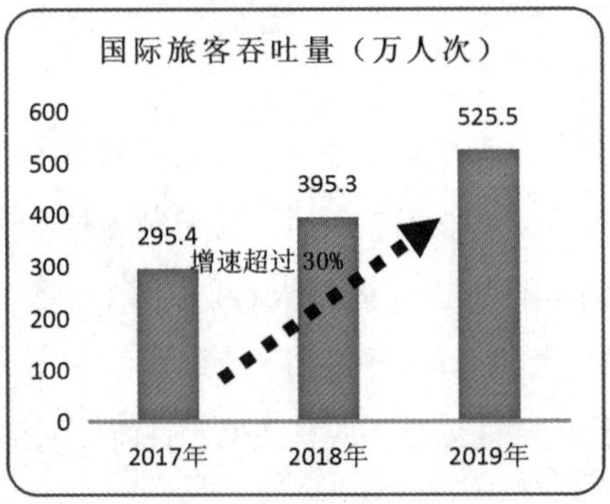

图53　国际旅客吞吐量

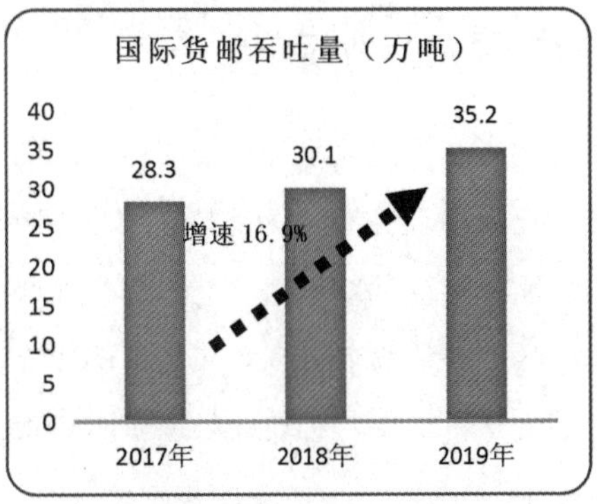

图54　国际货邮吞吐量

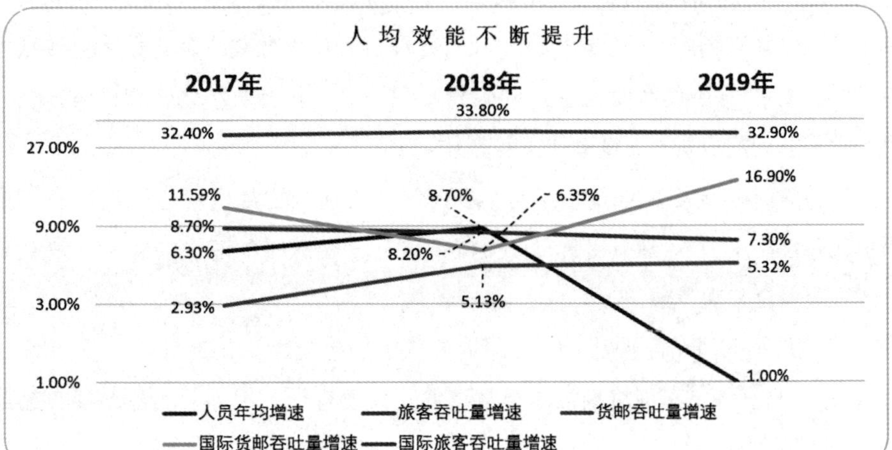

图55　人员增速与业务增速对比图

（五）防疫更智慧

深圳机场发挥打造数字化最佳体验机场的成效，充分运用各种智慧化手段，牢牢守卫深圳疫情防控的“空中大门”和“第一道防线”。

在全国率先启用精准检疫新模式，联合海关、边检和各航空公司，加强对国际进港航班的联合防控；第一时间运用大数据精准分析研判疫情防控工作，实时对机场往来旅客及员工进行监测，对高风险旅客进行精准查验、有效处置；在全国率先利用无感红外测温设备，实现了进出港旅客健康监测全覆盖；通过深圳机场“指尖”申报小程序，率先实现旅客健康信息无纸化申报，及时对接航司旅客信息，为疫情防控提供了重要的参考；通过升级智慧航显终端设备，实现佩戴口罩旅客人脸识别，识别率达95%以上，降低了交叉感染的风险，大大提升了旅客出行体验；搭建的海关视频监控网络，实现出入境检验检疫视频监控全覆盖，有效筑牢了境外疫情输入的联防联控电子防线；机场公安大数据战训中心通过大数据追踪为疫情防控提供了精准的数据支撑；人工智能视频分析，全局远程视频技术的应用，为加快复工复产提供了重要手段。

通过多种智慧化手段，深圳机场成功处置异常航班近1500架次；机场区域近7万名员工实现“零感染”。深圳机场在疫情防控中的良好表现得到了世卫组织专家组、国务院联防联控十三指导组的高度认可和充分肯定。

六、创新成果及行业示范效应

联合创新机制：在打造数字化最佳体验机场的过程中，大量采用如人工智能等新技术。作为五千万级机场，IT技术必须对业务有连续支持作用，在探索和拥抱新技术应用时，需控制新技术应用带来的风险。深圳机场集团建立了创新机制，与华为成立联合创新实验室，智慧助航灯光和飞行区智能交通是该实验室正在孵化的两个重要项目。在智慧机场建设过程中，深圳机场集团有幸结识了一批优秀的合作伙伴，初步形成了智慧机场生态。深圳机场集团与合作伙伴共同创新，共享成果，目前已取得15项软件著作权，正在申请11项专利及1项软件著作权。

数字化人才：通过数字化转型的研究、培训、项目锻炼，深圳机场集团大批专兼职业务人员深度参与，成为数字化最佳体验机场落地的创新人才。项目开展过程中发放200余套数字化转型书籍，开设数字化转型宣传专栏，发布30余篇新闻报道、10余篇知识分享，普及数字化转型语言，统一思想，营造改革转型氛围，为行业示范积累了大量最佳实践。

行业推广示范：深圳机场集团在2019年已承办民航中南地区智慧机场建设现场会，并发布了《深圳智慧机场数字化转型白皮书》，通过多种行业交流渠道分享智慧机场建设的经验；精心策划智慧机场展厅，吸引众多行业单位参观考察。

2020年初，民航局机场司在行业内下发《深圳智慧机场建设经验交流材料》及《2019年度四型机场建设情况的通报》，高度肯定深圳机场推进智慧机场建设的理念、规划及实施路径，起到了标杆引领作用。

未来，深圳机场集团将通过民航智慧机场技术创新战略联盟、粤港澳大湾区五大机场高层联席会议

（A5 会议）及中国民用机场协会等多种平台，进一步推广智慧机场建设的经验，为中国民航改革创新发展高质量发展贡献更多“深圳智慧”和“深圳经验”。

成果创造人：陈金祖、张立轩、黄　飙、张　超、李海静、陈　伟、林勤康、王毅仁、熊胜昌、颜昭旻、戴　炜、刘志刚、刘　明、吴　巍、常　文、皮玉志、焦　健、凌春峰、张世昕、陈进泉、杜光泽、李晓东

构建贯彻落实新发展理念的科创载体

——大飞机创新谷建设的探索、成效与展望

中国商用飞机有限责任公司上海飞机设计研究院

中国商用飞机有限责任公司上海飞机设计研究院是中国商飞公司（以下简称“公司”）的设计研发中心，担负着中国民用飞机项目研制的技术抓总责任，承担着飞机设计研发、试验验证、适航取证以及关键技术攻关等任务，是我国最大的民机研发中心。目前，上海飞机设计研究院（以下简称“上飞院”）承担着我国拥有自主知识产权的ARJ21新支线飞机、C919大型客机以及CR929中俄远程宽体客机的设计研发任务。其中，我国自主设计研制的ARJ21-700飞机，于2016年6月28日正式投入航线运营，已安全载客超过100万人次；C919大型客机是我国按照国际民航规章自行研制，具有自主知识产权的大型喷气式民用客机，2017年5月5日成功首飞，目前正在全力开展试验试飞工作；CR929中俄远程宽体客机是中俄两国企业携手合作的商用飞机项目，目前已确定整体外形和尺寸等主要参数，研制工作进入实质阶段。

发展大型客机项目是党中央、国务院站在历史和全局高度审时度势，做出的重大战略决策，承载着国家意志、民族梦想和人民期盼。以习近平同志为核心的党中央高度重视、亲切关怀大飞机事业。2014年5月23日，习近平总书记视察中国商飞公司，对大飞机研制队伍寄予厚望。2018年以来，习近平总书记多次对大飞机事业做出重要指示，强调必须实现关键核心技术自主可控，勉励C919大型客机等加快追赶国际先进水平，着力引领产业向中高端迈进。

建设大飞机创新谷是中国商飞公司党委深入贯彻落实习近平总书记重要指示精神，落实全面从严治党向纵深发展，贯彻新发展理念，践行创新驱动发展战略，精准把握新型举国体制科技创新规律，将制度优势转化为发展优势，着眼于大飞机事业长远发展和全球形势深刻变化做出的重大战略决策。大飞机创新谷于2018年9月启动总体策划，2018年10月-2019年1月，广泛调研，编制初步方案，2019年3月，提请上飞院院长办公会通报，2019年4月，报公司常委会审议。2019年7月，正式组建大飞机创新谷推进办公室，2019年9月正式开谷运行，目前，各项工作进展顺利、成效初显。

一、建设大飞机创新谷的背景

（一）国家要求

1. 落实习近平总书记关于大飞机事业的重要指示

发展大型客机项目是党中央、国务院站在历史和全局高度做出的重大战略决策，承载着国家意志、

民族梦想和人民期盼。以习近平同志为核心的党中央高度重视、亲切关怀大飞机事业。2018 年以来，习近平总书记在全国两院院士大会、中央财经委会议、首届进博会、考察上海期间，多次对大飞机事业作出重要指示，强调必须依靠自力更生、自主创新，实现关键核心技术自主可控，勉励 C919 大型客机等加快追赶国际先进水平，着力引领产业向中高端迈进，并在 ARJ21 新支线飞机安全运营两周年之际作出重要批示，要支持国产商用飞机健康稳步发展。

习近平总书记的重要指示，是发展大飞机事业的根本遵循和科学指南，是推进大飞机事业的强大思想武器。大飞机作为国之重器、国之利器，必须坚定不移实施创新驱动发展战略，实现关键核心技术自主可控，把创新主动权、发展主动权牢牢掌握在自己手中。

2. 贯彻新发展理念

党的十八届五中全会，提出了“创新、协调、绿色、开放、共享”新发展理念，五大发展理念相互贯通、相互促进，是具有内在联系的集合体。创新发展注重的是解决发展动力问题，协调发展注重的是解决发展不平衡问题，绿色发展注重的是解决人与自然和谐问题，开放发展注重的是解决发展内外联动问题，共享发展注重的是解决社会公平正义问题。新发展理念就是指挥棒、红绿灯，中国商飞公司坚持新发展理念，实施创新驱动发展战略，打造“绿色商飞”，走中国特色商用飞机发展道路。

3. 契合新时代上海发展目标

当前，上海正在加快建设具有全球影响力的科技创新中心，全力打响“上海制造”品牌。2018 年 8 月，上海市委书记李强视察公司时，强调中国商飞公司要力争在核心关键技术上取得重大突破，把大飞机打造成为“上海制造”最厉害的拳头产品。中国商飞公司要加快立足上海、深耕上海的步伐，形成上海大飞机科技创新集聚和人才高峰，提升大飞机创新资源的集聚力、新兴产业的引领力、创新环境的吸引力、区域创新的辐射力，助力上海科创中心建设。

（二）环境变化

当前外部环境复杂严峻，特别是 2018 年以来中美贸易争端持续升温，全球商用飞机产业格局出现重大调整，我国大飞机事业发展面临风险和挑战。

一方面，美国在全世界范围挑起贸易争端，冲击全球商用飞机产业开放合作环境，中美关系深度调整，双方或将进入既斗争又合作、在合作中斗争的长期局面，我国大飞机产业和供应链安全受到严重威胁。另一方面，全球商用飞机产业形成“超级双寡头”格局，行业壁垒进一步增强，影响公司整合利用全球的工业、科技和人才资源。

（三）发展需要

2017 年 ARJ21 新支线飞机取得 PC 证，进入批量生产，实现产品收入，标志着公司正式从初创期迈向成长期，进入新的发展阶段。公司在新阶段面临三大转变，特别是从产品研制向产品经营转变，需要从过去的项目驱动逐步转变为市场和科技创新双轮驱动，做好全面经营准备。

2018 年 6 月公司召开第一次党代会，提出公司在新阶段“两个建成”奋斗目标、“三步走”总体安排和“三个一”阶段目标。公司发展方略中，明确提出要狠抓创新驱动，推动管理创新、技术创新、产品创新、商业模式创新。

二、新发展理念下建设大飞机创新谷的内涵和主要思路

（一）主要问题

我国大飞机发展几上几下，始终没有走完一个完整的型号研制过程，始终没有形成真正的产业，产业基础十分薄弱。公司成立以来，坚决贯彻国家发展驱动创新战略，历经十余年创新实践，型号研制取得重要进展，民机技术创新体系和COMAC管理体系建设取得长足进步，民机产业体系初步形成。但与波音和空客相比，与美欧相比，无论是产业、企业、产品和技术，仍然存在一定差距。

公司在形势和能力分析工作中提出，要求必须加快形成技术能力，掌握复杂高端产品研制技术和管理技术，推动基础性、原理性创新，实现重要技术领域的跨越式发展。

（二）主要思路

中国商飞公司作为实施国家大型飞机重大专项中大型客机项目的主体，统筹干线飞机和支线飞机发展、实现我国民用飞机产业化的主要载体，需要提出切实可行的解决思路，加快民机研制技术的深度掌握，带动科学技术发展，带动航空工业发展。

一是整合全球航空科研力量，将公司产品实现过程中面临的工程问题，转化为技术和科学问题，联合高校和科研院所吃透原理、吃透机理，同时，将高校和科研院所的科学新发现、技术新发明，有效应用于工程研制。二是发挥主制造商产业龙头作用，带动供应商、合作企业共同开展飞机系统级、子系统级、设备、材料、标准件的设计、集成和验证工作。

（三）应对策略

打造与产业紧密协同的科技创新平台，高效集聚全球航空科研力量、紧密协同产业各级供应商，加速实现大飞机关键核心技术自主可控。一是通过与高校、科研院所等联合建设航空科学中心，打通工程、技术、科学的创新链。二是通过与国内外供应商、合作伙伴联合建设专业能力特区，打通整机、系统/子系统、原材料供应链。三是贯彻绿色发展理念，开展绿色技术研究，制定绿色标准，打造绿色飞机、绿色家园、绿色供应链。四是加强研究大飞机产业知识产权战略与布局，促进全行业的知识产权保护与转化。

三、新发展理念下建设大飞机创新谷的主要做法

（一）明确建设目标

大飞机创新谷的定位是大飞机科技创新的引领者、大飞机产品实现的助推者和上海科创中心的重要组成部分。大飞机创新谷的愿景是建设具有全球影响力的大飞机科技创新中心。大飞机创新谷的使命是关键核心技术自主可控、培育形成独特竞争优势。

（二）制定建设方法

大飞机创新谷建设工作按照“打造一套机制、围绕二个方向、规划三个阶段、建设四个中心/特区、匹配五类资源”的总体布局开展工作。

打造一套机制，即打造体制机制创新特区，充分释放创新活力、实现高效运转，更好地服务于资源引入、人员激活、技术研究、产品研制、成果转化等实现。

围绕二个方面，即一手抓平台建设一手抓项目实效，大飞机创新谷在打造协同创新平台的同时，要

注重项目筛选，着力推进项目运行并取得实效。

规划三个阶段，即根据公司“三步走”战略，规划大飞机创新谷2021年、2025年、2035年三个重要里程碑，分阶段、分步骤开展大飞机创新谷建设。

建设四个中心/特区，即以建设航空科学中心、绿色发展中心、知识产权中心、专业能力特区为核心任务，开展各中心和特区的专业规划、技术规划、技术路线图规划，并按规划组织开展研究。

匹配五类资源，即围绕大飞机创新谷建设的根本目标和核心任务，从人才、资金、设备、信息、合作伙伴五个方向，充分聚合资源，支撑建设工作。

（三）探索组织创新

上飞院组建了以院长、书记为组长，囊括科技、财务、型号、纪检条线主管副院长为主要领导的大飞机创新谷推进建设工作领导小组，并设立大飞机创新谷推进办公室（以下简称“推进办”）这一专职推进机构，落实建设工作责任主体，形成建设工作战斗力。

大飞机创新谷推进建设工作领导小组是上飞院推进大飞机创新谷建设的议事协调机构。主要负责全面指导大飞机创新谷建设推进工作、审议大飞机创新谷建设推进工作方案、工作计划和重大事项、协调大飞机创新谷建设所需的资源配置。

大飞机创新谷推进办公室是开展大飞机创新谷筹备建设的实施主体和管理责任组织，推进办下设综合计划、资源协调两个工作团队和“三中心、一特区”管理团队

综合计划团队负责协助大飞机创新谷管理团队开展大飞机创新谷中长期发展规划制定、大飞机创新谷工作计划制定与管理考核、大飞机创新谷各项管理制度的建立和完善、大飞机创新谷预算和经费管理、大飞机创新谷项目合作伙伴的入谷和持续评估等管理、大飞机创新谷投资项目论证等。

资源协调团队负责协助大飞机创新谷管理团队开展国家和地方相关政策研究以及外部资源信息收集整理、提出国家和地方相关政策及外部资源利用建议、开展大飞机创新谷服务保障类合作伙伴关系的建立和维护、大飞机创新谷办公条件建设和入谷团队服务保障、大飞机创新谷信息化建设的需求捕获和建设推进、配合公司开展国家和地方政府对接及多渠道资源争取等。

“三中心一特区”管理团队负责统筹“三中心一特区”建设和项目推进工作，并设置创新岗位、专利工程师岗位等。组织上以“谷（大飞机创新谷）办（推进办）联动”的方式，人员上以专兼结合的方式推进大飞机创新谷建设。

（四）构建创新载体

围绕“强基础、强弱项、补短板、筑优势、可持续”，建立主制造商与产业紧密协同的科技创新平台，建设航空科学中心、绿色发展中心、知识产权中心、专业能力特区“三中心一特区”。

1. 航空科学中心

围绕“强基础”、“筑优势”需求，链接高校、科研院所的创新资源，打通工程、技术、科学创新链，吃透原理、吃透机理、吃透技术，提高技术能力和水平，同时战略性布局和稳步积累给公司产品带来竞争优势的新技术。

设立共性技术研究区，组建专职队伍，以“强基础”为目标，围绕型号痛/堵/难点，将工程问题提炼转化为理论科学、共性技术问题，联合高校和科研院所吃透原理、吃透机理。

设立前沿科技探索区，组建专职队伍，以“筑优势”为目标，瞄准国际竞争和多型号通用，将国内外高校、科研院所、优势企业的科学新发现、技术新发明，有效应用于工程研制，培育大飞机产品的独

特竞争优势；特别针对前沿性的竞争焦点和对航空业具有颠覆性影响的技术。

设立创新人才工作室。聚集汇拢内外部高端人才的平台，充分挖掘各类人才的积累成果、发挥技术指导优势，推动高精尖研究进步，同时开展新型人才培养模式探索，形成一流人才培养机制和环境，包括但不限于院士/专家工作室、国内外高端人才计划（如千人计划、浦江人才、东方学者等）。

建设联合实验室。以提升公司实验/试验验证能力为目标，通过与国内外高校/科研院所合作组建联合实验室的形式，聚集汇拢内外部优势技术团队、资源，重点建设满足公司科研需求和解决行业共性技术所需的实验条件，包括但不限于试验验证平台、仿真平台等。

2. 绿色发展中心

研制绿色飞机、建设绿色家园、构建绿色产业链，推动“绿色”发展理念在产品全生命周期、全产业各环节落地，满足“可持续”需求，通过解读绿色要求、研究绿色技术、制定绿色指标、推广绿色应用，持续降低公司产品设计、制造及运行过程中对环境的影响，提升公司产品核心竞争力，助力产业可持续发展。

设立绿色研究团队，组建专职研究队伍，重点研究噪声、排放、新能源技术、绿色制造等领域。

运行绿色项目团队，由各工程技术所/试验验证中心和外单位的专业技术人员构成，开展绿色飞机设计技术相关研究与验证，输出相关技术规范、软件工具、产品等。

3. 知识产权中心

聚焦知识产权保护与转化，开展大飞机科技创新成果的培育与转化、知识产权保护和风险防范，谋划大飞机科技创新知识产权布局策略。承载大飞机创新谷产生的科技创新成果，通过灵活的成果转化模式强化主制造商与产业的紧密协同。

主要包括以下组织类型：知识产权策略研究团队、知识产权风险研究团队、知识产权综合管理团队、科技成果转化运营团队。

4. 专业能力特区

围绕“强弱项”“补短板”需求，链接供应商、合作企业创新资源，打通整机、系统/子系统、原材料供应链，推进机载系统、原材料/标准件研制，弥补产业短板、带动产业能力发展。

设立技术能力提升特区。围绕“强弱项”需求，发挥大飞机创新谷灵活高效的机制优势，和内外部资源优势，在大飞机创新谷内，通过集中办公和组建临时 IPT 团队等方式，加速技术攻关工作，提升技术成熟度，为型号团队提供增益性补充。

设立原材料/标准件能力提升特区。围绕“补短板”需求，联合国内外相关企业和高校，推动商用飞机关键材料/标准件本土化研制，建立国内原材料/标准件的可持续发展机制，逐步提升国产材料/标准件装机应用比例，提升材料/标准件供应链技术管控能力，提升先进材料研发水平。

设立机载系统能力提升特区。围绕“强弱项”、“补短板”需求，联合国内外相关企业和高校开展新产品研制，提升民机系统供应商研发水平和适航取证能力提升，培育安全可控的民机产业链。

设立联合研发中心。聚焦对外合作，遵循开放、灵活、共享原则，联合国内外相关企业和高校共同提供人员、资金等资源组建联合研发机构，深度参与核心技术需求及设计。

设立 3C 提升办公室。统筹策划型号多货源开发项目和创新谷创新项目的 COMAC 图纸、COMAC 标准、COMAC 规范（简称 3C）提升建设，确定 3C 推进方向及原则，指导和推进各项目团队的 3C 工作落地，推进自主研发设计能力提升，建设稳定、安全、绿色的供应链，长期解决受制于供应商、受制于规范标准以及受制于自身组织能力的产业链现状。

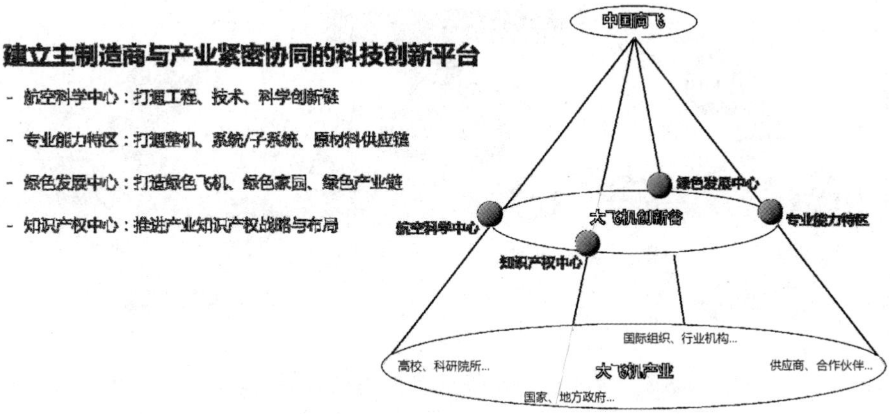

图1　大飞机创新谷“三中心一特区”架构

（五）打造创新生态

大飞机创新谷打造包含大飞机“朋友圈”“创新圈”和“创业圈”的大飞机创新生态圈。广泛吸引合作单位，做大大飞机“朋友圈”；开展联合研究，打造大飞机“创新圈”；开展成果转移转化，形成大飞机“创业圈”。

1. 大飞机“朋友圈”运行过程

大飞机“朋友圈”运行过程包括以下环节：推荐或自荐，外部企业、高校和机构等通过自荐或其他组织或个人推荐，成为大飞机创新谷潜在合作伙伴；对接合作意向，中国商飞及下属企业与潜在合作伙伴对接、发布合作需求，形成初步合作意向；签署保密协议，大飞机创新谷组织与潜在合作伙伴签署保密协议；明确合作内容，参与合作的各方就合作内容和工作机制等合作事宜达成一致意见；签署合作协议，大飞机创新谷组织与潜在合作伙伴签署合作协议，明确合作内容、推进机制、合作期限、知识产权和权利义务等事项，完成伙伴关系构建；完成合作伙伴入册，合作伙伴实现入谷，可按大飞机创新谷相关管理规定享受权益。

2. 大飞机“创新圈”运行过程

大飞机“创新圈”运行过程包括以下环节：形成项目建议，合作各方形成创新人才、创新装置、创新机构、创新项目的详细合作方案，签署合同，确定工作计划、工作分工、交付物、详细收益分配方案等；开展入谷评审，开展项目入谷评审，评审通过者入谷运行；开展项目运行，入谷项目按照大飞机创新谷创新人才、创新装置、创新机构、创新项目管理规定运行；开展项目验收，开展项目验收评审，评审通过者实现出谷。

3. 大飞机“创业圈”运行过程

大飞机“创业圈”运行过程包括以下环节：开展后评价，开展项目应用后评价，根据评价结果兑现奖励；形成知识产权，项目研究成果注册形成知识产权；开展做价售卖，知识产权可进行出售，获得收益；开展收益分配，根据已明确的各方权益，开展收益分配；开展项目孵化，项目团队可申请成立公司，并根据已明确的各方权益进行持股；开展公司运营，孵化公司开展运营。

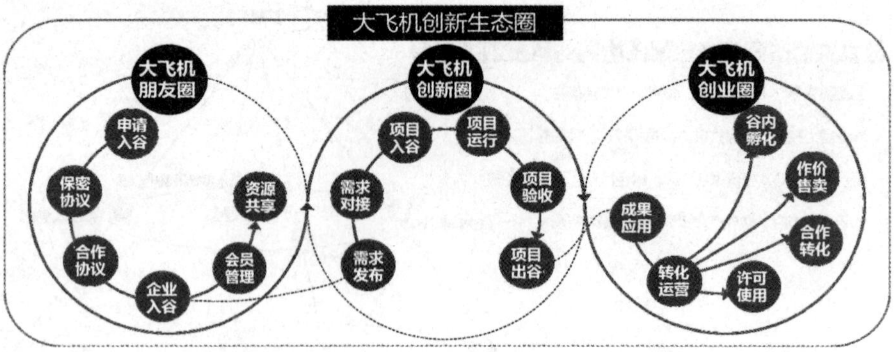

图2　大飞机创新谷打造大飞机创新生态圈

（六）探索创新机制

1. 合作伙伴管理

大飞机创新谷接受公司内部推荐或外部单位自荐的方式建立伙伴关系。外部企业按照大飞机创新谷要求提供相关支持材料和入谷申请，推进办组织公司内相关团队与意向外部单位开展合作方向、发展理念、持续发展等方面的交流，双方达成初步合作意向后启动保密协议签署流程。在双方联合工作团队就资源匹配、合作目的、工作机制、知识产权和收益分配等关键信息达成一致后，签署合作协议。合作协议签署后由推进办将相关企业纳入大飞机创新谷合作伙伴清册，实现合作伙伴关系正式构建，即可入谷开展联合研发工作。

大飞机创新谷对合作伙伴实行分级会员制管理，入谷时根据入谷伙伴基本信息初步确定等级。之后根据双方的合作范围、层次、体量、前景等因素，按年度进行合作水平评估，根据评估结果调整会员层级。不同层级会员在大飞机创新谷内所获取的合作资源不同。

大飞机创新谷合作伙伴间可在技术交流、技术协作、产业配套、条件分享、优厚政策、国际合作、人才培训、成果转化、金融服务等方面分享创新合作机遇。

推进办对合作伙伴进行动态管理，根据合作伙伴入谷后的资源投入、研发成果、合作关系和发展前景等信息进行绩效考评，对于表现优秀的入谷伙伴，优先承接谷内新项目，优先配置所需资源，优先进行成果转移转化等。对于存在不作为、项目停滞、操作违规或弄虚作假等情况的入谷伙伴，将下调其等级，限制合作项目开展和资源配置。

2. 项目管理机制

（1）项目入谷

建立目标导向的项目入谷筛选机制。创新项目应以解决问题为导向，明确细化、可测量的验收标准；创新装置、创新人才、创新机构应以技术支撑为主，创新装置还需服务于上飞院核心试验能力建设需要，创新人才服务于上飞院专业技术研究人才培养需要。

建立“客户”导向的项目评审机制。在大飞机创新谷内设立项目评审委员会，成员人选包括内、外部技术和市场相关专家，如型号总师、专业总师、技术专家、外部技术专家、基金投资代表、产业专家等；建立“客户”及“市场”导向的项目评审机制，开展入谷项目的综合评价与评审，加强与利益相关方、产业的沟通，广泛听取意见建议，促进政产学研用结合与协同创新。

（2）项目过程管理

项目过程管控以结果为导向。实行项目负责人负责制，赋予项目负责人团队考核、经费、资源协调等权限；实施基于技术成熟度的里程碑管理，减少项目过程中的考核，实施门禁管控，强化以型号应用为导向的验收管理。精简科研项目过程管理流程和管理内容，强化科研项目和课题的后评价管理，确保项目成果向型号转化效果。

建立容错和科研诚信机制。设置诚信档案，对项目负责人科研情况、合规情况进行记录。对探索类的课题项目，建立鼓励创新、宽容失败的容错机制。确因项目负责人技术路线选择有误、受市场风险影响等原因，导致未实现预期目标或失败的，项目团队人员已尽到勤勉和忠实义务的，综合运用国际国内同行评议、专家评议等方式确认后，予以容错，不纳入科研失信范畴。

（3）项目出谷

项目出谷分为正常出谷和非正常出谷。通过项目客户及项目评审委员会等评审通过后，实现正常出谷。未通过评审，或出现申请中止、项目撤销等情况的，为非正常出谷。定期对创新人才、创新装置、创新机构等平台类项目开展运行情况评估，对于长期无创新项目运行的，启动退出机制。对于出谷后的平台类项目，大飞机创新谷不再提供运行经费等支持。

3. 人员管理机制

大飞机创新谷人员包含上飞院内部人员和外部人员。对于内部人员，以绩效激励和非货币激励手段为主；对于外部人员，设立创新岗位、客座岗位、专家岗位，并依托项目开展人员管理。

4. 采购管理机制

大飞机创新谷以保障在谷项目研发工作顺利、高效进行为基本原则，实行特事特办、快速响应机制，为在谷项目采购其研发所需的物资及服务。

5. 知识产权管理机制

专利工程师全程参与入谷项目的科研攻关，及时梳理科研成果，并根据成果的特点制定保护策略。科研成果可申请专利的项目负责人需及时撰写技术交底书和查新报告，并完成专利申请。

专利工程师负责入谷项目的专利竞争性分析，项目开始前，通过对现有知识产权进行大数据分析，了解现有重要专利权人和技术壁垒，为入谷项目制定研发策略提供信息支持；项目开始后，通过对现有技术路径和重点专利进行分析，可以提前识别风险专利和可借鉴重点专利，为专利布局和风险防范提供信息支持。

6. 成果管理机制

建设大飞机创新谷专利墙和重要科技成果展示平台，开展成果展示。

在大飞机创新谷与公司联合开展国产化研制的企业，研制成果达到装机状态，在同等质量条件和市场价格下，优先采购实施。

谷内具备条件的项目可孵化为公司，项目团队以研究成果进行技术入股，大飞机创新谷或所属法人可进行资金入股，并可引入外部投资机构。大飞机创新谷为项目孵化提供创业策划、法律咨询、科技金融等服务。

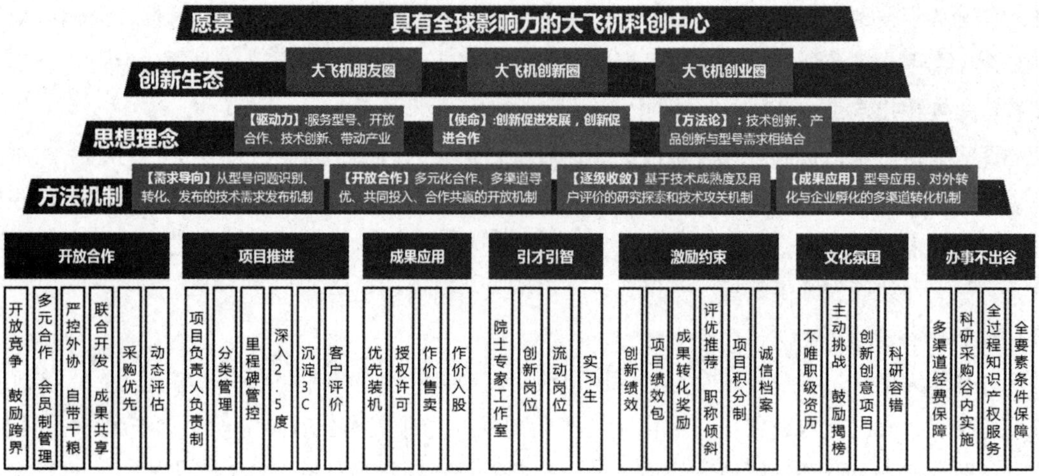

图 3　大飞机创新谷创新机制框架

四、新发展理念下大飞机创新谷的建设成效

（一）实现内外合作联动，推进跨界融合创新

一是联动政策资源。将大飞机创新谷建设纳入临港新片区、长三角一体化相关规划，大飞机创新谷作为上海产业特色平台代表写入上海市委报告，引起广泛关注。二是联动高校/科研机构，与国内高校、科研机构进一步深化合作，围绕“强基础”“筑优势”方向进一步深化合作，与 17 所高校/科研院所共建立了 2 个院士专家工作室，9 个联合实验室。三是联动优势企业，推进与国外供应商共建联合工程中心（CoE），在航电显示系统、先进密封系统等 2 个方向达成共识，形成组建方案；与国内 14 家中央/国有企业，11 家中小企业形成伙伴关系，设立 7 个联合创新中心。四是联动国际资源，与苏黎世联邦理工学院、以色列理工大学、特拉维夫大学、瑞士微电子中心（CSEM）等就合作方向开展深入探讨和项目确认，与 IES 公司签署合作备忘录，开展相关领域及通用技术的研究，与比利时微电子研究中心完成项目立项，并进入创新谷运行。

（二）实现技术提升，开展新产品研制

聚焦为大飞机产品提升和产业发展的总体思想，围绕产品研制技术需求及未来产品发展方向，共遴选了 73 个入谷项目，并提供了全流程服务，确保项目取得实效。一方面，做宽方向。遴选的入谷项目，涉及飞机总体技术、机载系统集成、设备研制、新材料、绿色技术等方向；同时做精管理，围绕“强基础、强弱项、补短板、筑优势、可持续”要求，开展项目的分类管理，开展软件工具类创新创意项目，发掘创新潜力，坚持项目管理 5 大原则，明确项目攻关 3 个要求，建立项目工具箱。另一方面，做实成果。全球最先进、国内最大的大飞机空中生态环境试验平台，已经完成集成安装，可开展全工况多因素耦合的环境模拟，并可开展复杂环境人体舒适性试验与评价；与中国电科联合建设的国内首个大飞机软件测评中心，完成首件测评交付，启动产业化论证；与中兴通讯合作开展模拟器验证数据包开发，已完成模拟器操作系统测试版发布；与中国航发商发共建的飞发协同联合创新中心，围绕国产飞机发动机配装 C919 大型客机完成第一轮功能接口设计。

（三）拥抱新基建，铸就发展新优势

一是扎实开展 5G 机内网络架构论证与试验构型落地工作。明确了 C 级、D/E 级系统架构，形成 2

份国家发明专利交底书，申报了12项知识产权。对机上A/B级功能的应用需求进行了评估校核，精准提出2+1套备用网络的增配指标。明确5G机内核心网络实验基础构型，推动地面试验落地与工程化应用，实现部分机载服务器/机载硬件功能的替代，减少硬件设备数量，提升减重节能效果。二是联动优势资源。与外部优势企业广泛对接合作，在基于5G的机载无线航电网络及航空物联网、民机智慧应用场景等方面开展合作。三是积极参与国际标准规范制定。拟在3GPP原三大场景基础上增加“超高可靠、多并发”作为第四个应用场景。同时，于2020年5月11日加入国际EuroCAE组织，参与引领机内无线协议标准规范制定。四是有序推进2020 5G根实验室的筹建工作。有效提供5G机载产品、智能设计、大数据应用场景等实验环境与支持条件。

（四）营造氛围，创新文化多元化

大飞机创新谷努力营造创新氛围、培育创新文化。充分发挥领军人物的引领作用，建设以吴光辉、郭万林为代表的二个院士工作室，吸引黄伯云、王华明等院士参与项目研究，依托院士着力推进民机架构集成快速数值仿真、激光大气技术和北斗技术在民用飞机上的应用、高精度数值风洞应用、三维结构损伤容限评定技术研究等多项研究，全力加强共性技术研究；定期开展创新创意主题活动，激发创新热情；围绕“软件工具”创新，设立21个创新项目；打造开放空间，促进思想交流，促成创新火花迸发；设立创新工坊，引入博创工作室、追风工作室，助力创新思想涌现。

五、新发展理念下大飞机创新谷的未来与展望

未来，围绕公司“立足上海、延伸长三角、辐射全国、面向全球”的产业布局思路，依托产业链构建创新链，大飞机创新谷持续优化大飞机创新生态，力争2035年把大飞机创新谷建设成为全球影响力的科技创新中心。具体目标如下：

2021年，大飞机创新谷实现正常运转。突破若干关键核心技术，吸引20-30名顶尖人才、形成60-70个项目团队、集聚70-100家全球伙伴。

2025年，大飞机创新谷初具规模。突破一大批关键核心技术。逐步沉淀一批长期稳定的专业研究方向、孵化形成一批科技创新企业、积累一批实验设施和能力。

2035年，大飞机创新谷具有全球影响。实现关键核心技术自主可控，带动一批学科发展、吸引100亿科技创新投入、培育1000家新供应商，实现高峰人才、科学装置、创新企业、创新资金、知识产权“五大集聚”。

成果创造人：沈　波、刘　丹、皮付见、栾　瑞、王君君、
吴卜圣、霍西恒、罗继业、刘镇承

混凝土制造企业智能化转型升级的创新与实践

徐州中联混凝土有限公司

徐州中联混凝土有限公司（简称“徐州中联混凝土”）是世界500强企业—中国建材集团下属的中国联合水泥集团有限公司以资产收购方式对徐州市14家混凝土企业重组而设立的。徐州中联混凝土于2013年5月24日注册成立，注册资本3亿元，目前有6个混凝土生产站点，分布在徐州贾汪区、铜山区、经济开发区三个区域，总产能超过540万立方米。徐州中联混凝土拥有12条生产线，56台泵车、车载泵，225辆混凝土搅拌车。徐州中联混凝土设有中心试验室，依托中国建材研究总院和南京工业大学国家重点实验室的平台，具备材料微观机理分析和新产品开发的研究能力。2016年徐州中联混凝土“混凝土企业管控一体化系统”成为工信部水泥行业基于在线监控的管控集成试点项目，荣获2017年度徐州市混凝土配合比设计大赛一等奖，第四届和第五届全国混凝土职业技能大赛二等奖，2017年正式通过了“两化融合管理体系”认证评定，成为全国首家通过国家级两化融合管理体系认证的混凝土企业，2018年11月被评选为建材行业智能制造试点示范企业，2019年建材制造业与互联网融合发展试点示范企业。

一、混凝土制造企业智能化转型升级的创新与实践的实施背景

（一）响应国家智能制造号召，重塑我国竞争新优势的需要

全球新一轮科技革命和产业分工调整对我国工业发展既有挑战，也有实现赶超的机遇。推动信息化和工业化深度融合，以信息化带动工业化，以工业化促进信息化，对于破解当前发展瓶颈，实现工业转型升级，具有十分重要的意义。《中国制造2025》《国家智能制造标准体系建设指南》《工业绿色发展规划（2016-2020年）》等重要文件中也反复强调了绿色发展、智能制造在未来国民经济和社会生活中的重要作用，着重提出了推进智能制造，是加速我国工业化和信息化深度融合、推动制造业供给侧结构性改革的重要举措，对重塑我国制造业竞争新优势具有重要意义。

（二）解决行业粗放管理问题，实现行业智能化管理的需要

近年来，随着全球经济一体化的演进和市场竞争环境的巨大变化，以及外资企业产品与服务进入带来的挑战，混凝土行业面临很大的竞争压力，市场竞争的加剧推动了整个混凝土行业从以前的粗放式管理逐步向精细化管理迈进。与此同时，预拌混凝土行业两化融合快速发展，信息化、自动化长足进步，财务、生产、销售、采购等业务积累了大量数据，如何更好地使用数据，探索挖掘工业大数据的智能化管理方式是整个行业面临的课题。

（三）运用信息化带动工业化，推动企业信息化发展的需要

徐州中联混凝土隶属于中国联合水泥集团有限公司，是通过联合重组徐州市场14个混凝土生产站点组建而成，重组后的站点独立运行，管理水平良莠不齐，粗放式管理充斥着各个环节。如何构建高效的多站集团化协同生产经营管理方式，提升企业管理效率？如何实现“1+1>2”重组目标？日趋激烈的竞争形势对企业内部管理手段和管理水平提出了更高的要求，以信息化为管控平台的精细化、数字化、智能化管理势在必行。作为徐州市政府重点支持发展的大型混凝土企业，自成立伊始便秉承集团“五化管理”“五化运行”方式的先进理念指导，承载着促进地区行业发展和提档升级的使命，在积极践行国家行业政策的动力推动下，深入推动“以信息化带动工业化”，逐年提高信息化对企业经营管理的贡献率，在智能化管理的探索与实践中，走出了一条独具特色的智能化企业建设道路。

二、混凝土制造企业智能化转型升级的创新与实践的内涵和主要做法

为实现徐州中联混凝土数据快速迭代、智能化管理，依据中国建材集团“八大工法”管理精髓，徐州中联混凝土搭建了“混凝土企业管控一体化系统”平台，该平台本着“总体规划、分步实施、重点先行、务求实效”的工作思路，坚持以需求为导向，以实用为准绳，以应用促发展，以效益为目标，结合多站点混凝土生产经营战略目标和需求来建设，实现业务信息、实物信息和管理控制信息的整合。利用该智能管控平台可以改善经营环境，提高人员工作效率，降低生产经营成本，加强产销配合，改善资金运行情况，从根本上提高企业的竞争力，在企业内部改善商流、物流、资金流、信息流的通畅程度，使得搅拌站的运行数据更加准确、及时、全面、详实，同时形成了大中型企业管控一体化平台产品，填补了国内此类应用平台的空白，为下一步产业化推广打下坚实基础。

（一）强化顶层设计，制定信息支撑的发展战略

1. 制定发展战略，确定总体目标

徐州中联混凝土“信息化五年发展规划”中提出，利用先进的计算机网络技术，建设覆盖全徐州中联混凝土的高速、稳定可靠的计算机基础网络，完成ERP智能管理系统、车辆动态管理系统、生产控制系统、数字监控系统、金蝶财务系统、智能调度系统等系统的建设，全面实现各种应用系统融合的综合信息服务、智能管控平台。配合绿色环保设备改造升级，完成两化融合、绿色智能工厂的建设。

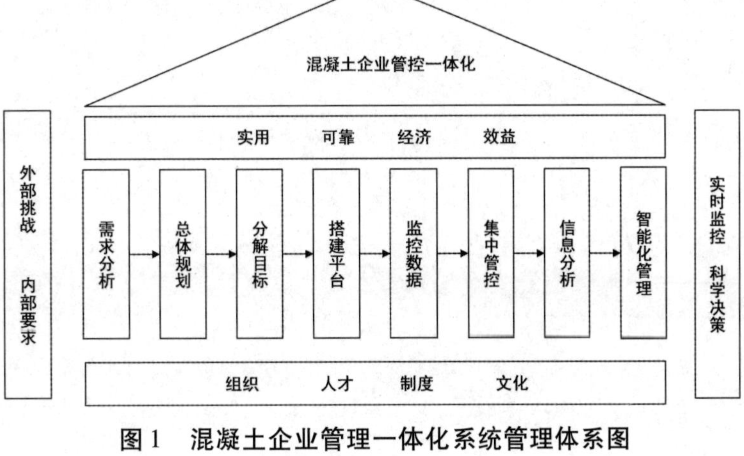

图1 混凝土企业管理一体化系统管理体系图

徐州中联混凝土两化融合总体发展目标，即以技术、业务流程、组织结构和数据的持续改进和互动革新为依托，建设并持续提升生产、经营等各方面资源和要素的管控能力，在多站点布局基础上，实现销售集中、采购集中、财务集中、生产集中、技术集中的集团化管控，最终形成成本领先优势、区域市场控制优势、质量领先优势、客户服务优势等可持续竞争优势。

2. 明确工作思路，制定实施路径

本成果是一项涉及企业生产、经营、管理和决策的系统工程，必须坚持总体规划，统一部署的原则；按照信息化总体规划，落实和分解项目建设目标，以需求为导向，以应用促发展，以实用为准绳，以效益为目标，在信息化领导小组的部署下，扎实有效地分步开展项目建设和推广应用工作。系统依据大型混凝土企业生产经营战略目标和需求来建设，强调实用、可靠、经济、效益。

混凝土企业管控一体化系统智能管控平台依托徐州中联混凝土的战略目标而产生，以大数据、云计算技术为依托，从销售管理、物料管控、设备性能、过程控制、生产调度、运输管理以及制度建设等方面出发，实现全员应用，通过系统自学习、自适应和互联互通的数据基础，不断迭代现有工艺控制节点，以实现快速迭代智能化管理的目的。

（二）优化组织制度，提升生产运营的管控效率

1. 精简组织机构，提高工作效率

为了提高工作效率和员工积极性，借助混凝土企业管控一体化系统平台“五集中”管理功能进行公司组织机构合并调整，将市场营销部和法制办公室合并为销售部，将运营调度部、技术质量部和安全环保管理办公室合并为生产部，将行政人事部、物资供应部合并为综合部，以组织结构合并调整为基础，徐州中联混凝土开展各部门合署办公，通过办公位置的调整以增进各部门之间的充分交流与沟通，极大提高了工作效率。同时，将徐州中联混凝土下属九个生产站点的九套领导班子合并成五套领导班子，即将新德站与鸿基站、嘉鹏站与银塔站、志诚站与金塔站、鑫宇站与鑫犇站领导班子进行合并精简，以实现管理层级扁平化。

徐州中联混凝土成立了以总经理为组长、生产副总为副组长的精细化管理提升领导小组和工作小组，常态化加强安全生产标准化、职场标准化等督促检查。建立了从班子成员到岗位员工的精细化管理“一岗双责制”责任体系，高标准、严要求地抓落实和考核，强化管理问责。

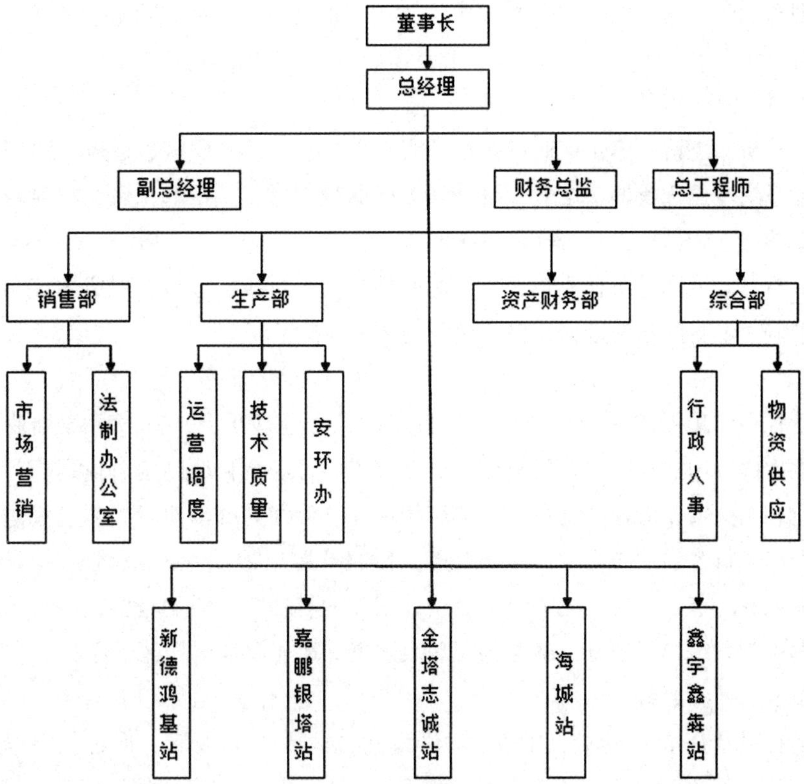

图2　组织架构图

2. 统筹集中调度，提高生产效率

徐州中联混凝土设立总调度，总调度负责平衡各站生产计划，综合考虑各站地理位置、生产特点，分配和调度任务单，统筹安排人、车等资源，既发挥规模效益，又提高实际生产效率。利用系统数据采集和归纳功能，数据核对摆脱了原有手工的繁琐核对工作，合并生产统计、销售统计岗位为统计岗位，统计人员由每站 4 人精简为 1 人，数据核对效率提高五倍以上。

3. 优化业务流程，提高办公效率

依靠混凝土企业管控一体化系统平台，细化梳理业务流程，实现对大宗物资集中采购管理流程、辅材采购管理流程、销售管理流程、运输管理流程、轮胎管理流程、设备管理流程、质量管理流程的优化；

利用 ERP 智能管理系统的办公管理功能，实现对需求计划、费用报销、付款申请、行政办公、系统招投标等流程再造，实现无纸化快速办公和阳光采购，同时配合移动端审批，提高办公效率。

（三）搭建系统平台，实现管控一体的生产运营

1. 确定整体思路，明确技术路线

（1）一个原则

总体规划，统一部署的原则：按照信息化总体规划，落实和分解项目建设目标，以需求为导向，以应用促发展，以实用为准绳，以效益为目标，在信息化领导小组的部署下，扎实有效地分步开展项目建设和推广应用工作。系统平台依据大型混凝土企业生产经营战略目标和需求来建设，强调实用、可靠、经济、效益。

（2）两个一体化

信息流一体化：信息流一体化主要表现在，市场信息、客户信息影响着生产计划的制定和生产过程

的安排，生产计划和生产过程将影响着采购（供应）工作的进行。因此，市场、销售、生产、采购、财务各个方面的信息互相联系，互相影响，系统平台需要快、精、准地将这几个方面的信息进行有效集成，并对实际工作进行有效指导。

数据、报表、分析、决策一体化：通过挖掘销售、采购、生产、质量、运输、设备等相关环节的实时巨量信息，借助系统平台优良的多维仓库设计和多样的数据挖掘、钻取工具，提供包括多维分析模型设计（OLAP）、数据挖掘（DM）、仪表盘（Dashboard）、查询（Query）、报表（Report）等功能，构建出完整的大数据分析平台，同时对行业数据进行高效地采集、对接、分析，形成智能决策管理，为经营决策提供及时、准确、丰富的参考数据，提高决策的效率与质量。

（3）三个层级

混凝土企业管控一体化系统平台是一个全员应用的综合管理平台，有效承载企业的决策层、管理层、执行层三个层次的应用需求。决策层根据企业发展战略、经营目标制定总体运行计划，并根据企业各项经营数据制定相关决策；管理层负责执行生产相关业务计划并推动执行，对过程进行及时跟踪和考核管理；执行层严格执行各项工作指令，保证生产工作的正常开展。决策层、管理层、执行层贯穿企业生产的各个业务领域和环节，各层次之间权责分明、工作内容明确、应用范围清晰，系统基于准确、及时的信息传递及明确的系统权限划分，确保各管理级别更好地完成各项管理目标。

2. 搭建基础平台，进行数据交互

系统的基础运行平台是基于Internet的VPN网络，根据软件运行要求，通过数字电路将站点与总部之间联通成一个VPN网络，相当于一个局域网。总部管理平台可以安全、便捷的与生产站点业务系统进行数据交互，从而达到运营管控的目的。除系统平台部署私有云之外，各站点也同步部署服务器，在网络出现异常时，智能动态切换，保证生产站点正常运行。

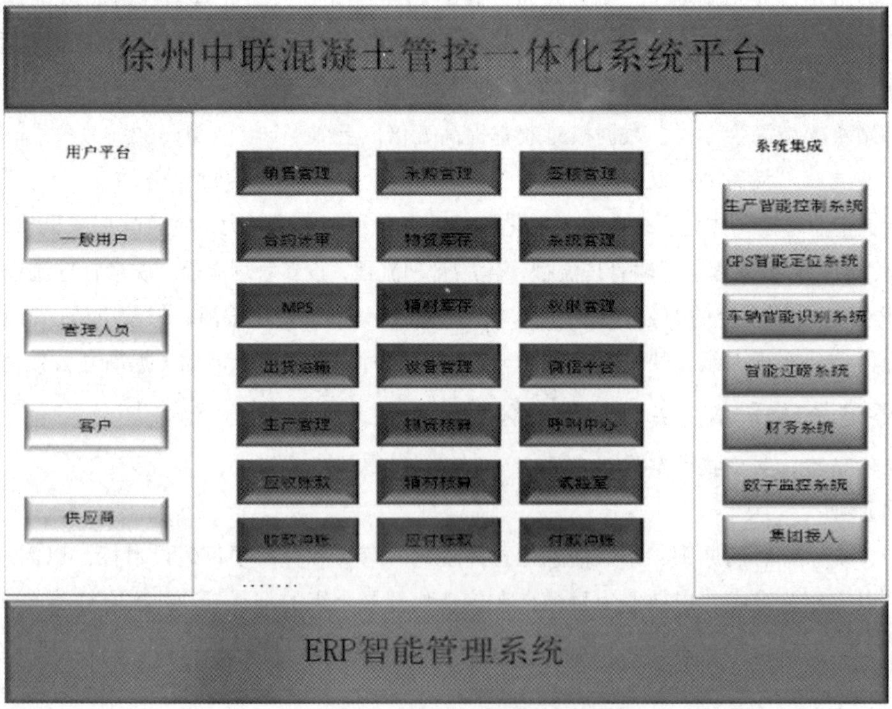

图3　混凝土管控一体化系统平台组成

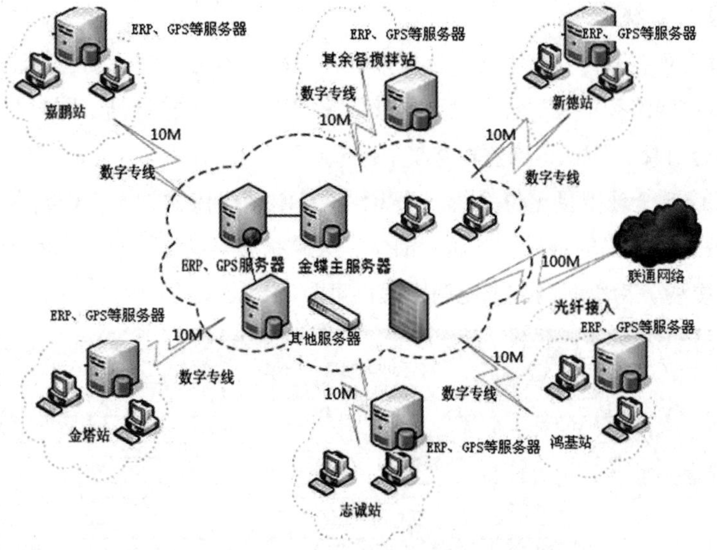

图4　网络拓扑图

3. 部署智能系统，实现集中管控

（1）ERP 智能管理系统

部署基于广域网络架构的 ERP 智能管理系统：通过 30 个主模块，300 个操作作业，245 个智能分析图表，深度挖掘基础数据，利用云计算、大数据分析，在销售、生产、物资、财务、人员等五个方面实现了集中管控，并且将客户、供应商等信息智能分析，建立风险评估数据中心，为徐州中联混凝土智能决策、风险管控等提供科学合理的数据支持。

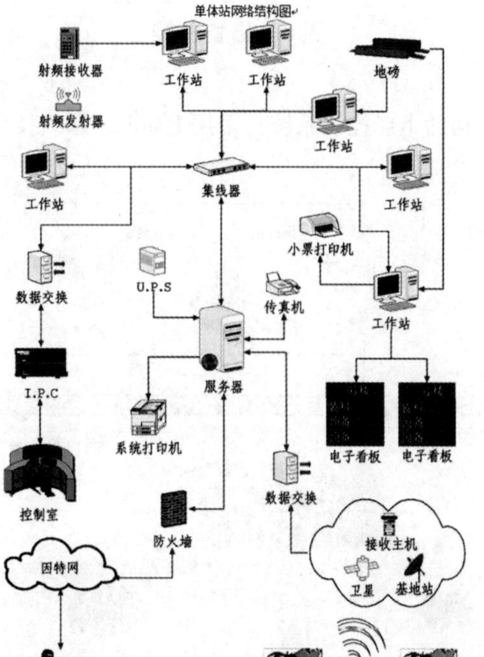

图5　单体站网络结构图

（2）车辆动态管理系统

部署基于北斗 GPS 网络架构的车辆动态管理系统：主服务器与各分站服务器建立完备的数据库，通过 GPRS 网络或 Internet 网络智能发送控制命令和接收来自车辆的各种数据。同时与本地区交通、安全及交警部门车辆管理平台对接，实现车辆监控共享。

利用先进的北斗 GPS 全球卫星定位系统、GPRS 多媒体无线传输技术、GIS 地图信息等多种高科技手段每 15 秒上传下载一次车辆的定位、车速、油位、滚筒状态等动态信息，实时分析，预判和模拟各类操作，动态语音播报提醒，为物联网、智能调度提供可靠的数据支持。

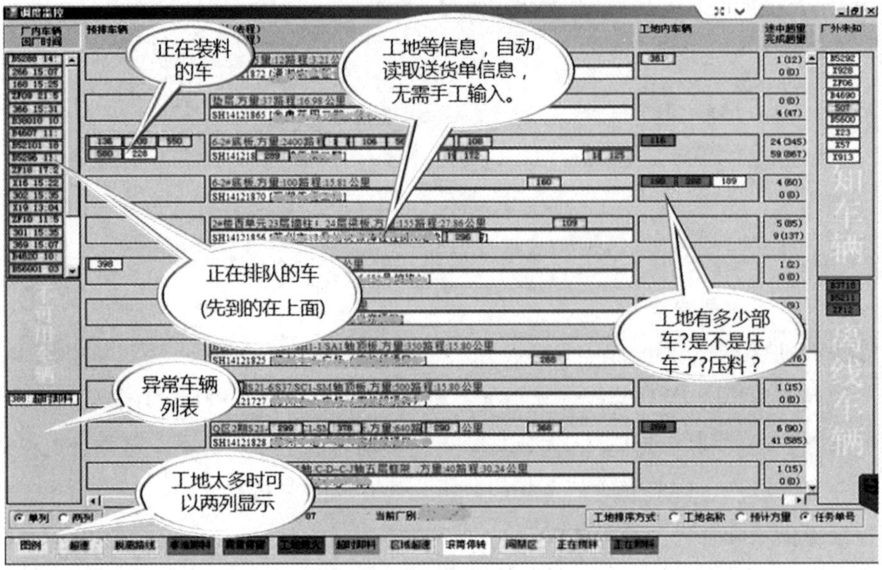

图 6　出货监控

（3）生产控制系统

部署基于 PLC+一秤一表架构的生产控制系统：采用 Profibus 总线技术，基于 PLC+一秤一表的架构，灵活可靠，管控分离稳定性高。

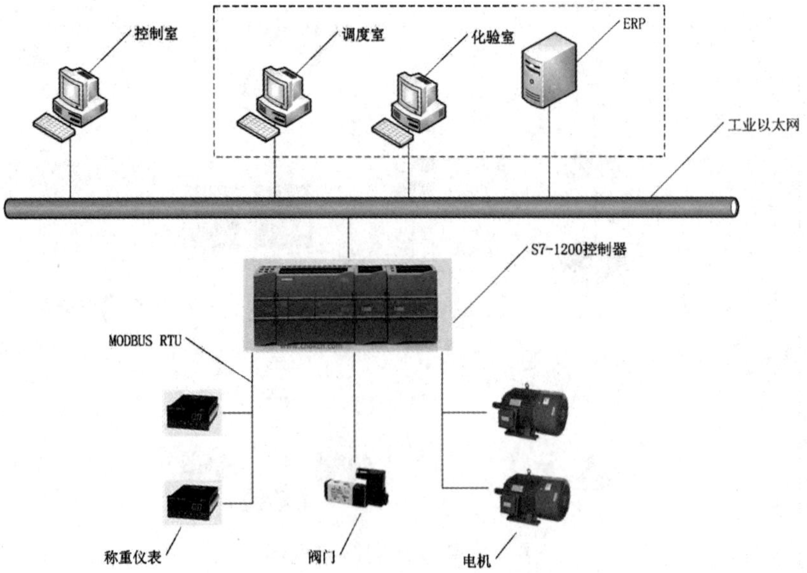

图 7　生产控制系统架构图

配料、卸料、搅拌和出料全过程自动控制，系统实时自分析，智能调整每盘用量；拌合水温度、粉料仓温度实时监测，温度过高时提前报警并智能换仓；搅拌机电流曲线实时监测混凝土搅拌状态，搅拌不均匀时不允许出料；根据生产标号，智能选择回用水生产，保证质量情况下，做到搅拌站绿色生产无排放；根据大数据分析，智能选择最优生产配合比，达到降本增效的目的。

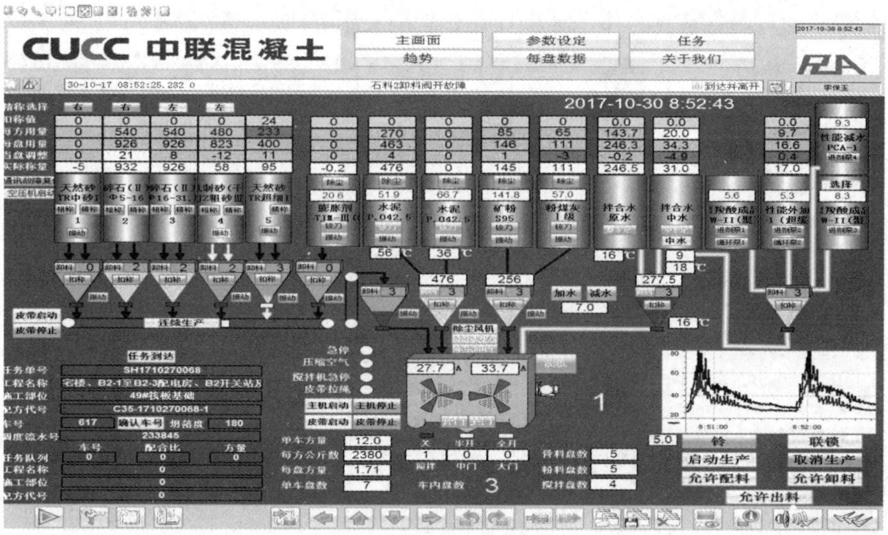

图8　生产控制系统

（4）数字监控系统

部署数字监控系统：系统提供实时生产、交付现场信息，生产站点无死角，交付状况一览无余，从而实现生产管理可视化。通过互联网可随时随地了解生产情况，提高工作效率；能及时发现生产中的问题，采取正确的指挥决策措施，更好地解决问题；能发现生产过程中潜在的问题，及时纠正偏差；通过对生产画面的录制、回播、查询和分析，找出生产中的瓶颈，对今后的装置技术改造提供正确、科学、合理的依据；系统与ERP智能管理系统的对接，可以实时监控发料车辆的动态，并且监控打料筒仓，提供完善的越限报警机制，及时发现潜在安全风险，采取预防措施，提高生产安全性。

图9　数字监控系统

（5）金蝶财务系统

部署金蝶财务系统：金蝶财务系统（KIS）高度集成了徐州中联混凝土需要的账务处理、报表、出纳管理、往来管理、工资、固定资产等功能模块，在软件的集成度、会计管理功能、安全性、通用性、操作的方便性、用户界面、与其它常见应用软件的接口等方面均有重大突破。并且由财务核算转变为财务业务一体化管理；跨局域网应用，实现远程、移动新型应用方式。

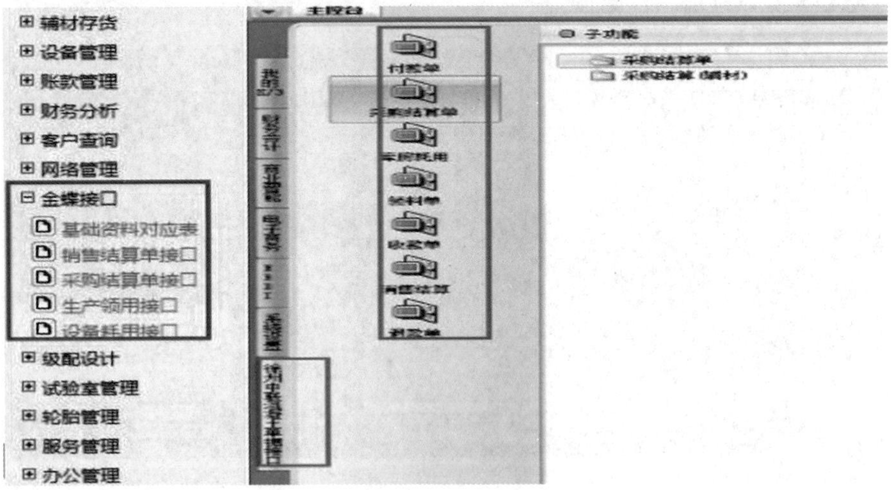

图 10　金蝶财务系统与业务接口

4. 重视风险管理，实施质量管控

混凝土企业管控一体化系统平台是一项涉及面广、组织管理难度大，人、财、物投资高的项目，该平台建设中主要分为三个阶段，第一阶段包括销售合同管理模块、生产管理模块、大宗物资、物资存货等模块，以及各分站上线工作；第二阶段包括销售结算、辅材管理、辅材存货、设备管理、各系统对接；第三阶段为系统不断优化和升级。

混凝土企业管控一体化系统平台的建设是推动徐州中联混凝土管理革新的直接“抓手”，管理革新必然导致组织结构、业务流程的优化，对徐州中联混凝土的正常生产运营有着直接的影响。徐州中联混凝土设立项目领导小组，并在“周调度、月分析”专题会议上对实施质量、进度计划、可能存在的风险进行了专项研究，制定相应的处理措施，在此基础之上，严格按照《两化融合管理体系》要求，对平台建设过程中的进度、质量和资源等情况进行实时的跟踪和检查，随时分析可能出现的情况，把风险扼杀在萌芽状态。

（四）利用技术支撑，提高混凝土企业的管理水平

1. 打破信息孤岛，实现全员应用

徐州中联混凝土成立信息化项目领导小组和项目部。总经理担任项目领导小组组长，亲自带领团队开展信息化建设工作。“一把手”工程的实施，强有力的推动了整个项目的建设进程，并且实现了全员应用。

传统混凝土企业的 ERP 管理系统、GPS 系统、生产控制系统等系统相对独立、模块功能少，用户覆盖率达不到 50%，数据采集困难，无法满足企业智能管控需要。

徐州中联混凝土以 ERP 管理系统为平台建立企业级数据中心，打破系统间“信息孤岛”，构建混凝土企业管控一体化系统平台，实现业务信息、实物信息和管理控制信息的整合。在该系统平台上，徐州

中联混凝土能及时准确地掌握生产、销售、供应、资金、设备、人员等运作状况，并支持从徐州中联混凝土到站点及职能部门所有信息的传输处理和汇总分析，实现在销售、采购、财务、生产、投资方面的集中管理，从而提高管理水平和管理效率。

为贯彻落实国务院《关于深化“互联网+先进制造业”发展工业互联网的指导意见》，按照《工业互联网 APP 培育工程实施方案（2018-2020 年）》要求，徐州中联混凝土积极构建《生产、运营、服务一体化 APP 系统》解决方案，进一步打破产业链上下游信息孤岛，解决行业中客户常见的三大痛点：第一、传统方式电话、短信接单，容易出差错，手工订单难以存放、容易遗失、查询不方便。第二、客户对配送过程无法实时了解，影响施工安排，客户体验不好。第三、供需双方仍采用传统方式对账，沟通频繁、多次送单，耗时长、成本高。

搅拌站人员、驾驶员、施工方人员等通过 APP、PC 端等方式应用软件功能，数据分析结果可以掌握从交易、生产、配送，到签收、结算的全流程情况；利用实时在线沟通功能，可以实现搅拌站管理员、配送司机、施工方人员之间的多方线上交流，极大提高业务场景中的沟通效率。从而进一步提高企业服务质量，增强企业竞争力，提升市场占有率。

产业链上游的供应商，同样可以通过系统平台发布的报价信息进行线上报价，公平公正，操作便捷，中标结果及时发布，供应商可以根据中标情况合理、高效的调度原材料车辆供料。

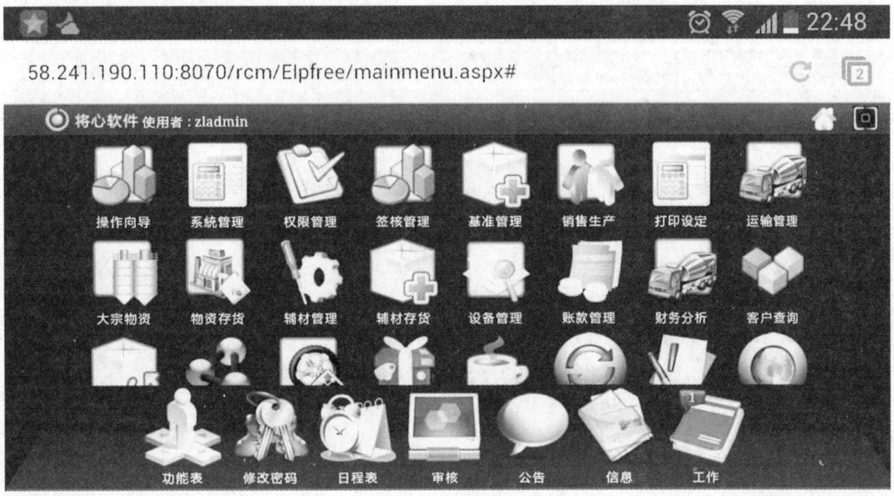

图 11　移动办公

2. 版本快速迭代，满足用户需求

对于互联网时代而言，速度、质量同样重要，因管理需求变化，部门用户需求快速变化，常规的“一次性需求调研，固定开发”的方法已经逐渐不能满足企业管理需求，因此，不能追求一次性满足部门用户需求，而是通过一次次的迭代让平台的功能更加丰满。采用的方法是小批测试，迅速上线，根据部门用户反馈，然后不断进行调整。

目前，徐州中联混凝土已经进行五次版本升级，1500 多次需求更新。

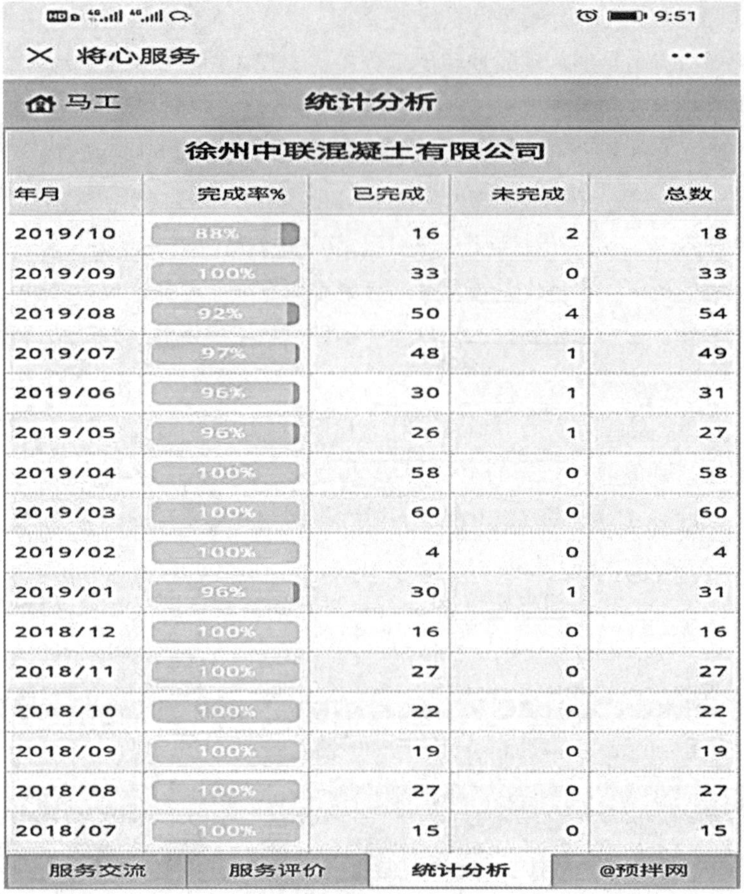

徐州中联混凝土有限公司

年月	完成率%	已完成	未完成	总数
2019/10	88%	16	2	18
2019/09	100%	33	0	33
2019/08	92%	50	4	54
2019/07	97%	48	1	49
2019/06	96%	30	1	31
2019/05	96%	26	1	27
2019/04	100%	58	0	58
2019/03	100%	60	0	60
2019/02	100%	4	0	4
2019/01	96%	30	1	31
2018/12	100%	16	0	16
2018/11	100%	27	0	27
2018/10	100%	22	0	22
2018/09	100%	19	0	19
2018/08	100%	27	0	27
2018/07	100%	15	0	15

图12 服务统计分析

3. 应用管理智能化，提升制造水平

徐州中联混凝土应用管理智能化分为四个方面：

（1）运用互联网+的思维，强化与供应链（客户、供应商）多纬度的互联互通，全面形成资源整合、信息整合，重新构建产业生态；

（2）通过管理革新，引用新技术、新工艺、新装备，实现产品绿色化、生产工艺绿色化、生产过程绿色化，引领行业的转引领行业的转型升级；

（3）运用“云”的方式，将分散的生产单元进行平台化管理，实现运营管理的标准化、组织扁平化，推动管理决策方式由传统事件驱动向“数据驱动”转变；

（4）运用物联网技术，系统增强预拌混凝土生产装备和设施自主感知能力、自主控制能力，全面提升预拌混凝土制造过程的自动化、数字化、智能化水平。

生产控制系统是混凝土智能化生产的核心，是网络信息系统与装置物理系统联接的枢纽，在采集生产和运转数据的同时，接收管理信息和控制指令。徐州中联混凝土革新性的将生产控制系统改造为开放式工业以太网总线控制设备+工业操作计算机方式。控制方式先进、运行稳定、操作简单、功能强大；采用Profibus总线技术，基于PLC+一秤一表的架构，灵活可靠，管控分离稳定性高；实现数据处理的快速、稳定，并实时对搅拌主机、计量称、气压系统及电气系统的运行状态进行监测，分析设备状态，对异常或故障提前预警，并可通过移动终端实时发布。

集成搅拌楼、地磅、搅拌车、泵车以及各类智能设备的实时运行数据与业务数据集成，形成徐州中联混凝土的工业大数据核心，并据此建立了设备树、设备故障树，形成了涵盖设备技术指标、经济指标以及健康状态评价指标体系在内的设备管理知识评价模型，为设备智能化管理奠定了基础。

4. 实时监测监控，实现协同优化

利用物联网对生产过程进行过程监测、信息传递、参数优化和控制执行，将生产操控与市场经营、计划调度、技术质量、设备运行等实现信息传输，在工艺、成本、环境安全等条件下实现过程协同和优化，使整个生产运营精益化和柔性化。

以大数据、云计算技术为依托，从物料性质、设备性能、过程控制、生产调度以及制度建设等方面出发，实现生产运营过程的在线运行监控、安全（危险）源动态辨识、操作性实时评价及管控，打造了安全管理从原来基于制度保证的静态方式转换为知识集成的动态预制方式。

（五）强化人才建设，提升全体人员的综合技能

1. 重视员工培训，提高综合素质

混凝土企业管控一体化系统平台是一项协调难度大，涉及面广的高技术系统，企业管理人员、普通员工的思想素质、创新意识、技术水平对该系统平台的实施成败起着重要作用。因此，平台建设的各个阶段都需要重视对人员的培训，通过集中培训和模拟操作，不断提高全员信息化应用水平和综合素质，促进“人才培养”战略落地。

2. 加强综合考评，激发员工潜能

徐州中联混凝土坚持“日调度、周分析、月总结”，每月召开月度经营分析会，对营销、生产、技术、采购、质量、财务等方面 KPI 指标进行综合分析和对标考核。

同时徐州中联混凝土将对员工综合考评工作纳入日常管理工作中，不定期、分批次对各岗位人员进行“应知应会”考核，以考代培，实现优胜劣汰，同时制定相关激励政策，最大程度上的调动广大干部职工的工作积极性，激发潜能，在内部形成“比、学、赶、帮、超”的良好氛围，促进各岗位人员专业应用知识的学习，提高全员综合技能。

（六）加强文化建设，营造和谐进取的工作环境

1. “三宽三力”人文环境，员工企业共同成长

徐州中联混凝土认真履行作为中央企业应担负的政治责任、社会责任和经济责任，崇尚“创新、绩效、和谐、责任”的核心价值观，倡导“敬畏、感恩、谦恭、得体”的行为准则，本着“企业是人、企业靠人、企业为人”的原则，积极营造待人宽厚、处事宽容、环境宽松和向心力、亲和力、凝聚力“三宽三力”的人文环境和党建文化、企业文化、廉洁文化、安全环保文化“四化融合”的企业氛围，大力培育“四个精心”的“五有干部”，把实现人的幸福、人的价值作为企业发展的重要目标和根本追求，努力追求“让员工与企业共同成长”。

2. 坚持“五优”经营原则，推动企业和谐发展

徐州中联混凝土以价本利经营理念为指导，坚持优技、优质、优服、优价、优利”五优原则，用好的技术、质量和服务赢得好的价格和利润。通过大数据分析，深刻理解、准确把握复杂多变的经营形势，以效益为中心，落实好“价本利”理念，防止生产经营大起大落。借助互联网技术和思维方式，在产业价值链上开展有限多元业务拓展，使企业能够有效化解宏观经济周期波动风险，具备可持续盈利能力。

三、混凝土制造企业智能化转型升级的创新与实践的实施效果

（一）管理效率提升，取得良好的管理效益

徐州中联混凝土利用信息系统智能化管理、大数据分析，工控系统根据生产工艺参数合理化自我更新和迭代，生产效率提高30%以上，180线产量已达到每小时144.6方的行业领先水平，且摆脱了原有工控厂商的控制，企业可以根据需要自主完成技改工作；2019年，车辆满载率92.35%，较2018年上升4.02%，相当于多运送11.75万方，节省成本317.74万元。

（二）市场占有提高，取得优秀的经济效益

随着徐州中联混凝土管理的不断提升，无论在质量、服务、企业形象、社会口碑等方面与其他混凝土企业均拉开差距，在徐州市的重点工程项目上如轨道交通、高架、超高层等项目上，保供、质量、服务得到了客户高度满意，市场占有率逐年提高，销售额从2016年的6.27亿提高到2019年的14.48亿元。

（三）推动行业升级，取得客观的社会效益

徐州中联混凝土积极推动行业转型升级、管理革新工作，参与编制了《预拌混凝土绿色智能工厂评价技术要求》，并与安徽省发展散装水泥办公室、滁州市建委质检站、中国混凝土与水泥制品协会等单位学习交流，在2018年度江苏省混凝土行业年会上作《混凝土企业智能制造的探索与实践》主题交流发言。徐州中联混凝土取得了粉料自动取样装置等六项发明专利，混凝土工业自动化生产控制系统获得计算机软件著作权，2017年取得两化融合管理体系证书，也是全国首家取得国家级两化融合管理体系证书的混凝土企业，“混凝土企业管控一体化系统”成为工信部水泥行业基于在线监控的管控集成试点项目，2017年度“中建西部建设杯”混凝土与水泥制品行业技术革新奖二等奖，2018年度“苏博特杯”混凝土与水泥制品行业技术革新奖二等奖，2018年建材行业智能制造试点示范企业，2019年建材制造业与互联网融合发展试点示范企业。

（四）实现节能降耗，取得较好的生态效益

徐州中联混凝土改变了混凝土企业传统粗放式的管理方式，使生产运营管理向精细化迈进，管理效率的提升降低了企业对资源及能源的依赖性，并提升了企业吸纳工业废弃物的能力；配备砂石分离机及小型破碎机，实现废水、废渣零排放，废试块回收利用；采用绿色节能低压变频螺杆压缩空气控制系统，无缝对接工控系统、ERP管理系统，根据进站粉料车管口打灰压力值实时增压或降压，使得排放浓度小于30mg/m^3，做到绿色环保无噪音。综合电耗从2016年的1.58度/方降低到2019年的1.55度/方，车辆运输、泵送综合油耗从2016年的1.72升/方下降到2019年的1.68升/方。徐州中联混凝土积极贯彻执行国家“绿色建材”的战略方针和“善用资源”的经营理念，通过信息化等智能管控系统的高度融合实现节能降耗，保护环境，取得了较好的生态效益。

四、混凝土制造企业智能化转型升级的创新与实践的建议与思考

（一）发展思路

面对日益激烈的市场竞争，加快企业信息化建设，是提高企业核心竞争力的关键，是企业健康发展、走向长远的必然选择。近年来，预拌混凝土行业两化融合快速发展，信息化、自动化长足进步，财

务、生产、销售、采购等业务积累了大量数据，如何更好地使用数据，探索挖掘工业大数据的智能化管理方式是整个行业面临的课题。

为解决这一课题，可以依靠两化融合总体发展目标，以技术、业务流程、组织结构和数据的持续改进和互动革新为依托，建设并持续提升生产、经营等各方面资源和要素的管控能力，在多站点布局基础上，实现销售集中、采购集中、财务集中、生产集中、技术集中的集团化智能管控，最终形成成本领先优势、区域市场控制优势、质量领先优势、客户服务优势等可持续竞争优势。

（二）下一步研究方向

1. 利用移动互联网、大数据、云计算等先进技术，深度挖掘系统基础数据，智能建模，动态分析，实现真正的决策支持。

2. 将信息化建设向集成、共享、协同转变，实现“纵向贯通，横向集成”，不断提高信息系统服务于生产经营、改革发展的能力。

3. 与信息化建设供应商强强联合，形成战略合作伙伴，实现混凝土企业管控一体化系统产品化，通过行业推广，为提高混凝土企业生产管理科学化水平做贡献。

成果创造人：祖庆贺、臧　军、马海平、高　丰、季婷婷、拾　莉、刘先国

基于智慧管理的现代企业三会管理信息化、智能化建设研究成果报告

徐伟中等　国电电力发展股份有限公司

一、引言

习近平总书记在十九大报告中指出，创新是引领发展的第一动力，是建设现代化经济体系的战略支撑。以习近平同志为核心的党中央高度重视科技创新工作，大力实施创新驱动战略。总书记强调指出，不创新不行，创新慢了也不行，新时期、新形势、新任务，要求企业在科技创新方面有新理念、新战略。当前国内经济稳步增长，拉动企业投资规模不断扩张，各大集团企业对提升法人治理水平，提高现代化治理能力的重视程度日益凸显，但企业经营贯彻股东意志不到位，股东难以行使职权维护自身利益的矛盾也不断增加，因此各大企业对旗下数量规模庞大的子公司实施规范运作管控，在全系统范围内建立规范、严谨、高效的三会管理体系，防范法人治理系统性决策风险的内在需求不断提升。

为深入贯彻党中央国务院精神指引，推动企业关于创新驱动发展的内在要求，把握科技发展规律，团队按照智慧企业建设的发展战略，结合企业三会传统管理制度流程和工作需求，以建立规范、打造标准、优化流程、解放人工为根本目的，将传统低效、繁杂的三会管理工作向数据化、流程化、表单化、信息化到智能化逐步演变，从而开发了三会管理信息系统平台，建立了更加规范科学高效的管理模式，解放了大量人力，提升了从文字编辑、议案流转、审核决策、会议组织、资料归集全过程工作标准。在未来智能化发展趋势下，以三会管理信息系统为基础深化拓展的信息化发展理念将进一步取代传统，推动企业管理效率、管理质量全面升级。

二、传统三会管理模式的内在问题分析

1979 年以来，中国经济体制的转轨带来了国有企业治理结构的转变。全民所有制企业和集体制企业改制后，新的公司制企业逐渐建立起现代企业的法人治理结构。在法人治理结构不断完善，彻底替代以往的公司经营决策管理模式的过程中，企业的三会运作也在朝着法制化、规范化的方向同步演变。但在公司制企业发展过程中，由于历史传承原因，企业股东、董事、监事、经营管理层对企业治理和经营管理的理念都难以在短期内被公司制的治理方式快速取代。公司股东、派出的董事及经营管理层没有对公司制企业的运作模式、决策机制、权利机构层级等相关体系得到充分认知和理解，使得法人治理依然存在重大事项决策程序缺失、决策层级议事程序不规范、职责权利履行不到位、监督机构监管制衡职能缺失等诸多问题。这些问题给企业合法规范运作、股东合作经营等都埋下了日后难以解决的法律隐患。股

东、董事参与企业重大事项决策程序缺失，股东意志无法得到全面贯彻和体现。

那么在实际操作层面，造成上述问题的原因又有哪些?

通过调查了解，随着国内大型集团类企业投资规模不断扩大，公司业务规模及子公司数量均呈现较快增长，公司本部及控参股企业的三会管理方面均出现了人员紧张、决策事项大幅增加、审核业务量繁重、会议时间进度要求难以满足等问题。各企业三会管理人员通常进设置为1-2人，会议召开前完成相关议案起草及流转审核时间至少需要2周，对控参股公司上报议案的审核流程通常也需要2周甚至更长时间，对工作标准的建立，业务规范的把握也同样存在弹性较大、刚性不足，标准规范难以持续的困境。以电力上市公司国电电力发展股份有限公司为例，通过对其以及其他大型企业三会管理现状进行观察分析，发现目前存在的主要问题如下：

一是人工操作业务过多，缺乏信息化技术应用。公司本部每年召开董事会、股东大会约6-10次，议案数量超过50项，而下属超百家控参股公司每家提交的年度三会议案通常在10项左右，对议案文件的拆分、分专业打包、向专业部门分配传递等环节主要靠三会管理人员手动完成，未充分利用信息化手段，在多家单位集中开会时，工作量巨大，业务人员负担较重，资料管理、信息归集出现丢失、出错的概率加大。

二是业务流程长、效率低，意见沟通不及时。股东审核议案期间，全部议案文件以及审核意见等信息均是通过三会管理人员单线程传递，控股公司和审核人员不直接对接，审核进度不透明，审核意见无法第一时间及时反馈，总体效率较低。在公司本部以及下属控参股公司集中召开年度三会期间，由于业务量的激增，议案审核量大，意见反馈形式零散，容易带来议案审核信息上传下达不及时、不准确、不全面等负面效应。

图1　业务流程示意图

三是会议材料的规范和标准难以延续。公司内各部门议案起草及会议材料编制人员经常发生变动，以往建立的规范及标准由于工作承接不到位而难以延续，造成会议资料编制质量下降、已更正的问题反复出现，形成“大病久治不愈，小病不断反复”的现象，管理质量难以提升。

四是三会管理全过程资料无法完整留存。公司的三会管理人员多为兼职，业务人员调整频繁。三会议案审核过程中，议案的流转进度记录，议案审核人员电话、短信、办公OA甚至口头等形式反馈的审核意见，以及各公司上报的会议资料等关键信息常因人员变动交接不到位而造成历史痕迹、记录遗失，无法保留。

通过分析可以认定，形成上述问题的主要原因是由于管理技术和控制手段的缺失，信息化建设不足，适应三会管理的信息化建设思路不完善不健全等原因造成。目前虽然已有少数企业开展了三会管理的信息化研究开发工作，但总体思路基本局限于议案文件的线上流转、手动分派传递审核等无纸化办公模式，与现有的会议管理系统类似，对工作管理质量及工作效率提升程度有限，未进一步利用系统的程序控制和逻辑判断等技术措施形成智能化立体式的管理架构，对议案材料质量、审核流程等关键环节向智能化管控作出深度研究。

三、推动三会管理信息化建设的核心意义

经统计，截至2019年底，国电电力发展股份有限公司已拥有直属全资及控股参股企业百余家。在规模不断扩张的同时，公司三会管理工作业务量加速增长，遇到的问题类型逐渐增多，处理难度不断加大。

在企业三会管理工作中，主要分本部三会和控参股公司三会两部分。以控参股公司三会管理为例，公司每年为全资企业出具股东决定近70次，督导审批控参股企业召开定期及临时股东会会议上百次、董事会70余次、监事会50余次，公司专业部门审核控参股公司各类议案超过500项。而且，各公司年度三会均集中在上半年4-6月份集中召开完毕。按照上述数量，平均2天左右就有一家公司召开一次会议，公司各专业部门在此期间平均每天审核约7项议案。三会业务管理部门在此期间几乎每天都要开展一家单位的议案审核，每天要提交一份签报审批，每天都有一份股东会、董事会或监事会决议需履行签字或盖章程序。每年归档会议资料超过一万页，工作量十分繁重，在2名工作人员的人数配置情况下，工作程序依然较为紧张。随着业务量的增加，三会管理也逐渐显现出一些亟待解决的重要问题。

为改变以往传统工作管理模式，以智慧管理为核心理念推动公司信息化管理建设，团队运用模块化、信息化技术开发建设了三会运作管理系统，由程序逻辑控制代替人工操作，将管理方式由人工化向数据化、信息化及智能化转变，促使管理效率及质量提升，人员工作强度降低，实现“工作制度化、制度流程化、流程表单化、表单信息化、信息智能化”。系统上线后，管理人数缩减为1人，公司规范运作管理信息化水平得到全面提升。

四、智能化理念下的三会管理信息化建设

为了满足企业对三会运作管理水平实现可持续性提升，提高管理效率，确保企业法人治理相关工作合法规范运行，建设一套信息化、智能化的管理系统是企业必选之路。通过结合目前企业三会运作管理现状及存在问题原因分析，在智能化技术基础上，设计开发了三会管理信息系统。

（一）设计原则

1. 先进性、易用性相结合

（1）先进性

三会管理信息系统要求采用先进的软件开发技术实现，基于现有智能化技术，在逻辑控制及程序设置方面予以应用，以保障系统具有高效、全面和稳定等良好品质。所有应用软件系统须支持企业现有的网络基础和软硬件环境，支持对功能的实时升级更新。

（2）易用性

系统在设计上要依据简单易用的原则。提供方便的访问界面和简洁明了的接入引导，同时软件的界面要采用友好的人机界面，使用习惯沿袭企业办公OA的操作模式，方便使用，提高应答速度和工作效率，另外系统要提供简单易用的系统维护界面，方便系统维护人员的维护和状态监控。

先进性要与易用性相结合。在保证系统更高效、稳定、延长系统使用寿命的同时，为使用方提供简单、易用的系统操作方式，提高工作效率，方便使用人员。

2. 灵活性、规范性相结合

（1）灵活性

三会管理信息系统的功能应采用结构化、模块化、面向对象的设计方法，可根据用户各种需求变化

的调整、进行灵活的组合；可以在应用系统的接口基础上增加新的功能模块；可以方便的与其他扩展应用接口进行衔接。

（2）规范性

三会管理信息系统的设计、开发、实施和维护管理遵循 ISO9001 质量认证体系。应用软件的设计则严格按照软件工程规定的方法进行，并形成各个阶段相应文档，同时形成系统与其它运营系统的标准接口，接口方式通用开放，保证系统与其它系统的有效连接。

只有灵活性与规范性互相配合、相互制约，才能更有利于实现系统的可调整、可扩展、统一性、完整性等性能。

3. 开放性、独立性相结合

（1）开放性

三会管理信息系统的建设要充分考虑其服务能力及交换能力，以满足信息共享的需要。应尽量采用符合国际标准和业界标准的设备与技术，以保证随着技术的进步系统不至于被淘汰；系统应通过建立良好的接口方式和与之相联接的业务系统，实现数据和功能的耦合，尽量避免信息交换给由交换平台的业务系统带来的影响，同时，保证在将来业务范围逐步扩大时，不影响原系统的正常运行。反之，也尽可能避免因业务发展对信息交换造成影响。

（2）独立性

由于涉及到的各应用部门、服务部门繁多，为了避免相互制约、相互影响，必须保持系统与各业务、服务系统间的相互独立，避免相互影响和制约，同时也要避免建设对控参股公司、业务部门原有的系统及其正常的工作的影响与干扰。

要同时兼顾开发性与独立性两个方面，要做好与控参股公司的协调工作，使参与各方既能有效、充分的利用信息资源财富，又能保障各部门原有系统共同发展、互不干扰。

4. 实用性、经济性相结合

（1）实用性

实用有效主要的设计目标和设计结果应能满足需求，且切实有效，智能化应用应切实解决人工常规标准化工作模式。基础阶段可通过逻辑判断和程序设置提供快捷功能，高级阶段可通过大数据、云计算等技术结合人工智能对常规操作实现智能判断批处理，形成数据分析、风险分析等，帮助提高治理水平。三会管理信息系统要能够连续长时间不间断工作，并能在不影响系统运转的情况下做到模块在线测试、更新、加载。系统必须易于使用，以减少培训费用；同时，系统维护应尽量集中、简单，尽量避免复杂系统和多系统组合的维护开销，减轻维护人员的负担，提高工作效率。

（2）经济性

应严格地从经济成本与效益角度考虑，能简单快速地建设平台。随着平台业务的发展与扩充，增值平台的任何一部分均可相对独立地扩充。这些考虑因素在于方案的模块化，配置的灵活性和可扩充性以及易维护性。未来系统扩展将是叠加的，而不是取代的。

5. 可控性、可操作性相结合

（1）可控性

信息化工程的可靠性以及智能化技术的稳定性、准确性将涉及公司形象及股东利益。如果失控，将有损公司形象。因此，需要对系统的建设进度，建设质量进行全面的控制，组织和协调实施队伍也要求具备可控性，以保证项目稳妥、有序的推进。

（2）可操作性

由于项目的建设实施需涉及到各个不同的业务部门，需要尽可能的减少部门之间工作的交叉，提高办事效率。这就要求在项目的智能化设计基础、实施策略、方法的制定上具备可操作性，充分将所有的可能性都考虑进去并具备相应的解决方案。

6. 现实需求与长远发展相结合

（1）现实需求

三会管理信息系统要从实际出发，从现实需求着手，进行设计、开发，要在充分满足用户的需要的前提下，简化工作流程，方便用户使用，使系统切实达到以人为本、服务员工的目标。

（2）长远发展

三会管理信息系统的建设和完善需要一个过程，从初始设计阶段就应着手于智能化技术开展研究。随着系统的运转，入库数据都会不断的上升。随着访问流量的增加及信息处理能力要求的提高，需要现有的系统具有很强的升级功能和可扩展性，同时应根据智能化技术的革新及时在系统中予以应用，以便提高整个系统的信息处理能力和适应能力。

（二）三会管理系统流程

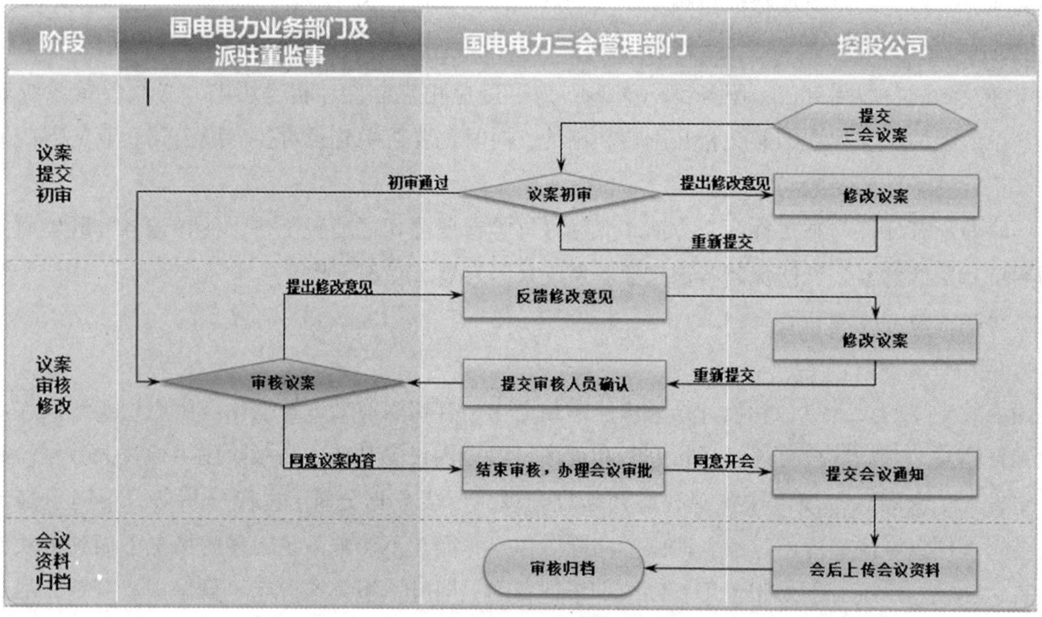

图2　三会管理系统流程

（三）系统主要功能特点

1. 议案提交审核实现在线管理

系统的架构分上下层级，去中心化。使用单位拥有独立的三会管理账号，利用加密广域网专线登录系统。系统实现在线提交议案、跟踪审核进程、在线修改议案、生成主持词和议案汇编、会议资料上传归档等功能，各环节均在系统中操作，界面如图3。

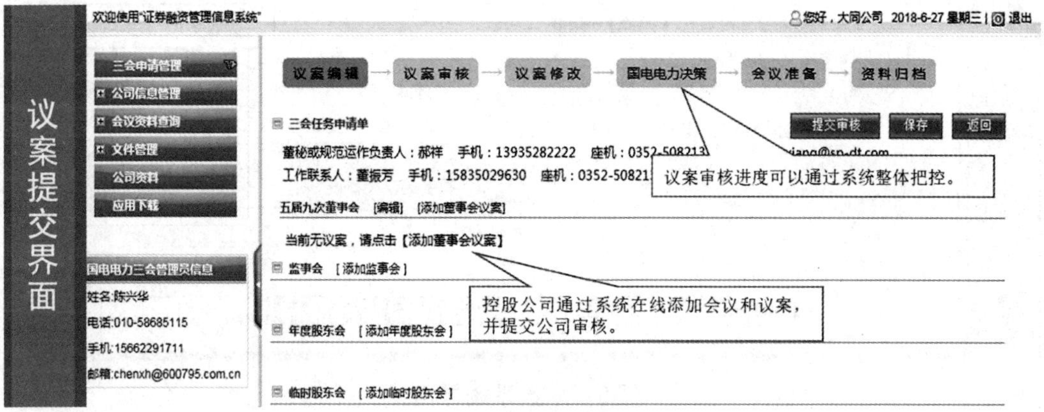

图 3 议案提交审核界面

2. 系统对议案名称进行了规范

为了提炼议案内容核心，对年度企业经营需要决策的常规议案内容进行统一、规范的显示，系统对常规议案名称进行了预设，要求各单位在系统中添加常规议案时，需通过预设的议案名称进行添加。通过该预设议题，系统对后续流程包括议案格式、关键字、自动分配部门等关键环节进行了智能化匹配，在系统中最大程度的实现自动化控制。具体展示如图 4。

图 4 议案智能化匹配

3. 系统为议案嵌入联系信息并自动生成概要

工作信息公开化、透明化是系统实现的一大功能特点。系统设置控股公司在编写议案前，需填写议案负责人联系信息，为议案添加信息标签，以便于议案审核期间，审核人员及时就相关内容与控股公司对口部门人员沟通。同时，在编写议案正文前，需要填写相应关键字信息，系统能据此自动生成议案概要，并以此生成签报、决议等文件。

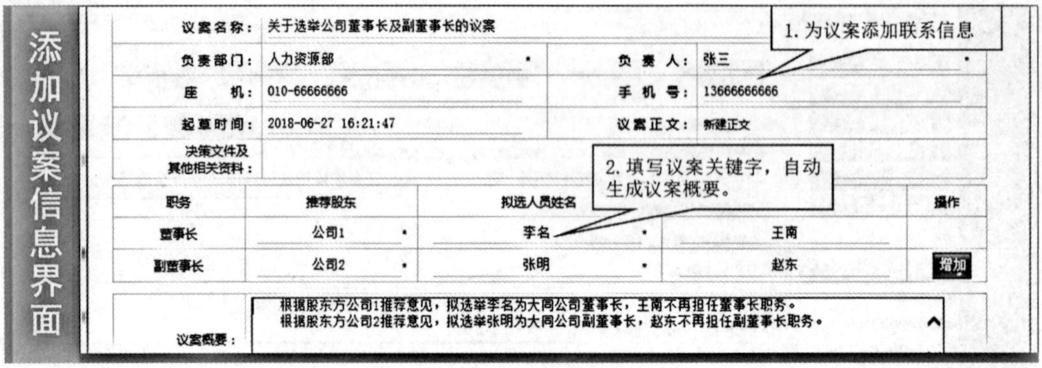

图5　议案系统界面

4. 系统对议案格式进行了规范

为保证议案编写格式标准、行文规范、内容完善，系统在议案编辑的word界面中，预先设置了规范的议案格式。具体展示如图6。

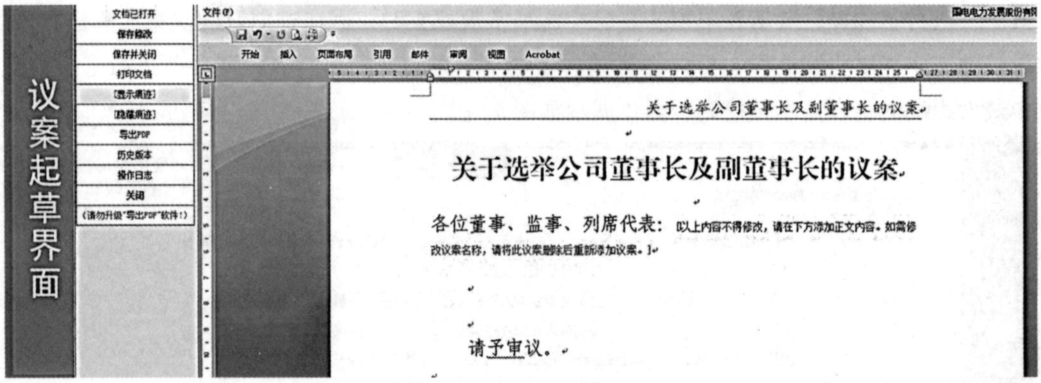

图6　议案起草界面

5. 新提交的议案需经过三会管理员初审

集团本部的三会管理员需要对控股公司新提交的议案内容、基本信息、格式以及需提交的会议等进行初步审核，当不符合要求时，将予以退回，议案初审通过后再分配其他部门审核，如图7。

图7　议案初步审核界面

6. 议案分配可实现初步智能化

公司本部三会议案以及收到控参股单位上报的议案都需将不同业务类型的议案分配给不同的职能部门审核，系统会根据常规议案名称（与之前新建选择预设议题相关联），帮助三会管理员自动分配议案审核部门，提高工作效率。审核部门需要调整时，也可以手动调整分配。

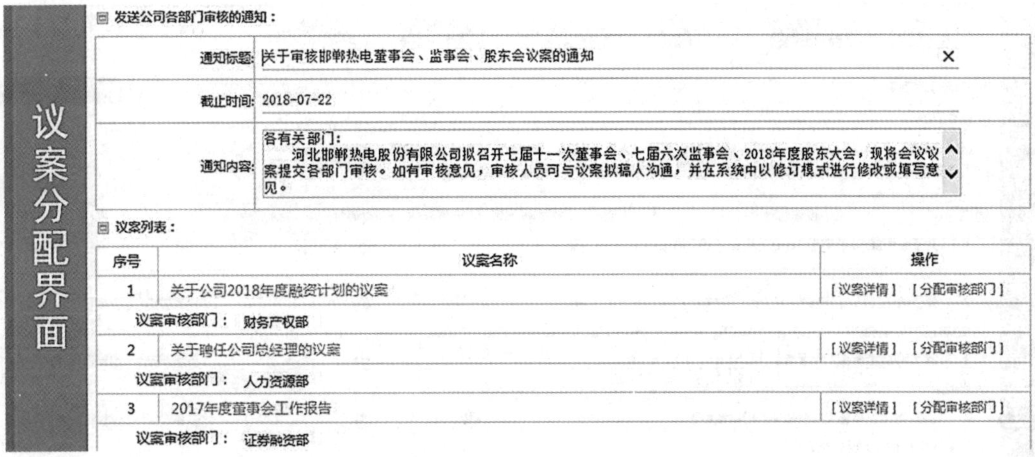

图 8 议案分配界面

7. 议案审核意见直观可见

系统对议案审核部门提出的议案修改意见可完全保留，各部门审核意见在同一 word 界面中公开展示，并以不同人员的“修订”模式区分体现，实现信息零时差传递，便于各方对应查看和修改。

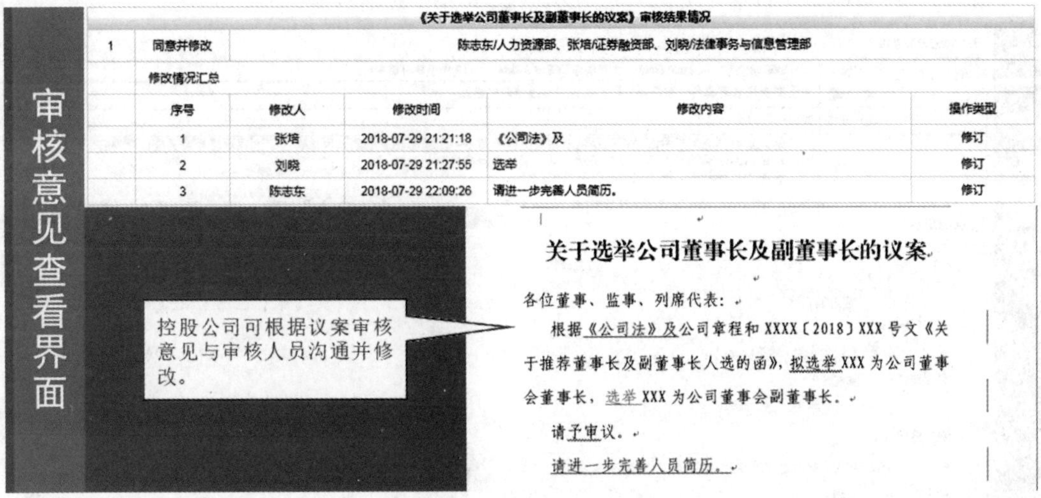

图 9 议案审核意见界面

8. 议案审核进程和审核意见实时可见

控股公司、三会管理员可实时查看议案审核进度、审核人员及审核意见，实现审核过程上下互通。同时，控股公司可以不通过三会管理员，直接就各项议案的审核意见与审核人员沟通确认，从而提高议案审核效率。

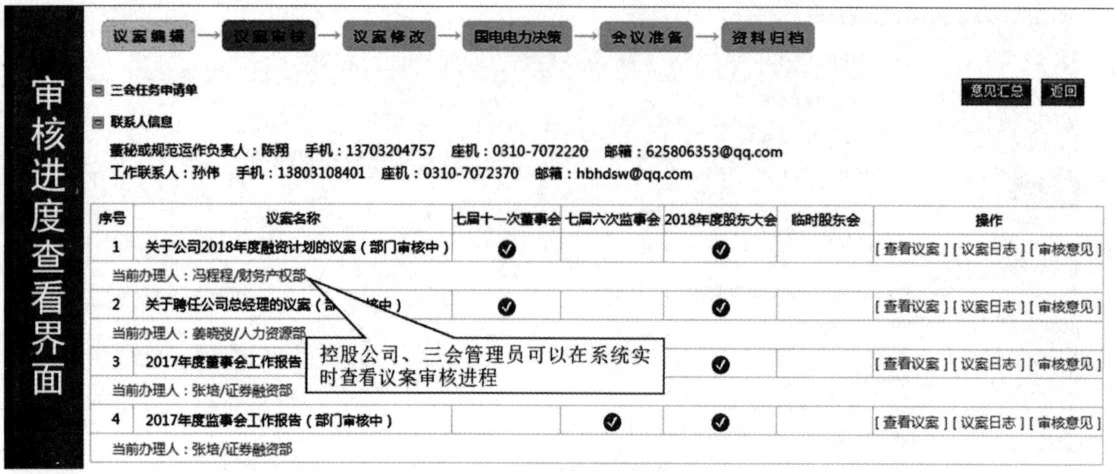

图10 议案审核进度界面

9. 议案审核流程实现闭环

控股公司修改后的议案将提交审核人员确认，审核人员确认无误后，审核流程结束，议案审核工作实现闭环。系统可自动识别并将议案提交之前提出修改意见的审核人员。

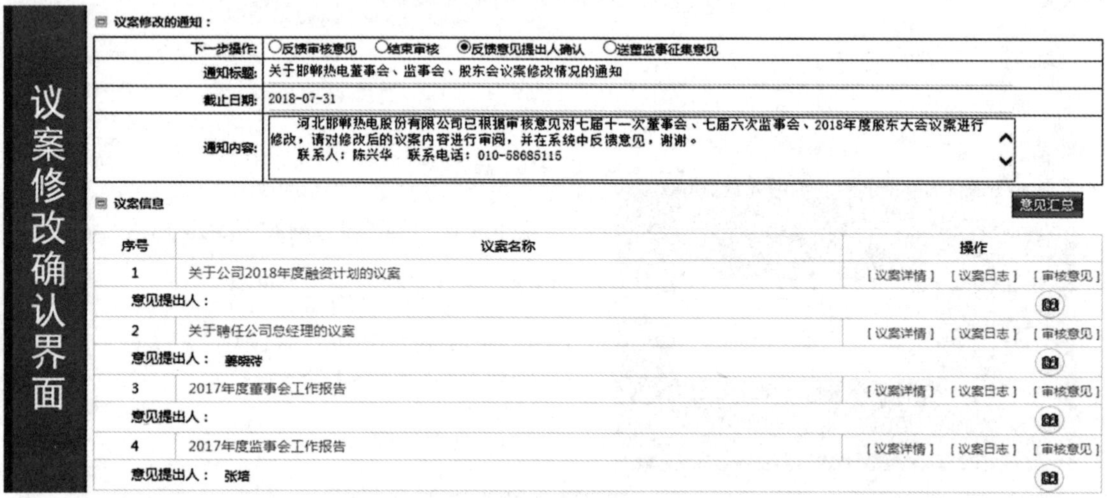

图11 议案审核界面

10. 会议材料自动生成

系统为控股公司设计了会议主持词、议案、决议汇编等标准化材料自动生成功能，以减少会前资料排版等工作，提高工作效率和材料准确度，提高系统实用性，。

图12 会议材料生成界面

11. 系统实现三会资料数据化管理

控股公司在会议结束后，需在系统上传会议资料扫描件，完成电子资料归档，结束全部会议流程。上传的会议资料将按照公司档案管理要求，自动生成全套电子存档资料，同时也便于控股公司日后在系统查询。

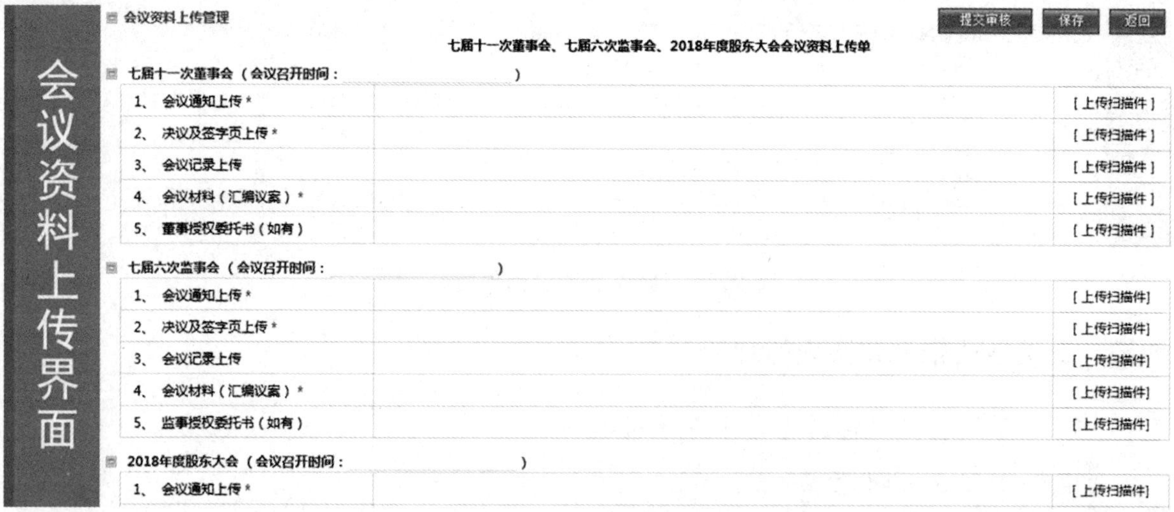

图 13　会议材料上传界面

12. 企业信息在线维护

系统建立了控股公司信息和董监高信息维护功能，便于工作期间查询、记录。同时，系统提高了智能化管理水平，当控股公司提交修改公司章程或变更董监事等议案后，系统会在控股公司上传会议资料前，提示必须先对系统中的相关信息进行更新维护。

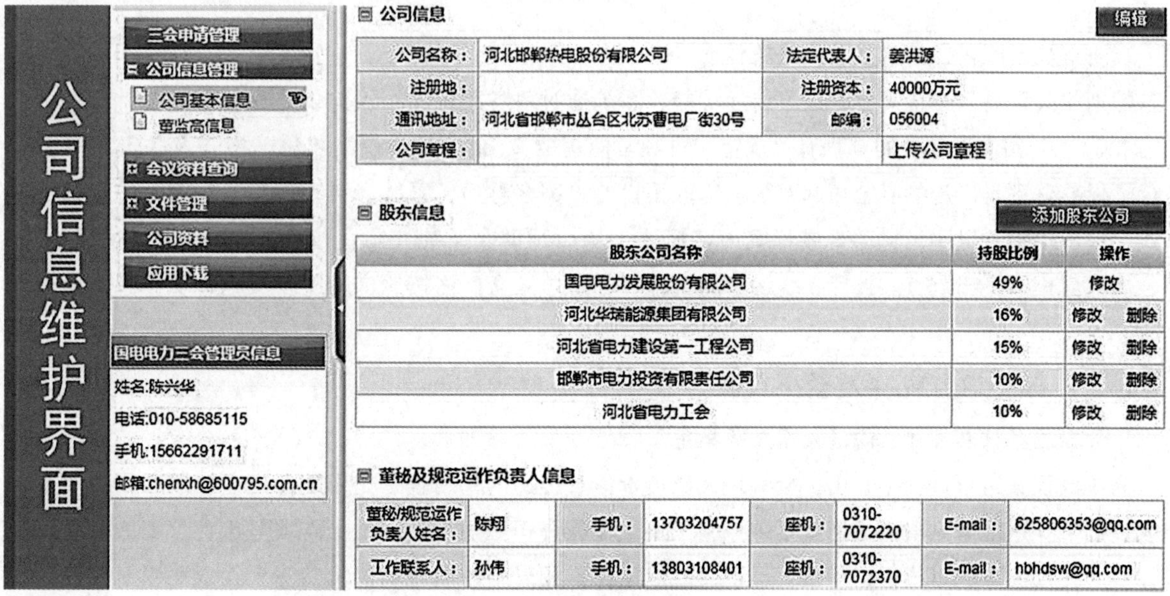

图 14　公司信息维护界面

13. 系统自动跟进会议进度

系统根据控股公司年度会议召开情况，自动生成会议召开情况统计表，利用智能化会议进度管理，帮助管理人员做好三会台账管理，掌握总体会议完成进度。

会议进度查询界面

控参股公司2018年度三会召开情况统计表　上一年　2018　下一年　按公司导出　按领导导出

单位名称	议案上报	会议通知	开会时间	开会地点	会议主持词	操作
大渡河	否	否			否	[查看] [编辑]
英力特集团	否	否			否	[查看] [编辑]
北仑一发	否	否			否	[查看] [编辑]
北仑三发	否	否			否	[查看] [编辑]
大同公司	否	否			否	[查看] [编辑]
石嘴山有限	否	否			否	[查看] [编辑]
石嘴山一发	否	否			否	[查看] [编辑]
国电建投	否	否			否	[查看] [编辑]
宣威公司	否	否			否	[查看] [编辑]
庄河公司	否	否			否	[查看] [编辑]
东胜热电	否	否			否	[查看] [编辑]
邯郸热电	否	否			否	[查看] [编辑]
晶阳公司	否	否			否	[查看] [编辑]

图15　会议进度查询界面

五、三会管理信息化实现的转变

（一）三会管理实现信息化集中深度管控

1. 构建了独立运作一体化管理平台

系统为公司本部及控参股公司实现了三会议案起草、在线提交、分配部门审核、资料上传归档等环节集中在线操作，替代了以往通过电子邮件、公文报送议案，以及利用办公OA分配部门审核的工作模式。三会管理人员不再利用电脑存储三会议案等会议资料，也无需在电子邮箱、办公OA及个人电脑之间反复切换查找各公司的三会资料。会议召开信息、董监高人员信息等工作台账可由系统抓取信息自动生成。各公司三会议案提交情况，审核进度，归档情况通过系统直观可见，更加便于三会业务整体管理。

2. 创新技术手段，强化管控规范及标准

区别于会议管理系统简单的议案传递功能，系统通过对各单位上报议案议题进行数据统计，并结合《公司法》、公司制度及公司章程有关规定，对经常使用的20余项常规议案名称、格式及关键字等方式进行了标准化预设。控参股公司起草议案选取预设的议案名称后，系统会自动相应建立规范的议案正文格式，提示填报关键字，自动生成议案内容概要，从而帮助全系统控制企业在三会管理过程中制定标准、规范流程、突出重点。按照系统设定的流程，各公司三会严格按照进度逐步实施，工作流程更加规范有序。

（二）三会运作效率质量全面提升

1. 管理流程信息公开，沟通效率显著提高

为改变议案审核过程中，由三会管理人员负责信息传递的单线程工作模式，建立控股公司与议案审核人员上下互通的联系渠道，通过系统控制，要求控股公司添加议案同时，需填写负责议案的联系人信息标签。在议案分配审核后，审核人员可通过信息标签及时与控股公司议案负责人沟通联系。控股公司也可以在系统中实时查看、跟进议案审核进度，直接联系审核人员，从而将三会管理人员从议案审核的信息传递中枢中解放，通过多点立体式的即时对接，大幅缩短议案审核时间。

2. 智能化程序设定，议案分配更加快捷

通过对预设的20余项常规议案专业类别进行梳理分析，根据议案议题所涉专业，在系统中对默认分

配审核部门进行了预先设定。控股公司选择添加常规议案议题后，系统将对议案按照预设分配至相关专业部门，从而实现了议案自动分配功能，改变了以往依靠人工手动拆分议案并分配部门审核的工作模式。

3. 便捷性功能设计，会议材料实现自动生成

系统设计开发了自动生成会议主持词、议案决议汇编、请示签报、会议通知等功能，可帮助三会管理人员以及控股公司三会工作人员提高工作效率，减少常规工作量，工作人员仅需少量录入部分关键信息，结合系统自动抓取已有数据，即可完成相关材料的自动生成，在为工作创造便捷条件的同时，也可确保文件格式规范统一。

（三）信息化管理下的工作记录全部保留

1. 建立议案审核日志，流程记录清晰可查

系统对各公司三会议案的审核意见、修改记录完整保留，实现全过程记录，形成完整的工作日志随时可查。解决了以往由于管理人员变更，导致通过电子邮件、办公 OA 等方式完成的议案审核记录丢失或相关资料无法全部留存的情况，为公司规范运作管理记录工作内容，总结以往经验，提升管理水平提供了可靠的支撑和依据。

2. 会议资料一键归档，存储体系更加完善

各公司会议结束后，将在系统中对应上传包括会议通知、议案、决议、记录、授权书等全部会议资料，从而建立完整的会议资料存储体系。同时，根据档案管理相关要求，在系统中设计了一键归档功能，可快速将归档所需的资料内容按照规定格式进行整理，并移交档案系统。

六、三会管理信息化建设成果的推广应用

自 2016 年 3 月以来，国电电力已将公司本部及所属 66 家控参股企业三会管理全部纳入系统平台管理，使得三会管理系统得到较为广泛、充分的应用，系统设计理念也得到充分的实践。通过与控股公司在系统使用过程中持续交流反馈，不断改进升级，该系统已为国电电力及所属企业三会运作管理提供了有力的双向支持，一是系统的关键点控制形成了潜在的自我培训体系，促使各单位三会流程总体得到进一步规范；二是各单位对三会管理重视程度不断加强，议案报送质量提升带动审核效率一并提升；三是公司三会管理人员工作强度大幅降低，工作效率提升，为进一步推动公司法人治理工作迈上新台阶提供有力支撑。

2019 年，以国电电力三会管理信息系统设计路线为基础，在新的系统平台下开发的集团公司三会管理信息系统也正式上线运行，实现了多家二级公司三会议案审核全面线上流转运作。下一步还将实现整个集团系统上千家子分公司三会线上管理，系统研发应用范围将进一步扩大。通过做好顶层设计，逐步实现规范运作管理全面信息化，从而将该系统打造成为推动企业法人治理全面提升的信息化管理平台，带动此项业务运作管理模式彻底革新。

未来主要拓展思路为：一是应用范围拓展，将系统应用推广至全集团及其他国有企业分子公司以及拥有控股公司的基层企业，使研发成果能充分推动企业法人治理能力提升发展；二是系统功能拓展，利用信息系统对企业及控参股公司三会运作情况进行穿透式监督管理，实现规范运作水平的整体提升效应；三是管理深度拓展，通过系统完成对公司所属企业的基本信息、公司章程、董监高等方面的数据采集，实时跟踪关键信息的工商备案情况，打造规范运作信息管理云平台。

七、社会效益和间接经济效益

（一）时间成本效益

三会管理信息系统利用计算机严格的逻辑运算及程序控制，在准确、快速的运算下建立标准、规范的工作程序。同时，系统在互联网、数据库的多重支持下，建立了上下互通、数据全面的立体式信息平台，使得信息获取更加方便灵活，极大程度上提高了管理效率，在控股公司和议案审核方等多个层面节省工作时间。

（二）市场竞争效益

在能源类企业日益激烈的市场化竞争模式下，企业也逐渐步入了优胜劣汰的严峻形势，各企业对内部控制管理工作提出更高要求，而法人治理工作是企业管理的核心，应作为企业管理水平、管理效益提升的重点。基于未来智慧管理理念建立三会管理信息系统，是企业利用智能化信息处理技术提升业务管理竞争力的重要举措。

（三）社会综合效益

以智慧管理理念和技术为基础的三会管理信息化系统建设，为企业提供了智能化管理应用的智慧型企业实施案例，为彻底改变传统管理方式提供了基本理论和实践基础。通过三会管理信息系统的建设，带动了多种信息的共享和交换，改变了管理人员的工作方式、思想观念和行为习惯，从繁琐、繁重的工作中解脱出来，转而集聚更多时间资源提高管理创新水平，有助于企业科学决策，实现企业整体效益的提高。

八、结论

通过三会管理信息系统的实践应用，充分证明了企业管理信息化向智能化转变的必要性和可行性。本报告仅以国电电力三会管理信息系统研发成果为案例，对管理智能化进行的初步研究，信息化建设理论存在一定局限性，但目前推广应用的实际使用效果已充分体现了此项革新的必要性。未来系统开发将结合大数据、云计算以及区块链等技术应用，打造具有深度学习能力的智能化创新应用，推动智慧企业建设发展。

成果创造人：徐伟中　国电电力发展股份有限公司
陈兴华　国电电力发展股份有限公司

首都信息公司助力探索破解城市基层治理难题

首都信息发展股份有限公司

一、建设背景：原12345综合受理调度系统亟需适应新负载需求

北京市政府服务热线中心是市委、市政府利用电话、网络等信息手段，畅通群众诉求表达和反馈渠道的重要综合服务平台。2014年9月，北京市政府办公厅下发了《关于整合优化政府服务热线资源逐步建立统一高效非紧急救助综合服务平台的工作方案》（京政办函｛2014｝64号），要求市政府服务热线增加承担市民对生产生活各方面的投诉举报诉求的综合受理、转办交办、协调解决，制定相关标准、流程，实施动态管理、监督考核等新功能，同时赋予建立便民服务和应急抢险电话绩效考评体系，制定考核办法，协助市政府督查室做好考核工作等新的工作任务。

整合功能资源后,2018年数据显示,12345热线中心共受理电话4 693 919件,同比增加7. 24%,接通率96. 68%。诉求办理2 864 843件,同比增加26. 47%。通过12345，进一步畅通了群众诉求表达渠道，预防和化解矛盾纠纷，维护群众的合法权益，有效减少了大量信访的发生。从当年的数据分析看，全年中心工作和重点任务、时事动态及政策变化等情况均在群众电话中突出反映，热线已成为市民诉求表达和反馈的重要渠道，也成为市领导、市级部门直接获取市民心声的重要渠道，12345热线向领导和各级部门报送了大量信息，许多得到领导批示，有力推动群众合理诉求的有效解决，促进城市管理和公共服务水平的提升。

然而，随着数据的不断增加、社会治理和城市管理对来自人民群众意见建议重视的增强，原有12345综合受理调度系统承载能力显现不足。按照“一号通”的建设要求，其它委办局、区级热线并入后，系统需要集中处理的群众来电量将倍数增长，同时，分中心由51个增加到76个，2013年设计的系统最大承载能力、并发能力均已不能满足当前需求。此外，对群众来电数据的规律性研究还不够深入，数据分析层次不够深刻，分析应用手段相对落后，无法满足《市民热线反映》日报、周报实时报送的高标准要求。与此同时，层层派单、派单中权责不清等降低了处理效率，按照“街乡吹哨、部门报到”要求要对现有业务流程优化改造，实现诉求直派到329个街乡镇。如上问题都督促12345原系统需要实现业务模式创新，全面升级信息化系统。

为落实“一号通”、“街乡吹哨、部门报到”要求，快速推进政府服务热线整合、诉求直达街乡、区街联动、接诉即办、加强监督等工作要求，热线管理部门提出需求，依托原非紧急救助综合受理调度平台，对市政府服务热线信息化系统进行全面改造升级。2019年，按照蔡奇书记关于“坚持市民诉求就是哨声，还要直达街乡，做到区街联动，接诉即办，并加强办理监督”的指示要求，在市政务服务管理局的统一部署领导下，按照市委市政府相关部门对项目新功能的要求，首都信息公司以北京市12345市民

服务热线核心受理系统承建商角色，依托首都的资源优势，探索并创新实践“互联网+社会治理”的工作模式，切实回应人民关切，打造从“耳畔”到“指尖”的全方位热线，赋予12345这个老品牌新的时代内涵，形成新的群众工作机制，走出一条推进新时代城市基层治理能力现代化的精细化之路。

二、工作思路：再造架构系统，重梳业务流程

作为因“数字北京”而生的国有IT企业——首都信息公司不忘初心和使命，始终践行“讲政治、信得过”企业文化，坚决贯彻落实市委市政府工作要求，坚持以人民为中心理念，把群众满意作为评价工作的最终标准，坚持不懈深化改革创新，集中“智慧科技”资源支持首都“智慧民生”建设。

（一）十余年的政府服务热线信息化经验

十余年来，公司以“讲政治，信得过”的理念，始终将信息技术与非紧急救助服务工作密切结合，凭借过硬的技术实力和专业的IT服务，助力市政府服务热线的信息化和智能化应用水平不断提高。

自2006年至今，公司承建了非紧急救助服务中心所有重大信息化项目，包括“北京市非紧急救助服务系统项目”（非紧一期）、12345“电网合一”综合服务平台项目、北京市非紧急救助服务综合受理调度平台项目（非紧二期）和投诉举报平台项目基础设施和支撑系统建设项目。

（二）重新确立系统组成，优化服务方式

此次针对12345市民服务热线核心受理系统，公司专门组成专项领导小组，统筹指挥、重点谋划、全面部署，党委书记、董事长亲自挂帅、亲抓落实，紧紧将党和政府的“民心工程”放在心坎上，通过确立具体系统组成，对原有的系统构架进行升级优化以适应新的业务模式变动，再造接诉即办业务流程。从方案编制、系统建设、大数据分析等方面入手，公司全心扑在“围着群众转，奔着问题去，沉到一线干，到群众身边解决问题”上，为政府用户单位提供了超乎其预期的解决方案。

1.构建非紧急业务受理系统，实现精准快速诉求派单

拟构建非紧急业务受理系统，全面支撑电话、网站、微博、短信、3G等多来源受理渠道的信息接入、查询和管理，全流程支持诉求工单分派、诉求办理、催办督办、诉求办理审核、诉求回访等，优化派单模式和流程，全面提升诉求办理效率和精准度。主要功能包括：支持救助服务信息受理、救助服务信息处理和监督评价功能。其中，救助服务信息受理功能接受来自求助者的服务请求、录入诉求事件的具体信息、判断该诉求的类型、并确定将诉求事件分派到不同分中心及工作站进行处理，以及对事件进行监控，产生业务报表，突出受理处置的精准快速。

2.全面完善知识库系统，强化工作辅助和政民快速联动

拟在原有知识库基础上，作全面完善更新，提升解答效率和精准度，增强工作辅助和政民快速联动。主要功能：支持流程化的知识创建和管理功能，支持知识库动态更新，支持分析和评价知识、分享支持，支持自动根据角色推荐知识，支持和管理知识库综合查询，具备建立和管理典型问题问答流程、突发事件诉求应答流程。

3.构建综合调度系统，突出复杂问题解决处置

拟构建综合调度系统，按照业务调度的复杂程度和调度难度划分调度层次，实现综合服务调度，突出对不稳定因素、复杂疑难问题的调度处置。主要功能包括：支持工单分拣功能、诉求协商功能、诉求会商功能、应急调度功能、调度资源管理功能、视频会议及GIS综合调度功能、系统监控和决策会商、资源共享功能等。

4. 打造构建风险预警监测系统，强化预警分析、辅助决策

拟打造构建风险预警监测系统，结合全市各方面可以利用数据和非紧急受理数据进行综合分析，提供预警和预测模型，实现辅助决策。主要功能包括：支持基础数据的采集管理，支持数据建模，提供图表、表格、趋势图、条线图、柱状图等多种报表展现方式，支持多维分析；对短期运行趋势进行预测分析，评价并自动生成和发布运行预警报告。

三、工作开展：科学研判舒症结、打造业务新模式

党的十九届四中全会关于“以高科技手段全面推进现代化治理体系和治理能力建设”的重要精神，首都信息公司深刻领会市委市政府关于推进基层治理体系和治理能力现代化的工作要求，强化战略思维，主动调查研究，广泛凝聚力量，科学研判新时代城市高质量发展对首都城市基层治理转型的新要求。

（一）认真研判、摸清症结

通过全方位调研、认真研判、集智聚力摸清热线改造工程的“难点堵点痛点”，专班团队集智攻关，逐步打通“血脉经络”，对派单渠道不畅、分拣速度慢、派单信息无法追溯留痕、回应效率低、热点问题归纳反应不及时、缺乏诉求信息整合展示、智能化程度低、数据分析预判功能不足等问题进行了全面整理，为系统实现“接诉即办”整体功能做好铺垫。

（二）全方位打造新业务模式

通过调集政务应用精锐人才力量组建专班团队，把一切工作定位为“民有所呼、我有所应”，把“让人民群众满意”作为唯一“风向标”，以大数据、云计算、人工智能、区块链等最先进前沿科学手段支持热线系统建设工作：

1. 升级优化原有系统构架，适应新诉求派单模式

为落实“一号通”、“街乡吹哨、部门报到”要求，快速推进政府服务热线整合、诉求直达街乡、区街联动、接诉即办、加强监督等工作要求，通过建立非紧急业务受理系统等，对原有的系统构架进行升级优化以适应新的业务模式变动，通过调整原市中心、分中心、基层工作站三级逐层分派模式，将派单能力向市级集中，利用大数据分析提升派单精准度，优化派单流转路线，由各区、市委办局、相关公共服务企事业单位、街乡镇直接承接办理市中心交办的诉求事项，实现并联派单。

2. 建立内容清晰、结构合理的知识库体系，准确回答市民疑问

对现有知识库进行整合、完善、知识挖掘，形成历史问题知识库、语料知识库、高频问题知识库、分类引导知识库、热点问题知识库等主题知识，帮助12345坐席代表快速定位与市民交互中所需的知识内容，准确回答市民疑问，并为其提供接话引导思路，缩短通话时长，提升市民满意度；帮助派单人员快速发起派单，提高派单的准确率，并为其引导，缩短工单处理时长，提高办事效率；缓解客服代表的知识压力，降低员工对新旧知识的学习成本，简化培训过程，更好提升坐席服务能力，提高满意度水平。

3. 建立市民诉求办理调度指挥中心，让诉求“一杆到底”

完善“街乡吹哨、部门报到”业务新机制，转变原三级逐层分派模式，按照“放管服”改革要求，调整职能任务，逐步实现由市级平台将工单直接下派到街道、乡镇，让群众诉求能够“一杆到底”，增强街道城市治理的基础地位，把召集各部门解决问题的“哨子”交给最容易发现问题的街乡镇和社区，

由街道对各部门的执法力量进行统筹指挥，做到“街乡吹哨、部门报到”。

4. 构建大数据画像的交互式分析应用，分析行为关联性

在大数据分析及知识库管理服务方面，以公众诉求和咨询数据为基础，在标签平台中创建或选用适当的标签模型，以画像引擎为依托，构建大数据画像的交互式分析应用，让话务人员、派单人员、办件单位和管理人员等可以自由灵活分析区域、单位、投诉人、坐席、工单、问题类型等对象各种属性与行为之间的关联性，进而从中发现业务问题，并可利用推荐系统进行对象之间的匹配，更好地为领导提供决策支持，为坐席和办理人员提供智能服务。

5. 建设市民实名反映诉求机制，进行实时预警

运用大数据，围绕市民基础信息及诉求信息，分析市民诉求趋势、规律、特点，更加敏锐、准确地反映市民诉求的周期性、趋势性变化，对热点问题和突发事件进行实时预警，趋势研判，同时围绕社情民意热点，通过信息收集、分析和利用，深入挖掘系统数据库中海量的数据价值，逐步建设市民实名反映诉求机制，纳入市民诚信评价体系。

四、具体成果：打造出具有首都特色超大城市基层治理体系

首都信息公司从街道、街区、社区三个层面，将治理和精细化治理融合在一起，通过构建北京市12345市民服务热线核心受理系统不断提高基层治理社会化、法治化、智能化、专业化水平，以“民生科技”理念和前沿科技手段逐步助力构建起由简约高效的基层管理体制、精准高效的群众服务响应机制、多元共治的城市治理结构组成的具有首都特色的超大城市基层治理体系。

（一）形成“群众—顶层—基层—群众”实践闭环，开辟了“智慧通路”。

通过一系列工作实现“多渠道统一受理、多功能调度协调、多维度会商分析、全过程监督落实”的服务功能，完成政府服务热线从单一信访电话向枢纽型综合服务平台的转型，将社会治理中最后一公里甚至最后一米、最后一厘米亟待解决的事情，直接由市级层面接单，再由顶层知悉、督办的前提下一竿子插到基层部门去，形成了“群众—顶层—基层—群众”的实践闭环，开辟出一条为民解忧办事速率最大化的“智慧通路”，为实现切实增强人民群众的获得感贡献力量。

1. 建设政府与市民的“政民互动一体化”平台，实现了政民快速联动

为加大政府与市民的多渠道联系，增加互动方式，让民众可以随时随地与政府、企事业单位建立沟通联系，建设了全市政民互动一体化知识库体系，全面整合各级政府部门对外服务项目的政策咨询、答复口径、诉求受理、诉求处置反馈的规范和标准。拓宽与市民的互动渠道，构建网站、微信、小程序、APP等公众自助咨询、自助投诉、自助查询历史诉求办理情况、满意度打分的一体化在线平台，逐步实现市民诉求的自动派单、回访，提升服务精准度，实现市民全维度画像的识别、引导，建设了市民实名投诉规范，有效实现政民多渠道快速联动，为第一时间解决民众诉求提供更多便利。

2. 建设政府与企业的“政企互动一体化”平台，提供了统一智能化服务

原有政企互动基本通过各委办局、公服企业的热线作为链接，对于服务监管、政策咨询等存在信息不对称，使民众对诉求办理情况、群众满意度等较难做到第一时间知悉。为进一步优化营商环境，在为企业服务层面，将原工商、质监、人力社保、价格举报等各类专业企业监督服务电话进行深度业务合并，专线整合进入12345市民服务热线，并建设全维度的“政企服务”知识库体系，为企业的统一号码监管和服务提供“政企互动一体化”平台，从政策咨询、质量投诉、违法举报、服务监管等方面提供全

方面的智能服务，并在一定周期内，把现有委办局、公服企业的专线陆续整合到12345市民服务热线中，实现统一口径、统一管理、统一考核和统一公示。同时，实现企业版功能上线，高质量接办企业诉求。

3.建设四级联动一体化平台，解决了“最后一公里”难题

原有12345市民服务热线核心业务受理系统的三级平台为坐席人工派单，在核心业务受理系统改造时，原有市级、区级、街乡镇的三级联动模式继续沿用，逐步实现诉求直派街乡镇，并且在本次改造中充分利用互联网、大数据、云计算等新技术，对诉求派单实现智能化，同时提升基层政府的应用范围，拓宽受理处置的各类渠道，逐步完善市级、区级、街乡镇、社区（村）的四级联动一体化平台，延伸直派街乡镇功能，市民诉求按照街乡镇匹配自动流转到本单位的职能科室、社区（村），并在保证信息安全的前提下，实现最终受理人员利用微信小程序、接诉即办APP等新技术手段直接办理反馈，进一步加强社区自治的“最后一公里”，完善社区自我发现问题、自我解决问题的小循环自治平台。

（二）全面提升了“接诉即办”整体效率

系统面向市、区、街三级用户，服务市民、企业、坐席、政府四类群体，实现接听录入工单效率提升、分拣处置派单准确率提升、接收反馈响应率提升、办理解决率提升、处置满意率提升：“街乡直派”，通过全面升级改造核心系统，将全市333个街道乡镇纳入到“接诉即办”直派体系，并利用信息化手段开辟集传统电话、微博、短信、互联网等“多位一体”受理方式渠道；“一窗总览”，紧贴服务对象需求，增强服务市领导和贴近民心民意，强化总体概况“一窗览”功能，各级部门可实时查看单位运作状态、诉求、咨询重点集中区域，深度倾听百姓“心声”，支撑领导决策；“数据精析”，强化数据精准分析功能，建立日通报、周汇总、月分析机制，提供实时话务、实时诉求、三率考核、七有五性考核等8个方面60余类数据分析模型，完成市民行为画像分析系统开发，形成对按来电数量分类、来电号码数量、高频来电的市民诉求分析，动态趋势“一目了然”；“趋势预判”，强化增加“晴雨表”功能，将带有苗头性、风险性的诉求及时向相关部门提供预警信息，提供更强大预判支持。

2019年7月，市委书记蔡奇在调研市12345市民服务热线“接诉即办”工作时对系统建设工作给予了充分肯定。2020年9月，在全国12345政府服务热线高质量发展评选活动中，北京市12345市民服务热线获“全国十佳热线奖”和“优秀案例奖”。

五、展望：自主研发接诉即办一体化平台支持系统建设

通过综合系统升级建设，全面提升了接诉即办工作信息化程度，实现了城市基层治理问题回归基层本质，以“智慧科技”手段助力探索出首都特色的超大城市治理能力现代化的实现路径，为新时代城市基层治理树立了“北京样板”，群众获得感幸福感安全感进一步提升。如今，“接诉即办”工作机制已逐渐融入基层治理日常，北京市12345市民服务热线核心受理系统成为推动社会治理和服务重心向基层下沉的重要载体。

随着实践推进，在提升运转效率和实现精准化管理方面，不断升级完善热线综合受理系统仍有较大空间。当前，公司在全面打造我市市民热线服务系统基础上，将进一步通过自主研发接诉即办一体化平台，实现任务分配到基层办理单元，全面提升我市接诉即办“最后一公里”信息化程度。主体的架构及举措：即对标市级系统，在功能及考评指标等方面，实现各单位与市级系统的同步更新升级服务；建立单位综合指挥调度平台，各单位可实时对运作状态、诉求进行查看；实现各单位、部门痛点、难点的大数据分析，辅助形成专项问题解决方案；实现APP工单处理功能，方便系统用户日常查看工单处理动

态，并在 APP 中及时完成工单签收；通过大数据平台实现定制化报表功能，提升各类日、周、月、季报和专刊报送的准确性、及时性、便捷性，全面建立起日通报、周汇总、月分析机制。

与此同时，公司还将开展统一接入平台建设等工作，包括多条热线话务，互联网渠道建设及媒体诉求信息等的整合接入；开展业务流程改造及平台建设，优化完善原有系统受理、派件、办件反馈、审核、回访等业务流程及平台功能，开展原有协同办公系统、培训系统等业务支撑平台的升级改造；建立主题分析模型，实现日报、周报、月报的数据报送，形成挂图作战及应急指挥能力，支持领导决策；开展民意数据治理工作，包括数据多源头接入、存储管理、数据管理、数据分析、平台管理、安全保障、运维管控；开展信息资源库及业务标准规范性建设，包括知识库数据初始化、数据接口规范、用户标签数据建模以及诉求问题的吹哨报到专题分析等，藉由一系列有力举措塑造出综合性、智能化、便捷度更高的信息化管理平台。

未来之路，首都信息将继续发挥资源优势，践行国企责任担当，进一步助力城市基层治理改革，提升“数字北京”智慧化水平，为首都高质量发展继续做出新的贡献！

成果创造人：林艳坤、杨　超、陆　怡、马卓敏、
贡　京、杨星星、王　菲、王鹏斐

双轮驱动打造创新内核

——“创意工场”的建立与实践

北京汽车股份有限公司汽车研究院

北京汽车股份有限公司（HK01958，以下简称“北京汽车”）成立于2010年9月，是北京汽车集团有限公司整合、发展乘用车研发制造优势资源的平台，是北京市政府重点支持发展的企业。北京汽车主要业务涵盖乘用车研发、制造、销售与售后服务，乘用车核心零部件生产、汽车金融、以及其他相关业务，并不断延伸产业链条，提升品牌实力。

北京汽车股份有限公司汽车研究院是北京汽车为实现北京汽车工业集团化发展战略目标，构筑自主研发平台，提升自主创新能力，打造“北京汽车”自主品牌而出资组建的研发中心。汽车研究院持续建设自主研发“核心筒”，建立了完整的整车系统开发流程，拥有整车核心零部件的开发、关键子系统技术集成和整车系统集成开发能力，成为北京汽车自主品牌乘用车的研发基地。汽车研究院拥有院士专家工作站、博士后科研工作站及多个国际一流的重点实验室。同时，汽车研究院是国家轻量化重点实验室牵头组织单位，获国家级企业技术中心认证。

2007年6月，北汽组建自主品牌研发团队，消化吸收萨博技术；2013年10月，北汽股份汽车研究院成立，已推出两代产品；当前，北汽股份汽车研究院这支研发铁军正聚焦电动化、智能网联化，快速迈向3.0。

北京汽车股份有限公司汽车研究院以建立世界级汽车研发中心为目标，是北汽自主品牌的整车工程开发中心、核心技术开发中心、新技术新能源开发中心、整车及零部件验证中心也是自主创新技术中心。

一、创新成果的背景

（一）行业变革与技术升级的需要

近十年来，“新四化”重塑汽车全产业链，汽车行业遭遇增长拐点，汽车价值链重心正在由制造加速后移到出行、服务、消费与供应链金融、大数据分析与应用等全新领域。百年变局之下，要求汽车企业在技术产品、业务重点、商业模式、管理手段等诸多方面开启深刻的变革。国内汽车产业在经受“淘汰赛”严酷考验的同时，一场向高、向新、向特色化发展的“升级赛”正在身边激烈的展开，我们只有通过深刻的产业变革与产品技术升级，才能在这场变革中居于不败之地。因此，推动技术创新与模式创新，成为应对未来挑战的不二之选。

（二）研发创新打造自主硬核的需要

在现在的自主品牌研发工作中，关键技术短板突出。在“双轮驱动”转型方面，关键核心技术的短板已经成为制约我们打造成功产品的最大掣肘。面对新的生存环境和新的发展局面，董事长在集团和股份多次强调要以改革转型为主线，坚持创新引领。不日新者必日退，持续创新要先人一步，强化创新驱动，聚焦产品、技术、模式，强化核心业务，建立起北汽的两化技术硬核。

（三）适应客户需求与新技术体验发展趋势的需要

从近五年内与车内空间场景变换相关的新技术变化来看，随着无线通信技术的发展，未来云端连接能力将成为新车标配，永远在线将成为车辆新常态，同时将为过往时期的各项技术进一步向上突破提供可能。

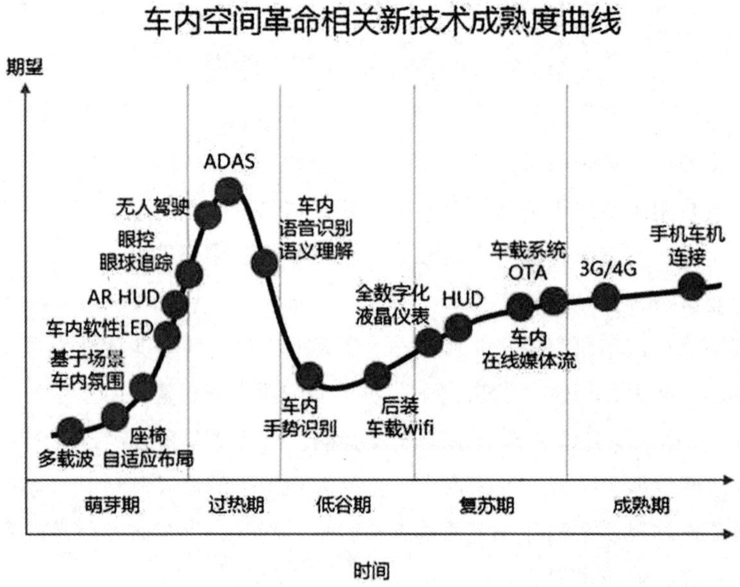

图1　车内空间革命相关新技术成熟度曲线图

随着无人驾驶技术的不断突破以及车内用车场景的不断革新，未来车内交互必然是多模输入输出结合的形态，各模态的非线性交替使用及兼容将会充满挑战，智能座舱功能的不断丰富会涌现出更多全新配置功能。

	Input - 输入		Output - 输出	
多模 Multimodal	语音输入	语音识别	声音输出	机器语音合成
		车内降噪		voip语音流
		自然语言理解		其他音频流
	手势输入	3D多手势识别	视觉输出	HUD 抬头显示
	触屏输入	高容错交互设计		挡风玻璃 AR
		灵敏的触屏触发		全数字液晶仪表
	眼球输入	眼控		可弯曲LED
		疲劳监控		多屏幕联动技术
	生理特征	体温心跳等监控	物理反馈	有物理反馈的触屏技术

图2　智能座舱全新配置功能

（四）建立开放、高效、协同的开发环境的需要

现有研发流程体系中，创新工作各板块协同不够，影响新产品的快速落地应用，缺乏清晰的定义及跨专业的集成式设计。在组织机构方面，目前没有专职负责规划设计、定义输出创新方案的机构。现有新技术产品研发流程固化且周期较长，从理论到验证周期长，对创意类工作不完全适用。

协同效率低。项目产出线中，产品管理业务板块研究输出的产品定义方案难以落地应用。专业部门间缺乏协同，技术预研线中跨专业、跨系统的集成式创新方案缺乏清晰的需求转化与工作输入。业务思路上，在技术预研、储备和应用时缺乏对于商业模式的考量，对技术创新所创造的消费者感知价值和公司收益关注不足。

运行流程缺失。预研立项建议书中基础工作很不充分，对产品直接的研发指导性内容很少。设计任务书流于形式，没有设定主题，直接导致配置没有竞争力。整车各系统孤立开发。典型现象有车型在上市前，项目组组织各专业工程师各自基于本专业情况提报亮点，汇总形成整车宣传话术。

组织机构不完善。商品中心定位高，仅输出产品定位，而产品中心聚焦于工程端，尚不具备深刻洞察客户需求痛点并转化到工程端的能力和专业团队，导致设计定义新产品的能力不足。整车集成部对项目及技术预研实际只有参与权和建议权，无法保证落地，在技术线上无法起到牵头和带动作用。同时，工程部门缺乏跨专业协同能力。

采购流程冗长。现采购流程对软件类、数据库类、功能服务类的评价体系不完全适用。急需寻找在合规前提下更加实用的外部资源对接办法。现有决策机制需要层层审批（决策工作开展、决策预算使用），最快需要约 3 个月，与互联网模式快速迭代更新的节奏不符。

基于上述问题和需求，北京汽车股份有限公司汽车研究院建立“创意工场”正是为激发青年工程师创新创业热情，打造自主品牌研发硬核。在打造百年北汽金字招牌，迈上百年北汽新征程中紧紧抓住两化转型机遇，直面风险挑战，抓住发展主线，积极践行深化改革的具体做法。

二、创新成果的内涵和主要做法

（一）创新成果的内涵

为在行业淘汰赛阶段，打造出更具创新卖点和竞争力的产品，紧紧围绕以客户为中心的核心价值理念，基于场景模型，交互体验成立“创意工场”组织机构、并推动落实相关工作实施

1. 完成“创意工场”三个工作站的构建方案，明确工作目标。在“创意工场”下成立以客户、场景研究，功能解决方案及交互体验为主要业务的“X 工作站”，以软件、系统、智能架构开发为主要业务的“智能网联工作站”，以搭载集成、试验验证为主要业务的“智能座舱工作站”。

2. 形成外部及内部运行机制，将创新、规划、验证、量产合理串联。在外部，“创意工场”向上承接来自股份公司的品牌规划、型谱规划、产品定位、客户需求，通过智能座舱为打包载体，向下传递创新功能定义、座舱解决方案，指导量产开发。在内部，以“X 工作站”为动力牵引，向另两个工作站输出“软、硬”解决方案，通过两个工作站的内部验证，将可行方案及体验效果搭载到智能座舱台架。

3. 制定四部决策机制，让创新方案更好服务量产，提升创新溢价。在通过对客户需求的研究后，输出的解决方案经过站内决策、场内决策、量产项目决策、股份决策，最终导入工程实际开发。

4. 发布“WOW！Shark！”及“轮值站长会议”两种类型会议体系。以创新技术研讨为目的，旨在为进入智能座舱的课题评审的开发性会议“WOW！Shark！”（罗马竞技场），和陈述各工作站项目进展

情况的管理类会议“轮值站长会议”，用不同的模式、垂直化的管理更好的提升创新的可行性及落地周期。

5. 制定创新激励机制，调动创新热情，营造创新氛围。在课题成立，进入智能智能座舱，进入量产项目，项目投产上市，市场良性反馈等节点设置了不同的激励奖金比例，将创新的价值型和市场的可接受性分阶段体现。

6. 详细工作方案的制定。在试运行期间，三个工作站建立了未来将开展的各项课题详细内容清单和关键任务，依据 KTM 清单稳步推进各项工作。

综上所述，汽车研究院在“创意工场”的建设和实践中，打造了一种适应时代发展和技术进步要求的高效协同的创新研发模式。在创新业务开展方面，敢于突破创新，聚合力、出重拳，激发了组织的创新活力。为主动适应行业变革，提升产品力打造满足客户需求的产品打下了坚实基础，提供了制度保障。

（二）创新成果的主要做法

1. 创新观念

在模式创新、体系创新前，首先要进行观念的创新。自 2017 年前起，全球范围内都迎来了一轮试图颠覆传统汽车的行业变革。伴随四化的来临，中国市场的反应尤为热烈，甚至一度出现了上百家的造车新势力公司。尽管这其中不乏政策套利者，但确实掀起了一轮对中国汽车行业有深远影响的变革

来自于互联网和 IT 行业的创新基因，让已有百年历史的汽车行业焕发新生。互联网基因的引入自然会带来行业认知、产品理解以及管理思想的剧烈碰撞。如何快速吸收转化互联网思维，利用好 ICT 革命带来的技术红利，正是自主品牌抓住产业变革机遇快速发展进步的重要基础。

我们看到在新势力造车企业中，团队规模小但年轻有活力，从小团队起步的优势就是他们比传统车企更易于实现扁平化管理和跨职能团队的密切交流与合作。他们推动着汽车行业商业模式、服务模式的不断创新。目前我们已经看到商业模式变革在制造端、销售端、金融服务端和使用端全面开花，这种变化也是前十五年所未有的。

所有的商业模式都离不开优秀的产品和服务，产品和服务只有在一个适宜的生态系统中才可以给客户连续舒适的美好体验。以中国用户独特的用户需求为出发点进行服务和解决方案设计，正推动着自主品牌以创新驱动全面正向开发的研发模式转型升级。而生态的设计正是转型升级的顶层设计。

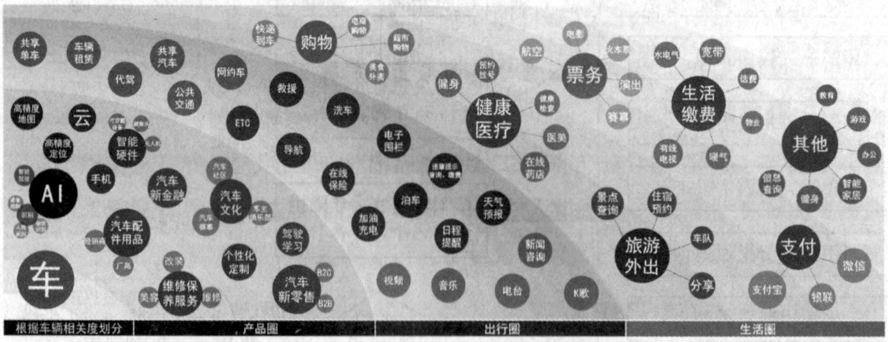

图 3　自主品牌未来研发转型方向

产品生态圈包罗万象、相互关联，需要跨业合作，分层次、分阶段打造。单纯以车辆为中心拓展功能的开发思路建设的是“伪生态”；看似琳琅满目，实则效用很低。在非智能驾驶环境下（L2 及以下）即使车辆拓展了丰富的生态圈功能也无法为用户带来实在的产品力提升体验（使用率很低、用户抱怨

“不好用”）

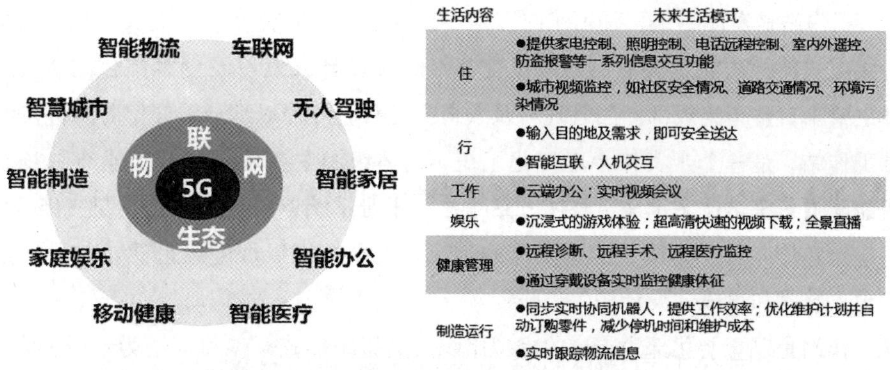

图4　产品未来生活内容及生活模式

随着5G时代的到来，社会技术环境将出现重大变化，与之对应的生态形式及内容也将巨变。围绕任何终端（内容）打造生态系统的中心都是“交互”，其关键是信息的传递与体验。

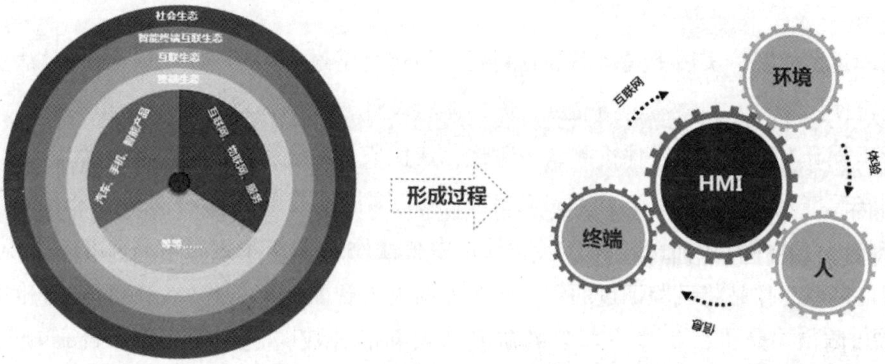

图5　围绕生态系统形成过程

2.运行组织

基于上述的创新观念，汽车研究院成立了“创意工场”其目的在于以体验为核心，以智能网联技术为重要支撑，以“智能座舱”为落地载体，通过X工作站迭代创新解决方案，实现基于交互体验，将品牌理念与产品设计相结合，提升产品竞争力。同时更加充分的聚焦现有资源，发挥合力，形成新的创新体系，助力量产项目开发。

图6　北汽研究院创意工场构成

“创意工场”的组织架构如上图所示，创意工场独立于各工程部门，与动力中心、产品一中心和产品二中心并列，是研究院直属的组织机构。创意工场下设三个工作站，分别为“X”工作站、智能座舱工作站、智能网联工作站。

其中“X”工作站是实体组织，其工作内容主要是基础用户研究及场景定义输出；智能网联生态功能定义输出；集成式体验功能定义输出；人机交互策略及设计开发以及创客平台的管理。实体运行之后，其工程师主要来自整车集成部产品管理科及人机交互科，并辅以部分对外招聘的科技创新人才。

智能座舱工作站，是一个半实体半虚拟化组织，实体组织主要依靠“智能座舱”项目团队开展工作。其主要职能职责是座舱概念定义与整体方案构建；座舱系统单项技术的开发与突破；座舱技术整合与二次开发；座舱整体体验、品质、工业设计的达成。虚拟组织以课题组形式参与到智能座舱工作站中，主要承担单点技术和集成式设计相关工作。

智能网联工作站是以智能化部为支撑的虚拟组织。其组织形式以项目课题为牵引，为创意工场储备智能网联技术形成货架。其主要工作有智能网联技术规划与功能创意的实现；智能网联创新平台化建设；智能网联技术开发与仿真测试；以及智能网联仿真与测试能力建设。智能网联工作站的工作既是对智能化部本身业务的补充，同时也是加速与创新解决方案融合，在智能座舱实现落地的重要转化者。

3. 运营机制

创意工场的运营机制，实质上是从消费者到新产品转化全过程的运营机制。通过对消费者的精准画像，进一步确定使用场景，洞察需求与痛点，进行体验设计，根据体验目标设定功能目标，最终落实到工程参数进行工程开发，今儿通过评价测试多轮优化迭代成为最终新的产品功能亮点。“X”工作站作为用户需求的洞察挖掘方也是创新解决方案的提出方。由“X”工作站输出的创新解决方案和服务设计有智能网联工作站进行软件的功能定义和方案验证，由智能座舱工作站进行硬件端的功能定义和方案验证。同时，智能网联工作站将已验证过的创新解决方案输入智能座舱工作站，由智能座舱工作站进行整体的集成开发和测试，最终根据量产项目的研发节点和品牌战略定位输入到个在研项目中，为产品赋能。

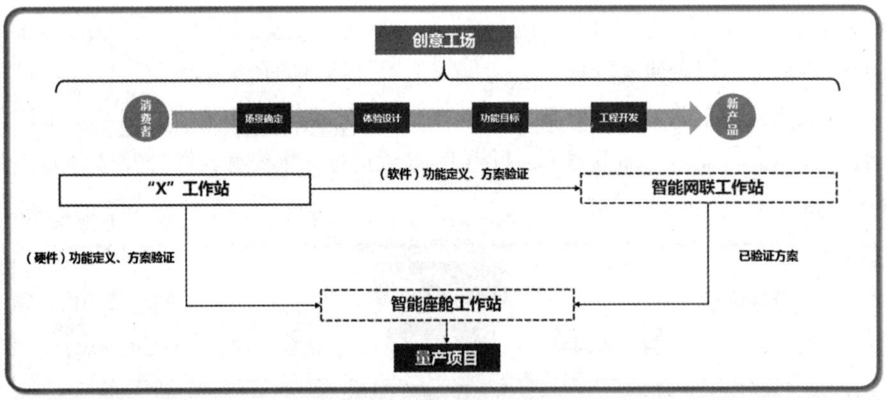

图7　北汽研究院创意工场智能座舱工作站

从产品策划的视角看，整个体系运行在产品开发策略阶段。股份公司在产品策略阶段着重进行品牌规划、型谱规划以及产品的定位。其中型谱规划来源于品牌对于不同人群细化，并通过产品的差异和相对统一的品牌调性体系满足不同人群的需求。而产品定位，不仅结合目标客户的实际需求还要根据公司本身的技术优势综合考量，建立符合消费者预期又具备竞争实力的产品定位策略向下游输出。

创意工场作为研发体系产品开发策略的有力补充接收股份公司产品策略，并根据产品定位和品牌的诉求进行产品开发策略尤其是亮点卖点策略的制定。

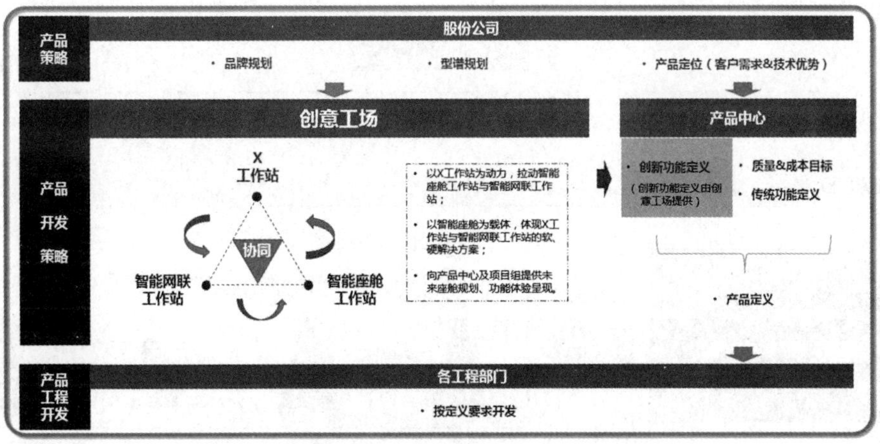

图 8　北汽研究院创意工场产品开发策略

以“X”工作站为动力，拉动智能座舱工作站与智能网联工作站；以智能座舱为载体，体现“X”工作站与智能网联工作站的软、硬解决方案；向产品中心及项目组提供未来座舱规划、功能体验呈现。这样产品中心及项目组就可以将创新的功能定义和传统功能定义相结合，更好的权衡质量和成本目标优化产品竞争力模型，形成完整的产品定义。

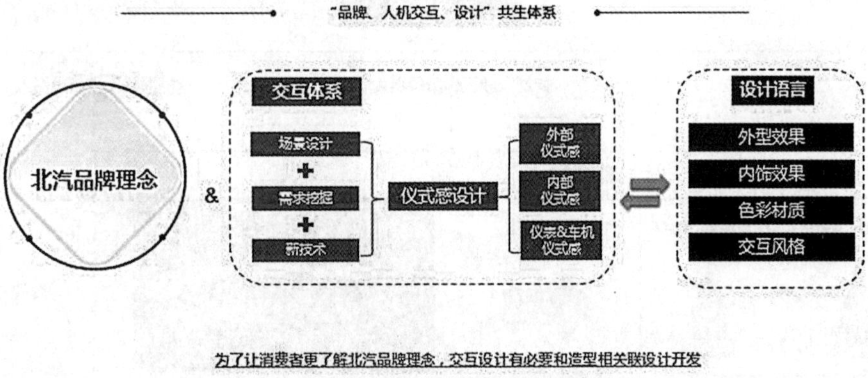

图 9　北汽品牌理念与设计语言的转化

之所以创意工场可以实现将品牌理念与产品设计相结合，主要依靠“X”工作站深刻的人群洞察和需求解读能力以及强大的人机交互（HMI）设计能力。无论是产品本身还是生态圈，若想立足并脱颖而出，必须具备差异性的品牌调性。创意工场正式基于交互体验，将品牌理念与产品设计相结合，提升产品竞争力

4. 管理机制

为保证创新的时效性加快落地的执行效率，创意工场建立扁平化组织，垂直化管理，以课题认领推进为原动力。由北汽股份副总裁汽车研究院党委书记黄文炳主管亲自挂帅创意工场负责人。“X”工作站、智能座舱工作站、智能网联工作站分别设置站长，施行站长负责制。以“X”工作站为例，工作站内设置四个专业组，负责从人群洞察到解决方案设计不同专业的能力建设以支撑各项目顺利推进。不同专业组设有以专业指导而非管理领导的副总师，针对各专业组业务进行能力提升。而工程师作为创客，寻找创新点并设计解决方案，提案人作为产品经理进行产品团队的组建，并领导项目小组对解决方案进行详细设计和开发。各项目组根据开发进度和成熟度向工作站站长汇报，对于相对成熟的项目可以进入到协同开发和集成搭载阶段，并由产品经理直接向创意工场负责人汇报。

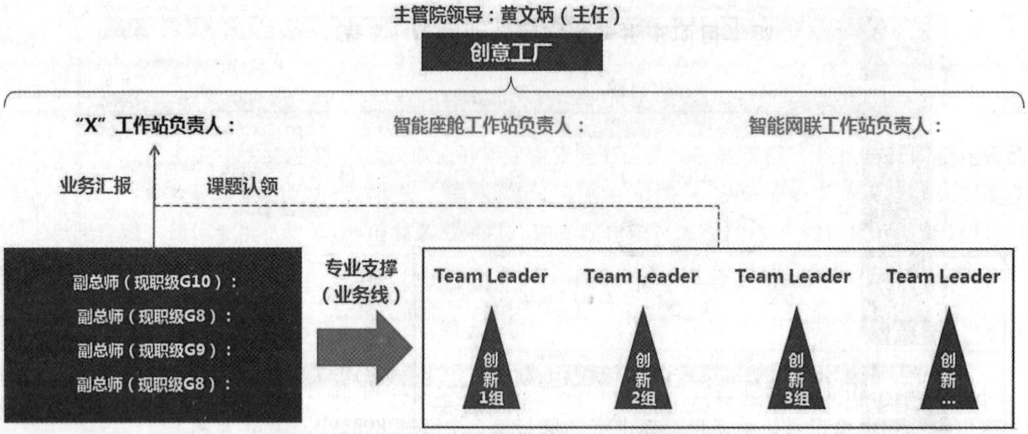

图 10　创意工场工作站组织结构示意

输入智能座舱和智能网联工作站的创新项目由各专业副总师进行跟踪和推进，并负责跨工作站的课题管理。随时解决创意项目团队在项目设计开发和落地过程中的问题。保证创意解决方案顺利迭代和高效落地。

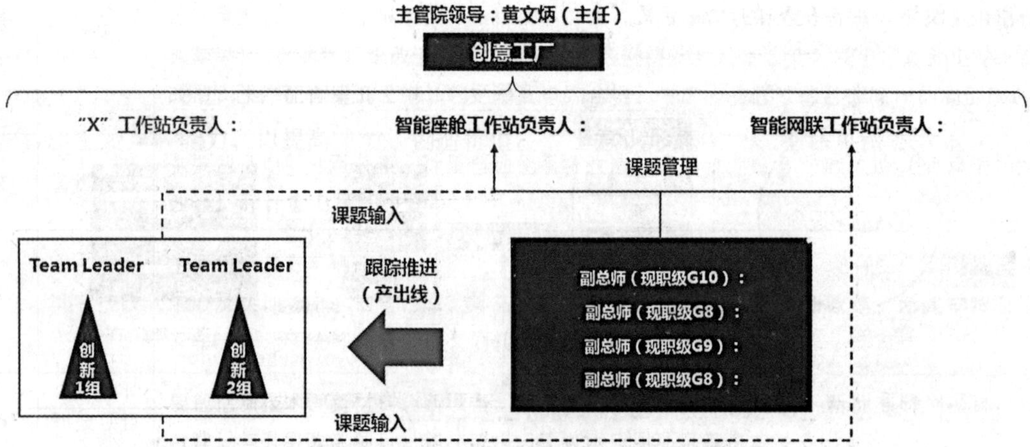

图 11　创意工厂工作站组织结构示意

与此同时，创意工场还建立了与管理和运行机制相适应的创新会议机制。首先是各项目经理课题进入智能座舱的评审会——罗马竞技场（WOW！Shark）。作为课题评审会，无固定开展时间，以各项目课题的立项和成熟期按需组织进行。会议由各项目经理组织和主持，会上着重介绍创新项目的来源、使用场景、客户需求以及解决的痛点。并对解决方案的价值主张进行阐述、对目标用户和竞争环境进行分析。各站

长和各专业副总师参会对创意提出问询，从多个维度进行审视，尤其是从商业模式中寻找问题，着重从用户利益角度检讨创新解决方案的必要性和合理性。若项目团队被问题所困则继续回到团队中不断打磨方案，并从工业设计、交互设计、软件设计和工程开发中不断进行优化，提升创意项目可行性，若与会专家均无异议则顺利进入智能座舱开始落地阶段开发工作。

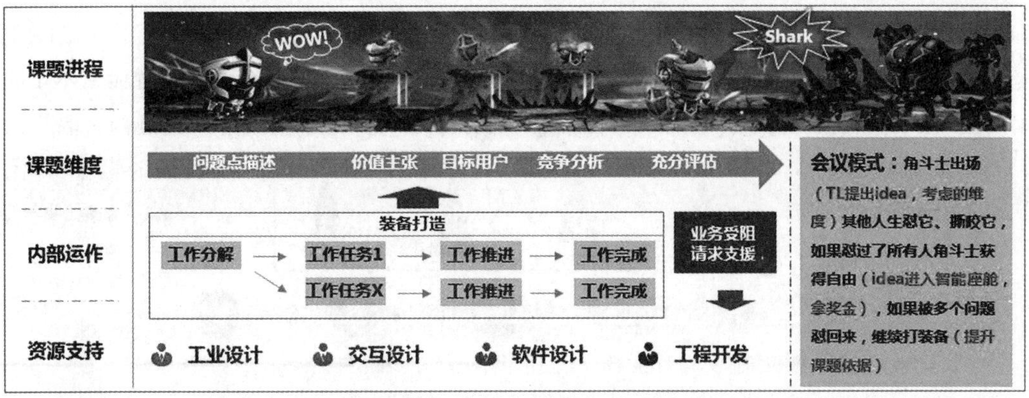

图 12　智能座舱评审会创新会议机制

在落地开发阶段的各项目在轮值站长会议进行项目跟踪和汇报。轮值站长会议每半月进行一次，由各工作站站长轮流主持，会上只针对各项目进展进行汇报，智能座舱对集成状态搭载验证进行汇报，以及其他需创意工场负责人决策内容进行汇报。

罗马竞技场和轮值站长会议构成了创意工场全部的会议体系。精简高效的会议体系，会议务实与创意项目的高度相关均确保了创意工场运行体系的高效和创意的迅速转化落地。

5. 保障与激励机制

创意工场的建立，离不开坚实的保障体系。从筹备建立开始，综合管理部与创意工场紧密配合，快速敏捷开展各项保障工作，根据创意工场所罗列的人员需求和物品需求清单逐项研讨落实。最大程度保证了创意工场工作的迅速开展。

图 13　创新工场保障与激励机制

在激励机制上，创意工场以创新解决方案的落地实效为奖励依据。以解决方案课题榜单对应专项奖励资金池。课题推进进度与激励发放比例锚定。各项目团队的创新项目在进入智能座舱实际工程开发后释放项目激励的 20%，进入量产项目进行开发阶段释放项目激励的 60%，最终通过项目评审完成车型项目的搭载应用释放项目激励的 80%。上市后成为主要亮点卖点成为市场反馈热点释放项目激励的 100%。

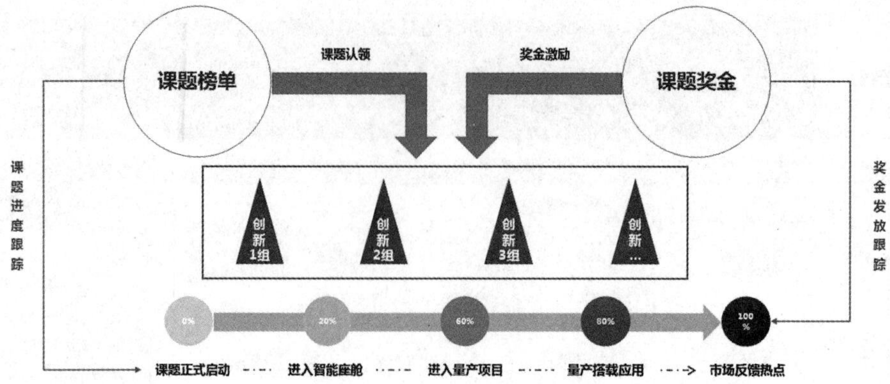

图 14　创意工场奖励机制

与创新转化落地紧密绑定的激励方式，更好的保证了创新的有效性。最大限度的保护创新，适当容错，以落地产生价值和商业模式的成功为考量标准，创新的激励机制成为高质量创新的催化剂。

6. 创新规划

创意工场创立后，梳理各项创新工作，制定了未来三年的创新路线图。

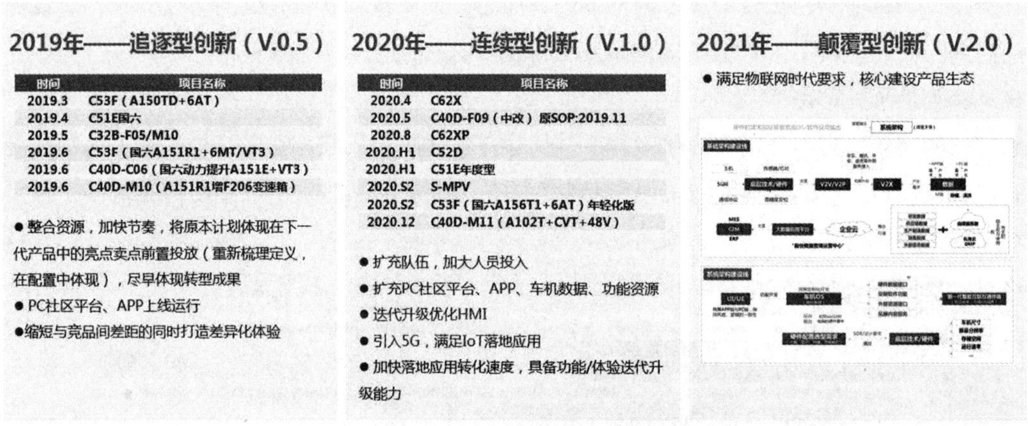

图 15　创新工场近三年持续创新研发项目

2019 年实现组织机构的建立，并完成追逐型创新，迅速补齐短板为在研产品打造差异化体验。目前，已经孕育出一批创新工作并进入实际开发，有 APP 和小程序与项目车型的配套开发，保证了跟随型创新不掉队。同时主打目标客户群体对健康关注特点的健康主题引领性创新方案，聚焦人健康与车健康打造健康出行和生活的生态圈，并已经作为智能座舱子战略对外发布。

2020 年创意工场将实现连续性创新，对前期规划的持续创新研究项目进行迭代升级，加快各项基础能力和技术积累的落地应用，具备功能/体验迭代升级能力，并不断扩大专业队伍提升团队实力。

2021 年，创意工场将凭借两年的人才积累和技术积累打造颠覆性创新能力。以建设出行生态为核心，打造 5G+AIoT 时代创新出行解决方案。实现产品的差异性和跨越式创新，满足公司和 BEIJING 品牌愿景和消费者对智能网联时代产品的需求。

三、创新成果的实施效果

（一）管理效益

强大的体系能力是一切创新的基础和保障。创意工场形成了“X 工作站”开展基础研究；“智能网联工作站”验证导出；“智能座舱工作站”验证输出的开发模式和运行流程，更加充分地聚焦现有资源，发挥合力，形成新的创新体系，助力量产项目开发。建立扁平化组织，垂直化管理，以课题认领推进为原动力的组织模式和管理方式。研发创新业务的管理水平显著提升。员工的工作活力充分激发，效率显著提升。在新业务的注入和创新项目的开展中员工的能力和素质明显提升。“创意工场”内形成了可持续发展的良好创新生态。

当前，以创意工场为核心的创意团队，已经在C62X、C62XP、C41DB、S-MPV、C52DB等项目中引入创新解决方案三十余项。为即将上市的C62X项目打造营销亮点卖点，并配合各阶段营销策略输出创意解决方案，紧抓时事热点，迅速对应，把握住了各项任务的最佳营销时机。并将牵头开展面向全院青年工程师的创意大赛。

（二）经济效益

大幅降低创新试错成本。原有新技术产品及解决方案只有通过与车型项目同步研发，经过3年左右时间，投入几亿元，在车型产品研发成功并上市后才能在市场中检验创新的成败。高昂的试错成本让有一定风险或尚未成熟的创新方案无法落地。创意工场的建立，不仅丰富了解决方案应用落地渠道，内部的评审及原型验证让不同的解决方案不断优化迭代，形成解决方案库，根据项目需要随时落地进行适应性开发，大幅降低试错成本，为产品力提升贡献重要力量，提升了研发效率的同时提高了研发经费使用效率。

（三）社会效益

团队的创新推动组织的创新，组织的创新推动行业的创新。汽车产品正是在不断地创新中不断进步，丰富着人们的出行体验。如果说我们制造产品和提供服务的目的是让消费者有更多获得感和幸福感。那么我们的创新和研发过程就是制造幸福的过程。体无常轨，言无常宗。“创意工场”的建设和实践不仅破旧立新，还进一步增强了发展动力。通过创新体系机制的建立作为深入推进“两化”转型的抓手，通过一项项创新技术和解决方案为产品赋能，从汽车产品辐射到人与生活，在创新和服务的生态圈中培育新的增长动力，以更强有力和多样性的产业链条，为北汽高质量可持续发展，提供不竭动力、拓展发展空间。

“创意工场”是一粒种子，他必将帮助新BEIJING品牌成为汽车‘新四化’引领者，实现新BEIJING品牌的愿景——以守护人类美好出行梦想为己任，以安信可靠的卓越品质、智慧体贴的人本关怀，致力于为“年轻心生代”打造超越期待的汽车产品。通过不断的迭代创新使出行创造价值，在打造“世界级绿色智慧出行和科技创新品牌”，把BEIJING品牌打造成百年“金字招牌”的征途中赋予不竭的创新动能！

成果创造人：黄文炳、王　彬、刘　明、孙　军、张永刚、
夏桂海、董　浩、裴晓苏、张文镝、笪　琦

新能源汽车企业基于大数据进化思维的研发能力提升及实践

北京新能源汽车股份有限公司

北京新能源汽车股份有限公司（以下简称北汽新能源）成立于2009年，是由世界500强企业-北京汽车集团有限公司（以下简称北汽集团）控股的子公司。总部位于北京经济技术开发区，现已形成立足我国、辐射全球的产业布局，业务范围覆盖新能源汽车及核心零部件全产业链的研发、生产、销售和服务，是国内首个获得新能源汽车生产资质、首家进行混合所有制改造、首批践行国有企业员工持股的新能源汽车企业。

近年来，北汽新能源不断加强党建引领，牢牢把握国有企业体制机制改革的历史机遇，创造性地把党建工作与现代企业管理手段相结合，充分发挥国有企业党组织政治核心和领导核心作用，坚持不懈抓基层打基础，形成了引领新能源汽车行业独特发展的党建优势，在战略定力、发展方向、创新创效、文化凝聚等方面为公司发展提供了强有力的支撑，开辟了国企改革实践的新路径。

通过党建引领，北汽新能源持续保持高速发展态势。2018年，在上交所成功上市，成为首家A股上市的新能源整车企业。2019年全年产销量15.1万辆，连续七年位居内纯电动汽市场占有率第一名。北汽新能源开发的EC、EU系列销量遥遥领先，成为全球畅销的纯电动乘用车，创造了中国新能源汽车历史上最好成绩。作为行业领军企业，北汽新能源致力于打造首都高端制造业的典范，大大提高了自主创新、资源利用效率、产业结构、质量效益等能力与水平。

一、创新成果的背景

（一）汽车行业发展趋势的需求

2019年以来，我国汽车工业面临着外部环境日趋复杂严峻，由依靠增量发展的阶段过渡到存量调整的时代，汽车产销延续了去年下半年以来的疲软态势。新形势下，汽车企业应迎合时代发展潮流，从过去追求单纯的规模增长转向高质量的发展，转型求变已然成为汽车行业的“新常态”。一方面，汽车从交通工具转变为大型绿色移动的智能终端，尤其是随着新能源革命和新材料和新技术的不断突破，汽车产业正处在百年发展史上又一次重大的变革期，这将极大的改变汽车服务业的面貌，未来汽车企业将不仅是汽车生产制造商，同时还将扮演系统的集成商和平台的运营商等多种角色。另一方面，大数据已经成为数字经济新时代企业不可或缺的生产资料。

（二）北汽新能源产品竞争力的需求

近年来，北汽新能源持续打造“解放人、愉悦人、自成长”的“达尔文系统”技术品牌，推出了全气候电池、大功率快充、智能温控、第三代超级电驱、I-Drive 智能系统、无线充电等一系列黑科技，为“产品向上”提供有力支撑。截至目前，已形成三大整车开发平台，覆盖未来 5 年的 30 余款产品，围绕“新四化”打造行业领先的产品竞争力。多项全新技术实车应用、多款新产品同步开发对于研发领域来说是个不小的挑战，传统的研发模式已经无法满足技术突破创新、产品更新迭代的要求。在这种形势下，需要基于创新思维方式，探索实现高质量发展的新路径。

（三）新能源汽车研发能力提升的需求

新能源汽车的发展相比传统汽车起步晚，相比于传统汽车几十年、上百年的设计经验来说，整车性能及电池、电机、电控领域仍有很大的提升空间。另外，新能源汽车区别于传统汽车的实物零件质量外，软件控制问题尤其突出，各车型控制器软件数量多、软件版本迭代快、在软件快速迭代中满足用户的需求尤其重要。同时，北汽新能源与其他新能源汽车企业一样，同样也面临着研发技术创新不足、关键复杂问题分析困难等问题，也给北汽新能源在电动汽车的技术发展、品质提升方面带来瓶颈。

北汽新能源工程研究院对新能源研发能力提升进行了深入探讨、研究，在基于传统整车设计开发管理模式基础上进行了突破创新，以用户满意为宗旨，聚焦产品竞争力和技术创新的工作主线，有效运用大数据进化思维，快速推进行业技术难题的解决和优化，提升设计研发能力和新能源汽车产品品质。

二、创新成果的内涵及主要作法

事物的进化都是先改变对其的看法，从而改变想法，然后选择演进的行为路径，最终得以进化而改变我们的世界。以色列学者尤瓦尔·赫拉利在《未来简史》定义了一种 21 世纪新的宗教——数据主义，人类将来可以既不崇拜神，也不崇拜人，而是崇拜“数据”。数据主义认为，宇宙由数据流组成，任何现象或实体的价值就在于对数据处理的贡献。同时经验需分享才能发挥价值，即尽可能记录经验并连接到大数据流中，算法会找出这些经验的意义。

北汽新能源汽车股份有限公司工程研究院在大数据思维驱动下，进化升级原有技术管理模式，在开发实践过程中摸索形成了“四位一体”产品竞争力提升模型。其中“四位”指的是四种进化升级的管理模式，包含在产品开发过程中搭建以“大数据”为载体的用户行为分析模型，将用户的使用习惯通过数据的手段呈现出来，有针对性对关键系统的设计验证标准进行完善；通过开展以“鲸石计划”为载体的技术创新攻关项目，进化原有的以质量问题为驱动力的技术升级路径，营造追求极致的产品开发氛围，促进北汽新能源设计的迭代提升；通过开展以“四线并举”为载体的整车品质提升评价活动，多角度、全方位识别用户感知与用户体验的问题，为产品从满足可靠性基本要求，向满足用户期望的目标迈进；通过以“复盘重塑”为载体的正向研发解析机制的全新管理模式，通过跨部门对各类案例的全面剖析总结，助推技术标准及验证标准的升级迭代，不断提升设计质量、完善验证能力，提高体系保障能力。“一体”指的是创建以研发质量文化为导向的“信誉银行”正向绩效评价体系，树立工程研究院“责任”“诚信”“执着”的研发质量价值观。鼓励工程师完成本职工作的同时，不断对创新，追求极致的精神。

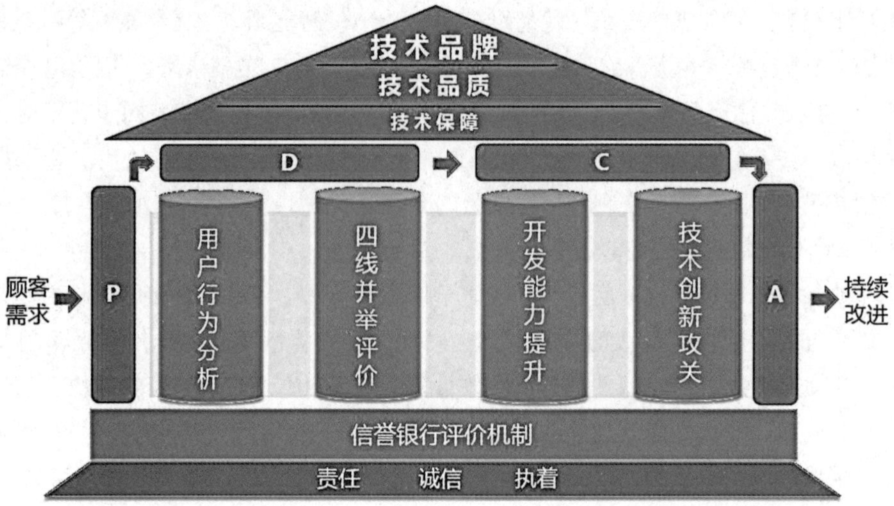

图1　北汽新能源研发能力提升管控体系模型

通过多项举措的实施，驱动产品竞争力从设计、验证、量产、运营等方面得到有效提升，实现北汽新能源产品由技术保障到技术品质，最终达到树立强大技术品牌的蜕变。其主要做法如下：

（一）以“大数据可视化”为载体的用户行为分析模型

截止2019年底，北汽新能源公司车辆市场保有量达到了50万。基于国标要求的相关监控平台数据上传要求，北汽新能源50万辆市场车辆的运行数据中，包含了诸如动力电池系统的单体电压、温度数据，制动真空助力系统关于制动次数等部件的工作数据，动力总成系统的转速、转矩、车速等关键数据。整个平台数据库是一个巨大的用户驾驶行为的数据宝藏，基于数据库针对电池系统、制动系统、动力系统等关键架构系统搭建数字化质量分析模型，从数字化质量分析模型形成数据算法模型，通过数字化质量管理模型有针对性对关键系统、复杂问题等进行大数据角度的可视化数据分析评估。

挖掘车辆真实使用情况，了解客户用车痛点，指导新车型开发过程中的功能开发及技术标准完善；深入探查动力电池系统核心数据，实现动力电池系统健康度实时监测；通过故障数据库和维修数据库的数字化管理分析，进一步评估系统的可靠性及稳定性。

基于使用过程用户驾驶行为数据库、故障数据库、4S维修工单数据库的三个维度，立体化的进行大数据分析，目前已针对新能源汽车核心系统进行数字化分析计算，其中分析成果举例如下：

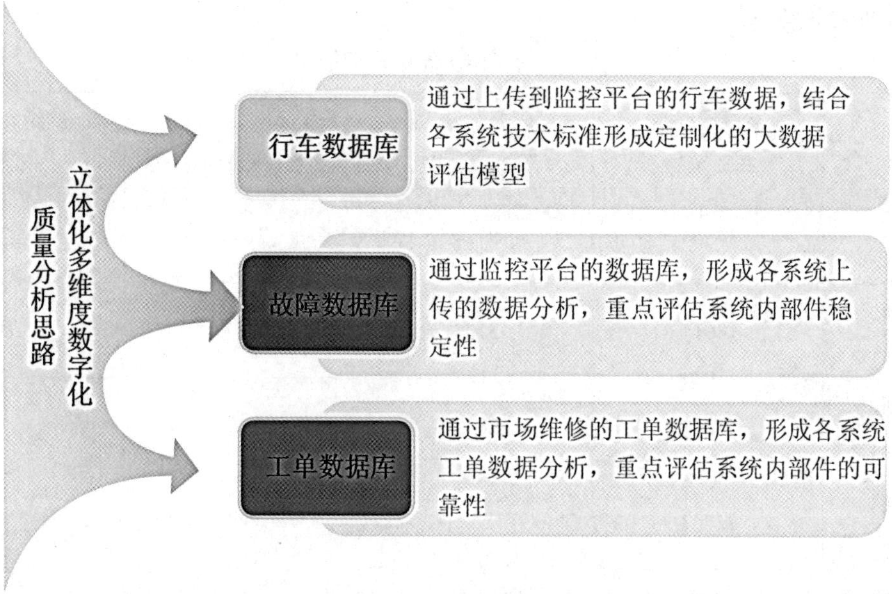

图 2　“大数据”为载体的用户行为分析

基于目前 50 万辆的市场保有量，结合监控平台车辆的行车数据库、故障数据库以及售后市场的维修工单数据库，对核心系统 1 立体化、多维度进行大数据分析。其中行车数据库受限于平台上传数据局限性，只针对整个系统的总成部件 2 在技术标准方面进行行车数据库分析；故障数据库和工单数据库的数据信息则着重对整个核心系统 1 的稳定性、可靠性进行故障数据分析。

结合平台数据完整性，选择 1000 台样本车辆，累计行驶 3000 万公里的平台数据进行模型数据分析。模型数据统计方法：计算车辆每次启动周期内驾驶员某项操作频次以及总成 2 启动次数，具体如下：

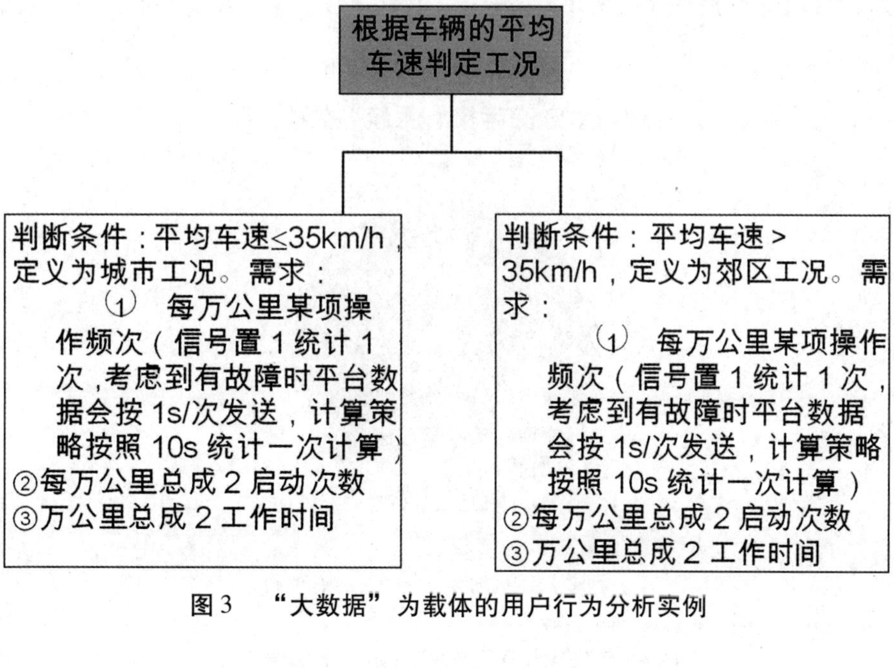

图 3　“大数据”为载体的用户行为分析实例

行车数据库分析结果如下：

表1 行车数据库分析结果

工况	某操作次数（每万公里）	总成B启动次数（每万公里）	总成B工作时长（H/万公里）	总成B使用寿命（万km）
营运车辆（城市工况）	44564	8414	16.4	73.4
营运车辆（郊区工况）	14014	3105	6.0	198.7
营运车辆（综合工况）	41243	7835	15.2	78.8
非营运车辆（城市工况）	32767	/	/	/
非营运车辆（郊区工况）	20657		/	/
非营运车辆（综合工况）	31388		/	/

通过行车数据库分析，该系统核心2号总成部件理论使用寿命按照大数据建立的模型运算结果为78万公里，远超整车质保周期。但整个系统由于数据频次10S一帧，计算逻辑数据78万公里相比实际值偏大1.3倍左右，折算为标准里程的60万公里，核心2号总成部件满足出租车、网约车的使用里程要求。

从平台故障库和工单数据库进行统计数据分析，在此继续以某车型的核心系统1数据进行分析举例，相关分析结果如下：

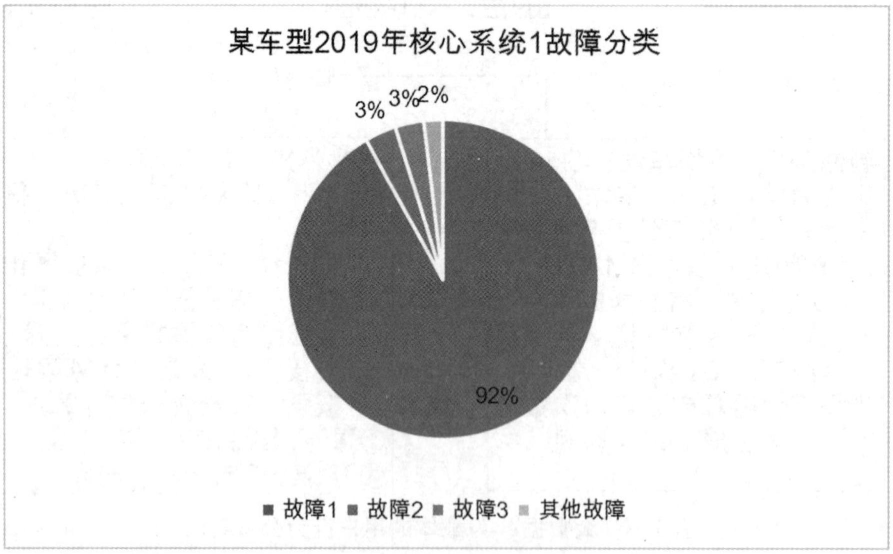

图4 某车型2019年核心系统1故障分类

数据故障库显示，故障1的故障类型占到整个系统全年故障库的92%。

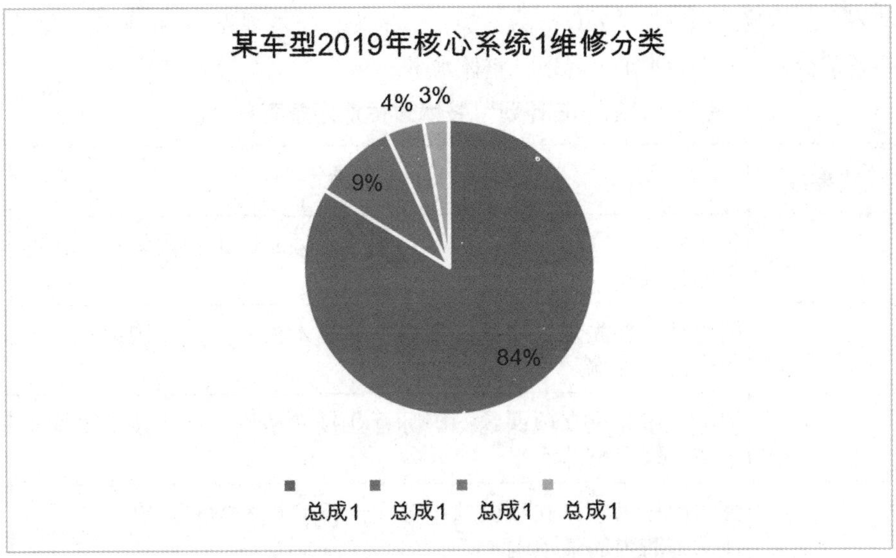

图 5　某车型 2019 年核心系统 1 维修分类

工单数据库显示，该系统的总成部件 A 的维修数量占到全年该系统维修率的 84%。

基于以上数据分析显示：目前 2 号总成部件在经历了几代产品改进，设计寿命和供应商零部件过程质量基本可以满足整车寿命要求；但该系统在核心 1 号总成部件等传统汽车通用部件，在供应商选取和开发过程中，须谨慎选取并制定有别于传统汽车的标准体系进行规范要求，以保证整个系统的稳定性和可靠性；该系统的其他总成部件相对稳定，无较大风险。

数字化分析方法通过对车辆全生命周期大量数据的逻辑计算，可以高效识别核心部件在技术标准、可靠性、稳定性等方面的具体表现，有针对性指导差异性技术标准的制定和供应商过程能力提升等工作。

（二）以“鲸石计划”为载体的技术创新攻关项目

由于以往的技术改进项目大多基于各类质量问题的立项提报，这种传统的改进模式制约着工程师潜在的改进动力，即便有了提升用户体验的方案，也会因冒着被考核风险而不敢去实施，导致新车型保守的迭代，新技术不能及时运用，用户痛点不能快速改善。

为充分发挥专家人才的技术引领作用，不断突破产品开发过程中的技术瓶颈，营造倡导技术、追求卓越的产品开发氛围，发扬“精（鲸）诚所至、金石为开”的精神，工程研究院发布了研发技术品质攻关计划—“鲸·石计划”，主要在整车性能、感知质量、用户体验、缩短项目周期等方面有较大改善提升。

图 6　构建鲸·石计划技术创新管控体系的技术路线

通过构建“鲸·石计划”技术创新管控体系、制定相应管理办法，对立项等级、团队搭建、运行机制、知识沉淀等内容作了规定和说明，主要如下：

“鲸·石计划”技术攻关课题按重要度分为两类，分别为：技术领先-指行业技术范畴内的最前沿；技术先进-为超越了行业技术平均水平或者现有整体水平。

表2 “鲸·石计划”技术攻关课题重要度分类

重要度	达成标准
A	际技术领先立项课题：国际行业技术领先，走在国际技术范畴内的最顶端
B	国内技术领先立项课题：国内行业技术领先，走在国内技术范畴内的最顶端
	国际技术先进立项课题：国际行业技术超越了行业技术平均水平或者现有整体水平
C	公司内技术领先立项课题：公司内行业技术领先，走在公司内技术范畴内的最顶端
	国内技术先进立项课题：国内行业技术超越了行业技术平均水平或者现有整体水平
D	公司内技术先进立项课题：公司内行业技术超越了行业技术平均水平或者现有整体水平

“鲸·石计划”技术攻关课题团队由申报人负责牵头组建跨专业攻关团队，负责推动课题进展，各部门参与人员由课题负责人指定。

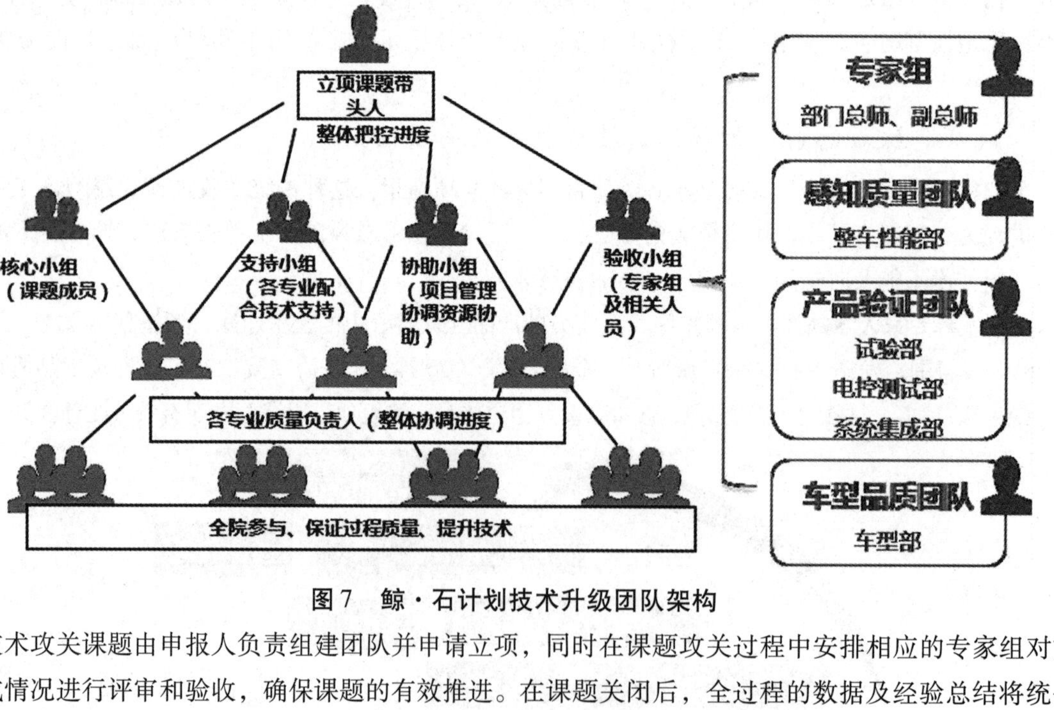

图7 鲸·石计划技术升级团队架构

技术攻关课题由申报人负责组建团队并申请立项，同时在课题攻关过程中安排相应的专家组对方案及完成情况进行评审和验收，确保课题的有效推进。在课题关闭后，全过程的数据及经验总结将统一整理并归档至工程研究院知识管理系统以便分享给全员进行学习。

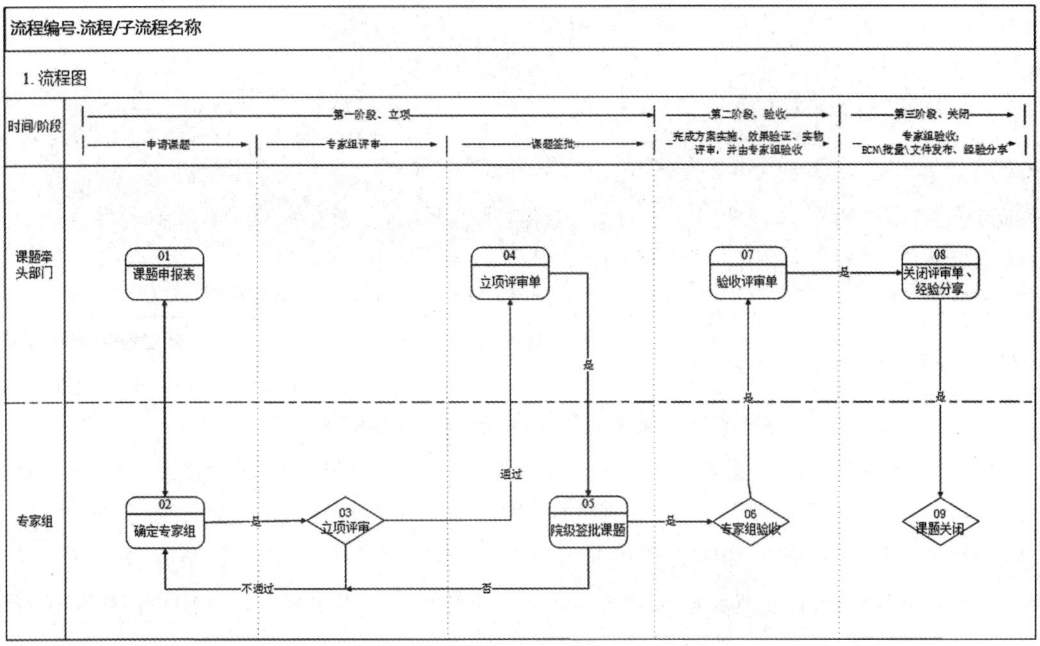

图 8　鲸·石计划管理流程图

“鲸·石计划”技术攻关立项课题目的在于解决行业内产业化项目关键技术课题、产品开发项目的平台化技术攻关课题、客户感知提升方面课题，包括零部件级、系统级、整车级、测试验证体系搭建的技术提升。技术公关项目对结题把关进行全面评估评估，相应攻关成果必须在公司的产业化项目中得以实施，方可以进行结题。

已结题项目《整车 EMC 性能提升》的课题介绍如下：

图 9　强磁场环境测试

2018 年 10 月，针对用户车辆遇到的复杂电磁环境场景干扰、导致车辆性能下降而申请立项进行研究。课题邀请抗电磁干扰方向的国内外行业专家、公司内跨部门的高级工程师作为小组成员，提升了复杂电磁环境下整车抗干扰性能及整车音频、视频的抗干扰品质，课题于 2019 年 11 月通过验收。

图 10　复杂电磁环境车辆适应性测评

通过攻关课题的研究，解决了车辆在实际场景中遇到的抗干扰 EMC 场景引起的各类问题。针对用户车辆可能遇到的复杂电磁环境场景进行主客观测评。例如联合中汽研针对房山附近场景进行测量，完成强度和特征分析，保证 EVTEST-2019 评价中北京房山、昆明、金华等高强度复杂电磁环境场景车辆适应性的最高分，同时用户在车辆遇到电磁环境场景下的干扰得到较大改善，保证用户使用车辆得到较好的感受。

通过对零部件、系统、整车、验证体系的不断提升和完善，积累了大量的技术数据，新建及完善技术标准近 100 份，通过此项活动的提升了各开发团队间的协同效率，并且使新的分析工具、技术方案的在研发团队内部实现共享及传递。通过开展《鲸·石计划》技术攻关活动的开展，使上市车型更加贴合用户使用需求，提升了用户满意度。

（三）以“四线并举”为载体的整车品质提升评价模式

在以往整车开发过程中，通常通过整车耐久试验、AUDIT、管理层试乘试驾等活动发现问题，但这些验证手段相对单一，不能全面识别用户所关心的细节。为提升整车品质，使之更加贴合用户需求，北汽新能源工程研究院开展“四线并举”的整车评价工作，分别从内部感知质量评价、第三方商品性评价、用户适应性试验、试乘试驾评审等维度对整车进行评价，从多维度识别主观、客观问题，为设计优化提供充分依据。具体实施方案如下：

1. 内部感知质量评价

从项目造型阶段即介入感知质量相关工作，通过对造型数据、工程数据、色彩材质、人机交互、尺寸工程等多维度感知质量评审，提升整车感知质量的设计水平。实车试制后，感知质量工程师将在工程样车、产品和工艺验证、预试生产、试生产等各个阶段进行感知质量评审工作。在评审中他们既是工程师又是用户，评价关注设计、关注用户使用习惯及感受，在一次又一次的问题识别和设计优化过程中使产品变成心目中的样子。

2. 第三方商品性评价

为了避免工程师既当运动员又当裁判员的弊端，工程研究院从管理角度引入了第三方商品性评价。第三方评价团队一般由国内或国际在该领域具有丰富经验的专家组成。这些专家具备专业知识丰富、车型涉猎广泛、深入理解用户需求、把握技术发展方向等特点。在评价过程中与竞争车型对比，直指产品优势劣势，为提升产品竞争力提供了充分整改的依据。

3. 用户适应性试验

内外部感知质量商品性评价，存在评价时间较短的短板。为此，工程研究院有针对性的开展了用户适应性试验。该试验针对三电系统及其控制策略进行验证，并依据整车功能定义进行全车功能检查。试验内容除常规的日夜常规行车，还包括功能操作检查、误用操作工况、充电兼容性等内容。并重点对多媒体系统功能和整车功能进行检查，检查中还增加误用、滥用等工况。从专业角度根据产品设计进行全面验证，识别问题、提升整车品质。

4. 试乘试驾评审

只有真正的用户才能提出用户最关注的问题。为此，在项目量产前我们还大规模组织试乘试驾活动，通过特定用户试驾活动确认可销售车辆是否可以批量交付用户。我们根据市场定位，合理安排试驾人群，从试驾人员的年龄、性别、驾龄等多维度进行覆盖。根据南北方的不同使用习惯及环境，部分车型覆盖到不同基地员工进行全方位的试驾。通过多车辆、长里程、广地域、多人群的试乘试驾活动，增大样本量，切合实际地发现问题并予以解决，从而提高整车品质。

通过对 A、B、C 等项目“四线并举”开展整车评价活动，研究院及时发现问题2800余项，并且通过各车型横向对比识别，针对用户高感知问题重点推进。在实施过程中填补了整车操作系统、智能网联、自动驾驶等维度专项评审的空白。通过互补式整车评价活动的开展，以及各车型横展排查，公司新上市车型更加贴合用户使用需求，用户满意度明显提升。

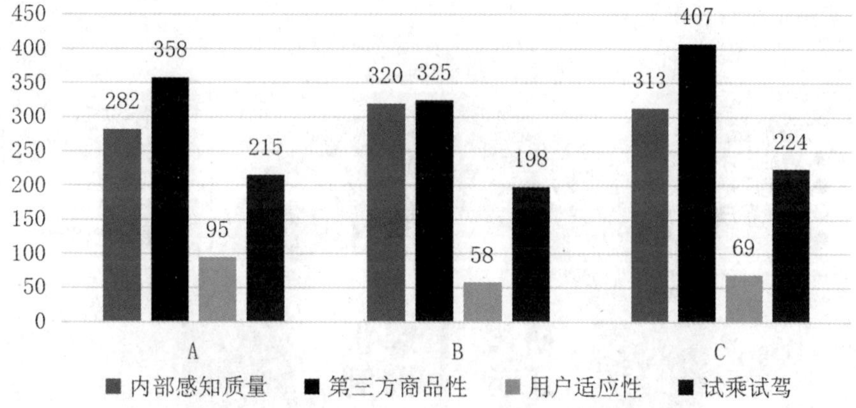

图11　“四线并举”整车评审模式应用实例

（四）以“复盘重塑”为载体的正向研发解析机制

在以往车辆发现问题后，通常都是通过问题防止再发分析、问题横展到其它项目上排查是否得到解决的方式进行规避。这种方法只能单一规避发现的问题不在后续项目再次发生，问题的剖析往往采取各专业部门内部总结的模式，以经验总结材料提交审核通过后作为经验数据库来完善设计开发，这种解析机制存在局限性无法对出问题的系统进行全面研发能力评价。为评价、提升整车研发设计能力、整车试验验证能力、整车研发体系保障能力，北汽新能源工程研究院开展“复盘重塑”为载体的正向研发能力解析工作。

研发能力解析工作遵循 PDCA 闭环理念，从问题的产生来源、问题的解决过程、经验的积累过程、有效落地的措施执行过程四个过程来解析问题产生的环节及根因，并把有效解析问题的措施完善、体现在技术标准、验证规范、开发流程体系上，从而提升研发正向开发的能力。

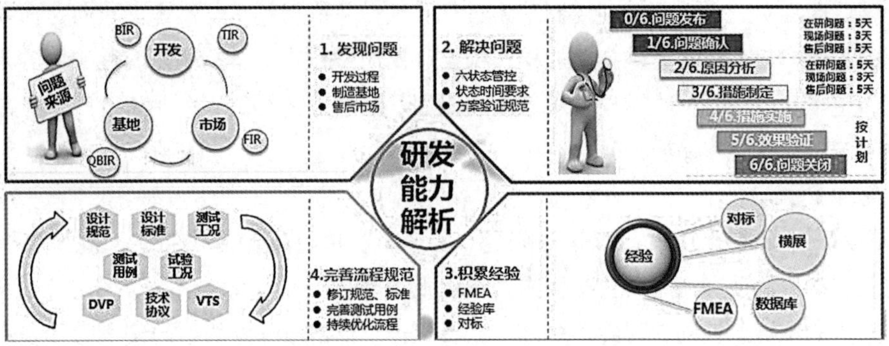

图 12　研发能力解析方法应用流程

进化升级后的研发能力解析机制是以多部门、多专业组成的解析团队开展，由主管质量的副院长任组长，小组成员从整车集成、整车试验、电控测试、性能集成、技术标准、质量管理等部门选取经验丰富的人员参与解析评审，能够多维度的发掘问题、制定改进措施，解析评审按照每周一次的频度开展，解析评审从技术文件、开发流程、管理流程、行业对标、项目横展、措施实施落地等六大维度系统解析，直到解析过程无问题、措施实施有效、举一反三排查完毕、流程规范完成更新后方可完成解析，在改进措施落地完毕后由小组评审关闭。

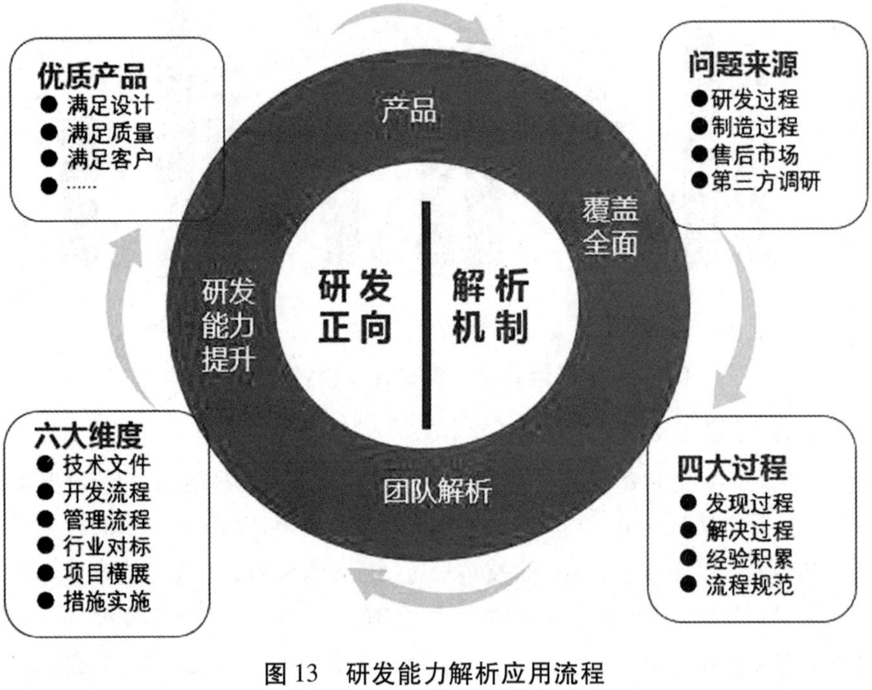

图 13　研发能力解析应用流程

目前研发能力解析思路及范围再次升级，从以往单一设计部门发生的质量问题扩大到问题原因、措施涉及多个设计部门的问题开展解析，与以往相比更加关注上下游接口的识别和完善，促进形成部门间的联动效应、关注交互过程，从技术规范、标准，流程制度等方面挖掘产生问题的根本原因，同时各专业部门按照解析机制对所负责的系统逐一解析，充分暴露不足，持续优化设计开发流程、持续提高研发设计能力。

（五）以研发质量文化为导向的“信誉银行”绩效评价机制

由于工程研究院各部门业务不同，对于绩效的评价缺少客观的、可衡量的标准，并且绩效评价多以负激励为主，导致各部门、各工程师在工作开展中往往以满足前期设定目标为工作的结束，缺少执着的追求极致的精神。为了激发全体工程师勇于担当、迎难而上、不断突破自我，持续提升产品品质的工程师精神，鼓励工程师以“树立个人品牌、提升团队信誉”的工作精神，特别建立了以研发质量文化“责任、诚信、执着”为导向的“信誉银行”绩效评价机制。

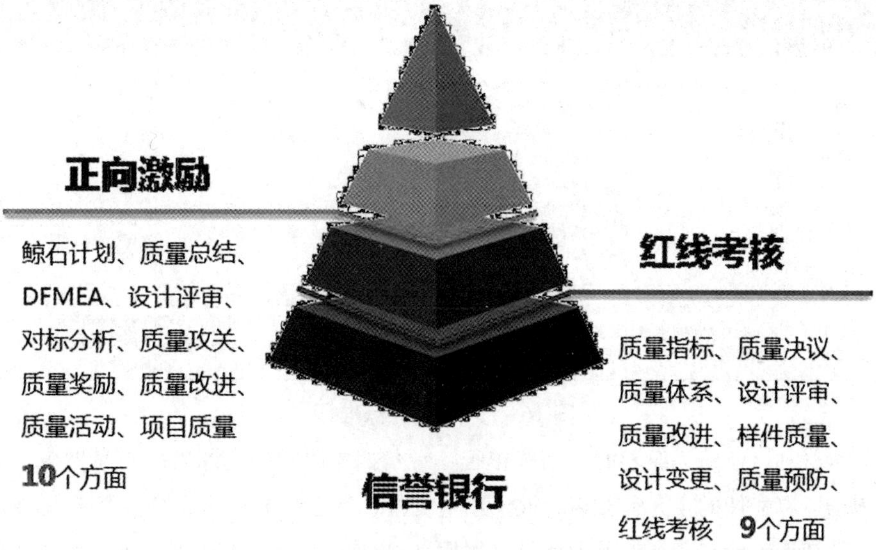

图 14 信誉银行评价机制

该评价机制在以往传统评价模式及技术上，突出了正向激励的内容。“信誉银行”设置差异的评价指标，以月度为周期对各部门进行评价，并将其融入公司半年及年度的绩效考评中，其结果直接体现在各部门及员工的绩效成绩上。

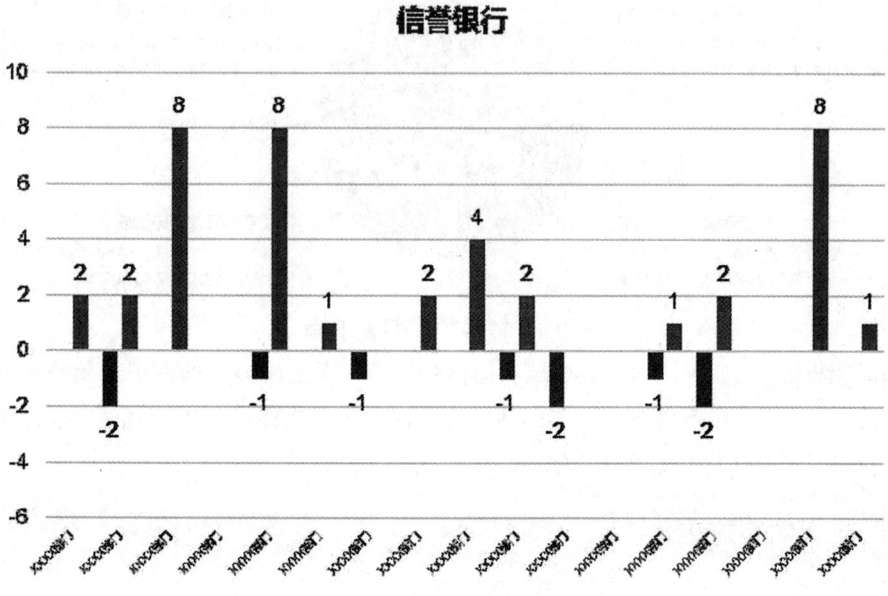

图 15 信誉银行评价图

目前“信誉银行”机制已运行 1 年半，相应的管理机制也升级到了 V3.0 版本，期间根据过程中大数据的积累分析对部分指标进行了调整。其目的始终是调动工程师积极性，鼓励在产品开发过程中追求极致的精神。

同时，为进一步加强研发质量文化的导向，促使研发质量文化有效落地实施，正在实行以两个抓手为驱动，即“一实一虚”的方式进行综合评价。“实”即工作成果，以指标达成、业务能力、改进效率、工作质量、体系建设、预防与总结六个维度。“虚”即文化，以责任、诚信、执着三个价值观的评价维度，具体如下：

考核维度	评价标准				
等级	6	7	8	9	10
责任	全员参与，敬畏质量，人人有责；今天的工作不推到明天	乐于协助其他同事解决问题和困难；工作快速响应，高质量完成	主动牵头，敢于担当；即使不是自己的责任，也不推诿	站在客户的立场思考问题，在坚持原则的基础上，最终达到客户和公司都满意	有主人翁意识，无私的奉献精神；一切以大局为重，不计较小集体利益
诚信	实事求是，言行一致，表里如一；	通过正确的方式，准确表达自己的观点；表达批评意见的同时能提出相应建议，直言有讳	不传播未经证实的消息，不背后不负责任地议论事和人，并能正面引导，对于任何意见和反馈“有则改之，无则加勉”	勇于承认错误，敢于承担责任，并及时改正	客观反映问题，对损害公司利益的不诚信行为正确有效地制止
执着	遵循必要的工作流程，没有因工作失职而造成的重复错误	持续学习，自我完善，做事情充分体现以结果为导向	持续改进的执着，追求极致的精神	执着的追求极致，过程中遇到困难和挫折时永不放弃，不断寻求突破，并获得成功	专业执着，精益求精，不断设定更高目标，今天的最好表现是明天的最低要求

图 16　文化评价标准图

建立以文化为横轴，业绩为纵轴的“信誉银行”评价四象限模型。评价准则是做事情的准则，鼓励积极主动，有担当、有责任的主人翁意识，敢于创造变革，业绩优异的人，树立榜样精神，发挥榜样作用、带动作用。转变意识形态存在偏差的人员，发挥其自身优势，创造价值。努力提升具有正确的意识形态、正确价值观人员能力，以提高业绩，创造价值。对于意识形态缺乏、不认可研发质量文化，对质量缺乏敬畏，业绩低下的人，要坚决杜绝，绝不姑息。指导工程师做正确的事，一次把事情做对。

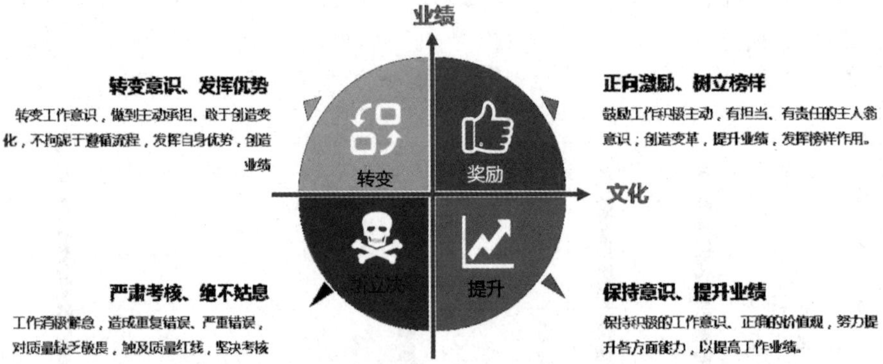

图 17　信誉银行四象限图

“信誉银行”作为“四位一体”模式中坚实的体系地基，为上述提到的四项创新管理模式的落地提供了客观的评价平台，对应四项管理创新实践活动均在评价体系指标设置中体现。其已经成为工程研究院工程师文化及研发质量文化有效落地实施的最佳实践。

三、创新成果的实施效果

（一）获得经济效益

通过全面开展“鲸·石计划”技术攻关计划，充分调动了技术专家的技术引领作用，在感知质量、用户提升、整车性能、验证周期等方面有了较大创新提升，形成了自觉自发提升产品性能和品质的良好氛围，同时通过技术提升为公司降本增效做出了贡献。整车 EMC 性能提升项目，整车强抗挠度整体提升，动力、制动安全相关的指标到达A级功能要求，通过欧标ECER10及GB34660-2017（2020年执行）规定的等级要求，达到国内技术领先水平。实车功能半自动化测试系统研制项目为每个开发车型节省3轮共计18天的测试周期，全年仅人员费用支持收益189万元。2019年共计结题课题24项，收益已超过4000万元。

通过对北汽新能源开展“四线并举”整车评价活动，提前识别潜在问题、提前进行预防，极大程度地降低了后续变更带来的成本增加，仅模具修改费用节约近1000万元。

（二）提升管理效益

通过开展以“大数据”为载体的用户行为分析，快速有效识别各系统在行车过程中的数据表现、出现频次、具体工况等关键信息，大幅提升产品设计及质量改进的工作效率，同时可以对实施效果的有效性进行准确评估。2019年以来，通过用户行为分析，先后进行了32项功能优化，精准识别客户真实需求。而通过行驶数据库和故障数据库的数字化分析，进一步识别车辆在使用过程中的用户场景，2019年累计完成推送5000余次，为进一步搭建全天候私人定制的售后服务体系提供支持。同时数字化分析通过对车辆全生命周期大量数据的逻辑计算，可以高效识别核心部件在技术标准、可靠性、稳定性等方面的表现，指导技术标准制定和供应商过程能力提升等工作。

通过应用以“复盘重塑”为载体的正向研发能力解析机制，完成整车级零部件设计规范（VTS、SSTS）、技术协议、设计潜在失效模式（DFMEA）、零部件产品开发技术要求（SOR）等技术规范文件86项，新建设计规范、流程制度、管理办法等技术规范、流程制度文件30项，完善测试用例、评审检查清单等40项。同时，不断地对经验进行总结沉淀，形成知识资产，应用于后续开发车型，避免同一类问题在不同车型上再次发生。

（三）彰显社会效益

北汽新能源致力于引领绿色出行，做好蓝天卫士。北汽新能源的“卫蓝计划”是一个涵盖汽车生态圈和所有相关受众的系统，旨在培育目标市场的社会责任理念、低碳生活方式和绿色环保价值观，为逐步启动市场做出充足准备，向全社会倡导绿色经济。

基于大数据进化思维的研发能力提升及实践，为技术进步和品质提升保驾护航，北汽新能源车型产品竞争力得到有效提升，从而提高北汽新能源汽车在行业内的销量占比，保持自主品牌在新能源市场的领先地位。作为行业领先者，北汽新能源凭借自身的创新提升，积极推动新能源汽车迈向高质量发展，引领整个新能源汽车行业健康可持续发展。

成果创造人：陈上华、杨子发、李玉军、侯艳丽、杜　珩、杨　冬、
张庆浩、赵明怀、许广军、梁金海、王　亮、吕迎雪

信息化、智能化在集团混凝土企业的应用研究

南方新材料科技有限公司

混凝土是各类工程建设中不可或缺的重要基础原材料，湖南省预拌混凝土行业历经二十余年发展，已形成年工业产值逾600亿元的大产业。随着城市化进程的加快推进，大量基础设施建设及民用建筑的发展，使得混凝土的需求量呈不断增长趋势。但随着产能严重过剩、市场竞争日趋激烈、国家严格环保督查、原材料价格上涨、企业利润逐年下滑等困难，混凝土企业必须转换经营思路，从原有的粗放式管理向精细化管理转变，通过建设信息化、智能化系统，优化生产经营流程，向管理要效益实现降本增效，提升企业核心竞争力。

一、需求分析

2015年，中国建材集团按照混合所有制试点部署，将原湖南南方水泥集团有限公司的商混业务分立，成立南方新材料科技有限公司（简称：南方新材料），南方新材料根据混凝土行业的经营特点、地域特征，根据商混业务“全价值链、全过程风险管控、全产业链经营”分析，通过“专业化管理、市场化经营、产业链延伸”，推进“绿色化、智能化、集约化、高端化”，提升企业运行质量、增强企业发展活力、厚植企业可持续发展基础，努力建设“业绩优秀、技术领先、管理一流、品牌知名、党建先进”的国内最具有竞争力的新材料产业集团，成为商混行业整合优化的领军者、产业升级的创新者，推动混凝土行业从“传统加工业”向“高端制造行业”转变。

（一）组织架构体系

为全面落实中国建材集团“三五”管理模式和南方水泥商混业务组织体系要求，根据商混生产经营特点，结合南方新材料混凝土企业多、分布广的特点，以市场、成本、效益为原则，将同一区域混凝土企业集中管控，充分发挥资源聚集效应，更有利于整合优势、统一市场，实现企业效益最大化。南方新材料本部：设置行政人事部、财务审计部、营销管理部、生产技术部、采购部、发展部六个职能部门；区域法人公司：按市场区域及行政区划，设立了15个区域法人公司，每个区域法人公司下辖3-5个混凝土企业，至2019年实际在营64个混凝土企业。

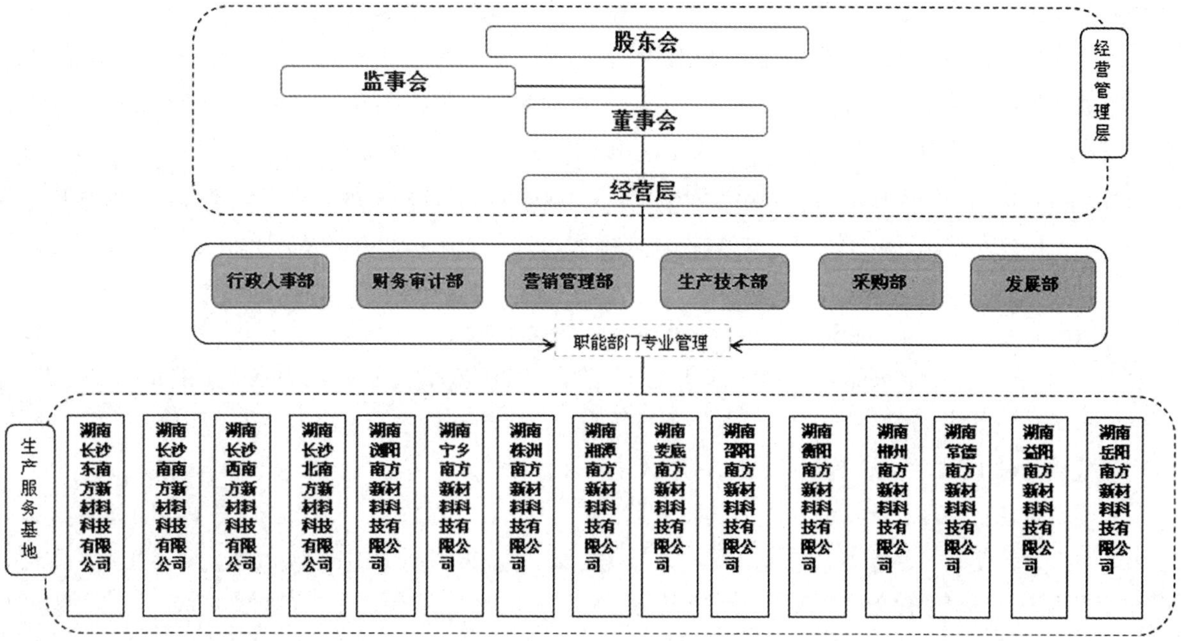

图 1　南方新材料组织架构

（二）管理方面存在的问题

南方新材料前期联合重组虽然快速整合了产能，但对大型商混业务的经营管理还处于摸索阶段，国内外也缺乏可供借鉴的成熟管理模式，尤其是面对复杂的内、外部经营环境，商混业务亟待进一步深度整合，商混业务的经营管理存在以下问题：

1. 定位不明，联合重组初期仅将混凝土企业作为水泥企业的销售渠道，混凝土企业定位不明逐渐丧失市场竞争优势。

2. 机制僵化，未建立适应商混经营的管理模式，未有效整合“产、供、销、人、财、物”等资源，出现“一管就死、一放就乱”的现象，优秀人员大量流失，企业失去竞争力。

3. 发展受限，对商混业务缺乏深入的研究与分析，加上内部审批流程长、业务管理不精细、流程相对固化等因素，企业发展转型滞缓，行业影响力不强。

4. 观念冲突，干部员工队伍来源复杂，各种观念杂糅和冲突，各自的经营理念不同，尤其是“老板”文化盛行，导致中国建材集团的企业文化未完全落地，团队执行力不强，部分关键环节管控不到位。

（三）信息化方面需解决的问题

1. 实现集团管控。作为集团型混凝土企业，现有 15 个法人公司和 64 个分公司（混凝土企业），成员企业分布在湖南省长沙、宁乡、浏阳、益阳、株洲、湘潭、岳阳、常德、娄底、邵阳、郴州、衡阳共 12 个城市，面临管理层次多、管理幅度大、数据不准确不真实等诸多问题，其中很多企业是通过整合社会场站形成的，各个企业在整合前的运营管理水平和员工队伍质参差不齐。要实现整合目标，必须在标准化、规范化、执行力等方面进行提升。有必要通过信息化手段达到集团管控的目的，实现关键流程管控、数据实时监控、报表集成分析，确保整个集团的生产运营上下一盘棋、令行禁止。

2. 落实闭环管理。销售、生产、采购三个部门构成了混凝土企业的业务体系，三个部门在分工上有所不同，但在业务上密切相关互为因果关系。要通过信息化手段，打破手工作业传统，消除三个部门及相关业务岗位中存在的信息壁垒，降低运营中存在的各种风险，实现运营管理的多项目标。

3. 推动流程再造。混凝土属于流程型制造行业，特点是工艺比较固定，产品比较单一，没有 BOM 表，最关注的是产能发挥率和产品质量。影响产能发挥率的原因除了硬件设备外，更重要的是流程优化，省去不必要的环节，优化每个环节，把效率发挥到极致。产品质量直接影响建筑安全，做好品控，需要从材料合格，需要配比准确，需要车辆接对料、送对料，各企业单据全为手工填写，容易出错、数据不准确，部分企业提供假数据，经营管理存在漏洞，只有建设信息化系统规范业务流程，实现流程再造。

4. 改善企业生产系统。企业工控系统存在缺陷，偶发数据错误、丢失，手工下料没能计入到具体哪一盘的下料记录，导致下料数据不准；没有考虑与其它系统的通讯，可控性不强；工控系统缺乏自检、容错、报警、设备管理等功能；有的工控不能连续生产，有的连续生产不可控；很多系统由厂家离职员工在源代码基础上开发的，质量和版权存在风险。

5. 整合信息化管理系统。部分企业在联合重组前上线了信息化系统，由于开发厂商没有版本管理的能力，每个客户都是定制版本，如果出现开发人员变动，无法对客户提供升级和 bug 修正服务，在逻辑设计、流程控制、便捷使用、数据交互等方面不达标。企业存在大量使用未经授权的 microsoft sqlserver、windows server 和 oracel，各企业原信息化系统没有统一，不同品牌和版本的信息化系统、工控系统混用，极大增加标准制定、接口开发、运行维护和迭代升级的成本。

二、目标与要求

作为集团型预拌混凝土企业，南方新材料为落实“产供销一体化、运营模式化、管理制度化、业务流程化、生产数字化”五化运行模式和“市场营销集中、物资采购集中、财务管理集中、技术管理集中、人力资源集中”五集中管理模式，必须通过梳理和重构业务流程，如图 2 所示，围绕生产运营管理系统，统一业务标准、流程和表单，生产运营信息化系统需要达到以下目标和要求：

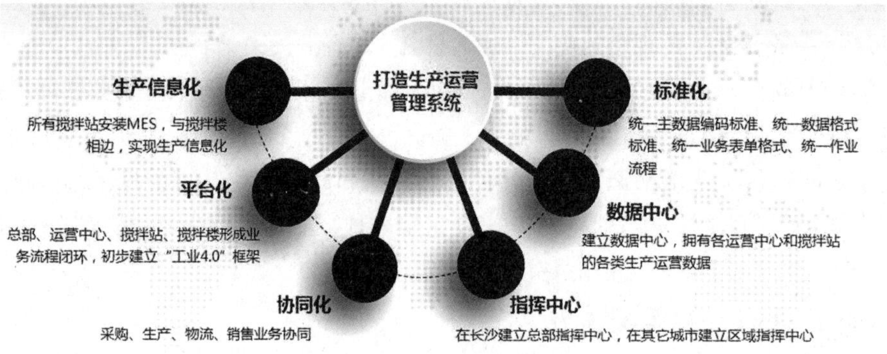

图2　集团型预拌混凝土企业生产经营系统

（一）总体需求

1. 提升纵向运营能力。明确总部、区域法人公司、场站三级职责分工，建立全面、及时、准确的上传下达机制，确保“总部管标准、管监督，区域法人公司管合同、管结算，场站管生产管执行”的分级授权得到严格执行，增强集团管控能力和区域法人公司的生产经营管控能力。

2. 提升横向协同能力。将采购、销售、生产环节，通过信息化手段实现闭环管理，做到环环相扣、互为因果，提高产供销的一体化协同效率，提高企业的运营效率。

3. 提升人机互动水平。实现生产系统与搅拌楼工控系统互通互联，将生产系统的严谨逻辑控制能力和工控系统的自动化能力有机结合在一起，减少人为错误、减轻操作员的工作压力，确保生产过程整体可控。

4. 提升质量控制能力。总结梳理质量控制关键点，通过系统流程再造和逻辑控制，植入质量控制各环节，规范商砼配比库建设、生产配比管理流程，强化生产过程动态跟踪，有效防范生产质量事故的发生。

5. 提升移动办公能力。通过手机 APP 的使用，让不同层级和岗位的管理人员在任何时间、任何地点可以实时查看产、供、销情况，审批业务合同。

6. 提升员工队伍素质。通过项目上线使用，生产自动化、标准化水平的提升，员工队伍的标准化、规范化和整体化思维不断增强，数字化能力不断提高，工作效率不断提升，工作强度不断降低，人力资源得到有效利用，用工成本不断降低。

（二）集团管控需求

1. 建立二大核心业务系统，分公司各搅拌楼已经安装工控系统（PCS）。本项目实施后，在每个分公司建立生产管理系统（MES），在云端建立一套运营管理系统（GERP）。MES 向上与 GERP 互通互联，总部领导、各部门和区域法人公司领导、各部门根据权限访问 GERP，查询统计、处理业务。MES 向下与 PCS 以及分公司的地磅系统互通互联，分公司的工作人员根据权限访问 MES，查询统计、处理业务。除了权限管理、查询统计、报表功能外，GERP 负责业务标准、业务合同、运力管理、销售采购结算，MES 负责质量管理、过磅管理、计划管理、生产管理。

2. 建立总部大屏指挥系统，通过大屏指挥系统，用于客户参观、行业交流、业务指挥。大屏实时展示南方新材料当日实时生产方量、开工工地数量、执行运输任务的车辆数量，展示实时增加的生产计划、发货单，分区域法人公司展示生产方量、材料库存。

3. 建立手机移动 APP 系统，为总部、区域法人公司、分公司三个层级的管理人员提供手机移动 APP，展示生产、采购、销售的当日实时报表，办理销售合同、材料合同的审批。

4. 统一生产运营业务单据，除地方政府部门对发货单、过磅单、配料单有统一规定以外，所有分公司必须使用南方新材料总部统一的标准。业务单据的版本由生产技术部统一制订，制订前征求相关部门的意见。

5. 统一生产运营业务标准，产供销涉及的名词、分类方法、技术标准、业务标准及相关的解释，由生产技术部统一制订，制订前应征询信息技术高级经理和相关部门的意见。

（三）生产经营需求

1. 从管理方面，改变报表由各区域法人公司、分公司分级手工汇总上报的现象，各单位的产、供、销报表全部由系统及时、自动生成，提高报表的及时性和准确性。改变各区域法人公司、各分公司业务流程各不相同的现象，所有单位的产、供、销业务流程全部统一。改变各分公司业务单据各不相同的现象，对于地方政府没有统一要求的分公司，统一使用南方新材料的业务单据。改变各部门相互推诿的现象，工作效率大大提高。统一材料分类、材料名称、货物分类、货物性能等字典，统一供应商、客户、车辆、司机等主数据的编码，为规范化管理提供依据。

2. 从生产方面，改变以前调度用对讲机通知搅拌楼发货的现象，调度在电脑中直接发货，自动上传搅拌楼，发货准确性和效率显著提高。改变以前在搅拌楼录入配比的现象，配比录入错误的可能性大大降低。改变以前一个生产计划不同搅拌楼分开统计再汇总的手工现象，数据统计准确性和效率大大提高。改变以前生产调度不管工地签收数据的现象，搅拌车回厂时必须将发货单交给调度做收单处理，确保销售统计的及时准确。系统自动记录通过工控机制单的生产数据，协助禁止手工打料规定的落地。

3. 从质控方面，规范质量指标参数，为质量管控提供依据。为不同货物类型设置不同的容重和材料用量范围，防范配方中缺少材料、多加材料、材料用量超标，从而确保质量。为不同材料类型设置不同的配比允许误差范围，防范主机配比用量超过配比库的规定范围，从而确保质量。对每盘生产消耗数据进行实时检测，发现问题及时报警，确保质量。

4. 从材料方面，改变以前司磅员只管称重入库不管采购统计的现象，司磅员在过磅时必须选择供应商、生产厂家等，过磅后可自动统计过磅情况。系统自动计算材料过磅入库、消耗并生成实时库存，便于提前下达采购计划。通过系统实时采购数据的审核、对账、结算，生成应付款，大大提高结算精准性和及时性，减轻结算压力。对实际生产消耗和标准生产消耗进行对标，发现问题。

5. 从销售方面，通过系统实现销售数据的审核、对账、结算，生成合同应收帐款和财务应收帐款，大大提高结算精准性和及时性，减轻结算压力。通过系统实现收款登记，并自动生成逾期报表，全面提升风险管控水平，降低人员成本。

（四）非功能性需求

1. 数据精确度。在精度需求上，根据实际需要，数据在输入、输出及传输的过程中要满足各种精度的需求根据关键字精度的不同。如：查找可分为精确查找和泛型查找，精确查找可精确匹配与输入完全一致的查询结果，泛型查找，只要满足与输入的关键字相匹配的输入即输出，可供查找。

2. 时间特性。系统响应时间应在人的感觉和视觉范围内（<1s），系统响应时间足够迅速（<5s），能够满足用户要求。

3. 适应性。在操作方式、运行环境、软件接口或开发计划等发生变化时，应具有适应能力。

4. 可使用性。操作界面简单明了，易于操作，对格式和数据类型限制的数据，进行验证，包括客户端验证和服务器验证，并采用错误提醒机制，提示用户输入正确数据和正确的操作系统。

5. 安全保密性。只有合法用户才能登录使用系统，对每个用户都有权限设置。对登录名、密码、以及用户重要信息进行加密，保证账号信息安全。

6. 可维护性。系统采用了记录日志，用于记录用户的操作及故障信息，同时本系统采用的B/S模式，结构清晰，便于维护人员进行维护。

三、实施过程

（一）信息化实施过程

项目涉及南方新材料、法人公司和分公司3个层级、80家在营单位和部分停工企业，涉及产供销业务协同，是商砼行业最大的集团化生产运营系统，项目时间紧、任务重，存在地方差异大、场站网络基础差、信息化底子薄、工控问题多、用户常变动等客观困难。

项目小组总体设计，边开发、边实施、边运维。2017年9月至2018年11月，通过信息化，将分布在湖南省12个城市的15个法人公司和64个分公司（混凝土企业）紧密联系在一起，建立了标准化、流程化和数字化的生产运营体系，实现了集团管控、产供销闭环和业财衔接，有效应对了管理层次多、管理幅度大带来的运营挑战，为智能化打下了坚实基础。

为了确保项目有序推进，南方新材料与承建单位武汉云台数据有限公司共同举办了 6 场方案研讨会、16 场工作推进会和 87 场指导培训会。统一了 3 项业务单据、58 项专业名词和字典、10 项主要流程和 11 项工作要求，涵盖网格硬件、系统运维、客商主数据、销售合同、采购合同、运输合同、订货、发货、配比、过磅、结算等产供销各个方面。编制了《新材料生产运营信息化操作手册》，为员工业务培训和岗位操作提供教材。24 小时值班，在线诊断、实时培训、解决问题，支持 80 个单位的日常运行维护和生产保供。系统上线后，为确保系统方便、简捷、实用，不断优化代码，快速迭代，在线升级，集团运营管理系统升级 29 个版本，制造执行系统升级 27 个版本。

图 3　项目实施时间轴

（二）智能化实施过程

2019 年 12 月，南方新材料在长沙中煌混凝土有限公司岳麓分公司启动了智能工厂试点。试点工作克服了疫情影响，于 2020 年 6 月正式上线。智能工厂的试点，标志着南方新材料的数字化工作实现了信息化到智能化的转变。

1. 实现车辆智能过磅

系统自动识别车牌并自动判断是材料进场过磅、材料回皮过磅、搅拌车过皮、搅拌车出场过磅、搅拌车余料过磅，自动读取地磅重量，自动开启道闸，自动通过语音、LED 向司机提示下一步的操作，进一步提升过磅效率提升和准确度，避免重复过磅和人为加重。

图 4　车辆自动识别系统

图5　车辆自动识别装置

2. 实现上料门禁控制

材料车进场过磅时，系统根据材料和料仓库存情况制作IC卡，司机将IC卡贴在门禁上，符合的门禁打开，不符合的门禁不开，避免上错料的生产事故。

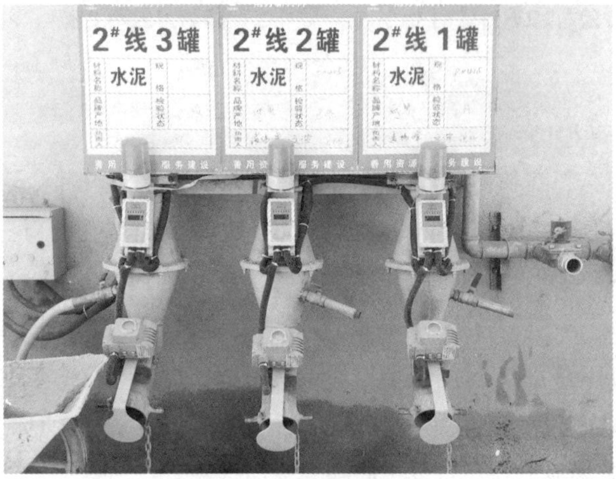

图6　职能上料系统

3. 实现作业看板电子化

图7　2.0版集中生产控制中心

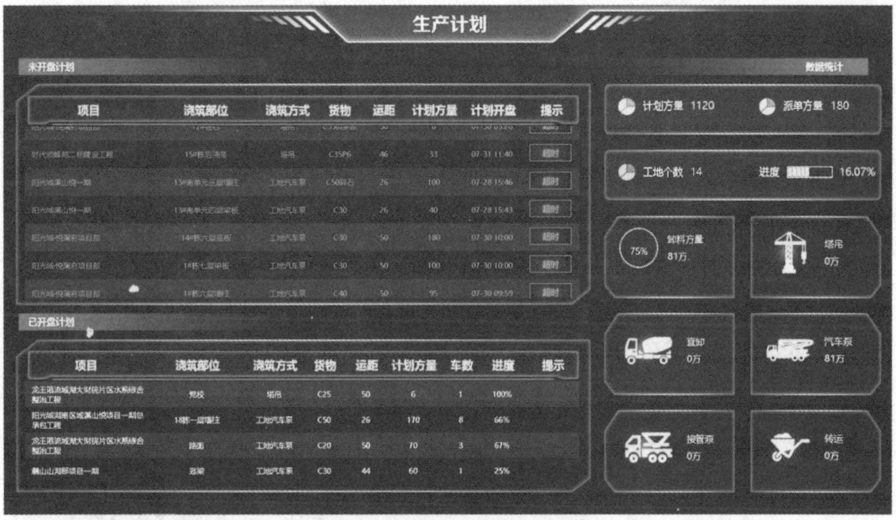

图 8　生产计划电子看板

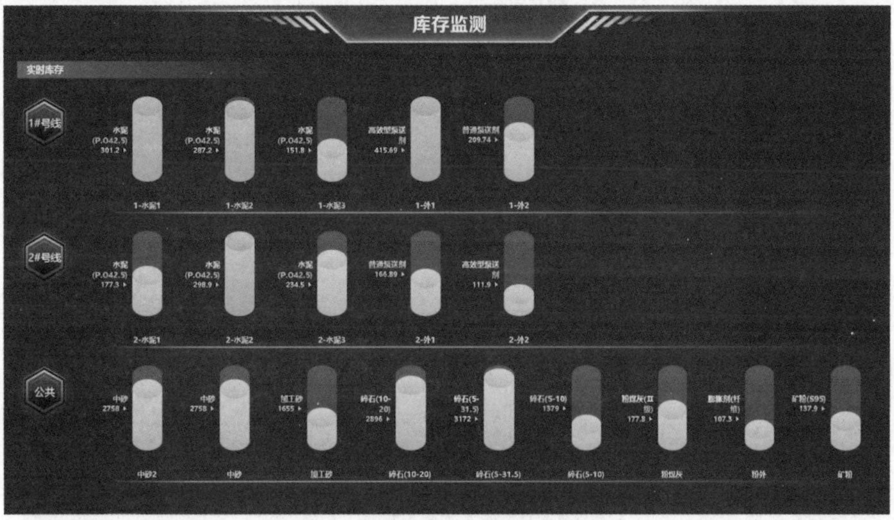

图 9　库存监测电子看板

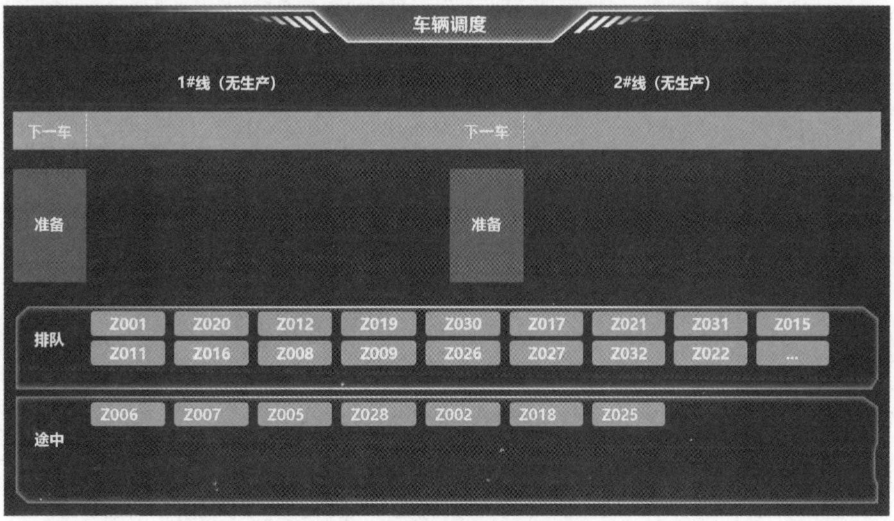

图 10　车辆调度电子看板

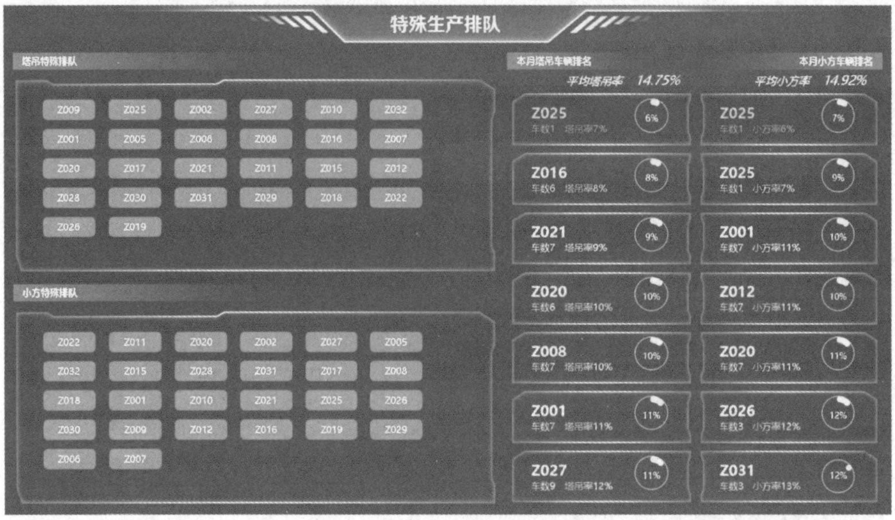

图 11　特殊排队电子看板

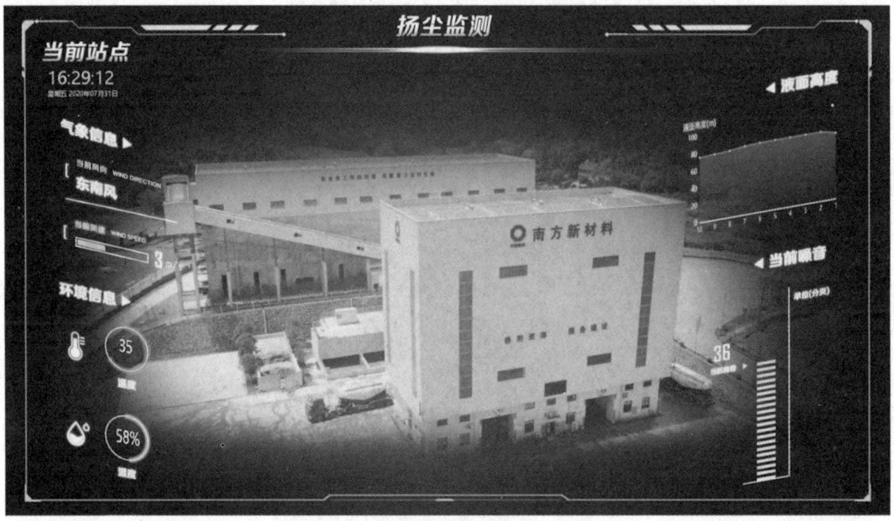

图 12　环境监测电子看板

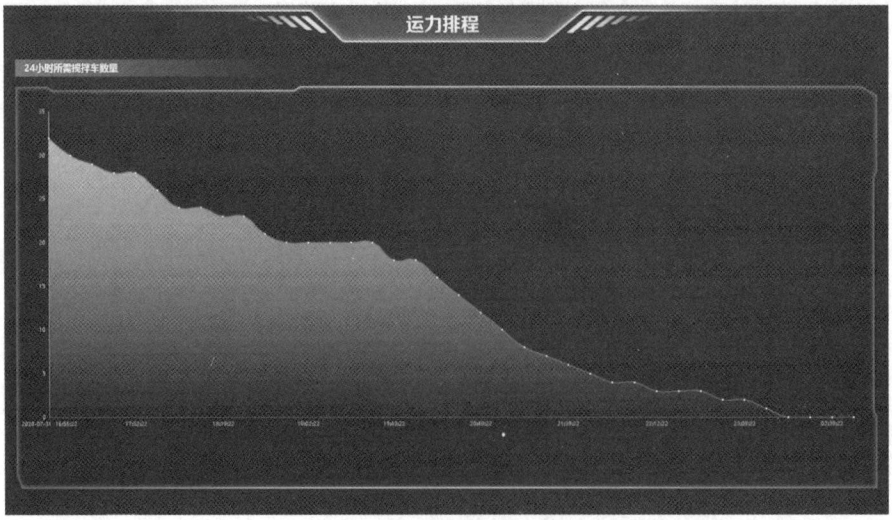

图 13　运力排程电子看板

图 14　智能过磅实时监控

四、实现功能

（一）管控关键流程

1. 强化集团管控

南方新材料是中国建材体系内第一家专业化混凝土集团，现有 15 个法人公司和 64 个分公司（混凝土企业），成员企业分布在湖南省长沙、宁乡、浏阳、益阳、株洲、湘潭、岳阳、常德、娄底、邵阳、郴州、衡阳等 12 个地市，管理层次多、管理幅度大，其中很多企业是通过整合社会场站形成的，各个企业在整合前的运营管理水平和员工队伍质参差不齐。通过信息化手段达到了集团管控的目的，实现关键流程管控、数据实时监控、报表集成分析，确保整个集团的生产运营上下一盘棋、令行禁止，实现了整合目标，达到了标准化、规范化、提高执行力的目的。

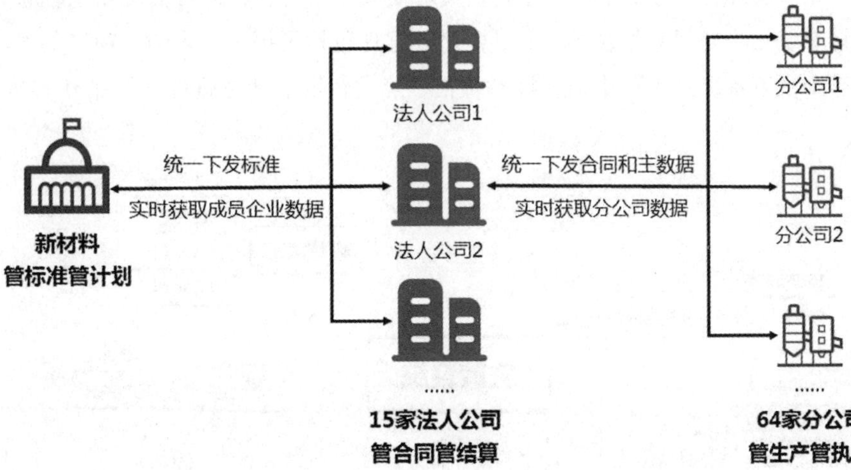

图 15　集团管控架构图

2. 形成闭环管理

生产运营管理信息化系统在云端部署一套集团运营管理平台（GERP）、在每个场站部署一套制造执行系统（MES）、在每个搅拌楼部署一套工控系统（PCS）三大部分，三套系统互通互联，公司总部、区域法人公司和分公司三级互通互联，实时交换数据，实现了产供销闭环管理，实现事前、事中、事后全方位管理。南方新材料总部定义货物、强度、特殊要求、材料、分类等基础数据，区域法人公司将销售合同、采购合同等数据录入系统，混凝土企业场站完成生产、过磅等流程，同时混凝土企业场站的生产、过磅数据实时上传 ERP，用于销售结算和实时监控，所有的业务上一个流程没有完成下一个流程无法操作，上一个流程的数据自动转入下一个流程，所有操作全部留痕最大程度减少信息孤岛，降低了人员操作风险和结算风险。

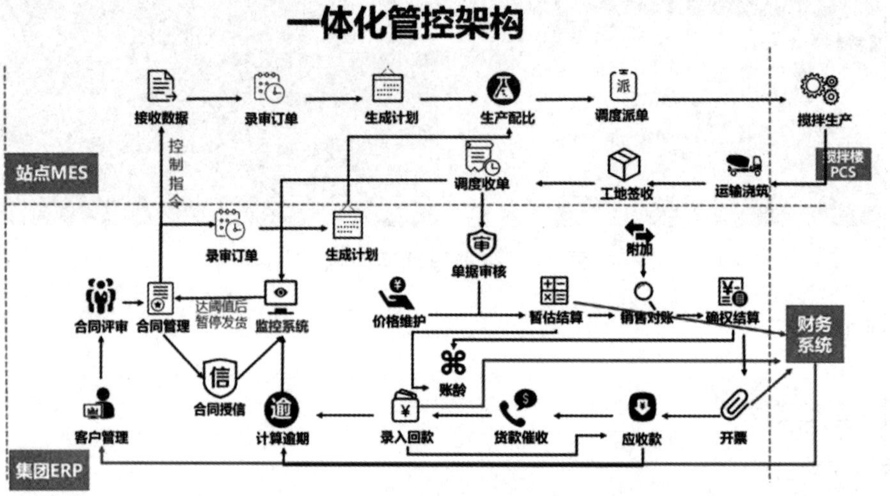

图 16　生产运营管理信息化系统闭环控制流程

3. 提升决策能力

销售、生产、采购三个部门构成了混凝土企业的业务体系，三个部门在分工上有所不同，但在业务上密切相关，经常是互为因果的关系。生产运营信息化系统，消除了三个部门及相关业务岗位中存在的信息壁垒，降低了生产运营中存在的风险，实现运营管理的多项目标。在传统作业模式下，会计系统的主要功能是核算，很难发挥对业务的精细化监管、实时监管作用。生产运营信息化系统整合了企业内部资源，弥补了会计系统无法处理业务数据的不足，财务管理包括了销售、采购、物流的对账、结算、款项支付等内容。整个决策系统由业财快报、材料快报、经营情况、业务进度、产销快报等 5 部分构成，如图 17 所示。

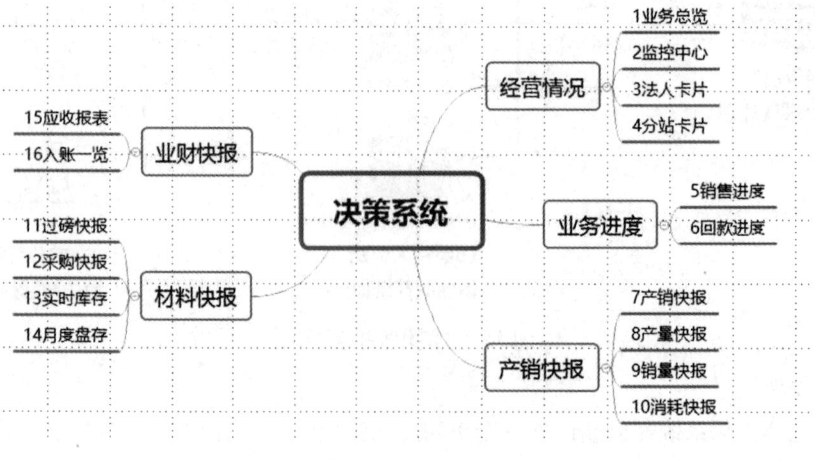

图 17　决策系统构成

4. 落实六级品控

每种货物都有容重范围控制、每种货物都有材料用量范围控制、主机配比误差范围控制、生产计划与配比库的货物一致性检查、料仓与配比材料一致性检查、调仓时将不符的生产计划暂停生产，杜绝了人员配比操作失误带来的生产事故。六级品控管理如图 18 所示。

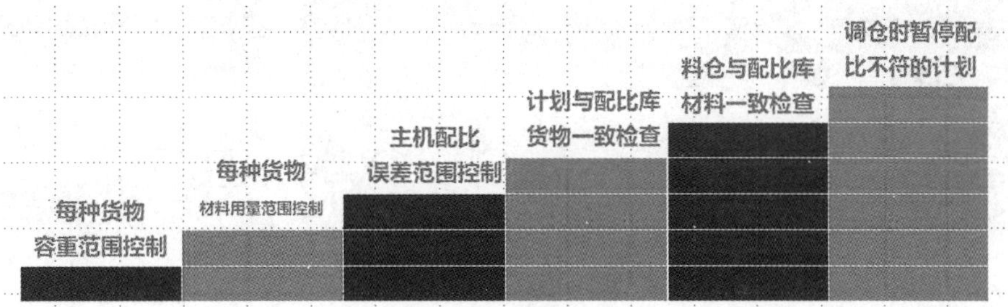

图 18　六级品控管理

5. 严格生产控制

MES 与工控结合的更加紧密，实现了以下重点功能：MES 端可以调仓，调仓后自动改变工控的仓内材料，确保工控与 MES 消耗记录一致；发货单分为制单、上传工控、开始生产、生产结束 4 个状态，为精准控制打下基础；MES 上可以撤销发货单，MES 与工控多次握手协调，异步删除；系统还可以抓取绕开系统脱机生产的记录发现违规生产行为。

6. 完善智能风控

系统实现智能风控，系统有实时监控信用额度、实时监控应收逾期的二个项目运行，实时监控数据变化，达到预警值时提醒相关人员，超过控制底线就发送指令到相关场站的 MES 系统，停止供料，进一步增强了财务、销售对生产的实时控制能力。

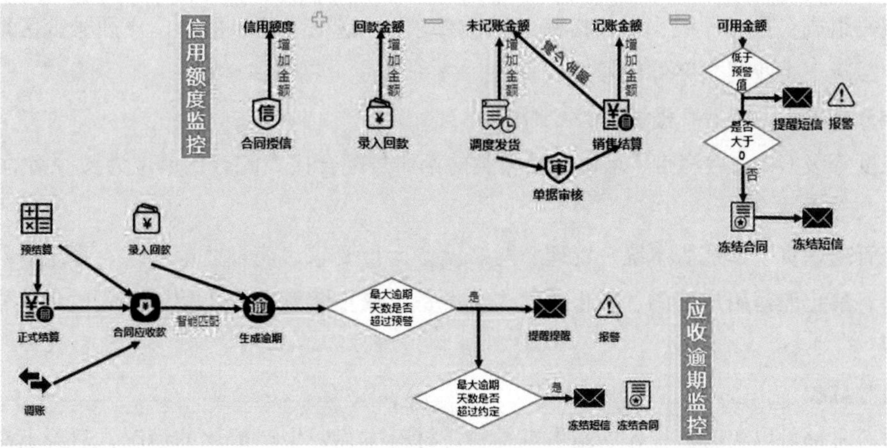

图 19　智能风控管理流程

（二）数据实时处理分析

1. 统一工作标准

通过建设生产运营信息化系统，统一了 3 项业务单据、58 项专业名词和字典、10 项主要流程和 11 项工作要求，涵盖网格硬件、系统运维、客商主数据、销售合同、采购合同、运输合同、订货、发货、配比、过磅、结算等产供销各个方面。

（1）统一业务单据

统一了商砼发货单、生产配料单、过磅单，如图20所示，提升了对外形象，标准作业流程，便于混凝土企业协同生产及统计。

南方新材料 商砼发货单 CSN-00006405

南方新材料 生产配料单 CSN-00060004

南方新材料 过磅单 CSN-000000

图20　统一业务单据表

（2）统一数据标准

编制了《南方新材料主数据标准》，明确了58项专业名词和字典，统一配比编码规则。主数据类别表1如下：

表1　主数据类别表

序号	材料大类	材料类型	特殊要求
1	商砼类型	浇筑方式	混凝土强度
2	砂浆强度	坍落度	扩展度
3	混凝土抗渗	砂浆抗渗	抗碳化
4	抗氯离子	抗冻	抗硫酸盐

配合比编码组成：强度等级、耐久指标（特殊要求）、施工工艺、用途、序列号、区域法人公司英文字母代号、混凝土企业英文字母代号；

举例：C45后浇带｜塔吊｜楼板-03-CSN-ZH；

含义：强度等级C45、后浇带、塔吊，楼板类的第3号配合比，配合比单位为长沙南的中煌分公司。

（3）统一工作要求

明确系统管理职责、系统版本统一管理、网络设备运行要求、病毒防范要求、系统升级要求、禁止绕开系统打料、禁止泄露用户密码、禁止随意改动设备、禁止随意操作工控、禁止改动正常数据、禁止录入未审合同。

2. 数据实时监控

南方新材料总部可以实时监控各场站手工发料、材料库存、生产配比的情况，对经营决策提供数据支持。还可以实现智能风控，实时监控信用额度、实时监控应收逾期的二个项目运行，实时监控数据变化，达到预警值时提醒相关人员，超过控制底线就发送指令到相关场站的MES系统，停止供料，增强了财务、销售对生产的实时控制能力，同时便于集中管理和决策。

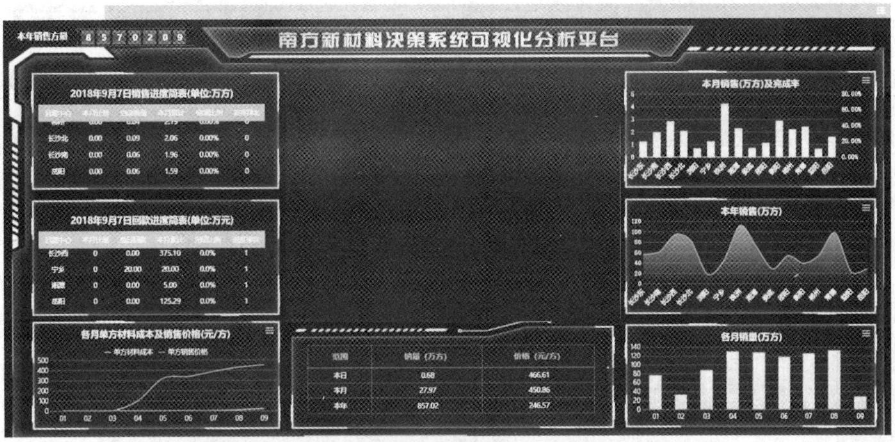

图 21　南方新材料决策系统可视化分析平台

图 22　南方新材料总部、区域法人公司的集中控制中心

3. 报表集成处理

建立了决策报表系统，场站数据自动上传、报表自动生成、权限控制严谨，南方新材料可以按总部、区域法人公司、分公司分类汇总，法人公司可以按下属分公司汇总，分公司只能查看自己的报表。

(1) 综合报表，实现对集团的整体可视化管理，功能界面如图 23 所示。

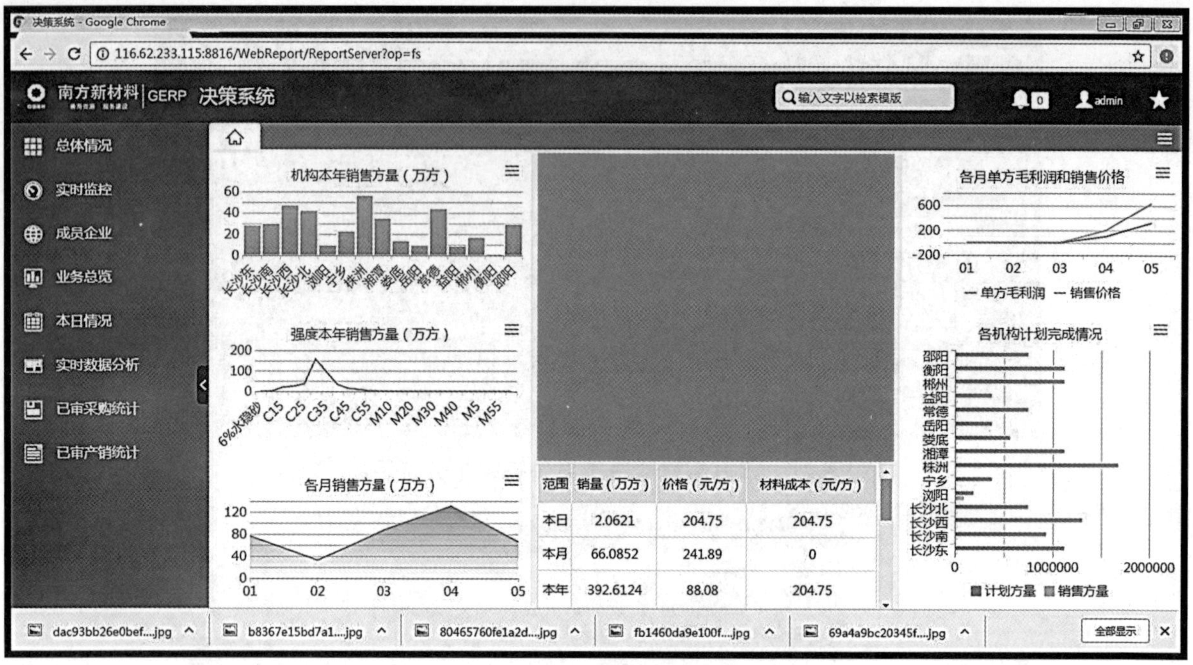

图 23　综合报表

（2）生产报表，主要包括手工打料、单方消耗、产销、采购报表等，如图 24 所示。

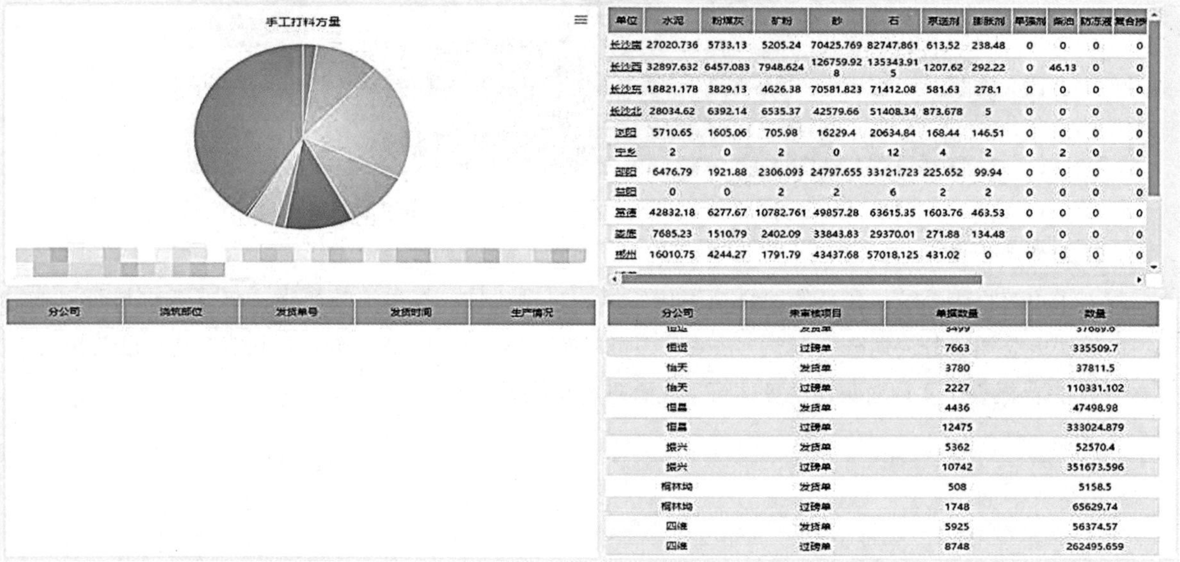

图 24　生产报表

（a. 手工打料方量、不符合配比记录、实时库存、待审单据）

4. 移动端控制

开发了管理人员 APP、司机微信小程序、工地微信小程序，便于在线审批、监控及处理信息，如图 25 所示。

图 25 移动端功能界面

（三）经营效益分析

南方新材料面对行业产能严重过剩、国家严格环保督查、原材料价格暴涨、工程项目开工不足等艰难形势，上线生产运营信息化系统后，企业效益稳步提升、成本费用明显下降、市场影响日益增强。

1. 成本费用明显下降

(1) 三项费用（管理费用、营业费用、财务费用）：2019 年同比 2015 年下降 15 元/立方（降幅 20），单位：元/立方。

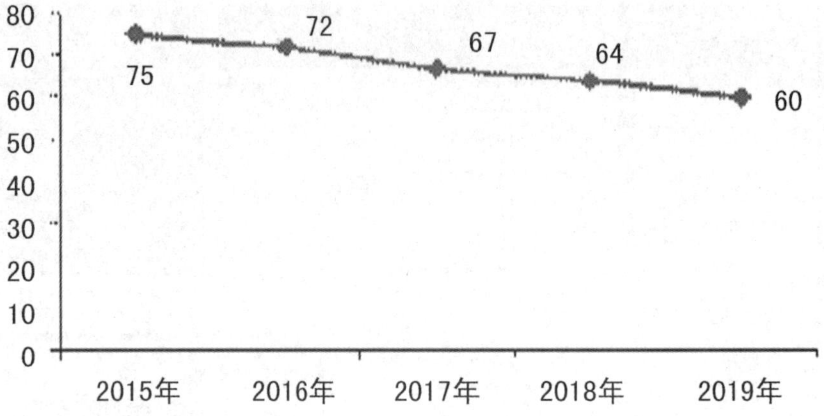

图 26　三项费用曲线

（2）单方消耗：2019 年同比 2015 年下降 80 公斤/立方，单位：公斤/立方。

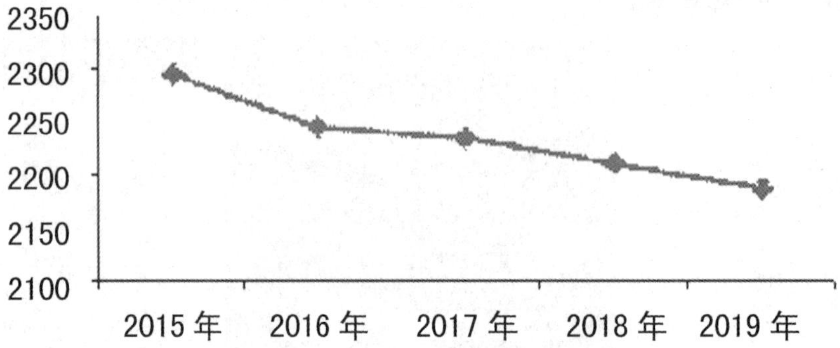

图 27　单方消耗曲线

（3）员工人数：2019 年同比 2015 年减少 1617 人（降幅 45%）；

劳动生产率：2019 年 8470 立方/人（同比 2015 年增长 4167 立方/人，增幅 97%）。

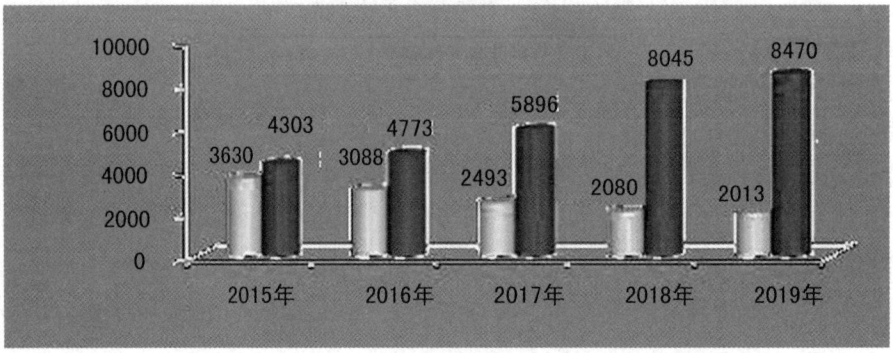

图 28　2015-2019 年员工人数及劳动生产率对比

2. 市场影响日益增强

（1）管理机构精简高效、市场反应迅速、决策行动到位，商混集团化管控优势逐步体现，企业核心竞争力不断提升。

（2）常德、长沙、株洲等优势区域保持良好发展势头，宁乡、湘潭、邵阳、益阳、娄底等区域的经营业绩快速提升，企业盈利结构逐步优化。

五、信息化未来发展规划

（一）推广智能工厂试点成果

总结智能工厂建设中取得的成果，有步骤在各搅拌站进行推广，提升整体智能化水平。

（二）将自动化控制升级为智能化控制

对现有的搅拌楼、骨料地仓等处的自动化控制系统进行升级，打造智能化控制系统，提升互通互联水平，为智能化更加深入的应用打下基础。

（三）将智能过磅升级为无人过磅

运用信息技术，优化过磅管理流程，实现无人过磅，进一步提升劳动生产率。

（四）将智能调度升级为无人调度

从提高劳动生产率和提高工作服务水平的角度综合考虑，选取搅拌站进行无人调度试点，工地用手机下达生产计划、控制发车频率，搅拌站调度机器人系统替代人工自动派单。

（五）建立“三位一体”信息系统

建立起集团上下纵向一体化、产供销财人横向一体化、商混骨料业务一体化的“三位一体”信息化体系，进一步扩大闭环范围，提升信息化水平。

（六）打造集中采购供应链系统

以集中采购为抓手，有效整合内外部资源，打造面向多供应商、多搅拌站、多骨料矿山的供应链系统，提升资源整合能力。

成果创造人：谭志雄、郑　维、徐宗望、谭　俊、尹征龙、万　博

人力资源与社会责任

中金辐照股份有限公司股权激励的实践与探索

中金辐照股份有限公司

为加快实施创新驱动发展战略，进一步激发广大技术和管理人员的积极性和创造性，促进国有科技型企业可持续发展，经国务院同意，2016 年 2 月 26 日，财政部、科技部、国资委联合印发了《国有科技型企业股权和分红激励暂行办法》（财资〔2016〕4 号，以下简称《暂行办法》）。

股权激励作为一种长效的激励机制，在克服国有企业经营者短期行为，降低国有企业经营成本，优化国有企业股权结构等方面具有重要意义，有利于深化国有企业改革，提高国有企业的经营业绩水平。

面对日益激烈的市场竞争，企业要形成核心竞争力，必须要打破旧思维模式，摒弃旧习惯做法。中金辐照股份有限公司（以下简称中金辐照或公司）通过推行股权激励机制，切实提高员工的主观能动性，将广大员工的切身利益与企业利益牢牢绑在一起，使员工和企业真正成为利益共同体。

一、推行股权激励的背景

中金辐照是大型央企中国黄金集团有限公司的控股子公司，总部位于深圳，发轫于 1984 年，于 2011 年改制为股份公司，注册资本 19 800.1397 万元，现有在职员工 561 人。中金辐照现为国际辐照协会黄金级会员单位、中国同位素与辐射行业协会副理事长单位。作为我国最早将辐照技术进行工业化应用的企业之一，历经三十多年的发展，中金辐照在深圳、上海、天津、青岛、成都、武汉、重庆共拥有 11 套伽玛射线辐照装置（总设计容量 4500 万居里），一个医疗灭菌项目及一个通过了国家 CNAS 认可的技术检测中心。中金辐照总部及 6 家子公司均为高新技术企业。

中金辐照是一家国内外知名的合约灭菌、辐照技术服务连锁企业，以合约灭菌、辐照技术服务为主业，为国内外客户提供医疗产品灭菌、食品保鲜、化工材料改性等合约灭菌、辐照技术服务解决方案，同时还提供产品灭菌剂量确认、审核、质量检测、分析和验证及仓储、物流等服务。

中金辐照所属辐照技术服务行业是充分竞争的行业，随着辐照技术服务行业市场化程度日益提高，竞争日趋激烈，面对辐照技术服务价格竞争、经营成本不断上升的双重压力和不断加大项目投资布局带来的平滑经营业绩的压力，公司面临严峻的挑战，要想在市场经济中持续发展，必须要提高核心竞争能力。首先，管理机制要创新，建立适应市场竞争的现代企业管理制度迫在眉睫；其次，人才的竞争越发突显，中金辐照要吸引和留住人才、激励人才，从而提高市场竞争力；再次，公司业务覆盖面广，为使员工和企业形成利益共同体，需建立利益共享、风险共担的体制。为此中金辐照必须大胆改革、大胆创新、大胆实践，实施股权激励作为一种机制创新和改革在公司势在必行，要在改革中释放活力、在创新中寻求发展、在实践中积累经验。

近几年，国家陆续出台了《暂行办法》《关于国有控股混合所有制企业开展员工持股试点的意见》

（国资发改革〔2016〕133 号，以下简称《意见》）以及《关于做好中央科技型企业股权和分红激励工作的通知》（国资发分配〔2016〕274 号，以下简称《通知》）等系列国企改革政策措施，中金辐照作为国家高新技术企业，符合《暂行办法》及相关文件的要求，结合公司高度市场化的特点以及作为国家鼓励发展的产业具有的良好发展前景，公司积极利用国家政策紧密结合自身实际制定了《中金辐照股份有限公司股权出售激励方案》（以下简称《激励方案》）。

二、股权激励方案的设计

为制定好《激励方案》，公司领导高度重视，认真研究学习《暂行办法》《通知》以及《意见》等国家相关政策文件精神，充分听取职工意见建议，最终形成了《激励方案》，在设计《激励方案》时，主要从以下几个方面考虑：

（一）激励方式的选择及考虑因素

《暂行办法》中激励方式包括股权和分红激励，股权激励分为股权出售、股权奖励、股权期权等方式，分红激励分为项目收益分红及岗位分红。中金辐照在选择激励方式的时主要考虑以下几个方面：一是符合相关法律法规的要求；二是可以通过股权激励改善公司的管理环境，提升公司的集体感和荣誉感，并将公司、股东、参与激励对象的利益捆绑在一起；三是作为国资委和集团公司率先推行的单位，要确保国有资产的保值和增值，同时还要考虑到具有示范意义，要益于批准和接受。因此公司综合考虑后决定采取股权出售激励方式，以确保股权激励有效快速推行。

（二）实施激励的目的和意义

公司推行股权激励主要达到以下四个方面的目的和意义：一是加强管理层、核心技术人员和骨干员工队伍的稳定性，激发管理层、核心技术人员和骨干员工的能动性，促进公司长期、持续、健康发展；二是降低企业负债，提高资产质量和抗风险能力，实现国有资产保值增值；三是优化股权结构，创新体制机制，进一步完善公司法人治理结构，激发企业活力；四是强化内部监督，增强广大干部职工主人翁意识。

（三）实施激励的原则

公司推行股权激励坚持按照以下四项原则推进：

一是依法合规、公正透明，严格遵守国家法律法规和《暂行办法》的规定，有序开展激励工作，操作过程公开、公平、公正，坚决杜绝利益输送，防止国有资产流失；

二是结合实际、多措并举，统筹考虑公司规模、行业特点和发展阶段，采取多种激励方式，科学制定激励方案，建立合理激励、有序流转、动态调整的机制；

三是利益共享、风险共担，激励对象按照自愿原则，获得股权激励应当诚实守信，勤勉尽责，自觉维护公司和全体股东利益，共享改革发展成果，共担市场竞争风险；

四是落实责任、强化监督，建立健全公司内部监督机制，依法维护公司股东和员工的权益。

（四）激励对象的确定及依据

在确定激励对象时，首先考虑公司未来上市需符合监管机构相关要求，拟上市公司股东人数穿透计算不能超过 200 人；其次依据《暂行办法》中“激励对象为与本企业签订劳动合同的重要技术人员和经营管理人员”的相关规定，公司结合的实际情况并考虑后续战略规划及发展的需要，最终确定的激励对象为对公司经营业绩和持续发展有直接或较大影响的管理人员、技术人员及业务骨干。具体确定激励对象主要依据以下两个方面的因素：

第一，公司依据《公司法》《证券法》《暂行办法》激励等有关法律、行政法规、规章、规范性文件及《公司章程》的相关规定确定激励对象。

第二，公司依据从业岗位及职级确定激励对象。考虑纳入激励岗位及职级具体有以下六个方面：一是公司高级业务经理（含）以上级别人员；二是各权属子（分）公司部门副经理（含）以上级别人员及未设经理、副经理的部门负责人；三是公司及各权属子（分）公司2017年上半年销售收入超过200万元（含200万元）的市场经营管理人员；四是公司及各权属子（分）公司重要技术研发人员；五是取得注册核安全工程师资格的人员；六是获得省、部级劳模称号的人员。

作为激励对象除符合以上情况外，还不能是公司监事、独立董事以及最近三年内因重大违法违规行为被予以行政处罚的或具有《公司法》第147条规定的不得担任董事、监事、高级管理人员。

此外，如直系亲属同时进入本办法激励对象范围内，则由直系亲属之间协商只取一人进入（直系亲属包括：配偶、子女和父母）。

在确定激励对象之后，公司对激励对象进行逐一审核，公司监事会对激励对象名单予以核实。

（五）激励对象及股份数确定

在确定激励对象时主要分为两个部分：一部分为公司高管人员；一部分为高管以外的其他人员。

公司高管包括董事长、党委书记、总经理、副总经理、纪委书记、财务总监、董事会秘书、党委委员，具体股份数按以下份额确定：

表1　公司高管成员的股份数

职务/职级	系数	分配股份（万股）
董事长	1	120
总经理	0.9	108
副总经理、财务总监、董秘	0.75	90
其他高级管理人员（包括党委委员）	0.7	84

公司高管成员可选取自己职级对应的股份数或比自己职级低的档所对应的股份数，也可以向上浮一档或两档最高不超过120万股。

公司高管以外的其他人员按照评分情况确定股份分配额。具体评分时坚持以标准统一、公平公正、综合评价的原则，并突出岗位差异化和竞争性。按照服务年限、教育背景和职级指标三个因素形成综合评分结果，根据评分结果按六个档级确定激励对象的股份分配数额。激励对象可选取自己职级对应的股份数或比自己职级低的档所对应的股份数，也可以向上浮一档或两档。

（六）股权激励的股权授予

公司激励的股权来源于向激励对象增发，激励对象通过自筹资金的方式认购出资份额。按照《暂行办法》的相关规定同时考虑到集团公司的控股地位，实施股权激励后，员工持股份额不超过公司总股本的10%。

公司依据《暂行办法》《企业国有资产管理法》及《国有资产评估管理办法》的相关规定，按照具有证券资格的会计师事务所出具的本企业审计报告及评估机构出具的本企业资产评估值得出的每股价格，作为股权激励的入股价格，并按有关规定办理核准或备案手续。

公司综合考虑激励效果、税负、约束、股权变动等因素，采取设立有限合伙企业作为持股平台的方式，通过员工持股平台由激励对象间接持股，并设管理委员会，负责激励股权的日常监督管理工作。

（七）股权转让的限制性规定

为了股权激励实施后激励对象更加积极稳定的工作，公司按照《暂行办法》及相关要求对股权的流转做了相关的规定，规定要求股权激励对象，自取得股权之日（即完成工商登记之日）起，5 年内不得转让、捐赠股权，特殊情形按按特殊规定处理，如公司公开发行股票并上市，则股权激励中的激励对象转让股权按证券监管部门有关规定办理。

三、股权激励方案的审批

公司制定《激励方案》后，严格按照要求履行审批程序，具体包括以下几个方面：

一是通过广泛征求全体职工意见建议，不断修改完善；

二是将制定《激励方案》及确定的入围人员名单及评分情况进行公示，收集整理意见建议；

三是组织相关人员在公司总部及各子（分）公司通过召开全体员工大会对《激励方案》进行表决；

四是将修改完善后《激励方案》经党委会研究并经总经理办公会审议后报集团公司批准；

五是获集团公司批准后，由公司董事会战略委员会审议通过报董事会、监事会审议通过并报股东大会审议，股东大会审议通过后实施。

四、股权激励的实施

公司按照自愿参与、依法合规、风险自担的原则实施股权激励。最终确定了入围员工 120 人并向各拟激励对象发送了可认购股份通知书，入围员工比例占员工总数的 23.44%。

公司将最终确定的股权激励人员分设为两个员工持股平台，签署了《合伙协议》，在《合伙协议》中按照《方案》规定的要求对出资认缴、合伙企业的内部管理、收益分配、份额转让、入伙和退伙、清算、责任和义务等进行了明确规定。

公司向以上确定的激励对象发送了认购申请核准及缴付出资通知书，要求激励对象在规定时间内将出资额缴付到指定账户。公司与合伙企业签订增资协议，完成增资入股后办理了相关工商登记变更等事宜。

五、股权激励的成效

通过股权激励，中金辐照在原有混合所有制的基础上又向前迈进了一步，这是贯彻十八届三中全会精神、深化企业改制的有益尝试，更是中金辐照在集团公司支持下持续稳定发展，加快建立创新发展机制的重大举措。

股权激励的顺利实施，进一步激发了高管人员、核心技术人员及业务骨干的积极性、创造性和主观能动性，有效推动了公司体制机制的创新，更好的完善了公司现代企业制度的建设，在公司布局、经营管控等方面取得了很好的成效，具体体现为：

一是公司布局得到了进一步优化，新技术手段应用取得根本性突破。

公司股权激励后，明显加大了市场开发力度，加强了对河南、华东沿海、广东等地的辐照技术服务市场调研，为医疗平台寻找扩张机会。结合“粤港澳大湾区”“长江经济带”“京津冀协同发展”等国家级重大区域发展战略的颁布实施，积极组织了调研并结合自身特色和发展需要，挖掘发展机遇，推动了公司以辐照技术服务为主、多种技术手段并举，向相关多元化产业的延伸。到目前为止，青岛加速器项目年底将完工并进入试运行投产阶段，进一步推进了浙江嘉兴项目前期工作，公司发展速度进一步加快，布局得到进一步优化，新技术手段应用取得根本性突破。

二是经营管控能力得到了进一步提升，经营绩效取得历史性突破。

公司加强了区域间协调联动，及时把在某区域做不出来的产品转移至有空余产能的区域，有效地调节了各个区域的产能，满足了客户的需求，通过多种手段扩大市场份额，开拓辐照行业新技术及新领域的视角。

公司坚持“严、深、细、实”的管理理念，管理费用及销售费用精细化管控，配合全过程成本管控，进一步加强了各方面的管理工作，提高全员成本意识，加强了考核和激励，落实各项管理费用管控措施，进一步降低了各项费用的支出。采取了一系列培训如消防演习、应急事故演练、员工团队建设等针对性活动，全力打造一个能让员工安全就业、开心就业的企业良好氛围。

表2 2016年-2019年主要财务数据

年度	2016年	2017年	2018年	2019年
资产负债率（%）	31.46	25.71	18.65	17.46
主营业务收入（万元）	20678	21421	24369	25326
利润总额（万元）	4451	4662	6160	6909
净利润（万元）	3417	3814	5354	5971
经济增加值EVA（万元）	1520	1494	2966	3175
净资产收益率（%）	6.79	7.19	9.18	9.61
总资产报酬率（%）	7.41	7.63	9.21	9.67
国有资本保值增值率（%）	106.63	108.04	111.15	110.12
营收利润率（%）	21.96	21.31	24.55	27.13

公司在2018年实行股权激励之后经济增加值EVA快速提高，可以表明股权激励方案的实行对公司盈利能力具有较好的推动作用。公司2019年完成利润6909万元，创造了在2018年增长32%的基础上又增长12%的成绩。2019年公司收入、利润双创新高，取得了历史性突破。公司2018年股东分红3960万元，每股分红0.2元，入股职工人均分红4万多元，2019年股东分红4950万，每股分红0.25元，入股职工人均分红5万多元，2020年股东分红5940万元，每股分红0.3元，入股职工人均分红6万多元。

此外，从国有资本收益来看，公司实施股权激励前，2017年国有资本收益为3045.6万元，实施股权激励后2018年国有资本收益为4564.9万元，2019年国有资本收益为4315.1万元，2018年国有资本收益较2017年增加了1519.3万元，增幅为49.89%，2019年国有资本收益较2017年增加了1269.5万元，增幅为41.68%。2017年国有资本投资回报率7.73%；2018年国有资本投资回报率9.44%；2019年国有资本投资回报率为9.81%，2018年较2017年增加了1.71%，2019年较2017年增加了2.08%。

三是创新的步伐得到了进一步加快，IPO工作取得实质性突破。

公司不断完善以市场导向为核心的绩效管理体系，完善了《全员营销管理制度》，对子分公司修改完善“一企一策”绩效考核方案，充分调动了子分公司和职工的积极性和创造性。

公司坚持创新是引领发展的第一动力，按照高质量发展要求，扎实推进创新驱动发展战略，制定了辐照板块企业《促进科技创新工作实施办法》及《科技成果转化及收益分配制度》，科技创新的体制机制进一步完善，科技创新管理进一步规范。中金辐照及权属企业共10家独立法人单位，公司权属企业通过国高资质认定的家数从2016年以前的3家企业增长到了7家。截至2019年12月31日，公司共取得了117项授权专利及55项软件著作权，其中2018年至2019年新增专利62项、新增软件著作权24项。不断拓展适用辐照灭菌的新品种，共计新增90余种新应用，新品种逐渐产生收入，推动了营业收入的增长。

公司加快推进IPO工作，于2019年12月18日取得了证监会受理，创业板注册制改革后，公司于2020年6月20日向深圳证券交易所再次提交申报材料，并于10月22日获得了深交所上市委审议会通过，取得了实质性突破。

四是人才队伍建设得到了进一步加强，员工主观能动性明显提升。

公司股权激励实施后，公司利润指标与员工切身利益息息相关，形成了激励员工带动全员开拓市场、参与管理的良好氛围，更极大地激发了广大员工干事创业的积极性，员工的精气神大大提振，团队的主人翁意识、服务提升意识、成本节约意识、民主决策意识、自主监督意识大大增强。2018年，公司节省成本230.691万元，完成了全年目标的152.3%；2019年节约成本186.4万元，完成目标的144.5%。

五是安全环保工作得到了进一步加强，企业安全和谐的氛围稳步提升。

公司建立了完善职工健康档案管理制度，加强放射源、辐照装置及作业人员的安全管理；开展了多种形式的安全教育培训，强化员工的三级安全教育培训；加强了应急体系建设，开展多种类型的安全环保事故应急演练；构建了完善的安全环保管理体系，确保安全环保工作落到实处，保障职工的生命财产安全；营造了良好的核安全文化氛围及安全和谐的工作环境。

六是公司法人治理结构得到了进一步完善，公司规范运作水平有效提升。

公司根据《中华人民共和国公司法》《中华人民共和国证券法》《上市公司治理准则》等有关法律、法规、规范性文件及《公司章程》，建立健全了股东大会、董事会、监事会、董事会秘书制度及专门委员会制度，形成了规范的公司治理结构。通过设立持股平台鑫卫投资和鑫刚投资（合伙企业）作为股权激励的激励对象持股平台。两个合伙企业在符合要求范围内提名了一名监事，对董事、高级管理人员执行公司职务的行为进行监督。两个员工持股平台由执行事务合伙人分别由副总经理、董事会秘书担任，保证决策的高效和履行。

从中金辐照的上述各项成效可以看出，股权激励的推动取得了很好的效果，这是充分调动公司管理人员、技术人员及业务骨干的积极性的结果，是公司进行深层次的改革与筹划的结果，是从顶层设计出发，综合运用各项管理手段，打通各业务部门与职能部门连线的结果，是建立有机统一的动态管理模型的结果，是鼓励员工创新、部门创新、完善公司制度基础的结果。

六、股权激励推行过程中的思考

中金辐照实施股权激励后，公司在人才队伍建设、市场布局、经营管控、改革创新、安全环保、法人治理等方面取得了较好的成效，也积累了宝贵的经验。在股权激励推进过程中，公司系统总结、认真思考，认为还有需要进一步改进和提升的地方，具体有如下几点：

（一）激励方式的选择方面

按照规定，公司可推进股权出售激励、股权奖励和分红激励，但是公司只推进了股权出售激励，且按照资产评估价格入股，激励对象感觉不到享受了激励，导致入股积极性不高，参与股权激励的人数未达预期。在今后推行股权激励时可考虑将股权出售激励与分红激励、股权奖励及股权期权等方式结合使用，更大范围更大程度的调动企业骨干员工的积极性、能动性和创造性。

（二）股权流动的渠道方面

《暂行办法》中对入股后的股权提出了5年内不得转让、捐赠等限制性规定，导致激励对象对此存在顾虑，担心未来有应急资金需求或工作变动导致无法兑现股份或使个人蒙受损失。在进一步提高股权的流动性、合理设置股权退出渠道方面，应考虑允许激励对象协议转让给持股平台符合条件的员工、新的符合条件的员工或非公有资本股东也可综合考虑个人资金成本、财务费用等因素由公司回购。

（三）入股资金缴付方面

激励对象需要一次缴纳的入股资金较多，导致部分激励对象资金筹措困难。为减轻筹集资金的压力，在今后实施股权激励时可考虑允许激励对象出资分期到位，对于后期出资部分，可以要求其增加一些资金成本。

成果创造人：郑强国、张冬波、于　梅、汤清松、杨先刚、夏何琼

新经济背景下的全周期人力资本开发策略与制度安排研究

朱克力等

新中国成立70年来，特别是改革开放40年来，中国的经济建设取得了举世瞩目的发展成就。国家统计局的数据核算表明，从1978年到2017年，中国国内生产总值按不变价计算增长33.5倍，年均增长9.5%（Xie and Li，2019）。在试图提炼后发经济体何以实现高速增长和成功转型的中国经验，以及预测中国未来的经济走势能否继续延续发展奇迹的过程中，来自两个方面的特征化事实尤为值得关注。一方面，成功的人力资本积累构成了以劳动力资源再配置的效率提升释放人口红利的必要条件。如果将中国经济所经历的两次刘易斯转折点作为观测的时序区间，可以发现中国全部就业人员的平均受教育年限在波动中逐年增加，由2001年的8.2年增加至2014年的9.9年（Zhang and Gao，2016）。中国整体意义上的人力资本水平快速提升，确保具有无限供给弹性的转移劳动力能够与持续追加的资本投入成功结合，这一机制强有力地解释了中国在快速工业化进程中的经济增长动力（Lin，2001）。另一方面，在进入21世纪以后，以第四次产业革命为契机，中国在相当程度上扭转了主要依靠要素投入的粗放型增长模式，新技术应用与新商业模式不断涌现，新经济有望为中国经济的高质量发展发挥支撑作用（Shen et al.，2016）。相关测算表明，2016年中国新经济的就业规模达7819万人，占总就业比重的10.1%；新经济带动其他行业就业5001万人，占总就业比重的6.4%（张车伟等，2017）。

新经济既是中国在经济新常态背景下培育发展新动能的必然战略选择，也是美国、欧洲和日本等发达经济体超越“新平庸”（Mitra et al.，2016）最可企及的抓手。经验证据表明，人工智能、机器人、5G通讯等前沿技术创新，以及共享经济、众包经济、零工经济等商业模式创新，已经在全球范围内深刻影响产品市场和劳动力市场。但相对于新经济所引致的蔚为壮观的市场实践，就围绕新经济开展的学术工作而言，对于新经济的规律性认知仍然缺乏令人满意的研究储备，可以说，朴素的实践总结尚不足以上升为真正具有学理深度和政策针对性的研究发现（Brynjolfssonet al.，2017）。

早在中国的人力资本结构从严重破坏到逐渐恢复的过程中，以及通过要素禀赋的规模优势建立发展动能的时期，人力资本已经进入了中国经济和社会政策工具箱，作为实现由低收入阶段向中等收入阶段跨越的充分条件持续发挥作用。然而，值得注意的是，当前新经济增势迅猛，日益成为引领中国未来经济高质量发展的新动能，但也因而对人力资本开发和利用提出了全新需求。因此，本文提出应创建基于全生命周期的人力资本开发政策体系和制度安排，以实现新经济与人力资本的良性互动，从而激活并持续释放“二次人口红利”。

伴随人力资本的开发进程，正确处理好政府与市场的关系显得尤为重要。对此，可借鉴英国社会学家吉登斯《第三条道路》中提出的“应尽可能在人力资本上投资，而非直接提供经济资助”。重视人力资本投资、重塑政府与市场关系的“第三条道路”，为本文接下来构建基于全周期视角的人力资本开发策略与制度安排提供了理念基础及可选路径。

从政府、家庭、学校、企业等环节出发，面向包括国外人才在内的劳动力市场和消费市场，可设计出全周期人力资本开发策略体系和政策闭环的全流程图（图1）。

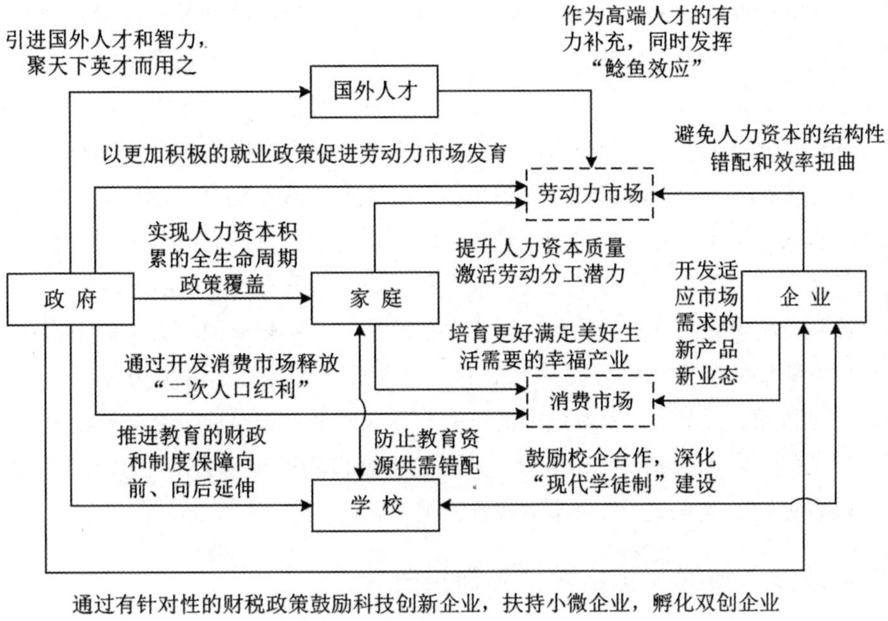

图1　全周期人力资本开发策略体系和政策闭环图

资料来源：本文作者绘制。

需要强调的是，本文所指全周期的政策视角，包含如下两层含义：（1）就劳动力作为生产要素而言，人力资本的培育、使用与维护伴随自然人的生命周期（包括婴儿出生前后期、幼儿期、儿童期、少年期、青年期、成年期、老年期等不同阶段），且在不同阶段呼吁不同的政策着力点，需要分类施策以充分调动各阶段能够适应人力资本开发所需积极因素；（2）就经济资源的形态变化和流动过程而言，生产要素从投入到消费和流通的各环节，既关系到新经济的产品和服务价值能否实现，又是判断人力资本之于新经济适应性的晴雨表和试金石。正因为如此，针对特定市场、特定产业、特定经济行为的差异化政策工具，同样也是进一步培育和壮大人力资本的题中应有之意。

从分类施策的着力点出发，全周期人力资本开发策略与制度安排主要有以下方面：

一、激发要素市场活力，贯彻就业优先战略

在新经济深刻渗透劳动力市场的特定背景下，贯彻就业优先战略既意味着坚持推进传统意义上的积极就业政策，又必须充分考虑新经济的就业市场特征、特别是人力资本供需匹配方面的新内涵。

新经济带来的直接变化在于，大量传统宏观调控目标需要盯住的先行指标被更加精准和实时反馈的大数据所部分取代。因此，在实施积极就业政策过程中，应当注意求人倍率、调查失业率等传统劳动力市场调控目标与新经济目标之间的兼顾关系和部分意义上的替代关系。例如，可以考虑从国家层面出发整合相关数据资源，利用招聘信息、创业登记信息、招投标信息、金融市场信息、专利信息甚至电信系统和公共交通系统的流量信息等，计算能够反映新经济活动变化和劳动力市场景气状况的综合指数。

有赖于新经济活动对数据可得性和实时性的深入拓展，综合指数对于劳动力市场短期特征的捕捉显然相对于月度、年度数据更具优势，也能够更有针对性地反映人力资本的供求状况。当周期性矛盾甚于结构性矛盾时，缩短搜寻和交易成本、减少人力资本的供求摩擦应当置于就业优先政策的核心位置，新经济的灵活用工形态和平台经济的就业调度作用大有可为。反之，当结构性矛盾甚于周期性矛盾时，应当从人力资本的长期培育着手，使就业政策充分发挥人力资本积累的导向作用。

在此基础上，从充分激发劳动力要素市场活力的角度考虑，应当准确及时地研判积极就业政策的推出和退出时机，形成针对劳动力市场的全周期管理，从而有效防范在维持短期就业平衡时损害劳动力市场长期运行效率的情形。传统宏观经济的先行指标存在难以及时监测和反馈的缺陷，而通过大数据技术能够更加有效地观察新经济活动的部门景气状况，从而更准确地把握账面失业率和自然失业率的缺口关系。在缺口加大时，政策力度应果断跟进，保护头部平台和灵活就业机会，通过优化配置盘活人力资本的存量效率。在现有人力资本存量已经得到比较充分的利用的情况下，即实际失业率和自然失业率接近时，政策则应当果断退出，防止无谓背负的财政成本和保护性政策对要素市场的扭曲。

此外，在仅盯住传统宏观经济指标的情况下，存在统计失业率较低但实际劳动力市场参与不足的情形，此时，短期的就业市场调控目标可能是无效的，因为对于人力资本的利用并不充分。解决方案在于，应充分考虑通过新经济提升人力资本效率的可能途径。例如，将以项目制为导向的众包就业和以同质化分散服务为特征的平台就业纳入统计考量，从强化要素市场微观活力的角度提升劳动力市场参与，使个人和家庭能够以更低成本实现人力资本的投资回报。

二、调整财政投入结构，防止教育激励扭曲

正规教育是人力资本投资最直观和最重要的形式。目前，中国的财政性教育经费已经长期维持在4%以上。有鉴于普及初级中等教育加速了中国工业化进程的成功经验，既有研究和政策实践颇趋一致地主张教育财政投入的相关政策力度应当长期坚持乃至持续扩大。事实上，对于具有不同禀赋优势和阶段性发展任务的经济体而言，充分发挥人力资本投资政策的因势利导作用是成功实现产业结构转型升级、保障经济增长动力稳健存续的普遍经验。

对于尝试从人力资本结构改善中挖掘增长动力的发展诉求而言，经济体应当根据不同的人力资本结构特征分向着力，既要重视提升中高人力资本占比在拉动增长方面的“激励”作用，也不可偏废有条件地消弭低人力资本占比对经济发展的“保健”作用。

中国经济自经历刘易斯转折区间以来，初中教育的普及为农村劳动力向工业生产部门的持续转移创造了有利条件。目前，中国经济已由高速增长阶段转向高质量发展阶段，新经济在培育面向未来的经济增长动力方面发挥着愈加重要的作用。为了适应经济发展方式转变所引致的劳动力需求升级，应当充分发挥教育政策与财政投入的引导和保障作用，着力普及高中阶段教育，通过结构改善积极储备具有更强劳动力市场适应性的人力资本。

此外，在传统的要素禀赋逐渐式微、特别是新经济所孕育的增长动能发生广泛和深刻变化的背景下，应当避免将保障、激励、规制等多重教育政策目标异化为纯粹的财政性投入。而应当针对新经济对教育内容和质量的要求以及受教育群体的全周期特征，作出综合性制度安排。

从人力资本形成的生产性周期来看，应加快普及高中阶段教育，维持教育正向激励作用。实现教育资源均等化并扩大教育经费投入已经成为普及高中阶段教育的路径共识。然而值得注意的是，家庭的升学决策并非仅关乎教育的直接投入，还涉及提前参与劳动力市场的潜在收益，即机会成本问题。如果人

力资本升级进程受阻，导致存在过分强劲但发育不足的劳动力市场，则普及高中阶段教育有可能会面临负激励（都阳和贾朋，2018）。因此，加快普及高中阶段教育既要坚持教育资源均等化和降低家庭直接教育负担的长期政策取向，又要坚持教育补贴制度化。

从人力资本形成的非生产性周期来看，应加大针对学前教育的财政保障和基础设施建设力度。相关理论和国际经验表明，学前教育具有显著的正外部性，教育的社会受益高于私人收益。事实上，学前教育在促进幼儿智力、社会交往能力、价值观和自我意识发展方面具有重要作用，是早期人力资本积累的关键渠道。特别是在实施全面二孩政策的背景下，育龄人口的生育潜力有望在窗口期内得到释放。因此应当通过加大财政保障力度和软硬件设施建设更好满足学前教育需求，与新经济部门在学前教育领域的产品市场和服务业态相结合，在中长期内充分发挥人力资本形成的“振荡效应”，实现面向未来的高质量人力资本积累。

三、挖掘终身学习潜力，做对技能培训开发

新经济是劳动力市场的“双刃剑”，既通过技术进步和业态创新扩大了潜在的就业机会，也使人力资本结构难以适应新经济要求的劳动者暴露在更大的薪酬和失业风险之下。诚如世界银行所指出的，对于现阶段的人力资本积累而言，是否能够把技能培训“做对”，比之单纯意义上的是否提供了培训意义更加关键（World Bank，2012；Zhang and Gao，2016）。

首先，对于生产性周期的人力资本积累而言，培训的付费分担需要公共政策实现精准发力。对于劳动者能够明确感知投资回报的人力资本积累过程，应当切实壮大培训市场并维护市场秩序，使供给扩大到最有效率的水平。其中，数字能力是新经济部门尤其重视的生存技能和知识资产。

新经济在技术变迁和商业模式革新方面发挥的作用引致了劳动市场需求的深刻变革。对具有不同人力资本结构的劳动者而言，并非任一微观个体都能从市场拥抱新经济过程中获益，即这一变革的影响是非中性的。从新经济有利于减少劳动力市场摩擦的角度来看，劳动供给的分散性有利于个体的人力资本结构特征在平台经济的作用下充分发挥其生产性。但是从劳动需求的集中性来看，对于仅适应传统部门生产方式的人力资本所有者而言，其生产性或受制于平台的“头部效应”，或直接被排除在新经济业态之外，成为“数字鸿沟”下的新贫困者。

由于信息技术相对于学历教育而言迭代迅速，因此应当通过学历教育培育终身学习的理念和习惯，并重视通过在职培训和劳动者自我进修使其获得能够同步适应市场变化的数字人力资本。只有将提升信息素养和数据能力作为人力资本结构改善的基础性策略，才能够真正使得新经济的发展动能在最大程度上得以发挥。对于私人收益与成本相偏离，特别是创业禀赋和企业家才能等培训困难、试错成本较高的人力资本标的，应当通过政府购买服务等方式扩大培训的公共供给，同时形成提升创新激励、降低试错成本的配套政策安排，通过“干中学”等机制实现更富有效率的人力资本积累。

其次，对于非生产周期的人力资本积累而言，一方面，随着人口老龄化程度加深，服务业从业者的年龄上移符合劳动力市场发育的一般规律。但由于新经济在生活服务业中集中表现为具有广泛影响的平台经济，如网约车、物流配送等。因此对于年龄偏大、数字能力薄弱的劳动者而言，应当由公共部门或行业平台提供针对数字人力资本的专项培训，使其能够更好地适应新经济的就业形态。另一方面，随着预期寿命的普遍提升，老龄化给健康人力资本带来的挑战愈加明显。对此，应当以公共物品或准公共物品的形式加大培训资源投入，以满足老年人口的健康需求和精神慰藉需要，使人力资本由生产性周期的以投资属性为主导逐步过渡为以消费属性为主导，继而成为满足老年人口美好生活需要的重要工具。

四、正视新型劳动关系，形成前瞻制度储备

随着新经济的蓬勃发展，特别是平台经济的大量涌现，平台企业与所属员工的关系已经部分具有了劳动关系的性质（纪雯雯和赖德胜，2016），比如网约车平台与加盟司机的关系等。但立法规制度新型劳动关系作出的反应具有明显滞后，对此应当正视新经济带来的劳动关系边界扩大现象，通过积极研判形成前瞻性的制度储备，为激发人力资本活力营造更具适应性的法治环境。

首先，应转换劳动力市场治理思维，以新经济下的人力资本合作关系超越传统劳动关系管理范畴。应当认识到，平台的参与者从平台直接获取经济回报，且需要在提供服务的过程中满足平台要求，由此可知二者的关系具有传统意义上管理者与被管理者的特征。但是，由于劳动者进入和退出平台非常自由，且劳动者提供服务的工作过程通常与平台企业的实体环境相分离，使得平台经济相对于传统劳动关系而言远为松散。因此完全照搬经典的劳动关系立法规制和管理模式势必要面临过高的协调成本，不具备现实可行性。事实上，平台企业需要数量庞大的劳动者参与水平分工而形成规模经济，二者的关系是基于更有效率地协调人力资本可得性和收益性这一目的而形成的合作关系，这是调整新型劳动关系所应当树立的理念基础。

其次，在治理思维转换的基础上，应进一步加强立法规制对新经济活动的适应性，实现劳动力市场调控目标的灵活性与稳定性相结合。一方面，平台经济治理应参照与传统部门具有可比性的劳动用工情境，形成能够和劳务派遣或兼职就业现行标准接轨的制度安排。另一方面，应当从维系人力资本更新的制度保障入手，将新型劳动关系的调整对象加以细分，针对报酬构建、劳动时间和休息权等分别予以调整。

五、强化家庭友好政策，降低扶养成本负担

有鉴于人口年龄结构和经济发展阶段的深刻转变，劳动力短缺、老龄化和少子化等问题在未来很长一段时间内将是影响我国经济社会发展的重要因素。尽管有一些省份如浙江省在全国范围内具有吸引其他地区人口流入的优势，可以在短期内保持较为年轻的人口年龄结构，但从长期发展的角度看，如果全国的低生育水平不能得到改善，各地区对劳动年龄人口的竞争将愈加剧烈，通过“振荡效应”支撑劳动力市场要素供给的效果亦难免受到影响。因此，将人口与家庭政策体系予以统筹考虑，充分重视低生育水平对经济社会发展可能产生的影响及后果，强化家庭友好政策，降低扶养成本负担，将更有利于从要素培育的角度巩固新经济的人力资本基础。

一方面，应减轻家庭抚育和赡养负担，建立以家庭为中心的人口政策体系。提高家庭福利水平，增强家庭发展能力。建立完善包括生育支持、幼儿养育、青少年发展、老人赡养、病残照料、善后服务等在内的家庭和婚姻发展政策。完善税收、抚育、教育、社会保障、住房等政策，减轻生养子女家庭负担，除了3岁以上子女教育支出的个人所得税专项扣除外，建议增加3岁以下婴幼儿照料家庭的个人所得税专项扣除。鼓励雇主为孕期和哺乳期妇女提供灵活的工作时间安排及必要的便利条件。支持妇女生育后重返工作岗位。增强社区幼儿照料、托老日间照料和居家养老等服务功能。大力发展家庭服务业。加强婚姻家庭辅导，推进新型家庭文化建设，开展幸福家庭创建活动。家庭政策应纳入性别平等视角，公共部门应创造促进社会性别平等的政策环境。针对孩子的大病防治、意外伤害等提供保险费用兜底，进一步降低家庭对于孩子教育、安全保障等方面的经济负担。普及和提高人民群众的风险防范意识和对社会保险及商业保险的认知；增强商业保险从业人员专业素养和专业素质，提升商业保险企业的信誉

度；同时，简化各类保险报销结算流程，尽快实现医疗保险联网和统一结算。

另一方面，应建立生育成本分担机制，保证产假及陪护假的贯彻落实。从长期发展的视角看，延长产假带来的经济社会影响仍然有待评估，当前较为迫切的问题是如何保证法定产假和护理假的天数能够贯彻落实。在新经济蓬勃发展的背景下，中小企业规模和数量迅速扩大，非正规就业和岗位竞争的问题较为突出，部分女性难以在生育期间维护自身劳动权益和福利，部分男性的陪护假更加难以落实。由市场和国家共同负担妇女在产假或育儿假期间的薪资，可考虑按比例或以固定金额由国家财政或生育基金支付，有助于减轻企业负担，提高产假和陪护假的落实力度。同时，应加强对中小企业落实国家各项生育政策和生育福利的监管。人社部门应综合运用行政、法律等多种手段，推动各类用人单位为孕产妇提供弹性工作安排、法定产假及生育津贴，鼓励用人单位为孕产员工提供更具人性化的单位福利（唐乐等，2019）。工会组织应切实关注劳动者的生育权益保障，为维护女性员工孕期和哺乳期间合法权益提供法律咨询等。

六、积极稳妥推进改革，收获人才流动红利

在传统部门剩余劳动力形成的“格尔茨内卷化”阶段，以及增长动能主要依靠劳动要素投入的“刘易斯二元经济”阶段，人力资本积累政策都重在解决基础质量提升问题和工业化情境的适应问题。或者可以理解为，无需付出过高的政策成本，即可收获劳动力资源配置效率的提升红利。但是，随着中国经济的增长动能由依靠要素投入拉动转向依靠全要素生产率提升拉动，劳动力资源配置效率的继续提升也因而面临两方面的条件变化。一方面，由创新和技术进步所塑造的新技术经济和新业态经济对人力资本提出了前所未有的高要求，使得地区间以新经济为产业升级契机的普遍发展诉求与优质人力资本跨区域配置存在制度障碍之间的矛盾更加凸显。另一方面，在“一带一路”倡议推动下，人力资本的升级需求从国内市场的竞争需要上升为对于国际市场环境的适应性。因此，应当在正视制度成本的基础上，积极稳妥推进改革，以人口城市化作为新型城镇化的核心，深入挖掘劳动力资源配置的效率潜力，力争在更大的规模和更加深入的层面上收获人才流动红利。

首先，从内部劳动力市场发育来看，积极稳妥推进户籍制度改革依然是释放新经济红利的主力抓手。在充分利用新经济边际成本近于零和产品供给无界性的条件下，具有不同禀赋优势的区域有望打造去中心化的人才高地。新经济带来的产品和业态创新能更好地满足中等收入群体内需，是支撑除特大城市外的落户限制放松以及通过各类政策优惠实现“抢人大战”的公共治理逻辑。然而值得注意的是，新经济带来的机器换人和传统产能提升并不必然意味着资源错配和效率损失。由于“一带一路”倡议的推动作用，沿线国家的基础设施建设和承包工程项目合作前景广阔，从而导致传统产能的人力资本需求依然具有增长空间。因此，在城市化新的进程中，针对普通劳动者降低落户门槛，形成中坚人力资本的有力补充，具有更大的普惠意义。

其次，强化国际人才合作是通过“走出去”战略支撑新经济发展的题中应有之义。从全周期的视角来看，新经济深刻改变了市场产品和供给方式，使传统动能和新动能客观上存在效率差异，这种差异会通过对人力资本的需求表现出来。计量分析结果亦表明，属地人力资本质量是关系到外商直接投资能否在“一带一路”沿线国家更好发挥作用的关键因素（林晶，2020）。因此，在“一带一路”倡议强调政策沟通和民心相通的背景下，应当通过对外承包工程项目等方式鼓励适应新经济的发展要求相对困难的人力资本、或在国际劳动力市场中有望取得更高收益的人力资本实现跨国配置，从而为国际人才合作支撑“一带一路”倡议和东道国发展提供更加广阔的政策空间。

最后，面对新经济对人力资本结构的需求变化，应当抓紧完善顶层设计，聚天下英才而用之。此前学界和政策界对于引进国外人才和智力的相关工作态度趋于保守，主要出于两重顾虑。一则，在劳动力供给具有无限弹性的特定阶段，单纯的人力资本数量矛盾尚不构成影响经济发展的主要威胁；二则，审慎的政策取向多出于国家安全和引智导致微观利益格局变动的深层次考虑。但是，在人口年龄结构悄然变化的经济新常态下，由于相对年长的劳动力存量规模更大但人力资本积累居于劣势，不利于满足新经济发展对要素市场的长期需求。而描述性数据统计和计量分析结果均显示，由于人均受教育年限的显著改善需要诉诸于较长的发展时期，国际人力资本分布往往存在异质性，多数发达经济体和部分“一带一路”沿线国家具有较高的人力资本积累水平（高文书，2018；林晶，2020）。因此，未来可以考虑在吸引外国人才和智力方面适度加大政策力度。一方面，切实提升高端人才国际化水平，永葆新经济的产业竞争力；另一方面，通过吸引对国际营商政策和法律环境更加敏感的智力资源，特别是来自“一带一路”沿线母国的相关人才，在国际交流中为新产品和新商业模式开辟更多的市场机会。

七、优化社会保障体系，构筑完备安全网络

从新经济与社会保护相关政策体系的关系来看，一方面，应当认识到，人口老龄化的到来不可避免地导致劳动力短缺，从而形成了以人工智能为代表的新经济快速发展的诱因，即“诱导式创新”的出现。从全周期的视角来看，由于新经济所凝结的物质资本创新构成了对于人力资本的部分替代，市场参与下降会使劳动者在就业周期和退休周期从保护性社会政策体系中的获益减少。但在另一方面，新经济本身又是应对老龄化的重要工具，对老年人力资本的开发与利用成为缓解社会保护政策压力、开发“二次人口红利”的根本性要件。

首先，通过调节退休年龄进一步优化人力资本供求匹配，实现新经济的“补位式替代”而非“挤出式替代”。随着老龄化程度不断加深，目前涉及退休年龄的制度安排逐渐难以适应劳动力供给减少这一阶段性变化。此前延长退休年龄的难点之一在于，劳动者的年龄增长使其不易保持传统工作岗位所要求的身心状态。然而新经济所取得的发展绩效表明，一方面，机器替代人工在相当程度上放松了劳动的体力约束；另一方面，平台经济的不断完善增加了年龄偏大的劳动者参与生活服务业的可能性。值得注意的是，延迟退休是为了推迟和模糊生产性周期与非生产周期的临界变化，从而实现更加有效的人力资本开发与利用。在这一过程中，临近退休年龄的劳动者在部分岗位中可以发挥人力资本的配合作用，而将具有人力资本质量优势的年轻劳动者解放至更加集中的创新工作之中。考虑到“回声效应”的规模含义，新经济中物质资本对人力资本这种的“补位式替代”具有开发“二次人口红利”的积极意义，而非纯粹零和的“挤出式替代”。

其次，科学研判“机器人税”在中国的政策前景，使新经济更好发挥对于人力资本的社会保护职能。所谓“机器人税”本质上是“向资本征税”，即公共财政希望通过再分配新经济的发展利得来强化人力资本投资和社会保障支出的一种新型政策思路。中国既是全球最大的发展中国家，也是新经济规模排名世界前列的科技大国。中国自2013年起成为工业机器人消费的最大单一市场，目前占据的全球消费份额在30%以上（Choudhury，2017）。因此，“机器人税”不但是新经济推动国家治理体系和治理能力现代化的重要方面，而且具有相当的现实迫切性。立足于中国税制以间接税为主的基本特征，未来的“机器人税”可以考虑以类增值税的方式征收。就税收的财政去向而言，应优先考虑在职技能培训等具有高外部性的人力资本投资，以及对就业机会受到新经济冲击的劳动者予以保护的政策安排、如失业保险等。

最后，以全面建成小康社会为契机，积极探索中国特色全民基本收入方案。由于人力资本的形成在相当程度上有赖于早期积累，但新经济引致劳动力市场的需求变化往往过于迅速，因此应当正视部分社会成员的人力资本长期居于结构性劣势的现实问题。随着第四次产业革命席卷全球，近年来发达经济体自觉或非自觉地进入了物质资本强势周期，集中反映为劳动参与收入分配的份额有所下降，从而在全球范围内引发了新经济究竟是人力资本的合作者抑或挑战者的隐忧。考虑到随着中国全面建成小康社会，中等收入群体快速扩大，“小范围、多形式”探索全民基本收入政策的条件已经具备。应考虑在经济水平较为发达、社会群体的收入异质性较小的地区开展政策试点工作，探索全民基本收入的中国方案，使新经济的发展红利能够惠及人力资本居于长期劣势的社会群体。

八、重视休闲休假权利，改善主体创新环境

长期以来，中国的劳动力市场强调人力资本的积累和使用，而对人力资本的保育和更新，即必要的闲暇和休闲需求，存在着一定的忽视乃至偏见。事实上，作为美好生活的重要组成部分，休闲对于促进个体身心健康、融洽家庭关系、优化经济结构、促进社会和谐均具有不可替代的作用。尤其是对于创新创造活动而言，理想的休闲环境和氛围，是在最大程度上发挥人力资本价值的必要条件（王鹏飞和魏翔，2018）。因此，应充分重视休闲的多重价值，给予其应有的正名、清晰的界定和整体的考虑，将休闲时间的利用和权利保障纳入人力资本提升的全周期政策体系之中，从顶层设计层面解决休闲发展中的各种不平衡和不充分问题。

事实上，休闲活动既与人民美好生活需要的满足息息相关，又和新经济所培育的市场动能天然契合。就休闲产业的供给侧而言，新技术的推广应用和商业模式创新极大地提升了新时代休闲产品与服务的供给质量。《文化及相关产业分类（2018）》《旅游及相关产业统计分类（2018）》《体育产业统计分类（2018）》的相继出台，是政府部门优化统计工作、规范行业管理的行政举措，背后则意味着当前阶段休闲产业边界和内涵面临着重新厘定和廓清的客观需要。随着市场化程度不断加深以及新经济的影响持续扩大，新技术、新业态、新商业模式正在导致休闲业的深刻变革，产业间的交叉融合创新不断涌现（江小涓，2018）。

但是，就休闲产业的需求侧而言，来自经济、时间、制度等方面的综合约束使得人民群众尽情享受休闲活动的成本依然过高，休闲市场的有效需求还有较大潜力可供激发。对此，应当努力贯彻《国民旅游休闲纲要（2013-2020年）》精神，尽快落实职工带薪休假制度，在制度层面探索不同行业、不同岗位采取弹性工作时间的更多可能，切实降低人民群众从事休闲活动的综合成本。此外，应从制度建设的角度出发，充分发挥文化事业和体育事业的社会公益属性，做好文化传播和美学教育工作，通过市场规范与公共引导并举，使人民群众能够享受到内涵更加丰富、审美旨趣更加高雅的休闲活动，通过工作以外的碎片化时间和休闲场景促成人力资本质量提升。

以上八个方面的对策，构成了一个较为完整支撑新经济发展的人力资本开发策略体系和政策闭环。有效聚合与实施这些策略，在于通过全面深化改革尤其是供给侧结构性改革，“用改革的办法矫正供需结构错配和要素配置扭曲，减少无效和低端供给，扩大有效和中高端供给，促进要素流动和优化配置，实现更高水平的供需平衡”（王一鸣，2017），从而为人力资本开发和新经济发展营造出适宜的制度环境和政策土壤，可谓至关重要。在新经济发展过程中，应当遵循以人为本的理念，顺应国家发展目标和政策重点发生的变化，加快制度变迁与政府转型，真正开启和持续释放“二次人口红利”，并将“人口红利”转变为“红利人口”（冯喜良，2018），即更加关注经济增长和改革创新为人口（民众）带来的普

惠性红利，在充分挖掘经济潜力的同时源源不断创造新的内生增长源泉。

成果创造人：朱克力　国研新经济研究院
冯　珺　北京体育大学

【参考文献】

[1]都阳,贾朋.劳动供给与经济增长[J].劳动经济研究,2018,6(3):3-21.

[2]冯喜良.正确认识新时代就业新特点[J].人才资源开发,2018,(5):34-35.

[3]高文书."一带一路"建设与中国人力资源国际化[J].广东社会科学,2018,(6):27-36.

[4]江小涓.职业体育与经济增长:比赛、快乐与GDP[J].体育科学,2018,38(6):3-13.

[5]纪雯雯,赖德胜.从创业到就业:新业态对劳动关系的重塑与挑战——以网络预约出租车为例[J].中国劳动关系学院学报,2016,30(2):23-28.

[6]林晶.我国OFDI对"一带一路"沿线国家的就业效应[J].中国经贸导刊(中),2020,(1):14-18.

[7]唐乐,杨付,杨伟国.如何实现员工的工作和家庭两不误?——基于技能与关系的视角[J].经济与管理研究,2019,40(6):72-86.

[8]王鹏飞,魏翔.居民休闲时间对城市生产率的影响[J].城市问题,2018,(10):53-61.

[9]王一鸣.中国经济新一轮动力转换与路径选择[J].管理世界,2017,(2):1-14.

[10]张车伟,王博雅,高文书.创新经济对就业的冲击与应对研究[J].中国人口科学,2017,(5):2-11.

[11]Brynjolfsson,E.,D. Rock,and C. Syverson. Artificial Intelligence and the Modern Productivity Paradox:A Clash of Expectations and Statistics[J]. NBER working papers,2017.

[12]Choudhury,S. P. A robot tax is only the beginning[J]. New Scientist,2017,233(3115):25-25.

[13]Lin,J. Y. Development Strategy,Viability,and Economic Convergence[J]. William Davidson Institute Working Papers,2001,51(2):277-308.

[14]Maitra,B. Investment in Human Capital and Economic Growth in Singapore[J]. Global Business Review,2016,17(2):425-437.

[15]Shen,Y.,M. Shen,and Q. Chen. Measurement of the new economy in China:big data approach[J]. China Economic Journal,2016,9(3):304-316.

[16]World Bank. Human Capital for a Modern Society[J]. World Bank Publications,2012,No. 27422.

[17]Xie,F.,and C. Li. China's Economic Development and Development Economics Innovation[J]. Social Sciences in China,2019,40(2):100-110.

[18]Zhang,J.,and W. Gao. China's Industrial Upgrade and Human Capital Improvement[J]. China Economist,2016,11(4):22-45.

大型国有企业集团“三位一体”战略导向型总部员工激励管理

中国同辐股份有限公司

中国同辐股份有限公司（以下简称：中国同辐）是中国核工业集团有限公司（以下简称：集团公司）控股子公司，于2011年在原中国同位素有限公司的基础上重组设立，2018年7月6日在中国香港联合交易所成功上市（中国同辐，1763. HK）。截至2019年末，总资产约88.43亿元，在全国设有70余家企业，员工3000余人，总部员工88人，其中博士研究生6人，硕士研究生56人。中国同辐是一家处于充分竞争领域的国有企业，业务覆盖核技术应用大部分领域，核医药、放射源等产品市场占有率处于行业领先地位，具有良好的市场信誉和品牌优势，是集研发、生产、销售、服务于一体的国内核技术应用龙头企业，肩负着我国核技术应用产业发展的重任。

一、实施背景

（一）贯彻中央关于央企总部去行政化战略部署的需要

中央领导同志多次强调“中央企业总部机关化问题一定程度上制约了企业高质量发展，必须深刻认识，加以解决”；2019年10月24日，国务院国资委印发《关于中央企业开展“总部机关化”问题专项整改工作的通知》。基于此，央企总部去行政化势在必行，那首先要以市场需求为导向改革国企总部考核体制，激发企业发展活力。由于传统观念和企业体制的原因，不少国有企业总部员工绩效意识不强，激励管理流于形式，不利于有效地吸引、留住并激励企业需要的人才，不利于稳定、高效的员工队伍建设，不利于企业实现高效管理和健康发展。

中国同辐正处于快速发展的关键时期，面对激烈的市场竞争，总部员工激励工作面临着高强度生产任务下组织运转效率如何持续提升、面向未来的创新意识和创新能力如何持续培养、复杂环境下工作模式如何持续升级、各级管理者管理能力如何持续提升、新生代员工如何持续有效激励等问题。作为大型国有企业，中国同辐以实际行动贯彻落实党中央关于总部去行政化的战略部署，为大型国有企业构建具有竞争优势、符合企业实际的总部员工激励体系探索新路径、新方法。

（二）构建战略型管控总部和推动战略落地的需要

为适应国内外日益激烈的市场竞争环境，提高市场意识和危机意识，把握行业高速发展机遇期，处于产业横向拓展和纵向延伸的大型企业集团大多采用战略型管控模式。2017年，中国同辐制订了新时代发展战略，明确核医疗健康和辐照应用两大产业方向，放射性药物、医学诊断、核医学装备、核医疗、放射源、辐照应用、核素制造和进出口贸易八大业务单元，努力打造技术领先、布局合理的核技术应用产业集团，成为国际一流的核技术应用产品和服务供应集团。

为促进新时代发展战略落地，中国同辐将已使用多年的运营型管控模式转变为以强化战略管控、着力培育子产业集团的战略型管控模式。总部作为战略决策中心，以追求总体战略控制和协同效应的培育为目标，管理方式通过战略规划和业务计划体系进行管理。为此，三年来，中国同辐坚持在实践中摸索，聚焦总部员工激励管理，使其成为推动发展战略落地和保障年度任务目标实现的最有效手段，为集团公司推广总部员工激励管理提供借鉴和支持。

（三）新时代背景下战略人力资源管理发展的需要

在互联网+、知识经济时代背景下，人力资源的管理思维正在从线性思维向生态思维转变，人力资源管理的核心是人力资源效能提升，即通过人力资源开发质量（投入）、配置效率（过程）、配置效益（产出）的管理，从人的本性需求出发，解决人与组织、人与价值、工作模式与效能的匹配度不够等核心问题，实现战略目标落地和员工的职业发展。

中国同辐总部一直未建立起有效的激励管理制度，总部员工考核存在“三难”，即重点战略任务难定、难考核、难评价，总部员工的收入长期处于“做与不做一个样、做多做少一个样、做好做坏一个样”的局面，责任书的考核和绩效结果“两张皮”，员工积极性普遍不高，严重影响了总部的经营效率。员工激励管理作为人力资源领域最为基础的模块，是企业推动战略落地、落实具体任务目标、提升员工价值创造能力最微观的管理界面。因此，中国同辐构建“三位一体”战略导向型的总部员工激励管理是新时代背景下战略人力资源发展的必然趋势。

二、内涵和主要做法

在集团公司的正确领导和大力支持下，中国同辐开启了思想解放的大门。早在2017年，中国同辐就开始在全系统尤其总部尝试市场化绩效考核，2018年中国同辐上市以后，各业务领域均面临愈发激烈的市场竞争，产业结构的特点和发展基础决定了考核更要强调市场化。为此，通过三年多的探索实践，中国同辐初步构建了重点任务评估、跨职能团队矩阵考核、分层评价三种机制相互关联，共同作用的“三位一体”战略导向型的总部员工激励管理体系；建立了总部员工激励管理制度体系，创立了符合市场化业务特点和管控模式的“一人一薪、易岗易薪”的总部员工激励思路。通过改革，将总部个人价值贡献显性化，进一步优化了价值分配体系，合理拉开差距，有效推动建立战略管控型总部，推动中国同辐创新发展。主要做法如下：

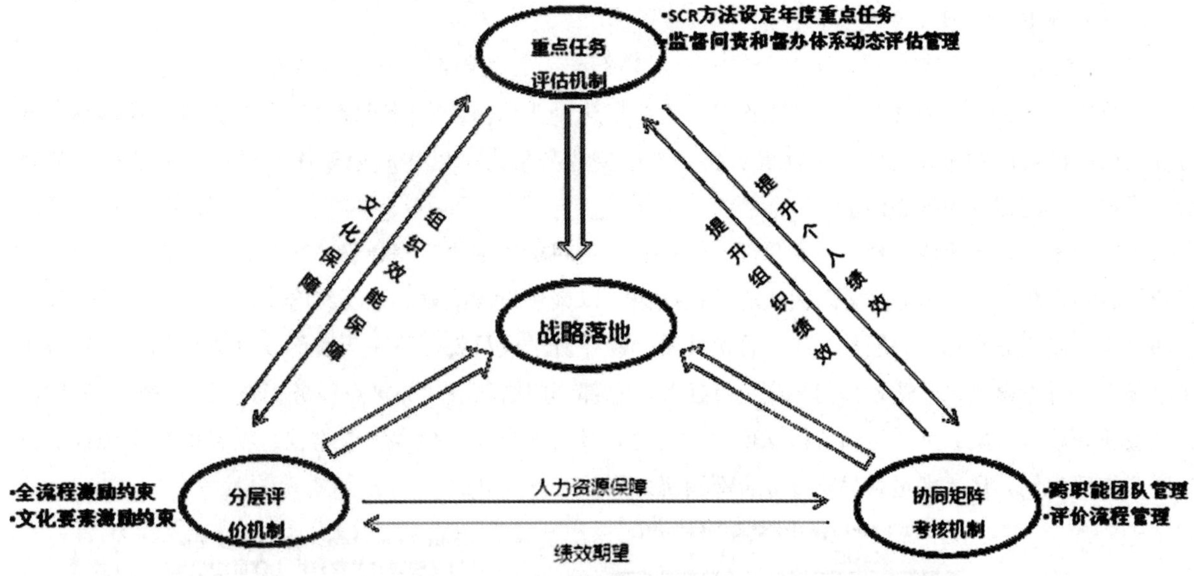

图1　“三位一体”战略导向型的总部员工激励管理体系框架

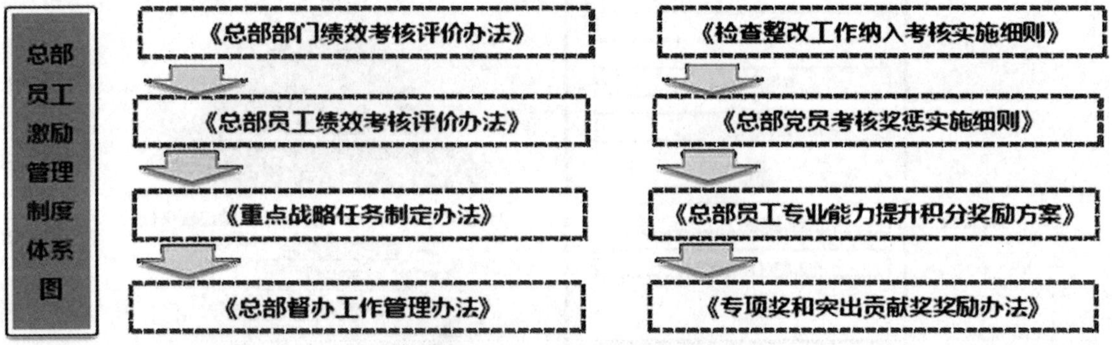

图2　总部员工激励管理制度体系图

（一）基于重点战略任务机制，构建“一体两翼”动态评估管理

在坚持战略导向基础上，加强重点任务全面性、针对性和灵活性研究，重点战略任务的确定是依据SCR方法（Strategy、Critical Successful factors 和 Reasonabilities）设定，建立重点战略任务机制，结合监督问责和督办体系动态评估管理，做到点面结合、动静结合，从而构建“一体两翼”动态评估管理。以此，年初确定总部员工承接的重点任务，结合整改和督办重点任务，从而确定员工年度和月度绩效系数，形成“一人一薪、易岗易薪”员工动态市场化激励体系。

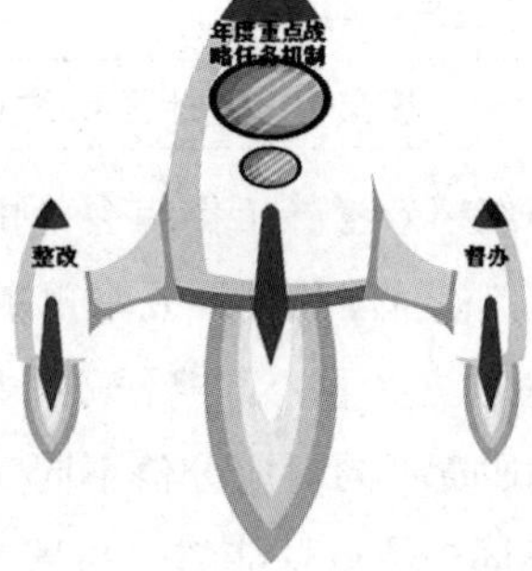

图3　“一体两翼”动态评估管理体系图

1. 建立 SCR 方法设定年度重点任务

（1）重点任务研讨与申报。2017 年之前，战略解码、管理创新、领导团队等都是高层管理者的责任，改革后，成为了总部每个员工的工作。作为市场化企业总部，中国同辐总部承担大量改革调整类和与各成员单位协同的业务类任务，以重点任务为主要业务形态，以达成创新任务目标和完成任务的质量、成本、进度指标为核心诉求。

中国同辐以打造价值总部、服务总部、管控总部为目标，围绕工程建设、科技创新、改革调整、市场开拓、安全质量、资本运作等六大核心管控线条，以聚焦发展战略、上下结合、层层分解的方式编制总部年度重点任务目标。一般从当年 9 月份开始，领导班子成员就对下一年度的发展方向和年度重点工作思路提前讨论谋划，下达各部门年度重点任务。总部部门结合下达的重点任务，按照“三性”原则报送重点任务总体方案，主要包括项目立项的必要性，具有的创新、挑战和前瞻性，项目的可实施性。以党群工作部为例，历年来重点战略任务全部围绕发展战略落地开展。

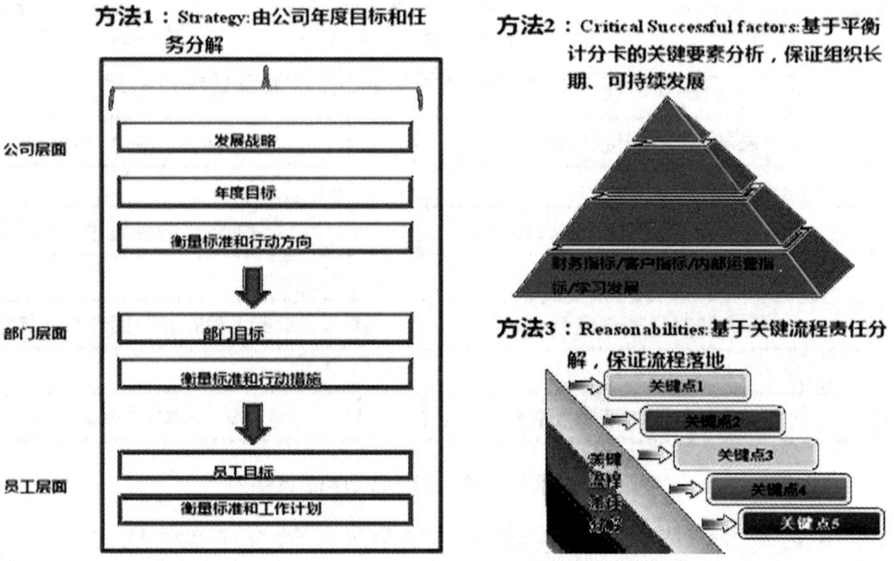

图 4　SCR 方法设定年度重点任务

表 1　中国同辐党群工作部 2018 年–2020 年重点战略任务（举例）

年度	重点战略任务	衡量标准	配合部门
2018 年	荷之露品牌推广	12 月 31 日前，荷之露推广超过 4 万瓶	辐照事业部总经理工作部
2019 年	外部事务工作	12 月 31 日前，推出《养生堂》等；高端科普宣传和全国性报道 6 期	市场运营部
2020 年	退休人员社会化管理	10 月 31 日前，移交街道和社区实行社会化管理	人力资源部

（2）重点任务确认。结合 SCR 法，经绩效考核工作组会（由战略规划部和人力资源部门相关人员组成）、绩效考核领导小组会（由董事长、总经理和分管战略规划部和人力资源部的公司领导组成）和党委会“三级会议”反复讨论确认，通过建立“重点战略任务”机制，将任务分为业务类、改革调整类和日常工作类 KPI，由于分担重点任务的职责不同对应分值不同，配合部门是牵头部门的一般分值。由于不同部门和员工对应的重点任务个数不同，使得总部部门和员工月度和年度分数和绩效系数不同，以此激励总部部门和员工推进管理创新，主动谋划对战略突破有重大意义的重点任务。

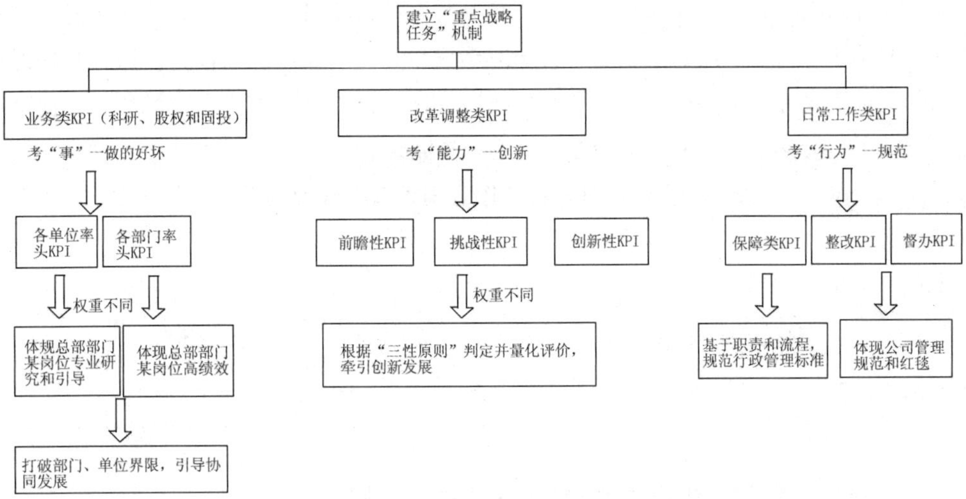

图5 “重点战略任务”指标体系模型

（3）绩效责任承接。部门经理组织员工对部门承接的重点任务进行充分讨论，结合员工岗位职责完成从组织绩效向个人绩效的分解。每个中国同辐总部员工都通过PBC（Personal Business Commitment）的形式做出个人对中国同辐的业绩承诺，在整个中国同辐总部范围内，各级员工自上而下层层签订PBC，将中国同辐的年度目标逐步分解落实到每个员工身上，将组织绩效和个人绩效有机联接在一起，实现中国同辐事业发展和个人发展的一致。

2018年-2020年，总部部门每个人、每年度、每月度绩效系数不同，对应的绩效工资不同。总部部门和员工月度和年度绩效系数计算方法=（日常工作任务总分+∑重点任务（D）＊单项任务分值+∑重点任务（d）＊单项任务分值）/100。

2.建立监督问责和督办体系动态评估管理

（1）健全监督问责体系。为在整改上发力，将监督成果转化为中国同辐治理效能，进一步提升总部考核分配工作规范化水平，制定《将检查整改工作纳入绩效考核的实施细则》，其中计分细则明确一项整改工作未按时完成扣一定分值，未按时完成而重新确定整改计划后，仍未完成的双倍扣分，对未完成而虚报完成的从重扣分。实施过程中，一方面做好中央巡视、集团巡视整改工作，用好巡视巡察利剑，建立整改台账，明确跟踪督导机制，全力配合集团公司对中国同辐开展的巡视“回头看”。另一方面做好中国同辐公司领导调研、指导、检查各单位提出的整改工作，涉及内部巡视、建设项目、采购、质量管理等，坚持各单位整改一个，总部有关部门销号一个，推进落实整改“闭环管理”，确保整改工作取得实效。

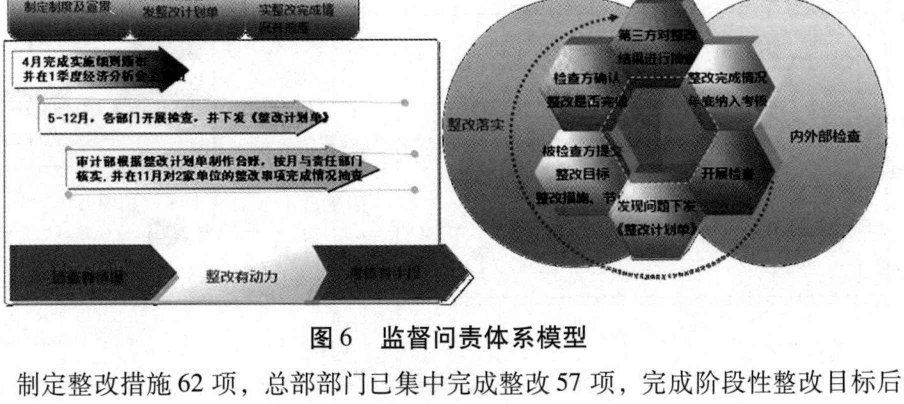

图6 监督问责体系模型

2019年，制定整改措施62项，总部部门已集中完成整改57项，完成阶段性整改目标后续将持续推进5项。完成了部分总部老大难管理问题的整改，其中人力资源部制定了员工岗位职责说明书和轮岗机制，战略规划部明确了总部各职能部门职责，为定岗定编和责任到人提供了依据；财务管理部解决了总部与某子公司的内部资金拆借历史问题，最终通过委托贷款的方式解决了不合规问题；法律事务部解决了董事会新设法治委员会问题，中国同辐治理结构进一步完善。

表2　中国同辐股份有限公司检查整改计划单

检查部门（机构）：　　　　　　　　　　　　　　　　　　计划单编号：

整改单位（部门）名称：

序号	问题	整改目标	整改措施	完成时间	责任部门	问题依据
1						
2						
3						

①“问题”栏填写检查发现的问题，要做到问题清晰，简明扼要。

②“整改目标”栏填写整改事项的完成目标。

③“责任部门”栏填写对整改工作负有监督、指导的总部部门。

④问题依据包括：国家法律法规；中国共产党党内法规；中核集团、中国同辐和成员单位制定的相关制度；上级指示；管理缺陷等。

⑤整改计划单编号规则为：ZG-部门简称-0X。

（2）健全督办管理体系。为打造“全面覆盖、突出重点，强抓落实”的督办管理体系，着力提升战略任务执行力，助推重大决策部署贯彻落实，制定《总部督办工作管理办法》，明确督办范围、工作职责、工作程序、计分细则等重要事项，以上下贯通、横向联合、落实有力的督办管理为工具和抓手，重点围绕“拓宽督办事项来源渠道”“建立督办工作通报机制，合理利用督办工作成果”“督导二级单位建立工作落实机制”等任务开展相关工作，全面提升督办工作覆盖面和深度。

2019年，督办事项涉及总部部门55次、事项28项，完成率超过90%。通过实施督办制度，促进了人才引进、薪酬改革、技术创新、投资项目、对外合作等顺利开展，促进了废旧放射源长期储存方案、落实与苏州大学开展科研合作等难点问题的解决。

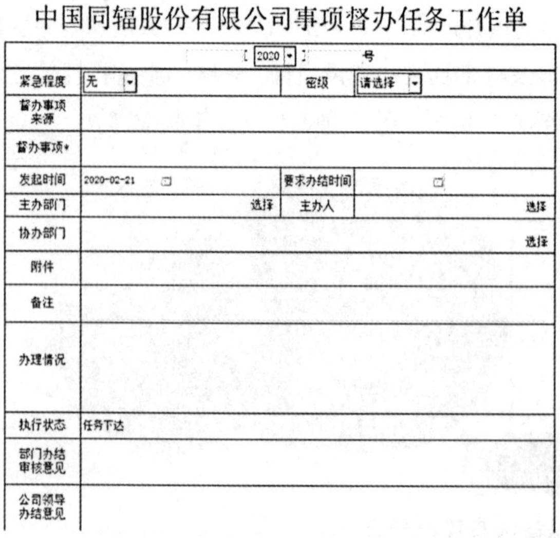

中国同辐股份有限公司事项督办任务工作单

【2020】号			
紧急程度	无	密级	请选择
督办事项来源			
督办事项*			
发起时间	2020-02-21	要求办结时间	
主办部门	选择	主办人	选择
协办部门	选择		
附件			
备注			
办理情况			
执行状态	任务下达		
部门办结审核意见			
公司领导办结意见			

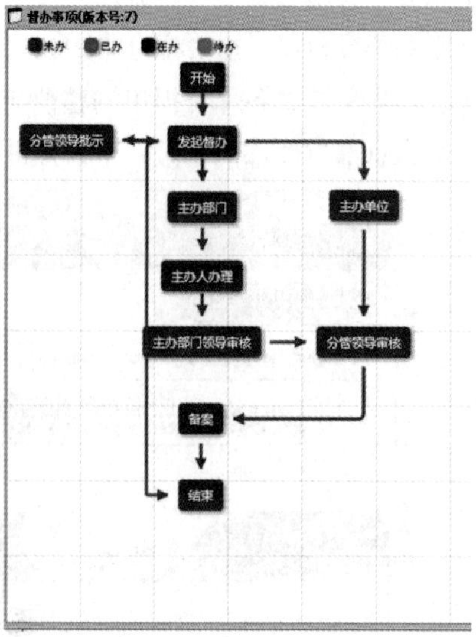

图7　督办任务工作单和督办流程图

（二）基于协同的矩阵考核机制，评估关键人员贡献

基于协同的矩阵考核机制是指建立规范的跨职能、部门和成员单位重点任务组织形态和管理流程，逐层确定激励对象和激励额度，通过建立规范的评价流程核定绩效考核评价结果，确定奖惩额度。

1. 建立跨职能团队协同管理机制。中国同辐新时代发展战略的落地，要求总部重点任务不断有突破，而这些关系中国同辐发展的重点任务具有跨部门特征。因此，重点任务管理应与职能管理共同构成中国同辐的基本管理方式。

以总部资本运作项目为例，随着资本运作项目的增多，需要协调的部门较多，包括投资管理部、财务管理部、法律事务部、董事会办公室和专业事业部等，跨部门项目组织模式在矩阵架构中运行可能会出现项目资源冲突、协调花费较多时间和项目经理职责不对等问题。为此中国同辐采取以下措施解决问题：一是建立有效的高层组织，明确责任领导，加强项目组协调能力；二是根据部门责任分工和重点任务关键流程，对月度节点分解承接，减少协调工作；三是通过矩阵考核机制培育重点任务成员团队合作精神，通过企业文化凝聚人心，建立了规范的跨部门职能团队运作模式。

基于重点任务线和职能线的矩阵考核机制，由重点任务经理对任务成员在任务中的表现进行PA（Performance Appraisal）评价，由人员经理对员工的全面绩效进行PBC评价。根据PA和PBC评价的综合结果进行绩效兑现。如部门A的员工甲同时作为任务A和任务B的成员，一方面由部门A对员工甲进行PBC考核，另一方面由任务A和任务B的任务经理分别对其所在任务A和任务B的完成情况进行任务PA评价。

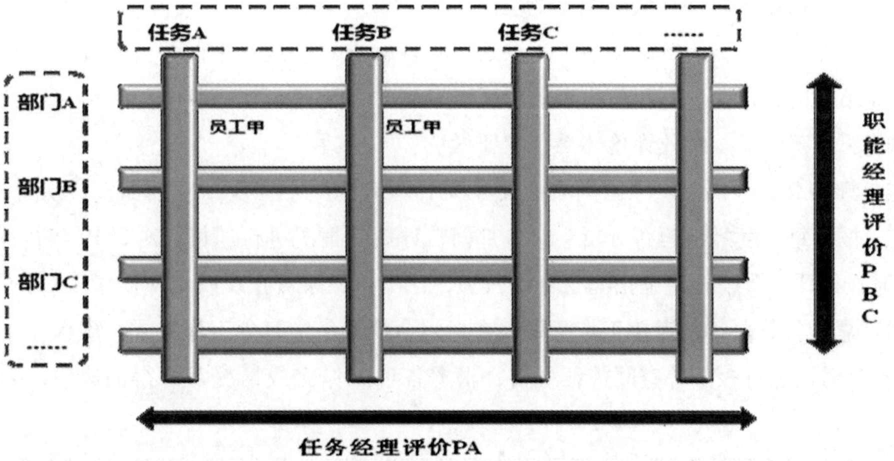

图8　跨职能团队矩阵式考核图

2. 建立部门和成员单位团队协同管理机制。在固投、科研、资本运作、市场开拓和改革调整等重点任务推进中，中国同辐针对总部部门和各单位需内部协同的重点任务，梳理各环节工作内容，明确责任，在新体系中设计共同进退的计分规则，总部部门与分管业务的业绩紧密相连，同时为增强战略定力，未完成重点任务年度目标涉及的有关单位（部门）要扣减分值，扣减比例呈逐年增加趋势，2018年倒扣相应分值的50%，2019年增加至100%。

由部门和成员单位共同承接的重点任务在分解承接时，根据牵头部门（单位）年度工作安排，结合配合部门（单位）责任分工和重点任务关键流程，对月度节点分解承接。通过实施任务团队考核，建立了规范的跨部门和成员单位团队运作模式，督促责任单位、相关部门通力合作，对预期完成年度目标存在较大困难的任务，牵头部门（单位）组织开展专题研究，深入分析存在问题，制定解决方案，确保年

度目标落地。

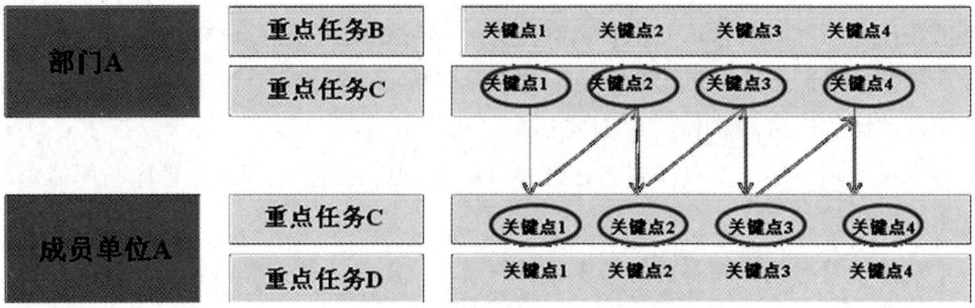

图 9　部门和成员单位重点任务分解承接

为促进团队协同在中国同辐发展中发挥作用，实施重大专项激励，发挥考核指挥棒导向作用。中国同辐制定《突出贡献奖奖励办法》和《专项奖奖励办法》，且奖励总额持续扩大，以鼓励在改革调整和重大专项任务中勇挑重担、功坚克难，支持中国同辐整体专业化运作。对取得突出业绩、推动中国同辐业绩增长做出较大贡献的团队进行专门奖励，规范申报审批流程、细化奖励类别、申报条件、奖励额度核算规则等，授权项目负责人根据核心骨干的贡献和创新情况，合理确定奖励人员名单和奖金比例。自2017 年重大专项激励制度实施以来，中国同辐已落实 ZPO 上市、降本增效、安全管理、资本运作、品牌建设、总部迁址等 29 个项目的表彰奖励、307 人次，兑现奖励 197 余万元，个人最高奖励 6 万元，推动“龙腾 2020”医用钴-60 等一批重大科研项目提前完成、宁波君安等并购项目高质量完成，巩固了中国同辐在放射性药物等核技术应用领域的领先地位。

3. 建立规范的评价流程。为解决考核工具缺乏、考核标准不合理、主体评价尺度不一致、结果不能真实反映工作业绩等问题，采取封闭集中考核形式，采用“各部门自评+封闭背靠背打分+集中评议”的评价规则，构建了规范的员工绩效评价体系，主要做法：

（1）建立自评检查通报机制。中国同辐绩效考核工作坚持严字当头，抓细抓实，从工作实际出发，强化日常检查通报，每季度经济运行分析会对各部门自评属实情况进行通报，对 2019 年自评工作较差的4 个部门进行通报批评，严肃杜绝虚报漏报自评行为，让考核结果真正反映工作质量。

（2）封闭背靠背打分。年度考核工作组采取在封闭会议室集中打分工作方式，确保每个重点任务有4 个人考核，有针对性进行核实并查阅佐证材料，根据各项工作完成情况及取得的成效，客观公正进行考评。

（3）集中评议。月度绩效考核以“领导小组会签”为平台，年度绩效考核以“党委会”为平台，从时间节点、项目贡献、成本管控等角度讨论年度重点任务完成情况。此外，引入校准机制，将不同人员的认知差异通过集中评议达成共识，降低了主观判断带来的偏差，降低了考核工作的难度，保证了结果公平。

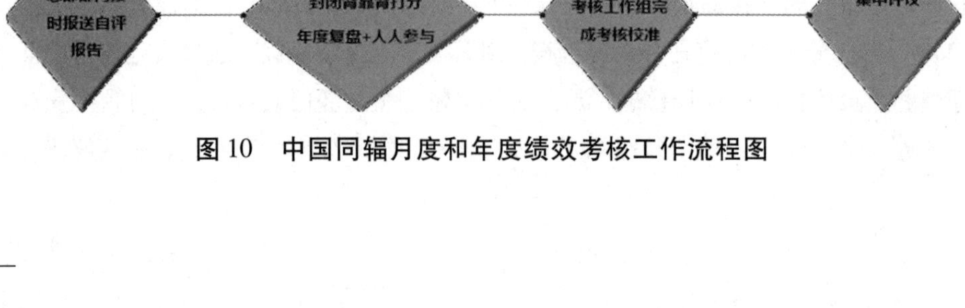

图 10　中国同辐月度和年度绩效考核工作流程图

（三）基于分层激励约束机制，构建量化分配思路

马斯洛需求层次理论将人的需求从低到高依次分为生理需求、安全需求、社交需求、尊重需求和自我实现需求五种需求。基于此，中国同辐从马斯洛需求层次理论出发，设计的总部员工激励管理体系不仅包括物质激励层，还包括授予荣誉、人文关怀等精神激励层，即除包含全流程激励约束机制，还包括文化要素激励约束机制，并且在分配过程中，设计全量化工作方案，将个人贡献显性化，提高分配的科学性和公正性。

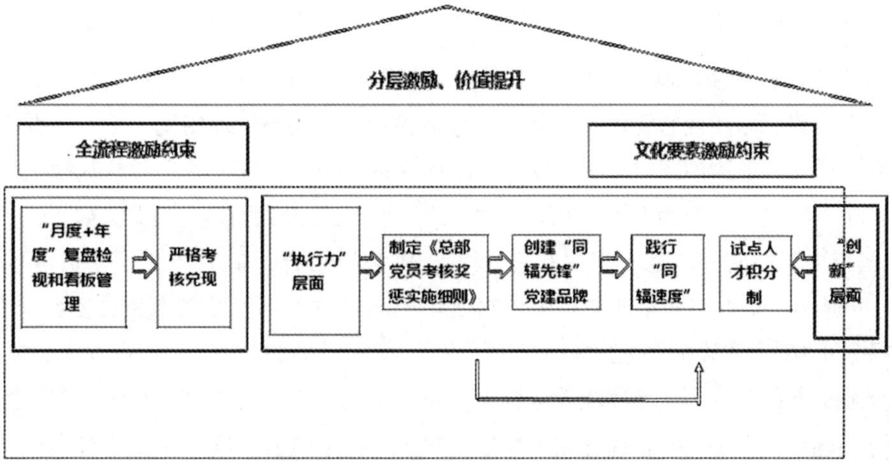

图 11　分层激励约束机制模型

1. 建立全流程激励约束机制。为解决过程管控中沟通渠道、过程辅导的缺乏，搭建了以各级党支部为载体的"月度+年度"复盘检视和看板管理、严格考核兑现等工作机制，使得管理者更清楚下属员工在当月的工作计划和工作完成情况，并为其配置实现目标所需的相关资源；而员工提高了对具体工作计划、实施举措及相关资源等管理的自主性。主要做法：

（1）建立"月度+年度"复盘检视和看板管理机制。坚持高质量党建引领高质量发展，各级党支部发挥战斗堡垒作用，针对每月未完成节点目标的项目，有关责任部门和单位在支部会上作交流发言，就瓶颈问题、下一步推进思路和需要协调解决事项等深入沟通，提出解决方案。推行全系统月度重点任务完成情况看板管理，实现过程监控公开化、透明化，对年初下达的重点任务进展情况跟踪预警，并公示一周，对各项任务状态进行直观化的分析预警，督促及早采取应对措施。

（2）建立严格考核兑现机制。一方面加强月度考核结果应用。将年度考核转变为月度和年度考核相结合的综合绩效考核模式，年度考核不再对月度考核结果进行补差，彻底打破了"平均主义"的分配机制。月度绩效结果与月度薪酬分配对接，按不同员工的绩效工资包进行切分，实现即时激励，调动员工积极性。建立预警通报扣减绩效机制，对业绩不达标的企业负责人及时下发预警函并扣减绩效，月度绩效发放比例根据重点任务月度节点完成率和关键节点目标确定，以 2019 年上半年为例，累计扣减总部绩效 36 人次，扣减总部部门 7 个，最高扣减月度绩效 30%，最少扣减 5%。2019 年下发总部部门预警函 2 份，员工最高扣减月度绩效比例达 30%。通过上述措施的实施，有力督促了责任部门强化运作，推进拖期的任务按期完成，逐步形成主动面对竞争、积极迎接挑战的企业文化。

另一方面加强年度考核结果应用。年度绩效评价结果除兑现年度绩效奖金外，还作为评优、晋升、降级、岗位工资调整等工作的依据。通过实施差异化薪酬分配，"以奋斗者和价值贡献者为本"的理念在中国同辐落实落地，2018 年–2019 年，连续两年评优的一名员工直接由主管晋级为高级主管，总部同

级别中层管理干部最高值与最低值之比可达1.9，员工收入最高值与最低值之比可达1.6。

表3　总部部门月度考核情况

序号	月度考核节点完成率情况	月度绩效发放比例	关键节点目标考核
1	90%及以上	100%	从每个重点任务中选取1-2个关键节点目标，未完成扣减月度绩效10%
2	80（含）-90%之间	95%	
3	60（含）-80%之间	90%	
4	60%以下	70%	

2. 建立文化要素激励约束机制。"执行力"和"创新"是中国同辐企业文化的核心，它们体现在中国同辐改革发展全过程、生产经营管理各环节，只有渗透到中国同辐管理制度、工作标准、考评体系之中，才能切实发挥作用，成为中国同辐实现发展战略的保证。为此，在任务类考核基础上，创新党建考核，在总部员工中开展以"执行力"和"创新"为特质的文化要素激励，主要做法如下：

（1）在"执行力"层面。一是将"执行力"与党建考核结合，制定《总部党员考核奖惩实施细则》，总部部门负责人（党员）在年度考核中依据《中国同辐总部部门绩效考核办法》未完成任务的，要按照扣分数乘以1.03的系数作为惩罚措施，2019年党建考核绩效扣减涉及中层16人、员工10人。二是在符合政治素质标准的前提下，年度绩效考核为优秀的党员员工，经党员所在党支部推荐，并经考核工作组审核通过，确定获得中国同辐优秀党员称号，并获得相应奖励。2019年在战略规划等方向评选出优秀党员8人，其中中层干部4人、员工4人。三是创建"同辐先锋"党建品牌，为保障完成重点任务充分发挥基层党组织作用设定工作方案，成立党员突击队7支，党员先锋岗24个，志愿服务队4个，结合年度重点任务和岗位职责，带头示范抓落实，攻坚克难践承诺。四是围绕践行"同辐速度"，全力推动中国同辐战略落地。围绕年度重点、难点工作，确定"同辐速度"重点关注事项，纳入考核管理，推进党的建设融入重点任务。2019年，受到表扬项目2个，批评项目6个，促进辐照事业部和海得威公司等关键项目提前完成年度任务目标。

（2）在"创新"层面。为创建有利于优秀人才成长的良好环境，建立一支职业素养一流、业务技能一流、工作作风一流、岗位业绩一流的人才队伍，发布《总部员工专业能力提升积分奖励方案》，试点人才积分制，通过积分衡量员工能力和岗位贡献，实现对员工的量化评价，激励优秀人才在工作实践和学习中提升履职能力、创新创效、进位争先。

总部员工专业能力提升积分奖励可兑现一次性现金奖励，其中现金奖励金额=积分*工资基数/10；现金奖励随员工月度工资发放。此外，在年度考核评优中给予加分，评选优秀员工时，员工年度累计积分在年度综合考核评价的基础上进行折算加分，其中年度评优折算分数=积分/25。通过积分奖励制度的实施，总部在创新成果、竞赛评比等方面取得突出成绩，2019年，总部26名员工获得专业能力提升积分奖励，奖励总金额20.78万元，最高个人奖励金额2.68万元。

表4　中国同辐积分奖励项目

类别	项目
创新成果类	管理创新成果
	科技创新成果
	QC小组活动成果

续表

竞赛评比类	技能竞赛
	降本增效
资格证书类	注册核安全工程师
	注册会计师（CPA）
	特许金融分析师（CFA）
	法律职业资格证
	专业技术职务资格
	学历学位

三、实施效果

（一）激发人才活力，提升经济效益

通过中国同辐总部员工激励体系改革，优化了总部价值分配体系，不断激发员工创新创效，带领各成员单位积极应对风险挑战，市场开拓成效显著。自2017年以来，中国同辐连续三年经济保持快速发展，截至2019年末，中国同辐资产总额从2017年初的36.62亿元增至88.43亿元，年均增幅34.16%，营业收入从2017年的27亿元增至39.95亿元，年均增幅22.29%，打破了自2014年以来经济增长放缓的局面。核医学装备、核医疗和核素制造等新增产业布局加速推进，成为国内核技术应用龙头企业。按照成果经济效益计算方法及公式（AOF）初步测算，实施三年来，平均年度效益额达到64379万元，申报前一年（2019年）效益额为71737万元。

（二）改进管理水平，优化管理体系

中国同辐将已使用多年的运营型管控模式转变为以强化战略管控、着力培育子产业集团的战略型管控模式，成功培育了总部核心能力。总部机构设置不断优化，总部核心功能有效发挥，总部职能制度化、工作标准化、业务流程化、管理信息化的运行机制进一步顺畅，总部专业化、目标化、精益化管理进一步见效。优化调整后的总部，集中精力“把方向、抓大事、控风险”，重点强化战略规划、投资决策、重要人事、全面预算、资金管控、运营协调、营销监管、对外合作、风险管控等九大核心职能，最大程度地发挥中国同辐整合优势和协同效应，实现了绩效考核体系与企业使命、战略目标和产业特点高度契合。

（三）成为国企改革典范，产生良好的社会效益

中国同辐薪酬改革方案获得了上级单位的高度肯定，为大型国有企业集团实施总部员工激励管理提供了范例。国务院国资委全面深化改革领导小组办公室主办的《国企改革简报（2020年第13期）》，采用专报形式，以《中国同辐持续强化激励约束机制　有效激发企业活力》为题对中国同辐深化改革工作进行报道，并报送至国务院领导同志、中央改革办、国资委领导、主要厅局以及各中央企业和地方国资委。

成果创造人：王锁会、刘　丽、彭启慧、赵经洲、乔　亮、毛甲鑫、吴立村、
张建雄、郭春林、管　荷、李　振、刘　文、马治宇、王梓然

国有企业“8+1”劳动关系管理体系的创建与实施

中车齐车集团有限公司

中车齐车集团有限公司（以下简称齐车集团）以中车齐齐哈尔交通装备有限公司为主体，联合中车齐齐哈尔车辆有限公司、中车沈阳机车车辆有限公司、中车石家庄车辆有限公司、中车北京二七车辆有限公司、中车山东机车车辆有限公司重组整合，并于 2018 年 5 月 9 日挂牌成立，同时，被纳入国有企业改革“双百行动”企业。齐车集团改组成立是中国中车深化国企改革、创建世界一流示范企业的重要改革实践。

齐车集团核心主业为铁路货车造修，年产能力为新造 3.3 万辆、修理 3.4 万辆。齐车集团改组后拥有 1 家国家工程技术研究中心，2 家国家级企业技术中心，3 家国家认可试验室与计量理化检测中心，国内市场占有率新造货车达 40% 以上，修理货车达 43% 以上，是我国乃至世界上水平最高、种类最全的货车产品研发基地、生产制造基地和综合试验基地。拥有 9 大系列 400 多个铁路货车种类，先后荣获了 27 项国家级科技成果。拥有有效专利 1601 项，其中国内发明专利 502 项，海外专利 170 项。拥有 2 家境外合资公司和 7 个海外办事机构，产品出口已拓展到 62 个国家和地区，累计出口整机 55000 多辆，占行业国家间出口总量的 50% 左右。2018 年以来企业承担国家科技计划项目 3 项、省级项目 8 项、国铁集团项目 9 项，国家能源集团项目 7 项，中车科技项目 40 项，主持和参与起草国家、铁道行业标准 43 项，国铁集团标准 23 项、中车标准 65 项。

齐车集团成立以来，坚持以习近平新时代中国特色社会主义思想为指导，深入贯彻落实党的十九大精神和总书记视察齐车集团重要指示精神，贯彻新发展理念，以中国中车“双打造一培育”战略目标为引领，牢牢抓住“双百行动”有利契机，大力推动体制机制变革，着力构建新体制、创建新机制、激发新活力，突破发展藩篱，释放发展活力，扎实推进改革发展各项工作，推动融合、促进协同，努力打造国企改革创新的典范。

一、国有企业劳动关系管理体系创建与实施的背景

（一）劳动关系管理体系的创建与实施是企业市场化经营机制构建的迫切需要

党的十八大以来，以习近平同志为总书记的党中央进一步明确了国有企业在国民经济和社会发展中的使命和定位，习近平总书记指出：“国有企业是中国特色社会主义的重要物质基础和政治基础，是我们党执政兴国的重要支柱和依靠力量”。国务院国资委相继推出《关于深化国有企业改革的指导意见》《关于国有企业发展混合所有制经济的意见》《国企改革“双百行动”工作方案》等一系列的政策文件，国企改革正由点向面梯次铺开、范围逐步扩大，并呈现明显加速、向纵深推进的态势。齐车集团上级企

业中国中车紧跟国企改革步伐，深入贯彻落实党中央、国务院有关国企改革精神，相继研究出台《中国中车集团公司深化改革指导意见》《关于深化中国中车人才发展体制机制改革的实施意见》《中国中车集团有限公司创建世界一流示范企业实施方案》等改革文件，坚定不移的将国有企业做强、做优、做大。其中，深化三项制度改革，建立“三能”机制是国有企业改革的重要内容。创建国有企业劳动关系管理体系，构建“能进能出”的市场化用工机制，是深化三项制度改革的有力举措，更是国有企业深化改革、构建具有中国特色的市场化经营机制的迫切需要。

（二）劳动关系管理体系的创建与实施是企业提品质、稳经营、增效益的迫切需要

实现国有企业保值增值是国有企业的首要职责。自加入世贸组织以来，国家市场开放程度在逐步扩大，社会主义市场经济体制逐步完善，国有企业经营环境发生了重大变化，面临的市场竞争越来越激烈，企业管理更加复杂化和专业化。在当今的VUCA（不稳定、不确定、复杂、模糊）时代，面对保值增值的目标职责，国有企业迫切需要提升经营管理水平，适应新时期市场经济形势，提升经营品质，稳中求进，实现保值增值。齐车集团所属成员子企业均历史悠久，建企时间最长的企业已超百年，近年来，各企业虽然在逐步构建现代化企业经营管理制度，但受长期计划经济体制影响，在职工中还存在着“铁饭碗”的思想，部分职工还存在着“混日子”的行为，造成部分职工因病、因伤等原因长期不在岗，以及经常以请休长病假、事假为理由长期脱岗的历史遗留问题，使企业劳动效率低下，并严重影响其他职工工作积极性，粗放的劳动关系管理已成为国有企业保值增值的“绊脚石”。因此，创建国有企业劳动关系管理体系，建立劳动关系管理长效机制，已成为国有企业打破思想桎梏，实现提品质、稳经营、增效益，实现保值增值的迫切需要。

（三）劳动关系管理体系的创建与实施是企业实现高质量发展目标的必然需要

党的十九大提出了要培育具有全球竞争力的世界一流企业，明确了新时代国有企业改革发展的目标方向。2019年1月，国务院国资委宣布了包括中国中车集团在内的10家企业作为创建世界一流示范企业。按照国务院国资委“四强”（自主创新能力强、资源配置能力强、风险管控能力强、人才队伍强）、“四优”（经营业绩优、公司治理优、布局结构优、企业形象优）、“四个特征”（主业突出，公司治理良好；拥有自主知识产权的核心技术和国际知名品牌；具有较强的国际化经营能力和水平；在国际同行业中综合指标处于优先水平，形象良好，有一定的影响力）13项对标共性要素，中国中车确定了“双打造一培育”战略目标，即：打造受人尊敬的国际化公司、打造中车党建“金名片”，培育具有全球竞争力的世界一流企业。齐车集团作为中国中车的核心子企业，面对新要求、新目标，必须转变思想、深化改革，助力中车“双打造一培育”战略目标实现。因此，创建劳动关系管理体系，模范履行社会责任，建设和谐企业，打造良好的社会形象是实现企业高质量发展目标、打造世界一流示范企业的必然需要。

（四）劳动关系管理体系的创建与实施是企业提升人才竞争比较优势的必然需要

强起来要靠创新，创新要靠人才，一流的企业需要一流的人才队伍和一流的人才工作。2016年，中央印发了《关于深化人才发展体制机制改革的意见》，对国家的人才发展体制机制提出了重大改革意见，为国有企业在人才制度改革方面锚定了方向。人才发展体制机制改革是国有企业全面深化改革的重要组成部分，是党的建设制度改革的重要内容。协调调推进“四个全面”战略布局，贯彻落实创新、协调、绿色、开放、共享的发展理念，实现“两个一百年”奋斗目标，必须深化人才发展体制机制改革，最大限度激发人才创新创造活力。中国中车在深化人才发展机制改革方面，深入实施人才强企、人才引领发展战略，构建实施“全球一体化人力资本管理体系”，努力培植人才成长沃土，持续推进人力资源管理

转型升级。齐车集团在中国中车人才体系指引下，不断深化人才发展体制机制改革，打造一流人才队伍，努力使企业与员工成为命运共同体。而保持企业与员工良好的劳动关系、去除杂草、消解格雷欣法则危害是企业深化人才发展体制机制改革、提升人才竞争比较优势的根基。因此，创建劳动关系管理体系是国有企业创新人才发展工作的前提，更是打造一流人才队伍、提升人才竞争比较优势的必然需要。

二、国有企业劳动关系管理体系创建与实施的内涵和主要做法

劳动关系管理是一个棘手且又牵涉面广的难题，如处理不当，不仅影响企业自身持续健康发展，甚至对社会带来诸多不稳定因素。齐车集团以“双百行动”为契机，以构建市场化经营机制为手段，以创建世界一流示范企业为目标，以改革精神全面对标对表，系统梳理分析企业劳动关系管理差距，建立“8+1”劳动关系管理体系，构建“目标引领、问题倒逼、压力传导、信息传报、常态督导和机构保障”等六大机制，打造工作动态宣传阵地，建立以旗下齐车公司为试点，其他成员企业协同推进的实施路径，全面纵深推进改革举措落地，为“双打造一培育”战略目标提供支撑和保障。主要做法是：

（一）坚持统筹谋划，建立“8+1”劳动关系管理制度体系

齐车集团核心子企业齐车公司位于黑龙江省齐齐哈尔市，地处老工业基地，多年来，企业劳动关系管理问题突出，经统计，约500余人因历史遗留的各种原因长期不在岗，但企业还承担着相应的工资、社会保险和相关的企业负担费用，形成了显而易见的“出血点”。为此，齐车集团以齐车公司为试点，坚持问题导向和目标导向相结合，着眼处理历史积淀冗员，统筹推进所属各成员子企业深化劳动关系管理工作，构建市场化劳动用工机制。

齐车公司通过全面盘点历史积淀冗员现状，梳理员工关系管理相关制度、流程和职责分工，系统分析管理流程断点、漏点和重复、缺失管理环节。在考勤管理、劳动合同管理、工资支付、借用人员管理、工伤待遇和因病停薪管理等方面，共识别出九类29项具体问题。经过多次研讨、反复论证，确定以“不重不漏、形成闭环、提升管理”的原则，以“规范业务和构建机制”为目标，建立以考勤管理和劳动纪律管理为主的基础支撑机制，规范员工的岗位纪律和时间管理秩序；建立以工资支付管理为主的薪酬导向机制，规范各类岗位状态的差异化待遇；建立以员工奖惩、追责追究为主的考核约束机制，规范员工行为，落实管理责任；建立以劳动督导为主的推进落实机制，突出管理常态化和长效化。形成了基础支撑机制、薪酬导向机制、推进落实机制和考核约束机制“四位一体”的闭环管理模式，环环相扣，层层推进。按照既定对策，制定完成《考勤管理办法》《劳动纪律管理办法》等8个劳动关系管理办法和《劳动督导工作实施细则》，形成了“8+1”劳动关系管理制度体系，依法规范了员工劳动关系，营建了“能进能出”的劳动用工管理机制，并形成经验材料，在齐车集团所属成员子企业范围内推广实施。

图1　劳动关系管理制度体系图

（二）坚持目标导向，构建目标引领工作机制

紧密围绕企业发展战略，以“经营人才、激发活力、驱动价值创造”为主线，确定了劳动关系管理总体目标，即：劳动用工市场化机制逐步健全完善，“能进能出”的市场化用工氛围基本形成，企业劳动用工管理更加规范，以合同管理为核心、以岗位管理为基础的市场化用工制度更加健全，劳动用工结构更加合理，人力资源效能指标逐步改善。围绕既定目标，齐车集团实施“劳动关系+人才发展”两手抓，两手硬，在强化劳动关系管理同时，全面深化人才发展体制机制改革，加大人才培养力度，升华劳动关系管理内涵，营造人企互促互进、同步发展的良好环境和氛围。一方面是坚持以“效率、效益”为中心，以不断提升劳动效率为目标，以市场化配置为基本遵循，以劳资指标对标为主要抓手，严控用工总量，优化用工结构。按照齐车集团“战略+运营”管控模式，明确两级劳动关系管理职责，健全完善用工总量管控机制，实施用工总量与人均劳效指标双控模式；健全完善员工队伍结构优化机制，合理设计管理、技术、技能操作人才队伍结构性指标，实现各业务板块、产业单元人力资源精干高效配置。另一方面是坚持党管干部、党管人才，突出价值创造，统筹谋划企业经营管理人员、科技人才队伍、党务人才队伍、国际化人才队伍、技能人才队伍等五支人才队伍建设，实施“育才赋能”工程。即以企业人才战略为指引，聚焦核心人才培育，全面构建五支人才队伍职业生涯发展通道，明晰发展层级、评价标准、发展路径和发展管理。建立“选、育、管、用”全链条人才工作机制，制定五支人才队伍人才培育机制，实施从员工入职到退出企业全职业生命周期管理，实现“选、育、管、用”贯穿员工职业生涯各个阶段，形成各类人才创新创造活力竞相迸发、聪明才智充分涌流的生动局面，为企业实现高质量发展提供了强有力的人才保证。

（三）坚持问题导向，构建问题倒逼工作机制

牢固树立问题意识，客观理性地对待企业与员工劳动关系管理问题，并正视和解决现有企业与员工劳动关系管理问题，是企业推广劳动关系管理体系实施的前提要件。齐车集团针对不在岗人员直面问题，不回避，不推诿，客观理性分析存在问题的主要根源，针对问题的不同类型，有针对性地研究解决措施、方法和路径，实施历史冗员问题一次性清理整顿，明确“依法合规、遵守国家及地方法律法规；

强化管理、严格执行企业规章制度；杜绝反弹，建立健康长效约束机制”的工作原则，以成员企业为主体，建立不在岗人员台账，调查已脱离岗位时间和不在岗原因，明确不在岗人员规范方法和时间进度，实施倒计时销号管理，倒逼企业劳动关系管理制度体系落地。

以齐车公司为代表，针对历史冗员问题，研究制订了《规范长期不在岗人员工作方案》，方案依据《劳动法》《劳动合同法》和《工伤保险条例》等国家、省、市相关法律法规，结合企业“8+1”管理制度体系，针对长期无手续休假、事假、旷工、病假、工伤和保职创业等人员，制订了一整套有针对性的人员规范工作程序、方法、渠道和相关规定，设置复工、转岗、外派借用、因病停薪、保职创业、工伤退出生产岗位、解除合同等7个依法合规且符合实际情况的规范渠道，并由不在岗人员台账备案员工主动“对号入座”，同时，引入医疗机构对超过医疗期的病伤人员进行劳动能力鉴定，明确一次性保职创业人员的待遇以及不得复岗规定，明确解除劳动合同人员办理程序，明确复工人员实行试工期管理，并进行上岗前培训等，对符合事假、病假、工伤假等假别期限规定且手续齐全人员可继续请休假别，企业核实后办理人事手续，方案保证了在最大范围内用最稳妥方式，彻底解决了历史遗留问题，维护了广大员工利益和企业合法权益。

（四）坚持责任主体下移，构建压力传导工作机制

为保证劳动关系管理各项机制有效落地实施，坚持劳动关系管理责任主体下移，建立健全责任分解机制。明确齐车集团总部负责制定劳动关系管理总体目标，负责劳动关系管理指导和监督，各成员子企业及所属单位是第一管理责任者，负责进一步明确工作，细化责任，将劳动关系管理各项工作落实到具体岗位和具体负责人，确保工作有人抓、问题有人管、责任有人担，尤其是要强化基层单位领导班子成员“一把手”的责任担当，构建形成了“明责—知责—履责—问责”的责任、压力传导工作机制。一是明责，针对劳动关系管理要素、要点，按照“谁主管、谁督导、谁用工、谁负责”原则，建立完善主管部门至基层单位各级管理者责任链条，明确基层单位主要领导是第一管理责任者；二是知责，组织开展制度体系全员宣贯培训，分层分级组织实施，建立培训考核记录，确保不漏一人。三是履责，为顺利推进制度落实，由所属成员子企业制订《制度推进工作方案》，分两个阶段推进制度落实，第一阶段是服务指导，即按照制度和梳理出的关键项点开展服务指导，并做好工作记录填写、问题建议收集等工作；第二阶段是深入推进，即通过项目例会制度，集中研究问题解决方案，通报实施情况。四是问责，以中层管理人员岗位责任追究机制为抓手，对各基层单位履责不到位的严格追究责任，以管理制度为抓手，对责任单位和责任人进行追责考核。通过压力传导工作机制建立，压实了各级劳动关系管理责任，有效促进了制度体系的落地实施。

劳动关系制度体系责任落实矩阵图

责任主体			指导	督导	检查	执行	问责	备注
集团总部	主管部门		●	●				
所属成员子企业	监督部门				●		●	
	主管部门	主管领导	●	●				
		主管员		●	●			
	基层单位	主要领导		●	●			第一管理责任
		主管员			●	●		
		班组长				●		
		员工				●		

注："●"标记为主要职责

图2　劳动关系制度体系责任落实矩阵图

（五）坚持信息同步共享，构建信息传报工作机制

由劳动关系管理责任主体梳理劳动关系管理核心要素，建立劳动关系信息报表，形成上下联动、横向通畅的信息传报工作机制。其中，齐车公司在劳动关系管理信息沟通机制方面尤为完善，一是建立信息上报核实机制，按照谁用工、谁负责的原则，由用工责任主体即基层单位，按照劳动关系管理制度开展自查自纠，初审并上报工伤假、病假、因病停薪、保职创业等异常考勤人员的相关凭证，主管部门对各单位上报的进行审核、确认，并及时反馈、核实和认定办理条件。二是建立信息公示机制，定期对异常考勤人员进行信息公示，明确公示范围、公示时间，设立监督举报电话，接受职工群众监督。三是建立不定期走访工作机制，重点针对已履行休假程序的病伤等不在岗人员进行不定期开展探视、家访，做好访查记录，形成这部分特殊群体的人文关怀与管理闭环。四是定期组织召开专项例会，人力、纪委、保卫等部门通报收集和反馈员工违法违纪信息，通报制度检查和落实情况，通报劳动关系管理新情况、新问题，研究制定对策及布置下一步工作，并以会议纪要的形式向全公司进行通报。通过多渠道的信息交流与沟通，有效的围堵了劳动关系管理信息漏洞，提升了劳动关系管理工作效率和工作效果。

（六）坚持举措长效实施，构建常态督导机制

以《劳动督导工作实施细则》为工作依据，实施劳动关系管理常态督导，确保举措长效实施。一是建立督导工作机构。领导小组由企业分管人力资源副总经理、纪委书记、工会主席组成，工作小组由企业人力部门、安全部门、法律部门、纪委和工会等组成。二是明确督导方式。包括定期督导和不定期督导，定期督导以季度为单位，每季度组织对各基层单位开展劳动督导工作，督导内容包括考勤管理、工资支付管理、劳动用工管理、劳务人员管理、劳动合同管理、职工奖惩管理、劳动纪律管理、中干追责管理等涉及8项劳动关系管理制度宣贯、落实和业务开展情况，推进各基层单位劳动关系管理常抓不懈；不定期督导根据业务需要、基层单位请求、突发问题信息、有关劳动管理举报等开展专项督导调查，包括谈话、调查、取证以及责任认定、调查结果反馈等，确保发现的劳动关系管理问题得到及时、有效解决，不留隐患。三是建立督导会议制度。工作小组每季度召开一次工作会议，听取本季度劳动督导工作开展情况，对因病停薪办理及劳动合同解除等重大事项研究拟定处理意见，并上报领导小组决

策；领导小组每季度召开一次工作会议，听取工作小组当期汇报，审议工作小组提报的议题；对临时突发的重大事项，召开领导小组临时会议，听取工作小组专题汇报，研究确定处理方案。四是建立劳动关系管理举报机制。充分发挥职工群众监督作用，设立举报信箱，公开电子邮箱和举报电话，鼓励实名举报，经调查举报属实，给与举报者奖励。通过督导机制建立，企业劳动关系管理实现了制度管理、长效管理，有责必问、失责必究，全方位扎紧了制度笼子。

（七）坚持党的领导，构建举措落地组织保障机制

坚持党对一切工作的领导，建立劳动关系管理举措落地保障机构，完善落地保障机制。劳动关系管理责任主体成立以党委书记、董事长、总经理为组长的劳动关系管理领导小组，负责劳动关系管理重大事项决策，重大问题的协调和处理。下设工作组、劳动督导小组，工作小组负责政策研究、政策制定、政策解读、政策执行检查等工作，督导小组负责政策落实督促、指导、推进以及管理人员职责落实不到位的责任处理等工作，并建立团队协作制、项目例会制、工作评价制等工作机制，保障劳动关系管理各项举措有序推进。同时充分发挥工会在企业和员工之间的平台作用，加强双向沟通，构建交流渠道。坚持生产经营重大决策部署、涉及职工切身利益的重大决定必须经职代会审议，同商共议企业发展和职工权益保护；成立劳动保护委员会和女职工委员会，保护员工劳动安全、保护女职工权益；成立劳动争议预防调解中心，形成“公司、分厂、班组”三级劳动争议预防调解网络，保证及时介入事态，合理合法调解处理劳动争议，使一些企职矛盾在预防调节中得到化解，避免了事态扩大和延伸，充分发挥员工在劳动关系管理中的主体地位和作用，形成了各级组织齐抓共管的良好局面，为劳动关系管理各项举措有效落地实施提供了机构保障。

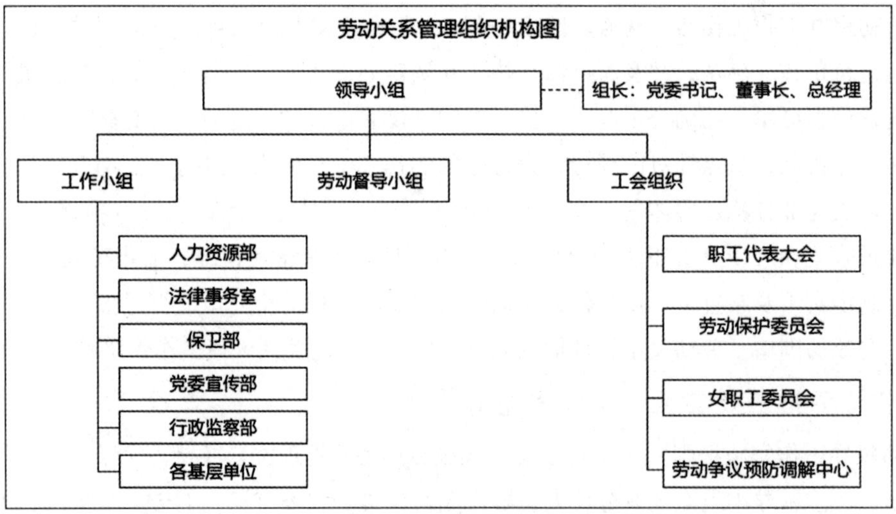

图3 劳动关系管理组织机构图

（八）坚持舆论氛围营造，打造工作动态宣传阵地

为确保基层组织和员工能够充分理解开展此项工作的重要意义，严格落实劳动关系管理各项政策机制，围绕劳动关系管理制度体系、机制要义、操作流程、工作动态信息开展多渠道、多形式宣传活动，打造宣传阵地。一是会议宣传。召开中层管理干部专题大会，定向定标、统一部署，党委书记、董事长做动员讲话，要求各级管理人员提高政治站位，准备把握劳动关系管理在企业经营中的重大意义，总经理明确劳动关系管理整顿的具体任务和具体要求，人事副总经理对整顿工作做出具体部署安排，通过高层会议宣传动员，在中高层管理人员中凝聚共识，表达了企业深化劳动用工制度改革的决心，也为基层

领导班子成员在下一步工作开展树立了信心；各基层单位召开基层贯标会议，向全体职工传达劳动关系管理专题会议精神，进一步宣贯、解读、部署落实；召开不在岗人员专题会议，讲清形势、明确要求。二是培训宣传。组织多层级专题培训，解读政策、宣传要义。由工作小组负责对基层单位分管领导、主管员集中培训，并分组付基层单位在实际工作开展过程中进行指导培训，提升政策执行的精准性。基层单位组织对全体员工集中宣贯培训，组织基层单位以班组为单位开展政策学习。三是多媒体宣传。编印《劳动关系管理专辑》班组学习材料，编印《劳动关系管理制度百题问答》专刊报纸，制作劳动关系管理专题微课，并在企业广播、电视、公众号等多种媒体广泛宣传报道。通过灵活多样和切实有效的层层宣传和报导，使管理者充分认识到了强化劳动关系的必要性、紧迫性，也使广大职工看到了企业整顿劳动关系管理的决心，获得了广大职工对企业加强劳动关系管理的理解和支持，营造了良好的舆论环境和工作环境氛围，有效促进了劳动关系管理体系创建与实施。

三、国有企业劳动关系管理体系创建与实施的成效

（一）完成历史冗员清理，有效降低人工成本

通过劳动关系管理体系构建与实施，困扰企业多年的“两不找”“请长假”“失联”等长期不在岗人员得到了有效解决，妥善安置了重病、重症和工伤等职工，并从人文关怀角度在薪酬福利待遇、企业困难补助等方面给予重点倾斜和关注，在重视经营的同时，充分发挥了国有企业的社会责任和担当。其中，所属成员子企业齐车公司累计清理、整顿人员共671人，包括返岗复工187人、解除合同85人、办理保职创业174人、因病停薪（重症、重病）89人、工伤退出生产岗位41人、办理病退、特殊工种退休等74人，年可节约人工成本约1179万元。齐车集团及所属企业两年来，累计市场化退出员工589人，有效降低了企业人工成本。

（二）劳动关系基础管理扎实有效，企业劳效水平显著提升

通过劳动关系管理体系构建与实施，企业劳动关系管理事项明确，责任清晰，流程顺畅，各项凭证管理齐全、规范，考核（奖惩）机制有序运行，管理实效性明显增强，有效促进了企业劳效水平显著提升。近三年，齐车集团总产值劳产率由74.6万元/人增加到91.5万元/人，增幅为22.46%；增加值劳产率由22.1万元/人增加到26.6万元/人，增幅为20.37%；人工成本利润率由7.13%提升到16.77%，提升了9.64个百分点；人力资本投资回报率由0.99提升到1.13。

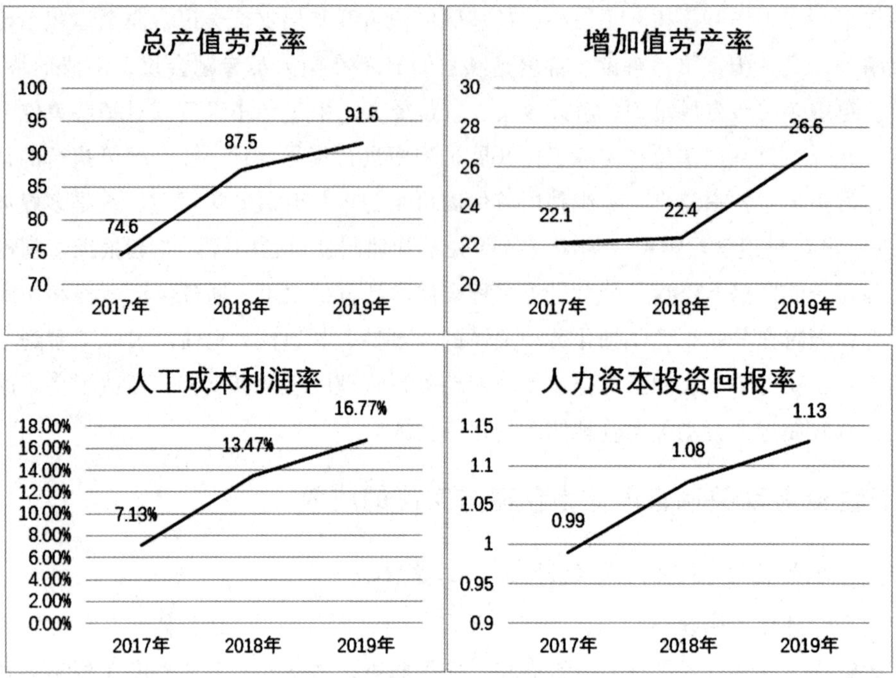

图4　企业劳效指标趋势图

（三）企职关系和谐，企业凝聚力显著增强

通过劳动关系管理体系构建与实施，企业实现公平、公正的劳动管理条件，有效激发了员工的自我约束性、主人翁意识和工作积极性，稳定和激励了员工队伍，构建了企业内部和谐的劳动关系，极大增强了企业凝聚力、向心力，营建了良好的企业形象。近三年，齐车集团旗下多家企业荣获了国家和地方等政府部门的荣誉表彰，其中，齐车公司荣获“全国模范劳动关系和谐企业”称号；山东公司荣获山东省“劳动保障诚信A级单位”；石家庄公司荣获石家庄市“劳动保障守法诚信优秀企业”。

成果创造人：李宏阁、刘红生、张　忠、张宝志、
吴金保、李英波、寇祖兴、尹志强

员工职业发展多通道在电力企业的创新实践

大唐国际发电股份有限公司

本成果主要阐述了大唐国际发电股份有限公司（以下简称大唐国际）在员工职业发展多通道方面的创新实践。在企业原行政岗位发展通道的基础上，增设针对不同类型员工的发展通道，主要包含多通道设置及晋升方式、职级评选及任期管理、职级积分组成及应用等内容。通过解决旧有单一行政通道，为不同的员工开设不同的晋升通道和提供更大的发展空间，进一步引导员工树立全新的职业发展观，让专业技术人员和生产技能人员安心于现在从事的专业技术或技能工作，激励员工持续提高专业技术或技能水平，培育更多的技术带头人和工匠型人才，从而实现“人尽其才、才尽其用”，为实施人才强国战略和创新驱动发展战略，实现“两个一百年”奋斗目标、实现中华名族伟大复兴的中国梦，提供坚实的人才保障。

本成果所列的具体方法、数据及成效，主要是在大唐国际所属企业内蒙古托克托发电公司试点实施的基础上形成。该项创新成果目前已经大唐国际系统全面推广。

托克托发电公司是目前世界最大单体火力发电厂，是国家规划的准格尔能源基地和“西电东送”北通道重要的大型电源项目之一。托克托发电公司以为北京输送绿色光明、造福地方经济为己任，实现了内蒙古“煤从空中走，电送北京城”的战略目标，为社会做出了巨大贡献。

一、实施背景

（一）国家进一步加强高技能人才工作的要求

国家继颁发《关于进一步加强高技能人才工作的意见》之后，于2010年5月下旬全国人才工作会议结束，又颁发了2010年至2020年的《国家中长期人才发展规划纲要》。中央和国务院又一次对人才队伍建设提出了明确的规划与要求，其中就将高技能人才培养振兴计划列为国家重大人才工程，以提升职业素质和职业技能为核心，以技师和高级技师为重点，形成一支门类齐全、技艺精湛的高技能人才队伍。

（二）国企改革双百行动的要求

在国有企业深化改革双百行动中提出了“五突破一加强”指导思想，即在股权多元化和混合所有制改革方面突破；在法人治理结构方面突破；在市场化经营机制方面突破；在激励约束机制方面突破；在解决历史遗留问题方面突破；全面加强党的领导、党的建设。其中激励约束机制是企业目前重点丞待解决问题，建立足够长的发展通道，设置相对高的岗位职级，充分发掘和培养员工的成就需要，激发员工内在的工作动力，达到持续激励员工的目的。

（三）企业高质量发展的要求

企业的核心竞争力是人才，企业做强、做优靠的是优秀技术人才的储备。托克托发电公司大力营造“崇尚技术、尊重人才”工作氛围，给专业技术和生产技能人员提供更广阔的发展空间，建立完善的专业技术与生产技能人员的管理机制，规范技术、技能岗位的聘任机制，鼓励员工快速成长并脱颖而出，为企业的发展提供坚实的人才保障，进一步实现员工与企业共同发展。

二、当前员工职业发展通道现状分析

企业管理是以人为中心的管理，实现企业与员工共同成长，是人力资源管理的重要课题。近些年，国有企业的用人机制越来越灵活，管理手段越来越丰富，取得了骄人的成绩，但同时也存在着一些弊端，如人才选、育、管、用体系建设不均衡、职业发展通道建设匮乏、人才成长通道单一等问题。目前托克托发电公司设有16个部门，员工1612人，其中生产部门员工1410人，管理部门202人。人员发展现状如下：

（一）发展通道单一

员工入职后的发展方式只有行政岗位晋升这条狭窄的通道，在这种单一晋升通道下，员工职业生涯的发展惟一可行的出路就是朝着主管、主任的职位奔去，以取得相应的报酬，实现应有的价值。但对于企业来说，管理岗位是有限的，员工晋升的需求却是普遍的，职位升到一定层级之后很难继续晋升，堪比千军万马过独木桥，而且薪酬待遇跟行政岗位晋升直接挂钩，导致优秀的人看不到职业晋升的希望。

（二）技术、技能人才发展通道匮乏

员工在技术、技能岗位不能一直向上发展成长，优秀的技术技能人才得不到充分的认可和待遇，部分员工为了追求更高的职务和薪酬待遇，在发展到一定的层级后，往往被动向行政岗位发展，虽然职务有所提升，但在新的岗位也不能有效发挥自身的专业技术和技能特长，导致人岗不匹配现象屡有发生，对人才造成极大的浪费。员工找不到适合自己的职业发展路径是影响企业吸引人才、留住人才、用好人才的关键问题所在。

（三）激励机制不健全

推进电力企业的人力资源管理，需要建立健全有效的激励机制。目前大部分国有企业在健全激励机制过程中存在以下共性问题：其一，待完善的薪酬机制。使员工的业务能力和工作态度与员工的工资水平挂钩，进一步充分调动员工的工作积极性；其二，现代化的工作绩效评价方法。对管理人员、工程技术人员和领导人员的德、能、勤、绩全面进行考核，根据结果进行奖惩；其三，需要引入竞争激励机制，建立富有活力的人事管理和运营机制。

针对上述问题，托克托发电公司在多通道系统建设方面进行了有益的研究和实践。

三、员工职业发展多通道研究内涵

托克托发电公司在不打破现行的行政管理体系，不增加岗位职数与定员水平的基础上，建立多通道职业发展体系，设立职级，为员工描绘了职业发展的蓝图，并通过企业相应的管理制度予以配套和支撑，使人才成长空间扩宽，达到以下三个目的：

一是对于工龄长、经验丰富、业务能力强的骨干人才，提供更高层次的发展途径。

二是对于不善于从事管理工作、缺乏协调沟通能力的技术领军人才，鼓励他们持续专研技术技能，进行难题攻坚，为所从事专业的持续发展做出更大贡献。

三是对于能独当一面的精英人才，避免由于岗位数量的限制，导致其职业生涯发展受阻，发挥不出自生价值。

同时多通道职业发展体系建立秉承“四重”原则、宁缺毋滥，即：

重业绩：注重实际工作能力；注重专业技术及生产技能水平，以及协调、配合的能力；注重科技创新和管理创新的能力以及急、难、险、重问题的解决能力。

重态度：在工作中能够主动担当、身先士卒，以身作则。

重公论：重视广大员工对其工作表现的认可程度，在专业评比中领先，部门领导积极推荐。

重品德：坚持把“德才兼备、以德为先”作为人才考评的基本原则，注重和加强对员工进行“德”的考量。

四、员工职业发展多通道主要做法

本成果旨在解决旧有单一行政通道来实现职业发展多通道晋升，缓解“千军万马挤独木桥”的现状。通过实施多通道发展规划，引导员工树立全新的职业发展观，为不同的员工开设不同的晋升通道和更大的发展空间，让专业技术人员和生产技能人员安心于现在从事的专业技术或技能工作，激励员工持续提高专业技术或技能水平，培育更多的技术带头人和工匠型人才。

（一）多通道设置及晋升方式

1. 多通道设置及岗位分类

在现行的行政管理通道下增加专业技术通道和生产技能通道见（图1）；对现有的岗位进行分类见（表1）。

行政管理通道：适用于从事各项行政管理工作的中层干部（副总师、中层正职、中层副职）、主任助理（主任工程师）。专业技术通道：专业技术通道由业务职能（管理部门）和生产技术（生产部门）两部分组成。业务职能部分适用于管理部门从事管理工作的初级主管、中级主管、高级主管。生产技术部分适用于生产部门主管、专工、技术员、点检员、点检长。

生产技能通道：适用于公司生产部门值长、副值长、班长（单元长）、技术员及以下岗位的生产技能人员。

绿色通道：为了鼓励在竞赛、调考、比武中获得优异成绩或取得特别突出工作业绩的员工，特设立绿色通道。

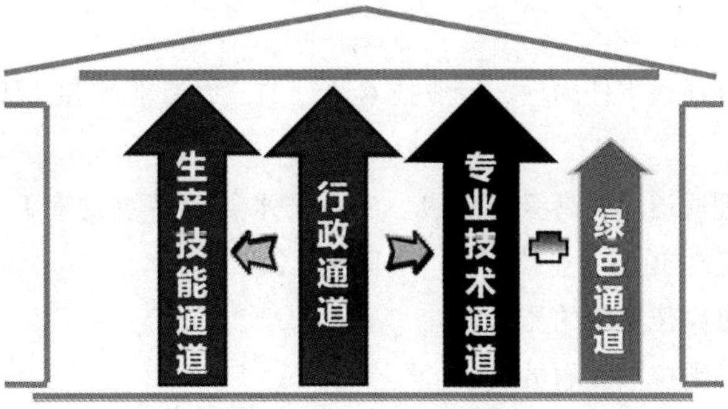

图1　多通道设置

表1　岗位分类

岗位分类				
行政管理通道	专业技术通道		生产技能通道	绿色通道
	业务职能	专业技术		
全体职工	管理主管	技术人员	技能人员	获奖选手优秀员工

2. 通道跨转

员工在岗位正常晋升的情况下，可根据现岗位性质、个人专长，可以在行政管理、专业技术和生产技能三个通道之间同职级进行跨转。同时为了鼓励立足本岗位本专业内向深度、广度及纵向发展，生产技能通道和专业技术通道不能直接跨转，需要通过岗位变动后，重新进行多通道职级评审。岗位性质是决定进入专业技术、生产技能通道的前提条件，性质为生产技能，走技能岗位通道；岗位性质为生产技术、业务职能，走专业技术通道。操作示意见图2：

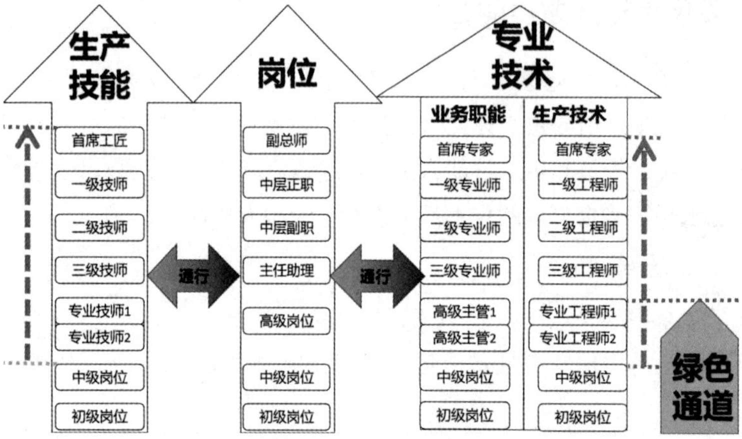

图2　通道跨转示意图

3. 职级设置

设立与现行薪酬待遇相对应的职级等级，分为副总师级、中层正职级、中层副职级、主任助理级、高级岗位级、中级岗位级、初级岗位级七个职级。（表2）

副总师级：行政管理通道副总师、专业技术通道的首席专家、生产技能通道的首席工匠。

中层正职级：行政管理通道中层正职、专业技术通道的一级专业师和一级工程师、生产技能通道的一级技能师。

中层副职级：行政管理通道的中层副职、专业技术通道的二级专业师和二级工程师、生产技能通道的二级技能师。

主任助理级：行政管理通道主任助理、专业技术通道的三级专业师和三级工程师、生产技能通道的三级技能师。

高级岗位级：行政管理通道不设高级岗位级。专业技术通道高级主管1、高级主管2、专业工程师1、专业工程师2；生产技能通道的专业技师1、专业技师2。

中级岗位级：所有中级岗位层级的员工。

初级岗位级：所有初级岗位层级的员工。

表2 职级设置

职级层级	职级	行政管理（岗位）	专业技术		生产技能
			业务职能	生产技术	
1	副总师级	副总师	首席专家	首席专家	首席工匠
2	中层正职级	中层正职	一级专业师	一级工程师	一级技师
3	中层副职级	中层副职	二级专业师	二级工程师	二级技师
4	主任助理级	主任助理	三级专业师	三级工程师	三级技师
5	高级岗位级	——	高级主管	专业工程师	专业技师
6	中级岗位级	中级岗位			
7	初级岗位级	初级岗位			

4.通道晋升方式

行政管理通道晋升方式：按照现行的岗位晋升方式执行，包括生产部门岗位动态、岗位招聘、竞聘等方式。聘任中层干部职级的履行干部任免程序。

专业技术、生产技能通道晋升方式：按职级管理权限由对应的高级评审委员会、中级评审委员会评审产生。

副总师级晋升方式：副总师级晋升按照干部管理流程开展，评选采取不定期一事一议的方式。

绿色通道晋升方式：

（1）竞赛分级：按技能竞赛获奖级别为四级：

一级：集团竞赛前三名；行业及以上级别竞赛“技术能手”或“优秀技能选手”。

二级：集团竞赛前三名以外的“技术能手”。

三级：京津冀或自治区竞赛的“技术能手”；集团竞赛的“优秀技能选手”。

四级：托克托发电公司竞赛第一名，托克托发电公司“技术能手”称号。

（2）一级晋升条件

获得符合一级竞赛的名次或称号者，职级直接晋升至高级岗位1职级（最高薪点）。

（3）二至四级晋升条件：

①未享受绿色通道者晋升条件

一个年度内获得二级、三级、四级的竞赛名次或称号者，符合其中一项条件者晋升一级，符合从低到高（一级最高）多个条件者，可以连续升级，直至高级岗位1职级（最高薪点）。

②享受绿色通道待遇期间晋升条件

获得与正在享受的绿色通道待遇的同级别竞赛的称号，职级不晋升，待遇延长一年；

获得与正在享受的绿色通道待遇的高一级别竞赛的称号，职级晋升一级，最高至高级岗位1职级（最高薪点）。

5.评价标准

专业技术、生产技能通道评选以群众公认，能解决现场实际问题、能攻克和解决本专业领域或跨专业领域的技术技能难题，结合专项亮点加分进行综合评价。

6.薪酬待遇

（1）任期内员工按照对应职级标准享受相应的职级待遇。

（2）符合绿色通道直接晋升的待遇最高执行至高级岗位1职级。

（3）享受待遇期内如岗位（专业）发生变动，变动后岗位所属通道不发生变化的，对比岗位待遇和职级待遇就高执行；变动后岗位所属通道发生变化的，执行新岗位待遇。

（4）员工职级年限在参加公司内部岗位竞聘时可视同岗位工作经历。

（二）职级评选

1. 成立公司高级评审委员会和中级评审委员会，委员会下设办公室

（1）高级评审委员会组成及职责

主任：总经理

常务副主任：分管生产副总经理

成员：各部门分管领导以及各部门主任

职责：负责评审中级评审委员会报送的职级评选材料；负责评审中级评审委员会推荐的晋级人员材料。负责对中级评审委员会下达任务，监督、检查中级评审委员会任务执行情况。负责定期组织对任期内的人员进行任务安排，监督；检查任务实施情况及效果。负责对专业技术通道、生产技能通道内的主任助理级及以上级别任期内及现岗位人员，进行年度业绩考评。

（2）中级评审委员会组成及职责

主任：人力资源部主任

组长：各专业（部门）主要负责人

成员：各专业（部门）其他负责人、专工、值长、班长等

职责：负责中级岗位级向高级岗位级及高级岗位级内的职级评审工作。负责评审主任助理级及以上职级人员的专业贡献材料，确认专业贡献得分。负责向职级评选高级评审委员会推荐符合晋升的员工。督查所属委员会任期内人员的任务安排、实施效果。负责对专业技术通道、生产技能通道内的高级岗位级任期内及现岗位人员，进行年度业绩考评。

（3）职级评选委员会办公室

职级评选委员会办公室挂靠在人力资源部，由人力资源部人员及各部门专兼职培训主管组成。

职责：负责职级评选委员会日常工作，负责组织高评委员会年度会议。负责职级评选委员会规章制度的建立，协助评审委员会完成年度考评和评选工作。负责各职级申报人员统计类材料审核、积分统计、更新、公示等相关工作。负责建立员工考评档案，负责保管与及时更新。

2. 评选方式

（1）初级岗位级向中级岗位级的评选：通过绿色通道直接晋升。

（2）中级岗位级向高级岗位级及高级岗位级内的评选：通过绿色通道直接晋升，也可以通过评审的方式，由中级评审委员会评选产生。

（3）主任助理级及以上级别的评选：专业技术、生产技能通道的以评审的方式，由高级评审委员会评选产生。

3. 资格条件

在本岗位（职级）累计工作满两年，且具备下列条件之一者具备参评资格：

参评生产技能通道资格要求：

（1）参评高级岗位2职级，需要具备相应的高级工技能资格；

（2）参评高级岗位1职级，需要具备相应的技师或中级专业技术资格；

（3）参评主任助理职级，需要具备相应的技师或中级专业技术资格；

（4）参评中层副职级及以上职级，需具备相应的高级技师或副高级专业技术资格。

参评专业技术通道资格要求：

（1）参评高级岗位职级，需要具备相应的高级工技能资格或中级专业技术资格；

（2）参评主任助理职级，需要具备中级专业技术资格；

（3）参评中层副职级及以上职级，需要具备副高级专业技术资格。

4.评选流程

（1）确定评选委员会名单：由评选办公室每年公布一次高级评选委员会成员及中级评选委员会成员名单。

（2）员工自主申报：员工对照评选资格条件，符合条件的员工自主申报，材料提交至职级评选办公室。

（3）材料审核：

职级评选委员会办公室审核资格条件，确定各专业人员名额，审核确认绿色通道人员，确认亮点加分。符合条件的材料提交中级评审委员会；

中级评审委员会审核所有申报人员的专业贡献得分，审核中级岗位级和高级岗位级的年度工作业绩测评得分。

审核通过的主任助理级及以上职级的专业贡献材料提交职级评选委员会办公室，进行得分汇总排序后提交高级评审委员会。

（4）评选：

中级评审委员会评选：汇总中级岗位级及高级岗位级的申报人员专业贡献得分、亮点加分、工作业绩测评三项成绩，按得分由高到低进行排序及推荐。确定候选人名单。

高级评审委员会评选：听取主任助理职级及以上任期人员年度述职报告，并对年度工作业绩进行测评。

（5）公示：人力部对候选人进行公示，公示期五天。

（6）确定人选：高级职级采用积分制评选，评选公式如下：最终得分=专业贡献积分＊60%+中评委工作业绩打分序化后＊30%+亮点加分，根据最终得分进行排序，按名额确定最终当选人员。

主任助理职级及以上职级人员评审由所在部门主任向高级评审委员会陈述推荐理由。

高级评审委员会对申报人员进行差额投票，得票率超过60%者按得票率进行排序，票数相同的按积分排序，按名额确定最终当选人员并提交党委会审议。

（7）党委会审批：评选结果由高级评审委员会提交党委会审议，通过后进入下一环节。

（8）发布评选结果：由评选管理办公室发布评审结果确认聘任人员名单，兑现相应待遇。

5.任期内管理及考核

（1）隶属关系：任期内仍在现岗位工作，行政管理关系不变，完成评审委员会下达的任务。

（2）考评管理：各职级人员采用聘任制，在享受待遇期间，发挥专业技术生产技能特长，履行相关专业（业务）技术、生产技能的职责。按管理权限由对应级别的评审委员会对高级岗位级及以上级别的生产技能、专业技术通道的全部人员（含职级晋升人员和岗位对应职级内的人员）进行考评。由评审办公室公告考评情况。

（3）任期时限：一届任期期限为两年，期满后重新进行评选。

（4）年度评审：任期内每个年度由相应评审委员会对现从事专业技术、生产技能人员及任期内同职级上的其他人员一并考评（考评内容见表3），低于70分（不包含70）测评结果为不合格，合格人员进行考评结果序化排序，分前50%人员和后50%人员。

（5）能上能下：采用逐级评选的方式。

能上：对于任期内每年度评审合格且结果序化排序前50%（含50%）高级职级人员或主任助理职级及以上人员在同一职级连续任期两届，可参加上一个职级评审，评审未通过，保留现职级待遇。

能下：对于任期内每年度评审结果序化排序后50%人员可继续参加现职级评审，评审未通过，保留下一职级待遇（职级与岗位待遇一致时按照岗位待遇执行）；对于放弃中层干部行政岗位到多通道职级发展的人员，最低降至原中层岗位职级对于下一职级。

（6）年度综合业绩直接得分测评为不合格者取消现职级待遇，降至所在职级的下一职级（初次享受多通道人员降至原岗位）。

（7）原多通道参评人员和每届新多通道参评人员合并共同参加新一届各职级多通道评审，各职级名额原则上不增加或少增。

（8）在多通道任职期间，符合退二线条件的原中层干部可选择继续在职级内任职或退二线。

6. 否决条件

有下列情况之一的，取消其现有职级待遇。

（1）因个人原因造成重大经济损失或生产安全事故等；

（2）因工作失误，被上级公司通报批评并给予记过或行政处分；

（3）岗位发生变化，不再从事原职级的专业技术、生产技能工作，相应待遇自然取消；

（4）经多通道职级评选委员会鉴定的其他情况。

（三）职级积分组成及应用

1. 职级积分组成

职级积分由年度工作业绩序化得分、专业贡献得分、亮点加分三部分组成。其中，年度工作业绩序化得分由测评的方式产生；专业贡献由评选委员会按照积分标准确认打分；亮点加分由员工自主填报提交职级评选委员会办公室确认审核。

（1）工作业绩积分：工作业绩类积分属测评类积分，测评年度工作整体表现，主要考察“德才兼备、以德为先”；注重实际工作能力，专业技术及生产技能水平，以及协调、配合的能力，处理急、难、险、重问题的能力；注重广大员工对其工作表现及工作态度的认可程度（表3）。

表 3　年度工作业绩测评标准

	评审内容	分值（标准）		得分	备注
年度测评（100 分）	技术技能水平	20	优秀：90 分及以上（含 90）		评审委员会打分
			良好：80 分及以上（含 80）		
			及格：70 分及以上（含 70）		
			不及格：70 分及以下		
	协调、配合情况	20	优秀：90 分及以上（含 90）		
			良好：80 分及以上（含 80）		
			及格：70 分及以上（含 70）		
			不及格：70 分及以下		
	当选职级内工作任务情况	40	优秀：90 分及以上（含 90）		
			良好：80 分及以上（含 80）		
			及格：70 分及以上（含 70）		
			不及格：70 分及以下		
	本岗位职责内工作表现	20	优秀：90 分及以上（含 90）		所在部门管理上级打分
			良好：80 分及以上（含 80）		
			及格：70 分及以上（含 70）		
			不及格：70 分及以下		

年度综合业绩测评得分有两类统计应用方式：

直接得分应用：该积分由评审委员会打分加权平均产生。分为优秀、良好、合格、不合格四个标准。

表 4　年度综合业绩直接得分统计

年度综合业绩直接得分统计	
得分	年度测评
90 分及以上（含 90）	优秀
80 分及以上（含 80）	良好
70 分及以上（含 70）	合格
70 分以下	不合格

测评不合格的直接取消下年度职级待遇。

序化得分应用：该积分由评审委员会评分序化后产生。分为优秀、良好、胜任、基本胜任四个标准。

表 5　年度综合业绩序化得分统计

年度综合业绩序化得分统计		
年度测评	序化得分	百分比排名
优秀	100	20%（含 20%）

续表

良好	80	20%–50%（含50%）
合格	60	50%–100%

注：百分比排名=得分排名/测评总人数。

（2）专业贡献积分：

专业贡献积分属于统计类积分，主要统计年度完成的重要工作任务或项目、难题攻关及技术技能传承方面的成绩，积分为100分，其中，本职岗位工作积分为40分、岗位延伸工作积分为30分、岗位创新工作积分为20分、人才培养积分上限为10分。

①本职岗位工作：本职岗位工作由月度绩效序化平均分和本职岗位重大工作业绩、亮点构成，其中月度绩效序化平均分积分为20分，由人力资源部业绩考评办公室提供；本职岗位重大工作业绩、亮点积分为20分，针对本岗位两项工作亮点进行评分，权重各占比50%。

②岗位延伸工作：岗位延伸工作由自选项目和指定项目构成，其中自选项目由本人自选一项本专业内需要解决的难题或主动承担一项技术、技能、管理项目；指定项目按照所在职级进行分类，由相应负责人指定项目。

表6　岗位延伸工作

职级	指定项目
助理职级及以上	承担公司级的一项重点、难点技术、技能、管理项目，由分管公司领导指定。
高级职级	承担部门级或专业级的技术、技能、管理项目，由部门（车间、值）领导指定。
中级职级	承担班组或本岗位的技术、技能、管理项目，由班长（单元长）指定。

③岗位创新工作：助理及以上职级人员结合本岗位和延伸工作任务自选两项创新工作，每项积分为10分；中级职级和高级职级人员结合本岗位和延伸工作任务自选一项创新工作，积分为20分。

④人才培养：按照专业贡献评分标准（附表1），向职级评选委员会办公室提供相关证明材料，经职级评选委员会办公室确认有效，进行积分累计，上限积分为10分。

表 7　专业贡献评分标准

<table>
<tr><th>评价等级</th><th>评价内容</th><th>评价标准</th><th>评价分数</th><th>角色系数</th></tr>
<tr><td rowspan="3">优秀</td><td>本职岗位工作</td><td>行业、集团、国际一流，对企业产生了很大的经济效益或社会效益，获得公司领导认可</td><td rowspan="3">90-100 分</td><td rowspan="12">①独立完成＊1.0 系数。
②项目主持＊0.8 系数。
③主要参与＊0.6 系数。
④一般参与＊0.4 系数。</td></tr>
<tr><td>岗位延伸工作</td><td>延伸工作全部完成并达到公司要求，对企业产生了很大的经济效益或社会效益，获得公司领导认可</td></tr>
<tr><td>岗位创新工作</td><td>创新工作全部完成并达到公司要求，对企业产生了很大的经济效益或社会效益，或创新了新的操作方法、管理方法、改良了检修工艺等，获得公司领导认可，且完成一项由本人主要撰写的成果或论文并获奖</td></tr>
<tr><td rowspan="3">良好</td><td>本职岗位工作</td><td>公司内优秀，对企业的安全生产、技术管理、精细化管理起到了一定的促进作用，获得部门领导认可</td><td rowspan="3">80-89 分</td></tr>
<tr><td>岗位延伸工作</td><td>延伸工作完成 80% 以上，对企业的安全生产、技术管理、精细化管理起到了一定的促进作用，获得部门领导认可</td></tr>
<tr><td>岗位创新工作</td><td>创新工作完成 80% 以上，对企业的安全生产、技术管理、精细化管理起到了一定的促进作用，获得部门领导认可，且完成一项由本人主要撰写的成果参与公司评选获奖或发表论文一篇</td></tr>
<tr><td rowspan="3">合格</td><td>本职岗位工作</td><td>部门内部优秀，对部门整体工作业绩起到了极大的推动作用，获得部门领导认可，同时在部门年度工作总结中有相应体现</td><td rowspan="3">60-79 分</td></tr>
<tr><td>岗位延伸工作</td><td>延伸工作完成 50% 及以上，同时通过开展大量研究与实践，有了解决问题的新发现、新方法或新的突破，获得专业或班组认可</td></tr>
<tr><td>岗位创新工作</td><td>未能完成任务，但开展了大量研究工作，有了新发现、新突破或找到了解决技术、技能问题的新方法，并取得实质性进展，获得专业或班组认可，且完成一篇论文写作</td></tr>
<tr><td rowspan="3">不合格</td><td>本职岗位工作</td><td>不属于亮点或重大工作业绩</td><td rowspan="3">0 分</td></tr>
<tr><td>岗位延伸工作</td><td>延伸工作完成 50% 以下或未开展延伸工作</td></tr>
<tr><td>岗位创新工作</td><td>创新工作未开展或无进展和效果</td></tr>
</table>

（3）亮点加分

亮点加分属统计类积分，按照亮点加分标准表（表 5）统计年度学术成果、创新成果、竞赛成绩、科技成果方面的贡献，满分 10 分（部分加分不设上限）。

专利：实用新型专利、发明专利的授权。

科技成果（管理成果）或科技论文（管理论文）：获得国家级、行业级、集团级、分子公司级等奖励的项目。

获得公司级及以上级别本专业、本岗位的安全生产嘉奖等，与申报通道专业一致的奖励。

竞赛类：获得大唐国际公司级、内蒙古自治区级、集团公司级、电力行业级比赛技术、技能称号的。

表8　亮点加分标准表

类别	加分项目		积分分值	备注
一竞赛获奖加分	在国家、行业竞赛中获“技术能手”称号		40分/项	杰出亮点：不受亮点加分分值限制，相同专业类别比赛取最高分。
	在国家、行业竞赛中获“优秀技能选手”称号		30分/项	
	在集团公司级竞赛获第一名		30分/项	
	在集团公司级竞赛获“技术能手”称号		20分/项	按获得最高级别的称号积分
	在集团公司级竞赛获“优秀技能选手”称号		10分/项	
	在自治区级竞赛获前三名		20分/项	
	在自治区级竞赛获“技术能手”称号		10分/项	
	在分子公司级竞赛获第一名		20分/项	
	在分子公司级竞赛获“技术能手”称号		10分/项	
	在分子公司级竞赛获“优秀技能选手”称号		5分/项	
二科技及获奖加分	获得国家发明专利	第1完成人	40分/项	杰出亮点：不受加分规则限制，可多项累加。
		第2-3完成人	20分/项	以专利证书上排序为准
		前3名以外的人员	10分/项	
	获得国家实用新型专利	第1完成人	5分/项	
		第2-3完成人	2分/项	
	获得集团公司以上级别（含省部级）专业技术成果奖、管理成果奖、优质工程等奖励	一等奖前3名	20分/项	按获得最高级别的奖励积分
		一等奖前3名以外人员	10分/项	
		二、三等奖的前3名	10分/项	
	获得集团公司科技成果奖励	一等奖第1完成人	10分/项	
		一等奖第2-3完成人	5分/项	
		二、三等奖的前3名	5分/项	
	获得集团公司科技论文奖励	一等奖第1完成人	5分/项	
		一等奖第2-3完成人	2分/项	
		二、三等奖第1完成人	3分/项	
	获得分子公司级、自治区级科技成果奖励	一等奖排名前3名	5分/项	
		二、三等奖第1完成人	3分/项	
	获得分子公司级科技论文奖励	一等奖第1完成人	3分/项	
		一等奖第2-3完成人	2分/项	
		二、三等奖第1完成人	2分/项	

续表

三资格加分	取得高级技师资格	适用于专业技术、生产技能通道	5分/项	以正式文件为准
	取得技师资格		3分/项	
	取得正高级专业技术资格	适用于行政管理、专业技术、生产技能通道	10分/项	
	取得副高级专业技术资格		4分/项	
	取得中级专业技术资格		3分/项	

2. 职级积分应用

采用逐级评选的方式（图3）以发电部职级晋升为例，期满后连续两届年度测评排序进入现职级前50%人员（高级职级为一届）可参加上一职级评审；未通过可参加现职级评审；评审仍未通过，保留下一职级待遇（当职级和岗位一致时按照岗位待遇执行）。除此之外，还可以通过岗位竞聘选择跨转至专业技术通道中。

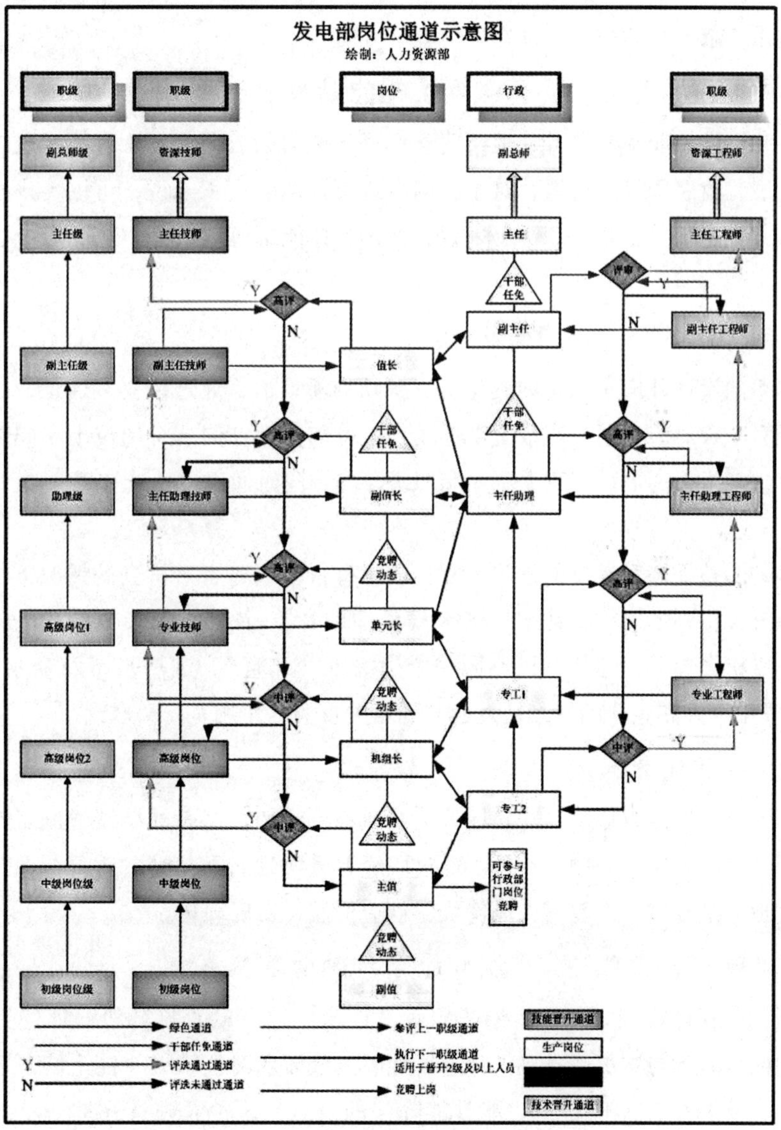

图3 发电部逐级评选方式

五、实践成效

大唐国际发电股份有限公司将内蒙古大唐国际托克托发电有限责任公司作为试点单位，于2018年10月份下发《关于企业实施员工职业发展多通道的指导意见》，开始托电公司第一届多通道评选工作。

托电公司首届多通道职级评选中，从143名符合申报条件的人员中评选出68名多通道晋升人员，其中主任助理职级28人，高级职级50人。绿色通道直接晋级44人，共有122人实现了多通道的职级晋升，晋升人员人均年收入较晋升前平均提升了13%。企业开始完善技术、技能人才培养、评价、使用、激励、保障等措施，逐步实现技高者多得、多劳者多得，增强技术、技能人才获得感、自豪感、荣誉感，技术、技能人才在日常工作中更具积极性、主动性、创造性。

2019年，托电公司多通道晋升人员任职期间主动参与公司难题公关项目共计完成32项，较之前完成率提升23.3%，部分多通道人员利用空余时间开展创新创效、技术攻关工作，为公司节约成本费用，通过开展多通道进一步激发了全员工作积极性，打造了一支作风过硬、技术精湛的工匠队伍，同时为公司年收益做出了突出贡献。具体成效体现在以下五个方面：

（一）帮助员工找准前进方向并激发主观能动性

员工通过关注自己岗位职级和晋升通道，明确下一步努力的方向。对于有技术技能特长的员工，可以立足岗位专心发展，收获同等的待遇；对于长期岗位不变动的员工来说，可以寻找适合自身的通道进行发展获得职级晋升；尤其对于新入职员工来说，技术、技能都可以选择，从而对今后职业生涯规划有了清晰方向。

（二）建立岗薪分离，一岗多薪模式

多通道发展体系的设计开辟了岗位内调整工资激励的新渠道，通过设立多通道，达到岗位和薪酬分离的目的，使薪酬和职级对应，通过职级上下浮动，认可和实现在同一个岗位上不同员工的能力和经验的差异，让技术、技能水平高的员工享受到更高职级薪酬，同时通过“一岗多薪”模式进一步发挥工资的激励功能。

随着员工能力的日益提高和经验的逐步丰富，在没有行政职务晋升机会的情况下，可以通过职级的评审来达到工资提升，特别针对一些技术、技能人才，通过“一岗多薪”工资结构，激励和承认他们的才干，尽管职务没有机会提升，但是可以在同一个岗级内升“资”，进一步帮助企业实现“人尽其才、才尽其用”，这对员工个人和企业的持续性发展起到至关重要的作用。

（三）激励和留住优秀人才

通常员工离职不外乎这两点原因：一是岗位晋升看不到希望，二是薪酬待遇满足不了需求。多通道的实施，不但完美的解决了以上问题，让员工通过职级晋升实现薪酬待遇的提升，而且还能使员工认可企业文化，脚踏实地立足本岗位，发挥专业特长，创造价值，实现理想。

（四）充分体现“能上能下”“能升能降”的管理模式

多通道实行任期制管理模式，到期重新进行评选，未评选上的直接降级，评选上的直接留任或晋升。其中在不增加岗位职数与定员的基础上评选，能够充分体现岗位职级“能上能下”的特点；职级调整后薪酬相应调整，能够充分体现薪酬“能升能降”的特点；这种管理模式进一步加强了内部良性竞争，杜绝了浑水摸鱼现象的发生。

（五）实现企业高效发展

通过给予专业技术和生产技能人员更广阔的发展空间，并建立完善的专业技术与生产技能人员的管理体系，进一步规范技术、技能岗位的聘任机制，为企业的发展提供坚实的人才保障，从而鼓励员工快速成长并脱颖而出，实现员工与企业共同发展、互相成就的效果。

大唐国际在托克托发电公司试点取得良好效果后，于2019年5月份在托克托发电公司举行推广交流会，并于次月开始在系统内其它基层企业实施员工职业发展多通道，各基层企业结合实际情况制定了多样化的评选方案，获得了基层员工的一致好评。

企业通过认可员工的历史贡献，给予技术、技能人才发挥特长的平台和抓手，使多通道人员充分发挥自身价值，攻坚克难，为企业创造效益；员工在入选多通道后，明确了努力的方向，责任感和使命感得到增强，工作态度、工作积极性有了很大程度提升，伴随着收入的增加，幸福感也随之而来，真正实现了企业与员工协调发展的目标。

六、推广与建议

该成果全面诠释《关于企业实施员工职业发展多通道的指导意见》（人社部发〔2018〕24号）并和国家人才培养导向完全契合，实现了提升技术、技能人才待遇水平，构建了技术、技能形成与提升体系，畅通了全体员工成才成长通道，同时本成果适用于全国各类型工业企业及科研机构，具有可复制、可推广性，有利于企业提质增效。

实施过程中需明确评选标准和导向，避免测评过程中出现人情分，保证公平、公正性；同时对任期人员的表现进行追踪，对不称职人员应取消继续享受多通道资格；除此之外，企业应制定合理的规章制度与激励措施，使员工切实感受到实施多通道发展所带来的益处。

成果创造人：刘根乐、张爱军、赵立宇

技能大师工作室运行机制及效能发挥实践研究
——以中国水利水电第十四工程局有限公司为例

中国水利水电第十四工程局有限公司

一、研究背景

为增加高技能人才的有效供给，合理开发高技能人才，推动高技能人才队伍建设，优化我国经济转型再平衡的人才结构，提高人才素质和人才要素生产率，完成从制造大国到制造强国转变的宏伟目标，从2012年国家在经济发展的重点领域、行业建成590多个国家级技能大师工作室。云南省为贯彻落实国家高技能人才振兴计划，截至目前，已建成国家级技能大师工作室10个，省级技能大师工作室87个，市级名匠工作室30个。为响应国家号召，水电十四局充分利用技能人才密集、人才培养机制健全等优势，至2012年起就积极申报并开展技能大师工作室项目，目前共建有10个技能大师工作室。技能大师工作室项目运行5年来，加快了高技能人才培养的速度，提高了高技能人才的质量，在推动高技能人才队伍方面取得了明显成效。但是在技能大师工作室管理方面也存在一些问题，从国家到地方层面，对技能工作室职责和功能定位、管理体系、激励机制和考核评价机制等方面缺乏系统的设计和工作标准。技能大师工作室在建设及管理方面缺乏可实施性的政策指引。建筑施工企业设立的技能大师工作室因其企业性质及生产特点的特殊性，在技能大师工作室建设及运行方面又出现有别于其他行业技能大师工作室的新情况、新特点和新问题，在技能大师工作室管理方面需要进行个性化设计。

因此，为建立一个适用于建筑施工企业的协调、灵活、高效的技能大师工作室运行机制，提高技能大师工作室的效能，加快高技能人才队伍建设。经水电十四局有限公司审批，授权建有7个技能大师工作室的机电安装事业部成立技能大师工作室政策研究课题组，对公司至2012年以来建立的9个技能大师工作室建设及运行现状进行调查研究，并提出有建设性的政策措施。

二、目的和意义

技能大师工作室是国家、云南省落实高技能人才振兴计划，重点推动的项目，也是公司人才体制机制创新的模式。公司现有10个技能大师工作室，其中国家级技能大师工作室1个，省级技能大师工作室7个，市级名匠工作室2个，其中有7个工作室设在机电安装事业部。目前这些工作室均是非正式职能机构，离开公司行政职能部门的支持，就难以运转。工作室负责人由国家技能大师、云岭首席技师及昆明市名匠领衔负责，工作室成员由行政部门业务负责人、生产一线骨干兼任。由于工作室负责人及工作成员大多为兼职身份，完成国家、云南省及公司下达的工作室建设、高技能人才培养和技能创新任务，基本上靠业余时间完成。公司对技能大师工作室在员工技能水平提高、人才队伍建设、产品质量及企业品牌形象提升等方面的作用认识不足，重视不够。致使技能大师工作室建设变成了公司某个部门或领办人的工作，技能大师工作室建设活动变成某个时点的“申报”工作，业绩考核时的“突击工作”。针对技能大师工作室建设缺乏系统、规范、动态的管理，技能大师工作室的积极作用不能得到充分发挥。

因此，为充分发挥并提高技能大师工作室的效能，探索建立协调、灵活、高效的技能大师工作室运行机制显得尤为必要。

三、研究方法

本课题采用查阅文献、调查研究、经验总结法、个案研究等方式开展研究。课题研究的团队由昆明市职业培训指导中心相关专家、公司人力资源部管理人员、事业部分管领导、专家、技能大师，勘察设计研究院、设备运行中心相关管理部门的负责人等组成。从政府、企业及工作室不同角度分析技能大师工作室建设及运行中存在的问题，通过数据分析、实践经验总结，发现问题，并有针对性的提出解决工作室建设及运行存在的问题的对策措施，并通过措施的执行，解决技能大师工作室建设运行中存在的问题。

（一）收集并查阅参考文献资料

为保证课题的严谨性和实用性，课题组通过查阅国家及云南省、昆明市政策文件及指导书籍，网络查询并下载大量参考文献，以了解技能大师工作室建设及运行现状。

（二）实地调研

为深入了解技能大师工作室建设及运行现状及存在的问题，课题组组织人员重点调查了云南省 CY 集团、云内动力、星耀集团三家单位，以及公司勘察设计研究院、设备运营中心内部两家单位的技能大师、名匠工作室建设与运行现状，发现存在的共同问题，探讨学习各家针对问题的解决办法与思路，充分借鉴他们的成功经验。

（三）经验总结

公司是云南省最早也是设置最多技能大师工作室的单位，从 2012 年 10 月“杜宁技能大师工作室”挂牌成立以来，一直在探索建立行之有效的技能大师工作室运行机制并付出实践，在技能大师工作室管理及操作方面具有丰富的实践经验和理论基础。2017 年 11 月，课题组组织事业部分管领导、专家、技能大师及职能部门管理人员就技能大师工作室自创建以来的存在的问题及经验，开展经验总结专题会。经验总结作为制定技能大师工作室管理办法及课程成果的重要组成部分。

四、技能大师工作室建设运行存在的主要问题

（一）缺乏深层次的政策指引

建立和完善技能大师工作室管理制度是工作室持续健康发展的前提，目前国家及地方对技能大师工作室项目的申报与评审、项目资金适用范围和项目产出与评估方面作了较为详细的规定，但是在建设及管理方面一直没明确的指导文件，主要问题主要以下两点：

1. 基础建设缺乏引导

在政策层面，国家及云南省对技能大师工作室应具备的办公场所、实训设备等基础工作条件没有政

策指引和强制性规定。因此工作室所依托的企业、院校因为条件限制，在基础设施建设资金投入及规范方面不够重视。技能大师工作室运行没有固定和独立的办公场所和实操培训场地，影响技能大师工作室功能的正常发挥。

2. 制度建设缺乏规范

技能大师工作室项目运行5年来，国家及地方部门在技能大师工作室管理机构、运行流程、工作标准、经验交流和绩效评估方面，一直没有出台政策指导文件。在技能工作室挂牌成立之后，缺乏后续跟踪和绩效评估，致使各技能大师工作室建设及运行极不规范，管理松散，运行效果良莠不齐。工作室之间又缺乏常规的经验交流机制，难以发现建设方面存在的问题及借鉴先进经验，在建设及运行方面存在各自摸索、固步自封的状态。

3. 功能定位缺乏规划

部分工作室在建设前，未对所在单位及工作室的特点进行调查研究和认真分析，缺乏对自身的职责和功能进行准确定位，在工作室运行周期内没有制定明确的发展规划和年度工作目标，工作思路不清晰。致使工作室在后期的运行过程中其功能不能全面发挥，工作室的成长缺乏后劲。

（二）建筑施工企业固有问题

1. 建筑施工企业人员流动频繁，不利于工作室活动开展

在施工企业中，由于经营模式和生产方式的特殊性，施工企业在经营方式上与其他的企业有显著的不同，施工企业一般是通过招投标或议标等方式取得工程项目承包合同。承担的工程项目分布点多、面广、线长，分支机构分布省内外、世界各地。同时配置的资源是流动的，工程项目的人员、机构、物资、设备等要在不同的地区、不同的类别的工程间流动施工。这就给施工企业技能大师工作室的活动场所的创建、高技能人才集中培养和技术攻关团队的建立带来诸多问题和挑战。

2. 运行管理机制不健全

目前施工企业的技能大师工作室均是非正式职能机构，离开企业的行政职能部门的支持，就难以运转，因此企业需要从制度层面和机构层面建立完善的管理体系，来保障技能大师工作室项目良好运行。目前，技能大师工作室普遍存在“重建设轻管理”的现象，即重视工作室申报，工作室挂牌以后，不建立管理机构，不制定管理制度，不配备专业人力资源给予支持等轻视后续管理的现象。技能大师工作室建设后，变成了依托单位某个部门或领办人的工作，技能大师工作室建设活动变成某个时点的“申报”工作，业绩考核时的“突击工作”。对技能大师工作室建设缺乏系统、规范、动态的管理，技能大师工作室的积极作用不能得到充分发挥。

3. 工作制度和工作标准不明确

部分工作室在运行中未制定指导老师选拔标准和流程、学员培养途径、培养模式和培养质量标准、补贴和奖励标准、专项经费审批流程和适用范围、设备物资、工器具采购管理流程及管理标准、档案管理流程及要求等。工作制度和工作标准不明确，工作室管理就会处于无序状态，不利于工作室良好有序运行。

（三）人才培养机制待完善

1. 未搭建高技能人才技术创新平台

技术攻关、创新是技能大师工作室两大功能之一。这一功能得到充分发挥，需要企业从项目、资金、信息、人力资源、设备等方面为技能大师工作室搭建创新平台。目前，施工企业的技术攻关、创新

项目的立项、评估工作一般由工程科技管理部门负责，技术攻关创新管理机制与技能大师工作室的运行机制之间，未搭建沟通、协调、信息共享机制。因此，工作室往往受工作室带头人在依托企业的资源支配能力、信息获取能力和个人基本素质等方面的影响，在技术攻关创新方面很难取得实质性成绩。

2. 考核评估和激励机制不健全

目前部分单位未建立工作室考核评估体系和激励机制，对工作室成员的作用和业绩缺乏考核评估标准及配套的激励措施。很难吸引优秀的专业技术人员和高技能人才加入进来，要完成工作室的任务，必须靠行政命令“点将”才能完成。

3. 高技能人才发展通道不顺畅

部分企业未建立高技能人才培养评估机制、激励和晋升机制，所在企业的高技能人才发展通道不顺畅，高技能人才的价值不能得到充分肯定和体现，造成很多技能类员工提升技能、专研业务的积极性不高。

五、机电安装事业部技能大师工作室创建实践

课题组在对施工企业技能大师工作室建设现状充分调查，总结其他工作室建设存在的问题和成功经验的基础上，并根据云南省经济发展的新形势、高技能人才培养及工作室建设的新政策、新要求的基础上，结合水电十四局施工企业特点，技能大师工作室分布密集的状况，在技能大师工作室建设方面开展了以下探索实践：

（一）明确工作室的工作思路和工作原则

1. 工作思路

技能大师工作室以“人才优先，突出培养，依托项目，整体开发”为工作思路。技能大师工作室尊重劳动，尊重高技能人才，并以高技能人才培养为根本出发点和落脚点。并适应建设施工企业特点，以工作室、项目部为实践平台，培养一批技能精湛、善于创新型技术技能人才。采用“双师制带徒”模式，带技术、带思想、带文化的师带徒培养模式，培养一批技艺精湛、思想道德高尚、认同企业化的高素质技术技能人才。

2. 工作原则

（1）高技能人才培养与技术创新攻关相融合原则。以技能攻关、技术革新等项目为载体，以任务为导向，通过开展技术创新、同业交流、带徒传技等活动，同步实现技术创新和高技能人才培养的目的。

（2）高技能人才培养与技术创新攻关双赢原则。在技术创新攻关项目中培养人才，在人才培养中，提升技术技能水平和科技创新及技能攻关能力。

（3）技能人才分类分层培养原则。技能大师工作室根据技术技能人才专业类别、工作性质及技能人才技能水平和素质层级，采取因材施教、多样化的人才培养政策。

（4）政治素质教育、职业道德教育和技能教育相结合原则。技能大师工作室在开展技能教育的过程中，同步开展政治素质教育和职业道德教育，培养一批认同企业文化和价值观，德艺双馨的综合型高技能人才。

（二）建立系统、规范和动态的技能大师工作室管理体系

技能大师工作室的健康持续发展，需要建立统一、规范灵活、高效、权责明晰的管理机构和管理制度。

1. 建立权责明晰，政令畅通的管理机构

为确保技能大师工作室功能正常发挥，机电安装事业部成立由事业部分管领导、人力资源部、财务部、设备物资部、工程科技部、专家顾问组成的技能大师工作室管理及考核工作小组。工作室管理及考核工作小组主要负责制定及修订技能大师工作室管理办法，审定技能大师工作室考核评价指标目标和考核结果，对工作室管理及考核工作中的重大事项进行决策等。

中国水利水电第十四工程局有限公司技能大师工作室管理组织机构图

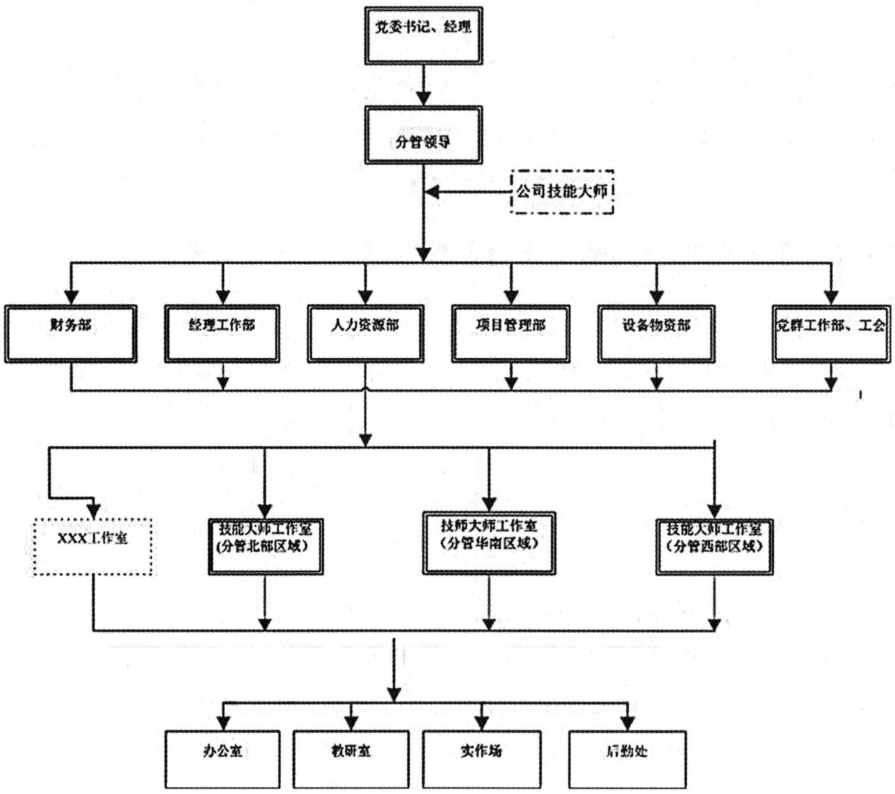

图 1　管理组织机构图

2. 实施区域化管理

机电安装事业部针对施工企业流动性特点，在管理机构中心和较为固定的生产基地，设立固定技能大师工作室办公机构和实作场所，并结合项目部分布情况，按照区域在条件适合的项目部设立流动技能大师工作室实作场，这些流动的实作场跟随项目实施情况和资源的变动而转移。避免大师工作室运行和项目生产管理之间的冲突，同时有利于资金的节约。在管理方面，按照技能大师工作室主导专业、工种及带头人所在项目部，划分分管区域，实行区域制管理。每个工作室根据区域范围，负责分管区域内技能人才的培养和技术攻关创新工作。管理结构详见上图 1。

3. 制定合法、合规、科学合理的管理制度

管理制度主要包括：管理机构及成员的工作职责；指导老师和学员选拔条件和选拔流程；高技能人才培养模式；工作室成员待遇、奖励及补贴标准；考核评价指标、奖惩；经费适用管理、设备物资管理、档案管理等保障机制。

4. 采用新型高技能人才培养模式

工作室在高技能人才培养模式中，除采用传统师带徒培养模式外，还采用“双师带徒”培养模式、

新型师带徒培养模式开展高技能人才培养工作。这两种带徒模式保证了导师和徒弟之间的高效配合，提升了高技能人才培养的速度和质量。

（1）“双师带徒”模式即对新入职或技能水平较低的员工，同时配备思想导师和技能导师，同步提升技能水平和思想道德水平。管理模式详见表1。

表1　双师带徒管理模式

师带徒管理	思想导师	专业导师	徒弟
选拔条件	原则上由所在单位、项目部的党总支（支部）书记、支部委员、优秀党员担任。党总支（支部）书记统一负责所在单位、项目部思想导师管理和新员工思想指导工作	根据导师理论和技能水平进行分层分级。专业导师共分为四个级别：新星导师、明星导师、首席导师、特级导师	根据徒弟类型进行分层分级： 1. 热血青铜：新员工、技能水平较低但有培养潜力的员工 2. 不屈白银：转岗员工、中级工及以上员工 3. 英勇黄金：高级工及以上的员工；班长级员工 4. 坚韧铂金：技师级员工；队长级员工
配对方式	一对多	一对二	—
培训与培养	1. 事业部人力资源部每年将组织思想导师、专业导师人员进行网络课程培训与考核，课程主要以新生代沟通、提升师带徒技能、优秀经验分享等方面，培训考核结果计入导师考核成绩；2.. 与职业院校合作，定期开展师资培训班		1. 按照培养计划合同书进行一对一指导实践锻炼；2. 项目制技能攻关及创新锻炼；3. 与职业院校合作，对徒弟采用“回炉再造”模式，根据学员情况，派徒弟定期回学校接受再教育；4. 职业技能鉴定考评成绩；5. 公司级、省级技能大赛选拔
主要职责	主要负责帮助徒弟融团队、树新风、践行企业文化	主要负责传授专业知识技能及实操技术，提升徒弟技能攻关创新能力	根据培养计划合同书，自身技能水平、管理能力达到培养目标
考核评价	阶段性考核；以人力资源部通过徒弟 30 天、60 天、90 天、180 天及 360 天调研数据判定思想导师带徒情况	1. 阶段考核：以人力资源部通过徒弟 30 天、60 天、90 天、180 天及 360 天调研数据判定思想导师带徒情况。2. 带徒协议期满结果考核：以徒弟成绩确定师傅考核结果；3. 带徒技能攻关及创新完成任务	1. 职业技能鉴定徒弟技能水平；2. 公司大赛、省赛进一步选拔优秀技能人才；3. 技能攻关及创新完成任务
晋升激励机制	职位（岗位）晋升	1. 星级导师晋升；2. 职位（岗位）晋升；3. 待遇提升；4. 入选后备人才库	1. 职位（岗位）晋升；2. 荣誉晋升；3. 入选公司后备人才库；4. 待遇提升

（2）新型师带徒模式，通过与职业院校深度合作，学校教师和事业部技能大师、名匠及其他高技能人才联合传授，对学生以技能培养为主的现代才培养模式。

5. 制定科学、可操作、可量化的考核评价机制有助于工作室健康可持续发展

水电十四局制定的技能工作室考核评价机制明确了考核评价主体和考核评价指标。工作室成员、指导老师和学员的评价考核及奖惩由工作室负责；工作室的业绩评定由技能大师工作室管理与考核工作小组负责。对于工作目标完成优秀的工作室给予表彰和经济奖励，对工作目标完成不合格的工作室，对工作室带头人采用经济处罚及内部退出机制。

工作室考核评价机制从基础建设、制度建设、教师队伍建设、课题建设、人才培养、运转周期工作规划、年度计划执行情况等方面制定了详细、可量化、可操作的考核评价指标。考核指标及指标权重根据每年工作重点进行动态调整。考核指标详见表2。

表2　技能大师工作室年度考核指标

考核项目	工作内容	考核指标	指标权重%	扣分标准
一、基础建设（20%）	工作室办公场所及办公设施	符合申报条件最低要求	[0，3]	发现一项不合格，扣1分，最多扣3分
	工作室教学设施及教具	建立工作室管理组织机构	[0，3]	建立不扣分，不建立扣3分
		建立教学设备设施台帐	[0，2]	未建立扣2分，建立但是不规范、不完整的发现一处扣1分，最多扣2分
		有兼职教学设备设施管理人员、工作档案管理人员	[0，3]	未配备人员扣3分
	实作场场地及设施、必备设备及工器具	有固定或移动的实作场场地及设施、必备设备及工器具、安全防护设施	[0，4]	发现一项不合格，扣1分，最多扣4分
		建立实作场设施、设备、工器具台帐	[0，3]	未建立扣3分，建立但是不规范、不完整的发现一处扣1分，最多扣3分
		有兼职实作场设施及设备管理员	[0，2]	未配备人员扣2分
二、制度建设（10%）	建立工作室各项工作管理实施细则	工作管理细则	[0，4]	未建立扣4分；建立了但但操作性不强，扣2分。
		指导教师管理、考核细则	[0，3]	未建立扣3分；建立了但但操作性不强，扣1分
		教研室、实作场管理细则	[0，3]	未建立扣3分；建立了但但操作性不强，扣1分

续表

三、课程设置与试题库建设（10%）	课程设置	1. 开发专业理论培训、职业道德培训课程，编制并定期更新课程讲义；2. 编制操作技能指导实施方案及计划	[0，4]	符合要求不扣分；发现一项未完成，扣 2 分，最多扣 4 分
	试题库建立	结合企业实际，建立并定期维护公共基础、理论、技能实操考试试题库	[0，6]	每个专业理论、技能实操试题库要具备 500 道试题量。符合要求不扣分；未建立扣 6 分，低于试题量标准的 10%，扣 1 分，最多扣 6 分
四、指导教师队伍建设（10%）	指导教师选聘	选聘的指导教师符合任职要求，并签订聘用协议	[0，2]	符合要求不扣分；发现一处不合格，扣 1 分，最多扣 2 分
	指导教师数量	每个工作室至少配备 2 名实作指导教师	[0，4]	符合要求不扣分；少配一名指导教师扣 1 分，最多扣 5 分
	指导教师工作计划	每位指导教师有书面的年度工作计划及月度工作总结	[0，4]	完成不扣分；无计划或计划不具备操作性扣 4 分
五、学员选拔（5%）	学员选拔	选定培养学员，并签订《师带徒协议》	[0，2]	工作完成不扣分，未完成扣 2 分
	学员管理	建立学员培养方案及管理办法；按季度上报学员培养计划及培训总结	[0，3]	工作完成不扣分，未完成扣 3 分
六、运转周期工作规划（5%）	编制工作室运转周期工作规划	工作规划具有明确的工作目标、实施方案和实施计划等	[0，5]	工作规划内容完整、具有可操作性，不扣分，发现一处不合格或不具操作性，扣 1 分，最多扣 5 分

续表

七、年度工作计划（40%）	编制书面的年度工作计划及费用计划	每年1月15日之前上报当年工作计划和费用计划	[0，5]	未按时上报扣2分，有漏项的发现一处扣1分，未上报扣5分
	上报书面年度工作总结	每年1月15日之前上报上年年度工作总结（费用执行情况）	[0，5]	未按时上报扣2分，有漏项的发现一处扣1分，未上报扣5分
	工作任务完成情况	技能人才培养任务：1. 师带徒模式日常培养；2. 职业技能培训；3. 每年至少组织两次职业竞赛活动；	[0，20]	完成下达的工作室年度人才培养任务；每少培养1人高技能人才扣4分，最多扣20分
		2年内至少主持完成或参与完成1项科技创新成果，并取得效益。	[0，15]	完成任务不扣分；未完成任务扣15分
		每年组织一次技术业务交流会（内部或外部均可）	[0，5]	没有组织扣5分，组织交流会议，无会议纪要扣2分
合　计			[0，100]	

6. 建立工作室激励制度，疏通高技能人职业发展通道

（1）对工作室带头人，根据年度工作业绩实行奖励及表彰制度；对工作室成员根据职责分工给予相应的待遇补贴，对负有带徒任务的专业导师，根据导师星级发放不同等级带徒补贴；对于完成阶段性培养目标、在省内外组织的职业技能大赛中取得优异成绩的学员、导师给予特殊奖励及职位晋升等激励政策。特殊奖励激励政策详见表3、表4。

表3　证书补贴特殊奖励标准

学员获得职业资格证书等级	特殊奖励补贴（元/人）	
	师傅奖励标准	徒弟奖励标准
初级工	500.00	1000.00
中级工	1000.00	2000.00
高级工	1500.00	3000.00
技师	2000.00	4000.00
高级技师	3000.00	6000.00

表4　技能大赛特殊奖励标准

获奖名次	获奖选手奖励标准（元/人）			导师奖励标准（元/人）	
	公司级	市级	省部级及以上	市级	省部级及以上
三等奖	800.00	1000.00	2000.00	1000.00	1500.00

续表

二等奖	1500.00	2000.00	4000.00	2000.00	3000.00
一等奖	2000.00	3000.00	6000.00	3000.00	4000.00

（2）为提高高技能人才的自我认同感和荣誉感，与技能大师工作室考核评价机制对接，水电十四局于2017年对项目部生产班组组织机构及员工的职业发展通道进行了重新调整，对项目部职工职位等级设置办法进行了重新修订，疏通了高技能人才的职业发展通道，提高了高技能人才的职位等级和薪酬水平。高技能人才职业发展通道详见图2、图3。

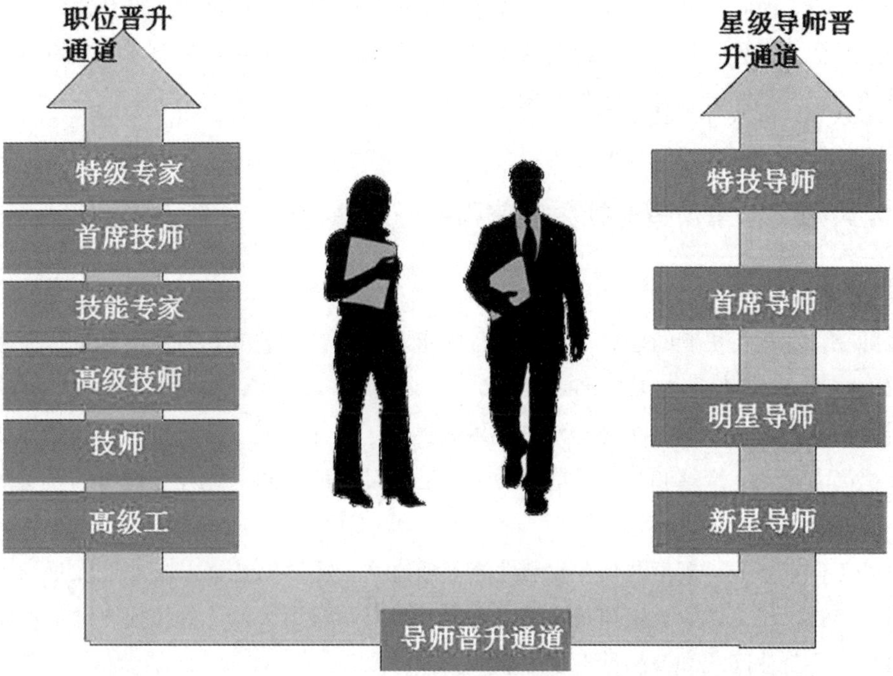

图2　导师晋升通道

图3　技能人才职业晋升通道

7. 搭建技能大师工作室技术创新平台

建立技能大师工作室与事业部科技创新工作小组的工作交流机制，两个组织的工作人员交叉任职，定期开展技术攻关创新年度通报会，将事业部技术难题、年度科技创新任务及人力资源进行信息共享、资源互通，提升技能大师工作室对科技创新的参与度。为技能大师工作室开展技术攻关创新搭建平台。

8. 为高技能人才培养提供坚实的经济支持

公司为人才培养创造良好的环境，建立健全高技能人才培养激励政策，并为高技能人才培养给予大力资金支持。事业部平均每年用于职工教育经费150万元，占事业部工资总额的1.8%。其中用于高技能人才的培养、交流、教师津贴、优秀学员奖金等方面的费用为105万元，占职工教育经费的70%。公司还组织进行特种作业工种复审、取证的人员培训，同时还依靠云南省第48职业技能鉴定所和云南省水电建设职业技能鉴定站不断开展职工所需工种的职业技能鉴定工作，为公司不断输送高技能后备人才等等。

六、技能大师工作室创造的社会效益和经济效益

（一）社会效益

1. 技能大师工作室运行机制的建立，加快了高技能人才培养的进度、数量和质量，为公司及社会培养了中级及以上技能人才373人，其中高级工166人，技师40人，高级技师21人，国家技能大师1人、云南“万人计划”首席技师7人、为公司跨越式发展提供了人才保证。公司技能工人整体技能是水平和素质的提升，提高了劳动生产率和产品质量，确保施工项目按期履约，提升了公司的企业形象和社会信誉度。

2. 技能大师工作室系统、规范并具有激励性的管理体系，畅通的技能人才职业发展通道，建立了阶梯型人才队伍，增强了员工的荣誉感和归属感，有利于吸引、留用大批优秀技能人才，保障了企业发展的延续性，解决社会就业问题和提高员工收入水平。

3. 工作室集中优势力量，积极组织或参加各级职业技能大赛活动，摘获多项荣誉称号，促进了企业技能人才整体素质不断提升。为企业塑造了良好的形象，带来了显著的社会效益。

（1）2017年4工作室成员、焊工孔凡荣、苏志国，钳工李根在“昆明市第二届名匠杯”职业技能大赛中成绩优异，被授予“昆明市技术能手”荣誉称号。

（2）2017年7月工作室成员、钳工李根，在云南省职业技能大赛（钳工）技能选拔赛中荣获“三等奖”。

（3）2017年11月，工作室成员张晓东同志被昆明市人民政府认定为“第四届昆明市有突出贡献高技能人才”荣誉称号，奖励20000元；杜宁、周敏利、毛永茂三位同志被昆明市人民政府认定为“第四届昆明市优秀技术能手”荣誉称号，所获奖励5000元/人。

（4）2017年12月。工作室成员杨庆文、张晓东两位同志被云南省人力资源和社会保障厅评为“第一届云岭技能大师”，代伟、施代勇、吴瑞清三位同志被评为“第一届云岭技能工匠”。

（5）2019年10月。在云南省第十六届职业技能大赛水轮机安装工大赛的激烈竞争中，工作室成员吴云顺摘得“技术状元”桂冠，8名员工获得“技术能手”荣誉称号。

（二）经济效益

技能大师工作室运行机制建立以来，工作室创造了多项科技创新成果，解决了生产过程中的技能技

术问题，为公司带来了显著的经济效益。

1. 一种水轮发电机定子定位筋小等分弦距测量工具

2014 年 11 月获得了国家知识产权局实用新型专利。水轮发电机定子定位筋小等分弦距测量工具”，应用于定子定位筋安装调整过程中，加快了定位筋安装进度，缩短了定子铁心叠装时间，提高了定位筋的安装质量，确保了定子铁心叠装的基准精度，为项目部获得了经济效益达 75 万元。

2. 水轮机大型圆筒阀+顶盖联合预装的技术研究

王秀然技能大师工作室负责完成的科技项目，获得了公司 2015 年度科学技术进步奖三等奖。该项研究在导水机构预装前先在安装间进行圆筒阀和顶盖的预装，合格后将圆筒阀和顶盖一起吊入机坑进行整体预装，减少了筒阀因单独吊装而造成的变形，确保了预装质量，也缩短了导水机构预装的直线工期，为项目部获得了经济效益达 80 万元。

3. 大型发电机定子一次定位安装施工工法

2015 年，由王秀然技能大师工作室牵头负责项目，获得了中国电建的工法。该项研究在定子机座安装时就一次定位，接着进行基础混凝土的浇筑，在定子铁心叠装完成后，不再进行定子的调整，只进行尺寸复查，缩短了定子安装时间，提高了定子组装和安装质量，减少了定子振动，赢得了业主和监理的好评，为项目部获得了经济效益达 240 万元。

4. 大型水轮机座环整体工地机加工技术研究

该研究项目，由王秀然技能大师工作室负责完成。获得了公司 2015 年度科学技术进步奖二等奖。该项研究在加工座环大开档尺寸时，根据当时机坑内的温度计算实际加工尺寸，确保了座环加工的质量，也保证了机组安装基准尺寸的精准度。获得了较大的经济效益和社会效益。

5. 610MPa 级厚板高强钢压力钢管变形处理施工工法

该工法由杜宁技能大师参与完成，2016 年度通过了中国电建集团公司施工工法。

6. 一种用于竖井压力钢管施工的作业平台

该项目由杜宁技能大师工作室负责完成。一种用于竖井压力钢管施工的作业平台，在竖井段压力钢管安装方面具有很大的优势，由于作业平台上下分层布置，部分工序可以相互独立同时作业。通过作业平台的不断爬升，使得压力钢管安装呈现流水线作业，作业效率可提高到每天安装 2 段（4 节）压力钢管的速度，极大的缩短了安装工期。按照每人/每天 430 元施工成本计算，具体效益体现在以下几个方面：

（1）工期效益

根据以往施工情况，平均每天安装完成 1 段（2 节）压力钢管，采用本工法后每天可完成 2 段（4 节）压力钢管，平均每天 15 名工人上岗。因此，本例中竖井段压力钢管 SC1～SC138 共计 138 节压力钢管，工期效益约为 138÷2−138÷4＝34.5（天），工效提升 1 倍，提升经济效益约为 34.5×15×430＝22.253（万元），经济效益提升了 50%。

（2）工装投入效益

主要工装设备有天轮架、活动作业平台、简易台车等，其中天轮架重量 6.458 吨，作业平台重量 2.148 吨，简易台车 0.977 吨，材料采购及制作累计支出约 6.705（万元）。若反复搭设脚手架或焊接钢结构固定平台，需重复搭建至少 138÷4＝34.5（次），每个平台重量按 2.148 吨计算，平台制作单价按 5400 元计，累计节约费用至少 40.027 万元。经济效益约为 40.027−6.705＝33.322（万元），经济效益提升率 83.2%。

以上（1）、（2）累计提升经济效益22.253+33.322=55.575万元。

（3）社会效益

通过本专利在山西中部引黄水源工程竖井压力钢管安装过程中的成功应用，在保证压力钢管安装质量的同时，竖井压力钢管安装任务提前完成，不仅满足了总进度计划要求，而且多次作为山西中部引黄水源工程代表性形象面貌点。在水利部、山西省副省长、电建集团的检查中，竖井压力钢管安装工作得到了充分的肯定，增强了企业形象。经实践检验该专利成果经济效益、社会效益显著，可在类似工程中推广使用，具有很好的推广价值。

7.设计角焊缝埋弧自动焊接装置

当进行压力钢管加劲环角焊缝焊接时，通常依靠手工电弧焊或气体保护焊等方法进行焊接，焊缝质量参差不齐，比较依赖焊工技术水平，并且劳动强度大、焊接效率低、经济效益差，特别是在进行压力钢管大规模、成批量制作时劣势尤为明显。为此，研究设计了一种压力钢管加劲环角焊缝埋弧自动焊接的工位装置，利用焊接滚轮架、工字钢、槽钢等材料，制作滚轮架角度倾斜装置，依据角度倾斜装置设计制作压力钢管固定、滚动装置，将二者根据压力钢管尺寸参数合理组合成固定架。焊接前，根据压力钢管尺寸调整固定架倾斜角度和固定角度，使角焊缝中心自然垂直形成船型焊接，最后将埋弧自动焊十字臂调整至合适高度，进行加劲环角焊缝的连续焊接。经过在压力钢管制作厂的生产试验，该装置达到了预期效果，完全满足埋弧自动焊接要求。在后期压力钢管制作过程中，压力钢管纵缝、加劲环角焊缝等焊缝均采用了埋弧自动焊接方法，在提高生产效率的同时大大降低了施工成本，经济效益非常显著。直接经济效益计算如下：

常规而言，压力钢管加劲环焊接时采用二氧化碳气体保护焊方法，平均每天焊接完成2节压力钢管，采用该工装后每天可完成4节压力钢管，焊接效率提高1倍，人力资源成本可节约50%。山西中部引黄工程中，压力钢管524节，常规焊接时，每节压力钢管加劲环平均焊接时间0.5天，焊接人员为4人，施工成本为524×0.5×4×600=62.88万元。采用该工装后，累计焊接时间524×0.25=131天，投入人员4人（焊工工资600元·天），施工成本为524×0.25×4×600=31.44万元，直接经济效益为62.88-31.44=31.44万元，经济效率提升率为50%。

8.一种用于北方冬季施工厂房的保温封堵设施

该项目由云南省“万人计划”首席技师张晓东主要负责完成，于2019年8月2日由国家知识产权局授权获得实用新型专利。该项目主要应用于吉林敦化抽水蓄能电站地下洞室。通过实用新型专利技术的应用，大大改善了北方冬季洞内施工的环境温度，使洞内有效施工期间提升为全年。在保证工程质量的同时，缩短了工期，每年节约施工成本和人工成本81.99万元，2017年-2019年节约施工成本和人工成本245.97万元，制作及安装保温封堵设施投入成本约22万元，且可重复利用，根据项目周期可以使用五年，平均每年投入成本22÷5=4.4万元。因此，平均每年经济效益提升率为（81.99-4.4）/4.4≈19倍。

9.一种用于抽水蓄能电站废水循环利用的处理装置

该项目由云南省“万人计划”首席技师张晓东主要负责完成，于2019年12月31日由国家知识产权局授权获得实用新型专利。该项目主要应用于吉林敦化抽水蓄能电站地下洞室。

地下洞室施工期施工废水主要由隧洞岩壁裂隙渗水、风钻施工钻孔洗孔废水、锚杆注浆废水、喷混凝土废水和混凝土回填清仓废水等几部分组成。可能存在的污染物包括岩粉、浮土、水泥浆悬浊物以及爆破材料释放的气体溶解物等，此类废水的主要超标项为悬浮物（SS）（150-300mg/L）和pH（10以上），本单位负责施工的吉林敦化抽水蓄能电站地处吉林省敦化市国家级原始森林自然保护区，环境功能等级较高，不允许排污，所以必须采取污水外运处理，每天进行污水外运使用车辆2台/时，驾驶员1名（每台时120元，含驾驶员费用），污水处理工人1名，100元/天，处理设备费用80元/天。

污水处理循环系统未使用之前，产生的污水处理成本费用计算如下：（120×2+100+80）×365×2=306600元。

地下洞室施工期污水处理循环系统研究及投入成本费用约12万元，项目使用周期为5年，平均每年投入成本为2.4万元。

通过对地下洞室施工期污水处理循环系统进行研究和应用，保证了施工期生产废水的集中处理及合理利用，有效保护工程所在地的水环境。在项目的整个运行期间，平均每年为企业节约各类生产管理费用28.3万元，提升经济效益约12倍（28.3÷2.4）。2017年-2019年节省污水处理费用约85万元。

10. 一种水电站岩锚梁轨道浇筑运输小车

本专利主要由杨庆文技能大师工作室完成，专利编号：ZL201821296794.0。申请时间：2019年5月7日。授权公告日：2020年4月14日。

水电站岩锚梁轨道二期混凝土浇筑存在施工现场空间狭小、浇筑距离较长、需一次连续浇筑等特点，浇筑难度大。对于岩锚梁轨道二期混凝土浇筑的运输工具，传统工艺一般采用独轮运输小车。该工具存在单次运输方量小，劳动强度大，行走安全系数低等缺点。采用轨道运输小车，能有效的解决独轮车的缺点，安全快捷的完成轨道二期混凝土的浇筑。其中提高单次运输方量可有效提升浇筑质量，缩短浇筑时间；运输小车直接固定于桥机轨道上，可大大提升运输安全。经应用，主厂房桥机轨道二期混凝土浇筑工期从独轮车的4天到5天缩短至1天完成，可节约工期3天至4天，工作效率提升了4倍，大大降低了施工成本，提高了施工质量。节约施工成本约8.5万元。

经济效益计算如下：

常规而言，主厂房桥机轨道二期混凝土施工人员需15人，使用独轮车施工工期5天，使用本工具后施工工期1天，浇筑需10人，人均工资400元/天，节约人工成本400×5×15-400×1×10=26000元，混凝土搅拌车1天租赁费用2000元，25t汽车吊租赁费1天1500元，节约机械成本2000×4+1500×4=14000元，混凝土浇筑工期缩短机电从轨道安装至桥机安装完成工期4天，机电常规轨道及桥机安装人员25人，人均工资450元/天，减少机电人工成本450×4×25=45000元。合计45000+14000+26000=85000元。

11. 一种用于重大销钉水平安装的工具

该专利参与完成人：吴瑞请，技师，云南省“万人计划”首席技师，吴瑞清技能大师工作室主要负责人。专利编号：ZL201921000897.2。申请时间：2019年7月1日。授权公告日：2020年4月14日。该项目创造的经济效益和社会效益说明如下：

在水电站机电安装过程中，存在较多的重大销钉水平安装的机械装配工作。在施工中，安装现场空间狭小、重大销钉重量重，人力抬不动，起吊设备使用不上，难以对中，使装配难度增加、且容易造成零部件损伤的特点。该重大销钉水平安装工具，有效解决了狭小空间提、抬重物，有效对准中心等难题，能安全快捷的完成现场机械装配时重大销钉的水平安装工作。同时提升安装质量，缩短安装时间，避免零件损伤，确保了装配的安全。经应用，轴流转浆式水轮机转轮现场组装的时间由30天到35天缩短至25天，节约工期10天至15天，工作效率提升了40%，大大降低了施工成本，提高了施工质量、确保了安全。节约施工成本约20万元。

七、技能大师工作室项目意义与思考

技能大师工作室项目旨在认真贯彻落实党中央、国务院关于大规模开展职业技能培训，提升劳动者职业技能水平的重要战略部署。符合云南省建设知识型、技能型和创新型劳动大军的人才发展战略和中国电建集团人才强企发展战略。

中国水利水电第十四工程局有限公司在总结国家及地方技能大师工作室项目运行中存在的问题过程中，提出了有针对性的解决措施及方案，所建立的技能大师工作室运行机制系统、健全，具有较强的可操作性，为企业发展创造了良好经济效益与社会效益。我公司的技能大师工作室运行机制将持续总结问题、先进经验并完善制度措施，对考核评价机制及激励机制进行进一步健全、完善。

技能大师工作室运行机制的运行及推广，有助于国家、地方及企业建立的技能大师工作室项目落地并高效运行，加快建设高素质技能人才队伍，优化我国经济转型再平衡的人才结构，提高人才素质和人才要素生产率，完成从制造大国到制造强国转变的宏伟目标。

成果创造人：郑修建、陈光霞、蒋　雷、孔祥辉、崔志森、杨庆文、
杜　宁、王秀然、张明贤、白文芸、张晓东、吴瑞清

中电海康多元化中长期人才激励机制创新探索

中电海康集团有限公司

中电海康是中国电科核心骨干企业，是国资委科改示范企业，是物联网领域高科技企业，形成了以“存储计算、智能感知、智能控制、物联网系统/平台和IoT应用生态”为主要业务的物联网产业布局及“以视频为核心的人工智能技术、以存储为核心的微纳技术”的核心技术布局，在物联网、高端存储、智能传感、微纳制造等方面取得一系列科研与产业化成果，具有良好的技术及产业化基础。

公司2019年实现营业收入596.8亿元，净利润121.2亿元，净资产490.06亿元，研发投入60.05亿元，占公司销售额的比例为10.06%。

一、改革背景及必要性

（一）背景

中电海康始终围绕企业是创新的载体，人才是创新的主体，企业家是创新的灵魂，通过完善各种激励政策、实施混改等综合措施，不断优化企业股权结构和治理结构、激励人才、选拔企业家，促进中电海康企业家群体的加快出现，通过改革不断推动企业创新能力提升，通过技术创新解决技术的来源、技术走向市场以及技术可持续发展三大问题，从而确保企业可持续发展。

中电海康始终遵循习近平总书记2015年视察海康的指示精神，牢牢抓住企业持续发展、创新市场制胜之道，不断增加创新研发投入，加强创新平台建设，培养创新人才队伍，促进创新链、产业链、市场需求有机衔接，努力成为创新驱动发展的先行者。

随着公司的发展壮大，员工规模持续增长，员工结构也日渐复杂，国内同行业竞争也日益激烈，在吸引人才、留住人才方面对公司的激励体系提出了巨大的挑战。2015年初，在大众创业、万众创新的背景下，为保持公司持续快速发展和开拓创新的动力和活力，中电海康开始探索如何建立内部创业创新机制，通过建立共创、共担、共享、共赢的平台，激发核心员工的创业激情，以实现中电海康的持续健康发展。

（二）必要性

1.实施多元化的中长期人才激励机制是中电海康持续发展的需要

中电海康始终秉持“人才是企业发展的核心资源”这一人才理念，人才驱动已成为中电海康重要战略，是中电海康创新发展的核心推动力。企业之间的竞争归根到底是人才的竞争，对于中电海康这样以高新技术为核心的企业，创新驱动是企业发展的根本原因。在数字化浪潮袭来之时，中电海康要持续发展，必须进入新领域，开展新业务，必须依赖创新。只有一个又一个成功创新，才能保证公司持续经营。而创新驱动归根到底是人才驱动，为进一步破除阻碍人才成长和实施才华的各种阻碍，实施多元化的中长期人才激励机制是海康吸引人才、留住人才的重要改革手段，是海康持续发展的需要。

2. 实施多元化的中长期人才激励机制是激发中电海康活力的需要

国务院国资委副主任、党委委员翁杰明在“完善体制机制激发企业活力媒体通气会”上表示完善激励机制是激发企业活力的关键，增强企业活力、调动企业家和广大职工干事创业的积极性，是搞好国有企业的关键。根据《中共中央国务院关于深化国有企业改革的指导意见》，国务院及有关部委也陆续印发了一系列政策文件，持续推动国有企业建立健全中长期激励机制。中电海康坚持持续改革、持续创新，持续改革中一条很重要的主线就是根据企业不同的发展阶段，给予员工不同方式的激励。从早期的工资奖金、到后来的员工持股，再到后来每两年一期的限制性股票计划，中电海康的激励方式（选取下属企业试点）也在不断探索不断迭代。但与优秀企业相比，中电海康迫切需要建立更加多元化的中长期激励机制，不断激发核心员工的潜能，为人才发展提供机遇和空间，进而增强企业的活力。

3. 实施多元化的中长期人才激励机制是中电海康创新体制机制，探索改革新模式的需要

中电海康作为一家典型的国有高科技企业集团，较传统国有企业发展更快，对于改革的需求也更为迫切，在人才战略方面，公司实施了一系列的改革举措，如推行员工持股，解决了当时公司高管及核心骨干员工的中长期激励；随着公司发展，新的高层次人才的加入，公司又积极探索实施限制性股票计划，每两年一期的限制性股票计划激励范围逐步覆盖了公司的骨干员工，随着资本市场对公司价值的认识越来越充分，股票价格因业绩增长而越来越高，限制性股票计划对公司员工的激励效果正在不断减弱。因此，在实施股权激励的同时，公司亟需探索新的多元化的激励机制，将员工发展和公司发展进行有机融合，让员工和企业一起成长，共担风险、共享收益，从而保持公司长期持续健康发展。

二、主要举措

中电海康多元化中长期人才激励创新成果主要包括股权激励、跟投机制、科技成果转化等。

（一）股权激励

1. 探索混合所有制改革

中电海康各下属业务单位在初创阶段，就进行了通过混合所有制改革实现对创业团队的激励，激发创业热情。从最初混合民营、外资等非国有资本，到单纯的员工持股，再到混合非国有资本和员工持股，到最近通过权益性融资等方式引入各种成分的资本，中电海康始终坚持探索多种形式、各种路径的混合所有制。在2007年到2011年期间，中电海康各主要业务板块的所属公司都实施了员工持股，推动公司实现了“一次创业”。

2. 实施限制性股票计划

除了实施员工持股，中电海康选取了下属业务单位进行限制性股票计划的试点，从2012年开始，连续实施四期限制性股票计划，四批次股权激励均以限制性股票方式授予激励对象，激励对象更倾向于中基层骨干员工。

2012年9月，公司向近600名管理人员及核心骨干人员授予了限制性股票；2014年10月，公司向1 128名管理人员及核心骨干人员授予了限制性股票；2016年12月，公司向2 916名管理人员及核心骨干人员授予了限制性股票；2018年12月，公司向6 095名管理人员及核心骨干人员授予了限制性股票，股权激励范围逐步向公司基层骨干人员倾斜。

3. 应用价值

在历次股权激励计划中，公司激励对象的覆盖面扩大了10倍，激励重心也不断下沉。这是与中电海康作为一家科技型企业，研发人员数量多、核心骨干队伍大的实际相匹配的战略选择，从而持续激发员工的积极性，有效执行公司的战略落地，实现企业价值与员工价值的双赢。

实施限制性股票计划，对提升管理效率、增强公司凝聚力和市场竞争力都起到了非常积极的作用。部分骨干员工有机会连续四次参与激励，较好的股票收益有效补充了公司薪酬的竞争力，在员工稳定方面发挥了重要作用。同时，公司为将来吸引新员工预留了激励条件，给新员工收益的预期，从而提高人才竞争力。

（二）跟投机制

1. 跟投的背景

随着资本市场对公司的认识越来越充分，随着股票价格因业绩增长而越来越高，限制性股票计划对公司员工的激励效果正在不断减弱。而公司随着所在行业边缘的模糊化，面临着同时来自互联网、小型创投公司、大型传统高科技公司的压力，人才竞争非常激烈，而竞争对手的薪酬回报政策通常要比公司更加灵活、丰厚。因此，中电海康在不断思考和摸索新的员工激励方式，以求将员工发展和企业发展的目标有机融合，通过创造长效的激励机制或者激励方法，让员工和企业一起成长，从而保持公司长期持续健康发展。

2. 跟投机制的实施过程

在当时上级领导的精心指导和大力支持下，中电海康在创新业务上，试点员工团队参与投资，从而开启了公司内部员工创业的先河，建立了风险共担、利益共享的长效机制，也打开了公司进一步成长的新空间。为此，中电海康一直在探索激励约束机制的改革和完善。

今年经过多方调研论证，中电海康集团员工跟投方案获批。据此，中电海康针对创新业务、需持续投入的业务、关系到国家战略需求的业务范围内通过设立专业子公司或对既有子公司增资扩股等方式开展核心员工跟投。在中电海康通过保持控股地位进而确保对相关业务的控制力、国有资产和整体利益不受损失的同时，激发核心员工进行创新业务发展，通过跟投机制，充分发挥国有资本的竞争和管理优势，带动并促进跟投企业的发展。

3. 跟投平台设计

跟投员工通过组建有限合伙企业方式，并以此作为跟投平台参与投资，为便于对跟投员工所持公司股权进行统一管理，提高股权流转及股东决策效率，保障公司股权稳定性，跟投方式为员工间接持股跟投业务子公司，即跟投员工先行出资成立三家有限合伙企业，这三家有限合伙企业作为有限合伙人与中电海康下设管理咨询公司共同出资设立员工跟投平台，最终以员工跟投平台持有各项跟投业务子公司的股权，中电海康出资设立的管理咨询公司担任员工跟投平台普通合伙人，对外执行员工跟投平台（有限合伙企业）的事务。

4. 跟投参与对象

参与跟投的员工根据公司主体分为A计划与B计划，A计划由公司的高层管理人员和核心员工组成，以确保中电海康跟投员工与公司创新业务牢牢绑定，形成共创、共担的业务平台。B计划由跟投业务子公司的高级管理人员与核心员工组成，参与跟投某一特定业务，旨在进一步激发跟投业务子公司员工的创造性和拼搏精神，建立符合高新技术企业行业惯例的高风险和高回报的人才吸引、人才管理模式。通过服务年限、岗位层级等维度的考量确认纳入跟投计划的员工范围，确保对核心员工的绑定。

5.跟投决策机制与管理方式

为了确保跟投机制在实施过程中能够科学高效、合法合规决策，中电海康成立了跟投方案执行管理委员会，负责员工跟投方案的执行和日常管理，下设“跟投管理小组”辅助日常工作。跟投方案执行管理委员会成员由董事会授权薪酬委员会选任及解聘。中电海康总部管理部门具体负责持股平台日常管理，包括办理公司设立、变更、注销手续、文档管理等。

（三）科技成果转化奖励

中电海康紧紧围绕创新20条的指导意见，结合企业自身发展特点，落实创新机制，在科技成果奖励方面，为了激发科技人才的创造性与积极性，提高中电海康创新能力、创新水平和整体竞争力，促进科技成果转化为现实生产力，推动科技创新业态形成，中电海康实施了多项激励措施。

1.优化机制、培育创新环境

中电海康不断完善制度环境建设，优化机制，为科技人员提供良好的创新环境保障。中电海康在全公司开展“双创”活动，支持各业务单元内部创新创业，通过举办多种形式的活动促使“双创”工作的有效落地，公司下属业务单位乌镇街公司与央企熠星大赛单位建立了紧密合作关系，目前已多次承办熠星大赛有关活动，通过大赛宣传，对熠星大赛项目在浙江、乌镇等地的落地转化，起到了良好推动作用。全公司通过构建“双创”沟通平台，为创新创业提供了多样化的渠道和肥沃的土壤，也孵化和培育了一系列创新创业项目。

2.实施对创新型人才的知识产权共享激励

为激发企业科技人员创造高质量的科技成果，并进行产业化，为中电海康业务高质量快速增长提供源源不断的科技成果，发现和培育优秀科技人才，公司内部鼓励开展职工创新创业活动。

公司以合同方式与职工双创项目团队约定分享成果权属，根据双创项目不同阶段（如项目创意期、种子培育期、初创孵化期等），成果权属分配也会有所不同，对于研发及产业化项目，根据所处阶段、职务关联和资金支持等情况，科研人员项目团队所占成果权属在一定范围浮动；对于技术及管理改良项目或研究课题类项目，成果权属原则上归属公司，公司对科研人员项目团队进行一次性奖励。

3.实施科技成果转化，对科技成果作价投资，共享收益

公司非常重视知识产权运用和保护助力，大力促进公司科技成果转化，积极研究制定科技成果转化管理办法。中电海康集团研究院为公司顶层研发机构，面向新兴产业等研究孵化核心技术、未来技术，并寻求合适时机将科研成果适时转化。2019年中电海康一项科技成果成功落地转化，并成立初创公司，项目核心骨干也通过技术入股和现金出资的方式拥有公司股份。

（四）应用效果

1.员工工作热情持续迸发，工作主动性显著改善

通过实施多元化的中长期人才激励机制，让员工参与分享企业成长所带来的收益，形成多样化的福利体系，实现公司与员工的共赢，提高了员工的积极性。公司利用发展成果共享实现对核心员工的长期激励，使其能够积极、自觉地按照实现企业既定目标的要求，为了实现企业利益和股东利益的最大化努力工作，从而提高企业的经营业绩和核心竞争能力，保证企业长期稳定地发展。

如股权激励机制，实现在公司内部通过明确的授予对象甄选标准，初级员工努力加速自身发展以达到参与激励的条件；通过透明的分配机制，激励对象自觉在岗位上做出卓越业绩以获得更快的晋升和更

多的股权数量，从而形成一种激励文化，激励员工拼搏奋斗，为公司发展做出贡献。

2. 企业利益共同体逐渐形成，综合竞争力日益增强

通过实施多元化的中长期人才激励机制，企业的利益共同体逐渐形成，管理者和核心骨干人员主人翁意识更加强烈，其个人利益与公司利益趋于一致，有效弱化了管理者与所有者之间的利益诉求矛盾，从而形成企业利益的共同体。公司为吸引新员工、留住老员工提供了更多激励选择，从而提高人才竞争力。

如实施的创新业务员工跟投计划，激发了员工内部创业、创新的激情，员工与公司共同成长，有的创新业务的研发、销售等都取得了长足进步；有的创新业务还在艰苦创业探索发展之中，通过不断的创新发展，也开始打开了销路。从跟投试点情况来看，目前整个创新业务的营收增长较快，占公司总收入的比重不断增加，逐步成为公司新的增长动力。

人才激励机制是一个复杂的系统工程，上述激励成果的创新思考也还有待实践去探索和完善。中电海康将继续深入学习贯彻习近平新时代中国特色社会主义思想和习总书记重要指示批示精神，在中国电科的总体部署下，进一步提高站位，以锐意创新的勇气、敢为人先的锐气、蓬勃向上的朝气和经得起检验的实绩，将中电海康的改革向纵深推进，有效提升自主创新能力，为推动国有企业高质量发展作出更大的贡献。

成果创造人：陈宗年、刘泳玉

中国移动浙江公司深化国企三项制度改革激发队伍活力，打造人才发展新生态

中国移动通信集团浙江有限公司

一、改革成果背景

（一）聚力新时代，中央对组织人事工作与国企改革提出新要求

深化国有企业改革，推动国有企业完善现代企业制度，是新时代全面深化改革的重要内容，人事、劳动、分配“三项制度”改革则是国有企业经营机制改革的核心环节、难点热点和长期任务。

“三项制度”改革，即干部人事制度改革、劳动用工制度改革、收入分配制度改革，其核心是要建立干部能上能下、员工能进能出、收入能增能减的“三能”机制，促进企业内部生产力的解放。三项制度改革是党中央、企业发展、人力资源变革的综合性要求。2015 年《中共中央、国务院关于深化国有企业改革的指导意见》明确提出，到 2020 年造就一大批德才兼备、善于经营、充满活力的优秀企业家，内部管理人员能上能下、员工能进能出、收入能增能减的市场机制更加完善。习近平同志《关于做好国有企业改革工作的重要批示》（2016 年 7 月）要求，要坚定不移深化国有企业改革，着力创新体制机制，加快建立现代企业制度，发挥国有企业各类人才积极性、主动性、创造性，激发各类要素活力。其中，着重强调了要推动经济发展质量变革、效率变革、动力变革、提高全要素生产率，着力构建市场机制有效、微观主体有活力、宏观调控有度的经济体制，培育具有全球竞争力的世界一流企业。2019 年，国资委印发了《关于开展 2019 年中央企业三项制度改革专项行动的通知》，要求各中央企业高度重视，将其纳入年度改革重点任务。

（二）融入新趋势，技术飞跃和行业演进对人力资源管理提出新考验

以 5G 为代表的新一代通信技术从 CT 向 ICT、DICT 转变，信息通信技术已经渗透到经济社会民生的方方面面，创造了社会发展新机遇，提供了数字生活新体验，催生了新产业、新业态，运营商纷纷从通信服务向信息服务转型。传统电信领域面临增长瓶颈，基础电信业务简单依靠量的增长已难以推动收入实现大的提升，价值深耕成为了未来行业运营的主流趋势。运营商基础领域的要素竞争已相对趋稳，“边际效应”逐步降低，市场竞争已全面迈入“要素+能力”竞争时代。运营商从通信服务向信息服务的转型，从传统领域向价值经营领域的转型，从“要素”竞争向“要素+能力”竞争的转型，外加互联网企业跨行业的人才争夺，对运营商现有的人才队伍结构和人才专业能力水平提出了更高的要求，对运营商现有的人才工作体系带来了明显影响。

二、改革成果内涵

近年来，中国移动通信集团浙江有限公司（以下简称“浙江移动”）高度重视国企“三项制度”改革工作，坚持将深化“三项制度”改革与落实党中央深化国企改革部署相结合、与建立市场化经营机制相结合、与创建具有世界竞争力的一流企业需要相结合。浙江移动紧紧围绕企业数字化转型战略，以建设高素质专业化干部队伍和人才队伍为关键，围绕企业发展和员工成长，综合施策、统筹推进，夯实“三定”基础，优化“三能”机制，抓好“三项保障”，持续提升管理水平和效能，实现人力资源管理对由“支撑发展”到“牵引转型”。

2019 年，浙江移动在全国数万家中央企业所属单位中脱颖而出，入选“中央企业人才专项支持计划”，荣获国务院国资委颁发的“深化人才发展体制机制改革示范企业”称号（共 20 家单位），是全国运营商中唯一获奖单位；被授予中国移动 5G 创新实训基地，成为三家集团级实训基地之一；人力资源课题项目获集团第十六届管理创新成果十佳奖。浙江移动的国有企业三项制度改革已取得了显著成效，形成了人才发展“新生态”，建立了一支整体素质较高、年富力强的干部员工队伍，为企业的转型发展提供更加坚实的能力保障和人才支撑。

三、改革成果举措

（一）夯实“三定”基础

定机构、定人员、定岗位是企业管理和人力资源管理的基础性工作。影响国有企业管理效率的重要原因是机构数量多、机构层级多，也相应造成人员冗余、职数冗编；职位设置不科学，晋升空间有限，也会导致人浮于事、活力不足。因此，制定科学先进的“三定”方案是三项制度改革的前提，“优化组织机构、控制人员结构、科学岗位设置”是改革的切入点和突破口。

1. 定机构：优化组织机构资源布局，提升战略承载能力

组织是战略实施的保障，必须建立与企业战略相契合的组织架构，才能落实企业战略的路径要求。浙江移动立足大市场、大网络，成熟领域提效率，创新领域提能力，构建“刚柔并济”的组织架构体系，确保层级精简、职责分明、协同有序、运作规范，效能提升。同时，优化组织协同模式，完善“分级管理、分工协作、责任共担”的组织协同体系，健全市场化协同机制，优化协同激励措施，完善矩阵式协同考评，持续增强企业各所属单位的整体合力。

（1）推动刚性组织变革，释放组织活力

一是建立大市场协同的市场单元架构：适应互联网化的运营需要，面向 ToB（政企市场业务）、ToC（个人市场业务）、ToH（家庭市场业务）设置相应生产运营机构和职能支撑部门，既独立运作又高效协同。二是建立一体化的大网络组织架构：打造基于业务端到端实现和客户感知的网络一体化运营机构体系，体现集中管控和专业运营。三是建立整合统一的大 IT 部门：推动 IT 机构和 IT 人员的整合，构建管理域（M）、业务域（B）、网络域（O）统一管控的 IT 体系，设置大数据中心、云智能中心，提升 IT 领域三域协同能力，提升 DevOps 敏捷开发能力和支撑响应能力。四是建立全流程的品质管理部门：负责建立产品质量、生产质量和服务质量监控体系，对全程运营质量进行监控和考核，以客户为中心，持续完善品质管理体系，确保企业竞争优势。

（2）建立柔性组织机制，打造高效团队

作为“刚性组织”的有益补充，“柔性组织”是针对部分创新领域打造前后端一体化的运营团队，建立创新试错机制，快速响应市场需求；也可针对部分长流程的成熟领域，打破传统部门壁垒，进行流程重塑，提升工作效率。

在满足企业经营发展战略需要的前提下，依托刚性组织架构的框架，柔性组织致力于保障重点任务的完成和重点流程的优化。柔性组织的成立、调整、撤销遵循企业运营发展和流程优化所需，实行动态管理，坚持以任务目标为导向，鼓励改革创新，通过市场化契约机制予以重点激励。其主要特点包括目标任务明确化，组织边界模糊化，管理方式项目化，决策权力分散化。

柔性组织的管理采取项目流程化管理方式，每个团队设一名项目负责人（Owner）、一名项目资源协调者（Sponsor）及若干名项目成员。内部运作机制按照业务、需求、开发、运营一体化运作模式，项目负责人对整体项目的完成进度、项目目标的达成负直接责任。

（3）落地抓实，推进所属单位组织机构转型

因历史条件、地理环境、市场发展、改革进程等多方面因素影响，现阶段，电信运营企业总部以及所属单位的组织机构模式不尽相同。浙江移动建立了“分级管理、分工协作、责任共担”的省市两级管理体系，因地制宜、分类指导、总量管理、分布推进组织机构变革。基于规模和集中化程度，将市、县（区）公司进行分类，每类公司有不同的机构总量，并按相应的配置标准核定干部人员总量。采取必设机构与选设机构相结合的方式，在组织机构和干部人员总量内，明确各单位必设机构的数量、职责以及选设机构的设置要求，动态调整，强化支撑协作。

2. 定人员：精确用工“谷仓型”布局，坚持战略导向、转型升级

浙江移动立足“数字化创新型组织”的定位，持续推进“减员增效、转员提效”，不断深化劳动用工改革，坚持控总量、调结构、提效率，通过“瘦身、健体、提效”，创新打造“谷仓型”人才布局，积极推进队伍结构的转型升级（如图1）。

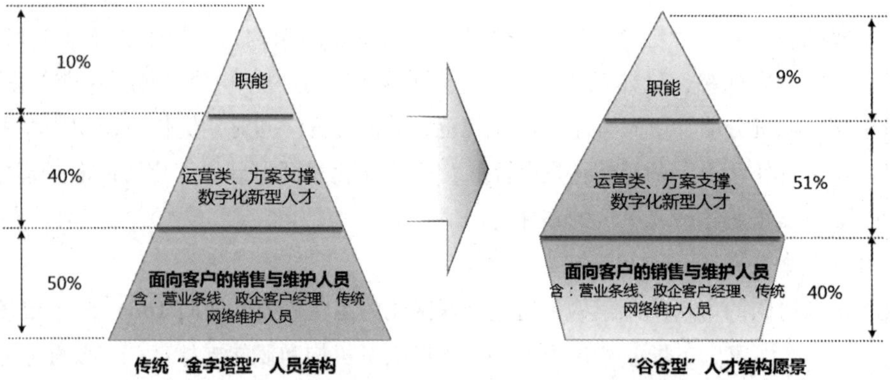

图1　浙江移动“谷仓型”人才结构愿景

“谷仓型”人才结构，是一种上尖中宽下窄的人员分布结构。浙江移动通过自我剖析，盘点人员结构现状，聚焦未来发展的重点业务及新兴技术领域，提出要构建“谷仓型”人才结构愿景，即实现顶部综合职能类人员占比最少（9%），中部主要为信息化项目方案解决类、5G+AICDE等新兴数字技术科研类人员最多（51%），底部从事新零售、网格化等客户服务营销人员占比次之（40%）。通过将人力资源向新型重点领域倾斜，加强面向下一代网络、IT、数字化服务等领域的科研、运营人才的外部引才和内部挖潜，持续降低传统业务从业人员规模和比例，以适应数字化转型的需要。（如图2）

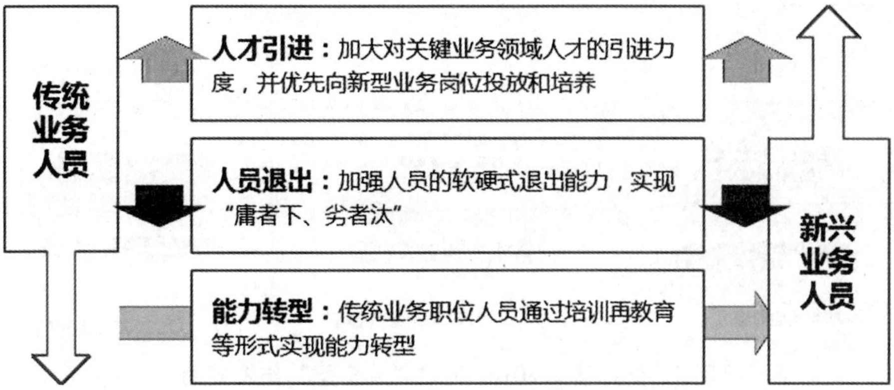

图2　浙江移动用工结构调整机制

（1）控总量，促瘦身

按照用工总量"0"增长的要求，以"总量控制、适度从紧"为原则，严把"三个关口"实现总量控制。

一是把好"规划关"，通过对新趋势、新模式下的环境分析，结合国际先进运营商经验，立足电信运营企业实际，盘点人员现状，从效率和未来视角，规划面向未来几年战略转型所需的组织、人员、能力及配套机制。二是把好"编制关"，综合考虑生产经营、地域差异等多重因素，企业经营需要对所属单位年度用工指导数及部分典型职位用工参考数进行统一核定，对公司各部门用工编制数进行常态化刷新，总量控制。三是要把好"进人关"，强化"入端控制"，坚持做优增量、严把入口，强化招聘事前审核、事后监控，目标要求新招聘劳动合同员工中IT/CT/DT类背景人员占比达85%（其中IT背景人员占比不低于50%）、本科及以上学历人员占比原则上100%，促进CT背景人员向ICT、IT方向转型，提升技术条线人员软件编程能力，持续优化员工队伍整体专业结构和学历结构。

浙江移动近年来减员增效效果明显，2013年至今用工总量累计减员25%，人均劳动生产率提升37.9%，居集团前列。

（2）优结构，促健体

拟定人才管理战略分类标准，聚焦"数字化新型人才"，加强面向下一代网络、IT、数字化服务等领域的人才配置，着力突出"谷仓中部"的大平台优势，充实加强智能化、数字化的管理运营能力，为"谷仓底部"做好业务与管理支撑，减负提效，释放活力，为一线赋能。

一方面，压缩传统业务领域人员占比，探索建立岗位胜任力考评体系，搭建分层次人才梯队，激发组织和队伍活力。推动企业员工结构由"金字塔型"向"谷仓型"、"菱形"演进（如图3）。一方面，通过在岗培训、脱产学习、岗位技能鉴定等多种方式提升存量人员面向数字化转型的新技能。通过双向选择、二次择岗等多种途径，推动客户经理向产品经理、项目经理方向转化；推动营业人员向新零售领域转化；推动传统网络工程维护人员向下一代网络人员转化；推动具有技术背景的人员向数字化新型人才方向转化。

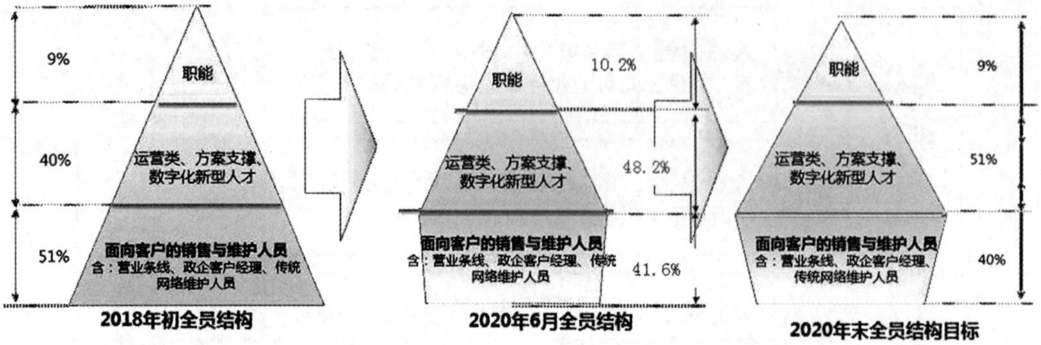

图3　浙江移动2018-2020“谷仓型”结构规划

2018年以来，队伍得到持续优化，传统领域人员减少2268人，面向大数据、云计算、物联网、ICT等新兴领域增加2448人。

（3）塑流程，促提效

以管理集中化、组织扁平化、运营专业化、产品市场化、流程标准化“五化改革”为方向，开展重点领域集中化改革。如：财务领域的资金集中管理，市场领域的营销案集中审批、营销资源集中管理、业务集中稽核，网络领域的集中监控、集中优化、电费租赁费代维费三费集中稽核等。建设三横一纵的管理矩阵，横向财务、市场、网络三条线集中，纵向省公司、市县公司集中。通过跨业务、跨部门、跨地区人力资源复用，以集中化促进管理规范化、精细化、高效化，提升人力资源配置效率。

3.定岗位：开展职位职级体系改革，畅通人才发展通道

为进一步规范职位职级管理，促进人职匹配，畅通员工职业发展通道，浙江移动完成职位职级体系改革，以“支撑战略，有效激励，公平公正”为原则，充实和完善标准职位库，统一各个职位的名称，统一各个职位的价值，让一个职位对应一个职级。目前已构建形成“标准化职位、宽级化职位、专家职位”三个序列的发展通道（如图4），明确职位职级的晋升和下降规则，打开同一职位不同职级晋升的天花板，打开劳务派遣制员工晋升的天花板，实现真正意义上的同工同酬。同时，开展全体员工岗位技能评定，通过技能评定、绩效考核、双向选择等措施确保公司员工“能上能下”工作取得实质性成效。

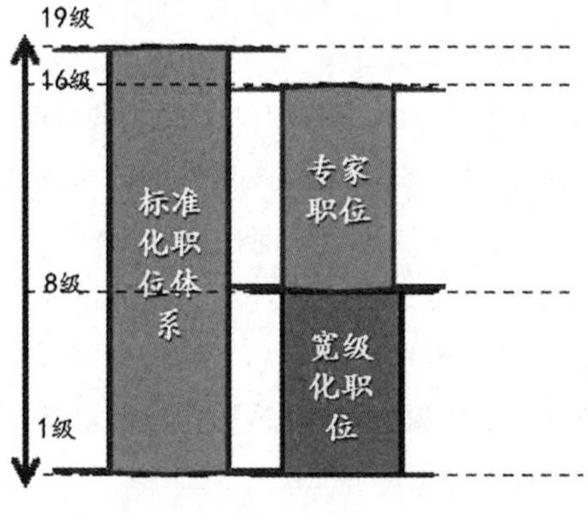

图4　浙江移动“三通道”职位职级体系

浙江移动坚决树牢“人才是第一资源”的理念，构建和完善技术专家职位体系，打造“人才发展快车道”，坚持专家发展与业务发展同步谋划，为专家人才发展营造良好的制度环境和文化环境。结合企业运营和业务发展需要，突出面向IT、CT、ICT、DT等专业领域，对标外部互联网企业设置特定职位，聚焦特定领域（IT、网络、市场运营）设置专家职位并予以实职化，让专家真正享受与同岗级管理干部

相对应的薪酬待遇，提升人才活力，有效支撑市场竞争。大力弘扬“工匠”精神，让专业的人做专业的事，充分发挥专家作用，在课题攻关、技术研发、专利申请、员工培训、业务交流等方面让专家有用武之地。目前浙江移动专家队伍共253人，其中全国集团级首席专家1人，省级专家67人。

（二）优化“三能”机制

1. 树立鲜明用人导向，激励干部担当作为，实现干部“能上能下”

干部“能上能下”是人事制度改革的一项核心人物，是干部队伍结构优化、提高素质的关键所在。“能上”就是选贤任能，使能者得其位、尽其才；“能下”就是新陈代谢、优进劣退，是一种淘汰机制，更是一种活力机制。

（1）突出政治标准。充分发挥考核评价的激励鞭策作用，持续完善干部监督的全方位立体管理体系。浙江移动贯彻习总书记新时期好干部标准和“20字”要求，注重以“五力”（政治定力、学习能力、领导力、行动力、创新力）为选拔任用衡量标准，以“重实干、讲实绩”为导向，大力选拔敢于负责、勇于担当、善于作为、实绩突出的干部，打造“五事”（想干事、会干事、干成事、不出事、好共事）干部队伍。

（2）重视考核评价。一是“重基层、重实践”，坚持经常性全方位多渠道识别干部，注重基层工作经验，重视在实践中尤其是重大关头、关键时刻考核识别干部。坚持深入基层，从群众口碑中，从日常学习工作生活中全面了解分析干部的情况。二是优化综合考评办法，坚持党建、业绩、民主测评“三把尺子一起量”，建立完善科学化量化考核体系。三是强化综合考评结果的应用，严格执行奖惩，加强重实干出实绩人员的使用，对当年综合考评等级为“D/E”的干部下调薪酬实施负向激励，细化干部“下”的标准。

（3）强化梯队建设。贯彻落实国家关于优秀年轻干部培养选拔工作的意见，结合公司发展需要，明确优秀年轻干部总需求，组织实施专项培养计划。突出基层实践经验的提升，加强党性锻炼，推进年轻干部交流锻炼力度，把发展潜力大的好苗子放到一线锤炼摔打、墩苗壮骨。把关心年轻干部健康成长作为义不容辞的政治责任，通过系统培训、重点锻炼，提升年轻干部应对复杂局面和处理复杂问题的能力，加速年轻干部的成长。综合采用多种方式，不拘一格、大胆使用各方面比较成熟的年轻干部。不断充实干部“储备池”，建立健全培养锻炼、适时使用、动态调整、有进有退的管理机制，建立后备定期考察和动态管理制度，切实加强对后备队伍的动态管理。

2. 健全价值创造牵引机制，激发员工争先进位，实现人员“能进能出”

员工“能进能出”的用工制度是企业使用劳动力而与劳动力建立劳动关系的一种基本制度，直接关系经营机制的完善和企业活力。

（1）强化雇主品牌建设，做优增量引入“一池活水”。聚焦重点专业、转型领域、关注难点地区，按需常态化开展各类招聘：校园秋招抢人、春招补人、实习生计划提升招聘有效性同时更早锁定优秀生源，以定向挖掘和推荐人选方式为主，按需适时开展社会招聘。采用线上线下“融合”宣传、5G和大数据“融智”传播，充分发挥各级用人单位的主观能动性，“让自己走出去、请人才进来”，走进60余所高校组织线下见面会，彰显了浙江移动的雇主品牌，对提升简历投递量起到了明显的效果。2020校园秋招网申简历同比增长44%；211、985院校占比超过50%。

同时，注重招聘后管理，以善待新员工为主要目标，对其在工作内容、薪酬福利、思想动态和生活方面给予足够的关注。具体而言，首先，实施新员工关注计划，对于社招新员工，关注其进公司前后的年度收入对比情况；对于所有新员工，在初定职级、分位值方面给予适度倾斜，进公司当年绩效考核等级给予适度保护，并关注前三年其年度薪酬增长情况。其次，实施新员工培养计划，通过新员工座谈、树立新员工典型、“好师傅好徒弟”结对等多种方式方法，关注新员工的工作、学习、生活和成长，并通过表彰激励有效调动新员工的积极性、主动性和创造性，提升其满意度和忠诚度。

（2）完善劳动合同全过程管理，探索多元化退出机制。浙江移动自2018年初以来，以绩效考核为主要识别方式，持续开展绩差员工退出工作，着力解决公司“进来容易退出难”的问题，逐步打破“国企铁饭碗”的固有概念，截止2020年7月底，累计退出439名绩差员工。主要举措主要分为三项：一是“劳动合同首签到期考核退出”，重点把握首次劳动合同到期关键节点，持续推进劳动合同首签到期职位胜任力考评，对于不胜任职位要求的员工（如绩效考核、综合表现不佳，所在部门建议不续签等），不予续签劳动合同；二是“新员工试用期考核退出”，加强入端控制，录用时明确录用条件及退出标准，通过试用期考评等手段，对不胜任人员及时“喊停”，确保新引入人员质量；三是“派遣制低绩效人员退回”，在派遣制人员与派遣单位劳动合同到期前，对服务期内年度绩效考核等级偏差或胜位胜任力考评不达标的派遣人员，退回派遣单位。同时，浙江移动提前做好预案、避免劳动用工风险确保合规性，并强调人性化操作步骤，“先劝退，后强退”，让员工体面地自己提出离职而退出，既保全员工的尊严，也为退出工作的顺利开展奠定基调。

自2018年以来，共退出439名绩差员工，约占浙江移动用工总量的2.35%，打破了对于国企“铁饭碗”的固有思维，其中传统业务领域人员占比近九成，主要为低绩效、低技能、低学历人员，对于提高公司队伍能力、释放用工活力起到了积极作用。

3.创新激励模式，推进资源配置市场化，实现收入“能增能减”

收入“能增能减”是三项制度改革的核心内容，是充分调动职工积极性、主动性和激发创造性的动力所在。

（1）优化薪酬总量分配机制。坚持战略牵引和业绩导向，遵循“贡献越大，受益越大”的激励导向，优化与其经营效益挂钩的薪酬预算管理机制，提升人工成本与经营业绩挂钩比例；以效率效益为导向，鼓励各所属单位减员增效，实施用工正负向激励政策；加大“重点战略、重点业务”的资源分配，持续优化薪酬总量分配模型，提高薪酬总量变动部分占比，对不同业务类型单位实行差异化薪酬分配策略，以精准对精准，业务在哪里，薪酬激励的重点就对准哪里。针对新兴领域和转型业务发展方向，拟定配套的激励方案。通过“获取分享制”、“下沉式激励”及项目专项激励包等方式，积极构建新型领域的“特区”机制，对新型业务单元给予资源倾斜。

（2）实施零基预算与双对标管理。在薪酬分配上从增量预算、切块管理向零基预算、双对标管理转变，实现“外部与市场薪酬对标、内部以业绩驱动”的配置模式（如图5），激发活力。零基预算指，薪酬包分配不再以历史资料为基础进行调整。以“零”为出发点，从规模导向转向引导所属单位关注当前业绩和未来发展。不受原有费用限制，促使企业合理有效的分配资源，调动积极性。双对标管理指，在薪酬资源配置中引入内外部指标。内部指标包括各单位运营收入、利润等关键绩效指标，外部指标包括当地社会平均工资、人均可支配收入等。内部以业绩驱动，外部与市场对标，动态调整。

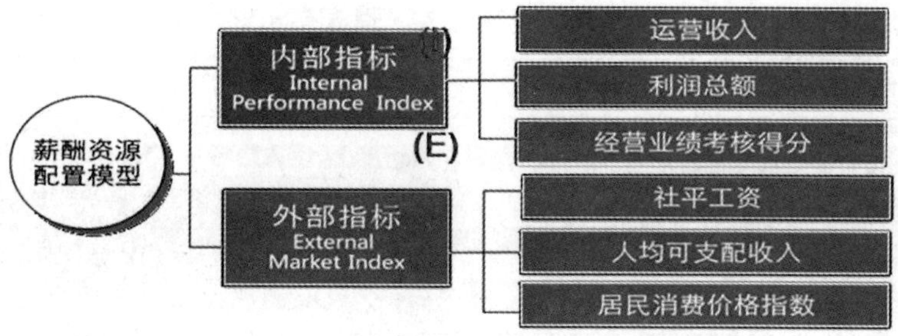

图5　浙江移动薪酬双对标模型

（3）开展一线职位“宽级化”，打通员工职级上下行通道。业务生产一线员工是公司实现收益的主力军，其中的优秀人员亟待激励，但现有职级晋升体系一定程度上制约了广大基层员工的上升发展，存在“晋升慢”、“升岗难”等问题。浙江移动于2015年起，创新推行“一线职位宽级化管理”改革（如图6），打通员工职级晋升通道的“天花板”，形成有利于选拔优秀人才的职级晋升机制，并取得了较好效果。

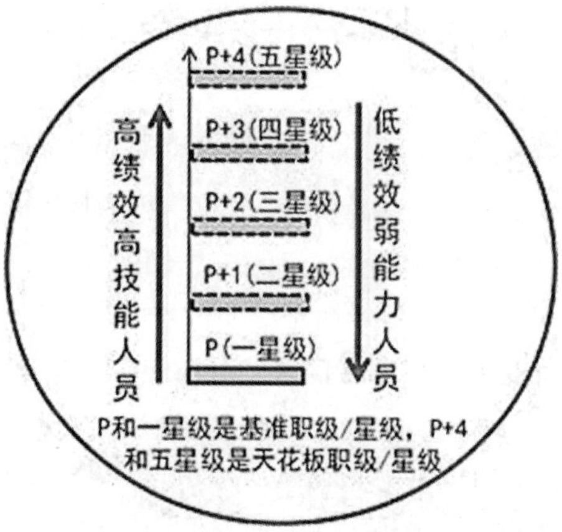

图6　浙江移动一线职位宽级化改革

一线职位宽级化管理，针对一线部分技能可量化的生产型职位的拓展其职级带宽，在原职级上可向上浮动5个职级，通过绩效、技能为主体的评价体系，每两年为一周期进行动态评定与测评，确定每个职位上从业员工的星级，星级高低直接决定员工薪酬收入水平。该制度构建一线员工能上能下、正负向结合的管理新机制，推动薪酬管理的市场化。一方面，宽级化改革进一步打开了优秀基层人员职级晋升的“天花板”，另一方面，对于低绩效、低技能人员，也进一步降低职下行的“地板”，让员工的收入“能增能减”。

宽级化改革实施5年来，全省共有1.2万名员工参与星级动态评定，占员工总数63%，其中整体星级上升约占25%，下降约占11%，充分体现“能上能下、快上快下”，鼓励引导员工不断提升职业技能，改善绩效表现。

（三）抓好“三项保障”

1. 抓好人员流动机制保障

（1）浙江移动建立公司“内部人才市场”，破除不同地域、不同单位、不同部门间的横向壁垒，让员工能够在系统内按照自主的意愿流动，促进内部人才交流，提升员工队伍活力。通过合理流动，实现人岗匹配，实现人力资源有效利用；通过员工双向选择反促公司内部管理提升，提高公司经营管理水平。同时，以“人才交流中心”的运作方式，实现人才“跳槽”式的流动（如图 7）。

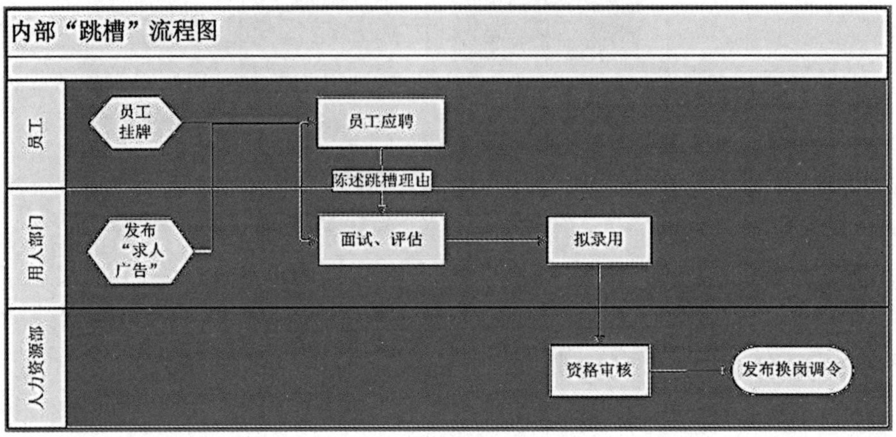

图 7　浙江移动内部人才市场运作流程

浙江移动“内部人才市场”构建了 7×24 小时的员工常态化、有序流动（交流/换岗）的内部管理平台，搭建了“职位库”“资源池”，成功实现供需双向选择和人岗匹配对接，发挥人才价值，提升活力，调动员工积极性主动性。

通过近五年的成熟运营，现已广泛应用于全省各单位的日常岗位调整、人员选拔、专项人才流动中。至平台建立起，共计发布职位 782 个，报名 2612 人次，资源池共申请入池 576 人次，有效促进“人岗相适”。

（2）浙江移动精筑“人才支援站”，打造面向基层的人才支援机制。因为地区经济差异的客观原因，及“人往高处走”的原则，导致优秀专业人才在区域的分布上存在很大的不均衡性，避免基层一线、边远地区出现局部的“人才荒漠”。公司通过构筑“人才支援站”，以定向招聘培养管理培训生和鼓励优秀骨干员工交流支援两种方式相结合，引导人才向基层一线流动。“人才支援站”以“省管市培、省招市用、对口支援”三个原则，打通省到市、市到市之间的人才支援输送，以“桥梁效应”实现人才流动，能力下沉，激活基层队伍活力，同时做好顶层设计，从制度保证优秀人才下得去、留得住、干得好。

一是出台人才激励保障。建立管理培训生培养体系，每年定期组织全省集中业务培训、工作交流、经验分享，每年开展优秀管培生评选；骨干交流人员返回原单位按不低于原岗位安排工作，并提供优先择岗的机会，所有交流人员在交流期间享受人工成本单列津贴，享受交通补贴。

二是拓展人才晋升通道。管理培训生培养期满后，根据专业技能、管理水平及本人意愿双向选择到省公司、市公司、县区公司的相关专业技术、市场运营或综合管理岗位；骨干交流人员的交流的经历纳入公司各类竞聘、岗级晋升的加分项。交流经历视同地市工作经历，在干部选任和岗位晋升时，同等条件下优先。

三是实现全过程管理。实现人才交流信息全流程管理，全程记录人才成长清单（主要包括个人基本信息、学习、培养、履职、交流、考核、积分、奖惩情况等），积累基层一线经验，加快骨干员工队伍的成长。

2. 抓好队伍能力赋能保障

面向行业技术演进和数字化转型战略，浙江移动聚焦“新网络、新 IT、新产品”三大领域，5G、NFV/SDN、CDN、物联网、大数据、云计算、软件研发、大视频、To C 产品、To B 产品十大专业，以“能力认证”为抓手，构建“能力标准—能力培养—能力认证—人才标签”发展体系，重点输出“1 份数字化人才能力图谱、1 份数字化人才盘点地图、1 份数字化人才培养规划”。(如图 8)。

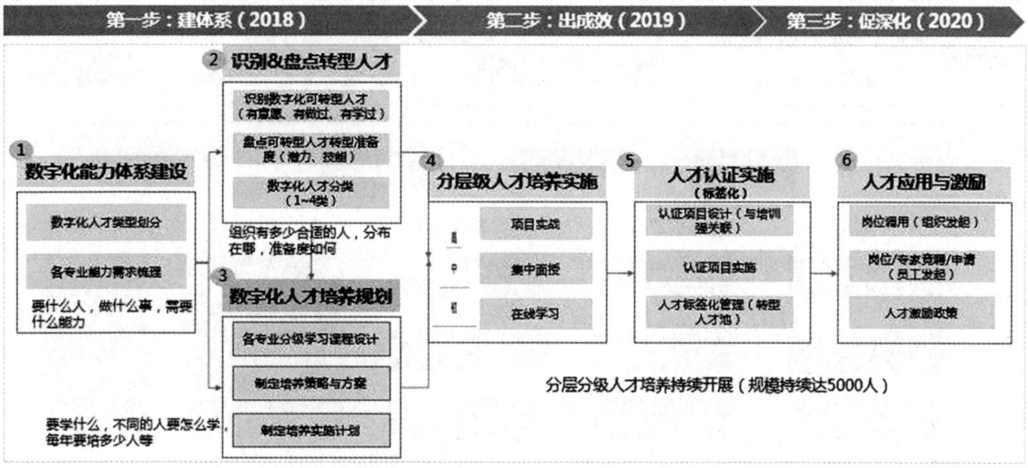

图 8　浙江移动数字化人才转型赋能体系框架

一是打造“一份数字化人才能力图谱”，解决“要什么人，做什么事，需要什么能力”的问题。浙江移动从”技术、业务“两大视角，审视未来数字化业务场景，构建数字化人才核心能力图谱。首次对数字化人才进行全面和系统的定义，将数字化新型人才划分为：三大领域、十大专业，指引数字化人才培养方向。

二是打造“一份数字化人才盘点地图”，解决“组织有多少合适的人，分布在哪，准备度如何”的问题。浙江移动从“有学过、有做过、有意愿”三大维度，识别潜在可转型人员，通过数据测算、员工自评、主管评价相结合的 360 测评方法，对 1.7 万员工开展能力现状盘点，评估人才潜力与技能。

三是打造“一份数字化人才培养规划”，解决“要学什么，不同的人要怎么学，每年要培多少人”的问题。结合数字化能力体系、盘点结果、人才数量/结构期望，制定数字化人才培养规划并组织实施(如图 9)。通过能力认证，授予人才标签，匹配岗位需求。

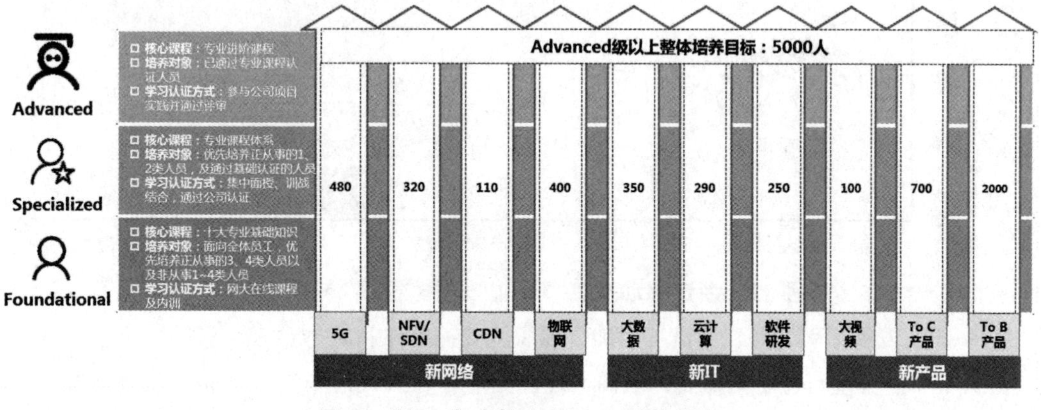

图 9　浙江移动数字化 2.0 赋能目标

3. 抓好信息系统支撑保障。

浙江移动非常重视人力资源管理信息系统的深度应用，充分运用大数据、云计算等先进技术，加强人力资源信息分析和趋势研判，助力提高人力资源规划的科学性和前瞻性，提高人力资源管理效能。

为有效解决员工最关心的职业发展问题，浙江公司近年来通过打造标准化、显性化、数字化、智慧化、全景可视的“员工发展平台”(如图 10)，构建“一图一路一库”，牵引推动员工职业规划和发展。

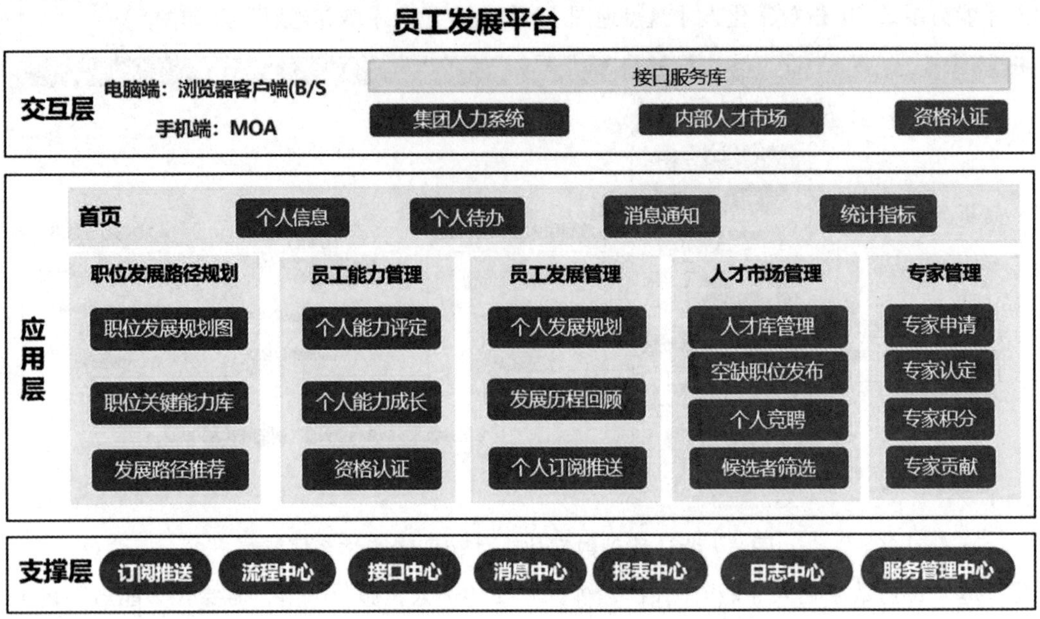

图10　浙江移动“员工发展平台”功能

“一图”：职位发展路径图（如图11），为员工提供职位发展规划的“智慧导航地图”，帮助员工了解职位发展主流路径，包括纵向的专业职位晋升和横向的跨部门流动，明确未来可发展空间，解决员工“我在哪、能去哪”的问题。

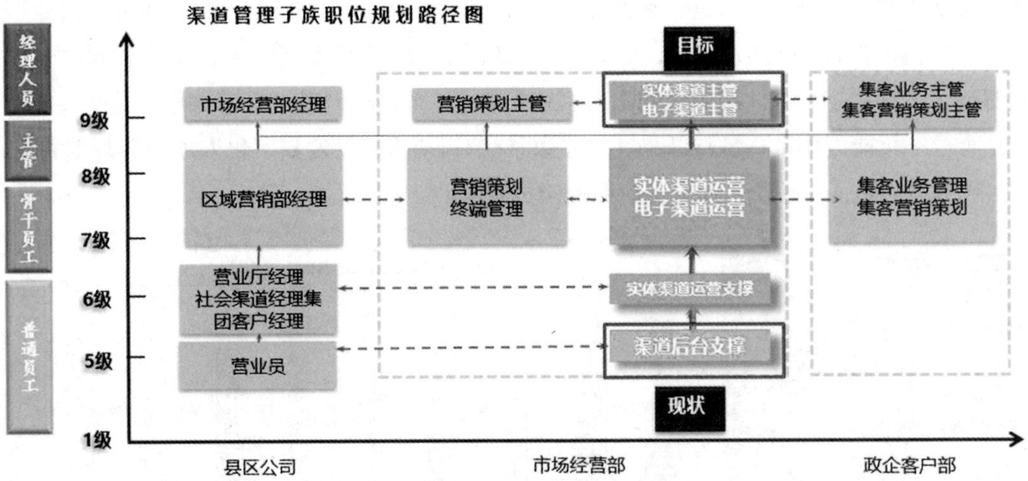

图11　浙江移动员工“职业发展路径图”（示例）

“一路”：职位发展指引之路，为员工明确目标职位关键条件和能力要素，提供能力差距分析以及对应的能力提升要求，并进行符合其需要的培训课程智能推荐和人才市场岗位竞聘信息自动推送，解决员工“怎么去”的问题。

“一库”：数字化的人才数据库，基于大数据建立员工画像，通过人才匹配筛选建立人才库，实现人才能力的数字化，通过构建智能人才匹配体系提供一站式智慧支撑服务。

四、成果应用成效与推广价值

近年来，中国移动浙江公司通过夯实“三定”基础、优化“三能”机制，抓好“三项保障”，推进人事、劳动、分配三项制度改革，促进企业活力和人才能力双提升，打造人才发展新生态。

（一）牵引公司转型发展

企业价值实现新跨越，领先优势获得新提升，围绕公司战略转型，通过以“人才”为核心的战略驱动力，为各业务经营单元提供全面的人才资源支撑，有效促进了新兴业务发展、重点任务落地和质量效率提升，帮助公司始终牢牢掌控区域市场大势。

截至2019年底浙江移动人均创收233.6万元，人均利润收入51.1万元，稳居全集团前列。2019年浙江移动年收入475.6亿元，净利润100.2亿元，连续多年党建优、业绩优，规模效益在集团内排名全国前3，经营业绩和综合能力均居第一。

（二）营造浓厚创新氛围

人才创新的热情充分被激发，2019年参与创新活动人数达14500人，实施创新提案7066项，实施推广率达到95.6%，重大创新成果不断涌现，3年来共有40多个优秀创新成果在国家、通信行业、集团公司的评比中荣获佳奖，成果内容被全集团推广学习，中国移动浙江移动连续被评为集团创新标杆单位。员工从公司运营的各个领域提出了创新的见解、改进的措施、实施的方案，有效解决了公司工作生产中的难题，为公司运营创造可观的经济效益，初步测算每年增效近10亿元。

（三）实现能力内化升级

打造了一支优秀的人才队伍，特别是在数字化领域发挥人才新动能，获得行业内、集团内多项重大荣誉。中国移动浙江移动先后获得全国五一劳动奖状、全国文明单位、全国质量管理奖、国家企业管理创新奖等一系列国家级表彰；累计获得国家授权专利达165件，数量位居集团内省公司类第一；成为全国首个通过DevOps标准（国标）三级认证的企业，获得中国信息通信研究院、数据中心联盟大数据发展委员会颁发的2018年度大数据“星河奖”“最佳数据资产管理实践奖”“优秀大数据行业应用奖”和“优秀大数据产品奖”三项大奖。

习近平总书记指出：“惟改革者进，惟创新者强，惟改革创新者胜。”面向新时代，谋划新发展，浙江移动将深入学习习近平新时代中国特色社会主义思想和党的十九大精神，全面加强党的领导，扎实推进国企“三项制度”改革。企业的人事、劳动、分配三项制度改革是打破平均主义“大锅饭”、调动员工积极性、适应市场经济要求的必要措施，有益于对企业形成有利于竞争的内在机制。浙江移动将紧紧围绕国有企业三项制度改革的核心内容，主动变革、勇于创新，克服一切困难，为中国移动转型发展提供更加坚实的能力保障和人才支撑，为决胜全面小康社会实现中国梦作出更大的贡献。

成果创造人：郑　杰、黄　慧、陈　栩、陈　宏、项　捷、梁　芬、
洪　燕、何　炜、李　强、王晓真、周辰炜

地方社会信用体系法制化建设研究

南京市宏观经济研究中心

市场经济是信用经济，也是法治经济。法律是社会信用与公平的强制保障，用法律维护信用关系和规范市场行为，政府依法行政，企业依法经营，个人依法行事，市场经济才能有效有序运转。建设社会信用体系亟需尽快制定信用管理的法律制度以维护良好的信用秩序，完善信用立法和加强信用执法，通过社会信用体系建设的法治化以程序正义确保各信用主体的权益。

一、地方信用法制化建设的背景

社会信用体系建设是完善社会主义市场经济、推进政府职能转变和促进"放管服"改革的重要手段，是实现治理体系和治理能力现代化的重要举措。推进信用立法工作，使信用信息征集、查询、应用、互联互通、信用信息安全和主体权益保护等有法可依，是社会信用体系建设的迫切需要。

信用是市场的基石，构建现代化的社会信用体系是市场经济向纵深发展的必由之路。当前，国家对加快推进社会信用体系建设，构建以信用为基础的新型监管机制提出了新的要求。南京作为国家首批社会信用建设示范城市，在进一步创新南京社会治理机制，提高南京社会信用水平的期冀下，推进信用法制化工作，使信用信息征集、查询、应用、互联互通、信用信息安全和主体权益保护等有法可依。

（一）经济和社会发展的新形势要求

中央深改组先后审议通过《关于建立完善守信联合激励和失信联合惩戒制度加快推进社会诚信建设的指导意见》和《关于加快推进失信被 执行人信用监督、警示和惩戒机制建设的意见》，江苏省政府发布了相应贯彻落实意见。适应全面深化改革、扩大开放、转变政府职能、创新社会治理等新形势和新要求，南京市亟待建立健全社会信用体系建设，加快推进建设服务型政府，创新社会治理方式，加强对市场主体的事中事后监管，规范社会组织发展，增强社会诚信，促进社会互信，减少并及时化解社会矛盾，营造诚实守信的社会氛围，着力帮助提高社会经济运行效率和行政管理与服务效率、降低社会管理运行成本，营造良好的经济社会秩序。进一步强化南京社会信用体系建设顶层设计，完善南京信用工作法治基础，积极回应南京市经济社会发展的迫切现实需要，服务南京市"放管服"改革、社会治理创新、创新名城建设等中心工作。

（二）社会法制化建设发展的必然

新中国成立之后，社会信用表现为以公有制经济为基础的高度的政府信用。改革开放以来，伴随着社会主义市场经济体制建立和经济社会不断发展，国家、社会和个人对社会信用体系的规模和功能不断提出更高的要求。党的十八大之后特别是十九大以来，以习近平同志为核心的党中央高度重视社会信用体系建设，深刻揭示了社会信用体系建设对于推进国家治理体系和治理能力现代化的重要意义，全面部署了政务诚信、商务诚信、社会诚信、司法公信的建设任务，开拓了中国传统社会治理向现代社会治理转变的新境界。2014 年，国务院印发我国首个《社会信用体系建设规划纲要（2014 年-2020 年）》，明确指出“社会信用体系是社会主义市场经济体制和社会治理体制的重要组成部分”，并将“提高全社会的诚信意识和信用水平”确立为社会信用体系建设的目标。目前，我国社会信用体系建设的法律监管框架逐步建立、基础设施建设日趋完善、行业发展初具规模，已经进入良性发展的快车道。但各地失信事件频发，亟需加快探索，结合地方实际，出台解决地方社会信用建设中重大问题的法律规范，为国家层面信用立法提供地方法制建设经验。根据研究机构 3000 多份抽样调查分析，我市有 63% 的受访者呼吁加快信用立法工作。

社会信用立法是我国法治建设中的一个重大问题，南京市社会信用体系建设在管理机构与制度建设、信息归集和公示渠道、信息评价和应用、服务机构培育和发展、信用信息数据库和平台建设等方面取得了长足的进步，全社会对于信用的价值认知和认可也得到普遍提高，整体上在国内处于领先地位。信用法律法规体系是社会信用体系的重要组成部分，同时又是确保社会信用体系的有效运行的基础，是确保社会信用管理工作“有法可依、执法有据”的重要保障，确保了其他各自系统运行合法性、合规性。

二、国内外信用法制化建设经验

（一）国外信用法制化建设

完善的法律制度体系是社会信用体系建设的根本保障，社会信用发展的过程也是法律法规体系制定和完善的过程。我国虽不断完善社会信用体系方面的法律制度，但尚不足以为领域的个人信息提供全方位保护，应结合国内互联网征信业发展态势，批判性地借鉴国际立法与实践经验，采取社会控制的立法模式，完善信用体系建设的机制问题。[1] 建立健全社会信用体系，信用法规建设必须先行。重点是要构建起一个包含规范的信用体系、征信活动、信息分类和标准、信息归集、信息共享与开放、信息披露、信用奖惩等方面的法制化体系。欧盟和美国制定了较为完善的个人征信信息法律制度，对互联网征信业务发展与信息保护发挥了重要作用。

1. 各国关于信用体系方面的法规侧重点有所不同

欧盟方面主要侧重于个人隐私权的保护以及支持商业和金融交易必要的数据流动方面，因此有完整的数据保护法。美国没有全面的数据保护法，其保护隐私和个人数据采集和传播的法律基础是在多年的法庭判决中发展完善的，已收录在关于公共和私营机构数据库的多部法律中。概括起来，国外社会信用体系建设模式主要有三种：一是以美国为代表的“以私营征信服务为特征的企业经营模式”；二是以德国等欧洲国家为代表的“以公共征信服务为特征的政府主导模式”；三是以日本为代表“以协会征信服务为特征的行业协会模式”。[2] 其比较表如下。

表1　国外三种主要社会信用体系建设模式一览表

国别		美国、英国、澳大利亚、新西兰和加拿大等国家为代表	以法国、德国和比利时等欧洲国家为代表	日本
建设模式	模式类型	企业经营模式	政府主导模式	行业协会模式
	模式特点	私营征信服务	公共征信服务	协会征信服务
信用立法	专项立法	以《公平信用报告法》为核心的17项信用管理法律	《欧盟数据保护纲领》等	《信用保证协会法施行令》等
	立法特点	强调信息开放与权益保护的平衡	强调消费者信息权益保护	强调信息保护和行业规范

2. 各国在立法模式的方向有所不同

随着经济发展状况的变化和信用市场的发展，美国不断制定、修改和完善同信用管理相关的法律制度，已形成了比较完整的法律框架。在美国生效的与信用管理相关的基本法律中，直接规范的目标集中在规范授信、平等、授信、保护个人隐私等方面。商业银行、金融机构、房产、消费者资信调查、商账追收等行业受到了直接和明确的法律规范与约束，而对征信行业中企业资信调查和市场调查行业则没有相应的法律法规的约束。以德国为代表的欧洲国家目前尚未出台正式的信用管理方面的法律，其在信用管理方面的制度、法规主要集中在保护个人隐私权和支持商业和金融交易必要的数据流动。德国迄今还没有一部专门的信用管理法，有关信用管理的法规散见于商法、民法、信贷法和数据保护法等法律法规中。[3]

表2　国外两种主要立法模式一览表

立法模式	定义	案例
分散立法模式	分散立法模式是指全国没有保护个人信息的基本法，个人信息立法采取区分不同领域或事项分别立法的模式	美国涉及数据采集和使用的条款因领域不同而对应不同的法律。如在信用信息方面哪些可以获取、哪些属于机密或隐私，如何采集等问题上需要综合《信息自由法》、《隐私权法》、《公平信用报告法》和《统一商业秘密法》等多部法律法规
统一立法模式	统一立法模式是指由国家立法，统一规范国家机关和民事主体收集、处理和利用个人信息的立法模式	欧盟的《1995年个人信息保护指令》所规定的个人数据范围极广，几乎包含了所有类型和所有行业的个人信息，即任何与其身份已被识别或者可被识别的自然人有关的信息都属于《指令》所保护的个人信息的范围

3. 美国信用法制化系建设路径

第二次世界大战以后，美国经济的发展使得信用交易不断扩大，不少涉及公平授信、正确报告消费者信用状况、诚实放贷等方面的问题，尤其是消费者隐私权的保护问题不断出现。信用经济的发展对信用管理提出了相应的要求，美国在原有信用法律法规的基础上，从20世纪60年代《诚实信贷法》出台起，逐步加强信用立法，制定各种与信用有关的法规，并在之后的几十年当中不断地完善和修改。目前，美国以《公平信用报告法》《平等信贷机会法》为核心，建立起涵盖16项立法的社会信用法律体系，在立法、司法和执法等方面形成一个完整的管理框架体系，成为全球征信行业发展最成熟的国家之一。[4]

表 3　美国信用法制化系建设经验总结

法律规范名称	具体措施
《公平信用报告法》	它首次明确了征信机构的业务职责范围，并且要求其向关联企业之外的全国市场提供公开的服务。在信息的共享方面，银行、企业与其他第三方之间可以共享非隐私的个人信息，但是必须将共享的信息内容和对象告知消费者
《萨班斯-奥克斯利法案》	标志着美国证券法律根本思想的转变，从披露转向实质性管制。明确了"遵守证券法律以提高公司披露的准确性和可靠性。"倡导法律的有效执行和政府的适当管控

（二）国内信用立法和信用经验

1. 国内省级层面主要立法模式比较

目前国内已有上海市、河南省、湖北、河北省、浙江、辽宁省出台了省级的社会（公共）信用条例，山东、江苏等地正在紧密推进中，立法的内容主要集中在信用信息边界、信用信息管理、联合奖惩、产业发展、权益保护和信用环境建设等方面，基友社会信用的综合性法规，也有专门的公共信用信息方面的法规，形成了规范有序、内容完整、各具特色地方省级信用立法体系。

表 4　三种主要地方信用立法模式对比表[5]

对比		社会信用条例	社会信用信息（管理）条例	公共信用信息（管理）条例
代表地区		上海市、河南省	湖北、河北省	浙江、辽宁省
立法定位		综合全面型立法	社会信用信息管理	公共信用信息管理
主要内容	信用信息边界	社会信用信息	社会信用信息	公共信用信息
	信用信息管理	专章	专章	专章
	联合奖惩	专章	专章	专章
	信用行业发展	专章	有条款	有条款
	权益保护	专章	专章	专章
	信用环境建设	专章	无	无

2. 信用示范城市法制化建设比较

我们选取了与南京市同为第一批信用示范城市的宿迁市和厦门市的信用体系和法制化建设作了比较。两地分别从信用系统建设、重点人群信用管理、信用评价和应用场景等方面作了探索，并开始推动信用体系的法制化，分别出台了《宿迁市社会信用条例》和《厦门经济特区社会信用条例》，为规范市场经济秩序，创新社会治理机制，提高社会信用水平，增强诚信意识提供了法制化保障。

表 5　宿迁市社会信用体系建设经验总结

	要点	具体措施
推动第三方信用评价	培育信用市场	信用服务机构在第三方信用评价标准制定、企业信用档案建设、信用风险管理与评估等方面发挥主导作用
	拓展应用领域	在资格资质培训认证、学前教育、星级旅行社、物业服务、旅游餐饮等 5 个领域推广第三方信用评价
	强化市场监管	出台一系列管理办法推进全市信用服务标准化、流程化

续表

探索信用	承诺内容标准化	让各类社会主体以规范式自愿作出信用承诺
承诺契约化	契约合同规范化	实行契约化管理。通过签订契约的方式，固化信用承诺的内容并赋予法律效力
	监管流程化	在事中事后监管过程中，重点记录未按照信用承诺书和契约合同内容履行义务的社会主体失信信息，实施部门联合惩戒
构建“信用+模式”	重点措施	制定行业信用管理办法、信息共享和公开机制、明确联合奖惩措施
	辅助机制	建立并完善信用承诺、失信告知、信用修复三项制度
	实现领域	在事业单位管理、文明交通等 26 个领域应用实践

表 6　厦门市社会信用体系建设经验总结

要点	具体措施
服务国家战略	积极与第三方信用机构合作开展债项评级、财政补助信用审查、投资项目全过程信用评估，推动港口金融等重点行业信用体系建设
	建设基于企业地理信息的可视化港口公共信用信息平台，对接台湾关贸网络平台，创建智慧港口，开展企业信用查询、出口企业信保服务、航线补助等，间接服务企业 1.5 万家，为企业实现通关便利
增进民生福祉	全面推行事前信用承诺制度，目前已在“信用厦门”网站公示近十万条信用承诺，使“我要承诺”转变成企业的自觉行为
	建立医疗机构从业人员等重点人群信用档案，在行政管理领域全面开展信用审查，将科技企业、物流行业、企业环评、用人单位工资支付等方面的信用评价，作为资金拨付、政府采购等的重要参考依据
	多部门联合在春运、出租车管理、建筑、安全生产、税收、环保、规划等领域开展失信联合惩戒；建立信用旅游管理系统
	加强溯源管理，创新食品安全保障方式，通过农产品质量安全信用评级，构建企业、消费者、政府三位一体共同监管模式，全市已建成追溯点 73 个
重视基础保障	建立了“一个办法”以及“两个清单”。基本建成全市统一的社会信用信息共享平台，形成极具厦门特色的“两网、两库、两窗口、一支撑”格局，解决存在的信息壁垒问题。“两网”即开通政务内网“信用工作平台”和“信用厦门”网站，“两库”即建成法人信用信息库和自然人信用信息库，“两窗口”即在自贸区和政务服务中心分别设立信用服务窗口，“一支撑”即依托市级共享协同平台搭建信用信息共享协同平台

从国内各省级层面的信用法制化建设和部分信用示范城市的做法来看，社会信用体系建设涉及到经济和社会各个领域的方方面面。短期内要又好又快建设和完善社会信用体系，完全依赖市场的推动是难以实现的，需要政府的深度介入，强力推动，信用建设必须要有政府的协调、引导和支持，重点是要发挥政府在整合信用信息资源、引导信用需求、制定规章制度、监管信用市场和培育发展信用服务机构等方面的作用。

三、南京市亟需推进信用法制化的原因

（一）社会认知度不高

目前，对社会信用的理解还存在多样性。概念的混淆将难以达成社会共识，引发误解和不必要的争议。界定好“社会信用”的概念成为信用法制化建设的根本点。社会上对信用的概念、黑红名单的认定以及信用信息的涵盖范畴等基本概念没有明确，一些基本性的概念模糊，76.8%的对象不太熟悉社会信用工作的具体内容，各个区均比较突出。社会对信用体系建设的认可度不高，无法吸引更多社会群体关注信用工作。

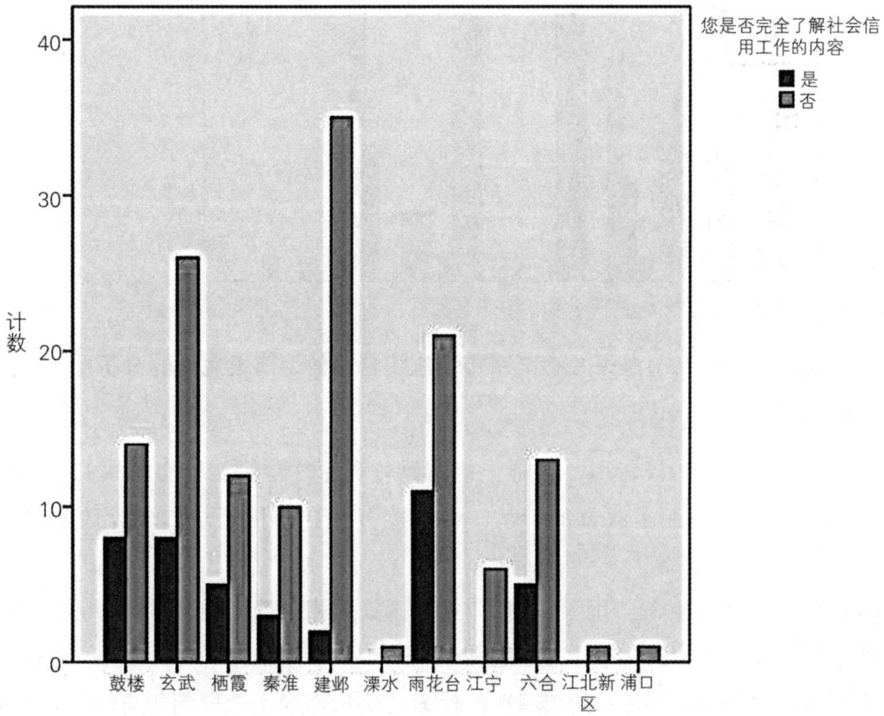

图1　各区认为否完全了解社会信用工作的内容分析图

通过对实际部门和各区的调研，我们发现熟悉南京市出台相关的信用建设文件的比重仅为36.6%，玄武、建邺、雨花台、六合不熟悉的比重偏高。各地政府部门尤其是辖区对信用体系建设及其制度的熟悉程度还不到4成，严重影响了整个社会信用体系建设的推进。

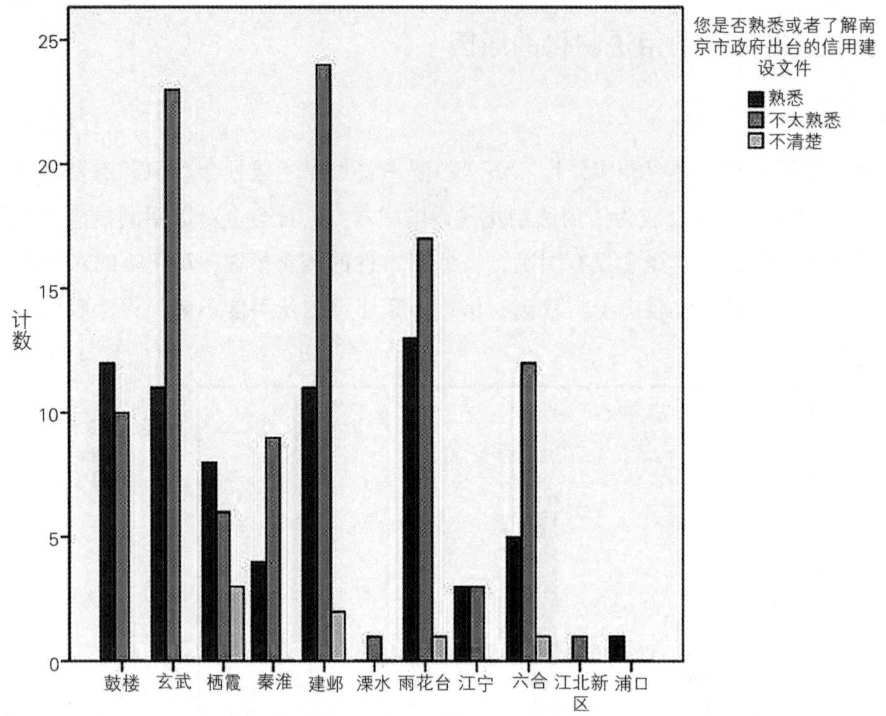

图2　各区认为是否知悉南京市政府出台的信用建设文件的分析图

（二）信用体系使用泛化

如何发挥社会信用管理的积极作用，又防止信用泛化和惩戒滥用。社会信用管理的成效已逐步显现，但信用泛化和惩戒滥用引起了各方的担忧。合理规范社会信用管理，成为地方信用法制化的关键点。

1. 缺乏统一的信用评价标准。信用评价指标体系建设缺乏相对统一的衡量指标是信用工作建设的一大难题。一是同一领域违信行为的衡量标准不能做到绝对统一，违信行为本身属于定性行为，对定性指标进行评价存在很大的模糊性。二是不同领域违信行为的衡量标准不能做到相对统一，不同领域的违信行为无法统一度量。两者都会导致红黑名单制定和落实产生差异化，可能会引起社会的不公平现象。三是地方标准没有可借鉴依据，也缺乏国家层面的法律支撑，导致标准出台困难。加快开展信用法制化建设，建立详尽的社会体系信用评价指标体系，量化违信行为是有效的解决途径。

2. 联合惩戒机制暂未形成。一是联合惩戒要基于信息共享的基础上，信息共享，各单位才能实现联合奖惩。其次，联合奖惩不能局限于政府内部，政府需要扩大惩戒措施的影响范围，政府与银行合作以及“政企合作”对信用黑名单中的企业和个人进行市场性和社会性的惩戒。建立多元联合奖惩机制，旨在消除部门、领域与地区之间的信用壁垒，避免社会信用建设“孤岛”式推进。对于红名单中的企业和个人释放部分鼓励措施，如南京市民卡公司对于诚信“好人”实行信用刷卡等相关举措。

3. 信用信息应用的闭环还未形成。联合惩戒和黑名单机制是要整改违信对象的违信行为，是促进社会信用体系建设的管理手段。对于积极配合相关部门整改、接受惩处并承诺自新的企业应当予以恢复信用，目前信用修复机制没有统一标准。

（三）社会信用主体权益保护不足

社会信用管理涉及面广，影响深远，社会各方高度关注，加强社会信用主体权益保护成为信用法制化建设的关注点。尤其在信用信息归集上，当前南京市社会信用建设没能实现完全的信用信息的共享和归集。一是社会信用建设要求涵盖政府、社会、企业以及个人各个层面的信用信息，共享过程中可能存在着信息泄漏风险，因而提高了共享的困难性。在信息被查询使用的过程中，要注重企业信息的安全性，尤其是个人信息。加快形成信用信息的保护法规，对信息泄露应建立严厉的追责制度，确保信用信息使用的安全性，为信用信息的共享提供法律保障。二是南京市各部门之间尚未实现信息的完全归集，不同部门的处罚结果无法及时获取。有必要推进统一的信息共享平台的建设，有利于各部门在工作中及时获取黑红名单，同步配合进行奖惩措施。

以上社会信用体系建设的问题均需要通过法制化的途径予以明确，为工作的开展提供指引。

四、地方信用法制化建设的内涵

南京市信用法制化建设对新型信用监管要求做出制度安排，通过事前告知承诺、事中分类监管、事后联动奖惩建立贯穿市场主体全生命周期的全程监管。提出豁免清单制度设计，鼓励履责纠错，突出深化告知承诺制改革、分级分类信用监管，打造良好营商环境。地方信用法制化建设有四个方面体现，一是体现国家社会信用建设大方向，将南京市社会信用建设工作实践中成熟的做法予以固化，服务于优化营商环境工作的大局，同时为深化探索留下空间。二是坚持问题导向，重点解决南京市社会信用建设中面临的主要矛盾与问题，体现制度实效。三是注重相关主体权益保护，平衡好公权和私利、监管效率和信息安全、社会公益和个体权益保护等方面关系。四是制定社会信用体系建设领域综合法规，着力于对重大制度和重要规则的立法构建，既全面总结当下南京市社会信用建设的实践经验，也明确制度框架为今后面上工作提供概括指引，为国家立法先行先试提供地方实践样本。

（一）建立信用信息目录清单制度，规范信用信息归集

创新界定公共信用信息目录的内容和公共信用信息的分类，还规范了目录清单编制程序、批准权限和公布要求。在市场信用信息方面，鼓励市场主体自行披露其市场信用信息；鼓励社会信用主体以发布声明、自主申报等形式，向市公共信用信息归集和服务平台、信用服务机构、行业协会商会等提供自身市场信用信息；鼓励信用服务机构依法向市公共信用信息归集和服务平台提供其合法获取的市场信用信息以及对社会信用主体的信用评级评价信息。规范了公共信用和市场信用的信息互通和协同应用，建立公共信用信息和市场信用信息的互通机制，促进公共信用信息和市场信用信息的协同应用。对于社会信用主体在涉及公共资源使用、公共项目运作、公共利益保障领域自愿作出社会信用承诺的，作为公共信用信息予以记录，接受社会监督。

（二）完善信用激励约束机制，拓展社会信用应用场景

一是明确提出建立本市社会信用联合激励和惩戒清单，并首设豁免行为清单和重点关注名单。二是优化失信监管制度。建立轻微偶发失信行为、一般失信行为、严重失信行为之间的级次衔接转换机制。失信信息除类型化抽象归纳外，对自然人失信信息还针对南京市实际进行重点列举，具有鲜明的价值导向和强烈的地方立法务实性。首次提出将“亵渎英烈、损害国家和民族尊严，伤害人民感情”的行为列为严重失信行为。三是创新守信激励措施，以市场主体全生命周期为主线，在制度层面上保障守信者“一路畅通”。四是界定失信惩戒的行为边界，提出了失信惩戒的四项原则：关联原则、比例原则、透明原则和责任自负原则。五是以法规的方式保障社会信用信息应用于政府部门特定履职事项，应用于行政事项的容缺受理，应用于政务服务的“减证明”，应用于政府部门提供精准化的监管服务。

（三）建立多项法律机制，加强主体权益保障

充分关注到社会信用建设进程中，各类主体的权益保护问题，专题研究“社会信用主体权益保障”，织牢织密法律保护之网。一是保障信息安全，规范了公共信用信息管理机构和公共信用信息应用单位的职责和行为，规定任何单位和个人不得非法归集、采集、使用、加工、传播社会信用信息，不得篡改、虚构、非法买卖其归集、采集、存储的社会信用信息。二是明确失信信息查询期限。失信信息对外查询的期限为一般失信信息一年、严重失信信息三年。既督促失信主体抓紧重建社会信用，也以人为本、宽严相济，向市场和社会释放包容性。三是赋予信息主体知情权，有权知晓与其本人社会信用信息相关的采集、使用等情况，以及本人信用档案载明的信息来源和变动理由。相关单位报送失信信息时必须履行提醒告知义务。四是保障信息主体异议权，对可能发生的信用信息记录错误给予救济渠道。五是规定了撤销权，据以认定其失信状态的具体行政行为被撤销的，要及时删除失信信息。六是规定了失信主动修复权，鼓励信息主体积极向善，引导其改过自新，同时对不可修复的情形作出规定。

五、地方信用法制化建设工作措施与成效

（一）推进信用法制化建设的措施

1. 首创豁免行为清单和重点关注名单。建立起轻微偶发失信行为豁免惩戒制度。梯度设置两项清单，体现信用立法的柔性与弹性，服务营商环境优化。同时，本条还明确了市社会信用行政主管部门负责组织编制信用联合惩戒豁免行为清单，对不予实施联合惩戒的主体列入重点关注名单，通过失信警示、提醒指导约谈等方式，促进其依法合规开展活动。

2. 首次明确失信惩戒的四项原则。关联原则的设定将失信行为的联动惩戒与行政机关的行政管理事项相关联，比例原则的设定将对失信行为的联动惩戒与信息主体违法违约行为的性质、情节和社会危害程度相适应，透明原则的设定以程序为手段将信用惩戒措施的运用严格管控，责任自负原则的设定则避免了“信用连坐”，将失信责任限定于失信人本人承担。

3. 首次明确严重失信主体的穿透认定。针对严重失信主体是法人、非法人组织的，提出穿透认定方式，将失信行为记入对该严重失信行为负有责任的法定代表人、实际控制人、主要负责人和其他直接责任人信用档案，并实施相应的联合惩戒措施。将原属商法领域的制度运用到信用立法中，这一理论与实践的嫁接，亦为全国首次。

（二）信用法制化建设的效果

1. 推动诚信文化和契约精神法制化，践行社会主义核心价值观。整部立法凸显和弘扬诚信价值观，将“契约精神”和“诚信文化”作为条例精神源泉，贯穿价值引领。将这两项社会信用体系建设的核心要素列为其中，以诚信和守约涵养社会，培育倡导公平缔约承诺、公正履约践诺的契约精神，引导社会风尚，树立诚信典范。

2. 建立完备的清单制度，加强实际可操作性。信用信息面广量大，要具备可操作性，必须作出科学合理清晰的制度指引。信用信息的法制化以公共信用信息归集目录清单、联合奖惩清单、豁免行为清单等三项清单制度为抓手，注重合理进行分级分类，精细化构建制度框架。归集目录清单确立了公共信用信息归集的技术要求、实体内容要求和程序要求。联合奖惩清单以清晰的方式向社会公开实施激励和惩戒的主体、法律法规和政策依据、实施条件、实施对象、实施期限、具体措施等。豁免行为清单体现了柔性管理理念。三项清单制度构建起符合法治和信用逻辑的规则体系，对政府权力形成有力监督和制

约，有助于防止信用泛化，并从制度落地的角度，确立操作规范，同时也凸显对社会的指引。

3. 体系化地运用社会信用信息，助推社会治理能力和治理水平现代化。探索构建社会信用信息全方位、多层次的应用场景，以满足社会需求，促进社会信用体系建设各重点领域向纵深发展，助推社会治理能力和治理水平现代化。从政府监管服务和市场活动两方面入手，集中体现了八方面场景应用：联合奖惩措施应用、特定履职事项应用、容缺受理应用、减证明应用、分类监管应用、市场信用信息一般应用、行业协会商会内部管理应用、电商平台应用等。除帮助政府提供精准化的监管服务，提升行政效能之外，尤为注重公共信用信息和市场信用信息的互通共享，突出市场信用信息应用，以充分广泛多元的信息应用推动市场主体完善内部治理，从而发挥信用对市场经济的支撑作用，提升市场活力，规范市场运行。

4. 反映南京特色。倡导奖惩并重、注重激发正能量的工作导向，成果共享、社会共建的建设理念，政府引导、尊重市场的可持续推进机制；呼应长三角和都市圈一体化战略，明确区域社会信用建设合作工作路径；将亵渎英烈，损害国家和民族尊严、伤害人民感情的行为等意识形态领域的严重不文明行为纳入联合信用惩戒，体现了南京特殊的历史厚重感；冒用交通优待优惠卡、医闹等行为纳入信用管理范畴，主动回应广大市民关切。

5. 着力务实有效。明确界定相关工作主体的工作职责、以及相关法定权力与履责义务；提出相关清单管理实施规范，规定相关工作流程；在信息归集方面，着力打破信息孤岛，推进信用信息融合使用；在奖惩措施方面，鼓励创新但规定须经法定程序设定和公布；在数据应用方面，引导政策资源和商业资源投向优质诚信市场主体，支持创业创新，完善信用闭环管理，促进告知承诺制、减证明等“放管服”改革；将拒不履行生效行政决定纳入失信名单，督促主动履责、减少执法“硬对抗”。

成果创造人：徐　锋、刘凡华

【参考文献】

[1]景欣.互联网征信中个人信息保护制度的比较与借鉴[J].西南金融,2020(09):74-85.

[2]余丽霞.国外社会信用体系建设模式研究及对我国的启示[J].晋城职业技术学院学报,2016,9(01):50-53+60.

[3]江宇,刘碧芳,黄昀.国外征信立法模式比较及其启示[J].福建金融,2014(S2):57-60.

[4]李忠东.美国的社会信用立法体系[J].检察风云,2017(10).

[5]魏知.各省信用立法对比.源点.2020.09.17

企业党的建设与企业文化建设

立体式帮扶　全方位发力助力扶贫县跑出脱贫“加速度”

中国诚通控股集团有限公司

习近平总书记强调，“贫穷不是社会主义。如果贫困地区长期贫困，面貌长期得不到改变，群众生活长期得不到明显提高，那就没有体现我国社会主义制度的优越性，那也不是社会主义”。党的十八大以来，以习近平同志为核心的党中央站在党和国家事业发展的高度，把扶贫开发作为全面建成小康社会、实现第一个百年奋斗目标的重点工作摆在更加突出的位置，大力实施精准扶贫、精准脱贫，坚定不移走中国特色扶贫开发道路。

中央企业作为国之重器，贯彻落实党中央、国务院决策部署责无旁贷，必须把扶贫重任扛在肩头。根据统计，在中央单位定点扶贫工作中，中央企业结对帮扶246个国家扶贫开发工作重点县，约占全部结对帮扶国家扶贫开发工作重点县的42%。中央企业及其在各地的分支机构截至2018年底还承担了地方党委政府、有关行业主管部门安排的1429个县、968个乡、9041个村的结对帮扶任务，定点扶贫责任重大。中央企业对接帮扶重点贫困县，需要好的思路、好的措施，更需要好的机制和模式，核心就是要做到精准扶贫、精准脱贫，既要发挥企业自身优势，也要因地制宜、因势利导，才能实现贫困地区和贫困群众如期脱贫，攻克最后堡垒，助力打赢脱贫攻坚战。

中国诚通在2016年对河南省宜阳县进行定点帮扶后，与县委县政府全面对接，按照“企业擅长做、当地适合做、群众愿意做”的帮扶思路，主动担当作为，持续加力推进，开创了“立体式”帮扶、“全方位”发力的对口扶贫“诚通模式”，帮扶宜阳县提前两年实现整体脱贫，既着力解决贫困群众脱贫问题，也帮扶培育发展一批特色产业，带动县域经济发展。2019年底，宜阳县“三率一度”分别为：贫困发生率1.18%、漏评率0、错退率0、综合满意度98.49%。

一、一张蓝图绘到底，找准“精准扶贫、精准脱贫”的最佳帮扶路径

改革开放以来特别是党的十八大以来，我国成功走出一条具有中国特色扶贫开发道路，7.4亿农村贫困人口成功脱贫，取得举世瞩目成就，为实现第一个百年奋斗目标打下了坚实基础。但是，未能脱贫地区往往是最难啃的“硬骨头”，或地处偏远地区、自然条件艰苦、基础设施落后、缺少脱贫产业，或贫困群众文化程度较低、思想观念落后、就业条件困难，特别是很多贫困家庭因残因病致贫，脱贫难度较大。中国诚通在定点帮扶工作中，精准判断贫困发生根源，有针对性采取帮扶措施，建立长期帮扶的规划，找准精准扶贫的方向和路径，做到一张蓝图干到底。

（一）坚持走村入户调研，精准判断贫困根源。中国诚通对接帮扶的河南省宜阳县，是国家级扶贫

开发工作重点县，地处豫西浅山丘陵区，“三山六岭一分川、南山北岭中为滩”是宜阳地形地貌特点写照，自然条件干旱少雨，总面积1616平方公里，总人口70万，农村人口60万人，辖12镇4乡1个办事处，353个行政村。2012年确定为国家扶贫开发工作重点县，全县353个行政村中有89个贫困村，贫困人口7.1万人。对接帮扶第一年，中国诚通就发动总部和各二级公司与宜阳县及各乡镇“下沉一级扶贫，现场结对进村，走村入户调研”，先后派出300余人次亲赴宜阳县走访调研，与当地干部群众一道理清发展思路，更新发展理念，制定脱贫方向，在真情真意中帮助结对村把脉定向。

（二）坚持扶贫规划先行，聚焦扶贫靶心不变。中国诚通成立了由党委书记任组长的“中国诚通对宜阳县定点扶贫工作领导小组”，充分发挥牵头管总作用，与宜阳县共同在广泛深入调研的基础上，研究制定了《诚通集团2016-2018年宜阳县定点扶贫工作规划》。围绕“贫困人口稳定脱贫、贫困县摘帽”这个目标，明确总体思路和具体举措，发动集团总部和所出资企业分别与16个脱贫任务较重的贫困村结成帮扶对子，做到任务明、责任清、措施实、效果好，在基础设施建设、公共服务、自我发展等方面具体实施45个重点项目。2019年宜阳县整体脱贫后，中国诚通又精心研究制定《2019-2020年帮扶规划》，聚焦“巩固脱贫成果，帮扶乡村振兴”的目标，再次确定帮扶方向和具体措施。

（三）坚持整合资源优势，确保规划执行到位。中央企业定点帮扶不是独立作战，也不能“平地起高楼”，需要适应和引导地方党委政府的整体脱贫规划，形成脱贫攻坚合力。必须与地方政府紧密配合，不仅立足当地资源禀赋，尊重群众意愿，还需要发展集体经济、引导县域经济发展方向。在定点扶贫实践中，中国诚通充分发挥资源整合和市场化运作的特点，将这两者实现了有机结合，聚焦精准脱贫和县域经济发展，利用地方土地和政策资源，发挥产业和市场培育优势，帮助宜阳县确定扶贫累计投入扶贫资金4000余万元，孵化培育扶贫项目82个，助力宜阳县提前2年实现整体脱贫。

二、集中力量办大事，构建“上下联动、全员参与”的立体帮扶体系

习近平总书记指出：“我们最大的优势是我国社会主义制度能够集中力量办大事。这是我们成就事业的重要法宝。”中国诚通党委充分发挥总揽全局、协调各方的作用，全面调动集团系统内的各类资源，构建了上下联动、全员参与的立体帮扶体系。

（一）主要领导带头，确保推进有力。“政治路线确定之后，干部就是决定的因素。”脱贫攻坚是一项艰巨的政治任务，更需要领导干部带头发挥作用。中国诚通推进帮扶工作始终做到主要领导亲自部署、亲自推进。在2016年4月，中国诚通党政主要负责人就带领着集团总部党群工团的同志和各二级公司主要领导，一行近40人出现在宜阳县，召开了以“真扶贫、扶真贫”为主题的帮扶工作现场动员部署会。中国诚通主要领导连续5年组织领导小组成员和各所出资企业“一把手”，每年到宜阳县召开定点帮扶现场会，与宜阳县委县政府、16个乡镇和结对帮扶贫困村负责人进行全面对接。2016年召开动员部署会，2017年召开现场推进会，2018年召开检查考核会，2019年召开现场工作会，2020年召开决战决胜脱贫攻坚会，一年一个台阶、一步一个脚印，推动集团总部和各所出资企业的帮扶计划、帮扶资金、帮扶项目落地见效。

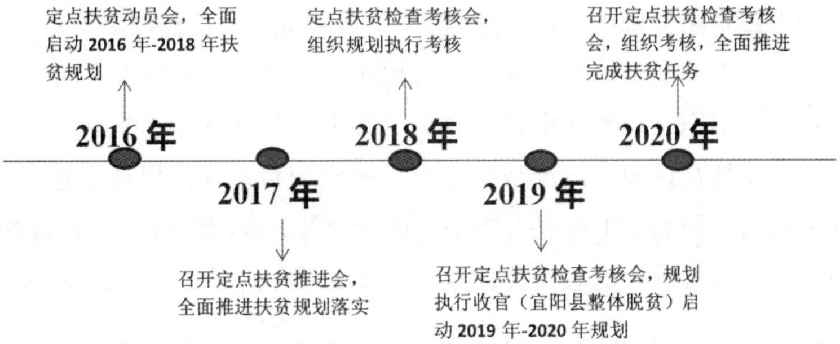

图 1　中国诚通党政主要领导部署推进定点扶贫工作时间表

（二）帮扶体系完善，确保措施到位。提高脱贫攻坚成效，在找准路子基础上，关键是构建好机制，在精准施策上出实招，在精准推进上下实功，在精准落地上见实效。中国诚通成立定点帮扶工作领导小组后，每年对接宜阳县委县政府把准整体方向，在对接帮扶过程中形成了“领导小组统筹决策、责任部门组织衔接、对接单位归口负责、挂职干部协调落实”的立体帮扶工作机制。根据定点扶贫工作规划，领导小组每年制定扶贫计划、确定扶贫预算，坚持项目对接扶贫县乡村，预算跟着项目走。此外，还将扶贫工作开展情况列入对二级公司考核内容，每年进行一次综合考评。“帮扶项目精准安排、帮扶资金精准落实、帮扶措施精准实施，真正帮扶到户、帮扶到人”。集团各级领导干部到宜阳县开展调研 146 次，共 822 人次，确保每年的扶贫计划贯彻落实到位。

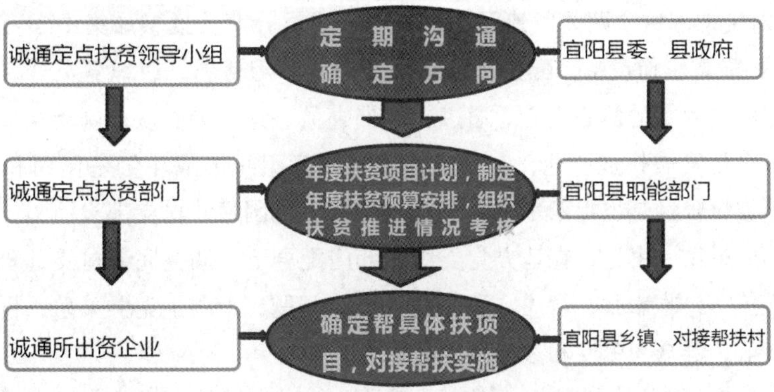

图 2　中国诚通与宜阳县的三级对接体系

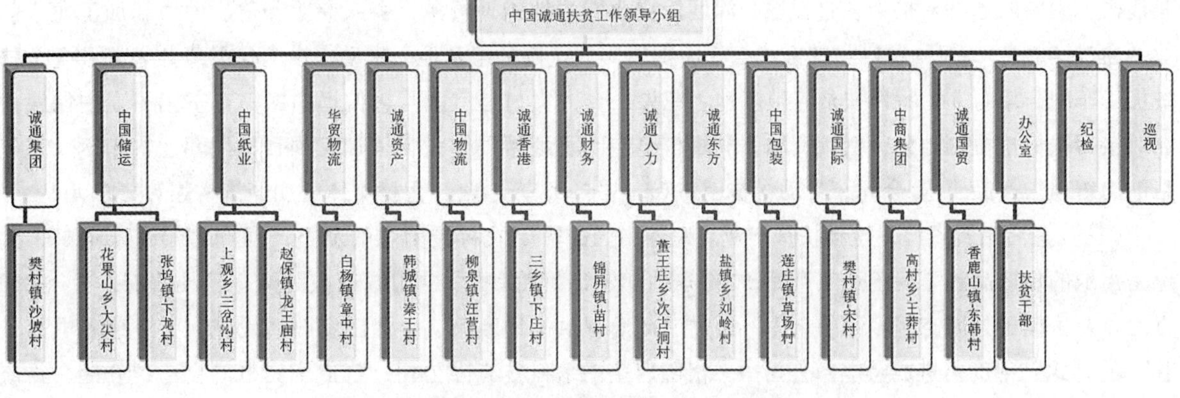

图 3　中国诚通对接帮扶宜阳县的立体帮扶体系

（三）派出精锐干部，确保责任落实。“真扶贫、扶真贫”要做到精准，既要做好“帮”，帮资金、帮项目，更要做好“扶”，扶思想、扶人员，避免扶贫资金“一投了之”、发钱发物“一发了之”、低保兜底“一兜了之”。中国诚通编写《中国诚通扶贫挂职干部任务书》，建立派驻扶贫干部三级体系，集团总部派出挂职副县长牵头抓总、全面协调；所出资企业派出乡镇挂职干部深入调研、督促推进；在扶贫难度最大的村选派驻村第一书记，与当地干部群众合力攻坚、具体落实。三级扶贫挂职干部各负其责、各司其职，有针对性地细化扶贫计划、确定帮扶项目、推动项目落地，保证了扶贫工作从县级向乡镇、村等多层级多领域立体辐射，做到了工作有人抓、项目有人管。先后派驻 7 名挂职扶贫干部与贫困村民朝夕相处、并肩作战，在宣传政策、发动群众、落实资金项目等方面发挥了积极作用。

三、因地制宜施良策，形成“村有特色、户有项目”的精准帮扶模式

习总书记强调，开对了“药方子”，才能拔掉“穷根子”。中国诚通党委在没有明显产业优势的情况下，积极主动作为，想方设法施策，按照“帮扶单位给得了，帮扶对象接得住，帮扶项目立得稳”的原则，探索形成“村有特色、户有项目”的精准帮扶模式，既保证了对接村贫困户收入迅速增加，又带动了区域经济协调发展。2019 年，产业项目实现收益 5785. 77 万元，带动用工 629 人，受益人口约 2100 人，16 个对接帮扶村集体平均收入从 2016 年的 1. 71 万元增加到 10. 1 万元。

（一）加强党建引领，带动扶贫产业。以党建引领开展脱贫攻坚是中国特色扶贫攻坚的最大优势。必须调动发挥了基层党组织和扶贫工作队的战斗堡垒作用，在扶贫一线培养和考验了一大批走在前列、敢打硬仗、勇于牺牲的党员干部。中国诚通积极与宜阳县委组织、宣传部门以及各乡镇党委沟通协调，推动建好建强 16 个对接贫困村“两委”班子，组织班子成员分期分批参加集中学习培训。出资为每个村建立“党建小屋”，配备影像设备，配齐《求是》杂志等学习资料，组织党员开展学习，从领会党的路线方针政策中坚定脱贫致富的信心决心。通过支部带党员、党员带群众，调动党员群众脱贫攻坚的积极性主动性创造性，自觉发展扶贫产业，充分发挥了基层党组织的战斗堡垒作用和党员的先锋模范作用。宜阳县樊村镇沙坡村曾经是祖祖辈辈都为吃水发愁重点贫困村，村支部没活力，群众意见大。诚通总部对接帮扶后派出驻村第一书记，在地方党委组织部门配合下，调整完善村支部班子，发动全村党员带头打出该村历史上第一口吃水井，解决“百年吃水难”问题，理顺了党群关系，再组织群众发展花椒种植、光伏发电等产业，群众积极性和参与度也高涨了。

（二）发挥山地优势，孵化扶贫产业。扶贫看似是一件民生工程，但扶贫里也有经济学。作为帮扶单位，一定要充分了解“企业擅长什么、地方适合什么、百姓需要什么”，才能在精准扶贫上有作为、有建树。中国诚通在对接帮扶过程中，深度挖掘改造当地山地资源，引入专业养殖、种植和加工龙头企业，通过“企业+政府+农户”的方式，先后发展 3 个花椒种植基地，带动建设 100 个蔬菜大棚和 8 个扶贫加工车间，培育 6 个特色扶贫养殖基地。花果山乡大尖村是宜阳县最偏远山区一个贫困村。中储股份在对接帮扶后挖掘当地山区粗粮资源，利用村里空闲土地帮助建设粗粮加工项目，配套运输车辆，当年帮助出售粗粮产品 40 万余元，带动村贫困户 62 户共 203 人增收，为村集体增加经济积累 6 万多元。

（三）盘活闲置资源，拉动扶贫产业。地处山区的贫困农村最困难的就是产品销售渠道不通畅，无论是当地的农产品还是特色加工产品，“好东西卖不出好价钱”。中国诚通在对接宜阳县政府，投入 260 万元改造了位于县城空闲多年的仓库，通过“政府提供土地政策、企业出资改造设施、引进成熟电商入驻”的方式，帮助引进成熟电商公司——洛阳启蛰网络科技有限公司，打造了集电商交易、仓储、物流配送等功能为一体的“电商物流园”，构建起“农户+扶贫车间+电商产业园”的产销对接通道。电商企业先后投资 500 万元用采购生产设备、改造生产车间，引进韵达快递、百世快递、天天快递、邮政快递入园服务，帮助当地产品销售收入 5000 余万元，带动用工 140 余人，日均发送快递包裹 3 万单。当地发

展的花椒、蔬菜、养殖等扶贫农产品和吨包、手工日用品等扶贫车间加工产品实现了网上销售。

（四）扶持重点项目，巩固扶贫产业。注重把产业扶贫项目培育作为巩固提升定点扶贫成果的重要抓手，结合宜阳县实际需要，创新确立“三大扶贫产业”：种植类产业，依托形成的万亩花椒基地，扶持建立加工企业，购置烘干设备，延伸花椒产业链，提高了经济附加值。养殖类产业，引入龙头企业进行技术指导，扶持扩建2个养鸽场和鹌鹑养殖场，提升了养殖水平。加工车间产业，扶持修缮仓储物流园3间仓库，引进企业投入500万元，分别购置吹膜机24台、制袋机50台、圆盘机1台、切棉机3台，增加用工约40余人。2个扶贫车间实现由来料加工向制造业态转型，吨包袋加工产业已初具规模。通过专业技能培训，引导贫困户转变就业观念，吸引贫困户入股经营，让补贴变资本、农民变工人，实现贫困户经济来源多元化、持久化。

（五）开展产业赋能，助力乡村振兴。“绿水青山就是金山银山”。山区农村贫困的原因在山，脱贫的优势也在山，如何把山区优势资源发挥出来，是山区农村脱贫的大文章。中国诚通对接帮扶宜阳县注重已有产业附能，依托宜阳县科工局，助力推动县域产业整合提升，帮助18家企业申报高新技术产业，获批17家。依托宜阳县旅游局，推动县域旅游产业提升，邀请中国旅游智库秘书长石培华到宜阳县调研并开展高端培训，引入中国旅游集团下属中国风景公司专业团队，帮助完成县域旅游提升规划，为开发县域山区旅游产业奠定了良好基础，依靠农业项目扶贫、依靠山区旅游增值。诚通国贸对接帮扶的香鹿山镇启动乡村旅游项目，发展农家乐采摘园330亩，户均增收6000元。扶持修缮8个窑洞农家乐经营面积1064平方米，实现暖式大棚时蔬、游客体验采摘、光伏发电能源与农家乐项目有效联动，构建起长效的扶贫造血机制。

四、志智双扶拔穷根，健全“教育扶贫、就业扶贫”的长效帮扶机制

习总书记强调，扶贫先扶志，扶贫必扶智。中国诚通党委大力实施“志智双扶”工程，坚持扶贫与扶志、扶智三管齐下，“治愚”与“扶志”齐头并进，探索建立教育扶贫、就业扶贫的长效帮扶机制，千方百计增强贫困群众的劳动技能和致富本领，引导他们从“要我脱贫”向“我要脱贫”“我能脱贫”的思想转变，强化自身脱贫致富的“造血”功能，从根本上激发动力、拔掉穷根。

（一）聚焦教育扶贫，举办“诚通宏志班”。让贫困孩子都能接受公平、有质量的教育，阻止贫困现象代际传递，是功在当代、利在千秋的大事。中国诚通在宜阳县城关一中先后开办5届“宏志班”，配备优秀师资，在全县招收考试成绩优秀的建档立卡贫困户学生237名，同时向贫困学生发放基本生活补贴，避免因学致贫。先后举办3期宏志班“走出大山看世界”夏令营活动，组织宏志班优秀学生分别到北京、杭州、天津进行参观学习，为孩子们打造一个走出大山了解世界、树立远大理想的平台。成立“诚通青年志愿者”服务队，对“宏志班”学生进行一对一爱心帮扶，80余人次开展志愿支教活动。88名已经毕业的“宏志班”学生中有77人考入重点高中。在宜阳县重点高中设立专门的“诚通奖学金”，继续对贫困学生予以帮扶，鼓励支持他们用知识摆脱贫困、改变命运。累计投入700余万元，改造“宏志班”所在宜阳县城关镇一中水泥运动场、校舍门窗，创建2个爱心留守儿童家园，建成1个多媒体电脑教。

（二）聚焦教育质量，实施“教师提升工程”。教育是阻断贫困代际传递的根本之策。补齐贫困地区义务教育发展短板，是夯实脱贫攻坚根基之所在。中国诚通积极挖掘教育资源，引入北京师范大学教育培训平台，依托县教育局先后开展4期教师研修班，完成了99名中小学骨干教师、294名中小学班主任、132中小学教学业务副校长（教导主任）、81名中小学校长的集中培训，有效提升了学校的教育水

平。组织实施三岔沟村校舍改造项目，落实扶贫教育基金帮扶项目，开展“乡村美丽教师”评选活动，42名优秀教师获得表彰，帮助一批贫困家庭大学生完成学业，为宜阳县稳定脱贫提供了智力支持。

（三）聚焦就业扶贫，坚持“授人以渔”。贫困地区贫困人口，往往缺少就业技能，“一人就业、全家脱贫”，增加就业是最有效最直接的脱贫方式，长期坚持还可以有效解决贫困代际传递问题。中国诚通在对接帮扶贫困村、扶持脱贫产业的基础上，依托宜阳县人社局，开办“诚通技能人才培训学校”。仅2019年，就累计开展培训37期，培训足疗师1160人，实现528人就业。其中，培训贫困人口350人次，帮助210名贫困人口实现就业，平均工资达到每月4800元/人，最高月工资达9300元。真正发挥了“就业一人、脱贫一户、带动一方”的示范作用。援建的宜阳县赵保镇脱贫技能培训中心，开办至今已举办培训班5期，累计培训860人次，被宜阳县人社局确定为“乡级定点劳务输出培训基地”。

五、强化监督保落实，打造“凝心聚力、风清气正”的良好帮扶作风

习总书记指出，脱贫攻坚任务能否高质量完成，关键在人，关键在干部队伍作风。中国诚通党委注重加强扶贫领域作风建设，统筹整合监督力量，把党内监督与纪检监察、专项审计、考核评价结合起来，用制度、机制、考核、督导推进责任落实，打造“凝心聚力、风清气正”的良好帮扶作风，确保扶贫工作焦点不散、靶心不变，为打赢脱贫攻坚战提供了纪律保障。

用制度规范责任落实。坚持每年围绕定点扶贫规划，制定年度扶贫计划，把定点扶贫工作纳入党委年度工作要点，纳入专项审计工作重点。每季度召开党委书记、纪委书记例会，听取扶贫工作情况汇报，推动扶贫任务有序开展、有效落实。制定下发《中国诚通对外捐赠管理办法》，规范扶贫资金使用管理。严格落实扶贫资金全面预算制度，保障扶贫资金和项目精准落地、不出问题。

用机制保障责任落实。定期开展所出资企业自查、扶贫挂职干部检查、领导干部调研督查、定点扶贫专项核查。制定产业项目分类表、推进表、指标评价表，对同质化项目指标进行比较分析，对扶贫任务推进情况进行定期通报、挂牌督战，保障定点扶贫任务稳步有序推进。坚持扶贫挂职干部“任前廉洁教育、任中提醒谈话、年度现场考核”制度，对扶贫挂职干部全程跟踪管理，对苗头性倾向性问题及时提醒约谈，有效防止了违规违纪问题发生。

用考核检验责任落实。坚持每年组织定点扶贫工作考核评价，通过“现场扶贫项目核查、地方政府评价、贫困户评议和所出资企业领导述职”等形式，进行定点扶贫工作考核评议，考核结果公示通报，并纳入党建责任制考核内容，与所出资企业领导人员薪酬挂钩。成立定点扶贫工作审计组，对扶贫资金的使用和管理、帮扶项目进展和成效开展专项审计，通过现场检查、座谈了解、走访入户、资金核查等方式，深入查找问题和不足，形成定点扶贫工作专项审计报告，责成所出资企业与宜阳县及帮扶乡镇、贫困村进行沟通整改。

用督导推动责任落实。集团主要领导亲自挂帅，与洛阳市、宜阳县领导加强沟通，推动地方和企业党政领导主动扛起脱贫攻坚主体责任，带头落实扶贫政策和扶贫要求，不断改进扶贫工作作风。集团纪委定期开展扶贫领域作风建设调研督导，各所出资企业深入定点帮扶村督促指导工作，分别向16个村下发督促检查调研报告。集团党委结合督导调研情况，专门形成《中国诚通定点扶贫专项督导调研报告》，向宜阳县委县政府反馈。

六、启示和思考

中国诚通定点扶贫始终践行习近平总书记“精准扶贫”的重要论述精神，开创了“立体式”帮扶、

"全方位"发力的对口扶贫"诚通模式"。主要启示如下：

（一）坚持和加强党的领导是精准扶贫的政治保证。办好中国的事，关键在党。贫困地区往往地处偏远地区、产业基础薄弱、群众就业能力不足、基础设施落后，是难啃的"硬骨头"，中央企业定点帮扶过程中，采取单一帮扶方式往往不能从根本上解决贫穷之"困"。在定点帮扶过程中，中国诚通党委充分发挥领导作用，确定帮扶方向，制定扶贫规划，统筹总部和所出资企业资源，集中力量办大事，建立完善总部和所出资企业共同发力的对接帮扶机制，既帮扶提升县域经济质量，又帮扶解决贫困村的实际困难；既从产业入手帮助找到立见成效的增收渠道，又从教育入手帮助解决思想观念落后的贫困根子，最终一鼓作气、决战决胜，完成脱贫攻坚目标任务。

（二）实事求是因地制宜是精准扶贫的努力方向。定点扶品"贵在精准，重在精准，成败之举在于精准"。"精准"关键在于实事求是，既要从帮扶对象贫困根源和现实需要入手，在投入帮扶资金、明确帮扶对象、建立帮扶项目上发力；也要从中央企业自身优势和帮扶能力入手，在细化帮扶措施、统筹优势资源、建立长效机制上发力。在定点帮扶过程中，中国诚通党委组织专门力量，深入调研宜阳县县乡村三级面临的困难和问题，确立"企业擅长做、当地适合做、群众愿意做"的帮扶思路，建立帮扶规划，完善帮扶机制，不仅在投入帮扶资金上持续用力，更关键的是针对县乡村三级面临矛盾和问题，统筹运用产业扶贫、消费扶贫、就业扶贫、教育扶贫等多种方式，保证精准扶贫溢出效应，真正把"好钢用在刀刃上"，既着力解决贫困群众脱贫问题，也帮扶培育一批特色产业，带动县域经济发展。

（三）协同帮扶对象共同发力是精准扶贫的关键环节。脱贫攻坚主体责任在地方党委政府，真正熟悉当地群众贫困根源、面临实际困难的也是地方党委政府。中央企业定点帮扶发挥作用的关键在于与贫困地区党委政府脱贫思路一致、帮扶措施合拍。在定点帮扶过程中，中国诚通党委与宜阳县共同协商形成扶贫工作规划，建立集团党委、扶贫部门、所出资企业对接宜阳县、扶贫办、乡镇村三级沟通协调机制，每年制定详细扶贫工作计划和预算，投资县域内重大扶贫投资项目必须经县委县政府研究，对接贫困村帮扶项目请乡镇党委政府支持，确保扶贫预算执行到位，扶贫资金落实到位，扶贫项目建设到位，坚持一张蓝图干到底，巩固好定点扶贫的成果。

（四）树立良好工作作风是精准扶贫的可靠保障。脱贫攻坚任务能否高质量完成，关键在人。中央企业定点扶贫工作中，不仅要投入资金带动扶贫产业发展，更重要的是发挥扶贫干部带头作用，带动帮扶地区干部转变思想观念，解决实际问题。在定点帮扶过程中，中国诚通党委连续五年由党委书记带队，组织党政工团领导和所出资企业主要领导、分管领导在宜阳县召开现场工作会，与县、乡、村领导班子现场对接解决实际问题，连续派出三任挂职扶贫副县长和驻村第一书记，常驻宜阳县和最困难的村带头推进扶贫项目落地，每年组织现场扶贫工作考核和扶贫干部述职述廉评议，发挥干部带头作用，帮助贫困地区、贫困群众心无旁骛地投入脱贫攻坚工作中去，增强精准扶贫、精准脱贫能力，实现精准扶贫目标。

全面建成小康社会胜利在即，民族复兴光明前景催人奋进。中国诚通将更加紧密地团结在以习近平同志为核心的党中央周围，高举习近平新时代中国特色社会主义思想伟大旗帜，深入学习贯彻习近平总书记在决战决胜脱贫攻坚座谈会上的重要讲话精神，对标对表党中央的决策部署和国务院国资委的工作要求，不忘初心、牢记使命，大力弘扬"勇挑千斤担、敢啃硬骨头"的诚通精神，坚决打好打赢脱贫攻坚战这场硬仗，为决胜全面建成小康社会、实现中华民族伟大复兴作出更大贡献！

成果创造人：王延胜、钱　曦、陈辉山

以深度赋能高质量发展为导向的新时代航天党支部建设体系构建与实施

中国航天科工集团有限公司

航天作为当今世界最具挑战性和广泛带动性的高技术领域之一，是国家综合实力和大国地位的重要体现。发展航天事业、建设航天强国，是党和国家增强国防实力、经济实力、科技实力、和民族凝聚力的战略决策。

习近平总书记强调，基层党组织是贯彻落实党中央决策部署的“最后一公里”，要坚持大抓基层的鲜明导向。航天科工认真学习贯彻习近平总书记重要讲话精神，深入学习领会新时代党的组织路线科学内涵和实践要求，积极探索有利于增强基层党组织政治功能和组织功能的新途径新方法。利用“智慧党建”平台大数据分析，结合党内统计有关数据，面向全系统开展“在推进航天强国建设新征程中筑堡垒强先锋”专题调查研究，在深入分析和把握航天企业基层党建工作规律和特点的基础上，对党支部建设要素进行系统整合和全面协同，创新构建新时代航天企业基层党支部建设体系，通过系统化赋能和组织力驱动，推动基层党组织全面进步、全面过硬，汇聚加速实现航天梦、强军梦、中国梦的磅礴力量。

一、航天科工基层党支部建设基本情况

航天科工现有二级单位22家，企事业单位507户，分布在30个省市自治区及境外地区。全级次共设基层党组织3071个，其中党支部2754个，占比89.7%。全系统正式党员67742名。

在职职工党支部中，按职能划分，研究室党支部占比28.3%，生产车间党支部占比14.8%，科研、生产和经营管理部门党支部占比45.6%，独立法人和分公司党支部占比11.3%。按业务领域划分，覆盖防务装备、航天产业、信息技术、高端装备制造和现代服务业等五大产业板块的党支部占比超过94%，其中防务装备领域党支部占比最高，为38.7%。国家重点实验室、国家工程技术研究中心、国防科技重点实验室、技术创新中心、成果孵化中心以及专业门类配套齐全的科研生产体系全部实现了党的组织和党的工作覆盖。

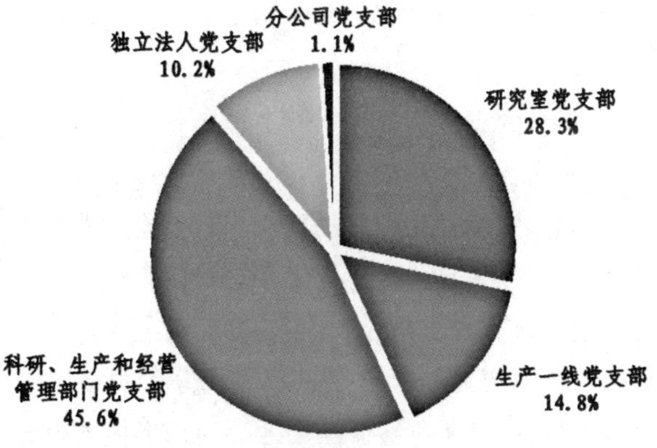

图1　在职党支部类型

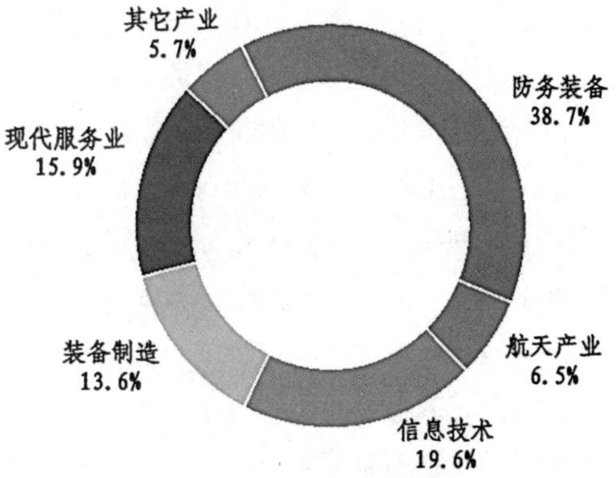

图2　在职党支部业务覆盖

二、航天企业基层党支部建设面临的新形势新任务新要求

当前，世界正经历百年未有之大变局，科技创新也进入空前密集活跃时期。作为大国重器顶梁柱、国民经济主力军，航天科工要建设世界一流航天防务集团公司，支撑世界一流军队建设，必须相时而动，着力把企业党的组织体系打造成形神兼备、气血贯通、体魄强健的“生命体”，推动把党的政治优势和组织优势转化为创新优势、发展优势和竞争胜势。

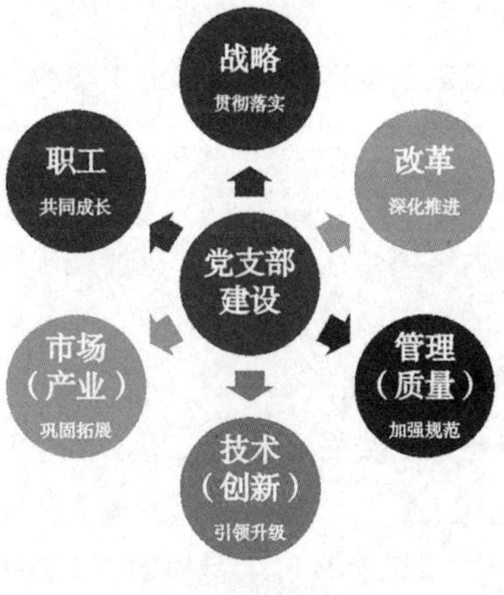

图3　航天企业党支部发挥改革发展桥头堡作用的路径分析

党支部是党的全面领导得以实现的重要基础，无论从数量、规模上，还是从战斗力和创新力来看，党支部在航天企业党的组织体系中都占据着举足轻重的地位。面对新形势新任务，航天企业要在危机中育新机、开新局，推动航天事业持续高质量发展，党支部大有可为，也必有作为。与肩负的责任使命相比，航天企业基层党支部建设还存在一些薄弱环节，尤其是在推动组织力各要素高效协同方面有待加强。

（一）对标对表习近平总书记“发挥企业党组织的领导核心和政治核心作用，保证党和国家方针政策、重大部署在国有企业贯彻执行”的重要论述，航天企业党支部还需要进一步突出政治功能、强化思想引领。

政治教育力度需要继续加强。习近平新时代中国特色社会主义思想是航天企业应对各种风险挑战、推动航天事业可持续高质量发展的根本遵循。党支部作为党的创新理论进一线、进车间、进班组的前沿阵地，是把理论讲透彻、把思想讲鲜活、推动知信行统一的关键环节。与实现“全党在共同思想理论基础上的高度集中统一”要求相比，部分党员干部在学懂弄通做实上还有一定差距。党支部围绕党和国家大局谋划推进党员教育的能力有待进一步加强。

思想政治工作方式方法创新不足。党支部贴近职工群众的思想和工作实际，最容易掌握职工群众的心理规律，是把思想政治工作做到职工群众心坎上的关键所在。在调研中，党员群众普遍认为现阶段航天企业基层党支部思想政治工作方式手段、载体渠道、制度机制创新不足，新应用新业态的普及和应用跟不上时代步伐。部分党员群众认为党支部解决思想问题和解决实际问题结合得还不够紧密。

治理能力和工作水平有待提升。在航天企业微观治理体系中，党支部对于实现民主决策、科学决策，形成自上而下强大的执行力具有重要意义。在全心全意依靠职工群众、发挥“穿针引线”作用方面，部分党支部组织职工群众向上级党组织反馈意见建议的渠道还不够便捷畅通，尚未形成“共建共治共享”的常态化机制。在把党的领导落实到企业治理各领域各环节方面，部分独立法人党支部“双向进入、交叉任职”的领导体制和议事决策流程还亟待完善。党员群众关于企业（部门）管理满意度测评中，“各项制度规范的执行情况”、“本单位解决形式主义、官僚主义突出问题”、以及“本单位各项管理流程”得分相对偏低，反映出党支部在维护制度权威、推动决策执行方面也有一定差距。

（二）对标对表习近平总书记“企业发展到哪里、党的建设就跟进到哪里、党支部的战斗堡垒作用就体现在哪里”的重要论述，航天企业党支部还需要加快适应现代企业制度下市场化经营体制机制给党的工作全面有效开展带来的挑战。

根本性长效性机制亟需完善。航天科工对标对表各项改革任务，全力推进国企改革“双百行动”和混合所有制改革试点实施。同时，为适应企业产权关系、组织架构、管理模式的发展变化，及时对基层党支部设置实施动态调整。全系统2017年1月以来，因并购重组新设立的党支部102个，内部机构改革新设立党支部563个。近3年内新任职党支部书记878人，占在职党支部书记总数的37.4%。部分新成立的党支部缺乏底蕴支撑，在严格党内组织生活方面还有待加强和规范。新任职的党支部书记由于党务工作经验不足，抓党的建设的意识和能力也亟需提升。

党建共建有梗阻节点。深化供给侧结构性改革，必须优化生产要素配置和组合，破除要素流动壁垒，做好产业链和产业集群建设。与业务工作强强联合、协同推进的趋势相比，航天企业基层党建工作仍以“各自为战”为主，尚未形成党建工作整体优势，以党建工作交流促进各市场主体（供应商、联合攻关基地、OEM代工厂、运维服务等）资源共享、项目协同的深度和广度还需要持续拓展。

（三）对标对表习近平总书记“统筹推进传统安全领域和新型安全领域军事斗争准备，发展新型作战力量和保障力量”的重要论述，航天企业党支部还需要加大力度抓好国家重大工程、重大项目和重要任务的落实落地。

把党的建设融入武器装备研制生产各环节尚有短板。航天科工积极推进项目党建，探索以党建工作推动扁平化科研生产管理，牵引武器装备体系化、智能化、实战化发展。但在项目党组织实体化运行方面，部分项目临时党支部开展针对性强、务实有效的党员活动不多，服务国防科技和武器装备重大战略工程的能力还有待进一步提升。

推动党建工作优势向型号武器装备技术优势、质量优势转换不够。越是关系国民经济命脉和国家安全的重大科技与建设项目，越要实施严格的科学管理，越要狠抓质量，确保成功。航天企业基层党建工作在加快突破关键核心技术、提升武器装备产品质量方面的问题是“普适性”有余、而“针对性”不足。几乎所有防务装备领域的党支部，都把前瞻性技术研究和质量管理体系纳入到“三会一课”、主题党日。但在战略性牵引工程和重大项目出现具体的技术瓶颈时，仅有部分党支部选择及时开展“学术沙龙”“头脑风暴”等特色工作，引导党员集智攻关。在强化产品质量管控方面，亟需加强对技术上形式主义、官僚主义的监督整治，避免“方案设计凭经验”等给产品质量带来的隐患。

（四）对标对表习近平总书记关于“大力推进科技创新及其他各方面创新，加快推进数字经济、智能制造、生命健康、新材料等战略性新兴产业”的重要论述，航天企业党支部还需要从根子上破除制约科技创新和新动能培育的思想障碍、制度藩篱。

深度激发创新活力不足。加快传统产业改造升级，推动产业链再造和价值链向“微笑曲线”两端提升，必须加强各类创新能力和机制建设，增强发展动力，塑造新的增长极。在调研中，部分党员职工群众认为所在单位或部门“创新活力一般，与普通企业没有区别”，反映出基层党建工作引领企业创新发展的力度还不够、取得的效果不平衡，部分党支部缺乏有效的载体和措施。

对党员干部职工市场化意识的培育和塑造滞后。要实现动力变革、质量变革、效益变革，既要有新技术、新产品作支撑，更要积极推动商品化、市场化，形成规模效应和效益。与高技术领域的民营企业相比，航天企业党员干部思想解放、观念转变整体上慢于政策环境变化、商业环境变化，党支部在引导党员群众克服工作惯性、推进产业发展方面还需要下大力气取得突破。“市场意识不强”已成为制约企业发展的最重要因素之一。

（五）对标对表习近平总书记“满足人民多层次多样化需求，使改革发展成果更多更公平惠及全体人民”的重要论述，航天企业党支部还需要把人才工作做得更加扎实，把以人民为中心的发展思想更实更细地转化为行动。

人力资源管理有待优化。党支部是涵养人才的“蓄水池”。从调研情况看，航天企业人力资源效能还没有得到充分发挥。约1/4的党员群众认为当前从事的岗位工作“缺乏挑战性”。党支部在建立健全人岗相适、源头培养、跟踪培养、全程培养的素质培养体系方面还有待改进。

推动职工与企业同进步共发展尚未破题。与职工切身利益密切相关的六维满意度调查中，党员群众对于工作回报的满意度最低。影响工作积极性排序靠前的原因分别是“收入不理想”“晋升通道不通畅”“工作氛围不活跃”；而能够进一步提升获得感和幸福感排序靠前的建议分别是“丰富员工文化活动”“增加节日慰问品福利”“及时解决职工实际困难”，反映出党支部在强化岗位激励，拓宽员工成长通道，领导群团组织为职工群众办好事、解难事等方面均存在明显不足。

三、严密党支部建设体系为航天强国筑基赋能的做法和成效

习近平总书记强调，提高党的建设质量，要根据党的建设面临的新情况新问题，大力推进改革创新，用新的思路、举措、办法，解决新的矛盾和问题。航天科工聚焦“科技强军、航天报国”责任使命，加强前瞻思考，全局谋划、统筹推进企业改革发展稳定和党的建设各项工作，激发要素活力、增强内生动力，以基层党建工作新成效打造未来发展新优势。编著《航天科工党组织提升组织力案例选》《新时代航天追梦人》，并由党建读物出版社出版发行；《以航天系统工程方法提升企业党建质量》获第五届全国基层党建工作创新典型案例最佳案例（全国共30个）。

（一）党支部建设体系和组织力量的要素整合及系统构建

坚持目标导向、问题导向、结果导向相统一，树立系统思维，从顶层设计上搭建党支部体系化建设基本架构。通过对党支部建设各要素进行有机整合，将党支部“碎片化”工作转化为可视化呈现和系统化输出，实现目标倒逼、挂图作战、明责祛病，从根本解决部分党支部存在的“头痛医头、脚痛医脚”，

组织力要素不协同等问题，系统化、体系化提升党支部建设标准化、规范化水平。

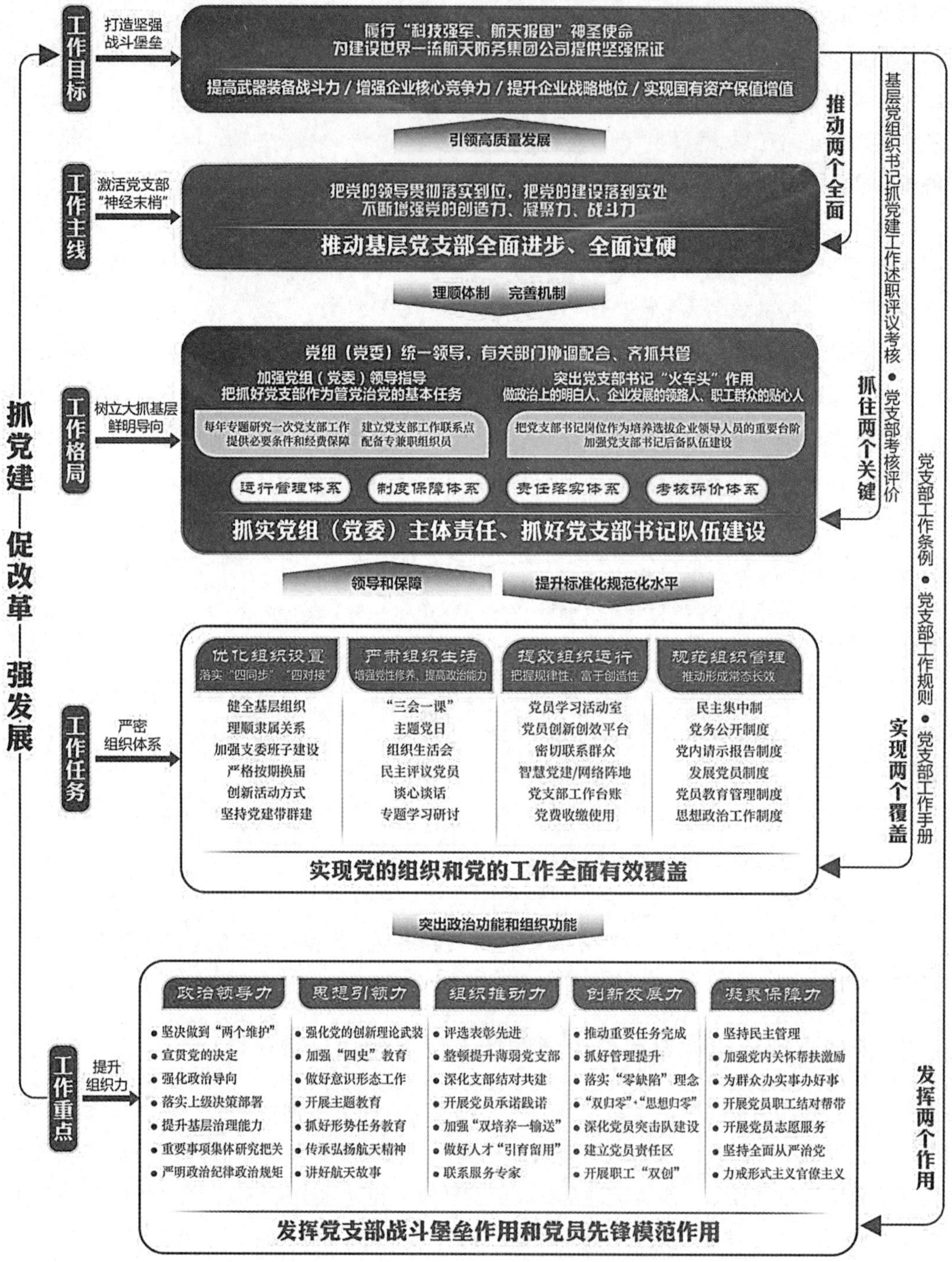

图4　中国航天科工集团有限公司党支部建设体系架构图

（二）航天科工党支部建设体系化推进的路径范式

以提升组织力为重点，航天科工将党支部建设体系的工作目标和主线、工作格局、工作任务、工作重点，按照航天系统工程和矩阵管理方法，落细落小成一张“路线表”、一本“任务书”、一套“施工图”和一份“验收单”，瞄着问题去、对着问题改，在补短板、强弱项、扫盲点上精确制导、精准发力，使基层党支部建设各项工作更好体现时代性、把握规律性、富于创造性，更好适应坚持和加强党的全面领导、推动航天事业强劲高质量发展的需要。

1. 明确工作目标，制定党支部建设“路线表”

一是始终把坚持和加强党的全面领导作为根本政治原则，在并购重组企业、混合所有制企业、上市公司等各个层面构建严密的组织网络，通过强管理、建机制、严考核，优化基层党支部在决策、执行、监督各环节的权责和工作方式，确保“最后一公里”不出现“断头路”。

二是聚焦“科技强军、航天报国”神圣使命，打造基层党建工作与中心工作深度融合互促的完整链条和动态支撑网络。将抓基层党建与抓事业发展统筹规划、协调推进、同步落实，紧密结合航天事业发展的实际需要搭建和拓展党支部发挥作用的舞台，让支部在基层工作中唱主角。

三是坚持落细落小落实与创新创效创优相结合，充分发挥基层首创精神。根据不同类型、不同业务领域党支部功能定位、组织设置、队伍状况的具体实际，做到具体问题具体分析，既对党支部建设的共性标准进行具体规范，也对不同类型、不同业务领域党支部建设的个性要求进行精准指导，全面激活党的“神经末梢”。

2. 完善工作格局，做好党支部建设“任务书”

一是加强党组（党委）领导指导，构建主体明确、职责清晰、上下衔接的党支部建设责任体系。把重视党支部、善抓党支部作为领导干部政治成熟的重要标志，党组（党委）班子成员全部建立基层党支部联系点，党组（党委）成员连续5年参加基层党支部主题党日，通过参加支部活动，列席指导党支部组织生活，定期了解党支部建设情况，发现问题及时整改、发现典型推广经验，以点带面推动党支部建设。党组（党委）每年至少专题研究一次党支部工作，在型号管理、项目管理、财务管理、人事管理等工作中，纳入基层党建工作具体要求，夯实各领域党支部建设责任，推动构建全要素协同联动的大党建格局。

二是选准选好党支部书记。注重选拔政治强、业务好、品行优，在职工群众中有较高威望的党员骨干担任党支部书记。每年举办党支部书记集中轮训和专题培训，2019年全系统共轮训基层党支部书记2662人次。探索任期届满交流机制，“三年一聘”中党务人员交流比例不低于10%，有计划地组织党支部书记与同级行政领导进行岗位交流，推动党建工作和业务工作两手抓、两手硬。

三是狠抓基层党建工作闭环管理。全级次开展党支部工作考核评价、党支部书记述职评议、党委书记例会点评党支部工作、基层党支部向上级党组织报告工作、党支部书记履职不力问责等五项基层党建工作机制。制定加强基层党支部工作考核评价指导意见，突出务实管用，不搞繁琐指标。2019年“优秀”党支部占比24.4%，无“较差”党支部，初步实现了后进赶先进、中间争先进、先进更前进的良好态势。组建3个督导组深入基层党支部严督实导、跟踪问效，发现问题现场反馈、限期整改、传导压力、夯实责任。

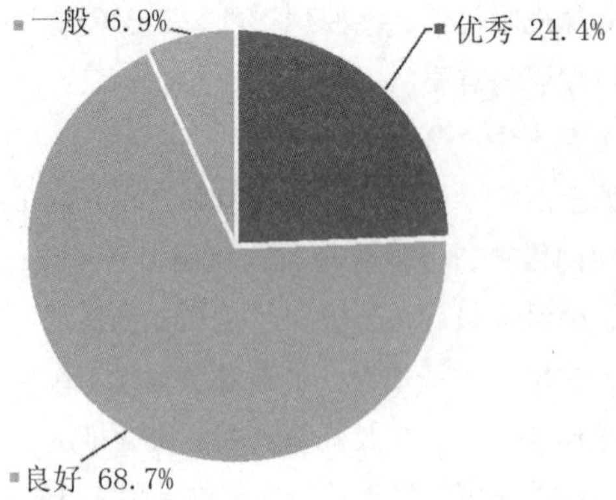

图5　全系统2019年党支部考核评价结果分布情况

3. 严密组织体系，细化党支部建设“施工图”。

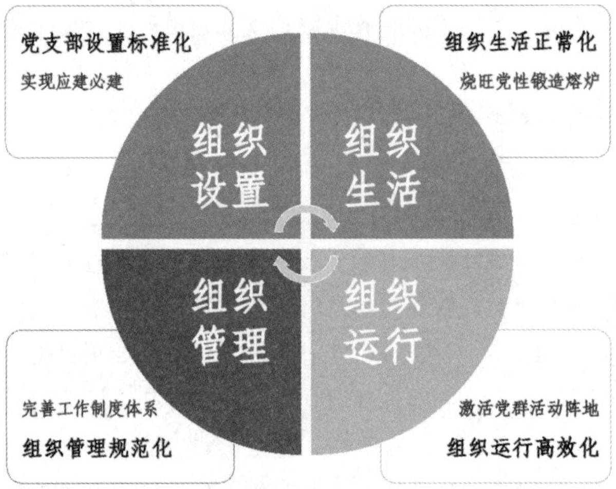

图6　航天科工严密企业党的组织体系模型图

一是优化组织设置。坚持落实“四同步”“四对接”，结合不同层级、不同股权结构、不同发展阶段、不同业务领域企业的特点，抓好分类指导，健全建强基层组织、理顺隶属关系。狠抓空白班组清零，基层党支部数量连续三年保持1%以上的增速。弘扬“支部建在连上”光荣传统，坚持把党组织建在靶场试验队，成立临时党支部196个，实现100%覆盖。把靶场试验成功作为硬道理，以“+党建”的思维推动“党建+”，设立柔性党小组，组织党员知重负重、扛起责任，协同开展数据分析、项目讨论和技术攻关，切实把组织的力量延伸到国家重大工程、重大科技项目、重大任务各个领域。坚持党建带群建，领导群团组织共同发挥作用，持续开展“走进型号试验队”、服务保障立功竞赛等，积极创建青年文明号等青字号品牌，形成齐心协力抓党建促改革强发展的良好局面。

二是严肃组织生活。始终保持党内政治生活的旺盛炉火和足够温度，组织生活主题与单位转型升级发展、型号任务攻关、创新成果转化和产业化发展等重点工作紧密结合。严格落实党支部“4111”要求（每年党支部至少开展4次专题学习研讨，至少讲1次党课、开展1次组织生活会、1次民主评议），围绕“旗帜鲜明讲政治”“坚定理想信念”“履行强军首责”“攻坚克难勇担当”“树立‘零缺陷’质量理念”等主题，全级次常态化开展专题学习研讨，使党员干部受到经常性教育和党性锻炼。

三是提效组织运行。坚持资源下沉，对人员配备、经费使用、阵地建设等进行统一部署，围绕场所布局合理、管理措施完善、整体功能优化等目标，狠抓党支部阵地硬件建设和内涵建设。大力推动载体创新、平台创新，按照扩大党员参与面、密切联系服务群众的原则，及时总结推广行之有效的方式方法和运行机制，实现集中与分散相结合、线上线下相结合、“八小时”内外相结合。利用数字化、网络化、智能化、云化技术，全面深化智慧党建平台，加强党建大数据应用，推动党建信息全覆盖采集，党建业务全流程管理。

四是规范组织管理。健全完善基层党建制度，提高制度执行力，把议事决策、党务公开、党内请示报告和监督管理等重要要求以制度刚性推动落地见效。注重把基层党建工作中长期以来实践证明行之有效的经验和做法固化为长效机制、转化为制度安排。结合企业实际制定《党支部工作规则》，编发《党支部工作手册》，做到各项工作既有章可循，又简洁明了。

4. 打造“五力”硬核，严格党支部建设“验收单”。

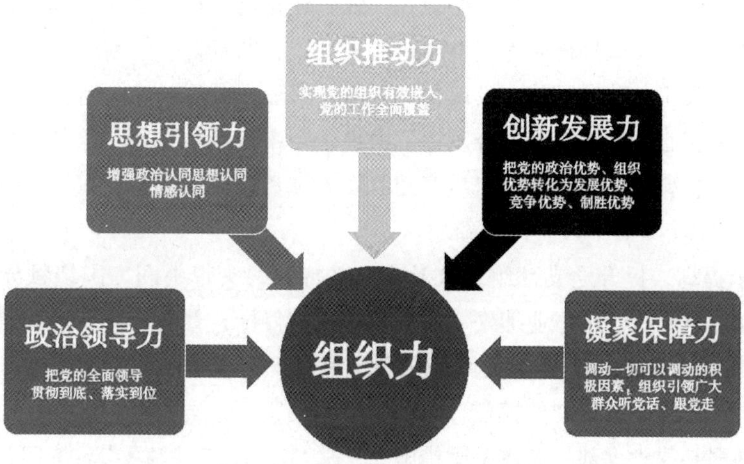

图 7　航天科工提升基层党支部组织力模型图

一是在“根”上筑牢，提升党支部政治领导力。把忠诚老实融入党支部对党员干部的日常教育管理，不断提升广大党员干部“两个维护”的能力素质。坚持总揽全局、协调各方的原则，抓紧补齐基层治理短板，55.9%的独立法人党支部实现“一肩挑”，32.3%的独立法人党支部书记由行政副职担任。探索建立党支部议事规则和议事范围清单，推动独立法人党支部落实好重要事项集体研究把关。通过完善体制机制，加强党支部集体领导，有效防范风险。强化政治巡视和政治监督，全级次加强对党的理论和路线方针政策以及重大决策部署在党支部分解落实情况的监督检查，确保航天事业牢牢掌握在党的手中，始终服务于国家战略、国防建设和国计民生的需要。

通过构建自上而下强大的执行力，航天防务基业持续夯实，信创产业、商业航天、工业互联网与智慧产业、高端装备制造等新动能产业不断拓展。推动若干重大专项和重点型号任务取得重大进展，在空间运输系统、卫星及有效载荷、空间信息应用等方面取得重要突破。多型武器系统研制屡创佳绩，部分装备及专业技术达到国际先进水平，系列化的国之重器在各类演训和国际军事比赛中表现优异，精彩亮相新中国成立70周年阅兵，为国家安全和民族复兴提供了有力支撑。航天科工企业效益稳定增长，国有资产保值增值率稳步提升，盈利能力和价值创造能力保持军工前列，2020年位列世界500强第332位。

二是在“学”上用功，提升党支部思想引领力。坚持把习近平新时代中国特色社会主义思想作为全体党员学习教育培训的首课、主课、必修课，结合巩固拓展“不忘初心、牢记使命”主题教育成果，建立常态化学习机制。持续用好“学习强国”“航天云课堂”“航天云信”等新媒体学习平台，应用云计算、大数据等，对党员学习兴趣、爱好、关注点进行精准分析，差异化推送学习内容，激发学习动力。

每季度开展党员领导干部应知应会线上考试，以常态化述学、评学、考学的方式，推动党的创新理论往深里走、往实里走、往心里走。扎实开展“党课开讲啦”活动，构建航天科工大讲堂、支部小讲堂、党员微讲堂“三级联动”形势任务教育课堂，用好现场教学、情景模拟、讨论交流等形式，组织开发系列示范精品党课。坚持传承航天精神与培育时代新人相结合，持续开展中国梦、强军梦、航天梦宣传教育，强化知史爱党、知史爱国，积极选树宣传基层先进典型，开展航天科工感动人物评选，编辑出版《新时代航天追梦人》和4辑《砥砺前行的航天人》，以身边人身边事教育引导广大党员干部和职工群众明形势、转观念、勇担当。

各党支部和广大党员干部在持之以恒的思想淬炼和政治历练中，切实把理论学习成果转化为战胜风险挑战、推动高质量发展的实际行动，不断提升破解难题的能力，以过硬本领展现作为、不辱使命。特别是新冠肺炎疫情暴发以来，航天科工把堡垒筑在一线、让党员冲在一线，击鼓催征、紧急动员，准确识变、科学应变、主动求变，型号科研生产整体追回进度，后勤装备、信创产业市场开拓有力，高强度攻关、高负荷生产了呼吸机、移动医院、模块化负压方舱医院、帐篷医院等新一代公共卫生安全应急救援产品，填补国内相关核心技术空白，充分发挥了中央企业中流砥柱作用。《中国组织人事报》头版刊发航天科工以党建引领打赢疫情防控和科研生产经营任务攻坚战工作经验。在全国抗击新冠肺炎疫情表彰中，航天科工1个集体、2名个人获得表彰。

三是在“质”上提高，提升党支部组织推动力。坚持抓两头带中间，围绕领导班子好、党员队伍好、发展思路好、制度机制好、工作业绩好、群众反映好的目标，着力打造一批叫得响、立得住、推得开的示范党支部，2019年首批命名10个集团公司级示范党支部，为各种不同类型不同业务领域的党支部建设提供可学习、可借鉴、可复制的模板。围绕党组织设置、党员教育管理、党建基础保障等重点任务，持续发力整顿薄弱基层党支部，完成整改措施69项，实现动态“清零”。按照各领域统筹、多方面联动、全级次推进的融合党建思路，深化党支部结对共建，跨区域、跨层级、跨领域打造党建联合体，推动产业链供应链相契合、上下游相协调，实现资源共享、优势互补、共同发展。着力建强育优基本队伍，严把发展党员“入口”关，列出12个方面的负面清单并认真落实。深化“双培养一输送”，以一线青年骨干和高知识群体为重点，近三年发展党员3773名，年均增长率3.6%。加强人才培养和梯队建设，探索建立各类人才素质能力模型，通过职业生涯规划、导师传帮带、青年助理、青年优秀后备人才等为人才成长搭台铺路。建立基于价值创造力的人才管理体系，分级分类开展专业化能力培训。依托航天重大工程和重大项目，优化人力资源配置。组建创新工作室、大师工作室，开展劳动竞赛、技能比武等，引导和激励各方面优秀人才在岗位上建功立业。完善岗位分红、项目收益，对优秀人才实施激励，职工人均工资收入、工资总额提前实现“十三五”规划目标。做好联系服务专家工作，全力解决人才后顾之忧。

航天科工近年来党员队伍结构持续优化，基层党支部战斗力和凝聚力不断增强。2019年获评中央企业先进基层党组织3家，优秀共产党员3名、优秀党务工作者3名，1个基层党组织案例入选中组部、国资委编写出版的全国党员教育培训教材。通过打造党建联合体，各单位深化战略合作，“抱团取暖”开拓市场，推动一批重点项目落地。中组部《央企情况》专题刊发航天科工《狠抓“三个基本”做实基层党建》信息。在组织的关怀培养下，各类人才履职尽责能力快速提升，高层次人才队伍不断壮大，国家重大人才工程专家数量位列央企前茅，《人才工作简报》《中国组织人事报》分别刊发航天科工高端科技创新人才、高技能人才工作经验。

四是在“融”上深化，提升党支部创新发展力。把抓好重大任务落实作为检验党支部工作成效的试金石、磨刀石，把科研生产经营的重点、关键核心技术攻关的难点作为党支部工作的切入点，推进理念思路创新、方式手段创新。坚持“专业牵引、上下联动、分级管理”的运作方式，将党支部作为加强成本和质量管控、提升企业运营效率的主战场，推动党建工作点检与现场管理同步推进，抓好企业基础管理提升。落实“零缺陷”理念，出现重大质量问题时，不仅开展技术和管理归零，还以组织生活会、专题学习研讨等方式查找思想“病灶”，及时进行“思想归零”。创新构建全员营销网络新模式，定期评选表彰云端营销能手，从党支部层面引导资源要素投入，产生倍增效应。对党员先锋岗、党员责任区等载体平台进行再拓展再创新，实现重点领域、重大项目全覆盖，在“闯关夺隘”的斗争实践中形成出成果、出人才、出机制的良好态势。全系统部署推进“十百千”党员突击队工程，组织引导广大党员在创新的重要领域、关键时刻、卡脖子项目中迅速响应、带头攻坚，大力推动基础性、前瞻性、原创性、颠覆性技术创新。

通过推动基层党建工作与科研生产经营工作真融深融，航天科工科技创新生态持续向好，创新创造活力竞相迸发，重大创新成果不断涌现。截至2019年底，累计拥有有效专利达到2.7万件，其中发明专利1.7万件，获中国专利金奖2项。以党员突击队为代表的优秀党员团队召之即来、来之能战、战则必胜，取得国际先进、国内领先重大成果241项，催生千万级产业化项目200余个，护航“神舟”飞天、“天宫”对接、“嫦娥”落月、“北斗”组网等多个国家级航天重大工程建设，为航天强国建设注入创新活力，汇聚强劲动能。中组部《央企情况》、国资委《国资工作交流》专题刊发航天科工打造“十百千”党员突击队攻坚克难当先锋简报。

五是在“情”上用力，提升党支部凝聚保障力。坚持开门问策、集思广益，把加强顶层设计和坚持问计于民统一起来。党组（党委）成员每月深入联系单位和基层党支部调研，与职工群众座谈交流，广泛开展“金点子”和合理化建议征集，发动党员群众为发展献计献策，不断拓宽民主管理的深度和广度。加强职工人文关怀，通过定期走访调研、民主恳谈、党员与职工结对帮带、党员志愿服务等，主动关心职工工作生活情况，努力畅通职工诉求渠道，实时掌握职工思想动态。组织开展读书活动、健步走、趣味运动会等丰富多彩文化活动，积极倡导快乐工作、健康生活。创建外场项目职工小家，开办“周末幼儿园”“假期托管班”等，用心用力解决好职工群众最关心最直接最现实的利益问题。坚持用足用好批评和自我批评这个武器，对党建“微短板”、“四风”隐形变异、工作“微腐败”及时进行识别和整改，全级次开展科研生产质量管理领域形式主义、官僚主义专项监督检查，在党支部营造风清气正、真抓实干、团结奋进的良好生态。

各党支部坚持深入细致做好思想工作，解决职工群众困难，依法及时就地解决群众合理诉求，引导职工群众发挥“主人翁”作用，主动拥护支持改革，积极参与改革。落实“三去一降一补”，亏损企业、低端业务、落后产能处置取得突破性成效。3家单位混合所有制改革和5家单位国企改革“双百行动”取得重要进展。军工科研院所转制、“压缩管理层级、减少法人户数”、培训疗养机构改革、“三供一业”与社区分离移交、医疗机构改革、厂办大集体改革等工作扎实稳步推进。所属单位综合改革成效在国资委《国企改革简报》刊发。

四、思考与建议

面对错综复杂的外部环境和艰巨繁重的改革发展稳定任务，航天企业要守好主阵地、打好主动仗，不断提高武器装备战斗力、增强企业核心竞争力、提升企业战略地位、实现国有资产保值增值，必须树立系统思维，有力有效贯彻落实新时代党的组织路线，牢牢把握党的基层组织建设这个重中之重，明确

“路线表”、做好“任务书”、细化“施工图”、严格“验收单”，切实把坚持和加强党的全面领导落实到企业基层终端末梢，以高质量党建引领高质量发展。

一是要坚持大抓基层的鲜明导向，把组织设置、组织建设作为工作的第一步抓紧抓好，根据工作需要科学设置并建好党支部，做到哪里有党员哪里就有党的组织，哪里有业务哪里就有党的工作，哪里有项目哪里就有坚强战斗堡垒。

二是要压实党建工作责任，把抓好党支部作为检验党建工作的基本标准，把群众满意度作为考核的重要依据，持续优化基层党建考核方式方法。注重选优配强党支部书记，把党性意识强、懂经营会管理、群众公认的优秀党员，选拔到党支部书记岗位上来。

三是要做好基础保障，确保党支部建设有经费、有人力、有阵地。要严格按程序发展党员，加强党员教育监督管理。每一个党支部都要有场所可以开展活动、有信息化平台可以学习交流、有组织制度可以规范管理、有有效载体可以激发党员投身基层服务的内生动力。

四是要推动基层党建工作全面融入到企业科研生产经营各个环节、各个方面。党支部建设要把党的政治建设摆在首位，聚焦主责主业，服务国家发展战略，全面履行经济责任、政治责任、社会责任。“三会一课”等组织生活要突出政治引领，内容符合企业改革发展特点，贴近企业党员实际，讲企业的话，说企业的事。政治理论学习要与科学技术、经济知识、法律知识、业务知识的学习结合起来，与所做的工作结合起来，与航天事业发展结合起来，让广大党员干部和各方面人才不外行、不掉队，持续提升适应新时代、实现新目标、落实新部署的能力和素质。党支部思想政治工作要做深做细，把解决思想问题同解决实际问题结合起来，积极构建和谐劳动关系，团结动员职工群众围绕企业改革发展和生产经营建功立业。

成果创造人：孙玉斌、李慧敏、李宏伟、孙　越、王玉华、范诗琴、
李　杰、朱纪立、杨　庆、刘芳晓、董　扬

发扬“支部建在连上”优良传统
创新“蓝天党小组”工作模式

中国东方航空集团有限公司

东航作为三大国有骨干航空公司，有这样一支特殊的队伍，即由飞行、乘务、空保所组成的空勤队伍，在开展党建工作时存在特殊的难点：员工航班任务重，工作时段往往不在单位，可能处于世界各地；党员组织关系所属的支部，与飞航班时协同配合的工作团队也往往不一致。对东航这样航线网络遍及全球的大型航空公司来说，空勤党建“人员难以集中、时间难以保证、地点难以统一”的“三难”问题较为突出。如何根据空勤队伍的特点，继承和发扬优良传统，充分发挥基层党组织战斗堡垒作用、党员先锋模范作用，走向新时代、担当新使命、奋发新作为，使空勤队伍始终成为让党和人民高度信赖、忠诚可靠、不辱使命的蓝天守护者，就成为了新形势下空勤队伍党建工作的重要课题。

为破解难题，层层建立健全基层党组织，消除组织空白点，推动全面从严治党向纵深发展，东航大胆探索、勇于创新、积极实践，建立了“蓝天党小组”工作模式，打破了不同空勤单位的界限，在执行航班时将党员集合在一起，发挥先锋模范作用，进而团结整个航班团队，从航前、航中直到航后，实现党建工作在航班上的全体动员、全面覆盖。

一、研究背景和意义

（一）“蓝天党小组”工作模式是东航贯彻落实习近平总书记对民航工作重要指示批示精神的新举措

党的十八大以来，以习近平同志为核心的党中央高度重视民航安全工作，习近平总书记多次作出重要指示批示，为东航研究“蓝天党小组”工作模式提供了重要遵循，指明了前进方向。2014 年 1 月 9 日，习近平总书记就民航安全工作作出重要批示时指出，要切实防止松懈麻痹思想，进一步加强和改进安全工作，确保人员素质、安全管理、设施设备等方面跟得上民航的发展。2018 年 9 月 8 日，习近平总书记再次作出重要批示指出，安全是民航业的生命线，任何时候，任何环节都不能麻痹大意；要牢固树立以人民为中心的思想，始终把安全作为头等大事来抓；加强队伍作风和能力建设，切实把安全责任落实到岗位，落实到人头。2018 年 9 月 30 日，习近平总书记在亲切接见川航英雄机组时指出，平时多流汗，战时少流血；危急关头表现出来的沉着冷静和勇敢精神，来自你们平时养成的强烈责任意识、严谨工作作风、精湛专业技能；伟大出自平凡，英雄来自人民；飞行工作年复一年、日复一日，看似平凡，但保障每一个航班安全就是不平凡；希望你们继续努力，一个航班一个航班地盯，一个环节一个环节地抓，为实现民航强国目标、为实现中华民族伟大复兴再立新功。这些重要指示批示，是东航探索实践“蓝天党小组”工作模式的重要认识论和方法论。

（二）“蓝天党小组”工作模式是东航基层党建创新的新尝试

92年前，毛泽东同志领导了著名的“三湾改编”，创造性地提出和建立“支部建在连上”的原则和制度。“三湾改编”在班排设党小组，连设党支部，实行“战士问题不出班排、党员问题不出党小组、干部问题不出党支部”，极大地增强了基层连队自建能力。毛泽东同志在《井冈山的斗争》中指出：“红军之所以艰难奋战而不溃散，‘支部建在连上’是一个重要原因。”从思想上政治上组织上制度上保证了党对军队的绝对领导，是我们党建设新型人民军队的一次成功实践。民航空勤有军管时期培养的准军事化管理传统，面对空勤队伍新形势、新情况、新任务带来的新挑战，东航集团党组结合“两学一做”学习教育常态化制度化，强调基础在学、关键在做、融入日常、抓在经常，深耕基层，实现全覆盖，提出继承和发扬部队“支部建在连上”的优良传统，将党建工作与中心工作、队伍作风建设高度融合，提出“两结合”“两促进”“两转化”，即坚持以党风建设与空勤队伍作风建设相结合，从严治党与从严治队相结合；以党的规矩意识促进安全规章意识，以党员身份意识促进安全服务意识；把党的思想政治优势、组织优势、制度优势转化为空勤队伍安全服务优势，通过“党员先锋岗”、签订“党员承诺书”、划分“模范责任田”，督导党员发挥先锋模范作用；把党建工作优势转化为空勤队伍彰显党员队伍良好作风和先进形象的教育管理稳定工作优势。

（三）“蓝天党小组”工作模式是东航加强空勤“三长”队伍建设的新抓手

“三长”队伍（机长、乘务长、班组长）是东航转型发展、品牌建设的核心队伍，是公司优秀基层管理者的集中代表。抓好“三长”队伍建设，是东航实现“世界一流、幸福东航”战略目标的关键所在。东航以强化“三长”队伍引领为目标，从职业道德、业务能力、人格特征三个层面，总结提炼出“三长”能力素质模型，明确“六个维度（职业道德、专业技能、规范运行、风险管控、资源管理、自我调整）”的能力要求，帮助机长、乘务长、班组长持续对标提升。东航“蓝天党小组”工作模式通过形式多样的学习以及在航班中“亮身份、树标杆”，很好地促进了党员、机长、乘务长在工作中主动践行“三严三实”、争当业务表率，为打造思想先进、业务过硬、作风优良、纪律严明、诚实守信、敬业奉献的“三长”队伍提供了新抓手。

（四）“蓝天党小组”工作模式是东航提升安全品质和服务质量的新载体

东航通过“蓝天党小组”工作模式，在机组成员中建立党建业务研讨小组。对于安全工作，强调世界一流，首先是安全一流；幸福东航，首先是安全东航；树立始终把安全作为第一使命来担当，作为第一责任来落实，作为第一要务来坚持的安全理念；部署任务首先部署安全任务，检查工作首先检查安全工作，考核业绩首先考核安全业绩；把抓基层、打基础、苦练基本功作为长远之计和固本之策；做到安全教育到机组、风险防控到机组、技能培训到机组、手册执行到机组。对于服务工作，强调用“做一名积极温暖的客舱人”“随时随地传递善意与温暖”的服务理念，促进队伍素养、服务品牌、管理水平整体提升，建立“蓝天党小组”示范组服务榜样，提炼最佳服务实践案例，助力最优服务体验管理，实现“标杆引领促成长”“舒适体验促品牌”“强化联动促营销”“管理提升促转型”的目标。

二、“蓝天党小组”工作模式的具体实践和特色做法

（一）航前准备运用信息技术

习近平总书记高度重视党建信息化工作，多次强调将信息技术应用到党建工作中。为了确保“蓝天党小组”工作模式运行高效化、信息化、智能化，东航集团党组坚持高点站位，系统谋划，大胆创新，积极探索新形势下“互联网+党建”新模式，开发建设“蓝天党小组”IT 系统。系统基于移动端和 PC 端共同设计开发，着重建立了移动端掌上东航 APP“蓝天党小组”模块、PC 端后台维护管理站点，以“移动端使用、PC 端管理”的方式，搭建了一个互动、实用、高效的系统平台，是“蓝天党小组”工作模式的后台支撑，更是党建信息化平台建设的又一突破。

东航“蓝天党小组”的组建，由 IT 系统自动判定组成，凡飞行、乘务、空保党员总数超过 3 人的航班，即自动成立党小组。党小组长一般由机长担任、组织委员一般由客舱经理（带班乘务长）担任、文体委员由空保人员担任。全体机组在航班任务成立后，将通过 IT 平台获取角色信息。东航“蓝天党小组”学习管理员及时将学习资料、计划安排上传至 PC 端后台维护管理站点，机组成员通过“一根手指、一个屏幕”，使用掌上东航 APP 即可实现从党小组建立到学习内容的获取、学习安排的讨论、以及反馈评估的全流程操作。

（二）飞行阶段树立党员标杆

飞行阶段是东航“蓝天党小组”工作模式运行的重点。“蓝天党小组”工作模式运行最终目标是：确保飞行安全、提升服务品质、树立公司品牌，这些都需要靠小组成员在飞行阶段的表现来得以实现。“蓝天党小组”通过亮身份、树标杆、勇担当，有效推动了这一目标的实现。

1. 精心准备“亮身份”

“蓝天党小组”成员在执行航班前 3 天便可通过微信群进行交流研讨，针对天气、航路特点提前落实航班部署和组员分工，为后续航班运行保障打下良好基础。

在航班准备阶段，小组成员首先召开准备会对各项业务知识进行系统学习，党员主动对内“亮身份”。机长作为党小组长，讲解飞行安全，同时布置后续驻外学习安排，客舱经理（带班乘务长）讲解真情服务、安全员讲解空防安全，各有侧重，有针对性的开展业务学习。小组全体成员通过学习讨论既做好了预先准备，又增进了大家的思想交流，提升了整套机组的凝聚力。为了让“亮身份”工作落到实处、更有仪式感，“蓝天党小组”还在机上准备前，由当班机长召集小组挂旗合影，展现小组良好风貌，让航前准备更有荣誉感和使命感，在凝聚队伍的同时，更传递着安全飞行、真情服务的理念；在“航班四阶段”（预先准备阶段、直接准备阶段、飞行实施阶段、航后讲评阶段），党员全程佩戴党徽，亮身份、作表率，充分发挥先锋模范作用。

2. 带飞带教“树标杆”

在飞行过程中，飞行员、乘务员、安全员保持顺畅沟通；教员、党员积极开展传帮带，充分发挥示范引领作用，通过边工作、边培训、边提升，带领全体组员全身心投入工作，确保飞行安全和优质服务，并摸索出了形式多样、行之有效的带教模式。

例如，东航上海飞行部开展“一帮一、一对红”“双提升”活动，通过“蓝天党小组”航班，确定由一名党员机长通过思想帮教、航线带飞、技术指导、作风引领，帮助一名非党员飞行员立德树人、精飞苦练，提高思想认识、增强业务本领。

东航客舱服务部将“劳模带教”与“蓝天党小组”工作模式相结合，让劳模团队与党员队伍齐亮身份，由劳模师傅帮助劳模徒弟不断强化宗旨意识、提升业务技能。东航客舱服务部还将“红色引领”计划与“蓝天党小组”工作模式相结合，让参与“红色引领”计划的结对党员与入党积极分子，共同参与“蓝天党小组”飞行与学习，让被引领人亲身感受到党员引领人的先锋模范作用，从而更加坚定理想信念，积极向党组织靠拢。

3. 应急处置“勇担当”

东航“蓝天党小组”在积极处置和有效应对突发事件中，突显党组织战斗堡垒作用和党员先锋模范作用。通过精心准备、责任引领，在遇到“急”“难”“险”“重”等情况时，党小组能坚持“以人民为中心”的发展思想，第一时间召集全体小组成员，研讨应对方案，充分发挥党小组强大的组织力、凝聚力、战斗力，积极处置应对，为旅客提供真情服务。

例如，2019年7月，东航MU587上海至纽约的“蓝天党小组”航班上，一名旅客突感身体不适，乘务员发现该旅客有咳血及心跳加快等症状。乘务组立即按程序启动机上急救措施，通过机上广播，寻找医生，展开紧张的救治行动。由于旅客身体状况不稳定，本着生命至上的原则，机组决定就近备降到医疗条件较好的东京成田机场。为确保安全着陆，机长决定空中放油45吨，航班安全备降，旅客送医后转危为安。这起空中急救处置事件不仅考验了乘务人员的专业能力，为旅客的生命安全争取宝贵时间，更体现了飞行机组、乘务组、空保组在空中的协同配合紧密、处置快速得当。

（三）机组驻外注重思想引领

习近平总书记指出，中国共产党人依靠学习走到今天，也必然依靠学习走向未来。东航“蓝天党小组”通过加强理论学习、开展红色教育、组织共建交流，将政治理论学习送到驻外站点，不断强化空勤人员理论武装，深入学习贯彻习近平新时代中国特色社会主义思想。

1. 重理论学习

东航结合开展“不忘初心、牢记使命”主题教育，推进“两学一做”学习教育常态化制度化，组织“蓝天党小组”利用驻外时间深入学习贯彻习近平新时代中国特色社会主义思想和党的十九大精神，学习党章党规、习近平系列重要讲话精神、驻外安全管理规定，开展党课教学。在部分机组驻外酒店，东航将“蓝天党小组”学习教室与机组航前准备室合二为一，在航班准备中，组织开展政治理论学习。组建由党支部书记、兼职党务教员组成的党课宣讲团队，送党课入站点。“蓝天党小组”成员们还通过自主学习，读原著、学原文、悟原理，进行交流分享，不断增强政治自觉、理论自信、情感融入。

2. 重红色教育

东航充分挖掘国内外驻外站点红色教育资源，将红色教育融入“蓝天党小组”学习教育中，组织小组成员参观红色教育基地，学习弘扬爱国主义精神。“蓝天党小组”在长沙瞻仰毛泽东故居，感受一代伟人崇高人格和不朽风范；在重庆瞻仰红岩烈士墓并参观渣滓洞、白公馆，学习红岩精神；在沈阳参观九一八历史博物馆，感受中华民族不屈不饶的革命斗争精神；在巴黎参观巴黎公社遗址——拉雪兹公墓，学习巴黎公社兴衰史；在伦敦瞻仰马克思墓，纪念马克思诞辰200周年……通过现场体验式教学，引导广大党员不断增强“四个意识”、坚定“四个自信”、做到“两个维护”，在思想上政治上行动上同以习近平同志为核心的党中央保持高度一致，将党的影响力、凝聚力和引领力渗透到队伍中，真正发挥基层党组织的战斗堡垒作用和党员先锋模范作用。

3. 重共建交流

东航借助“蓝天党小组”平台，与所在驻外站点外部单位积极开展党建共建，更好地汲取先进经验和创新做法，开阔视野，提升格局，不断激发党组织活力，对外树立良好的品牌形象。“蓝天党小组”在长沙与火箭军驻长沙地区军代室和湖南航天管理局联合开展纪念马克思诞辰两百周年交流共建活动，一同参观中联重工科技发展股份有限公司，共同感受祖国科技创新发展的成果，深入学习不言放弃的航天精神；在重庆与江北新村幼儿园联合开展" 传递航空强国梦" 为主题的支教科普活动，飞行员、乘务员、安全员结合自身多年飞行经验，为孩子们讲解航空知识；在四川绵阳与63839部队开展“迎八一”主题党日活动，进行军民共建交流；在北京与中国航天员中心开展共建学习，深入学习中国航天精神，共同感受祖国蓬勃发展的航天事业。

（四）航后讲评促进整体提升

东航实施“蓝天党小组”工作模式不仅注重实施形式，更重视实施效果。通过航后及时讲评、定期总结、持续提升，“蓝天党小组”运行成效得到了不断巩固和提高。

1. 及时讲评

每次航班落地后，东航“蓝天党小组”都会组织航后讲评，对飞行中的每位组员的表现以及遇到的突发事件处置情况进行点评。同时创造性地将党员“批评与自我批评”的组织生活形式结合到航后讲评会上，把常规点评当次航班情况为主的航后讲评会，转变为所有成员都参与进来的批评与自我批评，有效提高了小组成员们自主思考与反思的能力，更有助于发现和解决存在的问题、改进工作方法、端正工作态度。

2. 定期反馈

东航本着开放的态度，通过掌上东航APP，积极收集“蓝天党小组”成员对工作模式的评价反馈，主要包含两个方面，即对工作模式整体的评价反馈和对党员个人的评价反馈。对工作模式整体的评价反馈侧重于组员对“蓝天党小组”的参与度和满意度，对党员个人的评价反馈侧重于党员是否发挥先锋模范作用。

3. 持续提升

东航不定期组织相关单位召开“蓝天党小组”工作模式交流研讨会，对各直属单位特色做法、存在问题以及优化方案开展深入交流，对定期收集的关于“蓝天党小组”工作模式的整体评价反馈和对党员个人的评价反馈情况进行分析总结，对党员在“蓝天党小组”航班中发挥先锋模范作用的优秀事迹提出表扬，持续优化“蓝天党小组”工作模式规划、设计，不断促进工作模式的改进和提升。

三、“蓝天党小组”工作模式的运行成效

（一）与践行初心使命紧密结合，提高了政治站位

习近平总书记在党的十九大报告中指出，中国共产党人的初心和使命，就是为中国人民谋幸福，为中华民族谋复兴。东航空勤人员践行初心使命，就是要确保飞行安全、提供优质服务。东航“蓝天党小组”充分发挥了其在整个空勤队伍中的标杆引领作用，空勤人员的责任心和使命感不断增强，关键时刻勇挑重担，突发情况临危不乱，全面贯彻落实上级党组织决策部署，当好“突击队”和“急先锋”。

例如，2016年5月，东航MU2050台北至合肥的“蓝天党小组”航班，台北地面服务人员用客舱轮椅送一位80多岁的老人上机，老人随行的家人也已60多岁，照顾老人的能力有限。飞机到达合肥后，因为合肥机场的轮椅无法进入通过狭窄的客舱通道来到老人家的座位旁，老人家在安全员的搀扶下尝试着走出客舱，但是没有成功。这种情况下，安全员用坚实的双臂抱送老人顺利下机。一时间，“公主抱”

成为东航服务一道亮丽的风景线，被多家媒体广泛报道。

（二）与空勤队伍管理紧密结合，强化了作风建设

近年来，航空公司面临着空勤队伍的结构性变化，呈现年轻化特征。以东航为例，空勤队伍中80后、90后员工占比超过80%。东航“蓝天党小组”工作模式对这些年轻的飞行员、乘务员、安全员队伍建设产生了积极影响，增强了年轻空勤人员遵章守纪、确保安全、真情服务的思想认识和行动自觉。

东航“蓝天党小组”工作模式有效地将党建工作与公司中心工作高度融合，在为空勤队伍打下“保安全、促运行、提服务”坚实思想基础的同时，进一步提升了空勤队伍驻外管理水平，凝聚了思想，鼓舞了斗志，指明了方向。通过“亮身份”的形式，也进一步强化了党员身份意识，使党组织、党员的形象在实际生产当中真正树立起来。近年来，东航空勤队伍的违纪违规情况逐年递减，安全服务运行水平稳步提升。

（三）与活动方式创新紧密结合，激发了党员活力

东航“蓝天党小组”工作模式始终坚持以增进组员间的向心力和凝聚力为目标，根据员工喜好，充分利用驻外站点资源，不断变换开展党建主题实践活动。例如，参观红色教育基地、重温入党誓词、举办趣味运动会、组织红歌会、开展结对扶贫、志愿服务等，通过丰富多彩、寓教于乐的活动形式，加强空勤队伍的思想引导，让员工在学习中受教育，在活动中有收获。每次活动后，党员们都乐于通过朋友圈主动分享自己参加“蓝天党小组”的感悟和图片，有效激发了空勤党员队伍的活力。

东航“蓝天党小组”工作模式运行以来，共收集对工作模式整体情况的评价反馈2600余条，对党员个人表现的评价反馈15000余条，员工参与度、满意度均高达100%，对党员发挥先锋模范作用的好评率为99.87%。东航“蓝天党小组”工作模式不仅丰富了机组成员的驻外生活，增进了飞行、乘务、空保三支队伍的感情融合，更有效增强了机组驻外管理。

（四）与担当央企责任紧密结合，彰显了党建品牌

东航通过“蓝天党小组”工作模式的持续运行，使得空勤人员对党的理想信念越来越认同，对央企员工的使命担当意识越来越强烈。2017年9月，东航在接到国家商务部、民航局关于执行多米尼克中方人员紧急转移回国航空运输任务的通知要求后，立即启动应急响应机制，精心组织、迅速行动，抽调政治素质高、业务本领强的优秀党员同志带队，组建“蓝天党小组”，执行航班任务。全体机组成员全力以赴、通力合作，经过72小时的持续奋战，最终将381名同胞顺利转移回国，高质量地完成了紧急运输保障任务。

“蓝天党小组”是东航具有引领力、战斗力的一流空勤队伍，同时也是东航具有知名度、美誉度的特色党建品牌。“蓝天党小组”在急难险重任务面前，展现了党领导下的新时代的央企担当，彰显了于无声处的东航大爱。

近年来，东航探索实践“蓝天党小组”工作模式，受到了国资委、上海市委有关部门以及各大媒体的高度关注，刊登了多篇高质量专题通讯报道。例如：人民网刊登《东航：万里驰援彰显担当 党建延伸发挥力量》，央视网刊登《东航：创新求变争做领头雁深耕细节传递中国温度》，中共上海市委组织部印发《不忘初心、牢记使命，习近平新时代中国特色社会主义思想学习实践情况简报》第28期专题刊发了《让党旗飘扬在万米高空——东航集团以蓝天党小组为抓手全面提升组织力》等，取得了良好的社会反响。

四、“蓝天党小组”工作模式的未来思考

（一）持续增强“蓝天党小组”组织力

坚持政治属性，强化政治功能。党的力量来自组织，组织强则基层强。提升党的组织力，就是要运用组织手段，把上级党组织的意图转化为参与党建工作的具体举措，把上级党组织的主张转化为党员群众的行动自觉。不断提升东航“蓝天党小组”的组织力，首要一点就是要把基层党建融入保证航班生产中心任务，从规范建设、夯实基础入手，发挥党建在航班中不可替代的引领作用，同时发挥好“蓝天党小组”战斗堡垒作用、发挥好党员先锋模范作用，最终形成全体组员为实现安全、服务、运行共同目标而努力的重要保证。

（二）持续增强“蓝天党小组”战斗力

坚持问题导向，提升团队合力。东航“蓝天党小组”工作模式运行以来，虽然取得了良好成效，但依然存在一些不足。比如，部分机长、乘务长的责任意识以及个别机组成员遵章守纪的自律意识还不够强；部分党员发挥先锋模范作用还不突出等。要从以下四个方面下大力气，进一步增强“蓝天党小组”战斗力：一是不忘“蓝天党小组”创建的初心，强化“蓝天党小组”在所有飞行机组中的示范引领作用；二是加强党员、机长、乘务长责任担当，把“蓝天党小组”工作模式与“三长”建设紧密结合，融入机长、乘务长的责任意识和职业道德教育；三是深化政治理论学习和机组驻外安全管理等各种规定的学习，充分发挥党员、机长、乘务长的模范带头作用，严格遵守公司管理规定，强化机组人员遵章守纪意识；四是扩大“蓝天党小组”航线覆盖面，让更多的空勤人员特别是党员积极参与其中，确保“蓝天党小组”发挥应有的作用和效果。

（三）持续增强“蓝天党小组”凝聚力

坚持统筹安排，汇聚磅礴力量。结合“不忘初心、牢记使命”主题教育，东航“蓝天党小组”要充分利用驻外时间继续深入学习贯彻习近平新时代中国特色社会主义思想，真正做到学思用贯通，知信行统一，不断坚定理想信念，矢志永远奋斗，凝聚起为祖国民航事业和东航高质量发展贡献力量的信心和决心。通过内外部宣传平台，积极宣传“蓝天党小组”优秀的安全、服务案例和党员先进事迹，在空勤队伍中大力传播“正能量”，凝聚人心，多元辐射，促进整个空勤队伍的素质提升、能力提升和管理提升，推动全面从严治党向纵深发展。

（四）持续增强“蓝天党小组”辐射力

坚持方向引领，突出示范表率。要实现党建引领由静态、平面化向动态、立体化转变。东航“蓝天党小组”的党员，尤其“三长”人员要在执行航班任务期间，主动“亮身份、树标杆”，充分发挥先锋模范作用，形成对于每个航班建立统一的思想认识、标准规则和行动规范，带领全体组员全身心投入工作，确保飞行安全、空防安全和优质服务，努力实现“党员示范好、安全服务好、团结协作好、员工评价好”的“四好”目标。

（五）持续增强“蓝天党小组”生机活力

坚持多元融合，促进整体发展。“蓝天党小组”工作模式实践以来，东航上海总部与各分子公司“蓝天党小组”先后在多地开展联合学习、党建共建，一起上党课、作交流，接受理想信念教育；重要节日期间，劳模先进走进“蓝天党小组”航班，在万米高空开展劳模师徒带教活动。类似的互动交流不

仅增进了各单位间的感情融合，更推进了“蓝天党小组”工作模式在全公司的发展。东航“蓝天党小组”工作模式初步探索出了一条具有空勤特色的党建新模式、新思路。在东航全面深化改革的关键时期，空勤队伍的纯洁性和先进性是发挥战斗堡垒作用的力量源泉，是助推公司高质量发展的坚定基石。要进一步推动载体创新、多元融合，提高实效性，使“蓝天党小组”工作模式更好地融入中心工作、融入党员需求、融入群众关切，始终保持朝气蓬勃。

东航“蓝天党小组”工作模式的探索和实践得到了上级的充分肯定。2018 年 12 月 1 日，国务院国资委党委书记郝鹏在视察调研东航集团期间，现场调研了“蓝天党小组”航班航前准备会，对东航把党的建设、党的工作和业务工作高度融合在一起，抓住“基本组织、基本队伍、基本制度”开展党建表示赞赏，并对继续深化“蓝天党小组”工作模式提出要求：把“三基建设”落实到机组、落实到蓝天、落实到每一个航班，充分发挥基层党组织的战斗力、凝聚力和战斗堡垒作用。对此，东航将坚持以习近平新时代中国特色社会主义思想为指导，持续发扬“支部建在连上”优良传统，立足长远、务求实效，狠抓“三基建设”，努力把“蓝天党小组”工作模式不断向广度拓展、向深度推进，为打造世界一流航空企业、建设“幸福东航”做出新的更大贡献！

成果创造人：唐　兵、钱　锋

以“奋斗者为本”的生产经营管理理念，培育企业核心竞争力

巴基斯坦卡西姆港发电有限公司

巴基斯坦卡西姆港燃煤电站项目由中国电力建设集团（简称：中国电建）子企业中国电建海外投资有限公司（简称：电建海投公司）和卡塔尔 AMC 公司按照51%：49%比例共同投资建设的混合所有制经济体制项目，是目前中国电建最大的海外投资项目，也是中国电建在海外推进“投-建-运”全产业链一体化战略实施的第一个火电投资项目，肩负着中国电建转型升级、结构调整、提质增效的重任。该电站项目于2015年7月正式开工建设，2017年11月15日首台机组并网发电，根据投资协议，电站运营期为30年。截至2020年6月30日，电站累计发电超过210亿千瓦时，成为巴基斯坦目前装机容量最大、年发电量最多、电价最低的大型燃煤电站。

电站进入运营期后，卡西姆港发电有限公司（简称：卡西姆发电公司）围绕运营期“电量、电费、安全、效益、责任”五大要素，充分发挥业主和运维团队“两位一体”组织管控模式作用，带领中国电建子企业发挥专业化优势力量“编队出海”走出去。同时卡西姆发电公司通过打造学习型组织，建立标准化体系，完善人力资源制度，切实凝聚中巴员工智慧和力量，全面提升总体管理能力，持续推动属地化管理，形成了具有海外电力企业特有的“以奋斗者为本”的企业生产经营管理理念，努力把卡西姆电站打造成巴基斯坦最具有竞争力一流发电企业。

一、“以奋斗者为本”企业生产经营管理理念构建背景

（一）健全电建海投公司企业发展战略的需要

电建海投公司是中国电建旗下专业从事海外投资业务市场开发、建设、运营的法人主体，是以海外电力能源开发与资产运营为主的专业化公司，是落实中国电建调结构、促转型、产业链价值链一体化、全球化发展战略的先行者和排头兵，是中国电建海外投资、海外融资、海外资产运营管理和全产业链升级引领平台。

自2012年成立以来，电建海投公司就始终高度重视并积极打造具有海投特色的企业发展战略，通过顶层设计、战略引领、载体建设、创新模式等，将战略、文化和管理有机结合，靠战略引领发展、靠管理提供保障、靠文化凝聚人心。围绕“投建运一体化”“四位一体”建设管理组织模式、“两位一体”运营管理模式管理，逐渐形成了海投公司独特的海外项目投资、建设和运营管理的全生产周期管理理念。而随着海外投资项目的增多，针对不同国别、不同区域，为更好诠释和体现海投战略管理精髓，拓

展和丰富海投战略管理内涵，使海外项目呈现出更加旺盛的生命力和蓬勃的朝气。因此，卡西姆发电公司在“海文化”战略管理统领下，通过探索、实践、创新形成了“以奋斗者为本”的子企业生产经营管理理念。

（二）提升卡西姆发电公司管理能力和核心竞争力的需要

企业生产经营管理理念是企业个性化的根本体现，是企业生存、竞争和发展的灵魂。卡西姆发电公司运营期大运维团队由来自中国电建三个不同子企业人员组成，虽然有中国电建集团公司企业生产经营管理理念的战略引领，但是由于各子企业所处产业链分工和职能定位不同，平台公司和实体公司肩负使命和承担责任不同，企业各自管理思想、经营理念、管控模式和子企业生产经营管理理念在一定程度上存在较大差异，导致在统一管理思想、融合管理理念和凝聚员工力量方面责任重、压力大。

而卡西姆电站面对巴基斯坦外部复杂的政治因素、恶劣的营商环境和严峻的非传统安全形势，需要在“两位一体”组织管控模式下建立统一的思想认识和价值观念，团结大运维团队智慧力量，凝聚共识，指导实践，形成开放、包容的卡西姆发电公司企业生产经营管理理念，全面提升企业整体管理能力和核心竞争力，不断推动企业发展壮大。

（三）推动卡西姆发电公司属地化战略落地实施的需要

卡西姆电站是中、卡、巴三国电力能源项目合作的典范，被国家发改委列为第三方合作市场典型案例。员工来自中方、卡方、巴方三个国家，包括管理人员、工程师、技术工人和后勤保障普通劳工在内共计1000余人，其中目前中、巴方管理技术人员比例为3∶1。员工年龄段和知识结构分布广、差异大，基本涵盖了各个阶层，人员结构复杂，思想认识不一。同时，由于巴基斯坦属于伊斯兰国家，全国97%以上的人口信奉伊斯兰教，95%以上人口的第一语言为乌尔都语，中巴两国国情不同、语言不通、宗教习俗和思维方式差异大，是电建海投公司实施国际化发展和推动卡西姆发电公司属地化管理过程中必须面对和解决的难题。

因此，为充分发挥卡西姆发电公司的主导和引领作用，统筹协调各单位在利益目标、经营理念、管理模式和思维方式上的兼容性和协同性，有效解决各自为政、文化差异、目标不一等管理难题。急需建立卡西姆发电公司统一的企业生产经营管理理念，形成一种内生性的自我驱动力，以激发个人潜能，发挥集体智慧，凝聚各方力量，形成战斗合力，实现中巴员工个人事业成长与企业发展相统一，从而保证各项生产经营目标实现。

二、海外电力企业“以奋斗者为本”企业生产经营管理理念的构建内涵和主要做法

卡西姆发电公司在坚持海投公司“海文化”战略管理引领下，不断的总结、创新和实践，积极吸收借鉴国内外优秀企业管理理念和企业文化成果，构建了具有鲜明特征、丰富内涵和企业实际特色的“以奋斗者为本”企业生产经营管理理念。该生产经营管理理念包含了企业愿景和使命、战略定位、经营理念、核心价值观、企业精神和方法论等在内的多项内容，充分反映了卡西姆发电公司企业灵魂，是公司创造优异业绩、取得累累硕果的关键。“以奋斗者为本”企业生产经营管理理念主要内容：

企业愿景：打造巴基斯坦具有竞争优势的发电公司。

企业使命：编队出海，共同发展。

战略定位：巴基斯坦绿色清洁能源的优质供应者；属地经济社会的责任分担者；多元文化融合的积极推动者。

经营理念：以客户为中心，为客户创造价值，与合作伙伴互利共赢。

核心价值观：以奋斗者为本，诚信守法，业绩导向，注重结果。

企业精神：自强不息，团队致胜；敬业爱岗，多元融合。

竞争战略：高可靠性，高可用率，安全环保，互利共赢。

方法论：“五大坚持”；“两位一体”组织管控模式；运营期五大要素管控。

卡西姆发电公司遵循企业管理理念建设发展规律，通过建立学习型组织、构建标准化体系、健全人力资源制度、抓党员干部关键少数、开展“立足岗位、建工立业”活动、编制奋斗者内刊等多种针对性措施，坚定推进企业管理核心价值理念在全体员工中入眼、入心、入行，确保理念融合、战略吻合、行动契合。持续推动“以奋斗者为本”企业生产经营管理理念深深植根于卡西姆发电公司，全面促进管理提升和属地化战略落地，着力为电建海投公司“建设以海外电力能源投资开发与资产运营为主，具有国际竞争力的专业化投资公司”提供有力支撑。

（一）强化战略引领凝聚共识，激励全体员工干事创业

战略决定思路，思路决定出路。对于海外电力投资项目来说，战略引领是企业改革发展的思想灵魂和行动纲领。在国内火电市场趋于饱和、产能过剩的大背景下，中央企业积极响应“一带一路”倡议，探索创新合作模式，发挥资源优势，抱团出海“走出去”到海外投资建设电力能源项目。当时，巴基斯坦正面临电力能源结构单一、供应严重不足窘境，在此情况下，卡西姆电站应运而生。卡西姆电站的投资建设为中国电建海外事业发展壮大以及为各子企业开拓海外市场提供了绝佳的历史机遇，同时也为全体中外员工成就自我和创造业绩营造了广阔舞台。进入运营期，卡西姆发电公司以推动中国电建海外事业蓬勃发展为战略引领，把促进电建海投海外事业发展聚焦为全体员工的共同事业，统一思想，凝聚共识，引导全体员工紧抓难得的历史机遇，以共同的事业心汇聚力量，激励员工立足岗位、建功立业，实现企业发展和个人进步同向而行、互利共赢。

（二）建立学习型组织，营造良好氛围促能力提升

组织的使命在于让平凡的人做出不平凡的事。卡西姆发电公司作为一个全新的海外电力投资企业，运营期人员来自五湖四海，专业各不相同，能力参次不齐，且大多数没有电厂运营经历，更没有海外电厂管理经验，这对保障企业健康稳定发展提出了严峻挑战。针对此种情况，卡西姆发电公司根据各部门业务不同、岗位需要、个人能力差异等因素，建立跨部门和跨业务流程的学习型组织，积极组织开展英语专项、投资协议和精益化管理知识等相关内容学习。并针对工作中遇到的重点、难点问题成立课题攻关小组，组织相关业务关联人员研讨，形成在工作中学习，在学习中工作的良好氛围，激发了全员学习兴趣和动力，有力提升了整体管理能力和个人素质。

（三）搭建人力资源体系，为企业生产经营管理理念提供硬核支撑

资源是会枯竭的，唯有文化和理念才会生生不息。卡西姆发电公司将“鼓励价值创造，识别价值贡献，合理分配价值”为核心的人力资源体系作为“以奋斗者为本”企业生产经营管理理念的硬核，通过搭建完善的人力资源体系支撑企业生产经营管理理念的核心价值观，积极实施平衡计分卡绩效管理工具促进“鼓励价值创造，识别价值贡献，合理分配价值”管理理念入心、入脑、入行。

1. 实施平衡计分卡落实责任目标。卡西姆发电公司围绕年度整体规划，并根据电建海投公司年度考核指标，把年度重点任务和阶段性工作细化分解，列入公司分管领导平衡计分卡，逐项落实责任。并根据考核指标和能力提升不同目的，建立了以各部门为主体的平衡计分卡主卡和副卡，保证重点工作任务

分解到人，明确完成时间，通过月度考核，督促年度规划目标有序完成和管理能力逐渐提升。

2. 强化考核评价激发员工内生动力。卡西姆发电公司成立绩效考核委员会，按月对全员进行平衡计分卡考核，总经理及分管领导向各部门、部门负责人向部门员工逐级进行月度绩效反馈，肯定员工成绩同时，指出具体指标或履职方面的不足，与员工一起分析影响绩效的原因，帮助员工制定绩效改进措施。并按照平衡计分卡绩效考核标准和结果，对员工实施月度绩效激励，激发员工积极主动的内生动力。

3. 发挥人力资源作用助力员工成长。卡西姆发电公司搭建完善人力资源体系，规范员工招聘、培训教育、岗级晋升、薪酬福利、考核评价等全过程管理流程。根据年度员工平衡计分卡得分及排序结果，在年终绩效、岗级调整、职务晋升等过程中充分体现以业绩和结果为导向。

4. 注重平衡计分卡考核结果运用。为加强团队建设，卡西姆发电公司根据平衡计分卡年度考核结果，实施中层干部“末位淘汰制”，若被淘汰的员工为部门正职，该部门副职不能被提拔为部门正职，以此激励部门团队建设；对于年度平衡计分卡考核靠后的普通员工，公司领导将对其进行诫勉谈话或调整工作岗位，若仍无提升改进且不能满足履职要求或不能胜任岗位，劳动合同到期后不再续签，自动解除劳动合同。通过注重绩效考核结果运用，依靠制度和机制激励业绩优秀者和奋斗者，营造能者上、平者让、庸者下的动态机制，提高员工绩效管理质量，保证服从并服务于“以奋斗者为本”的企业生产经营管理理念，提升抵抗风险能力。

卡西姆发电公司通过人力资源体系构建奋斗者为本管理理念的牵引机制，弘扬奋斗者管理理念；构建奋斗者激励与动力机制，将机会和资源向优秀奋斗者倾斜，让奋斗者有归属感、幸福感和成就感。

（四）建立标准化体系，为推动属地化管理提供支持

1. 强化顶层设计，夯实基础根基。卡西姆发电公司以企业战略发展方向为指引，加强顶层设计，根据运营期职责定位，明确组织架构，设立了综合管理、企业文化部、财务管理、商务采购、生产管理、安全环保和伊斯兰堡办公室七个部门。根据各部门实际职责分工，科学合理配置人力资源，完成部门定责、定岗、定编、定员，建立岗位标准，强调岗位与组织流程的有机衔接，保障工作需求和提高工作效率。

2. 建立实施“清单式”管理。卡西姆发电公司紧紧围绕工作业务内容，以战略为导向，以工作为中心，充分考虑组织内外因素，全面建立并推动实施“清单式”管理，比如建立了煤炭核价资料清单、行政接待管理清单、五大风险管控清单和电费申请资料清单等数十个管理清单，通过“清单式”管理对工作内容、岗位职责、业务需求进行细化、量化和标准化，有效提升企业内部的管理效能。

3. 建立流程图规范固化业务流程。卡西姆发电公司针对跨部门且重复性较高的工作业务，全面梳理工作程序，建立业务流程图，规范和固化业务流程，并对相关中巴员工进行培训教育，确保畅通业务沟通渠道，提高工作效率和工作绩效。同时为推动信息化和属地化管理奠定了有力基础。

（五）以卡西姆发电公司为企业生产经营管理理念建设的核心主体

卡西姆电站运维大团队由卡西姆发电公司、中国电建集团甘肃能源公司和中国电建集团港航建设工程公司人员组成，卡西姆发电公司作为业主，在整个运维大团队中居于主导地位，是运维大团队“以奋斗者为本”企业生产经营管理理念建设的核心主体。

卡西姆发电公司一方面通过加强对企业生产经营管理理念的宣贯，引导各个岗位员工将企业管理理念转变为自觉的行动和习惯，成为公司价值观的具体实践；一方面通过全局策划，科学制定企业生产经

营管理理念建设的实施方案，有步骤、有内容、有载体、有策略地推进企业生产经营管理理念建设落地生根。通过构建“鼓励价值创造，识别价值贡献，合理分配价值”为核心的人力资源体系，为“以奋斗者为本”企业生产经营管理理念建设提供强有力的支撑，持续塑造全体员工想干事、能干事、干成事的浓郁氛围和蓬勃朝气，为运维单位做出示范。运维单位在卡西姆发电公司的业绩导向激励机制的引领之下，通过构建自身完善的人力资源激励机制，带领和引导运维单位员工为成就共同的事业而持续奋斗。

（六）以全体党员及中层以上干部为企业生产经营管理理念建设核心力量

一个支部就是一座堡垒，一名党员就是一面旗帜。卡西姆发电公司在做好生产经营工作同时，积极建立完善海外项目基层党组织，组建了卡西姆项目联合党工委，下设三个党（总）支部，共有党员69名。为充分发挥党组织战斗堡垒和党员先锋带头作用，卡西姆发电公司要求党员、预备党员、入党积极分子及和中层以上干部，必须带头执行联合党工委战略部署，必须带头执行人力资源管理制度，必须认同并践行“以奋斗者为本”的核心价值观。通过这一核心群体和核心力量在工作、生活、学习中的持续推动和带领，坚定文化自信，在抓文化传播、文化承载、文化实践上树典型、做表率，对周边员工持续施加正面影响，将“以奋斗者为本”的核心价值观逐步变成全体员工的共享价值观，为搭建先进企业生产经营管理理念的形成奠定了坚实基础。

（七）开展“立足岗位、建功立业”活动解决国际化进程中“痛点”

作为中国电建集团内部成员企业在“走出去”推进国际化、属地化过程中，遇到的管理体系各自独立、互不兼容，因存在语言障碍和文化差异难以融入当地、巴籍员工业务能力提升缓慢、中巴双方存在文明冲突、中方人工成本难以降低、安全生产和企业经营的压力等一系列突出问题，这也是“走出去”企业在国际化进程中普遍存在而又不得不解决的“痛点”。

为寻求解决思路和方案，在卡西姆项目联合党工委的统筹领导和组织协调下，卡西姆发电公司号召各党（总）支部全体党员及中层以上干部，在“以奋斗者为本”企业生产经营管理理念引领下，认真贯彻落实“五大坚持”理念，发挥党员干部率先垂范、以身作则示范作用，积极主动开展一系列探索、创新、实践，通过开展“立足岗位、建功立业”活动，激发员工责任感和使命感，建立学习型组织加强沟通，依靠统一标准化管理体系，逐步消除了内部成员企业管理体系互不兼容的差异，形成目标一致合力，全面快速提升中巴方全体员工素质和业务能力，为推动企业国际化业务发展筑牢根基。

（八）通过“两位一体”正向激励引导内部成员企业同进步

1.“两位一体”生产组织模式主要内涵。“两位一体”电力生产组织管控模式是电建海投公司在集团“全产业链一体化”战略指引下，针对运营阶段电力能源投资项目推行的“小业主，大服务”管理思想的落地举措。按照业主公司与运维单位的本质属性，根据电力生产运营的岗位需求，各司其职，实现双方资源的优化配置，即，业主发电公司按照投资属性，履行出资人职责，主要负责商务及财务管理，其中包括电价电费管理、对外公共关系、生产物资采购等；运维单位按照生产运行维护属性，负责技术管理和运维实施等工作。在此基础上，通过构建一体化的标准管理流程，实现管理效率和效益的逐步提升。

2. 依托运维合同明确责任和权利。卡西姆发电公司以委托运维合同为基础，按照权责明确、奖惩分明的原则，进一步细化完善业主单位与运维单位“两位一体”电力生产组织管控模式，建立并有效实施评价、考核、奖惩激励机制，有效调动运维单位的积极性。充分发挥联合党工委“把方向、管大局、保落实”的领导核心和政治核心作用，充分依靠大运维团队统一的文化影响，构建大运维团队相互信任、干事创业的良好氛围，有效弥补和消除合同执行中的分歧争议，以“软实力”解决实际管理难题。

3. 建立正向激励引导企业共同进步。卡西姆发电公司结合电网调度、安全环保、发电量指标等主要因素，建立了以“指标引领、及时纠偏、考核促进、各负其责”为基本原则，以正向激励引导为主的激励制度。激励制度内容涵括安全管理、生产管理、运营管理、安全指标、生产指标等核心要素，对形成卡西姆发电公司特色的“以奋斗者为本”企业生产经营管理理念有鲜明的指向作用。对提升各发电企业的运营管理水平、规范和促进对委托运维商的考核提供了详实的依据。

4. 统一评先树优塑造先进典型。卡西姆发电公司在“两位一体”模式下，联合两家运维单位开展年度先进部门、先进班组、先进工作者、优秀党员、优秀党务工作者、安全先进个人、优秀外籍员工等数十项集体、个人荣誉评选，并将评选指标向运维一线员工倾斜，努力塑造中巴员工先进典型，激发全员荣誉感，营造奋勇争先良好氛围，促进员工爱岗敬业，增强凝聚力、向心力。

（九）编制《奋斗者》内刊强化企业生产经营管理理念传播载体

在卡西姆项目联合党工委的统筹领导和组织协调下，通过编制、印发《奋斗者》中英文内刊，弘扬奋斗者精神，激励员工见贤思齐、积极进取，形成崇尚先进、争当模范的学、比、赶、超氛围，使全体员工自觉成为企业管理理念的传播者、倡导者和实践者。

1. 强化组织机构。成立以卡西姆发电公司和两家运维单位主要领导、分管领导和专（兼）职宣传人员为成员的《奋斗者》内刊编制组织机构，加强组织领导，统一思想认识，抓好责任落实，为《奋斗者》内刊编制提供组织保障。

2. 统一对外宣传。大运维团队虽由中国电建旗下三家子企业组成，但在对外宣传和实施属地化战略中，统一对外宣传品牌形象，所有对外宣传以中国电建和卡西姆发电公司为主体，整合资源优势，塑造良好品牌，积极对外宣传中国电建企业管理理念，创造良好舆论环境，服务电站生产经营和国家外交大局。

3. 聚焦报道主体。《奋斗者》内刊板块内容丰富，主次分明。重点关注员工成长成才故事，聚焦基层一线员工中的奋斗者、价值创造者和成绩优秀者，大力宣传为公司生产经营作出业绩的贡献者，提高奋斗者的成就感、荣誉感和获得感，树立标杆示范，激励全员奋斗。

4. 扩大传播对象。卡西姆发电公司将《奋斗者》内刊中文版向集团公司，海投公司、两家运维单位总部以及现场各单位、部门和班组发放，大力宣传涌现出的先进事迹等；《奋斗者》英文版向中国驻巴使领馆、巴政府相关机构、卡西姆发电公司当地核心客户以及所有技术工人以上岗位的巴籍员工发放，通过大力宣传巴籍员工在生产经营中取得的成绩、个人成长故事以及属地化管理成效，获得了中国驻巴使领馆和巴政府相关机构的高度肯定。

5. 创新活动形式。卡西姆发电公司同时积极策划编制《卡西姆企业生产经营管理手册》、组织开展“卡西姆文化大讲堂”专题活动等，通过集中学习、座谈讨论、主题宣讲、演讲比赛、征文比赛等多种活动形式，开展学、讲、评活动，使“以奋斗者为本”企业生产经营管理理念深入人心。

三、“以奋斗者为本”企业生产经营管理理念实施效果

在“以奋斗者为本”企业生产经营管理理念的构建实施过程中，卡西姆项目涌现出了一大批立足岗位、真抓实干的优秀奋斗者，他们不仅是企业管理理念的深入践行者，同时也是企业管理理念的重要传播者和公司发展的有力带动者，更是公司生产经营优异业绩的创造者。通过践行实施“以奋斗者为本”

企业生产经营管理理念，卡西姆发电公司生产经营成效显著，培养了一支优秀的国际化人才队伍，有效推动了属地化管理进行。同时，卡西姆原则生产经营管理理念被电建海投公司其他海外项目借鉴使用，为推动电建海投公司海外业务发展起到了积极作用。

（一）电站生产运行良好，综合经营效益显著

卡西姆发电公司加强运营期“电量、电费、安全、效益、责任”五大要素管控，充分发挥“两位一体”组织管控模式作用，优化资源配置，聚焦生产经营中心任务，加强主动性、预防性风险管控，优质高效完成了电站两台机组首次扩大性 C 修和送出线路升级改造任务，有效保障了卡西姆电站生产有序进行和机组设备完好率。克服重重困难，顺利完成 COD 电价核定，电费回收情况位列巴基斯坦所有电站首位，全面、提前、超额完成了各项目标任务。

自 2017 年 11 月首台机组发电以来，面对巴基斯坦当地高温、高盐、潮湿的恶劣环境和脆弱的外部电网，卡西姆电站因外部 500KV 送出线路故障原因，累计发生 101 次线路跳闸和 16 次全厂失电极端工况，仍有效保障了电站设备安全和机组稳定运行。截至 2020 年 6 月 30 日，卡西姆电站已累计发电超过 210 亿千瓦时，连续安全生产 950 天。卡西姆电站成为目前巴基斯坦发电量最多、负荷最高、电价最低的大型燃煤电站，为电建海投公司投资回报收益做出重大贡献。

（二）团队建设成绩斐然，优秀人才层出不穷

通过构建实施“以奋斗者为本”的企业生产经营管理理念，卡西姆电站大运维团队形成了敢于担当、奋勇争先的良好氛围，团队建设成绩斐然，培养和输送了大批优秀人才。近三年来，卡西姆发电公司连续获得电建海投公司先进单位、先进基层党组织、新闻宣传先进单位等 20 多项公司级荣誉；2019 年，卡西姆发电公司党支部和甘肃能源巴基斯坦分公司党总支分别获得电建集团先进基层党组织；卡西姆发电公司还获得中国驻巴使领馆和巴政府颁发的“公共外交奖”“突出贡献奖”“巴基斯坦第 15 届环保奖”等 10 余项政府荣誉。与此同时，卡西姆发电公司和两家运维单位数十人获得公司级和集团级荣誉称号；卡西姆发电公司伊斯兰堡办公室获得“中国电建集团青年文明号”，连续两届两人获得“中国电建十大杰出青年”荣誉；卡西姆电站大运维团队先后提拔副处级以上干部 19 人，为电建集团海外业务发展培养输送了优秀国际化复合型人才，卡西姆电站也被称为海外火电业务人才培养“黄埔军校”。

（三）塑造企业良好品牌，极大改善外部营商环境

在卡西姆项目联合党工委统筹协调和组织领导下，卡西姆电站统一对外宣传，积极主动对接中国驻巴媒体记者和巴基斯坦当地媒体，通过重大节点、重要节日和重大活动在媒体发声，宣传卡西姆发电公司先进管理理念，营造了良好的外部舆论环境。在电站内部，通过编制《奋斗者》内刊，树立先进典型和榜样，讲述中国电建和卡西姆故事，消除因文化差异、风俗习惯不同形成的隔阂，有效促进跨文化融合。同时，顺利完成了带领电建集团内部成员企业“抱团出海、共同发展”的神圣使命，实现了与巴方合作伙伴的互利共赢，为巴基斯坦彻底扭转电力短缺局面、优化调整能源结构、促进经济发展及民生改善做出了显著贡献，赢得了巴基斯坦政府及相关方的广泛赞誉和尊重，极大改善了外部营商环境。

（四）促进员工与企业共成长，属地化管理有序推进

在“以奋斗者为本”企业生产经营管理理念氛围下，卡西姆项目各单位、全体中巴员工目标一致，凝心聚力，纷纷争当卡西姆的奋斗者，大大提升了卡西姆项目的软实力和核心竞争力，对于打造巴基斯坦一流发电企业发挥了持续而深远的影响。

近三年来，受“以奋斗者为本”文化熏陶，巴籍员工大大提高了对企业的信任度，感受到在卡西姆电站工作的荣誉感和使命感，与其他发电企业相比，巴籍员工流失率低50%。其中，2016年招聘的第一批巴籍大学生已经独挡一面，走上中层管理技术岗位，成为卡西姆发电公司改革发展的中坚力量。目前，卡西姆项目巴籍员工人数占据主导，占比80%。今后，卡西姆发电公司将更加注重当地优秀员工的培养，促进当地员工专业技能和管理能力的全面提升，并将员工的成长转化为企业的成长，最终实现个人与企业共同发展进步，为进一步推动属地化管理夯实基础。

成果创造人：郭广领、奚　鹏、康从钦、冯克锋、周高明

充分发挥国有企业党建作用
引领保障企业改革发展

王广珍　中国建材集团有限公司

习近平总书记强调，坚持党的领导、加强党的建设，是我国国有企业的“根”和“魂”，是我国国有企业的独特优势。要坚持服务生产经营不偏离，把提高企业效益、增强企业竞争实力、实现国有资产保值增值作为国有企业党组织工作的出发点和落脚点，以企业改革发展成果检验党组织的工作和战斗力。

国有企业多数处于关系国家安全、国民经济命脉、国计民生的重要行业和关键领域，是我国发展先进生产力、提高综合国力的主力军，是党执政兴国的重要经济基础。面向新时代，应对新形势，国有企业党建工作要始终聚焦初心使命，充分发挥政治引领、创新推动、团结凝聚作用，为企业改革创新发展提供不竭动力。

一、切实发挥政治引领作用，增强企业党建引导力

习近平总书记强调，坚持党对国有企业的领导是重大政治原则，必须一以贯之；建立现代企业制度是国有企业改革的方向，也必须一以贯之。习近平总书记提出的这两个“一以贯之”为国有企业党建工作指明了方向。特别是坚持党对国有企业的领导，既是国有企业能够始终沿着正确的方向不断发展壮大的根本政治遵循，也是确保我国国有企业的性质不改变，确保国有企业党建工作不放松，确保国有企业发展方向不偏离的定海神针。

首先，坚持党对国有企业的领导，是国企改革发展必须坚守的政治方向。党的领导是中国特色社会主义的最本质特征。坚定不移把国有企业做强做优做大，最根本的是要在深化改革中加强党的领导。国有企业的产权属性和党组织的根本属性内在统一于“人民”。在国有企业发展和改革中坚持党的领导、加强党的建设是党坚持全心全意为人民服务、实现人民利益的重要内容。特别是当前国内外形势纷繁复杂，国有企业改革正处于攻坚期和深水区，党的领导只能加强，不能削弱。必须通过加强党的领导，使国有企业真正成为党和国家最可信赖的依靠力量；成为坚决贯彻执行党中央决策部署的重要力量；成为贯彻新发展理念、全面深化改革的重要力量；成为实施“走出去”战略、“一带一路”建设等重大战略的重要力量；成为壮大综合国力、促进经济社会发展、保障和改善民生的重要力量；成为我们党赢得具有许多新的历史特点的伟大斗争胜利的重要力量。

其次，坚持党对国有企业的领导，是全面从严治党的必然要求。全面从严治党、推进党的建设新的伟大工程，国有企业党组织也不能置身事外。有的国有企业之所以出现这样那样的问题，根本原因在于

党的领导弱化，管党治党失之于宽、失之于松、失之于软。推进全面从严治党，要求国有企业坚决贯彻落实党中央要求，落实管党治党主体责任，真正把党的领导体现出来，保证国有企业发展的正确方向。

第三，坚持党对国有企业的领导，是实现国有企业可持续发展的关键因素。国有企业是在中国共产党领导下，在“一穷二白”的基础上发展起来的，新中国成立以来，特别是改革开放以来，逐步探索出一条从无到有、由小到大、由弱到强的国有经济发展道路，一大批国有企业成长壮大起来，形成了全世界最完整的现代工业体系，突显国有企业的作用和贡献。在重大风险挑战、艰难险阻面前，国有企业都是冲在前、干在先。特别是面对新中国成立以来传播速度最快、感染范围最广、防控难度最大的重大突发公共卫生事件，国有企业勇当先锋、敢打头阵，主动担当、积极作为，全力抗击疫情，有序复工复产，全力支援疫情防控一线，充分发挥了大国重器的顶梁柱作用。电力通信、粮油、航空运输等基础保障型央企扛起使命担当、周密组织生产、全力保障供应，合力筑起抗击疫情的坚强后盾。建筑类国有企业以强大的应急响应能力勇扛急难险重关键任务，积极承担了全国各地专门医院的建设改造任务，火神山和雷神山医院10天内先后建成交付，超过100座专门医院、方舱医院火速建成，17家中央企业所属医院近万名医护人员日夜奋战抗疫一线，国企效率令世界瞩目。

国有企业的改革发展是国家经济改革发展的一个缩影。以中国建材集团下属的北新建材为例，从原来规模很小、盈利能力弱、竞争力不强，名不见经传的小企业，一步一步发展成为全球最大的石膏板企业和新型建材企业。企业之所以能克服重重困难，迅速跃居成为全球最大的建材制造商，关键在于始终坚持党对国有企业领导的重大政治原则不动摇，企业党组织始终紧紧围绕中心服务大局，充分发挥政治引领作用，使企业收入逐年增长、利润不断翻番，从单一生产业务，发展成为集生产经营多种产业并举的大型企业集团。

中国建材集团和很多国有企业跨越式发展的数据和事实表明，坚持党的领导，加强党的建设，是实现国有企业可持续发展的坚强政治保证。充分发挥国有企业党组织的领导作用，增强国有企业党建的引导力，既要始终坚持党关于国有企业发展的方针政策不动摇，为企业改革发展的全过程把方向、管大局、保落实，又要脚踏实地，充分发挥党建工作作为国有企业独特的政治资源优势和政治动员优势建好制度，抓好落实。

一是旗帜鲜明把方向。国有企业党组织要始终坚持把政治建设摆在首位，深入学习宣传贯彻习近平新时代中国特色社会主义思想，跟进学习总书记最新重要讲话和指示批示精神，树牢“四个意识”，坚定“四个自信”，在思想上政治上行动上同以习近平同志为核心的党中央保持高度一致，保证党和国家方针政策不折不扣贯彻执行。要牢牢把握企业的国有性质和人民属性，始终坚持在党的领导下做好各项工作，确保在企业发展过程中对坚持党的领导、加强党的建设作出制度性安排，以党建统领、贯穿、推动企业改革发展。

二是建章立制管大局。管大局就是要坚持在大局下行动，议大事、抓重点，加强集体领导、推进科学决策，推动企业全面履行经济责任、政治责任、社会责任，确保公司改革发展和生产经营符合党和国家方针政策，符合员工群众根本利益。按照“两个一以贯之”要求，坚持以加强制度建设为重点，把党的领导“融入内嵌”到公司治理结构中，通过把党建写入公司章程、科学设置董事会结构等制度性措施确保党的领导；科学制定党委会议事规则，详细规定党组织的决策范围、决策程序以及与企业董事会、经理层的关系，构建权责清晰、各司其职、各负其责、规范高效的决策运行机制，不断明确“三重一大”与其他重要经营管理事项决策范围，切实将党的领导贯穿生产经营全过程。

三是抓住关键保落实。积极适应形势变化，找准企业党组织服务生产经营、凝聚员工群众的着力点，增强各级党组织政治功能和组织力，以高质量党建工作推动企业各项生产经营任务落实。在企业领导层面，企业各级主要负责人不能只管生产经营和项目资金等业务工作，而忽视了党的建设工作。应充分认识到企业党建工作的重要性和紧迫性，关键岗位的关键领导要真正把党建工作放在心上、扛在肩上、抓在手上，切实担起“一岗双责”的管党治党的职责。要坚持在增强“领导班子凝聚力、党员干部执行力、员工队伍战斗力、企业发展成长力”上下功夫，突出抓好党员干部队伍建设，提高政治能力、调查研究能力、科学决策能力、改革攻坚能力、应急处突能力、群众工作能力、抓落实能力，掌握正确工作方法，坚持问题导向，增强发现问题的敏锐、正视问题的清醒、解决问题的自觉，把问题作为企业管理的起点，把工作着力点放在解决最突出的矛盾和问题上；突出抓好基建党务队伍建设，严把选任标准，有效实施岗前岗中培训，认真开展任职资格考核和述职评议。建立先进典型示范、党建人才库建设、双向任职交流等工作机制，宣传好先进事迹，持续做好经验推广。

二、坚持推动企业改革发展，不断激发党建创新力

党的十九届四中全会对坚持和完善中国特色社会主义制度、推进国家治理体系和治理能力现代化作出了重大战略部署，要求按照建立中国特色现代企业制度的要求，全面增强国有经济竞争力、创新力、控制力、影响力、抗风险能力。国有企业党建工作应紧紧围绕增强国有经济的竞争力和创新力这一要求，不断推动企业改革发展，不断跟上时代前进的步伐，不断增强创新动力和创新活力。

一是要进行党建理念创新。理念是行动的先导，问题是时代的呼声。如何提高企业家抓党建意识，如何强化党对国有企业的领导，克服党建和生产经营“两张皮”现象？这是每一个国有企业的领导都应该时刻关注和思考的重点问题。有的企业领导人认为，生产经营是企业的主要任务，党建工作由党务部门和机关党委抓一抓就可以了，造成党建和生产经营工作“两张皮”。中国建材集团党委始终认为，作为重点国有企业，每一名国有企业领导特别是党员领导干部在从事生产经营和业务工作的同时，也必须凸显他的党员身份和党员意识。企业的生产经营必须坚持党的领导，企业的发展方向应与国家的发展战略和党的发展思路相吻合。在企业发展过程中，树立党建先行的理念，注意学习和研究党和国家的最新方针政策，做好与企业实际相结合的文章，坚持以抓党建统领业务、以抓党建促进经营发展。近年来，中国建材集团以党的创新政策为指导，积极推进“央企市营”、混合所有制改革等一系列重大改革试点，为国有企业改革发展闯出了新路，创造了新鲜经验，也很好地破解了党建和业务“两张皮”现象。

二是要进行党建组织机制创新。按照党中央、国务院出台的《关于深化国有企业改革的指导意见》《关于国有企业发展混合所有制经济的意见》，以及以混合所有制改革作为国企改革的重要突破口，坚持完善治理、强化激励、突出主业、提高效率，在电力、石油、天然气、铁路、民航、电信、军工等领域迈出实质性步伐的要求，中国建材集团深入贯彻党中央、国务院的决策部署，积极开展混合所有制改革，探索新的党建工作组织领导机制。在集团层面，坚持“双向进入、交叉任职”的原则，集团党委加强对混合所有制企业董事长、党组织书记、纪委书记纪检组长等关键岗位的组织任命管理。针对有些混合所有制企业，特别是国有企业相对控股的企业，创新方式，按照“双向进入、交叉任职”的原则，构建有中国特色的公司治理领导体制，充分发挥企业党组织的作用，党委成员中符合条件的要按照程序进入董事会、经理层。进入董事会的党委成员和党员按照党委决定在董事会发表意见，进入经理层的党委成员和党员要落实党委决定。对于短期内不具备“双向进入、交叉任职”条件的企业，配备素质全面过硬的党委书记，建强党委班子，确保党建工作有人抓，有人管，不断档。

三是要进行党建方式方法创新。有的企业经营理念非常先进，经营模式也非常紧贴市场，但党建工

作却缺乏对年轻人的吸引力和感召力。中国建材集团党建工作在坚持服务企业创新发展的基础上，把现代管理理念引入企业党建工作，在党建工作中强调规范化和精细化管理，切实提高了党建工作质量和业务工作效率。健全完善党的各级基层组织，督促成员企业逐级按期换届，实现“应建必建”“应换必换”，夯实基层基础。加强混合改革后进入的部分民企党建工作，做到“规范组织”“规范制度”“规范活动”，将央企党建工作要求全面延伸到混合所有制企业，使党组织设置与企业资产管理体系相一致。着力加强精细化管理，制定了“细致再细致、严格再严格”的党建工作制度，创新建立党建工作指引和参考模板70多项。着力改进党建工作方法，制定了党员领导干部党建工作KPI，探索建立党建工作指标化考核体系，使各项党建工作更具创新性和时代性，有力地提高了企业党建工作的质量和水平。

三、充分发挥党员先锋模范作用，持续加强党建带动力

习近平总书记指出，要坚持建强国有企业基层党组织不放松，确保企业发展到哪里、党的建设就跟进到哪里、党支部的战斗堡垒作用就体现在哪里，为做强做优做大国有企业提供坚强组织保证。随着多种所有制企业的竞相发展和国际国内形势的深刻变化，国有企业的经营压力和竞争压力陡增。面对新形势新任务新要求，如何把加强党的领导和完善公司治理有机统一，如何把加强党建工作与服务生产经营有机统一，如何把加强企业基层党组织的凝聚力和发挥党员主体作用有机统一，用严实的标准和要求，提升党员素质，增强党员能力，发挥党员作用，强基固本，激活细胞，让党员用实际行动彰显先进优秀，以党员的先锋模范作用体现从严管党治党、加强党的建设的实际成效，是新时代国有企业党建工作面临的重大考验。

只有紧紧围绕抓好企业生产经营和推进企业现代化管理深入加强企业基层党组织建设，全面深入落实好《中国共产党国有企业基层组织工作条例（试行）》要求，坚持“党的一切工作到支部”，充分发挥党员先锋模范作用，不断丰富和发展“共产党员工程”新的时代内涵，切实把党员组织起来、把人才凝聚起来、把职工动员起来，推动党建优势转化为企业发展优势，凝聚带动起促进企业改革创新发展的强大合力，才能提升企业的核心竞争力和现代化管理能力，才能找准党员立足岗位发挥作用的结合点，充分发挥国有企业基层党组织的战斗堡垒作用，有效突破各类难题瓶颈的制约，为企业发展奠定坚实的组织基础。

中国建材集团下属企业大都是混合所有制企业，为强化这些企业的党建工作，从一家一家做起，把基层党组织都建立了起来，并且把央企的政治优势引入到混合所有制企业，极大地壮大了企业党组织的力量，巩固了党的基层阵地。在企业中广泛开展创建“五好”党支部、党员先锋岗、党建工作品牌等活动，充分发挥党员先锋模范作用，充分让基层党组织真正活跃起来，持续加强国有企业党建的带动力和引领力。由于党建工作富有特色，有的混合所有制企业党建工作还受到国资委党委的表彰。

一是注重强化学习带动。坚持从加强思想建设入手，以加强学习推动思想认识提高，推动理论基础拓展，推动实际工作创新，不断提升企业干部职工的理论素养、政治定力和使命担当。在企业深入开展“不忘初心、牢记使命”主题教育活动，开展每一项活动都注重学习先行，通过组织学习夯实思想根基、打牢理论基础，做到学有目标、学有载体、学有方法，确保学习教育取得实实在在的效果。坚持党委中心组学习制度，以“抓学习、强素质、促合力、见成效”为目标，探索专题学习、课题研讨、成果交流的方法机制。有的单位围绕中心工作每年要求每名党委委员开展1-2个重大党建和企业实际问题研究，使理论学习与实际工作有效对接。坚持“三会一课”制度，统筹安排企业党委委员上党课，推动宣传党的十九大精神和习近平总书记最新讲话精神向基层延伸，向党员普及，向群众宣讲。每年定期开展优质

党课评选活动，确保党内学习教育常抓常新。落实党委委员过双重组织生活制度，以学习教育实现互帮互助，共同提高。积极拓展“互联网+党建”的学习方式，通过“学习强国”平台，组织企业干部职工认真学习党的方针政策和各种教育视频，不断提升企业党员干部职工的思想政治素质。

二是注重夯实基层基础。瞄准建设全球一流建材企业的目标，以党的政治建设为统领，以夯实基层基础为重点，不断增强政治领导力、思想引领力、群众组织力和社会号召力。大力加强基本组织、基本队伍、基本制度“三基”建设，通过加强基层基础工作，找准党建工作服务生产经营的着力点，找准党员立足岗位发挥作用的结合点，培育凝聚力，彰显战斗力，焕发革新力，着力解决了企业生产经营中面临的各种困难问题，并不断赋予了国有企业基层战斗堡垒作用新的时代内涵。把积极开展面向基层的活动作为有效汇聚企业发展能量的有力抓手。在集团下属企业广泛开展了面向基层的各种各样“创先争优”活动，积极打造充满活力的优秀企业。

例如，中国建材集团下属的中国巨石集团重点是树好三个层次导向、抓好三个层次典型，即：在企业员工中坚持以党内带党外、党员带职工，开展以比劳动技能、比安全生产、比工作效率，争当劳动技能排头兵“三比一争”为主要内容的“百日竞赛”活动，在追求产品质量、提高技能技术中勇于争先。在班组、车间、工段中，深入开展“优胜班组”“创新班组”“优胜质量单位”“优胜 TPM 单位”评比活动，在提高生产效率、服务生产发展中勇当先锋。在部门、分厂、子公司中，深入开展“最佳工厂”“最佳部门”“年度标杆单位”评比活动，不断形成比学赶帮超的良好局面，促进了基层基础工作的全面带动提升。

三是注重发挥党员主体作用。国有企业中的党员队伍是有坚定信念和严密组织的先进人力资源，是推动企业发展的重要力量。国有企业改革创新发展，离不开一支牢记初心使命、敢于担当作为、甘于吃苦奉献的党员队伍。在企业发展过程中，结合各个企业转型发展、创新发展的实际，坚持用“促进企业转型发展”“工匠精神”“企业家精神”教育引导党员，推动更新观念，促进能力提升。针对党员干部有担当、有热情、有冲劲的实际，主动交任务、压担子，提供展示平台，激发创新活力。突出发挥党员主体作用，每年制订工作计划目标，让生产任务、关键指标、重点难题攻克体现在每个党员的具体行动上，通过调动党员积极性，实现保生产、保任务、保质量、保安全的目标。坚持严实标准，在技术攻关、精细管理、成本节约、安全生产等企业生产经营各个层面，做到党员标准比群众更高、能力比群众更强、业绩比群众更突出。坚持树好导向，强化“一名党员、一面旗帜、一个标杆”观念，引导党员自觉做到企业发展谋在前、爱岗敬业干在前、文明新风树在前、奉献社会争在前，以实际行动充分发挥党员先锋模范带动作用，影响和带动身边普通干部职工自觉向党员看齐，自觉为企业发展贡献力量。

四、以加强企业文化建设为重点，不断提高党建凝聚力

习近平总书记指出，文化是一个国家、一个民族的灵魂。文化兴国运兴，文化强民族强。没有高度的文化自信，没有文化的繁荣兴盛，就没有中华民族伟大复兴。企业也是如此。有人说“一年企业靠运气，十年企业靠经营，百年企业靠文化”，没有先进文化的企业也难以实现永续发展。

企业文化是企业价值取向、经营理念、管理制度、行为准则、企业精神的概括和升华，是一个企业区别于其他企业所特有的标志。在加强和改进国有企业党的建设工作中，一方面要切实抓好队伍建设，通过丰富多彩的创先争优活动，打好吸引人才、稳定队伍、激发活力的组合拳，努力锻造一支打不垮、打不散、知难而进、迎难而上、忠诚于国有企业事业发展的铁杆核心队伍。另一方面，要切实抓好企业文化建设，充分发挥文化引领、文化激励作用，在攻坚克难中培育弘扬各具特色的企业精神。牢牢抓住

企业中人的作用发挥这一最根本的要素，统筹处理好队伍建设和文化凝聚之间的辩证关系，既要通过建设忠诚干净担当的铁杆队伍打造迎难而上的“硬实力”，也要善于用文化和精神的力量铸就春风化雨的“软实力”。

中国建材集团在发展壮大过程中，始终把加强品牌文化建设和企业文化建设放在重中之重的位置，通过持续不断加强党建引领下的企业文化建设，在统一思想认识、塑造核心价值观、传播先进文化等方面做出一系列有益探索，通过党建文化与企业文化双向互促，确保形成合心合力合拍推动企业建设发展的广泛共识与强大精神力量。

一是强化以人为本的发展理念。始终秉承企业是人、企业靠人、企业为人、企业爱人的发展理念。始终把人视为企业最大的财富，把实现人的幸福、人的价值作为企业最根本的追求。特别是在企业进行购并重组的过程中，坚持以人为本的发展理念，不断增强服务意识和服务能力，充分发挥基层党组织在关怀帮扶、文化引领、精神激励上的独特优势，积极在整个企业构筑充分照顾员工感受的精神家园。同时，积极调动和挖掘企业员工的积极性、创造性，不断增强全体员工的价值认同、观念认同和行为认同，不断提高全体员工的获得感、归属感和幸福感。

二是提炼凝心聚力的企业文化。企业要靠文化吸引人、鼓舞人、凝聚人，企业文化是企业员工的集体记忆和共同信奉，也是传承企业精神、促进企业发展的持久动力源泉。在多年实践的基础上，中国建材集团提炼的核心价值观是“创新、绩效、和谐、责任”，行为准则是“敬畏、感恩、谦恭、得体”，企业品格是“保护环境、热心公益、关爱员工、做世界公民”，对企业干部的要求是做有学习能力、有市场意识、有专业水准、有敬业精神、有思想境界的“五有”干部，以及精心做人、精心做事、精心用权、精心交友“四个精心”的行为方式。这是企业长期总结出的精神财富，也是激励企业员工成长进步的精神动力。

三是开展形式多样的文化活动。企业文化的贯彻和落实关键是要体现在各种具体活动的开展上，着眼于提升员工素质，积极开展学习型组织创建活动，通过建立共同愿景、开展团队学习，进行互动式交流，进行系统思考修炼等行之有效的学习活动，极大提高了员工素质，增强了企业的学习氛围；着眼于关心关爱企业员工，持续开展暖心工程、扶贫工程和志愿者行动，对困难党员和困难群众及时进行关注与帮扶，特别是结合解决企业驻外人员的实际困难，建立了驻外人员服务机构，加强对长期驻外人员及其家属的关爱和服务，使他们切身感受到企业大家庭的温暖；着眼于增强企业社会责任，全力参与抢险救灾、灾后援建、帮助弱势群体等工作，积极落实四县一区的对口扶贫，成立“善建”公益基金，打造“禾苞蛋”电商扶贫平台，在参与一带一路建设中，秉持“为当地发展做贡献、与当地企业合作、与当地居民友好合作”三原则，积极创造条件展示国企的良好形象，很好地体现了央企的责任与担当；着眼于丰富职工文化生活，定期举办读书会、培训班，开展篮球比赛、乒乓球比赛、羽毛球比赛等多种多样的文体活动，增进干部员工的交流和感情，提高企业的凝聚力和向力心。

四是做好企业文化的宣传推介。企业文化承载着企业精神和发展历史，形成之后不能束之高阁，备而不用，而要时时弘扬，处处体现，积极讲好故事，做好宣传推介。为了弘扬宣传企业文化，中国建材集团在公司各个层面设置各种奖项，积极鼓励支持弘扬企业文化，为企业发展做出突出贡献的先进集体和个人，增进全体员工践行企业文化，为企业增光添彩的自豪感和荣誉感。同时，充分利用会议、官网、企业公众号等多种形式，对外讲好企业故事，宣传企业形象，为企业快速发展，增进知名度和美誉度发挥重要作用。积极利用新的媒体传播渠道大力宣传推介企业。集团官微运行两年来连续发布大量信息，跻身央企品牌传播20强，起到了良好的宣传效果。

五、强化监督制约，切实增强党建约束力

党的十八大以来，以习近平同志为核心的党中央将全面从严治党作为“四个全面”战略布局的重要组成部分，提升到一个全新的战略高度。特别是在十九届中央纪委四次全会上，习近平总书记对以全面从严治党新成效推进国家治理体系和治理能力现代化作出战略部署，强调要加大国有企业反腐力度，加强国家资源、国有资产管理。国有企业党风廉政建设和反腐败工作一刻也不能放松。

新形势下，国有企业实现健康快速发展，应站在政治和全局的高度，充分认识推进全面从严治党的重要意义，坚决贯彻落实习近平总书记关于加强国有企业党风廉政建设和反腐败工作的重要讲话精神，坚持决心不变、力度不减、尺度不松，全面增强对各级党组织和党员的约束力和影响力，把纪律和规矩挺在前面，让从严约束成为常态。

中国建材集团党委始终注重抓党建强党建，通过全面从严治党和从严治企，树立企业发展正气，筑牢企业发展根基。

一是严格落实主体责任。党委牢固树立不抓党风廉政建设就是失职的意识，切实担负起党风廉政建设的主体责任，坚持党要管党、从严治党，定期召开党的建设、党风廉政建设和反腐败工作会议，及时研究党建工作和反腐败工作任务。集团党委普遍与二级企业签订党风廉政建设责任书，层层落实廉政责任。成立了党委巡视工作领导小组，设立了巡视工作办公室，制定了巡视工作五年规划，开展了对二级单位的巡视工作，推进了从严治党向基层延伸。

二是严格扎紧制度笼子。在公司发展过程中，时刻注重分析和查找管理缺陷和制度漏洞，及时提出整改意见建议，并派专人进行跟踪督促落实，不断织牢织密制度的笼子。在集团层面抓好制度建设，制定了《集团党委实践运用监督执纪“四种形态”指导意见》《集团落实“三个区分开来”实施办法（试行）》等各类制度，构建起“不能腐”的监督执纪制度体系。同时，积极营造有利于干事创业的良好环境，结合实际探索制定相关制度，建立容错纠错机制，既对领导干部严格管理，又对领导干部政治上关怀，工作上支持，鼓励他们放开手脚大胆干事创业。

三是严格重点环节管理。针对企业进行混合所有制改革带来的新情况新问题，严格加强重点环节的监督管理，顺应国有资本股东，非公股东，包括普通职工群众对侵占公司利益、贪污腐败行为深恶痛绝的实际，切实聚焦关键岗位、重要人员特别是一把手的监督制约管理，积极与防控企业风险相结合，强化了在工程招投标、改制重组、产权变更和物资采购等容易滋生腐败的关键环节的监督监控，切实防范化解廉政风险。

四是严格进行廉洁教育。企业党组织自觉抓好廉政建设和干部职工廉政教育，强化党员干部的纪律意识和规矩意识，引导广大干部职工知敬畏、存戒惧、守底线，自觉遵守廉政纪律和道德操守，习惯在受监督和约束的环境中工作生活。同时，加强廉政警示教育，用廉政事例和腐败案例教育人、警示人，及时通报违反中央八项规定精神，违反政治纪律、组织纪律、廉洁纪律、群众纪律、工作纪律、生活纪律的典型案例。使企业干部职工牢固树立纪在法前、纪严于法的观念，划出了纪律底线、行为红线。通过行之有效的警示教育筑牢思想之根、塑造廉政之魂、树立发展正气。

成果创造人：王广珍　中国建材集团有限公司

国有企业基层党务干部教培模式的创新与实践

——以国网山西省电力公司党建“上考下送”项目为例

朱珊珊　国网山西省电力公司

习近平总书记在中央政治局第二十一次集体学习时的讲话中指出：“基层党组织是贯彻落实党中央决策部署的最后一公里，不能出现‘断头路’。要抓紧补齐基层党组织领导基层治理的各种短板，把各领域基层党组织建设成为实现党的领导的坚强战斗堡垒”[1]。党的基层组织是党的肌体的“神经末梢”，是确保党的路线方针政策和决策部署贯彻落实的基础”。[2] 国有企业基层党组织是党在企业全部工作与战斗力的基础，在国有企业党的建设整体布局中具有特殊重要地位。在全面从严治党和全面加强国有企业党的建设的新形势下，如何补齐国有企业基层党建短板，提升党务干部素质，让党的工作更具活力、更重实效？如何实现国有企业基层党建业务培训及工作考核在形式内容上的突破，让大家喜闻乐见、入脑入心？这些问题长期困扰着国有企业，成为了摆在各级基层党组织和党务工作者面前一个亟待解决的重要课题。

近年来，国网山西省电力公司在创新基层党务干部教培新模式方面进行了积极的探索与实践，形成了自身鲜明的特点特色，其经验做法具有一定的典型性和代表性。本成果通过对该公司在探索创新党务干部培训考核新途径的实施背景、亮点做法及经验成效进行深入研究，以期为推动国企基层党建热点难点问题的解决，助力国企党建工作质效的提升提供经验参考和案例借鉴。

一、推动国企基层党务干部教培模式创新的背景动因

“党务干部是党的工作的规划者、组织者和实施者和推动者，其理论精度、业务专度、能力强度直接关系到党组织和党员队伍建设的成效”[3]。大力加强国企党务干部队伍建设，推动党务干部教培模式创新，切实提升党务干部队伍整体素质，是做好国企基层党建工作的重要基础和前提。

（一）创新国企基层党务干部教培模式是推进党的建设新的伟大工程和国企改革发展的重要内容

国企基层党务干部是基层党建工作的领导者，是推动国企党建工作的骨干和中坚力量，是推动党的建设新的伟大工程和国企改革发展的“突击队员”。党的十九届四中全会从健全党的全面领导制度的高度，对国有企业改革作出重大部署，强调要落实“完善中国特色现代企业制度”“形成以管资本为主的国有资产监管体制”[4]。服从服务党和国家工作大局，推动中国经济高质量发展，国有企业是最强有力的支撑，必须带头执行好各项改革决策，在推进国资国企产业布局调整、深化混合所有制改革、规范国

有资本投资运营公司运作、实施授权经营体制改革等国资国企改革重点任务中，自觉肩负起推进国家重大战略实施的重要责任。要实现以上战略目标，需要党的强有力领导作支撑，需要国企基层党组织在其中发挥组织引领和密切协调作用。国企基层党务干部直接面对职工群众，传达党的声音，开展党的工作，提升国企基层党务干部素质，对于巩固党在企业单元的执政基础，推动企业改革发展发挥着重要的基础性作用。要有效开展国企基层党建工作、推进新时代党的建设新的伟大工程在国企单元落地见效，离不开高素质的党务干部队伍的引领和带动。创新国企基层党务干部教培模式，将党务干部的业务培训常态化、实时化，使国企党务干部的专业素质和工作能力与跟上时代发展的节拍，既十分必要，也极为迫切。

（二）创新国企基层党务干部教培模式是推动全面从严治党向基层延伸的重要抓手

“全面从严治党向纵深发展、向基层延伸，血脉在基层、根基在基层”[5]。国企党务干部是联系企业党组织和普通党员、广大职工的重要纽带，党务干部的素质能力事关企业党组织在职工心目中的形象，对全面从严治党向基层延伸的质量和效果有着至关重要的影响。面对全面从严治党的新形势和质量建党强党的新挑战，国企党务干部理应有更高的思想自觉、政治自觉和行动自觉，通过不断创新国企基层党务干部教培模式，切实提升党务干部队伍素质，打造一支业务精、能力强、作风正、素质高，与新形势发展相适应的高素质党务干部队伍，推动全面从严治党各项举措落地见效，促进国企党务干部队伍建设不断上台阶、上水平。党要管党、从严治党，党的力量要在国有企业得到充分发挥，不仅要依靠企业各级党组织将党的路线、方针、政策执行到位，更要依赖于基层党务干部队伍的有效推动。国企基层党组织落实从严治党工作任务的内容，不仅包括严格执行“三会一课”、党内政治生活等制度，还包括强化党的自身建设、使党建工作与企业生产经营工作精准内嵌等，这些任务的落实完成对党务工作专业性、规范性的要求很高，这就要求企业中的党务干部必须准确掌握相应的党务知识，对党务工作流程、规范、方法等方面的内容有清晰的认识和了解，并且能够通过创新教育培训考核的形式内容，不断充实提升党务干部的业务素质和工作能力，以发挥好企业党务干部在基层党建工作中的推动作用。

（三）创新国企基层党务干部教培模式是提高国企党的建设质量的重要保证

目前，国企基层党务干部队伍建设水平仍存在不协调、不均衡等差距和不足，党务干部素质提升需求与教培资源投入等不足矛盾亟需解决。一方面，一些企业基层党务干部业务不专、理论不精，难以适应党建工作新变化要求，存在着工作不会干、干不好、角色转变慢、无从下手等现象；另一方面，一些企业专门针对党务干部的业务知识培训、技能培训和综合应用能力培训较少，教育培训资源渠道有限，基层党务干部培训供不应求的局面仍未得到根本缓解，党务干部素质能力提升较慢，且受限于教育培训方式方法创新不足的原因，很难激发起党员干部主动参与学习的兴趣和热情。而国企党务干部队伍状况如何，素质能力高低，直接影响企业党建工作的质量和水平，直接影响党的路线方针政策在企业的贯彻落实成效，同时也是开展国企党建工作的前提和保证。有效破解国企基层党务干部队伍建设存在的瓶颈问题，积极探索创新党务干部教培新模式，通过加强对国企党务干部业务知识的教育培训，帮助党务干部特别是基层党组织书记强化党务知识的学习和巩固，提高自身的政治素质和业务能力，努力使党务干部成为国企党建工作的明白人，业务工作的内行人和干部职工的贴心人，努力打造一支适应时代要求的高素质国企党务干部队伍，是提高党务干部能力素质、使之胜任本职工作的重要途径，也是夯实国企党建“三基”，做好国企基层党建工作的重要基础和根本保证。

二、国企基层党务干部教培模式创新的核心内容与实践路径

国网山西省电力公司是国家电网公司的全资子公司，以电力生产、建设、调度、经营及电力规划研究等为主营业务，公司下辖党的基层组织1040个，其中党委65个、党总支85个、党支部889个，党员19520名。近年来，该公司党委紧密围绕破解基层党建重点难点问题，积极拓宽工作思路、持续创新务实举措，以夯实基层党建“三基”根基为目标（如图1），以迅速提升基层党务干部特别是基层党组织书记专业水平和业务能力为重点，对症施策、标本兼治、消除短板、强基固本，创新实施了以“党建‘上考下送’教考项目”为主要内容的基层党务干部培训考核新模式（以下简称“上考下送”项目），通过转变讲党课方式与调考督学促学手段的紧密结合，相融互促，使企业基层党务干部迅速熟悉了党务工作知识，掌握了党建工作规范流程，激发了基层党务干部聚焦主责主业，提升专业能力素养的动力和热情，筑牢了基层党建“三基”（建强“基层组织”，打牢“基础工作”，提升“基本能力”）根基，为公司发展提供了坚强政治保障。

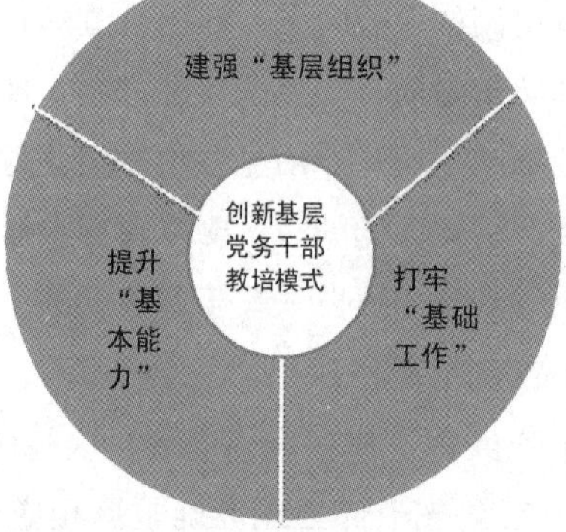

图1　国企基层党务干部教培模式创新的目标导向图

（一）以“党建‘上考下送’教考项目”为主要内容的基层党务干部教培模式的基本内涵（如图2）

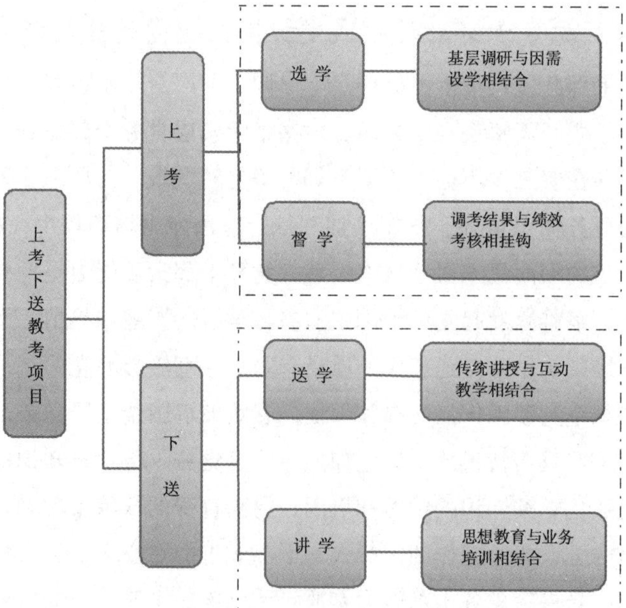

图2　党建“上考下送”教考项目内涵示意图

“上考”：就是通过分层分批组织基层支部书记、党务工作者参加公司党建业务调考，进一步检验公司党务队伍党建理论知识学习程度和学习效果，将调考结果与绩效考评相结合，科学评价基层党建工作成效和党务干部工作能力，让党务干部认识到自身存在的差距不足，明确自身肩负的责任使命，不断增强主动学习党建知识和落实党建责任的自觉性和紧迫感，切实把强化主责主业，提升素质能力落实到思想上行动上。

“下送”：就是通过整合公司党校优秀教师资源，设计开发轻松活泼、灵活互动的党务工作实务精品课程，以巡回流动党课的形式和现场讨论、答疑解惑、互动交流等教学方式，将党课送学送教到基层支部的“家门口”，不断提升党务人员的专业水平和业务能力。同时充分发挥党员领导干部业务专长和实践优势，以“送学”促“用学”，组织公司各级党员领导干部围绕党中央、上级党组织重大决策部署精神宣贯、专业工作宣讲等内容深入基层送学讲学，传道授业，推动基层党务人员和党员干部思想政治教育与素质能力培养的双提质、双增效。

（二）创新国企基层党务干部教培模式的实践路径（如图3）

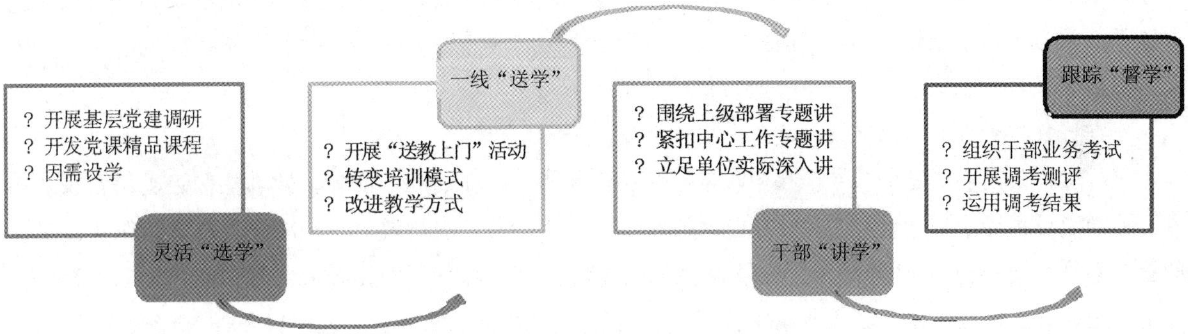

图3　基层党务干部教培模式全过程实践路径图

1. 坚持基层调研与因需设学相结合，开展灵活“选学”

为确保“上考下送”项目更加契合基层单位的实际需求，使送学调考内容更具针对性和实效性，该公司组织知名党校党建专家、公司（党校）优秀教师、基层党务干部、课程开发人员共同组建研发团队。一是深入基层开展党建调研。通过发放调查问卷、走访基层党员干部、组织座谈交流、听取基层汇报、征求问题建议等形式，全面了解掌握基层党建工作现状和不足，汇总整理基层党务人员存在的工作困惑和问题。为开出“药方”对症施治，有针对性地解决基层党建存在的实际问题打下了坚实基础。二是设计开发党课精品课程。突出问题导向，瞄准调研发现的基层党建薄弱环节，组织研发团队开展《党务工作实务——“三会一课”》《党支部日常工作程序及党委换届工作实操》《党务工作实务——“发展党员和党员教育管理”》《新媒体技术在党的宣传教育中的应用》等党课课程的集中研讨和课题攻关，成立党课指导和验收小组，从课程的启动准备、策划设计、脚本创作、课堂组织、开课验收等方面进行了具体的指导和把关，不断完善提高了党课的质量和水平。《党务工作实务——“三会一课”》等精品课程经先期在下属单位基层党支部试点培训，获得了培训学员的广泛认可与好评。三是紧扣实际因需设学。建立以需求为导向的选学设学机制，以基层党务干部为培训施教主体，组织力量编写《党务知识600题题库》，内容涉及党章党规、习近平总书记系列重要讲话、公司年度工作会议精神、党建通用制度、党建基本知识等应知应会内容。组织系统各单位党组织书记、党务人员集中学习，掌握知识要点，为后期开展党务知识调考做好了前期知识储备。

2. 坚持传统讲授与互动教学相结合，组织一线“送学”

针对基层党务干部培训模式枯燥、基层党组织师资力量不足、基层党员教学能力不高和教学方式方法单一等问题，将公司优质培训资源与基层所需所盼“无缝对接”，一是统筹协调相关单位常态化开展“送教上门”活动。以党校优秀教师为主体，组建成立4支党建业务知识巡回流动课堂讲师团。及时印发通知公布培训纲目、明确授课时限，各参学单位结合实际敲定受训人员及培训时间，讲师团随之按计划分赴各单位集中送学。公司党建部跟进调研做好指导协调督导工作，准确了解掌握“流动课堂”实际效果。二是创新转变培训模式，不断增强教育培训的针对性。公司党校培训中心一改过去“坐等上门”的培训方式，结合基层培训需求，全面推广基层单位预约、公司党建部“搭台”、党校联系攻关团队合力“配餐”，深入基层上门服务的“订单式”教育培训模式，变“上学”为“送学”，将党建业务知识精品课程送学送教到了基层支部的“家门口”，精准提升了基层党务干部综合能力和素质。三是灵活改进教学方式。颠覆传统课程一言堂“灌输式”教学模式，切实提升学员对党建业务知识课程的参与度与互动性。将学员分成5个小组，围绕党支部工作分工，设定组织生活会、支部会、党组织换届等多个党建业务工作场景，运有动画影像、案例视频、互动交流、现场答疑等教学手段，邀请学员参与党务工作实务场景模拟和实训演练。向党务干部全角度、全方位讲解党建业务工作实务，并现场把脉和解决基层党务干部学习工作中遇到的问题和困惑，使参训党务干部迅速熟悉掌握了支部工作流程规范，从“门外汉”变成了“明白人”。

3. 坚持政治教育与专业培训相结合，推行干部“讲学”

充分发挥公司各级党员领导干部在政策把握及业务能力方面的专业优势，鼓励他们走上讲台授业传道，推动党员领导干部政治素质和业务能力的双培养、双提质、双增效。一是围绕上级党组织重点工作部署专题讲。结合中央、国网公司、省委省政府各节点重点工作部署安排开展宣贯活动，以省、市、县公司三级领导班子为主体，深入所属单位机关、班组、一线、逐级开展上级部署任务工作的主题宣讲，引领基层党员干部切实学懂弄通做实上级部署工作要求。二是紧扣中心工作专题讲。协调公司各级领导干部结合公司各专业全年重点工作，围绕贯彻上级重要决策部署及公司重点工作任务的落实，深入分管部门、基层单位讲党课作辅导。今年已举办线上线下各类专题辅导讲座589场次，内容涵盖党建理论、经营管理、党风廉政、安全生产、营销运维等多方面。三是立足单位实际深入讲。广泛开展“书记讲党课．党员上讲坛”活动，要求公司各级党组织书记每半年至少为本单位党员干部讲一次党课。今年以来，公司各级党组织书记讲党课931次，党员先进讲党课246次，公司各级领导干部特别是基层党组织负责同志通过深入基层送学讲学，进一步提升了自身的理论素养和专业能力。

4. 坚持调考结果与绩效考核相挂钩，实施跟踪“督学”

以考促学、以学促用，持续加强基层党建队伍建设。一是围绕基层党务干部应知应会内容，突出知识性与操作性相结合，分层分批组织基层党组织书记、党务干部开展党务知识闭卷考试。将考试成绩向所在单位党委反馈，对屡次调考不合格人员做出轮岗转岗调整安排。二是以调考测评为推动，进一步检验公司党务队伍党建理论知识的掌握程度和学习效果，不断增强了基层党务人员学习党建理论，提升业务能力的自觉性和紧迫感。三是科学运用调考结果，制定《党建工作绩效考核评价实施细则》，将调考结果纳入公司领导班子党建绩效考核指标体系，作为评价基层党组织党建责任制落实及评先表彰的重要标准和依据，切实推动了党建工作由“软任务”向“硬指标”的转变。目前，该公司已完成多轮次基层党务干部的调考工作，调考过程中，各级党组织积极组织党务干部开展备考学习，共发放考试书籍3.8万册，开展集中学习4532人次，组织党建培训3836人次，自行组织党建业务调考1110人次，党务干部专业水平和综合能力全面提升。

三、国企基层党务干部教培新模式的特色亮点

以“党建‘上考下送’”教考项目为主要内容的基层党务干部教考新模式，从开始实施到全面推开仅用了很短时间就在该公司基层党组织和广大党员当中引起了积极反响，共产党员网、中国能源报、山西日报等国内主流新闻媒体对活动进行了高度关注和深度报道。该项目之所以能迅速得到基层党员干部的普遍欢迎和广泛认可，最重要的是它贴近基层实际，满足干部需求，迎合现实需要。与以往传统的教考模式相比，党建“上考下送”教考模式具有以下特色亮点（见图4）：

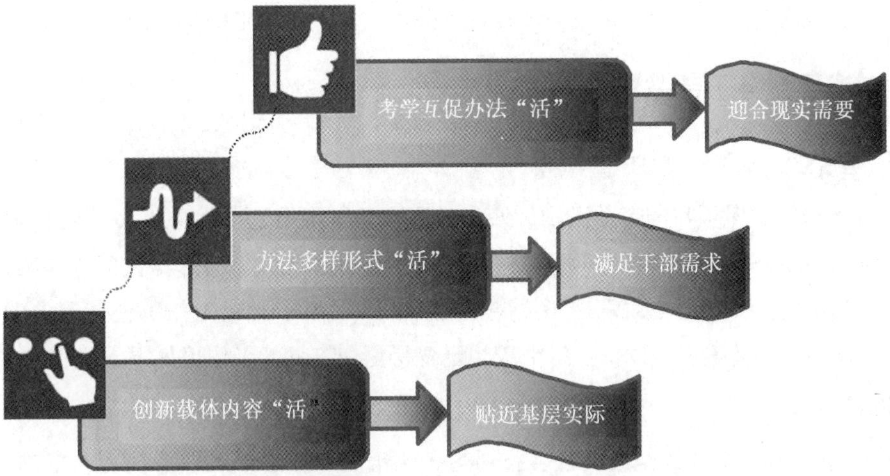

图4　国企基层党务干部教培新模式特色亮点示意图

（一）创新载体内容“活”

传统党课多是专家或领导台上讲，党员台下被动听。这种方式因违背受众心理特点，常常是讲者枯燥，听者乏味，难以取得预期培训成效。党建业务知识党课打破常规，一改以往报告式、辅导式党课陈旧模式，通过实物道具、PPT展示，运用案例式、影像式、情景式教学等多种载体形式增强党课的吸引力和感染力，有效解决了传统党课教学存在的创新不足、形式平淡、内容单一，针对性不强等问题，让党务干部在课堂上坐得住、听得懂、学得进，进一步增强了公司党务干部主动参与党课学习、自觉接受党课教育的积极性。

（二）方法多样形式“活”

党建业务知识“上考下送”“送教到支部”活动拓宽了基层党务干部的学习渠道，推进了公司教考模式的转变和创新。过去的培训多是坐等学员上门授课，公司安排什么讲什么，现在则是党校教师、各级领导干部主动走出机关，走下基层把握需求，因需施教。基层支部变成了党课教学的大课堂、大讲堂。送教活动还丰富了基层党务人员培训教育的形式和内容。将理论知识与典型案例融为一体，巧妙穿插动漫演示、场景再现、模拟演练、现场点评等环节，在潜移默化中，将基层党务干部带入特定情境，让他们在思想上产生共鸣，在认识上得到提升，积极主动的参与到支部各项工作的模拟、各个角色的扮演、各个环节的演练中来，通过参与实训释疑惑、解疙瘩，全面熟悉掌握党务工作的流程规范，进一步提升专业水平和业务能力。

（三）考学互促办法“活”

“上考下送”项目将学习型党组织建设与党建考核评价体系有机结合，为基层党务干部学习交流搭

建了良好的平台，弥补了基层单位优质培训资源匮乏、党务干部教育培训覆盖面不足的缺陷，有效破解了基层党建考核力度偏松偏软、党务干部素质能力不足、外部压力不够、学习动力不高、督考促学评价不畅等瓶颈。该公司党委以“上考下送”项目为手段载体，提升基层党务干部能力，检验基层党建工作落实，谋求基层党建工作创新，评价基层党建工作成效，考场大了、形式活了、内容实了。各级基层党组织书记、党务干部在实景演练的学习中，在红脸出汗的考试中深切感受到自身能力素质存在的差距不足，更加明确了自身肩负的责任使命，主动学习党建业务知识的自觉性增强了，抓基层党建工作的方法措施更严、责任更实了。基层党组织一项项务实创新举措的实施，不断夯实了党建“三基”，也为该公司基层党组织建设注入了生机与活力，成为了促进该公司改革发展稳定的有力组织保证。

四、实施基层党务干部教培新模式的成效

（一）基层党组织主体责任意识不断增强

通过“上考下送”教考项目的带动激励，该公司基层党组织书记、党务人员的党性观念不断增强，从严管党治党意识不断提高，勇于担当、积极作为的作风进一步加强。通过深入的党课培训、系统的备考复习，该公司基层党支部书记全面掌握了党务基础知识，明晰了党建工作责任，聚焦主责主业意识，提升专业能力的动力和热情得以激发，执行上级规定变得更加自觉，工作更加得心应手。

（二）基层党务人员业务素质显著提升

“上考下送”教考项目的实施全面提升了公司党务队伍的专业水平和业务能力，推动了公司党建工作与中心工作的深度融合，达到了考学工作双巩固、双提升的目的。许多党务干部在参加活动后纷纷表示，“上考下送”项目，接地气、夯基础，形式新，内容实，收获多，既找准了基层党建的核心环节，又增强了党务工作人员学习党建知识的自觉性，拓宽了党建理论的知识面和学习渠道，工作抓到了点子上，牵住了“牛鼻子”。

（三）基层党建工作基础持续夯实

“上考下送”项目，有效解决了基层党组织和党务工作者工作“不会做”“做不对”“做不好”的问题，提升了公司基层党建标准化、科学化、规范化水平。各级党务干部通过参与“上考下送”项目，发现了问题，看到了差距，澄清了疑点，学到了方法。培训后，大家迅速行动起来，运用所学知识，探索新路子、琢磨新办法，创造性开展基层党建工作，引领带动支部党员更加积极的参加党的组织生活，取得让广大基层党员和群众满意的成效。

（四）抓党建促中心工作的成效逐步凸显

党建工作做实了就是生产力、做强了就是竞争力、做细了就是凝聚力。[6] 通过参与“上考下送”活动，各级党组织书记的责任和担当意识进一步提升，基层党支部的战斗堡垒和党员先锋模范作用进一步加强，提升公司管理水平的基层、基础、基本功持续夯实，管理能力随之提高，生产经营管理等各项工作稳健发展，为该公司持续健康发展奠定了坚实的基础。

成果创造人：朱珊珊　国网山西省电力公司